KB039667

厚巖 郭潤直 教授 追慕號

民事判例研究

〔XLI〕

民事判例研究會 編

博英社

Journal of Private Case Law Studies

〔XLI〕

Academy of Private Case Law Studies

2019

Parkyoung Publishing & Company

Seoul, Korea

厚巖 郭潤直(1925. 12. 6.~2018. 2. 22.)

▲ 1960년대, 서울대 연구실에서

▲ 1970년대, 세미나

▲ 1979년 속리산, 제2회 민사판례연구회 하계 심포지움

▲ 1987년 제주, 제10회 민사판례연구회 하계 심포지움

▲ 1988년 완도, 제11회 민사판례연구회 하계 심포지움

▲ 1988년 민사판례연구회 송년회

▲ 민법주해, 민법강의 시리즈

▲ 2015. 4. 20. 후암 곽윤직 교수 구순 기념 논문집 헌정식

▲ 1995년 국민훈장 무궁화장

머 리 말

민사판례연구회를 창립하신 후암 곽윤직 교수님께서 지난해 2월 22일 향년 92세로 별세하셨습니다. 이에 이번 민사판례연구 제41권은 곽윤직 교수님 추모호로 발간하게 되었습니다.

곽 교수님께서는 지난 1977년에 당시 판례연구가 활발하지 못했을 뿐만 아니라 학계와 법조계의 관계가 소원했던 상황을 바꾸기 위하여, 민사법 학자와 실무가로 이루어진 민사판례연구회를 발족시켜, 판례연구의 활성화에 선도적 역할을 하게 되었습니다. 그리하여 민사판례연구회는 민사법학의 발전을 견인해 왔습니다. 곽윤직 교수님이 아니었으면 오늘날의 민사판례연구회는 없었을 것이니, 연구회로서는 곽 교수님께 크나큰 은덕을 입고 있습니다.

곽 교수님께서는 법학도의 필독서이던 5권의 민법 교과서를 집필하셨을 뿐만 아니라, 부동산 물권변동론, 명의신탁의 비판 등 큰 영향을 미친 논문들을 많이 남기셨습니다. 제가 2017년에 서울대학교의 민법학에 대하여 글을 쓰면서 곽 교수님의 연구에 대하여도 부분적으로 언급하기는 하였습니다만, 앞으로 곽 교수님의 업적에 대하여 종합적인 평가를 할 기회가 있기를 기대해 봅니다. 연구회에서는 지난 2015년에 민사판례연구 제37권을 곽 교수님 구순 기념호로 발간하여 최소한의 소임을 하였습니다. 그 밖에 곽 교수님의 삶에 대하여는 이 책에 실린 자료와, 서민, 송상현, 김황식, 송덕수 선생님의 추모사에 잘 나와 있습니다. 또 박동옥 사모님께서는 편지를 보내 주셔서 곽 교수님의 생전의 말씀을 전해 주셨습니다. 여러 선생님들과 사모님께 감사드립니다. 제 개인적으로는 대학교 때 민법 중 재산법의 강의를 모두 곽 교수님께 들었습니다. 제 민법 지식의 바탕은 여기서 쌓인 것이라고 할 수 있습니다. 곽윤직 교수님이 하늘나라에서 편안히 쉬시기를 기원합니다.

다른 한편 연구회는 지난해에도 평소와 같이 활발한 연구 활동을 계속하였습니다. 10번의 월례회 외에 지난 4월에는 민사판례연구회 40주년 및 민사판례연구 제40권 발간을 기념하는 행사를 가졌고, 이때 간소하게나마 곽윤직 교수님을 추모하는 시간도 가졌습니다. 그리고 지난 8월에는 많은 관심의 대상이 되고 있는 '소비자법의 제문제'를 대주제로 하여 하계 심포지엄을 개최하여, 국내외의 동향에 대하여 많은 것을 배울 수 있는 기회를 가졌습니다.

올해 하계 심포지엄의 대주제는 신탁법입니다. 연구회는 지난 2007년에도 하계 심포지엄에서 신탁법을 다룬 적이 있습니다만, 신탁법이 지난 2011년에 전면 개정되었고, 현재 매우 활발하게 이용되고 있어서 12년 만에 다시 한 번 다루어 보기로 하였습니다. 이를 통하여 신탁법 연구에 새로운 전기가 마련되기를 기대해 봅니다.

끝으로 발간을 위하여 힘써 주신 주선아 판사님, 장지용 판사님, 최준규 교수님, 그리고 출판의 귀찮은 작업을 맡아 주신 박영사의 여러분들께 고마움의 뜻을 전하고자 합니다.

2019년 2월

민사판례연구회 **회장 윤 진 수**

目　次

Contents

Contents vii

Articles

국가계약법상 물가변동에 따른 계약금액 조정규정의 적용을 배제한 특약의 효력

■요　지■━━━━━━━━━━━━━━━━━━━━━━━━━━

국가의 우월한 지위 남용으로부터 계약상대자를 보호할 필요가 있다는 관점에서 국가계약법상 물가변동에 따른 계약금액 조정규정을 강행규정이나 효력규정으로 보아 그 적용을 배제하는 특약의 효력을 부인하여야 한다는 견해가 꾸준히 제기되어 왔다.

대상판결은 다수의견과 반대의견의 치열한 법리다툼 끝에 위 계약금액 조정규정을 단속규정으로 보아 그 적용을 배제하는 특약의 효력을 인정하고, 나아가 계약상대자의 계약상 이익을 부당하게 제한하는 부당특약에도 해당하지 않는다고 판단하였다.

공공계약의 법적 성격이 사법상 계약인 이상 사적자치와 계약자유의 원칙이 최대한 존중되어야 하고, 부당특약 금지규정만으로도 계약상대자를 충분히 보호할 수 있으므로 대상판결의 다수의견은 타당하다. 이는 임의규정·강행규정·단속규정의 구별기준과 단속규정에 위반된 법률행위의 효력에 관한 종래 판례의 태도와도 일관된다.

다만, 향후 계약상대자에게 어느 정도로 불리한 경우에 부당특약으로 보아 사법상 효력을 부인할지에 관한 기준을 구체화함으로써 공공계약 분야에서 사적자치와 계약자유의 원칙을 존중하면서도 계약상대자의 이익을 보호할 수 있는 방안을 찾아내는 것이 관건이 될 것이다.

---

* 서울행정법원 판사.

[주 제 어]
- 공공계약의 법적 성격
- 물가변동으로 인한 계약금액 조정제도
- 임의규정·강행규정·단속규정의 구별기준
- 단속규정에 위반된 법률행위의 효력
- 부당특약

대상판결 : 대법원 2017. 12. 21. 선고 2012다74076 전원합의체 판결
[공2018상, 177]

[사실관계]

1. K주식회사, L주식회사(공동수급체를 구성하였는데, 이하 통칭하여 '원고'라 한다)는 2007. 4. 16. 공기업인 대한주택공사(그 후 한국토지주택공사가 그 지위를 승계하였는데, 이하 '피고'라 한다)와 사이에 계약금액은 1,812억원, 공사기간은 2007. 4. 19.~2011. 1. 17.로 하여 A지구 집단에너지시설 건설공사(이하 '이 사건 공사'라 한다) 도급계약(이하 '이 사건 계약'이라 한다)을 체결하였다.

2. 이 사건 계약의 공사계약일반조건 제3조 제3항은 "공사계약특수조건에 회계규칙, 공사관계법령 및 이 조건에 의한 계약자의 계약상 이익을 부당하게 제한하는 내용이 있는 경우 특수조건의 동 내용은 효력이 인정되지 아니한다."고 규정하고 있다.

3. 이 사건 계약의 공사계약특수조건 제15조는 "입찰예정금액 중 국외업체와 계약하는 부분(이하 '국외 공급분'이라 한다)과 관련된 금액은 계약기간 중의 물가변동을 고려한 금액으로서 물가조정으로 인한 계약금액 조정이 필요하지 아니한 고정불변금액이므로, 입찰자는 입찰 전에 전 계약기간 동안 발생할 수 있는 물가변동(환율변동 등)을 감안하여 입찰금액을 작성하여야 하고, 국외 공급분의 계약금액 고정에 대하여 민·형사상 이의를 제기할 수 없다."고 규정하고 있다(이하 '이 사건 특약'이라 한다). 이 사건 계약의 공사계약특수조건은 국외 공급분인 가스터빈과 스팀터빈의 공급업체의 범위를 제시하였을 뿐 결제통화를 정하지 않았다.

4. 위와 같은 내용은 이 사건 계약 체결 6개월 전에 개최된 현장설명회에서 배부된 입찰안내서에도 동일하게 기재되어 있었다. 원고는 장기간의 대형설비공사도급계약을 체결한 경험이 많은 1군 건설업체[1]로서 피고가 배부한 입찰안내서를 검토하여 이 사건 특약을 포함한 계약조건을 잘 알면서도 이 사건 계약을 체결하였다.

5. 원고는 2007. 6.경 국외업체인 S社로부터 가스터빈을 매수하여 2007.

[1) 시공능력평가액을 기준으로 1~7등급 건설업체를 나눌 때 1등급 건설업체를 일컫는 표현이다.

7. 27.~2010. 2. 23. 합계 스웨덴화 274,530,117크로나를 지급하고, 2008. 1.경 국외업체인 J社로부터 스팀터빈을 매수하여 2008. 3. 31.~2010. 1. 15. 합계 일본화 623,278,000엔을 지급하였는데, 당시 환위험을 회피하기 위한 조치는 취하지 않았다.

6. 원고는 2008년 발생한 세계적인 금융위기로 환율이 상승하여[2] 131억 원 의 환차손을 입었다며 2009. 5. 7. 피고에게 국외 공급분에 대한 계약금액 조정을 요청하였으나, 피고는 이 사건 특약을 이유로 거절하였다.

7. 이 사건 공사의 전체 계약금액 1,812억 원 중 계약금액이 고정된 국 외 공급분의 예상 구입·설치금액은 412억 원이고, 나머지 계약금액에 대하 여는 6회에 걸쳐 물가변동에 따른 계약금액 조정이 이루어졌다.

[소송의 경과]

1. 원고는 이 사건 특약은 강행규정이나 효력규정인 「국가를 당사자로 하는 계약에 관한 법률」(이하 '국가계약법'이라 한다) 제19조, 같은 법 시행령 제64조의 계약금액 조정규정(이하 '쟁점 규정'이라 한다)에 위반되어 무효이 고(상고이유 제1점), 원고의 계약상 이익을 부당하게 제한하는 특수조건은 무 효라고 정한 이 사건 계약의 공사계약일반조건 제3조 제3항[3]을 위반하여 무 효라고(상고이유 제2점) 주장하면서,[4] 원고가 입은 131억 원 상당의 환차손 에 대해서 피고를 상대로 부당이득반환청구의 소를 제기하였다.

2. 원심(서울고등법원 2012. 7. 10. 선고 2011나75203 판결)[5]은 공기업의 조달계약은 기본적으로 계약자유의 원칙이 지배하는 사경제활동의 영역이고,

---

2) 1크로나화에 대한 원화 가치는 2007. 4. 16. 이 사건 계약 체결 당시 137원에서 2008. 6. 2. 171원으로 25% 가량 상승하였고, 1엔화에 대한 원화 가치는 2007. 4. 16. 786원에서 2009. 8. 19. 1,327원으로 69% 가량 상승하였다. 한편, 1달러화에 대한 원화 가치는 2007. 4. 16. 939원에서 2008. 8. 29. 1,092원으로 16% 가량 상 승하였다.

3) 국가계약법 시행령 제4조와 사실상 동일한 내용이므로 이 부분에 관한 논의는 곧 국가계약법 시행령 제4조에 어긋나는지를 살펴보는 것과 동일하다.

4) 그 밖에도 원고는 이 사건 특약이 원고의 이익을 부당하게 제한하는 부당약관으 로서 무효이고(상고이유 제3점), 사정변경으로 인한 계약금액 감액이 이루어져야 한다(상고이유 제4점)고 주장하였으나, 본고의 논의대상에는 포함하지 않는다.

5) 1심(서울중앙지방법원 2011. 8. 25. 선고 2010가합105698 판결)은 원심과 구체적 인 표현에 있어 차이가 있으나, 주된 판단과 논거를 같이 하므로 별도로 소개하지 않는다.

국가계약법은 국가와 사인간의 계약관계에서 관계공무원이 지켜야 할 계약사무처리에 관한 사항을 규정한 것에 불과하므로 그 규정에 위반된다는 이유만으로 계약당사자간 합의를 일률적으로 무효라고 할 수 없고, 그 개별 합의가 국가계약법에서 계약금액 조정을 규정한 취지를 몰각시키거나 동종업계의 일반적인 거래관행에 비추어 볼 때 합리성을 현저히 상실하여 정의나 형평의 관념에 반하는 정도에 이르렀을 때 비로소 무효로 볼 수 있는데, 앞서 본 사실관계에 의할 때 이 사건 특약이 국가계약법령에 위반되어 무효라고 볼 수 없고, 이 사건 특약이 원고의 이익을 부당하게 제한한다고 볼 수 없어 이 사건 계약의 공사계약일반조건 제3조 제3항에 위반되어 무효라고도 볼 수 없다는 이유로 원고의 청구를 기각하였다.

3. 대상판결의 다수의견[6](대법관 김창석의 보충의견과 대법관 조희대의 보충의견 포함, 이하 같다)은 이 사건 특약이 유효하다는 이유로 원고의 상고를 기각하였으나, 반대의견[7]은 이 사건 특약이 무효라는 이유로 원심을 파기환송 하여야 한다고 판시하였는데, 주요 쟁점에 대한 다수의견과 반대의견의 판시 내용을 요약하면 아래 [표] 기재와 같다.

구 분	다수의견	반대의견
공공계약의 법적 성격	국가 등이 사경제의 주체로서 상대방과 대등한 지위에서 체결하는 사법상의 계약으로서 본질적인 내용은 사인 간의 계약과 다를 바 없다.	사법의 영역에 속하고 사법이 적용되나, 사인 간의 계약과 실질적으로 동일하다거나 국가 등이 사인과 동일한 지위에 서 있다고 할 수 없고, 그 재원이 세금으로 충당되며, 계약담당공무원의 부패와 비리, 자의와 전횡을 막기 위해 엄격한 법적 규율이 필요하고, 공공성을 유지하고 공익을 실현함을 주된 목적으로 하므로 사법상 계약과는 구별되는 특성이 있다.
공공계약의 적용 원리	사적자치와 계약자유의 원칙을 비롯한 사법의 원리가 원칙적으로 적용된다.	계약담당공무원은 당연히 계약의 자유가 인정되는 것이 아니라, 민주주의원리와 법치국가원리에 따라 국가계약법령을 준수할 의무가 있다.

6) 대법원장 김명수, 대법관 김용덕, 대법관 박보영, 대법관 김창석, 대법관 김신, 대법관 조희대(주심), 대법관 권순일, 대법관 박상옥, 대법관 이기택, 대법관 조재연, 대법관 박정화.
7) 대법관 고영한, 대법관 김재형.

(계속)

쟁점 규정의 입법목적과 취지	예측하지 못한 물가변동으로 인하여 계약상대자가 계약이행을 중단·포기하여 공공계약의 목적 달성에 지장이 초래되는 것을 막고, 예산낭비를 방지하고 계약상대자에게 부당하게 이익이나 불이익을 주지 않으려는 것이다.	중소업자와 계약상대방을 보호하기 위하여 계약담당공무원에게 일정한 요건에 해당하면 재량의 여지를 두지 않고 계약금액 조정 의무를 부과하려는 것이다.
쟁점 규정의 법적 성격	국가 등이 사인과의 계약관계를 공정하고 합리적·효율적으로 처리할 수 있도록 계약담당자 등이 지켜야 할 사항을 규정한 데에 그칠 뿐, 국가 등이 계약상대자와 합의에 기초하여 계약당사자 사이에만 효력이 있는 특수조건 등을 부가하는 것을 금지하거나 제한하지 않는다.	단순히 행정기관의 내부적 규율이나 예산 관련 규정이라고 볼 수 없고, 국가 등과 계약상대방이 모두 준수하여야 하는 강행규정이나 효력규정에 해당한다.
쟁점 규정배제특 약의 효력	쟁점 규정의 취지에 배치되지 않는 한 유효하다.	강행규정이나 효력규정을 위반한 것이므로 무효이다.
부당특약 해당 여부	부당특약은 계약상대자에게 다소 불이익하다는 점만으로는 부족하고, 국가 등이 계약상대자의 정당한 이익과 합리적인 기대에 반하여 형평에 어긋나는 특약을 정함으로써 계약상대자에게 부당하게 불이익을 주었다는 점이 인정되어야 하는데, 이 사건 특약은 부당특약에 해당하지 않는다.	국가계약법 시행령 제4조와 쟁점 규정은 일반법-특별법의 관계에 있는데, 계약담당공무원이 계약상대방에게 쟁점 규정의 적용을 배제하도록 한 것은 그 자체로 계약상대방의 계약상 정당한 이익과 합리적인 기대를 부당하게 제한한 것이므로 이 사건 특약은 부당특약에도 해당한다.
법률규정에 위반된 법률행위의 효력	—	금지규정 등을 위반한 법률행위의 효력에 관하여 명확하게 정하지 않은 경우에는 입법 배경과 취지, 보호법익, 위반의 중대성, 당사자의 의도성, 당사자나 제3자에게 미치는 영향, 사회적·경제적·윤리적 가치 평가, 유사행위에 대한 법의 태도 등을 종합적으로 고려해서 효력을 판단하여야 하는데, 제반사정을 고려할 때 쟁점 규정에 위반된 이 사건 특약은 무효이다.

[관계 법령]

■ 국가계약법

제5조(계약의 원칙)

① 계약은 서로 대등한 입장에서 당사자의 합의에 따라 체결되어야 하며, 당사자는 계약의 내용을 신의성실의 원칙에 따라 이행하여야 한다.

제19조(물가변동 등에 따른 계약금액 조정) 각 중앙관서의 장 또는 계약담당공무원은 공사계약·제조계약·용역계약 또는 그 밖에 국고의 부담이 되는 계약을 체결한 다음 물가변동, 설계변경, 그 밖에 계약내용의 변경으로 인하여 계약금액을 조정(調整)할 필요가 있을 때에는 대통령령으로 정하는 바에 따라 그 계약금액을 조정한다.

■ 국가계약법 시행령

제4조(계약의 원칙) 각 중앙관서의 장 또는 그 위임·위탁을 받은 공무원(이하 "계약담당공무원"이라 한다)은 계약을 체결함에 있어서 법, 이 영 및 관계법령에 규정된 계약상대자의 계약상 이익을 부당하게 제한하는 특약 또는 조건을 정하여서는 아니 된다.

제64조(물가변동으로 인한 계약금액의 조정)

① 각 중앙관서의 장 또는 계약담당공무원은 법 제19조의 규정에 의하여 국고의 부담이 되는 계약을 체결(장기계속공사 및 장기물품제조 등의 경우에는 제1차계약의 체결을 말한다)한 날부터 90일 이상 경과하고 동시에 다음 각 호의 어느 하나에 해당되는 때에는 기획재정부령이 정하는 바에 의하여 계약금액(장기계속공사 및 장기물품제조 등의 경우에는 제1차계약체결시 부기한 총공사 및 총제조 등의 금액을 말한다. 이하 이 장에서 같다)을 조정한다. 이 경우 조정기준일(조정사유가 발생한 날을 말한다. 이하 이 조에서 같다)부터 90일 이내에는 이를 다시 조정하지 못한다.

1. 입찰일(수의계약의 경우에는 계약체결일을, 2차 이후의 계약금액 조정에 있어서는 직전 조정기준일을 말한다. 이하 이 항 및 제6항에서 같다)을 기준일로 하여 기획재정부령이 정하는 바에 의하여 산출된 품목조정률이 100분의 3 이상 증감된 때

2. 입찰일을 기준일로 하여 기획재정부령이 정하는 바에 의하여 산출된 지수조정률이 100분의 3 이상 증감된 때

⑦ 각 중앙관서의 장 또는 계약담당공무원은 환율변동을 원인으로 하여 제1항에 따른 계약금액 조정요건이 성립된 경우에는 계약금액을 조정한다. 〈신설 2008. 12. 31.〉

부칙〈대통령령 제21202호, 2008. 12. 31.〉

제2조(환율변동으로 인한 계약금액의 조정에 관한 적용례) 제64조 제7항의 개정규정은 이 영 시행 당시 이행 중인 계약으로서 이 영 시행 전에 환율변동을 원인으로 하여 제64조 제1항의 계약금액 조정요건이 성립한 경우에도 적용한다.

■ 국가계약법 시행규칙

제74조(물가변동으로 인한 계약금액의 조정)

① 영 제64 조제1항 제1호의 규정에 의한 품목조정률과 이에 관련된 등락폭 및 등락률 산정은 다음 각호의 산식에 의한다. 이 경우 품목 또는 비목 및 계약금액 등은 조정기준일 이후에 이행될 부분을 그 대상으로 하며, "계약단가"라 함

은 영 제65조 제3항 제1호에 규정한 각 품목 또는 비목의 계약단가를, "물가변동당시가격"이라 함은 물가변동당시 산정한 각 품목 또는 비목의 가격을, "입찰당시가격"이라 함은 입찰서 제출마감일 당시 산정한 각 품목 또는 비목의 가격을 말한다.

1. 품목조정률 $= \dfrac{\text{각 품목 또는 비목의 수량에 등락폭을 곱하여 산출한 금액의 합계액}}{\text{계약금액}}$

2. 등락폭 $= \text{계약단가} \times \text{등락률}$

3. 등락률 $= \dfrac{\text{물가변동당시가격} - \text{입찰당시가격}}{\text{입찰당시가격}}$

③ 제1항 제1호의 등락폭을 산정함에 있어서는 다음 각 호의 기준에 의한다.
  1. 물가변동당시가격이 계약단가보다 높고 동 계약단가가 입찰당시가격보다 높을 경우의 등락폭은 물가변동당시가격에서 계약단가를 뺀 금액으로 한다.
  2. 물가변동당시가격이 입찰당시가격보다 높고 계약단가보다 낮을 경우의 등락폭은 영으로 한다.
④ 영 제64조 제1항 제2호에 따른 지수조정률은 계약금액(조정기준일 이후에 이행될 부분을 그 대상으로 한다)의 산출내역을 구성하는 비목군 및 다음 각 호의 지수 등의 변동률에 따라 산출한다.
  1. 한국은행이 조사하여 공표하는 생산자물가기본분류지수 또는 수입물가지수
  2. 정부·지방자치단체 또는 「공공기관의 운영에 관한 법률」에 따른 공공기관이 결정·허가 또는 인가하는 노임·가격 또는 요금의 평균지수
  3. 제7조 제1항 제1호의 규정에 의하여 조사·공표된 가격의 평균지수
  4. 그 밖에 제1호부터 제3호까지와 유사한 지수로서 기획재정부장관이 정하는 지수
⑤ 영 제64조 제1항의 규정에 의하여 계약금액을 조정함에 있어서 그 조정금액은 계약금액 중 조정기준일 이후에 이행되는 부분의 대가(이하 "물가변동적용대가"라 한다)에 품목조정률 또는 지수조정률을 곱하여 산출하되, 계약상 조정기준일 전에 이행이 완료되어야 할 부분은 이를 물가변동적용대가에서 제외한다. 다만, 정부에 책임이 있는 사유 또는 천재·지변등 불가항력의 사유로 이행이 지연된 경우에는 물가변동적용대가에 이를 포함한다.
⑨ 각 중앙관서의 장 또는 계약담당공무원이 제1항 내지 제7항의 규정에 의하여 계약금액을 증액하여 조정하고자 하는 경우에는 계약상대자로부터 계약금액의 조정을 청구받은 날부터 30일 이내에 계약금액을 조정하여야 한다. 이 경우 예산배정의 지연 등 불가피한 사유가 있는 때에는 계약상대자와 협의하여 조정기한을 연장할 수 있으며, 계약금액을 증액할 수 있는 예산이 없는 때에는 공사량 또는 제조량 등을 조정하여 그 대가를 지급할 수 있다.
⑩ 기획재정부장관은 제4항에 따른 지수조정률의 산출 요령 등 물가변동으로 인한 계약금액의 조정에 관하여 필요한 세부사항을 정할 수 있다.

〔研   究〕

I. 서   론

국가계약법 제19조는 '각 중앙관서의 장 또는 계약담당공무원은 공사계약·제조계약·용역계약 또는 그 밖에 국고의 부담이 되는 계약을 체결한 다음 물가변동으로 인하여 계약금액을 조정할 필요가 있을 때에는 대통령령으로 정하는 바에 따라 그 계약금액을 조정한다'[8]고 규정하여 국가에게 일정한 경우 계약금액 조정의무를 부과하고 있다.[9] 그럼에도 국가는 계약상대자[10]와 공공계약 체결 시 계약금액 조정규정의 적용을 배제하는 특약을 두어 계약금액 조정의무를 회피하는 사례가 있어 왔다. 이에 대해서 국가의 우월한 지위 남용으로부터 계약상대자를 보호할 필요가 있다는 관점에서 계약금액 조정규정의 성격을 강행규정이나 효력규정으로 보아 그 적용을 배제하는 특약의 효력을 부인하여야 한다는 견해가 꾸준히 제기되어 왔다.

대상판결은 환율변동을 포함한 물가변동으로 인한 계약금액 조정을 배제하는 특약의 효력과 관련하여 다수의견과 반대의견이 나뉘어 치열한 법리다툼 끝에 위 특약의 효력이 유효하다는 결론을 내렸으나, 계약상대자 보호, 법질서 통일의 관점에서 반대의견도 상당한 설득력을 갖고 있

---

8) '물가변동' 외에도 '설계변경', '그 밖의 계약내용의 변경'으로 인한 계약금액 조정도 함께 규율하고 있으나, '설계변경', '그 밖의 계약내용의 변경'은 계약내용 자체가 변경되므로 그 반대급부인 계약금액이 증감되지 않으면 쌍무계약의 형평을 유지하기 어려운 사안이므로 계약금액만 변경되는 '물가변동'으로 인한 계약금액 조정과는 구별되어야 한다. 따라서 본고에서 쟁점 규정이란 '물가변동'으로 인한 계약금액 조정 부분에 국한되는 의미이다.

9) 지방자치단체에 적용되는 「지방자치단체를 당사자로 하는 계약에 관한 법률」 제22조도 동일한 규정을 두고 있고, 공기업과 준정부기관에 적용되는 기획재정부령인 「공기업·준정부기관 계약사무규칙」 제2조 제5항은 국가계약법 제19조를 준용하고 있으므로, 본고의 국가계약법상 물가변동에 따른 계약금액 조정제도에 관한 논의는 공공계약 일반에 모두 적용될 수 있다.

10) 국가계약법은 국가와 계약을 체결하는 계약상대방을 '계약상대자'로 지칭한다.

었다.

본문에서는 공공계약의 법적 성격, 임의규정·강행규정·단속규정의 구별, 단속규정을 위반한 법률행위의 효력에 관한 학설과 판례를 종합하여 쟁점 규정의 성격과 그 적용을 배제하는 이 사건 특약의 효력에 대하여 논증하고, 이 사건 특약이 국가계약법 시행령 제4조의 부당특약에 해당하여 그 효력이 부인되어야 하는지 여부도 검토해 본다.

Ⅱ. 공공계약의 법적 성격

1. 용어의 정의

대법원은 그동안 대상판결을 포함하여 여러 사건[11]에서 국가, 지방자치단체 또는 공공기관(이하 통칭하여 '국가 등'이라 한다)이 일방 당사자가 되는 계약을 '공공계약'으로 표현하면서, 동시에 '공공계약'은 국가 등이 사경제 주체로서 상대방과 대등한 위치에서 체결하는 사법상 계약이라고 정의하여 왔다. 그런데 공공계약은 법령상의 용어가 아니고,[12] 국가 등이 일방 당사자가 되는 계약에는 공법상 계약[13]과 사법상 계약이 모두 포함되므로, 국가 등이 일방 당사자가 되는 계약과 그러한 계약 중 사법상 계약의 성격을 갖는 것을 모두 '공공계약'으로 표현하는 것은 적확한 용어의 사용으로 보기 어렵다.[14] 다만, 본고에서는 대상판결의 용례에 따

---

11) 대법원 2001. 12. 11. 선고 2001다33604 판결 등.
12) 이러한 점을 고려하여 대상판결은 '편의상 공공계약이라 한다'고 표현한 것으로 추측된다.
13) '공법상 계약'이란 국가 등을 적어도 한쪽 당사자로 하여 공법상의 법률관계의 변동을 가져오는 계약을 말하는데, 그 예로는 ① 국가 등과 계약직 공무원 사이의 고용계약, ② 지방자치단체가 설치한 노인전문요양병원의 운영위탁계약, ③ 공유재산위탁관리계약, ④ 사회간접자본시설에 대한 민간투자법에 의한 사업시행자와의 협약 등이 있다. 다만, 우리나라에서는 프랑스나 독일에서와 달리 공법상 계약에 관한 특수한 법적 규율이 실정법과 판례상 넓게 인정되고 있지 않아 구별실익이 크지 않으나, 공법상 계약에 대한 분쟁은 행정소송인 당사자소송의 대상이 된다는 특징이 있다. 박균성, 행정법론(상), 박영사, 2017, 489-491면; 김경란, '공법상 계약, 주된 행정행위에 부가된 부담 및 부담에 갈음한 합의', 재판실무연구 제5권(2013), 422-425면.
14) 따라서 이 사건 계약과 같이 국가 등이 행정수요의 충족을 위해 사인과 체결하

라 편의상 '공공계약'을 국가 등이 사경제 주체로서 상대방과 대등한 위치에서 체결하는 사법상 계약을 지칭하는 표현으로 사용하기로 한다.

2. 외국에서의 논의 개관[15)

가. 독   일

독일에서는 전통적으로 공법과 사법의 구별에 있어 명령·복종관계인지 여부를 기준으로 하는 '권력설'과 국가도 재산적 행위에서 사법상 계약의 주체가 될 수 있다는 '국고이론'을 바탕으로 공공계약을 사법상 계약으로 보았다.

그 후 사법상 계약이 공법적 구속을 회피할 수 있는 수단이 된다는 비판적 시각이 대두되어, 수도·전기·가스 등 국민의 생존배려를 위한 급부를 제공하는 행정활동은 공익을 직접 실현하기 위한 행정작용임을 이유로 이를 공법영역에 포함시키는 '급부행정이론'과 위와 같은 급부행정이 사법영역에 포함되더라도 공법적 규율이 필요하다는 '행정사법이론'이 등장하였지만, 공공계약은 여전히 사법상 계약으로 파악되었다.

나. 프 랑 스

프랑스에서는 전통적으로 공역무, 공익실현, 공공성과 같은 기능적·실질적인 기준에 따라 공법과 사법을 구별하는 '이익설'을 바탕으로 공공계약을 공법상 계약인 행정계약의 하나로 보았다.

이에 따라 공공계약에 관한 분쟁은 행정소송(당사자소송에 해당하는 완전심판소송)의 대상이 되고, 국가 등은 당해 행정과제의 원활한 수행을 위해 계약을 일방적으로 수정할 수 있고, 법원의 판결 없이 일방적으로

는 물품매매계약이나 도급계약은 「조달사업에 관한 법률」에 따라 '조달계약'으로 표현하거나, 행정주체가 일방 당사자가 되는 조달계약이라는 점에서 '행정조달계약'으로 표현하는 것이 더 적절하다는 견해로는 박정훈, 행정조달계약의 법적 성격, 민사판례연구 제25권(2003), 567면.

15) 박정훈, 앞의 글, 569~612면; 이영동, 공공계약을 둘러싼 몇 가지 문제-공공계약의 공법적 특성을 중심으로-, 사법논집 44집(2007), 98~103, 전현철, 미국 연방정부 조달계약에 관한 법적 고찰, 미국헌법연구 제23권 제1호(2012. 4.), 266~280면. 등을 참조하여 간략히 정리하였다.

강제집행할 수 있으며, 공익상 불가피한 경우 계약을 일방적으로 해지할
수 있고, 당사자 모두 사전에 예견하지 못한 사정변경을 이유로 계약내
용의 변경을 요구할 수 있다고 한다.

다. 영   국

영국에서는 오랜 기간 '보통법' 전통에 따라 사법과 구별되는 공법이
라는 관념이 존재하지 않았으나, 1977년 「최고법원규칙」 제53편과 1981
년 「최고법원법」을 통해 공법에 관한 사건을 관할하는 특별소송절차인
'사법심사청구(Application for Judicial Review)' 제도를 도입하였는데, 행정
기관에 일방적 결정권한을 부여하는 법을 공법으로 보아 공공계약에서
계약이행 부분은 사법의 영역으로서 민사소송의 대상이 되지만, 계약상대
방 선정결정, 즉 낙찰 부분은 공법의 영역으로서 사법심사청구의 대상이
된다는 것이 통설적 견해라 한다.

라. 미   국

미국에서는 '보통법'의 전통에 따라 공·사법의 구별이 없고 재판절
차도 민사소송으로 일원화되어 있으나, 1946년 제정된 「행정절차법
(Administrative Procedure Act)」에서 행정기관의 행위를 다투는 특별한 소
송에 관한 사법심사의 대상, 원고적격, 심사범위 등을 규정하고 있다고
한다.

실체법적으로도 명시적으로 그 적용을 배제하지 않는 한 「연방조달
규정(Federal Acquisition Regulation)」이 모든 연방정부기관의 조달계약에
적용되고, 특히 연방조달규정은 공익의 보호와 관련된 조항을 강행규정
(imperative provision, 법문상 'shall', 'must', 'required', 'expected')으로 보아
명시적인 합의를 통해서도 그 적용을 배제할 수 없으며, 대표적인 강행
규정인 '편의적 해약(terminate for convenience)' 조항에 의하면, 정부는 정
부의 이익에 부합되는 한 언제든지 계약의 전부 또는 일부를 해약할 수
있고, 이 때 계약상대방은 이미 발생한 비용, 기성부분에 대한 이윤, 계
약청산비용의 반환을 구할 수 있을 뿐 기대이익의 반환을 구하지 못하는
등 사인 간의 계약과는 다른 특수한 법령과 법원리가 적용된다고 한다.

마. 일 본

일본에서는 공공계약을 「회계법」, 「지방자치법」 등을 통해 규율하고 있고, 학설과 판례[16]의 주류적 태도는 사법상 계약으로 보고 있다고 한다.

3. 우리나라에서의 논의

가. 사법상 계약이므로 계약의 자유를 폭넓게 인정하려는 견해(1설)

공공계약을 행정주체가 사인과 같은 지위에서 사법상의 행위를 하는 국고관계로 파악하여 전적으로 사법에 의하여 규율된다는 종래 통설적 견해[17]이자 주류적 판례의 태도이다. 국가 등이 계약상대자와 대등한 지위에 있으므로 사인 간의 계약과 다를 바 없고, 사적자치와 계약자유의 원칙을 비롯한 사법의 원리가 적용되며, 국가계약법령은 계약담당공무원이 지켜야 할 계약사무처리에 필요한 사항을 규정한 내부규정에 불과하다고 본다.

나. 사법상 계약이나 공공계약의 특수성을 고려하여 계약의 자유를 제한하려는 견해(2설)

공공계약이 사법상 계약이더라도 직·간접적으로 공익을 실현하기 위한 것이고, 그 재원은 대부분 세금으로 충당되며, 한쪽 당사자가 권력주체이기도 한 국가 등이라는 특수성을 고려할 때 계약상대자를 후견적으로 배려하고 보호할 필요가 있다는 최근 민법학계에서 제기되고 있는 견해[18]이자 대상판결의 반대의견의 태도이다. 국가 등이 계약상대자보다

---

16) 최고재판소 1987. 5. 19. 선고 소화56년 제144호 판결은 '보통지방공공단체가 수의계약의 제한에 관한 법령에 위반하여 체결한 계약은, 지방자치법 시행령의 수의계약이 허용되는 경우에 해당하지 아니하는 것이 누구의 눈에도 명백한 경우라든가 계약의 상대방이 수의계약의 방법에 의한 것이 허용되지 아니하는 것을 알았거나 알 수 있었던 경우 등 당해 계약의 효력을 무효로 하지 않으면 수의계약의 체결에 제한을 가하는 법령의 취지를 몰각하는 결과로 되는 특단의 사정이 인정되는 경우에 한하여, 사법상 무효로 된다고 해석함이 상당하다.'고 판시하여[이충상, 공공계약에 대한 사법통제-사법부에 대한 국민의 기대와 관련하여-, 민사재판의 제문제19권(2010. 12.), 한국사법행정학회, 280면에서 재인용], 뒤에서 볼 우리나라의 종래 판례 태도와 유사한 것으로 평가된다.

17) 박균성, 앞의 글, 92면.

우월한 지위에 있으므로 계약상대자를 보호할 필요가 있고, 민주주의원리와 법치국가원리에 따라 국가 등과 계약상대방은 모두 국가계약법령을 준수할 의무가 있으므로 사인 간의 계약보다 계약의 자유가 상당 부분 제한될 수 있다고 본다.

다. 행정계약이므로 계약의 자유는 인정되지 않고 공법적 규율이 필요하다는 견해(3설)

전통적인 공·사법 이원론에 따라 공법상 계약과 사법상 계약으로 준별하여 규율해 오던 것을 극복하기 위해서 행정주체가 체결하는 계약을 모두 '행정계약'이라는 개념으로 포괄하고, 그 하부유형의 하나로 공공계약을 파악하는 최근 행정법 학계에서 제기되는 있는 견해[19]이다. 공공계약에서 행정주체가 사인과 동일한 지위에 설 수 없고, 국가작용은 공법적 형식에 의하든 사법적 형식에 의하든 헌법상 기본권에 구속되므로 행정주체가 계약의 자유를 갖는다고 볼 수 없고, 계약에 관한 사법적 원리가 수정·제한되어 특별한 공법상 규율을 받을 수 있으며, 국가계약법령은 대외적으로 구속력이 있는 법령이므로 이를 위반한 공공계약은 무효라고 본다.

4. 검 토

국가계약법 제5조 제1항은 계약은 서로 대등한 입장에서 당사자의 합의에 따라 체결되어야 하고, 당사자는 계약내용을 신의성실의 원칙에 따라 이행하여야 함을 계약의 원칙으로 천명하고 있고, 공공계약은 매매, 도급, 임대차 등 사법상 법률관계의 형성을 목적으로 한다. 따라서 공공계약의 법적 성격은 사법상 계약이므로 사적자치와 계약자유의 원칙을 비롯한 사법의 원리가 원칙적으로 적용되고, 반면에 헌법상 기본권이나 행정법상 일반원칙[20]과 같은 공법의 원리가 직접 적용된다고는 볼 수 없

---

18) 권영준, 2017년 민법 판례 동향, 서울대학교법학 제59권 제1호, 2018, 40면; 이계정, 2017년 분야별 중요판례분석 3. 민법上, 2018. 3. 15.자 법률신문.
19) 박정훈, 앞의 글, 567면.

다. 다만, 공공계약은 궁극적으로 공공의 이익과 복리 증진을 목적으로
하고, 그 재원은 대부분 세금으로 충당되며, 한쪽 당사자가 권력주체이기
도 한 국가 등이라는 특수성이 있으므로 공공성의 유지, 예산의 적정한
집행, 계약상대자 보호 등을 위해서 관계 법령을 통해서 당사자 자격, 절
차, 방법, 내용 등을 규정함으로써 특별한 법적 규율을 할 수 있고, 그
범위 내에서 계약의 자유가 상당 부분 제한될 수 있다고 보아야 한다.
따라서 공공계약의 사법상 계약으로서의 성격과 특수성을 고려하여 계약
법의 핵심적인 이론 축인 자율과 후견[21]을 적절히 조화한 2설이 타당하다.

Ⅲ. 물가변동으로 인한 계약금액 조정제도

1. 의   의

국가계약법 제19조는 '공공계약에서 물가변동으로 인하여 계약금액
을 조정할 필요가 있을 때에는 대통령령으로 정하는 바에 따라 계약금액
을 조정한다'고 규정하고 있고, 2008. 12. 31. 신설된 국가계약법 시행령
제64조 제7항은 '환율변동을 원인으로 하여 계약금액 조정요건이 성립된
경우에는 계약금액을 조정한다'고 규정하여 물가변동에 환율변동을 명시
적으로 포함시켰다.[22] 이와 같이 환율변동을 포함한 물가변동으로 인하여
계약금액을 구성하는 각종 품목 또는 비목의 가격이 상승 또는 하락한

---

20) 법률유보원칙, 평등원칙, 신뢰보호원칙, 비례원칙, 부당결부금지원칙 등을 말한다.
21) 권영준, 계약법의 사상적 기초와 그 시사점-자율과 후견의 관점에서-, 저스티
    스, 통권 제124호(2011. 6.), 170면.
22) 다만, 환율변동을 물가변동에 포함시킨 위 시행령 규정은 모법인 국가계약법의
    위임이 없거나 위임범위를 벗어난 것이어서 그 효력이나 구속력을 인정하기 어렵
    다는 대상판결의 대법관 조희대의 보충의견이 있으나, 계약금액 조정제도는 계약
    당사자들 사이에 형평을 유지하기 위한 것으로서 어느 일방에게 불리한 규정이 아
    니므로 엄격한 수준의 위임이 요구된다고 보기 어렵고, 국가계약법 제19조는 하위
    법령에 폭넓게 위임하고 있으며, 국가계약법 시행령 제64조 제7항도 환율변동을
    원인으로 계약금액 조정요건이 성립된 경우에 계약금액을 조정하라는 것에 불과하
    고, 환율변동은 계약금액에 미치는 영향을 고려할 때 물가변동과 차이가 없으므
    로, 위 시행령 규정은 당연한 내용을 확인적으로 규정한 것이라고 생각한다. 대법
    원 2003. 1. 10. 선고 2001다21113 판결도 위 시행령 규정의 신설 이전임에도 환
    율변동으로 인한 가격상승의 경우도 계약금액 조정이 가능함을 전제로 하고 있다.

경우 이를 조정함으로써 계약당사자 일방의 예기치 못한 부담을 경감시켜 원활한 계약이행을 실현하는 것이 물가변동으로 인한 계약금액 조정제도이다.[23] 통상 국가 등의 계약예규에 따라 공공계약의 공사계약일반조건으로 계약에 편입되어 있다.

그 이론적 배경에 관하여 '사정변경의 원칙'을 제도화한 것이라고 보는 견해[24]가 있으나, 물가변동은 계약 체결 당시 예상하기 어려운 사정변경이 아니므로, 공공계약의 특수성을 고려하여 물가연동조항(Escalation Clause)을 정책적으로 도입한 것으로 보아야 한다.[25] 판례[26]도 국가계약법 제19조를 신의칙 또는 사정변경의 원칙에 의한 계약금액조정을 일반화한 규정으로 보지 않는다.

2. 입법 연혁

물가변동으로 인한 계약금액 조정제도는 1977. 4. 1. 구 예산회계법 시행령 제95조의2로 신설되면서 처음 도입되었는데, 당시에는 '계약금액을 조정할 수 있다'고 규정하여 계약담당공무원에게 재량을 부여하였다. 그 후 발주기관이 재량규정임을 들어 계약금액 조정을 회피하자 건설업계의 의견을 반영하여 1983. 3. 28. 개정되면서 '당초의 계약금액에서 조

---

23) 계승균, 정부계약법상 계약금액조정제도, 경영법률(2006. 4.) 649면; 박성동 외 2, 국가계약법령 해설 및 유권해석, 건설경제, 2011. 201면.

24) 김성근, 정부계약법 해설Ⅱ, 건설경제, 2013, 129면.

25) 계승균, 앞의 글, 667-670면; 박은진, 프랑스 행정계약법상 '不豫見(l'im-prévision)'이론에 관한 연구−공법상 독자적 사정변경이론의 정립을 위하여, 행정법연구 제35권, 2013, 163면; 이영선, 국가계약법령상 물가변동에 따른 계약금액 조정규정의 적용을 배제하는 합의의 효력, 사법 제43호(2018. 3.), 604면; 이화연, 국가계약법령의 물가변동에 따른 계약금액 조정규정에 위배되는 계약금액 고정특약의 효력에 관하여, 사법 제44호(2018. 6.), 345면.

26) 대법원 2014. 11. 13. 선고 2009다91811 판결(계약 체결 당시 부가가치세 면제대상으로 알고 계약금액을 정한 후 법령의 개정으로 인하여 부가가치세 부과대상이 되어 계약상대자가 부가가치세를 납부한 후 신의칙 또는 사정변경의 원칙에 따라 '기타 계약내용의 변경'으로 인한 계약금액 조정규정을 유추적용 하여 계약금액을 수정하여야 한다고 주장하였으나, 이를 배척하는 대신에, 쌍방 공통의 착오로 인한 보충적 해석을 통해서 계약금액 수정을 인정하였다).

정한다'로 계약담당공무원에게 의무를 부과하는 형태로 변경되었다.[27]

위 시행령의 내용은 1989. 3. 31. 구 예산회계법이 전부개정 되면서 제92조로 옮겨졌는데, 당시 입법자료상 제안이유에는 '중소업자와 계약상 대자의 보호를 위하여' 도입한다고 기재되어 있었다.[28]

이후 1995. 1. 5. 제정된 국가계약법과 1995. 7. 6. 제정된 국가계약법 시행령에 그 내용이 반영되었고, 국가계약법 시행령이 1998. 2. 24. 개정되면서 기간 요건을 계약 체결 후 120일에서 60일로 단축하고, 2005. 9. 8. 다시 개정되면서 기간 요건을 계약 체결 후 60일에서 90일로 연장하고, 조정률 요건을 5/100에서 3/100으로 완화하였다.

3. 요건 및 효과

물가변동으로 인한 계약금액 조정을 위해서는 ① 계약 체결 후 90일이 경과하고, ② 품목조정률 또는 지수조정률[29]이 3/100 이상 증감되어야 하며, ③ 당사자의 계약금액조정신청이 있어야 한다.[30] 위와 같은 요건이 충족되면 상대방의 동의 없이도 바로 계약금액 조정이 이루어지고,[31] 증액뿐만 아니라 감액[32]도 가능하다. 계약 체결 후 90일이 지난날로서 품목조정률 또는 지수조정률이 3/100 이상 증감의 발생이라는 요건이 최초로 충족된 날이 조정기준일이 되고, 다음 조정기준일은 전 조

---

27) 김성근, 앞의 글, 138면.
28) 이영선, 앞의 글, 605면.
29) '품목조정률'에 의한 계약금액 조정은 계약금액을 구성하고 있는 모든 품목 또는 비목의 가격등락폭을 직접 계산하여 조정률을 산정하는 방법으로 실제 물가변동 내용대로 조정이 가능하나 산출방법이 복잡하고, '지수조정률'에 의한 계약금액 조정은 당해 계약금액의 산출내역을 구성하는 비목군별로 물가지수의 변동을 파악하여 간접적으로 계산하여 조정률을 산출하는 방법으로 조정률 산출이 간편하나 실제 물가변동 내용을 반영하기 곤란하다고 한다. 김성근, 앞의 글, 176면.
30) 대법원 2006. 9. 14. 선고 2004다28825 판결.
31) 다만, 당사자 사이에 계약금액조정을 염두에 두지 않고 확정적으로 지급을 마친 기성대가는 당사자의 신뢰보호 견지에서 계약금액 조정의 대상이 되지 않는다(대법원 2006. 9. 14. 선고 2004다28825 판결).
32) 국가 등이 한 감액조정을 인정한 사안으로는 대법원 2002. 11. 26. 선고 2001다11130 판결, 위 2004다28825 판결.

정기준일을 기점으로 하여 다시 위와 같은 요건이 최초로 충족되는 날이 된다.[33] 다만, 조정기준일부터 90일 이내에는 이를 다시 조정하지 못한다.

4. 대법원의 선례 및 국내의 기존 실무례

대법원 2003. 8. 22. 선고 2003다318 판결은 국가가 국제부흥개발은행(IBRD)으로부터 차관을 받아 그 재원으로 국제입찰에 따라 외자물품계약을 체결하면서 계약금액 고정특약이 포함된 IBRD 발행의 표준입찰서류를 기준으로 계약조건을 정한 사안에서 그 계약금액 고정특약이 국가계약법 제19조에 위반되어 무효라고 볼 수 없다고 판단하였다.[34][35]

한편, 기획재정부,[36] 조달청,[37] 공정거래위원회[38]는 국가계약법령상 물가변동으로 인한 계약금액 조정은 의무사항이므로 계약금액 조정을 배제하는 특약이나 특수조건은 위 법령 규정에 위배되어 무효라고 유권해석해 왔다.[39]

---

33) 대법원 2003. 1. 10. 선고 2001다21113 판결, 대법원 2003. 12. 11. 선고 2001다 3771 판결.

34) 1997년 외환위기로 인한 환율상승으로 600억 원의 환차손을 입었으므로 사정변경의 원칙상 계약금액이 증액되어야 한다는 주장에 대해서도 '계약 체결 후 급격한 환율상승으로 인해 손해를 입었다는 사정만으로 신의성실 또는 사정변경의 원칙에 의해 계약금액이 증액되어야 한다고 볼 수 없다'고 판시하였다. 이에 대하여 공공계약은 행정계약의 성격을 갖는다는 전제에서 공법상 사정변경이론을 도입하여 해결하여야 한다는 견해로는 박은진, 앞의 글, 165면.

35) 대상판결의 반대의견은 위 판결은 구 외자구매계약규정(1996. 12. 31. 대통령령 제15187호로 폐지되기 전의 것) 제7조, 제11조가 외자구매입찰에서 정부에 유리하거나 상관례가 있는 경우 광범위한 예외를 인정하고 있는 점 등에 비추어 계약금액 고정특약을 유효라고 판단한 것에 불과하므로, 위와 같은 특례 규정이 적용되지 않는 공공계약에는 적용될 수 없다고 평가하였다. 다만, 위 2003다318 판결은 상고이유 중 '원심이 강행규정인 국가계약법 제19조의 성격을 잘못 판단한 법리오해가 있다'는 부분이 있었음에도 원심에는 법리오해가 없다고 판단하였으므로, 강행규정임을 부인하는 전제에 있다고 평가하여야 한다. 한편, 김기풍, 장기계속공사계약과 계약금액조정제도, 재판실무연구, 광주지방법원, 2012, 110면에서는 임의규정으로 본 것이라고 평가한다.

36) 2007. 6. 19. 회제41301-131호, 2007. 6. 19. 회제41301-622호.

37) 국가를 당사자로 하는 계약에 관한 법규의 조달청 유권해석사례집, 235면.

38) 2006. 12. 19. 의견 제2006-287호.

5. 외국의 입법 · 실무례 개관[40]

가. 미 국

연방조달규정에서 물가변동으로 인한 계약금액 조정제도(Economic Price Adjustment)를 두고 있으나 그 적용 여부는 발주자의 재량이다. 계약자의 통제 범위를 벗어난 노임이나 자재비용의 등락, 물가 변동에 의해 직접적인 영향을 받는 비용에만 적용되고, 계약금액의 최소 3% 이상의 순변동을 초래하지 않는 노임이나 자재단가의 변동은 조정 대상이 아니며, 계약금액의 총 조정액은 10%를 초과할 수 없다. 확정정액계약으로 발주하는 경우 발주자는 공사비 산정 시 향후 물가변동을 포함하여 추정가격을 작성하며, 입찰자는 향후 물가상승비용을 포함시켜 투찰하는 것이 일반적이다. 이 경우 시공 중 물가변동에 따른 계약금액 조정은 원칙적으로 발주자의 귀책사유에 기인하여 작업이 지연되고, 이에 따라 자재비나 노무비가 증가하는 경우에 한정된다.

나. 일 본

공공계약을 규율하는 회계법, 지방자치법과 그 위임에 따른 하위법령에 계약금액 조정에 관한 규정은 없고, 표준계약서 역할을 하는 「공공공사청부계약약관」에 '임금 또는 물가변경에 근거하는 도급금액의 변경' 조항을 두고 있다. 위 조항에 의하면, 발주자 또는 수주자는 도급계약 체결일로부터 12개월 경과 후 상대방에게 임금 또는 물가 수준의 변경으로 인해 도급금액이 부적당하다고 인정될 때에는 도급금액의 변경(감액 또는 증액)을 청구할 수 있고, 상대방은 변경 전·후 잔여공사 금액의 차액 중

---

39) 대상판결의 반대의견은, 다수의견이 이와 같이 30년(환율변동의 경우 9년) 넘게 정착되어 온 공공계약 시장질서에 예기치 않은 충격을 줌으로써 혼란을 야기할 수 있음을 지적하였다.

40) 박정훈, 앞의 글, 587면; 박은진, 앞의 글, 155면; 이영선, 앞의 글, 605-606면; 김성근, 앞의 글, 139-141면; 최민수, 물가변동에 따른 리스크 부담의 해외 사례 검토 및 시사점, 한국건설산업연구원, 2016, 4-22면 등을 참조하여 간략히 정리하였다.

변경 전 잔여공사 금액의 1000분의 15를 넘는 액에 대해 변경에 응하여
야 하나, 증가된 금액 전체에 대하여 변경하는 것이 아니라, '경미한 변
동분'을 초과하는 금액에 대해서만 협의 하에 정하고, 협의가 이루어지지
않은 경우에는 발주자가 정한다.

다. 독   일

「경쟁제한법」제4장에서 공공계약을 규율하고 있으나, 물가변동을
이유로 계약금액을 사후적으로 변경하도록 강제하는 규정이나 제도는
없다.

라. 프 랑 스

법규명령인 「공공조달계약법전」에서 고정가격을 행정계약의 원칙적
인 형태로 두면서도, 이행기간이 3개월을 초과하고, 급부를 실현함에 있
어 원재료 가격이 국제시세변동의 영향을 직접 받는 등 공급의 문제점에
대한 대책을 마련할 필요성이 있을 때에는 '가격수정' 조항을 의무적으로
넣도록 하였다.

Ⅳ. 쟁점 규정의 법적 성격과 이 사건 특약의 효력

1. 들어가며

이 사건 특약은 환율변동을 포함한 물가변동이 있어도 국외 공급분
의 계약금액을 고정하기로 함으로써 국가 등에 계약금액 조정의무를 부
과한 쟁점 규정의 적용을 배제하였다. 다만, 법률규정에 어긋나는 법률
행위의 효력을 부인하기 위해서는 그 법률규정이 ① 먼저 훈시규정이나
내부규정이 아니라 대외적으로 구속력 있는 법규성[41]이 인정되어야 하
고, ② 나아가 임의규정이 아니라 일정한 행위를 강제하거나 금지·의무
화하는 강행규정 또는 단속규정이어야 하며, ③ 끝으로 단속규정에 해당

---

41) 대법원은 '법규성이 없는 내부지침', '법규성이 없는 시행규칙', '법규성이 없는 행
  정명령', '검찰사건사무규칙의 법규성', '취업규칙의 법규성', '상속세법 기본통칙의
  법규성' 등으로 표현하면서 단순히 훈시규정이나 내부규정이 아니라 대외적으로
  구속력이 있는 규정을 '법규성'이 있다고 표현한다.

하는 경우에는 단순히 제재를 하는 데 그치는 것이 아니라 사법상 효력 자체를 부인하는 효력규정에 해당하여야 한다.[42] 아래에서 이를 차례로 살펴본다.

2. 대외적으로 구속력 있는 법규성 인정 여부

가. 계약담당공무원이 지켜야 할 계약사무처리에 필요한 사항을 규정한 내부규정에 불과하다는 견해(소극설)

대상판결의 1심과 원심의 태도이다. 국가계약법령의 법적 성격에 관한 종래 판례의 주류적 태도이기도 하다. 대법원은 1996. 4. 26. 선고 95다11436 판결에서 1995. 1. 5. 국가계약법이 제정되기 전 「예산회계법」을 통해 공공계약을 규율하던 때부터 '예산회계법 규정은 관계 공무원이 지켜야 할 계약사무처리에 필요한 사항을 규정한 것으로 국가의 내부규정[43]에 불과하다'고 판시한 이래 국가계약법 제정 후에도 같은 태도를 유지해 왔다.[44]·[45] 구체적으로 지체상금,[46] 계약보증금,[47] 입찰절차,[48] 낙찰

---

42) 본고에서 사용하는 임의규정·강행규정·단속규정이라는 용어의 정의는 뒤에서 상세히 살펴본다.

43) 여기서 '내부규정'이란 행정기관만을 구속하며 원칙상 대외적 구속력을 갖지 않아 위반사실 자체만으로 위법하다고 평가되지 않는 '행정규칙'을 일컫는 표현으로 보인다. 행정법 학계에서는 '법규명령'과 '행정규칙' 모두 광의의 행정입법으로 보면서도 전자는 법규성이 있으나 후자는 법규성이 없고, 양자는 통상 법적 근거를 필요로 하는지에 따라 구분된다고 보고 있다. 박균성, 앞의 글, 189-190면 참조

44) 대법원의 이러한 태도는 과거 독일에서 공공계약을 법률의 위임 없는 행정규칙으로 규율해 오던 것에서 유래되었다고 보는 견해로는 박정훈, 앞의 글, 577면.

45) 다만, 대법원 2001. 12. 11. 선고 2001다33604 판결은 '계약담당공무원이 입찰절차에서 법령이나 세부심사기준에 어긋나게 적격심사를 하였다는 사유만으로 당연히 낙찰자 결정이나 그에 따른 계약이 무효가 되는 것은 아니나, 상대방도 이러한 사정을 알았거나 알 수 있었을 경우 또는 누가 보더라도 낙찰자의 결정 및 계약 체결이 선량한 풍속 기타 사회질서에 반하는 행위에 의하여 이루어진 것임이 분명한 경우 등 이를 무효로 하지 않으면 그 절차에 관하여 규정한 국가계약법의 취지를 몰각하는 결과가 되는 특별한 사정이 있는 경우에 한하여 계약이 무효가 된다'고 판시하였고, 그 후에도 유사한 취지의 판례가 계속 이어졌는데, 이는 국가계약법령의 법규성은 인정하지 않는 전제에서 '공서양속 위반'과 같은 사법의 원리를 적용해서 사안을 해결한 것으로 평가된다.

46) 대법원 1996. 4. 26. 선고 95다11436 판결, 대법원 2005. 12. 22. 선고 2005다56698 판결.

자 결정기준⁴⁹⁾에 관한 규정을 내부규정에 불과하다고 보아 그를 위반한
계약이나 입찰·낙찰의 효력을 인정하였다.⁵⁰⁾

나. 대외적으로 구속력 있는 법규성을 인정하는 견해(적극설)

대상판결의 반대의견의 태도이다. 국가계약법령의 법적 성격에 관
한 다수설의 태도⁵¹⁾이기도 하다. 대상판결의 다수의견도 종래의 표현과
는 달리 '내부규정'임을 명시하지 않고, 단지 특약을 금지하거나 제한하
는 효력이 없으며, 쟁점 규정의 취지에 배치되지 않는 범위에서 특약을
체결할 수 있다고 판시하여 법규성은 인정하는 전제에 있다고 평가할
수 있다.⁵²⁾

다. 검   토

쟁점 규정은 국회가 제정한 법률이거나 그 위임에 따른 법규명령으
로서 '내부규정'에 불과한 것으로 볼 수 없고, 계약금액 조정요건과 방법
을 구체적으로 규정하여 계약당사자들이 이를 준수할 것을 요구하고 있

---

47) 대법원 2004. 12. 10. 선고 2002다73852 판결, 대법원 2008. 2. 14. 선고 2006다
43668 판결.
48) 대법원 2006. 7. 13. 선고 2004다57984 판결.
49) 대법원 2004. 6. 25. 선고 2004다15249 판결, 대법원 2006. 4. 28. 선고 2004다
50129 판결, 대법원 2008. 2. 28. 선고 2007다79282 판결.
50) 한편, 대법원 2012. 9. 20.자 2012마1097 결정은 대표자 변경등록 해태를 입찰무
효 사유로 규정한 국가계약법 시행규칙 제44조 제6호의3 나목은 '내부규정'이기는
하나, '입찰의 공공성과 공정성을 현저히 침해한다'고 볼만한 정형적 사항을 규정
한 것이므로 이를 위반한 입찰은 무효가 된다고 보았다.
51) 박정훈, 앞의 글, 627-628면; 박은진, 앞의 글 155면; 김기풍, 앞의 글, 111면;
김성근, 앞의 글, 142면; 계승균, 앞의 글, 654면.
52) 한편, 과거에도 대법원 1993. 6. 8. 선고 92다49447 판결, 대법원 2005. 5. 27.
선고 2004다30811, 30828(병합) 판결, 대법원 2004. 1. 27. 선고 2003다14812 판결,
대법원 2009. 12. 24. 선고 2009다51288 판결, 대법원 2015. 1. 15. 선고 2013다
215133 판결 등은 계약담당공무원이 국가계약법령상 요구되는 계약의 목적, 계약
금액, 이행기간, 계약보증금, 위험부담, 지체상금 기타 필요한 사항을 명백히 기재
한 '계약서'를 작성하지 않은 사안에서 위 법령상의 요건과 절차를 거치지 않은 계
약의 효력은 없다고 판시하였고, 위 법령의 법적 성격이 강행규정이어서 그 위반
을 들어 무효를 주장하는 것이 신의칙 위반도 아니라고 판시하기도 하였으나(위
2003다14812 판결), 이는 국가계약법 제11조 제2항이 계약서의 작성을 공공계약의
'성립요건'으로 정하고 있기 때문으로 보이므로, 대법원이 국가계약법령 규정의 법
규성을 전면적으로 인정하고 있다는 근거로 보기에는 부족한 면이 있다.

으므로 '훈시규정'에 불과하다고도 볼 수 없으므로 대외적으로 구속력 있
는 법규성을 인정하는 적극설이 타당하다. 그리고 대상판결의 다수의견
과 반대의견 모두 쟁점 규정의 법규성은 인정하고 있으므로, 향후 국가
계약법령의 법적 성격에 관한 판례의 주류적 태도도 적극설로 변화될 것
으로 기대된다.[53]

3. 임의규정 · 강행규정 · 단속규정의 구별
가. 용어의 정의

민법은 법률행위의 총칙에 해당하는 제105조에서 '임의규정'인 경우
법률행위의 당사자가 다른 의사를 표시한 때에 그 의사에 의한다고 규
정한 반면에, 개별 조문[54]에서 '강행규정'에 해당하는 규정을 열거하면서
이를 위반하는 약정으로서 당사자에게 불리한 것은 효력이 없다고 규정
하고 있다. 따라서 강행규정으로 열거되지 않은 민법 규정은 특별한 사
정[55]이 없는 한 임의규정으로 보는 것이 일반적이다. 다만, 민법에는 '효
력규정'이나 '단속규정'과 같은 용어는 존재하지 않는다.[56] 그러나 민법
이외에 행정법이나 민사특별법에 점차 당사자들에게 일정한 의무를 부과
하거나 일정한 행위를 금지하는 규정이 증가하고, 그러한 규정에 위반된
법률행위의 사법상 효력이 문제되자 사법상 효력이 부정되는 '효력규정'
과 그렇지 않은 '단속규정'이라는 용어가 학설과 판례에서 널리 사용되어

---

53) 대법원 2012. 5. 17. 선고 2009다105406 판결을 마지막으로 국가계약법령이 '내
   부규정'에 불과하다는 대법원 판례는 더 이상 나오지 않고 있다.
54) 제289조(지상권), 제652조(임대차계약), 제674조의9(여행계약).
55) 예를 들어 ① 사회의 기본적 윤리관을 반영하는 규정(친족·상속편에 그 예가
   많다), ② 가족관계질서의 유지에 관한 규정(친족편에 그 예가 많다), ③ 법률질서
   의 기본구조에 관한 규정(권리능력, 행위능력, 법인제도 등에 관한 규정 등), ④ 제
   3자, 나아가서는 사회 일반의 이해에 직접 중요한 영향을 미치는 것(물권편에 그
   예가 많다) 등이다. 양창수·김재형, 민법총칙, 박영사, 2013, 276면.
56) 한편, 독일 민법 제134조(법률상 금지)는 '법률의 금지에 위반하는 법률행위는
   그 법률로부터 달리 해석되지 아니하는 한 무효이다'라고 규정하여 '강행규정'과
   구별되는 '금지규정(Verbotsgesets)'을 인정하고 있다. 양창수, 독일 민법전, 박영사,
   2018, 59면; 김재형, 법률에 위반된 법률행위, 민법론 I, 박영사, 2010, 35면.

왔다.

임의규정이란 법률행위의 일응의 원칙이나 기준만을 설정해주면서 법률행위의 내용을 보충하는 규정으로서 그와 다른 특약이 자유롭게 허용되는 규정을 의미한다는 데에 이견이 없다.

다만, 강행규정, 효력규정, 단속규정의 관계와 관련하여 ① 단속규정을 강행규정의 일종으로 보고 강행규정을 '효력규정'과 '단속규정'으로 구분하는 견해(1설),[57] ② 강행규정과 단속규정을 별개로 파악하고 단속규정을 다시 '효력규정'과 '단순한 단속규정'으로 구분하는 견해(2설),[58] ③ 실정법규정을 공법규정과 사법규정으로 구분하고, 사법규정에는 강행규정과 임의규정이, 공법규정에는 단속규정이 포함되어 있으며, 다시 강행규정을 계약의 성립에 관한 '효력규정'과 계약의 내용에 관한 '내용강제규정'으로 구분하는 견해(3설)[59] 등이 나뉘어 있다. 판례는 대체로 법률행위를 무효로 하는 규정을 '강행규정' 또는 '효력규정'이라고 하여 양자를 같은 의미로 사용하고, 그렇지 않은 규정을 '단속규정' 또는 '단순한 단속규정'이라고 한다.[60]

어느 견해를 따르더라도 실제 결론에 영향을 미치는 것은 아니나, 본고에서는 민법의 용례와 같이 문언상 사법상 효력을 부정한다는 것이

---

57) 곽윤직 편집대표, 민법주해 총칙(2), 박영사, 1992, 260−261면(박영식 집필부분); 곽윤직, 민법총칙, 박영사, 2003, 211면; 김주수 · 김상용, 민법총칙, 삼영사, 2013, 315면; 송덕수, 민법총칙, 박영사, 2018, 189면.

58) 김용담 편집대표, 주석민법 총칙(2), 한국사법행정학회, 2010, 476−477면(백태승 집필부분); 곽윤직 · 김재형, 민법총칙, 박영사, 2012, 267면; 이영준, 민법총칙, 박영사, 2007, 217면; 백태승, 민법총칙, 집현재, 2016, 326면.

59) 이은영, 민법총칙, 박영사, 2009, 388−389면. 여기서 '내용강제규정'의 경우에는 계약 자체는 유효하게 성립하게 되며 계약내용의 일부만이 법령에 의해 수정된다고 한다.

60) 대법원은 '강행규정이기는 하나 이른바 단속규정이어서'(대법원 1996. 7. 26. 선고 95다55351 판결), '강행법규로서 효력규정으로 보아야 하고'(대법원 2014. 7. 10. 선고 2012다46385 판결)라고 표현하여 1설에 가깝다고 볼 여지가 있으나, '단순한 단속규정에 불과할 뿐 효력규정이라고 할 수는 없어'(대법원 2013. 7. 25. 선고 2011다7628 판결), '강행규정이 아닌 이른바 단속규정에 불과하다'(대법원 2009. 6. 25. 선고 2007다12944 판결)라고 표현하여 2설에 가깝다고 볼 여지도 있어 어느 견해를 취하고 있다고 단정하기 어렵다.

명시되어 있는 규정[61]만을 '강행규정'으로 보고, 이와는 별도로 당사자들에게 일정한 의무를 부과하거나 일정한 행위를 금지하는 규정을 '단속규정'이라 하고, 다시 '단속규정'을 사법상 효력이 부정되는 '효력규정'과 그렇지 않은 '단순한 단속규정'으로 나누어 표현하기로 한다.[62] 이는 앞서 본 2설에 가깝고, 판례의 일반적인 용례와도 크게 어긋나지 않는다.

나. 대상판결 사안에의 적용

(1) 대상판결의 태도

다수의견은 쟁점 규정이 단속규정에 해당한다는 등의 명시적인 표현을 하지 않았으나, '쟁점 규정의 취지에 배치되지 않는 한' 개별 계약의 구체적 특성, 계약이행에 필요한 물품의 가격 추이 및 수급 상황, 환율변동의 위험성, 정책적 필요성, 경제적 변동에 따른 위험의 합리적 분배 등을 고려하여 쟁점 규정의 적용을 배제하는 합의를 할 수 있고, 쟁점 규정은 국가 등이 사인과의 계약관계를 공정하고 합리적·효율적으로 처리할 수 있도록 '계약담당자 등이 지켜야 할 사항'을 규정하는 데에 그칠 뿐이며, 국가 등이 계약상대자와의 합의에 기초하여 계약당사자 사이에만 효력이 있는 특수조건 등을 부가하는 것을 금지하거나 제한하는 것이라

---

61) 가령, 민법 제42조 제2항(사단법인의 무허가 정관변경), 제45조 제2항(재단법인의 무허가 정관변경), 제289조(지상권), 제652조(임대차계약), 제674조의9(여행계약), 주택임대차보호법 제10조, 상가건물임대차보호법 제15조, 부동산 실권리자명의 등기에 관한 법률 제4조, 근로기준법 제15조(근로조건 미달), 제97조(취업규칙 기준 미달), 약관의 규제에 관한 법률(이하 '약관규제법'이라 한다) 제6조, 이자제한법 제2조, 할부거래에 관한 법률 제43조, 대부업의 등록 및 금융이용자보호에 관한 법률 제8조, 전통사찰의 보존 및 지원에 관한 법률 제9조 제3항(전통사찰의 무허가 부동산 처분), 외국인토지법 제4조 제3항(외국인의 무허가 토지취득계약), 독점규제 및 공정거래에 관한 법률 제19조 제3항(부당한 공동행위 약정) 등.

62) '단속규정'이 어감상 행정제재규정만을 의미하는 것으로 오인될 여지가 있고, '단속규정'을 또다시 '단순한 단속규정'으로 나누는 것이 부자연스러우나, 대상판결의 반대의견을 포함하여 판례가 공·사법을 구별하지 않고 '단속규정'이란 용어를 널리 사용하고 있고, '단순한 단속규정'을 대체할 용어도 학설상 마땅히 없으므로 본고에서는 논의의 편의상 그 용례를 따르기로 한다(私見으로는 공·사법을 아울러 '단속규정' 대신에 '금지규정'이라 표현하고, 이를 '효력규정'과 '비효력규정'으로 나누어 표현하는 것이 자연스럽다고 생각한다). 송덕수, 앞의 글, 189면에서도 사법상의 법률관계를 규율하는 것이라면 그것이 공법규정이든 사법규정이든 구별할 필요 없이 같은 평면에서 다루는 것이 마땅하다고 본다.

고 할 수 없고, 사적자치와 계약자유의 원칙상 '그러한 계약 내용이나 조치의 효력을 함부로 부인할 것이 아니다.'는 표현에 비추어 볼 때 쟁점 규정을 그와 다른 특약이 자유롭게 허용되는 '임의규정'이 아니라 제반사정을 고려하여 사법상 효력을 인정할 수 있는 '단속규정'으로 보고 있다고 평가하는 것이 타당하다.[63) · 64)] 반대의견은 다수의견이 쟁점 규정을 단속규정으로 보고 있다는 전제에서 비판하면서 쟁점 규정이 '강행규정 또는 효력규정'에 해당한다고 명시하였다.

(2) 검   토

쟁점 규정은 계약금액 조정의무를 배제하는 특약의 허용 여부나 그 사법상 효력에 관해서는 규정하고 있지 않으므로 앞서 본 용례에 따를 때 쟁점 규정을 강행규정으로 볼 수 없다. 나아가 쟁점 규정은 단순히 공공계약의 일응의 원칙이나 기준만을 설정해 주면서 그 내용을 보충하기 위한 것이 아니라 직접 일방당사자인 계약담당공무원에게 구체적인 의무를 부과하고 있으므로 임의규정이 아니라 '단속규정'에 해당한다.

4. 단속규정에 위반된 법률행위의 효력[65)]

가. 문제의 소재

당사자들에게 일정한 의무를 부과하거나 일정한 행위를 금지하는 단속규정을 위반한 경우의 사법상 효력에 관하여 아무런 규정이 없을 때

---

63) 따라서 '국가 등이 계약상대자와의 합의에 기초하여 계약당사자 사이에만 효력이 있는 특수조건 등을 부가하는 것을 금지하거나 제한하는 것이라고 할 수 없으며' 부분은 '단속규정'임을 부인하려는 표현이 아니라 '효력규정'임을 부인하려는 표현으로 해석되어야 한다.

64) 다만, 권영준, 앞의 글, 42면은 다수의견이 쟁점 규정을 '임의규정'으로 보고 있다는 전제에서 설명하고 있다.

65) 연구자에 따라 '단속법규위반과 사법상의 효력'(고상룡), '규제법령에 위반된 법률행위'(이은영), '법률에 위반한 법률행위'(김재형), '단속법규 위반행위의 사법상의 효력'(민형기), '규제규정에 위반한 계약의 효력'(최경진) 등으로 표현하고 있다. 또한 이 쟁점에 대해서 '효력규정과 단속규정의 구별'의 문제로 접근하는 것이 오히려 일반적이고 판례의 태도라 할 수 있는데, 접근방법상의 차이일 뿐 실질적으로 사안을 해결함에 있어 차이는 없다.

어떻게 판단하여야 하는가에 관하여 종래부터 논란이 많았다. 결국 여러 가지 요소를 고려하여 결정할 문제로서 1차적으로는 법이 행위 그 자체를 제한하려는 것인가, 아니면 그 행위의 효과를 부인하려는 것인가 따져 보아야 하고, 또 그 효과를 부인하여야만 제재의 목적을 달성할 수 있는지 여부를 고려하여야 할 것이나, 그 판단이 용이한 것은 아니다.[66] 이와 같이 판단기준이 모호하기 때문에 단속규정을 위반한 법률행위의 효력에 관하여 기본입장을 정하는 것이 중요하다[67]는 관점에서 보면 학설을 아래와 같이 크게 둘로 나누어 볼 수 있다.

나. 학   설

(1) 원칙적으로 유효하나 예외적으로 무효라는 견해(원칙적 유효설)

① 행정법규에는 단순한 단속규정에 지나지 않는 것이 많겠지만 구체적으로는 그 법률행위를 유효·무효로 함으로써 생기는 사회경제적 영향을 고려하여 그 법규의 입법취지가 법규의 규정하는 내용 그 자체의 실현을 금지하고 있는가 아니면 단순히 그러한 행위를 하는 것을 금지하고 있는가에 따라서 결정할 수밖에 없다는 견해,[68] ② 법질서의 자기모순이 당해 단속법규의 목적 등을 고려하여 볼 때 너무 현저하여 이를 방치할 수 없는 경우에는 무효로 보아야 한다는 견해,[69] ③ 원칙적으로 유효로 하고 예외적으로 문제의 행정법규 위반행위가 중대한 법익을 해치게 되고 강력한 비난을 면치 못하는 경우에 한하여 그 행위를 무효로 보아야 한다는 견해,[70] ④ 대부분의 금지규정은 일정한 행정목적을 달성하기 위한 수단으로 만들어진 것이어서 사법상의 판단에 있어서는 이러한 것에 얽매이지 않고 독자적인 기준에 입각하여 판단하여야 하고, 행정목적을 달성하기 위하여 사인간의 법률행위를 금지하는 것은 매우 행정편의적인 발상이며 민사법원은 이에 일정한 제동을 걸 필요가 있다는 견해[71]

---

66) 윤진수, 2007년도 주요 민법 관련 판례 회고, 민법논고 Ⅶ, 박영사, 2015, 414-415면.
67) 김재형, 2007년 민법 판례 동향, 민법론 Ⅳ, 박영사, 2011, 426면.
68) 곽윤직, 앞의 글, 212면.
69) 이영준, 앞의 글, 220면.
70) 고상룡, 민법총칙, 법문사, 2005, 361면.

등으로 민법학계의 전통적인 견해이다.

(2) 원칙적으로 무효이나 예외적으로 유효라는 견해(원칙적 무효설)

① 금지규정에 위반된 법률행위는 사회질서 위반으로 보아 민법 제
103조에 의하여 원칙적으로 무효이나, 금지규정의 성질상 법률행위를 무
효로 할 필요가 없는 경우에 한하여 예외적으로 유효가 된다는 견해[72]와
② 법률에서 일정한 행위를 금지하면서 이를 위반한 계약을 유효하다고 하
는 것은 법질서의 자기모순이므로 사법상의 거래를 규제하는 법령에 위반
한 법률행위는 원칙적으로 무효라고 보아야 하는데, 금지규정이 쌍방을 규
율하는 경우, 일방을 규율하나 그 취지가 상대방 보호인 경우에는 무효로
보고, 일방을 규율하나 거래안전에 위협이 되는 경우에는 예외적으로 유효
로 보아야 한다는 견해[73]로 최근 민법학계에서 제기되고 있는 견해이다.

다. 판례의 태도

(1) 일 반 론

대법원이 법률규정에 위반된 법률행위의 효력과 관련하여 그 법률규
정을 '강행규정 또는 효력규정'으로 보아 무효로 본 사례와 '단속규정 또
는 단순한 단속규정'으로 보아 유효로 본 사례가 모두 여럿 축적되어 있
고,[74] 같은 법령임에도 개별 규정별로 그 성격을 달리 본 사례, 같은 규

---

71) 김동훈, '단속규정과 효력규정, 무효의 효과', 고시연구 제30권 제2호(2003. 2.),
126면.
72) 이은영, 규제법령에 위반된 법률행위의 무효, 송천 이시윤 박사 화갑기념논문,
1995, 39면.
73) 김재형, 법률에 위반된 법률행위, 민법론Ⅰ, 박영사, 2010, 61면.
74) [강행규정 또는 효력규정으로 본 사례]
　광업법상 광업권자만이 채굴할 수 있다는 규정(대법원 1966. 7. 5. 선고 66다
423 판결), 공인중개사법상 수수료 한도 규정(대법원 2007. 12. 20. 선고 2005다
32159 전합 판결), 부동산중개업법상 중개사무소 개설등록 규정(대법원 2010. 12.
23. 선고 2008다75119 판결), 국토이용관리법상 토지거래허가 규정(대법원 1991.
12. 24. 선고 90다12243 전합 판결), 농지개혁법상 법인의 농지 소유권 취득 금지
규정(대법원 2014. 5. 29. 선고 2012다44518 판결), 농지개혁법상 자경·자영 의사
없는 농지취득 금지규정(대법원 1994. 9. 13. 선고 93다52501 판결), 농지법상 농
지취득자격증명 규정(대법원 2012. 11. 29. 선고 2010다68060 판결), 보조금법상
보조금으로 취득한 재산의 타용도 사용·처분 금지규정(대법원 2004. 10. 28. 선고
2004다5556 판결), 상법상 자기주식취득 금지규정(대법원 2003. 5. 16. 선고 2001

다44109 판결), 상법상 1주 1의결권 원칙 규정(대법원 2009. 11. 26. 선고 2009다 51820 판결), 증권거래법상 투자수익보장 금지규정(대법원 1996. 8. 23. 선고 94다 38199 판결), 신탁업법상 손실보전·이익보족 금지규정(대법원 2007. 11. 29. 선고 2005다64552 판결), 상호신용금고법상 자기자본 초과차입 금지규정(대법원 1985. 11. 26. 선고 85다카122 전합 판결), 사립학교법상 학교교육에 직접 사용되는 학교 법인 재산 처분 금지규정(대법원 2000. 6. 23. 선고 2000다12761, 12778 판결), 사립학교법상 허가 없는 기본재산 처분, 의무부담·권리포기 금지규정(대법원 1998. 12. 8. 선고 98다44642 판결), 전통사찰보존법상 허가 없는 사찰재산 처분 금지규정(대법원 2001. 2. 9. 선고 99다26979 판결), 노동조합법상 단체협약 서면작성 서명날인 규정(대법원 2001. 5. 29. 선고 2001다15422 판결), 근로기준법상 부당해고 금지규정(대법원 1992. 5. 26. 선고 92다3670 판결), 직업안정법상 근로자공급사업 허가규정(대법원 2005. 6. 25. 선고 2002다56130, 56147 판결), 정당법상 합당으로 인한 권리의무 승계 규정(대법원 2002. 2. 8. 선고 2001다68969 판결), 임대주택법 령상 표준임대보증금 및 표준임대료 초과 금지규정과 임차인의 동의가 있는 경우 에 상호전환이 가능하다는 고시 규정(대법원 2010. 7. 22. 선고 2010다23425 판결), 임대주택법령상 분양전환가격 산정기준 규정(대법원 2011. 4. 21. 선고 2009 다97079 전합 판결), 의료법상 비의료인의 의료기관개설 금지규정(대법원 2003. 4. 22. 선고 2003다2390, 2406 판결), 변호사법상 변호사 아닌 자의 법률사무취급 알 선행위 금지규정(대법원 1978. 5. 9. 선고 78다213 판결) 등.

[단속규정 또는 단순한 단속규정으로 본 사례]

공인중개사법상 금품수수 금지규정(대법원 2001. 3. 23. 선고 2000다70972 판결), 공인중개사법상 중개사와 의뢰인의 직접거래 금지규정(대법원 2017. 2. 3. 선고 2016다259677 판결), 주택건설촉진법상 전매 제한규정(대법원 1997. 6. 27. 선고 95다47343 판결), 주택건설촉진법상 무자격조합원에 대한 아파트 임의분양 금지규정(대법원 1993. 7. 27. 선고 93다2926 판결), 주택법상 전매 금지규정(대법원 2011. 5. 26. 선고 2010다102991 판결), 주택법상 조합원 자격상실 규정(대법원 2011. 12. 8. 선고 2011다5547 판결), 시설대여업법상 시설대여 제한규정(대법원 2009. 9. 10. 선고 2006다64627 판결), 사립학교법상 교비회계의 전출·대여 금지 규정(대법원 1996. 12. 24.자 96마1302, 1303 결정), 은행법상 여신제공한도 규정 (대법원 2006. 7. 28. 선고 2006다5505 판결), 금융산업의 구조개선에 관한 법률상 금융기관의 타회사 주식 한도 초과 보유시 금감원 승인규정(대법원 2003. 11. 27. 선고 2003다5337 판결), 중소기업창업지원법상 업무집행조합원의 투자조합재산 담보제공 금지규정(대법원 2003. 2. 28. 선고 2001다52148 판결), 수산업법상 어업권 의 이전분할변경 금지규정(대법원 1992. 9. 22. 선고 92다24769 판결), 농수산물유통 및 가격안정에 관한 법률상 농수산물의 경매 또는 입찰을 통한 매매규정(대법원 2007. 10. 27. 선고 2005다33121 판결), 건설업법상 도급한도액 규정(대법원 1994. 12. 2. 선고 94다14728 판결), 금융실명거래및비밀보장에관한긴급재정명령상 예금명의신탁 금지규정(대법원 2001. 1. 5. 선고 2000다49091 판결), 상호신용금고 법상 동일인 한도초과대출 금지규정(대법원 1997. 8. 26. 선고 96다36753 판결), 상호신용금고법상 출자자과 그 직계친족 대출금지규정(대법원 1994. 10. 28. 선고 94다28604 판결), 신용협동조합법상 업무범위 규정-비조합원의 예탁행위(대법원 2001. 6. 12. 선고 2001다18940 판결), 보험업법상 보험모집인의 불완전판매 금지정에 대해서 그 성격을 달리 보아 판례를 변경하거나 전원합의체로 판결한 사례도 여럿 있어 단속규정에 위반된 법률행위의 효력에 대한 확고한 기본입장이 있다고 보기 어렵다. 또한 대법원은 과거 별다른 고려요소를 제시하지 않거나 입법 목적과 취지만을 판단기준으로 삼아오다가 점차 개별 사안에 따라 법질서 위반의 정도, 사회적 약자의 보호, 거래안전에 미치는 영향 등을 추가로 고려하였고, 최근에는 위와 같은 고려요소 등을 종합하여 여러 법익 간의 가치평가와 비교형량을 통해 사안을 해결하려는 경향을 보이고 있다.

(2) 주요 판례

(가) 입법 목적과 취지를 고려한 사례

1) 대법원 1975. 4. 22. 선고 72다2161 전원합의체 판결

외환관리법은 같은 법 제1조에서 규정하고 있는 바와 같이 외국환과 그 거래 기타 대외거래를 관리하여 국제수지의 균형, 통화가치의 안정과 외화자금의 효율적인 운용을 기하기 위하여 위와 같은 제한규정을 두고 있는 것인바, 같은 법 제2조에서는 같은 법에 의한 제한은 같은 법의 목적을 달성함에 필요한 범위 내에서 운용되어야 하며 정부는 국제수지의 개선, 통화가치의 안정 등을 도모함으로써 점차 같은 법에 의한 제한이 완화되도록 한다고 규정하고 있으므로 외국환관리법에 의한 위의 규정들은 원래 자유로이 할 수 있었어야 할 대외거래를 국민경제의 발전을 도모하기 위하여 과도적으로 제한하는 규정들로서 단속법규라고 해석함이 타당하다.[75]

규정(대법원 2007. 6. 29. 선고 2007다9160 판결), 공업단지관리법과 공업배치 및 공장 설립에 관한 법률상 공단용지의 처분제한 규정(대법원 1994. 10. 25. 선고 94다35527 판결), 외국환관리법상 거주자와 비거주자간의 채권행위 금지규정(대법원 1975. 4. 22. 선고 72다2161 전합 판결), 전기통신사업법상 공정한 경쟁질서 저해행위 금지규정(대법원 2009. 6. 25. 선고 2007다12944 판결), 하도급거래 공정화에 관한 법률상 대금증액 의무규정(대법원 2000. 7. 28. 선고 2000다20434 판결), 하도급거래 공정화에 관한 법률상 대금감액 금지규정(대법원 2011. 1. 27. 선고 2010다53457 판결), 여객자동차운수사업법상 명의이용(지입) 금지규정(대법원 2018. 7. 11. 선고 2017다274758 판결) 등.

75) 이로써 위 규정들을 효력규정으로 판단하였던 대법원 1972. 1. 31. 선고 71다

2) 대법원 1991. 6. 14. 선고 91다7620 판결[76]

국토이용관리법 제21조의2 제1항, 제21조의3 제1항, 제7항, 같은 법 시행령 제23조, 같은 법 제31조의2의 각 규정을 종합해 보면, 위 법의 취지는 관할 도지사의 거래허가 전에 당사자 사이에 채권적 구속력을 가지는 계약의 체결을 금지하여 투기억제, 지가폭등의 진정 등의 목적을 달성하기 위한 것으로서 관할 도지사의 허가를 받기 전의 매매계약은 위 법 제21조의3 제7항에 의하여, 또는 위 법 제31조의2에 위배된 범법행위로서 그 효력이 없다고 보는 것이 상당하다.

3) 대법원 1997. 3. 14. 선고 96다55693 판결

사립학교법상 학교법인이 학교교육에 직접 사용되는 학교법인의 재산 중 교지, 교사 등은 이를 매도하거나 담보에 제공할 수 없다고 규정한 것은 사립학교의 존립 및 목적 수행에 필수적인 교육시설을 보전함으로써 사립학교의 건전한 발달을 도모하는 데 그 목적이 있으므로 강행법규에 해당한다.

4) 대법원 2003. 7. 22. 선고 2003다24451 판결

상법 제731조 제1항은 타인의 사망을 보험사고로 하는 보험계약에 있어서 도박보험의 위험성과 피보험자 살해의 위험성 및 공서양속 침해의 위험성을 배제하기 위하여 마련된 강행규정이다.

5) 대법원 2004. 6. 25. 선고 2002다56130, 56147(병합) 판결

직업안정법 규정은 타인의 취업에 개입하여 영리를 취하거나 임금

2399 판결, 대법원 1972. 7. 11. 선고 71다2175 판결이 폐기되었는바, 위 전원합의체 판결은 경제·사회 여건의 변화 및 그에 따른 입법 목적 및 취지에 대한 평가 내지 고려가 상대적이고 변화가능하다는 점을 시사한다는 견해로는 박준용, 법정한도초과 부동산중개수수료 약정의 효력(강행규정과 단속규정의 구분 및 그 효과), 판례연구 제20집(2009. 2.), 부산판례연구회, 586면.
76) 대법원 1991. 12. 24. 선고 90다12243 전원합의체 판결은 처음부터 허가를 배제하거나 잠탈하는 내용의 계약이 아니라 허가를 전제로 한 계약인 경우 그러한 입법취지에 어긋나지 않으므로, 허가신청절차에 협력하지 않는 당사자에 대하여 협력의무의 이행을 소송으로 구하는 것은 가능하고, 이를 부인하는 것은 입법취지의 범위를 벗어나 사유재산권의 보장과 사적자치의 원칙에 대한 제한의 폭을 넓혀 나가는 것이어서 부당하다고 보았다.

기타 근로자의 이익을 중간에서 착취하는 종래의 폐단을 방지하고 근로
자의 자유의사와 이익을 존중하여 직업의 안정을 도모하고 국민경제의
발전을 기여하자는 데 그 근본목적이 있는바, 노동부장관의 허가를 받지
않은 근로자공급사업자가 공급을 받는 자와 체결한 공급계약을 유효로
본다면, 근로기준법 제8조에서 금지하고 있는 법률에 의하지 아니하고
영리로 타인의 취업에 개입하여 이득을 취득하는 것을 허용하는 결과가
될 뿐만 아니라, 위와 같은 직업안정법의 취지에도 명백히 반하는 결과
에 이르게 되므로 직업안정법에 위반된 무허가 근로자공급사업자와 공급
을 받는 자 사이에 체결한 근로자공급계약은 효력이 없다.[77]

6) 대법원 2004. 10. 28. 선고 2004다5556 판결

보조금의 예산 및 관리에 관한 법률 제35조 규정은 국가예산으로
교부된 보조금으로 취득한 재산이 그 교부 목적과 다른 용도로 사용되거
나 처분되는 것을 막음으로써 보조사업에 대한 국가의 적정한 관리와 보
조금의 실효성을 지속적으로 확보하기 위한 데에 그 입법 취지가 있으므
로 단속규정이 아닌 효력규정이라고 보아야 한다.

(나) 법질서 위반의 정도를 고려한 사례

1) 대법원 1978. 5. 9. 선고 78다213 판결

변호사가 아닌 피고가 소송사건을 떠맡아 자기의 비용과 노력으로써
원고를 승소시켜 주고 원고로부터 그 대가를 받기로 하는 것을 내용으로
하는 것이어서 변호사법 제48조에 저촉되는 것이라고 할 것이고, 동 법
조는 강행법규로서 같은 법조에서 규정하고 있는 이익취득을 목적으로
하는 법률행위는 그 자체가 반사회적 성질을 띠게 되어 사법적 효력도
부정된다.[78]

---

77) 이로써 위 조항을 효력규정으로 보아 이에 위반되는 근로자 공급계약 자체를 무
효로 본다면 공급사업자가 수수료를 포함한 근로자의 보수 등을 그 계약에 의하여
청구할 수 없게 되어 오히려 근로자들의 지위가 불리해진다는 이유로 단속규정으
로 본 원심 판결[서울고등법원 2002. 9. 10. 선고 2002나15100, 15117(병합)]을 파
기하였는데, 개별 사건에서는 근로자에게 불리한 결과가 발생할 우려가 있음에도
향후 이를 근절함으로써 궁극적으로 근로자의 이익을 보호하려는 취지로 보이므로
사회적 약자의 보호를 고려한 사례로도 평가할 수 있다.

2) 대법원 1989. 9. 12. 선고 88다카2233, 88다카2240 판결

보험업법 제19조, 같은 법 시행령 제14조 제5항, 보험회사의 재산운용에 관한 준칙 제37조 등의 입법취지는 보험사업이 갖는 공공성, 사회성 때문에 그 재산운용방법과 기준을 법령에 명시하여 일정한 행위를 금지, 제한함으로써 보험사업자를 효율적으로 지도감독하고 보험계약자, 피보험자 기타 이해관계인의 권익을 보호하여 보험사업의 건전한 육성과 국민경제의 균형 있는 발전에 기여하려 함에 있고, 위 규정들에 위반한 재산운용행위 자체는 그 사법상의 효력까지도 부인하지 않으면 안 될 정도로 현저히 반사회성, 반도덕성을 지닌 것이라고 할 수 없을 뿐 아니라 그 행위의 사법상의 효력을 부인하여야만 비로소 보험업법의 목적을 이룰 수 있다고 볼 수 없으므로 위 규정들은 강행법규가 아닌 단속법규에 지나지 아니하고, 따라서 위 규정들에 위반하여 법률행위가 이루어졌더라도 그 행위의 사법상의 효력에는 아무런 영향이 없다.[79]

3) 대법원 1994. 12. 13. 선고 94다31617 판결

대외무역법이 소규모의 중고어선이나 일정규모 이상의 중고어선 중에서 선령이 오래된 중고어선을 수입금지품목으로 공고하여 국내반입을 불허하고 있는 이유는 국내조선업을 보호, 육성하고자 하는 국가 정책적인 목적에 있고, 국가가 자국의 산업을 보호하기 위하여 법령으로 어떤 물품의 수입을 금지하고 있을 경우 국민이 그 규정을 준수하여야 할 공익적인 요청의 강도는 매우 크다고 할 것이며, 만약 위와 같은 수입금지 규정에도 불구하고 탈법적인 방법으로 물품을 수입하는 행위에 대하여 그 사법상의 효력을 인정하고 국가권력이 그 이행을 강제한다면 국가의 경제질서와 공공질서가 문란되는 중대한 결과가 발생할 것이다.[80]

---

78) 같은 취지로 무자격자의 법률행위를 규율하는 규정을 효력규정으로 보는 경향이 있다.

79) 같은 취지로 금융기관들의 미승인 법률행위를 규율하는 규정을 단순한 단속규정으로 보는 경향이 있다.

80) 이 대법원 판결이 행정법령 위반행위가 무효인 이유는 민법 제103조의 반사회질서 법률행위이기 때문이라는 점을 분명히 한 것이라고 평가하는 견해로는 김영태, 대외무역법에 의하여 수입이 금지된 선박의 매매계약이 사회질서에 반하는 법률행

(다) 사회적 약자의 보호를 고려한 사례

1) 대법원 1985. 11. 26. 선고 85다카122 전원합의체 판결

다수의견은 개개의 차입행위를 놓고 볼 때 위 제한규정위반을 이유로 차입행위의 효력을 부인하는 것은 그 거래상대방인 채권자의 이익을 침해하는 결과가 되지만, 위 제한규정의 입법취지가 앞에서 본 바와 같이 과다한 채무부담으로 상호신용금고의 자본구조가 악화되어 불실화됨으로써 서민의 금융 및 저축업무에 차질이 생기고 신용질서가 어지럽게 된 상황에 이르렀을 때에 일반 서민거래자가 입게 될 불이익을 미리 방지하려는 데에 있는 이상, 위와 같은 개별적 차입행위의 거래상대방인 채권자의 이익보호보다도 일반서민거래자의 이익보호가 우선되어야 함을 이유로 차입행위를 무효로 보았다.

반면에, 반대의견은 위 규정은 상호신용금고의 금융업무의 건실한 경영을 확보하고 계원 및 부금자 등의 이익보호를 도모하기 위한 내부적인 제약규정으로 단속규정이라 할 것이므로 위 규정에 반하는 차입행위의 사법상 효력을 부인할 수 없고, 법이 허용한 일정한 한도 내의 차입행위에 이사회의 결의가 없다거나 재무제표 및 장부에의 계상이 누락되었다는 등 내부적인 절차에 관한 요건이 갖추어지지 아니하였다고 하여 그 차입행위를 무효로 한다면 채권자 등 거래상대방에게 지나친 희생을 강요하는 것이 되고 거래의 안전을 심히 저해하는 결과가 될 것이며, 위와 같은 절차위반에 대하여는 금고 임원에 대한 민사상의 책임과 벌칙에 의한 제재로서 그 실효를 거두어야 한다는 이유로 차입행위를 유효로 보아야 한다고 판시하였다.[81]

위로서 무효인지의 여부, 대법원판례해설 제22호(1995)가 있다. 그러나 법률행위의 '적법성'과 '사회적 타당성'을 별개로 보아 이를 구별하는 것이 다수설과 주류적 판례의 태도(대법원 1965. 11. 30. 선고 65다1837 판결 등)이고, 그 구별실익은 민법 제746조의 불법원인급여에 해당하는지 여부라 할 것인데, 단속규정 위반에 따른 급여행위를 모두 불법원인급여로 보는 것은 사회적 약자의 보호를 고려하여 무효로 보는 사례 등에서 부당한 결과가 발생할 수 있어 단속규정 위반행위가 곧 반사회질서 법률행위라고 일반화할 수는 없으므로 다수설과 주류적 판례의 태도가 타당하고 생각한다.

2) 대법원 2005. 6. 24. 선고 2005다10173 판결

건설업자가 도급받은 건설공사의 도급금액 중 당해 공사의 근로자에게 지급하여야 할 노임에 상당하는 금액에 대한 압류를 금지한 건설산업기본법 제88조는 근로자의 생존권을 최소한도로 보장하려는 헌법상의 사회보장적 요구에서 비롯된 것으로서 이에 대한 압류명령은 강행법규에 위반되어 무효이다.

3) 대법원 2011. 4. 21. 선고 2009다97079 전원합의체 판결

구 임대주택법 등 관련 법령은 임대주택의 건설을 촉진하고 국민주거생활의 안정을 도모함을 입법 목적으로 하고 있고, 그 목적 달성을 위해 임대사업자에게 각종 지원과 더불어 각종 제한을 부과하면서, 특히 임대의무기간 경과 후 무주택 임차인에게 임대주택의 우선분양전환권을 인정하고 분양전환가격의 산정기준을 상세히 규정함으로써 임대사업자가 자의적으로 분양전환가격을 정하는 것을 방지하고 합리적인 분양전환가격에 임대주택의 분양이 이루어지도록 하고 있다. 그런데도 임대사업자가 위와 같은 분양전환가격 산정기준에 기속되지 않는다고 해석하게 되면, 임대사업자가 임대의무기간이 경과한 후 임의로 분양전환가격 산정기준을 초과하여 분양전환가격을 정한 다음 임차인에게 그에 따라 분양계약을 체결할 것을 통고하고 이에 응한 임차인으로부터 분양전환가격 산정기준을 초과한 분양대금을 수령하여 이를 보유하는 것이 허용되게 되어 구 임대주택법 등 관련 법령의 입법 취지를 심하게 훼손할 뿐만 아니라, 만일 임차인이 구 임대주택법 등 관련 법령이 정한 분양전환가격 산정기준에 따를 것을 요구하면서 분양계약 체결을 거절할 경우 임대사업자가 이를 이유로 임차인의 우선분양전환권을 박탈하고 임대주택을 제3자에게 매각하여 그 시세 차익을 독점할 수 있게 되는 등 임대주택제도

---

81) 이 사안에 대하여, 아무리 서민금고라 하더라도 거래상대방인 채권자의 이익을 보호함으로써 대외적으로 신용을 얻는 것이 오히려 상호신용금고의 부실화를 방지하는 데 기여할 수 있다는 점에서 거래안전에 미치는 영향을 우선적으로 고려해야 하므로 사법상 효력을 부인한 것은 부당하다는 견해로는 고상룡, 단속법규위반과 사법상의 효력, 판례월보 제184호, 1986, 39면.

가 임대사업자의 경제적 이익을 위한 수단으로 변질될 우려도 있다.

이는 구 임대주택법의 입법 목적을 본질적으로 침해하는 것이므로, 이를 방지하고 구 임대주택법의 입법 목적을 달성하기 위해서는 구 임대주택법 등 관련 법령에 정한 분양전환가격 산정기준을 위반하여 임대주택을 분양전환한 임대사업자에게 형사적 처벌을 가하는 것만으로는 부족하고 그 산정기준을 위반하여 정한 분양전환가격에 의한 경제적 이익이 임대사업자에게 귀속되는 것을 금지시킬 필요가 있다. 따라서 분양전환가격 산정기준에 관한 구 임대주택법 등 관련 법령의 규정들은 강행법규에 해당한다고 보아야 하고, 그 규정들에서 정한 산정기준에 의한 금액을 초과한 분양전환가격으로 체결된 분양계약은 그 초과하는 범위 내에서 무효라고 할 것이다.

(라) 거래안전에 미치는 영향을 고려한 사례[82] · [83]

1) 대법원 2003. 11. 27. 선고 2003다5337 판결

금융산업의 구조개선에 관한 법률 제24조 제1항 제1호를 효력규정으로 보아 이에 위반한 금융기관의 주식소유행위를 일률적으로 무효라고 할 경우 승인기준에 해당하여 결과적으로 위 규정에 의하여 규제될 필요가 없는 행위나 담보권 실행으로 인한 주식취득 등 불가피한 사정이 있는 행위도 단지 사전승인을 받지 않았다는 이유로 그 효력이 부인되어 주식거래의 안전을 해칠 우려가 있을 뿐만 아니라 금융기관 간에 건전한

---

82) 이은영, 앞의 글, 29-33면에서 일본과 독일에서 유력한 견해로서 국내에서도 이를 도입할 필요가 있다며 소개하는, '이행단계론'(미이행단계에서는 쉽게 무효로 보고, 이행단계에서는 가급적 유효로 보려는 견해)은 거래안전에 미치는 영향을 가장 중요한 고려요소로 보는 입장이라고 평가할 수 있다.

83) 당사자 사이의 신의 · 공평도 고려요소라는 견해(김영태, 앞의 글, 343면; 고상룡, 앞의 글, 37면; 이은영, 앞의 글, 29면)와 당사자에게 법규정을 위반하려는 의도가 있었는지 여부도 고려요소라는 견해(김재형, 앞의 글, 60면; 대상판결의 반대의견)가 있다. 그러나 법률규정의 성격은 일반적 · 객관적으로 판단되어야 하고, 강행법규(사안을 검토해 보면 효력규정도 포함하는 의미이다)를 위반한 자가 스스로 약정의 무효를 주장하는 것이 신의칙 또는 금반언의 원칙에 어긋나지 않는다는 확립된 판례 법리(대법원 1999. 3. 23. 선고 99다4405 판결 등)를 고려할 때, 전면적으로 수용되기는 어렵다고 생각한다. 다만, 예상되는 경우를 감안하여 거래안전에 미치는 영향을 판단함에 있어서 함께 고려될 수 있을 것이다.

경쟁을 촉진하고 금융업무의 효율성을 높임으로써 금융산업의 균형 있는 발전에 이바지함을 목적으로 입법된 법의 취지에 반하는 결과가 될 수 있으므로, 위 규정은 효력규정이 아니라 단속규정이라고 보아야 한다.

  2) 대법원 2007. 10. 26. 선고 2005다33121 판결(미간행)

  농수산물유통 및 가격안정에 관한 법률 제32조가 도매시장법인은 도매시장에서 농수산물을 경매 또는 입찰의 방법으로 매매한다고 규정한 취지는 산지에서 도매시장으로 출하하는 세력과 도매시장에서 소비자 쪽으로 분산하는 세력을 분리시키고 양 세력의 경쟁을 통하여 농수산물 거래의 공정성과 투명성을 확보하기 위한 것이지만, 위 규정에 의하더라도 도매시장법인은 농림부령 또는 해양수산부령이 정하는 특별한 사유가 있는 경우에는 정가 또는 수의매매를 할 수 있고, 위 규정에 위반한 정가 또는 수의매매가 그 사법상의 효력을 부인하여야 할 정도로 현저히 반사회성, 반도덕성을 지닌 것이라고 할 수 없을 뿐만 아니라 위 규정을 이른바 효력규정으로 보아 이에 위반되는 수의매매 등을 무효로 본다면 오히려 농수산물의 원활한 유통을 저해할 우려가 있으므로 위 규정은 이른바 단속규정으로 볼 것이다.

  3) 대법원 2017. 2. 3. 선고 2016다259677 판결

  개업공인중개사 등이 중개의뢰인과 직접 거래를 하는 행위를 금지하는 공인중개사법 제33조 제6호의 규정 취지는 개업공인중개사 등이 거래상 알게 된 정보를 자신의 이익을 꾀하는 데 이용하여 중개의뢰인의 이익을 해하는 경우가 있으므로 이를 방지하여 중개의뢰인을 보호하고자 함에 있는바, 위 규정에 위반하여 한 거래행위가 사법상의 효력까지도 부인하지 않으면 안 될 정도로 현저히 반사회성, 반도덕성을 지닌 것이라고 할 수 없을 뿐만 아니라 행위의 사법상의 효력을 부인하여야만 비로소 입법 목적을 달성할 수 있다고 볼 수 없고, 위 규정을 효력규정으로 보아 이에 위반한 거래행위를 일률적으로 무효라고 할 경우 중개의뢰인이 직접 거래임을 알면서도 자신의 이익을 위해 한 거래도 단지 직접 거래라는 이유로 효력이 부인되어 거래의 안전을 해칠 우려가 있으므로,

위 규정은 강행규정이 아니라 단속규정이다.

(마) 일반적인 판단기준을 제시하면서 여러 고려요소를 종합하여 판단한 사례

1) 대법원 2010. 12. 23. 선고 2008다75119 판결[84]

금지규정이 이른바 공법에 속하는 것인 경우에는, 법이 빈번하게 명문으로 규정하는 형벌이나 행정적 불이익 등 공법적 제재에 의하여 그러한 행위를 금압하는 것을 넘어서 그 금지규정이 그러한 입법자의 침묵 또는 법흠결에도 불구하고 사법의 영역에까지 그 효력을 미쳐서 당해 법률행위의 효과에도 영향이 있다고 할 것인지를 신중하게 판단하여야 한다. 그리고 그 판단에 있어서는, 당해 금지규정의 배경이 되는 사회경제적·윤리적 상황과 그 추이, 금지규정으로 보호되는 당사자 또는 이익, 그리고 반대로 그 규정에 의하여 활동이 제약되는 당사자 또는 이익이 전형적으로 어떠한 성질을 가지는지 또 그 이익 등이 일반적으로 어떠한 법적 평가를 받는지, 금지되는 행위 또는 그에 기한 재화나 경제적 이익의 변동 등이 어느 만큼 반사회적인지, 금지행위에 기하여 또는 그와 관련하여 일어나는 재화 또는 경제적 이익의 변동 등이 당사자 또는 제3자에게 가지는 의미 또는 그들에게 미치는 영향, 당해 금지행위와 유사하거나 밀접한 관련이 있는 행위에 대한 법의 태도 기타 관계 법상황 등이 종합적으로 고려되어야 한다.

구 부동산중개업법(2005. 7. 29. 법률 제7638호 공인중개사의 업무 및 부동산 거래신고에 관한 법률로 전부 개정되기 전의 것)은 부동산중개업을 건전하게 지도·육성하고 부동산중개업무를 적절히 규율함으로써 부동산중개업자의 공신력을 높이고 공정한 부동산거래질서를 확립하여 국민의 재산권 보호에 기여함을 입법 목적으로 하고 있으므로(법제1조), 공인중개사 자격이 없는 자가 중개사무소 개설등록을 하지 아니한 채 부동산중개업

---

84) 한편, 대법원 2007. 12. 20. 선고 2005다32159 전원합의체 판결은 부동산중개업법상 중개료 한도규정을 효력규정으로 보아 그 한도 초과 부분만을 일부 무효로 보면서 위 2008다75119 판결과 거의 동일하게 여러 고려요소를 종합하여 판단하였으나, 일반적인 판단기준을 제시하지는 않았다.

을 하면서 체결한 중개수수료 지급약정의 효력은 이와 같은 입법 목적에
비추어 해석되어야 한다. 그런데 공인중개사 자격이 없는 자가 부동산중
개업 관련 법령을 위반하여 중개사무소 개설등록을 하지 아니한 채 부동
산중개업을 하면서 체결한 중개수수료 지급약정에 따라 수수료를 받는
행위는 투기적·탈법적 거래를 조장하여 부동산거래질서의 공정성을 해할
우려가 있다. 또한 부동산중개업 관련 법령의 주된 규율대상인 부동산이
그 거래가격이 상대적으로 높은 점에 비추어 전문성을 갖춘 공인중개사가
부동산거래를 중개하는 것은 부동산거래사고를 사전에 예방하고, 만약의
경우 사고가 발생하더라도 보증보험 등에 의한 손해전보를 보장할 수 있
는 등 국민 개개인의 재산적 이해관계 및 국민생활의 편의에 미치는 영향
이 매우 커서 이에 대한 규제가 강하게 요청된다. 이러한 사정을 종합적
으로 고려하여 보면, 공인중개사 자격이 없어 중개사무소 개설등록을 하
지 아니한 채 부동산중개업을 한 자에게 형사적 제재를 가하는 것만으로
는 부족하고 그가 체결한 중개수수료 지급약정에 의한 경제적 이익이 귀
속되는 것을 방지하여야 할 필요가 있고, 따라서 중개사무소 개설등록에
관한 구 부동산중개업법 관련 규정들은 공인중개사 자격이 없는 자가 중
개사무소 개설등록을 하지 아니한 채 부동산중개업을 하면서 체결한 중개
수수료 지급약정의 효력을 제한하는 이른바 강행법규에 해당한다.

  2) 대상판결(2012다74076 전원합의체 판결)의 반대의견

  금지규정 등을 위반한 법률행위의 효력에 관하여 명확하게 정하지
않은 경우에는 그 규정의 입법 배경과 취지, 보호법익, 위반의 중대성,
당사자에게 법규정을 위반하려는 의도가 있었는지 여부, 규정 위반이 법
률행위의 당사자나 제3자에게 미치는 영향, 위반 행위에 대한 사회적·경
제적·윤리적 가치평가, 이와 유사하거나 밀접한 관련이 있는 행위에 대
한 법의 태도 등 여러 사정을 종합적으로 고려해서 그 효력을 판단하여
야 한다. 특히 법률행위의 양쪽 당사자를 규율하는 법령을 위반하여 법
률행위를 한 경우에는 특별히 예외적인 사정이 없는 한 그 법률행위를
무효로 보아야 한다. 한쪽 당사자를 규율하는 법령을 위반한 경우에는

거래의 안전과 상대방의 보호를 고려하여 그 법률행위의 효력을 판단하여야 하는데, 그 법령의 주된 목적이 상대방을 보호하기 위한 것이라면 이를 위반하는 법률행위는 원칙적으로 무효로 보아야 한다.

국가계약법령은 물가변동이나 환율변동에 따른 계약금액 조정의 요건과 효과에 관하여 명확한 규정을 두고 있다. 공공계약 체결 후 계약금액을 구성하는 각종 품목 등의 가격이 물가변동이나 환율변동으로 급격하게 상승하면, 상대방이 경제적 어려움으로 계약의 이행을 중단 · 포기하여 계약의 목적을 달성할 수 없거나 계약을 부실하게 이행할 우려가 있다. 반면 물가변동이나 환율변동으로 위와 같은 품목 등의 가격이 급격하게 하락하면, 세금을 재원으로 하는 공공계약의 특성상 국가나 공공기관의 예산이 불필요하게 과다 집행될 수 있다. 물가변동이나 환율변동으로 인해 계약을 통해서 달성하고자 하는 목적이 좌절되거나 더 큰 사회적 비용이 들지 않도록 하고 적정 예산이 집행되도록 하려는 공익적 목적을 달성하기 위하여 계약담당공무원에게 계약 체결 후 일정 기간이 지난 시점에서 계약금액을 구성하는 각종 품목 등의 가격 변동을 반영하여 계약금액을 조정하는 의무를 부과하는 규정이 도입된 것이다.

공공계약을 체결할 당시에 약정으로 물가변동이나 환율변동으로 인한 위험을 미리 배분하는 것이 효율적인 경우도 있을 수 있다. 그러나 국가계약법 제19조는 그러한 약정을 허용하는 것보다 조정을 강제하는 것이 바람직하다는 입법적 선택을 한 것이다. 이러한 입법이 헌법에 반한다거나 감당할 수 없이 부당한 극히 예외적인 상황이 아니라면 국가와 그 상대방은 이에 따라야 한다.

이 규정에 따른 계약금액 조정은 '물가의 변동이나 환율변동으로 인하여 계약금액을 조정할 필요가 있을 때'라는 법률요건을 충족한 경우에 한하여 적용되고 그 요건에 관해서는 법률의 위임에 따라 시행령과 시행규칙에서 구체적으로 명확하게 규정하고 있다. 따라서 위 요건의 해석 · 적용과 시행령과 시행규칙에 있는 세부적인 규율을 통하여 계약금액 조정을 둘러싼 부당한 결과를 회피할 수 있는 장치가 마련되어 있다.

이러한 규정은 공공계약에 대하여 사적 자치와 계약 자유의 원칙을 제한하는 것으로서 강행규정 또는 효력규정에 해당한다. 따라서 공공계약의 당사자인 국가와 그 상대방은 공공계약 체결 이후 물가변동이나 환율변동에 따른 손실의 위험을 공정하고 형평에 맞게 배분하기 위하여 계약금액을 조정하여야 하고, 이를 배제하는 약정은 효력이 없다.

라. 검 토

우리 민법에는 독일 민법 제134조와 같이 금지규정에 위반된 법률행위의 효력은 원칙적으로 무효로 본다는 규정이 없고, 단속규정을 위반한 경우 그 제재수단이나 권리구제수단이 다양하며, 명시적으로 강행규정을 둔 사례도 많으므로, 단속규정을 둔 입법자의 의사가 사법상 효력을 인정하려는 것인지, 부인하려는 것인지 속단할 수 없다. 결국 기본입장을 정해 그에 따라 사안을 해결하는 것이 분쟁을 간명하게 해결할 수 있고, 특히 원칙적 무효설을 통해 법질서 통일이 달성될 수 있는 큰 장점이 있음에도 입법현실을 감안할 때 전면적으로 수용하기에는 한계가 있다.

결국 단속규정에 위반된 법률행위의 효력은 법률규정의 성격에 관한 해석 문제로서 법원이 판단할 수밖에 없다. 그동안 대법원이 개별 사안마다 구체적 타당성 있는 결론을 도출하기 위해서 고려한 요소들은 앞서 본 바와 같이 ① 입법 목적과 취지, ② 법질서 위반의 정도, ③ 사회적 약자의 보호, ④ 거래안전에 미치는 영향, ⑤ 다른 제재수단이나 권리구제수단의 존부, ⑥ 유사 행위에 대한 규율 방법과의 균형 등이 있다.

따라서 법원으로서는 위 고려요소들 중 개별 사안에 적용될 수 있는 것을 취사선택하고, 그 밖에 필요한 요소도 고려하여 여러 법익 간의 가치평가와 비교형량을 거쳐 사적자치와 계약자유의 원칙을 더 이상 존중할 수 없고 법의 개입과 후견이 필요한 경우에 해당하는지 여부를 판단하여야 한다.

마. 대상판결 사안에의 적용

쟁점 규정과 이 사건 계약 및 특약을 둘러싼 여러 고려요소들을 아래와 같이 검토해 보면, 쟁점 규정에 어긋난다는 이유만으로 이 사건 특약의 사법상 효력을 부인할 수 없다고 생각한다.

(1) 입법 목적과 취지

쟁점 규정의 입법 경위 및 연혁, 제도운영의 현실을 보면 쟁점 규정이 주로 계약상대자의 이익을 보호하기 위한 것이라는 견해도 상당한 설득력이 있다. 그러나 계약금액 조정은 증액뿐만 아니라 감액도 가능하고, 원재료 등의 물가하락이 반드시 이례적이라고 볼 수 없으며, 조정사유에 상승과 하락을 예측하기 어려운 환율변동도 포함되어 있으므로, 그 본래의 입법 목적과 취지는 계약당사자 사이의 형평을 유지하고, 주로 국민의 세금이 재원이 되거나 공익을 위해 지출되는 예산을 적정하게 집행하기 위한 것으로 보아야 한다. 따라서 제반사정을 고려할 때 계약당사자 사이의 형평을 유지하고 있고, 예산의 적정한 집행으로 볼 수 있는 이상 입법 목적과 취지에 어긋난다고 단정하기 어렵다.

또한 쟁점 규정에는 계약상대자에게 물가변동에도 불구하고 충실한 계약이행이 가능한 정도의 재원을 마련해 줌으로써 공공성을 지닌 공공계약의 이행 결과의 건전성과 품질 및 안전을 확보하려는 목적이 있다는 견해가 있다.[85] 그러나 부실한 계약이행 방지는 계약금액을 정함에 있어 미리 예상되는 증액분을 반영하고, 물가변동의 위험을 회피할 수 있는 수단을 강구하거나 충실한 검수와 감리, 그 밖에 다른 제재수단을 통해 해결하여야 할 문제이므로, 그와 같은 목적만으로 쟁점 규정을 효력규정으로 보기에는 부족하다.

(2) 법질서 위반의 중대성

이 사건 특약이 단속규정인 쟁점 규정에 어긋나는 이상 법질서 위반이 없다고 볼 수는 없다. 다만, 공공계약이 사법상 계약인 이상 원칙적으로 사적자치와 계약자유의 원칙이 존중되어야 하므로, 계약당사자들이 계약금액을 고정할지 여부를 합의로 정한 것이 중대한 법질서 위반이라

---

85) 이화연, 앞의 글, 345면; 대상판결의 다수의견도 '계약상대자가 계약 당시에 예측하지 못한 물가의 변동으로 계약이행을 포기하거나 그 내용에 따른 의무를 제대로 이행하지 못하여 공공계약의 목적 달성에 지장이 초래되는 것을 막기 위한 것'도 쟁점 규정의 입법 목적과 취지로 파악하고 있어 유사하다.

고 보기 어렵다.

(3) 사회적 약자의 보호

계약상대자와 국가 등 사이에 거래상 지위의 차이가 존재하므로 그 불균형을 해소하기 위해서 계약상대자를 보호할 필요가 있다는 견해도 공공계약의 역사적 연원을 고려할 때 상당한 설득력이 있다. 그러나 협상력이나 정보력 등에 있어 거래상 지위가 낮다고 보기 어려운 대기업이나 해당 분야의 독·과점기업이 공공입찰 물량의 상당 부분을 차지하는 현실과 국가 등은 오히려 다른 발주자와는 달리 계약상대자와 계약조건을 자유롭게 정할 수 없고 국가계약법령 등을 통해서 규율을 받는 입장인 점을 고려할 때 일반화하기 어렵거나 현행 제도 하에서 현실성이 부족하다. 이는 앞서 본 판례에서 상호신용금고를 이용하는 서민거래자, 노임으로 쓰일 돈이 압류될 위기에 처한 근로자, 임대주택에 살고 있는 무주택 임차인을 보호하려는 것과는 그 양상이 전혀 다르다.

나아가 환율변동을 포함한 물가변동은 변동가능성 자체는 예상가능하므로 계약상대자로서는 그 위험을 반영하여 계약금액을 정하고, 그 위험을 회피하기 위하여 미리 원재료 등을 구입하거나 환위험 회피수단 등을 강구할 수 있다. 그럼에도 위험회피를 위해 노력하지 않은 계약상대자의 보호 필요성은 그만큼 줄어든다고 보아야 한다. 오히려 쟁점 규정을 효력규정으로 보게 되면 위험회피를 위해 상당한 노력과 비용을 들인 계약상대자에게도 원칙상 감액조정이 가능하므로 부당한 결과를 초래할 수 있다. 이에 대하여 '편면적 무효규정'으로 해석하여 계약상대자만을 보호하려는 견해[86]도 주장될 수 있으나, 약관규제법 등과 같은 명문의 규정이 없을 뿐만 아니라, 앞서 본 바와 같이 쟁점 규정의 입법 목적과 취지가 계약상대자만을 보호하기 위한 것으로 보기 어려운 이상 그와 같이 해석할 근거가 없다.

---

86) 이은영, 앞의 글, 35-37면에서는 독일, 일본, 프랑스의 논의를 소개하면서 사회적 약자 보호를 위하여 규제법령의 위반행위를 무효로 하되 그 무효주장은 사회적 약자만이 가능하도록 하는 '편면적 무효주장의 법리'를 도입할 필요가 있다고 주장한다.

(4) 거래안전에 미치는 영향

이 사건 특약이 무효가 되더라도 이 사건 계약 자체는 유효하고, 무효로 인한 영향은 계약당사자 사이에 머물고, 제3자에 영향을 미치지 않으므로 거래안전에 큰 영향을 미친다고 볼 수 없다는 견해도 있을 수 있다. 그러나 이 사건 특약의 존재를 전제로 계약금액 등을 정해 이 사건 계약이 체결되었음에도 이 사건 특약만 무효로 보는 것은 그 자체로 거래안전에 큰 영향을 미치는 것이고, 상대방의 신뢰를 훼손하는 것이다. 더욱이 하도급관계가 연이어 있는 상황에서 예상과 달리 감액조정 되거나 국가 등이 예상과 달리 증액조정을 하여야 해서 다른 예산집행이 미뤄진다면 이는 제3자에 영향을 미치지 않는다고 볼 수도 없다.

이에 대하여 쟁점 규정에 어긋난 신뢰는 보호할 필요성이 없으므로 고려요소가 아니라는 견해도 있다.[87] 그러나 이 사안과 같이 국외 공급분에 한정하여 계약금액을 고정하기로 하면서 환율변동분은 계약금액에 반영하여 입찰할 것을 명시하였음에도 계약상대자가 국외 공급분을 미리 구입하거나 환위험 회피를 위한 수단을 전혀 강구하지 않다가 환율이 상승하자 계약금액의 조정을 요구하는 사안에서 국가 등의 신뢰를 보호할 필요성이 없다고 단정할 수 없다.

(5) 다른 제재수단이나 권리구제수단의 존부

쟁점 규정을 위반한 법률행위에 대한 형사처벌이나 행정제재 규정이 없으므로, 사법상 효력을 부인하지 않고서는 입법 목적과 취지를 달성하기 어렵다는 견해가 있을 수 있다. 그러나 대법원은 형사처벌이나 행정제재 규정이 있는 사안에서 오히려 사법상 효력을 부인하는 경향이 있다. 형사처벌이나 행정제재 규정이 없다는 것은 반사회성이 적다는 징표일 수 있기 때문이다. 더욱이 원고로서는 뒤에서 다시 살펴보겠지만 국가계약법 시행령 제4조의 부당특약 금지규정을 통해 이 사건 특약이 부당하게 원고의 계약상 이익을 침해하는 경우임을 밝혀 권리구제를 받을

---

87) 이화연, 앞의 글, 349-351면.

수 있다. 국가 등도 입찰참가자격제한처분 등의 다른 제재수단을 통해
계약의 부실이행을 방지할 수 있다. 따라서 쟁점 규정의 입법 목적과 취
지를 달성하기 위한 다른 제재수단이나 권리구제수단이 존재한다.

(6) 유사 행위에 대한 규율 방법과의 균형

「하도급거래 공정화에 관한 법률」(이하 '하도급법'이라 한다) 제16조
제1항은 "원사업자는 제조 등의 위탁을 한 후에 설계변경 또는 경제상황
의 변동 등을 이유로 계약금액이 증액되고, 같은 이유로 목적물 등의 완
성 또는 완료에 추가비용이 들 경우에는 발주자로부터 증액 받은 계약금
액의 내용과 비율에 따라 하도급대금을 증액하여야 한다. 다만, 원사업자
가 발주자로부터 계약금액을 감액 받은 경우에는 그 내용과 비율에 따라
하도급대금을 감액할 수 있다.[88]"고 규정하고 있다. 위 조항은 원사업자
에게 하도급대금 증액의무를 부과하는 단속규정에 해당하고, 원사업자와
수급사업자의 관계는 국가 등과 계약상대자의 관계와 같이 거래상 지위
의 차이가 존재한다. 그런데 판례는 위 조항을 위반하더라도 계약의 사
법상 효력에는 영향이 없다고 보고 있다.[89] 따라서 수급사업자로서는 같
은 법 제3조의4의 부당특약 금지규정을 통해 권리구제를 받을 수 있을
뿐이다.

「건설산업기본법」 제36조 제1항도 같은 취지로 "수급인은 하도급을
한 후 설계변경 또는 경제상황의 변동에 따라 발주자로부터 공사금액을
늘려 지급받은 경우에 같은 사유로 목적물의 준공에 비용이 추가될 때에
는 그가 금액을 늘려 받은 공사금액의 내용과 비율에 따라 하수급인에게
비용을 늘려 지급하여야 하고, 공사금액을 줄여 지급받은 때에는 이에
준하여 금액을 줄여 지급한다."고 규정하고 있는데, 명시적인 판례는 없
으나 위 조항 역시 단속규정이나 사법상 효력에는 영향이 없다고 볼 여

---

88) 아래 건설사업기본법과 달리 규정될 이유가 없음에도 규정 형식이 다르다. 따라
서 규정 형식만으로 법률규정의 성격을 판단할 수 없음이 이러한 입법 현실만 보
더라도 자명하다.
89) 대법원 2000. 7. 28. 선고 2000다20434 판결.

지가 크다. 역시 같은 법 제38조 제2항에서 부당특약 금지규정을 두고 있다.

결국 국가계약법령, 하도급법, 건설산업기본법 모두 계약금액 조정규정을 두되, 그에 어긋나는 특약은 허용하고, 다만 부당특약에 해당하는 경우 그 사법상 효력을 부인하는 형태로 규율하고 있다.

Ⅴ. 부당특약에 해당하는지 여부

1. 의   의

국가계약법 시행령 제4조는 '계약담당공무원은 계약을 체결함에 있어서 국가계약법령 및 관계 법령에 규정된 계약상대자의 계약상 이익을 부당하게 제한하는 특약 또는 조건을 정하여서는 아니 된다'('부당특약 금지규정'이라 한다)고 규정하고 있는데, 대상판결을 포함한 판례는 부당특약에 해당하는 경우 무효로 보고 있다. 앞서 본 용례에 따를 때 효력규정에 해당하는 것이다.

2. 판단기준
가. 일 반 론

대법원은 2015. 10. 15. 선고 2015다206270(본소), 2015다206287(반소) 판결(미간행)에서 최초로 '그 특약이 계약상대자에게 다소 불이익하다는 점만으로는 부족하고 국가가 거래상의 지위를 남용하여 계약상대자의 정당한 이익과 합리적인 기대에 반하여 형평에 어긋나는 특약을 정함으로써 거래상대자에게 부당하게 불이익을 주었다는 점이 인정되어야 한다. 그리고 거래상대자의 계약상 이익을 부당하게 제한하는 특약인지는 그 특약에 의하여 거래상대자에게 생길 수 있는 불이익의 내용과 불이익 발생의 개연성, 당사자들 사이의 거래과정에 미치는 영향, 관계 법령의 규정 등 모든 사정을 종합하여 판단하여야 한다'며 부당특약 해당 여부에 관한 일반적인 판단기준과 고려사항을 제시하였다.[90] 그 법리가 대상판결의 다수의견, 지방자치단체가 체결한 공공계약에 관한 대법원 2018. 2. 13.

선고 2014두11328 판결, 다수의 하급심 판례에서도 이어졌다.

나. 대법원의 선례

대법원은 예산회계법을 통해 공공계약을 규율되던 시기에 「정부보관금취급규칙」이 국가가 계약상대자에게 차액보증금을 환급하는 경우에 이자를 가산하도록 규정하고 있음에도 지방자치단체가 차액보증금 이자를 자신에게 귀속한다는 묵시적 약정이 있다고 주장한 사안에서 그와 같은 약정은 예산회계법과 그 시행령 및 관계 법령인 「정부보관금취급규칙」에 규정된 계약상대자의 계약상 이익을 부당하게 제한하는 특약으로서 효력이 없다고 판시하였는데,[91] 이는 부당특약에 해당함을 인정한 최초의 판례로 평가된다.[92]

그 후 대법원은 지체상금을 연도별 계약금액이 아닌 총 계약금액을 기준으로 산정하도록 한 것[93]과 계약금액이 총액으로 정해진 계약에서 사후 원가검증을 통한 정산조항을 둔 것[94]은 부당특약에 해당하지 않고, 계약상대자에게 책임이 없는 사유로 인한 설계변경의 경우 원칙적으로 협의율 또는 간주협의율에 의하여 증가된 물량의 단가를 산정하도록 한 국가계약법 시행령 제65조 제3항 제3호를 위반하여 증가된 운반시간은 표준품셈으로 산정한 운반시간에 전체낙찰률을 곱하여 산정하기로 한 것[95]은 부당특약에 해당한다고 판단하였다.

---

90) 이는 독점규제 및 공정거래에 관한 법률 제23조 제1항 제4호의 '자기의 거래상의 지위를 이용하여 상대방과 거래하는 행위'에 관한 판례 법리(대법원 2001. 12. 11. 선고 2000두833 판결 등)와 약관규제법 제6조 제2항 제1호의 '고객에게 부당하게 불리한 조항'에 관한 판례 법리(대법원 2008. 12. 16.자 2007마1328 결정, 대법원 2010. 10. 14. 선고 2008두23184 판결 등)로부터 영향을 받은 것으로 보인다.

91) 대법원 1998. 4. 28. 선고 97다1223 판결.

92) 이영선, 앞의 글, 619면.

93) 대법원 2011. 2. 10. 선고 2009다81906 판결(계약 내용의 불가분성을 전제로 하여 특별히 합의한 결과인 점 등을 고려함).

94) 대법원 2018. 2. 13. 선고 2014두11328 판결(민사소송의 대상임에도 행정소송으로 제기된 사안인데, 감사 결과 민간대행위탁 사업과 관련하여 예산낭비와 민간대행료의 횡령 등의 의혹이 제기되어 사후정산 필요성이 있었던 점, 원가검증 기준이 미리 마련되어 있고, 전문기관을 통한 사후 정산기준과 정산절차가 갖추어 있었던 점 등을 고려함).

다. 대상판결의 태도

대상판결의 다수의견은 앞서 본 법리에 따라 '계약상대자의 계약상 이익을 부당하게 제한하는 특약인지는 그 특약에 의하여 계약상대자에게 생길 수 있는 불이익의 내용과 정도, 불이익 발생의 가능성, 전체 계약에 미치는 영향, 당사자들 사이의 계약 체결 과정, 관계 법령의 규정 등 모든 사정을 종합하여 판단하여야 한다'면서 이 사건 계약이 불공정한지는 계약 체결 당시를 기준으로 판단하여야 하는데 이 사건 계약 체결 당시에는 환율이 급상승할 것을 예상할 수 없었던 점, 환율이 하락하는 경우에는 오히려 원고가 환차익 상당의 이익을 얻을 수 있었던 점을 고려할 때 이 사건 특약은 부당특약에 해당하지 않는다'고 보았다.

반면에 반대의견은 '국가계약법 시행령 제4조와 쟁점 규정은 일반법-특별법 관계에 있으므로 물가변동 등에 따른 계약금액 조정규정에서 정한 요건을 충족하지 않더라도 국가계약법 시행령 제4조를 위반하는 특약이나 조건은 무효라고 보아야 하는데, 이 사건 특약은 국가 등이 우월한 지위를 남용하여 국가계약법령상 계약금액의 조정에 관한 계약상대방의 계약상 정당한 이익과 합리적인 기대를 부당하게 제한한 것으로 볼 수 있다'고 보았다.

라. 검 토

부당특약 금지규정은 단순히 '이 법의 규정에 위반된 약정으로서 계약상대자에게 불리한 것은 그 효력이 없다'고 규정하지 않고, '국가계약법령 및 관계 법령에 규정된 계약상대자의 계약상 이익을 부당하게 제한'하는 특약을 금지하고 있으므로 부당특약에 해당하기 위해서는 단순히 법률규정에 어긋나는 것만으로는 부족하고, 그 위반이 '부당하다'고 평가될 정도에 이르러야 한다.[96]

---

95) 위 2015다206270(본소), 2015다206287(반소) 판결(운반거리의 대규모 변경을 예상하기 어려웠던 점, 운반비가 전체 공사금액의 75%가량을 차지하는 점, 운반비용을 간주협의율을 기준으로 산정하는 경우 전체낙찰률을 기준으로 산정하는 경우보다 48억 원이 증액되고, 그 증액 부분이 전체 공사대금의 약 12%를 차지하는 점 등을 고려함).

96) 대법원 2012. 12. 27. 선고 2012다15695 판결(미간행)은 물품구매계약 일반조건 제3조 제3항이 '물품구매계약 특수조건에 국가계약법령, 물품관련 법령 및 이 조건

그 정도에 대해서 판례는 '계약상대자에게 다소 불이익하다는 점만
으로는 부족하고 국가가 거래상의 지위를 남용하여 계약상대자의 정당한
이익과 합리적인 기대에 반하여 형평에 어긋나는 특약을 정한 경우'에 해
당하여야 한다고 보았다. 이는 불공정거래행위나 부당약관과 같이 사법
상 거래 관계에서 상대적으로 우월한 지위에 있는 자가 거래상 지위를
남용하는 경우 그 부당성 여부를 판단하는 일반적인 기준을 수용한 것으
로 계약상대자를 보호하려는 부당특약 금지규정의 취지에 부합한다. 그
기준이 표현상 다소 모호하여 계약상대자 보호에 부족하다는 견해가 있
을 수 있으나, 모든 종류의 법률행위에 적용되어야 하는 일반조항의 성
격을 갖고 있으므로 어느 정도의 모호성은 불가피하고, 이미 불공정거래
행위와 부당약관에 관하여 축적된 판례 법리를 적용함으로써 상당 부분
구체화시킬 수 있을 것이다.

그리고 대상판결이 제시한 구체적인 고려요소인 ① 계약상대자에게
생길 수 있는 불이익의 내용과 정도, ② 불이익 발생의 가능성, ③ 전체
계약에 미치는 영향, ④ 당사자들 사이의 계약 체결 과정, ⑤ 관계 법령
의 규정 등 모든 사정은 국가 등이 거래상 지위를 남용하여 계약상대자
의 정당한 이익과 합리적인 기대에 반하여 형평에 어긋나는 특약을 정하
였는지 판단하는 데 적절한 것으로 보인다.

3. 대상판결 사안에의 적용

이 사건 계약 및 특약을 둘러싼 여러 고려요소들을 아래와 같이 검
토해 보면, 이 사건 특약이 쟁점 규정상 원고의 계약상 이익을 부당하게
제한하는 부당특약에 해당한다고 보기 어렵다.

에 의한 계약상대자의 계약상 이익을 제한하는 내용이 있는 경우 특수조건의 동
내용은 효력이 인정되지 아니한다'고 규정하고 있는 것은 국가계약법 시행령 제4
조를 배제하거나 그에 모순되게 규정된 것이 아니라 국가계약법 시행령 제4조를
구체화한 내용으로 보일 뿐이므로 이를 해석함에 있어서도 국가계약법 시행령 제4
조의 입법 취지에 맞게 '계약상대자의 계약상 이익을 부당하게 제한하는 경우'에
한하여 물품구매계약 특수조건의 효력이 인정되지 않는다고 보아야 한다고 판시하
였다.

가. 계약상대자에게 생길 수 있는 불이익의 내용과 정도

이 사건 특약에 따라 원고가 쟁점 규정상 계약금액 조정을 신청하지 못하게 되었고, 결과적으로 원고가 국외 공급분의 환율변동으로 인한 131억 원 상당의 환차손을 입게 된 것은 사실이다. 다만, 이 사건 특약이 원고에게 직접적으로 부과하는 불이익은 국외 공급분의 환율변동의 위험을 부담하는 것인데, 국외 공급분은 전체 계약금액의 4분의 1에 미치지 못하고, 그 위험의 실현은 원고가 자신이 부담하기로 한 환위험을 회피하기 위한 조치[97]를 강구하지 않았기 때문이며, 만약 환차익이 발생한 경우라면 오히려 원고에게 경제적 이익이 발생할 수 있었다. 따라서 이 사건 특약으로 인해 원고에게 부과된 불이익이 과다하거나 회피불가능한 것이었다고 볼 수 없다.

나. 불이익 발생의 가능성

환율변동은 상승과 하락이 모두 가능하고, 이 사건 계약상 국외 공급분의 결제통화가 지정되어 있지 않은 이상 상대적인 환율변동이 어떤 방향으로 이루어질 가능성이 더 크다고 볼 수 없다. 특히 이 사안에서와 같이 급격한 환율상승을 일으키는 세계적인 금융위기의 발생은 발생가능성이 적은 이례적인 사건이다. 따라서 이 사건 계약 체결 당시 원고가 환차손을 입을 가능성이 컸다고 보기 어렵다.

다. 전체 계약에 미치는 영향

국외 공급분은 전체 계약금액의 4분의 1에 미치지 못하고, 국외 공급분을 제외한 계약금액에 대해서는 물가변동으로 인한 계약금액 조정이 6회에 걸쳐 이루어졌으므로 국외 공급분의 계약금액이 고정되더라도 전체 계약에 미치는 영향은 제한적이었다.

---

97) 공급업체로부터 미리 구입하거나 결제통화를 대한민국 원화로 하는 방법 외에도, 한국무역보험공사가 주관하는 '환변동 보험'(기업이 환율변동으로 입게 되는 손실은 보상하고 이익은 환수하는 형태로 운영되는데, 거래형태나 업체의 규모 등에 따라 조건에 차이는 있으나 담보 없이도 일반적인 보험요율이 0.02~0.03% 수준이라고 한다)에 가입하거나 '선물환 거래'(거래쌍방이 미래에 특정외화의 가격을 현재 시점에서 미리 계약하고 이 계획을 약속한 미래시점에 이행하는 금융거래의 일종이다) 등을 통해서 가능하다.

반면에, 국가 등으로서는 이 사건 특약이 없다면 그만큼 계약금액
이 줄어드는 대신에 스스로 국외 공급분을 구입하여 관급자재(官給資
材)[98]로 제공하거나 환위험 회피를 위한 조치를 강구하였을 수 있었다.
따라서 이 사건 계약 체결 당시 계약당사자들이 이 사건 특약만이 무효
가 되더라도 나머지 계약조건은 그대로 계약을 체결하였을 것이라는 가
정적 의사도 인정할 수 있을지 의문이다. 결국 이 사건 특약만을 무효로
볼 경우 전체 계약의 형평성에 부정적인 영향을 미치게 된다.

라. 당사자들 사이의 계약 체결 과정

이 사건 계약의 공사계약특수조건에 이 사건 특약의 내용과 국외
공급분의 계약금액은 고정불변금액이므로 이를 반영하여 입찰금액을 작
성하여야 함이 명시되어 있었고, 이러한 내용은 이 사건 계약 체결 6개
월 전에 개최된 현장설명회에서 배부된 입찰안내서에도 동일하게 기재되
어 있었다. 원고는 장기간의 대형설비공사에 관한 계약을 체결한 경험이
많은 1군 건설업체로서 이 사건 특약을 포함한 계약조건을 잘 알면서도
입찰에 참가하여 이 사건 계약을 체결하였다. 반대로 원고가 이 사건 계
약 체결 과정에서 이 사건 특약을 강요받았다고 볼 만한 사정은 없다.
또한 이 사건 계약의 공사계약특수조건에는 국외 공급분의 공급업체의
범위가 제시되어 있고, 결제통화는 지정되어 있지 않으므로, 원고로서는
이 사건 계약 체결 후 언제라도 국외 공급분을 미리 구입해 놓거나 환위
험 회피조치를 강구할 수 있었다. 따라서 이 사건 계약 체결 과정이 부
당하였다고 보기 어렵다.

마. 관계 법령의 규정

쟁점 규정은 국가 등에게 계약금액 조정의무를 부과하는 단속규정이
기는 하나, 계약상대자만을 보호하기 위한 규정이 아니라 계약당사자 사
이의 형평을 유지하고, 주로 국민의 세금이 재원이 되거나 공익을 위해

---

[98] 물품 제조 또는 공사를 발주하는 경우 자재의 품질, 수급 상황 및 공사 현장 등
을 종합적으로 참작하여 필요하다고 인정되는 경우 국가 등이 직접 공급하는 자재
를 말한다.

지출되는 예산을 적정하게 집행하기 위한 것임은 앞서 본 바와 같다. 그리고 국가 등이 쟁점 규정을 위반하더라도 어떠한 제재수단도 규정되어 있지 않는데, 이는 반사회성이 그만큼 낮기 때문이다. 따라서 쟁점 규정에 어긋나는 특약이 계약상대자에게 항상 불리한 것이 아니고 중대한 법질서 위반이라고 볼 수도 없다.

VI. 결 론

공공계약의 법적 성격이 사법상 계약인 이상 사적자치와 계약자유의 원칙이 최대한 존중되어야 하나, 공공계약의 특수성을 감안할 때 특별한 법적 규율이 필요하고, 그 범위 내에서 계약의 자유가 상당 부분 제한될 수 있다. 그리고 공공계약을 규율하는 쟁점 규정은 대외적으로 구속력 있는 법규정으로서 국가 등에게 계약금액 조정의무를 부과하는 단속규정에 해당한다. 판례는 그동안 단속규정에 어긋나는 법률행위의 사법상 효력을 부인할지 여부와 관련하여 다수의 사례를 축적해 왔는데, 그를 통해 얻은 판단기준과 고려요소를 이 사건에 적용해 보았을 때 쟁점 규정을 그에 어긋나는 특약의 사법상 효력을 부인하는 효력규정으로 보기에 부족하였다. 나아가 이 사건 특약이 부당특약에 해당하여 그 사법상 효력을 부인할 수 있을지 추가로 검토해 보았으나, 판례가 제시한 판단기준과 고려요소를 적용해 보았을 때 부당특약으로 보기에도 부족하였다.

이 사건 특약은 '국외 공급분에 한정된 환율변동'에 대한 것이어서 애초에 유효로 볼 여지가 많은 사건이었으므로 쟁점 규정에 어긋난 특약의 사법상 효력과 관련하여 다수의견과 반대의견이 대등하게 겨루기는 어려웠다. 그럼에도 대상판결은 다수의견과 반대의견의 치열한 법리다툼 끝에 쟁점 규정을 포함한 국가계약법령이 더 이상 내부규정에 머물지 않음을 밝혀 계약당사자들 사이의 특별한 합의가 없는 한 국가 등이 이를 준수할 의무가 있음을 확인하였고, 쟁점 규정에 어긋난 특약이 계약상대자의 계약상 이익을 부당하게 제한하는 경우에는 사법상 효력을 부인할 수 있음을 재확인하였다는 점에서 국가계약법령에 관한 규율체계를 재정립한 상당한 의미가 있었다고 평가할 수 있다.

대상판결을 통해 쟁점 규정의 법적 성격에 관한 그동안의 논란은 일단락되었다. 다만, 향후 환율변동이 아닌 물가변동으로 인한 계약금액 조정을 배제하는 특약에 대해서 계약상대자에게 어느 정도로 불리한 경우에 부당특약으로 보아 사법상 효력을 부인할지에 관한 기준을 구체화함으로써 공공계약 분야에서 사적자치와 계약자유의 원칙을 존중하면서도 계약상대자의 이익을 보호할 수 있는 방안을 찾아내는 것이 관건이 될 것이다.

[Abstract]

The validity of the special terms excluding the application of the provision on the adjustment of contract amount according to price fluctuation under 「the Act on Contracts to Which the State Is a Party」

Kim, Ji Geon*

In view of the need to protect a contracting counterparty from the abuse of the superior status of the government, there has been constant opinions that the provision on the adjustment of contract amount according to price fluctuation under 「the Act on Contracts to Which the State Is a Party」 should be regarded as a mandatory provision and that, as a result, the validity of a special terms excluding the application of the provision on the adjustment of contract amount should be denied.

In the subject case, after a fierce legal battle between the majority and the opposing parties, the majority opinion ruled that the provision on the adjustment of contract amount is a regulatory regulation[Dan · sok · gyu · jeong] and that the special terms excluding its application is effective and not an unfair special agreement which unfairly restricts a contracting counterparty's contractual interests.

The majority opinion of the court is appropriate because the principle of private autonomy and liberty of contract should be respected as much as possible as the legal nature of the public contract is based on the private law, and the prohibition of unfair special agreement can sufficiently protect

---

* Judge, Seoul Administrative Court.

the contracting counterparty. This is also consistent with the attitude of conventional precedents on the distinction criteria among the non-mandatory regulations · mandatory regulations · regulatory regulations, and on the validity of legal acts in violation of regulatory regulations.

However, in order to protect the interests of the contracting counterparty while respecting the principles of private autonomy and liberty of contract in the field of public contract, it would be important to establish clear standards about how much an agreement should be disadvantageous to the contracting counterparty for it to be treated as an unfair special agreement and its validity be denied.

[Key word]
- legal nature of the public contract
- provision on the adjustment of contract amount according to price fluctuation
- distinction criteria among the non-mandatory regulations · mandatory regulations · regulatory regulations
- validity of legal acts in violation of regulatory regulations
- unfair special agreement

참고문헌

[주석서 및 단행본]

고상룡, 민법총칙, 법문사, 2005.
곽윤직 편집대표, 민법주해 총칙(2), 박영사, 1992.
곽윤직, 민법총칙, 박영사, 2003.
곽윤직·김재형, 민법총칙, 박영사, 2012.
계승균, 정부계약법상 계약금액조정제도, 경영법률, 2006.
김성근, 정부계약법 해설 Ⅱ, 건설경제, 2013.
김용담 편집대표, 주석민법 총칙(2), 한국사법행정학회, 2010.
김재형, 법률에 위반된 법률행위, 민법론 Ⅰ, 박영사, 2010.
_____, 2007년 민법 판례 동향, 민법론 Ⅳ, 박영사, 2011.
김주수·김상용, 민법총칙, 삼영사, 2013.
박균성, 행정법론(상), 박영사, 2017.
박성동 외 2인, 국가계약법령 해설 및 유권해석, 건설경제, 2011.
백태승, 민법총칙, 집현재, 2016.
송덕수, 민법총칙, 박영사, 2018.
양창수, 독일 민법전, 박영사, 2018.
양창수·김재형, 민법총칙, 박영사, 2013.
윤진수, 2007년도 주요 민법 관련 판례 회고, 민법논고 Ⅶ, 박영사, 2015.
이영준, 민법총칙, 박영사, 2007.
이은영, 민법총칙, 박영사, 2009.

[논   문]

고상룡, 단속법규위반과 사법상의 효력, 판례월보, 제184호, 1986.
권영준, 계약법의 사상적 기초와 그 시사점-자율과 후견의 관점에서-, 저스
    티스, 제124호, 2011.
_____, 2017년 민법 판례 동향, 서울대학교법학, 제59권 제1호, 2018.
김기풍, 장기계속공사계약과 계약금액조정제도, 재판실무연구, 광주지방법원,
    2012.

김동훈, '단속규정과 효력규정, 무효의 효과', 고시연구, 제30권 제2호, 2003.

김경란, '공법상 계약, 주된 행정행위에 부가된 부담 및 부담에 갈음한 합의', 재판실무연구, 제5권, 2013.

김영태, 대외무역법에 의하여 수입이 금지된 선박의 매매계약이 사회질서에 반하는 법률행위로서 무효인지의 여부, 대법원판례해설, 제22호, 1995.

박은진, 프랑스 행정계약법상 '不豫見(l'imprévision)'이론에 관한 연구-공법상 독자적 사정변경이론의 정립을 위하여, 행정법연구, 제35권, 2013.

박정훈, 행정조달계약의 법적 성격, 민사판례연구, 제25권, 2003.

박준용, 법정한도초과 부동산중개수수료 약정의 효력(강행규정과 단속규정의 구분 및 그 효과), 판례연구, 제20집, 2009.

이계정, '2017년 분야별 중요판례분석 3. 민법上', 2018. 3. 15.자 법률신문

이영동, 공공계약을 둘러싼 몇 가지 문제-공공계약의 공법적 특성을 중심으로-, 사법논집, 제44집, 2007.

이영선, 국가계약법령상 물가변동에 따른 계약금액 조정규정의 적용을 배제하는 합의의 효력, 사법, 제43호, 2018.

이은영, 규제법령에 위반된 법률행위의 무효, 송천 이시윤 박사 화갑기념논문, 1995.

이충상, 공공계약에 대한 사법통제-사법부에 대한 국민의 기대와 관련하여-, 민사재판의 제문제, 제19권, 2010.

이화연, 국가계약법령의 물가변동에 따른 계약금액 조정규정에 위배되는 계약금액 고정특약의 효력에 관하여, 사법, 제44호, 2018.

전현철, 미국 연방정부 조달계약에 관한 법적 고찰, 미국헌법연구, 제23권 제1호, 2012.

최민수, 물가변동에 따른 리스크 부담의 해외 사례 검토 및 시사점, 한국건설산업연구원, 2016.

근로계약의 무효·취소로 인한 소급효 제한 및 그 한계

이 정 아*

요 지

대부분의 사람들은 근로를 제공하고 얻은 임금을 통해 기본적인 의식주 문제를 해결하고 생활을 영위하므로, 근로계약은 가장 기본적이고 중요한 계약 중 하나이다. 그러나 대등한 당사자를 전제하는 일반 민법상의 계약과 달리, 근로계약의 근로자는 생산수단을 소유하지 못한 채 생계유지를 위하여 노무를 제공하게 되어 사용자에게 경제적으로, 인적으로 종속되게 되고, 이로 인해 사용자와 근로자 사이에는 실질적 불평등이 발생하여 근로자는 사용자에 비하여 상대적으로 약자의 지위에 놓이게 된다. 이에 근로계약에 관하여 전통적으로 근로기준법 등 노동법을 통해 근로자를 보호하기 위한 특별한 법리가 발전해 왔으나, 근로계약은 기본적으로 사법상의 규율을 받는 사인간의 계약에 해당한다. 따라서 근로계약에도 민법의 일반원칙인 사적자치의 원칙을 적용하되, 근로자 보호라는 관점에서 일정 범위 내에서 제한하여 적용함으로써, 민법을 통해서도 근로자 보호라는 공동체적 가치를 실현할 수 있다.

대상판결 역시 근로계약이 사법상의 계약이라는 점을 근간으로 하여, 주로 해고의 법리로 다뤄 온, 근로자의 경력 사칭에 기하여 체결된 하자 있는 의사표시에 기한 근로계약 역시 민법의 일반원칙에 따라 계약이 무효 또는 취소될 수 있다는 입장을 다시 한 번 확인하였다. 더 나아가 대상판결은 최초로 근로계약이 무효·취소되는 경우 그 효력이 소급하여 소멸되지 않고 취소의 의사표시 이후 장래에 관하여만 그 효력이 소멸된다고 명시적으로 판

* 청주지방법원 판사.

— 59 —

시함으로써, 근로계약에 대하여 무효·취소의 소급효가 제한된다는 기존 학계의 입장과 동일한 입장을 취하였다.

근로계약이 상당한 기간 동안 의무의 이행이 계속되어 오는 계속적 계약의 특성을 가지는 동시에 근로자가 본인의 인격으로 의무를 이행하는 계약이라는 점에서, 계약의 효력이 소급적으로 소멸될 경우 원상회복과 관련하여 이미 제공된 근로의 대가를 산정하기 어렵고, 결국 이는 근로자의 증명책임 부담으로 돌아온다는 문제가 발생한다. 이와 같이 인적 요소를 강하게 띠는 계속적 계약관계로서의 특성과 근로자 보호의 필요성에 근거하여, 근로계약에 대하여 무효·취소의 소급효가 제한되어야 한다는 대상판결의 기본적인 입장에 찬성한다.

그러나 앞서 본 바와 같이 소급효 제한은 사적자치의 원칙의 예외로서 인정되는 것이므로, 아무런 예외를 두지 않은 채 근로계약 무효·취소의 소급효가 일률적으로 제한될 수 있다고 보는 것은 무리가 있다. 근로자의 사기로 인해 체결된 근로계약에서 근로자의 능력 결함 정도가 중대한 경우, 근로계약의 목적 자체가 선량한 풍속 및 기타 사회질서에 반하는 경우에는 계속적 계약관계라는 특징이나 근로자 보호를 고려해 보아도 사적자치의 원칙의 한계로서 소급효 적용의 예외를 인정할 필요가 없고, 오히려 이러한 경우에까지 근로계약 무효·취소의 소급효를 제한하는 것은 부당한 결과를 야기한다. 따라서 근로계약 무효·취소의 소급효 제한은 사적자치의 원칙과 공동체적 가치-근로자의 보호 및 계속적 법률관계의 보호-를 비교형량하여 그 한계가 설정되어야 한다고 보는 것이 타당하다.

또한, 대상판결은 소급효 제한의 범위와 관련하여, 근로계약이 유효하게 존속하는 범위가 '실제 근로 제공 부분'에 한한다는 원심판결의 입장과 달리, '취소의 의사표시가 있기 전'까지는 현실적으로 근로가 제공되지 않는 기간이 있다고 하더라도 근로계약이 유효하다고 판단함으로써, 취소의 의사표시를 기준으로 소급효가 제한되는 시적 범위를 정하였다. 이는 사용자가 부당해고의 효과를 잠탈하기 위하여 취소 제도를 악용하는 것을 방지하고 법률관계의 안정을 도모할 수 있다는 점에서 타당하다고 보인다. 한편 대상판결은 사용자가 최초 근로자에게 경력 사칭을 이유로 출근 중단을 지시하였을 때 근로계약의 취소의사를 표시하였다고 볼 수 있었음에도 이러한 견해를 채택하지 않았는데, 이는 근로자의 방어권 행사를 위해 근로관계의 종료에 관한 의사표시가 명확하여야 하고, 사용자가 부당해고의 효과를 잠탈하는 행위를 방지하고 한다는 데 근거를 둔 것으로 보이는바, 이러한 판단 역시 대상판결이 '근로자 보호'라는 가치에 중요성을 부여하였음을 시사한다.

　　대상판결이 선고된 이후 하자 있는 의사표시에 기한 근로계약에 관하여 기존에 해고의 법리 외에도 민법의 무효 또는 취소를 주장하는 사건이 많아질 수 있을 것으로 보인다. 근로계약이 사법상의 계약이기는 하나, 법률관계가 다양화되는 현대 사회에서 사법상의 계약이라고 하더라도 공법적 가치를 반영하여 민법의 일반원칙을 수정하여 적용하는 경우가 많아지고 있고, 대상판결은 그와 같은 정도까지는 아니더라도, 근로계약의 특수성을 고려하여 민법의 일반원칙을 수정하여 적용할 수 있다는 점을 설시한 판결로서 그 의의가 있다.

[주 제 어]
• 근로계약의 무효 · 취소
• 무효 · 취소의 소급효
• 소급효 제한
• 소급효 제한의 범위
• 근로계약의 취소권 행사

대상판결 : 대법원 2017. 12. 22. 선고 2013다25194(본소), 25200(반소) 판결

[사안의 개요]

1. 사실관계

가. 원고와 피고 회사 사이의 근로계약 체결

(1) 원고는 A 백화점 의류판매점을 운영하던 피고 회사에 2010. 6. 25. 백화점 의류판매점 B에서 1년 3개월, 백화점 의류판매점 C에서 1년 8개월 동안 백화점 의류판매점 매니저로 근무한 경력을 기재한 이력서를 제출하였다.

(2) 피고 회사는 원고의 경력을 보고 2010. 7. 2.부터 원고를 판매 매니저로 근무하게 하면서 원고에게 월 130만 원과 매출액의 3%를 판매수수료로 주기로 하는 내용의 근로계약[1]을 구두로 체결하였다.

나. 근로계약의 이행 및 피고 회사의 해고통보

(1) 원고가 피고 회사의 매장에서 근무한 이후 2010. 7.분 및 2010. 8.분 매출액은 향상되었으나 2010. 9.분 매출액은 감소하였다.

(2) 한편, 원고는 실제로 의류판매점 B에서 근무한 적이 없었고, 의류판매점 C에서 근무한 기간도 약 1개월에 불과하였다.

(3) 이후 이러한 사정을 알게 된 피고 회사의 영업부장은 2010. 9. 17. 원고에게 같은 달 30.까지만 근무할 것을 통보하였다.

다. 원고의 부당해고에 관한 행정소송 경과

(1) 원고는 서울지방노동위원회에 부당해고 구제신청을 하였고, 서울지방노동위원회는 2010. 12. 28. 피고 회사의 2010. 9. 17.자 해고통보가 부당해고라는 취지의 판정을 하였으며, 이에 대하여 피고 회사가 재심신청을 하였으나 중앙노동위원회는 2011. 4. 4. 재심신청을 기각하였다.

(2) 피고 회사는 서울행정법원에 위 재심판정에 대한 취소소송을 제기하

---

1) 피고 회사는 관련 행정사건 및 대상판결의 1심에서 원고와 근로계약이 아닌 시용계약을 체결하였다는 주장을 하였으나 각 사건의 판결에서 시용계약이 아닌 근로계약이 체결되었음이 인정되었고, 대상판결의 원심 변론과정에서는 피고 회사 역시 원고와 근로계약을 체결하였음을 전제로 근로계약 취소의 주장을 하였던바, 원고와 피고 회사 사이의 근로계약이 체결되었는지 여부에 관한 논의는 이 글에서 다루지 않기로 하고, 원고와 피고 회사의 계약은 '근로계약'으로 지칭하도록 한다.

였고 2011. 12. 22. 피고 회사가 2011. 9. 15.자로 폐업하여 원고에 대한 구
제이익이 없다는 이유로 재심판정을 취소하는 내용의 판결(서울행정법원
2011구합13682)이 선고되었다.

(3) 이에 중앙노동위원회는 위 1심판결에 대하여 항소하였고, 항소심법원
은 2012. 6. 14. '원고에게 해고된 기간 동안의 임금지급청구권이 존재하므로
구제이익은 존재하고, 원고의 허위 이력서 제출은 해고사유에 해당하나 피고
회사가 해고사유와 시기를 서면으로 통지하지 아니한 절차상 위법이 있다'는
이유로 피고 회사의 2010. 9. 17.자 통보에 의한 해고는 무효라고 판단하여
위 1심판결을 취소하고 피고 회사의 청구를 기각하는 판결을 선고하였다(서
울고등법원 2012누2896). 이후 위 항소심판결에 대한 피고 회사의 상고가
2012. 10. 11. 심리불속행으로 기각됨으로써(대법원 2012두15418), 위 항소심
판결이 확정되었다.

라. 이 사건 본소 및 반소의 제기

(1) 원고는 피고 회사가 원고를 부당해고하였음을 이유로 원고가 마지막
으로 출근한 다음날인 2010. 10. 1.부터 원고의 퇴사일인 2011. 4. 29.[2]까지
미지급임금의 지급을 구하는 이 사건 본소를 제기하였다.

(2) 피고 회사는 원고의 기망을 이유로 원고와 체결한 근로계약을 취소
한다고 주장하면서 원고에게 기지급한 임금의 반환, 피고 회사에게 발생한
이행강제금 상당의 손해 및 업무방해로 인한 매출액 상당의 손해 및 위자료
의 지급을 구하는 반소를 제기하였다.[3]

2. 소송의 경과

가. 1심(서울북부지방법원 2012. 9. 14. 선고 2011가단54201, 2012가단 17902 판결)

1심판결은, 원고와 피고 회사 사이의 근로계약은 원고의 기망에 의하여
체결된 것으로 민법 제110조 제1항에 의하여 취소할 수 있다고 하면서도, 위
근로계약은 민법 제141조에 따라 처음부터 무효이므로 피고 회사의 원고에

---

2) 피고 회사의 폐업일은 2011. 9. 15.로, 원고가 퇴사일을 2011. 4. 29.로 주장한 이
유를 이 사건 판결문에서는 찾아볼 수 없다.
3) 피고의 반소 중 이행강제금 상당의 손해를 구하는 부분은 관할관청의 부과처분에
따른 것이지 원고의 기망행위로 인한 것이 아님을 이유로 기각되었고, 이 부분은
이 글의 논의와 관계없으므로 다루지 아니한다.

대한 임금지급의무는 소급적으로 소멸한다고 판단하였다. 따라서 원고는 원
상회복으로 피고 회사에게 기지급받은 임금을 반환하여야 할 의무를 부담하
고, 피고 회사는 원고에게 부당이득으로 근로를 제공받음으로써 발생한 임금
상당의 이익을 반환하여야 할 의무를 부담하는데, 위 각 의무는 동시이행관
계에 있다는 이유로 원고의 임금 청구 및 피고 회사의 기지급 임금액 상당
의 부당이득반환청구를 모두 기각하였다.[4] 또한, 피고 회사의 업무방해로 인
하여 발생한 매출액 상당의 손해 및 위자료 청구에 관하여는, 현저한 매출감
소가 없었고 손해의 발생도 인정되지 않는다는 이유로 피고 회사의 이 부분
반소 청구도 기각하였다.

　　나. 원심(서울북부지방법원 2013. 2. 1. 선고 2012나8619, 2012나8626 판결)

　위 1심판결에 대하여 원고만이 항소하여 원심의 심판범위는 원고가 피고
회사에 대하여 미지급 임금의 지급을 구하는 부분으로 한정되었다.

　원심판결은, 근로계약은 사법상의 고용계약이므로 당사자들의 의사표시
에 무효 또는 취소 사유가 있는 경우에는 상대방이 계약의 무효 또는 취소
를 주장하여 그에 따른 법률효과의 발생을 부정하거나 소멸시킬 수 있다고
보면서도, 근로계약에 따라 이미 노무가 제공된 경우에는 노무 제공의 효과
를 소급적으로 부정할 수 없고 장래에 관하여만 계약의 효력이 소멸된다고
보아야 한다고 판단하였다. 다만, 계약의 효력이 소급적으로 소멸하지 않는
범위는 근로자가 현실적으로 노무를 제공한 경우에 미친다고 하여, 이 사건
근로계약은 원고가 실제로 출근한 2011. 9. 30.까지 유효하고, 그 이후에는
피고 회사의 취소 의사표시로 그 효력이 소멸된다고 보았다. 이에 원심은
2011. 10. 1. 이후의 임금 지급을 구하는 원고의 청구는 이유 없다고 보아
원고의 항소를 기각하였다.

　　다. 대상판결의 요지

　(1) 대상판결은 "근로계약은 근로자가 사용자에게 근로를 제공하고 사용
자는 이에 대하여 임금을 지급하는 것을 목적으로 체결된 계약으로서(근로기
준법 제2조 제1항 제4호 참조) 기본적으로 그 법적 성질이 사법상 계약이므
로 계약 체결에 관한 당사자들의 의사표시에 무효 또는 취소의 사유가 있으

---

4) 1심법원은 원고의 부당이득반환의무와 피고 회사의 부당이득반환의무가 동시이행
　관계에 있다는 이유로 쌍방의 청구를 배척한다는 취지로 설시하였으나, 실질적으
　로 상계의 효과를 인정하였던 것으로 보인다.

면 그 상대방은 이를 이유로 근로계약의 무효 또는 취소를 주장하여 그에 따른 법률효과의 발생을 부정하거나 소멸시킬 수 있다(대법원 1996. 7. 30. 선고 95다11689 판결 등 참조)"는 점을 전제로 하였다. 다음으로 대상판결은, 경력 사칭을 이유로 한 근로계약의 취소가 가능한지 여부에 관하여 "사용자가 근로자를 고용할 때 근로자의 경력을 요구하는 것은 근로자에 대한 노동력의 평가, 노동조건의 결정, 노무 관리 및 적정한 인력 배치 등을 위한 판단자료와 근로자의 직장에 대한 정착성, 기업질서 및 기업규범 등에 대한 적응성 등에 관한 인격조사자료로 삼음으로써 노사 간의 신뢰관계 설정이나 기업질서의 유지·안정을 도모하려는 데 그 목적이 있다"고 하면서, 사용자인 피고 회사에게, 고용하고자 하는 근로자의 백화점 매장 매니저 근무경력이 노사 간의 신뢰관계를 설정하거나 피고 회사의 내부질서를 유지하는 데 직접적인 영향을 미치는 중요한 부분에 해당하므로, 사전에 원고의 경력이 허위임을 알았더라면 원고를 고용하지 않았거나 적어도 같은 조건으로 계약을 체결하지 아니하였을 것이라고 판단하였다. 따라서 대상판결은 원고의 기망으로 체결된 근로계약은 그 하자의 정도나 원고의 근무기간 등에 비추어 하자가 치유되었거나 계약의 취소가 부당하다고 볼 만한 특별한 사정이 없는 한 피고 회사의 취소 의사표시가 담긴 반소장 부본의 송달로써 적법하게 취소되었다고 보았다.

(2) 다음으로 대상판결은 근로계약의 취소의 효력과 관련하여, "다만 그와 같이 근로계약의 무효 또는 취소를 주장할 수 있더라도 근로계약에 따라 제공된 근로자의 노무 제공의 효과를 소급하여 부정하는 것은 타당하지 않으므로 이미 제공된 근로자의 노무를 기초로 형성된 취소 이전의 법률관계까지 효력을 잃는다고 볼 수 없고, 취소의 의사표시 이후 장래에 관하여만 근로계약의 효력이 소멸된다"고 판시하였다. 즉, 대상판결은 근로계약의 취소에 관한 소급효가 제한된다고 보아, 근로계약은 원고가 피고 회사의 취소 의사표시를 송달받은 이후에야 그 효력이 소멸하고 그 전까지의 법률관계는 여전히 유효하다고 하면서, 이와 달리 근로계약 취소의 소급효가 제한되는 부분은 근로자가 현실적으로 노무를 제공한 경우에 한하고 현실적으로 노무를 제공하지 않은 기간에 대하여는 소급적으로 계약의 효력이 소멸한다고 본 원심의 판단이 부당하다고 하여 원심을 파기환송하였다.

〔研 究〕

I. 서 론

　　자본주의 사회에서 대부분의 사람들은 근로를 제공하고 수령한 임금
으로 생존에 필요한 의식주 문제를 해결하고 경제활동을 영위하므로, 근
로계약은 현대사회에서 사람들이 맺는 수많은 계약 중에서도 가장 기본
적이고 중요한 계약이고, 근로계약의 규율은 무엇보다도 중요하다. 그런
데 근로계약은 당사자 간의 대등한 관계를 기본으로 하는 일반적인 계약
과 달리, 계약을 체결할 때부터 당사자들 사이에 힘의 불균형이 존재하
여 상대적 약자인 근로자의 보호가 중요시된다. 한편, 사용자는 근로자가
제출한 이력서 또는 면접절차를 거쳐 그가 원하는 능력이나 경력의 근로
자를 채용하고자 하는데, 사용자가 근로자의 능력 등을 파악함에 있어
착오가 생기는 경우가 발생하기도 하고, 사용자와 근로계약을 체결하고자
하는 강력한 유인에 일부 근로자가 허위로 혹은 과장하여 본인의 경력
또는 이력을 사칭하는 경우가 발생하기도 한다. 이러한 이력서의 허위
기재 또는 경력 사칭으로 인한 문제에 관하여 우리나라의 판결들은 전통
적으로 징계해고의 법리로 다뤄왔을 뿐이었으나, 이는 계약 체결 당시
존재하는 의사표시의 하자 문제이므로 취소의 법리로 규율하여야 한다는
비판도 존재하였다. 대상판결은 경력 사칭의 사안에서 근로계약을 민법
에 따라 취소할 수 있다는 법리를 다시 한 번 확인하는 동시에 취소의
소급효 제한에 관하여 최초로 명시적으로 판단한 사안이다.

　　이 글에서는 우선 고용계약과의 비교를 통하여 근로계약의 특성을
파악하고, 근로자 보호를 중요하게 고려하는 근로계약에서 민법이 어느
정도까지 수정되어 적용될 수 있는가를 검토해 보도록 하겠다. 그리고
이와 같은 논의를 바탕으로, 근로계약의 무효·취소를 하자유형별로 살펴
본 다음, 무효·취소가 인정되는 경우에 이미 근로를 제공한 근로자의
보호를 위하여 소급효가 제한될 수 있는지 여부 및 그와 같은 근거를 살

펴보도록 하겠다. 나아가 무효·취소의 소급효를 제한한다고 하더라도 이를 일률적으로 적용할 수 있는 것인지, 아니면 사적자치의 원칙과 근로자 보호의 조화를 위하여 소급효 제한에도 한계가 인정되어야 하는지를 검토하도록 한다.

Ⅱ. 근로계약의 법적 성질

1. 고용계약과 근로계약의 구별

가. 문제의 제기

민법 제655조는 '고용계약'을 '당사자 일방이 상대방에게 노무를 제공할 것을 약정하고 상대방이 이에 대하여 보수를 지급할 것을 약정하는 계약'이라고 정의하고 있고, 근로기준법은 제2조 제1항 제4호에서 민법과 별개로 '근로계약'을 '근로자가 사용자에게 근로를 제공하고 사용자는 이에 대하여 임금을 지급하는 것을 목적으로 체결된 계약'이라고 규정하고 있다. 고용계약과 근로계약의 문언을 비교해 보면, 양자 사이에 일부 표현의 차이를 제외하고는 별다른 차이는 존재하지 아니하므로,[5]

---

5) 우선 ① 당사자 일방이 제공하는 급여에 관하여, 민법은 '노무'로 표현하고 있고, 근로기준법은 제2조 제1항 제3호에서 '근로'라는 표현을 사용하면서도 이를 '정신노동과 육체노동'이라고 규정하고 있으므로 양자 모두 육체적·정신적인 노동을 모두 포함한다고 할 것이어서[편집대표 곽윤직, 민법주해 ⅩⅤ, 박영사, 2002, 316면 (남효순 집필부분)] 실질적인 차이가 존재하지 않고, ② 당사자 일방이 제공하는 노무 또는 근로에 대한 대가에 관하여, 민법은 이를 '보수'로 표현하는 데 반해, 근로기준법은 문언 상으로는 '보수'보다 그 범위가 좁다고 보이는 '임금'이라는 용어를 사용하면서도, 제2조 제1항 제5호에서 임금을 '사용자가 근로의 대가로 근로자에게 임금, 봉급, 그밖에 어떠한 명칭으로든지 지급하는 일체의 금품'으로 정의함으로써 '임금'의 범위를 확장시키고 있어 이 부분에서도 실질적 차이를 발견할 수 없으며, ③ 계약 당사자들에 관하여 민법은 '당사자 일방과 그 상대방'으로 규정하고, 근로기준법은 '근로자와 사용자'로 규정하면서 근로자를 '근로계약의 유무를 직접 근거를 하지 않고 사업 또는 사업장에서 근로를 제공하는 자'라고 규정함으로써 고용계약에서의 당사자보다 그 범위가 확대될 수 있는 여지를 두고 있고, 사용자에 관하여도 '사업주뿐만 아니라 사업주를 위하여 행동하는 자'까지 포함시킴으로써 당사자들의 지위를 구체화시키면서 그 범위를 확대할 여지를 두고 있으나, 위 표현은 기능적 지위를 강조하는 것에 불과할 뿐, 근로계약에 고용계약과 구별되는 특성이 있음을 시사하고 있지는 않다[자세한 내용은 이영희, "근로계약의 법적 성격과 제약구조에 관한 연구", 1987년 서울대 박사학위 논문, 40-42면; 김유

근로계약과 고용계약을 구별할 실익에 대하여 의문이 제기될 수 있다. 그러나 근로계약과 고용계약의 차이를 통해 근로계약의 성격을 파악할 수 있고, 이러한 이해가 선행되어야 민법의 대원칙인 사적자치의 원칙이 근로계약에 어느 정도로 수정되어 적용되는지를 논의할 수 있으므로, 본 격적인 논의에 들어가기에 앞서 민법상 고용계약과 근로기준법상 근로계 약의 관계에 대하여 간단히 살펴보도록 하겠다. 통상적으로 독일에서는 고용계약과 근로계약이 구별되는지 여부에 대하여 활발한 논의가 진행되 어 왔고,[6] 우리나라에서도 아래와 같이 동일설과 준별설이 대립하고 있다.

나. 학설[7] 및 판례

(1) 동 일 설

민법상 고용계약의 경우에도 대부분 근로자는 자주성을 잃고 사용자 의 지휘 · 감독을 받아 노무를 제공하여 '종속성'을 나타내므로, 고용계약 이 근로계약과 구별되지 않는다는 견해이다. 이 견해에 따르면 근로계약 과 고용계약을 구별하는 견해는 독일법의 영향을 받은 것이라고 주장한 다. 이 견해는 위임을 무상으로 규정한 독일에서는 자유 · 고급노무를 유 상으로 제공하는 경우를 고용으로 보고, 자유노무를 대상으로 하는 고용 과의 차별성을 강조하기 위하여 근로계약은 '종속성'을 띠는 노무를 유상 으로 공급하는 계약으로 두 계약을 구별한다고 하면서, 우리 민법은 위 임을 무상계약에 국한하고 있지 아니하므로, 독일법과 같이 근로계약과 고용계약을 구별할 이유가 없다고 주장한다.[8] 이 견해에 따르는 학자들 은 근로계약은 고용계약과 동일한 것임에도 근로기준법의 적용을 위하여

성, "근로계약에 관한 소고", 서울대 법학 제17권 제2호(1976. 12.), 112-114면 참조).

6) 자세한 내용은 이영희(주 5), 25-28면, 42-43면; 김유성(주 5), 112면 참조.

7) 이 부분은 김태우, "근로계약에서의 취소 · 무효법리의 적용 및 제한에 관한 연 구", 고려대학교 대학원 석사학위논문(2010. 6.), 5-6면; 민법주해 XV(주 5), 310면 을 참고하여 서술하였다.

8) 민법주해 XV(주 5), 308면; 이은영, 채권각론(제5판), 박영사, 2005, 496면; 노병호, "근로계약에 관한 소고", 충북대 법학연구 제5권(1993), 157면; 김태우(주 7), 6면; 이병태, 최신노동법(제8 전정판), (주) 중앙경제, 2008, 586면.

'근로계약'이라는 용어를 사용하는 것이고, 노동법에 의한 통제와 간섭은 시민법적인 자유와 평등을 구체화하여 근로자의 실질적 자유와 평등을 확보하기 위한 것으로 민법과 노동법이 단순한 대립관계에 있다고 할 수 없는데, 준별설에 의하면 법 적용상의 모순과 혼란이 발생하게 된다고 비판한다.[9]

(2) 준 별 설

근로계약과 고용계약은 구별된다는 견해로, 근로기준법이 정하는 근로계약은 노동법의 역사와 함께 근로자의 생존권 보장이라는 이념 하에 발전한 개념으로 그 이론적 구성이나 성립과정이 고용계약과 다르다고 한다. 또한 고용계약에 해당하는 경우라도 사용자의 지배·종속 하에 있지 않은 자유고용계약[10]이 있을 수 있는 반면, 대등한 당사자들을 전제로 하는 고용계약이 현실에 부합하지 않는 점을 극복하기 위하여 등장한 근로계약은 '근로자의 종속성'[11]을 요구한다는 점에서 고용계약과 근로계약이 실질적으로 구별될 수 있다는 견해이다.[12]

이 견해는 ① 근로계약도 민법상의 계약으로 보되, ⅰ) 민법상 노무

---

9) 노병호, 노동법Ⅰ(개별적 근로관계법) (개정판), 진원사, 2014, 35-36면.
10) 대표적인 예로 프리랜서, 여행객을 일정 목적지에 안내하는 역할의 일정 재량이 허용되는 단체여행책임자, 지속적인 자문을 위하여 고용한 변호사, 호텔에서 필요한 경우에만 투숙객을 진료하는 의사 등은 종속성이 인정되지 않는 자유로운 고용계약의 대상이 될 수 있다[김형배, 노동법(제24판), 박영사, 2015, 44면, 220면 참조].
11) 김형배(주 10), 39-43면에 의하면, 근로자의 종속성은 사용자와 근로자 사이의 대등한 당사자 관계가 아닌 힘의 우위가 있어 발생하는 '교섭력의 불평등', 근로자가 사용자의 지배영역이 경영조직에 편입되어 사용자의 지시·감독에 따라 노무를 제공함으로 발생하는 '인적 종속성', 근로자가 사용자에게 노무를 제공하는 동안 다른 소득을 얻을 수 없어 결과적으로 자신의 생계유지활동을 사용자의 처분에 맡김으로써 발생하는 '경제적 종속성' 등으로 나타난다고 한다.
12) 김형배(주 10), 43-44면, 220면; 임종률, 노동법(제15판), 박영사, 2017, 347-348면. 한편, 종래의 준별설과 견해를 달리하여, 근로계약은 새로운 고용형태의 형성 및 발전에 대응하여 시민법적 고용계약법으로부터 노동계약법적으로 분리·독립된 것으로, 이러한 점에서 근로계약은 고용계약에서 나타난 파생 또는 발전 형태이고, 노무급부계약의 원형인 고용계약은 주류적인 위치를 근로계약에 내어주고 주변적인 위치로 밀려났다는 입장을 취하고 있는 견해도 존재한다[이영희(주 5), 69-70면].

제공계약 중 대등적 · 자유적 노무제공은 고용계약, 불평등 · 종속적 노무제공은 근로계약으로 보는 견해와, ⅱ) 근로계약은 고용관계에 속하지만 근로기준법 등 특별법에 의한 보호를 받는 고용관계의 특수한 형태라는 견해, ② 근로계약은 고용종속관계를 특징으로 하는, 민법과는 별개의 근로기준법상의 계약이라 보는 견해로 세분할 수 있다.[13]

(3) 판 례

대법원 판례는 엄밀히 근로계약과 고용계약의 관계에 대하여 명시적으로 판단한 것은 아니지만, "근로기준법상의 근로자에 해당하는지 여부를 판단함에 있어서는 그 계약이 민법상의 고용계약이든 또는 도급계약이든 그 계약의 형식에 관계없이 그 실질에 있어 근로자가 사업 또는 사업장에 임금을 목적으로 종속적인 관계에서 사용자에게 근로를 제공하였는지 여부에 따라 판단하여야 한다"[14]고 설시하고 있다.[15]

다. 검 토

민법은 사적자치의 원칙을 근거로 대등한 당사자 사이에 계약이 체결되는 것을 전제하고 있으므로, 민법상의 고용계약은 대등한 당사자를 전제한다. 그러나 현실에서 근로자는 사용자에게 근로를 제공하고 수령하는 임금으로 경제생활을 영위하기 때문에 사용자에게 경제적으로 종속될 수밖에 없고, 사용자가 지배하는 사업장에 소속되어 사용자의 지시 · 감독에 따라 노무를 수행하는 인적 종속성을 띤다. 이에 근로자는 사용자와 근로계약을 체결할 때 사경제의 주체로서 자율적으로 의사를 결정할 수 있는 대등한 당사자의 지위가 아니라, 교섭에 있어 불리한 위치에 있게 되는 불평등한 결과가 발생한다. 이러한 측면에서 근로자의 생존권을 보호할 필요성이 대두됨에 따라 근로자 보호의 이념을 강조한 노동법

---

13) 이상윤, 노동법(제15판), 박영사, 2017, 157면.
14) 대법원 1996. 7. 30. 선고 96도732 판결 등 참조.
15) 이에 대하여 대법원 판례가 동일설을 취하였다는 주장도 있으나(노병호(주 9), 36면 참조), 위 판시는 도급계약의 경우에도 근로자의 종속성이 인정되는 경우 근로계약이라고 볼 수 있다는 기재를 포함하고 있으므로, 위 판결을 두고 대법원이 근로계약과 고용계약이 동일하다는 판단을 하였다고 단정할 수 있을지는 의문이다.

이 발전해 왔다. 이와 같이 각 계약을 규율하는 법의 이념과 가치, 그 발전과정, 근로자 보호의 필요성을 고려하면, 근로계약은 '근로자의 종속성'이라는 특징에 의하여 대등한 당사자를 전제하는 고용계약과는 구별된다고 보는 준별설이 타당하다.[16] 그리고 대부분의 근로계약이 사인간의 계약으로 민법상의 고용계약에 해당할 것이나 앞서 본 바와 같이 자유노무가 인정되는 고용계약이 있을 수 있고, 점점 근로계약의 형태가 비전형적이고 다양화되고 있다는 점을 고려하면, 양자가 언제나 반드시 일치한다고 볼 수 없다. 오히려 계약의 형식과 관계없이 도급계약, 위임계약, 고용계약 등 모든 형식의 노무공급계약 중에서 '근로자의 종속성'이 존재하는 경우 근로계약에 해당한다고 볼 수 있으므로, 근로계약과 고용계약은 교집합 관계에 있다고 보인다.[17] 대상사안의 원심판결은 '근로계약은 사법상의 고용계약'이라는 표현을 사용한 데 반해, 대상판결은 '근로계약은 사법상의 계약'이라고 그 표현을 수정하였는데, 이에 비추어 볼 때 근로계약과 고용계약이 동일하다는 입장을 택한 것은 아닌 것으로 이해된다.

2. 근로계약의 특성
가. 사법상의 법률관계로서 계속적 계약
근로계약은 기본적으로 사인(私人) 간의 계약으로 사법상의 법률관

---

16) 준별설에 따르는 이상 이하 이 글에서는 민법상의 고용계약이 아닌 근로기준법상의 근로계약이라는 명칭을 사용하고, 되도록 근로기준법에서 정한 용어를 사용하기로 한다.

17) 한편 준별설에 대하여, 계약의 형태가 동일 또는 유사하더라도 사용자가 몇 명을 고용하고 있느냐(근로기준법 제11조 제1항에 따라 근로기준법은 5인 이상의 근로자를 사용하는 사업 또는 사업장에 적용된다)에 따라 당해 계약의 개념이 전혀 달라진다는 비판이 존재하나[노병호(주 9), 36면], 5인 이상의 근로자를 사용하지 않는 영세사업장에서 근로를 제공하는 근로자의 법률관계도 근로계약에 해당하는 것이고, 다만 입법적으로 영세사업장의 사용자에게 부담을 덜어주기 위하여 근로기준법이 적용되는 예외를 둔 것이므로[김형배(주 10), 46면 참조], 근로자 수에 따라 근로계약인지 여부가 결정되는 것은 아니라는 점에서 위와 같은 지적은 타당하지 않다.

계에 해당하고, 급여[18]의 순간적 실행에 의하여 실현되는 것이 아니라 근로자의 근로 제공이라는 계속적 상태를 요구하는 계속적 법률관계에 있는 것이 주요한 특징이다.[19] 이와 같이 근로계약은 계약 내용의 실현이 시간적 계속성을 가지고, 장기간에 걸친 계속적 관계를 근간으로 하므로,[20] 일시적 계약과는 다르게 계약의 존속기간이 장기화될수록 기간의 경과에 따라 계약의 유효성이 영향을 받기 쉽다.[21] 한편, 계속적 계약은 '계속성'이라는 본질적인 특수성으로 인해 계약 체결 시의 의사에의 구속에 자기책임의 원칙이 수정되어 적용되고,[22] 이는 근로계약의 경우에도 마찬가지이다.

나. 일의 완성의무를 부담하지 않음

근로계약은 '근로의 제공'을 급여로 하고 있으므로, 노무를 공급하는 노무공급계약의 한 종류에 해당한다. 그러나 근로계약은 노무의 제공 자체만으로도 당사자가 급여를 이행하였음이 인정된다는 점에서, '일의 완성' 또는 '사무의 처리' 등과 같이 일을 완료하거나 완성하여야 하는 의무를 부담하지 않는다는 데 그 특징이 있다.[23]

다. 근로자의 종속성

근로자는 사용자의 지시·감독에 따라 사업장에 소속되어 근로를 제공한다는 점에서 인적 종속성을, 근로계약에 따른 일자리를 잃게 되는 경우 경제적 기반이 무너진다는 점에서 경제적 종속성을 가지고 있다.[24] 이에 근로계약은 근로기준법을 통하여 근로자의 보호를 위해 사용자에게

---

18) 우리 민법은 일본 민법과 달리 '급부(給付)'라는 용어가 아닌 '급여(給與)'라는 용어만 사용하고 있을 뿐이므로(민법 제746조 등 참조), 이하 이 글에서는 '급부'라는 표현 대신 '급여'라는 표현을 사용하기로 한다(윤진수, "부당이득법의 경제적 분석", 서울대학교 법학 제55권 제3호(2014. 9.), 108-109면).
19) 민법주해 XV(주 5), 321면; 김형배(주 10), 222면 등.
20) 조일윤, "계속적 계약의 해지에 관한 연구", 동아대학교, 2004, 14면.
21) 조일윤(주 20), 20면.
22) 조일윤(주 20), 3-20면.
23) 민법주해 XV(주 5), 303-304면. 이는 고용계약에 관한 설명이나, 근로계약의 경우에도 마찬가지라 할 것이다.
24) 김형배(주 10), 222-223면.

인격배려의무, 안전배려의무 등 근로자와 국가에 대한 의무를 부과하는 동시에 근로자의 사용자에 대한 권리를 보장하고 있다.[25] · [26]

라. 근로계약의 인적 특성

위에서 본 바와 같이 근로자는 근로 제공 과정에서 사용자 또는 기업의 유기적 구성요소로서 조직적 · 단체적 관계를 맺게 되므로, 근로계약은 채권계약의 성격 외에도 근로자라는 사회적 지위를 설정하는 것을 목적으로 하는 일종의 인격적 결합계약으로서의 성격을 가지고 있다는 주장이 있다.[27] 이에 대하여 근로계약에서 근로자의 인적 요소는 무시될 수 없으나, 근로관계가 법률상 공동관계 또는 조합관계에 해당하지 아니하므로 인적 요소를 수반하는 계속적 채권관계임에서 더 나아가 인격적 결합계약으로까지 취급하는 것은 타당하지 않다고 보는 입장이 대립한다.[28] 사견으로는 근로계약으로써 근로자가 지위를 취득하기는 하나 근로계약에 채권관계 이상의 단체법적인 효과가 발생한다고 보기 어려우므로 근로계약은 신분법적 계약이 아닌 채권계약으로만 보는 것이 타당하다고 생각한다. 그러나 인격적 결합계약이라고 볼 수 없다는 입장에 의하더라도 근로 제공에 자아실현, 능력 향상 등 인격실현수단으로서의 의미가 있음을 부정할 수 없다.[29]

---

25) 김형배(주 10), 203-204면.
26) 이러한 의미에서 근로기준법은 공법적 성격을 가지고 있는 동시에 근로자의 사법적 보호를 전제하는 사법적 성격도 띤다(김형배(주 10), 204면 참조).
27) 김유성, 노동법 Ⅰ-개별적 근로관계법-, 법문사, 2005, 54면; 노병호(주 9), 35면; 이상윤(주 13), 182면. 다만, 위 입장은 인격적 결합계약의 구체적 내용이나 범위에 관하여 정확한 견해는 제시하지 않고 있다(이상윤(주 13). 182면 참조).
28) 김형배(주 10), 221-222면; 이병태(주 8), 583면 참조.
29) "근로계약에 따라 계속적으로 근로를 제공하는 근로자는 인간으로서의 존엄과 가치를 지닌 인격체이고 근로자는 자신의 전인격을 사용자의 사업장에 투입하고 있는 점에서 근로관계에 있어서 근로자의 근로제공은 자신의 인격과 분리될 수 없는 것이고 한편 근로계약에 따른 근로자의 근로제공은 단순히 임금획득만을 목적으로 하는 것은 아니고 근로자는 근로를 통하여 자아를 실현하고 나아가 기술을 습득하고 능력을 유지 · 향상시키며 원만한 인간관계를 형성하는 등으로 참다운 인격의 발전을 도모함으로써 자신의 인격을 실현시키고 있다는 점도 부인할 수 없다"(대법원 1993. 12. 21. 선고 93다11463 판결).

3. 근로계약과 민법의 관계

가. 민법의 적용 여부

근로계약에도 민법이 적용되는지 여부에 관하여, 노동법을 민법과 별개의 독자적인 법 영역으로 이해하여 근로계약을 노동법상의 독자적 계약유형으로 파악하고 근로계약에 민법이 적용될 여지가 없다는 견해가 있었던 것으로 보이나,[30] 오늘날 근로계약 역시 사인 간의 계약에 해당하므로 일반법으로서 민법 규정이 적용한다는 견해가 대부분이고,[31] 이러한 입장이 타당하다. 근로계약은 앞서 본 바와 같이 도급, 위임, 고용 등 노무공급계약을 기본적인 형태로 하면서도, '근로자의 종속성'에서 기인하는 근로자 보호의 필요성에 따라 근로계약에 대한 사용자의 의무를 중점적으로 규제하는 근로기준법 등 노동법의 적용을 받을 뿐이므로, 기본적으로는 사법상의 계약으로 민법의 적용을 받는다고 보는 것이 옳을 것이다.[32]

나. 근로계약에서의 사적자치 원칙

(1) 기본적 법리로서의 사적자치 원칙

민법은 개인이 자신의 법률관계를 그의 자유로운 의사에 의하여 형성할 수 있다는 사적자치의 원칙[33]을 기본원칙으로 삼고 있고,[34] 사적자

---

30) 김태우(주 7), 7면.
31) 김형배(주 10), 274면; 김태우(주 7), 7-8면; 이상윤(주 13), 29면 등 참조.
32) 근로계약에 관하여 근로기준법의 규정이 없는 경우에만 원칙적으로 민법이 적용된다는 견해가 존재하나(김태우(주 7), 7-8면 참조), 민법과 노동법은 서로 보완적인 관계에 있을 뿐 노동법이 민법의 특별법으로 작용하는 것은 아니라 할 것이다(강희원, "노동법의 법체계적 지위-특히 노동법과 민법의 관계와 관련하여-", 노동법학 제6호, 한국노동법학회, 1996, 82-85면; 김형배, "노동법과 사법질서", 헌법과 현대법학의 제문제(현민유진오박사고희기념논문집), 일조각, 1975, 325면 참조).
33) "개인은 자신의 자유로운 선택과 결정에 따라 행위하고 그에 따른 결과를 다른 사람에게 귀속시키거나 전가하지 아니한 채 스스로 이를 감수하여야 한다는 '자기책임의 원칙'이 개인의 법률관계에 대하여 적용되고, 계약을 둘러싼 법률관계에서도 당사자는 자신의 자유로운 선택과 결정에 따라 계약을 체결한 결과 발생하게 되는 이익이나 손실을 스스로 감수하여야 할 뿐 일방 당사자가 상대방 당사자에게 손실이 발생하지 아니하도록 하는 등 상대방 당사자의 이익을 보호하거나 배려할 일반적인 의무는 부담하지 아니함이 원칙이다"(대법원 2014. 8. 21. 선고 2010다 92438 전원합의체 판결).

치 원칙으로부터 계약 체결 여부, 상대방 선택의 자유, 내용결정의 자유, 계약방식의 자유를 그 내용으로 하는 계약자유의 원칙이 파생된다.[35] 즉, 민법은 당사자들이 스스로의 필요와 이익을 가장 잘 알고 있고 개인이 시장의 공정한 경쟁을 통해 자신에게 가장 이익이 되는 방향을 추구할 수 있다는 점을 기본 전제로,[36] 당사자의 자율에 따라 서로 대등한 관계에서 자유롭게 계약관계를 형성할 것을 기대하고 있다. 다시 말해, 당사자는 그의 의욕 하에 법률행위에 의한 권리와 의무를 부담하므로, 법률행위에 구속력을 부여하는 표의자의 의사는 하자 없이 형성되어야 한다.[37] 따라서 하자 있는 의사표시에 기하여 성립된 법률관계는 무효·취소의 의사표시에 의하여 소급적으로 소멸하게 된다.

(2) 근대화에 따른 자율의 한계-사적자치 원칙의 수정

이와 같이 근대 민법이 개인의 자율에 대한 존중, 인간의 합리성에 대한 신뢰를 기반으로 하고 있으나, 자율의 존중에도 한계가 존재한다. 자본주의의 발달에 따라 빈부격차가 심화되었고, 실질적으로 개인의 자유와 평등이 모두에게 동등하게 인정되지 않게 되었기 때문에, 경제적 강자에게 계약 자유의 원칙은 무기로 작용하게 되었고, 경제적 약자는 상대적으로 계약의 자유를 잃게 되었다.[38] 이는 구체적으로 정보의 불균형과 당사자들이 대등하게 협상할 수 있는 지위에 있지 못하는 형태로 나타났다.[39] 이러한 상황을 해결하고 실질적 자유와 평등을 추구하기 위하여 자율의 폭을 제한하면서, 공공복리, 사회질서, 신의성실 등을 고려하여 민법의 사적자치의 원칙-계약자유의 원칙-이 수정되어 적용되게 되었다.

(3) 근로계약과 사적자치 원칙의 수정

근대사회의 초기에는 사용자와 근로자의 관계도 완전하게 자유롭고

---

34) 곽윤직·김재형, 민법총칙(제9판), 박영사, 2013, 38면; 권영준, "계약법의 사상적 기초와 그 시사점: 자율과 후견의 관점에서", 저스티스 제124호(2011), 171-172면.
35) 양창수·김재형, 민법 Ⅰ 계약법(제2판), 박영사, 2015, 13-14면.
36) 양창수·김재형(주 35), 14-15면.
37) 이진기, "의사표시의 취소의 효과", 계약법의 과제와 전망, 삼지원, 2005, 286면.
38) 곽윤직·김재형(주 34), 42-44면.
39) 권영준(주 34), 174-175면.

평등하며 대등한 지위에 있다고 보았다. 그러나 실제로는 생산수단이 사용자에게 집중되어 있고, 생산수단을 소유하지 못하고 단순히 노동력을 상품화하여 판매하는 것이 주요 생계유지수단인 근로자로서는 실업의 우려로 인해 교섭력이 사용자에 비하여 취약할 수밖에 없게 된다.[40] 이에 앞서 본 것처럼 근로자는 사용자에 경제적으로 종속될 뿐 아니라, 근로의 제공 과정에서 사용자의 지휘·감독으로 인하여 인적으로도 종속된다.[41] 결과적으로 근로계약의 당사자들, 즉 사용자와 근로자 사이에는 실질적인 불평등이 발생하게 되고, 상대적 약자의 지위에 놓인 근로자를 보호하기 위하여 근로기준법 등 노동법이 발달하여 온 것이고, 따라서 사법상의 계약의 측면에서도 국가의 공동체적 가치-근로자 보호-를 위해 민법의 기본원칙인 사적자치의 원칙-계약자유의 원칙이 수정되어 적용될 수 있다.[42]

Ⅲ. 하자 있는 의사표시에 기한 근로계약의 무효·취소

1. 무효사유가 있는 근로계약

근로계약 체결 당시 의사표시의 하자와 관련하여 취소가 가능한지 여부에 관하여는 다툼이 있는 반면, 근로계약의 무효가 인정된다는 점에는 이론이 없는 것으로 보인다. 따라서 근로계약의 무효 사유에 관하여 간략히 살펴보도록 하겠다.[43]

가. 강행규정 위반

강행규정 중 효력규정을 위반한 경우에는 근로계약은 당연히 무효가 된다.[44] 예를 들어 근로기준법 제64조 제1항은 15세 미만인 자는 근로자

---

40) 이에 대한 자세한 내용은 강희원, 노동헌법론, 법영사, 2011, 125-138면 참조.
41) 강희원(주 40), 152-153면.
42) 권영준(주 34), 189-191면 참조.
43) 아래에서 설시할 무효 사유 외에도 민법이 정한 무효 사유로 민법 제107조(비진의의사표시)와 제108조(통정허위표시)가 있으나, 비진의의사표시 혹은 통정허위표시에 기한 근로계약의 경우 대부분 실제로 노무 제공이 이루어지지 않을 것이므로, 제공된 근로 상당의 이득 반환과 관련하여 근로계약 무효 또는 취소의 효력을 논하는 이 글에서는 다루지 아니하도록 한다.

로 사용하지 못하도록 하고 있고, 제67조 제1항은 친권자나 후견인으로
하여금 미성년자의 근로계약을 대리할 수 없도록 하고 있는데, 위 규정
은 효력규정으로 이에 반하여 체결된 근로계약은 무효가 된다.

반면, 단속규정을 위반한 경우에는 사법상의 효력에 아무런 영향이
없으므로 근로계약이 무효로 되지는 않는다. 출입국관리법 제18조는 체
류자격을 가지지 않은 외국인을 고용하여서는 안 된다고 규정하고 있으
나, 이는 단속규정이라는 것이 다수설 및 판례의 태도이므로,[45] 설령 체
류자격 없는 외국인이 한국의 기업과 근로계약을 체결한다고 하더라도,
위 근로계약은 유효하다.[46]

나. 선량한 풍속 기타 사회질서에 반하는 계약

민법 제103조에 따라 선량한 풍속 기타 사회질서에 반하는 계약은
무효가 된다. 근로자가 법질서가 용인하지 못하는 근로 제공임을 인식하
면서도 근로계약을 체결하였다면 근로자 보호의 필요성이 없기 때문이

---

44) 이는 다시 근로조건에 관한 내용이 효력규정에 위반되는 경우와 제공하는 노무
자체가 효력규정에 위반되는 경우로 나눌 수 있다. 근로조건에 관한 내용이 효력
규정에 위반되는 경우에는 근로계약은 그와 같이 위반된 부분에 한하여만 무효가
되고 나머지 부분은 유효하며, 무효인 부분은 법 규정 또는 당사자들의 의사해석
으로 보충될 수 있을 것이다. 노무 자체가 강행법규에 반하는 경우에는 근로계약
전체가 무효가 된다고 보아야 한다(유성재, "하자 있는 근로계약의 효력", 법학논
문집 제23집 제1호(1998), 208면).

45) "외국인고용제한규정은 취업자격 없는 외국인의 고용이라는 사실적 행위 자체를
금지하고자 하는 것뿐이지 나아가 취업자격 없는 외국인이 사실상 제공한 근로에
따른 권리나 이미 형성된 근로관계에 있어서의 근로자로서의 신분에 따른 노동관
계법상의 제반 권리 등의 법률효과까지 금지하려는 규정으로는 보기 어렵다 할 것
이다. 따라서 취업자격 없는 외국인이 위 출입국관리법상의 고용제한 규정을 위반
하여 근로계약을 체결하였다 하더라도 그것만으로 그 근로계약이 당연히 무효라고
는 할 수 없다 할 것이다."(대법원 1995. 9. 15. 선고 94누12067 판결).

46) 다만, 단속규정을 위반한 근로계약은 단속규정의 입법 취지를 몰각하지 않고 근
로자 보호를 도모할 수 있도록 과거의 근로계약은 유효하나, 위반행위 적발 시 근
로계약은 정지되고 이후 이를 이유로 해지할 수 있을 뿐이라고 한다(김태우(주 7),
96-98면 참조).
　위 각주 45)의 94누12067 판결, "취업자격은 외국인이 대한민국 내에서 법률적
으로 취업활동을 가능케 하는 것이므로 이미 형성된 근로관계가 아닌 한 취업자격
없는 외국인과의 근로관계는 정지된다고 하여야 할 것이고, 당사자는 언제든지 그
와 같은 취업자격이 없음을 이유로 근로계약을 해지할 수 있다 할 것이다."

다.[47] 예를 들어, 성매매업소에서 자발적으로 성매매 종업원으로 일하기로
하고 체결한 근로계약, 보이스피싱 범죄조직에서 보이스피싱을 위한 전화
업무를 담당하기로 한 근로계약은 사회질서에 반하는 것으로 무효가 될
것이다.

다. 불공정한 법률행위

민법 제104조에 따라 당사자의 궁박·경솔 또는 무경험으로 인하여
현저하게 공정을 잃은 근로계약은 무효가 된다. 사용자가 근로자의 궁
박·경솔·무경험을 이용하여 현저하게 열악한 임금을 정하는 경우가 이
에 해당하고, 근로자가 전문성이 있는 분야에 관하여 상대적으로 무지한
사용자의 궁박·경솔·무경험 등을 이용하여 현저히 부당하게 고액의 임
금으로 계약을 체결하는 경우도 상정할 수 있다. 그러나 실무상으로는
'현저하게 공정성을 잃었음' 정도에 이르렀음을 인정하여 근로계약 자체
를 무효로 볼 수 있는 경우는 사실상 많지 않을 것이다.

2. 취소사유가 있는 근로계약

가. 하자 있는 근로계약의 취소가 허용되는지 여부

(1) 문제의 제기

앞서 본 바와 같이 근로계약에 따른 권리와 의무의 부담은 당사자
가 계약에 구속될 것을 의욕하였다는 데 있으므로, 계약 체결 당시 표
의자의 의사는 하자 없이 형성되었어야 하고, 하자 있는 의사표시에
의하여 근로계약이 성립되었을 때 당사자는 하자 있는 의사표시의 구
속력에서 벗어나고자 할 것이다. 이 경우 근로계약도 사적계약의 일종
이라는 점에서 취소를 주장할 수 있는지, 혹은 근로자 보호라는 이념
을 강조하여 계약의 효력을 장래를 향해 해소하는 근로기준법상의 해고
제도만을 인정하고 민법상의 취소제도를 적용하지 않을 것인지가 문제
된다.

---

47) 편집대표 박준서, 주석민법[채권각칙(4)] (제3판), 한국사법행정학회, 1999, 64면
　　(하경효 집필부분).

(2) 학 설[48]

(가) 해고설-해고만 가능하다는 견해

근로계약이 계속적 법률관계에 있고 근로자 보호라는 목적을 가진 특수한 성격의 계약임을 이유로 민법상의 취소는 적용되지 않고, 하자 있는 의사표시의 경우에도 해고의 법리로 이론을 구성하여야 한다는 견해이다. 이 견해에서는 ① 근로계약의 경우 일단 계약에 따라 근로가 제공된 이상 이미 제공된 근로에 관하여는 근로자를 보호할 필요가 있는 점, ② 취소로 인하여 근로계약이 소급적으로 무효로 되면 부당이득반환의무가 발생하게 되나, 그렇다고 하더라도 근로자가 제공한 근로 자체의 원상회복이 불가능하여 근로계약의 취소를 인정하게 되면 근로자 보호에 미흡해지는 점, ③ 근로계약의 취소를 인정하면서 소급효를 제한하는 견해에 따르면 결과적으로 취소와 해고에 별다른 차이가 존재하지 않게 되는 점을 근거로, 하자 있는 의사표시에 기한 근로계약에 민법상의 취소는 적용되지 않고, 해고의 법리로 해결하여야 한다는 견해이다.[49]

---

48) 이 부분은 김태우(주 7), 44-53면; 유재율, "근로계약의 체결과 관련된 법적 문제에 대한 연구", 고려대학교 대학원 석사학위논문(2007. 12.), 84-87면; 정기남, "근로계약의 취소", 논문집 제17권, 충남대학교 법률행정연구소, 23-26면; 이종복, "학력 내지 경력 사칭으로 인한 근로관계종료에 관한 법리구성-대법원 86. 10. 28. 선고 85누851을 중심으로-", 판례연구(제4집), 1986, 179-185면을 참조하여 서술하였다.

49) 한편, 하자 있는 의사표시에 의한 근로계약 중에서도 경력 사칭으로 인한 근로계약에 관하여 ① 경락사칭이 징계해고대상에 해당한다고 하는 설(이는 ⅰ) 경력 사칭 그 자체가 기업질서에 영향을 미치고 사용자와 근로자의 신뢰관계를 파괴하므로 구체적 손해가 발생하지 않는다고 하더라도 추상적 위험만으로 징계해고대상이 된다는 추상적 위험설, ⅱ) 구체적으로 기업질서를 어지럽히거나 현실적인 손해가 발생한 경우에만 징계해고대상이 된다는 구체적 위험설로 구분된다), ② 근로자가 진실고지의무를 위반한 것으로 원칙적으로 통상해고사유에 해당하고, 예외적인 경우에만 징계해고가 인정된다는 설, ③ 근로계약 체결 당시의 하자이므로 취소의 법리에 따라야 한다는 취소설이 대립한다. 위 경력 사칭과 관련한 해고설과 취소설의 근거는 '하자 있는 근로계약의 취소'의 논거와 동일하고, 다만 해고와 관련하여 근로자의 '경력 사칭'이 징계해고사유에 해당하는지 아니면 통상해고사유에 그칠 뿐인지에 관하여 조금 더 심화된 논의가 이루어지고 있으므로, 근로계약의 취소를 다루는 이 글에서 깊이 다루지는 않는다(이 부분 설시는 김태우(주 7), 64-66면; 조건주, "학력 또는 경력을 사칭한 경우 징계해고의 정당성", 민사판례연구 XXV, 박영사, 2003, 365-369면; 정기남(주 48), 23-25면 등을 참조하여 서술하였다).

(나) 취소설-취소도 가능하다는 견해

근로계약 역시 사법계약의 일종으로 원칙적으로 민법 규정이 적용되므로 민법 제141조의 취소도 당연히 적용된다고 보는 견해이다.[50] 취소설은 근로관계의 성립요건에 관한 편입설과 계약설에 따라 근로계약에 취소제도를 적용하기 위한 이론을 다르게 구성하고 있다.[51]

1) 편입설(사실적 근로관계설)

근로관계의 성립을 위하여는 '근로계약'이라는 계약의 존재뿐만 아니라 '근로자의 사업장으로의 편입'이라는 사실적 요소가 필요하다는 견해이다. 이 학설에 따르면 근로관계는 근로계약과 사업장에의 편입으로 구성되는데, 사업장에의 편입이 아닌 근로계약 부분에 관하여 취소가 가능하다고 한다.[52]

2) 계약설

근로관계는 근로계약의 체결로써 바로 성립한다는 견해이다. 이 견해는 사실적 근로관계설에 대하여, 근로관계도 법률관계이므로 여기서 발생하는 권리의무가 단순한 사실에서 도출된다는 주장은 우리의 사법체계와 맞지 않는다는 점을 지적한다.[53] 계약설에 의하면 근로계약도 사법상의 계약이므로 근로기준법의 해고권과 별개로 민법의 취소권이 인정된다고 하면서, 해고와 취소는 설령 그 결과가 유사하다고 하더라도 서로 대체될 수 없는 관계에 놓여 있다고 한다.[54]

---

50) 유재율(주 48), 85면에 의하면, 근로계약은 근로자 보호라는 목적을 가진 특별한 법률관계에 해당하므로, 취소설에 의하더라도 그 근로계약의 본질적 내용과 민법의 규정이 일치하지 않는 범위 내에서 민법의 적용이 배제될 수 있다고 하고, 이러한 입장이 타당하다고 본다.

51) 이 부분은 하경효, 노동법사례연습[제2판(개정판)], 박영사, 2008, 206-207면; 김형배(주 10), 224-226면, 김유성(주 5), 115-118면을 참조하여 서술하였다.

52) 이와 같이 근로관계의 성립을 근로계약과 구별하여 논하는 실익은, 근로자가 노무 제공을 개시한 후에야 사용자에게 재해의 예방과 관련한 안전 · 보건기준 준수의무, 재해보상의무 등이 발생하고 근로자는 휴가를 신청하거나 또는 유급휴가수당청구권 등이 발생하는 것에 있다고 하나, 오늘날 입법적 해결로 실질적으로 그 의의를 상실하고 있다고 한다[김형배(주 10), 224-225면 참조].

53) 김형배(주 10), 224-226면 참조. 다만, 김형배(주 10), 226면에 따르면, 계약설에 의하더라도 이행상태에 들어간 근로관계는 단순히 근로계약만을 맺고 있는 채권관계와는 구별되어 노동법의 보호 대상이 되어야 한다고 한다.

(3) 판례의 태도

(가) 경력 사칭을 이유로 해고를 인정해 온 기존의 판례[55]

대법원은 1985. 4. 9. 선고 83다카2202 판결에서 최초로 경력 사칭에 기하여 체결된 근로계약의 경우 사용자가 근로자를 징계해고할 수 있음을 인정한 이래 경력 사칭이 징계해고사유에 해당한다고 판단하고 있다.[56] 대법원은 '기업이 근로자를 고용하면서 학력 또는 경력을 기재한 이력서나 그 증명서를 요구하는 이유는 단순히 근로자의 근로능력을 평가하기 위해서만 아니라, 노사간의 신뢰형성과 기업질서 유지를 위해서는 근로자의 지능과 경험, 교육 정도, 정직성 및 직장에 대한 정착성과 적응성 등 전인격적인 판단을 거쳐 고용 여부를 결정할 필요가 있어 그 판단자료로 삼기 위한 것'[57]이라고 하면서 '이와 같은 목적으로 제출이 요구되는 이력서에 허위의 경력을 기재한다는 것은 그 자체가 그 근로자의 정직성에 대한 중요한 부정적인 요소가 됨은 물론, 기업이 고용하려고 하는 근로자들에 대한 전인격적인 판단을 그르치게 하는 것'[58]으로 보아 현실적 손해 발생 여부와 관계없이 해고사유에 해당한다고 보고 있다. 이러한 대법원의 판단은 해고설—특히 경력 사칭과 관련하여는 해고설 중 추상적 위험설—의 입장을 취한 것으로 보인다.

나아가 대법원은 징계해고의 정당성을 판단하는 구체적 기준에 대하여 ① 고용계약 체결 당시 회사가 그와 같은 허위기재 사실을 알았더라면 근로자를 고용하지 않았거나 적어도 동일조건으로 계약을 체결하지 아니하였을 것으로 인정되는 정도면 징계해고사유가 된다는 입장[59]·[60]

---

54) 유재율(주 48), 86–87면.
55) 이 부분은 조건주(주 49), 367–373면; 김태우(주 7), 66–69면을 참고하여 서술하였다.
56) 경력 사칭의 경우 징계시효의 기산점에 관하여, 대법원 1995. 3. 10. 선고 94다14650 판결은 "징계시효기간의 기산점은 원칙적으로 징계사유가 발생한 때이나, 경력을 사칭한 근로자는 채용 당시부터 신의칙상의 의무에 위배하여 근로계약을 체결한 것이고, 아무런 잘못 없이 징계사유를 알지 못하였던 사용자에 대하여 징계시효기간의 경과를 주장하는 것은 신의칙에 위반된다"는 취지로 판시하여, 경력 사칭에 대하여는 징계시효가 적용되지 않는다는 입장을 취하였다.
57) 대법원 1992. 6. 23. 선고 92다8873 판결 등.
58) 대법원 1990. 12. 7. 선고 90다카23912 판결 등.

과, ② 단체협약이나 취업규칙에 징계해고사유에 해당하는 행위가 구체적으로 규정되어 있다면, 허위사항의 기재가 작성자의 착오로 인한 것이거나 그 내용이 극히 사소하여 그것을 징계해고사유로 삼는 것이 사회통념상 타당하지 않다는 등의 특별한 사정이 없는 경우 정당한 해고사유에 해당한다는 입장[61]으로 두 가지 표현을 사용하고 있는데, 두 유형을 번갈아 가며 혹은 동시에 설시하고 있어[62] 이를 별개의 유형으로 구분하고 있는 것으로 보이지는 아니한다.[63]

(나) 기망에 의한 근로계약의 취소를 인정한 판례

대상판결 이전에도 대법원은 근로계약에 민법상 취소가 인정된다는 입장이었다. 대법원은 사립학교 교원의 기망에 기하여 체결된 교원 임용계약에 대하여 사립학교 교원임용계약이 법적 성질상 사법상의 고용계약에 해당한다고 판단한 다음, 위 계약 체결 당시 의사표시에 무효 또는 취소의 사유가 있으면 당연히 무효 또는 취소 사유를 주장하여 그에 따른 법률효과의 발생을 부정하거나 소멸시킬 수 있다[64]고 함으로써 하자

---

59) 대법원 1985. 4. 9. 선고 83다카2202 판결; 대법원 1989. 3. 14. 선고 87다카3196 판결; 대법원 1988. 2. 9. 선고 87누818 판결; 대법원 1989. 5. 9. 선고 88다카4918 판결; 대법원 1991. 4. 9. 선고 90다카27402 판결; 대법원 1993. 10. 8. 선고 93다30921 판결; 대법원 1997. 5. 28. 선고 95다35903 판결 등, 다만 위 판결들에 약간의 표현상 차이를 제외하고 기본적인 설시는 동일하다.

60) 다만 이러한 판시에 대하여 해고의 정당한 이유에 관한 판단기준이 착오에 의한 취소를 판단할 때의 기준을 차용한 것으로, 사용자의 주관적 요건을 해고의 기준으로 삼을 합리적인 이유가 없고, 해고가 계약 계속 중 발생한 사정을 이유로 함에 반해 위 기준은 계약 당시의 의사를 기준으로 한다는 점에서 이를 비판하는 견해가 있다{조건주(주 49), 377-381면; 이종복(주 48), 171-179면 참조}.

61) 대법원 1990. 12. 7. 선고 90다카23912 판결; 대법원 1995. 8. 22. 선고 95누5943 판결; 대법원 1997. 12. 26. 선고 97누11126 판결; 대법원 1999. 3. 26. 선고 98두4672 판결 등.

62) 대법원 2000. 6. 23. 선고 98다54960 판결.

63) ①유형 판결들의 경우에도 취업규칙, 단체협약에서 경력 사칭이 징계해고사유로 규정되어 있는 사안들이었고, 판시 내용들을 종합하여 볼 때 취업규칙 등에 경력 사칭 등이 징계해고사유로 규정되지 않은 경우에도 곧바로 이를 징계해고사유로 인정할 것은 아니라는 점을 전제하고 있기 때문이다.

64) 대법원 1994. 8. 26. 선고 94다15479 판결(학교법인 측에서 해당 교원이 전교조 탈퇴의사가 없음에도 교원으로 임용되면 전교조를 탈퇴할 것처럼 학교법인을 기망하였다고 주장한 사안), 대법원 1996. 7. 30. 선고 95다11689 판결(부교수가 정교

있는 근로계약에 대하여 민법상 취소 규정이 적용된다고 판시한 바 있다.

(다) 대상판결의 의의

대상판결은 사립학교 교원의 임용계약이 아닌 일반 근로자의 근로계약과 관련하여 최초로 민법상 취소 규정이 적용될 수 있다고 판단한 사안으로, 근로계약이 사법상의 계약으로 당연히 민법의 무효 · 취소제도가 적용된다는 기존의 입장을 다시 한 번 확인하고 있다. 또한, 대상판결은 경력 사칭으로 인한 근로계약의 구속력에서 벗어나는 방법으로, 기존에 인정하던 사용자의 해고권과 별개로 계약의 취소권을 행사하는 것도 가능하다고 판시하여, 취소는 해고와 구별되는 별개의 제도로 독자성을 가지고 있다는 입장을 확인하였고, 취소권과 해고권을 병존적으로 행사할 수 있음을 시사하고 있다.

(4) 검 토

(가) 근로계약도 사법상의 계약의 일종이므로 사적자치의 원칙—계약자유의 원칙이 기본적인 전제가 된다. 따라서, 하자 있는 의사표시에 기하여 체결된 근로계약에 대하여 당사자들에게 구속력에서 벗어날 수 있도록 계약의 취소를 인정하는 것이 타당하다.

해고설을 취하는 입장에서는, 취소설에 의하더라도 대부분 취소의 소급효를 제한하는 이상 취소와 해고를 구분할 실익이 없다고 주장한다. 그러나 해고는 근로계약이 유효하게 성립하였음에도 계약 존속 중의 사정변경 등으로 인해 계속적 이행에 장애가 발생하였을 때[65] 계약을 종료시킴으로써 그 구속력을 장래를 향해 해소시키는 제도인 반면, 취소는 계약자유의 원칙을 보장하기 위한 제도로 근로계약 성립 당시의 의사표시의 하자를 이유로 계약 체결의 효과를 부인하는 것이다.[66] 또한, 해고의 경우에

수 승진에 필요한 연구실적을 표절하였음이 인정된 사안).

65) 이러한 측면에서 근로자의 경력 사칭을 해고사유로 인정하는 견해에 대하여, 근로자의 경력 사칭으로 인하여 근로계약이 체결되었다고 하더라도 근로자의 업무수행에 아무런 이상이 없는 경우 급여의 이행에 장애가 있다고 판단할 수 없음에도 해고를 인정하는 것은 부당하다는 취지의 지적이 있다(이미선, "경력 사칭을 이유로 한 해고", 법과 정의 그리고 사람(박병대대법관재임기념문집), 2017, 272-276면; 이종복(주 48), 185면 참조).

는 근로기준법 제23조 제1항에 따라 '정당한 이유'가 있어야 하는데 반해, 민법상의 취소를 인정하는 경우에는 계약 체결 당시 의사표시의 하자 이외에 '정당한 이유'까지 필요로 하지는 않는다.[67] 따라서 해고와 취소는 그 목적과 기능, 행사 요건 및 효과의 차이가 엄연히 존재한다.[68] 그러므로 하자 있는 의사표시에 기한 근로계약에도 해고와 별개로 민법상 무효·취소의 법리가 적용되어야 하고, 해고권과 취소권은 그 요건을 충족하는 한 당사자는 이를 선택적으로 행사할 수 있다고 보는 것이 타당하다.

(나) 한편, 취소설 중에서도 편입설은 우리나라 민법의 체계와 달리 사실적 행위를 법률효과의 발생요건으로 규정하고 있다는 점에서 받아들이기 어려울 것으로 보인다. 편입설이 들고 있는 가장 큰 논거는 '근로자 보호의 필요성'인데, 근로계약이 근로의 제공이라는 계속적 상태가 요구되는[69] '계속적 계약'이라는 점에 착안하여 민법의 기존 법리로도 근로자 보호를 실현할 수 있다. 따라서 '근로자의 보호'라는 정책적인 견지에서 고안된 기술적 개념인 '사실적 근로관계'[70]를 새롭게 도입하기보다는 민법상의 일반 법리로 해결하는 것이 타당하다고 보인다. 이러한 입장에서 계약설을 지지한다.

나. 취소 사유

(1) 착오에 의한 취소[71]

근로계약도 계약자유의 원칙에 따라 당사자는 그 내용의 중요한 부분에 착오가 있을 때 민법 제109조 제1항에 의하여 의사표시를 취소할

---

66) 이종복(주 48), 182-184면; 김태우(주 7), 41면.
67) 유재율(주 48), 86면, 다만 김태우(주 7), 51면에 의하면 취소설의 입장에서도 취소의 요건에 덧붙여 하자의 치유, 신의칙을 고려하여 취소권의 행사를 제한하므로 결과적으로 근로기준법 제23조 제1항의 "정당한 이유"를 판단하는 경우와 유사하다고 한다.
68) 이종복(주 48), 182-183면; 정기남(주 48), 29면.
69) 민법주해 XV(주 5), 321면.
70) 최공웅, "사실적 계약관계이론", 저스티스 제18권(1985), 22면.
71) 한편, 사용자가 착오에 빠지게 된 것이 근로자의 기망에 의한 경우 착오에 의한 취소와 사기에 의한 취소가 중첩적으로 적용되게 되는바, 이 부분은 중복 서술을 피하기 위하여 사기에 의한 취소에서 일괄적으로 논의하도록 한다.

수 있고,[72] 다만 단서 규정에 의거하여 그 착오가 표의자의 중대한 과실로 인한 때는 취소할 수 없다. 그리고 일반론에 따라 상대방에 의하여 유발된 착오의 경우에는 표의자의 중대한 과실을 이유로 상대방이 착오에 기한 취소를 부정하는 것은 신의칙상 허용되지 않는다.

근로자가 근로계약의 중요한 부분에 관하여 착오하는 경우로는 ① 사용자의 인적·조직적 동일성에 관한 착오, ② 근로조건에 관한 착오 등이 있을 수 있고, 사용자가 중요 부분에 관하여 착오하는 경우로는 크게 ① 채용절차와 관련된 계산상의 착오,[73] ② 근로자의 인적 동일성에 관한 착오, ③ 근로자의 속성·성질에 관한 착오, ④ 근로조건에 관한 착오로 나눌 수 있다.[74]

(가) 근로자의 착오에 관하여

근로자가 사용자의 인적·조직적 동일성에 관한 착오를 하는 경우에 관하여 보면, 보통 근로자가 채용절차에 지원하여 근로계약을 체결하게 되고 그 과정에서 사용자에 대한 조사가 이루어지는 것이 보통일 것이므로 근로자에게 중대한 과실이 인정될 가능성이 높다. 근로조건에 관한 착오의 경우에도 그 착오가 그 내용의 중요부분에 이른다는 점은 엄격히 인정하여야 하고, 당사자에게 착오에 대한 중대한 과실이 없어야 한다.

(나) 사용자의 착오에 관하여

1) 계산상 착오 또는 근로자의 인적 동일성에 대한 착오

근로계약의 체결 과정이 대부분 근로자의 지원, 사용자의 근로자에 대한 서류심사 혹은 면접 등의 절차, 이를 근거로 한 사용자의 승낙으로 이루어지는 이상, 근로계약 체결에 관하여 사용자가 한 승낙의 의사표시에 대한 근로자의 신뢰는 더 강하게 보호되어야 하고, 사용자의 착오 취

---

72) 이 경우에도 내용의 중요 부분에 관한 착오에 해당하기 위해서는, 주관적으로 표의자에게 착오가 없었더라면 그러한 의사표시를 표의자가 하지 않았으리라고 생각될 정도로 중요한 것이어야 하고, 객관적으로 통상인을 기준으로 하더라도 보통 일반인도 표의자의 입장에 섰더라면 그러한 의사표시를 하지 않았으리라고 생각될 정도로 중요한 것이어야 한다(대법원 2003. 4. 11. 선고 2002다70884 판결 등 참조).
73) 채점상의 실수나 전산상의 오류의 경우를 상정할 수 있다.
74) 유재율(주 48), 99면, 105–107면; 이종복(주 48), 186–187면.

소의 경우 사용자에게 보다 엄격한 주의의무가 요구된다. 따라서 계산상의 착오나 근로자의 인적 동일성에 관한 착오의 경우 취소는 엄격하게 인정하여야 할 것이고, 사용자가 이와 같이 착오에 빠진 경우에는 근로자의 사기 등 의도적인 착오 유발과 같은 경우를 제외하고는 보통 사용자에게 중대한 과실이 인정될 것이다. 사용자가 근로조건에 관하여 착오한 경우는 근로자의 근로조건에 대한 착오의 경우와 동일할 것이다.

　2) 근로자의 속성·성질에 관한 착오

　　근로자의 속성·성질에 관한 착오는 근로자의 학력·경력, 건강상태, 형사처벌경력 등에 관한 착오를 의미한다.[75] 대법원은 경력 사칭으로 인한 징계해고에 관한 여러 사안[76]에서 이력서 또는 증명서로 알 수 있는 근로자의 속성·성질은 노동력의 평가, 근로조건의 결정, 보수의 적정화 등을 위한 판단자료이자 근로자에 대한 인격조사자료로써 이를 통해 노사 간의 신뢰관계의 형성이나 기업질서의 유지 및 안정을 도모할 수 있다는 점에서 근로계약 내용의 중요 부분이라 보고 있다.[77] 그러나 이와 같은 근로자의 속성·성질에 관하여 착오가 있었다고 하더라도 이를 취소하기 위해서는 사용자가 일반인의 입장에서, 그리고 표의자의 입장에서 착오에 빠지지 않았다면 동일한 내용 또는 유사한 내용으로 근로계약을 체결하지 않을 정도에 이르러야 한다. 또한, 착오가 발생한 근로자의 속성·성질은 일시적인 것이면 안 되고 계속적이며 장래에도 중요한 것이어야 하며,[78] '능력의 정도'에 대한 착오만으로는 불충분하다. 따라서 이 경우에는 약정된 근로에 관한 특정의 하자가 존재하고 이러한 하자가 사회통념상 불충분하다고 인정되는 경우에만 취소사유가 된다.[79]

---

75) 이종복(주 48), 186-187면.
76) 대법원 1992. 6. 23. 선고 92다8873 판결, 대법원 1995. 8. 22. 선고 95누5943 판결, 대법원 2000. 6. 23. 선고 98다54960 판결 등 외 다수.
77) 이종복(주 48), 187면.
78) 편집대표 곽윤직, 민법주해 Ⅱ, 2002, 박영사, 467면(송덕수 집필부분).
79) 정기남(주 48), 32면.

(2) 사기에 의한 취소

근로계약이 사기에 기하여 체결된 경우에는 민법 제110조 제1항에 따라 취소할 수 있다. 기망에 의한 근로계약의 체결과 관련하여 가장 문제되는 것은 근로자가 그의 속성·성질에 관하여 사용자를 기망하는 이른바 '경력 사칭'의 경우이다.

근로자의 경력 사칭으로 인한 취소를 살피기에 앞서, 사용자가 근로자의 정보를 조사할 수 있는 범위는 어디까지인지 및 근로자가 본인의 능력 등에 관한 사항을 사용자에게 사실대로 알려 사용자에게 채용 여부를 결정하게 할 진실고지의무가 있는지를 먼저 살펴보도록 한다.

(가) 사용자의 질문권[80]

사용자는 근로자를 채용할 때는 그의 이익을 극대화하기 위해 그가 원하는 능력, 기술과 인품을 갖춘 근로자를 선발하고자 할 것이다. 이에 사용자는 근로자의 노동력을 평가하기 위하여 근로자에 대한 정보를 수집하고 보통 근로자로부터 이력서, 자기소개서 등 서류를 제출받거나 면접 등을 진행하게 된다. 이와 같이 사용자는 근로자의 학력·경력·성품 등에 관한 정보를 얻기 위하여 근로자에게 질문하고 조사할 수 있는 질문권을 가지고, 이러한 '조사의 자유'는 계약 자유의 원칙, 특히 상대방 선택의 자유에 바탕을 두고 있다. 그러나 사용자의 질문권이 무제한적으로 인정되는 것은 아니고, 이는 근로자의 업무와 관련성이 있는 사항에 한정되어야 하며, 사용자의 질문권, 즉 사용자가 가지는 조사의 자유는 헌법상 보장된 기본권을 침해하거나 근로자보호법에 반하는 사항에 대하여는 사용자가 가지는 조사의 자유가 제한된다.[81]

---

80) 이 부분은 김형배(주 10), 271-272면; 김태우(주 7), 21-23면; 유재율(주 48), 101-103면을 참고하여 서술하였다.

81) 대표적인 예로 결혼 여부, 임신 여부 등 남녀고용평등과 관련된 사항, 특정 질병의 유무, 이혼 여부 등과 같이 사생활의 자유나 인격에 관련된 사항, 사상·신조에 관련된 사항 등을 들 수 있다. 다만, 위 사항들에 관한 질문이라고 하더라도 이것이 근로자가 담당할 업무와 긴밀한 관련성이 있는 경우에는 예외적으로 사용자의 질문권이 인정될 수 있다(자세한 내용은 김태우(주 7), 22-23면 참조).

(나) 근로자의 진실고지의무82)

근로자는 사용자가 한 정당한 질문에 대하여 진실한 사실을 알릴 의무를 부담한다. 다시 말해, 근로자는 신의칙상 부수적 의무로 상대방에 대하여 근로계약의 체결과 관련된 여러 가지 사항들을 고지하거나 조회에 응할 의무가 있고, 이를 근로자의 진실고지의무라 한다. 다만, 근로자의 진실고지의무는 앞서 본 바와 같이 사용자의 질문권―조사의 자유―이 인정되는 범위에 한하여야 한다. 사용자의 질문권이 그 한계를 초과하는 것이라면 근로자는 진실을 고지할 의무가 없고 이러한 경우 사용자는 근로자가 허위의 답변을 하였다고 하더라도 이를 이유로 근로자에게 부당한 조치를 취할 수는 없다.

(다) 경력 사칭의 경우 근로계약의 취소

근로자가 진실고지의무를 부담하는 사항에 관하여 허위로 답변을 한 경우에는 사용자는 근로계약을 사기에 의한 의사표시로 취소할 수 있다. 다만 이 경우에도 근로자의 기망이 없었더라면 사용자가 근로계약을 체결하지 않을 것이라는 정도에 이르는 인과관계는 존재하여야 한다.83) 그러나 사용자의 질문이 근로자의 업무와 관련성이 있는 사항이 아니라 그 한계를 초과하는 경우라면 근로자는 진실을 고지할 의무가 없고 이러한 경우 근로자가 허위의 답변을 하였다고 하더라도84) 이 부분에 관하여는

---

82) 이 부분은 김형배(주 10), 272-273면; 김태우(주 7), 24-26면; 유재율(주 48), 104-105면을 참조하여 서술하였다.

83) 따라서 근로자의 경력 사칭이 기망의 정도가 크지 않고 근로계약의 수행에 별다른 영향이 없는 경우에는 사기에 의한 취소를 인정하지 않는 것이 타당할 것이다. 이러한 예로 단순 납땜업무에 종사하는 근로자가 학력이 초등학교 중퇴임에도 중학교 졸업으로 사칭한 경우(대법원 1986. 10. 28. 선고 85누851 사안, 다만 위 사안에서 근로자에 대한 징계해고는 인정되었다), 근로자가 단순 업무와 관련하여 높은 학력을 낮게 사칭한 경우(서울행정법원 2008. 4. 3. 선고 2007구합31560, 위 사안에서 근로자에 대한 징계해고는 노조활동을 방해하기 위한 것으로 부당하다고 판단되었고, 이후 대법원 2009. 5. 28. 선고 2009두2382 심리불속행기각 판결로 확정되었다)가 있다.

84) 예를 들어, 사용자가 근로자를 고용하면서 업무와 상관없는 결혼 예정 여부를 질문하였고 이에 대하여 근로자가 결혼이 예정되어 있음에도 결혼 예정이 없다고 거짓으로 답변하였다고 하더라도, 사용자는 이를 이유로 근로자에게 부당한 조치

'기망행위의 위법성'이 인정되지 아니하므로 사용자에게 사기에 의한 취
소권이 인정되지 않는다.[85]

(3) 강박에 의한 취소

근로계약이 강박에 의하여 체결된 경우에도 민법 제110조 제1항에
따라 취소할 수 있다. 사용자가 강박에 의하여 부당하게 낮은 조건으로
근로자와 근로계약을 체결하는 경우, 근로자가 사용자의 불법행위를 고발
하지 않는 대가 혹은 사용자에게 무력을 행사하여 근로계약을 체결하는
경우 등이 있을 수 있다.[86]

다. 취소권의 행사에 관련된 논의

(1) 해고절차의 준용 여부

사용자가 취소권을 행사하는 경우에도 '정당한 이유의 필요'($\binom{근로기준법}{제23조 제1항}$)나
'해고예고기간의 설정 혹은 예고수당의 지급'($\binom{근로기준법}{제26조}$), '서면 통지'($\binom{근로기준법}{제27조}$)
등 근로기준법에서 근로자 보호를 위하여 규정하고 있는 해고제한규정이 적
용되는지 여부가 문제될 수 있다.

이에 대하여 ① 각 제도의 요건과 효과, 기능이 다르더라도 입법취
지를 고려하여 한 제도의 규정을 다른 제도에 유추하여 적용할 수 있고,
근로계약의 취소는 사실상 해고에 해당하므로 해고제한규정이 적용되어야
한다는 견해[87]와 ② 취소는 민법 규정에 의한 것으로 근로기준법이 정한
별개의 제도인 해고제한규정이 적용되지 않는다는 견해[88]가 대립한다.

사견으로는 근로계약의 취소에 근로기준법이 정하고 있는 해고제한
규정은 적용되지 않는 것이 타당하다고 생각한다. 취소와 해고는 별개의
제도로, 해고제한규정은 유효한 계약이 중도에 해지됨으로 인해 발생하는
근로자에 대한 불이익을 최소화시키기 위한 목적에서 도입된 것임을 고
려하면, 계약 성립 당시부터 하자가 존재하였음을 이유로 하는 취소의

를 취할 수 없다.
85) 같은 취지로 유재율(주 48), 108면.
86) 유재율(주 48) 90–91면.
87) 김태우(주 7), 51–52면, 72–73면.
88) 정기남(주 48), 31면; 유재율(주 48), 86–87면.

경우에도 이를 그대로 적용할 수는 없다고 보인다. 물론 긍정설이 지적하는 바와 같이 사용자가 취소 제도로 해고제한규정을 잠탈할 우려가 존재하고 근로자를 보호할 필요성도 명백히 존재한다. 그러나 취소의 경우에도, 근로자의 보호는 취소권의 엄격한 인정, 소급효의 제한 등 사적자치 원칙을 수정함으로써 기존에 존재하는 민법상의 법리로도 충분히 해결할 수 있을 것으로 보인다.

(2) 하자의 치유 여부

하자 있는 근로계약이 체결되었다고 하더라도 근로관계가 시작된 이후 근로자의 능력이나 업무태도가 향상되어 근로관계의 하자에 해당하지 않을 정도에 이르렀다면 하자의 치유를 인정할 수 있는가?

이에 대하여 ① 근로관계는 근로의 제공이라는 계속적 이행과정을 거쳐 가는 동안 구체적인 행위를 통해 재구성되는 것이므로 경력 사칭과 같은 근로자의 반가치적 행위는 상당한 기간 동안 근무를 성실히 하여 치유될 수 있다는 점,[89] ② 계속적 채권관계인 근로관계에서 수년간의 근무에도 불구하고 계약 체결 시점의 하자를 이유로 근로관계를 소급하여 소멸시키는 것은 근로관계의 보호와 법적 안정성 측면에서 부당하다는 점,[90] ③ 취소의 사유가 근로관계에 있어서 의의를 상실한 경우에도 취소를 주장하는 것은 신의칙에 반한다는 점[91] 등의 다양한 이유로 하자의 치유를 인정할 수 있다는 견해가 다수이다.[92]

사견으로도 하자의 치유를 인정하는 견해가 타당하다고 생각한다. 계속적인 근로 제공의 과정에서 의사표시의 하자가 치유될 정도에 이르렀다면 계약의 구속력을 소멸시킬 필요가 없게 되기 때문이다. 더욱이 하자의 치유를 인정하지 아니한다면 사용자가 해고를 잠탈하는 수단으로

---

89) 김형배, "경력 사칭과 징계해고", 노동법과 노동정책(김진웅박사화갑기념논문집), 1985, 148-149면; 김태우(주 7), 28면.
90) 하경효(주 51), 201-203면. 징계해고에서의 논의이기는 하나 위와 같은 논의는 근로계약의 취소에도 적용할 수 있을 것이다.
91) 이종복(주 48), 184면.
92) 김형배(주 89), 148-149면; 이종복(주 48) 184면; 유재율(주 48), 109-110면; 김태우(주 7), 26-31면 참조.

취소권을 행사할 염려도 존재한다.[93] 다만, 하자의 치유를 인정하는 경우
에도 근무능력 및 근무태도, 근무기간, 근로계약 체결 당시 하자의 중대
성, 하자 발생에 대한 근로자의 불법성과 비난가능성을 종합적으로 고려
하여 엄격하게 인정하여야 한다.[94] 대상판결도 "원고의 기망으로 체결된
이 사건 근로계약은 그 하자의 정도나 원고의 근무기간 등에 비추어 하
자가 치유되었거나 계약의 취소가 부당하다고 볼 만한 특별한 사정이 없
는 한 피고의 취소의 의사표시가 담긴 반소장 부본의 송달로써 적법하게
취소되었다고 봄이 상당하다."고 판시하여 하자의 치유를 긍정하는 태도
를 취하였다.

(3) 취소권의 행사기간

민법 제146조는 의사표시의 취소는 추인할 수 있는 날로부터 3년,
법률행위를 한 날로부터 10년 이내에 행사하도록 규정하고 있다.[95] 이러
한 취소권의 제척기간은 신속한 해결을 요청하는 근로계약의 특성상 근
로자를 보호하기 위하여 그대로 적용할 수 없다는 주장이 있으나,[96] 민법

---

93) 예를 들어 근로자가 채용 당시 학력을 기망하였고 이에 속은 사용자와 근로계약
을 체결하였으나 그가 제공할 근로에 학력이 중요하게 작용하지 않고, 근로자가
수년에 걸쳐(취소권의 제척기간이 도과되지 않을 정도의 기간이다) 통상적인 업무
를 수행하였을 뿐 업무와 관련하여 아무런 문제를 일으키지 않았음에도 노조 활동
등으로 사용자와 마찰이 발생한 경우를 상정할 수 있다. 이러한 경우에도 사용자
의 취소권을 무제한적으로 인정하는 경우는 근로자 보호에 반하는 부당한 결과가
발생하게 될 것이므로, 취소권의 행사를 제한할 필요가 발생하게 된다.

94) 김태우(주 7), 29–31면에 의하면, 하자의 치유는 근로제공기간, 근무태도, 하자
의 중대성을 고려하여 판단하여야 하고, 사용자가 필수적으로 정한 요건을 결하였
음에도 근로자가 이를 사칭하였다거나 근로자가 문서위조, 대리시험, 부정행위 등
의 범죄행위를 한 경우와 같이 하자 발생에 근로자의 귀책이 강한 경우에는 그
반사회성의 정도가 중대하므로 하자의 치유를 엄격히 인정하여야 한다고 본다. 이
와 같이 근로자의 중대한 귀책사유로 인하여 의사표시의 하자가 발생하는 경우에
도 근로자를 보호하는 것은, 근로자를 필요 이상으로 보호하고 사용자에게 합리적
인 근거 없이 부당한 책임을 지운다는 점에서 형평에 부합하지 않는다고 할 것이
므로, 위 견해에 찬성한다. 이러한 해석이 일률적인 기준을 정립하지 못하여 법률
관계의 안정성을 해한다는 지적이 있을 수도 있으나, 사적자치의 원칙과 근로자의
보호를 이익형량하여 하자의 치유를 인정하는 것이 정의와 형평의 측면에서 타당
하다고 보인다.

95) 취소권의 제척기간 기산점인 '추인할 수 있는 날'은 당사자가 경력 사칭 등의 취
소사유를 알거나 알 수 있었던 때를 의미할 것이다.

상의 취소제도인 이상 제척기간이 적용된다고 보는 것이 타당하다.[97] 근로자의 보호는 하자의 치유 혹은 소급효의 제한 등으로도 충분히 해결할 수 있으므로, 근로계약의 취소에 굳이 제척기간의 적용을 배제할 필요는 없을 것이다.

Ⅳ. 무효 또는 취소인 근로계약의 소급효 제한과 그 한계

1. 무효·취소의 소급효 원칙과 예외

가. 일반적인 효력으로서의 소급효

무효인 법률행위는 행위 당시부터 당연히 효력을 갖지 못한다. 원칙적으로 법률행위가 무효일 경우 그 내용에 따른 법률효과는 당연히 발생하지 않는 것이고, 당사자가 무효를 주장하여야 그때부터 무효로 되는 것은 아니다.[98] 한편, 취소될 수 있는 법률행위는 일단 유효한 법률행위로서 효력이 발생하고 그 후 취소의 의사표시에 기하여 효력을 잃게 되는데, 민법 제141조는 취소된 법률행위는 행위 시로 소급하여 처음부터 무효가 된다고 규정하여 원칙적으로 소급효를 규정하고 있다. 즉, 법률행위가 취소되면 해당 법률관계는 처음부터 성립하지 않은 것으로 되므로,[99] 채무자는 계약에 따른 의무를 이행하지 않아도 되고, 이미 실현된 급여에 대해서는 이를 반환하여야 한다.[100] 그러므로 하자 있는 근로계약의 무효·취소가 인정되는 경우, 근로자는 사용자에게 수령한 임금 상당의 부당이득을 반환하고, 사용자는 제공받은 근로 상당의 부당이득을 반환하여야 한다.[101] 근로자가 계약이 무효·취소되기 전까지 사용자로부터

---

96) 유성재(주 44), 211-212면; 유재율(주 48), 110면.
97) 동일한 견해로 김태우(주 7), 73-74면 참조.
98) 편집대표 곽윤직, 민법주해 Ⅲ, 박영사, 2000, 258면(김능환 집필부분).
99) 민법주해 Ⅲ(주 98), 259면.
100) 민법주해 Ⅲ(주 98), 296면.
101) 일반적으로 무효인 행위 또는 취소된 행위에 관하여 급여가 실현된 경우에는 이를 원상회복하여야 하는데 이와 같은 의무의 법적 성질이 민법 제548조 제1항의 원상회복의무가 아니라 민법 제741조의 부당이득반환의무라는 점에 대하여 판례와 다수설의 입장에 이견이 없는 것으로 보인다(편집대표 곽윤직, 민법주해 Ⅳ, 박영사, 2001, 361면(양창수 집필부분); 최수정, "쌍무계약을 청산하는 법리-급부반환을

정상적으로 급여를 지급받은 경우에는 위 각 청구권이 상계 또는 묵시적 합의에 기하여 정산되었다고 보는 경우가 많을 것이나,[102] 근로자가 사용자로부터 급여를 미지급받은 경우나 근로계약의 종료에 따른 퇴직금 등의 약정청구권을 가지는 경우에 추가적인 부당이득반환청구권의 발생 혹은 사용자가 선불로 임금을 지급한 경우 그 부당이득반환이 문제될 수 있다.

나. 예외적인 소급효의 제한

(1) 무효는 법률효과의 발생을 애초부터 인정하지 않고, 취소 역시 원칙적으로 소급하여 법률행위의 효력을 저지시키기는 하나, 무효 또는 취소의 경우에 언제나 반드시 소급하여 법률효과의 발생이 부정되는 것은 아니다. 이는 일종의 평가의 문제로 무효 또는 취소의 소급효[103]는 경우에 따라 제한될 수 있다.[104] 실제 민법에서도 명시적으로 취소의 장래효를 규정한 경우가 있는데, 대표적인 예로 혼인의 취소($\frac{민법}{제824조}$), 입양의 취소($\frac{민법}{제897조}$)가 있다. 이는 혼인관계 및 입양관계가 일종의 계속적 계약관계임을 전제로 기존의 상태를 되도록 존중하기 위한 것으로 보인다.[105]

(2) 학설의 대부분은 고용계약, 조합계약의 경우와 같이 계속적 계약의 경우에는 소급효의 제한을 인정하여야 한다고 한다. 대법원도 "계약이 성립되어 그에 따라 위 피고들이 위에서 본 바와 같이 광산의 공동광

중심으로-", 이십일세기 한국민사법학의 과제와 전망, 심당 송상현 화갑기념논문집(2002. 1.), 139-143면; 최상호, "쌍무계약이 무효·취소된 경우의 반환청구상의 제문제", 민사법학 제13호·제14호(1996. 4.), 90-91면 참조].

102) 실제로 대상판결의 1심은 원고가 제공한 노무 상당의 부당이득과 원고가 수령한 임금을 반환할 의무를 동시이행관계에 있다고 판단하였고, Ⅳ. 2. 가.항에서 살필 대법원 2017. 5. 11. 선고 2012다200486 사건에서는 당사자들이 애초에 기제공한 근로 상당의 부당이득과 기지급한 임금의 반환을 구하지 아니하였으므로, 당사자들 사이에 위 부분에 대하여 묵시적으로 정산합의가 있었던 것으로 볼 수 있다.

103) 엄밀히 무효인 법률행위는 처음부터 법률효과가 발생하지 아니하므로 소급효라는 표현이 적절하다고 할 수는 없으나, 무효의 경우에도 취소의 경우와 동일하게 무효의 범위를 제한하는 논의가 이루어지는 것이므로, 일괄하여 '소급효'로 표현하기로 한다.

104) 민법주해 Ⅲ(주 98), 295면.

105) 편집대표 윤진수, 주해친족법 제1권, 박영사, 2015, 184면(윤진수 집필부분).

업권자로 된 이상 원·피고들은 조합계약을 한 것으로 간주되는 것인데, 그 조합체는 원고의 사기를 이유로 한 본건 계약의 취소 의사표시 전에 이미 본건 계약의 실행에 착수하여 많은 노무자를 고용하고 기구 등을 장만하여 배수작업 내지 채굴작업을 해왔음은 기록상 분명하므로 조합이 사업을 개시하고, 제3자와의 간에 거래관계가 이루어지고 난 다음에는 조합계약 체결 당시의 그 의사표시의 하자를 이유로 취소하여 조합 성립 전으로 환원시킬 수 없다"고 판시하여 조합계약의 취소에서 취소의 소급효를 제한한 바 있다.[106] 위 사건에서 대법원이 취소의 소급효를 제한한 취지는 계속적 계약관계로 인하여 이미 상당한 기간에 걸쳐 급여가 이행되어 왔다는 점을 고려하여 이를 처음부터 무효로 볼 경우 발생할 복잡한 법률관계를 방지하고 법적 안정성을 추구하고자 한 것으로 보인다.

2. 소급효 제한에 관한 논의의 실익

근로계약의 무효 또는 취소에 관하여 소급효를 인정한다면, 사용자는 근로자로부터 제공받은 노무 상당의 이득을 얻었으므로 이를 반환하여야 한다는 데는 이견이 없는 것으로 보인다. 이와 같이 소급효를 인정하는 견해에 따르더라도 근로자는 사용자에 대하여 제공한 근로 상당의 부당이득을 청구할 수 있다는 것이어서, 근로계약의 무효 또는 취소에 따른 소급효의 제한을 인정하여 근로자에게 임금청구권을 인정하는 견해와 그 결과가 사실상 유사하게 된다. 이에 근로계약의 무효 또는 취소에 따른 소급효의 제한 여부를 논의하는 실익이 있는지 의문이 있을 수 있으므로, 소급효 제한에 관한 학설 대립을 살펴보기에 앞서 근로계약 취소의 소급효 제한을 긍정하는 견해와 부정하는 견해를 취할 때 발생하는 차이점을 살펴보겠다.

가. 근로 가액 평가의 불확실성

근로계약이 무효 또는 취소되는 경우, 사용자가 근로자에게 제공받

---

106) 대법원 1972. 4. 25. 선고 71다1833 판결.

은 근로 상당을 그대로 반환하는 것은 불가능하므로 '근로 그 자체'에 상
응하는 가액을 반환할 수밖에 없는데,[107] · [108] '근로'는 실측할 수 없는 비
물질적인 것이므로 객관적인 가치 측정이 어렵다는 문제가 있다.[109] 통상
근로 그 자체에 상응하는 가액인 '근로의 대가'는 노동시장에서 관행적으
로 정해지는 임금수준에 따라 결정할 수 있을 것으로 보이기는 하지
만,[110] 근로의 인격적, 개별적 속성으로 인하여 근로의 가치가 일률적 ·
객관적이지 않다는 점에서 시장가격을 참고하는 방법에도 한계가 존재한
다. 또한, 근로의 대가를 산정할 때 일반적으로 사용자와의 근로계약에서
정한 급여 상당의 금액을 참고할 수 있지만, 근로계약 체결 시 사용자와
근로자가 임금 수준을 정할 때 전제하였던 근로자의 노동력 평가와 실제
노동력의 질이 다른 경우가 있고, 근로계약이 하자 있는 의사표시에 기
해 체결된 이상 그 하자가 근로계약에서 정한 급여에도 영향을 미쳤을
수 있으므로, 근로계약상의 급여의 액수가 근로자가 제공한 근로의 가치
를 정확히 반영한다고 보기 어려운 점에서 근로계약상의 급여도 절대적
이거나 보편적인 기준으로 작용할 수 없다.

　　근로계약의 무효 또는 취소와 관련하여, 근로의 가치를 산정하는 것

---

107) 종래 독일에서는 제공한 근로의 가액을 평가하는 기준이 '근로의 결과'인지 아니
면 '근로 그 자체'인지에 관하여 논란이 있었다. '근로의 결과'를 부당이득으로 보
는 경우에는 반환할 부당이득은 근로자가 제공한 근로에 기초하여 사용자에게 발
생한 수익 중 노동비용에 상응하는 부분이 될 것이고, '근로 그 자체'를 부당이득
의 대상으로 보는 경우에는 근로 그 자체의 평가액으로만 파악될 것이다. 앞서 논
의한 바와 같이 근로계약은 일의 완성을 목적으로 하는 계약이 아니고, 근로 제공
그 자체로 계약의 이행을 다하였다고 볼 것이므로, 사용자가 반환할 부당이득은
'근로 그 자체'에 상응하는 가액이 된다[김태우(주 7), 33면; 하경효(주 51), 38-39
면 참조].

108) "원고의 임용 시부터 퇴직 시까지의 근로는 법률상 원인 없이 제공된 부당이득
으로 이를 반환하여야 할 것인바, 원고가 제공한 근로의 금전적 가치는, 피고의
주장처럼 공공근로자가 받는 급여가 아니라 피고 소속 공무원이 같은 업무에 같은
기간 동안 근무할 경우 지급받게 될 근로의 대가 상당액으로서, (이하 생략)"(대법
원 2004. 7. 22. 선고 2004다10350 판결).

109) 사용자가 근로자에게 선불 또는 가불로 초과 지급한 임금 상당의 반환을 구하는
경우에도, 이미 제공받은 근로 부분의 가액을 산정하여 이를 공제한 다음 초과 지
급분을 청구하여야 할 것이므로, 동일한 문제가 발생한다.

110) 김태우(주 7), 33면; 하경효(주 51), 38-39면 참조.

의 어려움을 보여주는 사안으로, 대법원 2017. 5. 11. 선고 2012다200486 판결이 있다. 위 사건은 기능직 공무원으로 채용된 원고가 최초 채용 당시 한글타자 자격증을 위조한 것이 발각되어 임용행위가 취소되었고, 이에 원고가 국가를 상대로 공무원연금법상의 퇴직급여를 청구한 사안이다.[111]·[112] 여기서 국가가 해당 원고에게 반환할 근로의 대가에 상응하는 퇴직금[113]을 산정함에 있어서 위 원고가 제공한 근로의 성격을 어떻게 평가할 것인지에 관한 공방이 벌어졌다. 원고가 제공한 근로를 사실상 공무원으로서의 공무(公務)로 평가하여야 한다는 견해와 원고가 공무원의 지위를 상실한 이상 이를 사무(私務)로 평가하여야 한다는 견해의 대립에

---

111) 이 사안은 엄밀히 사법상의 근로계약에 관한 판결은 아니지만, 공무원의 임용행위가 취소되어 해당 공무원은 소급적으로 공무원 지위를 상실하고 국가와 근로고용관계도 성립하지 않음으로써 국가를 상대로 근로를 제공한 부분에 대하여 퇴직금 상당의 부당이득을 구하는 것으로, 사용자가 법률상 원인 없이 근로를 제공받았음을 이유로 한 부당이득 반환청구의 구조가 이 사안에서의 논의와 유사하므로, 이를 살펴보도록 한다.

112) 이와 같이 대법원은 임용행위의 하자를 이유로 임용이 소급적으로 취소된 공무원에 대하여는, 임용행위는 행정적 법률관계이고 임용행위의 취소는 행정행위의 직권 취소이므로 사법상의 근로계약의 취소와 법적 성질을 달리한다는 근거 아래 임용행위 취소의 소급효를 전면적으로 인정하고 있고 '사실상 공무원' 이론도 적용하지 않고 있다. 이에 대하여 ① 공무원의 임용취소의 경우에 임용취소의 명시적인 규정이 없는 이상 당연무효와 동일하게 취급할 수 없다는 점, ② 임용결격공무원이 국민과의 관계에서 기존에 제공한 노무는 유효한 행위로 인정하면서 공무원 개인에 대하여 그 노무 제공의 가치를 달리 보는 것은 일관성이 없으므로 사실상 공무원 이론을 인정할 수 있다는 점, ③ 임용행위를 취소할 공익상의 필요성과 그 취소로 인해 당사자가 입게 될 불이익에 대한 비교형량을 통한 비례원칙이 적용되어야 한다는 점을 근거로 이를 비판하는 견해가 있다[노호창, "임용행위의 하자로 임용이 소급적으로 취소된 사실상 공무원에 대한 취급상 의문점", 노동판례리뷰 (2017), 24-29면 참조]. 이 부분은 이 글의 논의와는 직접적인 연관이 없으므로 여기에서는 더는 다루지 아니한다.

113) 근로기준법 및 근로자퇴직급여보장법상의 퇴직금 상당액이 근로의 대가로서의 성질을 가지고 있는 점은 특별히 다툼이 없고, 판례도 마찬가지의 태도를 취하고 있다. 대법원 2004. 7. 22. 선고 2004다10350 판결도 "근로기준법상의 퇴직금 제도는 국가 및 지방자치단체에도 최소한의 기준으로 적용되어야 하고 이는 후불적 임금으로서 근로의 대가로서의 성격을 지니고 있으므로 임금을 목적으로 피고의 지휘명령에 복종하여 계속적으로 근로를 제공해 온 원고에 대하여도 위 퇴직급여 중 적어도 근로기준법상 퇴직금에 상당하는 금액은 그가 재직기간 중 제공한 근로에 대한 대가로서 지급되어야 할 것"이라고 하여 동일한 취지로 판시하였다.

따라 퇴직금을 근로기준법에 따라 산정할 것인지, 공무원연금법에 따라 산정할 것인지 여부가 문제되었다. 대법원은 위 판결에서 해당 원고가 제공한 근로를 '공무(公務)'로 판단하여 공무원연금법에 따라 국가가 반환할 퇴직금 상당의 부당이득을 산정하여야 한다는 취지로 판시하였다.[114]·[115]

위 참고 판결은 공무원 임용행위에 관한 사안이었으나, 사법상의 근로계약에서 소급효의 제한을 인정하지 않을 경우에도 발생할 수 있는 유사한 문제점을 다루고 있다. 이와 같이 부당이득 반환의 대상이 되는 '근로의 대가'의 산정기준이 불명확하고 다툼의 여지가 많다는 점에서 근로계약 취소의 소급효를 인정하면 근로의 대가를 구하는 근로자에게 불리한 결과가 발생할 수 있다.

나. 반환 범위의 차이

부당이득반환법리에 의할 경우 근로의 가치를 평가할 때, 앞서 가.항에서 본 방법상의 한계에도 불구하고 근로계약상 약정한 임금을 기준으로 하는 경우가 대부분일 것이다. 그러나 근로계약의 약정임금을 기준으로 부당이득을 산정한다고 하더라도, 기본급과 각종 수당, 상여금, 성과급 등으로 임금의 종류를 복잡하게 규정하고 있는 우리나라의 임금체계로 인하여 반환할 액수에 관하여 견해의 차이가 발생할 수 있다. 임금

---

114) "임용행위가 당연무효이거나 취소된 공무원의 공무원 임용 시부터 퇴직 시까지의 사실상의 근로는 법률상 원인 없이 제공된 것으로서, 국가 및 지방자치단체는 이 사건 근로를 제공받아 이득을 얻은 반면 임용결격공무원 등은 근로를 제공하는 손해를 입었다 할 것이므로, 손해의 범위 내에서 국가 및 지방자치단체는 위 이득을 민법 제741조에 의한 부당이득으로 반환할 의무가 있다. 즉, 국가 또는 지방자치단체는 공무원연금법이 적용될 수 있었던 임용결격공무원 등의 이 사건 근로 제공과 관련하여 매월 지급한 월 급여 외에 공무원연금법상 퇴직급여의 지급을 면하는 이익을 얻는데, 퇴직급여 가운데 임용결격공무원 등이 스스로 적립한 기여금 관련 금액은 임용기간 중의 이 사건 근로의 대가에 해당하고, 기여금을 제외한 나머지 금액 중 순수한 근로에 대한 대가로서 지급되는 부분(공무원의 지위에 대한 공로보상적, 사회보장적 차원에서 지급되는 부분을 제외하는 취지이다) 상당액이 퇴직에 따라 근로의 대가로 지급되는 금액이라 할 수 있다"(대법원 2004. 7. 22. 선고 2004다10350 판결).
115) 위 사안에서 위 근로 대가의 평가와 관련된 쟁점 이외에도 부당이득에서의 이득과 손실의 관계에 관한 쟁점도 다루어졌으나, 이는 이 글의 주제를 벗어나므로 더 이상 다루지 않는다.

중에서도 사용자가 근로자의 생활보장을 위하여 지급하는 측면이 강한
학비보조비, 주택수당, 복지포인트[116] 등의 복리후생적 임금이 순수한 근
로 제공의 대가로서 부당이득 반환 범위에 포함될 수 있는지,[117] 근로자
의 개인실적 또는 기업의 성과에 따라 지급되는 성과급과 성과급으로서
의 성격이 강한 상여금[118]이 근로의 결과에 상응하는 부분임을 고려할 때
이를 근로 자체의 대가로 볼 수 있는지 여부가 문제될 수 있다. 실제로
각주 114의 대법원 2004다10350 판결은 임용행위가 취소된 공무원에게
지급할 퇴직급여 상당의 부당이득을 산정하면서 위 퇴직급여 중 공무원
의 지위에 대한 공로보상적, 사회보장적 차원에서 지급되는 부분을 제외

---

116) 다만 복지포인트가 임금에 해당하는지 여부에 대하여, 하급심에서 복지포인트의 임
   금성을 인정하는 판결례들(서울고등법원 2016나2036339 판결, 서울고등법원 2016나
   209285 판결, 대구고등법원 2015나305 판결 등)과 복지포인트의 임금성에 의문을 제
   기하는 판결례들(서울고등법원 2015나2016215 판결, 대구고등법원 2015나305 판결,
   서울북부지방법원 2016가단117137 판결 등)로 그 견해가 대립된다.

117) 이와 같이 생활보장적 측면이 있음을 인정한다고 하여 복리후생적 임금의 근로
   대가성을 부정하는 것은 아니다. 대법원도 "생활보장적 임금이라고 설명하는 가족
   수당, 주택수당 등도 그 지급 내용을 보면 그것이 근로시간에 직접 또는 비례적으
   로 대응하지 않는다는 의미에서 근로 제공과의 밀접도가 약하기는 하지만 실질적
   으로는 근로자가 사용자가 의도하는 근로를 제공한 것에 대하여 그 대가로서 지급
   되는 것이지 단순히 근로자로서의 지위를 보유하고 있다는 점에 근거하여 지급한
   다고 할 수 없으며, (이하 후략)"라고 판시하여(대법원 1995. 12. 21. 선고 94다
   26721 전원합의체 판결 참조), 생활보장적 임금 중에서 근로의 대가적 성격을 약
   하게 띠는 임금이 있다고 보았다.

118) 박준성, 임금관리 이론과 실제, 명경사, 2004년, 96-98면에 따르면, 상여금의 성
   격에 대하여 ① 관습적 또는 은혜적으로 지급되던 '떡값'과 같은 일시적인 보상이
   상여로 정착되었다고 보는 사회관습설, ② 일정 기간의 기업 업적을 실현한 근로
   자의 공로에 대한 보상으로 보는 공로보상설, ③ 지급대상기간에 이루어진 근로에
   대한 후불적 임금으로 보는 임금후불설, ④ 일정 기간에 발생한 수익에 관하여 근
   로자의 기여에 의한 부분을 인정하여 수익을 배분하는 것이라는 수익배분설의 견
   해가 대립한다. 각 회사마다 상여금의 지급방법이나 그 성격을 달리 규정하고 있
   는 점에 비추어 볼 때, 상여금의 성격을 획일적으로 규정할 수는 없고 개별 사안
   의 구체적 내용에 따라 상여금의 성격을 달리 결정하여야 한다. 대법원 1982. 10.
   26. 선고 82다카342 판결도 "상여금이 임금 후불적 성질의 것이냐 또는 은혜적 포
   상 성질의 것이냐는 이를 획일적으로 분류할 수 없는 것이기는 하나 그 지급사유
   의 발생이 불확정이고 일시적으로 지급되는 것을 제외하고는 일반적으로 근로자에
   대한 근로의 대가로 지급되는 임금의 성질을 가지는 것이라고 해석해야 할 것"이
   라고 하여 객관적인 지급 실태에 따라 그 성격을 파악하도록 하고 있다.

하였다.

또한, 근로기준법에서 정한 휴업수당, 산전후휴가급여, 연차휴가수당, 연장·야간·휴일근로에 따른 가산수당 등은 근로자와 사용자의 근로관계를 전제로 지급되는 것이므로 부당이득반환의 대상에 위 수당들이 포함되지 않는다는 견해도 존재한다.[119] 이는 근로기준법에서 근로자 보호를 위해 마련한 규정인데, 부당이득은 경제학적인 방법에 의거하여 손실액과 이득액을 산정하게 되는바, 위 각 수당들이 근로 자체의 대가에 해당할 수 있는지에 대하여 의문이 제기될 수 있기 때문이다.

이와 같이 무효 또는 취소의 소급효가 인정되는지 여부에 따라 근로자가 사용자에게 지급을 구할 수 있는 금액의 범위가 달라질 수 있고, 이는 다음 항에서 보는 바와 같이 결국 근로자의 증명책임의 부담으로 돌아오게 된다.

다. 증명책임의 부담

부당이득반환의 법리에 따르면 부당이득반환을 구하는 사람이 상대방을 상대로 이득의 현존[120] 및 액수를 입증하여야 한다. 그런데 근로계약의 무효 또는 취소가 문제되는 경우에는 부당이득을 구하는 사람이 부당이득에 관하여 증명하여야 하는데, 대부분 근로자가 이미 근로를 제공하였으나 대가를 지급받지 못한 부분에 대하여 사용자에게 부당이득 반환을 구하거나 사용자가 근로자에게 선불 또는 가불한 임금에 대하여 근로가 제공되지 않은 부분에 대한 반환을 구하는 사안일 것이므로, 증명해야 할 부당이득액은 근로의 대가 상당이 될 것이다. 근로계약의 소급효를 제한하는 경우에는 근로계약이 유효함을 인정하므로 '계약'이라는 객관적인 산정기준이 존재하여 무효 또는 취소의 소급효를 인정하는 경

119) 하경효(주 51), 39–40면; 김태우(주 7), 34면.
120) 김태우(주 7), 34면에 의하면, 사용자가 받은 이익이 현존하지 않는 경우 근로자의 부당이득반환청구권이 부인될 우려가 있다고 지적하나, 근로자의 근로 제공 자체로 급여가 이행되었고, 주 107)에서 보는 바와 같이 근로 그 자체를 부당이득으로 보는 이상 근로자의 노무 제공만으로 사용자가 이익을 받았다고 추정될 수 있을 것이므로, 사용자가 받은 이익이 현존하지 않는다고 보는 경우는 사실상 존재하지 않을 것이다.

우에 비하여 부당이득액의 증명이 용이하다. 앞서 본 바와 같이 근로계약의 무효 또는 취소로 그 효력이 소급하여 소멸한다고 보는 경우, 근로의 대가를 산정하는 기준이 명확하지 않아 그 범위에 관하여 다툼의 여지가 많을 것이다.

라. 임금채권의 지급 보장에 관한 각종 규정의 적용 여부

민사집행법 제246조 제1항 제4, 5호에 따라 채무자의 생활보장이라는 공익적, 사회정책적 이유에서 임금채권의 1/2에 해당하는 금액은 압류금지채권이 되고, 사용자로 하여금 근로자에게 통화로 직접 임금 전액을 지급하도록 규정하고 있는 근로기준법 제43조 제1항에 따라 사용자는 원칙적으로 근로자에 대한 채권으로 근로자의 임금채권을 상계할 수 없다.[121] 이는 사용자가 근로자에게 지급할 임금을 임의로 상계 또는 공제한다면 사용자로부터 지급받는 임금이 유일한 생계수단인 근로자의 경제생활에 위협이 될 수 있고 심한 경우에는 근로자를 구속하는 수단으로 작용할 염려가 있기 때문이다.[122] 또한, 최종 3개월분의 임금채권 및 퇴직금은 여타의 회생담보권이나 회생채권에 비해 우선변제받을 수 있고(근로기준법 제38조, 근로자퇴직급여 보장법 제12조, 채무자 회생 및 파산에 관한 법률 제415조의2), 임금채권은 회생 및 파산절차에서 수시 변제받을 수 있는 공익채권 또는 재단채권에 해당하며(채무자 회생 및 파산에 관한 법률 제179조 제1항 제10호, 제473조 제10호, 제583조 제1항 제3호), 개인회생 및 파산절차에서 채무자가 면책결정을 받아도 임금채권에 관하여는 책임이 면제되지 않는다(같은 법 제566조 제5호, 제625조 제2항 제6호).

나아가 각 채권의 지연손해금율과 지연손해금의 기산시점과 관련하여, 임금채권의 경우 그 지연손해금율이 연 20%이고, 지연손해금의 기산

---

121) "일반적으로 임금은 직접 근로자에게 전액을 지급하여야 하므로 사용자가 근로자에 대하여 가지는 채권으로서 근로자의 임금채권과 상계를 하지 못하는 것이 원칙이나"(대법원 1995. 12. 21. 선고 94다26721 전원합의체 판결).
　　다만, 위 전원합의체 판결에 의하더라도, 상계의 대상이 되는 각 채권이 합리적으로 밀접되어 있고 근로자의 경제생활의 안정을 해할 염려가 없는 경우 등에는 예외적으로 상계가 허용된다고 보았고, 대법원 2001. 10. 23. 선고 2001다25184 판결은, 근로자의 자유로운 의사에 터 잡아 이루어진 동의가 있었다고 볼 합리적인 이유가 객관적으로 존재하는 때는 제한적으로 근로자의 임금채권과 사용자의 채권의 상계가 가능하다고 하였다.
122) 노동법실무연구회, 근로기준법 주해 Ⅲ, 박영사, 2010, 9면 참조.

점도 퇴직일 또는 지급사유 발생일로부터 14일 이후부터 기산되는 데 반해(근로기준법 제37조, 동법 시행령 제17조, 근로자퇴직급여 보장법 제9조), 부당이득반환청구권만 인정되는 경우에는 민법상 5%의 이율만 인정되고 사용자에게 이행을 청구한 때(다만 사용자의 근로계약 취소가 인정되는 대부분의 경우 사용자는 선의의 수익자로 인정될 것으로 보인다)로부터 지연손해금이 기산된다는 차이도 존재한다.

이처럼 임금채권에 대하여 근로자를 보호하기 위한 여러 장치들이 다양한 법에 규정되어 있는데, 취소의 소급효를 인정하여 근로자가 사용자에게 임금채권이 아니라 임금 상당의 부당이득반환청구권을 행사하는 경우, 위 부당이득반환청구권에도 위 각 임금채권의 보호규정이 유추적용될 수 있는지 여부에 관하여 견해가 대립할 수 있다. 근로자의 부당이득반환청구권이 실질적으로 임금채권의 성격을 띤다는 입장에서는 위 각 규정이 유추적용된다고 볼 수도 있으나, 근로관계가 부정되어 이를 '임금채권'으로 볼 수 없다는 점을 강조하면 위 각 규정이 유추적용될 수 없다는 견해도 유력할 것으로 판단되기 때문이다. 이와 같이 소급효의 인정 여부에 따라 근로자가 가지는 청구권의 범위와 보호 정도가 달라지므로, 근로계약에 대하여 무효·취소의 소급효를 논할 실익이 존재한다.

마. 근로자로서의 지위와 관련된 문제

위와 같은 강학적인 차이 외에도, 근로자는 근로계약을 체결하여 임금을 수령하는 동안 국민연금, 건강보험, 고용보험, 산재보험 등에 가입하는데, 근로계약 무효·취소의 소급효가 인정되지 않는다면 근로계약 기간에 대한 위 4대 보험 등의 효력이 문제된다. 현실적으로 이와 같이 사업주와 근로자가 각 공단에 근로계약의 무효 또는 취소를 통보하여 위와 같은 법률관계를 정리하는 일은 많지는 않을 것이다. 그러나 만약 근로계약이 소급하여 효력을 잃고, 각 공단이 이를 알게 되어 이에 따른 법률관계를 정리하는 경우, 해당 기간 동안 근로자로서 받은 건강보험, 고용보험 등의 혜택이 인정되지 않고, 근로계약의 효력이 상실된 기간에 대한 국민연금 납부료가 인상될 수 있다. 또한 근로자가 해당 근로계약 기간 동안 발생한 재해에 대하여 산재보험 급여를 수령할 수 있는지 여부도 문제될 수 있다. 이러한 현실적인 측면에서도 근로계약의 무효·취소 소급효의 인정 여부를 논의할 실익이 있다고 할 것이다.

3. 무효·취소의 소급효 제한 여부
가. 학   설[123]
근로계약의 무효나 취소에 있어서 소급효 제한의 필요성에 관하여 학설은 대체로 긍정하는 입장에 있고, 소급효 제한 자체를 부정하는 견해를 찾아볼 수 없다.

(1) 모든 경우에 소급효의 제한을 인정하는 견해-무제한적 긍정설
하자 있는 근로계약의 경우 무효 또는 취소의 소급효를 인정하여 민법상의 부당이득으로 해결하는 경우에는 근로자 보호에 미흡하고 법률관계가 복잡해진다는 이유로 근로계약 무효·취소의 소급효는 제한되어야 한다는 견해이다. 긍정설은 소급효를 인정하는 근거와 관련하여 아래와 같은 입장으로 나뉜다.

(가) 편입설(사실적 근로계약설)
근로관계는 근로계약과 사업장에의 편입이라는 사실적 행위의 결합으로 이루어져 있다고 주장하는 편입설에 의하면, 취소의 의사표시에 따라 근로계약은 취소되고 근로관계만 장래를 향해 계약적 구속을 상실할 뿐이며, 기존에 존재하였던 사실적 근로관계는 여전히 유효하다고 한다. 따라서 이 견해에서는 근로자에게 기존의 사실적 근로관계에 기한 청구권이 인정되어야 한다고 본다.[124]

(나) 소급효 제한설
계약설에 따를 경우 계약 체결 시 발생한 의사표시의 하자에 의하

---

123) 김태우(주 7), 37-40면, 유재율(주 48), 93-98면을 참조하여 서술하였다.
124) 권오성, "근로계약의 취소와 소급효의 제한-대법원 2017. 12. 22. 선고 2013다25194(본소), 2013다25200(반소) 판결을 소재로-", 노동법포럼 제23호(2018. 2.), 259면.

여 근로계약을 취소할 수 있고, 위 취소권은 계약의 이행과정에서 발생
한 급여 장애에 관한 규정인 해고와 구분된다고 한다. 한편 계약설에서
도 이와 같이 무효 또는 취소의 소급효가 적용되지 않는 이유에 관하여
여러 가지 주장들이 제기된다.[125]

1) 인법적 공동관계설

독일에서 주장된 이론으로, 근로계약에서 근로자가 사용자에게 인적
으로 종속되어, 근로자와 사용자의 긴밀한 결합관계라는 특성이 나타나므
로, 근로관계는 "인법적(신분법적) 공동관계"의 성질을 가진다고 한다. 즉,
근로자는 '사업장'이라는 공동사회의 구성원이 되어 사용자와 근로자 사
이에 공동사회관계가 성립하므로, 근로계약이 무효·취소라는 이유로 위
와 같은 인적 관계를 소급하여 존재하지 않는 것으로 취급하는 것은 바
람직하지 못하다고 한다는 점을 근거로 한다.[126]

2) 근로자 보호의 필요성을 강조하는 견해

근로계약은 근로자가 사회에서 체결하는 수많은 교환계약 중 하나로
취급될 것이 아니라, 그의 생존 보장을 위하여 중요한 의미를 지니는 계
약이라고 본다.[127] 이 견해에서는 위와 같은 특징에 초점을 맞춰 근로자
가 사실상 근로를 제공하여 이것이 계약 상대방의 재산으로 된 이상 이
를 철회할 수 없다는 점, 근로자의 법적·사회적 보장은 근로계약의 구
속력에서 발생한다기보다는 근로자의 작업과정이나 사업장에의 편입에
기초한 것이라는 점 등을 들어 근로자 보호를 위하여 정의와 형평의 관
념상 무효·취소의 소급효는 제한되어야 한다고 한다.

3) 신뢰책임을 강조한 견해

근로계약은 근로자의 경제적 생존의 기초가 되고 계약의 이행을 재
산이 아닌 근로자의 인격으로 이행하므로 특별한 보호를 하게 된다고 한

---

125) 이하의 내용은 정기남(주 48), 26-29면을 참조하여 서술하였다.
126) 위 견해에 대한 설명으로는 정기남(주 48), 27면; 김형배(주 10), 221면 참조.
127) Picker, Die Anfechtung, von Arbeitsvertragen, ZIA 1981, S. 53-정기남(주 48),
    27면에서 재인용.

다. 이러한 사정에서 개별적 신뢰상태가 생기고, 여기서 발생하는 신뢰보
호관계에 의거하여 일반적으로 승인된 법률상 보호의무관계가 성립한다
고 한다. 따라서 하자 있는 근로계약에서도 사용자의 주된 급여의무과
함께 계약상의 보호의무와 부차적 의무에 의거하여 근로자의 청구권이
성립하고, 신뢰책임으로 해결할 수 없는 경우만 부당이득반환청구권이 발
생한다고 한다.[128]

　　4) 계속적 채권관계에서 근거를 찾는 견해

　　취소의 소급효를 제한하는 이유는 근로계약이 계속적 채권관계라고
하는 데 있다는 학설이다. 근로계약에 의하여 계속적 채권관계가 성립하
고 이미 많은 의무와 급여가 이행되어 그 이행을 효력이 없는 것으로 돌
릴 수는 없다고 한다.[129] 특히 하자의 효과는 재산법적 교환계약에 중점
을 둔 것이므로, 일시적 교환계약이 아니라 계속적 계약인 근로계약에
적용하기는 적합하지 않다고 한다.[130]

　　(2) 개별적으로 소급효의 제한을 인정하는 견해

　　근로자의 기망 또는 강박의 정도가 너무 커서 그의 근로 제공이 사
용자에게 전혀 이익이 없는 경우와 같이 당사자의 이해관계, 취소사유
등 구체적 사정을 객관적으로 평가하여 구체적 법률관계에 따라 취소의
소급효를 다르게 인정하여야 한다는 견해이다.[131] 예를 들어 근로자의 사
기·강박으로 인하여 근로계약이 취소되는 경우에는 근로자가 악의로 취
소 사유를 발생시킨 사정에 비추어 근로자 보호 필요성이 적다는 이유로
소급효를 인정하여야 한다는 것이다.[132]

　　나. 검토 및 대상판결의 의의

　　(1) 근로계약의 소급효를 인정함으로써 이에 기하여 제공된 근로의
효과를 소급적으로 부정하게 되면, 계속적 계약인 근로계약에서 이미 상

---

128) 정기남(주 48), 28면.
129) 정기남(주 48), 28면; 민법주해 Ⅱ(주 78), 504-505면.
130) 김태우(주 7), 35-36면; 민법주해 Ⅱ(주 78), 505면.
131) 정기남(주 48), 30-31면; 유재율(주 48), 97-100면.
132) 유성재(주 44), 206면; 권오성(주 124), 267-268면.

당 부분 제공된 근로 상당의 가치를 산정하는 것이 어렵고, 근로계약의 유효함을 믿고 상당한 기간 동안 근로를 제공한 근로자를 보호할 필요가 있다는 점에서 소급효를 인정하여 그 동안 근로자가 제공한 근로의 효력을 소급적으로 부정하는 것은 타당하지 않다고 생각한다. 따라서 근로계약의 소급효를 제한하는 견해에 찬성한다. 한편 무효·취소의 소급효 제한의 근거를 계속적 계약인 점에서만 구하는 경우에는 임대차계약, 프랜차이즈계약 등 모든 계속적 계약에서의 무효·취소와 근로계약 무효·취소의 소급효를 다르게 취급할 이유를 찾을 수 없다.[133] 계속적 계약 중에서도 법률에서 명시적으로 취소의 장래효를 규정하는 혼인의 취소, 입양의 취소 및 대법원이 예외적으로 취소의 소급효 제한을 인정한 근로계약, 조합계약을 살펴보면, 인적 요소를 강하게 띠는 계속적 계약관계라는 공통점이 존재한다. 반대로 인적 요소를 수반하지 않는 단순한 계속적 계약의 경우에는 계약이 취소되더라도 부당이득반환청구권으로 문제를 해결한다. 실제 상당 기간 특정 업무를 수행하기로 한 용역계약 또는 도급계약의 경우, 위 계약들이 취소되는 경우에는 감정 등의 방법에 기하여 이미 수행된 업무 상당의 가치를 산정하여 부당이득반환의 법리로 해결한다. 근로계약은 근로자가 근로를 통하여 본인의 인격을 사업장에 투입한다는 점에서 인적 요소를 강하게 띠고 있는 계속적 계약이므로, 이와 같이 무효 또는 취소의 장래효를 인정하는 것이 법적 안정성 및 당사자의 인격권 보장을 위하여 타당하다.

　　한편 근로계약의 경우 근로자가 사용자보다 상대적인 약자의 지위에 있다는 점에서 근로자를 특별히 보호할 필요가 존재한다. 그런데 근로계약의 소급효를 인정하지 않을 경우 근로자는 원칙적으로 근로관계의 존재를 전제로 지급되는 복리후생적 성격의 혜택을 받지 못하게 되며, 근로자의 생활보장을 위하여 임금채권에 대해 규정된 각종 법 규정도 적용

---

133) 한편 민법 제550조는 임대차계약, 고용계약, 위임계약, 도급계약과 같은 계속적 계약에서 '해지'를 하는 경우 장래효만을 규정하고 있는데, 위 규정은 취소의 소급효를 제한하는 취지 및 그 효과가 유사하다.

되기 어렵게 되는 등 근로자에게 불리한 결과가 발생한다. 이러한 측면에서 하자 있는 의사표시의 구속력을 면할 수 있게 하는 계약 자유의 원칙은 근로자 보호의 필요성이라는 공동체적 가치를 위하여 제한될 수 있다. 그러므로 근로계약 무효·취소의 소급효 제한은 계속적 계약으로서 이행한 급여로 인한 법률관계의 보호와 더불어 부차적으로 근로자 보호 필요성에도 근거를 둔다고 보아야 한다.

(2) 한편, 근로계약에서 근로자의 인적 종속성이 강한 것은 사실이나, 근로자와 사용자 사이에 이해관계가 대립되는 측면이 있고, 근로계약 자체가 서로 등가의 급여를 교환함으로써 성립하는 재산상의 법률관계임을 고려하면, 인법적(신분법적) 공동사회임을 이유로 소급효를 제한하는 것은 타당하지 않다.[134] 또한, 신뢰책임에 기인하여 소급효를 제한하는 견해에 대하여는 신뢰관계에서 법률상 보호의무를 도출함으로써 신뢰책임이론을 무리하게 확장한다는 비판이 제기될 수 있다.[135] 이러한 점에서 소급효 제한을 계속적 계약관계 및 근로자 보호의 필요성 이외에서 찾는 다른 견해는 적절하지 않다고 판단된다.

(3) 대상판결은 이와 같이 근로계약이 취소된 경우 취소의 의사표시 이후 장래에 관하여 그 효력이 소멸된다고 판시하여 최초로 근로계약 무효·취소의 소급효 제한을 명시적으로 다룬 사건이다. 대상판결은 소급효를 제한하는 이유를 "근로계약에 따라 그 동안 행하여진 근로자의 노무 제공의 효과를 소급하여 부정하는 것은 타당하지 않으므로"라고 판시함으로써, 소급효 제한의 근거를 계속적 계약에 따라 급여가 이행되었음에 두고 있는 것으로 보인다. 또한 뒤에서 자세히 살펴볼 바와 같이 대상판결은 소급효 제한의 시적 범위를 정함에 있어서 근로자의 보호 필요성을 상당히 고려한 것으로 보이는 점에 비추어 볼 때, 대법원이 명시적으로 설시하지 않았으나 무효·취소의 소급효를 제한하는 근거로 근로자 보호의 필요성도 당연히 포함한 것으로 보인다.

---

134) 정기남(주 48), 27면; 김태우(주 7), 36면; 김형배(주 10), 221-222면.
135) 정기남(주 48), 28면; 김태우(주 7), 36면.

(4) 다만, 대상판결에서 근로계약의 무효 또는 취소의 소급효를 일률적으로 제한하는 듯 한 표현을 사용한 것은 문제가 있다고 보인다. 앞서 살펴본 바와 같이 근로계약 취소의 소급효 제한은 계속적 계약에 따른 법률관계 및 근로자 보호를 위하여 사적자치의 원칙을 제한하는 것인 이상, 상대적으로 근로자 보호의 필요성이나 신뢰상태를 보호할 가치가 적은 경우에는 민법의 기본원칙으로 돌아가서 소급효를 제한하지 않는 것이 타당하다고 보인다. 따라서 각 사안별로 취소의 소급효를 다르게 판단하는 개별적 소급효 제한설이, 비록 법률관계의 안정을 해하는 측면이 있다고 하더라도 공평과 정의의 관념에 비추어 타당하다고 보인다. 구체적 사유에 따른 소급효 제한의 판단은 아래 4.항에서 자세히 논의하도록 하겠다.

4. 소급효 제한의 한계—개별 사안에서의 소급효 제한의 한계

가. 일 반 론

앞서 본 바와 같이 무효 또는 취소의 소급효는 일률적으로 판단될 것이 아니라, 계약의 무효 또는 취소원인에 기여한 근로자의 위법성, 상당한 기간에 걸친 급여의 '계속성'과 이행 정도에 관한 보호 필요성, 하자의 정도(근로계약의 목적이 달성가능한지 여부) 등 종합적인 사정을 참작하여 계약자유의 원칙과 계속적 법률관계 및 근로자 보호의 필요성을 비교형량함으로써 그 제한에도 한계가 설정되어야 한다.

나. 무효의 경우

(1) 강행법규 위반의 경우

강행법규 중 단속규정을 위반한 계약은 사법상의 효과에는 영향이 없으므로, 무효·취소 자체가 문제되지 않는다. 그러나 근로계약을 규율하는 효력규정의 경우, 이는 대부분 근로자를 보호하기 위한 목적에서 규정된 것이므로, 효력규정에 위반되었음을 이유로 이미 근로가 제공된 부분에 대한 근로계약의 효력을 부정하게 되면 제도의 취지와 정반대의 결과를 가져오게 된다. 따라서 효력규정을 위반하였다고 하더라도 근로가 제공된 이상 그 부분은 유효하다고 보아야 한다. 예를 들어 15세 미만의 근로자가 근로계약을 체결한 경우, 혹은 근로기준법이 정한 시간을 초과하여 근무하기로 하는 근로계약을 체결한 경우, 위 위반되는 부분에 대한 근로계약은 원칙적으로 무효지만, 위 근로자가 해당 부분에 대한 근로를 제공한 이상 그 부분에 대한 근로계약은 유효하다고 보는 것이 타당하다.

(2) 선량한 풍속 및 기타 사회질서 위반의 경우

근로계약이 선량한 풍속 및 사회질서에 위반되어 무효가 되는 경우에는 원칙적으로 그 불법성에 비추어 소급효를 제한하는 것은 옳지 않다고 판단된다. 이러한 경우에는 계속적 계약관계에서 발생하는 기존의 법률관계를 보호할 필요성이 떨어지고, 근로자 보호의 필요성도 존재하지 않는다고 판단되므로, 소급효를 제한할 이유가 존재하지 않는다. 오히려 이러한 경우에도 무효의 소급효를 제한하면 법질서에서 용인하지 않는 근로의 제공을 인정하게 되는 부당한 결과를 발생시키게 된다.[136] 이러한 예로 성매매 종사여성, 불법도박사이트 혹은 보이스피싱 조직의 조직원 등의 경우가 있는데, 이러한 근로자들은 사회질서에 반하는 행위에 가담한 자로서 임금청구권을 인정할 여지가 없고, 오히려 임금청구권을 인정할 경우에는 법질서에서 용인하지 않는 범죄로 얻은 수익을 배분하는 결과를 야기하게 된다. 이와 같이 선량한 풍속 및 사회질서에 위반되는 근로계약의 경우에는 근로자가 그가 제공한 근로의 대가를 부당이득으로 사용자에게 반환을 청구한다고 하더라도 이는 불법원인급여에 해당하여 부당이득반환청구권도 인정되지 않을 것이다.[137]·[138]

---

136) 유재율(주 48), 100면.
137) 다만, 사회질서 위반으로 무효가 되는 근로계약이라고 하더라도 강박에 의하여 성매매업에 종사하게 된 여성과 같이 근로자의 불법성이 현저히 낮은 경우라면 근로계약의 효력을 인정하지 않는다고 하더라도 부당이득의 반환은 긍정할 수 있을 것이다.
138) 반면 김태우(주 7), 78면은 제공되는 근로의 내용 및 성질이 법률의 금지규정에 반하는 것으로서 선량한 풍속 기타 사회질서에 반하는 것인지 여부, 근로자가 근로계약 체결 또는 근로 제공 당시 당해 근로의 내용이 불법성이 있는 것인지를 인식하였는지 여부, 근로계약 체결의 경위, 근로자의 근로 제공이 사용자의 위법행위에 가담된 정도, 사용자와 근로자의 불법성 비교 등 제반사정을 고려하여 무

(3) 불공정한 법률행위의 경우

근로계약이 불공정한 법률행위로 민법 제104조에 따라 무효인 경우, 계속적 계약과 근로자 보호의 필요성을 이유로 무효의 소급효를 제한하는 근거에 비추어 볼 때, 근로계약의 효력을 소급하여 부정하는 것이 타당하다고 판단된다. 그와 같이 불공정한 법률행위는 이미 이행된 급여간의 등가성이 인정되지 아니하므로 계속적 계약에 기한 법률관계의 보호가 없다고 보이고 근로자 보호에도 역행한다고 보이기 때문이다. 따라서 근로자의 궁박·경솔·무경험의 경우에는 사용자를 상대로 부당이득반환청구권을 행사함이 상당하고 보이고, 사용자의 궁박·경솔·무경험의 경우에는 사용자 역시 계속적 계약에서의 계속성을 인정할 정도의 근로를 제공받았다고 볼 수 없으므로, 무효의 소급효를 인정하는 것이 타당하다고 할 것이다.

다. 취소의 경우

(1) 착오에 의한 취소의 경우

착오에 의한 취소의 경우에도 그 동안 이행된 근로계약에 따라 계속적 법률관계가 성립하여 이를 보호할 필요가 있고, 이미 제공된 근로에 대한 근로자 보호의 필요성이 있으므로, 취소의 소급효가 제한된다고 보아야 한다. 취소의 소급효를 제한함으로써 착오에 빠진 당사자에게 손해가 발생할 가능성은 있지만,[139] 착오 취소의 경우 당사자에게 적어도 경과실이 있는 경우가 대부분일 것이고, 과실이 없다고 하더라도 법률관계의 안정을 위하여 착오에 빠진 사람에게 사실상의 불이익을 용인토록 하는 것이 현저히 부당하다고 보기는 어렵다. 이러한 경우 당사자의 착

효의 소급효를 개별적으로 판단하여야 한다고 주장한다. 그러나 근로계약이 선량한 풍속 및 기타 사회질서에 위반되는 경우에는 일률적으로 무효를 인정하고 소급효를 부정하되, 위 여러 제반 사정들은 근로자의 부당이득반환청구권이 불법원인급여에 해당하는지에 관하여 민법 제746조 단서를 적용할지 여부를 판단할 자료가 될 뿐이라고 보인다.

139) 근로자가 더 많은 임금을 받는다고 착오하였고, 이와 같은 착오를 이유로 근로계약을 취소하였지만 그의 예상보다 적은 근로계약에 따른 임금을 지급받는 경우, 사용자가 근로자의 속성·성질에 관하여 착오하여 그의 능력보다 더 많은 임금을 지급하게 된 경우가 있을 수 있다.

오가 상대방에 의하여 유발된 경우에는 상대방에 대한 손해배상청구권을 행사함으로써 실질적인 공평을 추구할 수 있을 것이다.[140] 다만 착오 취소의 경우에도 뒤에서 볼 사기 취소의 경우와 마찬가지로 착오의 내용이 도저히 근로계약의 목적을 달성할 수 없는 정도에 이르렀다고 판단되는 경우에는 소급효가 인정된다고 보는 것이 타당하다. 자세한 내용은 사기에 의한 취소에서 살펴보도록 한다.

(2) 사기에 의한 취소의 경우

사용자의 사기를 이유로 근로계약을 취소하는 경우 근로계약 취소의 소급효는 제한되고 근로자는 근로계약에 기한 청구권을 행사할 수 있다고 보아야 할 것이다.[141]

한편, 실무에서 자주 문제되는 것은 경력 사칭으로 인한 근로계약의 취소로, 소급효 제한이 전형적으로 논의되는 사안이다. 앞서 본 바와 같이 이러한 경우에는 사적자치의 원칙에 기하여 하자 있는 의사표시에 기한 근로계약을 취소할 수 있도록 하되, 그 취소의 소급효를 제한하여 이미 제공된 근로에 대한 임금청구권을 인정하는 것이 근로자 보호라는 관점에서 타당하다고 할 것이다.[142]

---

140) 한편, 이 부분에 대하여 근로자의 이력서 허위 기재 또는 경력 사칭에 기하여 사용자의 착오가 유발된 경우는 사실상 근로자의 사기에 의한 의사표시와 같다고 할 것이므로, 이에 관한 부분은 사기에 의한 취소 부분에서 함께 살피는 것으로 한다.

141) 사용자의 사기행위로 인한 손해배상청구는 별도로 가능하고, 이는 사용자의 사기가 인정되는 이상 손해를 입증하는 것이 불가능하다고 보이지는 않는다. 이는 뒤에서 볼 경력 사칭에서 근로자의 특수능력 결여 등으로 인한 손해를 입증하기 어려운 사안과는 증명할 내용이나 그 난이도가 다르다.

142) 다만, 사용자가 근로자의 사기로 인한 손해배상청구를 청구하는 것은 가능할 것으로 보이고, 사용자가 주장할 수 있는 손해는 근로자의 경력 사칭으로 인하여 상승된 임금 상당액, 매출하락액 등이 될 것이나, 이에 대한 입증은 사실상 매우 어려울 것으로 보인다. 대상판결에서도 원고의 경력 사칭과 매출하락 사이의 인과관계나 손해 발생을 인정할 수 없다는 이유로 피고의 손해배상청구를 기각하였다. 그러나 경력 사칭의 정도가 중하지 않은 경우에는 사용자의 손해 발생을 인정하지 않는 것이 타당할 것이고, 후술하는 바와 같이 근로자의 불법성이 크고 근로의 하자가 계약 목적을 달성할 수 없을 정도에 이르는 정도에는 취소의 소급효를 긍정하고, 근로자로 하여금 제공된 근로 상당의 부당이득을 구하게 함으로써, 사용자와 근로자의 형평을 도모할 수 있다고 보인다.

그러나 취소권의 행사에도 한계가 설정될 필요는 있다. 예를 들어 근로계약을 체결함에 있어 사용자가 근로자의 특수한 능력을 전제하였는데 근로자가 위와 같이 특수한 능력이 있는 것처럼 사용자를 기망하였음에도 실제로는 그러한 능력을 전혀 갖추지 못한 경우와 같이 근로자의 사기로 인한 기망의 정도가 계약의 목적을 달성불가능하게 할 정도에 이를 경우에는 취소의 소급효를 제한하지 않는 것이 타당하다. 이러한 계약의 예로, 특정한 자격증 취득을 위한 학원의 운영자가 일정한 수준의 전문적 지식이나 능력을 전제로 하여 학원 강사를 근로자로 채용하는 근로계약을 체결하였는데 근로자가 이에 현저히 미달하는 능력을 갖춘 경우, 의약품 회사에서 의약품을 개발하기 위하여 일정한 자격증을 갖춘 근로자를 채용하였음에도 근로자가 자격증이 없는 것으로 밝혀진 경우를 상정할 수 있다. 이러한 경우까지 취소의 소급효를 제한하는 것은 부당한 결과를 야기할 수 있다. 즉, 근로자의 경력, 능력 등이 근로계약의 중요한 전제 요소였을 때 이를 기망한 근로자에 대한 비난가능성이 크므로 근로자를 보호할 필요성은 극히 미약해지고, 이러한 경우에도 취소의 소급효를 제한하는 것은 사용자에게 매우 가혹한 결과를 낳게 될 것이다. 이러한 사안에서는 근로자 보호의 필요성과 사적자치의 원칙을 비교형량하였을 때, 사용자의 계약 체결 자유의 침해 정도가 근로자 보호의 필요성보다 더 중대하다고 보이고, 계속적 계약에서 계속성을 인정할 정도의 근로도 제공된 적이 없다고 할 것이므로 이 경우에는 소급효를 제한하는 것은 타당하지 않을 것이다.

한편, 이러한 경우에 취소의 소급효를 제한하더라도 사용자가 근로자를 상대로 손해배상청구권을 행사하여 손해를 전보받을 수 있으므로 소급효를 제한하는 것이 타당하다는 지적이 제기될 수는 있다. 그러나 업무능력의 차이로 인한 손해 발생의 정도를 입증하는 것은 사실상 거의 불가능하고, 설령 이를 입증한다고 하더라도 위 손해액은 근로자에게 지급할 임금액의 금원이 되는 경우가 대다수일 것이다. 그렇다면 취소의 소급효 제한을 인정하는 실익이 없는데다가, 앞서 본 바와 같이 소급효

제한의 근거인 계속적 법률관계의 보호 및 근로자 보호의 필요성이 인정되지 않는 이상 굳이 근로계약을 유효로 볼 이유도 없다. 따라서 사기에 의한 취소의 경우에는 원칙적으로 취소의 소급효를 제한하되, 근로자의 기망의 정도가 중대하고 이로 인해 근로계약의 목적이 달성할 수 없을 정도에 이른 경우에는 소급효를 제한하지 않는 것이 타당할 것이다.

(3) 강박에 의한 취소

강박으로 인한 취소의 경우도 앞서 본 다른 취소사유의 경우와 동일하게 근로계약의 취소로 인한 소급효는 원칙적으로 제한되어야 한다. 즉, 사용자의 강박에 기하여 열악한 근로조건으로 근로계약이 체결된 경우에는 근로계약의 소급효를 제한하되, 통상적인 근로조건을 증명하여 사용자의 강박으로 인하여 발생한 손해를 배상받는 방향으로 해결할 수 있을 것이다. 다만, 근로자의 강박으로 인하여 근로계약을 취소할 때, 근로자의 불법성이 크고 이미 제공된 근로가 계속적 계약으로서의 의미를 지니질 못할 정도로 사회통념상 현저히 불충분할 경우에는 취소의 소급효가 인정되어야 한다. 다시 말해 취소의 소급효 제한이 근로자 보호에 주된 근거를 두고 있는 이상, 근로자의 불법성이 중대하여 근로자 보호의 필요성이 없는 사안에까지 취소의 소급효를 제한할 필요는 없다고 생각한다.

5. 소급효 제한의 범위

가. 문제의 제기

근로계약의 무효 또는 취소에 따른 소급효 제한과 관련하여 소급효가 제한되는 범위에 관하여 문제가 제기될 수 있다. 대상사건의 경우에도 근로계약 취소의 소급효를 제한하여야 한다는 점에 대하여는 원심과 대법원의 판단이 일치하였으나, 취소의 소급효가 미치는 범위에 대하여 판단이 엇갈렸다. 이하 무효 또는 취소의 소급효가 제한되는 범위에 관하여 살펴보도록 한다.

나. 양적 범위

우선 소급효 제한이 미치는 양적 범위를 살펴보면, 근로계약의 무효 또는 취소에도 불구하고 소급효를 제한하여 근로계약의 유효를 인정하는 이상 근로의 직접적인 대가뿐 아니라 근로자의 지위에서 파생되는 여러 가지 사용자의 부수적 급여[143]에도 소급효가 제한된다고 보아야 하는 것은 당연하다.

다. 시적 범위

(1) 대상판결에서의 견해 대립

대상판결의 사안은 사용자가 아래와 같이 근로계약을 취소하기 전 부당해고로 인하여 근로자가 근로를 제공하지 않은 기간이 존재하였고, 이로 인하여 원심과 대상판결에서 취소의 소급효가 제한되는 범위에 대하여 판단이 엇갈렸다. 대상사건의 원심은 현실적으로 근로가 제공된 범위에 대하여만 소급효가 제한된다고 판단한 반면, 대법원은 취소의 의사표시가 있기 전까지의 범위에 대하여 소급효가 제한된다고 보았다.

(가) 원심판결의 입장

원심판결은 "실제 근로가 제공된 부분에 대하여만" 소급효를 제한하였다. 이러한 판단은 소급효 제한의 취지가 근로자의 보호를 위해 이미 제공된 근로의 대가를 보장하기 위한 것이고, 근로자가 실제 근로를 지급하지 아니한 부분에까지 임금청구권을 보장한다면 취소의 원인을 제공한 근로자를 과잉보호하는 동시에 사용자에게 부당한 처사가 될 수 있다는 점을 근거로 하였다고 보인다.[144]

(나) 대법원의 입장

대법원은 "취소의 의사표시가 있기 전까지" 취소의 소급효가 제한된다고 판단하였다. 대상판결은 이 사건에서 중간에 부당해고기간이 있었다는 점을 감안하여, 사용자가 근로계약의 취소를 주장하여 부당해고의 효력을 형해화하려는 시도를 방지하기 위해 근로계약의 효력을 취소의 의사표시가 있을 때까지 존속시키려 한 것으로 보인다.

(2) 검 토

근로가 현실적으로 제공되지 않은 부분에 대하여도 소급효를 제한하

---

143) 명절휴가비, 경조사축의금 등의 지급의무와 사용자의 안전배려의무 등이 있다.
144) 하경효, "근로계약의 취소와 소급효제한의 내용", 노동법률(2018. 2.), 134면.

는 것은, 소급효 제한을 도입한 취지와 부합하지 않는 것으로 보일 수 있고, 특히 근로자의 기망으로 계약이 취소되는 경우까지 근로가 실제로 제공되지 않은 부분에도 근로계약 취소의 소급효를 인정하지 않는 견해는 사용자에게 가혹하다고 보일 수도 있다. 그러나 취소의 소급효를 제한하는 범위를 '근로가 현실적으로 제공된 경우'에 한정하는 것은 현실의 사정과 부합하지 않는 경우가 많고, 사용자가 부당해고의 효과를 잠탈하기 위한 수단으로 계약의 취소를 주장할 수 있어[145] 근로자 보호에 반하는 결과가 발생할 가능성이 높다. 대상판결과 같이 사용자의 부당해고로 근로 제공이 중단된 다음에야 사용자가 다시 취소의 의사표시를 하는 경우나 산후휴가와 같이 정당한 이유로 휴직 중에 근로계약이 취소되는 경우에 현실적으로 근로를 제공한 부분에 한하여만 근로계약이 유효하다고 판단한다면, 휴직은 근로계약에 따른 정당한 권리 행사임에도 불구하고 근로자는 위 기간 동안의 급여를 지급받지 못하고, 부당해고의 경우 근로자는 부당해고기간 동안 사용자의 귀책사유로 노무를 제공하지 못하여 민법 제538조에 의하여 사용자에게 임금청구권을 가짐에도 불구하고,[146] 위 청구권이 소급하여 소멸하게 되는 부당한 결과가 발생하기 때문이다. 대상판결은 이와 같이 부당해고의 효과를 잠탈하기 위하여 근로계약의 무효 또는 취소가 주장될 수 있다는 우려 하에 취소의 의사표시가 있을 때까지는 근로계약이 유효한 것으로 보아야 한다는 입장을 취한 것으로 보인다.

근로가 실제로 제공되지 않는 경우라고 하더라도 근로계약에 따라 사용자와 근로자는 근로계약상의 의무를 부담하고, 이러한 계속적 채권관계를 보호할 필요가 있다. 즉, 취소의 소급효 제한은 근로계약으로 인해 발생한 기존 법률관계의 보호에 근거를 두므로, 취소의 의사표시를 기준

---

145) 하경효(주 144), 133-134면.
146) 경력을 사칭한 근로자라고 하더라도 해고와 취소가 별개의 제도인 이상, 사용자가 근로계약을 취소한다는 의사를 표시하기 전이라면 근로계약은 여전히 존속하고 부당해고기간에 근로자가 근로를 제공하지 못한 것은 사용자의 귀책사유라고 보아야 한다.

으로 소급효 제한의 범위를 한정하는 것이 타당하고, 이것이 보다 객관적인 기준으로 작용할 수 있다. 반면, 현실적으로 근로를 제공한 부분에만 소급효를 제한하여 근로계약이 유효하다고 보는 견해는, 취소 이전에 이미 근로계약에 따라 발생한 법률관계를 보호하지 못하게 되어 근로자 보호에 반하고, 그 기준이 일관되지 않아 법률관계의 안정을 저해할 우려가 있다.

다만, 이 사건에서 피고가 원고를 처음 해고하였을 때 실질적으로는 사기에 기한 취소를 이유로 근로 제공의 중단을 요구하는 의사표시가 포함되어 있었던 것으로 해석하여 피고의 해고 통보 후 원고가 근로 제공을 중단한 시점까지만 근로계약 취소의 소급효가 제한된다고 판단할 여지도 있다. 취소의 의사표시가 반드시 명시적인 필요가 없다는 점을 고려하면, 피고가 원고의 경력 사칭을 이유로 근로 제공의 중단을 요구한 것을 취소의 의사를 표시한 것으로 볼 수 있다는 점에서 이러한 해석도 가능할 것으로 보인다.[147] 그러나 근로관계는 계속적 계약관계로 당사자의 신뢰관계가 형성되어 있는데다가 근로자의 경제적 기반이라는 점에서, 근로관계 종료의 의사표시는 명확하여야 할 것이다. 만약 이 사안과 같이 사용자가 해고사유, 취소사유를 불분명하게 주장한 경우에도 해고 및 취소를 모두 주장하였다고 판단한다면, 사용자가 부당해고의 효력을 취소로 잠탈하려고 하는 등의 문제가 발생할 수 있고, 근로자로서도 그의 방어권 행사에도 지장을 받게 된다. 따라서 명시적으로 취소의 의사를 밝힌 반소장 부분의 송달로써 근로계약이 취소되었음을 인정한 대상판결의 결론에 찬성한다.

---

147) 같은 취지로, 하경효(주 144), 134면.
　해고와 취소의 사유가 동일하지 않은 경우에는 사용자가 어떠한 사유에 기하여 근로계약의 종료를 주장하는지 명시적으로 밝힐 필요가 있으나, 이 사안과 같이 해고와 취소의 사유가 동일한 경우에는 사용자의 의사가 어떤 특정한 제도에 국한된다는 점이 명시적으로 표시되지 않은 이상 해고와 취소 사유를 모두 포함하는 것으로 보는 것이 타당하다고 보는 견해에 의하더라도, 해고의 '정당한 이유'가 인정되지 않는 경우라면 취소권 행사의 한계, 하자의 치유 등으로 사용자의 취소 주장도 인정되지 않는 경우가 많을 것이다.

V. 결   론

하자 있는 의사표시에 기한 근로계약에 관하여, 근로계약 역시 사법
상의 계약으로 민법상의 무효·취소 법리가 적용되고, 그 소급효가 제한
된다는 점에 대하여는 어느 정도 공감대는 형성되어 있었던 것으로 보인
다. 그러나 실무상으로는 하자 있는 의사표시에 관한 근로계약도 모두
해고로 다뤄졌을 뿐이어서, 대상판결 이전까지는 근로계약의 무효·취소
의 효력을 전면적으로 다룬 판결은 존재하지 않았다. 대상판결은 하자
있는 의사표시에 기한 근로계약이 체결된 경우 민법에 따라 계약의 무효
또는 취소를 주장할 수 있다는 기존의 입장을 확인한 데서 더 나아가 무
효·취소의 효력이 소급하지 않고 장래를 향해 발생한다고 하여 최초로
무효·취소의 소급효 제한을 명시적으로 확인하였다. 계속적 계약인 근
로계약의 특성상 이미 행해진 급여와 관련하여 무효·취소를 인정할 경
우 그 청산이 어렵고, 사용자와 근로자의 불평등한 관계로 인하여 근로
자 보호를 위하여 사적자치의 원칙이 수정되어 적용될 수 있으므로, 계
속적 계약관계로서의 특성과 근로자 보호의 필요성에 근거하여 무효·취
소의 소급효가 제한되어야 한다는 대상판결의 기본적인 입장에는 찬성한
다. 그러나 소급효 제한은 사적자치의 원칙의 예외로서 인정되는 것이므
로, 아무런 예외를 두지 않은 채 근로계약 무효·취소의 소급효가 일률
적으로 제한될 수 있는 듯한 대상판결의 표현에는 동의하기 어렵다. 근
로자의 사기로 인해 체결된 근로계약에서 근로자의 능력 결함 정도가 중
대한 경우에는 근로자 보호나 계속적 계약관계의 특징을 고려해 보아도
사적자치의 원칙의 한계로서 소급효 적용의 예외를 인정할 필요가 없고,
오히려 이 경우 근로계약 무효·취소의 소급효를 제한하는 것은 부당한
결과에 이르게 된다. 따라서 근로계약 무효·취소의 소급효 제한은 사적
자치 원칙과 공동체적 가치-근로자의 보호 및 계속적 법률관계의 보호-
를 비교형량하여 그 한계가 설정되어야 한다고 보는 것이 타당하다.

또한, 대상판결은 소급효 제한의 범위와 관련하여, 소급효가 제한되

는 범위가 '실제 근로 제공 부분'에 한한다는 원심판결의 입장과 달리, 그 범위를 '취소의 의사표시가 있을 때'까지로 판단하였다. 이는 사용자가 부당해고의 효과를 잠탈하기 위하여 취소 제도를 악용하는 것을 방지하고 법률관계의 안정을 도모할 수 있다는 점에서 타당하다고 보인다. 다만, 대상판결에서는 사용자가 최초 근로자에게 경력 사칭을 이유로 출근 중단을 지시하였을 때 근로계약의 취소의사를 표시하였다고 볼 수 있었음에도 이러한 견해를 채택하지 않았다. 이는 사용자가 부당해고의 효과를 잠탈하는 행위를 방지하고 근로자의 방어권 보장을 위하여 근로관계의 종료에 관한 의사표시가 명확하여야 한다는 점에서 타당하다고 보이고, 이는 곧 대상판결이 '근로자 보호'라는 가치에 중요성을 부여하였음을 시사한다.

　대상판결은 근로계약의 무효·취소 및 그 소급효의 제한에 관하여 명시적으로 판단한 최초의 판례이므로, 앞으로 취소권의 행사 및 그 한계, 소급효의 제한범위에 관하여 보다 심도 깊은 논의가 이루어질 수 있을 것이다. 또한, 경력 사칭에도 불구하고 소급효 제한으로 인해 과거의 근로계약이 유효할 경우 사용자가 입은 손해의 배상 문제, 소급효 제한의 한계를 인정하여 근로계약이 소급적으로 무효가 된다고 해석할 경우 발생할 수 있는 부당이득액 산정 문제 등 새로운 논의들도 제기될 수 있을 것이므로, 이에 대한 추가적인 연구가 이루어지길 기대한다.

[Abstract]

Restriction on Retroactive Effect Caused by Invalidation/Cancellation of Employment Contract and Its Limitation

Lee, Jung Ah*

Employment contract is considered to be one of the most essential and significant contracts in modern society, as majority of people provide labour to fulfill their basic needs. Nonetheless, differently from the general principle of Korean private law, which presumes every person as an equal entity, employment contract loses equal footing among parties, since the employee, who fail to possess means of production and just offer their services to earn their livings, become economically, personally subordinate to the employer. Thus, substantive inequality appears among the employer and the employee, which ends in placing the employee, comparatively, on the underdog status. Due to this respect, specialized independent theory has been developed in the field of labor law to protect laborers, such as the Labor Standards Act. However, it can not be emphasized enough that since employment contract is fundamentally the contract between private persons, the private autonomy principle of private law could also be applied, being modified, to employment contract in pursuance of the common good- the protection of laborers.

The Korean Supreme Court recently implied in the case of 'Supreme Court en banc Decision 2013Da25194, 25200, Decided December 22, 2017' that as employment contract is the private contract which also prominently

---

* Judge, CheongJu District Court.

contain the character of public contract, it is evident that employment contract could be subject to the private law, but the general principle of private law might be modified in the employment contract for the common good, such as the protection of workers. The case was that an employee cheated a cloth-selling company when she applied for a hiring, saying that she had at least three years of experience in selling clothes. In fact, she had just worked for other cloth-selling company for only one month. The company fired her after the lie being caught, by notifying her not to come to work anymore, and the worker filed a suit against the company, claiming that the dismissal was unlawful. In this dismissal case, the court declared that the company's dismissal was illegal since the company did not follow the adequate procedure in the Labor Standards Act—the expression of dismissal should be done by the document, otherwise the dismissal is illicit—. After the court's decision, the company made the employment contract become voidable because of the worker's fraud this time, and the worker filed a suit against the cancellation of the contract.

In this case, as seen above, the Supreme Court declared that if the employment contract is concluded by fraudulent misrepresentation, a party could make the contract voidable according to the general principle of private law.

What is more important is that, for the first time, the Supreme Court declared explicitly that annulment or cancellation of employment contracts does not make the contract entered into as void for the first time when the contract was assigned, but the contract should be deemed void in the future, just after the will of invalidation or cancellation has been manifested.

The significant meaning of the decision is that the matter of fraud in employment contract has traditionally been dealt as the dismissal issue, but the court declared that the employment contract could also be manipulated by private law with little modification, considering the protection of workers. And this perspective could enrich the application of private law to various, unusual contracts in complicated modern society.

Since the employment contract has the characteristics of 'continuousness' as the performance of obligation has been continued for a while, workers have to seek the compensation for 'offered labor' in the form of unjust enrichment, if the contract entered into null from the period of assignment. However, it is difficult to estimate the amount of 'offered labor', so it would render greater burden of proof on workers who are on weak sides. This is not desirable result, considering that employment contract contains 'personal value' as workers carry out their duties by putting on their personality into work. Therefore, I agree with the court's decision that retrospective effect of nullity or rescission of employment contract should be restricted

However, as the restriction on retrospective effect of employment contract is exceptionally approved in the consideration of peculiar traits of 'employment contract', limitation must be set on the restriction of retrospective effect. For instance, assuming the case that the contract is concluded by false representation of an employee who absolutely lacks the adequate ability or career, which is essential to achieve the goal of the contract, or the case that the purpose of employment contract is evaluated as against good morals and other social order. If such contracts also considered as valid, it would significantly undermine the social norms. Therefore, the matter of the restriction on retrospective effect of annulment or invalidation in the employment contract, should be carefully drawn a limit by conducting the fair comparison of interests between private autonomy principle of civil law and social good—the protection of laborers and the legal stability in the continuous contract—.

Moreover, the Supreme Court's decision said that, as for the time scope of the restriction on retrospective effect, employment contract is still valid until the expression of the invalidation or cancellation has explicitly been made, even though there is the time being that an employee does not provide one's labor. About this matter, the Supreme Court took a totally different opinion from the appeal court, which decided that the contract is just valid for when workers actually put their force into the work. Assuming from the Supreme Court's ruling, the court put emphasis on the protection of employees by not allowing emasculation of the illegal dismissal, and this opinion is also conducive to securing the legal stability as the existence of the expression could be functioned as obvious standard.

Also, in the case, although the Supreme Court could have possibly regarded the order of the employer commanding workers not to come to work as the expression of cancellation, but it did not. This opinion might be based on the position that termination of employment contract should be explicit and evident, to prevent employers from exercising their power to fire recklessly, and we could infer that the Supreme Court has considered the protection of labourers as the upmost value in this respect also.

After this case, it is likely that more employers and companies would claim invalidation or cancellation of employment contract. I believe that the Supreme Court's decision would pave the way for improving the way to dealing with the employment contract cases in the aspect of private law, by being modified to reflect common good, thereby further enhancing the public satisfaction. Furthermore, I hope that this decision may lay the groundwork for realizing a fair justice, and expanding the application of private law to the social aspect of various contracts.

[Key word]

- Retroactive Effect of Invalidation/Cancellation of Employment Contract
- Invalidation/Cancellation of Employment Contract
- Restriction on Retroactive Effect
- Limitation on Restrictions of Retroactive Effect
- Cancellation/Annulment of Employment Contract

참고문헌

[단 행 본]

편집대표 곽윤직, 민법주해 Ⅱ, 박영사, 2002.
_____, 민법주해 Ⅲ, 박영사, 2000.
_____, 민법주해 Ⅳ, 박영사, 2001.
_____, 민법주해 ⅩⅤ, 박영사, 2002.
편집대표 박준서, 주석민법[채권각칙(4)] (제3판), 한국사법행정학회, 1999.
편집대표 윤진수, 주해친족법 제1권, 박영사, 2015.
강희원, 노동헌법론, 법영사, 2011.
곽윤직·김재형, 민법총칙(제9판), 박영사, 2013.
김유성, 노동법 Ⅰ-개별적 근로관계법-, 법문사, 2005.
김형배, 노동법(제24판), 박영사, 2015.
노동법실무연구회, 근로기준법 주해 Ⅲ, 박영사, 2010.
노병호, 노동법 Ⅰ(개별적 근로관계법)(개정판), 진원사, 2014.
박준성, 임금관리 이론과 실제, 명경사, 2004.
양창수·김재형, 민법 Ⅰ 계약법(제2판), 박영사, 2015.
이병태, 최신노동법(제8 전정판), (주) 중앙경제, 2008.
이상윤, 노동법(제15판), 박영사, 2017.
이은영, 채권각론(제5판), 박영사, 2005.
임종률, 노동법(제15판), 박영사, 2017.
하경효, 노동법사례연습[제2판(개정판)], 박영사, 2008.

[논   문]

강희원, "노동법의 법체계적 지위-특히 노동법과 민법의 관계와 관련하여-", 노동법학 제6호, 한국노동법학회, 1996.
권영준, "계약법의 사상적 기초와 그 시사점: 자율과 후견의 관점에서", 저스티스 제124호(2011).
권오성, "근로계약의 취소와 소급효의 제한-대법원 2017. 12. 22. 선고 2013다25194(본소), 2013다25200(반소) 판결을 소재로-", 노동법포럼 제23호

(2018. 2.).

김유성, "근로계약에 관한 소고", 서울대 법학 제17권 제2호(1976. 12.).

김태우, "근로계약에서의 취소·무효법리의 적용 및 제한에 관한 연구", 고려대학교 대학원 석사학위논문(2010. 6.).

김형배, "노동법과 사법질서", 헌법과 현대법학의 제문제(현민유진오박사고희기념논문집), 일조각, 1975.

_____, "경력 사칭과 징계해고", 노동법과 노동정책(김진웅박사화갑기념논문집), 1985.

노병호, "근로계약에 관한 소고", 충북대 법학연구 제5권(1993).

노호창, "임용행위의 하자로 임용이 소급적으로 취소된 사실상 공무원에 대한 취급상 의문점", 노동판례리뷰(2017).

유성재, "하자 있는 근로계약의 효력", 법학논문집 제23집 제1호(1998).

유재율, "근로계약의 체결과 관련된 법적 문제에 대한 연구", 고려대학교 대학원 석사학위논문(2007. 12.).

윤진수, "부당이득법의 경제적 분석", 서울대학교 법학 제55권 제3호(2014. 9.).

이미선, "경력 사칭을 이유로 한 해고", 법과 정의 그리고 사람 : 박병대 대법관 재임기념 문집, 2017.

이영희, "근로계약의 법적 성격과 제약구조에 관한 연구", 1987년 서울대 박사학위 논문.

이종복, "학력 내지 경력 사칭으로 인한 근로관계종료에 관한 법리구성-대법원 86. 10. 28. 선고 85누851을 중심으로-", 판례연구(제4집), 1986.

이진기, "의사표시의 취소의 효과", 계약법의 과제와 전망, 삼지원, 2005.

조건주, "학력 또는 경력을 사칭한 경우 징계해고의 정당성", 민사판례연구XXV, 박영사, 2003.

조일윤, "계속적 계약의 해지에 관한 연구", 동아대학교, 2004.

정기남, "근로계약의 취소", 논문집 제17권, 충남대학교 법률행정연구소, 1989.

최공웅, 사실적 계약관계이론, 저스티스 제18권(1985).

최상호, "쌍무계약이 무효·취소된 경우의 반환청구상의 제문제", 민사법학 제13호·제14호(1996. 4.).

최수정, "쌍무계약을 청산하는 법리-급부반환을 중심으로-", 이십일세기 한국민사법학의 과제와 전망, 심당 송상현 화갑기념논문집(2002. 1.).

하경효, "근로계약의 취소와 소급효제한의 내용", 노동법률(2018. 2.).

소멸시효 이익의 포기와 채무승인

최 윤 영*

■요 지■

대상판결은 시효 이익의 포기와 소멸시효 중단사유로서의 채무승인을 시효의 완성으로 인한 법적인 이익을 받지 않겠다는 효과의사가 있었는지 여부에 따라 구별하는 것을 명확히 하면서 개인회생신청을 하면서 채권자목록에 소멸시효기간이 완성된 피고의 근저당권부 채권을 기재하였다고 하여 채무자에게 그 시효 이익을 포기하려는 효과의사까지 있었다고 보기는 어렵다고 판단하였다.

기존의 대법원 판례는 채무자가 시효 완성 후 채무승인을 할 경우 시효 완성의 사실을 알고 그 이익을 포기한 것으로 추정할 수 있다고 판시함으로써(이른바 '의사표시 추정 이론') 양자를 사실상 구별하지 않는 것으로 해석할 수 있는 태도를 취해 왔다. 그러나 구체적인 사안의 결론에 비추어 보면, 이를 비교적 명확히 구별하는 결론을 내리고 있어 왔다고 평가할 수 있다.

따라서 대상판결은 이들이 준별된다는 점을 법리로서 선언하고 있다는 점에서 타당하다고 할 것이다. 한편 대상판결은 '의사표시 추정 이론'도 여전히 유효하다는 점을 밝히고 있는데, 이러한 추정은 타당하다고 볼 수 없고, 이러한 추정의 입장을 유지한다고 하더라도 시효 이익의 포기로 볼 수 있는 효과의사가 인정되는 사안에서 이를 뒷받침하는 논거로 사용하는 정도의 제한적인 의미만이 있다고 보아야 한다.

---

* 대전지방법원 판사.

[주 제 어]
- 소멸시효 완성
- 시효이익의 포기
- 소멸시효 중단
- 채무승인

대상판결 : 대법원 2017. 7. 11. 선고 2014다32458 판결(공2017하, 1610)

[사안의 개요]

1. 갑의 피고에 대한 채무 및 피고의 근저당권설정등기

갑은 1997. 3. 24.부터 1998. 6. 23.까지 피고로부터 합계 5,000만 원을 차용하면서(이하 '이 사건 차용금'이라 한다) 이를 담보하기 위하여 1998. 6. 20. 갑 소유의 부동산(이하 '이 사건 부동산'이라 한다)에 피고 앞으로 채권최고액 5,000만 원, 채무자 갑, 근저당권자 피고로 하는 근저당권설정등기(이하 '이 사건 근저당권설정등기'라 한다)를 마쳐 주었다.

2. 원고의 갑에 대한 채권 및 이 사건 부동산에 관한 강제경매 신청

원고는 을 회사 등으로부터 갑에 대한 확정 판결에 따른 채권을 양수한 채권자인데, 원고는 이 사건 부동산에 관하여 강제경매신청을 하여 그에 따라 2011. 9. 1. 이 사건 부동산에 관하여 강제경매개시결정이 내려졌다(이하 '이 사건 경매절차'라 한다).

3. 갑이 개인회생 채권자목록에 이 사건 차용금채권을 기재

갑은 2012. 1. 20. 개인회생신청을 하면서 첨부한 개인회생채권자목록에 피고에 대한 이 사건 차용금을 기재하였다.

4. 피고에 대한 1순위 배당 및 원고의 배당이의

이 사건 경매절차에서 경매법원은 2013. 6. 5. 근저당권자인 피고에게 1순위로 피고의 채권최고액인 50,000,000원을, 채권자 및 배당요구권자인 원고에게 각 2,093,056원(원금 25,616,540원)과 12,862,875원(원금 157,426,449원)을 배당하였다. 위 배당기일에 피고에 대한 배당에 관하여, 원고는 이의하였으나, 갑은 이의를 하지 아니하였으며, 원고는 이 사건 배당이의의 소를 제기하였다.

[소송의 경과]

1. 당사자들의 주장

가. 원고의 주장 요지

이 사건 근저당권설정등기는 그 피담보채권인 이 사건 차용금 채권이 위

근저당권설정등기일인 1998. 6. 20.부터 10년이 경과하여 시효로 소멸되었으므로 말소되어야 한다. 원고는 갑의 채권자로서, 원고의 갑에 대한 채권 보전을 위해 갑을 대위하여 위와 같은 소멸시효 완성을 주장할 수 있다. 따라서 이 사건 근저당권설정등기의 피담보채권이 존재함을 전제로 피고에게 배당된 금액 전액이 원고에게 배당되어야 한다.

나. 피고의 주장 요지

갑이 2012. 1. 20. 개인회생신청을 하면서 첨부한 개인회생채권자목록에 피고에 대한 이 사건 차용금을 기재함으로써, 시효 이익을 포기하였다.

2. 원심(대전지방법원 2014. 3. 26. 선고 2013나19395 판결)[1]

가. 소멸시효기간의 경과

이 사건 근저당권이 설정된 1998. 6. 20.부터 10년(2008. 6. 20.)이 훨씬 경과하였음은 역수상 분명하므로, 특별한 사정이 없는 한 피고 앞으로 마쳐진 이 사건 근저당권설정등기의 피담보채권은 시효로 소멸하였다.

나. 소멸시효 이익의 포기 여부

갑은 2012. 1. 20. 개인회생절차 개시신청을 하면서 채권자목록에 피고의 채권을 회생채권으로 신고한 사실이 인정되고, 한편 채무자회생 및 파산에 관한 법률(이하 '채무자회생법'이라 한다) 제32조 제3호는 이러한 경우 시효가 중단된다고 하고 있는데, 이는 결국 승인이라고 할 것이고, 시효 완성 후의 채무자의 승인은 시효 이익의 포기라고 할 것이므로(시효 완성 후에 채무를 승인한 때에는 시효 완성의 사실을 알고 그 이익을 포기한 것이라고 추정할 수 있다는 대법원 1992. 3. 27. 선고 91다44872 판결 참조), 갑은 시효 이익을 포기하였다고 할 것이다.

또한 갑은 이 사건 배당기일인 2013. 6. 5., 이 사건 근저당권설정등기에 기하여 5천만 원이 피고에게 배당됨에 대하여 아무런 이의를 하지 않았다는 점은 원, 피고 모두 다툼이 없는데, 이 점에서도 갑은 피고의 채권을 승인하여 시효 이익을 포기하였다고 할 것이다. 결국 피고의 시효 이익 포기항변은 이유 있다.

---

1) 1심(대전지방법원 2013. 11. 7. 선고 2013가단23591 판결)의 판단과 원심의 판단이 동일하므로, 1심에 관하여는 따로 살피지 않는다.

[대상판결의 요지]

대상판결은 아래와 같이 피고가 소멸시효 이익을 포기하였다고 볼 수 없다는 취지로 원심판결을 파기하고 사건을 원심법원에 환송하였다.

1. 채무자회생법 제32조 제3호에서는 개인회생채권자 목록을 제출한 경우 시효중단의 효력이 있다고 규정하고 있다. 한편, 소멸시효 중단사유로서의 채무승인은 시효 이익을 받는 당사자인 채무자가 소멸시효의 완성으로 채권을 상실하게 될 자에 대하여 상대방의 권리 또는 자신의 채무가 있음을 알고 있다는 뜻을 표시함으로써 성립하는 이른바 관념의 통지로 여기에 어떠한 효과의사가 필요하지 않다. 이에 반하여 시효 완성 후 시효 이익의 포기가 인정되려면 시효 이익을 받는 채무자가 시효의 완성으로 인한 법적인 이익을 받지 않겠다는 효과의사가 필요하기 때문에 시효 완성 후 소멸시효 중단사유에 해당하는 채무의 승인이 있었다 하더라도 그것만으로는 곧바로 소멸시효 이익의 포기라는 의사표시가 있었다고 단정할 수 없다(대법원 2013. 2. 28. 선고 2011다21556 판결 등 참조).

원심판결 이유와 채택된 증거들에 의하면, 이 사건 근저당권의 피담보채권인 피고의 위 채권은 2008. 6. 20.경 그 소멸시효기간이 완성된 사실, 갑이 2012. 1. 20. 위 개인회생절차 개시신청 당시 개인회생채권자목록을 제출하면서 이 사건 근저당권의 피담보채권인 피고의 채권액 5,000만 원을 기재하고, 그 부속서류인 별제권부채권 내역에도 이 사건 근저당권의 피담보채권액을 5,000만 원, 이 사건 부동산의 환가예상액을 1억 1,000만 원, 별제권 행사로도 변제받을 수 없는 피고의 채권액을 0원으로 기재한 사실, 법원은 갑의 개인회생절차 개시신청을 기각한 사실 등을 알 수 있다. 한편 그 무렵 피고가 위 개인회생채권자목록을 송달받았다거나 위 목록 제출 사실을 알았다는 것에 관하여는 아무런 주장, 증명이 없다.

이 사건에서 갑이 개인회생채권자 목록을 제출할 당시에 피고의 채권에 대하여 소멸시효기간이 완성되었으므로, 소멸시효기간이 완성되기 전의 법적 효과인 채무자회생법에 따른 시효중단의 효력 발생의 문제가 아니라 소멸시효기간 완성 후 시효 이익을 포기하였다고 볼 수 있는지 여부가 쟁점이 된다. 그런데 통상 채무자는 강제집행을 중지시키거나 일정 기간 담보권 실행을 못하게 하는 한편 변제계획에 따른 변제를 완료하여 궁극적으로 채무에 대한 면책을 받으려는 목적으로 개인회생절차를 밟게 되는 점 등에 비추어 볼 때, 갑이 개인회생신청을 하면서 채권자목록에 소멸시효기간이 완성된 피고의 근저당권부 채권을 기재하였다고 하여 그 시효 이익을 포기하려는 효과의사까지 있었다고 보기는 어렵다. 즉 갑에게 피고에 대하여 피고의 채권의 시효 완성으로 인한 법적인 이익을 받지 않겠다는 의사표시가 있었다고 단정할 수 없다.

2. 채무자가 소멸시효 완성 후 채무를 일부 변제한 때에는 그 액수에 관하여 다툼이 없는 한 그 채무 전체를 묵시적으로 승인한 것으로 보아야 하고, 이 경우 시효 완성의 사실을 알고 그 이익을 포기한 것으로 추정되므로, 소멸시효가 완성된 채무를 피담보채무로 하는 근저당권이 실행되어 채무자 소유의 부동산이 경락되고 그 대금이 배당되어 채무의 일부 변제에 충당될 때까지 채무자가 아무런 이의를 제기하지 아니하였다면, 경매절차의 진행을 채무자가 알지 못하였다는 등 다른 특별한 사정이 없는 한, 채무자는 시효 완성의 사실을 알고 그 채무를 묵시적으로 승인하여 시효의 이익을 포기한 것으로 볼 수 있기는 하다(대법원 2001. 6. 12. 선고 2001다3580 판결 등 참조). 그러나 소멸시효가 완성된 경우 채무자에 대한 일반채권자는 채권자의 지위에서 독자적으로 소멸시효의 주장을 할 수는 없지만 자기의 채권을 보전하기 위하여 필요한 한도 내에서 채무자를 대위하여 소멸시효 주장을 할 수 있으므로(대법원 2012. 5. 10. 선고 2011다109500 판결 등 참조), 채무자가 배당절차에서 이의를 제기하지 아니하였다고 하더라도 채무자의 다른 채권자가 이의를 제기하고 채무자를 대위하여 소멸시효 완성의 주장을 원용하였다면, 시효의 이익을 묵시적으로 포기한 것으로 볼 수 없다.

원심판결 이유와 채택된 증거들에 의하면, 이 사건 근저당권의 피담보채권은 2008. 6. 20.경 그 소멸시효기간이 완성되었는데, 이 사건 배당기일에서 갑이 피고의 배당액에 대하여 이의를 제기하지 않았으나, 갑의 채권자인 원고가 갑을 대위하여 피고의 배당액에 대하여 이 사건 배당이의를 제기하였고, 이로 인하여 이 사건 부동산의 매각대금이 피고의 채무 변제에 충당되지 않았음을 알 수 있다. 따라서 갑이 배당절차에서 시효 완성의 사실을 알고 피고의 채무를 묵시적으로 승인하여 시효의 이익을 포기한 것으로 볼 수도 없다.

3. 그런데도 원심은 이와 달리 갑이 이 사건 근저당권의 피담보채권을

개인회생채권자목록에 기재하여 제출한 사정이나, 갑이 직접 피고의 배당액에 대하여 배당이의를 하지 않았다는 사정만을 중시하여 갑이 소멸시효 완성후 각 시효 이익을 포기하였다고 판단하였으니, 이러한 원심의 판단에는 소멸시효 이익의 포기에 관한 법리를 오해하여 판결에 영향을 미친 잘못이 있다. 이 점을 지적하는 취지의 상고이유 주장은 이유 있다.

〔研　究〕

Ⅰ. 서　론

민법이 소멸시효의 중단사유에 관하여는 제168조 이하에서 비교적 자세한 조문을 두면서 이를 취득시효에 관하여 준용하고 있는 것에 반하여 소멸시효 완성 후 시효 이익의 포기에 관하여는 이를 미리 포기하지 못한다는 민법 제184조 제1항의 조문 외에는 별다른 규정을 두고 있지 아니하다. 학설상 소멸시효 이익의 포기가 인정된다는 점에 관하여는 이견이 없고, 시효 이익 포기의 대표적인 것으로 시효 완성 후의 채무승인을 예로 든다. 학설은 시효 완성 전의 채무승인은 중단사유로, 시효 완성 후의 채무승인은 시효 이익의 포기 문제로 접근하여 왔고, 판례 역시 채무자가 시효 완성 후 채무승인을 할 경우 시효 완성의 사실을 알고 그 이익을 포기한 것으로 추정할 수 있다고 판시함으로써 양자를 사실상 구별하지 않는 듯한 태도를 취해 왔다(이른바 '의사표시 추정 이론').

대법원은 2013. 2. 28. 선고 2011다21556 판결에서 "시효 완성 후 시효 이익의 포기가 인정되려면 시효 이익을 받는 채무자가 시효의 완성으로 인한 법적인 이익을 받지 않겠다는 효과의사가 필요하기 때문에 시효 완성 후 소멸시효 중단사유에 해당하는 채무의 승인이 있었다 하더라도 그것만으로 곧바로 시효 이익의 포기라고 볼 수 없다."라고 최초로 판시하였는데, 위 판결로써 이른바 '의사표시 추정 이론'이 폐기된 것인지, 시효 이익의 포기와 시효 완성 후 채무승인의 준별 등에 대한 논의가 있었다. 대상판결은 위 2011다21556 판결과 동일한 판시를 하면서도 이른바 '의사표시 추정 이론'도 유지되고 있음을 확인하고 있다.

이 글에서는 논의의 전제로 소멸시효 완성의 효과에 관한 학설에 관하여 살펴보고, 소멸시효 중단사유로서의 승인과 시효 이익의 포기의 성질, 요건 및 효과 등을 비교·검토한다. 그리고 소멸시효 완성 후 채무 승인이 문제된 구체적 사례를 살펴보고, 시효 완성 후 채무승인이 있는 경우 시효 완성사실을 알고 한 것으로 추정되는지 여부, 대법원이 과연 시효 완성 후의 채무승인과 시효 이익의 포기를 준별하지 않는 태도를 보이고 있는 것으로 평가할 수 있는지에 관하여 검토한다. 마지막으로 시효 이익의 포기와 채무승인과의 관계 및 '의사표시 추정 이론'과 관련 하여 대상판결의 타당성에 관하여 논의한다.

Ⅱ. 소멸시효 중단사유로서의 승인과 시효 이익의 포기 일반

1. 소멸시효 완성의 효과

가. 소멸시효제도의 의의

소멸시효는 권리자가 권리를 행사할 수 있음에도 불구하고 일정한 기간 행사하지 않는 권리불행사의 사실상태가 계속되는 경우 그 상태가 진실한 권리관계와 부합하는지를 묻지 않고 그 권리의 소멸이라는 법률 효과를 부여하는 법률요건을 뜻한다.[2]

나. 소멸시효 완성의 효과

(1) 논의의 의의

민법은 제162조부터 소멸시효에 관한 규정을 두면서 제167조에서 "소멸시효는 그 기산일에 소급하여 효력이 생긴다."라고만 규정하고 있을 뿐, 소멸시효 완성의 효과에 관하여 직접적인 규정을 두고 있지 않다. 그 런데 민법 제369조는 "저당권으로 담보한 채권이 시효의 완성 기타 사유 로 인하여 소멸한 때에는 저당권도 소멸한다."라고 규정하고 있고, 제766 조 제1항은 '손해배상청구권의 소멸시효'라는 제목으로 "불법행위로 인한

---

2) 곽윤직 편집대표, 민법주해[Ⅲ] 총칙(3), 박영사, 1992(이하 '민법주해'라 한다), 386-387면(윤진수 집필부분).

손해배상의 청구권은 피해자나 그 법정대리인이 그 손해 및 가해자를 안 날부터 3년간 이를 행사하지 아니하면 소멸한다."라고 규정하고 있으며, 부칙 제8조 제1항 역시 "본법 시행 당시에 구법의 규정에 의한 시효기간 을 경과한 권리는 본법의 규정에 의하여 취득 또는 소멸한 것으로 본다." 라고 규정하고 있으므로, 우리 민법의 해석으로는 소멸시효가 완성하면 권리 그 자체가 소멸한다는 것은 분명한 것으로 보인다.[3]

그런데 민법 제정 이후부터 현재까지 소멸시효 완성의 효과를 두고 소멸시효 완성만으로 권리가 소멸한다는 절대적 소멸설과 권리의 소멸로 인하여 이익을 얻을 자가 소멸시효 완성을 주장할 경우에 비로소 권리가 소멸한다는 상대적 소멸설의 대립이 있다. 이와 같은 견해의 대립을 살 펴보는 것은 본 논문에서 살펴볼 주제 중 소멸시효 포기제도의 근거를 어떻게 볼 것인지, 소멸시효 완성 후 변제한 경우 그 효력에 관한 이론 구성을 어떻게 할 것인지, 소멸시효 완성 이후 포기로 해석할 수 있는 행위가 있는 경우 이를 알고 포기한 것으로 추정할 수 있는지 여부 등과 밀접한 연관이 있으므로, 이하에서는 이에 관하여 본다.

(2) 절대적 소멸설

소멸시효가 완성되면 곧바로 권리가 소멸한다는 견해이다.[4] 이 견해 는 ① 의용민법 제145조에서 "시효는 당사자가 이를 원용하지 않으면 법 원이 이에 의하여 재판할 수 없다."라고 규정하고 있었는데, 민법을 제정 하면서 이를 삭제하고, 시효 이익의 원용에 관한 규정을 두고 있지 않는 점, ② 민법 제369조, 민법 제766조 제1항, 민법 부칙(1958. 2. 22.) 제8조 제1항 등에서 '시효로 소멸한다'는 표현을 사용하고 있는 점, ③ 상대적 소멸설에 의하면 시효원용권자의 범위를 정하여야 하는 어려운 문제를 야기할 뿐만 아니라, 시효원용권을 가지고 이를 행사한 사람과 시효원용 권이 없거나 이를 행사하지 아니한 사람 사이에서 권리소멸 여부가 균일

3) 노재호, "소멸시효의 원용-원용권자의 범위와 원용권자 상호간의 관계를 중심으 로-", 사법논집 제52집, 법원도서관, 2011, 244면 참조.
4) 양창수, "소멸시효 완성의 효과", 고시계 제39권 제9호(94. 9.), 149-152면; 권영 준, "소멸시효와 신의칙", 재산법연구, 제26권 제1호, 법문사, 2009, 31면 이하.

하게 처리되지 않는 결과가 생겨 부당하다는 점 등을 근거로 한다.

(3) 상대적 소멸설

소멸시효가 완성하더라도 곧바로 권리가 소멸하는 것이 아니라 시효 원용권자가 이를 원용하는 경우에 비로소 권리가 소멸한다는 견해이다.[5] 이 견해는 ① 민법에 소멸시효 원용에 관한 규정이 없다고 하여도 소멸시효의 완성이 상대방에게 어떤 권리를 발생시킬 뿐이라면 그 권리를 행사하는지 여부는 그 권리자의 자유이므로 원용에 관한 규정이 없더라도 같은 결과에 이르는 점, ② 절대적 소멸설에 의하면 법원은 당사자의 원용이 없어도 법원이 직권으로 이를 고려할 수 있게 되므로 이는 당사자의 의사에 반하고 소멸시효 제도의 존재이유에도 어긋난다는 점(또한 최근의 국제적 추세에도 당사자의 의사를 존중하는 상대적 소멸설의 태도가 부합한다고 한다), ③ 절대적 소멸설에 의하면 소멸시효 완성 후 채무자가 그 사실을 모르고 변제한 때에는 비채변제가 되어 그 반환을 청구할 수 있다는 결론에 이르러 사회관념에 어긋난다는 점, ④ 절대적 소멸설에 의하면 소멸시효 이익의 포기를 제대로 설명하지 못한다는 점 등을 근거로 한다.

(4) 판례의 태도

종래에는 대법원판례가 절대적 소멸설을 취하고 있다고 이해되어 왔다.[6] 그러나 최근에는 대법원판례의 입장을 일률적으로 말할 수 없고,

---

5) 윤진수, 민법논고Ⅱ(재산법2), 박영사, 2008, 244-246면; 노재호, 앞의 논문, 254-258면.
6) 대법원 1966. 1. 31. 선고 65다2445 판결은 "신민법 아래서는 당사자의 원용이 없어도 시효 완성의 사실로써 채무는 당연히 소멸하는 것"이라고 보아 채무자의 시효원용이 있기 전에 가압류절차가 있었다고 하여도 그러한 부당가압류에 대하여 채권자에게 과실이 없다고 할 수 없다고 보았다. 또한 대법원 1978. 10. 10. 선고 78다910 판결은 "현행 민법 아래에서는 당사자의 원용이 없어도 소멸시효기간이 완성하면 채무는 당연히 소멸된다 하겠으나 변론주의의 원칙상 당사자가 시효 이익을 받겠다는 뜻으로 이를 원용하지 않는 이상 그 의사에 반하여 재판할 수 없다."라고 하여 경매개시결정 이전에 피담보채권이 소멸됨에 따라 근저당권이 소멸된 경우 그 소멸된 근저당권을 바탕으로 하여 이루어진 경매개시 결정을 비롯한 일련의 절차 및 경락허가의 결정은 모두 무효라고 보았다. 대법원 1985. 5. 14. 선고 83누655 판결은 "민법 또한 그 제167조에서 소멸시효는 그 기산일에 소급하여 효력이 생긴다고만 규정할 뿐 이에 관한 명문의 규정은 없으나, 민법상 소멸시효

소멸시효 완성의 주장을 요구하는 판례,[7] 소멸시효 완성 주장을 할 수
있는 자를 제한하는 판례,[8] 소멸시효 완성 주장이 권리남용에 해당한다
고 본 판례[9] 등 오히려 상대적 소멸설에 의하여 더 잘 설명할 수 있는
판결이 많다고 하는 견해도 유력하다.[10]

　(5) 검　　토

　소멸시효제도의 존재이유에 대해 종래의 통설은 사회질서의 안정,
입증곤란의 구제, 권리행사 태만에 대한 제재 등을 들었다. 이에 대해 소

가 완성되면 당사자의 원용이 없어도 시효 완성의 사실로서 채무는 당연히 소멸"
한다고 보아 소멸시효 완성 후에 한 조세부과처분은 납세의무 없는 자에 대하여
부과처분을 한 것으로서 중대하고 명백한 하자가 있어 당연무효라고 보았다.

7) 대법원 1980. 1. 29. 선고 79다1863 판결 등 다수의 판례는 "소멸시효기간 만료에
인한 권리소멸에 관한 것은 소멸시효의 이익을 받는 자가 소멸시효 완성의 항변을
하지 않으면 그 의사에 반하여 재판할 수 없는 것"이라고 하여 법원이 소멸시효에
대해 판단하기 위해서는 당사자의 주장이 필요하다고 보고 있다.

8) 대법원 1992. 11. 10. 선고 92다35899 판결 등 다수의 판례는 "소멸시효를 원용할
수 있는 사람은 권리의 소멸에 의하여 직접 이익을 받는 자에 한정된다"라고 하는
등 원용권자를 일정한 범위로 제한하고 있고, 대법원 1997. 12. 26. 선고 97다
22676 판결 등은 채무자에 대한 일반채권자는 자기의 채권을 보전하기 위하여 필
요한 한도 내에서 채무자를 대위하여 소멸시효 주장을 할 수 있다고 본다. 절대적
소멸설에 따라 원용이 필요한 근거를 변론주의에서 찾는다면 소멸시효의 원용에
의하여 재판상 이익을 받는 사람은 누구나 대위행사가 아니라 직접 원용할 수 있
어야 할 것이므로, 상대적 소멸설로만 가능한 판시이다.

9) 대법원 2010. 6. 10. 선고 2010다8266 판결 등 다수의 판례는 "채무자의 소멸시효
에 기한 항변권의 행사도 우리 민법의 대원칙인 신의성실의 원칙과 권리남용금지
의 원칙의 지배를 받으므로, 채무자가 시효 완성 전에 채권자의 권리행사나 시효
중단을 불가능 또는 현저히 곤란하게 하거나 그러한 조치가 불필요하다고 믿게 하
는 행동을 하였거나, 객관적으로 채권자가 권리를 행사할 수 없는 장애사유가 있
었거나, 일단 시효 완성 후에 채무자가 시효를 원용하지 아니할 것 같은 태도를
보여 채권자로 하여금 그와 같이 신뢰하게 하였거나, 또는 채권자를 보호할 필요
성이 크고 같은 조건의 그 채권자들 중 일부가 이미 채무의 변제를 수령하는 등
채무이행의 거절을 인정함이 현저히 부당하거나 불공평하게 되는 등의 특별한 사
정이 있는 경우에는, 채무자가 소멸시효의 완성을 주장하는 것이 신의성실의 원칙
에 반하여 권리남용으로서 허용될 수 없다."라고 보아 특별한 사정이 인정되는 경
우 소멸시효 완성의 주장이 권리남용에 해당한다고 보고 있다. 절대적 소멸설에
의할 때 소멸시효의 항변이 권리라고는 할 수 없으므로, 절대적 소멸설의 입장과
는 부합하지 않는 태도이다.

10) 종래의 판례에 대한 재검토에 대해서는, 윤진수, "김증한 교수의 소멸시효론", 민
사법학 제69권, 한국민사법학회, 2014, 141면 이하 참조.

멸시효제도는 이미 변제한 자의 이중변제를 막기 위한 제도라는 견해,[11] 의무자의 입증곤란의 구제 및 권리자가 더 이상 권리를 행사하지 않을 것으로 믿은 의무자의 신뢰를 보호하여야 한다는 견해,[12] 법적안정성을 가장 강조하는 견해[13] 등과 같이 소멸시효제도의 존재근거를 새롭게 설명하는 견해도 존재한다.[14]

---

11) 고상룡, 민법총칙(제3판), 법문사(2003), 658–661면. 이 견해에서는 소멸시효 제도를 가급적 제한적으로 운용하는 방식으로 소멸시효에 관한 규정을 해석하여야 한다고 본다.

12) 민법주해, 390–391면. 이 견해에서는, 종래의 통설에 대하여는 소멸시효 제도가 직접 사회질서에 이바지한다고 보기에는 어려운 점이 많으며, 권리자가 권리를 상당한 기간 행사하지 않았다는 것이 의무자가 의무를 면하는 충분한 이유가 되기에는 부족하다고 비판하고, 소멸시효 제도가 원칙적으로 이미 변제한 채무자만을 보호하기 위한 제도라고 보는 견해에 대하여는 소멸시효 제도를 너무 일면적으로 본다고 비판한다. 소멸시효제도의 존재이유로 입증곤란의 구제라는 통설적인 근거 외에 권리자가 더는 권리를 행사하지 않을 것으로 믿은 의무자의 신뢰를 보호하여야 한다는 점을 추가로 들어야 한다고 주장한다.

13) 권영준, 앞의 논문, 10–12면. 이 견해는 종래의 통설이 들고 있는 소멸시효제도의 존재이유 중 '입증곤란의 구제'라는 것은 의무의 존재가 분명한 경우에도 여전히 소멸시효가 적용된다는 점에서 소멸시효제도를 지지하는 독자적 논거가 될 수 없고, '권리행사 태만에 대한 제재'라는 것도 권리자에게 권리행사의 법적 의무가 부과된 것이 아니라면 왜 권리불행사가 권리의 박탈이라는 결과를 가져오는지 설명하기 어려운 문제가 있다고 하면서, 소멸시효제도의 가장 강력한 존재근거는 '법적 안정성', 다시 말하면 유동적인 법률상태의 '매듭짓기'라고 주장한다. 그리고 이와 같이 소멸시효제도에 의해 유동적인 법률상태를 종식시킴으로써, 의무자의 입장에서는 의무의 존부 또는 권리자의 권리행사 여부 등에 관하여 예측할 수 없거나 불안한 상태에서 벗어날 수 있게 되고, 사회적 관점에서는 거래가 촉진되며, 법원의 입장에서는 필연적으로 불명확한 부분이 있을 수밖에 없는 오래 전의 법률관계에 관하여 판단하여야 하는 부담에서 벗어날 수 있으므로, 소멸시효제도는 정당하고 유익한 제도라고 한다.

14) 판례는 '시효 제도는 일정 기간 계속된 사회질서를 유지하고, 시간의 경과로 인하여 곤란해지는 증거보전으로부터의 구제를 꾀하며, 자기 권리를 행사하지 않고 소위 권리 위에 잠자는 자는 법적 보호에서 이를 제외하기 위하여 규정된 제도'라고 주로 판시하고 있다(대법원 2013. 5. 16. 선고 2012다202819 전원합의체 판결; 대법원 2010. 1. 28. 선고 2009다73011 판결; 대법원 1999. 3. 18. 선고 98다32175 전원합의체 판결; 대법원 1976. 11. 6. 선고 76다148 전원합의체 판결 등). 최근에는 일반적인 견해와는 표현을 달리하여 '소멸시효는 시간의 흐름에 좇아 성질상 당연히 더욱 커져가는 법률관계의 불명확성에 대처하려는 목적으로 역사적 경험에 의하여 갈고 닦여져서 신중하게 마련된 제도로서 법적 안정성이 무겁게 고려되어야 하는 영역이다'라거나 소멸시효 제도는 '법률관계에는 불명확한 부분이 필연적으로 내재하는바 그 법률관계의 주장에 일정한 시간적 한계를 설정함으로써 그에

살피건대 소멸시효제도의 존재이유에 대해 어떤 견해를 취하더라도, 장시간의 권리 불행사로 인해 의무자가 가지게 된 그 권리관계에 대한 신뢰와 그에 수반하는 법적 안정성의 보호가 중요한 이유라는 점에 관하여는 이견이 없을 것으로 보인다.[15] 이와 같은 관점에서 본다면 소멸시효의 완성으로 이익을 얻는 의무자의 의사를 존중하는 방향에서 그 효과를 논하는 것이 중요하다고 생각한다. 한편, 절대적 소멸설에 의하면 시효 이익의 포기를 제대로 설명하기 어렵다는 상대적 소멸설의 지적에 대해 절대적 소멸설은, 소멸시효 완성으로 인한 권리소멸의 이익을 받지 않겠다는 권리자의 의사에 대하여 법이 특별히 일정한 효과를 부여한 것이라고 설명한다. 그런데 절대적 소멸설에 의하면 소멸시효기간의 완성으로 권리는 당연히 소멸하므로 소송에서의 소멸시효 주장은 변론주의에 따른 공격방어방법으로 파악하고, 개개의 소송행위에 대한 채권자대위권의 행사는 허용되지 않음에도[16] 채무자의 일반채권자에 의한 소멸시효의 대위주장이 인정된다는 점, 소송 외에서의 소멸시효 이익의 포기를 설명하기 곤란하다는 점 등에서 여전히 난점이 있다. 아울러 우리 판례가 기본적으로 절대적 소멸설에 입각한 법리를 설시하고 있기는 하나, 구체적인 사안에 있어서는 대부분 상대적 소멸설로 설명하기 용이한 결론에 이르고 있다는 점 역시 상대적 소멸설이 가지는 논리적 우수성을 보여주는 것이라고 생각한다. 따라서 상대적 소멸설이 타당하다.

다만 어느 견해에 의하더라도 여러 쟁점에 대한 결론에 있어서는 큰 차이가 없다. 즉, 어느 학설을 취하든지 법원은 당사자의 주장이 있

관한 당사자 사이의 다툼을 종식시키려는 것을 취지로' 한다고 판시하여 소멸시효 제도가 법적 안정성을 위한 제도임을 강조한 판례도 있다(대법원 2010. 9. 9. 선고 2008다15865 판결; 대법원 2010. 5. 27. 선고 2009다44327 판결).

15) 사비니는 소멸시효 제도의 '가장 일반적이고 또한 가장 결정적인 근거'로 '그 자체 불명확한 그리하여 분쟁과 의문을 일으키기 쉬운 법률관계 및 재산관계를, 그 불명확성을 일정한 시간적 한계 속에 거두어 넣음으로써 확정하려고 하는 것'이라 설명하였다고 한다. 양창수, "사비니의 소멸시효론", 민법산책, 박영사(2007), 61면 참조.

16) 대법원 2012. 12. 27. 선고 2012다75239 판결 참조.

어야 비로소 소멸시효의 완성 여부에 대해 재판할 수 있는데, 절대적 소
멸설은 '변론주의의 원칙'에 따라, 상대적 소멸설은 소멸시효 원용권자가
실체법상 형성권인 시효원용권을 행사하지 않는 한 법원은 이에 대해
재판할 수 없기 때문이라고 본다. 소멸시효가 완성된 후 채무자가 채무
를 변제한 경우 양 학설 모두 그 변제의 효력을 인정하는데, 절대적 소
멸설은 소멸시효 완성사실을 안 경우 시효 이익의 포기로, 알지 못한 경
우에는 도의관념에 적합한 비채변제로서 그 반환을 구할 수 없다고 본
다. 상대적 소멸설은 소멸시효 완성사실을 알았거나 알지 못한 경우 모
두 시효원용권을 행사하지 아니하여 소멸시효가 완성되지 아니하였으므
로, 유효한 변제라고 본다. 또한 시효 이익의 포기 역시 양 학설 모두
인정하고, 시효 이익의 포기를 할 수 있는 주체(시효 완성의 이익을 받을
당사자 또는 그 대리인) 및 시효 이익 포기의 효력(소급효, 상대적 효력)에
관하여도 같은 결론에 도달한다(이에 관하여는 아래 Ⅱ. 2. 다.항에서 살
펴본다).

2. 중단사유로서의 승인과 시효 이익의 포기
가. 소멸시효의 중단 개관
(1) 의   의
소멸시효의 중단이란 법률이 정하는 일정한 사유가 있는 경우 그때
까지 진행한 시효기간을 소멸하게 하고 그때부터 다시 소멸시효의 기간
을 진행하게 하는 제도이다. 소멸시효의 중단사유가 생기면 그때까지 진
행하였던 소멸시효기간은 진행하지 않았던 것이 되고 중단사유가 종료한
때로부터 다시 새로운 시효기간이 진행한다. 이러한 점에서 일정한 사유
가 존재하는 기간만 일시 진행을 정지하고, 그 사유가 없어지면 다시 시
효가 진행하는 소멸시효의 정지와 구별된다.
(2) 소멸시효의 중단사유
소멸시효의 중단사유에는, 민법에서 이를 규정하고 있는 경우, 민법
이외의 특별법에서 이를 규정하고 있는 경우, 비록 법상으로는 규정하고

아니하지만 법상 규정을 유추적용할 수 있는 경우 등이 있다. 민법상 중단 사유로서는, 청구, 압류 또는 가압류, 가처분, 승인이 있으며(민법 제170조 내지/제175조, 제177조), 특 별법상 중단사유로서는, 회생절차 및 파산절차 참가(채무자회생법/제32조), 어음법 및 수표법상의 소송고지(어음법 제80조,/수표법 제64조), 국가재정법 및 지방재정법상의 납입 고지(국가재정법 제96조,/지방재정법 제84조) 등이 있다. 한편 이러한 법률상 규정은 중단사유를 한정 적으로 열거한 것이 아니기 때문에 명시된 사항은 아니나 그와 유사한 성질 을 가지는 경우에도 포함한다는 것이 통설이다.[17] 대법원 역시 2009. 3. 26. 선고 2008다89880 판결 등에서 채권자의 배당요구나 채권신고 등을 압류에 준하는 독자적인 소멸시효 중단사유로 보고 있다.

(3) 시효중단의 상대적 효력

민법 제169조는 시효의 중단은 당사자 및 그 승계인간에만 효력이 있다고 규정하고 있다. 여기서 '당사자'란 중단행위를 한 자 및 그 상대 방으로 시효가 진행하고 있는 권리의 당사자와 일치하지 않을 수 있 다.[18] 즉 시효의 대상인 권리 또는 의무가 수인에게 귀속되는 경우 그 일인이 한 중단행위의 효과는 원칙적으로 중단행위에 관여하지 아니하 는 다른 자에게는 미치지 아니한다.[19] 따라서 손해배상청구권을 공동상 속한 상속인 중 1인이 자기의 상속분을 행사하여 승소판결을 얻었다 하 여 다른 상속인에게까지 시효중단의 효력이 미치지는 않고[20] 공유자 중 1인이 보존행위로서 한 재판상 청구로 인한 취득시효중단의 효력은 다 른 공유자에게 미치지 않는다.[21] 승계인은 시효중단에 관여한 당사자로 부터 권리 또는 의무를 승계한 자를 말하며 특정승계인이건 포괄승계인 이건 불문한다. 승계는 시효중단 효과가 발생한 이후에 이루어져야 하 고 중단사유가 발생하기 이전의 승계인은 본조의 승계인에 해당하지 않

---

17) 민법주해, 487면 참조.
18) 대법원 1997. 4. 25. 선고 96다46484 판결.
19) 김용담 편집대표, 주석민법 총칙(3) 제4판(이하 '주석민법'이라 한다), 한국사법행 정학회, 2010, 595면(김홍엽 집필부분).
20) 대법원 1967. 1. 24. 선고 66다2279 판결.
21) 대법원 1979. 6. 26. 선고 79다639 판결.

는다.22)

나. 소멸시효 중단사유로서의 승인

(1) 의   의

시효의 이익을 받을 자가 시효에 의하여 권리를 잃게 될 자에 대하여 그 권리의 존재를 인식하고 있다는 것을 표시하는 행위를 말한다. 그 법적 성질은 의사표시가 아니라 관념의 통지이고, 효과의사는 필요하지 아니하다. 승인이 있으면 권리자가 권리를 행사하지 않더라도 권리행사를 게을리 했다고 볼 수 없을 뿐만 아니라 그로 인해 권리관계의 존재가 명백해지기 때문에 승인을 소멸시효 중단사유로 규정한 것이다.23)

(2) 요   건

(가) 주체 및 상대방

시효의 이익을 받을 자 또는 그 대리인이 승인의 주체가 된다. 따라서 그 외의 제3자가 승인하였더라도 시효 이익을 받을 자에 대한 관계에서 시효가 중단되는 것은 아니다. 민법 제177조의 반대해석상 승인을 하는 자에게 비록 그 처분능력 및 권한이 필요하지는 않지만, 관리의 능력과 권한은 필요하다고 본다. 그리고 승인의 상대방은 시효로 인해 권리를 잃게 될 자 또는 그 대리인이고, 승인으로 인한 시효중단의 효력은 그 승인의 통지가 상대방에게 도달하는 때에 발생한다.24)

(나) 시기 및 방법

승인은 소멸시효의 진행이 개시된 이후에만 가능하고 그 이전에 승인을 하더라도 시효중단의 효력이 없다. 한편 승인의 방법에는 제한이 없어서 명시적 승인뿐만 아니라 묵시적 승인도 가능하다. 또한 반드시 확정채무에 관하여만 승인할 수 있는 것은 아니며 불확정 채무에 관하여도 승인이 가능하다. 그러나 승인은 어디까지나 자신의 의무 내지 상대방의 권리의 존재를 전제로 하는 것이므로, 묵시적인 승인의 표시는 채

---

22) 대법원 1973. 2. 13. 선고 72다1549 판결.
23) 민법주해, 533면.
24) 대법원 1995. 9. 29. 선고 95다30178 판결.

무자가 그 채무의 존재 및 액수에 대하여 인식하고 있음을 전제로 하여 그 표시를 대하는 상대방으로 하여금 채무자가 그 채무를 인식하고 있음을 그 표시를 통해 추단하게 할 수 있는 방법으로 족하다.[25] 그러므로 자신에게 의무가 있음을 전제로 하지 아니한 경우에는 상대방의 권리행사에 협력하였다는 사정만으로 승인에 해당한다고 볼 수는 없다.[26]

(3) 소멸시효 중단사유인 승인으로 인정된 사안

(가) 대법원 1992. 4. 14. 선고 92다947 판결

갑이 행정소송에서 을 측 증인으로 출석하여 을의 소송대리인의 신문에 대답함에 있어서, "을로부터 금 3,500만 원을 차용한 사실이 있다."라고 진술하였다면 이는 자신의 을에 대한 대여금채무를 승인한 것으로서 소멸시효 중단사유인 채무의 승인에 해당한다고 한 사례

(나) 대법원 2000. 4. 25. 선고 98다63193 판결

채권양수인이라고 주장하는 자가 채무자를 상대로 제기한 양수금 청구소송에서 채무자가 채권자로부터 채권을 양도한 사실이 없다는 취지의 진술서를 작성·교부받아 이를 증거로 제출하여 승소판결을 받은 경우, 채무자는 채권자로부터 위 진술서를 교부받음으로써 채무를 승인하였으므로 그 무렵 소멸시효가 중단되었다고 본 사례

(다) 대법원 2006. 9. 22. 선고 2006다22852, 22869 판결

원고가 1998. 3. 31.부터 2001. 6. 30.까지 피고의 요청에 따라 매 분기 말일에 잔액확인통지서를 작성·교부하여 주었는데, 여기에 1997. 8. 19.경까지 발생한 이 사건 물품대금이 포함되어 있었고, 원고는 2002. 12. 31.경에서야 비로소 이 사건 물품대금 채무에 관한 책임이 없다고 주장하면서 잔액확인통지서의 작성을 거부한 사안에서, 1998. 3. 31.부터 2001. 6. 30.까지 위와 같은 잔액확인통지서를 작성·교부한 행위가 이 사건 물품대금채무에 대한 소멸시효의 중단사유인 승인에 해당한다고 판단한 사례

---

25) 대법원 2006. 9. 22. 선고 2006다22852, 22869 판결.
26) 주석민법, 648-649면.

(라) 대법원 2009. 11. 26. 선고 2009다64383 판결

부동산 매도인인 피고의 대표자가 2001.경 매수인인 원고의 요청으로 이 사건 토지에 관한 소유권이전등기를 경료해 주기 위하여 원고와 함께 법무사 사무실을 방문한 행위는 원고에 대하여 이 사건 매매계약에 따른 소유권이전등기의무가 존재함을 인식하고 있다는 뜻을 묵시적으로 표시한 것이라고 보기에 충분하므로, 이로써 그 소멸시효 중단사유로서의 승인이 해당한다고 판단한 사례

(마) 대법원 2010. 4. 29. 선고 2009다99105 판결

보험회사인 피고가 소멸시효 완성 전에 이 사건 사고로 인한 원고의 치료비를 자동차손해배상보장법 제9조 제1항 단서, 제11조 등의 규정에 따라 의료기관에 직접 지급하였다면, 특별한 사정이 없는 한 원고에 대한 손해배상책임이 있음을 전제로 그 사고로 인한 손해배상채무 전체를 승인한 것으로 봄이 상당하고, 치료비와 같은 적극적 손해에 한정하여 채무를 승인한 것으로 볼 수는 없다고 본 사례

(바) 대법원 2012. 10. 25. 선고 2012다45566 판결

갑이 을과의 명의신탁약정에 기하여 을의 명의로 부동산을 매수하고 등기명의를 신탁하였으나 부동산 실권리자명의 등기에 관한 법률 제11조에서 정한 유예기간이 경과할 때까지 실명등기를 하지 않았는데, 그로부터 10년이 경과한 후에 위 부동산의 회복을 위하여 을에 대하여 가지는 부당이득반환청구권을 근거로 위 부동산에 관한 소유권이전등기절차 이행을 구하는 소를 제기한 사안에서, 을이 위 부동산이 갑과의 관계에서 자신의 소유가 아니라 갑의 소유임을 스스로 인정하는 것을 전제로 하여서만 취하였을 행태로서 관련 세금의 부담과 같은 재산적 지출을 갑에게 적극적으로 요청하는 등 갑의 대내적 소유권을 인정한 데에는 갑에 대하여 소유권등기를 이전·회복하여 줄 의무를 부담함을 알고 있다는 뜻이 묵시적으로 포함되어 표현되었다고 봄이 타당하므로, 그 후 을이 갑의 반환요구를 거부하기 시작한 때까지는 위 부동산에 관한 소유권이전등기의무를 승인하였다고 할 것이어서 그 무렵까지 갑의 위 부동산에 관한

소유권이전등기청구권의 소멸시효는 중단되었다고 본 사례

　(사) 대법원 2018. 2. 13. 선고 2017다265556 판결

　원심이 인정한 바와 같이 채무자 갑이 피고에게 부채증명서 발급을 의뢰한 행위를, 갑이 자신의 채무 또는 피고의 권리가 있음을 알고 있다는 뜻을 피고에게 표시한 행위로 볼 수 있다면, 설령 갑이 그 채무를 면하기 위하여 부채증명서 발급을 의뢰하였다고 하더라도, 위 발급 의뢰 행위는 소멸시효 중단사유가 되는 채무승인에 해당한다고 하여 파산 및 면책 신청에 필요한 '부채증명서 발급 신청행위'를 소멸시효 중단사유로서의 승인에 해당한다는 취지로 원심을 파기환송한 사례[27)]

　다. 시효 이익의 포기

　(1) 의　　의

　우리 민법이 소멸시효의 중단에 관하여는 자세한 조문을 두고 있지만, 소멸시효 이익의 포기에 관하여는 "소멸시효의 이익은 미리 포기하지 못한다."라는 민법 제184조 제1항의 규정만을 두고 있다. 그러나 위 규정의 반대해석상 시효 완성 후 시효 이익의 포기가 가능하다는 점에 관하여는 이견이 없다. 소멸시효 완성 후에는 소멸시효 이익 포기를 허용하여도 소멸시효 완성 전과 같은 폐해를 수반하지 않고, 소멸시효 제도는 사회적 이익을 위한 제도임과 동시에 의무자의 의사를 존중하는 제도란

---

27) 반면 원심은 "갑이 파산 및 면책 신청을 하기 위하여 대리인을 통하여 피고에게 부채증명서 발급의뢰서를 제출한 사실 및 피고가 갑에게 부채증명서를 발급한 사실을 인정하면서도, ① 파산 및 면책 신청을 하려는 채무자는 채권의 누락으로 인한 불측의 피해를 방지하기 위하여 잠재적 채권자들과 채권의 내역을 조사확인하는 과정을 거친 후 실제 부담하는 채무를 증명하는 자료를 법원에 제출할 필요가 있는 점, ② 파산 및 면책 신청을 위한 준비 단계에서 부채증명서를 발급받는 관행에 따라 파산 및 면책 신청을 준비하는 채무자들은 별다른 문제의식 없이 금융기관이 마련한 부채증명서 발급절차에 따라 의례적으로 부채증명서 발급신청서를 작성하여 금융기관에 제출하는 점, ③ 파산 및 면책 신청을 하려는 채무자가 금융기관으로부터 부채증명서를 발급받는 목적은 궁극적으로 해당 금융기관에 대한 채무를 면하려는 데 있는 점, ④ 갑의 대리인이 부채증명서 발급의뢰서를 작성하면서 그 사용용도란에 '개인파산'이라고 기재하였으므로 피고도 갑이 부채증명서를 발급받는 목적이 위와 같음을 알 수 있었던 점을 들어, 갑이 피고에게 채무를 부담하고 있다는 뜻을 확정적으로 표시하였다고 보기 어렵다."라고 판단하여 피고의 항변을 배척하였다.

점에서 당사자가 소멸시효 이익을 누릴 수 있음에도 이를 포기하고 의무를 이행하는 것이 가능하도록 한 것이다.

상대적 소멸설은 이러한 의사표시가 소멸시효의 완성으로 발생한 원용권의 포기라 보고, 절대적 소멸설은 시효 완성에 따른 이익을 받지 않겠다는 일방적 의사표시로서, 그에 의하여 시효의 이익을 받지 않게 되는 것이라 본다는 것은 앞서 살펴보았다. 판례는 "시효 이익을 받을 채무자는 소멸시효가 완성된 후 시효 이익을 포기할 수 있고, 이것은 시효의 완성으로 인한 법적인 이익을 받지 않겠다고 하는 효과의사를 필요로 하는 의사표시"라고 판시함으로써(대법원 2013. 7. 25. 선고 2011다56187, 56194 판결) 절대적 소멸설의 입장에서 시효 이익포기의 법적 성질을 이해하고 있는 것으로 보인다.[28]

(2) 요 건

(가) 주체 및 상대방

소멸시효 완성의 효과에 관한 어떤 견해를 따르더라도, 시효 완성의 이익 포기의 의사표시를 할 수 있는 자는 시효 완성의 이익을 받을 당사자 또는 대리인에 한정된다.[29] 또한 시효 이익의 포기는 처분행위이므로 포기자에게 처분능력과 처분권한이 있어야 한다.

(나) 시기 및 방법

시효 이익의 포기는 상대방 있는 단독행위로 명시적은 물론이고 묵시적으로도 할 수 있다. 또 재판상으로뿐만 아니라 재판 외에서도 할 수

---

28) 장두영, "채무자의 소멸시효 이익 포기 후 법률관계를 형성한 제3취득자의 지위", 민사판례연구 제39권, 박영사, 2017, 147-148면.

29) 상대적 소멸설의 입장에서는 시효 이익 포기를 할 수 있는 사람은 시효원용권을 가지는 사람이다. 즉 시효원용권자만이 시효 완성 후 시효 이익을 포기할 수 있는 사람에 해당하므로, 우선 시효원용권자의 범위를 확정하는 것이 문제된다. 반면 절대적 소멸설의 입장에 의하더라도 권리의 소멸 여부에 대하여 아무런 이해관계를 갖지 아니한 자가 그 소멸로 인해 이익을 갖는다고 볼 수 없어 시효 이익을 포기한다는 것이 의미가 없기 때문에 어떠한 권리의 소멸시효 완성으로 인해 이익을 얻을 수 있는 자만이 시효 이익을 포기할 수 있다고 한다[정진아, "소멸시효 이익 포기 후의 제3취득자-대법원 2015. 6. 11. 선고 2015다200227 판결(공2015하, 976)-", 사법연수원 교수논문집 제14집, 사법연수원, 2017, 93면; 위계찬, "소멸시효 이익의 포기의 상대효 제한-대법원 2015. 6. 11. 선고 2015다200227 판결을 중심으로-", 비교사법 제23권 제3호, 한국비교사법학회, 2016, 894면 참조].

있다.[30)]

  (다) 시효 완성사실의 인식 및 포기의 효과의사

  시효 이익의 포기로 인정되기 위해서는 시효 완성의 사실을 알고서 이를 포기하고자 하는 효과의사를 가지고 한 것이어야 한다.

  (3) 효   과

  (가) 소 급 효

  소멸시효 이익을 포기하면 처음부터 시효의 이익이 생기지 아니하였던 것이 된다.[31)] 시효 이익의 포기 시점부터 새로이 소멸시효 기간이 진행하는지에 관하여 긍정설[32)]과 부정설[33)]의 대립이 있는데, 대법원은 "채무자가 소멸시효 완성 후에 채권자에 대하여 채무를 승인함으로써 그 시효의 이익을 포기한 경우에는 그때부터 새로이 소멸시효가 진행한다."라고 하여 긍정설을 취하고 있다.[34)]

  (나) 상대적 효력

  시효 이익 포기의 의사표시는 개별 의사표시자와 그 상대방인 권리자 사이에서만 발생한다.[35)] 판례도 일관하여 시효 이익의 포기는 상대적

---

30) 그러므로 시효 이익의 포기가 있었는지 여부는 결국은 법률행위 해석의 문제가 되고, 법률행위의 성립과 효력요건론, 의사표시 하자이론 등이 그대로 적용된다(이정민, "소멸시효 이익의 포기와 소멸시효 중단사유로서 소송고지", 민사판례연구 제32권, 박영사, 2010, 204면).

31) 상대적 소멸설에 의하면 시효원용권을 행사한 바가 없어 소멸시효 완성의 효과가 발생할 여지가 없어 굳이 소급효라는 용어를 사용할 필요가 없다. 절대적 소멸설에서는 소멸시효의 기간이 경과되면 권리소멸의 효과가 발생하므로, '소멸시효의 이익을 받지 않겠다고 하는 의사표시 또는 채무의 시효소멸을 소송상 주장할 수 있는 지위를 포기하는 의사표시'로서의 '시효 이익 포기의 의사표시'를 통해 소급적으로 시효 완성의 효과가 소멸한다고 설명한다[곽윤직·김재형, 민법총칙 제9판, 박영사(2013), 452면 참조].

32) 주석민법, 674면.

33) 민법주해, 558면.

34) 대법원 2009. 7. 9. 선고 2009다14340 판결.

35) 상대적 소멸설에서는 시효원용권은 원용권자마다 자신을 위하여 가지는 독자적인 권리이므로, 어느 한 원용권자의 포기가 다른 원용권자에게 효력을 미치지 않는다고 본다(민법주해, 558면). 절대적 소멸설의 입장에서도 시효 이익의 포기는 소멸시효의 이익을 받지 않겠다는 일방적 의사표시이므로, 의사표시의 일반원칙에 따라 그 포기의 효과는 개별적으로 포기의 의사표시를 한 자와 그 상대방 사이에

효력만 있다고 본다.[36]

Ⅲ. 시효 완성 후의 채무승인과 시효 이익 포기와의 관계

1. 종래 대법원의 태도

가. 시효 완성 후의 채무승인으로서 시효 이익의 포기로 인정된 사례

(1) 대법원 1965. 11. 30. 선고 65다1996 판결

"피고는 상환의무가 시효에 의하여 소멸된 후에 수표상 채무를 승인

서만 발생하는 것으로 보는 것에 특별한 문제가 없다[양창수, "채무자의 시효 이익의 포기는 그 후의 저당부동산 제3취득자에 대하여도 효력이 미치는가?", 법률신문 제4338호(2015. 7. 27.), 11면].

36) 대법원 1991. 1. 29. 선고 89다카1114 판결은 주채무자가 물품대금채무의 시효가 완성된 후에 채무의 지급기한의 연장을 요청함으로써 소멸시효 이익을 포기한 사례에서, 민법 제433조에 의하면 주채무가 시효로 소멸한 때는 보증인도 그 시효소멸을 원용할 수 있으며 주채무자가 시효의 이익을 포기하더라도 보증인에게는 그 효력이 없다고 보았다. 또한 대법원 2010. 3. 11. 선고 2009다100098 판결은 제3취득자가 저당부동산을 취득한 이후에 피담보채권의 채무자가 채권자에게 채무의 변제를 약속함으로써 소멸시효 이익을 포기한 사례에서, 소멸시효 이익의 포기는 상대적 효과가 있음에 지나지 아니하므로 저당부동산의 제3취득자에게는 효력이 없다고 보았다. 그리고 대법원 2014. 6. 12. 선고 2014다14597 판결에서는 유치권이 성립된 부동산의 양수인이 유치권자를 상대로 유치권의 피담보채권이 시효완성으로 소멸하였다고 주장한 사례에서, 피담보채권의 채무자가 시효 이익을 포기하였다고 하더라도 이는 상대적 효력이 있을 뿐 양수인은 독자적으로 소멸시효를 원용할 수 있다고 판시하였다. 다만 대법원 2015. 6. 11. 선고 2015다200227 판결은 소멸시효 이익 포기 이후 저당부동산의 소유권을 취득한 제3자가 근저당권자인 피고를 상대로 소멸시효 완성을 주장하며 근저당권설정등기의 말소를 구한 사안에서, "시효 이익의 포기에 대하여 상대적인 효과만을 부여하는 이유는 그 포기 당시에 시효 이익을 원용할 다수의 이해관계인이 존재하는 경우 그들의 의사와는 무관하게 채무자 등 어느 일방의 포기 의사만으로 시효 이익을 원용할 권리를 박탈당하게 되는 부당한 결과의 발생을 막으려는 데 있는 것이지, 시효 이익을 이미 포기한 자와의 법률관계를 통하여 비로소 시효 이익을 원용할 이해관계를 형성한 자에게 이미 이루어진 시효 이익 포기의 효력을 부정할 수 있게 하여 시효 완성을 둘러싼 법률관계를 사후에 불안정하게 만들자는 데 있는 것은 아니기 때문"이라고 판시하면서 시효 이익을 이미 포기한 자와의 법률관계를 통하여 비로소 시효 이익을 원용할 이해관계를 형성한 자가 이미 이루어진 시효 이익 포기의 효력을 부정할 수 없다고 보았다. 2015다200227 판결에 대한 비판으로, 양창수, 위의 글(주 35), 장두영, 앞의 논문 등 참조. 반면 소멸시효 중단사유로서의 채무승인에 관한 민법 제169조를 본 사안에 유추적용함으로써 위 판결의 결론에 찬성하는 견해로는, 정진아, 앞의 논문 참조.

소멸시효 이익의 포기와 채무승인 *147*

하였고 이 승인은 특별한 사정이 없는 한 소멸시효의 완성을 알고한 것
이라 할 것이며 이를 알고 승인"한 것이라고 본 사례

(2) 대법원 1965. 12. 28. 선고 65다2133 판결

"피고 회사 사장은 1961. 12. 11 원고에게 대하여 보험료 채무를
1962. 1. 31.까지 틀림없이 지급하겠노라는 의사를 표시하여[중략] 1954.
12. 30.에 그 소멸시효가 완성된다 하겠으나 피고가 그 소멸시효가 완성
된 후인 1961. 12. 11.에 이르러 그 기한의 유예를 요청한 사실에 비추어
피고는 위의 날짜에 소멸시효의 이익을 포기한 취지로 보아야 한다."라고
판단한 사례

(3) 대법원 1967. 2. 7. 선고 66다2173 판결

원고가 소멸시효 완성 후인 1962년 겨울 그의 친척인 갑을 피고 등
의 주거지로 보내어 위 차용금의 반환을 요구하자 피고 등이 위 각 채무
를 승인했으며, 원고의 고용인이던 을도 여러 차례 돈을 받으러 보냈더
니 피고 등이 곧 갚겠다고 말하므로 되돌아오게 된 사안에서, "채권이 법
정기간의 경과로 인하여 소멸시효로 소멸된다는 것은 보통 일반적으로
아는 것이라고 인정할 수 있는 것이므로 채무자가 시효 완성 후에 채무
의 승인을 한때에는 일응 시효 완성의 사실을 알고 그 이익을 포기한 것
이라고 추정할 수 있다."라고 판단한 사례

(4) 대법원 1987. 6. 23. 선고 86다카2107 판결

피고가 소멸시효가 완성된 이후인 1984. 8. 27 이 사건 손해배상문
제를 소송화할 경우 쌍방이 부담하게 될 비용 및 노력과 거래관계의 악
화 등을 감안하여 갑을 대위한 원고에 대하여 원고가 주장하는 이 사건
해난사고로 인한 손해금액의 20퍼센트에 해당하는 금액을 배상하겠다는
제의를 하였다가 원고로부터 이를 거절하는 회신을 받은 후 같은 해 10.
11 원고에 대하여 재차 동일한 의사를 표시한 사안에서 "피고가 소멸시
효가 완성된 이후에 두 차례에 걸쳐 원고에 대하여 이 사건 손해배상채
무를 원고가 주장하는 손해금액의 20퍼센트 범위 안에서는 이를 인정하
고 그 배상을 제의하였다면 피고는 그 20퍼센트의 범위 안에서는 채무를

승인하여 완성한 소멸시효 이익을 포기한 것이라 할 것이고 이러한 시효 이익의 포기는 가분채무의 일부에 국한된 의사표시로 보여진다."라고 판단한 사례[37]

(5) 대법원 1992. 3. 27. 선고 91다44872 판결

매도인인 피고가 매매계약에 기한 소유권이전등기청구권의 소멸시효가 완성된 이후인 1989. 5.경 매수인의 형인 갑에게 '이 사건 토지는 피고와는 관계가 없는 것이니까 조카들에게 주어 청산금을 납부하고 해결하도록 하라'고 하면서 위 환지확정으로 인한 청산금고지서에 해당하는 청산금조서를 건네주어 매수인의 아들인 원고가 이를 소지하게 된 사안에서, 피고는 이 사건 토지에 관하여 소유권이전등기절차를 이행해 줄 채무의 존재를 승인함으로써 위 소멸시효 완성으로 인한 이익을 포기한 사실을 추인할 수 있다고 판단한 원심판결을 수긍한 사례

(6) 대법원 1992. 5. 22. 선고 92다4796 판결

시효기간 도과 후 채무자인 피고가 원고의 피고에 대한 이 사건 대여금채권을 소외인에게 양도한다는 내용의 채권양도서에 입회인으로 서명날인한 사안에 있어서 피고는 소멸시효 완성 후에 원고에 대한 채무를 승인한 것이고, 시효 완성 후 채무를 승인한 때에는 채무자는 시효 완성의 사실을 알고 그 이익을 포기한 것이라 추정할 수 있다는 이유로 소멸시효 포기의 재항변을 받아들인 원심 판결을 수긍한 사례

(7) 대법원 1993. 5. 11. 선고 93다12824 판결

소유권이전등기청구권의 소멸시효기간이 지난 후에 등기의무자가 소유권이전등기를 해 주기로 약정(합의)하였다면, 시효 이익을 포기한 것으로 보아야 한다고 판단한 사례

(8) 대법원 2001. 6. 12. 선고 2001다3580 판결

채무자가 소멸시효 완성 후 채무를 일부 변제한 때에는 그 액수에

---

37) 다만 위 20%를 초과하는 범위에 관하여는 아래 나. 1)항에서 보듯이 피고가 소멸시효 완성 이후 여러차례에 걸쳐 원고의 제소기간 연장요청에 동의하였다고 하더라도 이를 곧장 소멸시효 이익의 포기라고 보기 어렵다고 하였다.

관하여 다툼이 없는 한 그 채무 전체를 묵시적으로 승인한 것으로 보아
야 하고, 이 경우 시효 완성의 사실을 알고 그 이익을 포기한 것으로 추
정되므로, 소멸시효가 완성된 채무를 피담보채무로 하는 근저당권이 실행
되어 채무자 소유의 부동산이 경락되고 그 대금이 배당되어 채무의 일부
변제에 충당될 때까지 채무자가 아무런 이의를 제기하지 아니하였다면,
경매절차의 진행을 채무자가 알지 못하였다는 등 다른 특별한 사정이 없
는 한, 채무자는 시효 완성의 사실을 알고 그 채무를 묵시적으로 승인하
여 시효의 이익을 포기한 것으로 보아야 한다고 판단한 사례

(9) 대법원 2011. 10. 27. 선고 2011다52031 판결

동일 당사자 간에 계속적인 거래로 인하여 같은 종류를 목적으로
하는 수 개의 채권관계가 성립되어 있는 경우에 채무자가 소멸시효 완성
후 특정 채무를 지정하지 아니하고 그 일부의 변제를 한 때에도 다른 특
별한 사정이 없다면 잔존 채무에 대하여도 묵시적으로 승인을 한 것으로
보아 시효이익 포기의 효력을 인정할 수 있을 것이나, 그 묵시적인 승인
의 표시는 적어도 채무자가 그 잔존 채무의 존재 및 액수에 대하여 인식
하고 있음을 전제로 하여 그 표시를 대하는 상대방으로 하여금 채무자가
그 시효이익을 포기하였음을 그 표시를 통해 추단하게 할 수 있는 방법
으로 행해져야 한다고 판단한 사례

(10) 대법원 2013. 5. 23. 선고 2013다12464 판결

원금채무에 관하여는 소멸시효가 완성되지 아니하였으나 이자채무에
관하여는 소멸시효가 완성된 상태에서 채무자가 채무를 일부 변제한 때
에는 그 액수에 관하여 다툼이 없는 한 그 원금채무에 관하여 묵시적으
로 승인하는 한편 그 이자채무에 관하여 시효 완성의 사실을 알고 그 이
익을 포기한 것으로 추정된다고 본 사례

나. 시효 이익의 포기로 인정되지 않은 사례

(1) 대법원 1993. 10. 26. 선고 93다14936 판결

동일당사자간에 계속적인 거래로 인하여 같은 종류를 목적으로 하는
수개의 채권관계가 성립되어 있는 경우에 채무자가 특정 채무를 지정하

지 아니하고 그 일부의 변제를 한 때에도 다른 특별한 사정이 없다면 잔존채무에 대하여도 승인을 한 것으로 보아 시효중단이나 포기의 효력을 인정할 수 있을 것이나, 그 채무가 별개로 성립되어 독립성을 갖고 있는 경우에는 일률적으로 그렇게만 해석할 수는 없고, 채무자가 가압류 목적물에 대한 가압류를 해제 받을 목적으로 피보전채권을 변제하는 경우에는 특별한 사정이 없는 한 피보전채권으로 적시되지 아니한 별개의 채무에 대하여서까지 소멸시효의 이익을 포기한 것이라고 볼 수는 없다고 본 사례[38]

(2) 대법원 1987. 6. 23. 선고 86다카2107 판결

피고가 1981. 4. 16. 소멸시효가 완성된 이후에 여러 차례에 걸쳐 원고의 제소기간 연장요청에 동의한 바 있다 하더라도 그 동의는 그 연장된 기간까지는 언제든지 원고가 제소하더라도 이의가 없다는 취지에 불과한 것이지 완성한 소멸시효 이익을 포기하는 의사표시까지 함축하고 있는 것이라고 볼 수는 없다고 판단한 사례

(3) 대법원 1988. 1. 19. 선고 87다카70 판결

소멸시효 완성 이후에 있은 과세처분에 기하여 세액을 납부한 사안

---

38) 같은 취지에서 대법원 2014. 1. 23. 선고 2013다64793 판결은 채무자가 근저당권설정등기를 말소하기 위하여 피담보채무를 변제하는 경우에는 특별한 사정이 없는 한 피담보채무가 아닌 별개의 채무에 대하여서까지 채무를 승인하거나 소멸시효의 이익을 포기한 것이라고 볼 수는 없다고 보았다. 또한 대법원 2013. 7. 25. 선고 2011다56187,56194 판결은 채권자 갑 금융회사의 파산관재인 예금보험공사가 채무자 을 주식회사의 제3채무자 병 학교법인 등에 대한 매매대금반환채권 중 일부에 관하여 매매계약 해제일로부터 상법상 소멸시효기간 5년이 지난 후에 전부명령을 받아 제기한 전부금 등 청구소송에서 조정에 갈음하는 결정이 내려져 확정되자, 병 법인 등이 그 결정에 따라 전부된 매매대금반환채무 중 일부를 변제하였는데, 그 후 을 회사의 파산관재인 정이 병 법인 등은 위 일부 변제로 채무 전체에 대한 소멸시효 이익을 포기한 것이라고 주장하며 전부되지 않은 나머지 매매대금반환채권 중 일부에 대한 추심금을 청구한 사안에서, 전부된 매매대금반환채권과 전부되지 않은 나머지 매매대금반환채권은 서로 별개의 독립된 분할채권인 점 등 여러 사정에 비추어 병 법인 등이 조정에 갈음하는 결정에 따라 매매대금반환채무 중 일부를 변제한 사정만으로는 전부되지 않은 나머지 매매대금반환채무에 대한 소멸시효 이익을 포기하는 의사를 표시하였다고 단정할 수 없는데도, 이와 달리 본 원심판결에 소멸시효 이익의 포기에 관한 법리오해의 위법이 있다고 보았다.

에서, "조세의 부과처분과 같은 그 처분에 공정성과 실효성이 부여되는 행정처분에 대하여 그 이행을 거부하는 경우에는 국세징수법 소정의 체납처분 절차에 따라 재산 등이 공매되어 회복할 수 없는 손해를 입게 되는 경우가 많으므로 가사 원고가 이 사건 상속세 등의 부과처분이 소멸시효가 완성된 후에 부과된 당연무효의 처분임을 알고 이를 납부하였다 하더라도 이를 들어 바로 시효 이익을 포기하였다고 할 수는 없다."라고 판단한 원심을 수긍한 사례[39]

(4) 대법원 2006. 12. 7. 선고 2006다59953 판결

연대보증인인 피고가 재판부에 원고 주장의 채무 2억 7,300만 원 중 피고 소유의 재산으로 강제집행이 가능한 범위인 6,500만 원 정도에 조정해 달라고 요청하였고, 그 후 원고 측에서 작성하여 온 문서에 '본인은 귀사에 대한 채무액이 2억 7,300만 원임을 승인하며'라는 문구를 기재한 사안에서 "원고는 피고가 2006. 5. 12. 시효 이익을 포기하였다고 주장하나, 갑제13호증(채무승인 및 감면요청서)은 피고가 당심 소송 도중인 2006. 5. 12. 원고로부터 이 사건 연대보증채무 중 6,000만원을 제외한 나머지 채무를 감면받을 목적으로 원고의 요청에 따라 원고에게 제출한 문서이고 그대로 감면이 이루어지지도 아니한 이상 그 기재만으로 원고가 시효 이익을 포기하였다고 인정하기에 부족하고, 달리 이를 인정할 증거가 없다."라고 본 원심의 판단을 수긍한 사례

(5) 대법원 2008. 7. 24. 선고 2008다25299 판결

"소멸시효 이익의 포기사유로서의 채무의 승인은 그 표시의 방법에 아무런 제한이 없어 묵시적인 방법으로도 가능하기는 하지만, 적어도 채무자가 채권자에 대하여 부담하는 채무의 존재에 대한 인식의 의사를 표시함으로써 성립하게 되고, 그러한 취지의 의사표시가 존재하는지 여부의

---

39) 위 판결에 대해 시효 완성 후의 채무 승인이 시효이익의 포기로 해석되기 위해서는 그 승인이 채무자의 자의에 의하여 이루어져야 하고, 어떠한 사정의 억압에 의하여 부득이하게 행하여진 것이 아니어야 한다는 것이라는 점에서 의의가 있다는 평석에, 양창수, "시효 이익의 포기와 보증관계", 민법연구 제3권, 박영사, 2006, 364면 참조.

해석은 그 표시된 행위 내지 의사표시의 내용과 동기 및 경위, 당사자가
그 의사표시 등에 의하여 달성하려고 하는 목적과 진정한 의도 등을 종
합적으로 고찰하여 사회정의와 형평의 이념에 맞도록 논리와 경험의 법
칙, 그리고 사회일반의 상식에 따라 객관적이고 합리적으로 이루어져야
할 것이다."[40] → 채무자가 채권자로부터 소멸시효가 완성된 연대보증채
무의 이행청구를 받고 그 채무액의 일부를 지급하고 사건을 종결하자는
내용의 합의안을 제의하였다가 채권자로부터 거절당한 사안[41]에서 합의
안 제의의 배경 등 제반 사정에 비추어 채무자가 위 합의안을 제의한 사

---

40) 위 판결은 시효 이익 포기사유로서의 채무승인의 법률적 성질에 관하여 비교적
  명확히 판시한 최초의 판결로 평가할 수 있다.
41) 원고가 연대보증인인 피고를 상대로 5년의 상사소멸시효기간이 지난 후 피고 소
  유의 차량들에 대하여 가압류집행을 하고, 이 사건 지급명령을 신청하였는데, 피
  고는 이에 대해 연대보증인란의 기재가 피고의 의사에 반하여 무효이거나 착오 또
  는 사기를 이유로 취소되었다는 취지로 처음부터 일관되게 주장하였고, 제1심 변
  론종결 이후에는 소멸시효의 항변까지 제기한 사안이다. 이 사건의 원심은 제1심
  의 원고 승소판결을 전후하여 피고가 원고에게 이 사건 연대보증채무 약 4억
  8,000만 원 중 2억 원을 지급하고 사건을 종결하는 내용의 합의안을 제시하였고,
  이는 이 사건 연대보증채무 2억 원의 범위 내에서 채무를 승인하여 이미 완성된
  소멸시효의 이익을 포기한 것으로 판단하여 피고에게 위 2억 원 및 이에 대한 지
  연손해금의 지급을 명하였다. 이에 대해 대법원은 피고가 이 사건 소송 내내 위
  연대보증채무 성립의 원인관계 및 존속 여부를 극력 다투어 왔고, 피고 측이 제시
  한 2억 원의 합의안은 원고가 전액 상환할 것을 요구함으로써 합의가 이루어지지
  않았으며, 원고가 원심에서 위 2억 원의 합의안 제의사실 등을 들어 시효 이익 포
  기의 주장을 하는 것에 대해 피고가 그 협상의 경위 및 피고 측 의도가 그와 다
  름을 상세히 해명하면서 이를 적극 다툰 사실을 인정한 다음, "위 합의안을 제시
  한 경위에 관하여 피고 측이 '피고 회사 소유 차량들에 대한 원고의 가압류집행
  등으로 말미암아 피고 회사의 차량대여 영업에 큰 지장이 초래되고 있는 현실을
  감안하여 미봉책으로나마 피고측의 일정액 지급과 항소 및 형사고소 취하 등의 조
  치와 원고 측의 이 사건 소 취하 및 권리보전조치 해제 등의 조치를 상호 교환조
  건으로 내세워 원고 측의 협상의사를 확인해 본 것에 불과하다'고 해명하고 있는
  바, 피고의 위와 같은 해명은 그 자체로 충분히 수긍할 만한 여지가 있을 뿐만 아
  니라, 앞서 본 객관적 사정들에도 부합하는 합리적 의사해석이라고 보아야 할 것
  이다. 더구나 원고가 피고의 위 제의를 일언지하에 거절하고 이 사건 연대보증채
  무 전액의 지급을 요구함으로써 절충안 도출을 위한 구체적 논의에조차 이르지 못
  하게 되었다면, 위와 같은 협상과정의 한 단면만을 들어 피고가 원고에게 이 사건
  연대보증채무를 부담하고 있다는 채무승인의 뜻을 확정적으로 표시한 것이라고 피
  고의 의사를 해석하기는 어렵다."라고 보아 피고가 시효 이익을 포기하였다고 볼
  수 없다고 판단하였다.

실만으로 채권자에게 연대보증채무를 부담하고 있다는 채무승인의 뜻을
확정적으로 표시한 것이라고 해석하기 어렵다고 판단한 사례

  (6) 대법원 2011. 10. 27. 선고 2011다52031 판결

  채무자가 소멸시효 완성 후 채무를 묵시적으로 승인하여 시효 완성
의 이익을 포기하였는지가 문제된 사안에서, 제반 사정상 채무자가 채무
의 존재 및 액수에 대하여 인식하고서 그 일부를 변제한 것이라고 보기
어려우며, 오히려 채권자가 채무 일부를 지급받았다고 주장할 무렵 채무
의 존재 및 액수에 대하여 당사자 사이에 다툼이 있었고, 나아가 그것이
채무변제를 위하여 이루어진 것인지도 불분명함에도, 채무자가 채무를 일
부 변제하여 채무 전체를 묵시적으로 승인함으로써 시효 완성의 이익을
포기하였다고 본 원심판결에는 법리오해의 위법이 있다고 한 사례

  (7) 대법원 2014. 6. 26. 선고 2014다206990 판결

  "원고가 소멸시효 완성 이후인 2012. 8.경 또는 9.경 피고에게 이 사
건 운송료 지급을 요구하였고, 이에 피고가 원고에게 '지금 형편이 어려
우니 다음에 보자'라고 말한 사실을 인정할 수 있으나, 이러한 사정만으
로는 피고가 이 사건 운송료채무의 소멸시효 완성사실을 알고 그 이익을
포기하는 효과의사를 표시하였다거나 위 채무를 승인하였다고 인정하기
에 부족하고, 달리 이를 인정할 증거가 없다."라고 판단한 원심을 수긍한
사례

  (8) 대법원 2018. 1. 31. 선고 2017다277801 판결

  채무자인 피고가 소멸시효 완성 후인 2013. 1. 29.경 원고에게
'2001. 10. 15. 원고, 피고, 갑과 계산을 하고서도 원고 앞으로 더 주어야
할 돈 63,000,000원'이라고 기재되어 있는 장부를 교부하였고, 피고가 그
이후인 2015. 5. 4.경에도 원고에게 '전에도 너하고 계산 6,300만 원 덜
준 것도 있고'라고 말한 사안에서, 위 인정사실만으로는 피고에게 시효
의 완성으로 인한 법적인 이익을 받지 않겠다는 효과의사가 있었다고
단정하기 어렵고, 달리 이를 인정할 증거가 없다고 판단한 원심을 수긍
한 사례

2. 시효 완성사실 인식의 추정 여부, 이른바 '의사표시의 추정 이론'

가. 문제의 소재 – 증명책임의 문제

판례는, "소멸시효 이익의 포기사유로서의 채무의 승인은 그 표시의 방법에 아무런 제한이 없어 묵시적인 방법으로도 가능하기는 하지만, 적어도 채무자가 채권자에 대하여 부담하는 채무의 존재에 대한 인식의 의사를 표시함으로써 성립하게 되고, 그러한 취지의 의사표시가 존재하는지 여부의 해석은 그 표시된 행위 내지 의사표시의 내용과 동기 및 경위, 당사자가 그 의사표시 등에 의하여 달성하려고 하는 목적과 진정한 의도 등을 종합적으로 고찰하여 사회정의와 형평의 이념에 맞도록 논리와 경험의 법칙, 그리고 사회일반의 상식에 따라 객관적이고 합리적으로 이루어져야 할 것이다."라고 보고 있다.[42] 그런데 '채무의 존재에 대한 인식의 의사'와 관련하여 시효 완성 후에 채무자가 채무를 승인하거나 변제하였는데 시효 완성의 사실을 알고 한 것인지가 불분명한 경우에 그 인식 사실에 대한 증명책임을 누구에게 부담시킬 것인지의 문제가 있다.

나. 대법원의 태도

대법원은 일찍이 1967. 2. 7. 선고 66다2173 판결에서 "채권이 법정기간의 경과로 인하여 소멸시효로 소멸된다는 것은 보통 일반적으로 아는 것이라고 인정할 수 있는 것이므로 채무자가 시효 완성 후에 채무의 승인을 한때에는 일응 시효 완성의 사실을 알고 그 이익을 포기한 것이라고 추정할 수 있다."라고 판시한 이후 그 태도를 유지하고 있다.[43] 이와 같은 추정은 시효 이익의 포기의 범위를 확대하는 데 큰 역할을 하고 있다.[44]

---

42) 대법원 2008. 7. 24. 선고 2008다25299 판결.
43) 대법원 1992. 5. 22. 선고 92다4796 판결; 대법원 2001. 6. 12. 선고 2011다3508 판결; 대법원 2010. 5. 13. 선고 2010다6345 판결 등 다수.
44) 양창수, 앞의 논문(주 39), 365면에서는 채무자가 시효 완성사실을 알지 못하고 채무를 승인한 것이라는 사실을 주장·입증하는 데 성공함으로써 위 추정의 번복을 인정하여 시효 이익의 포기가 부인된 예는 하나도 없다고 한다.

다. 학   설

이에 관하여 당사자가 시효 완성 후에 채무를 승인한 경우에는 이
는 오히려 시효 완성의 사실을 모르고 한 것이 통상적일 것이고 시효 완
성의 사실을 알면서도 승인한다는 것을 이례적이라고 보아야 한다는 점
에서 위와 같은 판례는 경험칙에 어긋난다고 보는 견해가 있다.[45] 이와
반대의 입장에서 일정한 기간이 지나면 채무가 시효로 소멸한다는 것은
일반적으로 널리 알려져 있고, 시효가 완성된 후에는 채무자가 더 이상
약자의 지위에 있지 아니하므로 시효 이익의 포기를 넓게 인정한다 하더
라도 공익에 반하거나 채무자를 해할 우려가 적은 반면, 시효가 완성된
후에는 오히려 선량한 채권자를 보호할 필요성이 크고, 채무의 이행을
성실하게 하지 아니하고 회피하려고 하는 당사자가 적지 아니한 거래현
실 등 여러 가지 측면을 종합적으로 고려하면 위 판례의 입장이 타당하
다고 하여 이를 지지하는 견해도 있다.[46] 학설상으로는 판례에 반대하는
견해가 다수인 것으로 보인다.

라. 검   토

(1) 소멸시효의 기산점이나 시효기간 등에 관하여 다툼이 있는 경우
가 많고, 시효의 중단 등의 문제도 생길 수 있으므로 판례와 같이 채권
이 법정기간의 경과로 인하여 소멸시효로 소멸된다는 것은 보통 일반적
으로 아는 것이라고 보기는 어렵다. 그리고 우리 판례는 일정한 경우 채

---

45) 민법주해, 554-555면; 한편, 과거 일본 판례는 채권이 10년의 시효로 인하여 소
  멸하는 것은 일반적으로 알려져 있는 것이므로 위 기간을 경과한 후에 이르러 채
  무자가 채무의 승인을 한 때에는 시효 완성의 사실을 알면서 승인한 것으로 추정
  할 수 있다고 하였다가(대심원 대정6년(1920년) 2. 19.자 판결), ① 채무자가 소멸
  시효가 완성된 후에 채무를 승인하였다고 하여 그가 시효 완성사실을 알고 승인한
  것이라고 추정할 수는 없으나, ② 채무자가 시효 완성 후에 채권자에 대하여 채무
  를 승인한 이상 시효 완성사실을 몰랐다고 하더라도 신의칙상 시효의 원용이 허용
  되지 않는다고 판시하면서, 위 구 판례를 변경하였다(최고재판소 소화41년(1966
  년). 4. 20.자 판결), 우성엽, "소멸시효 완성 후 채무를 승인한 경우 시효 이익의
  포기 여부", 재판과 판례 23집, 대구판례연구회, 2015, 183면 참조.
46) 강일원, "근저당권의 실행과 시효 이익의 포기", 대법원판례해설:재판연구관 세미
  나 자료(통권 제36호), 2001, 30면.

무자가 소멸시효의 완성을 주장하는 것이 신의성실의 원칙에 반하여 권리남용으로서 허용될 수 없는 경우를 인정하고 있으므로, 구체적 타당성 측면에 있어서도 굳이 시효 완성 후 채무의 승인을 한 때에 시효 완성사실을 알고 그 이익을 포기한 것으로 추정할 필요성도 적다. 또한 대부분의 학설이 지적하고 있는 것과 같이 당사자가 시효 완성 후에 채무를 승인한 경우에는 오히려 시효 완성의 사실을 모르고 한 것이 통상적일 것이고 시효 완성의 사실을 알면서도 승인한다는 것은 이례적이라고 보아야 할 것이어서 이러한 판례의 태도는 경험칙에 어긋난다고 볼 수도 있다. 따라서 판례의 이와 같은 추정 이론은 타당하지 않다고 본다.[47)]

(2) 또한, 소멸시효 완성사실을 알고 있다는 '인식'의 측면에서 곧장 시효 이익의 포기라는 '효과의사'까지 도출할 수도 없다고 생각한다. 판례는 시효 완성사실을 알고 승인함으로써 곧장 시효 이익을 포기하였다는 결론으로 연결하고 있는데 이러한 판시는 대법원이 효과의사의 측면을 고려하지 않았거나 시효 완성사실의 인식과 시효 이익 포기의 의사를 동일시하는 것으로 오인할 여지가 있다. 그러나 소멸시효 완성사실의 인식과 시효이익 포기의 의사는 엄연히 구별되는 개념이고, 아래에서 보듯이 대상판결은 그와 같은 구별을 명확히 하였다는 점에서 유의미하다고 할 것이다.

3. 소멸시효 중단사유로서의 승인과 시효이익의 포기의 구별에 관한 논의

가. 승인의 시점을 제외하고는 양자의 구별이 명확하지 아니하다는 견해

소멸시효 중단사유로서의 승인은 관념의 통지로서 효과의사가 필요하지 않지만, 시효 이익의 포기가 인정되려면 채무자가 시효의 완성으로 인한 법적인 이익을 받지 않겠다는 효과의사가 필요하다고 하여 양자의

---

47) 법원이 이러한 무리한 추정의 토대 위에서 시효 이익포기의 범위를 넓히는 것은 시효 완성을 엄격하게 새겨 권리자의 이익이 쉽게 박탈되지 않도록 하려는 고려 때문인 것으로 보인다는 견해로, 권영준, 앞의 논문, 20면 참조.

본질적 차이를 긍정하면서도, 완성 전에 시효중단사유로서 승인이 되는 행위가 시효 완성 후에 이루어진 경우 '시효 완성의 사실을 알고 그 이익을 포기한 것'으로 추정되어 시효 이익을 포기한 것이 되므로, 시효 완성 후의 시효 이익의 포기는 구체적인 모습에 있어서는 시효 중단사유로서의 승인과 유사하다는 견해가 있다.[48] 같은 맥락에서 양자가 이론상 구별된다는 점을 긍정하면서도, 대법원은 시효 중단사유로서의 승인과 시효 이익 포기사유로서의 승인을 모두 '권리 또는 채무의 존재에 대한 인식의 의사를 표시'하는 것으로 파악하고 있고, 시효 이익의 포기로 인정되려면 채무자가 시효 완성의 사실을 알고서 하는 것이어야 하는데, 판례는 채무자가 시효 완성 후에 채무승인을 한 경우에 일응 시효 완성의 사실을 알고 그 이익을 포기한 것이라고 추정하여 시효 완성사실의 인식을 기준으로 하여 양자를 구별하기도 어렵다는 점에서 승인 대상 의무의 시효 완성의 전후로 나뉘는 승인의 시점을 제외하고는 양자의 구별이 명확하지는 않다고 보는 견해도 있다.[49]

나. 양자가 준별됨에도 불구하고, 판례가 이를 혼동하고 있다는 견해

이에 대하여 소멸시효 중단사유로서의 승인은 준법률행위로 채무를 승인하는 자가 단순히 채무의 존재에 대한 인식만을 가져도 그와 상관없이 법률규정에 의해서 소멸시효 중단이라는 법률효과를 발생시킬 수가 있지만, 시효 이익의 포기는 법률행위로 그 성립요건을 달리하는 것인데, 우리 판례는 소멸시효 중단사유로서의 채무승인과 시효 이익 포기행위로서의 채무승인을 다 같은 채무승인이라는 이유로 혼동하는 것으로 보인다는 견해가 있다.[50]

다. 양자의 법률적 성격을 달리 볼 필요가 없다는 견해

소멸시효 중단사유로서의 승인과 시효 이익의 포기 사이에 '효과의

---

48) 민법주해, 556면.
49) 정진아, 앞의 논문, 109-110면.
50) 백경일, "합의안의 제시와 채무의 승인-대법원 2008. 7. 24. 선고 2008다25299 판결", 민사법학 제47권, 한국민사법학회, 2009, 265면.

사'라는 본질적 차이가 있다는 학설 및 판례의 설명에 관하여 근본적인
의문을 제기하면서 ① 채무자의 행위가 소멸시효 중단사유이냐 소멸시효
이익 포기사유이냐의 구분을 채무자의 행위가 소멸시효 완성 전에 있었
느냐 아니면 후에 있었느냐에 따라 달라질 뿐인 점, ② 양자는 소멸시효
의 재진행이라는 법률효과가 동일한 점, ③ 채무자 측의 행위에 의한 소
멸시효 중단이나 소멸시효 이익의 포기에 채무의 존재를 인식하는 것만
이 필요하고 어느 정도의 기간이 경과되었는지에 대한 인식이 필요하지
않다는 점, ④ 시효이익의 포기가 있더라도 그때부터 소멸시효가 다시
진행하므로 시효이익의 포기를 처분행위로 단정하기 어려운 점 등을 근
거로 양자의 법률적 성격 자체를 달리 볼 필요가 없이 채권자의 관점에
서 채무자의 행위가 채무의 존재에 대한 인식을 표명한 것이라고 합리적
으로 평가할 수 있다면 소멸시효기간의 완성 여부와 무관하게 '채무승인'
으로 인정하여 그때부터 다시 소멸시효기간이 진행한다고 보는 것으로
족하다는 견해가 있다.[51]

4. 기존 판례 태도에 대한 재해석 및 양자의 준별 필요성

가. 기존 판례의 태도에 대한 재해석

(1) 학설의 논의처럼 과연 대법원이 소멸시효 완성 후 채무승인이
있는 경우 이를 알고 포기한 것으로 추정함으로써 소멸시효 중단사유로
서의 승인과 시효 이익의 포기를 혼동하고 있는지에 관하여는 의문이 있
다. 판례는 시효 이익의 포기와 소멸시효 중단사유로서의 승인을 명확히
구별하지 않고 있는 것으로 해석할 수 있는 판시를 하여 왔지만, 구체적
인 사안에서 내린 결론을 들여다보면, 소멸시효 완성 이후에 권리의 존
재를 인식하고 있다는 것을 표시하는 정도의 관념의 통지만이 있는 사안
에서는 대체로 시효 이익의 포기를 부정하는 결론을 내리고 있고, 효과
의사가 포함된 것으로 평가할 수 있을 정도의 사안에서는 시효 이익의

---

51) 이창현, "채무자의 채무승인이 소멸시효에 미치는 영향에 대한 연구", 민사법학
제73호, 한국민사법학회, 2015, 306−309면 참조.

포기를 긍정하고 있기 때문이다.

즉, 대법원은 ① 제소기간의 연장에 동의한 사안($^{86다카2107}_{판결}$), ② 채무액 조정과정에서 채권자의 요청에 따라 채무자가 작성한 문서에 '본인은 귀 사에 대한 채무액이 2억 7,300만 원임을 승인하며'라는 문구를 기재된 있 었던 사안($^{2006다59953}_{판결}$), ③ 채무자가 채권자로부터 소멸시효가 완성된 연대보 증채무의 이행청구를 받고 그 채무액의 일부를 지급하고 사건을 종결하자 는 내용의 합의안을 제의하였다가 채권자로부터 거절당한 사안($^{2008다25299}_{판결}$), ④ 제반 사정상 채무자가 채무의 존재 및 액수에 대하여 인식하고서 그 일부를 변제한 것이라고 보기 어려운 사안($^{2011다52031}_{판결}$), ⑤ 채무자가 채권자 에게 '지금 형편이 어려우니 다음에 보자'고 말한 사안($^{2014다206990}_{판결}$) 등 실제 관념의 통지 정도에 불과하여 효과의사가 인정되지 않을 정도로 평가가 되는 사안에 있어서는 시효 이익의 포기를 부정하였다.

반면 대법원은 ① 채무의 이행의사를 명확히 밝히면서 다만 그 변 제기한 유예의 요청을 한 사안($^{65다2133 판결,}_{66다2173 판결 등}$), ② 토지 매도인인 피고가 매 수인의 형에게 '이 사건 토지는 피고와는 관계가 없으므로 조카들에게 청 산금을 납부하도록 하라'고 하여 매수인의 아들이 청산금고지서를 소지하 게 된 사안($^{91다44872}_{판결}$), ③ 채권자가 채무자에 대한 채권을 제3자에게 양도 한다는 내용으로 작성된 채권양도서에 채무자가 입회인으로 서명날인한 사안($^{92다4796}_{판결}$), ④ 소유권이전등기청구권의 소멸시효기간이 지난 후에 등기 의무자가 소유권이전등기를 해 주기로 약정한 사안($^{93다12824}_{판결}$), ⑤ 소멸시효 가 완성된 채무를 피담보채무로 하는 근저당권이 실행되어 채무자 소유 의 부동산이 경락되고 그 대금이 배당되어 채무의 일부 변제에 충당될 때까지 채무자가 아무런 이의를 제기하지 아니하였고, 경매절차의 진행을 알지 못하였다는 사정도 보이지 않는 사안($^{2001다3580}_{판결}$) 등 시효 이익 포기의 의사로 행하여진 것으로 평가할 수 있는 사안에서는 시효 이익의 포기를 인정하였다.

(2) 무엇보다 대법원은 시효 이익의 포기를 인정하지 않은 대부분의 사안들에서 채무자의 반증을 인정하여 '채무자가 시효 완성 사실을 알고

이를 포기한 것으로 추정되나, 제반 사정들을 종합하면 채무자가 시효
완성사실을 알지 못한 채 채무승인을 한 사실이 인정되므로, 채무자가
시효 이익을 포기한 것으로 볼 수 없다'의 논리로 접근하지 않고 있다.
즉, 시효 이익의 포기가 인정되지 아니한 사안에서 대법원은 '제반 사정
을 종합하여 채무자가 시효 이익을 포기하는 의사를 인정하기 어렵다'는
판단으로 곧바로 나아간다. 이러한 점에 비추어 보면, 대법원은 이른바
'의사표시 추정 이론'을 소멸시효 이익의 포기를 인정한 사례에서 그 결
론을 뒷받침하는 하나의 논거로 활용하고 있다고 평가할 수는 있으나,
소멸시효 완성 이후 관념의 통지에 불과한 채무승인이 있어서 시효이익
포기의 효과의사를 인정할 수 없는 사안에까지 폭넓게 '의사표시 추정 이
론'을 활용하고 있지는 않다고 평가할 수 있다.

나. 소멸시효 중단사유로서의 승인과 시효 이익의 포기 준별의 필요성

(1) 소멸시효 완성의 효과에 관한 어떠한 견해를 취하더라도, 소멸
시효 중단사유로서의 승인과 시효 이익의 포기가 시효 완성사실의 인식
및 효과의사의 요부, 처분권한 등에 있어서 구별되는 개념으로, 특히 소
멸시효 중단사유로서의 승인은 관념의 통지로서 법률에 의하여 그 효과
가 부여되는 준법률행위이고, 시효 이익의 포기는 상대방 있는 단독행위
로서 법률행위라고 설명한다.

시효 완성사실을 알고 있다는 인식의 측면에서 곧장 시효 이익의
포기의사라는 효과의사를 도출해 내기 어려운 점, 시효 이익의 포기 여
부가 법정다툼으로 이어지는 사안 중에는 채무변제 등에 관한 협상과정
에서 당사자 사이에 소멸시효 완성사실에 대해서 공통적인 인식이 있는
경우가 많을 것인데, 이러한 경우를 일률적으로 시효기간 완성 후의 채
무승인으로 시효 이익의 포기로 보아서는 시효 이익의 포기가 인정될 여
지가 지나치게 넓어진다는 점 등을 고려하면, 강학상 양자가 구별되는
개념인 것과 마찬가지의 측면에서 구체적인 사안에 있어서도 이를 명확
히 준별해야 한다고 생각한다.

(2) 대법원 2013. 2. 28. 선고 2011다21556 판결은 소멸시효 중단사

유로서의 승인과 시효 이익의 포기에 관하여 다소 혼란스러웠던 설시에 관한 대법원의 입장을 명확히 한 최초의 판결이다. 즉 원고의 대여금청구에 관하여 피고가 1심에서 상계항변을 하다가 2심에 이르러 비로소 소멸시효 완성의 항변을 한 사안에서 대법원은 "시효 이익을 받을 채무자는 소멸시효가 완성된 후 시효 이익을 포기할 수 있고, 이것은 시효의 완성으로 인한 법적인 이익을 받지 않겠다고 하는 의사표시이다. 그리고 그러한 시효 이익 포기의 의사표시가 존재하는지 여부의 판단은 그 표시된 행위 내지 의사표시의 내용과 동기 및 경위, 당사자가 그 의사표시 등에 의하여 달성하려고 하는 목적과 진정한 의도 등을 종합적으로 고찰하여 사회정의와 형평의 이념에 맞도록 논리와 경험의 법칙, 그리고 사회일반의 상식에 따라 객관적이고 합리적으로 이루어져야 한다."라고 전제한 다음 "소멸시효 중단사유로서의 채무승인은 시효 이익을 받는 당사자인 채무자가 소멸시효의 완성으로 채권을 상실하게 될 자에 대하여 상대방의 권리 또는 자신의 채무가 있음을 알고 있다는 뜻을 표시함으로써 성립하는 이른바 관념의 통지로 여기에 어떠한 효과의사가 필요하지 않다. 이에 반하여 시효 완성 후 시효 이익의 포기가 인정되려면 시효 이익을 받는 채무자가 시효의 완성으로 인한 법적인 이익을 받지 않겠다는 효과의사가 필요하기 때문에 시효 완성 후 소멸시효 중단사유에 해당하는 채무의 승인이 있었다 하더라도 그것만으로는 곧바로 소멸시효 이익의 포기라는 의사표시가 있었다고 단정할 수 없다."라고 하여 1심에서의 예비적 상계항변은 소멸시효 이익의 포기라고 볼 수 없다고 판단하였다.[52]

---

52) 위 사건의 원심(서울고등법원 2011. 1. 14. 선고 2010나51842 판결)은 채권이 법정기간의 경과로 인하여 소멸시효로 소멸된다는 것은 보통 일반적으로 아는 것이라고 인정할 수 있는 것이므로 채무자가 시효 완성 후에 채무의 승인을 한때에는 일응 시효 완성의 사실을 알고 그 이익을 포기한 것이라고 추정할 수 있다는 종전의 대법원 판례를 인용한 후, 피고는 이 사건 제1심 소송계속 중인 2010. 1. 7.자 답변서를 통하여 원고의 이 사건 대여금 채권의 존재를 입증하는 서증에 대하여 그 진정성립을 인정한 후, 이 사건 사업과 관련된 피고의 원고에 대한 반대채권이 존재한다고 하면서 상계항변을 하였음은 기록상 명백하므로, 피고는 소멸시

즉 위 판결은 소멸시효의 포기는 소멸시효 중단사유로서의 승인과 달리 시효의 완성으로 인한 법적인 이익을 받지 않겠다는 효과의사가 필요하므로, 시효 완성 후 소멸시효 중단사유로서의 승인이 있다고 하더라도, 제반사정을 종합하여 그러한 효과의사가 인정되지 않는 이상 이를 곧장 시효 이익의 포기라고 볼 수 없다고 판시함으로써 소멸시효 중단사유로서의 승인과 시효 이익의 포기를 준별한 최초의 판결이고, 대상판결에서도 위 판시를 그대로 인용하고 있다.

(3) 한편, 궁극적으로는 시효 이익의 포기사유로서 채무승인 유형을 따로 상정할 필요가 없다고 생각한다. 민법은 소멸시효 중단사유로 채무승인을 들고 있는 반면, 시효 이익의 포기에 관하여는 이를 미리 포기하지 못한다는 조문 외에는 그 사유에 관하여 따로 규정하고 있는 것이 없다. 따라서 소멸시효 이익의 포기에 관하여는, 소멸시효 기간이 완성되어 채무자가 시효원용권을 행사할 수 있음에도 이를 포기함으로써 시효원용을 하지 아니하겠다는 의사표시를 인정할 수 있는지 여부를 검토하면 충분하고, 소멸시효 완성 전에 있었다면 중단사유에 해당하는 채무승인이 실제로는 소멸시효 완성 후에 있을 경우의 효과에 관하여 복잡하게 논의할 필요가 없다.

다. '효과의사'의 인정기준

(1) 그렇다면 소멸시효 완성 후 채무자의 어떠한 행위가 있을 때 시효 이익 포기의 효과의사를 인정할 수 있을지의 문제가 생긴다.[53]

결국 구체적 사안의 내용에 따라 달리 판단할 수밖에 없을 것이나, ① 채무자가 채무의 존재, 액수 등을 명확히 인식하고 있는지, ② 소멸시효의 완성사실을 인식하고 있는지, ③ 채무자의 행위가 채무 면제, 분쟁의 간소한 해결 등을 위한 부득이한 사정에 의한 것이 아닌지, ④ 채무

효 완성 후 채무를 승인하여 시효 이익을 포기하였다고 판단하였다.

53) 채무승인행위를 구체적 태양별로 분석할 때 소멸시효의 중단이 되는 채무승인행위와 소멸시효 이익의 포기가 되는 채무승인행위를 구분하기 어렵다는 견해로, 이창현, 앞의 논문, 308-309면.

이행의 의사가 구체적이고도 확정적인지 여부 등을 고려하여야 할 것이다. 또한 소멸시효는 시간의 경과로 인하여 생기는 법률관계의 불명확성에 대처하기 위해 대륙법계·영미법계를 불문하고 역사적으로 마련된 제도[54]로 법적 안정성을 보호하는 한편, 채권자가 권리를 행사하지 않을 것으로 생각한 채무자의 신뢰 역시 보호하는 제도라는 점을 고려할 때, 일단 법률에서 정한 소멸시효기간이 경과한 이상 그 시효 이익의 포기의사는 엄격하게 판단하여야 한다고 생각한다.

(2) 물론 '효과의사'라는 것이 채무자의 인식이나 내심의 의사에 기반하고 있어 구체적인 사안에서 이를 가려내는 것이 쉽지만은 않을 것이지만, 위 기준에 따라 판례 사안을 분류하여 보면, 대체로 대법원이 내린 판단과 동일한 결론에 이를 수 있다.

즉, 앞서 보았듯이 시효 이익의 포기로 인정되지 아니한 사안은, ① 분쟁의 간소한 해결 등을 위한 부득이한 사정에서 이루어진 합의안의 제시 등으로 채무자의 자의에 의한 것으로 볼 수 없는 사안(2006다59953 판결, 2008다25299 판결 등), ② 제소기간 연장에 동의하였거나(86다카2107 판결) '지금 형편이 어려우니 다음에 보자' 정도의 말을 하였거나(2014다206990 판결), 채무자가 같은 채권자에게 수 개의 채무를 부담하고 있던 중 특정 채무만을 변제한 경우 독립성 있는 나머지 채무에 대한 경우(93다14936 판결, 2013다64793 판결 등) 등 채무자의 해당 채무에 대한 이행 의사가 구체적이거나 확정적으로 볼 수 없는 사안, ③ 채무자가 채무의 존재 및 액수에 대하여 인식하고서 그 일부를 변제한 것이라고 보기 어려운 사안(2011다52031 판결 등) 등이다.

또한 시효 이익의 포기가 인정된 사안은, 채무의 이행의사를 명확히 밝히면서 다만 변제기의 유예만을 요청하거나(65다2133 판결, 66다2173 판결 등), 소유권이전등기청구권의 소멸시효기간이 경과한 후 다시 소유권이전등기를 해주기로 약정(93다12824 판결)하는 등 채무자가 채무액 등 채무의 존재에 관하여 명확하게 인식하면서 채무이행의 의사를 확정적으로 표시한 것으로 볼 수 있고,

54) 양창수, 앞의 논문(주 15), 59면 참조.

잔존 채무의 존재 및 액수에 대하여 인식하면서 이미 일부 변제에까지 나아간 사안(2001다3580 판결, 2011다52031 판결 등) 등으로 파악할 수 있다.

5. 대상판결에 대한 검토
가. 소멸시효 중단사유로서의 승인과 시효이익의 포기의 준별

　대상판결은 소멸시효 중단사유로서의 승인과 시효이익의 포기의 구별과 시효 이익 포기의 의사표시가 존재하는지를 판단하는 방법에 관한 대법원 2013. 2. 28. 선고 2011다21556 판결의 법리를 확인하였다. 이로써 1심 및 원심이 모두 '의사표시 추정 이론'에 기초하여 개인회생채권자목록의 제출을 시효 완성 후의 채무승인으로서 시효 이익의 포기로 판단한 것과 달리 통상 채무자는 강제집행을 중지시키거나 일정 기간 담보권 실행을 못하게 하는 한편 변제계획에 따른 변제를 완료하여 궁극적으로 채무에 대한 면책을 받으려는 목적으로 개인회생절차를 밟게 되는 점 등과 같은 개별 사안의 특성에 비추어 볼 때, 소외인이 개인회생신청을 하면서 채권자목록에 소멸시효기간이 완성된 피고의 근저당권부 채권을 기재하였다고 하여 그 시효 이익을 포기하려는 효과의사까지 있었다고 보기는 어렵다고 판단하였다.

　대상판결 이후 선고된 대법원 2018. 2. 13. 선고 2017다265556 판결에서는 파산 및 면책 신청에 필요한 '부채증명서 발급 신청행위'가 소멸시효 중단사유로서의 승인에 해당하는지 여부가 문제되었고, 위 사건의 원심은 파산 및 면책 신청을 하려는 채무자가 금융기관으로부터 부채증명서를 발급받는 목적은 궁극적으로 해당 금융기관에 대한 채무를 면하려는 데 있는 점 등을 들어 소멸시효 중단의 효력을 부정하였는데, 대법원은 이에 대해 소멸시효 중단사유로서 승인으로 인정하였다. 개인회생(대상판결)이나 파산 및 면책 신청(위 2017다265556 판결)은 모두 궁극적으로 채무 면책에 그 목적이 있어 유사하다고 볼 수 있음에도 불구하고 대법원은 이와 같이 다른 결론을 내리고 있는바, 관념의 통지에 해당하는 채무승인과 법률행위로서 효과의사가 필요한 시효 이익의 포기가 구체적 사안에

서 구별된다는 점을 분명히 알 수 있다.[55]

　한편 앞서 제시한 시효 이익 포기의 효과의사 인정 여부에 관한 일응의 기준을 대상판결에 대입하여 보더라도, 채무자가 개인회생절차개시의 신청을 할 때 개인회생채권자목록을 제출하여야 하고(^{채무자회생법}_{제589조}), 개인회생절차개시결정의 효력은 채권자목록에 기재된 채권에 한하여 미치므로, 개인회생절차개시 신청에서의 채권자목록 제출이 비록 시효중단사유인 승인으로 평가될 여지는 있더라도, 이를 채무자가 자의에 따라 이를 변제하겠다는 의사에서 비롯된 것으로 볼 수는 없다는 점에서 역시 효과의사를 인정하기 어렵다는 동일한 결론에 이른다.

나. '의사표시 추정 이론' 유지 여부 확인

　위 2011다21556 판결에서 최초로 설시된 "시효 완성 후 시효 이익의 포기가 인정되려면 시효 이익을 받는 채무자가 시효의 완성으로 인한 법적인 이익을 받지 않겠다는 효과의사가 필요하기 때문에 시효 완성 후 소멸시효 중단사유에 해당하는 채무의 승인이 있었다 하더라도 그것만으로는 곧바로 소멸시효 이익의 포기라는 의사표시가 있었다고 단정할 수 없다."라는 판시는 채무자가 시효 완성 후에 채무의 승인을 한때에는 일응 시효 완성의 사실을 알고 그 이익을 포기한 것이라고 추정한다는 종래의 '의사표시 추정 이론'과 배치되는 것으로 해석할 수도 있다.

　그러나 앞서 보았듯이 ① '의사표시 추정 이론'은 시효 완성사실에 대한 '인식'에 초점을 맞추고 있으므로 '효과의사'의 측면에서는 달리 평가가 가능한 점, ② 앞서 보았듯이 종래의 판결 중에도 소멸시효 완성후 채무승인으로 평가할 수 있는 사안들에서 시효 이익의 포기를 부정한 사례들이 다수 존재하는 점, ③ 위와 같은 '의사표시 추정 이론'이 적용

---

55) 또한 채무자가 소멸시효 완성 전 채권자에게 소멸시효 완성 여부가 쟁점이 된 물품대금내역이 포함된 잔액확인통지서를 작성·교부한 것이 소멸시효 중단사유로서의 승인에 해당한다는 판례(2006다22852, 22869 판결)와 채무자가 소멸시효 완성 후 채권자에게 '채권자, 채무자 등이 계산을 하고서도 채권자 앞으로 더 주어야 할 돈 63,000,000원'이라고 기재되어 있는 장부를 교부한 것만으로는 시효이익의 포기로 보기 어렵다는 판례(2017다277801 판결)를 비교하여 보더라도 그러하다.

되어 시효 이익의 포기가 인정된 사례들은 그 구체적인 사실관계에 있어 '효과의사'가 포함된 것으로 평가될 수 있는 사안들이라는 점 등에 비추어 보면, 위와 같은 판시가 종래의 '의사표시 추정 이론'과 반드시 배치되는 것이라고 평가할 수는 없다.[56] '의사표시 추정 이론'의 정당성에 관한 논의는 별론으로 하고(앞서 본 것과 같이 이와 같은 추정은 합리적이라고 볼 수 없다), 대법원이 이와 같은 추정 이론을 유지하고 있는 이상, 시효 완성사실을 알고 있다는 것은 앞서 본 것과 같이 시효 완성의 이익을 받지 않겠다는 효과의사를 인정할 수 있는 하나의 지표에 해당한다는 측면에서 '의사표시 추정 이론'이 제한적으로나마 여전히 의미를 가진다고 볼 수 있다.

대상판결은 "채무자가 소멸시효 완성 후 채무를 일부 변제한 때에는 그 액수에 관하여 다툼이 없는 한 그 채무 전체를 묵시적으로 승인한 것으로 보아야 하고, 이 경우 시효 완성의 사실을 알고 그 이익을 포기한 것으로 추정되므로, 소멸시효가 완성된 채무를 피담보채무로 하는 근저당권이 실행되어 채무자 소유의 부동산이 경락되고 그 대금이 배당되어 채무의 일부 변제에 충당될 때까지 채무자가 아무런 이의를 제기하지 아니하였다면, 경매절차의 진행을 채무자가 알지 못하였다는 등 다른 특별한 사정이 없는 한, 채무자는 시효 완성의 사실을 알고 그 채무를 묵시적으로 승인하여 시효의 이익을 포기한 것으로 볼 수 있기는 하다."라고 판시함으로써 대법원이 '의사표시 추정 이론'을 유지하고 있다는 점을 명확히 하였다.

다. 대상판결의 타당성

소멸시효 중단사유로서의 승인과 시효 이익의 포기와의 관계에 대한

---

56) 위 2011다21556 판결이 종래의 '의사표시 추정 이론'의 일부 내용을 변경하는 듯한 판시에 해당하지만, '의사표시 추정 이론'에 근거한 판례들을 변경 또는 폐기한다는 점에 관한 명시적인 언급이 없고, 위 판결 이후에 선고된 대법원 판례 중에도 '의사표시 추정 이론'에 기한 입장을 유지하고 있는 것이 있어 대법원이 기존의 '의사표시 추정 이론'에 기초한 대법원 판례들을 변경 또는 폐기한 것으로 볼 수는 없다는 것에 우성엽, 앞의 논문, 187면 참조.

종래 판례의 태도에 대해 승인의 시점을 제외하고는 그 구별이 어렵다거
나, 판례가 이를 혼동하고 있다는 지적이 있었는데, 대상판결은 양자가
그 법적 성질, 요건, 당사자 및 효과 등의 측면에서 준별되는 개념이라는
점을 명확히 하고, 이들을 구별하는 것이 '의사표시 추정 이론'과 배치되
는 것이 아니라는 점을 분명히 하였다.

이른바 '의사표시 추정 이론'은 타당하다고 볼 수 없고, 시효이익 포
기 여부가 문제될 경우 시효이익 포기사유로서의 채무승인이라는 유형을
따로 상정할 필요가 없이 곧장 채무자에게 시효 이익 포기의 효과의사가
인정되는지를 판단하면 충분하다. 그러나 대법원이 여전히 '의사표시 추
정 이론'을 유지하고 있는 상황에서는, 소멸시효 중단사유로서의 승인과
시효이익의 포기를 '효과의사'의 측면에서 구별하는 태도를 명확히 한 대
상판결의 판시와 결론이 타당하다고 본다.

Ⅳ. 결   론

대상판결은 시효 이익의 포기와 소멸시효 중단사유로서의 채무승인
을 준별하면서 개인회생신청을 하면서 채권자목록에 소멸시효기간이 완
성된 피고의 근저당권부 채권을 기재하였다고 하여 그 시효 이익을 포기
하려는 효과의사까지 있었다고 보기는 어렵다고 판단하였다. 기존 판례
는 시효 이익의 포기와 소멸시효 중단사유로서의 승인을 명확히 구별하
지 않고 있는 것으로 해석할 수 있는 판시를 하여 왔지만, 구체적인 사
안의 결론에 비추어 보면 이를 비교적 명확히 구별하는 결론을 내리고
있다고 평가할 수 있다. 따라서 대상판결은 이들이 준별된다는 점을 법
리로서 선언하고 있다는 점에서 타당하다고 할 것이다. 한편 대상판결은
'의사표시 추정 이론'도 여전히 유효하다는 점을 밝히고 있는데, 이러한
추정은 타당하다고 볼 수 없고, 이러한 추정의 입장을 유지한다고 하더
라도 시효 이익의 포기로 인정할 수 있는 효과의사가 인정되는 사안에서
이를 뒷받침하는 논거로 사용하는 정도의 제한적인 의미만이 있다고 보
아야 한다.

[Abstract]

The waiver of right to extinctive prescription and an acknowledgment of the debt

Choi, Yoon Young*

The judgment of the Supreme Court of Korea in this paper clearly distinguishes between a debtor's waiver of his/her right to extinctive prescription and an acknowledgment of the debt as a reason for the interruption of extinctive prescription offering from whether there was a willingness to give up the legal benefits of the completion of extinctive prescription. The judgment states that the debtor did not have an intention to give up the benefit of the completion of extinctive prescription just because the bond with the mortgage rights of the defendant was recorded on the bond list in individual revitalization procedure after the completion of extinctive prescription.

Supreme Court of Korea precedents have taken an attitude that virtually does not distinguish between the two by presuming that a debtor's acknowledgment of the debt after the completion of extinctive prescription can be assumed to have given up on its profits(so-called 'Expression Estimation Theory'). However, in the light of the conclusions on the specific issues, they can be assessed that the conclusions have been drawn that distinguish them relatively clearly.

Therefore, the judgment of the Supreme Court of Korea in this paper would be rational because it declares that they are classified as a legal principle. Meanwhile, this judgment indicates that the 'Expression Estimation Theory' is still valid, which cannot be considered reasonable, and that even

---

* Judge, Daejeon District Court.

if the position of this estimate is maintained, there is only limited meaning to be used as a rationale for the issue in which the debtor's waiver of his/her right to extinctive prescription is recognized.

[Key word]

- completion of extinctive prescription
- debtor's waiver of his/her right of extinctive prescription
- interruption of extinctive prescription
- acknowledgment of the debt

참고문헌

[단 행 본]

고상룡, 민법총칙 제3판, 법문사, 2003.
곽윤직 · 김재형, 민법총칙 제9판, 박영사, 2013.
곽윤직 편집대표, 민법주해[Ⅲ] 총칙(3), 박영사, 1992.
김용담 편집대표, 주석민법 총칙(3) 제4판, 한국사법행정학회, 2010.
윤진수, 민법논고 Ⅱ (재산법2), 박영사, 2008.

[논   문]

강일원, "근저당권의 실행과 시효 이익의 포기", 대법원판례해설: 재판연구관
       세미나 자료(통권 제36호), 2001.
권영준, "소멸시효와 신의칙", 재산법연구 제26권 제1호, 법문사, 2009.
노재호, "소멸시효의 원용−원용권자의 범위와 원용권자 상호간의 관계를 중
       심으로−", 사법논집 제52집, 법원도서관, 2011.
백경일, "합의안의 제시와 채무의 승인−대법원 2008. 7. 24. 선고 2008다
       25299 판결", 민사법학 제47권, 한국민사법학회, 2009.
양창수, "사비니의 소멸시효론", 민법산책, 박영사, 2007.
양창수, "소멸시효 완성의 효과", 고시계 제39권 제9호, 1994. 9.
양창수, "시효 이익의 포기와 보증관계", 민법연구 제3권, 박영사, 2006.
우성엽, "소멸시효 완성 후 채무를 승인한 경우 시효 이익의 포기 여부", 재
       판과 판례 제23집, 대구판례연구회, 2015.
위계찬, "소멸시효 이익의 포기의 상대효 제한−대법원 2015. 6. 11. 선고
       2015다200227 판결을 중심으로−", 비교사법 제23권 제3호, 한국비교
       사법학회, 2016.
윤진수, "김증한 교수의 소멸시효론", 민사법학 제69권, 한국민사법학회,
       2014.
이정민, "소멸시효 이익의 포기와 소멸시효 중단사유로서 소송고지", 민사판
       례연구 제32권, 박영사, 2010.

이창현, "채무자의 채무승인이 소멸시효에 미치는 영향에 대한 연구", 민사법
학 제73호, 한국민사법학회, 2015.
장두영, "채무자의 소멸시효 이익 포기 후 법률관계를 형성한 제3취득자의
지위", 민사판례연구 제39권, 박영사, 2017.
정진아, "소멸시효 이익 포기 후의 제3취득자 – 대법원 2015. 6. 11. 선고
2015다200227 판결(공2015하, 976) – ", 사법연수원 교수논문집 제14집,
사법연수원, 2017.

[신문자료]
양창수, "채무자의 시효 이익의 포기는 그 후의 저당부동산 제3취득자에 대
하여도 효력이 미치는가?", 법률신문 제4338호(2015. 7. 27.).

사실상 도로에 관한 소유권의 원만한 실현
-신의칙에 기초한 「배타적 사용수익권의 포기」 법리를 중심으로-

허 민*

■요 지■━━━━━━━━━━━━━━━━━━━━━━━━━

1960년대 이후 도시화, 산업화가 급격히 진행되면서 전국적으로 도로개설사업, 단지분할형 택지조성사업 등이 활발히 이루어졌고, 그 과정에서 사실상 도로로 이용되는 토지의 소유자와 그 점유자(또는 이용자)가 분리되는 현상이 다수 발생하였다. 사실상 도로의 공적재화로서의 속성을 고려하면 해당 토지에 관한 소유자의 사권(私權) 행사에 일정한 제한을 둘 필요가 있음을 부정할 수는 없으나, 물권법정주의와 소유권의 본질적 속성은 그 권리행사의 제한에 있어 명확한 법리적 근거와 합리적인 기준을 요구한다.

대법원은 1970년대 이래 사실상 도로에 관한 소유와 점유(또는 이용)의 분리현상을 해결하기 위한 독자적 법리로서 "배타적 사용수익권의 포기에 관한 법리"를 창출, 발전시켜 왔다. 대상법리에 의하면, 토지소유자가 사실상 도로에 관한 배타적 사용수익권을 포기한 것으로 평가될 경우 토지소유자의 토지점유자(또는 토지이용자)에 대한 부당이득반환청구 또는 물권적 반환청구 등은 허용되지 않는다. 대법원의 이러한 입장은 토지의 공적재화로서의 속성, 국가나 지방자치단체의 재정적 부담, 토지소유자에 대한 재산권 행사의 제약 정도와 그로 인하여 달성되는 공공이익 사이의 비교형량 등 여러 현실적 사정을 고려한 것으로 평가된다. 그러나 이에 대하여는 물권법정주의

---

* 서울중앙지방법원 판사.

와 소유권의 본질적 속성에 반한다는 비판이 꾸준히 제기되어 왔고, 대법원은 2009년 이래로 배타적 사용수익권의 포기가 채권적 효력을 지닌다는 점을 명확히 함으로써 위와 같은 비판론을 극복하려 하고 있다. 대상판결은 그와 같은 최근 대법원 판결들의 연장선상에 서 있는 것으로 보인다. 한편, 대법원은 2013년에는 대상법리의 이론적 근거로 신의성실의 원칙을 명시하기도 하였다.

대상법리의 이론적 근거와 관련하여 물권적 권리포기설, 채권적 의미의 사용승낙설 등이 거론되고 있지만, 그 이론적 근거를 신의성실의 원칙으로 보는 경우에만 우리 법체계 하에서의 논리적, 체계적 설명이 가능해진다. 따라서 토지소유자의 신뢰 공여와 그에 대한 토지점유자(또는 토지이용자)의 정당한 신뢰 유무를 기준으로 사실상 도로에 관한 사권(私權) 행사의 한계를 설정하여야 한다. 다만, 일반조항의 보충성을 고려할 때 대상법리를 적용함에 있어서는 신중을 기해야 한다.

본고는 대상법리의 이론적 근거에 대한 분석에서 더 나아가 대상법리의 적용요건, 토지소유자의 자발적 제공의사에 대한 판단기준, 토지소유자 또는 그 특정승계인의 사권(私權) 행사 가부, 각종 분쟁상황에 대한 문제해결방식 등에 관하여 대법원 판결 사례를 위주로 유형적 접근을 함으로써, 대상법리의 실무적 운용방안에 대하여 검토하였다.

[주 제 어]
• 배타적 사용수익권의 포기
• 토지소유자의 사권(私權)
• 사실상 도로
• 물권법정주의
• 신의성실의 원칙

대상판결 : 대법원 2017. 6. 19. 선고 2017다211528, 211535 판결
[공2017하, 1531]

[사안의 개요]¹⁾

1. 사실관계

가. X(전 소유자)는 1968. 12. 5.
전남 곡성군 ○○읍 ○○리 441
토지²⁾를 매수하여 1969. 1. 27. 그
소유권이전등기를 마쳤다.

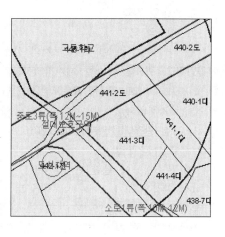

나. B(지방자치단체, 본소피고
겸 반소원고)는 1971년경 위 ○○
리 441 토지에 접한 좁은 길을 확
장하여 도로를 개설하였는데, 도로
개설부지에 해당하는 이 사건 토
지³⁾는 1971. 8. 24.경 위 모토지에
서 분할되었고 그 지목은 '전'에서
'도로'로 변경되었다.

다. B는 1971년경부터 현재까지⁴⁾ 이 사건 토지를 점유·관리하면서, 이
를 차량통행 및 공중의 보행을 위한 도로⁵⁾로 제공하여 왔다. 또한, B의 비과
세지성 신고보(非課稅地成申告譜, 이는 과세하지 않게 된 토지가 열거된 장
부이다)에는 1971. 6. 24.경 이 사건 토지가 기재되었고, 그 무렵부터 위 토

---

1) 실제 사안에서는 B의 A에 대한 부당이득반환범위도 쟁점으로 다루어졌으나, 본고
   의 논의에 필요한 범위 내에서 사실관계를 단순화하였다.
2) 판례공보에 공개된 범위 내에서 토지를 특정하되, 논의의 편의를 위하여 지번도
   함께 표시하였다. 모토지(母土地)인 전남 곡성군 ○○읍 ○○리 441 토지로부터
   전남 곡성군 ○○읍 ○○리 441-1 대 314㎡, 같은 리 441-2 도로 271㎡(이 사건
   토지), 같은 리 441-3 대 452㎡, 같은 리 441-4 대 209㎡, 같은 리 441-5 도로 7㎡의
   5필지 토지가 직접 또는 순차적으로 분할되었다.
3) 전남 곡성군 ○○읍 ○○리 441-2 도로 271㎡이다.
4) 사실심 변론종결일은 2016. 12. 23.이다.
5) 대상판결에 나타난 사실관계만으로는 명확치 않으나 B가 법률에 정한 도로개설
   절차에 따라 이 사건 토지에 도로를 개설한 것으로 보이지는 않는다. 이 사건 토
   지는 지방자치단체에 의하여 개설된 사실상 도로에 해당하는 것으로 보이는바, 사
   실상 도로의 개념에 관하여는 후술한다.

지에 관한 지세가 부과되지 않았다.

라. 그 후 A(X의 상속인, 본소원고 겸 반소피고)는 X가 사망함에 따라 2012. 4. 19. 이 사건 토지에 관하여 2010. 10. 31.자 협의분할에 의한 상속을 원인으로 하는 소유권이전등기를 마쳤다.

2. 소송의 경과
가. 청구의 요지

A는 B를 상대로 이 사건 토지의 점유·사용으로 인한 차임 상당의 부당이득반환을 구하는 본소를 제기하였고, B는 A를 상대로 이 사건 토지에 관하여 1991. 8. 24. 취득시효 완성을 원인으로 한 소유권이전등기를 구하는 반소를 제기하였다.

나. 1심 판결(서울남부지방법원 2016. 8. 11. 선고 2015가단228724, 2016가단 214197 판결)

(1) 본소청구에 관한 판단: 인용

1심 판결은, B가 A에게 이 사건 토지의 점유·사용으로 인한 차임 상당의 부당이득을 반환할 의무가 있다고 판단하였다. 이에 대하여 B는, 망인인 X가 1971년경 이 사건 토지가 도로로 개설될 당시 이의를 제기하거나 보상을 요구한 적이 없었을 뿐만 아니라 그로부터 약 40년 간 아무런 이의를 제기한 적이 없었으므로 X는 이 사건 토지에 관한 독점적이고 배타적인 사용수익권을 포기하였다고 할 것이고, 그로부터 상속을 원인으로 하여 이 사건 토지를 승계취득한 A는 부당이득반환청구를 할 수 없다고 주장하였다. 그러나 1심 판결은 그와 같은 사실을 인정할 증거가 없을 뿐만 아니라, 설령 그렇다 하더라도 그러한 사정만으로 X가 이 사건 토지에 관한 배타적 사용수익권을 포기하였다고 볼 수 없다는 취지로 B의 주장을 배척하였다.

(2) 반소청구에 관한 판단: 기각

B는 1971. 8. 24. 이 사건 토지에 도로를 개설함으로써 자주점유의 의사로 위 토지에 관한 점유를 개시하였고 위 점유개시일로부터 20년이 경과한 1991. 8. 24. 점유취득시효가 완성되었다는 취지로 주장하였다. 1심 판결은, B가 소유권 취득의 법률 요건 없이 그러한 사정을 알면서 이 사건 토지를 무단 점유한 것으로 보이므로 자주점유의 추정이 깨어졌다는 이유로 B의 주장을 배척하였다.

다. 원심 판결(서울남부지방법원 2017. 1. 20. 선고 2016나58657, 2016나 58664 판결): 항소기각

B가 1심 판결에 항소하였으나, 원심 판결은 이 사건 토지가 1971. 6. 24.경 비과세지성으로 신고되었고 그 무렵부터 지세가 부과되지 않은 사실을 인정하면서도 그러한 사정만으로는 X가 이 사건 토지에 관한 독점적이고 배타적인 사용수익권을 포기하였다고 인정하기에 부족하다는 이유로 B의 항소를 기각하였다.

3. 대상판결의 요지: 상고기각

소유자가 소유권의 핵심적 권능에 속하는 사용수익의 권능을 대세적으로 포기하는 것은 특별한 사정이 없는 한 허용되지 않는다. 이를 허용하면 결국 처분권능만이 남는 새로운 유형의 소유권을 창출하는 것이어서 민법이 정한 물권법정주의에 반하기 때문이다(대법원 2009. 3. 26. 선고 2009다228, 235 판결 등 참조). 따라서 사유지가 일반 공중의 교통을 위한 도로로 사용되고 있는 경우, 토지소유자가 스스로 토지의 일부를 도로부지로 무상 제공하더라도 특별한 사정이 없는 한 이는 대세적으로 사용수익권을 포기한 것이라기보다는 토지소유자가 도로부지로 무상 제공받은 사람들에 대한 관계에서 채권적으로 사용수익권을 포기하거나 일시적으로 소유권을 행사하지 않겠다고 양해한 것이라고 보아야 한다.

이때 토지소유자가 사용수익권을 포기한 것으로 의사해석을 하는 데에는, 그가 토지를 소유하게 된 경위와 보유기간, 나머지 토지들을 분할하여 매도한 경위와 그 규모, 도로로 사용되는 토지 부분의 위치나 성상, 인근 토지들과의 관계, 주위 환경 등 여러 사정과 아울러 분할 매도된 나머지 토지들의 효과적인 사용수익을 위하여 그 토지가 기여하고 있는 정도 등을 종합적으로 고찰하여 신중하게 판단하여야 한다(대법원 2006. 5. 12. 선고 2005다 31736 판결 등 참조).

(중략) 원심은, 이 사건 토지에 대하여 위와 같이 비과세지성 신고가 되어 지세가 부과되지 않은 점을 비롯하여 B의 주장 사유만으로는 X가 이 사건 토지에 관하여 배타적 사용수익권을 포기하였다고 볼 수 없다고 판단하였다.

앞에서 본 법리와 기록에 나타난 사실관계, 특히 이 사건 토지에 대하여 X가 비과세지성 신고를 하였다고 볼 자료는 없는 점 등에 비추어 살펴보면, 원심판결 이유에 부적절한 점이 있으나 원심의 결론은 수긍할 수 있다. 원심

의 판단에 상고이유 주장과 같이 필요한 심리를 다하지 않은 채 논리와 경험칙에 반하여 자유심증주의의 한계를 벗어나거나 사용수익권 포기에 관한 법리를 오해한 잘못이 없다.

〔研 究〕

I. 서 론

1. 논의의 배경

우리 국토는 동고서저(東高西低)의 산악형 지형으로서 그 중 대부분은 임야, 농경지 등으로 구성되어 있고,[6] 국민의 상당수는 저지대의 좁은 주거지역에 밀집된 상태로 거주하고 있다.[7] 이러한 현실로 인하여 토지는 사적재화로서의 속성뿐만 아니라 공적재화로서의 속성도 함께 가지게 되고, 특히 당해 토지가 일반 공중에게 통행로로 제공된 경우 그 공적·사회적 속성은 더욱 강화된다고 할 것이다.

1960년대 이후 도시화·산업화가 급격하게 진행되면서 전국적으로 도로개설사업, 단지분할형 택지조성사업[8] 등이 활발히 이루어졌다. 그 과정에서 행정주체가 공법상 손실보상 등의 절차를 거치지 않은 채 사유지에 도로를 개설하거나 택지개발사업자가 개발사업 완료 후에도 택지 내 통행로[9]의 소유권을 계속해서 보유하는 사례가 적지 않게 발생하였고, 그로 인하여 도로에 관한 소유와 점유(또는 이용)의 분리현상이 야기되었다. 우리 민법은 '소유권의 한계'라는 제목으로 주위토지통행권($_{제219조}^{민법}$)과

---

6) 2018년 지적통계연보(2017. 12. 31.기준)에 의하면, 우리 국토의 지적공부 등록면적은 100,364㎢이고, 그 중 지목이 임야로 등록된 면적은 63,834㎢(약 63.6%), 답으로 등록된 면적은 11,282㎢(약 11.2%), 전으로 등록된 면적은 7,611㎢(약 7.6%)로서, 그 면적 합계는 전체 국토 면적 대비 약 82.4%이다.

7) 통계청의 2015년도 조사기준에 의하면 우리나라의 인구수는 약 5,101만 명이고, 전체 인구밀도는 509.2명/㎢이다. 도시지역의 거주밀도는 이를 훨씬 상회할 것으로 예상된다.

8) 일단의 토지를 택지로 개발한 뒤 이를 여러 필지로 분할하여 매도하는 방식의 택지조성사업이다.

9) 당해 통행로가 택지 내에서 공로로 통하는 유일한 통행로인 경우가 적지 않다.

무상통행권(민법 제220조) 등 상린관계에 관한 규정을 둠으로써 관련된 분쟁을 해결하려 하고 있으나, 위 규정이 적용될 수 없는 경우 어떠한 법리에 기하여 도로에 관한 소유권의 원만한 실현을 도모할 수 있을지 문제된다.

　　대법원은 1970년대 이후 배타적 사용수익권의 포기에 관한 법리(이하 '대상법리'라 한다)[10]를 발전시킴으로써 사실상 도로에 관한 소유자(특정승계인 포함)의 부당이득반환청구를 일정한 요건 하에 제한하여 오고 있다.[11] 대법원은 사실상 도로의 형성경위와 그 소유현황, 소유자의 재산권 행사 제약의 정도와 그로 인하여 달성되는 공공이익 사이의 비교형량, 국가나 지방자치단체의 재정적 부담, 일반 국민들의 법 감정 등 여러 현실적 사정을 고려하여, 대상법리를 통해 구체적 타당성 있는 결론을 도출하려 한 것으로 보인다. 그러나 이에 대해 소유권의 본질적 속성 또는 물권법정주의 등 우리 민법의 기본 원리와 모순된다는 비판이 지속적으로 제기되어 왔고, 대법원의 2009년 이래 관련 판결들은 이러한 법리적 모순을 극복하려 한 일련의 과정으로 이해된다.[12] 대상판결은 대상법

10) 대법원은 토지소유자의 부당이득반환청구를 배척하는 독자적인 법리를 창출하면서 '토지소유자가 (배타적) 사용수익권을 포기하였다.'는 표현을 관용적으로 사용하고 있는데, '포기(抛棄)'라는 용어는 그 사전적 의미로 인하여 권리자의 권리포기행위를 연상시키는 측면이 있다. 후술하는 바와 같이 본고는 위 법리의 이론적 근거를 신의칙에서 찾고 있으므로, '배타적 사용수익권을 포기하였다.'는 표현보다는 '배타적 사용수익권의 행사가 제한된다.'는 표현이 보다 적절한 표현으로 생각된다. 이와 동일한 견해로 김영훈, "배타적 사용수익권 포기 법리의 법적 성격과 그 적용범위", 민사판례연구 제36권, 박영사(2015), 81면 참조. 그러나 '배타적 사용수익권의 포기'라는 표현은 우리 판례나 문헌에서 굳어진 용례로 보이므로, 논의의 편의상 본고에서도 위와 같은 표현을 사용하기로 한다.

11) 대법원의 일부 판결들은 한 발 더 나아가 물권적 인도청구 등 다른 유형의 분쟁에 대해서도 대상법리를 적용함으로써 소유권의 원만한 실현을 도모하고 있다. 대법원 1995. 7. 28. 선고 95다11115 판결[미간행], 대법원 2013. 11. 14. 선고 2011다63055 판결[미간행] 등은 대상법리를 근거로 들며 사실상 도로에 관한 소유자의 인도청구를 인용한 원심판결을 파기환송하였다. 대법원 2017. 3. 9. 선고 2015다238185 판결[미간행]은 대상법리를 근거로 들며 유지(저수지)에 관한 소유자의 부당이득반환청구를 인용한 원심판결을 파기환송하였다. 대상법리가 물권적 청구에 대하여 적용될 수 있는지는 다음 문단(Ⅴ)에서 상술한다.

12) 종래 대법원 판결들은 대상법리의 이론적 근거를 명확히 밝히지 않았고, 그로 인하여 대상법리가 물권적 권리포기에 관한 법리로 이해되던 때도 있었다. 그러나 대법원 2009. 3. 26. 선고 2009다228, 235 판결[공2009상, 571]은 대상법리가 물권

리에 따른 배타적 사용수익권의 포기가 채권적 효력을 가질 뿐이라는 점을 명확히 함으로써, 대상법리와 민법 체계 사이의 이론적 정합성을 도모한 최근 대법원 판결들과 맥락을 같이 하고 있다. 물권적 권리포기설을 명시적으로 배척한 대법원 판결들이 여러 차례 선고되었음에도 적지 않은 소송당사자가 여전히 대상법리를 물권적 권리포기에 관한 법리로 이해하여 소송상 주장을 전개하고 있는 실무의 현실을 고려할 때, 대상판결은 최근 대법원 판결들의 연장선상에서 대상법리의 법적 성격을 다시 한 번 명확히 선언하였다는 데 의의가 있는 것으로 보인다.

2. 본고의 논의대상

그러나 최근 대법원 판결들에 의하더라도 대상법리와 관련하여서는 여전히 다음과 같은 의문과 실무적 검토과제가 남는다.

① 대법원 2013. 8. 22. 선고 2012다54133 판결은 신의칙을 대상법리의 이론적 근거로 밝혔으나, 이와 달리 대상판결은 신의칙을 명시적으로 언급하지 않고 소유자가 채권적으로 사용수익권을 포기하거나 일시적으로 소유권을 행사하지 않겠다고 양해한 것이라는 취지로 판시하였다. 대법원이 대상법리의 이론적 근거를 일반조항이 아닌 당사자의 채권적 계약관계로부터 도출하려는 입장인지를 검토할 실무적 필요가 있다(이는 특정승계인의 배타적 사용수익권 행사를 제한하는 것이 정당화되는지와 연결되는 쟁점이기도 하다).

② 대법원은 대상법리가 물권적 권리포기에 관한 법리가 아님을 명확히 한 이후에도 특정승계인의 배타적 사용수익권 행사가 제한되는 이론적 근거는 밝히지 않고 있다(대상판결은 특정승계인의 배타적 사용수익권 행사와는 무관한 사안이다).[13] 최근에도 대법원은 토지의 원소유자뿐만

적 권리포기에 관한 법리가 아님을 명확히 하였고, 대법원 2013. 8. 22. 선고 2012다54133 판결[공2013하, 1685]은 대상법리가 신의칙에 기초하고 있음을 명확히 하였다. 권영준, "세밀한 정의를 향한 여정-박병대 대법관의 민사판결 분석-", 법과 정의 그리고 사람: 박병대 대법관 재임기념 문집, 사법발전재단(2017), 70면도 이와 같은 과정으로 대상법리에 대한 이해가 변화하여 왔다고 보고 있다.

아니라 그 특정승계인도 일정한 요건하에 배타적 사용수익권을 행사할 수 없다는 취지의 판결들[14]을 선고하고 있는바, 그 이론적 근거에 관한 추가적인 검토가 필요하다.

③ 위 대법원 2012다54133 판결에서 판시한 바와 같이 대상법리의 이론적 근거를 신의칙으로 볼 경우, 대법원 판결들에 나타난 사실관계의 분석을 통해 신의칙의 구체적 발현형태를 살펴봄으로써 기준의 모호성을 극복할 필요가 있다. 아울러, 사실상 도로의 소유자 및 점유자(또는 이용자)의 지위, 소유자가 행사하는 배타적 사용수익권의 내용, 사실상 도로의 공적·사회적 속성의 정도, 그 대체가능성 등에 따라 사실상 도로를 둘러 싼 분쟁을 유형화함으로써 분쟁의 유형에 따른 문제해결방법을 실무적으로 검토할 필요도 있다.

본고에서는, 논의의 전제가 되는 개념을 개략적으로 검토한 뒤(Ⅱ), 대법원 판례에 의하여 형성된 대상법리의 내용을 개관하고(Ⅲ), 종전의 논의와 최근 대법원 판결들을 통해 대상법리의 이론적 근거, 특히 특정승계인의 배타적 사용수익권 행사가 제한되는 근거가 무엇인지를 살펴보기로 한다(Ⅳ). 또한, 대법원 판결들을 통해 대상법리의 구체적 발현형태를 살펴보고(Ⅲ의 2), 분쟁의 유형별로 대상법리에 의한 문제해결방법을 검토하기로 한다(Ⅴ). 본고는 대상법리를 그 주제로 하고 있는 만큼 소유

---

13) 대법원 2009. 3. 26. 선고 2009다228, 235 판결[공2009상, 571], 대법원 2013. 8. 22. 선고 2012다54133 판결[공2013하, 1685], 대상판결[공2017하, 1531]의 원고는 모두 당해 토지의 '상속인'이었는바 위 각 사안은 특정승계인의 배타적 사용수익권 행사와 무관하다. 대법원 2012. 6. 28. 선고 2010다81049 판결[공2012하, 1294]에서는 당해 토지의 특정승계인도 소송당사자로 포함되었으나, 대법원의 직접적인 판단사항은 사실상 도로의 소유자를 상대로 '배타적 사용수익권의 부존재 확인을 구할 이익'이 있는지 여부에 관한 것이었다.

14) 대법원 2017. 3. 9. 선고 2015다238185 판결[미간행]은, 소유자가 토지를 유지(저수지)로 무상 제공함으로써 주민들이 이를 무상으로 이용하게 된 후에 그와 같은 사용수익의 제한이라는 부담이 있다는 사정을 용인하거나 적어도 이를 인식하고서 소유권을 취득한 특정승계인은 그 토지를 사용하는 제3자를 상대로 부당이득반환청구를 할 수 없다는 취지로 판시하였다. 대법원 2016. 5. 12. 선고 2015다18787 판결[미간행]도 토지의 특정승계인이 그 토지 중 사실상 도로로 이용되는 부분에 관하여 배타적 사용수익권을 행사할 수 없다는 취지의 판결이다.

권적 접근방식을 전제로 문제해결을 도출하되, 통행권적 접근방식에 관한 논의는 필요한 범위 내에서만 한정적으로 서술하였다.[15] 논의의 편의상 주위토지통행권, 무상통행권, 통행지역권 등과 관련된 쟁점은 본고의 논의대상에서 제외하였다.

Ⅱ. 대상법리에서 전제되는 개념

1. 대상법리에서 전제되는 소유권의 개념[16]

소유권 또는 소유에 대한 권리(Recht auf Eigentum)는 법제사적으로 고대 이집트나 메소포타미아[17], 그리스・로마시대로부터도 그 연원을 찾을 수 있고 시대의 변천에 따라 그 개념도 함께 변하여 왔다.[18] 근대 민법에서의 소유권은 다음과 같은 성질을 가진다.[19]

---

15) ① 소유권적 접근방식은 소유자의 영역으로부터 출발하여 소유자의 영역에 속하는 요소들(소유자의 의사표시, 소유권의 범위설정 등)을 근거로 사실상 도로에 대한 소유권을 제한하는 방식이다. 대상법리는 소유권적 접근방식에 기초하고 있다. ② 통행권적 접근방식은 통행인의 영역으로부터 출발하여 사실상 도로를 통행하는 자에게 일정한 권리(용익물권, 계약관계에 기한 통행권, 통행의 자유권 등)를 부여함으로써 소유권을 제약하는 방식이다[권영준, "사실상 도로로 이용되는 사유토지 소유권의 문제", 민사재판의 제문제 제21권, 한국사법행정학회(2012), 331면 참조]. 소유권적 접근방식과 통행권적 접근방식에 관하여 보다 자세한 내용은 권영준(주 15), 331-354면 참조.

16) 해당 문단은 곽윤직(편집대표), 민법주해[Ⅵ], 물권(2) 박영사(1992), 29-30면(김황식 집필부분); 권영준, "배타적 사용수익권 포기 법리에 관한 비판적 검토", 서울대학교 법학 제47권 제4호, 서울대학교 법학연구소(2006), 319-321면; 김상용, "소유권보호에 관한 판례의 태도", 민사판례평석 제1권, 법원사(1995), 134-137면; 김상용, "토지소유권개념의 변천에 관한 법제사적 고찰", 현대민법론; 설암 이광신 박사 화갑기념, 고시원(1982), 254-289면; 임정평, "소유권 개념의 현대적 의의-토지소유권을 중심으로-", 논문집 제14집, 단국대학교(1980), 235-237면에서 필요한 부분을 요약・정리하여 전재한 것이다.

17) 고대 메소포타미아의 합무라비법전은 제42조 내지 제126조의 계약관계조항에서 소유에 관한 권리를 인정하고 있다. 임정평(주 16), 235면 참조.

18) 이러한 측면에 주목하여 소유권은 그 시대의 산물(ein Kind seiner Zeit)이고, 소유권의 개념과 특질은 논리적 범주가 아니라 역사적 범주에 속한다고 보는 견해가 있다. 김상용(주 16, 1982), 256-257면 참조.

19) 근대적 소유권사상이 소유권을 절대적・자연법적 권리로 이해하였다면 현대적 소유권사상은 이를 상대적・실정법적 권리로 이해하는 경향이 있고, 우리 헌법 제23조도 현대적 소유권사상이 반영된 것으로 평가된다. 그러나 현대적 소유권사상

① 소유권은 물건이 가지는 사용가치와 교환가치를 전면적으로 지배할 수 있는 관념적 권리이다(소유권의 관념성, 전면성). ② 소유권은 하나의 단일한 권리로서 그로부터 사용권능, 수익권능, 처분권능 등 개별적 권능이 도출되는 것이고 각 권능이 독립된 권리로서 소유권이란 이름으로 결합되어 있는 것은 아니다(소유권의 혼일성 또는 추상성).[20] ③ 소유권에 대하여 제한물권이 설정된 경우에도 그 제한물권이 소멸하면 다시 전면적 지배권을 회복하게 된다(소유권의 탄력성). ④ 소유권은 존속기간의 제한이 없고, 소멸시효에도 걸리지 않는다(소유권의 항구성).

우리 민법 제211조는 소유권의 내용과 관련하여 "소유자는 법률의 범위 내에서 그 소유물을 사용, 수익, 처분할 권리가 있다."고 규정하고 있고, 이때 '소유물을 사용, 수익, 처분할 권리'는 소유권에서 도출되는 개별적 권능에 불과할 뿐 그 자체를 독립한 권리로 볼 수는 없다(소유권의 혼일성). 따라서 대상법리에서 의미하는 배타적 사용수익권[21] 역시 소유권의 내용을 이루는 권능의 일종으로 보아야 한다.

에 의하더라도 관념성, 전면성, 혼일성, 탄력성, 항구성을 소유권의 본질적 속성으로 인정하는 것이 통설적 견해이다. 현대적 소유권사상에 관한 자세한 내용은 김상용(주 16, 1982), 268-271면; 임정평(주 16), 242-269면 참조.

20) 곽윤직(주 16), 29-30면; 권영준(주 15), 343면; 권영준(주 16), 319-321면; 김상용(주 16, 1982), 257-264면, 271-278면에 의하면, 로마법상의 소유권이 혼일성을 가졌던 것과 달리 게르만법상의 소유권은 처분권능을 내용으로 하는 상위소유권과 사용가치를 파악하는 이용소유권이 결합된 '분할소유권(geteiltes Eigentum)'의 형태를 유지하였다. 이러한 분할소유권은 중세 시대에 영주, 귀족 등 상급소유권(Obereigentum)을 가지는 자가 토지소유권을 통하여 영민, 농노 등 하급소유권(Untereigentum)을 가지는 자를 지배하는 신분구속적 부담부소유권의 성격을 띠게 되었으나(토지소유권의 처분과 상속은 상급소유자들에게만 인정되었다), 개인주의 · 자유주의 이념의 확산에 따라 분할소유권의 개념은 점차 그 모습을 감추게 되었다. 다만, 영미재산법은 오늘날도 분할소유권의 형태를 유지하고 있다고 평가받고 있고[영국은 일찍부터 토지소유권은 국왕에게, 개발권은 사회에게, 이용권은 개인에게 있다는 인식을 갖고 있었고, 1947년의 도시농촌계획법(Town and Country Planning Act)을 통해 토지소유권에서 개발권을 분리하여 그것을 공유화한 바 있다], 우리 저작권법도 저작권을 저작재산권과 저작인격권으로 나누고 이를 다시 각각의 독립적인 권리로 세분화하는 등 일종의 '권리의 다발(bundle of rights)' 개념을 취하고 있다.

21) 대상법리에서 의미하는 배타적 사용수익권의 개념은 다음 문단(Ⅲ)에서 상술한다.

2. 대상법리에서 전제되는 토지소유권의 사회적 구속성[22]

사실상 도로는 이용자의 측면에서는 사실상 공물(公物)의 성격을 가지지만,[23] 소유자의 측면에서는 그 소유물인 토지이다. 토지는 다음과 같은 속성을 가지고 있어 사적 재화인 동시에 공적 재화로서의 성격을 함께 가진다.

① 토지는 인간생존의 기초로서 토지의 필지 하나하나는 개인의 소유물에 속하지만 동시에 토지 전체는 한 국가의 국토를 형성한다. ② 토지는 지상, 지표, 지중, 지하의 4차원적 구조를 가지고, 그 성질에 있어 대체성이 인정되지 않으며, 상접하고 있는 토지 상호간에는 그 이용상의 편의를 제공하는 연대성이 강하다. ③ 토지는 자연적 재화로서 간척 등을 제외하면 인간의 기술과 노력에 의한 재생산이 불가능하며, 양적으로 유한한 재화이다.[24] ④ 인구의 증가 및 과밀화, 도시화·산업화의 급속한 진전이 이루어지면서 토지의 유한성·공공재성에 대한 인식과 함께 토지소유권의 원만한 실현에 대한 공적·사회적 요구가 확산되고 있다.

현대적 소유권사상은 이러한 토지의 속성을 고려하여 토지소유권에 대한 절대적 보장에서 벗어나 그 사회적 구속성(Sozialgebundenheit des Eigentums) 내지 권리내재적 의무를 함께 고려하여야 한다는 입장을 취하고 있다.[25] 우리 헌법 제23조 제1항은 "모든 국민의 재산권은 보장된다. 그 내용과 한계는 법률로 정한다."고 규정함으로써 재산권 행사의 한계를 상정하고 있고, 제23조 제2항은 이를 구체화하여 "재산권의 행사는 공공복리에 적합하도록 하여야 한다."고 규정하고 있다. 우리 민법 또한 신의성실의 원칙, 상린관계에 관한 규정 등을 통해 토지소유권 행사에 대한

---

22) 해당 문단은 김상용(주 16, 1982), 254-289면에서 필요한 부분을 요약·정리하여 전재한 것이다.

23) 권영준(주 15), 326면 참조.

24) 김상용(주 16, 1982), 254-255면 참조.

25) 김상용(주 16, 1982), 269면 참조. 이와 관련하여 오늘날 토지소유권 개념의 재정립(가령, 토지공개념 등)에 관한 주장도 제기되고 있으나, 논의의 편의상 본고의 논의대상에서 제외하였다.

공적 제한의 근거를 마련하고 있다. 의용민법이 소유권을 '법령의 제한 내에서 자유로' 행사할 수 있는 권리라고 규정한 것과 달리 우리 민법 제211조가 '자유로'라는 표현을 삭제하고 소유자에게 '법률의 범위 내에서' 소유물을 사용, 수익, 처분할 권리가 있다고 규정한 것도 소유권의 사회적 구속성을 고려한 내용으로 평가된다.[26] 대법원 또한 사실상 도로의 공적·사회적 속성을 고려하여 토지소유권의 사회적 구속성을 인정하는 입장에서 대상법리를 창출, 발전시켜 온 것으로 보인다.

3. 대상법리에서 전제되는 사실상 도로의 개념[27]

가. 사실상 도로의 개념

도로는 일반 공중의 교통에 제공되는 물적 시설물이다.[28] 도로는 도로법 등 법률에 정한 절차에 따라 개설되었는지 여부에 따라 '법률상 도로'와 '사실상 도로'로 나눌 수 있고, 그 개설주체가 누구인지에 따라 국가나 지방자치단체 등 행정주체가 개설한 '공도(公道)'와 사인이 개설한 '사도(私道)'로 나눌 수 있다.[29]·[30] 사도법상 사도는 그 개설주체가 관할 시장, 군수 등의 허가를 받은 사인이므로 사도(私道)의 일종이지만,[31] 다

---

26) 김상용(주 16, 1982), 269-271면; 윤철홍, "토지소유권개념의 변천", 한국 법학 50년-과거·현재·미래; 대한민국 건국 50주년 기념 제1회 한국법학자대회 논문집 Ⅱ, 한국법학교수회(1998), 159-161면 참조.

27) 해당 문단은 권영준(주 15), 326-330면; 권영준(주 16), 305-307면; 강지웅, "통행의 자유와 통행방해 금지청구", 민사판례연구 제35권, 박영사(2013), 165-167면; 배병일, "사실상 도로에 관한 배타적 사용수익권의 포기", 사법 제34호, 사법발전재단(2015), 161-162면에서 필요한 부분을 요약·정리하여 전재한 것이다.

28) 권영준(주 15), 327면; 권영준(주 16), 305면; 강지웅(주 27), 165면 참조.

29) 권영준(주 15), 327-329면; 강지웅(주 27), 165면 참조.

30) 이와 구별되는 개념으로 민법 제219조, 제220조 등의 '공로(公路)'라는 개념이 있는데, 이는 '일반인이 자유로이 통행할 수 있는 도로'를 의미한다[곽윤직(주 16), 318면 참조]. 하급심 판결 중 의정부지방법원 2012. 5. 25. 선고 2011나18063 판결, 수원지방법원 2016. 1. 14. 선고 2014나32561 판결, 인천지방법원 2014. 4. 17. 선고 2013나19007 판결, 대전지방법원 2016. 11. 25. 선고 2014나14090 판결, 청주지방법원 2016. 1. 29. 선고 2015나664 판결 등은, 공로란 공중이 자유로이 통행할 수 있는 도로를 의미하고 사도도 이에 포함될 수 있다는 취지로 판시하였다. '공도(公道)'가 도로의 개설주체를 기준으로 한 개념이라면, '공로(公路)'는 도로의 이용상태를 기준으로 한 개념이라 할 수 있다.

른 한편으로는 법률에 근거를 두고 법률상 절차에 따라 개설되므로 법률
상 도로의 일종이기도 하다.[32] 요약하면, '사실상 도로'는 일반 공중의 교
통에 제공되는 물적 시설물로서의 실질은 가지고 있지만 법률에 따른 도
로개설절차를 거치지 않은 도로를 의미하고, 이는 국·공유지일 수도 있
고 사유지일 수도 있다.[33]

나. 대상법리가 규율하는 사실상 도로의 범위

대법원은 사실상 도로에 관한 소유자와 점유자[34](또는 이용자) 사이
의 법률관계를 합리적으로 규율하기 위하여 대상법리를 창출하였다. 후
술하는 바와 같이 대상법리의 이론적 근거를 신의칙으로 파악한다면 도
로의 점유자(또는 이용자)가 법률 또는 계약관계 등에 기하여 소유자의
소유권 행사에 대항할 수 있는 경우에는 대상법리가 적용될 여지가 없
다.[35] 신의칙의 적용은 보충적 법원으로서의 조리(條理)의 이름으로 행하

---

31) 사도법 제4조 참조.
32) 권영준(주 15), 328면 참조.
33) 권영준(주 15), 328-329면 참조.
34) 참고로, 대법원은 사실상 도로에 관한 국가나 지방자치단체의 점유주체성에 대
하여 다음과 같이 판시한 바가 있다. ① 대법원 2005. 8. 25. 선고 2005다21517
판결[공2005. 10. 1.(235), 1563]: 국가나 지방자치단체가 도로를 점유하는 형태는
도로관리청으로서의 점유와 사실상 지배주체로서의 점유로 나누어 볼 수 있는바,
법률상 도로개설절차를 거쳐 도로설정이 된 때에는 이때부터 도로관리청으로서의
점유를 인정할 수 있고, 도로법 등에 의한 도로설정행위가 없더라도 국가나 지방
자치단체가 일반 공중의 교통에 공용되지 않던 사유지에 사실상 필요한 공사를 하
여 도로로서의 형태를 갖춘 다음 그 토지를 일반 공중의 교통에 공용한 때에는
이때부터 그 도로는 국가나 지방자치단체의 사실상 지배하에 있는 것으로 보아 사
실상 지배주체로서의 점유를 인정할 수 있다. ② 대법원 2002. 3. 12. 선고 2001
다70900 판결[공2002. 5. 1.(153), 855]: 국가나 지방자치단체가 기존의 사실상 도로
에 대하여 확장, 도로포장 또는 하수도설치 등 도로의 개축 또는 유지보수공사를
시행하여 일반 공중의 교통에 이용한 때에는 이때부터 그 도로는 국가나 지방자치
단체의 사실상 지배하에 있는 것으로 보아 사실상 지배주체로서의 점유를 개시한
것으로 인정할 수 있다.
35) 도로이용자가 소유자를 상대로 '자유권적 기본권에 기초한 통행권'을 주장하는
경우는 원칙적으로 대상법리의 적용이 배제되지 않는다고 봄이 타당하다. 이러한
주장은 도로이용자의 도로를 자유로이 통행할 이익에 관한 주장으로서, 소유자의
배타적 사용수익권 행사가 신의칙에 위반되는지 여부를 판단하는 하나의 요소로
고려될 수 있을 뿐이다. 이에 관하여는 다음 문단〔Ⅵ〕에서 상술한다.

여지기 때문이다.[36) 따라서 사실상 도로 중 특정 유형의 도로에 관한 법률관계를 규율하는 데 대상법리의 실무적 의의가 있다. 그 이유는 다음과 같다.

① 행정주체가 개설한 법률상 도로는 도로관리청이 그 도로가 개설되기 전에 법률에 정한 절차[37)에 따라 도로부지의 소유권 또는 이용권원을 취득하는 것이 통상적인 모습이므로 대상법리가 문제되는 경우는 실무상 드물다. ② 법률상 도로 중 사도법상 사도는 이를 개설하거나 그 통행을 제한, 금지하거나 또는 사용료를 징수하려면 관할시장 등의 허가가 있어야 하고(^{사도법 제4조,}
_{제9조, 제10조}) 그와 관련된 분쟁은 사도법 등 관계 법령에 의해 규율되므로 대상법리가 적용될 여지가 없다. ③ 사실상 도로의 경우에도 그 사실상 지배주체가 기부채납, 사용대차 등으로 소유권 또는 이용권원을 취득한 경우에는 마찬가지로 대상법리가 적용될 여지가 없다.

결국, ① 사실상 도로[38)로서 ② 그 소유자와 점유자(또는 이용자)가 분리되어 있고, ③ 점유자(또는 이용자)가 법률이나 계약관계 등에 기하여 소유자의 소유권 행사에 대항할 수 없는 경우를 대상법리의 주로 규율대상으로 보아야 한다. 이하에서는 '사유지인 사실상 도로[39)를 전제로

---

36) 민법 제1조. 곽윤직(편집대표), 민법주해[I], 총칙(1), 박영사(1992), 106면(양창수 집필부분) 참조.

37) 참고로, 도로법상의 도로개설절차는 ① 노선의 지정·인정 및 공고, ② 도로구역의 결정·고시, ③ 도로구역 내 토지 등의 이용권원 취득, ④ 도로공사 시행, ⑤ 사용개시 공고의 단계로 이루어진다. 권영준(주 15), 328면; 강지웅(주 27), 166면 참조.

38) 다만, 대법원 판결 중에는 토지가 사실상 도로 이외의 용도(가령, 저수지)로 사용된 경우에도 대상법리를 적용하여 문제해결을 도모한 예가 있다. 대법원 1997. 4. 11. 선고 95다18017 판결[공1997. 5. 15.(34), 1401], 대법원 2017. 3. 9. 선고 2015다238185 판결[미간행] 등. 본고에서는 사실상 도로를 전제로 대상법리에 관한 논의를 이어가기로 한다.

39) 사인이 국·공유지에 사실상 도로를 개설하는 경우는 본고의 논의대상에서 제외한다. 후술하는 바와 같이 대상법리에 의하여 소유자의 배타적 사용수익권 행사가 제한되는 근거 중 하나는 '소유자의 자발적 의사'라 할 것인데, 국가나 지방자치단체가 법률 또는 계약상 근거 없이 사인에게 도로부지를 자발적으로 제공한다거나 사인이 국·공유지에 무단으로 도로를 개설한 사실을 알고도 이를 용인한다는 것은 행정관행상 매우 드문 사례이기 때문이다.

대상법리에 관한 논의를 이어가기로 한다.

Ⅲ. 대상법리 개관

1. 대상법리의 등장 배경

1960년대 이후의 도시화·산업화의 과정, 특히 새마을운동이나 택지개발사업 등을 거치면서 사유지 위에 사실상 도로가 다수 개설되었는데, 토지소유자가 도로개설 이후에도 당해 토지의 소유명의를 보유하는 경우가 적지 않았다. 그 원인으로는 토지소유자의 의사,[40] 의사주의적 법관행의 존재,[41] 사실상 도로에 관한 이용관계의 특수성,[42] 공법상 손실보상절차의 미준수[43] 등이 거론될 수 있을 것이다. 이는 필연적으로 사실상 도로에 관한 소유과 점유(또는 이용)의 분리현상[44]을 야기하여 그로부터 다

---

40) 가령, 소유자가 당해 토지를 도로부지로 제공하더라도 그 소유권 자체를 포기할 의사까지는 없었던 경우 등.

41) 물권변동과 관련하여 의용민법에서는 의사주의(대항요건주의)를 채택하고 있었으나, 1958. 2. 22. 제정되어 1960. 1. 1.부터 시행된 현행 민법은 형식주의(성립요건주의)를 채택하였다. 그러나 법률이 개정되었음에도 거래의 실정상 여전히 의사주의적 법관행에 젖어 양수인 명의로 등기하지 않는 경향이 없지 않았다[홍성재, "부동산 물권변동론의 재정립", 민사법학 제43-2호, 한국사법행정학회(2008), 339면 참조]. 현행 민법 시행 이전부터 존재하고 있던 사실상 도로, 그리고 의사주의적 법관행이 남아있던 시기에 개설된 사실상 도로 중 일부는 그러한 연유로 토지소유자에게 여전히 소유명의가 남아 있었던 것으로 추측된다.

42) 토지의 사용은 그 토지를 점유하고 있는 상태에서 이루어지는 경우가 대부분이나 도로통행은 '토지를 점유하지 않되 사용하는' 경우에 해당한다[강지웅(주 27), 173면 참조]. 대법원 2012. 1. 27. 선고 2011다74949 판결[공2012상, 336]은 물건의 점유와 사용은 엄연히 구별되어야 하는 법 개념이라고 판시하면서 민법 제324조 제2항(유치권자는 원칙적으로 채무자의 승낙 없이 유치물의 사용을 하지 못한다)을 '사용 없는 점유'의, 타인의 토지 위를 통행하는 경우를 '점유 없는 사용'의 예로 들고 있다. 따라서 국가나 지방자치단체의 점유가 인정되지 않는 사실상 도로의 경우에는 그 점유주체를 명확히 특정하는 것이 현실적으로 쉽지 않다. 이러한 측면 때문에 토지소유자가 상대방을 특정하여 등기를 이전하지 못하고 계속해서 소유명의를 보유하였던 것으로 추측된다.

43) 종래 국가나 지방자치단체가 재정적 부담을 이유로 공법상 손실보상절차를 거치지 않고 사유지에 사실상 도로를 개설한 사례도 적지 않았던 것으로 보인다.

44) 이때 점유자(또는 이용자)가 법률 또는 계약관계 등에 기하여 소유자의 소유권 행사에 대항할 수 없는 자를 의미함은 앞서 본 바와 같다. 이하 본고에서 지칭하는 '소유와 점유(또는 이용)의 분리현상'이라 함은 이를 전제한 개념이다.

양한 법적분쟁이 파생되었고, 대법원은 대상법리를 창출함으로써 사실상 도로에 관한 소유권, 특히 일반 공중의 통행을 방해하는 배타적 사용수익권능의 행사를 제한하기 위한 일응의 기준을 마련하였다. 결국, 대상법리는 사실상 도로에서의 소유와 점유(또는 이용)의 분리현상을 해결하기 위한 도구적 의미를 가지는 것으로 이해될 수 있다. 대상법리는 비교법적 사례를 찾아볼 수 없는 우리 대법원의 특유한 법리로 평가받고 있다.[45]

2. 대상법리의 내용 및 발전과정
가. 대상법리의 형성 및 독자적 법리로의 확립

사실상 도로에 관한 부당이득반환청구에 있어 대상법리를 명시적으로 언급한 최초의 대법원 판결은 아래 대법원 1974. 5. 28. 선고 73다399 판결로 보인다.[46] · [47]

---

45) 권영준(주 16), 304면은 대상법리를 사실상 도로에 관한 부당이득반환청구를 제약하기 위하여 대법원이 창출한 독특한 개념으로 보고 있고, 배병일(주 27), 161면은 대상법리를 구미나 일본의 학설 또는 판례에서는 그 연원을 찾을 수 없는 대법원의 특유한 법리로 보고 있다.

46) 권영준(주 16), 304면; 배병일(주 27), 161면; 서경환, "배타적 사용수익권 포기 법리의 문제점과 그 대안으로서의 통행지역권", 사법논집 제54집, 법원도서관(2012), 476면; 문춘언, "배타적 사용수익권의 포기와 신의칙의 적용", 판례연구 제26집, 부산판례연구회(2015), 48면 참조. 하급심 판결 중 대법원 1974. 5. 28. 선고 73다399 판결[공1974. 7. 1.(491), 7890]을 대상법리에 관한 최초의 대법원 판결로 인용한 판결례로는 서울서부지방법원 2012. 2. 2. 선고 2011나4111 판결이 있다. 다만, 위 하급심 판결은 대상법리가 채권적 포기에 관한 법리임을 전제로 특정승계인의 배타적 사용수익권 행사를 긍정하였으나, 대법원 2012. 7. 12. 선고 2012다26411 판결[미간행]에 의하여 파기되었다.

47) 한편, 대법원 1973. 8. 21. 선고 73다401 판결[미간행]은, 토지소유자가 자기가 소유한 일단의 대지를 분할하여 그 중 주택지 부분은 각각 분양매각하고 공로로 통하는 당해 토지는 위 주택지 매수인들이 공로로 나갈 수 있도록 그들의 통행에 제공하여 매각하지 아니하고 남겨 두었다면, 위 토지소유자는 특단의 사정이 없는 한 위 매수인들에게 당해 토지를 무상으로 통행할 수 있는 권한을 부여하고 그들의 통행을 인용할 의무를 처음부터 부담하게 되었다고 할 것이고, 본건 토지를 상속 취득한 원고는 위 인용의무를 승계 부담한다는 취지로 판시하면서, 원고의 부당이득반환청구를 배척하였다. 김영훈(주 10), 55면은 위 대법원 판결을 대상법리의 기초가 되는 최초의 판결로 분석하고 있다. 다만, 부당이득반환청구의 요건과 관련하여 대법원 1973. 8. 21. 선고 73다401 판결[미간행]은 대상법리를 점유의 요건과 결부시켜 판단하였으나 대법원 1974. 5. 28. 선고 73다399 판결[공1974. 7.

대법원 1974. 5. 28. 선고 73다399 판결[공1974. 7. 1.(491), 7890]

　　토지소유자가 일단의 택지를 여러 사람에게 분양할 때에 그 택지의 공
로로의 통행로로 공여하기 위하여 도로를 설치한 경우 토지소유자는 특별한
사정이 없는 한 그 택지의 매수인 기타 그 주택지 안에 거주하게 될 모든
사람들에게 대하여 그 주택지에 접한 위 도로를 무상으로 통행할 수 있는
권한[48]을 부여하였다고 볼 수 있어 이 토지의 소유자는 도로가 된 토지에
대한 독점적이고 배타적인 사용수익권을 행사할 수 없다.

　　이후 대법원은 1985. 8. 13. 선고 85다카421 판결 이후 본격적으로
대상법리의 내용을 구체화하고 그 적용 범위를 넓혀 나갔다.[49] 대법원은
1989. 7. 11. 선고 88다카16997 판결에 이르러 배타적 사용수익권을 행사
할 수 없다는 종래의 표현을 넘어 사용수익권의 '포기'[50]하였다는 표현을

　1.(491), 7890l은 대상법리를 손실의 요건과 결부시켜 판단한 것으로 보인다[김영훈
　　(주 10), 55-56면 참조].
48) 무상의 통행권을 부여하였다는 점에서 통행권자에게 통행지소유자의 손해를 보
　　상할 의무를 부담시키는 민법 제219조의 주위토지통행권과는 차이가 있다. 민법
　　제220조의 주위토지통행권도 무상의 통행권이기는 하나, 이는 인접 토지소유자 간
　　의 상린관계에서 인정되는 물권적 권리이고 특정승계인에게 효력이 미치지 않는다
　　는 점에서 대상법리와는 차이가 있다. 이와 관련하여 권영준(주 16), 312면; 배병
　　일(주 27) 164면 참조.
49) 배병일(주 27), 161면 참조. 대법원 1985. 8. 13. 선고 85다카421 판결[집33(2)민,
　　164; 공1985. 10. 1.(761), 1240]은, 토지소유자가 일단의 택지를 조성·분양하면서
　　도로를 개설한 경우 특단의 사정이 없는 한 토지소유자는 위 도로부지에 대한 독
　　점적이고 배타적인 사용수익권을 행사할 수 없다는 취지로 판시하면서, 부산직할시
　　가 도시계획사업의 일환으로 위 도로부지에 포장공사를 하였더라도 토지소유자에게
　　어떠한 손실이 생겼다고 볼 수 없다는 이유로 부당이득반환청구를 배척하였다.
50) 초기의 대법원 판결은 '인근 주민이나 일반 공중에게 무상으로 통행할 수 있는
　　권리를 부여하였다'는 표현(채권행위를 염두에 둔 것으로 보이는 표현)과 '독점적
　　이고 배타적인 사용수익권을 포기하였다'는 표현(물권행위를 염두에 둔 것으로 보
　　이는 표현)을 모두 언급하는 경향이 있었으나, 이후 판례가 인용되고 대상법리의
　　내용이 설시되는 과정에서 '독점적·배타적 사용수익권의 포기'만을 언급한 대법원
　　판결이 상대적으로 다수를 차지하게 되었다[권순호, "일반 공중의 통행에 제공된
　　토지에 관한 배타적 사용수익권 행사 제한과 신의성실의 원칙, 대법원판례해설 제
　　97호 하, 대법원 법원행정처(2014), 64-65면 참조]. 이처럼 대법원이 '부여'라는 표
　　현의 사용빈도를 줄인 것은, ① '부여'는 상대방 있는 의사표시인바 그 의사표시
　　상대방의 범위를 구체적으로 특정할 수 없는 점, ② 그 '의사표시 상대방의 범위'
　　를 '소유자가 배타적 사용수익권을 행사할 수 없는 상대방의 범위'(이때 사실상 도

사용하는 한편,[51] 사유지가 사실상 도로로 사용되고 있는 경우 소유자가
그 사용수익권을 포기하였다거나 도로로서의 사용승낙을 하였다고 의사
해석을 하기 위한 구체적인 판단기준[52]을 제시하였다.[53]

　　나아가, 대법원은 1989. 2. 28. 선고 88다카4482 판결, 1993. 9. 28.
선고 92다17778 판결,[54] 1995. 6. 29. 선고 94다58216 판결[55]에 이르러
종전의 대법원 판결들이 '부당이득에 관한 법리 오해', '채증법칙 위반' 등
을 언급한 것과 달리, '도로부지 소유자의 사용수익권 포기에 관한 법리'
또는 '도로의 점유에 있어서의 배타적 사용수익권의 포기에 관한 법리'
등을 언급함으로써 대상법리가 확립된 법리에 이르렀음을 명시적으로 밝

로를 통행하는 불특정 다수인이 그 상대방에 포함될 것이다)와 일치시키는 것은
지나치게 의제적인 해석인 점, ③ 현재 대법원은 특정승계인이 사용수익의 제한을
용인 또는 인식하였다면 배타적 사용수익권 행사가 제한된다고 보고 있는데, 그러
한 사정만으로 특정승계인이 무상통행권을 부여하는 의사표시를 하였다고 보는 것
은 지나치게 의제적인 해석인 점 등이 그 이유로 추측된다. 그러나 최근 대법원
2017. 3. 9. 선고 2015다238185 판결[미간행]은 '무상으로 이용할 수 있는 권리를
부여'라는 표현을, 대법원 2016. 5. 12. 선고 2015다18787 판결[미간행]은 '무상으로
통행할 수 있는 권리를 부여'라는 표현을 사용하였는바, 대법원이 '부여'라는 표현
을 완전히 폐기한 것으로 보이지는 않는다.
51) 다만, 대법원 1987. 9. 22. 선고 86다카2159 판결[집35(3) 민, 80;공1987. 11.
15.(812), 1624]은 '당연히 그 사용수익을 포기하였다고 할 근거도 없다'는 판시를
하였고, 대법원 1989. 2. 28. 선고 88다카4482 판결[공1989. 4. 15.(846), 528]은 '도
로부지 소유자의 사용수익권 포기와 도로점유자에 관한 법리를 오해한 위법이 없
다'는 판시를 함으로써, 대법원 1989. 7. 11. 선고 88다카16997 판결[집37(2)민,
194; 공1989. 9. 1.(855), 1218]에 앞서 '포기'라는 표현을 명시적으로 사용한 것으
로 보인다.
52) 김영훈(주 10), 57면에 의하면, 대법원 1989. 7. 11. 선고 88다카16997 판결[집
37(2)민, 194; 공1989. 9. 1.(855), 1218]은 '토지소유자가 당해 토지를 매수한 경위
나 보유기간, 나머지 토지를 도시계획선에 맞추어 분할매각한 경위와 그 규모, 통
행로로 쓰이는 당해 토지의 위치나 성상, 주변 환경' 등을 판단기준으로 제시하였
고, 대법원 1991. 2. 22. 선고 90다카25529 판결[공1991. 4. 15.(894), 1063], 대법원
1991. 10. 8. 선고 91다6702 판결[공1991. 12. 1.(909), 2679], 대법원 1994. 5. 13.
선고 93다30907 판결[공1994. 6. 15.(970), 1664] 등은 이에 더하여 '분할매도된 나
머지 토지들의 효과적인 사용수익을 위하여 당해 토지가 기여하고 있는 정도'를
추가하였다. 대법원 판결들이 제시한 위 판단기준에 관하여는 다음 문단에서 상술
한다.
53) 김영훈(주 10), 56-57면 참조.
54) 공1993. 11. 15.(956), 2940.
55) 공1995. 8. 1.(997), 2528.

혔다.[56] 대법원은 최근에도 '배타적 사용수익권의 포기에 관한 법리'라는 표현을 사용함으로써 여전히 대상법리가 독자적인 법리로 유지되고 있음을 밝히고 있고,[57] 대상판결 역시 '사용수익권 포기에 관한 법리를 오해한 잘못이 없다'는 표현을 사용하고 있다.

나. 대상법리의 요건

대법원 판결들에 나타난 대상법리의 요건을 정리하면 다음과 같고,[58] 이때 ①은 주관적 요건에, ②와 ③은 객관적 요건에 해당한다.

> ① **제공의사의 존재**
> : 소유자에게 당해 토지를 일반 공중의 통행에 제공하려는 의사가 있어야 한다.
> ② **제공행위의 존재**
> : 소유자는 제공의사에 기하여 당해 토지를 사실상 도로로 제공하여야 한다.
> ③ **도로이용관계의 형성, 유지**
> : 소유자의 제공행위로 인하여 일반 공중이 당해 토지를 통행에 자유로이
>   이용하는 상태가 형성, 유지[59]되어야 한다.

(1) 주관적 요건에 관한 검토(요건 ①)

민법상 대원칙인 사적자치원칙의 본질적 내용은 '당사자의 의사에 기한 법률관계의 자기결정적 형성'이다.[60] 따라서 대상법리와 같이 소유

---

56) 김영훈(주 10), 57면 참조.
57) 대법원 2015. 3. 12. 선고 2014다233763 판결[미간행], 대법원 2015. 7. 23. 선고 2014다226369 판결[미간행], 대법원 2016. 5. 12. 선고 2015다18787 판결[미간행], 대법원 2017. 5. 31. 선고 2017다208614 판결[미간행] 등. 그 중 대법원 2014다233763 판결, 대법원 2014다226369 판결은 배타적 사용수익권을 포기하였다고 본 원심의 판단을 수긍하였고, 대법원 2015다18787 판결은 배타적 사용수익권을 포기하지 않았다고 본 원심의 판단을 배척하였으며, 대법원 2017다208614 판결은 배타적 사용수익권을 포기하였다고 본 원심의 판단을 배척하였다.
58) 문춘언(주 46), 60면; 권순호(주 50), 70면 참조. 대상판결도 이와 유사한 입장에 선 것으로 보인다.
59) 대법원 2013. 8. 22. 선고 2012다54133 판결[공2013하, 1685]은 기존의 도로이용관계가 더 이상 유지되고 있지 않은 경우 소유자가 다시 배타적 사용수익권을 행사할 수 있다는 취지로 판시하였다. 따라서 일반 공중의 통행에 의하여 기존의 도로이용관계가 유지되고 있다는 요건도 대상법리의 객관적 요건에 포섭된다.
60) 따라서 법률행위의 효력근거는 원칙적으로 당사자의 주관적 내심의 효과의사라 할 것이고(자기결정의 원칙), 예외적으로 상대방의 정당한 신뢰를 보호할 필요가 있는 경우에는 자기책임이 그 효력근거가 된다(자기책임의 원칙). 보다 자세한 내

자가 배타적 사용수익권을 포기하였다고 보기 위해서는 원칙적으로 그에
상응하는 소유자의 의사가 요구되고, 이때 소유자의 의사라 함은 '자발적
인 의사'[61]를 의미한다. 소유자의 의사는 반드시 적극적, 명시적으로 표출
될 필요는 없고 통행을 용인하는 방식[62]으로도 가능하다고 할 것이나, 객
관적인 제반 사정에 비추어 그러한 의사의 존재가 '명백'[63]하게 도출되어

용은 지원림, "법률행위의 효력근거로서 자기결정, 자기책임 및 신뢰보호", 민사법
학 제13, 14호, 한국사법행정학회(1996), 35–85면 참조.

61) 사적자치의 원칙상 소유자의 제공의사에 자발성이 요구됨은 당연하다. 대법원
1973. 8. 21. 선고 73다401 판결[미간행], 대법원 1974. 5. 28. 선고 73다399 판결
[공1974. 7. 1.(491, 7890], 대법원 1985. 8. 13. 선고 85다카421 판결[집33(2)민,
164; 공1985. 10. 1.(761), 1240] 등 초기의 대법원 판결들은 '토지소유자가 택지 매
수인 등에게 당해 토지를 무상으로 통행하게 하였다는 사정'을 배타적 사용수익권
행사가 제한되는 근거로 들고 있는바, 위 대법원 판결들의 사실관계에 비추어 보
면 이는 '자발성'의 의미를 내포한 표현으로 보인다. 대법원 2013. 8. 22. 선고
2012다54133 판결[공2013하, 1685]은 '자신의 의사에 부합하는'이라는 표현을 사용
하였고, 대상판결 또한 '토지소유자가 스스로'라는 표현을 사용하고 있다.

62) 대법원 2004. 9. 24. 선고 2004다26874 판결[미간행], 대법원 2013. 8. 22. 선고
2012다54133 판결[공2013하, 1685], 대법원 2013. 12. 26. 선고 2013다211575 판결
[미간행], 대법원 2015. 4. 9. 선고 2014다234964 판결[미간행]은 소유자가 일반 공
중의 통행을 '용인'하는 방식으로 사실상 도로가 형성된 경우에도 배타적 사용수익
권을 행사할 수 없다는 입장이다.

63) 소극적 용인이 자발적 제공의사로 평가되기 위해서는 '제공의사의 명백성'이 요
구된다. 따라서 단순히 소유자가 도로사용행위에 대하여 장기간 이의제기를 하지
아니하였다는 사정만으로는 배타적 사용수익권을 포기하는 의사가 있었다고 보기
어렵다. 대법원 1989. 7. 11. 선고 88다카16997 판결[집37(2)민, 194; 공1989. 9.
1.(855), 1218]은, 도로의 임의제공행위가 있었다고 하기 위해서는 소유자가 그 토
지를 기부채납하는 등의 명시적인 의사표시를 하였다거나 적어도 제반 사정에 비
추어 그 사용수익의 포기 내지 도로로서의 사용승낙의 의사표시를 명백히 한 것으
로 인정될 수 있는 경우여야 하고, 토지의 사실상의 이용 또는 분할매각의 사실만
으로 바로 그러한 의사가 있었다고 단정하기는 어렵다고 판시함으로써, 제공의사
의 존재가 명백한 경우에 한하여 대상법리가 적용될 수 있음을 밝혔다. 대상판결
의 원심 판결은 토지소유자가 약 40년 동안 아무런 이의를 제기하거나 보상을 요
구하지 않았다는 사정만으로는 배타적 사용수익권을 포기하였다고 볼 수 없다는
판시를 하였고, 대상판결은 이에 더하여 '토지소유자가 비과세지성 신고를 하였다
고 볼 자료가 없다'는 점을 추가함으로써, 대상법리가 적용되기 위해서는 배타적
사용수익권을 행사하지 않겠다는 소유자의 의사가 명백히 추단되어야 한다는 점을
간접적으로 밝혔다. 대법원의 주류적 판결들이 소유자의 제공의사를 해석함에 있
어 '신중'을 요구하는 것도 명백성의 다른 표현이라 할 것이다(아래 주 65 참조).
다만, '의사의 명백성'은 대상법리의 독자적인 주관적 요건이라기보다는 '자발적 의
사'의 존재에 관한 입증의 정도로서의 의미를 가진다고 할 것이다.

야 한다.[64]

대법원은 토지소유자가 배타적 사용수익권을 포기한 것으로 '의사해석'을 하기 위해서는, ㉠ 그가 토지를 소유하게 된 경위와 보유기간, ㉡ 나머지 토지들을 분할하여 매도한 경위와 그 규모, ㉢ 도로로 사용되는 토지 부분의 위치나 성상, ㉣ 인근 토지들과의 관계, 주위 환경 등 여러 사정과 아울러 ㉤ 분할·매도된 나머지 토지들의 효과적인 사용수익을 위하여 그 토지가 기여하고 있는 정도 등을 '종합적'으로 고찰하여 신중하게 판단하여야 한다는 입장을 취하고 있고,[65] 대상판결도 이러한 기존의 입장을 재확인하고 있다. 이를 유형화하면 다음과 같다.[66]

㉠ **분할 전 토지의 소유와 관련된 기준**
- 단지분할형 택지조성사업을 시행할 목적으로 분할 전 토지를 취득하였다거나 장차 도로의 개설이 예정되어 있다는 사정을 인식하고 분할 전 토지를 취득하였다면 자발적 제공의사를 인정할 개연성이 높은 것으로 보인다.[67]
- 분할 전 토지를 보유한 기간이 짧을수록 자발적 제공의사를 인정할 개연성이 높은 것으로 보인다.[68]

㉡ **사실상 도로의 형성 경위와 관련된 기준**
- 소유자가 직접 사실상 도로를 개설하였다면 자발적 제공의사를 인정할 개연성이 높은 것으로 보인다.[69]
- 단지분할형 택지조성사업을 시행하는 과정에서 소유자가 그 사업목적 달성을 위하여 사실상 도로를 개설하였다면 자발적 제공의사를 인정할 개연성이 높은 것으로 보인다.[70]

---

64) 한편, 대상법리의 적용에 관한 포괄적인 판단요소로서, 권영준(주 16), 316-317면은 자발성과 효용성을, 배병일(주 27), 167-170면은 자의성(자발성), 비용 편익성(효용성), 규모의 상당성, 무상성, 용도성, 장기간 방치를 들고 있다. 위 판단요소 중 자발성을 제외한 나머지 요소(효용성 포함)들은 주관적 요건의 존재를 추단하는 판단기준의 성격을 갖는 것으로 보인다. 권영준(주 16), 317면도 자발성과 효율성은 독립된 것이라기보다는 함께 고려되어야 하는 것들로서 서로 영향을 주고받는 관계에 있다고 보고 있다. 즉, 토지제공에 따른 효용성이 커지면 자발성이 수반될 가능성이 커진다는 것이다. 또한, 위 요소들(특히 효용성)은 소유자의 배타적 사용수익권 행사가 신의칙에 위반되는지 여부를 판단하는 요소로도 고려될 수 있을 것이다.
65) 대법원 2000. 5. 12. 선고 98다59262 판결[공2000. 7. 1.(109), 1383], 대법원 2005. 8. 25. 선고 2005다21517 판결[공2005. 10. 1.(235), 1563], 대법원 2006. 5. 12. 선고 2005다31736 판결[공2006. 6. 15.(252), 1030] 등.
66) 다만, 본고에서 살펴보는 유형적 분석은 신의칙의 구체적 발현형태를 살펴보기 위한 도구적 접근방식에 불과하고, 실무는 변론에 현출된 객관적 사정을 '종합적'으로 고려하여 자발적 제공의사의 존부를 판단하고 있다.

> • 관할관청에서 도로개설을 건축허가, 사업계획승인 등의 조건으로 요구하였고, 소유자로서도 그 조건을 이행하는 것이 자신에게 이익이 되어 일부 토지를 분할하여 사실상 도로로 개설하였다면 자발적 제공의사를 인정할 개연성이 높은 것으로 보인다.[71]
>
> **ⓒ, ⓒ 사실상 도로의 물적 상태 및 현황과 관련된 기준**
> • 사실상 도로가 택지 가운데에 위치하고 있거나 폭이 좁고 긴 형태인 경우에는 자발적 제공의사를 인정할 개연성이 높은 것으로 보인다.[72]
> • 분할 전 토지의 전체 면적 대비 사실상 도로의 면적 비율이 낮을수록 자발적 제공의사를 인정할 개연성이 높은 것으로 보인다.[73]
> • 사실상 도로가 개설되어 통행에 사용된 기간이 장기간일 경우 자발적 제공의사를 인정할 개연성이 높은 것으로 보인다.[74]
>
> **ⓜ 효용성과 관련된 기준**
> • 사실상 도로의 개설로 인하여 소유자가 얻는 이익이 더 크거나 분할매도된 나머지 토지의 효용에 기여하는 바가 큰 경우에는 자발적 제공의사를 인정할 개연성이 높은 것으로 보인다.[75]
> • 인근 주민들에게 사실상 도로가 공로로 통하는 유일한 통행로인 경우 자발적 제공의사를 인정할 개연성이 높은 것으로 보인다.[76]
>
> **ⓗ 기타 대법원 판결들이 고려하는 기준**
> • 소유자가 사실상 도로 개설 이후 이를 용인하고 그에 따른 이익을 적극적으로 향유하려 하였다면 자발적 제공의사를 인정할 개연성이 높은 것으로 보인다.[77]

---

67) 대법원은 다음 각 판결례에서 배타적 사용수익권의 포기를 긍정하였다. ① 대법원 1989. 2. 28. 선고 88다카4482 판결[공1989. 4. 15.(846), 528]: 지방자치단체는 1970. 12. 28. 당해 토지를 도시계획상 도로로 결정·고시하였고, 그 후 토지소유자가 분할 전 토지의 소유권을 취득하였다. 소유자는 도시계획상 도로선에 대하여 건축허가를 받을 수 없었기에 당해 토지를 제외한 나머지 구역에 대해서만 택지를 개발·분양하였고, 당해 토지는 일반 공중이 통행하는 도로로 사용되었던 사안이다. ② 대법원 1991. 7. 9. 선고 91다11889 판결[공1991. 9. 1.(903), 2126]: 지방자치단체는 1978. 4. 4. 당해 토지를 도로예정지로 고시하였고, 소유자가 1978. 7. 14. 분할 전 토지를 취득한 뒤 당해 토지를 분할하였다. 소유자는 나머지 토지 부분을 택지로 개발하여 분양하였고, 당해 토지는 주민들의 통행에 사용되었던 사안이다. ③ 대법원 1994. 11. 25. 선고 93다54347 판결[공1995. 1. 1.(983), 81]: 지방자치단체는 1975. 2. 26. 당해 토지를 도로예정지로 지정·고시하였고, 소유자가 도로예정지로 고시된 사실을 알고도 1978. 3.경 분할 전 토지를 매수한 뒤 당해 토지를 분할하였다. 도로예정지인 당해 토지의 경계를 따라 택지 상에 건물이 건축되었고, 당해 토지는 인근 주민들의 통행로로 사용되었던 사안이다.

68) ① 배타적 사용수익권의 포기를 긍정한 판결례로는 대법원 1994. 11. 25. 선고 93다54347 판결[공1995. 1. 1.(983), 81] 등이 있다. 이는 소유자가 분할 전 토지를 매수한 뒤 택지로 형질변경을 하고 곧바로 타에 처분하여 그 보유기간이 '4개월'도 채 되지 아니하였던 사안이다. ② 배타적 사용수익권의 포기를 부정한 판결례로는 ㉠ 대법원 1994. 5. 13. 선고 93다30907 판결[공1994. 6. 15.(970), 1664](소유자가 당해 토지를 '20년'이 넘도록 계속해서 소유한 사안이다), ㉡ 대법원 1997. 6. 27. 선고 97다11829 판결[공1997. 8. 15.(40), 2355](소유자는 1967. 8. 17. 분할 전 토지를 매수하여 1969. 7.경 그 소유명의를 신탁하였다가 1978. 2. 16. 신탁해지를

원인으로 한 소유권이전등기를 다시 마쳤다. 분할 전 토지에는 1973년경 이전부터 통행로가 형성되어 있었고, 지방자치단체가 1983. 7. 27. 통행로로 사용되던 당해 토지에 대하여 도시계획시설 및 지적고시를 한 사안이다) 등이 있다.

69) 대법원은 다음 각 판결례에서 배타적 사용수익권의 포기를 부정하였다. ① 대법 원 1992. 10. 27. 선고 91다35649 판결[공1992. 12. 15.(934), 3242]: 지방자치단체 는 1973. 4. 25. 당해 토지를 도로개설예정지로 지정하였고, 소유자는 1974. 2. 19. 당해 토지에 관한 소유권이전등기를 마쳤다. 지방자치단체가 1978년경에 이르러 당해 토지에 상수도관을 매설하고, 또한 당해 토지를 경유하여야만 출입할 수 있 는 부지들에 관하여 건축허가를 내어줌으로써 인근에 주택가가 형성되었다. 그러 나 당해 토지에 대한 건축허가 등이 규제됨으로 인하여 위 토지에만 건물이 신축 되지 않은 채 골목길이 형성되었고, 인근 주민들은 이를 도로로 사용하기 시작하 였다. 즉, 소유자에 의한 자발적인 제공의사 및 제공행위가 있었던 것으로 보기 어려운 사안이다. ② 대법원 1996. 3. 26. 선고 95다33917 판결[공1996. 5. 15.(10), 1370]: 상이용사촌의 주민들이 당해 토지를 통행로로 이용하였으나 이는 소유자가 다른 형태의 사용수익을 하지 않고 양해한 것에 불과하고, 그 후 소유자가 분할 전 토지 중 당해 토지를 제외한 나머지 토지들을 여러 필지로 분할하여 매도하였 지만 소유자가 직접 택지를 조성하여 분할 매각을 하지는 아니하였던 사안이다. ③ 대법원 1997. 6. 27. 선고 97다11829 판결[공1997. 8. 15.(40), 2355]: 당해 토지 에 인근 주민들이 통행하는 소로가 형성되었는데 '인근 주민들'이 1973. 8.경 새마 을사업의 일환으로 당해 토지에 콘크리트 포장공사를 실시하였고, 지방자치단체는 공사자재 일부를 지원하였다. '지방자치단체'는 1980년경 다시 아스팔트 포장공사 를 실시한 뒤 1983. 7. 27. 도시계획시설 및 지적고시를 하였고, 소유자는 분할 전 토지를 분할하여 사실상 도로화된 당해 토지를 제외한 나머지 토지를 타에 매도하 였다(소유자가 분할매도된 나머지 토지들에 대하여 직접 택지로 개발하거나 그 지 상에 건축물을 건축하였다는 사정은 없다). 소유자에 의하여 사실상 도로가 개설 되었다고 보기 어려운 사안이다.

70) 대법원 1989. 2. 28. 선고 88다카4482 판결[공1989. 4. 15.(846), 528], 대법원 1991. 7. 9. 선고 91다11889 판결[공1991. 9. 1.(903), 2126], 대법원 1998. 5. 8. 선고 97다52844 판결[공1998. 6. 15.(60), 1583] 등.

71) 대법원 1993. 2. 23. 선고 92다34155 판결[공1993. 4. 15.(942), 1063]은 다음과 같은 사안에서 배타적 사용수익권의 포기를 긍정하였다. 소유자는 연립주택건립을 위한 주택건설사업계획승인신청을 하였고, 관할관청은 연립주택 준공 전까지 도시 계획상 도로예정지로 지정되어 있는 당해 토지를 분할하여 그 지목을 도로로 변경 할 것을 조건으로 사업계획승인을 하였는데, 그 후 소유자가 당해 토지에 대한 분 할 및 지목변경신청을 함으로써 당해 토지가 분할되었고 그 지목은 도로로 변경된 사안이다. 또한, 대법원 2013. 11. 14. 선고 2011다63055 판결[미간행]은 오피스텔 건축허가의 조건으로 그 후면에 위치한 토지를 도로로 기부채납하기로 약정한 사 안에서 배타적 사용수익권의 포기를 긍정하였다.

72) ① 배타적 사용수익권의 포기를 긍정한 판결례로는 대법원 1997. 12. 12. 선고 97다27114 판결[공1998. 1. 15.(50), 269](당해 토지가 길고 폭이 좁은 형태였던 사 안) 등이 있다. ② 배타적 사용수익권의 포기를 부정한 판결례로는 ㉠ 대법원 1995. 11. 24. 선고 95다39946 판결[공1996. 1. 15.(2), 150](도로의 노폭이 8미터에

이르고 'ㄴ'자 형태를 이루고 있었던 사안), ⓒ 대법원 1996. 3. 26. 선고 95다
33917 판결[공1996. 5. 15.(10), 1370](당해 토지가 분할 전 토지의 가장자리에 위
치하고 있었던 사안), ⓒ 대법원 1997. 6. 27. 선고 97다11829 판결[공1997. 8.
15.(40), 2355](도로의 노폭이 8미터에 이르고 'ㅏ'자 형태를 이루고 있었던 사안)
등이 있다.
73) ① 배타적 사용수익권의 포기를 긍정한 판결례로는 ㉠ 대법원 2009. 7. 23. 선고
2009다25890 판결[미간행](분할 전 토지 중 도로가 차지하는 면적 비율이 약 '14%'
정도였던 사안), ⓒ 대법원 1997. 12. 12. 선고 97다27114 판결[공1998. 1. 15.(50),
269](분할 전 토지 중 도로가 차지하는 면적이 '9.37%'이었던 사안), ⓒ 대법원
2009. 6. 11. 선고 2009다8802 판결[공2009하, 1116](분할 전 토지 중 도로가 차지
하는 면적이 '3%' 정도였던 사안) 등이 있다. ② 배타적 사용수익권의 포기를 부정
한 판결례로는 ㉠ 대법원 1994. 5. 13. 선고 93다30907 판결[공1994. 6. 15.(970),
1664](분할 전 토지 중 도로가 차지하는 면적이 '26%' 정도였던 사안), ⓒ 대법원
1995. 11. 24. 선고 95다39946 판결[공1996. 1. 15.(2), 150](분할 전 토지 중 도로
가 차지하는 면적이 '15.6%' 정도였던 사안), ⓒ 대법원 1997. 6. 27. 선고 97다
11829 판결[공1997. 8. 15.(40), 2355](분할 전 토지 중 도로가 차지하는 면적이
'24%' 이상이었던 사안), ㉣ 대법원 2015. 5. 28. 선고 2015다2843 판결[미간행](분
할 전 토지 중 도로가 차지하는 면적이 '16.67%' 정도였던 사안) 등이 있다. 한편,
대법원 2015. 5. 28. 선고 2015다202223 판결[미간행]은 '도로의 폭이 약 8미터에
달하고 그 면적이 분할 전 토지 면적의 약 15%에 달하는 등 일부 사정을 감안하
더라도 배타적 사용수익권을 포기하였다고 볼 가능성이 크다'라고 판시함으로써,
면적 비율이 약 '15%'에 달한다는 사정은 배타적 사용수익권의 포기를 부정하는
요소로 평가하였다(다만, 나머지 사정들에 의하여 배타적 사용수익권의 포기가 긍
정된다고 보았다). 생각건대, 대법원 판결들에 나타난 판단기준은 면적 비율 '15%'
를 일응의 기준으로 삼는 경향이 있는 것으로 보인다. 한편, 배병일(주 27),
168-169면은 면적 비율 20%를 대법원 판결들에 나타난 기준으로 보고 있다.
74) 대법원 2013. 11. 14. 선고 2011다63055 판결[미간행]은 당해 토지가 주차공간
및 차량통행로로 약 17년 6개월 간 사용된 점 등을 근거로 배타적 사용수익권의
포기를 긍정하였다(다만, 대상판결은 약 40년 동안 사실상 도로로 사용된 사정만
으로는 배타적 사용수익권의 포기를 긍정할 수 없다고 판시하였다).
75) 대법원 1998. 5. 8. 선고 97다52844 판결[공1998. 6. 15.(60), 1583]은 당해 토지
가 도로로 제공되어 택지로 조성되는 나머지 토지들의 효용증대에 기여하였다는
점을 들어 배타적 사용수익권의 포기를 긍정하였다. 반면, 대법원 1996. 3. 26. 선
고 95다33917 판결[공1996. 5. 15.(10), 1370]은 당해 토지가 분할 전 토지의 가장
자리에 위치하고 있어 분할매각된 나머지 토지들의 효용을 높이기 위하여 도로로
제공된 것이라고 보기 어렵다는 이유로 배타적 사용수익권의 포기를 부정하였다.
76) 대법원 1991. 7. 9. 선고 91다11889 판결[공1991. 9. 1.(903), 2126], 대법원 1994.
8. 23. 선고 93다58196 판결[공1994. 10. 1.(977), 2499], 대법원 1994. 11. 25. 선고
93다54347 판결[공1995. 1. 1.(983), 81], 대법원 2016. 5. 12. 선고 2015다18787 판
결[미간행] 등.
77) 대법원 2004. 9. 24. 선고 2004다7286 판결[미간행]은 1975년경 사실상 도로가
형성되었으나 소유자가 1991년경에 이르기까지 재산세를 계속 납부한 사정 등을

후술하는 바와 같이 대상법리의 이론적 근거를 신의칙에서 찾을 경우, 위 유형화된 판단기준은 토지소유자의 진정한 의사를 추단하는 해석기준으로서의 의미뿐만 아니라 신의칙의 구체적인 발현형태라는 의미도 함께 갖게 된다.

한편, 소유자의 자발적 제공의사에 의하여 사실상 도로가 개설된 이후 소유자가 그 의사의 철회를 주장하며 배타적 사용수익권을 다시 행사하는 것은 신의성실의 원칙(모순행위금지의 원칙)에 반하여 허용될 수 없다.[78]

(2) 객관적 요건에 관한 검토(요건 ②, ③)

대상법리의 객관적 요건들, 특히 그 중 요건 ③은 사회적 생활영역에 속하는 객관적 사실의 존재에 관한 것이므로, 주관적 요건에 비해 그 입증이 상대적으로 용이하다. 실무적인 관점에서 객관적 요건들은 주관적 요건의 존재를 추단하는 객관적 지표로서 활용되는 경우가 많다.[79] 소유자의 제공의사가 통행을 용인하는 방식으로도 나타날 수 있는 이상, 소유자의 제공행위도 반드시 적극적인 작위행위일 필요는 없다.

다. 대상법리에 따른 법률상 효과

앞서 본 요건이 모두 충족될 경우 소유자는 사실상 도로에 관한 배타적 사용수익권을 행사할 수 없다. 대법원의 주류적 판결들은 '포기'라는 표현을 사용하고 있으나, 앞서 주 10에서 밝힌 바와 같이 배타적 사용수익권의 행사가 제한된다고 보는 것이 타당하다. 이때 대법원 판결들이 의미하는 '배타적 사용수익권'은 전체로서의 사용수익권이 아니라 거기에서 일반적 사용수익권(일반 공중의 통행을 방해하지 않는 범위 내에서의 사용수익권)을 공제한 나머지 사용수익권이다.[80] 즉, 토지소유자는 배타적 사용수익권을 포기한 경우에도 일반 공중의 통행을 방해하지 않는 범위

들어 배타적 사용수익권의 포기를 부정하였다. 대상판결도 사실상 도로가 형성된 이후 소유자가 비과세지성 신고를 하였다고 볼 자료가 없는 점 등을 근거로 배타적 사용수익권의 포기를 부정하였다.

78) 대법원 2013. 8. 22. 선고 2012다54133 판결[공2013하, 1685].
79) 같은 견해로 권순호(주 50), 71면 참조.
80) 권영준(주 16), 310-311면 참조.

내에서 그 토지를 처분하거나 사용수익할 권능을 가진다.[81]

라. 특정승계인의 배타적 사용수익권 행사 가부

토지소유자는 배타적 사용수익권을 포기한 이후에도 그 토지를 타에 처분할 수 있다. 종래 대법원은 토지의 특정승계인이 그 토지가 사실상 도로로 제공되고 있다는 사정을 알고 취득하였더라도 그러한 사정만으로는 부당이득반환청구를 하는 데 장애가 되지 않는다는 입장이었다.[82] 그러나 대법원은 그 입장을 변경하여 특정승계인의 부당이득반환청구도 제한하는 쪽으로 입장을 변경하였고,[83] 현재의 주류적 입장도 이와 동일한 것으로 보인다.[84] 최근에도 대법원은 대상법리를 근거로 특정승계인의 부당이득반환청구를 배척하였는데,[85] 위 대법원 판결들은 다음과 같은 기준을 제시하고 있다.

81) 대법원 2001. 4. 13. 선고 2001다8493 판결[공2001. 6. 1.(131), 1138]은 이와 같은 전제에서 배타적 사용수익권을 포기한 토지소유자는 '불법점유자'를 상대로 부당이득반환청구는 할 수 없으나, 물권적 청구권에 기한 토지의 반환, 방해의 제거·예방은 구할 수 있다고 판시하였다. 대법원 2013. 11. 28. 선고 2013다49961 판결[미간행]도 이와 유사한 취지이다. 이에 대하여 권영준(주 16), 310–311면은 위 판결의 구체적 타당성은 별론으로 하고 비배타적 사용수익권으로부터 배타성을 본질로 하는 물권적 청구권이 생성된다는 논리는 이해하기 어려운 측면이 있다는 비판을 제기하고 있다.

82) 대법원 1990. 12. 21. 선고 90다5528 판결[공1991. 2. 15.(890), 581], 대법원 1992. 2. 14. 선고 91다22032 판결[공1992. 4. 1.(917), 1020], 대법원 1992. 9. 22. 선고 92다22343 판결[공1992. 11. 15.(932), 2978)] 등.

83) 김영훈(주 10), 58면; 권영준(주 16), 317면; 김문관, "배타적 사용수익권이 포기된 토지를 제3자가 점유하는 경우, 토지소유자의 방해배제 및 부당이득반환청구", 판례연구 제14집, 부산판례연구회(2003), 106–107면 참조. 대법원 1996. 11. 29. 선고 96다36852 판결[공1997. 1. 15.(26), 169]은, 도로부지로 무상제공됨으로써 배타적 사용수익권이 포기된 이후에 경매를 통해 토지의 소유권을 특정승계한 원고의 부당이득반환청구를 배척하면서, 종래의 대법원 판결(대법원 90다5528 판결, 대법원 91다22032 판결 등)은 적절한 선례가 될 수 없다는 취지로 판시하였다.

84) 다만, 대법원 2000. 1. 18. 선고 99다46997 판결[미간행]은 대법원 1990. 12. 21. 선고 90다5528 판결[공1991. 2. 15.(890), 581]을 인용하면서 특정승계인이 사실상 도로부지의 사권행사 제한사실을 알고 취득하였더라도 부당이득반환청구를 함에 장애가 없다고 판단하였다. 위 대법원 판결은 전 토지소유자에 의한 배타적 사용수익권 포기 사실 자체가 없었다는 취지로 해석될 여지도 있으나, 판결 이유만으로는 명확치 않다.

85) 대법원 2017. 3. 9. 선고 2015다238185 판결[미간행], 대법원 2016. 5. 12. 선고 2015다18787 판결[미간행], 대법원 2016. 2. 18. 선고 2015다240751 판결[미간행] 등.

대법원 1998. 5. 8. 선고 97다52844 판결[공1998. 6. 15.(60), 1583]

　　토지의 원소유자가 토지의 일부를 도로부지로 무상제공함으로써 이에 대한 독점적이고 배타적인 사용수익권을 포기하고 이에 따라 주민들이 그 토지를 무상으로 통행하게 된 이후에 그 토지의 소유권을 경매, 매매, 대물변제 등에 의하여 특정승계한 자는 그와 같은 사용수익의 제한이라는 부담이 있다는 사정을 용인하거나 적어도 그러한 사정이 있음을 알고서[86] 그 토지의 소유권을 취득하였다고 봄이 상당하므로 도로로 제공된 토지 부분에 대하여 독점적이고 배타적인 사용수익권을 행사할 수 없고, 따라서 지방자치단체가 그 토지의 일부를 도로로서 점유·관리하고 있다고 하더라도 그 자에게 어떠한 손해가 생긴다고 할 수 없으며 지방자치단체도 아무런 이익을 얻은 바가 없으므로 이를 전제로 부당이득반환청구를 할 수 없다.[87]

마. 부당이득반환청구소송 체계에서의 대상법리의 기능

　　초기의 대법원 판결은 부당이득반환청구에 있어 '점유'의 문제와 대상법리를 연관시켜, 소유자가 배타적 사용수익권을 포기하였다고 인정되는 경우에는 그 도로부지에 관한 지방자치단체의 점유를 부정하는 경향을 보였다.[88] 당시 대법원은 사실상 도로의 점유와 관련하여, ① 토지소유자가 배타적 사용수익권을 포기하고 사실상 도로를 개설하였다는 이유만을 들어 지방자치단체의 점유를 부정하거나[89] ② 도로개설주체가 아닌

---

86) 대법원 1994. 9. 30. 선고 94다20013 판결[공1994. 11. 1.(979), 2850]은, 일반적으로 경락이나 매매 또는 대물변제에 의하여 토지의 소유권을 취득하려는 자는 토지대장, 등기부, 도시계획확인원, 관계토지의 지적도면, 특히 경매의 경우에는 경매기일의 공고내용이나 법원에 비치된 경매물건명세서 또는 집행기록의 열람 등의 방법에 의하여 당해 토지의 위치, 현황과 부근 토지의 상황 등을 미리 점검해 볼 것이라는 점이 경험칙상 당연히 예상된다고 판시하였다.
87) 특정승계인의 배타적 사용수익권 행사가 제한되는 법리적 근거는 다음 문단(Ⅳ)에서 상술한다.
88) 권영준(주 15), 332면; 권영준(주 16), 313-314면; 배병일(주 27), 165면 참조. 다만, 초기의 대법원 판결 중 대법원 1974. 5. 28. 선고 73다399 판결[공1974. 7. 1.(491, 789)], 대법원 1985. 8. 13. 선고 85다카421 판결[집33(2)민, 164; 공1985. 10. 1.(761), 1240]은 대상법리를 부당이득반환청구에 있어 손실의 문제와 연계시켰다.
89) 대법원 1989. 2. 28. 선고 88다카4482 판결[공1989. 4. 15.(846), 528], 대법원 1991. 2. 8. 선고 90다7166 판결[공1991. 4. 1.(893), 954], 대법원 1991. 2. 8. 선고 90다14546 판결[공1991. 4. 1.(893), 959] 등. 위 대법원 판결들은 토지소유자가 택

지방자치단체가 다른 이용자들과 함께 사실상 도로를 그 상태 그대로 이
용하였다는 사정만으로는 그 부지에 대한 점유를 인정할 수 없다거나[90]
또는 ③ 도로법 등에 의한 도로개설절차가 이루어져 도로관리를 개시하
게 된 때부터 비로소 지방자치단체의 점유·관리를 인정할 수 있다[91]는
등의 입장을 취하였다.

　살피건대, 당시 대법원은 도로의 실질적인 개설주체와 사실상 지배
주체를 연계시키려는 경향이 있었던 것으로 짐작되는바,[92]·[93] 그러한 측
면에서 대상법리를 점유의 문제와 결부시켰던 것으로 생각된다.[94] 이는

지 매수인 등에게 무상으로 통행할 수 있는 권한을 부여함으로써 배타적 사용수익
권을 포기하였으므로, 지방자치단체가 지목을 도로로 변경하거나 통행인들의 편의
를 위하여 포장공사를 하거나 공사비용을 보조한 사실이 있더라도 지방자치단체의
점유를 인정할 수 없다고 판시하였다.

90) 대법원 1975. 12. 9. 선고 75다997 판결[집23(3), 민105, 공1976. 2. 1.(529),
8858]. 위 판결은 해당 지방자치단체가 사실상 도로의 개설주체가 아닐뿐더러 그
이용태양 역시 사실상 도로를 그 상태 그대로 이용하였을 뿐 다른 이용자들의 자
유사용을 능가하는 특별사용의 정도에 이르지는 않았다는 전제에 선 것으로 보인
다. 위 판결에서는 지방자치단체의 도로포장 및 배수로설치 등 공사시점을 점유개
시시점으로 보았다.

91) 대법원 1990. 2. 13. 선고 88다카20514 판결[공1990. 4. 1.(869), 622]. 다만, 위
판결은 포장공사나 하수도공사 등을 시행한 것만으로는 점유·관리사실을 인정하
기에 부족하다는 취지로 판시하였다.

92) 같은 견해로 문춘언(주 46), 41면 참조. 신영철, "지방자치단체의 사유지 점용과
부당이득반환의무", 대법원판례해설 제16호, 법원도서관(1992), 54면은 대법원이 점
유관계를 소유자와 지방자치단체 간의 상대적·주관적 개념으로 파악한 결과로 생
각된다는 입장을 밝히고 있다.

93) 다만, 대법원은 구체적 사실관계에 따라 도로의 개설주체와 점유주체의 상호 관
계에 관한 판단을 달리하였던 것으로 보인다. 가령, 대법원 1989. 7. 11. 선고 88
다카16997 판결[집37(2)민, 194; 공1989. 9. 1.(855), 1218]은 지방자치단체가 '재정
적 지원'을 하여 사실상 도로에 포장공사나 하수도공사 등을 실시하는 경우, 도로
개설의 형식적 주관자가 누구냐에 관계없이 지방자치단체가 도로화된 그 토지의
점유·관리를 하게 된다고 봄이 상당하다고 판시함으로써, 도로개설의 형식적 주
관자와 도로점유자를 분리 판단하였다. 그 밖에 도로개설주체와 도로점유자를 달
리 본 대법원 판결례와 그에 관하여 보다 자세한 내용은 권남혁, "지방자치단체가 사
유토지를 사실상 도로로 사용하고 있음을 원인으로 한 부당이득반환청구-도로의 점
유관리시기와 관련하여-", 대법원판례해설 제8호, 법원도서관(1988), 125-132면 참조.

94) 즉, 소유자가 도로부지에 관한 배타적 사용수익권을 포기하고 사실상 도로를 개
설하였다면 그 도로의 실질적 개설주체는 소유자라 할 것이고, 도로의 실질적 개
설주체가 아닌 지방자치단체의 도로부지 점유는 부정된다.

사실상 도로에 관한 지방자치단체의 점유를 부정함으로써 지방자치단체의 취득시효 주장을 차단하려는 정책적 고려에 바탕을 둔 것으로 평가되기도 한다.[95] 그러나 토지소유자의 주관적 의사(배타적 사용수익권을 행사하지 않겠다는 의사)와 점유라는 객관적 사실(사실적 지배관계)은 별개의 개념이므로 전자가 후자에 영향을 미친다고 보기는 어렵다는 점에서,[96] 위와 같은 종래 대법원의 입장에 대하여 비판론이 제기되어 왔다.

이후 대법원은 1991. 7. 9. 선고 91다11889 판결[97]에서 대상법리를 부당이득반환청구에 있어 '손실'의 문제와 결부시켰고, 이러한 입장은 대법원 판결의 주류적 흐름을 형성하게 되었다.[98]

Ⅳ. 대상법리의 이론적 근거

1. 종래의 논의

대상법리에서 의미하는 '배타적 사용수익권의 포기'의 법적 성격에 대하여, 종래 ① 배타적 사용수익권능에 관한 물권적 권리포기에 해당한다는 견해,[99] ② 채권적 의미의 사용승낙이라는 견해, ③ 단순한 권리불

---

95) 배병일(주 27), 165면; 문춘언(주 46), 42면 참조. 한편, 김영훈(주 10), 56면은, 대법원이 점유의 문제와 대상법리를 연관시킨 것은 물권법정주의 내지 소유권의 절대성의 법리에 반하는 문제점을 염두에 둔 것으로 보고 있다.

96) 권영준(주 16), 314면; 배병일(주 27), 166면; 김상호, "지방자치단체의 사유지 점용과 부당이득반환의무의 성부 및 범위", 민사재판의 제문제 제7권; 죽당 김상원 선생 공우 윤일영 선생 화갑기념, 한국사법행정학회(1993), 730면 참조.

97) 대법원 1991. 7. 9. 선고 91다11889 판결[공1991. 9. 1.(903), 2126]은, 지방자치단체가 도로포장공사비용 상당 부분을 지원하였다면 그 포장공사가 완료된 때부터 도로부지를 점유한다고 할 것이나, 토지소유자가 배타적 사용수익권을 포기 또는 상실하였다면 지방자치단체의 점유로 인하여 토지소유자에게 어떤 손실이 생긴다고 할 수 없으므로 그 점유로 인한 부당이득의 반환을 구할 수 없다고 판시하였다.

98) 권영준(주 15), 332-333면; 권영준(주 16), 314면; 신영철(주 92), 56면 참조.

99) 권영준(주 16), 308-309면 참조. 다만, 위 논문의 견해는 대법원 2009. 3. 26. 선고 2009다228, 235 판결[공2009상, 571] 이전의 견해로서, 종래 대법원 판결들이 물권적 권리포기설을 취하고 있음을 전제로 그에 대한 문제점을 지적하고 있다. 권영준(주 15), 343면은 최근 대법원 판결들이 전원합의체로 선고되지 않은 것은 대법원이 종전 판결들이 의미한 배타적 사용수익권의 포기를 채권적 의미로 선해한 것이라고 평가하고 있다.

행사 상태라는 견해,[100] ④ 물권행위로서 무상의 통행지역권을 설정한 것
이라는 견해,[101] ⑤ 신의칙에 근거한 권리행사의 제한이라는 견해[102] 등
이 대립하였다.

2. 최근 대법원의 입장

대법원은 1991. 2. 8. 선고 90다7166 판결에서 대상법리가 물권법정
주의 내지 소유권의 절대성의 법리에 비추어 문제가 있음을 지적하였
다.[103] 최근 대법원은 대상법리와 물권법 체계 사이의 관계를 고민한 것
으로 보이는 판결들을 아래와 같이 선고하였다.

대법원 2009. 3. 26. 선고 2009다228, 235 판결[공2009상, 571]
[사실관계]

X(망인, 전 토지소유자)는 1982년경 B(지방자치단체, 점유자)에게 당해

---

100) 임한흠, "도로부지로 된 토지에 대한 종전 소유자의 사용수익권 포기와 그 특정
    승계인의 부당이득반환청구", 민사재판의 제문제 제10권: 운파 박준서 선생 화갑기
    념, 민사실무연구회(2000), 257면은, 일반 공중의 무상통행권이란 배타적인 사용수
    익을 하지 않는 사실관계 내지 토지소유자의 소극적인 심리상태에 기인한 반사적
    이익에 불과하다고 보고 있다.
101) 김민정, "사실상 도로로 사용되는 토지에 대한 소유자의 배타적 사용수익권의
    포기란 무엇이고, 토지의 특정승계인에게는 어떤 효력이 있는가", 재판실무연구 제
    2010호, 광주지방법원(2011), 80~81면 참조. 이 견해는 대법원 판결이 '배타적 사
    용수익권의 포기'라는 용어와 함께 '무상통행권의 부여'라는 용어를 함께 사용하는
    경우가 많았다는 점에 착안하고 있다. 대법원 2009. 3. 26. 선고 2009다228, 235
    판결[공2009상, 571]이 소유권의 일부 권능을 포기하는 것은 물권법정주의에 반한
    다는 지적을 함에 따라, 그 비판론을 극복하기 위하여 제시된 견해로 보인다.
102) 김영훈(주 10, 80~84면; 김문관(주 83), 110~111면 참조. 한편, 신영철(주 92),
    55면은 사실상 도로의 개설로 상당한 개발이익을 보았을 것으로 추정되는 토지소
    유자가 부당이득을 주장함은 정의관념에 반하는 주장으로 생각된다는 입장을 밝히
    고 있는바, 이 견해 역시 신의칙을 전제하고 있는 것으로 짐작된다.
103) 대법원 1991. 2. 8. 선고 90다7166 판결[공1991. 4. 1.(893), 954]은 사실상 도로
    의 특정승계인이 독점적이고 배타적인 사용수익권을 주장할 수 없다는 원심의 표
    현이 부동산에 관한 물권법정주의 내지 소유권의 절대성의 법리에 비추어 미흡한
    점이 있다는 취지로 지적하였는바, 이는 대상법리에서 의미하는 배타적 사용수익
    권의 포기가 물권적 효력을 가지지 않는다는 전제에 선 것으로 보인다. 다만 위
    사안에서는 지방자치단체의 점유가 인정되지 아니하여, 지방자치단체에 대한 부당
    이득청구가 허용되지 아니하였다.

토지 위에 농촌지도소 사무실로 쓸 건물을 신축하고 그 부지로 위 토지
를 사용하는 것을 승낙하였고, B는 1982년경부터 2003년경까지 당해 토
지에 관하여 세금을 부과하지 아니하였다. A(상속인, 토지소유자)는 당해
토지를 단독으로 상속한 뒤 B를 상대로 소유권에 기하여 위 건물의 철거
및 당해 토지의 인도를 구하였다.

[대법원의 판단]

소유권은 외계 물자의 배타적 지배를 규율하는 기본적 법질서에서
그 기초를 이루는 권리로서 대세적 효력이 있으므로, 그에 관한 법률관
계는 이해당사자들이 이를 쉽사리 인식할 수 있도록 명확하게 정하여져
야 한다. 그런데 소유권의 핵심적 권능에 속하는 사용수익의 권능이 소
유자에 의하여 대세적으로 유효하게 포기될 수 있다고 하면, 이는 결국
처분권능만이 남는 민법이 알지 못하는 새로운 유형의 소유권을 창출하
는 것으로서, 객체에 대한 전면적 지배권인 소유권을 핵심으로 하여 구
축된 물권법의 체계를 현저히 교란하게 된다. 종전의 재판례 중에는 타
인의 토지를 도로 등으로 무단 점용하는 자에 대하여 소유자가 그 사용
이득의 반환을 사후적으로 청구하는 사안에서, 이른바 공평을 이념으로
한다는 부당이득법상의 구제와 관련하여 그 청구를 부인하면서 소유자의
'사용수익권 포기' 등을 이유로 든 예가 없지 않다. 그러나 그 당부는 별
론으로 하고, 그 논리는 소유권의 내용을 장래를 향하여 원만하게 실현
하는 것을 내용으로 하여 소유권의 보호를 위한 원초적 구제수단인 소유
물반환청구권 등의 물권적 청구권과는 무관한 것으로 이해되어야 한다.[104]

토지의 소유권자가 그 토지에 관한 사용수익권을 점유자에 대한 관계
에서 채권적으로 '포기'하였다고 하여도, 그것이 점유자의 사용수익을 일시
적으로 인정하는 취지라면, 이는 사용대차의 계약관계에 다름 아니다.[105]

---

104) 위 대법원 판결은 대상법리가 부당이득법상의 구제와 관련된 법리이고 물권적
청구권과는 무관하다는 점을 명시적으로 밝혔다는 점에서도 의의가 있다. 대법원
2012. 7. 12. 선고 2012다26411 판결[미간행]도 위 대법원 2009. 3. 26. 선고 2009
다228, 235 판결[공2009상, 571]의 취지를 그와 같이 이해하고 있다. 대상법리가 물
권적 청구권에도 적용될 수 있는지에 관하여는 다음 문단(Ⅴ)에서 상술한다.

대법원 2012. 6. 28. 선고 2010다81049 판결[공2012하, 1294]

[사실관계]

X(전 토지소유자)는 1971년경 토지를 분할하여 택지조성사업을 시행하였고, A(지방자치단체, 점유자)는 그 중 일부를 매수하여 휴양택지로 분양하였다. B(특정승계인, 토지소유자)는 2006년경 X로부터 당해 토지를 매수하였는데, 당해 토지는 인근 주민들과 일반 공중의 통행에 사용되는 현황도로이고, 공로로 출입하는 유일한 통행로이다. B가 당해 토지에 대한 배타적 사용수익권의 포기를 부정하는 듯한 태도를 보임에 따라, A는 X와 B를 공동피고로 하여 예비적으로 배타적 사용수익권의 부존재 확인을 구하는 소를 제기하였다.[106]

[대법원의 판단]

민법 제211조는 "소유자는 법률의 범위 내에서 그 소유물을 사용, 수익, 처분할 권리가 있다"고 규정하고 있으므로, 소유자가 채권적으로 상대방에 대하여 사용수익의 권능을 포기하거나 사용수익권 행사에 제한을 설정하는 것 외에 소유권의 핵심적 권능에 속하는 배타적인 사용수익 권능이 소유자에게 존재하지 아니한다고 하는 것은 물권법정주의에 반하여 특별한 사정이 없는 한 허용될 수 없다.

토지소유자가 토지를 내왕하는 사람들에 대하여 배타적 사용수익권을 주장하며 통행을 방해하는 등의 행위를 할 수 없다고 하더라도, 이러한 권리행사 제약이나 그에 따른 법률상 지위는 채권적인 것에 불과하여 구체적 상황과 맥락에 따라 토지소유자가 수인하여야 하는 권리행사상

---

105) 대법원 2009. 7. 9. 선고 2007다83649 판결[미간행]은, 위 대법원 판결을 인용하면서 소유자가 당초 재개발사업시행자를 상대로 당해 토지의 사용수익을 승낙하였지만 그와 같은 사정만으로 소유자가 그 사용수익권을 대세적·영구적으로 유효하게 포기하였다고 볼 수는 없고, 이는 재개발사업의 시행을 위하여 사용수익권을 채권적으로 포기하거나 사업시행자에게 사용수익권을 부여한 것에 불과하므로, 그 법적 성질은 민법상 사용대차라고 봄이 상당하다고 판시하였다. 위 각 대법원 판결들은 사실상 도로에 관한 사안은 아니다.

106) A는 기부채납을 원인으로 한 소유권이전등기절차이행 등도 주위적으로 구하였으나, 1심 및 원심 판결 모두 그 주위적 청구를 배척하였다.

제약의 내용이나 범위가 달라질 수밖에 없으므로, 일반적으로 토지소유자에 대하여 '배타적 사용수익권이 존재하지 않는다'는 취지의 확인을 구하는 것은 특별한 사정이 없는 한 당사자 또는 제3자 사이의 권리관계 불안이나 위험을 제거할 수 있는 유효·적절한 수단이 된다고 볼 수 없어 확인을 구할 이익이 없다.

　대법원 2013. 8. 22. 선고 2012다54133 판결[공2013하, 1685]
　[사실관계]
　X(망인, 전 토지소유자)는 1967년경 서울 송파구 풍납동 토지(지목: 전, 1차적 모토지)를 취득한 뒤 1970년경부터 이를 여러 필지로 분할하여 여러 해에 걸쳐 매도하였다. X는 그 과정에서 1차적 모토지의 중간 부분을 가로지르는 길고 좁은 형태의 토지(2차적 모토지)에 대해서는 지목변경을 신청하여 도로로 지목을 변경하고, 이를 인근 주민들의 통행로로 제공하였다. 그 후 2차적 모토지는 최종적으로 서울 강동구 천호동 도로 56㎡(당해 토지) 등 4필지의 토지로 분할되었다. A(상속인, 토지소유자)는 X가 1976년경 사망한 이후 당해 토지를 상속하였고, B(지방자치단체, 점유자)는 1976년경부터 당해 토지를 천호대로 부지에 편입하여 이를 권원 없이 점유·사용하고 있었다. 2차적 모토지 중 당해 토지를 제외한 나머지 부분은 약 40년 동안 인근 주민들의 통행로로 사용되어 오고 있다.

　[대법원의 판단]
　토지소유자가 그 소유 토지를 일반 공중의 통행로로 무상제공하거나 그에 대한 통행을 용인하는 등으로 자신의 의사에 부합하는 토지이용상태가 형성되어 그에 대한 독점적·배타적 사용수익권이 인정되지 않는다고 보는 경우에도, 이는 금반언이나 신뢰보호 등 신의성실의 원칙상 기존의 이용상태가 유지되는 한 토지소유자는 이를 수인하여야 하므로 배타적 점유·사용을 하지 못하는 것으로 인한 손해를 주장할 수 없기 때문에 부당이득반환을 청구할 수 없는 것일 뿐이고, 그로써 소유권의 본질적 내용인 사용수익권 자체를 대세적·확정적으로 상실하는 것을 의미한다고 할 것은 아니다. 따라서 그 후 토지이용상태에 중대한 변화가 생기는 등으로 배타적 사용수익권을 배제하는 기초가 된 객관적인 사정이 현저히 변경된 경우에는, 토지소유자는 그와 같은 사정변경이 있은 때부터는 다시 사용수익권능을 포함한 완전한 소유권에 기한 권리주장을 할 수 있다고 보아야 한다. 이때 그러한 사정변경이 있는지는 당해 토지의 위치와 물리적 성상, 토지소유자가 토지를 일반 공중의 통행에 제공하게 된 동기와 경위, 당해 토지와 인근 다른 토지들과의 관계, 토지이용 상태가 바뀐 경위 및 종전 이용상태와의 동일성 여부 등 전후 여러 사정을 종합적으로 고려하여 판단할 것이다.

X가 토지를 여러 필지의 택지로 분할하여 매도하면서 2차적 모토지를 그 택지 소유자나 인근 주민 등 일반 공중을 위한 통행로로 무상 제공하였으므로 그러한 상태가 유지되는 한 그에 대한 독점적·배타적 사용수익권을 행사할 수 없게 되어 그에 따른 손해를 주장할 수도 없었다 할 것이나, 그 후 당해 토지가 천호대로 부지로 편입됨으로써 X가 당초 당해 토지를 인접 토지 소유자 등의 통행에 제공한 때와는 그 이용상태가 근본적으로 달라졌다 할 것이고, 그와 같은 사정변경이 있은 때부터는 그 소유자인 X 및 A는 그에 대한 완전한 소유권을 주장하여 권리행사를 할 수 있게 되었다고 보아야 한다.[107]

3. 검   토

가. 물권적 권리포기설 등에 대한 비판적 견해

① 물권적 권리포기설은 물권법정주의와 공시의 원칙과의 관계에서 이론적 정합성을 인정하기 어렵다는 법리적인 문제점을 내포하고 있고,[108] 대법원은 2009. 3. 26. 선고 2009다228, 235 판결 이래 물권적 권

---

107) 권영준(주 12), 68면은 대법원 2013. 8. 22. 선고 2012다54133 판결[공2013하, 1685]이 배타적 사용수익권의 포기와 회복의 문제를 다루고 있다고 평가하고 있다.
108) 권영준(주 15), 334-335면; 권영준(주 16), 319-321면; 임한흠(주 100), 256면; 김민정(주 101), 79-80면 참조.

리포기설을 채택하고 있지 않음을 명확히 선언하고 있다.[109] ② 물권으로
서의 무상통행지역권설 역시 물권법정주의와 물권변동에 관한 성립주의
에 반한다는 문제점이 있다.[110] ③ 권리불행사설은 권리자가 나중에 자신
의 권리를 행사하는 경우에 그 권리행사가 허용되지 않는다는 점을 설명
하기 어렵고,[111] 특정승계인이 배타적 사용수익권을 행사할 수 없다는 점
을 설명하기도 곤란하다.

나. 채권적 의미의 사용승낙설에 대한 비판적 견해

채권적 의미의 사용승낙으로 보는 견해도 다음과 같은 문제점이 있다.

① 채권관계는 채권의 만족이라는 특수한 목적을 위해 존속하는 인
적 결합[112]으로 상대성을 그 본질로 하기 때문에, 그 구속력이 미치는 당
사자의 범위가 명확히 특정되어야 한다. 그러나 사실상 도로를 통행하는

---

109) 다만, 대법원 1994. 9. 30. 선고 94다20013 판결[공1994. 11. 1.(979), 2850] 등
 종전의 대법원 판결들은 특정승계인의 부당이득반환청구를 제한하면서 특정승계인
 의 인식 여부를 그 판단기준으로 삼고 있는바, 이광만, "도로로 무상제공된 토지를
 특정승계한 자의 무상통행 수인의무의 승계 여부", 판례연구 제9집, 부산판례연구
 회(1998), 54면은 이를 근거로 대법원이 종전에도 배타적 사용수익권의 제한을 물
 권적 부담으로 보지는 않았다는 입장을 취하고 있다. 권영준(주 15), 343면은 대법
 원이 종전에 판시하였던 '배타적 사용수익권 포기'의 의미를 최근 들어 채권적 의
 미로 선해한 것으로 보고 있다.
110) 김영훈(주 10), 71~72면; 배병일(주 27), 171면 참조. 한편, 사실상 도로의 소유
 권을 취득한 특정승계인이 이를 통행하는 인근 주민들의 도로통행을 방해하였고,
 이에 인근 주민들이 특정승계인을 상대로 관습상의 통행권 확인을 구한 사건에서,
 대법원 2002. 2. 26. 선고 2001다64165 판결[공2002. 4. 15.(152), 804]은 관습상의 사
 도통행권을 인정함은 물권법정주의에 반하여 허용될 수 없다는 취지로 판시하였다.
111) 김영훈(주 10), 74~75면; 권영준(주 15), 336~337면; 권영준(주 16), 321~322면;
 배병일(주 27), 171면 참조. 권리자는 권리불행사의 자유를 가지는바, 권리자가 장
 기간에 걸쳐 그 권리를 행사하지 아니하여 새삼스럽게 그 권리를 행사하는 것이
 신의칙에 위반되어 허용되지 않는다고 하려면, 의무자인 상대방이 더 이상 권리자
 가 그 권리를 행사하지 아니할 것으로 믿을 만한 정당한 사유가 있어야 한다. 대
 법원 2002. 1. 8. 선고 2001다60019 판결[공2002. 3. 1.(149), 450]은 토지가 분할되
 어 도로부지로 편입된 경우에 토지소유자가 56년 이상 권리를 행사하지 않은 사정
 만으로는 더 이상 그 권리를 행사하지 않을 것으로 상대방이 믿을 만한 정당한
 사유가 있다고 보기 어렵다고 판시하였는바, 김영훈(주 10), 74면과 권영준(주 16),
 322면은 위 판결을 들어 권리불행사설의 문제점을 비판하고 있다.
112) 곽윤직(편집대표), 민법주해[Ⅷ], 채권(1), 박영사(1995), 21면(이은영 집필부분)
 참조.

사람은 불특정 다수의 일반 공중이므로 토지소유자가 채권적 의무를 부담하는 상대방의 범위가 명확히 특정될 수 없고, 이는 채권의 본질에 반하는 결과를 야기할 수 있다. 사실상 도로를 점유·관리하는 지방자치단체를 채권관계의 상대방으로 특정하고[113] 그 도로를 통행하는 일반 공중은 위 채권관계로부터 반사적 이익을 얻는다는 구성방식으로 접근할 여지도 있으나, 이러한 접근방식은 사실상 도로가 형성된 후 지방자치단체가 도로포장공사 등을 실시하여 '사후적'으로 점유하게 된 경우나[114] 지방자치단체가 도로부지를 점유하고 있다고 볼 수 없는 '택지 내 도로'의 경우에는 이론적 구성이 곤란하다는 한계가 있다.

② 채권관계는 계약 등 당사자의 의사합치 또는 법률의 규정에 의하여 발생한다.[115] 소유자가 토지를 일반 공중의 통행에 제공하였다거나 그 통행을 용인하였다는 사정만으로는 그 법률관계의 당사자 사이에 배타적 사용수익권을 행사하지 않기로 하는 구체적이고 확정적인 의사합치가 있었다고 보기 어렵다. 이를 제3자를 위한 계약관계로 이해하더라도 제3자를 위한 계약은 이익을 받을 제3자가 채무자에 대하여 이익을 받을 의사표시를 한 때에 비로소 그 효력이 발생하는데(민법 제539조 제2항),[116] 소유자의 일방적 의사표시만으로 상대방의 의사표시 없이 바로 채권관계가 형성된다고 볼 수도 없다.

③ 가장 큰 문제점은 특정승계인의 배타적 사용수익권 행사를 제한하는 판례의 논리에 대하여 이론적 근거를 제공할 수 없다는 점이다. 채권적 부담은 법률의 근거 없이 제3자에게 승계될 수 없으므로, 전 소유자가 부담하던 권리행사 제한의 부담[117]이 특정승계인에게 그대로 승계된

---

113) 권영준(주 15), 335–336면 참조.
114) 김영훈(주 10), 74면 참조.
115) 곽윤직(주 112), 22–24면은 채권관계의 발생원인으로 계약, 사무관리, 부당이득, 불법행위를 들고 있다.
116) 이는 그 누구도 타인이 체결한 계약에 의하여 권리취득이 강요될 수 없다는 자유주의의 기본적 요청을 입법화한 것이다. 곽윤직(편집대표), 민법주해[XIII], 채권(6), 박영사(1997), 157–158면(송덕수 집필부분) 참조.
117) 채권적 의미의 사용승낙설에 의하면 이는 채권적 효력을 가지는 부담에 해당한다.

다고 볼 수는 없다. 그렇다면 특정승계인이 고유한 지위에서 채권관계를 새로이 형성한다고 볼 수 있을까? 특단의 사정이 없는 한 이를 부정함이 타당하다. 대법원은 특정승계인이 사용수익의 제한이라는 부담이 있다는 사정을 '인식'하고서 토지를 취득한 경우에도 그 배타적 사용수익권 행사를 제한하고 있다. 그와 같은 법리의 구체적 타당성은 별론으로 하고, 기존의 법률관계에 대한 주관적 인식과 소유권 취득행위만으로 특정승계인이 장차 배타적 사용수익권을 행사하지 않겠다는 의사표시를 하였다고 보는 것은 지나치게 의제적인 해석으로 보인다.[118] 뿐만 아니라, 그러한 의사표시가 존재한다고 가정하더라도 상대방의 범위를 특정할 수도 없다.

④ 대상판결은 '배타적 사용수익권 포기'의 의미와 관련하여 이는 소유자가 대세적으로 포기한 것이 아니라 도로부지로 무상 제공받은 사람들에 대한 관계에서 채권적으로 포기한 것이라고 판시하였다. 그러나 위 판시가 그에 따른 권리행사 제한의 효력이 물권적 대세효가 아닌 채권적 상대효에 불과하다는 의미를 넘어, 소유자와 점유자(또는 이용자) 사이에 채권관계가 성립되었다는 의미까지 내포하고 있다고 단정하기는 어렵다.

다. 소결-신의성실의 원칙에 근거한 권리행사의 제한

생각건대, 대상법리가 신의성실의 원칙에 근거한 것이라고 볼 경우 우리 민법 체계와의 이론적 정합성을 도모할 수 있다. 그 이유는 다음과 같다.

① 사적자치의 원칙은 '당사자의 의사에 의한 법률관계의 자기결정적 형성'을 본질적 내용으로 하므로,[119] 타인의 토지에 대한 자유로운 무상통행은 배타적 사용수익권을 행사하지 않겠다는 토지소유자의 자발적 제공의사에 근거하여 정당화될 수 있다.[120] 실무적으로 대상법리가 문제

---

118) 이와 관련하여 권영준(주 15), 358-359면은, 권리를 포기 또는 행사하지 않겠다는 의사표시는 매우 엄격하게 제한적으로 해석되어야 하는바, 특정승계인의 소유권 취득행위로부터 배타적 사용수익권을 행사하지 않겠다는 채권적 의사표시를 도출하는 것은 무리한 해석으로서 경계되어야 한다는 입장을 밝히고 있다.

119) 문춘언(주 46), 60면; 지원림(주 60), 35-85면 참조. 대법원이 대상법리의 주관적 요건으로 소유자의 자발적 제공의사를 요구하는 것도 이와 같은 맥락으로 보인다.

120) 다만, 이는 타인의 토지에 출입하는 행위가 소유자에 대한 관계에서 불법행위를

되는 경우는 소유자가 자발적 제공의사의 존재를 다투거나 종전의 제공
의사를 철회하고자 하는 경우이다. 대법원 판결들은 소유자의 배타적 사
용수익권 포기 여부에 관한 사실인정의 문제로 먼저 접근한 뒤, 그 포기
가 긍정되는 경우라면 특별한 사정이 없는 한 소유자가 배타적 사용수익
권을 계속해서 행사할 수 없다는 입장, 즉 선행행위의 구속력을 인정하
는 입장에 서 있는 것으로 보인다.[121] 소유자와 점유자(또는 이용자) 사
이의 채권관계를 인정할 수 없다고 볼 경우, 이러한 구속력은 신의성실
의 원칙, 보다 구체적으로는 그 파생원칙인 모순행위금지의 원칙[122]에 의
해서만 설명이 가능해진다. 이때 소유자에 의하여 작출된 '토지의 객관적
이용상태', 즉 무상으로 통행할 수 있는 이용상태가 일반 공중이 가지는
신뢰의 내용이라 할 것인데,[123] 소유자의 배타적 사용수익권 행사는 그
객관적 이용상태를 변화시킴으로써 일반 공중의 신뢰를 침해하기에 허용
되지 않는다.[124]

② 대법원 2012. 6. 28. 선고 2010다81049 판결은 '대상법리에 따른

구성하지 않는다는 의미일 뿐 토지소유자와 일반 공중 사이에 채권관계가 형성되
었음을 의미하는 것은 아니다.

121) 대법원 2013. 8. 22. 선고 2012다54133 판결[공2013하, 1685] 등.
122) 선행하는 행태와 모순되는 후행행위에 원래대로의 법효과를 인정하게 되면 그
선행행태로 말미암아 야기된 신뢰를 부당하게 침해하는 경우에 그 후행행위의 법
효과를 인정하지 않는 법원칙을 의미한다. 보다 자세한 내용은 곽윤직(주 36), 119
면 참조.
123) 따라서 모순행위금지원칙에서의 '선행행태'에 해당하는 것은 '토지의 객관적 이용
상태'이고, 소유자의 제공의사와 제공행위는 모순적 행태에 대한 '귀책'으로 작용하
게 된다. 여기서 말하는 '귀책'은 엄격한 의미에서의 '과책사유(過責事由,
Verschulden)'를 의미하는 것은 아니다. 보다 자세한 내용은 곽윤직(주 36), 119면
참조.
124) 모순행위금지원칙에 의하여 보호되는 신뢰는 '법적으로 정당한 신뢰'여야 하므
로, 위 법원칙의 적용을 긍정하기 위해서는 그 사실상 도로가 공로로 통하는 유일
한 통행로이거나 다른 우회로로 통행하려면 특별히 과다한 비용을 요하는 경우와
같은 특별한 사정이 존재하여야 한다. 생각건대, 이러한 특별한 사정이 존재하지
않는 경우에는 법적으로 정당한 신뢰의 존재를 인정할 수 없으므로, 소유자는 토
지의 객관적 이용상태에 현저한 사정변경이 발생하지 않았더라도 배타적 사용수익
권을 행사할 수 있다고 봄이 타당하다. 다만, 경우에 따라서는 '통행의 자유성'과
'통행의 무상성'에 대한 신뢰의 보호가치를 달리 취급할 필요도 있을 것으로 보이
는바, 이에 관하여는 다음 문단(Ⅴ)에서 상술한다.

권리행사 제약이나 그에 따른 법률상 지위는 채권적인 것에 불과하여 구체적 상황과 맥락에 따라 소유자가 수인하여야 하는 권리행사상 제약의 내용이나 범위가 달라질 수밖에 없으므로'라고 판시함으로써 대상법리가 이익형량적 성격을 가지는 법리임을 암시하였고, 대법원 2013. 8. 22. 선고 2012다54133 판결은 아예 더 나아가 금반언이나 신뢰보호 등 신의성실의 원칙이 대상법리의 이론적 근거임을 명시적으로 밝히고 있다.[125]

③ 부당이득반환제도는 재산상 이득이 법률상 원인을 갖지 못한 경우에 공평·정의의 이념에 근거하여 이득자에게 그 반환의무를 부담시키는 것인바,[126] 대상법리가 토지소유자의 부당이득반환청구를 제한하기 위한 법리로 형성되었다는 연혁적 측면도 신의칙설의 한 논거로 고려될 수 있다.

④ 신의칙설에 의할 경우 특정승계인의 권리행사 제한도 이론적으로 설명할 수 있다. 이때 특정승계인은 사실상 도로의 소유권을 취득함으로써 전 토지소유자의 의무 내지 부담까지 아울러 승계하는 것이 아니라, 토지의 현 소유자라는 자신의 고유한 지위에서 신의칙상 권리행사의 제한을 받는 것으로 보아야 한다. 그런데 특정승계인이 사용수익 제한이라는 부담을 '인식'하고서도 토지를 취득하였다는 사정만으로는 그 토지의 객관적 이용상태에 대한 특정승계인의 '귀책'이 존재한다고 평가하기 어렵다.[127] 결국, 모순행위금지의 원칙만으로는 특정승계인의 권리행사가 제한되는 이유를 설명하기 어렵고, 그 권리행사 제한의 법리적 근거는 신의성실의 원칙[128]·[129]으로부터 도출되어야 한다. 대법원은 사실상 도로

---

125) 대법원 2013. 12. 26. 선고 2013다211575 판결[미간행], 대법원 2015. 4. 9. 선고 2014다234964 판결[미간행]도 대법원 2013. 8. 22. 선고 2012다54133 판결[공2013 하, 1685]을 인용하면서 대상법리의 이론적 근거가 신의칙에 있음을 밝히고 있다.

126) 대법원 2017. 6. 29. 선고 2017다213838 판결[공2017하, 1569]. 통설도 이와 동일한 입장으로 보인다. 곽윤직(편집대표), 민법주해[XVII], 채권(10), 박영사(2005), 159-161면(양창수 집필부분) 참조.

127) 이와 달리, 특정승계인이 사용수익 제한의 부담을 인식하고서도 토지를 취득한 행위 자체가 신의칙상 '귀책'에 해당한다고 평가할 경우에는 특정승계인의 권리행사도 모순행위금지의 원칙에 의하여 제한된다. 토지소유권의 사회적 구속성이 이러한 평가의 한 논거가 될 수 있을 것이다.

128) 특정승계인의 권리행사가 제한되는 근거를 신의칙의 한 내용 또는 그 파생원리

를 취득하려는 자가 당해 토지의 위치, 현황과 부근 토지의 상황 등을 미
리 점검해 볼 것이라는 점이 경험칙상 당연히 예상된다고 판시하고 있
고,[130] 사실상 도로로 사용되는 토지는 그 시가가 현저히 낮은 가격으로 형
성되는 것이 통례이다. 추측건대, 대법원은 위와 같은 사정과 사실상 도로
의 공적·사회적 속성, 당해 토지의 재산상 활용가치 등을 종합적으로 고려
하였을 때 특정승계인이 배타적 사용수익권을 행사한다는 것은 정의관념과
일반적 법감정에 반한다는 전제에 서 있는 것으로 보인다.[131] 다만, 신의칙

인 권리남용금지의 원칙에서 도출하는 견해도 있다. 다만, 권리남용에 해당하기
위해서는 주관적 요건으로서 가해의사의 존재가 요구되는바, 특정승계인의 권리행
사로부터 그러한 가해의사를 도출할 수 있을지 문제된다(특정승계인의 권리행사를
제한한 종래 대법원 판결들은 그러한 가해의사의 존재에 관하여는 특별한 언급을
하지 않고 있다). 대법원 2003. 11. 27. 선고 2003다40422 판결[공2004. 1. 1.(193),
17]토지소유자가 한국전력공사를 상대로 송전선로의 철거를 구한 사안으로서, 송
전선로의 침범면적은 51㎡에 불과하고, 그에 상응하는 구분지상권의 월 임료는
630원에 불과하며, 소유자가 막대한 보상금을 요구하던 중 철거소송을 제기하였
고, 철거가 허용될 경우 국가기간산업에 막대한 손실이 예상되었던 사안)은, 권리
의 행사가 주관적으로 오직 상대방에게 고통을 주고 손해를 입히려는 데 있을 뿐
이를 행사하는 사람에게는 아무런 이익이 없고, 객관적으로 사회질서에 위반된다
고 볼 수 있으면, 그 권리의 행사는 권리남용으로서 허용되지 아니하고, 그 권리
의 행사가 상대방에게 고통이나 손해를 주기 위한 것이라는 주관적 요건은 권리자
의 정당한 이익을 결여한 권리행사로 보이는 객관적인 사정에 의하여 추인될 수
있다고 판시하였다. 그러나 위 대법원 판결에서 드러난 사실관계의 특수성을 고려
하면 대상법리가 적용되는 사안에서도 특정승계인의 가해의사를 쉽게 추인할 수
있을지 의문이 있는바, 특정승계인의 배타적 사용수익권 행사는 특별한 사정이 없
는 한 권리남용으로 보기 어렵다고 할 것이다.
129) 대법원 1991. 12. 10. 선고 91다3802 판결[공1992. 2. 1.(913), 467]은, 신의성실
의 원칙에 반한다는 이유로 그 권리행사를 부정하기 위해서는 '상대방에게 신의를
공여하였다거나, 객관적으로 보아 상대방이 신의를 가짐이 정당한 상태에 이르러
야 하고 이와 같은 상대방의 신의에 반하여 권리를 행사하는 것이 정의관념에 비
추어 용인될 수 없는 정도의 상태에 이르러야 한다'고 판시하였다. 즉, 신의성실의
원칙에 있어서는 주관적 가해의사의 존재가 별도로 요구되지 않는다. 특정승계인
의 권리행사 제한의 근거를 파생원칙인 모순행위금지의 원칙에서 찾지 않을 경우
(주 122 참조), 대원칙으로서의 신의성실의 원칙이 그 이론적 근거가 될 것이다.
보다 자세한 내용에 관하여는 양경승, "변론주의와 직권주의의 구별기준 및 상고
심의 심리대상", 사법논집 제62집, 법원도서관(2017), 483-492면 참조.
130) 대법원 1994. 9. 30. 선고 94다20013 판결[공1994. 11. 1.(979), 2850], 대법원
1999. 5. 11. 선고 99다11557 판결[공1999. 6. 15.(84), 1140] 등.
131) 대법원 1999. 5. 11. 선고 99다11557 판결[공1999. 6. 15.(84), 1140]은, 지목이
도로로 변경되어 이미 20년 이상 간선도로로 사용되고 있는데 매수인이 그러한 사

설에 의하더라도 소유자, 특히 특정승계인의 부당이득반환청구가 제한된다
는 견해에는 의문이 있는바, 이에 관하여는 다음 문단〔Ⅵ〕에서 상술한다.

Ⅴ. 분쟁유형별 문제해결방식 검토[132]

1. 소송법적 검토

신의성실의 원칙에 반하는 것은 강행규정에 위배되는 것이므로 당사
자의 주장이 없더라도 법원은 직권으로 판단할 수 있다.[133] 따라서 대상
법리의 적용에 대해서는 변론주의가 적용되지 않고, 법원은 원칙적으로
소송당사자의 주장이 없더라도 직권으로 배타적 사용수익권의 행사가 제
한되는지 여부를 심리하고 판단을 내릴 수 있다.[134] 그러나 대상법리가
일반조항을 이론적 근거로 하고 있어 그 적용에 신중을 기해야 한다는
점을 감안하면, 법원이 직권판단에 나아가기에 앞서 석명권을 행사하는
등의 방법으로 소송당사자에게 변론 및 입증의 기회를 부여하는 것이 바
람직할 것이다.

2. 심리의 단계

사실상 도로에 관한 분쟁이라 하더라도 법률 또는 계약관계 등에
의하여 해당 분쟁이 규율될 수 있는 경우에는 대상법리가 적용되지 않는

정을 알고도 굳이 상당한 금액을 지급하고 사실상 도로를 매수하였다면, 매수인은
지방자치단체에 대하여 부당이득금이나 손실보상금 등을 청구할 목적으로 이를 매
수하였다고 보아야 한다고 판단하면서, 매수인에게 아무런 손해가 생기지 않았다
는 이유로 부당이득반환청구를 배척하였다. 위 대법원 판결이 명시적으로 밝히지
는 않았으나, 특정승계인의 부당이득반환청구가 정의관념에 반한다는 전제에 서
있었던 것으로 추측된다.

132) 이하 해당 문단은 대상법리가 신의성실의 원칙에 근거하고 있음을 전제로 한 내
용이다.

133) 대법원 1989. 9. 29. 선고 88다카17181 판결〔공1989. 11. 15.(860), 1576〕, 대법원
1995. 12. 22. 선고 94다42129 판결〔공1996. 2. 15.(4), 473〕 등.

134) 다만, 대법원 2013. 8. 22. 선고 2012다54133 판결〔공2013하, 1685〕 이후에도 법
원이 직권으로 대상법리를 적용한 예는 특별히 발견되지 않는다. 김영훈(주 10),
84면에 의하면, 종래의 실무는 대상법리를 부당이득반환청구에 대한 항변사항으로
파악하고 있었다.

다.[135] 신의칙은 일반조항으로서 보충적으로만 적용될 수 있기 때문이다. 신의칙설에 의할 경우 법원의 심리단계는 다음과 같이 분류할 수 있다.

① 점유자(또는 이용자)가 법률 또는 계약관계 등에 기하여 소유자의 소유권 행사에 대항할 수 있는가? 또는 그 기초적 법률관계를 규율하는 계약관계가 존재하는가?
☞ 대상법리의 적용대상성 문제(보충성의 원칙)
② 소유자가 배타적 사용수익권을 포기하였다고 평가할 수 있는가?
☞ 대상법리의 적용요건 문제(Ⅲ의 2. 나. 참조)
③ 소유자(특정승계인)가 종전에 포기한 배타적 사용수익권을 다시 행사하는 것이 허용되는가?
☞ 대상법리의 구속력 문제(모순행위금지의 원칙 또는 신의성실의 원칙)

3. 물권적 청구권에 관한 대상법리의 적용 여부

대상법리는 토지소유자의 부당이득반환청구를 제한하기 위하여 창출, 발전되어 온 법리이다. 그렇다면 토지소유자가 물권적 청구권을 행사하는 경우에도 대상법리가 적용될 수 있는가?

대법원 2009. 3. 26. 선고 2009다228, 235 판결은 대상법리가 소유물반환청구권 등의 물권적 청구권과는 무관한 것으로 이해되어야 한다는 취지로 판시하였다. 대법원 2012. 7. 12. 선고 2012다26411 판결은 대상법리를 근거로 특정승계인의 부당이득반환청구를 배척하면서 위 대법원 2009다228, 235 판결은 사안이 달라 원용할 수 없다는 취지로 판시하였는바, 이는 대상법리가 부당이득반환청구에만 적용된다는 전제에 서 있었던 것으로 해석될 여지가 있다. 그러나 다른 한편으로, 종래 대법원은 물권적 인도청구소송 또는 철거청구소송[136]뿐만 아니라, 공사금지가처분신청사건[137] 등에서도 대상법리를 폭넓게 활용하여 왔고, 대법원 2012. 6. 28.

---

135) 즉, 사실상 도로의 소유자와 당해 도로를 점유·관리하는 지방자치단체 사이에 묵시적 사용대차관계가 존재한다고 평가할 수 있는 경우, 사실상 도로를 통행하는 자가 그 도로에 관한 주위토지통행권자인 경우 등에는 대상법리가 적용될 여지가 없다.
136) 대법원 1995. 7. 28. 선고 95다11115 판결[미간행], 대법원 2006. 5. 12. 선고 2005다31736 판결[공2006. 6. 15.(252), 1030], 대법원 2011. 5. 26. 선고 2010다84703 판결[미간행], 대법원 2013. 11. 14. 선고 2011다63055 판결[미간행], 대법원 2015. 3. 12. 선고 2014다233763 판결[미간행] 등.
137) 대법원 1996. 4. 12. 선고 95다3619 판결[공1996. 6. 1.(11), 1495] 등.

선고 2010다81049 판결은 '배타적 사용수익권을 주장하며 그 통행을 방해
하는 등의 행위를 할 수 없다고 하더라도'라는 표현을 사용함으로써[138]
대상법리가 부당이득반환청구 외에 다른 유형의 소송에도 적용될 수 있
는 여지를 남겨두었다.

　생각건대, 대상법리의 이론적 근거를 신의칙으로 볼 경우 소송물의
유형에 따라 그 적용 여부를 구별할 필요는 없는 것으로 보인다. 물권적
청구권의 행사를 부당이득반환청구권의 행사와 달리 취급하여 신의칙의
적용을 부정할 마땅한 근거가 없을 뿐만 아니라,[139] 부당이득반환청구가
'통행의 무상성'에 대한 신뢰를 침해할 수 있는 행위라면 물권적 청구는
'통행의 무상성' 외에 '통행의 자유성'에 대한 신뢰까지 침해할 수 있는
행위인바, 신의칙에 의한 권리행사 제한의 필요성은 물권적 청구권의 경
우에 더 요구된다 할 것이다. 물권적 청구권에는 대상법리가 적용되지
않는다는 종래 대법원 판결들[140]은 대법원이 대상법리의 이론적 근거로
신의칙을 거론[141]하기 이전에 선고된 판결들이고, 근래에 선고된 대법원
판결들[142]에 의하더라도 대법원이 적용부정설의 입장을 취하고 있다고 보
기는 어렵다.

---

138) 대법원 2004. 9. 24. 선고 2004다26874 판결[미간행]도 배타적 사용수익권을 포
　　기한 도로부지의 소유자가 도로 일부를 굴착함으로써 그 도로가 유일한 통행로
　　인 사람의 통행을 방해한 경우 그 사람에 대하여 불법행위를 구성한다고 판시하
　　였다.
139) 토지소유권의 사회적 구속성을 고려하면 토지소유자가 물권적 청구권을 행사하
　　는 경우에도 신의칙의 적용을 긍정할 필요가 있다. 김영훈(주 10), 84-86면도 물
　　권적 청구이든 부당이득청구이든 모두 대상법리의 적용범위에 포함시켜야 한다는
　　입장이다.
140) 대법원 2009. 3. 26. 선고 2009다228, 235 판결[공2009상, 571], 대법원 2012. 7.
　　12. 선고 2012다26411 판결[미간행] 등.
141) 대법원 2013. 8. 22. 선고 2012다54133 판결[공2013하, 1685] 등.
142) 대상법리를 근거로 물권적 청구권의 행사를 제한한 대법원 2011. 5. 26. 선고
　　2010다84703 판결[미간행], 대법원 2013. 11. 14. 선고 2011다63055 판결[미간행],
　　대법원 2015. 3. 12. 선고 2014다233763 판결[미간행]은 대법원 2009. 3. 26.
　　선고 2009다228, 235 판결[공2009상, 571] 이후에 선고된 판결들이다. 대법원은
　　물권적 청구권에 대한 대상법리의 적용 자체를 부정하고 있지는 않은 것으로
　　보인다.

4. 분쟁의 유형과 유형별 문제해결 검토

본고는 소유권적 접근방식을 전제하고 있으므로 소유자가 점유자 또는 이용자(통행자)를 상대로 소송을 제기하는 경우를 상정하였다. 또한, 아래 4.의 나.문단은 대상법리가 적용됨을 전제로 한 문제해결 검토이다.[143]

가. 소유자의 의사와 무관하게 사실상 도로가 형성된 경우

대상법리의 이론적 근거는 사적자치의 원칙(자기결정의 원칙)과 모순행위금지의 원칙이므로, 사실상 도로가 소유자의 의사와 무관하게 무단으로 형성된 경우에는 대상법리가 적용될 여지가 없다. 이때 소유자는 점유자를 상대로 부당이득반환청구뿐만 아니라 물권적 청구권으로서의 토지인도청구 등을 할 수 있고, 이용자(통행자)를 상대로는 물권적 방해배제청구권에 기초한 출입금지청구 등을 할 수 있다. 다만, 당해 토지의 성상 및 위치, 당해 토지가 주변 부동산의 효용에 기여하는 정도, 사실상 도로가 형성된 경위, 소유자가 권리행사를 통해 얻게 될 이익의 정도, 소유자의 권리행사로 인하여 향후 발생할 것으로 예상되는 사회적 비용의 정도, 소송에 이르게 된 경위 등 제반 사정을 종합적으로 고려하여, 그 청구가 신의성실의 원칙이나 권리남용의 원칙에 반한다는 특별한 사정이 인정되는 예외적인 경우[144]에는 그 권리행사가 제한될 수 있다. 다만, 이 경우에도 부당이득반환청구는 그 권리행사 자체가 제한될 여지가 사실상 없다고 할 것이다.

나. 소유자의 의사에 의하여 사실상 도로가 형성된 경우(대상법리가 적용되는 경우를 전제함)

(1) 점유자를 상대로 한 부당이득반환청구의 허부

소유자가 자발적 의사로 사실상 도로에 관한 배타적 사용수익권을 포기한 경우 소유자는 그로 인하여 형성된 타인의 정당한 신뢰[145]를 침해

---

143) Ⅴ의 2.문단 참조.
144) 다만, 소유자에 의하여 작출된 선행행태 자체가 존재하지 않으므로 모순행위금지의 원칙은 적용될 여지가 없다.
145) 신의칙에 의해 보호되는 '정당한 신뢰'의 의미에 관하여는 주 124 참조. 곽윤직

할 수 없다. 따라서 소유자가 객관적 이용상태의 변경 없이 주관적 사정 변경이나 단순한 변심만으로 선행행태와 모순된 행위를 하는 것은 타인의 정당한 신뢰와 상충하는 경우에[146] 허용되지 않는다. 대상법리가 적용되는 경우 사실상 도로에 관한 점유자의 신뢰는 '점유의 무상성'과 '도로부지로서의 계속적 점유가능성'으로 나눌 수 있고, 그 중 '점유의 무상성'에 대한 신뢰가 소유자의 부당이득반환청구와 대립관계에 놓이게 된다. 이때 '점유의 무상성'에 대한 도로점유자의 신뢰는 신의칙에 의하여 보호되어야 할 '정당한 신뢰'에 해당하는가? 이는 도로점유자의 지위, 사실상 도로의 개설경위, 사실상 도로의 존재가 소유자에게 미치는 효용성의 정도 등 제반 사정에 따라 달리 판단될 수 있을 것이다.

국가나 지방자치단체 등 행정주체가 사실상 도로를 점유, 관리하는 경우에는 '점유의 무상성'에 관한 정당한 신뢰가 존재한다고 평가할 수 없으므로, 원칙적으로 소유자의 부당이득반환청구를 긍정함이 타당하다. 그 이유는 다음과 같다. ① 우리 헌법 제23조는 국민의 재산권을 기본권으로 보장하는 한편, 공공필요에 의한 수용, 사용 또는 제한의 경우 정당한 보상을 지급하도록 규정하고 있다. ② 따라서 국가나 지방자치단체가 사유지에 도로를 개설함으로써 도시계획의 목적을 달성하기 위해서는 원칙적으로 공법상 손실보상 등의 절차를 거쳐야 하는데, 소유자가 배타적 사용수익권을 포기하였다는 사정만으로 국가나 지방자치단체가 그 도로부지를 계속해서 무상 점유할 수 있다면 이는 행정주체가 토지소유자의 희생 하에 직간접적으로 지속적인 이득을 얻는 것과 마찬가지의 결과에 이르게 되어 부당하다.[147] ③ 나아가 정책적으로도 국가나 지방자치단체를 상대로 한 부당이득반환청구를 허용함으로써 사실상 도로를 법률상

(주 36), 96-97면에 의하면, 신의칙의 보호대상이 되는 신뢰는 규범적으로 평가되는 신뢰를 의미하고, 신의칙의 적용이 일반적 신뢰책임을 인정하는 데까지 극단화될 수는 없다.

146) 사실상 도로의 객관적 이용상태에 현저한 사정변경이 발생하였다면 신의칙에 의해 보호되는 정당한 신뢰가 더 이상 존재하지 않는다고 평가할 수 있으므로, 선행행태와 모순된 행위도 허용될 수 있다.

147) 권남혁(주 93), 131면; 김상호(주 96), 730면 참조.

도로로 전환하려는 유인을 마련할 필요가 있다.[148] ④ 국가나 지방자치단
체에 대한 부당이득반환청구권은 단기소멸시효의 적용을 받을 뿐만 아니
라 그 부당이득액 역시 사실상 도로로서의 현황을 고려하여 평가되는 점
등을 고려하면, 소유자의 부당이득반환청구를 허용함으로써 국가나 지방자
치단체에게 재정적 부담이 현저하게 가중된다고 볼 수도 없다.[149] ⑤ 사실
상 도로의 기능을 상실시키는 물권적 청구와 달리 금전적 청구가 공익에
미치는 영향은 상대적으로 크지 않다.[150]

다만, 소유자가 행정주체로부터 토지 무상제공과 '결부'된 재산상 대
가를 얻었다는 등의 특별한 사정이 인정되는 경우[151]에는 예외적으로 '점
유의 무상성'에 대한 점유자의 정당한 신뢰를 긍정할 수 있어 소유자의
부당이득반환청구가 허용되지 않을 것이다.

이때 도로점유자의 토지점유로 인하여 소유자에게 손실이 발생하였
다고 볼 수 있을지 문제된다.[152] 부당이득의 반환은 손실자가 입은 손해
를 한도로 하기 때문이다. 타인 소유의 토지를 점유하고 있는 자는 그
자체로써 법률상 원인 없이 타인의 재산으로 인하여 토지의 차임에 상당
하는 이익을 얻고 이로 인하여 타인에게 동액 상당의 손해를 주고 있다
고 보아야 함이 원칙이고,[153] 토지점유자의 '점유의 무상성'에 대한 신뢰
가 신의칙상 정당한 신뢰로 평가되지 않는 경우에는 소유자가 그에 모순

---

148) 권영준(주 15), 364면 참조. 한편, 대상판결을 통해 이 사건 토지에 관한 소유자
    의 부당이득반환청구가 긍정되자, 당해 토지의 점유자인 지방자치단체는 협의취득
    절차를 거쳐 그 소유권을 취득하였다.
149) 권영준(주 15), 366면 참조.
150) 권영준(주 15), 365면 참조.
151) 가령, 소유자가 사업계획승인의 조건을 이행하기 위하여 행정주체에게 사실상
    도로부지를 무상 제공한 경우 등과 같이, 소유자가 토지의 사용가치에 갈음하여
    다른 재산상 가치를 취득하였다고 평가할 수 있는 경우를 말한다.
152) 이와 관련하여 대법원은 대상법리를 근거로 손실의 발생을 부정하는 입장을 취
    하고 있다. 가령, 대법원 2013. 11. 28. 선고 2013다49961 판결[미간행]은 소유자가
    배타적 사용수익권을 포기한 경우에 그 토지의 불법점유로 인한 손실을 인정할 수
    없다는 이유로, 소유자의 불법점유자에 대한 부당이득반환청구를 부정하고 있다.
153) 대법원 1998. 5. 8. 선고 98다2389 판결[공1998. 6. 15.(60), 1593]; 대법원 2007.
    8. 23. 선고 2007다21856, 21863 판결[공2007. 9. 15.(282), 1453] 등.

되는 후행행위(=부당이득반환청구)를 하는 것이 제한되지 않으므로, 이 경우에는 더 이상 대상법리를 근거로 소유자의 손실발생을 부정할 수 없다고 할 것이다.

사인[154]이 사실상 도로를 점유하는 경우에도 그 도로점유자의 지위, 사실상 도로의 개설경위, 사실상 도로의 존재가 소유자에게 미치는 효용성의 정도 등 제반 사정을 고려하여 부당이득반환청구의 허부를 결정하여야 할 것이다. 소유자의 사인에 대한 부당이득반환청구도 원칙적으로 허용된다고 할 것이나, '점유의 무상성'에 대한 점유자의 정당한 신뢰가 긍정될 여지는 국가나 지방자치단체의 경우보다 상대적으로 더 많을 것으로 생각된다.

(2) 이용자(통행자)를 상대로 한 부당이득반환청구의 허부

도로점유자와 달리 도로이용자(통행자)를 상대로 한 부당이득반환청구는 원칙적으로 허용되지 않는다고 봄이 타당하다. 그 이유는 다음과 같다.

① 도로이용자(통행자)의 사실상 도로에 관한 신뢰는 '통행의 무상성'과 '통행의 자유성'으로 나눌 수 있다. 도로의 공적·사회적 속성, 토지의 이용관계에 있어서의 상호 연대성, 사실상 도로의 개설경위, 도로이용자(통행자)와 도로점유자의 지위의 차이, 당해 도로에 결부된 법적 이익의 정도, 통행행위로 인하여 소유자에게 발생하는 손실의 정도 등 제반 사정을 고려할 때, '점유의 무상성'보다는 '통행의 무상성'에 대한 신뢰가 신의칙상 정당한 신뢰로 평가받을 여지가 크다. '통행의 무상성'에 대한 신뢰가 정당한 신뢰로 평가될 경우 소유자의 부당이득반환청구는 신의칙상 허용되지 않는다.

② 대상법리에 의하여 배타적 사용수익권을 포기한 것으로 평가되는 토지소유자는 일반 공중의 통행을 방해하는 범위 내에서는 애초에 그

---

154) 가령, 집합건물 관리단이 택지 내 도로를 점유, 관리하는 경우를 상정할 수 있을 것이다. 대법원 2013. 11. 14. 선고 2011다63055 판결[미간행]은 오피스텔 관리단이 사실상 도로를 점유하면서 주차공간 및 차량통행로로 사용하였던 사건이다.

사용수익권 자체를 행사할 수 없으므로,[155] 도로이용자(통행자)의 도로통행이 그 자체로 토지소유자에게 어떠한 재산상 손실을 발생시킨다고 평가할 수 없다. 부당이득반환의 범위는 손실자가 입은 손해를 한도로 하는바, 당해 토지소유자로서는 도로이용자(통행자)를 상대로 부당이득반환을 구할 수 없다.

③ 사도법상 사도의 개설자가 그 사용료를 징수하기 위해서는 관할시장 등의 허가를 얻어야 하고(사도법 제10조), 허가를 받지 아니하고 사용료를 징수하면 형사처벌의 대상이 된다(사도법 제16조 제3호). 사인이 개설한 사실상 도로에서 그 도로개설자가 도로이용자(통행자)를 상대로 자유로이 부당이득반환을 청구할 수 있다면, 이는 실질적으로 관할시장 등의 허가를 얻지 않고 사용료를 징수하는 것에 다름없어 사도법의 규제를 잠탈하는 수단으로 악용될 우려가 있다.

④ 토지소유자가 단지분할형 택지조성사업을 하면서 택지 내 다른 부동산의 효용에 공하기 위하여 사실상 도로를 개설한 경우가 대상법리가 적용되는 주된 유형이라 할 것이다. 이때 도로부지의 사용가치는 다른 경제적 이익(분양가, 분양률 등)의 형태로 당해 토지소유자에게 귀속되는 경우가 적지 않으므로, 이러한 경우에까지 부당이득반환청구를 긍정하는 것은 소유자가 본래 가졌어야 할 이익보다 과다한 이익을 얻게 만드는 결과가 되어 부당하다.

(3) 점유자, 이용자를 상대로 한 물권적 청구의 허부

소유자가 도로점유자를 상대로 물권적 인도청구 등을, 도로이용자(통행자)를 상대로 물권적 방해배제청구권에 기한 출입금지청구 등을 제기하는 경우를 상정해 볼 수 있다. 도로의 공적·사회적 속성, 토지소유권의 사회적 구속성, 공익에 미치는 영향의 정도 등을 고려하면 일반 공중의 통행을 방해하는 물권적 청구는 원칙적으로 모순행위금지의 원칙에 반하여 허용되지 않는다고 봄이 타당하다. 이때 '도로부지로서의 계속적

---

155) 대법원 2001. 4. 13. 선고 2001다8493 판결[공2001. 6. 1.(131), 1138] 등 참조.

점유가능성' 또는 '통행의 자유성'에 관한 도로점유자 또는 도로이용자(통행자)의 정당한 신뢰가 존재하여야 함은 당연한 전제이다. 따라서 소유자의 배타적 사용수익권 행사가 제한되는 경우에도 불법점유자를 상대로 물권적 청구권을 행사하는 것은 예외적으로 허용될 수 있다. 다만, 이 경우에도 일반 공중의 통행에 방해가 되는 범위 내에서는 허용되지 않는다고 봄이 타당하다.[156)·157)]

(4) 특정승계인이 사실상 도로에 관한 권리행사를 하는 경우

특별한 사정이 없는 한 특정승계인은 도로점유자를 상대로 부당이득반환청구를 할 수 있다고 봄이 타당하다. 통상의 경우에는 토지의 객관적 이용상태에 대한 특정승계인의 '귀책'이 존재한다거나, 부당이득반환청구권의 행사가 정의관념상 용인할 수 없는 정도라고 평가하는 것이 용이하지 않기 때문이다. 이에 대하여 사실상 도로의 소유자가 변경되었다는 우연한 사정에 의하여 도로점유자의 법률상 지위가 변동되는 것은 부당하다는 비판이 제기될 수 있으나, 대상법리가 소유권적 접근방식을 취하고 있는 이상 이는 당연한 귀결이라 할 것이다. 또한, 전 소유자가 자신에게 부과된 신의칙상 권리행사 제한을 잠탈하기 위하여 특정승계인에게 토지소유권을 양도하는 경우도 상정할 수 있으나, 그러한 소송신탁의 문제는 실무적으로 신탁법 제6조[158)]의 유추 적용을 통해 해결하여야 할 것으로 생각된다.

---

156) 대법원 2001. 4. 13. 선고 2001다8493 판결[공2001. 6. 1.(131), 1138], 대법원 2013. 11. 28. 선고 2013다49961 판결[미간행] 등.

157) 한편, 사실상 도로에 관한 분쟁을 대상법리가 아닌 위법성 단계론에 기초하여 해결하자는 견해도 있다. 사실상 도로에 관한 이용자의 통행행위 등이 전체적인 법체계 또는 법질서에 위반되지 않는다고 평가함으로써 소유권에 기한 방해배제청구권의 성립 자체를 조각시키자는 견해로, 일반조항으로서의 신의칙이 가지는 한계를 극복할 수 있는 장점이 있다. 대법원 2016. 11. 10. 선고 2013다71098 판결[공2016하, 1888]도 방지청구와 손해배상청구의 위법성을 달리 판단함으로써 위법성 단계론을 활용할 수 있는 여지를 둔 것으로 보인다. 보다 자세한 내용은 권영준(주 15), 360-365면 참조.

158) 신탁법 제6조(소송을 목적으로 하는 신탁의 금지) 수탁자로 하여금 소송행위를 하게 하는 것을 주된 목적으로 하는 신탁은 무효로 한다.

다만, 특정승계인이라 할지라도 도로이용자(통행자)를 상대로는 부당이득반환청구권을 행사할 수 없을 개연성이 크다. 토지소유권의 사회적 구속성, 토지의 이용관계에 있어서의 상호 연대성, 사실상 도로의 공적·사회적 속성 등을 고려할 때 '점유의 무상성'보다는 '통행의 무상성'에 대한 신뢰가 신의칙상 정당한 신뢰로 평가될 여지가 크고, 이 경우 통행의 무상성과 상충되는 특정승계인의 권리행사는 신의성실의 원칙에 의하여 제한되기 때문이다.

특정승계인의 사실상 도로에 관한 물권적 청구의 허부도 앞서 본 바와 같이 '도로부지로서의 계속적 점유가능성' 또는 '통행의 자유성'에 대한 정당한 신뢰의 존재 여부를 기준으로 판단하여야 한다. 이때 그 물권적 청구를 허용함에 있어서는 '점유의 무상성' 또는 '통행의 무상성'이 문제되는 부당이득반환청구의 경우보다 더욱 엄격한 판단이 요구된다 할 것이다.

5. 보론-공권적 권리에 기초한 통행권적 접근방식에 관한 검토

대상법리가 소유권적 접근방식을 취하고 있는 것과 달리, 통행자에게 일정한 권리를 부여함으로써 사실상 도로에 관한 분쟁을 해결하려는 접근방식을 통행권적 접근방식이라 한다.[159] 통행자에게 용익물권 또는 계약관계에 기한 권리가 있는 경우에는 그에 따라 법률관계가 규율되고 대상법리가 적용될 여지는 없다. 또한, 당해 도로가 인근 토지에서 공로로 통하는 유일한 통행로이고 그 도로소유자의 통행방해행위가 인근 토지의 수익권능에 대한 방해행위로 평가될 수 있는 경우에는, 인근 토지의 소유자는 토지소유권(물권적방해배제청구권)에 기하여 그 통행방해행위의 배제를 구할 수도 있을 것이다.

한편, 대법원 2011. 10. 13. 선고 2010다63720 판결은 '제3자가 특정인의 통행을 방해함으로써 일상생활에 지장을 받게 하는 등의 방법으로

---

159) 주 15 참조.

그 특정인의 통행의 자유를 침해하였다면 민법상 불법행위에 해당하고 그 침해를 받은 자로서는 방해의 배제 등을 구할 수 있다'고 판시하였다.[160] 위 대법원 판결의 논리가 소유자와 일반 공중 사이의 관계에도 확대 적용될 수 있을지, 즉 도로소유자가 불특정 다수를 상대로 통행을 방해하는 경우, 그 불특정 다수가 통행의 자유권이라는 공권적 권리에서 통행방해배제청구권이라는 사권적 권리를 도출하여 행사할 수 있을지가 문제된다. 생각건대, 공권적 권리에 기초한 통행권적 접근방식에는 다음과 같은 문제점이 있으므로 이를 적극적으로 활용하기에는 한계가 있고, 사실상 도로에 관한 소유와 점유(또는 이용)의 분리현상은 소유권적 접근방식에 의한 해결을 도모하는 것이 보다 타당한 접근방식으로 보인다.

① 헌법상 기본권은 1차적으로 개인의 자유로운 영역을 공권력의 침해로부터 보호하기 위한 방어적 권리이다. 사인 간의 사적인 법률관계도 헌법상의 기본권 규정에 적합하게 규율되어야 할 것이나, 다만 기본권 규정은 그 성질상 사법관계에 직접 적용될 수 있는 예외적인 것을 제외하고는 사법상의 일반원칙을 규정한 민법 제2조, 제103조, 제750조, 제751조 등의 내용을 형성하고 그 해석기준이 되어 간접적으로 사법관계에 효력을 미치게 될 뿐이다.[161] 통행의 자유권은 일반적 행동의 자유권으로부터 파생되는 헌법상 기본권의 일종에 해당하는바, 해당 헌법규정만으로는 그 보호대상인 통행권의 내용과 범위, 권리의 주체가 되는 권리자의 범위 등이 명확하지 못하여 해당 기본권 규정이 개개의 국민에게 직접적이고 구체적인 사법상의 권리를 부여한 것이라고 보기는 어렵다.[162]

160) 대법원 2011. 10. 13. 선고 2010다63720 판결[공2011하, 2330]은 소유자가 아닌 제3자가 인근 주민들의 통행을 방해하였던 사안이다. 위 대법원 판결에 관한 보다 자세한 평석은 강지웅(주 27), 157-205면 참조.
161) 대법원 2010. 4. 22. 선고 2008다38288 전원합의체 판결[공2010상, 897] 등.
162) 대법원 1995. 5. 23.자 94마2218 결정[공1995. 7. 1.(995), 2236]은 이와 유사한 취지로 헌법상 환경권 규정으로부터 사법상 권리로서의 환경권을 도출할 수 없다는 판시를 하였고, 대법원 1999. 7. 27. 선고 98다47528 판결[공1999. 9. 1.(89), 1755]은 사법상의 권리로서의 환경권을 인정하는 명문의 규정이 없는 한 환경권에 기하여 직접 방해배제청구를 할 수 없다고 판시하였는바, 통행의 자유권의 경우에도 이와 같은 논리가 적용될 수 있을 것이다.

② 설령, 구체적인 사법상 권리가 도출된다고 보더라도 통행자의 지위, 통행의 빈도, 통행의 필요성, 통행의 시점 등 구체적인 사실관계에 따라 그 권리의 내용과 보호필요성이 달라진다고 할 것인바, 이와 같은 가변적이고 불명확한 권리에 기하여 법질서의 기초를 이루는 권리인 물권인 소유권에 전면적으로 대항할 수 있다고 보는 것은 법체계상 타당하지 않은 것으로 생각된다. 또한, 이와 같은 접근방식은 사실상 도로를 둘러 싼 법률관계의 법적 안정성을 저해할 우려도 있다.

③ 기본권의 대사인효를 긍정하는 입장에 서더라도 사권인 소유권 행사에 대하여 공권인 기본권으로 직접 대항할 수 있다는 것은 공사법 이원론의 체계에 반할 소지가 있고, 이는 헌법의 해석만으로 명문의 규정 없이 물권적 성격을 가지는 통행권을 창설하는 것과 다를 바 없어 허용될 수 없다.

Ⅵ. 결 론

이상의 논의를 요약하면 다음과 같다.

1. 대법원은 1970년대 이래 사실상 도로에 관한 소유와 점유(또는 이용)의 분리현상을 해결하기 위한 독자적 법리로서 대상법리를 창출, 발전시켜 왔다. 대법원은 대상법리가 물권법정주의와 소유권의 절대성에 반한다는 비판을 극복하기 위하여 2009년 이래 배타적 사용수익권의 포기가 채권적 효력을 지닌다는 점을 명확히 하였고, 2013. 8. 22. 선고 2012다54133 판결에서는 신의칙을 그 이론적 근거로 명시하기도 하였다. 대상법리의 이론적 근거를 신의칙에서 찾는 경우에만 그 판례이론에 대한 논리적, 체계적 설명이 가능하다. 다만, 일반조항의 보충성을 고려할 때 대상법리는 엄격하게 제한적으로 적용되어야 하고, 소유자의 권리행사 제한을 쉽게 인정하여서는 안 될 것이다.

2. 본고는 대상판결에 대한 분석에서 더 나아가 대상법리의 적용요건, 소유자의 자발적 의사에 대한 판단기준, 법원의 심리구조, 유형별 분

쟁상황에 대한 문제해결방식 등에 관하여 유형적 접근을 함으로써 대상법리의 바람직한 실무적 활용방안에 대해 검토하였다. 대상법리는 소유자의 부당이득반환청구를 제한하기 위하여 형성된 법리이지만, 도로점유자에 대한 소유자의 부당이득반환청구는 원칙적으로 허용되어야 할 것으로 생각된다. 다만, 이 경우에도 신의칙상 보호가치 있는 정당한 신뢰의 유무에 대한 구체적인 판단이 선행되어야 할 것이다. 또한, 도로이용자(통행자)를 상대로 부당이득반환청구를 하거나 도로점유자 등을 상대로 물권적 청구를 하는 것은 상대방의 정당한 신뢰를 침해할 여지가 커서 원칙적으로 허용되기 어렵다 할 것이다.

3. 통행권적 접근방식에 의하여 사실상 도로에 관한 분쟁을 해결하려는 입장도 있으나, 이러한 접근방식은 물권법정주의와 공사법 이원론의 체계에 반하거나 법적 안정성을 저해할 우려가 있다. 대법원이 대상법리를 운용함으로써 소유권적 접근방식을 견지하고 있는 것도 그러한 고민의 결과로 생각된다.

[Abstract]

A smooth realization of ownership of de facto roads
—Focused on the Jurisprudence of the 「Abandonment of Exclusive Right to Use and Benefit」 based on the Principle of Good Faith-

Heo, Min*

Since the 1960s, urbanization and industrialization have progressed rapidly, and road construction projects and split-type housing site development projects have been actively carried out nationwide. In the process, owners of lands that are used as de facto roads and their occupants (or users) become separated in many cases. In fact, considering the property of the road as a public good, it cannot be denied that there is a need to impose certain restrictions on exercise of the owner's private right on the land, but the numerus clausus principle and the essential nature of ownership require clear legal basis and rational standards for restrictions.

Since the 1970s, the Supreme Court has created and developed the "jurisprudence on the abandonment of exclusive right to use and benefit" as its own jurisprudence for solving the separation of ownership and occupation (or use) of roads. According to the jurisprudence, if the landowner is deemed to have abandoned the exclusive right to use and benefit on the de facto road, he is not allowed to claim restitution of unjust enrichment or restitution in a sense of real right to the land occupant (or the land user). This position of the Supreme Court is considered to take into account various realities such as the nature of the land as a public good, the financial burden

---

* Judge, Seoul Central District Court.

of the state or local governments, a balancing test between the degree of restriction on exercise of the landowner's property right and the public interest which is accomplished by the restriction. However, there has been a constant criticism that it is contrary to the numerus clausus principle and the essential nature of ownership. Since 2009, the Supreme Court has tried to overcome such criticism by clarifying that the abandonment of exclusive right to use and benefit has an effect as an obligation. The ruling seems to be a part of recent Supreme Court decisions. In 2013, the Supreme Court also specified the principle of good faith as the rationale of the jurisprudence.

Although "real right abandonment theory" and "theory of acceptance of use in a sense of obligation" are mentioned as the theoretical basis of the jurisprudence, it becomes possible to explain it logically and systematically under our legal system only if we regard the principle of good faith as the rationale. Therefore, it is necessary to establish the limit of exercise of the private right on de facto roads based on the provision of trust by the landowner and the legitimate trust of the land occupant (or the land user). However, when considering the complementary nature of the general provisions, we must be cautious in applying the jurisprudence.

In this paper, in addition to the analysis of the theoretical grounds of the jurisprudence, I made a categorical approach to the issues including application requirements of the jurisprudence, the judgment criteria of the willingness of the landowners to voluntarily provide, whether the exercise of the private rights of the landowner or his successor is proper or improper, and the method of solving various disputes, focusing on the Supreme Court cases, and examined the method to practically use the jurisprudence.

[Key word]
- the abandonment of exclusive right to use and benefit
- the private rights of the landowner
- de facto roads
- the numerus clausus principle
- the principle of good faith

참고문헌

1. 단 행 본

곽윤직 편집대표, 민법주해 Ⅰ, 총칙(1), 박영사(1992).
_____, 민법주해 Ⅴ, 물권(2), 박영사(1992).
_____, 민법주해 Ⅷ, 채권(1), 박영사(1995).
_____, 민법주해 ⅩⅢ, 채권(6), 박영사(1997).
_____, 민법주해 ⅩⅦ, 채권(10), 박영사(2005).

2. 논   문

강지웅, "통행의 자유와 통행방해 금지청구", 민사판례연구 제35권, 박영사(2013).
권남혁, "지방자치단체가 사유토지를 사실상 도로로 사용하고 있음을 원인으로 한 부당이득반환청구-도로의 점유관리시기와 관련하여-", 대법원 판례해설 제8호, 법원도서관(1988).
권순호, "일반 공중의 통행에 제공된 토지에 관한 배타적 사용수익권 행사 제한과 신의성실의 원칙", 대법원 판례해설 제97호 하, 대법원 법원행정처(2014).
권영준, "배타적 사용수익권 포기 법리에 관한 비판적 검토", 서울대학교 법학 제47권 제4호(통권 제141호), 서울대학교 법학연구소(2006).
_____, "사실상 도로로 이용되는 사유토지 소유권의 문제", 민사재판의 제문제 제21권, 한국사법행정학회(2012).
_____, "세밀한 정의를 향한 여정-박병대 대법관의 민사판결 분석-", 법과 정의 그리고 사람: 박병대 대법관 재임기념 문집, 사법발전재단(2017).
김문관, "배타적 사용수익권이 포기된 토지를 제3자가 점유하는 경우, 토지소유자의 방해배제 및 부당이득반환청구", 판례연구 제14집, 부산판례연구회(2003).
김민정, "사실상 도로로 사용되는 토지에 대한 소유자의 배타적 사용수익권의 포기란 무엇이고, 토지의 특정승계인에게는 어떤 효력이 있는가", 재판실무연구 제2010호, 광주지방법원(2011).

김상용, "소유권보호에 관한 판례의 태도", 민사판례평석 제1권, 법원사 (1995).

_____, "토지소유권개념의 변천에 관한 법제사적 고찰", 현대민법론; 설암 이광신 박사 화갑기념, 고시원(1982).

김상호, "지방자치단체의 사유지 점용과 부당이득반환의무의 성부 및 범위", 민사재판의 제문제 제7권; 죽당 김상원 선생 공우 윤일영 선생 화갑기념, 한국사법행정학회(1993).

김영훈, "배타적 사용수익권 포기 법리의 법적 성격과 그 적용범위", 민사판례연구 제36권, 박영사(2015).

문춘언, "배타적 사용수익권의 포기와 신의칙의 적용", 판례연구 제26집, 부산판례연구회(2015).

배병일, "사실상 도로에 관한 배타적 사용수익권의 포기", 사법 제34호, 사법발전재단(2015).

서경환, "배타적 사용수익권 포기 법리의 문제점과 그 대안으로서의 통행지역권", 사법논집 제54집, 법원도서관(2012)

신영철, "지방자치단체의 사유지 점용과 부당이득반환의무", 대법원 판례해설 제16호, 법원도서관(1992).

양경승, "변론주의와 직권주의의 구별기준 및 상고심의 심리대상", 사법논집 제62집, 법원도서관(2017).

윤철홍, "토지소유권개념의 변천" 한국 법학 50년-과거·현재·미래; 대한민국 건국 50주년 기념 제1회 한국법학자대회 논문집 Ⅱ, 한국법학교수회(1998).

이광만, "도로로 무상제공된 토지를 특정승계한 자의 무상통행 수인의무의 승계 여부", 판례연구 제9집, 부산판례연구회(1998).

임정평, "소유권개념의 현대적 의의-토지소유권을 중심으로-", 논문집 제14집, 단국대학교(1980).

임한흠, "도로부지로 된 토지에 대한 종전 소유자의 사용수익권 포기와 그 특정승계인의 부당이득반환청구", 민사재판의 제문제 제10권: 운파 박준서 선생 화갑기념, 민사실무연구회(2000).

지원림, "법률행위의 효력근거로서 자기결정, 자기책임 및 신뢰보호", 민사법학 제13, 14호, 한국사법행정학회(1996).

홍성재, "부동산 물권변동론의 재정립", 민사법학 제43-2호, 한국사법행정학회(2008).

분묘기지권의 시효취득에 관한 관습법 인정 여부*

권 철**

■요 지■

대법원은 오랜 기간 동안 "타인 소유의 토지에 소유자의 승낙 없이 분묘를 설치한 경우에도 20년간 평온, 공연하게 그 분묘의 기지를 점유하면 지상권과 유사한 관습상의 물권인 분묘기지권을 시효로 취득하고, 이를 등기 없이 제3자에게 대항할 수 있는 것이 관습"이라고 판시하여 왔는데, 대상판결(대법원 2017. 1. 19. 선고 2013다17292 전원합의체 판결)을 통하여 다시 "타인 소유의 토지에 분묘를 설치한 경우에 20년간 평온, 공연하게 그 분묘의 기지를 점유하면 지상권과 유사한 관습상의 물권인 분묘기지권을 시효로 취득한다는 점은 오랜 세월 동안 지속되어 온 관습 또는 관행으로서 법적 규범으로 승인되어 왔고, 이러한 법적 규범이 장사법(법률 제6158호) 시행일인 2001. 1. 13. 이전에 설치된 분묘에 관하여 현재까지 유지되고 있다고 보아야 한다."고 선언하였다.

대상판결은 장사법 시행 전에 설치되었으나 동법 시행 후에 취득시효기간이 경과하게 되는 분묘에 대하여도 분묘기지권의 시효취득을 인정할 수 있는지에 관한기존에 논의된 바 없는 문제에 대한 판단으로, 다수의견에 이어

---

* 본고는 민사판례연구회 월례회(2017년 11월)의 발표문을 수정, 가필한 것이다. 월례회에서 시사점이 많은 지정토론을 해주신 노재호 판사님께 감사드린다. 본고는 원래 민사판례연구 제40권에 게재해야 할 것이었으나 필자의 사정으로 제때에 투고를 하지 못하였고, 그 후 성균관법학에 투고하여 제30권 제3호(2018년 9월 30일 발행)에 게재하였다. 본고는 성균관법학에 실린 것과 동일한 것이다.
** 성균관대학교 법학전문대학원 부교수, 법학박사.

반대의견의 상세한 설시가 있고, 그 외에 다수의견에 대한 보충의견, 반대의견에 대한 보충의견이 제시되어 있다.

본고에서는 우선 대상판결을 소개하고, 전제가 되는 관련 법률문제를 정리한 다음, 대법원 판례평석의 본연의 임무라고 생각되는 대상판결에 대한 내재적 이해를 위한 분석을 시도한다. 이를 통하여 대상판결의 사정범위를 가늠해 보면서 다른 한편으로 대상판결 이후의 논의를 예상해본다. 관습법의 일부 효력 상실 또는 관습법에 관한 해석 변경 등의 접근을 통해 위의 문제들에 관해서는 계속해서 검토가 필요하다고 생각되는 만큼, 관련된 개별 논점에 대하여 살펴보기로 한다.

주 제 어]
• 분묘기지권
• 분묘기지권의 시효취득
• 관습법
• 장사법
• 대법원 전원합의체 판결

대상판결 : 대법원 2017. 1. 19. 선고 2013다17292 전원합의체 판결

[사안의 개요]

1. 원고의 토지 소유권 취득 경위

전주W씨 D파 종중(이하 '이 사건 종중'이라 한다)은 1985. 6. 14. 원주시 소재 임야 14,257㎡(이하 '이 사건 토지'라 한다)에 관하여 소유권보존등기를 마쳤다. 원고는 이 사건 토지가 자신의 소유라고 주장하면서 이 사건 종중을 상대로 소유권보존등기말소의 소를 제기하여 2008. 3. 12. 춘천지방법원 원주지원으로부터 '피고(이 사건 종중)는 원고에게 이 사건 토지에 관하여 진정명의회복을 원인으로 한 소유권이전등기절차를 이행하라'는 내용의 승소 판결을 선고받았다. 이에 대하여 이 사건 종중이 춘천지방법원에 항소하였으나 춘천지방법원은 2009. 4. 17. 항소기각 판결을 선고하였고, 다시 이 사건 종중이 대법원에 상고하였으나 대법원은 2009. 8. 20. 상고기각 판결을 선고하였다. 이에 따라 원고는 2009. 10. 20. 이 사건 토지에 관하여 진정명의회복을 원인으로 한 소유권이전등기를 마쳤다. 원고는 2011. 11. 2. 소외 1에게 이 사건 토지 중 14281분의 4284.3 지분에 관하여 2011. 9. 7. 매매를 원인으로 한 소유권일부이전등기를 마쳐 주었다.

2. 분묘의 설치 현황

이 사건 토지에는 다음과 같이 분묘 6기가 설치되어 있다. (나) 분묘 [피고 2의 모(母)인 소외 6의 분묘], (다) 분묘 [피고 1의 증조부인 소외 5의 분묘], (라) 분묘 [이 사건 종중의 시조 소외 2의 증손자인 소외 3의 분묘], (마) 분묘 [피고 1의 부(父)인 소외 8의 분묘], (바) 분묘 [이 사건 종중의 시조 소외 2의 삼남(三男)인 소외 4의 분묘], (사) 분묘 [이 사건 종중의 시조 소외 2(1733년 사망)의 분묘]. 피고 1은 이 사건 종중의 종손으로서 (다), (라), (마), (바), (사) 분묘와 그 분묘기지에 대하여, 피고 2는 소외 6의 아들로서 (나) 분묘와 그 분묘기지에 대하여 각 보존 · 관리 및 봉제사를 위하여 점유하고 있다.

3. 원고의 소제기

원고는 피고1과 피고2를 상대로, 피고 1은 (다), (라), (마), (바), (사) 분묘를, 피고 2는 (나) 분묘를 각 굴이하고 각 분묘의 기지를 인도하며 그 기

지에 설치된 망주석, 상석, 비석, 석등 및 문관석 등을 철거하라는 청구를 하였다.

[소송의 경과]

1. 제1심판결[1]

가. 원고의 청구에 대하여, 피고 2는 (나) 분묘를, 피고 1은 (다), (라), (바), (사) 분묘를 모두 20년 이상 점유, 관리하여 그 각 분묘의 기지에 대하여 분묘기지권을 취득하였으므로 원고의 청구에 응할 수 없다고 주장하였다. 한편 피고 1은 (마) 분묘에 대하여는 20년 이상 점유하지 않은 사실을 자인하였다.

나. 이상과 같은 원고의 청구와 피고의 주장에 대하여 제1심에서는 다음과 같이 판단하였다. 1) 타인 소유의 토지에 분묘를 설치한 경우에는 20년간 평온, 공연하게 그 분묘의 기지를 점유하면 지상권 유사의 관습상의 물권인 분묘기지권을 시효로 취득하는데, 분묘기지권이란 분묘를 수호하고 봉제사하는 목적을 달성하는 데 필요한 범위 내에서 타인의 토지를 사용할 수 있는 권리를 의미한다(대법원 2011. 11. 10. 선고 2011다63017, 63024 판결 참조). 2) 이 사건에서 앞서 든 증거들을 종합하면, ① ㉠ 소외 2는 1733년경 사망하여 그 무렵 이 사건 토지에 (사) 분묘가 설치된 사실, ㉡ 소외 6은 1990. 11. 10. 사망하여 그 무렵 이 사건 토지에 (나) 분묘가 설치된 사실, ㉢ 소외 4, 소외 3의 분묘는 원주시 단계동 소재 임야에 있었으나, 그 분묘기지가 1986년경 도시개발계획에 의하여 사업부지에 편입되어 1987. 4.경 이 사건 토지로 이장되어 그 무렵 (라), (바) 분묘가 설치된 사실, ㉣ 소외 5의 분묘는 1989년 봄경 이 사건 토지로 이장되어 그 무렵 (다) 분묘가 설치된 사실, ② 나아가 각 분묘 설치 이후부터 원고의 이 사건 소 제기(2011. 12. 27.) 이전까지 20년 이상, 피고 1은 (다), (라), (바), (사) 분묘와 그 분묘기지를, 피고 2는 (나) 분묘와 그 분묘기지를 각 점유하여 온 사실을 인정할 수 있다. 따라서 피고들은 원고의 이 사건 소 제기 이전에 이미 분묘의 수호 및 관리를 위하여 필요한 부분인 위 각 해당 분묘기지에 대한 분묘기지권을 취득하였다고 판단되므로, 피고들의 위 주장은 타당한 이유가 있다. 3) 피고 2는 (나) 분묘, 피고 1은 (다), (라), (바), (사) 분묘에 관하여 각 분묘기지권을 취

---

1) 춘천지방법원 원주지원 2012. 6. 29. 선고 2011가단15130 판결.

득하였으므로, 결국 피고 1은 원고에게 분묘기지권을 취득하지 않은 (마) 분묘를 굴이하고, 그곳에 설치된 망주석 2개, 상석 1개, 비석 1개, 석등 1개를 철거하고, 위 분묘의 기지 부분을 인도할 의무가 있다. 4) 결국 원고의 피고 1에 대한 청구는 위 인정범위 내에서 이유 있어 인용하고, 나머지 청구는 이유 없어 기각하며, 원고의 피고 2에 대한 청구는 이유 없어 기각하였다.

2. 원심판결[2]

제1심에 불복하여 원고 측은 항소하였다. 항소심인 원심에서는, 제1심 판결은 정당하므로 원고의 항소는 이유 없다고 하여 항소를 기각하였다. 이에 원고는 상고하였다.[3]

3. 대상판결[4] : 상고기각

가. 다수의견

(1) 대법원은 분묘기지권의 시효취득을 우리 사회에 오랜 기간 지속되어 온 관습법의 하나로 인정하여, 20년 이상의 장기간 계속된 사실관계를 기초로 형성된 분묘에 대한 사회질서를 법적으로 보호하였고, 민법 시행일인 1960. 1. 1.부터 50년 이상의 기간 동안 위와 같은 관습에 대한 사회 구성원들의 법적 확신이 어떠한 흔들림도 없이 확고부동하게 이어져 온 것을 확인

---

2) 춘천지방법원 2013. 1. 25. 선고 2012나3412 판결.

3) 상고이유의 요지는 다음과 같다. -취득시효형 분묘기지권에 관한 판례는 변경되어야 함. 분묘기지권은 조선고등법원 판결 이래 확고하게 판례로 유지되어 왔으나, 분묘기지권을 인정하는 관습은 원래 존재하지 않았고, 가사 분묘기지권에 대한 관습이 존재하였다고 하더라도 이제는 그러한 관습이 더 이상 관습법으로 유지될 수 없다고 보는 것이 타당하므로, 취득시효형 분묘기지권에 관한 대법원 판례는 변경되어야 함. 취득시효형 분묘기지권은 분묘의 무단 설치자의 분묘기지권을 배제하는 「장사 등에 관한 법률」(='장사법')의 취지에 어긋나고, 악의의 무단점유자에 대한 소유권의 점유취득시효를 부정하는 대법원 판례와도 균형이 맞지 않음. 분묘기지권이 성립되면 분묘수호가 계속되는 한 영구적으로 토지 소유자의 재산권(소유권)을 박탈한다는 점에서 비례의 원칙에 어긋나고 재산권의 본질적 내용을 침해하므로 違憲임.

4) 대법원 2017. 1. 19. 선고 2013다17292 전원합의체 판결. 대상판결에서는 다수의견과 반대의견이 관련 논점에 대해서 상세한 설시를 하고 있을 뿐만 아니라 각 의견에 대한 자세한 보충의견이 제시되어 있다. 이하 단락에서는 판결요지만 전재한다.

하고 이를 적용하여 왔다.

대법원이 오랜 기간 동안 사회 구성원들의 법적 확신에 의하여 뒷받침되고 유효하다고 인정해 온 관습법의 효력을 사회를 지배하는 기본적 이념이나 사회질서의 변화로 인하여 전체 법질서에 부합하지 않게 되었다는 등의 이유로 부정하게 되면, 기존의 관습법에 따라 수십 년간 형성된 과거의 법률관계에 대한 효력을 일시에 뒤흔드는 것이 되어 법적 안정성을 해할 위험이 있으므로, 관습법의 법적 규범으로서의 효력을 부정하기 위해서는 관습을 둘러싼 전체적인 법질서 체계와 함께 관습법의 효력을 인정한 대법원판례의 기초가 된 사회 구성원들의 인식·태도나 사회적·문화적 배경 등에 의미 있는 변화가 뚜렷하게 드러나야 하고, 그러한 사정이 명백하지 않다면 기존의 관습법에 대하여 법적 규범으로서의 효력을 유지할 수 없게 되었다고 단정하여서는 아니 된다.

(2) 우선 2001. 1. 13.부터 시행된 장사 등에 관한 법률(이하 개정 전후를 불문하고 '장사법'이라 한다)의 시행으로 분묘기지권 또는 그 시효취득에 관한 관습법이 소멸되었다거나 그 내용이 변경되었다는 주장은 받아들이기 어렵다. 2000. 1. 12. 법률 제6158호로 매장 및 묘지 등에 관한 법률을 전부 개정하여 2001. 1. 13.부터 시행된 장사법[이하 '장사법(법률 제6158호)'이라 한다] 부칙 제2조, 2007. 5. 25. 법률 제8489호로 전부 개정되고 2008. 5. 26.부터 시행된 장사법 부칙 제2조 제2항, 2015. 12. 29. 법률 제13660호로 개정되고 같은 날 시행된 장사법 부칙 제2조에 의하면, 분묘의 설치기간을 제한하고 토지 소유자의 승낙 없이 설치된 분묘에 대하여 토지 소유자가 이를 개장하는 경우에 분묘의 연고자는 토지 소유자에 대항할 수 없다는 내용의 규정들은 장사법(법률 제6158호) 시행 후 설치된 분묘에 관하여만 적용한다고 명시하고 있어서, 장사법(법률 제6158호)의 시행 전에 설치된 분묘에 대한 분묘기지권의 존립 근거가 위 법률의 시행으로 상실되었다고 볼 수 없다.

또한 분묘기지권을 둘러싼 전체적인 법질서 체계에 중대한 변화가 생겨 분묘기지권의 시효취득에 관한 종래의 관습법이 헌법을 최상위 규범으로 하는 전체 법질서에 부합하지 아니하거나 정당성과 합리성을 인정할 수 없게 되었다고 보기도 어렵다.

마지막으로 화장률 증가 등과 같이 전통적인 장사방법이나 장묘문화에 대한 사회 구성원들의 의식에 일부 변화가 생겼더라도 여전히 우리 사회에 분묘기지권의 기초가 된 매장문화가 자리 잡고 있고 사설묘지의 설치가 허용되고 있으며, 분묘기지권에 관한 관습에 대하여 사회 구성원들의 법적 구속력에 대한 확신이 소멸하였다거나 그러한 관행이 본질적으로 변경되었다고 인정할 수 없다.

(3) 그렇다면 타인 소유의 토지에 분묘를 설치한 경우에 20년간 평온, 공연하게 분묘의 기지를 점유하면 지상권과 유사한 관습상의 물권인 분묘기지권을 시효로 취득한다는 점은 오랜 세월 동안 지속되어 온 관습 또는 관행으로서 법적 규범으로 승인되어 왔고, 이러한 법적 규범이 장사법(법률 제6158호) 시행일인 2001. 1. 13. 이전에 설치된 분묘에 관하여 현재까지 유지되고 있다고 보아야 한다.

나. 대법관 김용덕, 대법관 박보영, 대법관 김소영, 대법관 권순일, 대법관 김재형의 반대의견

(1) 현행 민법 시행 후 임야를 비롯한 토지의 소유권 개념 및 사유재산제도가 확립되고 토지의 경제적인 가치가 상승함에 따라 토지 소유자의 권리의식이 향상되고 보호의 필요성이 커졌으며, 또한 상대적으로 매장을 중심으로 한 장묘문화가 현저히 퇴색함에 따라, 토지 소유자의 승낙 없이 무단으로 설치된 분묘까지 취득시효에 의한 분묘기지권을 관습으로 인정하였던 사회적·문화적 기초는 상실되었고 이러한 관습은 전체 법질서와도 부합하지 않게 되었다.

(2) 비록 토지 소유자의 승낙이 없이 무단으로 설치한 분묘에 관하여 분묘기지권의 시효취득을 허용하는 것이 과거에 임야 등 토지의 소유권이 확립되지 않았던 시대의 매장문화를 반영하여 인정되었던 관습이더라도, 이러한 관습은 적어도 소유권의 시효취득에 관한 대법원 1997. 8. 21. 선고 95다28625 전원합의체 판결이 이루어지고 2001. 1. 13. 장사법(법률 제6158호)이 시행될 무렵에는 재산권에 관한 헌법 규정이나 소유권의 내용과 취득시효의 요건에 관한 민법 규정, 장사법의 규율 내용 등을 포함하여 전체 법질서에 부합하지 않게 되어 정당성과 합리성을 유지할 수 없게 되었다.

전통적인 조상숭배사상, 분묘설치의 관행 등을 이유로 타인 소유의 토지에 소유자의 승낙 없이 분묘를 설치한 모든 경우에 분묘기지권의 시효취득을 인정해 왔으나, 장묘문화에 관한 사회 일반의 인식 변화, 장묘제도의 변경 및 토지 소유자의 권리의식 강화 등 예전과 달라진 사회현실에 비추어 볼 때, 분묘기지권 시효취득의 관습에 대한 우리 사회 구성원들이 가지고 있던 법적 확신은 상당히 쇠퇴하였고, 이러한 법적 확신의 실질적인 소멸이 장사법의 입법에 반영되었다고 볼 수 있다.

(3) 따라서 토지 소유자의 승낙이 없음에도 20년간 평온, 공연한 점유가 있었다는 사실만으로 사실상 영구적이고 무상인 분묘기지권의 시효취득을 인정하는 종전의 관습은 적어도 2001. 1. 13. 장사법(법률 제6158호)이 시행될 무렵에는 사유재산권을 존중하는 헌법을 비롯한 전체 법질서에 반하는 것으로서 정당성과 합리성을 상실하였을 뿐 아니라 이러한 관습의 법적 구속력에 대하여 우리 사회 구성원들이 확신을 가지지 않게 됨에 따라 법적 규범으로서 효력을 상실하였다. 그렇다면 2001. 1. 13. 당시 아직 20년의 시효기간이 경과하지 아니한 분묘의 경우에는 법적 규범의 효력을 상실한 분묘기지권의 시효취득에 관한 종전의 관습을 가지고 분묘기지권의 시효취득을 주장할 수 없다.

〔研 究〕

I. 머 리 말

대상판결은 타인 소유의 토지에 분묘를 설치한 경우에 20년간 평온, 공연하게 분묘의 기지를 점유하면 지상권과 유사한 관습상의 물권인 분묘기지권을 시효로 취득한다는 법적 규범이 2000. 1. 12. 법률 제6158호로 전부 개정된 '장사 등에 관한 법률'(이하 '장사법'이라 함)의 시행일인 2001. 1. 13. 이전에 설치된 분묘에 관하여 현재까지 유지되고 있는지 여부에 관하여 판시한 전원합의체 판결이다. 장사법 시행 전에 설치되었으나 동법 시행 후에 취득시효기간이 경과하게 되는 분묘에 대하여도 분묘기지권의 시효취득을 인정할 수 있는지는 기존에 논의된 바 없는 문제로서, 취득시효형 분묘기지권에 대한 기존의 비판, 장사법의 제정 배경 및 입법취지 등에 비추어 장사법 시행 이전에 설치된 분묘에 대하여 분묘기지권의 시효취득을 계속 인정할 수 있는지, 인정한다면 그 존속기간을 어떻게 정할 것인지 등이 문제되는 사건이다. 대상판결은 2013년에 원심판결에 대한 상고가 이루어진 이후 대법원에서 상당한 기간 동안 검토가 이루어졌고[5], 2016년 9월에는 대법원 전원합의체의 공개변론까지 거친 바 있는, 법적으로나 사회적으로 중요한 의미를 가진 판결이다.[6]·[7]

대상판결에서는 다수의견과 반대의견이 관련 논점에 대해서 상세한 설시를 하고 있을 뿐만 아니라 각 의견에 대한 자세한 보충의견이 제시되어 있다. 오랜 기간 동안 정밀하게 검토된 결과가 설시된 판결문이고 보니 기존의 판례법리는 물론이고 분묘기지권에 관한 논의의 분석도 그 기저에 녹아들어 있는 것으로 보인다.

이하에서는 대상판결에 대한 평석의 전제를 확인하는 의미에서 우선 대상판결 이전까지의 판례와 학설을 정리한다(Ⅱ). 이어서 대상판결의 논리구조를 따져봄으로써 내재적 이해를 도모한다. 부차적으로 대상판결 이후의 남은 문제에 대해서도 생각해 보고자 한다(Ⅲ).

Ⅱ. 논의의 전제

대상판결을 분석하기에 앞서서 분묘기지권(1), 장사법(2), 관습법에 관한 사법적 통제(3)에 관한 논점을 정리한다. 이 부분은 다소 개설적인 내용이 포함되어 있지만 대상판결의 분석을 위한 전제사항을 확인하는 의미에서 관련 주요사항을 정리하기로 한다.

---

5) 대법원 내부 연구회인 '비교법실무연구회'에서, 2015년 1월 7일, 김재형 교수(당시 서울대)와 전경운 교수(경희대)가 발표를 담당하였다. 전경운, "분묘기지권의 인정 근거와 효력에 관한 약간의 고찰", 법학연구(연세대) 제25권 제1호, 2015, 99면 이하 참조.

6) 명절 때마다 분묘 설치 및 기존 분묘를 둘러싼 장묘문화에 대하여 가족 간의 토론이 계속되는 상황이고 보면 이 판결의 결과에 따라서 장사에 관한 새로운 입법 또는 새로운 장묘문화 및 관습에 영향을 줄 수 있는 만큼 전원합의체에서 다루고 공개변론을 개최한 것도 충분히 이해될 수 있다. 원고 측 참고인은 오시영 교수(숭실대), 피고 측 참고인은 이진기 교수(성균관대)가 담당하였다.

7) 공개변론을 통한 국민적 관심 환기라는 면에서는 2005년에 이루어진 종중의 여성 구성원 인정 여부에 관한 전원합의체 판결(대법원 2005. 7. 21. 선고 2002다1178 전원합의체 판결)과 대비될 수 있는 점에서도 흥미롭다. 2005년 전합판결에 관하여 필자가 일본에서 발표한 논문으로, 權澈, 「韓国における宗中をめぐる議論の動向－女性の構成員資格に関する2005年大法院判決を手がかりに (団体の構成員資格と男女平等－日韓比較民法研究・各論(その1)」ジュリスト1345号 (有斐閣, 2007) 37頁以下.

1. 분묘기지권에 관한 판례법리

가. 분묘기지권 판례의 성립 과정[8]

朝鮮高等法院은 1918년에 분묘와 그 기지는 별개로 소유권의 목적으로 할 수 있으므로, 분묘의 소유권을 보유하고 그 분묘가 소재한 산지 또는 그 기지의 소유권을 양도하는 것도 가능하다고 하면서, 방론으로 양도형 또는 승낙형 분묘기지권의 성립 가능성을 인정하는 듯한 판결을 한 바 있다.[9] 그 후 조선고등법원은 1927년에 승낙형 및 취득시효형 분묘기지권을 명시적으로 인정하는 취지의 판결을 하였는데, 일반적으로 이 판결을 분묘기지권에 관한 최초의 판결로 보고 있다.[10] 이 '1926年民上第585號' 판결 이후 조선고등법원은 다른 판결에서 이를 인용함으로써 분묘기지권을 인정하는 입장을 그대로 유지하였다.[11] '慣習調査報告書'[12]·[13]

---

8) 본고에서는 전통법에 대한 고찰은 논외로 한다. 이 점에 대해서는 법제사적인 접근이 필요할 것이다. 참고로 전통법 시대의 관습, 관습법에 대하여는 Marie Seong-Hak Kim, "Law and Custom in the Choson Dynasty and Colonial Korea", Journal of Asian Studies Vol. 66 No. 4, 2007, pp. 1067 ff.; 심희기, "동아시아 전통사회의 관습법 개념에 대한 비판적 검토", 法史學研究 제46호(2012), 205면 이하; Marie Seong-Hak Kim, Law and Custom in Korea: Comparative Legal History, Cambridge University Press, 2012; 윤진수, "관습상 분재청구권에 대한 역사적, 민법적 및 헌법적 고찰", 민사재판의 제문제 제22권(2013), 250-251면; 문준영, "대한제국기 민사재판에서 관습의 규범적 역할", 경북대학교 법학논고 제52집(2015), 163면 이하, 손경찬, "분묘기지권에 관한 관습", 법학논고(경북대) 제61집, 2018 등 참조.

9) 朝鮮高等法院 1918. 9. 10. 宣告 1918年民上第212號 判決.

10) 朝鮮高等法院 1927. 3. 8. 宣告 1926年民上第585號 判決. "조선에서 타인의 승낙을 얻어 그 소유 토지 내에 분묘를 설치한 자는 이를 소유하기 위하여 타인의 토지에 대하여 지상권과 유사한 일종의 물권을 취득하고, 타인의 토지에 그 승낙을 얻지 않고 분묘를 설치한 자라 하더라도 20년간 평온·공연하게 분묘의 기지를 점유한 때에는 시효에 의하여 타인의 토지에 대하여 지상권에 유사한 일종의 물권을 취득하며, 이러한 권리에 대해서는 증명 또는 등기를 받지 않고 이를 제3자에게 대항할 수 있는 것이 관습이다." 원고가 피고에게 피고 母의 분묘의 굴이를 청구하자, 피고가 해당 분묘는 21년 전 당시 소유자의 승낙을 받고 설치한 것으로 그 후 20여 년간 아무런 이의를 받지 않고 이를 점유해 왔으므로, 원고의 청구에 응할 수 없다고 다툰 사안이다.

11) 朝鮮高等法院 1928. 5. 15. 宣告 1928年民上第140號 判決.

12) 統監府의 法典調査局에서 1908. 5.부터 1910. 9.까지 조선의 민·상사관습을 조

또는 朝鮮總督府 등의 민사관습에 대한 회신내용[14]·[15] 등에는 분묘기지
권을 관습으로 볼 수 있는 내용이 포함되어 있으나, 조선고등법원이 위
와 같이 취득시효형 분묘기지권을 인정한 근거를 사료 상으로 명확히 알
수는 없다.[16] 해방 이후 대법원은 종전 조선고등법원의 입장을 그대로 유
지하여 3가지 유형의 분묘기지권의 성립을 인정하였다.

　나. 분묘기지권은 분묘를 수호하고 봉제사하는 목적을 달성하는 데
필요한 범위 내에서 타인의 토지를 사용할 수 있는 권리를 의미한다.[17]
대법원 판례는 지상권 유사의 관습상의 물권이라고 판시하고 있다.[18]

　다. 대법원 판례는 아래의 세 가지의 경우에 분묘기지권이 성립한다
고 한다.

　(1) 우선 '承諾型 분묘기지권'이다. 이는 타인 소유 토지에 승낙을
얻어 분묘를 설치하는 경우[19]를 말하는데, 이 경우 당사자의 의사에 따를
문제이므로, 그 의사의 해석에 따라 분묘기지권 성립, 존속기간, 지료발
생 등이 결정될 것이다.[20]

사한 것을 조선총독부가 간행한 것이다(1910년, 1912년, 1913년). 번역으로, 정긍식
편역, 개정판 관습조사보고서, 한국법제연구원, 2000을 참조.

13) '慣習調査報告書' 제34항(1908~1910년 조사 결과) "분묘소유를 위한 차지(借地)는
드물게 그 사례가 보이고, 통상 지대를 지불하지 않는 듯하다. 원래 분묘용지는
이를 매수해야 하는 것이지만, 자력이 없는 자는 부득이하게 차지하여 분묘를 설
정하는 것이다. 분묘의 차지는 아주 특별한 경우에 속한다. 그렇지만 차지하여 분
묘를 설정하면, 분묘설정자가 분묘를 이전하지 않으면 지주는 해약을 할 수 없다.
또 대개의 지방(강릉지방, 1910년판)에서는 매장 후 3년을 지나면 개장하는 풍습
이 있는데, 이러한 경우에는 3년에 한정하여 지대를 지불하고 차지를 하는 사례도
있다고 한다."

14) 이를 취합해 편찬한 것이 '民事慣習回答彙集'이다. 1909년부터 1933. 9.까지 法典
調査局, 朝鮮總督府(取調局, 參事官室, 中樞院)가 법원 기타 관청의 조회에 대하여
한 민사관습에 관한 회답을 수록하여 조선총독부가 1933년 간행한 것이다.

15) '民事慣習回答彙集' 제301항(1923년 함경남도지사의 조회에 대한 조선총독부중추
원서기관장의 회신).

16) 이 논점에 관해서는 대상판결의 다수의견 및 반대의견에 그 이해가 설시되어 있
다. 관련 문제는 후술한다(Ⅲ. 3.).

17) 대법원 2001. 8. 21. 선고 2001다28367 판결 등 참조.

18) 대법원 2007. 6. 28. 선고 2007다16885 판결 등 참조.

19) 대법원 1962. 4. 26. 선고 4294민상1451 판결, 대법원 2000. 9. 26. 선고 99다
14006 판결 등 다수.

(2) 그리고 '讓渡型 분묘기지권'인데, 자기 소유의 토지에 분묘를 설치하였으나, 매매 등으로 토지 소유자를 달리하게 된 경우[21]이다. 이 경우, 분묘기지권의 성립, 지료발생 등에 관하여 '관습법상 법정지상권' 또는 '민법상 법정지상권'의 법리가 유추적용되고, 특히 매매 등 당사자의 의사에 따른 처분행위로 인한 것이라면 그 의사의 해석에 따르게 된다.[22]

(3) 마지막으로 '取得時效型 분묘기지권'인데, 취득시효에 의한 경우[23]이다. 대상판결 전의 최근 관련 판결로 대법원 2011. 11. 10. 선고 2011다63017, 63024 판결이 있다.[24]

라. 분묘기지권의 존속기간

대법원 판례는 분묘기지권의 존속기간에 관하여 민법의 지상권에 관한 규정[25]에 따를 것이 아니라, 당사자 사이에 그 존속기간에 관한 약정이 있는 등 특별한 사정이 없는 한, 권리자가 분묘의 수호와 봉사를 계

---

20) 최근 관련 판결로는, 장사법 시행 전 승낙형 분묘기지권이 성립한 사안으로, 대법원 2015. 1. 15. 선고 2013다39650 판결이 있다.
21) 대법원 1967. 10. 12. 선고 67다1920 판결(매매), 대법원 1976. 10. 26. 선고 76다1359, 1360 판결(강제경매), 대법원 2002. 12. 27. 선고 2002다59375 판결(임의경매), 대법원 2014. 2. 13. 선고 2013다79559 판결(강제경매) 등 다수.
22) 최근 관련 판결로는 대법원 2014. 2. 13. 선고 2013다79559 판결이 있다(장사법 시행 전에 분묘가 설치되었으나, 장사법 시행 후 강제경매로 인한 매각으로 분묘기지권을 취득한 사안). "자기소유 토지 위에 분묘를 설치하고 그 후 그 토지가 강제경매에 의하여 소유자를 달리하게 된 경우에 특히 그 분묘를 파 옮긴다는 조건이 없는 한 분묘의 소유자는 위 토지상에 그 분묘소유를 위한 지상권 유사의 물권을 취득한다고 할 것이다(대법원 1976. 10. 26. 선고 76다1359, 1360 판결 참조)."
23) 대법원 1957. 10. 31. 선고 4290민상539 판결, 대법원 1959. 11. 5. 선고 4292민상130 판결, 대법원 1963. 7. 25. 선고 63다157 판결, 대법원 1969. 1. 28. 선고 68다1927, 1928 판결, 대법원 1995. 2. 28. 선고 94다37912 판결, 대법원 1996. 6. 14. 선고 96다14036 판결, 대법원 2011. 11. 10. 선고 2011다63017, 63024 판결 등.
24) 1974. 11. 분묘가 설치되어 장사법 시행 전에 취득시효가 완성된 사안이다. "타인 소유의 토지에 소유자의 승낙 없이 분묘를 설치한 경우에는 20년간 평온·공연하게 그 분묘의 기지를 점유하면 지상권 유사의 관습상 물권인 분묘기지권을 시효로 취득하고, 분묘기지권은 분묘를 수호하고 봉제사하는 목적을 달성하는 데 필요한 범위 내에서 타인의 토지를 사용할 수 있는 권리를 의미하는 것으로서, 분묘기지권은 분묘의 기지 자체뿐만 아니라 분묘의 설치목적인 분묘의 수호 및 제사에 필요한 범위 내에서 분묘 기지 주위의 공지를 포함한 지역에까지 미치는 것이다."
25) 민법 제280조, 제281조.

속하며 그 분묘가 존속하고 있는 동안 존속한다고 한다.²⁶⁾ 양도형 분묘기
지권에 관한 대법원 1994. 8. 26. 선고 94다28970 판결은 동일한 법리를
판시하였고, 대상판결을 포함하여 취득시효형 분묘기지권에 관하여 대법
원이 명시적으로 법리를 밝힌 적은 없으나 같은 법리가 적용됨을 전제로
판단해 온 것으로 보인다.²⁷⁾

마. 분묘기지권과 지료

승낙형 분묘기지권의 경우, 당사자 사이에 지료에 관한 약정이 있으
면 그에 따르고, 그러한 약정이 없을 때에는 무상이라고 해석된다.²⁸⁾ 양
도형 분묘기지권의 경우, 관습법상의 법정지상권에 관한 판례이론²⁹⁾을 유
추적용하여 바로 지료의 지급을 청구할 수 있고, 2년분 이상의 지료 연
체시 민법 제287조에 따른 소멸청구의 의사표시로 분묘기지권이 소멸될 수
있다고 본다.³⁰⁾ 한편, 취시효형 분묘기지권에 관하여는 유상설과 무상설의

---

26) 대법원 2009. 5. 14. 선고 2009다1092 판결 "분묘기지권의 존속기간에 관하여는
   민법의 지상권에 관한 규정에 따를 것이 아니라 당사자 사이에 약정이 있는 등
   특별한 사정이 있으면 그에 따를 것이며, 그러한 사정이 없는 경우에는 권리자가
   분묘의 수호와 봉사를 계속하며 그 분묘가 존속하고 있는 동안은 분묘기지권은 존
   속한다고 해석함이 타당한바(대법원 1982. 1. 26. 선고 81다1220 판결, 대법원
   1994. 8. 26. 선고 94다28970 판결 등 참조), 원심의 인정 사실과 기록에 비추어
   보면, 피고 2의 분묘의 수호·관리 부재로 인하여 분묘기지권이 소멸하였다는 취
   지의 상고이유 주장도 받아들일 수 없다." 문제된 분묘는 장사법 시행 전인 1974.
   11.경 토지 소유자의 승낙 아래 설치되어 승낙형 분묘기지권이 성립된 사안이다.
27) 한편 대상판결의 반대의견에서는, 기존의 판례법리는 '사실상 영구적인' 분묘기
   지권을 인정하는 것이 되어 장사법이 시행된 2001년 무렵 이후에는 관습법으로서
   의 효력을 상실하였다고 주장한다. 이 점과 관련해서는 후술한다(Ⅲ. 5. 다.).
28) 民法注解Ⅶ 物權(3), 박영사, 1992, 103면(박재윤 집필 부분); 註釋民法 物權(3),
   한국사법행정학회, 2011, 169면(김수일 집필 부분), 고상룡, 물권법, 법문사, 2001,
   448면.
29) 대법원 2003. 12. 26. 선고 2002다61934 판결(법정지상권 또는 관습에 의한 지상
   권이 발생하였을 경우에 토지의 소유자가 지료를 청구함에 있어서 지료를 확정하
   는 재판이 있기 전에는 지료의 지급을 소구할 수 없는 것은 아니고, 법원에서 상
   당한 지료를 결정할 것을 전제로 하여 바로 그 급부를 구하는 청구를 할 수 있다
   할 것이다) 등 참조.
30) 대법원 2015. 7. 23. 선고 2015다206850 판결. "자기 소유의 토지 위에 분묘를
   설치한 후 토지의 소유권이 경매 등으로 타인에게 이전되면서 분묘기지권을 취득
   한 자가, 판결에 따라 분묘기지권에 관한 지료의 액수가 정해졌음에도 판결확정
   후 책임 있는 사유로 상당한 기간 동안 지료의 지급을 지체하여 지체된 지료가

학설대립이 있으나, 대법원 판례는 무상설의 입장을 취하고 있다.³¹⁾

　바. 분묘기지권에 대한 견해

　일률적으로 열거하기에는 다소 적절하지 못한 점이 있지만, 다음과 같은 견해들이 있다. 관습법상의 분묘기지권에 대하여, 일응 온당하게 받아 들여야 한다는 견해,³²⁾ 관습법상의 분묘기지권을 보호하는 것은 장지제도의 미비로 인한 부득이한 것으로서 차후 장지제도를 개선하면 소유권을 본래 모습대로 보호해야 할 것이므로, 이는 그때까지 인정되는 과도기적·잠정적 물권이라는 견해,³³⁾ 분묘와 제사에 대한 전통적인 국민의 식이 점차 희석되고 있는 것이 현실이고 국토의 효율적인 이용과 공공법리 증진에 이바지할 것을 목적으로 하는 장사법의 시행에 따라 전통적인 분묘기지권 이론에 신중한 수정을 할 필요성이 있다는 견해,³⁴⁾분묘기지권은 매장문화의 존속과 사설묘지의 인정, 그리고 분묘신고제가 존재하는 한도에서 그 성립을 막을 수 없는 관습법상 물권이라는 견해,³⁵⁾ 분묘기지권에 대한 관습은 장사법 시행 전후로 소멸되었다고 보는 것이 타당하다는 견해,³⁶⁾ 그리고 관습법상의 분묘기지권은 더 이상 인정되어서는 안 된다는 견해³⁷⁾ 등이 있다. 분묘기지권에 대한 비판은 분묘기지권의 인정 자

<hr>

　　판결확정 전후에 걸쳐 2년분 이상이 되는 경우에는 민법 제287조를 유추적용하여 새로운 토지 소유자는 분묘기지권자에 대하여 분묘기지권의 소멸을 청구할 수 있다. 분묘기지권자가 판결확정 후 지료지급 청구를 받았음에도 책임 있는 사유로 상당한 기간 지료의 지급을 지체한 경우에만 분묘기지권의 소멸을 청구할 수 있는 것은 아니다."

31) 대법원 1995. 2. 28. 선고 94다37912 판결. "지상권에 있어서 지료의 지급은 그 요소가 아니어서 지료에 관한 약정이 없는 이상 지료의 지급을 구할 수 없는 점에 비추어 보면, 분묘기지권을 시효취득하는 경우에도 지료를 지급할 필요가 없다고 해석함이 상당하다."

32) 곽윤직, 물권법, 박영사, 2002, 239면.

33) 이영준 물권법, 박영사, 2009, 694-695면.

34) 註釋民法 物權(3), 173면(김수일 집필 부분).

35) 이진기, "분묘기지권의 근거와 효력", 비교사법 제23권 제4호, 2016

36) 전경운, "분묘기지권의 인정근거와 효력에 관한 약간의 고찰", 법학연구(연세대) 제25권 제1호, 2015.

37) 오시영, "관습법상 분묘기지권의 폐지 여부에 대한 고찰", 토지법학 제23권 제1호, 2007, 59-60면.

체에 대한 비판과 분묘기지권의 존속기간, 취득시효형 분묘기지권의 지료 불인정에 대한 비판으로 크게 나눌 수 있다.

2. 장 사 법

가. 입법 연혁 등

1912년 공포된 분묘에 관한 최초 법령인 조선총독부령 제123호 '묘지, 화장장, 매장 및 화장 단속규칙'(='묘지규칙')은 1961년까지 적용되다가 '매장 등 및 묘지 등에 관한 법률'(='매장법')에 의하여 폐지되었다. 대법원 판례는 행정목적을 위한 묘지규칙만으로는 분묘기지권의 취득에 영향이 없다고 하였다.[38]

1962. 1. 1.부터 시행된 매장법은 1968. 12. 31. '매장 및 묘지 등에 관한 법률'로 명칭이 변경되었다가, 2000. 1. 12. 법률 제6158호로 전부 개정되면서 '장사 등에 관한 법률'로 명칭이 변경되었다.[39] 매장법에 의한 규율은 공법상의 규제에 머물렀기 때문에 私法상의 분묘기지권에 관한 대법원 판례는 여전히 유지되었다.[40]

2001. 1. 13.부터 시행된 장사법[41]은 아래와 같이 매장법과 다른 내용의 규정을 두고 있는바, 그 중 ① 분묘설치기간이 경과한 후에는 화장 또는 납골토록 하는 시한부(한시적) 매장제도, ② (취득시효형) 분묘기지권 불인정[42]에 관하여 명시적으로 규정하고 있어, 장사법 시행 이후 분묘

---

38) 대법원 1973. 2. 26. 선고 72다2464 판결. (묘지규칙에 의하여) "분묘설치자가 처벌받는다고 하여 그 분묘기지에 대한 지상권 유사의 물권을 취득함에 아무 영향이 없다."

39) 매장법에서는 ① 매장에 관한 허가제를 신고제로 바꾸었고(제5조), ② 타인 소유의 토지에 매장을 하려면 그 소유자의 승낙서를 받게 하고, 이를 위반할 경우 도지사 등이 개장을 명할 수 있도록 하였으며(제4조, 제16조), ③ 개장명령에 위반한 자를 형사처벌의 대상으로 규정하였다.

40) 분묘기지권의 범위가 매장법 등에서 규정한 제한면적 범위 내로 한정되는 것이 아니라는 대법원 1994. 8. 26. 선고 94다28970 판결 등도 유사한 취지로 볼 수 있다.

41) 이하 '장사법'의 개요 부분에서는, 2007년 개정 전 법률을 '개정전 장사법', 개정 이후 법률을 '현행 장사법'이라고 한다.

42) 김민중, "분묘기지권—쿼바디스?", 현대민사법연구, 법문사, 2002, 200면은 양도형 분묘기지권도 배제한 것이라고 설명한다.

기지권에 관한 해석을 재검토할 필요가 생겼다. 장사법은 2007. 5. 25. 법률 제8489호로 자연친화적인 자연장제도 도입, 법령의 한글화 등으로 전부 개정되었고, 이후 일부 조문이 개정되었다. 한편, 현행 장사법은 2015. 12. 29. 법률 제13660호로 '분묘설치기간'에 관한 제19조가 개정되어, 분묘설치기간이 15년(3회 연장 가능)에서 30년(1회 연장 가능)으로 확대되었다.

나. 장사법의 입법 취지

장사법 제1조는 그 목적으로 "이 법은 장사(葬事)의 방법과 장사시설의 설치·조성 및 관리 등에 관한 사항을 정하여 보건위생상의 위해(危害)를 방지하고, 국토의 효율적 이용과 공공복리 증진에 이바지하는 것을 목적으로 한다."고 규정하고 있다. 국토의 효율적인 이용을 도모하고 묘지 부족으로 인한 국민의 불편을 해소하기 위하여 분묘의 설치기간을 제한하는 등 묘지증가 억제를 위한 제도를 마련하고, 묘지·화장장 및 납골시설의 설치·관리 등에 관한 일부 규제를 완화하는 한편, 기타 불법 묘지 연고자에 대한 이행강제금 부과제도 도입 등 현행 규정의 운영상 미비점을 개선·보완하기 위하여 매장법을 전문 개정한 것이다.[43]·[44]

다. 한시적 매장제도의 도입

(1) 종전 매장법에는 묘지설치기간의 정함이 없었으나, 장사법은 분묘설치기간을 규정한다(개정전 장사법 제17조, 현행 장사법 제19조.). 설치기간이 종료된 분묘의 연고자는 설치기간이 종료된 날부터 1년 이내에 당해 분묘에 설치된 시설물을 철거하고 매장된 유골을 화장 또는 납골(봉안)하여야 한다(개정전 장사법 제18조 제1항, 현행 장사법 제20조 제1항.). 위반할 경우, 형사처벌의 대상이 되고(개정전 장사법 제35조 제5호, 현행 장사법 제40조 제6호.), 500만 원의 이행강제금이 부과된다(개정전 장사법 제38조 제1항, 현행 장사법 제43조 제1항.). 공설묘지 또는 사설묘지의 설치자는 연고자가 위 철거 및 화장·납골(봉안)을 하지 아니한 때에는 해당 분묘에 설치된 시설물을 철거하고 매장된 유골을 화장하여 일정 기간 납골(봉안)할

---

43) 국회의안정보시스템의 '매장 및 묘지 등에 관한 법률 개정법률안(대안)'의 제안 이유 참조.

44) 1999년 말 기준으로 전국 묘지면적은 약 1,007㎢(서울시 면적의 약 1.5배)로서 전 국토의 약 1%에 해당하고, 분묘 수는 약 2,000만 기로 매년 17만여 기가 발생하는 실정이었다. 서용우, "장사 등에 관한 법률 해설", 법제 521호, 2001, 41면.

수 있다($\substack{\text{개정전 장사법 제18조 제2항} \\ \text{현행 장사법 제20조 제2항}}$).

(2) 분묘설치기간에 관한 장사법의 개정

개정전 장사법은 공설묘지나 사설묘지에 설치된 분묘설치기간을 15
년으로 하고, 15년씩 3회에 한하여 연장하여 최장 60년간 매장할 수 있
도록 규정하였다($\substack{\text{제17조} \\ \text{제1, 2항}}$).[45] 그러나 2015. 12. 29. 법률 개정으로 현행 장
사법은 분묘설치기간을 30년으로 하고, 1회에 한하여 연장하여 최장 60
년간 매장할 수 있도록 규정하였다($\substack{\text{제19조} \\ \text{제1, 2항}}$).[46] 시한부(한시적) 매장제도는
장사법 시행일인 2001. 1. 13. 이후 최초로 설치된 분묘부터 적용하도록
한다. 즉, 시행 당시 이미 설치되어 있던 분묘는 기존의 제도에 대한 법

---

45) 분묘설치기간을 15년으로 설정한 주된 이유는 시신이 보통 15년 후에 肉脫이 완
   료되는 것으로 보고되었기 때문이다. 최대 설치기간을 60년으로 설정한 것은 최대
   2세대가 지난 후에 묘지를 없애는 것이 문화적·정서적으로 무리가 없을 것으로
   생각했기 때문이다. 보건복지부·한국보건사회연구원, "사회환경 변화에 따른 묘지
   제도 발전방향", 한국보건사회연구원, 2011, 302-303면.
46) 개정법에 대한 국회 전문위원의 심사보고서 주요 내용은 다음과 같다.
   －국토의 효율적 이용을 도모하고 묘지부족으로 인한 국민의 불편을 해소하기 위
    해 분묘의 설치기간을 15년으로 제한하는 '한시적 매장제도'가 2001년도부터 시
    행되었고, 2016. 1. 13.은 제도시행 후 최초로 설치된 분묘의 설치기간 만료가
    도래하는 시점임.
   －한시적 매장제도를 시행하려면 대상 분묘를 파악할 수 있는 묘적부 관리가 전제
    되어야 하는데 현재 전국묘지상황에 대한 체계적인 조사가 없는 상태이어서 한
    시적 매장제도가 적용되는 분묘를 구별하기 어려운 상황이고, 더욱이 묘지설치
    의 신고율이 낮아 불법분묘가 많은 상태이어서 한시적 매장제도 실시로 오히려
    합법적으로 설치신고를 한 분묘에게 불이익한 처분을 하게 되는 결과를 초래할
    우려가 제기되고 있음.
   －한시적 매장제도에 대한 한 설문조사(한국리서치, 전국 30세 이상 500명을 대상
    으로 2015. 9. 7.－9. 9. 실시)에 따르면, 한시적 매장제도를 '모른다'고 답한 비
    율이 73.6%로 10명 중 7명에 이르고 있어 한시적 매장제도에 대한 국민 인식이
    대단히 낮은 것으로 나타남.
   －이와 같이 한시적 매장제도를 실시할 수 있는 여건이 준비되지 않은 상황이므로
    이를 내년부터 실시할 경우 국민적 불편 및 민원이 다수 발생할 것으로 예상되
    고 있음. 따라서 개정안과 같이 일단 한시적 매장제도의 분묘 설치기간을 15년
    에서 30년으로 확대하여 이를 준비할 수 있는 시간적 여유를 갖는 한편 동 제도
    에 대한 타당성 등을 재검토할 수 있는 기회를 가질 필요가 있다고 보여 지므
    로, 개정안의 취지 및 내용은 타당하다고 보여 짐.
   －보건복지부 의견 : 화장 중심의 장사문화를 고려하여 국민 불편을 초래하는 연
    장신청 주기를 30년으로 변경하여 국민 불편해소 및 행정력 낭비를 방지할 필요
    가 있다고 봄.

적 안정성 보호 차원에서 적용대상에서 제외한다.

라. 분묘기지권의 제한

(1) 관련 규정 내용

장사법은 토지 소유자가 그의 승낙 없이 설치된 분묘를 관할 관청의 허가를 받아 개장할 수 있고, 분묘 연고자가 토지 소유자의 승낙 없이 설치한 분묘에 관하여 토지 사용권 기타 분묘의 보존을 위한 권리를 주장할 수 없다고 규정한다(개정전 장사법 제23조 제1, 3항, 현행 장사법 제27조 제1, 3항). 개정전 장사법 제23조 제1, 2항(현행 장사법 제27조 제1, 3항)은 토지 소유자로서의 권한 및 그 행사절차에 관한 원칙을, 제23조 제3항은 그 권한의 한계 또는 예외의 인정범위를 규정한 것으로서, 제23조 제3항은 종전에 분묘 연고자에게 인정되었던 권리(분묘기지권)를 법률로써 제한하고, 그에 따라 토지 소유자의 권한을 강화한 독자적인 의미를 갖고 있다. 그동안은 승낙 없이 설치된 분묘의 연고자라도 분묘기지권을 취득한 경우 이를 토지 소유자에 대하여 주장할 수 있었으나, 개정전 장사법 제23조 제3항은 명문의 규정으로 이러한 주장을 할 수 없도록 한 것이다.[47] 개정전 장사법 제23조 제3항(현행 장사법 제27조 제3항)과 관련하여 장사법 시행 이후에는 '취득시효형 분묘기지권'의 성립이 배제된다고 설명하는 것이 다수의 견해이다.[48]

(2) 적용범위

분묘기지권의 제한에 관한 개정전 장사법 제23조 제3항(현행 장사법 제27조 제3항)에 관하여 장사법 시행일인 2001. 1. 13. 이후 최초로 설치된 분묘부터 적용하도록 규정한다. 시한부(한시적) 매장제도와 마찬가지로, 시행 당시 이미

---

47) 국가의 묘지에 관한 정책의지를 반영하고 묘지억제의 실효성 확보를 위하여 규정하게 됨. 서용우, 전게 "장사 등에 관한 법률 해설", 46면.

48) 그 밖에 ① 양도형 분묘기지권에 관하여도 장사법상 배제된다는 견해(김민중, 전게 "분묘기지권-쿼바디스?", 200면) 또는 ② 분묘기지권을 인정하는 관습이 존재하였다 하더라도 이제는 그러한 관습이 더 이상 관습법으로 존재하지 않게 되었으므로, 기존에 설치된 분묘까지 관습법상 분묘기지권을 인정하지 않는 것이 타당하다는 견해(오시영, 전게 "관습법상 분묘기지권의 폐지 여부에 대한 고찰", 54면 이하), 장사법은 단지 분묘설치와 그 제한, 그리고 설치기간의 제한을 목적하는 법률인바 동법은 분묘기지권과 그 시효취득을 금지하지 아니한다고 파악하는 견해(이진기, "분묘기지권의 근거와 효력", 비교사법 제23권 제4호, 2017)도 있다.

설치되어 있던 분묘는 기존의 제도에 대한 법적 안정성 보호 차원에서
적용대상에서 제외한다.[49]

3. 관습법에 대한 사법적 통제

가. 법원이 관습법을 통제하는 방법으로, ① 관습법으로서의 요건을
갖추지 못하였다고 하여 그 효력을 부정하는 방법, ② 관습법의 성립요
건, 예컨대 일반의 법적 확신이 소멸되어 더 이상 관습법으로서의 효력
을 인정할 수 없다고 하거나, 관습법 자체에 변화가 있어서 새로운 내용
의 관습법으로 바뀌었다고 하는 방법, ③ 관습법이 헌법과 같은 상위의
법규범에 어긋나므로 효력이 없다고 하는 방법 등이 있을 수 있다.[50] 일
반적으로 관습법은 성립과 함께 효력이 생기고 소멸과 함께 효력을 상실
한다고 설명된다. 관습법의 특성상 성립과 소멸은 각각 적용가능한 시기,
즉 구속력의 발생시점 및 종료시점과 일치한다.[51] 따라서 관습법의 성립
요건을 살펴보아야 관습법의 소멸요건을 알 수 있다.

나. 관습법의 성립

(1) 대법원 판례는 관습법을 다음과 같이 정의하고 있다. "관습법이
란 사회의 거듭된 관행으로 생성한 사회생활규범이 사회의 법적 확신과
인식에 의하여 법적 규범으로 승인·강행되기에 이른 것으로, 관습법은
법원(法源)으로서 법령에 저촉되지 아니하는 한 법칙으로서의 효력이 있

---

49) 대법원 2002. 12. 24. 선고 2002다53377 판결. "2001. 1. 13.부터 시행되고 있는
   장사 등에 관한 법률은 분묘의 설치기간을 제한하고(제17조 제1항, 제2항) 토지
   소유자의 승낙 없이 설치된 분묘에 대하여 토지 소유자가 이를 개장하는 경우에
   분묘의 연고자는 당해 토지 소유자에 대항할 수 없다고 규정하고 있지만(제23조
   제3항), 같은 법 부칙 제2조는 위 조항들의 적용시기에 관하여 같은 법 시행 후
   최초로 설치되는 분묘부터 적용한다고 명시하고 있어서 장사 등에 관한 법률의 시
   행으로 기존의 분묘기지권이 존립근거를 상실하였다고 볼 수도 없다고 판단하였는
   바, 기록에 비추어 살펴보면 원심의 위와 같은 판단은 정당하고, 거기에 분묘기지
   권이나 장사 등에 관한 법률에 관한 법리를 오해한 위법이 있다 할 수 없다."
50) 윤진수, "변화하는 사회와 종중에 관한 관습" 사법 창간호, 2007, 14-15면.
51) 오세혁, "관습법의 현대적 의미" 법철학연구 제9권 제2호, 한국법철학회, 2006,
   166면.

다."[52] 일반적으로 관습법의 성립요건으로 ① 거듭된 관행의 존재 및 ②
그 관행에 대한 사회의 법적 확신을 들고 있다.[53] '법적 확신(②)'은 관행
을 따르는 자에게 그 관행이 마치 성문법과 마찬가지의 구속력을 갖고
그것을 위반하면 사실상 법적 제재가 가해진다고 생각할 정도의 확신을
의미한다고 한다.[54] 나아가 대법원 판례는 ③ 헌법을 최상위 규범으로
하는 전체 법질서에 반하지 아니하는 것으로서 정당성과 합리성이 인정
되어야 한다고 한다.[55]

(2) 관습법의 요건으로 국가(법원)의 승인이 필요한지 여부에 관하여
견해가 대립하고 있다. 국가 승인설을 취하는 견해가 없지 않으나, 통설
은 법적 확신설에 따라 법원의 판결을 기다리지 않고 관행의 존재와 법
적 확신이 있는 때에 관습법이 성립한다고 한다.[56] 하지만 실제 법원이
관습법의 존재를 선언하여야만 그러한 관습법의 존재가 확인되므로, 관습
법의 성립시기는 관습이 국가가 인정하는 규범으로 성립한 때, 즉 구체
적으로는 법원의 판결에서 관습법의 존재가 인정되는 때에 그 관습이 법
적 확신을 얻어서 사회에서 행해지게 된 때로 소급해서 관습법으로서 존
재하고 있었던 것이 된다.[57]

(3) 관습법의 성립요건 중 거듭된 관행의 존재 여부(①)는 사실인정
의 문제이다. 한편, 정당성과 합리성 유무(③)는 법적 평가의 문제이므로,
이를 전제로 할 경우 그 관행이 일반에 의하여 법적 확신에 이르렀는지

---

52) 대법원 1983. 6. 14. 선고 80다3231 판결.
53) 註釋民法 總則(1), 한국사법행정학회, 2010, 106-107면(윤진수 집필 부분) 참조.
54) 김욱곤, "관습법에 관한 연구-특히 우리 민법의 해석을 중심으로-" 숭전대 논문
   집 제5집, 1974, 372면.
55) 대법원 2003. 7. 24. 선고 2001다48781 전원합의체 판결. "사회의 거듭된 관행으
   로 생성한 어떤 사회생활규범이 법적 규범으로 승인되기에 이르렀다고 하기 위해
   서는 헌법을 최상위 규범으로 하는 전체 법질서에 반하지 아니하는 것으로서 정당
   성과 합리성이 있다고 인정될 수 있는 것이어야 하고, 그렇지 아니한 사회생활규
   범은 비록 그것이 사회의 거듭된 관행으로 생성된 것이라고 할지라도 이를 법적
   규범으로 삼아 관습법으로서의 효력을 인정할 수 없다."
56) 註釋民法 總則(1), 2010, 107면(윤진수 집필 부분).
57) 곽윤직 · 김재형, 민법총칙 제9판, 박영사, 2013, 22면.

여부(②)는 사실인정의 측면과 법적 평가의 측면이 혼재되어 있다. 이에
비하여 정당성 또는 합리성이라는 요건을 요구할 경우 관습법은 사법심
사의 대상이 될 수밖에 없고, 결국 법적 확신설에 따르더라도 관행의 정
당성 또는 합리성이라는 요건을 강조하면 법적 확신설은 국가 승인설과
큰 차이가 없다는 견해가 있다.[58]

다. 관습법의 소멸

(1) 앞서 살펴본 대로, 관습법은 성립과 함께 효력이 생기고 소멸과
함께 효력을 상실하므로, 관습법의 성립요건은 동시에 그 존속요건이기도
하다. 관습법은 그 성립을 위하여 필요한 구성요소 중 하나를 결여하면
자연스럽게 소멸한다. 즉 관행 또는 법적 확신의 소멸이 관습법 소멸의
원인이 된다.[59] 하지만 관습법에 대한 법원의 판단이 바뀌었다는 것으로
인하여 관습법이 소멸하지 않는다. 법원의 판결을 통하여 사회 일반의
법적 확신이 소멸되었다는 사실이 확인되어야 한다.[60]

관습법이 헌법에 저촉되는 경우는 물론이고 그 외의 다른 상위의
법규범 내지 법질서와 저촉될 때에는 설사 그러한 관습법에 대한 (주관
적) 법적 확신이 존재한다고 하더라도 유효한 법규범으로서의 효력을 인
정할 수 없다.[61]

(2) 관습법의 소멸사유

우선 ① 관행의 소멸은 관습법 소멸의 원인이 될 것이다. 대법원 판
례는, ② 사회 구성원들이 관행의 법적 구속력에 대하여 확신을 갖지 않
게 되거나, ③ 관습법이 전체 법질서에 부합하지 않게 된 경우, 관습법은
법적 규범으로서의 효력이 부정된다고 한다.[62] 한편, 민법 제185조와 관

---

58) 오세혁, 전게 "관습법의 현대적 의미" 165면.
59) 오세혁, 전게 "관습법의 현대적 의미", 171면.
60) 오세혁, 전게 "관습법의 현대적 의미", 171면.
61) 헌법재판연구원, 관습법에 대한 위헌법률심판, 15면은 관습법의 성립요건에 합헌
   성의 요건을 포함시키지 않는 것이 타당하고, 관습법이 성립·존속하지 않는다는
   것과 이미 성립된 관습법이 헌법에 위반되는 것은 구별되어야 한다고 한다.
62) 대법원 2005. 7. 21. 선고 2002다1178 전원합의체 판결. "사회의 거듭된 관행으
   로 생성된 사회생활규범이 관습법으로 승인되었다고 하더라도 사회 구성원들이 그

련하여 반대의 견해가 있을 수 있지만,[63] 관습법의 성문법에 대한 보충적 효력[64]에 비추어, ④ 관습법과 배치되는 성문법의 제정에 의해서도 관습법은 효력을 상실한다고 할 것이다. 또는 기존 관습법과 배치되는 새로운 관습법이 인정될 때도 있다.[65]

(3) 관습법 소멸의 심사

(가) 관행의 소멸은 사실인정의 문제로 볼 수 있다. 또한 관습법과 배치되는 성문법의 제정 또는 기존 관습법과 배치되는 새로운 관습법의 인정은 법원이 위와 같은 법률의 존재를 확인함으로써 자연스럽게 관습법의 소멸을 인정할 수 있다. 문제는 관행의 법적 구속력에 대한 사회 구성원들의 확신의 소멸의 인정 여부이다. 이에 대하여, ① 법원이 사회 질서나 법질서 변화의 크기를 양적으로 판단하여 그 크기가 작으면 아직 관습법의 효력이 소멸하지 않았고, 그 크기가 크면 관습법의 효력이 소멸하였다고 판단하는 것이 가능한지 등으로 의문을 제기하거나,[66] ② 법관의 주관적인 판단이 아닌 객관적으로 수긍할 수 있는 사회에 대한 의

러한 관행의 법적 구속력에 대하여 확신을 갖지 않게 되었다거나, 사회를 지배하는 기본적 이념이나 사회질서의 변화로 인하여 그러한 관습법을 적용하여야 할 시점에 있어서의 전체 법질서에 부합하지 않게 되었다면 그러한 관습법은 법적 규범으로서의 효력이 부정될 수밖에 없다."

63) 민법 제185조에서 규정한 법률과 관습법 사이의 효력관계에 관하여 ① 보충적 효력설, ② 변경적 효력설(성문법상의 물권과 관습법상의 물권이 병존할 때는 관습법상의 물권만이 인정된다는 견해), ③ 대등적 효력설(성문법상의 물권과 관습법상의 물권이 병존할 때는 양자가 병존하게 되므로 당사자가 물권을 선택을 할 수 있다는 견해)이 대립한다.

64) 변경적 효력설 또는 대등적 효력설에서는 '신법 우선의 원칙'으로 설명하게 된다.

65) 대법원 2003. 7. 24. 선고 2001다48781 전원합의체 판결 중 반대의견. "관습법이란 다수의견이 지적한 바와 같이 사회의 거듭된 관행으로 생성한 사회생활규범이 사회의 법적 확신과 인식에 의하여 법적 규범으로 승인 강행되기에 이른 것으로 바로 법원(法源)으로서 법령과 같은 효력을 갖고 법령에 저촉되지 않는 한 법칙으로서의 효력이 있는 것이므로, 법원으로서는 관습법이 다른 법령에 의하여 변경·폐지되거나 그와 모순·저촉되는 새로운 내용의 관습법이 확인되기 전까지는 이에 기속되어 이를 적용하여야 하고, 만일 관습법이 헌법에 위반된다면 그 이유로 이를 적용하지 아니할 수 있을 뿐이지 막연히 불합리하다거나 정당성이 없다는 등의 사유를 이유로 판례변경을 통하여 그 적용을 배제할 수는 없다 할 것이다."

66) 윤진수, 전게 "변화하는 사회와 종중에 관한 관습", 15-16면.

식조사에 의해 뒷받침되어야 가능하다는 지적이 있다.[67] 한편 ③ 국민의
의견수렴 또는 대의기관으로서 국회의 입법 내지 결의가 국민의 법적 확
신의 소멸에 대한 확인수단이 될 수 있다는 의견도 있다.[68]

(나) 사회 구성원들의 (주관적) 법적 확신의 소멸은 사실인정의 문제
로 증거조사가 필요할 뿐만 아니라 그 소멸이 쉽게 인정될 수 없는 측면
이 있다. 결국 법적 확신의 문제는 그 전제인 헌법을 최상위 규범으로
하는 전체 법질서에 반하지 아니하는 것으로서 정당성과 합리성이 인정
되는지 여부의 문제로 귀결될 가능성이 크다.[69] 결국 관행의 법적 구속력
에 대한 사회 구성원들의 확신의 소멸은 그것이 전체 법질서에서의 부합
등 정당성과 합리성을 전제로 하는 경우 관습법에 대한 위헌심사의 문제
와 사실상 큰 차이가 없게 된다.[70]

(다) 최근 대법원이 관습법의 효력을 판단한 경우에도 이 문제가 헌
법재판소에까지 가서 다투어지는 일이 있다.[71]·[72] 이와 관련하여 최근

67) 박찬주, "대법원에 의한 관습법의 폐지," 법조 제55권 제7호, 법조협회, 2006, 48면.
68) 오세혁, 전게 "관습법의 현대적 의미", 173면.
69) 종중의 구성원에 관한 대법원 2005. 7. 21. 선고 2002다1178 전원합의체 판결도
"변화된 우리의 전체 법질서에 부합하지 아니하여 정당성과 합리성이 있다고 할
수 없다. 따라서 종중 구성원의 자격을 성년 남자만으로 제한하는 종래의 관습법은
이제 더 이상 법적 효력을 가질 수 없게 되었다고 할 것이다."라고 판단하였다.
70) 제사주재자의 결정 방법에 관한 대법원 2008. 11. 20. 선고 2007다27670 전원합
의체 판결은 "사회의 거듭된 관행으로 생성한 사회생활규범으로서의 관습 내지 관
습법이라고 할지라도, 헌법을 최상위 규범으로 하는 전체 법질서에 반하여 정당성
과 합리성이 없는 때에는 이를 법적 규범으로 삼아 법원(法源)으로서의 효력을 인
정할 수 없다. (중략) 위와 같이 우리 사회 구성원들의 생활양식과 각종 법률 및
제도가 변화함에 따라 상속인들간의 협의와 무관하게 적장자가 우선적으로 제사를
승계해야 한다는 종래의 관습은, 가족 구성원인 상속인들의 자율적인 의사를 무시
하는 것이고 적서간에 차별을 두는 것이어서 개인의 존엄과 평등을 기초로 한 변
화된 가족제도에 원칙적으로 부합하지 않게 되었고, 이에 대한 우리 사회 구성원
들의 법적 확신 역시 상당 부분 약화되었으므로, 더 이상 관습 내지 관습법으로서
의 효력을 유지할 수 없게 되었으며, 그러한 관습에 터잡은 종래의 대법원판결들
역시 더 이상 판례법으로서의 효력을 유지할 수 없게 되었다고 봄이 상당하다."고
판단하여, 헌법을 최상위 규범으로 하는 전체 법질서에 반하여 정당성과 합리성이
없다는 점을 주된 근거로 삼았다.
71) 대법원 2009. 5. 28. 선고 2007다41874 판결에서는 민법 시행 전의 재산상속에
관한 구 관습법상 딸들이 피상속인인 호주의 재산에 대하여 분재를 청구할 수 없

관습법이 헌법재판소에 의한 위헌법률심사의 대상이 되고, 따라서 법원은 관습법의 위헌여부를 판단할 권한이 없다는 주장도 나타났다.[73] 이러한 주장에 대해서는 비판하는 논의가 유력하다.[74]

(4) 관습법의 소멸시기

(가) 관행 또는 (주관적) 법적 확신의 소멸의 경우

관행 또는 사회 구성원들의 관습법의 법적 구속력에 대한 확신의 소멸로 관습법이 소멸하는 경우 그 소멸시기를 언제로 볼 것인지가 문제 인데, 일응 관습법의 성립시기에 관한 이론을 유추해 보면, 법원의 판결 에 의하여 관습법의 소멸이 인정되는 때에 실제로 관행 또는 법적 확신

다는 관습법의 효력 유무가 문제되었는데, 대법원은 이 문제에 대하여 직접 판단 을 회피하고, 다만 위와 같은 구 관습법상의 분재청구권의 소멸시효가 완성되었다 고 하였다. 그 사건의 당사자기 재기한 헌법소원 사건에서 헌법재판소 2013. 2. 28. 선고 2009헌바129 결정은, 관습법도 위헌심판의 대상인 '법률'에 해당한다고 하면서도, 본안에 관하여는 대법원과 마찬가지로 분재청구권의 소멸시효가 완성되 었다고 하여 재판의 전제성이 없다는 이유로 헌법소원을 각하하였다. 또한 최근의 헌법재판소 2016. 4. 28. 선고 2013헌바396, 2014헌바394 결정은, "여호주가 사망 하거나 출가하여 호주상속이 없이 절가된 경우, 유산은 그 절가된 가의 가족이 승 계하고 가족이 없을 때는 출가녀가 승계한다."는 구 관습법은 위헌이 아니라고 하 였다.

72) 한편, 관습법이 헌법재판소의 위헌법률심판의 대상인지 여부에 관한 대법원 2009. 5. 28.자 2007카기134 결정은 "헌법 제111조 제1항 제1호 및 헌법재판소법 제41조 제1항에서 규정하는 위헌심사의 대상이 되는 법률은 국회의 의결을 거친 이른바 형식적 의미의 법률을 의미하고(헌법재판소 1995. 12. 28. 선고 95헌바3 결 정 등 참조), 또한 민사에 관한 관습법은 법원에 의하여 발견되고 성문의 법률에 반하지 아니하는 경우에 한하여 보충적인 법원(法源)이 되는 것에 불과하여(민법 제1조) 관습법이 헌법에 위반되는 경우 법원이 그 관습법의 효력을 부인할 수 있 으므로(대법원 2003. 7. 24. 선고 2001다48781 전원합의체 판결 등 참조), 결국 관 습법은 헌법재판소의 위헌법률심판의 대상이 아니라 할 것이다."라고 판단하면서, 위 대법원 전원합의체 판결을 근거로 원용한다.

73) 관습법에 대한 위헌법률심사, 헌법재판연구원 연구보고서(연구책임자, 손상식), 2015, 45면.

74) 윤진수, "상속관습법의 헌법적 통제", 헌법학연구 제23권 제2호, 2017, 149면. "관 습법이 형식적 의미의 법률과 같은 효력을 가진다고 할 수 없고, 관습법은 성문법 에 반하지 않는 한도 내에서만 효력이 있는 보충적인 효력을 가진다. 또 헌법은 관습법에 대하여 전혀 규정하지 않고 있고, 관습법은 헌법상 근거를 가진 것은 아 니며, 관습법에 대한 헌법재판소의 위헌법률심사는 헌법이 예정한 것이 아니었다. 그리고 법원이 헌법재판소보다 관습법에 대한 통제를 담당하기에 적합하다. 나아 가 한정위헌의 선고도 불가능하다."

이 소멸한 때로 소급해서 관습법으로서 소멸하였다고 할 수 있을 것이
다. 다만 법원이 과거 특정시점에 법적 확신이 소멸함으로써 관습법이
소멸하였다고 판단하는 것이 가능한지 문제이다. 이에 대하여 관습법이
관행 또는 (주관적) 법적 확신이 소멸하여 폐기된 결과로 판례가 변경되
었다면, 이는 그 사이에 변경된 법을 반영한 것일 뿐 종전의 판례가 그
당시에 이미 잘못 법을 선언하였음을 전제하는 것이 아니므로, 변경된
판례가 일정한 범위에서만 소급 적용된다는 견해[75]가 있다. 물론 시점의
특정이 쉽지 않겠지만 사실인정을 통해 관행 또는 (주관적) 법적 확신의
소멸을 확인할 수 있다면, 이론적으로 특정시점의 관습법 소멸을 인정하
는 것이 불가능한 것은 아니다.

(나) 변화된 전체 법질서에 부합하지 아니하는 경우

관습법이 변화된 우리의 전체 법질서에 부합하지 아니하여 정당성과
합리성이 있다고 할 수 없는 경우(이를 전제로 한 법적 확신이 소멸되었다
고 볼 경우)에도 마찬가지로 해석이 가능한지 문제이다. 제정민법이 시행
되기 전에 존재하던 '상속회복청구권은 상속이 개시된 날부터 20년이 경
과하면 소멸한다.'는 관습에 관한 대법원 2003. 7. 24. 선고 2001다48781
전원합의체 판결은 판례 변경을 통하여 관습법의 효력을 인정하지 아니
한다.[76] 종중의 구성원에 관한 대법원 2005. 7. 21. 선고 2002다1178 전
원합의체 판결은 판례변경을 통하여 관습법의 효력이 소급적으로 부정된
다는 것을 전제로 하면서, 법적 안정성을 위하여 선택적 장래효만을 인
정하였다.[77] 한편, 관습법과 배치되는 성문법이 제정되는 경우 관습법의
소멸시기는 성문법이 시행된 때라고 할 것이다.

75) 이동진, "판례변경의 소급효", 민사판례연구 제36권, 2015, 1143면 이하.
76) 다만 이 대법원 전원합의체 판결이 ① 전체 법질서에 어긋나는 종래 관행에 대
하여 법규적 효력을 승인한 판결에 대하여 관습법의 요건 및 효력에 관한 판단을
잘못한 것으로 본 것인지, ② 관습법에 위헌적 요소가 있어 판례변경을 통해 시정
한 것인지 불분명한 측면이 있다.
77) 제사주재자의 결정 방법에 관한 대법원 2008. 11. 20. 선고 2007다27670 전원합
의체 판결도 선택적 장래효를 인정하였다.

Ⅲ. 대상판결의 분석

1. 의의 및 관련 문제

가. 대법원은 오랜 기간 동안 "타인 소유의 토지에 소유자의 승낙 없이 분묘를 설치한 경우에도 20년간 평온, 공연하게 그 분묘의 기지를 점유하면 지상권과 유사한 관습상의 물권인 분묘기지권을 시효로 취득하고, 이를 등기 없이 제3자에게 대항할 수 있는 것이 관습"이라고 판시하여 왔는데, 대상판결을 통하여 다시 "타인 소유의 토지에 분묘를 설치한 경우에 20년간 평온, 공연하게 그 분묘의 기지를 점유하면 지상권과 유사한 관습상의 물권인 분묘기지권을 시효로 취득한다는 점은 오랜 세월 동안 지속되어 온 관습 또는 관행으로서 법적 규범으로 승인되어 왔고, 이러한 법적 규범이 장사법(법률 제6158호) 시행일인 2001. 1. 13. 이전에 설치된 분묘에 관하여 현재까지 유지되고 있다고 보아야 한다."고 선언하였다. 장사법(법률 제6158호) 시행 전에 설치되었으나 동법 시행 후에 취득시효기간이 경과하게 되는 분묘에 대하여도 분묘기지권의 시효취득을 인정할 수 있는지는 기존에 논의된 바 없는 문제로서, 취득시효형 분묘기지권에 대한 기존의 비판, '장사법'의 제정 배경 및 입법취지 등에 비추어 '장사법' 시행 이전에 설치된 분묘에 대하여 분묘기지권의 시효취득을 계속 인정할 수 있는지, 인정한다면 그 존속기간을 어떻게 정할 것인지 등이 문제되는 사건이다.

나. 대상판결에 대해서는 비판적인 평석이 다수인 것으로 보인다.[78]

---

78) 오시영, "관습상의 분묘기지권 인정 대법원 판례 검토-대법원 2013다17292 전원합의체 판결", 동북아법연구 제11권 제1호, 2017; 진상욱, "분묘기지권의 재검토-대법원 2017. 1. 19. 선고 2013다17292 전원합의체 판결", 토지법학 제33권 제1호, 2017; 장형진·김미정, "시효취득에 의한 분묘기지권-대법원 2017. 1. 19. 선고 2013다17292 전원합의체 판결 비판적 고찰", 동아법학 제75호, 2017; 권태상, "분묘기지권에 관한 비판적 고찰-대법원 2017.1.19. 선고 2013다17292 전원합의체 판결", 법학논집(이화여대) 제22권 제3호(통권 제61호), 2018. 이에 비해, 찬성론도 최근 등장하였다. 권영준, "2017년 민법 판례 동향", 서울대학교 법학 제59권 제1호, 2018, 421면 이하.

이러한 비판적인 논의는 대상판결의 반대의견 및 그 보충의견과 궤를 같이하는 것이다. 한편 대상판결의 다수의견과 반대의견의 대립축은 선명하지 않고 다소 어긋나 있는 것으로 보인다. 다수의견은 당해 사건의 구체적인 해결에 중점을 두면서 부차적으로 기존 판례법리를 변경할 만큼 상황이 무르익지 않았다고 결론을 내렸다. 이에 비해서 반대의견은 분묘기지권 자체에 대한 부정적인 평가를 전제로 당해 사건의 구체적인 해결보다는 장래의 판례변경을 염두에 둔 논리구축에 힘쓴 것으로 보인다. 대상판결에 대한 비판적 평석에 대해서도 같은 맥락의 평가가 가능하다.

다. 본 평석에서는 대상판결이 기존의 판례법리, 관련 입법, 그리고 사안의 해결과 관련하여 납득할 수 있는 결론을 끌어낸 것으로 파악한다. 대상판결에 따라 장사법 시행 이전에 설치된 분묘에 대하여 취득시효형 분묘기지권에 관한 관습법이 적용된다는 점은 일단락되었다고 할 것이다. 대상판결에 따르면 장사법 시행 이후에 설치된 분묘에 대해서는 취득시효형 분묘기지권이 인정되지 않는 것을 전제로 하고 있기 때문에, 결과적으로 취득시효형 분묘기지권이 문제가 되는 범위가 한정되었다고 할 것이다.

라. 대상판결은 '취득시효형 분묘기지권'이 전원합의체에 회부되어 공개변론까지 거치게 된 문제의식 즉 ① 토지소유자의 승낙이 없음을 알고도 분묘를 설치한 경우에까지 분묘기지권의 취득시효를 인정하는 것이 재산권을 보장하는 현행 헌법질서에 비추어 정당한지, ② 분묘기지권을 인정하는 것은 토지소유권에 대한 과도한 제한이 아닌지 등의 쟁점에 대해서는 답을 내놓지 않았다. 이러한 점에 대하여 대상판결이 답하지 않은 것은 당연하다고 할 수도 있다. 왜냐하면 대상판결의 사실관계를 전제로 한 구체적인 사안의 해결에 관하여 필수적인 심판대상이 아니었기 때문이다. 그렇지만 이러한 쟁점들은 앞으로 실무에서 계속 문제가 될 것으로 예상된다.

마. 이하에서는 우선 대법원 판례평석의 본연의 임무라고 생각되는 대상판결에 대한 내재적 이해를 위한 분석을 시도한다. 이를 통하여 대

상판결의 사정범위를 가늠하게 될 것이다. 그리고 다른 한편으로 대상판결 이후의 논의를 예상해본다. 대상판결을 전제로 하더라도, 관습법의 일부 효력 상실 또는 관습법에 관한 해석 변경 등의 접근을 통해 관련 문제들에 관해서는 계속해서 검토가 필요하다고 생각되는 만큼, 관련된 개별 논점에 대하여 살펴보기로 한다.

2. 분묘가 '장사법' 시행 전에 설치되었으나 시행 후에 시효가 완성된 경우에 '취득시효형 분묘기지권'을 인정할 것인지 여부

가. 이 문제는 장사법($\frac{법률}{제6158호}$) 제23조 제3항, 부칙 제2조와 관련된 논점이다. 다수의견은 입법취지를 종합적으로 고려하면서 부칙 제2조의 문언을 중시하여 해석[79]하였고, 이에 반해 반대의견은 장사법 시행 이전에 분묘가 설치되었더라도 법 시행 이후에 분묘기지권을 시효취득하는 것은 입법취지에 부합하지 않는다고 주장[80]하였다. 관련조항의 입법취지를 사

---

79) 대상판결은 "2001. 1. 13.부터 시행된 '장사법'의 시행으로 분묘기지권 또는 그 시효취득에 관한 관습법이 소멸되었다거나 그 내용이 변경되었다는 주장은 받아들이기 어렵다. 2000. 1. 12. 법률 제6158호로 매장 및 묘지 등에 관한 법률을 전부 개정하여 2001. 1. 13.부터 시행된 장사법[이하 '장사법(법률 제6158호)'이라 한다] 부칙 제2조, 2007. 5. 25. 법률 제8489호로 전부 개정되고 2008. 5. 26.부터 시행된 장사법 부칙 제2조 제2항, 2015. 12. 29. 법률 제13660호로 개정되고 같은 날 시행된 장사법 부칙 제2조에 의하면, 분묘의 설치기간을 제한하고 토지 소유자의 승낙 없이 설치된 분묘에 대하여 토지 소유자가 이를 개장하는 경우에 분묘의 연고자는 토지 소유자에게 대항할 수 없다는 내용의 규정들은 장사법(법률 제6158호) 시행 후 설치된 분묘에 관하여만 적용한다고 명시하고 있어서, 장사법(법률 제6158호)의 시행 전에 설치된 분묘에 대한 분묘기지권의 존립 근거가 위 법률의 시행으로 상실되었다고 볼 수 없다." "또한 분묘기지권을 둘러싼 전체적인 법질서 체계에 중대한 변화가 생겨 분묘기지권의 시효취득에 관한 종래의 관습법이 헌법을 최상위 규범으로 하는 전체 법질서에 부합하지 아니하거나 정당성과 합리성을 인정할 수 없게 되었다고 보기도 어렵다."고 전제한 후에, 결론적으로 "타인 소유의 토지에 분묘를 설치한 경우에 20년간 평온, 공연하게 분묘의 기지를 점유하면 지상권과 유사한 관습상의 물권인 분묘기지권을 시효로 취득한다는 점은 오랜 세월 동안 지속되어 온 관습 또는 관행으로서 법적 규범으로 승인되어 왔고, 이러한 법적 규범이 장사법(법률 제6158호) 시행일인 2001. 1. 13. 이전에 설치된 분묘에 관하여 현재까지 유지되고 있다."고 보아야 한다고 판시하였다.

80) 반대의견은 "토지 소유자의 승낙이 없음에도 20년간 평온, 공연한 점유가 있었다는 사실만으로 사실상 영구적이고 무상인 분묘기지권의 시효취득을 인정하는 종

법부에서 어떻게 파악하는지에 따른 차이가 있다고 할 수 있다.[81]

나. 이미 확인한 바와 같이[82] 학설상으로도 장사법($\frac{법률}{제6158호}$) 제23조 제3항은 '취득시효형 분묘기지권'의 성립을 배제하는 것으로 설명하는 것이 다수설이고, 부칙 제2조는 법적 안정성 보호 차원에서 법 시행일인 2001. 1. 13. 이후 최초로 설치된 분묘부터 적용하도록 규정한다. 대상판결은 관련 조문의 문언을 엄격하게 해석하였다. 이에 대해서는 대상판결의 반대의견에 대한 지지를 표명하는 판례평석을 포함하여, 비판적인 주장이 존재한다.[83]

다. 입법부가 취득시효형 분묘기지권에 대해 고민한 끝에 법 시행 후에는 이를 폐지하되 그 전에 설치된 분묘에 대해서는 그렇게 하지 않기로 결정하였다면 사법부에서는 가능한 한 그 결정을 무게 있게 고려해야 한다.[84] 이러한 결정과 다르게 판단하려면 이미 설치된 분묘에 대해서까지 취득시효형 분묘기지권을 부인해야만 할 강력한 반대 근거가 있거나, 입법부의 결정 이후에 현저한 사회 변화가 있어 그 결정을 더 이상 유지하기 어렵게 되었어야 할 것이다. 이미 살펴본 대로,[85] 입법부는 그

전의 관습은 적어도 2001. 1. 13. 장사법(법률 제6158호)이 시행될 무렵에는 사유재산권을 존중하는 헌법을 비롯한 전체 법질서에 반하는 것으로서 정당성과 합리성을 상실하였을 뿐 아니라 이러한 관습의 법적 구속력에 대하여 우리 사회 구성원들이 확신을 가지지 않게 됨에 따라 법적 규범으로서 효력을 상실하였다. 그렇다면 2001. 1. 13. 당시 아직 20년의 시효기간이 경과하지 아니한 분묘의 경우에는 법적 규범의 효력을 상실한 분묘기지권의 시효취득에 관한 종전의 관습을 가지고 분묘기지권의 시효취득을 주장할 수 없다."고 한다.

81) 대상판결 후의 대법원 판결은 다수의견과 같은 취지를 확인하였다. 대법원 2017. 3. 30. 선고 2016다231358 판결. "2001. 1. 13.부터 시행된 '장사법' 부칙 규정들에 의하면, 토지 소유자의 승낙 없이 설치된 분묘에 대하여 토지 소유자가 이를 개장하는 경우에 분묘의 연고자는 당해 토지 소유자에 대항할 수 없다는 내용의 규정들은 장사법(법률 제6158호) 시행 후 설치된 분묘에 관하여만 적용한다고 명시하고 있으므로, 위 법률 시행 전에 설치된 분묘에 대한 분묘기지권의 존립 근거가 위 법률의 시행으로 상실되었다고 볼 수 없다."

82) Ⅱ. 2. 라.

83) 권태상, 전게 "분묘기지권에 관한 비판적 고찰-대법원 2017. 1. 19. 선고 2013다17292 전원합의체 판결", 2018 등.

84) 권영준, 전게 "2017년 민법 판례 동향", 427면.

85) Ⅱ. 2. 라.

뒤 장사법을 수차례 개정하면서도 취득시효형 분묘기지권에 관한 한 기존의 입장을 유지하였다. 대법원도 법 시행 전에 설치된 분묘에 대한 취득시효형 분묘기지권을 인정하는 판결을 선고하였다.[86] 2001년 이후 현재까지 그 전에는 경험하지 못하였던 현저한 사회변화가 있었다고 판단하기도 어렵다. 요컨대 법 시행 전 설치된 분묘에 관한 취득시효형 분묘기지권에 대한 관습법의 토대가 무너졌다고 단언하기는 어려운 상황이다.[87] ① 한 시대를 풍미한 관습법상 물권을 유지할 것인가의 문제와 ② 이를 입법적으로 폐지하면서 이에 대한 이해관계를 가지게 된 자들을 어디까지 보호할 것인가의 문제는 다른 차원의 문제이다. 장사법은 ①에 관해서는 사회 변화를 고려하여 취득시효형 분묘기지권을 입법적으로 폐지하면서도, ②에 관해서는 이들의 법적 지위에 개입하지 않기로 결정함으로써 결과적으로 이들의 이해관계를 보호하기로 하였다. 반대의견이 지적한 토지 소유권 강화 필요성이나 장묘문화의 현저한 변경은 입법 과정에서 주로 ①에 반영됨으로써 대부분 소진되었다. 반면 이 사건의 쟁점은 ②에 관한 것이다.[88]

3. '취득시효형 분묘기지권'을 인정하는 관습(법)이 존재하였는지

가. 다수의견에서는 "조선시대에는 산림공유(山林公有)의 원칙에 따라 분묘가 주로 설치되던 산림에 대하여는 민간이나 개인의 소유권이 인정되지 않았으므로, 산지(山地)에 분묘가 설치되면 그 분묘가 존속하는 동안에는 이른바 '묘지 점권' 또는 '분묘 점권'이라는 사적 점유권의 형태로 보호가 이루어졌다." "그런데 근대적인 의미의 임야소유제도가 형성되면서 타인의 토지 위에 설치된 분묘에 관하여 법률분쟁이 발생하기 시작하였고, 대법원은 우리 사회에 널리 퍼져있던 매장 중심의 장묘문화와 이를 바탕으로 인정된 분묘의 수호와 봉사를 위한 토지 사용권의 보호를

---

86) 대법원 2011. 11. 10. 선고 2011다63017, 63024 판결.
87) 권영준, 전게 "2017년 민법 판례 동향", 427면.
88) 이상 이 문단의 내용은, 권영준, 전게 "2017년 민법 판례 동향", 428면에 공감하여 의거한 바 크다.

내용으로 하는 관습 또는 관행의 존재를 근거로 하여, 분묘를 소유하기
위한 토지 사용권인 분묘기지권을 지상권과 유사한 관습법에 의한 물권
으로 인정하면서 토지 소유자의 승낙이나 취득시효를 원인으로 분묘기지
권을 취득한다고 하였다."고 파악한다. 반대의견에서도 '취득시효형 분묘
기지권'에 관한 관습(법)의 존재에 대해서는 인정한다.[89] 이에 비하여 반
대의견의 보충의견에서는 그러한 관습은 존재하지 않았다는 것을 전제로
하면서 조고판과 대법원이 새롭게 법률구성한 것이라고 파악한다.[90] · [91]

---

89) "분묘 소유를 위한 토지사용에 관한 관습이 있었던 조선시대에는 분묘가 주로
    설치되던 산림에 관하여 민간이나 개인의 소유권이 인정되지 않았고, 일제강점기
    를 거쳐 현행 민법이 시행될 무렵까지 우리나라에 근대적인 의미의 임야소유제도
    가 형성되는 과정에 있었기 때문에, 사회 구성원들의 임야 소유권에 대한 권리의
    식은 거의 없거나 매우 낮았고, 임야에 대한 경제적 가치도 크지 않았다. 매장 중
    심의 장묘문화가 널리 퍼져있었던 과거의 상황에 비추어 보면 대부분의 사람들이
    타인의 임야에 조상의 시신을 매장할 수밖에 없는 경우가 많았고, 이에 대하여 토
    지 소유자가 명시적으로 이의하는 경우도 드물었다. 이에 따라 조선고등법원 및
    대법원은 봉분 등 외부에서 분묘의 존재를 인식할 수 있는 형태를 갖추고 분묘를
    설치한 경우나 이러한 분묘가 설치되어 있는 상태에서 임야를 양도한 경우에 그
    분묘의 설치 및 존속에 관한 소유자의 승낙을 폭넓게 해석함으로써 분묘기지권을
    긍정하는 해석을 하여 왔고, 같은 취지에서 토지 소유자의 승낙 없이 분묘를 설치
    한 경우에도 근대적인 취득시효제도에 의한 분묘기지권의 취득을 허용하고 이를
    관습의 하나로 인정하였다고 할 수 있다." "즉 부모에 대한 효사상이나 조상숭배
    사상을 중시하는 유교 중심의 문화가 지배적이었던 조선시대부터 그 영향이 남아
    있던 시기까지 우리 사회의 장사의 방법은 시신이나 유골을 땅에 묻어 장사하는
    '매장'을 중심으로 이루어졌고, 이러한 전통과 관습이 조선고등법원의 판결 및 대
    법원의 판례로 확인된 분묘기지권 성립의 기초가 되었다고 할 수 있다."
90) "과거 우리 사회에 분묘기지권을 물권과 같은 권리로 인정하는 관습이 존재하였
    다고 하더라도, 관습상 분묘기지권의 취득시효에 관한 관습이 있었다고 볼 만한
    자료는 찾을 수 없다." "오히려 묘지에 관한 전통적인 관념과 새로운 임야소유제
    도 사이에서 생기는 분쟁을 줄이고자 민법의 취득시효 규정을 변형하여 분묘기지
    권의 취득시효를 인정하는 데까지 나아간 것으로 보인다." "법원은 전통적인 묘지
    풍습을 존중하여 타인 소유 토지에 승낙 없이 분묘를 설치한 경우를 보호하고자
    관습상 분묘기지권을 시효취득할 수 있다고 인정한 것으로 볼 수 있다." "분묘기
    지권의 취득시효에 관한 판례는 사회일반에 존재하는 관습법을 확인한 것이 아니
    라, 실제로는 토지 소유자의 승낙을 받은 경우에 성립하는 관습상의 분묘기지권에
    근대적인 취득시효제도를 반영한 것이다."
91) 대상판결과 관련하여 대법원 비교법실무연구회(2015. 1.)에서 발표를 한 전경운
    교수도 '취득시효형 분묘기지권'이 관습법에 근거한 것이 아니라 '관습법상의 승낙
    형 분묘기지권'과 '소유권 이외의 재산권에 대한 취득시효' 이론이 결합한 것으로
    추측하고 있다. 전경운, "분묘기지권의 인정근거와 효력에 관한 약간의 고찰", 법

사족을 덧붙이면 이러한 점은 '관습법상의 법정지상권'이 그 실질에서 법원[92] · [93]이 관습법의 이름을 빌려 창안한 판례법으로 파악하는 견해[94]도 상기시킨다.[95]

나. 이러한 맥락에서 "토지소유자의 승낙이 없더라도 20년간 평온·공연하게 그 분묘의 기지를 점유한 경우, 분묘기지권의 시효취득을 인정"해 온 대법원 판례와 관련하여, ① 관습법에 의한 것이라고 보는 견해와 ② 소유권 이외의 재산권의 취득시효에 관한 민법 제248조에 의한 것이라는 견해의 대립을 상정할 수 있다. ①견해에 의하면, '취득시효형 분묘기지권'에 관한 대법원 판례의 변경 여부는 장사법 시행 이후에 관습법의 효력 상실 여부가 문제되고, ②견해에 의하면, '취득시효형 분묘기지권'에 관한 대법원 판례의 변경 여부는 시효취득의 요건에 관한 해석이 문제되게 된다. 애초부터 '취득시효형 분묘기지권'에 대한 관습법이 존재하지 않

학연구(연세대) 제25권 제1호, 2015.

92) 조선고등법원 판결(민상제151호 1916년 9월 29일 판결). 관습상의 법정지상권이라는 관념을 처음으로 인정한 판결이다. 이 판결은 강제경매에 관한 사안으로 토지와 건물을 별개의 물건으로 보는 전제에서 관습상의 법정지상권을 인정하고 있다.

93) 대법원 1960. 9. 29. 선고 4292민상944 판결. 조선고등법원이 인정한 관습상의 법정지상권 법리를 우리 대법원이 최초로 받아들인 것이다(박우동, "관습상의 법정지상권, 그 문제점", 사법행정 제18권 제10호, 한국사법행정학회, 1977, 12면). 이로부터 현재까지 우리 판례는 동일한 법리를 반복하여 설시함으로써 관습상의 법정지상권이 확고한 판례로 자리 잡을 수 있는 토대를 마련하였다고 볼 수 있다.

94) 이영준 대표집필, 관습상의 법정지상권 개선방향(법무부용역과제), 2010의 이영준 집필부분에서 이하 인용. "우리 대법원 판례도 관습상의 법정지상권을 '관습에 의한 지상권'이라고 표현하고 있지만 여기서의 '관습'은 조선고등법원 판례가 말하는 '한국의 일반관습'을 의미하는 것이 아니라 법원의 판례에 의하여 형성된 '관습법' 즉 법률의 규정에 의한 물권변동(민법 제187조)임을 설시하는 것으로 해석된다. 요컨대 대법원판결은 관습상의 법정지상권의 구성요건을 한국에서의 일반의 관습에서가 아니라 민법 §366의 법정지상권에 관한 규정 자체 또는 이 규정에 내재하는 입법자의 의사로부터 도출해 내려는 것으로 보인다."

95) 나아가 이른바 '명의신탁'에 관한 첫 판결로 알려진 조선고등법원의 1918년 판결은 당시 독일에서 양도담보 등을 설명하기 위한 학설로 '신탁행위론'에 관한 독일의 논의가 소개된 것을 참고한 조선고등법원의 법적구성('소유권의 관계적 귀속')이라는 것도 상기할 수 있다. 부동산의 명의신탁에 대해서는 '부동산실명법'에 의하여 상당한 제한이 가해졌고, 소유권의 관계적 귀속이라는 법적구성은 학설의 큰 비판을 받고 있지만 대법원의 판례법리로 엄존하고 있다.

앉다고 보기는 어렵다고 보이고, 따라서 다수의견은 물론 반대의견에서도
①견해를 전제로, 장사법 시행 이후 위와 같은 관습법이 소멸하였는지를
살펴보는 논리를 취하고 있다고 할 것이다. 이에 비해 반대의견의 보충
의견은 ②견해를 취한 결과 주관적 요건의 필요성을 주장하고 있다고 보
인다.

　　다. 한편 상고이유에서 근거로 삼은 논문[96]에서는 관습상의 분묘기
지권을 인정하였던 대법원 판결은 존재하지 않았던 관습을 기초로 하여
잘못된 판단을 한 조선고등법원 판결을 그대로 답습한 것이라고 비판하
고 있다. 전통법상 분묘기지권이라는 관습의 존재 자체를 부정하려는 논
의이다.[97] 이러한 일제의 관습왜곡론과 그것을 답습한 대법원 판례법리를
비판하는 논의에 대해서는 다음과 같은 문제제기가 유력하다.[98]·[99]·[100]

---

96) 오시영, 전게 "관습법상 분묘기지권의 폐지 여부에 대한 고찰", 41-44면.
97) "당초부터 그러한 관습이 없었다고 할 수밖에 없는바, 관습상의 분묘기지권에
　관한 대법원 판례는 다른 세 가지 관습상 제도 등이 시대정신에 맞게 민법개정이
　나 판례변경을 통해 개선된 것처럼 폐기되는 것이 타당하다고 하겠다."[오시영,
　"관습상의 분묘기지권의 전제인 관습 부존재에 대한 고찰(Ⅰ)", 강원대학 제49권,
　강원대학교비교법학연구소, 2016, 487면]; "그동안 관습이나 민법을 통해 인정되어
　왔던 가족법상의 제도 중 호주제도와 동성동본혼인금지제도는 입법을 통해 폐지되
　었고, 남녀 성인의 평등한 종중원 자격을 인정하는 대법원 판례 변화가 이루어졌
　는바, 마지막 남은 관습상의 분묘기지권 역시 시대정신에 맞게 폐지되거나 합리적
　으로 그 내용이 변경되는 것이 타당하다고 하겠다."[오시영, "관습상의 분묘기지권
　의 전제인 관습 부존재에 대한 고찰(Ⅲ)", 법학논총 제37집, 숭실대학교법학연구소,
　2017, 128면]; "선행 연구를 통해 밝힌 바와 같이 관습상의 분묘기지권의 전제인
　관습법이 존재하지 않았음에도 조선고등법원이 그러한 판결을 한 것은 부당하였음
　에도 불구하고 우리 대법원이 이를 추종함으로써 관습의 존재에 의한 관습상의 분
　묘기지권이라기보다는 대법원 판례가 그러한 관습이 있다고 인정함으로써 분묘기지
　권이 보장되어 온 "판례법에 의한 분묘기지권"이었다고 할 것"(오시영, Ⅲ, 113면).
98) 예컨대, 장자단독상속 관습이 문제된 대법원 상고사건에 관한 것으로, 정긍식,
　"식민지기 상속관습법의 타당성에 대한 재검토-가족인 장남의 사망과 상속인의
　범위", 서울대학교 法學 제50권 제1호, 2009.
99) 사학계의 식민지시대 연구성과 등도 참조. 예컨대 이승일, 조선총독부 법제 정
　책 - 일제의 식민통치와 조선민사령, 역사비평사, 2008.
100) 호주제도가 일본 명치민법에서 유래된 것이라고 하여 큰 비판을 받았지만, 명목
　상으로나마 2005년까지 존속한 이유는 어디에서 찾을 수 있을까. 1898년에 시행된
　일본민법의 제도이지만 그것이 유학(주자학)의 영향을 받은 제도라는 근본적인 점
　에서 상당기간 우리나라의 보수층의 지지를 받았다. "우리는 호주제도의 연혁을

"식민지기에 형성된 관습에 대해 그동안 전통을 왜곡하고 일본식 제도를 강제로 수용하였다는 주장이 있었다. 그러나 관습은 변하는 것이며, 법주체들이 관습을 활용하면서 내용은 확정된다. 따라서 일방적 왜곡과 강제는 있을 수 없으며 법과 주체의 상호작용에서 구체적인 내용은 확정된다. 또 설사 식민지기에 형성된 관습이 왜곡되었다고 가정하더라도 문제 상황은 달라지는 것이 아니다. 중요한 것은 '진실 내지 사실'이 아니라 설사 그것이 왜곡되고 강제된 것일지라도 사실이라고 '믿고 행동한 것'이다. 그것을 관습이라고 믿고 행동하는 과정에서 '법적 확신'이 생겨 사회적으로 규범의식이 형성된 것이다. 그리고 이는 다시 사회를 이끌어가며 규범의식을 강화시키고 法源으로 굳건히 자리를 잡은 것이다."[101] 분묘기지권에도 이러한 관점에서 바라볼 수 있는 면이 있을 것이다.

4. '악의의 무단점유' 문제

가. 반대의견이 점유취득시효에 관한 1997년 전원합의체판결의 '악의의 무단점유'의 경우를 강조하는 것은 흥미롭다. 이에 비하여 다수의견은 시효취득의 존재이유를 거론하고 있고,[102] 다수의견의 보충의견에서는 '악의의 무단점유'를 논거로 하는 반대의견의 주장에 대하여 반박을 하고 있다.[103]

통하여 이것이 형식적으로는 일본의 가족주의에 터잡은 명치민법상의 호주제도에 그 기원을 두고 있지만 여기에 우리의 전통적 가통 내지 제사계승의 관념이 결합·수용됨으로써 일본의 그것과는 다른 한국 특유의 제도로 관행되어 왔음을 알았다." 이승우, "호주제도론", 비교사법 제6권 제2호, 1999, 467면 이하.

101) 정긍식, 전게 "식민지기 상속관습법의 타당성에 대한 재검토", 314면.

102) "통상의 분묘설치의 관행 또는 실태를 보면, 분묘를 설치하는 자는 토지 소유자로부터 명시적이거나 최소한 묵시적인 승낙을 받은 경우가 대부분이지만, 타인 소유의 토지에 분묘를 설치할 때에 계약서 등 근거자료를 작성하거나 이를 남겨놓는 경우는 매우 드물었다. 분묘기지권의 시효취득에 관한 대법원판례는 토지 소유자가 바뀌는 등으로 분묘설치 당시의 사정을 알지 못하는 당사자 사이에 분묘굴이를 요구하는 등의 시비가 생기는 경우에 분묘기지권을 주장하는 자가 토지 소유자의 승낙을 받았다는 사실을 증명하는 것이 사실상 불가능한 경우가 빈발하므로 이러한 애로를 해소해 주는 측면이 있고, 그것이 취득시효제도의 존재 이유에 부합함은 당연하다."

103) "이른바 '악의의 무단점유'의 경우에 민법 제197조 제1항에 의한 소유의 의사가 있는 점유라는 추정이 깨어졌다고 판시한 대법원 1997. 8. 21. 선고 95다28625 전

나. 사안의 구체적인 해결이라는 관점에서, 대상판결 사안의 선행민
사소송 경과[104]를 감안하면 '악의의 무단점유'라고 볼 여지는 많지 않았던
것으로 보인다. 대상판결은 토지소유자가 분묘의 굴이 및 토지의 인도를
청구한 사안으로 분묘설치자에게 소유자의 승낙이 있다고 믿을만한 상당
한 이유가 있는 것으로 볼 여지가 있어 악의의 무단점유라고 인정하기
어려웠다고 할 수 있다.[105]

다. 그렇다면 악의의 무단점유 사실이 증명된 경우라면 어떻게 될
까. 이와 관련하여 대상판결은 악의의 무단점유 사실이 증명된 경우 분
묘기지권의 취득시효를 인정할 수 있는지에 대하여 직접 판단하지 않았
다. 다만, 이 점과 관련해서는 "타인 소유의 토지에 분묘를 설치한 경우
에 20년간 평온, 공연하게 그 분묘의 기지를 점유하면 지상권과 유사한
관습상의 물권인 분묘기지권을 시효로 취득한다는 점은 오랜 세월 동안
지속되어 온 관습 또는 관행으로서 법적 규범으로 승인되어 왔고, 이러
한 법적 규범이 장사법($\frac{법률}{제6158호}$) 시행일인 2001. 1. 13. 이전에 설치된 분
묘에 관하여 현재까지 유지되고 있다고 보아야 한다."고 선언한 부분에서
기존 판례의 판시와는 달리 '소유자의 승낙 없이'라는 문구를 제외한 점

원합의체 판결의 법리를 근거로 분묘기지권의 시효취득에 관한 관습법의 효력이
상실되었다고 볼 수는 없다." "분묘 설치자 등이 토지 소유자의 승낙에 대한 증명
을 못하는 경우라도 일정한 요건 아래 그 시효취득을 인정하는 것이 자연스럽다.
만약 토지 소유자의 승낙이 없다는 이유로 '악의의 무단점유'라고 단정하고 분묘기
지권의 시효취득을 허용하지 않는다면, 이는 분묘설치 후 20년 이상이 경과한 시
점에서 분묘 소유자에게 분묘설치 당시의 토지 소유자의 승낙 등 내심의 의사를
증명하라고 요구하는 것과 마찬가지이고, 사실상 분묘기지권의 시효취득을 허용하
지 않는 것과 다르지 않다. 하지만 그러한 결과가 우리 사회의 분묘설치의 관행과
실태나 분묘기지권이 관습법상의 물권으로 인정되고 있는 취지와 부합하는지 의문
이다." "따라서 부동산 물권관계에 관한 등기제도의 의미 등을 바탕으로 한 소유
권 시효취득의 요건은 분묘 소유를 위한 토지 사용권만을 인정하고 등기 없이 취
득할 수 있는 관습상의 물권인 분묘기지권의 시효취득의 요건과 분명히 구별되어
야 하고, 위 전원합의체 판결의 법리가 분묘기지권의 시효취득에 관한 관습법의
효력에 영향을 미친다고 보기 어렵다."

104) [사안의 개요] 1. 참조.
105) 물론 이러한 점에 대한 심리미진이 반대의견이 취하는 파기환송 의견의 논거이
기는 하지만, 다수의견보다 긴 반대의견은 분묘기지권의 시효취득에 관한 판례법
리의 변경에 주안을 둔 사전포석의 의도가 없지 않았을 것으로 생각된다.

이 눈에 띈다.

　이러한 점을 고려하면 대상판결의 사안과는 달리 악의의 무단점유 사실이 증명된 경우에는 분묘기지권의 취득시효를 인정하지 않을 여지가 여전히 남아있다고 할 수도 있기 때문이다. 만일 대상판결에 이러한 함의가 있는 것으로 파악한다면, 종례 판례[106]가 인정한 것처럼 남의 땅임을 알면서 무단으로('소유자의 승낙 없이') 분묘를 설치한 경우에 20년 경과로 분묘기지권을 시효취득한다는 관습법의 효력에 대해서 보다 정밀하게 따져보아야 할 것이다. 이에 대해서는 우선 2가지 가능성을 생각할 수 있을 것이다. 첫째는 대상판결에 '소유자의 승낙 없이'라는 문구가 없는 것을 적극적으로 고려할 것은 아니고 기존 판례에서 인정되고 있는 관습법은 계속 효력이 있다고 파악하는 것이다. 이러한 결론을 택하는 논의는 다음과 같은 논리이다.[107] "일반 토지의 악의 무단점유와 분묘기지의 악의 무단점유를 동등하게 평가할 수 없다. 분묘기지권의 취득시효는 단순히 '지속된 사실상태의 보호'에 관한 것만은 아니다. 분묘기지권의 취득시효는 성문법에 따른 일반 재산법질서에서는 충분히 담아내기 어려운 가치를 가지는 분묘라는 특수한 대상에 대한 보호에 관한 것이다. 그 점에서 분묘기지권의 취득시효를 일반취득시효와 같은 선상에서 비교할 수는 없다." 둘째는 대상판결에서 '소유자의 승낙 없이'라는 문구를 제외한 것은 악의의 무단점유 사실이 증명된 경우에는 분묘기지권의 취득시효가 인정되지 않을 여지가 있다고 파악하는 것이다. 이 논리를 취하는 경우에는 기존의 관습법의 효력에 관한 내용통제가 필요하게 될 것이다. 이 경우에는 입증책임의 문제가 중요하다. 타인의 토지에 분묘를 설치한 경우에는 선의로(승낙을 받는 등 분묘기지권자로서 점유한다는 의사로) 점유한 것을 추정할 수 있고, 따라서 '악의의 무단점유'라는 사정은 토지소

---

106) 대법원 1996. 6. 14. 선고 96다14036 판결; 대법원 2011. 11. 10. 선고 2011다 63017, 63024 판결 등.

107) 대상판결의 다수의견에 대한 보충의견 '나.(3)(라)' 부분 참조. 권영준, 전게 "2017년 민법 판례 동향", 428면.

유자가 증명할 책임이 있는 것으로 증명책임을 분배하는 것이 타당하다. 악의의 무단점유에 대해서는 분묘기지권의 취득시효를 인정하지 않음으로써 기존 판례가 인정한 관습상의 분묘기지권 중 헌법정신에 부합하는 범위에서만 그 효력을 인정하되, 악의의 무단점유라는 점에 대한 증명책임은 토지소유자에게 있다고 해석함이 타당한 것으로 보인다.[108]

5. 취득시효형 분묘기지권의 지료 및 존속기간

가. "사실상 영구적이고 무상"인 분묘기지권의 시효취득 인정 여부에 관해서는, 공개변론에서도 논점이 되었고 대상판결의 반대의견에서 이러한 관습의 효력 상실을 주장하였다. 이 문제에 관하여 대상판결(다수의견)에서는 언급하지 않았다. 우선 '지료'는 당해 사건의 심판대상이 아니어서 대상판결에서 판단하지 않은 것으로 보아야 할 것이다. 그리고 '존속기간의 제한'에 관해서는, 기산점 등 해석상 여러 가지 어려운 문제가 있고 더욱이 최근의 장사법 개정에서 공설·사설묘지의 설치기간을 15년에서 30년으로 개정한 점[109] 등을 고려할 때 해석론으로 존속기간을 제한하는 것에 대해서 매우 신중한 접근이 필요하다고 판단하여, 대상판결에서 직접 판단하지 않은 것으로 보인다.

대상판결에 의하여 장사법 시행 이전에 설치된 분묘에 대해서 분묘기지권의 취득시효를 인정하는 관습법이 적용된다고 하더라도, 앞으로 관련 논점을 둘러싸고 관습법에 관한 해석의 변경 또는 관습법의 일부 효력상실 등의 접근을 통하여 이 문제가 검토될 가능성이 있다고 생각된다. 이에 지료 및 존속기간에 대해서 관련 문제를 살펴보기로 한다.

나. 취득시효형 분묘기지권의 지료

(1) 이미 살펴본 대로[110] 대법원 판례는 무상설을 취하고 있다.[111]

---

108) 대상판결 반대의견의 보충의견이나, 대상판결에 대한 비판적 평석(권태상, 전게 "분묘기지권에 관한 비판적 고찰", 286면 등)을 참조.
109) Ⅱ. 2. 다. (2) 참조.
110) Ⅱ. 1. 마. 참조.
111) 대법원 1995. 2. 28. 선고 94다37912 판결. "지상권에 있어서 지료의 지급은 그

과거에는 분묘를 설치하려는 임야의 가격이 대부분 상당히 낮은 것이 보통이었고, 분묘설치자와 토지소유자의 관계가 대개 이웃 등의 온정적 관계였으며, 묘지를 구입할 자력이 부족한 자 등에게 무상으로 묘지를 빌려주는 경우가 많았던 것도 무상설의 논거이다.[112] 그런데 대상판결에 따라서 장사법 시행 전에 설치된 분묘의 분묘기지권이 시효취득되어 계속 존속될 수 있다는 기존 법리가 유지되면, 무상설을 취하는 대법원 판례의 법리를 재검토하여 토지소유자와 분묘기지권자의 권리를 상호 조화롭게 조정하는 방안이 필요하다는 제안이 있을 수 있다.[113]

(2) 다음과 같은 이유를 고려하면 유상설도 근거가 없지 않다고 할 것이다. 첫째로, 토지소유자의 승낙 없이 분묘를 설치한 경우라면 결과적으로 아무런 보상 없이 소유권에 계속적인 제한을 가하게 되어 근대적 소유권 개념에 부합하지 않을 수 있고 그렇다면 헌법 및 민법 등 전체 법질서에 부합하지 않는다는 것, 둘째로 '양도형 분묘기지권'의 경우, 토지 소유자와 분묘기지권자의 이해관계를 조절하기 위하여 지료의 지급, 지료 연체로 인한 소멸청구권($\frac{민법}{제287조}$)을 인정하고 있음에도,[114] '취득시효형 분묘기지권'만 지료가 지상권의 요소가 아니라는 이유로 '무상'이라고 해석하는 것은 형평에 반하고 토지 소유자에게 과도한 희생을 강요하는 것이 될 수 있다는 것, 셋째로 지료가 그 요건이 아닌 통행지역권의 취득시효가 문제된 사안에서, 승역지 소유자가 입은 손해를 보상하여야 한다고 해석한 최근의 대법원 판결[115]도 있다는 것 등이 근거가 될 수 있다.

요소가 아니어서 지료에 관한 약정이 없는 이상 지료의 지급을 구할 수 없는 점에 비추어 보면, 분묘기지권을 시효취득하는 경우에도 지료를 지급할 필요가 없다고 해석함이 상당하다."

112) 김상찬/조두환, "분묘기지권의 존속기간에 관한 연구", 토지법학 제27권 제1호, 2011, 259면 이하.
113) 이하의 내용은 본고의 기초가 된 민사판례연구회 월례회의 발표문에 대한 노재호 판사님의 지정토론에서 시사를 받았다.
114) 대법원 2015. 7. 23. 선고 2015다206850 판결.
115) 대법원 2015. 3. 20. 선고 2012다17479 판결. "도로 설치에 의한 사용을 근거로 영구적인 통행지역권이 인정되는 통행지역권의 취득시효에 관한 여러 사정들과 아울러 주위토지통행권과의 유사성 등을 종합하여 보면, 종전의 승역지 사용이 무상

(3) 다만 유상설을 취하여 만약 '취득시효형 분묘기지권'의 경우에 지료의 발생을 인정 한다면, 시효취득의 소급효를 전제로 한 과거의 지료청구소송의 남발, 분묘기지권 소멸청구권의 발생으로 인한 혼란 등의 문제가 생길 수 있기 때문에 이에 관한 해결도 생각해보아야 한다. 우선 분묘기지권 소멸청구의 경우에는, 지료 등이 결정되지 않은 이상 지료지급을 지체한 것으로 볼 수 없으므로 당장 분묘기지권의 소멸 문제가 발생하지는 않는다.[116] 다음으로 과거의 지료청구와 관련하여, 대법원 판결을 신뢰한 당사자의 보호 등 토지 소유자와 분묘기지권자의 이해관계를 합리적으로 조정할 필요가 있다고 할 것이다. 긍정론과 부정론을 생각해 볼 수 있다. 첫째로 긍정론은, 지료에 관한 소멸시효기간, 임야의 가액과 분묘기지권의 범위를 기준으로 한 지료액수를 고려할 경우 분묘기지권자의 부담이 크지 않을 수 있다는 측면을 고려하여, 원칙적으로 토지 소유자의 과거의 지료청구를 제한할 이유가 없다는 논의인데, 이는 그간의 대법원 판례를 신뢰한 당사자를 보호할 필요가 있다는 점에서 취하기 쉽지 않을 것이다. 둘째로 원칙적으로는 부정론을 취하면서 토지소유자가 장래를 향해서 지료를 청구할 수 있게 하는 이론구성을 생각해 볼 수 있다. 즉 이미 확인한 바와 같이 '취득시효형 분묘기지권'의 성립 후에는 지료에 관한 약정이 없는 상태여서, 토지 소유자에게 지료청구권이 발생하지 않는다. 다만 '취득시효형 분묘기지권'의 성립 후 위와 같은 상태가 계속 지속되는 것이 아니라, 관습법에 의한 토지 소유자의 소유권 제한 등을 고려하여 토지 소유자와 분묘기지권자 사이에는 지료에 관한 협의 또는 약정을 할 의무가 생기고(신의칙), 그 결과에 따라 지료지급 여부가 결정이 된다. 당사자 사이에 협의가 성립하지 않으면, "지료는 당사자의 청구에 의하여 법원이 이를 정한다."고 규정한 민법 제366조 단

으로 이루어졌다는 등의 다른 특별한 사정이 없다면 통행지역권을 취득시효한 경우에도 주위토지통행권의 경우와 마찬가지로 요역지 소유자는 승역지에 대한 도로 설치 및 사용에 의하여 승역지 소유자가 입은 손해를 보상하여야 한다고 해석함이 타당하다."

116) 법정지상권에 관한 대법원 2001. 3. 13. 선고 99다17142 판결 참조.

서를 유추적용하여, 토지 소유자는 법원에 지료의 결정을 구하거나 소송
을 통하여 분묘기지권자에게 직접 지료지급을 구할 수 있다는 구성이다.

다. 분묘기지권의 존속기간

(1) 대법원 판례는 취득시효형 분묘기지권의 경우에 당사자 사이에
약정이 없으므로 권리자가 분묘의 수호와 봉사를 계속하며 그 분묘가 존
속하고 있는 동안은 분묘기지권이 존속한다는 법리를 전제로 판단하여
왔다. 대상판결에 따라 2001년 장사법 시행 전에 설치된 분묘에 대해서
는 계속해서 기존의 판례법리가 적용되게 된다.

(2) 이에 비하여 사실상 영구적인 분묘기지권을 인정하는 것은 토지
소유권에 대한 과도한 침해가 될 수 있으므로 분묘기지권의 존속기간을
일정 기간으로 제한하자는 견해가 제기될 수 있다. 상호 관련성이 있지
만 다음과 같이 견해를 나눌 수 있다. 첫째로 장사법의 해석론에 의하여
제한하려는 견해이고, 둘째로 관습법 적용을 헌법, 민법 등 전체 법질서
에 부합하게 제한하자는 견해이다. 첫째 견해의 논리는, 장사법은 분묘설
치기간을 최장 60년으로 제한하고 있고 이를 장사법 시행 후 설치된 분
묘부터 적용하도록 한 장사법 부칙 제2조의 취지는 기존 분묘에 대하여
장사법에서 정한 분묘설치기간을 적용하게 되면 소급입법에 의하여 기존
분묘에 대한 법적 안정성 침해 문제가 발생할 것을 우려하여 이를 해석
론으로 유보한 것이라고 보는 것이 타당하므로, 장사법의 입법취지를 고
려해 장사법 시행 이후 분묘기지권의 취득시효가 완성되는 분묘에 대해
서는 존속기간을 제한할 수 있다는 것이다. 둘째 견해에 의하면 효력이
없어진 부분을 조리에 의하여 보충하여 기산점과 존속기간 등을 정하게
될 것이다. 두 견해는 명확하게 나눌 수 있는 것은 아니고 상호 밀접한
관련이 있는 데, 이러한 견해에 따를 경우, 분묘기지권의 존속기간에 관
하여 적용할 법이 없게 된 이상, 조리에 의하여 보충하면, 존속기간의 경
우에는 30년 또는 60년으로 제한하자는 논의, 존속기간의 기산점은 분묘
설치일, 장사법 시행일, 판결 선고일로 하자는 논의가 가능하다고 할 것
이다.[117]

(3) 그러나 다음과 같은 이유로, 존속기간 문제는 보다 신중하게 접근해야 할 필요가 있다. 대상판결은 장사법 부칙 제2조의 반대해석 등을 근거로 기존 분묘에 대한 분묘기지권의 취득시효를 긍정하는 견해를 취한 것인바, 존속기간의 경우에만 예외적으로 장사법의 적용을 전제로 최장 60년설을 취하는 것은 논리적으로 일관성이 없다. 위에서(나.3)) 논의한 바와 같이 취득시효형 분묘기지권의 경우에도 장래를 향하여 지료 지급의무를 인정한다면, 사실상 영구적인 분묘기지권이 되더라도 소유권에 대한 과도한 제한이라고 하기 어렵다. 분묘지지권은 분묘가 존재하지 않게 되거나 수호봉사가 계속되지 않으면 스스로 소멸하므로, 이에 관한 해석으로 규율하면 충분할 수도 있다. 법적 안정성 측면에서 기존의 분묘에 대해서는 분묘설치기간에 관한 장사법 규정이 적용되지 않도록 한 장사법 부칙 규정을 존중할 필요가 있다. 국가나 지방자치단체가 한시적으로 매장제도를 시행하기 위한 충분한 준비가 되어 있지 않고 국민들도 한시적 매장제도 등 장묘제도의 변화에 대한 인식이 크게 바뀌지 않은 상황인 것 등을 감안하여, 입법자는 2015년 장사법 개정을 통하여 분묘설치기간을 30년으로 연장하고 분묘설치기간에 관한 재논의의 여지를 남겨두었다.[118]

Ⅳ. 맺 음 말

1. 대상판결은 장사법($\frac{법률}{제6158호}$) 시행 전에 설치되었으나 동법 시행 후에 취득시효기간이 경과하게 되는 분묘에 대하여도 분묘기지권의 시효취득을 인정할 수 있는지에 관한 기존에 대법원에서는 논의된 바 없는 문제를 다루었다. 이상에서 살펴본 대로 취득시효형 분묘기지권에 대한 기존의 논의, 장사법의 제정 배경 및 입법취지 등에 비추어 장사법 시행 이전에 설치된 분묘에 대하여 분묘기지권의 시효취득을 인정하는 관습의

---

117) 분묘기지권의 존속기간에 관하여 상세하게 논하고 있는 논고로, 전경운, 전게 "분묘기지권의 인정근거와 효력에 관한 약간의 고찰", 129면.
118) Ⅱ. 2. 다. (2) 참조.

유효성이 치열하게 논의되었다.

2. 대상판결에 대해서는 비판적인 평석이 다수인 것으로 보인다. 이러한 비판적인 논의는 대상판결의 반대의견 및 그 보충의견과 궤를 같이 하는 것이다. 다만 대상판결의 다수의견과 반대의견의 대립축은 선명하지 않고 다소 어긋나 있는 것으로 보인다. 다수의견은 당해 사건의 구체적인 해결에 중점을 두면서 부차적으로 기존 판례법리를 변경할 만큼 상황이 무르익지 않았다고 결론을 내렸다. 이에 비해서 반대의견은 분묘기지권 자체에 대한 부정적인 평가를 전제로 당해 사건의 구체적인 해결보다는 장래의 판례변경을 염두에 둔 논리구축에 힘쓴 것으로 보인다. 대상판결에 대한 비판적 평석에 대해서도 비슷한 맥락의 평가가 가능하다. 다수의견보다 길게 설시하는 반대의견에 따르면 판례법리의 변경(관습법의 효력 부정)도 가능한 상황이었지만, 다수의견은 그 타당성 및 파급효과를 종합적으로 고려하여 결론을 이끌어 내었다.

3. 대상판결의 반대의견 및 비판적인 판례평석의 주장에 대해서는, 사회변화에 따라 매장법이 장사법으로 개정되었듯이 앞으로 시간이 흐르는 동안 사회변화를 반영한 법률의 개정 내지 새로운 입법이 있을 것으로 예상할 수 있는데도, 법원이 입법에 앞서 법형성 작용을 통해 장래의 법률관계에까지 관여하는 것은 다소 적극적인 태도로서 법원이 관여할 범위를 넘어서는 것이라는 논의도 가능하다.

4. 본 평석에서는 대상판결이 기존의 판례법리, 관련 입법, 그리고 사안의 해결과 관련하여 납득할 수 있는 결론을 끌어낸 것으로 파악하였다. 대상판결에 따라 장사법 시행 이전에 설치된 분묘에 대하여 취득시효형 분묘기지권에 관한 관습법이 적용된다는 점은 일단락되었다고 할 것이다. 대상판결에 따르면 장사법 시행 이후에 설치된 분묘에 대해서는 취득시효형 분묘기지권이 인정되지 않는 것을 전제로 하고 있기 때문에, 결과적으로 취득시효형 분묘기지권이 문제가 되는 범위가 한정되었다. 다른 한편 대상판결에 의하여 장사법 시행 이전에 설치된 분묘에 대해서

분묘기지권의 취득시효를 인정하는 관습법이 적용된다고 하더라도, 앞으로 관련 논점을 둘러싸고 관습법에 관한 해석의 변경 또는 관습법의 일부 효력상실 등의 접근을 통하여 이 문제가 검토될 가능성이 있다는 점을 감안하여, 이와 관련하여 지료 및 존속기간에 대해서 관련 문제를 살펴보았다.

5. 대상판결에서 설시된 다수의견과 반대의견의 입장은 시시비비를 떠나 대법관의 가치관이 반영된 숙고의 결과이다. 정답이 없는 매우 어려운 논점에 관하여 어떠한 접근이 가능한지 다양한 측면에서 생각해야 할 거리를 던져 주었다고 할 것이다.

[Abstract]

Case Study on the prescriptive acquisition of a customary real right of graveyard:

Supreme Court en banc Decision 2013Da17292 Decided January 19, 2017

Kwon, Chul*

The Supreme Court has recognized the prescriptive acquisition of a graveyard on the land of another as one of the long-standing customary laws of our society; by so doing, has legally protected the social order surrounding those graveyards installed on the land of another, and peaceably and openly held in possession for no less than twenty years; has confirmed that the legal conviction of the members of the community in the said custom has unswervingly persisted for over fifty years ever since the Civil Act went into effect on January 1, 1960; and thus, has applied the said custom to this day.

In this case (Supreme Court en banc Decision 2013Da17292 Decided January 19, 2017), Supreme Court declared, the right to a graveyard on another's land, which a person prescriptively acquires by installing a grave on another's land and peaceably and openly holding it in possession for twenty years, is a customary real right similar to the right of superficies, and has been recognized as a legal norm and a long-standing custom and practice. This legal norm should be deemed to have been, and continue to be, applicable to those graves installed before January 13, 2001, when the Funeral Act (No. 6158) went into effect. It is so decided as per Disposition by the

---

* Professor, Law School, Sungkyunkwan University.

assent of all participating Justices on the bench, except for a Dissenting Opinion on the prescriptive acquisition of the right to graveyard sites. In addition, there is an Opinion concurring with the Majority, as well as an Opinion concurring with the Dissent.

This paper examines this case (Supreme Court en banc Decision 2013Da17292 Decided January 19, 2017) in which the validity of custom recognizing the prescriptive acquisition of a graveyard on the land of another was discussed and declared.

[Key word]

- site right of graveyard
- prescriptive acquisition of real right of graveyard
- customary law
- the Act on Funeral Services
- Supreme Court en banc Decision

참고문헌

1. 단 행 본

高等法院判決錄 民刑事編, 1928.
고상룡, 물권법, 법문사, 2001.
곽윤직, 물권법, 박영사, 2002.
곽윤직·김재형, 민법총칙, 박영사, 2013.
慣習調査報告書, 1912.
국역 고등법원판결록 제14권(민형사편), 2011.
民法注解[VI] 物權(3), 박영사, 1992.
民事慣習回答彙集, 1933.
이승일, 조선총독부 법제 정책－일제의 식민통치와 조선민사령, 역사비평사, 2008.
이영준, 물권법, 박영사, 2009.
정긍식 편역, 개정판 관습조사보고서, 한국법제연구원, 2000.
註釋民法 物權(3), 한국사법행정학회, 2011.
註釋民法 總則(1), 한국사법행정학회, 2010.
Marie Seong-Hak Kim, Law and Custom in Korea : Comparative Legal History, Cambridge University Press, 2012.

2. 학술지 논문

권영준, "2017년 민법 판례 동향", 서울대학교 법학 제59권 제1호, 2018.
권태상, "분묘기지권에 관한 비판적 고찰－대법원 2017. 1. 19. 선고 2013다17292 전원합의체 판결", 법학논집(이화여대) 제22권 제3호(통권 제61호), 2018.
김민중, "분묘기지권－퀴바디스?", 현대민사법연구, 법문사, 2002.
김욱곤, "관습법에 관한 연구－특히 우리 민법의 해석을 중심으로－", 숭전대 논문집 제5집, 1974.
김 진, "분묘기지권에 관한 소고", 재산법연구 제24권 제1호, 2007.
문준영, "대한제국기 민사재판에서 관습의 규범적 역할", 경북대학교 법학논고 제52집, 2015.

박찬주, "대법원에 의한 관습법의 폐지", 법조 제55권 제7호, 법조협회, 2006.

보건복지부 · 한국보건사회연구원, "사회환경 변화에 따른 묘지제도 발전방향", 한국보건사회연구원, 2011.

사동천, "분묘기지권의 재해석", 중앙법학 제17권 제4호, 2015.

소재선 · 이경용, "장사법과 분묘기지권제도의 고찰", 법학논총(단국대) 제36권 제2호, 2012.

손경찬, "분묘기지권에 관한 관습", 법학논고(경북대) 제61집, 2018 .

沈羲基, "동아시아 전통사회의 관습법 개념에 대한 비판적 검토", 法史學硏究 제46호, 2012.

오세혁, "관습법의 현대적 의미" 법철학연구 제9권 제2호, 한국법철학회, 2006.

오시영, "관습상의 분묘기지권 인정 대법원 판례 검토-대법원 2013다17292 전원합의체 판결", 동북아법연구 제11권 제1호, 2017.

_____, "관습법상 분묘기지권의 폐지 여부에 대한 고찰", 토지법학 제23권 제1호, 2007.

윤진수, "慣習上 分財請求權에 대한 歷史的, 民法的 및 憲法的 考察", 民事裁判의 諸問題 제22권, 2013.

_____, "상속관습법의 헌법적 통제", 헌법학연구 제23권 제2호, 2017.

이동진, "판례변경의 소급효", 민사판례연구 제36권, 2015.

이진기, "분묘기지권의 근거와 효력", 비교사법 제23권 제4호, 2016.

장형진 · 김미정, "시효취득에 의한 분묘기지권-대법원 2017. 1. 19. 선고 2013다17292 전원합의체 판결 비판적 고찰", 동아법학 제75호, 2017.

전경운, "분묘기지권의 인정근거와 효력에 관한 약간의 고찰", 법학연구(연세대) 제25권 제1호, 2015.

정긍식, "식민지기 상속관습법의 타당성에 대한 재검토-가족인 장남의 사망과 상속인의 범위", 서울대학교 법학 제50권 제1호, 2009.

진상욱, "분묘기지권의 재검토-대법원 2017. 1. 19. 선고 2013다17292 전원합의체 판결", 토지법학 제33권 제1호, 2017.

Marie Seong-Hak Kim, "Law and Custom in the Choson Dynasty and Colonial Korea", Journal of Asian Studies Vol. 66 No. 4, 2007.

공동근저당권의 이시배당에 관한 연구

유 혜 주*

■요　지■

　민법은 공동저당과 근저당에 관한 내용을 규율하고 있으나, '공동근저당'에 관한 규정은 별도로 두고 있지 않으므로, 그 실행에 있어서 공동근저당권자와 후순위 담보권자나 저당물 소유자의 이해관계를 어떻게 조절할 것인지에 대한 견해가 대립하고 있고, 이는 특히 공동근저당권의 목적 부동산 중 일부의 경매대가를 먼저 배당하는 이른바 '이시배당'의 경우에 문제되고 있다.

　대상판결(대법원 2017. 12. 21. 선고 2013다16992 전원합의체 판결)은 "공동근저당권의 이시배당에 있어서 공동근저당권자가 후행 경매절차에서 행사할 수 있는 우선변제권의 범위는 피담보채권의 확정 여부와 상관없이 최초의 채권최고액에서 선행 경매절차에서 우선변제받은 금액을 공제한 나머지 채권최고액으로 제한된다"고 판시하고, 종래 "공동근저당 목적 부동산이 일부씩 나누어 순차로 경매 실행됨으로써 근저당권자가 배당받은 원본 및 지연이자의 합산액이 결과적으로 채권최고액으로 되어 있는 금액을 초과하였더라도 그것만으로 책임한도 범위 내의 피담보채권이 모두 소멸하였다고 볼 수는 없다"고 본 견해(대법원 2009. 12. 10. 선고 2008다72318 판결)를 변경함으로써, 공동근저당권자가 선행 경매절차에서 일부의 변제를 받은 경우 그 변제액 상당액만큼이 다른 공동담보의 근저당권 채권최고액에서 감액되는지 여부에 관하여 일치되어 있지 않았던 판례의 입장을 '감액긍정설'을 취하는 것으로 정리하였고, 채권최고액의 감액에 있어 피담보채권의 확정이 선행되어야 하는 것이 아님을 지적하면서 공동근저당권의 이시배당에 관한 법률관계를 명확히

---

* 대전지방법원 공주지원 판사.

하였다.

　이러한 대상판결의 결론은 선순위 공동근저당권자와 후순위 담보권자 기타 제3자의 이해관계를 적절히 조절한 타당한 결론이라고 생각한다.

[주 제 어]
- 공동근저당권
- 공동근저당권자
- 후순위담보권자
- 이시배당
- 채권최고액
- 피담보채권의 확정

대상판결 : 대법원 2017. 12. 21. 선고 2013다16992 전원합의체 판결
(공2018상, 171)

[사안의 개요]

	제1부동산 (물상보증인→채무자 소유)	제2부동산 (물상보증인 소유)
1순위 공동근저당권	피고, 채권최고액 71억 5,000만 원	
2순위 공동근저당권	A회사, 채권최고액 300억 원	
선행절차	채무자에 대한 회생개시결정 • 피고, 환가대금으로부터 4,109,272,480원 우선변제 • 피고, A회사 근저당권 각 말소 • 원고 명의 소유권이전등기 • 회생절차 종결	
		원고, 2순위 근저당권이전 부기등기

후행절차		한국자산관리공사의 공매 시행
		
		• 피고, 1순위 근저당권자로서
		  3,472,784,780원 배당
		• 원고, 2순위 근저당권자로서
		  약 12억 원 채권신고→배당 ×

1. 사실관계

가. 피고는 2005. 6. 13. 채무자에 대한 채권의 담보로 제1부동산(물상보증인 소유 → 채무자 소유)과 제2부동산(물상보증인 소유) 등에 채권최고액 71억 5,000만 원의 1순위 공동근저당권(이하 '이 사건 공동근저당권'이라 한다)을 설정하였고, A회사는 2005. 6. 13. 채무자에 대한 채권의 담보로 제1부동산과 제2부동산 등에 채권최고액 300억 원의 2순위 공동근저당권을 설정하였다.

나. 채무자의 회생절차 개시신청으로 2007. 9. 7. 채무자에 대한 회생개시결정이 있었고, 피고는 위 회생절차(이하 '선행절차'라 한다)에서 회생계획[1]

---

1) 채무자가 원고에게 특정 사업부를 592억 원에 양도하고 그 영업양도대금을 채무자의 채권자들에게 공평하게 변제하되, 회생담보권자의 경우 담보목적물의 청산가

에 따라 회생담보권자로서 제1부동산의 환가대금(약 42억 9,000만 원)으로부터 4,109,272,480원을 우선변제받았다.[2]

다. 제1부동산에 관한 피고와 A회사의 각 근저당권설정등기는 2008. 5. 16. 말소되었고, 원고는 2008. 5. 26. 제1부동산에 관하여 영업양수도를 원인으로 하는 소유권이전등기를 마쳤으며, 2008. 6. 5. 채무자에 대한 회생절차가 종결되었다.

라. 원고는 제2부동산 등에 관한 A회사의 2순위 근저당권을 이전받아 2010. 6. 15. 근저당권이전의 부기등기를 마쳤다.

마. 한국자산관리공사는 2011. 6. 20. 제2부동산에 관하여 세금체납으로 인한 공매를 시행하였고, 위 공매절차(이하 '후행절차'라 한다)에서, 피고는 1순위 근저당권자로서 2011. 7. 20. 3,472,784,780원을 배당받았고, 원고는 2순위 근저당권자로서 12,398,771,050원의 채권을 신고하였으나 전혀 배당받지 못하였다.

2. 원고의 주장

피고는 이 사건 공동근저당권의 채권최고액인 71억 5,000만 원의 범위 내에서만 배당을 받을 수 있으므로, 선행절차에서 우선변제받은 액수는 이 사건 공동근저당권의 다른 목적 부동산인 제2부동산의 채권최고액에서 공제되어야 하는바, 제2부동에 관한 잔존 채권최고액은 3,040,727,520원(=채권최고액 7,150,000,000원-선행절차에서 우선변제받은 4,109,272,480원)이 된다.

그럼에도 불구하고 피고는 후행절차에서 제2부동산에 관한 잔존 채권최고액을 초과하여 배당받았고, 그로 인해 원고는 자신이 배당받아야 할 금원을 배당받지 못하였으므로, 피고는 원고에게 초과배당분 432,057,260원(=배당액 3,472,784,780원-잔존 채권최고액 3,040,727,520원)을 부당이득으로 반환하여야 한다.

치에 해당하는 금액을 우선배분하고, 담보목적물의 청산가치를 초과하는 부분에 대하여는 56%의 비율에 의하여 곱한 금액을 배분하여 변제하며, 우선사용금액 및 유보금액 사용 후 남은 금액이 있을 경우 잔여배분방법으로 변제하기로 하는 내용이다.

2) 피고가 선행절차에서 신고한 채권 약 114억 원 중 이 사건 공동근저당권의 피담보채권(=일반자금대출채권+구매자금대출채권)에 해당하는 액수는 7,597,508,565원이다.

3. 소송의 경과

가. 제1심(서울중앙지방법원 2012. 3. 29. 선고 2011가합112839 판결) : 일부인용[3]

나. 원심(서울고등법원 2013. 2. 1. 선고 2012나33107 판결) : 항소기각

(1) 회생계획안에서 채무자가 회생담보권에 해당하는 채무를 영업양도 대금으로 배분하여 변제하는 경우 그에 관한 담보권 일체는 소멸하도록 규정하고 있고, 이에 따라 회생계획안에 따른 변제가 완료된 이후 제1부동산에 관한 이 사건 공동근저당권 및 A회사의 근저당권 등기가 말소된 사실에다가, 회생절차는 관리인에 의한 회생계획안의 작성·제출과 관계인 집회의 결의 및 파산법원의 인가결정을 거쳐 회생계획이 수행됨으로써 채권자들의 권리를 실현하는 것일 뿐만 아니라 회생계획에 따라 변제 충당의 순서가 결정되기도 하는 등 채무자의 임의변제와는 그 성격이 다른 점, 회생담보권은 채권자의 권리행사를 전제로 하고 회생담보권이 인정되면 결국 그 권리의 내용인 담보가치가 실현되는 점 등에 비추어 이 사건 공동근저당권을 회생담보권으로 인정받아 제1부동산의 환가액으로부터 우선변제를 받은 것은 공동근저당권의 담보 목적 부동산에 대한 환가절차에서 근저당권의 우선변제권을 행사하여 배당받은 경우에 해당한다.

(2) 공동근저당의 목적물 중 일부가 공동근저당권자가 아닌 제3자의 신청으로 경매된 경우에는 공동근저당의 기본계약관계가 종료되지 않는 한 경매된 부동산의 피담보채권만 확정된다고 보는 것이 종래의 견해이나 공동근저당권자가 적극적으로 경매를 신청하였는지, 아니면 제3자의 경매신청에 소극적으로 참가하였는지의 여부에 의하여 공동근저당권의 피담보채권의 범위가 달라진다면 물상보증인 등 제3자가 예측하지 못하는 손해를 입을 수도 있을 뿐만 아니라 이 사건의 경우는 선행절차가 개시된 이상 채무자의 신용상태에 관한 중대한 변경이 있는 경우에 해당하여, 제1부동산뿐만 아니라 제2부동산 등에 관한 이 사건 공동근저당권의 피담보채권도 모두 확정된다고 해석하는 것이 거래 당사자의 의사에 더 부합한다.

(3) 공동근저당권의 일부 목적물에 관하여만 먼저 경매절차가 개시되어

---

3) 원고의 주장을 모두 받아들였으나, 지연손해금의 기산일이 원고가 주장하는 일자가 아닌, 피고가 제2부동산에 관한 공매절차에서 배당받은 날짜인 2011. 7. 20.임을 이유로 지연손해금 청구 부분이 일부 기각되었다.

그 경매절차에서 채권자가 채권최고액 일부에 대하여 배당을 받은 경우, 그 공동근저당권의 다른 목적물에 대한 후행 경매절차에서는 후순위 저당권자나 물상보증인 등 다른 이해관계인이 있는 한, 선행 경매절차에서 우선변제되어 배당된 금액은 공동근저당권의 채권최고액에서 공제되어야 하고 공동근저당 권자는 채권최고액에서 선행 경매절차의 배당금이 공제된 범위 내에서만 우선변제권을 행사할 수 있다고 해석하는 것이 타당하므로, 선행절차에서 이 사건 공동근저당권에 따라 우선변제 받은 금액은 그만큼 후행절차에서의 이 사건 공동근저당권 채권최고액에서 공제되어야 한다.

다. 대상판결 : 상고기각(전원일치)4)

민법 제368조 제1항은 공동저당권 목적 부동산의 전체 환가대금을 동시에 배당하는 이른바 동시배당의 경우에 공동저당권자의 실행선택권과 우선변제권을 침해하지 아니하는 범위 내에서 각 부동산의 책임을 안분함으로써 각 부동산의 소유자와 후순위 저당권자 그 밖의 채권자의 이해관계를 조절하고, 나아가 같은 조 제2항은 대위제도를 규정하여 공동저당권의 목적 부동산 중 일부의 경매대가를 먼저 배당하는 이른바 이시배당의 경우에도 최종적인 배당의 결과가 동시배당의 경우와 같게 함으로써 공동저당권자의 실행선택권 행사로 인하여 불이익을 입은 후순위 저당권자를 보호하는 데에 그 취지가 있다(대법원 2006. 10. 27. 선고 2005다14502 판결 등 참조).

민법 제368조는 공동근저당권의 경우에도 적용되고, 공동근저당권자가 스스로 근저당권을 실행한 경우는 물론이며 타인에 의하여 개시된 경매 등의 환가절차에서 그 환가대금 등으로부터 다른 권리자에 우선하여 피담보채권의 일부에 대하여 배당받은 경우에도 적용된다(대법원 2006. 10. 27. 선고 2005다14502 판결, 대법원 2014. 4. 10. 선고 2013다36040 판결 등 참조).

공동근저당권이 설정된 목적 부동산에 대하여 동시배당이 이루어지는 경우에 공동근저당권자는 채권최고액 범위 내에서 피담보채권을 민법 제368조 제1항에 따라 부동산별로 나누어 각 환가대금에 비례한 액수로 배당받으며,

---

4) 대상판결은, 공동근저당권자가 채무자 겸 근저당권설정자에 대한 회생절차에서 회생담보권자의 지위에서 회생계획에 따라 우선변제받은 경우 '채무자의 임의변제'에 해당하여 공동근저당 법리의 적용이 배제되는지(상고이유 1점 관련)에 관하여 이를 부정한 원심의 판단을 수긍할 수 있다고 판단하였다. 이는 타당한 결론이라고 생각하므로, 이하에서는 이 쟁점에 대하여는 별도로 다루지 않고 위 판단을 전제로 검토하기로 한다.

공동근저당권의 각 목적 부동산에 대하여 채권최고액만큼 반복하여, 이른바 누적적으로 배당받지 아니한다. 그렇다면 공동근저당권이 설정된 목적 부동산에 대하여 이시배당이 이루어지는 경우에도 동시배당의 경우와 마찬가지로 공동근저당권자가 공동근저당권 목적 부동산의 각 환가대금으로부터 채권최고액만큼 반복하여 배당받을 수는 없다고 해석하는 것이 민법 제368조 제1항 및 제2항의 취지에 부합한다.

그러므로 공동근저당권자가 스스로 근저당권을 실행하거나 타인에 의하여 개시된 경매 등의 환가절차를 통하여 공동담보의 목적 부동산 중 일부에 대한 환가대금 등으로부터 다른 권리자에 우선하여 피담보채권의 일부에 대하여 배당받은 경우에, 그와 같이 우선변제받은 금액에 관하여는 공동담보의 나머지 목적 부동산에 대한 경매 등의 환가절차에서 다시 공동근저당권자로서 우선변제권을 행사할 수 없다고 보아야 하며, 공동담보의 나머지 목적 부동산에 대하여 공동근저당권자로서 행사할 수 있는 우선변제권의 범위는 피담보채권의 확정 여부와 상관없이[5] 최초의 채권최고액에서 위와 같이 우선변제받은 금액을 공제한 나머지 채권최고액으로 제한된다고 해석함이 타당하다(대법원 2006. 10. 27. 선고 2005다14502판결, 대법원 2012. 1. 12. 선고 2011다68012 판결, 대법원 2017. 9. 21. 선고 2015다50637 판결 등 참조). 그리고 이러한 법리는 채권최고액을 넘는 피담보채권이 원금이 아니라 이자·지연손해금인 경우에도 마찬가지로 적용된다.

이와 달리, 공동근저당권의 목적 부동산이 일부씩 나누어 순차로 경매가 실행되는 경우에 공동근저당권자가 선행 경매절차에서 배당받은 원본 및 이자·지연손해금의 합산액이 결과적으로 채권최고액으로 되어 있는 금액을 넘더라도 나머지 목적 부동산에 관한 경매 등의 환가절차에서 다시 우선변제권을 행사할 수 있다는 취지로 판단한 대법원 2009. 12. 10. 선고 2008다72318 판결은 이 판결의 견해에 배치되는 범위 내에서 이를 변경하기로 한다.

---

5) 대상판결은 상고이유 중 하나로 주장된 '선행절차로 인하여 제2부동산에 관한 이 사건 공동근저당권의 피담보채권도 확정되는지 여부'는 원심의 결론에 영향이 없다는 이유로 이에 관하여는 별도로 판단하지 아니하였다. 이 부분과 관련한 자세한 논의는 연구 Ⅲ.항 참조.

〔研 究〕

I. 서 론

부동산담보거래에 있어서 동일한 기본계약에 기하여 발생하는 채권의 담보를 위해 여러 부동산에 근저당권이 설정되는 '공동근저당'이 흔히 이용되고 있는데, 민법은 공동저당과 근저당에 관한 내용만을 규율하고 있을 뿐 공동근저당에 관한 규정을 별도로 두고 있지 않다. 그런데 공동근저당권은 공동저당관계에 있는 각각의 목적 부동산이 채권최고액 범위 내의 피담보채권 전부를 담보하고 목적 부동산 중 일부에 대한 저당권만을 실행할 수도 있는 공동저당으로서의 특성과 채무의 확정을 장래에 유보하되 담보할 채무의 최고액을 정해서 설정되는 근저당으로서의 특성을 동시에 갖기 때문에, 그 실행에 있어서 공동근저당권자와 후순위 담보권자나 저당물 소유자 등 사이의 이해관계를 어떻게 조절해야 하는지의 문제가 발생하고, 이는 특히 공동근저당권의 목적 부동산 중 일부의 경매 대가를 먼저 배당하는 이른바 '이시배당'의 경우 더욱 더 중요한 문제로 대두된다.

대상판결은 "공동근저당권자가 스스로 근저당권을 실행하거나 타인에 의하여 개시된 경매 등의 환가절차를 통하여 공동담보의 목적 부동산 중 일부에 대한 환가대금 등으로부터 피담보채권의 일부에 대하여 우선변제받은 경우, 공동담보의 나머지 목적 부동산에 대하여 공동근저당권자로서 행사할 수 있는 우선변제권의 범위는 피담보채권의 확정 여부와 상관없이 최초의 채권최고액에서 위와 같이 우선변제받은 금액을 공제한 나머지 채권최고액으로 제한되고 이러한 법리는 채권최고액을 넘는 피담보채권이 이자·지연손해금인 경우에도 마찬가지로 적용된다."고 판시하고, 종래 "공동근저당 목적 부동산이 일부씩 나누어 순차로 경매 실행됨으로써 근저당권자가 배당받은 원본 및 지연이자의 합산액이 결과적으로 채권최고액으로 되어 있는 금액을 초과하였더라도 그것만으로 책임한도

범위 내의 피담보채권이 모두 소멸하였다고 볼 수는 없다"고 본 견해를 변경함으로써 공동근저당권의 이시배당에 있어서 공동근저당권자가 공동 담보의 나머지 목적 부동산에 대하여 행사할 수 있는 우선변제권의 범위 에 관한 법리를 명확히 선언하였다.

본 발표문에서는 공동근저당권의 일반 법리에 관하여 개관하고, 공 동근저당권의 이시배당에 있어서 공동근저당권자와 다른 이해관계인의 보호를 둘러싸고 문제되는 피담보채권의 확정과 공동근저당권자가 공동 근저당권의 일부 목적물로부터 우선변제받은 경우 그 금액을 나머지 목 적물에 대한 피담보채권액에서 공제해야 하는지 여부에 관한 내용을 고 찰한 다음, 대상판결의 타당성과 의의를 살펴보기로 한다.

II. 공동(근)저당의 일반론

1. 공동저당의 개념

동일한 채권을 담보하기 위하여 여러 부동산에 저당권이 설정된 것 이다. 공동저당은 여러 부동산이 하나의 채권을 담보하지만, 여러 부동산 에 하나의 저당권이 설정되어 있는 것이 아니라, 각각의 부동산마다 1개 의 저당권이 있고, 각각의 저당권이 동일한 채권을 담보하는 것으로, 각 각의 저당권은 피담보채권이 같기 때문에 일정한 제약을 받는다.[6]

2. 공동저당의 특성[7]

우리 민법상 공동저당은 각각의 저당물마다 별개의 저당권이 성립하 는 것으로 구성하고 있다(저당권의 독립성).[8] 따라서 공동저당관계에 있

---

6) 편집대표 김용담, 주석민법 물권(4), 한국사법행정학회(2011), 235면(김재형 집필 부분).
7) 주석민법 물권(4)(주 6), 237-242면(김재형).
8) 반면, 독일 민법 제1132조는 동일한 채권의 담보를 위하여 수 개의 토지에 저당 권을 설정하는 공동저당을 인정하면서 명문으로 공동저당권이 1개의 저당권임을 규 정하고 있어 독일의 통설과 판례는 공동저당권을 하나의 저당권으로 파악하고 있다 [김병두, "공동근저당에 있어서의 채권최고액 감액", 민사법학 제33호(2006), 134면].

는 각각의 저당권은 그 피담보채권으로 공시된 채권액의 전부를 각각 담보하며(피담보채권의 중첩성), 피담보채권은 복수의 저당권 전부에 의하여 담보된다(저당권의 연대성).[9] 한편 공동저당권도 저당권인 이상 보통저당권과 마찬가지로 담보물권 내지는 저당권 일반의 특성을 갖는바, 담보권자는 그 피담보채권 전부를 변제받을 때까지 그 담보권을 행사할 수 있고(민법 제370조, 321조, 불가분성), 피담보채권이 완제되면 모든 공동저당권이 함께 소멸하며(부종성), 피담보채권이 이전되면 모든 공동저당권이 함께 이전되는데(수반성), 다만 그 권리행사와 배당에 관한 민법 제368조[10]에 의하여 이러한 저당권 일반의 특성이 제한될 뿐이다.

3. 공동저당제도의 기본원리와 민법 제368조

가. 공동저당권자의 실행선택권

공동저당권자는 복수의 저당권을 동시에 실행하거나 일부만을 골라서 실행할 수 있고, 일부만을 실행하는 경우에도 그 경매대가로부터 피담보채권의 전액을 변제받을 수 있어, 피담보채권의 전액을 변제받을 때까지 어느 저당물을 먼저 실행하고, 어느 저당물로부터 얼마의 금액을 배당받을 것인지에 대하여 자유로운 선택권을 가진다.[11]

---

9) 공동저당권의 연대성은 복수의 저당권이 동일한 채권을 담보한다는 점과 각 저당권이 불가분성을 가진다는 점으로부터 유래한다[주석민법 물권(4)(주 6), 247면(김재형)]. 한편 공동저당의 목적물 중 일부 부동산에서 변제되는 액만큼 다른 부동산의 채권자에 대한 책임도 감소한다는 내용 또한 공동저당권의 연대성에 포함되어 있으므로, 그 성질은 담보권의 불가분성과 부종성의 결합관계에서 도출되는 공동담보의 본질로 이해해야 한다고 설명하는 견해도 있다[김병두, "공동근저당에 있어서의 채권최고액 감액"(주 8), 141, 142면].

10) 제368조(공동저당과 대가의 배당, 차순위자의 대위)
   ① 동일한 채권의 담보로 수개의 부동산에 저당권을 설정한 경우에 그 부동산의 경매대가를 동시에 배당하는 때에는 각 부동산의 경매대가에 비례하여 그 채권의 분담을 정한다.
   ② 전항의 저당부동산 중 일부의 경매대가를 먼저 배당하는 경우에는 그 대가에서 그 채권전부의 변제를 받을 수 있다. 이 경우에 그 경매한 부동산의 차순위저당권자는 선순위저당권자가 전항의 규정에 의하여 다른 부동산의 경매대가에서 변제를 받을 수 있는 금액의 한도에서 선순위자를 대위하여 저당권을 행사할 수 있다.

11) 주석민법 물권(4)(주 6), 244, 245면(김재형).

나. 민법 제368조와 그 취지

(1) 공동저당권자의 실행선택권에 따른 이해관계인의 보호 필요성과
민법 제368조

공동저당권자의 실행선택권에 따라 공동저당권자의 편의와 이익만을
보호하는 경우, 공동저당권자의 임의적인 권리행사로 인하여 다른 채권자
나 저당물 소유자는 불측의 손해를 입게 될 우려가 있으므로, 이해관계
인 사이의 이해를 조절할 필요성이 대두되는바, 민법은 기본적으로 배당
단계에서 공동저당의 피담보채권액에 대한 각 공동저당물의 책임분담액
이 그 담보가치에 비례하도록 하는 방법 즉, 공동저당물의 경매대가를
동시에 배당하는 경우(동시배당)에는 각 경매대가의 비율에 따라 공동저
당권의 피담보채권액을 안분하여 배당받고($\binom{민법 \ 제368조}{제1항}$), 공동저당물의 일부
의 경매대가만 배당하는 경우(이시배당)에도 공동저당의 피담보채권 전부
를 우선변제받을 수 있으나($\binom{민법 \ 제368조}{제2항 \ 전문}$) 후순위저당권자는 아직 배당되지
않은 다른 공동저당물에 대한 공동저당권자의 저당권을 대위하도록 함으
로써($\binom{민법 \ 제368조}{제2항 \ 후문}$) 동시배당의 경우와 같은 결과가 되도록 하는 방법으로 이
문제를 해결하고 있다.[12]

(2) 판 례

대법원은 민법 제368조에 관하여, 제1항은 공동저당권의 목적물의
전체 환가대금을 동시에 배당하는 이른바 동시배당의 경우에 공동저당권
자의 실행선택권과 우선변제권을 침해하지 않는 범위 내에서 각 부동산
의 책임을 안분시킴으로써 각 부동산상의 소유자와 차순위 저당권자 기
타의 채권자의 이해관계를 조절하고, 제2항은 대위제도를 규정하여 공동
저당권의 목적 부동산 중 일부의 경매대가를 먼저 배당하는 이른바 이시
배당의 경우에도 최종적인 배당의 결과가 동시배당의 경우와 같게 함으
로써 공동저당권자의 실행선택권 행사로 인하여 불이익을 입은 차순위
저당권자를 보호하는 데에 그 취지가 있다고 본다.[13]

---

12) 주석민법 물권(4)(주 6), 244, 245면(김재형).
13) 대법원 2006. 10. 27. 선고 2005다14502 판결[공2006. 12. 1. (263), 1991].

4. 공동근저당권과 민법 제368조

근저당이란 채무의 확정을 장래에 유보하여 설정한 저당권을 말하는데($\binom{민법 제357조}{제1항}$), 근저당권의 경우에도 동일한 채권을 담보하기 위하여 여러 부동산 위에 근저당권을 설정하는 공동근저당권이 성립할 수 있다. 근저당권은 보통의 저당권에 비하여 피담보채권의 범위가 다를 뿐이지 저당권이라는 점에는 차이가 없고, 그것이 여러 개의 부동산 위에 존재하는 경우에 불가분의 원칙을 존중하면서도 부동산의 소유자 등을 보호할 필요성은 보통의 저당권과 마찬가지이므로, 공동근저당권에 관해서도 민법 제368조가 적용된다고 봄이 상당하다.[14)]

Ⅲ. 공동근저당권의 이시배당에 있어서 피담보채권의 확정 문제

대상판결은 "공동근저당권자가 선행 경매절차에서 피담보채권의 일부에 대하여 배당받은 경우, 공동담보의 나머지 목적 부동산에 대하여 공동근저당권자로서 행사할 수 있는 우선변제권의 범위는 '피담보채권의 확정 여부와 상관없이' 최초의 채권최고액에서 위와 같이 우선변제받은 금액을 공제한 나머지 채권최고액으로 제한된다"고 판시함으로써 이시배당에 있어서 선행절차에 따른 배당 이후 공동근저당권의 나머지 목적 부동산에 대한 채권최고액의 감액 여부는 피담보채권의 확정 여부를 전제로 하지 않는다는 것을 명확히 하였다. 다만, 공동근저당권에 있어서는 공동저당물의 일부에 대한 경매대가를 배당하는 경우 나머지 담보 목적물에 대한 근저당권도 확정되는 것으로 볼 것인지 여부가 문제되고, 뒤에서 보는 바와 같이 공동근저당권자가 선행 경매절차에서 배당을 받은 경우 나머지 담보 목적물에 대한 채권최고액을 감액할 것인지 여부는 공동근저당권의 피담보채권 확정의 문제와 연결 지어 논의되고 있으므로,

---

14) 주석민법 물권(4)(주 6), 285, 286면(김재형); 대법원 2006. 10. 27. 선고 2005다14502 판결[공2006. 12. 1. (263), 1991] 역시 "민법 제368조는 공동근저당권의 경우에도 적용되는 것이다"라고 판시하고 있다.

우선 공동근저당권의 피담보채권 확정에 관한 논의를 살펴보기로 한다.

1. 통상의 근저당권의 피담보채권 확정에 관한 법리

근저당권은 그 담보할 채무의 최고액만을 정하고 채무의 확정을 장래에 보류하여 설정되므로(민법 제357조 제1항 제1문) 근저당권의 피담보채권은 유동·교체될 수 있는데, 그러한 상태가 종료되는 것을 근저당권의 확정 또는 피담보채권의 확정이라 한다.[15]

가. 확정사유

우리 민법은 근저당권의 피담보채권 확정에 이르는 사유에 관하여 별다른 규정을 두고 있지 않으나,[16] 종래의 논의를 당사자의 의사에 기한 확정사유와 당사자의 의사와 무관한 확정사유로 나누어 살펴보면 아래와 같다.

(1) 당사자의 의사에 기한 확정사유

(가) 당사자 쌍방의 의사 합치가 있는 경우

근저당권의 설정계약 또는 그 기본계약에서 정한 결산기가 도래한

---

15) 주석민법 물권(4)(주 6), 123면(김재형).
16) 일본 민법은 제398조의20에서 피담보채권(원본)의 확정사유로서 ① 담보할 채권의 범위의 변경, 거래의 종료 기타의 사유로 인하여 담보할 원본이 생기지 아니한 때, ② 근저당권자가 저당부동산에 대하여 경매 또는 압류를 신청한 때, 그러나 경매절차의 개시 또는 압류가 있는 때에 한한다. ③ 근저당권자가 저당부동산에 대하여 체납처분으로 압류를 한 때, ④ 근저당권자가 저당부동산에 대한 경매절차의 개시 또는 체납처분으로 인한 압류가 있은 것을 안 때로부터 2주간이 경과한 때, ⑤ 채무자 또는 근저당권설정자가 파산이 선고된 때를 규정하고 있다[추신영, "근저당권의 피담보채권의 확정과 민사집행절차상의 제문제", 재산법연구(2015. 제32권 제3호) 181면]; 한편 2009년 2월 출범한 법무부 민법개정위원회는 이와 관련하여 "제357조의10(원본의 확정사유) ① 근저당권이 담보할 원본은 다음 각 호의 경우에 확정된다. 1. 근저당권자가 저당부동산에 대하여 경매 또는 제370조에 의하여 준용되는 제342조에 의한 압류를 신청한 때. 다만 경매절차의 개시 또는 압류가 있는 때에 한한다. 2. 근저당권자가 저당부동산에 대하여 체납처분으로 인한 압류를 한 때 3. 근저당권자가 저당부동산에 대한 경매절차의 개시 또는 체납처분으로 인한 압류가 있음을 안 날부터 2주일이 경과한 때 4. 채무자 또는 근저당권자가 파산선고 또는 회생절차의 개시결정을 받은 때 ② 제1항 제3호의 경매절차의 개시 또는 압류나 제4호의 파산선고 또는 회생절차의 개시결정이 그 효력을 잃은 때에는 원본은 확정되지 않은 것으로 본다. 그러나 원본이 확정된 것으로 하여 그 근저당권을 취득한 자가 있는 때에는 그러하지 아니하다."는 조항의 신설을 제안하고 있다.[법무부, 2013년 법무부 민법 개정시안: 물권편(2013), 312면].

때, 근저당권의 존속기간이 정해져 있는 경우 그 기간이 만료된 때, 근저당권설정 이후 거래관계를 종료하기로 하는 명시적·묵시적 약정이 있는 경우 등 근저당권자와 근저당권설정자 사이에 의사의 합치가 있는 경우에는 당연히 피담보채권이 확정된다.[17]

(나) 당사자 일방의 의사에 기한 경우

근저당권이 확정되기 전에 근저당권설정자의 의사에 기하여 거래를 종료하고 근저당권을 확정시키는 근저당권의 확정청구[18]를 통해 피담보채권이 확정될 수 있고, 근저당권자가 스스로 근저당권을 실행하기 위하여 경매신청을 하면 채무자와 더 이상의 거래관계를 유지하지 아니하겠다는 취지의 의사를 표시한 것으로 볼 수 있어 경매신청시에 근저당권의 피담보채권이 확정된다는 것이 통설과 판례의 태도이다.[19]

(2) 당사자의 의사와 무관한 확정사유

(가) 제3자가 근저당목적물에 대한 경매신청을 한 경우

부동산에 대하여 경매절차가 진행되어 경락이 이루어지면 그 부동산 위에 있는 근저당권은 모두 소멸하는바($\binom{민사집행법}{제91조}$), 부동산에 대한 경매가 진행되는 경우 당해 부동산에 존재하는 근저당권은 어느 시점에서든지 확정되어야 한다. 그런데 어떤 부동산의 선순위 또는 후순위담보권자가 담보권 실행을 위한 경매를 신청하거나 근저당권자 이외의 제3자가 집행권원에 기하여 당해 부동산에 대하여 경매를 신청한 경우와 같이 제3자가 경매를 신청하는 경우에는 근저당권자나 근저당권설정자에게 거래를

---

17) 주석민법 물권(4)(주 6), 124면(김재형).
18) 피담보채무가 존재하지 않고 앞으로 거래를 계속하려는 의사가 없는 경우 또는 피담보채무가 존재하고 있다고 하더라도 앞으로 거래를 계속할 수 없는 사정이 있는 경우에는 근저당권설정자의 근저당권 확정청구를 허용해야 할 것이다[주석민법 물권(4)(주 6), 125면(김재형)]. 또한 근저당권의 설정계약 내지 기본계약이 적법하게 해지 또는 해제되는 경우 역시 근저당권의 확정청구로 볼 수 있을 것이다. 한편 판례는 피담보채무의 현존 여부와 상관없이 상당기간 거래가 없어 새로운 채무의 발생이 없고 또한 앞으로도 계속적인 거래관계를 유지할 수 없는 사정이 있다면 근저당권설정자도 근저당권을 소멸시키는 확정청구가 가능하다고 본다(대법원 1990. 6. 26. 선고 89다카26915 판결).
19) 주석민법 물권(4)(주 6), 125-127면(김재형).

종료시키려는 의사가 있다고 볼 수 없으므로, 근저당권이 확정되는 시점이 문제된다. 통설은 경매개시결정이 있는 때에 피담보채권이 확정된다고 보고 있으나,[20] 판례[21]는 경락인이 경락대금을 완납한 때에 확정된다고 본다.

근저당권의 피담보채권 확정 문제는 근저당권자를 비롯하여 후순위 담보권자 등의 이해관계와 밀접한 관련이 있으므로 피담보채권이 확정되는 시점을 객관적으로 확인 가능한 어느 특정한 시점으로 확정할 필요가 있다고 할 것인데, 제3자가 경매신청을 한 경우에는 근저당권자가 경매개시결정 사실을 알 수 없기 때문에 경매개시결정으로 근저당권이 확정된다고 보면 그 후에 채무자에 근저당권을 담보로 신용을 제공한 근저당권자에게 지나치게 가혹한 결과가 될 수 있어 부당한 점[22]에 비추어 별도의 입법이 없는[23] 현 상태에서는 판례의 태도가 더 타당하다고 생각한다.

(나) 채무자 또는 물상보증인의 파산

채무자에 대하여 파산선고가 내려진 경우 채무자는 거래능력을 잃기

20) 주석민법 물권(4)(주 6), 130면(김재형).
21) 선순위 근저당권이 설정되어 있는 부동산에 대하여 근저당권을 취득하는 거래를 하려는 사람들은 선순위 근저당권의 채권최고액 만큼의 담보가치는 이미 선순위 근저당권자에 의하여 파악되어 있는 것으로 인정하고 거래를 하는 것이 보통이므로 담보권 실행을 위한 경매절차가 개시되었음을 선순위 근저당권자가 안 때 이후의 어떤 시점에 선순위 근저당권의 피담보채무액이 증가하더라도 그와 같이 증가한 피담보채무액이 선순위 근저당권의 채권최고액 한도 안에 있다면 경매를 신청한 후순위 근저당권자가 예측하지 못한 손해를 입게 된다고 볼 수 없다. 반면 선순위 근저당권자는 자신이 경매신청을 하지 아니하였으면서도 경락으로 인하여 근저당권을 상실하게 되는 처지에 있으므로 거래의 안전을 해치지 아니하는 한도 안에서 선순위 근저당권자가 파악한 담보가치를 최대한 활용할 수 있도록 함이 타당하다. 이와 같은 관점에서 보면 후순위 근저당권자가 경매를 신청한 경우 선순위 근저당권의 피담보채권은 그 근저당권이 소멸하는 시기, 즉 경락인이 경락대금을 완납한 때에 확정된다고 보아야 할 것이다(대법원 1999. 9. 21. 선고 99다26085 판결).
22) 주석민법 물권(4)(주 6), 131면(김재형).
23) 각주 16에서 본 바와 같이 일본 민법은 근저당권자가 저당부동산에 대한 경매절차의 개시 또는 체납처분으로 인한 압류가 있은 것을 안 때로부터 2주간이 경과한 때를 원본의 확정사유로 규정하고 있고(제398조의20), 민법개정위원회 역시 같은 내용을 원본의 확정사유 중 하나로 하는 조항의 신설을 제안하고 있다.

때문에 더 이상 피담보채권이 발생할 가능성은 소멸하므로 근저당권은 파산선고시에 확정된다고 보아야 하고, 이는 물상보증인에 대하여 파산선 고가 내려진 경우에도 마찬가지이다.[24]

(다) 채무자 또는 물상보증인에 대한 회생절차개시결정

학설은, 회생절차개시에 의하여 채무자 사업의 경영 및 재산의 관리 처분권이 관리인에게 전속되고, 회생절차개시의 시점을 기준으로 법률관 계의 각 분야에 걸쳐 새로운 단계로 들어가므로 이때를 기준으로 피담보 채무의 범위를 확정시킴으로써 법률관계를 명확히 할 필요가 있으며, 피 담보채권이 확정되지 않는다고 보면 후순위담보권자의 지위가 불리해지 고 회생회사가 물상보증인인 경우에는 회사의 재산이 감소하는 결과만 발생하므로, 회생절차가 개시되면 피담보채권이 확정된다는 견해(확정 설)[25]와 법률상 명문의 규정이 없을 뿐만 아니라 회생절차는 회사의 존속 을 전제로 하는 점에 있어서 파산절차와 다르고, 근저당권이 최고액의 범위 내에서 회생절차개시 후의 거래도 계속 담보하도록 하는 것이 회사 의 회생에 유익하다는 이유로 회생절차가 개시되더라도 피담보채권이 당 연히 확정되지는 않는다는 견해(불확정설)[26]가 대립한다.

판례는 구 회사정리법에 관한 사안에서 확정설을 채택한바 있다.[27]

나. 확정효과

근저당권이 확정되면 그 이후 동일한 거래관계로부터 채권이 발생하

---

24) 주석민법 물권(4)(주 6), 131면(김재형).
25) 주석민법 물권(4)(주 6), 132, 133면(김재형); 채원식, "회사정리절차개시와 근저 당확정의 유무에 관한 고찰", 사법행정, 제298호(1955. 9.), 88면.
26) 편집대표 곽윤직, 민법주해 Ⅶ(채권7), 박영사(1997), 14면(박해성 집필부분); 신 용락, "회사정리절차개시결정과 근저당권의 확정시기", 사법논집 제26집(1995), 117, 118면.
27) 근저당권이 설정된 뒤 채무자 또는 근저당권설정자에 대하여 회사정리절차개시 결정이 내려진 경우, 그 근저당권의 피담보채무는 회사정리절차개시결정시점을 기 준으로 확정되는 것으로 보아야 하므로, 그 이후 근저당권자가 정리회사 또는 정 리회사의 관리인에게 그 사업의 경영을 위하여 추가로 금원을 융통하여 줌으로써 별도의 채권을 취득하였다 하더라도, 그 채권이 위 근저당권에 의하여 담보될 여 지는 없다(대법원 2001. 6. 1. 선고 99다66649 판결).

더라도 그 채권은 피담보채권에 포함될 수 없고, 부종성·수반성을 취득하여 보통의 저당권과 같은 취급을 받게 된다.[28]

2. 공동근저당권의 피담보채권의 확정

공동근저당권의 목적물 전체 환가대금을 동시에 배당하는 경우에는 보통의 근저당권의 피담보채권 확정에 관한 법리가 그대로 적용될 수 있을 것이나, 공동근저당권의 목적물 중 일부에 대한 경매대가를 먼저 배당해야 하는 이시배당의 경우에는 나머지 목적물에 대해서도 근저당권이 확정되는지의 문제가 발생할 수 있어 공동근저당권에 관한 특유한 법리가 있는지에 관하여 살펴볼 필요가 있다.

가. 공동근저당권자가 공동근저당권의 목적물 중 일부에 대한 경매신청을 한 경우

공동근저당권자가 스스로 공동근저당권의 목적물 중 일부에 대한 경매신청을 한 경우에는 앞서 근저당권의 경우에서 살펴본 것과 마찬가지로 공동근저당권자가 채무자와 더 이상 거래하지 않겠다는 의사를 표시한 것으로 볼 수 있으므로, 경매신청시에 공동근저당권의 목적물 전체에 대한 피담보채권이 확정된다고 봄이 상당하고, 판례[29]도 같은 태도이다.

나. 제3자가 공동근저당권의 목적물 중 일부에 대한 경매신청을 한 경우

제3자가 공동근저당권의 목적물 중 일부에 대한 경매신청을 한 경우

---

28) 다만 확정 이후에도 채권최고액을 한도로 담보한다는 성질은 여전히 가지고 있으므로, 확정 이후에 원본이 증감변동하지 않게 된다는 점을 제외하고는 근저당권으로서의 성질을 갖는다고 보아야 한다[주석민법 물권(4)(주 6), 133면(김재형); 편집대표 곽윤직, 민법주해 Ⅶ(물권4), 박영사(1992), 26면(박해성 집필부분)].

29) 대법원 1989. 11. 28. 선고 89다카15601 판결은, 공동근저당권의 피담보채권의 발생 원인이 되는 어음거래 약정의 결산기가 정해져 있지 아니하고 공동근저당권의 목적물 중 물상보증인 소유의 토지에 대하여 경매신청도 되지 않은 사안에서, 공동근저당권자인 피고가 공동담보로 제공된 채무자 겸 근저당권설정자 소유의 토지에 대하여 피담보채무의 불이행을 이유로 경매신청을 한 이상 공동근저당권의 원인관계인 어음거래 약정에 기한 거래는 그로써 종료되고 그 경매신청시에 그 피담보채권이 확정되었다고 보아야 한다고 판시하였다.

에는 나머지 목적물에 대한 공동근저당권이 매각으로 인하여 소멸되는 것도 아니고, 공동근저당권자가 채무자와 더 이상의 거래관계를 유지하지 않겠다는 의사를 표시한 것도 아니어서, 나머지 목적물에 대한 근저당권의 확정 여부에 관하여 견해가 대립되고 있다.

(1) 학　설

공동근저당권자가 스스로 경매신청을 하고 있지 않으므로 채무자와의 기본계약거래를 종료하겠다는 의사를 표시한 것으로 간주되지 않는바, 공동근저당권자와 채무자 사이에 거래관계가 계속되는 이상 근저당관계를 유지시킬 필요가 있고, 제3자의 경매신청으로 개시된 선행 경매절차에서 공동근저당권자가 우선변제받는 것은 거래가 계속되는 도중에 채권의 일부를 변제받은 것과 같으므로, 기본계약관계의 종료 등과 같은 확정사유가 없는 한 경매되지 아니한 나머지 목적물에 대한 피담보채권은 확정되지 않는다는 견해(개별확정설)[30]와 공동근저당권 중 일부만이 확정되고 일부는 확정되지 않는다는 이론 자체가 자연스럽지 못할 뿐만 아니라 일부만이 확정된다면 후순위저당권자가 대위할 수 있는 '다른 공동저당물의 경매대가에서 변제를 받을 수 있는 금액'이라는 것이 확정될 수 없어 민법 제368조 제2항과도 조화되지 않으므로, 일부 부동산에 대하여 피담보채권 확정사유가 생기면 다른 부동산에 대하여도 피담보채권이 확정된다고 보는 견해(동시확정설)[31]가 대립한다.

(2) 판　례

대법원은 2017. 9. 21. 선고 2015다50637 판결[32]에서 "공동근저당권자가 목적 부동산 중 일부 부동산에 대하여 제3자가 신청한 경매절차에 소극적으로 참가하여 우선배당을 받은 경우에, 해당 부동산에 관한 근저당권의 피담보채권은 그 근저당권이 소멸하는 시기, 즉 매수인이 매각대

---

30) 주석민법 물권(4)(주 6), 291면(김재형); 김병두, "공동근저당에 있어서의 채권최고액 감액"(주 8), 145면.
31) 윤진수, "2006년도 주요 민법 관련 판례 회고", 법학 제48권 제1호(2007), 63, 64면.
32) Ⅳ. 3. 가. (3)항에서 자세히 살핀다.

금을 지급한 때에 확정되지만(대법원 1999. 9. 21. 선고), 나머지 목적 부동산에 관한
근저당권의 피담보채권은 기본거래가 종료하거나 채무자나 물상보증인에
대하여 파산이 선고되는 등의 다른 확정사유가 발생하지 아니하는 한 확
정되지 아니한다"고 판시하여 개별확정설을 채택하였다.

(3) 검   토

아래와 같은 이유로 기본계약관계의 종료 등과 같은 확정사유가 없
는 한 경매되지 아니한 나머지 목적물에 대한 피담보채권은 확정되지 않
는다는 개별확정설의 결론이 타당하다고 생각한다.

① 공동근저당권은 동일한 채권(동일한 기본계약으로부터 증감변동하
는 채권)을 담보하기 위해 여러 부동산 위에 근저당권을 설정하는 것으
로 각각의 부동산마다 별개의 근저당권이 성립하게 되는바, 공동근저당권
의 목적물 중 일부에 대한 경매실행은 다른 목적물에 설정된 근저당권의
우선변제권의 실현이 아니다.[33]

② 공동근저당권자가 스스로 경매신청을 하지 아니한 경우에는 공
동근저당권자와 채무자 사이의 기본거래가 당연히 종료된다고 볼 수 없
어 기본거래가 계속되는 동안 공동근저당권자로 하여금 나머지 목적물에
관한 근저당권의 담보가치를 활용할 수 있도록 할 필요성이 있다.

③ 민법 제368조 제2항에 따라 후순위 저당권자가 대위할 수 있는 한
도는 나머지 목적물이 경매될 때를 기준으로 산정할 수 있는 것이므로[34] 개
별확정설에 의하더라도 민법 제368조 제2항의 적용에 있어서 무리가 없다.

33) 민법주해 Ⅶ(물권4)(주 28), 212, 213면(조대현 집필부분).
34) 후순위 저당권자의 대위한도의 산정기준시에 관하여는, ① 각각의 부동산이 현
실로 경매된 때를 기다려 책임분담액을 결정하는 것은 후순위 저당권자의 대위액
을 불명확케 하여 실무계의 요청에 반하기 때문에 공동저당 목적물인 부동산의 일
부에 대해서 우선배당이 행해질 때 다른 부동산에 대해서 그 가액을 평가하여 책
임분담액을 정하자는 견해, ② 대위권자가 대위에 의해서 저당권의 이익을 향수할
수 있는 때는 경매되지 않은 부동산이 장래에 경매된 때에 있기 때문에, 대위권의
실현이 되지 않은 시점에서 경매되지 않은 부동산 가액을 확정하여 대위액을 정하
는 것은 불합리하므로, 경매되지 않은 부동산이 경매될 때의 경매대금에 따라서
대위액을 산정하여야 한다는 견해가 대립한다[이정일, "공동저당에 있어서 후순위
저당권자의 대위의 기대에 대한 보호", 판례연구 22집(2011. 2.), 556면].

다. 채무자나 물상보증인에 대한 파산/회생절차개시로 인한 이시배당의 경우

공동근저당권의 목적물 중 일부는 채무자 겸 근저당권설정자의 소유이고 일부는 물상보증인 소유인 경우, 채무자 또는 물상보증인에 대한 파산선고가 있거나 회생절차개시결정이 있는 때에도 공동근저당권의 목적물 중 일부에 대한 배당이 먼저 이루어지는 상황이 발생할 수 있는데, 이러한 경우 나머지 목적물에 대한 피담보채권이 확정되는지 여부에 관한 논의나 판례의 명확한 입장은 없는 것으로 보인다.

채무자 또는 물상보증인에 대한 파산선고나 회생절차개시결정에 따라 이시배당이 이루어지는 경우에도 나머지 목적물에 대한 공동근저당권이 소멸되지 않을 뿐만 아니라 공동근저당권자기 채무자와 더 이상의 거래관계를 유지하지 않겠다는 의사를 표시한 것도 아니라는 점에서 제3자가 공동근저당권의 목적물 중 일부에 대한 경매신청을 한 경우와 유사하기는 하다. 그러나 앞에서 본 바와 같은 근저당권의 피담보채권 확정사유를 분류하는 기준에 의할 때, 이러한 경우는 공동근저당권자와 채무자 사이의 거래관계를 계속 유지하기 어렵다고 판단되는 사유에 해당하는 것으로 보이는바(이에 반해 제3자가 공동근저당권의 목적물 중 일부에 대한 경매신청을 한 경우에는 반드시 공동근저당권자와 채무자 사이의 거래관계를 계속 유지하기 어렵다고 볼 수 없다), 채무자 또는 물상보증인에 대한 파산선고나 회생절차개시결정에 따라 이시배당이 이루어지는 경우에는 보통의 근저당권에서 채무자 또는 물상보증인에 대한 파산선고나 회생절차개시결정이 있는 경우의 피담보채권 확정에 관한 법리에서 살펴본 논의가 그대로 적용될 수 있을 것으로 보인다. 따라서 채무자 또는 물상보증인에 대한 파산선고나 회생절차개시결정이 있은 때에 공동근저당권 목적물 전부에 대하여 피담보채권이 확정된다고 봄이 타당하다고 생각한다.

3. 대상판결 사안의 검토

대상판결의 원심은, 채무자에 대한 회생절차가 개시된 이상 채무자의 신용상태에 관한 중대한 변경이 있는 경우에 해당하여, 제1부동산뿐

만 아니라 제2부동산 등에 관한 이 사건 공동근저당권의 피담보채권도 모두 확정된다고 판단하였고, 피고는 상고이유로서 채무자에 대한 회생절차는 공동근저당권자가 아닌 제3자에 의하여 개시된 것이므로 개별확정설에 따라 제2부동산에 관한 이 사건 공동근저당권의 피담보채권은 확정되지 않았다고 주장한 것으로 보인다.

이에 대하여 대상판결은 피담보채권의 확정 여부는 원심의 결론에 영향이 없다는 이유로 위 상고이유에 대한 명시적인 판단을 하지 않았으나, 앞에서 본 바와 같이 채무자에 대한 회생절차개시결정에 따라 이시배당이 이루어지게 된 대상판결의 사안과 같은 경우는 공동근저당권자와 채무자 사이의 거래관계를 계속 유지하기 어렵거나 설령 일정한 거래가 계속되더라도 사적 자치 하에서 이루어지는 거래관계와 같이 취급하기 어려워 피담보채권의 확정사유가 발생한 경우로 볼 수 있다. 또한 대상판결의 사안에서 피고로서는 채무자에 대한 회생절차개시결정 무렵 제2부동산에 대하여 경매신청을 하여 그 뒤의 이자 발생을 막을 수 있었음에도 스스로 그러한 조치를 취하지 않았다고 평가할 여지도 있어 피담보채권의 확정시기를 늦추어 피고를 보호하여야 할 필요가 있다고 보기도 어렵다. 따라서 채무자에 대한 회생절차개시결정으로 인하여 이 사건 공동근저당권의 목적물인 제1, 2부동산 등 전체에 대하여 피담보채권이 확정되었다고 보아야 할 것이다.

Ⅳ. 공동근저당권의 이시배당에 있어서 채권최고액의 감액 여부

공동근저당권에 관하여 동시배당이 이루어질 경우에는 채권최고액 범위 내에서의 피담보채권을 각 공동저당물의 경매대가 비율에 따라 안분하여 배당받는 방법(민법 제368조 제1항)으로 공동근저당권자와 후순위 담보권자나 저당물 소유자 사이의 이해관계가 조절될 수 있으나, 이시배당의 경우에는 공동근저당권자로서는 공동근저당권의 일부 목적물에 대한 경매대가에서 채권최고액 범위 내에서의 피담보채권 전부를 우선변제받을 수 있으므로, 이후 나머지 목적물에 관한 경매절차에서 우선변제권을 행사할

수 있는 범위를 어떻게 볼 것인지 즉, 일부 목적물에 대한 선행 경매절
차에서 우선변제받은 금액을 채권최고액에서 공제할 것인지 여부를 특히
후순위 담보권자의 이해관계와 관련하여 살펴볼 필요가 있다.

1. 일본에서의 논의
가. 일본 민법의 규정
일본 민법 제392조는 공동저당에서의 대가의 배당에 관하여 우리 민
법 제368조와 동일한 내용을 규정하고 있는데, 일본 민법은 1971년 근저
당권에 관한 제398조의2부터 제398조의22까지 22개조를 추가하는 개정을
하였고, 그중에서 제398조의16은 "제392조의 규정은 근저당권에 대하여는
설정과 동시에 동일한 채권의 담보로서 수개의 부동산 위에 근저당권이
설정된 취지를 등기한 경우에 한하여 이를 적용한다"고 규정하고 있고,
제398조의18은 "수개의 부동산 위에 근저당권을 가지는 자는 제398조의
16의 경우를 제외하고는 각 부동산의 대가에 대하여 각 최고액에 이르기
까지 우선권을 행사할 수 있다"고 규정하고 있는바, 일본 민법은 근저당
의 목적이 된 수개의 부동산 각각에 대하여 채권최고액의 한도에까지 우
선변제권을 가지는 이른바 '누적공동근저당'을 원칙으로 삼고 있고, 우리
민법에서 인정되는 바와 같은 공동근저당은 일정한 요건을 충족하는 경
우에만 인정되고 또한 그것이 그러한 공동근저당이라는 취지를 등기한
경우에 한하여 효력을 가지는 것으로 규율하고 있다.[35]

나. 일본 민법 개정 전의 논의
한편 1971년 일본 민법 개정 전에는 근저당권에 관한 규정이 없어
서 주로 판례·학설에 의하여 그 유효성 및 구체적인 법리가 인정되어 왔
는데, 위와 같은 개정 전의 일본 문헌들은 공동근저당에 관하여 이시배
당이 행하여진 경우에 공동근저당권자가 어떤 부동산으로부터 일부의 변
제를 받은 경우에는 그 변제액 상당액만큼은 공동담보인 다른 목적 부동

---

35) 양창수, "공동근저당권에 있어서 선행경매절차에서의 일부배당이 후행절차상의
　　우선변제권에 미치는 영향", 민법연구 제8권(2007), 21, 216면.

산상의 근저당권의 채권최고액이 감액되어야 한다는 입장을 취하였다.[36]

2. 학 설
가. 감액부정설

공동근저당에 관하여 이시배당이 행하여져 공동근저당권자가 어떤 부동산으로부터 일부의 변제를 받았다고 하더라도 나머지 공동담보물에 대한 채권최고액이 감액되지 않는다는 견해[37]이다.

그 논거로는, 이시배당에 있어서 경매신청권자가 공동근저당권자인 경우와 제3자인 경우를 구별하여 공동근저당의 목적물 중 일부가 공동근저당권자가 아닌 제3자의 신청에 의하여 경매된 경우에는 거래관계가 계속되는 이상 근저당관계를 유지시킬 필요가 있고, 채권자의 신청에 의한 경매절차가 아니므로 채무자로부터 임의의 변제를 받은 것과 마찬가지라고 보아도 무방하기 때문에 경매실행되지 않은 다른 목적물 상의 채권최고액이 감액되지 않는다는 견해,[38] 공동근저당에서 각 근저당의 후순위담

---

36) 柚木馨 編集, 註釋民法(9)(1965), 283면(柚木馨, 高木多喜男 집필)에는"공동근저당권자가 어떤 부동산의 대가에 의해서만 채권의 변제를 받은 경우는 차순위저당권자는 일본 민법 제392조 제1항의 규정에 따라 공동근저당권자가 다른 부동산으로부터 변제를 받았을 금액에 이르기까지 이 자에 대위하여 저당권을 행사할 수 있는 것은 보통저당권의 경우와 마찬가지이다. 근저당권자가 어떤 부동산으로부터 일부의 변제를 받은 경우에 다른 부동산으로부터 변제를 받을 수 있는 액은 채권최고액 전부가 아니라 이미 회수한 액을 차감하여야 함은 당연하다. 이는 근저당거래의 계속 중에 실행된 경우에도 마찬가지이다. 근저당거래가 계속되고 있는 동안에는 채권최고액의 한도에서 증감하는 채권을 계속해서 담보하는 터인데, 임의의 변제와는 달리 저당권의 실행에 의한 만족은 그 범위에서 담보가치를 손 안에 넣은 것이기 때문에 그만큼 감소하는 것은 당연하다"고 기재되어있다[양창수, "공동근저당권에 있어서 선행경매절차에서의 일부배당이 후행절차상의 우선변제권에 미치는 영향"(주 35), 217면에서 재인용].
37) 다만 감액부정설의 견해도 공동근저당권자의 경매신청으로 인한 이시배당에 있어서는 피담보채권의 감액을 인정하는 것으로 보인다.
38) 민법주해 Ⅶ(물권4)(주 28), 212면(조대현 집필부분). 다만, 이 부분 서술은 각 저당부동산의 피담보채권의 발생원인이 되는 기본계약과 나아가 채권최고액이 각각 서로 다른 경우를 전제로 하는 것이어서 '동일한 채권의 담보로 수개의 부동산에 저당권이 설정'(민법 제368조 제1항)되는 공동근저당권에 대한 감액부정설을 취한 것인지 명확하지 아니하다는 견해도 있다[양창수, "공동근저당권에 있어서 선행경매절차에서의 일부배당이 후행절차상의 우선변제권에 미치는 영향"(주 35) 220,

보권자 등은 최고액이 공시되어 있는 등기부를 열람하여 선순위 공동근
저당권자의 채권최고액이 우선적으로 배당될 것을 충분히 예기할 수 있
고, 우리나라 공동근저당에서는 이를 구성하는 근저당은 독립적인 존재로
서 동일한 채권을 담보하는 이유로 제약을 받고 있을 뿐인데 일부소멸이
라 할 수 있는 최고액감액에 관해 당연히 연대하여야 하는 것은 법적근
거가 없으며, 공동근저당권은 부종성이 완화되어 있어 피담보채권이 확정
되어야 비로소 피담보채권의 양적 범위가 결정되고 이를 기초로 우선변
제될 범위가 결정되는데, 피담보채권이 확정되지 않은 근저당에서는 다른
근저당의 배당은 임의변제와 다름없으므로, 확정되지 않은 공동근저당에
서 채권최고액을 감액할 수 없다는 견해[39]가 있다.

나. 감액긍정설

공동근저당에 관하여 이시배당이 행하여져 공동근저당권자가 어떤
부동산으로부터 일부의 변제를 받은 경우에 나머지 담보물에 대하여는
채권최고액의 범위 내에서 이미 배당받은 금액만큼 공제한 나머지만을
배당받을 수 있다고 보는 견해이다.

이 견해는 다시, 공동근저당권의 일부 목적물에 대한 선행의 경매절
차가 제3자의 신청으로 개시된 경우 나머지 목적물에 대한 피담보채권도
확정된다는 동시확정설[40]을 전제로 채권최고액의 감액을 긍정하는 견해[41]
와 선행의 경매절차 또는 후행의 경매절차가 어느 담보권자의 신청에 의
하여 개시되었는지 여부와 무관하게 즉, 피담보채권의 확정과 무관하게
공동근저당권자가 선행의 경매절차에서 채권최고액 중 일부를 배당받은
경우에 후행의 경매절차에서는 위의 배당액은 그의 우선변제권 범위에서
당연히 공제된다는 견해[42]로 나뉜다.

221, 229, 230면].

39) 김병두, "공동근저당에 있어서의 채권최고액의 감액"(주 8), 154-157면.

40) Ⅲ. 2. 나. 1)항 참조.

41) 윤진수, "2006년도 주요 민법 관련 판례 회고"(주 30), 63, 64면.

42) 양창수, "공동근저당권에 있어서 선행경매절차에서의 일부배당이 후행절차상의
우선변제권에 미치는 영향"(주 35) 230면; 주석민법 물권(4)(주 6), 287면(김재형);
김석우 "공동근저당권에 관한 고찰-일본 개정민법과 관련하여", 안이준박사 화갑기

3. 판   례

가. 감액긍정설을 취한 것으로 볼 수 있는 판례

(1) 대법원 2006. 10. 27. 선고 2005다14502 판결(참고판례 ①)

(가) 사안의 개요

	채무자 소유 아파트	채무자 소유 토지
공동근저당권	피고, 채권최고액 3억 6,000만 원	
후순위 근저당권	원고들	
선행절차		수용보상금에 대한 배당절차 (물상대위)
		1999. 12. 27. 피고, 채권최고액 3억 6,000만 원 배당 (원금에 충당)
후행절차	임의경매절차 · 피고, 135,696,067원(이자) 배당 · 원고, 101,513,667원 배당(부족)	

원고들은 피고가 선행절차에서 채권최고액인 3억 6,000만 원을 배당받은 이상 후행절차에서 우선배당을 받을 수 있는 채권이 존재하지 않는다고 주장하며, 피고를 상대로 배당이의의 소를 제기한 사안이다.

(나) 판결의 요지

대법원은 다음과 같은 이유로 원고들의 청구를 배척한 원심[43]을 파

넘 논문집(1986), 208면[香川保一, 新版擔保(基本金融法務講座 3)(1964), 852면을 인용하고 있다].

43) 원심(서울고등법원 2005. 1. 28. 선고 2004나40962 판결)은, 이 경우에는 공동근저당권자의 채권회수 의사에 기하여 경매절차가 개시된 것이 아니어서 공동근저당권자가 채무자와 사이의 기본거래관계를 종료하겠다는 적극적인 의사를 외부적으로 표현한 것으로 볼 수 없으므로 나머지 공동담보물에 관하여도 함께 피담보채권이 확정되는 것은 아니며, 근저당권자가 경매실행된 일부 공동담보물로부터 피담보채권을 변제받았다고 하더라도 이는 임의로 변제받은 경우와 같은 것으로서 나머지 공동담보물에 설정된 근저당권의 담보한도에는 아무런 영향도 없다고 전제하고, 비록 피고가 공동근저당권의 목적인 토지의 수용보상금에 대한 배당절차에서 채권최고액 해당액을 배당받았다 하더라도 공동담보물인 아파트에 관한 피담보채

기 · 환송하였다.

"선순위 공동근저당권이 설정되어 있는 부동산에 대하여 후순위로 근저당권을 취득하려는 자는 선순위 공동근저당권 목적물의 전체 환가대금에서 공동근저당권의 채권최고액만큼의 담보가치를 선순위 공동근저당권자의 몫으로 파악하고 그 나머지 담보가치만을 고려하여 근저당권을 취득하는 것이 보통이라고 할 것이며, 이는 동일한 부동산에 대하여 순위가 다른 다수의 저당권을 설정할 수 있게 함으로써 자산의 효율적 이용을 꾀하는 민법상 저당권제도의 근본취지에 따른 당연한 결과라고 할 것이다. 이러한 법리에 비추어 볼 때 원심의 판단은, ① 원심의 판시에 따른다면 공동근저당권자는 자신이 스스로 경매실행을 하지 않는 경우 공동근저당권 목적물의 각 환가대금으로부터 채권최고액만큼 반복하여(극단적인 경우에는 공동근저당권이 설정된 목적물의 수만큼 채권최고액 해당액을 반복하여) 배당받을 수 있게 되고, 이로써 선순위 공동근저당권이 설정되어 있는 부동산에 대하여 후순위로 근저당권을 취득한 자에게 예측하지 못한 손해를 입히는 부당한 결과가 발생하게 되는 점, ② 민법 제368조는 공동근저당권의 경우에도 적용되는 것이고, 또한 공동근저당권자 스스로 경매를 실행하는 경우는 물론 타인이 실행한 경매에서 우선배당을 받는 경우에도 적용된다고 할 것인데, 원심 판시와 같이 해석할 경우 공동근저당권자는 타인이 실행한 공동근저당권의 목적 부동산 중 일부 부동산에 대한 경매에서 채권최고액만큼 전액 배당을 받고도 자신이 실행한 것이 아니라는 이유로 다른 공동근저당권의 목적 부동산에서 또다시 일반 채권자 또는 후순위 담보권자에 우선하여 나머지 피담보채권 범위 내의 채권최고액을 배당받을 수 있게 되는 반면 먼저 경매가 실행된 부동산의 후순위권자로서는 대위가 불가능하게 되므로, 민법 제368조의 취지가 몰각되는 점, ③ 공동근저당권의 목적물이 물상보증인의 소유

권까지 함께 확정되었다고 볼 수 없고, 선행절차에서 배당받은 금액만큼 아파트에 관한 근저당권의 담보한도가 축소되는 것으로 볼 수 없다는 이유로 원고들의 청구를 배척하였다.

일 경우 물상보증인은 자신이 부담하게 될 책임의 한도가 채권최고액 상
당액이라고 믿게 마련인데, 원심의 판단에 의하면 이 경우 물상보증인은
채권최고액 해당액만큼 수차에 걸쳐 책임을 부담하게 되는바, 이와 같이
공동근저당권자가 적극적으로 경매를 신청하였는지 아니면 제3자의 경매
신청에 소극적으로 참가하였는지의 여부에 의하여 물상보증인의 책임이
그 담보제공의사와 무관하게 결정된다면 이는 불합리하다고 볼 수밖에
없을 뿐 아니라, 나아가 앞에서 본 바와 같은 이유로 물상보증인의 대위
권도 침해되는 부당한 결과를 낳게 되는 점 등에 비추어 수긍할 수 없
고, 비록 공동담보의 목적 부동산인 토지가 수용됨에 따라 피고가 물상
대위의 법리에 의하여 불가피하게 그 수용보상금에 대한 배당절차에 참
가함으로써 배당을 받게 된 것이라 하더라도, 그 배당절차에서 자신의
우선변제권을 행사하여 우선변제권 범위의 채권최고액에 해당하는 전액
을 배당받은 피고로서는 아파트에 대한 임의경매절차에서 다시 반복하여
공동근저당권자로서의 우선변제권의 행사를 주장할 수는 없다."

(2) 대법원 2012. 1. 12. 선고 2011다68012 판결(참고판례 ②)

(가) 사안의 개요

		분할 전 4755 토지(채무자, 물상보증인 공유) 중 **물상보증인 지분**	
동순위	제1근저당권	A, <u>채권최고액 3억 7,500만 원</u>	
	제2근저당권	B, 채권최고액 2억 2,500만 원	
토지분할		<u>4755-4 중 물상보증인 지분</u> ↳ 원고, 소유권 취득	나머지 토지 중 물상보증인 지분
선행절차		(B의 포기로 제2근저당권 말소)	B 신청으로 임의경매개시결정
			• 피고, 낙찰받아 소유권 취득 • A, 채권최고액 3억 7,500만 원 <u>배당</u>
후행절차		A 신청으로 임의경매개시결정	
		• 피고, 낙찰받아 소유권 취득 • A, <u>1억 5,000만 원</u> 배당 • 원고, 잉여금 배당	

원고는, A가 선행절차에서 채권최고액 3억 7,000만 원 전액을 배당 받은 이상 제1근저당권은 전부 소멸하였으므로, 제1근저당권에 기하여 이루어진 후행절차는 무효라고 주장하며, 피고(경락인)를 상대로 소유권 이전등기 말소등기를 구한 사안이다.

(나) 판결의 요지

대법원은 다음과 같은 이유로 원고들의 청구를 일부 인용한 원심[44] 을 수긍하였다.

"공동근저당권의 목적물이 물상보증인의 소유일 경우 물상보증인은 자신이 부담하게 될 책임의 한도가 채권최고액 상당액이라고 믿게 마련 인데, 만일 공동근저당권자 스스로 경매실행을 하지 않은 경우 공동근 저당권 목적물의 각 환가대금으로부터 채권최고액만큼 반복하여 배당받 을 수 있게 된다면 공동근저당권자가 적극적으로 경매를 신청하였는지 아니면 제3자의 경매신청에 소극적으로 참가하였는지의 여부에 의하여 물상보증인의 책임이 그 담보제공의사와 무관하게 결정되는 부당한 결 과가 발생하게 된다. 따라서 공동근저당권자가 적극적으로 경매를 신청 하였는지 아니면 제3자의 경매신청에 소극적으로 참가하였는지를 불문 하고 공동근저당권의 목적 부동산 중 일부 부동산에 대한 경매절차에서 자신의 우선변제권을 행사하여 우선변제권 범위의 채권최고액에 해당하 는 전액을 배당받은 경우에는 후에 이루어지는 공동근저당권의 다른 목적 부동산에 대한 경매절차를 통해서 중복하여 다시 배당받을 수는 없다."

---

44) 원심(수원지방법원 2011. 7. 14. 선고 2010나34705 판결)은 피고의 소유권이전등 기 말소의무를 인정하였으나 원고가 피고에게 배당받은 잉여금을 반환할 의무가 있고, 이는 피고의 소유권이전등기 말소의무와 동시이행관계에 있다고 보아 원고 의 청구를 일부 인용하였다.

(3) 대법원 2017. 9. 21. 선고 2015다50637 판결(참고판례 ③)

(가) 사안의 개요

	채무자 소유 부동산	물상보증인 소유 부동산
공동근저당권	북삼농협, 2005. 12. 23. 채권최고액 4억 9,000만 원	
후순위근저당권		
선행절차		2006. 8. 18. 임의경매 신청 • 2007. 3. 26. 북삼농협, 채무자에 대한 대출원리금 367,501,969원 전액 배당 • 근저당권 말소
	원고, 2007. 1. 23. 소유권이전 등기청구권가등기(담보가등기)	
	2007. 10. 31. 채무자에 추가로 8,000만 원 대출 피고들, 근저당권이전 부기등기	

원고가 피고들 명의의 근저당권이전 부기등기는 선행절차에서 피담보채권 전액을 변제받음으로써 피담보채권이 모두 변제되어 무효인 근저당권설정등기를 유용한 것이어서 무효라고 주장하며, 담보가등기권에 기한 방해배제청구권의 행사 또는 채권자대위권의 행사로써 그 말소를 구한 사안이다.

(나) 판결의 요지

대법원은 다음과 같은 이유로 원고의 청구를 인용한 원심[45]을 파기·환송하였는데, 그 판시에서 감액긍정설의 태도를 취하고 있다.

---

45) 원심(대구고등법원 2015. 7. 21. 선고 2014나4676)은 선행절차에서 매각대금이 납부됨으로써 채무자 소유 부동산에 관한 근저당권의 피담보채권까지 전부 확정되었음을 전제로 그 확정된 피담보채권이 선행절차에서 전부 변제되었으므로 공동근저당권이 전부 소멸하였다고 보아 원고의 청구를 인용하였다.

"공동근저당권자가 목적 부동산 중 일부 부동산에 대하여 제3자가 신청한 경매절차에 소극적으로 참가하여 우선배당을 받은 경우에, 해당 부동산에 관한 근저당권의 피담보채권은 그 근저당권이 소멸하는 시기, 즉 매수인이 매각대금을 지급한 때에 확정되지만(대법원 1999. 9. 21. 선고 99다26085 판결 참조), 나머지 목적 부동산에 관한 근저당권의 피담보채권은 기본거래가 종료하거나 채무자나 물상보증인에 대하여 파산이 선고되는 등의 다른 확정사유가 발생하지 아니하는 한 확정되지 아니한다. 공동근저당권자가 제3자가 신청한 경매절차에 소극적으로 참가하여 우선배당을 받았다는 사정만으로는 당연히 채권자와 채무자 사이의 기본거래가 종료된다고 볼 수 없고, 기본거래가 계속되는 동안에는 공동근저당권자가 나머지 목적 부동산에 관한 근저당권의 담보가치를 최대한 활용할 수 있도록 피담보채권의 증감·교체를 허용할 필요가 있으며, 위와 같이 우선배당을 받은 금액은 나머지 목적 부동산에 대한 경매절차에서 다시 공동근저당권자로서 우선변제권을 행사할 수 없어(대법원 2006. 10. 27. 선고 2005다14502 판결, 대법원 2012. 1. 12. 선고 2011다68012 판결 참조)[46] 이후에 피담보채권액이 증가하더라도 나머지 목적 부동산에 관한 공동근저당권자의 우선변제권 범위는 위 우선배당액을 공제한 채권최고액으로 제한되므로 후순위 근저당권자나 기타 채권자들이 예측하지 못한 손해를 입게 된다고 볼 수 없기 때문이다."

나. 감액부정설을 취한 것으로 볼 수 있는 판례 : 대법원 2009. 12. 10. 선고 2008다72318 판결(변경대상 판례)

(1) 사안의 개요[47]

원고는, ① 피고가 제3~13 토지에 대한 근저당권을 포기하여 후순위 근저당권자인 원고의 대위기대권을 침해하였고, ② 그렇지 않더라도 민법 제485조에 의한 담보물 보존의무를 위반하여 원고에게 손해를 입혔으

---

46) 참고판례 ③은 참고판례①, ②를 인용하고 있는데, 참고판례 ①, ②는 선행 배당절차에서 채권최고액에 해당하는 전액이 배당된 사안이었던 데 비하여 참고판례 ③은 선행 배당절차에서 채권최고액에 미치지 못한 채권원리금이 배당된 사안이다.
47) 이시배당에 있어서 공동근저당권의 피담보채권액 감액 여부에 관한 논의와 무관한 부분은 생략하였다. 이하 같다.

1. 피고, 공동근저당권, 채권최고액 25억 원	
	해지를 원인으로 말소[48]

2. 원고, 공동근저당권, 채권최고액 30억 원		
	┌ 물상보증인 소유 ┐	┌ 채무자 회사 소유 ┐
그 외 23필지 토지[49]	제1, 2 토지	제3~13 토지
└ 원고, 경매절차에서 30억 원 초과한 금액 배당 (지연손해금 충당)	피고, 임의경매 신청 • 피고, 배당금 전액 배당 • 원고, 배당 ×	

며, ③ 원고에게 대위의 기대이익이 인정되지 아니하더라도 권리남용에 해당하고, ④ 불법행위가 성립하지 않더라도 부당이득이 성립한다고 주장하며 피고를 상대로 불법행위 또는 부당이득을 원인으로 한 금원의 지급을 구하였고, 이에 대하여 피고는, 원고가 근저당권의 피담보채권을 모두 변제받았을 뿐만 아니라 가사 피담보채권이 남아 있다고 하더라도 피

고가 법률상 원인 없이 얻은 이득이 없으므로 부당이득이 성립할 여지가 없다고 주장한 사안이다.

(2) 판결의 요지

대법원은 아래와 같은 이유로 원고의 부당이득 청구를 일부 인용한 원심[50]을 수긍하고, 원고가 이미 다른 공동근저당 목적물의 경매에서 채

---

48) 제3~8 토지에 관한 근저당권은 피고가 위 각 부동산의 소유권 취득 이후 공동근저당권을 이전받아 혼동으로 소멸하였고, 제9~13 토지에 관한 근저당권은 피고가 포기하였다.

49) 원심 및 대법원 판결문만으로는 근저당권 설정자가 채무자인지 물상보증인인지 여부가 불분명하다.

50) 원심(서울고등법원의 2008. 9. 11. 선고 2008다6566 판결)은, 선순위 공동저당권자가 후순위 저당권자가 있는 부동산으로부터 그 책임분담액을 넘는 배당을 받기 전에 다른 공동저당물에 관한 저당권을 포기하거나 그 저당권이 혼동으로 소멸한

권최고액 30억 원을 초과하는 금액을 배당받아 제1, 2 토지에 의해 담보되는 피담보채권은 모두 소멸하였으므로 원고에게 손해가 없어 부당이득이 성립하지 않는다는 피고의 주장을 배척하였다.

"근저당권의 피담보채권 중 지연이자는 근저당권의 채권최고액의 한도 내에서 그 전액이 담보되는 것이므로, 공동근저당의 목적 부동산 중 일부에 대해 경매가 실행되어 그 경매 대가로 피담보채권의 일부가 변제되었다 하여도 잔존 원본에 대한 지연이자가 다시 발생하였다면 그 이후에 실행된 다른 목적 부동산의 경매 대가에 의해 채권최고액의 범위 안에서 그 지연이자도 원본에 앞서 변제되어야 할 것이므로, 공동근저당 목적 부동산이 일부씩 나누어 순차로 경매 실행됨으로써 근저당권자가 배당받은 원본 및 지연이자의 합산액이 결과적으로 채권최고액으로 되어 있는 금액을 초과하였더라도 그것만으로 책임한도 범위 내의 피담보채권이 모두 소멸하였다고 볼 수는 없다."

4. 검　토

감액부정설의 주된 논거는 거래관계가 계속되는 경우 근저당관계를 유지시킬 필요가 있고, 공동근저당권자의 신청에 의한 것이 아니라면 경매절차에서 배당받은 것은 채무자로부터 임의의 변제를 받은 것과 마찬가지로 볼 수 있으며, 공동저당권에 비하여 부종성이 완화되어 있는 공동근저당권은 피담보채권이 확정되지 않은 상태에서 다른 근저당의 일부

경우에는, 선순위 공동저당권자는 뒤에 후순위 공동저당권자가 있는 부동산의 배당절차에서는 선순위 공동저당권자가 포기하지 아니하거나 혼동으로 소멸하지 아니하였더라면 후순위 저당권자가 대위할 수 있었던 한도에서는 후순위 저당권자에게 우선하여 배당받지 못한다고 보아야 할 것이고, 만일 우선하여 배당을 받았다면 이를 부당이득으로 반환하여야 하므로, 제1, 2 토지에 관한 선순위 공동저당권자인 피고는 제1, 2 토지의 배당절차에서 제3 내지 13 토지의 피고 명의 근저당권이 포기 또는 혼동으로 소멸하지 아니하였더라면 후순위 저당권자인 원고가 제3 내지 13 토지에 관하여 피고를 대위할 수 있었던 한도에서는 후순위자인 원고에게 우선하여 변제받지 못하는 것으로 보아야 할 것인데, 피고는 제1, 2 토지의 배당절차에서 전액 원고에게 우선하여 변제를 받았고 원고는 아무런 배당을 받지 못하였으므로, 피고는 위 부당이득액 상당을 원고에게 반환하여야 한다고 판단하였다.

배당에 의해 채권최고액이 감액된다고 볼 수 없다는 것으로, 이러한 논거들은 공동근저당권의 일부 목적물에 대한 선행 경매절차가 공동근저당권자가 아닌 제3자의 신청에 의하여 개시된 경우 나머지 목적물에 대한 피담보채권은 확정되지 않음을 전제로 하고 있는 것으로 보인다.

그러나 공동근저당권의 일부 목적물로부터 채권최고액의 일부를 우선변제받은 경우 다른 목적물에 관한 채권최고액이 감액되는지 여부의 문제는 근저당권의 채권최고액의 의미가 후순위 담보권자 등과의 관계에서 우선변제권의 한도로 이해된다는 측면에서 접근하여야 할 문제로서 피담보채권의 확정과는 별개의 문제로 파악되어야 하고, 공동근저당권의 일부 목적물에 대한 선행 경매절차가 공동근저당권자의 의사와 관계없이 개시되어 나머지 목적물에 관한 피담보채권이 확정되지 않는 경우라 하더라도, 공동근저당권자가 선행 경매절차에서 공동근저당권에 기해 우선변제를 받은 것은 담보가치를 강제적으로 실현한 것이라는 점에서 채무자의 임의변제와는 차원을 달리하므로[51] 이를 채무자로부터 거래관계의 계속 중 임의변제를 받은 것과 같이 취급할 수는 없다.

나아가 대상판결이 상세히 지적하고 있듯이 공동근저당권자가 선행 경매절차에서 채권최고액의 일부를 우선변제 받았음에도 불구하고 다른 목적물에 대한 후행 경매절차에서 다시 채권최고액 전부에 대하여 우선변제권을 행사할 수 있다고 한다면, 이는 후순위 담보권자나 물상보증인에게 근거 없이 예측하지 못한 손해를 입힐 수 있어 부당하다.

결론적으로 공동근저당권자가 스스로 근저당권을 실행하거나 타인에 의하여 개시된 경매 등의 환가절차를 통하여 공동담보의 목적 부동산 중 일부에 대한 환가대금 등으로부터 다른 권리자에 우선하여 피담보채권의 일부에 대하여 배당받은 경우에, 공동담보의 나머지 목적 부동산에 대하여 공동근저당권자로서 행사할 수 있는 우선변제권의 범위는 피담보채권의 확정 여부와 상관없이 최초의 채권최고액에서 위와 같이 우선변제받

---

51) 양창수, "공동근저당권에 있어서 선행경매절차에서의 일부배당이 후행절차상의 우선변제권에 미치는 영향"(주 35), 226, 227면.

은 금액을 공제한 나머지 채권최고액으로 제한된다고 본 대상판결은 타당하다고 생각한다.

V. 결   론

공동근저당권의 이시배당에 있어서 공동근저당권자와 다른 이해관계인들 사이의 이해관계 조절이 문제되는 경우는 주로 공동근저당권자가 자신의 의사와는 무관하게 개시된 선행 경매절차에서 채권의 일부를 우선변제받은 경우라고 할 것이다. 이와 관련하여 대상판결은 "공동근저당권의 이시배당에 있어서 공동근저당권자가 후행 경매절차에서 행사할 수 있는 우선변제권의 범위는 피담보채권의 확정 여부와 상관없이 최초의 채권최고액에서 선행 경매절차에서 우선변제받은 금액을 공제한 나머지 채권최고액으로 제한된다"는 법리를 명시적으로 선언함으로써 채권최고액의 감액 여부에 관하여 종래 일치되어 있지 않았던 판례의 입장을 감액긍정설을 취하는 것으로 정리하였고, 이시배당에 있어서 피담보채권의 확정에 관한 개별확정설과 피담보채권의 감액긍정설을 동시에 설시한 사안(참고판례 ③)이 있기는 하였으나 양자의 관계를 명확히 언급하지는 아니하여 해석의 여지가 남아 있었던 부분에 대해서도 채권최고액의 감액에 있어 피담보채권의 확정이 선행되어야 하는 것이 아님을 지적하면서 공동근저당권의 이시배당에 관한 법률관계를 명확히 하였다.

이러한 대상판결의 결론은 선순위 공동근저당권자와 후순위 담보권자 기타 제3자의 이해관계를 적절히 조절한 타당한 결론이라고 생각한다. 민법은 공동근저당권을 직접적으로 규율하는 별도의 규정을 마련하고 있지 아니하기에 공동근저당권의 실행, 그 중 특히 이시배당을 둘러싼 법률관계는 많은 부분이 공동저당과 근저당에 관한 민법 조항의 해석론에 기초해 논의되어 왔고 이론적으로나 실무적으로 많은 논란이 있었던 것으로 보이는데, 대상판결을 통해 그러한 논란의 상당 부분이 정리될 것으로 기대된다.

[Abstract]

A Study on the sequential apportionment of joint collateral security

Yu, Hye Ju*

The Civil Act regulates the contents of the joint mortgages and floating sum mortgage, but there is no provision on the "joint collateral security (joint mortgage)." Thus, there is a conflict between the views on how to control the interests of a joint collateral security holder, a subordinate mortgage holder, or an owner of each immovable property, which is particularly problematic in the case of the so-called "sequential apportionment" that allocates the proceeds of the auction sale of some of the property on which joint collateral security is created.

The ruling (Supreme Court en banc Decision 2013Da16992 Decided December 21, 2017), which is the subject of the study, did state that "the scope of right to preferential reimbursement that is exercisable by a joint mortgagee against the remainder of immovable properties provided as joint collateral should be construed as limited to the outstanding maximum debt amount after deducting the preferentially reimbursed amount from the initial maximum debt amount regardless of the settlement of the secured debt." In this ruling, the Supreme Court changed its previous opinion stating that "in a case where immovable properties jointly mortgaged are partly divided and sequentially auctioned off, even if the sum of the principal, interest and delay damages that the joint mortgagee was apportioned during the preceding auction procedure exceeds the maximum debt amount, it can not be as-

---

* Judge, Gongju District Court, Daejeon Branch.

sumed that all of the secured debt within the limits of liability have been extinguished" (Supreme Court Decision 2008Da72318, Dec. 10, 2009). Therefore, it clarified its position in rulings as "reduction affirmation theory." Before the decision was made, there was no agreement as to whether the equivalent amount of the reimbursement will be reduced from the maximum amount of the mortgage debt of the other jointly secured, in the event that a joint mortgagee has received some reimbursement in the prior auction procedure. It also clarified the legal relationship on the sequential apportionment of the joint Mortgage Party, pointing out that the determination of the secured debt does not need to precede the reduction of the maximum amount of the debt.

I think that the conclusion of this ruling is reasonable because it appropriately controls the interests of senior joint mortgagee, subordinated mortgagee and other third parties.

[Key word]
- joint collateral security, joint mortgage
- joint mortgagee
- subordinate mortgage holder
- sequential apportionment
- the maximum debt amount
- the determination of the secured debt

참고문헌

1. 단 행 본

편집대표 곽윤직, 민법주해 Ⅶ(물권4), 박영사, 1997.
＿＿＿＿＿＿＿, 민법주해 Ⅶ(채권7), 박영사, 1997.
편집대표 김용담, 주석민법 물권(4), 한국사법행정학회, 2011.

2. 논   문

김병두, "공동근저당에 있어서의 채권최고액 감액", 민사법학 제33호, 2006.
김석우, "공동근저당권에 관한 고찰-일본 개정민법과 관련하여", 안이준 박사
        회갑기념 논문집, 1986.
신용락, "회사정리절차개시결정과 근저당권의 확정시기, 사법논집 제26집 1995.
양창수, "공동근저당권에 있어서 선행경매절차에서의 일부배당이 후행절차상
        의 우선변제권에 미치는 영향", 민법연구 제8권, 2007.
윤진수, "2006년도 주요 민법 관련 판례 회고", 법학 제48권 제1호, 2007.
이정일, "공동저당에 있어서 후순위 저당권자의 대위의 기대에 대한 보호",
        판례연구 제22집, 2011. 2.
채원식, "회사정리절차개시와 근저당확정의 유무에 관한 고찰", 사법행정 제
        298호, 1995. 9.
추신영, "근저당권의 피담보채권의 확정과 민사집행절차상의 제문제", 재산법
        연구 제32권 제3호, 2015.

지출비용배상에 관한 연구

정 경 환*

■요 지■══════════════════════════════════

채무불이행으로 인한 손해배상청구를 위해서 채권자는 채무자의 채무불
이행 및 이에 대한 고의 또는 과실, 손해의 발생, 채무불이행과 손해발생 사
이의 인과관계 등을 주장·증명하여야 한다. 여기서 손해는 채무자가 채무를
이행하였더라면 채권자가 있었을 가정적 이익 상태와 채무불이행이 있는 현
재의 이익 상태와의 차이라고 설명하는 것이 일반적이고, 이를 통상적으로
'이행이익'의 배상이라 한다.

그런데 실제 소송에서는 채권자가 이행이익을 증명하는 것이 용이하지
아니한 경우가 있을 수 있고, 이때 채권자는 상대적으로 증명이 용이한 지출
비용(채무자와의 계약 체결 및 이행에 들어간 비용, 채무자의 이행을 신뢰하
고 추가적으로 지출한 비용 등)의 배상을 구하고자 할 수 있다.

지출비용은 채권자의 자발적 의사에 기한 것이어서 비자발적 재산의 손
실인 '손해'와 구별되고, 채무자가 채무를 이행하였더라도 채권자는 어차피
지출하였을 것이어서 채무불이행과의 '인과관계'를 설명하기 어렵다는 이유
로, 채권자가 채무불이행으로 인한 손해배상으로 지출비용의 배상을 구할 수
있는지 논의가 있어 왔다. 대법원은 과거 이에 대하여 부정적인 입장을 취하
기도 하였지만, 1992년 이후에는 이를 명시적으로 인정하였고, 다만 이때 지
출비용의 배상은 이행이익을 한도로 한다는 법리를 전개해 왔다.

대상판결의 사안은 분양대행회사인 원고가 주택건설사업 시행사인 피고
와 분양대행계약을 체결하고 그 계약 이행을 위하여 홍보비 등을 지출한 후

─────────────────────
* 청주지방법원 제천지원 판사.

피고의 채무불이행으로 인하여 분양대행계약이 해지되자 피고를 상대로 손해배상을 구한 사안이다. 원심은 원고의 이행이익 배상청구에 대하여, '계약이 이행되었다고 하더라도 원고가 이행이익을 얻었을 것으로 보기 어렵다'는 이유로 이를 배척하면서도, 원고가 계약이행을 위하여 들인 비용의 배상은 인정하였다. 이에 대하여 대상판결은 '채무불이행을 이유로 손해배상을 청구하는 경우 이행이익배상을 구하는 대신 지출비용의 배상을 청구할 수도 있지만, 지출비용의 배상은 이행이익의 범위를 초과할 수 없고, 따라서 이행이익이 인정되지 않는 경우라면 채권자에게 배상해야 할 손해가 발생하였다고 볼 수 없어 당연히 지출비용의 배상을 청구할 수 없다'는 이유로 원고 일부승소 판결을 선고한 원심을 파기·환송하였다.

이행이익의 증명이 곤란한 경우 등에 있어 지출비용의 배상을 인정할 필요성이 있고, 그 근거는 민법 제390조에서 찾을 수 있다. 다만, 채권자가 채무불이행을 이유로 계약이 이행되었을 때보다 오히려 더 유리한 지위 내지 상태에 놓이는 것은 부당하므로 지출비용의 배상의 범위는 이행이익의 범위로 제한된다고 보아야 한다. 이러한 법리에 바탕을 둔 대상판결의 결론은 타당하다.

[주 제 어]
• 지출비용의 배상
• 채무불이행
• 손해배상책임
• 이행이익 배상
• 신뢰이익 배상

대상판결 : 대법원 2017. 2. 15. 선고 2015다235766 판결(공2017상, 560)

[사안의 개요]

1. 사실관계[1]

가. 피고는 주택건설사업 시행을 위하여 2011. 2. 22. 소외 A로부터 춘천시에 있는 토지를 매수하기로 하는 매매계약을 체결하였다. 분양대행사인 원고[2]는 2012. 12. 31. 피고와 사이에 위 토지에 신축예정인 아파트(총 340세대) 관련 지역조합원 모집을 위한 분양대행계약(이하 '이 사건 분양대행계약')을 체결하였는데, 분양대행기간은 2013. 6. 30.까지, 세대당 분양대행수수료는 600만 원, 원고가 달성하여야 하는 조합원 모집비율(책임분양률)은 최소 80%, 최대 95%로 정하되, 조합원 170세대를 모집한 때부터 위 분양대행수수료를 청구할 수 있도록 약정하였다.

나. 원고가 분양대행계약에 따라 조합원을 모집하던 중인 2013. 6. 17.경 소외 A는 피고의 채무불이행을 이유로 토지 매매계약을 해제하였다.

다. 피고는 2013. 7. 2. 원고에게 '분양대행기간 만료일인 2013. 6. 30.까지 책임분양률(최소 80%)을 이행하지 못하였으므로 이 사건 분양대행계약을 해지한다'는 내용의 공문을 보냈고, 원고는 피고에게 '피고의 견본주택(모델하우스) 개관이 늦어지는 바람에 상당한 기간 분양대행업무를 할 수 없었으므로 그 기간 동안 분양대행기간은 정지되어야 하고, 따라서 분양대행기간이 만료되지 않았다. 계약을 해지하고 싶으면 이 사건 분양대행계약에 의거하여 정산을 바란다'는 내용의 답변을 하였다.

라. 원고는 2013. 12. 5. 피고에게 이 사건 소장 부본의 송달로써 피고의 채무불이행(사업부지 사용 · 수익권 확보의무 불이행)을 이유로 이 사건 분양대행계약을 해지한다는 의사표시를 하였다.

마. 한편, 원고는 이 사건 분양대행계약에 따라 2013. 6. 17.경까지 74세대, 2013. 6. 30.까지 80세대, 2013. 9. 23.까지 117세대를 정식 조합원으로

---

1) 논의에 필요한 범위에서 간략하게 소개하고, 금액은 개략적으로 표시하였다.
2) 피고는 甲회사와 이 사건 분양대행계약을 체결하였고, 이 사건 소송도 甲회사가 피고를 상대로 제기하였다. 그런데 이 사건 제1심 소송 계속 중인 2013. 11. 16. 甲회사가 이 사건 분양대행계약과 관련된 피고에 대한 채권을 원고에게 양도하였고, 이에 원고가 이 사건 소송에 승계참가하고, 甲회사는 탈퇴하였다. 이하 편의상 甲회사와 원고를 일괄하여 '원고'라 한다.

모집하였다.

2. 원고의 주장

원고의 조합원 모집업무 수행을 위해 사업부지 사용·수익권을 확보해주어야 할 피고의 분양대행계약상 의무가 이행불능 되었다. 따라서 원고의 2013. 12. 5.자 해지의사표시에 따라 이 사건 분양대행계약은 해지되었고, 피고는 원고에게 채무불이행으로 인한 손해를 배상할 의무가 있다.

① 이 사건 분양대행계약이 유효하게 존속하였더라면 원고는 최대 책임분양률을 달성할 수 있었으므로, 피고는 원고가 최대 책임분양률을 달성할 경우 받을 수 있었던 대행수수료 19억 3,800만 원(=전체 세대 수 340세대×95%×600만 원)의 이행이익을 배상할 의무가 있다.

② 설령 원고가 최대 책임분양률을 달성하지 못하였을 것으로 예상되더라도, 피고는 적어도 원고가 계약이 이행될 것이라고 믿고 지출한 비용 12억 2,000만 원(=인건비 6억 7,000만 원+일반경비 1억 3,000만 원+광고홍보비 4억 2,000만 원)을 배상할 의무가 있다.

[소송의 경과]

1. 제1심[3] : 원고청구 전부기각

1심은 피고의 채무불이행(사업부지 확보의무의 이행불능)을 이유로 한 원고의 2013. 12. 5.자 해지통지에 따라 이 사건 분양대행계약이 적법하게 해지되었다고 보면서도,[4] 다음과 같은 이유로 원고의 손해배상청구를 기각하

---

3) 서울중앙지방법원 2014. 10. 15. 선고 2013가합554109 판결.
4) 법원은 이 사건 분양대행계약이 원고의 채무불이행(분양대행기간 만료일까지 최소분양률 미달성)을 이유로 한 피고의 2013. 7. 2.자 해지통보에 따라 해지되었다는 피고 주장에 대하여, 위 해지통보는 이미 피고의 계약상 의무(사업부지 확보의무)가 이행불능에 이른 상태에서 이루어진 것이어서 효력이 없다고 보았는데, 이 부분에 대한 법원의 판단에 의문이 없는 것은 아니다. 원고의 분양대행의무와 대가관계에 있는 피고의 주된 의무는 분양대행수수료 지급의무인데, 이러한 수수료 지급의무가 이행불능 되었다고 볼만한 사정이 없고, 사업부지 확보의무는 부수적 의무에 불과한 것으로 볼 여지가 있다. 피고의 사업부지 확보의무 위반으로 인하여 원고가 조합원을 모집하지 못한 것이라면, 원고는 자신의 채무를 이행하지 못한 데에 귀책사유가 없다거나 채무불이행의 원인이 피고에게 있다고 주장할 수 있을 것이나, 분양대행기간 만료일인 2013. 6. 30.까지 원고가 모집한 조합원은 80세대(전체 340세대 중 약 23.52%)에 불과하여 2013. 6. 17. 피고와 소외 A 사이의

였다.

「가. 이행이익배상청구

원고는 분양대행기간 만료일인 2013. 6. 30.까지 분양대행수수료를 청구할 수 있는 기준이 되는 170세대의 조합원을 모집하지 못하였고, 2013. 9. 23.까지 117세대의 조합원을 모집하는 것에 그쳤으므로, 2013. 9. 23.을 지나서 상당한 기간 동안 조합원을 계속 모집하였더라도 원고가 주장하는 95%의 최대 책임분양률에 해당하는 323세대의 조합원을 모집할 수는 없었을 것으로 보인다. 원고가 이 사건 분양대행계약 이행으로 인하여 분양대행수수료 19억 3,800만 원의 이익을 얻을 것이라고 인정하기 부족하므로, 이행이익배상을 구하는 원고의 청구는 이유 없다.

나. 신뢰이익배상청구

원고가 제출한 증거만으로는 원고가 이 사건 분양대행계약의 이행을 믿고 약 12억 2,000만 원을 지출한 사실을 인정하기 부족하므로, 신뢰이익배상을 구하는 원고의 청구 역시 이유 없다.」

2. 원심[5] : 원고청구 일부인용

원심은 이 사건 분양대행계약 해지 및 이행이익배상청구에 대하여 1심과 동일한 취지로 판단하면서도, 다음과 같은 이유로 신뢰이익배상청구를 일부 받아들여 원고 일부승소 판결을 선고하였다.

「원고는 2012. 12. 31.부터 이 사건 분양대행계약 해지 전까지 조합원 모집업무를 대행하기 위하여 전단광고비 등으로 약 4억 1,000만 원을 지출한 사실이 인정된다(원고가 주장하는 나머지 비용은 그 지출사실 내지 당해 지출이 이 사건 분양대행계약의 이행을 위하여 지출되었다는 사실을 인정할 증거가 없다). 원고의 신뢰이익배상청구를 저지할 만한 사유에 관한 주장·입증이 없는 이상 피고는 원고에게 4억 1,000만 원 및 이에 대한 지연손해금을

토지 매매계약이 해지되었다는 사정이 원고가 약정한 목표치(최소분양률 80%)를 달성하지 못한 원인이 되었다고 보이지도 않는다. 이와 같이 보게 되면, 피고의 2013. 7. 2.자 해지통지가 적법하고, 이후 원고의 2013. 12. 5.자 해지통지는 이미 적법하게 해지된 계약에 대한 해지통지이거나 부수적 채무불이행을 이유로 한 것으로서 효력이 없다고 볼 수도 있다. 다만 본고에서는 이 부분 판단에 대한 당부는 논외로 한다.

5) 서울고등법원 2015. 8. 20. 선고 2014나2042286 판결.

지급할 의무가 있다.」

3. 대상판결 : 원심 파기 · 환송[6]

대법원은 아래와 같은 이유로 손해배상의 범위에 관한 상고이유 일부를 인용하여 원심판결을 파기 · 환송하였다.

「가. 채무불이행을 이유로 계약을 해제하거나 해지하고 손해배상을 청구하는 경우에, 채권자는 채무가 이행되었더라면 얻었을 이익을 얻지 못하는 손해를 입은 것이므로 계약의 이행으로 얻을 이익, 즉 이행이익의 배상을 구하는 것이 원칙이다. 그러나 채권자는 그 대신에 계약이 이행되리라고 믿고 지출한 비용의 배상을 채무불이행으로 인한 손해라고 볼 수 있는 한도에서 청구할 수도 있다. 이러한 지출비용의 배상은 이행이익의 증명이 곤란한 경우에 증명을 용이하게 하기 위하여 인정되는데, 이 경우에도 채권자가 입은 손해, 즉 이행이익의 범위를 초과할 수는 없다고 보아야 한다.

나. 한편, 채권자가 계약의 이행으로 얻을 수 있는 이익이 인정되지 않는 경우라면, 채권자에게 배상해야 할 손해가 발생하였다고 볼 수 없으므로, 당연히 지출비용의 배상을 청구할 수 없다.

다. 원심이 판단한 것처럼 원고가 상당한 기간 조합원을 정상적으로 모집하였더라도 계약상 분양대행수수료를 청구할 수 있는 기준인 170세대를 모집할 수 없었다면, 원고로서는 피고에게 분양대행수수료를 청구할 수 없다. 따라서 피고의 채무불이행으로 인하여 원고가 손해배상으로 청구할 수 있는 이행이익의 손해는 없다고 볼 수 있다. 그런데 원심은 원고가 계약의 이행을 위해 지출한 비용 4억 1,000만 원에 대하여 피고가 배상할 책임이 있다고 판단하였다. 그러나 앞에서 본 법리에 따르면 이행이익이 인정되지 않는다면 지출비용의 배상을 청구할 수 없으므로, 이러한 원심의 판단에는 지출비용의 배상에 관한 법리를 오해하여 판결 결과에 영향을 미친 잘못이 있다.」

---

6) 파기 후 환송심(서울고등법원 2017. 7. 20. 선고 2017나2011757 판결)에서 원고의 항소가 기각됨으로써 결국 원고 청구는 전부 기각되었다.

〔研　　究〕

I. 서　　론

채권자[7]는 일정한 목적을 달성하기 위하여 채무자와 계약을 체결하고, 통상적인 경우 그러한 계약 체결 및 이행에 있어 일정한 비용을 지출하게 된다. 이는 채권자가 채무자로부터 받게 될 급부를 기대하여 지출하는 것인데, 채권자의 비용지출 이후 채무자가 채무를 불이행하면 채권자의 그러한 기대는 깨어지고, 채권자가 계약 체결 및 이행을 위하여 지출한 비용 역시 무익한 비용이 되는 경우가 많다.

민법 제390조 본문은 "채무자가 채무의 내용에 좇은 이행을 하지 아니한 때에는 채권자는 손해배상을 청구할 수 있다."고 규정하고 있다. 그런데 채권자가 계약 체결 및 이행을 위하여 지출한 비용은 자발적 재산의 희생에 해당하여 비자발적 재산의 손실인 손해와 구별되고,[8] 이는 채무자가 채무를 이행하였더라도 어차피 지출하였을 것이어서 채무불이행과의 인과관계를 설명하기 어렵다는 난점이 있어 채무불이행을 원인으로 한 손해배상을 근거로 채권자가 지출한 비용의 배상을 구할 수 있는지 논의가 있어 왔다.

아래에서 보는 바와 같이 대법원은 과거 채권자가 채무불이행을 원인으로 계약을 해제 또는 해지하고 손해배상을 구하는 경우 이행이익배상을 구하는 것이 원칙이라는 입장에 따라 지출비용의 배상을 부정해오다가 1992년부터 이를 명시적으로 인정하였고, 다만 이때 지출비용의 배상은 이행이익을 한도로 한다는 법리를 전개해 왔다. 대상판결 역시 이러한 법리를 다시 한 번 확인하였는데, 이러한 판례이론에 대하여 학설

---

7) 유상·쌍무계약에 있어 양 당사자는 채권자 겸 채무자의 지위를 함께 갖게 되므로, 채권자라는 표현이 다소 적절하지 않을 수 있으나, 이하에서는 이해와 서술의 편의를 위해 비용을 지출한 당사자를 채권자라 하고, 비용배상책임을 부담하는(또는 부담할 가능성이 있는) 당사자를 채무자라 한다.

8) 곽윤직 편집대표, 민법주해(Ⅸ) 채권(2), 박영사(1995), 465면.

의 평가가 나뉘고 있다.

2009년 2월 출범한 법무부 민법개정위원회(위원장 서민, 이하 '민법개정위원회'라 한다)는 2014년 2월까지 약 5년에 걸쳐 민법 재산편에 관한 개정안을 마련하였고, 2013년 민법개정위원회 전체회의에서 확정된 「채무불이행으로 인한 손해배상에 관한 민법개정안」(이하 '개정안'이라 한다)에 지출비용배상을 명문으로 인정하는 신설규정이 포함되었다. 그런데 위 개정안은 아직 국회에 제출되지 아니하여 본격적인 입법단계에 이르지 못하고 있고, 비용배상의 인정 여부, 요건과 한계, 이행이익배상청구권과의 관계 등은 여전히 현행 민법의 해석론에 맡겨져 있다.

본고의 목적은 지출비용배상을 둘러싼 여러 쟁점들을 실무적 관점에서 접근해보고, 대상판결의 타당성과 의미를 살피는 것이다. 나아가 장기간에 걸친 회의와 토론 끝에 확정된 개정안은 시행 여부를 떠나 그 자체로 상당한 학술적 가치를 지니고 현행 민법의 해석 및 운용에 대한 방향을 제시할 수 있는바, 개정안에 관한 소견을 간략히 밝히고자 한다.

Ⅱ. 채무불이행으로 인한 지출비용배상의 인정 여부

1. 개   념

전통적으로 채무불이행으로 인한 손해배상의 범위를 산정함에 있어서 그 추구하는 목표에 따라 크게 이행이익(Expectation interest)과 신뢰이익(Reliance interest)의 개념을 사용하여 왔다.[9]

이행이익이라 함은 채무자가 채무를 이행했더라면 채권자가 얻었을

---

9) 김동훈, "이행이익과 신뢰이익에 관한 판례의 분석", 판례월보 제358호, 판례월보사(2000), 56면. 한편, 계약 해제와 결합된 손해배상의 대상과 관련한 학설대립에 관한 자세한 내용은 김용담 편집대표, 주석민법(제4판) 채권각칙(2), 한국사법행정학회(2016), 211-215면; 김재형, "계약의 해제와 손해배상의 범위 : 이행이익과 신뢰이익을 중심으로", 인권과 정의 제320호, 대한변호사협회(2003), 70-73면; 김규완, "계약해제와 결합된 손해배상 : 그 실천적 의미와 재고", 민사법학 제38호, 한국사법행정학회(2007. 9.), 16-27면 참조. 한편, 이행이익과 신뢰이익 구별 필요성에 관한 학설대립에 관하여는 김준호, "신뢰이익의 손해", 민사법학 제45-1호, 한국사법행정학회(2009. 6.) 430-432면 참조.

이익을 말하고, 이행이익의 손해는 채무가 이행되었더라면 채권자가 있었을 가정적 이익 상태와 채무불이행이 있는 현재의 이익 상태와의 차이를 말한다(차액설). 매매목적물의 가격상승이나 전매이익, 목적물을 이용하여 얻을 이익, 목적물을 얻음으로써 다른 목적물을 구입하지 않아도 되는 이익 등이 여기에 포함된다. 한편, 신뢰이익의 손해는 일반적으로 무효인 법률행위를 유효한 것으로 믿은 데 따라 입게 된 불이익이라고 설명되는데(민법 제535조),[10] 계약비용, 물건의 조사비용, 대금의 차용, 운송수단의 준비비용, 또는 다른 사람의 보다 유리한 매수제의를 거절함으로 인한 손해, 매매목적물에 하자가 있는 줄 모르고 정상가격으로 매수함으로 인한 손해 등이 그러한 예에 해당한다.[11]

이와 대비하여 지출비용은 유효한 계약을 전제로 채권자가 채무자의 이행을 신뢰하여 지출하게 된 비용으로서, 계약 체결 및 이행, 급부수령 및 활용 등을 위한 비용을 말한다. 지출비용은 신뢰이익의 예와 상당부분 중첩되지만, 다른 유리한 계약체결을 포기한 데 따른 손해 등은 포함되지 않고, 유효한 계약 체결을 전제로 한다는 점에서 민법 제535조에서 정한 본래 의미의 신뢰이익과는 차이가 있다.[12]

---

10) 지원림, 민법강의(제15판), 홍문사(2016), 1055면은 이행이익의 손해는 [이행이 있었더라면 존재하였을 채권자의 상태−현재의 상태]로, 신뢰이익의 손해는 [피해자가 법률행위에 관하여 아무 것도 들은 바가 없었더라면 있었을 상태−현재의 상태]로 산정된다고 한다.

11) 곽윤직 편집대표, 민법주해(XII) 채권(5), 박영사(1997), 239면. 한편, 김형배·김규완·김명숙 공저, 민법학강의(제15판), 신조사(2016), 935면은 매매계약이 매도인에 의해 이행불능 된 경우를 예로 들어, 이때 매수인의 이행이익은 급부목적물 자체를 획득하지 못한 손해(1차 손해), 대체물을 획득하기 위한 추가비용 및 그 기간 동안 목적물을 사용하지 못함으로써 발생하는 손해 또는 대체물을 사용하기 위해 지출한 차임손해(이상은 후속손해 중 통상손해), 전매차익을 상실한 손해, 전매계약상의 채무불이행책임에 따른 손해, 목적물을 타인에게 임대함으로써 얻을 수 있었던 차임상실의 손해(이상은 후속손해 중 특별손해) 등이 이에 해당한다고 한다. 한편, 신뢰이익은 매매계약이 무효인 경우를 예로 들어, 계약체결을 위한 사전조사, 준비 및 체결에 따른 비용지출의 손해, 계약이행준비를 위한 비용지출에 따른 손해(이상은 통상손해), 다른 유리한 계약의 체결을 포기한 데 따른 손해, 무효인 계약에 기초한 시설투자 또는 다른 유효한 계약을 체결한 데 따른 손해(이상은 특별손해) 등을 들 수 있다고 한다.

12) 학설은 이행이익에 대비되는 개념인 신뢰이익을 계약이 이행되리라고 믿었기 때

2. 비교법적 검토[13]

가. 영국, 미국

영국과 미국은 계약위반으로 인한 손해배상의 목표는 채권자를 계약
이 이행된 것과 같은 상태로 만드는 것이라고 보면서도, 채무불이행의
경우 채권자는 기대이익[14]을 청구하는 대신 계약이행을 믿고 지출한 비
용을 신뢰이익배상으로 청구할 수도 있고, 이를 통해 채권자는 계약이
체결되지 않았다면 있었을 상태로 돌아갈 수 있다고 한다.[15] 다만, 채권
자는 신뢰이익과 기대이익 중 어느 하나만을 선택하여 배상을 청구할 수
있고, 이때 신뢰이익배상은 기대이익 범위 내로 제한되며, 신뢰손해가 기
대이익을 초과한다는 점에 관한 증명책임은 채무자에게 있다.

나. 독   일

독일에서는 종래 채권자가 채무불이행을 원인으로 지출비용의 배상
을 청구할 수 있는지 여부에 관하여 많은 논의가 있었는데,[16] 2001년 민

문에 입은 손해에 대응하는 이익까지 포함하는 넓은 개념으로 사용하고, 이러한
개념을 전제로 이행이익과 신뢰이익의 문제를 논하고 있다[권영준, "계약관계에 있
어서 신뢰보호", 법학 제52권 제4호(통권 제161호), 서울대학교 법학연구소(2011),
242면]. 판례 역시 일부 사건(대법원 2002. 6. 11. 선고 2002다2539 판결, 대법원
2003. 10. 23. 선고 2001다75295 판결 등)에서 채권자가 계약 이행을 믿고 지출한
비용을 신뢰이익과 동일한 의미로 사용하기도 하였다. 그러나 이러한 학설과 판례
가 계약 책임으로서 지출비용을 넘어서는 모든 유형의 신뢰이익(예컨대, 유리한
계약 체결 기회 상실)배상을 인정하는 것은 아니라는 점에서 지출비용배상이라고
하는 것이 보다 정확한 표현일 것이다. 한편, 김차동, "이행이익 및 신뢰이익", 비
교사법 제17권 제1호(통권 제48호), 한국비교사법학회(2010. 3.), 40면은 채무자와
의 계약으로 말미암아 상실한 기회도 경우에 따라 보상함이 적절한 경우가 있을 것이
라고 한다.
13) 이하의 내용은 김재형(주 9), 앞의 글, 84-91면; 오지용, "계약책임에 있어서의
비용배상", 저스티스 제101호, 한국법학원(2007. 12.), 239-241면 참조. 한편, 비교
법적 검토의 보다 자세한 내용은 정진명, "헛되이 지출한 비용의 배상", 민사법학
제70호, 한국사법행정학회(2015. 3.), 214-241면 참조.
14) 이는 대륙법계의 '이행이익'에 상응하는 표현이다.
15) Treitel, Law of Contract, 9th ed. 846-847 참조. 김재형(주 9), 앞의 글, 85면에
서 재인용.
16) 민법 개정 전 독일의 판례는 이른바 수익성 추정 이론을 통해 지출비용의 배상
을 인정하였다. 이는 채무자가 이행하지 않는 반대급부와 채권자의 급부는 동등한

법 개정(2002년 시행)을 통해 헛되이 지출한 비용의 배상에 관한 규정을
신설함으로써 이 문제를 해결하였다.[17] 독일민법 제284조는 채권자로 하
여금 채무자의 의무위반을 이유로 이행이익의 배상을 청구하는 대신, 이
에 갈음하여 무익한 비용의 배상을 청구할 수 있도록 하고 있다.[18] 이는
종래 수익성 추정 이론에 기대어 지출비용배상을 인정하던 판례를 뛰어
넘어 채권자가 계약을 통해 얻을 수 있는 이익이 재산적 이익인지, 비재
산적 이익인지 여부와 무관하게 채권자의 지출비용배상을 인정한 것으로
서, 수익성 추정의 적용범위 밖에 있던 비수익목적의 계약, 예컨대 관념
목적, 소비목적, 애호가 가격으로 구입하는 계약 등에 대하여도 그 좌절
비용의 배상을 인정한 것이라고 한다.[19] 이 규정에 따른 비용배상에 있어
채무자가 비용을 예견할 수 있었는지 여부는 문제되지 않고, 이행이익을
한도로 한다는 제한도 없다.[20] 다만, 위 규정은 계약이행, 급부수령 등

가치가 있고, 채권자가 거래와 관련하여 지출한 비용은 채무자로부터 급부를 수령
했더라면 완전히 회수되었을 것이라는 점에서 출발한다. 그리하여 채권자는 지출
비용을 적극적 이익에 대한 청구권의 범위에서 최소한의 손해라고 주장할 수 있다
는 것이다. 그러나 이것은 추정이기 때문에 번복될 수 있다. 즉, 채권자가 경제적
목적으로 비용을 지출한 경우에는 배상을 청구할 수 있지만, 자선이나 소비적인
목적으로 비용을 지출한 경우에는 그 배상을 청구할 수 없었다. 또한 채무자의 급
부에 관한 제3자와의 계약체결이나 그 계약의 수행을 위한 비용 등 후속적인 법
률행위와 관련된 지출은 급부획득을 위한 비용이 아닌, 급부(재)투입을 위한 비용
이라는 이유로 수익성 추정의 법리가 적용되지 않았다[김규완, "손해배상과 비용배
상", 재산법연구 제21권 제1호, 법문사(2004. 8.), 190-191면].
17) 독일민법 제284조(무익하게 지출된 비용의 배상)는 「채권자가 급부의 획득을 신뢰
하여 비용을 지출하고, 그 지출이 상당한 때에는 그는 급부에 갈음하는 손해배상 대
신에 그 비용의 배상을 청구할 수 있다. 다만 채무자의 의무위반이 없더라도 비용
지출의 목적이 달성될 수 없었을 때에는 그러하지 아니하다.」고 규정한다. 독일민법
제284조에 따른 비용배상청구 요건에 관하여는 김규완, "손해배상과 비용배상",
187-188면; 정진명(주 13), 앞의 글, 233-236면 참조.
18) 독일민법 제284조의 본질에 대하여 독일 학설은 ① 민법개정 이전 수익성 추정
의 범위를 확장함과 동시에 형평의 요건을 도입하여 손해배상 범위를 객관화한 규
정이라는 견해, ② 종래의 수익성 추정과는 무관한 규율로서 비용배상이라고 하는
새로운 개념을 손해배상법 체계에 설정한 것이라는 견해, ③ 기존의 손해배상법
틀에 들어가지 않는 새로운 종류의 배상청구권을 창설한 것이라는 견해 등으로 나
뉜다고 한다[정진명(주 13), 앞의 글, 238-240면].
19) 정진명(주 13), 앞의 글, 232면.
20) 김재형, "채무불이행으로 인한 손해배상의 기준과 범위에 관한 개정방안", 채무

목적으로 지출한 비용의 배상을 인정하는 것일 뿐이므로 모든 유형의 신뢰이익배상을 인정하는 것은 아니다.

3. 판   례

가. 입장의 변화

대법원은 과거 채무불이행을 이유로 한 손해배상은 이행이익배상이 원칙임을 이유로 지출비용의 배상을 인정하지 않았다.[21] 그런데 아래에서 보는 대법원 1992. 4. 28. 선고 91다29972 판결 이후 채권자가 채무불이행을 원인으로 계약을 해제하고 손해배상을 구하는 경우 이행이익배상을 구하는 것이 원칙이라고 하면서도 경우에 따라서 채권자가 계약이 이행되리라고 믿고 지출한 비용의 배상을 구할 수 있다는 입장을 취하여 왔으며,[22] 이 사건 대상판결도 마찬가지이다. 그간 비용배상의 요건 등에

불이행과 부당이득의 최근 동향, 박영사(2013), 220면. 이에 대하여 독일민법 제284조에 의하더라도 지출비용을 무제한으로 배상받을 수 있는 것은 아니라고 보는 견해가 있다. 김영두, "채무불이행으로 인한 신뢰이익의 손해배상과 범위", 민사법학 제42호, 한국사법행정학회(2008. 9.), 26면은 "(독일민법 제284조에 의하더라도) 만약 채권자가 얻을 수 있는 수익보다 많은 지출을 한 경우에 그러한 초과부분에 대한 신뢰이익의 손해를 배상받을 수는 없을 것이다. 독일민법 제284조는 상당한 비용의 배상만을 청구할 수 있도록 하는데, 이행이익은 이러한 상당성을 판단하는 자료가 될 수 있다."고 한다.

21) 대법원 1962. 2. 22. 선고 4294민상667 판결은 극장 건물의 임차인인 원고가 임대인인 피고의 채무불이행을 이유로 임대차계약을 해제하면서 극장 영업을 위하여 원고가 지출한 계약 소개비, 계약성립축하 회식비, 선전비, 인건비 등을 청구한 사건에서, "민법상 계약을 해제한 경우에 있어서의 손해배상 청구는 채무불이행으로 인한 손해를 목적으로 하는 것이며, 계약이 당초부터 무효이거나 취소된 경우에 당사자의 일방이 그 계약을 유효라고 믿음으로서 받은 손해가 아니고, 계약이 유효하게 성립되었음에도 불구하고 채무자가 그 채무를 이행치 아니함으로써 발생한 손해를 목적으로 하는 것이다."라고 전제하며, "원고가 지출한 비용은 피고가 본 계약을 이행하였더라도 어차피 지출하였을 것이므로, 이는 원고가 그 계약을 유효라고 믿음으로써 받은 손해라고 할 수 있으나, 피고의 채무불이행으로 인하여 발생한 손해라고는 할 수 없다."고 판시하였다. 같은 취지의 판결로는 대법원 1962. 10. 18. 선고 62다550 판결, 대법원 1983. 5. 24. 선고 82다카1667 판결이 있다.

22) 2000년 이후 채무불이행을 원인으로 한 지출비용배상을 부정한 극히 예외적인 판결로는 대법원 2000. 11. 10. 선고 2000다4975 판결(미간행, 판결문 검색)이 있는데, 위 판결 외에는 지출비용배상을 부정한 대법원 판결을 찾기 어렵다. 한편, 지출비용배상을 부정한 하급심 판결로는 서울고등법원 2006. 6. 30. 선고 2005나

관하여 판시내용의 변화가 전혀 없었던 것은 아니지만, 아래에서는 대표적인 두 개의 판례만 소개하고자 한다.

나. 대법원 1992. 4. 28. 선고 91다29972 판결(공1992, 1698)

(1) 사실관계

수출입업을 영위하는 캐나다 회사인 원고가 피고와 사이에 캐나다에서 판매할 목적으로 피고로부터 면제품 셔츠 6,600벌을 수입하기로 하는 계약을 체결하고 그 대금으로 미화 24,156달러를 지급한 뒤 캐나다에서 이를 인도받았으나 위 면제품에는 세탁하면 심하게 줄어드는 등의 하자가 있어 이를 판매할 수가 없게 되자, 원고가 면제품 매매계약을 해제하고, 피고를 상대로 정상적인 면제품을 판매하였을 경우 얻을 수 있었던 영업이익과 함께 피고의 채무불이행으로 인하여 원고가 지출하게 된 법률비용, 판매사원 고용비, 신용장 개설비, 관세, 공항창고보관료, 운송료 등 지출비용을 손해배상으로 청구한 사건이다.

(2) 대법원의 판단

대법원은 다음과 같이 판시하면서, 원고가 이 사건 면제품을 판매목적으로 매수한다는 사실을 피고가 알았거나 알 수 있었다고 한다면 그 판매를 위하여 원고가 비용을 지출하리라는 것도 알 수 있었던 것으로 보아야 하고, 판매사원의 월급 역시 그것이 위 판매를 위하여 지출된 것이라면 판매를 위한 비용에 포함되어 피고가 배상하여야 할 손해를 이룬다고 보아 판매사원 고용비 지출로 인한 손해배상청구를 기각한 원심[23]을 파기·환송하였다.

"계약의 일방 당사자가 상대방 당사자의 이행을 믿고 지출한 비용도

93859 판결이 있다.

23) 서울고등법원 1991. 7. 3. 선고 89나47931 판결. 원고의 계약해제로 인한 매매대금의 반환청구와 신용장 개설비, 관세, 보관료 및 운송료의 손해배상청구는 인용하였으나, 법률비용 지출로 인한 손해는 피고의 채무불이행과 상당인과관계 있는 통상손해라고 볼 수 없고, 판매사원 고용비 지출로 인한 손해나 판매이익 상실로 인한 손해는 특별손해인데 피고가 원고의 고용비 지출 사실과 판매이익을 얻을 수 있었을 것이라는 사정을 알았거나 알 수 있었다는 점 및 손해의 범위에 대한 입증이 없다는 이유로 기각하였다.

그러한 지출사실을 상대방이 알았거나 알 수 있었고 또 그것이 통상적인 지출비용의 범위 내에 속한다면 그에 대하여도 이행이익의 한도 내에서는 배상을 청구할 수 있으며, 다만 이러한 비용 상당의 손해를 일실이익 상당의 손해와 같이 청구하는 경우에는 중복배상을 방지하기 위하여 일실이익은 제반 비용을 공제한 순이익에 한정된다."

(3) 평   가

이 판결에 대하여 찬성하는 견해[24]와 의문을 제기하는 견해[25]·[26]가 있으나, 지출비용배상을 명시적으로 인정한 최초의 대법원 판결로서 큰 의미를 가진다.[27]

---

24) 고종영, "계약 해제와 손해배상 : 손해배상의 성질과 범위에 관한 실무적 고찰", 법조 제52권 제3호, 법조협회(2003).

25) 양창수, "1992년 민법판례개관", 민법연구 제3권, 박영사(1994), 453면은 "여기서 문제되고 있는 판매사원 고용비용 같은 지출은 원래 애초 채권자가 전매이익에 의하여 보전될 것으로 하여 자신의 위험 아래 행하는 것이므로, 이를 전매이익과 별도로 배상청구할 수 있는지 검토를 요한다고 생각한다."고 하고, 김재형, "채무불이행으로 인한 손해배상의 기준과 범위에 관한 개정방안", 214면은 "이행이익을 청구하는 경우에 통상 비용을 공제하지 않은 총 이익을 일실이익으로 청구할 수 있으므로, 이 사건에서 지출비용의 배상을 청구하지 않고 단순히 이행이익을 청구할 수 있다고 하더라도 계산상 동일한 결론에 도달할 것이다. 이를 도식으로 표시하면, '[지출]비용+(총이익-비용)=총이익'이라고 표시할 수 있다. 따라서 이행이익을 청구하는 경우에 지출비용의 배상도 청구할 수 있다고 하는 것은 실제 결과에서는 아무런 차이가 없다."고 한다. 위 도식에서 '(총이익-비용)'은 결국 순이익(순 일실이익)을 의미한다(필자 주).

26) 황형모, "해제와 손해배상의 범위", 판례연구 제7집, 부산판례연구회(1997), 74면은 이 판결에 대하여 이행이익을 넘는 신뢰이익의 손해도 채무자의 예견가능성이 있으면 그 배상을 청구할 수 있다고 보아야 한다고 하여 의문을 표시한다. 이에 대하여 윤진수, "채무불이행으로 인한 특별손해, 동시이행의 항변권과 권리남용", 국민과 사법 : 윤관 대법원장 퇴임기념, 윤관 대법원장 퇴임기념판례평석집 간행위원회(1999), 53면은 "이 판결의 취지는, 이행이익을 넘는 신뢰이익 상당 손해의 배상은 항상 인정되지 않는다는 것이라기보다는, 이행이익을 넘는 신뢰이익 상당의 손해는 원칙적으로 민법 제393조 제2항의 특별한 사정으로 인한 손해에 해당한다고 본 취지로 이해되어야 할 것이다."라고 한다.

27) 이행이익 산출이 불가능하거나 완화된 입증조차 곤란한 경우 기존에 지출비용배상을 부정하던 대법원 판례[대법원 1962. 2. 22. 선고 4294민상667 판결 등(주 23)]에 의할 때 채권자는 아무런 배상을 받지 못할 가능성이 크다. 서울고등법원 1998. 7. 15. 선고 97나36226 판결은 원고(임차인)가 피고(임대인)와 상가 점포 임대분양계약을 체결하였다가 피고의 채무불이행을 이유로 계약을 해제하고 임대차 보증금의 반환과 중개업무를 한 소외 회사에게 원고가 지급한 개발비, 소개비 등

다. 대법원 2002. 6. 11. 2002다2539 판결(공2002, 1617)

(1) **사실관계**

원고들은 1996. 12.경 피고가 채권입찰제 방식으로 분양하는 아파트를 분양받기 위하여 국민주택채권을 액면가로 매입한 뒤 피고와 분양계약을 체결하고 채권 액면가의 34%에 해당하는 금액으로 위 채권을 매각하였다. 그런데 피고가 건축한 아파트에는 일조방해, 조망방해, 사생활침해 및 시야차단 등으로 인하여 수인한도를 넘는 생활이익 침해가 있었다. 원고들은 위와 같은 하자를 이유로 아파트 분양계약을 해제하고, 분양대금의 반환 및 주택채권 매입가와 매각대금의 차액(채권 액면가의 66%에 해당하는 금액)의 배상을 청구하였다.[28]

(2) **대법원의 판단**

대법원은 다음과 같은 이유로 원고들의 손해배상청구를 기각한 원심[29]을 파기 · 환송하였다.

"채무불이행을 이유로 계약해제와 아울러 손해배상을 청구하는 경우에 그 계약이행으로 인하여 채권자가 얻을 이익 즉 이행이익의 배상을 구하는 것이 원칙이지만, 그에 갈음하여 그 계약이 이행되리라고 믿고 채권자가 지출한 비용 즉 신뢰이익의 배상을 구할 수도 있다. 그 신뢰이

의 비용배상을 청구한 사건에서, 기존 대법원 판례와 같이 계약해제로 인한 손해배상 청구는 이행이익을 산출하여 손해로서 청구하여야 하고, 원고가 지출한 개발비와 소개비는 원고가 계약이 유효하다고 믿음으로써 헛되이 지출하게 된 비용 즉 신뢰이익에 대한 손해로서 이는 임대인인 피고가 계약을 이행하였더라도 지출하였을 것이므로 피고의 채무불이행으로 인하여 발생한 손해라 할 수 없다는 이유로 원고의 청구 중 손해배상청구 부분을 기각하였고, 위 판결은 양 당사자가 상고하지 아니하여 그대로 확정되었다.

28) 원고들 중 일부는 피고와의 분양계약을 해제하지 않고 일조권 등 침해로 인한 아파트 가치하락분 상당의 손해배상을 청구하였다. 본고에서는 피고와의 분양계약을 해제하고 분양대금반환과 지출비용배상을 구한 원고들에 대한 판단부분에 한정하여 서술한다.

29) 서울고등법원 2001. 12. 12. 선고 2001나14032 판결. 원심은 피고의 계약위반을 이유로 한 원고들의 해제 주장을 받아들여 원상회복의무(분양대금의 반환)를 인정하면서도, 원고들이 주장하는 손해(주택채권 매입가와 매각대금의 차액)는 특별한 사정으로 인한 손해인데 피고가 그러한 사정을 알았거나 알 수 있었다고 인정할만한 증거가 없다는 이유로 손해배상청구는 기각하였다.

익 중 계약의 체결과 이행을 위하여 통상적으로 지출되는 비용은 통상의 손해로서 상대방이 알았거나 알 수 있었는지의 여부와는 관계없이 그 배상을 구할 수 있고, 이를 초과하여 지출되는 비용은 특별한 사정으로 인한 손해로서 상대방이 이를 알았거나 알 수 있었던 경우에 한하여 그 배상을 구할 수 있다. 다만 그 신뢰이익은 과잉배상금지의 원칙에 비추어 이행이익의 범위를 초과할 수 없다. (중략) 원고들이 이 사건 아파트를 채권입찰제의 방식으로 분양받아 그 매입예정 주택채권을 액면가로 매입하였다가 그 액면가에 미달하는 금액으로 매각한 후 피고의 채무불이행으로 인하여 아파트분양계약이 해제된 이상, 원고들로서는 주택채권의 매입가와 그 시세에 상당하는 매각대금의 차액을 신뢰이익으로서의 통상의 손해로서 그 배상을 청구할 수 있다."

(3) 평   가

이 판결은 이행이익배상과 지출비용배상의 관계를 선택적인 것으로 보았고, 지출비용을 통상비용과 특별비용으로 세분화함으로써 비용배상문제에 관하여 진일보한 판결이라 평가된다.[30]

4. 학   설

가. 비용배상을 인정하지 않는 견해

비용배상을 인정할 근거 또는 필요성이 없다는 견해인데,[31] 이 견해는 ① 채권자가 계약 이행을 신뢰하고 지출한 비용은 채무의 이행이 있었더라도 지출하였을 비용이기 때문에 채무불이행과 인과관계가 인정되

---

30) 김재형, "계약의 해제와 손해배상의 범위 : 이행이익과 신뢰이익을 중심으로", 81면. 김준호(주 9), 앞의 글, 453면. 위 판결 이후 선고된 같은 취지의 판결로는 대법원 2003. 10. 23. 선고 2001다75295 판결(공2003, 2225), 대법원 2007. 1. 15. 선고 2004다51825 판결(미간행), 대법원 2011. 10. 27. 선고 2009다97642 판결(미간행), 대법원 2015. 5. 14. 선고 2012다101695 판결(미간행), 대법원 2016. 4. 15. 선고 2015다59115 판결(공2016상, 644) 등이 있고, 이것이 현재 사실상 확립된 대법원의 견해로 보인다.
31) 김재형, "계약의 해제와 손해배상의 범위 : 이행이익과 신뢰이익을 중심으로", 92-93면. ; 김규완, "손해배상과 비용배상", 186-187면.

지 않는다는 점, ② 계약이 원시적 불능인 경우 우리 민법은 신뢰이익배상을 명문으로 인정($\frac{제535}{조}$)하고 있지만, 계약이 유효하게 체결된 경우 이를 인정할 근거가 없는 점, ③ 우리 대법원은 채무불이행으로 인한 손해배상책임이 인정될 경우, 손해액에 관한 입증이 불충분하다 하더라도 법원은 그 이유만으로 손해배상청구를 배척할 것이 아니라 그 손해액에 관하여 적극적으로 석명권을 행사하고 입증을 촉구하여 이를 밝히도록 하고 있고, 장래의 얻을 수 있었을 이익에 관한 입증은 합리성과 객관성을 잃지 않는 범위 내에서의 상당한 개연성이 있는 이익의 증명으로 충분하다고 보아 그 증명도를 경감하고 있으므로, 채권자로서는 이행이익배상을 통해 충분히 배상받을 수 있고, 굳이 개념이 모호한 신뢰이익배상을 인정할 필요성이 없다는 점 등을 근거로 한다.

나. 비용배상을 인정하는 견해

채무불이행의 경우 채권자는 이행이익배상을 구하는 것이 원칙이지만, 예외적으로 이행이익을 산정할 수 없거나 이행이익을 증명하기 곤란한 때에는 채권자가 지출비용의 배상을 청구할 수 있다는 견해이다.[32] 이 견해는 ① 채무자의 급부 자체를 금전적으로 평가할 수 없거나 채권자가 급부를 통해서 새로운 경제적 이익을 창출할 수 없어 이행이익배상을 청구할 수 없거나, 이행이익을 증명하기 곤란한 경우에도 무익한 비용지출로 인한 손해를 배상받아야 한다는 점, ② 채권자가 신뢰이익의 손해에 대한 배상을 통하여 계약이 체결되기 전의 상태로 돌아가기 원하는 경우에 이를 허용하지 않을 이유가 없다는 점, ③ 이행이익에 의해서 채권자의 손해가 전보되지 않는 경우가 있을 수 있다는 점 등을 근거로 한다.

5. 검 토

가. 판례가 장래 얻을 수 있었을 이익에 관한 증명도를 경감하고 있고,[33] 민사소송법 제202조의2는 "손해가 발생한 사실은 인정되나 구체적

---

32) 김영두(주 20), 앞의 글, 252-256면.
33) 대법원 1992. 4. 28. 선고 91다29972 판결(공1992, 1698)은 "장래의 얻을 수 있

인 손해의 액수를 증명하는 것이 사안의 성질상 매우 어려운 경우에 법원은 변론 전체의 취지와 증거조사의 결과에 의하여 인정되는 모든 사정을 종합하여 상당하다고 인정되는 금액을 손해배상 액수로 정할 수 있다."고 정하고 있기는 하다. 그럼에도 다음과 같은 이유로 지출비용배상을 인정할 필요성이 여전히 있고, 그 본질을 채무불이행으로 인한 손해배상으로 파악하면 근거규정은 민법 제390조에서 찾을 수 있다고 본다.

① 이행이익에 관한 증명도 완화에도 불구하고 객관적인 이행이익의 산정 자체가 불가능하거나 완화된 정도의 증명조차 곤란한 경우가 있을 수 있는데,[34] 이러한 경우에도 채권자로 하여금 적어도 계약체결 및 이행을 위하여 지출한 비용의 배상을 받을 수 있도록 하는 것이 바람직하다.

② 민사소송법 제202조의2는 법원이 간접사실을 종합하여 손해배상 액수를 정할 수 있는 요건을 구체적인 손해액 증명이 사안의 성질상 매우 어려운 경우로 제한하고 있어, 어느 정도의 증명곤란이 있어야 위 요건을 충족할 수 있는지 분명하지 않다.[35]

었을 이익에 관한 입증에 있어서는 그 증명도를 과거사실에 대한 입증에 있어서의 증명도보다 경감하여 채권자가 현실적으로 얻을 수 있을 구체적이고 확실한 이익의 증명이 아니라 합리성과 객관성을 잃지 않는 범위 내에서의 상당한 개연성이 있는 이익의 증명으로서 족하다고 보아야 할 것이다."라고 판시하였다.

34) 폐기물처리회사인 원고와 지방자치단체인 피고 사이에 피고 관할구역 내에서 발생하는 생활폐기물에 대한 폐기물처리계약이 체결되었으나, 피고가 적정한 처리수수료를 산정하여 원고와 협의한 후 원고에게 적정한 수수료를 지급할 의무를 이행하지 아니하자, 원고가 피고를 상대로 채무불이행을 원인으로 한 손해배상을 청구한 사건에서, 광주고등법원(2010. 5. 26. 선고 2008나220 판결)은 "원고와 피고 사이에 생활폐기물 처리 수수료에 대한 협의가 이루어지지 않아 이행이익 범위를 산정할 수 없[다]"는 이유로 이행이익배상청구를 기각하고, 다만 신뢰이익배상으로서 원고가 지출한 폐기물처리시설 설치비용 등의 배상청구만 인용하였다. 이에 원고와 피고가 모두 상고하였는데, 대법원[2010. 10. 28. 선고 2010다52683 판결(미간행)]은 이행이익과 신뢰이익에 대한 중첩적인 배상책임을 인정하지 아니한 원심의 판단이 결론적으로 정당하다고 하여 상고를 기각하였다. 이 사안은 이행이익 산출 자체가 불가능한 경우로 볼 수 있다.

35) 민사소송법 제202조의2를 적용한 판결로는 대법원 2017. 9. 26. 선고 2014다27425 판결(공2017하, 2063)이 있다. 위 규정은 종래 대법원 판례에 의하여 인정되어 오던 법리를 명문으로 입법화한 것이다[대법원 2004. 6. 24. 선고 2002다6951,

③ 채권자가 지출한 비용은 그 지출 당시에는 이를 손해로 볼 수 없지만, 채무자가 계약을 이행하지 아니하여 채권자의 지출비용이 결과적으로 무익한 것으로 되는 경우 이는 채무불이행으로 인하여 발생한 손해로 볼 수 있다.

④ 이행이익이 지출비용을 초과하는 것이 일반적이라 하더라도 채권자 스스로 이행이익 증명에 자신이 없어 계산과 증명이 간단한 지출비용만의 배상을 구하고 싶은 경우 굳이 채권자의 선택권을 부정할 이유가 없다.[36]

나. 대상판결은 1992년부터 비용배상을 인정해오던 대법원의 사실상 확립된 법리를 다시 확인하면서 "지출비용의 배상은 이행이익의 증명이 곤란한 경우에 그 증명을 용이하게 하기 위하여 인정되는데, …"라고 판시하여 비용배상을 인정하는 취지를 보다 명확히 밝힌 점에서 의미가 있다.

Ⅲ. 지출비용배상의 법적 성질, 요건 및 범위

1. 법적 성질

대법원은 지출비용배상이 쟁점이 된 여러 사건에서 "채무불이행을 이유로 계약해제와 아울러 손해배상을 청구하는 경우에 (중략) 계약이 이행되리라고 믿고 채권자가 지출한 비용 즉 신뢰이익의 배상을 구할 수 있다."고 판시하여[37] 비용배상의 본질을 채무불이행으로 인한 손해배상으로 파악하고 있는 것으로 보이고, 대상판결도 마찬가지이다.[38]

6968 판결(공2004, 1201), 대법원 2008. 12. 24. 선고 2006다25745 판결(공2009상, 82), 대법원 2010. 10. 14. 선고 2010다40505 판결(공2010하, 2088) 등 참조].

36) 대법원 2002. 12. 24. 선고 2002다29831 판결(미간행)은 원고가 신뢰이익의 배상을 주장한 것이 명백함에도 법원이 신뢰이익 손해 주장을 받아들이지 아니하면서 임의로 이행이익 배상을 인정하는 것은 석명의무를 다하지 아니한 위법이 있다고 판시하였다.

37) 대법원 2002. 6. 11. 선고 2002다2539 판결(공2002, 1617), 대법원 2003. 10. 23. 선고 2001다75295 판결(공2003, 2225), 대법원 2010. 10. 28. 선고 2010다52683 판결(미간행), 대법원 2011. 10. 27. 선고 2009다97642 판결(미간행).

38) 아래에서 보는 바와 같이 민법개정안에 따른 비용배상의 법적 성질에 관하여 견

2. 요건 및 증명책임

가. 채무불이행

채권자가 지출비용배상을 구하기 위해서는 채무자의 채무불이행 사실이 인정되어야 하고, 이는 이를 주장하는 채권자가 증명할 책임을 진다. 채무자의 주된 급부의무[39] 이행불능이 이에 해당함은 별다른 의문이 없으나, 이른바 불완전이행, 이행지체, 부수적 의무 불이행의 경우에도 지출비용 배상을 인정할 수 있는지 문제될 수 있다.[40]

이러한 문제가 직접적인 쟁점이 된 대법원 판례는 찾기 어려우나, 이를 주된 급부의무 위반으로 제한할 별다른 근거나 필요성이 없다는 점에서 불완전이행 등의 경우에도 아래에서 보는 다른 요건을 충족하면[41] 지출비용의 배상을 구할 수 있다고 봄이 타당하다고 생각한다.[42]

해가 나뉠 수 있다(주 106 참조). 그러나 현행 민법에 따른 비용배상은 제390조를 근거로 할 수밖에 없어 법적 성질에 대한 특별한 다툼이나 논의는 없는 것으로 보인다.

39) 해당 채권관계의 유형 및 특징을 결정지우는 의무, 다시 말해 해당 채권관계를 성립시키는 전형적이고 일반적인 목적을 달성시키기 위한 행위를 뜻한다[김용담, 주석민법, 채권각칙(2), 622면]. 판례는 당해 채무가 계약의 목적 달성에 있어 필요불가결하고 이를 이행하지 아니하면 계약의 목적이 달성되지 아니하여 채권자가 그 계약을 체결하지 아니하였을 것이라고 여겨질 정도의 채무를 주된 채무라 하고, 그렇지 아니한 채무를 부수적 채무로 나누며, 부수적 채무불이행의 경우 채권자는 계약을 해제할 수 없다고 한다[대법원 2005. 11. 25. 선고 2005다53705, 53712 판결(공2006, 30)].

40) 정진명(주 13), 앞의 글, 260면은 민법개정안의 비용배상 기준이 되는 채무불이행은 급부에 갈음하는 손해배상청구권의 기초가 되는 의무위반에 한정되고, 보호의무 위반 등은 해당되지 않는다고 한다. 다만, 이는 개정안에 따른 비용배상에 관한 견해이고, 현행 민법상 판례에 의하여 인정되고 있는 비용배상의 경우에도 동일하게 보는 것인지는 분명하지 않다.

41) 다만, 채무자가 위반한 의무가 부수적 의무에 불과한 경우 채권자는 계약을 해제할 수 없으므로 채권자가 채무자와의 계약체결 및 이행을 위하여 지출한 비용은 특별한 사정이 없는 한 무익한 비용으로 볼 수 없어 배상받지 못할 가능성이 크다.

42) 가령 A가 B와 기계 제작·공급계약을 체결하고 위 기계에 사용하기 위한 부속품을 구입하였는데, B가 공급한 기계에 (위 제작·공급계약을 해제할 정도에 이르지 않는) 사소한 하자가 있어 결과적으로 A가 구입한 부속품을 사용하지 못하게 된 경우, A는 B에 대하여 위 부속품 구입으로 인한 손해를 지출비용의 배상으로

나. 채무자의 고의 · 과실(귀책사유)

비용배상의 본질을 채무불이행으로 인한 손해배상으로 보게 되면 당연히 채무자에게 채무불이행에 대한 귀책사유가 있어야 한다. 다만, 채무자에게 귀책사유 부존재에 관한 증명책임이 있다.[43]

다. 채권자가 채무자의 이행을 믿고 비용을 지출하였을 것

(1) 문 제 점

채권자는 채무자의 채무이행을 신뢰하고[44] 비용을 지출하였어야 하고, 비용지출 사실과 액수는 채권자가 증명하여야 한다. 계약의 체결 및 이행과정에 따라 채권자는 단계별로 다양한 용도의 비용을 지출할 수 있는데, 이때 지출비용이 이행이익과 어떠한 관계가 있는지, 채권자가 지출하는 여러 비용 중 어느 범위까지 배상의 대상이 되는 지출비용으로 볼 것인지 문제된다.

(2) 지출비용과 이행이익의 관계

아래에서 볼 계약체결 · 이행 및 급부수령비용이나 급부활용비용은 지출비용이면서 동시에 이행이익의 내용을 이룰 수 있다.[45] 가령 채권자

구할 수 있을 것이다.
43) 대법원 1985. 3. 26. 선고 84다카1864 판결(공1985, 620), 대법원 2010. 8. 19. 선고 2010다26745, 26752 판결(미간행) 참조.
44) 독일민법 제284조는 "급부의 획득을 신뢰하고"라는 표현을 사용한다. 비용배상청구를 위해서는 두 가지 인과관계를 모두 충족하여야 한다. 첫째는 채권자가 채무이행을 믿음으로 인하여 비용을 지출하여야 하는 것이고, 둘째는 그 지출이 채무불이행으로 인하여 무익한 비용이 되어야 한다는 것이다[아래 마.의 (2)항 참조].
45) 대법원 2006. 2. 10. 선고 2003다15501 판결(미간행)은 "채무불이행을 이유로 계약해지와 아울러 손해배상을 청구하는 경우에 채권자는 이행이익의 일부로서 그 계약이 이행되리라고 믿고 채권자가 지출한 비용의 배상을 구할 수 있다고 할 것이고, 그 지출비용 중 계약의 체결과 이행을 위하여 통상적으로 지출되는 비용은 통상의 손해로서 상대방이 알았거나 알 수 있었던 경우에 한하여 그 배상을 구할 수 있다고 할 것이며, 다만 그 지출비용 상당의 배상은 과잉배상금지의 원칙에 비추어 이행이익의 범위를 초과할 수 없다."고 판시하였다. 이 판결에 대한 평석으로는 김영두(주 20), 앞의 글. 한편, 김준호(주 9), 앞의 글, 454-455면은 위 판결에 대하여 ① 지출비용을 이행이익으로 볼 수 없다는 점에서 위 판결의 표현은 수용하기 어렵고, ② (채무자가 채무를 이행하였더라도 채권자에게) 적자가 예상되어 이행이익이 없는 사안이었음에도 지출비용배상을 인정한 것이므로 문제가 있다고 한다.

가 채무자로부터 1억 원에 물건을 매수하여 이를 가공한 뒤 A에게 판매하면 2억 원의 매출을 올릴 수 있었고 채권자는 이를 위해 계약 체결 및 이행비용으로 7,000만 원을 지출하였으나 채무자의 채무불이행으로 채권자가 A에게 물건을 판매하지 못한 경우를 가정하자. 이때 채권자는 채무자를 상대로 물품대금 1억 원의 반환은 물론 1억 원의 판매이익 상실로 인한 손해를 이행이익으로 주장하여 배상받을 수 있을 것이다.[46] 그런데 위 이행이익 1억 원은 결국 계약 체결 및 이행비용 등이 모두 포함된 7,000만 원과 순수익 3,000만 원으로 구성되는 것으로 볼 수 있어, 위와 같은 비용은 이행이익에 포함되는 것으로 볼 수 있다.[47] 이처럼 이행이익은 지출비용을 초과하는 경우가 일반적이고 우리 대법원은 비용배상을 이행이익의 한도로 제한하고 있어 이행이익의 증명과 계산이 간편한 경우에는 굳이 비용배상을 구할 실익이 크지 않다. 아래의 논의는 이행이익의 객관적 산출이나 증명이 곤란한 경우 채권자가 각 유형별 비용에 대하여 비용배상을 근거로 채무자에게 지급을 구할 수 있는지 여부와 관련하여 문제되는 것으로 볼 수 있다.

(3) 유형별 검토

(가) 채권자의 반대급부

예를 들어 매매계약에서 매수인이 매도인에게 지급한 매매대금을 지출비용으로 볼 수 있는지 문제될 수 있으나, 유상·쌍무계약에 있어 채

---

46) 다만, 채권자가 매매목적물을 가공·판매하여 이익을 얻을 수 있었다는 사정은 이른바 특별한 사정에 의한 손해(민법 제393조 제2항 참조)에 해당하는 경우가 많을 것이다. 이 경우 채무자로서는 자신의 채무불이행이 있으면 채권자가 위 물건 판매로 인하여 얻을 수 있었을 이익을 얻지 못하게 된다는 사정을 알았거나 알 수 있었어야 하고, 채권자가 얻을 수 있었을 이익이 '통상적인 이익의 범위 내일 것'이라는 요건을 충족해야 한다[앞서 본 대법원 1992. 4. 28. 선고 91다29972 판결(공1992, 1698) 참조].

47) 많은 경우에 있어 이행이익은 지출비용에 순수익을 더하여 계산될 수 있을 것이나, 항상 그러한 방식이 유효한 것은 아니다. 예컨대 채권자가 채무자의 채무불이행으로 인하여 제3자에게 손해배상책임을 부담하게 된 경우 이러한 손해배상금은 이행이익에 포섭될 수 있는데[아래 (바)항 참조], 이는 위와 같은 방식, 즉 "채권자가 제3자에게 지급한 손해배상금(이행이익)=지출비용+순수익"으로 설명하기 어렵다.

권자가 지불한 반대급부 자체는 계약 해제에 따른 원상회복의 법리로 해결할 수 있을 것이다.[48] 한편, 매수인의 채무불이행을 이유로 매도인이 계약을 해제한 경우에는 매도인의 선택에 따라 매매목적물의 반환(원상회복)을 구하지 아니하고, 약정된 매매대금 자체를 이행이익배상으로 구할 수 있다.

(나) 계약 체결 전 지출비용

예를 들면 계약을 체결하기 전 매매목적물에 대한 조사비용, 계약 체결 여부에 관한 상담을 위한 컨설팅 비용, 계약 체결을 위해 작성한 제안서, 샘플 제작비용, 계약교섭비용 등이 여기에 해당한다. 계약 체결 전 지출비용은 채권자가 채무자에 대한 유효한 급부청구권을 취득하기 전에 지출한 것으로 채권자가 계약 이행을 신뢰하고 지출한 비용으로 볼 수 없으므로, 원칙적으로 배상대상이 되는 지출비용이라고 볼 수 없다.[49]

그런데 계약 체결 전이라도 채무자가 채권자에게 적극적으로 비용지출을 수반하는 행위를 요구한 경우, 채무자가 채권자에게 계약 체결에 대한 상당한 신뢰를 부여하여 채권자가 채무자와의 계약 체결 내지 장래의 이행을 위한 비용을 지출한 경우 등에는 다르게 볼 여지가 있다.

우리 대법원이 이른바 계약교섭의 부당파기 사례에서 채무자에게 불법행위로 인한 손해배상책임을 인정하고 있지만,[50] 비용배상은 계약이 유

---

48) 김동훈, "계약해제와 손해배상의 범위", JURIST plus 제411호(통권 제411호), 청림출판(2006. 3.), 283면. 이러한 견해가 독일의 다수설이라고 한다[정진명(주 13), 앞의 글, 236면]. 반대로 매수인의 채무불이행을 이유로 매도인이 계약을 해제한 경우 매도인으로서는 매매목적물 반환(원상회복)을 구하지 않고, 약정된 매매대금 자체를 이행이익배상으로 구하는 것이 간명하고 일반적일 것이다. 한편, 이행보증보험계약상 보험자의 채무불이행을 원인으로 보험계약자가 손해배상을 청구한 사건에서 보험계약자가 이미 지불한 보험료도 손해배상 범위에 포함시킨 사례로는 대법원 1999. 2. 9. 선고 98다49104 판결(공1999, 475)이 있는데, 위 사건에서 보험계약자가 이행보증보험계약을 해제하였는지 여부는 분명하지 않다.
49) 김동훈, "계약해제와 손해배상의 범위", 283면. 한편, 정진명(주 13), 앞의 글, 253면은 계약교섭비용과 같이 채무자에 대한 급부청구권이 발생하기 이전에 채권자가 지출한 비용은 민법개정안에 따른 비용배상의 대상이 아니고, 이러한 비용은 계약체결상의 과실에 의하여 보호될 수 있으며, 그 한도에서 신뢰이익 손해의 배상이 인정될 여지가 있다고 한다.

효하게 체결될 것을 전제로 하고 있어 계약교섭 부당파기와는 그 요건과
구조를 달리한다. 지출비용이 계약 체결 이후 채무불이행으로 무익하게
되었다면 이는 채무불이행과 인과관계 있는 손해라고 볼 수 있어 그 지
출시점을 계약 체결 전·후로 나누어 전자만을 불법행위책임으로 구성할
필요성은 없어 보인다. 채권자가 계약 체결을 신뢰하였다면 특별한 사정
이 없는 이상 계약내용대로의 이행 역시 신뢰하였다고 볼 수 있으므로,
채무자가 채권자에게 계약 체결에 대한 상당한 신뢰를 부여하거나 채권
자가 채무자의 적극적인 요청에 따라 비용을 지출한 경우 그 비용지출
시점이 계약 체결 이전이라 하더라도 그러한 비용은 배상대상이 되는 지
출비용에 해당한다고 봄이 타당하다.[51)]

---

50) 대법원 2003. 4. 11. 2001다53059 판결(공2003, 1151). "계약교섭의 부당한 중도
파기가 불법행위를 구성하는 경우 그러한 불법행위로 인한 손해는 일방이 신의에
반하여 상당한 이유 없이 계약교섭을 파기함으로써 계약체결을 신뢰한 상대방이
입게 된 상당인과관계 있는 손해로서 계약이 유효하게 체결된다고 믿었던 것에 의
하여 입었던 손해 즉 신뢰손해에 한정된다고 할 것이고, 이러한 신뢰손해란 예컨
대, 그 계약의 성립을 기대하고 지출한 계약준비비용과 같이 그러한 신뢰가 없었
더라면 통상 지출하지 아니하였을 비용 상당의 손해라고 할 것이며, 아직 계약체
결에 관한 확고한 신뢰가 부여되기 이전 상태에서 계약교섭의 당사자가 계약체결
이 좌절되더라도 어쩔 수 없다고 생각하고 지출한 비용, 예컨대 경쟁입찰에 참가
하기 위하여 지출한 제안서, 견적서 작성비용 등은 여기에 포함되지 아니한다."고
하면서, 한편 "침해행위와 피해법익의 유형에 따라서는 계약교섭의 파기로 인한
불법행위가 인격적 법익을 침해함으로써 상대방에게 정신적 고통을 초래하였다고
인정되는 경우라면 그러한 정신적 고통에 대한 손해에 대하여는 별도로 배상을 구
할 수 있다."고 판시하였다.
51) 이와 같이 보면, 가령 채권자가 매수하고자 하는 목적물의 사전 조사비용으로
100만 원을 지출하고 그 후 채무자와 계약 교섭 단계에서 채무자가 계약 체결에
대한 상당한 신뢰를 부여하여 추가로 200만 원을 지출한 뒤 채권자와 채무자가
계약을 체결하였으나 채무자의 채무불이행으로 계약이 해제된 경우 채권자는 채무
자에게 사전 조사비용 100만 원의 배상을 구할 수 없지만, 추가비용 200만 원은
비용배상을 근거로 배상받을 수 있을 것이다. 이와 관련하여 계약체결 전 지출한
비용의 배상 여부를 명시적으로 판단한 사안은 아니지만, 대법원 1999. 2. 9. 선고
98다49104 판결(공1999, 475)을 참고할 수 있다. 즉, 원고는 A와의 거래계약 체결
을 위하여 보험사인 피고와 이행보증보험계약을 체결하였는데, 이행보증보험계약
체결 전에 장차 보험사고 발생시 원고가 피고에게 부담하게 될 구상채무를 담보하
기 위하여 B의 부동산을 담보로 제공(피고의 요구에 따른 것인지는 명확하지 않
다)하면서 근저당권설정비용(등록세, 교육세 등)을 지출하였다. 그 후 피고의 채무
불이행으로 원고는 이행보증보험계약을 해제하고, 피고에게 이미 납부한 보험료의

(다) 계약체결 · 이행 · 급부수령비용

계약체결비용은 예컨대, 중개수수료, 계약서 작성 비용, 공증비용 등이 이에 해당하고, 계약이행비용은 쌍무계약에서 채권자가 자신의 반대급부의무를 이행하기 위하여 지출한 비용으로 예컨대, 운송비용, 매매대금 지급을 위하여 빌린 차용금의 이자[52] 등이 이에 포함된다. 한편, 급부수령비용은 채권자가 채무자의 급부를 수령하기 위하여 지출한 비용으로 예컨대, 매수인의 소유권이전등기비용,[53] 보관 · 관리비용 등을 들 수 있다. 이러한 계약 체결 · 이행비용과 급부수령비용이 배상대상이 되는 지출비용에 해당한다는 점에는 별다른 의문이 없다.[54]

(라) 급부활용비용

1) 문 제 점

급부활용비용[55]은 채권자가 채무자와의 계약에 수반하여 지출한 비

반환과 근저당권설정등기비용 상당의 손해배상을 청구하였는데, 원심(서울고등법원 1998. 9. 8. 선고 97나61468 판결)은 피고가 근저당권설정비용 상당액을 배상할 의무가 있다고 판시하였고, 대법원은 원심의 판단을 수긍하였다.

52) 대법원 2002. 10. 25. 선고 2002다21769 판결(공2002, 2834). 원고가 A회사와 아파트 분양계약을 체결하고, 분양대금 지급을 위하여 피고와 사이에 금전대출계약을 체결하였으나, 피고가 일부 대출을 실행하지 아니하여 원고가 A회사에 대한 분양대금을 완납하지 못하였고 이에 A회사로부터 분양계약을 해제 당하게 되자, 원고가 피고를 상대로 그동안 피고와 또 다른 금융기관인 B로부터 대출받은 대출금 이자로 지급한 금원 등의 배상을 구한 사건에서, 대법원은 "계약의 일방 당사자가 상대방의 이행을 믿고 지출한 비용도 그러한 지출사실을 상대방이 알았거나 알 수 있었고 또 그것이 통상적인 지출비용의 범위 내에 속한다면 그에 대하여도 이행이익의 한도 내에서 배상을 청구할 수 있다."고 하면서, "원고가 피고와 소외 B로부터 대출받은 대출금의 이자로 지급한 15,574,409원 상당의 손해 또한 원고가 피고의 채무이행을 믿고 지출한 비용의 일종으로서 통상적인 지출비용의 범위 내에 속하는 것"이라고 판시하였다.

53) 대법원 1999. 7. 27. 선고 99다13621 판결(공1999, 1771).

54) 이는 계약의 체결과 이행을 위하여 통상적으로 지출되는 비용인지 여부의 문제와는 별개로 파악해야 한다. 후술하는 바와 같이 채권자가 계약체결 · 이행 · 급부수령을 위하여 지출한 비용이 통상적으로 지출되는 비용을 초과하거나 채권자 개인의 주관적 사정이나 특수한 목적에 의하여 지출하게 된 비용이라면 민법 제393조 제2항에 따라 채무자가 그러한 사정을 알았거나 알 수 있었을 경우에 한하여 배상받을 수 있다.

55) 신뢰투자라고 표현하거나[김동훈, "계약해제와 손해배상의 범위", 283면], 부수적 신뢰이익으로 표현하기도 한다[김차동(주 12), 앞의 글, 27면].

용이 아닌 급부목적물을 이용·개량하거나 이를 활용하여 새로운 이익을
얻기 위하여 지출한 비용을 말한다. 예컨대, 토지 매수인이 건물을 신축
하기 위하여 지출한 설계비, 자재구입비용, 상가 임차인이 지출한 영업
준비비용,[56] 주택 매수인이 지출한 인테리어 공사비용, 판매업자가 지출
한 판매사원 고용비,[57] 자동차 매수인이 차량에 부착하기 위하여 구입한
부속품[58] 등이 이에 포함된다. 이는 채권자와 채무자 사이의 계약이 아닌
채권자와 제3자 사이 별도의 계약을 원인으로 지출되는 경우가 일반적인
데, 이러한 지출 역시 비용배상의 대상이 되는지 문제될 수 있다.[59]

2) 판 례

대법원은 매매대금을 완불하지 아니한 토지 매수인이 그 토지에 건
물을 신축하기 위하여 지출한 설계비 또는 공사계약금은 이른바 특별손
해로서 채무불이행으로 인한 손해배상에 포함될 수 있다고 보았는데,[60]
이를 비용배상을 인정한 사례로 평가하는 견해가 일반적이다.[61]

---

56) 점포 임차인이 영업 준비를 위하여 지출한 내부시설 공사비용에 관한 사안으로
 는 대법원 1994. 11. 11. 선고 94다22446 판결(공1994, 2361).
57) 대법원 1992. 4. 28. 선고 91다29972 판결(공1992, 1698).
58) 독일 연방대법원은 매수인이 구입한 자동차에 내비게이션을 부착하였으나 자동
 차의 하자를 이유로 계약을 해제하고 자동차를 반환한 사안에서 내비게이션 등 부
 속품을 위하여 지출한 비용도 독일민법 제284조의 비용배상 대상에 해당한다고 보
 았다(BGH, Urteil vom 20. Juli 2005 = NJW 2005, 2848). 보다 자세한 내용은 정
 진명(주 13), 앞의 글, 237-238면 참조.
59) 독일민법 개정(2001년) 전 판례는 수익성 추정에 의한 비용배상과 관련하여 채
 권자가 채무자의 급부를 취득하기 위하여 지출한 비용은 인정하고, 채무자로부터
 취득한 급부를 이용하기 위하여 지출한 비용은 부정하였으나, 개정 독일민법 제
 284조는 급부를 이용할 목적으로 지출한 비용도 배상범위에 포함시켰으며, 학설과
 판례도 이를 지지하고 있다고 한다[정진명(주 13), 앞의 글, 236면]. 한편, 김동훈,
 "계약해제와 손해배상의 범위", 283면은 이러한 경우 일차적으로 계약내용이 배상
 결정의 기준이 될 것이므로 채권자의 급부 활용이 계약상 합의되어 있거나 당연한
 것으로 전제되어 있는 경우 이러한 지출비용이 채무자의 부담으로 넘어가야 한다
 고 한다.
60) 대법원 1996. 2. 13. 선고 95다47619 판결(공1996, 949). 한편, 토지 임차인이 임
 차 목적물인 토지에 스포츠타운 신축공사를 위하여 지출한 공사비용에 관한 사안
 으로는 대법원 2002. 2. 5. 선고 99다53674, 53681 판결(공2002, 627).
61) 김재형, "계약의 해제와 손해배상의 범위 : 이행이익과 신뢰이익을 중심으로", 78
 면. 황형모(주 26), 앞의 글, 55면. 고종영(주 24), 앞의 글, 17면. 한편, 김규완,

3) 검   토

앞서 든 예에서 토지 매수인으로서는 매도인이 채무를 이행하지 아니할 것을 알았더라면 설계비 등을 지출하지 않았을 것인바, 이러한 비용 역시 계약의 일방 당사자가 상대방의 이행을 믿고 지출한 비용으로 볼 수 있으므로 비용배상의 대상이 된다고 보는 것이 합리적이다.[62]

(마) 채권자가 채무자와의 계약을 토대로 새로이 취득한 재산의 상실

1) 문 제 점

가령 채권자가 채무자로부터 토지를 매수하고 그 토지에 건물을 신축하였는데, 채무자의 채무불이행으로 토지 매매계약이 해제되어 채권자가 위 신축건물을 철거하게 된 경우, 채권자가 채무자에 대하여 비용배상을 근거로 위 건물의 시가 상당액의 손해배상을 구할 수 있는지 여부가 문제될 수 있다.

2) 판   례

위와 같은 사안에서 대법원은 "토지 매도인의 소유권이전등기의무가 이행불능상태에 이른 경우 매도인이 매수인에게 배상하여야 할 통상의 손해배상액은 그 토지의 채무불이행 당시의 교환가격이나, 만약 매도인이 매매 당시 매수인이 토지를 매수하여 그 위에 건물을 신축할 것이라는 사정을 이미 알고 있었고 매도인의 채무불이행으로 인하여 매수인이 신축한 건물이 철거될 운명에 이르렀다면 그 손해는 적어도 특별한 사정으

"계약해제와 결합된 손해배상 : 그 실천적 의미의 재고", 11면은 "이 경우는 매수인의 이행이익이 훼손되었다고 하기 보다는-판례는 이를 급부가 이행될 것을 신뢰하였기 때문에 발생한 '신뢰이익'으로 보고 있으나-매수인의 현상 내지 완전성이익이 침해되었다고 볼 수 있다."고 한다.

62) 이에 관하여 급부와 직접 관계되지 않은 간접적인 비용을 모두 비용배상의 대상으로 포함시키면 배상대상이 되는 지출비용의 범위가 무한히 확대될 위험이 있다는 이유로 의문을 제기하는 견해가 있다[이진기, "민법개정안 채무불이행법에 관한 검토", 민사법학 제68호, 한국사법행정학회(2015), 176면]. 그러나 급부활용비용을 비용배상의 대상으로 보더라도, 그 범위는 이행이익을 한도로 하고, 이러한 비용 지출로 인한 손해는 이른바 특별손해일 경우가 대부분일 것인데, 이때에는 채무자가 특별한 사정을 알았거나 알 수 있었던 경우에 한하여 배상책임을 부담한다고 보아야 하기 때문에 배상대상이 되는 지출비용의 범위가 무한히 확대될 염려가 있다고 보이지는 않는다.

로 인한 것이고, 나아가 매도인은 이러한 사정을 알고 있었으므로 위 손해를 배상할 의무가 있다."고 판시하였는데,[63] 이 또한 신뢰이익배상을 인정한 것이라고 평가하는 견해가 있다.[64]

3) 검 토

앞서 본 (라)항 사례와 같이 토지 매수인이 매수 토지에 건물 신축을 위하여 지출한 설계비 등은 배상대상이 되는 지출비용으로 볼 수 있다. 그런데 위 2)항 대법원 판결 사안과 같이 토지 매수인이 매도인과의 계약을 기초로 하여 새로운 재산인 건물을 취득하였다가 이를 상실하는 손해를 입게 된 경우 신축건물의 시가 상당액은 토지 매수인이 매도인의 채무 이행을 믿고 지출한 비용 그 자체로 보기 어렵고, 이는 채무자의 채무이행이 있었더라도 어차피 지출하였을 비용에 해당하지도 않는다. 위 사안에서 매수인이 매도인을 상대로 철거될 운명인 건물의 시가상당액 배상을 구하기 위해서는 이행이익배상을 근거로 해야 하고, 비용배상을 근거로 하는 것은 적절하지 않다.[65]

---

63) 대법원 1992. 8. 14. 선고 92다2028 판결(공1992, 2660). 원고가 피고로부터 토지를 매수하고 소유권이전등기를 마친 뒤 위 토지에 건물을 신축하였는데, 그 후 피고 명의의 소유권이전등기가 원인무효인 사실이 밝혀져 토지에 관한 원고 명의의 소유권이전등기가 말소되었고, 원고는 위 토지의 진정한 소유자인 소외 A로부터 건물 철거소송을 제기 당하여 그 소송에서 소외 A의 승소판결이 확정되자, 원고가 피고를 상대로 이행불능을 원인으로 한 위 토지와 건물의 시가 상당액의 배상을 청구한 사건이다.

64) 김영두(주 20), 앞의 글, 263면. 한편, 김재형, "계약의 해제와 손해배상의 범위 : 이행이익과 신뢰이익을 중심으로", 83−84면은 위 판결을 대법원이 지출비용배상을 인정한 경우라고 분류하면서도, "토지 매수인이 계약의 이행을 믿고 위 토지에 새로운 건물을 신축하였으나, 매도인의 채무불이행으로 인하여 건물이 철거될 운명에 있는 사례에서, 매도인이 계약을 제대로 이행했더라면 매수인이 신축건물을 온전하게 소유할 수 있었을 것이므로, 철거될 운명에 있는 신축건물의 가액도 이행이익에 속한다고 볼 수 있다."고 한다.

65) 위 사례(주 63)에서 편의상 피고의 이행불능 당시 토지 시가는 매매대금과 일치하고, 신축건물의 시가는 1억 원(신축비용은 8,000만 원)인 경우를 가정하자. 이때 원고가 이행불능을 원인으로 이행이익배상을 구한다면, 차액설[이행이익=계약이 이행되었더라면 채권자가 있었을 상태−현재의 상태]에 따라 법원은 1억 원의 배상을 인정함에 어려움이 없을 것이다(한편, 이행불능 당시 토지 시가가 매매대금보다 상승한 경우 그 상승분 역시 이행이익에 포함될 수 있다).

(바) 제3자에게 부담하게 된 위약금 내지 손해배상금

1) 문 제 점

매도인이 매수인으로부터 매매대금을 약정된 기일에 지급받는 것을
예상하고 제3자로부터 부동산을 매수하였는데, 매수인이 잔대금을 지급하
지 못하여 매도인이 제3자와의 매매계약에서 정한 계약금을 몰수당한 경
우 그러한 손해 역시 지출비용으로 볼 수 있는지 문제될 수 있다.[66]

2) 판 례

대법원은 위와 같은 사안에서, "매수인으로부터 매매대금을 약정한
기일에 지급받지 못한 결과 제3자로부터 부동산을 매수하고 그 잔대금을
지급하지 못하여 계약금을 몰수당함으로써 손해를 입었다고 하더라도 이
는 특별한 사정으로 인한 손해이므로 매수인이 이를 알았거나 알 수 있
었던 경우에만 그 손해를 배상할 책임이 있다."고 판시한 바 있으나,[67]
그러한 손해의 성질이 어떠한 것인지 명확하게 밝히지는 아니하였다.

3) 검 토

채권자가 채무자의 계약 위반으로 인하여 제3자에게 손해배상책임을
부담하게 된 경우, 이러한 손해배상금은 채권자가 계약 이행을 믿고 지
출한 비용으로 볼 수 없고, 채무자가 계약을 이행했더라도 어차피 지출
하였을 비용으로 보기도 어렵다. 채권자로서는 채무불이행으로 인해 제3
자에게 손해배상을 한 만큼 경제적 불이익을 입는 이상 이를 이행이익으
로 파악하는 것이 간명할 것이다.[68]

---

66) 김영두(주 20), 앞의 글, 258면은 "제3자에 대한 위약금이나 손해배상으로 인해
서 발생한 손해는 신뢰이익의 손해에 해당한다."고 한다. 반면, 김규완, "손해배상
과 비용배상", 188면은 "제3자와의 제2의 계약의 청산에 소요되는 비용은 비용으
로서의 배상능력이 없다. 이는 채무불이행이 있은 연후에 비로소 발생한 재산감소이
며, 따라서 채무불이행과 상당인과관계가 있는 손해이기 때문이다. 즉, 이는 손해
배상청구권을 경유하여 전보될 수 있을 뿐이다."라고 한다.

67) 대법원 1991. 10. 11. 선고 91다25369 판결(공1991, 2714). 이와 유사한 사례로
서 매수인이 매도인의 채무불이행으로 인하여 제3자에게 계약금 배액을 상환함으
로써 입게 된 손해와 관련한 사례는 대법원 1985. 9. 10. 선고 84다카1532(공1985,
1324), 매도인이 매수인의 채무불이행으로 제3자에게 지급한 손해배상금 관련 사
례는 대법원 1980. 5. 13. 선고 80다130 판결(미간행)이 있다.

(사) 이른바 대체거래비용

1) 채권자가 채무자와의 계약이 좌절된 경우 채권자는 동일 내지 유사한 목적을 위하여 제3자와 새로운 계약을 체결하고 이에 따른 비용을 지출하는 경우가 있다. 임대인의 채무불이행으로 임대차계약이 해지됨으로써 임차인이 제3자와의 새로운 임대차계약 체결·이행을 위해 지출한 중개수수료, 이사비용 등이 그러한 예에 해당한다. 이와 같은 이른바 대체거래비용이 배상대상이 되는 지출비용에 해당하는지 여부는 그것이 채권자가 채무자와의 본래 계약을 위하여 지출한 비용을 초과하는 경우 그 초과된 비용을 헛되이 지출한 비용이라는 이유로 배상받을 수 있는지 여부[69]와 관련하여 논의의 실익이 있을 수 있다.[70]

2) 대체거래비용은 채권자가 채무자의 이행을 믿고 지출한 비용이라고 볼 수 없고, 채무자의 이행이 있었더라도 어차피 지출하였을 비용에 해당하지도 않는다. 또한 대체거래비용은 적어도 채권자에게 있어 새로운 거래 내지 계약을 위한 유익한 비용에 해당하여 비용배상에 있어 비

---

68) 김재형, "계약의 해제와 손해배상의 범위: 이행이익과 신뢰이익을 중심으로", 83-84면은 매수인이 매매목적물을 전매하고자 제3자와 계약을 체결하였으나 매도인이 채무를 이행하지 아니하여 매수인이 제3자에게 위약금을 배상하게 된 경우 매수인으로서는 계약 이행을 믿고 제3자와 거래를 하였다가 위약금을 지출하게 된 것이므로 이를 지출비용으로 볼 여지가 있지만, 매도인의 채무불이행으로 매수인이 제3자에게 손해배상을 한만큼 경제적 불이익을 입고 있기 때문에 이는 이행이익에 해당한다고 이론구성 할 수도 있다고 한다.

69) 가령 임차인이 임대인(A)과 주택 임대차계약을 체결하는데 100만 원의 비용을 지출하였으나 임대인의 채무불이행으로 임대차계약이 해제된 경우 임차인이 임대인에 대하여 헛되이 지출한 비용이라는 이유로 100만 원의 배상을 받을 수 있음은 별다른 의문이 없다. 그런데 임차인 새로운 주거 마련을 위하여 다른 임대인(B)과 새로운 임대차계약을 체결하고, 이때 새로운 임대차계약을 위하여 150만 원의 비용을 지출하게 된 경우 비용배상을 근거로 원래의 임대인(A)으로부터 150만 원을 배상받을 수 있는지 여부가 문제될 수 있다.

70) 반면, 대체거래비용이 채권자가 채무자와의 본래의 계약을 위하여 지출한 비용보다 적거나 적을 것으로 예상되는 경우, 예컨대, 위 사례(주 69)에서 임차인이 원래 임대인(A)과의 계약을 위하여 지출한 비용이 150만 원인 반면, 임차인이 새로운 임대인(B)과의 계약을 위하여 지출한 비용은 100만 원인 경우, 임차인으로서는 원래의 임대인(A)과의 계약 이행을 위하여 들인 비용의 배상을 구하고자 할 것이다. 이때 임차인이 150만 원을 전액 배상받을 수 있는지 여부는 비용배상 한계로서의 이행이익 또는 손익상계 문제와 관련될 수 있다.

용의 무익성 요건을 충족하기도 어렵다. 이러한 점에 비추어 보면, 대체
거래비용의 배상 근거를 비용배상에서 찾는 것은 바람직하지 않다. 위
사례에서 임차인은 임대인의 채무불이행으로 인하여 예상치 못했던 추가비
용을 지출하게 된 것이므로, 이행이익 산정방식과 관련한 차액설에 따르면
그 추가비용 상당액을 이행이익에 해당한다고 보는 것에 무리가 없다.[71]

　3) 다만, 채권자로서는 계약 목적을 달성하기 위하여 어차피 한 번
은 비용을 지출했어야 하므로, 대체거래비용을 손해배상으로 청구하면서
채권자가 종전에 채무자와의 계약을 위하여 지출한 비용을 헛되이 지출
한 비용이라는 이유로 별도의 배상을 청구할 수는 없다고 보아야 한다.[72]

　(아) 채무이행에 대한 신뢰가 깨어진 후 지출한 비용

　지출비용의 배상은 채권자가 채무자의 이행을 믿고 지출한 비용을

---

71) 김재형, "계약의 해제와 손해배상의 범위 : 이행이익과 신뢰이익을 중심으로",
　 92-93면; 김규완, "계약해제와 결합된 손해배상 : 그 실천적 의미와 재고", 14면. 대
　 체거래를 위한 비용도 손해배상범위에 포함되는 것으로 평가될 수 있는 사례로는 대법
　 원 1997. 11. 11. 선고 97다26982, 26999 판결(공1997, 3762)이 있다. 2013년 민법개정
　 위원회 분과위원회는 개정안으로 제393조의2를 신설하여 "채무불이행이 있은 후
　 채권자가 합리적인 기간 내에 합리적인 방식으로 대체거래를 한 경우에 대체거래
　 를 함으로써 발생한 손해의 배상을 청구할 수 있다."는 내용의 대체거래로 인한
　 손해배상에 관한 규정을 두는 것을 제안하였는데, 분과위원장단 회의에서 채택되
　 지 않아 전체회의 안건으로 상정되지 못하였다[김재형, "채무불이행으로 인한 손해
　 배상에 관한 민법개정안", 민사법학 제65호, 한국사법행정학회(2015), 193면]. 한편,
　 토지 매매계약이 매수인의 귀책사유로 해제되어 매도인이 매매목적물을 제3자에게
　 매도하고, 매도인이 매수인을 상대로 채무불이행을 이유로 한 손해배상을 청구한
　 사건에서, 대법원[2001. 11. 30. 선고 2001다16432 판결(미간행)]은, 이때 매도인이
　 입은 손해는 "제3자에의 매도가격이 시가에 비추어 현저히 저렴하게 책정된 것이
　 라는 등의 특별한 사정이 없는 한, 매도인이 당초의 매매계약에 의하여 취득할 것
　 으로 예상되었던 매매대금과 제3자와의 매매계약에 의하여 취득하게 되는 매매대
　 금과의 차액에 당초의 매매대금의 취득예정시기로부터 후의 매매대금의 취득시기
　 까지의 기간 동안의 당초의 매매대금에 대한 법정이율에 의한 이자 상당액을 합한
　 금액"이라고 판시하여, 채무불이행으로 인해 채권자가 대체거래를 한 경우 대체거
　 래가격을 기준으로 손해배상액을 산정하고 있다.
72) 가령 A가 B로부터 물건을 구입하는 데 비용을 지출하였는데, B의 채무불이행으
　 로 위 매매계약이 해제되어 A가 유사한 목적을 달성하기 위해 C로부터 새로운 물
　 건을 구입한 경우, C와의 새로운 거래에 들어간 비용을 이행이익배상으로 구하면
　 서, 종전 매도인인 B와의 계약을 위해 지출한 비용을 헛되이 지출한 비용이라 하
　 여 별도의 배상을 구할 수는 없다.

그 배상의 대상으로 하므로, 채무 이행에 대한 신뢰가 깨어진 후 채권자
가 지출한 비용은 원칙적으로 지출비용 배상의 대상이 될 수 없다. 예를
들어, 토지 매수인이 건물 신축 공사 도중 매도인의 이행불능 사실을 인
식하였음에도 그 이후에도 공사를 진행하고 추가비용을 지출한 경우, 그
추가비용은 더 이상 매도인이 채무를 이행할 것을 믿고 지출한 것으로
볼 수 없으므로 비용배상의 대상에서 제외되어야 한다. 다만, 채권자가
채무자의 채무불이행 사실을 확정적으로 인식한 것이 아니라 인식할 수
있었음에 그치거나 채무불이행 여부가 불확실한 상황에서 지출한 비용,[73]
채무불이행 사실을 인식하였지만 제3자와의 계약 등에 따라 어쩔 수 없
이 추가로 지출하게 된 비용 등은 배상대상이 되는 비용에 해당하되, 채
권자의 과실 여부와 정도를 과실상계에 참작할 수 있을 것이다.[74]

라. 통상비용에 해당하거나 특별비용으로서 채무자의 인식 가능성이 있 을 것

앞서 본 바와 같이 대법원 1992. 4. 28. 선고 91다29972 판결은 비
용배상은 채권자가 지출한 비용이 통상적인 지출비용 범위 내에 속하면
서 동시에 상대방이 그 지출사실을 알았거나 알 수 있었을 경우에 한하
여 배상의 대상이 된다는 취지로 판시하였으나,[75] 대법원 2002. 6. 11.

---

73) 예를 들어, 토지 매수인이 건물신축 공사 도중 토지의 진정한 소유자라고 주장
하는 사람으로부터 소유권이전등기의 말소 및 토지 인도 청구소송을 제기 당한 경우.
74) 임차인인 원고와 임대인인 피고가 토지 임대차계약을 체결하였는데, 원고는 임
대차계약 체결 당시 위 토지를 기존 임차인 A가 피고로부터 임차하여 사용하고
있다는 사실, 피고가 A를 상대로 토지인도 소송을 제기하였으나 패소한 사실을 알
고 있음에도 위 토지에 스포츠타운을 건축하기 위한 공사를 진행하다가 피고가 A
에게 위 토지의 소유권이전등기까지 마쳐주자 원고가 이행불능을 주장하며 스포츠
타운 공사를 위하여 지출한 비용 상당액의 손해배상을 청구한 사건에서, 대법원
2002. 2. 5. 선고 99다53674, 53681 판결(공2002, 627)은 피고가 원고에게 원고가
임대차계약의 존속을 믿고 스포츠타운 등 시설공사를 위하여 지출한 공사비용 상
당액을 배상할 의무가 있다고 보면서도, 이 사건의 경우 원고는 피고로부터 이 사
건 토지를 임차하더라도 이행불능이 될 가능성이 높다는 사실을 처음부터 충분히
예견하고 있었음에도 손해가 발생되지 않거나 발생되더라도 최소한에 그치도록 필
요한 대비책을 마련하지 않은 상태에서 스포츠타운 등 공사를 위한 비용을 지출하
였다고 할 것이므로, 이러한 과실이 인정되는 이상 법원으로서는 직권으로 손해배
상의 책임 및 범위를 정함에 있어서 이를 참작하여야 한다고 판시하였다.

선고 2002다2539 판결 이후에는 계약의 체결과 이행을 위하여 통상적으로 지출되는 비용과 이를 초과하여 지출되는 비용을 나누어 전자는 채무자가 알았거나 알 수 있었는지 여부와는 관계없이 그 배상을 구할 수 있고, 후자는 특별한 사정으로 인한 손해로서 상대방이 이를 알았거나 알 수 있었던 경우에 한하여 그 배상을 구할 수 있다고 판시하였고, 이러한 입장이 현재까지 이어지고 있다.[76]

대상판결은 이에 대해 명시적인 판단을 하지 아니하였지만, 위 2002다2539 판결과 같은 입장을 취하고 있을 것으로 보인다.[77] 이 경우 채무자의 특별한 사정에 대한 인식(가능성)은 채권자가 증명해야 한다.

마. 손해 및 인과관계

(1) 손   해

(가) 의미─비용의 무익성

비용은 자발적 재산의 희생으로, 비자발적 재산의 손실을 의미하는 손해와 차이가 있어 채권자가 지출한 비용을 지출 당시에 곧바로 손해라

---

75) 같은 취지의 판결로 대법원 1999. 7. 27. 선고 99다13621 판결(공1999, 1771)이 있다.

76) 같은 취지의 판결로 대법원 2002. 12. 26. 선고 2002다10486 판결(미간행), 대법원 2003. 10. 23. 선고 2001다75295 판결(공2003, 2225), 대법원 2015. 5. 14. 선고 2012다101695 판결(미간행)이 있다.

77) 이러한 판례의 태도에 대하여 의문을 제기하는 견해가 있다. 이종엽, "계약해제와 신뢰이익의 배상에 관한 판례 분석", 사법행정 제48권 제11호(통권 제563호), 한국사법행정학회(2007), 45면은 "원고가 입증의 편의 등을 위하여 지출비용의 배상을 구하는 경우에 그 지출비용을 통상손해인지 특별손해인지를 가려 배상범위를 정하는 것은 원고가 원칙적 방법인 이행이익의 배상을 선택하여 구하는 경우 지출된 비용이 통상적인지 여부와 무관하게 전보될 수 있는 것과 비추어 형평이 맞지 않게 된다. (중략) 통상손해와 특별손해를 구분하는 것은 손해배상의 범위를 합리적으로 제한하기 위해서인데, 이미 과잉배상을 막기 위하여 지출비용의 손해를 이행이익의 한도로 제한하였고, 이행이익이 원칙적으로 배상되어야 할 손해인 이상 그것이 상대방의 채무불이행과 상당인과관계가 인정되면 손해배상의 범위를 더 이상 제한할 필요가 없는 것으로 보아야 할 것이다. 따라서 지출비용이 이행이익의 한도에 있는 한 그 지출이 통상적인 것인지와 무관하게 배상책임을 인정하는 것이 타당하다."고 한다. 그런데 이러한 견해를 따르면 이행이익을 산정하기 곤란한 사안의 경우 이른바 특별비용도 제한 없이 배상을 인정하게 될 우려가 있어 동의하기 어렵다.

고 단정할 수 없다. 채권자는 채무자로부터 급부획득을 통해 지출비용을 회수하고자 하는 기대를 갖고 있기 마련이므로, 비용배상에 있어 손해는 채권자가 채무자의 이행을 믿고 지출한 비용에 대한 회수가능성이 사라진 때, 즉 채권자가 지출한 비용이 무익한 비용으로 될 때 비로소 손해라는 결과로 나타나게 된다.[78] 따라서 비용배상을 구하기 위해서는 채권자가 지출한 비용이 결과적으로 채권자에게 무익한 비용이 되어야 한다. 지출한 비용을 다른 목적으로 활용할 수 있는 등 여전히 채권자에게 유익한 비용이라면 비용지출로 인한 손해가 발생하였다고 볼 수 없으므로 지출비용의 배상을 구할 수 없다. 가령 매수인이 매도인으로부터 토지를 매수하고 제3자로부터 건물 신축을 위한 자재를 구입하였는데 매도인의 채무불이행으로 토지 매매계약이 해제된 경우, 위 자재를 매수인의 다른 건물 신축을 위한 자재로 그대로 사용할 수 있다면 매도인과 계약에 들어간 다른 비용(중개수수료, 소유권이전비용 등)을 지출비용 배상으로 구할 수 있을지언정 위 자재구입대금은 비용배상으로 구할 수 없을 것이다. 한편, 지출비용을 당초의 목적대로 사용할 수 있는 것은 아니지만 채권자가 그에 따른 이익이나 가치를 여전히 전부 또는 일부 보유하는 경우 비용지출로 인한 손해는 채권자가 실제 지출한 비용에서 여전히 보유 중인 이익 내지 가치를 뺀 부분에 한정된다.[79]

(나) 증명책임

채무불이행으로 인한 손해배상청구에 있어 손해발생사실에 대한 증명책임은 이를 주장하는 채권자가 부담하므로, 비용배상에 있어서도 마찬가지로 보게 될 것이다. 다만, 채권자가 채무불이행을 이유로 계약을 해제한 경우 채권자가 그 계약을 위하여 지출한 비용은 무익한 비용이 되

---

78) 정진명(주 13), 앞의 글, 255면도 같은 취지이다.

79) 예를 들어 토지 매수인이 매수 토지에 건물 신축을 위하여 1,000만 원 상당의 자재를 구입하였는데 매도인과의 계약이 해제됨에 따라 위 자재를 800만 원에 다른 사람에게 처분한 경우, 무익한 비용지출로 인한 손해는 200만 원에 한정된다. 만약 토지 매수인이 위 자재를 타에 처분하지 않고 보유하는 경우에는 매도인의 이행불능 당시를 기준으로 한 자재의 가액을 기준으로 하여야 할 것이다.

는 것이 일반적이므로, 이 경우 채권자는 비용지출 사실만 주장·증명하
면 특별한 사정이 없는 한 무익한 것으로 추정되고, 채무자가 특별한 사
정 즉 채권자가 지출한 비용이 여전히 유익하거나 그로 인한 이익을 전
부 또는 일부 보유하고 있다는 사실을 주장·증명하도록 함이 타당하다
고 생각한다.

(2) 인과관계

(가) 의   미

지출비용이 원래는 계약 목적 달성을 위하여 유익한 것이었으나, 그
비용이 무익하게 된 원인이 채무자의 채무불이행으로 인한 것이어야 한
다. 지출비용이 채무자가 채무를 이행하였더라도 어차피 채권자에게 무
익한 것이었다면 그 지출로 인한 손해는 채무자의 채무불이행과 인과관
계가 없고, 배상대상이 되지 않는다. 가령 토지 매수인이 건물 신축을 위
하여 구입한 자재가 매도인이 토지 소유권이전 및 인도의무를 이행하였
더라도 어차피 건물신축을 위한 용도로 사용할 수 없는 물건이었다면 매
도인의 채무불이행을 원인으로 위 자재 구입대금 상당의 비용배상을 구
할 수 없다.[80]

(나) 증명책임

비용의 무익성과 채무불이행 사이 인과관계에 대한 증명책임 역시
특별한 명문 규정이 없는 이상 손해배상청구의 증명책임분배 원칙에 따
라 이를 주장하는 채권자에게 있다고 보게 될 것이다. 채권자로서는 지
출비용이 채무자가 채무를 이행하였더라면 본인에게 유익한 것이었으나
채무불이행으로 인해 무익한 것이 되었다는 사실을 증명해야 한다.

(3) 이행이익의 존재

후술하는 바와 같이 이행이익이 비용배상의 한계로 작용하는지 여부
에 대하여 견해가 대립되는데, 이를 긍정하게 되면 채권자가 비용배상을

---

80) 채권자가 채무자로부터 기계를 제작·공급받기로 하는 계약을 체결하고, 기계가
제작되는 사이 채권자는 소외 A로부터 위 기계의 성능 향상을 위한 부속품을 구
입하였는데, 해당 부속품은 채무자가 계약의 내용대로 기계를 제작·공급했더라도
규격 불일치 등으로 사용할 수 없었던 경우 등에도 마찬가지이다.

구하기 위해서 계약이행으로 얻을 수 있는 이익이 존재해야 한다. 만약 채권자에게 계약이행으로 얻을 수 있는 이익이 인정되지 않는다면 채권자가 채무자의 채무불이행으로 인하여 입은 손해가 없게 되고, 채무불이행과 손해 사이에 인과관계 역시 인정될 수 없다. 다만 이때 이행이익은 채권자가 당해 계약을 체결한 목적에 따라 인정될 수 있는 객관적·경제적·물질적 이익뿐만 아니라 주관적·비재산적·정신적 이익 등을 모두 포함하는 개념으로 보아야 한다.

바. 계약 해제가 요건인지 여부

(1) 채무불이행으로 인한 손해배상청구에 있어 계약 해제는 요건이 아니므로, 채권자는 계약을 해제함이 없이 손해배상만을 청구할 수도 있다. 그런데 비용배상의 경우 그 지향하는 목표를 신뢰이익배상과 같은 관점에서 접근한다면, 즉 계약 자체가 없었던 상태로 돌아가는 것을 지향하는 것으로 보면 계약을 해제 또는 해지하는 경우에만 비용배상청구가 가능한 것인지 의문이 생길 수 있다.

(2) 판례상 비용배상이 문제가 되었던 사건들이 대부분 채권자가 계약을 해제하고 손해배상을 청구하는 사안이었지만, 채권자가 계약을 해제하지 않고 채무불이행을 이유로 손해배상을 청구하는 사례에서 비용배상을 인정한 대법원 판결도 존재한다.[81]

(3) 지출비용은 계약 이행을 믿고 채권자가 지출한 비용으로 계약의 유효를 믿음으로써 입게 된 손해인 신뢰이익과 구별되고, 현행 민법상 채권자가 반드시 계약을 해제하여야 비용배상을 구할 수 있다고 제한적으로 해석해야 할 특별한 이유나 필요성은 없어 보인다. 채권자가 채무

---

81) 대법원 1992. 2. 9. 선고 98다49104 판결(공1999, 475). 보다 자세한 내용은 김재형, "계약의 해제와 손해배상의 범위 : 이행이익과 신뢰이익을 중심으로", 82-83면 참조. 한편, 오지용(주 13), 앞의 글, 246면은 계약을 해제하지 아니하고 무익하게 된 비용배상청구를 정면으로 인정한 대법원 판결은 아직 보이지 않는 것 같다고 하면서, 위 대법원 98다49104 판결은 이행보증보험계약 해지 여부에 대한 명시적 설명없이 비용배상을 인정하여 계약 해제나 해지 없이 비용배상청구가 가능한 것으로 보았다고 볼 여지가 있으나, 이 문제를 정면으로 다루고 있는 것은 아니어서 이 판결만으로 대법원의 입장을 추단하는 것은 무리라고 한다.

자의 이행을 믿고 비용을 지출하였는데 채무불이행으로 그 비용이 무익
해진 이상 계약을 해제하지 않더라도 비용배상을 구할 수 있다고 보는
것이 타당하다고 생각한다.[82] 다만, 계약을 해제하지 않는다면 원칙적으
로 채권자가 계약 체결·이행을 위하여 지출한 비용은 무익한 것으로 볼
수 없으므로, 지출비용이 무익한 비용이 되었다는 사실은 채권자가 증명
해야 할 것이다.

3. 비용배상의 범위-한계로서의 이행이익 및 이행이익배상청구권과의 관계

가. 문 제 점

앞서 본 요건을 충족하면 채권자는 채무자에게 지출비용의 배상을
구할 수 있는데, 경우에 따라 지출비용이 이행이익을 초과하는 경우가
있을 수 있다. 이때 채권자가 비용배상청구로 배상받을 수 있는 금액이
이행이익으로 한정되는 것이 타당한지 여부와 관련하여 견해가 대립된
다.[83] 한편, 채권자가 채무자에 대하여 채무불이행을 원인으로 한 손해배
상청구를 함에 있어 이행이익배상과 함께 비용배상을 청구하는 것이 가
능한지 여부에 대하여도 견해가 대립된다.[84] 이하 차례로 살펴본다.

---

82) 김영두(주 20), 앞의 글, 264면도 같은 취지이다. 이러한 견해를 따르면, 가령 채
권자가 채무자와 기계 제작·공급계약을 체결하고 기계에 사용할 부속품을 구입하
였는데 채무자의 부수적 의무위반으로 구입한 부속품이 필요 없어진 경우, 채권자
는 채무자의 채무불이행을 원인으로 계약을 해제할 수는 없을 것이나 무익한 비용
지출로 인한 손해배상청구는 가능하다고 보게 될 것이다. 다만, 이때 채권자의 지
출이 채권자와 채무자 사이의 계약에 따라 통상적으로 드는 비용이어야 하고, 만
약 특별한 비용일 경우 채무자가 채권자의 비용지출 사실을 알았거나 알 수 있었
어야 한다.
83) 앞서 본 바와 같이 영국과 미국에서는 채권자는 채무불이행을 원인으로 신뢰이
익배상을 구할 수 있지만 이는 이행이익의 범위를 초과할 수 없다고 보고 있는
반면, 비용배상을 명문으로 인정한 독일민법 제284조는 이러한 제한이 없다. 덴마
크 역시 채권자가 신뢰이익이 이행이익을 넘는 경우에도 그 배상을 청구할 수 있
다고 한다(김재형, "계약의 해제와 손해배상의 범위 : 이행이익과 신뢰이익을 중심
으로", 91면).
84) 앞서 본 바와 같이 영국과 미국에서는 양 청구권이 선택적 관계에 있는 것으로
보고, 독일민법 제284조 역시 전보배상청구에 갈음하여 지출비용배상을 청구할 수

나. 비용배상 한계로서의 이행이익

(1) 이행이익이 비용배상의 한계로서 작용하는지 여부

(가) 판 례

대법원은 지출비용배상을 최초로 인정한 91다29972 판결 이래로 대상판결에 이르기까지 비용배상은 이행이익의 범위를 초과할 수 없다고 일관되게 판시하고 있고, 대상판결은 이를 바탕으로 "채권자가 계약의 이행으로 얻을 수 있는 이익이 인정되지 않는 경우라면 채권자에게 배상해야 할 손해가 발생하였다고 볼 수 없으므로 당연히 지출비용의 배상을 청구할 수 없다."고 판시하여 이행이익이 비용배상의 한계로서 작용하는 것으로 본다.[85]

(나) 학 설

1) 한계를 인정하는 견해

이행이익이 비용배상의 한계로 작용한다는 견해이다.[86] 이 견해는 ① 이행이익을 넘는 비용배상을 인정하게 되면 채권자는 계약이 이행된

있도록 규정하고 있다. 그런데 정진명(주 13), 앞의 글, 233면은 독일민법 제284조에 의하더라도 후속손해를 배상의 대상으로 하는 급부에 갈음하는 손해배상청구는 비용배상청구와 양립할 수 있다고 하면서, 그 이유는 후속손해는 지출된 비용에 의하여 얻은 이익과 무관하며, 또한 그것은 비용의 가치를 포함하고 있지 않기 때문이라고 한다.

85) 다만, 윤진수(주 26), 앞의 글, 53면은 대법원 91다29972 판결 취지는 이행이익을 넘는 신뢰이익 손해배상이 항상 인정되지 않는다는 것이라기보다는, 이행이익을 넘는 신뢰이익손해는 원칙적으로 민법 제393조 제2항의 특별한 사정으로 인한 손해에 해당한다고 본 취지로 이해되어야 할 것이라고 함은 앞서 본 바와 같다.

86) 김재형, "계약의 해제와 손해배상의 범위: 이행이익과 신뢰이익을 중심으로", 91면; 이종엽(주 77), 앞의 글, 42-43면; 오지용(주 13), 앞의 글, 248면; 박영목, "계약채무의 불이행으로 인한 비용배상", 비교사법 15권 3호(통권42호), 한국비교사법학회(2008. 9.), 75면. 한편, 김준호(주 9), 앞의 글, 461-462면은 비용이 이행이익을 초과하는 때에는 초과부분은 채권자가 부담해야 하고 이행이익이 없는 경우에는 지출비용 배상도 받을 수 없다고 하면서도, 다만, 부동산 매매에 있어 '소유권이전등기비용'은 본래 매도인이 부담할 '변제비용'(민법 제473조 참조)에 속하는 것인데 거래관행상 매수인이 부담하게 된 것이므로, 비용으로서 특수한 성격을 띠고 있으며, 따라서 이에 대해서는 예외를 두어 이행이익에 의해 보전될 것으로 예정된 보통의 비용과는 달리 이행이익을 한도로 하는 법리를 적용할 것이 아니라고 한다.

경우보다 더 유리해질 수 있어 불합리하고, 채권자를 과도하게 보호하
는 결과가 된다는 점, ② 이행이익을 초과하는 지출비용은 채무불이행
과 인과관계가 있는 손해라고 볼 수 없는 점, ③ 이행이익을 한도로 하
는 것으로 보지 않으면 채권자가 부담할 비용지출의 위험을 채무불이행
을 통해 채무자에게 전가하는 것이 되어 부당하다는 점 등을 주된 논거
로 한다.

  2) 한계를 부정하는 견해
  비용배상은 이행이익으로 제한될 필요가 없다는 견해이다. ① 이행
불능으로 된 급부의 가치가 계약 체결시보다 하락하였거나 처음부터 채
권자에게 불리했던 경우에도 대체거래비용을 제외한 모든 비용과 손해의
배상을 청구할 수 있어야만 채권자의 입장에서 계약이 마치 체결되지 않
았던 것과 같은 상태로 비로소 환원될 수 있다는 점,[87] ② 민법 제393조
는 민법 제535조 제1항과 같이 이행이익을 한도로 한다는 취지의 규정이
없으므로 채무자의 예견가능성을 기준으로 배상 여부를 판단하면 충분하
다는 점,[88] ③ 비용배상만 청구하는 경우 이행이익 한도를 넘지 못한다고
보는 것은 이행이익과 비용배상을 함께 청구하는 경우와 균형이 맞지 않
는다는 점,[89] ④ 지출비용이 급부이익의 가치를 상회한다는 것만으로 언
제나 급부이익에 대하여 과다하다고 평가할 수 없고, 지출비용은 손해와
달리 경우에 따라 이행이익을 넘는 배상을 인정할 필요가 있다는 점[90]
등을 근거로 한다.

87) 김규완, "계약해제와 결합된 손해배상 : 그 실천적 의미와 재고", 25면은 "(이행불
  능으로 된 급부의 가치가 하락하거나 처음부터 매수인에게 불리한 경우) 계약해제
  로 반대급부를 면하거나 반대급부를 회복한 매수인이 저가의 급부를 고가로 매입
  하는 손해를 면한 것으로 충분하지 않은가의 반문은 사리에는 맞을지 모르나 규범
  논리에는 부합하지 않는다. 급부의 이행불능에 책임있는 매도인이 급부가치의 우
  연한 하락이나 또는 심지어 처음부터 자신에게 유리한 거래였던 사정으로 반사이
  익을 누려서는 안 될 것이기 때문이다."라고 한다.
88) 황형모(주 26), 앞의 글, 74면; 윤일구, "이행이익과 신뢰이익에 대한 재고찰", 법
  학논총 제34집 제2호, 전남대학교 법학연구소(2014), 255면.
89) 고종영(주 24), 앞의 글, 23-24면.
90) 정진명(주 13), 앞의 글, 257-258면.

3) 한계를 제한적으로 인정하는 견해

구체적 사안에 따라 달리 보는 견해인데, ① 비용배상의 범위 제한
은 민법 제535조에서 정한 원시적 이행불능과 같이 채무자에게 채무불이
행에 대한 귀책사유가 없는 경우에만 적용되고, 귀책사유가 있는 경우 손
해의 성격과 관계없이 민법 제393조에서 제시하는 개념인 통상손해와 특
별손해, 예견가능성이라는 기준을 사용함으로써 충분하다는 견해,[91] ② 일
반적으로 이행이익 범위 내로 제한함이 타당하지만 (ⅰ) 이행이익을 입
증할 수 없거나 이를 금전으로 산정할 수 없는 경우, (ⅱ) 채권자가 채무
자의 이행을 기초로 다음 단계의 사업을 진행하기 위해서 비용을 지출하
였지만 그러한 비용이 무익하게 되는 경우 등에는 비용배상을 이행이익
범위 내로 제한함이 타당하지 않다는 견해,[92] ③ 손해나는 계약과 신뢰투
자를 나누어 전자의 경우 비용배상이 이행이익 범위 내로 제한되어야 하
지만, 후자의 경우 비용배상을 이행이익 범위 내로 제한할 근거가 없다
는 견해[93] 등으로 나뉜다.

(다) 검   토

채권자가 채무불이행을 이유로 계약이 이행되었을 때보다 오히려 더
유리한 지위 내지 상태에 놓이는 것은 부당하고 비용은 본래 채권자의
위험부담 하에 지출하는 것으로서 이행이익을 초과하는 비용으로 인한
손해의 위험을 채무자에게 부담시키는 것은 형평에 맞지 않으며 이행이
익을 초과하는 손해는 채무불이행과 인과관계가 있다고 보기도 어렵다.

---

91) 김동훈, "계약해제와 손해배상의 범위", 284-285면; 박동진, "신뢰이익의 배상",
   JURIST plus 제411호(통권 제411호), 청림출판(2006. 3.), 302면.
92) 김영두(주 20), 앞의 글, 269-271면. 그러면서 신뢰이익배상을 이행이익 한도로
   제한하지 않더라도 채권자의 손해배상청구권은 인과관계, 민법 제393조, 제396조,
   손익상계 법리에 의해서 합리적으로 조절된다는 점을 고려하면 부당한 결과가 발
   생하지 않도록 할 수 있다고 한다.
93) 김차동(주 12), 앞의 글, 39-40면. 여기서 손해나는 계약은 채권자가 처음부터
   불리한 계약을 체결한 경우를 의미하고, 신뢰투자는 예컨대, 냉동창고 임대차계약
   에서 임차인이 냉동창고에 임치할 생선을 구입하는 것과 같이 계약의 목적을 초과
   하여 계약의 유효를 믿고 지출하는 것을 지칭하는데, 앞서 본 급부활용비용과 유
   사한 개념으로 볼 수 있다.

따라서 비용배상이 인정되는 경우라도 이는 이행이익 범위로 제한된다고 봄이 타당하다.

이러한 제한을 반대하는 견해는, 비용배상을 일률적으로 이행이익 범위 내로 제한할 경우 ① 예컨대 거주 목적 아파트 매매계약과 같이 매수인이 경제적 이익(전매차익)이 아닌 다른 목적으로 시가와 일치된 계약을 체결한 경우, ② 매수인이 시가가 형성되어 있지 않은 물건을 주관적인 판단에 따라 가격을 결정하고 매수(예컨대, 애호가의 수집 목적 물품 매수, 특정 화가의 작품 매수)하였는데 감정가는 매수가격에 미치지 못하는 경우, ③ 자선이나 소비 목적의 계약의 경우 등에 있어 채권자가 비용배상을 받을 수 없는 부당한 결과가 발생할 수 있다고 한다. 그러나 비용배상을 이행이익 범위로 제한하더라도 위와 같은 경우에 채권자가 항상 비용배상을 받을 수 없는 것은 아니다. 즉, 채권자의 계약 목적 달성을 위하여 대체거래가 가능하고 유효·적절한 구제수단이 되는 경우[94] 대체거래비용이 포함된 이행이익을 산정하게 되면 대체거래에 필요한 비용의 범위 내에서 채권자가 기존 채무자와의 거래를 위하여 지출한 비용의 배상을 구할 수 있을 것이고,[95] 대체거래가 불가능하거나 무의미한 경

---

94) 이는 채권자의 채권이 비금전채권인 경우에 문제된다. 채권자의 채권이 금전채권(예컨대 매매대금채권)인 경우 채권자는 채무자로부터 계약에서 정한 금액만 받으면 계약 목적을 달성하는 것이어서, 이때 이행이익은 곧 계약에서 정한 금액으로 결정되며, 지출비용이 이행이익(매매대금)을 초과하더라도 이행이익 한도 내에서 배상받을 수 있다.

95) 우리 판례가 토지 매도인의 소유권이전등기의무가 이행불능상태에 이른 경우 매도인이 매수인에게 배상하여야 할 통상의 손해배상액은 그 토지의 채무불이행당시의 교환가격이라고 판시한 바 있지만[대법원 1992. 8. 14. 선고 92다2028 판결(공 1992, 2660)], 이러한 판시만으로 대법원이 대체거래비용을 이행이익에서 제외하는 입장이라고 단정할 수 없다. 대법원 1997. 11. 11. 선고 97다26982, 26999 판결(공 1997, 3762)의 취지에 비추어 보면 대체거래비용을 손해배상 범위에 포함시키는 것으로 해석할 여지도 충분하다. 김형배 외 2인 공저, 민법학강의, 935면. 역시 대체거래로 인한 비용 상당의 손해는 이행이익(후속손해 중 통상손해)에 포함된다고 하고, 김재형, "계약의 해제와 손해배상의 범위 : 이행이익과 신뢰이익을 중심으로", 92-93면은 "신뢰이익은 이행이익의 범주와 명확하게 구분되는 것이 아니고 상당 부분 중첩된다. 그렇기 때문에 신뢰이익의 범주를 확장하여 인정하기 시작하면 이행이익과 신뢰이익의 구별이 더욱 모호해질 수 있다. 오히려 이행이익의 의미를 탐구하고 그 범위를 정하는 노력이 중요하다. 그 중요한 예가 이른바 대체거래비

우에는 채권자가 채무자와의 거래를 위하여 지출한 비용을 최소한의 이행이익으로 보아 배상을 인정할 수 있을 것이기 때문이다.[96]

(2) 증명책임

(가) 문 제 점

비용배상이 이행이익 한도로 제한되고 이행이익이 인정되지 않는 경우 비용배상 역시 인정되지 않는다고 볼 때, 이행이익의 존재와 초과사실은 누가 증명해야 하는지 문제된다.

(나) 판   례

대법원은 이에 대하여 명확하게 밝히고 있지 않다.[97] 다만, 대상판결은 지출비용배상은 이행이익 증명이 곤란할 때 그 증명을 용이하게 하기 위하여 인정된다고 하여 비용배상을 인정하는 이유를 밝혔는데, 이러한 판시내용에 비추어 보면 채무자인 피고가 지출비용이 이행이익을 초과하거나 이행이익 부존재사실을 주장·증명해야 하는 것으로 보고 있다고 평가할 여지는 있다.[98] 손해액 증명을 용이하게 하기 위하여 비용배상을 인정하면서, 이행이익의 존재와 범위를 여전히 채권자인 원고가 부담해야 하는 것으로 보게 되면 비용배상을 인정하는 취지가 몰각될 우려가 있기 때문이다.

(다) 검   토

이행이익 증명이나 산정이 곤란한 경우 이를 구제하기 위하여 인정

용 문제이다. 이 문제는 우리나라에서 주목을 받지 못하고 있으나, 대법원 판결에서 이미 대체거래비용이 손해배상의 범위에 포함된다고 한 바 있다. 이러한 대체거래비용도 이행이익의 개념으로 포섭할 수 있다. 예컨대 채권자가 채무자의 불이행으로 제3자로부터 동일한 물건을 매수하여야 했다면 그 물건의 가격뿐만 아니라 그 물건의 매수를 위하여 사용한 비용도 대체거래비용으로서 그 배상을 청구할 수 있다. 왜냐하면 손해배상은 원래 채무불이행이 없었으면 있었을 상태로 만드는 것이기 때문이다. 그러나 이것은 계약의 이행을 위하여 들인 비용을 배상하는 것과는 다른 것이다."라고 한다.

96) 박영목(주 86), 앞의 글, 75면도 같은 취지이다.

97) 원고가 주장하는 신뢰이익 배상에 대하여 그 신뢰이익이 이행이익을 초과한다는 피고의 주장을 항변으로 판단하고 있는 하급심 판결로는 서울고등법원 2007. 8. 17. 선고 2006나66250 판결이 있다.

98) 한편, 대법원은 이행이익의 객관적 산출이 불가능한 사건에서 비용배상을 인정하기도 하였다〔대법원 2010. 10. 28. 선고 2010다52683 판결(미간행, 주34참조)〕.

되는 비용배상의 취지를 고려할 때 채무자인 피고가 이행이익 초과 내지 부존재사실을 주장·증명할 책임이 있다고 보는 것이 바람직하다고 생각한다. 하지만 명문 규정이 없는 현행 민법상 위와 같이 해석하는 것이 가능한지 의문이 있을 수 있다. 사견으로는 채권자가 손해 및 인과관계의 내용으로서 이행이익 존재에 대한 증명책임을 부담해야 한다고 보더라도, 이때 이행이익은 경제적·재산적·물질적 이익은 물론 정신적·비재산적 이익 등을 모두 포함하고, 그 존재 사실만 증명하면 채무자가 이행이익 초과사실을 적극적으로 주장·증명하지 못하는 이상 배상책임을 부담하는 것으로 해석하는 것이 타당하다고 생각한다.

다. 이행이익배상청구권과의 관계

(1) 판   례

대법원은 앞서 본 2002다2539 판결 이후로 "채무불이행을 이유로 계약해제와 아울러 손해배상을 청구하는 경우에 그 계약이행으로 인하여 채권자가 얻을 이익 즉 이행이익의 배상을 구하는 것이 원칙이지만, 그에 갈음하여 그 계약이 이행되리라고 믿고 채권자가 지출한 비용 즉 신뢰이익의 배상을 구할 수도 있다."고 판시하여[99] 양 청구권이 선택적 관계에 있는 것으로 보고 있고, 그 근거로는 중복배상금지원칙을 들고 있다.[100]

(2) 학   설

학설은 중복배상 내지 이중배상이 문제되지 않는 이상 이행이익배상과 비용배상을 함께 인정할 수 있다는 견해[101]와 비용배상은 계약을 체결

---

99) 대법원 2003. 10. 23. 선고 2001다75295 판결(공2003, 2225), 대법원 2015. 5. 14. 선고 2012다101695 판결(미간행). 한편, 이행이익의 일부로서 지출비용 배상을 구할 수 있다는 취지의 판결로는 대법원 2006. 2. 10. 선고 2003다15501 판결(미간행).

100) 대법원 2007. 1. 25. 선고 2004다51832 판결(미간행), 대법원 2010. 10. 28. 선고 2010다52683 판결(미간행) 등이 있고, 비용배상과 판매이익 손실(일실이익 손실)로 인한 손해배상을 함께 인정한 원심을 파기한 사례로는 대법원 2007. 1. 25. 선고 2004다51825 판결(미간행)이 있다.

101) 박동진(주 91), 앞의 글, 302면; 김동훈, "손해배상의 범위를 정하는데 신뢰이익의 개념은 유용한가", JURIST 제386호, 청림인터렉티브(주)(2002), 72면; 김영두(주 20), 앞의 글, 262면; 고종영(주 24), 앞의 글, 20면.

하지 않았다면 있었을 상태를 지향하는데 반해, 이행이익배상은 계약이
이행되었더라면 존재하였을 상태를 지향하는 것이어서 양자는 양립할 수
없는 선택적 관계에 있고, 이를 함께 청구할 수 없다는 견해[102]로 나뉜다.

(3) 검 토

지출비용배상은 신뢰이익배상과 차이가 있어 전자가 반드시 계약이
체결하지 않았다면 있었을 상태를 지향한다고 볼 수 없다. 채권자로 하
여금 반드시 하나의 청구권을 선택해서 주장하도록 할 필요성이 있는지
의문이고, 채권자가 이행이익배상과 함께 비용배상을 구하는 경우 이를 허
용할 것인지 여부는 중복배상금지원칙에 위반되는지 여부에 따라 판단하면
충분하다고 생각한다. 이렇게 볼 경우 앞서 본 대법원 91다29972 판결과
같이 채권자가 비용과 순이익을 나누어 전자는 비용배상으로, 후자는 이행
이익의 일부로 양자를 함께 청구하는 것도 가능하다고 보게 될 것이다.

4. 이 사건의 경우

대상판결 사안에서 피고는 분양대행계약상 채무를 불이행하였고, 특
별한 사정이 없는 이상 귀책사유도 인정된다. 원고는 분양대행계약에 따
른 자신의 의무이행을 위하여 광고비 등을 지출하였는데 이는 계약이행
비용에 해당하고, 특별히 과도한 비용을 지출한 것으로 보이지는 아니하
므로 통상적인 지출이라고 할 것이다. 나아가 피고의 채무불이행으로 분
양대행계약이 해제됨으로써 원고는 분양대행수수료를 청구할 수 없게 되
었고, 위 광고비 등은 결국 무익한 것이 되었다.

그러나 이 사건에서 원고가 피고에 대하여 배상을 구할 수 있는 이
행이익이 존재한다고 볼 수 없고, 지출비용이 무익해진 것이 피고의 채
무불이행으로 인한 것이라고 볼 수도 없어 결국 비용배상을 구할 수 없
다고 보아야 한다. 피고가 원고에게 사업부지 사용·수익권을 확보해 줄
의무를 이행하였더라도 원고가 상당한 기간 동안 분양대행계약에서 정한

---

102) 김준호(주 9), 앞의 글, 461면; 이종엽(주 77), 앞의 글, 39면.

자신의 의무를 이행할 가능성, 즉 최소분양률에 달하는 289세대[총 340세대의 85%] 내지 적어도 분양대행계약상 수수료 지급청구가 가능한 170세대[총 340세대의 50%]를 조합원으로 모집할 가능성이 없어 원고로서는 피고의 이행 여부와 관계없이 피고에 대하여 이행이익인 분양대행수수료 지급을 청구할 수 없는 상황이었기 때문이다. 대상판결은 이러한 점을 지적하며 원고의 비용배상청구를 일부 인용한 원심판결을 파기·환송하였는바, 타당한 결론이라 생각한다.[103)]

Ⅳ. 민법개정안에 따른 지출비용배상

1. 명문 규정의 신설

2013년 민법개정위원회는 그간 판례를 통해 형성된 법리와 독일민법 제284조를 참조하여 채무불이행의 경우 채권자가 지출한 비용의 배상을

---

103) 이 사건에서 원고는 분양대행계약 이행을 위한 비용만 지출하였을 뿐 결과적으로 아무런 배상을 받지 못하게 되었고, 반면 피고는 채무불이행에도 불구하고 아무런 손해배상책임을 부담하지 않게 되었다. 이러한 결론은 일견 불합리하다고 볼 수도 있다. 그럼에도 대상판결이 원고의 손해배상청구를 받아들이지 않는 취지로 원심판결을 파기·환송한 것은 이 사건 분양대행계약 체결 및 이행과정에서 나타난 특수한 사정, 즉 ① 분양대행 경력이 있는 원고가 먼저 피고에게 세대 기준 분양률 50%를 넘어야 수수료를 받겠다는 제안을 하였고, 모델하우스 공개 후 1개월 내 50%, 2개월 내 80%의 모집률을 제시한 점, ② 원고는 피고로부터 초기 광고홍보비로 1억 원을 지급받아 비용 일부를 보전받은 점, ③ 피고는 원고와의 분양대행계약 체결 전 시공사인 소외 B와 별도의 사업약정을 체결하였는데, 위 사업약정에서 피고 책임하에 2013. 6. 30.까지 주택조합설립인가신청을 하기로 하였고, 그때까지 조합원 80%가 모집되지 않아 사업진행이 어려울 경우 시공사 B로부터 사업약정을 해지당할 수 있었던 점, ④ 원고는 조합원 일정 비율을 모집하면 사업성패를 불문하고 수수료를 지급받을 수 있었던 점(리스크의 분배), ⑤ 원고는 대행기간 만료일인 2013. 6. 30.까지 조합원으로 80세대(전체 340세대 중 약 23.52%)를 모집하는 데 그쳤고, 2013. 9. 23.까지는 117세대(전체 340세대 중 약 34.4%)를 모집하는 데 그쳐 결국 피고가 사업부지 확보의무를 이행했더라도 원고는 최소 분양률인 80%나 수수료 청구기준인 50%의 분양률을 달성할 수 없어 피고로부터 분양대행계약을 해지 당하였을 것으로 보이는 점 등을 두루 고려한 것으로 보인다. 이 사건에서 만약 피고가 주택건설사업을 계속 진행할 수 있는 상황이었다면, 원고가 모집한 조합원의 수만큼 피고가 법률상 원인 없는 이득을 얻은 것으로 보아 부당이득반환의무를 부담할 가능성이 제기될 수 있으나, 이 사건에서 피고는 더 이상 주택건설사업을 진행할 수 없게 되어 원고가 모집한 조합원으로 어떠한 이득을 얻은 바가 없어 원고의 부당이득반환청구 역시 불가능한 상황이었을 것이다.

청구할 수 있는 근거규정을 신설하기로 하였다.[104] 민법개정위원회 전체
회의에서 확정된 개정안의 내용은 다음과 같다.[105]

> **제392조의2(지출비용의 배상)** 채무불이행의 경우에 채권자는 채무가 이행될 것을
> 믿고 지출한 비용의 배상을 청구할 수 있다. 그러나 그 배상액은 채무가 이행
> 되었더라면 받았을 이익액을 넘지 못한다.

2. 법적 성질

개정안에 따른 지출비용배상의 법적 성질에 관하여, 이를 채무불이

---

104) 지출비용배상 규정 신설 문제와 관련하여 견해가 대립되었다고 한다. 개정위원회
분과위원장(송덕수 교수)은 채무불이행으로 인한 손해배상은 이행이익배상이므로,
판례에서 지출비용배상을 인정하는 것은 법적 근거가 없기 때문에, 헛되이 지출한
비용에 대한 배상청구를 인정하려면 명문의 규정이 필요하다는 견해였다[학설상 같
은 취지의 견해로는 김준호(주 9), 앞의 글, 462면]. 이에 대하여 다른 분과위원들
은 지출비용배상에 관한 규정을 두는 것에 반대하였는데, 대체로 ① 이 문제에 관
해서 논란이 많고, 이러한 규정을 두고 있는 입법례도 드문 상태이므로, 논의가 정
리되지 않은 상태에서 입법하는 것은 시기상조라는 점, ② 지출비용은 이행이익을
산정할 때 고려하는 요소 또는 자료로 보면 충분하다는 점, ③ 비용배상의 문제는
이행이익과 신뢰이익의 문제가 겹쳐서 매우 어려운 문제인데, 지출비용 배상에 관
한 규정을 둘 경우 신뢰이익의 배상을 인정하는 근거로 작용할 수도 있다는 점 등
을 그 이유로 들었다고 한다(김재형, "채무불이행으로 인한 손해배상의 기준과 범
위에 관한 개정방안", 226면). 한편, 정진명(주 13), 앞의 글, 213면은 채권자에게
이행이익이 존재하지 않거나 또는 이행이익이 사소하여 투자비용이 이를 넘지 않
을 경우에도 채권자에게 헛되이 지출한 비용의 배상을 인정할 필요가 있고, 이러한
문제점을 해결하기 위하여 독일민법 제284조를 참고하여 지출비용 배상에 관한 규
정을 신설한 것이라고 한다. 그러나 개정안 제392조의2 단서는 "(지출비용) 배상액
은 채무가 이행되었더라면 받았을 이익액을 넘지 못한다."고 규정하여 개정안에 따
르더라도 위와 같은 경우 비용배상이 인정되지 아니할 가능성이 크다.

105) 개정위원회 실무위원회(위원장 윤진수 교수)에서 제안한 안은 제390조 제3항을
신설하고 본문에서 "채권자는 채무가 이행될 것을 믿고 지출한 비용의 배상을 청
구할 수 있다."라고 정하며, 단서에서 "그러나 제2항(개정안에 따른 이행이익배상
규정, 필자 주)의 손해배상과 중복하여 청구할 수 없다."(제1안), 또는 "그러나 제2
항의 손해배상액을 초과하여 청구할 수 없다."(제2안)라고 규정하는 것이었다. 한
편, 개정위원회 분과위원회에서 제안한 안은 제395조의2를 신설하여 제1항은 "채
권자가 채무가 이행될 것이라고 믿고 비용을 지출하고 그 지출이 상당한 경우에
채권자는 그 비용의 배상을 청구할 수 있다. 그러나 채무를 이행하더라도 비용지
출의 목적을 달성할 수 없었을 때에는 그러하지 아니하다."라고 정하고, 제2항은
"제1항에 따른 청구 금액은 채무가 이행되었더라면 받았을 이익을 초과할 수 없
다."고 정하는 것이었다(김재형, "채무불이행으로 인한 손해배상의 기준과 범위에
관한 개정방안", 227면).

행으로 인한 손해배상청구권의 일종으로 볼 것인지, 손해배상청구권과는 별개의 독자적인 청구권을 인정한 것으로 볼 것인지 견해가 나뉠 수 있고, 이러한 견해 대립은 비용배상의 요건 및 증명책임 소재와 관련된 문제에서 차이를 나타낼 수 있다.[106]

사견으로는 채권자가 계약 목적 달성을 위하여 지출한 비용은 자발적 재산의 손실로서 지출 당시에는 손해라고 볼 수 없지만, 채무자가 채무를 이행하지 아니하여 결과적으로 채권자가 지출한 비용이 무익해지는 손해를 입게 된 것이고, 이러한 관점에서 본다면 개정안에 따른 지출비용 배상 역시 채무불이행으로 인한 손해배상으로 보아도 무리가 없을 것으로 생각한다.[107]

3. 요건과 증명책임

개정안에 따른 비용배상의 성질을 손해배상으로 파악하는 이상 앞서 본 비용배상의 요건과 관련된 논의가 그대로 적용될 수 있다. 비용배상의 성질을 손해배상의 그것과 다르다고 보는 견해에 의하더라도 채권자가 비용배상을 구하기 위해서는 채무자의 채무불이행과 귀책사유가 있어야 하고, 채무자의 이행을 믿고 채권자가 비용을 지출하였어야 하며, 그러한 비용이 통상비용에 해당하거나 특별비용일 경우 채무자의 인식가능성이 있어야 하는 것은 마찬가지이다.[108] 다만, 손해 및 인과관계가 반드시 필요한지 의문

---

106) 김재형, "채무불이행으로 인한 손해배상에 관한 민법개정안", 244면은 지출비용배상에 관한 개정안은 손해배상과는 별도로 지출비용을 배상하도록 규정한 것이고, 이행이익의 배상이나 신뢰이익의 배상이 아니며, 다만, 기능적 관점에서 손해배상적 기능, 즉 손해배상을 보완하거나 대체하는 기능을 수행할 것이라고 한다.

107) 개정위원회의 다수의견은 지출비용배상을 손해배상으로 보았다고 한다(김재형, "채무불이행으로 인한 손해배상에 관한 민법개정안", 202면). 정진명(주 13), 앞의 글, 261-262면도 같은 취지이다.

108) 김재형, "채무불이행으로 인한 손해배상에 관한 민법개정안", 200, 230면. 한편, 김재형, "채무불이행으로 인한 손해배상의 기준과 범위에 관한 개정방안", 229-230면; 정진명(주 13), 앞의 글, 257면은 개정안에 따른 비용배상에 민법 제393조가 (유추)적용된다고 볼 경우 특별한 사정으로 인한 손해에 관하여 채무자가 예견가능하기만 하면 지출비용을 배상하여야 하는데, 이는 바람직하지 않다는 이유로 독일민법 제284조와 같이 지출비용이 상당한 경우에 한하여 배상하도록 규정할 필요

이 있을 수 있는데, 비용배상을 손해배상과 다른 것으로 보더라도 비용배상
의 의미를 무익한 비용의 배상에서 찾는 이상 채권자가 지출한 비용이 여
전히 유익하거나, 채무자가 채무를 이행하였더라도 어차피 무익했을 비용이
라면 결과적으로 채무자의 배상책임을 인정하지 않을 것이다.[109]

결국 비용배상의 성질을 어떻게 보든 그 요건에 있어서 크게 달라
지는 부분은 없고, 다만 비용의 무익성, 인과관계에 대한 증명책임의 소
재가 달라질 수 있다.[110]

4. 범위-한계로서의 이행이익 및 이행이익배상청구권과의 관계

개정안은 비용배상이 이행이익을 한도로 함을 명확히 하였다. 다만,

가 있다고 한다.
109) 김재형, "채무불이행으로 인한 손해배상에 관한 민법개정안", 200면은 채무를 이
행하더라도 비용지출의 목적을 달성할 수 없었을 경우 비용배상을 청구할 수 없다
는 내용의 단서규정을 둘 것인지와 관련하여, "채무를 이행했더라도 비용지출의
목적을 달성할 수 없는 경우에까지 지출비용의 배상을 인정하는 것은 채권자에게
망외의 이익을 주는 것이기 때문에, 이에 관한 명문의 규정을 두는 것이 좋을 것
으로 생각된다."고 한다. 비용배상의 본질을 손해배상과는 다른 것으로 볼 경우
채무불이행과 인과관계가 없는 지출비용의 배상을 부정하기 위하여 위와 같은 단
서조항 필요성이 클 것이다. 사견으로는 개정안에 따른 비용배상을 손해배상으로
보더라도 비용배상 취지가 채권자의 증명책임 곤란을 구제하기 위함에 있다고 보
는 이상 위와 같은 단서규정을 둠으로써 인과관계에 대한 증명책임을 채무자가 부
담하도록 하는 것도 의미가 있을 것으로 생각한다.
110) 비용배상을 손해배상의 일종으로 보면, 특별한 명문의 규정이 없는 이상 손해의
발생과 인과관계는 이를 주장하는 채권자가 증명해야 한다고 보게 될 것이다. 그
런데 비용배상을 손해배상과는 다른 것이라고 보면 채권자는 채무불이행 사실과
귀책사유, 비용지출 사실만 주장·증명하면 그 배상을 청구할 수 있고, 채무자가
배상책임을 면하기 위해서는 채권자의 지출비용이 여전히 채권자에게 유익하다거
나 채무불이행이 없었더라도 어차피 무익한 비용지출이었음을 주장·증명할 책임
을 부담하다고 보게 될 가능성이 있다. 김재형, "채무불이행으로 인한 손해배상에
관한 민법개정안", 200면은 (비용배상을 손해배상과는 다른 것으로 보는 전제에서)
"개정안에서 지출비용의 배상을 청구할 수 있는 요건은 '채무불이행'이다. 채무불이
행이 있으면 충분하고 그 밖의 다른 요건은 필요 없다. 따라서 이행지체, 이행불
능, 불완전이행, 부수적 채무 불이행 등 모든 유형의 채무불이행이 있으면 지출비
용의 배상을 청구할 수 있다고 보아야 한다. 고의나 과실이 없는 경우에도 지출비
용의 배상을 청구할 수 있는지 문제되나, 고의나 과실이 있는 경우에 한하여 이
규정이 적용된다고 보아야 할 것이다. 이 개정안은 제390조를 전제로 한 규정이기
때문이다."라고 한다.

이를 단서규정으로 둠으로써 지출비용이 이행이익을 초과한다는 사실에
대한 주장·증명책임은 채무자가 부담하도록 하였다. 나아가 개정안에서
는 지출비용배상이 이행이익배상에 갈음하여 인정된다는 제한이 없어 채
권자로서는 비용배상을 청구하면서 이와 함께 이행이익배상을 청구할 수
도 있을 것이다. 그러나 이러한 경우에도 중복배상금지 원칙은 적용되는
것으로 보아야 한다.[111]

V. 결 론

1. 대상판결은 비용배상을 인정하되 이행이익을 한도로 제한해오던
대법원의 법리를 다시 확인하면서, 지출비용배상을 인정하는 취지가 이행
이익 증명이 곤란한 경우 그 증명을 용이하게 하기 위한 것이고, 이행이
익이 인정되지 않는 경우라면 채권자에게 손해가 발생하였다고 볼 수 없
으므로 당연히 지출비용배상을 구할 수 없다고 하여 이행이익배상과 지
출비용배상의 관계 및 이행이익배상에 갈음하여 비용배상을 인정하는 취
지를 보다 명확히 밝힌 점에서 의미가 있다. 이러한 취지에 비추어 채권
자인 원고가 비용배상의 다른 요건과 더불어 이행이익 존재사실[112]을 주
장·증명하면 채무자인 피고가 그러한 지출비용이 이행이익을 초과한다
는 사실을 주장·증명하지 못하는 이상 비용배상책임을 부담하는 것으로
보게 될 여지가 있지만, 대상판결이 이 부분에 대한 명확한 판단을 내린
것은 아니다.

2. 지출비용배상을 명문으로 인정한 개정안이 아직 구체적인 입법단
계에 이르지 못하고 있지만, 향후 그대로 입법이 된다면 지출비용배상을
위한 명문 규정의 필요성이나 타당성은 별론으로 하더라도,[113] 비용배상

111) 김재형, "채무불이행으로 인한 손해배상의 기준과 범위에 관한 개정방안", 228면.
112) 채권자가 채무자에 대하여 부담하는 반대급부의무의 이행 여부가 문제되는 경
우, 채권자로서는 반대급부의무의 이행가능성만 증명하면 충분할 것이다.
113) 김재형, "채무불이행으로 인한 손해배상에 관한 민법개정안", 197면은 "지출비용
배상에 관한 판결들이 우리나라 손해배상법 체계에서 적합한지 여부, 그러한 판결
들이 신뢰이익의 배상을 인정한 것인지 여부 등에 관하여 논란이 많다. 채무불이

인정 여부와 그 한계로서의 이행이익에 관한 다툼은 정리가 될 것으로
보인다. 다만, 비용배상청구권의 법적 성질과 요건 및 증명책임, 이행이
익배상청구권과의 관계 등에 관한 새로운 견해대립이나 법률문제가 발생
할 가능성은 여전히 존재하며, 판례에 따라 규율되는 현재보다 비용배상
이 조금 더 쉽고 넓게 인정되어 비용배상을 청구하는 사건이 많아질 가
능성도 있다.[114] 앞서 본 논의가 향후 제기될 비용배상 관련 소송에 있어
조금이나마 도움이 되었으면 하는 바람이다.

행으로 인한 손해배상은 이행이익의 손해를 배상하는 것이다. 일반적으로 손해는
채권자의 의사와 관계없이 발생한 것인 반면에 비용은 채권자 스스로 지출한 것이
라는 점에서 구분되는 것으로, 채권자가 지출한 비용을 손해라고 볼 수 없다. 채
권자가 지출한 비용은 이행이익을 산정하는 요소로 보면 충분하다. 따라서 지출비
용 배상을 인정하는 새로운 법리를 전개하는 것이 타당한지는 매우 의문이다."라
고 한다.
114) 김재형, "채무불이행으로 인한 손해배상에 관한 민법개정안", 203면.

[Abstract]

A case study on the Compensation for Expenses

Jung, Kyung Hwan*

To make a claim for damages due to non-performance, an aggrieved party must show that, among others, (i) the non-performing party has failed to perform an obligation, (ii) such non-performance resulted from wilful misconduct or negligence, (iii) damages have been incurred by the aggrieved party and (iv) the causation between the non-performance and the resulting damages. The damages are normally regarded as the difference between the expected profit that would have been realized had the non-performing party performed its obligations and the current economic position of the aggrieved party. Such damages are typically referred to as an "expectation damages."

In litigation proceedings, however, it can be challenging for an aggrieved party to prove the amount of expectation damages. In such instance, the aggrieved party may claim for compensation for expenses incurred by itself due to non-performance (such as the transaction costs in connection with the entry into and performance of the contract entered into with the non-performing party and additional costs incurred on the basis that the non-performing party would perform its obligations under the contract), which is relatively easier to show.

There has been an ongoing debate as to whether an aggrieved party may claim for compensation for expenses based on non-performance because such expenses may not be deemed as "damages" that constitute an

* Judge, Jecheon Branch Court of Cheongju District Court.

involuntary loss (for which a court may order compensation), given that such expenses are incurred by the aggrieved party on a voluntary basis. It is also difficult to establish causation as the aggrieved party would have incurred such expenses even if the non-performing party had in fact performed its obligations. In the past, the Supreme Court was not favorable towards such claim for compensation for expenses based on non-performance, but since 1992, it has expressly supported such claim, limiting the compensation of such expenses to the quantum of the expectation damages.

The 2017 Supreme Court decision of 2015Da235766(hereinafter "the decision") relates to a claim filed by the plaintiff for damages arising out of a sale-in-lots agency contract entered into with the defendant who is a developer of residential property. The contract was allegedly terminated due to the defendant's non-performance after the plaintiff has incurred certain expenses (such as marketing fees) pursuant to the contract. The appellate court upheld the plaintiff's claim for compensation for the expenses incurred by the plaintiff in connection with its performance under the contract, noting, however, that it is difficult to accept the plaintiff's claim for expectation damages since it is unlikely that the plaintiff would have been entitled to expectation damages even if the defendant performed under the contract. In the decision, the Supreme Court reversed and remanded the appellate court's opinion that partially upheld the plaintiff's claim, opining that, while compensation for expenses may be sought in lieu of expectation damages in a claim for damages based on non-performance, the claim for compensation for expenses should not be upheld in the event expectation damages are not found to exist since the quantum of compensation for expenses cannot exceed that of the expectation damages.

It is necessary to allow compensation for expenses in cases where, for example, it is difficult to prove the amount of expectation damages, and this position is supported by Article 390 of the Civil Code. It is reasonable, however, to limit the compensation amount to the quantum of the expectation damages since the aggrieved party should not be put in a better position than it would have been in had the contract been performed by the non-performing party. Therefore, the decision, which applied this principle, is reasonable.

[Key word]

- Compensation for Expenses
- Non-performance
- Liability
- Expectation damages
- Reliance damages

참고문헌

1. 단 행 본

곽윤직 편집대표, 민법주해(Ⅸ) 채권(2), 박영사(1995).

_____, 민법주해(Ⅻ) 채권(5), 박영사(1997).

김용담 편집대표, 주석민법(제4판) 채권각칙(2), 한국사법행정학회(2016).

김형배 · 김규완 · 김명숙 공저, 민법학강의(제15판), 신조사(2016).

지원림, 민법강의(제15판), 홍문사(2016).

2. 논   문

고종영, "계약 해제와 손해배상 : 손해배상의 성질과 범위에 관한 실무적 고찰", 법조 제52권 제3호, 법조협회(2003).

권영준, "계약관계에 있어서 신뢰보호", 법학 제52권 제4호(통권 제161호), 서울대학교 법학연구소(2011).

김규완, "손해배상과 비용배상", 재산법연구 제21권 제1호, 법문사(2004. 8.).

_____, "계약해제와 결합된 손해배상 : 그 실천적 의미와 재고", 민사법학 제38호, 한국사법행정학회(2007. 9.).

김동훈, "이행이익과 신뢰이익에 관한 판례의 분석", 판례월보 제358호, 판례월보사(2000).

_____, "손해배상의 범위를 정하는데 신뢰이익의 개념은 유용한가", JURIST 제386호, 청림인터렉티브(주)(2002).

_____, "계약해제와 손해배상의 범위", JURIST plus 제411호(통권 제411호), 청림출판(2006. 3.).

김영두, "채무불이행으로 인한 신뢰이익의 손해배상과 범위", 민사법학 제42호, 한국사법행정학회(2008. 9.).

김재형, "계약의 해제와 손해배상의 범위 : 이행이익과 신뢰이익을 중심으로", 인권과 정의 제320호, 대한변호사협회(2003).

_____, "채무불이행으로 인한 손해배상의 기준과 범위에 관한 개정방안", 채무불이행과 부당이득의 최근 동향, 박영사(2013).

_____, "채무불이행으로 인한 손해배상에 관한 민법개정안", 민사법학 제65

호, 한국사법행정학회(2015).

김준호, "신뢰이익의 손해", 민사법학 제45-1호, 한국사법행정학회(2009. 6.)

김차동, "이행이익 및 신뢰이익", 비교사법 제17권 제1호(통권 제48호), 한국 비교사법학회(2010. 3.).

박동진, "신뢰이익의 배상", JURIST plus 제411호(통권 제411호), 청림출판 (2006. 3.).

박영목, "계약채무의 불이행으로 인한 비용배상", 비교사법 제15권 제3호(통 권 제42호), 한국비교사법학회(2008. 9.).

양창수, "1992년 민법판례개관", 민법연구 제3권, 박영사(1994).

오지용, "계약책임에 있어서의 비용배상", 저스티스 제101호, 한국법학원 (2007. 12.).

윤일구, "이행이익과 신뢰이익에 대한 재고찰", 법학논총 제34집 제2호, 전남 대학교 법학연구소(2014).

윤진수, "채무불이행으로 인한 특별손해, 동시이행의 항변권과 권리남용", 국 민과 사법 : 윤관 대법원장 퇴임기념, 윤관 대법원장 퇴임기념판례평석 집 간행위원회(1999).

이종엽, "계약해제와 신뢰이익의 배상에 관한 판례 분석", 사법행정 제48권 제11호(통권 제563호), 한국사법행정학회(2007).

이진기, "민법개정안 채무불이행법에 관한 검토", 민사법학 제68호, 한국사법 행정학회(2015).

정진명, "헛되이 지출한 비용의 배상" 민사법학 제70호, 한국사법행정학회 (2015. 3.).

황형모, "해제와 손해배상의 범위", 판례연구 제7집, 부산판례연구회(1997).

3. 외국문헌

Treitel, Law of Contract, 9th ed, Sweet & Maxwell (1995).

사실상 불능의 법적 판단에 관한 소고[*]

최 봉 경[**]

■요　지■

　본고는 대상판결을 계기로 하여 사실상의 불능에 관한 법리를 연구한 글이다. 먼저 채무불이행의 구제수단으로 손해배상을 원칙으로 하고 특정이행은 예외적으로만 인정하는 영미법계와 이행청구를 원칙적으로 허용하는 대륙법계의 차이가 사실상의 불능 판단에도 영향을 미칠 수 있음을 살펴보았다. 손해배상제도는 특히 손해경감의 원칙 등으로 인해 실질적인 권리구제에는 미흡한 경우가 적지 않다. 우리나라의 경우에도 과실상계를 통해 영미법의 '손해경감제도'와 유사한 결과에 이르는 듯하다. 하지만 이미 인과관계 심사를 통해 손해배상의 여부 자체를 걸러내고 있고, 통상/특별손해 구별, 즉 예견가능성 기준에 의해 또다시 배상능력이 있는 부분을 제한한다. 그리고 과실상계를 통해 재차 형평의 균형을 잡고자 한다. 여기서 '과실'은 넓게 이해되고 있기에 채권자 측의 생활상 부주의도 모두 해당될 수 있다. 결국 본래의 계약 내용에 따른 이행청구에서 손해배상으로 넘어가는 순간 복잡하게 얽힌 형량요소로 인해 피해자의 권리구제에 부족한 경우가 발생한다. 더구나 계약은 당사자의 자유로운 합의에 기초한 것인데 자신이 원하여 들어선 마당을 비임의적으로 떠나는 것을 만연히 인정해서는 곤란한 것이다. 요컨대 '계약의 자유와 책임'이라는 관점에서 대륙법적 입장이 보다 우월한 법윤리적 설득력을 가지고 있다.
　다시 말해 손해배상이 실질적인 권리구제수단이 될 수 없는 경우가 적지

---

　* 본고는 심사를 거쳐 다른 학술지에 공간될 예정이다.
　** 서울대학교 법학전문대학원 교수.

않으며, 또한 당사자가 본래 채무의 이행을 원한다면 이행청구권을 우선적 구제수단으로 존중할 필요가 있다. 채무자와 권리를 보유한 제3자 간에 법인/이사, 부부관계, 부자관계 등 특별한 인적 관계가 있거나 하자있는 거래로 인해 불능 여부를 가늠할 소의 승소가능성이 있는 등 특별한 사정이 있을 경우(또는 양자가 모두 결합된 경우) 쉽사리 사실상의 불능을 속단해서는 아니 된다. 사회관념상 이행의 실현을 여전히 기대할 수 있기 때문이다. 계약 당사자가 아닌 제3공공기관의 인·허가가 계약상 채무의 이행을 위한 필요조건이라고 하더라도 이 자체로서 이행청구의 장애사유가 되는 것은 아니다. 나아가 채무자의 계약 해석이 선행행위에 모순된 행위에 기초한 것일 때 이러한 해석 또한 허용해서는 아니 될 것이다. 이는 신의칙의 발로이다. 계약해석 및 사실상 불능의 판단에 있어서 채권자와 채무자 간에 이익과 부담, 기회와 위험의 균형도 고려될 수 있다. 일반적 법사고인 형평의 구체적 반영이다. 공익적 성격을 띤 계약에서는 더욱 그러하다고 할 것이다.

대상판결은 "…특히 계약은 어디까지나 내용대로 지켜져야 하는 것이 원칙이므로, 채권자가 굳이 채무의 본래 내용대로의 이행만을 구하고 있는 경우에는 쉽사리 채무의 이행이 불능으로 되었다고 보아서는 아니 된다…" 고 판시한다. 이 문장은 마치 '굳이 채무의 본래 내용대로의 이행만을 구하는 경우'에 한해 쉽사리 이행불능을 인정해서는 아니 된다는 뜻으로 읽힌다.

대상판결이 위와 같이 판시한 이유는 아마도 본래 계약 내용대로의 이행을 원하는 원고의 의사를 강조하고 또 존중하려는 데에 있을 것이다. 그렇지만 소를 어떤 형식으로 제기하는가가 결정적 기준이 되어서는 아니 될 것이며 이행청구와 손해배상청구를 주위적, 예비적 청구로 나누거나 선택적으로 병합하는 경우 등에도 본고가 제시한 유형과 규준에 따라 신중하게 판단해야 할 것이다. 끝으로 대상판결처럼 사실상의 불능을 부정하고 이행청구를 받아들인다고 하더라도 넘어야 할 산들이 있다. 타인권리의 증여를 전제로 하는 이 사건에서 그 타인의 증여를 강제하고 기본재산의 처분에 관한 주무관청의 허가를 득해야 한다. 묵시적 합의의 존재 여부를 좀 더 면밀히 심사하고 독일과 같이 주무관청의 허가를 조건으로 소유권이전등기절차의 이행을 명하는 방법도 참조할 만하다.

[주 제 어]
- 손해배상과 특정이행
- 채무불이행의 구제수단
- 사실상 불능
- 채무자와 권리를 보유한 제3자의 관계
- 선행하는 행위에 모순된 행위의 금지원칙

대상판결 : 대법원 2016. 5. 12. 선고 2016다200729 판결

[사안의 개요]

사실상 불능의 법리를 다루기 전에 먼저 대상판결의 사실관계를 살펴본다. 이 사안에서 원고(甲)는 지방자치단체(의령군)이고 피고(乙)는 공익법인[1]이다.

甲과 乙은 2011. 8. 17.[2] 이른바 의령교육관광시설 구축사업(이하 '이 사건 사업'이라 한다)을 시행하기 위하여 아래와 같은 내용의 업무협약(이하 '이 사건 협약'이라 한다)을 체결하였다.

제1조(협약의 목적)
본 협약은 乙이 이 사건 사업의 기획, 투자 유치, 시행 등을 수행함에 있어 甲의 업무 협조와 甲과 乙이 이행하여야 하는 권리와 의무, 책임을 규정함으로써 이 사건 사업의 원활한 추진을 도모함을 목적으로 한다.

제2조(사업 개요)
① 이 사건 사업의 개요는 다음 각 호와 같다.
　2. 위치 : 별지 목록 제1항 기재 부동산 일원
　3. 사업부지 면적: 7,030㎡
　4. 도입시설: 전시관 및 교육체험관, 휴게공간, 주차장 등

제3조(사업주체의 지위)
甲은 교육관광시설 구축을 통하여 지역경제를 활성화함에 있어 이 사건 사업에 참여하는 공동시행자이며, 乙은 이 사건 사업의 공동시행자 및 협조자이다.

제4조(업무의 범위)
① 이 사건 사업의 기획, 투자 유치 등 사업 전반에 관한 업무는 乙의 책임으로 수행하되, 시행 등 중요한 사항에 대하여는 투자자의 동의를 얻은 후 추진한다.
② 이 사건 사업의 원활한 추진을 위하여 甲과 乙은 다음 각 호의 업무를 충실히 수행한다.
　1. 甲의 업무
　　가. 이 사건 사업의 용도 변경 및 인허가 취득 협조
　　나. 기타 본 조항에서 정하지 않은 사항으로 이 사건 사업에 필요한
　　　　공동시행자로서의 업무
　2. 乙의 업무

---

1) '공익법인의 설립·운영에 관한 법률(이하 '공익법인법'이라 한다)'의 규정에 따라 장학금 지급, 연구비 지급, 교육기관 보조, 불우계층에 대한 사회복지사업 지원 등을 통하여 국가 발전에 기여함을 목적으로, 위 목적사업에 필요한 자원 마련을 위하여 주무관청의 승인을 받아 부동산임대사업, 체육시설업, 관광숙박업, 식품접객업의 수익사업을 영위하는 법인이다.
2) 사실 피고는 그해 5월까지 이 사건 사업의 완수를 위해 여러 시도를 했지만 실패했었다.

가. 사업부지 매입 및 확보
나. 투자자금의 유치
다. 부지확보와 관련된 제반 업무 및 민원처리 협조
라. 기타 본 조항에서 정하지 않은 사항으로 제1항 수행에 필요한 제반 업무

제5조(기부채납에 관한 사항)

① 이 사건 사업이 완료된 때에는 조성된 '시설' 및 건축물에 대하여 국유재산법, 공유재산 및 물품관리법 등 관련 법규에 적합하도록 소유권을 무상으로 乙에 기부채납 및 이전하여야 한다.

제6조(협약의 효력 등)

③ 甲과 乙이 제4조의 업무를 성실히 이행하였음에도 불구하고 2013년 12월 31일까지 본 사업을 유치하지 못할 경우 본 협약서는 그 효력을 상실한다. 이 경우에 일방 당사자는 상대방 당사자에게 일체의 손해배상을 청구할 수 없다. (밑줄은 필자가 가함)

◇ 이 사건 협약 당시 부동산 A, B는 乙의 설립자 겸 대표자 L의 아들인 M의 소유였고, 부동산 C, D는 원래 J의 소유였는데, M은 C, D에 대해서도 2012. 3. 2. 소유권이전등기를 마쳤다(이하 A, B, C, D를 모두 합쳐서 '이 사건 토지'라 한다).

◇ 乙은 위 협약을 체결한 후 용도변경을 위해 노력하였고 경남도지사는 2011. 11. 10.경 이 사건 토지를 농림지역에서 계획관리지역으로 변경하는 의령군 관리계획을 결정·고시하였다.

◇ M은 이 사건 토지 지상에 문화 및 집회시설의 건축허가를 받고, 그에 따라 그 지상에 사업수행에 필요한 건물들(이하 '이 사건 건물들'이라 한다)을 건축하여 2015. 1. 19. 자신 앞으로 소유권보존등기를 마쳤다(이하에서 '이 사건 부동산'이라 함은 '이 사건 토지'와 '이 사건 건물들'을 모두 포함한 것이다).

◇ M은 이 사건 협약 체결 당시 乙의 이사였지만 이 사건 토지에 관한 용도변경이 결정, 공시되고 사업수행에 본 괘도에 오르자 2011. 12. 22. 대표이사로 취임한다. 그리고 지자체와 기부채납 범위에 관한 갈등이 깊어지자 2014. 9. 12. 이사에서 사임하였으며 원고가 소를 제기할 무렵 이 사건 건물들에 대한 보존등기를 모두 경유하였다.

위와 같은 사실관계를 전제로 할 때 이 사건 원고인 甲은 용도변경 등 협약에 따른 의무를 성실히 이행하였고, 그에 따라 이 사건 토지 지상에 이 사건 건물들이 건축되어 이 사건 사업이 완료되었으므로, 피고 乙은 협약에

따라 甲에게 이 사건 사업으로 조성된 시설 및 이 사건 건물들에 관하여 2011. 8. 17.자 증여를 원인으로 한 소유권이전등기절차를 이행할 것을 청구하였다.

[소송의 경과]

1. 1심판결

1심[3]에서는 원고의 청구를 다음과 같은 이유로 인용하였다. 즉 이 사건 사업은 乙의 설립자인 L의 생가를 복원하는 것인데, M은 L의 자녀일 뿐만 아니라 乙의 대표권 있는 이사로서 이 사건 사업을 진행하였다고 보이는 점, 乙은 주무관청의 승인을 받아 수익사업으로 관광숙박업을 할 수 있고, 이 사건 사업에 따라 조성된 이 사건 부동산은 교육관광시설로서 위 사업과 관련 있다고 평가되는 점, 乙로서는 보통재산[4]을 처분하여 위 부동산을 취득할 수 있고, 이 경우 위 부동산을 위 수익사업과 관련된 보통재산으로 할 수도 있는 점, 乙이 M으로부터 위 부동산을 기부받는다면 그 기부목적에 비추어 주무관청의 승인을 얻어 기본재산으로 하지 않을 수도 있는 점, 乙이 위 부동산을 취득하여 기본재산으로 편입하더라도 이사회의 심의 결정과 주무관청의 허가를 거치면 처분이 가능한 점 등에 비추어 이 사건 협약에 따른 乙의 위 부동산에 관한 소유권 이전 의무가 이행불능에 이르렀다는 乙의 주장을 받아들이지 않았다.

2. 원심판결

이에 乙은 항소하였고 다음과 같은 이유를 들어 甲의 청구에 응할 수 없다고 다투었다.

1) 이 사건 협약서는 乙 소속 실무자가 乙의 설립자 겸 대표자 L과 재단 이사회의 승인을 받지 않고 임의로 날인한 것이므로 乙에게 효력을 미칠 수 없다.

---

3) 창원지방법원 마산지원 2015. 7. 2. 선고 2015가단100887 판결.
4) 후술하다시피 공익법인의 재산은 '기본재산'과 '보통재산'으로 나뉘는데, '보통재산'의 경우 그 처분을 위해 주무관청의 허가가 필요 없다. 공익법인이 재산을 취득하는 단계에서 주무관청의 승인을 얻어 예외적으로 '보통재산'으로 취득할 수도 있다 (1심이 지적하고 있는 바이기도 하다). 공익법인법 시행령 제16조 제1항 제2호 참조. 한편 乙이 이 사건 부동산을 '기본재산'으로 편입하더라도 이사회의 심의결정과 주무관청의 허가를 얻으면 처분(甲에게의 기부채납)이 가능함은 물론이다.

2) 이 사건 협약은, 건축인·허가권을 가진 행정관청인 甲이 우월한 지위를 남용하여 이 사건 건물들에 대한 건축허가에 대한 조건으로 이 사건 각 부동산을 甲에게 기부채납 하도록 한 것이어서, 乙의 궁박, 경솔 또는 무경험을 이용하여 현저하게 균형을 잃은 이익을 취득하는 불공정한 법률행위이므로 민법 제104조에 의하여 무효이다.

3) 이 사건 협약은 L의 생가를 복원하는 이 사건 건물들에 관한 건축허가 여부를 심의하는 데 필요한 형식적인 서류일 뿐이라는 甲의 기망 또는 이를 체결하지 아니할 경우 건축허가를 내줄 수 없다는 甲의 강박에 따른 법률행위이므로 민법 제110조에 의하거나, 또는 甲이 유발한 동기의 착오에 의한 법률행위이므로 민법 제109조에 의하여 이를 취소한다.

4) 이 사건 사업은 2013. 12. 31.까지 유치되지 못하여 이 사건 협약서 제6조 제3항에 따라 효력이 상실되었다.

5) 설령 이 사건 협약이 유효하다고 하더라도, 이 사건 협약서 제5조 제1항에 따르면 기부채납의 대상은 '조성된 시설 및 건축물', 즉 '이 사건 건물들'에 한정되고 '이 사건 토지'는 제외된다.

6) 乙은 甲에게 이 사건 각 부동산을 기부채납하려면 이를 소유자인 M으로부터 매수하거나 기부받아 甲에게 증여해야 하는데, 공익법인법의 적용을 받는 乙이 이 사건 각 부동산을 취득하고 처분하는 것은 허용되지 않으므로 무효이거나 이 사건 협약에 따른 乙의 의무는 이행불능이 되었다고 주장하였다.

이에 대해 원심[5]은 먼저 협약서의 진정성립을 인정한 후 乙이 주장한 불공정성, 착오, 사기, 강박 어느 것도 인정하지 않았다.[6] 협약서 제6조 제3항에 의한 실효 여부에 관해서도 乙이 M 소유이던 이 사건 토지와 M이 건축한 이 사건 건물들을 2013. 12. 31.까지 매입하거나 확보하지 못하였음은 다툼이 없지만, M이 乙의 설립자 겸 대표자 L의 자녀로서 이 사건 협약 당시에는 乙의 이사였고, 2011. 12. 22. 이후 2014. 9. 12. 사임할 때까지 대표이사의 지위에 있었던 점, M이 '애초부터' L의 생가를 복원하는 이 사건 건물들의 건축을 포함한 '이 사건 사업에 관여'하였던 것으로 보이는 점, 甲으로서는 이 사건 사업의 추진을 위한 토지 용도 변경 및 인·허가 취득에 적

극 협조하는 등으로 자신의 업무를 다한 것으로 보이는 점 등의 제반 사정을 고려하면, 乙이 자신의 업무를 성실히 이행하였다거나 甲이 자신의 업무를 해태함으로써 이 사건 사업에 어떠한 차질을 초래하였다고 보기는 어려우므로, 이와 다른 전제에 선 乙의 이 부분 주장 역시 이유 없다고 보았다.

나아가 이 사건 협약서 제5조 제1항('이 사건 사업이 완료된 때에는 조성된 시설 및 건축물에 대하여… 소유권을 무상으로 乙에 기부채납 및 이전하여야 한다.')에서 기부채납의 목적물을 "조성된 시설 및 건축물"로 한정하고 있으므로 "이 사건 토지"는 위 목적물에서 제외된다는 乙의 주장도 다음의 사정들을 이유로 받아들이지 않았다.

즉 ① 국가나 지방자치단체가 공공사업 등과 관련하여 특정 시설물을 기부채납 받는 경우 토지와 지상물 일체를 그 대상으로 삼는 것이 통상적이고, 그와 달리 토지와 지상물을 분리하여 그 일부만 기부채납 받는 것은 오히려 이례적인 것으로 보인다.

② 甲 역시 이 사건 사업의 기안에서부터 이 사건 협약 체결, 경상남도 도시계획위원회 심의 상정에 이르기까지 일관되게 "토지"를 기부채납의 대상으로 포함한다는 명확한 의사를 가지고 있었던 것으로 보인다.

③ 이 사건 협약 제5조 제1항의 문언만을 놓고 보더라도, 乙의 주장처럼 기부채납의 목적물을 '이 사건 건물들'로 한정하여 협약을 체결하였다고 하면, "조성된 시설과 건축물"이라는 문구 중 "시설" 부분의 의미를 제대로 설명하기 어렵다(한편, 이 사건 협약서 제2조 제2항 제4호에서는 '도입 시설'을 '전시관 및 교육체험관, 휴게공간, 주차장 등'이라고 규정하고 있는데, 이를 위 제5조 제1항의 "조성된 시설과 건축물" 부분과 연결하여 보면, 최소한 '주차장'인 토지는 기부채납의 목적물이 되어야 한다고 해석하여야 한다).

④ 이 사건 협약의 목적은, 甲과 乙이 공동시행자로 이 사건 사업을 추진하되, 사업을 통하여 조성된 시설물 일체를 국유재산법, 공유재산법 및 물품관리법 등 관련 법령에 따라 甲에게 소유권을 귀속시킨 뒤 甲이 이를 교육관광시설로 운영 및 유지·관리하기 위한 것이므로, 토지와 그 지상 건축물에 관한 권리가 甲과 乙에게 '각각 나뉘어 귀속'한다는 것은 애당초 甲과 乙이 의도하였던 사업구상과도 부합하지 않는다.

⑤ 甲이 이 사건 각 토지에 대한 특혜 의혹을 무릅쓰고 그 용도지역을 종전의 농림지역에서 계획관리지역으로 변경하여 준 것은 사전에 이 사건 토지의 기부채납을 염두에 두었기 때문이고, 경남도지사 역시 '이 사건 토지가

기부채납의 대상이 된다'는 甲의 공문을 확인한 이후에야 위와 같은 관리계
획변경을 결정·고시하였으며, 乙 역시 이 사건 협약 체결을 위한 甲과의 교
섭과정을 통해 그와 같은 사정을 충분히 파악하였던 것으로 보이는 점에 비
추어 보면 乙의 이 부분 주장도 이유 없다고 보았다.

한편 乙은 공익법인으로서 공익법인법 및 같은 법 시행령의 적용을 받는바,
규정 내용은 아래와 같다.

공익법인법
제7조(이사회의 기능)
① 이사회는 다음 사항을 심의 결정한다.
　1. 공익법인의 예산, 결산, 차입금 및 재산의 취득·처분과 관리에 관한 사항
제11조(재산)
① 공익법인의 재산은 대통령령으로 정하는 바에 따라 <u>기본재산과 보통재산으로</u>
　구분한다.
② 기본재산은 그 목록과 평가액을 정관에 적어야 하며, 평가액에 변동이 있을
　때에는 지체 없이 정관 변경 절차를 밟아야 한다.
③ 공익법인은 <u>기본재산을 매도·증여·임대·교환</u> 또는 <u>용도변경하거나</u> 담보로
　제공하거나 대통령령으로 정하는 일정금액 이상을 장기차입하려면 <u>주무관청</u>
　<u>의 허가를 받아야 한다.</u> 다만, 「상속세 및 증여세법」 제16조 제2항에 따라
　성실공익법인이 기본재산의 100분의 20 범위 이내에서 기본재산의 증식을 목
　적으로 하는 매도·교환 또는 용도변경 등 대통령령으로 정하는 경우에는 주
　무관청에 대한 신고로 갈음할 수 있다.

공익법인법 시행령
제16조(재산의 구분)
① 공익법인의 재산 중 다음 각 호의 1에 해당하는 재산은 <u>기본재산으로 한다.</u>
　1. 설립시 기본재산으로 출연한 재산
　2. <u>기부에 의하거나 기타 무상으로 취득한 재산.</u> 다만, 기부목적에 비추어
　　기본재산으로 하기 곤란하여 주무관청의 승인을 얻은 것은 예외로 한다.
② <u>보통재산은 기본재산 이외의 모든 재산으로 한다.</u>
제17조(기본재산의 처분)
① 법 제11조 제3항 본문에 따라 기본재산의 매도·증여·임대 또는 교환에 관
　한 허가를 받고자 할 때에는 그 허가신청서에 다음 각 호의 서류를 첨부하여
　주무관청에 제출하여야 한다.
　1. 처분재산명세서
　2. 「부동산 가격공시 및 감정평가에 관한 법률」 제28조에 따른 감정평가법인
　　이 작성한 감정평가서 또는 시장·군수 또는 구청장이 같은 법 제9조에 따
　　라 표준지의 공시지가를 기준으로 하여 산정한 개별필지에 대한 자기확인서
　3. 이사회회의록 사본
　4. 교환재산 또는 처분대금의 처리에 관한 사항을 기재한 서류(밑줄은 필자가
　　가함)

위 법령의 주요내용을 보면 공익법인의 재산 취득과 처분을 이사회에서
심의 결정하고, 특히 목적사업을 하기 위하여 출연된 재산을 기본재산으로
규정하여 그 처분에 관하여 주무관청의 허가를 받도록 하고 있다.

원심은 한편, 기부채납은 기부자가 그의 소유 재산을 지방자치단체의 공
유재산으로 증여하는 의사표시를 하고 지방자치단체는 이를 승낙하는 채납의
의사표시를 함으로써 성립하는 증여계약이고, 증여의 목적물은 자기 소유의
재산으로 한정되지 않으므로 자기에게 속하지 않은 것이더라도 얼마든지 증
여의 목적으로 할 수 있으며, 이 경우 증여자는 타인으로부터 그 재산을 취
득하여 상대방에게 이행하여야 할 의무를 부담하게 될 뿐이라고 보았다. 따
라서 이 사건 협약 당시는 물론이고 당심 변론 종결 시까지도 이 사건 부동
산은 乙이 아닌 M의 소유이고, 乙이 이 사건 협약에 관하여 이사회의 심의
결정이나 주무관청의 허가를 받지 않았다는 사정만으로 곧바로 이 사건 협약
이 무효라고 볼 수 없으므로 乙의 이 부분 주장은 이유 없다고 판시하였다.

이제 원심이 다룬 마지막 쟁점은 다음이다(이 부분이 본고의 주된 관심
사이다). 원심은 '이행불능은 단순히 절대적·물리적으로 불능인 경우뿐만 아
니라 사회생활의 경험법칙 또는 거래상의 관념에 비추어 볼 때 채권자가 채
무자의 이행의 실현을 기대할 수 없는 경우를 포함한다'는 일반론을 설시한
후, 변론 전체의 취지를 종합하여 다음과 같이 설시하였다.

① 당심 변론 종결 시까지도 M은 이 사건 부동산을 乙에게 매각하거나
기부할 의사가 없음이 분명한 것으로 보이고, 달리 M에게 매각이나 기부를
강제할 만한 정당한 근거나 수단이 없다.

② 乙의 정관에 의하면, 乙이 기부에 의하거나 무상으로 취득한 재산은
특별히 감독청의 승인을 얻지 않는 한 기본재산이 되는데(정관 제6조 제2항
제2호), 공익법인법 및 같은 법 시행령에 의하면, 기본재산의 처분은 주무관
청의 허가를 받아야 하고, 주무관청의 허가가 없으면 그 처분행위는 효력이
없게 된다(공익법인법 제11조, 같은 법 시행령 제16조, 제17조).

③ 乙의 주무관청인 서울특별시 교육청은, 乙이 乙의 자금으로 이 사건
각 부동산을 매입하여 이를 甲에게 기부채납하는 행위나 乙이 M으로부터 이
사건 각 부동산을 무상으로 기부받아 이를 다시 甲에게 기부채납하는 행위가
모두 공익법인법 및 같은 법 시행령에 위배되어 허용될 수 없으므로 그에
대한 허가를 할 수 없다는 입장을 밝히고 있으며, 서울특별시 교육청의 위와

같은 법령해석에 어떠한 위법이 있다고 단정할 자료가 부족한바, 甲이 이 사건 협약 위반을 이유로 乙을 상대로 손해배상을 청구하는 것은 별론으로 하고, 乙의 甲에 대한 이 사건 각 부동산에 관한 소유권이전등기의무는 현재 이행불능이 되었다고 봄이 타당하다. 이에 따라 甲의 乙에 대한 청구는 이유 없다고 보았다.

3. 대법원 판결

하지만 상고심(대판 2016다200729)은 원심을 파기환송하면서 아래와 같이 판시하였다.

1) 먼저 사회통념상 이행불능이라고 보기 위해서는 이행의 실현을 기대할 수 없는 객관적 사정이 충분히 인정되어야 하고, 특히 계약은 어디까지나 그 내용대로 지켜져야 하는 것이 원칙이다.

2) 민법이 타인 권리의 '매매'를 인정하고 있는 것처럼 타인 권리의 '증여'도 가능하며, 이 경우 채무자는 그 권리를 취득하여 채권자에게 이전하여야 하고, 이 같은 사정은 계약 당시부터 예정되어 있는 것이므로, 매매나 증여의 대상인 권리가 타인에게 귀속되어 있다는 이유만으로 채무자의 계약에 따른 이행이 불능이라고 할 수는 없으며, 이러한 경우 채무 이행이 확정적으로 불능인 것으로 되었는지 여부는 계약의 체결에 이르게 된 경위와 그 경과, 채무자와 그 권리를 보유하고 있는 제3자와의 관계, 채무자가 그 권리를 취득하는 것이 불가능하다고 단정할 수 있는지 여부, 채무의 이행을 가로막는 법령상 제한의 유무, 채권자가 채무의 이행이 불투명한 상황에서 계약에서 벗어나고자 하는지 아니면 채무의 본래 내용대로의 이행을 구하고 있는지 여부 등의 여러 사정을 종합적으로 고려하여 신중히 판단하여야 한다.

3) 그리하여 甲이 乙을 상대로 이 사건 협약에서 정한 본래 내용대로의 이행'만'을 구하고 있는[7] 이 사건에서 단지 M이 현재 이 사건 각 토지 및 건물들을 乙에게 매각 또는 기부하는 것을 거절하고 있다는 사정'만'으로 乙의 甲에 대한 소유권이전등기의무가 사회통념상 이행불능으로 되었다고 단정하

---

7) 상고심은 '채권자가 <u>굳이</u> 채무의 본래 내용대로의 이행을 구하고 있는 경우에는 <u>쉽사리</u> 그 채무의 이행이 불능으로 되었다고 보아서는 아니 된다'라고 서술한다 (밑줄은 필자가 가함).

기는 어렵다고 보았다.

4) 그러면서 M은 乙의 설립자인 L의 장남으로서 2009. 9. 22.경부터 乙의 이사였는데, 그는 이미 이 사건 협약이 체결되기 전부터 이 사건 토지 중 자신의 소유였던 부동산 A, B 지상에 L의 생가를 복원하려는 시도를 하였었고, 2011년 5월경에는 甲으로부터 생가 복원에 필요한 허가를 받지 못하여 실패한 적도 있었는바 당시 M이 시도하였던 규모로 L의 생가를 복원하려면 이 사건 토지의 용도를 농림지역에서 계획관리지역으로 변경하는 것이 필요하여 이 사건 협약을 체결한 것이며, 이 사건 협약의 첫머리에는 이 사건 사업이 '乙이 제안'한 것이라고 명시되어 있는 점도 강조하였다.

따라서 논리적으로 볼 때 이 사건 협약은 애초부터 乙이 M으로부터 이 사건 사업 부지를 매입·확보할 것을 예정하고 있다고 보았다. 당시 이 사건 사업부지 중 상당 부분은 M이 소유하고 있었는데, 乙이 M으로부터 이를 취득할 수 없다면 이 사건 협약은 애초부터 아무런 의미가 없으며, 또한 M으로부터의 토지 취득이 불가능한 상황이었다면 乙이 위와 같이 토지의 용도가 변경되도록 하는 등으로 이 사건 협약상의 의무를 이행할 이유도 없었을 것이기 때문이다. 더욱이 M은 이 사건 협약 당시인 2011. 8. 17.경은 물론 이후 2014. 9. 12.경까지 3년 이상 乙의 이사였고, 상술한 부동산 C, D를 취득하고 건축신고를 할 당시에는 乙의 '대표권 있는' 이사이기도 한 점을 적시하였다.

5) 乙은 이 사건 협약에 따라 M으로부터 이 사건 부동산을 취득하여 이를 甲에게 이전해 주어야 할 의무가 있는 자임에도 불구하고, 나아가 甲으로부터는 이 사건 토지의 용도변경 등 이 사건 협약에 따른 이행을 모두 받았음에도 불구하고, M을 상대로 소유권이전을 요구하는 등 정작 乙 자신의 의무이행을 적극적으로 시도하지 않은 점을 지적하였다.

6) 그리고 원심이 거론하고 있는 乙 제1호증(부동산 기부 관련 질의회신)은 서울특별시교육감이 '공익법인이 목적사업 외의 사업을 영위하는 것은 원칙적으로 허용되지 아니 한다'는 등의 '원론'적인 입장을 밝힌 것에 불과하여, 이를 근거로 乙이 이 사건 사업을 위하여 이 사건 부동산을 M으로부터 취득하여 甲에게 기부채납하는 것이 공익법인의 설립·운영에 관한 법률 및 그 시행령의 규정상 불가능한 것이라고 단정하기는 어렵다고 보았다.

따라서 원심이 그 판시와 같은 이유만으로 乙의 甲에 대한 소유권이전등기의무가 이행불능으로 되었다고 보아 甲의 이 사건 청구를 기각한 것은 이행불능에 관한 법리를 오해하여 판결에 영향을 미친 잘못이 있다고 보아 원심판결을 파기 환송하였다.

4. 환송 후 원심[8]

다른 쟁점은 모두 동일하고 이행불능 여부에 관한 판단에서만 이행불능의 일반론을 설시한 뒤 사회통념상 이행불능이라고 보기 위해서는 이행의 실현을 기대할 수 없는 객관적 사정이 충분히 인정되어야 하고, 특히 계약은 어디까지나 그 내용대로 지켜져야 하는 것이 원칙이므로, 채권자가 굳이 채무의 본래 내용대로의 이행을 구하고 있는 경우에는 쉽사리 그 채무의 이행이 불능으로 되었다고 보아서는 아니 된다고 하여 파기환송심의 취지를 그대로 반영하고 있다.

5. 소   결

환송 전 원심은 「이 사건 협약 위반을 이유로 乙을 상대로 손해배상을 청구하는 것은 별론으로 하되, 乙의 甲에 대한 이 사건 부동산에 관한 소유권이전등기의무는 이행불능이 되었다」고 판단한 반면, 상고심은 이를 비난하면서 「채권자가 굳이 채무의 본래 내용대로의 이행을 구하고 있는 경우에는 쉽사리 그 채무의 이행이 불능으로 되었다고 보아서는 아니 된다」고 하는바 이는 이행청구와 손해배상의 구별을 전제로 대상판결과 같은 사안에서 어느 것이 더 적절한 구제수단인지를 생각해 보게 만든다.

나아가 환송 전 원심은 법률상 불능은 아니지만 사실상 불능으로 보아야 한다고 판단한 반면, 대법원은 법률상 불능도 아니고 사실상 내지 사회관념상의 불능도 아니라고 보았는바 대상판결의 이해를 위해 '사실상 불능'의 판단기준에 관한 이론적 고찰도 필요해 보인다.

---

8) 부산고법 창원 제2민사부 2016나21523 판결. 이후 이어진 재상고는 심리불속행으로 확정되었다(대판 2016다267340).

〔研　　究〕

Ⅰ. 서

대법원은 2016년 이행불능 중 이른바 사회통념상의 불능 내지 사실상의 불능[9]과 관련된 흥미로운 판결(대법 2016다200729, 이하 대상판결)을 내렸다. 지방자치단체가 한 공익법인이 교육관광시설을 만들어 기부채납하겠다고 제안하자 그 법인과 교육관광시설에 관한 협약을 체결한 사건이었다. 지자체는 관련된 토지의 용도변경을 파격적으로 결정하는 등 적극 협조하였으며 법인이 기부채납해야 할 새산이 법인의 이사인 제3자의 소유였기에 그의 협조는 협약의 당연한 전제였다. 하지만 환송 전 원심은 이사인 제3자가 이 사건 채무자인 공익법인에게 이 사건 토지를 매각이나 기부할 의사가 전혀 없고 또 이를 강제할 정당한 근거나 수단이 없다는 이유로 협약상 채무를 이행하는 것은 사실상 불능이라고 판단하였다. 하지만 대법원은 타인 권리의 증여가 원칙적으로 유효하다는 법리를 전제로 위와 같은 피고 측 주장을 일축하고 주무관청의 허가가 아직 미정이라는 이유로 쉽사리 이행불능을 인정해서는 아니 된다고 판시하였다. 타인 권리의 증여, 채무자와 권리를 보유한 제3자 간의 특별한 인적 관계(법인과 이사), 제3자의 사후적 협조 거부, 주무관청의 허가 미정, 협약에 대한 해석상 다툼 등 다양한 쟁점을 포함한 사건이었다.

일반적으로 이행불능이란 채무의 내용에 좇은 이행이 종국적으로 불가능한 상황에 대한 법적 판단을 말한다. 여기서 법적 판단은 채무자의 주관적 관념이 아니라 사회관념상 이행이 불가능하다는 법적 평가이다.[10]

---

9) 그 밖에도 '사실적 불능', '사회관념상의 불능' 등의 용어도 사용되지만 본고에서는 '사실상의 불능'이라고 한다. 가령 양창수/김재형, 민법 Ⅰ(계약법)(2판), 2015, 376면; 지원림, 민법강의(15판), 2017, 1026면 등.

10) 양창수/김재형, 앞의 책, 373면; 곽윤직, 채권총론, 6판 중판, 2009, 90면; 김상용, 채권총론, 개정판 증보, 2003, 127면; 김증한/김학동, 채권총론, 6판, 1998, 101면; 김형배, 채권총론, 2판, 1998, 190면; 이은영, 채권총론, 4판, 2009, 227면;

불능 여부에 관한 사회적 관념은 과학기술의 발전과 같은 외부적 요소에 의해 시대에 따라 변화하며 그 변화하는 과정에서 불능여부에 관한 판단은 사안의 구체적 정황에 따라 유동적이다. 판단의 주체인 법관의 가치판단에 상당 부분이 맡겨져 있는 셈이다. 본고는 대상판결의 사실관계와 법적 쟁점을 분석하여 관련된 이론적 측면을 보다 분명히 하고 실무상 판단기준을 한 발짝 더 구체화하는 데 기여하고자 한다.

Ⅱ. 채무불이행의 구제수단

채무자가 채무이행을 하지 아니하면 채권자는 원칙적으로 채무의 이행을 강제할 수 있다. 하지만 채무의 이행이 불가능하게 되면 더 이상 강제이행은 적절한 권리구제수단이 아니다. 채권자는 이제 이행에 갈음한 손해배상을 청구하는 것이 보통이다.[11] 그런데 이행불능은 급부의무에서 해방되는 출구로서 당사자들이 임의로 들어섰던 무대를 비자발적으로 떠나는 것을 의미하기에 그 판단에 있어서 신중할 필요가 있다.

대륙법은 통상 '강제이행청구권'을 채무불이행의 원칙적 구제수단으로 인정한다. 영미법이 손해배상(damage)을 원칙으로 하면서 예외적으로 특정이행(specific performance)을 인정하는 것과 대비된다. 이러한 차이점이 채무불이행제도의 운용에 영향을 미치는 것은 당연한 논리적 귀결이다. 본고는 또한 대상판결을 계기로 사실상의 불능의 판단기준을 고찰함과 동시에 위와 같은 법제도의 차이점이 우리의 채무불이행 제도운용에 미치는 영향도 조금 더 명확히 이해해 보고자 한다. 강제이행과 이행불

지원림, 앞의 책, 1029면. 가령 태평양을 헤엄쳐 건너는 것과 같이 절대적으로 불가능하지는 않지만 사회관념상 그 실현을 기대할 수 없는 경우를 생각해 볼 수 있다[Larenz, Lehrbuch des Schuldrechts, Bd. I(Allgemeiner Teil), 14. Aufl., 1987, 99면의 예]. 물론 채무자 개인의 특유한 사정에 기한 불능을 주관적 불능이라고 하며 원시적 불능의 영역에서는 객관적 불능과의 구별실익이 있다. 계약체결상의 과실책임에 관한 민법 제535조 및 타인권리의 매매에 관한 민법 규정이 이를 반증한다.

11) 이를 전보배상청구권이라고 하며 원래의 채권이 변형된 것으로 이해된다. 양창수/김재형, 민법 I(계약법)(2판), 2015, 441면.

능, 인과관계, 과실상계 및 손해경감의무의 성립, 내용, 범위 등 채무불이
행법 전반적으로 이러한 차이점이 노정될 것이다. 이러한 논의는 우리나
라 손해배상법의 이해 및 과실상계제도의 법리 형성에 기여할 뿐만 아니
라 양 법계의 상호이해 및 CISG 등과 같은 분야별 통일법 형성에도 도
움이 될 것이다.[12]

Ⅲ. 이행청구와 이행불능

1. 서

합치된 의사는 계약의 가장 명확한 근거이다.[13] 의사의 주체가 자유
의사에 의해 상대방을 선택하고 내용을 정하여 성립한 계약에 구속된다
는 관념은 개인적 합리주의에 뿌리를 두고 있다. 말하자면 스스로 구속
되기를 원했기 때문에 구속된다는 것이다. 계약의 자유에는 당연히 일정
한 책임이 따르는 법이다. 자신이 약속한 바를 이행해야 하기도 하거니
와 계약을 체결하고 또 이행하는 과정에서 상대방에게 준 신뢰도, 법적
보호가치가 있는 한, 존중하여야 한다. 물론 이것은 상대방의 입장에서도
마찬가지로 요구된다. 권리와 의무 및 그 상호교차성 위에 법률관계가
기초하고 있기 때문이다.[14]

하지만 약속한 바의 이행을 더 이상 기대할 수 없다면, 즉 이행이
불가능하다면 채무이행을 강제할 수 없게 된다. 불능은 대표적인 급부의
무의 해방사유이며, 민법 제390조 본문(이하 조문은 별칭이 없는 한 민법
의 그것임)에서 말하는 '채무의 내용에 좇은 이행을 하지 아니한 때'에 포
섭될 수 있다. 제390조 단서, 제535조 제1항 본문, 제537조, 제538조 제1

---

12) 우선 Nils Schmidt-Ahrendts, Das Verhältnis von Erfüllung, Schadensersatz und Vertragsaufhebung im CISG, 2007, 7면 이하 참조.
13) François Terré, Pour une réforme du droit des contrats, 2009, 71면, "La volonté est la source (des obligations) la plus évidente."
14) Larenz, Allgemeiner Teil des Deutschen Bürgerlichen Rechts, 7. Aufl., 1988, 34-35면. Larenz는 이를 '상호존중의 원칙(Prinzip des gegenseitigen Achtens)'이라 고 칭하며 모든 법공동체의 평화로운 공존을 위한 법적 기초라고 규정한다.

항, 제546조는 불능이 채무불이행의 한 유형임을 명백히 말해 준다.

2. 이행불능의 의미

그런데 대상판결은 불능의 판단기준으로 '사회통념'을 운위하는바 '불능'은 일응 채무자의 주관에 의해 좌우되는 것이 아니라 사회통념상 객관적으로 채무자로부터 채무의 이행을 기대할 수 없는 것을 말한다. 즉 '기대할 수 없다는 법적 판단'을 전제로 한다. 이때 '법적 판단'의 기준은 무엇인가. 대상판결에 대한 이해를 심화하고자 이 문제를 조금 더 자세히 살펴보도록 한다.

1) 사회통념

언뜻 보아도 위에서 말하는 '사회통념'이라는 것이 절대불변의 기준이 될 수 없음은 자명하다. 사회의 일반적 관념이라는 것은 시대의 변화와 함께 변하기 마련이다. 어제까지 불가능해 보였던 '거대한 물체의 이동'도 오늘날에는 기술적으로 가능할 수 있고, 어제까지 이행을 기대할 수 있다고 관념되었던 일도 오늘날 더 이상 이행할 수 없는 것으로 '사회적 경험'이 변화할 수 있다. 나아가 누군가에는 가능하고 누군가에는 불가능할 수도 있다. 채무자의 일신상 사유에 의해서도 이행불능이 인정된다(중병에 걸린 젖먹이 자식을 두고 무대공연을 강행할 수는 없는 것이고, 또 이를 강제할 수도 없는 것이다[15]). 일정 시점부터는 법률상 이행이 금지되기도 한다.[16] 이 모든 경우가 사회통념상 법적으로 이행을 기대할 수 없는 경우이다.

2) 불능의 경계획정

그런데 직전에 설명한 바에서 알 수 있듯이 불능의 '법적 판단'에는

---

15) 이른바 '윤리적 불능'의 예로서 오늘날 사실상 불능으로 넉넉히 포섭할 수 있다.
16) 대표적인 예가 자기 소유 물건을 매수하는 계약이다. 이러한 법률행위의 목적 달성을 법질서가 승인할 수 없기 때문이다. 무역 거래에서 수출국이 교역금지명령을 내린 경우에도 법적 불능으로 본다. 양창수/김재형, 민법 I (계약법)(2판), 2015, 375면; MK(6. Aufl.), 2012, 제275조, 방주 40 이하 참조(Ernst 집필부분). 윤진수, 자기 소유의 물건을 취득하기로 하는 계약의 효력, 민법논교 III, 148면 이하

어쩔 수 없는 일정한 불확실성이 내포되어 있다. 이는 곧 다른 법영역과의 '경계획정'의 문제를 낳기도 한다. 가령 사정변경의 원칙 내지 행위기초의 상실론과의 경계획정이나 이행불능 자체의 한계 문제가 대두되는 것이다.

가령 10억 원짜리 다이아몬드 매매계약을 체결하였고 이행 중에 물에 빠졌는데 찾는 것이 반드시 불가능하지는 않지만 비용이 현저하게 증가할 경우(가령 50억 원 필요) 채무자가 이행에 대한 강한 의지를 가지고 있음에도 불구하고 이를 반드시 '이행불능'으로 처리해야 하는가.

대당 10억 원짜리 약제 살포용 헬기 10대에 대한 제작공급계약을 체결하였는데 그 후 객관적으로 예상할 수 없었던 원자재가격의 폭등으로 대당 제작가격이 50억 원이 되어 버렸다면, 그리하여 이대로 이행되면 헬기 제작자의 경제적 파탄을 피할 수 없는 경우에도 이를 '이행불능'으로 처리해야 하는가.

위 두 사안에서, 이견은 있지만, 반드시 '이행불능'으로 처리할 필요는 없다고 보는 견해는 계약이 바로 당사자들의 자유의사의 산물이라는 사고에 터 잡고 있다. 계약은 헌법상 기본권의 지위를 보장받는 사적 자치의 가장 효율적인 실현수단이자 인격의 발현물이다. 당사자의 의사를 존중하기 위하여 가정적 의사에 기대기도 한다. 그리고 채권자의 급부이익은 불변인데 비해 이행을 위한 채무자의 비용지출이 과도하게 증가한다면 비례성심사가 판단기준으로 작동할 수 있다. 그 밖에도 해당 거래시장의 상황에 따라 비상한 곤란과 결합된 계약 관련 제반비용 등 경제적 고려도 함께 이루어질 필요가 있다.

이러한 관점을 두루 고려한다면 필자의 경우 첫 번째 사례는 반드시 이행불능으로 처리할 필요는 없다고 생각한다. 당사자의 의사를 존중할 필요가 있기 때문이다. 다른 한편 당사자가 현저한 비용증가를 이유로 이행을 기피한다면 이제 급부이익과 지출비용 간의 현저한 불비례를 이유로 사실상 불능으로 처리할 수 있을 것이다.[17]

두 번째 헬기 사례는 채권자의 급부이익이 원래 계약과는 전혀 다른 내용으로 변질되었고 객관적으로 예상할 수 없었던 사정의 변경으로 인해 이행의 강제가 채무자의 경제적 파탄을 초래할 정도라면 일응 '사정변경의 법리'를 적용할 수 있을 것이다.[18]

그런데 다른 한편 이행이 불가능해 보이지는 않지만 채무자가 전혀 이행할 의지가 없을 경우-게다가 제3자의 협조가 필요하고 주무관청의 인·허가도 요구된다면-채권자가 굳이 '채무의 본래 내용대로의 이행'을 주장하더라도 대상판결의 (환송 전) 원심처럼 이를 '사실상 불능'으로 보고 필요한 권리의 구제는 '손해배상'으로 처리하면 되지 않는가 하는 시각도 있다. 하술하는 바와 같이 개개의 사안에서 원래 약속한 대로의 이행이 도대체 사회관념상 여전히 가능한 것인가에 관한 인식과 이행청구란 구제수단을 어떤 시점까지 인정하는 것이 좋겠는가 등에 관한 생각에 있어서 이견이 있을 수 있기 때문이다.

3. 강제이행과 손해배상

1) 서

채무불이행의 원칙적 구제수단으로 '강제이행'을 인정하는 법역과 이를 예외적으로만 인정하는 법역 사이에 법제도의 차이는 있지만 그 구체

---

17) 지원림, 앞의 책, 1027면은 이 경우 불능이 아니라 '신의칙위반'으로 처리하자고 하면서도 불능의 법리를 따르는 경우와 실질적인 차이가 없다고 한다. 그렇다면 굳이 '신의칙'을 끌어들일 필요는 없다고 할 것이다.

18) 양창수/김재형, 앞의 책, 377면; 김상용, 앞의 책, 128면; 김증한/김학동, 앞의 책, 101면; 김형배, 앞의 책, 191면. 이 경우 '불능의 법리'를 적용하는 것과의 차이는 계약 내용에 대한 이른바 '수정청구권(Anpassungsanspruch)'을 인정하는 데에 있다. 이러한 사안은 대개 급격한 경제적 사정의 변화를 배경으로 할 터인데 이러한 시기에 새로운 계약상대방을 찾아 또 다른 계약조건에 합의하는 것은 당사자 모두에게 쉽지 않을 것이고 계약비용도 적지 않게 소요될 것이라는 점을 고려할 필요가 있다. 사정변경의 원칙에 관한 상세는 권영준, "위험배분의 관점에서 본 사정변경의 원칙", 민사법학 제51호, 2010, 203면; 김대정, "사정변경의 원칙을 명문화한 민법개정시안 제544조의4에 관한 검토", 법학연구 제22집, 전북대학교 법학연구소, 2001, 256면; 백태승, "독일 행위기초론의 발전과 최근동향", 저스티스 제25권 제1호, 한국법학원, 1992, 53면; 동, "사정변경원칙의 문제점", 사법행정 제34권 제10호, 한국사법행정학회, 1993, 5면 이하 등 참조.

적 운용실상을 보면 크게 다르지 않다는 시각도 있을 수 있다.

가령 채무불이행이 있을 경우 반드시 '이행청구'를 구제수단으로 인정해야 할 실익이 있는 사례를 들어보라는 질문을 받을 때 언뜻 잘 떠오르지 않는다.[19] 이유가 어쨌거나 채무자가 이행하지 않겠다고 하는데 그리고 손해배상을 하겠다고 하는데 굳이 원래 채무내용대로의 이행을 강제할 필요가 있는가 하는 의문도 제기된다. 채무자의 이행을 그의 의지에 반해 강요하는 것이 아닌가 하는 것이다. 하지만 손해배상으로 과연 피해자보호에 충분한가 하는 우려도 제기된다.[20]

영국의 경우 특정이행은 손해배상이 적절한 권리구제가 되지 못하는 경우에만 허용되는데, 이리한 법리의 지변에는 금전배싱이 이행이익을 보호하는 효율적 수단이며 대부분의 경우 채권자는 금전배상을 통해 만족을 얻을 수 있다는 사고가 저변에 깔려 있다. 따라서 영미법상 채무불이행의 경우 채권자가—원칙적으로 특정이행은 제한되므로 손해배상을 염두에 두어야 하는데—손해경감조치를 제때에 취하지 않고 만연히 상대방의 이행을 기다리기만 한다면 영미법상 '손해경감의무'의 위반에 기한 배상액의 제한을 인정할 소지가, 대륙법에 비해 상대적으로, 큰 것이다.[21]

---

19) 필자가 이른바 동아시아계약법원칙(PACL, Principles of Asian Contract Law)에 관한 포럼에서 조우한 다수의 영미법학자들이 던진 질문이다. 채무불이행에서 이행청구가 더 합리적인 구제수단이 된다고 그들도 인정한 예는 주식매매계약이다. 주식가격이 가파른 등낙을 거듭할 때 본래의 채무인 해당 주식 자체의 양도가 합리적인 수단이라고 생각되기 때문이다. 채무불이행에 관한 PACL 가안의 개략적인 내용은 A Study on Draft Articles—Principles of Asian Contract Law—Non-Performance, Asia Private Law Review No. 6 Special(2014.11), 참조.

20) 손해배상(damage)을 원칙으로 하는 법계에서는 이른바 '손해경감의무(duty to mitigate)'를 널리 인정하는데, 이는 우리도 결과적으로 유사하다. 대판 2003다 22912 등 참조.

21) 우선 Solene Rowan, Remedies for Breach of Contract, 2012, 34면 이하. 물론 여기서의 '의무'는 '책무(Obliegenheit)'와 같은 뜻이나 일단 통상의 용례에 따르기로 한다. 영국 보통법(common law)과 형평법(equity law)의 역사적 관계에서 손해배상과 특정이행의 관계를 읽어내기도 한다. 후자는 전자를 보충하는 법리로 발전해왔기에 전자가 충분한 구제수단이 되지 못할 때에만 후자를 인정한다는 것이다. 하지만 최근에는 '손해배상의 부적절성(inadequacy of damage)'이라는 특정이행의 조건 내지 장애물은 매우 약화되었고 심지어 특정이행이 영국에서도 주된 구제수단이 되었다는 논자도 있다. 이 주장은 다소 과장된 것으로 생각하지만 적어도 특

대상판결 사안에서 환송 전 원심처럼 이행불능을 인정하고 손해배상으로 처리하면 충분한 것 아닌가. 더구나 증여의 목적물이 제3자의 소유임을 알고서 증여계약을 체결한 것이라면 그리고 그 제3자가 소유권을 이전할 의사가 없다면 일응 그렇게 보는 것이 간명해 보이기도 한 것이다.

2) 채무불이행의 원칙적 구제수단으로서의 강제이행청구

실제로 큰 차이를 보이는 예가 많지 않다고 하더라도 '강제이행청구권'을 원칙적 구제수단으로 법제화하고 있는 대륙법이 법윤리적 설득력 측면에서 우월한 입법례라고 생각한다.[22] 이하에서는 이러한 시각의 근거를 살펴보고자 한다.

a. 먼저 민법 제1편 제2장(人)은 제3조 이하에서 『人』을 다루고 있다. 제1장은 통칙으로서 法源(제1조), 신의성실(제2조)을 규정한다.[23]

인간은 자신의 삶의 모습과 환경을 그에게 주어진 가능성의 범위 내에서 자신의 자유와 책임하에 형성할 수 있다. 또 삶의 목표를 설정하고 스스로 자신의 행동의 한계를 설정할 수도 있다. 이러한 인간상은 Kant의 윤리적 개인주의(ethischer Personalism)에 의하여 영향을 받은 것이며, 이것이 민법의 입법자들의 관념세계에도 영향을 미친 것으로 보인다. 18세기 말의 자연법설은 프로이센 일반란트법과 오스트리아 민법전

정이행이 과거보다 훨씬 많이 인용되고 있음은 분명해 보인다. 무엇보다 Andrew Burrows, Remedies for Torts and Breach of Contract, 2004(3.ed.), 456-509면(특히 457-458면 각주 9와 10 참조. 미국에서의 상황도 유사하다고 서술하고 있다).

22) 프랑스의 경우 특정이행이 채무불이행에 대한 가장 대표적인 구제수단이다. pacta sunt servanda의 사고에 충실한 입법례이며 채무불이행이 있을 경우 별다른 손해경감조치를 취하지 않은 채 원래 급부의 이행을 주장하더라도 이를 이유로, 즉 손해경감의무의 위반에 기해, 손해배상액을 제한하지 않는다. 그런가 하면 독일민법은 채무불이행의 구제수단으로 '이행청구'를 인정하면서도 공동과실제도를 통해 채권자가 손해의 확대에 기여한 경우에도 손해배상액을 제한하고 있다(독일 민법 제254조 제2항). 우리나라는 과실상계제도를 이용하여 유사한 법효과에 이르고 있는데 그에 관한 비교법적 연구는 아직 충분치 않아 보인다. 상세는 후술한다.

23) 2004년 민법 개정안 제1조의 2는 제1항과 제2항에서 각각 사적 자치와 인격권 보호를 천명하고 있다. 2004년 법무부 민법개정안(총칙 · 물권편), 법무부 민법개정 자료발간팀, 2012, 36면 이하.

에 영향을 미쳤다고 한다. Kant의 사고에 따르면 "이성 없는 존재"란 수
단 또는 물건에 지나지 않으며, "이성 있는 존재"만이 "인"으로 지칭될 자
격이 있다고 한다. 즉 "인"은 "이성적 존재"라는 것이다.[24] "이성"이란 현
실세계의 사물의 법칙성을 인식하는 능력(사물의 인식능력)과 도덕적 (정
언)명제를 인식하고 그에 따라 행동할 능력(도덕적 판단능력)을 포함한다.
그리고 인간이 "존엄(Würde)"한 것은 바로 이러한 능력의 보유와 인간 각
자 각자의 대체할 수 없는(kein Äquivalent) 인격적 유일성 때문이라고 한
다. 그리고 모든 인간은 서로 존엄하게 대해야 할 의무를 가지는 것
이다.[25]

이러한 인간상을 전제로 할 때 자신이 자유롭게 내린 결정에 대헤 스
스로 책임을 지도록 하는 것은 응당 당연해 보인다(pacta sunt servanda).
따라서 상대방 당사자가 약속한 채무를 이행하지 않을 경우 일단 '합의한
채무의 이행'을 다시 한 번 청구하는 것, 청구할 수 있도록 제도적으로
보장하는 것이 자연스럽다. 상대방 당사자가 합의한 바를 이행하리라 믿
었던 계약당사자의 신뢰를 보호할 필요가 있는 것이다.

b. 계약을 의도적으로 위반한 사람은 원칙적으로 그로 인해 발생한
위험과 비용을 스스로 부담하여야 한다. 이때 피해 당사자의 의사와 이
익이 상대적으로 보다 중시되어야 하다. 상호신뢰가 훼손되었다면 이를
재건하기 위한 노력과 기회가 필요하다. 설사 아무런 신뢰가 남아 있지
않더라도 '더 이상 이행을 청구하는 것은 의미가 없으니 손해배상으로 처
리하자'고 결정하는 사람은 피해당사자(채권자)여야 한다. 이러한 방식으

---

24) 민법 제1조는 민사에 관하여 법률에 규정이 없으면 관습법에 의하고 관습법이
없으면 조리에 의한다고 규정한다. 여기에서 [조리]란 '사물의 본질적 법칙 또는
사물의 도리'라고 이해되며, 사람의 [이성]에 의하여 생각되는 규범이다[곽윤직/김
재형, 민법총칙(9판), 2013, 28면]. 이른바 '경험칙'이라는 것도 여기에 포함된다. 경
우에 따라서는 사회통념, 사회적 타당성, 신의성실, 사회질서, 형평, 정의, 이성, 법
에 있어서의 체계적 조화, 법의 일반원칙 등의 이름으로 표현되기도 한다. 이러한
개념 또는 유형에 관한 논리적 판단을 인간이 할 수 있다는 것을 당연한 전제로
한다. 결국 민법의 [인](인간상)이 [사물인식능력]과 [도덕적 판단능력]을 겸비한 이
성적 존재인 것이다.
25) 무엇보다 Larenz, AT des deutschen Bürgerlichen Rechts, 7. Aufl., 1988, 33-35면.

로 처리해야 계약제도가 상호신뢰에 기초하여 발전할 수 있고 신뢰를 촉
진하는 수단이 될 수 있다.

c. 교환적 정의와 이행청구

이행청구제도에도 계약적 정의의 숨결이 깃들어 있다. 대상판결처럼
채무자가 의도적으로 이행을 거절할 경우[26]에도 합의된 채무의 이행이
여전히 가능하고 채권자가 이를 원하고 있다는, 즉 원래 주기로 되어 있
는 것을 주었고 받기로 되어 있는 것을 받으려 할 뿐이라는 점에 주목할
필요가 있다. 이것이 바로 계약의 교환적 정의가 요구하는 바이다.[27] 여
기에서 계약체결 후 채무자가 여전히 이행할 의사가 있는지 여부는 원칙
적으로 중요하지 않은 것이다.

d. 영미법상 원칙적 채무불이행 구제수단으로서의 손해배상제도

한편 영미법상 손해배상제도를 좀 더 자세히 살펴볼 필요가 있다.
특정이행을 보충적 수단으로 이해하고 오히려 손해배상제도를 채무불이
행의 원칙적 법효과로 인정하는 데에는 그들 나름의 이유가 있을 것이기
때문이다. 그런데 손해배상액을 산정하는 것은 매우 복잡한 절차이다. 이
행불능의 경우만 보더라도 불능 당시의 시가가 배상액의 산정기준인지
여부,[28] 통상손해인지 특별손해인지 여부, 상당인과관계 인정 여부, 과실
상계 여부 등[29] 형량의 요소는 매우 다양하다. 이행이익의 정확한 산정도

---

26) 대상판결에서는 제3자가 계약당사자인 채무자(피고)에게 양도해야 채무자가 이
를 채권자(원고)에게 기부채납할 수 있는 구도이지만 제3자가 채무자 공익법인의
이사로서 원, 피고 간의 협약체결과 이행과정 전반(협상과정을 포함)에 걸쳐 깊이
관여하였다.

27) 계약법은 원칙적으로 교환적 정의가 지배하는 영역이다. Canaris, Die Bedeutung
der iustitia distributiva im deutschen Vertragsrecht, 1997, 26면 이하(특히 33면) 참
조. 이러한 사고의 연원을 아리스토텔레스에서 찾고 있다.

28) 대판 4280민상148; 67다2158; 92다20163; 95다22337 등(이행불능 당시의 목적물
의 시가가 통상손해이고 그 후의 시가상승분은 특별손해로서 예견가능성이 전제되
어야 배상능력이 있다는 취지).

29) 대판 2003다44387[1차 대법원 판결 : 대법원 2002. 2. 5. 선고 99다53674(1심 의
정부지방법원 1998. 6. 23. 선고 97가합12935 판결; 2심 서울고등법원 1999. 8.
17. 선고 98나35640 판결), 파기환송 후 원심 : 서울고등법원 2003. 7. 16. 선고
2002나12460 판결. 대판 200344387은 위 파기환송심에 대한 상고심(2차 대법원 판
결)]이다.

언제나 용이한 것은 아니다. 손해배상이 특정이행보다 더 효율적이고 더 적절한 구제수단이라는 영미법 학자들의 주장도 경청할 가치가 있으나 언제나 그러한 것은 아니다. 부동산 이중매매의 경우[30]만 두고 보더라도 전체 사회경제적 효율성에 비추어 이를 원칙적으로 유효하다고 판단하자는 견해는 과연 어떤 '경제적 분석'을 토대로 한 것인가. 매도인이 더 많은 대금을 제시한 제2 매수인과 다시 계약을 체결하고 제1 매수인에게 손해배상을 하면 된다는 판단이 '합리적 선택'인가. 그 거래만을 놓고 본다면 사회적 효율성 증가라는 관점에서 그러한 분석이 가능할지 모른다. 하지만 중, 장기적으로 볼 때에도 그러한 거래행태가 지속적으로 사회 전체의 효용을 높이는지에 관한 연구는 알지 못한다. 상식적으로 볼 때 약속을 어긴 매도인은 거래계에 '신뢰하지 못할 사람'으로 소문이 날 것이고[31] 이런 사람들이 많아지면 사회적 불신이 만연하게 될 터인데 이는 자연스럽게 또 다른, 불신에 대처하기 위한, 불필요한 비용들을 양산할 것이다. 손해배상의 이러한 실제적 측면은 '이행불능' 여부에 관한 판단에서도 유념할 필요가 있다.

　　e. 우리 손해배상법의 대원칙은 주지하다시피 공평한 손해의 분담을 실현하기 위해 다양한 방법론을 취하고 있다. 인과관계론, 통상/특별손해의 구별(예견가능성론), 과실상계제도 등은 모두 공평한 손해의 분담을 위해 구체적 타당성 있는 결과를 달성하기 위한 수단들이다. 첫째는 손해

---

30) 이에 관한 기존의 판례 이론 및 제3자의 채권침해론에 기한 불법행위적 구성에 관해 윤진수, 제3자의 채권침해와 부동산의 이중양도, 민법논교 Ⅲ, 2008, 1면 이하[원래 사법논집 제16집(1985)에 수록되었던 논문이다].

31) 유발 하라리는 그의 저서 [사피엔스]에서 뒷담화는 악의적인 능력이지만 많은 숫자가 모여 협동을 하려면 반드시 필요하며… 인간의 언어가 진화한 것은 세상에 대한 정보를 공유하기 위한 수단으로서였다는 이른바 '뒷담화' 이론을 소개하고 있다. 그리하여 약 7만 년전 인지혁명에 뒤이어 뒷담화능력을 획득한 덕분에 호모 사피엔스는 더 크고 안정된 무리를 형성할 수 있었다고 하며, 점차 예컨대 '곰을 수호신'이라고 말하는, 즉 '허구를 말할 수 있는 능력'을 바탕으로 공통의 신화를 믿으며 그 집단의 규모를 늘려나간 끝에 마침내 국가를 수립하게 되었다고 서술하고 있다. 그리고 국가가 공통의 국가적 신화에 터잡고 있듯 사법제도는 공통의 법적 신화에 뿌리를 두고 있다고 한다. 조현욱 옮김.이태수 감수, 사피엔스, 2016, 42-69면.

배상의 여부 자체를 인과성 판단을 통해 결정하는 것이고, 둘째는 손해
배상 중 배상능력이 있는 부분을 구분하고 예견가능성 기준에 의거 제한
하는 것이며, 셋째는 손해배상을 인정하되 피해자 측의 과실을 고려하여
배상비율을 섬세하게 조정하는 것이다. 과실상계제도는 우리나라에서 마
치 '형평의 균형추'와 같은 역할을 한다. 우리는 이러한 법제도들을 통해
영미법의 '손해경감의무'제도와 유사한 결과에 도달하고 있는 것이다.
하지만 결과가 유사하더라도 '계약의 자유와 책임'이라는 관점에서 대륙법
적 입법태도가 보다 우월한 법윤리적 설득력을 가지고 있다고 생각한다.

　　f. 또 다른 예를 보자. 가령 A와 B가 'B가 C로부터 물건을 구입하
여 A에게 배편으로 인도하면 A는 대금을 지급하기'로 합의하였는데, B가
C로부터 물건을 구입하고 수령한 후에 A가 갑자기 계약을 해제하면서
지급을 거절한 경우 B가 추구할 수 있는 법적 구제수단이 손해배상만이
어야 하는가? (Anglo-African shipping Co. v. Mortner[32] 사례를 단순화한 것
임). 아니면 본래 계약대로 물건을 A에게 양도하고 대금지급을 소구할
수 있는가. B에게 손해배상만으로 만족하라는 것은 곧 손해가 있다면 배
상을 해 줄 테니 계약목적물인 물건을 다른 곳에 매도하면 되는 것 아닌
가 하는 생각이 깔려 있다. 새로운 사업 파트너를 다시 찾아서 적절한
가격에 합의한다는 것은 결코 쉬운 일이 아니다. 시간과 노력이 많이 드
는 이러한 과정에 소요될 온갖 불편을 생각해 보라. 더구나 영미법상 채
권자가 제때에 대체거래자를 찾는 수고를 하지 않을 경우 이른바 '손해경
감의무'의 위반을 이유로 손해배상액이 감경될 수도 있다. B가 물건을 구
입, 수령한 후 선적을 준비하는 사이 A가 우연히도 더 저렴한 구매선을
알게 되어 B와의 거래를 취소한 경우 'A가 의도적으로 계약을 위반했음
에도 불구하고' 그로 인한 모든 불편은 B가 부담한다. 그 불편 자체도
금전배상에 포함하면 될 것 아닌가 하는 생각은 실제에 부합하지 않는
경우가 많다.[33] 더 저렴한 구매선을 미리 알지 못한 것은 적절한 계약상

32) Anglo-African Shipping Co v Mortner [1962] 1 Lloyd's Rep 81 (QB).
33) practical justice의 한 단면이라고 생각한다. 상세는 본문 참조.

대방을 찾는 것과 적절한 계약 내용에 합의하는 것이 실제적으로 얼마나 어려운가를 반증하는 것이고 거래시장에서 더 열심히 조사했더라면 미리 알 수도 있었을 터이지만 그러지 못했던 당사자(채무자)가 이제 와서 이를 일방적으로 만회할 수 있는 기회를 보장받는 것은 계약의 본질에 맞지 않아 보인다. 설사 착오에 기해 의사표시를 취소하는 경우[34]에도 '후회권'은 인정되지 않는다는 것이 통설인 점과 비교해도 그러하다.

g. 한국 사회에서 신뢰는 매우 중요한 법적 보호가치이자 선진국으로 가는 길목에서 매우 중요한 덕목이다. 한국의 사회문화적 배경도 이를 뒷받침한다. 다문화사회에 진입하였고 다원적 가치를 표방하지만 여전히 좁은 영토에 5천만이 밀집하여 공통된 국가적 신화를 토대로 살고 있다. 이러한 사회에서는 무엇보다도 약속을 지키는 문화가 중요하다. 법도 문화의 일부에 불과한 것이다.

한편 상술한 바와 같은 영미법적 배경에서는 손해배상을 주로 하므로 대상판결과 같은 사안에서 이행불능을 인정하기 쉬울 것이다. 하지만 대륙법계에서는 그리 단순하게 불능을 인정하기 어려울 것이다. 이하에서 이제 이 불능 문제를 조금 더 상세히 고찰하기로 한다.

Ⅳ. 사실상의 불능의 판단

1. 사실상 불능의 의미

대상판결의 쟁점은 본 사안이 사회통념상 이행을 기대할 수 없는 경우에 해당하는가이다. 이 경우 일단 사물논리(logic of things)적 접근이 유익하다. 할 수 없는 것은 할 수 없는 것이기 때문이다. 그런데 우리 민법을 보면 타인 권리의 매매도 유효하다($^{제569조}_{이하}$). 주지하다시피 의무부담행위와 처분행위를 구분하는 우리 법제에서는 전자의 시점에 처분권이 존재함을 요하지 않는다. 그 논리적 귀결이 제569조이다. 제535조도 원시적 객관적 불능만을 무효로 한다. 양 행위를 구분하는 독일에서도 태도

---

34) 표의자의 의사결정의 자유를 보호하기 위한 제도이지 '후회권'을 인정하는 제도는 아니다.

는 마찬가지이다.[35] 입법정책적으로 원시적 객관적 불능이든 원시적 주관
적 불능이든 계약을 무효화할 필요는 없다는 공감대가 있다.

그런데 법원이 '사실적 불능'의 판단기준으로 삼고 있는 "사회생활에
있어서의 경험법칙 또는 거래상의 관념에 비추어 볼 때 채권자가 채무자
의 이행의 실현을 기대할 수 없는 경우"란 사실상 법관에 대한 백지위임
과 다르지 않고, 법원이 사실상 불능의 경우에는 특히 신축성 있는 판단
을 해 왔다.[36] '사실상 법관에 대한 백지위임'이라는 표현은 '사회의 일반
적 관념상 사실상 이행을 기대할 수 없다'는 문언의 적용의 실제를 비유
한 것이다.

다른 한편 본고 모두에 서술한 바와 같이 이행불능이란 채무의 내
용에 좇은 이행이 종국적으로 불가능한 상황에 대한 법적 판단을 말하는
데 여기서-특히 대상판결과 같은 사실상의 불능에 관한 판단과 관련하
여-법적 판단의 구체적 의미는 무엇인가.

2. 법적 판단의 의미

'신의칙'이나 '형평' 또는 '선량한 풍속'과 같은 판단규준을 적용함에
있어서 판결에 참조할 만한 경험칙이 선재하는 것이 아닌 경우[37]에도 판
결은 내려져야 한다. 판결은 추상적 법리를 구체화하는 데 기여한다. 대
상판결을 통해 '사실상 이행을 기대할 수 없는 경우'가 무엇인지 보다 풍
부하게 그 내용을 이해할 수 있게 되었다. '사실상의 불능' 또는 '사회관
념상의 불능'은 그 자체로서 정의하기가 어려운 개념이다. 하지만 '법적
판단'은 법률가에게 피할 수 없는 숙명이다. 법적 판단은 대체로 아래와
같은 방법으로 이루어진다.[38]

복잡다단한 삶의 단면을 법의 눈으로 바라볼 때 판단자는 먼저 사실

---

35) 우선 Larenz, Lehrbuch des Schuldrechts, Bd. I, AT, 14. Aufl., 1987, 98면.
36) 무엇보다 編輯代表 郭潤直, 民法注解(IX) 債權(2), 1992, 260면(梁彰洙 집필부분).
37) 가령 과거에는 전혀 없었던 새로운 사건이 문제된 경우가 그러하다.
38) 이하는 주로 Larenz/Canaris, Methodenlehre der Rechtswissenschaft, 3. Aufl.,
1995, 104면 이하에 근거한 것임을 밝혀 둔다.

을 인지하고 인간의 행위에 대해 해석하기도 한다(Deutung menschlichen Verhaltens). 인간의 출생과 사망, 시간의 경과와 같은 것은 인간의 「인지」 행위(Wahrnehmung)가 법적 판단에 영향을 미칠 수 있음을 잘 보여 준다. 일정한 금원을 인도하는 행위가 어떤 계약상의 급부에 해당하는지는 「해석」을 통해 알 수 있다. 인지판단은 사람마다 다를 수 있기에 해석을 통해 명확히 하려는 것이다. 가령 식당에서 주인에게 일정한 금원을 인도하는 것을 '인지'했더라도 그것이 주문한 음식에 대한 대가인지 아니면 기부한 것인지 '해석'의 도움 없이는 정확히 알 수 없다. 그런가 하면 가령 건축가능성 여부가 토지의 중요한 성질에 해당한다는 법적 판단은 일정한 「사회적 경험」(Soziale Erfahrung)에 터 잡은 것이다. 건축 중인 건축물이 언제부터 토지로부터 독립된 부동산이 되는가에 관한 판단도 사회통념을 떠나서는 생각하기 어렵다. 그런데 모든 법적 쟁점에 대해 누구나 공감할 수 있는 사회적 통념이나 가치가 언제나 존재하는 것은 아니다. 시대는 점점 빨리 변화하고 있고 우리나라는 다원적 가치를 표방하는 자유민주국가인 것이다.

그렇다고 상술한 판단기준들이 확실치 않다거나 순기능을 발휘하지 못한다고 하여 법적 판단을 마냥 미룰 수는 없다. 법관의 마지막 잣대는 결국 가치판단(Werturtiel)이다. 가치판단은 도덕적 판단과 법적 판단의 두 갈래로 대별할 수 있지만 우리의 관심은 후자에 있다. 법적 판단이 대개 그러하듯 이는 규범적 판단이다. '사실상의 불능' 여부도 '신의칙'이나 '양속'에 대한 판단처럼 '규범적 판단'을 필요로 한다. 본고는 이러한 규범적 판단에 관한 기고라고 할 수 있다.

다른 한편 사실상 불능에 관한 판단이 사실상 법관에 대한 백지위임이었다고 하더라도 그 판단은 정당화될 수 있어야 한다. 그 정당성의 판단은 대체로 다음과 같이 말 할 수 있을 것이다. 즉 사실상 불능에 관한 판단은 전체 법질서의 근본적인 가치판단, 그것이 구체화된 법원리 및 판례에 의해 확립된 판단기준과 조화를 이루어야 한다. 그리고 그 판단은 때때로 매우 복잡하게 얽힌 사안구조로 인해 개관하기도 꿰뚫어 보기도 어려운 과정이다.

　이하에서는 기존의 판례에서 제시된 규준들을 살펴보고 유사한 사안
이 등장할 때 이정표로 삼을 만한 몇 가지 관점들을 유형과 규준에 따라
정리해 보고자 한다.

V. 유형과 규준

1. 이중 임대차와 이행불능 : 손해배상과 권리구제의 실질성

　乙(피고)은 1988. 5. 17. A에게 乙 소유의 경기 포천군 소재 5필지
토지('이 사건 토지')를 임대보증금 3,000만 원, 임대차기간 19년으로 정하
여 임대하였는데, 乙이 1990. 11. 19. 甲(원고, 건설회사)과 이 사건 토지
에 관하여 이중으로 임대차계약을 체결한 사건에서 법원은 일단 이중 임
대차계약 자체는 유효하지만 乙이 A와의 소송에서 패소한 후 A에게 위
토지를 매도하고 이전등기를 마친 시점에는 이행불능이 되었음을 전제로
손해배상범위를 판단하였다. 이러한 사안구조에서 사회관념상 이행이 불
가능하다고 판단한 것은 일응 타당하다. 흥미로운 점은 오히려 손해배상
범위의 산정과정이다. 이행불능이 된 후에도 甲이 신축공사를 위 토지에
서 진행하고 있었는데 그 비용까지 상당인과관계가 있는 손해로 인정하
였다. 그 이유는 임대인이 토지를 타에 처분하였다고 하여 바로 공사를
중단하고 손해배상을 구할 것이 아니라 새로운 소유자와 협의를 하면서
공사의 계속을 도모하는 것이 피해를 최소화하기 위한 당연한 자구노력
이라는 점을 전제로, 이 사건에서 乙과 A 사이에 이 사건 토지에 대한
매매계약은 1992. 11.경 체결되었으나 그 후에도 乙과 A, 甲 사이에 협의
를 계속하였다. 그 과정에서 실제로 잠정적인 합의가 이루어진 바도 있
었고 이러한 협의는 소유권이전등기 후에도 계속되었으며 乙도 협의에
적극적으로 협력하였었다. 甲은 1994. 10. 18. A 앞으로 소유권이전등기
가 이루어진 후에도 A와 협상을 하다가 끝내 결렬되었고 그로부터 토지
인도 및 시설물철거 요구를 받게 되었으며 결국 1995. 4. 25.경 공사를
중단하였다. 이러한 점들에 비추어 본다면, 이때까지 甲이 투입한 공사

비용은 모두 乙의 채무불이행과 상당인과관계 있는 손해라고 보았다. 다만 甲의 과실비율을 2/3로 보아 乙의 책임을 1/3만 인정한 원심은 그대로 유지하였다.[39] 乙이 A와의 소송에서 패소하고 소유권이전등기를 넘겨준 사실을 알면서도 공사를 계속한 점을 과실상계단계에서 참작한 것이다.

　이 판결은 결국 이행불능에 기해 손해배상을 인정할 경우 채권자가 받게 되는 실질적 배상은 기대와 달리 권리구제에 충분하지 않을 수 있음을 보여 준다.[40] 채무자의 채무불이행으로 인한 손해의 발생과 확대에 관하여 채권자 측의 과실이 있으면 법원은 이를 손해배상범위 산정시 직권으로 참작하는데, 여기서의 '과실'은 채무불이행이나 불법행위의 성립요건으로서의 '과실'보다 넓게 이해하는 것이 보통이다. 판례는 '사회관념상, 신의성실의 원칙상, 공동생활상 요구되는 약한 부주의'라고 판시한다.[41] 요컨대 이행이 더 이상 불가능하다고 보아 손해배상을 통해 채권자의 권리구제를 도모할 경우 상술한 바와 같이 인과관계, 통상손해/특별손해 여부(예견가능성의 여부) 및 과실상계 등의 문제도 종합적으로 고려하는바, 이렇듯 실질적 배상(손해전보)에 이르는 과정 속에는 단순하지 않은 평가요소들이 복잡하게 얽혀 있는 것이다.

2. 채무자와 권리를 보유하고 있는 제3자의 관계

　대상판결에서 乙과 L(乙의 설립자) 및 M(L의 장남이자 乙의 대표권 있는 이사)간의 관계는 매우 밀접하다. L이 乙의 설립자이며 M은 L의 장남이자 乙의 이사이고 이 사건 관련 공사 진행 당시 대표권 있는 이사였

---

39) 대판 2003다44387.
40) 권영준, 2016년 민사판례 동향, 민사법학 제78호(2017. 2.), 435면 이하에서는 대상판결에 대해 "이론적으로 전보배상은 채무이행에 갈음하는 것이지만 실제로는 채무이행 그 자체가 중요한 의미를 가지므로 전보배상이 채무이행의 가치에 미치지 못하는 경우도 있다. 사실관계만으로는 분명하지 않지만 원고가 지방자치단체이고 교육관광시설 구축 사업을 위해 부지가 필요했던 점을 고려하면 이 사건에서도 본래의 채무이행이 중요한 의미를 가졌을 가능성이 크다."고 평가하고 있다.
41) 대판 83다카644 등.

다. 이러한 특별한 인적 관계에 주목한 판결을 이하에서 몇 가지 보기로
한다.

1) 대판 91다34394

원심은, 원고와 피고가 1978. 2. 20. 원고소유의 토지 X와 피고 소유
의 토지 Y를 서로 교환하기로 하고, 그 무렵 그 경계선 위에 석축을 쌓아
그 아래 각 교환목적 토지부분을 점유하여 왔는데 그 후 1983.11.22. 피고
소유의 Y 전부에 관하여 소외 丙 앞으로 소유권이전등기가 경료되자 특별
한 사정이 없는 한 위 토지에 관한 피고의 원고에 대한 위 교환계약에 따
른 소유권이전등기 의무는 이행불능에 이르렀다고 판단하였다. 그러나 대
법원은 소외 丙이 수사기관에서 피고가 자신의 남편이라고 진술하고 있고
丙이 피고의 처라면 사회통념상 피고는 그의 처인 丙으로부터 위 교환목
적 토지부분에 관한 소유권을 회복하여 원고에게 이에 관한 소유권이전등
기 절차를 이행할 수 있는 특별한 사정이 있다고 보는 것이 상당하다 할
것이므로 위 교환목적 토지부분에 관한 피고의 원고에 대한 위 교환계약
에 따른 소유권이전등기 의무는 아직 이행불능으로 확정되었다고 볼 수는
없다고 보았다. 따라서 그럼에도 불구하고 원심의 위 교환목적 토지에 관
하여 제3자인 위 丙 앞으로 소유권이전등기가 경료되었다는 사실만 가지
고서 피고의 원고에 대한 소유권이전등기 의무가 이행불능에 빠졌다고 단
정한 것은 필경 심리미진이나 토지소유권이전등기 의무의 이행불능에 관
한 법리를 오해한 위법을 저질렀다고 아니할 수 없기에 원심판결을 파기
환송하였다.

채무자와 권리를 보유한 제3자가 부부관계임에 비추어 선행한 원·
피고 간 계약의 이행이 사회통념상 여전히 가능하다고 판단한 것이다.
이를 법원은 '특별한 사정'이라고 표현한다.

2) 대판 95다25497

또 다른 사안을 보면 원고와 피고가 1964. 3. 24. 피고 소유의 토지
(이하 X라고 함)와 원고 소유의 토지 Y를 교환하여 서로 상환으로 소유권
이전등기절차를 이행하기로 약정한 사안에서 X(사실은 일부임)에 관하여

는 1985. 5. 1. 각 부동산 소유권이전등기 등에 관한 특별조치법 소정의 절차에 따라 피고의 아들인 소외 A 명의로 각 매매를 원인으로 하는 소유권이전등기가 경료되었다. 그리고 X는 1990. 1. 5. 전라남도에 협의취득되어 같은 달 13. 전라남도 명의의 소유권이전등기가 경료되었고, 전라남도는 위 A에게 보상금을 지급하였다. 원고는 피고의 원고에 대한 X에 관한 소유권이전등기의무는, X가 위와 같이 전라남도에 협의취득된 후 소유권이전등기까지 경료됨으로써 이행불능의 상태에 빠졌다고 할 것이므로, 피고는 원고에게 그 이행불능에 따른 전보배상으로서 위 협의취득으로 인한 보상금 상당액을 지급할 의무가 있다고 주장하였다. 이에 대해 원심은 피고의 이 사건 토지에 관한 소유권이전등기의무가 이행불능이 된 이유가 원고 주장과 같이 위 협의취득 때문이라면, 이러한 이행불능은 피고의 고의 또는 과실에 기하여 발생한 것이라고 볼 수 없어, 피고는 위 이행불능으로 인한 손해를 배상할 책임이 있다고 할 수 없다면서 원고의 위 주장을 배척하였다. 그러나, 대법원은 A가 피고의 아들인 점과 A 명의로 소유권이전등기가 경료된 경위 등을 고려하면, X에 관하여 A명의의 소유권이전등기가 경료되었다고 하더라도 사회통념상 피고가 위 A로부터 이 사건 토지의 소유권을 회복하여 채권자인 원고에게 소유권이전등기절차를 이행함이 (여전히: 필자 가필) 가능하다고 할 것이므로, 피고의 원고에 대한 위 교환계약에 기한 소유권이전등기의무는 A 명의로 소유권이전등기가 경료되었을 때 이행불능이 되었다고 볼 수 없고, X가 전라남도에 의하여 협의취득되어 전라남도 앞으로 소유권이전등기가 경료되었을 때에 비로소 확정적으로 이행불능이 되었다고 판시하였다.[42]

채무자와 권리를 보유한 제3자가 부자관계임에 비추어 선행된 원·

---

42) 그리고 토지 소유자는 공공사업 시행자의 협의매수 제의에 반드시 응하여야 할 의무는 없는 것인데도, 피고가 위 등기의 환원과 이전의무를 게을리하였기 때문에 위 A가 임의로 전라남도의 협의매수에 응하여 보상금을 수령하고 X에 관한 소유권이전등기를 전라남도에게 경료하여 줌으로써 피고의 원고에 대한 위 소유권이전등기의무가 이행불능의 상태에 이른 것이므로, 피고의 원고에 대한 X의 소유권이전등기의무가 이행불능이 된 데에는 피고의 고의 또는 과실이 없다고 할 수 없다고 보아 원고 패소부분을 파기환송하였다.

피고간 계약의 이행이 여전히 가능하다고 본 점에서 상술한 대판 91다 34394와 일치한다.[43) '특별한 사정'이 부부관계와 부자관계에서 각각 달리 판단될 이유도 없다. 이 사안에서도 쉽사리 이행불능을 인정할 것이 아니다. 원·피고 간 선행된 교환계약 목적물인 X 토지와 Y 토지의 시세변동에 따라 자칫 피고에게 후회할 기회를 부여하는 셈이 되기 때문이다. 계약 후 X 토지 가격이 상승하거나 Y토지 가격이 하락할 경우를 생각해 보라.

3) 대판 94다40789

A(원고)와 B(피고)는 점포 매매계약을 체결하였는데 B가 위 매매계약 체결 당시 A에게 이 사건 점포의 가등기권자로 되어 있는 소외 L은 자신의 제수되는 사람으로 B에 대한 채권자들로부터 강제집행을 당하지 않기 위하여 통정허위표시의 가등기를 하여 둔 것이라고 하면서 그에 대한 증명으로 위 L의 가등기말소용 인감증명서를 A에게 교부하였다. 그 뒤 L이 위 가등기에 기하여 한 부동산임의경매절차에서 B의 아들들인 소외 K1, K2가 위 점포들을 경락받았다. 법원은 위 K1, K2가 B의 아들들인 점에 비추어 사회통념상 B가 이들로부터 이 사건 점포에 관한 소유권을 회복하여 A에게 이에 관한 소유권이전등기절차를 이행하는 것이 불가능하게 되었다고 단정할 수 없을 뿐더러, 만일 L 명의의 위 가등기가 A의 말대로 통정허위표시에 기하여 경료된 것으로서 위 K1, K2가 이를 알고서도 위 점포들을 경락 취득한 것이라면 그들 명의의 소유권이전등기는 소송 기타 방법에 따라 말소 환원 여부가 결정 지워질 '특별한 사정'도 있다 할 것이므로, 이 사건 점포에 관한 B의 A에 대한 위 매매계약에 따른 소유권이전등기의무는 아직 이행불능으로 확정되었다고 볼 수는 없다는 이유로 같은 취지에서 B의 위 이행불능 주장을 배척한 원심의 조처는 정당하다고 판시하였다.

이 사안에서 채무자와 권리를 보유한 제3자(가등기권자) 간에 전술한

---

43) 다만 제3자가 다시 처분한 때에 비로소 이행불능을 인정하였을 뿐이다.

판례와 같은 부부 또는 부자관계, 즉 '특별한 관계'가 존재하는 않는다.[44] 하지만 제3자의 권리가 채무자와의 통정허위표시에 기초한 것임을 채무자가 자인하였으며[45] 이를 믿고 거래한 A의 기대와는 달리 가등기에 기한 임의경매가 이루어져 B의 자녀들이-통정허위표시임을 알고 있었음에도-경락을 받았다면 넓은 의미에서 '채무자와 권리를 보유한 제3자'에 관한 판례의 법리를 그대로 적용하는데 무리가 없다고 생각한다. 그런 까닭에 법원도 B가 경락자인 자신의 자녀로부터 소유권을 회복할 수 있으므로 A, B간 계약의 이행이 사회통념상 즉 사실상 여전히 가능하다고 본 것이다. 가등기권자 L로부터 한 칸 더 건너간 사안구조로서 제3자의 범위가 지나치게 넓어진 것 아닌기 히는 의문도 들 수 있으나, 법원이 채무자와 제3자 L이 시숙과 제수 사이인 점, 채무자 B와 제3자 L 간에 존재하는 통정허위표시로 인해 소송 기타 방법으로 말소 환원이 가능하다는 점을 '특별한 사정'에 포함하여 판단한 점 역시 수긍할 수 있다. 나아가 '특별한 사정'은 아래와 같이 확장되고 있다.

3. 특별한 사정의 확장

대판 2005다29474는 甲이 乙을 강박하여 부동산을 양도받은 후 이를 다시 제3자에게 매도하여 소유권이전등기를 경료하여 준 경우, 甲과 그 제3자 간에 법인과 이사 관계, 부부관계 또는 부자관계 등과 같은 '인적 특별관계'는 존재하지 않음에도 불구하고 그 소유권이전등기가 소송 기타 방법에 따라 말소 환원 여부가 결정될 수 있다면 이 역시 '특별한 사정'으로 간주하였다. 이에 따라 甲의 乙에 대한 원인무효에 기한 소유권이전등기의무는 아직 이행불능이 되었다고 할 수 없다고 보았다. 다만, 乙이 등기명의인인 제3자를 상대로 제기한 소유권이전등기 말소 및 회복소송에서 패소가 확정되면 그때에야 비로소 상술한 甲의 목적 부동산에 대한 소유권이전등기 말소등기의무가 이행불능이 된다고 보았다. 그리고 위 등기말소 및 회복 소송에서 등기명의인의 등기부 취득시효가 인용된 결과 乙이 패소하였다고 하더라도 이행불능 시점이 등기부 취득시효 완성 당시는 아니라고 판시하였다. 손해배상의 기준시점과 관련한 사정 때문이다.[46]

부동산의 소유권을 이전할 채무를 부담한 자(甲)[47]와 그로부터 부동산을 양수한 제3자 간에 인적 특별관계가 존재하지 않지만 채무자와 채권자 간에 하자있는 의사표시의 존재를 이유로 한 소송상 회수가능성에 기초하여 '특별한 사정'을 인정한 사안이다.

그 밖에도 채무자와 권리를 보유한 제3자가 자발적으로 목적물을 반환하겠다고 할 경우도 이를 막을 이유는 없으므로 이 역시 '특별한 사정'으로 간주할 수 있을 것이다. 이렇게 다양한 '특별한 관계' 내지 '특별한 사정'이 존재할 경우 쉽사리 '불능'을 단정 지을 것은 아니다.

4. 제3 공공기관의 인·허가

상술한 이중임대차 사건($^{대판}_{2003다44387}$)에서 甲은 스포츠타운 및 관광호텔 신축부지용으로 乙 소유의 토지를 임차하고자 하였는데, 원 임차인 A와의 임대차계약을 해지하고 이 사건 토지를 사용하도록 해주겠다는 乙의 약속을 믿고 포천군수로부터 건축허가를 받은 후 신축공사에 착수했었다. 계약 당사자의 이행 약속을 믿고 제3공공기관의 인·허가를 추진한 점에서 대상판결과 유사하다. 하지만 궁극적으로 A에게 이전등기가 경료된 시점에 임대차계약의 이행이 불가능해진 것일 뿐 위와 같은 인·허가가 불능의 판단기준인 것은 아니다.

---

46) 주지하다시피 이행불능에 기한 손해배상청구소송에서 배상액 산정의 기준 시점은 이행불능이 확정된 시점이다. 대판 86다카2549; 95다22337; 이미 74다584 등 참조.

47) 본래 계약상의 채무에 기하여 부담하는 경우와 하자있는 의사표시로 인한 취소 내지 무효에 기해 이전채무를 부담하는 경우로 나눌 수 있으나 본문과 같은 맥락에서는 같게 취급해도 무방하다고 생각한다.

만약 의무부담행위 자체가 인·허가를 필요로 한다면 인·허가가 나올 때까지 '유동적 무효' 상태에 있다. 다만 주무관청이 관련된 종류의 인·허가를 향후 전면적으로 불허하겠다는 입장을 공식적으로 표명하였다면 확정적 무효가 된다.[48] 이것은 '의무부담행위(Grundgeschäft)'가 아닌 '이행행위(Erfüllungsgeschäft)'에 허가를 필요로 하는 경우와 구별할 필요가 있다. 가령 토지의 일부를 매각하였는데 그 분할을 위해 주무관청의 인·허가가 필요한 경우를 생각해 볼 수 있다.[49] 이 또한 이행에 대한 장애 사유이기는 하나 원칙적으로 '종국적 불능'과 같이 취급할 것은 아니다. 물론 주무관청의 인·허가를 받기 위해 최선의 노력을 다했음에도 가능성이 희박해 보이고 계약의 목적 달성이 불확실해졌다면 이러한 상황에서도 계약의 이행을 청구하는 것은 신의칙에 반할 여지도 있다. 하지만 이는 어디까지나—신의칙이 적용되는 많은 사례가 그러하듯—예외적인 경우로 보아야 한다. 따라서 원칙적으로 이행행위에 인·허가가 필요한 사안에서는 인·허가가 종국적으로 불가능해졌음이 확실한 시점에 비로소 이행불능 여부를 고려해야 할 것이다. 즉 그 이전까지는 이행이 법적으로 여전히 가능하다고 본다. 따라서 대상판결처럼 주무관청의 허가가 종국적으로 불가능해졌음이 확실하다고 판단하기 전까지는 이행청구를 인용하는 판결을 내릴 필요가 있다고 생각된다.[50]

대상판결에서도 채무자인 乙이 공익법인으로서 해당 법령에 따라 기본재산을 매도·증여·임대·교환 또는 용도변경하거나 담보로 제공하거

---

48) BGHZ 127, 368(377).

49) MK, 6. Aufl., 2012, 제275조 방주 60(Ernst 집필부분).

50) 독일에서는 이러한 경우 판결주문에 허가조건부 집행을 기재한다(독일 민사소송법 제259조: § 259(Klage wegen Besorgnis nicht rechtzeitiger Leistung. 적기를 놓친 급부 염려에 기한 소) Klage auf künftige Leistung kann außer den Fällen der §§ 257, 258 erhoben werden, wenn den Umständen nach die Besorgnis gerechtfertigt ist, dass der Schuldner sich der rechtzeitigen Leistung entziehen werde.). MK, 앞의 책, 제275조 방주 61(Ernst 집필부분). 그리고 독일의 경우 인·허가 절차 진행 중에 계약의 내용상 인·허가가 내려지기 어려운 사정이 드러나면 일차적으로 사정 변경에 기한 계약의 적응(Vertragsanpassung)을 고려한다. 앞의 책, 동소. 독일 민법 제313조(행위기초의 교란) 참조.

나 대통령령으로 정하는 일정금액 이상을 장기차입하려면 주무관청의 허가를 받아야 한다고 하여 乙의 甲에 대한 증여가 종국적으로 불가능하다고 속단할 필요는 없다.[51] 오히려 甲이 지방자치단체로서 주무관청인 교육청의 협조를 받을 가능성이 여전히 존재한다고 보는 것이 사회적 경험에 부합한다. 甲의 업무협조 공문을 받은 경남도지사가 신속하게 해당 토지의 용도변경을 결정, 고시한 것도 이를 뒷받침한다. 의령교육관광시설 구축사업이라는 사업 자체의 공익성도 고려할 필요가 있다. 결국 제3 공공기관의 인·허가 절차가 아직 남아 있다고 하더라도 쉽사리 사실상의 불능을 인정할 것은 아니다.

다음으로 대상판결에서 피고는 협약 해석에 관해서도 원고와 다투는 바 이 문제를 아래에서 간단히 고찰한다.

5. 계약의 해석

대상판결에서 업무협약 체결 후 甲과 乙 및 M 사이에 전개된 사상의 경과를 살펴보면 권리를 보유한 제3자 M(乙의 이사 또는 대표이사)은 협약의 원래 목적이었던 L의 생가복원이 완성되면 해당 토지를 기부채납하겠다(정확히는 乙에게 이전한 후 다시 甲에게 기부채납하겠다)는 의사를 가졌다고 해석된다. 그럼에도 불구하고 토지의 용도변경까지 얻어내 생가 복원의 목적을 달성하자 이제 태도를 돌변하여 협약서가 乙 소속 실

---

51) 법률에 의하여 그 이행이 아예 금지되거나 법리상 불가능한 경우, 즉 법적 불능의 경우와 구별하여야 한다(대판 75다765 등 참조). 건축법 제57조 제1항과 그 시행령 제80조에 반하는 특정 토지의 교환계약에서 대법원은 소유권이전등기절차 이행의무는 원시적 이행불능이라고 판시하였다. 교환대상 토지의 일부가 자연녹지로서 이 부분을 분할해야 교환이 가능해지는데, 해당 부분이 2,502평방미터 중 117평방미터에 불과한데 법령상 200평방미터 이상인 경우에만 분할이 가능했다(대판 2016다212524). 이에 대해 토지의 분할이 법령상 불가능하더라도 2502분의 117 지분에 대해 교환을 원인으로 한 소유권이전등기를 경료해 줄 수 있고, 따라서 위 공유지분을 이전하여 구분소유적 공유관계를 형성할 수 있으므로, 굳이 이행불능이라고 판단할 필요는 없었다는 취지의 간단한 평석(오지용, 2017년 민사(민법총칙, 채권법) 중요 판례, 인권과 정의 472호, 72면)이 있으나, 이는 구분소유적 공유관계의 법률구성을 이용하여 법률의 회피를 조장할 우려가 있다.

무자가 乙의 설립자 겸 대표자 L과 재단 이사회의 승인을 받지 않고 임
의로 날인한 것이므로 乙에게 효력을 미칠 수 없다거나 이 사건 사업이
유치기간을 도과하여 효력이 상실되었다거나 또는 협약서 제5조 제1항의
문언해석상 기부채납의 대상은 조성된 시설 및 건축물, 즉 이 사건 건물
들에 한정되고 이 사건 토지는 제외된다고 주장하였다. 하지만 협약의
상대방 당사자인 지자체는 이 사건 사업의 완수를 위해 토지용도변경을
승인하는 과정에서 시종일관 토지를 포함한 기부채납을 전제로 하였고
이는 용도변경을 승인한 상급관청에서도 같은 인식을 가지고 있었다.[52)]
따라서 위와 같은 피고 측의 주장은 선행행위에 모순된 행위로서 허용할
수 없다고 할 것이다(venire contra factum proprium). 이는 신의칙의 발로
인데, 여기서 신의칙은 상대방 신뢰를 보호하고 쌍방간 상호배려할 의무
를 의미한다고 할 것이다.

　협약서 제5조 제1항에 대한 피고 측의 해석, 즉 조성된 '시설'에는
이 사건 건물들만 해당되고 이 사건 토지는 포섭되지 않는다는 해석은
협약의 체결 목적 및 체계적 맥락에 반한다. 협약은 협약서 제1조에 기
재된 '이 사건 사업'의 원활한 추진을 목적으로 하는바, 이하의 모든 수
단은 이 사업의 수행이라는 맥락에서 해석하여야 한다. 제2조는 사업개
요를 나열하면서 제1항 제4호에서 도입'시설'을 명기하며 주차장 등도
이에 포함하고 있다. 교육관광시설 구축사업에서 교육관광시설에 토지
를 포섭시키는 것이 합리적이다. 제4조에서 이 사건 사업의 수행을 위
한 '업무'범위를 규정하면서 피고 측의 '업무'로 '사업부지 매입 및 확보'
가 포함되어 있기도 하다(동조 제2항 제2호). 이러한 전체적 맥락에서 제5조를 바
라본다면 동조 제1항의 '조성된 시설'에 이 사건 토지가 포함된다고 해
석하는 것이 위 협약의 체계적 해석에 부합한다. 이는 협약의 목적과도
일치한다.

　마지막으로 대상판결 이전의 (환송 전) 원심판결에서는 채무자인 피

---

52) 특히 상술한 원심판결 ⑤ 부분 참조. 이 사건 사업이 乙에 의해 제안되었다는
　 사실도 고려되어야 한다([사안의 개요] 3. 4.) 부분 참조.

고 측이 권리를 보유한 제3자가 재산을 이전할 의향이 없다는 점과 설사 이전하더라도 이를 원고 측에 기부채납하려면 주무관청의 인·허가가 필요한데 주무관청이 법령상 인·허가 불허라는 원론적 입장을 표명한 점에 비추어 피고의 원고에 대한 이 사건 부동산에 관한 소유권이전등기의무가 이행불능이 되었다고 판단하였는바 이를 계약의 자유와 책임 또는 이익과 부담의 균형, 나아가 형평이라는 관점에서 비판의 여지가 있다고 할 것이다. 이를 이하에서 간략히 살펴본다.

6. 이익과 부담의 균형 및 형평

甲의 파격적인 협조를 얻어 이 사건 토지의 용도변경을 얻어내고 숙원사업인 L의 생가복원까지 모두 성취한 채무자(피고, 乙) 측이 권리를 보유한 제3자(M)와의 특별한 관계(법인과 이사)와 그로 인해 협약의 협상, 체결, 이행 전 과정에 제3자가 깊이 참여했음에도 불구하고 이제 와서 제3자의 비협조 및 주무관청의 허가 미정 등을 이유로 불능을 주장하며 본래 계약상의 채무이행을 회피하려는 것은 넓은 의미에서 계약의 자유에 따른 책임을 회피하려는 것과 크게 다르지 않다. 오히려 乙과 M은 협약에 따라 공익법인으로서 주무관청의 허가를 받고자 노력해야 한다. 대상판결은 공익법인이 지자체와 공익적 성격의 협약을 체결한 사건이다. 보다 객관적인 평가가 필요한 것이다. 이러한 사안에서 채무자가 협약의 이익은 향유하고 부담은 회피하는 것은 일반적 법사고에 어긋난다. 이를 달리 표현하면 이익과 부담의 균형관계라고 할 수 있다.[53] 대상판결에서 乙과 M이 얻은 이익 전체에 비해 부담할 (이 사건 토지를 포함한) 기부채납이 전술한 균형관계를 과도하게 깨뜨릴 정도의 부담으로 보이지 않는다. 부친의 생가 복원이라는 염원을 달성할 기회를 乙과 M 측은 이 사건

---

53) 이러한 균형의 사고가 급부의무의 배제 여부를 판단할 때 중요한 역할을 한다는 것은 독일 민법 제275조 제2항에서도 알 수 있다. 동항은 "급부가 채권관계의 내용과 신의성실의 요청에 비추어 채권자의 급부이익에 대하여 현저한 불균형을 이루는 비용지출을 요구하는 경우에는 채무자는 급부를 거절할 수 있다"고 규정하고 있는데 상술한 바와 같이 사실상의 불능과 경계선상에 선 문제이다.

협약을 통해 획득하였다. 관할관청의 토지용도변경 결정은 결코 녹녹치 않았다. 지자체인 원고 甲의 입장에서도 교육관광시설의 구축이라는 공적 이익을 위해 특혜 의혹을 무릅쓰는 등 여러 리스크를 감수하였다. 아직 공익법인법에 따른 주무관청의 허가 여부가 미정인 상황이지만 이는 협약 체결 당시부터 예정되어 있던 위험요소에 불과하다. 권리를 보유한 제3자 M의 협조도 처음부터 합리적으로 기대된 것이다. 이에 대한 합의를 협약에 명시했다면 분쟁의 소지를 줄일 수 있었을 것이지만 묵시적 합의를 인정할 여지도 없지 않다. M이 피고 공익법인 乙의 이사 내지 대표이사로서 협약의 준비 및 체결과 이행의 전 과정에 깊이 관여했다고 보이기 때문이다. 이러한 관점에서 볼 때 기회와 위험의 균형도 계약해석 및 사실상 불능의 유의미한 판단기준이 될 수 있다고 생각된다. 계약의 자유는 기회와 위험을 동시에 잉태하고 있다. 이러한 사고는 형평의 발로이다. 형평은 양자에게 모두 공평한 조정을 의미한다.[54]

7. 소 결

이상에서 살펴본 판례의 유형과 판단규준을 분석하면 대체로 다음과 같이 요약할 수 있다.

손해배상이 실질적인 권리구제수단이 될 수 없는 경우가 적지 않으며, 또한 당사자가 본래 채무의 이행을 원한다면 이행청구권을 우선적 구제수단으로 존중할 필요가 있다. 채무자와 권리를 보유한 제3자 간에 법인/이사, 부부관계, 부자관계 등 특별한 인적 관계가 있거나 하자있는

---

54) Larenz/Canaris, 앞의 책, 112면. 한편 대법원 2018. 5. 17. 선고 2016다35833 전원합의체 판결은 약정 변호사보수가 의뢰인과의 평소 관계, 사건 수임 경위, 사건 처리 경과와 난이도, 노력의 정도, 소송물 가액, 의뢰인이 승소로 인하여 얻게 된 구체적 이익, 그 밖에 변론에 나타난 여러 사정을 고려하여, 약정 보수액이 부당하게 과다하여 신의성실의 원칙이나 형평의 관념에 반한다고 볼 만한 특별한 사정이 있는 경우에는 예외적으로 적당하다고 인정되는 범위 내의 보수액만을 청구할 수 있다 고 판시하였다(다수의견)(이미 대판 91다8722; 2012다50353 등). 다만 동 판결의 별개의견은, 민법 제2조의 신의칙 또는 민법에 규정되어 있지도 않은 형평의 관념은 당사자 사이에 체결된 계약을 무효로 선언할 수 있는 근거가 될 수 없다고 한다.

거래로 인해 불능 여부를 가늠할 소의 승소가능성이 있는 등 특별한 사정이 있을 경우(또는 양자가 모두 결합된 경우) 쉽사리 사실상의 불능을 속단해서는 아니 된다. 사회관념상 이행의 실현을 여전히 기대할 수 있기 때문이다. 계약 당사자가 아닌 제3공공기관의 인·허가가 계약상 채무의 이행을 위한 필요조건이라고 하더라도 이 자체로서 이행청구의 장애사유가 되는 것은 아니다. 나아가 채무자의 계약 해석이 선행행위에 모순된 행위에 기초한 것일 때 이러한 해석 또한 허용해서는 아니 될 것이다. 신의칙에 반하기 때문이다. 계약해석 및 사실상 불능의 판단에 있어서 채권자와 채무자 간에 이익과 부담, 기회와 위험의 균형도 고려될 수 있다. 이것이 일반적 법사고라고 할 수 있는 형평에 부합한다. 공익적 성격을 띤 계약에서는 더욱 그러하다고 할 것이다.

VI. 채권자가 오로지 이행청구만을 소구할 때?

한편 대상판결은 "… 특히 계약은 어디까지나 내용대로 지켜져야 하는 것이 원칙이므로, 채권자가 굳이 채무의 본래 내용대로의 이행만을 구하고 있는 경우에는 쉽사리 채무의 이행이 불능으로 되었다고 보아서는 아니 된다…"고 판시한다. 이 문장은 마치 '굳이 채무의 본래 내용대로의 이행만을 구하는 경우'로 한정하여 쉽게 이행불능을 인정해서는 아니 된다고 읽힌다.

본 사안의 경우 지자체의 입장에서 협약의 내용대로 이행되지 않는 한 손해배상을 청구하더라도 별 의미가 없다는 판단하에 이행청구만을 소구하였으나 사실상의 불능 여부에 관한 판단을 구하는 모든 사안에서 이렇게 오로지 '이행'만을 청구취지로 하지는 않을 것이다.

이행청구와 손해배상 사이에서 어떤 수단을 택할 것인지가 소 제기 시점에 증명의 가능성 등에 따라 분명하지 않을 수도 있고, 이행청구가 곧 금전지급청구일 경우에는 손해배상과 크게 다르지 않을 수도 있다. 더구나 이행불능 시점의 목적물의 시가에 따라 오히려 손해배상을 선택하는 것이 유리할 수도 있을 것이다. 그리고 경우에 따라서는 주위적 청구와 예비적 청구로 청구취지를 나눌 수도 있고 선택적으로 병합할 수도 있을 것이다. 대상판결이 위와 같이 판시한 이유는 아마도 본래 계약 내용대로의 이행을 원하는 원고의 의사를 강조하고 또 존중하려는 데에 있다고 생각한다.[55] 요컨대 소를 어떤 형식으로 제기하는가가 결정적 기준이 되어서는 아니 될 것이며 주위적/예비적 청구로 나누든 선택적으로 병합하든 관계없이 위에서 제시한 유형과 규준에 따라 신중하게 판단해야 할 것이다.

Ⅶ. 결   론

대상판결에서 법원이 사실상의 이행불능을 전제로 손해배상의 길을 선택했다면 甲에게 실질적 권리구제가 되지 못했을 가능성이 크다. 협약의 주된 목적인 의령교육관광시설 구축사업이 가져올 지역경제의 활성화 효과를 가늠하기 어렵고 투자유치가 어느 정도 이루어질 수 있었던 것인지도 특정되기 어렵다. 상당인과관계가 명백히 인정될 부분이 어디까지인지 판단하기 쉽지 않은 것이다. 설사 인과관계가 인정된다고 하더라도 이와 같은 이벤트성 사업에서 통상손해의 범위를 그렇게 넓게 인정하기는 곤란할 것이다. 특별손해로 볼 경우 예견가능성을 입증하는 것은 더더욱 어려워 보인다. 더구나 과실상계로 들어가면 여러 길목에서 甲이 사업이 실패할 가능성이 있음을 알면서 합리적 대안을 찾지 않고 이행을 고집한 점에 대해 꽤 큰 과실비율이 인정될 가능성도 배제할 수 없다. 甲은 공익을 위해 이 협약을 체결하였으며 협약상 채무가 이행될 경우 그 혜택은 모두 일반 국민에게 돌아가는 점도 고려되었을 것이다.

나아가 M이 乙의 설립자의 장남이자 이사였고, 심지어 부동산 C, D를 취득하고 건축신고를 할 당시에는 乙의 대표권 있는 이사였다는 점도 놓쳐서는 아니 될 대목이다. 이 사건 사업의 완수를 위해 필수불가결한

토지 용도의 변경이 결정, 고시되어 사업이 본 궤도에 오르자 대표이사에 취임한 것이다. 이러한 乙과 M 사이의 밀접한 인적 관계를 고려하면 乙이 M으로부터 소유권을 이전받아 甲에 대한 채무를 이행하는 것이 사실상 불가능하다고 쉽사리 속단해서는 아니 될 것이다.

이 사건의 경과를 종합해 볼 때 M은 협약의 원래 목적이었던 L의 생가복원이 완성되면 해당 토지를 기부채납 하겠다(정확히는 乙에게 이전한 후 다시 甲에게 기부채납하겠다)는 의사를 가졌다고 해석할 수 있다. 그럼에도 불구하고 생가 복원의 목적을 달성한 후 태도를 돌변하여 협약서가 乙 소속 실무자가 乙의 설립자 겸 대표자 L과 재단 이사회의 승인을 받지 않고 임의로 날인한 것이므로 乙에게 효력을 미칠 수 없다거나 이 사건 사업이 유치기간을 도과하여 효력이 상실되었다거나 또는 협약서 제5조 제1항의 문언해석상 기부채납의 대상은 조성된 시설 및 건축물, 즉 이 사건 건물들에 한정되고 이 사건 토지는 제외된다고 해석, 주장하는 것은 선행행위에 모순된 행위로서 허용할 수 없다고 할 것이다.

또한 협약의 협상, 체결, 이행 전 과정에 권리를 보유한 제3자 M이 깊이 참여했음에도 불구하고 이제 와서 제3자의 비협조 및 주무관청의 허가 곤란 등을 빌미로 불능을 주장하며 본래 계약상의 채무이행을 회피하는 것은 넓은 의미에서 계약의 자유에 따른 책임을 회피하는 것과 다르지 않다. 오히려 乙과 M은 협약에 따라 공익법인으로서 주무관청의 허가를 받고자 노력해야 한다. 이익은 향유하고 부담은 회피하겠다는 것은 일반적 법사고에도 어긋나기에 용인할 수 없다.

상술한 관점들은 모두 일정한 '가치판단(Werturteil)'을 담고 있다. 법적 가치판단은 도덕적 가치판단보다 구체성을 띤다. 적어도 집적된 판례와 학설이 시사하는 법리에 기대어 앞으로 나아갈 방향을 정할 수 있기 때문이다. 그러한 의미에서 대상판결은 '사실상 불능' 법리를 보다 구체화하는데 도움이 된다고 할 것이다.

법적용과 법형성은 서로 궤를 같이하는 연속된 과정이다. 판례의 축적과 유형화를 통해 다음의 판결에 대한 규준을 제시할 수 있다. 사실상의 불능에 대한 판단이 법관에 대한 백지위임이라고 하더라도 판결은 정당화 근거가 필요하다. 다른 한편 판례의 유형화를 통한 구체화(Konkretisierung)에는 한계가 있다. 사례분석이 아직 불충분할 수도 있고, 본고에서 내려진 판단이 학계나 법원의 사후심사에서 비판에 직면할 수도 있다. 본고가 커다란 우를 범하지 않았기를 바랄 뿐이다.

[Abstract]

A Study on de facto Impossibility

Choi, Bong Kyung*

This article handles the legal aspects of so-called de facto impossibility upon KSC 2016다200729. First of all, I'd like to highlight there are differences between the Anglo-American law, which provides compensation as a remedy for default, and an exception to just some specific performance cases, and the continental law that in principle allows a claim of performance. And they can also affect the judgment about de facto impossibility. In many cases, the compensation system is insufficient for the actual rights relief due to the mitigation. In Korea, it appears that Korea reaches a similar result to anglo-american mitigation through so-called comparative negligence. However, the assessment of causality already filters out the existence of damages, and damages can also be limited by distinguishing between ordinary/special damage, i.e. by the predictability criteria. And we balance the equity lastly again through the comparative negligence system. In particular, the concept 'negligence' is here so widely understood that it means the slight carelessness in life. In the end, when a claim for performance under the original contract is passed over to compensation for damages, the complicated factors often leads to a lack of the victim's substantial relief. Moreover, the contract is based on the free agreement of the parties, which makes us very reluctant to accept the damage too easily. In short, the continental legal system regarding the non-performance remedy seems much more persuasive from the standpoint of 'freedom and responsibility of contract' than anglo-american system.

---

* Professor, Seoul National University School of Law.

In other words, there are many cases where the damages cannot be a substantive right-relief-remedy and if the party personally wishes to carry out its original obligation, it is necessary to respect the right to fulfil it as a priority remedy. If there are special relationship between the debtor and a third party holding rights such as a corporate/ its director, marital relationship, or father-to-son relationship etc,(or if there is a high possibility of winning the lawsuit due to defect trade). we may not too easily accept the de facto impossibility. Both cases can be even combined. This is because we can still expect the realization of the performance in light of social common notion. Even if authorization of a third public institute is still needed to fulfil the contractual obligation, it does not, in itself, constitute an obstacle to the claim for performance. And when the debtor's interpretation of the contract and arguments are based on contradictory acts of the preceding act, it may not be permitted(venire contra factum proprium). The balance of profit and burden, opportunity and risk between the creditor and the debtor can also be considered in the contract analysis and in the assessment of de facto impossibility. It represents a concrete reflection of equity as a general thinking of law, This is more so in contracts with nature of public interest. Finally the form of litigation should not be a definite criterion for de facto impossibility and it should be carefully determined according to the types and standards presented by the this article.

[Key word]

- damages and specific performace
- non-performance remedies
- de facto impossibility
- the relationship of debtor and third party holding right
- venire contra factum proprium

참고문헌

1. 국내문헌

곽윤직, 채권총론, 6판 중판, 2009.

곽윤직/김재형, 민법총칙(9판), 2013.

권영준, 2016년 민사판례 동향, 민사법학 제78호, 2017. 2.

＿＿＿ , "위험배분의 관점에서 본 사정변경의 원칙", 민사법학 제51호, 2010.

김대정, "사정변경의 원칙을 명문화한 민법개정시안 제544조의4에 관한 검토", 법학연구 제22집, 전북대학교 법학연구소, 2001.

백태승, "독일 행위기초론의 발전과 최근동향", 저스티스 제25권 제1호, 한국법학원, 1992.

＿＿＿＿, "사정변경원칙의 문제점", 사법행정 제34권 제10호, 한국사법행정학회, 1993.

김상용, 채권총론, 개정판 증보, 2003.

김증한/김학동, 채권총론, 6판, 1998.

김형배, 채권총론, 2판, 1998.

양창수/김재형, 민법 Ⅰ (계약법)(2판), 2015.

오지용, 2017년 민사(민법총칙, 채권법) 중요 판례, 인권과 정의 제472호.

윤진수, 민법논교 Ⅲ, 2008.

이은영, 채권총론, 4판, 2009.

조현욱 옮김/이태수 감수, 사피엔스, 2016.

지원림, 민법강의(15판), 2017.

2004년 법무부 민법개정안(총칙·물권편), 법무부 민법개정자료발간팀, 2012.

編輯代表 郭潤直, 民法注解(Ⅸ) 債權(2), 1992.

편집대표 이영준, A Study on Draft Articles—Principles of Asian Contract Law—Non-Performance, Asia Private Law Review No. 6 Special(2014. 11.).

2. 외국문헌

Burrows, Andrew, Remedies for Torts and Breach of Contract, 2004(3.ed.).

Canaris, Claus-Wilhelm, Die Bedeutung der iustitia distributiva im deutschen

Vertragsrecht, 1997.

Larenz, Karl, Lehrbuch des Schuldrechts, Bd. I(Allgemeiner Teil), 14. Aufl., 1987.

_____, Allgemeiner Teil des Deutschen Bürgerlichen Rechts, 7. Aufl., 1988.

Larenz/Canaris, Methodenlehre der Rechtswissenschaft, 3. Aufl., 1995.

Rowan, Solene, Remedies for Breach of Contract, 2012.

Schmidt-Ahrendts, Nils,   Das Verhältnis von Erfüllung, Schadensersatz und Vertragsaufhebung im CISG, 2007.

Terré, François, Pour une réforme du droit des contrats, 2009.

Münchner Kommentar, 6. Aufl., 2012.

부진정연대채무자들 중 다액채무자가 한 일부변제의 효과

고 유 강*

■요 지■

부진정연대채무 제도는 채권자가 최대한 채권액을 만족 받을 수 있도록 하는 데에 주된 목적이 있다. 이러한 부진정연대채무는 크게 공동불법행위 유형, 사용자책임 유형 등으로 나눌 수 있다.

부진정연대채무자들 사이에 채무액이 달라지는 경우는 과실상계 등 다양한 원인에 따라 발생하고, 최근 판례에는 3가지 이상으로 책임범위가 분화하는 사례도 등장하고 있다. 이렇게 채무자별로 책임액이 다른 상황에서 다액채무자가 자신의 채무액 중 일부만을 변제한 경우, 공동 부담부분과 단독 부담부분 중 어느 부분을 먼저 소멸시킬지 여부는 학계나 실무에서 많이 다루어져 온 쟁점이다. 기존 판례는 외측설을 취한 판결들과 과실비율설을 취한 판결들이 혼재되어 있었는데, 각 판례들의 적용 영역을 논리적으로 구별하려는 노력은 계속되어 왔으나 사실 그 구분기준이 뚜렷하지는 않았다.

대상판결은 과실비율설을 택하였던 기존 판결들을 폐기하고 다액채무자의 일부변제의 효력에 관하여 외측설의 통일적인 적용을 확립하였다. 외측설을 택하는 것은 채권자가 최대한 채권액을 만족 받을 수 있도록 하는 부진정연대채무 제도의 목적에 가장 부합하고, 채무자들뿐만 아니라 채권자까지 함께 고려한 손해의 공평타당한 분담도 도모할 수 있다. 반면 내측설은 채권자 보호에 정면으로 반하고, 과실비율설은 과실상계의 중복적용 문제, 변제

---

* 서울동부지방법원 판사.

— 421 —

의 순서에 따라 달라지는 무자력 위험의 부담, 당사자의 의사 등을 고려하면 이를 택하기 곤란하다. 안분설도 근거가 되는 변제충당제도가 채무자를 중심으로 변제자의 의사와 변제이익을 탐구하는 것이어서, 부진정연대채무 제도가 추구하는 채권자 중심의 이익조정과는 맞지 않는다. 나아가 부진정연대채무 유형에 따라 다른 해결방법을 적용할 뚜렷한 근거도 보이지 않으므로, 통일적으로 외측설을 적용하는 것이 타당하다.

대상판결에 따라 부진정연대채무 관계에서 다액채무자의 일부변제의 효력을 둘러싼 대외적 효과와 관련된 논란은 어느 정도 일단락되었다고 보아도 무방하다. 이제는 채무자들 사이의 대내적인 효과인 구상 문제에 관하여 더욱 심도 있는 논의가 필요한 시점이다. 특히 종래 구상문제에서 소외되어 있었던 계약책임과 불법행위책임 경합 유형에서의 구상권의 인정 방안의 모색이나, 책임범위가 3종류 이상으로 분화된 경우의 복잡한 구상관계 처리 등은 후속 연구가 필요한 쟁점들이다.

[주 제 어]
• 부진정연대채무
• 공동불법행위
• 사용자책임
• 다액채무자의 일부변제
• 부진정연대채무자들 사이의 구상

대상판결 : 대법원 2018. 3. 22. 선고 2012다74236 전원합의체 판결
[부당이득금][공2018상, 688]

[사안의 개요]

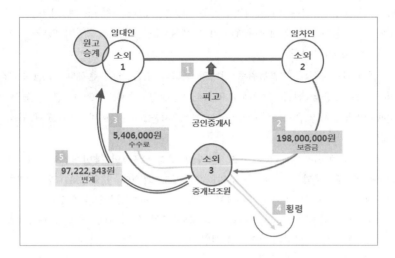

1. 사실관계(쟁점과 관련된 부분만)

○ 소외1(제1심 원고)은 공인중개사인 피고의 중개로 이 사건 아파트를 소외2에게 임대하기로 하는 임대차계약을 체결하면서, 소외2로부터 임대차보증금 잔금을 수령할 권한을 피고의 중개보조원인 소외3(제1심 공동피고)에게 위임하였다.

○ 이에 따라 소외3은 소외2로부터 임대차보증금 잔금 198,000,000원을 수령하였고, 한편 소외1로부터 위 임대차보증금 잔금으로 자신의 대출금을 변제하여 달라는 부탁을 받고 대출금상환수수료로 5,406,000원을 지급받았다.

○ 그러나 소외3은 위 임대차보증금 잔금과 대출금상환수수료를 횡령하였다.

○ 그 후 소외3은 소외1에게 97,222,343원을 변제하였다.

○ 원고승계참가인은 소외1의 위 손해배상채권 부분을 양수하였다(이하 이해의 편의를 위해 원고와 원고승계참가인을 구별하지 않고 '원고'라 한다).

2. 소송의 경과

가. 청구의 요지

원고에게, 소외3은 위 금원을 횡령한 자로서, 피고는 구 공인중개사의 업무 및 부동산 거래신고에 관한 법률 제15조 제2항, 제30조 제1항[1]에 따라 소외3의 사용자로서 연대하여 원고가 입은 손해를 배상할 책임이 있다.

나. 제1심의 판단

소외3은 자신의 불법행위로 인하여 원고가 입은 전체 손해액 218,432,332원(=임대차보증금 잔금 198,000,000원+대출금상환수수료 5,406,000원+대출금이 제때 변제되지 않음으로써 원고가 추가로 지출한 대출이자 15,026,332원)에 대하여 손해배상책임이 있다.

피고는 공인중개사법 제30조 제1항에 따라 소외3의 불법행위로 인한 손해배상책임을 부담한다. 다만 소외1 측에게도 과실이 있으므로, 과실상계에 의하여 그중 50%인 109,216,166원에 대하여만 손해배상책임을 부담한다.

소외3이 변제한 97,222,343원은 소외3이 단독으로 채무를 부담하는 부분에서 변제되므로, 피고의 손해배상책임은 소멸하지 아니하였다.

다. 원심(항소심)의 판단

소외3이 변제한 97,222,343원 중 피고의 과실비율에 상응하는 48,611,171원(=97,222,343원×0.5)은 피고가 배상하여야 할 손해액의 일부로 변제된 것으로서 피고의 손해배상책임은 그 범위에서 소멸하였다.

---

1) 구 공인중개사의 업무 및 부동산 거래신고에 관한 법률(2014. 1. 28. 법률 제 12374호로 공인중개사법으로 명칭이 개정되기 전의 법)은 아래와 같이 규율하고 있었다. 실질적인 내용은 현행 공인중개사법과 동일하고, 대상판결도 이를 구별하지 않고 '공인중개사법'이라고 설시하고 있으므로 이하에서는 현행 법명대로 '공인중개사법'이라 한다.
제15조(중개업자의 고용인의 신고 등)
② 소속공인중개사 또는 중개보조원의 업무상 행위는 그를 고용한 중개업자의 행위로 본다.
제30조(손해배상책임의 보장)
① 중개업자는 중개행위를 함에 있어서 고의 또는 과실로 인하여 거래당사자에게 재산상의 손해를 발생하게 한 때에는 그 손해를 배상할 책임이 있다.

라. 원고 상고이유의 요지[2]

피고의 손해배상책임은 공인중개사법에 따른 중개업자의 고유한 독자적 책임에 근거하는데도, 원심이 이를 민법상 사용자책임에 준하는 것으로 보아 소외3의 변제액을 피고의 과실비율에 상응하는 만큼 그 책임부분에서 공제한 것은 부당하다.

마. 대법원의 판단: 파기환송(전원일치)[3]

금액이 다른 채무가 서로 부진정연대 관계에 있을 때 다액채무자가 일부변제를 하는 경우 그 변제로 인하여 먼저 소멸하는 부분[4]은 당사자의 의사와 채무 전액의 지급을 확실히 확보하려는 부진정연대채무 제도의 취지에 비추어 볼 때 다액채무자가 단독으로 채무를 부담하는 부분으로 보아야 한다.

이러한 법리는 사용자의 손해배상액이 피해자의 과실을 참작하여 과실상계를 한 결과 타인에게 직접 손해를 가한 피용자 자신의 손해배상액과 달라졌는데 다액채무자인 피용자가 손해배상액의 일부를 변제한 경우에 적용되고, 공동불법행위자들의 피해자에 대한 과실비율이 달라 손해배상액이 달라졌는데 다액채무자인 공동불법행위자가 손해배상액의 일부를 변제한 경우에도 적용된다. 또한 중개보조원을 고용한 개업공인중개사의 공인중개사법 제30조 제1항에 따른 손해배상액이 과실상계를 한 결과 거래당사자에게 직접 손해를 가한 중개보조원 자신의 손해배상액과 달라졌는데 다액채무자인 중개보조원이 손해배상액의 일부를 변제한 경우에도 마찬가지이다.

사용자책임 또는 공동불법행위책임이 문제 되는 사안에서 다액채무자가 손해배상액의 일부를 변제하는 경우 소액채무자의 과실비율에 상응하는 만큼 소액채무자와 공동으로 채무를 부담하는 부분에서도 변제된 것으로 보아야 한다고 판시한 대법원 1994. 2. 22. 선고 93다53696 판결 등은 이 판결의 견해에 배치되는 범위 내에서 이를 변경하기로 한다.[5]

---

2) 이진관, '금액이 다른 채무가 서로 부진정연대 관계에 있을 때 다액채무자가 일부변제를 하는 경우, 변제로 먼저 소멸하는 부분(=다액채무자가 단독으로 채무를 부담하는 부분', 대법원판례해설, 제115호, 법원도서관, 2018, 105면.
3) 제1심 재판장인 김소영 대법관은 관여하지 않아 대법관 12명의 전원일치 의견이다.
4) 강조표시는 필자. 이하 같다.
5) 대상판결은 과실비율에 따른 채무 소멸방식을 택하였던 판결들을 폐기한 구체적인 근거들로서 과실상계 법리가 다액채무자의 무자력으로 인한 손해의 분담에까지 적용된다고 보는 것은 과실상계를 부당하게 중복적용하는 결과인 점, 다액채무자의 무자력에 대한 위험 일부를 채권자에게 전가한다면 채권자의 지위를 약화시켜

앞서 본 법리에 비추어 이 사건을 살펴보면, 다액채무자인 소외3이 지급
한 돈은 소외3이 단독으로 채무를 부담하는 부분부터 변제로 소멸시킨다고
보아야 한다. 결국 소외3의 변제에 의하여 피고의 손해배상책임에서 소멸되
는 부분은 없다고 할 것이다. 그런데도 원심은 이와 달리 판단하였으니, 이
러한 원심판단에는 부진정연대채무의 일부 변제의 효력에 관한 법리를 오해
하여 판결에 영향을 미친 잘못이 있다. 이 점을 지적하는 상고이유 주장은
이유 있다. 그러므로 원심판결 중 원고승계참가인 패소 부분을 파기하고, 이
부분 사건을 다시 심리·판단하도록 원심법원에 환송하기로 하여, 일치된 의
견으로 주문과 같이 판결한다.

〔研　究〕

I. 서　론

대상판결의 주 쟁점은, 부진정연대채무자마다 부담하는 채무액이 달
라 다액채무자 단독으로 채무를 부담하는 부분(이하 '단독 부담부분'이라
한다)과 다른 소액채무자와 공동으로 채무를 부담하는 부분(이하 '공동 부
담부분'이라 한다)으로 구분되는 상황에서, 다액채무자의 변제액이 채무
전액에 미치지 못하는 경우 단독 부담부분과 공동 부담부분 중 어느 쪽
이 먼저 소멸된다고 볼지 여부이다.

위 쟁점은 부진정연대채무 제도와 관련하여 학계나 실무에서 많이
다루어진 주제로 이미 선행 연구가 상당히 축적된 영역이다. 기존 판례
는 이른바 '외측설'과 '과실비율설'을 취한 판결들이 양립하고 있는 상황
이었다. 판례가 어떤 경우 외측설을 적용하고, 어떤 경우 과실비율설을
적용하는지에 관한 숨은 기준을 찾아내기 위해서도 연구들이 행해졌지만,
두 사안을 구별하는 기준이 뚜렷하지는 않았다.

대법원은 대상판결을 통하여 과실비율설의 입장을 택하였던 다수
의[6] 기존 대법원 판결들을 폐기하고, 다액채무자의 일부변제액이 단독

___

부진정연대채무의 성질에 반한다는 점 등을 들고 있다. 세부적인 논거들과 그에
대한 분석은 아래에서 다루도록 한다.

부담부분에 먼저 충당되어야 한다는 이른바 외측설을 통일적인 기준으로 내세우면서, 다양하고 구체적인 근거들을 들며 과실비율설을 비판하고 외측설을 뒷받침하였다.

대상판결이 부진정연대채무에서 다액채무자의 일부변제가 가지는 채권자에 대한 효력 즉 대외적인 효과에 초점을 두었다면, 본 글은 대상판결이 언급한 근거들을 하나씩 구체적으로 분석하되, 해당 쟁점의 전·후 문제라고 할 수 있는 '애초에 채무액이 어떻게 달라지는지'와 '변제로 인한 채무소멸 후 채무자들 사이의 내부적인 정산은 어떻게 되는지'의 문제도 아울러 짚어보려 한다.

이하에서는 우선 부진정연대채무의 개념과 유형에 관하여 개관한 다음(Ⅱ.항), 어느 경우 부진정연대채무자들 사이에 부담부분이 달라질 수 있는지 본다(Ⅲ.항). 그다음 주된 쟁점인 다액채무자의 일부변제를 단독 부담부분과 공동 부담부분 중 어느 부분에 먼저 충당하여 채권자에 대한 대외적 효력을 해결할지를 세부적으로 분석한 다음(Ⅳ.항), 관련 문제로 채무자들 사이의 구상 관계와 지연손해금 소멸 문제를 검토(Ⅴ.항)하는 순서로 논의를 전개하고자 한다.

Ⅱ. 부진정연대채무의 개념과 유형

1. 개   념

부진정연대채무 관계는 서로 별개의 원인으로 발생한 독립된 채무라 하더라도 동일한 경제적 목적[7]을 가지고 있고, 서로 중첩되는 부분에 관하여 채무자 각자가 전부를 급부할 의무를 부담하고, 일방의 채무가 변제 등으로 소멸할 경우 타방의 채무도 소멸하는 관계에 있으면 성립할

---

6) 대상판결에 직접 인용된 판결만 12개이다.
7) 물론 여기서의 '경제적 목적이 동일하다'는, '채권자의 생활비에 충당하기 위하여' 처럼 사실상의 목적을 같이하는 모든 채무라는 의미로 너무 포괄적으로 이해할 것은 아니고, 채무들 사이의 부진정연대관계를 인정할 수 있을 정도로 각 채무의 발생원인이 동일하거나 밀접하게 연관된 사실관계에 기초한 경우 등에 한정되어야 할 것이다.

수 있고, 반드시 양 채무의 발생원인이나 채무의 액수 등이 서로 같을 것을 요구하지 않는다.[8)·9)]

부진정연대채무는 어떠한 단일한 특성을 가지는 채무를 적극적으로 정의한 개념이 아니라, 다수당사자의 채권채무관계 중 '기존의 연대채무에 포함되지 않는' 채무들을 포섭시키기 위해 등장한 소극적인 개념이다.[10)]

2. 인정 영역(유형)

종래 학설, 판례에 따라 부진정연대관계가 인정된 사안들은 중첩되는 채무들의 발생 원인이 계약, 불법행위, 부당이득, 담보책임 등으로 다양하고, 채무자들 사이의 인적 관계도 일정하지 않다. 이에 부진정연대채무가 성립하는 사례들을 일정한 유형으로 분류하려는 작업이 많이 시도되었다.[11)] 유형화는 정형적인 사안 형태별로 법률효과를 이해하기 쉽게 설명할 수 있다는 점에서 분명 의미 있는 작업이다. 다만 부진정연대채무가 성립할 수 있는 모든 가능성들을 정치한 유형론으로 설명할 수 있도록 무리하게 유형 체계를 구성할 필요는 없다고 생각한다. 구체적인 사안이 발생하였을 때 어떤 유형에 맞추어야 할지를 먼저 고민해야 한다면 도구로서의 가치가 감소하기 때문이다. 본 글은 설명의 편의를 위한 한도에서 판례에서 부진정연대채무가 자주 등장하는 '사례군' 정도로 몇몇 주된 유형만을 거론하고자 한다.

---

8) 대법원 2018. 3. 27. 선고 2015다70822 판결.
9) 편집대표 곽윤직, 민법주해[X], 채권(3), 박영사, 1995, 81면. 부진정연대채무의 개념 자체에 비판적인 견해(박영규, '부진정연대채무 이론 비판', 민사법학, 제48호, 한국사법행정학회, 2010, 306면)도 있으나, 부진정연대채무 제도의 인정 여부 자체는 본 글의 논의 대상을 벗어나므로 별도로 논하지 않는다. 다만 위 비판론이 제기하는 이익형량 등 접근관점은 고려할 가치가 있다.
10) 강봉석, '부진정연대채무자들이 부담하는 구상채무의 법적 성질', 민사판례연구, 제26권, 박영사, 2004, 137면; 김성룡, '부진정연대채무의 입법적 수용을 위한 기초연구(1)', 한양법학, 제27권 제2집(통권 제54집), 2016, 129면.
11) 임건면, '부진정연대채무에 관련된 몇 가지 문제점과 유형화 시도', 성균관법학, 제29권 제1호, 2017, 215면 이하.

가. 공동불법행위 유형

공동불법행위를 한 공동불법행위자들의 각 손해배상채무에 관하여 민법 제760조는 명문으로는 '연대하여'라고 규정하고 있으나, 통설[12]과 판례[13]는 피해자 보호를 위하여 이를 부진정연대채무로 해석한다.

나. 일반불법행위책임과 특수불법행위책임의 결합 유형

불법행위를 한 피용자의 손해배상채무와 민법 제756조의 사용자책임에 따른 손해배상채무,[14] 차량 사고 시 사고 운전자의 손해배상채무와 자동차손해배상보장법에 따른 각 운행자의 손해배상채무,[15] 불법행위를 한 공무원의 손해배상채무와 국가배상법 제2조 제1항에 따른 국가의 손해배상채무[16] 등이 이 유형에 속한다. 특수불법행위책임을 지는 주체들은 엄밀한 의미에서 공동불법행위자는 아니지만, 피해자 보호 차원에서 법률규정에 따라 부진정연대책임을 진다고 보아야 한다.[17]

이하에서는 이러한 유형의 사례군을 통틀어 '사용자책임 유형'이라고 지칭한다. 대상판결 사안도 굳이 분류하자면 이 유형에 가깝다. 다만 중개업자인 피고가 부담하는 책임이 그가 고용한 중개보조원인 소외3의 책임과 사용자책임에 준하는 관계에 있다고 명시적으로 언급한 원심과 달리, 대상판결은 이를 명확히 설시하지는 않았다.[18]

---

12) 민법주해[XIX], 채권(12), 박영사, 2005, 191면.
13) 대법원 1969. 8. 26. 선고 69다962판결 등. 이하에서 인용하는 대법원 판결들 중에는 대상판결로 인하여 변경된 판결들도 있으나, 어디까지나 다액채무자의 일부변제로 인한 소멸의 범위에 관한 부분에만 변경 효력이 미치지, 해당 사안에서 채무자들 간의 관계가 부진정연대채무라는 점 등 다른 쟁점에는 판례변경의 효력이 미치지 않는다.
14) 대법원 1992. 6. 23. 선고 91다33070 전원합의체 판결 등.
15) 대법원 1998. 12. 22. 선고 98다40466 판결 등.
16) 대법원 1975. 7. 30. 선고 74다2065 판결[미간행] 등.
17) 홍성주, '부진정연대채무에서의 구상관계의 성질', 판례연구, 제19집, 부산판례연구회, 2005, 20면.
18) 공인중개사법 제15조 제2항이 중개보조원이 고의에 의한 불법행위를 한 경우 이를 중개업자의 고의로까지 간주하는 것이라고는 해석하기 힘들고, 대법원 2011. 7. 14. 선고 2011다21143 판결 등 판례 역시 중개보조원이 고의에 의한 불법행위를 한 경우 중개업자에게 과실상계를 인정하는 태도이다(이진관(주 2), 108면). 대상판결 사안에서 피고가 부담하는 책임도 민법 제391조에 따라 고의 · 과실이 의제되는

다. 계약책임과 불법행위책임의 경합 유형[19]

계약과 관련된 책임과 불법행위책임이 경합하는 예로는, 피용자가 사용자 명의의 보증서 등 위조서류를 금융기관에 제출하고 이를 믿은 금융기관이 제3자에게 대출함으로써 손해를 입은 사안에서 사용자의 손해배상채무와 제3자의 대출금채무,[20] 이행보조자의 불법행위로 인한 손해배상채무와 이행보조자의 행위로 인하여 발생한 채무불이행책임을 지는 채무자의 손해배상채무[21] 등이 있다.

라. 기타 유형

그 밖에 설계용역계약상 채무불이행으로 인한 손해배상채무와 공사도급계약상 채무불이행으로 인한 손해배상채무[22]와 같이 계약에 따른 책임 사이에 경합하는 사례들이 있다.

Ⅲ. 부진정연대채무자들 사이의 책임범위가 달라지는 대표적 원인[23]

1. 공동불법행위 유형에서 책임액이 달라지는 경우

가. 쟁   점

공동불법행위자들 사이에서 책임액이 달라질 사례가 무엇이 있을지를 생각해 보면, 먼저 불법행위자별로 위법행위에 대한 기여도가 제각기 다른

이행보조자 책임보다는 사용자책임에 가깝다고 생각한다. 대상판결도 실제로 사용자책임과 관련된 논거들을 많이 언급하고 있다.

19) 동일 채무자가 부담하는 계약책임과 불법행위책임이 경합하는 경우가 아니라, 계약책임을 부담하는 채무자와 불법행위책임을 부담하는 다른 채무자의 책임범위가 중첩되는 경우를 의미한다.

20) 대법원 2000. 3. 14. 선고 99다67376 판결.

21) 대법원 1994. 11. 11. 선고 94다22446 판결.

22) 대법원 2015. 2. 26. 선고 2012다89320 판결.

23) 아래에서 열거한 대표 유형들 외에도, 예컨대 채권자가 부진정연대채무자 중 일부와 친분관계 등이 있음을 이유로 채무액을 일부 면제한 경우, 채무면제는 절대적 효력이 발생하지 않으므로 부진정연대채무자 사이에 채무액이 달라질 수 있다 [서희석, '일부연대에서 일부변제의 효력의 문제-일본의 학설과 판례를 참고하여', 판례실무연구(Ⅺ), 박영사, 2015, 28면; 손철우, '다액의 채무를 부담하는 부진정연대채무자가 일부변제한 경우 그 변제의 효력', 민사판례연구, 제25권, 박영사, 2001, 92면].

사례를 쉽게 떠올릴 수 있다. 그런데 불법행위자별로 피해자에 대한 고의, 과실의 정도가 다르다고 하여 책임정도를 다르게 인정하기 위해서는 그 전제로 불법행위자별로 기여도를 개별적으로 평가할 수 있어야 한다.

나. 판례의 태도

(1) 원칙: 공동불법행위자들을 전체적으로 평가

판례는 기본적으로 공동불법행위로 인한 손해배상책임의 범위는 피해자에 대한 관계에서 가해자들 전원의 행위를 전체적으로 함께 평가하여 정하여야 하고, 그 손해배상액에 대하여는 가해자 각자가 그 금액의 전부에 대한 책임을 부담하는 것이며, 가해자의 1인이 다른 가해자에 비하여 불법행위에 가공한 정도가 경미하다고 하더라도 피해자에 대한 관계에서 그 가해자의 책임범위를 위와 같이 정하여진 손해배상액의 일부로 제한하여 인정할 수는 없다[24]고 하여, 공동불법행위자들의 기여도를 피해자와의 관계에서 전체적으로 평가해야 한다는 입장을 취하고 있다.[25]

(2) 그럼에도 책임액이 달라지는 경우

(가) 채무자 중 일부만 과실상계를 주장할 수 있는 경우

피해자의 부주의를 이용하여 고의로 불법행위를 저지른 자가 피해자의 부주의를 이유로 자신의 책임을 감하여 달라고 주장하는 것은 신의칙상 허용될 수 없으나, 그러한 사유가 없는 다른 불법행위자는 과실상계를 주장할 수 있다.[26]

---

24) 대법원 2007. 6. 14. 선고 2005다32999 판결.

25) 한편 대법원 1995. 3. 10. 선고 94다5731 판결, 대법원 1995. 7. 14. 선고 94다19600 판결 등과 같이 "공동불법행위자로서 타인에게 손해를 연대하여 배상할 책임이 있는 경우 그 불법행위자들의 피해자에 대한 과실비율이 달라 배상할 손해액의 범위가 달라지는 때에는"이라고 설시한 부분을 두고 판례가 공동불법행위자들 사이에도 과실비율에 따른 책임범위를 예외적으로 달리 인정할 수 있는 것으로 이해된다는 해석도 있다[서희석(주 23), 29면; 최은배, '공동불법행위자 사이의 구상관계에 대하여-호의동승자에 대한 손해배상책임의 구상관계', 실무논단, 서울지방법원, 1998, 223면]. 대상판결도 "공동불법행위자들의 피해자에 대한 과실비율이 달라 손해배상액이 달라졌는데"라는 표현을 쓰고 있다. 그러나 위 판결들의 구체적인 사안들은 공동불법행위 유형이 아닌 사용자책임 유형이었다.

26) 대법원 2007. 6. 14. 선고 2005다32999 판결.

따라서 공동불법행위자들 중 피해자에 대하여 과실상계를 주장할 수 있는 사람과 없는 사람이 섞여있는 경우 채무자별로 채무액이 달라질 수 있다.[27] 이는 일단 가해자 전원의 기여도를 고려하여 책임범위를 정하되, 피해자의 과실을 들어 과실상계를 하는 단계에서 과실행위자만이 이를 주장할 수 있다는 의미로 해석된다.

(나) 소송법적 원인으로 달라진 경우

부진정연대채무 제도는 채권자가 채무자들 중 누구에게든 청구하여도 전액의 만족을 받을 수 있도록 보장하는 데에 목적이 있으므로, 채권자가 채무자들 전원을 상대로 한 번에 손해배상청구의 소를 제기할 필요는 없다. 그런데 피해자가 가령 공동불법행위자별로 별소를 제기하여 소송을 진행하는 경우 각 소송에서 제출된 증거가 서로 다르고 이에 따라 손해액 산정의 기초가 되는 사실이 달리 인정됨으로 인하여 과실상계비율과 손해액도 서로 달리 인정될 수 있다.[28] 즉 엄밀하게는 실체법상 사유는 아니지만, 변론주의에 따라 판단의 근거가 된 자료가 달라져 손해액에 차이가 생길 수 있다.

(다) 개별평가의 가능성

개별평가의 가능성이 엿보이는 판례들이 없지는 않다. 대표적으로 대법원 1992. 2. 11. 선고 91다34233 판결을 두고 공동불법행위자별로 피해자의 과실비율을 다르게 보아 과실상계를 한 원심을 수긍하여, 이를 두고 개별평가를 긍정한 것으로 해석하는 입장이 있다.[29] 하지만 위 판결 사실관계를 보면,[30] 건설회사가 지는 책임은 소속 작업감독자의 사무

---

27) 서종희, '부진정연대채무에서 다액채무자의 일부변제의 효과-외측설에 의한 일원화된 해결방법의 모색', 저스티스, 통권 제136호, 2013, 67면.

28) 대법원 2001. 2. 9. 선고 2000다60227 판결. 부진정연대채무의 관계에 있는 채무자들을 공동피고로 하여 이행의 소가 제기된 경우 그 공동피고에 대한 각 청구가 서로 법률상 양립할 수 없는 것이 아니므로 그 소송을 민사소송법 제70조 제1항 소정의 예비적 · 선택적 공동소송이라고 할 수도 없다(대법원 2009. 3. 26. 선고 2006다47677 판결).

29) 서종희(주 27), 68면; 모성준, '공동불법행위의 책임제한논의에 대한 소고-법무부 민법개정위원회의 확정 개정안을 중심으로', 민사법연구, 제21권, 2013, 129면.

30) 건물 신축공사장에서 피해자(비계공)가 비계해체공사 중 고압선에 감전되어 추

집행상 과실에 관한 사용자책임에 가깝고 한국전력공사의 책임도 공작물 책임이라고 볼 여지가 있어, 공동불법행위 유형에서 과실비율을 개별적으로 평가한 것으로 해석하기는 조심스럽다.[31]

다. 검   토

기여도가 현저히 낮은 불법행위자들에게까지 일괄적으로 전액의 손해배상책임을 지우는 것은 채권자를 과도하게 보호하여 불공평한 면이 있고, 현실적으로 일부 불법행위자만을 상대로 구한 경우 소송에 관여되지 않은 다른 불법행위자의 과실까지 고려하는 데에 한계가 있다[32] 특히 교통사고 후 의료사고 사안처럼 두 가지 불법행위가 연속적으로 기여하여 공동불법행위가 성립하는 사례 유형에서는 양 사고는 가해자와 피해자 사이의 과실평가에 있어 참작해야 하는 내용이 전혀 다르므로, 이러한 경우 책임금액을 달리 정할 가능성을 열어두는 것이 타당하다.[33] 다만 책임범위 개별화의 원인까지 비판적으로 다루는 것은 본 글의 논의 범위를 넘어서므로 이하에서는 기존 판례의 태도를 전제하여 논의하겠다.

2. 사용자책임 유형에서 책임액이 달라지는 경우

판례는 사용자가 피용자의 고의 또는 과실에 의한 불법행위로 인한 사용자책임을 부담하는 경우 피해자에게 그 손해의 발생과 확대에 기여한 과실이 있다면 사용자책임의 범위를 정함에 있어서 이러한 피해자의

락하였고, 피해자가 사고 이틀 뒤 병원 4층 중환자실에서 치료를 받던 중 발작적으로 유리창을 깨고 12미터 아래 땅바닥으로 투신하여 사망한 사례에서, 건설회사의 책임비율을 55%, 한국전력공사 책임비율을 80%로 개별적으로 평가한 원심을 수긍한 판결이다.

31) 임건면(주 11), 220면은 건설회사는 계약상 안전조치의무 위반으로, 한국전력공사는 부작위 불법행위로 책임을 지는 것이기 때문에 공동불법행위 유형으로 볼 수 없다고 해석한다.

32) 장정희, '교통사고와 의료과오의 경합', 재판실무연구, 광주지방법원, 2000, 214면은 공동불법행위자 전원을 상대로 구한 경우와 차이가 있으면 안 될 것이므로, 전체 사고 경위를 따져 불법행위자들 전원에 대한 과실을 따져야 한다고 주장한다.

33) 전지환, '공동불법행위에서의 과실상계 방법', 판례연구, 제28집, 부산판례연구회, 2017, 911-913면.

과실을 고려하여 그 책임을 제한할 수 있다고 한다.[34] 실무적으로 위와
같은 사정을 고려하여 사용자의 피해자에 대한 부담액이 피용자보다는
적게 정해지는 경우가 많다.

　사용자는 피해자의 과실 외의 개별적인 사정까지 고려한 책임범위의
제한도 주장할 수 있다. 최근 선고된 대법원 2018. 2. 13. 선고 2015다
242429 판결은 과실에 의한 불법행위자인 중개보조원이 고의에 의한 불법
행위자와 공동불법행위책임을 부담하는 경우 중개보조원의 손해배상액을
정할 때에는 피해자의 과실을 참작하여 과실상계를 할 수 있고, 중개보조
원을 고용한 개업공인중개사의 손해배상금액을 정할 때에는 개업공인중개
사가 중개보조원의 사용자일 뿐 불법행위에 관여하지는 않았다는 등의 개
별적인 사정까지 고려하여 중개보조원보다 가볍게 책임을 제한할 수도 있
다고 판시하였다. 위 판결 사례는 1.항과 2.항 유형이 합쳐진 사안이라고
할 수 있는데, 이와 같은 공동불법행위+사용자책임 사안에서는 3가지(다액
채무자, 중액채무자, 소액채무자) 이상으로 책임범위가 분화될 수 있다.

3. 계약책임과 불법행위책임 사이에 책임액이 달라지는 경우

　계약의 불이행에 따른 손해배상이 아니라 계약 내용에 따른 본래 급여
의 이행을 구하는 경우에는 원칙적으로 과실상계가 적용되는 영역이 아니
다.[35] 따라서 계약에 따른 이행책임과 불법행위책임이 경합하는 경우 불법

---

34) 대법원 2002. 12. 26. 선고 2000다56952 판결 등. 다만 피용자의 불법행위가 외
관상 사무집행의 범위 내에 속하는 것으로 보이는 경우에 있어서도, 피용자의 행
위가 사용자나 사용자에 갈음하여 그 사무를 감독하는 자의 사무집행행위에 해당
하지 않음을 피해자 자신이 알았거나 또는 중대한 과실로 알지 못한 경우에는 사
용자 혹은 사용자에 갈음하여 그 사무를 감독하는 자에 대하여 사용자책임을 물을
수 없으므로(대법원 1999. 10. 22. 선고 98다6381 판결 등), 여기서의 논의는 피해
자가 피용자의 불법행위에 대하여 악의나 중과실까지는 아니어서 사용자책임이 면
책되지 않음을 전제로 한다.
35) 대법원 2001. 2. 9. 선고 99다48801 판결: 과실상계는 원칙적으로 채무불이행 내
지 불법행위로 인한 손해배상책임에 대하여 인정되는 것이지 채무내용에 따른 본
래 급부의 이행을 구하는 경우에 적용될 것은 아니므로, 예금주가 인장관리를 다
소 소홀히 하였거나 입·출금 내역을 조회하여 보지 않음으로써 금융기관 직원의
불법행위가 용이하게 된 사정이 있다고 할지라도 정기예탁금 계약에 기한 정기예

행위책임 쪽에만 과실상계가 작용함으로써 손해액이 달라질 수 있다.[36]

　계약에 따른 채무불이행책임과 불법행위책임이 경합하는 경우에도 책임범위가 달라질 수 있다. 채무불이행책임과 다른 가해자의 고의의 불법행위책임이 경합하는 경우 채무불이행책임에만 과실상계가 적용되어 손해액이 달라질 수 있다.[37] 그 밖에도 채무불이행책임과 불법행위책임은 손해 범위, 지연손해금율, 산정기준시 등을 판단하는 기준이 달라져, 손해배상 채무액이 일치하지 않을 가능성도 있다.[38]

Ⅳ. 다액채무자가 일부변제한 경우 채무소멸 범위(대외적 효과)

1. 기초 전제

가. 전제 ①: '다액'채무자의 채무소멸행위

　소액채무자가 불법행위 성립 이후에 손해액의 일부를 변제한 경우에는 다액채무자의 채무는 소액채무자의 변제금 전액에 해당하는 부분만큼

탁금 반환청구사건에 있어서는 그러한 사정을 들어 금융기관의 채무액을 감경하거나 과실상계할 수 없고, 이러한 결론은 예금주의 잘못이 피고에 대하여 불법행위를 구성하는 등의 특별한 사정이 없는 한 신의칙이나 형평을 고려하더라도 달라지지 않는다.

36) 대법원 2010. 2. 25. 선고 2009다87621 판결[미간행]: 피고의 피용자가 피고의 지점장 명의를 위조한 변제확인서를 작성하여 원고에게 제시·교부하고 이를 믿은 원고가 소외2에게 4억 원을 대여하면서 선이자를 공제한 3억 6천만 원을 실제로 지급하였다면, 원고는 그 대여 즉시 3억 6천만 원의 손해를 입은 것이고, 여기에 원심이 인정한 피고의 과실 40%를 참작하면 피고가 사용자책임으로서 원고에게 배상할 손해액은 1억 4,400만 원(=3억 6천만 원×40%)이 된다. 이와는 별도로 소외2는 원고에 대하여 위 3억 6천만 원에 미리 공제한 선이자가 있음을 감안하여 산정한 대여원금 상당의 대여금채무를 진다. 그리고 그 대여금채무 중 피고의 손해배상채무와 중첩되는 부분은 서로 부진정연대채무의 관계에 있다.

37) 대법원 2006. 1. 27. 선고 2005다19378 판결: 피해자가 절도 피해를 입었는데, 경비업체인 원고의 경비용역계약상 채무불이행으로 인한 손해배상채무와 절도범들인 피고들의 절도라는 불법행위로 인한 손해배상채무가 성립하고, 그중 채무불이행 손해배상채무는 피해자의 과실을 참작하여 65%만 인정되었다. 대법원은 원심의 판단을 수긍하여 상고를 기각하였다(채무자들 간 구상이 문제된 사건이어서 채권자에 대한 책임범위가 달라진 이유가 직접 쟁점은 아니었다).

38) 서종희(주 27), 69~71면; 이진관(주 2), 108면; 제철웅, '부진정연대채무 및 일부보증에서 채무자의 일부변제와 변제충당', 법조, 제55권 제6호, 법조협회, 2006, 74면.

소멸한다.[39] 소액채무자의 변제금액을, 소액채무자가 채무를 부담하지 않는 다액채무자의 단독 부담부분에 충당할 근거나 이유는 없으므로, 실제로 문제되는 건 단독 부담부분과 공동 부담부분을 모두 책임져야 하는 다액채무자가 채무 전액을 소멸시키지 못할 때이다.

나. 전제 ②: 절대효 있는 소멸사유의 발생?

일반적으로 부진정연대채무의 경우 변제, 대물변제, 상계[40]와 같이 채무를 만족시키는 사유가 절대효 있는 사유로 취급받고, 전액이 아닌 일부변제라도 절대효를 인정하는 것이 통설, 판례의 태도이다.[41] 반면 대표적으로 상대적 효력만을 지니는 면제,[42] 소멸시효 완성[43] 등의 경우에는 다른 채무자들의 부담부분 소멸에 어떠한 영향을 미치지 아니한다.

종래 본 쟁점은 다액채무자가 소액채무자의 채무를 일부변제했을 경우를 중심으로 논의되었다.

물론 다액채무자에 대한 일부면제나, 일부 소멸시효 완성[44] 등 위 상대적 효력이 있는 사유라도 단독 부담부분과 공동 부담부분 중 어느 쪽을 먼저 (상대적으로) 소멸시킬 것인지에 관하여 아래에서 보는 견해의 대립을 적용할 수도 있어 보인다. 그렇지만 다액채무자의 변제금이 어느 부분에 충당되는지 문제가 중요한 이유는, 단순히 채권자와 다액채무자 사이에서만 끝나는 게 아니라 소액채무자의 채무가 얼마나 소멸되는지와 직결되기 때문이므로, 이 문제는 원칙적으로 다액채무자의 채무소멸행위가 다른 부진정연대채무자의 채무소멸에 영향을 미치는 경우, 즉 절대효

---

39) 대법원 1995. 3. 10. 선고 94다5731 판결.
40) 대법원 2010. 9. 16. 선고 2008다97218 전원합의체 판결.
41) 김상용, 채권총론(제3판), 화산미디어, 2016, 301면. 다만 곽윤직, 채권총론[민법강의Ⅲ](제6판), 박영사, 2003, 177면과 같이 채권액 전부를 만족시키지 못하는 일부변제에는 절대적 효력을 부여할 수 없다는 견해도 있다.
42) 대법원 1982. 4. 27. 선고 80다2555 판결 등.
43) 대법원 1997. 12. 23. 선고 97다42830 판결 등.
44) 청구부분이 특정될 수 있는 경우에 있어서의 일부청구는 나머지 부분에 대한 시효중단의 효력이 없으므로(대법원 1975. 2. 25. 선고 74다1557 판결 등), 채권자가 다액채무자에 대하여 명시적으로 일부 금액만 청구하였을 경우 소멸시효 완성의 효과가 일부 금액에만 미칠 가능성도 있다.

있는 경우 논의의 실익이 크다. 대상판결도 '변제 등'이라고 하여 소멸사
유가 변제에 한정되지 않는다는 점을 분명히 하고 있다. 논의의 편의상
이하에서는 일부 '변제'를 중심으로 논의하겠다.

2. 채무소멸의 순서와 범위에 관한 견해

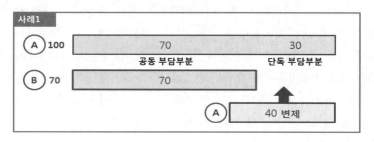

가. 내 측 설[45]

다액채무자의 일부변제 시 변제금액은 공동 부담부분의 변제에 우선 충
당된다는 견해다. [사례1]에서는 변제액 40이 A와 B의 공동 부담부분 70에
먼저 충당되어 공동 부담부분은 30(=70-40), 단독 부담부분은 30이 남는다.

나. 외 측 설[46]

다액채무자의 변제액을 단독 부담부분에 먼저 충당시켜 소멸시켜 나

45) 김상용, '사용자 및 피용자의 책임과 과실상계', 법률신문, 제2517호, 1996, 15면.
46) 손철우(주 23), 109면; 서종희(주 27), 90~91면; 서희석(주 23), 15면; 김동옥, '피용
   자 본인이 손해액의 일부를 변제한 경우 사용자의 손해배상채무의 소멸범위', 판례연
   구, 제11집, 부산판례연구회, 2000, 374면; 김성식, '부진정연대채무의 일부변제 등에
   관한 법리의 검토', 저스티스, 통권 제138호, 한국법학원, 2013, 57면; 김현진, '금액이
   다른 부진정연대관계에서 다액채무자의 일부변제의 효력', 법학연구, 제21집 제3호,
   인하대학교 법학연구소, 2018, 27면; 배성호, '부진정연대채무자 중 일인의 일부변제
   의 효과', 동아법학, 제67호, 2015, 294면; 윤진수, 민법기본판례, 홍문사, 2016, 300면;
   이병준, '부진정연대채무에 있어서 과실상계와 일부변제의 효력-독일법의 논의 틀을
   기초로 한 판례 입장의 재해석', 판례실무연구(XI), 박영사, 2015, 81면; 이준민, '부진
   정연대채무에서의 일부변제시 채무소멸에 관한 통일적 기준의 제시', 법학논총, 제38
   권 제2호, 전남대학교 법학연구소, 2018, 78면. 한편 공동불법행위의 경우 외측설을
   취하는 대상판결의 결론은 타당하나, 이는 부진정연대채무가 아닌 민법 제477조에
   따른 변제충당으로 설명하여야 한다는 견해로는 정다영, '부진정연대채무에서의 다액
   채무자의 일부변제', 저스티스, 통권 제169호, 한국법학원, 2018, 203면 참조.

간다는 견해다. [사례1]에서는 변제액 40이 우선 단독 부담부분 30을 전액 소멸시키고, 나머지 변제금 10이 공동 부담부분을 소멸시킨 결과 공동 부담부분은 60(=70-10)이 남는다.

다. 과실비율설[47]

공동 부담부분 중 다액채무자와 소액채무자의 과실비율 만큼 변제액을 나누어 충당한다는 견해이다. 여기서의 과실비율이란, '다액채무자의 채권자에 대한 과실비율'을 100%로 두고 그에 비례한 '소액채무자의 채권자에 대한 과실비율'을 의미한다.[48] · [49] [사례1]에서는 변제액 40 중 A에 대한 B의 과실비율 70%를 적용한 28(=40×70%)만큼 공동 부담부분이 소멸되고, 나머지 12는 단독 부담부분에 충당된다. 이에 따라 공동 부담부분은 42(=70-28), 단독 부담부분은 18(=30-12)이 남는다.

라. 안 분 설[50]

(1) 내 용

법정변제충당에 관한 민법 제477조[51] 제4호를 유추적용하여, 공동

---

47) 김봉수, '부진정연대채무에 있어서 다액채무자가 일부변제에 의한 소액채무자의 면책 범위', 동아법학, 제8권 제4호, 2015, 247-252면; 박재윤, '피용자 본인이 손해의 일부를 변제한 경우 사용자의 손해배상의 범위', 재판의 한 길: 김용준 헌법재판소장 화갑기념 논문집, 1994, 434면.

48) 채권자에 대한 과실상계가 허용되지 않아 다액채무자가 발생한 손해의 전부를 책임지거나 계약상 급여 자체를 이행해야 하는 경우에는, 과실비율을 '채권자에 대한 각 채무자의 과실비율' 정도로 해석하여도 별 문제가 없다. 그러나 다액채무자도 본래 채무 전액을 부담하지 않는 경우, 예를 들어 과실 피용자의 불법행위책임과 사용자책임이 경합하고 채권자에게 20% 과실이 있는 사안을 상정해 보자. 피용자는 손해의 80%만큼 책임을 지고, 사용자책임은 60%로 추가 제한될 수 있다. 그런 경우 다액채무자의 일부변제 시 소액채무자에 대한 충당비율은 소액채무자의 채권자에 대한 과실비율 60%를 곧바로 적용하는 것이 아니라, '다액채무자의 채권자에 대한 과실비율(80%)'을 100%로 둔 전제에서 소액채무자의 채권자에 대한 과실비율(60%)을 산정한 75%(=60%/80%×100%)라고 보는 것이 타당하다. 안분설을 취하는 제철웅(주 38), 61면도 같은 방식으로 과실비율설을 해석하는 것으로 보인다.

49) 과실상계를 활용할 수 없는 사례, 가령 일부면제에 의한 일부 부진정연대채무관계가 발생하는 사안에서는 과실비율설을 적용할 수 없다는 견해가 있지만[서희석(주 23), 41면; 서종희(주 27), 88-89면; 손철우(주 23), 108면], 여기서의 과실비율은 넓게 '책임비율' 정도로 선해하여도 되지 않을까 싶다.

50) 제철웅(주 38), 83-93면; 김교창, '부진정연대채무자 중 1인의 일부변제', 판례연구, 제14집, 서울지방변호사회, 2001, 243-245면.

부담부분과 단독 부담부분의 채무액 비율에 따라 변제액을 안분하여 충
당하자는 견해이다. [사례1]에서는 변제액 40이 공동 부담부분인 70에
28(=40×70%), 단독 부담부분인 30에 12(=40×30%)만큼 충당되어, 공동 부
담부분은 42(=70-28), 단독 부담부분은 18(=30-12)이 남는다.

(2) 과실비율설과 안분설의 비교

안분설이나 과실비율설이나 배상액의 결론에 있어서 실질적으로 차
이가 없다는 설명이 다수 존재한다.[52] 부담부분의 비율이 과실비율과 일
치하는 전형적인 사안에서는 맞는 설명이다(위에서 보듯 [사례1]의 결론도
과실비율설과 차이가 없다).

그런데 소액채무자가 먼저 일부변제한 사례에서는 안분설과 과실비
율설의 결론이 달라질 수 있을지 한 번쯤 고민해 볼 수 있다. 예를 들어
[사례1]에서 B가 먼저 40을 변제하였다면 공동 부담부분이 40만큼 소멸하
여 30(=70-40)이 남고, A의 단독 부담부분 30은 그대로 남는다. 이 상황
에서 A가 40을 변제한다면, 안분비율을 정하는 기준액을 A의 위 일부변
제 후 남은 30:30으로 할지, 최초 부담부분 비율인 70:30으로 할지 문제
될 수 있다. 안분설이 그 근거를 민법 제477조에서 찾는다면 법정변제충
당의 순서는 채무자의 변제 당시를 기준으로 정하여야 하므로,[53] A의 변
제시점을 기준으로 한 30:30의 비율을 적용하는 게 논리적으로는 일관될
것 같다(다만 그러할 경우 변제시점마다 충당비율을 재산정해야 하는 문제

51) 민법 제477조(법정변제충당)
　당사자가 변제에 충당할 채무를 지정하지 아니한 때에는 다음 각 호의 규정에 의
　한다.
　1. 채무 중에 이행기가 도래한 것과 도래하지 아니한 것이 있으면 이행기가 도래
　　한 채무의 변제에 충당한다.
　2. 채무 전부의 이행기가 도래하였거나 도래하지 아니한 때에는 채무자에게 변제
　　이익이 많은 채무의 변제에 충당한다.
　3. 채무자에게 변제이익이 같으면 이행기가 먼저 도래한 채무나 먼저 도래할 채무
　　의 변제에 충당한다.
　4. 전2호의 사항이 같은 때에는 그 채무액에 비례하여 각 채무의 변제에 충당한다.
52) 김성식(주 46), 48면; 서희석(주 23), 36면; 손철우(주 23), 93면.
53) 대법원 2015. 11. 26. 선고 2014다71712 판결.

가 있어 실제로 안분설이 그러한 입장인지는 조금 의문이 들기는 한다). 과
실비율설을 취할 경우 B의 일부변제가 있다고 하여 A와 B 사이의 과실
비율에 변동이 생긴다고 볼 수는 없으므로 부담부분 비율인 70:30에 따
라 충당해야 할 것이다. 즉 안분설이 변제시점을 기준으로 충당비율을
결정한다면 두 학설 간 차이가 생길 수 있다.

3. 대법원 판례의 흐름
가. 기존 판례의 태도
(1) 과실비율설을 취한 사례
(가) 사용자책임 유형

대법원은 1994. 2. 22. 선고 93다53696 판결에서 불법행위로 인한
손해의 발생에 관한 피해자의 과실을 참작하여 과실상계를 한 결과 피용
자와 사용자가 피해자에게 배상하여야 할 손해액의 범위가 달라질 수 있
는데, 이와 같이 과실상계를 허용하는 취지는 궁극적으로 피용자 본인이
손해를 배상할 자력이 없는 경우 피해자와 사용자 사이에 그로 인한 손
해를 공평 타당하게 분담하도록 하려는 데 있으므로, 피용자 본인이 손
해액의 일부를 변제한 경우에는 그 변제금 중 사용자의 과실비율에 상응
하는 만큼 사용자가 배상하여야 할 손해액의 일부로 변제된 것으로 보아
야 한다고 판시하여 이 문제에 관하여 과실비율설을 택한다는 점을 처음
으로 명시하였다.

그리고 위 법리[과실비율설]는 피용자 본인이 불법행위 성립 이후에
피해자에 대하여 일부 금원을 지급함에 있어서, 명시적으로 손해배상의
일부변제조로 지급한 것은 아니지만, 그 불법행위를 은폐하거나 아니면
기망의 수단으로 지급한 경우에도 마찬가지로 적용되어야 한다면서 적용
영역을 확장하였고,[54] 피용자와 공동불법행위 관계에 있는 다른 불법행
위자가 불법행위 성립 후에 피해자에게 변제약정을 체결한 다음 그에 따

---

54) 대법원 1994. 8. 9. 선고 94다10931 판결.

라 일부 돈을 지급한 경우에도 마찬가지로 보았다.[55]

(나) 공동불법행위 유형

대법원 1995. 3. 10. 선고 94다5731 판결 등은 공동불법행위자들의 피해자에 대한 과실비율이 달라 배상할 손해액의 범위가 달라지는 경우에 다액채무자가 손해액의 일부를 변제하였다면 그중 소액채무자의 채무는 그의 과실비율에 상응하는 부분만큼 소멸하는 것으로 보아야 한다고 판시하였다. 대법원은 다액의 채무를 부담하는 피용자 본인이 손해액의 일부를 변제한 경우 사용자책임이 소멸하는 범위와 관련하여 이미 (가)항에서 본 93다53696 판결처럼 과실비율설을 취하고 있었는데, 위 94다5731 판결 등은 동일한 사용자책임 유형이 문제되었는데도 굳이 공동불법행위 유형을 끌어들여 공동불법행위자들 사이의 변제의 효력에 대하여 과실비율설이 타당함을 밝힌 후, 피용자와 사용자 사이의 관계에도 동일하게 적용된다는 구조로 설시하였다.[56]

(2) 외측설을 취한 사례

하지만 대법원이 외측설을 취한 사례도 적지 않았다. 판례는 피용자(재무과장)가 사용자 명의의 보증서 등 위조서류를 금융기관에 제출하고 이를 믿은 금융기관이 제3자에게 대출함으로써 손해를 입은 사안에서, 사용자의 손해배상책임을 인정하면서도 금융기관 역시 대출규정을 준수하지 않고 보증서의 진위 여부를 사용자에게 직접 확인하지 않았다는 이유로 30%의 과실상계를 적용하였고, 위 손해배상책임과 부진정연대관계에 있는 제3자의 대출금채무 중 금액이 많은 대출금채무의 일부가 변제 등으로 소멸하는 경우 그 중 먼저 소멸하는 부분은 당사자의 의사와 채무 전액의 지급을 확실히 확보하려는 부진정연대채무 제도의 취지에 비추어 볼 때 다른 채무자와 공동으로 채무를 부담하는 부분이 아니라 단독으로 채무를 부담하는 부분으로 보아야 한다고 판시하였다.[57]

---

55) 대법원 2012. 6. 28. 선고 2010다73765 판결.
56) 손철우(주 23), 97면.
57) 대법원 2000. 3. 14. 선고 99다67376 판결. 대법원 2010. 2. 25. 선고 2009다87621 판결도 위조된 서류가 변제확인서라는 점을 제외하면 유사하다.

또한, 제3자의 약정금채무와 사용자의 손해배상채무가 문제 된 사안에서도, 금융기관에 예탁된 고객의 금원을 횡령하여 구속된 피용자의 손해배상책임을 피용자의 처가 지불각서를 작성하여 배상해 주기로 약정한 후 그 일부를 변제한 경우 소멸하는 부분은 사용자의 손해배상채무와 부진정연대 관계에 있는 부분이 아니라 다액채무자인 약정금채무자가 단독으로 부담하는 부분이라고 하였다.[58]

(3) 기존 판례의 이원적 해결에 대한 정합적인 해석이 가능한지

이처럼 기존 대법원 판결들은 외측설을 적용한 판결들과 과실비율설을 적용한 판결들이 혼재된 이원적인 해결방식을 취하고 있었다. 기존 판례들이 상호 모순된다고는 볼 수 없고, 과실비율설을 취한 사례는 중첩되는 각 채무가 동질적인 성격을 가지며, 부진정연대채무자 사이에 구상권이 인정되는 경우인 반면, 외측설을 취한 사례는 중첩되는 각 채무가 이질적 성격을 가지며, 특별한 사정이 없는 한 구상권이 인정되지 않는 경우라는 분석[59]이 다수 있다.

대상판결은 스스로 종래 대법원은 사용자책임과 공동불법행위책임이 문제 되는 사안에서는 과실비율설에 입각하여 다액채무자가 일부변제하는 경우 공동 부담부분도 소액채무자의 과실비율에 상응하는 만큼 소멸한다고 판단하였다고 설시하여, 부진정연대채무 중 공동불법행위, 사용자책임 유형에서 과실비율설을 적용해 왔다고 평가한 듯하다. 다만 그러면서도 '구체적인 사안이 과실비율설을 적용하여야 하는 경우에 해당하는지 여부를 판단할 구별기준이 명확하지 않[다]'고 덧붙임으로써, 그동안은 개별 사실관계를 두고서 과실비율설과 외측설 중 어느 해결방식을 택할지 결정하기가 쉽지 않았다는 점을 인정하였다.

나. 대상판결의 태도

대상판결은 과실비율설을 택하였던 기존 판례들을 폐기하면서 모든 부진정연대채무에 적용되는 통일적인 기준으로서 외측설을 제시하였다.

---

58) 대법원 2007. 10. 25. 선고 2007다49748 판결[미간행].
59) 서종희(주 27), 82면; 손철우(주 23), 101면; 임건면(주 11), 226면.

대상판결이 과실비율설을 비판하면서 상세하게 나열한 근거들을 간단히 요약하면 다음과 같다.

① 과실상계의 법리가 다액채무자의 무자력으로 인한 손해의 분담에까지 적용된다고 보는 것은 과실상계를 중복적용하는 결과이다. ② 다액채무자의 무자력에 대한 위험 일부를 채권자에게 전가한다면, 채권자의 지위를 약화시켜 부진정연대채무의 성질에 반한다. ③ 당사자의 의사를 부진정연대채무의 유형에 따라 구별하여 해석할 필요가 없다. ④ 과실비율설에 의하면 채권자가 누구로부터 먼저 변제를 받느냐에 따라 변제를 받을 수 있는 금액이 달라진다. ⑤ 모든 부진정연대채무에 대하여 적용할 수 있는 기준을 정립할 필요가 있다. ⑥ 외측설이 일부보증이나 채무액이 다른 연대채무에 관한 기존 판결들 취지와도 부합한다. ⑦ 피용자(다액채무자)의 무자력으로 인한 손해까지 피해자(채권자)에게 분담을 요구하는 것은 사용자책임의 제도적 취지와 부합하지 않는다. ⑧ 일부 공동불법행위자의 무자력 위험은 그들 내부관계의 문제로 해결되어야 한다고 보는 것이 타당하고 이를 피해자에게 전가할 수는 없다.

4. 검   토

가. 내측설에 대한 비판

내측설에 따르면 다액채무자가 단독으로 채무를 부담하는 부분이 가장 많이 남게 되므로 채권자 입장에서 다액채무자의 무자력 위험을 가장 많이 부담하게 되어 불리하다. 이러한 결과는 채권자를 보호하기 위하여 인정된 부진정연대채무 제도의 목적과 배치된다.[60] 내측설은 채권자와 다액채무자의 의사에도 부합하지 않는다. 채권자는 당연히 단독부분이 먼저 소멸할 것을 바라고, 다액채무자는 공동 부담부분보다는 단독 부담부분이 먼저 소멸하는 것을 바란다고 볼 가능성이 높기 때문이다(뒤에서 더 구체적으로 본다).

---

60) 서종희(주 27), 72면; 손철우(주 23), 104면; 이준민(주 46), 73면.

나. 과실비율설에 대한 비판[61]과 외측설의 우위

(1) 과실상계가 중복적용 될 수 있음

(가) 부진정연대채무와 같은 공동채무 사안에서 채무소멸의 효과 문제는 본질적으로 당사자들 사이의 이익관계 조정 문제이고, 논거별 우열을 가리는 과정에서 각종 문헌에서는 '채권자 보호'와 '손해의 공평분담'이라는 두 이념 사이의 긴장관계가 자주 부각된다.

먼저 '채권자 보호'는 비교적 쉽게 이해할 수 있다. 채권자가 자신의 채권을 최대한으로 만족 받을 수 있는 방향으로 법률효과를 규율·해석하면 된다. 하지만 '손해의 공평분담'은 그보다는 조금 더 고민을 담아 해석하고 사용해야 하는 용어다. 먼저 '누구' 사이의 공평분담인지 맥락에 따라 달라질 수 있다. 어떨 때는 '채무자들 사이'의 공평분담이고, 어느 경우에는 '채권자와 특정한 채무자 사이' 또는 '채권자와 채무자들 모두 사이'의 공평분담일 때도 있다. '공평'이라는 추상적인 가치를 개별 사안에 맞게 구체화시키는 작업도 남아 있다. 손해의 공평분담이라는 이념은 설정하기에 따라 채권자 보호와 대립관계에 있을 수도 있고 아닐 수도 있다. 추상적이고 일반적으로 둘 중 이념이 우선한다고 단정하면 오류를 범할 수 있고, 결국 구체적인 사안이나 쟁점에 따라 충돌영역을 분명하게 설정하여 논증해야 한다.

(나) 과실상계는 손해배상책임에서 공평 내지 신의칙의 견지에서 손해배상액을 정함에 있어 피해자의 과실을 참작하는 제도이다.[62] 과실상계 제도는 피해자와 과실상계를 주장할 수 있는 가해자 사이의 손해의 공평분담을 실현하는 적극적인 기능을 담당하는 것으로 해석되고, 다액채무자의 무자력으로 인하여 발생한 채권자의 손해를 과실상계의 적용으로 감액된 비율에 따라 분담시키려는 과실비율설 역시 이러한 적극적 기능에서 비롯된 것으로, 과실비율만큼 피해를 나누어 부담한 자는 다른 자

---

61) 기본적으로 대상판결에서 언급된 논거들을 기초로 목차를 나누되, 이해의 편의를 위하여 논거들을 묶거나 순서를 바꾸기도 하였다.

62) 대법원 2000. 11. 24. 선고 2000다38718, 38725 판결 등(채무불이행 손해배상), 대법원 1996. 1. 23. 선고 95다24340 판결 등(불법행위 손해배상).

의 일부변제로 인한 이익까지도 같이 나누어 가지는 것이 손해의 공평분
담을 실현시킬 수 있다는 취지로 이해된다.[63]

　과실비율설의 문제는 이미 과실상계의 적용을 통하여 손해액의 조정
이 한 번 이루어진 상황에서 변제에 따른 소멸을 처리하면서 과실비율에
따른 조정을 한 번 더 가한다는 데에 있다.[64] 기본적으로 부진정연대채
무는 채무자들 모두에게 전액에 관한 지급책임을 지움과 동시에 절대효
있는 사유는 최소화하여 채권자가 확실히 변제받을 수 있도록 담보하려
는 제도이므로 '채권자 보호'에 확실히 방점을 둔다.[65] 따라서 일단 채무
자별 책임범위가 과실상계 적용으로 확정된 다음에는 채권자가 위 책임
액을 최대한 변제받을 수 있는 방향을 추구해야 한다.

　소액채무자는 채권자에 대한 대외관계에서 과실상계로 인하여 감축
된 채무를 초과하는 금액을 부담할 일이 없고, 대내관계에서도 내부 부
담부분이 대외적인 책임비율을 초과하는 경우는 드물기 때문에 위 감축
된 채무액을 초과하는 책임을 최종적으로 부담할 가능성 역시 희박하므
로, 변제로 인한 채무소멸의 혜택까지 주어 보호할 필요성은 없다.

　더구나 과실상계에 있어서의 과실은 의무위반의 강력한 과실이 아닌
사회통념상, 신의칙상, 공동생활상 요구되는 약한 의미의 과실을 가리키
는데, 과실상계의 지도원리를 손해배상의 범위를 정하는 데에서 나아가
그 적용범위를 확장하면 자칫 채무자들이 지나친 이익을 향유하게 되어

---

63) 서종희(주 27), 84면.
64) 서희석(주 23), 41면; 김영태, '사용자책임과 피용자 본인의 책임과의 관계. 피용
　자 본인이 손해의 일부를 변제한 경우 사용자의 손해배상 범위', 대법원판례해설,
　제21호, 법원도서관, 1994, 203면도 과실상계의 지도원리는 손해배상의 책임과 범
　위를 정하는 데 있는 것이지, 변제의 효력과는 직접 관련이 없다고 지적한다. 반
　면 박재윤(주 47), 434면은 채권자가 사용자에 대한 관계에서 과실상계에 따라 배
　상청구액에 제한을 받은 이상 피용자 본인의 변제의 효과를 가릴 때에도 동일한
　비율을 적용하여 안분하는 것이 더 논리적이라고 주장한다.
65) 한편 모성준(주 29), 126-127면은 공동불법행위자들에게 분할 손해배상책임을
　물더라도 피해자 보호에 어떠한 지장이 있는 것은 아니고, 오히려 민법이 연대책
　임을 지우는 근본적인 이유는 행위자 각자에게 발생한 손해 전체에 대한 책임을
　부과함으로써 공동불법행위자가 복수라고 하여 책임이 줄어들지 않음을 경고하는
　데에 있다고 보는 것이 현실적이라고 한다.

피해자 보호에 소홀할 우려도 있다.[66]

(2) 다액채무자의 무자력 위험을 채권자에게 부당하게 전가

(가) 대상판결은 부진정연대채무의 일부변제 후 일부 채무자의 무자력으로 인한 위험부담의 문제는 채무자들 사이의 내부 구상관계에서 문제 될 뿐 채권자에게 영향을 미친다고 볼 수 없고, 이는 다액채무자의 무자력에 대한 위험의 일부를 채권자인 피해자에게 전가한다면 이는 채권자의 지위를 약화시키는 것으로 부진정연대채무의 성질에 반하기 때문이며, 일부 공동불법행위자의 무자력에 대한 위험은 그들 내부관계의 문제로 해결되어야 한다고 보는 것이 타당하다고 하였다.

(나) 구체적으로 과실비율설을 취할 경우 어떻게 다액채무자의 무자력이 전가되는지는 앞서 든 [사례1]을 다시 가져와 설명하면 이해가 쉽다.

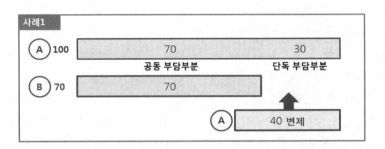

다액채무자 A가 어떠한 사정으로 일부변제한 후 무자력에 빠지게 되었다고 가정하자. 외측설에 따르면 공동 부담부분이 60(=70-10), 단독 부담부분이 0(=30-30) 남게 되고, A가 무자력에 빠지더라도 B에게 자력이 있는 한 채권자는 B로부터 남은 60을 받으면 채무액 100 전부를 변제받을 수 있다.

반면 과실비율설을 취하면 공동 부담부분이 42(=70-28), 단독 부담부분이 18(=30-12) 남는데, 이후 A가 무자력에 빠지면 채권자는 B로부터 남은 공동 부담부분 42만을 변제받을 수 있을 뿐, A의 단독 부담부분 18은

---

66) 서종희(주 27), 84-85면; 손철우(주 23), 106면.

만족을 받지 못하게 되어 채권자 보호에 소홀한 결과가 생긴다. A의 무
자력 위험을 채권자와 B가 3:7(=18:42)의 비율로 떠안은 셈이다.

B와 채권자 사이에서는 애초에 손해액을 서로의 과실비율에 따른
7:3으로 분담하기로 한 것이니 A의 무자력 위험 역시 동등한 비율로 부
담하는 것이 공평하다고 생각할 수도 있다. 하지만 B는 채권자에게 70까
지는 지급할 의무가 있던 반면, 채권자가 A의 무자력을 떠안아야 할 별
다른 근거는 없다. 특히 불법행위의 경우 채권자(피해자)는 채무자(가해
자)를 스스로 선택한 것이 아닌 만큼, 채무자의 무자력 위험을 더욱 부담
할 이유가 없다. 즉 B와 채권자 사이의 과실비율을 A의 무자력 위험에
대한 분배비율과 일치시킬 필요는 없고, A의 무자력 위험은 채권자와의
관계에서는 B가 전적으로 부담하는 것이 타당하다.

한편 대상판결 및 일부 견해는 사용자책임 유형처럼 소액채무자의
피용자에 대한 구상권이 제한될 수 있는 유형에서는, 무자력으로 인한
실질적인 손해 분담비율에서 피해자의 분담비율이 더 높아질 수 있다고
지적한다. 즉 [사례1]에서 소액채무자인 사용자 B의 A에 대한 구상권이
70%로 제한된다면 과실비율설에 따를 경우 B가 변제한 42 중 A에게 구
상할 수 있었던 29.4(=42×70%)만이 A의 무자력으로 인한 손해가 되므로,
결국 채권자와 B 사이의 상대적인 분담비율이 37.97%{=18/(18+29.4)}:
62.03%{=29.4/(18+29.4)}로 채권자와 B 사이의 과실비율인 3:7보다도 채권
자에게 불리하여 더 불공평하다는 것이다.[67] 그런데 위 사례에서 채권자
가 부담하는 A의 무자력 위험의 절대적인 양은 B의 구상권 제한율과 관
계없이 18로 동일한 만큼, B가 구상권을 제한받음에 따라 구상할 수 있
는 변제액이 줄어듦으로써 채권자와 B 사이의 상대적인 분담비율이 달라
지는 것이 반드시 더욱 불공평한 결과인지는 다소 의문이다.[68]

---

67) 서종희(주 27), 87–88면; 손철우(주 23), 107면.
68) 사용자에 대하여만 손해배상소송에 제기된 경우 소송당사자가 아닌 피용자에 대
한 구상권 제한까지 감안하여 피용자의 무자력 위험 배분기준을 결정하는 것은 타
당하지 않다는 견해로는 제철웅(주 38), 79면.

(다) 한편 대상판결은 일부 부진정연대채무자의 무자력 위험은 채무자들 내부적으로 해결해야 할 문제일 뿐 채권자에 대한 대외적인 관계에서는 영향을 미쳐서는 안 된다는 점을 분명히 하고 있다. 하지만 일부변제의 대외적 효과를 검토할 때 채무자들 사이의 후속 구상관계 분석을 일률적으로 배제할 필요는 없을 것으로 보이고, 다만 채권자 보호를 더 우선하는 가치로 두면 충분하다고 생각한다. 대상판결 역시 아래 (4)항에서 보듯 당사자의 의사를 추정할 때 후속 구상관계까지 참작하는 방식을 취하고 있다.[69]

(3) 변제 순서에 따른 불합리한 결과의 차이가 발생 가능

(가) 대상판결은, 과실비율설에 의하면 다액채무자가 일부변제 후 무자력이 되는 경우 피해자로서는 소액채무자의 과실비율에 상응하는 만큼 소멸한 부분에 대하여는 소액채무자로부터 변제받을 수 없기 때문에 채권 전액을 변제받을 수 없지만, 소액채무자로부터 먼저 변제를 받는다면 소액채무자가 부담하는 채무 전액을 변제받을 수 있으므로, 피해자가 누구로부터 먼저 변제를 받느냐에 따라 변제를 받을 수 있는 금액이 달라지는 납득하기 어려운 결과가 발생한다고 판시하였다.

[사례1]에서 ① A가 40을 먼저 변제하였다면, 그다음 B가 60을 지참하여 변제하려고 하여도 과실비율설을 취할 경우 A의 변제에 따라 공동부담부분이 소멸된 28만큼은 변제할 이유가 없으므로 결국 B는 42만을 변제하게 된다. 그 상황에서 A가 무자력에 빠지면 채권자가 A의 무자력 위험을 분담하게 된다. ② 그런데 B가 먼저 60을 변제하였다면 공동 부담부분이 10(=70-60)만 남고 소멸하고, A가 나중에 들고 온 40은 남은 채무 40(=공동 부담부분 10+단독 부담부분 30) 전액의 변제에 충당되므로 채권자는 채권 전부를 만족 받는다.

단순한 변제 순서 차이만으로 위와 같은 결과의 차이가 정당화된다

---

69) 안분설의 입장이지만 제철웅(주 38), 81면도 우리 법은 연대채무에서도 연대채무자 1인의 다른 연대채무자에 대한 구상의 실현도 고려하여 채권자와의 관계에서 절대효를 규정하고 있기 때문에, 내부적 구상의 문제를 대외적 효력 문제에서 전적으로 도외시할 필요는 없다고 한다.

고 보기는 어렵다. 과실비율설이 가지는 큰 약점 중 하나이다.

이기택 대법관의 보충의견에서 예시로 든 다음 사례(채무액이나 과실비율 등은 사례1에 맞게 조금 조정하였다)는 조금 극단적인 가정이지만 이 문제에 있어 과실비율설의 불합리함을 더 잘 드러낸다. [사례1]에서 A, B 모두 50씩 준비하여 채권자에게 변제를 위해 방문하였다고 하자. ① B가 아주 조금이라도 먼저 50을 변제한다면, A의 채무는 50이 남게 되어 채권자는 A가 들고온 50을 변제받으면 전액을 변제받게 된다. ② 그러나 A가 조금이라도 먼저 50을 변제한다면 그 순간 B의 채무는 35(=50×70%[70])가 소멸하여 채권자는 B가 준비한 50 중 35만을 변제받고 15는 돌려주어야 하며, 다시 A에게 15의 변제를 요구할 수 있을 뿐이다.

(나) 대상판결은 채권자의 불편도 지적한다. 과실비율설을 따르면 다액채무자로부터 일부변제를 받은 경우 소액채무자가 공동으로 채무를 부담하는 부분도 소액채무자의 과실비율에 상응하는 만큼 소멸하여 그 부분 금액은 소액채무자로부터 변제받을 수 없으므로 결국 소액채무자로부터 변제받을 수 없었던 금액을 언제나 다액채무자에게 다시 청구해야 하는데, 이러한 불편을 감수하도록 할 근거가 있는지 의문이라는 것이다.

대상판결의 지적 자체는 타당하나 이 부분 설시가 '소액채무자의 과실비율에 상응하는 만큼 소멸한 금액'='소액채무자로부터 변제받을 수 없는 금액'='다액채무자에게 다시 청구해야 하는 금액'이라고 읽힐 소지는 있어 오해하지 않도록 유의해야 한다. 가령 [사례1]을 기준으로 '소액채무자의 과실비율에 상응하는 만큼 소멸한 금액' 및 '소액채무자로부터 변제받을 수 없었던 금액'은 28(=40×70%)이지만, '다액채무자에게 다시 청구해야 하는 금액'은 단독 부담부분 30에서 단독 부담부분에 충당되는 일부변제액 부분 12(=40×30%)를 뺀 18로 일치하지 않는다.[71]

---

70) 보충의견은 "채무액에 따라 안분"이라고 설시하여, 마치 과실비율설이 아닌 안분설을 지적하는 것으로 해석될 여지가 있으나, 해당 예시 사례는 어차피 과실비율에 따라 채무액이 달라진 경우라 안분설이나 과실비율설 간에 차이가 생기는 사례는 아니다.

71) 참고로 채무액 D, 변제액 R, 소액채무자의 과실비율이 b일 때 수식으로 표현한

(4) 당사자의 의사에 부합하지 아니함

(가) 어떠한 충당방식이 당사자들의 의사에 잘 들어맞는지를 본다. 대상판결은 부진정연대채무의 유형을 불문하고 채권자(피해자)는 단독 부담부분이, 소액채무자는 공동 부담부분이 소멸될 것을 각각 원하고, 다액채무자의 의사 역시 부진정연대채무 유형에 따라 달라진다고 보기 어렵다고 하면서, 특히 사용자책임 사안에서는 구상권의 신의칙상 제한 법리에 따라 소액채무자(사용자)의 변제 비율을 높이는 것이 다액채무자(피용자)에게 유리하므로, 피용자가 먼저 일부변제한 부분을 피용자 단독 부담부분에 충당하는 것이 피용자의 의사에 부합한다고 보았다.

먼저 채권자 입장에 서 본다. 공동 부담부분은 소액채무자라는 인적 담보가 확보된 채권이고, 단독 부담부분은 다액채무자만이 홀로 지급의무를 부담한다. 채권자는 다액채무를 우선 소멸시키는 것이 다액채무자의 무자력 위험을 회피하는 데에 유리하므로, 변제금을 단독 부담부분에 우선적으로 충당하기를 바랄 가능성이 크다.

반면 소액채무자는 자신이 부담하는 공동 부담부분을 후순위로 소멸시키는 외측설보다는 다액채무자의 변제로 자신의 책임까지 줄여줄 가능성이 큰 과실비율설을 선호할 수 있다. 다액채무자의 변제로 인하여 소멸되는 공동 부담부분에 관하여 향후 다액채무자로부터 구상당할 가능성

소멸범위는 다음과 같다.
- 과실비율설
  - 남는 공동 부담부분(①): $D \times b - R \times b = (D-R) \times b$
  - 남는 단독 부담부분(②): $D \times (1-b) - R \times (1-b) = (D-R) \times (1-b)$
  - 다액채무자의 남는 채무액=①+②=$(D-R) \times b + (D-R) \times (1-b) = D-R$
  - 소액채무자의 남는 채무액=①=$(D-R) \times b$
  ⇒ 즉 과실비율설에서 '소액채무자로의 과실비율에 상응하는 만큼 소멸하는 금액'은 $R \times b$이고, '다액채무자에게 다시 청구해야 하는 부분'은 $(D-R) \times (1-b)$이므로 구별된다.
- 외측설
  - 다액채무자의 남는 채무액=$D-R$
  - 소액채무자의 남는 채무액
    -일부변제액이 단독 부담부분 이상일 경우: $D \times b - \{R-D(1-b)\} = D \times b - R + D(1-b) = D-R$
    -일부변제액이 단독 부담부분 미만일 경우: $D \times b$

은 남아 있지만, 실제로 다액채무자의 소액채무자에 대한 구상권이 허용되는 경우는 많지 않다.[72] 이처럼 소액채무자는 공동 부담부분을 최대한 소멸시키기를 바란다.

　마지막으로 다액채무자 입장은 어떤가? 대상판결은 다액채무자에 관하여는 '부진정연대채무 유형에 따라 달라진다고 보기 어렵다'고만 하였을 뿐 명확한 설시를 피하였지만, 적어도 사용자책임의 경우에는 다액채무자는 외측설을 선호한다고 한다. 즉 구상권 제한의 법리가 있기 때문에, 다액채무자가 공동 부담부분을 많이 남겨 놓은 다음 소액채무자인 사용자가 해당 부분을 변제하더라도 구상권 제한으로 다액채무자가 전액에 대한 종국적 책임을 질 가능성이 줄어들기 때문이라는 것이다.

　어느 학설을 택하든 다액채무자가 부담하는 총 채무는 변제액만큼 소멸하지만, 단독 부담부분을 남길수록 홀로 책임져야 할 부분이 많다. 일부변제를 한 다음 잔부를 청구하는 채권자에게 다액채무자가 '나머지는 소액채무자에게 알아보시오'라는 식의 항변 내지 거절을 할 권리는 없다. 하지만 공동 부담부분이 남아 있는 한 채권자가 이를 소액채무자에게 먼저 청구할 가능성도 있고, 소액채무자가 자력이 충분한 주체라면 더더욱 그 가능성은 높다.

　소액채무자의 차후 구상을 고려하여도, 적어도 사용자책임 유형에서는 구상권이 제한될 가능성이 크므로 소액채무자의 변제금 전액을 구상당하지 않게 되는 경우가 대부분이다. 사용자가 피용자에 대하여 인사나 징계조치를 취하고 그 대신 금전적인 구상권을 포기할 가능성도 무시할 수 없다. 구상권이 제한되지 않는 사례라도, 자신의 내부 부담부분을 초과하여 변제한 채무자만이 상대방의 내부 부담부분을 한계로 구상권을 행사할 수 있기 때문에, 다액채무자가 이미 자기의 내부 부담부분을 초

---

72) 김민기, '부진정연대채무에 있어서의 구상권 및 변제자대위', 대법원판례해설, 제83호, 2010, 125면의 각주 3)은 민법 제756조 제3항이 사용자의 피용자에 대한 구상권만을 명시하고 있으므로 반대방향, 즉 피용자의 사용자에 대한 구상이 허용되지 않는다고 설명한다.

과하여 상당한 금액을 이미 변제하였다면 소액채무자가 구상권을 행사하는 데에 제약을 받을 수 있다.

이처럼 다액채무자는 공동 부담부분을 최대한 남겨두어 소액채무자가 변제할 가능성을 남겨두는 게 다액채무자의 의사에 부합한다고 볼 여지가 있으므로 과실비율설보다 외측설을 선호할 가능성이 더 높아 보인다. 설령 다액채무자의 의사가 중립적이라 하더라도, 다액채무자의 일부변제 문제에서 실제로 변제액을 지출하지도 않은 소액채무자의 의사를 크게 고려할 필요는 없으므로 채권자가 선호하는 외측설에 가중치를 두는 게 맞다.

(나) 이에 대하여, 내부 부담부분 없는 타인이 법률규정에 의해 자기와 함께 채무를 부담하는 경우 이를 먼저 해소시켜 주려는 것이 적어도 도덕적으로 적절한 태도이므로, 평균의 다액채무자라면 일부변제로 인하여 채권자에 대한 채무뿐만 아니라 장래의 구상채무도 줄이고자 하는 것이 일반적이라는 비판이 있다.[73] 그러나 변제로 인한 채무소멸의 효과를 검토하는 국면에서는 도덕적 일반인이 아닌 합리적 일반인을 기준으로 판단하는 것이 타당하고, 구상채무로 전환할 경우 최종적으로 적은 액수를 책임질 것이라는 사정까지 있다면 일단 단독 부담부분부터 소멸시키고 공동 부담부분은 구상채무로 돌릴 가능성을 높여 두는 선택이 더 합리적이다.

(5) 사용자책임 제도의 취지

사용자책임 제도는 채권자가 통상 자력이 충분한 사용자로부터 손해를 최대한 만족 받을 수 있도록 하는 데에 목적이 있고, 부진정연대채무자들에게 각자의 책임비율에 따른 분할채무를 인정하지 않고 손해액 전액에 대하여 지급책임을 물린 것은 대외적인 책임 측면에서 채무 전액의 지급을 확실히 보장하려는 데 있다.[74] 그런데 피용자의 변제액을 사용자

---

73) 제철웅(주 38), 82면. 기왕이면 그의 변제로 자신 이외에 채무를 면하는 사람이 하나라도 더 있는 쪽을 택하는 편이 채무자에게 이익이 더 크다는 김교창(주 50), 243-244면도 비슷한 취지라 할 수 있다.

74) 손철우(주 23), 106면.

의 부담부분에 자동적으로 충당함으로써 통상 더 가치 있는 인적 담보인 사용자의 부담부분을 감소시키고 결과적으로 피용자의 무자력 위험을 다액채무자에게 일부 전가하는 결과는 두 제도의 목적과 부합하지 않는다.

(6) 모든 부진정연대채무에 대한 통일적 기준 정립 필요성

(가) 대상판결 법리의 적용범위

대상판결은 "모든 부진정연대채무에 적용할 수 있는 기준을 정립할 필요가 있다"고 설시하였고 이는 부진정연대채무의 유형을 가리지 않고 통일적으로 외측설이 적용되어야 한다는 취지로 해석된다. 이기택 대법관의 보충의견도 "위 의견[전원일치 의견]이 취한 법리는 채무액이 다른 공동채무관계의 모든 유형에 적용됨이 마땅하다"고 하였고, 김재형 대법관의 보충의견 역시 "부진정연대채무의 여러 유형 사이에 다른 결론이 도출됨으로써 발생하는 혼란을 없애고 법률관계를 명확히 규율"한다고 하여 일반적인 기준 정립의 필요성을 강조하였다.

대상판결 이후 선고된 대법원 2018. 3. 27. 선고 2015다70822 판결은 대상판결을 인용하면서 약속어음금 채무와, 위 약속어음금이 지급되지 않을 경우 액면금의 배액을 지급하기로 한 약정금 채무는 중복되는 범위에서 같은 경제적 목적을 가진 채무로서 부진정연대채무 관계에 있고, 다액채무자(약정상 채무자)의 재산에 대한 경매절차 배당금은 다액채무자의 단독 부담부분에 먼저 충당된다고 판단한 원심을 수긍하였다. 위 약속어음금/약정금 각 채무는 같은 경제적 목적을 지니지만 발생 원인이 구별되고 이질적인 채무들이라 기존 판례에 따르더라도 외측설이 적용되었을 가능성이 높지만, 공동불법행위 유형과 같이 판례가 종래 과실비율설이 적용된다고 설시한 사안들에서도 앞으로는 대법원이 외측설을 적용할 것이라 전망할 수 있다.

(나) 외측설로의 일원적인 해결이 정당화되는지 여부

부진정연대채무의 유형을 구분하지 않고 적용될 수 있는 일원적인 해결방식은 그 자체로도 의미가 있다. 실제로 대상판결 전 외측설과 과실비율설이 혼재할 당시의 판결들을 보면, 원심과 대법원이 일부변제의

454   民事判例研究〔XLI〕

처리방법에 관하여 다른 견해를 취한 경우들이 종종 있었다.⁷⁵⁾ 대법원 판결의 사실상의 선례구속력을 인정할 수밖에 없는 우리 실무 환경을 고려하면, 기존의 이원적인 해결방식을 버리고 일원적인 해결방식으로 통일하는 것은 하급심에 통일적 기준을 가져다줌으로써 당사자들에게도 예측 가능성을 부여하고 법적 안정성에 기여한다.⁷⁶⁾

그리고 외측설을 우위에 삼는 앞서 본 논거들, 즉 채권자를 보호하는 부진정연대채무 제도의 목적과 당사자 의사에의 부합, 다액채무자 무자력 위험의 채권자에 대한 전가 방지 등은 부진정연대채무의 범주로 종래 논의된 다른 유형들에도 대부분 들어맞는다.⁷⁷⁾

특히 피용자의 손해배상책임을 피용자의 처가 지불각서를 작성하여 배상해주기로 한 경우 외측설이 적용된 앞서 본 2007다49748 판결 사안은, 피용자가 스스로 변제하였다면 기존 판례에 따라 과실비율설이 적용되었을 텐데, 피용자의 처가 약정이라는 형식을 취하여 변제하였다는 이유로 다른 충당방법을 적용하는 것이 형평에 맞는지 의문이다. 물론 사용자의 피용자의 처에 대한 구상권이 일반적으로 인정되지 않으므로 달

---

75) 몇 가지 사례들은 다음과 같다.

판결번호(대법원 기준)	원　심	대 법 원
대법원 1994. 2. 22. 선고 93다53696	외측설	과실비율설
대법원 1994. 8. 9. 선고 94다10931	내측설	과실비율설
대법원 1995. 3. 10. 선고 94다5731	내측설	과실비율설
대법원 1999. 2. 12. 선고 98다55154	내측설	과실비율설
대법원 2000. 3. 14. 선고 99다67376	과실비율설	외측설
대법원 2001. 11. 13. 선고 2001다12362	외측설	과실비율설
대법원 2010. 2. 25. 선고 2009다87621	과실비율설	외측설
대법원 2012. 6. 28. 선고 2010다73765	외측설	과실비율설

76) 서종희(주 27), 90면. 법경제학적인 관점에서 모순·저촉되는 판례변경의 이해당사자별 비용과 편익을 분석한 내용으로는 고학수·최준규, '법경제학적 관점에서 본 판례의 변경', 민사판례연구, 제36권, 박영사, 2015, 1030-1037면 참조.
77) 이진관(주 2), 122면; 손철우(주 23), 103-104면도 적어도 판례를 통하여 제시된 논거만을 가지고는 부진정연대채무의 유형에 따라 일부변제의 효력을 다르게 취급하여야 할 당위성을 찾기에는 부족하고, 가능하다면 부진정연대채무 일반에 걸쳐 통일된 입장을 취할 수 있는 방법을 모색하는 것이 보다 바람직하다고 보았다. 서종희(주 27), 90면도 전반적으로 같은 취지이다.

리 취급할 만한 이유가 있지 않느냐고 문제를 제기할 수 있다. 그러나
아래에서 보듯 불법행위책임과 계약책임의 경합 유형에서도 형평을 근거
로 한 구상권의 인정 범위를 확대할 필요가 있다는 입장을 취한다면 구
상권 인정 여부에 차이가 발생한다고 보기 어렵다. 설령 사용자의 피용
자의 처에 대한 구상권을 인정하기 어렵다고 하더라도, 일부변제의 대외
적인 효과를 논할 때 내부적인 구상관계는 후순위로 고려되는 것이 타당
하므로, 구상권의 인정 여부가 충당방법의 차이를 가져올 만큼의 근거는
되지 못한다고 설명할 수도 있다.

(7) 다른 제도에 관한 판례 태도와의 정합성

(가) 다른 제도들에 관한 판례 입장

○ 일부청구와 과실상계: 판례에서 이른바 외측설 또는 내측설의 명
칭을 붙인 견해들이 처음 소개된 것은 손해배상청구권 중 일부만이 소송
상 청구된 경우 과실상계 방법에 관한 대법원 1976. 6. 22. 선고 75다819
판결이다.[78] 대법원은 하나의 손해배상청구권중 일부가 소송상 청구되어
있는 경우에 과실상계를 함에 있어서는 손해의 전액에서 과실비율에 의
한 감액을 하고 그 잔액이 청구액을 초과하지 않을 경우에는 그 잔액을
인용할 것이고 잔액이 청구액을 초과할 경우에는 청구의 전액을 인용하
는 것으로 해석해야 한다고 보아 외측설을 취하였다.

○ 일부보증: 판례는 계속적 상거래에 기한 채무의 연대보증(근보증)
계약에 있어서 연대보증인이 채무자의 채무를 일정한 한도에서 보증하는
취지의 계약을 하였을 때는, 보증한도 내 채무가 잔존하고 있는 이상 그
잔존채무가 위 한도액 범위내의 거래로 인하여 발생한 채무이든, 한도액
을 초과한 거래로 인하여 발생한 채무중 다른 담보권의 실행으로 일부변
제되고 잔존한 채무이든 불문하고 그 보증한도에서 책임을 져야 한다고
판시하였다.[79]

○ 연대채무ㆍ연대보증: 판례는 연대채무자 또는 연대보증인들 사이

---

78) 박재윤(주 47), 427-428면.
79) 대법원 1985. 3. 12. 선고 84다카1261 판결.

에 채무액이 달라졌는데 다액채무자가 일부변제한 경우 변제액은 그 변제자가 부담하는 채무 중 공동으로 부담하지 않는 부분의 채무 변제에 우선 충당되고 그다음 공동 부담부분의 채무 변제에 충당된다고 판시하였다.[80]

(나) 분   석

대상판결은 과실비율설이 일부보증 등 다른 제도에 관한 판례들과 배치된다고만 지적하고, 왜 통일적으로 취급하여야 하는지는 구체적으로 거론하지 않았다. 물론 기존 판례 법리와 일관성 있게 해석하는 것만으로도 가치가 있지만,[81] 부진정연대채무의 담보적 기능 및 채권자의 의사를 고려하였을 때 합리적인 채권자라면 인적 담보를 최대한 확보하고 싶어 할 것이므로, 위 일부보증, 연대보증, 연대채무 사례들과 동일하게 해결하는 것이 합리적이다.

(8) 그 밖의 논거들

대상판결에서 직접 언급된 논거는 아니나, 외측설이 과실비율설보다 계산방식이 단순하다는 것도 당사자 사이에 충당액수를 둘러싼 분쟁의 발생가능성을 낮추어 준다는 측면에서 장점이 있다(아래에서 보는 3가지 이상으로 책임범위가 분화될 경우 외측설에 따른 충당범위 계산이 간이하다는 측면이 더 부각된다). 또한, 채권의 실현을 보장하기 위해서는 채무자들의 임의변제를 유도할 수 있는 방향으로 제도를 설계하고 운영하는 것이 바람직하다. 그런데 소액채무자의 입장에서는 과실비율설을 취할 경우, '다액채무자가 일부만 먼저 변제하더라도 나의 채무가 소멸하니, 일단 먼저 변제하지 말고 기다려보자'는 입장을 취할 가능성이 있다.

(9) 3가지 이상의 책임범위 사례 처리

마지막으로 3가지 이상의 상이한 책임범위가 문제되는 사안은 어떻게 해결해야 할지를 다음 [사례2]를 통해 살펴본다.

---

80) 대법원 2013. 3. 14. 선고 2012다85281 판결.
81) 서종희(주 27), 91면.

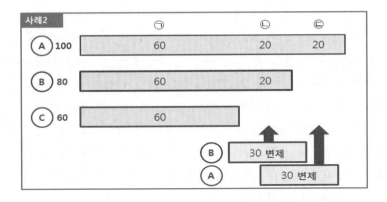

(가) 외측설을 취할 경우

① 중액채무자인 B가 30을 변제한 경우를 먼저 생각해 보자. B의 입장에서 ⓛ 부분은 C에 대한 관계에서는 단독 부담부분, 다액채무자에 대한 관계에서는 공동 부담부분이다. 따라서 위 30은 C에 대한 관계에서는 단독 부담부분인 ⓛ에 먼저 20이 충당되고, 남은 10은 공동 부담부분인 ㉠에 충당된다. A에 대한 관계에서는 A의 단독 부담부분인 ㉢가 아닌 A와 B 2명의 공동 부담부분(㉠+ⓛ) 80 중 30이 소멸한다.

② 최다액채무자인 A가 30만큼 변제하였다면, 우선 A의 단독 부담부분인 ㉢에 가장 먼저 20만큼 충당된다는 점에는 별다른 의문이 없다. 그다음에는 남은 10을 ⓛ에 먼저 충당할지, ㉠와 ⓛ의 비율로 안분하여야 하는지가 고민될 수 있다. 채권자 입장에서는 인적 담보가 여럿 확보된 부분을 최대한 남기는 게 유리하므로 ⓛ 부분에 먼저 충당하기를 바랄 것이다. A 입장에서는 ㉠에 먼저 충당되는 것이 차후 구상할 수 있는 상대방을 늘릴 수 있다는 점에서 유리하다고 볼 여지도 있으나, 어차피 다액채무자의 소액채무자에 대한 구상권이 인정될 가능성은 낮고(특히 A의 C에 대한 구상권 인정 가능성은 더 낮다), 채권자와 A 사이에서는 채권자의 보호를 더 중시해야 하기 때문에 중액, 소액채무의 소멸순서에도 외측설을 적용하는 것이 타당해 보인다. 결국 A의 변제액 30이 채무를 ㉢→ⓛ→㉠부분 순서대로 소멸시켜 나간다고 보면 된다.

(나) 과실비율설을 취할 경우

① 중액채무자인 B가 30을 변제한 경우라면, B의 변제액 30이 C의 B에 대한 과실비율인 75%(=60/80×100%)를 적용한 22.5만큼 ㉠에 충당되고 7.5는 ㉡에 충당된다. ② 최다액채무자인 A가 30을 먼저 변제한 경우에는 30을 단독 부담부분에 따라 60:20:20으로 안분한 18:6:6만큼 ㉠, ㉡, ㉢이 각각 소멸하여야 한다고 보아야 하지 않을까 싶다. 외측설과 비교했을 때, 관여된 채무자들이 늘어날수록 이러한 일부변제가 반복되었을 때 충당범위의 계산이 복잡해질 수 있다.

다. 안분설에 대한 비판

(1) 대상판결의 태도

대상판결의 전원일치 의견은 기존 판례상 적용되어 왔던 과실비율설을 비판하면서 이를 폐기하였을 뿐, 민법 제477조를 유추적용하자는 안분설에 관하여 평가하지는 않았으나, 김재형 대법관의 보충의견은 안분설을 정면으로 반박하였다. 위 보충의견은 민법 제477조는 결국 채무자의 변제이익을 검토한 다음 채무액에 비례한 충당을 정하는 내용이므로 채권자 보호를 위한 부진정연대채무와는 규범 목적이 상반되어 단지 사안이 유사하다는 점만으로 불합리한 결과를 가져오는 유추적용의 정당성을 긍정할 수 없고, 채무 전액의 지급을 확실히 확보하려는 부진정연대채무 제도의 취지와 목적에 비추어 볼 때 단독 부담부분이 우선 소멸해야 한다고 보아야 한다고 설시하였다.

(2) 변제충당 규정의 유추적용 가능성

안분설이 민법 제477조의 법정변제충당에 관한 규정을 유추적용하자고 끌어온 배경에는, 외측설이나 과실비율설이 채무의 소멸순서에 관한 민법의 성문규정을 도외시하고 별다른 명문의 법적 근거가 없는 부진정연대채무 제도의 취지 등에 의존하는 것은 바람직하지 아니하다는 관점이 녹아 있다.

일부변제 시 변제자와 변제수령자 사이에 충당에 관한 약정이 있다면 그에 따라 변제충당의 효력이 발생하고, 약정이 없는 경우에는 민법

제476조의 지정변제충당에 의하여 변제자(통상 채무자)의 지정에 따르고, 보충적으로 민법 제477조의 법정변제충당의 순서에 따라 변제충당의 효력이 발생한다.[82] 법정변제충당에서는 이행기가 먼저 도래한 채무의 변제충당에 우선권을 부여하고, 채무 전부의 이행기가 도래하였거나 도래하지 않은 때에는 채무자에게 변제이익이 많은 채무에 법정충당의 우선권을 부여하고 있으며, 채무자의 변제이익, 이행기의 도래 여부나 선후가 같은 경우에는 그 채무액에 비례하여 각 채무의 변제에 충당하도록 정하고 있다.

한 개의 채무의 일부에 관하여만 부진정연대채무 관계가 있는 경우 일부변제로 인하여 채무의 어느 부분이 변제로 소멸하는가의 문제는 민법에서 규정하는 변제충당의 문제, 즉 한 채무자가 여러 개의 채무를 부담할 경우와는 전제를 달리한다.[83] 따라서 변제충당 규정의 직접적용은 불가능하지만 공동 부담부분과 단독 부담부분을 구별할 수 있는 만큼 변제충당과 유사한 면도 있으므로 유추적용이 가능한지를 검토해 볼 수 있을 뿐이다.

그런데 채권자를 기준으로 채권이 최대한 만족 받는 것을 추구하는 부진정연대채무 제도는 채무자의 의사나 이익을 주된 기준으로 하여 충당순서를 따지는 변제충당 제도와는 기본적인 이념이나 원리가 잘 들어맞지 않는다.

변제충당에 관한 규정들이 유추적용 된다면, 충당에 관한 합의가 없는 이상 지정변제충당이 법정변제충당에 앞서 적용되어야 하므로, 변제자인 다액채무자가 공동 부담부분과 단독 부담부분 중 어느 부분에 우선적으로 충당할 것인지 지정할 수 있다는 것인데, 이는 채권자의 이익에 부합하지 않아[84] 부진정연대채무 제도의 주된 목적인 채권자 보호와 충돌

---

82) 대법원 2015. 11. 26. 선고 2014다71712 판결 등.

83) 손철우(주 23), 104~105면.

84) 윤진수(주 46), 300면. 한편 서종희(주 27), 89~90면은 법정변제충당의 단계에 가기 전에, 다액채무자와 채권자 모두 단독 부담부분의 변제가 유리하다는 점을 감안하면 단독 부담부분에의 충당에 대한 합의 또는 민법 제476조 제1항에 의한

한다.

설령 법정변제충당 규정의 유추적용이 가능하다고 하더라도, 안분설과 같은 결론에 이르는지는 생각해 볼 필요가 있다. 부진정연대채무 사이에 채무액이 달라지는 경우는 이행기의 도래 여부나 이행기의 선후는 문제 될 여지가 없고 단독 부담부분과 공동 부담부분 중 어떤 부분이 변제이익이 더 많은지가 주로 문제된다.

채권자를 기준으로는 단독 부담부분을 먼저 소멸시키는 것이 그의 의사와 이익에 부합한다. 변제이익의 판단기준이 되는 다액채무자의 입장은 어떨까? 판례는 변제자가 주채무자인 경우 보증인이 있는 채무와 보증인이 없는 채무 사이에 변제이익의 점에서 차이가 없다고 하면서도,[85] 채무자가 자신의 단독채무와 함께 보증채무 또는 연대채무를 각각 부담하는 경우에는 일부변제 시 단독채무가 변제이익이 크다고 보고 있다.[86] 다액채무자는 단독 부담부분이야 자기가 책임져야 하는 부분이고, 공동 부담부분 역시 소액채무자로부터의 구상을 고려하면 종국적으로 자기가 책임을 져야 할 부분이므로 양 부분 사이에 변제이익의 차이는 없다고 생각할 수 있다. 그런데 앞서 본 것처럼 공동 부담부분을 남겨두어 이를 소액채무자가 변제하게 될 경우에는 소액채무자의 구상권이 제한될 가능성이 있는 반면, 다액채무자가 공동 부담부분을 변제하더라도 소액채무자에게 구상하기는 쉽지 않다. 변제이익도 단독 부담부분이 공동 부담부분보다 더 많다고 볼 여지가 크다.[87] 따라서 민법 제477조를 유추적용

묵시적 지정에 따른 충당도 가능하다고 주장한다.

85) 대법원 1985. 3. 12. 선고 84다카2093 판결, 대법원 1997. 7. 25. 선고 96다 52649 판결 등.

86) 대법원 1999. 7. 9. 선고 98다55543 판결 등.

87) 서종희, 89-90면은 사용자책임 유형처럼 다액채무자(피용자)가 소액채무자(사용자)에 대하여 구상권을 행사할 수 없는 경우가 아닌 경우, 다액채무자의 일부변제에 따라 공동 부담부분이 충당되어 구상권을 행사해야 하는 번거로움을 생각하면 단독 부담부분을 먼저 변제하는 것이 채무자에게 민법 제477조 제2호에 따라 변제이익이 많다고 볼 수도 있다고 주장한다. 서희석, 37면도 민법 제477조 제2호에 따르더라도 변제자인 다액채무자에게는 외측설을 택하여 단독 부담부분에 충당하는 것이 가장 변제이익이 크므로 안분설은 스스로 모순에 빠진다고 한다.

하더라도 안분충당까지 내려가지 않을 수도 있다.

(3) 안분설의 외측설 비판에 대한 재비판

(가) 안분설은, 상호연대의 합의가 요구되는 연대채무에서도 채권자가 연대채무자 중 1인에게 연대면제를 한 경우 나머지 연대채무자의 무자력 위험을 면제받은 자가 아닌 채권자가 부담하도록 규정하고 있는 것(민법 제427조 제2항)에 비추어, 부진정연대책임에서 채무자들 사이 책임범위가 달라지는 경우에까지 채권자 보호만을 중시할 근거가 없다고 주장한다.[88]

그런데 연대채무에서의 상대적 연대면제는 채권자 스스로 적극적인 연대면제행위를 통하여 일부 인적 담보를 포기한 결과 책임범위가 달라지는 것이므로 결과적으로 나머지 연대채무자의 무자력이 채권자에게 전가되더라도 별로 불합리하지 않다.[89] 반면 책임범위가 달라지는 사유에 채권자의 관여가 없는 것이 일반적인 부진정연대채무 사례에서 채권자 보호를 후퇴시킬만한 근거는 없다.

다만 채권자가 특정한 부진정연대채무자에게만 일부면제를 해주어 책임범위가 달라지는 경우에는 채권자의 보호가치가 조금 떨어진다고 볼 수는 있겠으나, 최소한 면제받고 남은 부분에 관하여는 일부면제받은 소액채무자가 채권자에게 전액을 지급할 의무가 있는 만큼, 다액채무자의 무자력 위험을 채권자보다 소액채무자에게 전가시키는 것이 불공평하다고는 말하기 어렵다. 덧붙여 민법 제427조 제2항이 전제하는 상황은 채무자가 최소한 3명이고 그중 무자력자와 면제받은 자가 포함된 경우 내부적인 구상권 행사에 있어서의 무자력의 분담 문제이므로, 본 글에서 주로 다루는 부진정연대채무자 중 다액채무자가 일부변제한 경우의 대외적 효과 문제와 직접 관련 있는 것인지도 불분명하다.

---

88) 제철웅(주 38), 88면.
89) 민법주해[X] 채권(3), 159면은 민법 제427조 제2항에 대하여, 연대채무자 사이의 내부관계까지 연대 면제의 효과를 인정하는 것은 채권자에게 지극히 불리하고 의사에도 반하는 것이어서 입법론적으로 의문이고, 그 적용 범위를 최소화해야 한다고 한다.

(나) 또한 안분설은, 소액채무자가 먼저 변제한 경우 내부 부담부분이 100인 다액채무자에게 전액 구상 가능하고, 채권자는 위 구상권에 대하여 자기 채권의 우선변제를 주장할 수 없고 평등하게만 배당받을 수 있으므로, 다액채무자의 무자력을 소액채무자에게만 전가시킬 근거가 없고, 채권자가 우연히 다액채무자로부터 먼저 변제받았다고 해서 결론에 차이가 있어서는 안 된다고 주장한다.[90]

우선 다액채무자와 소액채무자 사이에서 다액채무자의 내부 부담부분이 항상 100이라고 단정할 수 없고, 구상권이 제한될 가능성도 존재한다. 또한, 소액채무자가 먼저 변제한 경우, 적어도 다액채무자의 재산에 대한 집행절차에 있어서는 소액채무자의 구상권보다 채권자의 잔존채권에 우선변제권을 부여하여야 하는 것이 아닌가 생각한다. 채권자의 충분한 만족을 도모하려는 부진정연대채무 제도의 취지나 부진정연대채무자들 사이의 상대적으로 약한 인적관계 등을 고려한다면, '채권자가 잔존채권(다액채무자의 단독 부담부분)에 대하여 가지는 변제에 대한 기대'가, '소액채무자가 공동 부담부분을 변제한 후 다른 부진정연대채무자에 대하여 가지는 구상에 대한 기대'보다 일반적으로 보호가치가 크기 때문이다. 물론 사안은 다르지만, 변제할 정당한 이익이 있는 자가 채무자를 위하여 채권 일부를 대위변제한 경우라도 저당권부 채권자가 일부대위변제자보다 우선변제권을 가진다고 해석하는 판례[91]의 태도를 참고할 수 있어 보인다.

설령 안분설의 전제를 받아들인다고 하더라도, 과연 변제 순서에 따라 부당하게 결론이 달라지는지, [사례1]을 조금 더 단순화시킨 아래 [사례3]을 통해 검토한다. 내부 부담부분은 다액채무자 A가 전부 부담하고, 구상권 제한은 없는 사례라고 상정한다.

---

90) 제철웅(주 38), 88-89면.
91) 대법원 2009. 11. 26. 선고 2009다57545, 57552 판결 등.

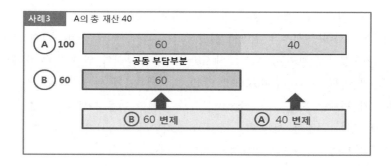

견해	충당방법	최종 부담액
외측	**① 소액채무자(B)가 먼저 60 변제** 공동 부담부분은 전액 소멸하고 단독 부담부분 40 그대로 남음. 채권자의 채권은 40으로 감소하고, B는 A 대한 구상권 60 취득	
	①-① 이후 다액채무자(A)가 40 변제 : 채권자는 100 전액 만족 받고, B는 60을 현실적으로 구상 할 수 없음(A의 무자력 위험 부담)	채권자 +100 A −40 B −60
	①-② 이후 A의 40에 대한 강제집행 : 채권자의 잔존채권 40과 B의 구상권 60 간 우열이 없다 면 A의 재산 40을 채권자 16, B 24씩 안분배당	채권자 +76 A −40 B −36
	② A가 먼저 40 변제 후 B가 60 변제 먼저 A의 변제로 단독 부담부분이 소멸하고, B의 60 변제로 공동 부담부분이 소멸하여 채권자는 전액을 만족 받음. B는 A 에게 60을 현실적으로 구상할 수 없음	채권자 +100 A −40 B −60
안분	**① B가 먼저 60 변제 ⇒ 외측설과 동일**	
	② A가 먼저 40 변제 후 B가 60 변제 먼저 A의 변제로 단독 부담부분 24(=40-16), 공동 부담부분 36(=60-24)씩 남음. B가 60을 변제하려 해도 채권자는 36만 받 을 수 있고 단독 부담부분 24는 A가 무자력이므로 받지 못함	채권자 +76 A −40 B −36

위 사례해결 표를 통해 알 수 있듯이, 소액채무자와 다액채무자의 각 변제 사이에 선후만 뒤바뀐 사안 ①-①과 사안 ②를 비교하면 오히려 외측설이 일관되는 결론을 제시한다. 즉 안분설의 위 비판은 변제의 선후만 바뀐 사안끼리 비교하지 않고, 다액채무자가 변제한 다음 소액채무자가 변제한 사안 ②와 소액채무자가 변제한 다음 다액채무자에 대한 강제집행을 상정한 사안 ①-②를 비교하면서 외측설이 일관되지 못한 결과를 도출한다는 것으로서 받아들이기 어렵다.

V. 관련 문제

대상판결로 오랜 기간 학계와 실무계에서 많은 논란이 있었던 부진정연대채무자들 중 다액채무자가 일부변제를 한 경우의 대외적 효과 문제는 일단 실무적으로는 일단락되었다고 평가하여도 무방하다.[92] 이제 채권자 보호라는 가치는 어느 정도 달성한 만큼 보다 생산적인 논의는 지연손해금을 어떻게 처리할지 문제 및 채무자들 내부적으로 어떻게 구상을 통해 정산할 것인지의 문제 등이라 할 수 있다.

1. 지연손해금의 소멸
가. 지연손해금 채무 사이에도 부진정연대관계가 성립하는지

부진정연대채무자들 각자가 부담하는 지연손해금 사이에도 부진정연대관계가 성립하는가? 부진정연대채무 제도가 채권자 보호에 주안점을 두고 있다고 하여 채권자가 지연손해금을 이중으로 변제받을 수 있도록 허용해주는 취지는 아니다.[93] 실무적으로 이행판결 주문에도 "피고들은 공동하여 [금액]원 및 이에 대하여 [기산일]부터 다 갚는 날까지 [비율]%의 비율로 계산한 돈을 지급하라"는 식으로 통상 기재되므로 지연손해금 채

---

92) 많은 논문들이 외측설을 지지하고 있고, 대상판결 역시 전원일치 의견으로 외측설로 해결되었으므로, 판례변경의 가능성은 최소한 가까운 미래에는 없지 않을까 싶다.
93) 제철웅(주 38), 63면도 과실비율설을 기준으로 한 변제소멸의 효과가 지연이자 부분에도 미쳐야 한다는 취지로 서술하여 같은 취지이다.

무 역시 공동하여 지급하면 족하다고 해석된다. 따라서 지연손해금 사이에서도 중첩되는 범위에서는 부진정연대관계가 성립하고, 한 채무의 소멸로 같은 범위에 있는 다른 채무자의 채무도 소멸된다고 보아야 한다.[94] 여기서의 '중첩'을 어떻게 새겨야 할지 고민되지만, 단순히 금액만 같으면 되는 것이 아니라 기산점 등 발생시기가 동일하여야 한다고 생각한다.[95]

나. 일부변제 시 원본과의 소멸 순서 및 충당방법

(1) 판례의 태도

판례는 부진정연대채무자 중 소액채무자가 일부변제한 사례에서, 변제된 금액은 소액채무자가 다액채무자와 공동으로 부담하는 부분에 관하여 민법의 변제충당의 일반원칙에 따라 지연손해금, 원본의 순서로 변제에 충당되고 이로써 공동 부담 부분의 채무 중 지연손해금과 일부 원금 채무가 변제로 소멸하게 되고, 부진정연대채무자 상호 간에 있어서 채권의 목적을 달성시키는 변제와 같은 사유는 채무자 전원에 대하여 절대적 효력을 발생하므로, 이로써 다액 채무자의 채무도 지연손해금과 원금이 같은 범위에서 소멸하게 된다고 보았다.[96] 즉 소액채무자 변제금이 당시 다액채무자의 지연손해금 전체에 먼저 충당되고 나머지가 원금에 충당되는 것이 아니라, 소액채무자의 지연손해금과 원금에 충당된 만큼만 다액채무자의 지연손해금과 원금에 각각 충당되어 같은 범위에서 다액채무자의 채무가 소멸된다는 뜻이다.[97]

또한 판례는, 부진정연대채무 사안은 아니지만 연대채무자 또는 연대보증인 사이에 책임범위가 달라졌는데 다액채무자가 일부변제한 사안에서 변제금이 지연손해금 가운데 공동으로 부담하지 않는 부분과 공동 부담부분 채무의 변제에 순차적으로 충당된 다음 원본채무의 변제에 충

94) 김성식(주 46), 63면; 김경배, '부진정연대채무자 중 1인의 변제가 다른 채무자에게 미치는 효력-원본과 지연손해금을 포함한 효력인정 방법에 관한 검토', 가정법원 50주년 기념논문집, 서울가정법원, 2014, 203면.
95) 김경배(주 94), 209-210면.
96) 대법원 2012. 2. 9. 선고 2009다72094 판결.
97) 최진수, 요건사실과 주장증명책임(제3판), 진원사, 2014, 417-418면.

당된다고 하였다.[98]

(2) 구체적인 충당방법(외측설 전제)

(가) 다액채무자의 부대채무가 더 많은 경우

다액채무자가 원본과 지연손해금 채무를 모두 소멸시키기에 부족한 돈을 변제하였다면, 원본채무와 지연손해금 채무 사이에서는 별도 약정이 없다면 민법 제479에 따라 지연손해금 채무에 우선 충당되고,[99] 부진정 연대관계에 있는 소액채무자의 지연손해금 부분도 같은 범위에서 소멸한다. 변제금을 지연손해금 중 단독 부담부분→지연손해금 중 공동 부담부분→원본 중 단독 부담부분→원본 중 공동 부담부분 순서로 충당한다고 생각하면 된다.

한편 계약책임과 불법행위책임의 경합 유형에서는 중첩되는 한도에서 채권자는 계약상의 채무자로부터는 약정이자를, 불법행위 손해배상 채무자로부터는 법정 지연이자를 구할 수 있게 되어 결과적으로 채권자는 이중의 이득을 얻을 수 있음에도 외측설은 이에 대하여 침묵하고 있다는 비판이 있다.[100] 하지만 지연손해금 채무 역시 한 채무자에 관하여 절대적 소멸사유가 발생하면 같은 범위에서 다른 채무자의 지연손해금 채무도 소멸한다고 해석하는 한 이중의 이득을 얻는 것으로 평가하기는 어렵다.

(나) 다액채무의 부대채무가 더 적은 경우

지연손해금의 경우 채권자의 청구 시기나 의사, 채무자의 소송에 대한 대응 태도, 송달 시점 등 원본채권의 성립과는 무관한 당사자들의 주관적 사정에 따라 지급시기나 지연이율 등이 달라질 수 있어 원본의 부담부분과 반드시 일치하지는 않는다.[101] 그렇기 때문에 다액채무자가 지연손해금 채무는 오히려 소액채무자보다 적게 부담하는 경우도 나타날

---

98) 대법원 2013. 3. 14. 선고 2012다85281 판결.
99) 원본채무와 지연손해금 채무는 별개의 채무이기 때문에 한 채무자가 여러 채무를 부담하는 전형적인 변제충당 사안이다.
100) 제철웅(주 38), 74-75면.
101) 김경배(주 94), 202면; 김성식(주 46), 60면.

수 있다. 가령 자력이 충분한 사용자에게 먼저 청구할 경우 사용자(소액채무자)가 소송촉진 등에 관한 특례법에 따른 특례이율을 먼저 적용받아 다액채무자인 피용자보다 지연손해금을 많이 부담할 수도 있다.[102]

① 소액채무자가 먼저 변제한 경우, 원래 외측설은 다액채무자의 일부변제 국면에서 제기되는 해결방식이지만 다액채무인지 여부는 원본과 지연손해금을 구별하여 보아야 하므로, 지연손해금 중 소액채무자 단독 부담부분→지연손해금 중 공동 부담부분→원본 중 공동 부담부분 순으로 충당된다고 보아야 한다. ② 다액채무자가 먼저 변제한 경우는 지연손해금 중 공동 부담부분→원본 중 다액채무자 단독 부담부분→원본 중 공동 부담부분 순서에 따라 소멸된다. 어느 경우이건 부담하지도 않는 다른 채무자의 단독 부담부분에 변제액을 충당시키지 않도록 주의하여야 한다.

2. 다액채무자가 일부변제한 경우 채무자들 간 후속 구상문제(대내적 효과)

가. 왜 구상을 논하는가

대상판결을 통해 일부변제의 대외적 효과는 외측설로 일원화된 점을 고려할 때, 판례가 기존에 채무자들 사이의 내부 구상권을 인정하는 데에 소극적이었던 부진정연대채무들에 대하여도 채무자들의 관계나 경제적 출연을 보전하여 줄 필요성 등을 종합적으로 고려하여 구상권을 인정할지 여부에 대한 고민을 해볼 필요가 있다.[103] 부진정연대채무의 최종적인 도착점은 결국 내부적인 구상관계에 있다.[104]

---

102) 대법원 2008. 11. 27. 선고 2008다65402 판결[미간행]: 소송촉진 등에 관한 특례법상 법정이율은 금전채무의 이행을 명하는 판결을 선고받은 당해 사건의 피고에 한하여 적용될 뿐이고, 그와 연대하여 채무를 부담하는 관계에 있다고 하더라도 그와 같은 판결을 선고받지 않은 다른 채무자에 대하여 위 법정이율이 당연히 적용되는 것은 아니다.

103) 이준민(주 46), 79면.

104) 윤태식, '호의동승(피해자측 과실이론 포함)이 공동불법행위의 구상관계에 미치는 영향', 재판실무연구, 광주지방법원, 2000, 68면.

나. 구상권의 발생

(1) 구상권의 발생 근거

일반적으로 공동불법행위를 비롯한 부진정연대채무에 있어서는 각 채무자들 사이에 주관적 공동관계가 없어 내부적 부담부분이라는 관념이 없으므로 구상관계가 당연히 발생하지는 않지만, 적어도 내부적으로 각자의 책임 정도에 따른 부담부분이 있으므로 채무자 중 1인이 손해를 배상할 경우 다른 부진정연대채무자의 부담부분에 대하여 구상권을 행사할 수 있다고 설명된다.[105] 판례 중에는 연대채무에 관한 규정에서 구상권 발생근거를 찾는 듯한 판시도 있으나,[106] 다수 판례들은 형평 또는 공평의 원리로부터 근거를 찾는다.[107]·[108]

이처럼 형평 또는 공평의 원리에서 구상권의 근거를 찾는다면, 종래 공동불법행위 유형이나 사용자책임 유형에서는 폭넓게 인정되어 온 구상권과 달리 구상관계에 관한 논의가 적었던 계약책임과 불법행위책임의 경합 유형에서도 더욱 적극적으로 구상권의 인정가능성과 범위를 넓혀야

---

105) 민법주해[X], 채권(3), 85면; 홍성주(주 105), 22면; 김영학, '공동불법행위자의 보증인이 공동불법행위자의 채무를 변제한 경우, 다른 공동불법행위자에 대한 구상권의 성립 여부 및 그 범위', 재판실무연구, 광주지방법원, 2010, 193면; 정기웅, 채권총론(전정2판), 법문사, 2014, 322면; 한삼인, '공동불법행위자 간의 구상관계', 고시계, 48권 제12호, 2003, 109면.

106) 대법원 1991. 10. 22. 선고 90다20244 판결: 수인의 불법행위로 인한 손해배상책임은 부진정연대채무나 그 구상권 행사에 있어서는 성질상 연대채무에 관한 규정이 준용된다고 할 것이다. 한편 송덕수, 채권법총론(제4판), 박영사, 2018, 318면은 공동불법행위의 경우 민법 제760조의 문언에 따라 진정연대채무가 성립하므로, 진정연대채무로서의 구상관계가 발생한다고 해석함이 타당하다는 입장이다.

107) 가령 대법원 1995. 11. 14. 선고 94다34449 판결은 공동불법행위자 상호간에 구상권을 인정하는 근거가 각 과실 비율에 따라 공평하게 책임을 분담시키는 데에 있다고 한다.

108) 부진정연대채무자 사이의 구상권을 '가혹한 결과가 되므로 형평의 원칙상 인정해야 한다'는 정도의 시각으로 본다면, 구상권에 대해서 어디까지나 예외적이고 보충적이며 시혜적인 성질만을 인정할 우려가 있고, 구상권을 인정하기가 약간이라도 곤란한 사정이 발생하면 구상권을 후퇴시키게 된다는 비판으로는 정태윤, '가치이전형 공동불법행위에서 주모자가 피해자에게 전액을 배상한 후에 그 불법행위로 인한 이득을 모두 보유하고 있는 가담자에게 구상청구할 수 있는가?', 법학논집, 제18권 제4호, 이화여자대학교 법학연구소, 2014, 88면 참조.

한다고 본다.[109] 판례[110]는 계약책임과 불법행위책임의 경합 유형에서도 구상권을 인정할 수 있다는 입장으로 이해되나, 실제로 인정된 사례는 드물다. 물론 공동불법행위 유형이나 사용자책임 유형보다는 채무자들 사이의 부담부분 비율을 산정하기가 쉽지 않겠지만, 사실관계를 토대로 손해에 대한 각 관여자의 기여도를 평가하는 작업이 불가능하다고 단정할 수도 없다.

(2) 구상권의 행사 요건

구상권을 행사하기 위해서 판례[111]는 자신의 부담부분을 넘는 초과변제를 요구한다. 현실적으로도 조금만 변제하더라도 구상을 허용하면 주관적 공동관계가 없는 사람들끼리 구상이 너무 복잡해지는 점을 고려하면 내부 부담부분을 초과하여 배상한 경우 비로소 다른 불법행위자에게 구상할 수 있다고 보는 게 타당하다.[112]

다. 부담부분의 결정

(1) 결정기준

여기서의 '부담부분'이란, 공동불법행위로 인하여 피해를 입힌 경우 그 피해에 대한 공동불법행위자 1인의 내부적 책임한도를 의미한다.[113] 주관적 공동관계가 없는 경우가 대부분인 부진정연대채무에서는, 부진정연대채무자 간 내부 부담부분을 어떠한 기준에 따라 결정하여야 하는가?

판례는 공동불법행위 유형에서는 기본적으로 내부 부담부분을 공동

---

109) 임건면(주 11), 236-237면도 채무자 간에 손해의 분담을 산정할 수 있는 특별한 관계가 있다면 이에 따라 구상권을 인정할 수 있다고 한다.

110) 대법원 2006. 1. 27. 선고 2005다19378 판결은 경비업체가 절도의 피해자이자 계약상대방인 채권자와의 관계에서 경비용역계약상 채무불이행으로 인한 손해배상 채무를 지고, 위 채무는 절도범들의 불법행위로 인한 손해배상채무와 부진정연대 채무 관계에 있다고 본 다음, 경비업체가 절도범들에게 구상권을 행사할 수 있다고 판단하였다(위 주 34에서 언급한 판례이다).

111) 대법원 1989. 9. 26. 선고 88다카27232 판결 등: 공동불법행위자 중의 한 사람이 자기의 부담부분 이상을 변제하여 공동의 면책을 얻게 하였을 때에는 다른 공동불법행위자에게 그 부담부분의 비율에 따라 구상권을 행사할 수 있다.

112) 민법주해[XIX], 채권(12), 211면.

113) 이호룡, '국가배상책임의 제한과 사인인 공동불법행위자의 귀책부분 아닌 부담분에 대한 반환 청구', 고시연구, 제32권 제3호, 고시연구사, 2005, 97면.

불법행위자의 채권자에 대한 가해자로서의 과실 정도에 따라 정한다. 다만 여기에서의 과실은 의무위반이라는 강력한 과실이므로, 과실상계의 대상이 되는 과실내용이나 비율과 달라질 수 있다.[114] 다만 판례가 과실정도를 유일한 기준으로 삼는 것은 아니고, 기여도 등 사고 내지 손해와 직접적으로 관련된 대외적 요소 및 부진정연대채무자 사이에 특별한 내부적 법률관계가 있어 그 실질적 관계를 기초로 한 요소를 참작하지 않으면 현저하게 형평에 어긋난다고 인정되는 경우에는 그 대내적 요소도 참작하여야 한다고 보고 있다.[115] · [116]

(2) 결정방법

(가) 전체 부진정연대채무자 가운데 구상권 행사의 상대방이 부담하는 부분의 비율을 정하여야 하므로, 구상의 당사자 사이의 상대적 부담비율만을 정하여서는 아니 되며, 피해자가 여럿이고 피해자별로 채무자들 내부관계에 있어서의 일정한 부담부분이 다른 경우에는 피해자별로 구상관계를 달리 정하여야 한다.[117]

(나) 부진정연대채무가 성립하는 원인이나 형태에 따라서는 일정한 자의 부담부분이 존재하지 않거나 일정한 주체들을 하나의 책임단위로 인정하여야 하는 경우가 발생한다.[118] 특히 법정 배상책임자(사용자책임)의

---

114) 대법원 2000. 8. 22. 선고 2000다29028 판결.

115) 대법원 2001. 1. 19. 선고 2000다33607 판결.

116) 한편 정태윤(주 108), 90-99면은 공동불법행위를 가치감소·소멸형 불법행위(교통사고와 같이 피해자의 신체적 법익 또는 경제적 가치만이 영구적으로 소실하는 유형)와 가치이전형 불법행위(사기, 횡령과 같이 피해자의 재산 내지 경제적 이익이 가해자에게 이전되는 유형)로 구별하여, 후자의 가치이전형 불법행위에 있어 부담부분을 결정할 때, 공동불법행위자의 '과실의 정도'나 '기여도'보다는 실제로 해당 불법행위로 인한 이익을 보유하고 있는 여부를 기준으로 판단해야 한다는 견해를 제시하고 있다. 실제로 기여도와 보유 이익이 일치하지 않는 경우가 많지는 않을 것 같지만 경청해 볼 만한 견해인데, 구체적인 부담비율 산정방법은 본 글의 범위를 벗어나므로 소개만 하여 둔다.

117) 대법원 2002. 9. 24. 선고 2000다69712 판결. 복잡한 상호부담부분에 기한 청산, 구상을 확정하기 위한 부담부분확정의 소를 도입하자는 견해로는 홍광식, '복수책임주체 사이의 구상관계', 사법논집, 제23집, 법원도서관, 1992, 102면.

118) 강봉석(주 10), 146면.

과실비율은 그가 고용한 불법행위자(피용자)의 과실비율이 기준으로 된다.

　판례도 피용자와 제3자가 공동불법행위로 피해자에게 손해를 가하여 그 손해배상채무를 부담하는 경우 사용자도 제3자와 부진정연대관계에 있고, 사용자가 피용자와 제3자의 책임비율에 의하여 정해진 피용자의 부담부분을 초과하여 피해자에게 손해를 배상한 경우 사용자는 제3자에 대하여도 구상권을 행사할 수 있고,[119] 사용자 간의 구상에 있어서도 각 피용자의 과실비율에 따라 정해지는 상대방의 부담부분에 대하여 구상권을 행사할 수 있다고 판시함으로써,[120] 사용자에게 피용자의 내부 부담비율을 전사하는 태도를 취하고 있다고 해석된다.

　(다) 부담부분을 결정할 수 없을 때는 연대채무처럼 균등한 것으로 추정할 수밖에 없을 텐데(민법 제424조의 유추),[121] 위 (나)항의 피용자와 그 사용자처럼 함께 묶을 수 있는 주체들은 공통 부담부분을 부여하는 방식이 타당하다고 생각한다.

라. 구상권의 제한

(1) 고의 불법행위자라는 이유만으로 행사 자체를 제한할 수 있는지

　부진정연대채무자 내부관계에서 최종적으로 전부책임을 부담하여야 할 채무자가 변제한 경우에는 다른 채무자들에게 구상권을 행사할 수 없다.[122] 그렇다고 하여 고의행위자에게도 공동불법행위자 상호간의 구상권

---

119) 대법원 1992. 6. 23. 선고 91다33070 전원합의체 판결 등.
120) 대법원 1988. 4. 27. 선고 87다카1012 판결. 갑회사의 버스운전사와 을회사의 트럭운전사의 쌍방과실로 인하여 위 두 자동차가 고속도로상에서 충돌하여 위 버스의 승객들이 사상으로 인한 손해를 입게 된 사례이다. 홍성주(주 105), 24면은 공동불법행위자의 다른 공동불법행위자의 사용자 등에 대한 직접 구상의 예로 위 판결을 들고 있으나, 위 판결은 '사용자들이 비록 공동불법행위자는 아니더라도 각 피용자의 과실비율에 따라 정해져야 할 상대방의 부담부분에 대하여 구상권을 행사할 수 있다'고 하여 사용자 간 구상관계를 판시하고 있다.
121) 김영학(주 105), 195면; 김상용, 채권각론(제3판), 화산미디어, 2016, 726면; 이은영, 채권총론(제4판), 박영사, 2009, 515면. 반면 김서기, '부진정연대채무의 법률관계에 관한 소고', 일감법학, 제32호, 2015, 561면은 주관적 공동관계가 없는 부진정연대채무자들 사이에는 연대채무에 관한 규정을 유추할 수 없고, 분할채무 원칙에 관한 민법 제408조를 직접 적용하여야 한다고 주장한다.
122) 강봉석(주 10), 144면; 김상용(주 41), 302면.

을 일률적으로 부정할 필요는 없다. 고의행위자가 다른 공동불법행위자에게 구상권을 행사하는 것은 불법행위를 범하였다는 이유가 아니라, 피해자에게 자신의 부담부분을 넘어 변제를 하였다는 것을 이유로 하기 때문이다.[123] 즉 여러 고의행위자가 공동불법행위를 한 경우 상호 간 구상할 수 있고, 고의행위와 과실행위가 경합한 경우라도 부담부분의 결정에 있어 불리할 뿐, 구상권 행사가 신의칙에 반하지 않는 한 고의행위자의 과실행위자에 대한 구상 자체를 일률적으로 차단할 이유는 없다고 본다.[124]

(2) 내부 부담부분이 없는 채무자에 대한 행사 제한

변제한 채무자는 다른 채무자에게 그 부담부분의 비율에 따라 구상권을 행사할 수 있다고 보아야 할 것이므로[125] 다른 채무지의 부담부분이 아예 없는 경우에는 구상청구를 할 수 없다.[126]

(3) 신의칙상 범위 제한

판례는 일정한 경우 제반 사정에 비추어 손해의 공평한 분담이라는 견지에서 신의칙상 상당하다고 인정되는 한도 내에서만 구상권을 행사하도록 제한할 수도 있다고 한다.[127]

마. 구상채무들 사이의 관계

(1) 원칙: 분할채무

다수당사자의 채권관계의 원칙적인 모습이 분할채권관계임을 규정하는 민법 제408조에 따라 부진정연대채무자들이 부담하고 있는 구상채무도 다른 법률상의 근거가 없다면 분할채무라고 보아야 한다.[128] 부진정

---

123) 정태윤(주 108), 90면.
124) 반면 홍성주(주 105), 48면은 과실 불법행위자가 고의 불법행위자에 대한 관계에서는 부담부분이 0%라고 주장한다.
125) 대법원 1989. 9. 26. 선고 88다카27232 판결.
126) 대법원 1998. 2. 13. 선고 95다30468 판결, 대법원 1996. 2. 9. 선고 95다47176 판결.
127) 대법원 2001. 1. 19. 선고 2000다33607 판결. 특히 사용자책임에 관하여는 대법원 2009. 11. 26. 선고 2009다59350 판결 등 참조. 손병원, '국가의 불법행위 공무원에 대한 구상권', 사법논집, 제65집, 법원도서관, 2017, 171면은 현대에 있어 기업의 거대화, 업무의 위험성, 저렴한 임금과 과중한 노무 등 여러 사정을 고려하면 피용자의 과실에는 반드시 피용자 자신의 부주의에만 원인이 있다고 할 수 없기 때문에 구상권 제한이 필요하다고 설명한다.

연대채무는 피해자를 보호하기 위한 것인데 피해자에 대한 배상이 이루어진 후에는 연대관계가 해소된다고 보는 것이 합리적이고, 구상의 순환을 방지하는 데에도 도움이 된다.[129)]

(2) 예외: 부진정연대채무

판례는 구상권자인 채무자에게 과실이 없는 경우, 즉 내부적인 부담부분이 전혀 없는 경우에는 이와 달리 그에 대한 수인의 구상의무 사이의 관계를 부진정연대관계로 본다.[130)] 여러 책임주체를 함께 묶어 평가할 수 있는 사안에서는 해당 책임주체들이 부담하는 구상책임이 부진정연대채무라고 판시한 사례도 있다.[131)]

바. 책임범위가 채무자별로 달라지는 사례에서의 구상문제

지금까지 논의한 구상권에 관한 법리들이, 앞서 Ⅲ. 및 Ⅳ.항에서 다루었던 책임범위가 채무자마다 달라지고 일부변제가 일어나는 사안에서는 구체적으로 어떻게 적용될지는 후속 연구가 필요한 부분이다. 본 글에서는 다음과 같은 [사례4]를 제시하며 문제의식을 환기하는 정도로 넘어가고자 한다.

사례4		총 손해액	대외적 부담비율	대내적 부담비율
책임 발생	A(고의 불법행위자)	100	100%[132)]	90%
	B(과실 불법행위자)		60%(과실상계)	10%(일괄평가)
	C(B의 사용자)		40%(추가 책임제한)	
변제		① A 50 변제 → ② B 30 변제 → ③ C 20 변제		

---

128) 강봉석(주 10), 147면. 임건면(주 11), 231면.
129) 대법원 2002. 9. 27. 선고 2002다15917 판결 등; 임건면(주 11), 234면; 홍성주(주 105), 24면; 최진갑, '복수공동불법행위자 상호간의 구상채무의 성질', 판례연구, 제12집, 부산판례연구회, 2001, 903면.
130) 대법원 2005. 10. 13. 선고 2003다24147 판결.
131) 대법원 1998. 9. 22. 선고 97다42502, 42519 판결. 앞서 본 2005다19378 판결(주 110)도 경비업체와 복수의 절도범들 사이의 내부 부담부분을 20:80으로 정한 다음 절도범들의 구상의무 역시 부진정연대채무 관계에 있다고 본 원심의 판단을 수긍하였다.
132) 과실상계를 주장할 수 없는, 피해자의 부주의를 이용한 고의 불법행위자임을 전제한다.

(1) 대외적 효과

외측설에 따른다면, 채권자는 A, B, C의 변제금이 각 채무자의 단독 부담부분에서부터 순차 충당됨으로써 손해액 전액을 만족 받을 수 있다.

(2) 대내적 효과

① A 50 변제 후: 원칙적으로 A는 B에 대하여는 총 손해액의 10%를 한도로 구상이 가능하나, 이 사례에서는 자신의 내부 부담부분(90%)을 넘어 변제한 금액이 없으므로 구상할 수 없다. C에 대하여는, 고의로 손해를 발생시킨 자로서 공동불법행위의 사용자인 C에게까지는 구상권을 행사할 수 없다고 보아야 한다.

② B 30 변제 후: A에 대하여는 부담부분을 넘는 20(=30-10)만큼 구상할 수 있지만, A를 제외한 B와 C 사이에서는 피용자 B가 종국적인 책임을 부담하는 것이 타당하므로(즉 B와 C 사이에서는 C의 부담부분이 0이라고 볼 수 있다), C에 대한 구상은 인정되기 어렵다.

③ C 20 변제 후: 이미 B가 B, C의 대내적 부담비율인 10%를 초과하여 변제하였으므로, C는 지출한 20 전액을 다른 채무자들에게 구상할 수 있다고 보아야 한다. 다만 구체적으로 A, B에 대한 구상범위(피용자에 대한 구상권 제한이 A에 대한 관계에서도 적용될지 등), 그 구상의무들 사이의 관계(부진정연대채무인지 분할채무인지 등)에 관한 세부 쟁점의 해결방안은 더 고민이 필요하다고 생각한다.

Ⅵ. 결 론

부진정연대채무 제도는 채권자가 최대한 채권액을 만족 받을 수 있도록 하는 데에 주된 목적이 있다. 이러한 부진정연대채무는 크게 공동불법행위 유형, 사용자책임 유형 등으로 나눌 수 있다. 부진정연대채무자들 사이에 채무액이 달라지는 경우는 과실상계 등 다양한 원인에 따라 발생하고, 최근 판례에는 3가지 이상으로 채무범위가 분화하는 사례들도 등장하고 있다.

이렇게 채무자별로 책임범위가 다른 상황에서 다액채무자가 자신의 채무액 중 일부만을 변제한 경우, 공동 부담부분과 단독 부담부분 중 어느 부분을 먼저 소멸시킬지 여부는 오랫동안 많은 연구가 이루어진 쟁점이다. 기존 판례는 외측설을 취한 판결들과 과실비율설을 취한 판결들이 혼재되어 있었는데, 둘의 적용 영역을 엄밀하게 구별하려는 노력은 계속되어 왔으나 그 구분기준이 명확하지는 않았다.

대상판결은 과실비율설을 택하였던 기존 판결들을 폐기하고 다액채무자의 일부변제의 효력에 관하여 외측설의 통일적인 적용을 확립하였다. 외측설을 택하는 것은 부진정연대채무 제도가 추구하는 채권자 보호에 가장 부합하고, 큰 관점에서 채무자들뿐만 아니라 채권자까지 함께 고려한 손해의 공평타당한 분담도 추구할 수 있다. 반면 내측설은 채권자 보호에 정면으로 반하고, 과실비율설은 과실상계의 중복적용 문제, 변제의 순서에 따라 달라지는 무자력 위험의 부담, 당사자의 의사 등을 고려하면 이를 택하기 어렵다. 안분설도 그 근거를 삼는 변제충당 제도가 채무자를 중심으로 변제자의 의사와 변제이익을 탐구하는 것이어서, 부진정연대채무 제도가 추구하는 채권자 중심의 이익조정과는 맞지 않는다. 나아가 부진정연대채무 유형에 따라 다른 해결방법을 적용할 뚜렷한 근거도 보이지 않으므로, 통일적으로 외측설을 적용하는 것이 타당하다.

대상판결에 따라 부진정연대채무자들 중 다액채무자의 일부변제가 가지는 대외적인 효과를 둘러싼 논란은 어느 정도 일단락되었다고 평해도 무방하다. 이제는 안쪽으로 눈을 돌려, 채무자들 사이의 대내적인 효과인 구상 문제에 관하여 더욱 심도 있는 논의가 필요한 시점이다. 특히 종래 구상문제에서 소외되어 있었던 계약책임과 불법행위책임 경합 유형에서의 구상권의 인정 방안의 모색이나, 책임범위가 3종류 이상으로 분화된 경우의 복잡한 구상관계 처리, 내부 부담부분의 구체적인 심리와 확정방법, 보증인이나 보험자 등이 연쇄적이고 단계적으로 복잡하게 얽힌 사례에서의 구상관계 해결 등 아직 대내적인 효과 부분은 연구할 부분이 상당히 남아 있다고 생각하며 마무리하고자 한다.

[Abstract]

Effects of a Debtor's Partial Repayment in Quasi-Joint Liability Cases

Ko, Youkang*

Quasi-joint liability is a legal instrument established within the Korean civil law system, with the purpose of ensuring the creditor the repayment of the debt by imposing an overlapping and collective duty on the debtors. Cases on vicarious liability or joint torts are the typical examples of quasi-joint liability.

In a number of quasi-joint liability cases, the scope of liability of each debtor may differ from each other's, mostly due to the application of comparative negligence. When the debtor who owes a larger amount(hereinafter "the larger debtor") pays off money that does not suffice the entire amount of debt, which portion of the quasi-joint liability is discharged first? The portion where the larger debtor bears joint liability with the other debtor who owes less money(hereinafter "the smaller debtor"), or the other portion where only the larger debtor holds responsibility?

For several decades, the search for a reasonable solution to this problem triggered intense discussion among scholars. Several theories emerged. One theory asserted the portion where the larger debtor and the smaller debtor has collective obligation had priority, in the matter of discharge, over the portion for where the larger has independent responsibility. Another theory argued the repayment should be allocated proportionally according to the amount of each debtor's negligence.

The Korean Supreme Court's position had not been very clear. However, through the recent 2012Da74236 decision, the Supreme Court un-

---

* Judge, Seoul Eastern District Court.

ambiguously held the portion of the debt where the larger debtor and the smaller debtor hold joint liability should be discharged first in order. Not only this application suits the primary objective of the quasi-joint liability system to offer sufficient protection to the creditor, but it also reasonably reflects each parties' intention and interest.

According to the 2012Da74236 decision, the lengthy debate among the creditor and the quasi-joint debtors('the external problem') has been concluded, at least for the time being. However, the following issues associated with this partial repayment such as the indemnification between the debtors('the internal problem'), especially in complex cases where contract liability and tort liability overlap is an area which requires further discussion.

[Key word]

- quasi-joint liability
- joint torts
- partial repayment
- proportion of negligence
- indemnification between debtors

참고문헌

[주석서 및 단행본]

편집대표 곽윤직, 민법주해 [X], 채권(3), 박영사, 1995.

_____, 민법주해 [XIX], 채권(12), 박영사, 2005.

곽윤직, 채권총론[민법강의 Ⅲ](제6판), 박영사, 2003.

김상용, 채권총론(제3판), 화산미디어, 2016.

_____, 채권각론(제3판), 화산미디어, 2016.

송덕수, 채권법총론(제4판), 박영사, 2018.

윤진수, 민법기본판례, 홍문사, 2016.

이은영, 채권총론(제4판), 박영사, 2009.

정기웅, 채권총론(전정2판), 법문사, 2014.

최진수, 요건사실과 주장증명책임(제3판), 진원사, 2014.

[논　　문]

강봉석, '부진정연대채무자들이 부담하는 구상채무의 법적 성질', 민사판례연구, 제26권, 박영사, 2004.

고학수·최준규, '법경제학적 관점에서 본 판례의 변경', 민사판례연구, 제36권, 박영사, 2015.

김경배, '부진정연대채무자 중 1인의 변제가 다른 채무자에게 미치는 효력— 원본과 지연손해금을 포함한 효력인정 방법에 관한 검토', 가정법원 50주년 기념논문집, 서울가정법원, 2014.

김교창, '부진정연대채무자 중 1인의 일부변제', 판례연구, 제14집, 서울지방변호사회, 2001.

김동옥, '피용자 본인이 손해액의 일부를 변제한 경우 사용자의 손해배상채무의 소멸범위', 판례연구, 제11집, 부산판례연구회, 2000.

김민기, '부진정연대채무에 있어서의 구상권 및 변제자대위', 대법원판례해설, 제83호, 2010.

김봉수, '부진정연대채무에 있어서 다액채무자가 일부변제에 의한 소액채무자의 면책 범위', 동아법학, 제8권 제4호, 2015.

김서기, '부진정연대채무의 법률관계에 관한 소고', 일감법학, 제32호, 2015.

김성룡, '부진정연대채무의 입법적 수용을 위한 기초연구(1)', 한양법학, 제27권 제2집(통권 제54집), 2016.

김성식, '부진정연대채무의 일부변제 등에 관한 법리의 검토', 저스티스, 통권 제138호, 한국법학원, 2013.

김영태, '사용자책임과 피용자 본인의 책임과의 관계. 피용자 본인이 손해의 일부를 변제한 경우 사용자의 손해배상 범위', 대법원판례해설, 제21호, 법원도서관, 1994.

김영학, '공동불법행위자의 보증인이 공동불법행위자의 채무를 변제한 경우, 다른 공동불법행위자에 대한 구상권의 성립 여부 및 그 범위', 재판실무연구, 광주지방법원, 2010.

김현진, '금액이 다른 부진정연대관계에서 다액채무자의 일부변제의 효력', 법학연구, 제21집 제3호, 인하대학교 법학연구소, 2018.

모성준, '공동불법행위의 책임제한논의에 대한 소고-법무부 민법개정위원회의 확정 개정안을 중심으로', 민사법연구, 제21권, 2013.

박영규, '부진정연대채무 이론 비판', 민사법학, 제48호, 한국사법행정학회, 2010.

박재윤, '피용자 본인이 손해의 일부를 변제한 경우 사용자의 손해배상의 범위', 재판의 한 길: 김용준 헌법재판소장 화갑기념 논문집, 1994.

배성호, '부진정연대채무자 중 일인의 일부변제의 효과', 동아법학, 제67호, 2015.

서종희, '부진정연대채무에서 다액채무자의 일부변제의 효과-외측설에 의한 일원화된 해결방법의 모색', 저스티스, 통권 제136호, 2013.

서희석, '일부연대에서 일부변제의 효력의 문제-일본의 학설과 판례를 참고하여', 판례실무연구(XI), 박영사, 2015.

손병원, '국가의 불법행위 공무원에 대한 구상권', 사법논집, 제65집, 법원도서관, 2017.

손철우, '다액의 채무를 부담하는 부진정연대채무자가 일부변제한 경우 그 변제의 효력', 민사판례연구, 제25권, 박영사, 2001.

윤태식, '호의동승(피해자측 과실이론 포함)이 공동불법행위의 구상관계에 미치는 영향', 재판실무연구, 광주지방법원, 2000.

임건면, '부진정연대채무에 관련된 몇 가지 문제점과 유형화 시도', 성균관법학,

제29권 제1호, 2017.

이병준, '부진정연대채무에 있어서 과실상계와 일부변제의 효력—독일법의 논
의 틀을 기초로 한 판례 입장의 재해석', 판례실무연구(XI), 박영사,
2015.

이준민, '부진정연대채무에서의 일부 변제시 채무소멸에 관한 통일적 기준의
제시', 법학논총, 제38권 제2호, 전남대학교 법학연구소, 2018.

이진관, '금액이 다른 채무가 서로 부진정연대 관계에 있을 때 다액채무자가
일부 변제를 하는 경우, 변제로 먼저 소멸하는 부분(=다액채무자가 단
독으로 채무를 부담하는 부분', 대법원판례해설, 제115호, 법원도서관,
2018.

이호룡, '국가배상책임의 제한과 사인인 공동불법행위자의 귀책부분 아닌
부담분에 대한 반환 청구', 고시연구, 제32권 제3호, 고시연구사,
2005.

장정희, '교통사고와 의료과오의 경합', 재판실무연구, 광주지방법원, 2000.

전지환, '공동불법행위에서의 과실상계 방법', 판례연구, 제28집, 부산판례연구
회, 2017.

정다영, '부진정연대채무에서의 다액채무자의 일부변제', 저스티스, 통권 제169호,
한국법학원, 2018.

정태윤, '가치이전형 공동불법행위에서 주모자가 피해자에게 전액을 배상한
후에 그 불법행위로 인한 이득을 모두 보유하고 있는 가담자에게 구
상청구할 수 있는가?', 법학논집, 제18권 제4호, 이화여자대학교 법학
연구소, 2014.

제철웅, '부진정연대채무 및 일부보증에서 채무자의 일부변제와 변제충당', 법조,
제55권 제6호, 법조협회, 2006.

최은배, '공동불법행위자 사이의 구상관계에 대하여-호의동승자에 대한 손해
배상책임의 구상관계', 실무논단, 서울지방법원, 1998.

최진갑, '복수공동불법행위자 상호간의 구상채무의 성질', 판례연구, 제12집,
부산판례연구회, 2001.

한삼인, '공동불법행위자 간의 구상관계', 고시계, 48권 제12호, 2003.

홍광식, '복수책임주체 사이의 구상관계', 사법논집, 제23집, 법원도서관,
1992.

홍성주, '부진정연대채무에서의 구상관계의 성질', 판례연구, 제19집, 부산

판례연구회, 2005.

[언론 기고문]

김상용, '사용자 및 피용자의 책임과 과실상계', 법률신문, 제2517호, 1996.

사해행위취소로 인한 원상회복의무를 둘러싼 채무자 측과 수익자, 전득자 사이의 법률관계

이 경 민*

■요　지■

대상판결은 사해행위취소로 인한 원상회복의무를 둘러싼 채무자 측과 수익자, 전득자 사이의 법률관계에 관하여 타당한 법리를 선언함으로써 종래 심도 있는 논의가 부족하였던 분야를 고찰할 기회를 주고 있다.

우선 대상판결은, 수익자 또는 전득자가 당초 유상행위로 재산을 취득한 경우로 한정하지 아니한 채, 사해행위취소를 이유로 원상회복의무를 이행한 수익자 또는 전득자는 채무자에 대하여 부당이득반환청구권을 취득함을 최초로 선언하였고, 이는 타당한 법리이다. 대상판결에는 특별한 설시가 없지만, 이 글은 채무자에 대한 부당이득반환 청구 이외에 수익자 또는 전득자가 각자 자신의 전자(前者)에 대하여 어떠한 경우에 담보책임을 물을 수 있는지 살펴보았고, 수익자 및 전득자가 모두 가액배상의무를 부담하는 경우 그들 상호간 부진정연대채무 관계에서의 구상권 문제를 담보책임 문제와 연결 지어 살펴보았으며, 사해행위취소 후 수익자 및 전득자의 지위에 관한 명시적인 규정을 마련한 민법 개정안을 현행 민법 해석론과 비교하여 검토하였다.

다음으로 대상판결은, 수익자 또는 전득자의 원상회복의무 이행으로 채권자가 채권 만족을 얻음으로써 채무자의 공동채무자도 자신의 채무가 소멸하는 이익을 얻더라도, 채무자의 공동채무자는 수익자 또는 전득자에 대하여 직접 부당이득반환채무를 부담하지 아니하고, 따라서 채무자의 공동채무자가

---

* 수원지방법원 안양지원 판사.

수익자나 전득자의 가액배상의무를 대위변제한 경우에도 특별한 사정이 없는 한 수익자나 전득자에게 구상할 수 있다고 판단하였으며, 이 역시 타당한 법리이다. 아울러 이 글은 채무자의 공동채무자가 위와 같은 자신의 채무 소멸과 관련하여 채무자에 대하여 구상의무를 부담할 경우에는 그가 수익자 또는 전득자의 가액배상의무를 대위변제하였더라도 신의칙상 그들에 대하여 구상권을 행사할 수 없음을 논증하였다.

다만, 대상판결의 구체적 결론에 관하여서는 비판적 검토가 필요하다. 대상판결은 채무자의 공동채무자가 전득자의 요청을 받고 전득자의 이름으로 가액배상의무를 대신 이행한 이 사안에서 수익자 및 전득자를 상대로 각 구상권을 취득하는 구체적인 근거가 무엇인지는 밝히지 않았는데, 대상판결이 전제하는 사실인정만으로는, 특히 수익자에 대한 관계에서 채무자의 공동채무자가 구상권을 취득하는 근거를 찾기 어렵기 때문이다.

[주 제 어]
• 사해행위취소
• 원상회복의무
• 부당이득반환 청구
• 담보책임
• 가액배상의무
• 부진정연대채무
• 구상권
• 민법 개정안
• 대위변제

대상판결 : 대법원 2017. 9. 26. 선고 2015다38910 판결[공2017하, 2073]

[사안의 개요]

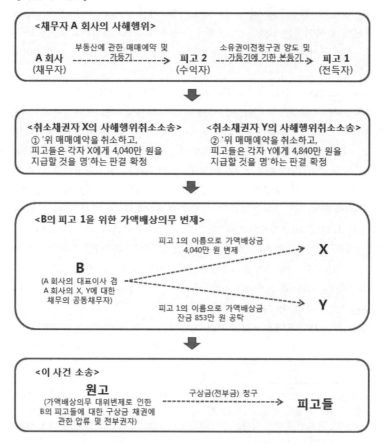

1. 사실관계

가. A 회사 소유 부동산에 관한 피고 2의 가등기, 피고 1의 본등기 및 위
   부동산에 관한 기존 근저당권 말소

A 회사는 2009. 4. 17. 피고 2와 사이에 A 회사 소유 부동산에 관하여
매매예약을 체결하고, 같은 날 피고 2 앞으로 매매예약을 원인으로 한 소유

권이전청구권 가등기를 마쳤다. 피고 2는 2010. 3. 19. 피고 1에게 위 매매예약에 기한 소유권이전청구권을 양도하고, 2010. 4. 9. 위 부동산에 관하여 피고 1 앞으로 가등기이전의 부기등기를 마쳤고, 같은 날 피고 1은 2010. 3. 19.자 매매를 원인으로 하여 위 가등기에 기한 본등기를 마쳤다. 한편, 위 부동산에 관하여서는 2008. 1. 2. 채무자를 A 회사로, 채권최고액을 2,160만 원으로 하는 근저당권이 설정되어 있었으나, 위 근저당권설정등기는 2010. 3. 19. 말소되었다.

나. 피고들에 대한 각 사해행위취소 및 가액배상 판결의 확정

A 회사의 채권자인 X는 위 매매예약이 사해행위에 해당한다고 주장하면서 2010. 7. 22. 피고들(피고 2는 수익자, 피고 1은 전득자에 해당한다)을 상대로 사해행위취소의 소를 제기하였고 피고들은 이를 다투지 아니하여, 2011. 7. 8. '위 매매예약을 4,040만 원의 한도에서 취소하고, 그 가액배상으로 피고들은 각자[1] 취소채권자 X에게 4,040만 원을 지급할 것을 명'하는 자백간주 판결[2]이 선고되어 그대로 확정되었다. 또한, A 회사의 다른 채권자인 Y도 위 매매예약이 사해행위에 해당한다고 주장하면서 2012. 5. 11. 피고들을 상대로 사해행위취소의 소를 제기하였고 피고들은 이를 다투지 아니하여, 2012. 8. 13. '위 매매예약을 4,840만 원의 한도에서 취소하고, 그 가액배상으로 피고들은 각자 취소채권자 Y에게 4,840만 원을 지급할 것을 명'하는 무변론 판결[3]이 선고되어 그대로 확정되었다.

다. A 회사의 공동채무자인 B의 피고 1을 위한 가액배상의무 이행

피고 1이 A 회사의 대표이사인 B에게 위 각 확정판결에 기한 자신의 가

---

1) 종래 대법원 2005. 3. 24. 선고 2004다70079 판결(미공간)은 사해행위인 매매예약에 기하여 수익자 앞으로 가등기를 마친 후 전득자 앞으로 가등기 이전의 부기등기를 마친 사안에서 수익자는 취소채권자에 대하여 가액배상의무를 부담하지 않는다는 입장이었으나, 대법원 2015. 5. 21. 선고 2012다952 전원합의체 판결(공2015하, 831)은 종래 입장을 변경하여 위와 같은 사안에서 '특별한 사정이 없는 한 수익자는 가등기 및 본등기에 의하여 발생된 채권자들의 공동담보 부족에 관하여 원상회복의무로서 가액을 배상할 의무를 진다'고 판단하였다.
2) 광주지방법원 2011. 7. 8. 선고 2010가합7791 판결. 피고들은 이에 불복하여 항소하였다가 2012. 4. 3. 항소취하서를 제출하였고, 2012. 4. 24. 그와 같은 내용의 화해권고결정이 확정되었다.
3) 광주지방법원 2012. 8. 13. 선고 2012가단25963 판결(항소 없이 확정됨). 선행 판결과 비교하여 가액배상의무의 범위가 확대된 것은 변론종결시를 기준으로 한 위 부동산 가액이 상승하였기 때문이다.

액배상의무를 대신 변제하여 줄 것을 요청하자, B는 '피고 1의 이름으로'
2012. 9. 17. 취소채권자 X에게 가액배상금 4,040만 원 등을 지급하고, '피고
1의 이름으로' 2012. 11. 29. 취소채권자 Y를 피공탁자로 하여 취소채권자 Y
에 대한 가액배상금 중 위 4,040만 원을 제외한 잔액 8,530,410원을 변제공탁
함으로써,⁴⁾ 위 가액배상금 전액을 대신 지급하였다.⁵⁾ 한편, B는 취소채권자
X에 대하여서는 주채무자인 A 회사의 구상금채무를 타인과 함께 연대보증하
였고, 취소채권자 Y에 대하여서는 다른 주채무자 Z의 대출금채무를 A 회사
등과 함께 연대보증하였다. 즉, B는 취소채권자 X, Y에 대한 A 회사의 채무
전액에 관하여 A 회사의 공동채무자이다.

라. 'B의 피고들에 대한 구상금채권'에 관한 원고의 채권압류 및 전부명령

원고(취소채권자 Y의 채권양수인)는 B가 피고들의 가액배상의무를 대위
변제하였으므로 피고들에 대하여 구상금채권을 가진다고 주장하면서, B에 대
한 집행력 있는 공정증서 정본에 기하여 2013. 9. 30. B의 피고들에 대한 구
상금채권에 관하여 채권압류 및 전부명령을 받아 그 무렵 확정되었다.

---

4) 1심은 B가 '피고들의 명의로' 취소채권자 X에게 가액배상금 4,040만 원 등을 지급
하고 B가 아닌 피고 1이 취소채권자 Y를 피공탁자로 하여 8,530,410원을 변제공탁
하였다고 사실인정하였다. B가 누구의 이름으로 얼마를 대신 변제하였는지 여부에
관하여 1심과 원심의 사실인정이 서로 다른데, 대상판결은 원심의 사실인정을 전
제로 판단하였다.
5) 통설[편집대표 김용담, 주석민법[채권총칙(2)], 한국사법행정학회(2013), 298-301면
(손진홍 집필부분)]과 판례[대법원 2005. 11. 25. 선고 2005다51464 판결(미공간);
대법원 2003. 7. 11. 선고 2003다19558 판결(집51(2)민, 91; 공2003. 8. 15.(184),
1717)]는 어느 한 채권자가 동일한 사해행위에 대하여 채권자취소 및 원상회복청
구를 하여 승소판결을 받아 그 판결이 확정되었다는 것만으로는 그 후에 제기된
다른 채권자의 동일한 청구가 권리보호의 이익이 없어지게 되는 것은 아니고, 그
에 기하여 재산이나 가액의 회복을 마친 경우에 비로소 다른 채권자의 채권자 취
소 및 원상회복청구는 그와 중첩되는 범위 내에서 권리보호의 이익이 없게 되며,
나아가 어느 한 판결에 기하여 재산이나 가액의 회복이 이루어졌다면 그 범위 내
에서 다른 판결에 대하여 권리남용을 이유로 청구이의의 소를 제기할 수 있다고
한다. 이 사건에서도 피고들은 취소채권자 X, Y에 대한 위와 같은 가액배상금 지
급에도 불구하고 취소채권자 Y가 피고들 소유의 재산에 대한 강제집행에 착수하
자 2012. 12. 5. 취소채권자 Y를 상대로 청구이의의 소를 제기하여(위 소송계속
중 취소채권자 Y는 채권양도로 소송에서 탈퇴하고 그 채권양수인이 승계참가를
하였는바, 그 채권양수인이 바로 대상판결에서의 원고이다) 승소판결(광주지방법원
2013. 8. 13. 선고 2012가단67103 판결)을 선고받았고, 위 판결은 항소 없이 그대
로 확정되었다.

2. 소송의 경과6)

원고는 B가 피고들의 가액배상의무를 대위변제(변제·공탁)함으로써 피고들에 대하여 구상금채권을 취득하였으므로, 피고들은 위 구상금채권을 전부받은 원고에게 각자 위 전부금 및 지연손해금을 지급할 의무가 있다고 주장하면서 이 사건 소를 제기하였다.

가. 1심(광주지방법원 2014. 8. 19. 선고 2013가단64620 판결)

1심에서 피고들은, B가 위 각 사해행위취소 및 가액배상 판결로 인하여 B와 피고 1 사이의 매매예약에 따른 의무를 이행하지 못하게 되어 부담하게 되는 부당이득반환의무를 사전에 이행한 것이므로 구상권이 성립하지 않는다고 주장하였다.

이에 대하여 1심 판결은, B가 피고들 명의로 취소채권자 X에 대한 가액배상의무를 대위변제한 사실을 인정하여 취소채권자 X에 대한 대위변제금 상당의 전부금 청구를 인용하면서, 피고들의 위 주장에 대하여서는 '사해행위취소의 효력은 채권자와 수익자 사이에서만 미치고 채무자에게는 미치지 아니하여 가액배상 취지의 사해행위취소 판결이 확정되었다 하더라도 채무자와 수익자 사이에는 여전히 부동산의 소유자는 수익자이고, 위 부동산의 매매대금은 채무자에게 귀속되는 관계로, 수익자는 가액배상 취지의 사해행위취소 판결에 따라 채권자에게 가액배상을 함에 따라 발생한 가액배상금 상당의 손해에 대하여 원인 없이 이득을 보는 채무자에게 부당이득반환 청구 또는 담보책임을 물을 수 있으나, 이러한 부당이득반환 청구 또는 담보책임은 수익자가 채무자에게 실제 매매대금 상당액을 지급하였음을 전제로 하는데, 이 사건에서 B가 피고 2와 위 매매예약을 체결하고 매매예약의 증거금 등을 실제로 지급받았음을 인정할 증거가 없다'는 이유로 위 주장을 배척하였다7)(한편, 1심은 B가 아닌 피고 1이 취소채권자 Y에 대하여 변제공탁한 사실을 인정하여 취소채권자 Y에 대한 대위변제금 상당의 전부금 청구는 기각하였다).

---

6) 앞서 본 사실관계와 다른 사실관계에 관한 주장 및 판단 부분은 제외하고, 논의에 필요한 범위로 국한하여 검토한다.

7) 1심은 피고 2와 위 매매예약을 체결한 당사자는 A 회사라는 사실을 인정하면서도 피고들의 이 부분 주장에 대하여서는 B가 그 계약당사자임을 전제로 이와 같이 판단하였다.

나. 원심(광주지방법원 2015. 5. 27. 선고 2014나10195 판결)

원심에서 피고들은, B는 위 변제·공탁을 통하여 자신의 취소채권자 X, Y에 대한 채무를 변제한 셈이 되므로 피고들에 대하여 구상권을 취득할 수 없다고 주장하였다.

이에 대하여 원심 판결은, 앞서 본 사실관계와 같이 B가 피고 1의 요청에 따라 피고 1의 이름으로 취소채권자 X, Y에 대한 가액배상의무를 대위변제한 사실을 인정한 후, B가 피고 1에 대하여서는 민법 제688조에 따른 위임사무처리 비용상환청구권으로, 피고 2에 대하여서는 민법 제739조에 따른 사무관리 비용상환청구권으로 각 구상권을 취득하였다는 이유로 취소채권자 X, Y에 대한 대위변제금 상당의 전부금 청구를 전부 인용하면서, 피고들의 위 주장에 대하여서는 "위 변제·공탁에 따라 사해행위취소소송에서의 채무자인 A 회사와 그 연대보증인인 B의 채무가 변제액과 공탁액의 범위에서 사실상 소멸하게 되었다고 하더라도, 이를 위 변제·공탁의 직접적인 효과라고 할 수 없으므로, B가 위 변제·공탁을 함으로써 자신의 채무를 변제한 셈이 되었다고 볼 수는 없다."는 이유로 위 주장을 배척하였다.

3. 대상판결의 요지

채무자의 법률행위가 사해행위에 해당하여 그 취소를 이유로 원상회복이 이루어지는 경우, 특별한 사정이 없는 한 채무자는 수익자 또는 전득자에게 부당이득반환채무를 부담한다.

채무자의 책임재산이 위와 같이 원상회복되어 그로부터 채권자가 채권의 만족을 얻음으로써 채무자의 다른 공동채무자도 자신의 채무가 소멸하는 이익을 얻을 수 있다. 이러한 경우에 공동채무의 법적 성격이나 내용에 따라 채무자와 다른 공동채무자 사이에 구상관계가 성립하는 것은 별론으로 하고 공동채무자가 수익자나 전득자에게 직접 부당이득반환채무를 부담하는 것은 아니다. 따라서 채무자의 공동채무자가 수익자나 전득자의 가액배상의무를 대위변제한 경우에도 특별한 사정이 없는 한 수익자나 전득자에게 구상할 수 있다고 보아야 한다.

원심이 인정한 사실관계를 위 법리에 비추어 보면, 취소채권자인 X, Y가 채무자 A 회사의 책임재산으로 회복된 가액배상금을 지급받음으로써 B의 X, Y에 대한 연대보증채무도 그 범위에서 함께 소멸하였으나, B가 채무소멸로 얻은 이익이 전득자인 피고 1과의 관계에서 부당이득에 해당한다고 볼 수는 없다. 나아가 B와 A 회사의 X, Y에 대한 채무의 성격과 내용에 비추어 보면 B가 A 회사의 출재로 소멸된 채무에 관하여 A 회사에 구상의무를 부담하는 관계에 있다고 볼 수도 없다. ① X에 대해서는 A 회사가 주채무자, B가 연대보증인이고, ② Y에 대해서는 A 회사와 B 등이 주채무자인 Z의 공동보증인으로서 기록상 A 회사가 자기의 부담부분을 넘은 변제를 하였다고 볼 만한 자료가 없기 때문이다.

상고이유 주장은 가액배상금 지급으로 B의 연대보증채무도 함께 소멸하였고 그 범위에서 B가 피고 1에 대하여 부당이득반환채무를 부담한다는 등을 이유로 들면서 구상채무를 다투는 것으로서, 위에서 본 것과 같은 이유로 이를 받아들일 수 없다. B가 피고들을 위하여 가액배상금 지급채무를 대위변제함으로써 구상권을 취득하였다고 본 원심의 판단은 정당하다.

〔研　究〕

Ⅰ. 서　론

현재 사해행위취소소송은 민사소송에서 큰 비중을 차지하는 소송유형의 하나로, 많은 대법원 판례와 연구 논문이 축적되어 있는 분야이다. 그런데 많은 관련 쟁점들 가운데, 사해행위취소로 인한 원상회복의무를 둘러싸고 채무자와 수익자, 전득자 등 사이에 어떠한 법률관계가 형성·전개될 수 있는가라는 문제는 종래 상대적으로 활발한 논의 없이 남겨져 있었다.

대상판결의 사안은, 사해행위를 한 채무자와 공동의 채무를 부담하는 자가 전득자의 요청을 받고 사해행위취소로 인한 전득자의 가액배상의무를 대위변제하자, 이로써 위 공동채무자가 수익자 및 전득자에 대하여 구상금채권을 취득하였음을 전제로 하여, 위 공동채무자의 채권자가 위 구상금채권에 관한 채권압류 및 전부명령을 받아 제3채무자인 수익자 및 전득자를 상대로 전부금(구상금)을 청구한 것으로, 사해행위취소 후 원상회복의무를 둘러싸고 전형적으로 발생한다고 보기는 어려운 독특한 사안이다. 그런데 위 사안의 내용과 대상판결의 요지를 들여다보면, 오히려 이러한 독특함으로 인하여 사해행위취소로 인한 원상회복의무를 둘러싸고 채무자와 수익자, 전득자, 나아가 채무자의 공동채무자(이하 채무자 및 채무자의 공동채무자를 통칭할 때 '채무자 측'이라 한다) 등 사이에 어떠한 법률관계가 형성·전개될 수 있는가라는 문제를 조망할 수 있다. 이 글은 대상판결의 구체적인 사안 해결을 위하여 필요한 쟁점을 중심으로 하되, 대상판결이 선언한 법리를 순차로 따르면서 위 문제 일반에 관한 검토를 시도한다.

우선 사해행위취소를 이유로 원상회복의무를 이행한 수익자 또는 전득자가 채무자에 대하여 가지는 부당이득반환청구권을 검토하는 기회에 사해행위취소 후 전개되는 채무자와 수익자, 전득자 사이의 법률관계 전반을 살피면서 담보책임 문제, 그리고 이와 연결 지어 수익자 및 전득자 상호간 구상권 문제를 다루고, 민법 개정안을 검토한다(Ⅱ의 1). 이어서 원상회복의무를 이행한 수익자 또는 전득자와 채무자의 공동채무자 사이에 부당이득관계가 성립하는지 검토하고(Ⅱ의 2), 채무자가 수익자 또는 전득자의 가액배상의무를 대위변제한 경우 그들에 대한 구상권 행사 문제를 검토한다(Ⅲ의 1). 이를 전제로 채무자의 공동채무자가 수익자 또는 전득자의 가액배상의무를 대위변제한 경우 그들에 대하여 가지는 구상권을 검토하면서 채무자와 채무자의 공동채무자 사이의 구상관계가 이에 어떠한 영향을 미칠 수 있는지도 살핀다(Ⅲ의 2의 가). 끝으로, 대상판결의 구체적 결론에 관하여 비판적으로 검토한다(Ⅲ의 2의 나).

Ⅱ. 사해행위취소 후 전개되는 채무자 측과 수익자, 전득자 사이의 법률관계 일반

1. 채무자와 수익자, 전득자 사이의 관계

채권자취소권의 성질에 관하여 상대적 무효설을 취하는 통설과 판례[8]에 따르면, 사해행위취소는 채무자의 행위를 절대적으로 취소하는 것이 아니라 채권자와 악의의 수익자 또는 전득자 사이에서만 상대적으로 취소하는 것으로, 그 취소의 효과는 채무자에게 미치지 않고 채무자와 수익자, 수익자와 전득자 사이의 법률관계[9]에도 아무런 영향을 미치지 아니하므로, 취소채권자의 사해행위취소 및 원상회복 청구로 인하여 채무자에게 원상회복된 재산은 취소채권자 및 다른 채권자에 대한 관계에서 채무자의 책임재산으로 취급될 뿐, 채무자가 직접 그 재산에 대하여 어떠한 권리를 취득하는 것은 아니다.[10]

그런데 '상대적 무효'로 인하여 채권자에 대한 관계에서 수익자 또는 전득자의 법적 지위만을 뒤흔드는 사해행위취소는, 여전히 유효한 채무자와 수익자, 수익자와 전득자 사이의 법률관계 속에서 어떠한 의미를 가지게 되는가? 이 문제를 검토함에 있어서는, 통설과 판례가 해석과 적용의 어려움에도 불구하고 '상대적 무효'라는 복잡한 법리를 전개하는 주된 이유가 '회복된 책임재산에 대한 채무자의 처분을 막고 채무자와 수익자, 수익자와 전득자 사이의 법률관계를 필요 이상으로 해소하지 아니함으로써 거래의 동적 안전을 보호하기 위한 것[11]'임에 유념하여야 한다.

---

8) 채권자취소권의 성질에 관하여는 상대적 무효설, 절대적 무효설, 책임설, 채권설 등 다양한 학설이 대립하는데, 통설과 판례는 상대적 무효설의 입장을 취하고 있다[이에 관한 자세한 설명은 편집대표 곽윤직, 민법주해 Ⅸ, 박영사(1995), 803-808면(김능환 집필부분); 김재형, "채권자취소권의 본질과 효과에 관한 연구", 인권과 정의 제329호(2004), 109-118면 참조]. 이러한 '상대적 무효'의 법리는 일관된 해석과 적용을 어렵게 만드는 복잡한 문제를 야기하고 있지만[채권자취소권의 실무상 문제점 중 대표적인 것으로 '상대적 무효설의 의미 불명확으로 인한 혼란'을 지적하면서 상대적 무효설에 따르면 사해행위취소의 여러 관련자들 사이에 어떠한 법률관계가 생성되는지 불확실하다고 비판하는 견해로는 전원열 · 김영주, 사해행위취소 및 부인권제도에 관한 개선방안 연구, 법원행정처(2017), 5-7면], 이 글은 상대적 무효설의 한계를 지적하고 이를 비판적으로 검토하는 데 목적을 두지는 않는다. 이하에서는 상대적 무효설의 입장에서 사해행위취소로 인한 원상회복의무를 둘러싼 채무자 측과 수익자, 전득자 사이의 이해관계를 어떻게 조정할 것인지 검토한다.

9) 전득자로부터 다시 전득한 자도 있을 수 있으나 이는 수익자와 전득자 사이의 법률관계와 별다른 차이가 없으므로, 이하에서는 편의상 주로 채무자와 수익자, 수익자와 전득자 사이의 법률관계로 한정하여 논의한다.

10) 민법주해 Ⅸ(주 8), 846면(김능환).

11) 민법주해 Ⅸ(주 8), 807-808면(김능환). 대법원 2005. 11. 10. 선고 2004다49532 판결[공2005. 12. 15.(240), 1958]은 '사해행위취소에 상대적 효력만을 인정하는 것은 사해행위 취소채권자와 수익자 그리고 제3자의 이익을 조정하기 위한 것'으로

가. 채무자의 수익자 또는 전득자에 대한 권리

상대적 무효설에 따르면, 사해행위취소로 인하여 수익자 또는 전득자가 부담하는 원상회복의무는 취소채권자에 대한 관계에서 생기는 법률효과일 뿐, 채무자와 수익자 또는 전득자 사이에 사해행위취소로 인한 어떠한 법률관계가 형성되는 것은 아니다.[12] 따라서 채무자는 사해행위취소를 이유로 직접 수익자 또는 전득자에 대하여 원상회복의무 이행을 구할 수는 없고,[13] 사해행위로 인하여 수익자 또는 전득자가 취득하였던 이득에 대하여 부당이득반환청구권을 행사할 수도 없다.[14]

그 취소의 효력이 미치지 않는 제3자의 범위를 사해행위를 기초로 목적부동산에 관하여 새롭게 법률행위를 한 그 목적부동산의 전득자 등만으로 한정할 것은 아니라고 한다.

12) 대법원 2014. 6. 12. 선고 2012다47548, 47555 판결(공2014하, 1377); 대법원 2006. 8. 24. 선고 2004다23110 판결(미공간).

13) 채권자취소권은 채권의 공동담보인 채무자의 책임재산을 보전하기 위하여 채무자의 일반재산으로부터 일탈된 재산을 모든 채권자를 위하여 수익자 또는 전득자로부터 환원시키는 제도로서, 그 행사의 효력은 채권자와 수익자 또는 전득자와의 상대적인 관계에서만 미치는 것이므로 채권자취소권의 행사로 인하여 채무자가 수익자나 전득자에 대하여 어떠한 권리를 취득하는 것은 아니라고 할 것이고, 따라서 수익자가 채무자에게 가액배상금 명목으로 금원을 지급하였다는 점을 들어 채권자취소권을 행사하는 채권자에 대하여 가액배상에서의 공제를 주장할 수는 없다[대법원 2001. 6. 1. 선고 99다63183 판결(공2001. 7. 15.(134), 1498)].

14) 대법원 2013. 12. 12. 선고 2012다37312 판결(미공간)은 채무자가 수익자에게 약속어음을 발행하면서 그에 관한 강제집행을 승낙하는 취지의 약속어음 공정증서를 작성하여 주고 수익자가 위 공정증서에 기하여 채무자의 제3자에 대한 채권에 대하여 채권압류 및 전부명령을 받아 실제로 일부 금원을 추심한 사안에서, 채무자의 수익자에 대한 위 약속어음 발행행위가 사해행위로서 취소되었다고 하더라도 채무자가 수익자에 대하여 위 금원 상당의 부당이득반환청구권을 취득하는 것은 아니라는 이유로, 채무자의 수익자에 대한 부당이득반환청구권을 대위행사하는 원고(취소채권자)의 청구를 배척하였다. 참고로 위 사안에서는, 종전에 원고가 이미 수익자를 상대로 사해행위취소의 소를 제기하여 '위 약속어음 발행행위를 취소하고, 수익자는 채무자에게 위 채권압류 및 전부명령에 의하여 제3자에 대하여 가지고 있는 채권을 양도하고 제3자에게 채권양도통지를 하라'는 판결이 확정되었으나, 그 이전에 이미 수익자가 위 채권 중 일부를 추심한 상태여서 그 부분에 관한 한 기존 사해행위취소 판결의 실효성이 없자(원고로서는 당초 위 사해행위취소소송에서 위와 같이 이미 추심이 완료된 부분에 관하여서는 가액배상을 구하였어야 할 것이다) 이번에는 채무자의 수익자에 대한 부당이득반환청구권을 대위행사하여 수익자를 상대로 부당이득반환 청구를 한 것인데, 1심은 위 약속어음 발행행위가 취소됨으로써 수익자는 아무런 법률상 원인 없이 위 금원을 취득하고 이로 인하여

나. 수익자 또는 전득자의 채무자에 대한 권리

채무자와 수익자 또는 전득자 사이에 사해행위취소 그 자체로 인한 어떠한 법률관계가 형성되는 것은 아니지만, 수익자 또는 전득자가 사해행위취소로 인한 원상회복의무를 이행한 이후에는 상황이 달라진다. 수익자 또는 전득자는, 채무자와 수익자 사이, 수익자와 전득자 사이 등 그들 사이에서는 여전히 유효한 법률관계를 통하여 취득한 목적물 또는 그 가액을, '채무자에게는 효과가 미치지도 않는다고 하는 사해행위취소'를 원인으로 하여 '채무자의 책임재산으로 취급되도록' 반환하였다. 이러한 재산의 이전은 그들 고유의 법률관계가 의도하였던 바에 역행할 뿐만 아니라 사해행위취소라는 변수로 인하여 사후적으로 발생한 것이다. 따라서 이로 인한 이득과 손실의 실체를 규명하여 각자에게 그의 합당한 몫이 귀속되도록 법률관계가 형성되어야 한다. 사해행위취소 후 수익자 또는 전득자의 지위에 관한 명문의 규정이 없는 현행 민법상 이 문제는 해석론에 맡겨져 있다.

(1) 종래 학설

(가) 유상행위로 한정하여 부당이득반환 청구 및 담보책임 추궁을 긍정하는 종래 유력한 견해

사해행위취소로 인한 원상회복이 이루어지는 경우, 채무자와 수익자 또는 전득자 사이에 어떤 법률관계가 형성되는지에 관하여 종래 통설은 "사해행위취소의 상대방이 무상으로 재산을 취득한 경우에는 그 재산을 반환하더라도 아무런 손해가 없으나, 유상으로 취득한 경우에는 반환재산의 가액만큼 손해를 보는 반면에, 재산반환을 받는 채무자로서는 원인 없이 그만큼 이득을 본 셈이어서 상대방은 채무자에 대한 부당이득반환청구 또는 담보책임 추궁으로써 손해의 전보를 받을 수 있다. 그러나 채무자와 수익자, 수익자와 전득자 사이의 법률행위는 여전히 유효하게 존속하는 관계로 수익자 또는 전득자가 급부물의 반환을 청구할 수는 없

채무자는 같은 금액 상당의 손해를 입었다고 보아 위 청구를 인용하였었다.

다."[15]고 설명하여 왔다. 이처럼 수익자 또는 전득자가 당초 무상으로 재산을 취득하였다가 사해행위취소를 이유로 그 재산을 반환하였다면 수익자 또는 전득자에게 아무런 손해가 없으므로 그 손해를 보전하기 위한 법률관계도 형성될 필요가 없다는 전제에서, 수익자 또는 전득자의 당초 재산 취득이 '유상행위로 인한 경우'로 한정하여 사해행위취소로 인하여 재산을 반환한 수익자 또는 전득자는 채무자에 대하여 부당이득반환을 청구하거나 매도인의 담보책임을 물을 수 있다고 보는 견해가 유력하다.

이때 부당이득반환청구권이 성립하는 근거와 관련하여서는, '채무자가 한 부당이득은 수익자가 채무자에게 지급한 대가가 아니라 수익자 또는 전득자로부터 책임재산으로 회복된 재산 또는 이득'이라고 설명하는데, 채무자가 수익자로부터 받은 이득은 상대적 무효설에 따르는 한 양자 간에는 유효한 법률행위로 인한 재산의 이전으로서 법률상 원인이 없는 것이 아니고 다만 원상회복된 재산 또는 이득은 채무자가 취득한 것이 아닌데도 그의 책임재산으로 복귀되어 채무자의 변제에 공하여짐으로써 법률상 원인 없이 이득한 것이 되기 때문이라고 하고, 채무자와 수익자 사이, 수익자와 전득자 사이에는 민법 제576조[16]의 취지를 유추적용하여 각 담보책임이 생긴다고 한다.[17]

---

15) 민법주해 Ⅸ(주 8), 848면(김능환); 주석민법[채권총칙(2)](주 5), 346~347면(손진홍). 다만, 곽윤직, 채권총론(제6판), 박영사(2003), 156면과 김상용, 채권총론(제3판), 화산미디어(2016), 251면은, 채무자는 수익자 또는 전득자의 손실로 부당이득을 취한 것이 되므로 수익자 또는 전득자는 채무자에 대하여 부당이득반환을 청구할 수 있다고 하면서 유상행위와 무상행위를 구분하고 있지는 않고, 아울러 담보책임에 관하여서는 아무런 언급이 없다.
16) 제576조(저당권, 전세권의 행사와 매도인의 담보책임)
　① 매매의 목적이 된 부동산에 설정된 저당권 또는 전세권의 행사로 인하여 매수인이 그 소유권을 취득할 수 없거나 취득한 소유권을 잃은 때에는 매수인은 계약을 해제할 수 있다.
　② 전항의 경우에 매수인의 출재로 그 소유권을 보존한 때에는 매도인에 대하여 그 상환을 청구할 수 있다.
　③ 전2항의 경우에 매수인이 손해를 받은 때에는 그 배상을 청구할 수 있다.
17) 주석민법[채권총칙(2)](주 5), 358면(손진홍).

(나) 부당이득반환 청구만 긍정하는 견해

이와 달리 유상행위와 무상행위를 구분하지 아니한 채 수익자 또는 전득자의 채무자에 대한 부당이득반환청구권 성립을 긍정하는 한편, 수익자가 취소채권자에게 원물을 반환하였다고 하더라도 채무자가 애초에 수익자에 대한 채무를 제대로 이행하여 일단 채무가 소멸한 이상 다시 그 채무가 부활되거나 채무불이행으로 인한 책임 또는 담보책임(특히 민법 제570조의 담보책임)을 부담하여야 하는 것은 아니라고 보는 견해도 있다.[18]

(다) 제3자의 변제에 따른 구상권 행사와 담보책임 추궁을 긍정하는 견해

한편, 채무자와 수익자 사이의 행위가 유효라고 하는 이상 부당이득의 문제가 생기는 것은 모순이라면서, 재산을 반환한 수익자 또는 전득자는 채무자에 갈음하여 '제3자의 변제'($^{민법}_{제469조}$)를 한 것으로 보아 채무자의 채무소멸분을 부당이득으로 채무자에게 구상함과 동시에 채권자에게 청산금(경매대금잔금)을 청구할 수 있고, 나아가 채권자취소권의 성질에 관한 책임설의 입장에 서서, 재산양도행위가 사해행위로 취소되었을 때에는 수익자 또는 전득자는 타인인 채무자의 채무에 대하여 책임을 지게 되므로 채무자와 수익자 사이, 수익자와 전득자 사이에 매매목적물에 담보권이 존재하는 경우의 담보책임에 관한 민법 제576조를 유추적용하여 담보책임이 생긴다고 보는 견해도 있다.[19]

(2) 종래 판례

대상판결 이전까지 이 문제를 명시적으로 언급한 대법원 판례는 대법원 2015. 10. 29. 선고 2012다14975 판결($^{공2015하,}_{1741}$)이 유일하다. 이는 주로 사해행위취소 이후에 생기는 채무자와 수익자 또는 전득자 사이의 이해관계 조정은 소송을 통한 판결의 형태로 이루어지기보다는 그들 사이

---

18) 양창수·김형석, 권리의 보전과 담보(제2판), 박영사(2015), 223면.
19) 김주수, 채권총론(제3판 보정판), 삼영사(2003), 253-254면. 한편, 위 견해는 "전득자가 재산을 반환당한 경우에 선의의 수익자에 대해서는 아무런 청구도 할 수 없는 것이 상대적 무효설의 단점이다(선의자는 추탈담보책임을 지지 않는다(제576조 참조)]."라고 하는데, 매도인이 선의인 경우 담보책임을 부담하지 않는 근거가 무엇인지는 구체적으로 밝히지 아니한 채 이를 비판하고 있는 것이다.

의 합의 등 소송 외 형태로 이루어지기 때문으로 보인다.

위 2012다14975 판결은 "채무자의 부동산에 관한 매매계약 등의 유상행위가 사해행위라는 이유로 취소되고 원상회복이 이루어짐으로써 수익자에 대하여 부당이득반환채무를 부담하게 된 채무자가 부당이득반환채무의 변제를 위하여 수익자와 소비대차계약을 체결하고 강제집행을 승낙하는 취지가 기재된 공정증서를 작성하여 준 경우에도, 그와 같은 행위로 책임재산을 수익자에게 실질적으로 양도한 것과 다를 바 없는 것으로 볼 수 있는 특별한 사정이 있는 경우에 해당하지 아니하는 한, 다른 채권자를 해하는 새로운 사해행위가 된다고 볼 수 없다. 이러한 수익자의 채무자에 대한 채권은 당초의 사해행위 이후에 취득한 채권에 불과하므로 수익자는 원상회복된 재산에 대한 강제경매절차에서 배당을 요구할 권리가 없다."고 판시하였다. 위 2012다14975 판결은 '사해행위취소로 인한 원상회복이 이루어질 경우 채무자는 수익자에 대하여 부당이득반환채무를 부담함'을 전제로 하고 있기는 하나, 이를 당초 재산 취득이 '매매계약 등 유상행위로 인한 경우'로 한정하고 있는 것이다.

위 2012다14975 판결에서는 수익자가 채무자에 대하여 부당이득반환을 청구할 수 있다는 점만 언급되었으나, 이 문제를 다룬 대부분의 하급심 판결[20]에서는 종래 통설과 마찬가지로 수익자는 채무자에 대하여 부당이득반환을 청구하거나 매도인의 담보책임을 물을 수 있다고 판단하고 있다.

한편, 위 2012다14975 판결뿐만 아니라 다수의 하급심 판결에서 이 문제가 다루어진 사안들은 주로, 사해행위취소로 인한 원상회복의무를 이행한 수익자 또는 전득자가 이를 이유로 채무자를 상대로 부당이득반환 등을 소송상 청구하여 문제된 것이 아니라,[21] 사해행위취소로 인하여 원

---

20) 서울고등법원 2011. 3. 29. 선고 2010나107578 판결(각공2011상, 628)은 '사해행위취소의 상대방으로서 그 취소로 인하여 비로소 부당이득반환채권 또는 담보책임 추급권, 손해배상채권 등을 취득한 수익자가 위 권리에 기하여 취소채권자가 개시한 강제집행에 참가하여 배당받을 수 있는지 여부'에 관하여 대립되는 논거를 자세히 설시하되 이를 부정하였다.

상회복된 채무자의 책임재산에 대한 강제집행절차에서 '수익자 또는 전득자가 사해행위취소로 인한 원상회복의무 이행으로 채무자에 대하여 취득한 권리는 사해행위 이후에 취득한 채권으로서 위 배당에 참가할 수 없는 권리'임을 논증하는 과정에서 문제된 것이다.

(3) 검   토

(가) 부당이득반환 청구

종래 학설 및 판례는, 적어도 유상행위로 재산을 취득하였다가 사해행위취소로 인한 원상회복의무를 이행한 수익자 또는 전득자는 채무자에 대하여 부당이득반환을 청구할 수 있다고 한다.[22] 이를 부당이득반환청구권의 성립요건에 대응시켜 설명하여 보자.

① 우선, 채무자의 이득은 무엇인가? 앞서 본 바와 같이 그 이득의 실체에 관하여서는 '수익자 또는 전득자로부터 채무자의 책임재산으로 회복된 재산 그 자체'라고 보는 견해와 '제3자인 수익자 또는 전득자의 대

---

21) 드물지만 하급심 판결 중에는 사해행위취소로 인한 원상회복의무를 이행한 수익자가 채무자를 상대로 가액배상금 상당의 부당이득반환 내지 손해배상을 청구한 경우도 찾아볼 수 있는데, 이러한 하급심 판결은 모두 수익자는 채무자에 대하여 부당이득반환을 청구하거나 매도인의 담보책임을 물을 수 있음을 당연한 전제로 하여 판단하고 있다. 수익자인 원고가 취소채권자에게 사해행위취소로 인한 가액배상금을 지급한 후 채무자인 피고를 상대로 그 가액배상금 및 지급일 다음날부터의 지연손해금을 부당이득 내지 손해배상으로 청구한 사안에서 "사해행위취소의 효력은 직접적으로는 채무자에게 미치지 않으므로, 사해행위취소에 의하여 재산반환을 한 수익자는 채무자에 대하여 부당이득반환청구권을 취득하거나 매매의 목적이 된 부동산에 설정된 저당권 또는 전세권의 행사로 인하여 매수인이 취득한 소유권을 상실할 위험에 직면하여 자신의 출재로 그 소유권을 보존한 경우와 유사하게 민법 제576조를 유추적용하여 담보책임을 추급할 수 있다고 할 것이고, 가사 이러한 법리에 의하지 않더라도 피고가 '원고가 취소채권자에게 물어준 돈은 피고가 책임지고 갚기로 한다'고 약정한 사실을 인정할 수 있으므로 이로 인한 계약상의 책임도 피하기는 어렵다."는 이유로 원고의 청구를 전부 인용한 원심(부산고등법원 2010. 4. 1. 선고 2009나4961 판결)에 대하여 대법원은 심리불속행 기각 판결[대법원 2010. 6. 24. 선고 2010다31716 판결(미공간)]을 선고한 바 있다.

22) 일본 학설 중에는, 상대적 무효설에 따르면 채무자와 수익자 간의 법률행위는 유효하기 때문에 1차적으로 부당이득이 아닌 추탈담보책임의 문제만이 생긴다고 주장하는 견해도 있다[下森定, "債權者取消權と不當利得", 不當利得事務管理の研究 (3), 有斐閣(1972), 191면 참조, 오영준, "사해행위취소권과 채권자평등주의", 사법논집 제32집(2001), 171면에서 재인용].

위변제로 인한 채무자의 채무 소멸의 이익'이라고 보는 견해가 있다. 그
런데 수익자 또는 전득자가 부담하는 원상회복의무는 채무자의 취소채권
자에 대한 채무와는 별개로, 취소채권자와의 관계에서 그들이 부담하는
고유의 채무로서, 수익자 또는 전득자가 채무자에게 원물을 반환하여 취
소채권자가 별도의 강제집행절차를 거쳐 자신의 채권 만족을 얻게 되는
경우이든, 수익자 또는 전득자가 취소채권자에게 금전을 반환하거나 가액
배상을 하여 취소채권자가 사실상 자신의 채권을 우선변제받게 되는 경
우이든, '수익자 또는 전득자 자신의 채무인 원상회복의무 이행으로 인한
채무자의 책임재산 회복 → 회복된 채무자의 책임재산으로부터의 채권 만
족'이라는 과정을 거치는 것이므로, 수익자 또는 전득자의 원상회복의무
이행을 곧바로 '제3자의 변제'로 이해하는 것은 무리라고 생각한다. 비록
수익자 또는 전득자가 반환한 재산에 대하여 채무자가 직접 어떤 권리를
취득하는 것은 아니지만, 위 재산은 장차 채무자의 채무 변제에 이바지
할 채무자의 책임재산으로 취급되므로, 이와 같이 채무자의 책임재산으로
반환된 재산 그 자체가 채무자의 이득이라고 볼 수 있다. 한편, 이때 채
무자의 이득이 '수익자가 당초 재산을 취득할 때 채무자에게 이행한 반대
급여[23]"라고 보는 견해는 현재 없는 것으로 보이는데,[24] 채무자와 수익자

---

23) 우리 민법은 일본 민법이 사용하는 '급부(給付)'라는 용어를 사용하지 않고 대신
'급여(給與)'라는 용어를 사용하고 있으므로 '급부' 대신 '급여'라는 용어를 사용하여
야 한다고 지적하는 견해[윤진수, "부당이득법의 경제적 분석", 서울대학교 법학 제
55권 제3호(2014. 9.), 108-109면]가 있고, 이는 타당한 지적이므로, 이하에서는 판
례나 다른 글의 표현을 인용하는 것이 아닌 한 가급적 '급여'라는 용어를 사용하기
로 한다.
24) 오히려 앞서 본 바와 같이 통설은 채무자와 수익자 또는 수익자와 전득자 사이
의 법률행위는 여전히 유효하게 존속하므로 수익자 또는 전득자가 급여물의 반환
을 청구할 수는 없다고 보고 있고, 하급심 판결 중에도 위와 같은 설시를 찾아볼
수 있다. 취소채권자인 원고가 사해행위로 서비스표권을 양수한 수익자를 상대로
사해행위취소 및 서비스표권 이전등록 말소를 청구한 사안에서 피고(수익자)가 채
무자에게 지급하였던 양도대금 반환의무와의 동시이행항변을 하자, "취소채권자의
사해행위취소 및 원상회복 청구에 의하여 채무자에게로 회복된 재산은 취소채권자
및 다른 채권자에 대한 관계에서 채무자의 책임재산으로 취급될 뿐 채무자가 직접
그 재산에 대하여 어떤 권리를 취득하는 것은 아니고 채무자와 수익자 또는 수익
자와 전득자 사이의 법률행위는 여전히 유효하게 존속하므로 수익자 또는 전득자

사이, 수익자와 전득자 사이 등 법률관계가 여전히 유효하다면 채무자가 위 법률관계로 인하여 받은 반대급여는 법률상 원인이 있는 것이므로, 이는 상대적 무효설의 논리적 귀결이다.

② 다음으로, 수익자 또는 전득자의 손실은 무엇인가? 수익자 또는 전득자는 유효한 법률관계를 통하여 취득한 자신의 재산 또는 그 가액을 채무자의 책임재산으로 취급될 수 있도록 채무자 또는 취소채권자에게 반환함으로써, 채무자에 대한 관계에서 유효하게 보유할 수 있는 자기 몫을 잃고 말았다. 이와 같이 원래 자신에게 귀속된 몫을 잃게 된 수익자 또는 전득자는 그 자체로 손실을 입은 것이지, 자신이 당초 그 몫을 취득할 때 그에 상응하는 대가를 지급하였는지 여부에 따라 손실 유무가 달라지는 것은 아니라고 생각한다. 이러한 점에서 '사해행위취소의 상대방이 무상으로 재산을 취득한 경우에는 그 재산을 반환하더라도 아무런 손해가 없다'고 전제하는 종래 유력한 학설에는 의문이 있다. 한편, 앞서 본 2012다14975 판결 역시 당초 재산 취득이 매매계약 등 유상행위로 인한 경우로 한정하여 채무자의 수익자에 대한 부당이득반환채무 성립을 긍정하기는 하였으나 이는 부동산에 관한 매매계약이 사해행위로 취소된 사안으로서, 수익자의 당초 재산 취득이 무상행위로 인한 경우에도 채무자의 수익자에 대한 부당이득반환채무가 성립하는지 여부는 쟁점이 되지 아니하였으므로, 종래 대법원이 종래 유력한 학설과 같은 입장이었다고 단정할 수는 없다.

③ 위와 같이 채무자의 이득을 '수익자 또는 전득자로부터 채무자의 책임재산으로 반환된 재산 그 자체'라고 보고, 수익자 또는 전득자의 손

가 그 급부물의 반환을 청구할 수 없으며, 다만 수익자 또는 전득자는 채무자에 대한 부당이득반환 청구 또는 담보책임의 추궁에 의하여 손해의 전보를 받을 수 있을 뿐이므로, 이 사건에서도 피고와 채무자 사이의 이 사건 서비스표권 양수계약이 유효한 이상 피고는 위 양수대금의 반환을 청구할 수 있는 권원이 없으므로, 피고의 주장은 받아들일 수 없다."는 이유로 위 항변을 배척한 1심 판결(서울중앙지방법원 2006. 11. 14. 선고 2004가합94780 판결)을 그대로 인용한 원심(서울고등법원 2007. 10. 16. 선고 2006나115350 판결)에 대하여 대법원은 심리불속행 기각 판결[대법원 2008. 3. 13. 선고 2007다85089 판결(미공간)]을 선고한 바 있다.

실을 '채무자의 책임재산으로 취급되도록 반환한 자기 몫의 재산'이라고
보는 한, 채무자의 이득과 수익자 또는 전득자의 손실 사이에 인과관계
를 인정하는 데에는 어려움이 없다.

④ 끝으로, 법률상 원인의 흠결은 어떻게 설명할 것인가? 수익자 또
는 전득자는 취소채권자와의 관계에서는 자신의 원상회복의무를 이행한
것이지만, 채무자와의 관계에서는 유효한 법률관계를 통하여 취득한 자기
몫의 재산을 채무자의 책임재산으로 반환함으로써 채무자에게 이득을 주
었다. 채무자는 채권자취소권 제도로 인하여 이득을 얻었지만, 채권자취
소권 제도의 취지가 수익자 또는 전득자의 손실을 기초로 얻어진 채무자
의 이득을 종국적·실질적으로 정당화하기 위한 것은 아니다.[25] 따라서
채무자가 수익자 또는 전득자에 대한 관계에서는 그들의 손실로부터 발
생하는 이득을 그대로 보유하는 것이 공평에 반하기 때문에 채무자와 수
익자 또는 전득자 사이에서는 법률상 원인이 흠결되어 있는 것이라고 설
명할 수 있다. 이것이 타인의 손실을 기초로 얻어진 부당한 재산 증가를
그 타인에게 되돌려 주기 위한 법정채권관계를 마련하여 주는 부당이득
제도의 의의에 부합한다.

결국 사해행위취소로 인한 원상회복의무를 이행한 수익자 또는 전득
자는 당초 재산 취득이 유상행위로 인한 것인지, 무상행위로 인한 것인
지를 불문하고 채무자에 대하여 부당이득반환을 청구할 수 있다고 봄이
타당하다.

(나) 담보책임 추궁

종래 통설은 수익자 또는 전득자의 당초 재산 취득이 유상행위로
인한 경우에는 수익자는 자신의 전자(前者)인 채무자를 상대로, 전득자는
자신의 전자(前者)인 수익자[26]를 상대로, 각 민법 제576조를 유추적용하여

---

25) 첨부에 관한 민법 제261조와 같이 이득이 직접 법률의 규정에 따라 생기는 경
  우에도 법규가 종국적으로 실질적인 가치의 이동을 인정하는 것이 아니라면 부당
  이득이 성립할 수 있음[곽윤직, 채권각론(제6판), 박영사(2003), 359면]을 이 부분에
  참고할 수 있다.
26) 전득자는 사해행위 목적물의 전부 또는 일부를 전득자로부터 다시 취득한 자도

담보책임을 물을 수 있다고 한다.

사해행위취소로 인한 원상회복의무를 이행한 수익자 또는 전득자가 채무자에 대하여 부당이득반환을 청구할 수 있는 것과 별도로 담보책임을 물을 수 있다는 것은 어떤 국면에서 실질적인 의미를 갖는가? 우선, 부당이득 문제에 관한 한 채무자를 통하여서만 자신의 손실 보전을 꾀할 수 있었던 전득자는 채무자가 아닌 수익자를 상대로 하여서도 자신의 손실 보전을 꾀할 수 있게 된다. 나아가 계약해제 및 원상회복청구권, 손해배상청구권 등을 주된 내용으로 하는 담보책임 추궁을 통하여 수익자 또는 전득자는 사해행위취소 및 원상회복에도 불구하고 여전히 유효한 그들 사이 법률관계의 사슬에서 스스로 벗어날 것을 선택하여 자신이 전자(前者)에게 이행한 반대급여의 반환을 청구할 수도 있게 된다.

1) 수익자·전득자의 보호가치에 대한 비교형량의 필요성

담보책임은 유상·쌍무계약에 따른 급여와 반대급여 사이의 등가관계를 유지함으로써 거래의 동적 안전을 보호하기 위하여 민법의 지도이념인 공평의 원칙에 입각하여 예외적으로 마련된 무과실책임[27]이다. 담보책임에 관한 규정 중에서 매매의 목적이 된 부동산에 설정된 저당권 또는 전세권의 실행에 관한 민법 제576조[28] '매매의 목적이 된 부동산에 설

포함하므로 전득자의 전자(前者)가 반드시 수익자는 아니지만, 이하에서는 편의상 전득자의 전자(前者)는 '수익자'라고만 한다.

27) 대법원 2014. 5. 16. 선고 2012다72582 판결(공2014상, 1188) 참조.

28) 한편, 민법 제576조에 따른 담보책임의 성립범위에 관하여서는, 민법 제576조에서 정한 이전불능의 원인인 '저당권 또는 전세권'은 예시에 불과한 것으로 보아 '매매계약 당시에 이미 존재한 원인으로 매매계약 후에 이전불능이 발생한 모든 경우'에 민법 제576조를 확대 적용할 수 있다는 견해[편집대표 곽윤직, 민법주해 XIV, 박영사(1997), 441-443면(남효순 집필부분)]와 담보책임은 매수인을 보호하기 위하여 특별히 인정된 무과실책임으로서 엄격히 해석할 필요가 있으므로 저당권이나 전세권 이외 다른 담보권의 실행으로 인하여 매수인이 취득한 소유권을 상실한 경우에 한하여 민법 제576조를 유추적용할 수 있다는 견해[편집대표 김용담, 주석민법[채권각칙(3)], 한국사법행정학회(2016), 113면(김대정 집필부분)]가 있다. 판례는 가등기에 의한 본등기가 이루어짐으로써 매수인이 소유권을 상실한 사안[대법원 1992. 10. 27. 선고 92다21784 판결(공1992. 12. 15.(934), 3276)]과 가압류에 기한 강제집행으로 매수인이 소유권을 상실한 사안[대법원 2011. 5. 13. 선고 2011다1941 판결(공2011상, 1172)]에서 모두 '이는 매매의 목적 부동산에 설정된 저당권

정된 저당권 또는 전세권의 행사로 인하여 매수인이 취득한 소유권을 잃은 때'(제1항), '매수인의 출재로 그 소유권을 보존한 때'(제2항) 부분은, 수익자 또는 전득자가 일단 목적물에 관한 권리를 유효하게 취득하였다가 채권자취소권 행사로 인하여 그 권리를 잃거나(원물반환) 그들의 출재로 그 권리를 보존하는 경우(가액배상 등)와 문제의 외관이 유사하다. 다만, 수익자 또는 전득자가 사해행위취소로 인하여 부담하는 원상회복의무는 각자 자기책임하에 계약을 체결할 당시 채권자를 해한다는 사실을 스스로 인식한 것(악의)으로 말미암아 부담하게 된 것으로, 이는 권리나 물건 자체의 하자라기보다는 자기 자신의 행위에 내재된 하자로 인한 것[29]이라는 중요한 차이도 있다.

　채무자의 사해의사는 사해행위의 성립요건이므로 사해행위취소로 인한 수익자의 원상회복의무가 문제되는 국면에서 채무자는 항상 악의인데다가, 어차피 채무자는 부당이득반환채무를 부담하는 등으로 원상회복의무 이행에 관하여 궁극적인 책임을 부담하므로 담보책임 유추적용 여부에 따라 책임의 구체적인 내용과 범위가 달라지는 정도에 그친다. 반면, 전득자가 사해행위취소로 인한 원상회복의무를 이행하였더라도 수익자는 선의일 수 있고,[30] 수익자는 담보책임 유추적용 여부에 따라 전득자의 원

또는 전세권의 행사로 인하여 매수인이 취득한 소유권을 상실한 경우와 유사하므로 민법 제576조의 규정이 준용된다'고 하여 전자의 견해와 동일한 취지로 판단하였다.

29) 일본 학설 중에는, "매도인의 추탈담보책임은 본래 권리의 하자를 원인으로 하는 이행의무 위반의 경우에 생기는 책임인데, 채무자와 수익자간의 매매 목적물에 하자가 없지만, 수익자나 전득자의 악의 때문에 채권자취소권의 대상이 되는 것에 지나지 않아서 추탈담보책임이 발생할 여지는 없고, 다만 채무자의 일반재산이 원상회복에 따라 이득을 얻었으므로 부당이득반환청구는 가능하다."고 보는 견해가 있다[我妻榮, 新訂債權總論, 岩波書店(1964), 198-200면; 近江幸治, 債權總論(第3版補訂), 成文堂(2009), 171-172면 참조, 손흥수, "사해행위취소 소송의 수익자(채무자로부터 부동산을 매수한 자)가 민법 제407조의 모든 채권자에 포함되는지", 민사집행법연구 Ⅰ, 진원사(2012), 365-366면에서 재인용].

30) 통설[민법주해 Ⅸ(주 8), 837면(김능환); 주석민법[채권총칙(2)](주 5), 293면(손진홍)]과 판례[대법원 2012. 8. 17. 선고 2010다87672 판결(공2012하, 1546)]는 수익자가 선의이고 전득자가 악의인 경우에도 전득자에 대하여 채권자취소권을 행사할 수 있다고 한다. 다만, 2009. 2. 4. 설치된 민법개정위원회에서 2014. 1.경 완성한

상회복의무 이행에 관하여 자신이 책임을 부담할지 여부 자체가 좌우된
다. 수익자가 채무자를 상대로 담보책임을 물을 수 있는가의 문제보다는,
전득자가 수익자를 상대로 담보책임을 물을 수 있는가의 문제에 보다 세
심한 이익형량이 필요한 이유이다.

따라서 이 문제에 담보책임을 유추적용할지 여부를 판단함에 있어서
는, 담보책임의 취지와 함께 수익자·전득자의 보호가치에 대한 비교형량
을 중요한 요소로 고려하여야 한다고 생각한다.

2) 사해행위에 대하여 쌍방이 모두 악의인 경우

채무자와 수익자 사이의 계약이든, 수익자와 전득자 사이의 계약이
든, 계약 당시 쌍방에게 모두 사해행위에 대한 악의라는 하자가 있었다
면, 이러한 하자로 말미암아 유상계약에 따른 매도인의 급여가 사후적으
로나마 사실상 이행불능과 유사한 상황에 이르렀음에도 매수인은 이를
감내하고 매도인은 이와 무관하게 자신이 받은 반대급여의 이익만을 향
유한다는 것은 유상계약에서의 급여와 반대급여의 균형이라는 관점에서
용인하기 어렵다. 매수인이 사해행위에 대하여 '악의'라고 하여 보호가치
가 없다고 볼 수는 없기 때문이다.[31]

보다 세심한 이익형량이 필요한 수익자(매도인)와 전득자(매수인) 사
이의 관계를 보더라도, 수익자와 전득자가 모두 악의인 이상[32] 수익자·
전득자 중 일방의 보호가치가 더 크다고 볼 수 없을뿐더러, 악의의 수익

민법 개정안은 수익자가 선의이면 악의의 전득자에 대하여서도 채권자취소권을 행
사할 수 없도록 하고 있다(개정안 제407조의6 제1항).

31) 이때 매수인에 해당하는 수익자 또는 전득자의 사해행위에 대한 악의는 현행 민
법상 추정된 악의로서 실무상 그 추정을 번복하는 것은 상당히 어려운 실정인 점
[대법원 2006. 4. 14. 선고 2006다5710 판결(공2006. 5. 15.(250), 807) 참조]을 고
려하면 더욱 그러하다. 한편, 앞서 언급한 민법 개정안은 수익자·전득자가 채무
자와 특별한 관계에 있지 않는 한 취소채권자가 수익자·전득자의 악의를 증명하
도록 하고 있다(개정안 제406조, 제407조의6 제1항).

32) 전득자가 원상회복의무를 이행한 경우 그 이유가 애초에 수익자가 사해행위취소
소송의 피고가 되지 않았기 때문이라면, 담보책임 국면에서 수익자의 선·악 여부
에 관한 증명책임이 문제되는데, 이때에도 민법 제406조 제1항 단서의 취지를 유
추적용하여 수익자가 자신의 선의에 관한 증명책임을 부담한다고 봄이 타당하다.

자·전득자 사이에서 전득자가 사해행위취소로 인한 원상회복의무를 이
행한 경우에는 수익자는 우연한 사정으로 원상회복의무를 면하게 된 것
일 뿐이다. 채무자를 상대로 부당이득반환을 청구하더라도 현실적으로
손해를 보전받을 가능성이 낮은 상황에서 채무자의 무자력에 대한 부담
은 채무자의 계약상대방인 수익자가 부담하는 것이 형평에 부합하기도
한다.

결국 계약 당시 사해행위에 대하여 쌍방이 모두 악의인 경우에는
공평의 원칙에 입각한 급여와 반대급여 사이의 등가관계 유지라는 담보
책임의 취지를 구현할 필요성이 있고, 앞서 본 바와 같이 사해행위취소
로 인한 원상회복의무를 이행한 수익자 또는 전득자의 지위와 목적물에
설정된 담보권의 실행을 용인하여야 하는 매수인의 지위는 구조적으로
유사하므로, 양자는 법적인 가치평가의 관점에서 고찰할 때 결정적인 점
에서는 동일하다[33]고 볼 수 있다. 따라서 계약 당시 사해행위에 대하여 쌍
방이 모두 악의인 경우에는 민법 제576조의 유추적용을 긍정할 수 있다.

3) 사해행위에 대하여 전득자의 전자(前者)가 선의인 경우

그러나 사해행위취소로 인한 원상회복의무를 이행한 전득자에 대하
여는 일괄적으로 민법 제576조의 유추적용을 긍정할 수 없는 부분이 남
는다. 수익자는 선의이고 전득자는 악의인 경우와 같이 전득자의 전자(前
者)가 선의인 경우가 그것이다.

민법 제576조의 원칙적 적용대상인 담보권 등은 통상 등기부 등을
통하여 외부적·객관적으로 인식할 수 있는 것인 반면, 사해행위에 대하
여 선의인 수익자는 외부적·객관적으로 드러나지 않는 위와 같은 하자
를 인식하지 못한 것으로, 전득자(매수인)의 악의로 인하여 수익자(매도
인)가 이행한 급여가 사후적으로 채무자의 책임재산으로 복귀되어 급여

---

33) 유추적용을 위하여서는 두 사안이 부분적으로는 동일하고 부분적으로는 그렇지
않더라도 법적인 가치평가의 관점에서 고찰할 때 결정적인 점에서는 동일한 것이
어야 한다[김영환, "법학방법론의 관점에서 본 유추와 목적론적 축소", 법철학연구
제12권 제2호(2009), 16면].

와 반대급여의 불균형이 초래된 것일 뿐, 이러한 결과 발생에 수익자는 아무런 책임이 없다. 더구나 현행 민법상 자신의 선의에 관한 증명책임을 부담하는 수익자가 악의 추정을 번복하는 데 성공하였다면 그 보호가치는 클 수밖에 없다. 그럼에도 불구하고 악의의 전득자가 선의의 수익자를 상대로 담보책임을 추궁할 수 있다면 이는 자기책임의 원칙에 반하여 부당하고, 오히려 이를 부정하는 것이 거래의 동적 안전 보호에 기여한다.

결국 사해행위에 대하여 수익자는 선의이고 전득자는 악의인 경우와 같이 전득자의 전자(前者)가 선의인 경우는 민법 제576조의 유추적용 대상에서 제외하는 것이 타당하므로, 이때 전득자는 자신의 전자(前者)를 상대로 담보책임을 물을 수 없다고 생각한다.

(4) 대상판결의 의의

대상판결은 "채무자의 법률행위가 사해행위에 해당하여 그 취소를 이유로 원상회복이 이루어지는 경우, 특별한 사정이 없는 한 채무자는 수익자 또는 전득자에게 부당이득반환채무를 부담한다."고 하여, 수익자 또는 전득자가 당초 유상행위로 재산을 취득한 경우로 한정하지 아니한 채 사해행위취소를 이유로 원상회복의무를 이행한 수익자 또는 전득자는 채무자에 대하여 부당이득반환청구권을 취득함을 명시적으로 선언한 최초의 대법원 판결이다. 사실 대상판결의 사안에서는 사해행위취소를 이유로 원상회복된 채무자의 책임재산으로부터 채권자가 채권의 만족을 얻음으로써 함께 채무 소멸의 이익을 얻는 채무자의 공동채무자(B)가 수익자(피고 2) 또는 전득자(피고 1)에 대하여 직접 부당이득반환채무를 부담하는지 여부가 하나의 쟁점이 된 것인데, 대법원은 위 쟁점에 관하여 판단하면서 이와 대비되는 채무자의 부당이득반환채무를 함께 선언한 것이다.

대상판결의 사안에서 채무자와 수익자(피고 2) 사이의 법률행위(사해행위)는 '매매예약'이었고, 수익자와 전득자(피고 1) 사이의 법률행위는 '위 매매예약에 기한 소유권이전청구권 양도'였다. 각 법률행위의 명목상으로는 피고들의 당초 재산 취득이 모두 유상행위로 인한 것일 가능성이 높아 보이기는 하지만, 대상판결이 전제하는 사실인정만으로는 위 각 법률행위의 실질이 유상행위인지 여부를 알 수 없음에도 불구하고,[34] 대상판결은 위와 같이 판시하였다. 비록 판시에 '특별한 사정이 없는 한'이라는 유보적 문구가 있기는 하나, 앞서 본 2012다14975 판결의 판시와 대비(대상판결은 위 2012다14975 판결을 참조판례로 인용하고 있지도 않다)하여 보더라도, 대상판결은 수익자 또는 전득자의 당초 재산 취득이 유상행위로 인한 경우인지 여부를 불문하고 원상회복의무를 이행한 수익자 또는 전득자는 채무자에 대하여 부당이득반환청구권을 취득함을 선언한 것으로 이해하기 충분하고, 이는 타당한 결론이다.

대상 판결은 위와 같은 부당이득반환청구권 성립의 근거가 무엇인지에 관하여서는 명확하게 밝히고 있지 않지만, 이 부분 판단에서 나아가서 채무자의 공동채무자가 수익자 또는 전득자에 대하여 직접 부당이득반환채무를 부담하는지 여부를 판단하는 과정에서 "채무자의 책임재산이 위와 같이 원상회복되어 그로부터 채권자가 채권의 만족을 얻음으로써 채무자의 다른 공동채무자도 자신의 채무가 소멸하는 이익을 얻을 수 있다."라고 언급한 부분을 통하여 채무자의 책임재산으로 반환된 재산 그 자체를 채무자의 부당이득으로 파악하였음을 엿볼 수는 있다.

한편, 수익자 또는 전득자가 각자 자신의 전자(前者)에 대하여 담보책임을 물을 수 있는지 여부에 대하여 대상판결에는 특별한 설시가 없다. 대상판결의 사안에서는 당사자가 담보책임을 주장한 적이 없고, 이에 따라 피고들의 당초 재산 취득이 실질적으로 유상행위로 인한 것인지 여부에 관하여 제대로 심리도 이루어지지 않았다. 대상판결에 이에 대한 아무런 설시가 없다고 하여 수익자 또는 전득자의 담보책임추급권을 부정한 것으로 볼 수 없음은 물론이다.[35]

---

34) 오히려 1심 판결에서는 '피고 2가 위 매매예약의 증거금 등을 실제로 지급하였음을 인정할 증거가 없다'고 판단하였고, 피고들이 당초 취소채권자 X, Y가 제기한 각 사해행위취소의 소에서 X, Y의 청구를 다투지 아니하였던 점, 피고 1의 요청을 받은 B(A 회사의 대표이사)가 선뜻 피고 1의 가액배상의무를 대위변제한 점 등에 비추어 보더라도 A 회사와 피고들 사이에 특별한 관계가 있어 진정한 거래에 따른 재산 이전이 아니었을 가능성도 높아 보인다.

35) 다만, 이는 뒤에서 보는 바와 같이 대상판결의 사안에서 B가 수익자(피고 2)를

다. 수익자와 전득자 사이의 권리

(1) 담보책임 추궁

전득자의 당초 재산 취득이 유상행위로 인한 경우에는 사해행위취소로 인한 원상회복의무를 이행한 전득자는 악의의 수익자를 상대로 민법 제576조를 유추적용하여 담보책임을 물을 수 있음은 앞서 본 바[위 나의 (3), (나)]와 같다.

(2) 구 상 권

상대적 무효설에 따르면, 전득자가 있는 경우 수익자와 전득자 중 누구를 상대방으로 하여 채권자취소권을 행사할 것인가는 채권자의 자유로운 선택에 달려 있고,[36] 취소채권자에게 주어진 이러한 상대방 선택의 자유나 수익자 및 전득자의 선·악 여부에 따라 나타나는 소송결과는, ① 수익자 또는 전득자 중 일방만을 상대로 원상회복을 명하는 경우, ② 수익자 및 전득자 모두를 상대로 원물반환을 명하는 경우(예컨대, 목적물이 부동산인 경우 순차 말소등기청구로써 원물반환을 구한 때), ③ 수익자를 상대로 하여서는 가액배상을 명하는 한편, 전득자를 상대로 하여서는 원물반환을 명하는 경우[37](예컨대, 목적물이 동산인 경우나, 부동산인 경우 진정

상대로 구상권을 취득하는 근거와 관련이 있을 수 있으므로, 대법원의 판단이 있었더라면 좋았을 것이다.

36) 김능환, "채권자취소권의 행사방법―부동산이 전전양도된 경우를 중심으로", 민사재판의 제문제 제6권, 한국사법행정학회(1991), 36-37면.

37) 대법원 1998. 5. 15. 선고 97다58316 판결[집46(1)민, 365; 공1998. 6. 15.(60), 1627]은 "사해행위의 목적물이 수익자로부터 전득자로 이전되어 그 등기까지 경료되었다면 후일 채권자가 전득자를 상대로 소송을 통하여 구제받을 수 있는지 여부에 관계없이, 수익자가 전득자로부터 목적물의 소유권을 회복하여 이를 다시 채권자에게 이전하여 줄 수 있는 특별한 사정이 없는 한 그로써 채권자에 대한 목적물의 원상회복의무는 법률상 이행불능의 상태에 있다고 봄이 상당하다."고 판단하였다. 동일한 사해행위에 관하여 수익자를 상대로 하여서는 사해행위취소 및 가액배상을 구하고 전득자를 상대로 하여서는 사해행위취소 및 원물반환을 구하는 소송형태를 대법원이 명시적으로 인정한 예는 없지만, 위 판례나 사해행위취소판결의 기판력, 사해행위취소소송의 경합 문제 등에 관한 종래 판례의 태도에 비추어 위와 같은 소송형태도 부정하지는 않을 것으로 보인다. 한편, '판례가 수익자 및 전득자 모두를 상대로 사해행위를 취소한 경우 각자에 대하여 가액배상을 구할 수 있음을 인정하는 것은 곧 채권자가 수익자를 상대로 하여서는 사해행위취소 및 가액배상을 구하고 전득자를 상대로 하여서는 사해행위취소 및 원물반환을 구하는

명의회복을 위한 이전등기청구로써 원물반환을 구한 때), ④ 수익자 및 전득자 모두를 상대로 가액배상을 명하는 경우로 대별할 수 있다.

(가) 원칙적으로 구상권이 성립하지 않는 경우

위 ①의 경우와 같이 수익자 또는 전득자 중 일방만 원상회복의무를 부담하는 경우에는 그 수익자 또는 전득자로서는 자신에게만 상대적으로 미치는 사해행위취소의 효과 및 자신에게만 부과된 원상회복의무를 전적으로 자신의 부담과 책임으로 수인할 수밖에 없고, 자신이 원상회복의무를 이행하였다고 하여 원상회복의무를 부담하지도 않는 나머지 수익자 또는 전득자를 상대로 구상권을 행사할 수는 없다. 위 ②의 경우에도 수익자 및 전득자는 모두 자신의 원물반환의무를 이행하여야 할 뿐, 상호간 구상권이 성립할 여지는 없다. 쌍방이 부담하는 원상회복의무의 성질이 다른 위 ③의 경우에도 일방이 원상회복의무를 이행하였다고 하여 상대방을 상대로 구상권을 행사할 수는 없고, 다만 수익자의 가액배상의무 또는 전득자의 원물반환의무 중 하나가 먼저 이행 완료되면 취소채권자가 그 나머지 의무의 이행을 구하는 것은 권리남용 등에 해당하여 청구이의 사유가 될 것이다.[38]

그러나 위 ④의 경우와 같이 수익자 및 전득자가 모두 가액배상의무를 부담하는 경우에는 이와 달리 볼 여지가 있다.

(나) 수익자 및 전득자가 모두 가액배상의무를 부담하는 경우

1) 부진정연대채무 관계의 성립

사해행위취소의 효과로 수익자 및 전득자가 모두 가액배상의무를 부

소송형태를 인정하는 것인데, 책임재산이 동시에 두 개로 존재할 수는 없으므로 이러한 법리는 개별적 강제집행절차에서 채무자의 책임재산을 복귀시키는 것을 목적으로 하는 채권자취소제도의 취지에 어긋나는 것이고, 마치 손해배상책임처럼 수익자 및 전득자를 상대로 자신의 행위(채무자의 사해행위를 알고서 거래한 것)에 대한 개별적인 책임을 물을 수 있는 제도로 전환시키는 것이므로, 수익자 및 전득자 모두를 상대로 한 가액배상청구를 인정하여서는 아니 된다'고 비판하는 견해로는 제철웅, "채권자취소제도의 해석상 문제점과 입법적 개선방안: 특히 채권자취소권의 효력을 중심으로", 법학평론 제7권(2017. 5.), 44면, 60–61면.

38) 이 문제에는 사해행위취소소송이 경합되는 경우의 처리에 관한 논의(주 5 참고)를 유추하여 접근할 수 있다.

담하는 경우에는 이들의 각 가액배상의무는 서로 부진정연대채무 관계에
있다고 봄이 타당하다. 수익자 및 전득자의 위 각 가액배상의무 역시 그
들과 취소채권자 사이에 상대적으로 발생하는 사해행위취소의 효과로 각
자 부담하게 된 채무이지만, 일탈된 채무자의 책임재산 회복이라는 동일
한 경제적 목적을 가지고 있어 서로 중첩되는 부분에 관하여 일방의 채
무가 변제 등으로 소멸할 경우 타방의 채무도 소멸하는 관계에 있다고
볼 수 있기 때문이다. 실무상으로도 수익자 및 전득자를 공동피고로 하
는 사해행위취소소송에서 수익자 및 전득자 모두에게 가액배상을 명할
경우에는 주문에서 '공동하여'(또는 '각자') 가액배상할 것을 명하고 있고,
하급심 판결 중에는 판결이유에서 수익자 및 전득자의 위 각 가액배상의
무가 부진정연대채무 관계임을 명시하는 경우가 다수 발견된다.

2) 내부관계에서의 부담부분 및 구상권의 문제

그렇다면, 이때 수익자와 전득자의 내부관계에서의 부담부분은 어떻
게 보아야 할 것인가? 판례는 부진정연대채무자 중 1인이 자기의 부담부
분 이상을 변제하여 공동의 면책을 얻게 하였을 때에는 다른 부진정연대
채무자에게 그 부담부분의 비율에 따라 구상권을 행사할 수 있다고 하고
있고,[39] 통설도 부진정연대채무에서 원칙적으로는 내부적인 구상관계가
발생하지 않지만 채무자들 사이에 존재한 별개의 법률관계에 기하여 구
상관계가 발생할 수도 있음을 긍정하고 있다.[40] 따라서 수익자와 전득자
의 내부관계에서의 부담부분을 어떻게 볼 것인가의 문제는 원상회복의무
를 이행한 수익자 또는 전득자가 상호간 구상권을 행사할 수 있는가, 있

---

39) 이때 판례는 연대채무자 중 1인이 자기의 출재로 모든 채무자에게 공동면책을
   얻게 한 때의 구상권에 관한 규정인 민법 제425조를 참조조문으로 들면서도[대법
   원 1989. 9. 26. 선고 88다카27232 판결(공1989. 11. 15.(860), 1559) 등 참조], 구
   상권 발생의 요건으로 공동면책된 금액이 자신의 부담부분 이상일 것을 요구하는
   것인데, 이는 통설[편집대표 곽윤직, 민법주해 Ⅹ, 박영사(1995), 140-141면(차한성
   집필부분)]과 판례[대법원 2013. 11. 14. 선고 2013다46023 판결(공2013하, 2212)]가
   연대채무자 중 1인이 자기의 출재로 공동면책을 얻게 한 경우 공동면책된 금액이
   자신의 부담부분 이상인지 여부를 묻지 않고 다른 연대채무자에 대하여 그 부담비
   율에 따른 구상권을 인정하는 것과 다른 점이다.
40) 민법주해 Ⅹ(주 39), 85-86면(차한성).

다면 그 범위는 어떠한가의 문제로 이어진다. 그리고 뒤에서 보는 바와 같이 판례는 어느 부진정연대채무자를 위하여 채무를 대위변제한 자는 다른 부진정연대채무자에 대하여 '그 부담부분에 한하여' 직접 구상권을 취득하게 된다고 하므로, 이러한 점에서도 이러한 논의는 의미가 있다.

수익자와 전득자의 내부관계에서의 부담부분 및 구상권의 문제는 형평의 원칙,[41] 수익자와 전득자 사이의 기존 법률관계,[42] 부진정연대채무나 채권자취소권 제도의 원칙적인 모습 등을 종합적으로 고려하여 결정하여야 한다고 생각한다. 예컨대, 수익자 및 전득자가 모두 악의임을 전제로 가액배상의무를 부담하는 이상 수익자와 전득자 사이의 기존 법률관계가 유상행위로 인한 경우에는 원상회복의무를 이행한 전득자는 수익자를 상대로 담보책임을 물을 수 있으므로, 그들 사이의 내부관계에서는 수익자가 담보책임 범위 내에서 이를 전부 부담하여야 하고, 따라서 원상회복의무를 이행한 전득자는 수익자를 상대로 담보책임 범위 내에서 구상권을 행사할 수 있다. 반면, 수익자와 전득자 사이의 기존 법률관계가 무상행위로 인한 경우에는 전득자는 수익자를 상대로 담보책임을 물을 수 없을뿐더러 특별한 사정이 없는 한 무상으로 재산을 취득한 악의의 전득자는 원상회복의무 이행을 이유로 수익자를 상대로 구상권을 취득할 정도로 보호가치가 있다고 볼 수 없고, 자기책임하에 무상으로 재

---

41) 대법원 2006. 1. 27. 선고 2005다19378 판결[공2006. 3. 1.(245), 329]은 '부진정연대채무자의 내부관계에 있어서 형평의 원칙상 일정한 부담부분이 있을 수 있다'고 하여 부담부분을 결정하는 일반적인 기준으로 형평의 원칙을 제시하고 있다.

42) 대법원 2010. 5. 27. 선고 2009다85861 판결(공2010하, 1246)은 수급인이 건물신축공사 전체에 관하여 시공상 잘못으로 말미암아 발생한 하자의 보수에 갈음하여 도급인에 대하여 부담하는 손해배상채무와 하수급인이 구 건설업법(1996. 12. 30. 법률 제5230호 건설산업기본법으로 전부 개정되기 전의 것) 제25조 제1항 및 건설산업기본법 제32조 제1항에 따라 하도급받은 공사에 관하여 도급인에 대하여 부담하는 수급인과 동일한 채무는 부진정연대채무 관계에 있다고 하면서, 이때 하수급인의 손해배상채무는 수급인과 하수급인 사이의 내부관계에서는 하수급인이 수급인에 대하여 하도급계약상 부담하여야 하는 채무이므로 그 손해배상채무 소멸에 따른 구상의무는 하수급인이 전부 부담한다고 판단한 바 있다. 이처럼 부진정연대채무자 사이의 기존 법률관계는 그들 내부관계에서의 부담부분을 결정하는 주요한 기준이 될 수 있다.

산을 이전한 수익자 역시 원상회복의무 이행을 이유로 전득자를 상대로
구상권을 행사하는 것은 자신의 계약상대방인 채무자의 무자력 위험을
전득자에게 전가하는 셈이 되어 부당하다.

결국 수익자와 전득자의 내부관계에서의 부담부분 및 구상권의 문제
는 형평의 원칙이나 수익자와 전득자 사이의 기존 법률관계 등을 중점적
으로 고려하여 결정하되, 이들이 어떠한 해답도 제시하지 못할 때에는,
그들 내부관계에서는 부담부분이 없어 일방이 가액배상의무를 이행하였
다고 하여 상대방을 상대로 구상권을 행사할 수는 없고 채무자를 상대로
한 부당이득반환 청구 등을 통하여 자신의 손실 보전을 꾀할 수밖에 없
다고 봄이 타당하다. 연대채무와 달리 부진정연대채무에서는 채무자들
내부관계에서의 부담부분이나 구상권 발생을 당연한 요소로 삼지는 않고
있고, 채권자취소권 제도 자체는 채무자의 책임재산 일탈에 대한 책임을
수익자 또는 전득자 중 누구에게, 얼마나 귀속시킬 것인지에 관하여 예
정한 바 없기 때문이다.

라. 민법 개정안에 관한 검토

법무부는 2009. 2. 4. 민법개정위원회를 설치하여 민법 재산편 전면
개정작업을 진행하였고, 그 결과 2014. 1.경 민법 개정안의 전체 모습이
드러난 상태이다. 채권자취소권 부분은 현행 민법과 비교하여 가장 큰
변화가 일어난 분야 중 하나로, 민법 10개 조항, 민사집행법 1개 조항에
대한 개정안이 제시되었다.[43] 채권자취소권 부분을 포함한 민법 개정안

---

43) 윤진수·권영준, "채권자취소권에 관한 민법 개정안 연구", 민사법학 제66호(2014.
   3.), 504면. 개정안의 주요 내용은, ① 수익자의 악의는 채권자가 입증하도록 하되
   (개정안 제406조 제1항), 수익자와 채무자 사이에 특별한 관계가 있으면 그 악의를
   추정하고(개정안 제406조 제2항), ② 무상행위나 이와 동일시할 수 있는 유상행위
   에 대해서는 채무자와 수익자의 악의 요건을 요구하지 않으며(개정안 제406조의2),
   ③ 취소채권자의 피보전채권액을 넘어서는 취소를 허용하고(개정안 제406조의3),
   ④ 채권자취소에 따른 원상회복방법인 원물반환과 가액반환 및 그 반환 범위를 명
   시하며(개정안 제407조의2), ⑤ 반환된 재산에 대해 모든 채권자가 집행할 수 있음
   을 밝히고(개정안 제407조의3), ⑥ 금전 그 밖의 동산은 채권자에게 직접 반환하도
   록 허용하며(개정안 제407조의4 제1항), ⑦ 채권자가 직접 수령한 금전의 공평하고
   합리적인 처리를 위한 상세한 규정들을 두고(개정안 제407조의4 제2항, 민사집행법

대부분이 아직 국회에 제출조차 되지 못한 상태이긴 하지만, 민법 개정
안은 그 자체로 학술적 가치가 있으므로, 그 중 이 글과 직접적으로 관
련되는 부분인 개정안 제407조의5[44] 등에 관하여 살펴본다.

　개정안 제407조의5는 사해행위취소 후 채무자와 수익자 사이의 법률
관계에 관한 규정으로, 원상회복의무를 이행한 수익자는 채무자를 상대로
'자기가 이행한 반대급여 또는 그 가액'의 반환을 청구할 수 있고(제1항),
사해행위가 채무자의 수익자에 대한 기존 채무 변제 등 채무소멸행위에
해당하였다면 사해행위로 소멸하였던 수익자의 기존 채권이 부활한다(제2항)
고 하고, 이는 개정안 제407조의6[45] 제2항에 따라 수익자와 전득자 사이
의 법률관계에도 준용된다.

　우선, 민법 개정안이 수익자 또는 전득자에게 자신의 전자(前者)[46]에

　개정안 제248조의2), ⑧ 사해행위취소 시 수익자의 지위를 명시하며(개정안 제407
　조의5), ⑨ 수익자와 전득자에 관한 규율을 분리하여 전득자에 대해서는 별도의 특
　례조항을 두는 것이다(개정안 제407조의6)(윤진수·권영준, 위의 글, 505면).

44) 개정안 제407조의5(수익자의 지위)
　① 채무자의 법률행위가 취소되어 수익자가 받은 급여 또는 그 가액을 반환한 경우
　　에는 수익자는 자기가 이행한 반대급여 또는 그 가액의 반환을 청구할 수 있다.
　② 채무자의 법률행위로 인하여 수익자의 채권이 소멸한 경우에 그 행위가 취소되어 수
　　익자가 받은 급여 또는 그 가액을 반환한 때에는 수익자의 채권은 원상으로 회복된다.
45) 개정안 제407조의6(전득자에 대한 채권자취소권)
　① 다음 각호의 어느 하나에 해당하는 경우에는 채권자는 전득자에 대해서도 채
　　권자취소권을 행사할 수 있다.
　　1. 전득자의 모든 전자에게 취소의 원인이 있고, 전득자가 전득 당시에 이를 안
　　　때. 다만 전득자가 채무자와 친족이나 그밖의 특별한 관계가 있는 자인 경우에
　　　는 전득 당시의 모든 전자에 대하여 취소의 원인이 있음을 안 것으로 추정한다.
　　2. 전득자가 무상행위 또는 그와 동일시할 수 있는 유상행위로 인하여 전득한
　　　경우에 모든 전자에 대하여 취소의 원인이 있는 때
　② 제1항의 경우에 제407조의5를 준용한다.
46) 개정안 제407조의5 제1항에서는 "수익자는 자기가 이행한 반대급여 또는 그 가
　액의 반환을 청구할 수 있다."고 규정하는데, 비록 위와 같은 반환 청구의 상대방
　이 누구인지 법문상 명시되어 있지는 않지만 수익자의 거래상대방인 채무자가 반
　환 청구의 상대방임에는 의문의 여지가 없다. 그런데 개정안 제407조의6 제2항에
　서는 전득자에 대하여서도 위 규정을 준용한다고 되어 있을 뿐이므로, 전득자의
　반환 청구의 상대방은 누구인지, 즉 채무자인지 아니면 자신의 전자(前者)인지 의
　문이 들 수 있으나, '자기가 이행한 반대급여 또는 그 가액'이라는 문언의 해석상
　이는 자신의 전자(前者)를 상대로 반환을 청구할 수 있다는 취지로 봄이 타당하다

대한 반대급여 반환청구권을 부여한 것은 공평의 관점에서 자신의 반대
급여 반환을 구할 수 있는 법률적 근거를 마련한 것으로, 회생절차 및 파
산절차에서 부인권 행사의 효과에 관한 채무자 회생 및 파산에 관한 법률
(이하 '채무자회생법'이라 약칭한다) 제108조 제3항, 제109조 제1항, 제398조,
제399조를 주로 참조한 것인데,[47] 결과적으로 이는 현행 민법 해석상 수익
자 또는 전득자가 채무자에 대하여 가지는 부당이득반환청구권과는 그 내
용을 달리하게 되었다.[48] 전득자도 수익자에 대한 반대급여 반환청구권을
보유하게 된다는 점에서 원상회복청구권 등을 주된 내용으로 하는 담보책
임과 유사한 측면도 있다.[49]

[김재형, "채권자취소권에 관한 민법개정안-개정안에 관한 기본구상과 민법개정위
원회의 논의 과정을 중심으로", 민사법학 제68호(2014. 9.), 111면도 "전득자는 채
무자에게 반대급부를 청구할 수는 없고 수익자에게 반대급부를 청구하는 것으로
보아야 한다."고 하여 같은 취지이다].

47) 윤진수·권영준(주 43), 537-538면. 독일 채권자취소권법 제12조, 오스트리아 채
권자취소권법 제15조, 스위스 강제집행 및 도산에 관한 법률 제291조도 이와 같은
내용을 인정한다고 한다[윤진수·권영준(주 43), 538면(주 80)].

48) 회생절차 및 파산절차에서 부인권 행사의 효과는 관리인 또는 파산재단과 부인
의 상대방 사이에서만 생기고 제3자에 대하여서는 효력이 미치지 않는 '상대적 무
효'라고 설명되지만, 이는 채무자와 상대방 사이에서도 무효이되 절차에 참여하지
않는 제3자에게 그 효력이 미치지 않는다는 의미로서, 채무자와 수익자 사이에 사
해행위취소의 효과가 미치지 않는다는 사해행위취소의 효과로서의 '상대적 무효'와
는 구별된다[제철웅(주 37), 12면]. 따라서 부인권 행사의 효과로서 상대방의 반대
급여 반환청구권을 인정하더라도 발생하지 않던 모순점이 사해행위취소에서는 발
생할 수 있다. 이에 대하여 상대적 무효설의 입장에서는 채무자와 수익자 사이의
법률관계가 여전히 유효함에도 수익자가 채무자를 상대로 반대급여 등의 반환을
구할 수 있다고 하는 것은 이론 구성과 법 규정의 내용이 맞지 않는 문제가 남아
있다고 보는 견해가 있다[전원열·김영주(주 8), 347-348면].

49) 한편, 채무자회생법 제108조 제3항, 제109조 제1항, 제398조, 제399조는 부인권
행사의 상대방이 수익자임을 전제로 한 것이고, 개정안 제407조의6 제2항과 달리
채무자회생법에는 부인권 행사의 상대방이 전득자인 경우에 이를 준용하는 규정은
없다. 채무자회생법 해석상으로는, 전득자에 대하여 부인권이 행사되어 전득자가
취득한 권리가 채무자의 재산(파산재단)에 복귀하거나 전득자가 그 가액을 상환한
경우 전득자는 그 전자(前者)에 대하여 민법 제570조, 제576조 등을 유추적용하여
추탈담보책임을 추급할 수 있고, 이에 따라 최종적으로 전득자에게 반대급부를 반
환한 수익자는 형평의 견지에서 채무자회생법 제108조, 제109조, 제398조, 제399조
를 유추적용하여 채무자의 재산(파산재단)에 대하여 반대급부 반환청구권을 취득하
고, 변제 등 채무소멸행위로 인하여 소멸한 그의 채권이 부활하게 된다고 한다[양
형우, "채권자취소권과 부인권의 관계", 비교사법 제21권 제2호(2014), 587-588면].

다음으로, 민법 개정안이 사해행위가 채무자의 수익자에 대한 기존 채무 변제 등 채무소멸행위에 해당하였다면 수익자의 기존 채권이 부활한다고 규정한 것은, 현행 민법 해석상으로도 통설과 판례가 인정하여 오던 부분[50]에 대하여 명시적으로 법률적 근거를 마련한 것이다.

민법 개정안이 정한 사해행위취소 후 수익자 또는 전득자의 법적 지위는 종래 학설과 판례로 명확하게 해결되지 않던 문제를 법으로 명확하게 규정한 것이다.[51] 다만, 앞서 본 바와 같이 현행 민법 해석론으로 인정할 수 있었던 사해행위취소 후 수익자 또는 전득자의 법적 지위와 민법 개정안이 새로 정한 것의 관계를 어떻게 볼 것인지 문제된다. 현행 민법 해석론은 명문의 규정이 없어 법정채권관계인 부당이득법에 근거하거나 담보책임을 유추적용하여 사해행위취소 후 수익자 또는 전득자의 법적 지위를 규율하고자 한 것인데, 민법 개정안이 이를 명문으로 규정한 이상 이는 법률의 규정에 의한 권리로서 기존 해석론에 우선한다고 보아야 할 것이다. 민법 개정안에 따르면 수익자 또는 전득자의 당초 재산 취득이 무상행위로 인한 경우에는 그들은 사해행위취소로 인한 원상회복의무 이행에도 불구하고 아무런 보호를 받지 못하게 되는데, 민법 개정안이 무상행위로 재산을 취득한 경우 악의를 불문하고 사해행위 성립을 인정하는 무상행위의 특례 규정$\left(\begin{smallmatrix}\text{개정안 제406조의2 52),}\\\text{제407조의6 제1항 제2호}\end{smallmatrix}\right)$을 둔 것[53]과 맞물

---

50) 수익자가 채무자의 채권자 중 1인으로서 채무자로부터 담보를 제공받거나 대물변제를 받았다가 사해행위취소로 인하여 재산을 반환한 후 채무자에 대한 기존 채권을 가지고 그 원상회복된 재산에 대한 강제집행절차에서 배당에 참가하고자 하는 경우, 통설[민법주해 Ⅸ (주 8), 854면(김능환); 주석민법[채권총칙(2)](주 5), 359면(손진홍)]과 판례[대법원 2003. 6. 27. 선고 2003다15907 판결(공2003. 8. 1.(183), 1620)]는 사해행위의 상대방인 수익자는 그의 채권이 사해행위 당시에 그대로 존재하고 있었거나 또는 사해행위가 취소되면서 그의 채권이 부활하게 되는 결과 본래의 채권자로서의 지위를 회복하게 되는 것이므로 다른 채권자들과 함께 민법 제407조에 정한 사해행위취소와 원상회복의 효력을 받는 채권자에 포함되어 원상회복된 채무자의 재산에 대한 강제집행절차에서 배당에 참가할 권리가 있다고 보고 있다.

51) 김재형(주 46), 107면.

52) 개정안 제406조의2(무상행위에 대한 특례) 채무자의 무상행위 또는 이와 동일시할 수 있는 유상행위가 채권자를 해하는 때에는 채무자나 수익자가 그 행위 당시

려, 이는 당초 무상행위로 재산을 취득한 수익자 또는 전득자가 재산 반환으로 입게 되는 손실은 사해행위취소 국면에서 보호가치가 없다는 입법적 결단이라고 해석할 수밖에 없다. 이 문제에 관하여서는 추후 입법이 실현된다면 추가적인 논의를 기대한다.

2. 채무자의 공동채무자와 수익자 또는 전득자 사이의 관계

대상판결의 사안은 채무자의 공동채무자(B)가 전득자(피고 1)의 가액배상의무를 대위변제한 다소 독특한 사안으로, 채무자의 공동채무자(B)가 이를 이유로 수익자(피고 2) 및 전득자(피고 1)를 상대로 구상권을 행사할 수 있는가라는 최종적인 판단의 전제로서, 원상회복의무를 이행한 수익자 또는 전득자와 채무자의 공동채무자 사이에 부당이득관계가 성립하는지 문제되었다.

이에 대하여 대상판결은 "채무자의 책임재산이 위와 같이 원상회복되어 그로부터 채권자가 채권의 만족을 얻음으로써 채무자의 다른 공동채무자도 자신의 채무가 소멸하는 이익을 얻을 수 있다. 이러한 경우에 공동채무의 법적 성격이나 내용에 따라 채무자와 다른 공동채무자 사이에 구상관계가 성립하는 것은 별론으로 하고 공동채무자가 수익자나 전득자에게 직접 부당이득반환채무를 부담하는 것은 아니다."라고 하여 채무자와 달리 채무자의 공동채무자는 수익자 또는 전득자에 대하여 부당이득반환채무를 부담하지 아니함을 선언하였다.

대상판결의 사안에서 채무자의 공동채무자(B)가 결국 채무 소멸의 이득을 얻었다는 사실 자체는 분명하다. 이에 대하여 대상판결은 '수익자 또는 전득자의 손실로 회복된 채무자의 책임재산(채무자의 이득) → 취소채권자 등의 채권 만족 → (그에 상응하는 채무자의 채무 소멸의 이익 및 그 덕분에) 채무자의 공동채무자도 함께 향유하는 채무 소멸의 이익'이라는 논리구조를 통하여 수익자 또는 전득자의 손실과 채무자의 공동채무

에 채권자를 해함을 알지 못한 경우에도 그 취소를 청구할 수 있다.
53) 이는 무상행위는 유상행위에 비하여 사해성의 정도가 현저히 큰 점과 채무자회생법과의 균형 등을 고려한 것이라고 한다[윤진수·권영준(주 43), 513-514면].

자의 이득은 각기 다른 원인으로 발생한 것이어서 그들 사이에 직접적인 부당이득관계가 성립할 수 없음을 간접적으로 보여주는데, 수익자 또는 전득자의 원상회복의무 이행은 타인 채무의 변제가 아니라 일탈된 채무자의 책임재산 회복을 의미하는 이상, 이는 타당한 결론이다.

Ⅲ. 사해행위취소 후 가액배상의무 대위변제로 인하여 특수하게 전개되는 채무자 측과 수익자, 전득자 사이의 법률관계

1. 채무자가 수익자 또는 전득자의 가액배상의무를 대위변제한 경우, 그들 사이의 법률관계

대상판결의 사안에서는 사해행위를 한 채무자(A 회사)가 아니라, 채무자의 공동채무자(B)가 전득자(피고 1)의 요청에 따라 전득자의 가액배상의무를 대위변제하였고, 이에 따라 B의 구상권 발생 여부가 문제되었다.

그런데 대상판결의 사안에서 B[54]는 채무자 A 회사의 대표이사로서 법인인 채무자 A 회사의 행위를 집행하는 대표기관이므로 채무자와 밀접한 관련이 있는 자에 해당하는데, 실제에서는 채무자 자신이 수익자 또는 전득자와의 특수한 인적 관계 등으로 말미암아 그들의 가액배상의무를 대위변제하는 경우도 충분히 예상할 수 있다. 더구나 대상판결에서는 '채무자의 공동채무자가 수익자나 전득자에 대하여 직접 부당이득반환채무를 부담하는 것은 아니므로, 채무자의 공동채무자가 수익자나 전득자의 가액배상의무를 대위변제한 경우에도 특별한 사정이 없는 한 수익자나 전득자에게 구상할 수 있다'고 판시함으로써, 가액배상의무의 대위변제자가 수익자 또는 전득자에 대하여 '부당이득반환채무를 부담하지 않는 것'과 '구상권 행사'를 인과관계로 묶어두고 있으므로, 역으로 가액배상의무의 대위변제자가 수익자 또는 전득자에 대하여 부당이득반환채무를 부담하는 경우에는 구상권

---

54) 대상판결의 사안에서 A 회사와 B의 특수한 관계에 비추어 실제 변제자가 B가 맞는지, 즉 혹시 채무자 A 회사가 실제 변제자가 아닌지 의문이 들 수도 있다. 그러나 대상판결에서는 B가 대위변제자라는 원심의 사실인정을 전제로 판단하였고, 피고들 역시 B가 아닌 A 회사가 실제 대위변제자라는 취지로 다투지는 않았다.

행사에 어떠한 영향이 있다는 것인지 탐구하는 것도 의의가 있다.

　따라서 대상판결과 같이 채무자 아닌 제3자가 사해행위취소로 인한 가액배상의무를 대위변제한 경우를 살피기에 앞서, 통상 가액배상의무 이행의 결과로 수익자 또는 전득자에 대하여 부당이득반환채무를 부담하게 되는 채무자 자신이 그 가액배상의무를 대위변제한 경우에 채무자와 수익자 또는 전득자 사이의 법률관계가 어떻게 형성되는지 살펴보자. 채무자가 취소채권자에게 금원을 지급하여 궁극적으로 채무자의 채무가 소멸하게 된다는 결과는 동일하더라도, 채무자가 자기 자신의 취소채권자에 대한 채무를 변제한 경우[55]와, 채무자가 수익자 또는 전득자의 가액배상의무를 대위변제하여 가액배상금을 수령한 취소채권자가 사실상 자신의 채권을 우선변제받음으로써 채무자의 채무가 소멸하는 경우의 법적 평가는 달라진다. 후자의 경우 채무자는 자기 자신의 채무와는 별개의 독립한 수익자 또는 전득자의 의무를 자신의 비용으로 이행하였으므로, 증여할 의사로 대위변제한 경우가 아닌 한 통상의 구상관계와 마찬가지로 사안의 실체에 따라 그들을 상대로 계약, 사무관리 또는 부당이득 등을 근거로 비용의 보전을 청구할 수 있음이 원칙이나, 이와 같은 채무자의 가액배상의무 대위변제의 결과로 채무자는 다시 그들에 대하여 부당이득반환채무를 부담하게 되는 관계[56]라는 데 문제의 특수성이 있다. 이러한 특수성을 이유로 곧바로 채무자의 구상권 성립 자체를 부정할 수는 없지만, 이러한 구상권 행사를 허용한다면 '채무

---

55) 채무자는 직접 취소채권자의 피보전채권을 변제함으로써 수익자 또는 전득자를 가액배상의무로부터 해방시켜 줄 수 있다. 채권자취소소송에서 피보전채권의 존재가 인정되어 사해행위취소 및 원상회복을 명하는 판결이 확정되었다고 하더라도, 그에 기하여 재산이나 가액의 회복을 마치기 전에 피보전채권이 소멸하여 채권자가 더 이상 채무자의 책임재산에 대하여 강제집행을 할 수 없게 되었다면, 이는 위 판결의 집행력을 배제하는 적법한 청구이의 이유가 되기 때문이다[대법원 2017. 10. 26. 선고 2015다224469 판결(공2017하, 2073)].

56) 채무자가 증여할 의사로 수익자 또는 전득자의 가액배상의무를 대위변제하였다면 구상권이 발생할 여지가 없지만, 그렇지 아니하여 채무자가 구상권을 취득한다면 수익자 또는 전득자의 현실적인 출연으로 가액배상의무가 이행된 것이 아니더라도 이와 동일시할 수는 있으므로, 수익자 또는 전득자는 채무자에 대하여 부당이득반환청구권을 취득하게 된다.

자⇒수익자 또는 전득자 채무자'로 구상관계가 이어지게 된다. 이는 인과
관계로 연결된 채무의 최종적인 부담자가 최초의 구상권자가 되어 자신이
최종적으로 부담하여야 할 부분을 타인에게 청구하는 셈이므로 이때의 구
상권 행사는 신의칙에 반하여 허용되지 않는다[57]고 봄이 타당하다.[58] 다만,
채무자의 위와 같은 대위변제가 새로운 사해행위에 해당할 수는 있다.

2. 채무자의 공동채무자가 수익자 또는 전득자의 가액배상의무를 대위변제한 경우, 그들 사이의 법률관계

이제 채무자의 공동채무자가 수익자 또는 전득자의 가액배상의무를

---

57) 대법원 2002. 3. 21. 선고 2000다62322 전원합의체 판결[집50(1)민, 305; 공2002.
7. 1.(157), 1317]은 "산업재해가 보험가입자와 제3자의 공동불법행위로 인하여 발
생한 경우에, 근로복지공단이 제3자에 대하여 보험급여액 전액을 구상할 수 있다
면, 그 급여액 전액을 구상당한 제3자는 다시 공동불법행위자인 보험가입자를 상
대로 그 과실 비율에 따라 그 부담부분의 재구상을 할 수 있고, 재구상에 응한 보
험가입자는 산업재해보상보험법(1999. 12. 31. 법률 제6100호로 개정된 것) 제55조
의2의 유추적용에 의하여 근로복지공단에게 재구상당한 금액의 재재구상을 할 수
있다고 하여야 할 것인데, 그렇게 되면 순환소송이 되어 소송경제에도 반할 뿐만
아니라, 근로복지공단이 결국은 보험가입자에게 반환할 것을 이 사건으로 청구하
는 것이 되어 이를 허용함은 신의칙에 비추어 보더라도 상당하지 아니하므로, 근
로복지공단은 제3자에 대하여 보험가입자의 과실 비율 상당액은 구상할 수 없다고
해석하여야 할 것이고, 구체적으로는 피해자가 배상받을 손해액 중 보험가입자의
과실 비율 상당액을 보험급여액에서 공제하고 차액이 있는 경우에 한하여 그 차액
에 대하여만 근로복지공단이 제3자로부터 구상할 수 있다."고 판단하였다. 비록 이
부분과 사안의 구조가 완전히 일치하지는 않지만, 자신이 최종적으로 부담하여야
할 부분을 타인에게 청구함으로써 구상관계의 순환이 발생하는 사안에서 이는 소
송경제에 반할 뿐만 아니라 그러한 구상권 행사는 신의칙에 반한다는 판례의 태도
를 이 부분에 참고할 수 있다.
58) 한편, 이와 같이 채무자의 구상권 행사를 제한하는 것이 채권자취소권 제도의
취지에 반하는 것은 아닌지 문제될 수 있다. 즉, 채무자 자신이 수익자 또는 전득
자의 가액배상의무를 대위변제한다면 이는 실질적으로는 '일탈된 책임재산의 회복'
이라고 보기 어려우므로 채무자가 그 대위변제로 취득한 수익자 또는 전득자에 대
한 구상권이라도 책임재산으로 보전되어야 함에도 불구하고, 그 구상권 행사를 제
한하는 것은 채권자취소권 제도의 취지에 반하지 않느냐는 것이다. 그러나 채무자
가 수익자 또는 전득자의 가액배상의무를 대위변제한 경우에는 출처를 불문하고
적어도 그 사해행위로 일탈된 이득은 채무자의 책임재산으로 회복된 것이라고 평
가할 수 있으므로, 기존 사해행위취소의 효과를 내세워 채무자의 구상권 행사를
허용할 것은 아니라고 생각한다.

대위변제한 경우를 살펴보자. 대상판결은 '채무자의 공동채무자가 수익자
나 전득자의 가액배상의무를 대위변제한 경우에도 특별한 사정이 없는
한 수익자나 전득자에게 구상할 수 있다'고 결론지었다. 가액배상의무 이
행으로 회복된 채무자(A 회사)의 책임재산으로부터 채권자가 채권 만족을
얻음으로써 대위변제자인 채무자의 공동채무자(B)도 채무 소멸의 이익을
얻는다고 하더라도, 이러한 이익은 채무자와 채무자의 공동채무자 사이의
구상관계로 해결할 문제이고, 대위변제자인 채무자의 공동채무자(B)가 수
익자(피고 2) 또는 전득자(피고 1)에 대하여 직접 부당이득반환채무를 부
담하는 것은 아니기 때문이라는 것이 핵심 논거이다. 원상회복의무를 이
행한 수익자 또는 전득자와 채무자의 공동채무자 사이에 부당이득관계가
성립하지 아니함은 앞서 본 바(Ⅱ의 2)와 같고, 이처럼 원상회복의무 이
행을 이유로 수익자 또는 전득자와 채무자의 공동채무자 사이에 어떠한
법률관계가 형성되는 것은 아닌 이상, 원칙적으로 수익자 또는 전득자의
가액배상의무를 채무자의 공동채무자가 대위변제한 경우든, 사해행위 가
담자들과 전혀 무관한 제3자가 대위변제한 경우든 그 법적 취급을 달리
할 필요는 없다. 따라서 대상판결이 선언한 위와 같은 법리는 타당하다.

  그런데 대상판결의 이유 부분에서는 추가로 고민하여 볼 만한 두
가지 쟁점을 발견할 수 있다.

  가. '채무자와 채무자의 공동채무자' 사이의 구상관계가 '채무자의 공동
      채무자와 수익자 또는 전득자' 사이의 구상관계에 영향을 미치는가
  대상판결의 이유 부분을 보면, 원고(B의 구상금채권에 관한 전부권자)
의 피고들에 대한 구상금채권을 긍정하는 이유를 설시함에 있어서, 관련
법리를 선언한 후, 구체적인 사안으로 들어가 "대위변제자인 채무자의 공
동채무자(B)가 채무소멸로 얻은 이익이 전득자인 피고 1과의 관계에서
부당이득에 해당한다고 볼 수는 없다."고 판단하고 나아가, B와 사해행위
채무자 A 회사의 취소채권자 X, Y에 대한 채무의 성격과 내용을 구체적
으로 들면서 "B가 A 회사의 출재로 소멸된 채무에 관하여 A 회사에 구
상의무를 부담하는 관계에 있다고 볼 수도 없다."고 하여 A 회사와 B 사

이의 구상관계 판단에 상당 부분을 할애하고 있다.

언뜻 보기에 대상판결의 쟁점과 별개의 논의인 A 회사와 B 사이의 구상관계가 대상판결의 결론에 어떠한 영향을 미칠 수 있기에 이와 같이 한 것일까? "채무자의 공동채무자가 수익자나 전득자의 가액배상의무를 대위변제한 경우에도 특별한 사정이 없는 한 수익자나 전득자에게 구상할 수 있다고 보아야 한다."는 대상판결의 판시와 관련지어 볼 때, 이는 가액배상의무 이행으로 회복된 A 회사의 책임재산으로부터 채권자가 채권 만족을 얻음으로써 A 회사와 B 사이에 형성되는 구상관계가 그 내용에 따라서는 B의 피고들에 대한 구상권 행사를 저지할 '특별한 사정'이 될 수 있다는 의미를 함축하고 있는 것으로 보인다. 즉, 대상판결의 사안에서는 'B가 A 회사에 대하여 구상의무를 부담하지 아니하므로' B가 피고들에 대하여 구상권을 행사할 수 있지만, 'B가 A 회사에 대하여 구상의무를 부담한다면' 이를 B가 피고들에 대하여 구상권을 행사할 수 없는 특별한 사정으로 볼 여지가 있다는 것이다.

그렇다면 이와 같이 채무자의 공동채무자가 채무자에 대하여 구상의무를 부담할 경우에는, 채무자의 공동채무자가 수익자 또는 전득자의 가액배상의무를 대위변제하였더라도 그들에 대하여 구상권을 행사할 수 없다고 볼만한 이유는 무엇인가? 채무자의 공동채무자가 수익자 또는 전득자의 가액배상의무를 대위변제하면 채무자의 공동채무자는 수익자 또는 전득자에 대하여 구상권을 취득하고(채무자의 공동채무자 ⇒ 수익자 또는 전득자), '수익자 또는 전득자의 가액배상의무 이행으로 인한 채무자의 책임재산 회복'을 이유로 수익자 또는 전득자는 채무자에 대하여 부당이득 반환청구권을 취득한다(수익자 또는 전득자 ⇒ 채무자). 그런데 이어서 '회복된 채무자의 책임재산으로부터 취소채권자 등이 채권 만족을 얻음으로써 채무자가 얻는 채무 소멸의 이익 → 그 덕분에 채무자의 공동채무자도 향유하는 공동면책의 이익'이라는 단계를 거치면서 공동의 채무에 관한 채무자와 채무자의 공동채무자 사이의 내부관계에서의 부담부분 등에 따라 채무자가 채무자의 공동채무자에 대하여 일부라도 구상권을 취득한다

면(채무자 ⇒ 채무자의 공동채무자), 그 범위 내에서는 '채무자의 공동채무
자 ⇒ 수익자 또는 전득자 ⇒ 채무자 ⇒ 채무자의 공동채무자'로 구상관계
가 이어지게 된다. 결국 이때에도 위 1항의 경우와 마찬가지로 인과관계
로 순차로 연결된 채무의 최종적인 부담자가 최초의 구상권자가 되어 자
신이 최종적으로 부담하여야 할 부분을 타인에게 청구하는 셈이므로 그
러한 구상권 행사는 신의칙에 반하여 허용되지 않는다고 봄이 타당하다.
대상판결도 이와 같은 이유로 상당 부분을 할애하여 A 회사와 B 사이의
구상관계를 판단하였을 것이다.

　　그러나 대상판결의 구체적인 사안에서는 채무자의 공동채무자(B)가
채무자(A 회사)에 대하여 구상의무를 부담하지 아니하여 이러한 구상관계
의 순환이 문제되지 아니하므로, 결국 대상판결에서의 구상관계는 그
대위변제자가 채무자의 공동채무자이든, 완전한 제3자이든 달라지지 않
는다.

나. 대상판결의 구체적 결론에 관한 비판적 검토

(1) 문제의 제기－B는 '피고 1의 이름으로' 가액배상의무를 이행하
　　　였다

　　이제 대상판결의 구체적 결론의 타당성 문제에 접근하여 보자. 대상
판결은 사안 해결에 필요한 법리를 선언함에 있어 채무자의 공동채무자
가 수익자 또는 전득자의 가액배상의무를 '대위변제[59]'한 경우라고 표현
하는 등 사안에서 B가 가액배상의무를 '대위변제'하였음을 전제로 하고
있다.

　　그런데 대상판결에 따르면 B는 피고 1의 요청을 받고 '피고 1의 이
름으로' 가액배상금을 변제·공탁하였다는 사실만을 알 수 있어 B의 변
제행위의 실체를 명확하게 파악하기는 어렵다. 그러나 적어도 대상판결
이 전제하는 사실인정에 따르면 B가 자신의 명의가 아닌 '피고 1의 이름

---

59) 민법은 제483조(일부의 대위), 제484조(대위변제와 채권증서, 담보물)에서 '대위
　　변제'라는 용어를 사용하는데, 그 해석상 이는 '대위변제'란 채권자가 대위변제자의
　　존재를 외부적·객관적으로 인식할 수 있는 경우임을 당연한 전제로 하는 것으로
　　보인다.

으로' 가액배상금을 변제·공탁함으로써 외부적·객관적으로는 B의 출재로 인한 변제임을 인식하기 어려울 것으로 보이므로 B가 피고 1의 가액배상의무를 '대위변제'한 것으로 평가할 수 있는지 의문이다.[60] 오히려 B는 피고 1의 가액배상의무를 자기의 출재로, 채무자인 피고 1의 이행보조자 등의 지위에서 피고 1의 명의로 변제한 것으로 평가할 수 있다.[61] 그리고 이러한 차이는 뒤에서 보는 바와 같이 B가 피고 1의 공동채무자인 피고 2를 상대로 '직접' 구상권을 취득하는가의 문제에 영향을 미치게 된다고 생각한다.

(2) B가 피고들에 대하여 구상권을 취득하는 구체적인 근거는 무엇인가

원심은 B가 구상권을 취득하는 근거에 관하여, 피고 1에 대하여서는 민법 제688조에 따른 위임사무처리 비용상환청구권이고, 피고 2에 대하여서는 민법 제739조에 따른 사무관리 비용상환청구권이라고 판단하였고, 대상판결은 "채무자의 공동채무자가 수익자나 전득자의 가액배상의무를 대위변제한 경우에도 특별한 사정이 없는 한 수익자나 전득자에게 구상할 수 있다고 보아야 한다."는 법리를 선언하였을 뿐, 채무자의 공동채무자(B)가 전득자(피고 1)의 가액배상의무를 대신 이행한 대상판결의 사안

---

60) 통설은 '대위변제'를 '변제자대위'(민법 제480조, 제481조)와 동일한 의미로 파악하고 있고[편집대표 곽윤직, 민법주해 XI, 박영사(1995), 187-188면(이인재 집필부분)], 판례[대법원 1994. 12. 9. 선고 94다38106 판결(공1995. 1. 15.(984), 455)]도 '변제자대위'와 '대위변제'를 동일한 의미로 사용한 바 있다. 민법상 '대위변제'의 효과나 학설상 용례 등에 비추어 볼 때 원칙적으로 '대위변제'라는 용어는 '변제자대위'와 표리관계에 있는 것으로 보인다. 그런데 '변제자대위'가 성립하기 위하여서는 변제자가 자기의 출재와 명의로 채권자에게 만족을 주어 채무자의 채무를 면하게 하였어야 하고 변제자가 채무자의 명의로 채무를 면하게 한 경우에는 대위가 인정될 여지가 없다[민법주해 XI, 189면, 192-193면(이인재)]. 따라서 '변제자대위'와 표리관계에 있는 '대위변제' 역시 변제자가 자기의 출재와 명의로 채권자에게 만족을 준 것을 의미하는 것으로 봄이 타당하다.

61) 대리인이나 이행보조자, 이행대행자는 채무자의 이름으로 채무자를 위하여 급부행위를 하는 것이고 그 변제의 요건과 효과는 채무자를 표준으로 판단된다는 점에서 제3자의 변제(민법 제469조)와도 구별된다[편집대표 곽윤직, 민법주해 XI, 박영사(1995), 107면(김대휘 집필부분); 편집대표 김용담, 주석민법[채권총칙(4)], 한국사법행정학회(2014), 158-159면(정준영 집필부분)].

에서 수익자(피고 2) 및 전득자(피고 1)를 상대로 구상권을 취득하는 구
체적인 근거가 무엇인지에 관하여서는 밝히지 않았다.

(가) B가 전득자(피고 1)를 상대로 구상권을 취득하는 근거

우선, B는 피고 1을 위하여 피고 1의 가액배상의무를 대신 이행하였
으므로, B와 피고 1의 관계부터 살펴보자. B가 피고 1에 대하여 구상권
을 취득하는지 여부는 B와 피고 1의 관계에 따라 결정되는 문제[62]로서,
예컨대 B가 피고 1에 대하여 증여할 의사로 피고 1의 가액배상의무를 대
신 이행한 경우에는 구상권이 발생할 여지가 없는 반면, B와 피고 1 사
이에 위임관계가 있는 경우에는 원심의 판단과 같이 민법 제688조에 따
라 B는 피고 1에 대하여 구상권을 취득할 수 있다. 그런데 대상판결에서
B와 피고 1의 관계가 무엇인가에 관한 사실인정은 'B가 피고 1의 요청을
받았다'는 것뿐이다. 이러한 사실인정만으로 B에게 증여할 의사가 없었다
고 단정할 수는 없지만, B의 증여의사 존부가 쟁점이 되지 않은 대상판
결의 사안에서 B가 피고 1의 요청을 받고 피고 1의 가액배상의무를 대신
이행한 것을 원심의 판단과 같이 B가 피고 1을 위한 위임계약을 이행한
것으로 보아 B가 수임인의 지위에서 피고 1에 대하여 비용상환청구권을
취득한다고 하는 것은 수긍할 수 있다.

(나) B가 수익자(피고 2)를 상대로 구상권을 취득하는 근거

다음으로, B와 피고 2의 관계를 살펴보자. 대상판결이 전제하는 사실
인정에 따르면 B가 피고 1의 가액배상의무를 대신 이행하기에 이르는 과
정에서 B와 피고 2 사이에는 어떠한 계약 유사의 관계도 찾아볼 수 없다.

1) 사무관리 또는 부당이득의 성립 여부

그렇다면, B와 피고 2 사이에 법정채권관계가 성립할 수 있는가? 제
3자가 의무 없이 타인의 채무를 변제한 경우에는 통상 사무관리 또는 부
당이득이라는 법정채권관계가 성립할 수 있다. 그러나 대상판결이 전제

---

62) 이 문제에 관하여서는, 제3자의 변제의 효과로서 제3자가 채무자에 대하여 구상
   권을 취득하는가에 관한 논의[민법주해 XI(주 61), 119면(김대휘); 민법주해 XI(주
   60), 187면(이인재)]를 참고할 수 있다.

하는 사실인정만으로는 B가 피고 2를 위하여 채무를 변제한다는 의사를 가지고 있었음을 인정할 아무런 근거가 없고,[63] B가 피고 1에 대하여 부담하게 된 의무의 이행으로서 피고 1의 가액배상의무를 대신 이행한 결과, 피고 1과 부진정연대채무 관계에 있는 피고 2도 공동면책의 이익을 누리게 된 것일 뿐이다. 따라서 B와 피고 2 사이에 사무관리나 부당이득이 성립한다고 볼 수는 없다.

만일 1심과 같이 B가 '피고들의 명의로' 가액배상금을 변제하였다고 사실인정을 한다면, 그 범위 내에서 B가 피고 2에 대하여서는 타인사무관리의사가 있었다고 볼 수도 있겠지만, 이와 다른 사실인정을 한 대상판결이 원심의 판단과 같이 B의 피고 2에 대한 사무관리가 성립한다고 본 것이라면 그 근거에 관한 설시가 없는 점이 아쉽다.

2) 부진정연대채무 관계에서의 구상권 문제로의 접근

위와 같이 피고 2가 누리는 공동면책의 이익은 피고들의 부진정연대채무 관계에서 비롯된 것인 만큼, B와 피고 2의 관계는 부진정연대채무 관계에서의 구상권 문제로 접근함이 타당하다.

판례는 부진정연대채무자 중 1인이 자기의 부담부분 이상을 변제하여 공동의 면책을 얻게 하였을 때에는 다른 부진정연대채무자에게 그 부담부분의 비율에 따라 구상권을 행사할 수 있다고 하는 데에서 더 나아가, 어느 부진정연대채무자를 위하여 보증인이 된 자가 채무를 이행한 경우에는 다른 부진정연대채무자에 대하여 그 부담부분에 한하여 직접 구상권을 취득하게 된다[64]고 하고, 심지어 어느 부진정연대채무자를 위하

---

63) 이 문제에 관하여서는, 통설이 본인을 위한 사무의 처리가 제3자에 대한 계약상 의무를 이행하는 것인 때에는 관리자와 본인 사이에 사무관리가 성립할 수 없다고 하는 점[편집대표 곽윤직, 민법주해 XVIII, 박영사(2005), 45-47면(최병조 집필부분); 김형배, 사무관리·부당이득, 박영사(2003), 20면]을 참고할 수 있다.

64) 대법원 1996. 2. 9. 선고 95다47176 판결[공1996. 4. 1.(7), 919]; 대법원 2010. 5. 27. 선고 2009다85861 판결(공2010하, 1246). 민법 제447조(어느 연대채무자나 어느 불가분채무자를 위하여 보증인이 된 자는 다른 연대채무자나 다른 불가분채무자에 대하여 그 부담부분에 한하여 구상권이 있다.)는 주채무가 연대채무 또는 불가분채무이고 보증이 수인의 채무자 중 1인을 위한 경우에 관한 규정이고, 그 밖의 경우에 주채무자가 수인 있는 경우 보증인의 구상관계에 관하여는 민법은 명시

여 채무를 이행한 보증인 아닌 제3자도 다른 부진정연대채무자에 대하여
그 부담부분에 한하여 직접 구상권을 취득하게 된다⁶⁵⁾고 한다. 제3자가
부진정연대채무자 중 1인을 위하여 변제한 경우 제3자는 그 부진정연대
채무자 1인에 대하여서만 구상권을 취득하고 이에 응한 그 부진정연대채
무자가 다시 다른 부진정연대채무자에 대하여 부담부분의 비율에 따라

적인 규정을 두지 않고 해석론의 영역에 맡겨 두고 있는데[편집대표 곽윤직, 민법
주해 X, 박영사(1995), 356면(박병대 집필부분)], 판례는 어느 부진정연대채무자를
위하여 보증인이 된 자에 대하여서도 민법 제447조를 유추적용하여 다른 부진정연
대채무자에 대하여 그 부담부분에 한하여 직접 구상권을 취득함을 인정하는 것이
다[김민기, "부진정연대채무에 있어서의 구상권 및 변제자대위", 대법원판례해설 제
83호, 법원도서관(2010), 127면]. 한편, 통설은 주채무가 불가분채무 또는 연대채무
일 경우 그 수인의 채무자 중 1인만을 위하여 보증한 보증인은 자기가 보증한 채
무자 이외의 다른 채무자들과 사이에는 직접적인 법적 연계관계가 없으므로 본래
대로라면 보증인은 자기가 보증한 채무자에 대하여 채무 전액을 구상하고 그 구상
청구에 응한 채무자는 다른 채무자들에 대하여 각자의 부담부분에 따른 구상권을
행사할 수 있을 것인데 민법 제447조는 그러한 구상관계의 번잡한 순환을 피하고
간편한 결제를 할 수 있도록 하기 위하여 보증인이 자기가 보증한 채무자 이외의
다른 채무자들에 대하여도 각자의 부담부분에 한하여 직접 구상권을 취득하도록
인정한 일종의 편의규정이라고 보는 반면[민법주해 X, 358면(박병대); 민법주해 X
(주 39), 144면(차한성); 편집대표 김용담, 주석민법[채권총칙(3)], 한국사법행정학회
(2014), 150-151면(박영복 집필부분)], '사무관리 또는 부당이득법의 일반정신에 기
초하더라도, 보증인이 변제하면 다른 연대채무자는 전부급부의무를 면하기 때문에
그만큼 이득이 있는 것'이라는 이유로 원칙적으로 수인의 연대채무자 중 1인을 위
한 보증인도 피보증인 아닌 다른 연대채무자에 대하여 전부구상을 할 수 있음에도
불구하고 민법 제447조가 법정책적인 관점에서 보증인의 변제를 피보증인인 연대
채무자의 변제와 동일하게 취급하여 피보증인 아닌 다른 연대채무자에 대하여 부
분구상만을 허용하는 것이라고 해석하면서 이는 입법정책적으로 바람직하지 않다
고 비판하는 견해[편집대표 김용담, 주석민법[채권총칙(2)], 한국사법행정학회(2013),
624-625면(제철웅 집필부분); 제철웅, "부분구상과 전부구상의 구별기준", 민사판례
연구 제26권(2004), 85-88면]도 있다.
65) 채무의 변제는 원칙적으로 채무자뿐만 아니라 제3자도 할 수 있는바, 제3자가
상호 부담부분이 인정되는 부진정연대채무 관계에 있는 채무자 중 1인을 위하여
채무를 변제한 경우 그와 중첩되는 다른 채무자의 채무도 소멸하게 되므로, 제3자
는 그 다른 채무자에 대하여 그의 부담부분에 한하여 구상권을 취득할 수 있고,
그와 같은 제3자의 변제는 이행보조자 내지 이행대행자에 의하여 이루어질 수도
있다[대법원 2009. 8. 20. 선고 2007다7959 판결(미공간)]. 참고로 이때 '제3자의 변
제는 이행보조자 내지 이행대행자에 의하여 이루어질 수 있다'는 판시 부분은 제3
자가 타인의 채무를 변제함에 있어 이행보조자 내지 이행대행자를 사용할 수 있다
는 의미이지, 채무자의 이행보조자 내지 이행대행자가 행한 변제가 제3자의 변제
로 평가될 수 있다는 의미는 아니다.

구상권을 행사하는 것이 원칙이나, 판례는 연쇄적인 구상관계를 간편화하기 위하여 민법 제447조를 유추적용하여 어느 부진정연대채무자를 위하여 변제한 보증인 또는 제3자도 다른 부진정연대채무자에 대하여 그 부담부분에 한하여 직접 구상권을 취득한다고 해석하는 것이다.

그런데 대상판결이 전제하는 사실인정에 따르면, B는 부진정연대채무자 중 1인인 피고 1을 위하여 피고 1의 채무를 이행하기는 하였으나 외부적·객관적으로는 B의 출재로 인한 변제임을 인식하기 어려울 것으로 보이므로 B는 이행보조자 등의 지위에서 피고 1의 채무를 변제한 것으로 평가할 수 있음은 앞서 본 바와 같다. 이 지점에서, 부진정연대채무에서 민법 제447조를 유추적용하여 제3자에게 다른 부진정연대채무자에 대한 직접적인 구상권 취득을 인정하는 범위를 어디까지 확장할 것인가의 문제에 직면하게 된다. 판례는 부진정연대채무자 중 1인을 위하여 채무를 변제한 보증인 아닌 제3자도 다른 부진정연대채무자에 대하여 그 부담부분에 한하여 직접 구상권을 취득하게 된다고 하고 있으나, 이러한 법리가 채무자 자신의 채무 변제로 평가되는 이행보조자 등의 변제에까지 확장될 수 있을지는 의문이다. 설령 이행보조자 등의 변제가 실질에 있어서는 타인 채무의 변제에 해당한다고 하더라도, 이러한 사정이 외부적·객관적으로는 드러나지 아니함에도 불구하고 민법 제447조를 유추적용하여 부진정연대채무자 중 1인의 이행보조자 등이 다른 부진정연대채무자에 대하여 직접 구상권을 취득한다고 해석하는 것은 신중할 필요가 있다. 이때에는 원칙으로 돌아가 이행보조자 등은 자신을 이행에 이용한 그 부진정연대채무자와의 내부관계에서 비용 상환 문제를 해결하여야 한다고 생각한다.

이와 같은 점에서도 대상판결이 B가 피고 2를 상대로 구상권을 취득하는 근거를 명확하게 규명하지 않은 것은 아쉽다.

3) 여론(餘論)−B가 피고 1의 가액배상의무를 '대위변제'한 것이라면

대상판결에서 B가 자신의 출재와 명의로 피고 1의 가액배상의무를 대위변제한 것이라면 어떠할까? B와 피고 1 사이의 구상관계는 앞서 본

바와 별 차이가 없겠지만, B와 피고 2 사이의 구상관계는 달라질 수 있다. 즉, 어느 부진정연대채무자를 위하여 채무를 이행한 제3자도 다른 부진정연대채무자에 대하여 그 부담부분에 한하여 직접 구상권을 취득한다는 판례의 태도에 따르면, B는 피고 2에 대하여서도 '그 부담부분에 한하여' 직접 구상권을 취득할 수 있다. 이때 부진정연대채무 관계에 있는 피고들 내부관계에서의 부담부분은 앞서 논의한바[Ⅱ의 1 중 다의 (2), (나)]와 같이 수익자인 피고 2와 전득자인 피고 1 사이의 기존 법률관계 등에 따라 결정될 수 있다. 원칙적으로 피고들 사이의 기존 법률관계가 유상행위로 인한 것이라면 피고들 내부관계에서는 피고 1에 대하여 담보책임을 부담하는 피고 2가 담보책임 범위 내에서 원상회복의무를 부담하여야 하므로 B는 피고 2에 대하여 그 범위 내에서 구상권을 행사할 수 있는 반면, 피고들 사이의 기존 법률관계가 무상행위로 인한 것이라면 특별한 사정이 없는 한 피고들 내부관계에서 부담부분은 없으므로 B는 피고 2에 대하여 구상권을 행사할 수 없다. 다만, 대상판결이 전제하는 사실인정에 따르면 '피고 2가 피고 1에게 A 회사와의 위 매매예약에 기한 소유권이전청구권을 양도하고, 피고 1 앞으로 가등기이전의 부기등기를 마쳐주었다'는 것 이외에 피고들 사이의 이러한 소유권이전청구권 양도가 유상행위였는지 여부 등은 알 수 없다.

Ⅵ. 결 론

대상판결은 사해행위취소로 인한 원상회복의무를 둘러싼 채무자 측과 수익자, 전득자 사이의 법률관계에 관하여 타당한 법리를 선언함으로써 종래 심도 있는 논의가 부족하였던 분야를 고찰할 기회를 주고 있다.

이 글은 대상판결의 사안 해결을 목적으로 위 문제 전반에 관하여 검토하면서, 채권자취소권의 성질에 관하여 통설과 판례가 취하는 상대적 무효설의 입장에 서서 현행 민법 해석론을 통하여 사해행위취소로 인한 원상회복의무를 둘러싼 채무자 측과 수익자, 전득자 사이의 이해관계 조정을 시도하였다. 그리고 그 과정에서 대상판결이 사안의 구체적 결론을 도출함에 있어서는 전득자의 가액배상의무를 대신 이행한 자가 수익자 및 전득자를 상대로 각 구상권을 취득하는 구체적인 근거가 무엇인지 명확하게 규명하지 않은 아쉬움이 있음을 밝히게 되었다. 만일 수익자와 전득자 사이의 기존 법률관계가 유상행위로 인한 것이고, 채무자의 공동채무자가 전득자의 가액배상의무를 '대위변제'한 것으로 평가할 수 있다면, 이 글에서 살펴본 수익자의 전득자에 대한 담보책임 및 부진정연대채무 관계에서의 구상권 문제로 접근하여 그 해결을 시도할 수 있었을 것이다.

민법 개정으로 사해행위취소 후 수익자 및 전득자의 지위에 관한 명문의 규정이 신설된다면 위 문제는 새로운 전기를 맞게 될 것이지만, 현행 민법 해석론을 통하여 위 문제의 해결을 시도하는 것은 민법 개정과 그 이후 해석론을 보다 타당한 방향으로 이끄는 데에도 기여할 것이므로, 향후 위 문제에 관한 활발한 논의를 기대한다.

[Abstract]

A case study on the legal relationship between a debtor, a debtor's joint debtor, a beneficiary and a subsequent beneficiary, surrounding duty of restoration due to revocation of a fraudulent act

Lee, Kyung Min*

In the 2017 Supreme Court decision of 2015Da38910(hereinafter "the decision"), the Supreme Court set forth appropriate legal principles on the legal relationship between a debtor, a debtor's joint debtor, a beneficiary and a subsequent beneficiary, surrounding duty of restoration due to revocation of a fraudulent act. In so doing, the decision gives us an opportunity to look into areas that have not been discussed in depth thus far.

Foremost, it was the first time that the Supreme Court decision articulated a principle that the beneficiary or the subsequent beneficiary who has performed its duty of restoration due to revocation of a fraudulent act acquires the right to restitution against the debtor, without limiting this principle to cases where the original acquisition of property by a beneficiary or a subsequent beneficiary was an act for value—and this principle seems to be reasonable. Although the decision remained silent on the issue of warranty liability, this study examines situations where a beneficiary or a subsequent beneficiary could seek warranty liability against its former party apart from its right to restitution against the debtor, and looks into the right of indemnity issue under untrue joint and several obligations relationships between a beneficiary and a subsequent beneficiary in cases where both are

---

* Judge, Anyang Branch Court of Suwon District Court.

obliged to make a monetary compensation, in connection with the warranty liability issue. Moreover, this study compares the proposed amendment of the Civil Code, which lays out explicit provisions on the legal status of a beneficiary and a subsequent beneficiary following revocation of a fraudulent act, to the interpretation of the current Civil Code.

Second, the decision reasonably stated that even though a debtor's joint debtor comes to benefit from extinguishment of its own debt as a result of the creditor's satisfaction from the performance of duty of restoration by a beneficiary or a subsequent beneficiary, the joint debtor shall not bear any duty of restitution directly to the beneficiary or the subsequent beneficiary. Consequently, the decision stated that when the joint debtor has subrogated a beneficiary's or a subsequent beneficiary's monetary compensation duty, the joint debtor would be entitled to the right of indemnity against the beneficiary or the subsequent beneficiary unless there are special circumstances to the contrary. In addition, this study argues that even if the joint debtor has subrogated the beneficiary's or the subsequent beneficiary's monetary compensation duty, when the joint debtor bears a duty of indemnity for the debtor in respect of the above-mentioned extinguishment of its own debt, the joint debtor, based on the principle of good faith, should not be entitled to exercise the right of indemnity against the beneficiary or the subsequent beneficiary.

However, a critical review is required regarding some specific aspects of the decision's conclusion. The decision did not mention any definite legal basis for the right of indemnity of the joint debtor against the beneficiary and the subsequent beneficiary in this case where the joint debtor, at the request of the subsequent beneficiary, discharged the subsequent beneficiary's monetary compensation duty in the name of the subsequent beneficiary, and according to the facts the decision predicated on, it is hard to find the legal basis for the right of indemnity of the joint debtor especially against the beneficiary—the part that calls for further review.

[Key word]

- revocation of a fraudulent act
- duty of restoration
- restitution of unjust enrichment
- warranty
- duty of monetary compensation
- untrue joint and several obligations
- right of indemnity
- the proposed amendment of the Civil Code
- performance by subrogation

참고문헌

[단 행 본]

편집대표 곽윤직, 민법주해 Ⅸ, 박영사(1995).
_____, 민법주해 Ⅹ, 박영사(1995).
_____, 민법주해 Ⅺ, 박영사(1995).
_____, 민법주해 ⅪⅤ, 박영사(1997).
_____, 민법주해 ⅩⅦ, 박영사(2005).
편집대표 김용담, 주석민법[채권총칙(2)], 한국사법행정학회(2013).
_____, 주석민법[채권총칙(3)], 한국사법행정학회(2014).
_____, 주석민법[채권총칙(4)], 한국사법행정학회(2014).
_____, 주석민법[채권각칙(3)], 한국사법행정학회(2016).
곽윤직, 채권총론(제6판), 박영사(2003).
_____, 채권각론(제6판), 박영사(2003).
김상용, 채권총론(제3판), 화산미디어(2016).
김주수, 채권총론(제3판 보정판), 삼영사(2003).
김형배, 사무관리·부당이득, 박영사(2003).
양창수·김형석, 권리의 보전과 담보(제2판), 박영사(2015).
전원열·김영주, 사해행위취소 및 부인권제도에 관한 개선방안 연구, 법원행
    정처(2017).

我妻榮, 新訂債權總論, 岩波書店(1964); 近江幸治, 債權總論(第3版補訂), 成文
    堂(2009) 참조, 손홍수, "사해행위취소 소송의 수익자(채무자로부터 부
    동산을 매수한 자)가 민법 제407조의 모든 채권자에 포함되는지", 민
    사집행법연구 Ⅰ, 진원사(2012)에서 재인용.

[논   문]

김능환, "채권자취소권의 행사방법―부동산이 전전양도된 경우를 중심으로",
    민사재판의 제문제 제6권, 한국사법행정학회(1991).
김민기, "부진정연대채무에 있어서의 구상권 및 변제자대위", 대법원판례해설

제83호, 법원도서관(2010).

김영환, "법학방법론의 관점에서 본 유추와 목적론적 축소", 법철학연구 제12
　　권 제2호(2009).

김재형, "채권자취소권의 본질과 효과에 관한 연구", 인권과 정의 제329호
　　(2004).

＿＿＿, "채권자취소권에 관한 민법개정안-개정안에 관한 기본구상과 민법개
　　정위원회의 논의 과정을 중심으로", 민사법학 제68호(2014. 9.).

양형우, "채권자취소권과 부인권의 관계", 비교사법 제21권 제2호(2014).

윤진수, "부당이득법의 경제적 분석", 서울대학교 법학 제55권 제3호(2014. 9.).

윤진수·권영준, "채권자취소권에 관한 민법 개정안 연구", 민사법학 제66호
　　(2014. 3.).

제철웅, "채권자취소제도의 해석상 문제점과 입법적 개선방안: 특히 채권자취
　　소권의 효력을 중심으로", 법학평론 제7권(2017. 5.).

＿＿＿, "부분구상과 전부구상의 구별기준", 민사판례연구 제26권(2004).

森定, "債權者取消權と不當利得", 不當利得事務管理の研究(3), 有斐閣(1972)
　　참조, 오영준, "사해행위취소권과 채권자평등주의", 사법논집 제32집
　　(2001)에서 재인용.

계속적 계약관계에서 사정변경에 따른 해지

김 효 정*

■요　지■

　계약관계가 장기간 지속되는 것을 전제로 하는 계속적 계약관계에서도 계약이 성립하면 당사자는 각자의 의무를 계약의 내용에 따라 성실하게 이행하여야 하는 것이 원칙이다. 그러나 계속적 계약관계는 계약기간 동안 계약 성립 당시의 경제적 환경, 경영 사정 등이 변하는 경우가 많다. 계약 성립의 기초가 된 사정이 당사자들이 예견할 수 없는 사정으로 현저히 변경되어 당초의 계약내용대로 구속력을 인정하는 것이 당사자 일방에게 매우 가혹한 결과가 되는 경우에는 '계약은 지켜져야 한다.'는 계약법의 대원칙의 예외를 인정하여 계약을 수정 내지 해소할 수 있다는 것이 사정변경의 원칙이다.

　사정변경의 원칙은 계약준수의 원칙을 제한하며 당사자 사이의 구체적 타당성을 기하려는 예외적인 원칙인 만큼 엄격한 요건 하에서 인정되는 것이 바람직하고, 그 적용요건을 분명히 하여 계약준수의 원칙과 조화를 이루어 법적 안정성을 해쳐서는 안 될 것이다.

　종전 판례와 다수설은 사정변경의 원칙을 인정하고 그 인정 요건을 제시하여 왔으나 사정변경의 원칙을 인정한 사례는 매우 드물고 대상판결은 피고의 사정변경에 따른 해지 주장을 받아들이지 않았다. 대상 판결도 피고의 해지 주장은 받아들이지는 않았다. 다만, 대상 판결은 계속적 계약관계는 계약의 체결 시와 이행 시 사이에 간극이 크기 때문에 당사자들이 예상할 수 없었던 사정변경이 발생할 가능성이 높다는 점을 명시하는 한편, 종전 판례가 제시하여 온 인정 요건을 일부 수정하거나 구체화하였고, 계속적 계약관계

---

* 대전지방법원 천안지원 판사.

— 535 —

에서도 이러한 요건이 충족되어야 한다고 함으로써 중요한 시사점을 주고
있다.

　　이 글에서는 사정변경의 원칙에 관한 일반론, 외국의 입법례와 우리나라
에서 논의 및 민법개정안을 검토하였고, 사정변경의 원칙에 따른 해지 쟁점
을 다룬 최근 판례들과 대상판결을 분석하였다.

[주 제 어]
• 사정변경의 원칙
• 계속적 계약
• 계속적 계약관계

대상판결 : 대법원 2017. 6. 8. 선고 2016다249557 판결[공2017하,1457]

[사안의 개요]

1. 피고는 1988년부터 서울 용산구 이태원동에 있는 호텔캐피탈 건물에서 사우나, 체력단련장, 수영장 등의 시설을 구비한 피트니스클럽(이하 '이 사건 클럽'이라고 한다)을 운영하였다.

2. 원고들은 피고와 직접 입회비, 보증금, 연회비를 지급하고 이 사건 클럽의 사우나 체력단련장, 수영장 등을 이용하기로 하는 내용의 시설이용계약(이하 '이 사건 이용계약'이라고 한다)을 체결하거나, 이 사건 클럽의 회원권을 양수한 이 사건 이용계약의 당사자들이다. 원고들은 이 사건 이용계약에 따라 피고에게 연회비를 납부하며 개인회원 또는 가족회원으로서 이 사건 클럽을 이용하여 왔다.

3. 피고는 2013. 9. 12. 원고들에게 '이 사건 클럽의 계속적인 적자 발생 등으로 클럽 운영은 더 이상 불가능하다. 2013. 9. 30.자로 이 사건 클럽의 운영을 중단하므로 납입한 보증금을 반환받아가라.'는 취지의 통보를 하였다. 피고는 2013. 9. 16. 이와 동일한 내용의 공고를 한 다음 2013. 9. 30. 이 사건 클럽 운영을 중단하였다.

[소송의 경과]

1. 제1심(서울중앙지방법원 2015. 9. 10. 선고 2013가합551650 판결) : 원고들
   청구 일부 인용

원고들은 피고가 이 사건 클럽의 운영을 일방적으로 중단하여 이 사건 이용계약상의 채무를 불이행하였다고 주장하며 이로 인한 원고들의 손해배상을 구하였다.

이에 대하여 피고는 이 사건 클럽을 운영하는 과정에서 적자가 누적되어 경영에 심각한 지장이 발생하였고, 시설의 노후로 이 사건 클럽의 개, 보수에 막대한 비용이 필요한 상황이므로 이 사건 이용계약을 계속 유지하기 어려운 현저한 사정변경이 발생하였다고 주장하며 피고가 원고들에게 이 사건 클럽의 운영 중단을 통보하고 보증금 반환을 통지한 것은 사정변경에 따른 해지로서 유효하다고 항변하였다.

제1심판결은 원고들의 청구를 일부 인용하고, 다음과 같은 이유로 피고들의 사정변경에 따른 해지 항변을 받아들이지 않았다.[1]

① 이 사건 이용계약과 같은 피트니스클럽 이용관계에서 운영주체가 회원들의 이용이 가능한 적절한 수준으로 그 시설을 유지, 관리하는 것은 핵심적인 의무내용에 해당한다. 피고로서도 시간이 경과함에 따라 시설의 유지관리에 일정 비용이 소요되고, 시설의 노후 정도에 따라 그 유지, 관리비용이 증가하는 것을 충분히 예측할 수 있었다.

② 이 사건 클럽은 주된 사업부문인 호텔의 이용객들에 대한 부가적인 서비스 제공 차원에서 적자를 감수하고 운영하여 왔음을 인정하고 있는바, 피고와 원고들 사이에 이 사건 이용계약이 체결될 당시부터 피고가 이 사건 클럽의 운영으로 다소간의 적자가 발생하리라는 사정은 예견할 수 있었다. 이 사건 클럽을 운영하면서 적자가 많이 발생하면 안 된다는 사정은 이 사건 이용계약 성립의 기초가 되는 객관적 사정이라고 볼 수 없다.

③ 피고의 유일한 경영난 타개 방안은 연회비 인상이고, 피고는 5차례에 걸쳐 연회비를 조금씩 인상하였다. 피고가 연회비를 더 큰 폭으로 인상하는 것이 불가능하였다고 보이지 않는다.

④ 통상적으로 예상하기 어려운 현저한 경제사정의 변동이 있다고 보기 어려운 상황에서 피고가 이 사건 클럽을 운영하면서 적자가 누적되고 있었다는 사정만으로 이 사건 클럽의 운영이 불가능할 정도에 이르렀다고 단정하기는 어렵다.

⑤ 피고는 이 사건 클럽의 시설 노후화나 배관누수 등의 문제로 노후된 시설의 교체 및 전면적 보수공사가 필요하였고, 그 비용으로 약 50억 원이 소요될 것으로 예상되었다고 주장하나, 이를 인정할 자료가 없다.

⑥ 그 무렵 피고가 받은 기업평가등급, 현금흐름등급, 2012년도의 당기순이익 등에 비추어 볼 때, 피고는 이 사건 클럽을 운영할 능력이 충분하였다.

⑦ 피고가 이 사건 클럽 회원들에게 이 사건 클럽의 경영상태가 어렵다는 이유로 연회비 인상을 요청하는 조치를 먼저 취하지 않은 채 일방적으로 운영중단을 통보한 점에 비추어 볼 때, 이 사건 이용계약의 내용대로 구속력을 인정하는 것이 신의칙에 현저히 반한다고 볼 수 없다.

[1] 다만, 법원은 원고들이 이 사건 클럽을 계속 이용하였더라면 매년 연회비를 납부하여야 하고, 피고의 재정 적자로 인하여 연회비 인상은 불가피한 점을 참작하여 피고의 손해배상 책임의 범위를 제한하였다.

2. 항소심(서울고등법원 2016. 8. 18. 선고 2015나2060762 판결) : 피고 항소
   기각

항소심은 다음과 같은 사실을 추가로 인정하였으나, 피고의 사정변경에 따른 해지 주장은 제1심판결과 같은 이유로 받아들이지 않았다.

"피고가 이 사건 클럽을 운영하면서 2009. 10. 1.경부터 2013. 9. 30.경 사이에 매출은 점점 감소한 반면 물가가 상승하여 비용 지출이 점점 증가하였다. 2012. 10. 1.부터 2013. 9. 30.까지의 기간 동안 피고의 전체 사업은 적자상태가 되었고, 이 사건 클럽이 적자상태를 면하기 위해서는 연회비를 큰 폭으로 인상하거나 회원이 상당수 증가하여야 했었다. 피고는 2013. 9. 30. 이후에도 계속 적자상태였고 2015년경에는 호텔 등급이 특2등급에서 1등급으로 하락하였다."

[대상판결의 요지]

대법원은 다음과 같은 이유로 피고의 상고를 기각하였다.

1. 계약 성립의 기초가 된 사정이 현저히 변경되고 당사자가 계약의 성립 당시 이를 예견할 수 없었으며, 그로 인하여 계약을 그대로 유지하는 것이 당사자의 이해에 중대한 불균형을 초래하거나 계약을 체결한 목적을 달성할 수 없는 경우에는 계약준수 원칙의 예외로서 사정변경을 이유로 계약을 해제하거나 해지할 수 있다. 여기에서 말하는 사정이란 당사자들에게 계약 성립의 기초가 된 사정을 가리키고, 당사자들이 계약의 기초로 삼지 않은 사정이나 어느 일방당사자가 변경에 따른 불이익이나 위험을 떠안기로 한 사정은 포함되지 않는다.

2. 경제상황 등의 변동으로 당사자에게 손해가 생기더라도 합리적인 사람의 입장에서 사정변경을 예견할 수 있었다면 사정변경을 이유로 계약을 해제할 수 없다. 특히 계속적 계약에서는 계약의 체결 시와 이행 시 사이에 간극이 크기 때문에 당사자들이 예상할 수 없었던 사정변경이 발생할 가능성이 높지만, 이러한 경우에도 위 계약을 해지하려면 경제적 상황의 변화로 당사자에게 불이익이 발생하였다는 것만으로는 부족하고 위에서 본 요건을 충족하여야 한다.

3. 피고가 적자 누적의 원인으로 들고 있는 신규 회원의 감소나 휴회원의 증가, 시설의 유지·관리 비용의 증가와 같은 사정은 이 사건 이용계약의 기초가 된 사정이라고 보기 어렵고, 현저한 경제상황의 변동으로 인한 것이 아닌 한 원칙적으로 피고가 변경에 따른 위험을 떠안기로 한 것으로 보아야 한다.

4. 나아가 피고가 주된 사업인 호텔의 이용객을 위한 부가적인 서비스 차원에서 다소간의 적자를 감수하고 이 사건 클럽을 운영해 왔기 때문에, 피고가 이 사건 클럽을 운영하면서 2009년부터 매출이 감소하고 2012년 말부터 적자가 누적되어 왔다는 점이 계약 당시 예견할 수 없었던 현저한 사정변경에 해당한다고 보기도 어렵다.

〔研　　究〕

1. 서　론

대상판결의 피트니스클럽 이용계약은 일정 기간 동안 피트니스클럽 이용권의 제공과 회원의 연회비 등 이용료 지급이 이루어지는 것을 전제로 하는 계속적 계약관계에 해당한다. 계속적 계약관계는 당사자 사이의 법률관계가 일회적으로 끝나는 것이 아니라 그 계약관계가 지속되는 것을 전제로 하므로, 계약기간 동안 계약 성립 당시의 경제적 환경, 경영사정 등이 변하는 경우가 많다. 대상판결도 계속적 계약관계는 계약의 체결 시와 이행 시 사이에 간극이 크기 때문에 당사자들이 예상할 수 없었던 사정변경이 발생할 가능성이 높다는 점을 명시하였다.

한편, 계약이 성립하면 당사자는 각자의 의무를 계약의 내용에 따라 성실하게 이행하여야 하는 것이 원칙이고, 이는 계속적 계약관계에서도 마찬가지로 적용된다. 그런데 계약 성립의 기초가 된 사정이 당사자들이 예견할 수 없는 사정으로 현저히 변경되어 당초의 계약내용대로 구속력을 인정하는 것이 당사자 일방에게 매우 가혹한 결과가 되는 경우에는 '계약은 지켜져야 한다.'는 계약법의 대원칙의 예외를 인정하여 계약을 수정 내지 해소할 수 있다는 것이 사정변경의 원칙이다.

종전 판례와 다수설은 사정변경의 원칙을 인정하고 그 인정 요건을 제시하여 왔다. 사정변경의 원칙은 계약준수의 원칙의 예외로서 인정되는 만큼 법적 안정성 확보를 위하여 인정 요건으로 구체적인 기준을 제시하는 것이 중요하다. 대상판결은 피고의 사정변경에 따른 해지 주장을 받아들이지 않았으나, 종전 판례가 제시하여 온 인정 요건을 일부 수정하거나 구체화하였고, 계속적 계약관계에서도 이러한 요건이 충족되어야 한다고 함으로써 중요한 시사점을 주고 있다.

이하에서는 계속적 계약관계의 특징과 사정변경의 원칙에 관한 일반론, 외국의 입법례와 우리나라에서 논의 및 민법개정안에 대해 살펴보고, 사정변경의 원칙에 따른 해지 쟁점을 다룬 최근 판례를 분석한 후 대상판결의 의의를 다루고자 한다.

2. 사정변경의 원칙2) 일반론

가. 의   의

사정변경의 원칙이란, 일반적으로 계약의 성립 당시에 있었던 환경 또는 그 기초가 되는 사정이 그 후 현저하게 변경되어 당초에 정하였던 행위의 효과 내지 계약의 내용을 그대로 유지하고 강제하는 것이 신의칙과 공평의 원리에 반하는 결과가 되는 경우에 당사자가 그 법률행위

---

2) 사정변경의 '원칙'이라는 표현에 관하여, 사정변경에 의한 계약의 변경이나 해소에 반대하는 견해가 있고, 판례 역시 계속적 보증계약에서 채무액이 불확정된 경우에 한하여 사정변경에 의한 해지를 인정하고 있을 뿐, 그 외의 경우에는 일관적으로 부정하고 있는 점, 외국의 입법례나 해석론에 비추어 볼 때, '사정변경의 원칙' 보다는 '사정변경의 법리'라는 표현이 바람직하다는 견해가 있다[정상현, "사정변경에 의한 계약해소의 유형적 판례분석", 판례연구 제23집(1), 서울지방변호사회 (2009), 135-136면]. 이는 사정변경의 원칙이 계약의 구속력에서 벗어나도록 허용하는 예외에 해당하기 때문에, 재판실무상 사정변경의 원칙에 기초한 당사자의 주장은 거의 받아들여지지 않고 있어 '원칙'이라는 표현이 무색할 정도이므로 경청할 만한 지적이다[권영준, "위험부담의 관점에서 본 사정변경의 원칙", 민사재판의 제문제 제19권, 한국사법행정학회(2010), 300면]. 그러나 그동안 대다수의 학설과 판례에서 '사정변경의 원칙'이라는 용어를 사용하여 왔으므로 본 발표문에서는 '사정변경의 원칙'이라는 표현을 사용하기로 한다.

의 효과를 신의, 공평에 맞게 변경하거나 해소할 수 있다는 원칙을 말한다.[3]

사정변경의 원칙은 계약 성립 당시에 채무 이행이 가능하다는 점에서 계약 성립 당시에 이미 계약의 목적 불능으로 무효인 원시적 불능과 구별된다. 또한, 사정변경의 원칙은 계약 당시의 사정이 변경되어 계약의 목적을 이행하기가 곤란하거나 불능이 되는 경우에 발생하므로(반드시 불능일 것을 요하지 않는다), 계약 성립 이후 채무 이행이 불가능한 후발적 불능과도 구별된다.[4]

나. 연   혁

사정변경의 원칙은 일반적으로 중세 교회법에 의하여 제기된 효력유지약관(clausula rebus sic stantibus, 이하 'clausula 법리'라고 한다),[5] 즉 계약 체결 시의 사정이 그대로 존재하는 것을 조건으로 계약의 효력이 유지된다는 약관이 모든 계약에 부가되어 있다는 법리에 그 기원을 두고 있다.[6]

이는 후기 스콜라 학파의 법학자들뿐만 아니라 17세기 내지 18세기 자연법 학자들에게도 전해졌다. 그러나 19세기에 들어서면서 자본주의경제의 발달과 함께 계약준수의 원칙이 강조되었고, clausula 법리는 점차 제한되거나 부정되기 시작하였다. 그러다 제1, 2차 세계대전 이후 사정변경의 원칙이 다시 논의되기 시작하였고 clausula 법리는 그 요건 및 효과에서 약간의 수정을 거치면서 독일에서는 행위기초론(die Lehre von der

---

3) 편집대표 김용담, 주석민법 민법총칙(1), 한국사법행정학회(2010), 173면; 편집대표 곽윤직, 민법주해[Ⅷ] 채권(6), 박영사(2006), 245면.
4) 손경환·최성규, "국제계약상 사정변경의 원칙", 제23집 제1호, 국제거래법학회(2014), 3면.
5) 사정존속약관으로 불리기도 한다.
6) 로마법에도 계약체결 후 채무자의 귀책사유 없이 이행이 불가능하게 되었다면 채무자는 이행의무로부터 면제된다는 법리가 있었으나, 이러한 사상이 일반원칙의 수준으로 격상되지는 않았고, 계약준수의 원칙이 계약법을 지배하고 있었다[권영준(주 2), 302면].

Geschaftsgrundlage), 프랑스에서는 불예견이론(la theorie de l'imprevision), 영미에서는 계약목적달성불능의 법리(the doctrine of fustration of contract)로 발전하였다.[7] 우리나라는 독일 행위기초론의 영향을 받은 일본 사정변경의 원칙에 영향을 받았다.[8]

다. 외국의 입법례

최근 들어서는 많은 국가들이 사정변경의 원칙을 입법화하고자 하는 추세에 있다. 이하에서는 영미, 독일, 프랑스, 일본에서의 사정변경의 원칙에 관한 논의와 각국의 민법규정 또는 민법개정안에 대하여 검토해보고자 한다.

(1) 영미법상 계약목적달성불능의 법리

영미 계약법에서는 원래 계약의 이행이 불능으로 되는 경우 채무자가 어떠한 경우이든 손해배상 책임을 면하지 못하는 것이 원칙이었으나, 19세기 중반 이후 이러한 엄격한 법리를 완화할 필요성이 제기되었고, Taylor v. Caldwell 사건[9]을 통해 계약목적달성불능의 법리가 영국에서 처음으로 인정되었다. 영국의 계약목적달성불능의 법리는 그 적용 요건에 있어 특정한 물품 또는 도급 목적물의 멸실, 목적물 완성을 위한 공급인력의 사망 또는 사고 등으로 인한 이행불능에 제한되고, 이행이 곤란한 경우에는 적용되지 않으며, 법률효과에서도 사유가 발생한 이후의 이행을 면제할 뿐이다.[10]

---

7) 민법주해[VIII](주 3), 246면.
8) 권영준(주 2), 301-307면; 손봉기, "사정변경으로 인한 계약해제가 인정되는지 여부 및 그 요건 등", 대법원판례해설 제67호(2007년 상반기), 법원도서관, 2007, 17-18면 참조.
9) 채무자의 과실 없이 이행불능된 경우에 면책된다는 묵시적 조건(implied terms)이 계약 내용에 포함되어 있다는 것을 근거로 불능을 면책사유로 보았다(James Gordley, Impossibility and Changed and Unforeseen Circumstances, American Journal of Comparative Law 513, 2004, 522; Guenter Treitel, The Law of Contract, 9th ed, Sweet & Maxwell, 1995, 778. - 김영두, "계약관계에 있어서 이행청구권의 실현 불능 사유", 민사법학 제50호, 한국사법행정학회(2010), 주 43에서 재인용.
10) 손경환·최성규(주 4), 5면 참조.

미국은 1916년 Mineral Park Land Co. v. Howard 사건[11]에서 위 법리를 최초 인정하였다. 계약 체결 후 당사자가 예견할 수 없었던 사정변경으로 계약의 이행이 곤란하게 된 경우, 당사자는 자신의 면책을 구하기 위하여 이행불능(impossibility)이나 목적좌절(frustration), 불가항력(force majeure)이나 상사적 이행불능(commercial impracticability)을 각각 또는 병행적으로 주장할 수 있다. 계약 체결 후 당사자가 예견하지 않았던 사건이 발생하여 당사자가 처음에 의도했던 계약의 목적을 달성할 수 없게 된 경우에는 계약이 장래를 향하여 소멸한다. 미국은 실행불가능(impracticability)의 법리를 통해 이행곤란의 경우에도 면책을 인정한다는 점에서 영국보다 비교적 더 완화된 태도를 가지고 있다.[12] "실행불가능(impracticability)" 요건은 ① 사정변경으로 인하여 계약의 이행이 불가능 또는 곤란하게 되고, ② 사정의 변경이 없을 것이 계약체결의 기본적인 전제가 되어 있었어야 하며, ③ 계약의 실행곤란이 면책을 구하는 당사자의 귀책사유 없이 발생하여야 하고, ④ 면책을 구하는 당사자가 그러한 실행곤란의 위험을 인수하지 않았던 경우여야 한다.[13]

한편, 영미법의 계약목적의 달성 불능에서 말하는 목적이란 양 당사자의 공통적인 목적으로서 양 당사자가 모두 어떤 목적을 위하여 계약을 체결한다는 것을 알고 있어야 한다.[14]

(2) 프랑스법상 불예견론의 법리

불예견이론은 계약관계가 성립한 후 이행기에 이르기까지 당사자에

---

11) 법원은 자갈 매매계약에 있어서 수면 아래에 있는 자갈의 채취에 약정가격의 10~12배에 달하는 비용증가가 발생한 경우에 계약의 이행이 불능이 된 것으로 보아 매도인의 면책을 인정하였다[이재목, "계약사정의 변경과 계약내용의 조정, 비교사법 제8권 제1호(상)(제14호), 한국비교사법학회(2001), 주 17].

12) 손경환·최성규(주 4), 5면 이하; 권영준(주 2), 318면 이하; 손봉기(주 8), 16면 이하 참조.

13) U.C.C. § 2-615, 2002, Section 2-615 provides: Excuse by Failure of Presupposed Conditions. 이에 대한 해석은 박정기·윤광운 역, 미국통일상법전-Uniform Commercial Code(UCC), 법문사(2006), 52면 참조; RESTATEMENT (SECOND) OF CONTRACTS § 265, 1981 – 손경환·최성규(주 4), 5면에서 재인용.

14) 손봉기(주 8), 22-23면.

게 책임 없는 사유로 인하여 전혀 예견하지 못한 사회적, 경제적 변혁이
생겨 당초의 계약관계를 유지시키는 것이 심한 불균형을 이루는 경우에,
계약 당사자 일방의 청구에 의하여 법관에게 계약내용의 변경권이나 계
약의 해소권을 인정하여야 한다는 이론을 의미한다. 프랑스는 행정판례
와 특별법에 의해 제한적으로 이를 인정하는 외에는 인정하고 있지 않
았다.[15]

그러나 2016년 프랑스 개정민법에서 다음과 같은 내용으로 사정변
경의 원칙을 규정하고 있다. 법원이 개입하여 계약을 수정하거나 종료할
수 있다는 점이 특징이다.

> **제1195조**
> 계약체결 당시 예측할 수 없던 사정이 변경되고 사정변경에 따른 위험을 부담하
> 기로 동의하지 않은 당사자에게 과도한 비용이 발생하면, 당사자는 상대방에게 재
> 협상을 요구할 수 있다. 당사자는 재협상기간 동안 의무이행을 계속하여야 한다.
> 재협상을 거절하거나 하지 못한 경우, 당사자들은 자신들이 정한 날짜와 조건에
> 따라 계약 종료에 동의하거나, 법원에 수정을 요구할 수 있다. 합리적인 시간 내
> 에 합의가 없는 경우, 법원은 당사자의 요청에 의해 법원이 정한 날짜와 조건에
> 따라 계약을 수정하거나 종료할 수 있다.

(3) 독일법상 행위기초론[16]

2002년 개정 전 구 독일민법은 사정변경의 원칙에 관한 일반조항은
두고 있지 않았다. 그러나 사정변경이 계약당사자의 위험배분의 한계를
넘고, 당사자에게 계약을 변경하지 않고 유지하는 것을 기대할 수 없는
현저한 사정의 변경이 있으면 계약의 수정이 정당화된다는 행위기초의
결여 내지 상실(Fehlen oder Wegfall der Geschäftsgrundlage) 이론이 학설
과 판례에 의해 인정되어 왔었다.[17]

---

15) 정상현, "프랑스 민법상 불예견이론과 우리 민법에의 시사점", 민사법학 제41호,
   한국사법행정학회(2008), 495면; 조성민, "사정변경에 의한 계약의 해제", 고시계
   47권 제11호, 국가고시학회(2002), 84면; 손봉기(주 8), 23면.
16) 박규용, "사정변경의 원칙과 행위기초론", 법학연구 제40집, 한국법학회(2011),
   98-107면 참조.
17) Bundesminister der Justiz, Abschlußbericht der Kommission zur Uberarbeitung
   des Schuldrechts, 1992, S. 147 - 정진명, "사정변경 원칙의 명문화 방안", 비교사법

이후 행위기초론은 2002년 개정 채무법 제313조로 다음과 같이 입법화되었다.

> **제313조(행위기초의 장애)**
> ① 계약의 기초가 된 사정이 계약체결 후에 현저히 변경되고, 그 변경이 만일 당사자들이 이를 예견할 수 있었다면 계약을 체결하지 아니하였거나 다른 내용을 계약을 체결하였을 것인 경우에, 개별적인 경우의 모든 사정, 특히 계약상 또는 법률상의 위험분배를 고려하면 당사자 일방에게 원래의 계약에 귀속되는 것을 기대할 수 없는 때에는, 계약의 수정(Anpassung)을 청구할 수 있다.
> ② 계약의 기초가 된 본질적인 관념이 잘못된 것으로 밝혀진 경우도 사정의 변경과 동일하다.
> ③ 계약의 수정이 불가능하거나 당사자 일방에게 기대될 수 없는 경우에는, 불이익을 입은 당사자는 계약을 해제할 수 있다. 계속적 계약관계에서는 해제가 아니라 해지할 수 있다.

독일민법에 규정된 행위기초론은 객관적 행위기초의 결여(등가파괴 또는 목적좌절)와 주관적 행위기초의 결여(공통착오의 문제)를 포함하며, 특히 계약상 또는 법률상의 위험배분을 고려하면 당사자에게 기대할 수 없어야 한다는 표지를 설정하였다. 변경된 사정을 수정하는 것을 원칙으로 하고, 수정이 가능하지 않거나 기대할 수 없는 경우에 해제할 수 있도록 하였다.[18]

(4) 일   본

사정변경의 원칙을 인정하는 명문규정은 없으나 학설과 판례에 의하여 인정하고 있다. 그러나 최고재판소 및 그 하급법원은 이론적으로는 사정변경의 원칙을 긍정하면서도, 구체적인 사건에서는 사정변경의 요건을 매우 엄격히 해석하여 사정변경의 원칙이 적용된 사례가 드물다.[19]

일반적으로 일본의 학설과 판례는 ① 계약의 성립 당시 그 기초가

제18권 제3호(통권 제54호), 한국비교사법학회(2011), 647면의 주 3에서 재인용.

18) 정진명(주 17), 653면.

19) 일본에서는 2차대전 이후 전례 없는 경제적 사회적 대변동으로 인해 사정변경의 원칙을 적용할 만한 사안이 법원에 쇄도하였으나, 최고재판소에서 인정된 것은 없다고 한다[五十嵐清, 新版注釈民法(13) 債権(4) 契約総則 중 契約と事情変更, 有斐閣(2006), 70; 山本敬三, 民法講義 Ⅳ-1 契約(有斐閣, 2005), 102면의 주 17 - 손봉기(주 8), 28면에서 재인용].

되었던 사정의 변경, ② 당사자의 예견불가능, ③ 당사자의 귀책사유 부
존재, ④ 사정변경의 결과 당초 계약 내용에 당사자를 구속하는 것이 신
의칙상 현저히 부당할 것을 요건으로 한다. 그중 ④ 신의칙 요건은 독일
의 학설에 영향을 받아 경제적 불능, 등가관계의 파괴, 계약목적의 도달
불능의 3가지 유형으로 구분하는 것이 일반적이다. 특히 계약목적의 도
달불능은 계약내용 중에 표현된 계약의 객관적인 목적이 사정변경에 의
하여 달성되지 못하게 된 경우로서 매매목적물의 이용목적, 임차물의 사
용목적과 같은 제2, 3의 목적은 단순히 상대방에 전달되어 알고 있다는
것만으로는 부족하고, 계약의 내용으로 명시하여 양 당사자가 그것을 고
려하여 계약내용을 정하였을 때에 비로소 계약의 목적이 되는 것으로 이
해하고 있다.[20]

　　일본민법개정위원회는 학설과 판례의 경향을 수용하여 다음과 같은
내용으로 사정변경원칙을 민법전에 명문화하도록 제안한 바 있다.[21]

> **[3.1.1.91] 사정변경의 요건**
> 1. 계약체결에 있어 당사자가 그 기초가 된 사정에 변경이 생긴 경우에도 당사자
>   는 당해 계약에 근거하여 부담하는 채무를 면하지 못한다.
> 2. 다만 사정변경이 다음의 요건을 만족하는 때에는 당사자는 【3.1.1.92】에서 정
>   하는 청구를 할 수 있다.
>   (가) 당해 사정변경이 계약당사자의 이해에 현저한 불균형을 초래하거나 또는
>   계약을 체결한 목적의 실현을 불가능하게 하는 중대한 것일 것
>   (나) 당해 사정변경이 계약체결 후에 생겼을 것
>   (다) 당해 사정변경이 계약체결 시에 당사자들이 예견할 수 없었고, 그 통제를
>   넘은 것일 것

---

20) 업자가 국철과 사이에 北九州시의 역 앞 토지를 주차장으로 사용하려고 매매 예
　　약하였는데 그 토지가 신간선 용지로 매수된 경우에, 업자가 예약완결권을 행사한
　　것에 대하여 국철이 업자가 매수토지를 주차장으로 이용하는 것이 불능으로 되었
　　다는 이유를 들어 사정변경으로 인한 해제를 주장한 사안에서, 최고재판소는 이
　　사건에서 계약목적을 과대시해서는 아니 되고, 또한 업자의 예약완결권의 행사는 신
　　의칙에 반하는 것은 아니라고 판단하여, 국철의 해제주장을 받아들인 원심판결을 파
　　기환송하였다(最高裁　昭和　56. 6. 16. 判時1010호, 43). ― 손봉기(주 8), 29면에서
　　재인용.
21) 정진명(주 17), 657~660면.

라. 우리나라 사정변경의 원칙에 관한 논의

(1) 개별적인 규정

우리 민법은 사정변경의 원칙을 일반적으로 인정하는 명문의 규정은 없으나, 개별적인 계약유형에 따라 계약체결 후의 사정변경을 이유로 계약의 해제(해지) 등 계약관계의 조정을 인정하는 규정을 두고 있다. 일반적으로 기간의 지속을 어느 정도 예정하는 계속적 계약관계에서 사정변경의 원칙이 적용된 예를 많이 발견할 수 있다.[22] 지상권과 전세권에 있어서 조세 기타 공과금 등 부담의 증감이나 지가변동 또는 경제사정의 변동으로 인한 지료 및 전세금의 증감청구(제286조, 제312조의2), 소비대차계약에 있어서 당사자 일방이 파산선고를 받은 때 효력 상실(제599조), 임차권에 있어서 경제사정의 변동으로 인한 장래의 차임증감청구(제628조) 규정 등이 있고, 일시적 계약관계로는 증여자의 재산상태변경과 증여계약의 해제(제557조) 규정을 예로 들 수 있다.

민법 외에도 사정변경 등에 따른 가압류취소(민사집행법 제288조 제1항), 정기금 액수 산정의 기초사정의 변경이 있는 경우 정기금판결 변경의 소(민사소송법 제252조 제1항), 차임증감청구권(주택임대차보호법 제7조, 상가건물임대차보호법 제11조), 신원보증계약이 체결된 이후 계약의 기초가 되는 사정에 중대한 변경이 있는 경우 계약해지권(신원보증법 제5조), 회원으로 가입한 이후 회원 권익에 관한 약정이 변경된 경우 기존 회원의 탈퇴권(체육시설의 설치·이용에 관한 법률 제18조 및 동 시행령 제19조 제2호)[23] 등의 규정들은 사정변경의 원칙을 반영한 것이라고 볼 수 있다.

---

22) 김영신, "계속적 계약관계 및 그 해지에 관한 고찰", 민사법학 제41호, 한국민사법학회(2008), 29면.

23) 위 탈퇴권은 체육시설업자가 경기변동과 같은 사정변경에 따라 회원 권익에 관한 약정을 변경할 수 있도록 허용함으로써 탄력적인 영업활동을 보장하는 대신 자신의 의사에 반하여 회원 권익에 관한 약정이 변경됨으로써 불이익을 입게 된 회원으로 하여금 당해 체육시설에서 자유로이 탈퇴함으로써 입회금을 반환받을 수 있는 권리를 보장하고자 함에 그 취지가 있는 것으로 보이므로, 위와 같은 탈퇴권은 계속적 계약관계에서 사정변경으로 인한 계약해지의 법리를 다소 완화하여 입법화한 것과 유사하다(서울고등법원 2013. 11. 7. 선고 2013나13292 판결 참조).

(2) 사정변경의 원칙을 일반적으로 인정하는 것에 대한 논의
(가)긍정설(다수설)

다수설은 신의칙과 형평의 원칙에 근거하여 현행법의 해석상 사정변경의 원칙을 인정한다.[24] 다만, 다수설은 사정변경의 원칙의 적용을 긍정하면서도, 계약준수의 원칙의 예외로서 법적 안정성을 크게 해칠 것을 우려하여 엄격한 요건을 요구하고 있다.[25] 다수설이 제시하는 사정변경의 원칙 인정 요건은 ① 계약 성립 당시 그 기초가 되었던 사정이 현저히 변경되었을 것, ② 사정의 변경을 당사자가 예상하지 못하였고 예상할 수 없었을 것, ③ 사정변경을 주장하는 당사자의 귀책사유가 없을 것, ④ 계약내용대로 구속력을 인정할 경우 신의·공평의 원칙에 반하는 결과를 야기할 것이다.

다수설이 제시한 요건에 "사정변경을 인정하는 법률의 규정이 있거나 또는 전시, 기타 심각한 위기상황이 발생하였을 것"이라는 요건을 부과하여 사정변경의 원칙의 자의적 운영을 엄격히 제한하여야 한다는 견해가 있다.[26] 또한, 사정변경의 원칙이 적용되는 요건을 위험배분의 관점에서 설명하는 견해도 있다. 계약해석 결과 도저히 계약의 규율범위에 포섭할 수 없는 위험, 즉 당사자가 명시적 또는 묵시적으로 배분하지 않은 위험에 한하여 사정변경의 원칙이 적용된다고 본다.[27]

사정변경에 의한 효과에 있어서는 일단은 계약 내용을 수정하여 계약을 유지하고자 하는 견해[28]와 우선적으로 계약의 해소를 인정하는 견해[29]로 대립된다. 후자의 입장이 다수 견해이다.[30]

---

24) 편집대표 곽윤직, 민법주해[Ⅰ] 총칙(1), 박영사(2006), 147; 민법주해[Ⅷ](주 3), 250면.
25) 손봉기(주 8), 31면.
26) 이은영, 채권각론, 박영사(2005), 240-241면.
27) 권영준(주 2), 321면 이하 참조.
28) 김형배, 채권각론, 박영사(2001) 70면 등 참조.
29) 곽윤직, 채권각론, 박영사(2003), 159면; 이은영(주 26), 240면 등 참조.
30) 손봉기(주 8), 30면.

(나) 부 정 설

부정설은 우리 민법이 사정변경의 원칙에 관한 개별적 규정만 두고 일반적 규정을 두지 않은 것은 민법의 일반원리로서 수용하지 않은 것으로 해석해야 하고, 만약 전혀 예상하지 못한 사회적, 경제적 변동으로 인하여 기존 계약관계의 불균형이 극히 심한 경우에는 계약유형별로 구체적인 경우와 조건을 명시하는 특별법을 제정하는 것이 바람직하다고 설명한다. 일반적 규정 없이 사정변경의 원칙을 인정하는 것은 자유주의적 계약법원리에 배치될 뿐만 아니라 계약의 안정성과 거래의 안전이 심각하게 위협받을 수 있다고 비판한다.[31] 장기간에 걸친 계속적 계약관계에서 경제사정의 변경(예컨대 화폐가치의 변동 등)은 당사자가 충분히 예상할 수 있고 금가치약관(Gold Value Clause, 금가치에 상당하는 통화나 지폐 등으로서 채권지급에 충당하는 약정) 등의 약관을 통하여 충분히 이를 대처할 수 있음에도, 이러한 대책을 마련하지 않은 채 발생한 위험을 상대방에게 전가시키는 것은 허용될 수 없다고 한다.[32]

마. 사정변경의 원칙에 관한 민법개정안

(1) 2004년 민법개정안[33]

2004년 민법개정위원회에서는 아래와 같이 사정변경의 원칙을 명문화하는 개정안 신설을 제안하였다. 위 개정안에 대하여는 조문의 위치, 사정변경의 원칙을 인정하기 위한 요건의 불명확성 등의 비판이 있었다.[34]

---

31) 민법주해[Ⅷ](주 3), 252면.
32) 김대정, "사정변경의 원칙을 명문화한 민법개정시안 제544조의4에 관한 검토", 법학연구 제22집, 전북대학교 법학연구소(2001), 245면 - 김대경, "사정변경으로 인한 계약의 해제", 경희법학 제46권 제1호, 경희대학교 법학연구소(2011), 202면에서 재인용.
33) 17대 국회 만료로 자동 폐기.
34) 민법 개정과정에서 사정변경의 원칙의 입법 필요성과 조문 위치 논의에 관한 내용은 법무부 민법개정자료발간팀, "2013년 법무부 민법개정시안", 채권편(상), 법무부, 382-404면; 송덕수, "계약의 해제·해지와 사정변경의 원칙에 관한 2012년 민법개정안의 성안경과와 내용", 법학논집 제17권 제1호, 이화여자대학교 법학연구소

> **제544조의4(사정변경과 해제, 해지)**
> 당사자가 계약 당시 예견할 수 없었던 현저한 사정변경으로 인하여 계약을 유지하는 것이 명백히 부당한 때에는 그 당사자는 변경된 사정에 따른 계약의 수정을 요구할 수 있고 상당한 기간 내에 계약의 수정에 관한 합의가 이루어지지 아니한 때에는 계약을 해제 또는 해지할 수 있다.

(2) 2012년 민법개정위원회 개정안

> **제538조의2(사정변경)**
> 계약성립의 기초가 된 사정이 현저히 변경되고 당사자가 계약의 성립 당시 이를 예견할 수 없었으며, 그로 인하여 계약을 그대로 유지하는 것이 당사자의 이해에 중대한 불균형을 초래하거나 계약을 체결한 목적을 달성할 수 없는 때에는 당사자는 계약의 수정을 청구하거나 계약을 해제 또는 해지할 수 있다.

(3) 사정변경의 원칙의 요건[35]

2012년 민법개정안은 사정변경의 요건으로 사정변경, 예견불가능, 중대한 불균형 또는 계약목적의 달성불능을 명시하였는데 이는 2004년 민법개정안에 비하여 명확한 요건을 제시한 것이다. 즉, 2012년 민법개정안은 2004년 민법개정안과 달리 계약의 기초가 된 사정이 변경되어야 할 것을 명확히 하였다. 2004년 민법개정안에서는 '계약을 유지하는 것이 명백히 부당한 때'라고 하였으나, 위 표현을 구체화할 필요가 있다는 의견이 있었다. 2012년 민법개정안은 이를 '당사자의 이해에 중대한 불균형을 초래하거나 계약을 체결한 목적을 달성할 수 없는 때'로 구체화하였는데, 이는 일본의 민법개정안의 표현과 유사하다. 한편, 이 경우에도 '계약을 체결한 목적을 달성할 수 없는 때'의 해석이 이행불능과의 구분이 명확하지 않으므로, '목적을 달성할 수 없는 때'의 의미는 불능과의 관계에서 검토되어야 한다는 견해가 있다.[36]

(2012), 47면 이하; 김재형 "계약의 해제·해지, 위험부담 사정변경에 관한 민법개정안", 서울대학교 법학 제55권 제4호, 서울대학교 법학연구소(2014), 49면 이하; 김대정(주 32), 245면 이하 참조.

35) 요건에 관한 논의에 대하여는 법무부 민법개정자료발간팀(주 34), 391-392면 참조.

(4) 사정변경 원칙의 효과

2012년 민법개정안에 따르면 사정변경의 요건이 갖추어진 경우에 당사자의 계약수정권과 계약해제, 해지권을 인정하고 있고, 두 권리를 어느 것이든 선택적으로 행사할 수도 있고, 병렬적으로 행사할 수 있다. 이는 계약의 수정을 먼저 하고, 수정이 불가능한 경우 해제(해지)를 할 수 있다고 규정한 2004년 민법개정안과 독일 민법과 차이가 있다.

또한, 2012년 민법개정안은 계약수정청구권과 계약해제권, 해지권을 법원의 권한으로 하지 않고 당사자의 권리로 인정하였다는 점에서 외국의 입법례와 차이가 있다.[37] 당사자 일방이 해제를 청구하여 왔더라도 상대방이 계약수정을 내세워 반소 또는 항변으로 다툴 경우에는 법원이 이를 심리하여 당사자의 가상적 합의를 도출하고 이에 따라 해소 또는 수정을 할 수 있도록 하여야 한다는 견해도 있다.[38]

바. 계속적 계약관계와 사정변경의 원칙의 관계

(1) 계속적 계약관계의 의의

일반적으로 계속적 계약은 회원이용계약, 고용계약, 임대차계약, 전속계약, 프랜차이즈계약 등 계약이 일정한 기간에 걸쳐 이루어지면서 급부의 범위도 그 기간에 좌우되는 계약관계를 말한다. 현행 민법은 계속적 계약관계라는 표현을 명시적으로 사용하고 있지는 않다. 그러나 다수의 대법원 판결에서 "계속적 보증", "계속적 계약관계"라는 표현을 사용하고 있고, 일회적 또는 일시적 계약과 구분되는 개념으로서 계속적 계약

---

36) 박영목, "사정변경으로 인한 등가관계 장애의 법적 해결", 고려법학 제71호, 고려대학교 법학연구원(2013), 448면 참조.
37) 최초 개정시안에는 법원의 권한으로 되어 있었다. 그 이유는 수정의 내용이 무엇인지 명확하지 않기 때문에 수정에 관하여 법원이 관여하도록 함으로써 절차적 통제를 할 필요가 있기 때문이다. 그렇지 않고 수정청구권을 당사자의 권리로 하려면 수정의 내용이나 범위를 한정하는 방안이 바람직하다[김재형(주 34), 54-55면 참조].
38) 이영준, "사정변경의 원칙", 민사법학, 2018. 2., 37면 이하 참조. 이 밖에 민법개정안과 관련하여 사정변경의 원칙에 따른 계약의 수정 및 해제에 관하여는 33면 이하 참조.

관계를 인정하는 것이 일반적이다.[39] 민법개정안에서도 "계속적 계약"이라는 표현을 사용하고 있다.

(2) 계속적 계약관계의 특징-해지와 관련하여

계속적 계약관계도 법정해지사유 또는 개별 약정해지사유에 따라 해지할 수 있을 것이다. 그 외에 계속적 계약관계에서 실무상 흔히 접할 수 있는 일반적인 해지 사유로는 아래와 같이 두 가지 유형으로 나눠볼 수 있다.[40]

(가) 사정변경을 주장하는 유형

계속적 계약관계는 당사자 사이의 법률관계가 일회적인 급부에 그치는 것이 아니라 통상 계약 당시에 존재하였던 사정이 그 계약관계가 지속되는 동안 유지됨을 전제로 체결되므로, 계약기간 동안에 당사자들이 쉽사리 예측할 수 없었던 변화가 발생하는 경우가 많다.[41] 계약 당사자들은 계약 성립 당시의 사정이 현저히 변경되었다는 이유로 사정변경의 원칙에 따른 계약 해지를 주장하며 계약의 해소를 구하게 된다. 대상판결도 이 사건 클럽의 운영자인 피고가 이 사건 이용계약을 유지하기 어려운 사정변경을 주장하며 이 사건 이용계약의 해지를 주장한 사안이다.

(나) 신뢰관계 파탄을 주장하는 유형

계속적 계약관계는 당사자 상호간의 신뢰관계를 기초로 하기 때문에 상호간의 신뢰가 강하게 요구되는 특징이 있다. 계약 당사자는 당사자 일방의 계약상 의무 위반이나 기타 부당한 행위 등으로 인하여 계약의 기초가 되는 신뢰관계가 파괴되어 계약관계를 그대로 유지하기 어려운 정도에 이른 경우 계약을 해지할 수 있다.[42] 대상판결에서 원고들이 신

---

39) 김영신(주 22), 24-28면; 곽윤직, 채권각론, 박영사(2003), 30면 참조.
40) 그 외에 계속적 계약관계에서 채무불이행, 기간의 정함이 없는 경우 계약을 해지할 수 있는지에 대한 논의에 관하여는 김영신(주 22), 31-39면; 장보은, "계속적 계약의 해지와 손해배상의 범위", 저스티스(제158-1호), 한국법학원(2017), 282-287면 참조.
41) 민법주해[I](주 24), 154면.
42) 이에 관하여는 대법원 1995. 3. 24. 선고 94다17826 판결 등 참조. 예컨대, 프랜차이즈계약에서 가맹점주 또는 본사가 계약상 의무를 다하지 아니하여 신뢰관계가

뢰관계 파탄을 주장한 바 없어 본 발표문의 주된 논의 대상이 아니나,
대상판결의 원고들로서는 피고와의 신뢰관계가 파괴되어 계약관계를 그
대로 유지하기 어려운 정도에 이르렀다는 이유로 계약의 해지를 주장하
는 것도 가능하였다고 보인다.

3. 사정변경의 원칙에 관한 종전 판례 분석

판례는 사정변경의 원칙을 부정하여 오다가[43] 2007. 3. 29. 선고
2004다31302 판결을 통해 우리 민법 하에서도 일정한 요건을 갖춘 경우
계약준수원칙의 예외로서 사정변경으로 인한 계약해제가 가능함을 밝힌
후 그 요건을 명백히 제시함으로써 사정변경으로 인한 계약해제(해지)의
적용가능성과 적용요건을 명확히 하였다.[44] 이 판결은 사정변경으로 인
한 계약해제권을 일반적 규정으로 신설한 2004년 민법 개정안 제544조의
4가 제안된 이후에, 법안의 내용과 유사한 요건을 제시하면서 등장한 판
결이라는 점에서도 의의가 있다.[45]

이후 대법원은 2013. 9. 26. 선고 2012다13637(전합) 판결, 2013. 9.
26. 선고 2013다26746(전합) 판결을 통해 위와 같은 법리가 계속적 계약
관계에서 사정변경을 이유로 계약 해지를 주장하는 경우에도 마찬가지로
적용된다고 명시한 바 있다.

파괴되었다는 이유로 계약을 해지하는 경우.

43) 매매계약이 체결된 후 9년이 지났고, 시가가 올랐다 하더라도 그것만으로는 매
매계약을 해제할 만한 사정변경이 있었다고 볼 수 없다는 판결(대법원 1991. 2.
26. 선고 90다19664 판결), 임대차계약에서 차임에 대한 부증액의 특약이 있더라
도 그 특약을 유지시키는 것이 신의칙에 반한다고 인정될 정도의 사정변경이 있다
고 보여지는 경우에는 형평의 원칙상 임대인에게 차임증액청구를 인정하여야 할
것이라는 판결(대법원 1996. 11. 12. 선고 96다34061 판결) 등에 비추어 볼 때, 그
이전에도 대법원이 사정변경의 법리를 인정한 것으로 보는 견해에 대하여는 김재
형, "2007년 분야별 중요판례분석(4) 민법총칙, 물권법", 법률신문 제3637호(2008.
3. 27.) 참조.

44) 손봉기(주 8), 40면. 2004다31302 판례 이전의 판례 분석에 관하여는 손봉기(주
8), 31면 이하 참조.

45) 정상현, "사정변경에 의한 계약해소의 유형적 판례분석", 판례연구 제23집(1), 서
울지방변호사회(2009), 151-152면.

한편, 판례는 계속적 거래관계에서 발생하는 불확정한 채무를 보증하는 계속적 보증계약의 경우 신의칙을 근거로 사정변경의 원칙을 인정하여 왔다. 그러나 계속적 보증계약관계는 사정변경뿐만 아니라 계약체결의 동기, 경과된 기간, 주채무자의 자산상태, 당사자 간의 신뢰관계 변동, 채권자 측의 사정 등을 광범위하게 고려하여 그 구속력을 제한하는 법리가 주장되고 있으므로, 계속적 보증에 있어서는 사정변경의 원칙과는 별도로 법관에 의한 계속적 계약관계의 조정문제로 다루는 것이 타당하다.[46]

가. 일반론으로서 인정한 판결 : 대법원 2007. 3. 29. 선고 2004다31302 판결(공2007상, 601, 이하 '2004다31302 판결'이라고 한다)

(1) 사실관계

이 사건 토지에 관한 개발제한구역 해제결정 고시가 이루어진 후 원고가 공개매각절차를 통해 낙찰을 받아 피고와 매매계약을 체결하고 이 사건 토지에 관한 소유권이전등기도 마쳤다. 이후 이 사건 토지가 공공공지로 편입됨에 따라 원고는 이 사건 토지에서 건축을 할 수 없게 되었다. 이에 원고는 사정변경에 따른 계약해제를 주장하였다.

(2) 원심과 대법원의 판단

원심은, 원고가 이 사건 토지에 건축 등이 가능한 것으로 알고 비싼 가격에 매수하였으나, 피고에 의하여 이 사건 토지가 공공공지로 지정되어 건축개발이 불가능해졌고, 이 사건 매매계약 당시에 원고가 예상하지도 않았고 예상할 수도 없었던 현저한 사정변경이 생겼는데, 그러한 사정변경은 피고에 의해 주도된 것으로 원고에게는 아무런 책임이 있다고 볼 수 없고, 이 사건 토지가 공공공지로 지정됨에 따라 원고에게는 이 사건 매매계약 당시에는 예상하지 못한 엄청난 손해가 발생하게 되어 기존의 이 사건 매매계약을 그대로 유지하는 것은 신의칙에 반하므로, 원고는 사정변경 또는 신의칙을 사유로 하여 이 사건 매매계약을 해제할

---

46) 민법주해[Ⅰ](주 24), 155면. 본 발표문에서는 계속적 보증 부분은 포함하지 않았다.

수 있다고 판단하였다.

대법원은 사정변경으로 인한 계약해제 요건으로 ① 계약 성립 당시 당사자가 예견할 수 없었던 ② 현저한 사정의 변경이 발생하였고 ③ 그러한 사정의 변경이 해제권을 취득하는 당사자에게 책임 없는 사유로 생긴 것으로서, ④ 계약내용대로의 구속력을 인정한다면 신의칙에 현저히 반하는 결과가 생기는 경우를 제시하면서, "여기에서 말하는 사정이라 함은 계약의 기초가 되었던 객관적인 사정으로서, 일방당사자의 주관적 또는 개인적인 사정을 의미하는 것은 아니다."라는 이유로 원심판결을 파기, 환송하였다.

구체적인 판결이유는 다음과 같다.

이 사건의 경우, 공개매각조건에 "이 사건 토지가 개발제한구역에 속해 있고, 이 사건 토지의 매각 후 행정상의 제한 등이 있을 경우 피고가 이에 대하여 책임을 지지 아니한다."는 내용이 명시되어 있었고 매매계약에도 "이 사건 토지의 인도 후에 발생한 일체의 위험부담에 대하여 피고가 책임지지 않는다."는 내용이 명시되어 있을 뿐, 당시 계약 당사자들 사이에 이 사건 토지상의 건축 가능 여부에 관한 논의가 이루어졌다고 볼 만한 자료가 없었다. 그러므로 이 사건 토지상의 건축 가능 여부는 이 사건 토지를 매수하게 된 주관적인 목적에 불과할 뿐, 이 사건 매매계약의 성립에 있어 기초가 되었다고 보기 어렵다.

따라서 이 사건 매매계약 후 이 사건 토지가 공공공지에 편입됨으로써 원고가 의도한 음식점 등의 건축이 불가능하게 되었다 하더라도 이러한 사정변경은 이 사건 매매계약을 해제할 만한 사정변경에 해당한다고 할 수 없고, 이러한 사정변경으로 인하여 원고가 의도한 주관적인 매수목적을 달성할 수 없게 되어 손해를 입었다 하더라도 특별한 사정이 없는 한 이 사건 매매계약의 효력을 그대로 유지하는 것이 신의칙에 반한다고 볼 수도 없다.[47]

---

47) 이미 계약의 이행이 완료된 이후 사정변경이 발생하여 사정변경의 원칙이 적용될 수 없는 사안이므로, 위와 같은 요건 충족 여부를 판단하기 전에 계약이 이미

나. 일시적 계약관계

(1) 대법원 2012. 1. 27. 선고 2010다85881 판결[미간행]-판결 ①

원고(건설회사)와 피고가 이 사건 매매계약을 체결할 당시 이 사건 부동산 일대의 용도지역은 도시지역 중 제1종 일반주거지역이었다. 이후 이 사건 부동산 일대에 도시계획시설인 근린공원을 신설하기로 하는 '도시관리계획결정(변경)'이 고시됨에 따라 원고가 의도한 주택개발사업이 사실상 곤란하게 되자 원고는 피고를 상대로 사정변경의 원칙에 따른 매매계약의 해지를 주장하였다.

대법원은 "이 사건 매매계약 체결 후 위와 같은 도시관리계획결정이 고시됨으로써 원고가 의도한 주택개발사업이 사실상 곤란하게 되었다 하더라도, 토지매매계약 체결 후 관련 법령의 개정 등으로 인하여 새로운 건축상의 제한이 생기거나 기존의 건축상의 규제가 없어질 가능성은 항상 존재하는 것이고 그와 같은 위험은 통상적으로 거래상 매수인이 부담하며, 그 밖에 기록에 나타난 제반 사정에 비추어 볼 때, 이러한 사정변경으로 인하여 이 사건 매매계약의 효력을 그대로 유지하는 것이 신의칙에 현저히 반한다고 볼 수 없다."라는 이유로 원고의 계약해지 주장을 받아들이지 않았다.

(2) 대법원 2015. 6. 24. 선고 2014다235219 판결[미간행][48]-판결 ②

피고와 분양계약을 체결한 원고들은 계약 체결 이후 이 사건 아파트에 입주할 때까지도 분양당시 광고한 아파트 주변의 각종 교육시설과

이행되었다는 이유로 사정변경의 원칙의 적용을 부정하는 것도 가능하다는 견해가 있다[윤진수, "2007년도 주요 민법 관련 판례 회고", 서울대학교 법학 제49권 제1호, 서울대학교 법학연구소(2008), 319면 이하; 김재형, "2000년대 민사판례의 경향과 흐름: 채권법", 민사판례연구 XXXII(하), 박영사, 262면; 윤진수, "이용훈 대법원의 민법판례", 정의로운 사법: 이용훈 대법원장 재임 기념, 사법발전재단(2011), 9면.

48) 같은 취지의 판결로는 대법원 2015. 7. 23. 선고 2014다52377, 2014다52384(병합), 2014다52391(병합), 2014다52407(병합), 2014다52414(병합), 2014다52421(병합), 2014다52438(병합), 2014다52445(병합), 2014다52452(병합), 2014다52469(병합) 판결[미간행], 대법원 2015. 9. 10. 선고 2014다56355, 2014다56362(병합)[미간행] 판결이 있다.

문화시설, 의료시설, 상업시설 등이 제대로 들어서지 않았으므로 분양계약 당시의 사정이 현저히 변경되었다고 주장하며 분양계약 해제를 주장하였다.

대법원은 피고가 이 사건 분양광고를 통하여 광고한 이 사건 개발사업은 인천광역시의 도시계획이나 사업자의 사업계획 단계에 있었던 것으로 장래 실현 여부가 불확실한 것이었고, 피고도 이 사건 분양광고에서 이 사건 개발사업의 변경 또는 폐지 가능성을 고지하였으므로, 이 사건 분양계약 당시 이 사건 개발사업이 변경되거나 무산될 수 있다는 사정은 수분양자도 예견하고 있었거나 예견할 수 있었다는 원심 판결의 이유를 인용하면서 원고들의 이 사건 분양계약의 해제 주장을 배척하였다.

다. 계속적 계약관계

(1) 대법원 2011. 6. 24. 선고 2008다44368[공2001하, 1451]―판결 ③[49]

원고는 온라인연합복권 운영기관인 피고에게 온라인연합복권시스템 구축 및 운영 용역을 제공하는 대가로 피고로부터 온라인연합복권 매회 매출액의 일정 비율에 해당하는 수수료를 지급받기로 하는 계약을 체결하였다. 원고가 피고를 상대로 수수료 지급 청구를 하자, 피고는 실제 온라인연합복권의 판매액이 당초 예상매출액의 11배가 넘었고, 7년 예상 매출액이 최초 발행일로부터 1년 6개월 만에 달성되었다면서 사정변경에 따른 계약해지를 주장하였다.

대법원은 실제 판매액이 예상매출액을 훨씬 초과하게 되어 그 판매액에 비례한 수수료를 지급받는 원고가 결과적으로 예상액을 훨씬 초과하는 수수료를 지급받게 되었다는 사정만으로는 신의칙 또는 형평의 원칙에 반하는 결과가 초래되었다고 볼 수 없다고 판단하였다.

---

49) 같은 취지의 판결로는 대법원 2012. 11. 15. 선고 2010다86891 판결[미간행] 판결이 있다.

(2) 대법원 2013. 9. 26. 선고 2012다13637 전원합의체 판결[공2013하,
1916], 대법원 2013. 9. 26. 선고 2013다26746 전원합의체 판결
[공2013하, 1954]-판결 ④

키코(KIKO, Knock-in, Knock-out)는 환율변동에 따른 위험을 피하기
위하여 환율이 일정 범위 안에서 변동할 경우, 미리 약정한 환율에 약정
금액을 팔 수 있도록 한 통화파생상품이다. 원고들은 피고들 은행과 통
화옵션계약을 체결하였는데 위 계약에 따르면, 시장환율이 넉인(Knock-in)
이상인 경우에 피고들 은행은 원고들을 상대로 콜옵션을 행사하여 계약
금액의 2배를 행사환율에 매수할 수 있다. 2008.경 환율이 넉인(Knock-in)
환율보다 높아져서 원고들은 피고들 은행에 계약금액 2배의 달러를 행사
환율에 매도할 의무를 부담하게 되었다. 이에 원고는 계속적 계약인 이
사건 통화옵션계약 체결 이후 환율의 내재변동성이 급격히 증가한 사정
은 계약의 기초가 된 객관적 사정의 변경이고, 당사자가 예견할 수 없었
을 뿐만 아니라 당사자에게 책임 없는 사유로 생겼으며, 환율이 계약기
간 동안 일정 범위에서 안정적으로 변동하리라는 것은 공통의 근본적 관
념에 해당하는데, 계약 체결 당시 전혀 예상할 수 없을 정도로 환율이
급등한 것은 당사자의 근본관념(주관적 행위기초)에 중대하게 반하는 본
질적 착오이므로, 신의칙에 의하여 이 사건 통화옵션계약을 해지할 수
있다고 주장하였다.

대법원은 다음과 같은 이유로 사정변경에 따른 해지를 인정하지 않
았다.[50]

① 환율의 변동에 따른 쌍방의 권리, 의무가 정해진 이 사건 계약의
구조와 내용, 환율의 속성, 원고는 외환거래가 불가피한 수출기업인 점

---

50) 이 사건에 관하여 키코 계약은 명시적인 위험배분이 행하여지는 전형적인 헤지
(hedge) 계약이고, 기업은 환율이 상한을 넘었을 때 발생하는 위험을 부담하기로
하는 대신, 은행은 환율이 상하한선의 범위 내에서 발생하는 위험을 부담하기로
하는 명시적 위험배분이 이루어진 것이다. 따라서 사정변경원칙의 관점에서 보자
면 기업이 이러한 명시적 위험배분을 한 이상, 애당초 사정변경에 기한 해지 주장
을 관철시키기 어려운 사건구조라고 평가할 수 있다는 견해에 대하여는 권영준(주
2), 325-326면 참조.

등을 보태어 보면, 환율의 변동가능성은 이 사건 계약에 이미 전제된 내용이거나 내용 자체이고, 원고와 피고는 환율이 각자의 예상과 다른 방향과 폭으로 변동할 경우의 위험을 각자 인수한 것이지, 환율이 일정 범위 내에서 유지됨을 계약의 기초로 삼았다고 볼 수 없다.

② 콜옵션이 행사되더라도 현물을 충분히 보유하고 있으면 원고에게 기회손실 외에 현실적인 손해가 발생하지 아니하고, 오버헤지가 되어 현실적으로 손해가 발생하더라도 원고가 이 사건 각 통화옵션계약의 구조를 이해하고 그 계약을 체결한 이상 그 손해는 기본적으로 원고의 책임으로 부담하여야 한다.

③ 피고는 이 사건 각 통화옵션계약 체결 이후 반대거래 등의 위험회피 행위를 하였으므로 해제(해지)를 인정하면 피고에게 불합리한 경제적 손실이 발생하게 된다.

(3) 대법원 2014. 6. 12. 선고 2013다75892 판결[미간행]-판결 ⑤

원고들은 지역주택조합 아파트를 분양받기 위해 A조합 및 피고와 사이에 조합가입 및 조합업무대행계약(이하 '이 사건 각 계약'이라고 한다)을 체결하였다. 원고들은 이 사건 각 계약서에 당사자로 기재된 A조합의 실체를 부정하며 계약상의 의무이행 당사자는 피고라고 주장하면서, 피고를 상대로 A조합이 당초 예정했던 사업 부지를 확보하지 못하여 아직까지 설립인가조차 받지 못하고 있는 등 이 사건 아파트의 준공이 사실상 불가능하게 되었으므로, 이 사건 각 계약이 중대한 사정변경을 이유로 해제되었다고 주장하였다(예비적 주장).

대법원은 "지역주택조합 사업은 조합 설립 전에 미리 조합원을 모집하면서 그 분담금 등으로 사업 부지를 매수하거나 사용승낙을 얻고 그 후 조합설립인가를 받아 소유권을 확보하고 사업승인을 얻어 아파트를 건축하는 방식으로 진행되므로, 그 진행과정에서 조합원의 모집, 재정의 확보, 토지매입 작업 등 사업의 성패를 좌우하는 변수가 많음에 따라 최초 사업계획이 변경되거나 당초 예정했던 사업의 진행이 지연되는 등의 사정이 발생할 수 있음은 어느 정도 예상할 수 있었고, 이를 고려하여 이 사건 계약에서 이 사건 지역주택조합 사업이 사업승인 미확정 상태에서 추진됨을 표시함과 아울러 조합설립인가 시기나 주택공급 시기 등을 명시적으로 특정하지 아니하였던 점, 피고가 최초 계획을 일부 변경하여 선호도가 높은 소형 평형의 세대수를 늘이는 등의 방법으로 조합원 모집 및 사업 추진을 계속하고 있고 변경된 계획에 따라 건축예정인 381세대 중 242세대에 관하여 조합원이 모집된 점" 등을 고려하여 이 사건 각 계약상의 의무이행이 불가능하게 되었다거나 이 사건 계약을 해제할 만한 중대한 사정변경이 발생하였다고 볼 수 없다고 판단하였다.

 (4) 대법원 2014. 12. 11. 선고 2014다60569, 60576(병합) 판결[미간행]-판결 ⑥[51]

　원고들은 피고가 운영하는 레저스포츠클럽의 시설이용계약을 체결하고 이 사건 시설을 이용하여 왔다. 피고가 이 사건 시설을 폐쇄하면서 원고들에게 보증금을 반환하여 갈 것을 통보하자, 원고들은 피고를 상대로 손해배상책임을 구하였다. 피고는 이에 대하여 이 사건 시설을 운영하는 과정에서 경영에 심각한 지장이 발생하였고, 정밀안전진단 결과 시설의 노후화로 이 사건 시설의 개·보수에 막대한 비용이 필요한 상황에 처하게 되었으므로, 이 사건 시설이용계약을 계속 유지하기 어려운 현저한 사정변경이 발생하였다고 주장하였다.

　대법원은 ① 이 사건 계약에서 운영주체가 그 시설을 회원들의 이용이 가능한 적절한 수준으로 유지, 관리하는 것은 핵심적인 의무내용에 해당하고, ② 피고로서도 시간이 경과함에 따라 시설의 유지관리에 일정한 비용이 소요된다거나 시설의 노후 정도에 따라 그 유지, 관리비용이 증가하는 것을 충분히 예측할 수 있었다고 보이는 점, ③ 이 사건 시설이나 그와 유사한 레포츠클럽의 이용관계에 있어 통상적으로 예상하기 어려운 현저한 경제사정의 변동이 없는 점, ④ 이 사건 시설 중 수영장이 수리와 보강을 하더라도 이용이 불가능할 정도로 노후되었다고 보기

---

51) 대상판결과 유사한 사례이다. 같은 취지의 판결로는 대법원 2014. 12. 11. 선고 2014다60705 판결[미간행]이 있다.

어려운 점 등 원심 판결의 이유를 인용하면서 피고의 해제 주장을 배척하였다.

(5) 서울고등법원 2014. 7. 18. 선고 2013나60502 판결(대법원 심리불
속행 기각)

원고들은 금강산 관광이 중단되어 이 사건 골프장을 전혀 이용할
수 없게 되자, 피고를 상대로 원고들이 금강산 골프장을 이용하기 위하
여 회원권을 구매한 것이지 대한민국에 있는 다른 골프장을 이용할 목적
으로 회원권을 구매한 것이 아니므로 이 사건 계약의 본질적인 목적 달
성이 불가능하다면서 사정변경에 따른 해지를 주장하였다.

법원은 다음과 같은 이유로 해지 주장을 받아들이지 않았다.

① 우발적인 군사, 정치적인 상황에 따라 북한에 있는 이 사건 골프
장에 대한 접근이 제한될 수 있다는 사정을 충분히 예측할 수 있었다.
② 원고들은 대체서비스 또는 계열사 골프장을 이용할 수 있었고, 계열
사 골프장 일부를 이용해왔으며, 이 사건 계약에 이 사건 골프장 이용
불가 시 대체서비스를 제공한다는 내용이 명시되어 있었다. ③ 이 사건
골프장의 입회금이 다른 국내 골프장에 비추어 크지 않다.

(6) 서울고등법원 2015. 11. 5. 선고 2015나2015557 판결(상고 없이 확정)

원고는 이 사건 골프장의 회원으로 입회한 이후 뇌종양으로 쓰러져
서 현재까지 계속적인 치료를 받고 있고, 운동 혹은 직업 활동이 어렵게
되자, 골프장 소유자인 피고를 상대로 회원계약 해지를 주장하며 입회금
반환을 구하였다. 법원은 회원이 체육시설을 계속적으로 이용할 수 있는
지 여부는 이 사건 골프장 이용계약의 기초가 되는 객관적인 사정이라고
볼 수 있고, 골프장 이용에 필수적인 요건에 해당하는 회원의 건강 상태
에 중대한 문제가 발생하였음에도 계약의 구속력을 인정하면 신의칙에
현저히 반하는 결과가 생기므로, 원고의 계약 해지 주장을 인정하였다.

라. 검   토

대법원은 2004다31302 판결을 통해 일반론으로서 사정변경의 원칙
을 인정하였지만, 이후 구체적인 사안에서 사정변경의 원칙을 적용하여

해지를 인정한 사례는 없는 것으로 보인다. 2004다31302 판결에서 제시한 인정 요건이 구체적인 사안에서 어떻게 적용되고 있는지 분석하고자 한다.

○ 예견할 수 없었던 계약의 기초가 된 사정의 현저한 변경

2004다31302 판결에서는 공개매각조건, 매매계약서에 명시된 내용, 당사자 사이에 건축 가능 여부에 관한 논의가 있었다는 증거 부족 등을 이유로 토지상 건축 가능 여부는 일방 당사자인 원고의 주관적인 목적일 뿐, 계약의 기초가 되는 사정이 아니라고 판시하였다. 그러나 이에 대하여는 원고가 이 사건 토지상에 건축이 가능할 것으로 믿고 공매예정가격의 5배가 넘는 가격에 낙찰을 받고 피고도 개발제한구역의 해제를 건설교통부장관에게 요청하였다는 점에서 피고도 이를 잘 알고 있었다면서 건축 가능 여부는 이 사건 계약의 기초가 되는 사정에 해당한다는 견해가 있다.[52] 만일 계약당사자가 이 사건 토지에 건축이 가능한 것으로 믿고 매매계약을 체결하고, 상대방도 이러한 사정을 알고 있었으며, 계약 당사자들이 계약 체결 당시 건축이 가능한 토지임을 전제로 하였다면, 토지상에 건축가능 여부는 계약의 기초가 되는 사정에 해당할 수 있다. 판결 ①은 토지상 건축 가능 여부가 계약의 기초가 되는 사정에 해당하는지에 관하여 명시적으로 판단을 하지 않고, 토지상 건축의 제한이나 규제가 발생할 위험은 통상적으로 매수인이 부담한다고 판단하였다.

대법원은 변수가 많은 지역주택조합사업의 특성과 계약서에 그러한 사정이 반영된 점 등 사업 부지가 축소되고 조합설립인가가 이뤄지지 않은 사정을 당사자들도 예측할 수 있었다고 보았다(판례 ⑤). 판례 ②에서는 분양계약 체결 당시 개발사업의 실현 여부의 불확실성과 이러한 사정의 고지 등을 근거로 계약 당사자들이 아파트 주변에 계획된 개발사업이 취소될 수 있다는 사정을 예측할 수 있다고 판단하였다. 하급심 판결에

52) 윤진수(주 47), 김재형(주 47).

서는 북한으로 접근이 가능한 사정과 회원의 건강상태를 계약 성립의 기초가 된 사정으로 보았는데, 전자의 경우 계약 당사자들이 예측할 수 있었던 반면, 회원의 뇌종양 발생은 예견할 수 없었다고 판단하였다. 계약 체결 당시 당사자들이 예견할 수 있었는지 여부는 해당 계약의 특징, 계약서의 내용, 거래 사정 등 구체적인 사안에 따라 달리 판단될 여지가 있을 것이다.

한편, 판결 ④의 환율의 변동가능성은 계약의 내용 자체이고, 계약 당사자들이 환율이 각자의 예상과 다른 방향과 폭으로 변동할 경우의 위험을 각자 인수한 것이므로, 환율이 일정 범위 내에서 유지되는 것은 계약 성립의 기초가 되는 사정이라고 볼 수 없다고 보았다. 판결 ③은 이에 대해 구체적으로 언급하지 않았으나, 매출액에 따른 피고의 수수료 지급은 계약의 내용 자체이고, 실제 매출액이 예상매출액과 달리 발생할 경우의 위험은 각자 인수한 것이므로 예상매출액 범위 내에서 발생하는 것을 계약의 기초로 삼았다고 보기 어렵다고 보인다. 또한, 예상매출액은 예상하는 매출액에 불과하므로 실제 매출액이 예상과 다르게 발생할 수 있다는 것은 당사자들도 이미 예견할 수 있었다.

○ 당사자의 귀책사유

하급심에서 당사자의 귀책사유 여부를 명시적으로 다룬 판결은 있으나, 위에서 살펴본 대법원 판결들에서는 당사자의 귀책사유 요건에 대하여 명시적으로 언급하지 않았다.

○ 신의칙에 현저히 반하는 결과

판결 ①에서는 토지상 건축의 제한이나 규제가 발생할 위험은 통상적으로 매수인이 부담하므로, 계약의 효력을 유지하는 것이 신의칙에 현저히 반하지 않는다고 보았다. 아파트 공급의무의 이행 불능 여부(판결 ⑤), 현저한 경제사정의 변동이 있었거나 이 사건 시설이 이용 불가능할 정도로 노후 되었는지 여부(판결 ⑥) 등을 기준으로 신의칙상 현저히 부당하게 계약목적을 달성할 수 없게 되었는지를 판단하였다(다만, 판결 ⑤의 경우 원고들이 이행불능에 따른 해제를 주장하였기 때문에 이에 대한 판단이 함께 고려된 것인지 명확하지는 않다).

　판결 ④는 원고가 계약의 구조를 이해하고 그 계약을 체결한 이상 그 손해는 기본적으로 원고의 책임으로 부담하여야 하고, 해지를 인정하게 되면 피고에게 불합리한 경제적 손실이 발생하게 되므로 계약의 구속력을 인정하는 것이 신의칙에 현저히 반하지 않는다고 판단하였다. 판결 ③은 신의칙에 대하여 구체적으로 언급하지는 않았으나, 위 판결들에 비추어 볼 때, 계약당사자들이 매출액에 비례하여 약정수수료가 발생하는 계약을 이해하고 체결한 이상 원고가 계약에 따른 약정 수수료를 지급받는 것이 신의칙에 반한다고 보기 어려울 뿐만 아니라 매출액이 상승하면 피고도 그에 따른 이익을 누리게 되므로, 원고가 예상보다 많은 수수료를 지급받게 되었다는 사정만으로는 신의칙에 반한다고 볼 수 없었던 것으로 보인다. 하급심 판결의 경우 대체 골프장 이용이 가능한 사정을 들어 계약내용의 구속력을 인정하는 것이 신의칙에 현저히 반하지 않는다고 한 반면, 회원의 건강 변화는 골프장 이용에 필수적인 요건이 변경된 것이므로 계약내용의 구속력을 인정하면 신의칙에 현저히 반하는 결과가 생긴다고 보았다.

4. 대상판결에 대한 분석

가. 계속적 거래관계에서 사정변경 가능성

　대상판결은 사정변경의 원칙이 계속적 계약관계에서도 적용된다고 명시한 대법원 2013. 9. 26. 선고 2012다13637(전합), 2013다26746(전합) 판결에서 더 나아가 계속적 계약관계에서 사정변경이 발생할 가능성이 높다고 명시적으로 밝힌 것에 의의가 있다. 대상판결에서는 사정변경 원칙의 인정 요건을 충족하지 못하여 피고의 해지 주장을 받아들이지 않았는데, 이는 타당하다고 생각하나 향후 계속적 계약관계 사건에서 사정변경에 따른 해지가 인정될 가능성도 있어 보인다.

나. 사정변경의 원칙에 따른 해지의 인정요건

2004다31302 판결 이후 대상판결 이전 판례는 사정변경 원칙의 요건으로 ① 예견 불가능성, ② 계약의 기초가 되는 사정의 현저한 변경, ③ 당사자의 귀책사유 부존재, ④ 신의칙에 현저히 반하는 결과를 제시하여 왔다.

대상판결은 ① 계약 성립의 기초가 된 사정이 현저히 변경되고, ② 당사자가 계약의 성립 당시 이를 예견할 수 없었으며, ③ 그로 인하여 계약을 그대로 유지하는 것이 당사자의 이해에 중대한 불균형을 초래하기나 계약을 체결한 목적을 달성할 수 없는 경우라는 요건을 제시하였다. 종전 판례의 ③ 당사자의 귀책사유와 ④ 신의칙을 요건으로 언급하지 않은 차이가 있다.

○ 예견할 수 없는 계약의 기초가 된 사정 변경

대상판결은 "사정변경으로 인한 계약해지에 있어 사정이란, 당사자들에게 계약 성립의 기초가 된 사정을 가리키고, 당사자들이 계약의 기초로 삼지 않은 사정이나 어느 일방당사자가 변경에 따른 불이익이나 위험을 떠안기로 한 사정은 포함되지 않는다."라고 하였다. 2004다31302 판결은 '계약의 기초가 되었던 "객관적인 사정"[53]으로서, 일방당사자의 주관적 또는 개인적인 사정을 의미하는 것은 아니다.'라고 표현함에 따라 계약 당사자와 무관한 외부적 사정(경제변동 등)이 아닌 "주관적 또는 개인적 사정(건축이 가능한 사정 등)"은 계약의 기초가 되더라도 고려되지 않는 것인지 의문이 제기될 수 있었다. 그러나 당사자의 주관적 목적 달성

---

53) "'객관적 사정'이라는 표현의 기원은 외르트만의 행위기초론이고, 이러한 행위기초론을 받아들인 독일 법원은 행위기초에 대해 일관되게 "고유한 계약내용으로까지 되지는 않았지만, 계약체결시에 드러난 양 계약당사자의 공통된 생각 혹은 계약상대방에게 인식되었고, 그에게서 이의가 제기되지 않은, 일정한 사정의 존속이나 장래 발생에 대한 계약당사자의 생각으로, 이에 근거해서 당사자들의 거래의사가 형성된 경우"라고 정의하고 있다. 우리 판례가 사용하고 있는 '객관적 사정'도 이러한 '객관적 행위기초'로 해석되어야 한다는 견해에 대하여는 박영목(주 36), 446-447면 참조.

과 관련된 사안이더라도 그것이 계약의 기초가 된 사정(계약의 기초가 되었다면 더 이상 주관적 목적이 아니라고 볼 수 도 있다)이라면, '계약의 기초가 된 사정'에 포함되어야 하고, 2004다31302 판결도 "계약의 기초가 되지 않은" 일방당사자의 주관적 또는 개인적 사정을 배제한 것일 뿐, 계약의 기초가 된 당사자의 개인적 사정을 배제한 것으로 보기는 어렵다. 대상판결은 "당사자들이 계약의 기초로 삼은 사정"이라고 함으로써 이를 분명히 하였다.

또한 대상판결은 피고가 주장하고 있는 신규 회원의 감소, 시설 유지·관리 비용 증가 등의 사정은 원칙적으로 피고가 떠안기로 한 위험으로 보았는데 이는 종전판결과 큰 차이가 없다. 그런데 대상판결은 "어느 일방당사자가 변경에 따른 불이익이나 위험을 떠안기로 한 사정은 계약의 기초가 된 사정에 포함되지 않는다."라고 표현함으로써 종전 판결 ①, ④에서 볼 수 있었던 '일방당사자가 인수하기로 한 위험은 계약의 기초가 된 사정에 포함되지 않는다.'는 취지의 판시를 이론적으로 명시하였다는 점에서 의의가 있다.

○ 귀책사유를 언급하지 않음

종전 판례는 사정변경의 원칙 인정 요건으로 당사자의 귀책사유 없음을 제시하였다. 그러나 실제 귀책사유 여부를 명시적으로 판단한 판결은 드물었을 뿐만 아니라, 당사자가 예견할 수 없었던 현저한 사정변경이라면 당사자의 귀책사유로 발생한 경우를 상정하기 어려우므로, 예견할 수 없는 현저한 사정변경이라는 요건으로 사정변경의 원칙 적용 여부를 판단할 수 있다고 생각한다. 또한, 외국의 입법례를 보더라도, 사정변경의 원칙에 대한 요건으로 귀책사유 요건은 포함되어 있지 않고,[54] 우리

---

54) 귀책사유 요건으로 인하여 귀책사유 있는 당사자의 생존을 위협하는 극도의 손해가 발생하더라도 배려하지 않는 점을 비판하면서 귀책사유 부존재는 계약의 위험인수범위를 판정하는 중요한 기준일 뿐 예외가 인정되지 않는 절대적 요건이 아니므로 위 요건을 완화해야 한다는 견해가 있다[백태승, "독일 행위기초론의 발전과 최근동향", 저스티스 제25권 제1호, 한국법학원(1992), 54면 – 권영준(주 2), 316면에서 재인용].

민법개정안에서도 귀책사유를 사정변경의 원칙의 인정요건으로 규정하고
있지 않다.[55] 따라서 위 요건을 사정변경의 원칙 인정요건으로 언급하지
않은 대상판결은 타당하다고 생각한다.

○ 신의칙의 구체화

대상판결은 종전 판례의 "계약내용대로의 구속력을 인정한다면 신의
칙에 현저히 반하는 결과가 생기는 경우"라는 표현 대신 "당사자의 이해
에 중대한 불균형을 초래하거나 계약을 체결한 목적을 달성할 수 없는
경우"로 표현하였다.

종전 판례의 신의칙 요건에 대하여는 대법원이 사정변경원칙의 인
정 근거로 '신의칙'을 제시하면서도 사정변경 원칙의 기준으로 또다시
'신의칙'을 제시하여 판단 기준이 구체적으로 제시되지 않았고,[56] 신의칙
에 '현저히' 반하여야 하는 요건 역시 다소 불명확하였다는 비판이 있었
다.[57] 2012년 민법개정안도 이를 반영하여 '계약을 유지하는 것이 명백
히 부당한 때'를 '당사자의 이해에 중대한 불균형을 초래하거나 계약을
체결한 목적을 달성할 수 없는 때'로 표현하기도 하였다. 따라서 대상판
결이 신의칙에 현저히 반하는 결과라는 요건을 유형화하여 '계약을 그
대로 유지하는 것이 당사자의 이해에 중대한 불균형을 초래하는 경우'
와 '계약을 체결한 목적을 달성할 수 없는 경우'를 제시한 것은 바람직
하다.

---

55) 귀책사유는 별도로 정하지 않는 한 요구되지 않는다는 것이 분명하다고 보아 개
    정안에 포함시키지 않았다고 한다[김재형(주 34), 51면].
56) 사정변경 원칙이 곧 신의칙의 발현이라는 점에서 대상판결이 신의칙에 대한 언
    급을 피하고 그 대신 사정변경 원칙이 적용되는 두 가지 유형을 제시한 것은 충
    분히 이해할 수 있고, 이는 민법개정시안 제538조의 2와 내용이 거의 동일하다[권
    영준, "2017년 민법 판례 동향", 대법원 민사실무연구회 제394회 발표자료(미공간)
    참조].
57) 다수설이 들고 있는 요건이 사정변경원칙을 적용하기 위한 구체적 기준을 충분
    히 제시하지 못하고 있다는 비판은 일리가 있다고 생각된다. 특히 '현저한'과 같은
    기준 없는 요건이 여러 번 제시된 것은 방법론적으로도 바람직하지 않다[민법주해
    [Ⅰ](주 24), 152면].

5. 결   론

　사정변경의 원칙은 계약은 지켜져야 한다는 계약준수의 원칙을 제한하면서 당사자 사이의 구체적 타당성을 기하려는 예외적인 원칙이다. 그러므로 엄격한 요건 하에서 인정되는 것이 바람직하고, 그 적용요건을 분명히 하여 계약준수의 원칙과 조화를 이루어 법적 안정성을 해쳐서는 안 될 것이다. 그러한 측면에서 종전 판례보다 구체화된 요건을 제시한 대상판결은 타당하고, 계속적 계약관계에서 사정변경이 발생할 가능성이 높다고 명시한 만큼 앞으로 계속적 계약관계에서 사정변경의 원칙에 따른 해지가 인정될 사례를 기대해 본다.

[Abstract]

Long-term Contracts and the Principle of Change of Circumstances

Kim, Hyojung*

The principle of change of circumstances is that if a fundamental change in the circumstances surrounding a contract gives a performance much more burdensome so that continued performance by the party affected amounts to undue hardship, then a contract can be adjusted or terminated.

This changed circumstances issue usually arises in a long-term contract such as a lease, an employment and a franchise contract. The performance of the obligations by one or both parties in a long-term contract takes place a longer period of time, so it is inevitable to face changed circumstances surrounding a contract. In a situation where changed circumstances are fundamental and unexpected at the moment of entry into a contract, it gives rise to problems or difficulties to parties whether they preserve a contract or adjust it.

The principle of change of circumstances has been established by the Korean Supreme Court, but with regard to applying it, so far the Supreme Court has hardly accepted party's claims to revise or terminate a contract because of changed circumstances. The Supreme Court in 2016da249557 modified and specified previous requirements in order to apply the principle. In this case, the Defendant ran a sports club and contracted membership agreements with the Plaintiffs. The Defendant refused to per-

---

* Judge, Cheonan Branch, Daejeon District Court.

form duties of the contracts and claimed to terminate the contracts because changed circumstances caused great economic hardship for the Defendant so that it was no longer able to keep the promises made in the contracts. The Supreme Court refused the Defendant's argument, holding that the principle of change of circumstances did not apply because the difficulties that the Defendant encountered were not exceptional and unforeseeable. The Supreme Court ruled three requirements to allow terminate a contract due to changed circumstances: "First, fundamental change of circumstances which constituted an essential basis of contract occurs, Second, this change is un-expected or unforeseeable at the time of the conclusion of the contract, Finally, performing a contract by either party results in significant imbalance between parties or unable to achieve the goal of the contract."

[Key word]

- The Principle of change of circumstances
- The doctrine of change of circumstances
- Changed circumstances
- Long-term contracts

참고문헌

[단 행 본]

곽윤직, 채권각론, 박영사(2003).

김형배, 채권각론, 박영사(2001).

이은영, 채권각론, 박영사(2005).

편집대표 곽윤직, 민법주해[Ⅰ] 총칙(1), 박영사(2006).

_____, 민법주해[Ⅷ] 채권(6), 박영사(2006).

편집대표 김용담, 주석민법 민법총칙(1), 한국사법행정학회(2010).

[논   문]

권영준, "위험부담의 관점에서 본 사정변경의 원칙", 민사재판의 제문제 제19
    권, 한국사법행정학회.

_____, "2017년 민법 판례 동향", 대법원 민사실무연구회 제394회 발표자료
    (미공간).

김대경, "사정변경으로 인한 계약의 해제", 경희법학 제46권 제1호, 경희대학
    교 법학연구소.

김대정, "사정변경의 원칙을 명문화한 민법개정시안 제544조의4에 관한 검
    토", 법학연구 제22집, 전북대학교 법학연구소.

김영두, "계약관계에 있어서 이행청구권의 실현 불능 사유", 민사법학 제50
    호, 한국사법행정학회.

김영신, "계속적 계약관계 및 그 해지에 관한 고찰", 민사법학 제41호, 한국
    민사법학회.

김재형, "계약의 해제·해지, 위험부담 사정변경에 관한 민법개정안", 서울대
    학교 법학 제55권 제4호, 서울대학교 법학연구소.

_____, "2007년 분야별 중요판례분석(4) 민법총칙, 물권법", 법률신문
    제3637호.

_____, "2000년대 민사판례의 경향과 흐름: 채권법", 민사판례연구 XXXIII-(하),
    박영사.

박규용, "사정변경의 원칙과 행위기초론", 법학연구 제40집, 한국법학회.

박영목, "사정변경으로 인한 등가관계 장애의 법적 해결", 고려법학 제71호, 고려대학교 법학연구소.

백태승, "독일 행위기초론의 발전과 최근동향", 저스티스 제25권 제1호, 한국법학원.

법무부, 민법개정자료발간팀, "2013년 법무부 민법개정시안", 채권편(상), 법무부.

손경환 · 최성규, "국제계약상 사정변경의 원칙", 제23집 제1호, 국제거래법학회.

손봉기, "사정변경으로 인한 계약해제가 인정되는지 여부 및 그 요건 등", 대법원판례해설 제67호(2007년 상반기), 법원도서관.

송덕수, "계약의 해제 · 해지와 사정변경의 원칙에 관한 2012년 민법개정안의 성안경과와 내용", 법학논집 제17권 제1호, 이화여자대학교 법학연구소.

윤진수, "2007년도 주요 민법 관련 판례 회고", 서울대학교 법학 제49권 제1호, 서울대학교 법학연구소.

_____, "이용훈 대법원의 민법판례", 정의로운 사법 : 이용훈 대법원장 재임기념, 사법발전재단.

이영준, "사정변경의 원칙", 민사법학, 2018. 2., 한국민사법학회.

이재목, "계약사정의 변경과 계약내용의 조정, 비교사법 8권 제1호(상)(제14호), 한국비교사법학회.

장보은, "계속적 계약의 해지와 손해배상의 범위", 저스티스 제158-1호, 한국법학원.

정상현, "사정변경에 의한 계약해소의 유형적 판례분석", 판례연구 제23집(1), 서울지방변호사회.

_____, "프랑스 민법상 불예견이론과 우리 민법에의 시사점", 민사법학 제41호, 한국사법행정학회.

정진명, "사정변경 원칙의 명문화 방안", 비교사법 제18권 제3호(통권 제54호), 한국비교사법학회.

조성민, "사정변경에 의한 계약의 해제", 고시계 제47권 제11호, 국가고시학회.

무권대리인이 수령한 급여에 대해 본인을 상대방으로 한 부당이득반환청구[*]

김 수 정[**]

■요　지■

　　대상판결 및 대상판결이 선례로서 언급하고 있는 두 개의 판결은 모두 무권대리인이 계약을 체결하고 상대방이 계약상 급여를 무권대리인 또는 본인에게 지급한 후 본인을 상대로 부당이득반환청구를 한 사안이다. 대법원은 본인에게 실질적 이득이 귀속되지 않았다는 이유로 상대방의 부당이득반환청구를 기각하였다. 대법원 판결의 결론에는 찬성하지만, 실질적 이득이란 모호한 개념으로 인해 해당 판결이 선례로 기능하기 어려운 문제가 있다. 실질적 이득이라는 개념은 다른 부당이득 사안에서도 이미 자주 등장한 바 있으나, 무권대리인에 의한 계약체결과 관련해서 구체적으로 어떤 경우 본인에게 실질적 이득이 귀속되었다고 볼 수 있는지 더욱 구체화될 필요가 있다.

　　이 글에서는 우선 급여 부당이득에서 급여 개념이 어떤 역할을 하는지, 그리고 부당이득반환에 관련된 당사자들 사이에 급여 관계에 대한 관념이 일치하지 않을 때 어떤 기준에 따라 급여 관계를 인정할 것인지 검토한다. 그리고 대상판결에서 급여수령자의 확정은, 출연자와 출연수령자 중 누구를 보호해야 할 것인지, 더 정확히 말하면 무권대리인의 무자력 위험을 누구에게 부담시킬 것인지의 문제로, 여러 객관적 사정을 고려하여 판단해야 할 문제

---

　*　이 논문은 2018. 1. 22. 민사판례연구회에서 발표한 원고로, 법조 제67권 제1호(2018)에 게재된 바 있다. 유익한 지적을 해 주신 권영준 교수님과 지정토론자 정문경 판사님께 감사드린다.
　**　국민대학교 법과대학 조교수.

임을 논증한다.

특히 무권대리인에 의해 체결된 계약을 위한 급여가 행하여진 경우, 상대방은 급여가 누구를 향한 것인지 명확히 인식하고 있지만 본인은 출연을 받을 것을 의도하지도 인식하지도 않았다는 점에서 양자의 보호를 어떻게 조화시킬지는 쉽지 않은 문제이다. 부당이득법 자체의 법리만으로는 상대방과 본인 중 누구를 보호해야 할지 쉽게 결정할 수 없기 때문에, 무권대리법에서 무권대리인으로 인해 발생한 위험을 적절히 배분하기 위해 발전시킨 법리의 가치판단을 기준으로 이 문제를 접근한다. 결론적으로 무권대리인에게 급여가 행해졌음에도 불구하고 본인을 급여수령자로 파악하기 위해서는, 본인이 무권대리인에게 급여수령권 내지 표현급여수령권을 부여했고, 무권대리인이 급여수령권을 가진다는 것을 상대방이 신뢰했을 것이라는 두 가지 요건이 충족되어야 한다.

[주 제 어]
• 무권대리
• 급여부당이득
• 비급여부당이득
• 실질적 이득
• 급여수령자
• 삼각관계 부당이득

대상판결 : 대법원 2017. 6. 29. 선고 2017다213838 판결

[사안의 개요]

1. 사실관계

(1) 피고 부부 B와 C는 종중 D 소유의 이 사건 토지를 계약금 1억 1,000만원, 잔금 9억 2,000만원, 총 10억 3천만원에 매수하기로 하는 계약(이하 1차 계약)을 2015. 2. 1. 체결하고, 같은 날 위 종중 D에게 계약금 1억 1,000만원을 지급하였다. 잔금은 2015. 3. 9.에 지급하기로 매매계약에서 약정하였다.

(2) B는 1차 계약 체결 직후인 2015. 2. 15.경 뇌출혈로 쓰러져 의식불명상태가 되었고, 대구가정법원 김천지원은 2016. 2. 4. 피고 강시원에 대하여 성년후견을 개시하여 B와 C의 아들 E를 그 성년후견인으로 선임하였다.

(3) B가 의식불명 상태가 되어 1차 계약을 이행하기 어렵게 되자, C는 2015. 3.경 피고들 대신 이 사건 토지들을 매수할 사람을 찾기 시작하여, A에게 1차 계약의 매수인 지위를 양도하기로 하였다. A는 2015. 3. 17. B, B와 C로부터 1차 계약의 매수인 지위를 양도받기로 하는 내용의 계약(이하 2차 계약)을 체결하였다. 2차 계약 체결에서 C와 아들 E가 B을 대리하였다. A 부부는 C에게 계약금 1억 1,000만원을 지급하였다.

(4) 이후 A는, C는 B로부터 대리권을 수여받지 않은 무권대리인이므로 2차 계약을 철회한다고 주장하였다.

2. 소송의 경과

(1) 1심 법원[1]은, B가 2차 계약 체결 당시 의사무능력 상태에 있었기는 하나, 아들 E가 A에게 B의 상태에 관하여 설명하였다는 것이 인정되어, A는 계약당시에 상대방이 대리권 없음을 안 때에 해당하여 철회권이 없다고 판단하였다.

(2) 반면 2심 법원[2]은 아들 E가 A에게 B의 상태에 관하여 설명하였다는 진술은 아들 E의 일방적인 진술이어서 인정할 수 없다고 판단하였다. 즉 무권대리행위에 대한 추인이 있기 전에 A가 무권대리행위에 의한 2차 계약을

---

1) 대구지방법원 상주지원 2016. 4. 21. 선고 2015가합89 판결.
2) 대구고등법원 2017. 2. 8. 선고 2016나22326 판결.

유효하게 철회하였고, 2차 계약 중 B에 대한 부분은 확정적으로 무효이며, 당사자들이 위 무효 부분이 없더라도 2차계약을 하였을 것으로 보기 어려우므로, 2차계약은 전부 무효이며, 그 결과 피고들은 위와 같은 계약무효에 따른 부당이득의 반환으로 A에게 기수령 계약금과 이에 대한 지연손해금을 지급할 의무가 있다고 판단하였다.

(3) 대법원은, A의 무권대리행위에 대한 철회권에 대한 원심의 판단을 정당하다고 인정하였으나, 계약금에 대한 부당이득반환청구를 인정한 부분은 위법하다고 보아 파기환송하였다.

3. 판결요지

계약상 채무의 이행으로 당사자가 상대방에게 급부를 했하였는데 그 계약이 무효이거나 취소되는 등으로 효력을 가지지 못하는 경우에 당사자들은 각기 상대방에 대하여 계약이 없었던 상태의 회복으로 자신이 행한 급부의 반환을 청구할 수 있는데, 이러한 경우의 원상회복의무를 법적으로 뒷받침하는 것이 민법 제741조 이하에서 정하는 부당이득법이 수행하는 핵심적인 기능의 하나이다. 이러한 부당이득제도는 이득자의 재산상 이득이 법률상 원인을 갖지 못한 경우에 공평·정의의 이념에 근거하여 이득자에게 그 반환의무를 부담시키는 것이므로, 이득자에게 실질적으로 이득이 귀속된 바 없다면 그 반환의무를 부담시킬 수 없다(대법원 2011. 9. 8. 선고 2010다37325, 37332 판결, 대법원 2016. 12. 29. 선고 2016다242273 판결 등 참조).

〔研 究〕

1. 쟁 점

대상판결은, 해당 판결이 인용하고 있는 2010다37325 판결(이하 '2011년 판결') 및 2016다242273 판결(이하 '2016년 판결')과 함께 "이득자에게 실질적으로 이득이 귀속된 바 없다면 그 반환의무를 부담시킬 수 없다."는 법리를 확인한 판결 중 하나이다.

그런데 우리 판례가 부당이득의 요건으로서 "실질적 이득"을 요구하고 실질적 이득이 없음을 이유로 부당이득반환청구를 기각한 사례는

2011년 판결 이전에도 이미 여러 건 있었다. 그렇다면 해당 판결이 2011년 및 2016년 판결만 선례로 인용한 이유는 무엇일까? 기존에 "실질적 이득"이 문제가 된 부당이득반환 사건들은 임대차종료 후 임차인이 임차 목적물을 계속 점유하여 임대인에게 반환하지 않고 있으면서 실제로 그 목적물을 임대차의 목적대로 사용하고 있지 않던 경우[3] 및 채무자가 횡령한 금전으로 자신의 채권자에 대한 채무를 변제하는 과정에서 타인의 계좌에 돈이 입금된 경우,[4] 양도담보권의 목적인 동산에 다른 동산이 부합됨으로써 부합된 동산소유자가 권리를 상실한 경우[5] 등으로, 모두 대상판결을 포함한 위 세 판결과 특징적인 요소를 공유하고 있지 않다. 위 세 판결에 공통된 특징은, 無權代理人과 계약체결을 한 상대방이 계약의 이행으로서 급여한 것을 本人에게서 반환받을 수 있는지 여부가 다투어졌다는 것이다.

　　대법원이 명시적으로 언급하고 있지는 않으나, 위의 여러 판결 중 오직 2011년 판결과 2016년 판결만 선례로서 언급하고 있다는 점에서, 대상판결을 포함한 세 판결들이, 그 외 실질적 이득에 관한 판결들과는 특징을 달리하고 있다는 것을 인식한 것으로 보인다. 그러나 대법원은 이 유형의 사안에 적합한 법리를 따로 설시하지 않고 '실질적 이득'이라는 편리하지만 모호한 개념[6]에 의지하여 판단하고 있을 뿐이다. 이 평석은, 기존에 실질적 이득을 언급한 판결들로부터 구별되는 위 세 판결들의 특징을 구별해서, 해당 유형에서 대법원이 '실질적 이득'이라는 개념을 통해, 무권대리인을 통한 급여가 있었던 경우 본인에게 부당이득반환청구

---

3) 대법원 1984. 5. 15. 선고 84다카108 판결; 대법원 1990. 12. 21. 선고 90다카24076 판결; 대법원 1991. 10. 8. 선고 91다22018, 22025 판결; 대법원 1995. 3. 28. 선고 94다50526 판결; 대법원 1998. 7. 10. 선고 98다8554 판결; 대법원 2001. 2. 9. 선고 2000다61398 판결; 대법원 2003. 4. 11. 선고 2002다59481 판결 등.
4) 대법원 2003. 6. 13. 선고 2003다8862 판결.
5) 대법원 2016. 4. 2. 선고 2012다19659 판결.
6) 부당이득의 성립요건으로서 "실질적 이득"을 요구하는 판례의 태도에 대한 타당한 비판으로 양창수, "임대차종료 후 임차인의 목적물 계속점유와 부당이득", 서울대학교 법학(제27권 제1호), (1986), 202면.

를 긍정 또는 부정할 수 있는 기준이 무엇인지 탐구하는 것을 목적으로
한다.

　다른 한편으로 당해 판결은 선례로 언급하고 있는 2011년 판결 및
2016년 판결과도 구별되는 면이 있다. 당해 사안에서는 무권대리인에게
금전을 직접 지급한 반면, 2011년 판결에서는 상대방이 매매대금을 본인
의 계좌로 이체하였고 2016년 판결에서는 상대방이 매매대금을 본인의
계좌와 무권대리인의 계좌에 나누어 이체했다. 계약으로 인한 급여가 무
권대리인에게 지급되었는지 아니면 본인의 계좌로 지급되었는지, 그리고
무권대리인이 본인의 이름으로 급여를 수령할 권한이 있었는지 여부 역
시 본인을 부당이득반환채무자로 볼 수 있는지에 영향을 미치는 요소가
된다.

　이하에서는 우선 무권대리인과 계약을 체결한 자가 계약과 관련된
금원을 지급한 뒤 그 금원의 부당이득반환을 청구할 때 부당이득채무자
를 누구로 파악해야 관계인들을 적절히 보호할 수 있는지 탐구한다. 그
리고 이 기준에 따라 대상판결 및 대상판결의 선례들에서 법원이 내린
판단을 분석하도록 한다.

2. 무권대리인에 의한 계약체결시 반환채무자의 확정

가. 先例의 검토

　법원이 "실질적인 이득"이 결여되었음을 이유로 부당이득반환청구를
기각한 사안 중, 무권대리인에 의해 계약이 체결되었고 계약상대방이 본
인에게 부당이득반환청구를 한 사건은, 당해 판결이 선례로서 언급하고
있는 두 개의 판결이다. 이하에서는 우선 이 두 선례를 간단히 살펴본다.

　(1) 대법원 2011. 9. 8. 선고 2010다37325 판결7)(이하 '2011년 판결')

　A는, 토지 소유자인 B에게서 매도에 관한 대리권을 위임받지 않았

---

7) 이 판결에 대한 평석으로는 이계정, "송금된 금원에 대한 예금 명의인의 부당이
　득반환의무 유무의 판단기준-부당이득에 있어서 이득의 개념을 중심으로-", 민사
　판례연구(제35권), (2013. 2.), 561면 이하.

음에도 B의 대리인이라고 사칭한 C로부터 토지를 매수하기로 하는 매매
계약을 체결하였다. A는 먼저 계약금을 송금하고, C가 B로부터 건네받은
등기권리증과 C 자신이 위조한 소유권이전등기에 필요한 서류들을 A에게
교부한 뒤, 이 사건 토지에 관하여 소유권이전등기를 경료하고 B 명의
계좌로 매매대금을 송금하였다. C는 미리 B로부터 B 명의의 통장과 예
금인출에 필요한 도장을 교부받아 소지하고 있었고, B로부터 비밀번호를
고지 받아 알고 있었으므로, A가 매매대금을 계좌로 송금하자 각 송금
당일 이를 전액 인출하였다.

대법원은 A가 송금한 이 금원이 B의 계좌로 입금되었다고 하더라
도, 그로 인하여 B가 위 각 금원 상당을 이득하였다고 하기 위해서는 B
가 위 각 금원을 사실상 지배할 수 있는 상태에까지 이르러 실질적인 이
득자가 되었다고 볼 만한 사정이 인정되어야 할 것인데, A의 위 각 금원
의 송금 경위 및 C가 이를 인출한 경위 등에 비추어 볼 때 B가 위 각
금원을 송금 받아 실질적으로 이익의 귀속자가 되었다고 보기 어렵다고
판단하고, 부당이득반환청구를 인용한 원심판결을 파기환송하였다.

(2) 대법원 2016. 12. 29. 선고 2016다242273 판결(이하 '2016년 판결')

A교회는 B 종중의 대표자 C와, B 소유 임야를 매수하는 계약을 체
결하였다. 임야를 매도하기 위해서는 B 종중의 의결이 필요하였으나 C는
의결을 받지 않았다. 매매대금은 약 17억원이었는데 C는 A교회에 다른
종중원들은 매매대금이 12억원이라고 알고 있으니 매매계약서를 이중으
로 작성해 줄 것을 부탁하여, 이중계약서가 작성되고 한 계약서에는 계
약금이 12억원으로, 다른 계약서에는 매매대금이 17억원으로 기재되었다.
매매대금의 지급에 관해서도 C는 A교회 측에 12억원은 종중명의계좌에,
5억원은 C 명의의 계좌에 입금하도록 부탁하였다. 이후 해당 매매계약은
적법한 종중총회의 결의 없이 이루어진 종중재산의 처분행위로서 무효가
되자 A교회는 B에 대해 12억원뿐만 아니라 5억원의 매매대금의 반환까
지 구하였다.

원심과 대법원은, A교회가 매매대금 중 피고 명의 계좌로 송금한 12

억원은 B에게 실질적인 이득이 귀속되었으므로 B는 부당이득반환의무를 부담한다고 판단하였지만, C의 계좌로 지급된 5억원은 B에게 실질적인 이득이 귀속되었다고 보기 어렵다는 이유로 B의 부당이득반환의무를 부정하였다.

나. 무권대리에서 급여수령자의 확정 문제
(1) 급여부당이득에서 급여의 개념

위 세 사안에서 원고들은 공통적으로 무권대리인이 아닌 본인을 상대로 부당이득반환청구를 하였는데 원심 중 일부는 본인에 대한 부당이득반환청구를 인정히였으나 대법원은 모두 본인에게 실질적 이득이 귀속되지 않는다고 판단하여 원고들의 청구를 기각하였다. 특히 대상판결은 "계약상 채무의 이행으로 당사자가 상대방에게 급부를 행하였는데 계약이 무효이거나 취소되는 등으로 효력을 가지지 못하는 경우에 당사자들은 각기 상대방에 대하여 계약이 없었던 상태의 회복으로 자신이 행한 급부의 반환을 청구할 수 있는데 … 이득자에게 실질적으로 이득이 귀속된 바 없다면 반환의무를 부담시킬 수 없다."라고 함으로써 급여부당이득[8]의 법리를 적용하였다는 점이 눈길을 끈다. 여기서 기존에 주로 문제되었던 다수당사자간의 부당이득관계와는 다소 유형을 달리하지만, 무권대리인에게 계약상 급여가 이루어진 경우 급여부당이득의 반환의무자가 누구인지 확정해야 하는 문제가 선결문제로서 등장한다는 것을 알 수 있다. 그런데 우리민법에서 급여부당이득의 법리는 독일민법으로부터 압도적인 영향을 받았으므로, 우선 독일민법의 급여부당이득 및 급여부당이득의 당사자 확정에 관한 법리를 간단히 검토하도록 한다.

독일 민법시행 후 초기단계에서는, 이득을 상실한 사람으로부터 이

---

8) 종래부터 "급부부당이득"이라는 용어가 일반적으로 사용되고 있었고, 대상판결도 그러하다. 그러나 우리민법은 일본민법과 달리 給與라는 용어를 사용하고 있으므로 "급여부당이득"이라는 용어가 더 적절하다는 비판이 있으며, 본고에서도 이 견해에 따르도록 한다. 윤진수, "부당이득법의 경제적 분석", 서울대학교 법학(제55권 제3호), (2014. 9), 108-109면.

득한 사람에게로 재산이 이전된 사람에게로 재산이 이전되어야 한다는 재산이전의 직접성(Unmittelbarkeit der Vermögensverschiebung)을 부당이득의 일반적인 요건으로 요구하였다. 이 직접성 개념으로도 계약당사자가 계약관계에 있지 않은 제3자에 대해 직접 부당이득반환청구를 하는 것을 어느 정도는 제한할 수 있었으나, 이른바 단축된 급여의 경우 출연자가 출연수령자에게 직접 반환청구하는 것을 막기는 어려웠다.[9]

이 문제를 해결하기 위해 독일 연방대법원은 부당이득법적 급여개념을 채택하였다.[10] 이에 따르면 급여부당이득에서 급여란 "타인의 재산을 의식적으로, 또 일정한 목적을 위해 증대시키는 것"(bewusste und zweckgerichtete Vermehrung fremden Vermögens)으로,[11] 급여자가 추구하는 급여목적과 그 방향이 부당이득반환관계의 당사자를 결정한다. 즉 급여부당이득의 반환의무자를 결정함에 있어 중요한 것은, 누가 실제로 출연자로부터 출연(Zuwendung)을 받았는지가 아니라, 출연자가 재산을 출연한 목적이 누구와의 관계를 향해있느냐는 것이다.[12] 출연자는 그 출연에 의해 자신이 급여하려고 한 상대방에게 부당이득반환청구를 해야 하며, 출연수령자라고 해서 당연히 부당이득반환채무자가 되는 것이 아니다. 이러한 급여개념이 정립됨으로써 삼각관계, 특히 지시 사례(Anweisungsfälle)에서 부당이득문제가 원래 계약당사자들 사이에서 해결될 수 있게 된다.[13]

우리 대법원도 이 급여 개념에 기초한 급여부당이득의 법리를 인정한다. 우리 대법원에서 지시 사례[14]의 리딩 케이스로 인정되는 사건[15]에

9) 양창수, "西獨不當利得法의 立法論的 展開", 서울대학교 법학 제26권 제4호(1985), 176면 이하; 정태윤, "다수당사자 사이의 부당이득에 관한 최근의 판례의 검토", 민사법학(제52호), (2010. 12.), 493면 이하 참조.
10) BGH, Urteil vom 31. 10. 1963-VII ZR 285/61=NJW 1964, 399,
11) 예를 들어 BGH, BGH, Urteil vom 31. 10. 1963-VII ZR 285/61=NJW 1964, 399; Urteil vom 2.11.1988-IVb ZR 102/87=NJW 1989, 900; Urteil vom 21.10.2004-III ZR 38/04=NJW 2005, 60.
12) MüKoBGB/Schwab, 7. Aufl. 2017, BGB § 812, Rn. 47.
13) MüKoBGB/Lieb, 4. Aufl. 2004, BGB 812, Rn. 35 ff.; 民法注解 債權(10), 제741조, 206면(양창수 집필부분).

서 상가를 신축한 건설회사 B는 매매대금을 완납 받지 않은 상태로 분양
회사 C에게 상가를 매매하였다. C는 수분양자인 A에게 분양대금을 직접
B에게 지급할 것을 요구하여 A는 대금을 B의 계좌로 이체하였다. 이후
C가 B에 대해 중도금 및 잔금 지급의무를 이행하지 못해 A가 상가를
분양받지 못하자, A는 B를 상대로 자신이 지급한 금전의 반환을 청구하
였다.

원심판결[16]은 A의 B에 대한 부당이득반환청구를 인용하였으나 대법
원은 원심을 파기하였다. 이 판결에서 대법원은, "계약의 일방 당사자가
계약 상대방의 지시 등으로 급부과정을 단축하여 계약 상대방과 또 다른
계약관계를 맺고 있는 제3자에게 직접 급부한 경우, 그 급부로써 급부를
한 계약 당사자의 상대방에 대한 급부가 이루어질 뿐 아니라 그 상대방
의 제3자에 대한 급부로도 이루어지는 것이므로 계약의 일방 당사자는
제3자를 상대로 법률상 원인 없이 급부를 수령하였다는 이유로 부당이득
반환청구를 할 수 없다."는 추상론을 설시하였는데 이후 대법원 판결은
이 법리를 유지할 뿐만 아니라 급여개념을 더 선명하게 하고 있다.[17] 그
리고 대법원은 이러한 급여 개념을 인정해야 할 근거를, 한편으로는 출
연자가 자기 책임하에 체결된 계약에 따른 위험부담을 제3자에게 전가하
는, 계약법의 기본원리에 반하는 결과를 방지할 수 있고, 다른 한편으로
는 출연수령자인 제3자가 계약 상대방에 대하여 가지는 항변권 등이 침
해되지 않게 된다는 데서 찾고 있다.[18]

---

14) 지시 사례에 대한 분석으로 김형석, "支給指示·給付關係·不當利得", 서울대학교 법
   학 제47권 제3호, 284면 이하.
15) 대법원 2003. 12. 26. 선고 2001다46730 판결.
16) 서울고등법원 2001. 6. 27. 선고 99나17113 판결.
17) 계약의 일방당사자가 상대방의 지시 등으로 상대방과 또 다른 계약관계를 맺고
   있는 제3자에게 직접 급부한 경우, 그 급부로써 급부를 한 당사자의 상대방에 대
   한 급부가 이루어질 뿐 아니라 그 상대방의 제3자에 대한 급부도 이루어지는 것
   이므로 계약의 일방당사자는 제3자를 상대로 법률상 원인 없이 급부를 수령하였다
   는 이유로 부당이득반환청구를 할 수 없다(대법원 2008. 9. 11. 선고 2006다46278
   판결).
18) 대법원 2003. 12. 26. 선고 2001다46730 판결; 대법원 2008. 9. 11. 선고 2006다

(2) 급여부당이득 당사자 확정의 기준

(가) 그런데 급여부당이득에서 "타인의 재산을 의식적으로, 또 일정한 목적을 위해 증대"시키는 것을 급여로 파악한다면, 누구의 의식과 목적을 기준으로 급여 여부를 판단한다는 것인가. 급여부당이득의 전형적인 사례인 지시 사안에서는 누구의 인식을 기준으로 하는지 문제되지 않는다. 바로 위에서 살펴 본 2001다46730 판결 사안을 예로 들어본다. 여기서 상가를 지은 건설회사 B와 분양회사 C 사이에는 해당 상가에 대한 매매계약을 체결하고 그 이행을 위해 C가 B에게 중도금과 잔금을 지급해야 한다는 데 대해, 수분양자 A와 분양회사 C 사이에는 상가분양계약을 체결하고 그 이행을 위해 A가 C에게 분양대금을 지급해야 한다는 데 대해, 그리고 A가 B에게 분양대금을 지급한 것은 A가 B를 직접 계약당사자로 생각했기 때문이 아니라 이로써 C에 대한 급부를 이행하기 위한 것이라는 데 대해 인식이 합치되어 있다.

그렇지만 이하의 사례가 보여주듯이, 급여 개념 자체로 급여당사자를 늘 확실히 결정할 수 있는 것은 아니다. 종종 부당이득반환 당사자들 사이에, 급여관계에 대한 인식 자체가 일치하지 않는 경우가 존재하기 때문이다. 이런 사안 중 하나이면서 무권대리인이 개입하고 있는 사안 유형을 소개한다. 이는 독일에서 소위 착오에 의한 자기급여(irrtümliche Eigenleistung)라고 불리는 유형인데, 그 기본적인 구도는 다음과 같다. B는 C에게 건물 건축을 의뢰하였는데 C는 대리권 없이 B의 이름으로 A에게 건물의 골조공사를 맡겼다. A는 자신과 B 사이에 도급계약이 성립하였다고 믿고 공사를 한 뒤 B에게 건축대금을 청구하였다. 이에 B는 자신은 C 회사에 공사를 위임했기 때문에 C와의 사이에서만 법률적 관계가 있다고 하여 이 청구를 거절하였다. 이에 A가 B에게 부당이득반환청구를 할 수 있는지가 문제되었는데, 연방대법원[19]은 결과적으로 A의 청구를 기각하였다. 연방대법원은 C가 A에 대한 관계에서 대리권도 없고 표현대

---

19) BGH, Urteil vom 5. 10. 1961-VII ZR 207/60=NJW 1961, 2251.

리권자도 아니며 B가 무권대리를 추인하지도 않았기 때문에, C가 A에 대한 관계에서 독일민법 제179조("대리인으로 계약을 체결한 사람은, 대리권을 증명하지 아니하는 한, 본인이 계약의 추인을 거절하는 때에는, 상대방에 대하여 그의 선택에 따라 이행 또는 손해배상의 의무를 진다.")의 책임을 부담하는 것은 인정하였다. 하지만 B에 관해서는 B가 C와 계약을 체결하였고 이 계약에 근거하여 B는 C에게 (실제로는 A가 급여한) 이행청구권을 가지는 한편, C에 대해 보수를 지급할 의무를 부담하기 때문에, B가 A의 급여에 의해 취득한 것은 타인의 비용으로 이득한 것이 아니어서 A는 부당이득반환채무자가 아니라고 판단하였다. 당해 판결 자체에서는 "수령자관점에서"라는 표현은 사용하고 있지 않지만, 2년 후 연방대법원은 다른 사건[20]에서 VII ZR 207/60 판결을 재검토하는 중에 이 판결이 수령자관점설에 의해 정당화된다는 것을 분명히 하였다. 학설도 이 판결이 수령자관점설을 따른 것으로 이해한다.[21]

일반론으로서는, 누구와 누구 사이에 급여의 반환이 이루어져야 하는지 분명하지 않은 경우, 즉 급여자나 급여수령자의 확정이 명확하지 않은 경우 독일의 판례는, von Caemmerer의 견해[22]를 좇아 도식적인 해결을 지양하고 각 사안의 개별적인 특수성이 고려되어야 한다는 입장이다.[23] 그렇지만 이러한 일반론에도 불구하고 부당이득에 관련된 다수당사자가, 급여목적에 대해 다른 생각을 가지고 있는 경우, 연방대법원은 수령자관점(Empfängershorizont)을 기준으로 급여목적을 정해야 한다는 법리를 계속 유지하고 있다.[24]

---

20) BGH, Urteil vom 31. 10. 1963-VII ZR 285/61=NJW 1964, 399.
21) MüKoBGB/Lieb, 4. Aufl. 2004, BGB 812 Rn. 107; Flume, Studien zur Lehre von der ungerechtfertigten Bereicherung, 2003, S. 226.
22) von Caemmerer, Bereicherungsansprüche und Drittbeziehungen, JZ 1962, 385, 386.
23) BGH, Urteil vom 2.11.1988-IVb ZR 102/87=NJW 1989, 900, 901.
24) 수령자관점설을 지지한 또 다른 유명한 판결로 화재보험 사건(BGH, Urteil vom 2.11.1988-IVb ZR 102/87=NJW 1989, 900)의 사실관계는 다음과 같다. 보험계약자인 C가 A 보험회사에 화재보험을 들었는데 이후 화재가 발생하자 C가 보험회사에 보험금을 청구하였다. 보험금이 지급되기 전, C는 자신의 금전채권자인 B에게 담

(나) 위 착오에 의한 자기급여 사안에서의 연방대법원 판결에 대해서는 처음에는 학계에서도 찬성하는 견해가 많았으나,[25] 나중에는 이에 반대하는 견해가 유력해졌다. 예를 들어 Flume는, B는 A의 급여를 수령할 때 "자신의 것을 받았기"(suum recepit)[26] 때문에 사후에 그 급여를 거절할 수 없다는 점, 채무자가 제3자의 급여에 반대할 때 채권자는 급여를 거부할 수 있다고 규정한 독일민법 제267조에 따라 타인이 한 급여의 효력을 B는 받아들여야 한다는 점을 고려한다면, 급여가 실체 채무자의 채무이행으로 인정될 것인지는 오로지 급여자를 기준으로 해야 한다고 주장한다. 급여자 관점을 기준으로 급여수령자를 결정한다는 것은 A의 B에 대한 직접 부당이득반환청구를 긍정하는 것이므로, 수령자 B의 신뢰가 문제될 수 있는데, B의 신뢰는 이득소멸($\frac{독일민법}{제818조 제3항}$)로 충분히 고려될 수 있고, 만일 B가 C에게 이미 보수를 지급하여 B의 이득이 소멸했다면 A는 C에 대해 부당이득청구를 할 수 있다고 한다.[27]

Medicus 또한, 연방대법원의 견해에 따르게 되면 출연수령자(Zuwendungsempfänger) B에게 보호가치가 인정되는지 여부에 관계없이 언제나 B에 대한 반환청구가 부정된다는 점에서 수령자관점설을 비판한

보로 이 보험금청구권을 양도하고 이를 A에게 통지하였다. A는 B에게 보험금에 해당하는 금액을 지급하였는데, 이후 해당 화재가 C의 고의적인 방화로 일어났다는 것이 검찰조사에서 밝혀졌다. A는 그 사이 파산한 C 대신에, 자신이 보험금을 지급한 B에 대해 보험금의 반환을 부당이득으로서 구하였는데, 그 이유로서 A는, 자신은 C의 채권양도로 인해 더 이상 C가 아니라 B가 채권자의 지위에 있다고 생각하여 직접 채권양수인인 B에게 급여할 의도로 출연한 것이라고 주장하였다. 그렇지만 연방대법원은, 지급을 수령한 B의 관점에서 볼 때 A는 지급을 함으로써 자신의 보험계약자 C에 대한 보험급여를 이행하고, C는 자신의 B에 대한 소비대차채무를 이행하려 한 것이기 때문에, A의 급여수령자는 C이고 따라서 A에 대한 반환의무자도 B가 아니라 C라고 판단하였다. 추가적으로 위험배분의 관점에서도 A가 보험자로서 자신의 계약상대방인 보험계약자 C의 파산의 위험을 부담하는 것이 정당하다는 논거도 제시하였다.

25) Zeiss, JZ 1963, 7, 10 등. 이 판례에 찬성하는 견해에 대해 상세한 것은 (MüKoBGB/Lieb, 4. Aufl. 2004, BGB 812, Fn. 265를 참고.

26) 이 개념에 대해서는, 이상훈, "부당이득법상 suum recepit 논거 검토-고전기 로마법상 지시 사안을 중심으로-", 법사학연구 제55호(2017), 35면 이하 참조.

27) Flume, Anmerkung zu BGH JZ 1962, 280, JZ 1962, 280, 282.

다. 따라서 일단 A의 B에 대한 급여부당이득 반환을 인정하되, B가 자신이 이득한 것이 C의 급여라고 신뢰하고 C에게 반대급여를 지급한 경우에는 B의 신뢰 또한 보호되어야 한다고 주장한다. 이 경우 A와 B의 신뢰 중 어느 것이 보호가치가 있는지 비교해야 하는데, A는 C가 대리권자인지 확인하지 않고 자신의 급여를 선이행한 반면 B는 자신에게 급여가 이행된 것을 확인하고 C에게 지급하였다면 B의 신뢰가 더 보호가치가 있다고 본다.[28] 결과적으로 Medicus의 견해는, 수령자에게 이득소멸 항변권을 인정하는 Flume의 견해와 비슷해진다.

Canaris 또한, 한편으로는 일반적으로는 급여자의 출연수령자에 대한 직접 청구를 불허함으로써 보호되는 수령자의 신뢰이익은 독일민법 제818조 제3항에 의해 보호되는 신뢰이익보다 범위가 더 넓다는 점에서 양자의 보호방법이 동등한 가치를 갖고 있다고 할 수는 없다고 지적하면서도, 다른 한편으로는 해당 유형에서 수령자에 대한 반환청구를 처음부터 금지하는 것보다 제818조 제3항를 적용하는 것이 더 유연한 보호를 가능하게 한다는 점에서 후자의 보호가 더 적절하다고 서술하고 있다.[29][30]

(다) 이 글은 착오에 의한 자기급여로 인한 다수당사자 간 부당이득 반환관계를 논점으로 하지 않으므로 이 논점에 대해서 더 이상 자세히 논의하지는 않는다. 다만 위 논의로부터 급여자와 출연수령자 사이에 급여관계에 대한 인식이 불일치하고 있는 경우 고려되어야 할, 다음과 같은 시사점을 도출할 수 있다. 재산을 출연한 급여자와 출연을 받은 수령자 사이에 출연이 이루어지게 된 원인을 인식함에 차이가 있을 때 급여

---

28) Medicus, Bürgerliches Recht, 20. Aufl., 2004, Rn. 687 ff.
29) Canaris, Der Bereicherungsausgleich im Dreipersonenverhältnis, in: FS für Larenz zum 70. Geburtstag (1973), S. 799, 826 f.
30) 그 외에 von Caemmerer도 무권대리인의 상대방은 본인에게 계약상 청구는 할 수 없지만, 상대방이 본인에게 급여한 것이 있으면 전용물 소권의 법리에 따라 본인에게 부당이득반환청구를 하는 것은 가능하며, 만일 본인이 무권대리인에게 해당 급여의 대가를 지급했다면 본인은 이득소멸의 항변을 주장할 수 있다고 한다. 전반적으로 위 3명의 견해와 유사하나, 급여자 관점설에 의존한 것이 아니라 전용물 소권을 언급했다는 점에서 위 3명의 견해와 구별된다. von Caemmerer, Irrtümliche Zahlung fremder Schulen, in: Festschrift für Dölle (1963), 135, 164 ff.

자의 관점을 따를 것인지 아니면 출연수령자의 관점을 따를 것인지에 따라 누구의 신뢰가 보호받을지 달라지기 때문에, 급여자와 출연수령자 중 누구를 보호해야 할 것인지는 추상적인 수령자관점설/급여자관점설에 의하기보다는, 급여목적의 설정을 포함하는 여러 객관적 사정을 고려하여 누구를 더 보호해야 하는지에 대한 이익평가에 따라야 한다. 예를 들어 착오에 의한 자기급여 사안에서 독일 연방대법원처럼 수령자(B)의 관점을 따른다면 A는 B에 대해 부당이득반환청구를 하지 못하고 C에 대해 독일민법 제179조의 무권대리인의 책임을 물을 수 있을 뿐이고 만일 C가 파산상태라면 그로 인한 무자력 위험을 A가 부담하게 된다. 반면 유력한 반대설처럼 수령자의 관점이 아니라 급여자의 관점에 따라 부당이득반환을 처리한다면, 급여자 A는 출연수령자 B에게 자신의 채무를 이행하기 위해 급여한 것이므로 그의 관점에 따르면 그는 급여부당이득에서 말하는 급여를 B에게 행한 것이고, A와 B 사이의 계약이 C의 무권대리에 의한 것이어서 무효가 된다면, A는 B에게 급여부당이득의 반환청구를 할 수 있다. B는 자신과 C가 체결한 계약의 이행을 C에게 청구하게 될 것이고, C가 무자력 등으로 인해 이행할 수 없으면 그 위험은 B가 부담하게 된다. 이는 B의 관점에서 보더라도 부당하지 않다. B는 처음부터 자신의 계약상대방을 C라고 인식하고 계약한 것이기 때문이다.

둘째, 출연수령자의 보호는 반드시 그에게 급여부당이득의 반환채무자 지위를 부정함으로써만 달성될 수 있는 것은 아니며 이득소멸의 항변에 의해서도 가능하다는 것이다.[31] 위 사례에서 C가 건물을 완공함으로써 자신에게 급여를 제대로 이행했다고 B가 믿고 그에 대한 대가를 C에게 지급했다면, B는 선의의 출연수령자로서 이득소멸의 항변을 할 수 있다는 것이 Flume, Medicus, Canaris, von Caemmerer 등 독일 부당이득법

---

31) 독일민법과 달리 우리민법은 출연수령자 일반에 대해 이득소멸을 규정하고 예외규정으로 악의의 출연수령자에 대해 규정하고 있는 것은 아니지만, 선의의 출연수령자가 현존이익을 넘어 자기재산으로 부당이득반환의 부담을 지지 않도록 보호한다는 점에서 우리 민법이나 독일민법이나 공통적이다(독일민법 제812조, 제818조, 제819조 참조).

분야에서 저명한 법학자들의 공통된 견해이다. 위 두 가지 시사점 모두, 부당이득에 관해 유형론 및 급여 개념을 채택한 우리민법에서도 적용될 수 있으리라 생각한다.

(3) 무권대리인에 의해 체결된 계약의 청산에서 급여당사자의 확정

(가) 그렇다면 위에서 도출한 시사점을, 대상판결 사안처럼 본인과 무권대리인 사이에 계약관계가 존재하지 않는 경우에 적용하는 것은 적절할 것인가. 결론부터 말하자면 그렇지는 않다. 위에서 본 지시 유형은 말할 것도 없고 착오에 의한 자기급여 유형에서까지도 출연수령자는 급여를 수령한다는 인식 자체는 있었고 다만 누구로부터 무엇을 위해 주어지는 급여인가에 대한 인식에 관해 출연자와 차이기 있었다. 그런데 무권대리 유형에서는, 본인은 출연자와 계약을 체결할 의사가 없었음은 물론이고, 출연자에게서 급여를 수령한다는 인식조차 없다는 문제점이 있다.

(나) 이 문제를 검토하기 전에 우선 다른 나라에서 이 문제를 어떻게 다루고 있는지 살펴본다. 독일에서도 해당 판결과 유사하게, 무권대리와 부당이득이 결합된 사안이 문제된 적이 있다. 이 사안에서는 B의 부인 C가 B에게 알리거나 B로부터 대리권 수여를 받지 않고 B의 명의로 A에게서 금전을 대차하였다. A는 B 명의의 계좌로 소비대차금을 이체하였다. C는 B의 대리인은 아니지만 B 명의 계좌에 대해 계좌대리권이 있었으므로, A가 소비대차금을 입금하자 곧 이를 인출하여 소비해 버렸다. 이후 C는 사망했고 C의 상속재산은 소극재산이 적극재산을 초과하는 상태라는 것이 밝혀졌다. A는 B에게 소비대차금을 부당이득으로 반환청구하였다.

이 사건에서 연방대법원[32]은 B가 계좌의 흐름에 대해 스스로 관리하지 않고 전체 금전거래 및 계좌내역서 관리를 전적으로 그의 아내에게 맡겨 놓음으로써 C는 금전거래를 함에 있어 사실상 B의 대리인과 유사

---

32) BGH, Urteil vom 25.3.1982-VII ZR 60/81=NJW 1982, 1585.

한 지위를 갖게 되고, 이는 B가 C에게 법률행위로 대리권을 수여했을 때의 이해상황에 유사하다고 보았다. 이를 근거로 연방대법원은 독일민법 제166조 제1항("의사표시의 법적 효과가 의사흠결 또는 일정한 사정을 알았거나 알아야 했음에 의해 영향을 받는 경우에는, 본인이 아니라 대리인을 기준으로 한다.")을 유추 적용하여, A의 소비대차금이 법률상 원인 없이 B의 계좌로 이체되었다는 C의 인식(악의)은 B에게 귀속되어야 한다고 판단하였다. 그리고 B가 악의의 수령자로 파악되어 가중된 반환책임($\binom{제819조}{제1항}$)을 부담하게 된다면, 가중된 책임의 기준이 되는 민법 제818조 제4항에 따라 일반 규정이 적용되는 결과 구 독일민법 제279조("채무의 대상이 종류에 따라 결정되는 경우, 그 종류로 급여하는 것이 가능한 한, 채무자는 자신의 과책이 없더라도 그 무자력에 대해 책임을 부담한다.")가 적용된다. 때문에 B의 아내가 금전을 인출하고 소비함으로써 B가 얻은 이익이 소멸하더라도 피고는 이득소멸 주장을 할 수 없다는 것이 연방대법원의 결론이었다.

　B를 급여수령자로 볼 수 있는지와 관련해서 연방대법원은 수령자관점설도 급여자관점설도 언급하지 않은 채로 B를 급여수령자로 파악하고 위에서 언급한 논리를 전개하였다. 그렇지만 학설의 일부는, 무권대리의 경우 누구를 수령자로 볼 것인지에 대한 기준을 언급하고 있다. 예를 들어 Häsemeyer[33]는 급여자관점설을 따르되, 이렇게 일방적인 급여목적지정의 경우에는 급여자와 급여수령자에 의해 공동으로 이루어지는 급여목적지정에서와 같은 의미를 부여할 수는 없다고 본다. 즉 공동으로 이루어지는 급여목적지정의 경우 수령자가 현실의 출연을 받았는지에 관계없이 급여목적지정에 적합하게 급여가 실행되면 부당이득반환관계가 발생하지만,[34] 채무자에 의한 일방적 급여지정의 경우 급여가 실제로 수령자

---

33) Häsemeyer, Die gefährliche Kontovollmacht—BGHZ 83, 293, JuS 1983, 176, 178.
34) Häsemeyer가 직접 예를 들고 있지는 않으나, 지시 사례에서 지시자에게는 직접 출연이 이루어지지 않았으나 지시자가 급여반환청구를 할 수 있는 것은 급여수령자가 아닌 피지시자라는 것을 생각하면 쉽게 이해할 수 있다.

의 재산에 도달해야 수령자를 상대로 부당이득반환청구를 할 수 있다고 한다. Häsemeyer는 이 기준에 따라, A가 소비대차금을 무권대리인 C에게 현금으로 지급했다면, A에 의해 일방적으로 이루어진 급여지정은 B에게는 아무런 영향을 미치지 못하므로 B가 아닌 C를 수령자로 파악한다. 반면 B의 계좌로 입금했다면 B에게도 급여한 것으로 본다. B는 이체된 금액이 자신의 재산에서 빠져나간 후에야 비로소 이 급여 및 일방적인 급여지정에 대해 알게 되었더라도, 그가 급여반환채무자라는 사실은 변하지 않으며, 다만 이득소멸(제818조제3항)을 이유로 부당이득반환청구권이 사후적으로 배제될 수 있을 뿐이라고 한다.

Canaris[35]는 이와 유사한 사안[36]에 대한 평서에서, 무권대리인이 소비대차금을 수령할 대리권조차 없어서 본인에게 소비대차금이 전혀 흘러 들어가지(zufließen) 않았다면, 예를 들어 소비대차금을 수령하기 위해 공동대리의 요건이 갖추어져야 하는데 갖추지 못했거나, 무권대리인이 대리권은 전혀 없고 교섭권만 가진 경우 본인의 이득을 인정할 수 없다고 한다. 반면 무권대리인이 계약을 체결할 권한은 없지만 소비대차금의 수령권한 자체는 가지고 있었다면(예를 들어 대리인이 단독으로 접근할 수 있는 기존 계좌에 무권대리로 체결된 소비대차계약의 차용금이 입금된 경우), 본인을 급여수령자로 인정하여 그에게 부당이득반환책임을 청구할 수 있고, 이 소비대차금을 대리인이 횡령하였다면 본인은 독일민법 제818조 제3항을 원용할 수 있다고 한다.

(다) 오스트리아에서는 무권대리인이 개입되어 있는 계약을 청산할 때 본인에게 부당이득반환을 구할 수 있는지 문제가, 급여부당이득 삼각관계 문제의 하나로 다루어지고 있다. 독일민법은 제812조에서 부당이득

---

35) Canaris, Schadensersatz- und Bereicherungshaftung des Vertretenen bei Vertretung ohne Vertretungsmacht, JuS 1980, 332, 335.
36) BGH, Urteil vom 20.02.1979-VI ZR 256/77=NJW 1980, 115. 피고 지자체의 지자체장은 지자체의 명의로 그의 대표권을 초과하여 그리고 지자체의 의회결정서를 위조하여 원고 은행에게서 금전을 대차한 뒤 이를 횡령하였다. 원고는 피고 지자체에 소비대차의 배상을 요구한 사안이다.

에 관한 단일한 규정을 두고 있는 반면, 오스트리아민법은 제1431조에서 비채변제에 관해, 제1041조에서 비용상환청구권에 규정을 두고 있다는 점에서 차이가 있긴 하지만, 오스트리아 민법도 급여부당이득에 관해서 독일의 부당이득법적 급여 개념을 수용하여 원칙적으로 급여목적지정의 해석을 통하여 삼각관계를 해결한다.[37] 따라서 이 문제를 급여부당이득으로 해결함에 있어 오스트리아의 법리는 우리법에도 참고가 될 수 있다.

무권대리인에 의해 이루어진 계약의 청산과 관련하여 오스트리아 연방대법원은, 무권대리행위에 근거하여 본인에게 직접 급여한 상대방은 수령자에 대해 급여반환청구권을 갖는다는 입장이다.[38] 그리고 다수설은, 만일 급여가 무권대리인에 대해 이루어졌음에도 불구하고 본인을 급여상대방으로 볼 수 있는지의 문제에 대해서, 무권대리인이 급여를 수령할 권한이 있었는지를 기준으로 부당이득반환채무자를 결정해야 한다고 본다. 즉 무권대리인이 급여를 수령했더라도 그가 최소한 본인으로부터 수령권한은 수여받았다면, 본인에 대해 급여가 이루어진 것으로 보아 본인이 급여반환의무자가 된다. 대리인에게 수령대리권이 없었던 경우, 대리인이 계속 급여를 보유하고 있다면 제1041조에 따라 비급여부당이득책임을 물을 수 있다.[39]

다. 私 見
(1) 급여개념과 부당이득반환당사자의 신뢰보호
급여부당이득에서 급여자와 급여수령자 개념은, 실제로 재산손실을 입은 출연자 및 재산이 증대한 출연수령자 개념과 늘 일치하지는 않는

37) Rummel/P. Rummel, 3. Aufl., 2002, Vor § 1431, Rn. 7 ff.
38) 다만 수령자가 무권대리인에 해당하는 자와 계약을 체결했고 수령자의 관점에서 볼 때 상대방의 급여가 자신이 계약당사자인 계약상 채무를 이행하기 위한 목적으로 급여된 것이라면 위 법리는 적용되지 않는다고 한다. OGH 10.11.1976, 1 Ob 747/76; OGH 20.1.2000, 2 Ob 5/00z.
39) Welser, Vertretung ohne Vollmacht (1970), S. 242 ff. (OGH 20.1.2000, 2 Ob 5/00z에서 재인용); Rummel/P. Rummel, 3. Aufl., 2002, Vor § 1431, Rz. 18; Schwimann/Honsell/Mader, Vorbem zu §§ 1431 ff ABGB Rz 27.

다. 급여자와 급여수령자는, 재산이동이 실제로 누구 사이에서 이루어졌는지에 좌우되지 않고, 문제가 된 재산이동의 청산이 누구 사이에서 이루어지는 것이 계약당사자들이 원래 예상했던 항변권이나 무자력위험을 유지할 수 있는지를 고려하여 결정하는 것이다. 즉 급여당사자가 누구인지를 결정함에 있어서는 누구의 신뢰를 보호할 것인지의 규범적 판단이 개입할 수밖에 없다.[40] 주의할 것은, 지시 사례와 같은 다른 삼각관계 부당이득 문제와 달리, 무권대리인에 의해 체결된 계약의 급여관계는 상대방과 무권대리인, 무권대리인과 본인 사이에 아무런 계약관계가 없고, 무권대리인의 무자력 위험을 본인과 상대방 중 누구에게 부담시킬지가 결정적인 고려요소로 작용한다.

(2) 본인 보호의 필요성

그렇다면 무권대리 사안에서 본인을 급여수령자로 보아 급여부당이득반환채무자로 인정할 것인지 판단에는 어떤 규범적 요소가 개입해야 하는가. 이 문제의 출발점은, 무권대리의 상대방과 본인 중 상대방은 본인을 급여수령자로 인식한 반면, 본인은 급여수령에 대해 인식하지 못하고 있다는 것이다. 그러므로 본인의 관점에 따른다면 본인은 누구와의 사이에서도 급여부당이득반환채무자가 되지 않는 반면, 상대방의 관점에 따르면 본인을 급여부당이득반환채무자로 할 수 있다.

그런데 착오에 의한 자기급여의 경우와 달리 대상판결과 같은 무권대리 사안에서 상대방(즉 출연자)의 관점을 기준으로 본인을 부당이득반환채무자로 인정하는 것은, 본인과 상대방 사이에서 위험을 적절히 배분하는 결과를 보장하지 못한다. 전자의 경우 본인은 무권대리인과 문제가 된 급여를 내용으로 하는 계약을 체결했기 때문에 다른 사람이 아닌 바로 무권대리인으로부터 급여를 기대하고 있었으므로 무권대리인의 무자력 위험을 본인이 부담토록 하는 것은 타당하다. 그렇지만 대상판결과 같은 무권대리 사안에서 본인은 무권대리인의 상대방은 물론 무권대리인

---

40) 급여당사자 결정을 급여자와 수령자의 신뢰 보호의 문제로 파악하는 견해로는 위에서 언급한 Medicus, Bürgerliches Recht, 20. Aufl., 2004, Rn. 687 ff.가 있다.

본인과도 계약을 체결할 의사 자체 및 급여수령의 인식 자체가 없었다는 점에서, 본인에게 무권대리인의 무자력 위험을 우선적으로도 부담시킬 이유를 찾기 어렵다. 오히려 우리민법 제135조에 따르면, 대리인으로서 계약을 맺은 자에게 대리권이 없다는 사실에 대해 상대방이 선의·무과실이라 하더라도, 무권대리인이 본인의 추인을 받지 못하는 한 상대방은 무권대리인에 대해 계약을 이행할 책임 또는 손해를 배상할 책임을 물을 수 있을 뿐이다. 즉 유권대리, 표현대리, 본인의 추인을 받은 협의의 무권대리 중 어느 하나의 요건에도 해당하지 않는다면, 무권대리인의 무자력 위험은 본인이 아니라 상대방이 부담해야 한다는 것이 민법의 구조에도 부합한다. 그만큼 본인을 급여수령자, 즉 급여부당이득반환채무자로 파악하지 말아야 할 이익이 강력하다고 할 수 있다.

물론 일단 본인을 급여부당이득반환채무자로 보더라도 이득소멸의 항변을 인정하여 궁극적으로는 부당이득반환책임에서 벗어나도록 할 가능성은 있다. 그런데 본인을 부당이득반환채무자로 파악하게 되면, 이득소멸을 주장하여 책임에서 벗어나기 위해 본인 스스로 이득이 소멸했음을 입증해야 한다는 문제가 있다. 독일에서는 이득 소멸에 대한 입증책임은 이득 소멸을 주장하는 출연수령자가 부담한다는 것이 통설·판례[41]이며 우리법의 해석으로도 그러하기 때문이다.[42] 따라서 본인을 급여부당이득반환채무자로 인정하는 것은, 본인이 무권대리인의 무자력 위험을 부담하게 될 부담을 높이는 것이 된다.

(3) 상대방 보호의 필요성

그렇다고 해서 무권대리인이 아닌 본인의 자력을 기준으로 판단하여 본인을 계약상대방으로 결정한 상대방의 신뢰가 언제나 후순위로 밀려나

---

41) BGH, Urteil vom 17.6.1992-XII ZR 119/9=NJW 1992, 2415; MüKoBGB/Schwab, 7. Aufl. 2017, BGB § 818 Rn. 183.

42) 民法注解 債權(10), 제748조, 590면(양창수 집필부분); 이계정, 앞의 논문, 598면. 판례도 금전상 이득에 대해서는 현존이익을 추정하기 때문에 현존이익이 없다고 주장하는 출연수령자 측에서 입증책임을 부담해야 한다. 대법원 1987. 8. 18. 선고 87다카768 판결; 대법원 1996. 12. 10. 선고 96다32881 판결; 대법원 2008. 6. 26. 선고 2008다19966 판결 등.

야 한다는 것은 아니다. 상대방의 신뢰를 보호할 필요가 강해지는 반면 본인의 신뢰를 보호할 필요는 감소한다면, 본인을 급부수령자로 파악하여 본인에 대한 부당이득반환청구를 긍정할 수 있을 것이다. 그렇다면 어떤 추가적인 요건이 존재해야, 출연자인 상대방의 신뢰를 보호할 필요가 강해지는 반면 본인의 신뢰를 보호할 필요가 감소한다고 할 것인가.

위에서 언급한 것처럼, 독일의 Häsemeyer는 본인이 실제로 급여를 수령했거나 본인 명의 계좌에 급여가 도달했으면 본인을 급여수령자로 파악하여 그에 대해 부당이득반환청구를 할 수 있다는 견해를 주장한 바 있다. 그런데 일견 타당해 보이는 이 기준에 따르면, 무권대리인에게 출연이 이루어진 경우 상대방은 언제나 본인을 급여수령자로 파악할 수 없다는, 즉 본인을 상대로 부당이득반환청구를 할 수 없다 문제가 있다. 다른 한편으로 본인 명의 계좌에 금전이 이체되었다 하더라도, 여전히 상대방의 신뢰보다는 본인의 보호가 중시되어야 하는 경우도 존재할 수 있다.

"(2) 본인 보호의 필요성"에서 그러했듯이 이 문제해결의 단서는 결국 대리법리에서 찾아야 할 것이다. 무권대리인은 원칙적으로-본인의 추인이 없는 한-본인에 대해 이행청구를 할 수 없고 민법 제135조의 요건이 충족되는 한도에서 무권대리인 자신에게 계약상 이행청구나 손해배상청구를 할 수 있으나, 표현대리의 요건이 충족되면 본인을 계약상대방으로 할 수 있다. 그리고 표현대리가 성립하기 위해서는 본인 측에서 외관이 성립하는데 기여를 했어야 하고, 이 외관에 대한 상대방 측의 신뢰가 정당해야 한다. 무권대리인의 무권대리행위로 인해 발생한 위험을 상대방과 본인 중 누가 부담해야 할 것인지에 대한 대리법 영역에서의 가치판단은, 부당이득법에서 무권대리인의 무자력 위험을 상대방과 본인 중 누가 부담해야 할 것인지의 판단에도 적용되어야 할 것이다.

(4) 본인에게 급여수령자 지위를 인정하기 위한 요건

생각건대 본인을 급여수령자로 파악할 것인지의 문제는 상대방이 무권대리인에게 출연한 경우와 본인에게 출연한 경우를 나누어 고찰할 필요가 있다. 무권대리인에게 출연한 경우에는, 출연수령자는 무권대리인임에도 불구하고 본인을 급여수령자로 파악하여 상대방을 보호할 필요가 얼마나 강력한지를 검토해야 하는 반면, 본인에게 출연이 이루어진 경우에는 출연수령자는 본인이지만 그럼에도 불구하고 본인을 급여수령자로 파악하는 것이 부적절하게 될 정도로 본인 보호의 필요가 얼마나 강력한지 검토해야 하기 때문이다.

(가) 무권대리인에게 출연이 이루어진 경우

우선 상대방이 무권대리인에게 출연한 경우(예를 들어 매매대금을 현금으로 무권대리인에게 지급한 경우), 그 출연을 실제로는 본인에 대한 급여로 인정함으로써 무자력위험을 본인에게 부담시키기 위해서는 이러한 상황을 초래한 데 대해 본인의 기여가 있어야 한다. 그 기여는 어떠한 형태로 나타나야 할 것인가. 표현대리에서 법률행위의 효과를 본인에게 귀속하기 위해 '법률행위를 할 대리권'을 수여했거나 수여한 것 같은 외관을 본인이 부여할 것이 요구된다면, 부당이득에서 급여수령의 효과를 본인에게 귀속하기 위해서는 '급여를 수령할 권한'을 수여했거나 수여한 것 같은 외관을 본인이 부여했을 것이 요구된다. 오스트리아의 다수설이 무권대리인에게 급여가 이루어진 경우 무권대리인이 급여수령권 조차 없으면 본인이 아닌 무권대리인을 부당이득반환채무자로 인정하거나, Canaris가 무권대리인이 소비대차금을 수령할 대리권조차 없어서 본인에게 소비대차금이 전혀 흘러 들어가지 않았다면 본인에게 이득이 존재하지 않기 때문에 부당이득반환채무자가 될 수 없다고 서술한 것도 이와 맥락을 같이 한다.

실제로 우리 판례 중에 이러한 판시를 찾아볼 수 있다. 대법원 1990. 5. 22. 선고 89다카1121 판결에 따르면, 공탁금의 대리수령에 있어서 공탁금수령권자인 본인이 대리인으로 칭하는 자에게 공탁금수령권한을 부여한 바 없다 하더라도 공탁수락과 출금의 권한을 부여한 것과 같은 외관을 발생시켜 표현대리가 인정되는 경우에는, 비록 본인이 그 공탁금을 현실로 수령하여 이득을 본바 없다하더라도 표현대리의 본인의 지위에서 그 공탁금을 수령한 것이므로, 이후 공탁의 원인이 되었던 임의경매가 무효임이 밝혀졌다면 공탁금을 수령한 표현수령권자가 아니라 본인이 부당이득반환채무자에 해당한다. 이 판결의 평석 또한 판례의 결론에 찬성하면서, 표현수령권자가 아닌 본인을 부당이득반환채무자로 인정해야 할 근거를 무권대리인의 무자력 위험을 적절히 분배할 필요에서 찾고 있다.[43]

더 나아가서 해당 출연으로써 실제로는 본인에게 급여하는 것이라는 상대방의 신뢰 또한 필요하다. 이렇게 수령권에 대한 출연자의 신뢰까지 요구하게 되면, 출연자가 출연수령자 본인에게 급여부당이득반환청구를 하게 될 가능성이 그만큼 좁아지게 될 것이다. 그렇지만 무권대리에서 누구를 급여수령자로 볼 것인지 문제는 결국 무권대리인의 무자력위험을 누가 부담하게 될 것인지의 문제와 직결되어 있다. 무권대리인이 수령권자이기는 하지만 그 수령권을 남용하고 있수령권자가 아니라는 사실을 알거나 알 수 있었을 출연자에 대해서까지 수령자보다 그를 보호하여, 수령자에게 무권대리인의 무자력위험을 부담하도록 하는 것은 부당하다.

(나) 본인에게 출연이 이루어진 경우

그 다음 상대방이 본인과의 사이에 유효한 계약이 체결되었다고 신뢰하고 계약금을 본인에게 출연한 경우는 어떠한가. 본인에게 현물이나 현금을 직접 지급한 경우에는, 본인이 자신이 수령할 이유가 없는 급여가 자신에게 이행되고 있음을 인식할 것이기 때문에 그 급여를 거절하게 될 것이다. 만일 본인이 자신에게 왜 급여가 이루어지고 있는지 확인하지 않고 급여를 수령했다면, 본인에게도 급여수령의 인식이 인정되고 그만큼 본인을 보호할 필요성이 감소하므로 본인을 급여수령자로 인정하는 데 큰 문제가 없다. 그러므로 실제로 문제가 되는 것은 본인 명의 계좌로 금전을 이체할 것을 무권대리인이 지시하여 상대방이 그 계좌로 입금한 경우일 것이다. 물론 무권대리인이 이러한 지시를 하는 배경에는, 무

---

43) 양창수, "표현수령권자에의 공탁금지급과 부당이득", 민법연구(제3권), 414면 이하.

권대리인이 그 계좌에 대한 접근권한을 가지고 있어 무권대리인 마음대
로 입금된 금전을 인출하거나 다른 계좌로 이체할 수 있다는 사정이 존
재한다.

  본인을 급여수령자로 인정하지 않음으로써 상대방 보호보다 본인 보
호를 우위에 놓을 필요가 존재하는지의 판단은, 해당 계좌에 대해 본인
이 얼마나 지배권을 가지고 있는지에 따라 달리한다. 본인이 본인 명의
로 개설한 계좌에 입금된 금전에 대해서는, 설령 무권대리인이 그 계좌
통장이나 현금카드를 소지하고 비밀번호를 알고 있어 계좌에 접근할 수
있다 하더라도, 본인 역시 자기 계좌에 대한 관리권을 상실하고 있지 않
다. 계좌를 관리할 수 있는 본인이 스스로 무권대리인에게 계좌에 대한
접근권을 수여한 경우는 물론이고, 본인이 자기 계좌에 대한 접근권을
제대로 관리하지 않아 무권대리인이 그 계좌를 이용해 원인 없는 급여가
입금되도록 한 경우에도 특별히 상대방 보호보다 본인 보호를 우위에 놓
을 이유는 찾기 어렵다.[44] 본인이 급여수령자로 인정되는 이상, 설령 무
권대리인이 해당 금전을 인출해 소비했다 하더라도, 본인이 부당이득반환
채무자가 되며 본인의 입증책임 하에 현존이익이 부존재한다는 항변을
할 수 있을 뿐이다.

  반면 본인이 금융거래정보를 제대로 관리하고 있음에도 무권대리인
이 무단으로 개설한 본인명의 계좌에 입금된 금전에 대해서까지 본인을
급여수령자로 본다면, 본인이 야기하지도 인식할 수도 없었던 금융거래의
결과를 본인에게 귀속시키는 것이 되어 본인에게 지나치게 가혹하다. 또
한 계좌개설도 법률행위의 일종이므로 무권대리인이 무단으로 개설한 계
좌의 법적 효력은 원칙적으로 본인에게 귀속하지 않는다는 점도 고려되어
야 할 것이다. 이런 점들을 고려할 때 무권대리인의 무자력 위험은 상대방

---

44) 무권대리에 의해 체결된 계약의 급부가 입금된 것은 아니지만, 본인이 개설한
   계좌에 대해 본인이 부주의하여 그 계좌에 대해 제3자가 접근권을 가지게 되고
   그 제3자가 해당 계좌를 통해 대출서비스를 받은 경우, 대법원은 본인의 금융거래
   정보 노출행위에 대해 본인의 중대한 과실을 인정한 바 있다(대법원 2014. 1. 29.
   선고 2013다86489 판결).

이 부담토록 하는 것이 타당하므로 본인을 급여수령자로 인정해서는 안 될 것이다. 상대방은 무권대리인에게 민법 제135조의 책임을 묻거나 오스트리아 민법에서처럼 무권대리인에게 비급여부당이득(Nichtleistungskondiktion)[45]을 청구할 수 있을 뿐이다.

3. 대상판결의 검토

이하에서는 결론에 갈음하여, 대상판결 및 대상판결이 선례로서 언급하고 있는 두 판결들을, 위에서 제시한 기준에 따라 분석한다. 결론적으로 이 세 사안 모두에서 본인에 대한 부당이득반환청구권을 부정한 대법원의 태도는 타당하다. 다만 대법원이 "본인에게 실질적 이득이 귀속되지 않았다"는 것이 처음부터 본인을 급여부당이득반환채무자로 인정할 수 없다는 것인지, 아니면 급여부당이득반환채무자에는 해당하나 본인에게 현존이익이 없다는 의미인지는 각 사안마다 다르다고 할 것이다.

가. 대상판결에서의 부당이득반환관계

대상판결에서 B와 C는 부부이다. 이들이 공동으로 부동산 매매계약(1차 계약)을 체결한 이후 B가 의식불명 상태에 빠지자 C가 원고들(A)에게 매수인으로서의 지위를 이전하는 계약인수계약(2차 계약)을 한 것이다. 의사무능력자로서 대리권을 수여할 수 없음이 명백한 B까지 C가 대리하여 2차 계약을 체결하였으므로, 이 2차 계약에서 B에 대한 부분은 무효이고, 당사자들이 B에 대한 무효 부분이 없더라도 C 부분에 대한 2차 계약만이라도 체결하였을 것이라고 볼 사정이 없어 2차 계약은 전부 무효로 인정되었고, 이 부분은 대법원에서도 다툼이 없었다. 문제가 된 부분은 A는 2차 계약 후 C에게 지급한 계약금을 부당이득으로서 B에게 반환청구할 수 있는지 여부였다.

---

45) 일반적으로 비급부부당이득의 하위유형으로 침해부당이득과 비용부당이득을 들지만, 비급부부당이득은 이들 유형에 한정되는 것은 아니다. MüKoBGB/Lieb, 4. Aufl. 2004, BGB 812 Rn. 222.

해당 판결의 사실심 판결에서도 A가 계약금을 B 명의 계좌로 입금했다는 사실인정을 찾아볼 수 없으므로, A는 계약금을 C에게 현금으로 교부한 것으로 보인다. 따라서 무권대리인 C에게 행해진 급여를 본인이 수령한 것으로 평가할 수 있는지가 문제된다. "2. 다. 私見"에서 도출한 기준에 따르면 B가 C에게 수령권 또는 적어도 표현수령권이라도 부여했고 이 (표현)수령권을 A가 신뢰하여 B에게 급여를 했으면 본인을 급여수령자로 평가할 수 있다. 그런데 C가 B에게 행해져야 할 급여를 수령할 권한을 B로부터 수여받은 바 있다는 특별한 사정은 사실관계에서 드러나지 않는다. 일상가사대리권에 근거하여 C의 표현수령권을 인정할 수 있는지 생각해볼 수 있을 것이나, 부부가 공동생활을 영위하는 데 필요한 통상의 사무 범위를 넘어 부동산을 처분하는 등의 행위는 일상의 가사에 속한다고 할 수 없는 것이고, 일상가사대리권을 기본대리권으로 하여 표현대리가 성립할 수 없다는 판례[46]를 고려한다면, 일상가사대리권을 근거로 표현수령권을 인정해 본인에 대해 급여가 이루어졌다고 보아서는 안 될 것이다. B를 급여수령자로 볼 수 없으므로 A는 B에 대해 급여부당이득을 청구할 수 없고, C에 대해 부당이득반환이나 제135조의 책임을 청구할 수 있을 뿐이다. B에게 실질적 이득 귀속을 부정한 것-결론에 있어 타당한-법원의 태도는 B의 급부수령자 지위를 부정한 것으로 이해할 수 있다.

나. 2011년 판결과 2016년 판결에서의 부당이득반환관계

(1) 2011년 판결에서 토지소유자 B의 무권대리인 C는, B 소유 토지에 대한 매매계약을 A와 체결하였다. C가 B로부터 건네받은 서류 및 자신이 위조한 서류를 A에게 교부하자, A는 B 명의 계좌에 매매대금을 입금하였다. B로부터 B명의 통장과 예금인출에 필요한 도장을 교부받고 비밀번호 또한 B로부터 들었던 C는 매매대금을 당일 전액 인출하여 소비하였다.

이 사안은 본인 계좌로 상대방이 급여한 경우로, 계좌 자체는 본인

---

46) 대법원 1998. 7. 10. 선고 98다18988 판결; 대법원 2009. 4. 23. 선고 2008다95861 판결 등.

이 정상적으로 개설한 계좌로 보이며, 무권대리인이 본인으로부터 통장과 도장, 비밀번호 등을 교부받아 통장에 대한 접근권을 취득한 사안이다. 본인이 계좌를 스스로 점검하고 관리하는 것이 가능하였음에도 본인의 부주의로 무권대리인이 계좌에 접근하는 것을 가능케 하였으므로 본인보호의 이익이 크지 않고, 따라서 본인을 급여수령자로 인정함이 타당하다. 본인이 부당이득반환의무를 면하기 위해서는 해당 금전을 C가 인출해 버렸으므로 자신에게 현존이익이 없다는 항변을 할 수밖에 없다.

  그런데 우리 대법원은[47] 계속하여, 법률상 원인 없이 타인의 재산 또는 노무로 인하여 이익을 얻고 이로 인하여 타인에게 손해를 가한 경우 그 취득한 것이 금전상의 이득인 때에는 그 금전은 이를 취득한 자가 소비하였는가의 여부를 불문하고 현존하는 것으로 추정하고 있기 때문에 무권대리인에 의해 횡령된 금전도 본인이 이득소멸 항변을 할 수 없는 것인가 하는 의문이 들 수 있다. 그렇지만 대법원 판례에 의하더라도 현존이 推定될 뿐이므로 금전이 횡령되었음을 본인이 입증하면 이득소멸의 항변이 허용될 것이다.[48] 우리 대법원 판결 중에도, 타인을 위해 자신이 은행으로부터 대출을 받은 후 대출금이 입금된 후 그 타인이 대출금 전액을 인출사용한 사안에서 현존이익의 추정이 깨어졌음을 인정한 판결이 존재한다.[49] 따라서 2011년 판결에서 말하는 '본인은 실질적인 이익의 귀속자가 아니다'라는 판시는, 본인이 급여수령자가 아니라는 의미라기보다는, 본인은 급여수령자이기는 하나 선의의 출연수령자로서 이득소멸의 항변을 할 수 있다는 의미라고 이해해야 할 것이다.[50] · [51]

---

47) 대법원 1996. 12. 10. 선고 96다32881 판결.
48) 출연수령자의 고용인이 금전을 횡령했을 때 현존이익이 없다는 서술로 民法注解 債權(10), 제748조, 582면(양창수 집필부분).
49) 대법원 2003. 12. 12. 선고 2001다37002 판결.
50) 2011년 판결에 대해 수령자의 이득소멸의 항변을 인정해야 한다는 견해로 이계정, 앞의 논문, 600면.
51) 참고로 위에서 소개한 독일 연방대법원 판결(BGH, Urteil vom 25.3.1982-VII ZR 60/81=NJW 1982, 1585)에서도 종류물채무에 대해 무과실책임을 지우는 구 독일민법 제279조가 적용된다면 부당이득반환채무자는 이득소멸의 항변을 할 수 없는지가 다투어진 바 있다. 연방대법원의 견해와 달리 학설은 일치하여, 소비된 노무나

(2) 2016년 판결에서는 B 종중 소유의 부동산을 종중 대표 C가 종중의 의결을 거치지 않고 A에게 매각한 뒤 받은 매매대금의 반환이 문제되었다. 매매대금의 지급은 두 계좌에 나누어서 이루어졌는데, 원심법원은 종중명의계좌에 입금된 매매대금에 대해서는 실질적 이득 귀속을 인정했으나, 무권대표행위를 한 종중대표의 계좌에 입금된 금액에 대해서는 종중 측의 반환의무를 부정하였고 대법원 또한 원심 판결을 유지하였다. 우선 종종명의계좌는 원래부터 종중의 이름으로 개설되어 있던 계좌로서 종중이 그 계좌에 대한 지배권을 상실했다고 볼 만한 이유가 없으므로 종중을 급여수령자로 보아 부당이득반환채무를 인정하는 것이 타당해 보인다. 즉 원심법원과 대법원이 종중명의계좌에 입금된 매매대금에 대해 실질적 이득 귀속을 인정한 것은 타당하다.

두 번째로 종중 대표 C 명의 계좌에 입금된 금전은 일단 본인 B가 아니라 무권대표자 C에게 급여된 것으로 볼 수 있다. 따라서 직접 금전을 지급받지 않은 B를 급여수령자로 파악하기 위해서는 B가 C에게, C 개인의 계좌를 통해 종중의 금융 거래를 할 권한까지 수여했거나 수여의 표시를 하고 이를 출연자 A가 신뢰했어야 하는데, 이러한 사정은 사실관계에서 찾아볼 수 없었다. 따라서 A는 B 종중에 급여할 목적으로 C 대표 개인명의 계좌로 매매대금의 일부를 입금했더라도, 이는 B 종중이 수령한 급여라고 볼 수 없어 B 종중에 대해 급여부당이득 반환청구를 할 수 없다. 종중에게 이 금전에 대해서는 실질적 이득 귀속을 부정하여 부당이득반환채무를 부담하지 않는다고 한 법원의 판단도 결론적으로 타당하다고 할 것이다.

사용이익이 전보되어야 하는 경우에는 금전가치채무(Geldwertschuld)로서 제279조가 적용될 수 있으나, 구체적 대상으로서 수령(gegenständlicher Erwerb)한 금전을 반환해야 할 채무는 금전반환채무(Geldherausgabeschuld)로 제279조가 적용되지 않는다고 한다. 때문에 본인의 과책 없이, 반환해야 할 구체적 대상인 금전을 무권대리인이 소비하였다면 본인은 더 이상 해당 금전을 반환할 의무를 부담하지 않는다고 한다. Wilhelm, AcP 1981, 1, 13; Medicus, JuS 1983, 897, 902; Larenz/Canaris, § 73 II 3 c, Staudinger/Stephan Lorenz (2007) BGB § 818, Rn. 50.

[Abstract]

Leistungskondiktion bei Leistung an einen Vertreter ohne Vertretungsvollmacht

Kim, Soo Jeong*

Im vorliegenden Fall handelt sich es darum, dass der Zuwendende den Kaufvertrag mit der vollmachtslosen Vertreterin (Ehefrau des Vertretenen) geschlossen und ihr einen Teil des Kaufpreises bezahlt hat. Der Vertrenene erlitt damals einen Schlaganfall, weswegen es unwahrscheinlich scheint, dass die Erteilung der Vollmacht gegenüber der vollmachtslosen Vertreterin erfolgte. Hier sich stellt die Frage, von wem der Zuwendende das Geleistete zurückverlangen kann. Das Koreanische Oberste Gericht lehnte den Bereicherungsanspruch gegenüber dem Vertretenen mit dem Argument ab, dass ihm keine substantielle Bereicherung entstand. Diese Formulierung ist leider vieldeutig und bedarf einer Konkretisierung.

Der in der deutschen Lehre entwickelte und auch von der koreanischen Lehre und Rechtsprechung übernommene Leistungsbegriff ermöglicht, dass sich bereicherungsrechtliche Rückabwicklung innerhalb der jeweiligen Leistungsbeziehung vollzieht. "Leistung" wird als die bewusste und zweckgerichtete Vermehrung fremden Vermögens verstanden und die jeweilige Zweckrichtung bestimmt sich nach dem Parteiwillen. Jedoch ist es nicht ersichtlich, auf wessen Standpunkt die Zweckrichtung beruhen darf, falls die Zweckvorstellungen des Zahlungsempfängers und die des Zuwen denden nicht übereinstimmen. Auch hier besteht diese Problematik, da der Vertretene—aus der Sicht des Zuwendenden—der Leistun gsempfäger ist,

---

* Assistant Professor, School of Law, Konkuk University.

während die vollmachtslose Vertreterin—aus der Sicht des Vertretenen—der Empfänger ist.

Zwischen dem Vertretenen und dem Zuwendenden bestand kein Vertragsverhältnis. Trotzdem ist es noch von Bedeutung, wer das Risiko der Zahlungsunfähigkeit des vollmachtslosen Vertreters tragen darf. Wenn der Bereicherungsanspruch gegenüber dem Vertretenen dem Zuwendenden zusteht, kann der Vertretenen zwar dem vollmachtslosen Vertreter die daraus erwachsenden Schäden ersetzt bekommen, aber trägt im Ergebnis das Insolvenzrisiko des vollmachtslosen Verterters.

Hinsichtlich des "irrtümliche Eigenleistung"-Falls hält der BGH den sog. Empfängerhorizont für maßgeblich, dagegen wird der Leistenderhorizont von zutreffender Mindermeinung vertreten. Die daraus abgeleiteten Abwägungsfaktoren geben zwar einen nützlichen Anhaltspunkt, sind aber nicht ohne weiteres auf den vorliegenden Fall anzuwenden. Denn der vorliegende Fall lässt sich danach vom "irrtümliche Eigenleistung"-Fall unterscheiden, dass der Vertrenene beim Ersteren weder die in Frage gestellte Zuwendung auslöste noch Kenntnisse zum Leistungsempfang hatte. Kommt die Beweislast, die ein Leistungsempfänger bei der Berufung auf Wegfall des Erlangten tragen darf, in Betracht, ist es vernünftig, dem Bereicherung sanspruch gegen den Zuweundungsempfänger nur dann stattzugeben, wenn der Vertreter zur Empfangnahme nach seiner Stellung berechtig ist und der Zuwendende im Vertrauen auf die Befugnis zur Empfangnahme geleistet hat. Liegt eine unmittelbare Zuwendung an den Vertretenen vor, ist der Bereicherungsanspruch gegenüber dem Vertretenen dagegen grundsätzlich zu bejahen und nur dann zu verneinen, wenn der Vertrenene über die Leistung überhaupt nicht verfügen kann, z.B. falls das Konto selbst vom vollmachtslosen Vertreter und ohne Wissen des Vertretenen eingerichtet wird.

[Stichwörter]

• Vertretung ohne Vollmacht
• Leistungsempfänger

- Leistungskondiktion
- Nichtleistungskondiktion
- substantielle Bereicherung
- Bereicherungsausgleich in Dreiecksverhältnissen

참고문헌

[국내문헌]

1. 단 행 본

편집대표 곽윤직, 『민법주해(XVII), 채권(10)』, 박영사(2008).

2. 논 문

김형석, "支給指示·給付關係·不當利得", 서울대학교 법학 제47권 제3호(2006. 9), 284면 이하.

양창수, "西獨不當利得法의 立法論的 展開-König의 不當利得法改正에 관한 鑑定意見의 紹介", 서울대학교 법학 제26권 제4호(1985), 166면 이하.

_____, "임대차종료 후 임차인의 목적물 계속점유와 부당이득", 서울대학교 법학(제27권 제1호), (1986).

_____, "표현수령권자에의 공탁금지급과 부당이득", 민법연구(제3권), (1995. 2).

윤진수, "부당이득법의 경제적 분석", 서울대학교 법학(제55권 제3호), (2014. 9)

이계정, "송금된 금원에 대한 예금 명의인의 부당이득반환의무 유무의 판단 기준-부당이득에 있어서 이득의 개념을 중심으로-", 민사판례연구(제 35권), (2013. 2).

이상훈, "부당이득법상 suum recepit 논거 검토-고전기 로마법상 지시 사안을 중심으로-", 법사학연구(제55호), (2017).

정태윤, "다수당사자 사이의 부당이득에 관한 최근의 판례의 검토", 민사법학 (제52호), (2010. 12).

[외국문헌]

Baur, Fritz/Wolf, Manfred, Bereicherungsansprüche bei irrtümlicher Leistung auf fremde Schuld-Das Wegnahmerecht des Nichtbesitzers, JuS 1966, 393 ff.

Canaris, Claus-Wilhelm, Der Bereicherungsausgleich im Dreipersonenverhältnis, in: FS für Larenz zum 70. Geburtstag (1973), S. 799 ff.

_____, Schadensersatz- und Bereicherungshaftung des Vertretenen bei Vertretung ohne Vertretungsmacht, JuS 1980, 332 ff.

Flume, Werner, Anmerkung zu BGH JZ 1962, 280, JZ 1962, 280 ff.

_____, Studien zur Lehre von der ungerechtfertigten Bereicherung, 2003.

Häsemeyer, Ludwig, Die gefährliche Kontovollmacht−BGHZ 83, 293, JuS 1983, 176 ff.

Medicus, Dieter, Bürgerliches Recht, 20. Aufl., 2004.

Münchener Kommentar zum BGB/Lieb, 4. Aufl. 2004, BGB 812.

Münchener Kommentar zum BGB/Schwab, 7. Aufl. 2017, BGB § 812.

Rummel, Peter: Kommentar zum Allgemeinen bürgerlichen Gesetzbuch, 2. Band: §§ 1175 bis 1502 ABGB, 3. Aufl., Wien, 2002.

Schwimann, Kodek, ABGB Praxiskommentar, Band 6: §§ 1293−1502, Wien, 2006.

von Caemmerer, Bereicherungsansprüche und Drittbeziehungen, JZ 1962, 385 ff.

von Caemmerer, Irrtümliche Zahlung fremder Schulen, in: Festschrift für Dölle (1963), 135 ff.

Zeiss, Walter, Leistung, Zuwendungszweck und Erfüllung, JZ 1963, 7 ff.

채권양도와 부당이득
-「삼각관계에서의 급부부당이득」 법리를 중심으로-

윤 지 영*

■요 지■

채권양도 사례에서, 양도대상채권의 발생원인인 계약관계가 무효이거나, 취소·해제되었다면, 채무자는 누구를 상대로 부당이득반환청구권을 행사할 수 있는가. 상대방 계약당사자인 '채권양도인'인가, 아니면 현실적 수령자인 '채권양수인'인가.

대상판결(대법원 2017. 7. 11. 선고 2013다55447 판결)은, 시행사가 신탁회사에 분양대금채권을 양도한 사안에서, 채무자인 수분양자가 채권양수인인 신탁회사를 상대로 분양대금의 반환을 청구할 수 없다고 하였다. 수분양자의 분양대금 지급은 '단축급부'에 해당한다는 것이 직접적 근거이다. 그러면서 채권양수인의 채무자에 대한 원상회복의무를 인정한 대법원 2003. 1. 24. 선고 2000다22850 판결은 이 사건에 원용할 수 없다고 하였다. 다만, 대상판결은 채권양도 사례에서의 일반적인 부당이득관계를 설시하지 않았다. 채권양도 사례에 속하는 해당 사안에 단축급부 법리를 적용하였을 뿐이다.

채권양도 사례는 계약관계와 채권관계가 분리된 상태에서 급부가 행해진다는 특수성이 있다. 이에 부당이득이 발생하는 때인 급부 시점에서의 법적 상황이 중요하게 고려되어야 한다. 한편 채권양도인과 채권양수인은 다양한 목적과 형태의 원인관계에 기초해 채권양도를 한다. 그로 인해 급부 시점에서의 법적 상황도 획일적이지 않다. 따라서 채권양도 사례에서의 부당이득관계는 급부 시점에서의 법적 상황과 그에 따른 급부의 효과를 기준으로 개별

---

* 대전지방법원·대전가정법원 서산지원 판사.

적으로 결정하여야 한다. 채무자의 급부를 단축급부로 파악할 수 있는 경우라면, 계약당사자인 채무자와 채권양도인 사이에서 부당이득관계를 인정하는 것이 타당하다. 반면 단축급부로 파악할 수 없는 경우에는 민법 제741조의 해석상 채무자에 대한 부당이득반환의무자는 채권양수인이라고 봄이 타당하다.

　이러한 견지에서, 대상판결의 결론과 근거는 모두 수긍할 수 있으나, 해당 법리의 적용범위는 제한적이라고 할 것이다.

[주 제 어]
- 채권양도
- 부당이득
- 삼각관계
- 다수당사자
- 단축급부

대상판결 : 대법원 2017. 7. 11. 선고 2013다55447 판결(공2017하, 1607)

[사안의 개요]¹⁾

1. 사실관계

가. 당사자의 지위

　　－A(원고): ㅇㅇ수산물유통센터(이하 '이 사건 상가') 점포의 수분양자

　　－B: 이 사건 상가 건축·분양 사업의 시행사

　　－C(피고): 신탁회사

나. 분양관리신탁계약 및 대리사무계약의 체결

　　B와 C는 2008. 12. 17. 이 사건 상가 건축·분양 사업과 관련하여 B가 C에게 이 사건 상가의 부지를 신탁하는 내용의 분양관리신탁계약(이하 '이 사건 신탁계약') 및 대리사무계약(이하 '이 사건 대리사무계약')을 체결하였다. 그 주요 내용은 다음과 같다.

[분양관리신탁계약]

제1조(목적)
이 신탁계약은 '건축물의 분양에 관한 법률'²⁾에 의거하여 B가 신탁부동산에 건물을 신축 또는 증축하여 분양하는 사업에 관하여 C가 신탁부동산(완공된 건축물이 추가 신탁된 경우를 포함한다)의 소유권을 보전·관리하여 수분양자를 보호하고 B의 채무불이행시에 신탁부동산을 환가·처분하여 정산함에 목적이 있다.

제2조(용어의 정리)
⑤ 신탁재산: 신탁의 원본, 신탁의 수익 및 본건 분양사업과 관련하여 B로부터 양수받은 <u>분양대금채권과 분양수입금</u>

[대리사무계약]
제3조(역할 및 업무)
① <u>B는</u> 본 사업의 시행자로서 다음 각 호의 업무를 수행한다.
　6. 사업자금 및 분양수입금 등의 수납, 관리, 집행을 C에게 위임하고 그에 대한 업무지원
　21. 본 사업과 관련된 일체의 <u>분양대금채권을 C에게 양도할 의무</u>
③ C는 본 계약 당사자들의 위임에 따른 대리사무 수탁자로서 다음 각 호의 업무를 수행한다.
　3. 선관의무에 따른 분양수입금 관리계좌 개설 및 분양대금의 수납, 관리
　4. 선관의무에 따른 본 사업 관련 대출금, 분양수입금 등 사업자금의 관리 및 집행
　5. 건축공사의 공정에 따른 공사비 등 제반 비용을 자금관리계좌에서 지급

---

1) 논의에 필요한 범위 내에서 단순화하였다.

다. 분양계약의 체결

−A는 2010. 7. 26. B, C, D(책임준공사)와 사이에 이 사건 상가 1층 점포에 관하여 다음과 같은 내용의 분양계약(이하 '이 사건 분양계약')을 체결하였다.

제1조(분양금액)
① 분양대금은···아래의 납부방법에 의하여 B가 지정하는 장소에 납부하여야 한다.
④ 입금계좌
　계좌번호: (생략), 예금주: C
　공급대금은 C 명의의 위 계좌에 입금하여야 하고, 타계좌, 타인명의 또는 개별적으로 직원에게 납부한 분양대금은 납부금액으로 인정하지 아니한다.
제13조(신탁계약 및 대리사무)
① 본 계약은 건축물분양법에 의거 C가 사업부지 신탁등기 및 분양수입금 등의 자금관리를 담당하며 그 외 매도인으로서의 책임을 지지 않는다.
② B의 A에 대한 분양대금채권을 C에게 양도하고 A는 이를 승낙한다.

−A는 같은 날 B와 위 점포 분양의 조건으로 이 사건 상가 3, 4층 주차장을 점포 면적에 비례하여 분양받되, 점포의 소유권이전과 동시에 주차장에 관한 공유지분을 이전받기로 하는 내용의 계약을 체결하였다.

라. 분양대금 지급 및 점포에 관한 소유권이전등기

A는 2010. 8. 9. C 명의 계좌로 분양대금을 완납하였고, C는 같은 날 A에게 위 점포에 관한 소유권이전등기를 하였다.

마. B의 채무불이행·기망행위

위 주차장 지분이전은 관계법령에 저촉되어 이루어지지 못했다. B는 처음부터 위 주차장 지분이전이 허용되지 않음을 알고 있었다.

2. 원고(A)의 청구

가. 주위적 청구: 분양계약 해제로 인한 원상회복

나. 제1[3]예비적 청구: 분양계약 취소(사기)로 인한 부당이득반환

---

2) 이하 '건축물의 분양에 관한 법률'을 '건축물분양법'으로 축약한다.
3) 제2예비적 청구는 사기의 불법행위로 인한 손해배상청구인데(C가 B의 사기행위를 잘 알면서 이에 가담한 공동불법행위자임을 전제함), 본고의 논의와는 무관하므로 생략한다.

3. 원심판결(서울고등법원 2013. 5. 30. 선고 2011나82454 판결)

가. 주위적 청구에 관한 판단: 기각(해제 사유가 없다고 봄)

나. 제1예비적 청구에 관한 판단: 일부 인용

－이 사건 분양계약 취소는 적법하다고 봄

－대법원 2003. 1. 24. 선고 2000다22850 판결을 인용하면서, 「이 사건 분양계약에 기한 분양대금채권이 양도됨으로써 채무자인 A와 양수인인 C 사이에는 직접적인 채권·채무관계가 설정되었는바, 그 기초가 된 이 사건 분양계약이 취소되어 소급적으로 무효로 된 경우에는 특별한 사정이 없는 한 위 채권·채무관계에 의하여 A가 C에게 이행한 급부[4]는 법률상 원인이 없게 되었으므로, 급부를 이행받은 C는 A에게 이를 반환할 의무가 있다」고 판단[5]

• 「제3자를 위한 계약의 수익자」 또는 「B와 또 다른 계약관계에 있는 제3자」로서 단축급부 상대방에 불과하다는 C의 주장을 배척[6]

---

4) 우리 민법에는 급부라는 용어는 사용되고 있고 있지 않다. 급부(給付)라는 용어는 일본민법에서 사용되고 있지만, 민법은 급부 대신 급여(給與)라는 용어를 사용한다(민법 제451조 제1항, 제466조, 제746조 등)[윤진수, "부당이득법의 경제적 분석", 서울대 법학 제55권 제3호(2014. 9.), 108–109면]. '급부'라는 용례에 문제점이 있으나, 우리 판례나 문헌에서 '급부'라는 용어가 워낙 굳어져 있고, 대상판결이나 원심판결도 '급부'라는 용어를 사용하고 있기 때문에 본고에서도 부득이 '급부'라는 용어를 사용하기로 한다.

5) 실제 사안에서 B는 C와 공동피고였다. 대상판결의 원심은 C의 부당이득반환의무와 B의 부당이득반환의무를 모두 인정하면서, 양자가 부진정연대채무 관계에 있다고 보았다. 원심이 B의 부당이득반환의무를 인정한 이유는 다음과 같다. 「B는 분양대금채권을 C에게 양도함에 따라 A로부터 어떠한 급부도 이행받은 사실이 없기는 하지만, ① C는 분양관리신탁계약의 수탁자로서 건축물분양법이 정한 바에 따라 분양수입금을 적정하게 관리·집행함으로써 A를 보호하기 위하여 이 사건 분양대금채권을 양수하여 수납·관리할 권리와 의무를 가지게 된 것이고, 이 사건 분양대금채권의 실질적, 종국적 귀속 주체는 시행사인 B인 점, ② C는 신탁재산의 한도 내에서만 이 사건 분양계약의 취소로 인한 반환의무를 부담할 뿐이므로, 그 종국적인 반환의무는 시행사이자 분양자인 B에게 있다고 봄이 합당한 점 등을 고려하여 보면, B도 A에 대하여 부당이득반환의무를 부담한다.」

6) 「C가 이 사건 분양대금채권을 행사하여 A로부터 분양대금을 지급받은 것은, 이 사건 분양계약 체결 당시 B가 이 사건 분양대금채권을 C에게 양도하고 A가 이를 승낙한 것에 따른 것이고, 더욱이 C는 분양관리신탁계약의 수탁자로서 건축물분양법이 정한 바에 따라 분양수입금을 적정하게 관리·집행함으로써 피분양자들을 보호하기 위하여 이 사건 분양대금채권을 양수하여 수납·관리한 것일 뿐, 그가 양수한 분양대금채권의 행사가 C 고유의 이익을 위한 것이 아니므로, C가 제3자를 위한 계약의 수익자에 불과하다거나 지시에 의한 단축급부의 단순한 상대방에 불

• 민법 제110조 제3항 소정의 제3자에 해당하지 않는다고 판단[7]
• 민법 제451조 제1항에 따른 항변절단효 주장 배척
- 다만 C의 분양대금반환의무에 관하여, 신탁재산의 한도 내에서만 책임
이 있고, A의 소유권이전등기 말소의무와 동시이행관계에 있다고 판단

4. 대상판결의 요지

「계약의 일방당사자가 계약상대방의 지시 등으로 급부과정을 단축하여
계약상대방과 또 다른 계약관계를 맺고 있는 제3자에게 직접 급부한 경우(이
른바 삼각관계에서의 급부가 이루어진 경우), 그 급부로써 급부를 한 계약당
사자의 상대방에 대한 급부가 이루어질 뿐 아니라 그 상대방의 제3자에 대
한 급부도 이루어지는 것이므로 계약의 일방당사자는 제3자를 상대로 하여
법률상 원인 없이 급부를 수령하였다는 이유로 부당이득반환청구를 할 수 없
다. 이러한 경우에 계약의 일방당사자가 계약상대방에 대하여 급부를 한 원
인관계인 법률관계에 무효 등의 흠이 있거나 그 계약이 해제되었다는 이유로
제3자를 상대로 하여 직접 부당이득반환청구를 할 수 있다고 보면 자기 책
임 아래 체결된 계약에 따른 위험부담을 제3자에게 전가하는 것이 되어 계
약법의 원리에 반하는 결과를 초래할 뿐만 아니라 수익자인 제3자가 계약상
대방에 대하여 가지는 항변권 등을 침해하게 되어 부당하다(대법원 2003.
12. 26. 선고 2001다46730 판결, 대법원 2015. 4. 23. 선고 2014다77956 판결
등 참조).
앞서 본 법리에 비추어 보면, A가 이 사건 분양계약에 따라 C 명의의
계좌에 분양대금을 입금한 것은 이른바 '단축급부'에 해당하고, 이러한 경우
C는 B와의 이 사건 신탁계약 및 대리사무계약에 따른 변제로서 정당하게 분
양대금을 수령한 것이므로, A가 C를 상대로 법률상 원인 없이 급부를 수령
하였다는 이유로 원상회복청구나 부당이득반환청구를 할 수 없다.
원심이 주위적 청구에 관하여 (중략) C에 이 사건 분양계약 해제에 따른
원상회복의무가 있음을 인정할 수 없다고 한 원심의 판단은 결과적으로 정당
하다.

과하다고 할 수 없다.」
7) C가 양수채권에 관하여 고유한 법률상의 이익을 가지는 것은 아니고, 이 사건 분
   양계약 취소로 인한 반환의무도 신탁재산 범위 내로 제한되는 점 등을 근거로 하
   였다.

앞서 본 법리에 비추어 보면 원심이 그 판시와 같은 이유만으로 제1예
비적 청구를 일부 인용한 것은 잘못이[다]. (중략) <u>원심이 인용한 대법원
2003. 1. 24. 선고 2000다22850 판결은 이 사건과 사안을 달리하므로 이 사
건에 원용할 수 있는 것이 아니다.</u>」

〔研　　究〕

Ⅰ. 서　　론8)

판례·통설상 금전은 동산 물권변동의 원칙과 관계없이 점유가 곧
소유라는 법리가 확립되어 있고, 예금 기타 장부상 금전은 원칙적으로
채권으로서 그에 대한 소유권 개념을 생각하기 어렵다. 따라서 급부의
객체가 금전 또는 금전가치인 경우에 급부자는 급부의 원인이 무효이더
라도 물권적 청구권을 행사할 수 없고, 부당이득반환청구권만 행사할 수
있다.

문제는 A가 계약상대방인 B와 출연수령자인 C 중 누구를 상대로 부
당이득반환청구를 할 수 있느냐 하는 것이다. 대상판결은 A가 C에게 분
양대금을 지급한 것은 단축급부에 해당함을 이유로 A가 C에 대하여 원
상회복청구나 부당이득반환청구를 할 수 없다고 보았다. 그러면서 종래
에 양수채권의 발생원인인 계약이 해제된 사안에서 양수인의 채무자에
대한 원상회복의무를 인정한 대법원 2003. 1. 24. 선고 2000다22850 판결
을 원용할 수 없다고 하였다.

채권양도 사례에서 양수채권의 발생원인인 계약관계에 무효 등의 흠
이 있어 양수채권이 부존재하는 경우, 누구와 누구 사이에서 급부의 반
환이 이루어져야 하는가 하는 문제는 이른바 '삼각관계에서의 부당이득관
계' 문제의 하나로 파악할 수 있다. 본고에서는 삼각관계에서의 급부부당

---

8) 이하에서는 논의의 편의상 이 사건 분양계약의 해제 및 취소가 모두 적법함을 전
　제로 한다. 대상판결도 취소뿐 아니라, 해제 역시 적법하다고 볼 여지가 있음을
　전제하였다.

이득에 관한 기초법리 및 비교사례에서의 부당이득관계를 개관하고, 채권
양도 사례의 특수성을 기초로 채권양도 사례에서의 부당이득관계를 고찰
한 다음, 대상판결의 타당성과 의의, 기존 판례(_{2000다22850 판결}^{위 대법원})와의 관계를
논의하기로 한다(Ⅳ). 그리고 이러한 논의에 필요한 범위에서, 채권양도
와 다른 제도가 어떻게 구별되는지(Ⅱ), 채무자의 양수인에 대한 대항가
능성과 부당이득법의 관계는 어떠한지(Ⅲ)에 관하여 먼저 살펴보기로 한
다. 이하에서는 설명과 이해의 편의를 위하여, 대상판결과 다른 사례를
들 때에도, 당사자의 표시를 A, B, C, D로 통일하기로 한다. 출연자는
'A'로, A의 계약상대방은 'B'로, A의 출연을 현실적으로 수령하는 자는 'C'
로, 다시 C로부터 금전을 지급받는 C의 지급상대방은 'D'로 표시하겠다.

Ⅱ. 지명채권 양도와 다른 제도의 구별

1. 지명채권 양도의 의의

지명채권(이하 '채권'이라고만 한다)의 양도는 채권의 동일성을 유지하
면서 법률행위에 의하여 그 귀속주체를 변경하는 것을 말한다.[9] 여기서
'법률행위'란 통상 채권이 양도인에게서 양수인으로 이전하는 것 자체를
내용으로 하는 그들 사이의 합의(이하 '채권양도계약'이라고 한다)를 가리
키는데, 이는 이른바 준물권행위 또는 처분행위로서의 성질을 가진다. 한
편 채권양도의 의무를 발생시키는 것을 내용으로 하는 계약(이하 '양도의
무계약'이라고 한다)은 채권행위 또는 의무부담행위의 일종으로서, 채권의
매매나 증여, 채권을 대물변제로 제공하기로 하는 약정, 채권양도담보계약,
채권의 추심을 위임하는 계약, 신탁 등 다양한 형태를 가질 수 있다.[10]

2. 계약인수와의 구별

계약당사자 지위 승계를 목적으로 하는 계약인수는 계약으로부터 발
생하는 채권·채무의 이전 외에 그 계약관계로부터 생기는 해제권 등 포

---

9) 양창수 · 권영준, 권리의 변동과 구제(제2판), 박영사(2015), 171면.
10) 대법원 2011. 3. 24. 선고 2010다100711 판결(공2011상, 831) 참조.

괄적 권리의무의 양도를 포함한다. 이러한 계약인수는 양도인과 양수인 및 잔류당사자의 합의에 의한 삼면계약으로 이루어지는 것이 통상적이며 관계당사자 3인 중 2인의 합의가 선행된 경우에는 나머지 당사자가 이를 동의 내지 승낙하여야 그 효력이 생긴다.[11]

만약 대상판결의 사안에서, 의사 해석 결과, C가 분양자이거나 분양 자 지위를 승계하였다고 해석된다면, C는 A의 상대방 계약당사자로서 부 당이득반환의무 또는 원상회복의무를 부담한다. C는 민법 제548조 제1항 단서에서 정하는 제3자에 해당하지 아니하고, 민법 제110조 제3항에서 정하는 제3자에서도 제외된다고 볼 수 있다.[12]

이 사건 분양계약의 경우, C가 매도인으로서 책임을 지지 아니함을 명시한 제13조 제1항에 비추어 보면, 계약당사자가 A(수분양자)와 B(분양 자)임은 분명해 보인다.

3. 제3자를 위한 계약과의 구별

이 사건 분양계약의 당사자는 A와 B이지만, 제3자인 C가 분양대금 채권을 취득하였다. 이에 이 사건 분양계약이 제3자를 위한 계약이 아닌 지 의문이 생길 수 있다. 실제로 대상판결 원심에서 C는 이 사건 분양계 약이 제3자를 위한 계약에 해당한다고 주장하였다.

채권양도와 제3자를 위한 계약은 어떻게 구별될까. 학설은, 채권양 도의 경우에 양수인이 취득하는 채권은 이미 존재해 있는 것인데 비하여 제3자를 위한 계약의 경우에 제3자는 새로운 채권을 계약으로부터 직접 취득하게 된다는 데 차이가 있으므로, 계약으로부터 제3자가 채권을 직 접 취득하게 되는 경우이면 제3자를 위한 계약이 되고, 계약당사자가 채 권을 취득하고 제3자는 계약당사자로부터 채권을 양수하게 되는 경우이

---

11) 대법원 2012. 5. 24. 선고 2009다88303 판결(공2012하, 1099) 참조.
12) 종전 계약당사자의 지위를 그대로 승계하였기 때문이다. 대법원 2004. 1. 15. 선 고 2002다31537 판결(공2004. 2. 15. (196), 335] 및 위 판례의 의미에 관한 윤진 수, "차명대출을 둘러싼 법률문제", 법조 제56권 제1호(2007. 1.), 232-233면 참조.

면 채권양도가 된다고 설명하나,[13] 실무상 구별이 불명확한 경우도 있다. 최근 대법원 2014. 12. 24. 선고 2012다44372 판결(미공간)은 채권양도와 제3자를 위한 계약의 구별이 문제된 사안에서, 「어떤 계약이 제3자를 위한 계약에 해당하는지는 당사자의 의사가 그 계약에 의하여 제3자에게 직접 권리를 취득하게 하려는 것인지에 관한 의사해석의 문제로서, 이는 계약 체결의 목적, 계약에 있어서의 당사자의 행위의 성질, 계약으로 인하여 당사자 사이 또는 당사자와 제3자 사이에 생기는 이해득실, 거래관행, 제3자를 위한 계약제도가 갖는 사회적 기능 등 제반 사정을 종합하여 계약 당사자의 합리적 의사를 해석함으로써 판별할 수 있다.」는 일반론을 설시한 다음, ① 제3자에게 권리를 발생시킨 계약의 당사지(A와 B이면 제3자를 위한 계약이고, B와 C이면 채권양도계약이다), ② 처분문서의 내용(채권양도의 취지가 기재되어 있는지), ③ A가 B에 대한 채무 외에 C에 대한 직접적인 채무를 자발적으로 부담할 만한 이유가 있는지 등을 주된 판단기준으로 삼았다.[14]

대상판결의 사안에 관하여 본다. 이 사건 대리사무계약 제3조 제1항 제21호는 '분양대금채권을 C에게 양도할 의무'를 규정하고 있는바, 이는

---

13) 편집대표 곽윤직, 민법주해 XIII, 박영사(1997), 135면(송덕수 집필부분).
14) 그밖에 채권양도와 제3자를 위한 계약의 구별 문제를 다룬 판례평석으로 송덕수, "지명채권 양도에 대한 채무자의 승낙 등", 법학논집 제18권 제4호(2014. 6.), 489-493면이 있다. 위 평석의 대상판결인 대법원 2011. 6. 30. 선고 2011다8614 판결(공2011하, 1525)은, A(도급인)가 C(자재공급자)의 요청에 따라, '공사대금 중 일부인 1억 원을 C에게 직불하겠다'는 내용의 확인서를 B(수급인)에게 작성해 주었고, 그 확인서가 B를 통하여 C에게 전달되었는데, 이후 B와 C 사이에 'B가 C에게 공사대금채권 중 일부를 양도한다'는 내용의 채권양도계약이 체결된 사안에 대한 것이다. 위 평석 대상판결의 원심은 B와 C 사이의 채권양도계약을 인정하면서, 다른 한편으로는 위 확인서 작성 시점에 C를 수익자로 하는 A와 B의 '제3자를 위한 계약'이 성립하였다고 판단하였다. 위 평석 대상판결은 이러한 원심의 판단이 정당하다고 보았는데, 위 평석은 채권양도와 제3자를 위한 계약이 병존할 수 없고, 둘 중 하나의 법률관계만 인정되어야 함을 전제로, 위 확인서나 채권양도계약서 등은 전체적인 법률관계를 판단하는 데 해석의 자료로 사용되어야지, 개별적인 서면이 따로 있다고 하여 별개의 법률행위로 인정되어서는 안 된다고 하면서, 위 확인서 작성 시점에 A와 B가 제3자인 C에게 채권을 취득시키는 내용의 합의를 하였다고 볼 수 없고, 위 확인서는 B와 C 사이의 채권양도의 유효성을 보장 내지 확인하는 의미라고 보아야 하므로, 채권양도만 인정되었어야 한다고 비판한다.

장래채권의 일종인 분양대금채권에 대한 양도의무계약이라고 볼 수 있을
것이다. 또 이 사건 분양계약 제13조 제2항에서 B는 C에게 분양대금채권
을 양도하고 A는 이를 승낙한다고 명시되어 있다. 이러한 점들에 비추어
보면, 이 사건 분양계약은 C를 수익자로 하는 제3자를 위한 계약이 아니
라, A와 B 사이의 분양계약과 B와 C 사이의 채권양도계약이 결합된 것
이라고 봄이 합리적이다.

Ⅲ. 대항가능성과 부당이득법의 관계

　채권양수인은 채무자의 계약상대방이 아니다. 이에 채무자가 양수채
권을 변제한 이후 양수채권의 발생원인인 계약관계의 무효·취소 또는
해제를 이유로 양수인에 대한 부당이득반환청구 또는 원상회복청구를 하
는 경우 크게 두 가지가 문제될 수 있다. 하나는 채무자가 계약의 무
효·취소 또는 해제를 양수인을 상대로 주장할 수 있는가 하는 「대항가
능성」의 문제이고, 다른 하나는 「부당이득법적 기준에 따른 반환청구 상
대방」이 양수인이 맞는가 하는 문제이다. 대상판결은 후자의 문제에 대
해서만 다루었으나, 원심과 같이 채무자의 양수인에 대한 부당이득반환청
구를 인용하려면 두 가지 문제가 모두 해결되어야 한다.

　만약 본 사안에서 A의 승낙으로 인해 민법 제451조 제1항에 의한
항변차단효가 생겼다면, A는 C가 양수채권의 이행을 구할 때 항변을 주
장할 수 없었던 이상, C를 상대로 급부의 반환을 구할 수도 없다.[15] 또
C가 제3자 보호규정에 의해 보호받는 제3자에 해당한다면, A는 C를 상대
로 계약의 해제나 취소를 주장할 수 없다.

　먼저, A는 이 사건 분양계약을 체결하면서 이의를 보류하지 않고 분
양대금채권 양도를 승낙하였으나, 해제권이나 취소권을 유보하여 승낙할
것을 기대할 수 없는 경우에 해당하므로, 민법 제451조 제1항 소정의 항
변차단효가 생기지 않는다.[16] 다음으로, 이 사건 분양계약의 해제로 소멸

---

15) 이동진, "채권양도, 부당이득, 동시이행", 비교사법 제22권 제1호(2015), 288면.
16) 편집대표 김용담, 주석민법[채권총칙(3)], 한국사법행정학회(2014), 390-391면(최

하는 채권인 분양대금채권을 양수한 C는 민법 제548조 제1항 단서 소정의 제3자에 해당하지 아니한다.[17] 한편 원심은 A가 이 사건 분양계약의 취소로써 C에게 대항할 수 있다고 보았다.

일단 대항가능성 측면에서는 A가 C에게 이 사건 분양계약의 해제와 취소를 주장할 수 있다고 전제해 보자. A가 C에게 분양대금을 지급하기 전 단계였다면, A는 C의 이행청구에 대하여 거절할 수 있는 지위에 있다. 그러나 그렇다고 하여, A가 C에게 이미 분양대금을 지급한 단계에서 C를 상대로 원상회복청구나 부당이득반환청구를 할 수 있다는 결론이 당연히 도출되지는 않는다. 부당이득법의 기준에 따라 출연수령자인 C와 계약상대방인 B 중 누구를 상대로 반환을 청구하여야 하는가 하는, 일종의 '삼각관계에서의 급부부당이득 문제'가 남아 있기 때문이다.[18] 부당이득반환청구의 요건사실과 대응시켜 보면, A가 C에게 이 사건 분양계약 해제·취소로 대항할 수 있는지 여부가 '법률상 원인 흠결' 요건을 뒷받침하는 해제·취소 주장을 할 수 있는지의 문제라면, 부당이득법적 기준에 따른 반환청구 상대방 결정은 누구와 누구 사이에서 '손해, 이득 및 양자의 인과관계' 요건이 충족되는지의 문제라고 할 수 있다.[19]

수정 집필부분) 참조.

17) 대법원 2000. 4. 11. 선고 99다51685 판결(공2000, 1177) 등; 편집대표 곽윤직, 민법주해 XIII, 박영사(1997), 317면(김용덕 집필부분); 편집대표 김용담, 주석민법 〔채권각칙(2)〕, 한국사법행정학회(2016), 171-172면(남효순 집필부분).

18) 이에 반하여, 채권이 양도되어 이행된 후 양수채권의 발생원인인 계약이 해제된 경우 부당이득관계에 관하여 '독일에서 논의되는 부당이득의 삼각관계에서 부당이득의 당사자결정에 관한 논의는 우리 민법에 있어 민법 제548조 제1항 단서의 적용범위에 관한 문제의 일환으로서 다루어져야 할 것'이라는 견해가 있다[정태윤, "독일에서의 부당이득의 삼각관계에 대한 논의가 우리 민법에도 그대로 타당한가?", 비교사법 제14권 제4호(2007. 12.), 242-246면; 정태윤, "민법 제548조 제1항 단서의 제3자의 범위", 민사판례연구 제31권(2009), 336면]

19) 논리적 검토 순서와 관련하여, 채권양수인이 부당이득법적 기준에 따라 반환청구의 상대방인지 여부를 검토하기에 앞서 제3자 보호규정에 의한 보호 대상인지를 먼저 검토하는 것이 논리적이라는 견해[이동진(주 15), 284면]와 부당이득법의 영역으로 들어오는 한, 우선 부당이득법의 기준에 따라 반환청구의 상대방이 누구인지가 결정되어야 하고 그 다음에 비로소 제3자의 보호규정의 적용이 문제된다는 견해[이상훈, "계약법의 기본원리에 따른 3각관계 부당이득 사안 해결", 재산법연구 제34권 제1호(2017. 2.), 103면]가 있다.

아래에서 보는 대법원 2005다7566 판결(제3자①)은, 제3자를 위한 계약 사례에서 「낙약자는 미지급급부에 대해서는 민법 제542조에 따라 계약해제에 따른 항변으로 제3자에게 그 지급을 거절할 수 있는 것이나, 이는 이미 지급한 급부에 대해 계약해제에 따른 원상회복을 구하는 것과는 다른 경우로서 동일한 법리가 적용될 수는 없는 것이다.」라고 함과 아울러, 「제3자를 위한 계약에서의 제3자가 계약해제시 보호되는 민법 제548조 제1항 단서의 제3자에 해당하지 않음은 물론이나, 그렇다고 당연히 계약해제로 인한 원상회복의무를 부담해야 하는 것은 아니[다.]」라고 하여 채무자의 제3자에 대한 대항가능성과 부당이득법적 기준에 따른 반환청구 상대방 결정이 별개의 문제임을 분명히 하였다.

대상판결은 대항가능성의 측면에서 A가 C에 대하여 이 사건 분양계약의 해제나 취소를 주장할 수 있는지에 대해서는 최종적인 판단을 하지 않고, 부당이득법적으로 A가 C에 대하여 직접 원상회복청구나 부당이득 반환청구를 할 수 없다고 판단하였는바, 이하에서는 부당이득법적 논의에 집중하기로 한다.

Ⅳ. 부당이득법적 기준에 따른 반환청구 상대방 결정 문제

1. 논의의 전제

무효·취소에 의한 부당이득반환과 계약해제에 의한 원상회복은 부당이득법적으로 동일하게 취급된다. 통설과 판례는, 계약해제의 소급효를 인정하면서 계약해제에 따른 원상회복의무를 부당이득반환의무의 일종이라고 보고 있기 때문이다.[20] 대상판결이나 아래에서 볼 대법원 2010다31860 판결(제3자②)은, 무효·취소에 의한 부당이득관계와 계약해제에 의한 원상회복관계가 동시에 문제되었는데 양자를 달리 취급하지 아니하였다.

---

[20] 대법원 2008. 2. 14. 선고 2006다37892 판결, 대법원 2007. 7. 13. 선고 2006다81141 판결, 대법원 1998. 12. 23. 선고 98다43175 판결 등 참조.

2. 기초법리 개관

가. 민법 규정

민법은 제741조("법률상 원인 없이 타인의 재산 또는 노무로 인하여 이익을 얻고 이로 인하여 타인에게 손해를 가한 자는 그 이익을 반환하여야 한다.")에 부당이득반환청구권의 일반적 요건·효과를 정하는 규정을 두면서,[21] 제742조 이하에서 반환청구권이 배제되는 예외적인 경우를 규정하고 있다(제742조: 비채변제, 제743조: 기한 전의 변제, 제744조: 도의관념에 적합한 비채변제, 제745조: 타인채무의 변제, 제746조: 불법원인급여).

나. 유형론의 수용[22]

종래 다수설인 통일설은 '공평의 이념'을 기초로 부당이득제도를 하나의 통일적 제도로 설명하는 견해이다. 반면 유형론은 부당이득을 여러 유형으로 나누어 그 유형별로 인정 이유나 요건을 살펴야 한다는 견해이다. 유형론이 제시하는 부당이득의 대표적인 유형은 급부부당이득, 침해부당이득, 비용부당이득 등이다.

통일설은 구체적인 사건의 해결에 있어서 부당이득의 성립 여부를 결정하는 실질적·구체적 기준을 제시하지 못한다. 부당이득법이 처리하여야 하는 여러 종류의 분쟁 사이에 존재하는 실질적인 내용의 차이를 분명하게 인식하게 하고, 구체적으로 타당한 해결을 가능하게 하는 유형론을 취하기로 한다.

---

21) 독일 민법 제812조 제1항은 타인의 급부(Leistung)에 의한 부당이득과 기타의 방법(in sonstiger Weise)에 의한 부당이득을 명시적으로 나누고 있다[양창수·권영준(주 9), 474면].

독일 민법 제812조 제1항: "타인의 급부에 의하여 또는 기타의 방법으로 그 타인의 손실로 법적 원인 없이 어떠한 것을 얻은 자는 그 타인에게 이를 반환할 의무가 있다. 이 의무는, 그 법적 원인이 후에 소멸한 때 또는 그 급부에 의하여 법률행위의 내용상 목적한 결과가 발생하지 아니한 때에도 성립한다"[편집대표 곽윤직, 민법주해 XVII, 박영사(2005), 119면(양창수 집필부분)].

22) 이에 관한 자세한 논의는 민법주해 XVII(주 21), 154-172면(양창수).

다. 급부부당이득 유형의 해결원리

계약상 채무의 이행으로 당사자가 상대방에게 급부를 행하였는데 그 계약이 무효이거나 취소되는 등으로 효력을 가지지 못하는 경우에 당사자들은 각기 상대방에 대하여 계약이 없었던 상태의 회복으로 자신이 행한 급부의 반환을 청구할 수 있다. 이 경우의 부당이득반환의무에서는, 상대방이 얻은 계약상 급부는 다른 특별한 사정이 없는 한 당연히 부당이득으로 반환되어야 한다. 다시 말하면 이 경우의 부당이득반환의무에서 민법 제741조가 정하는 '이익' 또는 '그로 인한 손해'의 요건은 계약상 급부의 실행이라는 하나의 사실에 해소되는 것이다.[23]

라. 삼각관계에서의 급부부당이득 법리 일반론-독일에서의 법리 전개

문제는 이른바 '삼각관계'에서는 누구와 누구 사이에서 급부의 반환이 이루어져야 하는지가 분명하지 않은 경우가 있다는 것이다.

뒤에서 보는 바와 같이 삼각관계에서의 부당이득에 관한 우리 판례는 독일의 논의에 영향을 받은 것으로 보이므로, 독일에서의 법리 전개를 간략하게 개관한다.

(1) 급부관계설

급부는 '의식적이고 일정한 목적을 지향하는 타인 재산의 증가행위'라고 정의되고, '급부목적(Leistungszweck)'에 의하여 부당이득법상의 급부관계가 확정되며, 급부관계에 따라 부당이득관계의 당사자가 결정된다는 것이 급부관계설의 태도이다.[24]

위와 같은 부당이득법상의 목적적 급부개념은 삼각관계 특히, 지시(Anweisung) 사례를 해결하기 위하여 발전시킨 것이다. 지시 사례란 A는 B에 대하여, B는 C에 대하여 각 금전지급의무를 부담하는 경우에 A가 B에게 변제를 하고 B가 그 돈으로 C에게 변제하는 대신, A가 B의 지시로 직접 C에게 지급하는 사례를 의미하는데, 지시 사례에서 A와 B 사이의 원인계약이 무효이더라도 A는 B를 상대로 부당이득반환청구를 하여야 하

---

23) 뒤에서 보는 대법원 2009다98706 판결(지시④).
24) 김형배, 사무관리·부당이득, 박영사(2003), 307면 참조.

고, C를 상대로 직접 반환청구를 할 수 없음은 학설상 다툼이 없었다. 그런데 삼각관계 부당이득의 문제를 '재산이동의 직접성' 문제로 파악하는 종래 통일설의 입장에 의하면, 이 경우 재산이동의 직접 당사자는 A와 C이기 때문에 A의 C에 대한 직접 반환청구가 인정되지 않는 점을 설명하는 데 한계가 있었던 것이다. 목적적 급부개념에 의하면 지시 사례에서 급부목적(A의 B에 대한 채무의 변제)의 설정에 의하여 A와 B 사이에 부당이득법상의 급부관계가 있다고 무리 없이 설명할 수 있었고, 급부관계설은 독일의 지배적 견해로 자리 잡게 되었다. 그러나 목적적 급부개념도 삼각관계에서 발생되는 다양한 문제들을 모두 합리적으로 해결하지 못하는 한계점을 지니고 있다. 가령 당사자 사이에 급부목적이 불일치하는 경우 명확한 해답을 제공하지 못한다. 또한 제3자를 위한 계약의 경우 낙약자가 수익자에게 이행을 하는 것은 동시에 요약자에 대한 채무의 이행도 되기에 낙약자의 급부는 2개의 급부목적을 가지므로 누구를 급부수령자로 보아야 하는지 설명하기 어려운 문제가 있었다. 이러한 한계지점의 사례들에서 해결기준에 관한 학설이 다시 분분한 가운데, 주관적 요소 대신 당사자의 이익상황을 고려한 객관적 평가기준이 논의에서 중요한 비중을 차지하게 되는데, 이는 그 자체로 목적적 급부개념이 가진 한계를 방증하는 것이라 할 수 있다.[25]

(2) 실질적 평가기준설

카나리스(Canaris)는 목적적 급부개념에 의존하여 부당이득반환의무자를 결정하려는 종래의 태도를 비판하면서, 다음과 같은 3가지 평가기준에 따라 부당이득관계를 결정하여야 한다고 주장한다. 급부관계설이 누가 급부를 수령한 것인가 하는 관점에서의 접근 방법이라면, 실질적 평가기준설은 당사자들의 계약관계가 본래 예정하던 실질적인 이익상황을 유지하려는 관점에서의 접근 방법이라고 할 수 있다.[26]

「① 하자 있는 원인관계의 각 당사자는 상대방에 대한 항변사유(유치권,

---

25) 이상의 내용은 민법주해 XVII(주 21), 206-222면(양창수) 참조.
26) 양창수 · 권영준(주 9), 554면.

시효 등)를 그대로 보유하여야 하며, 제3자가 부당이득관계의 상대방
이 됨으로써 항변사유를 주장할 기회를 박탈하여서는 안 된다.

② 당사자는 그의 계약상대방이 제3자와 맺은 법률관계에서 발생하
는 항변권(계약의 무효 주장 등)으로부터 보호되어야 한다.

③ 무자력의 위험은 정당하게 분배되어야 한다. 즉 계약당사자는 스
스로 상대방을 선택하였고 그에 있어서 상대방의 자력을 신뢰한 것이다.
따라서 그가 원칙적으로 그 신뢰의 결과 즉, 상대방의 무자력 위험을 부
담하여야 하며, 이를 제3자에게 전가하여서는 안 된다.」

(3) 독일 판례 및 최근 학설의 경향

독일 연방대법원(BGH)은 삼각관계의 급부부당이득 문제에 관하여
기본적으로 목적적 급부개념에 따르면서도 다른 한편으로는 캐머러
(Caemmerer)의 표현을 빌려 "셋 이상의 당사자가 관여한 사실관계를 부당
이득법적으로 다룸에 있어서는 어떠한 도식적 해결도 금지되고, 개별 사
례의 특수성이 중시된다."고 하면서, 개별사안의 특수성에 착안하여 목적
적 급부개념에 의존하지 아니한 결론에 이르기도 한다.[27] 현재 독일의 지
배적 견해 역시 목적적 급부개념을 기본으로 하면서 카나리스의 실질적
평가기준으로 이를 보완하여 삼각관계에서의 부당이득 법률관계를 설명
하여야 한다는 것이다.[28]

그리하여 독일의 판례와 다수설은 ① 당사자 사이에 급부목적에 관
한 불일치가 존재하는 경우에는 급부자의 내면적 의사가 아니라 '출연수
령자의 관점'에서 급부관계가 객관적으로 결정된다고 보고, ② 제3자를
위한 계약 중 적어도 단축급부 구조로 파악되는 경우에는 각 원인관계의
당사자 사이에서 부당이득관계가 형성된다고 본다.[29]

---

27) 민법주해 XVII(주 21), 214-222면(양창수).
28) 김형배(주 24), 315면.
29) 김형배(주 24), 308-311면, 330-332면; 민법주해 XVII(주 21), 209-221면(양창수)
참조.

3. 비교사례에서의 부당이득관계

가. 지시 등에 의한 단축급부 사례30)

(1) 대법원 2003. 12. 26. 선고 2001다46730 판결31)-'지시①'

(가) 사안의 개요

B는 C(피고)로부터 상가건물을 매수한 다음 이를 호수별로 분할하여 분양하였고, A(원고)는 B로부터 상가를 분양받았다. A는 그 분양대금 중 일부를 B에게 지급하거나 B의 지시에 따라 C의 은행계좌로 송금하였다. 그 후 B가 C에 대한 매매대금을 제대로 지급하지 못하여 A가 상가를 인도받지 못하게 되자 A는 C를 상대로 하여 C가 송금받은 돈이 부당이득이 된다고 하여 그 반환을 청구하였다.

(나) 판결의 요지

「계약의 일방 당사자가 계약상대방의 지시 등으로 급부과정을 단축하여 계약상대방과 또 다른 계약관계를 맺고 있는 제3자에게 직접 급부한 경우, 그 급부로써 급부를 한 계약당사자의 상대방에 대한 급부가 이루어질 뿐 아니라 그 상대방의 제3자에 대한 급부로도 이루어지는 것이므로 계약의 일방 당사자는 제3자를 상대로 법률상 원인 없이 급부를 수령하였다는 이유로 부당이득반환청구를 할 수 없다.」는 법리를 선언하면서, 「이 사건에서 사실상의 급부관계는 A와 C 사이에 발생하였지만, 그 것은 위의 법리에 따라 A의 B에 대한 급부와 B의 C에 대한 급부가 아울러 이루어진 것으로 볼 수 있으므로, 그렇다면 C가 A로부터 분양대금을 수령한 것은 B와의 계약관계에 의한 것으로서 정당하게 수령한 것이 되

---

30) 제3자의 변제(민법 제469조)는 급부자의 채무가 아닌 타인 채무의 변제라는 점에서 단축급부 사례와 차이가 있다. 제3자의 변제는 타인채무의 변제의사를 요건으로 한다. 제3자의 타인채무 변제의사가 명시적으로 드러나지 않는 경우, 제3자의 출연이 제469조의 제3자의 변제가 되는지의 여부는 변제지정의 수령자인 채권자가 자신이 알고 있던 사정과 알 수 있었던 사정을 고려하여 이해한 객관적 의미에 따라 결정된다[김형석, "제삼자의 변제·구상·부당이득", 서울대 법학 제46권 제1호(통권 제134호)(2005. 3.), 342면].

31) 공2004상, 207.

고, 따라서 A는 C에게 부당이득반환청구를 할 수 없다.」고 판단하였다. 나아가 A와 B 사이의 분양계약이 적법하게 해제되었다고 가정한다면 그 원상회복관계가 어떻게 되는지에 대하여 「가사 A가 위 분양계약을 적법하게 해제하였다고 하더라도 그 계약관계의 청산은 계약의 상대방인 B와 사이에 이루어져야 하고, C를 상대로 분양대금을 지급한 것이 부당이득이라는 이유로 그 반환을 구할 수 없다. 왜냐하면, A가 제3자인 C에 대하여 직접 부당이득반환청구를 할 수 있다고 보면, 자기 책임하에 체결된 계약에 따른 위험부담을 제3자에게 전가시키는 것이 되어 계약법의 기본원리에 반하는 결과를 초래할 뿐만 아니라 수익자인 제3자가 계약 상대방에 대하여 가지는 항변권 등을 침해하게 되어 부당하기 때문이다.」라고 판시하였다.

(2) 대법원 2008. 9. 11. 선고 2006다46278 판결[32]ー'지시②'

(가) 사안의 개요

A(원고, 재건축조합원)는 B(재건축조합)의 지시에 따라 B에게 납부할 추가부담금을 C(피고, 건설회사)에게 납부하였고 C는 이를 B에 대한 공사대금채권에 충당하였는데, 위 추가부담금 납부의 근거가 된 B의 총회결의가 무효임이 밝혀지자 A가 C를 상대로 부당이득반환을 청구하였다.

(나) 판결의 요지

「계약의 일방당사자가 계약상대방의 지시 등으로 급부과정을 단축하여 계약상대방과 또 다른 계약관계를 맺고 있는 제3자에게 직접 급부한 경우(이른바 삼각관계에서의 급부가 이루어진 경우), 그 급부로써 급부를 한 계약당사자의 상대방에 대한 급부가 이루어질 뿐 아니라 그 상대방의 제3자에 대한 급부도 이루어지는 것이므로 계약의 일방당사자는 제3자를 상대로 법률상 원인 없이 급부를 수령하였다는 이유로 부당이득반환청구를 할 수 없다. 이러한 경우에 계약의 일방당사자가 계약상대방에 대하여 급부를 한 원인관계인 법률관계에 무효 등의 흠이 있다는 이유로 제3

---

32) 공2008하, 1330.

자를 상대로 직접 부당이득반환청구를 할 수 있다고 보면 자기 책임하에 체결된 계약에 따른 위험부담을 제3자에게 전가하는 것이 되어 계약법의 원리에 반하는 결과를 초래할 뿐만 아니라 수익자인 제3자가 계약상대방에 대하여 가지는 항변권 등을 침해하게 되어 부당하기 때문이다.」라고 하여 위 2001다46730 판결(지시①)의 법리를 확인한 다음, 「이와 같이 삼각관계에서의 급부가 이루어진 경우에, 제3자가 급부를 수령함에 있어 계약의 일방당사자가 상대방에 대하여 급부를 한 원인관계인 법률관계에 무효 등의 흠이 있었다는 사실을 알고 있었다 할지라도 계약의 일방당사자는 제3자를 상대로 법률상 원인 없이 급부를 수령하였다는 이유로 부당이득반환청구를 할 수 없다.」라고 판시하면서, 「이득자가 손실자의 부당한 출연 과정을 알고 있었거나 잘 알 수 있었을 경우에는 그 이득이 손실자에 대한 관계에서 법률상 원인이 없는 것으로 보아야 한다는 취지로 원심에서 들고 있는 대법원 2003. 6. 13. 선고 2003다8862 판결[33]은 손실자의 권리가 객관적으로 침해당하였을 때 그 대가의 반환을 구하는 경우(이른바 침해부당이득관계)에 관하여 적용되는 것으로서, 손실자가 스스로 이행한 급부의 청산을 구하는 경우(이른바 급부부당이득관계)에 관련된 이 사건과는 사안을 달리하는 것이므로 이 사건에 원용하기에 적절하지 않다.」고 하였다.

(3) 대법원 2008. 6. 26. 선고 2006다63884 판결(미공간)-'지시③'

(가) 사안의 개요

A(원고, 발주자)는 B(수급인)의 부도 이후 관계법령상의 직불사유에 기하여 C(피고, 하수급인)에게 하도급대금을 직접 지급하였다. 이후 A는 B에 대한 공사대금채무를 부담하지 아니함에도 착오를 일으킨 나머지 잘못 지급한 것이라고 주장하며(지급 당시 B의 A에 대한 공사대금채권이 이미 제3자에게 유효하게 양도된 상황이었으나, A는 그 채권양도가 무효라고 잘못 판단하였다는 취지이다), C를 상대로 부당이득반환을 청구하였다.

---

33) 아래 편취 금전으로 인한 변제 사례에 해당한다.

(나) 판결의 요지

「건설산업기본법 제35조 제1항은 "발주자는 다음 각 호의 1에 해당
하는 경우에는 하수급인이 시공한 분에 해당하는 하도급대금을 <u>하수급인
에게 직접 지급할 수 있다.</u> 이 경우 발주자의 수급인에 대한 대금지급채
무는 하수급인에게 <u>지급한 한도 안에서 소멸한 것으로 본다.</u>"고 규정하고
있고, 구 하도급거래공정화에관한법률(1999. 2. 5. 법률 5816호로 개정되기
전의 것) 제14조는 "발주자는 수급사업자가 제조·수리 또는 시공한 분에
해당되는 하도급대금을 대통령령이 정하는 바에 의하여 <u>직접 수급사업자
에게 지급할 수 있다.</u> 이 경우 발주자의 원사업자에 대한 대금지급채무
와 원사업자의 수급사업자에 대한 하도급대금지급채무는 그 <u>지급한 한도
에서 소멸한 것으로 본다.</u>"고 규정하고 있는바, <u>발주자(A)가 위 규정들에
의하여 하도급대금을 직접 하수급인(C)에게 지급하게 되면 발주자(A)의
수급인(B)에 대한 공사대금지급채무와 수급인(B)의 하수급인(C)에 대한
하도급대금지급채무가 발주자(A)가 하수급인(C)에게 지급한 한도에서 함
께 소멸하게 되는 점에 비추어 볼 때, 발주자(A)의 하수급인(C)에 대한
하도급대금의 지급으로써 발주자(A)의 수급인(B)에 대한 공사대금지급과
수급인(B)의 하수급인(C)에 대한 하도급대금지급이 함께 이루어지는 것으
로 볼 수 있다.</u> 따라서 발주자가 수급인에 대하여 공사대금지급채무를
부담하지 않고 있음에도 이를 부담하고 있는 것으로 잘못 알고 위 규정
들에 의하여 하도급대금을 직접 하수급인에게 지급하였다고 하더라도, 하
수급인이 발주자로부터 하도급대금을 지급받은 것은 수급인과의 하도급
계약에 의한 것이어서 이를 법률상 원인 없이 하도급대금을 수령한 것
이라고 볼 수 없으므로 <u>발주자(A)는 수급인(B)에 대하여 부당이득반환청
구를 할 수 있을 뿐 하수급인(C)을 상대로 부당이득반환청구를 할 수는
없다.</u>」[34]

---

34) 판결문 원문상 '수급인 또는 원사업자'를 '수급인'으로, '하수급인 또는 수급사업
    자'를 '하수급인'으로 표현을 단순화하였다.
    한편, 관련 법령의 내용에 따라 '단축급부'로 파악하기 어려운 경우에는, 다른

(4) 대법원 2010. 3. 11. 선고 2009다98706 판결-'지시④'

(가) 사안의 개요

A(원고)는 B(피고, 학교법인)를 차주로 하여 금전소비대차계약을 체결하였는데, 그 대여금이 직접 B에게 지급되지 않고 B가 지시한 C에게 지급되었다. A는 위 소비대차계약이 사립학교법 규정에 위배되어 무효임을 이유로, B를 상대로 부당이득반환을 청구하였다.

(나) 판결의 요지

「계약상 금전채무를 지는 이가 채권자 갑의 지시에 좇아 갑에 대한 채권자 또는 갑이 증여하고자 하는 이에게 직접 금전을 지급한 경우 또는 남의 경사를 축하하기 위하여 꽃을 산 사람이 경사의 당사자에게 직접 배달시킨 경우와 같이, 계약상 급부가 실제적으로는 제3자에게 행하여졌다고 하여도 그것은 계약상 채무의 적법한 이행(이른바 '제3자방 이행')이라고 할 것이다. 이때 계약의 효력이 불발생하였으면, 그와 같이 적법한 이행을 한 계약당사자는 다른 특별한 사정이 없는 한 그 제3자가 아니라 계약의 상대방당사자에 대하여 계약의 효력불발생으로 인한 부당이득을 이유로 자신의 급부 또는 그 가액의 반환을 청구하여야 한다.」고 하면서, A의 B에 대한 부당이득반환청구를 인용하였다.

(5) 판례에 대한 평가

지시 사례의 주요 특징은 A가 B의 지시에 따라 C에게 금전을 지급함

법리가 적용될 수 있음에 유의하여야 한다. 하도급거래 공정화에 관한 법률상 발주자(A)의 하수급인(수급사업자)(C)에 대한 직접 지급은 재량에서 의무로 개정되었다(제14조 제1항). 또 발주자(A)의 수급인(원사업자)(B)에 대한 대금지급채무 및 수급인(원사업자)(B)의 하수급인(수급사업자)(C)에 대한 대금지급채무가 소멸하는 시점도 '지급시'에서 '직불사유 발생시'로 개정되어(제14조 제2항), 지급 시점에서의 '동시변제효'를 인정하기 어려운 구조가 되었다. 개정법이 적용된 대법원 2017. 12. 13. 선고 2017다242300 판결(공2018상, 166)은 발주자의 수급인에 대한 대금지급채무가 이미 변제로 소멸하여, 발주자의 하수급인에 대한 직접 지급의무가 없음에도 발주자가 착오로 하수급인에게 하도급대금을 지급하였다면, 이는 '채무자가 아닌 제3자가 타인의 채무를 자기의 채무로 잘못 알고 자기 채무의 이행으로서 변제한 경우'에 해당하므로, 발주자는 하수급인을 상대로 부당이득반환을 청구할 수 있다고 한다(민법 제745조 제1항 반대해석). 이와 비슷한 취지의 판결로 대법원 2014. 11. 13. 선고 2009다67351 판결이 있다.

으로써 A의 B에 대한 채무와 B의 C에 대한 채무가 동시에 변제되고(채무의 동시변제효), B가 C에 대한 채무를 면하게 된다는 점에서 재산적 이익이 B를 경유하여 흘러간 것(재산의 경유적 이전)으로 볼 수 있다는 것이다.[35]

앞서 본 바와 같이 지시 사례에서 A와 B 사이의 원인계약이 무효이더라도 A는 B를 상대로 부당이득반환청구를 하여야 하고 C를 상대로 직접 반환청구를 할 수 없음은 학설상 다툼이 없고, 다만 그 이론구성에 있어 차이가 있을 뿐이다(위 'Ⅳ. 2. 라. 삼각관계에서의 급부부당이득 법리 일반론' 참조).

A의 B에 대한 부당이득반환청구를 인용한 2009다98706 판결(지시④)은 「누가 급부를 수령한 것인가」라는 관점에서 접근한 대표적인 판례로 평가된다.[36]

또 판례는 지시 사례에서 A의 C에 대한 부당이득반환청구를 배척하면서 기본적으로는 급부관계설과 같이 「누구를 급부자로 보고, 또 누구를 급부수령자로 볼 것인가」라는 관점에서, A의 급부로써 A의 B에 대한 급부와 B의 C에 대한 급부가 동시에 이루어짐을 직접적인 근거로 들고 있다. 그러면서 A가 자신의 급부수령자가 아닌 C에게 직접 부당이득반환청구를 할 수 없는 이유에 관하여 '① 자기 책임하에 체결된 계약에 따른 위험을 제3자인 C에게 전가하는 것이 되어 계약법의 원리에 반하는 결과를 초래하는 점, ② C가 B에 대하여 가지는 항변권 등을 침해하게 되는 점'을 들고 있는데, 이 부분은 카나리스가 내세운 실질적 기준과 일맥상통한다고 평가된다.[37]

한편 판례는 위 2006다63884 판결(지시③)에서 A의 C에 대한 직접 지급으로 A의 B에 대한 채무와 B의 C에 대한 채무가 동시에 소멸하는 점에 착안하여 (전형적인 지시가 아닌) '법령'에 의한 부당이득법상 단축급

---

35) 박세민, 삼각관계상의 부당이득, 박사학위 논문, 서울대학교(2007), 77면; 이원석, "채권질권과 삼각관계에서의 부당이득의 법리", 대법원판례해설 제103호(2015년 상), 22면; 이계정, "삼각관계에서의 부당이득 법률관계와 질권자의 부당이득반환의무 유무", 법조 제721호(2017. 2.), 632면.

36) 양창수·권영준(주 9), 553면.

37) 양창수·권영준(주 9), 554면; 이원석(주 35), 28면; 이계정(주 35), 636-637면.

부 관계를 인정하였다.[38]

나. 제3자를 위한 계약 사례

(1) 대법원 2005. 7. 22. 선고 2005다7566, 7573 판결(미공간)-'제3자①'

(가) 사안의 개요

A(원고, 낙약자)가 B(요약자)로부터 물건을 매수하면서 매매대금은 B의 채권자 C(피고, 수익자)에게 지급하기로 하여 이에 따라 C에게 매매대금을 지급하였는데, A가 위 매매계약을 해제하고 C에 대하여 부당이득반환을 구한 사안이다.

(나) 판결의 요지

「제3자를 위한 계약관계에서 낙약자와 요약자 사이의 법률관계(이른바 기본관계)를 이루는 계약이 무효이거나 해제된 경우 그 계약관계의 청산은 계약의 당사자인 낙약자와 요약자 사이에 이루어져야 하므로, 특별한 사정이 없는 한 낙약자가 이미 제3자에게 급부한 것이 있더라도 낙약자는 계약해제 등에 기한 원상회복 또는 부당이득을 원인으로 제3자를 상대로 그 반환을 구할 수 없다.」고 하면서 「제3자를 위한 계약에서의 제3자가 계약해제시 보호되는 민법 제548조 제1항 단서의 제3자에 해당하지 않음은 물론이나, 그렇다고 당연히 계약해제로 인한 원상회복의무를 부담해야 하는 것은 아니고, 또한 낙약자는 미지급급부에 대해서는 민법 제542조에 따라 계약해제에 따른 항변으로 제3자에게 그 지급을 거절할 수 있는 것이나, 이는 이미 지급한 급부에 대해 계약해제에 따른 원상회복을 구하는 것과는 다른 경우로서 동일한 법리가 적용될 수는 없는 것이다.」라고 판시하였다.

(2) 대법원 2010. 8. 19. 선고 2010다31860, 31877 판결[39]-'제3자②'

(가) 사안의 개요

A(독립당사자참가인, 낙약자)가 B(요약자)로부터 토지거래허가 대상인 토지를 매수하면서 매매대금은 B의 채권자라고 칭하는 C(피고, 수익자)에

---

38) 이원석(주 35), 33면 참조.
39) 공2010하, 1786.

게 지급하기로 하여 이에 따라 C에게 매매대금을 지급하였는데, 위 매매
계약이 확정적으로 무효가 되자 A가 C를 상대로 부당이득반환을 청구한
사안으로, B와 C사이의 채권도 허위인 것으로 밝혀졌다.

(나) 판결의 요지

보상관계와 대가관계가 모두 무효인 경우인데, 위 2005다7566 판결
(제3자①)과 동일한 법리(위 2005다7566 판결의 밑줄 부분)를 들어 A의 C
에 대한 부당이득반환청구를 배척하였다.

(3) 대법원 2018. 9. 13. 선고 2016다255125 판결[40]―'제3자③'

(가) 사안의 개요

A(원고, 보험회사)는 B(보험계약자)와 사이에, C를 피보험자 겸 보험
수익자로 하는 보험계약을 체결하였고, A는 C에게 보험금을 지급하였다.
이후 위 보험계약이 선량한 풍속 기타 사회질서 위반으로 무효임이 밝혀
지자, A는 C를 상대로 부당이득반환을 청구하였다.[41]

(나) 판결의 요지

「보험계약자가 타인의 생활상의 부양이나 경제적 지원을 목적으로
보험자와 사이에 타인을 보험수익자로 하는 생명보험이나 상해보험 계약
을 체결하여 보험수익자가 보험금 청구권을 취득한 경우, 보험자의 보험
수익자에 대한 급부는 보험수익자에 대한 보험자 자신의 고유한 채무를
이행한 것이다. 따라서 보험자는 보험계약이 무효이거나 해제되었다는 것
을 이유로 보험수익자를 상대로 하여 그가 이미 보험수익자에게 급부한
것의 반환을 구할 수 있고, 이는 타인을 위한 생명보험이나 상해보험이
제3자를 위한 계약의 성질을 가지고 있다고 하더라도 달리 볼 수 없다.」

---

40) 공2018하, 1967.
41) 위 보험계약 체결 이후 보험계약자가 B에서 C로 변경된 사안으로, A가 보험계
   약자 변경 이전에 지급한 보험금 및 변경 이후에 지급한 보험금 전부에 대해 C를
   상대로 반환을 청구한 사안이다. 원심(광주고등법원 2016. 9. 9. 선고 2016나10949
   판결)은 보험계약자 변경 이전에 지급된 보험금 부분에 대하여, 위 대법원 2010다
   31860 판결(제3자②)의 법리를 들어 A의 청구를 기각하였다.

(4) 판례에 대한 평가

위 2005다7566 판결(제3자①), 2010다31860 판결(제3자②)은 제3자를 위한 계약의 경제적 기능이 급부과정의 단축에 있는 사안이다. 판례는 해당 사안에 단축급부 법리를 적용한 것이라고 이해된다.[42] 찬반 양론이 있으나, 판례가 타당하다고 생각된다. 해당 사안의 경우, 지시 사례와 법적 상황이 매우 유사하고, 제3자(수익자)가 낙약자에 대하여 청구권을 가지는 것은 제3자의 지위를 강화하기 위함인데, 이것이 부당이득에 관하여는 제3자에게 불리하게 작용한다는 것은 합리적이지 않기 때문이다.[43]

한편, 위 2016다255125 판결(제3자③)은 타인을 위한 보험계약 사안[44]에서, 보험자(A)의 보험수익자(C)에 대한 부당이득반환청구를 인용하면서, 「보험자의 보험수익자에 대한 급부는 보험수익자에 대한 보험자 자신의 고유한 채무를 이행한 것」임을 근거로 들었다.

종합하면, 판례는 A의 B에 대한 급부 및 B의 C에 대한 급부의 단축으로 평가되는지, 아니면 A의 C에 대한 급부로 평가되는지에 따라 부당이득 법률관계를 다르게 결정하는 입장이라고 이해된다. 그리고 이러한 판례의 입장은 다음 두 가지를 시사한다.

첫째, 계약관계의 청산은 계약당사자 간에 이루어져야 한다는 명제는, 언제나 절대적으로 관철되어야 하는 규칙이 아니다.

둘째, 제3자를 위한 계약이라는 동일한 제도 속에서도 구체적인 법적 상황에 따라 부당이득 법률관계가 다르게 형성될 수 있다.[45]

---

42) 배호근, "제3자를 위한 계약관계에서 낙약자와 요약자 사이의 법률관계(이른바 기본관계)를 이루는 계약이 해제된 경우, 낙약자가 이미 제3자에게 급부한 것에 대해 계약해제에 기한 원상회복 또는 부당이득을 원인으로 제3자를 상대로 그 반환을 구할 수 있는지 여부(소극)", 대법원판례해설 제57호(2006. 7.), 309면 이하 참조.

43) 윤진수(주 4), "부당이득법의 경제적 분석", 136면; 김형배(주 24), 330-331면.

44) 보험계약자와 보험수익자가 다른 타인을 위한 보험계약은 제3자를 위한 계약의 일종이다[대법원 2015. 10. 15. 선고 2014다204178 판결(공2015하, 1660) 참조].

45) 학설상 제3자를 위한 계약의 경우, 급부의 경제적 효과에 따라 부당이득관계를 달리 파악하여야 한다는 견해가 유력한데(아래 관련 문헌의 발췌·인용 부분 참조), 우리 판례도 그러한 입장에 가깝다고 볼 수 있다.
"경제적인 관점에서 낙약자의 제3자에 대한 급부의 경제적 효과가 낙약자와

다. 채권질권 사례(대법원 2015. 5. 29.
선고 2012다92258 판결[46])

「금전채권의 질권자가 민법 제353조 제1항, 제2항에 의하여 자기채권의 범위 내에서 직접청구권을 행사하는 경우 질권자는 질권설정자의 대리인과 같은 지위에서 입질채권을 추심하여 자기채권의 변제에 충당하고 그 한도에서 질권설정자에 의한 변제가 있었던 것으로 보므로, 위 범위 내에서는 제3채무자의 질권자에 대한 금전지급으로써 제3채무자의 질권설정자에 대한 급부가 이루어질 뿐만 아니라 질권설정자의 질권자에 대한 급부도 이루어진다고 보아야 한다. 이러한 경우 입질채권의 발생원인인 계약관계에 무효 등의 흠이 있어 입질채권이 부존재한다고 하더라

요약자의 관계 또는 낙약자와 제3자와의 관계 중의 어느 것에서 발생하고 있는가 하는 평가에 기하여 급부이득반환청구의 당사자를 결정하는 견해가 있다. …제3자를 위한 계약의 경제적 기능에 착안하여 낙약자의 급부에 의하여 그 경제적 효과는 특히 누구와 누구 사이에서 발생하는가를 객관적으로 평가하여 부당이득의 당사자를 결정한다. 그런데 그 경제적 기능을 유형적으로 파악하면 결국 단축된 급부와 같은 중간의 급부의 생략, 즉 급부과정의 간략화라는 것, 아니면 보험에 있어서와 같이 제3자(수익자)에 대한 扶助라는 점이 요약될 수 있다. 전자의 경우에는 광의의 지시관계에 있어서와 같이 각 원인관계의 당사자 사이에서 부당이득관계가 형성된다고 보아야 한다. …그러나 후자의 경우에는 낙약자는 제3자에게 직접 반환청구를 할 수 있다고 할 것이다."[민법주해 XVII(주 21), 211면(양창수)]; BGH 1972. 2. 24. 판결(BGHZ 58, 184)은 문제된 급부의 원인계약이 '제3자를 위한 계약'에 해당함을 전제하고서, 가령 소위 단축된 급부를 위한 제3자를 위한 계약인 경우에는 지시관계에 있어서와 같이 부당이득반환의무가 하자 있는 법률관계의 당사자 사이에서만 일어나지만, '낙약자의 제3자에 대한 출연을, 부당이득법적인 의미에서 볼 때 제3자에의 급부로 평가하게 하는 제3자에 관련된 목적지향을 부여하는 것이 유의미하고 또 -경제적으로 볼 때에도- 이익상황에 적합할 수 있다.'고 하면서 해당 사안이 그러한 경우에 해당함을 이유로 출연자의 출연수령자에 대한 부당이득반환청구를 인용하였는데, 이는 '급부의 경제적 효과가 누구 사이에서 발생하는가에 따라 정하여진다는 입장'을 따른 것으로 이해된다[민법주해 XVII(주 21), 220-221면(양창수)].; 김형배(주 24)도 제3자를 위한 계약에 관하여 'C에 대한 A의 급부는 일차적으로 B에 대한 채무를 이행하기 위한 것이고, B는 현실적으로 A를 통하여 C에의 급부를 단축한 것에 지나지 않는다.'는 점을 이유로 A·B 사이의 보상관계에 하자가 있는 경우 A는 원칙적으로 B에 대하여 반환청구를 해야 하고 C에 대하여 직접 청구를 할 수 없다고 설명하면서, 다른 한편으로 '제3자의 생활상의 부양이나 경제적 지원을 목적으로 A에 대한 청구권이 배타적으로 C에게 귀속되는 경우'와 'B·C 사이의 대가관계에서 B가 C에 대해서 무상출연을 한 경우'에는 C에 대한 A의 직접청구가 인정되어야 한다고 설명한다(330-332면).

46) 공2015하, 861.

도 제3채무자는 특별한 사정이 없는 한 상대방 계약당사자인 질권설정자에 대하여 부당이득반환을 구할 수 있을 뿐이고 질권자를 상대로 직접 부당이득반환을 구할 수 없다. 이와 달리 제3채무자가 질권자를 상대로 직접 부당이득반환청구를 할 수 있다고 보면 자기 책임하에 체결된 계약에 따른 위험을 제3자인 질권자에게 전가하는 것이 되어 계약법의 원리에 반하는 결과를 초래할 뿐만 아니라 질권자가 질권설정자에 대하여 가지는 항변권 등을 침해하게 되어 부당하기 때문이다.」

라. 편취 금전으로 인한 변제 사례

대법원 2003. 6. 13. 선고 2003다8862 판결($^{공2003하,}_{1533}$), 대법원 2008. 3. 13. 선고 2006다53733, 53740 판결($^{공2008상,}_{510}$)은 「채무자가 피해자로부터 편취한 금전을 자신의 채권자에 대한 채무변제에 사용하는 경우 채권자가 그 변제를 수령함에 있어 그 금전이 편취된 것이라는 사실에 대하여 <u>악의 또는 중대한 과실이 없는 한</u> 채권자의 금전취득은 피해자에 대한 관계에서 법률상 원인이 있는 것으로 봄이 상당하다.」고 판시하였다.

위 판결들은 공통적으로 B가 권한 없이 C 명의로 A로부터 대출을 받아 대출금을 편취한 후 이를 B의 C에 대한 채무 변제에 사용한 사안에 대한 것으로서, B가 대출 원인계약의 당사자가 아니어서 A의 B에 대한 급부를 인정할 수 없는 경우이다.[47] 위 2006다46278 판결(지시②)은 위 판례 법리가 침해부당이득에서만 적용되고 급부부당이득관계에 관련된 사건에는 적용이 없음을 분명히 하였다.

대상판결의 경우, 비록 B의 기망이 개입되어 있으나 A와 B 사이에 일단 분양계약이 성립하고, A가 그 분양계약에 기한 분양대금을 C에게 지급한 사안으로 전형적인 급부부당이득 사례이다. 따라서 편취 금전으로 인한 변제 사례에 대한 판례 법리는 본 사안에 적용될 여지가 없다.[48]

---

47) 이원석(주 35), 37-42면 참조.
48) 위 판례 법리에 대하여 "자기채무변제형(B가 C에 대한 자신의 채무를 변제하는 유형), 제3자 수익형(B가 C의 채권자 D에 대한 채무를 대신 변제하는 유형) 모두에 대하여 C의 선악 여부와 상관없이 C의 이익에 대한 법률상 원인을 부정할 수 없고, 특히 자기채무변제형의 경우 B가 C에 대하여 금전지급으로써 한 채무의 이

4. 채권양도와 삼각관계 부당이득

가. 문제의 소재(채권양도 일반의 부당이득법적 특수성)

(1) 채권양도 사례에서는 양수채권의 귀속주체가 양도인(B)에서 양수인(C)으로 변경된다. 양도인은 채무자(A)에 대한 채권을 상실하고, 양수인이 채무자에 대하여 직접 채권을 가진다. 때문에 급부 시점에서의 다른 법률관계가 전제되지 않는 상태에서 종래의 목적적 급부개념에 의존하는 한, 양도인을 채무자의 급부상대방으로 파악하기 곤란하다. 앞서 급부개념의 한계로 든 사례들에서는 B와 C 모두를 급부수령자로 볼 여지가 있어 문제였다면, 채권양도 사례에서는 보다 근본적으로 A의 계약상대방인 B를 급부수령자로 볼 수 있는지부터 문제되는 것이다.[49]

(2) 다만 목적적 급부개념에 기초하는 입장에서도 목적적 급부개념의 한계를 보완하기 위하여 당사자의 객관적인 이익상황을 고려하고 있음은 앞서 본 바와 같으므로, 채권양도 사례에서의 객관적 이익상황을 분석할 필요가 있다. 이익상황 분석에 있어 제3자를 위한 계약과의 비교가 유용할 것이다. 채권양도와 제3자를 위한 계약은, ① 출연수령자(C)가 출연자(A)에 대하여, 직접 채권을 취득하고 채무는 부담하지 않는 점, ② 출연자(A)가 이행 전에 출연수령자(C)에 대하여 자신의 원인계약에 기한 항변권으로 대항할 수 있는 점(민법 제542조) 등 유의미한 유사점이 있기 때문이다. 제3자를 위한 계약과 대비되는 채권양도의 특징은 다음과 같이 분석된다.

(가) 채권양도는 채무자의 의사와 상관없이 이루어진다. 이 점은 '제3자를 위한 계약'에서 수익자(C)의 낙약자(A)에 대한 채권은 낙약자가 보

행은 유효하며, C가 B에 대하여 가지는 채권이 그 금전을 계속 보유할 '법률상 원인'이 된다."는 취지의 비판이 유력하다[민법주해 XVII(주 21), 365-366면(양창수) 참조]. 대상판결의 사안에서는 오히려 위 비판을 참고할 만하다.

49) 양도인반환설의 진영에서도 급부개념에 의할 경우 급부수령자가 양수인으로 해석된다는 점이 시인된다고 한다[최수정, "지명채권양도에 있어서 다수인 사이의 부당이득반환", 민사법학 제30호(2005. 12.), 323면]. 이동진(주 15), 296면도 같은 취지의 설명이다.

상관계에서 그에 상응하는 합의를 한 경우에만 성립하는 점과 대비된다. 이러한 점에서 채무자(A)로 하여금 양수인(C)의 무자력 위험을 부담하도록 강요하는 것은, 낙약자로 하여금 수익자의 무자력 위험을 부담케 하는 것보다 더 가혹한 측면이 있고, 그만큼 채권양도 사례에서 계약당사자 간 급부반환의 필요성이 더 크다고 볼 수도 있다.[50]

(나) 한편 채권양도 사례에서는 채권양도 및 대항요건 구비 이후에 양도의무계약(채권양도의 원인계약)에 따른 채권·채무가 더 이상 존재하지 아니한다. 따라서 다른 법률관계가 전제되지 않는 한 '급부 시점'에 있어 제3자를 위한 계약에서의 '대가관계'에 대응하는 양도인과 양수인 사이의 채권관계가 없다. 또한 양도인은 채권을 양도함으로써 채무자에 대한 채권을 상실하고, 해당 채권이 전적으로 양수인에게 귀속한다. 따라서 다른 법률관계가 전제되지 않는 한 '급부 시점'에 있어 제3자를 위한 계약에서의 '보상관계'가 존재한다고 보기도 어렵다.[51] 이에 채권양도 사례에서는 기본적으로 단축급부 구조로 파악하는 데 난점이 있다.

나. 견해의 대립

양수채권의 발생원인인 계약관계에 무효 등의 흠이 있어 양수채권이 부존재하는 경우, 채무자의 부당이득반환청구 상대방이 누구인지에 관하여 양도인반환설과 양수인반환설이 대립한다.

(1) 양도인반환설

양도인반환설 진영에서 제기된 주요 논거들을 취합, 정리하면 다음과 같다. 다만 이론구성에 있어 양도인반환설을 취하는 학자들도 대부분 급부개념 또는 급부관계를 기초로 하고 있는 반면, 카나리스는 채권양도 사례에서 채무자의 채무는 양도인이 아니라 양수인에 대해서만 존재하고

---

50) Staudinger/Lorenz, Kommentar zum Bürgerlichen Gesetzbuch (Neubearbeitung, 1999), §812, RdNr. 41은 양도인반환설을 취하면서, 제3자를 위한 계약과 채권양도의 위와 같은 차이(채무자의 관여 여부)를 강조한다고 한다[정태윤(주 18), "독일에서의 부당이득의 삼각관계에 대한 논의가 우리 민법에도 그대로 타당한가?", 215-216면 참조].

51) 이계정(주 35), 642면 참조.

따라서 양도인에게 급부한다고 말할 수는 없으며, 목적적 급부개념과 결별하고 앞서 본 실질적 평가기준에 따라야 양도인반환설의 결론에 이를 수 있다고 주장한다.

① 양도인의 '지시'에 의하여 채무자 자신의 양도인에 대한 급부와 양도인의 양수인에 대한 급부를 동시에 이행하는 것과 상황이 유사하다[특히 리프(Lieb)는 채권양도가 통상 양수인에 대한 양도인의 채무이행을 위하여 이루어지고, 그 경우 채무자가 양수인에게 지급한 때 채무자의 양수인에 대한 채무와 동시에 그때까지 존재하고 있던 양도인의 양수인에 대한 채무도 소멸함을 강조한다].[52]

② 채권양도에 의하여 계약당사자 변경이 없고, 채권의 귀속주체만 변경되므로, 계약관계의 청산은 계약당사자인 양도인과 채무자 사이에서 이루어져야 한다.[53] 채무자의 양수인에 대한 반환청구는, '일방당사자의 무자력 위험은 그를 계약상대방으로 선택한 타방당사자가 부담하여야 하고 제3자에게 전가해서는 안 된다'고 하는 계약법원칙에 반하고, '채권양도로 채무자의 지위가 더 불리해져서는 안 된다'는 채권양도법의 원칙에도 반한다. 또한 양수인을 부당이득반환의무자로 해석함으로써 원계약상 채무자들 간의 쌍무성을 부인하거나, 채무자와 양도인 그리고 양도인과 양수인 간의 대항사유를 부당하게 박탈하여서도 안 된다.[54]

③ 급부로 인한 양도인의 이득이 없다고 할 수 없다.

－이행을 위한 채권양도의 경우 양수인에 대한 채무로부터의 해방에서, 그리고 이행에 갈음하는 양도나 채권매매의 경우 담보책임으로부터의 해방에서 이득을 구하는 견해,[55] 양수인에 대한 출연 자체가 이득이라는

52) Kupisch, Gesetzespositivimus im Bereicherungsrecht－Zur Leistungskondiktion im Drei-Personen-Verhältnis (1978), S. 83f.; MünchKomm/Lieb (3. Aufl., 1997), §812, Rdn. 121－125; Larenz/Canaris, Lehrbuch des Schuldrechts Ⅱ/2(13.Aufl., 1994), S. 237ff.[이상 정태윤(주 18), "독일에서의 부당이득의 삼각관계에 대한 논의가 우리 민법에도 그대로 타당한가?", 216－220면에서 재인용]; 최수정(주 49), 317－318면.
53) 김형배(주 24), 328－329면; 최수정(주 49), 323면; 이상훈(주 19), 105면.
54) 최수정(주 49), 319－321면.
55) Larenz/Canaris(주 52) §70Vla, S. 238[최수정(주 49), 327면에서 재인용]. 이에 대

견해[56] 등이 제기된다.

(2) 양수인반환설

양수인반환설 진영에서 제기된 주요 논거들을 취합, 정리하면 다음과 같다.

① 채권양도 사례에서는 보상관계나 대가관계가 없다.[57] 또한 지시 사례에서와 달리 채권양도 시점에 양도인이 급부에 관한 통제를 상실한다.[58] 따라서 채권양도 사례는 지시 사례나 제3자를 위한 계약과 차이가 있다.[59]

② 채권양도 사례에서는 채무자가 양수인에게 변제하는 것이 곧 양도인에게 이행하는 것이라고 할 수 없기 때문에, 양도인에게 반환의 대상이 될 수 있는 이득이 존재하지 않는다.[60]

③ 카나리스가 제시한 실질적 기준(양도인반환설에서 강조하는 계약법원칙과 상통함)도 언제나 절대적으로 관철되어야 할 규칙(Regel)이 아니라 다른 여러 사정과 함께 고려하여야 할 하나의 원칙(Prinzip)에 불과하다.[61] 채무자는 양수인이 무자력이어서 부당이득반환청구가 실현될 수 없는 때에는 양도인의 반대급부상당이익반환청구에 대하여 그 범위에서 이

하여는 양도인이 양수인에 대하여 잠재적 구상의무를 진다는 점과 관련하여 선결문제 요구의 오류(petitio principii)를 범하고 있다는 비판이 있다. H. Dörner, Dynamische Relativität. Der Übergang der vertraglicher Rechte und Pflichten (1985), S. 340 f.; A. Rahmatian, Der Bereicherungsausgleich in Zessionslagen (1996), S. 100-104[이동진(주 15), 299면에서 재인용].

56) 최수정(주 49), 327-328면; 이상훈(주 19), 107면.
57) 박세민(주 35), 293면 참조.
58) 이동진(주 15), 294-296면 참조.
59) 양창수, "매매대금채권 일부의 양수인이 대금을 수령한 후에 매매계약이 해제된 경우 그 금전반환의무는 매수인의 목적물인도의무와 동시이행관계에 있는가?", 민법연구 제7권(2005.), 371면은 "당해 채권의 발생원인인 계약이 그 효력을 소급적으로 상실하였으므로, 양도의 대상인 채권도 애초부터 발생하지 아니한 것으로 다루어진다. 따라서 채권양수인은 처음부터 당해 채권양도에 의하여 아무런 권리도 취득하지 못하였던 것이 된다. 그러므로 그가 채무의 변제로서 수령한 급부도 이제 그 법률상 원인이 없는 것이 되어, 이를 그 급부를 행한 채무자에게 반환하지 않으면 안 된다."고 한다.
60) 윤진수(주 4), "부당이득법의 경제적 분석", 138면.
61) 이동진(주 15), 298면 참조.

득이 현존하지 아니한다(즉 이득이 소멸하였다)는 항변($\substack{민법 제748조 \\ 제1항}$)을 할 수 있는 점 등을 고려하면 채권양도 사례에서 양수인을 부당이득반환의무자로 보더라도 실질적 기준에 크게 위배되지도 않는다.[62] 한편 채권양도법은 양도인에 대한 항변을 상실할 법적 위험으로부터 채무자를 보호할 뿐, 부당이득반환 내지 원상회복과 관련하여 양도인 또는 양수인이 무자력이 될 위험은 채권양도법의 규율대상이 아니다. 양도인의 책임재산에 대한 신뢰는 양도금지특약($\substack{민법 \\ 제449조}$)으로써만 보호될 수 있고, 양도금지특약이 실효적이지 못한 경우 그로 인한 사실상 불이익은 채권·채무의 이전을 허용하는 이상 불가피하다.[63]

(3) 독일 판례 및 독일 학설의 경향

독일 연방대법원(BGH)은 '채무자의 양도인에 대한 급부'로 파악하여 양도인이 반환의무자라고 보고 있다.[64] 독일의 다수설 역시 양도인반환설을

---

62) 이동진(주 15), 297-298면 참조.
63) 이동진(주 15), 289-290면 참조.
64) 정태윤(주 18), "독일에서의 부당이득의 삼각관계에 대한 논의가 우리 민법에도 그대로 타당한가?", 222-224면에는 다음 2개의 판결이 소개되어 있다.
① BGH 1988. 11. 2., BGHZ 105, 365: [사실관계] B는 보험회사 A와 화재보험계약을 체결하였다. 그 후 화재가 발생하자 B는 A에게 보험금을 청구하였다. 그러나 A는 B가 화재를 교사하였다는 이유로 보험금의 지급을 거절하였다. 이후 B는 A에 대한 보험금청구권을 C에게 담보의 목적으로 양도하였다. 결국 A는 B의 교사 여부를 입증할 수 없어서 C에게 보험금을 지불하였다. 그 후 B 등은 방화죄의 유죄판결을 받았다. [판결의 요지] A의 변제의 목적이 계약상대방인 B에 대하여 설정되었기 때문에, 보험금청구권의 양도 후에도 계약상대방인 B에게 부당이득반환을 청구하여야 한다고 하였다.
② BGH 1993. 10. 3, BGHZ 122, 46: [사실관계] B는 리스회사 C와 리스계약을 체결하여 차량을 구입하였는데, 리스계약의 약관에 따르면 B는 그 차량에 완전한 보험을 들고, 보험사고 발생시에 이 보험에 의한 모든 권리를 C에게 넘겨 줄 의무를 부담하였다. B는 리스계약의 약관에 따라 해당 차량에 대하여 보험회사 A와 보험계약을 체결하였고, B는 C에게 '보험에 기한 차량 보상액이 500DM 이상일 경우에는 C의 동의 없이는 보험계약자에게 지불해서는 안 되고 C에게 지불한다'는 내용이 적힌 보증서(Sicherungsschein)를 발급해 주었다. 그 후 차량을 도난당하였다는 B의 신고에 따라 A가 C에게 보험금을 지급하였는데 나중에 도난신고가 허위임이 드러났다. [판결의 요지] C의 법적 지위가 채권양수인과 다르지 않다고 하면서 "부당이득법적인 급부개념은 급부 당시의 변제수령자와 출연자의 사실상의 목적 관념이 중요하며, 이것이 일치하지 않는 경우에는 변제수령자의 관점에서 객관적인 고찰방법에 따른다."고 한 다음, 본건에서는 일치하여 B와의 보험계약에 의한 A의

취하고 있다. 다만 이처럼 독일에서 양도인반환설이 우세한 것은 독일법이
물권행위의 무인성을 취하는 것과 무관하지 않다. 물권행위 무인성 원칙은
계약관계의 청산을 계약당사자에게 집중시키는 기능을 한다. 즉, 독일에서
는 물권행위의 무인성론을 받아들여 계약당사자 사이에 계약관계의 하자가
있다고 하더라도 물권관계에는 영향을 주지 않고, 따라서 제3자는 선의·악
의와 상관없이 유효하게 물권을 취득할 수 있게 하고 있는데, 물권법상 보
호를 받는 제3자에게 부당이득반환의무를 지워, 다시 그 보호를 빼앗아서는
안 된다는 것이다.[65] 물권행위 유인성을 취하는 나라들에서는 대체로 양수
인반환설이 우세한 것으로 보이는바,[66] 채권양도 사례에서의 금전부당이득
빈환 문제가 물권행위의 유인성·무인성과 논리 필연적인 관계에 있는 것
은 아닐지라도, 그와 관련된 경향성마저 부정하기는 어려워 보인다.

다. 우리나라 판례

2003년에 채권양도 사례에서의 부당이득관계를 처음 다룬 대법원
2000다22850 판결(양도①)이 선고된 이후, 2015년부터 신탁계약 및 대리
사무계약상의 수탁자가 시행사로부터 분양대금채권을 양수받은 사안에
관한 판결들이 이어지고 있다.[67]

(1) 대법원 2003. 1. 24. 선고 2000다22850 판결[68]-'양도①'

(가) 사안의 개요

A(원고, 수분양자)와 B(시행사)는, A가 X건물 중 907호를 1억 4,000만

채무를 이행하는 것으로 보고 있기 때문에 A의 C에 대한 급부가 아니라 B에 대한
급부가 있을 뿐이라고 하였다.
65) 정태윤(주 18), "독일에서의 부당이득의 삼각관계에 대한 논의가 우리 민법에도
그대로 타당한가?", 207면; 이동진(주 15), 291면.
66) 오스트리아와 스위스에서 양수인반환설이 판례·통설의 입장이라고 하고[이동진(주
15), 296면], 일본에서도 양수인반환설이 다수설이라고 한다[이원석(주 35), 29면].
67) 대법원 2000다22850 판결 이후 이를 다시 원용한 대법원 판결은 발견되지 않는
다. 반대로 원용할 수 없다는 판결들만 있을 뿐이다. 대법원 2000다22850 판결을
원용할 수 없다는 판결들은 모두 신탁계약 및 대리사무계약상의 수탁자가 시행사
로부터 분양대금채권을 양수받은 사안이다. 아래에서 소개하는 판결들 외에, 대상
판결과 같은 날 선고된 대법원 2014다8011 판결이 있으나, 대상판결과 주요 내용
이 동일하므로 소개를 생략한다.
68) 공2003상, 685.

원에 분양받되, 계약금을 제외한 중도금 및 잔금은 B가 지정하는 C(피고, 시공사) 계좌에 입금시키기로 하는 내용의 분양계약을 체결하였다. 이에 따라 A는 분양대금 중 6,000만 원을 B에게 직접 지급하거나, B가 지정한 C 명의 계좌로 입금하였다. B는 C에게 공사기성금을 제때 지급하지 못하게 되자, C와 사이에, 총 공사대금 120억 2,000만 원 중 60억 4,000만 원이 지급되었음을 확인하고서, 나머지 공사대금의 지급을 위하여 A를 포함한 수분양자들에 대한 분양미수금채권 합계 33억 9,000만 원을 C에게 양도하였다. 이후 A는 C에게 분양대금조로 2,500만 원을 추가 지급하였다. 한편 A는 C와 사이에, 위 907호를 담보로 은행에서 대출을 받아 나머지 분양대금을 변제하되, 분양대금이 완납되면 C가 위 907호에 설정된 선순위 근저당권을 말소해 주기로 합의하였으나, 대출이 무산되어 합의내용이 실현되지 못했다. 이후 B는 나머지 공사대금채무의 담보를 위해 C에게 X건물 전부에 관하여 채권최고액 70억 원의 근저당권을 새로이 설정해 주었다. 이러한 상황에서, A와 B 사이의 분양계약이 해제되었고, A는 C를 상대로 채권양도 이후 지급된 2,500만 원에 대한 원상회복을 청구하였다.

(나) 판결의 요지

「민법 제548조 제1항 단서에서 규정하고 있는 제3자란 일반적으로 계약이 해제되는 경우 그 해제된 계약으로부터 생긴 법률효과를 기초로 하여 해제 전에 새로운 이해관계를 가졌을 뿐 아니라 등기·인도 등으로 완전한 권리를 취득한 자를 말하고, 계약상의 채권을 양수한 자는 여기서 말하는 제3자에 해당하지 않는다고 할 것인바(대법원 2000. 4. 11. 선고 99다51685 판결 등 참조), 계약이 해제된 경우 계약해제 이전에 해제로 인하여 소멸되는 채권을 양수한 자는 계약해제의 효과에 반하여 자신의 권리를 주장할 수 없음은 물론이고, <u>나아가 특단의 사정이 없는 한 채무자로부터 이행받은 급부를 원상회복하여야 할 의무가 있다.</u>」

(2) 대법원 2015. 4. 23. 선고 2014다77956 판결(미공간)[69]-'양도②'

「B는 C와의 대리사무계약에 따라 C에게 분양대금채권을 양도하고,

A로 하여금 C에게 분양대금을 직접 납부하도록 하는 내용의 분양계약을
A와 체결하였다. 그리고 A는 분양계약에 따라 분양대금 지급 과정을 단
축하여 C에게 직접 분양대금을 납부하였다. 앞서 본 법리에 의하면, C의
분양대금 수령은 시행사와의 대리사무계약을 법률상 원인으로 하여 실질
적으로 B로부터 분양대금을 수령한 것으로서 그 법률상 원인이 없다고
볼 수 없다. 또한, C는 대리사무계약이 해지되지 않는 한 적법하게 분양
대금을 보유할 권리가 있고, A는 대리사무계약에 기한 C의 위와 같은 권
리 행사에 동의하면서 분양계약을 체결하였다. 만약 A가 분양계약 해제
에 따라 C를 상대로 분양대금의 반환을 구하는 것을 허용한다면, 이는 A
가 자기 책임하에 체결된 계약에 따른 위험부담을 C에게 전가하는 것이
되어 계약법의 원리에 반하는 결과를 초래할 뿐만 아니라, C가 B와의 대
리사무계약에 기하여 가지는 권리를 침해하게 되어 부당하다. 따라서 A
는 B와의 분양계약 해제를 이유로 하여 C를 상대로 부당이득반환청구를
할 수 없다고 보아야 한다.」

  (3) 대법원 2017. 6. 15. 선고 2013다8960 판결(미공간)[70]-'양도③'
  「분양관리신탁계약 및 대리사무계약의 내용 및 건축물분양법령 규
정[71]들에 비추어 보면, ① B, C는 건축물분양법 및 건축물분양법 시행령
의 관련 규정들에 근거하여 이 사건 상가의 분양에 관하여 분양관리신탁
계약 및 대리사무계약을 맺은 후, A와 이 사건 분양계약을 맺으면서 그
내용을 반영하여 이 사건 분양계약 조항과 같이 약정하였다고 보이고,
② C가 이 사건 분양계약 조항에 따라 A에 대한 분양대금채권을 양도받

---

69) 대상판결 사안과 기본적으로 유사하다. 분양계약이 '합의해제'되었고, 법정해제나
   취소사유가 없다는 점에서 대상판결과 차이가 있으나, 부당이득법적으로 유의미한
   차이는 아니다.
70) 대상판결과 사안이 동일하다.
71) 분양관리신탁계약이 체결된 사안이라는 점에서 건축물분양법령의 내용을 판단의
   사정으로 삼고 있다. 분양관리신탁이란, 건축물분양법에 따라 상가 등 건축물을
   신축 또는 증축하여 분양하는 사업에 있어서 수탁자가 신탁부동산의 소유권을 보
   전·관리하여 수분양자를 보호하고, 위탁자가 부담하는 채무를 불이행하게 되면
   신탁부동산을 환가·처분하여 정산함을 목적으로 하는 신탁이다. 그러나 관계법령
   의 내용이 부당이득관계 판단에 있어 본질적 요소라고 보기 어렵다.

았다 하더라도 이는 건축물분양법령과 위 분양관리신탁계약 및 대리사무
계약에서 정한 바에 따라 신탁재산을 이루는 분양수입금의 관리 및 그
분양수입금에 의한 분양대금의 우선적 정산 등의 업무처리를 위한 것으
로 보이며, ③ 결국 C는 A에 대한 관계에서 이 사건 분양계약에 관하여
B와 같은 매도인으로서의 책임을 지지 아니하고 다만 위 분양관리신탁계
약 및 대리사무계약에 의하여 위 분양수입금을 보유하면서 그 관리 및
정산 등의 사무를 처리할 뿐이므로, B가 이 사건 분양계약에 의한 분양
대금 수령자로서 분양계약의 취소에 따라 분양대금에 관한 부당이득반환
의무를 지며, A는 분양계약의 취소를 이유로 C를 상대로 부당이득반환청
구를 할 수 없다(대법원 2015. 4. 23. 선고/2014다77956 판결 등 참조).」

라. 검   토

(1) 삼각관계에서의 급부부당이득관계 판단기준에 관한 재검토

부당이득반환청구의 근거 규정인 민법 제741조에 의하면, 부당이득
반환의무는 '재산 또는 노무로 인하여 이익을 얻고 이로 인하여 타인에
게 손해를 가한 자'가 부담하는 것이다. 그리고 급부부당이득의 경우 급
부의 실행만으로 민법 제741조에서 정하는 요건(이득, 손해 및 양자 간의
인과관계)이 모두 충족된다고 보는 것은, '급부' 속에 '손해'와 '이득'
의 불가분적인 연결이 전제되어 있다는 점에서 정당화근거를 찾을
수 있다.[72]

그렇다면 삼각관계에서도 급부 또는 그 가액에 대한 반환청구 상대
방은 '급부수령자'라고 보는 것이 법률과 이론에 충실한 해석이라고 생각

---

[72] 김형배(주 24), 87면("급부부당이득에 있어서 급부자의 손실로 수익자에게 이익
이 발생하였다는 인과관계를 검토하는 것은 별 의미가 없다. 왜냐하면 급부는 의
식적·목적지향적 타인재산의 증가를 의미하는 것으로서 급부 속에는 손실과 이득
이 불가분적으로 연결되어 있기 때문이다."); 이병준·정신동, "부당이득에서 급부,
침해 그리고 단순한 이익의 귀속", 재산법연구 제27권 제1호(2010. 6.), 38-39면
("급부부당이득에서 부당이득자의 '실질적 이익' 취득여부를 검토할 필요가 없는
것은 급부개념 자체가 갖고 있는 규범적 의미 때문이다. 즉 급부는 의식적·목적
적 타인재산의 증가를 의미하기 때문에 급부개념 속에는 이미 이익과 손해가 불가
분적으로 연결되어 있는 것이고, 따라서 이익과 손해라는 요건은 급부에 의하여
이루어지는 재산적 이익의 이동을 통하여 나타나기 때문이다.").

된다. 대법원은 위 2016다255125 판결(제3자③)에서 A의 C에 대한 부당
이득반환청구를 인용하면서, 「계약당사자가 누구인지」 보다 「급부당사자
가 누구인지」를 본질적인 판단기준으로 삼았다. 또 A의 C에 대한 부당이
득반환청구를 배척한 지시 사례들에서는, 기본적으로 「누구를 급부자로
보고, 또 누구를 급부수령자로 볼 것인가」라는 관점에서, A의 급부로써
A의 B에 대한 급부와 B의 C에 대한 급부가 동시에 이루어짐을 직접적인
근거로 들고 있음은 앞서 본 바와 같다.

다만 「누구를 급부자로 보고, 또 누구를 급부수령자로 볼 것인가」는
당사자들의 사실적 의사의 문제가 아니라, 법적으로 평가하여 결정하여야
하는 문제이다. 그리고 이러한 법적 평가에 있어 '급부목적'이라는 주관적
기준에 의존하여 도식적인 해결을 꾀할 것이 아니라, 사안의 개별적인
특수성에 착안하여야 한다.[73]

(2) 채권양도와 부당이득관계

(가) 일 반 론

1) 채권양도 사례의 급부부당이득관계도 「누구를 급부자로 보고, 또
누구를 급부수령자로 볼 것인가」에 대한 법적 평가의 문제로 귀결된다.
그리고 급부당사자 결정에 관한 법적 평가는 부당이득반환청구권의 근거
규정인 민법 제741조가 정하는 요건에서 벗어날 수 없다.

채권양도 사례에서는 -다른 삼각관계 유형과 달리- 계약관계와 채
권관계가 분리된 상태에서 급부가 이루어지기 때문에, 부당이득이 발생
하는 때인 '급부 시점'에서의 법적 상황이 중요하게 고려되어야 한다. 양
도인이 채무자의 급부와 상당인과관계 있는 이익을 얻었다고 볼 수 없
는 경우에까지 상대방 계약당사자라는 이유만으로 양도인을 부당이득반
환의무자라고 규정짓는 것은 법 해석의 한계를 넘는 것으로서 받아들이
기 어렵다. 앞서 본 바와 같이 대법원은 채권양도 사례 밖에서도, 2016
다255125 판결(제3자③)이나, 2017다242300 판결(발주자의 하수급인에 대한

---

73) 민법주해 XVII(주 21), 175-176면(양창수) 참조.

직접지급의무 사례, 각주 34 참조) 등을 통하여 계약당사자 간 급부반환의
원칙이 법률 규정이나 다른 법 원리에 따라 제한될 수 있음을 거듭 확인
하고 있다.

다만 급부당사자 결정이 규범적 평가의 문제라면, 계약에 따른 위험
부담을 제3자에게 전가하여서는 안 된다는 계약법 원리[74]나, 양수인이 양
도인에 대하여 가지는 항변권 등의 침해가능성 등을 합목적적으로 고려
하여, 급부로 인한 이익이 양도인에게 귀속되었다고 볼 수 있는 범위에
서, 가급적 원래의 계약당사자들 사이에 급부가 있었다고 평가하는 것이
합리적이라고 생각된다.[75]

2) 한편 비록 채권양도라는 하나의 범주로 묶여서 논의되고 있기는
하지만, 채권양도는 다양한 목적과 형태의 원인관계에 기초해서 이루어지
고 있고, '급부 시점'에서의 법적 상황도 획일적이지 아니하다. 따라서 채
권양도 일반의 부당이득법적 특징과 함께 개별 채권양도의 특수성을 고
려하여야 한다.

3) 이러한 견지에서 채권양도 사례에서의 부당이득관계는 일률적으
로 결정하기보다 '급부 시점에서의 법적 상황'과 그에 따른 '급부의 효과'
를 기준으로 개별적으로 결정하는 것이 합리적이라고 생각된다.[76]

---

74) 특히 자기 책임하에 체결된 계약에 따른 위험부담을 제3자에게 전가시키면 안
된다는 계약법의 기본원리와 관련하여 윤진수(주 4), "부당이득법의 경제적 분석",
137-138면의 내용을 그대로 인용한다. "채권양도의 경우에도 채무자는 일단 채권
자와 계약관계를 맺음으로써 채권자에 대한 위험을 부담하기로 한 것이다. 따라서
양도인인 채권자가 무자력이 되었다고 하여 채무자가 그로 인한 위험을 양수인에
게 전가하는 것을 인정할 필요는 없다. 반대로 양수인이 무자력이 되었다고 하더라
도 그 위험을 채무자가 부담할 이유도 없다. 채권양도로 인하여 채무자가 불리하여
져서는 안 되지만, 그렇다고 하여 유리하게 될 이유도 없기 때문이다. 양도인이 무
자력이라면 채무자는 양수인에게 청구하려고 하겠지만, 양수인이 이러한 상황에 대
비하여 양도인의 무자력까지 인수하였다고 볼 수는 없다."; 다만 위 글은 결론적으
로는 양수인에게 반환의 대상이 될 수 있는 이득이 존재한다고 보기 어렵다는 이
유로 양수인반환설의 입장을 취하고 있다.
75) 법경제학적인 측면에서도 채무자가 양수인에게 반환을 청구하고 양수인이 다시
양도인에게 구상하는 것보다, 채무자가 직접 양도인에게 반환청구를 하는 것이 거래
비용을 줄이는 방법이 될 것이다[윤진수(주 4), "부당이득법의 경제적 분석", 138면].
76) 채권양도라는 하나의 제도에서 부당이득관계가 다르게 형성될 수 있다는 것이

(나) 유형별 고찰77)

1) 부당이득법상 단축급부로 평가할 수 있는 경우

양도인이 양수인에 대한 다른 채무(피담보채무)와 관련하여 변제를 위한 담보 또는 변제의 방법으로 채권을 양도한 경우와 같이, 급부 시점을 기준으로 양수인과 양도인 사이에 '또 다른 급부원인(계약관계)'이 전제되어 있고, 양수채권의 변제와 다른 급부원인에 기초한 변제가 동시에 이루어지는 경우에는, 부당이득법상 단축급부로 평가하여 원인관계 당사자 사이에서 급부관계 및 부당이득관계를 인정하는 것이 타당하다.78) 이 경우에는 지시 등에 의한 단축급부 사례에서의 주요 특징인 「동시변제효」 및 「재산의 경유적 이전」을 긍정할 수 있기 때문이다. 채권양도 사례에서

다소 생경할 수 있다. 그러나 '제3자를 위한 계약'이나 '발주자의 하수급인에 대한 직접 지급' 사례[대법원 2006다63884 판결(지시③) 및 2017다242300 판결(주 34)]에서, 판례가 구체적인 법적 상황에 따라 부당이득관계를 달리 파악하고 있음은 앞서 본 바와 같다.

77) 이하에서 각 유형의 예로 든 대물변제, 양도담보의 '급부 시점'에서의 채권관계를 도해로 비교하면 다음과 같다. 대물변제의 경우 C의 A에 대한 양수채권이라는 단 하나의 급부원인만 존재한다. 이 경우에는 A와 C의 급부관계를 인정할 수밖에 없다. 그런데 양도담보의 경우 C는 양수채권 이외에도 B에 대한 피담보채권이라는 또 다른 급부원인을 가진다. 그로 인해, 현실적으로는 A에서 C로 향하는 급부가, 규범적으로는 A의 B에 대한 급부와, B의 C에 대한 급부가 동시에 이루어지는 것으로 평가할 수 있다고 생각한다.

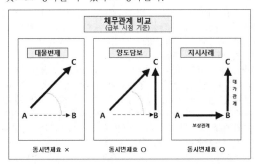

78) 이원석(주 35), 30면도 "사견으로는 통상 채권양도는 양도인과 양수인 사이의 기존의 채권관계를 해결하기 위하여 이루어지는데, 당해 채권양도가 대물변제로서 이루어진 것인지 채권추심의 목적에서 또는 양도담보의 목적에서 이루어진 것인지 등에 따라 '특단의 사정'이 인정되어 2000다22850 판결과 다른 결론에 이를 가능성도 배제할 수 없다고 생각된다."고 한다.

기본적으로 단축급부로 구성하기 어려운 측면이 '양도인과 양수인 사이의
또 다른 급부원인(계약관계)'을 통하여 극복된다고 설명할 수 있다.

　채권양도담보의 경우를 중심으로 부연 설명한다. 양도담보권자가 양
수채권을 변제받으면 그 범위 내에서 비로소 피담보채권이 소멸한다는
것이 확립된 판례이다.[79] 양수인의 관점에서는 채무자의 출연이 양도인으
로부터 피담보채권을 변제받는 것이라고 이해되므로, 양수인에 대한 급부
자는 양도인이라고 보아야 한다.[80] 이 경우 양수채권의 발생원인인 계약
관계가 무효라고 하더라도 양수인의 양도인에 대한 피담보채권이 양수인
이 수령한 급부를 보유할 법률상 원인이 되므로, 채무자는 양수인을 상
대로 부당이득반환청구를 할 수 없다. 그렇다면, 채무자의 급부상대방은
양도인이라고 새기는 것이 합리적이다.[81]

　앞서 본 채권질권 사례(대법원 2012다
92258 판결)와의 비교도 이러한 규범적 평가의
합리성을 뒷받침한다. 채권양도담보는 법형식적으로는 채권양도에 의하지만
당사자들이 이를 통해 달성하고자 하는 경제적 목적은 채권의 담보에 있

---

79) 대법원 1995. 12. 22. 선고 95다16660 판결(공1996상, 493) 등.
80) 다만, 채무자(A)가 착오로 인하여 양수인(C)에게 채무액보다 과다한 금액을 지급
　　하거나(과다한 금액의 산정이 양도인과의 법률관계에서부터 야기된 경우는 해당하
　　지 아니함), 대항요건의 구비 여부 내지 그 선후를 기준으로 할 때 열위에 있는
　　양수인에게 지급한 경우 등 채무자의 급부가 양도인에게 귀속될 수 없는 경우에는
　　채무자는 직접 양수인에 대하여 그 부분의 반환을 구할 수 있다고 보아야 할 것
　　이다[최수정(주 49), 323-324면 참조].
81) 그 이유를 상술하면 다음과 같다. 즉, ① 양도인은 급부 시점에, 양수인에 대한
　　채무가 동일한 금액만큼 변제로 소멸하는 이익을 얻는다. 이는 급부와 불가분적으
　　로 연결되는, 상당인과관계 있는 이익이라고 볼 수 있다. ② 이처럼 양도인이 급
　　부로 인한 이익을 얻었다는 평가가 가능하면,「가급적」원래의 계약당사자인 채무
　　자와 양도인 사이에서 급부가 있었다고 평가하는 것이 합리적이다. 채무자가 양수
　　인을 상대로 부당이득반환청구를 할 수 없다면, 양도인을 상대로 청구할 수밖에
　　없다. ③ 양도인의 양수인에 대한 급부가 인정된다면, 양수인이 이중의 급부를 받
　　는 것이 아닌 이상, 채무자의 급부상대방은 양도인이라고 보는 것이 자연스럽다.
　　④ 채무자의 객관적 의사는 양수인에 대한 급부라기보다는 '양수채권' 자체에 대한
　　급부라고 이해할 수 있으므로, 채무자의 의사에 현저히 반하는 것도 아니다. ⑤ 비
　　록 양도인(B)은 급부 시점에 채무자에 대한 채권을 가지지 않지만, 그 이유가 다
　　름 아닌 급부단축 목적의 채권양도에 있기 때문임을 고려하면, 채권의 귀속만을
　　이유로 채무자와 양도인 사이의 급부관계 및 부당이득관계를 부정할 수 없다.

다.[82] 채권양도담보와 채권질권은 채권자가 금전을 추심하면 양수(입질)채권 및 피담보채권의 변제가 동시에 이루어지는 점,[83] 제3채무자의 양도인(질권 설정자)에 대한 임의변제가 양수인(질권자)에 대해 효력이 없는 점,[84] 피담 보채권이 변제 등으로 전부 소멸하는 경우 양수인(질권자)과 양도인(질권설 정자) 사이에서 양수채권이 환원되는 관계에 있는 점,[85] 양수인(질권자)이 피담보채권을 초과하여 양수채권(입질채권)을 추심하는 경우 그 초과 부분 은 원칙적으로 양도인(질권설정자)에 대한 관계에서 부당이득이 되는 점[86]

---

82) 주석민법[채권총칙(3)](주 16), 330면(최수정).

83) 이에 관하여 이계정(주 35), 646-647면은 질권자의 직접청구권 행사의 효과는 그 채권의 채권자에게 귀속하는 것이고, 당연히 질권자의 채권에 충당되는 것이 아니라는 통설의 설명[곽윤직·김재형, 물권법(제8판), 박영사(2014), 425면]에 따라, 이 점에서 채권양도에 의한 부당이득 유형과 차이가 있다고 지적한다. 위 글에서 는 위 대법원 2012다92258 판결에서 '질권설정자의 변제수령에 관하여 질권자는 대리인과 같은 지위에서 금전을 추심하여 자기채권의 변제에 충당'한다고 설시한 것은 바로 질권자의 직접청구권의 행사로 인한 효과가 질권설정자에게 귀속한다는 점을 명확히 한 것으로 이해할 수 있다고 설명한다.

    그런데 위 통설에 반대하는 소수설은 "사견에 의하면, 통설에 의하는 경우와 달리, 금전채권에 질권이 설정되어 있는 때에는 질권자는 그 채권을 직접 추심하 여 자기채권의 변제에 충당할 수 있다. 판례(대법원 2005. 2. 25. 선고 2003다 40668)도 같은 견지에 있다."고 설명한다[송덕수, 물권법, 박영사(2012), 452면]. 또 편집대표 곽윤직, 민법주해 Ⅵ, 박영사(1992), 441면(정동윤 집필부분)은 통설에 따 라 제3채무자의 입장에서 피담보채권에 대한 변제가 아니고 질권설정자에 대한 채 무의 이행임을 강조하면서도, 이 경우 추심한 금전은 질권자의 소유로 됨과 동시 에 피담보채권의 변제에 충당된다고 설명한다. 이에 비추어 보면, 통설이 금전채 권의 질권자가 입질채권을 추심하였을 때, 별도의 충당의 의사표시 없이 곧바로 피담보채권의 변제에 충당되는 효과 자체를 부정하는 취지는 아닌 것으로 보인다. 생각건대, 채권양도담보와 채권질권 사례에서 양수(입질)채권 및 피담보채권에 대 한 동시변제효에는 차이가 없고, 다만 피담보채권 변제 과정에 관한 관념적 차이 가 있을 뿐이라면, 급부부당이득의 당사자를 다르게 할 정도의 본질적인 차이라고 보기 어려울 것이다.

84) 대법원 1997. 11. 11. 선고 97다35375 판결[공1997. 12. 15. (48), 3770] 참조.

85) 채권양도담보의 경우 피담보채무가 변제 기타의 사유로 소멸하면 양도되었던 채 권은 양도인에게 환원되는데, 그 법률관계는 여러 가지로 구성할 수 있겠으나, 피 담보채권의 소멸로 인하여 채권이 당연히 양도인에게 복귀한다고 보는 것이 당사 자의 의사에 합치하는 경우가 많을 것이다. 그러나 이 경우에도 채권양도계약의 해제나 취소에 있어서의 양도통지의 철회에 관한 법률관계처럼 채무자나 제3자에 대한 대항요건을 갖추어야 완전한 효력이 발생하는 것으로 본다[편집대표 곽윤직, 민법주해 Ⅹ, 박영사(1995), 541면(이상훈 집필부분)].

86) 대법원 2011. 4. 14. 선고 2010다5694 판결(2011상, 905): 「질권의 목적이 된 채

등에서 법적 상황이 「본질적으로」 동일하고, 양자의 외관도 유사하다.[87] 비
록 채권양도담보 사례의 경우 양수채권의 대외적 소유권이 양수인에게 이
전된다는 점에서 채권질권 사례와 차이가 있으나 이는 제3자의 공취의 배
제 등 담보력의 강화를 위하여 신탁적 양도의 효과를 부여한 것이므로,[88]
이것이 부당이득법적으로 양수인에게 불리하게 작용하는 것은 합리적이지
않다.

2) 부당이득법상 단축급부로 평가할 수 없는 경우

반면, 채권의 매매나 대물변제와 같이, 급부 시점을 기준으로 양수

권이 금전채권인 경우 질권자는 자기 채권의 한도에서 질권의 목적이 된 채권을
직접 청구할 수 있고(민법 제353조 제1항, 제2항), 채권질권의 효력은 질권의 목적
이 된 채권의 지연손해금 등과 같은 부대채권에도 미치므로 채권질권자는 질권의
목적이 된 채권과 그에 대한 지연손해금채권을 피담보채권의 범위에 속하는 자기
채권액에 대한 부분에 한하여 직접 추심하여 자기채권의 변제에 충당할 수 있다.
따라서 질권자가 피담보채권을 초과하여 질권의 목적이 된 금전채권을 추심하였다
면 그중 피담보채권을 초과하는 부분은 특별한 사정이 없는 한 법률상 원인이 없
는 것으로서 질권설정자에 대한 관계에서 부당이득이 되고, 이러한 법리는 채무담
보 목적으로 채권이 양도된 경우에 있어서도 마찬가지라고 할 것이다. 따라서 이
사건 채권의 양도가 소외인의 피고에 대한 위 대여금 채무를 담보하기 위하여 이
루어진 일종의 권리질권 설정계약 또는 채권양도라면, 위 법리에 따라 피고가 배
당받은 금액 중 위 피담보채무액을 초과하는 부분은 법률상 원인 없는 것으로서
소외인에 대한 관계에서 부당이득이 된다고 할 것이다.」
87) 권리질권의 설정은 법률에 다른 규정이 없으면 그 권리의 양도에 관한 방법에
의하여야 하고(민법 제346조), 지명채권의 입질을 가지고 제3채무자 그 밖의 제3
자에 대항하기 위해서는 민법 제450조에서 정한 채권양도의 대항요건을 갖추어야
한다(민법 제340조 제1항). 질권의 경우 질권설정계약을 체결하고, 그 질권설정사
실 등을 통지하는 것이 원칙적인 형태일 것이나[민법주해 Ⅵ(주 83), 430면(정동
윤) 참조], 실무상으로는 채권양도담보와 채권질권의 구별이 어려운 경우가 발생한
다. 대법원 1964. 5. 5. 선고 63다710 판결(미공간)은 「채권질의 설정은 채권양도
에 관한 방법에 의하는 것이고 양수인에 대한 채무를 담보하거나 그 변제를 확보
하기 위하여 채권을 양도하는 경우에 있어서도 그것이 질권설정을 목적으로 하는
양도였다는 것은 이례에 속하는 사항이니 만큼 특정의 채권양도가 질권설정을 목
적으로 하는 것이었다는 사실은 이를 주장하는 당사자에게 입증책임이 있다.」고
판시하여 채권양도의 형식을 취한 경우에도 채권질권 설정에 해당하는 경우가 있
음을 전제하고 있다. 위 대법원 2010다5694 판결(주 86)도 채권양도 및 양도통지
의 형식을 갖춘 법률행위에 관하여 채권양도담보와 채권질권 중 무엇에 해당하는지
확정을 유보한 채, 어느 쪽이든 마찬가지 법리가 적용된다는 취지로 판시하였다.
88) 양창수, "내용이 변동하는 집합적 동산의 양도담보와 그 산출물에 대한 효력",
민법연구 제5권(1999. 6.), 410면 참조.

인과 채무자 사이의 양수채권 이외에 양수인과 양도인 사이의 '또 다른 급부원인'이 존재하지 아니하는 경우에는 단축급부로 파악하기 어렵다.

이 경우, 양도인과 양수인 사이에 채권양도와 관련된 다른 급부원인 이 원래 있었다고 하더라도, '채권양도'로써 이미 소멸하는 것이고, '채무자의 양수채권에 대한 급부 시점'에서는 지시 사례나 제3자를 위한 계약과 같은 '대가관계' 및 '보상관계'가 없다. 채무자의 출연은 양수채권이라는 단 하나의 채권에 대한 변제효만 있고, 따라서 급부로 인한 이익은 양도인을 경유하지 않은 채 양수인에게 직접 발생하게 된다(채무의 동시변제효 및 재산의 경유적 이전 부정). 가령 대물변제의 경우 채권양도의 요건을 갖추면 양도인의 양수인에 대한 원래의 채무는 곧바로 소멸하는 것이고 양수채권의 변제까지 이루어져야만 원래의 채무가 소멸하는 것은 아니다.[89] 양도인은 채권양도로써 양수인에 대한 원래의 채무가 소멸하는 이익을 얻지만 그 이익은 '채권양도' 자체로써 이미 발생하는 것이지, 채무자의 '급부'로써 새삼스럽게 발생하는 것이 아니다.[90] 한편 양수인의 입장에서 보더라도 양수채권이 유일한 급부원인이 되므로, 양도인이 아닌 채무자를 급부자로 이해할 수밖에 없다.

따라서 이 경우에는 채무자와 양수인 사이에서 급부관계 및 부당이득관계를 인정하는 것이 타당하다. 민법 제741조에서 정한 요건을 무시하고, 이 경우에까지 계약당사자인 채무자와 양도인 간의 급부청산을 고수하는 것은, -그것이 채무자와 양도인 사이의 급부관계를 의제하는 것이든, 카나리스처럼 급부관계와 부당이득관계의 결별을 전제하는 것이든-받아들이기 어렵다. 법 해석의 한계를 일탈하면서까지 '계약관계의 청산은

---

89) 대법원 2013. 5. 9. 선고 2012다40998 판결(공2013상, 1019).
90) 양수채권의 원인이 된 계약이 효력이 없어 양수채권이 부존재하는 경우 위 채무해방의 이익도 소멸된다고 볼 수 있다. 양수채권의 존재를 전제로 한 대물변제 합의 효력이 부정되어, 대물변제로 소멸한 다른 채무가 부활한다고 보는 것이 타당하기 때문이다. 판례는 계약상 채권으로 상계가 행하여진 경우에 그 계약이 취소 또는 해제되면 상계로 소멸하였던 반대채권이 자동적으로 부활한다고 본다(대법원 1980. 8. 26. 선고 79다1257, 1258 판결, 대법원 2003. 8. 22. 선고 2001다64073 판결 등 참조).

계약당사자 사이에 이루어져야 한다'는 원칙을 고수하는 것이야말로, 삼
각관계 부당이득 문제를 다룸에 있어 지양해야 하는 도식적 해결방식이
아닌가 싶다.

급부관계가 계약관계와 분리됨으로써 채무자가 계약상대방도 아닌
양수인을 상대로 부당이득반환청구를 하게 되는 상황은 법이 채권의 이
전을 통하여 계약관계와 급부관계의 분리를 허용하였기 때문에 발생하는
결과이므로, 그로 인한 채무자의 불이익은 양도금지특약($\frac{민법}{제449조}$) 등을 통
해 보호되어야 한다. 설령 양도금지특약이 채무자 보호에 미흡하다고 하
더라도 그로 인한 사실상의 불이익은 채권양도를 허용함에 따른 반사적
결과로서 불가피하다고 본다.[91][92]

(다) 예상되는 문제점에 관하여

위와 같이 채권양도 사례에서 양도인과 양수인 사이의 법률관계를
고려하여 부당이득 법률관계를 개별적으로 결정하는 경우, 채무자의 입장
에서 그 인식과 무관하게 반환청구 상대방이 결정될 수 있다는 점에서
청구상대방 탐색과 관련된 부담이 생긴다.

그러나 본래 삼각관계에서의 부당이득 법률관계 결정은 출연자의 인
식이나 사실적 의사의 문제가 아니라, 다수 당사자를 둘러싼 법적 상황
에 대한 규범적 평가의 문제이다. 그 규범적 평가 결과에 수반되는 출연

---

91) 주 (63) 참조. 한편, 채권양도 사례에서 「채무자(A)」는 양도인(B)의 반대급부 반
환청구에 대하여 동시이행항변권을 행사하는 방법으로 양도인에 의한 반환을 간접
적으로나마 강제할 수 있기도 하다.
　　이와 비교하여, 급부의 청산에 있어 채무만을 부담하는 「양수인(C)」이 채무자
(A)의 양수인(C)에 대한 부당이득반환청구에 대하여 '채무자(A)의 양도인(B)에 대
한 급부반환의무와 상환으로 이행하겠다.'는 동시이행항변을 할 수 있는지에 관하
여는 견해가 대립한다. 채권의 일부 양도 사례이기는 하지만, 위 2000다22850 판
결(양도①)에서는 양수인의 동시이행항변을 부정하였다. 위 판례 결론에 찬성하는
견해로는 이동진(주 15), 299면 이하, 반대하는 견해로는 양창수(주 59), "매매대금
채권 일부의 양수인이 대금을 수령한 후에 매매계약이 해제된 경우 그 금전반환의
무는 매수인의 목적물인도의무와 동시이행관계에 있는가?", 327면 이하.
92) 한편, 양수인(C)의 신뢰보호 문제는 우리 민법이 독일과 달리 다수의 제3자 보
호규정을 두고 있으므로, 제3자 보호규정의 적용으로써 상당 부분 해결된다고 볼
수 있다.

자의 사실상 불이익은 감수되어야 한다.

부당이득 법률관계의 결정은 채무자의 청구상대방 탐색과 관련된 사실상의 불이익보다 본질적이고 중요한 문제이다. 단적으로, 채무자에 대한 부당이득반환의무자가 누구로 결정되는지에 따라, 채무자가 '양도인의 무자력 위험'을 부담하는지, 아니면 '양수인의 무자력 위험'을 부담하는지가 결과적으로 달라진다. 또 양수인이 다시 양도인에게 구상하는 후속 법률관계가 발생하게 되는지 여부도 달라진다.

채권양도 사례에서 양수인반환설로 일관한다고 하여 채무자의 청구상대방 선택에 관한 부담이 완전히 사라지는 것도 아니다. 판례는 채권질권 사례(위 대법원 2012다92258 판결)에서 질권설정자(B)를 반환의무자로 보고 있는데, 출연자 입장에서 외관이 유사한 채권양도와 채권질권의 구별이 어려운 경우가 많다(각주 87 참조). 또 판례는 제3자를 위한 계약 사례에서 단축급부로 파악되는 한 요약자(B)를 반환의무자로 보고 있는데, 출연자 입장에서 대가관계를 파악하기 어려운 경우가 있고, 채권양도와 제3자를 위한 계약의 구별부터 어려운 경우도 있다(위 'Ⅱ. 3. 제3자를 위한 계약과의 구별' 참조). 그렇다고, 채권양도 사례를 포함한 모든 삼각관계 부당이득 유형에서 반환의무자를 상대방 계약당사자로 일관하는 것은 입법론이라면 모를까, 민법 제741조의 해석으로는 무리이다.

채무자의 청구상대방 선택에 관한 부담은 양도인과 양수인을 공동피고로 하는 예비적·선택적 공동소송(민사소송법 제70조) 등 소송법적 수단을 통하여 해결되어야 할 것이다. 실제 채무자는 상대방 계약당사자인 양도인과 현실적 수령자인 양수인 모두를 공동피고로 하여 소송을 제기하는 경우가 많다(대상판결도 그러한 경우이다). 채무자의 사실상 불이익만을 이유로 부당이득법적 평가 차원에서 도식적·획일적 해결을 꾀할 것은 아니다.

(3) 판례에 대한 검토

(가) 대법원 2000다22850 판결에 대한 검토

채무자의 양수인에 대한 원상회복청구가 인용되기 위해서는 채무자가 계약해제로써 양수인에게 대항할 수 있어야 하고, 나아가 부당이득법적 기준에 따른 반환청구 상대방이 양수인으로 결정되어야 한다(위 'Ⅲ. 대항가능성과 부당이득법의 관계' 참조).

2000다22850 판결(양도①)은 「계약이 해제된 경우…(채권양수인은) 특단의 사정이 없는 한 채무자로부터 이행받은 급부를 원상회복하여야 할 의무가 있다.」고 하여 양수인의 채무자에 대한 원상회복의무(부당이득 반환의무)를 긍정하였다. 여기에는 부당이득법적 기준에 따른 반환청구 상대방 결정에 관한 판단이 당연히 포함되어 있다 할 것이고, 「채무자로 부터 이행받은 급부를」이라는 표현에 비추어 보면, 양수인이 채무자의 급부수령자임을 근거로 삼은 것이라 이해된다(위 설시 앞에 「민법 제548조 제1항 단서에서 규정하고 있는 제3자란 일반적으로 계약이 해제되는 경우 그 해제된 계약으로부터 생긴 법률효과를 기초로 하여 해제 전에 새로운 이해관 계를 가졌을 뿐 아니라 등기·인도 등으로 완전한 권리를 취득한 자를 말하 고, 계약상의 채권을 양수한 자는 여기서 말하는 제3자에 해당하지 않는다고 할 것인바,」라는 이유가 더해져 있으나, 이 부분은 대항가능성에 관한 내용 일 뿐이다).

그런데 2000다22850 판결은 양도인(B)이 양수인(C)에 대한 기존채무 의 변제와 관련하여 분양대금채권을 양도한 사안이다. 이러한 경우 담보 또는 변제의 방법으로 양도된 것인지, 대물변제조로 양도된 것인지에 따 라 부당이득관계를 다르게 평가하는 것이 타당함은 앞서 본 바와 같다. 채무자가 채권자에게 채무변제와 관련하여 다른 채권을 양도하는 것은 특단의 사정이 없는 한 채무변제를 위한 담보 또는 변제의 방법으로 양 도되는 것으로 추정할 것이지 채무변제에 갈음한 것으로 볼 것은 아닌 바,[93] 2000다22850 판결 사안의 경우, B와 C 사이에 대물변제 합의가 있 었다고 볼 만한 사정도 없지 않으나,[94] C의 B에 대한 공사대금채권을 소

---

[93] 위 대법원 95다16660 판결(주 79) 등.

[94] A는 원래 채권양도 이전부터 B의 지시에 따라 C에게 직접 분양대금을 지급하여 왔는바, 새삼스럽게 채무변제를 위한 담보 또는 변제의 방법으로 채권양도를 할 필요성이 크지 않았다. B와 C는 채권양도 직전에 그때까지 지급된 공사대금을 정 산하였고, C는 채권양수 이후 A와 양수채권에 대한 변제 방법을 직접 합의하는

멸시키기로 하는 명시적 합의가 없었고, B가 채권양도 이후 나머지 공사
대금채무를 담보하기 위해 C에게 새로이 근저당권을 설정해 주기도 한
이상, 대물변제조로 양도되었다고 단정하기는 어려울 것이다. 그럼에도
2000다22850 판결은 대물변제에 해당하는지 여부를 판단하지 않고, 곧바
로 채무자의 양수인에 대한 부당이득반환청구가 가능하다고 보았다. 채
권양도 사례에서 채무자가 일반적으로 양수인을 상대로 반환청구를 할
수 있다고 선언한 판결로 이해할 수 있을 것이다.

(나) 대상판결 등에 대한 검토

2014다77956 판결(양도②), 2013다8960 판결(양도③) 및 대상판결(이
하 '대상판결 등'이라 통칭한다)은 신탁계약 및 대리사무계약(이하 '대리사무
계약 등'이라 한다)상의 수탁자가 시행사로부터 분양대금채권을 양도받은
사안에 있어 A(수분양자)가 C(수탁자)에게 분양대금을 지급한 것을 단축
급부로 파악하여, A는 C를 상대로 분양대금에 관한 부당이득반환청구를
할 수 없고, B(분양자)가 그 부당이득반환의무를 진다고 보고 있다. 대상
판결 등의 타당성 및 의의를 함께 본다.

1) 타 당 성

가) C(수탁자)는 대리사무계약 등에 기초하여 분양수입금 등의 수납,
관리 · 집행 등 자금관리업무를 수행한다. 'A(수분양자)→B(분양자)→C(수탁
자)→D(시공사, 대출채권자, 기타 자금 지출 상대방)' 순의 금전지급 관계가
형성된다. 시공사, 대출채권자 등 채권자는, 대리사무계약의 당사자가 되
거나 신탁계약의 우선수익자로 지정되는 경우가 많고, 대리사무계약에서
는 자금집행순서와 절차가 정해진다. 이에 따라 시공사, 대출채권자 등은
신탁재산에 대하여 일반채권자와 차별화되는 직접적 이해관계를 가지게
된다.

대상판결 등의 사안에서는 그중 'A→B→C' 순으로 분양대금이 연쇄
적으로 지급되는 과정을 단축하기 위하여 C가 B의 분양대금채권을 양도

등 통상적인 양도담보권자에 비하여 적극적인 행태를 보이기도 하였다.

받아 A로부터 직접 분양대금을 수령한 것이다.

나) C의 분양대금 수령에 있어 B와 C 사이의 대리사무계약 등이 양수채권(분양대금채권)과 구별되는 '또 다른 계약관계'로서 급부의 원인이 되는지 보기 위하여 채권양도를 통하여 단축되기 이전의 원래 급부과정을 분석해 본다. 'A(수분양자)→B(분양자)→C(수탁자)→D(시공사, 대출채권자 등)' 중 C가 B로부터 분양수입금을 지급받은 단계에 있어, 판례[95]는 대리사무계약 등은 C가 B로부터 수령한 분양대금을 계속 보유할 법률상 원인이 된다고 보고 있다. 즉, 분양계약이 해제되더라도, B와 C사이의 대리사무계약 등의 효력에는 영향이 없고, C는 대리사무계약 등에 기하여 B로부터 위탁받은 자금을 보유·관리할 권한이 있으므로, A에 대한 부당이득반환의무가 없다는 것이다. 이는 C가 대리사무계약 등에서 정해진 바에 따라 신탁재산인 분양수입금 등의 수납, 관리·집행 등 자금관리업무를 수행하는 것은 B를 대리하는 것이기도 하지만, 또 다른 한편 분양사업의 계속적 추진이나, 수분양자 일반 및 D 등 이해관계인 전체의 이익을 위하는 것이라는 점에서 수긍할 수 있다.[96] 그리고 분양대금채권 양도의 목적이 'A→B→C'의 급부과정을 단축하는 데 있는 이상, 대리사무계약 등이 C의 분양수입금 수납, 관리·집행의 법률상 원인이 된다는 점은 급부 시점까지 달라질 이유가 없다.

따라서 C가 A로부터 분양대금을 직접 수령하는 경우, 규범적으로 대리사무계약 등을 급부원인으로 하여 C가 B로부터 분양대금을 지급받은 것이라고 평가되는바, 양수채권의 변제와 B의 C에 대한 변제가 동시에 이루어진다고 볼 수 있고(채무의 동시변제효), B로서는 A의 분양대금 지급 시점에, B 자신이 그 상당의 분양수입금을 C에게 지급한 것과 마찬가

95) 대법원 2014. 12. 11. 선고 2013다71784 판결(공2015상, 103), 대법원 2014. 12. 11. 선고 2012다70852 판결(미공간).
96) B가 분양대금을 재원으로 D에게 직접 변제하는 경우 분양계약이 무효이더라도 D의 B에 대한 채권이 D가 분양대금을 계속 보유할 법률상 원인이 되는 것과 유사하다. C가 분양수입금을 재원으로 B의 D에 대한 채무를 변제하는 과정을 전체적으로 고찰하면, C가 B로부터 분양수입금을 수령하는 것은 실질적으로 D가 B로부터 변제받는 과정 중 일부라 볼 수 있을 것이다.

지의 이득을 얻는다(재산의 경유적 이동).

따라서 A의 C에 대한 분양대금 지급을 부당이득법상 단축급부로 파악하여, A의 C에 대한 원상회복청구 또는 부당이득반환청구를 배척한 대상판결 등의 결론과 근거가 모두 타당하다고 생각된다.

2) 의   의

가) 대상판결 등은 채권양도 사례에서도 구체적인 법률관계에 따라 단축급부 법리가 적용될 수 있음을 보여주고 있다. 2014다77956 판결(양도②)과 대상판결은 A의 C에 대한 분양대금 지급이 단축급부에 해당하고 대리사무계약 등은 C가 분양대금을 보유할 법률상 원인이 되므로 A가 C를 상대로 원상회복청구나 부당이득반환청구를 할 수 없다는 취지로만 판시하였으나, 2013다8960 판결(양도③)은 「B가 이 사건 분양계약에 의한 분양대금 수령자로서…부당이득반환의무를 지며」라고 하여, B가 급부수령자로서 A에 대한 부당이득반환의무를 부담한다는 점까지 분명히 하였다. 적어도 대리사무계약 등의 수탁자가 분양대금채권을 양수한 사안의 경우, 수분양자의 수탁자에 대한 분양대금 지급은 부당이득법적으로 '수분양자→시행사→수탁자'의 단축급부로 평가되어 수분양자가 수탁자를 상대로 직접 부당이득반환(원상회복)을 청구할 수 없음은 확고한 판례의 입장이 되었다고 볼 수 있을 것이다. 특히 대상판결은 그에 관한 최초의 공간 판결로서 의의가 있다.

나) 향후 대상판결 등이 원용될 수 있는 범위와 관련하여, 대상판결 등의 사안이 가진 몇 가지 특징이 부당이득법적 평가에 특별히 영향을 미치는 요소인지 본다. 만약 그렇다면 해당 요소를 가지지 못한 다른 사안에서는 대상판결 등을 원용하는 데 제한이 있을 수 있기 때문이다.

먼저 대상판결 등의 사안은 A(채무자)가 분양계약 체결시 채권양도에 동의하였다는 점에서 특징이 있다. 2014다77956 판결(양도②)은 이유 중에 「B는 C와의 대리사무계약에 따라 C에게 분양대금채권을 양도하고, A로 하여금 C에게 분양대금을 직접 납부하도록 하는 내용의 분양계약을 A와 체결하였다. …A는 대리사무계약에 기한 신탁회사의 위와 같은 권리

행사에 동의하면서 분양계약을 체결하였다.」고 하여, A의 동의를 A의 C
에 대한 부당이득반환청구 배척의 근거 중 하나로 삼고 있는 것처럼 보
이기도 한다. 그러나 채무자(A)가 양수인(C)에 대한 채권양도를 동의한
경우에, 그렇지 않은 경우와 비교하여 채무자(A)와 양도인(B) 사이의 급
부관계 및 부당이득관계를 인정하여야 할 당위성이 더 크다고 할 수 없
다. 오히려 채무자(A)의 동의 없이 채권양도가 이루어진 경우에, 채무자
(A)가 지급상대방 결정에 간여할 기회가 없음에도 채무자로 하여금 그가
선택(감수)하지 아니한 양수인(C)의 무자력 위험을 부담케 하는 것이 채
무자에게 더 가혹할 수 있고, 그만큼 계약당사자 간 급부반환의 필요성
도 크다고 할 수도 있다. 따라서 채무자(A)가 채권양도에 동의하였다는
사정은 채무자(A)와 양도인(B) 사이의 급부관계 및 부당이득관계를 뒷받
침하는 독자적인 요소라고 보기 어렵다. 2014다77956 판결(양도②) 이후
선고된 2013다8960 판결(양도③)이나 대상판결에서도 A가 채권양도에 동
의하였다는 점을 근거로 삼고 있지 않다.

　　다음으로 대상판결 등 사안에서 C는 B를 대리하여 자금관리업무를
수행하고, 양수금(분양대금) 지급으로 인한 C의 (신탁)재산 증가는 C의 고
유한 이익으로 귀속되는 것이 아니라 B의 사업에 경제적으로 유익한 용
도로 사용된다는 점에서도 특징이 있다. 그러나 다른 한편 C의 신탁재산
은 B의 재산에 대하여 독립성이 있고, 채권양도로 양수채권(분양대금채
권)이 C에게 전적으로 귀속되며, C의 자금관리업무는 B뿐 아니라 이해관
계인 전체의 이익을 위한 것이라는 점을 고려하여 보면, 채권양도담보
사례 등과 본질적인 차이가 있다고 보기 어렵다. 오히려 C의 수령이 B의
경제적 이해와 밀접한 관계를 가질수록 C를 A의 계약상대방인 B에 준
(準)하여 볼 여지가 많을 것이다. C가 B와 밀접한 이해관계를 가지는 경
우에만 유독 C가 A의 계약상대방이 아님을 강조하여 A의 C에 대한 부
당이득반환청구를 부정하는 것은 균형에 맞지 않는다(대상판결의 원심에
서는, C가 고유한 법률상 이익을 가지지 않는다는 점이 A의 C에 대한 직접
부당이득반환청구를 인용하는 근거가 되기도 하였다). 대상판결 등의 이유

를 살펴보더라도 B와 C의 밀접한 이해관계에 착안한 것으로 보이지는
않는다.

결국 대상판결 등 사안에서 부당이득법적으로 유의미한 요소는 급부
시점을 기준으로 양도인(B)과 양수인(C) 사이에 급부원인이 되는 또 다른
계약관계가 전제되었다는 것으로 압축되고, 따라서 양수인(C)이 양수채권
자체와 구별되는 다른 계약관계를 법률상 원인으로 하여 실질적으로 양
도인(B)으로부터 급부를 이행받았다고 평가되는 사안이라면, 채무자의 동
의 유무나 양도인(B)·양수인(C) 관계의 밀접성과 상관없이 대상판결 등
을 원용할 수 있다고 생각된다. 한편 대상판결 등에서 '2000다22850 판결
은 사안을 달리한다.'고 하였지만, 이는 2000다22850 판결과 결론을 달리
하면서 관례적 표현을 사용한 것으로 보일 뿐, 채권양도담보 등에 단축
급부 법리가 적용될 가능성을 제한하는 의미라고 보이지 않는다.

(다) 판례 태도에 대한 분석

대상판결 등으로 인하여 2000다22850 판결(양도①)의 적용범위가 제
한될 수밖에 없음은 분명하다. 다양한 목적과 형태의 원인에 따라 이루
어지는 채권양도를 하나의 범주로 묶어서 논의하는 한, 이제는 우리 판
례가 채권양도 사례에서 양수인반환설의 입장이라고 단순하게 평가하기
는 어려울 것이다. 그러한 의미에서 판례가 사실상 변경되었다고 할 수
있다. 다만 기존 2001다46730 판결(지시①) 등에서 인정된 단축급부 법리
는 그 표현 자체로도 적용범위가 강학상의 지시(Anweisung) 사례로 한정
되지 않고, 계약의 일방당사자가 계약상대방의 '지시 등'으로 급부과정을
단축하여 제3자에게 직접 지급하는 경우 일반에 적용될 수 있기 때문에,
반드시 채권양도와 단축급부가 교차하는 영역에서 별도의 법리를 선언할
필요는 없었던 것으로 보인다. 위 2006다63884 판결(지시③, 하도급대금직
불 사례)에서도 '지시'가 아닌 '법령'에 의해서 단축급부 관계가 인정된 바
있기도 하다.

다른 한편 대상판결 등은 2000다22850(양도①) 판결을 명시적으로
폐기하지 아니하였다. 「사안을 달리하므로 원용하기에 적절하지 않다.」고

하여 2000다22850 판결(양도①)의 사정범위를 제한하고 있을 뿐이다. 또한 대상판결 등에서는 추상론으로 '단축급부 법리'만을 설시하였을 뿐 '채권양도' 사례에서의 일반적인 부당이득관계에 대해 따로 설시하지도 아니하였다.[97] 따라서 2000다22850 판결(양도①)이 완전히 폐기되었다고 보기는 어렵다고 생각된다. 채권양도 사례 중 채권의 매매나 대물변제 등과 같이 단축급부로 파악할 수 없는 경우에는 채무자와 양수인 사이에서의 부당이득관계를 인정하는 것이 타당함은 앞서 본 바와 같은바, 적어도 그 범위에서는 2000다22850 판결(양도①)이 채권양도 사례에 관한 고유한 법리로서 여전히 유효하다고 보는 것이 합리적이다.

다만 향후 판례 변경을 통하여 채권양도 사례에서의 부당이득 법리를 명확하게 정리하는 것이 바람직하다고 생각된다. 특히 양도인이 양수인에 대한 다른 채무의 변제와 관련하여 채권을 양도한 사안에서 다시 양수금의 반환의무자가 문제되면, 2000다22850 판결(양도①)과 달리 대물변제조로 양도된 경우에 해당하는지 여부를 먼저 판단하고 그에 따라 부당이득관계를 결정하는 것이 합리적이다.

V. 결 론

이상의 논의를 요약하면 다음과 같다.

1. 채권양도 사례의 급부부당이득관계는 「누구를 급부자로 보고, 또 누구를 급부수령자로 볼 것인가」에 대한 법적 평가의 문제로, 당사자들의 계약관계가 본래 예정하던 실질적인 이익상황과 부당이득이 발생하는 급부 시점에서의 법적 상황을 아울러 고려하여, 개별 사안에서 '부당이득법상 단축급부로 평가할 수 있는지 여부'에 따라 결정하는 것이 합리적이라고 생각된다.

---

[97] 한편 대상판결 이후 선고된 대법원 2018. 7. 12. 선고 2018다204992 판결(공 2018하, 1597)은 채권양도가 개재되지 아니한 사안에서 대상판결을 인용하기도 하였다(A와 B의 분양계약 체결 후, A가 B와 C의 사업약정에 따라 C 명의 자금관리 계좌로 분양대금을 입금하였다가 위 분양계약이 해제된 사안이다).

2. 채무자가 양수채권을 변제하는 시점을 기준으로 양도인과 양수인 사이에 '또 다른 급부원인(계약관계)'이 전제되어 있고, 양수채권의 변제와 다른 급부원인에 기초한 변제가 동시에 이루어지는 경우에는, 부당이득법상 단축급부로 평가하여 원인관계의 당사자 사이에서 급부관계 및 부당이득관계를 인정하는 것이 타당하다. 따라서 대상판결이 수분양자의 수탁자에 대한 분양대금 지급이 시행사와 수탁자 사이의 신탁계약 및 대리사무계약에 따른 변제를 포함하는 단축급부에 해당한다고 보아, 수분양자의 수탁자에 대한 원상회복청구 또는 부당이득반환청구를 배척한 것은 타당하다. 대상판결은 채권양도 사례에서도 단축급부 법리가 적용될 수 있음을 밝힌 최초의 공간 판결로서 의의가 있다. 향후 부당이득법상 단축급부로 평가할 수 있는 다른 사례에도 대상판결을 원용할 수 있을 것이다.

3. 반면 채권의 매매나, 대물변제와 같이 채권양도로써 양도인과 양수인 사이의 채권관계가 소멸하고, 급부 시점을 기준으로 양수채권 이외에 양도인과 양수인 사이의 또 다른 급부원인이 존재하지 아니하는 경우에는, 채무자와 양수인 사이에서 급부관계 및 부당이득관계를 인정하는 것이 타당하다. 대상판결로 인하여 기존 대법원 2000다22850 판결이 완전히 폐기되었다고 보기는 어렵고, 단축급부로 파악할 수 없는 사례에서는 대법원 2000다22850 판결이 채권양도에 고유한 법리로서 여전히 유효하다고 보는 것이 합리적이다.

[Abstract]

Assignment of Claim and Unjust Enrichment
—Focusing on the Jurisprudence of the "Unjust Enrichment in Triangular Relations"—

Yun, Ji Young*

In a claim assignment case, if the contractual relationship between the debtor and the assigner is void or revoked, to whom may the debtor ask for restitution based on unjust enrichment claim? Is it the other party to the contract, the "assigner of claim" or the realistic recipient, the "assignee of claim"?

The recent ruling of the Supreme Court(Supreme Court 2013Da55447 Decided on July 11, 2017), the subject of this study, stated in a case where the real estate developer assigned a claim on housing payment to a trust company, that the purchaser could not claim the restitution of the housing payment against the trust company. The basis of this ruling is that the housing payment of purchaser falls under the so-called "shortened benefit."

It also stated that the previous ruling (Supreme Court 2000Da22850 Decided on January 24, 2003), which acknowledged the obligation of claim assignee to restore the debtor to his original position, cannot be applied to this case. However, it did not show a general unjust enrichment relations in the case of the assignment of claims. It only applied the jurisprudence of shortened benefit to a claim assignment case.

In claim assignment cases, the payment is made in a state where the contractual relationship between the debtor and assigner and the claim rela-

---

* Judge, Daejeon District/Family Court, Seosan Branch.

tionship between the debtor and the assignee are separated. Therefore, the legal situation at the time of the payment, when the unjust enrichment occurs, should be considered important. The assigner and assignee of claim perform the assignment based on various purposes and types of legal relationships. As a result, the legal situation at the time of the payment is not identical.

In conclusion, the unjust enrichment relationship in claim assignment cases should be determined case by case analysis according to each legal situation of when the payment was made by the debtor. If it is possible to regard the payment to be a 'shortened benefit', then it is reasonable to recognize the unjust enrichment relationship between the debtor and the assigner, corresponding to the original contracting parties. However, if it cannot be regarded as a shortened benefit, it is reasonable to assume that the person who is obliged to return the unfair enrichment to the debtor in the interpretation of Article 741 of the Civil Act is the assignee of claim.

In this regard, the conclusion and ground of the ruling are acceptable, but only in limited circumstances.

[Key word]

- assignment of claim
- unjust enrichment
- triangular relations
- multiple parties
- shortened benefit

참고문헌

[단 행 본]

편집대표 곽윤직, 민법주해 Ⅵ, 박영사(1992).
_____, 민법주해 Ⅹ, 박영사(1995).
_____, 민법주해 ⅩⅢ, 박영사(1997).
_____, 민법주해 ⅩⅦ, 박영사(2005).
곽윤직·김재형, 물권법(제8판), 박영사(2014).
편집대표 김용담, 주석민법[채권총칙(3)], 한국사법행정학회(2014).
_____, 주석민법[채권각칙(2)], 한국사법행정학회(2016).
김형배, 사무관리·부당이득, 박영사(2003).
송덕수, 물권법, 박영사(2012).
양창수·권영준, 권리의 변동과 구제(제2판), 박영사(2015).

[논   문]

김형석, "제삼자의 변제·구상·부당이득", 서울대 법학 제46권 제1호(통권 제134호)(2005. 3.).
박세민, 삼각관계상의 부당이득, 박사학위 논문, 서울대학교(2007).
배호근, "제3자를 위한 계약관계에서 낙약자와 요약자 사이의 법률관계(이른바 기본관계)를 이루는 계약이 해제된 경우, 낙약자가 이미 제3자에게 급부한 것에 대해 계약해제에 기한 원상회복 또는 부당이득을 원인으로 제3자를 상대로 그 반환을 구할 수 있는지 여부(소극)", 대법원판례해설 제57호(2006. 7.).
송덕수, "지명채권 양도에 대한 채무자의 승낙 등", 법학논집 제18권 제4호(2014. 6.).
양창수, "내용이 변동하는 집합적 동산의 양도담보와 그 산출물에 대한 효력", 민법연구 제5권(1999. 6.).
_____, "매매대금채권 일부의 양수인이 대금을 수령한 후에 매매계약이 해제된 경우 그 금전반환의무는 매수인의 목적물인도의무와 동시이행관계에 있는가?", 민법연구 제7권(2005).

윤진수, "부당이득법의 경제적 분석", 서울대 법학 제55권 제3호(2014. 9.).

_____, "차명대출을 둘러싼 법률문제", 법조 제56권 제1호(2007. 1.).

이계정, "삼각관계에서의 부당이득 법률관계와 질권자의 부당이득반환의무 유무", 법조 제721호(2017. 2.).

이동진, "채권양도, 부당이득, 동시이행", 비교사법 제22권 제1호(2015).

이병준·정신동, "부당이득에서 급부, 침해 그리고 단순한 이익의 귀속", 재산 법연구 제27권 제1호(2010. 6.).

이상훈, "계약법의 기본원리에 따른 3각관계 부당이득 사안 해결", 재산법연구 제34권 제1호(2017. 2.).

이원석, "채권질권과 삼각관계에서의 부당이득의 법리", 대법원판례해설 제103호 (2015년 상).

정태윤, "독일에서의 부당이득의 삼각관계에 대한 논의가 우리 민법에도 그 대로 타당한가?", 비교사법 제14권 제4호(2007. 12.).

_____, "민법 제548조 제1항 단서의 제3자의 범위", 민사판례연구 제31권(2009).

최수정, "지명채권양도에 있어서 다수인 사이의 부당이득반환", 민사법학 제30호 (2005. 12.).

개인정보 침해로 인한 손해배상책임

이 혜 미*

■요 지■

대법원은 정보주체의 동의를 얻지 아니하고 개인의 위치정보를 수집한 경우, 그로 인한 손해배상책임의 인정 기준에 대하여 위치정보 수집으로 정보주체를 식별할 가능성이 발생하였는지, 정보를 수집한 자가 수집된 위치정보를 열람 등 이용하였는지, 위치정보가 수집된 기간이 장기간인지, 위치정보를 수집하게 된 경위와 그 수집한 정보를 관리해 온 실태는 어떠한지, 위치정보 수집으로 인한 피해 발생 및 확산을 방지하기 위하여 어떠한 조치가 취하여졌는지 등 여러 사정을 종합적으로 고려하여 구체적 사건에 따라 개별적으로 판단하여야 한다고 판시하였다.

위치정보 등 개인정보의 위법한 수집·유출·이용 등으로 인한 손해배상책임의 인정에 있어서 손해의 발생 여부가 중요한 쟁점이 되는바, 이에 대하여 개인정보자기결정권 침해 자체로 인한 손해가 인정되어야 한다는 견해와 개인정보자기결정권의 침해와 구별되는 손해의 발생이 인정되어야 한다는 견해 등이 제시되고 있다. 구체적인 사정을 종합적으로 고려하여 개별적 판단을 하여야 한다는 대법원의 법리는 개인정보자기결정권의 내용과 개인정보의 보호 범위에 대한 논의가 충분히 성숙되어 있지 않은 상황에서 현실적이고 유연한 판단 기준을 제시하고 있는 것으로 보인다. 개인정보 침해로 인한 손해배상책임의 인정 여부에 대한 논의는 개인정보자기결정권의 내용과 보호범위에 대한 이해, 그리고 개인정보를 어느 범위에서 보호하여야 할 것인가에 대한 가치판단과 직결되며, 사법의 영역에서 개인정보에 관한 권리의 내용을

---

* 부산지방법원 동부지원 판사.

명확화하고 개인정보 침해로 인한 손해를 적절히 평가하기 위하여 계속적인
논의가 요구된다. 개인정보에 대한 중요성이 부각되고 관련 분쟁이 증가하는
시점에서 앞으로 사법의 영역에서 개인정보에 대한 법익의 내용과 보호영역
을 구체화해 나가는 것은 매우 시급하고도 중요한 과제라고 할 것이다.

[주 제 어]
 • 개인정보자기결정권
 • 개인정보
 • 위치정보
 • 프라이버시
 • 손해배상책임
 • 손해

대상판결 : 대법원 2018. 5. 30. 선고 2015다251539, 251546, 251553,
　　　　　 251560, 251577 판결

[사안의 개요][1]

1. 당사자 사이의 관계

가. 피고 애플 인코포레이티드(이하 '피고 애플'이라고 한다)는 아이폰,
아이패드 등의 기기(이하 모두 합쳐서 '이 사건 기기'라고 한다)를 제조·판
매하는 다국적 기업이다. 피고 애플코리아 유한회사(이하 '피고 애플코리아'
라고 한다)는 피고 애플의 자회사로서 구 위치정보의 보호 및 이용 등에 관
한 법률(2012. 5. 14. 법률 제11423호로 개정되기 전의 것, 이하 '구 위치정
보법'이라고 한다) 제5조에 따른 위치정보사업자로 허가를 받아 피고 애플이
제작한 이 사건 기기를 국내에 판매하고 그 사후관리 등을 하였다.

나. 피고들은 이 사건 기기의 사용자가 이동통신사에 가입할 당시 사용자
들로부터 위치정보 수집 및 서비스 제공 이용약관에 대한 동의를 받았고, 이
사건 기기를 사용등록하거나 이 사건 기기 운영체제인 iOS(iPhone Operating
System) 버전을 업그레이드할 때 위치정보 수집 및 제공에 관한 내용이 포함
된 아이폰 소프트웨어 사용권 계약에 대한 동의를 받았다.

다. 원고들은 피고들로부터 이 사건 기기를 구매한 후, 케이티 주식회사
또는 에스케이텔레콤 주식회사와 사이에 이동통신 등에 관한 서비스 이용계
약을 체결하고 이 사건 기기를 사용하였다.

2. 피고 애플의 위치정보시스템 구축 및 위치정보서비스 제공 방식

가. 피고 애플은 이 사건 기기의 운영체계인 iOS(iPhone Operating
System) 3.2 버전부터는 직접 구축한 위치정보시스템을 기반으로 위치정보서
비스[2]를 제공하였다. 피고 애플이 위치정보시스템을 구축하거나 고객에게 위
치정보를 제공하는 데 있어서 핵심적인 기준점은 이 사건 기기가 이용하는

---

1) 대상판결의 원심[부산고법 2015. 11. 5. 선고 (창원)2014나21277, (창원)21284, (창
원)21291, (창원)21307, (창원)21314 판결] 및 대상판결에서 인정한 사실관계를 정
리·요약한 것이다.
2) 이 사건 기기는 GPS(Global Positioning System)의 위치정보를 확보할 수 없는 상
황 등이 발생할 경우 위치정보서비스업체에 GPS 위치정보를 대신할 위치정보를
요구한다.

통신기지국 또는 Wi-Fi 접속장치(Access Point, 이하 'Wi-Fi AP'라 하고, 전체를 지칭할 경우 '통신기지국 등'이라 한다)의 위치로서, 피고 애플의 위치정보시스템은 통신기지국이나 Wi-Fi AP 등의 고정 위치를 기준점으로 구축하고, 이 사건 기기와 기준점과의 거리를 이용하는 방식을 사용하였다.

나. 피고 애플은 위치정보시스템을 구축하기 위하여 통신기지국과 관련하여서는 기지국 식별정보, 신호강도, 이 사건 기기상 GPS 위치정보를 수집하였고, Wi-Fi AP와 관련하여서는 장치 식별정보, 신호 강도와 속도, 이 사건 기기상 GPS 위치정보를 수집하였다. 피고 애플은 위와 같이 수집한 정보를 데이터베이스화하여 이 사건 기기에 저장해 두었다가, 12시간 간격으로 Wi-Fi에 접속된 환경에서 이를 피고 애플의 서버에 전송하였다. 피고 애플은 위와 같이 서버로 전송받은 이 사건 기기의 GPS 위치정보값 등을 토대로 해당 통신기지국 등의 위치정보를 추정하고 데이터베이스화하는 이른바 크라우드소싱(crowdsourcing) 방식으로 위치정보시스템을 구축하였다. 피고 애플은 특정 통신기지국 등을 이용하는 수많은 사용자로부터 사용하는 기기 자체의 위치정보를 지속해서 전송받아 축적, 비교함으로써 오차의 범위를 줄이고 정확도를 개선하였다.

다. 피고 애플은 위치정보서비스를 제공함에 있어서 이 사건 기기의 사용자가 위치기반서비스 애플리케이션을 구동하면, 이 사건 기기로 하여금 인접한 통신기지국 등의 식별정보를 통신기지국 등에 연결된 인터넷을 통하여 피고 애플의 위치정보시스템 서버에 실시간으로 전송하게 하고, 피고 애플은 위치정보시스템상 축적된 그 주변에 있는 복수의 통신기지국 등의 위·경도 및 고도 등에 대한 추정치(이하 '추정 위치값'이라고 한다)를 이 사건 기기로 전송하며, 이 사건 기기는 전송받은 추정 위치값들을 이용하여 삼각측량 방식으로 기기의 현재 위치를 계산함으로써 위치기반서비스 애플리케이션이 위치정보를 이용하여 제대로 작동하게 하였다. 한편, 이 사건 기기는 위와 같이 피고 애플의 서버로부터 전송받은 추정 위치값들을 토대로 계산한 기기의 위치정보를 일정한 순서에 따라 기기 내 데이터베이스(consolidated.db)에 암호화되지 않은 상태로 상당 기간 저장하였다.

라. 이 사건 기기가 피고 애플의 위치정보시스템 서버와 정보를 송수신할 때에, 피고 애플은 이 사건 기기로부터 전송되는 정보만으로는 해당 통신기지국 등의 식별정보나 공인 IP만 알 수 있었을 뿐이고, 특정 기기나 사용

자가 누구인지를 알 수는 없었다.

3. 버그의 발생으로 인한 위치정보 수집

그런데 피고 애플이 2010. 6. 21. 출시한 iOS 4.0이 적용된 이 사건 기기에서 사용자가 위치서비스 기능을 "끔"으로 설정한 상태에서, (1) 종전에 위치서비스 기능이 "켬" 상태에 있을 때 수집하여 기기 내 데이터베이스(consolidated.db)에 저장해 두었던 이 사건 기기의 위치정보와 주변 통신기지국 등의 식별정보가 여전히 피고 애플의 서버에 주기적(Wi-Fi AP에 접속된 환경에서 12시간마다)으로 전송되어 이 사건 기기의 위치정보를 수집하는 문제가 발생하였는데, 이와 같은 현상은 피고 애플이 2010. 9. 8. iOS 4.1을 배포하여 이 사건 기기에 적용될 때까지 계속되었고, (2) 사용자가 위치기반서비스 애플리케이션을 동작시킬 경우, 위치서비스 기능을 "켬"으로 전환하지 않더라도 이 사건 기기가 피고 애플의 위치정보시스템에 실시간으로 접속하여 주변 통신기지국 등의 식별정보를 송신하고, 피고 애플의 위치정보시스템은 앞서 본 바와 같이 해당 통신기지국 등의 추정 위치값을 이 사건 기기에 전송한 후 이 사건 기기의 현재 위치정보를 계산하여 기기 내 데이터베이스(consolidated.db)에 저장함으로써 사용자의 개인위치정보를 수집하는 문제가 발생하였는데, 이와 같은 현상은 피고 애플이 2011. 5. 4. iOS 4.3.3을 배포하여 이 사건 기기에 적용될 때까지 10개월 남짓 동안 계속되었다.

4. 피고 애플의 버그 개선

한편 iOS 4.3.3.에서는 (1) 이 사건 기기가 위치서비스 기능이 "켬" 상태일 경우 피고 애플의 위치정보시스템으로부터 전송받는 추정 위치값 등을 기기 내 데이터베이스(consolidated.db)에 저장하지 않고 임시 파일인 cache.db에 저장되도록 변경되었고, (2) 위치서비스 기능이 "끔" 상태일 경우, 이 사건 기기는 어떠한 위치정보를 수집하거나 피고 애플에 이를 전송하지 않고, 피고 애플은 특정 애플리케이션이 위치정보를 요청하더라도 추정 위치값을 이 사건 기기에 전송하지 않으며, 기존에 cache.db에 저장된 추정 위치값 정보를 모두 삭제하도록 변경되었다.

[소송의 경과]

1. 원고들의 주장

원고들은, 피고들이 구 위치정보법을 위반하여 원고들의 동의 없이 원고
들이 소유하는 이 사건 기기의 위치정보와 원고들의 개인위치정보를 수집함
(구 위치정보법 제15조 제1항[3] 및 제18조 제1항[4] 위반)으로 인하여 원고들에
게 정신적 피해를 입혔으므로, 피고들은 공동불법행위자로서 각자 원고들에
게 그로 인한 손해배상으로 각 위자료 100만 원 및 이에 대한 지연손해금을
지급할 의무가 있다고 주장하였다.[5]·[6]

---

3) 구 위치정보법 제15조(위치정보의 수집 등의 금지) ① 누구든지 개인 또는 소유
   자의 동의를 얻지 아니하고 당해 개인 또는 이동성이 있는 물건의 위치정보를 수
   집·이용 또는 제공하여서는 아니 된다. 다만 제29조의 규정에 의한 긴급구조기관
   의 긴급구조 또는 경보발송 요청이 있거나 다른 법률에 특별한 규정이 있는 경우
   에는 그러하지 아니하다.
4) 구 위치정보법 제18조(개인위치정보의 수집) ① 위치정보사업자가 개인위치정보
   를 수집하고자 하는 경우에는 미리 다음 각 호의 내용을 이용약관에 명시한 후
   개인위치정보주체의 동의를 얻어야 한다. 1. 위치정보사업자의 상호, 주소, 전화번
   호 그 밖의 연락처 2. 개인위치정보주체 및 법정대리인(제25조 제1항의 규정에 의
   하여 법정대리인의 동의를 얻어야 하는 경우에 한한다)의 권리와 그 행사방법 3.
   위치정보사업자가 위치기반서비스사업자에게 제공하고자 하는 서비스의 내용 4.
   위치정보 수집사실 확인자료의 보유근거 및 보유기간 5. 그 밖에 개인위치정보의
   보호를 위하여 필요한 사항으로서 대통령령이 정하는 사항
5) 구 위치정보법 제27조(손해배상) 개인위치정보주체는 위치정보사업자등의 제15조
   내지 제26조의 규정을 위반한 행위로 손해를 입은 경우에 그 위치정보사업자 등에
   대하여 손해배상을 청구할 수 있다. 이 경우 그 위치정보사업자등은 고의 또는 과
   실이 없음을 입증하지 아니하면 책임을 면할 수 없다.
6) 한편, 원고들은 피고들이 이 사건 버그 발생 기간에는 수집한 위치정보를 이 사
   건 기기에 암호화하지 않은 채 보관하는 등으로 관리적·기술적 조치를 취하지 않
   음으로써 위치정보사업자와 위치기반서비스사업자에게 위치정보의 누출, 변조, 훼
   손 등을 방지하기 위한 암호화 소프트웨어의 활용 등의 기술적 조치를 하여야 할
   구 위치정보법 제16조 제1항의 의무를 위반하여 정신적 피해를 입었다는 점도 주
   장하였다. 대상판결의 제1심 법원과 원심은 위와 같은 의무 위반의 점을 인정하였
   으나, 위 의무 위반으로 인한 정신적 손해의 발생에 관하여서는 구 위치정보법 제
   15조 제1항 및 제18조 제1항의 위반으로 인한 정신적 손해의 발생 여부와 함께
   판단하면서 그 손해의 발생을 부정하였다. 구 위치정보법 제16조 제1항의 의무 위
   반은 위치정보사업자 등에게 요구되는 보호조치를 다하지 않은 것으로서 이 글에
   서 주로 검토하고자 하는 직접적인 개인정보 침해로 인한 손해배상청구와는 다소
   맥락이 상이하므로 독립하여 검토하지는 않는다.

2. 제1심의 판단[창원지방법원 2014. 6. 26. 선고 2011가합7291, 7307(병합),
   7314(병합), 8799(병합), 9358(병합) 판결]

이에 대하여 제1심 법원은 2010. 6. 22.부터 2011. 5. 4.까지 기간 동안
이 사건 기기 중 일부에서 사용자가 위치서비스 기능을 "끔"으로 설정하여
위치정보 수집에 대하여 동의를 한 사실이 없음에도 이 사건 기기의 위치정
보라고 할 수 있는 이 사건 기기 주변의 기지국이나 Wi-Fi AP 고유정보 등
이 피고 애플의 서버에 전송된 것은 구 위치정보법 제15조 제1항을 위반한
것이라고 판단하였다. 그러나 피고 애플이 이 사건 기기로부터 수집하는 정
보는 구 위치정보법 제2조 제1항에서 정의한 '개인위치정보[7]라고 보기 어렵
다는 이유로 구 위치정보법 제18조 제1항의 위반은 인정하지 아니하였다. 나
아가 피고들이 구 위치정보법 제15조 제1항을 위반하여 위치정보를 수집하였
으나, ① 피고들이 수집한 정보들은 개인을 식별하지 않는 형태로 수집되어
제3자는 물론 피고들도 위 정보들을 통하여 원고들이 사용하는 기기나 원고들
의 위치를 알 수 없는 점, ② 이 사건 버그 현상은 제한된 기간 동안 일부 기
기에서만 발생하였던 점 등을 고려할 때, 원고들에게 피고들로부터 위자료를
배상받아야할 만한 정신적 손해가 발생하였다고 보기는 어렵다고 판단하였다.

3. 원심의 판단[부산고법 2015. 11. 5. 선고 (창원)2014나21277, (창원)21284,
   (창원)21291, (창원)21307, (창원)21314 판결]

원심은 제1심과 같이 피고들이 이 사건 기기의 위치정보를 수집한 것이
구 위치정보법 제15조 제1항을 위반하였다고 판단하였다. 또한, 제1심과 달
리 피고 애플이 이 사건 기기의 현재 위치정보를 기기 내 데이터베이스
(consolidated.db)에 저장하게 하는 방법으로 사용자의 '개인위치정보'를 수집
하였으므로 구 위치정보법 제18조 제1항을 위반하였다고 판단하였다.

---

7) 구 위치정보법 제2조(정의) 이 법에서 사용하는 용어의 정의는 다음과 같다. 1. "위치
   정보"라 함은 이동성이 있는 물건 또는 개인이 특정한 시간에 존재하거나 존재 하였
   던 장소에 관한 정보로서 「전기통신사업법」 제2조 제2호 및 제3호에 따른 전기통신
   설비 및 전기통신회선설비를 이용하여 수집된 것을 말한다. 2. "개인위치정보"라 함
   은 특정 개인의 위치정보(위치정보만으로는 특정 개인의 위치를 알 수 없는 경우에
   도 다른 정보와 용이하게 결합하여 특정 개인의 위치를 알 수 있는 것을 포함한다)
   를 말한다.

그러나 원심도 원고들이 손해배상을 받을 만한 정신적 손해를 입었다고 보기 어렵다고 보았는데, 그 이유로 ① 피고들은 이 사건 기기의 사용자로부터 사전에 위치정보의 수집 및 이용에 관하여 포괄적인 동의를 받았고, 이 사건 버그는 예외적인 상황에서 일시적으로 발생한 것이며, ② 피고들에게 사용자의 위치정보나 개인위치정보를 침해할 의도가 없었던 것으로 보이고, ③ 이 사건 기기와 피고 애플의 위치정보시스템 서버 사이에는 단순한 '위치정보'만 전송되어 사용자에게 직접적인 피해가 발생하지 아니하였으며, ④ 이 사건 기기 내 데이터베이스가 해킹되어 개인위치정보가 권한 없이 유출된 사례가 없는 것으로 보이고, 이 사건 기기의 사용자가 개인 컴퓨터에 백업하는 과정에서 위 데이터베이스가 컴퓨터에 복사된다거나 기기를 분실함으로써 개인위치정보가 유출될 가능성이 커질 수는 있으나, 이는 사용자의 부주의가 문제가 될 뿐 피고들이 책임져야 하는 것으로 보기 어렵다는 점 등을 들었다.

[대상판결의 요지]

1. 대상판결은 먼저 손해배상책임의 인정 기준에 대하여 다음과 같이 설시하였다. "정보주체의 동의를 얻지 아니하고 개인의 위치정보를 수집한 경우, 그로 인하여 손해배상책임이 인정되는지는 위치정보 수집으로 정보주체를 식별할 가능성이 발생하였는지, 정보를 수집한 자가 수집된 위치정보를 열람 등 이용하였는지, 위치정보가 수집된 기간이 장기간인지, 위치정보를 수집하게 된 경위와 그 수집한 정보를 관리해 온 실태는 어떠한지, 위치정보 수집으로 인한 피해 발생 및 확산을 방지하기 위하여 어떠한 조치가 취하여졌는지 등 여러 사정을 종합적으로 고려하여 구체적 사건에 따라 개별적으로 판단하여야 한다."

2. 이어 대상판결은 피고들이 원고들의 동의 없이 이 사건 기기의 위치정보를 피고 애플의 서버에 주기적으로 전송하게 하여 수집하고, 이 사건 기기의 위치정보를 기기 내 데이터베이스에 저장하여 사용자의 개인위치정보를 수집하였음을 인정한 후, 다음과 같은 이유를 들어 이 사건 위치정보 또는 개인위치정보의 수집으로 인하여 원고들에 대한 손해배상책임이 인정된다고 보기는 어렵다고 판단하였다. ① 이 사건 기기로부터 전송되는 정보만으로는 해당 통신기지국 등의 식별정보나 공인 아이피(IP)만 알 수 있을 뿐, 특정 기

기나 사용자가 누구인지를 알 수는 없고, 이 사건 기기 내 데이터베이스에 저장된 정보는 기기의 분실·도난·해킹 등이 발생하는 경우 외에는 외부로 유출될 가능성이 없다. ② 이 사건 기기의 사용자들은 피고들이 위치정보를 수집하여 위치서비스제공에 이용하는 것을 충분히 알 수 있었다. ③ 위 버그 는 예외적인 상황에서 일시적으로 발생하였다. 이는 위치기반서비스 기술의 개발 및 정착 단계에서 발생한 시행착오에 불과하고, 피고들이 이 사건 기기 의 위치정보나 사용자의 개인위치정보를 침해하기 위한 목적으로 이루어진 것으로 보이지 않는다. ④ 피고 애플은 위 각 버그가 존재한다는 사실이 알 려지자 신속하게 새로운 iOS를 개발하여 배포하는 등 그로 인한 피해 발생이 나 확산을 막기 위한 노력을 기울였다. ⑤ 수집된 위치정보나 개인위치정보 는 위치정보시스템의 정확도를 높이기 위하여 사용되었을 뿐, 수집목적과 달 리 이용되거나 제3자에게 유출된 것으로 보이지 않는다.

〔研　　究〕

Ⅰ. 서　　론

　　정보통신기술의 발달로 정보가 대량으로 생성·가공되고 저장·이 동·이용될 수 있게 됨으로써, 사회의 모든 영역에서 개인들에 대한 다 양한 자료들을 수집하고 기록·관리하여 이를 이용하고 있다. 이에 따라 사회적 효용이 비약적으로 증가되었고, 개인의 편익도 증대되었다. 개인 정보의 활용은 현대사회의 작동을 위하여 불가결한 요소가 되었다고 할 것이다. 그러나 한편 개인정보의 주체인 개인은 자신의 정보에 대한 통 제권이 약화되어, 사생활 침해에 대한 우려나 개인정보의 광범위한 유출 에 대한 불안감이 심화되었고 정보의 오남용으로 인한 피해 가능성도 증 가하였다. 이에 개인정보 보호에 대한 사회적 경각심이 높아졌고, 개인정 보의 보호를 위한 개인정보보호법, 위치정보법 등의 각종 법제가 갖추어 졌으며, 개인정보 유출 또는 침해로 인한 피해를 주장하는 손해배상청구 사건도 드물지 않게 되었다.

　　이러한 와중 2011년 4월 미국에서 사용자가 인지하지 못하는 사이에 아이폰과 아이패드에 1년 가까이 사용자 위치 정보가 정기적으로 기록된 파일이 저장되고 있었다는 문제가 제기되었으며, 논란이 확산되자 애플은 이는 버그로 인하여 발생한 오류이며 이를 시정하겠다고 발표하였다.[8] 이에 국내의 2만 8천여 명의 애플 사용자들은 피고 애플의 사용자의 동의 없는 위치정보 수집으로 인한 구 위치정보법 위반 행위로 사생활의 자유, 개인정보자기결정권 등이 침해되었다며 피고 애플 등의 손해배상책임을 묻는 이 사건 소를 제기하기에 이르렀다.[9]

대상판결은 피고들이 정보주체의 동의 없이 위치정보를 수집한 것이 구 위치정보법에 위반된다는 점은 인정하였으나, 구체적인 사안에서의 제반 사정을 들어 손해배상책임은 부인하였다. 대상판결은 정보주체의 동의 없는 위치정보의 수집으로 인한 손해배상책임의 인정 여부에 대하여 정보주체의 식별 가능성, 정보를 수집한 자의 정보 이용 여부, 위치정보가 수집된 기간의 장단, 위치정보의 수집 경위와 정보 관리 실태, 위치정보 수집 이후 피해 방지 조치 등 여러 사정을 종합적으로 고려하여 구체적 사건에 따라 개별적으로 판단하여야 한다는 기준을 제시하였다.

이 글에서는 대상판결이 개인정보에 대한 침해 사안에서 손해배상책임 인정 여부 판단을 위하여 위와 같은 구체적 기준을 제시하고 있는 규범적 근거가 무엇인지, 즉 대상판결이 개인정보 침해로 인한 손해배상 사안에서 보호하려는 법익과 그 법익의 보호 범위에 대하여 탐구하여 보려고 한다. 대상판결은 피고들이 위치정보법을 위반하여 정보를 수집하였다는 것만으로는 손해배상책임을 인정할 수 없다는 점을 전제로 손해배상책임의 인정 여부 판단을 위하여 살펴보아야 할 사실관계들을 나열하고 있다. 그러나 손해배상책임을 인정하기 위하여 그와 같은 구체적인

---

8) 이은민, "동향 : 애플의 개인 위치정보 수집논란 관련 동향", 정보통신방송정책 제 23권 제12호(2011. 7.), 5면.
9) 윤형중, "아이폰 위치정보 수집 불법성 논란", 매일경제(2011. 7. 30. http://new-s.mk.co.kr/newsRead.php?year=2011&no=495285 최종방문 2018. 10. 17.), 봉성창, "막 오른 애플 집단소송, 3대 쟁점은?", 지디넷코리아 (2011. 8. 23., http://m.zdnet.co.kr/news_view.asp?artide_id=20110823105100# 최종방문 2018. 10. 17.). 한편, 제1심 판결이 기각된 후 1,209명이 항소하였고, 항소가 기각된 후에는 1,208명이 상고하였다.

사정들을 평가하도록 하는 규범적 기준을 충분히 제시하고 있는 것으로 보이지는 않는다. 이에 따라 정보 주체의 의사에 반하거나 동의를 결여한 위법한 개인정보 처리만으로 손해배상책임이 발생하지 아니하고 다른 추가적 사정을 고려하여야 하는 이유는 무엇인지, 책임을 판단하는데 있어 각 사정들의 경중은 어떻게 고려하여야 하는지 등이 판례의 판시만으로는 충분히 이해되지 아니하고, 학계에서는 위법한 개인정보에 대한 침해가 있다면 그것만으로 손해배상책임을 인정할 수 있을 것인지 아니면 이에 더하여 구체적인 손해의 발생이 필요한 것인지, 손해의 발생이 필요하다면 그 손해는 어떻게 파악하여야 하는지 여부에 대하여 다양한 견해가 제시되고 있다.

이 글에서는 위와 같은 개인정보침해로 인한 손해배상책임의 문제를 검토하기 위하여 먼저 개인정보의 개념과 개인정보의 보호 필요성에 대하여 살핀다. 나아가 정보주체의 의사에 반한 개인정보 처리 사안에서 일차적으로 침해되는 법익으로 논의되는 개인정보자기결정권에 대하여 살펴보고자 한다. 개인정보자기결정권의 의미와 내용, 나아가 그 성격과 보호범위를 검토할 것이다. 개인정보자기결정권의 보호범위를 구체적으로 파악하기 위하여서는 개인정보자기결정권과 프라이버시와의 관계를 검토해보아야 할 필요가 있으므로 이를 살핀다. 이에 대한 이해를 바탕으로, 개인정보 침해로 인한 손해배상책임에 대한 학설의 대립과 종래의 판례를 살펴 판례가 손해배상책임의 인정을 위하여 구체적으로 어떠한 법익의 침해를 요구하고 있는지를 살펴보고, 마지막으로 대상판결을 검토한다.

II. 개인정보의 개념

1. 개인정보의 개념

개인정보의 개념에 관하여 개인정보보호 법제에 있어서 일반법이라 할 수 있는 개인정보보호법 제2조 제1호는 "살아 있는 개인에 관한 정보로서 성명, 주민등록번호 및 영상 등을 통하여 개인을 알아볼 수 있는 정보(해당 정보만으로는 특정 개인을 알아볼 수 없더라도 다른 정보와 쉽게 결합하여 알아볼 수 있는 것을 포함한다)를 말한다."고 규정하고 있다.[10] 개인정보의 개념에 대하여 대법원과 헌법재판소는 동일하게 "개인정보자기결정권의 보호대상이 되는 개인정보는 개인의 신체, 신념, 사회적 지위, 신분 등과 같이 개인의 인격주체성을 특징짓는 사항으로서 개인의 동일성을 식별할 수 있게 하는 일체의 정보라고 할 수 있고, 반드시 개인의 내밀한 영역에 속하는 정보에 국한되지 않고 공적 생활에서 형성되었거나 이미 공개된 개인정보까지 포함한다."고 판시하였다.[11]

한편, 개인정보보호법제의 하나인 위치정보법은 "위치정보"를 "이동성이 있는 물건 또는 개인이 특정한 시간에 존재하거나 존재하였던 장소에 관한 정보로서 전기통신사업법 제2조 제2호 및 제3호에 따른 전기통신설비 및 전기통신회선설비를 이용하여 수집된 것"으로 정의하면서(위치정보법 제2조 제1호), 개인정보의 일유형으로서의 "개인위치정보"를 "특정 개인의 위치정보(위치정보만으로는 특정 개인의 위치를 알 수 없는 경우에도 다른 정보와 용이하게 결합하여 특정 개인의 위치를 알 수 있는 것을 포함한다)"로 정의하고 있다(위치정보법 제2조 제2호).

2. 개인정보의 개념요소–개인식별성

앞선 정의에서 파악되는 바와 같이 개인정보의 개념요소로서 중요한 것은 특정한 정보주체를 식별할 수 있는지 여부이다. 정보 자체만으로 특정한 개인을 식별할 수 있는 정보에 해당하거나, 해당 정보만으로는 특정한 개인을 식별할 수 없다고 하더라도 다른 정보와 쉽게 결합하여 특정한 개인을 식별할 수 있는 경우에는 식별성이 인정된다.[12] 이와 같은

---

10) 정보통신망 이용촉진 및 정보보호 등에 관한 법률 제2조 제1항 제6호도 "개인정보"란 생존하는 개인에 관한 정보로서 성명·주민등록번호 등에 의하여 특정한 개인을 알아볼 수 있는 부호·문자·음성·음향 및 영상 등의 정보(해당 정보만으로는 특정 개인을 알아볼 수 없어도 다른 정보와 쉽게 결합하여 알아볼 수 있는 경우에는 그 정보를 포함한다)를 말한다고 하여 개인정보보호법과 유사하게 정의하고 있다.
11) 대법원 2014. 7. 24. 선고 2012다49933 판결, 헌재 2005. 7. 21. 선고 2003헌마282, 425(병합) 결정.

개인식별성을 요구하는 것은 개인정보보호법제가 종국적으로 보호하고자
하는 것은 '정보' 그 자체가 아니라 그 정보의 오·남용으로 인해 침해될
특정 개인(정보주체)의 권리나 이익이기 때문이다.[13]

개인식별성 가능성과 관련하여 '다른 정보와 쉽게 결합하여 특정한
개인을 식별할 수 있는지'는 여부는 추상적이고 상대적인 기준으로, 위
기준의 해석 여하에 따라 개인정보의 개념은 크게 확장되거나 축소될 수
있다. 위 기준에 대하여 구체적으로 판단한 최초의 하급심 판결례로는
소위 '증권통 사건'이 있다.[14] 이 사건에서 스마트폰용 어플리케이션 개발
업체가 개발하여 배포한 '증권통'이라는 이름의 증권정보제공 어플리케이
션은 사용자의 동의 없이 특정 기기 또는 카드에 부여된 번호인
International Mobile Equipment Identity(국제 모바일 단말기 인증번호,
IMEI)와 Universal Subscriber Identity Module(USIM)의 일련번호의 조합정
보 등을 서버에 저장하였다. 이는 사용자가 어플리케이션에 다시 접속하
는 경우 로그인 없이도 서버에 저장된 정보와 비교해 사용자의 동일성을
인증하고 사용자가 등록한 기존 관심종목 등의 정보를 보여주는 등의 용
도로 사용되었다. 이 사건에서는 개인이 아닌 기기 및 카드에 부여된 번
호인 IMEI 및 USIM 일련번호가 다른 정보와 쉽게 결합하여 이용자를 알
아볼 수 있는 것으로서 개인정보로 판단될 수 있는지 여부가 쟁점이 되
었다. 법원은 다른 정보를 쉽게 결합하여 당해 개인을 알아 볼 수 있다
는 것은 그 정보를 "구하기 쉬운지 어려운지와는 상관없이 해당 정보와
다른 정보가 특별한 어려움 없이 쉽게 결합하여 특정 개인을 알아볼 수
있게 되는 것"을 의미한다고 설시하면서, "IMEI나 USIM 일련번호는 모두
특정 개인의 소유로 귀속되기 전까지는 기기나 특정 카드에 부여된 고유
번호로서 그 자체로는 당해 개인을 알아볼 수 있는 정보라 보기는 어렵

---

12) 장주봉, "개인정보의 의미와 규제범위", 고학수 편, 개인정보 보호의 법과 정책,
    박영사(2016), 109면.
13) 이인호, "개인정보 보호법상의 '개인정보' 개념에 대한 해석론−익명화한 처방전
    정보를 중심으로", 정보법학 제19권 제1호(2015), 69면.
14) 서울중앙지방법원 2011. 2. 23. 선고 2010고단5343 판결(2011. 3. 3. 확정).

다고 하더라도, 위 각 번호정보를 가지는 휴대폰이 어느 개인의 소유로
귀속되는 순간부터 위 각 번호는 '기기나 특정카드에 부여된 고유번호'라
는 의미 이외에 '특정 개인 누가 소유하는 휴대폰의 기기번호 및 USIM
카드의 일련번호'라는 의미를 함께 지니게 된다 할 것이고, 이 각 IMEI나
USIM 일련번호는 휴대폰 가입신청서 등 가입자정보에 나타난 다른 정보
와 어려움 없이 쉽게 결합됨으로써 개인을 특정할 수 있게 되는 이상 이
들을 개인정보라 봄이 상당하다"고 하였다.

　위 판결에서 제시한 결합용이성의 해석과 관련하여, 결합할 다른 정
보를 구하는 것이 불가능하거나 어려운 경우에까지 개인정보로 본다면
사실상 모든 정보를 개인정보화하는 결과가 될 수 있고,[15] 개인에 관힌
대부분의 정보는 어떤 주체가 가지고 있는 이 세상에 존재하는 다른 정
보와 결합하면 개인의 식별에 이를 수 있을 것이어서, 객관적인 정보의
결합가능성으로 개인정보 여부를 판단한다면 개인정보의 범주가 무한하
게 넓어질 수 있고 이는 정보의 유용성을 심각하게 제한하게 되므로, 결
합 용이성을 판단할 때에는 그 결합을 위한 노력의 주체를 재식별하려는
주체로 제한하고, 결합 대상 정보를 이 세상에 존재하는 모든 정보가 아
니라 위 주체가 합리적인 범위 내에서 입수할 수 있는 정보로 제한하는
해석론이 요구된다는 견해가 제시된다.[16]

3. 대상판결 사안의 개인정보 해당 여부

　대상판결의 사안에서 원고들의 동의 없는 수집이 문제된 정보는 ①
피고 애플의 서버로 전송된 이 사건 기기의 위치정보 및 ② 이 사건 기
기 내 데이터베이스에 저장된 위치정보이다.

　먼저, ① 피고 애플의 서버로 전송된 이 사건 기기의 위치정보 자체
에는 특정 기기나 이용자를 식별할 수 있는 정보가 포함되어 있지 아니

---

15) 장주봉(주 12), 113면.
16) 권영준, "개인정보 자기결정권과 동의 제도에 대한 고찰", 전남대학교 법학논총
　　제36집 제1호(2016), 684면.

하였음이 명백하므로, 위 전송된 위치정보는 '개인위치정보'에 해당하지
아니한다고 판단되었다. 다만 구 위치정보법 제15조 제1항은 "누구든지
개인 또는 소유자의 동의를 얻지 아니하고 당해 개인 또는 이동성이
있는 물건의 위치정보를 수집·이용 또는 제공하여서는 아니 된다."고
규정하여 개인위치정보 뿐만 아니라 '이동성 있는 물건의 위치정보'에 대
하여도 동의를 요하는 규정을 두고 있었으므로, 위 조항의 위반이 인정
되었다.[17]

한편, ② 이 사건 기기와 피고 애플 사이에 송수신된 정보 자체에
는 특정 기기나 사용자를 식별할 수 있는 정보가 포함되어 있지 아니하
였는데, 이 사건 기기 내 데이터베이스에 저장된 이 사건 기기의 위치정
보에 대하여 피고 애플이 '개인위치정보'를 수집하였다고 볼 수 있는지 문
제된다.

대상판결의 제1심은 피고들이 원고들의 개인위치정보를 수집한 것으
로 보기 어렵다고 판단하였다.[18] 그러나 대상판결의 원심은 제1심과 달리

---

17) 구 위치정보법이 특정 개인에 대한 식별성이 없어 개인정보로 보기 어려운 물건
의 위치정보에 대하여도 개인 등의 동의를 요하였던 것에 대하여 이는 개인정보보
호법을 넘어서는 보호범위를 설정한 것으로서, 누구의 위치정보인지 알 수 없는
상황에서도 그 익명인의 동의를 얻어야만 그 위치정보를 수집할 수 있는 모순적인
상황에 빠뜨리며 사업자에게 과도한 의무를 부과하는 것이라는 비판이 제기된 바
있다[박경신, "'개인정보'의 정의와 위치정보보호법의 개선 방안-익명위치정보, 허
가제 및 즉시동의요건을 중심으로-", 법학연구 제37집(2013. 5.), 213, 214면], 개인
의 식별성이 없어 어떠한 인격권의 침해 위험이 발생하는지 불분명한 물건의 이동
정보를 보호범위에 포함하는 것은 사생활의 비밀 등을 보호할 것을 목적으로 하는
(위치정보법 제1조) 위치정보법의 목적에 비추어 보호범위를 과도하게 설정하고
있는 것은 아닌지 그 규제의 필요성에 의문이 있다. 2018. 4. 17. 개정된 위치정보
법(법률 제15608호, 시행 2018. 10. 18.)은 사물의 위치정보에 대해서는 소유자의
사전 동의 없이도 위치정보가 처리될 수 있도록 개정되어, 이동성 있는 물건의 위
치정보에 대한 규율은 삭제되고 "누구든지 개인위치정보주체의 동의를 받지 아니
하고 해당 개인위치정보를 수집·이용 또는 제공하여서는 아니 된다."는 것으로
개정되었다(제15조 제1항).

18) 대상판결의 제1심은 ①과 ② 정보를 구분하지 아니하고, ① 이 사건 기기와 애
플 서버 사이에 송수신된 정보는 특정 기기나 이용자를 식별할 수 있는 정보는
포함되어 있지 않고, 또한 ② 이 사건 기기에 기지국과 Wi-Fi AP의 위치값이 저장
되더라도 피고들이 임의로 기기에 접근하여 저장된 내용을 열람할 수 있다고 볼
만한 자료가 없는 점 등에 비추어볼 때, 피고들이 이 사건 기기로부터 수집하는

피고 애플로부터 전송받은 추정 위치값이 이 사건 기기 내에 데이터베이스로 저장된다면 이는 특정 사용자가 존재했던 장소에 대한 '위치정보'만을 모아둔 셈이어서 결국 '개인위치정보'가 되고, 그 사건 기기 내의 데이터베이스가 물리적으로 피고 애플의 위치정보시스템 서버와는 분리되어 있으나 인터넷으로 연결되어 이 사건 기기의 운영체계인 iOS에 의해 서로 일정한 정보를 송수신하고, 데이터베이스가 사용자의 의도와 무관하게 iOS에 의하여 기기 내에 생성되어 관리되는 등의 사정을 종합하여 보면 이는 피고 애플의 위치정보시스템 일부라고 봄이 타당하므로, 피고 애플은 이 사건 기기의 현재 위치정보를 계산하여 이를 기기 내 데이터베이스에 저장하게 하는 방법으로 사용자의 개인위치정보를 수집하였다고 판단하였다. 대상판결은 이 사건 기기 내 데이터베이스에 저장된 위치정보가 개인위치정보에 해당하는지 여부에 대하여 특별한 판단 근거를 밝히지 아니하고 원심의 판단과 같이 위 정보를 개인위치정보로 보는 전제에서 나아가 판단하였다.

이 사건 위치정보가 이 사건 기기 내 데이터베이스에 저장되어 위 정보가 삭제되기 이전까지는 해당 물건 소지자의 이동과 밀접하게 연관되어 있는 이 사건 기기와 불가분적으로 결합됨으로써 위치정보와 함께 사용자를 식별할 수 있는 정보를 용이하게 조합할 수 있는 상태에 놓였으므로 이를 개인위치정보로 볼 수 있을 것이다.

Ⅲ. 개인정보자기결정권의 개념 및 내용

1. 개인정보의 보호필요성

현대 정보화 사회에서는 정보가 유력한 자원이 되어 사회나 경제의

정보가 '개인위치정보'라고 보기 어렵다고 판단하였다. 이에 의하면 ② 정보는 이것이 개인위치정보인지 여부를 불문하고 이를 피고들이 열람할 수 없었으므로 피고가 이 사건 기기에 저장된 ② 정보를 '수집'하였다고 볼 수 없다고 본 것으로 이해된다. 그러나 한편 ② 정보에 대한 '수집' 여부를 명시적으로 판단한 것이 아니고, 전체적인 결론에서 '개인위치정보' 해당성을 부인하고 있으므로 ② 정보도 '개인위치정보'에 해당하지 않는다고 판단하였다고 이해할 여지도 있다.

운영 과정에서 개인정보의 수집 · 이용 등이 대량으로 이루어진다. 이에
따라 개인정보의 처리 과정에서의 위험성이 부각되고 개인정보의 보호
필요성이 대두되었다. 개인정보의 보호 필요성은 여러 가지 측면에서 지
적된다. 먼저, 자신의 인적사항이나 생활상의 각종 정보가 정보주체의 의
사와 무관하게 집적되고 이용 또는 유통되는 상황에서 자신에 관한 정보
에 있어서조차 자율적 결정이나 통제의 가능성을 봉쇄당한다면 개인의
자유로운 인격의 발현이나 사생활의 형성을 기대하기 어렵게 될 것이다.
또한 잘못된 개인정보에 의하여 개인의 사회적 정체성이 왜곡되는 경우
개인이 사회적 활동과 인격에 심대한 피해를 입을 위험성이 있다. 나아
가 공 · 사의 기관에서 개인정보의 수집과 처리 능력이 현격히 강화됨으
로써 개개인에 대한 감시 능력이 무한히 증대되어 개인은 자신이 감시당
하고 있을지 모른다는 막연한 두려움을 느끼게 되어 인격의 주체성이 상
실될 뿐 아니라 공적 의사형성과정에 자유로이 참여하지 못하게 되어 민
주적 의견 형성을 저해하거나 의사를 왜곡하는 결과를 초래할 수도 있으
며, 이는 자유민주체제에 위협이 될 수 있다.[19]

2. 개인정보에 대한 권리에 관한 외국의 논의
가. 미   국

미국에서는 개인정보의 보호를 주장할 수 있는 권리를 주로 프라이
버시(privacy)의 차원에서 파악한다.[20] 프라이버시권은 워렌(Warren)과 브
랜다이스(Brandeis)의 1890년 논문 "The Right to Privacy"을 통해 공론화
되었다. 위 논문에서는 새로운 발명들과 사업 방식들[21]이 개인의 "홀로

---

19) 이상의 논의는 이인호, "제2세대 프라이버시보호법으로서의 개인정보보호법에 대
한 이해", 사법 제8호(2009. 6.), 50 내지 53면, 권건보, "개인정보보호의 헌법적 기
초와 과제", 저스티스 통권 제144호(2014. 10.) 10 내지 12면을 정리한 것이다.
20) 권영준(주 16), 678면.
21) 구체적으로 사진 기술과 신문사들이 개인과 가정의 성스러운 영역을 침범하고
있고, 여러 기계장치들로 인하여 비밀스럽게 한 이야기마저 세상에 널리 퍼져나가
게 될 위협을 받게 되었으며, 개인의 초상을 권한 없이 유포하는 것이나, 신문에
의한 프라이버시 침해에 대해 법적 보호를 할 필요성이 제기되고 있다고 하였다.

있을 권리(the right to be let alone)"를 보호할 필요성을 불러일으키고 있다고 하면서, 공격적인 언론, 사진사, 녹음 또는 녹화가 가능한 현대적인 기계장치의 소유자들로부터의 침해로부터 개인의 프라이버시를 보호하여야 하며, 행동, 대화, 태도, 표정 등에 나타난 생각, 감정, 기분까지도 그 보호대상에 포함되어야 한다고 하면서 프라이버시권을 제시하였다.[22] 이후 프로써(Prosser)는 프라이버시권을 4가지 불법행위 영역으로 분류하여 체계화하여 일견 모호하였던 프라이버시 개념에 통일성과 지속성을 부여하였다.[23] 프로써는 프라이버시 침해는 원고의 "홀로 있을 권리"를 침해한다는 것 이외에는 거의 공통점이 없는 4가지의 상이한 이익에 대한 침해로 구성될 수 있다고 하면서, 이를 ① 원고의 사적 영역에 대한 침입, ② 원고의 사적 사실의 공개, ③ 공중이 원고에 대해 잘못된 인식을 갖게 하는 공표, ④ 성명 또는 초상 등에 대한 침해로 분류하였다.[24] 이후 프라이버시의 개념은 컴퓨터와 인터넷의 발달과 함께 정보의 사용을 통제할 수 있는 개인의 적극적 권리에 대한 논의로 확장되었다.[25] 정보 프라이버시에 대하여 영향력 있는 논의를 시작한 웨스틴(Westin)은, 정보 프라이버시(information privacy)를 "개인, 단체, 또는 기관이 언제, 어떻게, 어떠한 범위 내에서 자신에 관한 정보가 타인에게 전달될 것인지 스스로 결정할 수 있는 권리"로 정의하고 이러한 권리는 개인의 자유를 보존하기 위해 필수적인 것이라고 보았다.[26] 대다수의 학자들도 개인 정보의 흐

Samuel D. Warren, Louis D. Brandeis, "The Right to Privacy", 4 Harv. L. Rev. 193, 195, 196 (1890). 이와 같은 상황 분석은 정보기술의 발달에 따라 개인정보에 대한 보호 필요성이 제기되는 현재의 상황과도 유사점이 있다.

22) Samuel D. Warren, Louis D. Brandeis(주 21), 206.

23) Danielle Keats Citron, "Mainstreaming Privacy Torts", 98 Cal. L. Rev. 1805, 1821, 1822 (2010). 이와 같은 프로써의 분류는 판례법(case law)에 반영되었고, 미국 법원은 프로써의 분류법을 엄격하게 수용하여 4가지 분류에 해당하지 않는 프라이버시 관련 불법행위는 인정하지 않으려는 경향을 보인다고 한다(앞의 글 1825).

24) William L. Prosser, "Privacy", 48 Calif. L. Rev. 383(1960).

25) Paul M. Schwartz, "Privacy and Democracy in Cyberspace", 52 Vand. L. Rev. 1609, 1659 (1999)

26) 위의 글.

름을 통제하는 권리로서 정보 프라이버시의 개념을 받아들이고 있다.[27]

나. 독　　일[28]

독일의 통설과 연방헌법재판소는 개인정보자기결정권을 일반적 인격권에 의하여 보장되는 것으로 보고 있다. 독일연방헌법재판소는 1983년 인구조사법에 대한 판결에서 포괄적인 개인정보자기결정권을 인정하였다. 독일연방헌법재판소는 현대 정보처리의 상황하에서 무제한적인 개인정보의 수집·저장·이용·전달로부터 개인을 보호하는 것은 독일 기본법 제1조 제1항상 인간 존엄의 불가침과 결합한 제2조 제1항에서 보장되는 일반적 인격권에 포함되며, 이 기본권은 원칙적으로 자기의 개인정보의 공개와 이용에 관하여 스스로 결정할 각자의 권한을 보장한다고 판시하였다. 또한 자기와 관련된 정보들 가운데 어떤 것이 특정한 사회영역에서 알려지는지 알 수 없는 사람은 자기 결정에 의하여 계획하고 결정할 자유가 본질적으로 방해받을 수 있으며, 자기결정권의 침해는 개개인의 인격발현의 기회는 물론이고 공공복리까지도 저해할 수 있다고 하였다. 그러나 이와 같은 정보자기결정권은 무제한적으로 보장되지 않으며, 우월한 공익이 있다면 헌법에 의거한 법적인 근거에 의하여 개인정보자기결정권의 제한이 허용될 수 있다고 하였다.

3. 개인정보자기결정권의 개념 및 헌법적 근거

가. 개인정보자기결정권의 개념

우리나라에서도 개인정보에 대한 정보주체의 적극적인 권리가 보장되어야 한다는 것은 널리 받아들여지고 있다. 대법원과 헌법재판소는 개인정보자기결정권을 "자신에 관한 정보가 언제 누구에게 어느 범위까지

---

27) Elbert Lin, "Prioritizing Privacy: A Constitutional Response to the Internet", 17 Berkeley Tech. L.J. 1085, 1094 (2002)

28) 이하의 독일의 논의 및 판례(BVerfGE 61, 1)의 내용은 권건보, "개인정보통제권에 관한 연구", 서울대 법학박사학위논문(2004), 59 내지 60면, 이소은, "개인정보자기결정권의 민사법적 보호", 서울대 법학전문박사학위논문(2018), 18 내지 19면을 정리한 것이다.

알려지고 또 이용되도록 할 것인지를 그 정보주체가 스스로 결정할 수 있는 권리"로서 "정보주체가 개인정보의 공개와 이용에 관하여 스스로 결정할 권리"를 말한다고 정의하였다.[29]

나. 개인정보자기결정권의 헌법적 근거에 대한 논의

개인정보자기결정권은 별다른 이견 없이 인정되고 있다. 그러나 그 헌법상 근거에 대한 견해는 차이를 보이고 있는데, ① 개인정보자기결정권은 자기의 정보를 컨트롤할 수 있는 적극적인 권리라는 점이나, 정보의 자기결정권의 기초를 이루는 자기결정사상은 사생활의 비밀에 국한되지 않는다는 점에서 그 헌법적 근거를 인간의 존엄과 가치 및 행복추구권을 정하고 있는 헌법 제10조로 보는 견해, ② 개인정보자기결정권은 사생활자유의 내용 중 하나라는 점에서 그 헌법적 근거를 사생활의 비밀과 자유를 정하고 있는 헌법 제17조로 보는 견해, ③ 개인정보자기결정권은 소극적 자유권으로서 뿐만 아니라 적극적인 청구권으로서의 복합적인 성격도 지니고 있다는 점에서 헌법 제17조와 헌법 제10조가 함께 그 근거가 된다는 견해 등이 제시된다.[30] 대법원과 헌법재판소는 개인정보자기결정권을 인간의 존엄과 가치, 행복추구권을 규정한 헌법 제10조 제1문에서 도출되는 일반적 인격권 및 헌법 제17조의 사생활의 비밀과 자유에 의하여 보장되는 헌법상 기본권이라고 하였다.[31]

개인정보자기결정권의 헌법상 근거에 대한 논의는 개인정보자기결정권의 법적 성격과 그 보호범위에 대한 이해와 연결된다. 개인정보자기결정권의 법적 성격과 프라이버시권과의 관계에 대하여는 아래 제IV.항에서 구체적으로 살핀다.

---

29) 헌재 2005. 7. 21. 선고 2003헌마282, 425(병합) 결정, 대법원 2014. 7. 24. 선고 2012다49933 전원합의체 판결.

30) 이상의 논의는 정태호, "개인정보자결권의 헌법적 근거 및 구조에 대한 고찰", 헌법논총 제14집(2003. 12.), 414 내지 431면, 이상명, "개인정보자기결정권의 헌법적 근거에 관한 고찰", 공법연구 제36집 제3호(2008. 2.), 239 내지 241면의 소개를 정리한 것이다.

31) 헌재 2005. 7. 21. 선고 2003헌마282, 425(병합) 결정, 대법원 2014. 7. 24. 선고 2012다49933 전원합의체 판결.

4. 개인정보자기결정권의 내용

개인정보자기결정권은 정보주체가 자신에 관한 정보의 수집·이용·제공 등에 대해 동의 또는 반대할 수 있는 권리(동의권 또는 반대권)를 핵심적 내용으로 하며, 경우에 따라 자신에 관한 정보에 통제력을 행사하기 위하여 자신의 개인정보에 접근하여 열람하거나 그 정보의 정정, 삭제, 차단, 처리정지 등을 요구하는 권리로 발현될 수 있다(열람청구권, 정정청구권, 삭제·차단청구권, 처리정지요구권).[32] 개인정보보호를 위한 일반법인 개인정보보호법 제4조는 정보주체는 자신의 개인정보 처리와 관련하여 ① 개인정보 처리에 관한 정보를 제공받을 권리, ② 개인정보의 처리에 관한 동의 여부, 동의 범위 등을 선택하고 결정할 권리, ③ 개인정보의 처리 여부를 확인하고 개인정보에 대하여 열람을 요구할 권리, ④ 개인정보의 처리 정지, 정정·삭제 및 파기를 요구할 권리, ⑤ 개인정보의 처리로 인하여 발생할 피해를 신속하고 공정한 절차에 따라 구제받을 권리를 가진다고 규정하고 있다.

5. 개인정보자기결정권의 효력

헌법상의 기본권인 개인정보자기결정권은 기본적으로 주관적 공권으로서 행정권·입법권·사법권 등 공권력에 대하여 직접적인 효력을 미친다.[33] 개인 간의 관계에는 사법규정이 직접 적용되므로, 기본권은 사법규정의 해석지침으로서 불법행위 규정 등 사법상의 일반조항을 통하여 사인 간의 관계에 간접적으로 적용된다.[34] 대법원은 개인정보에 관한 인격권이 쟁점이 된 로마켓 변호사 정보 제공 사건에서 "헌법상의 기본권은 제1차적으로 개인의 자유로운 영역을 공권력의 침해로부터 보호하기 위

---

32) 권건보(주 19), 17 내지 18면.
33) 위의 글, 20면.
34) 권형둔, "법원재판에서 기본권의 적용법리에 대한 비판적 고찰-서울고등법원 2012. 10. 18. 선고 2011나19012 판결을 중심으로-", 세계헌법연구 제21권 제3호 (2015. 12.), 101 내지 102면.

한 방어적 권리이지만 다른 한편으로 헌법의 기본적인 결단인 객관적인 가치질서를 구체화한 것으로서, 사법을 포함한 모든 법 영역에 그 영향을 미치는 것이므로 사인간의 법률관계도 헌법상의 기본권 규정에 적합하게 규율되어야 한다. 다만 기본권 규정은 그 성질상 사법관계에 직접 적용될 수 있는 예외적인 것을 제외하고는 사법상의 일반원칙을 규정한 민법 제2조, 제103조, 제750조, 제751조 등의 내용을 형성하고 그 해석기준이 되어 간접적으로 사법관계에 효력을 미치게 된다."면서, "일반적 인격권이나 사생활의 비밀과 자유를 정하고 있는 헌법상 기본권 규정 역시 민법의 일반규정 등을 통하여 사법상 인격적 법익의 보장이라는 형태로 구체화될 것"이리고 판시히였다.[35]

Ⅳ. 개인정보자기결정권의 법적 성격 및 프라이버시권과의 관계에 대한 논의

1. 개인정보자기결정권의 법적 성질−재산권설과 인격권설

개인정보의 보호범위와 보호방법, 나아가 구체적으로 개인정보 침해로 인한 손해배상청구권의 발생 여부를 논의함에 있어서 개인정보자기결정권을 재산권으로 파악하는 견해를 검토할 가치가 있다. 미국에서는 개인정보가 재산적 가치를 지닌 거래의 대상이 되고 있고, 개인정보의 가치는 시장에서 효율적으로 결정될 수 있다는 점에서 정보주체의 개인정보에 대한 통제와 결정에 대한 권리를 재산권으로 파악하는 견해가 제시된 바 있다.[36] 이러한 이해방식에 의하면 정보주체는 개인정보에 대하여 완전한 통제권을 가지고 계약을 통해서 이를 자유롭게 처분할 수 있다.[37] 그러나 개인정보는 개인과 불가분의 것으로서 사회적 관계 속에서 형성되고 이용되며 그 개념과 범위마저도 불명확한 유동적인 것인데, 이를

---

35) 대법원 2011. 9. 2. 선고 2008다42430 전원합의체 판결.
36) 권태상, "개인정보보호와 인격권−사법측면에서의 검토−", 법학논집 제17권 제4호(2013), 87 내지 90면은 웨스틴(Westin)과 레식(Lessig)의 견해를 소개하고 있다.
37) 정상조 · 권영준, "개인정보의 보호와 민사적 구제수단", 법조 통권 제630호(2009. 3.), 17면.

재산권의 객체로 파악하여 독점적이고 배타적인 권리를 부여하는 것이 가능하거나 적절한지 의문이다. 우리나라에서는 우리 법체계상 개인정보를 재산권의 대상으로 포섭하는 것은 어려운 데다가, 개인정보는 누군가가 창조해 낸 객체라기보다 권리 주체인 개인의 인격적 표상의 성격이 강하다는[38] 등의 근거를 들어 개인정보자기결정권을 인격권으로 파악하는 견해가 다수이고, 다만 이와 동시에 개인정보가 실질적으로 금전적 또는 경제적 가치를 지니고 경제적으로 유통되고 있는 현실에 비추어 재산적인 이익도 부수적으로 보호하는 인격권이라는 점을 지적하기도 한다.[39]

2. 프라이버시권과 개인정보자기결정권 사이의 관계

가. 문제의 소재

종래 개인정보와 관련된 권리관계는 프라이버시의 개념에 포괄하여 논의되어 왔으나, 개인정보의 수집·처리가 일반화되고 개인정보 자체가 유통의 대상이 되고 있는 현대 사회에서는 개인정보의 보호를 전통적인 프라이버시권의 개념 안에서 해결하기에는 어려운 측면이 있다.[40] 따라서 개인정보자기결정권의 개념과 보호영역을 파악함에 있어서 프라이버시권과 개인정보자기결정권 사이의 관계에 대한 여러 가지 견해들을 검토해 볼 필요가 있다. 이는 이후 살펴보는 개인정보 침해로 인한 손해배상책임의 문제에 있어서 개인정보자기결정권의 침해 여부 및 손해의 발생의 인정 기준에 대한 견해 차이와도 관련지어 이해할 수 있을 것이다.

나. 프라이버시권의 개념

헌법 제17조에 의하여 보호되는 사생활의 비밀과 자유에 대한 권리는 인격권에 포함되는 권리로서 흔히 프라이버시권으로 불리며, 앞서 살펴본 것과 같은 미국에서의 프라이버시권과 같은 맥락에서 이해되고 있

---

38) 위의 글, 18면.
39) 위의 글, 20면. 임건면, "개인정보의 의의와 귀속관계-민사법적인 관점에서-", 중앙법학 제7권 제4호(2005. 12.), 239면.
40) 권헌영·윤상필·전승재, "4차 산업혁명시대 개인정보권의 법리적 재검토", 저스티스 통권 제158-1호(2017. 2.), 10, 11면.

다.[41] 프라이버시권은 소극적으로 "사생활의 평온을 침해받지 아니하고 사생활의 비밀을 함부로 공개당하지 아니할 권리"에서 나아가서 적극적으로 "자신에 관한 정보를 관리·통제할 수 있는 권리"를 포함한다.[42]

다. 프라이버시권과 개인정보자기결정권 사이의 관계에 대한 견해들

(1) 개인정보자기결정권을 프라이버시권에 포함되는 권리로 이해하는 견해

프라이버시권에 포함된 적극적인 성격을 지닌 권리로서 개인정보자기결정권을 설명하는 견해가 다수 있다.[43] 이러한 견해들 또한 개인정보자기결정권의 보호대상을 사사(私事)의 영역에 한정하지 않고 정보주체와 관련된 정보, 즉 개인정보로 이해하고 있는 것에는 이견이 없는 것으로 보이므로[44] 개인정보자기결정권을 프라이버시권으로 포섭하는 이유와 근거에 의문이 생길 수 있다.[45] 위 견해들의 설명에 불분명한 측면이 있으나, 위 견해들이 개인정보자기결정권의 인정 배경으로 정보화 사회에서 개인 사생활의 침해 우려가 커졌음을 들고 있는 점에 비추어,[46] 개인정보자기결정권과 프라이버시의 보호영역을 유사하게 이해하고 있는 것으로 보인다.[47]

---

41) 성낙인, "헌법학", 법문사(2018), 1264면. 다만, 사법 영역에서 프라이버시권이 논의될 때에는 앞서 본 프로써의 프라이버시 침해 유형 중 ③ 공중이 원고에 대해 잘못된 인식을 갖게 하는 공표 행위는 명예훼손과 중첩되는 것이고, ④ 성명 또는 초상 등에 대한 침해 행위는 독자적인 보호 대상이 되고 있으므로, 우리 헌법에서 보장된 사생활의 자유와 비밀에 대한 권리 아래서는 위 유형 중 ① 원고의 사적 영역에 대한 침입, ② 원고의 사적 사실의 공개를 다루는 것이 적합하다고 한다. 〔양창수, "사생활 비밀의 보호-사법적 측면을 중심으로", 저스티스 통권 제76호(2013. 12.), 45면〕.

42) 성낙인(주 41), 1264면.

43) 성낙인(주 41), 1263 내지 1279면, 권영성, "헌법학원론", 법문사(2010), 456 내지 460면, 허영, "한국헌법론", 박영사(2018), 425 내지 428면.

44) 성낙인(주 41), 1270면, 권영성(주 43), 456, 457면, 허영(주 43), 426면.

45) 정태호(주 30), 423면은 사적 영역과 공적 영역 등에 대한 "영역적 사고를 뛰어넘는 개인정보자결권의 보호범위를 헌법 제17조의 '사생활의 비밀과 자유'라는 구성요건을 통해서 커버할 수 있다고 주장하는 것 자체가 논리적 오류가 아닌지 의문"이라고 주장한다.

46) 성낙인(주 41), 1270면, 권영성(주 43), 450 내지 451면, 허영(주 43), 425 내지 426면.

(2) 개인정보자기결정권을 프라이버시권의 보호와 관련된 절차적 권리로 이해하는 견해

개인정보자기결정권의 법적 성격과 보호 범위를 명확히 한정하기 위한 시도로서 개인정보자기결정권을 사생활의 비밀의 절차적 보호규범으로 설명하거나,[48] 개인정보자기결정권을 제2세대 프라이버시권으로 부르며 이를 개인정보의 처리 과정에 참여를 보장하는 권리라고 설명[49]하는 견해가 있다. 먼저 개인정보자기결정권을 사생활 비밀의 절차적 보호규범으로 보는 견해는 프라이버시권이 개인정보자기결정권의 본질적인 내용이 되고, 개인정보자기결정권은 프라이버시권의 침해가 발생할 가능성을 차단하기 위해 필요한 절차적 의무를 부과하는 절차적 규범이라고 주장한다.[50] 따라서 프라이버시권의 침해의 위험을 동반하지 않는 개인정보자기결정권에 대한 위반은 개인정보자기결정권의 침해로 보지 않을 수 있다는 결론에 이른다.[51] 한편, 개인정보자기결정권을 제2세대 프라이버시권으로 설명하는 견해는, 종래의 제1세대 프라이버시보호법이 개인의 사적 영역을 외부로부터 소극적으로 보존하는 것을 그 중심으로 하였다면('은둔으로서의 사생활 보호'),[52] 제2세대 프라이버시권으로서의 개인정보

---

47) 구체적으로는 개인정보자기결정권의 보호영역에 대한 견해에 미세한 차이가 있는 것으로 보이기도 한다. 성낙인(주 41), 1272, 1273면은 "자신에 관한 정보의 흐름에 주도적으로 관여할 수 있느냐 하는 것은 기본적으로 사생활의 자유와 관련되는 문제"라고 하면서 "헌법 제17조에 사생활의 비밀과 자유를 규정하고 있음에 비추어 개인의 사생활 관련사항을 보다 폭넓게 이해하여 개인정보자기결정권을 발전적으로 포섭할 때 개별적 기본권으로서의 개인정보자기결정권을 설정할 필요성은 줄어들 것이다."라고 설명하나, 권영성(주 43), 458면은 "자기정보관리통제권은 헌법 제17조의 사생활의 비밀과 자유의 일환으로서 보장되고, 궁극적으로는 인간의 존엄성 존중의 내용이 되는 인격의 자유로운 발현과 법적 안전성을 그 보호법익으로 한다."고 설명하고 있다.
48) 박경신, "사생활의 비밀의 절차적 보호규범으로서의 개인정보보호법리", 공법연구 제40집 제1호(2011).
49) 이인호(주 19), 이인호, "변호사의 직업적 개인정보에 대한 이용과 보호의 법리", 언론과 법 제11권 제2호(2012. 12.).
50) 박경신(주 48), 148면.
51) 위의 글, 149면.
52) 이인호(주 19), 58면.

자기결정권은 '참여를 통한 사생활 보호'를 지향하는 권리로서, 개인정보
의 처리를 금지하는 권리가 아니라 오·남용의 위험성을 막기 위해 개인
정보의 처리 과정에 정보주체의 참여를 보장하고 공정한 처리를 요구할
수 있도록 하는 권리라고 설명한다.[53]

(3) 개인정보자기결정권을 인격권의 일종으로 이해하는 견해

개인정보자기결정권의 헌법적 근거를 헌법 제10조, 헌법 제17조 등
에서 찾으면서 개인정보자기결정권을 인격권의 일종으로 보는 견해가 통
설로 보인다.[54] 이 견해는 개인정보자기결정권이 프라이버시권과 중첩되
는 영역도 있지만 그 보호대상은 개인정보로서 공적 생활에서 형성되거
나 이미 공개된 개인정보를 포함[55]하며, 자신의 정보에 대한 결정권은 인
간의 존엄과 인격의 자유로운 전개에 필요한 것[56]이라고 설명한다.

(4) 판 례

헌법재판소와 대법원은 개인정보자기결정권을 프라이버시권보다 더
넓은 범위의 인격권으로 파악하고 있다. 헌법재판소는 "개인정보자기결정
권의 헌법상 근거로는 헌법 제17조의 사생활의 비밀과 자유, 헌법 제10
조 제1문의 인간의 존엄과 가치 및 행복추구권에 근거를 둔 일반적 인격
권 또는 위 조문들과 동시에 우리 헌법의 자유민주적 기본질서 규정 또
는 국민주권원리와 민주주의원리 등을 고려할 수 있으나, 개인정보자기결
정권으로 보호하려는 내용을 위 각 기본권들 및 헌법원리들 중 일부에
완전히 포섭시키는 것은 불가능하다고 할 것이므로, 그 헌법적 근거를
굳이 어느 한두 개에 국한시키는 것은 바람직하지 않은 것으로 보이고,
오히려 개인정보자기결정권은 이들을 이념적 기초로 하는 독자적 기본권
으로서 헌법에 명시되지 아니한 기본권이라고 보아야 할 것"이라고 판시

53) 이인호(주 49), 136면.
54) 임건면(주 39), 권영준(주 16), 권건보, "개인정보자기결정권의 보호범위에 대한
  분석-개인정보의 개념을 중심으로", 공법학연구 제18권 제3호(2017. 8.), 백윤철,
  "헌법상 자기결정권과 개인정보자기결정권", 헌법학연구 제9권 제3호(2003), 정태호
  (주 30).
55) 권건보(주 54), 205면 등 통설적 견해이다.
56) 임건면(주 39), 236면, 정태호(주 30), 430면.

한 바 있다.[57] 이후 선고된 결정에서 헌법재판소는 개인정보자기결정권은 "인간의 존엄과 가치, 행복추구권을 규정한 헌법 제10조 제1문에서 도출 되는 일반적 인격권 및 헌법 제17조의 사생활의 비밀과 자유에 의하여 보장"되는 것[58]이라고 앞의 결정과 그 설시를 달리하고 있으나, 개인정보 자기결정권의 헌법적 근거 및 보호 내용 대한 견해를 변경한 것인지 여 부는 불분명하다. 대법원 또한 헌법 제10조의 일반적 인격권과 헌법 제 17조의 사생활의 비밀과 자유를 동시에 개인정보자기결정권의 헌법상 근 거로 들고 있다.[59]

(5) 검   토

정보화 사회에서의 개인정보의 보호는 사생활에 대한 침해 위협뿐만 아니라 개인의 인격 발현에 피해를 입거나 공적 의사형성과정에의 참여 가 저해됨으로써 자유민주체제에 위협이 될 수 있다는 점에서도 요청되 고 있으며, 그 보호 대상은 개인의 사생활의 영역과 관련된 정보뿐 아니 라 개인정보 일체를 포함하고, 개인정보자기결정권은 정보주체가 개인정 보의 공개와 이용에 관하여 스스로 '결정'할 권리로서 그 개념상 프라이 버시권보다 확대된 것으로 볼 수 있다는 점에서 개인정보자기결정권은 인격권의 일종으로 보아야 할 것이다. 개인정보자기결정권을 프라이버시 권의 보호와 관련된 절차적 권리로 이해하는 견해들은 개인정보자기결정 권의 구체적 내용과 법적 성질에 대하여 명확한 설명을 제공하고, 개인 정보자기결정권의 등장 배경과 실질적 효용에 대한 이해에 설득력이 있 을 뿐 아니라, 개인정보자기결정권의 보호 범위를 제한하여 그 권리가

---

57) 헌재 2005. 5. 26. 선고 99헌마513, 2004헌마190(병합) 전원재판부 결정. 이 사건 에서는 주민등록증발급신청서에 열 손가락의 지문을 날인하도록 하는 주민등록법 시행령과 경찰청장이 이 지문정보를 보관·전산화하여 이를 범죄수사목적에 이용 하는 행위의 위헌 여부가 문제되었다.

58) 헌재 2005. 7. 21. 선고 2003헌마282, 425(병합) 결정. 이 사건에서는 서울시 교 육감 등이 졸업생의 성명, 생년월일 및 졸업일자 정보를 교육정보시스템(NEIS)에 보유하는 행위의 개인정보자기결정권 침해 여부가 문제되었다.

59) 대법원 1998. 7. 24. 선고 96다42789 판결, 대법원 2011. 9. 2. 선고 2008다42430 전원합의체 판결.

지나치게 확대 해석되는 것을 막을 수 있을 수 있다는 점에서 참고할 만
한 가치가 있으나, 개인정보자기결정권의 보호영역과 그 규범적 가치를
지나치게 축소하여 해석하는 것으로 보인다. 다만, 개인정보자기결정권을
인격권으로 이해하는 견해 또한 대부분 개인정보자기결정권을 프라이버
시권에서부터 확장된 개념으로 설명하고 있어 그 관계의 설정에 불명확
한 점이 있고, 개인정보자기결정권의 개념과 보호영역을 폭넓게 보고 있
어 그 법적 권리의 실질적 내용과 실체가 구체화되지 않고 있다. 이러한
불명확성은 특히 사법의 영역에서 개인정보 침해로 인한 손해배상책임의
인정 여부에 대한 다양한 견해의 제시로 이어지는 것으로 생각된다.

V. 개인정보 침해로 인한 손해배상책임 인정에 있어서의 손해 발생

1. 인격권 침해로 인한 손해배상책임 일반

인격적 법익 또는 인격권은 불법행위법의 보호를 받는 법익으로서
확고한 지위를 차지하고 있다.[60] 민법 제750조는 "고의 또는 과실로 인한
위법행위로 타인에게 손해를 가한 자는 그 손해를 배상할 책임이 있다."
는 포괄적인 규정을 두고 있으므로,[61] 인격권 또는 인격적 이익의 침해를
위 규정에 쉽게 포섭할 수 있다.[62] 다만, 인격권은 정신적 측면을 다루는
것이고 사람마다 그 주장내용이 다를 수 있어 법적으로 보호받을 구체적
인 내용을 정하기가 어렵다.[63] 따라서 통상 인격권의 객관적 침해 자체만
으로 그 위법성이 추단되지 않고, 개별적인 사안 유형에서 그 제한 또는
침해가 법에 의하여 저지되어야 할 위법한 것인가를 판단하여야 한다고

---

60) 양창수, "불법행위법의 변천과 가능성: 그 제도목적과 관련하여", 민법연구 제3권
   (1995), 331 내지 332면. 위 글에서는 이를 불법행위법의 전개에 있어서 엄격책임
   의 확장과 더불어 가장 중요한 국면의 하나라고 지적한다.
61) 또한 민법 제751조 제1항은 "타인의 신체, 자유, 또는 명예를 해하거나 기타 정
   신상 고통을 가한 자는 재산 이외의 손해에 대하여도 배상할 책임이 있다."고 규
   정하여 정신상 고통을 가한 경우에도 민법 제750조의 불법행위가 될 수 있다는
   것을 명확히 하고 있다. 김재형, "인격권 일반-언론 기타 표현행위에 의한 인격권
   침해를 중심으로-", 언론과 인격권, 박영사(2012), 9면.
62) 김재형(주 61), 8 내지 9면.
63) 양창수(주 60), 332면.

일반적으로 인정되어, 불법행위책임의 성립과 관련하여 위법성 판단이 중요한 문제가 되어 왔다.[64]

2. 개인정보 침해로 인한 손해배상청구의 개관

개인정보의 침해는 ① 개인정보의 수집(정보주체의 동의 없는 수집, 필요사항을 고지하지 않은 수집, 동의 범위를 벗어난 수집 등), ② 개인정보의 이용(수집 또는 이용 목적의 범위를 넘어선 이용 또는 정확성·안전성·최신성을 확보하지 못한 개인정보의 이용), ③ 동의 없는 개인정보의 제3자 제공, ④ 개인정보의 보유(정보주체의 개인정보 열람요구에 불응, 개인정보의 수집·이용목적을 달성한 후에도 개인정보를 파기하지 않는 경우), ⑤ 개인정보의 관리(내부관리자 또는 해커에 의한 개인정보 유출, 기술·관리적 안전조치 미비에 따른 개인정보 유출) 등과 관련하여 발생할 수 있다.[65] 이 경우 정보주체는 그 침해에 대한 구제를 위하여 일반 불법행위 규정인 민법 제750조 또는 "정보주체는 개인정보처리자가 이 법을 위반한 행위로 손해를 입으면 개인정보처리자에게 손해배상을 청구할 수 있다. 이 경우 그 개인정보처리자는 고의 또는 과실이 없음을 입증하지 아니하면 책임을 면할 수 없다."고 정하고 있는 개인정보보호법의 특별규정 $\left(\substack{\text{개인정보보호법}\\\text{제39조 제1항}}\right)$ 또는 위치정보법 제27조 등을 근거로 손해배상책임을 주장할 수 있다.

일반적으로 개인정보 침해를 개인정보자기결정권에 대한 침해로 포섭하고, 이에 대한 사법상 구제 방안으로서 손해배상책임의 인정 여부가 논의되고 있다. 그런데 개인정보에 대한 침해 행위는 개인정보보호법, 위치정보법 등의 개인정보보호법제의 위반행위로서 위법성이 인정되는 경우가 많으므로, 종래 인격권 침해 사안에서 위법성의 판단이 주

---

64) 위의 글. 따라서 불법행위법은 위법성판단의 이름 아래 실제로는 헌법적인 문제를 판단하고 있는 것이라고 할 수 있다고 한다.

65) 송혜정, "개인정보 유출로 인한 손해배상책임", 민사판례연구 제37권(2015), 388 내지 390면.

로 문제되었던 것과 달리 행위의 위법성 여부보다 개인정보 침해로
인한 손해 발생의 인정 여부에 대하여 주된 이견이 있는 것으로 보
인다.[66]

3. 개인정보 침해로 인한 손해배상청구에 있어 '손해' 발생에 대한 견
   해의 대립
   가. 인격권인 개인정보자기결정권에 관한 침해 자체로 손해 발생이 인정
       되어야 한다는 견해
   이 견해는 개인정보 침해로 인한 개인정보자기결정권의 침해가 있는
경우, 그 자체가 인격적 법익 침해에 해당하므로 비재산적 손해가 발생
하는 것으로 보아야 한다[67]거나, 정보주체의 결정권 자체가 침해된 것으
로 인한 정신적 손해를 인정하여야 한다[68]고 주장한다. 나아가 개인정보 침
해의 경우 개인정보의 노출만으로도 개인정보의 악용가능성에 대한 불안
감으로 인한 정신적 손해를 발생시킨다고 보아야 한다는 견해도 있다.[69]

---

66) 한편, 개인정보 침해 사안에서 위법성 판단을 위해 이익형량을 거치는 경우 위
    법성이 인정되면 법익 침해가 현저한 것으로 볼 수 있을 것이므로, 그로 인한 정
    신적 손해도 비교적 용이하게 인정될 것이다. 위의 글.
67) 이재경, "개인정보 유출에 따른 정신적 손해와 위자료의 인정가능성-대법원 2012.
    12. 26. 선고 2011다59834 판결-", 동북아연구 제8권 제3호(2015), 533 내지 535면
    (위 견해는 다만 개인정보의 유출에 대하여도 일정 정도의 수인이 요구되므로 침해
    가 수인한도 내에 있는 것이라면 손해 발생을 부정할 수 있을 것이라고 한다).
68) 송재일, "개인정보보호의 민사법적 쟁점", 법학연구 제54집(2014), 48면(위 견해
    는 정보혁명의 폐해를 차단하거나 최소화하기 위하여 적절한 수준의 손해배상을
    인정하는 것이 법원의 역할이라고 한다). 권태상(주 37), 103면[위 견해는 개인정보
    법 등 법률에 규정된 절차가 준수되지 아니하거나 다른 이익과의 형량을 통하여
    개인정보에 관한 인격권이 침해된 것으로 판단되는 경우 개인정보에 관한 인격권
    의 침해를 인정할 수 있을 것이라고 본다(98면)], 한편, 송오식, "개인정보침해에
    대한 합리적 구제방안", 법학논총 제36권 제1호(2016. 3.), 761면은 학설과 판례가
    인격권인 초상권이나 성명권이 침해된 경우 사생활의 비밀과 자유 또는 초상권의
    침해를 당한 사람에게는 특별한 사정이 없는 한 정신적 고통이 따르므로 그에 따
    른 손해가 발생하여 위자료를 배상할 책임이 있다고 보고 있으므로 개인정보권의
    침해가 인정된다면 위와 동일한 이유를 들어 위자료를 인정할 수 있을 것이라고
    설명한다.
69) 이승길, "정보화 사회에서의 개인정보권의 침해와 그 구제", 중앙법학 제11권 제
    1호(2009. 4.), 75면.

나. 개인정보의 침해로 프라이버시권 또는 실체적인 권리가 침해되어야
   손해의 발생이 인정될 수 있다는 견해

앞서 살펴 본 것과 같이 개인정보자기결정권을 사생활의 비밀의 절
차적 보호규범으로 보는 견해는 개인정보자기결정권에 대한 기술적인 위
반이 프라이버시권 침해의 위험을 동반하지 않는다면 개인정보자기결정
권의 침해로 보지 않을 수도 있다고 하므로,[70] 결국 개인정보에 대한 침
해 사안도 기존의 프라이버시 침해로 인한 손해배상책임의 법리에 따라
해결되어야 한다는 결론에 이를 것이다. 또한 개인정보자기결정권은 개
인정보의 오남용에 의해 침해되는 실체적인 권리인 사생활의 비밀과 자
유, 실체적 의미의 인격권, 신용·명예, 재산권 등의 침해를 방지하기 위
한 절차적·형식적 규제수단으로서의 권리로 규정하면서, 개인정보의 침
해가 있다고 하더라도 이는 단지 절차적·형식적 규제 수단으로서의 권
리인 개인정보자기결정권이 침해된 것일 뿐이고, 손해가 인정되기 위해서는
다른 실체적인 사권(私權)에 대한 침해가 인정되어야 한다는 견해도 있다.[71]

다. 개인정보자기결정권의 침해와 침해로 인한 손해는 구분되어야 한다
   는 견해

이 견해는 개인정보자기결정권의 침해와 이로 인한 손해는 구분되
고, 개인정보자기결정권이 침해되었다고 하여 논리필연적으로 정신적 손
해가 곧바로 발생하는 것은 아니라고 하는바,[72] 이러한 견해가 학설상 다

---

70) 박경신(주 48), 149면.
71) 김진환, "개인정보 보호의 규범적 의의와 한계-사법 영역에서의 두 가지 주요
    쟁점을 중심으로", 저스티스 통권 제144호(2014. 10.), 58, 78, 79면. 위 글에서는
    인격권의 일종으로 이해되는 개인정보자기결정권이 침해되었다고 하여 논리필연적
    으로 정신적 손해가 곧바로 발생하는 것은 아니라는 논의도 이 글의 견해와 상통
    하는 것이라고 설명한다(78면).
72) 정상조, 권영준(주 37), 15면, 오일석, "개인정보 보호의무 위반에 따른 배상가능
    한 '손해'에 대한 고찰", 이화여자대학교 법학논집 제19권 제3호(2015. 3.), 8면[위
    견해는 개인정보 침해로 인한 막연한 불안감, 우려, 근심은 불법행위로 인한 손해
    배상 청구의 대상이 되는 정신적 손해라고 할 수 없고, 개인정보 침해의 경우 침
    해 그 자체가 문제되기보다 침해된 개인정보를 사용하여 2차적 손해가 발생할 수
    있다는 점이 문제된다고 설명한다(13면)], 고홍석, "개인정보 유출로 인하여 위자료
    로 발생할 만한 정신적 손해의 발생 여부", 이상훈 대법관 재임기념 문집(2017),

수인 것으로 보인다. 이 견해는 정신적인 고통도 배상 대상이 되어야 하나, 한편 개인정보로 인한 손해배상의 범위가 비합리적으로 확대되는 것을 방지하여야 하며, 손해배상제도에서 전보되어야 할 손해는 확정적이고 현실적인 손해여야 한다고 한다.[73] 손해 발생 여부의 판단에 대하여서는, ① 개인정보가 민감한 정보이거나 사생활 등 다른 법익을 침해하는 것인지 여부, ② 개인정보 유출의 경우 다수인에게 공개되었는지 여부 및 유출의 범위, ③ 개인의 의사에 반하여 개인정보가 개인정보를 업무로 활용하는 기업에 양도 또는 위탁되었는지 여부, ④ 개인정보의 악용으로 2차 피해가 발생하였는지 여부 등을 고려하여야 한다는 기준을 제시하기도 한다.[74]

4. 판례의 검토

가. 대법원 1998. 7. 24. 선고 96다42789 판결[군 정보기관 민간인 사찰 사건]

구 국군보안사령부가 법령에 규정된 직무범위를 벗어나 민간인들을 대상으로 평소의 동향을 감시·파악할 목적으로 지속적으로 개인의 집회·결사에 관한 활동이나 사생활에 관한 정보를 미행, 망원 활용, 탐문 채집 등의 방법으로 비밀리에 수집·관리한 사건에서, 대법원은 헌법 제10조와 헌법 제17조는 개인의 사생활 활동이 타인으로부터 침해되거나 사생활이 함부로 공개되지 아니할 소극적인 권리는 물론, 오늘날 고도로 정보화된 현대사회에서 자신에 대한 정보를 자율적으로 통제할 수 있는

---

418 내지 421면(위 견해는 개인정보 유출로 인한 개인정보 자기결정권의 침해가 곧 정신적 손해발생을 의미하는 것이 아니고, 개인정보 유출로 인한 개인정보 자기결정권 침해로 정신적 손해가 발생한다는 경험칙이 존재하는 것도 아니라고 설명한다). 이원우, "개인정보 보호를 위한 공법적 규제와 손해배상 책임 - 개인정보 누출을 중심으로", 행정법연구 제30호(2011. 8.), 262 내지 265면(위 견해는 법익에 위해를 가하는 행위는 의무위반행위→침해행위→손해의 단계로 구성되고, 개인정보의 누출은 손해 발생의 위험을 야기하거나 증대시키기 때문에 규제의 대상이 되어야 하나, 그 자체로서 인격권의 침해라는 손해와 동일시되어서는 안 될 것이라고 한다).

73) 정상조·권영준(주 37), 44면.
74) 정상조·권영준(주 37), 46면.

적극적인 권리까지도 보장하려는 데에 그 취지가 있는 것으로 해석된다
고 설시하면서, 위와 같은 정보의 수집·관리는 헌법에 의하여 보장된
기본권을 침해하는 것으로서 불법행위를 구성한다고 판결하였고, 구 국군
보안사령부의 위법한 정보 수집·관리로 인하여 정신적 손해가 발생하였
음을 인정하였다.

나. 대법원 2011. 9. 2. 선고 2008다42430 전원합의체 판결[로마켓 변호사 정보제공 사건]

피고 회사가 인터넷 홈페이지 로마켓을 통하여 ① 변호사들의 이름,
사법연수원 기수, 출신 학교, 법원·검찰 근무 경력 등의 개인신상정보를
수집하여 인맥지수를 산출하여 공개하는 서비스 및 ② 대법원 홈페이지
에서 제공하는 나의 사건검색 서비스를 통해 수집한 사건정보를 이용하
여 변호사들의 승소율이나 전문성지수 등을 제공하는 서비스를 유료로
제공하였는바, 변호사들이 위 서비스에 대하여 금지를 청구한 사안이
다.[75] 대법원은 위 96다42789 판결을 인용하면서 "정보주체의 동의 없이
그의 개인정보를 공개하는 것이 그 정보주체의 인격적 법익을 침해하는
것으로 평가할 수 있다면 위법성이 인정된다."고 설시하였다. 그러나 한
편 누군가가 그 사람의 정보를 공개하는 등 표현행위의 대상으로 삼을
수 있는 법적 이익도 인정될 수 있으므로 개인이 공적인 존재인지 여부,
개인정보의 공공성 및 공익성, 개인정보 수집의 목적·절차·이용형태의 상

---

75) 당초 원고 변호사들은 위 서비스에 대한 금지와 함께 손해배상을 청구하였다.
이 사건의 제1심(서울중앙지방법원 2007. 7. 6. 선고 2006가합22413 판결)과 원심
(서울고법 2008. 4. 16. 선고 2007나74937 판결)은 ① 개인신상정보 및 인맥 지수
서비스 부분은 일반인의 알 권리 및 피고의 표현의 자유의 대상이 되는 정보이므
로 이 부분에 대한 금지청구는 기각하였고, ② 승소율 등을 제공하는 서비스 부분
은 원고들의 자기정보통제권을 침해하는 것으로 위법하다고 보아 금지청구를 인용
하는 한편, 원고들의 정신적인 피해를 이유로 한 손해배상 청구에 대하여서는 개
인의 정보가 명시적 동의 없이 타인에 의해 수집·이용되었다는 사실만 가지고 곧
바로 그 개인에게 정신적 손해가 발생하였다고 단정하기는 어렵고, 정신적 손해가
발생하였다는 사정이 구체적으로 입증되어야 할 것이나, 이러한 사정에 대한 증거
가 없다고 하여 이를 기각하였다. 원고들은 손해배상청구 부분에 대하여는 상고하
지 아니하고, 금지청구 부분에 대하여만 상고하였다.

당성, 개인정보 이용의 필요성, 개인정보 이용으로 인해 침해되는 이익의 성질 및 내용 등의 여러 사정을 종합적으로 고려하여, 개인정보에 관한 인격권의 보호에 의하여 얻을 수 있는 이익과 표현행위에 의하여 얻을 수 있는 이익을 구체적으로 비교 형량하여 그 행위의 최종적인 위법성 여부를 판단하여야 한다고 하였다. 이어 변호사들의 개인신상정보가 이미 불특정 다수인에게 공개된 정보라고 하더라도, 이에 의해 산출된 인맥지수는 법조인 간의 친밀도라는 사적이고 인격적인 정보라는 점과 그 산출과정에서의 왜곡가능성, 그 이용으로 인한 원고들의 이익 침해와 공적 폐해의 우려 등을 종합적으로 고려하면, 피고의 표현행위에 관한 법적 이익이 원고들의 인격적 법익에 비하여 우월하다고 볼 수 없어, 피고의 인맥지수 서비스 제공행위는 원고들의 개인정보에 관한 인격권을 침해하는 위법한 것이라고 보았다. 그러나 변호사인 원고들의 공적인 존재로서의 지위, 사건정보의 공공성 및 공익성, 승소율이나 전문성 지수 등의 산출방법의 합리성 정도 및 이용의 필요성, 그 이용으로 인하여 원고들의 이익이 침해될 우려의 정도 등을 종합적으로 고려하면, 피고의 승소율이나 전문성 지수 등을 제공하는 서비스를 하는 행위는 그로 인하여 얻을 수 있는 법적 이익이 정보주체의 인격적 법익에 비하여 우월한 것으로 보이므로, 승소율이나 전문성 지수 등 제공 서비스는 위법하지 않다고 보았다.

다. 대법원 2012. 12. 26. 선고 2011다59834, 59858, 59841 판결
　　[고객정보 유출 손해배상청구 사건]

주유 관련 보너스카드 회원으로 가입한 고객들의 개인정보(이름, 주민등록번호, 주소, 전화번호, 이메일 주소 등)를 데이터베이스로 구축하여 관리하면서 이를 이용하여 고객서비스센터를 운영하는 甲 주식회사로부터 고객서비스센터 운영업무 등을 위탁받아 수행하는 乙 주식회사 관리팀 직원 丙이 丁 등과 공모하여 보너스카드 회원의 고객정보를 빼내어 DVD 등 저장매체에 저장된 상태로 전달 또는 복제한 후 개인정보유출사실을 언론을 통하여 보도함으로써 집단소송에 활용할 목적으로 고객정보

가 저장된 저장매체를 언론관계자들에게 제공한 사안에서, 대법원은 개인
정보를 처리하는 자가 수집한 개인정보를 피용자가 정보주체의 의사에
반하여 유출한 경우, 그로 인하여 정보주체에게 위자료로 배상할 만한
정신적 손해가 발생하였는지 여부는 ① 유출된 개인정보의 종류와 성격
이 무엇인지, ② 개인정보 유출로 정보주체를 식별할 가능성이 발생하였
는지, ③ 제3자가 유출된 개인정보를 열람하였는지 또는 제3자의 열람
여부가 밝혀지지 않았다면 제3자의 열람 가능성이 있었거나 앞으로 열람
가능성이 있는지, ④ 유출된 개인정보가 어느 범위까지 확산되었는지, ⑤ 개
인정보 유출로 추가적인 법익침해 가능성이 발생하였는지, ⑥ 개인정보
를 처리하는 자가 개인정보를 관리해온 실태와 개인정보가 유출된 구체
적인 경위는 어떠한지, ⑦ 개인정보 유출로 인한 피해 발생 및 확산을
방지하기 위하여 어떠한 조치가 취하여졌는지 등 여러 사정을 종합적으
로 고려하여 구체적 사건에 따라 개별적으로 판단하여야 한다는 판단 기
준을 제시하였다. 이어 이 사건 개인정보는 이를 판매하기 위한 사전작
업을 하는 과정에서 한정된 범위의 사람들에게 전달 또는 복제된 상태에
서 이 사건 범행이 발각되어 이 사건 개인정보가 수록된 저장매체들이
모두 회수되거나 폐기되어 위 사람들 외의 제3자가 이 사건 개인정보를
열람하거나 이용할 수는 없었고, 개인정보를 유출한 범인들에게 이 사건
개인정보의 내용을 지득하거나 이용할 의사가 있었다고 보기 어려우며,
언론관계자들도 이 사건 개인정보의 구체적 내용을 인식한 것으로는 보
이지 아니하고, 이 사건 개인정보 유출로 인하여 명의도용이나 추가적인
개인정보 유출 등 후속 피해가 발생하였음을 추지할 만한 상황이 발견되
지 아니하는 점 등을 들어, 원고들에게 위자료로 배상할 만한 정신적 손
해가 발생하였다고 보기는 어렵다고 판단하였다.

　　라. 대법원 2014. 7. 24. 선고 2012다49933 판결[교원단체 및 교원노조
　　　　가입현황 실명자료 인터넷 공개 사건]

　　국회의원 등이 교원의 교원단체 및 교원노조 가입현황 실명자료를
인터넷을 통하여 공개한 행위에 대하여 원고인 교원노조 및 위 노조에

소속된 해당 교원들이 손해배상을 청구한 사건에서, 대법원은 이 사건 정보는 기관(학교)명, 교사명, 담당교과, 교원단체 및 노동조합 가입현황 등 특정 개인을 식별하거나 교원단체 및 노동조합 가입자 개인의 조합원 신분을 알 수 있는 내용 등 개인정보자기결정권의 보호대상이 되는 개인 정보에 해당하므로, 이 사건 정보를 일반 대중에게 공개하는 행위는 해당 교원들의 개인정보자기결정권의 침해에 해당한다고 봄이 상당하다고 판단하였다.[76] 나아가 이 사건 정보는 당시 국회의원이던 피고가 당시 교육과학기술부장관에게 정보를 전달받은 목적을 위반하여 이를 공개한 것인 점, 설령 학생이나 학부모가 해당 교원의 원고 전교조 가입 여부 등에 관한 정보를 알 필요가 있다고 하더라도 이를 외부에 널리 공표할 필요성까지 있다고 볼 수 없는 점, 특히 인터넷을 통하여 정보를 공개할 경우에는 게시된 정보가 순식간에 광범위하게 전파됨으로써 그로 인해 중대한 법익 침해의 결과가 발생할 가능성이 있는 점 등에 비추어 보면, 피고들이 이 사건 정보를 공개한 표현행위로 인하여 얻을 수 있는 법적 이익이 원고들의 법적 이익에 비하여 우월하다고 할 수 없어, 결국 피고들의 이 사건 정보 공개행위는 위법하다고 판단하였다.

마. 대법원 2016. 9. 28. 선고 2014다56652 판결[택시기사 위치정보 무단열람 사건]

택시회사의 전무인 피고1이 원고 택시기사들로부터 위치정보의 수집에 대하여 동의를 받지 아니하고 택시 콜 관제시스템을 통하여 원고들의 개인택시 위치정보를 차량번호와 함께 실시간으로 수집·열람하였고, 택시 콜 관제시스템을 운영하는 주식회사의 대표이사 피고2는 피고1이 원

---

76) 이 사건의 원심(서울고등법원 2012. 5. 18. 선고 2011나67097 판결)은 이 사건 공개행위로 인한 원고들의 개인정보자기결정권 및 단결권의 침해와 학생의 학습권, 학부모의 교육권, 학생이나 학부모의 알권리 및 언론기관의 언론의 자유와의 이익형량을 거쳐 이 사건 공개행위는 원고들의 개인정보자기결정권 및 단결권의 침해하는 불법행위라고 판단한 후, 정신적 손해 발생 여부에 대하여는 쟁점으로 삼지 아니하고 바로 손해배상의 범위에 대한 판단에 나아갔다. 대법원의 판단에서도 이 사건 공개행위가 원고들의 권리를 침해하는 것인지 여부와 위법성 등이 쟁점이 되었고, 손해발생 여부는 쟁점이 되지 아니하였다.

고 택시기사들의 위치정보를 열람할 수 있도록 하여 주었던 사건에서, 대법원은 위치정보를 다른 정보와 종합적으로 분석하면 개인의 종교, 대인관계, 취미, 자주 가는 곳 등 주요한 사적 영역을 파악할 수 있어 위치정보가 유출 또는 오용·남용될 경우 사생활의 비밀 등이 침해될 우려가 매우 크다고 지적하면서, 한편 제3자가 정보주체의 동의를 얻지 아니하고 개인의 위치정보를 수집·이용 또는 제공한 경우, 그로 인하여 정보주체에게 위자료로 배상할 만한 정신적 손해가 발생하였는지 여부는 대상판결의 설시와 같이 정보 주체의 식별 가능성, 제3자의 위치정보 열람 등 이용 여부, 위치정보가 수집·이용된 기간, 위치정보 수집 경위 및 정보를 관리 실태, 피해 발생 및 확산방지 조치 등 여러 사정을 종합적으로 고려하여 판단하여야 한다고 하였다. 이어 이 사건에서는 위치정보 수집에 대한 동의를 받지 않고 정보를 수집·열람한 행위는 위치정보법에 위반된 행위로서 원고들에 대한 불법행위를 구성하고, 위치정보를 통하여 택시기사들이 원고들을 포함한 다른 택시기사들과 모여 있는지 여부 등을 파악하고, 이에 따라 직접 현장에 가서 택시기사들의 도박행위 또는 음주행위 등을 확인하는 등 택시기사들의 평소의 동향 확인에 위치정보를 이용하였고 그 기간이 2년이 넘는 장기간인 점 등을 종합하여 보면, 원고들의 사생활의 비밀 등이 침해되었다고 할 것이므로, 특별한 사정이 없는 한 원고들이 정신적 고통을 입었다고 보는 것이 상당하다고 판시하였다.

바. 종래 판례의 검토

(1) 판례는 민간인의 동향 수집행위에 대하여 헌법에 의해 제10조와 제17조에 의하여 개인정보를 통제할 수 있는 적극적인 권리가 보장된다고 설시하면서 '헌법에 의하여 보장된 기본권' 침해에 대한 불법행위책임을 인정한 바 있고(군 정보기관 민간인 사찰 사건), 개인정보의 인터넷 공개 행위에 대하여 위법한 '개인정보자기결정권'의 침해를 이유로 손해배상책임을 인정하였다(교원단체 가입현황 인터넷 공개 사건). 또한 손해배상청구가 아닌 금지청구에 대한 판단이기는 하나, 변호사들의 인맥지수 서

비스 제공 행위는 위법한 변호사들의 '개인정보에 관한 인격권' 침해라고
판단하기도 하였다(로마켓 사건). 위의 사안들은 주로 침해의 위법성의
판단이 주된 쟁점이 되어 개인정보에 관하여 침해된 기본권 등 법적 이
익의 내용과 그에 대한 이익형량이 문제되었고, 손해의 발생 여부는 별
다른 쟁점이 되지 아니하였다. 한편, 개인정보의 유출과 열람이 문제된
고객정보 유출 손해배상청구 사건과 택시기사 위치정보 무단열람 사건에
서는 개인정보 관련 법률을 위반한 행위로서 행위의 위법성은 인정되고
다만 손해의 발생 여부가 쟁점이 되었는데, 대법원은 개인정보자기결정권
에 대하여 명시적으로 언급하지 아니하고 다만 위자료로 배상할 만한 '정
신적 손해' 발생 여부를 여러 사정을 고려하여 종합적으로 판단하여야 한
다고 설시하였고, 특히 택시기사 위치정보 무단열람 사건에서는 '사생활
의 비밀 등'이 침해되었다고 하면서 그 손해 발생을 인정하였다.

   (2) 위법성 또는 손해의 발생 등 그 쟁점은 상이하나 개인정보의 침
해로 인한 손해배상책임이 인정된 사안에서 판례가 구체적으로 파악하는
피침해법익의 내용을 살펴보면, 그 피침해법익은 개인정보에 대한 정보주
체의 결정권에 대한 침해 자체라기보다 프라이버시권 또는 포괄적인 인
격권의 침해로 보인다.

   군 정보기관 민간인 사찰 사건에서는 ① 국가기관인 구 국군보안사
령부가 직무범위를 벗어나 ② 민간인의 집회 · 결사에 관한 활동이나 사
생활에 관한 정보를 ③ 미행, 망원 활용, 탐문채집 등의 방법으로 비밀리
에 수집 · 관리한 것이 문제되었다. 이 사안은 개인정보가 의사에 반하여
수집되었다는 차원을 넘어 국가기관의 부당한 추적 · 감시에 의한 정보
수집을 통하여 민간인의 사적 평온이 침해된 것으로 볼 수 있는 사안으
로,[77] 대법원은 위와 같은 사정하에서는 수집한 정보가 제3자에게 공표되
었는지 여부와 상관없이 수집 · 관리 자체로 불법행위를 구성할 수 있음
을 인정하였다.

---

77) 이인호(주 49), 137, 138면.

또한 교원단체 가입현황 실명자료 인터넷 공개 사건에서 대법원은 ① 기관(학교)명, 교사명, 담당교과, 교원단체 및 노동조합 가입현황 등 특정 개인을 식별하거나 교원단체 및 노동조합 가입자 개인의 조합원 신분을 알 수 있는 내용 등 개인정보자기결정권의 보호대상이 되는 개인정보를 ② 인터넷을 통하여 널리 공개한 것을 개인정보자기결정권의 침해로 판단하였다. 조합원 신분 등에 대한 정보는 사회적 영역에서의 활동과 관련된 것이라고 하더라도 개인의 사적 영역에 가까운 것이고, 원고들도 사생활의 비밀과 자유가 침해되었다는 주장을 하였다.[78] 나아가 대법원은 위 공개 행위의 위법성에 대한 판단에서 ① 개인정보가 외부에 널리 공표되었다는 점과 ② 특히 인터넷을 통하여 정보를 공개한 경우 게시된 정보가 순식간에 광범위하게 전파됨으로써 그로 인해 중대한 법익 침해의 결과가 발생할 가능성이 있는 점을 주요 근거로 들고 있다. 결국 이 사안에서 개인정보자기결정권을 침해한다고 판단된 개인정보의 공개 행위는 사적 사실의 공개로 인한 프라이버시권의 침해 행위로도 포섭할 수 있다.[79]

로마켓 사건은 손해배상청구가 아닌 금지청구에 관한 판단이기는 하나, '개인정보에 대한 인격적 이익의 침해'[80]를 인정하였으므로, 그 내용

---

78) 이 사건의 원심은 설령 원고의 주장과 같이 공개된 정보가 사상·신조와 무관한 정보라고 하더라도 위 정보는 교원의 지위 및 활동에 영향을 미칠 수 있는 정보로서, 공적 영역에서는 물론 사적 영역에서도 일반적인 개인정보보다 더 두텁게 보호받는 것으로 해석함이 상당하여 공개될 경우 사생활의 비밀 또는 자유나 인격권에 기초한 개인정보자기결정권을 침해할 우려가 있는 정보에 해당하여 원칙적으로 공개할 수 없다고 봄이 상당하다고 판시하였다(서울고등법원 2012. 5. 18. 선고 2011나67097 판결).

79) 이은재, "개인정보에 대한 규제체계의 기초-보론", 고학수 편, 개인정보 보호의 법과 정책, 박영사(2016), 52면은 "본질적으로 이 사건은 전교조 명단의 공개가 사적 사실의 공개로서 사생활 침해가 될 수 있는가 여부에 대한 판단으로 해결할 수도 있었을 것"이라고 한다.

80) 이 사건에서 문제되는 원고들의 기본권으로 원심에서는 '자기정보통제권'을 들었으나, 아직 사법영역에서는 그 의미가 불분명하므로 대법원은 '자기정보통제권'이 아니라 '인격권'의 침해 여부를 문제 삼았다고 한다. 이수영, "로마켓의 변호사정보 제공의 위헌 여부-대법원 2011. 9. 2.자 선고 2008다42430 전원합의체 판결-", 정의로운 사법: 이용훈 대법원장 재임 기념, 사법발전재단(2011), 680면.

을 검토하는 것은 대법원이 이해하는 개인정보에 대한 권리의 구체적인 내용을 파악하는 데에 도움이 될 것이다. 이 사안에서 대법원은 로마켓이 법조인의 개인 신상정보를 이용하여 인맥지수를 산출한 부분에 대하여 인맥지수는 이미 불특정 다수인에게 공개된 변호사들이 개인신상정보와 달리 '법조인 간의 친밀도라는 사적이고 인격적인 정보'를 내용으로 하는 새로운 정보라고 하면서 인맥지수 제공 서비스를 개인정보에 관한 인격권을 침해하는 위법한 것으로 판단하였다. 그러나 로마켓이 대법원 홈페이지에서 제공하는 사건검색 서비스를 통해 얻은 사건정보에 일정한 공식을 적용하여 승소율, 전문성 지수를 산출한 부분에 대하여는 변호사는 공공성을 지닌 법률 전문직으로서 사건정보는 변호사 개인의 사적이고 내밀한 영역보다는 '변호사의 직무수행의 영역에서 형성된 공적 정보'로서의 성격을 강하게 지니고 있고, 그러한 공적 정보로서의 성격은 이 사건 사건정보가 피고에 의하여 변호사별로 재가공되더라도 변함이 없다면서 정보의 공공성 및 공익성 등을 근거로 승소율 등 지수 제공 서비스는 위법하지 않은 것으로 보았다. 구체적인 위법성 판단 과정에 있어서 대법원은 두 서비스 간의 차이를 인맥지수의 사적 · 인격적 성격[81]과 사건정보의 공공성 및 공익성에 두면서, 사적인 영역에 대한 공개에 대하여는 인맥지수 이용으로 인한 변호사들의 이익 침해와 공적 폐해의 우려 등을 종합적으로 고려하여, 그 정보주체의 인격적 법익이 더 강하게 보호되는 것으로 판단한 것이다.

택시기사 위치정보 무단열람 사건에서 제1심[82]은 위법한 위치정보 수집으로 인해 원고인 택시기사들이 택시운행정보가 노출되는 등 상당한 정신적 고통을 입었을 것임이 경험칙상 추단된다고 하면서 위자료를 인정하였으나, 원심[83]은 피고들이 시스템 구동과정에서 그 구동상황을 보게

---

81) 다만, 이 사건 인격지수는 이미 공개된 개인신상정보를 토대로 로마켓이 가공하여 산출한 정보이므로, 이를 변호사들의 사적 · 인격적 정보라고 본 대법원의 다수의견의 판단에는 의문이 있다. 반대의견 또한 인맥지수는 피고의 개인적 의견에 가까운 것이라고 지적하고 있다.

82) 수원지방법원 성남지원 2013. 9. 24. 선고 2012가단49376 판결.

된 것에 불과하고, 피고들이 원고들의 위치정보를 어떤 방법으로 이용하였는지가 구체적으로 특정되지 않는다는 등의 이유로 원고들에게 위자료로 배상할 만한 정신적 손해가 발생하였다고 인정하기 어렵다고 판단하였다. 그러나 대법원은 위치정보는 유출 또는 오용·남용될 경우 사생활의 비밀 등이 침해될 우려가 매우 크다고 전제한 후, 이 사건에서는 원고들의 개인위치정보가 택시회사에 장기간 제공되어 원고들의 평소의 동향 확인에 이용됨으로써 원고들의 '사생활의 비밀 등'이 침해되었다고 할 것이므로 정신적 고통을 입었다고 봄이 상당하다고 판단하였다. 대법원은 개인위치정보의 노출 자체로 정신적 고통을 입었다고 인정한 제1심과 달리 정보의 이용 여부 및 이용의 목적 등의 제반 사정을 통해 사생활의 비밀 등이 침해되었음을 인정한 이후 정신적 손해가 발생하였다고 판단한 것이다.

(3) 한편, 대법원이 개인정보 침해로 인한 정신적 손해의 발생을 부정한 고객정보 유출 손해배상청구사건에서는, 피고들이 경제적 목적을 얻을 목적으로 개인정보를 유출시켰으나, 대법원은 피고들이나 이 사건 개인정보를 전달받은 언론관계자들이 개인정보의 구체적 내용을 실질적으로 인식하지 아니하였고, 개인정보가 한정된 범위의 사람 외의 제3자에게 유출되지도 아니하였으며, 추가적인 후속 피해가 발생한 상황이 발견되지 아니한다는 점 등을 들어 정신적 손해의 발생을 부정하였다. 이 사건에서 개인정보가 정보주체의 의사에 반하여 유출되었음에도 정신적 손해의 발생을 인정하지 아니하고 손해배상책임을 인정하기 위하여 확대된 제3자에 대한 유출 등을 요구한 것에 대해 비판하는 견해가 있다.[84] 이

---

83) 수원지방법원 2014. 7. 17. 선고 2013나41513 판결.
84) 이 사건과 같이 개인정보가 유출되었지만 아직 공개되지 않은 경우는 위자료의 액을 정함에 있어서 고려하여야 할 사항이지, 이를 위자료의 인정여부의 기초로 판단할 수는 없다고 할 것이라는 견해[고형석, "개인정보침해와 피해구제에 관한 연구", 법조 제60권 제10호(2011. 10.), 281, 282면], 개인정보가 한정된 범위에서 유출된 경우에 피해자들의 정신적 손해 자체가 발생하지 않았다고 볼 수 있는지는 의문이며, 자신도 모르는 사이에 사진이 찍힌 것만으로도 정신적 손해를 인정할 수도 있는 등 우리 민법에서는 다른 나라와는 달리 정신적 손해에 대한 위자료를

사안을 앞서 손해배상을 인정한 사안들과 비교하여 보면, 사적 평온이
침해되었다거나 또는 사적 사실이 공개된 것으로 포섭할 수도 있는 앞의
사안들과는 궤를 달리하는 것으로 보이는데, 먼저 ① 유출된 개인정보는
이름, 주민등록번호, 주소, 전화번호 등으로 보호가치가 높은 정보이기는
하나, 그 정보 자체는 개인의 동일성의 식별, 서비스의 제공 등을 위하여
사회 활동 속에서 널리 사용되는 객관적인 성격의 것으로 개인의 인격적
사항이나 내밀한 사생활과 관련된 것으로 볼 수는 없고,[85] 또한 ② 개인
정보가 피고들 등에게 구체적으로 인식되거나 제3자에게 널리 유출되지
도 아니하여 개인정보가 공개되지 아니하였기 때문이다.

(4) 고객정보 유출 손해배상청구사건과 택시기사 위치정보 무단열람
사건을 함께 살펴보면, 대법원은 위법한 개인정보의 열람·유출 등 개인
정보자기결정권의 침해만으로는 정신적 손해가 발생하였다고 인정할 수
는 없음을 전제로, ① 침해된 개인정보의 종류와 성격, ② 정보주체의 식
별 가능성, ③ 개인정보의 열람 및 이용 여부, ④ 추가적인 법익침해 가
능성, ⑤ 개인정보 관리 실태 및 개인정보가 유출 또는 이용된 구체적인
경위, ⑥ 피해 발생 및 확산 방지 조치가 취하여졌는지 등 여러 사정을

쉽게 인정하고 있는데다가 위자료의 산정단계에서도 법원의 폭넓은 재량을 인정하
고 있기 때문에, 개인정보의 유출에 대해서 정신적 손해 자체를 부정하는 것은 정
합성이 없다는 비판이 있을 수 있다는 견해[김재형, "2012년 분야별 중요판례분석 민법
(하)", 법률신문(2013. 2. 28. https://www.lawtimes.co.kr/Legal-News/Legal-News-View?se-
rial=72833 최종방문 2018. 11. 1.)] 등이 제시된 바 있다.

85) 헌법재판소는 개인의 신상과 밀접히 연관된 개인정보라고 할 수 있는 지문정보
에 대하여도 개인의 인격과 밀접히 연관되어 있지 않아 보호정도가 높다고 할 수
없다고 판시한 바 있다. 주민등록증 발급신청서에 열 손가락 지문을 찍도록 규정
한 주민등록법 시행령이 개인정보자기결정권을 침해하는지 여부가 문제된 2015.
5. 28. 2011헌마731 사건[지문날인제도의 위헌 여부에 대한 헌법재판소 2005. 5.
26. 선고 99헌마513, 2004(병합) 결정과 동일한 쟁점에 대한 사건이다]에서, "지문
정보는 일반적인 개인정보와는 달리 생체정보에 해당하기는 하지만, 개인의 동일
성을 확인할 수 있는 하나의 징표일 뿐, 종교, 학력, 병력, 소속 정당, 직업 등과
같이 정보 주체의 신상에 대한 인격적·신체적·사회적·경제적 평가가 가능한 내
용이 담겨 있지 아니하므로, 그 자체로는 타인의 평가로부터 단절된 중립적인 정
보라는 특성을 가지고 있어, 유전자정보와 같은 다른 생체정보와는 달리 개인의
인격에 밀접히 연관된 민감한 정보라고 보기는 어"려워, "유전자정보 등과 같은 다
른 생체정보와는 달리 그 보호정도가 높다고 할 수 없"다고 판시하였다.

종합적으로 고려하여 구체적 사건에 따라 정신적 손해 발생 여부를 개별적으로 판단하여야 한다고 하고 있다. 앞서 살펴본 개인정보의 침해로 인한 손해배상책임이 쟁점이 된 사건에서 대법원은 손해의 발생이나 위법성의 인정과 관련하여 침해되는 법익을 프라이버시권 등의 침해의 관점에서 파악하는 경향이 있음이 발견되고, 대법원이 개인정보자기결정권을 헌법상 인정되는 기본권으로 인정하는 설시를 한 바는 있지만, 사법의 영역, 특히 불법행위법의 영역에서 개인정보에 대한 법익의 내용과 보호범위를 어떻게 설정하고 있는지는 불분명한 점이 있다. 다만 대법원은 손해배상책임의 인정과 관련하여 여러 판단기준을 종합적으로 제시하고 있을 뿐 그 기준의 내용이나 적용 기준이 아직 구체화되었다고 보기에는 어려우므로, 개별 사안에 따라서는 피침해법익을 더 넓은 범위에서 파악할 가능성도 열어 두었다고 할 것이다.

5. 검 토

개인정보가 정보주체의 의사에 반하여 다루어짐으로써 개인정보자기결정권이 침해되었다는 것만으로 정신적 손해의 발생을 인정하기는 어렵다고 할 것이다. 우리나라에서 위자료로 배상하여야 하는 손해는 현실적인 정신적 고통에 대한 배상이 아니라 비재산적 손해를 포함하는 개념으로 해석되므로[86] 인격권인 개인정보자기결정권에 대한 법익 침해 자체로서 손해가 발생한 것으로 보아야 한다는 견해는 일견 논리적 정합성이 있는 것으로 보이기는 한다. 또한 이와 같은 견해는 정보주체의 자기결정 자체를 충실히 보호할 수 있을 것이다.[87] 그러나 일반적으로 개인정보자기결정권은 개인정보의 이용 등에 대하여 정보 주체가 스스로 결정할 수 있는 권리로 이해되어 그 개념적인 범주가 몹시 넓다. 이와 같은 넓은 개념을 그대로 적용하면 기존의 불법행위 영역에서 다루어졌던 프라

86) 편집대표 곽윤직, 민법주해 제18권 채권(11), 박영사(2005), 330면(윤용섭 집필 부분).
87) 이소은(주 28), 190면.

이버시권, 초상권, 성명권 등 별개의 인격적 법익에 대한 침해 사안 또한
궁극적으로는 개인에 대한 정보의 동의 없는 이용 또는 공개 행위로 환
원할 수 있을 것이므로, 이를 모두 개인정보자기결정권의 침해로 구성할
수 있을 것인데, 개인정보자기결정권을 위와 같이 포괄적이고 강력한 권
리로 인정할 수 있을 것인지 의문이 있다. 이와 같이 개인정보자기결정
권은 그 내용과 보호범위가 아직 충분히 구체화되지 못한 권리로서, 지
금까지 살펴 본 여러 견해들에서 볼 수 있는 것과 같이 그 내포와 외연
에 있어서 불명확성이 크다.[88] 나아가 개인정보의 개념하에 개인의 신체,
신념 등과 같이 민감한 사항에 관한 것 뿐 아니라 성명, 주민등록번호,
주소, 전화번호 등 중립적인 정보도 포함되어 있어 보호가치가 상이한
정보들이 혼재되어 있으며, 개인정보 중의 상당 부분은 인간이 공동체에
서 어울려 살아가는 한 다른 사람들과의 관계에서 식별되고 전달되는 것
이 필요한 정보가 있고,[89] 타인의 개인정보에 대하여도 표현의 자유나 알
권리, 정보의 자유 등의 법익이나 개인정보의 사회적 가치에 대한 활용
의 필요성도 존재할 수 있어,[90] 개인정보자기결정권도 제한이나 이익형량
의 대상이 되는 것이다. 이러한 개인정보자기결정권의 침해에 대하여 어
느 정도까지 수인이 가능한 것으로 볼 것이고, 어떤 침해 사안에 대하여
위자료로 배상할만한 손해가 발생하였다고 판단할 것인지, 또한 정보주체
가 가지는 개인정보에 대한 권리와 정보 이용에 대한 이익을 어떻게 형
량할 것인지에 관하여 사회 공동체의 법규범이나 경험칙이 충분히 형성
되었다고 보기도 어렵다. 결국 개인정보자기결정권의 침해와 손해의 발
생은 구분된다고 보아야 할 것이나, 이는 또다시 무엇을 손해로 포착하
여야 할 것인가에 대한 문제로 귀착된다. 개인정보의 침해로 인한 손해
의 발생 여부는 기계적·일률적으로 판단할 수 없고, 구체적인 사안에

---

88) 정상조, 권영준(주 37), 24면. "프라이버시는 모든 것에 대한 것으로 보이므로,
　　따라서 아무 것도 아닌 것처럼 보인다."는 지적도 참고할 만하다. Daniel J.
　　Solove, "A Taxonomy of Privacy", 154 U. Pa. L. Rev. 477, 479 (2006).
89) 권형둔(주 34), 115 내지 119면.
90) 권영준(주 16), 694면.

따른 법익 침해의 내용과 정도를 살펴 규범적으로 판단할 수밖에 없다. 기술의 발전과 정보 처리의 고도화에 따라 개인정보의 침해로 인한 법익 침해의 다양한 사례들은 기존의 손해 개념으로 평가하기 어려운 새로운 양상을 보이고 있으므로, 개인정보에 대한 법익의 내용을 구체화·체계화하고 새로운 개인정보 침해 사안에 대한 손해의 인식·평가 방안을 세우기 위한 논의가 계속되어야 할 것이다.

대법원이 개인정보의 침해 사안에서 앞서 살펴본 것과 같은 여러 사정을 종합적으로 고려하여 구체적 사건에 따라 정신적 손해 발생 여부를 개별적으로 판단하도록 하고 있는 것은 동의 없는 개인정보의 수집·처리·유출 등의 침해 행위가 어느 정도에 이르렀을 때 손해가 발생하였다고 평가할 것인가에 대하여 예측 가능하고 일관성 있는 기준을 제시하여 주는 것은 아니다. 그러나 개인정보에 대한 권리의 보호 내용과 보호가 확고하게 정립되어 있지 않을 뿐 아니라 그 보호 정도를 일률적으로 정할 수 없고, 기술의 발달과 함께 다종다양한 개인정보의 침해 사례가 늘어나고 있는 상황에서는 일응 타당한 접근으로 보인다. 앞으로 손해의 발생에 대한 판단 기준을 어떻게 적용하여 구체화할 것인지는 사안이 더욱 축적되어야 할 것이다. 대상판결은 그 판단 기준을 사안에 적용하여 개인정보에 대한 보호법익을 구체화해나가는 과정에서 중요한 선례가 된다고 할 것이다.

VI. 대상판결의 검토

1. 유사 쟁점에 대한 미국 캘리포니아 북부 연방지방법원에서의 판단

이 사건에서 문제된 피고 애플의 iOS4의 위치정보의 수집과 관련하여 미국의 이 사건 기기 구매자들도 피고 애플에 대한 집단소송을 제기하였다.[91] 원고들은 저장통신법(Stored Communication Act) 위반, 도청법

---

91) 대상사건과 유사하게, 이 사건의 원고들도 애플이 iOS4 소프트웨어를 배포하면서, 미국 전역의 통신기지국과 무선 네트워크 위치 정보에 대한 광범위한 데이터베이스를 구축하기 위해 고의적으로 원고들의 정확한 지리적 위치를 수집하고 그

(Wiredtap Act) 위반, 캘리포니아 주 헌법상 프라이버시권 침해, 과실에 의한 불법행위(negligence), 동산에 대한 침해로 인한 불법행위(trespass), 소비자보호법(Consumer Legal Remedies Act) 위반 등 10여개에 이르는 다양한 청구원인을 주장하였는데, 원고들의 청구는 주장 자체로 청구를 인용하기에 부족하다(failure to state a claim)는 이유로 각하되거나 약식판결(summary judgment)로 기각되었다.[92] 대상판결의 검토와 관련이 되는 범위 내에서 청구원인과 그에 대한 판단 내용을 살펴본다.

먼저 원고들은 애플이 캘리포니아 주 헌법에서 보장되는 프라이버시권(right to privacy)을 침해하였다고 주장하였다. 법원은 캘리포니아 주 헌법에 기한 프라이버시권은 사적 주체에 의힌 프라이버시권의 침해에 대하여도 개인을 보호하며, 프라이버시권의 침해를 원인으로 한 청구를 위하여 원고는 ① 법적으로 보호되는 프라이버시 법익(privacy interest), ② 제반 사정하에서 인정되는 프라이버시에 대한 정당한 기대, ③ 보호되는 프라이버시 법익에 대한 중대한 침해(serious invasion)에 해당하는 피고의 행위가 있음을 주장하여야 하고,[93] 프라이버시에 대한 침해는 그 침해의 성격, 범위, 그리고 현

위치 정보를 기기에 저장하였으며, 애플은 사용자가 이 사건 기기에서 위치서비스 기능을 "끔"으로 설정하면 애플의 위치정보수집을 막을 수 있는 것처럼 표시하였지만, 사용자가 기능을 끈 경우에도 사용자의 위치정보를 수집·저장하였다고 주장하였다. In re iPhone Application Litig., 844 F. Supp. 2d 1040, 1050, 1051 (N.D. Cal. 2012).

92) In re iPhone Application Litig., 844 F. Supp. 2d 1040 (N.D. Cal. 2012), In re iPhone Application Litig., 6 F. Supp. 3d 1004 (N.D. Cal. 2013). 캘리포니아주 부정경쟁방지법(California's Unfair Competition Law) 및 소비자보호법에 기초한 청구는 약식판결로 기각되었고, 기타 청구는 각하되었다. 약식판결은 원고 또는 피고가 약식판결을 신청하여 주요 사실에 대해 진정한 다툼이 없음(no genuine dispute as to any material fact)을 보인 경우 변론을 진행하지 아니한 채 사건 전체나 청구 또는 방어 방법의 일부에 대하여 신청한 원고 또는 피고의 승소 판결을 하는 절차이다(연방민사소송규칙 56조). 연방민사소송규칙 12(b)(6)에 의하여 원고의 주장 자체로 청구를 인용하기에 부족하다는 이유로 각하를 하는 것은 청구의 법적 충분성을 시험하는 절차로서, 법원은 원고의 주요 사실에 대한 주장을 사실로 간주하였을 때 청구가 표면적으로 타당하여 보이는지(plausible)를 판단한다. In re iPhone Application Litig., 844 F. Supp. 2d 1040, 1052, 1053 (N.D. Cal. 2012).

93) 이러한 요건들은 피고가 그 행위에 대하여 설명하거나 정당화할 것조차 요구되지 아니하는 프라이버시 법익에 대한 사소한 침해와 관련된 청구들을 걸러내기 위

실적 또는 잠재적인 영향 등을 고려하였을 때 침해가 충분히 중대하여 프라이버시권의 기초가 되는 사회규범(social norms)에 대한 중대한 위반(egregious breach)에 해당하여야 한다고 설시한 후, 원고들이 애플의 행위가 중대한 침해에 해당한다는 것을 보이지 못하고 있다고 판단하였다.[94]

또한 원고들은 애플의 과실에 의한 불법행위(negligence)를 주장하였다. 법원은 캘리포니아 주법에 의한 과실에 의한 불법행위의 구성요건으로 ① 법적인 주의의무, ② 주의의무의 위반, ③ 그 위반이 직접적이고 법적인 원인이 되어 손해(injury)가 발생할 것이 요구되고, 이때의 손해는 평가 가능하고(appreciable), 추정적인 것이 아니며(nonspeculative), 실재하는 것(present)이어야 하는데, 원고들이 주장하는 손해는 민감한 개인정보의 안전에 대한 위험성의 증대 등과 같은 지나치게 추정적인 것으로서 캘리포니아 주법이 과실에 의한 불법행위에서 요구하는 손해에 해당하지 않는다고 판단하였다.[95]

원고들이 주장하는 애플의 위치정보 수집 행위가 사회규범상 프라이버시권에 대한 중대한 침해에 해당한다고 볼 수 없고, 위 침해 행위로 인한 구체적인 손해가 주장되고 있지 않다고 본 미국 연방법원의 판단은 손해배상책임의 발생을 인정하지 아니한 대상판결의 판단과 구체적인 법적 논리의 구성은 다르지만 규범적 차원에서는 유사한 맥락에 있는 것으로 보인다.

2. 위치정보법에 정한 동의 절차 위반 자체에 따른 손해배상책임 인정 여부

가. 문제의 소재

이 사건의 원고들은 피고들이 위치정보법에서 정하고 있는 원고들의 동의권을 침해하였으므로 그 자체로 손해배상책임이 발생한다는 취지의

한 것이라고 한다[In re iPhone Application Litig., 844 F. Supp. 2d 1040, 1063. (N.D. Cal. 2012)].

94) In re iPhone Application Litig., 844 F. Supp. 2d 1040, 1063. (N.D. Cal. 2012).
95) In re iPhone Application Litig., 844 F. Supp. 2d 1040, 1064. (N.D. Cal. 2012).

주장도 하였다.[96] 위치정보법 위반 행위 자체로 손해배상책임이 인정될
수 있는지 여부에 관하여 살펴본다.

나. 검   토

개인정보자기결정권의 핵심은 개인정보처리를 정보주체의 자기결정
에 따르도록 하는 것이며, 이를 구현하는 가장 기본적이고 핵심적인 제
도로서 개인정보보호법제에서는 수집·이용 등 개인정보의 처리에 관하
여 정보주체의 동의권을 보장하고 있다(개인정보보호법 제4조 제2호, 제15조
제1항 제1호, 위치정보법 제15조 제1항 등).[97] 대상
판결의 사안에서 피고 애플이 제공한 최종사용자 소프트웨어라이선스 또
는 iOS 업그레이드 시 동의 요구서에는 사용자가 위치서비스 기능을 "끔"
상태에 둠으로써 위치정보수집 등에 대한 동의를 철회할 수 있도록 명시
되어 있었음에도[98] 사용자의 위치정보를 수집한 것은 위치정보법에서 보
장한 동의권을 침해한 것이다. 그러나 위치정보법은 개인정보 침해에 대
응하기 위한 공법적 위험규제 수단으로서[99] 위 법에서 규율하는 동의권
이 정보주체에게 바로 사법상 권리를 보장하는 것으로 해석하기 어렵다.
또한 위치정보법 제27조는 정보주체가 위치보호법의 위반행위로 손해를
입은 경우 손해배상을 청구할 수 있다고 규정하여 법 위반행위 외에 손
해의 발생이 있을 것을 요구하고 있다. 따라서 위치정보법 위반행위 자
체로 손해배상책임이 인정될 수는 없고, 손해 발생 여부를 구체적으로
판단하여 보아야 할 것이다. 대상판결 또한 원고들의 위치정보법상 동의
권 침해 주장에 대하여 따로 판단하지 아니하고, 여러 사실관계를 종합
하여 피고들의 손해배상책임을 인정하지 아니하였다.

---

96) 윤형준, "아이폰 위치정보 수집 불법성 논란", 매일경제(2011. 7. 30. http://news.mk.co.kr/news-
   Read.php?year=2011&no=495285 최종방문 2018. 10. 17.)
97) 이새롬, "개인정보 보호와 동의제도에 관한 연구: -최근 판결례의 분석을 통하
   여-", 사법논집 제65집(2017), 354면.
98) 부산고법 2015. 11. 5. 선고 (창원)2014나21277, (창원)21284, (창원)21291, (창원)21307,
   (창원)21314 판결.
99) 이원우(주 72).

3. 동의 없는 위치정보 또는 개인위치정보 수집으로 인한 정신적 손해 발생 여부

대상판결은 정보주체의 동의를 얻지 아니하고 개인의 위치정보를 수집한 경우, 그로 인하여 손해배상책임이 인정되는지는 위치정보 수집으로 정보주체를 식별할 가능성이 발생하였는지, 정보를 수집한 자가 수집된 위치정보를 열람 등 이용하였는지, 위치정보가 수집된 기간이 장기간인지, 위치정보를 수집하게 된 경위와 그 수집한 정보를 관리해 온 실태는 어떠한지, 위치정보 수집으로 인한 피해 발생 및 확산을 방지하기 위하여 어떠한 조치가 취하여졌는지 등 여러 사정을 종합적으로 고려하여 구체적 사건에 따라 개별적으로 판단하여야 한다는 기준을 설시하고 있는바, 이는 앞서 살펴 본 고객정보 유출 손해배상청구사건과 택시기사 위치정보 무단열람 사건에서 제시된 기준과 유사한 것이다.[100] 대상판결은 구체적으로 ① 이 사건 기기에서 애플로 전송된 정보로는 특정 기기나 사용자가 누구인지 알 수 없고, 이 사건 기기 내 데이터베이스에 저장된 정보는 기기의 분실·도난·해킹 등이 발생하는 경위 외에는 외부로 유출될 가능성이 없으며, ② 이 사건 기기의 사용자들은 피고들이 위치정보를 수집하여 위치서비스제공에 이용하는 것을 충분히 알 수 있었고, ③ 위치정보 등 수집 버그는 위치기반서비스 기술의 개발 및 정착 단계에서 발생한 시행착오에 불과하고, 피고들에게 개인위치정보 등을 침해하려는 목적이 있었던 것으로 보이지 않으며, ④ 피고 애플은 버그를 신속히 수정하는 등 피해 발생이나 확산을 막기 위한 노력을 기울였고, ⑤ 수집된 위치정보나 개인위치정보는 위치정보시스템의 정확도를 높이기

---

100) 대상판결에서는 이 사건 위치정보 또는 개인위치정보의 수집으로 인하여 원고들에 대한 손해배상책임이 인정된다고 보기는 어렵다고 판단하고 있을 뿐 정신적 손해 발생 여부에 대하여 언급하고 있지 않으므로 손해 발생 외에 다른 구성요건에 대하여도 판단한 것인지 여부에 대하여 의문이 생길 수 있다. 그러나 원고들의 손해배상청구의 근거가 된 구 위치정보법 제27조는 위치정보법의 위반행위와 손해의 발생을 손해배상청구의 요건으로 하고 있고, 피고들의 위치정보법 위반행위는 인정되므로, 결국 대상판결에서는 정신적 손해의 발생을 부정한 것으로 보인다.

위하여 사용되었을 뿐이고, 제3자에게 유출된 것으로 보이지 않는다는 점을 들고 있다. 택시기사들의 위치정보를 열람하고 택시기사들의 동향 파악에 적극적으로 이용하여 사생활의 비밀 등을 침해한 택시기사 위치 정보 무단열람 사건과 달리, ①, ③, ⑤의 사정은 피고 애플에게 전송된 것은 위치정보이고, 개인위치정보는 피고들에게 직접 전송되거나 제3자에게 유출되지 아니하였으며, 그 정보의 수집은 버그로 인하여 발생하였고 수집된 위치정보는 위치정보시스템의 구축 등을 위하여 기계적 · 자동적으로 처리되었을 뿐으로서 피고들이 원고들의 부동의에도 불구하고 위치 정보를 수집할 것을 의욕하였다거나 개인의 사생활 등을 침해할 목적이 있었다고 인정하기 어렵고, 나아가 이와 같은 사정을 종합하여 보면 원고들의 사생활의 비밀 등이 침해되었다고 보기도 어렵다는 점에서 손해의 발생에 부정적인 요소로 파악하였던 것으로 이해할 수 있다.[101] 다만, ②의 사정은 사용자의 동의 없는 위치정보수집의 위법성이 인정되었음에도 사용자가 위치정보 수집 여부를 알 수 있었다는 것을 정신적 손해 발생의 부정적인 요소로 들고 있는 것이어서, 그 취지가 조금 모호한 점이 있다. ④의 사정과 관련하여서는, 버그를 신속히 수정하지 아니하여 장기간 동의 없이 위치정보를 수집하였거나 위치정보의 수집이 계속된 결과 위 위치정보의 유출 등이 발생하여 추가적 피해가 발생하였다거나 피해가 확산되었다면 그것 자체로 손해배상책임 인정의 긍정적 요소가 될 수는 있을 것이고, 구체적인 피해가 발생 내지 확산되지 아니하였다면 그것이 손해배상책임 인정의 부정적인 요소가 될 수 있을 것이나, 피고들의 피해 감면을 위한 노력 자체를 손해배상책임 인정의 부정적인 요소로 파악한 것에는 의문이 있다.

---

101) 이소은(주 28), 195면은 대상판결의 사안에서는 개인정보 무단 수집 행위로 인하여 정보 주체의 이익이 크게 침해되지 아니하였으나, 그에 반해 택시기사 위치정보 무단열람 사건에서는 위치정보 무단 수집 · 열람 행위로 원고들의 사생활권이 침해 되었으며, 판례에 나타난 손해 발생 판단의 배후에는 정보주체의 이익과 개인정보처리자, 정보이용자의 이익을 형량하는 사고방식이 자리 잡고 있다고 평가하고 있다.

개인정보자기결정권의 침해와 손해의 발생은 구분되어야 하고, 이 사건의 경우 사용자의 동의 없이 기기의 위치정보가 피고 애플의 서버에 전송되거나 또는 개인위치정보가 이 사건 기기의 데이터베이스에 저장되는 방식으로 수집되기는 하였으나 위 정보 수집은 버그로 인한 것으로 개인위치정보에 대한 적극적인 이용·열람·유출로 나아가지 아니하였을 뿐 아니라 그와 같은 위험성이 높은 상황에 놓였다고 평가하기도 어렵다는 점에서 판례의 결론에는 수긍할 점이 있다. 그러나 한편, 이 사건에서 위치정보 또는 개인위치정보 수집으로 인한 피해로는 자신도 모르는 사이에 기기의 위치정보가 피고 애플의 서버에 전송되거나 개인위치정보가 기기에 저장되어 기록·수집됨으로 인한 정보에 대한 결정·통제권의 상실, 기기에 저장된 개인위치정보가 유출될 가능성에 대한 불안감 등을 들 수 있을 것인데, 이와 같은 피해를 법규범적으로 어떻게 평가하여야 할 것인지는 계속된 논의가 필요할 것이다.

Ⅶ. 결　론

정보화 사회의 발달에 따라 개인정보의 침해 사례는 더욱 더 빈번해지고 있고, 이에 따라 개인정보의 보호에 대한 요청이 고조되고 있다. 그러나 한편 정보의 처리의 자유 또한 알권리, 표현의 자유, 영업의 자유 등에 의해 보호되는 영역이고, 기술의 발달에 따라 정보 처리를 통하여 창출되는 사회·경제적 편익은 계속하여 확대되고 있다.[102] 이러한 가치 충돌의 상황에서 개인정보자기결정권을 정보주체가 개인정보의 처리에 대한 결정권을 가진다는 포괄적·선언적 이해에서 더 나아가 그 권리의 내용과 보호범위를 어떻게 설정하여야 할 것인지, 또한 개인정보 자기결정권이 사법의 영역, 특히 불법행위법의 영역에서 어떻게 적용되고 보호받는 법익으로 인정할 수 있을 것인지는 아직 불분명한 면이 있다. 개인정보자기결정권을 개인정보에 대한 전면적인 통제권과 같은 강

---

102) 이새롬(주 97), 338면.

력한 권리로 인정하는 것은 그에 대립되는 가치와 사회·경제적 현실을 고려하면 불가능할 것이고, 또한 개인정보자기결정권을 사법의 영역에서 독립하여 보호되는 법익으로 인정하지 아니하고 개인정보의 보호를 프라이버시권 등 종래 비교적 확고하게 인정되어 온 인격적 법익의 측면에서 접근하는 것은 개인정보 보호의 요청에 부합하지 않는다. 이 양 극단 사이에 적절한 보호의 균형점이 존재할 것이나 이 균형점에 대한 법규범이나 법의식의 형성을 위한 논의는 아직 충분히 성숙하지 않은 것으로 보인다.

개인정보 침해로 인한 손해배상책임의 인정 여부에 대한 논의는 개인정보자기결정권의 내용과 보호범위에 대한 이해, 그리고 개인정보를 이느 범위에서 보호하여야 할 것인가에 대한 가치판단과 직결된다. 대법원은 손해배상책임의 인정 여부를 여러 사정을 종합적으로 고려하여 구체적 사건에 따라 개별적으로 판단하여야 한다고 판시하고 있는데, 이는 명확한 판단 기준이 되는 것은 아니나, 한편으로는 개인정보의 보호 범위에 대한 논의가 성숙되어 있지 않은 상황에서 유연한 판단 기준을 제시하고 있는 것으로도 이해할 수 있을 것이다. 판례가 제시하는 판단기준을 구체적 사안에서 어떻게 적용하여야 할 것인지는 개인정보 보호에 대한 연구의 진전과 함께 사안의 축적이 필요할 것인데, 사법의 영역에서 개인정보에 관한 권리의 내용을 명확화하고 개인정보 침해로 인한 손해를 적절히 평가하기 위하여 계속적인 논의가 요구된다.[103] 대상판결은 정보주체의 동의 없는 위치정보수집에 대한 손해배상책임의 인정 여부에 대하여 판단한 의미 있는 선례이다. 개인정보에 대한 중요성이 부각되고

---

103) 프로써의 프라이버시 관련 불법행위에 대한 4가지 유형 분류가 현재에도 불법행위법에 큰 영향을 미치고 있는 미국의 경우, 위와 같은 과거의 분류에 기초한 불법행위법은 기술 발전으로 새롭게 발생한 개인정보 수집·이용·유출 등으로 인한 다양한 유형의 침해 문제에 제대로 대응하고 있지 못하며, 현재 정보화 사회에서 직면하고 있는 새로운 프라이버시 침해 문제를 일관성 있게 포착하고 이로 인하여 발생하는 손해를 식별할 수 있는 새로운 분석틀이 필요하다는 견해가 제시되기도 한다. Daniel J. Solove(주 88), Neil M. Richard, Daniel J. Solove, "Prosser's Privacy Law: A Mixed Legacy", 98 Calif. L. Rev. 1887 (2010).

관련 분쟁이 증가하는 시점에서 앞으로 사법의 영역에서 개인정보에 대
한 법익의 내용과 보호영역을 구체화해 나가는 것은 매우 시급하고도 중
요한 과제라고 할 것이다.

[Abstract]

Tort Liability for Data Breaches

Lee, Hye Mi[*]

The Supreme Court of Korea has declared that determination on whether liability for compensation for damages is recognized in a case where personal location information was collected without consent of the subject of information should be made on an individual, case-by-case basis based on the following circumstances: (a) whether there was a possibility of identifying the subjects of information because of the collection of location information; (b) whether a collector of information viewed or used the collected location information; (c) whether the collection of location information was carried out for a long period of time; (d) the history behind the collection of location information, and how the collected information was managed; and (e) what measures were taken to prevent further damages caused from the collection of location information and the spread thereof.

The key legal issue pertaining on tort liability for data breach is whether or not the plaintiff has suffered injury to be compensated. Some scholars argue that a breach of right to informational self-determination itself constitutes injury for compensation, whereas others argue that there should be recognizable injury other than such a breach of right. The Supreme Court's decree that the decision on whether there was injury should be made on a case-by-case basis, as per specific circumstances, presents a realistic and flexible standard for decision-making in the present situation, where discussions about the concept of right to informational self-determination and

* Judge, Eastern Branch of Busan District Court.

the scope of the protection of personal information are still under debate. The recognition of tort liability for data breach relates the concept of right to informational self-determination and value judgment with respect to the extent to which personal information should be protected. There is a need for further study to clarify the concept and the scope of right to informational self-determination and properly recognize damage due to data breach. Establishing the concept and scope of protection of right to personal information has become an urgent task under the current circumstances, where informational privacy gaining increasing prominence and the number of legal disputes on informational privacy is rising.

[Key word]

- Right of Informational Privacy
- Right to Informational Self-determination
- Personally Identifiable Information
- Location Information
- Privacy
- Tort
- Damages
- Injury

참고문헌

[단 행 본]

권영성, 헌법학원론 개정판, 법문사(2010).

성낙인, 헌법학 제18판, 법문사(2018).

편집대표 곽윤직, 민법주해 제18권 채권(11), 박영사(2005).

허　영, 한국헌법론 전정14판, 박영사(2018).

[논　　문]

고형석, "개인정보침해와 피해구제에 관한 연구", 법조 제60권 제10호(2011.
　　　10.).

고홍석, "개인정보 유출로 인하여 위자료로 발생할 만한 정신적 손해의 발생
　　　여부", 이상훈 대법관 재임기념 문집(2017).

권건보, "개인정보보호의 헌법적 기초와 과제", 저스티스 통권 제144호(2014.
　　　10.).

_____, "개인정보자기결정권의 보호범위에 대한 분석-개인정보의 개념을 중
　　　심으로", 공법학연구 제18권 제3호(2017. 8.).

_____, "개인정보통제권에 관한 연구", 서울대 법학박사학위논문(2004).

권영준, "개인정보 자기결정권과 동의 제도에 대한 고찰", 전남대학교 법학논
　　　총 제36집 제1호(2016).

권태상, "개인정보보호와 인격권-사법측면에서의 검토-", 법학논집 제17권
　　　제4호(2013).

권헌영·윤상필·전승재, "4차 산업혁명시대 개인정보권의 법리적 재검토",
　　　저스티스 통권 제158-1호(2017. 2.).

권형둔, "법원재판에서 기본권의 적용법리에 대한 비판적 고찰-서울고등법원
　　　2012. 10. 18. 선고 2011나19012 판결을 중심으로-", 세계헌법연구 제
　　　21권 제3호(2015. 12.).

김재형, "2012년 분야별 중요판례분석 민법(하)", 법률신문(2013. 2. 28.).

_____, "인격권 일반-언론 기타 표현행위에 의한 인격권 침해를 중심으로-",
　　　언론과 인격권, 박영사(2012).

김진환, "개인정보 보호의 규범적 의의와 한계-사법 영역에서의 두 가지 주요 쟁점을 중심으로-", 저스티스 통권 제144호(2014. 10.).

박경신, "'개인정보'의 정의와 위치정보보호법의 개선 방안-익명위치정보, 허가제 및 즉시동의요건을 중심으로-", 법학연구 제37집(2013. 5.).

_____, "사생활의 비밀의 절차적 보호규범으로서의 개인정보보호법리", 공법연구 제40집 제1호(2011).

백윤철, "헌법상 자기결정권과 개인정보자기결정권", 헌법학연구 제9권 제3호(2003).

송오식, "개인정보침해에 대한 합리적 구제방안", 법학논총 제36권 제1호(2016. 3.).

송재일, "개인정보보호의 민사법적 쟁점", 법학연구 제54집(2014).

송혜정, "개인정보 유출로 인한 손해배상책임", 민사판례연구 제37권(2015).

양창수, "불법행위법의 변천과 가능성: 그 제도목적과 관련하여", 민법연구 제3권(1995).

_____, "사생활 비밀의 보호-사법적 측면을 중심으로", 저스티스 통권 제76호(2013. 12.).

오일석, "개인정보 보호의무 위반에 따른 배상가능한 '손해'에 대한 고찰", 이화여자대학교 법학논집 제19권 제3호(2015. 3.).

이상명, "개인정보자기결정권의 헌법적 근거에 관한 고찰", 공법연구 제36집 제3호(2008. 2.).

이새롬, "개인정보 보호와 동의제도에 관한 연구: -최근 판결례의 분석을 통하여-", 사법논집 제65집(2017).

이소은, "개인정보자기결정권의 민사법적 보호", 서울대 법학전문박사학위논문.

이수영, "로마켓의 변호사정보 제공의 위헌 여부-대법원 2011. 9. 2.자 선고 2008다42430 전원합의체 판결-", 정의로운 사법: 이용훈 대법원장 재임 기념, 사법발전재단(2011).

이승길, "정보화 사회에서의 개인정보권의 침해와 그 구제", 중앙법학 제11권 제1호(2009. 4.).

이원우, "개인정보 보호를 위한 공법적 규제와 손해배상 책임-개인정보 누출을 중심으로", 행정법연구 제30호(2011. 8.).

이은재, "개인정보에 대한 규제체계의 기초-보론", 고학수 편, 개인정보 보호의 법과 정책, 박영사(2016).

이인호, "개인정보 보호법상의 '개인정보' 개념에 대한 해석론−익명화한 처방
전 정보를 중심으로", 정보법학 제19권 제1호(2015).

_____, "변호사의 직업적 개인정보에 대한 이용과 보호의 법리", 언론과 법
제11권 제2호(2012. 12.).

_____, "제2세대 프라이버시보호법으로서의 개인정보보호법에 대한 이해",
사법 제8호(2009. 6.).

이재경, "개인정보 유출에 따른 정신적 손해와 위자료의 인정가능성−대법원
2012. 12. 26. 선고 2011다59834 판결−", 동북아연구 제8권 제3호
(2015).

임건면, "개인정보의 의의와 귀속관계−민사법적인 관점에서−", 중앙법학 제7권
제4호(2005. 12.).

장주봉, "개인정보의 의미와 규제범위", 고학수 편, 개인정보 보호의 법과 정
책, 박영사(2016).

정상조·권영준, "개인정보의 보호와 민사적 구제수단", 법조 통권 제630호
(2009. 3.).

정태호, "개인정보자결권의 헌법적 근거 및 구조에 대한 고찰", 헌법논총 제14집
(2013. 12.).

Danielle Keats Citron, "Mainstreaming Privacy Torts", 98 Cal. L. Rev. 1805
(2010).

Daniel J. Solove, "A Taxonomy of Privacy", 154 U. Pa. L. Rev. 477 (2006).

Elbert Lin, "Prioritizing Privacy: A Constitutional Response to the Internet",
17 Berkeley Tech. L.J. 1085 (2002)

Neil M. Richard, Daniel J. Solove, "Prosser's Privacy Law: A Mixed Legacy",
98 Calif. L. Rev. 1887 (2010).

Paul M. Schwartz, "Privacy and Democracy in Cyberspace", 52 Vand. L.
Rev. 1609 (1999)

Samuel D. Warren, Louis D. Brandeis, "The Right to Privacy", 4 Harv. L.
Rev. 193 (1890).

William L. Prosser, "Privacy", 48 Calif. L. Rev. 383(1960).

부부간 부양청구권과 양육비청구권[*]

오 종 근[**]

■요 지■

부부간 상호 부양의무는 제826조에 근거한다. 통설 및 판례는 민법상 부양의무를 '1차적·생활유지적 부양의무'와 '2차적·생활부조적 부양의무'로 구분하며, 부부간 부양의무는 미성년자녀에 대한 부모의 부양의무와 함께 전자에 속하고, 기타 친족간 부양의무는 후자에 속한다고 한다. 부부간 부양의무에 관한 제826조와 제833조는 친족간 부양의무에 관한 제974조 이하의 규정에 대한 특별규정의 성격을 가지므로 이러한 유형적 구분은 기본적으로 타당하다.

일부 학설 및 판례는 부양청구권은 당사자의 협의 또는 법원의 심판에 의해 그 내용이 확정되기 전에는 추상적 청구권에 불과하다가 협의 또는 심판에 의해 비로소 구체적 청구권이 성립한다고 한다. 그러나 부양청구권은 협의나 심판이 없더라도 성립요건을 갖추면 당연히 성립하는 것이며, 심판은 이러한 부양의무를 확인하는 성격에 불과하다.

부부간에 과거에 부양을 받지 못한 것에 대해 부양료를 청구할 수 있는가에 대해 학설이 나뉘며, 판례는 소위 '청구시설'을 취한다. 그러나 부부간 부양의무는 부부관계의 존재, 요부양자의 부양의 필요와 부양의무자의 부양능력 등 부양의무 성립요건을 갖추면 부양권리자의 청구 여부나 부양의무자의 인식 여부와 관계없이 성립하는 것이며, 과거의 부양료도 당연히 청구할

---

* 본 논문은 2018년 10월 민사판례연구회 월례회 발표문을 기초로 하여 작성된 것이다. 유익한 토론을 해주신 박진수 대법원 재판연구관님께 감사드린다. 본 논문은 법학논집 제23권 제2호(2018년 12월 31일 발간)에 게재되었음을 밝힌다.
** 이화여자대학교 법학전문대학원 교수.

수 있다.

미성년자녀에 대한 부모의 부양의무는 자녀가 출생한 때로부터 제913조에 따라 성립하는 것이며, 그 후 부모의 이혼, 혼인 취소, 인지 등 사정으로 부모 중 일방이 친권자의 지위를 잃게 되더라도 그의 부양의무에는 영향이 없다고 하여야 한다.

양육비청구권의 법적성질에 대해서는 미성년자녀의 부양청구권을 양육친이 자신의 이름으로 대신 행사하는 것이라는 견해와 양육친이 비양육친에 대해 갖는 고유의 권리로서 구상권의 성질을 갖는다는 견해로 나뉜다. 그러나 양육비청구권은 양육친의 고유한 권리이며, 과거의 양육비를 청구하는 것은 구상권의 성질을 갖는다.

양육비부담에 대한 약정이나 심판이 없는 상태에서 부모 중 일방이 미성년자녀를 양육한 경우 양육비용을 비양육친에게 청구할 수 있는가에 대해 판례는 긍정한다. 다만 판례는 과거의 양육비를 일시적으로 부담하게 하는 것이 비양육친에게 가혹한 경우 이를 적절하게 분담시킬 수 있다고 한다. 그러나 부양의무를 이행하지 않은 비양육친을 특별히 보호할 필요는 없고, 그에 대한 보호는 소멸시효를 적용함으로써 충분하다.

판례는 양육비청구권이 협의 또는 심판에 의해 내용이 확정되어 구체적 청구권으로 전환되기 전에는 소멸시효가 진행하지 않는다고 한다. 그러나 양육비청구권의 소멸시효는 양육친이 양육비용을 지출한 시점부터 진행한다고 하여야 한다. 과거의 양육비청구권은 10년의 일반 시효기간이 적용된다. 장래의 양육비청구권은 그 지급방법이 1년 이내의 정기금채권인 때에는 3년의 단기시효가 적용되고, 그렇지 않은 때에는 10년의 일반 시효기간이 적용된다.

[주 제 어]
• 부양청구권
• 양육비청구권
• 부양의무

대상판결 : 대법원 2017. 8. 25. 자 2014스26 결정

[사안의 개요]

- 청구인과 상대방은 1992년 혼인신고를 마친 부부로서 그들 사이에 A(1993년 생)와 B(사건본인 : 1995년 생)를 자녀로 두었다.

- 청구인은 상대방과 혼인생활 중 자녀 교육문제로 다음과 같이 갈등을 겪었다:

① 청구인과 상대방은 자녀 A를 미국으로 유학을 보내는 문제로 견해가 맞지 않아 다투었으나 결국 유학에 반대하던 상대방이 입장을 바꾸어 이를 동의하였다.

② 청구인은 미국으로 유학 간 A의 학비와 생활비로 연간 1억 원을 지출하였고, B의 과외비로 월 400만 원 이상을 지출하기도 하였는데, 상대방이 경제적으로 지나치게 부담이 된다는 이유로 과외비 등 교육비의 지출을 줄이기를 요구하였으나, 청구인은 상대방의 뜻에 따르지 않았다.

③ 청구인은 B도 미국에 유학을 보내고 자신도 미국에 가려고 하였으나, 상대방은 경제적인 이유 등으로 반대하였다. 그럼에도 불구하고 청구인은 계속해서 B의 유학을 추진하여 2010. 6.경부터 B가 미국으로 출국하여 유학생활을 하게 되었고, 청구인 역시 그 무렵부터 2011. 5.경까지 일정 기간 미국에 체류하다가 한국에 입국하기를 반복하면서 청구인과 B의 생활비, 유학비, 항공료 등으로 막대한 비용을 지출하였다.

④ 상대방은 A의 유학비용을 전액 지원하였으나, 자신의 반대에도 불구하고 미국 유학을 추진한 B의 유학비와 생활비 등은 지원하지 않았다.

- 상대방은 청구인과 위와 같은 갈등을 겪던 중이던 2009. 2.경 청구인과 함께 살던 집에서 나와 별거하기 시작하였고, 2009. 10. 20. 청구인을 상대로 대구지방법원 가정지원에 이혼 및 재산분할 등 청구소송을 제기하였으나, 위 법원은 상대방의 청구를 기각하는 판결을 선고하였다. 상대방이 이에 불복하여 항소 및 상고를 제기하였으나 모두 기각되어 2012. 5. 31.경 위 판결이 확정되었다.

- 상대방은 2009. 11.경까지 청구인에게 생활비 등으로 매월 400~500만 원을 지급하였으나, 그 이후에는 청구인에게 생활비나 양육비를 지급하지 않았다.

- 청구인은 2009. 2.경 상대방과 별거한 이후 보유 중이던 부동산, 금융 채권 등 재산(총 284,410,704원)을 처분하여 생활비와 B의 학원비, 유학비 등 으로 소비하였다.

- 상대방의 적극재산의 가액은 총 843,125,000원이며, 소극재산의 가액은 총 867,407,240원이다.

- 상대방은 의사이며, 과세관청에 신고된 소득금액을 기준으로 계산한 상대 방의 연 소득액은 2009년도에 약 1억 9,100만 원, 2010년도에 약 1억 8,400만 원, 2011년도에 약 1억 8,500만 원이다.

- 청구인은 별다른 직업이나 소득이 없으며, 보유하고 있는 재산은 없다.

[소송의 경과]

1. 1심(대구가정법원 2013. 2. 22. 자 2012느단1013 심판)

가. 청구인 주장의 요지

청구인은 2012. 4. 20. 이 사건 심판청구에서, ① B의 양육자를 청구인 으로 지정하고, ② 청구인이 상대방과 별거한 이후인 2009. 12.경부터 B의 학원비와 유학비, B와 청구인의 생활비 등으로 지출한 252,358,981원을 과거 부양료로 지급하고, ③ B의 미국 유학이 계속 유지될 수 있도록 청구인과 B 의 장래 부양료로 월 1,200만 원을 지급할 것을 청구하였다.

나. 사전처분

1심법원은 이 사건 심판청구에 대한 사전처분으로 "상대방은 청구인에게 부양료 및 양육비로 2012. 12월부터 청구인과 상대방 사이의 이 사건 심판이 확정될 때까지 월 250만 원씩을 지급하라."고 명하였다.

다. 1심법원의 판단

1심법원은 다음과 같이 판단하였다:

① 혼인 중 부부라도 장기간 별거하는 경우 자녀의 양육자 지정이 필요 하다고 하면서, B의 양육자를 청구인으로 지정하였다.

② 민법 제826조에 규정된 부부간 상호 부양의무는 부부의 일방에게 부 양의 필요가 생겼을 때 당연히 발생하는 것이지만, 과거의 부양료에 관하여 는 부양을 받을 자가 부양의무자에게 부양의무의 이행을 청구하였음에도 부 양의무자가 부양의무를 이행하지 아니함으로써 이행지체에 빠진 이후의 것에 대하여만 부양료의 지급을 청구할 수 있을 뿐, 부양의무자가 부양의무의 이

행을 청구받기 이전의 부양료의 지급은 청구할 수 없다고 보는 것이 부양의무의 성질이나 형평의 관념에 합치된다. 이 사건 심판청구서가 상대방에게 송달된 2012. 5. 23. 이전에 청구인이 상대방에게 부양의무의 이행을 청구하였음을 인정할 증거가 없으므로, 청구인의 이 부분 청구는 이유 없다.

③ 상대방이 청구인에게 지급할 부양료는 이 사건 심판청구서 부본 송달 다음날인 2012. 5. 24.부터 청구인과 상대방의 별거 해소 또는 혼인관계의 종료일까지 월 50만 원으로 정함이 상당하다. 따라서 상대방은 청구인에게 ⓐ 과거 부양료로 350만 원(2012. 5. 31.부터 2012. 11. 30.까지 7개월×월 50만 원)과 지연손해금을 지급하고, ⓑ 장래 부양료로 이 사건 심판일 이후인 2013. 2. 28부터 청구인과 상대방의 별거 해소 또는 혼인관계의 종료일까지 월 50만 원씩 지급할 의무가 있다.

④ B의 양육비 명목의 부양료 청구에 대해서는 ⓐ 이 사건 심판청구서 부본 송달일 이전 부분에 대해서는 인정하지 않았다. 1심법원은 청구인이 상대방의 반대에도 불구하고 B의 미국 유학을 추진하였던 점, 실질적으로 청구인과 상대방의 공동재산이라고 평가될 수 있는 재산을 B의 유학비와 B와 청구인의 미국 생활비로 모두 소진한 점, 상대방이 청구인과 별거 이후에도 다른 자녀인 A의 유학비와 생활비 등 일체의 비용을 혼자서 전부 부담한 점 등 제반 사정을 고려할 때, B에 관하여 지출된 양육비 명목의 과거 부양료에 관하여 상대방에게 분담을 명하는 것은 타당하지 않다고 하였다. ⓑ 이 사건 심판청구서 부본 송달일 이후 상대방이 청구인에게 지급할 B의 양육비 명목의 부양료는 B가 성년에 이르기까지 월 200만 원으로 정함이 타당하다고 하였다. 따라서 상대방은 청구인에게 B에 대한 양육비 명목의 과거 부양료로 1,400만 원(2012. 5. 31.부터 2012. 11. 30.까지 7개월×월 200만 원)과 지연손해금을 지급하고, ⓒ B에 대한 양육비 명목의 장래 부양료로 이 사건 심판일 이후인 2013. 2. 28.부터 B가 성년에 이르기 전날인 2015. 12. 27.까지 월 200만 원씩 지급할 의무가 있다.

2. 원심(대구가정법원 2013. 12. 19. 자 2013브34 결정)

가. 주위적 청구 추가

청구인은 원심법원에서 1심법원의 청구취지를 예비적 청구로 변경하고, 주위적 청구를 추가하여 "B의 양육자로 청구인을 지정하고, 상대방은 청구인에게 2009.

12. 1.부터 2014. 12. 27.까지 생활비용으로 462,730,000원을 지급하라."고 하였다.

나. 원심법원의 판단

① 제826조에 기한 부양료 청구와 제833조에 기한 생활비용 청구의 관계

가사소송법 제2조 제1항 제2호의 가사비송사건 중 마류 1호의 부부의 동거 · 부양 · 협조 또는 생활비용의 부담에 관한 처분 중 부부간의 부양 · 협조의 무와 생활비용 분담의무의 관계에 관하여 부부간의 부양 · 협조는 부부가 서로 자기의 生活을 유지하는 것과 같은 수준으로 상대방의 生活을 유지시켜 주는 것을 뜻하므로, 결국 자녀의 양육을 포함하는 공동생활로서의 혼인생활을 유지하는 것으로 되어 생활비용의 분담에 이르게 되므로, 양자는 본질적으로 같은 것이다. 또한, 자녀에 관한 양육비는 부부의 한쪽이 상대방에 대하여 자녀의 양육비를 청구하는 경우에 부부관계가 유지되고 있는 때에는 마류 1호의 부부의 부양 · 협조 또는 생활비용의 부담에 관한 처분 사건으로 취급된다.

청구인은 위와 같이 본질적으로 동일한 생활비용 분담 청구와 부양료 청구를 예비적 병합으로 구하고 있는바, 이는 결국 동일한 청구원인에 기한 것으로 다만 그 액수 산정의 근거를 달리 주장하는 것에 불과하다. 따라서 이를 별개의 청구로 볼 수 없으므로, 예비적 병합으로 보지 않고 단순청구로 보아 판단하기로 한다.

② 부양료 청구에 대한 판단

원심법원은 청구인의 부양료 청구에 대해 1심법원의 판단을 그대로 유지하였다. ⓐ 이 사건 심판청구서가 상대방에게 송달된 2012. 5. 23. 이전에 청구인이 상대방에게 부양의무의 이행을 청구하였음을 인정할 증거가 없으므로, 청구인의 이 부분 부양료 청구는 이유 없다. ⓑ 상대방은 청구인에게 부양료로 이 사건 심판청구서 부본 송달 다음날인 2012. 5. 24.부터 청구인과 상대방의 별거 해소 또는 혼인관계의 종료일까지 월 50만 원씩을 지급할 의무가 있다. ⓒ B의 양육비 청구에 대해서는 이 사건 심판청구서 부본 송달일인 2012. 5. 23. 이전 부분에 대해서는 (1심 심판과 마찬가지로) 이를 인정하지 않았다. ⓓ 청구인은 상대방에게 이 사건 심판청구서 부본 송달 다음날인 2012. 5. 24.부터 B가 성년이 되기 전날인 2014. 12. 27[1]까지 B의 양육비에 대해서는 (1심 심판과 마찬가지로) 월 200만 원씩을 지급할 의무가 있다.

---

1) 원심법원은 성년을 20세에서 19세로 변경하는 개정민법(2013. 7. 1.부터 시행)을 적용하였다.

[대상판결의 요지]

대법원은 다음과 같은 이유로 청구인의 재항고를 기각하였다.

가. 제826조에 기한 부양료 청구와 제833조에 기한 생활비용 청구의 관계

민법 제826조 제1항 본문은 "부부는 동거하며 서로 부양하고 협조하여야 한다."라고 규정하고, 민법 제833조는 "부부의 공동생활에 필요한 비용은 당사자 간에 특별한 약정이 없으면 부부가 공동으로 부담한다."라고 규정하고 있다. 제826조의 부부간의 부양·협조는 부부가 서로 자기의 생활을 유지하는 것과 같은 수준으로 상대방의 생활을 유지시켜 주는 것을 의미한다. 이러한 부양·협조의무를 이행하여 자녀의 양육을 포함하는 공동생활로서의 혼인생활을 유지하기 위해서는 부부간에 생활비용의 분담이 필요한데, 제833조는 그 기준을 정하고 있다. 즉 제826조 제1항은 부부간의 부양·협조의무의 근거를, 제833조는 위 부양·협조의무 이행의 구체적인 기준을 제시한 조항이다. 가사소송법도 제2조 제1항 제2호의 가사비송사건 중 마류 1호로 '민법 제826조 및 제833조에 따른 부부의 동거·부양·협조 또는 생활비용의 부담에 관한 처분'을 두어 위 제826조에 따른 처분과 제833조에 따른 처분을 같은 심판사항으로 규정하고 있다. 따라서 제833조에 의한 생활비용청구가 제826조와는 무관한 별개의 청구원인에 기한 청구라고 볼 수는 없다.

나. 부양료 청구에 대한 판단

대상판결은 청구인의 부양료 청구에 대해 원심법원의 판단을 그대로 유지하였다.

① 민법 제826조 제1항에 규정된 부부간의 상호부양의무는 부부의 일방에게 부양을 받을 필요가 생겼을 때 당연히 발생되는 것이기는 하지만, 과거의 부양료에 관하여는 특별한 사정이 없는 한, 부양을 받을 자가 부양의무자에게 부양의무의 이행을 청구하였음에도 불구하고 부양의무자가 부양의무를 이행하지 아니함으로써 이행지체에 빠진 이후의 것에 대하여만 부양료의 지급을 청구할 수 있을 뿐, 부양의무자가 부양의무의 이행을 청구받기 이전의 부양료의 지급은 청구할 수 없다고 보는 것이 부양의무의 성질이나 형평의 관념에 합치된다.

원심은 청구인이 이 사건 심판청구 이전에 상대방에 대하여 부양의무의 이행을 청구하였음을 인정할 만한 증거가 없다고 보아 청구인에 관한 부양료 중 이 사건 심판청구서 부본 송달일인 2012. 5. 23.까지의 부양료 청구 부분을 배척하였다. 원심의 위와 같은 판단에 재항고이유 주장과 같은 생활비용에 관한 법리오해, 경험칙 위배 등의 위법이 없다.

② 원심은 청구인과 상대방의 나이, 직업과 소득, 경제적 능력, 재산 상황, 친소 내지 유대 정도, 갈등관계 및 그 원인, 사건본인의 나이와 양육상황 등 제반 사정들을 종합하여, 이 사건 심판청구서 부본 송달 다음날인 2012. 5. 24.부터의 청구인에 관한 부양료를 월 500,000원, 사건본인에 관한 양육비(부양료)를 월 2,000,000원으로 정하였다. 원심의 위와 같은 판단에도 재항고이유 주장과 같이 논리와 경험의 법칙을 위반하여 자유심증주의의 한계를 벗어나거나 평등권을 침해한 헌법위반 등의 위법이 없다.

〔研　　究〕

I. 서　론

대상결정의 사안에서 청구인의 상대방에 대한 이 사건 심판청구는 다음 4개의 청구로 세분될 수 있다. 첫째와 둘째는 이 사건 심판청구 이전의 부부간 부양료 청구와 이 사건 심판청구 이후의 부부간 부양료 청구이다. 셋째와 넷째는 이 사건 심판청구 이전에 청구인이 미성년자녀인 B에게 지출한 과거 양육비 청구와 이 사건 심판청구 이후 B에 대한 장래 양육비 청구이다.

대상결정은 첫째 청구를 배척하였다. 부부간 과거의 부양료 청구는 부양을 받을 자가 부양의무자에게 부양의무의 이행을 청구하였음에도 부양의무자가 부양의무를 이행하지 아니하여 이행지체에 빠진 이후의 것만 청구할 수 있고, 부양의무자가 부양의무의 이행을 청구받기 이전의 부양료의 지급은 청구할 수 없는데, 청구인이 이 사건 심판청구 이전에 상대방에게 부양의무의 이행을 청구하였음을 인정할 증거가 없다는 것이 이유이다.

대상결정은 둘째 청구에 대해, 상대방은 청구인에게 부양료로 월 50

만 원씩을 지급할 의무가 있다고 하였다.

　대상결정은 셋째 청구에 대해 명시적인 판단을 하지 않았지만, 청구인의 재항고를 모두 기각하였으므로, 원심결정과 마찬가지로 셋째 청구를 배척한 것으로 판단된다. 다만 배척사유는 첫째 청구와 다르다. 즉 원심결정은 부부 일방이 지출한 미성년자녀의 양육비는 양육비를 청구하기 이전의 과거의 양육비도 청구할 수 있지만, 과거의 양육비 모두를 상대방에게 부담시키면 상대방은 예상하지 못한 양육비를 일시에 부담하게 되어 가혹할 수 있으므로 여러 사정을 고려하여 적절하게 분담시킬 수 있다고 하였다. 사안에서는 청구인이 상대방의 반대에도 불구하고 자녀의 유학을 추진하였고, 청구인이 부부 공동재산을 자녀의 유학비용과 생활비 등으로 사용하였고, 상대방이 다른 자녀의 양육비로 상당 금액의 유학비용을 지출한 점 등 여러 사정을 종합하여 고려하면 상대방에게 과거 양육비를 추가로 부담하게 하는 것이 상당하지 않다고 하였다. 대상결정은 이러한 원심결정이 위법하지 않다고 하였다.

　대상결정은 넷째 청구에 대해, 상대방은 청구인에게 미성년자녀인 B에 관한 심판청구 시점 이후의 양육비로 월 200만 원씩을 지급할 의무가 있다고 하였다.

　필자는 대상판결의 결론 중에서, 부부간 과거의 부양료 청구(첫째 청구)와 과거의 양육비 청구(셋째 청구)의 제한 논거에 대해 의문이 있다. 이하에서는 부부간 부양료 청구와 부부 일방이 양육하는 미성년자녀에 대한 양육비 청구의 내용과 그 인정범위에 대해 차례대로 살펴본다.

Ⅱ. 부부간 부양청구권

1. 부부간 부양청구권의 근거

　민법은 제826조 제1항에서 부부간 부양의무와 협조의무가 있음을 규정하고, 제833조에서 부부의 공동생활에 필요한 비용은 원칙적으로 부부가 공동으로 부담한다고 규정한다. 양자의 관계에 대해 제826조 제1항은 부양·협조의무의 근거를, 제833조는 위 부양·협조의무 이행의 구체적 기준을 제시한 것이라고 한다.[2] 즉 부부가 자신의 부양·협조의무를 이행하여 공동생활로서 혼인생활을 유지하기 위해서는 부부간에 생활비용의 분담이 필요한데, 제833조는 그 기준을 정한 것이다. 따라서 부양을 받을 필요가 있는 부부 일방이 타방을 상대로 부양료를 청구하는 경우, 그 근거규정으로는 제826조와 제833조가 모두 가능하다.[3] 또한 부양료 심판청구를 함에 있어서도 제826조의 부양에 관한 처분으로 청구하거나, 제833조에 따른 생활비용 부담에 관한 처분으로 청구할 수 있으며, 가사소송법은 양자에 관한 처분을 동일 규정에서 규율하고 있으므로(제2조 제1항, 마류 사건 1호), 양자를 구별할 실익도 없다.[4]

2. 부부간 부양의무가 1차적·생활유지적 부양의무인지 여부

(1) 학설 및 판례

민법상 부양을 '1차적·생활유지적 부양의무'와 '2차적·생활부조적 부양의무'로 나누는 것이 전통적 견해[5](2原型論)이다. 전자는 부양을 받을 자의 생활을 부양의무자의 생활과 같은 정도로 보장하는 부양의무이며, 부양의무자에게 부양의 여력이 있을 것을 요건으로 하지 않는다. 반면에 후자는 부양권리자가 그의 資力 또는 근로에 의하여 생활을 유지할 수 없는 경우에 한하여 그의 생활을 지원하는 부양의무이며, 부양의무자가 자기의 사회적 지위에 상응하는 생활을 하면서 생활에 여유가 있을 것(부양의 여력)을 요건으로 한다. 부부간의 부양의무와 미성년자녀[6]에 대

---

2) 대상결정; 법원행정처, 법원실무제요 가사 Ⅱ(2010), 484면; 이연주, 부부간의 과거 부양료 및 양육비청구에 관하여, 인권과정의 제401호(2010), 42면.

3) 대상결정; 이연주(주 2), 43면.

4) 윤진수/이동진, 주해친족법 제1권(2015), 284면.

5) 김주수/김상용, 친족상속법 제13판(2016), 134면; 송덕수, 친족상속법 제4판(2018), 54면, 264면; 윤진수, 친족상속법강의 제2판(2018), 66면, 231면; 신영호/김상훈, 가족법강의 제3판(2018), 96면, 265면; 박동섭, 친족상속법 제4판(2013), 124면; 이경희, 가족법 제9정판(2017), 331면 이하; 최민수, 부부간 과거 부양료청구와 미성년 자녀의 과거 양육비청구, 가족법연구 제28권 제1회(2014), 65면.

6) 일부에서는 '미성년자녀'에 대한 부양의무 대신에 '미성숙자'에 대한 부양의무라는 용어를 사용한다. 이는 일본의 中川善之助 교수가 분류한 부양의무의 유형에서 유

한 부모의 부양의무는 전자에 속하며, 기타 친족 간의 부양의무($_{참조}^{제974조}$)는 후자에 속한다고 한다. 다만 기타 친족 중 노부모에 대한 성년자녀의 부양의무는 1차적·생활유지적 부양의무에 속한다는 견해[7]도 있다. 이밖에도 부양의무를 성립 측면에서 원인 및 근거에 따라 동일체적 부양, 생계공동적 부양, 보충적 부양이라는 세 개의 유형으로 구분하고, 효과 측면에서 부양 내용의 이행순위 및 정도에 따라 제1차적 부양과 제2차적 부양의 두 개의 유형으로 구분하는 견해(3원론적 2원론)[8]도 주장된다. 반면에 제826조, 제913조, 제974조 등에 따른 민법상 부양의무 사이에는 양적 차이 내지는 정도의 차이가 있을 뿐 질적 차이가 있는 것은 아니며, 제975조의 요건을 탄력적으로 해석할 수 있으므로 유형별 구분은 불필요하다는 견해[9]도 있다.

대상결정을 비롯하여 판례 역시 전통적 견해에 따라 부양의무를 '1차적·생활유지적 부양의무'와 '2차적·생활부조적 부양의무'로 나누며, 제826조의 부부간의 부양의무는 전자에 속한다고 한다. 즉 "제826조 제1항에서 규정하는 미성년 자녀의 양육·교육 등을 포함한 부부간 상호부양의무는 혼인관계의 본질적 의무로서 부양을 받을 자의 생활을 부양의무자의 생활과 같은 정도로 보장하여 부부공동생활의 유지를 가능하게 하는 것을 내용으로 하는 제1차 부양의무이고, 반면 부모가 성년의 자녀에 대하여 직계혈족으로서 제974조 제1호, 제975조에 따라 부담하는 부양의

래한다고 한다. 그러나 미성숙자의 개념은 불명확하다. 일부는 미성년자 개념보다 확대해서 이해하지만, 다른 일부는 미성년자 개념보다 좁게 이해한다. 이는 법적 근거가 없는 개념이며, 이러한 개념을 쓸 필요성도 인정되지 않는다(동지 : 윤진수/최준규, 주해친족법 제2권(2015), 1463면). '미성숙자' 개념에 대한 상세한 논의는 김승정, 배우자 사이의 부양의무와 직계혈족 사이의 부양의무의 우선순위, 대법원 판례해설 제93호(2013), 212면 이하 참조.

7) 박동섭(주 5), 425면; 마옥현, 미성숙자녀와 노부모에 대한 부양 등에 관한 고찰, 재판실무연구 제3권(2006), 552면; 김연화, 노부모 부양에 관한 고찰, 가사재판연구 제2권(2011), 732면; 한웅길, 한국에서의 노부모 부양과 부양료 구상, 저스티스 제30권 제4호(1997), 56면.

8) 이희배, 가족법학논집(2001), 573면.

9) 임종효, 양육비청구권에 관한 기초이론 및 실무상 쟁점, 사법논집 제51집(2011), 231면 이하; 윤진수/이동진(주 4), 214면; 윤진수/최준규(주 6), 1466면.

무는 부양의무자가 자기의 사회적 지위에 상응하는 생활을 하면서 생활에 여유가 있음을 전제로 하여 부양을 받을 자가 자력 또는 근로에 의하여 생활을 유지할 수 없는 경우에 한하여 그의 생활을 지원하는 것을 내용으로 하는 제2차 부양의무"이라고 한다.[10]

(2) 검   토

우선 3원론적 2원론은 법률상 근거가 미흡하다. 전통적 2원형론 역시 법률상 근거가 분명하지 않다. 전통적 2원형론은 1928년 일본의 中川善之助 교수가 주장한 이래 지배적인 견해가 되었다. 그는 당시의 일본 민법 제957조가 직계비속 및 배우자의 부양을 받을 권리를 직계존속보다 후순위로 규정하였던 사정 하에서, 미성숙 자녀 및 배우자가 부양을 받을 권리를 직계존속의 그것보다 우선하여야 한다고 주장하기 위한 이론적 도구로 주장한 것이라고 한다.[11] 그러나 당시의 일본민법과 규정 내용에 차이가 있는 현행 민법(_{참조}제974조)하에서는 그 의미가 퇴색하였다.

현행민법은 제974조 이하에서 친족간 부양의무 일반에 대하여 규정하고 있고, 특히 부부간 부양의무와 미성년자녀에 대한 부모의 부양의무에 대해서는 제826조, 제833조, 제913조 등에서 규정하고 있다. 제826조 및 제913조는 제974조 이하 규정에 대한 특별규정의 성격을 가지므로, 부부간 부양의무와 미성년자녀에 대한 부모의 부양의무에 대해서는 제974조 이하에 앞서서 제826조, 제833조, 제913조 등이 우선적으로 적용될 것이다. 즉 부부간 부양의무와 미성년자녀에 대한 부모의 부양의무는 기타 친족간의 부양의무(제974조)와 적용되는 법률규정에서 차이가 있으며, 그러한 점에서 전통적 2원형론이 양자를 구별하는 것 자체는 타당하다.

또한 전통적 2원형론이 민법상 부양의무를 '생활유지적' 부양의무와 '생활부조적' 부양의무로 나누고, 양자 사이에 부양의무의 성립요건과 부양의 정도에 있어서 차이를 두는 것 역시 수긍이 간다. 전자에 속하는

---

10) 대판 2012. 12. 27. 2011다96932; 대결 2013. 8. 30. 2013스96; 대결 2017. 8. 25. 2017스5.
11) 於保不二雄/中川淳 편, 新版注釋民法 제25권, 1994, 474면.

부부간의 부양의무와 미성년자녀에 대한 부모의 부양의무는 부부와 친자관계라는 신분관계의 존재 자체로 발생한다. 반면에 후자에 속하는 기타 친족 간의 부양의무는 부양권리자가 그의 資力 또는 근로에 의하여 생활을 유지할 수 없는 경우에 한하여 발생한다($\frac{제975}{조}$). 부부는 원칙적으로 공동생활을 하고, 미성년자녀 역시 원칙적으로 부모와 공동생활을 하므로 이들에 대한 부양은 부양의무자의 생활과 같은 정도로 생활을 유지하게 하는 것이어야 한다($\frac{제833조}{참조}$). 특히 부모의 미성년자녀에 대한 부양의무에는 자신과 동등한 수준의 생활을 유지하게 하는 것 이외에 적절한 교육을 제공하는 것도 포함되어야 한다($\frac{제913}{조}$). 반면에 기타 친족간 부양의무는 부양권리자가 그의 資力 또는 근로에 의하여 생활을 유지할 수 없는 경우에만 발생하므로, 요구되는 부양도 그가 생활을 유지할 수 있게 하는 정도이면 충분하다.

전통적 2원형론에 따르면, 부부간 부양의무와 부모의 미성년자녀에 대한 부양의무는 부양의무자가 부양의 여력이 없는 경우에도 인정된다고 한다. 그러나 자신의 資力이나 근로에 의하여 생활을 유지할 수 없는 자에게 부부 또는 부모라는 신분관계가 존재한다는 것만으로 부양의무를 부과하는 것은 가혹하며, 사실상 부양의무의 이행을 기대할 수도 없다.[12] 오히려 그러한 경우에는 제974조 이하에 따른 기타 친족간의 부양의무가 인정되거나, 국민기초생활보장법 등에 따른 公的 부양이 인정되어야 할 것이다.

한편 전통적 2원형론에 따르면, 기타 친족간 부양의무($\frac{제974}{조}$)는 부양의무자에게 부양의 여력이 있는 경우에만 인정된다. 이때 부양의 여력이란 부양의무자가 자기의 사회적 지위에 상응하는 생활을 하면서 생활에 여유가 있을 것을 의미한다. 기타 친족간 부양의무가 부양의무자에게 부

---

12) 참고로 독일민법 제1608조는 배우자가 원칙적으로 친족(직계혈족)에 우선하여 부양의무를 지지만, 그 배우자가 부양의무를 이행하는 것이 자신의 적절한 생계를 위협하는 경우에는 친족(직계혈족)이 배우자에 우선하여 부양의무를 진다고 규정한다.

양의 여력이 있는 경우에만 인정된다는 것은 논리적으로 당연하지만, 이
때 '부양의 여력'이 부양의무자가 자신의 사회적 지위에 상응하는 생활을
하면서 생활에 여유가 있을 것을 의미한다는 것은 법률상 근거가 없다.
제974조 이하에 따른 친족간 부양에서 부양권리자는 "자신의 資力이나
근로에 의하여 생활을 유지할 수 없는" 친족이며, 부양의무자는 "자신의
資力이나 근로에 의하여 생활을 유지할 수 있는" 친족이 된다. 이때 자신
의 資力이나 근로에 의하여 생활을 유지할 수 있는지 여부는 公的 부양
의 개시요건으로서 부양의무자의 부양능력 기준을 규정한 국민기초생활
보장법 제8조의2 등을 참조하여 판단하면 될 것이다.[13]

3. 부부간 부양의무가 1순위 부양의무인지 여부

부부간 부양의무 또는 부모의 미성년자녀에 대한 부양의무와 기타
친족간 부양의무 사이에 우선순위가 있는지 여부가 문제된다. 독일민
법[14]은 부양의무자 및 부양권리자들 사이의 우선순위를 명시적으로 규정
하고 있지만, 우리민법에는 명문규정이 없다.

(1) 학설 및 판례

판례[15]는 부부간 부양의무가 제974조 이하에 따른 친족간 부양의무

---

13) 동법에 따른 公的 부양은 부양의무자에 의한 私的 부양이 일정 수준에 미치지
   못하는 경우에만 인정되며(동법 제3조), 특히 동법에 따른 생계급여는 사법상 부양
   의무자가 부양능력이 없는 경우에 인정된다(동법 제8조).
14) 부양의무자가 여러 명인 경우 배우자는 친족(직계혈족)에 우선하여 부양의무를
   지고(제1608조), 직계비속은 직계존속에 우선하고 같은 직계비속과 직계존속 사이
   에는 근친이 우선하여 부양의무를 진다(제1606조)고 규정한다. 반면에 부양권리자
   가 여러 명인데 부양의무자가 모두를 부양할 수 없는 경우에는 다음의 순위에 따
   른다(제1609조) : ①미혼의 미성년자녀(21세 이하의 성년자녀로서 부모와 생계를
   같이 하면서 일반적인 학업과정에 있는 자도 동순위), ②자녀를 양육하는 양육친
   과 혼인기간이 장기간인 배우자(이혼 여부 불문), ③2호에 해당하지 않는 배우자,
   ④1호에 해당하지 않는 자녀, ⑤손자녀 및 기타 직계비속, ⑥부모, ⑦기타 직계존
   속(근친이 우선).
15) 대판 2012. 12. 27. 2011다96932. 동 판결은 부부간 부양의무가 친족간 부양의무
   에 우선한다고 인정한 최초의 판결이다. 한편 동 판결의 1심법원과 원심법원은 부
   부간 부양의무가 우선하는 것이 아니라고 하였다.

에 우선한다고 한다. 즉, "민법 제826조 제1항에 규정된 부부간 상호부양
의무는 혼인관계의 본질적 의무로서 부양을 받을 자의 생활을 부양의무
자의 생활과 같은 정도로 보장하여 부부공동생활의 유지를 가능하게 하
는 것을 내용으로 하는 제1차 부양의무이고, 반면 부모가 성년의 자녀에
대하여 직계혈족으로서 민법 제974조 제1호, 제975조에 따라 부담하는
부양의무는 부양의무자가 자기의 사회적 지위에 상응하는 생활을 하면서
생활에 여유가 있음을 전제로 하여 부양을 받을 자가 자력 또는 근로에
의하여 생활을 유지할 수 없는 경우에 한하여 그의 생활을 지원하는 것
을 내용으로 하는 제2차 부양의무이다. 이러한 제1차 부양의무와 제2차
부양의무는 의무이행의 정도뿐만 아니라 의무이행의 순위도 의미하는 것
이므로, 제2차 부양의무자는 제1차 부양의무자보다 후순위로 부양의무를
부담한다."고 한다.

　학설은 나뉜다. 전통적 2원형론을 주장하는 견해들은 부부간 부양의
무 또는 부모의 미성년자녀에 대한 부양의무를 1차적 부양의무라고 하여
2차적 부양의무인 기타 친족간 부양의무에 우선한다고 한다.[16] 따라서 1
차적 부양의무자가 부양능력이 있는 한 2차적 부양의무자는 부양의무가
없다고 한다.[17] 다른 견해는 부양권리자는 순위에 관계없이 1차적 부양
의무자(생활유지의무자) 이외에 2차적 부양의무자(생활부조의무자)에게도
부양을 청구할 수 있지만, 부양의무자들 사이의 내부관계 내지 구상관계
에서는 1차적 부양의무자(생활유지의무자)가 우선하거나[18] 부담부분이 크
다고 한다.[19] 반면에 부정설은 민법이 부양의무의 순위를 규정하고 있지
않으므로 부부간 또는 부모와 미성년자녀 간 부양의무가 항상 우선한다
고 할 것은 아니고, 법원이 재량으로 부양의무자들 사이에 순위를 정할
수 있다고 한다.[20]

---

16) 김주수/김상용(주 5), 583면; 김승정(주 6), 210면.
17) 김승정(주 6), 211면.
18) 서인겸, 부양의무 이행의 순위 및 체당부양료의 구상에 관한 고찰, 경희법학 제
　　49권 제3호(2014), 145면.
19) 윤진수(주 5), 280면.

(2) 검   토

부부간 부양의무는 제826조 내지 제833조에 근거하고, 부모의 미성
년자녀에 대한 부양의무는 제913조에 근거하며, 기타 친족간의 부양의무
는 제974조 이하에 따른다. 제826조, 제833조, 제913조는 부부관계 혹은
친자관계와 같은 특수한 친족관계가 존재하는 경우에 적용되고, 요구되는
부양의 정도도 다르므로 기타 일반적인 친족관계에서의 부양의무를 규정
한 제974조 이하의 규정에 대한 특별규정이라고 할 것이다. 따라서 특별
규정에 따른 부부간 부양의무와 부모의 미성년자녀에 대한 부양의무가
우선하여 적용되고, 배우자 또는 부모에게 부양능력이 없거나 기타 사유
로 부양의무를 이행할 수 없는 경우에 제974조에 따라 기타 친족간 부양
의무가 적용된다고 할 것이다.

4. 추상적 부양청구권과 구체적 부양청구권

친족간의 부양에서 부양의 정도와 방법은 당사자간의 협정 또는 가
정법원의 심판에 의하여 정한다(제977조, 가사소송법 제2조 마류사건 8호). 부모가 이혼한 경우 미성
년자녀의 양육비용의 부담 등 양육에 관한 사항에 대해서도 부모의 협의
또는 가정법원의 심판에 의해 정한다(제837조, 가사소송법 제2조 마류사건 3호). 부부간 부양에서 부
양료의 부담 등 부양에 관한 사항도 마찬가지이다(제826조, 제833조, 가사소송법 제2조 마류사건 1호). 문
제는 이러한 부양료청구권은 당사자간의 협정 또는 가정법원의 심판에
의해 부양료 등이 구체적으로 확정되어야 비로소 권리로서 성립하는지
여부이다.

(1) 학설 및 판례

판례는 양육비청구권과 관련하여, "이혼한 부부 사이에서 자에 대한
양육비의 지급을 구할 권리는 당사자의 협의 또는 가정법원의 심판에 의
하여 구체적인 청구권의 내용과 범위가 확정되기 전에는 '상대방에 대하
여 양육비의 분담액을 구할 권리를 가진다'라는 추상적인 청구권에 불과

---

20) 윤진수/최준규(주 6), 1495면; 이재찬, 부양의무의 순위 및 그에 기초한 구상관계
에 관한 연구, 민사판례연구 제38권(2016), 740면.

하고 당사자의 협의나 가정법원이 당해 양육비의 범위 등을 재량적·형
성적으로 정하는 심판에 의하여 비로소 구체적인 액수만큼의 지급청구권
이 발생하게 된다."고 한다.²¹⁾ 따라서 당사자의 협의 또는 가정법원의 심
판에 의하여 구체적인 청구권의 내용과 범위가 확정되기 전에는 그 내용
이 극히 불확정하여 상계할 수 없지만, 가정법원의 심판에 의하여 구체
적인 청구권의 내용과 범위가 확정된 후의 양육비채권 중 이미 이행기에
도달한 후의 양육비채권은 완전한 재산권(손해배상청구권)으로서 친족법
상의 신분으로부터 독립하여 처분이 가능하고, 권리자의 의사에 따라 포
기, 양도 또는 상계의 자동채권으로 하는 것도 가능하다고 한다.

　또한 "양육자가 상대방에 대하여 자녀 양육비의 지급을 구할 권리는
당초에는 기본적으로 친족관계를 바탕으로 하여 인정되는 하나의 추상적
인 법적 지위이었던 것이 당사자 사이의 협의 또는 당해 양육비의 내용
등을 재량적·형성적으로 정하는 가정법원의 심판에 의하여 구체적인 청
구권으로 전환됨으로써 비로소 보다 뚜렷하게 독립한 재산적 권리로서의
성질을 가지게 된다."고 한다.²²⁾ 따라서 당사자의 협의 또는 가정법원의
심판에 의하여 구체적인 지급청구권으로서 성립하기 전에는 과거의 양육
비에 관한 권리는 양육자가 그 권리를 행사할 수 있는 재산권에 해당한
다고 할 수 없고, 이에 대하여는 소멸시효가 진행할 여지가 없다고 한다.
반면에 부모를 대신하여 미성년자를 양육한 제3자가 그 미성년자의 부모
에 대해 갖는 과거의 부양료 청구권을 보전하기 위하여 그 부모가 행한
사해행위에 대해 채권자취소권을 행사하는 경우의 제척기간은 이러한 부
양청구권이 협의 또는 심판에 의해 구체적 권리로 성립한 시기가 아니라
제406조 제2항이 정한 '취소원인을 안 날' 또는 '법률행위가 있은 날'로부
터 진행한다고 하였다.²³⁾ 이는 부양청구권이 협의나 심판에 의해 구체적

21) 대판 2006. 7. 4. 2006므751.
22) 대결 2011. 7. 29. 2008스67.
23) 대판 2015. 1. 29. 2013다79870. 위 판결의 사안은 미성년자인 조카들을 부양한
　고모 및 고모부가 조카들의 母에 대해 갖는 과거의 부양료 청구권을 보전하기 위
　해 母가 자신의 父에게 한 증여행위를 사해행위임을 이유로 취소 및 원상회복을

권리가 되기 전에도 그에 따른 권리(채권자취소권)를 행사할 수 있음을
전제로 한 것이다.

이들 판례는 모두 미성년자녀를 양육한 양육친 또는 제3자가 비양육
친을 상대로 양육비를 청구한 사안을 다룬 것이지만, 부부간 부양이나
친족간 부양에서 부양료청구권이 구체적으로 확정되는 절차가 이와 유사
하므로 동일한 결론을 낼 것으로 생각된다. 즉 부양료청구권은 협의 또
는 심판에 의해 확정되기 전에는 추상적 청구권에 불과하다가 협의 또는
심판에 의해 비로소 구체적 청구권이 성립하게 된다는 것이다.

이러한 판례의 태도에 대하여 학설은 찬성하는 견해와 반대하는 견
해로 나뉜다.[24] 찬성하는 견해[25]의 논거는 다음과 같다. 부양을 받은 자
의 부양필요성과 부양의무자의 부양능력이 갖추어졌다고 늘 부양의무가
발생하는 것은 아니다. 부양의무자가 다수인 경우 그들 사이의 순위, 부
양의무자들의 관계(분할채무인지, 연대채무인지), 부양방법 등은 법원이 그
밖에 여러 사정을 고려하여 심판을 통해 비로소 결정한다. 가사소송법상
부양에 관한 심판은 형성력을 갖는 비송사건(마류 사건)으로 규정하였다.
제976조는 부양의무자가 여러 명인 경우 누가 부양의무를 부담할 것인지
에 대해 1차적으로 부양권리자와 부양의무자의 합의에 의해 결정하도록
하고 있으며, 부양심판은 이러한 '당사자의 합의에 갈음하는 형성적 성격'
을 갖는다고 한다.

반면에 판례에 반대하는 견해[26]는 특히 양육비청구권과 관련하여 미
성년자녀에게 부양의 필요가 인정되고 부모에게 부양능력이 인정되면 기
본적 양육비청구권이 발생하고, 이에 터 잡아 미성년자녀가 생활을 영위

구하는 소송을 제기한 것이다.
24) 우리나라에서 판례에 찬성하는 견해를 '내용확정설'이라 하고, 반대하는 견해를
    '실체법설'이라고 한다. 일본에서는 이밖에도 '권리형성설'이 주장되는데, 협의 또는
    심판이 있기 전에는 (추상적) 부양청구권이 존재하지 않는다는 견해이다. 일본의
    판례는 '내용형성설'에 가깝다고 한다. 이에 대한 자세한 논의는 윤진수/최준규(주
    6), 1490면 참조.
25) 윤진수/최준규(주 6), 1489면; 이재찬(주 20), 726면.
26) 임종효, 270면 이하.

하는 매일매일 지분적 양육비청구권이 발생한다고 한다.[27] 당사자의 협
의 또는 심판은 지분적 양육비를 일정 단위로 묶어 액수와 지급기 등을
정함으로써 양육비청구권자의 권리행사와 양육비지급의무자의 의무이행
의 편의를 부여하기 위한 것일 뿐이며, 협의 또는 심판이 양육비청구권
의 발생요건은 아니라고 한다.[28] 또한 판례[29]는 부부간 부양료청구는 부
양청구권자가 부양의무의 이행을 청구한 이후의 것에 대해서만 과거의
부양료를 청구할 수 있다고 하는데, 이는 협의 또는 심판이 없어도 청구
가 있는 이상 부양료청구권이 완전한 권리로 성립한다는 것을 전제로 한
다고 한다.[30]

(2) 검   토

부양청구권은 부양의무자와 부양권리자 사이에 부부, 친자관계, 기타
친족관계와 같은 일정한 친족관계가 존재하고, 부양을 받을 자에게 부양
의 필요가 인정되며(제975조 참조), 부양의무자에게 부양능력이 인정되는 등 부
양청구권 성립요건이 갖추어지면 당사자의 협의나 법원의 심판이 없더라
도 당연히 성립한다고 하여야 한다.[31] 부양의 정도와 방법에 대한 부양
권리자와 부양의무자의 합의는 존중되어야 하나, 이것이 (구체적) 부양청
구권이 성립하기 위한 요건은 아니다. 부양의 정도와 방법에 대한 법원
의 심판은 부양의무의 내용 및 범위를 확인하는 것이지, '당사자의 합의
를 갈음하여' (구체적) 부양청구권을 성립시키는 형성적 성격을 갖는 것이
아니다. 부양의 정도와 방법이 부양권리자와 부양의무자 사이의 합의 또

27) 이 견해는 양육비청구권의 법적 성질을 비양육친에 대한 자녀의 부양청구권을
양육친이 대신 행사하는 것이라고 본다. 이에 대한 자세한 논의는 후술한다.
28) 임종효(주 9), 272면.
29) 대결 2008. 6. 12. 2005스50 등.
30) 임종효(주 9), 271면.
31) 판례와 이에 찬성하는 견해는 일본의 학설 및 판례(내용확정설)로부터 영향을
받을 것으로 추측된다. 그러나 일본민법은 우리민법과 규정내용에 차이가 있음에
유념해야 한다. 즉, 직계혈족 및 형제자매가 아닌 3촌 이내의 친족간의 부양의무
는 가정법원의 심판이 있어야 부양의무가 성립한다고 규정하고(일본민법 제877조
제2항 참조), 우리민법 제975조와 같은 부양의무 성립요건에 관한 규정이 일본민
법에는 없다.

는 법원의 심판에 의해 구체적으로 확정된다는 것, 심판을 할 때 '부양의 필요'요건과 '부양능력'요건의 판단과 관련하여 법원이 여러 사정을 고려하는 재량이 있다는 사정만으로 이러한 합의 또는 심판에 의해 비로소 (구체적) 부양청구권이 성립되는 것으로 이해할 필요는 없다.[32] 불법행위로 인한 위자료청구권의 경우에도 당사자의 합의 또는 법원의 판결에 의해 위자료 금액이 구체적으로 확정되고, 이때 법원은 여러 사정을 고려하여 판단하는 재량이 있지만, 위자료청구권이 당사자의 합의 또는 법원의 판결에 의해 비로소 성립하는 것은 아니다.[33]

또한 부양청구권이 당사자의 합의나 법원의 심판이 있기 전에는 추상적 권리로서 완전한 권리가 아니라고 하면, 부양청구권과 관련한 여러 법률문제에서 부당한 결론이 도출될 수 있다. 가령 배우자 일방에게 부양의 필요가 존재하고, 상대방 배우자가 이를 인식하고 있고 부양능력도 있지만 부양하지 않고 있는 경우에도, 당사자의 협의나 법원의 심판이 없다는 이유로 부양의무 위반의 책임을 물을 수 없게 될 수 있다. 상대방 배우자를 대신하여 다른 친족이 부양을 하였더라도 그 비용을 상대방 배우자에게 상환청구하는 것이 곤란하게 된다.[34]

전술한 판례가 양육비청구권이 협의 또는 심판에 의해 확정되기 전에는 상계할 수 없다고 한 것은 상계의 성질과 미성년자녀의 보호를 위해 타당한 결론이다. 그러나 그러한 결론을 도출하기 위해 양육비청구권을 추상적 청구권과 구체적 청구권으로 유형화하는 것이 필요한 것인가에 대해서는 의문이다. 판례가 협의나 심판에 의해 확정되지 않은 부양

---

32) 다만 제974조에 따른 친족간 부양에서 해당 부양의무자가 여러 명인 경우 부양의무자는 부양 순위를 정하는 협의나 심판에 의해 확정된다(제976조 참조). 순위를 정하는 심판의 성격이 '확인적'인지, '형성적'인지 논란의 여지가 있으나, 설사 '형성적' 성격을 인정하더라도 과거의 부양과 관련해서는 소급효를 인정하여야 하므로 실제적 차이는 크지 않다.

33) 임종효(주 9), 270면.

34) 윤진수/최준규(주 6), 1492면은 심판의 효과를 소급시킴으로써 부당함을 회피할 수 있다고 한다. 반면에 이동진, 부모 일방의 타방에 대한 과거의 양육비상환청구와 소멸시효, 가족법연구 제26권 제2호(2012), 147면은 과거의 부양에 대해 심판을 통해 그 방법과 정도를 소급하여 형성하는 것은 가능하지 않다고 한다.

료(양육비)청구권은 권리자가 부양청구권을 장기간 행사하지 않은 경우에 도 소멸시효가 진행되지 않는다고 한 결론은 부당하다.[35] 또한 판례가 과거의 부양료청구권이 협의 또는 심판에 의해 확정되기 전에도 이를 보전하기 위해 채권자취소권의 제척기간("취소원인을 안 날로부터 1년")은 진행한다고 한 것은 의문이다. 채권자취소권 행사요건인 '사해행위'의 존부나 취소의 범위를 결정하기 위해서는 피보존채권의 내용과 범위가 확정되어야 한다. 따라서 부양료청구권이 협의나 심판에 의해 확정되기 전에는 채권자취소권을 행사할 수 없고, 제척기간("취소원인을 안 날로부터 1년")도 진행하지 않는다고 하여야 한다.[36]

5. 과거의 부양료 청구권

부부 일방이 부양을 받을 필요가 있음에도 다른 일방이 부양의무를 이행하지 않은 경우, 그는 나중에 다른 일방을 상대로 과거에 지급받았어야 할 부양료의 지급을 청구할 수 있는가?[37]

---

35) 이에 대한 자세한 논의는 후술한다.
36) 이혼에 따른 재산분할청구권 역시 협의나 심판에 의해 구체적인 내용과 범위가 확정되는 점에서 부양료(양육비)청구권과 유사하다. 판례(대판 1999. 4. 9. 98다58016)는 재산분할청구권이 협의나 심판에 의해 확정되기 전에는 내용 및 범위가 불명확하므로 이를 보전하기 위해 채권자대위권을 행사할 수 없다고 한다. 반면에 민법 제839조의3은 재산분할청구권이 협의나 심판에 의해 확정되기 전에도 이를 보전하기 위해 채권자취소권을 행사할 수 있음을 인정하였다. 제839조의3에 의한 취소 및 원상회복청구가 가사소송사건이고, 그 소송에서 재산분할청구권의 내용과 범위가 확정될 수 있을 것이다.
37) 독일민법은 과거의 부양료 청구를 제한하는 명문규정을 두고 있다. 즉 제1613조는 친자관계를 포함한 직계혈족간의 과거의 부양료 청구를 제한한다. 부양권리자가 과거에 대한 부양의 이행을 청구하거나 불이행을 이유로 손해배상을 청구하는 것은 부양청구권을 행사할 목적으로 부양의무자의 소득과 재산에 대한 정보를 제공하라는 요청을 부양의무자가 받은 시점부터, 혹은 부양의무자가 지체하고 있는 시점부터, 혹은 부양청구가 재판에 계속한 시점부터 원칙적으로 가능하다(제1항). 이에 대해서는 2가지 예외가 있다. 우선 통상적이지 않고 비상하게 고액인 필요(특별한 필요)를 이유로 한 부양청구는 그것이 발생한 때로부터 1년이 경과한 이후에는 그 이전에 부양의무자가 지체하고 있거나 부양청구가 재판에 계속된 경우에만 청구할 수 있다. 또 다른 예외는 부양권리자가 법적 원인 또는 부양의무자의 책임영역에 있는 사실적 원인으로 부양청구권을 행사하는 것이 방해된 기간에 대해서는 과거에 대한 부양의 이행을 청구할 수 있다(제2항). 제1613조는 부부간 부

(1) 학설 및 판례

이에 대해 학설은 청구시설[38], 부양의무인식가능시설[39], 요건충족시설(당연발생설)[40] 등으로 나뉜다.[41] 청구시설은 부양권리자가 부양의무자에게 부양의무의 이행을 청구한 시점을 기준으로 하여 그 이후의 부양료만 청구할 수 있다고 한다. 부양의무는 절대적 정기채무이어서 과거의 부양료의 사후적 청구는 논리적으로는 허용되지 않는다. 그러나 과거의 부양료 청구를 일절 부정한다면 부양의무자가 부양의무의 이행을 지연함으로써 그 의무를 면하게 되어 부당하고, 반대로 과거의 부양의무가 언제까지라도 소급하여 청구할 수 있다고 하면 부양의무자는 자기도 모르는 사이에 누적된 장기간의 과거 부양료를 일시에 부담하게 된다. 따라서 부양권리자와 부양의무자 쌍방의 이익을 고려하여 청구한 때를 기준으로 그 이후의 것만을 인정할 수 있다는 것이다.[42]·[43] 부양의무인식가능시설은 부양의무자가 부양을 받을 필요가 있는 자에 대하여 구체적 부양의무가 있는 것을 알거나 알 수 있었던 때부터는 청구 이전의 과거의 부양료라도 지급하여야 한다고 한다. 이는 친족관계의 특성상 부양권리자가 부양의무자에게 부양을 청구하는 것이 사실상 어려운 경우가 있으므로 청구시설은 부당하다고 한다. '청구'를 의무발생요건에서 제외함으로

양의무에 준용되고(제1360a조, 제1361조), 이혼한 배우자간 부양의무에 준용된다(제1585b조).

38) 김승정(주 6), 220면; 박동섭(주 5), 124면, 435면.
39) 문형식, 친자관계를 중심으로 한 부양료청구와 구상(상), 인권과정의 제130호(1987), 551면.
40) 김주수/김상용(주 5), 135면; 송덕수(주 5), 270면; 이경희(주 5), 339면; 이연주(주 2), 47면; 강현중, 미성숙자녀의 양육과 부양, 사법논집 제12집(1981), 61면; 최준규, 다수당사자 사이의 부양관계에 관한 고찰, 가족법연구 제26권 제3호(2012), 28면; 이동진(주 34), 156면; 이재찬(주 20), 731면; 최민수(주 5), 76면.
41) 학설 분류는 박병호/김유미, 과거의 양육비 구상, 서울대법학 제35권 제3, 4호(1994), 212면 이하; 이연주(주 2), 45면 이하; 김시철, 부부간 과거의 부양관계에 관하여, 사법 제5호(2008), 278면 이하 참조.
42) 박병호/김유미(주 41), 212면.
43) 그런데 청구한 때 이후의 부양료만을 청구할 수 있다면, 이는 청구 시점에서 현재 또는 장래의 부양료만 청구할 수 있다는 의미이며, 사실상 과거의 부양료는 청구할 수 없다는 결과가 된다.

써 보다 탄력적이 되고, 부양권리자에게 보다 유리하게 된다고 한다.[44] 요건충족시설(당연발생설)은 부양의 필요와 부양능력이라는 부양요건이 충족되면 부양의무는 당연히 발생하고 요건이 구비된 이후의 부양료는 과거의 부양료라는 이유로 배척될 수 없다고 한다.

대상판결을 비롯하여 판례[45]는 청구시설을 취한다. 즉"부부간의 상호부양의무는 부부의 일방에게 부양을 받을 필요가 생겼을 때 당연히 발생되는 것이기는 하지만, 과거의 부양료에 관하여는 특별한 사정이 없는 한, 부양을 받을 자가 부양의무자에게 부양의무의 이행을 청구하였음에도 불구하고 부양의무자가 부양의무를 이행하지 아니함으로써 이행지체에 빠진 이후의 것에 대하여만 부양료의 지급을 청구할 수 있을 뿐, 부양의무자가 부양의무의 이행을 청구받기 이전의 부양료의 지급은 청구할 수 없다고 보는 것이 부양의무의 성질이나 형평의 관념에 합치된다."고 한다. 한편 판례는 원칙적으로 청구시설을 취하면서도 형평상'특별한 사정'이 있는 경우에는 이행청구 이전의 과거 부양료도 청구할 수 있는 예외를 인정한다.[46]

(2) 검   토

전술한 바와 같이 부양청구권은 부양의무자와 부양권리자 사이에 부부, 친자관계, 기타 친족관계와 같은 일정한 친족관계가 존재하고, 부양을 받을 자에게 부양의 필요가 인정되며(제975조 참조), 부양의무자에게 부양능력이 인정되는 등 부양청구권 성립요건이 갖추어지면 당사자의 협의나

---

44) 박병호/김유미(주 41), 213면.
45) 대결 2008. 6. 12. 2005스50; 대판 1991. 10. 8. 90므781; 대판 1991. 11. 26. 91므375 등.
46) 대판 2012. 12. 27. 선고 2011다96932. 동 판결은, 남편이 수술 후 3년간 의식이 혼미하고 마비증세가 지속되고 있는 상태에서 처음 1년간은 아내가 치료비를 지출하는 등 부양을 하였으나 그 후에는 아내를 대신하여 남편의 모가 치료비 등을 지출함으로써 부양을 한 사안에서, 부양권리자(남편)가 의사소통능력의 부족으로 부양의무자(아내)에게 부양을 청구하기가 곤란하였던 사정, 부양권리자가 부양이 필요한 상태이었음을 부양의무자가 인식하였던 사정 등에 비추어 이행청구 이전의 과거의 부양료도 지급할 의무가 있다고 불만한 특별한 사정이 있다고 볼 여지가 많다고 하였다.

법원의 심판이 없더라도 당연히 성립한다. 부양의무를 이행하는 방법으로는 금전부양, 현물부양, 동거부양, 보살핌부양 등이 있으나,[47] 부양권리자와 부양의무자 사이에 달리 부양방법에 관한 합의가 있거나 양자가 동거하는 등 특별한 사정이 없는 한 요부양자의 부양에 필요한 비용을 지급하는 형식의 금전부양이 통상적이다. 즉 부양청구권은 통상적으로 부양료청구권의 형식을 갖는다.

일반적으로 부양의무는 절대적 정기채무라고 한다.[48] 즉, 부양은 본래 요부양자의 매일매일 생존을 유지하는 것을 목적으로 하는 경제적 급부이므로 시간의 경과와 함께 목적을 상실하여 소멸한다고 한다. 따라서 과거의 부양료는 청구할 수 없다고 한다.[49] 그러나 절대적 정기채무에서 이행기가 도과한 경우, 이행청구권 자체는 소멸할 것이지만, 채무불이행에 의한 손해배상채무는 남을 수 있다. 또한 전술한 바와 같이 부양청구권은 부양에 필요한 비용을 청구하는 부양료청구권의 형식으로 행사되는 것이 일반적이어서 절대적 정기채무라고 할 수도 없다. 나아가 부양권리자의 청구 여부나 부양의무자의 인식 여부와 같은 주관적 사정에 의해 부양의무의 범위가 달라지는 것은 타당하지 않다. 부양의무자가 여러 명인 경우 부양권리자로부터 청구를 받거나 부양의무를 인식하였던 부양의무자는 부양료지급의무를 부담하는 반면에, 청구를 받지 않았거나 부양의무를 인식하지 못한 부양의무자는 부양의무를 면하게 되는 결과는 공평하지 않다. 따라서 부양의무는 부부관계 등 신분관계의 존재, 요부양자의 부양의 필요와 부양의무자의 부양능력 등 부양의무 성립요건을 갖추면 부양권리자의 청구 여부와 부양의무자의 인식 여부와 관계없이 성립하는 것이며, 과거의 부양료도 당연히 청구할 수 있다.

다만 부양료는 요부양자의 생활정도와 부양의무자의 자력 기타 제반 사정을 고려하여 정하고($\frac{제977}{조}$), 부부간 부양료도 "당사자 쌍방의 재산 상

---

47) 윤진수/최준규(주 6), 1507면.
48) 박병호/김유미(주 41), 212면.
49) 박병호/김유미(주 41), 212면; 이연주(주 2), 45면.

태와 수입액, 생활정도 및 경제적 능력, 사회적 지위 등에 따라 부양이
필요한 정도, 그에 따른 부양의무의 이행정도, 혼인생활 파탄의 경위와
정도 등"을 종합적으로 고려하여 정하여야 한다.[50] 또한 부양의무자가 부
양의무를 이행하지 않더라도 제3자 혹은 후순위 부양의무자가 대신 부
양함으로써 부양권리자의 요부양상태가 해소된 경우, 부양권리자는 부양
의무자에 대해 과거의 부양료를 청구할 수 없다. 대신에 실제 부양을 한
제3자 혹은 후순위 부양의무자는 자신이 지출한 비용의 전부 또는 일부
를 부양의무자에게 상환청구를 할 수 있을 것이다.

　'청구시설' 및 '부양의무인식시설'의 논거에는, 과거의 부양료를 언제
까지라도 소급하여 청구할 수 있다고 하면 부양의무자는 자기도 모르는
사이에 누적된 장기간의 과거 부양료를 일시에 부담하게 되므로 가혹하
게 된다는 점도 있다. 그러나 법원은 부양료 산정에 있어서 어느 정도
재량의 여지가 있으며(제977조 참조), 부양권리자가 장기간 부양청구를 하지 않
은 경우 부양의무자는 소멸시효제도에 의해 구제받을 수 있다.

Ⅲ. 부부간 양육비청구권

1. 미성년자녀에 대한 부모의 부양의무의 근거

(1) 학설 및 판례

　미성년자녀에 대한 부모의 부양의무의 근거로서 일부 학설은 제974
조를 든다. 제913조는 미성년자녀에 대한 '친권자'의 권리와 의무를 규정
하였지만, 친권자가 아닌 부모에게도 미성년자녀에 대한 부양의무를 인정
하여야 하므로 근거조문은 제913조가 아니라 제974조라는 것이다.[51] 그

---

50) 대판 2012. 12. 27. 선고 2011다96932.
51) 김형석, 양육비청구권을 자동채권으로 하는 상계, 가족법연구 제21권 제3호
(2007), 242면. 박동섭(주 5), 425면. 엄경천, 부부간 부양의무와 부부 공동생활비
용 부담의 관계, 2017년 가족법주요판례 10선(2018), 19면; 이경희, 자에 대한 부모
의 부양의무의 법적 근거, 법학연구 제24권 제1호(2014), 208면. 반면에 윤진수/권
재문, 주해친족법 제2권(2015), 1041면과 윤진수/최준규(주 6), 1467면은 친권자인
부모의 부양의무는 제913조, 친권자가 아닌 부모의 부양의무는 제974조가 근거조
문이라고 한다.

러나 974조 이하의 친족간 부양의무는 요부양자가 "자기의 資力 또는 근로에 의하여 생활을 유지할 수 없는 경우에 한하여"성립하는 것이므로($\frac{제975}{조}$) 요부양자가 '생활을 유지할 수 있을 정도'로만 부양을 하면 충분하다. 반면에 미성년자녀에 대한 부양은 이를 넘어서 자녀를 "보호하고 교양할" 정도에 이르러야 하므로 제974조를 근거조문으로 하는 것은 적절하지 않다. 다른 학설 및 판례는 미성년자녀에 대한 부모의 부양의무는 친권자 유무를 묻지 않고 친자관계의 본질에서 나온다고 하면서, 이는 제974조 이하의 부양의무와 구별된다고 한다.[52] 다만 이 견해는 이러한 부양의무의 법률적 근거를 명확하게 제시하지 못하는 단점이 있다.

(2) 검   토

미성년자녀에 대한 부모의 부양의무는 미성년자녀에 대한 부모의 보호·교양의무[53]를 규정한 제913조에 근거한다고 하여야 한다.[54] 미성년자녀에 대한 부모의 권리와 의무를 '친권(親權)'이라 하고, 자녀의 양육에 관한 사항은 친권의 일부이다. 제913조는 이러한 부모의 권리와 의무를 규정한 것이다. 2005년 민법 개정 전의 제909조는 '친권자'와 '친권행사자'의 개념을 구별하였고, 이혼 등으로 부모 중 일방을 '친권행사자'로 정한 경우에도 다른 일방은 '친권(보유)자'로서의 지위를 유지하였다. 따라서 이혼 등으로 친권행사자로 지정되지 못한 부모의 미성년자녀에 대한 부양의무도 제913조를 근거로 하는 데에 법률적 장애가 없었다. 그런데 2005년 개정민법은 이혼 등의 경우 부모 중 일방을 '친권행사자'가 아니라 '친권자'로 정하도록 개정하였고, 이처럼 친권자로 지정되지 못한 다른 일방은 친권자의 지위를 유지하지 못하게 되었다. 따라서 이제는 이혼 등으로 친권자로 지정되지 못한 부모의 미성년자녀에 대한 부양의무는

---

52) 윤진수(주 5), 230면; 마옥현(주 7), 542면; 최민수(주 5), 69면; 대결 1994. 5. 13. 92스21 등.
53) 신용호/김상훈(주 5), 208면은 '보호'라 함은 신체·정신의 발달을 감독하고 이에 대한 위해나 불이익을 방위·보호하는 소극적 행위를 말하고, '교양'이라 함은 신체·정신의 발육·완성을 꾀하는 적극적 행위를 말한다고 한다.
54) 송덕수(주 5), 265면; 신영호/김상훈(주 5), 266면.

제913조를 근거로 하는 것이 곤란하지 않는가? 하는 의문이 제기된다. 그러나 미성년자녀에 대한 부모의 부양의무는 자녀가 출생한 때로부터 제913조에 따라 성립하는 것이며, 그 후 부모가 이혼하거나 혼인이 취소되는 등의 사정에 의해 영향을 받지 않는다고 하여야 한다. 즉 이혼, 혼인 취소, 인지 등 사정으로 부모 일방이 협의 또는 심판에 의해 친권자의 지위를 잃게 되었더라도, 부모로서의 그의 부양의무는 종전과 변함이 없다고 하여야 한다. 또한 부모가 모두 친권자로서 제913조에 따라 동등한 부양의무를 부담하였는데, 이혼 등으로 친권자로 지정된 부모 일방은 여전히 제913조에 따라 부양의무를 부담하고, 다른 일방은 제974조 등에 따른 다른 (완화된) 부양의무를 부담함으로써 부모의 부양의무를 차별하는 것도 타당하지 않다. 친권은 포기하거나 처분할 수 있는 권리가 아니다. 또한 제925조의3은 친권이 상실되거나 제한된 경우에도 부모의 자녀에 대한 그 밖의 권리와 의무는 변경되지 않는다고 하고, 부모의 자녀에 대한 부양의무는 그러한 예 중 하나이다.[55] 제925조의3은 이혼 등으로 부모 중 일방이 친권자의 지위를 잃게 된 경우에도 유추적용되어야 한다. 따라서 미성년자녀에 대한 부모의 부양의무는 그가 친권자로 지정되었는지 여부와 관계없이 항상 제913조에 근거한다고 함이 타당하다.

2. 양육비청구권의 법적성질

(1) 학설 및 판례

양육비청구권은 미성년자녀를 양육하는 부모 중 일방이 타방에게 양육에 드는 비용의 전부 또는 일부를 청구할 수 있는 권리를 말한다. 부모인 부부가 별거 중인 경우 자녀를 양육하는 부부 중 일방은 타방에게 양육비를 포함한 생활비용을 부양청구권을 행사하여 청구할 수 있고 $\left(\begin{smallmatrix}제826조,\\제833조\ 참조\end{smallmatrix}\right)$,[56] 부모가 이혼하는 경우에는 양육비용의 부담을 정한 양육에 관한 협의 또는 심판에 따라 양육친은 비양육친에게 양육비를 청구할 수

---

55) 김주수/김상용(주 5), 470면; 윤진수(주 5), 253면.
56) 박병호/김유미(주 41), 210면, 윤진수/이동진(주 4), 286면, 342면.

있고($\frac{제837조}{참조}$), 혼인이 취소되거나 혼인외의 자가 인지된 경우에도 제837조의 절차에 따라 양육친은 비양육친에 대해 양육비를 청구할 수 있다($\frac{제824조의2,}{제864조의2 참조}$).

이러한 양육비청구권이 미성년자녀가 비양육친에 대해 갖는 부양청구권을 양육친이 미성년자녀를 대신하여 자기의 이름으로 행사하는 것인지, 아니면 양육친이 비양육친에 대해 갖는 고유의 권리인지에 대해 다툼이 있다. 전자의 견해는, 양육비청구권은 미성년자녀가 부모에 대해 갖는 부양청구권을 의미하며, 양육친이 비양육친에게 양육비청구권을 행사하는 것은 미성년자녀의 부양청구권을 대리하여 행사하는 것이라고 한다.[57] 다만 양육친은 법형식상으로는 양육비청구권을 바로 자신의 이름으로 행사하는데, 이는 미성년자녀의 부양청구권에 관한 관리권 또는 법정대리권은 친권의 유무와 관계없이 양육권자에게 귀속하고, 양육권자는 이러한 관리권에 근거하여 혹은 일종의 법정 소송담당이 인정되어 자신의 이름으로 자녀의 부양청구권을 행사할 수 있다고 한다.[58] 한편 후자의 견해는 '부양'과 '양육'을 구별하여 미성년자녀로부터 부모에 대한 청구는 부양청구가 되고, 부모 혹은 부부 사이의 청구는 양육비청구가 된다고 한다. 이 견해는 양육비는 부모가 미성년자녀를 보호·교양하는 데 드는 비용을 말하며, 양육비청구권은 미성년자녀를 양육하는 부모 일방(양육친)이 타방(비양육친)에게 양육비용을 자신의 권리로서 청구하는 것이 된다.[59] 이밖에도 양육친이 비양육친을 상대로 장래의 양육비를 청구하는 경우와 과거 양육비를 청구하는 경우를 구별하여, 전자는 미성년자녀의 부양청구권을 대신 행사하는 것이지만, 후자는 자신이 지출한 양육비용을 구상하는 것으로서 양육친 고유의 권리라는 주장[60]과, 양육비청구권은 본래 미성년자녀의 부양청구권을 양육친이 대신 행사하는 것이지

---

57) 김주수/김상용(주 5), 218면; 임종효(주 9), 260면; 윤진수/최준규(주 6), 1469면.
58) 임종효(주 9), 254면; 제철웅, 부양청구권 및 부양비용 상환청구권에 관한 몇 가지 해석론적 제안, 법학논총 제31권 제1호(2014), 477면.
59) 박병호/김유미(주 41), 208면, 210면.
60) 이동진(주 34), 140면.

만, 양육친에 의해 미성년자녀에 대한 양육이 현실적으로 수행된 이상 과거의 양육비청구권은 구상의 성질을 가지는 것으로서 양육친의 고유한 권리라는 주장[61]도 있다.

판례는 양육비청구권을 양육친이 비양육친에게 청구할 수 있는 고유한 권리로 이해한다. 따라서 가정법원의 심판에 의하여 구체적인 청구권의 내용과 범위가 확정된 양육비청구권 중 이미 이행기에 도달한 양육비청구권은 완전한 재산권(손해배상청구권)으로서 양육친은 이를 처분할 수 있으며, 자신의 의사에 따라 포기, 양도 또는 상계의 자동채권으로 하는 것도 가능하다고 한다.[62] 또한 판례는 부모 중 일방이 미성년자녀를 양육하게 된 경우 과거의 양육비에 대하여 상대방이 분담함이 상당하다고 인정되는 범위에서 그 비용의 상환을 청구할 수 있다고 함으로써 양육비청구권이 양육친의 고유한 권리(구상권)임을 인정하고 있다.[63] · [64]

(2) 검 토

부모는 미성년자녀에 대하여 부양의무를 부담하므로, 미성년자녀는 부모를 상대로 부양을 청구할 수 있다. 다만 미성년자녀는 행위능력이 제한되므로, 원칙적으로 법정대리인의 동의를 얻어 청구하거나 법정대리인이 대리하여 청구할 수 있다.[65] 다른 한편 미성년자녀를 양육하는 부모(양육친)는 양육하지 않는 부모(비양육친)를 상대로 양육비용을 청구할 수 있다. 전술한 바와 같이 이러한 양육친의 양육비청구권의 법적성질과

---

61) 김형석(주 51), 268면.
62) 대판 2006. 7. 4. 2006므751.
63) 대결(전) 1994. 5. 13. 92스21.
64) 전술한 바와 같이 판례가 과거의 부양료청구는 이행청구를 한 이후의 것만 인정하는데 반하여, 과거의 양육비청구는 이행청구를 묻지 않고 인정하는 것도 양자를 구별하는 전제에 있기 때문이다.
65) 대판 1972. 7. 11. 72므5는 미성년자라 하더라도 권리만을 얻는 행위는 법정대리인의 동의가 필요 없으므로 미성년자가 부양의무자인 친권자(父)를 상대로 직접 부양료를 청구할 수 있다고 한다. 그러나 동 판결의 사안은 혼외자인 심판청구인이 생부를 상대로 부양료를 청구하는 것이고, 심판에 의해 부양료의 범위가 구체적으로 확정되어야 하는데 이를 권리만을 얻는 행위라고 할 수 있는지에 대해서는 의문이다.

관련하여, 미성년자녀의 부양청구권을 대신 청구하는 것이라는 견해와 양육친의 고유한 권리라는 견해가 나뉜다.

양육친이 미성년자녀의 비양육친에 대한 부양청구권을 대신 행사하는 것이라는 견해는 다음과 같은 점에서 타당하지 않다. 우선 양육친이 자녀의 부양청구권을 대신 행사하는 것은 대리의 법리에 의해 가능하지만, 양육친이 친권자가 아닌 경우에는 대리할 수 있는 권한을 인정하기 어렵다. 또한 양육비청구권의 행사는 양육친이 자신의 이름으로 행사하는 것이어서 대리하는 것이라고 할 수 없다. 양육친이 자녀의 부양청구권을 자신의 이름으로 행사하는 것은 일종의 법정 소송담당이라고 하지만 이를 인정할 법적 근거가 없다. 또한 친권과 양육권이 분리된 경우 자의 부양청구권에 대한 관리권은 친권자가 아니라 양육권자에게 귀속되고, 양육친은 이러한 관리권에 근거하여 자녀의 부양청구권을 자신의 이름으로 행사할 수 있다고 한다. 그러나 부양료(양육비)의 액수와 지급방법 등을 합의에 의해 정하고, 양육비청구권을 행사하여 이행을 받는 것은 관리행위가 아니라 처분행위에 속하지 않은가 생각된다. 또한 미성년자녀를 현실적으로 양육한 양육친이 양육비를 지급하지 않은 비양육친을 상대로 과거의 양육비를 청구하는 것은 자녀의 부양청구권을 대신 행사하는 것이라고 할 수도 없다. 미성년자녀에 대해 부양의무를 지는 양육친이 현실적으로 양육의무를 이행하였다면, 미성년자녀의 비양육친에 대한 부양청구권은 이미 소멸하였다고 하여야 하기 때문이다.

양육친이 비양육친에 대해 자녀의 양육비용을 청구하는 것은 양자가 혼인 중인 경우에는 부부간 부양청구권(제826 조) 내지는 생활비용 분담청구권(제833 조)에 의하여 가능하고, 양자가 이혼하거나 혼인이 취소되거나 혼외자가 인지되는 경우 등에도 양자의 협의 또는 법원의 심판에 의해 가능한데(제837조, 제824조의2, 제864조의2) 어느 경우에나 청구인은 양육친이다. 그렇다면 양육비청구권은 양육친의 고유한 권리라고 하는 것이 자연스럽다. 미성년자녀를 현실로 양육한 양육친이 비양육친을 상대로 과거의 양육비를 청구하는 것은 일종의 구상권 행사라고 볼 것이다. 양육친과 비양육친 모두 미

성년자녀에 대해 부양의무를 부담하지만, 내부적으로는 부담부분을 인정
할 수 있다. 따라서 양육친이 부양의무를 전부 혹은 자신의 부담부분을
넘어서 이행하였다면, 그는 비양육친이 부담하였어야 할 부분만큼 구상할
수 있다. 법적 근거는 수임인의 비용상환청구권(제688조), 사무관리에 의한
비용상환청구권(제739조), 부당이득반환청구권이 될 것이다. 나아가 양육친
은 미성년자녀에 대한 장래의 양육비도 미리 청구할 수 있는데, 이는 일
종의 사전구상권이라고 할 수 있고, 수임인의 비용선급청구권(제687조)이 법
적 근거가 될 수 있다. 양육친과 비양육친 모두 미성년자녀에 대해 부양
의무를 부담하는데, 현실적인 양육책임을 지기로 한 양육친은 비양육친이
부담할 부양사무를 처리하는 수임인의 지위와 유사하기 때문이다. 일부
견해66)는, 과거 양육비를 산정함에 있어서 실무는 양육친이 자녀의 양육
을 위해 실제 지출한 비용이 얼마였는지 보다는 자녀를 양육하기 위해
드는 비용이 얼마일 것인지에 중점을 두는데, 이는 구상권설과 어울리지
않는다고 비판한다. 그러나 과거 양육비청구에서 비양육친의 부담부분을
밝히기 위해서는 양육비용이 얼마일 것인지를 살펴보아야 하며, 양육친의
양육이 불충분하였다는 특별한 사정이 없는 한 양육친이 실제 지출한 비
용을 반드시 밝혀야 하는 것은 아니다.

3. 과거의 양육비 청구
(1) 학설 및 판례
　부모 중 일방이 미성년자녀를 양육한 경우 그가 양육을 위해 지출
한 비용 중 일부 또는 전부의 지급을 타방 부모에게 청구할 수 있는가?
만일 양육비 부담에 대하여 양육친과 비양육친 사이에 약정이 있었거나
가정법원의 심판이 있었던 경우에는 약정 또는 심판에 따른 양육비지급
의무의 이행지체에 불과하다. 문제는 이러한 약정 또는 심판이 없는 상
태에서 부모 중 일방이 미성년자녀를 양육한 경우이다.

---

66) 임종효(주 9), 257면.

종전 판례는 과거의 양육비청구를 대체로 부정하였다. 논거로는, 부모는 모두 자식을 부양할 의무가 있는 것이므로 부모 중 일방(母)이 자녀를 양육하였더라도 이는 자녀를 부양할 자기 고유의 의무를 이행한 데 불과하므로 다른 일방(父)에게 과거의 양육비를 청구하지 못한다고 하였다.[67] 또는 과거의 양육비를 청구하기 위해서는 양육비 부담에 관한 약정 등 구체적인 청구권원이 있어야 한다고도 하였다. 즉, 부양을 받을 미성년자 본인이 아닌 그 생모가 생부에 대하여 미성년자의 부양료를 청구하기 위하여서는 미성년자의 양육에 관한 약정이 있다는 등의 구체적인 청구권원이 있어야 하고, 단순히 생모가 생부의 인도요구에 불응하는 등의 의사에 반하여 미성년자인 소생자를 양육하였고 또 장래에 있어서도 계속 양육할 의도임이 분명하다 하더라도 그러한 사유만으로는 생모에게 자활능력이 있건 없건 또 그것이 과거의 것이든 장래의 것이든 소생자의 생부에게 그 부양료를 직접 청구할 수는 없다고 하였다.[68]

과거의 양육비 청구를 부정한 종전 판례는 대결(전) 1994. 5. 13. 자 92스21에 의해 변경되었다. 즉, "어떠한 사정으로 인하여 부모 중 어느 한쪽만이 자녀를 양육하게 된 경우…양육하는 일방은 상대방에 대하여 현재 및 장래에 있어서의 양육비중 적정 금액의 분담을 청구할 수 있음은 물론이고, 부모의 자녀양육의무는 특별한 사정이 없는 한 자녀의 출생과 동시에 발생하는 것이므로 과거의 양육비에 대하여도 상대방이 분담함이 상당하다고 인정되는 경우에는 그 비용의 상환을 청구할 수 있다."고 하였다.

다만 위 대법원결정은 과거의 양육비 청구가 일정한 경우 제한될 수 있다고 한다. 우선 "일방에 의한 양육이 그 양육자의 일방적이고 이기적인 목적이나 동기에서 비롯한 것이라거나 자녀의 이익을 위하여 도움

---

67) 대판 1967. 1. 31. 66므40; 대판 1967. 2. 21. 65므5; 대판 1976. 6. 22. 75므17, 18; 대판 1979. 5. 8. 79므3 등.
68) 대판 1985. 6. 11. 84다카1536. 동지의 판결로는 대판 1986. 3. 25. 86므17이 있다.

이 되지 아니하거나 그 양육비를 상대방에게 부담시키는 것이 오히려 형평에 어긋나게 되는 등 특별한 사정이 있는 경우"가 그러하다. 이처럼 과거의 양육비 청구를 배제할 특별한 사정으로는 이혼 시 양육자로 지정되지 않은 부모가 양육자 변경절차를 거치지 않고 임의적으로 양육한 후 양육비를 청구하는 경우를 들 수 있다.[69]

다음으로 과거의 양육비를 일시적으로 부담하게 하는 것이 비양육친에게 가혹한 경우 이를 적절하게 분담시킬 수 있다고 한다. 즉 "…다만 한쪽의 양육자가 양육비를 청구하기 이전의 과거의 양육비 모두를 상대방에게 부담시키게 되면 상대방은 예상하지 못하였던 양육비를 일시에 부담하게 되어 지나치고 가혹하며 신의성실의 원칙이나 형평의 원칙에 어긋날 수도 있으므로, 이와 같은 경우에는 반드시 이행청구 이후의 양육비와 동일한 기준에서 정할 필요는 없고, 부모 중 한쪽이 자녀를 양육하게 된 경위와 그에 소요된 비용의 액수, 그 상대방이 부양의무를 인식한 것인지 여부와 그 시기, 그것이 양육에 소요된 통상의 생활비인지 아니면 이례적이고 불가피하게 소요된 다액의 특별한 비용(치료비등)인지 여부와 당사자들의 재산 상황이나 경제적 능력과 부담의 형평성 등 여러 사정을 고려하여 적절하다고 인정되는 분담의 범위를 정할 수 있다."고 한다.

학설은 대체적으로 변경된 판례에 찬성한다.[70]

(2) 검　　토

전술한 바와 같이 양육비청구권의 법적성질에 대해서는 자녀의 비양

---

69) 대결 2006. 4. 17. 2005스18, 19. 위 대법원결정은, 이혼하면서 미성년자녀의 양육자를 상대방으로 지정하는 내용의 조정이 성립되어 그 조정조항상의 양육방법이 그 후 다른 협정이나 재판에 의하여 변경되지 않는 한 청구인에게 양육할 권리가 없음에도 불구하고, 청구인이 법원으로부터 위 조정조항을 임시로 변경하는 가사소송법 제62조 소정의 사전처분 등을 받지 아니한 채 임의로 사건본인을 양육하였다면, 이는 상대방에 대한 관계에서는 상대적으로 위법한 양육이므로 청구인의 임의적 양육에 관하여 상대방이 청구인에게 양육비를 지급할 의무가 있다고 할 수 없다고 하였다.

70) 박병호/김유미(주 41), 226면; 신영호/김상훈(주 5), 134면.

육친에 대한 부양청구권을 양육친이 대신 행사하는 것이라는 견해와 구
상권의 성질을 가지는 양육친의 고유한 권리라는 견해가 나뉜다. 그런데
전자의 견해(자녀의 부양청구권을 대신 행사하는 것)를 취하면, 과거의 부
양청구권은 청구한 때 이후의 것만을 청구할 수 있다(소위 '청구시설')는
종래의 판례와 위 전원합의체결정은 모순되는 결과가 된다. 이에 대해
일부 견해[71]는, 부부간이나 친족간의 과거의 부양 청구권에 대해 청구시
설을 취하는 것이 종래 판례[72]이지만, 위 전원합의체결정은 자녀의 부모
에 대한 과거의 부양 청구권에 대해서는 사전 청구여부를 묻지 않고 지
급의무를 인정한 것이라고 해석한다. 즉, 자녀에 대한 부모의 부양의무는
초법규적 · 지연발생적 의무로서 출생과 동시에 당연히 발생하는 것이고,
미성년자녀는 성년자와 달리 항상 법적 보호의 대상이 되므로 다른 유형
의 부양청구권과 구별할 필요가 있다고 한다. 그러나 부부간 내지 친족
간의 과거의 부양 청구권과 미성년자녀의 부모에 대한 과거의 부양 청구
권을 달리 취급할 합리적 근거를 찾기 어렵다.[73]

    오히려 위 전원합의체결정은 후자의 견해(양육친의 구상권이라는 것)
를 취한 것으로 보인다. 위 전원합의체결정은, 과거의 부양청구권은 부양
권리자가 부양을 청구한 이후의 것만을 청구할 수 있다는 종래의 판례를
변경함이 없이, 사전에 청구가 있었는지 여부를 묻지 않고 과거의 양육
비 지급의무를 인정하고 있기 때문이다.[74] '청구시설'은 부양권리자가 직

---

71) 김승정(주 6), 220면.
72) 대결 2008. 6. 12. 2005스50(부부간); 대결 2013. 8. 30. 2013스96(친족간).
73) 동지 : 이동진(주 34), 142면. 반면에 윤진수(주 5), 67면은 스스로 양육비청구를
    할 수 없는 미성년자녀의 경우에는 법정대리인이 양육비 청구를 게을리하였다고
    하여 손해를 입어서는 안 되지만, 성년인 부부 일방이 부양의무 이행청구를 게을
    리 한 것은 스스로 감수하여야 한다고 하더라도 반드시 부당한 것은 아니라고 한
    다. 그러나 대결 1994. 6. 2. 93스11은 성년자녀를 부양한 모가 부를 상대로 자신
    이 지출한 부양료의 상환을 청구한 사안에서도, 그 성년자녀가 사전에 부에게 부
    양을 청구하였는지 여부를 묻지 않고, 적절한 범위에서 상환청구를 인정하였다.
    따라서 판례가 '청구시설'의 예외를 인정한 것을 제한능력자인 미성년자녀의 보호
    를 위한 것만으로 설명할 수는 없다.
74) 이러한 이해는, 양육친이 비양육친에 대한 과거의 양육비 청구권을 자동채권으
    로 하여 비양육친의 양육친에 대한 위자료청구권 및 재산분할청구권과 상계하는

접 부양의무자를 상대로 과거의 부양료를 청구할 때 적용되는 것이고, 위 전원합의체결정의 사안처럼 구상청구를 하는 경우에는 적용되지 않는다.[75] 그런데 후자의 견해를 취하는 경우에도 위 전원합의체결정의 결론에 대해서는 의문이 제기될 수 있다고 한다.[76] 양육비청구권이 구상권이라고 하는 것은 비양육친이 자녀에 대해 부담하는 양육비용 지급의무를 양육친이 대신 이행하였음을 전제로 한다. 그런데 위 전원합의체결정의 사안에서는 자녀측이 사전에 비양육친을 상대로 양육비용을 청구한 사실이 나타나 있지 않으므로, 비양육친의 양육비용 지급의무를 인정할 수 없는 것이 아니냐는 의문이다.[77] 실제로 대판 2012. 12. 27. 2011다96932에서 이 문제가 다루어졌다. 동 판결의 사안에서, 모는 자의 처가 남편에 대한 부양의무를 이행하지 않으므로 대신 부양의무를 이행한 후 자의 처에게 과거 부양료의 상환을 청구하였다. 동 판결은, 처가 모에게 상환하여야 할 과거 부양료의 액수는 처가 남편에게 부담하여야 할 부양의무에 한정되며, 부부간의 부양의무 중 과거의 부양료에 관하여는 특별한 사정이 없는 한 부양을 받을 사람이 부양의무자에게 부양의무의 이행을 청구하였음에도 불구하고 부양의무자가 부양의무를 이행하지 아니함으로써 이행지체에 빠진 후의 것에 관하여만 부양료의 지급을 청구할 수 있다고 하였다.

전술한 바와 같이 필자는 양육친의 비양육친에 대한 과거 양육비의 청구권은 구상권의 성질을 가지는 양육친의 고유한 권리라고 이해하고, 과거의 부양료 청구권도 청구시점 이후로 제한할 필요가 없다고 하였다. 이러한 필자의 이해에 따르면, 위 전원합의체결정이 자녀의 사전 청구가 있었는지 여부를 묻지 않고 과거의 양육비 청구권을 인정한 것은 지극히 당연한 결론이고 아무런 의문이 없게 된다.

것을 인정한 대판 2006. 7. 4. 2006므751에서도 유지되고 있다.

75) 이동진(주 34), 137면.
76) 윤진수/최준규(주 6), 1520면; 이연주(주 2), 52면.
77) 이러한 의문에 대해 이동진(주 34), 137면은 구상권자가 부양의무자를 대신하여 이행한 것은 과거의 부양이 아니라 현재의 부양이라고 반박한다.

한편 위 전원합의체결정은 과거의 양육비를 비양육친에게 일시에 부담시키는 것이 가혹한 점을 이유로, 청구시점 이후의 장래의 양육비와 달리 이를 적절하게 감액할 수 있다고 한다. 그러나 자녀에 대한 부양의무를 이행하지 않은 비양육친을 그가 부양의무를 제때에 이행하였을 경우보다 유리하게 대우할 이유는 없다. 자녀 또는 양육친이 장기간 부양료 또는 양육비를 청구하지 않아서 비양육친이 일시적으로 부담하여야 할 과거의 양육비가 누적된 경우에 대한 구제는 소멸시효를 적용함으로써 충분하다. 일부 견해는, 판례[78]가 양육비청구권이 당사자 사이의 협의 또는 가정법원의 심판에 의하여 구체적 청구권으로 전환되기 전에는 추상적 법적 지위에 불과하여 소멸시효가 진행되지 않는다고 한 것을 고려하여, 위 전원합의체결정의 결론에 찬성하기도 한다.[79] 그러나 후술하는 바와 같이 협의 또는 심판에 의해 확정되기 전의 양육비청구권 역시 소멸시효의 대상으로 보는 것이 타당하므로 위 견해에는 찬성할 수 없다.

4. 양육비청구권의 소멸시효

양육비청구권의 소멸시효와 관련하여, 양육비청구권이 소멸시효의 대상이 되는가? 하는 문제와 양육비청구권이 소멸시효의 대상이라고 인정될 때 단기소멸시효기간(3년)이 적용되는가? 하는 문제가 있다.

(1) 양육비청구권이 소멸시효의 대상인지 여부

가. 학설 및 판례

판례[80]는 양육비청구권이 당사자의 협의 또는 가정법원의 심판에 의해 구체적 청구권으로 전환되기 전에는 소멸시효가 진행하지 않는다고 한다. 즉 "양육자가 상대방에 대하여 자녀 양육비의 지급을 구할 권리는 당초에는 기본적으로 친족관계를 바탕으로 하여 인정되는 하나의 추상적인 법적 지위이었던 것이 당사자 사이의 협의 또는 당해 양육비의 내용

---

78) 대결 2011. 7. 29. 2008스67.
79) 이재찬(주 20), 731면.
80) 대결 2011. 7. 29. 2008스67; 대결 2011. 8. 16. 2010스85.

등을 재량적 · 형성적으로 정하는 가정법원의 심판에 의하여 구체적인 청
구권으로 전환됨으로써 비로소 보다 뚜렷하게 독립한 재산적 권리로서의
성질을 가지게 된다…이와 같이 당사자의 협의 또는 가정법원의 심판에
의하여 구체적인 지급청구권으로서 성립하기 전에는 과거의 양육비에 관
한 권리는 양육자가 그 권리를 행사할 수 있는 재산권에 해당한다고 할
수 없고, 따라서 이에 대하여는 소멸시효가 진행할 여지가 없다."고 하
였다.

학설은 판례처럼 협의 또는 심판 전의 양육비청구권은 소멸시효의
대상이 아니지만 협의 또는 심판 이후의 구체적 양육비청구권은 소멸시
효의 대상이라는 견해,[81] 기본적 양육비청구권은 소멸시효의 대상이 아
니지만 기본적 양육비청구권에 기초하여 매일매일 발생하는 지분적 양육
비청구권은 소멸시효의 대상이라는 견해,[82] 협의 또는 심판의 전후를 불
문하고 양육비청구권은 모두 소멸시효의 대상이라는 견해[83]로 나뉜다.

나. 검 토

우선 협의 또는 심판이 있기 전의 과거 양육비청구권은 소멸시효의
대상이 아니라는 판례 및 일부 학설은 찬동하기 어렵다. 이에 따르면 양
육비청구권에 대해 협의 또는 심판이 없었던 경우, 양육친은 아무리 장
기간이 경과하여도 비양육친을 상대로 과거 양육비의 지급을 청구할 수
있게 되는데, 이는 비양육친에게 가혹한 결과가 된다. 물론 판례[84]는 과
거의 양육비를 비양육친에게 일시에 부담시키는 것이 가혹한 점을 이유
로 이를 적절하게 감액할 수 있다고 하지만, 명확한 기준이 없어 법률관
계가 불확실하다. 소멸시효제도는 권리자가 권리를 행사할 수 있음에도
장기간 행사하지 않는 경우 그 권리를 소멸시키는 제도이다. 자신의 부

---

81) 김주수/김상용(주 5), 589면; 이경희(주 5), 340면; 권덕진, 양육비와 소멸시효,
    가사재판연구 제2권(2011), 194면 이하; 제철웅(주 58), 491, 496면.
82) 임종효(주 9), 286면.
83) 윤진수(주 5), 234면, 285면; 이재찬(주 20), 755면; 이동진(주 34), 151면; 최준규
    (주 40), 30면.
84) 대결(전) 1994. 5. 13. 92스21.

담부분을 넘어 양육비용을 지출한 양육친은 언제든지 비양육친에게 양육
비용의 분담을 청구할 수 있고, 비양육친이 이에 응하지 않는 경우 가정
법원에 심판을 청구할 수 있음에도 이를 장기간 행사하지 않았다면 소멸
시효제도를 적용하여 그 권리를 소멸시킴이 타당하다. 설사 판례의 논리
대로 양육비청구권은 당사자의 협의 또는 가정법원의 심판에 의하여 구
체적인 내용과 범위가 확정되어 비로소 구체적 청구권이 되는 것이라고
하더라도, 양육친이 이와 같이 양육비청구권을 구체적 청구권으로 전환시
켜 권리를 행사할 수 있었던 시점부터 소멸시효가 진행한다고 하여야 한
다. 양육친의 심판청구는 양육비청구권의 내용을 확정하는 절차라고 할
수 있는데, 판례[85]는 이와 논리구조가 유사한 선택채권의 경우 소멸시효
는 채권자가 선택권을 행사하여 채권의 목적을 확정시킬 수 있었던 시점
부터 진행한다고 한다.

　　양육비청구권을 기본적 양육비청구권과 지분적 양육비청구권으로 구
분하여 전자는 소멸시효의 대상이 아니고 후자만이 소멸시효의 대상이라
고 하는 견해도 찬성하기 어렵다. 이러한 구분은 양육비청구권이 본질적
으로는 자녀의 비양육친에 대한 부양청구권이며, 이를 양육친이 자녀를
대신하여 청구하는 것이라는 전제에 입각한 견해이다. 그러나 필자는 전
술한 바와 같이 과거의 양육비청구권을 구상권의 성질을 갖는 양육친의
고유한 권리라고 보며, 이에 따르면 이러한 구분은 불필요하다. 즉 소멸
시효가 문제되는 과거의 양육비청구권은 양육친이 자신의 부담부분을 넘
어 양육비용을 실제 지출할 때마다 성립하는 것이며, 이러한 양육비청구
권의 성립의 기초가 되는 기본적 양육비청구권이라는 개념을 굳이 상정
할 필요가 없기 때문이다.

　　따라서 양육비청구권은 이에 관한 당사자의 합의나 가정법원의 심판
이 있었는지 여부와 관계없이 항상 소멸시효의 대상이 된다. 즉 양육친
이 합의나 심판 없이 자신의 부담부분을 넘어 자녀의 양육비용을 지출한

---

85) 대판 1965. 8. 24. 64다1156; 대판 2000. 5. 12. 98다23195.

경우 양육친은 매 지출시점마다 비양육친에게 그의 부담부분만큼 양육비의 상환을 청구할 수 있으므로 양육비청구권은 매 지출시점을 기산점으로 하여 소멸시효가 진행된다. 반면에 비양육친이 협의나 심판에 의해 정해진 양육비를 지급하지 않은 경우에는 협의나 심판에 의해 정한 매 이행기를 기산점으로 하여 소멸시효가 진행된다.

(2) 양육비청구권의 소멸시효기간

양육비청구권이 소멸시효의 대상이 된다고 할 때, 3년의 단기소멸시효기간이 적용되는지, 아니면 10년의 통상 소멸시효기간이 적용되는지가 문제된다.

가. 학설 및 판례

이 점에 대해 명시적인 판단을 한 대법원판례는 아직 발견할 수 없다. 다만 하급심판례 중에는 3년의 단기시효가 적용된다고 한 것과 10년의 일반 시효기간이 적용된다고 한 것이 혼재한다고 한다.[86] 다만 판례는 양육비청구권이 당사자의 협의 또는 가정법원의 심판에 의해 확정되기 전에는 소멸시효가 진행하지 않는다고 하므로, 어떤 소멸시효기간이 적용되는가 하는 것은 협의 또는 심판에 의해 구체적 청구권으로 전환된 양육비청구권에 대해서만 문제된다.

양육비청구권에 제163조의 단기소멸시효기간(3년)이 적용된다는 견해는, 양육비청구권의 법적성질을 양육친이 비양육친에 대한 자녀의 부양청구권을 대신 행사하는 것으로 보는 견해에서 주로 주장된다. 부양료(양육비)청구권은 부양(양육)이 필요한 기간 계속적으로 급부되어야 하고, 급부의 간격이 1년을 넘지 않는 정기금채권이라고 한다. 또한 협의 또는 심판에 따른 부양료(양육비)청구권이 정기금채권으로서 시효기간이 3년인데, 그러한 협의 또는 심판이 없다고 하여 10년이라고 하는 것은 균형이 맞지 않으므로, 협의나 심판이 있기 전의 부양료(양육비)청구권에 대해서도 3년의 단기시효가 적용된다고 한다.[87] 이 견해는 과거의 양육비청구

---

86) 임종효(주 9), 287면.
87) 이동진(주 34), 152면.

권이 구상권의 성질을 갖는다고 할 때에도 마찬가지라고 한다. 비양육친에 대한 자녀의 부양청구권이 3년의 단기시효가 적용된다면, 구상권적 성질을 가지는 양육친의 양육비청구권에 대해서도 동일한 단기시효를 적용하는 것이 부양의무자의 이익에 부합한다고 한다.[88] 다른 견해는 양육비청구권은 미성년자녀가 생활하는 매일매일 발생하는 지분적 청구권이며, 이는 법률의 규정에 따라 발생하는 것이므로 협의 또는 심판에 의해 양육비 지급방법을 어떻게 정하였는지 여부와 관계없이 항상 3년의 단기시효가 적용된다고 한다.[89] 설령 당사자의 협의에 의해 과거의 양육비를 일시금으로 지급하기로 하였더라도 소멸시효기간은 3년이라는 것이다.[90]

학설 중 양육비청구권에 통상적인 소멸시효기간(10년)이 적용된다는 견해는 양육비청구권이 구상권적 성질을 갖는다는 점을 강조한다. 즉 사무관리나 부당이득에 의한 구상채권과 마찬가지로 과거의 양육비청구권은 출재시(양육친이 양육비용을 지출한 때)부터 10년의 소멸시효에 걸린다고 한다.[91]

나. 검   토

우선 양육비청구권이 3년의 단기시효가 적용된다는 견해들은 양육비청구권의 법적성질을, 필자와 달리, 비양육친에 대한 자녀의 부양청구권을 양육친이 대신 행사하는 것이라고 한다. 그리고 이러한 부양료(양육비)청구권은 1년 이내의 기간으로 정한 정기금채권이므로 3년의 단기시효가 적용된다고 한다. 그러나 부양료(양육비)청구권이 1년 이내의 기간으로 정한 정기금채권으로 법정화된 것은 아니다. 특히 과거의 양육비를 청구하는 경우 양육친은 비양육친이 양육비를 지급하지 않았던 기간 동안의 양육비 총액을 일시금으로 청구하는 것이 일반적이다. 장래의 양육

---

88) 동지 : 김형석, 제3자의 변제, 구상, 부당이득, 서울대법학 제46권 제1호(2005), 351면. 그러나 판례(대판 1996. 3. 26. 96다3791 등)는 공동불법행위자의 다른 공동불법행위자에 대한 구상권은 공동면책행위가 있었던 시점을 기산점으로 하여 10년의 소멸시효기간이 적용된다고 한다.

89) 임종효(주 9), 289면.

90) 임종효(주 9), 290면.

91) 최준규(주 40), 29면; 이재찬(주 20), 755면.

비 지급방법을 협의 또는 심판에 의해 정하는 경우에는 매월 일정 금액을 정기적으로 지급하도록 하는 것이 통상적이며, 이것이 자녀의 양육을 위해서 바람직하기도 하다. 그러나 당사자의 협의에 의해서는 물론이고, 가정법원의 심판에 의해서도 일시금의 지급을 명할 수 있다(가사소송법 제63조의3 참조).

양육비청구권이 매일매일 발생하는 지분적 청구권이며, 이는 법률의 규정에 따라 발생하는 것이므로 협의 또는 심판에 의해 양육비 지급방법을 어떻게 정하였는지 여부와 관계없이 항상 3년의 단기시효가 적용된다는 견해도 찬동하기 어렵다. 양육비청구권이 법률에 근거하는 것이지만, 법률은 이를 정기금채권으로 규정하고 있지는 않다.[92]

협의 또는 심판에 의해 정해지는 양육비청구권은 정기금채권인 것이 일반적이므로 시효기간이 3년인데 그러한 협의 또는 심판이 없으면 10년이라고 하는 것은 균형이 맞지 않으므로, 협의나 심판이 있기 전의 양육비청구권에 대해서도 3년의 단기시효가 적용된다고 하는 논거도 타당하지 않다. 1년 이내의 정기금채권에 대해 3년의 단기시효가 적용되는 것은 채권이 빈번하게 발생하고 금액도 소액인 것이 보통이어서 영수증 등 증거 보전이 어렵고 단기간에 결제되는 것이 거래관행이기 때문이다.[93] 따라서 3년의 단기시효는 협의 또는 심판에 의해 1년 이내의 정기금채권으로 정해진 양육비청구권에 대해서만 적용하고, 나머지 양육비청구권에 대해서는 10년의 일반 시효기간을 적용함이 타당하다.

필자는 과거의 양육비청구권은 구상권의 성질을 갖는다고 본다. 그런데 법률에는 양육비청구권의 지급방법에 대해 아무런 규정이 없다. 따라서 양육친이 협의 또는 심판이 있기 전에 자녀의 양육을 위해 지출한 비용에 대하여 비양육친을 상대로 과거의 양육비를 청구하는 경우, 이에 대해서는 사무관리 또는 부당이득에 기한 구상채권과 마찬가지로 양육비용을 지출한 시점을 기산점으로 하여 10년의 일반 소멸시효기간이 적용된다. 반면에 장래의 양육비에 대해 당사자의 협의 또는 가정법원의 심

92) 동지 : 최준규(주 40), 31면.
93) 곽윤직/윤진수, 민법주해 제3권(1992), 440면.

판에 의해 그 지급방법이 정해진 경우에는, 그 지급방법이 1년 이내의
기간으로 정한 정기금채무인지 여부에 따라 3년의 단기소멸시효가 적용
될지 10년의 일반 소멸시효가 적용될지 여부가 결정될 것이다.

한편 제3자가 채무자를 대신하여 채무를 이행함으로써 성립되는 구
상채권의 소멸시효와 관련하여, 본래의 채무가 단기시효의 적용을 받은
경우 구상채권도 단기시효가 적용되고, 본래의 채무에 대해서 도과된 시
효기간은 구상채권의 시효기간에 산입된다는 주장[94]이 있다. 이를 구상
권의 성질을 가지는 과거의 양육비청구권에 대해 적용하면, 비양육친에
대한 자녀의 부양료(양육비)청구권이 3년의 단기시효가 적용되므로 과거
의 양육비청구권도 3년의 단기시효가 적용되어야 한다. 또한 그 시효기
간도 양육친이 양육비용을 지출하기 이전 자녀의 부양청구권과 관련하여
도과된 시효기간과 양육비용을 지출한 이후 도과기간을 합산하는 것으로
된다.[95] 그러나 이는 채무자인 부양의무자(비양육친)에게는 유리하고, 제3
자(양육친)에게는 지나치게 불리한 주장이다. 부양료(양육비) 지급의무를
이행하지 않았던 비양육친을 이처럼 보호할 필요가 있는지 의문이다. 나
아가 비양육친에 대한 자녀의 부양료(양육비)청구권이 3년의 단기시효가
적용되는지에 대해서도 의문이다. 부양권리자가 생활하는 동안 매일매일
지분적 부양청구권이 발생하는 것이라는 이유로 3년의 단기시효가 적용
된다는 견해가 있으나,[96] 협의 또는 심판에 의해 자녀의 부양료(양육비)
청구권을 1년 이내의 정기금채권으로 정하지 않은 이상 자녀의 부양료
(양육비)청구권 역시 10년의 일반 시효기간이 적용된다고 하여야 한다.
가령 이자채권은 원금채무의 사용기간 동안 매일매일 성립하는 것이지만,
그 지급방법을 1년 이내의 정기금채권으로 정하지 않은 이상 10년의 일
반 시효기간이 적용됨을 참고할 필요가 있다.[97]

---

94) 김형석(주 88), 351면.
95) 윤진수/최준규(주 6), 1524-1525면.
96) 임종효(주 9), 289면.
97) 대판 1996. 9. 20. 96다25302 등.

Ⅳ. 결   론

전술한 내용을 요약하면 다음과 같다.

1. 부부간 부양청구권

부부간 상호 부양의무는 제826조에 근거한다. 통설 및 판례는 민법상 부양의무를 '1차적·생활유지적 부양의무'와 '2차적·생활부조적 부양의무'로 구분하며, 부부간 부양의무는 미성년자녀에 대한 부모의 부양의무와 함께 전자에 속하고, 기타 친족간 부양의무는 후자에 속한다고 한다. 부부간 부양의무에 관한 제826조와 제833조는 친족간 부양의무에 관한 제974조 이하의 규정에 대한 특별규정의 성격을 가지며, 양자 사이에는 부양의무의 순위, 성립요건, 부양의 정도 등에 차이가 존재하므로 통설 및 판례의 유형적 구분은 기본적으로 타당하다.

일부 학설 및 판례는 부양청구권은 당사자의 협의 또는 법원의 심판에 의해 그 내용이 확정되기 전에는 추상적 청구권에 불과하다가 협의 또는 심판에 의해 비로소 구체적 청구권이 성립한다고 한다. 따라서 판례는 협의 또는 심판에 의해 확정된 구체적 부양청구권만이 소멸시효의 대상이 되고, 이를 자동채권으로 상계하는 것도 가능하게 된다고 한다. 그러나 부양청구권은 협의나 심판이 없더라도 성립요건을 갖추면 당연히 성립하는 것이며, 심판은 이러한 부양의무를 확인하는 성격에 불과하다.

부부간에 과거에 부양을 받지 못한 것에 대해 부양료를 청구할 수 있는가에 대해 학설이 나뉘며, 판례는 소위 '청구시설'을 취한다. 즉, 판례는 부부간 부양의무는 부양권리자가 부양의무의 이행을 청구하였음에도 부양의무자가 이행하지 아니함으로써 이행지체에 빠진 이후의 부양료만을 청구할 수 있다고 한다. 그러나 부부간 부양의무는 부부관계의 존재, 요부양자의 부양의 필요와 부양의무자의 부양능력 등 부양의무 성립요건을 갖추면 부양권리자의 청구 여부와 부양의무자의 인식 여부와 관계없이 성립하는 것이며, 과거의 부양료도 당연히 청구할 수 있다.

2. 부부간 양육비청구권

학설은 미성년자녀에 대한 부모의 부양의무가 제913에 근거한다는 견해, 제974조에 근거한다는 견해, 근거조문을 제시함이 없이 친자관계의 본질에서 근거한다는 견해로 나뉘고, 판례는 마지막 견해를 취한다. 그러나 미성년자녀에 대한 부모의 부양의무는 자녀가 출생한 때로부터 제913조에 따라 성립하는 것이며, 그 후 부모의 이혼, 혼인 취소, 인지 등 사정으로 부모 중 일방이 친권자의 지위를 잃게 되더라도 그의 부양의무에는 영향이 없다고 하여야 한다.

양육비청구권의 법적성질에 대해서는 미성년자녀의 부양청구권을 양육친이 자신의 이름으로 대신 행사하는 것이라는 견해와 양육친이 비양육친에 대해 갖는 고유의 권리로서 구상권의 성질을 갖는다는 견해로 나뉜다. 그러나 양육비청구권은 양육친의 고유한 권리이며, 과거의 양육비를 청구하는 것은 구상권의 성질을 갖고(제688조, 제739조, 제741조), 장래의 양육비를 청구하는 것은 사전구상권 내지 비용선급청구권(제687조)의 성질을 갖는다.

양육비부담에 대한 약정이나 심판이 없는 상태에서 부모 중 일방이 미성년자녀를 양육한 경우 양육비용을 비양육친에게 청구할 수 있는가에 대해 통설 및 판례는 긍정한다. 과거의 양육비에 대한 청구는 구상권의 성질을 갖고, 양육친이 자신의 부담부분을 넘어 양육비용을 지출하면 곧 성립하는 것이므로 통설 및 판례는 타당하다.

다만 판례는 과거의 양육비를 일시적으로 부담하게 하는 것이 비양육친에게 가혹한 경우 이를 적절하게 분담시킬 수 있다고 하는데, 이에 대해서는 의문이다. 부양의무를 이행하지 않은 비양육친을 특별히 보호할 필요는 없고, 그에 대한 보호는 소멸시효를 적용함으로써 충분하다.

그런데 판례는 양육비청구권이 협의 또는 심판에 의해 내용이 확정되어 구체적 청구권으로 전환되기 전에는 소멸시효가 진행하지 않는다고 한다. 그러나 소멸시효는 권리자가 권리를 행사할 수 있었던 시점부터 진행하므로, 양육친이 양육비용을 지출한 시점부터 양육비청구권의 소멸시효는 진행한다고 하여야 한다. 다음으로 양육비청구권이 소멸시효의 대상이라고 할 때, 3년의 단기시효가 적용되는가에 대해 학설상 논란이 있다. 과거의 양육비를 청구하는 경우에는 사무관리 또는 부당이득에 기한 구상채권과 마찬가지로 10년의 일반 시효기간이 적용된다. 반면에 장래의 양육비를 청구하는 경우에는 협의 또는 심판에 의해 정해지는 지급방법이 1년 이내의 정기금채권인 때에는 3년의 단기시효가 적용되고, 그렇지 않은 때에는 10년의 일반 시효기간이 적용된다.

3. 대상결정에의 적용

대상결정은 청구인의 청구 중 이 사건 심판청구 이전의 부부간 부양료청구를 배척하였다. 부부간 과거의 부양료 청구는 부양을 받을 자가 부양의무자에게 부양의무의 이행을 청구하였음에도 부양의무자가 부양의무를 이행하지 아니하여 이행지체에 빠진 이후의 것만 청구할 수 있고, 부양의무자가 부양의무의 이행을 청구받기 이전의 부양료의 지급은 청구할 수 없는데, 청구인이 이 사건 심판청구 이전에 상대방에게 부양의무의 이행을 청구하였음을 인정할 증거가 없다는 것이 이유이다. 그러나 부부간 부양의무는 부부관계의 존재, 요부양자의 부양의 필요와 부양의무자의 부양능력 등 부양의무 성립요건을 갖추면 부양권리자의 청구 여부와 관계없이 성립한다고 하여야 한다. 따라서 대상결정이 청구인의 과거 부양료청구를 배척한 사유는 타당하지 않다.

대상결정은 이 사건 심판청구 이전의 사건본인(B)에 대한 과거의 양육비 청구에 대해서도 이를 배척한 원심결정을 그대로 인정하였다. 원심결정은 부부 일방이 지출한 미성년자녀의 양육비는 양육비를 청구하기 이전의 과거의 양육비도 청구할 수 있지만, 과거의 양육비 모두를 상대방에게 부담시키면 상대방은 예상하지 못한 양육비를 일시에 부담하게 되어 가혹할 수 있으므로 여러 사정을 고려하여 적절하게 분담시킬 수 있는데, 사안에서는 청구인이 상대방의 반대에도 불구하고 자녀의 유학을 추진하였고, 청구인이 부부 공동재산을 자녀의 유학비용과 생활비 등으로 사용하였고, 상대방이 다른 자녀의 양육비로 상당 금액의 유학비용을 지출한 점 등 여러 사정을 종합하여 고려하면 상대방에게 과거 양육비를 추가로 부담하게 하는 것이 상당하지 않다고 하였다. 그러나 과거의 양육비를 일시적으로 부담하게 하는 것이 비양육친에게 가혹함을 이유로 이를 적절하게 분담시킬 수 있다고 한 것에 대해서는 찬동할 수 없다. 부양의무를 이행하지 않은 비양육친을 이처럼 특별히 보호할 필요는 없고, 그에 대한 보호는 소멸시효를 적용함으로써 충분하기 때문이다. 오히려 사안에서는 상대방이 실질적으로 상당 금액의 자녀 양육비를 이미 지출한 사정이 엿보이므로, 상대방이 사건본인(B)을 비롯한 자녀들에 대한 자신의 부양의무를 충분히 이행하였음을 이유로 이 부분 청구를 배척하였어야 한다고 생각한다.

[Abstract]

The spouse right of support and reimbursement for child support

Oh, Chong Kun*

The obligation of marital mutual support is based on Article 826 of the Civil Act. Majority opinion and precedents divide the obligation of support in the civil law into the primary obligation to maintain life' and the secondary obligation to assist life.' The obligation of marital mutual support belongs to the former along with the parents obligation to support children. And other obligation to support relatives belongs to the latter. This types of division is basically valid because Article 826 and 833 on marital obligations have the characteristics of special provisions on the provisions of Article 974 on obligation to support relatives.

Some opinions and precedents suggest that the right of support is only the abstract right before it's contents are settled by a agreement of the parties or court judgment, but the specific right is established by the agreement or the judgement. However, the right of support can be established without the agreement or judgement if it meets the requirements, and the judgement is only the confirm of the right.

There is a divergence of opinion on whether the husband/wife can claim the support for the past, and the precedent takes position that it can be accepted only when the claim is made before. However, the obligation of marital support is established when it meets the requirements, such as the existence of a marital relationship, the need for the support, and the

---

* Professor, Law School, Ewha Womans University.

ability to support, regardless of whether the existence of claim by whom has the right or the awareness by whom has the obligation. Therefore, the support for the past can be claimed naturally.

The obligation of parents to support children is established in accordance with Article 913 from the time the child was born. Thereafter, even if he or she loses the custody right due to the divorce, annulment of marriage and perception of illegitimate child, his or her obligation should not be affected.

There are two different opinions on the legal characteristics of the right to claim for child support. One of them is that the right belongs to the child but it is exercised by one of the parents who rearing the child. The other is that the right is his/her own right of the parents who rearing the child. It is a right of the parents rearing the child, and his or her claim of child support for the past is a kind of claim for reimbursement.

Precedents states that if one of the parents has cared children in the absence of a agreement or judgment on the child support, the cost of child support should be reimbursed by the other parent who does not support the child. And the precedent states that the court can reduce the reimbursement if the full reimbursement is too harsh for the not rearing parent. However, there is no need to specially protect the parent who does not support children, and the protection of him/her is sufficient by applying the statute of limitations.

The precedent states that statute of limitations does not proceed until the right of child support is settled by agreement of parents or court judgment and is converted into the specific right. However, the statute of limitations for the right of child support proceed from the time the child support is carried out. 10-year statute of limitations is applied to the right of child support. But if the child support should be paid regularly within one year, 3-year statute of limitations is applied.

[Key word]

- the right of support
- the right of child support
- the support obigation

참고문헌

[단 행 본]

곽윤직 편집대표, 민법주해 제3권, 1992.
김주수/김상용, 친족상속법 제13판, 2016.
박동섭, 친족상속법 제4판, 2013.
법원행정처, 법원실무제요 가사 Ⅱ, 2010.
송덕수, 친족상속법 제4판, 2018.
신영호/김상훈, 가족법강의 제3판, 2018.
윤진수 편집대표, 주해친족법 제1권, 2015.
───────, 주해친족법 제2권, 2015.
윤진수, 친족상속법강의 제2판, 2018.
이경희(1), 가족법 9정판, 2017.
이희배, 가족법학논집(이희배 교수 정년기념), 2001.

[논   문]

강현중, 미성숙자녀의 양육과 부양, 사법논집 제12집, 1981.
권덕진, 양육비와 소멸시효, 가사재판연구 제2권, 2011.
김승정, 배우자 사이의 부양의무와 직계혈족 사이의 부양의무의 우선순위,
    대법원판례해설 제93호, 2013.
김시철, 부부간 과거의 부양관계에 관하여(2008. 6. 12. 2005스50), 사법 제5호,
    2008.
김연화, 노부모 부양에 관한 고찰, 가사재판연구 제2권, 2011.
김형석(1), 제3자의 변제, 구상, 부당이득, 서울대법학 제46권 제1호, 2005.
─────(2), 양육비청구권을 자동채권으로 하는 상계, 가족법연구 재21권 제3호,
    2007.
마옥현, 미성숙자녀와 노부모에 대한 부양 등에 관한 고찰, 재판실무연구 제3권,
    수원지방법원, 2006.
문형식, 친자관계를 중심으로 한 부양료청구와 구상(상), 인권과정의 제130호,
    1987.

박병호/김유미, 과거의 양육비 구상, 서울대법학 제35권 제3, 4호, 1994.

서인겸, 부양의무 이행의 순위 및 체당부양료의 구상에 관한 고찰, 경희법학 제49권 제3호, 2014.

엄경천, 부부간 부양의무와 부부 공동생활비용 부담의 관계, 2017년 가족법 주요판례 10선, 2018.

이경희(2), 자에 대한 부모의 부양의무의 법적 근거, 법학연구 24권 제1호, 2014.

이동진, 부모 일방의 타방에 대한 과거의 양육비 상환청구와 소멸시효, 가족법 연구 제26권 제2호, 2012.

이연주, 부부간의 과거 부양료 및 양육비청구에 관하여, 인권과정의 제401호, 2010.

이재찬, 부양의무의 순위 및 그에 기초한 구상관계에 관한 연구, 민사판례연구 제38권, 2016.

임종효, 양육비청구권에 관한 기초이론 및 실무상 쟁점, 사법논집 제51집, 2011.

제철웅, 부양청구권 및 부양비용 상환청구권에 관한 몇 가지 해석론적 제안, 법학논총 제31권 제1호, 2014.

조은희, 독일법상 직계혈족부양에 관한 고찰, 가족법연구 제17권 제2호, 2003.

최민수, 부부간 과거부양료청구와 미성년자녀의 과거양육비청구, 가족법연구 제28권 제1호, 2014.

최준규, 다수당사자 사이의 부양관계에 관한 고찰, 가족법연구 제26권 제3호, 2012.

한웅길, 한국에서의 노부모 부양과 부양료 구상, 저스티스 제30권 제4호, 1997.

[외국문헌]

於保不二雄/中川淳 편, 新版注釋民法 제25권, 1994.

Munchener Kommentar zum BGB Band 8, 6 Aufl., 2012.

개인회생절차에서 별제권자가 되는 담보채권자가 제기한 채권자취소소송의 수계 여부

정 준 영*

■요　지■ ══════════════════════

　　개인회생절차 개시 당시 계속 중인 채권자취소소송은 중단되고 부인의 소로 변경하기 위해 채무자가 이를 수계한다는 것이 종전 대법원판례이다.

　　그러나 중단되는 것은 개인회생채권자가 되는 무담보채권자가 제기하여 수행하던 채권자취소소송이고, 별제권자가 되는 담보채권자가 제기하여 수행하던 채권자취소소송은 담보권행사, 즉 별제권행사의 일환으로 보아야 하므로 채무자회생법 600조 2항에 의해 중지되었다가 변제계획 인가 또는 개인회생절차 폐지결정 확정 후 다시 진행된다고 해석해야 한다.

　　나아가 개인회생절차 개시에 따라 중단된 채권자취소소송을 채무자가 의무적으로 수계해야 하는지에 관해 견해가 나뉘는데, "…수계할 수 있다"는 채무자회생법 347조 1항의 문언대로 해석하면 수계를 의무적인 것이라고 볼 수 없다. 채무자는 비용－이익 분석 등 합리적 판단에 따라 수계 여부를 결정할 수 있다고 해석한다면 개인회생절차에서 "채무자가 채권자취소소송을 수계해야 하고 또 채무자만이 채권자취소소송을 부인의 소로 변경하여 수행할 수 있다."는 프레임에서 벗어나 채무자의 수계거절권도 인정할 수 있을 것이다. 그렇다면 채무자가 채권자취소소송의 수계를 명시적 또는 묵시적으로 거절한 경우 소송중단 상태가 해소되고 다시 원래의 원고가 소송을 계속

---

* 서울회생법원 수석부장판사.

하여 수행한다고 해석할 수 있을 것이다.

대상판결의 사안에서는 담보채권자가 채권자취소소송을 제기하였는데, 이 소송은 개인회생절차가 개시된 후 원심판결시까지 중단되지 않았고 채무자가 이를 수계하지도 않았다. 채무자는 원심판결 이전에 채권자취소소송이 계속 중인 것을 알았으므로 묵시적으로 수계를 거절한 것으로 볼 수 있는 사안이었다. 대상판결은 이러한 원심판결을 파기하면서, 개인회생절차가 개시되면 채무자가 채권자취소소송을 수계해야 하는데 채무자가 채권자취소소송을 수계하지 않은 위법이 있다고 보았다.

이러한 대상판결은 첫째, 개인회생절차에서 별제권자가 되는 담보채권자가 제기한 채권자취소소송은 담보권행사의 중지·금지 차원에서 변제계획인가 또는 폐지결정확정시까지 중지될 뿐 소송중단 및 수계 대상이 아니므로 재검토가 필요하고, 둘째, 종전 판례를 따른 결론이기는 하나 개인회생절차에서의 채권자취소소송의 수계가 의무적인 것은 아니라고 해석해야 한다는 관점에서 볼 때 역시 재검토가 필요하다.

[주 제 어]
• 채무자회생법
• 개인회생절차
• 채권자취소소송
• 소송중단
• 수계
• 중지
• 부인의 소

대상판결 : 대법원 2016. 8. 30. 선고 2015다243538 판결

[사안의 개요]

피보전채권의 발생과 근저당권의 설정

신한은행은 A 소유의 이 사건 주택에 관하여 2004년부터 2006년 사이에 채권최고액 합계 356,400,000원으로 된 3개의 근저당권을 설정받고 A에게 2006년에 297,000,000원, 2008년에 28,500,000원을 대출해 주었다.

사해행위

피고는 2013. 8. 8. A로부터 임대차보증금 21,600,000원, 임대차기간 2013. 8. 25.부터 2015. 8. 24.까지로 하여 이 사건 주택을 임차하고, 2013. 8. 27. 이 사건 주택에 전입신고를 마치고 확정일자를 받았다.

개인회생신청

한편 A는 2013. 8. 20. 의정부지방법원에 개인회생을 신청하였는데, 신한은행의 위 근저당권 피담보채권을 채권자목록에 별제권부채권으로 기재하고 별제권행사가 있을 것을 전제로 변제가 예상되는 채권액과 변제받을 수 없을 채권액 등을 산정하였다.

담보권실행과 채권자취소소송

신한은행은 위 대출채권을 2013. 12. 23. 원고에게 양도하고, 그 양도사실을 2013. 12. 26. A에게 통지하였다. 위 대출채권을 양수한 원고는 담보물인 이 사건 주택에 관하여 의정부지방법원 고양지원에 임의경매개시 신청을 하여 2014. 2. 12. 위 법원에서 임의경매개시결정을 받았다. 이 경매절차에서 피고는 소액임차인으로서 권리신고 및 배당요구 신청을 했고, 원고는 채권금액을 372,119,837원으로 하여 배당요구하였다. 2014. 10. 14. 배당기일에서 위 법원은 피고에게 소액임차인이라는 이유로 1순위로 16,000,000원을 배당하고, 2순위로 당해세 278,980원을 배당하는 한편, 근저당권자인 원고에게는 3순위로 채권최고액 합계 356,400,000원보다 적은 296,345,374원을 배당했다. 원고는 배당기일에 출석하여 피고의 배당금 전액에 대하여 이의를 제기하고, 2014. 10. 17. A와 피고 사이의 이 사건 임대차계약의 취소를 구하는 채권자취소소송과 피고에게 배당된 금액을 원고에게 배당하는 것으로 배당표 경정을 구하는 배당이의의 소(이 사건 채권자취소소송)를 제기하였다. 이 사건 채권자취소소송의 경과는 아래와 같다.

개인회생 절차개시와 변제계획의 수정 및 인가

이와 같이 원고의 담보권실행에 따른 임의경매 및 배당이 이루어진 후 A는 개인회생사건 재판부에 원고가 별제권행사로 변제받을 수 없는 채권액을 75,441,175원으로 확정하여 변제계획을 수정제출하였다. 그 후 2015. 1. 22. 개인회생절차가 개시되어 2015. 8. 7. 수정된 변제계획이 인가되었다.

[이 사건 채권자취소소송의 경과]

1. 제1심판결(의정부지방법원 고양지원 2015. 5. 8. 선고 2014가단67372 판결) : 원고승소

제1심은 원고의 문서송부촉탁신청에 따라 2015. 3. 12. A에 대한 개인회생사건 재판부에 개인회생사건 기록일체에 대한 문서송부촉탁을 하였고, 그 후 2015. 5. 8. A와 피고 사이의 이 사건 임대차계약이 사해행위에 해당한다고 보고 이 사건 임대차계약의 취소와 피고에 대한 배당액 1600만원을 원고에게 배당하는 내용으로 배당표를 경정하는 원고 승소판결을 내렸다. 피고는 이러한 제1심판결에 대해 항소하였다.

2. 환송전 원심판결(의정부지방법원 2015. 9. 25. 선고 2015나53422 판결) : 항소기각

환송전 원심은 제1심과 같은 취지로 판단하여 피고의 항소를 기각하였고, 이에 대해 피고는 상고하였다.

3. 상고심판결(대상판결 : 대법원 2016. 8. 30. 선고 2015다243538 판결) : 파기환송

대상판결은 대법원 2013. 6. 13. 선고 2012다33976 판결을 인용하여 "「채무자 회생 및 파산에 관한 법률」에 의하면, 개인회생채권자가 제기한 채권자취소소송이 개인회생절차 개시결정 당시 법원에 계속되어 있는 때에는 그 소송절차는 수계 또는 개인회생절차의 종료에 이르기까지 중단되고, 이 경우에는 채무자가 그 소송절차를 수계한다(제584조 제1항, 제2항, 제406조 제1항). 그러므로 채권자취소소송의 계속 중 채무자에 대하여 개인회생절차 개시결정이 있었는데, 법원이 소송수계가 이루어지지 아니한 상태 그대로 소송절차를 진행하여 판결을 선고하였다면, 그 판결은 소송절차를 수계할 채무자가 법률상 소송행위를 할 수 없는 상태에서 심리되어 선고된 것이므로 여기에는 마치 대리인에 의하여 적법하게 대리되지 아니하였던 경우와 마찬가지의 위법이 있다."는 법리를 설시하였다. 그리고 2014. 10. 17. 이 사건 채권자취소소송이 제기된 이후 제1심 변론종결 전인 2015. 1. 22. 채무자 A에 대한 개인회생절차 개시결정이 있었음에도 제1심법원은 채무자의 소송수계가 이루어지지 아니한 상태 그대로 소송절차를 진행하여 2015. 4. 17. 변론을 종결한 후 2015. 5. 8. 원고의 청구를 인용하는 판결을 선고하였고, 환송전 원심도 소송수계 없이 소송절차를 진행하여 피고의 항소를 기각하는 판결을 선고하였는데, 이러한 제1심판결에는 채무자에 대한 개인회생절차 개시결정으로 소송절차를 수계하여야 할 채무자가 소송에 관여하지 아니한 상태에서 사건이 심리되어 판결이 선고된 위법이 있고, 이를 간과한 환송전 원심판결에는 소송절차의 중단 및 소송수계에 관한 법리를 오해하여 판결에 영향을 미친 위법이 있다고 판단하여 환송전 원심판결을 파기환송하였다.

4. 파기환송심판결(의정부지방법원 2017. 5. 25. 선고 2016나56879 판결) : 소각하(확정)

파기환송된 이후 2016. 10. 13. 원고가 이 사건 개인회생사건 재판부에 채무자 A로 하여금 이 사건 채권자취소소송을 수계하도록 해달라는 요청을 하였고, 그 무렵 채무자 A가 파기환송심에 소송절차수계신청서를 제출하였다. 하지만 소송절차를 수계한 A는 변론종결일인 2017. 4. 20.까지 이 사건 채권자취소소송을 부인의 소로 변경하지 않음에 따라 파기환송심은 이 사건 채권자취소소송이 부적법하다는 이유로 소각하 판결을 하였다.

파기환송심이 설시한 법리는 다음과 같다. "채무자 회생 및 파산에 관한 법률 제584조, 제347조 제1항, 제406조에 의하면 개인회생절차 개시결정이 내려진 후에는 채무자가 부인권을 행사하고, 법원은 채권자 또는 회생위원의 신청에 의하거나 직권으로 채무자에게 부인권의 행사를 명할 수 있으며, 개인회생채권자가 제기한 채권자취소소송이 개인회생절차 개시결정 당시에 계속되어 있는 때에는 그 소송절차는 수계 또는 개인회생절차의 종료에 이르기까지 중단된다. 이러한 규정 취지와 집단적 채무처리절차인 개인회생절차의 성격, 부인권의 목적 등에 비추어 보면, 개인회생절차 개시결정이 내려진 후에는 채무자가 총채권자에 대한 평등변제를 목적으로 하는 부인권을 행사하여야 하고, 개인회생채권자목록에 기재된 개인회생채권을 변제받거나 변제를 요구하는 일체의 행위를 할 수 없는 개인회생채권자가 개별적 강제집행을 전제로 하여 개개의 채권에 대한 책임재산의 보전을 목적으로 하는 채권자취소소송을 제기할 수는 없다(대법원 2010. 9. 9. 선고 2010다37141 판결 등 참조). 따라서 개인회생절차 개시결정 당시에 이미 채권자취소소송이 계속되어 있는 때에는 적법한 수계적격이 있는 채무자가 소송을 수계하여야 하고, 소송을 수계한 회생채무자는 기존의 채권자취소소송을 부인의 소로 변경하여야 한다."

〔研　究〕

I. 문제의 제기

대상판결은 종전 판례(대법원 2013. 6. 13. 선고 2012다33976 판결)를 인용하면서 채무자 회생 및 파산에 관한 법률(이하 '채무자회생법' 또는 '법') 제4편 개인회생절차 개시 전에 제기된 이 사건 채권자취소소송은 개인회생절차 개시에 따라 중단되고 이를 채무자가 수계해야하는데 소송수계가 이루어지지 않고 소송절차가 진행되어 판결이 선고된 것은 위법하다고 한다.

하지만 대상판결은 두 가지 점에서 검토할 필요가 있다. 첫째, 대상판결이 인용한 종전 판례는 개인회생채권자가 되는 무담보채권자가 원고로서 제기한 채권자취소소송의 중단과 수계에 관한 것인데, 이 사건 채권자취소소송의 원고는 개인회생채권자가 아니라 별제권자가 되는 담보채권자이다.[1] 별제권자가 되는 담보채권자가 제기한 채권자취소소송도

---

1) 개인회생채권은 "채무자에 대하여 개인회생절차개시결정 전의 원인으로 생긴 재산상의 청구권(채무자회생법 581조 1항)"으로서 무담보채권을 말하고, 별제권은 도산절차 밖에서 인정되는 권리를 도산절차에서도 그대로 행사할 수 있는 권리로서 파산절차(채무자회생법 제3편)와 개인회생절차(제4편)에서 담보권자 등에게 인정된다. 별제권자는 별제권의 행사에 의하여 변제를 받을 수 없는 채권액(즉 피담보채권액 중 담보가치 초과액)에 관하여만 파산채권자 또는 개인회생채권자로서 그 권리를 행사할 수 있다(법 413조, 586조).

개인회생절차 개시결정으로 중단되고 채무자가 수계해야하는지 검토할
필요가 있다. 이 사건 채권자취소소송의 대상이 된 피고에 대한 배당금
1600만원은 채무자에게 귀속되거나 개인회생채권자에 대한 변제재원이
되는 개인회생재단에 편입될 돈이 아니라 개인회생절차에서 별제권자로
취급되고 있는 담보채권자(원고) 또는 소액임차인(피고) 중 어느 하나에게
귀속될 돈이다. 원고가 1600만원에 대하여 이 사건 채권자취소소송을 제
기한 것은 그 1600만원을 개인회생채권자들을 위한 변제재원으로 하고자
하는 것이 아니라 담보채권자로서 배당받을 지위, 즉 개인회생절차에서
별제권이 되는 담보권의 행사로서 1600만원 전액을 원고에게 배당해달라
는 차원에서 제기한 것이다.

둘째, 채무자회생법 584조 1항, 2항, 406조 1항, 2항에 의해 준용되
는 347조에 의하면 채권자취소소송은 채무자가 "수계할 수 있다"고 규정
하고 있는데, 대상판결과 같이 채무자가 그 소송절차를 "수계한다"라고
단정적으로 해석해도 무리가 없는지 검토할 필요가 있다. 이는 채권자취
소소송에 대한 채무자의 수계가 의무적인 것인지, 채무자가 수계를 거절
할 수 있는지와 관련된 문제이고, 수계가 임의적이고 거절할 수도 있는
것이라면 수계하지 않았다고 해도 위법하다고 볼 수 없기 때문이다.

Ⅱ. 종래의 논의

1. 개인회생절차에서의 채권자취소소송의 중단 및 수계

회생절차 및 파산절차에서 채무자의 재산 또는 파산재단에 관한 소
송의 중단 및 수계($^{법\ 59조,}_{347조}$)는 채무자의 재산 또는 파산재단에 대해 관리처
분권을 가지고 이에 따라 그에 관한 소송에서 당사자적격을 가지는 회생
절차의 관리인($^{법\ 78조,}_{89조}$), 파산절차의 파산관재인($^{법\ 359조,}_{384조}$)이 채무자를 대신하
여 소송수행을 할 수 있도록 하는 소송법상 기법이다. 또한 회생채권자
나 파산채권자가 제기한 채권자취소소송이 회생절차 개시 당시 또는 파
산선고 당시 법원에 계속되어 있는 때에는 그 소송절차는 수계 또는 회
생절차나 파산절차의 종료에 이르기까지 중단되고 회생절차의 경우 관리

인, 파산절차의 경우 파산관재인이 이를 수계할 수 있다($\frac{법\ 113조,\ 59조,}{406조,\ 347조}$). 파산
선고 후 파산채권자가 제기한 채권자취소소송은 부적법하지만, 파산관재
인으로서는 이를 수계하여 부인의 소로 변경할 수 있다.[2]

개인회생절차에서는 개인회생재단[3]에 대한 관리처분권을 채무자가
그대로 보유하므로($\frac{법\ 580조}{2항}$) 개인회생절차 개시 당시 계속 중인 개인회생
재단에 속하는 재산에 관한 소송은 중단되지 않는다($\frac{600조\ 1항}{3호\ 단서}$). 그러나 개
인회생채권자가 제기한 채권자취소소송이 개인회생절차 개시 당시 법원
에 계속되어 있는 때에는 그 소송절차는 수계 또는 개인회생절차의 종료
에 이르기까지 중단되고, 채무자가 이를 수계할 수 있다($\frac{법\ 584조\ 1항,\ 2항,}{406조\ 1항,\ 2항,\ 347조}$).
종전의 '채권자가 수행하던 채권자취소소송'을 개인회생절차에서는 '채무
자가 수행하는 부인의 소'로 변경할 필요가 있기 때문이다. 즉 개인회생
절차 개시로 인하여 채무자가 채권자취소소송을 수계한 후 이를 승계한
한도에서 청구변경의 방법으로 부인권을 행사하는 것이다. 채무자가 종
전 취소채권자를 대신함에 따라 부인의 소 형태로 청구변경을 하는 것에
불과하므로, 이 경우 제척기간 준수 여부는 소송 중단 전 채권자취소소
송이 법원에 처음 계속된 때를 기준으로 판단하여야 한다.[4] 개인회생절
차 개시 당시 이미 소송이 계속 중인 권리에 대하여 이의가 있는 경우에
는 별도로 조사확정재판을 신청할 수 없고 이미 계속 중인 소송의 내용
을 개인회생채권조사확정의 소로 변경하여야 하는데($\frac{법\ 604조}{2항}$), 이를 청구의
교환적 변경으로 보지는 않으므로, 소멸시효나 제척기간 등은 종전 소송
을 기준으로 하는 것과 마찬가지로 볼 수 있다. 다만 청구의 추가적 변

---

2) 대법원 2018. 6. 15. 선고 2017다265129 판결.
3) 개인회생재단은 개인회생절차개시 당시 채무자가 가진 모든 재산과 채무자가 개
   인회생절차 개시결정 전에 생긴 원인으로 장래에 행사할 청구권(법 580조 1항 1
   호) 및 개인회생절차진행 중에 채무자가 취득한 재산 및 소득(2호)인데, 이러한 개
   인회생재단에 대한 관리·처분권은 개인회생절차개시에도 불구하고 인가된 변제계
   획에서 다르게 정한 때를 제외하고는 채무자가 가진다(법 580조 2항).
4) 파산절차에서의 채권자취소소송의 수계와 제척기간에 관한 대법원 2016. 7. 29.
   선고 2015다33656 판결 참고. 이 판결취지에 대한 비판으로는 전원열, 부인권과
   제척기간, 법조 제720호(2016. 12.)[별책] 485면.

경이 있을 경우 변경시점을 제척기간 기준으로 하는 것이 타당하다. 한편 개인회생절차 개시 후에는 채무자가 총채권자에 대한 평등변제를 목적으로 하는 부인권을 행사하여야 하므로 개인회생채권자는 채권자취소소송을 제기할 수 없다.[5]

2. 소송수계 없이 진행되어 판결이 선고된 경우

채권자취소소송이 소송수계 없이 진행되어 판결이 선고된 경우 위법한가? 대법원은 당사자가 사망하였는데도 소송절차의 중단을 간과하고 심리·선고한 판결이 위법하다는 판례[6]를 원용하여 회생절차 개시결정 후 관리인의 소송수계가 이루어지지 아니한 양수금 소송과 시정명령 등 취소 청구소송의 경우 위법하다고 보았다.[7] 나아가 대법원은 이러한 법리를 개인회생절차 개시결정이 내려진 후의 채권자취소소송[8]에도 적용하여 "법원이 채권자취소소송 계속 중 채무자에 대하여 개인회생절차 개시결정이 내려진 사실을 알고도 채무자의 소송수계가 이루어지지 아니한 상태로 소송절차를 진행하여 선고한 판결은 채무자의 개인회생절차 개시결정으로 소송절차를 수계할 채무자가 법률상 소송행위를 할 수 없는 상태에서 심리되어 선고된 것이므로 마치 대리인에 의하여 적법하게 대리되지 아니하였던 경우와 마찬가지로 위법이 있다."고 보고 이를 파기사유로 삼고 있다. 그러나 이와 같이 소송중단 사실을 간과하고 선고된 판결도 당연무효는 아니므로[9] 당연승계로 인해 '당사자'가 되는 회생절차의

관리인이나 파산관재인에게 기판력이 미치고, 다만 대리권의 흠결이 있는 경우에 준하여 판결확정 전이면 상소에 의하여, 확정 후면 재심에 의하여 그 취소를 구할 수 있다.[10] 그리고 소송수계절차는 상고심에서도 밟을 수 있다.[11]

3. 담보채권자가 제기하는 채권자취소소송의 가부(可否)

채권자취소권을 행사하는 채권자의 채권에 물적 담보가 있는 경우 그 담보채권자(secured creditor)는 당해 담보물의 처분행위에 대하여 채권자취소권을 행사할 수 있을까? 채권자취소권은 책임재산을 감소시킨 행위를 무효로 함으로써 무담보채권자(unsecured creditor)를 위한 변제재원을 증식시키기 위한 제도이므로 일반적으로 담보물의 가치가 피담보채권액을 초과하면 담보채권자는 가진 채권 전액에 대해 우선변제권이 확보되어 있으므로 채권자취소권을 행사할 필요가 없다. 하지만 담보채권자라고 하더라도 담보가치가 피담보채권액에 부족하여 담보부족분이 생기는 경우(이른바 undersecured creditor) 그 담보부족분에 대하여는 담보채권자가 아니라 무담보채권자의 지위에 있게 되므로 그 담보부족분을 보전하기 위한 채권자취소권을 행사할 수 있는데, 이와 같은 경우는 엄밀하게 보아 담보채권자로서의 채권자취소권 행사로 볼 수 없으므로 이 글의 논의에서는 제외한다.

먼저 담보목적물 처분 당시 피담보채권액에 대한 우선변제권이 확보되어 있다면 그 담보채권자에 대하여는 사해행위라고 할 수 없다.[12]

당사자로 표시된 판결에 기하여 사망자의 승계인을 위한 또는 사망자의 승계인에 대한 강제집행을 실시하기 위하여는 민사소송법 제481조(현행 민사집행법 31조. 필자 註)를 준용하여 승계집행문을 부여함이 상당하다."고 하였다. 이러한 법리는 대법원 2013. 4. 11. 선고 2012재두497 판결 등에서 계속되고 있다.

10) 정준영, 파산절차가 계속 중인 민사소송에 미치는 영향, 파산법의 제문제(하), 재판자료 제83집, 법원도서관(1999), 149-150면.
11) 대법원 2003. 11. 14. 선고 2003다34038 판결.
12) 제4판 주석 민법 채권총칙(2), 한국사법행정학회(2013), 247-249면; 대법원 2009. 10. 29. 선고 2009다47852 판결, 대법원 2015. 11. 26. 선고 2015다48825 판결 참조.

그러나 담보물에 대한 처분행위가 담보채권자의 우선변제권을 해하는 것이라면 그 담보채권자에 대하여도 사해행위가 될 수 있다. 예를 들어 주택임대차보호법 8조의 소액보증금 최우선변제권은 임차목적 주택에 대하여 저당권에 의하여 담보된 채권, 조세 등에 우선하여 변제받을 수 있는 일종의 법정담보물권을 부여한 것이므로, 채무자가 채무초과상태에서 채무자 소유의 유일한 주택에 대하여 위 법조 소정의 임차권을 설정해 준 행위는 채무초과상태에서의 담보제공행위로서 채무자의 총재산의 감소를 초래하는 행위가 되는 것이고, 따라서 그 임차권설정행위는 사해행위취소의 대상이 될 수 있다.[13] 이러한 소액임대차계약이 체결된 후 해당 주택이 경매되어 배당될 경우 소액보증금은 선순위 근저당권자보다 우선변제되므로 그러한 소액임대차계약은 선순위 담보권자의 우선변제권을 해하는 사해행위가 될 수 있다. 대법원 2005. 5. 13. 선고 2003다50771 판결의 사안에서 소액임차인이 1순위로 소액보증금을 배당받고 2, 3순위로 담보채권자가 피담보채권전액, 4순위로 조세채권자가 조세채권 전액, 5순위로 가압류채권자가 채권액의 일부를 배당받는 것으로 배당표가 작성되자, 5순위 가압류채권자가 소액임차인을 상대로 채권자취소소송을 제기했는데, 만일 2, 3순위 담보채권자가 피담보채권 전액을 배당받지 못했다면 그 담보채권자가 소액임차인을 상대로 채권자취소소송을 제기할 수 있었을 것이다. 즉 담보채권자가 배당받을 피담보채권액 중 일부를 소액임차인이 배당받는 것으로 배당표가 작성됨으로써 피담보채권 전액을 변제받지 못하게 된 선순위 담보권자는 소액임차인을 상대로 임대차계약이 사해행위라는 이유로 그 취소를 구하는 채권자취소소송을 제기하고 배당이의소송을 할 수 있다. 이 경우 소액임대차계약이 사해행위로 취소되더라도 해당 소액보증금액은 일반채권자를 위한 변제재원이 되지 않고 전액 담보채권자에게 배당되어야 하므로 특별한 사정이 없는 한 담보채권자만이 채권자취소소송을 제기할 이해관계가 있을 것이다. 대상판

---

13) 대법원 2005. 5. 13. 선고 2003다50771 판결.

결의 사안이 바로 우선변제권을 침해받았다는 이유로 근저당권자가 소액
임차인을 상대로 사해행위취소 및 배당이의소송을 제기한 사안이다.

Ⅲ. 대상판결의 검토

1. 별제권자가 되는 담보채권자가 제기한 채권자취소소송의 중단 및 수계

가. 개인회생절차에서의 별제권행사

별제권은 도산절차 밖에서 인정되는 권리를 도산절차에서도 그대로
행사할 수 있는 권리로서 파산절차(채무자회생법 제3편)와 개인회생절차
(제4편)에서만 인정되고 회생절차(제2편)에서는 인정되지 않는다. 개인회
생절차의 별제권($^{법}_{586조}$)은 파산절차의 별제권($^{법\ 411조}_{내지\ 415조}$) 규정을 준용하고 있
다. 파산재단 또는 개인회생재단에 속하는 재산상에 존재하는 담보권 또
는 전세권을 가진 자는 그 담보물 등에 관하여 별제권을 가진다($^{법}_{411조}$).
즉 담보권자는 파산절차와 개인회생절차에서 별제권자가 된다. 나아가
채무자회생법은 주택임대차보호법 상 대항력과 확정일자를 받은 임차인
의 보증금채권과 소액임대차보증금채권($^{법}_{415조}$), 최우선권이 인정되는 임금
채권($^{법}_{415조의2}$)도 당해 담보물의 환가대금에서 우선변제받을 권리를 인정함
으로써 별제권으로 취급하고 있다. 한편 회생절차에서의 담보권은 별제
권이 아니라 회생담보권이 되어 회생절차의 구속을 받는다($^{법\ 58조}_{1항\ 2호}$).[14]

이러한 별제권은 파산절차 또는 개인회생절차에 의하지 아니하고 행
사할 수 있으므로($^{법\ 412조}_{586조}$) 근저당권자인 경우 임의경매 등을 진행할 수 있
다. 그리고 별제권자는 그 별제권의 행사에 의하여 변제를 받을 수 없는
채권액에 관하여만 파산채권자 또는 개인회생채권자로서 그 권리를 행사
할 수 있다($^{법\ 413조}_{586조}$). 그러나 개인회생절차의 경우 개인회생절차 개시 전에는

---

14) 회생담보권은 회생절차의 구속을 받아 회생절차개시결정이 있는 때에는 회생담
보권에 기한 집행은 금지 및 중지된다(법 58조 1항, 2항). 그러나 법원은 회생에
지장이 없다고 인정하는 때에는 관리인의 신청에 의하거나 직권으로 중지한 회생
담보권에 기한 집행절차의 속행을 명할 수 있다(법 58조 5항).

법원이 별제권행사에 대한 중지 또는 금지명령을 내릴 수 있고($\frac{법}{1항}\frac{593조}{3호}$), 개인회생절차 개시결정이 있는 때에는 변제계획의 인가결정일 또는 개인회생절차 폐지결정 확정일 중 먼저 도래하는 날까지 개인회생재단에 속하는 재산에 대한 별제권행사는 중지 또는 금지된다($\frac{법}{2항}\frac{600조}{}$). 다만 법원은 상당한 이유가 있는 때에는 이해관계인의 신청에 의하거나 직권으로 중지된 별제권행사 절차의 속행 또는 취소를 명할 수 있다($\frac{법}{3항}\frac{600조}{}$).

이와 같이 개인회생절차에서는 개인회생절차 개시일부터 변제계획 인가일(또는 개인회생절차 폐지결정 확정일)까지 별제권행사를 할 수 없는데 이 기간 동안 채무자와 별제권자가 협상을 통해 자율적으로 별제권부 채권에 대한 채무조정을 할 수 있는 기회를 주기 위한 것이다. 이러한 별제권부 채권에 대한 채무조정은 우리나라 개인회생절차에 대응하는 미국 파산법 13장 개인회생절차에서 이루어지고 있다. 즉 미국 파산법 13장 절차에서는 담보권에 대하여도 원칙적으로 권리변경을 하고 개인회생절차의 구속을 받도록 하고 있으나 채무자의 주된 거주지인 부동산만을 대상으로 하는 주택담보대출채권자에 대하여는 권리변경대상에서 제외하는 조항(별제권 조항으로서 이른바 Safe Harbor 조항이라고 한다)을 두고 있다.[15] 2008년 서브프라임 모기지 사태 이후 주택가격이 급락하고 주택경매로 인해 주택소유자와 주택담보대출채권자 모두가 손해를 입게 되자 주택소유자들이 주택담보대출채권자들과 미국 파산법 13장 개인회생절차 내에서 별제권이 인정되는 주택담보대출채권의 원리금 부담을 줄이는 협상을 할 수 있도록 했는데, 이러한 실무는 아직도 미국 파산법원에서 '손실 경감 프로그램(Loss Mitigation)'이라는 이름으로 계속되고 있다.[16] 우리

---

15) 정준영, 개인회생 제도의 몇 가지 개정 논점에 대한 비교법적 검토, 도산법연구 제1권 제2호, 사단법인 도산법연구회(2010), 90면.

16) Cecelia G. Morris & Mary K. Guccion, The Loss Mitigation Program Procedures for the United States Bankruptcy Court for the Southern District of New York, 19 Am.Bankr.Inst.L.Rev.1(2011) 및 미국 뉴욕남부파산법원 웹사이트의 http://www.nysb. uscourts.gov/loss-mitigation 참고. Cecelia G. Morris는 2000년에 뉴욕남부파산법원의 판사로 임명되었고, 2012년에 같은 법원의 법원장으로 임명되어 2018년 현재 법원장으로 재임 중이며, 2018년 4월에는 뉴욕남부파산법원을 대표하여 서울회생

나라의 경우에도 소규모 주택소유자들이 개인회생을 신청한 경우 담보권 실행이 중지되는 변제계획 인가시까지 담보채권자와 주택담보대출채권의 채무조정에 관한 협상을 할 수 있게 하고, 협상결과에 따른 분할 원리금 등을 합리적 범위 내에서 생계비 등에 반영한 변제계획을 작성하도록 함으로써 주택보유가 가능하도록 제도화하여 채무자나 주택담보대출채권자의 손해를 줄이고 채무자의 주거의 안정을 보호할 필요가 있다. 만일 주택담보대출채권에 대한 채무조정이 되지 않아 경매가 실행될 경우 채무자는 주택에서 퇴거하고 다른 주택을 임차하여야 하므로 새로이 임차료 지출이 불가피하고, 이러한 임차료는 생계비에 반영될 것이기 때문이다. 이러한 방식을 내용으로 하여 서울회생법원은 2019년 1월 17일 신용회복위원회와 업무협약을 체결하고 소규모 주택을 소유한 개인회생 채무자를 위한 '주택담보대출채권 채무재조정 프로그램'을 시범실시하기로 하였다.

어쨌든 원칙적으로 개인회생절차개시부터 변제계획인가(또는 폐지확정)시까지만 별제권행사인 담보권실행 등이 중지 또는 금지된다. 별제권자는 개인회생신청부터 개시 전까지는 별도의 담보권실행에 대한 중지 또는 금지명령이 없는 한 자유로이 권리실행을 할 수 있고, 또 변제계획인가(또는 폐지확정) 이후에는 제한 없이 자유로이 권리실행을 할 수 있다.[17] 한편 담보채권자가 임의경매실행을 통해 변제받지 못하는 채권액을 개인회생채권액으로 확정하고 이를 반영하여 변제계획을 작성하기 위해 임의경매절차가 종료될 때까지 개인회생절차개시결정을 늦추는 실무가 있기도 하는데 이러한 실무는 개인회생절차에서 담보권실행의 중지·금지제도를 둔 취지와 개인회생채무자의 신속한 구제라는 개인회생제도의 목적에 비추어 바람직하지 않다. 그런데 대상판결의 사안이 바로 이와

법원을 방문하여 서울회생법원과 국제도산사건에서의 상호협력을 위한 업무협약을 체결하기도 했다.

17) 반면에 무담보채권자인 개인회생채권자의 경우, 개인회생절차가 개시되면 채권자목록에 기재된 개인회생채권에 기하여 개인회생재단에 속하는 재산에 대하여 한 강제집행·가압류 또는 가처분은 중지되고(법 600조 1항 2호), 변제계획이 인가되면 변제계획 또는 변제계획인가결정에서 다르게 정하지 않는 한 실효된다(법 615조 3항).

같이 개인회생신청(2013. 8. 20.) 후에 이 사건 주택에 대한 임의경매가 개시(2014. 2. 12.)되어 이 사건 주택이 매각되고 배당표가 작성(2014. 10. 14.)된 후 담보채권자가 임의경매를 통해 변제받지 못한 채권액을 개인회생채권액으로 확정하여 변제계획이 작성되고 비로소 개인회생절차가 개시(2015. 1. 22.)되어 변제계획이 인가(2015. 8. 7.)된 사안이다.

나. 별제권행사로서의 채권자취소소송

대상판결의 사안에서는 소액임차인(피고)이 그 소액보증금 1600만원을 선순위 담보권자(원고)보다 우선하여 배당받는 배당표가 작성되자, 원고가 소액임차인인 피고에게 배당된 소액보증금 1600만원에 대하여 배당이의를 함과 동시에 이 사건 채권자취소소송을 제기했다. 이러한 소송은 원고가 담보채권자로서 채권최고액 범위 내에서 자신이 배당받을 금액 중 1600만원이 피고에게 배당되었음을 이유로 하는 것이므로 담보권의 행사, 즉 별제권행사의 일환으로 볼 수 있다.

다. 별제권행사로서의 채권자취소소송의 중단과 수계 여부

개인회생절차 개시 후 채권자취소소송이 중단되는 이유는 수계적격이 있는 채무자가 소송을 수계하여 기존의 채권자취소소송을 부인의 소로 변경하기 위한 것이다. 그리고 부인권행사는 개인회생재단을 위하여 채무자의 행위를 무효로 한 후 그 목적재산을 개인회생채권자 및 재단채권자를 위한 변제재원이 되는 개인회생재단에 편입하여 개인회생재단을 증식시키기 위한 것이다. 따라서 부인권을 행사하더라도 개인회생재단의 증식으로 이어지지 않는다면 당초부터 부인권을 행사할 수 없고, 마찬가지로 채권자취소소송에서 원고가 승소하더라도 개인회생재단 증식으로 이어지지 않는다면 소송중단과 수계도 생각할 수 없다.

개인회생재단은 개인회생절차 개시결정으로 관념적으로 성립하고 채무자가 이에 대한 관리처분권만 보유하다가(법 580조 1항, 2항), 변제계획이 인가되면 개인회생재단은 일단 소멸하고 개인회생재단에 속하는 모든 재산은 변제계획 또는 변제계획 인가결정에서 다르게 정하지 않는 한 채무자에게 귀속된다(법 615조 2항, 611조 2항 3호). 따라서 변제계획 인가 후에는 원칙적으로 소멸되는 개인회생재단을 위한 부인권행사는 있을 수 없으므로 채권자취소소송의 중단·수계도 있을 수 없다고 해석할 수도 있으나, 부인권행사로 인해 채무자의 변제자력이 향상됨으로써 궁극적으로 개인회생채권자 및 재단채권자에게 이익이 되는 경우에는 부인권행사나 채권자취소소송의 중단·수계도 가능하다고 해석하는 것이 타당하다.

　　그런데 개인회생절차에서 별제권자가 되는 담보채권자 등이 제기한 채권자취소소송이 개인회생절차개시 당시 계속 중인 경우 그 소송은 별제권행사로 보아야 하므로 변제계획인가일 또는 개인회생절차 폐지확정일까지 일시적으로 '중지'될 뿐이지 수계를 전제로 하는 '중단'은 되지 않는다고 보아야 한다. 소송절차의 중단과 수계는 당사자적격이 있는 당사자가 소송에 관여하기 위한 소송법상 기법[18]이기 때문이다. 별제권행사 중지 또는 금지기간이 지난 후에는 별제권행사를 할 수 있으므로, 개인회생절차개시 전에 채권자취소소송을 수행하고 있던 별제권자는 변제계획인가일 또는 개인회생절차 폐지확정일 이후에는 채권자취소소송을 계속 수행할 수 있을 것이다. 따라서 개인회생절차 개시에 따라 중단되는 채권자취소소송은 별제권자가 아닌 개인회생채권자가 제기한 채권자취소소송에 한한다고 해석해야 한다.[19] 왜냐하면 법 586조에 의해 준용되는 법 413조에 의하면 별제권자는 그 별제권의 행사에 의하여 변제를 받을 수 없는 채권액에 관하여만 개인회생채권자로서 그 권리를 행사할 수 있으므로 별제권을 행사하는 채권자가 제기한 채권자취소소송은 법 584조 1항에 의해 준용되는 법 406조의 '개인회생채권자가 제기한 채권자취소소송'에 해당하지 않아서 중단대상이 아니기 때문이다. 다만 별제권자라고 하더라도 별제권행사에 의하여 변제를 받을 수 없는 채권액에 관한 개인회생채권자로서 제기한 채권자취소소송은 위 법 406조의 채권자취소소송

---

18) 정준영, 파산절차가 계속 중인 민사소송에 미치는 영향, 파산법의 제문제(하), 재판자료 제83집, 법원도서관(1999), 139-140면.
19) 정문경, 개인회생사건에서 부인권행사에 관한 실무상 몇 가지 문제점, 민사재판의 제문제 제22권, 민사실무연구회(2013), 122면도 개인회생채권자가 제기한 채권자취소소송이 중단된다고 하고 있다.

에 해당하므로 개인회생절차 개시결정에 따라 중단된다.

이러한 법리에 따라 이 사건 채권자취소소송의 중단·수계 여부를 검토해 보자. 이 사건 채권자취소소송에서 원고(별제권자인 담보채권자)가 승소할 경우 피고(별제권자인 소액임차인)에게 배당된 1600만원이 별제권 자인 원고에게 배당될 것이므로 개인회생재단의 증식으로 이어지지 않고, 개인회생채권자나 재단채권자의 이익이 되지도 않는다. 따라서 부인권행 사 대상이 되지 않아서 채권자취소소송도 중단·수계될 수 없다. 또한 이 사건 채권자취소소송은 담보채권자인 원고의 별제권행사로 보아야 하 므로 변제계획 인가시까지만 '중지'될 뿐이고 그 이후에는 다시 진행되어 야 하므로 이러한 이유에서도 '소송중단과 수계'는 있을 수 없다.

2. 채무자가 채권자취소소송을 수계하지 않았다는 것이 파기사유가 될 수 있는지

앞서 검토했듯이 이 사건 채권자취소소송은 별제권행사로 보아야 하 므로 개인회생절차개시로 인하여 소송절차가 일시적으로 '중지'될 뿐이고, '소송중단 및 수계'의 대상이 아니다. 그러나 아래에서는 만일 이 사건 채권자취소소송도 소송중단 및 수계대상이라고 가정할 때 하급심에서 채 무자가 채권자취소소송을 수계하지 않았다는 것이 상고심에서 파기사유 가 될 수 있는지 살펴본다. 이는 개인회생절차에서 채무자의 채권자취소 소송 수계가 임의적인 것인지 여부, 또 수계거절권이 있는지 여부에 관 한 문제이다.

이 문제에 관해서는 우선 파산절차에서의 논의를 보기로 한다. 파산 재단에 속하는 재산에 관한 소송의 수계와 관련된 조문은 법 347조이고 개인회생절차에서의 채권자취소소송의 수계는 법 584조 1항, 406조 2항 이 347조를 준용한다. 법 347조 1항 전단은 "파산재단에 속하는 재산에 관하여 파산선고 당시 법원에 계속되어 있는 소송은 파산관재인 또는 상 대방이 이를 수계할 수 있다."고 규정하고 있다. 즉 수계는 할 수 있는 것으로서 임의적으로 규정한다. 그러나 파산선고로 인하여 파산재단에

속하는 재산에 대한 관리처분권은 파산관재인에게 이전되므로 파산재단
에 속하는 재산에 관한 소송에서도 채무자는 당사자적격을 상실하고 오
로지 파산관재인만이 당사자적격을 갖게 되므로, 그 소송의 당사자는 채
무자에서 파산관재인으로 교체되어야 한다. 즉 파산재단에 속하는 재산
에 관한 소송은 파산관재인이 당연승계하므로, 소송의 당사자가 된 파산
관재인은 그 소송을 수계할 의무가 있고 상대방의 수계신청을 거절할 수
없다고 보아야 한다.[20] 물론 파산재단에 속하지 않는 재산인 자유재산에
해당하는 압류금지재산, 면제재산, 신득재산 또는 파산관재인이 파산재단
에서 포기한 재산에 관한 소송은 파산관재인이 수계하지 않는다. 한편
파신재단 증식과 관련된 채권자취소소송은 파산재단에 속하는 재산에 관
한 소송으로 볼 수는 있으나, 채무자가 파산선고 당시 당사자로서 수행
하던 소송이 아니므로 파산관재인이 이 소송을 수계한다고 하여도 파산
관재인이 취소채권자로부터 어떠한 관리처분권을 이전받는 관계가 아니
고 단지 책임재산보전 및 회복은 파산선고 후에는 파산재단의 증식과 직
결되는 파산관재인의 주업무라는 측면에서 채무자회생법이 특별히 채무
자가 소송의 당사자가 아님에도 파산관재인이 소송을 수계할 수 있도록
규정하는 것으로 보아야 하므로 이를 곧 당연승계라고 설명하기는 어렵
다. 따라서 채권자취소소송에 대하여는 수계의무를 부정하고 수계거절권
을 인정하는 견해가 있을 수 있다.[21]

　　다시 개인회생절차로 돌아와 보면, 개인회생절차에서는 개인회생재
단에 대한 관리처분권이 그대로 채무자에게 있으므로, 개인회생재단에 속
하는 재산에 관한 소송이라도 중단되지 않고 그대로 채무자가 수행한다
(법 600조 1항, 3호 단서). 다만 개인회생채권자가 제기한 채권자취소소송만이 중단되고
채무자가 수계할 수 있다(법 584조 1항, 2항, 406조 1항, 2항, 347조 1항). 앞서 본 견해 중 채권자취소소

20) 정준영, 파산절차가 계속 중인 민사소송에 미치는 영향, 파산법의 제문제(하),
　　재판자료 제83집, 법원도서관(1999), 137-140, 152면. 특히 139면의 각주 15 참조.
21) 정준영, 파산절차가 계속 중인 민사소송에 미치는 영향, 파산법의 제문제(하),
　　재판자료 제83집, 법원도서관(1999), 152, 170면. 특히 139면의 각주 15.

송에 대하여는 채무자에게 수계의무가 인정되지 않고 수계거절권도 있다
는 견해를 취한다면 승소가망성이 없는 채권자취소소송은 채무자가 수계
할 필요가 없다. 만일 채무자가 수계를 하여 패소할 경우 수계 전의 소
송비용을 포함하여 소송비용은 모두 재단채권(법 347조
2항)이 되어 개인회생재
단의 감소를 가져오게 된다. 따라서 채무자는 비용-이익 분석 등 합리적
판단에 의하여 수계 여부를 선택할 수 있다고 보아야 한다. 한편 법원은
채권자 또는 회생위원의 신청에 의하거나 직권으로 채무자에게 부인권의
행사를 명할 수 있으므로(법 584조
3항) 채권자취소소송의 수계도 명할 수 있을
것이다. 그러나 이 경우에도 채무자는 법원의 명령에 따르지 않고 자신
의 판단에 따라 수계를 거절할 수 있다고 보아야 할 것인데, 이로 인하
여 변제액이 증가되지 못한 경우 이를 문제삼아 면책을 허가하지 않는
방법을 생각할 수 있다(법 624조
3항 2호).

　　나아가 채권자취소소송에 대한 수계거절권을 인정하는 견해에 의할
때 개인회생 채무자가 채권자취소소송의 수계를 거절할 경우 그 채권자
취소소송의 처리에 관하여, 소송중단된 상태로 있다가 개인회생절차가 종
료된 후 취소채권자가 소송절차를 수계하여 다시 진행한다고 보는 견해
와 소송중단상태가 길어지면 수익자인 피고가 법적으로 불안정해지므로
채권자취소소송은 각하하여야 한다는 견해가 있을 수 있다.[22] 하지만 이
러한 두 가지 견해는 모두 아래와 같은 이유로 타당하지 않다.

　　첫 번째 견해에 대해 보면, 개인회생 변제기간이 원칙적으로 3년 이
하인데[23] 그 기간 동안 채권자취소소송이 중단상태로 있어야 한다는 것

---

[22] 한편 전원열, 부인권과 제척기간, 법조 제720호(2016. 12.)[별책] 504면에서는 파
산선고 당시 채권자취소소송이 계속 중인데 파산관재인이 별도의 부인의 소를 제
기한 경우 원래의 채권자취소소송의 처리 방법에 관해, 원래의 채권자취소소송이
중단된 채로 있다가 파산절차가 폐지되거나 파산선고가 취소되면 복귀하여 계속된
다는 견해와 소송중단상태로 두게 되면 수익자가 법적으로 불안정해지므로 채권자
취소소송을 각하해야 한다는 견해가 있다고 설명하고 있다.
[23] 채무자회생법상 개인회생절차에서의 변제기간은 5년 이하가 원칙이었으나, 법률
제15158호로 개정됨에 따라 2018. 6. 13. 이후에는 3년 이하가 원칙이 되었다(법
611조 5항).

은 매우 부당할 뿐 아니라, 그렇게 중단상태로 있다가 개인회생절차가 종료되면 종전 당사자들이 소송을 다시 진행시킬 텐데 굳이 중단상태를 유지할 필요도 없다는 점에서 취하기 어려운 견해이다. 원래 채권자취소소송은 채무자가 당사자가 아니라 채권자와 수익자 사이의 소송인데 회복되는 재산이 개인회생재단에 편입(변제계획 인가 후에는 채무자에게 귀속)되고 개인회생채권자 전체를 위한 변제재원이 된다는 이유로 부인의 소의 목적과 같다고 보기 때문에 채무자가 이를 수계할 수 있도록 한 것이다. 그런데 채권자취소소송에 대해 채무자가 수계를 거절하는 것은 채권자취소소송의 대상이 되는 행위를 무효로 하지 않고, 일탈된 재산을 개인회생재단으로 회복시키지도 않겠다는 것이므로 결국 사해행위와 관련된 재산을 포기한 것이다. 채무자는 그 재산이 개인회생재단 또는 채무자에게 귀속된다고 생각하지 않으므로 부인권행사를 통해 이를 개인회생재단에 편입시키지 않을 것이고, 채권자취소소송을 수계하더라도 부인의 소로 변경하지 않을 것이므로 소송수계를 전제로 하는 소송중단 상태를 유지시킬 아무런 이유가 없다. 소송중단 상태를 유지한다면 채무자나 개인회생채권자들에게는 아무런 이익이 되지 않고, 오로지 소송 중이던 취소채권자와 상대방이 소송중단(즉 소송지연)으로 인한 고통만 받을 뿐이다.

두 번째 견해, 즉 채무자가 수계하지 않은 채권자취소소송을 각하하는 것이 타당한지 검토해 보자. 채권자취소소송의 수계를 거절한 채무자가 동일한 원인으로 부인권을 행사하는 경우에는 같은 내용의 채권자취소소송을 유지할 필요가 없기 때문에 그 소를 각하하는 것이 타당하다. 그러나 사해행위로 지목된 행위가 사해행위에 해당하지 않는다는 이유로 채무자가 채권자취소소송의 수계를 거절하고 부인권행사도 하지 않은 경우, 수계를 하지 않았다는 이유 또는 수계 후 부인의 소로 변경하지 않았다는 이유로 채권자취소소송을 각하하면 종전에 채권자취소소송을 수행하던 취소채권자의 권리는 아무도 이어받지 않고 그냥 소멸되어 그 권리가 불합리하고 과도하게 침해되는 반면 사해행위의 수익자에게는 뜻밖

의 이익(windfall)을 가져다주는 결과가 된다. 이러한 것은 도산법의 목적
에 부합하지 않는다.[24)]

앞서 본 두 가지 견해는 모두 개인회생절차개시 후에는 "채무자가
채권자취소소송을 수계해야 하고 또 채무자만이 채권자취소소송을 부인
의 소로 변경하여 수행할 수 있다."는 프레임에 갇혀 있다. 만일 이러한
프레임에서 벗어난다면 소송중단 및 수계제도의 원칙에서 채권자취소소
송의 중단·수계 문제를 다시 바라볼 수 있다. 즉 소송중단은 당사자적
격이 있는 당사자가 그 소송을 이어받는 수계를 하기 위한 것인데 채무
자회생법상 개인회생절차개시로 중단된 채권자취소소송의 수계권자로 지
정되어 있는 채무자가 수계거절의 의사표시를 하면 결국 그 채권자취소
소송을 수계할 자가 존재하지 않는 것이므로 즉시 채무자회생법에 의한
소송중단은 해소되어 종전 취소채권자가 채권자취소소송을 다시 수행할
수 있다고 해석할 수 있을 것이다. 또 채무자회생법상 채권자취소소송
수계제도는 취소채권자가 채권자취소소송을 수행하지 못하게 하여 취소
채권자로부터 채권자취소권을 박탈하는데 그 목적이 있는 것이 아니라
취소채권자를 대신하여 채무자가 채권자취소소송을 부인의 소로 변경하
여 수행함으로써 개인회생채권자 전체의 이익을 도모하기 위한 것이므로,
개인회생 채무자가 채권자취소소송의 수계를 거절하는 경우 소각하할 것
이 아니라, 오히려 소송중단이 해소되어 종전 취소채권자가 그대로 소송
을 수행한다고 해석하는 것이 타당하다. 채무자의 수계거절 이후 취소채
권자가 다시 채권자취소소송을 수행하여 승소한 경우 일탈된 재산은 결
국 채무자에게 귀속되어 개인회생채권자를 위한 변제재원이 된다.

이와 같이 채무자가 수계를 거절한 경우 소송중단이 해소되어 취소

---

24) 한편 서울중앙지방법원 2008. 11. 26. 선고 2008가합69775 판결(미항소 확정)은
파산절차에서 파산관재인에게 수계거절권이 인정된다는 견해를 취하면서, 파산관
재인이 채권자취소소송의 수계를 거절한 경우 취소채권자에게 채권자취소소송 수
행권이 없으므로 그 채권자취소소송은 부적법하게 된다는 이유로 소를 각하하였는
데, 결국 파산선고로 인해 진행 중이던 채권자취소소송이 각하됨에 따라 수익자는
기대하지 않았던 뜻밖의 소송상 이익을 얻게 되었다고 볼 수 있다.

채권자가 채권자취소소송을 그대로 수행한다는 견해를 취할 경우, 개인회생절차 개시당시 채권자취소소송이 계속 중인 사실을 채무자가 알고 있음에도 채권자취소소송을 수계하지 않은 채 취소채권자가 그대로 채권자취소소송을 수행하도록 한 것은 묵시적으로 수계를 거절한 것으로 볼 수 있으므로, 이 사건 채권자취소소송을 채무자가 수계하지 않았다는 것을 파기이유로 삼은 것은 부당하다.

더 나아가, 여론이기는 하지만 이 사건의 파기환송심에서 채무자는 대상판결 취지에 따라 채권자취소소송을 수계했지만 부인의 소로 청구를 변경하지 않았고 파기환송심은 이를 이유로 채권자취소소송에 대하여 각하판결을 선고했다. 그렇다면 진행 중이던 채권자취소소송이 개인회생절차 개시 후 채무자가 수계하지 않거나 수계하였더라도 부인의 소로 변경하지 않음으로써 각하되어 사라져버린 결과가 되었는데 과연 이러한 것이 도산제도의 취지에 부합하는 것인지 의문이 제기될 수 있다.

3. 수계권자와 관련된 문제

채무자회생법은 부인권의 행사주체 및 채권자취소소송의 수계권자를 회생절차에서는 관리인, 파산절차에서는 파산관재인으로 정하고 있으나, 개인회생절차에서는 채무자로 정하고 있다. 이는 회생절차에서는 관리인이, 파산절차에서는 파산관재인이 채무자의 재산에 관한 관리처분권을 가지는 데 반하여 개인회생절차에서는 채무자가 여전히 그 재산에 대한 관리처분권을 가지는 것과 관련이 있다고 한다. 부인권의 실질적 행사와 관련하여 채무자가 직접 당사자가 되어 자신이 한 행위의 효력을 부인하도록 하는 것이 어느 정도까지 기대 가능할 것인가의 측면에서는 부인권 행사 주체를 채무자로 한 것에 의문이 있을 수 있다.[25] 우리나라의 개인회생절차에서는 채무자가 부인권행사 주체이지만 우리나라의 개인회생절차에 대응하는 미국 파산법 13장 개인회생절차의 경우 채무자가 아니라

---

25) 정문경, 개인회생사건에서 부인권행사에 관한 실무상 몇 가지 문제점, 민사재판의 제문제 제22권, 민사실무연구회(2013), 129–131면.

13장 관재인(Chapter 13 trustee),[26] 일본의 민사재생절차의 경우 채무자가 아니라 감독위원 또는 관재인이 부인권행사 주체로 규정되어 있다. 그러나 미국의 많은 법원은 이러한 명시적 규정에도 불구하고 13장 절차에서 채무자로 하여금 개인회생재단을 대표하여 부인소송을 수행하도록 허용하고 있다고 한다.[27]

한편 미국 파산법 7장 파산절차에서는 7장 관재인이 부인권행사 주체로 규정되어 있으나, 관재인이 부인권을 행사하지 않을 경우 채무자가 부인권을 행사할 수 있다고 해석하고 있고,[28] 파산법원은 채권자에게도 부인소송을 위한 파생적 당사자적격(derivative standing)을 부여하고 있다.[29] 또 11장 기업회생절차에서는 11장 관재인 또는 기존경영자관리인(debtor in possession, DIP)만이 부인권행사 주체로 규정되어 있으나, 관재인 또는 DIP가 법적 의무나 신인의무의 견지에서 보아 부당하게 부인권행사를 거부하는 경우, 파산법원은 비용-이익 분석(cost-benefit analysis) 등 회생재단의 이익이 되는지를 고려하여 부인권행사를 요청한 채권자나 채권자협의회로 하여금 부인권을 행사하도록 허가하고 있다.[30] 또 11장 회생계획에서 채무자나 관재인 이외에 회생재단을 대표할 목적으로 법원이 선임한 자가 부인소송을 수행하도록 정할 수 있다고 해석하고,[31] 부인

---

26) 미국 파산법 544조 이하.

27) Tabb, The Law of Bankruptcy, 2nd edition, Foundation Press(2009), 1217.

28) Peter Spero, Fraudulent Transfers, Prebankruptcy Planning and Exemptions §18:1. Standing to bring a fraudulent transfer action (2017 update) 각주 33.50 참조.

29) 3A Bankruptcy Service, Lawyers Edition §31:33. Creditor's standing to assert avoidance or other claims.

30) Peter Spero, Fraudulent Transfers, Prebankruptcy Planning and Exemptions §18:1. Standing to bring a fraudulent transfer action (2017 update) 각주 32 참조. 개별 채권자(creditor)에게 부인권행사가 허용된 사건은 In re Sweetwater, 884 F.2d 1323 (10th Cir. 1989) 등이고, 채권자협의회(creditors' committee)에 부인권행사가 허용된 사건은 In re Philidelphia Light Supply Co., 39 B.R. 51 (Bankr.E.D.Penn 1984) 등이다.

31) 미국 파산법 1123조(b)(3)(B) "a plan may provide for the retention and enforcement by the debtor, by the trustee, or by a representative of the estate appointed for such purpose, of any such claim or interest."의 해석에 따른 것이다.

권은 실현 여부가 불확실한 권리[32]이므로 소송비용이나 승소가능성 등을
고려하여 회생계획 인가 이후에는 제3자에게 부인권을 양도[33]하거나 부
인소송을 제3자와 공동수행[34]하는 것을 허용하는 등 부인권 제도 운영에
활력을 불어넣고 있다. 이에 따라 부인의 소의 법률상 당사자적격
(statutory standing)은 관재인에게 있지만, 파생적 당사자적격(derivative
standing)은 채무자, 채권자 등 관재인 이외의 자에게도 인정될 수 있다
고 한다.

우리나라의 경우 채무자회생법상 개인회생절차에서 채무자를 부인권
행사의 주체이자 채권자취소소송의 수계권자로 규정하고 있으나, 법원의
부인권행사 명령에도 불구하고 채무자가 부당하게 부인권행사를 거부할
경우 채무자 이외에는 아무도 부인권행사를 하지 못한다고 보고 채무자
에 대한 면책불허가 등 우회적 해법만을 추구할 것은 아니다. 채무자회

---

32) 이러한 권리를 colorable claim이라고 부른다.
33) 미국 연방 제9항소법원은 Duckor Spradling & Metzger v. Baum Trust (In re
P.R.T.C., Inc.), 177 F.3d 774 (9th Cir. 1999) 사건에서 "부인권은 회생계획에 의하
여 채무자 또는 관재인 이외의 제3자에게 양도될 수 있다는 것은 확립된 원칙이
다."라고 하면서 최대 채권자에게 부인권을 양도할 수 있다고 보았다[Mark D.
Taylor, et al., Avoidance Powers (New Theories of Fraudulent Conveyances, Lease
Terminations, LBOs, Preference Actions, Providing Insolvency and Other
Evidentiary Dilemmas. Who Can Assert The Claims? Waiver of Avoidance
Actions?), 091203 ABI-CLE 73 (2003)에서 재인용].
34) Glinka v. Murad (In re Housecraft Indus. USA, Inc.), 310 F.3d 64(2d Cir.2002)
사건에서 파산법원은 최대 담보채권자가 관재인과 공동 원고가 되어 부인소송을
수행하는 것을 허가했는데, 담보채권자와 관재인 사이의 약정에 따르면 그 담보채
권자가 소송비용을 전액 부담하고, 승소한 경우 그 이익은 먼저 (a) 변호사비용
등 소송비용에 충당하고, (b) 15,000달러까지는 회생재단에 편입시키고, (c) 잔액
중 80%는 그 담보채권자, 나머지 20%는 회생재단에 분배하기로 되어 있다. 이와
같이 담보채권자에게 인정된 파생적 당사자적격에 관해 미국 연방 제2항소법원은
이러한 부인소송은 모든 비용을 담보채권자가 부담하고 있으므로 회생재단에 최선
의 이익이 된다고 보아 담보채권자에게 원고적격이 있다고 보았고, 담보채권자와
의 약정이 없었으면 관재인 혼자 부인소송을 제기할 수 없었을 것이므로 그 부인
소송은 필요하고 이익이 된다고 판단했다 [Mark D. Taylor, et al., Avoidance
Powers (New Theories of Fraudulent Conveyances, Lease Terminations, LBOs,
Preference Actions, Providing Insolvency and Other Evidentiary Dilemmas. Who
Can Assert The Claims? Waiver of Avoidance Actions?), 091203 ABI-CLE 73 (2003)
에서 재인용].

생법상 채무자는 "부인할 수 있다" 또는 "채권자취소소송을 수계할 수 있다"고 되어 있을 뿐이므로 채무자가 부당하게 부인권을 행사하지 않는 경우에는 같은 목적을 달성할 수 있는 채권자취소소송을 채권자 등이 제기할 수 있다고 해석하거나,[35] 개인회생절차개시 당시 계속 중인 채권자취소소송의 중단상태가 해소되었다고 보아 다시 원래의 취소채권자가 채권자취소소송을 수행할 수 있다고 해석할 필요가 있다.

입법론적으로는 채무자가 부당하게 부인권행사나 채권자취소소송의 수계를 거부하는 경우에는 회생위원도 보충적으로 부인권을 행사할 수 있게 하고, 채권자취소소송을 수계할 수 있게 하는 것이 바람직할 것이다.

VI. 결　론

채무자회생법상 개인회생절차에서는 채권자취소소송을 채무자가 수계할 수 있다고 규정하고 있으나, 이를 둘러싼 여러 법률적 문제점이 해결되지 않고 남아 있다. 대상판결이 가지고 있는 채권자취소소송의 중단 및 수계와 관련한 법률적 문제점은 아래와 같이 해결할 수 있을 것이다.

첫째, 개인회생절차에서 별제권자가 되는 담보채권자 등이 제기한 채권자취소소송의 중단 및 수계 문제는 현재의 우리나라 판례 및 도산 관련 법리에 의하더라도 다음과 같이 처리하는 것이 타당하다. 즉 채권자목록에 기재된 개인회생채권자가 제기한 채권자취소소송은 개인회생절차가 개시되면 중단되고 채무자가 수계하여 부인의 소로 변경할 수 있지만, 별제권자가 되는 담보채권자 등이 제기한 채권자취소소송은 별제권행사의 일환으로 보아야 하므로[36] 개인회생절차가 개시되면 변제계획인가나 폐지결정확정시까지 그 소송절차가 중지되었다가 변제계획 인가 이후

---

35) 물론 이러한 해석은 개인회생절차 개시 후에는 채권자취소소송을 제기할 수 없다고 하는 현재의 판례(대법원 2010. 9. 9. 선고 2010다37141 판결 등)에 배치되는 것이기는 하다.

36) 앞에서 언급한 바와 같이 담보채권자가 담보부족분에 대하여 개인회생채권자가 되는 무담보채권자로서 제기한 채권자취소소송은 이 글에서 논하는 별제권행사로서의 채권자취소소송으로 보지 않는다.

다시 별제권자가 수행해야 한다. 별제권행사가 분명한 이 사건 채권자취소소송은 '중지'될 뿐이고 '중단 및 수계' 대상이 아니므로, 이 사건 채권자취소소송이 개인회생절차 개시로 중단되고 채무자가 이를 수계해야 한다는 대상판결의 입장은 재검토되어야 한다.

둘째, 부인권행사 주체 및 채권자취소소송의 수계거절권에 관한 논의가 활발해지기를 기대하면서 필자는 수계거절권을 인정하는 견해를 바탕으로 논리를 전개하고자 한다. 이러한 견해에 따를 때, 개인회생 채무자는 비용-이익 분석 등 합리적 판단에 기초하여 채권자취소소송의 수계 여부를 결정할 수 있고 상대방의 수계신청을 거절할 수도 있을 것이다. 따라서 채무자가 채권자취소소송을 수계하지 않았다고 하여 대리인에 의하여 적법하게 대리되지 아니하였던 경우와 마찬가지의 위법이 있다고 볼 수 없고 파기할 사유도 되지 않는다고 해야 한다. 특히 채무자가 명시적 또는 묵시적으로 수계거절의 의사표시를 한 경우 수계할 자가 없을 뿐 아니라 수계거절은 채권자취소소송의 대상이 된 재산을 개인회생재단에서 포기하는 의사표시로 보아야 하므로, 소송중단 상태는 즉시 해소되어 다시 원래의 채권자취소소송이 진행된다고 해석하는 것이 타당하다. 따라서 채무자가 채권자취소소송의 수계를 묵시적으로 거절한 것으로 볼 수 있는 대상판결의 사안에서, 채무자가 채권자취소소송을 수계하지 않은 것은 위법하여 파기사유가 된다는 대상판결을 포함한 종전 판례의 입장은 재고되어야 한다.

[Abstract]

Should the Debtor in the Chapter 4 Individual Rehabilitation Proceeding Succeed to the Secured Creditor who brought a Fraudulent Transfer Action?

Chung, June Young*

According to the Supreme Court precedents, a fraudulent transfer action brought by a creditor before the commencement of the Chapter 4 Individual Rehabilitation Proceeding (IRP) of the Debtor Rehabilitation and Bankruptcy Act (DRBA) is suspended and the individual debtor has statutory standing to succeed to the creditor, eventually amending the fraudulent transfer action into an avoidance action.

But what is suspended for succession is the fraudulent transfer action brought by the unsecured creditor. On the other hand, the fraudulent transfer action brought by the secured creditor, which is deemed an exercise of secured claim, is just stayed statutorily until the confirmation of the repayment plan or the finality of the order dismissing the case, thereafter the action would be resumed. §600(2) DRBA.

In regard to the succession, the issue still remains whether the individual debtor is mandated to succeed to the creditor who brings a fraudulent transfer action or not. If we literally interpret "…may succeed…" §347(1) DRBA, we can naturally conclude that the succession is not mandatory, but could be refused on the cost-benefit analysis by the debtor. If we shed the frame that it is the individual debtor that succeeds to the creditor who brings a fraudulent transfer action and no other than the debt-

---

* Chief Presiding Judge, Seoul Bankruptcy Court.

or can pursue the action, it could be said that the debtor is not mandated to succeed to the creditor. Furthermore, where the debtor refuses to succeed to the creditor explicitly or implicitly, the status of suspension is resolved and the creditor still has standing to pursue the action.

In this case, the fraudulent transfer action was brought by the secured creditor, not suspended notwithstanding the commencement of the IRP, and the individual debtor didn't succeed to the creditor until after the appellate court rendered a judgment even though the debtor acknowledged the action was pending, so was presumed to refuse the succession implicitly. The Supreme Court reversed the case to the appellate court on the grounds simply that the individual debtor didn't succeed to the creditor who brings a fraudulent transfer action.

First, this case should be scrutinized in that the fraudulent transfer action brought by the secured creditor is not suspended for succession but just stayed until the confirmation of the repayment plan or the finality of the dismissal order in the IRP. Secondly, this case, though following precedents, also should be re-examined from the view that the individual debtor is not mandated to succeed to a creditor who brings a fraudulent transfer action.

[Key word]

- Debtor Rehabilitation and Bankruptcy Act (DRBA)
- Individual Rehabilitation Proceeding (IRP)
- Fraudulent Transfer Action
- suspension
- succession
- stay
- avoidance action

참고문헌 ▬▬▬▬▬▬▬▬▬▬▬▬▬▬▬▬▬▬▬▬▬▬▬▬▬▬▬▬▬▬▬▬

[단행본 및 주석서]

주석 민법 채권총칙(2) 제4판, 한국사법행정학회(2013).

Tabb, The Law of Bankruptcy, 2nd edition, Foundation Press(2009).

[논　문]

전원열, 부인권과 제척기간, 법조 제720호(2016. 12.)[별책].

정문경, 개인회생사건에서 부인권행사에 관한 실무상 몇 가지 문제점, 민사
　　재판의 제문제 제22권, 민사실무연구회(2013).

정준영, 개인회생 제도의 몇 가지 개정 논점에 대한 비교법적 검토, 도산법
　　연구 제1권 제2호, 사단법인 도산법연구회(2010).

_____, 파산절차가 계속 중인 민사소송에 미치는 영향, 파산법의 제문제(하),
　　재판자료 제83집, 법원도서관(1999).

Bankruptcy Service, Lawyers Edition §31:33. Creditor's standing to assert
　　avoidance or other claims.

Cecelia G. Morris & Mary K. Guccion, The Loss Mitigation Program
　　Procedures for the United States Bankruptcy Court for the Southern
　　District of New York, 19 Am.Bankr.Inst.L.Rev.1 (2011).

Mark D. Taylor, et al., Avoidance Powers (New Theories of Fraudulent
　　Conveyances, Lease Terminations, LBOs, Preference Actions, Providing
　　Insolvency and Other Evidentiary Dilemmas. Who Can Assert The
　　Claims? Waiver of Avoidance Actions?), 091203 ABI-CLE 73 (2003).

Peter Spero, Fraudulent Transfers, Prebankruptcy Planning and Exemptions
　　§18:1. Standing to bring a fraudulent transfer action (2017 update).

매매협약(CISG)이 적용되는 국제물품매매계약상 손해배상의 몇 가지 논점: 통화와 증명도로 본 통일 실질법의 사정범위(射程範圍)와 흠결의 보충[*]

석 광 현[**]

■요 지■

　여기에서는 대상판결을 소재로 협약이 적용되는 국제물품매매계약상 주로 손해배상의 통화와 증명도를 논의하였다. 그 과정에서 통일실질법의 사정범위(射程範圍)를 확인하고, 협약에 흠결이 있는지와 흠결의 보충 방법 등을 논의한다. 이는 협약과 국제사법의 접점에 있는 논점이다. 내용을 정리하면 아래와 같다.

　첫째, 협약상 계약위반으로 인한 손해배상의 통화와 채무자와 채권자의 대용권의 인정 여부를 논의하였다. 이 과정에서 협약상 내적 흠결의 보충방법을 살펴보았다. 우선 손해배상의 통화에 관하여 협약은 이를 명시하지 않으나 손해배상에 관한 협약의 원칙으로부터 손해발생통화에 따라야 한다는 원칙을 도출할 수 있으므로 흠결은 없다. 가사 손해배상의 통화에 관하여 협약상 흠결이 있다고 보더라도 법원으로서는 곧바로 매매계약의 보충적 준거법에 의할 것이 아니라 제7조 제2항에 따라 협약의 일반원칙을 탐구해야 한다. 손해배상의 통화에 관한 하급심판결이 나뉘고 문제의식이 부족한 것으로 보이므로 대법원이 지침을 제시해야 한다. 한편 채무자와 채권자의 대용권에

---

　* 이는 필자가 2018. 6. 18. 민사판례연구회에서 발표한 논문을 다소 수정·보완한 것으로 국제거래법연구 제27집 제1호(2018. 7.), 1면 이하에 게재된 바 있다.
　** 서울대학교 법학전문대학원 교수.

관하여는, 협약의 적용범위 내에서는 신의칙에 반하는 경우가 아니라면 이를 허용되지 않는다고 본다. 둘째, 협약상 요증사실 일반의 증명도는 절차의 문제로 성질결정하는 것이 타당하다. 해상보험계약 사건에서 증명도를 실체로 성질결정한 대법원 판결이 있으나 대법원이 판례를 변경하거나, 적어도 그러한 법리를 해상보험을 넘어 요증사실 일반에 적용하지 않기를 희망한다. 다만 필자는 협약상 손해의 확실성에 관하여는 요증사실 일반과 달리 협약으로부터 '합리적 확실성'이라는 증명도의 통일적 기준을 도출하는 견해를 지지한다.

요컨대 손해배상의 통화와 손해의 확실성에 관한 증명도에 관한 한 협약에 내적 흠결은 없다. 가사 후자에 관하여 협약에 내적 흠결이 있다고 보더라도 합리적 확실성을 협약의 일반원칙으로 원용할 수 있다. 국제사건을 다룸에 있어서 법원이 절차와 실체의 구분이라는 성질결정의 문제만 제대로 인식하고 있어도 문제를 논리적으로 해결할 수 있을 것이다. 앞으로 협약을 올바르게 적용한 한국 판결들이 CLOUT에 많이 소개되기를 희망한다.

여기의 구체적인 논의순서는 아래와 같다. 첫째, 협약의 적용구조와 해석 및 흠결보충(Ⅱ.), 둘째, 협약상 손해배상법의 체계(Ⅲ.), 셋째, 협약상 계약위반으로 인한 손해배상의 통화(Ⅳ.), 넷째, 협약상 채무자의 대용급부권과 채권자의 대용급부청구권(Ⅴ.), 다섯째, 협약상 계약위반으로 인한 손해의 증명책임과 증명도(Ⅵ.)와 여섯째, 한국 민·상법을 적용하기로 하는 당사자의 준거법의 사후적 합의: 일부 법원의 실무에 대한 우려(Ⅶ.).

[주 제 어]
• 매매협약
• 흠결보충
• 손해의 통화
• 증명도
• 성질결정
• 협약의 일반원칙
• 준거법

대상판결 : 서울고등법원 2011. 10. 27. 선고 2011나8463 판결(상고 기각 확정)[1] · [2]

[사안의 개요]

가. 당사자 사이의 관계

원고(리베리나 오스트레일리아 주식회사)는 농산물수출업 등을 목적으로 호주 퀸즐랜드주법에 의해 설립되어 그 주에 주된 사무소를 둔 법인이고, 피고(주식회사 대현교역)는 곡물 가공·판매업 등을 목적으로 한국법에 의해 설립되어 한국에 주된 사무소를 둔 법인이다.

나. 이 사건 면실 국제매매계약의 체결과 이 사건 신용장의 개설

원고는 2008. 8. 29. 피고와, 흰색 면실(GP080) 총 1,000톤("이 사건 면실")을 톤당 미화 465달러[3]에, CFR 부산 조건으로 수출하기로 하는 계약("이 사건 계약")을 체결하였다. 그러나 당사자 간에 준거법 합의는 없었다.

그 후 면실 가격이 급락하는 상황에서 당사자들은 단가조정 또는 계약이행기간 연기 등에 관하여 협의하였으나 합의에 이르지 못하였다. 피고는 2009. 4. 28.경 원고에게 피고가 30,000달러를 지급하면 이 사건 계약을 합의해지한다는 조정안을 제시하면서 합의 불성립 시 신용장을 개설하겠다고 통보하였다. 원고는 같은 달 29.경 신용장 정보를 발송하였고, 피고는 같은 달 30.경 이 사건 면실 중 5월 선적분에 관한 일람불 신용장("이 사건 신용장")을 개설하였다. 이 사건 신용장은 만료일, 금액, 분할선적(불허), 환적(불허), 하역항(광양항), 물품명세, 요구서류, 추가조건과 제시기간 등을 포함하였다.

---

[1] 지난 40년 동안 민사판례연구회에서 매매협약을 다룬 적은 없었던 것 같은데(민사판례연구회, "민사판례연구 논제", 민사판례연구 제XL권(2018), 1245면 이하 참조) 매매협약이 한국에서 2005년 3월 발효하였음을 고려하면 이는 다소 의외이다. 한국에서 私法분야의 가장 중요한 조약은 매매협약이고 협약 가입은 한국 사법의 국제화에서 커다란 획을 긋는 일대사건이다. 필자가 이 주제를 택한 것은 또한 한국에서는 통화 내지 외화금전채권에 대한 관심이 부족하고(근자에 가상통화에 대한 관심은 조금 있지만), 필자가 1984년 국제금융을 다루는 변호사로서 업무를 개시한 초기에 F. A. Mann의 "Legal Aspect of Money"라는 저서를 접하고 깊은 인상을 받았기에 통화에 관하여 글을 쓰고 싶었기 때문이다.

[2] 이는 서울고등법원 2010. 10. 14. 선고 2010나29609 판결과 동지이나 상고 후 대법원 2013. 11. 28. 선고 2011다103977 판결에 의하여 상고가 기각되었기에 이를 선정하였다.

[3] 이하 달리 밝히지 않으면 달러는 '미국 달러'이다.

다. 원고의 신용장 수정 요구, 계약해제 및 대체거래(재매각계약) 체결

원고는 2009. 5. 7. 신용장 내용이 계약 내용과 다르고 합의된 바 없을 뿐 아니라 실행 불가능한 조건을 포함한다는 이유로 환적 허용, 20피트 컨테이너로 포장 변경, 요구서류와 유전자변형생물체(LMO) 관련 추가조건의 일부 삭제 등 신용장조건의 변경을 요구하였다. 피고는 그 후 이 사건 신용장 내용을 일부 변경하였으나 LMO 관련 서류의 요구, 검사증명서, 40피트 컨테이너로의 포장 등은 유지하였다.

원고는 2009. 5. 25. 피고가 이 사건 계약에 부합하는 신용장을 개설하지 아니하여 계약을 본질적으로 위반하였음을 이유로 이 사건 계약 전체를 해제한다고 통보하였고, 다음날 미쓰비시 주식회사("미쓰비시")와 사이에 이 사건 면실 총 1,000톤을 톤당 306달러에 매도하는 계약을 체결하였다.

라. 원고의 제소, 청구인용 및 피고의 항소

원고는 계약 대금과 재매각계약 대금 차액 상당의 손해배상을 구하는 소를 서울동부지방법원에 제기하였다. 원고는 선택적으로 ① 159,000달러+연 10%(계약 해제일부터 소장부본 송달일까지)+연 20%(그 후 완제일까지)의 비율로 계산한 금액 또는 ② 2억 1,453,000원+연 6%(계약 해제일부터 소장부본 송달일까지)[4]+연 20%(그 후 완제일까지)의 비율로 계산한 금액의 지급을 구하였다.

제1심법원은 원고의 청구를 대부분 인용하였으나 이자 청구를 일부 기각하였다. 피고는 서울고등법원에 항소하였다.

[대상판결의 개요]

서울고등법원(이하 "법원"이라 한다)은 항소를 기각하였다. 법원은 피고가 계약조건에 반하는 신용장을 개설하고 그 변경요청을 수용하지 않은 것은 본질적 계약위반이라고 보아 원고의 계약해제를 정당하다고 판단하고, 피고에 대하여 원고가 이 사건 면실을 제3자에게 저가에 재매각함으로써 입게 된 차액 상당의 손해 배상을 명하였다. 상세는 아래와 같은데 평석의 대상은 아래 나.와 다.의 논점이다.

가. 본질적 계약위반에 따른 계약 해제와 그 범위

이 사건에서 피고의 계약에 부합하는 신용장의 개설 거부와 합의되지

---

4) 원화로 청구하면서 연 6%의 이자를 청구한 근거는 분명하지 않다.

않은 조건을 신용장조건 또는 요구서류에 추가하는 행위 등이 협약 제25조의 본질적인 계약위반이 되어 원고가 계약을 해제할 수 있는지가 다투어졌다. 법원은 이를 긍정하였다.[5] 또한 이 사건 신용장은 2009. 5. 선적분에 관한 것이므로 원고가 이 사건 계약 전체를 해제할 수 있는지가 다투어졌는데, 법원은 분할인도계약에 관한 협약 제73조 제2항을 근거로 이를 긍정하였다.

나. 손해배상 원본채권의 산정[6]

피고는 계약불이행 또는 이행거절로 인하여 원고가 입은 손해를 배상할 책임이 있는데, 원고는 미쓰비시에게 이 사건 면실 전부인 1,000톤을 톤당 306달러에 매도하고 위 물량을 선적한 뒤 대금을 수령하였으며, 또한 2009. 4. 말부터 2009. 5. 초까지 CFR 조건으로 호주에서 일본 또는 한국으로 수출한 면실의 가격이 톤당 295달러에서 300달러 초반 사이였던 사실을 인정할 수 있으므로, 원고는 협약 제75조에 따라 계약해제 후 합리적인 방법으로 합리적인 기간 내에 물품을 재매각하였다. 따라서 피고는 협약 제75조에 의하여 이 사건 계약에서 정한 대금(465,000달러)과 미쓰비시에게 재매각한 대금(306,000달러)의 차액(159,000달러) 상당의 금원을 원고에게 배상할 의무가 있다.

다. 손해배상의 통화

이 사건 계약의 준거법인 협약은 손해를 배상할 것을 규정하고 있을 뿐 통화에 관하여는 별도로 규정하지 않으므로, 이는 이 사건 계약의 보충적 준거법인 호주 퀸즐랜드주법에 의한다. 호주 퀸즐랜드주법에 통화에 관한 명문규정은 없으나, 호주 연방법원은 채무불이행으로 인한 손해배상에 있어 원고가 외국 통화로 손해배상금의 지급을 구하고 그 통화가 원고의 손실을 가장 잘 반영해 주는 통화일 경우 그 외국 통화로 배상금을 지급하도록 판결한 바 있고,[7]·[8] 호주의 각 주법원도 위 연방법원의 판결과 동일한 취지로 사

---

5) 대법원에서는 이것이 주요 쟁점이었다. 평석은 이헌묵, "신용장개설의무와 CISG 상 본질적인 계약위반의 의미", 법률신문 제4230호(2014. 6. 16.), 12면; 이헌묵, "국제물품매매협약(CISG)의 본질적 계약위반과 신용장 개설의무위반", 통상법률 통권 제119호(2014. 10.), 128면 이하 참조; 박종은·송양호, "CISG상 매수인의 신용장의무이행에 관한 연구-대법원 2013. 11. 28. 선고 2011다103977 판결을 중심으로-", 전북대 법학연구 통권 제46집(2015. 12.), 199면 이하 참조.

6) 법원은 제1심판결(서울동부지방법원 2010. 12. 10. 선고 2010가합4217 판결)을 인용하였다.

실관계에 따라 외국 통화 또는 호주 통화로 지급하도록 판결하고 있다.

이 사건 계약에서 원고와 피고가 처음부터 대금을 달러로 정하였고 원고가 미쓰비시에게 재매각 시에도 대금을 달러로 정하였으며, 원고는 손해배상금을 미화 또는 한화로 지급할 것을 선택적으로 청구한다. 그렇다면 미화 또는 원화 가운데 미화가 원고의 손실을 가장 잘 반영해 주는 통화이고, 민법 제394조는 손해는 금전으로 배상한다는 규정으로서 이는 준거법이 한국법인 경우에 적용할 것인데 이 사건 계약에 관해서는 협약 및 호주 퀸즐랜드주법이 준거법이므로, 피고는 원고에게 159,000달러를 지급할 의무가 있다.[9]

라. 지연손해금

법원은 협약은 지연손해금을 규정하지 않으므로 이는 보충적 준거법에 의할 사항이라고 판단하고, 퀸즐랜드주의 대법원법(Supreme Court Act 1995) 과 대법원규칙(Supreme Court Regulation 2008)을 적용하여 손해배상 원본에 대하여 손해발생일부터 완제일까지 연 10%의 비율로 계산한 지연손해금의 지급을 명하였다. 원고는 소장부본 송달 익일부터 완제일까지의 지연손해금은 "소송촉진 등에 관한 특례법"("특례법")의 비율(당시 연 20%)로 계산해야 한다고 주장하였으나 법원은 대법원 판례에 따라 이는 실체의 준거법에 따를 사항이라며 이를 배척하였다.[10]

---

7) GLEN KING MARINE & TRADING SERVICES v. THE OWNERS OF THE SHIP "ARMADA TERNAK", QG 82, 1997. 이는 대상판결 중의 인용이다.

8) QUALITY LIVESTOCK AUSTRALIA PTY LTD v. THE OWNERS OF THE SHIP "ARMADA TERNAK", QG 152, 1997. 이는 대상판결 중의 인용이다.

9) 이런 결론은 제1심판결과 같다.

10) 대상판결의 취지는 정확히 말하자면 협약이 지연손해금의 이율을 규정하지 않는 다는 것이다. 필자는 특례법에 따른 지연손해금은 급부(급여) 내용의 문제이므로 실체에 관련되나 소송촉진이라는 사법정책을 달성하는 수단으로서 절차적 성격이 중요하므로 특례법이 정한 요건이 구비되면 적용된다고 본다. 석광현, 국제사법 해설(2013), 25면 이하. 재론은 생략한다.

〔研 究〕

Ⅰ. 머 리 말

여기에서는 대상판결을 소재로 국제연합의 "국제물품매매계약에 관한 협약"(Convention on Contracts for the International Sale of Goods, CISG)(이하 "협약"이라 한다)이 적용되는 국제물품매매계약상 손해배상의 논점 중에서 통화와 증명도(또는 입증의 정도. 양자를 호환적으로 사용한다)를 중심으로 국제적 통일규범의 사정범위(射程範圍)와 흠결보충에 관하여 논의한다. 1980년 4월 채택된 협약은 1988. 1. 1. 미국과 중국 등이 가입함으로써 발효하였다. 최근까지 주요국을 포함한 89개국(영국 제외)이 체약국이다.[11] 협약은 가장 기본적인 국제거래 유형인 물품(동산)매매계약을 규율하는 국제규범으로서 성공적 조약이다.[12] 성공요인의 하나는, 그것이 전 세계 매수인과 매도인에게 공통된 이해의 기반을 제공하는 통일적 제도를 달성하는 동시에, 매매계약의 주요 법제도에 대한 현대적 이해를 반영하기 때문이다.[13] 협약은 한국에서는 2005. 3. 1. 일본에서는 2009. 8. 1. 발효되었다.

1. 협약의 목적과 성질

협약은 체약국들이 "평등과 상호이익을 기초로 한 국제무역(또는

---

11) http://www.uncitral.org/uncitral/en/uncitral_texts/sale_goods/1980CISG_status.html (2018. 5. 방문) 참조. 어느 국가가 조약에 가입하더라도 미발효라면 체약국(Contracting State)이지만 당사국(Party)은 아니다. '조약법에 관한 비엔나협약' 제2조 제1항 f호, g호 참조.
12) 협약은 "국제적 수준에서 유효한 가장 중요한 실질계약입법"이라고 한다. Stefan Kröll/Loukas Mistelis/Maria Pilar Perales Viscasillas (Hrsg.), UN Convention on Contracts for the International Sale of Goods (CISG): Commentary (2011), Introduction, para. 1 참조(위 3인 공동 집필부분). 이하 위 책을 "Kröll/M/PV/집필자"로 인용한다.
13) Kröll/M/PV, Introduction, para. 2 (위 3인 공동 집필부분).

국제거래)의 발전이 국가 간의 우호 관계를 촉진하는 중요한 요소임을
고려하고, 국제적인 물품매매계약을 규율하는, 상이한 사회적·경제적·
법적 체계를 고려한 통일규칙의 채택이 국제무역상의 법적 장벽을 제거
하는 데 공헌하고 국제무역의 발전을 촉진한다는 견해"에서 채택되었다
(前文).

협약은 국제물품매매계약에 관한 실질규범의 통일을 목적으로 하는
'통일 실질법'[14]이라는 점에서 저촉규범의 통일을 목적으로 하는 헤이그
국제사법회의의 1986년 "국제물품매매계약의 준거법에 관한 협약"[15]과 구
별된다. 법의 저촉을 극복하는 방법은 다양한데,[16] 협의의 국제사법은 그
중 어느 국가법을 시정하는 데 반하여, 협약은 새로운 동일실질법을 정
립한다. 따라서 협약이 규율하지 않는 사항은 일반원칙으로 돌아가 국내
법에 따른다. 이런 이유로 협약과 같은 국제규범은 '여전히 적용되는 국
내법의 바다에 둘러 싸여 있는 국제규칙의 섬(an island of international
rules surrounded by an ocean of still-applicable national law)'과 같은 존재
라고 묘사할 수 있다.[17] 양 접근방법의 차이는 아래와 같다.

---

14) 실질법(또는 실질규범)이라 함은 법적용규범(또는 간접규범)인 저촉법(또는 국
   제사법)에 대비되는 개념으로, 우리 민·상법과 같이 저촉법(또는 국제사법)에 의
   하여 준거법으로 지정되어 특정 법률관계 또는 쟁점을 직접 규율하는 규범을 말
   한다.
15) 영문 명칭은 "Convention on the Law Applicable to Contracts for the International
   Sale of Goods"이다. 위 협약은 발효되지 않았다. 소개는 손경한, "국제매매의 준거
   법에 관한 헤이그협약", 국제사법연구 제3호(1998), 651면 이하 참조.
16) 국제거래 실질규범을 통일 내지 조화하는 데는 다양한 방법이 있다. 첫째, 일정
   한 私法分野의 실질법 통일방법, 둘째, 국내법을 두고 국제거래에 적용되는 법을
   입법적으로 통일하는 방법(조약과 모델법이 있다). 셋째, UNIDROIT의 국제상사계
   약원칙과 같은 restatement. 넷째, 기업관행과 국제상업회의소 등의 통일규칙(신용
   장통일규칙과 인코텀즈)에 의하는 방법. 다섯째, 약관에 의한 거래 표준화 방법 등
   이 그것이다.
17) Harry M. Flechtner, "The U.N. Sales Convention and MCC-Marble Ceramic
   Center, Inc. v. Ceramica Nuova d'Agostino, S.p.A.: The Eleventh Circuit Weighs
   in on Interpretation, Subjective Intent, Procedural Limits to the Convention's
   Scope, and the Parol Evidence Rule", 18 Journal of Law and Commerce (1999)
   285.

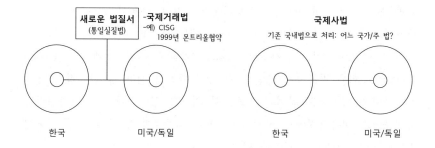

2. 협약 연구의 목적과 의의

우리가 협약을 연구하는 목적과 의의는 다음과 같다. 첫째, 협약은 통일 실질법으로 그 자체로서 중요하다. 대상판결에서 보듯이 협약이 적용되는 사건을 해결하기 위해 협약을 알아야 한다.[18] 둘째, 협약 연구를 통해 우리 민·상법의 개정에 대한 시사점을 도출할 수 있다.[19] 셋째, 협약 연구는 영미의 매매계약법 내지 계약법을 이해하는 기회를 제공한다. 이는 비교사법을 접하는 기회이다. 넷째, 협약은 통일사법(私法)조약의 전형이라는 점에서 비교법의 중요 과제의 하나인 법통일론의 생생한 사례를 보여 준다. 다섯째, 협약은 '私法統一을 위한 국제협회'(UNIDROIT)의 "국제상사계약원칙"(Principles of International Commercial Contracts)[20]("국제상사계약원칙")과 유럽계약법위원회의 1995년 "유럽계약법원칙"(Principles of European Contract Law. PECL)[21]("유럽계약법원칙")에도 큰 영향을 미친

---

18) 협약을 적용한 우리 판례의 소개는 석광현, "국제물품매매협약(CISG)을 적용한 우리 판결의 소개와 검토", 국제거래법연구 제20집 제1호(2011. 7.), 87면 이하; 이혜민, "국제물품매매에 관한 UN협약(CISG) 발효 후 10년, 우리 판결례의 동향과 시사점", 사법논집 제61집(2015), 235면 이하 참조.

19) 2009년부터 2014년까지 추진되었던 민법 개정작업과정에서 협약을 고려하였음은 물론이겠으나 그 취지가 충분히 반영되었는지는 의문이다.

20) UNIDROIT, Principles of International Commercial Contracts (1994) 참조. 이는 2004년, 2010년과 2016년 범위가 점차 확대되었다. 최근판의 국문번역은 오원석 외, UNIDROIT 국제상사계약원칙 2016(2018) 참조.

21) Ole Lando and Hugh Beale, The Principles of European Contract Law – Part Ⅰ: Performance, Non-Performance and Remedies (Martinus Nijhoff Publishers, 1995). 이는 1998년 확대되었다. Ole Lando and Hugh Beale, The Principles of European Contract Law – Parts Ⅰ and Ⅱ, Combined and Revised (Kluwer Law

결과 협약의 개념과 용어는 국제(매매)계약법의 '공용어(*lingua franca*. '공통어'라고 할 수도 있다)'가 되었다. 근자에는 협약과 위 양자, 즉 국제계약의 'troika(3두마차)'를 기초로 세계계약법원칙 내지 세계계약법(World Contract Law)을 만들자는 제안도 있다.[22] 따라서 협약 연구는 장래 세계계약규범을 성안하는 작업의 기초로서 의미가 있다. 여섯째, 조약이라는 국제규범의 적용과정에서 국제거래법(또는 국제상법)의 주변에 있는 국제법의 역할을 이해하고 시야를 넓힐 수 있다.

3. 논점의 정리와 논의 순서

여기에서는 국제물품매매계약상 손해배상의 논점 중 통화와 증명도를 중심으로 대상판결을 평석하고 쟁점을 논의한다.[23] 그 과정에서 통일실질법의 사정범위(射程範圍)를 확인하고, 협약에 흠결이 있는지와 흠결의 보충방법 등을 논의한다. 아래는 구체적 논의순서이다.

첫째, 협약의 적용구조와 해석 및 흠결보충(Ⅱ.)

둘째, 협약상 손해배상법의 체계 개관(Ⅲ.)

셋째, 협약상 계약위반으로 인한 손해배상의 통화(Ⅳ.)

넷째, 협약상 당사자의 대용권(Ⅴ.)

다섯째, 협약상 계약위반으로 인한 손해의 증명책임과 증명도(Ⅵ.)

여섯째, 소송계속 중 한국 민·상법을 적용하기로 하는 당사자의 합의(Ⅶ.)

International, 2000) 참조. 후자의 국문번역은 올 란도·휴 빌 편/김재형 역, 유럽계약법원칙-제1·제2부(2013) 참조. 2002년 5월에는 유럽계약법원칙 제Ⅲ부가 발표되었다.

22) Ole Lando, "CISG and Its Followers: A proposal to Adopt Some International Principles of Contract Law", 53 Am. J. Comp. L. 379 (2005) 참조. 근자에는 전 세계적인 통일계약법을 만들 필요성을 강조하면서 그때 매매협약이 출발점이 되어야 한다는 유력설도 있다. Ingeborg Schwenzer, "Global Unification of Contract Law", Uniform Law Review, Vol. 21(1)(2016), p. 73 참조.

23) 통화는 석광현(註 18), 123면 이하, 증명도는 석광현, "국제소송에서 입증의 정도의 성질결정과 준거법", 법률신문 제3954호(2011. 7. 25.), 13면에서 간단히 다룬 바 있다.

II. 협약의 적용구조와 해석 및 흠결보충

1. 협약의 적용구조와 협약의 사정범위(협약이 규율하는 사항의 범위)

가. 장소적 적용범위: 직접적용과 간접적용

협약은 양 당사자가 체약국에 영업소를 가진 경우 적용된다(직접적용). 또한 당사자 중 일방 또는 쌍방이 체약국에 영업소를 두지 않은 경우에도 국제사법에 따라 매매계약의 준거법이 체약국법이면 협약이 적용된다(간접적용). 한국은 제1조 제1항 b)호의 적용을 유보하지 않았기 때문에 간접적용도 가능하다.[24] 어느 경우든 당사자들은 협약의 적용을 배제할 수 있다. 현재 국제적으로 통일된 국제사법규칙과 국제재판관할 규칙은 없고 각국이 독자적으로 결정한다. 따라서 법정지가 어디인가에 따라 협약의 적용 여부가 영향을 받는다.[25]

나. 협약의 사정범위(협약이 규율하는 사항의 범위)

협약은 매매계약의 성립(제2편) 및 그 계약으로부터 발생하는 매도인과 매수인의 권리의무(제3편)만을 규율하고, 명시적 규정이 없는 한, 계약이나 그 조항 또는 관행의 유효성(validity. 의사표시의 하자, 공서 또는 강행법규위반 등)이나 물품의 소유권에 관하여 매매계약이 미치는 효력에는 적용되지 않는다(제4조). 매매계약의 유효성은 매매계약의 보충적 준거법[26]에 의하여 규율되고, 물품의 소유권은 물권의 준거법(즉 물건 소재지법)에 의한다.[27] 따라서 협약이 적용되는 매매계약에서 당사자의 법률관계를 정확히 이해하자면 우선 협약이 규율하는 사항과 보충적 준거법(즉 국내법)이 규율하는 사항을 정확히 획정하고 당해 국내법을 결정해야 한

---

24) 미국과 중국은 제1조 제1항 b호의 적용을 유보하였다.
25) 국제상사중재의 경우 중재지와 당사자들이 합의한 중재규칙에 의하여 또는 분쟁의 실체의 준거법에 의하여 영향을 받는다.
26) 보충적 준거법은 매매계약에 협약이 적용되지 않았더라면 매매계약을 규율했을 준거법이라는 의미에서 '가정적 준거법'이라고 부를 수도 있다.
27) 한국에서는 과거 물품의 소유권이전이 매매계약의 준거법에 의한다거나 인코텀즈에 의한다거나 영국 물품매매법을 중심으로 한 국제관습에 의한다는 잘못된 견해가 퍼져 있었다. 비판은 석광현, 국제사법과 국제소송 제3권(2004), 53면 참조.

다. 보충적 준거법은 소송의 경우 법정지 국제사법에 의하여, 중재의 경우 대체로 중재지법 내지 당사자들이 합의한 중재규칙에 의하여 결정된다.

2. 협약의 해석

협약은 조약인데, 전세계적으로 협약의 해석의 통일성을 궁극적으로 담보하는 최고법원이 없으므로 해석상의 통일성을 확보하는 것이 매우 중요하다. 이를 위하여 협약(제7조제1항)은, 협약의 해석에는 그 국제적 성격 및 적용상의 통일과 국제거래상의 신의 준수를 증진할 필요성을 고려하여야 한다고 규정한다.

협약의 '국제적 성격(international character)'을 고려하려는 것은, 국내법 또는 특정한 지역의 정의나 개념에 의하여 해석할 것이 아니라 협약의 독자적인 해석을 해야 한다는 의미이다. 완결된 체계를 가지는 국내법의 해석과 달리 협약은 상이한 법체계를 가지는 국가들 간의 협상의 결과이므로 협약의 독자적인 해석이 중요한 의미를 가진다.[28]

나아가 협약의 '적용상의 통일(uniformity in application)'을 증진하기 위하여는 다른 체약국의 판례도 참조해야 한다. 이를 가능하게 하는 수단의 하나로 UNCITRAL은 CLOUT(Case Law on UNCITRAL Texts)[29]라는 보고체계(reporting system)를 구축하여 판례를 소개하고 요약집(Digest)[30]을 간행한다. 또한 뉴욕주 Pace 대학의 데이터베이스[31]가 유용하고 이탈리아 비교법 및 외국법연구센터(Centre for Comparative and Foreign Law Studies)의 데이터베이스인 UNILEX on CISG & UNIDROIT Principles도

---

28) 이런 이유에서 "미국 통일상법전의 판례는 그 자체로서는 적용되지 않지만, 협약의 조항과 유사한 용어를 사용하는 통일상법전 제2편의 조항을 해석하고 있는 판례법은 관련된 협약 규정의 문언이 통일상법전의 그것을 따르고 있는 경우 법원에 유용하다"고 판시한 미국 연방항소법원의 *Delchi Carrier S.p.A. v. Rotorex Corp* 사건 판결(71 F.3d 1024, 1027-1028 (2d Cir. 1995)(case no. 138, 1995))은 많은 비판을 받았다.

29) http://www.uncitral.org/uncitral/en/case_law.html 참조.

30) http://www.uncitral.org/pdf/english/clout/CISG_Digest_2016.pdf(이하 "Online Digest").

31) http://iicl.law.pace.edu/cisg/cisg 참조.

도움이 된다.[32]

나아가 협약은 "협약의 해석에는 국제거래상의 신의 준수(observance of good faith in international trade)를 증진할 필요성을 고려하여야 한다"고 명시하는데, 이 문구는 성안과정의 마지막 단계에서 타협으로 채택되었다.[33] · [34] 협약상 신의칙은 해석기준에 그친다는 견해와, 당사자 간의 법률관계에 영향을 미치는 협약의 일반원칙이라는 견해가 있다.[35]

우리 법원도 협약의 통일적 해석을 위하여 외국 판례와 문헌을 참고할 것이나 인용하지 않으면 그 사실을 드러낼 길이 없다. 따라서 협약이 적용되는 사건에서라도 실무를 변경하여 인용을 해야 한다. 논거를 적절히 밝힌다면 판결의 설득력과 권위가 높아질 것이다.

3. 협약의 흠결보충에 관한 일반론
가. 협약 제7조 제2항

협약 제7조 제2항은 "이 협약에 의하여 규율되는 사항으로서 협약에서 명시적으로 해결되지 아니하는 문제는, 이 협약이 기초하고 있는 일반원칙(general principles on which it is based), 그 원칙이 없는 경우에는 국제사법 규칙에 의하여 적용되는 법에 따라 해결되어야 한다"고 규정한

---

32) http://www.unilex.info/ 그 밖에 근자에는 일부 학자들이 매매협약 자문위원회 (CISG Advisory Council. 이하 "CISG-AC")를 구성하여 협약 해석에 관한 의견을 발표하는데 2003년 8월 처음 발표한 뒤 2015. 10. 16.까지 15개 의견을 발표하였다. http://www. cisgac.com/default.php?sid=124 참조. 의견은 중국어와 일본어로도 제공된다.

33) John O. Honnold (edited and updated by Harry M. Flechtner), Uniform Law for International Sales under the 1980 United Nations Convention, Fourth Edition (Kluwer Law International, 2009), §94.

34) 다른 조약도 이런 취지를 명시하기도 한다. 헤이그국제사법회의의 2005년 관할합의협약 제23조(통일적 해석)는 "이 협약의 해석에는 그 국제적 성격 및 적용상의 통일을 증진할 필요성을 고려하여야 한다"고 명시한다.

35) 한국에서는 넓은 기능을 인정하는 견해가 유력하다. 김선국, "국제물품매매협약과 미국계약법", 국제거래법연구 제13집(2004), 20-21면; 김인호, "국제물품매매계약에 관한 국제연합협약의 신의성실의 원칙의 적용범위", 법조 통권 제600호(2006. 9.), 215면.

다.[36] 이는 협약이 규율하는 사항이기는 하나 협약이 명시적으로 규정하지 않는 것, 즉 협약의 내적 흠결(internal gap)[37]은 '협약이 기초하고 있는 일반원칙'(이하 "협약의 일반원칙"이라 한다)에 따라 해결해야 하고, 그러한 원칙이 없는 경우 비로소 법정지의 국제사법에 의해 결정되는 준거법에 따라 해결해야지 성급하게 법정지의 국제사법에 호소해서는 아니된다. 이처럼 협약의 일반원칙과 국제사법에 따른 준거법 간에는 긴장관계가 있는데, 그런 의미에서 제7조 제2항은 '흠결의 보충'(gap-filling)에 관하여 협약의 일반원칙의 도출과 국내법에의 호소라는 대립되는 요청 간에 미묘한 균형을 제시한다.[38]

그러나 협약의 일반원칙이 무엇인지를 판단하는 것은 쉽지 않다.[39] '당사자의사의 우위'(계약자유의 원칙)(제6조),[40] '관행의 고려'(제9조)와 '방식자유의 원칙'(제11조), 권리남용금지를 포함하는 '신의성실의 원칙' 등이 포함되는 점은 큰 이견이 없다(다만 신의성실의 원칙에 관하여는 위에 언급한 것처럼 논란이 있지만). 그 밖에 계약체결 후 통지의 발신주의, 연체 시 이자지급의무의 발생을 들고, 개별조항으로부터 나오는 것으로 이전행위와 모순되는 행위 금지의 원칙, 합리성의 원칙, '*favor contractus*'(가능한 한 계약의 존재를 선호하는 원칙), 협력의무, 손해경감 원칙을 열거하기도 하나,[41] 구체적 내용에 관하여는 다양한 견해가 있다.[42] 예컨대 Honnold는 상대방의 표시에 대한 신뢰, 상대방에 대한 필요한 정보의 통지, 손해

---

36) 제7조에 상응하는 ULIS(제17조)는 일반원칙만을 언급한다. ULIS는 협약의 선구자인 "국제물품매매에 관한 통일법(Uniform Law on the International Sale of Goods)에 관한 협약"을 말한다.

37) 숨은 흠결. 반면에 협약이 규율하지 않는 사항을 협약의 '외적 흠결'이라고 부른다.

38) Honnold(註 33), §102.

39) 협약과 국내법이 규율하는 사항의 구분은 석광현, 국제물품매매계약의 법리: UN 통일매매법(CISG) 해설(2010), 467면 참조.

40) 이를 '계약 神聖의 원칙(principle of sanctity of contracts)'이라고 부르기도 한다. Kröll/M/PV, Introduction, para. 20(위 3인 공동 집필부분).

41) B/B/Bonell, para. 2.3.2.2. 일반원칙의 구체적 목록은 Ulrich Magnus, "Die allgemeinen Grundsätze im UN-Kaufrecht", Rabels Zeitschrift für ausländisches und internationales Recht, Band 59 (1995), S. 478ff. 참조.

42) S/S/Ferrari, Art. 7 Rn. 48ff. 참조.

경감의무 등을 열거한다.[43]

여기에서 상인법(*lex mercatoria*) 또는 국제상사계약원칙이 협약의 내적 흠결을 보충할 수 있는지는 논란이 있다.[44]

나. 법의 흠결의 보충방법으로서 법형성

제7조 제2항에 따른 협약의 일반원칙을 적용함에 있어서 협약 전체를 관통하는 일반원칙, 즉 일반적 성격(Allgemeincharakter)으로 인해 널리 적용되는 일반원칙을 적용하는 외에, 협약의 개별규정으로부터 유추할 수 있음은 널리 인정된다.[45] 근자에는 내적 흠결이 있으면 협약의 일반원칙에 호소하기에 앞서 협약의 다른 개별규정으로부터 유추할 수 있고 또한 그렇게 해야 한다는 견해가 유력하다. 즉 협약의 개별규정에 관하여 '대에서 소로의 추론 또는 소에서 대로의 추론'과 반대추론(또는 역추론)뿐만 아니라 유추가 허용되고, 나아가 일반원칙의 적용에 앞서 그런 방법으로써 내적 흠결을 보충해야 한다는 것이다.[46] 하지만 전의 견해도 일반원

---

43) Honnold(註 33), §99 이하. 한종규, "國際物品賣買協約上 原狀回復義務의 國際私法的 爭點 硏究", 성균관대학교 대학원 법학 박사학위논문(2014. 6.), 210면 이하도 참조.

44) 학설은 Kröll/M/PV/PV/Perales Viscallas, Art. 7, para. 61 참조. 최흥섭, "「국제상사계약에 관한 UNIDROIT원칙」의 적용문제", 국제거래법연구 제 8 집(2000), 101면은 이를 원칙적으로 부정한다. 긍정설은 Magnus(註 41), S. 492; Alejandro Miguel Garro, "The Gap-Filling Role of the UNIDROIT Principles in International Sales Law: Some Comments on the Interplay Between the Principles and the CISG", 69 Tul. L. Rev. 1149, 1155 (1995); 오석웅, "국제상사계약에 관한 UNIDROIT 원칙과 국제사법", 진산 김문환총장정년기념논문집 제1권: 국제관계법의 새로운 지평(2011), 51면; 최준선, 國際去來法, 제8판(2013), 126면 참조. 상인법에 관하여 긍정설은 이기수·신창섭, 國際去來法, 제5판(2013), 37면.

45) 최흥섭, 국제물품매매계약에 관한 유엔협약 해설(2005), 28면; 석광현(註 39), 69면.

46) S/S/Ferrari, Art. 7, Rn. 47; MünchKommBGB/Gruber, Band 3, 7. Auflage (2016), Art. 7, Rn. 37ff.; K/M/PV/Perales Viscallas, Art. 7 para. 53. 조약의 맥락에서 법형성은 Jan Kropholler, Internationales Einheitsrecht (1975), S. 292ff. 참조. 일찍이 C.M. Bianca/M.J. Bonell (eds.), Commentary on the International Sales Law, The 1980 Vienna Sales Convention (1987), Art. 7 2.3.2.1 (Bonell 집필부분)(이하 "B/B/집필자"로 인용한다), Art. 7, paras. 2.3.2.1과 2.3.2.2는 이 점을 명확히 지적하였다. 한종규(註 43), 208면 이하는 내적 흠결을 부진정 내적 흠결과 진정 내적 흠결로 구분하여 전자는 유사한 규정의 유추적용 등의 방법으로 해결하고 후자는 제7조 제2항에 따른 추상적인 일반원칙을 적용하여 해결하자며 양자를 구분한다.

칙의 틀 내에서 유추를 허용하므로 후자를 배척하는 것은 아니다.[47)

여기에서 종래 주로 국내법의 맥락에서 논의되어 온 법형성이 협약의 맥락에서도 가능한가, 만일 그렇다면 법형성과 협약 제7조 제2항의 관계에 관하여 의문이 제기된다. 종래 법학방법론의 기본구도에 따르면 법관의 법획득에는 두 가지 방법, 즉 법발견(Rechtsfindung)과 법형성(Rechtsfortbildung)이 있는데, 전자는 법문언(또는 법문)의 '가능한 의미' 안에서 법률로부터 해당 사안에 적용할 법을 찾아내는 해석이고, 후자는 규율되어야 할 사안에 대한 법적 기준이 존재하지 않는 법의 흠결을 보충하는 것이다.[48) 양자를 구별하는 실익은, 법해석은 법문언의 가능한 의미 안에 들어가는 해석, 즉 "법발견"이므로 항상 허용되는 데 반하여, 법형성은 그 정당성 여부가 반드시 확인되어야 한다는 점에 있다.[49) 법의 흠결은 유추와 목적론적 축소 외에 법원리(Rechtsprinzipien)에 의하여도 보충될 수 있다.[50) 법원리는 조약과 같은 국제통일법 자체로부터 도출될 수도 있는데[51) 제7조 제2항의 '협약의 일반원칙'은 바로 그런 법원리에 의한 법 흠결의 보충, 즉 법형성을 명시한 것이라고 할 수 있으므로 협약은 법흠결을 상정하고 법형성의 기제를 내장하고 있는 것이다.[52)

---

47) 예컨대 매매계약 해제 시 매수인은 물품을, 매도인은 대금을 반환해야 하는데 협약은 반환의무의 이행지를 규정하지 않으므로 협약의 내적 흠결이 있다고 할 수 있다. 이 경우 당초 매도인의 물품 인도지에 관한 협약 제31조를 거울에 비친 영상처럼 뒤집어(spiegelbildlich) 원용할 수 있다는 견해가 유력한데(J. von Staudinger/Ulrich Magnus, Kommentar zum Bürgerlichen Gesetzbuch mit Einführungsgesetz und Nebengesetzen Wiener UN-Kaufrecht (CISG)(2018), Art. 81 Rn. 19(이하 "S/M"이라고 인용한다); S/S/Hornung, Art. 81 Rn. 17ff.), 그 근거를 제31조의 유추 또는 협약의 일반원칙에서 구할 수도 있다. 물론 그와 다른 일반원칙을 도출하는 견해도 있다.

48) 김영환, "법학방법론의 관점에서 본 유추와 목적론적 축소", 법철학연구 제12권 제2호(2009. 8.), 9면. 이 글은 한국법철학회 김도균 엮음, 한국 법질서와 법해석론 (2013), 347면 이하에도 수록되어 있다.

49) 김영환, "법학방법론의 이론적 체계와 실천적 의의-소위 GS 칼텍스 사건을 중심으로-", 법철학연구 제17권 제3호(2014. 12.), 22면.

50) 김영환(註 49), 21면(그에 해당하는 것으로 '법의 일반원칙', '법질서의 정신', '지배층의 가치평가', '자연법과 사물의 본성', '정당한 목적을 위한 정당한 수단' 등을 열거한다), 23면; 김용담(편), 주석 민법[민법총칙(Ⅰ)](2010), 121면 이하(윤진수 집필부분) 참조.

51) Kropholler(註 46), S. 298ff.

다. 조약법에 관한 비엔나협약의 적용 여부

1969년 "조약법에 관한 비엔나협약"(Vienna Convention on the Law of Treaties)(이하 "조약법협약"이라 한다)의 제31조–제33조는 조약의 해석규칙을 둔다.[53] 유력설은 조약법협약은 협약 제4편(최종규정)에만 적용되고, 제1편부터 제3편에는 적용되지 않는다고 본다.[54] 그 이유는 조약법협약은 전통적으로 조약의 해석을 둘러싸고 제기된 문제를 해결하기 위한 원칙을 정한 것으로 국가 간의 의무에 주로 관련되는데, 협약의 위 조항들은 매매계약 당사자의 의무에 관련되기 때문이다. 그 밖에도 협약이 제7조에서 조약의 해석에 관한 특칙을 두기 때문이라거나, 가사 제7조 제1항의 해석원칙을 보충할 필요가 있더라도 이는 제7조 제2항에 따라야 하기 때문이라고 설명한다. 더욱이 협약상 당사자의사의 우위를 인정하는 데서 보듯이, 국가의 의무를 정한 규칙과 비교할 때 매매계약 당사자의 의무를 정한 규칙의 해석에서는 훨씬 더 큰 유연성이 필요하다.[55]

---

52) 다만 여기에서 말하는 법원리는 협약 외의 것이 아니라 협약의 일반원칙을 말한다. 일반원칙의 적용보다 유추 등에 의한 법형성을 우선시하는 견해를 보면서 법학방법론의 일반론으로서 유추에 의한 법형성과 법원리에 기초한 법형성 간에 우선순위가 있는가라는 의문이 있다. 필자의 요청에 따라 조언을 주신 김영환 교수님께 감사드린다.

53) 제31조는 해석의 일반규칙을, 제32조는 해석의 보충적 수단을, 제33조는 복수언어가 정본인 조약의 해석을 규정한다. 제31조는 조약의 문리적 해석과 목적론적 해석을, 제32조는 역사적 해석을 규정한 것으로 보인다. 김대순, 국제법론 제13판 (2008), 183면. 그러나 조약의 목적론적 해석에 대해서는 비판론도 있는데, 국제사법재판소(ICJ)의 권고적 의견은 조약의 목적론적 해석을 거부한 사례도 있다. 정인섭, 新국제법강의–이론과 사례(2010), 254면. 조약에서 유추의 허용 여부는 불분명하나 국내법과 비교할 때 해석의 여지가 상대적으로 제한되는 것으로 생각된다. 이 점에서도 매매협약에 조약법협약의 적용을 원칙적으로 부정하는 견해가 설득력이 있다. 참고로 서울행정법원 2009. 2. 16. 선고 2007구합37650 판결은 조세조약의 경우 행정편의적 확장해석이나 유추적용은 허용되지 않는다고 판시하였다. 이것이 조약 일반에 타당한지 아니면 조세조약에 한정되는지와, 유추를 전면 배제하는지 행정편의적 유추만을 배제하는지는 불분명하다.

54) Honnold(註 33), §103; K/M/PV/Perales Viscallas, Art. 7 para. 9.

55) 반면에 긍정설은, 조약법협약은 국제관습법을 입법한 것으로 모든 국제협약에 타당한 해석규정을 담고 있으므로 조약법협약이 없더라도 그 해석방법이 해석의 일반원칙으로 승인될 것이고, 통일협약을 매개로 하는 법의 통일이념은 조약에 공통된 요소로 협약도 예외가 아니며, 조약법협약이 私法關係에 대한 적용을 금지한

4. 대상판결의 태도

가. 협약의 적용과 보충적 준거법의 결정

대상판결은 이 사건 계약의 준거법에 관하여 아래의 취지로 판시하였다.

---

(1) 협 약

협약 제1조 제1항에 의하면, 협약은 영업소가 다른 국가에 소재한 당사자 간의 물품매매계약에 적용되고, 이때 당사자들의 영업소는 모두 체약국에 있거나(a호), 법정지 국제사법에 따라 어느 체약국 법이 준거법이 되는 경우여야 한다(b호). 이 사건 계약은 퀸즐랜드주에 주된 사무소가 있는 원고와 한국에 주된 사무소가 있는 피고 사이에 체결된 물품매매계약이고, 협약은 호주에서는 1989. 4. 1.부터, 한국에서는 2005. 3. 1.부터 발효하였으므로, 2008. 8. 29. 체결된 이 사건 계약에 관하여는 협약이 준거법이 된다.

(2) 호주 퀸즐랜드주법

협약이 직접 규율하지 않는 법률관계에 관한 보충적 준거법은 한국 국제사법에 의하여 정하여야 하는바, 당사자 사이에 준거법 선택에 관한 합의가 없는 이상, 국제사법 제26조 제1항, 제2항 제1호에 기하여 양도계약 체결 시 양도인의 주된 사무소가 있는 국가의 법인 호주법이 적용되어야 하는데, 호주는 연방제 국가로서 각 주마다 다른 법체계를 가지고 있으므로, 호주법 가운데 원고의 주된 사무소가 있는 퀸즐랜드주법이 보충적 준거법이 된다.

이 사건 계약의 객관적 준거법 결정은 여기의 검토대상이 아니므로 간단히 언급한다. 법원이 호주법이 아니라 퀸즐랜드주법이 보충적 준거법이라고 판단한 것은 타당하나,[56] 준거법 도출 과정에는 아쉬움이 있다. 법원으로서는 퀸즐랜드주법이 보충적 준거법이라고 단정하는 대신 계약과 가장 밀접한 관련이 있는 국가의 법이 보충적 준거법이 되는데 위에

바 없으므로 해석원칙으로서 조약법협약의 의의를 부정할 필요는 없다고 한다. 이진기, "1980 국제물품매매계약에 관한 UN협약(CISG)의 해석과 적용", 비교사법 제17권 제2호(통권 제49호)(2010. 6.), 224면. 상세는 S/M, Art. 7 Rn. 16; S/S/Ferrari, Art. 7 Rn. 33 참조.

56) 국제사법(제3조)은 본국법이 불통일법국법인 경우만을 규정하나 이 사건을 보면 더 일반적인 조문이 필요함을 알 수 있다. 예컨대 로마 I(제22조 제1항)은 "어느 국가가 계약상 채권관계에 관하여 고유한 법규범을 가지는 수개의 영토적 단위를 포함하는 경우, 이 규정에 따른 준거법을 정함에 있어서는 각 영토적 단위는 국가로 간주된다."고 규정한다.

서 설시한 이유로 퀸즐랜드주법이 보충적 준거법으로 추정되고, 이 사건에서 추정을 깨뜨릴 만한 사정이 없으므로 결국 퀸즐랜드주법이 보충적 준거법이 된다고 추론했어야 한다. 어쨌든 이런 법리는 매매계약의 여러 측면이 상이한 준거법에 의하여 규율될 수 있음, 즉 준거법의 분열 (*dépeçage*)이 가능함을 전제로 한다. 객관적 연결의 경우 계약 준거법의 분열이 가능한지는 논란의 여지가 있으나, 그에 관계없이 이 사건에서 보충적 준거법이 규율하는 사항과 협약이 규율하는 사항 간의 분열을 인정하는 데는 별 의문이 없다.

나. 협약의 흠결보충

법원은 통화에 관하여 협약에 흠결이 있다고 보고 제7조 제2항에 따라 곧바로 보충적 준거법을 적용하였다. 이에 관하여는 아래(Ⅳ.4.)에서 논의한다.

Ⅲ. 협약상 손해배상법의 체계 개관

협약상 손해배상은 채무자의 고의 또는 과실을 요구하지 않으며—이런 이유로 협약은 과실책임주의가 아니라 엄격책임주의를 취한다고 설명한다—그의 경중과도 관계가 없다. 또한 손해배상의 요건이나 범위도 계약위반의 유형에 관계없이 동일하다. 제74조는 손해배상의 범위에 관한 원칙을 정하고, 제75조와 제76조는 손해액산정의 명확성과 편의를 위하여 계약해제에 따른 손해액의 산정방법을 정하며, 제77조는 손해경감의무를 정한다.

1. 손해배상의 기능

제74조는 간결하지만 손해배상에 관하여 중요한 원칙을 규정한다. 즉 일방당사자의 계약위반으로 인한 손해배상액은 이익의 상실을 포함하여 그 위반의 결과 상대방이 입은 손실과 동등한 금액으로 한다. 제74조 1문에 따르면 계약을 위반한 당사자는 이익의 상실을 포함하여 위반의 결과 상대방이 입은 손실을 배상하여야 한다. 협약상 손해배상은 전보(또

는 보상)기능(compensatory function)을 가진다. 손해배상은 가능한 한, 계약에 따라 적법하게 의무가 이행되었더라면 피해당사자가 있었을 것과 동일한 경제적인 지위에 있도록 하는 기능을 한다.[57] 즉 협약은 손해의 개념을 차액설에 의하여 파악하는데 이는 우리 민법의 해석과도 동일하다.[58] 협약은 미국에서 인정되는 징벌배상(punitive damages)이나 삼배배상(treble damages)과 같은 제재적 또는 예방적 목적을 위한 손해배상을 알지 못한다.

제74조가 보호하려는 채권자의 이익은 유효한 계약의 존재를 전제로 계약이 적법하게 이행되었더라면 채권자가 받았을 이익, 즉 이행이익 (Erfüllungsinteresse), 기대이익(expectation interest) 또는 적극적 이익 (positives Interesse))[59]과, 채권자가 계약이 유효한 것으로 믿은 데 대한 이익, 즉 신뢰이익(reliance interest, Vertrauensinteresse) 또는 소극적 이익(negatives Interesse)을 포함하는 것으로 해석되고 있다.[60] · [61]

2. 완전배상주의와과 예견가능성에 의한 제한

손해배상의 범위는 계약위반의 결과 상대방이 입은 손실의 총액이다. 다만 손해는 위반당사자가 알았거나 알았어야 하는 사실 및 사정을 기초로 하여 계약체결 시 그가 계약위반의 가능한 결과로 예상했거나 예상했어야 하는 손실을 초과할 수 없다. 협약은 원칙적으로 완전배상주의 (Grundsatz der Totalreparation)를 취하면서 예견가능성(foreseeability)에 의한 제한을 두고 있다.[62]

---

57) 사무국주석, Art. 70 para. 3; S/M, Art. 74 Rn. 16.
58) 예컨대 불법행위에 관한 것이나 대법원 1992. 6. 13. 선고 91다33070 판결.
59) S/M, Art. 74 Rn. 20-21.
60) 다만 이행이익의 배상과 함께 지출비용의 배상을 인정할 경우에는 중복배상을 피하기 위하여 일실이익이 제반비용을 공제한 순이익에 한정되어야 한다. CISG-AC Opinion No. 6, Comments, para. 9.
61) 2016년 국제상사계약원칙 제2.1.14조의 주석은 신뢰이익(reliance interest) 또는 소극적 이익(negative interest)과 기대이익(expectation interest) 또는 적극적 이익 (positive interest)을 대비시킨다.
62) CISG-AC Opinion No. 6, Comments, para. 1 (http://cisgw3.law.pace.edu/cisg/CISG-

3. 금전배상의 원칙

협약(제74조)은 손해배상액은 "상대방이 입은 손실과 동등한 금액(a sum equal to the loss, …suffered by the other party)"으로 한다고 규정함으로써 물질적 손해에 대해 금전배상을 규정한다.[63] 원상회복은 허용되지 않는다. 금전배상을 원칙으로 하는 점에서 민법(제394조)과 같고 원상회복을 원칙으로 하는 독일 민법(제249조)과 다르다. 제74조에 따른 손해배상은 모든 계약위반에 대한 최소한의 구제수단으로서 경우에 따라 다른 구제수단과 함께 인정된다. 아래에서 보듯이 대법원이 민법(제394조)의 금전은 한국의 통화를 가리킨다고 하므로 협약 제74조의 금전이 법정지의 통화를 말하는가라는 의문이 제기된다. 이는 아래에서 논의한다.

Ⅳ. 협약상 계약위반으로 인한 손해배상의 통화

1. 외화지급 판결의 허용 여부와 통화 문제의 성질결정

가. 외화지급 판결의 허용 여부

민사소송법상 당사자는 외화지급을 구하는 소를 제기할 수 있고 법원은 외화지급을 명하는 판결을 할 수 있다. 우리 법원은 아래(5.)에서 보듯이 금전배상의 원칙을 정한 민법 제394조상의 금전은 원화라고 보면서도, 예컨대 매매대금 또는 대여금에 관하여는 외화지급을 명하는 판결을 하는 데 거리낌이 없다.

반면에 과거 영국에서 법원은 파운드(sterling)에 의한 지급만을 명할 수 있고 외화지급을 명하는 판결을 할 수 없다는 '법정지 통화규칙(forum-currency rule)'이 통용되었다.[64] 그 근거는 첫째, 영국 보안관이 외

AC-op6. html) 참조. S/M, Art. 74 Rn. 19ff.; 최흥섭(註 45), 279면. 협약은 완전배상주의를 취하는 데 반하여 우리 민법은 제한배상주의를 취한다고 설명하는 경향이 있는데 왜 양자를 달리 취급하는지 잘 이해되지 않는다.

63) S/M, Art. 74 Rn. 24.

64) 이는 1898년 Manners v Pearson [1898] 1 Ch 581 판결 이래 여러 판결에 의하여 확립되었다고 한다. Charles Proctor, Mann on the Legal Aspect of Money,

화의 가치를 모르므로 외화판결의 집행 시 어려움이 있을 수 있고, 둘째, 영국 통화가 세계의 주된 준비통화로서 장기간 동안 가장 안정적인 통화였으며, 그 밖에 법원의 권한을 좁게 파악했기 때문이라고 한다.[65] 그러나 이런 원칙은 물품 매매대금 청구사건인 1975년 *Miliangos v. George Frank (Textiles) Ltd.* 사건 판결[66]에서 폐기되었고 영국 법원은 외화지급을 명하는 판결을 할 수 있게 되었다. 이것이 'Miliangos rule'인데 이는 초기에는 금전채무(debt)에 한정되었으나 범위가 점차 계약위반으로 인한 손해배상과 불법행위로 인한 손해배상 등으로 확대되었다.[67] 미국에서도 과거 영국처럼 법원은 달러로만 지급을 명하였으나 점차 완화되었고 뉴욕은 1987년 이래 법률로써 이를 허용한다.[68]

나. 통화 문제의 성질결정

여기에서 논의하는 것은 계약위반에 따른 손해배상의 통화이고 이는 매매대금의 통화의 결정과는 구별해야 한다.[69]

Seventh Edition (2012), para. 8.03; Paul Torremans (ed.), Cheshire, North & Fawcett Private International Law, Fifteenth Edition (2017), p. 97. 외국통화로 산정된 손해는 책임원인 발생 시(breach-date)의 환율로 환산한 영국통화로 환산되어야 했다. 위 Torremans (ed.), p. 97; 위 Proctor, para. 10.06 이하 참조.

65) 정선아, "국제거래에서 손해배상채권의 통화에 관한 연구", 서울대학교대학원 법학석사학위논문(2015. 2.), 109면 참조.

66) [1976] AC 443. 이는 1975. 11. 5. 선고되었다. Oliver Remien, "Die Währung von Schaden und Schadensersatz: Grundlagen und vertgragsrechtliche Besonderheiten", Rables Zeitschrift für ausländisches und internationales Recht, Band 53 (1989), S. 250, Fn. 36 참조.

67) Proctor(註 64), para. 8.05. 소개와 배경은 Dicey, Morris & Collins, The Conflict of Law, Fifteenth Ed. (2012), Rule 265, 37R-081 이하; Torremans (ed.)(註 64), p. 98 이하; Vaughan Black, Foreign Currency Claims in the Conflict of Laws (2010), p. 25 이하 참조. 문헌은 정선아(註 65), 108면 이하, 적용범위의 확장은 117면 이하 참조.

68) New York Judiciary Law, §27. Restatement (Third) of Foreign Relations Law §823 (1987)도 이를 허용한다. 그러나 금전배상에 관하여 Restatement (Second) of Conflict of Laws, §144 (1971)는 아니다. 상세는 Black(註 67), p. 144 이하; Proctor (註 64), para. 8.07 참조.

69) Remien(註 66), S. 280; Peter Schlechtriem/Ingeborg Schwenzer (Hrsgs.), Kommentar zum Einheitlichen UN-Kaufrecht — CISG —, 5. Auflage (2008), Art. 74, Rn. 63 (Schwenzer 집필부분). 이하 "S/S/집필자"로 인용한다. 당사자가 합의하지 않은 경우 매매대금의 통화에 관하여는 ① 협약 접근방법[견해가 나뉘나 지급지 통화], ② 국제

협약상 계약위반으로 인한 손해배상의 통화는 절차의 문제라고 주장할지 모르겠다.[70] 협약이 통화에 관하여 통일규칙을 두고 있다면 그에 따르면 되고 통화의 문제가 절차인지 실체인지는 실익이 없으나, 통일규칙을 두고 있지 않다면 이는 실익이 있다. 만일 절차의 문제라면 '법정지법원칙'에 따라 법정지법에 따를 사항이고 실체의 문제라면 보충적 준거법에 따를 사항이기 때문이다. 어떤 연결대상이 실체인지 절차인지는 국제사법학에서 말하는 이른바 '성질결정(characterization, Qualifikation)'의 문제인데 이는 기본적으로 법정지법으로부터 출발하되, 연결대상을 법정지법상의 체계개념이 아니라 비교법적으로 획득된 기능개념으로 이해하면서 실질규범의 목적과 함께, 당해 저촉규범(즉 국제사법)의 기능과 법정책적 목적을 고려하여 판단해야 한다. 이것이 근래 독일의 다수설인 '기능적 또는 목적론적 성질결정론' 또는 '광의의 법정지법설'인데, 우리나라의 '신소송지법설' 또는 '신법정지법설'도 이와 유사하다.[71] 이런 논의에 비추어 보면 한국법의 관점에서 통화는 절차가 아니라 실체의 문제이다. 만일 한국법원이 외화지급을 명하는 판결을 할 수 없다는 이유로 원화지급을 명하는 것이라면 통화의 문제는 절차의 문제일 것이나, 아래에서 보듯이 손해가 원화로 발생하기 때문에 원화지급을 명하는 것이라면 손해배상의 통화는 실체의 문제라는 것이다.

만일 당사자 간에 손해배상을 특정통화로 지급하기로 하는 '현실 지

사법 접근방법과 ③ 매매대금 확정 접근방법[제15조와 제55조로 해결]이라는 견해가 있다. Kröll/M/PV/Butelr/Harindranath, Art. 54 para. 9 이하 참조.
70) 과거 영국 법원의 태도를 따르면 그럴 수 있다. 협약상의 논의는 아니나 김인호, "從屬的 連結에 의한 不法行爲의 準據法", 인권과 정의 제392호(2009. 4.), 99면 참고. 참고로 James Fawcett, Jonathan Harris and Michael Bridge, International Sale of Goods in the Conflict of Laws (2005), para. 13.210은 영국법상 이자를 명할 수 있는지는 실체이나 이율은 절차라고 한다. 영국에서는 과거 손해사정 또는 수량화(assessment or quantification)를 절차로 보았으나 이제는 로마 I 과 로마 II 의 결과 실체로 본다. Paul Torremans (ed.)(註 64), p. 95.
71) Jan Kropholler, Internationales Privatrecht, 6. Auflage (2006), S. 126ff. 우리 문헌은 석광현(註 10), 30면 이하; 안춘수, "국제사법에 있어서의 성질결정 문제", 비교사법 제11권 제2호(통권 제25호), 333면 이하; 이병화, "法律關係性質決定에 관한 國際私法的 考察", 저스티스 통권 제95호(2006. 12.), 214면 이하 참조.

급문구'가 있으면 이는 대체로 유효하므로(유효성은 보충적 준거법에 따른다) 당사자는 그 통화로 지급하여야 한다.

2. 협약의 규정과 손해배상의 통화에 관한 쟁점

일반적으로 손해배상의 통화는 당해 법률관계(예컨대 계약 또는 불법행위)의 준거법에 따를 사항이다.[72] 따라서 협약이 적용되는 사건에서 매매계약 위반에 따른 손해배상의 통화도 협약에 따를 사항이다. 그런데 협약은 손해배상의 통화에 관하여는 규정하지 않는다. 그러나 손해배상의 기능, 완전배상주의와 차액설로부터 손해가 발생한 통화("손해발생통화")로 배상해야 한다는 원칙을 도출할 수 있다고 본다. 다만 개별사건에서 손해발생통화의 결정은 어려울 수 있으나 통상은 채권자 본거지의 통화라는 견해가 유력하다.[73]

국제상사계약원칙($\frac{\text{제}7.4.12}{\text{조}}$)은 금전채무가 표시된 통화[74] 또는 손해발생통화 중 더 적절한 통화로 손해배상을 할 것을 규정하면서 채권자(즉 피해당사자)에게 선택권을 인정하는데, 손해발생통화라 함은 하자를 보수하기 위하여 채권자가 특정통화로 비용을 지출한 경우 그 통화 또는 이익이 발생하였을 통화를 말한다.[75] 유럽계약법원칙($\frac{\text{제}9:510}{\text{조}}$)은 "손해배상은 불이행의 상대방의 손실을 가장 적절하게 반영하는 통화로 산정되어야 한다"고 규정한다.[76] Draft Common Frame of Reference (DCFR)[77]($\frac{\text{Ⅲ.-제}3:713}{\text{조}}$)

---

72) MünchKommBGB, Art. 9 Rom Ⅰ-VO, Anh. 1, 6. Auflage (2015), Rn. 9 (Martiny 집필부분).

73) S/M, Art. 74 Rn. 56; S/S/Stoll/Gruber, Art. 74 Rn 30. Remien(註 66), S. 266ff.는 채권자 본거지의 통화보다 그로 인하여 영향을 받은 채권자 재산의 통화(Während des Gläubigervermögens)가 적절하다고 보면서 손해항목 별로 개별적으로 검토한다.

74) 이는 금전채무의 경우 그 통화 또는 손해배상에 관한 합의조항의 통화를 말한다. Stefan Voganuer and Jan Kleinheisterkamp, Commentary on the UNIDROIT Principlles of International Commercial Contracts (PICC)(2009), Article 7.4.12, para. 2.

75) 국제상사계약원칙 제7.4.12조 주석.

76) 유럽의 판례와 학설은 Lando and Beale(註 21)(Parts Ⅰ and Ⅱ), 458면 이하 참조.

77) 이는 "Principles, Definitions and Model Rules of European Private Law: Draft Common Frame of Reference (DCFR)"을 말한다. 그 중 일부는 법무부에서 유럽민사법의 공통기준안 총칙·계약편으로 번역간행되었다.

도 유럽계약법원칙과 같다.

한편 통화의 개념과 내용은 당사자가 채무를 표시한 통화 소속국법(또는 통화 발행국법. 양자를 호환적으로 사용한다)(*lex monetae, lex pecuniae*)[78] 에 의하여 결정된다. 스위스 국제사법($\frac{제147조}{제1항}$)은 통화의 개념과 내용은 통화 소속국법이 정함을 명시한다. 예컨대 당사자들이 매매계약의 준거법을 독일법으로 지정하면서 매매대금을 달러로 약정한 경우 계약의 준거법은 독일법이고, '통화 소속국법'은 미국법이므로 달러의 개념과 내용은 미국법에 따른다.[79]

3. 협약상 손해배상의 통화에 관한 우리 법원의 태도

협약상 손해배상의 통화에 관한 우리 하급심 판결 중에는 ① 외화지급을 명한 판결, ② 원화지급을 명한 판결과 ③ 준거법에 따른다고 판시한 판결(대상판결)이 보인다.

가. 외화지급을 명한 판결

서울고등법원 2016. 12. 20. 선고 2015나2074433 판결(상고 없이 확정)과 그의 제1심인 서울중앙지방법원 2015. 11. 27. 선고 2015가합508353 판결은 외화지급을 명하였다.

싱가포르 법인인 원고는 한국 법인이 피고로부터 아이폰5 리퍼비시 제품을 매수하였는데, 피고는 매매목적물과 다른 국가코드를 갖고 있는 휴대전화를 인도하였고 이는 싱가포르의 주파수에 최적화되지 않은 제품으로 매매목적물과 다른 품질이다. 서울고등법원은 협약($\frac{제35조}{제1항}$)을 근거로 피고는 계약상 의무를 위반하였으므로 협약 제74조에 따라 원고에게 손해를 배상할 의무가 있다고 보고, 원고가 인도물품에 대한 대금으로 지

---

78) 다만 그 경우 미국법이 저촉법적 지정인지 실질법적 지정인지는 논란이 있다. 이를 '통화의 준거법(Währungstatut)'이라고도 하나 이는 다소 오해의 소지가 있다.

79) Danniel Girsberger et al., Zürcher Kommentar zum IPRG. 2. Auflage (2004), Art. 147, Rn. 4 (Vischer 집필부분)는 이를 '저촉법적 지정'으로 보나, 독일의 통설은 '실질법적 지정'으로 본다. Helmut Grothe, Fremdwährungsverbindlichkeiten (1999), S. 101ff.

급한 대금과 재매각대금의 차액 상당의 손해를 배상할 의무가 있다고 판
시하였다(다만 원고의 제77조에 따른 손해경감의무 위반을 이유로 피고 책
임을 30% 감경하였다). 제1심과 서울고등법원은 미화지급을 명할 수 있음
을 당연시하였다.

나. 원화지급을 명한 판결

이에는 첫째, 우리 민법에서와 마찬가지로 손해배상은 원화로 지급
해야 한다고 판시한 판결과 둘째, 채권자의 대용급부청구권을 인정하여
원화지급 청구를 인용한 판결이 있다.

첫째 유형에는 예컨대 서울고등법원 2012. 9. 27. 선고 2011나31258
(본소), 31661(반소) 판결(대법원 2013. 2. 14. 선고 2012다94704 판결 상고기각 확정)이 있다. 위 판결은 협약이
적용되는 남아공 회사와 한국 회사 간의 매매계약에서 협약의 적용을 긍
정하면서도 채무불이행에 의한 손해배상을 명할 때 금전은 한국 통화를
가리키는 것이므로, 외국통화 지급 약정 등의 특별한 사정이 없는 한 채
권액이 외국통화로 지정된 외화채권이라고 할 수 없다며 피고가 배상할
손해액은 위 손해액을 손해발생일 현재의 매매기준율로 환산한 금액이라
고 판시하였다. 이는 민법이 적용되는 사건에서 대법원 판례의 태도를
따른 것이다.[80] 이는 손해는 원화로 발생하므로 원화지급을 구하라는 실
체법적 처리이나,[81] 협약이 적용되는 사건에서 민법을 적용할 근거는 없
다. 위에서 언급한 바와 같이, 협약도 민법처럼 금전배상의 원칙을 규정
하나 가사 민법의 금전이 대법원이 말하듯이 한국의 통화를 가리킨다고
하더라도 협약(제74조)이 정한 금전이 법정지 통화일 이유는 없다. 만일 그

---

80) 이런 판단은 금전배상의 원칙을 정한 민법 제394조는 준거법이 한국법인 경우에
적용된다고 판시한 대상판결과 대비된다.
81) 반면에 과거 영국처럼 원고의 외화청구와 법원의 외화지급 판결은 허용되지 않
기 때문에 부득이 원화로 환산하여 청구한 것이라면 이는 절차법적 처리에 불과하
고 (둘째 유형처럼) 원고에게 대용급부청구권을 인정하는 것은 아니다. 후자라면
이종통화 간의 상계를 가능하게 할 수 있을지 의문이다. 영국에서는 *Miliangos* 사건
판결의 규칙은 절차적인 것으로 이해한다. Proctor(註 64), para. 8.06; Torremans(ed.)
(註 64), p. 98. 이제 손해배상의 통화는 영국법상으로도 실체로 본다. Torremans
(ed.)(註 64), p. 101 이하 참조.

렇다면 법정지에 따라 당사자의 권리가 다르게 되어 규범을 통일하려는 협약의 목적달성을 어렵게 한다.

둘째 유형은 손해배상채권의 통화가 외화라고 보면서 채권자의 대용급부청구권을 인정하여 원고의 원화지급 청구를 인용하는 유형이다. 이는 아래(V.)에서 소개하는데 다만 이는 대금청구사건이다.

다. 준거법을 적용한 판결

대상판결이 이에 속한다. 즉 법원은 이 사건 계약의 준거법인 협약에서는 통화에 관하여는 별도로 규정하지 않으므로, 이에 관하여는 보충적인 준거법인 호주 퀸즐랜드주법에 의할 것이라고 판시하고, 퀸즐랜드주법에 명문 규정은 없으나, 호주의 연방법원과 각 주법원은 외국 통화 또는 호주 통화로 지급하도록 판결하고 있다고 판시한 뒤, 이 사건에서 원고가 선택적으로 지급을 구하는 통화 가운데 미화가 원고의 손실을 가장 잘 반영해 주는 통화라는 이유로 미화에 의한 지급을 명하였다. 이는 과거 서울고등법원 2010. 10. 14. 선고 2010나29609 판결의 판시와 유사하다.

4. 대상판결에 대한 평가: 손해배상의 통화에 관한 협약상 흠결의 유무와 보충

법원이 미화로 지급을 명한 결론은 타당하고, 민법 제394조는 준거법이 한국법인 경우에 적용된다고 보아 이 사건에 적용하지 않은 점은 나름 의미가 있다. 법원은 협약은 통화에 관하여 별도로 규정하지 않는다고 판시하였는데 이에 대하여는 아래의 비판이 가능하다.[82]

첫째, 협약은 손해배상의 통화를 직접 규정하지는 않으나, 위에서 보았듯이 협약의 완전배상주의와 차액설로부터 손해배상의 통화는 손해발생통화라는 결론을 도출할 수 있다. 즉 협약상 손해배상의 통화에 관한 흠결은 없다. 손해발생통화의 결정이 항상 쉬운 것은 아니지만[83] 적어

---

82) 이 사건에서 보충적 준거법 지정이 타당한가는 위에서 논의하였고, 호주 퀸즐랜드주법은 제대로 적용하였는지에 관한 논의는 생략한다.

83) 예컨대 대상판결의 사안에서 원고가 달러 이외 통화로 재매각한 경우를 상정하

도 대상판결의 사안에서는 손해발생통화가 미화라는 점에 의문이 없다.[84]

둘째, 협약이 통화를 규정하지 않더라도 법원처럼 곧바로 이 사건 매매계약의 보충적 준거법에 의할 것이 아니라 협약의 일반원칙을 탐구했어야 한다. 그 과정에서 손해배상의 통화는 손해발생통화라는 일반원칙을 도출하거나, 법형성의 가능성도 고려할 수 있었을 것이다. 그랬다면 퀸즐랜드법을 적용하는 데 따른 어려움을 피할 수 있었을 것이다.

5. 관련문제: 환율의 변동에 따른 손실의 배상

협약 제74조는 손해배상액은 "상대방이 입은 손실과 동등한 금액"으로 한다고 규정니니, 그런 공식이 금전가치의 변화로 인한 손실[85]을 포함하는지는 명시하지 않는다. 대부분의 국가는 통화체계에 관하여 명목주의(principle of nominalism)를 채택하고 있으므로 채무자는 화폐의 실제 가치에 관계없이 정해진 금액만을 지급하면 되고[86] 환율 변화에 따른 위험은 채권자가 부담하는 것이 원칙이다. 그러나 채권자가 변제기 후 위험까지 부담할 이유는 없다. 따라서 일부 유력한 견해는 그러한 경우 채무자가 배상할 손해는 환율 변동에 따른 손실(loss)도 포함한다고 보는데 이는 완전배상주의의 논리적 귀결이라고 한다.[87] 국제상사계약원칙($\binom{제6.1.9.조}{제4항}$)과 유럽계약법원칙($\binom{제7:108조}{제3항}$)은 이런 배상을 명시한다.

라. S/M, Art. 74 Rn. 56; S/S/Schwenzer, Art. 74 Rn. 63은 손해의 통화는 통상 채권자의 본거지의 통화라고 한다.

84) 또한 예컨대 매도인이 물품 인도의무를 이행하지 않아 매수인이 전매수인에게 위약금 100만 달러를 지급한 사안에서도 손해가 100만 달러임을 쉽게 인정할 수 있다.

85) 일차적으로 변제기의 환율과 실제 변제 시의 환율변동으로 인한 손해가 문제되나, 그뿐만 아니라 계약통화와 지급통화가 상이한 경우에도 발생할 수 있다. 다만 만일 아래(Ⅴ.)에서 보듯이 채무자 또는 채권자의 대용권을 인정하면서 우리 대법원판결처럼 사실심 변론종결 시를 기준으로 한다면 후자는 허용되지 않을 것이다.

86) 김용담(편), 주석 민법[채권총칙(Ⅰ)], 제4판(2013), 201면 이하(안법영 집필부분). 명목주의의 상세는 Proctor(註 64), para. 9.01 이하 참조.

87) Online Digest, Art. 74, para. 20; K/M/PV/Gotanda, Art. 74 para. 54 참조. 일부 판결은 채권자가 외화로 지급을 받아 이를 관례적으로 자국 통화로 환전하여 온 경우 이를 긍정하였다. 상세는 CISG-AC Opinion No. 6, Comment 3.5 이하 참조.

6. 참고: 우리 민법상 계약위반으로 인한 손해배상의 통화

채무불이행으로 인한 손해배상채권의 경우 대법원은 특별한 사정이 없는 한 원화채권만을 인정한다. 대법원 1997. 5. 9. 선고 96다48688 판결은 "채무불이행으로 인한 손해배상을 규정하는 민법 제394조는 다른 의사표시가 없는 한 손해는 금전으로 배상하여야 한다고 규정하는바, 법조 소정의 금전이라 함은 한국의 통화를 가리키는 것이어서 채무불이행으로 인한 손해배상을 구하는 채권은 당사자가 외국통화로 지급하기로 약정하였다는 등의 특별한 사정이 없는 한 채권액이 외국통화로 지정된 외화채권이라고 할 수 없다"는 취지로 판시하였다.[88] 불법행위에 관한 대법원 1995. 9. 15. 선고 94다61120 판결도 유사한 취지이다. 이처럼 법원은 당사자의 합의가 없는 경우 법정지 통화로 손해를 산정하는 경향이 있다.[89]

실무상 채무불이행으로 인한 손해배상청구소송에서 원고가 외화채권으로 청구한 경우 법원은 통상 청구취지 변경을 권유한다고 한다.[90] 그러나 이렇게 경직된 태도를 취할 이유는 없다. 손해발생통화인 외화로 청구하도록 하고, 채무자가 대용급부권을 행사하지 않으면 당해 외화로 지급을 명해야 한다.[91]

---

88) 제1심판결을 보지 못해 단정할 수 없지만 대법원판결을 보면 이는 한국기업이 외국기업으로부터 당밀을 수입하는 매매계약에 관한 사건인데 모든 조건은 함부르크사료계약서 제13호(Hamburg Feeding Stuff Contract No. 13)에 따른다는 문언이 있었다고 한다. 그렇다면 독일법(협약을 포함하는)이 준거법이었을 가능성이 크다. 소개는 김용담/안법영(註 86), 307면 이하 참조.

89) 채권법 일반의 맥락에서 독일 법원은 당사자의 합의가 없으면 손해배상채권을 통상 법정지 통화로 산정한다고 한다. Christoph Reithmann/Dieter Martiny (Hrsgs.), Internationales Vertragsrecht, 8. Auflage (2015), Rn. 3.169.

90) 법원행정처, 국재거래실무편람 개정판(2015), 59면은 "채무불이행 또는 불법행위로 인한 손해배상에 관하여 대법원은 민법 제394조, 제763조의 금전은 우리 통화를 의미하므로 비록 그 손해가 외국 통화로 계산되는 경우라도 이는 외화채권이 아니고, 따라서 한국법이 준거법인 채무불이행 및 불법행위로 인한 손해배상을 청구하는 소송에서 외화채권으로 청구한 경우에는 청구취지 변경을 유도하여야 한다"는 취지로 설명한다.

V. 협약상 당사자의 대용권

협약상 채무자와 채권자가 대용권(Ersetzungsbefugnis)을 가지는지를 먼저 논의한다. 협약상 손해배상의 통화가 외화라면 채권자의 대용급부 청구권이 문제될 수 있다.[92] 대용권은 손해배상보다는 대금청구에서 더 문제될 것이고 아래 소개하는 사건도 대금청구사건이다. 통상의 경우 당 사자가 약정한 계약통화(또는 계산통화)(money of account)와 지급통화 (money of payment)는 동일하나 대용권을 인정하면 양자가 다를 수 있다. 외화로 손해배상을 청구할 수 있다면 대금청구의 경우와 마찬가지로 대 용권이 문제될 것이다.

1. 협약상 채무자의 대용급부권

협약상 채무자의 대용급부권이 인정되는가에 관하여는 견해가 나뉜다.

외국에서는 긍정설[93]이 없지는 않으나 부정설[94]이 유력하다. 통화와 같이 중요한 사항을 채무자가 일방적으로 변경할 수 있다는 것은 협약의 원칙에 반한다는 것이다. 다만 예컨대 외환관리법상 당해 외화로 지급할 수 없는 때에는 예외적으로 신의칙을 근거로 이를 허용한다.[95] 우리 판 례는 대법원 1991. 3. 12. 선고 90다2147 전원합의체 판결을 따라 채권자 의 대용급부청구권을 인정하여 원화 청구를 허용하므로 채무자의 대용급 부권은 별로 문제되지 않는 것으로 보인다.

2. 협약상 채권자의 대용급부청구권

협약상 채권자의 대용급부청구권이 인정되는가에 관하여는 견해가 나뉜다.

---

91) 김용담/안법영(註 86), 309면도 동지.
92) 여기에서는 다루지 않으나 중재지가 한국이라면 어찌 되는지도 검토할 필요가 있다.
93) S/S/Stoll/Guber, 4. Auflage, Art. 74 Rn. 30.
94) S/S/Schwenzer, Art. 74, Rn. 63.
95) 매매대금의 통화에 관하여 Kröll/M/PV/Butler/Harindranath, Art. 54 para. 13.

외국에서는 대금청구의 맥락에서 협약상 매도인의 대용급부청구권을 부정하는 견해가 유력하다.[96] 외교회의에서 매수인이 계약통화로 지급할 수 없는 경우 매도인에게 매수인 국가 통화로의 지급을 요구할 수 있는 권리를 부여하자는 제안이 있었지만 거절되었고, 통화처럼 중요한 사항을 채권자가 일방적으로 변경할 수는 없다는 것이다. 다만 예컨대 외환관리법상 당해 외화로 지급할 수 없는 때에는 예외적으로 신의칙을 근거로 이를 허용한다.[97]

하급심 판결 중에는 협약상 대금의 통화가 외화임에도 채권자의 대용급부청구권을 인정하여 매도인의 원화지급 청구를 인용한 사건들이 있다. 협약상 채권자가 대용급부청구권을 가진다면 우리 법원이 재판하는 경우 채권자인 원고는 원화로 지급을 청구할 수 있다.[98] 중국기업으로부터 물품을 매수한 항주오란 사건에서 원고의 대금채권은 미달러화채권인데 원고가 원화로 대금지급을 청구하였던바, 제1심법원(서울동부지방법원 2007. 11. 16. 선고 2006가합6384 판결)은 민법 제378조의 해석상 채권자인 원고의 대용급부청구권을 긍정하고 원화지급을 명하였다. 무석시중태국제무역 사건의 항소심법원(서울고등법원 2009. 2. 12. 선고 2008나20319 판결(확정))은 아래와 같이 이 점을 명확히 하였다.

> "외화채권을 채권자가 대용급부의 권리를 행사하여 우리나라 통화로 환산하여 청구하는 경우 법원이 채무자에게 그 이행을 명함에 있어서는 채무자가 현실로 이행할 때에 가장 가까운 사실심 변론종결 당시의 외국환시세를 우리나라 통화로 환산하는 기준시로 삼아야 하므로(대법원 2007. 7. 12. 선고 2007다13640 판결)..."

3. 대용급부청구권을 인정한 법원 판결의 근거와 그에 대한 평가

대상판결은 외화지급을 명하였으므로 채권자의 대용급부청구권은 문제되지 않았다. 만일 채권자의 대용급부청구권을 인정한다면 두 가지 근

---

96) S/M, Art. 53 Rn. 30.

97) 매매대금의 통화에 관하여 Kröll/M/PV/Butler/Harindranath, Art. 54 para. 14.

98) 반면에 협약상 채권자의 대용급부청구권을 부정하더라도 우리 법원이 국제재판관할을 가지는 경우 이행지가 한국이라면 매도인이 대용급부로서 원화청구를 할 수 있는가에 관하여는 견해가 나뉠 수 있다.

거를 생각할 수 있다. 첫째는 민법 제378조[99]를 숨은 저촉규범으로 보는 것이고(아래 가.), 둘째는 대용급부청구권은 이행의 태양으로서 이행지법 (*lex loci solutionis*)에 의한다는 것이다(아래 나.).[100]

가. 민법 제378조에서 근거를 구하는 판결

대금청구사건인 항주오란 사건의 제1심법원은 민법 제378조의 해석상 채권자인 원고가 대용급부청구권을 가진다고 보았다. 이에 대하여는 아래 비판이 가능하다.[101] ① 협약상 채권자가 대용급부청구권을 가진다면 민법 제378조를 원용할 필요가 없다. ② 반면에 만일 이를 부정한다면 민법 제378조의 적용 근거는 무엇인가. ③ 제378조를 적용하자면 의무이행지가 한국일 것이 전제되는데 위 사건에서 이행지가 왜 한국인지에 대한 검토가 없다.

나. 이행의 태양의 문제에 대해 이행지법을 적용한 판결

항주오란 사건의 항소심법원은, 대용급부는 채무내용의 구체적 이행 방법에 관한 것이고 환산의 시기 및 환산율은 채무의 실질적 내용에 영향을 미치는 것으로 보기 어려우므로 대용급부에 관하여는 공급대금채권의 실제 이행 장소 또는 그 이행을 구하는 소가 제기된 장소인 한국법을

---

99) 제378조는 "채권액이 다른 나라 통화로 지정된 때에는 채무자는 지급할 때에 있어서의 이행지의 환금시가에 의하여 우리나라 통화로 변제할 수 있다."고 규정한다. 이는 독일 민법(제244조)와 유사한 취지이다. 참고로 어음법 제41조 제1항, 제77조 제1항과 수표법 제36조 제1항은 채권자의 대용급부청구권을 명시한다.

100) 석광현, 국제사법과 국제소송 제1권(2001), 42면. Grothe(註 79), S. 466ff.; Reithmann/Martiny/Martiny(註 89), Rn. 3.235. 참조. 그러나 EU에서 로마 I 이 시행되고 독일 민법 제244조(우리 민법 제378조에 상응)의 통화가 유로로 전환된 현재 독일에서는 민법 제244조는 준거법이 독일법임을 전제로 한다는 견해가 통설이라고 한다. Beate Gsell *et al.* (Hrsg.), Beck-online, Grosskommentar BGB, Art. 244, Rn. 109 (Freitag 집필부분). 일본에서는 이행의 태양에 관하여 이행지법이 적용된다는 것이 종래 통설이다(櫻田嘉章·道垣内正人(編), 注釈国際私法 第 1 卷(2011), 655면(森下哲朗 집필부분). 한국에서는 섭외사법 하에서는 이를 보조준거법으로 설명하였으나 국제사법 하에서는 불분명하다. 로마 I 의 해석상 지급통화의 결정이 이행의 태양인지는 논란이 있다. Reithmann/Martiny/Martiny(註 89), Rn. 3.232. 김용담/안법영(註 86), 308면은 민법 제378조의 해석상 이를 긍정한다.

101) 석광현, "국제물품매매협약(CISG)을 다룬 최초의 우리 판결", 법률신문 제3754호(2009. 6. 15.), 15면.

준거법으로 적용한다는 근거로 채권자의 대용급부청구권을 긍정하였다.

이에 대하여는 아래 비판이 가능하다.[102] ① 제1심은 1달러당 916.6원으로, 항소심법원은 1236.7원으로 환산한 데서 보듯이 환산의 기준시기 및 환율은 채무의 실질적 내용에 영향을 미친다.[103] 더욱이 어느 것이든 대법원 1991. 3. 12. 선고 90다2147 전원합의체 판결처럼 사실심변론 종결 시를 기준으로 원화로 환산한다면 당사자에게 환차손(익)을 발생시킬 수 있다. ② 국제사법상 채무이행의 방법에 대해 이행지법을 적용할 근거는 무엇인가. ③ 민법 제378조의 '이행지'는 법률(또는 계약)상 이행지인지, 사실상 이행지인지 논란의 여지가 있는데, 한국이 법정지라는 이유로 이행지가 될 근거는 없다. 현금을 지급하면 모르겠으나 계좌이체를 하는 경우 이행지의 결정은 쉽지 않다.

다. 협약상 채무자와 채권자의 대용권의 인정 여부

민법의 해석론으로는 견해가 나뉠 수 있으나, 해석의 통일을 지향하는 협약에서는 채무자의 대용급부권과 채권자의 대용급부청구권을 모두 부정하는 견해가 타당하다. 이행지가 한국이더라도 한국법을 적용하여 대용권을 인정할 것은 아니다. 필자는 대용급부청구권을 인정한 위 하급심 판결의 결론을 지지하지 않는다. 더욱이 대법원처럼 사실심의 변론종결 시 환율을 적용할 근거는 없다. 다만 예컨대 외환관리법상의 제한으로 채무자가 당해 외화로 지급할 수 없는 때에는 예외적으로 신의칙을 근거로 채무자의 대용급부권과 채권자의 대용급부청구권을 인정할 수 있다.

Ⅵ. 협약상 계약위반으로 인한 손해의 증명책임과 증명도

1. 증명책임

재판상 증명을 요하는 사실(즉 요증사실)의 존부가 확정되지 않을

---

102) 석광현, "국제물품매매협약(CISG)을 다룬 최초 우리 판결의 항소심판결", 법률신문 제3781호(2009. 9. 28.), 15면.
103) 손해배상의 원칙을 존중한다면 제소 시 환산할 것이 아니라 피고에게 일정금액의 달러를 지급할 때의 환율로 환산한 원화를 지급하도록 명해야 할 것이다.

때, 즉 진위불명(*non liquet*) 시 당해 사실이 존재하는 않는 것으로 취급
되어 법률판단을 받게 되는 당사자의 위험 또는 불이익을 증명책임(즉 객
관적 증명책임)이라 한다.[104] 증명책임은 원칙적으로 실체의 문제로서 절
차법이 아니라 당해 법률관계의 준거법에 따를 사항이라는 점은 우리 판
례의 태도이고[105] 국제적으로 널리 인정되고 있다. 예컨대 유럽연합의
로마체제[106]는 이런 태도를 취하고 근자의 헤이그국제상사계약원칙
($\frac{제9조}{1호}$)[107]도 같다.

협약이 증명책임을 명시하지 않는 통상의 경우,[108] 증명책임의 문제
를 절차로 이해하여 실체법인 협약은 이를 규율하지 않는다는 견해도 있
지만 이를 실체의 문제로 보는 것이 주류적 견해이다.[109] 즉 협약은 증
명책임을 규율한다고 보는 것이 통설이고, 이는 관련된 개별조항의 문언
과 입법역사로부터 구체적인 증명책임 분배 원칙을 도출한다.[110] 그 과
정에서 대체로 로마법의 원칙(*ei incumbit probatio, qui dicit, non qui
negat*)(증명책임은 부정하는 자가 아니라 주장(또는 긍정)하는 자가 부담한다
는 취지)을 따르는데, 그에 의하면 청구의 근거로서 개별규정의 요건사실
을 주장하는 당사자가 이를 입증해야 하고, 예외규칙을 주장하는 당사자
는 그 요건사실을 입증해야 한다.

협약상 계약위반의 피해당사자는 위반당사자에 대하여 손해배상을
청구할 수 있다. 제45조는 매수인의 손해배상청구권을, 제61조는 매도인
의 손해배상청구권을 규정한다. 손해배상을 청구하는 채권자는 손해의
발생 및 범위, 손해와 계약위반 간의 인과관계 등 손해배상의 요건을 입

---

104) 반면에 승소하기 위하여 증명책임을 지는 사실에 대하여 증거를 대야 하는 당사
자의 행위책임을 '증거제출책임' 또는 '주관적 증명책임'이라고 한다.
105) 적하보험에 관한 대법원 1991. 5. 14. 선고 90다카25314 판결 등 참조.
106) 로마협약 제14조 제1항과 로마 I 제18조 제1항.
107) 상세는 석광현, "헤이그 국제상사계약 준거법원칙", 서헌제 교수 정년기념논문집
(2015. 2.), 279면 이하 참조.
108) 예외적으로 협약이 증명책임을 명시하기도 한다. 면책에 관한 제79조 제1항 참조.
109) 2016 Online Digest, Art. 74, para. 12도 이런 취지의 판결을 소개한다.
110) S/M, Art. 4 Rn. 63ff.

증해야 하나,[111] 계약위반과 손해의 예견가능성의 증명책임은 견해가 나뉜다.[112]

2. 증명도에 관한 일반론

증명도라 함은 재판상 요증사실이 증명된 것으로 되고 그 결과 실체법적 효과를 발생할 수 있기 위하여 요구되는 소송법상의 인식수준이다.[113] 사실인정에 필요한 이런 확신의 정도는 '입증(또는 심증)의 정도', '증명도' 또는 '심증도'의 문제로 다루어진다. 협약은 요증사실 일반은 물론 손해 발생의 확실성의 정도를 명시하지 않으므로 증명도는 논란이 있다.

가. 법계에 따른 증명도의 차이와 논의의 실익

증명도는 법계에 따라 다르다. 우리 민사소송법상 어떤 사실이 증명되었다고 하기 위하여는, 법관의 의심을 완전히 배제할 수는 없지만 의심에 침묵을 명할 정도의 확신이 서야 하는데, 법률가들은 이를 '고도의 개연성'의 확신이 필요하다고 한다.[114] 고도의 개연성의 확신은 '십중팔구'라거나[115] 75%면 족하다는 견해[116]도 있으나 계량화하기는 어렵다. 이

---

111) S/M, Art. 74 Rn. 62. CISG-AC Opinion No. 6, para. 2. 우리 민사소송법(제202조의2)은 손해 발생 사실은 인정되나 구체적 손해액수의 증명이 매우 어려운 경우 법원은 변론 전체의 취지와 모든 사정을 종합하여 상당한 금액을 손해배상 액수로 정할 수 있다고 규정한다. 이는 법정지가 한국이면 적용되는 절차적 성질의 규정으로 보이나, 충분한 정도로 확실하게 손해액을 결정할 수 없는 경우 그 산정을 법원의 재량에 맡기는 국제상사계약원칙(제7.4.3조 제3항)을 보면 논란의 여지가 없지 않다. 독일 민사소송법에도 유사한 조문(제287조)이 있으나 이는 손해 발생 자체가 다투어지는 경우에도 적용된다.

112) S/S/Schwenzer, Art. 74 Rn. 64 참조. S/M, Art. 74 Rn. 62는 손해를 예견할 수 없었다는 점은 채무자가 입증해야 한다고 한다.

113) 반흥식, "민사소송법에 있어서의 증명도–독일에서의 논의를 중심으로-", 민사소송 제18권 제2호(2014. 11.), 186면.

114) 이시윤, 신민사소송법 제11판(2017), 460면; 근자의 대법원 2010. 10. 28. 선고 2008다6755 판결도 이를 재확인하였다. 독일법상의 증명도는 반흥식, "독일민사소송법에서의 증거평가와 증명도", 민사소송 제19권 제1호(2015. 5), 9면 이하 참조.

115) 이시윤(註 114), 460면.

116) 설민수, "민사·형사 재판에서의 증명도에 대한 비교법적·실증적 접근", 인권과 정의 제388호(2008. 12.), 83–84면은 70–75%라고 한다. 보전처분에서 소명은 증명

는 독일 민사소송법의 'hoher Grad von Wahrscheinlichkeit'에 상응한다. 다만 한국에서도 공해소송, 의료과오소송과 제조물책임소송의 경우 개연성을 완화한다.[117]

반면에 영미 민사소송에서 요구되는 증명도는 '증거의 우월(preponderance of evidence)' 또는 '우월한 개연성(preponderance of probabilities)'인데, 이에 따르면 당사자 주장의 개연성을 형량하여(balance of probability) 50%를 초과하면 법원은 이를 증명된 것으로 취급할 수 있다.[118] 다만 영미에서도 예외적인 경우 더 높은 증명도가 요구되는데 '명백하고도 설득력 있는 증거(clear and convincing evidence)에 의한 증명'이라는 개념이 그것이다.[119]

요컨대 우리 법과 독일법이 통상의 민사소송에서 요구하는 증명도는 영미의 그것보다 훨씬 높다. 영미에서는 법관의 내부적 확신이라는 체제가 기능하지 않는데,[120] 이는 영미에서는 입증의 대상이 되는 명백한 권리의 개념이 기초를 이루고 있지 않다는 데 기인한다고 한다.[121] 또한

보다 낮은 개연성, 즉 법관이 일응 확실할 것이라는 추측을 얻은 상태를 말하고, 민사집행법상 만족적 가처분에서는 고도의 소명이 필요하다는 견해가 유력하므로 (권창영, 민사보전법, 제2판(2012), 267면) 소명-증거의 우월-고도의 소명-증명 간에 개연성의 순위가 궁금하다.

117) 이시윤(註 114), 535면 이하 참조. 프랑스법은 Kevin M. Clermont/Emily Sherwin, "A Comparative View of Standards of Proof", 50 Am. J. Comp. L. 247 et seq. (2002).

118) Clermont/Sherwin(註 117), p. 243; Field, Richard H./Kaplan, Benjamin/Clermont, Kevin M., Materials for a Basic Course in Civil Procedure (2011), p. 178, Fn. d; Reinhold Geimer, Internationales Zivilprozessrecht, 6. Auflage (2009), Rn. 2334ff.; Haimo Schack, Internationales Zivilverfahrensrecht, 6. Auflage (2014), Rn. 774; 호문혁, 민사소송법 제12판(2014), 512면. 설민수(註 116), 81면 이하. 독일과 한국에도 증거의 우월로 족하다는 소수설도 있다. 반흥식(註 114), 40면 이하 참조.

119) 미국법은 설민수(註 116), 82면 이하; 임호, "제법한정 물건청구항의 해석과 입증책임(하)", 저스티스 통권 제136호(2013. 6.), 185면은 미국 판례에 따르면 통상 민사소송에서 증거의 우월로 충분하나 예외적으로 사기, 부당한 위력, 유언의 내용 등 일정 사항에 대하여는 더 높은 clear and convincing evidence가 필요하다고 한다. 김선화, "형사소송에서 자유심증주의에 관한 이론적 연구", 고려대학교 대학원 법학과 박사학위논문(2005), 95면도 유사하게 설명한다.

120) Walther J. Habscheid/호문혁(역), "입증책임과 입증의 정도-대륙법과 영국법의 비교", 법학 제32권 제1·2호(통권 제85·86호)(1991. 8.), 131면.

121) Habscheid/호문혁(역)(註 120), 128면.

이러한 차이는, 수동적 역할만을 하는 영미 법관과 달리 적극적 역할을 하는 독일 법관은 사법적 확신, 즉 객관적 진실에 대한 주관적 확신을 형성해야 하는 데 기인한다고 설명하기도 한다.[122] 나아가 이런 차이가 발생하는 이유는 소송에서 법관 및 당사자의 역할이 다르기 때문이라면서, 원고에게 호의적인 영국 원칙은 실용적인, 분쟁해결의 기제로서 소송의 공평한 해결에 기초하는 데 반하여, 피고에게 호의적인 독일 원칙은 관념론적인 독일식 법치주의($\binom{기본법 제20조}{제3항}$)에 기초하기 때문이라는 견해도 있다.[123]

한편 양자의 기준이 라벨만 다를 뿐 기능상 본질적으로 같다는 견해[124]도 있고, 재판실무상 증명도의 차이가 실익이 있는지 의문이 있으나, 아래에서 보듯이 장래 발생 손해에 관하여 증명도를 완화한 대법원 판결과, 영국법 또는 미국법의 증명도를 따른 대법원 판결이 있으므로 실익이 있다고 본다.

나. 증명도의 준거법

이처럼 우리 민사소송법상 어떤 사실이 증명되기 위하여 법관의 '고도의 개연성'의 확신이 필요하나, 영미에서는 증거의 우월로 충분하다. 따라서 동일한 사안에서 요증사실의 증명 여부에 대한 결론이 법정지에 따라 다를 수 있다. 여기에서 증명도가 절차인가 실체인가라는 의문이 제기된다. 독일에는 절차로 보아 법정지법(*lex fori*)을 적용하는 절차법설과 실체로 보아 문제된 당해 법률관계의 준거법(*lex causae*)을 적용하는 실체법설이 있다. 증명도의 준거법 결정은 국제증거법의 가장 어려운 문제일 것이라는 평가도 있다.[125]

---

122) Julia Caroline Sherpe, "Alleviation of Proof in German and English Civil Evidence", Rabels Zeitschrift für ausländisches und internationales Recht, Band 80 (2016), S. 888ff. 참조. Kevin M. Clermont, "Standards of Proof Revisited", 33 Vermont Law Review 469 *et seq.* (2009)도 참조.

123) Sherpe(註 122), S. 904ff.

124) 예컨대 ALI/UNIDROIT, Principles of Transnational Civil Procedure, Comment P-21B. Last Updated: 27 September 2016, https://www.unidroit.org/instruents/trans-national-civil-procedure 참조(2018. 6. 11. 최종 방문).

절차법설의 논거는 아래와 같다.[126] 첫째, 증명도는 소송에서 법관
의 지위 및 확신에 이를 정도의 심증형성과 분리될 수 없을 정도로 밀접
하게 관련된다. 둘째, 독일법에서 증명도는 법관의 내부적 확신의 형성인
데, 실체의 준거법인 외국법이 객관적으로 조사해야 하는 개연성에 착안
한다면 독일 법관은 증명도 판단에 어려움을 겪게 된다. 셋째, 증명도에
관한 외국법을 확정할 수 없는 경우 이런 어려움이 증가된다. 넷째, 증명
도는 법정지법에 의하여 규율되는 증거 평가와 밀접하게 관련된다.[127]
다섯째, 증명도에 관하여 외국법을 적용한다면 외국인 원고에게 증명도를
완화하게 되어 내국인 피고에게 불리하고 내국인 차별을 초래할 수 있
다. 증명 개념을 법관의 내부저 확신의 형성으로 파악하는 민사소송법
원칙을 법치국가 관념에 근거한 소송법상 원칙으로 보아 절차법설을 취
하기도 한다.[128]

실체법설의 논거는 아래와 같다.[129] 첫째, 증명도는 증명책임처럼
실체법과 상호의존적이고 실체법에 큰 영향을 미친다. 특히 책임법에서
증명도를 낮추면 책임범위가 확대되고 이를 높이면 축소되므로 증명도는
결국 책임을 결정한다(증명도와 규범효력(Normwirkung)의 상호관련성).[130]
둘째, 증명책임은 양 당사자 중 일방이 부담하는 데 반하여 증명도는 여

---

125) Schack(註 118), Rn. 775.
126) 독일의 통설·판례이다. Geimer(註 118), Rn. 2334ff.; Schack(註 118), Rn. 776ff.; Alexander Bücken, Internationales Beweisrecht im Europäischen inter- nationalen Schuldrecht (2016), S. 190. 우성만, "영국 해상보험에 있어서 '근인'과 '선장 등의 악행'의 의미 및 입증책임— 대법원 2005. 11. 25. 선고 2002다59528(본 소), 59536(반소) 판결—", 판례연구 제18집(2007), 458-459면도 같다. 또한 미국 American Law Institute, Restatement, Second, Conflict of Laws (1071)(제135조)도 입증의 정도(sufficiency of evidence)를 절차의 문제로 보아 법정지법에 따를 사항 이라고 한다. Maximilian Seibl, Die Beweislast bei Kollisionsnormen (2009), S. 140 참조.
127) 사실과 증거평가는 사실문제이 증명도는 법률문제이다. Schack(註 118), Rn. 773.
128) Habscheid/호문혁(역)(註 120), 134면.
129) Jürgen Basedow et al., Encyclopedia of Private International Law, Volume 1 (2017), p. 238 et seq. (Seibl 집필부분); Geimer(註 118), Rn. 2336 참조.
130) Geimer(註 118), Rn. 2334f. 참조. 반홍식(註 113), 186면도 동지(준거법 맥락은 아님).

러 단계를 생각할 수 있으므로 증명책임보다도 실체법과 더욱 밀접하게 관련된다.

다. 증명도에 관한 대법원판결

흥미로운 것은, 권리의 준거법이 영국법이라는 이유로 영국법의 증명도를 따른 대법원 판결과, 준거법도 아닌 미국법의 증명도를 따른 대법원 판결이 있다는 점이다. 전자는 실체법설을 취한 것으로 볼 수 있으나 후자는 근거를 이해하기 어렵다.

(가) 고도의 개연성보다 낮은 영국법의 증명도를 따른 대법원판결

대법원은 "이 사건 보험계약에 적용되는 영국 해상보험법 및 관습에 의하면, 보험의 목적에 생긴 손해가 그 부보위험인 해상 고유의 위험으로 인하여 발생한 것이라는 점에 관한 … 증명의 정도는 '증거의 우월'(preponderance of evidence)에 의한 증명으로 충분하다"고 판시함으로써 실체법설을 취한 바 있다.[131] 그러나 서로 밀접하게 관련된 법관의 확신의 형성과 정도가 다른 법에 따르는 것은 부적절하고, 법관에게 준거법의 증명도를 따르게 하는 것도 부담스러우므로 절차법설을 지지하고 싶다. 당해 법률관계의 준거법의 적용범위를 너무 확대하면 국제사법이 매우 복잡하게 되어 실무로부터 외면당할 수도 있다.[132] 우리 기업들이 과도하게 외국법을 준거법으로 지정하는 경향이 있으므로 외국법으로 보내는 사항의 범위를 줄일 정책적 필요도 있다. 헤이그국제사법회의가 2015년 채택한 '국제상사계약준거법원칙'에 관한 주석도 이를 절차로 본다.[133]

---

131) 대법원 2001. 5. 15. 선고 99다26221 판결. 대법원 2016. 6. 23. 선고 2015다 5194 판결도 유사 사건에서 동일한 설시를 하였다. 대법원이 불법행위 또는 계약의 준거법이 영국법인 사건에서 요증사실 일반에 관하여 위 원칙을 적용하려는 것인지는 불분명하다.

132) Schack(註 118), Rn. 777.

133) The Hague Conference on Private International Law, Permanent Bureau, Commentary on the Principles on Choice of Law in International Commercial Contracts (2015), para. 9.11 참조. 사법연수원, 헤이그 국제상사계약준거법원칙 해설(2017)은 국문번역이다.

따라서 대법원이 판례를 변경하기를 희망하고, 그렇지 않더라도 위 법리를 요증사실 일반에 적용할 것은 아니다.

(나) 미국법의 상대적으로 높은 증명도를 따른 판결: 고도의 개연 성과의 차이는?

대법원 2009. 5. 28. 2006다20290 판결은 추상적 법률론으로, 사기에 의하여 획득된 외국중재판정의 승인은 일정요건이 구비되면 공서위반으로 허용되지 않는다면서, 요건의 하나로 중재판정 집행신청 당사자가 중재절차에서 처벌받을 만한 사기적 행위를 하였고, 그 점이 <u>명확한 증명 력을 가진 객관적인 증거에 의하여 명백히 인정될 것</u>을 요구하였다. 이 는 미국의 'clear and convincing evidence'라는 개념을 차용한 것으로 보 인다.[134] 위 사건에서 중재지는 홍콩, 법정지는 한국이므로 법원이 미국 법의 증명도를 적용한 것은 의외이다.

오히려 사기적 행위를 했다는 점이 "… 증명될 것"을 요구하는 편이 우리 민사소송법에 부합하는데,[135] 위 기준이 고도의 개연성보다 높은지 도 궁금하다.[136]

3. 협약상 증명도
가. 요증사실 일반의 증명도

협약은 요증사실의 증명도를 규정하지 않는다. 필자는 요증사실 일 반의 증명도는 절차의 문제라고 보므로 협약상 그에 관하여 절차법설을 취한다. 따라서 협약의 적용과정에서 주장된 어떤 요증사실을 증명하자

---

134) 우선 문언상 유사하고 나아가 오영준, "판례해설", 대법원판례해설 제79호(2009 상반기), 567면 이하의 설명을 보면 그렇게 보인다.

135) 반면에 외국판결의 승인 및 집행에 관한 대법원 2004. 10. 28. 2002다74213 판 결은 유죄의 판결과 같은 '고도의 증명'을 요구하였다. 증명은 고도의 개연성을 요 구하는데 '고도의 증명'은 무엇인지 모르겠다. 상세는 석광현, "사기에 의하여 획득 된 외국중재판정의 승인과 공서위반 여부", 서울지방변호사회 판례연구 제24집 (2)(2011), 118면 이하 참조.

136) 임호(註 119), 185면은 clear and convincing evidence에 의한 증명은 우리 법상 의 증명과 같은 정도라고 한다.

면 법정지가 한국인 경우 민사소송법상의 증명이 필요하다.

나. 손해의 증명도

위에서 본 것처럼 손해배상을 청구하는 피해당사자는 손해의 발생과 범위, 손해와 계약위반 간의 인과관계 등 손해배상의 요건을 입증해야 하나 문제는 그 개연성의 수준이다. 협약상 손해의 증명도에 관한 명시적 규정은 없는데, 근자에는 협약으로부터 증명도를 직접 도출하는 견해 [1][137]가 유력해지고 있으나 전통적으로 부정설이 유력하다. 부정설에는 협약의 일반원칙의 존재를 긍정하는 견해[2]와 부정하는 견해로 나뉜다. 후자는 증명도의 성질결정에 관하여 다시 절차법설[3][138]과 실체법설[4]로 나뉜다. 이를 정리하면 아래와 같다.[139]

■ 협약상 손해의 증명도에 관한 묵시적 규정[합리적 확실성]의 존부에 관한 견해

					결 론
묵시적 규정	긍정설				[1] 합리적 확실성
	부정설	일반 원칙	긍정설		**[2] 합리적 확실성**
			부정설	성질 결정	절차	[3] 법정지법
					실체	[4] 보충적 준거법(대판?)

CISG-AC Opinion No. 6은 협약의 해석상 손해의 증명도를 실체 또는 절차라는 성질결정으로부터 도출하는 데 반대하고 아래의 근거로 협약 자체로부터 합리성의 원칙을 도출한다(위 [1]).[140] 첫째, 이를 절차로 보아 국내법을 적용한다면 유사한 상황에 있는 당사자들을 차별하게 되

---

137) S/S/Stoll/Schwenzer, 5. Auflage, Art. 74 Rn. 64; S/M, Art. 74 Rn. 61은 절차로 보아 법정지법에 따를 것이라던 전판(2005년 판)의 견해를 변경하여 이를 따른다.

138) S/M, (2005) Art. 74 Rn. 61; S/S/Stoll/Gruber, 4. Auflage, Art. 74 Rn. 53. 甲斐道太郎 외(編), 注釈国際統一売買法〈Ⅱ〉ウィーン売買条約(2003), 169면(若林三奈 집필부분)도 법정지법설을 따른다. S/M, Art. 74 Rn. 61은 법정지법설이 통설이라고 한다.

139) 절차법설을 취한다면 중재의 경우 중재지법을 따를지 궁금하다.

140) CISG-AC Opinion No. 6, para. 2.1 이하. Kröll/M/PV/Gottanda, Art. 74, para. 12; S/S/Schwenzer, 5. Auflage, Art. 74 Rn. 65. CISG-AC Opinion이 말하는 합리적 확실성은 영미법상의 증명도와 유사한 수준인 것 같다. Comment 2.1 참조.

어 예견가능성과 통일성을 해하고, 둘째, 성질결정에 따르는 것은 국내법에 따른 차이로 인하여 역효과를 초래할 수 있으며 양자의 통일적 구별기준이 없어 작위적 결과를 초래할 수 있고, 셋째, 고도의 증명도를 요구하면서 그 정도로 손해를 증명할 수 없음을 이유로 위반당사자를 면책시키는 것은 정책적 관점에서도 불공정하며, 넷째, 협약은 합리적인 사람 $\left(\begin{smallmatrix} 제8조, 제25조, \\ 제35조와 제60조 등 \end{smallmatrix}\right)$ 또는 기간$\left(\begin{smallmatrix} 제18조, 제33조, \\ 제39조와 제49조 등) \end{smallmatrix}\right)$에서 보듯이 합리성 기준을 사용하는데 이는 당사자 행위의 일반적 평가기준이고, 다섯째, 이미 다수국가의 국내법과 판례가 이런 태도를 취하며, 여섯째, 이는 증거를 필요로 하는 법원의 요청과, 손해를 증명해야 하는 채권자의 어려움 간의 균형을 잡은 것이고, 일곱째, 국내법에 의한다면 통일실질법인 협약의 목적에 반할 수 있다.

국제상사계약원칙 제7.4.3조 제1항은, 배상되어야 할 손해(장래의 손해 포함)는 합리적인 정도로 확실하게 증명된 손해에 한정된다고 하고,[141] 다만 제3항은 손해액이 충분한 정도로 확실하게 증명될 수 없는 경우 그 산정을 법원의 재량에 맡긴다.

생각건대 협약의 통일적 해석을 위해서는 협약으로부터 합리성의 원칙을 직접 도출하거나, 협약의 일반원칙으로 '합리성의 원칙'을 도출하는 것이 설득력이 있다.[142] 다만 이에 대하여는 협약상 요증사실 일반과 달리 손해의 확실성에 관하여만 다른 기준을 적용할 근거가 약하다는 비판이 가능하고, 합리성의 원칙이 적용되는 범위가 다소 애매하다.

한편 민법상 대법원은 기발생 손해와 장래 발생할 손해의 증명도를 구별한다. 캐나다 회사인 매수인이 캐나다에서 판매할 목적으로 피고인 한국 회사로부터 면제품을 수입하는 계약을 체결하였으나 구체적인 전매계약을 체결하지 않았던 사건에서 대법원 1992. 4. 28. 선고 91다29972

---

141) 제7.4.3조 제2항은 기회상실(loss of a chance)의 손해는 그 발생할 개연성에 비례하여 배상되어야 한다고 규정하는데, 주석은 경주마가 운송지연 때문에 늦게 도착한 경우에 소유자는 그 경주마가 제1순위의 우승후보였더라도 상금의 전부를 배상받지는 못한다고 한다.
142) 석광현(註 23), 13면에서는 후자를 지지하였다.

판결은 "장래의 얻을 수 있었을 이익에 관하여는 증명도를 과거사실에 대한 입증의 경우보다 경감하여 채권자가 현실적으로 얻을 수 있을 <u>구체적이고 확실한 이익의 증명</u>이 아니라 합리성과 객관성을 잃지 않는 범위 내에서의 <u>상당한 개연성이 있는 이익의 증명</u>으로 족하다"고 판시한 바 있다. 위 판결은 종래 실무상 그 인정에 다소 소극적이었던 장래의 판매이익을 손해배상범위에 포함시켰을 뿐 아니라 채권자를 위하여 그 증명도를 완화시킨 점에서 중요하다는 평가를 받았다.[143] 판결문은 준거법을 명시하지 않으나 계약 해제의 효과에 관하여 민법을 적용하여 법리를 설시하는 것을 보면 한국법인 듯하다.

그러나 준거법이 외국법(또는 협약)인 사건에서 대법원이 동일한 구별을 할지 불분명하다.[144] 또한 "합리성과 객관성을 잃지 않는 범위 내에서의 상당한 개연성이 있는 이익의 증명으로 족하다"는 대법원의 설시는 CISG-AC Opinion과 국제상사계약원칙의 '합리적 확실성'을 연상시키는데 양자가 동일한지와 대법원의 기준이 증거의 우월과 동일한지 궁금하다.

대법원처럼 증명도를 실체로 보면 협약으로부터 통일적 기준을 도출하는 것이 바람직하다. 이를 부정하면 협약상 손해의 확실성에 관한 증명도를 매매계약의 보충적 준거법에 의하게 될 것이기 때문이다. 반면에 협약상 통일적 기준의 존재를 부정한다면 절차법설이 법원의 부담을 덜 수 있다. 왜냐하면 협약이 적용되는 사건에서도 우리 법이 정한 통일적 기준을 따를 수 있기 때문이다. 다만 기발생 손해와 장래 손해의 증명도의 구별을 협약이 적용되는 사건에도 적용할 수 있는지는 불분명하다.

---

143) 윤진수, "債務不履行으로 인한 特別損害, 同時履行의 抗辯權과 權利濫用", 대법원 판례해설 제17호(1992. 4.), 421면. 호문혁(註 118), 519면도 손해액 산정의 증명도를 경감했다고 본다.
144) 국제규범에서 기발생 손해와 장래 발생할 손해의 증명도를 구별하는 견해는 잘 보이지 않는다. 국제상사계약원칙(제7.4.3조 제1항)은 기발생 손해와 장래의 손해에 대해 동일한 정도의 증명도, 즉 합리적 확실성을 요구한다.

다. 소   결

요증사실 일반의 증명도는 협약이 규율하지 않으므로 절차의 문제로
서 법정지법에 따른다.[145] 그러나 협약상 손해의 발생과 범위의 확실성
에 관하여는 적용상의 통일을 기하기 위하여 합리성의 원칙을 협약으로
부터 직접 도출하거나, 협약의 일반원칙으로 취급하자는 것이다. 만일 이
를 부정하면서 대법원이 보험계약에서 취한 실체법설을 요증사실 일반에
적용한다면 준거법이 외국법인 사건을 다루는 우리 법원은 매우 큰 부담
을 안게 될 것이다.[146]

4. 대상판결의 판단과 그에 대한 평가

대상판결에서는 손해의 증명도가 특별히 문제되지는 않았다. 법원은
피고의 계약위반을 이유로 원고가 계약 대금과 재매각계약 대금 차액 상
당의 손해를 입었다고 인정하는 데 어려움이 없었기 때문이다. 그러나
만일 장래 일실이익이 있어 증명도가 문제되었다면 법원은 협약의 통일
적 기준을 따를지, 보충적 준거법인 호주 퀸즐랜드주법을 따를지(아마도
대법원의 태도)[147] 아니면 법정지법인 한국법을 따를지(협약의 일반원칙이
없다면)를 결정했어야 했을 것이다.

그렇더라도 법원은 요증사실이 증명되었다고 판단하는 과정에서 어
떤 기준을 염두에 두었을 텐데 이는 아마도 민사소송법상의 '증명'이었을
것이다. 절차법설을 취하는 필자는 이의가 없다. 그러나 실체법설을 따른
다면 증명도의 준거법은 퀸즐랜드법이 되었을 것이고 아마도 증거의 우
월로 족했을 텐데 대법원이 과연 그런 결론을 원하는지는 의문이다.

손해의 증명도가 문제되었을 사건을 보자. 대구지방법원 2010. 4.

---

145) 그러나 협약상 요증사실 일반에 관하여 증명도는 합리적 확실성이라는 기준에
    의한다는 견해도 있다. Kröll/M/PV/Djordjevic, Art. 4, para. 37. 이는 협약이 증명
    책임을 규율한다고 보는 것과 동일한 이유로 증명도도 규율한다고 주장한다.
146) 우리 법원이 협약을 적용한 사건 중에는 매매계약의 보충적 준거법이 중국법,
    퀸즐랜드주법, 캘리포니아주법, 싱가포르법과 스페인법 등인 사건들이 있는데 각
    사건별로 그 당해 국가(주)의 증명도를 따르라는 것은 법관에게 매우 부담스럽다.
147) 호주 퀸즐랜드주법은 영미법과 동일할 것으로 추측된다.

29. 선고 2007가합11525(본소), 2008가합6278(반소) 사건 판결에서 중국회사인 원고는, 한국회사인 피고가 공급약정을 위반하여 제품공급을 중단하였다는 이유로 공급약정을 해제하고 손해배상을 구하는 소를 제기하였고, 피고는 반소를 제기하여 잔대금지급과 원고의 일방적 거래중단을 이유로 공급약정을 해제하고 손해배상을 구하였다. 대구지방법원은 피고의 주장을 일부 받아들여 원고는 피고에게 잔대금 및 지연이자를 지급할 것을 명하였으나, 피고의 장래 일실이익 상실로 인한 손해배상청구에 대해 원고의 계약위반의 존재와 그에 따른 손해배상책임을 인정하면서도 <u>제출된</u> <u>서증의 각 기재만으로는 이를 인정하기에 부족하고, 달리 이를 인정할</u> <u>만한 증거가 없다는 이유로</u> 피고의 나머지 반소 청구를 기각하였다.[148] 이 과정에서 대구지방법원이 증명도의 준거법에 대해 판단한 바는 없다.

Ⅶ. 소송계속 중 한국 민 · 상법을 적용하기로 하는 당사자의 합의

하급심 판결을 보면 실무상 원래 협약이 적용되는 사건에서 당사자들이 준거법을 한국 민 · 상법으로 합의하는 것을 허용하고 이를 조서에 기재하는 사례가 있는 것 같다. 이는 협약에 익숙하지 않은 변호사들이 협약의 적용을 피하는 방법으로 짐작된다. 따라서 그것이 국제사법상 허용되는지, 나아가 그로 인한 문제점을 검토할 필요가 있다.

1. 준거법의 사후적 합의의 허용 여부

국제사법은 당사자의 이익을 존중하고자, 이미 결정된 계약 준거법의 사후적 변경을 허용한다. 사후적 변경은 당사자 의사에 따라 소급효의 유무가 결정되나, 소급효가 있는 경우에도 이는 계약의 방식의 유효성과 제3자의 권리에 영향을 미치지 않는다(제25조제3항). 이런 규정을 보면, 당사자들이 소송절차 중에 매매계약의 준거법을 협약으로부터 한국의 민 ·

---

148) 위 설시 중 "(…증거 열거)만으로는 이를 인정하기에 부족하다"는 부분은 증명도를 충족하지 못하였다는 것이고, "달리 이를 인정할 만한 증거가 없다"는 부분은 증명책임에 따른 처리이므로 양자가 밀접하게 관련됨을 보여 준다.

상법으로 변경하는 합의가 허용됨은 의문이 없다.

2. 준거법의 사후적 합의에 따른 문제점

준거법의 사후적 합의가 가능하나, 변호사들은 사후적으로 지정된 한국 민·상법이 규율하는 사항의 범위를 이해하고 그것이 의뢰인에게 불리한지를 파악해야 한다.

협약의 적용을 배제하자면 '한국 민·상법'을 지정해야지, 단순히 한국법을 적용하기로 합의해서는 아니 된다. 즉 후자와 같이 합의할 경우[149] 협약은 한국법의 일부로서 적용된다.

또한 협약이 적용되는 매매계약에서 ① 협약이 규율하는 사항, ② 보충적 준거법이 규율하는 사항과 ③ 법정지법(한국법)이 규율하는 사항이 있으므로 변호사는 사후적으로 한국법이 규율하게 하려는 대상이 ①과 ②인지 또는 ①만인지를 결정하고 그것이 의뢰인에게 불리한지 판단해야 한다. 한국법으로 준거법 변경 시 초래되는 차이는 아래와 같다.

첫째, 손해배상의 통화가 외화라면 협약상 채무자와 채권자의 대용권은 인정되지 않지만, 만일 ①의 준거법을 한국법으로 변경하면 그것이 인정되므로, 원화가치의 변동에 따라 의뢰인에게 경제적 손실을 줄 수 있고 상계 가능 여부에 영향을 미칠 수 있다.[150]

둘째, 협약상 손해의 합리적 확실성을 기준으로 볼 수 있으나, 만일 대법원처럼 증명도가 실체의 준거법에 따른다고 보면, 보충적 준거법이 영미법인 사안에서 ②의 준거법을 한국 법으로 변경함으로써 고도의 개연성을 요구하게 되어 손해배상을 청구하는 원고가 불이익을 입을 수 있다. 이는 손해의 확실성만이 아니라 요증사실 일반에까지 미칠 수 있다.

---

149) 서울고등법원 2012. 9. 27. 선고 2011나31258(본소), 31661(반소) 판결(확정)에서 당사자들은 항소심에서 준거법을 한국법으로 합의하였다. 서울중앙지법 2015. 11. 27. 선고 2015가합508353 판결에서도 당사자는 제1심 제2차 변론기일에서 유사한 합의를 하였다.

150) 금전채권 간에 상계하자면 통화가 동일해야 하나 만일 상계자가 대용권을 가진다면 이종통화 간에도 상계할 수 있다. 김기환, "상계에 관한 연구", 서울대학교대학원 법학박사학위논문(2013. 12.), 56면 이하 참조.

셋째, 종래 대법원판례에 따르면 소장 송달 익일부터 발생하는 지연손해금의 이자율은 위 ②의 보충적 준거법에 따르므로 만일 ②의 준거법을 한국법으로 변경한다면, 특례법에 따른 지연손해금을 청구할 수 있게 되어 채무자가 손해를 입을 수 있다. 만일 이를 원하지 않는다면 지연손해금은 보충적 준거법에 의하기로 합의할 필요가 있다.

변호사가 의뢰인의 승낙 없이 준거법 변경에 동의한다면 책임을 지게 될 가능성도 있다.

Ⅷ. 맺음말

위에서 대상판결을 소재로 협약상 매매계약에서 손해배상의 통화와 증명도를 보았는데 이는 협약(즉 국제거래법)과 국제사법의 접점에 있는 논점이다. 이를 정리하면 아래와 같다.

첫째, 협약상 계약위반으로 인한 손해배상의 통화와 채무자와 채권자의 대용권의 인정 여부를 논의하고 그 과정에서 협약상 내적 흠결의 보충방법을 살펴보았다. 협약은 손해배상의 통화를 명시하지 않으나 손해배상에 관한 협약의 원칙으로부터 이는 손해발생통화에 따라야 한다는 원칙을 도출할 수 있다. 가사 협약상 흠결이 있더라도 법원은 곧바로 매매계약의 보충적 준거법에 의할 것이 아니라 제7조 제2항에 따라 협약의 일반원칙을 탐구해야 한다.[151] 손해배상의 통화에 관한 하급심판결이 나뉘고 문제의식이 부족하므로 대법원이 지침을 제시해야 한다. 한편 채무자와 채권자의 대용권은 신의칙에 반하는 경우가 아니라면 협약상 원칙적으로 허용되지 않는다.

둘째, 협약상 요증사실 일반의 증명도는 절차의 문제로 성질결정하는 것이 타당하다. 협약 외의 사건에서 증명도를 실체로 성질결정한 대법원 판결이 있으나 대법원이 판례를 변경하기를 희망한다. 다만 협약상 손해의 확실성에 관하여는 요증사실 일반과 달리 협약으로부터 직접 또

---

151) 법정지 통화로 손해배상을 해야 한다면 중재에서 처리가 문제된다.

는 협약의 일반원칙으로서 '합리적 확실성'이라는 통일적 기준을 도출하는 견해를 지지한다.

  요컨대 손해배상의 통화와 손해의 증명도에 관하여 협약에 내적 흠결은 없다. 만일 후자에 관하여 내적 흠결이 있다고 보더라도 합리적 확실성을 협약으로부터 직접 도출하거나 협약의 일반원칙으로 원용해야 한다. 앞으로 협약을 올바르게 적용한 더 많은 한국 판결들이 CLOUT에 소개되기를 희망한다. 마지막으로 국제사건을 다루는 우리 법원이 절차와 실체의 구분이라는 성질결정에 조금만 더 관심을 기울여도 여러 쟁점을 논리적으로 해결할 수 있음을 상기시키면서 이 글을 마친다.

[Abstract]

Several Issues on Damages under a Sales Agreement governed by the CISG: Scope of Application of Uniform Substantive Law relating to Currency and Standard of Proof and Gap-filling

Suk, Kwang Hyun*

This article discusses the currency and the standard of proof of damages in the context of international sale of goods governed by the United Nations Convention on Contracts for the International Sale of Goods (CISG). In the process, the article examines the scope of the uniform substantive law, and considers whether there is a gap in the CISG and how to fill the gap. These are issues that lie on the borderline between the CISG and private international law. The contents of the article can be summarized as follows:

First, the author discusses the currency of damages for breach of contract under the CISG and whether the substitution right of obligor and obligee should be recognized under the CISG. In that process, the author also explores how the gaps in the CISG should be filled. With regard to the currency of damages under the CISG, even if the CISG does not specify the currency, there is no gap, since we can draw from the principle on damages under the CISG that the damages should be assessed in the currency in which the loss has been suffered. Even if there was a gap under the CISG regarding the currency of damages, pursuant to Article 7(2), the court should investigate the general principles on which the CISG is based before

---

* Professor of School of Law, Seoul National University.

resorting to the supplementary governing law of the contract of sale. The Supreme Court of Korea must offer guidelines on this issue since the lower courts' decisions on the currency of damages appear to be divided and the lower courts do not appear to be interested in this issue. Turning to the substitution right of obligor and obligee, it is submitted that under the CISG, such right should not be permitted unless it is contrary to the good faith principle. Second, it is reasonable to classify the standard of proof of the facts in general to be proved under the CISG as a matter of procedure. There is a Supreme Court judgment on a case involving a maritime insurance contract, which classifies the standard of proof as a matter of substance, but the author hopes that the Supreme Court will change its position or at least confine its classification to maritime insurance cases only. However, with respect to the certainty of damages, the author supports the view that unlike the facts in general to be proved under the CISG, we can draw a uniform standard of proof of 'reasonable certainty' from the CISG.

In short, there is no gap in the CISG with respect to the currency and the standard of proof of the damage. Even if there was a gap in the CISG concerning the latter, the reasonable certainty test could be used as a general principle of the CISG. In dealing with international cases, the Korean courts would be able to solve various problems in a logical way, if they were aware of the issue of the procedure and substance classification. The author hopes that more Korean judgments which apply the CISG correctly will be introduced in the future in the CLOUT operated by the UNCITRAL.

The specific order of the author's discussion is as follows: first, the application structure and interpretation of the CISG, and the gap-filling (Part Ⅱ); second, the system of damage compensation under the CISG (Part Ⅲ); third, the currency of damages due to breach of contract under the CISG (Part Ⅳ); fourth, the substitution right of an obligor and an obligee under the CISG (Part Ⅴ); fifth, the burden and standard of proof of damages for breach of contract under the CISG (Part Ⅵ); and sixth, the parties' choice of law agreement to apply the Civil Code and the Commercial Code of Korea entered into while a litigation is pending (Part Ⅶ).

[Key word]

- CISG
- gap-filling
- currency of damage
- standard of proof
- characterization
- general principles of the CISG
- applicable law

참고문헌

권창영, 민사보전법, 제2판(유로. 2012).

김기환, "상계에 관한 연구", 서울대학교대학원 법학박사학위논문(2013. 12.).

김선국, "국제물품매매협약과 미국계약법", 국제거래법연구 제13집(2004).

김영환, "법학방법론의 관점에서 본 유추와 목적론적 축소", 법철학연구 제12
　　　권 제2호(2009. 8.).

──────, "법학방법론의 이론적 체계와 실천적 의의-소위 GS 칼텍스 사건을
　　　중심으로-", 법철학연구 제17권 제3호(2014. 12.).

김용담(편), 주석민법총칙 1(한국사법행정학회. 2010).

김인호, "국제물품매매계약에 관한 국제연합협약의 신의성실의 원칙의 적용
　　　범위", 법조 통권 제600호(2006. 9.).

──────, "從屬的 連結에 의한 不法行爲의 準據法", 인권과 정의 제392호
　　　(2009. 4.).

박종은·송양호, "CISG상 매수인의 신용장의무이행에 관한 연구-대법원 2013.
　　　11. 28. 선고 2011다103977 판결을 중심으로-", 전북대학교 법학연구
　　　통권 제46집(2015. 12.).

반흥식, "민사소송법에 있어서의 증명도-독일에서의 논의를 중심으로-", 민
　　　사소송 제18권 제2호(2014. 11.).

──────, "독일민사소송법에서의 증거평가와 증명도", 민사소송 제19권 제1호
　　　(2015. 5).

Walther J. Habscheid/호문혁(역), "입증책임과 입증의 정도-대륙법과 영국법
　　　의 비교", 법학 제32권 제1·2호(통권 제85·86호)(1991. 8.).

법원행정처, 국재거래실무편람 개정판(법원행정처. 2015).

석광현, 국제사법과 국제소송, 제3권(박영사. 2004).

──────, "국제물품매매협약(CISG)을 다룬 최초의 우리 판결", 법률신문 제3754호
　　　(2009. 6. 15.).

──────, "국제물품매매협약(CISG)을 다룬 최초 우리 판결의 항소심판결", 법
　　　률신문 제3781호(2009. 9. 28.).

──────, 국제물품매매계약의 법리: UN통일매매법(CISG) 해설(박영사. 2010).

_____, "국제물품매매협약(CISG)을 적용한 우리 판결의 소개와 검토", 국제 거래법연구 제20집 제1호(2011. 7.).

_____, "국제소송에서 입증의 정도의 성질결정과 준거법", 법률신문 제3954호 (2011. 7. 25.).

_____, "사기에 의하여 획득된 외국중재판정의 승인과 공서위반 여부", 서울 지방변호사회 판례연구 제24집(2)(2011).

_____, 국제사법 해설(박영사. 2013).

_____, "헤이그 국제상사계약 준거법원칙", 서헌제 교수 정년기념논문집(중 앙대학교 출판부. 2015).

설민수, "민사·형사 재판에서의 증명도에 대한 비교법적·실증적 접근", 인권 과 정의 제388호(2008. 12.).

손경한, "국제매매의 준거법에 관한 헤이그협약", 국제사법연구 제3호(1998).

안춘수, "국제사법에 있어서의 성질결정 문제", 비교사법 제11권 제2호(통권 제25호).

오석웅, "국제상사계약에 관한 UNIDROIT 원칙과 국제사법", 진산 김문환총장 정년기념논문집 제1권: 국제관계법의 새로운 지평(법문사. 2011).

오영준, "판례해설", 대법원판례해설 제79호(2009 상반기).

오원석 외, UNIDROIT 국제상사계약원칙 2016(삼영사. 2018).

올 란도·휴 빌 편/김재형 역, 유럽계약법원칙-제1·제2부(박영사. 2013).

우성만, "영국 해상보험에 있어서 '근인'과 '선장 등의 악행'의 의미 및 입증책 임-대법원 2005. 11. 25. 선고 2002다59528(본소), 59536(반소) 판결-", 판례연구 제18집(부산판례연구회, 2007).

윤진수, "債務不履行으로 인한 特別損害, 同時履行의 抗辯權과 權利濫用", 대 법원판례해설 제17호(1992. 4.).

이기수·신창섭, 國際去來法, 제5판(세창출판사. 2013).

이병화, "法律關係性質決定에 관한 國際私法的 考察", 저스티스 통권 제95호 (2006. 12.).

이시윤, 신민사소송법 제11판(박영사. 2017).

이진기, "1980 국제물품매매계약에 관한 UN협약(CISG)의 해석과 적용", 비교 사법 제17권 제2호(통권 제49호)(2010. 6.).

이헌묵, "신용장개설의무와 CISG상 본질적인 계약위반의 의미", 법률신문 제4230호 (2014. 6. 16.).

_____, "국제물품매매협약(CISG)의 본질적 계약위반과 신용장 개설의무위반", 통상법률 통권 제119호(2014. 10.).

이혜민, "국제물품매매에 관한 UN협약(CISG) 발효 후 10년, 우리 판결례의 동향과 시사점", 사법논집 61집(2015).

임 호, "제법한정 물건청구항의 해석과 입증책임(하)", 저스티스 통권 제136호 (2013. 6.).

정선아, "국제거래에서 손해배상채권의 통화에 관한 연구", 서울대학교대학원 법학석사학위논문(2015. 2.).

정인섭, 新국제법강의-이론과 사례(박영사. 2010).

최준선, 國際去來法, 제8판(삼영사. 2013).

최흥섭, 국제물품매매계약에 관한 유엔협약 해설(법무부. 2005).

한국법철학회 김도균 엮음, 한국 법질서와 법해석론(2013).

한종규, "國際物品賣買協約上 原狀回復義務의 國際私法的 爭點 硏究", 성균관 대학교 대학원 법학 박사학위논문(2014. 6.).

호문혁, 민사소송법 제12판(법문사. 2014).

American Law Institute, Restatement, Second, Conflict of Laws (American Law Institute Publishers. 1971).

American Law Institute/UNIDROIT, Principles of Transnational Civil Procedure, https://www.unidroit.org/instruments/transnational-civil-procedure (2018. 6. 11. 최종 방문).

Basedow, Jürgen et al. (eds.), Encyclopedia of Private International Law, Volume 1 (Edward Elgar. 2017).

Beck-online, Grosskommentar BGB (C.H. Beck. 2018. 6. 11. 최종 방문).

Bianca, C.M./Bonell, M.J. (eds.), Commentary on the International Sales Law, The 1980 Vienna Sales Convention (Giuffrè. 1987).

Bücken, Alexander, Internationales Beweisrecht im Europäischen internationalen Schuldrecht (Nomos. 2016).

Fawcett, James, Harris, Jonathan and Bridge, Michael, International Sale of Goods in the Conflict of Laws (Oxford University Press. 2005).

Field, Richard H./Kaplan, Benjamin/Clermont, Kevin M., Materials for a Basic Course in Civil Procedure (Foundation Press. 2011).

Geimer, Reinhold, Internationales Zivilprozessrecht, 6. Auflage (Verlag Dr. Otto Schmidt. 2009).

Flechtner, Harry M., "The U.N. Sales Convention and MCC-Marble Ceramic Center, Inc. v. Ceramica Nuova d'Agostino, S.p.A.: The Eleventh Circuit Weighs in on Interpretation, Subjective Intent, Procedural Limits to the Convention's Scope, and the Parol Evidence Rule", 18 Journal of Law and Commerce (1999).

Girsberger, Danniel et al., Zürcher Kommentar zum IPRG. 2. Auflage (Schulthess. 2004).

Grothe, Helmut, Fremdwährungsverbindlichkeiten (De Gruyter. 1999).

The Hague Conference on Private International Law, Permanent Bureau, Commentary on the Principles on Choice of Law in International Commercial Contracts .

Honnold, John O. (edited and updated by Harry M. Flechtner), Uniform Law for International Sales under the 1980 United Nations Convention, Fourth Edition (Kluwer Law International. 2009).

Kröll, Stefan/Mistelis, Loukas/Perales Viscasillas, Maria (Hrsg.), UN Convention on Contracts for the International Sale of Goods (CISG): Commentary (C.H. Beck · Hart · Nomos. 2011).

Kropholler, Jan, Internationales Einheitsrecht (J.C.B. Mohr (Paul Siebeck). 1975).

_____, Internationales Privatrecht, 6. Auflage (Mohr Siebeck. 2006).

Lando, Ole, "CISG and Its Followers: A proposal to Adopt Some International Principles of Contract Law", 53 Am. J. Comp. L. 379 (2005).

Lando, Ole and Beale, Hugh, The Principles of European Contract Law—Part Ⅰ: Performance, Non-Performance and Remedies (Martinus Nijhoff Publishers. 1995).

Magnus, Ulrich, "Die allgemeinen Grundsätze im UN-Kaufrecht", Rabels Zeitschrift Band 59 (1995).

Miguel Garro, Alejandro, "The Gap-Filling Role of the UNIDROIT Principles in International Sales Law: Some Comments on the Interplay Between the Principles and the CISG", 69 Tul. L. Rev. 1149, 1155 (1995).

Reithmann, Christoph/Martiny, Dieter, Internationales Vertragsrecht, 8. Auflage (Verlag Dr. Otto Schmidt. 2015).

Remien, Oliver, "Die Währung von Schaden und Schadensersatz: Grundlagen und vertgragsrechtliche Besonderheiten", 53 Rables Zeitschrift (1989).

Schack, Haimo, Internationales Zivilverfahrensrecht, 6. Auflage (C.H. Beck. 2014).

Schlechtriem, Peter/Schwenzer, Ingeborg (Hrsgs.) Kommentar zum Einheitlichen UN-Kaufrecht−CISG−, 5. Auflage (C.H. Beck. 2008).

Schwenzer, Ingeborg, "Global Unification of Contract Law", Uniform Law Review, Vol. 21(1)(2016).

Seibl, Maximilian, Die Beweislast bei Kollisionsnormen (Mohr Siebeck. 2009).

Sherpe, Julia Caroline, "Alleviation of Proof in German and English Civil Evidence", Rabels Zeitschrift, Band 80 (2016).

von Staudinger, J./Magnus, Ulrich, Kommentar zum Bürgerlichen Gesetzbuch mit Einfüh rungsgesetz und Nebengesetzen Wiener UN-Kaufrecht (CISG)(Sellier-de Gruyter, 2013).

Torremans, Paul (ed.), Cheshire, North & Fawcett Private International Law, Fifteenth Edition (Oxford University Press. 2017).

UNIDROIT, Principles of International Commercial Contracts (Unidroit, 1994)

Voganuer, Stefan and Kleinheisterkamp, Jan, Commentary on the UNIDROIT Principles of International Commercial Contracts (PICC)(Oxford Universtiy Press. 2009).

甲斐道太郎 외(編), 注釈国際統一売買法〈Ⅱ〉ウィーン売買条約(法律文化社. 2003).

櫻田嘉章・道垣内正人(編), 注釈国際私法　第1巻(有斐閣. 2011).

제조업에서의 파견과 도급의 구별 법리

이 정 환*

■요   지■

　　대법원은, "원고용주가 어느 근로자로 하여금 제3자를 위한 업무를 수행하도록 하는 경우 그 법률관계가 위와 같이 파견법의 적용을 받는 근로자파견에 해당하는지는 당사자가 붙인 계약의 명칭이나 형식에 구애될 것이 아니라, ① 제3자가 당해 근로자에 대하여 직·간접적으로 그 업무수행 자체에 관한 구속력 있는 지시를 하는 등 상당한 지휘·명령을 하는지, ② 당해 근로자가 제3자 소속 근로자와 하나의 작업집단으로 구성되어 직접 공동작업을 하는 등 제3자의 사업에 실질적으로 편입되었다고 볼 수 있는지, ③ 원고용주가 작업에 투입될 근로자의 선발이나 근로자의 수, 교육 및 훈련, 작업·휴게시간, 휴가, 근무태도 점검 등에 관한 결정 권한을 독자적으로 행사하는지, ④ 계약의 목적이 구체적으로 범위가 한정된 업무의 이행으로 확정되고 당해 근로자가 맡은 업무가 제3자 소속 근로자의 업무와 구별되며 그러한 업무에 전문성·기술성이 있는지, ⑤ 원고용주가 계약의 목적을 달성하기 위하여 필요한 독립적 기업조직이나 설비를 갖추고 있는지 등의 요소를 바탕으로 그 근로관계의 실질에 따라 판단하여야 한다"고 판시하면서, 파견과 도급의 구별을 위한 기준을 명시적으로 제시하였다.

　　대상판결 법리에 관하여, 파견과 도급의 구별 요소를 병렬적으로만 나열하여 기준으로서 예측가능성이 낮다는 비판, 도급인의 일의 완성에 대한 지시권과 사용자로서 인적 지시권을 구별하지 못하여 업무도급계약의 가능 범위를 지나치게 축소하였다는 비판, 제조업에만 적용되고 파견과 도급의 일반

---

* 서울고등법원 고법판사.

적 구별 기준으로는 미흡하다는 비판 등이 제기되었다.

노동력의 중간착취를 배제하려는 근로기준법과 직업안정법의 기본구조는 파견법의 적용 범위를 정함에 있어서도 고려되어야 한다. 아울러 근로자 파견의 법률관계를 도급인의 지시권 또는 인사권, 도급인과 수급인 사이의 계약자유 원칙과 같이 어느 한 측면만을 강조하여 3면적 법률관계를 규율하는 것은 신중할 필요가 있다. 계약당사자 사이에서는 계약에 따라 규율되어도 무방하나, 노동력 제공이 계약 대상이 되고 권리 의무의 주체인 인간이 지휘·명령의 관계에 포섭되었다면 파견법 등 노동법의 개입은 불가피하다.

대상판결 법리의 5가지 구성요소를 분석하면, 대상판결 법리가 일응 중요한 순서에 따라 구성요소를 나열하고 있음을 알 수 있다. 하지만 명시적으로 그중 어느 한 요소가 다른 것보다 우월하다고 일반화하기는 어렵다. 각 요소는 다른 요소들과 상호영향을 주고받는 관계이다. 파견법의 문언에 의하면 ① 요소가 핵심적인 기준이지만, 근로자가 도급인의 사업에 실질적으로 편입되어 ② 요소를 객관적·구조적으로 갖추고 있다면 ① 요소의 판단에 큰 영향을 미친다. ⑤ 요소가 서비스업에서의 구별 기준으로서 역할이 미약하고 주로 도급인과 수급인 소속 근로자의 직접 근로관계 인정 여부의 기준으로서 기능한다고 하더라도, 수급인으로서 계약이행의 위험을 실질적으로 인수한 것인지 등과 같은 중요한 징표를 드러내기도 한다. 이러한 특성들은 대상판결 법리가 적용되는 3면적 법률관계의 다면성과 역동성에 기인한다. 도급인, 수급인, 근로자의 특정 시각만을 강조하거나 도급인과 수급인 사이, 도급인과 근로자 사이, 수급인과 근로자 사이와 같은 양면적 관계 중 특정 측면만 강조하여 대상판결 법리를 단면적으로 이해하여서는 아니 된다. 대상판결 법리의 5가지 요소는 다면적 관계 중 일부 국면만을 포착한 것이고, 실질적, 종합적 판단의 대상은 이처럼 다면성, 역동성이 있는 관계임을 유념할 필요가 있다.

향후 새로운 변화를 포착하면서 대상판결 법리가 이에 맞게 진화하기를 기대한다. 이러한 관점은 일반적인 법리의 발전 과정에도 부합할 뿐 아니라 대상판결 법리의 예측가능성을 높이는 데도 기여할 것이다.

[주 제 어]
- 파견/도급
- 사용사업주/파견사업주/파견근로자
- 도급인/수급인
- 파견법
- 상당한 지휘·명령
- 실질적 편입
- 다면적 법률관계

대상판결 : 대법원 2015. 2. 26. 선고 2010다106436 판결[1]

[사안의 개요]

1. 피고와 사내협력업체의 업무도급계약과 업무수행

가. 피고는 울산, 아산, 전주에 공장을 두고 자동차와 그 부품의 제조·판매를 주된 목적으로 하는 회사로서 아산공장의 사내협력업체인 A~H 기업(이하 '사내협력업체')과 업무도급계약을 체결하였다(이하 '업무도급계약').

나. 업무도급계약의 주요 내용은 다음과 같다. 계약 기간은 6개월로 하되, 계약 만료일로부터 1개월 전까지 어느 일방으로부터 서면에 의한 계약해지가 없는 경우에는 동일한 조건으로 6개월간 자동연장된 것으로 본다. 사내협력업체는 노급업무세부명세서와 작업표준서로 징한 작업을 수행하되, 사내협력업체의 귀책사유로 도급 작업에 하자가 있는 경우 피고에 대하여 클레임처리협정서에 의한 손해배상책임을 지며, 계약의 성실한 이행을 보증하기 위해 피고에게 이행보증보험증권 등을 교부한다. 업무의 범위는 도급계약서와 도급업무세부명세서에 의하였는데, 피고의 근로자들이 함께 일하는 차체공장, 델타엔진공장, 의장공장의 각 일부 공정을 맡되 그 범위는 구체적으로 명확하지 않았다.

다. 사내협력업체가 업무도급계약에 따라 수행한 업무는 아래 [표 1]과 같다.

[표 1] 원고들의 수행 업무

사내 협력업체	원고들 근무 중 수행 업무	원　고
A	차체(프레스)공장과 델타엔진공장의 각 일부 공정→델타엔진공장의 일부 공정에서 엔진 내부의 블록, 헤드 등 장착하는 조립업무, 엔진 외부의 파이프 등을 장착하는 조립업무, 엔진 테스트를 끝낸 엔진에 부품을 장착하는 업무(2002. 8.)	원고1, 2, 5, 6
B	델타엔진공장과 의장공장의 각 일부 공정→의장공장의 각 일부 공정(2002. 5. 1.)	원고2
C	의장공장의 일부 공정(도어라인, 인라인의 각 일부)	원고3, 4
D	의장공장에서 새시 라인, 파이널 라인 중 각 일부 공정, 엔진 서브라인, 차량이동 업무	원고3

1) 대법원은 대상판결과 같은 날 2010다93707 판결(남해화학), 2012다96922 판결(한국철도공사)을 선고하였는데, 파견과 도급의 구별 법리는 같다.

(계속)

E	의장공장에서 리페어라인 공정 업무 중 일부(LPG 가스 주입, WAX 도포, ROAD장 차량이동, 밧데리 트레이 장착 등)와 ECOS 검사 공정 업무	원고7
F	보전반(아산공장의 건물·장비의 유지보수) 차체생산반(도장공장에서 도장 시 도어, 후드, 트렁크 등 움직일 수 있는 부분을 움직이지 않도록 고정하는 공정 및 세척작업공정, 그 전에 부품을 차체생산설비에 투입하는 Moving 용접 및 SUB 작업공정 판넬 Rework 공정 업무)	원고1
G	의장공장의 일부 공정(ECOS 공정 등)	원고7
H	의장공장의 일부 공정	원고3

라. 피고는 업무도급계약에 따라 사내협력업체 소속 근로자들의 노무비, 복리후생비, 법정비용(국민연금, 건강보험, 사업소득세), 일반관리비, 이윤 등을 고려하여 정한 도급단가에 총 근로시간을 곱해 산정하는 임률도급 방식으로 기성금을 지급하였다.

2. 원고들과 사내협력업체의 관계

사내협력업체는 각 업체 명의로 채용공고를 내어 원고들을 비롯한 신규 근로자를 채용하였다. 원고들은 모두 사내협력업체 소속 근로자들로서 아래 [표 2]와 같이 피고의 아산공장 내 컨베이어벨트를 이용한 공정에 근무하다가 사내협력업체로부터 해고되었다.

[표 2] 원고들의 근무현황

당사자	소속 사내협력업체	입사(업체)	해고(업체)	근무 기간	담당 업무
원고1	A → F (2002. 5. 1.)	2001. 5. 25.(A)	2003. 6. 3.(F)	2년 초과	차체공장 내 도어장착 → 트렁크 단차 조정
원고2	B → A (2002. 5. 1.)	2000. 2. 14.(B)	2003. 7. 3.(A)	2년 초과	엔진외부 조립공정
원고3	C → D (2002. 5. 1.) → H (2003. 5. 1.)	2000. 8. 1.(C)	2003. 6. 30.(H)	2년 초과	의장공장 내 도어라인 → 엔진서브라인
원고4	C → D (2002. 5. 1.)	2000. 8. 5.(C)	2003. 6. 9.(D)	2년 초과	의장공장 내 도어 탈착공정, 방열판 장착공정 → 스티어링칼럼 장착공정

(계속)

원고5	A	2002. 8. 17.(A)	2003. 6. 16.(A)	2년 이하	델타엔진공장 엔진외부 조립공정
원고6	A	2002. 7. 21.(A)	2003. 7. 3.(A)	2년 이하	델타엔진공장 내 엔진 테스트 공정
원고7	E→G (2003. 5. 1.)	2002. 6. 22.(E)	2003. 6. 3.(G)	2년 이하	의장공장 내 생산차 내외관검사 공정

사내협력업체에는 별도 취업규칙이 있고, 원고들을 비롯한 근로자들은 각 소속 업체에 휴가원, 조퇴계, 사직원 등을 제출하였으며, 소속 업체와 노사협의를 하였다. 사내협력업체는 소속 근로자들에 대한 인사권과 징계권을 행사하고, 임금 등을 직접 지급하였으며, 그에 따른 근로소득세 원천징수와 납부, 연말정산 업무를 자체적으로 처리하였고, 각 업체의 대표 명의로 국민연금, 고용보험, 국민건강보험, 산재보험에 가입하였으며, 대외적으로도 사업자등록을 하고 사업소득세를 납부하였고, 다른 기업체와 인사노무 고문계약 등 계약을 체결하였으며, 원고들을 포함한 소속 근로자들이 사내협력업체를 상대로 제기한 부당해고 구제신청이나 소송 등을 제기하는 경우 사용자로서 응소하였다.

3. 피고의 관여와 원고들의 실제 업무수행 내용

가. 피고의 자동차 생산공정은 설계→개발→PILOT 생산(양산 전 시험차량 생산단계)→양산→출고단계로 구분되고, 그중 양산단계는 프레스공정→차체공정→도장공정→의장공정의 순서로 이루어지며, 위 각 공정과 관련된 공정 또는 업무로서 소재제작공정(엔진제작공정, 범퍼제작공정), 생산관리업무, 출고업무, 포장업무 등이 있다. 피고의 자동차 생산공정은 대부분 컨베이어벨트를 이용한 자동흐름 생산방식으로 진행되었는데, 원고들은 컨베이어벨트를 이용한 차체공장, 델타엔진공장, 의장공장의 각 일부 공정에 배치되어 작업을 수행하였다.

나. 업무 제반설비와 기계, 필요자재, 조립공구 등은 모두 피고의 소유였고, 연속적인 공정의 진행이 요구되는 자동차조립 업무의 특성 때문에 원고들을 포함한 사내협력업체 소속 근로자들은 컨베이어벨트 좌우에 피고 소속 정규직 근로자와 혼재하여 배치되었으며, 정규직 근로자가 단순 작업을 기피

하여 사내협력업체 소속 근로자가 그 자리를 채움으로써 혼재 배치가 이루어 지기도 하였다.

다. 원고들을 포함한 사내협력업체 소속 근로자의 시업과 종업시간, 식사 시간이나 휴식시간 등은 모두 피고 소속 정규직 근로자와 동일하였고, 피고 소속 정규직 근로자와 동일하게 휴일근무, 연장근무를 하였으며 휴가도 동일 하게 실시하였다. 피고 소속 정규직 근로자가 안전교육을 받거나 노동조합활 동 등으로 작업을 쉬게 되면, 협력업체 소속 근로자도 작업하지 않았고, 피 고 소속 정규직 근로자의 산재, 휴직 등의 사유로 결원이 발생하는 경우 사 내협력업체와 피고 사이의 비상업무도급계약 체결이라는 방식 등을 통하여 사내협력업체 소속 근로자에게 그 결원을 대체하게 하여 직영 공정업무를 수 행하기도 하였다.

라. 작업현장에는 사내협력업체 소속 현장관리인과 피고 소속의 관리자 가 있었다. 피고가 미리 작성하여 교부한 조립작업지시표, 서열표와 조립공 법서(다만 사내협력업체는 작업표준서를 스스로 필요에 따라 작성하기도 한 다) 등에 따라 동일 작업을 반복하는 업무의 특성으로 말미암아, 평상시에는 피고 소속의 관리자로부터 사내협력업체 소속 근로자가 특별한 작업지시를 받지는 않았지만, 생산방식이 변경되거나 불량이 발생하는 경우에는 피고 소 속의 관리자가 직접 또는 사내협력업체 소속 현장관리인을 통하여 사내협력 업체 소속 근로자에게 필요한 지시를 하거나 수정을 지시하였다. 또한, 피고 소속의 관리자는 피고 소속 정규직 근로자뿐만 아니라 협력업체 소속 근로자 에 대하여도 출퇴근 상황을 비롯한 근태 및 인원현황 등을 파악하였고, 피고 소속 정규직 근로자들의 작업 불량뿐만 아니라 사내협력업체 소속 근로자의 작업 불량까지 포함하여 월별 불량통계를 작성하였다.

마. 피고는 사내 협력업체와의 업무도급계약을 관리하기 위하여 사내협 력업체 관리표준(피고는 이를 대외비로 분류하고 보안준수를 요청)을 마련하 였는데, 그 내용은 다음과 같다.

① 피고는 신규 하청화를 위하여 하청화의 목적, 작업내용, 계약기간 뿐만 아니라, 하청근로자 소요인원, 월 계획 작업시간 및 예시표, 예산, 피복비 및 안전용품 산 정 내역 등에 관한 자료를 작성하여 결재권자의 결재를 받아 계약을 체결하여야 한다.
② 피고의 협력지원팀은 전체 하청인원 규모를 고려하여 적정 운영업체 수 및 업체 별 적정 인원규모를 조정할 수 있는데, 조정 시 업체 관리부실 예방을 위해 20명

미만의 소규모업체는 타 업체와 통폐합을 원칙으로 하고, 업체의 원활한 작업관리
를 위하여 업체당 인원규모는 40명에서 80명으로 조정한다.
③ 도급계약 작업이행에 있어 협력업체가 필요로 하는 작업장소, 설비기계 등은 무
상 대여함을 원칙으로 하고, 유상 대여 필요시는 별도 약정서를 작성하며, 도급액
과 별도로 간식대, 작업복 세탁, 기타 시설을 지원한다.
④ 협력업체에 대하여 주기적으로 내부경영, 일반관리 평가를 하여 재계약 및 업체
별 인원규모 조정 시 평가결과를 반영한다.

바. 원고들은 각 소속 사내협력업체와 근로계약을 체결하였지만 위 사내
협력업체 관리표준에 따라 협력업체들에 대한 구조조정이 실시되었다. 이에
따라 원고들은 [표 2]와 같이 소속이 변경되었으나 실제 담당 업무는 변하지
않았다. F 소속 근로자들은 근로계약 체결 당시 근로계약서와 별도로 피고의
생산근무 지시에 따라 근무를 하겠다는 서약서를 작성하기도 하였다.

사. 피고는 2003년경 사내협력업체에 불법파업 관련 세부 근태처리지침
등의 협조문을 통보하였고, 사내협력업체 소속 근로자들이 시위하거나 잔업
을 거부하는 경우에는 협력업체에 대하여 해당 근로자에 대한 관리를 요청하
는 협조문을 보내거나 직접 협력업체 소속 근로자들에 대하여 집단행동에 대
한 경고문을 게시하였다. 또한, 피고는 사내협력업체를 통하여 사내협력업체
소속 근로자에게 격려금 등을 지급하기도 하였고, 사내협력업체 근로자들에
게 모범사원 표창장을 수여하기도 하였다.

[소송의 경과]

1. 제1심판결[서울중앙지방법원 2007. 6. 1. 선고 2005가합114124 판결]2) :
   원고1~4 청구인용, 원고5~7 청구기각

원고들은 피고를 상대로 근로자 지위의 확인을 구하였다. 원고들은, 주
위적으로 사내협력업체는 독립성이 없는 노무대행기관에 불과하므로 피고와
묵시적인 근로계약관계가 성립되었다고 주장하고, 예비적으로 업무도급계약
은 실질적으로 근로자파견계약이므로 구 파견근로자보호 등에 관한 법률

---

2) 원고들은 사내하청업체를 상대로 부당해고구제신청을 하였으나, 지방노동위원회,
중앙노동위원회 모두 구제신청을 기각하였다. 원고들은 중앙노동위원회의 재심판
정에 불복하여 서울행정법원에 부당해고재심판정취소소송을 제기하였으나 기각되
었는데(서울행정법원 2005. 4. 1. 선고 2004구합22541 판결 등), 원고들이 항소를
제기하지 않거나 항소를 취하함으로써 모두 확정되었다. 원고들은 그 후 이 사건
소를 제기하였다.

(2006. 12. 21. 법률 제8076호로 개정되기 전의 것, 이하 '구 파견법') 제6조 제3항³⁾에 따라 2년을 초과하여 사용한 원고1∼4는 피고의 근로자가 되었다고 주장하였다.

　제1심법원은, 원고들과 피고 사이에 묵시적 근로계약관계는 인정되지 않지만 구 파견법상 근로자파견에 해당하므로 2년의 사용 기간이 지난 원고1∼4는 2년이 만료된 날의 다음 날부터 피고의 근로자 지위에 있게 된다는 이유로 원고1∼4의 청구를 인용하고 원고5∼7의 청구를 기각하였다.

2. 원심판결[서울고등법원 2010. 11. 12. 선고 2007나56977 판결] : 항소기각

　원고5∼7이 항소하고, 피고도 원고1∼4에 대하여 항소하였다. 원심법원도 근로자파견 관계를 판단함에 있어 계약의 내용, 업무수행의 과정, 계약당사자의 적격성으로 나누어 아래 [표 3]과 같이 판단하면서, 제조업의 직접생산공정업무는 구 파견법 제5조 규정에 따라 근로자파견 대상업무에서 제외되기는 하지만, 이처럼 적법하지 아니한 근로자파견의 경우에도 직접고용간주 규정은 적용되므로, 각 피고에게 파견된 날로부터 2년이 만료된 날의 다음 날로서, 원고1은 2003. 5. 25.부터, 원고2는 2002. 2. 14.부터, 원고3은 2002. 8. 1.부터, 원고4는 2002. 8. 5.부터 각각 직접고용이 간주됨으로써 피고의 근로자 지위에 있게 되었다고 판단하였다. 이에 따라 원고5∼7의 항소와 피고의 원고1∼4에 대한 항소를 모두 기각하였다.

[표 3] 원심판결 판단 근거

판단 기준	판단 근거
계약의 내용	• 업무도급계약의 업무 중 일부는 피고 소속 근로자와 같아 구분되지 않음 • 노무제공 정도에 따라 변동적 월별 기성금 지급 • 계약목적에 시간적 기한을 정하지 않음 • 컨베이어벨트 공정에 투입, 불량 시 분초의 시간 단위로 하자담보 책임 • 피고의 필요에 따라 도급업무가 구체적으로 결정 • 사내협력업체관리 표준에 따른 구조조정

---

3) 구 파견법 제6조
　③ 사용사업주가 2년을 초과하여 계속적으로 파견근로자를 사용하는 경우에는 2년의 기간이 만료된 날의 다음날부터 파견근로자를 고용한 것으로 본다. 다만, 당해 파견근로자가 명시적인 반대의사를 표시하는 경우를 제외한다.

(계속)

업무수행의 과정	• 피고 소속 정규직 근로자와 같은 조에 배치되어 근무하고 같은 업무 수행 • 피고의 권한과 결정(시업과 종업시간, 휴게시간 부여, 연장 및 야간 근로, 교대제 운영 여부, 작업속도, 사내협력업체 소속 근로자들에 대한 일반적인 작업배치와 변경, 작업량과 작업 방법, 작업 순서 등) • 정규직 근로자 결원 시 사내협력업체 근로자가 대체 • 사내협력업체 근로자들에 대한 근태, 인원현황 등을 파악 • 피고의 지휘 방법(직접 또는 사내협력업체 소속 현장관리인 등을 통한 구체적인 작업지시) • 피고의 지시는 도급의 검수권 또는 지시권 한계를 넘은 것
계약 당사자의 적격성	• 담당 업무는 동일 작업 반복으로 수급인의 전문적인 기술이나 근로자의 숙련도가 요구되지 않음 • 사내협력업체의 고유기술이나 자본 등이 업무에 투입된 바는 없음 • 사내협력업체는 고유하고 특유한 도급업무가 별도로 있는 것이 아니라 피고의 필요에 따라 도급업무가 구체적으로 결정 • 피고의 '사내협력업체 관리'라는 표준에 따라 구조조정이 이루어졌고, 다른 사내협력업체가 하던 업무를 그대로 이어받는 경우도 있었음

3. 대상판결의 요지 : 상고기각

대상판결은 원심판결과 결론을 같이하면서 원고5~7의 상고와 피고의 상고를 모두 기각하였다. 대상판결은 묵시적 근로계약관계 불성립과 파견법 위반의 효력에 관하여는 종전 법리를 재확인하고, 파견과 도급의 구별 법리에 관하여 원심이나 종전 대법원 판결과 다른 새로운 구별기준을 제시하였다.

가. 묵시적 근로계약관계 불성립

원고용주에게 고용되어 제3자의 사업장에서 제3자의 업무를 수행하는 사람을 제3자의 근로자라고 하기 위해서는, 원고용주가 사업주로서의 독자성이 없거나 독립성을 결하여 제3자의 노무대행기관과 동일시할 수 있는 등 그 존재가 형식적·명목적인 것에 지나지 아니하고, 사실상 당해 피고용인은 제3자와 종속적인 관계에 있으며 실질적으로 임금을 지급하는 주체가 제3자이고 근로 제공의 상대방도 제3자이어서, 당해 피고용인과 제3자 사이에 묵시적 근로계약관계가 성립하였다고 평가할 수 있어야 한다(대법원 2010. 7. 22. 선고 2008두4367 판결[4] 등 참조).

---

4) 대상판결에서 설시한 묵시적 근로관계에 관한 법리는 새로운 것이 아니고 종전에 확립된 법리를 재확인한 것이다.

나. 파견법 위반의 효력

파견근로자보호 등에 관한 법률(이하 '파견법') 제2조 제1호에 의하면, 근로자파견이란 파견사업주가 근로자를 고용한 후 그 고용관계를 유지하면서 근로자파견계약의 내용에 따라 사용사업주의 지휘·명령을 받아 사용사업주를 위한 근로에 종사하게 하는 것을 말한다.

한편 구 파견법은 제6조 제3항 본문으로 "사용사업주가 2년을 초과하여 계속적으로 파견근로자를 사용하는 경우에는 2년의 기간이 만료된 날의 다음 날부터 파견근로자를 고용한 것으로 본다"라는 내용의 규정(이하 '직접고용간주 규정')을 두고 있는데, 이러한 직접고용간주 규정이 적법한 근로자파견에 대하여만 한정하여 적용되는 것은 아니므로(대법원 2008. 9. 18. 선고 2007두22320 전원합의체 판결⁵⁾ 등 참조), 적법하지 아니한 근로자파견의 경우에도 사용사업주가 2년을 초과하여 계속적으로 파견근로자를 사용할 때에는 그 2년의 기간이 만료된 날의 다음 날부터 사용사업주와 파견근로자 사이에 직접적인 근로관계가 형성된다고 볼 수는 있으나, 더 나아가 위법한 근로자파견이라는 사정만으로 적법한 근로자파견과는 달리 위와 같은 2년의 기간 경과 여부와 관계없이 곧바로 사용사업주와 파견근로자 사이에 직접적인 근로관계가 성립한다고 해석할 수는 없다.

다. 파견과 도급의 구별 법리(이하 '대상판결 법리')⁶⁾

원고용주가 어느 근로자로 하여금 제3자를 위한 업무를 수행하도록 하는 경우 그 법률관계가 위와 같이 파견법의 적용을 받는 근로자파견에 해당하는지는 당사자가 붙인 계약의 명칭이나 형식에 구애될 것이 아니라, ① 제3자가 당해 근로자에 대하여 직·간접적으로 그 업무수행 자체에 관한 구속력 있는 지시를 하는 등 상당한 지휘·명령을 하는지, ② 당해 근로자가 제3자 소속 근로자와 하나의 작업집단으로 구성되어 직접 공동작업을 하는 등 제3자의 사업에 실질적으로 편입되었다고 볼 수 있는지, ③ 원고용주가 작업에 투입될 근로자의 선발이나 근로자의 수, 교육 및 훈련, 작업·휴게시간, 휴

---

5) 종전에 직접고용간주 규정이 불법파견에도 적용되는지에 관하여 하급심이 엇갈리고 학설상 논란이 있었으나, 전원합의체 판결로 불법파견에도 적용됨을 명시적으로 선언한 판결이다. 대상판결은 종전 법리를 재확인한 것이므로 이 글에서는 다루지 않는다.

6) 밑줄, 굵은 글씨, 번호 구분은 필자가 표시한 것이다. 이하 대상판결 법리 중 ①~⑤의 각 요소는 각 해당 번호의 요소(예: ① 요소)로 특정한다.

가, 근무태도 점검 등에 관한 결정 권한을 독자적으로 행사하는지, ④ 계약
의 목적이 구체적으로 범위가 한정된 업무의 이행으로 확정되고 당해 근로자
가 맡은 업무가 제3자 소속 근로자의 업무와 구별되며 그러한 업무에 전문
성·기술성이 있는지, ⑤ 원고용주가 계약의 목적을 달성하기 위하여 필요한
독립적 기업조직이나 설비를 갖추고 있는지 등의 요소를 바탕으로 그 근로관
계의 실질에 따라 판단하여야 한다.

〔研　究〕

Ⅰ. 들어가는 글

　　기업은 사내하도급을 통해 고용 유연성을 높이고, 하청노동자의 상
대적 저임금을 바탕으로 노동비용을 절감하며, 직영 정규직 근로자의 위
험업무회피에 따른 생산인력을 확보하고, 노동관계법 적용 회피를 통한
이익을 얻을 수 있다. 그러나 근로자의 입장에서 살펴보면, 고용 유연성
은 고용의 불안정성으로, 노동비용의 절감은 고용조건의 차별로, 생산인
력 확보는 위험업무 인수로, 노동관계법 적용 회피는 노동기본권의 박탈
로 연결된다.[7]

　　대상판결은 도급인과 수급인이 업무도급계약을 체결하였더라도 파견
근로관계와 도급계약을 구성하는 법률관계의 내용을 실질적으로 살펴 도
급인[8]과 수급인의 근로자 사이에 파견법이 적용되는 파견근로관계에 해
당한다고 판단하면서, 파견과 도급의 구별을 위한 기준을 명시적으로 제
시하였다. 대상판결 법리를 지지하는 견해도 있었지만, 파견과 도급의 구

----

7) 이병희, "사내하도급에서 수급인 근로자에 대한 도급인의 노조법상 사용자책임",
　 사법논집 제51집, 법원도서관, 2011, 133-134면.
8) 대상판결은 도급과 파견의 법률관계를 적용하기 전의 중립적 개념으로 도급계약
　 의 도급인과 파견법상 사용사업주에 해당하는 자를 '제3자', 도급계약의 수급인과
　 파견법상 파견사업주에 해당하는 자를 '원고용주'라 칭하였다. 이 글에서는 이해의
　 편의상 제3자와 원고용주 사이에 업무도급계약, 업무위탁계약, 위임계약 등을 체결
　 하였더라도 당사자 사이에서는 그 계약에 따른 법률관계가 형성되는 것이 기본이
　 므로, 파견법상 사용사업주나 파견사업주로 판단되기 전의 중립적 개념으로서 '제3
　 자'를 '도급인', '원고용주'를 '수급인'이라 사용한다.

별 징표에 관한 중요도를 구분함이 없이 병렬적으로만 나열하여 예측가
능성이 낮아 법적 불안정성의 문제를 낳을 수 있다거나[9] 도급인의 일의
완성에 대한 지시권과 사용자로서의 인적 지시권을 구별하지 못하고 업
무도급계약의 가능 범위를 지나치게 축소하였다[10]거나 컨베이어벨트 생
산방식에서 업무도급의 가능성을 원천적으로 봉쇄하였다[11]거나 서비스업
등에는 부합하지 않으므로 일반적 기준으로 볼 수 없다[12]는 등 다양한
비판이 제기되었다. 대상판결 법리 이후 새로운 내용의 계약이 출현하였
고 다양한 근로관계가 새롭게 만들어짐으로써 대상판결 이후에도 대상판
결이 파견과 도급의 적정한 구별 기준으로서 역할에 관한 의문이 계속
제기되었다.

9) 김기선, "근로자파견의 판단", 월간 노동리뷰, 제121호, 2015, 82면; 이승길 · 김준
근, "도급과 파견의 구별에 관한 판단기준-대법원 2015. 2. 26. 선고 2010다
106436 판결을 중심으로-", 성균관법학 제27권 제2호, 2015, 327-328면; 김도형,
"근로자파견과 도급의 구별 기준", 2015 노동판례비평, 민주사회를 위한 변호사모
임, 2016, 17면; 강선희, "H자동차 아산공장 모든 공정의 사내하도급근로자는 도
급으로 위장된 파견근로자이다", 월간 노동리뷰 제121호, 한국노동연구원, 2015,
86면 등.

10) 김영문, "파견과 도급 구별에 관한 독일 판례의 발전과 시사점", 노동법학 제45
호, 한국노동법학회, 2013; 김영문, "도급과 파견의 구별기준", 노동판례백선, 박영
사, 2015; 김영문, "파견과 도급 구별의 끝없는 논의", 노동법률 제314호, 중앙경제
사, 2017; 김영문, "파견과 도급 구별 기준에 관한 비판적 검토-대상판결: 광주고
법 2016. 8. 17, 2013나1125-", 노동법논총 제43집, 2018; 박지순, "파견과 도급의
구별 법리", 사내하도급의 법적 쟁점과 과제, 무지개문화사, 2012; 박지순, "파견과
도급의 구별기준에 관한 독일과 한국의 판결 비교", 노동법포럼 제11호, 노동법이
론실무학회, 2013; 박지순, "사내도급과 파견의 구별에 관한 서울고등법원 판례 평
석", 월간 노동법률, 통권 제311호, 중앙경제사, 2017; 이상희 · 변양규, "사내하도
급 · 불법파견 판단의 법경제학적 이해-대법원 2015. 2. 26. 선고 2010다106436 판
결을 중심으로-, 경희법학 제51권 제4호, 2016; 이승길 · 김준근, "도급과 파견의
구별에 관한 판단기준-대법원 2015. 2. 26. 선고 2010다106436 판결을 중심으로-",
성균관법학 제27권 제2호, 2015; 이승길 · 변양규, "사내하도급 관련 대법원 판결의
법률적 · 경제적 분석", KERI insight, 한국경제연구원, 황현태, "도급과 파견의 구별
기준에 관한 연구-도급지시권과 근로지시권의 구별에 대한 검토를 중심으로-",
고려대학교 노동대학원 석사학위논문, 2017 등.

11) 이상희 · 변양규, "사내하도급 · 불법파견 판단의 법경제적학 이해-대법원 2015. 2.
26. 선고 2010다106436 판결을 중심으로-, 경희법학 제51권 제4호, 2016, 3-14면.

12) 강선희, "H자동차 아산공장 모든 공정의 사내하도급근로자는 도급으로 위장된
파견근로자이다", 월간 노동리뷰 제121호, 한국노동연구원, 2015, 86면.

순수한 도급계약으로 판단된다면, 도급인은 고용 유연성을 확보하고 업무에 투입된 수급인의 근로자들에 대한 각종 노동법상 책임으로부터 자유롭게 됨에 따라 더 많은 이윤을 창출할 수 있다. 반면에 수급인의 근로자들은 고용 불안정성, 노동법에 따른 보호 축소 등을 겪게 된다. 각자 입장에서 유리한 긍정적 요소가 동시에 상대방에게는 부정적 요소로 평가된다. 대상판결 법리에 대한 다양한 견해의 이면에 있는 가치관이나 해석론 중 어느 것이 경제적·정책적으로 바람직한지, 더 정의로운 것인지 등을 분석하는 것은 이 글의 목적이 아니다. 이 글은 대상판결이 제시한 도급과 파견에 관한 구별 법리의 구조를 분석하여 각 요소의 의미를 살펴봄으로써 대상판결 법리에 관한 바람직한 해석론을 제시하는 것을 목적으로 한다.

이하에서는 도급과 파견에 관한 일반적 법리를 바탕으로 대상판결 법리를 온전하게 이해하여 본 후, 이를 바탕으로 대상판결에 대한 비판론을 검토한 후, 대상판결 법리에 발전 가능성을 모색하기로 한다.

Ⅱ. 도급, 고용(근로), 근로자 공급, 근로자파견

1. 민법상 도급과 고용

인간은 기본권과 권리의 주체이지만 타인에게 노동력을 제공하지 않고는 생존하기 어려운 존재이다. 권리의무의 주체인 근로자는 권리의무의 객체로서 노동력을 인격과 구별하여 교환에 제공함으로써 생존을 위한 재화를 취득할 수 있게 되었다. 주체와 객체가 혼재된 이러한 노동력의 특수성과 이를 통하여 생활하여야 하는 근로자를 보호하기 위하여 근로기준법 등 노동법이 제정되었다. 도급과 고용(근로)의 구별하는 것은 단순히 계약 해석에 적용할 적정한 법리를 찾아내는 것을 넘어 노동법의 적용 대상과 범위를 정하는 문제가 된다.

도급이란 당사자 일방이 어느 일을 완성할 것을 약정하고 상대방이 그 일의 결과에 대하여 보수를 지급할 것을 약정함으로써 성립하는 계약

이다(민법). 일의 완성에 유형, 무형을 가리지 않지만, 어느 경우이든 도
급인은 일의 완성이라는 목적을 위하여 계약을 체결하고 그 결과를 취득
한다. 도급과 달리 고용은 당사자 일방이 노무를 제공하고 그 상대방을
보수를 지급할 것을 약정함으로써 성립한다(민법). 위임은 당사자 일방
이 상대방에게 사무의 처리를 위탁하고 상대방이 승낙함으로써 성립한다
(민법). 고용계약이나 근로계약은 노무의 공급 그 자체를 목적으로 하는
것이므로, 도급이나 위임과 달리 그 노무에 의한 일의 완성이나 통일적
인 사무의 처리와 같은 일정한 결과의 달성 여부를 고려하지 않는다. 수
급인이나 수임인은 원칙적으로 자신의 판단과 재량에 따라 업무를 처리
하고 일의 완성 또는 사무 처리를 위하여 도급인이나 위임인의 지시를
따라야 하는 경우가 있지만, 이는 당초 계약의 목적을 위하여 계약에서
정한 의무에 불과하다. 이에 반하여 고용계약 또는 근로계약은 근로자의
노동력에 관한 처분을 사용자에게 맡기는 것이 핵심이므로 계약에서 명
확하게 정하지 않은 것이라도 사용자의 지시에 따라 업무를 처리할 의무
가 있다. 로마법이 물건의 제작·수선·수선·가공 등을 비롯하여 육상이
나 해상에서의 물건이나 사람의 운반을 위한 계약으로서 도급(locatio
conductio operis)을 인지하고 있었지만, 도급은 수공업자의 주문생산 등이
지배적이었던 중세사회에서 빈번하게 활용되었다. 그런데 근대 자본주의
의 발전에 따라 제조업에서 주문자의 수요에 따른 부대체물의 생산 방식
은 대부분 불특정 다수를 위한 대체적 상품의 대량생산 방식으로 전환되
었고,[13] 근로자를 직접 고용하여 상품을 생산하는 방식이 원칙적인 생산
방식이 되었다.

　　그러나 민주주의와 자본주의의 공존은 정부의 근로자 보호를 위한
노동법상 감독과 규제 강화를 낳았고, 기업은 이윤 추구를 위하여 종전
과 다른 다양한 생산 방식을 모색하게 되었다. 직접고용 방식은 각종 노
동법상 규제를 받아야 하고, 시장이나 산업구조의 변화 또는 경기변동에

---

13) 김용담, 민법주해[XVI-채권(8)(1997), 429-431면.

탄력적으로 대응하기 어렵다. 사용자가 외부의 수급인(수탁인)과 업무도
급계약(업무위탁계약)을 체결하여 생산방식 일부를 외부화하고 이를 도급
이나 위임의 법리로만 규율할 수 있다면 생산수단의 효율화를 꾀할 수
있다. 이러한 계약은 도급인과 수급인, 위탁인과 수탁인 사이에서 계약으
로서 유효하다.

　　문제는 수급인이나 수임인의 근로자들이 수급인이나 수임인의 이행
보조자에 불과함에도 도급인이나 위임인이 이러한 근로자들을 사용하면
서 지휘·감독을 하는 경우에 발생한다. 노동력의 제공을 주된 목적으로
하는 도급계약을 통상 노무도급이라 부르고 상법 제46조 제5호가 '노무의
도급의 인수'를 기본적 상행위로 열거하는 바와 같이 계약 당사자 사이에
서 계약에 따라 법률관계를 결정하는 것은 문제가 되지 않는다. 그러나
근로자의 노동력 공급 자체가 계약 목적이라면 직업안정법상 근로자공급
또는 파견법상 근로자파견에 해당한다고 볼 여지가 있다. 도급의 목적으
로서 일의 완성 개념을 노동력 자체의 제공까지 무한정 확장한다면, 근
로계약과의 경계가 무너지고 노동법 적용이 부당하게 회피될 우려가 있
다. 노동력 자체의 제공도 도급 목적이 될 수 있더라도 수급인이 직접
도급받은 업무를 수행하는 노무 제공자라면 그 계약의 명칭에도 불구하
고 수급인과 도급인 사이의 관계가 실질적으로 근로관계라 볼 수 있는지
를 판단하여 도급계약인지 근로계약인지 준별하면 된다. 대상판결처럼
수급인이 근로자를 고용하여 그 근로자에게 도급인의 업무를 처리하도록
한다면, 도급인과 그 근로자 사이의 관계와 관련하여 근로관계 또는 파
견관계가 인정되는지를 살펴야 한다.

　　수급인이 도급인에게 제공하는 특정 업무에 타인의 노동력 제공도
포함하여 이를 일의 완성이라는 도급의 목적에 포섭할 수 있다면 도급의
법리에 따라 규율되는 계약을 업무도급계약[14]이라 부른다면, 업무도급계

---

14) 수급인이 소속 근로자의 노동력 제공을 목적으로 도급인과 체결하는 계약을 통
　상 '노무도급'이라 부르지만 노무도급이 진정한 도급인지에 관하여 다른 견해가 가
　능하다. 실제로 이와 같은 계약을 '위탁계약'이라는 이름으로 체결하기도 한다. 계

약을 도급, 위임, 위탁, 비전형계약 등 그 법적 성질을 어떻게 규정하든
계약 당사자 사이에서는 그 계약 내용을 기초로 적용되는 법률관계의 성
격에 따라 규율하면 된다. 다만 사업자인 그 계약당사자 사이에서 근로
자의 노동력 제공을 계약의 목적으로 삼는다면 그 근로자는 거래의 객체
에서 도급인 또는 수급인과 일정한 법률관계를 형성하는 주체로 전환된다.

2. 직업안정법과 근로자 공급계약

　수급인이 도급계약을 통해 타인의 노동력을 도급인에게 제공한다면
직업안정법이 적용될 수도 있다. 근로기준법 제9조는 '누구든지 법률에
따르지 아니하고는 영리로 다른 사람의 취업에 개입하거나 중간인으로서
이익을 취득하지 못한다'고 규정하면서, 사용자와 근로자 사이의 직접적
근로 관계를 원칙적인 모습으로 상정하고 법률이 정하는 예외적인 경우
에 해당하지 않는 한 제3자의 개입에 의한 중간착취를 배제하고 있다.

　직업안정법은 근로기준법 제9조의 법률, 즉 예외적으로 제3자의 개
입을 허용한 법률이다. 직업안정법은 '근로자공급사업'을 '공급계약에 따
라 근로자를 타인에게 사용하게 하는 사업'이라 정의함과 동시에 근로자
파견사업(파견법 제2조 제2호)을 근로자공급사업에서 제외하고 있다(직업안정법 제2조의2 제7호). '근로
자파견'은 '파견사업주가 근로자를 고용한 후 그 고용관계를 유지하면서
근로자파견계약의 내용에 따라 사용사업주의 지휘·명령을 받아 사용사
업주를 위한 근로에 종사하게 하는 것'(파견법 제2조 제2호)이므로, 근로자 공급자가

약의 성격을 도급 또는 파견이라는 이분법적 사고로 구별하는 것이 이 글의 목적
이 아니다. 대상판결 법리가 도급과 파견의 구별 기준을 다루고 있지만, ①, ②
요소는 파견 요소이고, ③, ④, ⑤ 요소는 도급(계약)의 요소이다. 이하에서는 계
약의 법적 성격(예: 도급, 위탁, 비전형계약 등)을 명확하게 규명하기 전의 중립적
개념으로서 일응 '업무도급계약'을 사용한다. 업무도급계약의 본질이 위임계약이라
하더라도, 원고용주가 자신의 근로자에 대한 결정권한을 독자적으로 행사하는지도
같은 맥락에서 고려할 필요가 있고(③ 요소), 어느 계약이든 계약목적의 특정과
구별이 필요하며(④ 요소), 어느 계약이든 독립적 기업조직이나 설비와 같은 계약
주체로서 능력이 필요하다(⑤ 요소). 따라서 업무도급계약을 도급이 아니라고 하
더라도 대상판결 법리 구조가 크게 달라지지 않으므로 이를 도급과 파견의 이분법
적 틀로만 구성된 것이라 보기 어렵다.

근로자에게 일정한 영향력이 있다고 하더라도 고용관계를 유지하고 있지 않다면 직업안정법이 적용되는 근로자 공급계약에 해당하고, 고용관계가 유지되고 있다면 파견법이 적용되는 근로자파견에 해당할 수 있다. 근로자 공급계약에 따라 공급되는 근로자 보호를 위하여 국가의 엄격한 감독과 규제가 필요하다. 직업안정법은 고용노동부장관의 허가를 받는 자에 한하여 근로자공급사업을 할 수 있도록 하고($\frac{제33조}{제1항}$) 국내 근로자공급사업은 노동조합 및 노동관계조정법에 따른 노동조합에만 허용하는($\frac{제33조\ 제3항}{제1호}$) 등 상당한 감독과 규제를 하고 있다.

고용노동부는 근로자 공급사업과 도급을 구별하기 위한 기준을 마련히여 시행하고 있다.[15] 이러한 기준은 대상판결 법리와 같이 파견과 도급을 구별하는 기준을 정립하는 데 하나의 단서[16]가 될 수 있다.

업무도급계약의 수급인이 자신의 영향력 아래에 있는 근로자를 도급인에게 공급하여 도급인의 지휘 아래 사용하도록 하였다고 하더라도 그

---

15) '국내 근로자공급사업 허가관리 규정'(고용노동부예규 제104호, 2016. 1. 12. 일부 개정) 제2조(도급 등과의 구별)
   ① 근로자를 타인에게 제공하여 사용시키는 자는 다음 각 호의 어느 하나에 해당하는 경우를 제외하고는 공급사업을 행하는 자로 본다.
   1. 근로자를 공급한 자가 그 근로자의 업무수행, 근로시간, 배치결정과 그 변경 및 복무상 규율에 관한 사항에 대한 지시 기타 관리를 스스로 함으로써 실질적으로 지휘감독하는 경우
   2. 근로자를 공급한 자가 스스로 제공하는 기계, 설비, 기재(업무상 필요한 간이 공구를 제외한다) 또는 재료나 자재를 사용하거나, 스스로의 기획 또는 전문적 기술과 경험에 따라 업무를 행하는 경우로서 단순히 육체적 노동을 제공하는 것이 아닌 경우
   3. 근로자를 공급한 자가 소요자금을 자기 책임하에 조달·지변하며 민법, 상법 기타 법률에 규정한 사업주로서의 모든 책임을 부담하는 경우
   4. 근로자를 공급한 자가 그 근로자에 대하여 법률에 규정된 사용자로서의 모든 의무를 부담하는 경우
   ② 제1항 각호에 해당하는 경우라도 그것이 법 제33조제1항의 규정에 위반하는 것을 면하기 위하여 고의로 위장된 것으로서 그 사업의 본 목적이 노동력의 공급일 때에는 공급사업을 행하는 자로 본다.
   ③ 제1항 및 제2항에도 불구하고 「파견근로자보호 등에 관한 법률」 제2조에 따른 근로자파견사업을 행하는 자는 공급사업을 행하는 자에서 제외한다.
16) 김대근·우희숙, 파견법위반죄의 구성요건에 대한 연구: 파견과 도급의 구별기준을 중심으로, 한국형사정책연구원, 2016, 23면.

근로자를 고용하지 아니하거나 그 고용관계를 유지하지 아니하고 있다면 직업안정법상 근로자공급사업에 해당할 수 있다. 대상판결의 원고들은 사내협력업체와 고용관계를 유지하고 있으므로 직업안정법이 적용되는 근로자공급사업에는 해당하지 않는다. 사업주가 자신과 근로관계에 있는 근로자를 도급인에게 공급하거나 사용하도록 하는 경우 근로자공급보다 근로자파견에 해당할 가능성이 높다. 파견법 제정으로 원칙적으로 금지되는 근로자공급이 유효한 것으로 재설정되는 것을 우려하는 견해들[17]도 있지만, 파견법이 직업안정법 체계보다 노동시장의 유연화를 위한 제정된 것임을 고려하면 불가피한 측면이 있다.

3. 근로자파견

1998년 외환위기의 영향으로 IMF 등이 국내 노동시장 유연성을 높이라는 권고 등의 영향으로 직업안정법상 근로자공급사업에 관한 엄격한 규제를 완화하기 위하여 1998. 2. 20. 파견법이 제정되었고 1998. 7. 1.부터 시행되었다.[18] 직업안정법에 따라 극히 제한적으로만 허용하던 근로자공급 방식에 근로자파견을 통한 생산 방식까지 허용되는 간접고용의 방식을 확장하였다. 하지만 파견근로자의 고용안정과 복지증진을 위하여 적정한 운영을 위한 사업주의 각종 의무를 규정하였다. 파견법은 이러한 취지를 반영하여, 근로자파견사업의 적정한 운영을 기하고 파견근로자의 근로조건 등에 관한 기준을 확립함으로써 파견근로자의 고용안정과 복지증진에 이바지하고 인력수급을 원활하게 함을 목적으로 한다고 규정하였다(파견법 제1조).

파견법은 근로파견대상업무를 제조업의 직접생산공정업무를 제외하고 전문지식·기술·경험 또는 업무의 성질 등을 고려하여 적합하다고

---

17) 권영환, "파견과 도급의 구별이라는 틀의 재검토", 노동법연구 제30호, 서울대학교 노동법연구회, 2011, 306면; 박제성·노상헌·유성재·조임영·강성태, 사내하도급과 노동법, 한국노동연구원, 2009, 41–52면.

18) 이승길·김준근, "도급과 파견의 구별에 관한 판단기준-대법원 2015. 2. 26. 선고 2010다106436 판결을 중심으로-", 성균관법학 제27권 제2호, 2015, 319면.

판단되는 업무로서 대통령령이 정하는 업무에 한정하여 허용하였다(원칙
적 불허, 제한적 열거허용, 제5조제1항). 제조업의 직접생산공정에 파견근로를 허
용하면 제조업 전체가 간접고용형태의 근로자로 바뀜으로써 고용이 불안
해지는 등 근로조건이 열악해질 가능성이 높으므로[19] 이를 명시적으로
제외하였다. 대상판결의 의장공정은 제조업의 대표적인 직접생산공정에
해당한다. 파견법 시행령 제2조 제1항은 [별표 1][20]로 근로파견대상업무가

---

19) 헌법재판소 2013. 7. 25.자 2011헌바395 결정.
20) [별표 1](개정 2007. 6. 18.)

한국표준직업 분류 (통계청고시 제2000-2호)	대 상 업 무	비 고
120	컴퓨터관련 전문가의 업무	
16	행정, 경영 및 재정 전문가의 업무	행정 전문가(161)의 업무를 제외한다.
17131	특허 전문가의 업무	
181	기록 보관원, 사서 및 관련 전문가의 업무	사서(18120)의 업무를 제외한다.
1822	번역가 및 통역가의 업무	
183	창작 및 공연예술가의 업무	
184	영화, 연극 및 방송관련 전문가의 업무	
220	컴퓨터관련 준전문가의 업무	
23219	기타 전기공학 기술공의 업무	
23221	통신 기술공의 업무	
234	제도 기술 종사자, 캐드 포함의 업무	
235	광학 및 전자장비 기술 종사자의 업무	보조업무에 한한다. 임상병리사(23531), 방사선사(23532), 기타 의료장비 기사(23539)의 업무를 제외한다.
252	정규교육이외 교육 준전문가의 업무	
253	기타 교육 준전문가의 업무	
28	예술, 연예 및 경기 준전문가의 업무	
291	관리 준전문가의 업무	
317	사무 지원 종사자의 업무	
318	도서, 우편 및 관련 사무 종사자의 업무	
3213	수금 및 관련 사무 종사자의 업무	
3222	전화교환 및 번호안내 사무 종사자의 업무	전화교환 및 번호안내 사무 종사자의 업무가 당해 사업의 핵심 업무인 경우를 제외한다.
323	고객 관련 사무 종사자의 업무	
411	개인보호 및 관련 종사자의 업무	
421	음식 조리 종사자의 업무	「관광진흥법」 제3조에 따른 관광 숙박업의 조리사 업무를 제외한다.
432	여행안내 종사자의 업무	
51206	주유원의 업무	

가능한 32개 업무를 열거하고 있다. 다만 위 32개 대상업무에 해당하지 않는다고 하더라도, 출산·질병·부상 등으로 결원이 생긴 경우 또는 일시적·간헐적으로 인력을 확보하여야 할 필요가 있는 경우에는 근로자파견사업을 행할 수 있다(제5조제2항). 하지만 위의 어느 경우라도, 건설공사현장업무, 하역업무, 선원업무 등과 같이 유해하거나 위험한 업무에는 근로자파견을 절대적으로 금지하였다(제5조제3항).[21]

파견법도 직업안정법처럼 근로자파견사업자의 자격요건을 규정하고

51209	기타 소매업체 판매원의 업무	
521	전화통신 판매 종사자의 업무	
842	자동차 운전 종사자의 업무	
9112	건물 청소 종사자의 업무	
91221	수위 및 경비원의 업무	「경비업법」 제2조 제1호에 따른 경비업무를 제외한다.
91225	주차장 관리원의 업무	
913	배달, 운반 및 검침 관련 종사자의 업무	

21) ■ 파견법 제5조 제3항
  제1항 및 제2항의 규정에 불구하고 다음 각 호의 업무에 대하여는 근로자파견사업을 행하여서는 아니 된다.
    1. 건설공사현장에서 이루어지는 업무
    2. 「항만운송사업법」 제3조 제1호, 「한국철도공사법」 제9조 제1항 제1호, 「농수산물유통 및 가격안정에 관한 법률」 제40조, 「물류정책기본법」 제2조 제1항 제1호의 하역업무로서 「직업안정법」 제33조의 규정에 따라 근로자공급사업 허가를 받은 지역의 업무
    3. 「선원법」 제2조 제1호에 따른 선원의 업무
    4. 「산업안전보건법」 제28조의 규정에 따른 유해하거나 위험한 업무
    5. 그 밖에 근로자 보호 등의 이유로 근로자파견사업의 대상으로는 적절하지 못하다고 인정하여 대통령령이 정하는 업무
  ■ 파견법 시행령 제2조 제2항
  법 제5조 제3항 제5호에서 "대통령령이 정하는 업무"란 다음 각 호의 어느 하나에 해당하는 업무를 말한다.
    1. 「진폐의 예방과 진폐근로자의 보호 등에 관한 법률」 제2조 제3호에 따른 분진작업을 하는 업무
    2. 「산업안전보건법」 제44조에 따른 건강관리수첩의 교부대상 업무
    3. 「의료법」 제2조에 따른 의료인의 업무 및 같은 법 제80조에 따른 간호조무사의 업무
    4. 「의료기사 등에 관한 법률」 제3조에 따른 의료기사의 업무
    5. 「여객자동차 운수사업법」 제2조제3호에 따른 여객자동차운송사업의 운전업무
    6. 「화물자동차 운수사업법」 제2조제3호에 따른 화물자동차운송사업의 운전업무

고용노동부장관의 허가를 받은 자에 한정하여 허용하고 있다(제7조 제1항). 파견법상 각종 의무를 위반한 파견사업주나 사용사업주는 형사처벌의 대상이 될 수 있다.[22] 근로자파견이나 불법파견에 해당한다고 판단되면 사용사업주에게는 직접고용의무(구 파견법에서는 직접고용간주)가 부과된다. 대상판결의 사안처럼 근로자파견관계에 해당하여 구 파견법 제6조 제3항이 적용되면, 2년이 만료된 날의 다음 날에 사용사업주와 근로자들 사이에 직접고용이 간주되고,[23] 현행 파견법에 의하면 사용사업주는 직접고용의무가 있다.[24]

---

22) 각종 파견법위반죄에 관한 상세 내용 해설은 다음 문헌을 참조. 김대근, "근로자파견 법리의 불법구조와 분석-파견과 도급의 구별 기준 정립을 위한 시론-", 노동법포럼 제24호, 노동법이론실무학회, 2018, 37-45면; 김대근·우희숙, 파견법위반죄의 구성요건에 대한 연구: 파견과 도급의 구별기준을 중심으로, 한국형사정책연구원, 2016, 30-47면.

23) ■ 파견법 부칙(제8076호, 2006. 12. 21.)
   ③ (고용의제에 관한 경과조치) 이 법 시행 당시 종전의 제6조 제3항의 규정이 적용되는 파견근로자에 대하여는 이 법 시행 후에도 종전의 규정을 적용한다.

24) ■ 2012. 2. 1. 법률 제11279호로 개정된 파견법 제6조의2(고용의무)
   ① 사용사업주가 다음 각 호의 어느 하나에 해당하는 경우에는 당해 파견근로자를 직접 고용하여야 한다.
   1. 제5조 제1항의 근로자파견대상업무에 해당하지 아니하는 업무에서 파견근로자를 사용하는 경우(제5조제2항에 따라 근로자파견사업을 행한 경우는 제외한다)
   2. 제5조제3항의 규정을 위반하여 파견근로자를 사용하는 경우
   3. 제6조제2항을 위반하여 2년을 초과하여 계속적으로 파견근로자를 사용하는 경우
   4. 제6조제4항을 위반하여 파견근로자를 사용하는 경우
   5. 제7조제3항의 규정을 위반하여 근로자파견의 역무를 제공받은 경우
   ② 제1항의 규정은 당해 파견근로자가 명시적인 반대의사를 표시하거나 대통령령이 정하는 정당한 이유가 있는 경우에는 적용하지 아니한다.
   ■ 2006. 12. 21. 법률 제8076호로 개정되고 위와 같이 개정되기 전의 파견법 제6조의2(고용의무)
   ① 사용사업주가 다음 각 호의 어느 하나에 해당하는 경우에는 당해 파견근로자를 직접 고용하여야 한다.
   1. 제5조제2항의 규정을 위반하여 2년을 초과하여 계속적으로 파견근로자를 사용하는 경우
   2. 제5조 제3항의 규정을 위반하여 파견근로자를 사용하는 경우
   3. 제6조 제2항 또는 제4항의 규정을 위반하여 2년을 초과하여 계속적으로 파견근로자를 사용하는 경우
   4. 제7조 제3항의 규정을 위반하여 2년을 초과하여 계속적으로 근로자파견의

근로자파견은 파견사업주가 근로자를 고용한 후 그 고용관계를 유지
하면서 근로자파견계약의 내용에 따라 사용사업주의 지휘·명령을 받아
사용사업주를 위한 근로에 종사하게 하는 것이다($_{제2조\ 제1호}^{파견법}$). 파견법상 근
로자파견의 정의는 대상판결의 해석에 있어서도 대단히 중요한 개념이
다. 근로자파견은 개념상 사용사업주와 파견사업주의 근로자파견계약, 파
견사업주와 파견근로자의 고용(근로)계약, 사용사업주의 파견근로자에 대
한 지휘·명령이라는 3면적 법률관계를 예정하고 있다. 파견법은 파견근
로자 보호를 위하여 파견사업주와 파견근로자, 사용사업주와 파견근로자
사이의 법률관계를 주로 규율하고 있다. 사용사업주와 파견사업주의 관
계는 당사자 사이의 계약관계에 따라 규율하도록 하고, 근로자와 관계되
는 측면에서만 사용사업주와 파견사업주의 의무를 부과하는 구조이다.

도급인과 수급인의 업무도급계약에도 불구하고 그것이 근로자파견에
해당한다면, 도급인은 근로자파견계약에 의하여 파견근로자를 사용하는
사용사업주로서($_{제4호}^{파견법\ 제2조}$), 수급인은 근로자파견사업을 행하는 자인 파견
사업주($_{제3호}^{파견법\ 제2조}$)로서 각각 파견법이 정한 의무를 이행하여야 한다. 파견
법은 파견사업주가 강구하여야 할 조치($_{제29조}^{제23조부터}$)와 사용사업주가 강구하여
야 할 조치($_{제33조}^{제30조부터}$)를 각각 나누어 규정하고, 이와 동시에 파견사업주와
사용사업주 모두 근로기준법 제2조의 규정에 의한 사용자로 보아 근로기
준법을 적용한다고 규정하였다.

구체적으로 근로계약 및 근로조건, 해고 및 퇴직급여제도, 사용증명
서 등, 임금, 연장·야간 및 휴일근로, 연차 유급휴가, 여성과 소년의 근
로계약 등, 재해보상에 관하여는 파견사업주가 사용자로 간주되고, 근로
시간과 휴식, 여성과 소년의 근로시간 등에 관하여는 사용사업주가 사용
자로 간주된다($_{제34조\ 제1항}^{2파견법}$).[25] 파견사업주와 사용사업주의 이러한 사용자로

역무를 제공받은 경우
② 제1항의 규정은 당해 파견근로자가 명시적인 반대의사를 표시하거나 대통령
령이 정하는 정당한 이유가 있는 경우에는 적용하지 아니한다.
25) ■ 파견법 제34조(근로기준법의 적용에 관한 특례)
① 파견중인 근로자의 파견근로에 관하여는 파견사업주 및 사용사업주를 「근로기

서 의무는 파견과 도급의 구별에 관한 판단에 있어서도 충분히 고려하여
야 한다.

4. 파견과 도급의 구별 방법론

대상판결 사안과 같이 도급인과 수급인이 업무도급계약을 체결하였
음에도 이를 파견이라고 규정하는 것이 간단하지 않다. 파견과 도급의
구별에 관하여 가장 많은 경험과 사례를 축적하고 있는 독일연방노동법
원도 실질판단, 종합판단의 원칙에 따라 여러 기준을 종합하여 판단하고
있다.[26] 대상판결 법리도 이러한 독일연방노동법원의 경험들을 반영하고
있다.[27] 독일의 학설도 제반 사정을 종합하는 판례의 방법론을 따르면서
도 개별기준을 세분화하는 견해, 기준들 사이의 중요도에 차이를 두는
견해, 별도 기준을 제시하는 견해도 있지만, 실질적 · 종합적 판단의 틀을
벗어나는 견해는 발견하기 어렵다.[28] 노동법 적용 여부를 결정하는 법률
관계는 당사자 사이의 계약 내용을 중시하더라도 계약이 실제로 이행된
모습을 고려할 수밖에 없다. 법률관계가 실제로 이행된 모습을 관찰함에
있어서도 외관에만 의존할 수 없다. 사용자가 항상 근로자 옆에 꼭 붙어
서 드라이버를 돌리는 모든 동작 하나하나를 지켜보아야 하는 것은 아니

준법」 제2조의 규정에 의한 사용자로 보아 동법을 적용한다. 다만, 같은 법 제
15조부터 제36조까지, 제39조, 제41조부터 제48조까지, 제56조, 제60조, 제64조,
제66조부터 제68조까지 및 제78조부터 제92조까지의 규정의 적용에 있어서는
파견사업주를, 같은 법 제50조부터 제55조까지, 제58조, 제59조, 제62조, 제63조
및 제69조부터 제75조까지의 규정의 적용에 있어서는 사용사업주를 사용자로
본다.
26) 은수미 · 김기선 · 박제성, 간접고용 국제비교, 한국노동연구원, 2012, 5-51면,
199-200면.
27) 독일연방노동법원 판결의 발전과정에 관한 상세한 예는, 은수미 · 김기선 · 박제
성, 간접고용 국제비교, 한국노동연구원, 2012, 5-51면(김기선 집필 부분)과 박제
성 · 노상헌 · 유성재 · 조임영 · 강성태, 사내하도급과 노동법, 한국노동연구원, 2009,
138-159면(유성재 집필 부분).
28) 박제성 · 노상헌 · 유성재 · 조임영 · 강성태, 사내하도급과 노동법, 한국노동연구원,
2009, 159-165면(유성재 집필 부분), 은수미 · 김기선 · 박제성, 간접고용 국제비교,
한국노동연구원, 2012, 20-51면(김기선 집필 부분).

다.[29] 도급계약에서 정한 내용의 이행 자체가 노무관리권의 실현 과정일 수 있다.[30]

아울러 노동력 제공을 목적으로 하는 업무도급계약은 도급인과 수급인, 수급인과 근로자, 도급인과 근로자라는 3면적 법률관계 형성이 불가피하다. 도급계약 구조에서 근로자는 수급인의 이행보조자에 불과하므로 수급인을 거치지 않고는 도급인과 법률관계가 형성되지 않는다. 계약으로 수급인의 근로자를 이행보조자에 그치는 것으로 규정하였더라도 도급인이 사용자로서 지휘·명령을 하면 노동법이 개입하고, 수급인의 근로자는 3면적 법률관계의 주체이자 파견법의 보호대상으로 등장하게 된다. 이러한 3면적 법률관계를 실질적·종합적으로 바라보려면 양자 관계로 구성된 3개의 법률관계 특성을 개별적으로 분석하면서도 1개의 법률관계가 다른 2개의 법률관계에 일정한 영향을 주는 방식으로 상호영향을 끼치고 있다는 점을 다층적으로 파악할 필요가 있다.

대상판결 법리가 제시한 5가지 구성요소도 이러한 성격을 반영하고 있고, 최대한 중복된 설명을 피하면서 각 구성요소의 의미를 살펴보더라도 모두 종합적 판단을 위한 과정으로서만 이해될 필요가 있다.

Ⅲ. 대상판결 법리에 관한 분석

1. 대상판결 이전의 법리

대상판결 법리는 도급인과 수급인의 근로자 사이의 직접 근로관계를 인정하는 묵시적 근로관계에 관한 법리와 대상판결 이전의 파견과 도급의 구별 법리를 함께 살펴봄으로써 더욱 명확하게 이해할 수 있다.

가. 직접 근로관계

원고용주에게 고용되어 제3자의 사업장에서 제3자의 업무를 수행하

---

29) 박제성, "사내하청 노동관계 법해석론", 노동법연구 제40호, 서울대학교 노동법연구회, 2016, 340면(미국 연방노동관계위원회가 2015. 8. 27. Browning-Ferris 사건에서 도급인의 사용자성을 인정하면서 사용한 표현).

30) 박제성, 하청노동론, 퍼플, 2018, 229면.

는 사람을 제3자의 근로자라고 하기 위해서는, 원고용주가 사업주로서의
독자성이 없거나 독립성을 결하여 제3자의 노무대행기관과 동일시할 수
있는 등 그 존재가 형식적 · 명목적인 것에 지나지 아니하고, 사실상 당
해 피고용인은 제3자와 종속적인 관계에 있으며 실질적으로 임금을 지급
하는 주체가 제3자이고 근로 제공의 상대방도 제3자이어서, 당해 피고용
인과 제3자 사이에 묵시적 근로계약관계가 성립하였다고 평가할 수 있어
야 한다.[31] 기존 기업이 일부 생산부문 인적조직을 이른바 소사장 법인으
로 분리시킨 경우에도 그 소사장 법인이 사업주로서 독자성이 없거나 독
립성을 결여한 경우에도 마찬가지이다.[32]

　　대법원은 실질적 판단의 원칙에 따라 수급인이 외형상으로만 존재할
뿐 사업경영상의 독립성이나 인사노무관리의 독립성이 없다면[33] 도급인
과 수급인의 근로자 사이에 묵시적 근로계약관계가 성립되었다고 판단하
면서 이에 따라 직접 근로계약관계를 인정하고 있다. 대법원은 이러한
법리에 따라 광업권자 사건,[34] SK 주식회사 사건,[35] 현대미포조선 사건[36]

---

31) 대법원 1979. 7. 10. 선고 78다1530 판결, 대법원 1999. 7. 12.자 99마628 결정,
　　대법원 1999. 11. 12. 선고 97누19946 판결, 대법원 2003. 9. 23. 선고 2003두3420
　　판결, 대법원 2002. 11. 26. 선고 2002도649 판결, 대법원 2008. 7. 10. 선고 2005
　　다75088 판결, 대법원 2010. 7. 22. 선고 2008두4367 판결, 대법원 2015. 2. 26. 선
　　고 2012다96922 판결, 대상판결 등.
32) 대법원 2002. 11. 26. 선고 2002도649 판결.
33) 대법원 2015. 2. 26. 선고 2012다96922 판결(원심이 철도유통 등이 피고 측과
　　체결한 각 위탁협약에 따라 독립적으로 KTX 승객서비스업을 경영하고 KTX 여승
　　무원에 대한 인사권도 독자적으로 행사하였다고 보아 원고들과 피고 측 사이의 묵
　　시적 근로계약관계의 성립을 부정한 것은 정당).
34) 대법원 1979. 7. 10. 선고 78다1530 판결.
35) 대법원 2003. 9. 23. 선고 2003두3420 판결(인사이트코리아는 참가인의 자회사로
　　서 형식상으로는 독립된 법인으로 운영되어 왔으나 실질적으로는 참가인 회사의
　　한 부서와 같이 사실상 경영에 관한 결정권을 참가인이 행사하여 왔고, 참가인이
　　물류센터에서 근로할 인원이 필요한 때에는 채용광고 등의 방법으로 대상자를 모
　　집한 뒤 그 면접과정에서부터 참가인의 물류센터 소장과 관리과장 등이 인사이트
　　코리아의 이사와 함께 참석한 가운데 실시하였으며, 원고들을 비롯한 인사이트코
　　리아가 보낸 근로자들에 대하여 참가인의 정식 직원과 구별하지 않고 업무지시,
　　직무교육실시, 표창, 휴가사용 승인 등 제반 인사관리를 참가인이 직접 시행하고,
　　조직도나 안전환경점검팀 구성표 등의 편성과 경조회의 운영에 있어서 아무런 차
　　이를 두지 아니하였으며, 그 근로자들의 업무수행능력을 참가인이 직접 평가하고

에서는 직접 근로관계를 인정하였고, 경기화학공업 사건,[37] 부산교통공단 사건,[38] 범한산업 사건,[39] 현대자동차 사건,[40] 현대중공업 사건,[41] 한국철도공사 사건[42]에서는 직접 근로관계를 인정하지 않았다. 사건마다 사실관계가 달라 일부 설시를 달리하고 있으나, 결국 수급인의 사업주로서 독자성이나 독립성 여부에 따라 결론을 달리한 것으로 볼 수 있다.

실무상 수급인의 근로자들은 도급인에 대하여 묵시적 근로계약관계 성립을 근거로 직접 근로관계 또는 파견법에 따른 파견근로관계를 함께 주장하는 경우가 많다. 대상판결 법리 ⑤ 요소 중 독립적 기업조직의 의미와 묵시적 근로계약관계 법리 중 사업주로서의 독자성이나 독립성과의

임금인상 수준도 참가인의 정식 직원들에 대한 임금인상과 연동하여 결정하였음을 알 수 있는바, 이러한 사정을 종합하여 보면 참가인은 '위장도급'의 형식으로 근로자를 사용하기 위하여 인사이트코리아라는 법인격을 이용한 것에 불과하고, 실질적으로는 참가인이 원고들을 비롯한 근로자들을 직접 채용한 것과 마찬가지로서 참가인과 원고들 사이에 근로계약관계가 존재한다).

36) 대법원 2008. 7. 10. 선고 2005다75088 판결(용인기업은 형식적으로는 피고 회사와 도급계약을 체결하고 소속 근로자들인 원고들로부터 노무를 제공받아 자신의 사업을 수행한 것과 같은 외관을 갖추었다고 하더라도, 실질적으로는 업무수행의 독자성이나, 사업경영의 독립성을 갖추지 못한 채, 피고 회사의 일개 사업부서로서 기능하거나, 노무대행기관의 역할을 수행하였을 뿐이고, 오히려 피고 회사가 원고들로부터 종속적인 관계에서 근로를 제공받고, 임금을 포함한 제반 근로조건을 정하였다고 봄이 상당하므로, 원고들과 피고 회사 사이에는 직접 피고 회사가 원고들을 채용한 것과 같은 묵시적인 근로계약관계가 성립되어 있었다고 보는 것이 옳다).

37) 대법원 1999. 11. 12. 선고 97누19946 판결(경기화학공업으로부터 상하차 작업을 수급한 협력업체 직원들이 경기화학공업을 상대로 부당노동행위구제를 신청하였으나 직접 근로관계가 인정되지 않음).

38) 대법원 2006. 11. 24. 선고 2006다49246 판결(부산교통공단이 지하철 매표소 업무를 협력업체에 도급하였다. 원심법원은 직접 근로관계와 파견근로관계 모두 부정하였고 대법원은 상고기각하였다).

39) 대법원 2009. 4. 23. 선고 2007두26636 판결.

40) 대법원 2010. 7. 22. 선고 2008두4367 판결(울산공장), 대법원 2015. 2. 26. 선고 2010다106436 판결(대상판결, 아산공장.)

41) 대법원 2010. 3. 25. 선고 2007두9068 판결, 대법원 2010. 3. 25. 선고 2007두9136 판결, 대법원 2010. 3. 25. 선고 2007두9143 판결, 대법원 2010. 3. 25. 선고 2007두9150 판결(이상 4개의 판결은 부당해고 관련 현대중공업의 사용자성 부정); 대법원 2010. 3. 25. 선고 2007두8881 판결, 2010. 3. 25. 선고 2007두9025 판결(이상 2개의 판결은 지배개입 관련 현대중공업의 사용자성 인정).

42) 대법원 2015. 2. 26. 선고 2011다78316 판결, 2015. 2. 26. 선고 2012다96922 판결.

구별이 문제가 될 수 있다. 실질적인 판단의 대상이라는 측면에서는 중복되는 면도 있으나, 사업주로서 독자성이나 독립성은 사업주의 존재 자체가 형식적·명목적인 것에 불과할 정도로 평가할 수 있을 정도이어야 하고, ⑤ 요소는 일응 수급인이 사업경영상의 독립성이나 인사노무관리의 독립성을 인정할 수 있지만 도급계약의 목적을 실질적으로 수행하거나 그 목적을 위한 위험을 인수할 수 있을 만한 실질적 기업조직이나 설비를 갖추었는지를 보는 것이다. 전자는 사업주체로서 실질적 존재 여부를, 후자는 계약 목적의 실질적 이행 능력을 주로 살핀다.

많은 경우 근로자들은 도급인을 상대로, 주위적으로 묵시적 근로관계 성립을, 예비적으로 근로자파견관계 해당을 주장한다. 수급인의 사업주로서 실체 여부가 도급인의 사용자로서의 지휘·명령 여부에 관한 판단보다 상대적으로 용이하고, 법률 효과의 측면에서도 파견보다 강력하기 때문이다.[43] 당사자의 이러한 주장에 따라 사업주 실체 여부를 먼저 검토한 후 도급인의 사용자로서 지휘·명령을 검토하는 것이 일반적이다. 노동부, 법무부, 대검찰청도 2007년에 공동으로 '근로자파견의 판단기준에 관한 지침'[44](이하 '공동지침')에서 근로자파견 여부를 이러한 순서에 따라

---

43) 직접 고용관계가 성립되면 계약 당시부터 도급인과 근로계약이 성립된 것으로 보지만, 파견근로관계가 성립되면 2년이 경과된 후에야 직접고용의무(구 파견법이 적용되면 직접고용간주)가 발생한다.

44) 4. 판단의 기준
   가. 파견사업주등에 대한 사업주로서의 실체판단
   • 사용사업주등과 파견사업주등 사이에 체결된 계약의 명칭·형식 등에도 불구하고, 파견사업주등에게 다음 각 호의 권한이나 책임이 존재하지 않는 경우에는 파견사업주등의 실체가 인정되기 어려우므로 법 제2조 제1호의 근로자파견의 정의 중에서 "파견사업주가 근로자를 고용한 후 그 고용관계를 유지"하는 것으로 보지 아니한다. 다만, 4), 5)는 단순히 육체적인 노동력을 제공하는 경우에는 적용되지 아니한다.
     1) 채용·해고 등의 결정권
     2) 소요자금 조달 및 지급에 대한 책임
     3) 법령상 사업주로서의 책임
     4) 기계, 설비, 기자재의 자기 책임과 부담
     5) 전문적 기술·경험과 관련된 기획 책임과 권한
   나. 사용사업주등의 지휘·명령에 대한 판단
   • 사용사업주등과 파견사업주등 사이에 체결된 계약의 명칭·형식 등에도 불구하

판단하고 있다. 파견사업주 등에 대한 사업주로서의 실체 판단을 사용사
업주 등에 지휘·명령에 대한 판단에 선행한다. 행정처분이나 형사처벌
여부의 기준으로서 명확성은 중요한 가치이고, 공동지침은 묵시적 근로관
계까지 포괄하는 것이 아니라 근로자파견 여부만 식별하기 위한 것이므
로 이러한 공동지침의 합리성과 유용성은 충분히 수긍할 수 있다.[45] 다만
묵시적 근로관계도 도급인과 사실상 당해 피고용인은 도급인과 종속적인
관계에 있고 실질적으로 임금을 지급하는 주체가 도급인이고 근로 제공
의 상대방도 도급인이라는 점이 전제되어야 하므로, 도급인과 근로자 사
이에 지휘·명령 관계가 존재하지 않는다면 근로계약관계가 처음부터 형
성될 여지가 없는 것이므로 논리적으로는 지휘·명령의 판단이 선행하는
것일 수 있다.[46] 대상판결 법리는 도급과 파견의 구별 법리이고, 수급인
이나 파견사업주나 모두 사업주로서 실체성은 존재하는 것이므로, 이를
별도 요소로서 언급할 필요가 없었던 것으로 보인다. 다만 대상판결은
사업자의 실체성과 가장 유사한 '독립적 기업조직이나 설비'를 가장 마지
막에 설시함으로써 사용자로서 지휘·명령을 판단함에 있어 보충적으로
고려하는 요소로 두었다.

나. 대상판결 이전의 파견과 도급의 구별 법리

대법원은, 대상판결 이전에는 파견과 도급을 구별함에 있어 계약의

고, 사용사업주등이 당해 근로자에 대하여 다음 각 호의 권한을 행사하는 경우
에는 법 제2조 제1호의 근로자파견의 정의 중에서 "파견사업주가…사용사업주의
지휘·명령을 받아 사용사업주를 위한 근로에 종사하게 하는 것"으로 판단한다.
  1) 작업배치·변경결정권
  2) 업무지시·감독권
  3) 휴가, 병가 등의 근태 관리권 및 징계권
  4) 업무수행에 대한 평가권
  5) 연장·휴일·야간근로 등의 근로시간 결정권(다만, 작업의 특성상 일치시야
      하는 경우에는 제외한다)
45) 다만 조임영, "근로자파견관계의 판단방식과 기준", 노동법연구 제22호, 서울대학
    교 노동법연구회, 2007, 177~178면(파견사업주와 근로자 사이의 고용관계 판단을
    선행한 후 사용사업주의 지휘·명령 여부와 사용사업주를 위한 근로에 종사하는지
    여부에 대한 판단의 순서로 재구성하는 것이 바람직하다).
46) 강성태, "사내하도급과 근로계약관계", 사법 제15호, 사법발전재단, 2011, 32면.

목적 또는 대상에 특정성, 전문성, 기술성 여부, 계약당사자가 기업으로
서 실체와 사업경영상 독립성 여부, 계약 이행에서 사용사업주의 지휘·
명령권 보유 여부 등을 그 근로관계의 실질에 따라 판단하여야 한다고
설시하였다(이하 '종전 법리'). 그런데 종전 법리는 실제로 원심판결[47] 판
단을 그대로 수긍하거나[48] 이러한 법리를 다시 정리하여 제시하는 정도[49]
이어서 파견과 도급의 일반적 구별 기준으로 부족하다는 비판이 있었다.

　　종전 법리는 ㉮ 계약의 목적(특정성, 전문성, 기술성 여부), ㉯ 계약
의 당사자(기업 실체, 사업경영상 독립성), ㉰ 계약의 이행(사용사업주의 지
휘·명령권)과 같이 계약 체결부터 이행까지의 단계에 따라 검토하는 체
계를 갖추고 있었다. 대상판결 법리는 종전 법리의 요소와 같거나 유사

<hr/>

47) 서울고등법원 2011. 2. 10. 선고 2010누23752 판결(대법원 2010. 7. 22. 선고
　2008두4367 판결로 파기환송 후 판결).
48) 대법원 2012. 2. 23. 선고 2011두7076 판결(원심은 근로자파견관계에 해당하는지
　여부는 당사자가 설정한 계약형식이나 명목에 구애받지 않고 계약목적 또는 대상
　의 특정성, 전문성, 기술성, 계약당사자의 기업으로서 실체 존부와 사업경영상 독
　립성, 계약 이행에서 사용사업주의 지휘·명령권 보유 등을 종합적으로 고려하여
　그 근로관계의 실질을 따져서 판단하여야 한다고 전제한 다음 (중략) 원고과 예성
　기업 사이에 체결된 근로계약의 내용, 예성기업과 참가인 사이에 체결된 도급계약
　의 내용, 참가인에 의한 참가인의 사내협력업체 관리 실태, 참가인에 의한 각종
　업무표준의 제정 및 실시사실과 함께, 참가인과 예성기업 사이에 체결된 위 도급
　계약에 따라 예성기업 소속의 근로자들이 참가인에게 노무를 제공하는 내용과 방
　식, 그에 관한 참가인의 지배 내지 통제의 내용과 범위 등에 관한 판시사실을 인
　정하고, 그 인정 사실에 비추어 원고가 예성기업에 고용된 후 참가인 사업장에 파
　견되어 참가인으로부터 직접 노무지휘를 받는 근로자파견관계에 있었다고 판단하
　였다)(이른바 최병승 판결로서 상고기각).
49) 대법원 2013. 11. 28. 선고 2011다60247 판결(근로자파견관계에 해당하는지 여부
　는 당사자가 설정한 계약형식이나 명목에 구애받지 않고 계약목적 또는 대상의 특
　정성, 전문성, 기술성, 계약당사자의 기업으로서 실체 존부와 사업경영상 독립성,
　계약 이행에서 사용사업주의 지휘·명령권 보유 등을 종합적으로 고려하여 그 근
　로관계의 실질을 따져서 판단하여야 한다"는 이유로 원심판결을 수긍하거나 "파견
　근로자보호법의 목적과 내용 등에 비추어 보면, 근로자를 고용하여 타인을 위한
　근로에 종사하게 하는 경우 그 법률관계가 파견근로자보호법이 적용되는 근로자파
　견에 해당하는지 여부는 당사자들이 붙인 계약의 명칭이나 형식에 구애받을 것이
　아니라, 계약의 목적 또는 대상에 특정성, 전문성, 기술성이 있는지 여부, 계약당
　사자가 기업으로서 실체가 있는지와 사업경영상 독립성을 가지고 있는지 여부, 계
　약 이행에서 사용사업주가 지휘·명령권을 보유하고 있는지 여부 등 그 근로관계
　의 실질에 따라 판단하여야 한다)(평화산업 사건).

한 내용을 그대로 사용하면서도 새로운 요소를 추가하였다. 종전 법리와
대상판결 법리를 비교하면 아래 [표 4]와 같다.[50]

[표 4] 종전 법리와 대상판결 법리 비교

근로관계의 실질에 따라 판단 (당사자가 붙인 계약의 명칭이나 형식에 구애될 것이 아님)	
종전 법리(고려 요소)	대상판결 법리(고려 요소)
㉢ 계약 이행에서 사용사업 주의 지휘·명령권 보유	① 도급인이 당해 근로자에 대하여 직·간접적으로 그 업 무수행 자체에 관한 구속력 있는 지시를 하는 등 상당한 지휘·명령
	② 도급인 사업에 실질적 편입(하나의 작업집단에 공동작업 등)
	③ 수급인의 작업에 투입될 근로자의 선발이나 근로자 의 수, 교육 및 훈련, 작업·휴게시간, 휴가, 근무태 도 점검 등 결정 권한 독자적 행사 여부
㉯ 계약의 목적 또는 대상 에 특정성, 전문성, 기술성	④ 계약 목적의 구체성·한정성, 구별성(도급인 소 속 근로자 업무 대비), 전문성·기술성
㉮ 계약 당사자의 기업으로서 실 체 존부와 사업 경영상 독립성	⑤ 수급인의 계약 목적 달성에 필요한 독립적 기업 조직이나 설비 보유

종전 법리는 사용사업주의 지휘·명령권이라는 파견법상 용어를 그
대로 사용하였는데, 대상판결 법리는 지휘·명령의 상대방이 근로자이고
간접적인 업무수행 지시도 포함되며 상당한 수준의 지휘·명령으로도 가
능하다면서 이를 구체화하였다. 종전 법리의 계약 목적의 특정성은 대상
판결 법리의 구체성, 한정성, 구별성(도급인 소속 근로자 업무 대비)으로
보다 구체화되었다. 종전 법리의 계약 당사자의 기업으로서의 실체 존부
와 사업경영상 독립성은 앞서 살펴본 바와 같이 직접 근로관계와 도급을
구별하는 기준으로서 작용하고, 파견사업주 역시 기업으로서의 실체와 사
업경영상 독립성이 존재하는 것을 전제로 한 것이므로, 도급과 파견의
구별기준이라 보기에 부족한 점이 있다. 대상판결은 종전 법리의 의미와
성과를 반영하면서도 직접 근로관계와 도급을 구별하는 기준과 병존할

---

50) 김도형, "근로자파견과 도급의 구별 기준", 2015 노동판례비평, 민주사회를 위한
변호사모임, 2016, 192면에도 같은 취지로 유형별 비교가 되어 있다.

수 있도록 독립적 기업조직이나 설비 보유라는 도급계약의 특징적 요소를 언급하는 정도로 완화하였다.

2. 대상판결 법리의 기본 구조

대상판결 법리는 파견과 도급의 구별요소로서 ①∼⑤의 5개 요소를 제시하고, 이러한 요소들을 판단함에 있어 당사자가 붙인 계약의 명칭이나 형식에 구애되지 아니하고 그 근로관계의 실질에 따라 판단할 것을 제시하고 있다. 이러한 실질판단의 원칙은 근로관계의 판단함에 있어 정립된 기준으로서 새로운 것이 아니다. 대법원은 근로기준법[51]이나 노동조합법[52]이 적용되는 근로자 여부 등에 관한 판단에 있어 일관되게 실질

---

51) 근로기준법상의 근로자에 해당하는지는 계약의 형식이 고용계약인지 도급계약인지보다 근로제공자가 실질적으로 사업 또는 사업장에 임금을 목적으로 종속적인 관계에서 사용자에게 근로를 제공하였는지에 따라 판단하여야 한다. 여기에서 종속적인 관계가 있는지는 업무 내용을 사용자가 정하고 취업규칙 또는 복무(인사)규정 등의 적용을 받는지, 업무 수행 과정에서 사용자가 상당한 지휘·감독을 하는지, 사용자가 근무시간과 근무장소를 지정하고 근로제공자가 이에 구속을 받는지, 근로제공자가 스스로 비품·원자재나 작업도구 등을 소유하거나 제3자를 고용하여 업무를 대행케 하는 등 독립하여 자신의 계산으로 사업을 할 수 있는지, 근로 제공을 통한 이윤의 창출과 손실의 위험을 스스로 안고 있는지 등 근로 제공관계의 계속성과 사용자에 대한 전속성의 유무 및 그 정도, 보수의 성격이 근로자체의 대상적 성격인지, 기본급이나 고정급이 정하여졌는지, 근로소득세를 원천징수하였는지 등 보수에 관한 사항, 사회보장제도에 관한 법령에서 근로자로서의 지위를 인정받는지 등의 경제적·사회적 여러 조건을 종합하여 판단하여야 한다. 다만, 기본급이나 고정급이 정하여졌는지, 근로소득세를 원천징수하였는지, 사회보장제도에 관하여 근로자로 인정받는지 등의 사정은 사용자가 경제적으로 우월한 지위를 이용하여 임의로 정할 여지가 크기 때문에, 그러한 점들이 인정되지 않는다는 것만으로 근로자임을 쉽게 부정하여서는 안 된다(대법원 2006. 12. 7. 선고 2004다29736 판결).

52) 노동조합법상 근로자는 타인과의 사용종속관계하에서 노무에 종사하고 대가로 임금 기타 수입을 받아 생활하는 자를 말한다. 구체적으로 노동조합법상 근로자에 해당하는지는, 노무제공자의 소득이 특정 사업자에게 주로 의존하고 있는지, 노무를 제공 받는 특정 사업자가 보수를 비롯하여 노무제공자와 체결하는 계약 내용을 일방적으로 결정하는지, 노무제공자가 특정 사업자의 사업 수행에 필수적인 노무를 제공함으로써 특정 사업자의 사업을 통해서 시장에 접근하는지, 노무제공자와 특정 사업자의 법률관계가 상당한 정도로 지속적·전속적인지, 사용자와 노무제공자 사이에 어느 정도 지휘·감독관계가 존재하는지, 노무제공자가 특정 사업자로부터 받는 임금·급료 등 수입이 노무 제공의 대가인지 등을 종합적으로 고려하

적 판단의 원칙에 따라 판단하고 있다. 근로기준법상 근로자와 노동조합
법상 근로자를 달리 판단한 것처럼[53] 파견법상 파견근로자 해당 여부도
파견법의 입법 목적과 파견근로자의 정의 규정 등을 고려하고 파견근로
자로서 파견법에 따라 보호할 필요성이 있는지의 관점에서 판단할 수
있다.

　대상판결 법리는 특정의 한 요소에만 집중하기보다 파견의 3면적 법
률관계 구조를 염두에 두고 구별요소가 바라보는 법률관계와 그것이 전
체적인 법률관계에 미치는 영향도 함께 살펴보아야 함을 전제로 하고 있
다. ①~⑤의 5개 요소가 담당하는 영역은 아래 [그림 1]과 같이 구분할
수 있다. 다만 각 요소는 해당 영역에만 고립되지 아니하고 다른 요소와
상호영향을 미치기도 한다.

[그림 1] 근로자파견의 3면적 법률관계

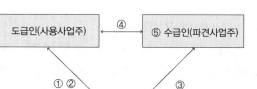

여 판단하여야 한다(대법원 1993. 5. 25. 선고 90누1731 판결, 대법원 2006. 5. 11.
선고 2005다20910 판결).
53) 노동조합법은 개별적 근로관계를 규율하기 위해 제정된 근로기준법과 달리, 헌
법에 의한 근로자의 노동3권 보장을 통해 근로조건의 유지·개선과 근로자의 경
제적·사회적 지위 향상 등을 목적으로 제정되었다. 이러한 노동조합법의 입법 목
적과 근로자에 대한 정의 규정 등을 고려하면, 노동조합법상 근로자에 해당하는지
는 노무제공관계의 실질에 비추어 노동3권을 보장할 필요성이 있는지의 관점에서
판단하여야 하고, 반드시 근로기준법상 근로자에 한정된다고 할 것은 아니다(대법
원 2011. 3. 24. 선고 2007두4483 판결, 대법원 2014. 2. 13. 선고 2011다78804 판
결, 대법원 2015. 6. 25. 선고 2007두4995 전원합의체 판결).

수급인의 기업으로서 독립성과 독자성은 묵시적 근로관계와 도급 사이의 구별 기준이 되고, 근로자파견은 이미 근로자를 고용한 파견사업주의 실체가 존재하는 것을 전제로 하므로, 대상판결 법리는 종전 법리와 달리 수급인의 실체성을 파견과 도급을 구별하는 요소로 언급하지는 않았다. 아울러 도급이든 파견이든 모두 수급인이나 파견사업주가 근로자를 고용하여 그 고용관계를 유지하면서도 그 근로자가 도급인이나 사용사업주의 지시54)를 받는 것은 공통되므로, 근로자가 수급인에 의하여 채용되었고 수급인과 근로관계를 유지하고 있는지는 파견과 도급을 구별하는 데 별다른 도움이 되지 않는다. 만일 수급인과 근로관계가 유지되고 있지 않다면 직업안정법이 적용되는 근로자 공급사업에 해당할 가능성이 높을 것이다. 대상판결 법리도 이러한 점을 고려하여 수급인과의 근로관계 유지 여부보다는 수급인의 근로자에 대한 노무지휘권의 독자성에만 주목한 것으로 보인다.

3. 대상판결 법리의 구성요소 분석

대상판결 법리가 단지 고려 요소를 핵심 징표와 부수적 징표의 구분 없이 병렬적으로 나열하였을 뿐 요소 사이의 상관관계나 중요도를 알 수 없어 기준으로서 예측 가능성이 떨어진다는 비판이 있다.55) 각 구성요소는 3면적 법률관계의 속성상 상호영향을 미치기도 하지만, 각 구성요소의 의미를 나누어 개별적으로 탐색하면 실질적·종합적 판단을 함에 있어서의 그 역할을 이해할 수 있을 것이다. 구체적인 사실관계나 적용 대상 산업의 속성(제조업, 서비스업 등), 업무도급계약의 목적(단순 또는 전문 노동력 제공, 결과물 제조 등) 등에 따라 고려 요소들이 작용하는 기능과 의미가 달라질 수 있지만, 각 요소의 특성과 역할을 살펴보면서 그

---

54) 도급의 경우 일의 완성을 위한 대물적 지시, 파견의 경우 근로자에 대한 대인적 (노무적) 지시로 구별할 수 있다.

55) 김기선, "근로자파견의 판단", 월간 노동리뷰, 제121호, 2015, 82면; 강선희, "H자동차 아산공장 모든 공정의 사내하도급근로자는 도급으로 위장된 파견근로자이다", 월간 노동리뷰 제121호, 한국노동연구원, 2015, 86면.

기능을 식별할 수 있다. 이하에서는 제조업을 중심으로 대상판결 법리 중 5가지 고려 요소의 의미를 개별 항목별로 나누어 살펴본다.

가. 제3자가 당해 근로자에 대하여 직·간접적으로 그 업무수행 자체에 관한 구속력 있는 지시를 하는 등 상당한 지휘·명령을 하는지(① 요소)

(1) 의의 : 핵심 기준

파견법은 근로자파견을 '파견사업주가 근로자를 고용한 후 그 고용관계를 유지하면서 근로자파견계약의 내용에 따라 사용사업주의 지휘·명령을 받아 사용사업주를 위한 근로에 종사하게 하는 것'이라 정의하고 있으므로, 도급인의 지휘·명령은 근로자파견 여부를 결정하는 가장 핵심적인 기준이다.[56) 근로기준법상 근로자를 인정하는 기준으로서 사용자의 구체적 지휘·감독이 상당한 지휘·감독으로 바뀐 것처럼[57) 도급인의 구체적 지휘·명령이 아닌 상당한 지휘·명령으로도 사용사업주가 될 수 있다. 직·간접적 지시를 포괄하므로 간접적 지시로도 가능하고, 그 지시가 업무수행 자체에 대한 구속력이 있다면 상당한 지휘·명령의 강력한

---

56) 박지순, "파견과 도급의 구별 법리", 사내하도급의 법적 쟁점과 과제, 무지개문화사, 2012, 322-324면; 김도형, "근로자파견과 도급의 구별 기준", 2015 노동판례비평, 민주사회를 위한 변호사모임, 2016, 193면; 이승길·김준근, "도급과 파견의 구별에 관한 판단기준-대법원 2015. 2. 26. 선고 2010다106436 판결을 중심으로-, 성균관법학 제27권 제2호, 2015, 323면(본질상 구별기준).

57) 대법원 1994. 12. 9. 선고 94다22859 판결 등 참조(업무수행과정에 있어서도 구체적, 개별적 지휘 감독을 받는지 여부); 대법원 2006. 12. 7. 선고 2004다29736 판결 등(근로기준법상의 근로자에 해당하는지 여부는 계약의 형식이 고용계약인지 도급계약인지보다 그 실질에 있어 근로자가 사업 또는 사업장에 임금을 목적으로 종속적인 관계에서 사용자에게 근로를 제공하였는지 여부에 따라 판단하여야 하고, 위에서 말하는 종속적인 관계가 있는지 여부는 업무 내용을 사용자가 정하고 취업규칙 또는 복무(인사)규정 등의 적용을 받으며 업무 수행 과정에서 사용자가 상당한 지휘·감독을 하는지, 사용자가 근무시간과 근무장소를 지정하고 근로자가 이에 구속을 받는지, 노무제공자가 스스로 비품·원자재나 작업도구 등을 소유하거나 제3자를 고용하여 업무를 대행케 하는 등 독립하여 자신의 계산으로 사업을 영위할 수 있는지, 노무 제공을 통한 이윤의 창출과 손실의 초래 등 위험을 스스로 안고 있는지와, 보수의 성격이 근로 자체의 대상적 성격인지, 기본급이나 고정급이 정하여졌는지 및 근로소득세의 원천징수 여부 등 보수에 관한 사항, 근로 제공 관계의 계속성과 사용자에 대한 전속성의 유무와 그 정도, 사회보장제도에 관한 법령에서 근로자로서 지위를 인정받는지 등의 경제적·사회적 여러 조건을 종합하여 판단하여야 한다).

징표가 된다. '상당한'이라는 표현 자체가 불명확하고 도급인의 도급 목적
의 지시권을 상당한 지휘·명령에 해석할 여지가 있으므로 그 표현이 부
적절하다는 견해[58]도 있지만, 근로기준법상 근로자에 판단에 있어 구체
적, 개별적 지휘·명령보다 완화된 기준으로서 많은 사례가 축적되어 있
어 이를 부적절한 것이라 보기 어렵다.

(2) 도급인의 지시권과 사용사업주의 지휘·명령권의 구별 문제

국내 학설[59]은 독일 판례와 학설들을 바탕으로 다양한 기준과 관점
에 따라 도급인의 지시권과 사용사업주의 지휘·명령권을 개념적으로 구
분하여 설명하고 있다. 이를 간략하게 요약하면 아래 [표 5]와 같다.

[표 5] 도급인의 지시권과 사용사업주의 지휘·명령권

구별 기준	도급인의 지시권	사용사업주의 지휘·명령권
지시 목적	일의 완성	일의 완성을 위한 과정
지시 대상[60]	결과물(물적 지시)	사람(인적 지시)
	목적물 보충권	인적 통제권
지시 동기[61]	별도 동기 없음 (사전 구체화)	별도 동기 있음 (개별 지시, 가변성)
근로자 이행 의무	재량 유	재량 무
근로자 이행 목적[62]	수급인을 위하여	도급인을 위하여
지시 내용[63]	대상과 범위 지정, 하자 시정, 검수,	언제, 어디서, 어떻게 노무제공
법적 근거	계약 또는 민법 제669조	파견법 제2조 제1호

58) 최진수, 정승진, "파견과 도급의 구별 기준", 율촌판례연구, 박영사, 2017, 142면.
59) 권혁, "업무도급관계에서의 위장도급 판단: 업무 지시권을 중심으로-", 노동법학
　　제56호, 한국노동법학회, 2015; 김영문, "파견과 도급 구별에 관한 독일 판례의 발
　　전과 시사점", 노동법학 제45호, 한국노동법학회, 2013; 박지순, "파견과 도급의 구
　　별 법리", 사내하도급의 법적 쟁점과 과제, 무지개문화사, 2012.
60) 권혁, "업무도급관계에서의 위장도급 판단: 업무 지시권을 중심으로-", 노동법학
　　제56호, 한국노동법학회, 2015, 209-210면.
61) 권혁, 앞의 글, 210-211면.
62) 권혁, 앞의 글, 211-212면.

독일의 Hamann은 도급인의 지시권을 근로에 반드시 필요한 지시,[64] 근로에 수반하는 지시,[65] 조직관련 지시[66]로 구분하고, 조직관련 지시만 사용지시권에서 제외된다고 보고 있다.[67]

하지만 위와 같은 개념적, 이론적 구분이 가능하다고 하더라도, 실제 도급인이 근로자에게 지시권을 행사하였을 때 이를 구별하기 쉽지 않다. 노동력 제공을 목적으로 하는 업무도급계약이라면 더욱 경계가 모호하다. 대상판결의 사안처럼 수급인의 근로자가 하여야 할 업무가 도급인이 제공한 설명서에 상세하게 규정하고 있는 경우라도 관점에 따라 평가가 달라질 수 있다. 노동력 제공을 목적으로 하는 도급계약은 노동력 통제와 완성물 품질 담보라는 두 가지 목적이 혼재된 것인데, 품질 담보를 강조하면 도급인의 지시에 해당하고, 노동력에 대한 통제를 강조하면 사용사업주로서 지휘·명령에 해당한다고 볼 수 있다.[68] 물론 도급인 사업의 특수성에 따라 작업시간과 휴게시간을 도급인의 근로자와 수급인의 근로자 사이에 일치시킬 필요성이 있는 경우, 최소한의 사업장의 질서유지나 안전을 위하여 필요한 경우, 산업안전보건법 등 각종 법령에 따라 도급인이 의무를 이행하여야 하는 경우 등을 쉽게 사용사업주의 지휘·명령권의 행사라고 볼 것은 아니다.[69]

63) 김영문, "파견과 도급 구별에 관한 독일 판례의 발전과 시사점", 노동법학 제45호, 한국노동법학회, 2013, 241-275면(독일연방노동법원의 판례는 도급인이 업무의 속성상 행사하는 지시권 중 도급인 사업으로의 편입, 도급인의 이익을 위하여 행사되어야 하는 지시권만을 판단 기준으로 삼고 나머지 부수적 판단표지를 제외함으로써 도급의 인정 범위를 넓히고 법적 안정성을 높이는 방향으로 발전하고 있다는 취지이다).
64) (예) 근로자가 처리할 업무 내용, 시간, 장소의 지정, 초과근로나 긴급근로 지시 등
65) (예) 작업장 정리정돈 지시, 근무 중 담소와 음식물 섭취 금지 지시 등
66) (예) 사업장 내 음주, 흡연 금지, 출입통제, 구내식당이나 주차장 이용 등 질서유지 지시, 산업재해나 직업병 예방을 위한 지시 등
67) 은수미·김기선·박제성, 간접고용 국제비교, 한국노동연구원, 2012, 199-201면.
68) 권혁, 앞의 글, 213-214면(매뉴얼이나 전자적 지시가 노동력 자체에 대한 지배 목적이라면 근로지시권, 완성물의 성상이나 품질을 담보하기 위한 것이라면 도급지시권).
69) 최은배, "도급과 파견근로의 쟁점", 민주사회를 위한 변론, 제105호, 민주사회를 위한 변호사모임, 2015, 155면(도급사업의 특수성을 인정하면서도 제한된 범위 내

두 가지 성격이 혼재된 지시를 도급인의 지시와 사용사업주의 지휘·명령으로 이론적으로 구분할 수 있다고 하더라도, 그 지시를 반드시 둘 중 하나에만 해당한다고 객관적으로 구별하고 판단하기 어렵다.[70] 각 지시의 성격을 구별하여 파악할 수 있더라도, 동시에 하나의 지시에 이중적 기능이 있음을 받아들이면서[71] 다른 고려요소와 함께 전체적으로 살펴 이중성을 가진 한계적 상황에서 판단[72]하는 것이 더 실질적일 수 있다.

이러한 판단을 위해 먼저 도급인 지시권의 법적 성질을 살펴본다. 우리 민법의 해석상 도급인도 수급인이나 수급인의 근로자(이행보조자)에게 일의 완성을 위한 지시를 할 수 있음은 이론이 없다. 민법에 의하면, 도급인은 목적물에 하자가 있는 경우 하자의 보수를 청구하거나 손해배상을 청구할 수 있고, 물건의 하자로 계약의 목적을 달성할 수 없는 경우 계약을 해제할 수 있다. 다만 수급인은 그 지시의 부적당함을 알고 도급인에게 고지하지 아니한 경우가 아니라면 그 목적물의 하자가 도급인의 지시에 기인한 때에는 면책된다.[73] 또한, 도급인도 수급인에게 지시

에서만 고려하여야 한다는 견해).

70) 조경배, "현대자동차 사내협력업체 불법파견(위장도급) 사건 판례 평석-대법원 2010. 7. 22. 선고 2008두4367 판결-", 노동법연구 제29호, 서울대학교 노동법연구회, 2010, 105면.

71) 윤애림, "다면적 근로관계의 판단 기준", 노동법학 제49호, 한국노동법학회, 2014, 205-208면; 김기선, "근로자파견과 도급의 판단-독일에서의 논의를 중심으로-", 노동법연구 제31호, 2011, 63면(도급인의 지시와 노동법상 지휘·명령이 택일적 관계가 있다는 것은 독일연방노동법원의 판례를 근거로 한 것인데, 독일에서도 이러한 태도가 지시의 이중적 기능을 간과하고 있다는 강한 비판을 받고 있다고 소개하고 있다).

72) 박종희, "사내하도급과 불법파견에 관한 법적 문제-독일에서의 논의를 중심으로-", 고려법학 제47호, 고려대학교 법학연구원, 2006, 139-140면; 박종희, "사내하도급과 파견의 구별기준 및 불법파견의 법률효과", 조정과 심판 제42호, 중앙노동위원회, 2010, 36면; 조경배, "KTX 대법원 판결과 파견과 도급의 구별기준", 노동법학 통권 제56호, 한국노동법학회, 2015, 319면.

73) 민법 제667조(수급인의 담보책임)
① 완성된 목적물 또는 완성전의 성취된 부분에 하자가 있는 때에는 도급인은 수급인에 대하여 상당한 기간을 정하여 그 하자의 보수를 청구할 수 있다. 그러나 하자가 중요하지 아니한 경우에 그 보수에 과다한 비용을 요할 때에

함에 있어 중대한 과실이 있는 경우가 아니라면 수급인이 그 일에 관하여 제3자에게 가한 손해를 배상할 책임이 없다.[74] 이처럼 민법상 도급인의 수급인에 대한 지시권은 수급인에게 담보책임을 물을 수 없거나 제3자에 대한 손해배상책임이 예외적으로 인정되는 정도에 불과하고, 원칙적으로 수급인은 도급인의 지시가 적당하지 않다면 이에 따르지 않을 수 있음이 전제되어 있다.[75] 수급인의 근로자 역시 도급계약에서는 수급인의 이행보조자이므로 도급인의 지시가 적당하지 않다면 따르지 않을 수 있다. 업무도급계약에서 일의 완성을 위하여 도급인의 지시를 따라야 하는 것으로 규정하고 있다면 그 계약에서 정한 효과에 따르면 되고, 불이행의 법적 효과에 관하여 특별히 규정한 바가 없다면 민법상 도급의 법리에 따라 규율하면 된다. 이처럼 원래 도급인 지시권은 지시라는 용어에도 불구하고 상당히 제한적이고 노동법상 지시와는 질적으로 다른 것이다.

　　반면에 사용사업주의 지휘·명령권은 그 업무수행 자체에 구속력 있는 것이므로 수급인의 근로자는 그것이 계약의 목적에 적당하지 않은 것인지를 스스로 판단할 수 없다. 지시가 근로자에게 실질적 구속력 여부가 가장 중요한 징표에 해당한다.

는 그러하지 아니하다.
② 도급인은 하자의 보수에 갈음하여 또는 보수와 함께 손해배상을 청구할 수 있다.
③ 전항의 경우에는 제536조의 규정을 준용한다.
제668조(도급인의 해제권) 도급인이 완성된 목적물의 하자로 인하여 계약의 목적을 달성할 수 없는 때에는 계약을 해제할 수 있다. 그러나 건물 기타 토지의 공작물에 대하여는 그러하지 아니하다.
제669조(하자가 도급인의 제공한 재료 또는 지시에 기인한 경우의 면책) 전2조의 규정은 목적물의 하자가 도급인이 제공한 재료의 성질 또는 도급인의 지시에 기인한 때에는 적용하지 아니한다. 그러나 수급인이 그 재료 또는 지시의 부적당함을 알고 도급인에게 고지하지 아니한 때에는 그러하지 아니하다.
74) 민법 제757조(도급인의 책임)
도급인은 수급인이 그 일에 관하여 제삼자에게 가한 손해를 배상할 책임이 없다. 그러나 도급 또는 지시에 관하여 도급인에게 중대한 과실이 있는 때에는 그러하지 아니하다.
75) 도재형, "사내하도급 관계에서 근로자파견의 인정 기준", 법조 제659호, 법조협회, 2011, 160면(수급인은 구속력을 지닌 도급인의 지시가 있었다고 하더라도 그것이 적당하지 않다면 이에 따르지 않아야 한다).

문제는 실질적 구속력의 여부인데, 근로자가 도급인의 지시를 불이행하였을 경우에 귀속되는 법적 효과를 살펴보면 명확하게 드러난다. 근로자의 지시 불이행으로 결과물에 하자가 발생한 경우, 그 하자에 상응하는 물적 손해를 산정하여 수급인의 담보책임이 실행된다면 도급인의 지시권에 가까울 것이고, 하자의 원인이 된 해당 근로자의 임금 또는 수급인에게 지급할 임금을 기준으로 손해를 산정하여 수급인의 담보책임이 실행된다면 사용사업주의 지휘·명령권에 가까울 것이다. 노동력의 제공 자체를 업무도급계약의 목적인 일의 완성으로 의제하더라도, 도급인의 지시 불이행의 결과가 결국 근로자의 근로시간 미준수, 결근, 지각 등 근태로 귀결되고, 이에 상응하여 일의 하자가 노동력 제공의 양적 기준으로 환산되어 도급대금에서 공제되며, 그 결과가 근로자의 임금에도 비례적으로 반영된다면, 결국 그 지시의 목적이자 대상은 결과물이 아닌 사람이고 실질적으로 노동력 제공 자체와 그 과정을 통제하는 것과 같다고 평가할 수 있다. 근로자는 노동력 제공의 교환으로 임금을 받는 것이므로 지시 불이행이 임금과 연동되는 것은 구속력 있는 지시의 강력한 징표가 된다. 담보책임을 부담한 이후의 징계나 구상 등 별도 절차를 통하여 근로자에게 책임이 전가될 수도 있으나, 이는 수급인의 독자적 판단에 따른 새로운 법적 절차를 예정하고 있는 것이고, 노동력 제공의 양적 가치로 직접적으로 환산되는 경우라 보기 어렵다. 도급인과 수급인 사이에 임률도급 방식으로 도급대금을 산정하여 유효한 도급계약을 체결할 수 있지만, 사용사업주의 수급인의 근로자에 대한 지시의 구속력을 판단하는 데 유용한 자료가 될 수 있다.

(3) 도급인의 지시와 수급인의 지시가 혼재된 경우

도급인이 수급인의 근로자에게 지시한 경우, 도급인으로서 지시권과 사용사업주로서 지휘·명령권을 구별하여 인식할 수 있더라도, 도급인의 지시와 수급인의 지시가 혼재된 경우에 대한 판단 기준이 필요하다. 이론적으로 수급인이 근로자의 사용에 관한 지휘·명령권을 도급인에게 전면적, 배타적으로 이전하면 지시의 경합 문제는 발생하지 않을 것이지만,

실제 사안에서 이러한 2개의 지시는 혼재된 형태로 나타난다. 대상판결
을 비롯한 많은 업무도급계약에서도 마찬가지이다.

　이에 관하여 종전 법리나 대상판결의 법리는, 사용사업주의 지휘·
명령의 범위와 행사 방법에 대한 기준이 명확하지 아니하고,[76] 도급인의
도급 목적 지시권과 사업주로서 지휘·명령권을 구별하여 도급인의 계약
에 따른 지시권을 쉽게 사용사업주의 지휘·명령이라 단정하는 것은 신
중하여야 하며,[77] 근로자가 도급인의 사업에 완전히 편입되고 주로 또는
오로지 도급인의 지시권에 복종해야 하는 경우에 사용사업주로서 지휘·
명령권을 행사한 것으로 보아 파견 성립을 제한적 보는 최근 독일연방노
동법원의 판례[78]와 학설[79]과 차이가 있고,[80] 사용사업주의 지휘·명령권

76) 박지순, "파견과 도급의 구별기준에 관한 독일과 한국의 판결 비교", 노동법포럼
　　제11호, 노동법이론실무학회, 2013, 87면.
77) 이승길·김준근, "도급과 파견의 구별에 관한 판단기준-대법원 2015. 2. 26. 선
　　고 2010다106436 판결을 중심으로-", 성균관법학 제27권 제2호, 2015, 323-324면;
　　이승길·변양규, "사내하도급 관련 대법원 판결의 법률적·경제적 분석", KERI in-
　　sight, 한국경제연구원, 10면.
78) 김영문, "파견과 도급 구별에 관한 독일 판례의 발전과 시사점", 노동법학 제45
　　호, 한국노동법학회, 2013, 246면(1990년대 이후 2000년대 초반까지 독일연방노
　　동법원의 판결의 경향을 소개하면서, "노동력의 제공자가 노동력의 이용자에게 완전
　　히 편입되어야 하고, 오로지 노동력 이용자의 지시권에 복종하는 경우에만 파견"
　　이라고 설명하고 있다).
79) 박지순, "파견과 도급의 구별기준에 관한 독일과 한국의 판결 비교", 노동법포럼
　　제11호, 노동법이론실무학회, 2013, 80면('문헌의 다수는 실제적인 구별기준, 즉 근
　　로계약상의 업무관련적 지시권의 행사 여부를 유일한 구별기준으로 인정하고 있
　　다. 그에 따르면 업무관련적 지시권이 오로지 근로자가 투입된 사업자의 사업주에
　　의해서만 행사되는 경우에는 근로자파견이 인정된다고 한다.').
80) 김영문, 외부노동력 이용과 노동법, 법문사, 2010; 김영문, "파견과 도급 구별에
　　관한 독일 판례의 발전과 시사점", 노동법학 제45호, 한국노동법학회, 2013; 김영
　　문, "도급과 파견의 구별기준", 노동판례백선, 박영사, 2015; 김영문, "파견과 도급
　　구별의 끝없는 논의", 노동법률 제314호, 중앙경제사, 2017; 김영문, "파견과 도급
　　구별 기준에 관한 비판적 검토-대상판결: 광주고법 2016. 8. 17, 2013나1125-",
　　노동법논총 제43집, 2018; 박지순, "파견과 도급의 구별 법리", 사내하도급의 법적
　　쟁점과 과제, 무지개문화사, 2012; 박지순, "파견과 도급의 구별기준에 관한 독일과
　　한국의 판결 비교", 노동법포럼 제11호, 노동법이론실무학회, 2013; 박지순, "사내
　　도급과 파견의 구별에 관한 서울고등법원 판례 평석", 월간 노동법률, 통권 제311
　　호, 중앙경제사, 2017; 권혁, "도급 대상으로서 업무의 구체성과 불법파견 판단과의
　　관계 재검토", 경영법률 제25집 제1호, 한국경영법률학회, 2015; 권혁, "업무도급관

의 핵심은 인사권 또는 인적통제권이므로 도급인의 인사권 행사 여부를 중심으로 지휘·명령권을 판단하여야 한다는 취지[81]의 견해가 있다. 이러한 견해들은 전반적으로 종전 법리나 대상판결 법리가 도급인의 지시권을 준별하지 못하여 도급인의 계약상 권리를 부당하게 제한하는 일이 없어야 한다는 취지이다.

그러나 이러한 견해들에 대하여 몇 가지 의문이 있다.

대상판결 법리는 이미 파견과 도급의 구별을 함에 있어 사용사업주로서의 지휘·명령권만으로는 그 구별이 명확하지 않아 나머지 4개 요소까지 함께 고려하도록 한 것이다. 도급인의 지시권과 사용사업주의 지휘·명령권의 준별은 실제 5개 요소를 종합적으로 고려하여 구별하기보다 어렵고, 3면적 법률관계의 속성을 함께 고려하여야 함에도 어느 한 측면만을 강조하게 된다. 민법상 도급인의 채권적 지시권이 파견법과 같은 강행법규의 적용을 배제할 정도로 강력하게 보호하여야 할 법적 권리라 볼 수 있는지도 의문이다. 당사자 사이의 계약자유의 원칙은 존중되어야 하지만, 그 영역은 당사자 사이의 법률관계에 한정되는 것이 원칙이다. 도급인과 수급인 사이의 계약으로 영향을 받는 근로자를 노동력 제공이라는 이름으로 객체화하였다고 하더라도, 제공되는 노동력은 권리의무의 주체인 이상 노동법의 적용 대상이 될 수밖에 없다. 제공받은 노동력을 사용하는 도급인이 근로자에게 상당한 지휘·명령을 하였다면 이에 따르는 사용자로서 책임을 부담하도록 하는

계에서의 위장도급 판단: 업무 지시권을 중심으로-", 노동법학 제56호, 한국노동법학회, 2015.
81) 김영문, "파견과 도급 구별에 관한 독일 판례의 발전과 시사점", 노동법학 제45호, 한국노동법학회, 2013, 274면; 박지순, "파견과 도급의 구별 법리", 사내하도급의 법적 쟁점과 과제, 무지개문화사, 2012, 322-328면(도급과 파견의 경계가 무너지는 지점은 개별 사내하도급근로자가 원청회사의 사업조직, 노동조직에 완전히 편입되고 해당 근로자에 대한 사내하도급회사의 인사권이 원청회사로 이전되는 경우이다); 이승길·김준근, "도급과 파견의 구별에 관한 판단기준-대법원 2015. 2. 26. 선고 2010다106436 판결을 중심으로-", 성균관법학 제27권 제2호, 2015, 323면, 331-332면; 권혁, "업무도급관계에서의 위장도급 판단: 업무 지시권을 중심으로-", 노동법학 제56호, 한국노동법학회, 2015, 209-212면.

것은 자연스러운 결과이다. 도급인의 지시권이 사용사업주의 지휘·명령권과 준별하거나 그 적용영역을 확장하여 우월하게 보호되어야 하는지 의문이다.

또한, 파견법[82]은 근로계약과 근로조건($\frac{근로기준법}{제15조부터 제22조}$), 해고와 퇴직급여($\frac{근로기준법}{제23조부터 제36조}$), 임금($\frac{근로기준법}{제43조부터 제48조}$), 연장·야간·휴일근로와 연차유급휴가($\frac{근로기준법}{제56조, 제60조}$), 재해보상($\frac{근로기준법}{제78조부터 제92조}$) 등에 관하여 파견사업주를 파견근로자에 대한 사용자로 간주하고 있다. 파견사업주는 사용사업주가 사용자가 되는 근로시간($\frac{근로기준법 제50조부터}{제53조, 제58조, 제59조}$), 휴게($\frac{근로기준법}{제54조, 제59조}$), 휴일($\frac{근로기준법}{제55조}$) 등을 제외하고는 근로기준법상 사용자로서 해고 등 인사권 행사와 임금 등 지급의 주체가 된다. 해고에 대한 권한이 인사권의 핵심이고 근로자의 노동력 제공의 주된 목적은 임금 수령인데, 파견관계는 파견사업주에게 해고와 임금 지급에 있어 근로기준법상 사용자 지위를 부여하고 있다. 그렇다면 과연 도급인이 지휘·명령권 또는 인사권을 파견사업주를 배제하고 배타적으로 사용하는 경우에만 파견근로관계에 해당한다고 볼 수 있는 것인지 의문이 든다. 파견법은 사용사업주의 근로시간, 휴게 등에 관한 사용자로서 지휘·명령과 파견사업주의 임금, 지위 등에 관한 사용자로서 지휘·명령을 예정하고 있다. 도급인이 인사권까지 배타적으로 행사하였다면 파견근로관계를 넘어 직접 근로관계까지 인정될 정도라 볼 수도 있다. 도급인의 지휘·명령적 요소와 수급인의 지휘·명령적 요소가 혼재되어 있다고 하여 쉽게 도급이나 파견으로 단정할 것은 아니고, 어느 것이 주된 것인지, 어느 것이 구속력 있는 것인지를 살펴보아야 할 것이다.

지휘·명령권의 주된 징표가 구속력 여부일 수 있는데, 도급인의 지

---

82) 파견법 제34조(근로기준법의 적용에 관한 특례)
① 파견중인 근로자의 파견근로에 관하여는 파견사업주 및 사용사업주를 「근로기준법」 제2조의 규정에 의한 사용자로 보아 동법을 적용한다. 다만, 같은 법 제15조부터 제36조까지, 제39조, 제41조부터 제48조까지, 제56조, 제60조, 제64조, 제66조부터 제68조까지 및 제78조부터 제92조까지의 규정의 적용에 있어서는 파견사업주를, 같은 법 제50조부터 제55조까지, 제58조, 제59조, 제62조, 제63조 및 제69조부터 제75조까지의 규정의 적용에 있어서는 사용사업주를 사용자로 본다.

시와 수급인의 지시가 경합하는 경우 어느 것이 우월한 것인지를 살펴보면 핵심 징표가 드러날 수 있다. 업무도급계약에서 정한 내용보다 실제 계약의 이행 과정에서 근로자는 누구의 지시에 따르고 있는지 또는 누구의 지시를 우월한 것으로 인식하여 따를 수밖에 없는 것인지를 살펴보면 명확하다. 만일 도급인이 수급인 근로자의 지시 불이행을 이유로 수급인에게 교체 요청을 한 경우 수급인이 바로 해당 근로자를 다른 근로자로 교체하여 이로 인하여 결과적으로 해고되었다면, 근로자는 도급인의 지시를 구속력 있는 것으로 받아들일 수밖에 없다. 도급인의 교체 요청이나 근로자에 대한 업무 지시를 수급인이나 근로자가 거절할 수 있다면 도급이라 볼 수 있을 것이다.

(4) 구체적 검토

사용사업주의 지휘 · 명령권의 핵심 기준이지만 수급인의 근로자가 도급인의 사업에 실질적으로 편입되었다면 도급인의 지시에 따른 근로자의 노무제공은 종속성이 인정되어 사용사업주로서의 지휘 · 명령을 쉽게 인정할 수 있다. 아래의 다양한 사례 유형들은 ① 요소에 대한 판단으로서 언급되고 있지만, 실질적으로는 나머지 요소들도 함께 고려하여 판단될 수밖에 없다. 사업의 실질적 편입, 수급인의 지휘 · 명령 여부, 대상업무의 구분가능성, 수급인의 전문적 능력 등 나머지 ②~⑤ 요소들도 그 배경에 전제되어 있다. 대상판결 법리와 사안도 마찬가지이다.

[표 6-1] ① 요소 구체적 검토

	사용사업주의 지휘 · 명령권 인정에 긍정적 징표[83]	고려 사항
1	도급인이 도급인의 근로자와 수급인의 근로자로 구성된 작업집단 전체에 대하여 지시	노무지휘권 구별 불가
2	근로자를 지휘 · 감독하는 수급인 소속 현장관리인이 있더라도 그 현장관리인이 도급인의 지시를 그대로 전달하는 것에 그침	수급인 재량 부재

(계속)

3	도급인이 배부한 작업계획서, 작업지시서, 매뉴얼 등이 업무 내용을 상세히 정하여 수급인이나 수급인의 근로자가 다른 방법으로 노동력 제공을 할 여지가 없음[84]	노동력 제공 방법을 구체적으로 통제
4	도급계약에서 업무 내용을 전체적으로 정하고, 실제로 이행할 내용은 필요에 따라 수급인 또는 수급인의 근로자에게 개별적으로 제공	지시의 가변성
5	수급인의 근로자가 처리할 업무 내용이 계속적·반복적	근로계약의 속성
6	도급인이 작업 인원 결정, 구체적 배치, 작업량, 작업 방법, 작업 순서 등을 실질적으로 결정	전체적, 일반적 통제
7	도급인이 공정이나 표준공수, 작업위치, 생산량을 변경하면 근로자의 소속, 담당 업무, 작업위치, 작업 인원도 함께 변경되는 경우	종속성, 구속력
8	도급인이 근로시간, 휴게시간, 휴일근로시간을 결정하는 경우	파견법상 사용자지위
9	생산량, 조업형태, 월별 가동시간, 시간당 생산 대수, 가동률, 특근일정 등을 계획하여 수급인에 통보하면, 이에 따라 수급인 근로자도 이에 따라 작업량, 작업방법, 작업순서, 작업속도, 작업장소, 작업시간 등이 결정	지시의 구체성, 구속력
10	도급인이 컨베이어벨트 등 자동제작시스템을 사용하여 관련 근로자의 작업시간, 작업량, 작업순서를 완전히 통제	종속성, 구속력
11	도급인이 수급인의 근로자들에 대한 근태, 인원현황 등을 파악	종속성, 통제
12	도급인 근로자 결원 시 수급인 근로자에 의한 대체	구별 불가

---

83) 대상판결; 서울고등법원 2017. 2. 10. 선고 2014나48790 등 판결(기아자동차); 서울고등법원 2017. 2. 10. 선고 2014나51666 등 판결(현대자동차) 등 참조.

84) 도급인이 완성물의 일정한 품질을 유지하기 위하여 제시한 것이므로 도급 목적 지시로 볼 수 있다는 견해도 있으나, 피고는 피고 소속 근로자에게도 같은 취지의 작업계획서, 작업지시서를 전달하였다. 정형화된 직접적 근로관계도 마찬가지여서 고속버스 회사도 소속 기사에 관한 통상적 업무지시는 배차실 앞에 부탁하는 작업계획표 외에는 없다(도재형, "사내하도급 관계에서 근로자파견의 인정 기준", 법조 제659호, 법조협회, 2011, 162면). 결국, 매뉴얼 또는 작업지시서의 존재나 그 내용만으로 ① 요소의 충족 여부를 단정하기 어려우므로 ② 요소와 함께 검토되어야 한다.

[표 6-2] ① 요소 구체적 검토

	사용사업주의 지휘·명령권과 구분 가능, 신중 요망	고려 사항
1	사업장 내부 조직 내 질서 관련 지시[85]	사업장의 일반적 질서 유지권과 구별 필요. 다만 도급계약 업무와 관련성 없는 것
2	동시 작업의 필요성이 있어 근로자의 시업·종업시간, 휴게시간, 휴가일정이 불가피하게 도급인의 근로자와 일치[86]	업무상 동시 작업이 불가피한 특성 존재
3	도급인이 완성품 품질을 담보하기 위하여 매뉴얼 등을 제공[87]	노동력 제공방법에 대한 통제적 요소 유무 고려
4	도급인이 품질관리를 위하여 수급인의 근로자 교육	단 교육이수가 강제된 경우 다를 수 있음
5	보건, 안전 관련 지시[88]	산업안전보건법 등 각종 법령상 사업장 관리책임자 또는 도급인으로서 지시 가능
6	고충처리[89]	고용노동부의 '사내하도급 근로자 근로조건 보호 가이드라인'에 따른 고충처리

나. 당해 근로자가 제3자 소속 근로자와 하나의 작업집단으로 구성되어 직접 공동작업을 하는 등 제3자의 사업에 실질적으로 편입되었다고 볼 수 있는지(② 요소)

(1) 의의 : 사용사업주 지휘·명령권의 핵심 징표

앞서 ① 요소에 해석에 관하여 여러 견해의 대립이 있음을 살펴보았다. 사업장이나 근로자의 작업 위치만으로 근로자가 수급인의 지시에 따라 작업을 하는 것인지, 도급인의 지시에 따라 작업을 하는 것인지 판단하기 어려운데, 수급인의 근로자가 실질적으로 도급인의 사업에 실질적으로 편입되었다면 도급인의 지시가 사용사업주로서의 지시인지, 도급인

85) 권혁, "업무도급관계에서의 위장도급 판단: 업무 지시권을 중심으로-", 노동법학 제56호, 한국노동법학회, 2015, 214-215면.
86) 권혁, 앞의 글, 215면.
87) 권혁, 앞의 글, 213-214면.
88) 최은배, "도급과 파견근로의 쟁점", 민주사회를 위한 변론, 제105호, 민주사회를 위한 변호사모임, 2015, 155면.
89) 김대근, "근로자 파견 법리의 불법구조와 분석-파견과 도급의 구별 기준 정립을 위한 시론-", 노동법포럼 제24호, 노동법이론실무학회, 2018, 73면.

으로서 지시인지를 판단하는 데 유력한 자료가 된다. ① 요소는 도급인 과 수급인 사이의 계약으로 각자의 역할을 위장할 수 있지만, ② 요소는 공동작업 등 객관적 사업의 실질적 편입 여부에 주목하므로 ① 요건만으로 드러나지 않는 지휘명령의 본질을 파악하게 도와준다. 이러한 이유로 ② 요소는 ① 요소 판단에 유력한 간접사실[90]이 될 수 있고, ①, ③ 요소의 존부를 판단하는 보조지표가 된다.[91] ② 요소의 구비로 ① 요소가 추정될 수 있다.[92] ① 요소가 외견상 발견되지 않는다고 하더라도 도급인의 사업과 밀접하게 결합된 것이 확인된다면 다면적 근로관계의 성격을 종합적으로 판단하여 파견근로관계를 인정할 수도 있다.[93]

(2) 공동작업

공동작업이란 수급인의 근로자가 관여하는 작업이 도급인 소속 근로자의 작업과 기능적으로 결합되어 하나의 작업집단으로 구성된 경우이다. 공동작업은 장소의 동일성만을 전제로 한 혼재작업과 구별할 필요가 있다.[94] 장소적 혼재만으로 공동작업을 수행한다고 단정할 수 없다.[95] 공동작업 여부는 형식적, 제도적 편입만으로 판단하지 아니하고 실질적으로 편입된 것인지를 살펴보아야 한다.

컨베이어 벨트의 앞뒤나 좌우에 혼재 배치되어 있다면 쉽게 공동작업에 해당한다고 볼 수 있으나, 컨베이어 벨트의 일정 구간을 물리적으로 구분하여 배치하였다고 하더라도 이를 기능적으로 결합한 공동작업이

---

90) 김도형, "근로자파견과 도급의 구별 기준", 2015 노동판례비평, 민주사회를 위한 변호사모임, 2016, 194면.
91) 박지순, "사내도급과 파견의 구별에 관한 서울고등법원 판례 평석", 월간 노동법률, 통권 제311호, 중앙경제사, 2017, 126면.
92) 강선희, "H자동차 아산공장 모든 공정의 사내하도급근로자는 도급으로 위장된 파견근로자이다", 월간 노동리뷰 제121호, 한국노동연구원, 2015, 86-87면.
93) 윤애림, "다면적 근로관계의 판단 기준", 노동법학 제49호, 한국노동법학회, 2014, 205-214면.
94) 권혁, "도급 대상으로서 업무의 구체성과 불법파견 판단과의 관계 재검토", 경영법률 제25집 제1호, 한국경영법률학회, 2015, 565-568면.
95) 박지순, "파견과 도급의 구별 법리", 사내하도급의 법적 쟁점과 과제, 무지개문화사, 2012, 343면; 이승길·변양규, "사내하도급 관련 대법원 판결의 법률적·경제적 분석", KERI insight, 한국경제연구원, 330-331면.

라 평가할 수 있다면 사업의 실질적 편입을 인정할 수 있다. 도급인의
근로자와 수급인 근로자의 공정은 모두 선행 공정을 기초로 후행 공정이
이루어지기 때문에 선행 공정을 배제하고 후행 공정만 처리한다거나 수
급인 근로자의 공정을 배제하고 도급인 근로자의 공정만 따로 진행할 수
없다면 전체적으로 하나의 공동작업으로 평가할 수 있다. 도급인의 사업
장이 아닌 다른 사업장에 근로자들이 배치된 경우라도 업무의 내용이나
노동력 제공의 방법을 공동작업으로 평가된다면 실질적 편입을 인정할
수 있다. 서울고등법원은 자동차 생산의 직접공정(차체공정, 도장공정, 의
장공정)뿐 아니라 컨베이어 벨트와 직접 물리적으로 연결되지 않은 간접
공정[출고, 생산관리, 포장]에서 수급인의 근로자가 도급인의 근로자의 공
정 사이사이에서 분리된 공간에서 작업하였더라도, 기능적·기술적 관련
성과 연동성을 근거로 도급인의 공정과 수급인의 공정의 직접적·불가분
적 결합을 인정하였다.[96]

(3) 구체적 검토

[표 7-1] ② 요소 구체적 검토

	실질적 편입 긍정 요소	고려 사항
1	수급인의 근로자와 도급인의 근로자가 속한 작업 집단이 동일	물리적, 기능적
2	수급인의 근로자가 도급인의 근로자와 분업적 협업 관계	직접, 간접 무관

---

96) 서울고등법원 2017. 2. 10. 선고 2014나48790, 48813(병합), 48806(병합) 판결 등
같은 날 같은 취지의 판결이 다수 선고되었다. 이 판결에 대한 비판은 박지순,
"사내도급과 파견의 구별에 관한 서울고등법원 판례 평석", 월간 노동법률, 통권
제311호, 중앙경제사, 2017, 128면(업무마다 서로 다른 내용으로 다양한 도급관계
가 형성되고, 원청의 근로자가 수행하는 업무와 명확히 구별되며, 협력업체의 독
립적 작업조직을 통해 업무를 수행함에도 해당 업무가 생산공정과 밀접히 관련되
어 있다는 이유로 일률적으로 파견으로 인정하는 것도 검토를 요한다); 김영문,
"파견과 도급 구별의 끝없는 논의", 노동법률 제314호, 중앙경제사, 2017, 70면(간
접생산공정에서의 지시를 노동법상 지시라 볼 수 없고, 간접생산공정이 공동작업
이라거나 컨베이어벨트 작업과 기능적으로 밀접하게 연계된 공정이라 해도 직접생
산공정과 확연히 구분할 수 있다는 점에서 외부노동력 활용의 전형이기 때문에 파
견을 인정하기 쉽지 않은 영역이다) 참조.

(계속)

3	수급인 근로자 업무가 도급인의 근로자 업무와 단일한 목적을 위하여 기능적으로 밀접하게 결합	목적의 공통, 기능적 결합
4	수급인의 근로자가 종전에 도급인 근로자의 업무를 수행	과거 업무 인수
5	수급인의 근로자가 도급계약에서 정한 것 이외의 업무를 수행	업무의 포괄성
6	수급인의 근로자가 도급인 근로자 공백 시 대체하거나 함께 수행	실질적 동일 작업집단
7	도급업무 이행을 위한 주요 재료나 도구 등 생산수단을 도급인이 제공	도급인의 자본(생산수단)+수급인의 노동력(노동)=파견 징표/소모품, 비품 등 부수적 도구는 크게 고려할 것은 아님
8	도급인이 도급인 근로자와 수급인 근로자의 인력계획, 인력배치, 근무현황을 총체적으로 파악하고 관리	종합적 판단

[표 7-2] ② 요소 구체적 검토

	외형적 결합	고려 사항
1	수급인의 근로자가 도급인의 사업장에서 노동력 제공	사내하도급에 공통된 현상이므로 공동작업 요건 추가 필요
2	수급인의 근로자가 도급인 사업장에서 장기간 업무 수행	외형적 징표이나 도급인 근로자와 동일한 수준으로 장기화된 경우 실질적 편입 요소
3	작업의 특성상 근로시간 동일성 유지	업무가 기능적으로 결합이 된 경우는 실질적 편입 요소 가능/청소·경비·보안 등과 같이 본래 업무와 기능적 결합이 배제된 경우와 구별

　　다. 원고용주가 작업에 투입될 근로자의 선발이나 근로자의 수, 교육
　　　　및 훈련, 작업·휴게시간, 휴가, 근무태도 점검 등에 관한 결정 권
　　　　한을 독자적으로 행사하는지(③ 요소)
　　(1) 의의 : 수급인의 독자적 사용지시
　　③ 요소는 도급인의 사용자로서 지휘·명령과 수급인의 근로자에 대
한 지휘·명령이 혼재될 수 있음을 염두에 두고 고려요소를 둔 것이다.

앞서 살펴본 바와 같이 파견법상 파견근로자는 파견사업주와 사용사업주로부터 각각 지휘·감독을 받으므로, 근로조건이나 근태관리 등이 전적으로 사용사업주의 지휘·명령관계에 있는 경우에만 근로자파견관계를 인정할 수 있는 것은 아니다. 대상판결 법리는 ① 요소를 표현하면서 '제3자가 작업에 투입될 근로자의 선발이나 근로자의 수, 교육 및 훈련, 작업·휴게시간, 휴가, 근무태도 점검 등에 관한 결정 권한을 독자적으로 행사하는지'라 표현함으로써 독자적 또는 배타적 지휘·명령 여부를 도급인이 아닌 수급인을 기준으로 판단하는 것으로 구성하였다.

근로자파견관계에서도 파견사업주는 파견법상 여전히 근로자에게 사용자로서 해고와 임금 등에 관한 책임을 지고 있으므로 일정 부분 개입이 예정되어 있고, 실제 근로시간, 휴게시간, 휴일 등에 관한 사용자로서 책임은 사용사업주가 부담하는 것이므로, 수급인의 독자적 지휘·명령 여부에 주목하여야 한다. 다만 지휘·명령의 외관과 형식은 도급인과 수급인 사이의 계약이나 협의로 언제든지 만들 수 있는 것이므로, 실제 업무의 이행 과정이나 근로자의 근무형태 등에서 위와 같은 권한이 도급인에 의하여 행사되었거나 유보된 것으로 볼 수 있는지를 실질적으로 살펴 판단할 필요가 있다.[97] 아울러 파견법상 파견사업주도 근로자의 선발이나 해고, 임금지급을 위한 노무관리가 필요한 상황이 있으므로 수급인의 인사권이나 노무관리권의 행사만으로 파견근로관계를 부정할 정도라고 판단하는 데 신중할 필요가 있다.[98]

앞서 ①, ② 요소가 파견법상 정의를 기준으로 도급인과 근로자 사이의 사용관계의 실질적 인정 여부에 주목하여 판단한 것이라면, ③, ④, ⑤ 요소들은 도급계약의 본질적 요소들을 파악함으로써 진정한 도급계약 여부를 보강적 평가요소[99]로서 고려하는 것으로 볼 수 있다. ③ 요

---

97) 서울고등법원 2017. 2. 10. 선고 2014나48790, 48813(병합), 48806(병합) 판결 등.
98) 조경배, "KTX 대법원 판결과 파견과 도급의 구별기준", 노동법학통권 제56호, 한국노동법학회, 2015, 325면.
99) 조경배, 앞의 글, 322-330면.

소는 ① 요소를 판단하기 위한 부차적 요소에 지나지 않고 업무상 지휘·명령을 누가 행사하는지를 판단함에 있어 근로자의 선발 및 근태관리를 누가 하는지가 비로소 고려되므로 ① 요소와 ③ 요소를 동일한 평면 위에서 판단하는 대상판결 법리에 의문을 표시하는 견해[100]도 있지만, ③ 요소는 수급인의 독자적 행사 여부를 언급함으로써 ① 요소와 선택적 관계가 아닌 보완적, 양립 가능성을 인정한 것이고, 3면적 법률관계의 특성을 반영하여 수급인과 근로자 사이의 관계도 대상으로 삼아 실질적·종합적 판단에 고려한 것이므로 ③ 요소의 기능을 충분히 인정할 수 있다.

(2) 도급계약의 특성

③ 요소에서 도급인의 지시와 수급인의 지시가 충돌되는 부분은 수급인의 근로자에 대한 인사권보다는 오히려 도급인의 사업조직에서 업무 도급계약 내용에 따른 지휘·명령이 될 수 있다. 도급이든 파견이든 근로자의 선발은 어차피 수급인이자 파견사업주의 권한이므로 대상판결 법리에서 ③ 요소의 예시 중 근로자의 선발은 구별의 징표로서는 대비 효과가 약한 것으로서 배제되어도 무방할 것으로 보인다.

도급계약에서는 수급인이 약정한 업무나 일의 완성에 대하여 책임을 지므로 이를 위하여 작업에 투입할 근로자의 선발, 근로자의 수, 교육 및 훈련, 작업·휴게시간, 휴가, 근무태도 점검 등을 독자적으로 계획하고 수행한다. 일반적인 도급계약에서, 수급인은 일의 완성에 투여되는 근로자 수가 적을수록 이익이고, 교육 및 훈련으로 인한 숙련도 향상 또는 생산성 향상으로 인한 이익이 수급인에게 귀속되며, 작업·휴게시간, 휴가, 근무태도 점검을 직접 행사한다. 이와 반대로, 일의 완성에 투여되는 근로자 수가 많을수록 수급인에게 이익이 되는 구조이거나 교육 및 훈련으로 인한 근로자의 노동 능력 향상이 도급인의 이익으로 먼저 귀속되거나 작업·휴게시간, 휴가, 근무태도 점검을 도급인이 수행한다면 도급계

---

100) 최진수·정승진, "파견과 도급의 구별 기준", 율촌판례연구, 박영사, 2017, 144면.

약의 특성에 어긋나 근로자파견으로 인정될 가능성이 높다.

(3) 구체적 검토

[표 8] ③ 요소 구체적 검토

	도급계약의 특성	고려 사항
1	수급인이 작업에 투입할 근로자 선발	파견사업주·수급인의 공통 권한 / 도급인이 선발하면 파견 또는 직접 근로관계 가능
2	수급인이 작업에 투입할 근로자 수 결정	도급은 근로자 수 적을수록 유리/파견은 근로자 수가 많을수록 유리
3	도급인 인력 결원 시 수급인이 대체인력 투입의무가 있거나 투입 여부 결정	대체인력 투입의무가 있거나 대체인력이 많을수록 수급인에게 이익이라면 파견 가능성
4	수급인이 근로자를 교육 및 훈련	교육 및 훈련으로 향상된 노동력 보유 이익의 직접적 귀속 주체가 도급인이라면 파견 가능성
5	수급인이 근로자의 작업·휴게시간, 휴가 결정	파견은 사용사업주가 결정/다만 업무상 동시작업의 불가피성과 구별 가능
6	수급인의 근무태도 점검	도급인은 원래 수급인 근로자의 근무태도에 직접적 이해관계가 없음

라. 계약의 목적이 구체적으로 범위가 한정된 업무의 이행으로 확정되고 당해 근로자가 맡은 업무가 제3자 소속 근로자의 업무와 구별되며 그러한 업무에 전문성·기술성이 있는지(④ 요소)

(1) 의의 : 도급인과 수급인 사이의 도급계약

④ 요소는 도급인과 수급인 사이의 계약 내용과 이행 과정을 살펴보는 것이다. 근로자가 개입되지 않은 경우 도급인과 수급인 사이는 업무도급계약에서 정한 바에 따라 규율되고, 파견법은 근로자의 법률관계가 파견근로관계라고 판단되지 않는다면 적용되지 않는다. 대상판결 법리 중 ④ 요소는 업무도급계약의 목적의 구체성, 한정성, 구별성과 근로자의 업무의 전문성, 기술성을 살펴봄으로써 도급계약 고유의 특성이 있는지를 살피는 데 의의가 있다. 그러므로 이러한 ④ 요소는 도급인과 수급인 사이의 업무도급계약이 도급계약에 해당하므로 둘 사이에 도급계약의 법리에 따라 해석되고 이행되고 있음을 알려주는 징표로서 기능하는 것에 불

과하다. ④ 요소의 징표를 갖추고 있지 못한다면 도급계약으로 보기 어렵다는 정도이지,[101] 도급인과 근로자 사이의 ①, ② 요소에 따라 사용사업주의 지휘·명령이 명확하게 인정됨에도 ④ 요소를 갖추고 있다는 이유만으로 근로자파견관계를 근본적으로 부정할 수 있을 정도의 징표라고 보기는 어렵다. ①, ② 요소와 다소 중복되는 측면이 있지만, 3면적 법률관계의 속성 중 도급인과 수급인 사이의 계약 내용과 이행 측면에서 기능하고 있다고 보면 충분하다.

(2) 목적의 구체성·한정성·구별성, 전문성·기술성

계약 목적이 구체적으로 범위가 한정된 업무의 이행으로 확정되어 있지 않고 근로자들의 업무가 도급인 소속 근로자의 업무와 명확히 구별되지 않다면, 결국 근로자들은 도급인의 사용에 관한 지휘·명령에 맡겨지거나 실질적으로 도급인의 사업에 편입된 것이므로 파견근로관계에 해당할 가능성이 높다. 도급인과의 관계에서 수급인 또는 근로자의 전문성·기술성이 있는 경우 도급인은 근로자를 지휘·명령하기 어렵고, 근로자의 업무도 도급인의 사업에 편입되기 어렵다. 다만 민법상 도급계약의 성립에 전문성·기술성이 반드시 요구되는 것은 아니므로 전문성·기술성이 없다고 하여 바로 도급계약이 아니라거나 파견이라 단정할 것은 아니다.[102] 이미 파견이 허용되는 많은 영역에도 이미 상당한 전문성·기술성이 있는 분야가 있으므로, 전문성·기술성은 도급계약의 본질적 징표로 큰 의미를 부여할 것은 아니다. 수급인 또는 수급인의 근로자의 전문성·기술성이 있는 경우, 통상적으로 수급인의 자율권 또는 권한이 확대되고 있다는 속성을 포착한 정도로 이해하면 될 것으로 보인다. 전체적으로 대상판결 법리 중 ④ 요소는 도급적 요소 강화를 통하여 파견적 요소가 약화되는 측면으로만 기능하고 있다.

---

101) 김도형, "근로자파견과 도급의 구별 기준", 2015 노동판례비평, 민주사회를 위한 변호사모임, 2016, 14면.
102) 최진수·정승진, "파견과 도급의 구별 기준", 율촌판례연구, 박영사, 2017, 145면.

(3) 구체적 검토

[표 9] ④ 요소 구체적 검토

	구체성 · 한정성 · 구별성, 전문성 · 기술성	고려 사항
1	도급인 근로자 업무와 수급인 근로자 업무의 구별 가능	도급 강화/불가능하다면 ② 요소 강화
2	계약 목적의 구체성, 한정성	도급 강화/추상적, 불확정적[103]이라면 ①② 요소 강화
3	전문성 · 기술성	도급 강화/수급인의 독자성, 도급인 지시의 구속력에 영향, 전문성 · 기술성이 없으면 ①, ③ 요소에 영향
4	업무도급계약 불이행 시 책임 범위 명확	도급 강화
5	수급인의 전문성 · 기술성이 도급인의 전문성 · 기술성을 전제로만 기능	파견 강화
6	도급인 소속 근로자들과 구별되는 수급인의 전문성 · 기술성	전문성 · 기술성은 상대적 개념
7	수급인의 전문성 · 기술성에 비례한 이윤 창출	도급 강화/제공된 노동력의 양적 기준으로만 이윤이 창출되면 파견 강화
8	계약 목적의 지나친 세분화, 상세화	오히려 수급인의 권한을 줄여 파견 강화
9	계약 목적의 업무가 명확하여 해당 업무 이외의 도급인 지시에 불이행 가능 명시	도급 강화
10	계약 목적의 계속성, 상시성	그 자체만으로 도급 강화 요소라 보기 부족
11	계약 목적 이행의 평가 방식(임률도급)	임률도급 방식으로 보수를 산정한다고 하여 도급이 아니라 단정할 수 없지만, 보수가 노동력 제공의 시간으로만 환원되면 파견 강화

마. 원고용주가 계약의 목적을 달성하기 위하여 필요한 독립적 기업조직이나 설비를 갖추고 있는지(⑤ 요소)

(1) 의의 : 수급인의 실질적 능력

도급의 목적을 달성하기 위하여 필요한 독립적 기업조직이나 설비를

---

103) (예) 조립업무, 수리업무, 의장업무, 방청업무 등.

갖추고 있지 못한 수급인은 도급인에게 의존할 수밖에 없어 독자적 업무
수행을 기대하기 어렵다. 이 경우 수급인은 실질적으로 근로자를 제공하
는 것에 불과할 수밖에 없다.

파견과 도급 모두 수급인이나 파견사업주의 사업자로서 독립성이나
독자성이 인정되는 것을 전제로 한다. ⑤ 요소는 묵시적 근로계약관계
여부를 판단함에 있어 고려한 사업자로서 독립성이나 독자성 요건과 유
사하여 중복되는 측면이 있다. 만일 묵시적 근로관계를 식별하는 기준과
구별되는 ⑤ 요소의 기능을 파악한다면, 실질적으로 계약 목적을 달성하
기 위하여 업무를 수행할 수 있는 조직이나 설비를 갖추고 있는지 정도
로 이행될 수 있다. 사업주로서 독립성과 독자성은 수급인이 소속 근로
자에 대한 선발이나 인사권 등도 행사할 수 없을 정도여서 노무지휘권
측면이 강조된 것이다.

(2) 기업조직이나 설비의 의미

수급인이 업무도급계약의 도급인 이외에 다른 사업을 운영할 수 있
는 기업조직을 갖추지 못하고 있다면 도급인과의 관계에서 독립적 기업
조직으로 인정하기 어렵다. 도급인의 사내협력업체관리 표준에 따라 수
급인에 대한 구조조정이 가능하다면 수급인이 독립된 기업조직을 갖춘
것이라 보기 부족하다.

수급인의 설비는 업무도급계약 이행을 위하여 필수적인 것이라거나 핵
심적인 것이어야 한다. 자동차 제조공정에서 수급인이 업무수행 과정에 사
용되는 소모품이나 사무실, 작업장 내 비품 등을 갖추었다고 하여 계약 목
적 달성을 위한 설비를 갖추었다고 보기 어렵다. 수급인이 필수적인 설비
를 갖추었으나 도급인이 대여한 것이라거나 업무도급계약 종료되면 도급인
에게 반환하여야 한다면 수급인의 진정한 설비라 보기 어렵다. 만일 수급
인이 고유의 자본과 기술력을 투입하여 독자적인 생산설비를 구축하고 이
를 이용하여 도급인과 함께 업무를 수행하였다면 파견이 아닌 도급계약으
로서 인정될 가능성이 높다.

다만 업무도급계약의 목적이 물건의 제조가 아니라 서비스 제공이라면

갖춰야 할 설비 요건은 완화될 수밖에 없다.

(3) 구체적 검토

[표 10] ⑤ 요소 구체적 검토

	독립적 기업조직이나 설비	고려 사항
1	수급인 경영진이 대부분 도급인 출신	도급을 부정할 수 없으나, 위장도급 가능성 높음
2	근로자의 불완전이행 등에 대한 수급인의 실질적 위험부담인수	노무제공 정도에 비례하는 책임을 전형적인 물적 담보책임으로 보기 어려움
3	서비스업에서의 설비	계약 목적이 서비스 자체라면 설비요건 완화
4	수급인의 조직이나 설비에 고유기술이나 자본 투입	도급인과 수급인 사이의 대여, 양도 등 법률관계보다 수급인의 실질적 자본 투입 여부가 중요
5	독립적 기업조직 실질적 존재 여부	부정되는 경우, 파견 강화를 넘어 직접 근로관계 성립 가능

바. 대상판결 법리의 기본 구조 요약

위와 같은 5가지 구성요소에 검토 결과는 아래 [표 11]과 같이 요약된다.

[표 11] 대상판결 법리의 기본 구조

판단기준	근로관계의 실질에 따라 판단 (당사자가 붙인 계약의 명칭이나 형식에 구애될 것이 아님)			
요소	내용	검토 대상	기능	주요 특징
①	도급인이 당해 근로자에 대하여 직·간접적으로 그 업무수행 자체에 관한 구속력 있는 지시를 하는 등 상당한 지휘·명령	도급인→ 근로자	파견긍정	파견법 문언상 핵심기준
②	도급인 사업에 실질적 편입 (하나의 작업집단에 공동작업 등)	도급인→ 근로자	파견강화	①의 핵심 징표
③	수급인의 작업에 투입될 근로자의 선발이나 근로자의 수, 교육 및 훈련, 작업·휴게시간, 휴가, 근무태도 점검 등 결정 권한 독자적 행사 여부	수급인→ 근로자	도급강화 (파견약화)	수급인 노무지휘권의 독자성

(계속)

	계약 목적의 구체성·한정성, 구별성(도급인 소속 근로자 업무 대비), 전문성·기술성	도급인↔수급인	도급강화 (파견약화)	업무도급계약의 목적
④				
⑤	수급인의 계약 목적 달성에 필요한 독립적 기업조직이나 설비 보유	수급인	도급강화 (파견약화)	기업조직 ×→직접 근로계약관계
				기업조직 ○→도급, 파견
				설비 ○→도급 강화

4. 대상판결 법리에 대한 비판론 검토

학설은 다양한 관점에서 대상판결 법리를 비판하고 있다. 비판의 주된 근거와 유형에 따라 나누어 살펴본다.

가. 계약상 도급 목적 지시권과 노동법의 공존

당사자 사이에 도급계약을 체결하였고 이에 따라 도급인이 수급인의 근로자에게 도급 목적의 지시권을 행사할 수 있음에도 이를 쉽게 노동법상 지시권으로 이해하여 파견이라는 특정의 법률관계를 당사자들에게 강제하는 것은 기업의 외부노동력 이용을 부당하게 제한하는 것이라는 비판이 있다.[104] 그런데 앞서 살펴보았듯이 노동력 제공을 목적으로 한 업무도급계약의 경우 도급 목적의 지시권도 대인적 지시의 성격을 가질 수밖에 없고 이를 명확하게 구분하기 어렵다. 도급인의 지시 내용이 상세화되어 있고 그 지시가 노동력 제공의 방법을 구체적으로 정하여 통제하는 것이라면 수급인과 수급인의 근로자는 계약의 이행 방법에 관하여 아무런 재량이 없게 되고, 이러한 지시에 따를 수밖에 없게 된다면 구속성이 인정되어 사용사업주로서 지휘·명령에 해당한다. 결과물의 완성과 품질 유지를 위한 도급인의 지시가 불가피한 측면이 있더라도, 그 지시 불이행의 결과가 결국 노동력 제공의 양적 기준으로 환원되어 산정된다

---

104) 각주 10) 참조.

면 그 지시의 본질은 사용사업주의 지휘·명령에 가깝다고 보는 것이 합리적이다. 다만 사업장의 안전과 질서유지를 위한 조직 관련 지시와 사용자로서 지휘·명령은 구별할 수 있을 것이다.

도급인과 수급인이 도급계약을 체결하였음에도 그 계약의 내용과 달리 도급인이 수급인의 근로자를 직접고용하여야 하는 법률관계라고 판단하는 것은 신중할 필요가 있다. 그러나 3면적 법률관계의 적용 국면에 따라 달리 볼 수 있다. 도급과 파견은 3면적 법률관계 전체에 선택적으로 존재하는 것이 아니다. 도급인과 수급인 사이는 업무도급계약에 따라 여전히 유효하되, 근로자가 개입되는 법률관계(도급인과 근로자, 수급인과 근로자)에서는 파견법이 정한 바에 따라 파견근로관계로 규율될 수 있다. 비록 이러한 결과가 도급인과 수급인의 의사와 다른 것이라 하더라도 파견법은 파견근로관계로 인정하는 이상 도급인의 사용사업주로서 직접고용의무(간주)가 인정되므로 이러한 해석은 당연하다. 업무도급계약 또는 민법에 의한 도급 목적의 지시권은 강행법규인 파견법이 적용되는 한 제한되는 것은 당연하다.

나. 명확성과 예측가능성

대상판결 법리가 단순히 고려요소들만 나열하여 파견과 도급의 구별에 관한 명확한 판단 기준을 제시하지 못하였다는 비판이 있다.[105] 대상판결 법리의 5가지 구성요소의 의미와 기능은 앞서 검토한 바와 같다. 근로관계 인정 여부를 판단함에 있어 실질적·종합적 판단의 원칙은 노동법 영역에서는 보편적인 법리로서 대상판결 법리가 특별히 새로운 것이 아니다. 5가지 구성요소의 각 역할을 구별하고 각 요소의 기능을 이해한다면 예측가능성이 높아질 것으로 기대한다. 다만 앞서 5가지 구성요소의 기능을 구분하여 표로 요약하였지만, 3면적 법률관계의 역동성과 다면성, 상호영향성 등을 고려하면 이를 기계적으로 이해할 것은 아니다. 대상판결 법리에 따른 파견법 적용 회피 유인은 항상 존재하므로 사업방식의 변화 등이 계속 진행될 것이다. 이에 따라 향후 제조업 생산구조나

---

105) 각주 9) 참조.

생산방식의 변화에 따라 5가지 구성요소의 수정이나 변화도 불가피할 수
있다. 실질적·종합적 판단이 수반하는 예측불가능성의 문제를 입법으로
서 시도할 수도 있을 것이나, 대상판결 법리와 기본구조와 크게 다른 모
습을 상정하기 쉽지 않다. 오스트리아는 1988년 근로자파견법을 제정하
였는데, 판례를 통하여 해결하는 독일과 달리 제4조에서 근로자파견과
도급의 판단방식과 기준을 다음과 같이 규정하였다.

오스트리아 근로자파견법 제4조(판단기준)
① 근로자파견에 해당하는지 여부의 판단에 있어서는, 사실관계의 외관적 형태가
아닌 실제 경제적 내용이 결정적 판단기준이 된다.
② 특히 근로자파견은 파견된 인력이 도급인의 사업 내에서 도급계약의 이행
을 위해 근로를 제공하고 있지만 다음 각 호 중 하나에 해당하는 경우에 존재
한다.
1. 도급인의 생산품, 서비스 또는 중간생산물과 다르지 않고 구별되지도 않으며
수급인에게 귀속될 수 없는 일을 완성하거나 그 완성에 협력하고 있는 경우
2. 근로가 주로 수급인의 원료와 작업도구에 의해 수행되지 않는 경우
3. 도급인의 사업 내에 조직상 편입되었으며 도급인 감독자의 지시하에 있는
경우
4. 수급인이 일의 결과에 대하여 책임을 부담하지 않는 경우

오스트리아 판례는 제4조 제2항 각 호의 사유 중 하나만 충족되는 경
우에도 근로자파견에 해당한다고 거듭 판시함으로써 근로자파견과 도급의
구별에 관하여 상당히 엄격한 입장이다.[106] 대상판결 법리와 구조와 표현이
다르지만, 대상판결 법리의 해석에 좋은 참고가 될 수 있을 것이다.

다. 서비스업을 포함한 일반적 기준 가능성

대상판결 법리가 제조업을 중심으로 형성된 것임은 부정하기 어렵
다. 특히 ⑤ 요소는 수급인의 생산수단 구비를 전제로 한 것인데, 서비스
업은 인간의 특화된 노동력을 근거로 한 것이므로 제조업과 달리 완성물
이 물리적으로 존재하지 않는다. 대상판결 법리를 서비스업에 그대로 적
용하기 어렵다는 비판은 같은 날 선고된 다른 결론의 판결[107]에 관하여도

---

106) 김기선, "독일에서의 간접고용", 간접고용 국제비교, 한국노동연구원, 2012,
52–54면.
107) 대법원 2015. 2. 26. 선고 2011다78316 판결, 대법원 2015. 2. 26. 선고 2012다
96922 판결.

지적되고 있다.[108] 제조업에서 노동력 제공 자체가 도급계약의 목적이라고 의제하더라도 계약의 진정한 목적은 제조물의 완성이고 노동력 제공은 이를 위한 수단에 불과하다고 실질적으로 판단하기 용이하다. 하지만 업무도급계약의 목적이 인간의 서비스라면 이러한 목적과 수단을 구별하기 어려운 특성이 있다.

파견법[109]이 제조업의 직접생산공정업무를 근로자파견 대상업무에서 제외하였는데, 이는 제조업이 근로자파견과 어울리지 않아서가 아니라 오히려 근로자파견 대상업무로 허용하면 제조업 등 주요 산업이 근로자파견으로 대체되어 직접고용 원칙이 훼손될 것을 우려하였기 때문이다. 서비스업도 파견법 시행령 제2조 제1항 [별표 1][110]처럼 다양한 서비스를 노동력 제공의 방식으로 파견하는 것을 예정하고 있다. 서비스업의 특성만으로 파견근로관계를 인정함에 특별한 장애가 있다고 보는 것은 적절하지 않다. 대상판결 법리에 따라 판단하더라도 사건의 구체적 사실관계에 따라 다른 결론이 도출될 수 있고, 대상판결 법리 자체를 서비스업에 적용하기 어렵다고 보기는 어렵다.

라. 자동생산방식에 대한 도급 가능성

대상판결 법리가 자동생산방식을 원천적으로 배제하였다고 일반화하거나 단정할 수는 없다. 다만 컨베이어 벨트 등 도급인이 운영하는 자동생산시스템에 따라 수급인의 근로자들도 전체적으로 통제된다면 파견으로 인정될 가능성은 높을 수밖에 없다. 제조업의 직접생산공정에서 자동생산방식을 도입한 도급계약을 폭넓게 허용하여야 한다는 견해는 입법론, 정책론으로 바람직할 수도 있으나, 파견법이 제조업의 직접생산공정업무

---

108) 강선희, "H자동차 아산공장 모든 공정의 사내하도급근로자는 도급으로 위장된 파견근로자이다", 월간 노동리뷰 제121호, 한국노동연구원, 2015, 86면.
109) 제5조(근로자파견대상업무 등)
　① 근로자파견사업은 제조업의 직접생산공정업무를 제외하고 전문지식·기술·경험 또는 업무의 성질 등을 고려하여 적합하다고 판단되는 업무로서 대통령령이 정하는 업무를 대상으로 한다.
110) 각주 20) 한국표준직업분류(통계청고시 제2000-2호) 중 323(고객 관련 사무종사자의 업무).

를 명시적으로 근로자파견사업에서 제외한 취지를 고려하면 현행 파견법
의 해석론으로는 신중할 필요가 있다.

대상판결 법리에 의하더라도 제조업에서 도급이 가능한 영역이 존재할
수 있다. 수급인이 도급인이 지시하는 부품을 서열정보에 따라 제공하고 수급
인 소속 근로자의 작업시간이 도급인의 근로자와 일치하더라도, 수급인이 독립
적 기업조직과 전문적 설비를 가지고 목적물에 대한 하자 등 계약불이행에 대
한 위험을 실질적으로 인수하고 감당하며 자신의 이윤 창출을 위하여 노동력
의 수와 내용을 독자적으로 결정할 수 있다면 진정한 도급계약이라 볼 여지가
있다. 이 경우, 수급인은 그 도급인 이외에 다른 시장이나 거래처가 있거나 도
급인과 구별되는 전문적 판단 능력이 있을 것이고, 투입되는 인원을 기초로
계약대금을 정하더라도 계약 이행에 대한 보수나 불이행으로 인한 책임 범위
를 투입한 노동력의 양적 가치로만 환원하여 정산하지는 않을 것이다. 자동생
산방식에 편입된 업무도급계약의 속성상 ①, ② 요소가 강화되더라도, ③, ④,
⑤ 요소의 강화로 도급으로서 인정되는 경우도 상정할 수 있다.[111]

Ⅳ. 결론 : 대상판결 법리의 미래

노동력의 중간착취를 배제하려는 근로기준법과 직업안정법의 기본
구조는 파견법의 적용영역을 정함에 있어서도 충분히 고려되어야 한다.
아울러 근로자파견의 법률관계를 이해함에 있어 도급인의 지시권이나 인
사권, 도급인과 수급인의 계약자유와 같이 3면적 법률관계의 한 측면만
으로 전체 법률관계를 규정하는 것은 신중할 필요가 있다. 도급인과 수
급인이라는 계약 당사자 사이에서는 그 계약에 따라 규율되어도 무방하
나, 노동력 제공이라는 이름으로 계약의 목적이 되었다고 하더라도 제공
되는 노동력과 권리의무의 주체가 되는 인간이 지휘·명령의 관계에 포

---

111) 대법원 2018. 12. 13. 선고 2016다240406 판결[근로자파견관계를 부정한 서울고
    등법원 2016. 7. 6. 선고 2015나2023411 판결에 대한 상고를 기각하였다. 도급단가
    를 노동력의 양적 가치가 아닌 타이어 생산량(ton)을 기준으로 정하였고, 타이어
    생산공정에 있어 공정들 사이의 유기성이 높지 않은 사안이었다].

섭되었다면 파견법 등 노동법이 개입한다.

앞서 대상판결 법리의 5가지 구성요소를 구분하여 분석하였고 이는 [표 11]과 같이 요약될 수 있지만, 각 요소는 [그림 1]과 같이 적용되는 국면에서만 이해된 것일 뿐 다른 요소들과 서로 영향을 미치는 관계이다. ① 요소가 핵심적인 기준이라 하더라도 ② 요소와 같은 객관적 실체가 그대로 유지된 상태에서 도급인과 수급인 사이에 협의로 지휘·명령의 주체를 달리 형성하는 경우 그 영향력을 달리 판단할 수도 있다. ⑤ 요소가 서비스업에서의 판단 기준으로서 역할이 미약하고 파견과 도급의 구별기준보다 묵시적 근로관계를 식별하는 기준으로 기능하는 경우가 많다고 하더라도, 수급인으로서 계약이행의 위험을 실질적으로 인수한 것으로 볼 수 있는지 등과 같은 본질적 징표를 드러내기도 한다. 대상판결 법리가 일응 중요한 순서에 따라 구성요소를 나열하였다고 볼 수 있지만, 명시적으로 그 중 어느 하나의 요소가 다른 것보다 우월하다고 일반화하기 어려운 특성이 있다.

이러한 특성은 대상판결 법리가 적용되는 3면적 법률관계나 사실관계의 다면성과 역동성에 기인한다. 이러한 근로자파견의 3면적 법률관계는 아래 [그림 2]처럼 묘사될 수 있다. 파견근로자는 파견사업주 소속 근로자로서 파견사업주에 종속되므로 파견사업주를 중심으로 한 궤도를 유지한다. 사용사업주 소속 근로자도 사용사업주에 종속되므로 사용사업주를 중심으로 한 궤도를 유지한다. 만일 파견사업주가 사용사업주를 중심으로 한 궤도를 유지하고 있다면, 파견근로자는 파견사업주를 중심으로 한 궤도와 함께 사용사업주를 중심으로 한 궤도를 유지하고 있다고 볼 수 있다. 이러한 근로자를 파견근로자라 볼 수 있을 것이다. 파견근로자도 사용사업주를 중심으로 한 공전을 인식하고, 사용사업주도 자신을 중심으로 한 파견근로자의 공전을 인식할 수 있다. 수급인의 근로자가 수급인을 중심으로 한 궤도를 충실하게 공전하더라도, 도급인의 수급인에 대한 영향력으로 말미암아 수급인이 도급인을 중심으로 한 궤도를 공전하고 있다면, 궤도 밖의 전지적 관찰자는 수급인 소속 근로자들이 수급인 중심의 궤도와 도급인 중심의 궤도를 동시에 공전하고 있다고 인식할 수 있다. 도급인의 궤도를 직접 공전하는 도급인 소속 근로자와 수급인을 중심으로 공전함으로써 전체적으로 도급인의 궤도를 공전하고 있다고 볼 수 있는 수급인 소속 근로자를 어떻게 평가할 것인지에 관한 문제와 같다. 도급인, 수급인, 근로자의 특정 시각만을 강조하거나 도급인과 수급인 사이, 도급인과 근로자 사이, 수급인과 근로자 사이와 같은 2면적 관계만을 강조하여 [그림 2]와 같이 작용하는 전체적 모습을 단면적, 단선적으로만 바라보는 것을 경계할 필요가 있다. 대상판결 법리의 5가지 요소는 이러한 다층적 관계 중 일부 국면을 포착한 것에 불과하다. 결국, 대상판결 법리를 통하여 실질적, 종합적 판단을 하여야 할 대상은 위와 같은 다면적, 역동성이 있는 사실관계 또는 법률관계임을 유념할 필요가 있다.[112]

[그림 2]

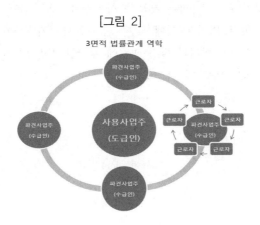

112) 이러한 판단에 도움이 될 만한 흥미로운 묘사를 소개한다. 박제성, 하청노동론, 퍼플, 2018, 230면에서 부분 요약(전통적인 지시종속관계가 뉴턴적이라면, 지배종속관계는 아인슈타인적이다. 뉴턴의 이론이 사과라면, 아인슈타인의 이론은 그물이다. 지시종속관계는 마치 사과가 지구로 떨어지는 것과 같다. 단선적 힘의 작용에 따라 근로자이거나 근로자가 아니거나 단선적 권리 개념이 도출된다. 반면에 지배종속관계는 눈에 보이지 않는 팽팽한 그물 위에 농구공을 올려놓고 그 근처에 탁구공을 굴리는 것과 같다. 질량이 큰 농구공 주위의 중력장은 찌그러지는데, 질량이 작은 탁구공은 제 스스로 갈 길을 가는 것처럼 보이지만 사실은 농구공이 있는 움푹 패인 곳으로 끌려들어갈 수밖에 없다. 여기에서는 선분형이 아닌 그물형 권리개념이 도출된다. 어떤 관계에서 어떤 권리가 인정되는가의 문제이다).

　　대상판결과 같은 사안에서 모두가 수긍할 수 있는 정당한 법리를 일반화하여 제시하기는 쉽지 않다. 정당한 결론이 무엇인지 탐구하기 위해서는 정의론, 노동가치론, 분배론, 경제성장론, 고용증가론 등에 이르는 해석론 이상의 광범위한 담론이 동원되고, 이를 뒷받침할 만한 과학적·실증적 자료에 대한 분석이 필요할 것이다. 같은 맥락에서 대상판결의 법리가 반드시 정당한 결론을 담보하는 것이라 볼 수 없다. 다만 대법원이 파견과 도급에 관한 구별의 틀로서 대상판결 법리를 제시하였고, 이러한 법리가 위와 같은 3면적 법률관계의 다층성과 역동성을 포착하고 있는 것이라면, 도급계약 법리에 관한 일반론이나 외국 동향, 경제적 효과 등을 근거로 대상판결 법리의 기준으로서 기능을 부정하는 것이 바람직하다고 보기 어렵다. 향후 새로운 사실관계나 법률관계의 변화를 포착하면서 대상판결 법리가 이에 맞게 진화하기를 기대하여 본다. 이러한 방법론은 일반적인 법리의 발전 과정에 부합할 뿐만 아니라 법리의 예측 가능성을 높이는 데도 기여할 것이다.

[Abstract]

The criteria for distinguishing between temporary agency work and contract work in manufacturing industry

Rhie, Junghwan*

The Supreme Court of Korea has established the criteria for distinguishing between temporary agency work and contract work by the ruling in 2015, which has specified that "In case the original employer entrusts an employee to work for a third party, the applicability of the Act on the Protection of Temporary Agency Workers('APTAW') is not limited to the name or form of the contract to which the worker is attached but it is rather decided by the substance of working relationship which is based on following factors: whether the third party has made a considerable directive and order to the employee, such as direct or indirect binding instruction on the performance of work itself(factor ①); whether the employee is substantially incorporated in the third party's business, such as forming one working group with third party employees and working directly with them(factor ②); whether the original employer exercises decision-making power over the selection of workers to be put into the work, the number of workers, education and training, working and resting hours, vacation, attitude and etc.(factor ③); whether the purpose of the contract is the implementation of specific scope of work, whether the work assigned to employee is distinguished from the work of employee of the third party and whether there is expertise and technology in such work(factor ④); and whether the original employer has an independent corporate organization or facility necessary to achieve the purpose of the contract(factor ⑤)."

---

* High Court Judge, Seoul High Court.

However, there has been a criticism that predictability of the ruling is low as a standard by only listing the distinction factors of temporary agency work and contract work. There has been another criticism that the scope of the contract is too narrow because it could not distinguish the contractor's directive for completion of the work and the employer's directive as the user. The ruling has been also criticized for the applicability only to manufacturing industry and its insufficiency as a general standard for distinction between temporary agency work and contract work.

The basic structure of the Labor Standards Act and the Occupational Stability Act to exclude the intermediate exploitation of the labor force also should be considered in determining the scope of APTAW. In addition, it is necessary to be careful in regulating the three-dimensional legal relationship not only by emphasizing one aspect such as the directive of the contractor or the principle of freedom of contract between contractor and subcontractor. The intervention of labor law such as APTAW is inevitable when the labor power which is the subject of the right and obligation becomes the object of the contract.

My Analysis on five factors of the ruling showed that the ruling listed 5 factors in order of importance. However, it is difficult to generalize that one factor is superior to another. Each factor has a mutual influence on the others. According to the text of APTAW, factor ① is a crucial standard. But if the employee of subcontractor(temporary-work agency under APTAW) is substantially incorporated to the third party(user-employer or user undertaking under APTAW) which means factor ② is fulfilled objectively and structurally, it has a great influence on the judgment of factor ①. Even if factor ⑤ plays less role as a discriminatory standard in the service industry and functions mostly as a criterion for the recognition of direct labor relationship between contractor and subcontractor's employee, it often works as important mark as whether the subcontractor has substantially taken the risk of contract execution. These characteristics are attributed to the multifaceted dynamics of the three-dimensional relationship to which the ruling is applied. The ruling should not be understood in one-sided manner only by emphasizing single perspective from contractor, subcontractor and the worker or by focusing on specific aspects of the relationship between contractor and subcontractor, between subcontractor and worker, and between contractor and worker. It is important to note that the five factors of the ruling are those that capture only partial aspects of the multilateral relationship and the object of substantial and comprehensive judgment is in multifaceted and dynamic relationship.

It is expected to see new changes of diverse legal relationship in the future and to find the ruling will evolve accordingly. This perspective will not only conform to the development of ordinary ruling, but also contribute to the predictability of the ruling.

[Key word]

- Temporary Agency Work/Contract work
- User-employer(User Undertaking)/Temporary-work agency/Temporary agency worker
- Contractor/Subcontractor
- The Act on the Protection of Temporary Agency Workers
- Considerable directive or order to the employee
- Substantial incorporation
- Three-dimensional relationship

참고문헌

[단 행 본]

고용노동부, 근로자파견제도를 알려드립니다, 2012.

김기선·박수근·강성태·김근주 편역, 독일노동법전, 한국노동연구원, 2013.

김대근·우희숙, 파견법위반죄의 구성요건에 대한 연구: 파견과 도급의 구별 기준을 중심으로, 한국형사정책연구원, 2016.

김영문, 외부노동력 이용과 노동법, 법문사, 2010.

박제성, 하청노동론, 퍼플, 2018.

박제성·노상헌·유성재·조임영·강성태, 사내하도급과 노동법, 한국노동연 구원, 2009.

박지순 외 4인, 사내하도급의 법적 쟁점과 과제, 무지개문화사, 2012.

은수미·김기선·박제성, 간접고용 국제비교, 한국노동연구원, 2012.

이 정, 파견과 도급에 관한 비교법적 연구, 법문사, 2014.

조준모 외, 특수형태 근로종사자 보호에 관한 경제학적 이해, 도서출판 해남, 2007.

하경효 외, 사내하도급과 노동법, 신조사, 2007.

[논문 등]

강선희, "H자동차 아산공장 모든 공정의 사내하도급근로자는 도급으로 위장 된 파견근로자이다", 월간 노동리뷰 제121호, 한국노동연구원, 2015.

강성태, "사내하도급과 근로계약관계", 사법 제15호, 사법발전재단, 2011.

권영환, "파견과 도급의 구별이라는 틀의 재검토", 노동법연구 제30호, 서울 대학교 노동법연구회, 2011.

권 혁, "도급 대상으로서 업무의 구체성과 불법파견 판단과의 관계 재검토", 경영법률 제25집 제1호, 한국경영법률학회, 2015.

_____, "업무도급관계에서의 위장도급 판단: 업무 지시권을 중심으로-", 노 동법학 제56호, 한국노동법학회, 2015.

김기선, "근로자파견과 도급의 판단-독일에서의 논의를 중심으로-", 노동법 연구 제31호, 2011.

_____, "근로자파견의 특수문제", 노동법률 제272호, 중앙경제사, 2014.

_____, "근로자파견의 판단", 월간 노동리뷰, 제121호, 2015.

_____, "독일 근로자파견법상 직접고용간주규정", 노동법학 제46호, 한국노동법학회, 2013.

_____, "독일 사업조직법상 파견근로자의 지위", 노동법학 제41호, 한국노동법학회, 2012.

_____, "독일에서의 근로자파견과 도급의 구별-소위 위장도급의 판단-", 노동법연구, 서울대노동법연구회, 2004.

_____, "근로자 파견 법리의 불법구조와 분석-파견과 도급의 구별 기준 정립을 위한 시론-", 노동법포럼 제24호, 노동법이론실무학회, 2018.

김도형, "근로자파견과 도급의 구별 기준", 2015 노동판례비평, 민주사회를 위한 변호사모임, 2016.

김영문, "도급과 파견의 구별기준", 노동판례백선, 박영사, 2015.

_____, "파견과 도급 구별 기준에 관한 비판적 검토-대상판결: 광주고법 2016. 8. 17, 2013나1125-", 노동법논총 제43집, 2018.

_____, "파견과 도급 구별에 관한 독일 판례의 발전과 시사점", 노동법학 제45호, 한국노동법학회, 2013.

_____, "파견과 도급 구별의 끝없는 논의", 노동법률 제314호, 중앙경제사, 2017.

도재형, "사내하도급 관계에서 근로자파견의 인정 기준", 법조 제659호, 법조협회, 2011.

_____, "특수형태근로종사자의 근로기준법상 근로자성", 월간 노동법률, 통권 제309호, 중앙경제사, 2017.

박제성, "사내하청 노동관계 법해석론", 노동법연구 제40호, 서울대학교 노동법연구회, 2016.

박종희, "사내하도급과 불법파견에 관한 법적 문제-독일에서의 논의를 중심으로-", 고려법학 제47호, 고려대학교 법학연구원, 2006.

_____, "사내하도급과 파견의 구별기준 및 불법파견의 법률효과", 조정과 심판 제42호, 중앙노동위원회, 2010.

박지순, "사내도급과 파견의 구별에 관한 서울고등법원 판례 평석", 월간 노동법률, 통권 제311호, 중앙경제사, 2017.

_____, "파견과 도급의 구별 법리", 사내하도급의 법적 쟁점과 과제, 무지개

문화사, 2012.

_____, "파견과 도급의 구별기준에 관한 독일과 한국의 판결 비교", 노동법 포럼 제11호, 노동법이론실무학회, 2013.

유동균, "독일의 근로자파견법 연구", 재판자료 제135집, 법원도서관, 2017.

윤애림, "다면적 근로관계의 판단 기준", 노동법학 제49호, 한국노동법학회, 2014.

이병희, "비정규직 근로에 대한 영국과 유럽연합의 노동법제", 재판자료 제124집, 법원도서관, 2012.

_____, "사내하도급에서 수급인 근로자에 대한 도급인의 노조법상 사용자책임", 사법논집 제51집, 법원도서관, 2011.

_____, "파견과 도급의 구별기준 및 파견법상 직접고용간주규정의 적용범위", 사법논집 제43집, 법원도서관, 2006.

이상희 · 변양규, "사내하도급 · 불법파견 판단의 법경제적학 이해-대법원 2015. 2. 26. 선고 2010다106436 판결을 중심으로-, 경희법학 제51권 제4호, 2016.

이승길 · 김준근, "도급과 파견의 구별에 관한 판단기준-대법원 2015. 2. 26. 선고 2010다106436 판결을 중심으로-", 성균관법학 제27권 제2호, 2015.

이승길 · 변양규, "사내하도급 관련 대법원 판결의 법률적 · 경제적 분석", KERI insight, 한국경제연구원.

이　정, "일본의 도급과 파견의 판단기준-사내하도급을 둘러싼 문제와 정책 과제-", 노동법포럼 제11호, 노동법이론실무학회, 2013.

이철수, "노동영역에서의 한미 FTA 쟁점과 과제", 법학 제48권 제1호, 서울대학교 법학연구소, 2007.

_____, "사내 하도급의 실태와 법적 대응", 노동법의 이론과 실천: 신인령 선생님 정년기념논문집, 박영사, 2008.

_____, "판례를 통해 본 사내 하도급의 법적 쟁점", 노동법실무연구 제1권: 김지형 대법관 퇴임기념, 사법발전재단, 2011.

조경배, "KTX 대법원 판결과 파견과 도급의 구별기준", 노동법학, 통권 제56호, 한국노동법학회, 2015.

_____, "사내하도급에 있어서 원청의 사용자성", 노동법연구 제25호, 서울대학교 노동법연구회, 2008.

_____, "아웃소싱과 고용승계에 관한 유럽공동체의 법과 판례", 법제연구 제

40호, 한국법제연구원, 2011.

_____, "현대자동차 사내협력업체 불법파견(위장도급) 사건 판례 평석-대법
원 2010. 7. 22. 선고 2008두4367 판결-", 노동법연구 제29호, 서울대
학교 노동법연구회, 2010.

조임영, "근로자파견관계의 판단방식과 기준", 노동법연구 제22호, 서울대학교
노동법연구회, 2007.

_____, "프랑스의 근로자파견 사용실태와 시사점", 국제노동브리프 제5권 제
6호, 한국노동연구원, 2007.

최은배, "도급과 파견근로의 쟁점", 민주사회를 위한 변론, 제105호, 민주사회
를 위한 변호사모임, 2015.

_____, "위장도급의 법률관계", 재판자료 제118집, 법원도서관, 2009.

_____, "위장도급의 판단-파견과 도급의 준별-", 노동법연구 제29호, 서울
대학교 노동법연구회, 2011.

최진수, 정승진, "파견과 도급의 구별 기준", 율촌판례연구, 박영사, 2017.

한규동, "도급과 파견의 실태 및 판단기준에 대한 비교법적 고찰-일본과 독
일을 중심으로-", 한국외국어대학교 대학원 석사학위논문, 2017.

황현태, "도급과 파견의 구별기준에 관한 연구-도급지시권과 근로지시권의
구별에 대한 검토를 중심으로-", 고려대학교 노동대학원 석사학위논
문, 2017.

위탁자에 대한 조세채권의 신탁계약 정산조항에 기한 실현가능성

박 설 아*

■요 지■

　부동산담보신탁계약에서 수탁자가 신탁부동산을 환가하여 정산하는 경우 그 처분대금의 정산순서와 관련하여 '재산세 등 당해세'가 '우선수익자의 수익권'보다 우선한다는 규정(이하 '당해세 정산조항'이라 한다)을 둔 사안에서, '재산세 등 당해세'에 '위탁자에게 부과된 당해세'도 포함되는지 여부와 위탁자에 대한 당해세권자가 신탁계약의 당사자가 아님에도 불구하고 당해세 정산조항에 기하여 수탁자를 상대로 당해세 상당액의 지급을 청구할 수 있는지가 문제되었다.

　그런데 대법원은 첫 번째 쟁점에 관한 판단을 생략한 채, 당해세 정산조항은 제3자를 위한 계약이 아니고, 사법상 계약에 의하여 납세의무자 아닌 자가 조세채무를 부담할 수 없으며, 위탁자에 대한 조세채권에 기하여 신탁재산에 강제집행을 할 수 없기 때문에, 위탁자에 대한 조세채권자는 당해세 정산조항에 기하여 수탁자를 상대로 직접 당해세 상당액의 지급을 청구할 수 없다는 결론에 이르렀다.

　그러나 당해세 정산조항의 문언상 '수탁자에게 부과된 당해세'로 한정하고 있지 않은 점, 이 사건 당시 위탁자가 원칙적인 재산세 납세의무자였던 점, 신탁재산에 대한 재산세의 공익비용적 성격, 재산세 및 신탁의 본질 등을 고려하면 당해세 정산조항에 '위탁자에게 부과된 당해세'도 포함된다고 해석함이 타당하다.

---

* 서울중앙지방법원 판사.

그리고 당해세 정산조항은 신탁법 제101조 제1항에 따라 신탁행위로 잔여재산의 귀속권리자를 지정한 경우에 해당하므로, 제3자를 위한 계약인지 따져볼 필요 없이, 위탁자에 대한 당해세권자는 수익자로 의제되어 직접 수탁자를 상대로 당해세 상당액의 지급을 청구할 수 있고, 수탁자가 임의로 이행하지 않는 경우 강제이행을 통해 급부를 강제적으로 실현할 수 있다고 보아야 한다. 수탁자는 신탁법에 따라 귀속권리자로 지정된 당해세권자에 대하여 당해세 상당의 신탁재산을 이전할 의무만을 부담할 뿐, 직접 조세채무를 부담하는 것이 아니고, 당해세권자도 수익자로 의제될 뿐, 위탁자에 대한 조세채권에 기하여 신탁재산에 관하여 징수권을 행사하는 것이 아니므로, '사법상 계약에 의하여 납세의무자 아닌 자가 조세채무를 부담할 수 없다는 판례 법리'와 '위탁자에 대한 조세채권에 기하여 신탁재산에 강제집행을 할 수 없다는 판례 법리'는 이 사안에 적용될 수 없다.

이상의 논의는 신탁재산이나 신탁사업에 관련된 다른 이해관계인들에 대해서도 유효하다. 신탁계약의 처분대금 정산조항에서 수분양자의 분양대금반환채권이나 시공사의 공사대금채권을 우선수익자의 수익권보다 선순위로 규정하고 있다면, 수분양자나 시공사는 수탁자를 상대로 우선수익자보다 우선하여 각자의 채권액 상당의 처분대금을 지급할 것을 청구할 수 있다.

[주 제 어]
• 위탁자에 대한 조세채권
• 당해세
• 신탁계약 정산조항
• 신탁계약의 종료
• 잔여재산의 귀속권리자
• 제3자를 위한 계약

대상판결 : 대법원 2017. 8. 29. 선고 2016다224961 판결

[사안의 개요]

○ A회사는 2009. 9. 30. B신탁회사와, 대출채권자인 원고들을 우선수익자로 정하여 A회사 소유의 이 사건 부동산을 B신탁회사에 신탁하는 내용의 부동산담보신탁계약(이하 '이 사건 신탁계약'이라 한다)을 체결하고,[1] 다음날 B신탁회사에 이 사건 부동산에 관하여 이 사건 신탁계약을 원인으로 하는 소유권이전등기를 마쳐주었다.

○ 이 사건 신탁계약의 주요 내용은 다음과 같다(이하 이 사건 신탁계약 제22조 제1항을 '이 사건 정산조항'이라 하고, 그중 제2호를 '당해세 정산조항'이라 한다).

▸ **제15조(비용의 부담)**

① 신탁부동산 및 신탁이익에 대한 제세공과금, 유지관리비 및 금융비용 등 기타 신탁사무의 처리에 필요한 제비용 및 신탁사무 처리에 있어서의 수탁자의 책임 없는 사유로 발생한 손해는 위탁자의 부담으로 한다.

② 신탁재산에 속하는 금전이 제1항의 제비용 등의 지급에 부족하고 위탁자로부터 그 부족금액을 받을 수 없을 경우에는 수탁자가 상당하다고 인정한 방법으로 신탁부동산의 일부 또는 전부를 매각해서 대위 지급할 수 있다.

③ 위탁자가 제1항의 비용 등을 지급시기에 납부치 않는 경우에는 수탁자가 대신 납부할 수 있으며, 이 경우에 위탁자는 그 지급일로부터 상환일까지의 지연손해금을 우선수익자로 처음 지정된 금융기관 연체이율에 의한 지체상금으로 수탁자에게 지급하여야 한다.

④ 수탁자는 제3항의 대지급금과 지연손해금을 위탁자 또는 우선수익자에게 지급할 금전 또는 재산 중에서 이를 우선 공제, 수취할 수 있다.

▸ **제22조(처분대금 등 정산방법)**

① 수탁자가 신탁부동산을 환가하여 정산하는 경우의 충당순서는 다음 각 호의 순서에 의한다.

1. 부동산관리 및 공매절차에 따른 비용, 수탁자가 수취할 보수(신탁보수 및 대리사무 보수)
2. 처분대금 수납 시까지 고지된 재산세 등 **당해세**
3. 제4호 규정에 의한 근저당권자 등에 우선하는 임대차보증금
4. 신탁설정 전 근저당권자의 채권(채권최고액 범위 내)
5. 법률상 대항력 있는 임차인의 임대차보증금

---

[1] 부동산담보신탁이란 채무자인 위탁자가 담보 목적으로 채권자를 수익자로 하여 수탁자에게 부동산의 소유권을 이전하고, 채무자가 채무를 불이행하면 수탁자가 신탁재산을 처분하여 수익자의 채권 변제에 충당하고 나머지를 위탁자에게 반환하는 방법의 신탁을 의미한다.

> 6. 우선수익자의 채권
> 7. 순차 변제하고 잔여액이 있을 경우 그 잔여액은 수익자에게 지급
> ▶ **[특약사항] 제7조(세무, 회계 등)**
> ① 신탁재산과 관련된 세무 및 회계사항은 위탁자의 부담으로 위탁자가 신고납
> 부하여야 한다.

○ 피고(수원시)는 2010년부터 2013년까지[2] A회사에 이 사건 부동산에
대한 재산세, 종합부동산세, 농어촌특별세(이하 통칭하여 '이 사건 당해세'라
한다) 부과처분을 하였다.

○ B신탁회사는 원고들의 환가요청에 따라 이 사건 부동산을 공매처분하
였는데,[3] 피고는 이 사건 당해세가 이 사건 정산조항의 충당순서상 2순위에
해당하므로 6순위인 원고들보다 우선하여 처분대금을 정산받아야 한다고 주
장하였다. 그러자 B신탁회사는 채권자 불확지를 이유로 피공탁자를 '원고들
또는 피고'로 정하여 처분대금을 변제공탁하였다.

○ 원고들은 위 공탁금에 대한 출급청구권이 원고들에게 귀속됨을 확인
받기 위해 피고를 상대로 공탁금출급청구권확인의 소를 제기하였다.

[소송의 경과]

1. 이 사건의 쟁점

이 사건에서는 ① 당해세 정산조항에 수탁자에게 부과된 당해세 이외에
위탁자에게 부과된 당해세도 포함되는지(이하 '제1쟁점'이라 한다)와 ② 이
사건 신탁계약의 당사자가 아닌 피고가 당해세 정산조항에 기하여 수탁자를
상대로 이 사건 당해세 상당액의 지급을 청구할 수 있는지가 쟁점이 되었다
(이하 '제2쟁점'이라 한다).

2. 1심(서울중앙지방법원 2015. 11. 3. 선고 2015가합511052 판결)

1심은 ① 당해세 정산조항에 위탁자에게 부과된 당해세도 포함되고, ② 신

---

2) 뒤에서 보는 바와 같이 지방세법의 개정으로 2014. 1. 1. 이후 신탁재산에 대하
  여 부과되는 재산세 등의 납세의무자는 수탁자가 되었다.
3) 신탁회사는 수의계약을 체결하거나 공개시장에서의 경쟁을 통하여 신탁재산을 처
  분하는데, 신탁실무상 후자의 방법을 '공개매각' 또는 '공매'라 칭한다. 이는 조세체
  납처분절차의 최종단계로서 압류재산을 강제적으로 환가처분하는 국세징수법 및
  지방세징수법상 공매와는 다른 개념이다.

탁재산에 대한 과세권자로서 이해관계가 있는 피고는 이 사건 신탁계약의 내용을 원용할 수 있으므로, 피고에게 공탁금출급청구권이 있다는 이유로 원고들의 청구를 기각하였다.

3. 원심(서울고등법원 2016. 5. 19. 선고 2015나2070349 판결)

원심은 ① 당해세 정산조항에 수탁자에게 부과된 당해세만 포함되고, ② 설령 그렇지 않더라도, 피고가 당해세 정산조항을 근거로 직접 B신탁회사에 이 사건 당해세 상당액의 지급을 구할 수 없으므로, 원고들에게 공탁금출급청구권이 있다는 이유로 1심 판결을 취소하고, 원고들의 청구를 인용하였다.[4]

4. 대상판결

대상판결은 제1쟁점에 관한 판단을 생략한 채 제2쟁점과 관련하여, 원심이 '① 조세법률주의의 원칙상 원래의 납세의무자가 아닌 수탁자가 사법상 계약에 불과한 이 사건 신탁계약에 기하여 조세채무를 부담한다고 볼 수 없는 점, ② 당해세 정산조항을 제3자를 위한 계약으로 볼 수 없는 점, ③ 위탁자에 대한 조세채권에 기하여 수탁자 소유의 신탁재산을 압류하거나 그 신탁재산에 대한 집행법원의 경매절차에서 배당을 받을 수 없는 점 등을 근거로, 피고가 B신탁회사를 상대로 이 사건 당해세 상당액의 지급을 구할 수 없고, 따라서 피고가 신탁재산인 이 사건 부동산의 처분대금에 관하여 원고들보다 우선하여 정산받을 권리가 없다'고 판단한 것은 정당하다면서 피고의 상고를 기각하였다.

---

4) 다만, 원심은 제2쟁점과 관련하여, 당해세 정산조항에 수탁자에게 부과된 재산세가 포함된다고 가정하더라도, 피고에게는 수탁자를 상대로 이 사건 당해세의 지급을 청구할 수 있는 권리가 없다고 판단한 후, 제1쟁점에 관하여 판단하는 구조를 취하였다.

〔研　　究〕

I. 서　　론

1991년경 부동산신탁제도가 도입된 이후 신탁 관련 소송이 증가하고 있는데,[5] 특히 신탁계약의 당사자는 아니지만 신탁재산 또는 신탁사업에 관하여 이해관계를 맺은 자들-예를 들어 신탁재산에 대한 조세채권자, 신탁재산을 분양받은 수분양자, 또는 건축물을 신축·분양하는 신탁사업과 관련하여 신축공사를 도급받은 시공사 등-이 신탁회사를 상대로 직접 급부를 청구하거나 위탁자를 대위하여 급부를 청구하는 소송이 많이 이루어지고 있다. 대법원은 신탁계약에서 이해관계인 보호조항을 둔 경우에도 제3자를 위한 계약으로 볼 수 없다는 이유로 이해관계인의 신탁회사에 대한 권리를 인정하지 않은 경우가 많다. 이는 신탁재산의 독립성이나 수익자 보호를 우선한 것으로 보인다. 대상판결도 이러한 흐름에서 벗어나지 않았다.[6] 그러나 신탁계약을 신뢰한 이해관계인들의 정당한 기대가 보호되어야 신탁제도의 지속적인 존립도 가능하다. 이러한 관점에서 이해관계인의 기대가 신탁회사에 대한 권리, 특히 급부청구권으로서 보호받을 수 있는지 살펴보고자 한다.

이 사건에서 당해세 과세권자인 피고의 공탁금출급청구권이 인정되기 위해서는 ① 당해세 정산조항에 위탁자에게 부과된 이 사건 당해세가 포함되어

---

[5] 신탁법이 1961년경 제정되었음에도 신탁제도가 거의 활용되지 않다가, 1991년경 부동산신탁제도가 도입된 후 1996년경부터 부동산신탁업이 하나의 고유 업종으로 자리 잡기 시작했다(한국부동산신탁업협회, 부동산신탁실무, 2007, 4면).

[6] 대상판결 이후에도 대법원은 동일한 취지의 판결을 선고하였다(대법원 2017. 9. 12. 선고 2016다269506 판결 등). 대상판결과 동일한 취지의 하급심 판결로는 서울고등법원 2017. 4. 14. 선고 2016나2049915 판결, 서울고등법원 2016. 5. 20. 선고 2015나2023558(본소), 2015나2023565(반소) 판결 등이 있다. 한편, 대상판결의 결론과 달리한 하급심 판결로는 서울고등법원 2014. 10. 17. 선고 2013나2024502 판결이 있다. 이에 대하여 2014다231446호로 상고되었으나 당해세 부분은 상고이유가 아니었기 때문에 2018. 4. 12. 선고된 대법원 판결에는 제1, 2쟁점과 관련된 판시가 없다.

야 하고(제1쟁점), ② 피고가 직접 신탁회사에 대하여 이 사건 당해세 상당액
의 지급을 구할 수 있는 법률상·계약상 권리가 인정되어야 하며(제2쟁점),
③ 피고의 권리가 우선수익자인 원고들의 권리보다 우선해야 한다(제2쟁
점). 쟁점 검토에 앞서 신탁관련세제에 관한 이해가 선행되어야 하므로 이 사
건의 해결에 필요한 범위 내에서 살펴보고(Ⅱ), 제1, 2쟁점에 관하여 차례로
검토한다(Ⅲ, Ⅳ). 한편, 2014. 1. 1. 이후 신탁재산에 대한 재산세 등은 수탁
자에게 과세되므로 대상판결과 같이 당해세 정산조항이 문제되는 사례는 감소할
것으로 보이나,[7] 제2쟁점은 수분양자나 시공사 등 다른 이해관계인들의 신탁회사
에 대한 권리와도 밀접한 관련이 있으므로 논의를 확장하여 검토한 후(Ⅴ), 결론
을 도출한다(Ⅵ).

Ⅱ. 신탁부동산 관련 과세제도

1. 당해세의 의미와 인정범위

조세채권은 사법상 채권과 달리 채권자평등원칙이 적용되지 않고 공
시 없이도 우선변제권이 인정된다.[8] 특히 '경매·공매절차에서 매각되는
부동산 그 자체에 대하여 부과된 국세 또는 지방세와 그 가산금'은 위
부동산에 설정된 담보물권의 성립시기와 관계없이 담보물권에 절대적으
로 우선하여 징수된다.[9] 학설과 판례는 '그 재산에 대하여 부과된 국세

---

7) 2014. 1. 1. 지방세기본법이 개정되면서 신탁등기를 신청할 때 납세증명서를 제출
하도록 의무화하고 있으므로[구 지방세기본법(2014. 1. 1. 법률 제12152호로 개정
된 것) 제63조 제1항 제4호, 현행 지방세징수법 제5조 제1항 제4호에 해당함],
2014. 1. 1. 이후에는 위탁자가 취득세, 재산세, 지방교육세 및 지역자원시설세를
체납한 상태에서 신탁등기를 마칠 수 없다.
8) 신만중, "조세채권의 우선권과 우선순위의 조정-압류선착주의와 당해세를 중심으
로-", 경희법학 제46권 제3호, 경희대학교, 2011, 190면. 그 밖에 사법상 채권과
구별되는 조세채권의 특징은 조세에 관한 법률에 따라 획일적으로 성립·소멸하
고, 납세자의 임의이행이 없는 경우 과세권자가 스스로 강제징수할 수 있는 자력
집행권이 인정된다는 점이다.
9) 국세기본법 제35조 제1항 제3호, 제2항 단서, 지방세기본법 제71조 제1항 제3호,
제2항 단서. 특정 재산에 터잡아 납세의무가 성립하는 당해세는 그 재산에서 조세
채권을 확보하는 것이 조세징수의 확보라는 공익적 요청에 부합하고, 당해 재산과
납세의무의 발생 사이에 물적 관련성이 있어 일반 조세채권에 비해 담보물권자의

등'을 당해세라 칭한다. 현행 세법은 국세 중 상속세, 증여세 및 종합부동산세를, 지방세 중 재산세, 자동차세, 지역자원시설세, 지방교육세(재산세와 자동차세분에 한함)를 당해세로 규정하고 있다.[10] 그러나 세법에 당해세의 개념과 인정요건에 관한 명시적인 규정이 없어 당해세의 인정범위에 관하여 논란이 있다.

헌법재판소[11]는 당해세 우선 특례는 담보목적물에 부과될 당해세의 종목과 세액을 상당한 정도로 예측할 수 있는 경우에 한하여 인정할 수 있고, 당해 재산의 소유 그 자체를 과세대상으로 하는 강학상의 재산세만 당해세에 해당한다는 입장이다. 다만, 어떤 국세가 강학상 재산세에 해당하는지는 개별 법령의 해석·적용 권한을 가진 법원의 판단영역에 속한다는 이유로 상속세나 증여세가 당해세에 해당하는지 명시적으로 판단하지 않았다.

대법원[12]도 당해세는 담보물권을 취득하는 사람이 장래 그 재산에 대하여 부과될 것을 상당한 정도로 예측할 수 있는 것으로서 오로지 당해 재산을 소유하고 있는 것 자체에 담세력을 인정하여 부과되는 국세만을 의미한다고 보았다. 그리고 상속세가 당해세에 해당될 수 있다는 전제에서[13] 당해세의 인정요건으로 ① 물적관련성(부동산 자체에 대하여 부과될 것)과 ② 예측가능성을 제시하였다.[14] 다만, 부동산등기부 기재상 상속재산임이 공시되지 않은 부동산의 경우, 담보물권자가 당해 부동산에

예측가능성이 크고 담보물권을 침해할 위험성이 적기 때문에 정당화된다고 한다(김완석, "상속세에 있어서의 당해세 우선의 원칙", 공법연구 제37집 제2호, 사단법인 한국공법학회, 2008, 297면, 헌법재판소 1994. 8. 31. 선고 91헌가1 결정).
10) 국세기본법 제35조 제5항, 지방세기본법 제99조 제5항.
11) 헌법재판소 1994. 8. 31. 선고 91헌가1 결정, 헌법재판소 1999. 5. 27. 선고 97헌바8·89, 98헌바90(병합) 전원재판부 결정.
12) 대법원 2003. 1. 10. 선고 2001다44376 판결 등.
13) 상속세의 성질과 관련하여 재산세설, 소득과세설, 특별소득세설, 이전과세설 등이 대립하고 있는데, 이전과세설이 다수설이다(임승순, 조세법, 박영사, 2017, 787면). 반면, 대법원은 상속세를 재산을 소유하고 있는 것 자체에 담세력을 인정하여 부과하는 재산세로 보았다.
14) 신만중, 앞의 논문, 205면.

상속세가 부과되리라는 점을 예측할 수 없으므로, 위 부동산에 대한 상속세는 당해세에 해당하지 않는다고 보았다.[15]

이에 대해서 상속세는 강학상의 재산세에 해당하지 않으며, 당해세는 세목뿐만 아니라 세액까지 예측 가능해야 하는데 담보물권자가 상속세액을 예측하는 것은 사실상 불가능하므로, 상속세는 당해세에 해당하지 않는다고 보는 견해가 유력하게 주장되고 있다.[16]

2. 신탁재산의 재산세 납세의무자

원래 구 지방세법(1993. 12. 27. 법률 제4611호로 개정되기 전의 것)상 재산세 납세의무자는 '재산세 과세대장에 재산의 소유자로 등재되어 있는 자'였고, 신탁재산의 경우 과세대장에 소유자로 등재되어 있는 '수탁자'를 납세의무자로 보았다.[17]

1993. 12. 27. 구 지방세법이 개정되면서 신탁재산의 재산세 납세무자를 위탁자로 규정하는 특칙이 신설되었다. 당시 내무위원회의 심사보고서에 따르면, '신탁재산에 대한 재산세의 납세의무자를 실질적 소유자인 위탁자로 명문화하고, 수탁자는 납세관리인으로 보도록 하여 실질과세원칙에 맞도록 하기 위함'이라고 개정이유를 밝히고 있다.[18]

---

15) 대법원 2003. 1. 10. 선고 2001다44376 판결. 이 사건의 사실관계를 간략하게 소개하면 다음과 같다. ⓐ가 ⓑ를 상대로 소유권이전등기청구 소송을 제기하여 승소한 후 계쟁 부동산에 관하여 명의신탁 해지를 원인으로 한 소유권이전등기를 마쳤고, ⓒ로부터 대출받은 후 근저당권을 설정해 주었는데, 대한민국이 계쟁 부동산이 ⓐ의 아버지의 사망에 따른 상속재산에 속한다면서 ⓐ에게 상속세를 부과하였고, ⓒ의 신청에 따라 개시된 계쟁 부동산에 관한 임의경매절차에서 대한민국은 상속세가 당해세라고 주장하면서 교부청구를 하였다. 대법원은 계쟁 부동산의 부동산등기부 기재상 상속재산임이 공시되어 있지 아니하였고, ⓒ는 상속세가 부과되리라는 점을 예상할 수 없었으므로 위 상속세는 당해세에 해당하지 않는다고 보았다.

16) 김완석, 앞의 논문, 297-308면. 위 견해는 상속세액의 예측이 불가능한 이유로 상속재산의 파악 및 평가의 곤란함, 과세표준 산정의 어려움, 상속세율의 가변성과 세액공제의 복잡성을 들고 있다.

17) 김상훈, "신탁재산에 대한 재산세 납세의무자-지방세법 제107조 제1항의 문제점과 개선방안을 중심으로-", 저스티스 통권 제149호, 한국법학원, 2016, 138면.

18) 내무위원회, 지방세법중개정법률안 심사보고서, 2013. 11., 5면. 그러나 위 심사

그런데 대법원이 '위탁자가 재산세를 체납하더라도 신탁법 제22조 제1항에 따라 신탁재산에 대하여 체납처분을 할 수 없다'고 해석하였고,[19] 이로 인해 과세관청의 체납세액 징수가 곤란해지자, 2014. 1. 1. 신탁재산의 재산세 납세의무자를 수탁자로 규정하는 지방세법 개정이 이루어졌다. 당시 안전행정위원회의 검토보고서에 의하면, 주된 개정이유를 '위탁자의 체납에도 신탁재산에 체납처분을 할 수 없는 문제를 개선하기 위함'이라고 밝히면서도, 이와 더불어 '재산을 사실상 소유하고 있는 자에게 재산세 납세의무가 있으므로, 신탁재산의 대내외적 소유자인 수탁자에게 납세의무를 부과하는 것이 법체계상 타당하다'는 점을 근거로 들고 있다.[20]

이와 같이 지방세법상 신탁재산의 재산세 납세의무자는 '수탁자'에서 '위탁자'로, 다시 '수탁자'로 변경되었는데,[21] 일련의 개정 과정을 [표]로 정리하면 다음과 같다.

보고서에는 신탁법상 신탁재산의 취득과 보유에 관한 경제적 실질이 위탁자에게 있다는 점에 관하여 깊이 있는 검토내용이 담겨 있지 않다. 오히려 위 심사보고서의 질의답변 중에는 "명의신탁재산에 대한 재산세 및 종합토지세의 납세의무자를 위탁자로 하였는데, 위탁자를 알 수 없을 경우에는 과세를 할 수 없는 것이 아닌가"라는 질의에 대하여 "명의신탁이 등기된 경우에만 위탁자에게 과세하며 수탁자는 납세관리인이 된다"는 답변이 기록되어 있어 명의신탁과 신탁법상 신탁을 혼동하는 내용이 기재되어 있기도 하다. 1993년 말에 재산세 납세의무자를 변경하게 된 배경에는 1990년부터 종합토지세가 시행되면서 당시 성행하였던 지역주택조합이 수탁자로서 보유한 토지가 합산과세되면서 세부담이 급증하는 문제를 해결하기 위해 위탁자별로 과세하기 위해 신탁에 있어서 재산세 및 종합토지세 납세의무자를 변경하게 된 측면이 있다고 한다(마정화·유현정, "부동산신탁에 관한 합리적인 지방세 과세방안", 한국지방세연구원 기본연구보고서 2016권 제6호, 2017, 93면).
19) Ⅱ의 3항에서 자세히 살펴본다.
20) 안전행정위원회, 지방세법 일부개정법률안 검토보고서, 2013. 12., 56면.
21) 재산세 외에 신탁재산 보유와 관련된 세목에는 종합부동산세, 농어촌특별세(종합부동산세 부가분), 지역자원시설세(특정부동산분)가 있다. 종합부동산세의 납세의무자는 재산세 납세의무자이며(종합부동산세법 제7조 제1항), 농어촌특별세(종합부동산세 부가분)의 납세의무자는 종합부동산세의 납세의무자이므로(농어촌특별세법 제3조 제6호), 위 각 세목의 납세의무자 역시 수탁자가 되었다. 지역자원시설세(특정부동산분)의 납세의무자는 특정부동산의 소유자이므로(지방세법 제143조 제7호) 수탁자가 납세의무자이다.

개정 연혁	① 1993. 12. 27. 법률 제4611호로 개정되기 전의 것	② 1993. 12. 27. 법률 제4611호로 개정된 것	③ 2005. 1. 5. 법률 제7332호로 개정된 것	④ 2014. 1. 1. 법률 제12153호로 개정된 것
관련 조문	제182조 (납세의무자) ① 재산세 과세기준일 현재 재산세 과세대장에 **재산의 소유자로 등재되어 있는 자**는 재산세를 납부할 의무가 있다. 다만, 권리의 양도 · 도시계획사업의 시행 또는 기타 사유로 인하여 재산세 과세대장에 등재된 자의 권리에 변동이 생겼거나 재산세 과세대장에 등재가 되지 아니하였을 때에는 사실상 소유자가 재산세를 납부할 의무를 진다.	제182조 (납세의무자) ① 재산세 과세기준일 현재 재산세 과세대장에 **재산의 소유자로 등재되어 있는 자**는 재산세를 납부할 의무가 있다. 다만, 권리의 양도 · 도시계획사업의 시행 또는 기타 사유로 인하여 재산세 과세대장에 등재된 자의 권리에 변동이 생겼거나 재산세 과세대장에 등재가 되지 아니하였을 때에는 사실상 소유자가 재산세를 납부할 의무를 진다. ⑤ **신탁법에 의하여 수탁자명의로 등기 · 등록된 신탁재산**에 대하여는 위탁자가 재산세를 납부할 의무를 진다. 이 경우 <u>수탁자</u>는 제37조의 규정에 의한 납세관리인으로 본다.	제183조 (납세의무자)[22] ① 재산세 과세기준일 현재 **재산을 사실상 소유하고 있는 자**는 재산세를 납부할 의무가 있다.(단서 생략) ② 제1항의 규정에 불구하고 재산세 과세기준일 현재 다음 각호의 1에 해당하는 자는 재산세를 납부할 의무가 있다. 5. **신탁법에 의하여 수탁자명의로 등기 · 등록된 신탁재산의 경우에는 위탁자. 이 경우 수탁자는 제37조의 규정에 의한 납세관리인으로 본다.	제107조 (납세의무자) ① 재산세 과세기준일 현재 **재산을 사실상 소유하고 있는 자**는 재산세를 납부할 의무가 있다. <u>다만</u>, 다음 각 호의 어느 하나에 해당하는 경우에는 해당 각 호의 자를 납세의무자로 본다. 3. 「**신탁법**」에 따라 수탁자 명의로 등기 · 등록된 신탁재산의 경우: 위탁자별로 구분된 재산에 대해서는 그 <u>수탁자</u>. 이 경우 위탁자별로 구분된 재산에 대한 납세의무자는 각각 다른 납세의무자로 본다.
기 간[23]	~1993. 12. 31.	1994. 1. 1.~2013. 12. 31.		2014. 1. 1.~
원칙적인 납세의무자	수탁자	위탁자		수탁자

22) 신탁재산의 재산세 납세의무자에 관한 위 규정은 지방세법이 2013. 1. 1. 법률 제11617호로 개정되면서 제107조로 옮겨왔고, 주택법에 따른 지역주택조합 · 직장주택조합이 조합원이 납부한 금전으로 매수하여 소유하고 있는 신탁재산의 경우에는 해당 지역주택조합 · 직장주택조합이 위탁자로서 재산세 납세의무자가 되고, 조합원이 수탁자로서 납세관리인이 된다는 규정을 포함하였는데, 이 사건과 관련이

신탁재산의 재산세 납세의무자를 위탁자와 수탁자 중 누구로 보아야
하는가는 재산세 및 신탁의 본질과 연결되어 있는 문제이다. 재산세는
재산의 소유 그 자체에 담세력을 인정하여 부과되는 수익세적 성격을 지
닌 보유세로서, 재산가액을 그 과세표준으로 하고 있고, 재산소유 자체를
과세요건으로 한다.[24] 따라서 신탁재산의 재산세 납세의무자 문제는 신
탁재산의 사실상 소유자, 즉 실질적인 소유자를 누구로 볼 것인가 하는
문제와 연결되어 있다.[25] 그런데 개정 과정을 살펴보면, 신탁재산의 실질
적인 소유자가 누구인지에 관한 입법자의 인식이 일관되지 않았음을 알
수 있다. 이와 관련하여 신탁재산에 대한 실질적 소유권이 위탁자 또는
수익자에게 있고, 수탁자는 형식적 소유권자에 불과하므로, 신탁재산의
재산세 납세의무자를 수탁자로 보는 것은 실질과세원칙에 위반된다는 견
해가 주장되기도 한다.[26] 그러나 국세기본법 제14조 제1항에 따라 실질

없으므로 자세한 논의는 생략한다.
23) 재산세 납세의무 성립시점을 기준으로 한 적용기간을 의미한다.
24) 대법원 1995. 4. 11. 선고 94누9757 판결, 대법원 2001. 4. 24. 선고 99두110 판
    결 등.
25) 재산세 납세의무자는 '재산세 과세대장에 재산의 소유자로 등재되어 있는 자'에
    서 '재산을 사실상 소유하고 있는 자'로 변경되었는데, 이는 민법이 법률행위에 의
    한 부동산 물권변동에 관하여 성립요건주의를 채택하고 있어 등기 등 공시방법을
    갖추어야 비로소 물권변동이 일어나지만, 세법상으로는 잔대금을 지급하는 등 실
    질적으로 소유권을 행사할 수 있는 단계에 이르면 아직 소유권이전등기를 마치지
    못하여 법률상 소유권을 취득하지 못하더라도 사실상의 소유자로 보아 재산세 납
    세의무자가 된다는 취지이다(이형하, "신탁법상의 신탁재산에 대한 종합토지세 부
    과대상자", 대법원판례해설 제19호, 법원도서관, 1993, 237-238면은 종합토지세 납
    세의무자인 '토지를 사실상으로 소유하고 있는 자'에 대해서 유사한 취지로 설명하
    고 있다). 대법원도 구 지방세법(2005. 1. 5. 법률 제7332호로 개정된 것) 제183조
    제1항이 정한 '재산을 사실상 소유하고 있는 자'라 함은 공부상 소유자로 등재되었
    는지 여부를 불문하고 당해 재산에 대한 실질적인 소유권을 가진 자를 말한다고
    보았다(대법원 2014. 11. 27. 선고 2012두26852 판결 등).
26) 김상훈, 앞의 논문, 145-147, 155-158면. 한편, 대법원 2005. 7. 28. 선고 2004
    두8767 판결도 '구 지방세법(2005. 1. 5. 법률 제7332호로 개정된 것) 제182조 제5
    항에서 신탁재산의 재산세 납세의무자를 위탁자로 보도록 하는 규정을 둔 것은 신
    탁법에 의한 신탁재산을 수탁자 명의로 등기하는 경우 취득세와 등록세는 비과세
    하면서 재산세 등은 등기명의자인 수탁자에게 부과하는 것이 실질과세의 원칙에
    반한다는 비판을 수용'한 것이라고 판시하였다. 그러나 위 판시는 세목 간의 형평
    성 문제를 실질과세원칙과 연결시켰다는 점에서도 수긍하기 어려울 뿐만 아니라

귀속자 과세 원칙이 적용되는 경우는 과세물건의 법률상 귀속자와 경제
상 귀속자가 다른 경우로서,[27] 재산세와 관련해서는 법률상 명의자에게
재산이 귀속되지 않는 경우, 즉 실질적인 소유권이 없는 경우를 의미한
다. 신탁이란 재산관리를 위해 소유와 이용을 분리하는 것이고, 그 과정
에서 신탁재산이 위탁자 및 수탁자로부터 독립된 것으로 취급되고, 이로
인하여 신탁재산의 소유권이 수탁자에게 이전됨에도 불구하고 수탁자의
사용, 수익, 처분권능이 약화되는 특성이 나타난다.[28] 그러나 명의신탁과
달리 신탁법상 수탁자는 단순히 소유권의 명의만 이전받은 것이 아니라
신탁재산에 대한 관리, 처분의 권한과 의무를 적극적, 배타적으로 보유하
고 있고,[29] 대외적인 관계뿐만 아니라 위탁자와의 내부관계에서도 완전
한 소유권을 가지며, 단지 신탁의 목적 범위 내에서 신탁재산을 관리·
처분하여야 하는 신탁계약상의 의무를 부담할 뿐이다.[30] 따라서 신탁재

신탁재산의 취득세 비과세 이유를 잘못 파악하였다는 점에서 부적절하다. 구 지방
세법(2010. 3. 31. 법률 제10221호로 전부 개정되기 전의 것) 제110조 제1호 (가)
목(현행 지방세법 제9조 제3항 제1호)은 신탁법상의 신탁을 원인으로 수탁자가 신
탁재산인 부동산을 이전받는 것 또한 제105조 제1항(현행 지방세법 제7조 제1항)
의 '취득'에 해당함을 전제로 일정한 요건하에 취득세를 비과세하도록 한 것으로
(대법원 2017. 6. 15. 선고 2015두44363 판결), 취득세를 형식적 취득으로 보아 비
과세 하는 것은 정책적인 견지에서 비롯된 것이지(이중교, "신탁법상의 신탁에 관
한 과세상 논점", 법조 통권 제639호, 법조협회, 2009, 341-342면), 수탁자가 형식
적인 소유권만 취득하고 실질적인 소유권은 위탁자에게 남아있기 때문이 아니다.

27) 김완석, 국세기본법 주석서, 삼일인포마인, 2017, 186면.
28) 이계정, 신탁의 기본 법리에 관한 연구-본질과 독립재산성, 경인문화사, 2017,
152-156면. 예를 들어, ① 수탁자는 신탁재산으로부터 이득을 취할 수 없고, 수익
자의 이익과 저촉되는 방식으로 소유권을 행사할 수 없으며, ② 수탁자의 처분이
신탁의 목적에 위반되는 경우 수익자가 위 처분을 취소할 수 있고(수익자취소권),
③ 신탁재산은 수탁자의 고유채권자에 대한 책임재산이 아니며, 수탁자에게 회생,
파산절차가 개시되더라도 수탁자의 회생, 파산재단을 구성하지 않는다.
29) 헌법재판소 2016. 2. 25. 선고 2015헌바127, 185, 241, 308, 345, 346, 347, 348,
350, 351(병합) 전원재판부 결정. 위 결정은 신탁재산에 대한 재산세 납세의무자를
위탁자에서 수탁자로 변경한 지방세법(2014. 1. 1. 법률 제12153호로 개정된 것)
제107조 제1항 제3호가 실질과세원칙 또는 과잉금지원칙에 위배되어 재산권을 침
해하지 않는다고 보았다.
30) 대법원 1993. 4. 27. 선고 92누8163 판결, 대법원 2012. 5. 10. 선고 2010두
26223 판결, 대법원 2014. 11. 27. 선고 2012두26852 판결. 이와 같은 판시로 인하
여 대법원이 신탁의 본질과 관련하여 채권설의 입장을 취하고 있다고 평가된다(오

산의 재산세 납세의무자를 수탁자로 보는 2014년 지방세법 개정은 타당
하다.[31]

3. 신탁재산에 대한 강제집행

가. 신탁재산에 대한 강제집행의 원칙적 금지와 예외적 허용

타인을 위한 재산관리라는 신탁제도의 본질상 신탁재산은 위탁자와
수탁자의 고유재산과 구별되어야 하는데, 이를 '신탁재산의 독립성'이라
한다.[32] 신탁법은 신탁재산의 독립성을 보장하기 위하여 신탁법 제22조
내지 제28조의 규정을 두었는데, 그 중 신탁법 제22조 제1항에 따르면,[33]
수탁자의 도산위험으로부터 차단하기 위해 신탁재산에 대한 강제집행은

영준, "가. 신탁법 제20조의 규정 취지 및 신탁재산 독립의 원칙의 의미, 나. 수탁
자 개인이 수익자에 대하여 갖는 고유의 채권을 자동채권으로 하여 수익자가 신탁
종료시 수탁자에 대하여 갖는 원본반환채권 내지 수익채권 등과 상계하는 것이 허
용되는지 여부" 대법원판례해설 제72호, 법원도서관, 2008, 30면). 한편, 신탁법 제
31조는 '수탁자는 신탁재산에 대한 권리와 의무의 귀속주체로서 신탁재산의 관리,
처분 등을 하고 신탁 목적의 달성을 위하여 필요한 모든 행위를 할 권한이 있다.
다만, 신탁행위로 이를 제한할 수 있다.'고 규정하고 있는데, 위 규정 역시 수탁자
가 신탁재산의 소유자임을 전제로 하고 있다(이계정, 앞의 책, 155면).

31) 재산세에서 수탁자 과세를 옹호하는 견해로는 손영철, "부동산신탁의 재산세 납
세의무자 문제", 세무사 제33권 제1호, 한국세무사회, 2015, 59-60면; 마정화 · 유
현정, 앞의 논문, 47-48, 87-95면.

32) 최수정, 신탁법, 박영사, 2016, 257면; 이계정, 앞의 책, 209면. 신탁제도를 도입
한 국가는 거의 예외 없이 신탁재산의 독립성을 보장하기 위한 제도를 두고 있으
나, 신탁의 본질을 어떻게 보느냐에 따라 신탁재산 독립성의 내용과 범위가 달라
진다. 예를 들어, 수익자에게 형평법상 소유권을 인정하는 영미의 신탁체계에서
신탁재산의 독립성은 당연하고 신탁재산의 범위도 넓게 인정된다. 반면, 물권과
채권의 준별, 단일한 소유권 개념을 전제로 하는 독일에서는 수익자에게 채권적
지위만 인정되고, 신탁목적을 달성하기 위해 예외적으로 신탁재산의 독립성을 인
정하면서도, 신탁재산을 오로지 위탁자가 수탁자에게 이전한 재산에 국한시켜 좁
게 인정한다(이계정, 앞의 책, 240-244면; 김태진, "신탁재산에 대한 강제집행 등
금지조항의 체계정합적 해석-수탁자의 권한 위반의 관점에서-", 저스티스 통권
제155호, 한국법학원, 2016, 50-61면).

33) 신탁법 제22조(강제집행 등의 금지) ① 신탁재산에 대하여는 강제집행, 담보권
실행 등을 위한 경매, 보전처분 또는 국세 등 체납처분을 할 수 없다. 다만, 신탁
전의 원인으로 발생한 권리 또는 신탁사무의 처리상 발생한 권리에 기한 경우에는
그러하지 아니하다.

원칙적으로 금지되고,³⁴⁾ ① 신탁 전의 원인으로 발생한 권리와 ② 신탁 사무의 처리상 발생한 권리에 기한 경우에만 신탁재산에 대한 강제집행이 예외적으로 허용된다.³⁵⁾ 그러나 예외조항이 누구에 대한 권리인지 명시하지 않아 해석상 혼란이 있고, 특히 실무상 위탁자에 대한 조세채권에 기하여 신탁재산에 대한 강제집행이 가능한지 문제된다.

신탁재산이 위탁자의 고유재산으로부터 독립됨에도 불구하고 위탁자에 대한 신탁 전의 원인으로 발생한 권리에 대하여 신탁재산에 대한 강제집행을 허용한 것은 위탁자가 신탁제도를 집행면탈의 목적으로 악용하는 것을 방지하기 위함이다.³⁶⁾ 그러나 위탁자에 대하여 신탁 전에 생긴 모든 채권이 포함되는 것은 아니고, 신탁재산 그 자체를 목적으로 하는 권리가 발생한 경우만 해당한다.³⁷⁾ 즉, 신탁 전의 원인으로 발생한 권리는 신탁 전³⁸⁾에 신탁부동산에 저당권이 설정되거나 압류, 가압류, 가처분

---

34) 최동식, 신탁법, 법문사, 2006, 116면. 신탁재산의 대, 내외적 소유권이 수탁자에게 모두 이전된다는 입장에서는 신탁법 제22조 제1항 본문 규정의 존부와 상관없이 위탁자의 채권자가 신탁재산을 책임재산으로 하여 강제집행을 할 수 없는 것은 당연하다.

35) 2014. 1. 1. 지방세법 개정 시 ① 신탁재산에 속하는 토지의 과세대상합산 방법에 관한 규정(지방세법 제106조 제3항)이 신설되어, 신탁재산에 속하는 토지는 수탁자의 고유재산에 속하는 토지와 서로 합산하지 아니하고, 위탁자별로 구분되는 신탁재산에 속하는 토지의 경우 위탁자별로 각각 합산되며, ② 신탁재산에 대한 체납처분에 관한 특례규정(지방세법 제119조의2)이 신설되어, 신탁재산에 대한 재산세에 기한 압류는 신탁재산에 대해서만 할 수 있고 수탁자의 고유재산에 대해서는 할 수 없도록 하고 있다.

　　종합부동산세법에서는 지방세법 제106조 제3항과 같은 과세합산규정을 두고 있지 않으나, 대법원은 종합부동산세의 합산방식을 재산세의 합산방식과 동일하게 보고 있다(대법원 2014. 11. 27. 선고 2012두26852 판결). 또한, 종합부동산세법은 지방세법 제119조의2와 같은 신탁재산에 대한 특례규정을 별도로 두고 있지 않으나, 기획재정부 예규에 따르면 종합부동산세가 체납된 경우 신탁회사의 고유재산에 대하여 압류할 수 없고, 종합부동산세가 체납된 해당 재산에 대해서만 압류할 수 있다(기획재정부 조세정책과-104, 2015. 2. 3.).

36) 법무부, 신탁법 개정안 해설, 2010, 174면.

37) 대법원 1987. 5. 12. 선고 86다545, 86다카2876 판결.

38) '신탁 전'이란 '신탁 설정 전'을 의미하는 것이 아니라, '개별적인 신탁재산에 관하여 신탁법률관계가 성립하기 전'을 의미한다(법무부, 신탁법 해설, 2012, 174면). 예를 들어, 수탁자가 저당권이 설정된 부동산을 신탁재산으로 취득한 경우 시간상 신탁계약 이후에 저당권이 설정되었어도 저당권에 기한 임의경매가 가능하다.

등 권리가 공시된 경우 등 수탁자에게 신탁재산에 관한 권리가 이전되어도 여전히 당해 신탁재산에 부착되어 있는 권리를 의미한다고 보는 것이 학계의 일반적인 견해이다.[39]

신탁사무의 처리상 발생한 권리란 수탁자가 신탁재산의 관리, 처분 등 신탁사무를 처리하는 과정에서 제3자가 취득한 신탁채권을 위미한다.[40] 수탁자가 권리, 의무의 귀속주체가 되어 제3자와 거래하여 채무자가 되는 이상 신탁사무의 처리상 발생한 채권은 수탁자의 고유재산으로 책임지는 것이 원칙이지만, 신탁채권자의 보호를 위하여 신탁재산에 대한 강제집행을 허용하는 예외를 인정한 것이다.[41]

나. 위탁자에 대한 조세채권에 기히여 신탁재산에 대한 강제집행이 허용되는지 여부

(1) 신탁 전의 원인으로 발생한 권리 해당 여부

신탁 전에 위탁자에 대한 조세채권이 성립한 경우 문언상으로는 신탁 전의 원인으로 발생한 권리에 해당할 여지가 있어 보인다. 그러나 앞서 본 바와 같이 학설은 신탁 전에 저당권 설정 등 신탁재산 그 자체를 목적으로 하는 권리가 발생한 경우로 좁게 해석하고 있으므로, 위탁자에 대한 조세채권은 당해세라 하더라도 신탁 전의 원인으로 발생한 권리에 해당하지 않는다고 보는 것이 일반적이다.[42] 대법원도 신탁대상 재산이 신탁자에게 상속됨으로써 부과된 국세라 하더라도 신탁이 이루어지기 전

---

39) 유재관, 신탁법실무, 법률출판사, 2008, 820-821면; 최수정, 앞의 책, 264-265면; 광장신탁법연구회, 주석신탁법, 박영사, 2015, 135면; 이연갑, "신탁재산에 강제집행할 수 있는 채권자", 중앙법학 제11집 제4호, 중앙법학회, 2009, 284면.

40) 광장신탁법연구회, 위의 책, 137면. 대법원은 수탁자의 통상적인 사업활동상의 행위로 인하여 제3자에게 손해를 입힌 경우 불법행위에 기한 손해배상채권도 신탁사무의 처리상 발생한 권리에 포함된다는 입장이다(대법원 2007. 6. 1. 선고 2005다5843 판결).

41) 이연갑, 위의 논문, 285-295면.

42) 광장신탁법연구회, 위의 책, 136면; 이전오, "신탁세제의 문제점과 개선방안에 관한 연구-신탁재산에 대한 체납처분 측면을 중심으로-", 성균관법학 제25권 제4호, 성균관대학교비교법연구소, 2013, 534면; 임채웅, "신탁재산에 대한 민사집행의 연구", 법조 통권 제635호, 법조협회, 2009, 124면.

에 압류를 하지 아니한 이상 신탁 전의 원인으로 발생한 권리에 해당하
지 않는다고 보았다.[43]

(2) 신탁사무의 처리상 발생한 권리 해당 여부

2008년 후반 미국 금융위기에서 비롯된 우리나라 경제침체로 위탁자
인 부동산개발사업 시행사들의 체납이 증가하자 과세관청이 위탁자의 체
납을 이유로 신탁재산에 체납처분을 하는 사례가 많았다. 그러나 위탁자
에 대한 조세채권을 신탁사무의 처리상 발생한 권리에 해당한다고 보아
신탁재산에 대하여 체납처분을 할 수 있는가에 관하여 국세청, 조세심판
원, 하급심 판결들이 서로 상반된 결정을 하여 실무상 상당한 혼란이 있
었다.[44] 당시 세법 규정과 판례는 부가가치세와 재산세의 원칙적인 납세
의무자를 위탁자로 보았는데,[45] 재산세 등 당해세는 신탁재산 그 자체에
서 발생하는 조세채권이고, 부가가치세는 신탁사업과 관련하여 발생한 조
세채권임에도 불구하고, 신탁재산에 대하여 체납처분을 할 수 없다는 것
은 불합리하다는 것이 과세관청의 논리였다.[46] 그러나 대법원은 신탁사

---

43) 대법원 1996. 10. 15. 선고 96다17424 판결.
44) 이에 관해서는 김범준, "신탁재산에 대한 체납처분의 실무상 문제점과 입법론",
    조세 제260호, 조세통람사, 2010, 114-116면 참고.
45) 다만, 대법원은 타익신탁의 경우에는 우선수익권이 미치는 범위 내에서 부가가
    치세의 납세의무자는 수익자가 된다고 보았다(대법원 2003. 4. 25. 선고 99다59290
    판결 등). 그러나 대법원 2017. 5. 18. 선고 2012두22485 전원합의체 판결은 담보
    신탁이 문제된 사례에서 수탁자가 위탁자로부터 이전받은 신탁재산을 관리·처분
    하면서 재화를 공급하는 경우, 재화의 공급이라는 거래행위를 통하여 재화를 사
    용·소비할 수 있는 권한을 거래상대방에게 이전한 수탁자가 부가가치세 납세의무
    자라고 판시하면서 위 99다59290 판결을 변경하였다. 그 후 부가가치세법이 2017.
    12. 19. 개정되면서, 신탁재산을 수탁자의 명의로 매매할 때에는 위탁자를 부가가
    치세 납세의무자로 보되, 담보신탁계약의 경우에는 수탁자를 부가가치세 납세의무
    자로 본다는 규정(제10조 제8항)이 신설되었다. 위 부가가치세법 개정의 당부에
    관한 논의는 생략한다.
46) 이와 관련하여 ① 위탁자에 대한 조세채권에 기하여 신탁재산의 체납처분이 불
    가능하다는 견해, ② 부가가치세, 당해세 등 일부 조세채권에 기해서만 체납처분
    이 가능하다는 견해, ③ 당해세에 기해서만 체납처분이 가능하다는 견해, ④ 위탁
    자가 신탁재산의 실질적인 소유자이므로 위탁자에 대한 조세채권에 기하여 신탁재
    산에 대하여 체납처분이 가능하다는 견해가 있다. 위 각 견해의 구체적인 논거에
    관해서는 하태흥, "위탁자에 대한 조세채권과 신탁재산에 대한 집행", 사법 제23호,
    사법발전재단, 2013, 302-313면 참조.

무의 처리상 발생한 권리에는 수탁자를 채무자로 하는 것만이 포함되고, 위탁자를 채무자로 하는 것은 포함되지 않으므로, 위탁자에 대한 조세채권은 신탁사무의 처리상 발생한 권리에 포함되지 않고, 위탁자에 대한 조세채권에 기하여는 수탁자 소유의 신탁재산을 압류하거나 신탁재산에 대한 경매절차에서 배당을 받을 수 없다고 보았다.[47]

결론적으로 대법원은 위탁자에 대한 조세채권은 신탁 전의 원인으로 발생한 권리에도 해당하지 않고 신탁사무의 처리상 발생한 권리에도 포함되지 않으므로 위탁자에 대한 조세채권에 기하여는 신탁재산에 대하여 강제집행을 할 수 없다는 입장이다.

Ⅲ. 신탁계약상 당해세 정산조항의 해석

1. 문제의 소재

당해세 정산조항은 당해세 채무자가 누구인지 명시하지 않고 있어, 수탁자에게 부과된 당해세만 포함되는지, 위탁자에게 부과된 당해세도 포함되는지 견해가 대립한다. 이 사건 정산조항의 충당순서에 있어 우선수익자의 채권보다 앞서는 '처분대금 수납 시까지 고지된 재산세 등 당해세'에 위탁자에게 부과된 이 사건 당해세가 포함되는가 하는 문제는 계약 해석의 문제이다. 결국 당해세 정산조항의 문언 내용과 법률행위가 이루어지게 된 동기 및 경위, 당사자가 법률행위에 의하여 달성하려고 하는 목적과 진정한 의사, 거래관행 등을 종합적으로 고찰하여 사회정의와 형평의 이념에 맞도록 논리와 경험의 법칙 그리고 사회일반의 상식과 거래의 통념에 따라 합리적으로 해석하여야 한다.[48]

2. 견해의 대립

1심은 당해세 정산조항에 위탁자에게 부과된 당해세가 포함된다고

---

47) 대법원 2012. 4. 12. 선고 2010두4612 판결, 대법원 2012. 7. 12. 선고 2010다 67593 판결.
48) 대법원 2011. 5. 26. 선고 2010다102991 판결 등 참조.

해석하였으나, 원심은 포함되지 않는다고 보았고, 대상판결은 제1쟁점에 관하여 별도로 설시하지 않았다.

가. 포함설(1심)

1심이 당해세 정산조항에 위탁자에게 부과된 당해세도 포함된다고 해석한 근거는 다음과 같다.

① 신탁이 종료될 경우 신탁재산의 귀속에 관한 내용은 신탁행위로 정할 수 있는데, 당해세 정산조항은 당해세를 우선수익자의 채권보다 우선하여 정산하도록 규정하고 있다.

② 이 사건 당해세 부과 시 적용되는 구 지방세법(2014. 1. 1. 법률 제12153호로 개정되기 전의 것) 제107조에 따르면, 납세의무자는 이 사건 신탁계약의 체결과 상관없이 위탁자인 A회사이다.

③ 이 사건 신탁계약 제15조, 특약사항 제7조에 의하면, B신탁회사가 이 사건 부동산을 처분하기 전에 위탁자에게 부과된 당해세를 대위변제하면 우선수익자에게 지급할 금전 중에서 우선 공제, 수취할 수 있으므로, B신탁회사가 처분대금 중에서 이 사건 당해세 상당액을 피고에게 우선 지급하더라도 우선수익자들이 예상할 수 없는 손해를 입는 것은 아니다.

나. 불포함설(원심)

원심이 당해세 정산조항에 수탁자에게 부과된 당해세만 포함되며, 위탁자에게 부과된 당해세는 포함되지 않는다고 해석한 근거는 다음과 같다.

① 사법상 계약인 신탁계약에 의하여 수탁자에 대한 조세채권이 새로 성립될 수 없고, 위탁자에 대한 조세채권에 기하여 수탁자 소유의 신탁재산을 압류하거나 그 신탁재산에 대한 집행법원의 경매절차에서 배당받을 수도 없으므로, 수탁자가 당해세를 임의로 지급하지 않는 한 과세권자가 수탁자를 상대로 위탁자에 대한 조세채권을 직접 행사할 수 없어, 위탁자에게 부과된 당해세까지 포함되는 것으로 해석할 실질적인 의의가 없다.(① 논거)

② 이 사건 정산조항에서 우선수익자의 채권보다 우선순위에 있는 채권들 중 당해세를 제외한 나머지 채권들은, 그 채권자들이 이 사건 정산조항에 의하여 비로소 권리를 취득하는 것이 아니라, 법률이나 계약에 의하여 원래 우선수익자의 권리에 우선하는 채권들이다.(② 논거)

③ 신탁법상 예외적으로 신탁재산에 대하여 강제집행을 할 수 있는 '신탁사무의 처리상 발생한 권리에 기한 경우'에 위탁자를 채무자로 하는 것은 포함되지 않는다.(③ 논거)

④ 이 사건 신탁계약 제15조, 특약사항 제7조에 의하면 위탁자에게 부과되는 신탁재산 관련 제세공과금은 위탁자가 부담해야 하는데, 위탁자가 부담하여야 하는 제세공과금을 수탁자가 대신 납부하고 그 비용을 우선 정산하는 예외적인 사정을 고려하여 당해세 정산조항에 위탁자에게 부과된 세금도 포함된다고 해석할 필요 없다.(④ 논거)

⑤ 수탁자 명의로 등기되지 않은 신탁재산의 경우 재산의 사실상 소유자인 수탁자가 납세의무자가 되므로(대법원 2014. 11. 27. 선고 2012두26852 판결 등 참조), 위탁자에게 부과된 재산세가 당해세 정산조항에 포함되지 않는다고 해석하더라도 당해세 정산조항이 의미 없는 조항이 되는 것은 아니다.(⑤ 논거)

3. 검   토
가. 신탁재산의 재산세 납세의무자와 당해세 정산조항의 적용범위

1심과 원심은 수탁자에게 신탁재산에 대한 재산세가 부과될 수 있는지에 관하여 견해를 달리한다. 1심은 신탁재산의 재산세 납세의무자는 위탁자인데, 당해세 정산조항에 위탁자에게 부과된 당해세가 포함되지 않는다고 보면 당해세 정산조항은 적용되는 경우가 없어 무의미한 조항이 되므로 당해세 정산조항을 축소해석하는 것은 타당하지 않다고 판단한 것으로 보인다. 반면, 원심은 수탁자 명의로 등기되지 않은 신탁재산의 경우에는 사실상 소유자인 수탁자가 납세의무자가 되므로, 수탁자에게 부과된 당해세로 한정하여 해석하더라도 당해세 정산조항이 의미 없는 조항이 되는 것은 아니라는 입장이다.(⑤ 논거)

원심이 들고 있는 2012두26852 판결은, 지역주택조합이 아파트 신축 목적으로 조합원들로부터 금전을 신탁받아 토지와 주택을 취득하거나 부동산을 위탁받아 지역주택조합 명의로 소유권이전등기를 하였으나 '신탁법에 따른 신탁등기'가 이루어지지 않은 사안에서, 구 지방세법(2010. 3. 31. 법률 제10221호로 전부 개정되기 전의 것) 제183조 제2항 제5호의 신탁재산에 관한 특례규정을 적용할 수 없고, 원칙으로 돌아가 구 지방세법 제183조 제1항에 따라 사실상의 소유자인 수탁자가 종합부동산세 납세의무자가 된다고 보았다. 따라서 위 판례의 취지에 따르면 이 사건에 적용되는 구 지방세법(2014. 1. 1. 법률 제12153호로 개정되기 전의 것)상 수탁자 명의로 '신탁등기'가 마쳐지지 않은 신탁재산에 대해서는 수탁자가 재산세 납세의무자가 된다.[49]

그러나 수탁자가 신탁재산의 재산세 납세의무자가 되는 것은 신탁재산에 관한 신탁등기가 마쳐지지 않은 예외적인 경우뿐이다. 통상 담보신탁계약에서는 위탁자에게 수탁자에 대한 신탁등기의무를 부여하고 있고, 이 사건에서도 이 사건 신탁계약을 체결한 다음날 B신탁회사 앞으로 신탁등기가 마쳐졌다. 그럼에도 극히 예외적인 사정만을 염두에 두고 당해세 정산조항을 두었다고 보는 것은 합리적이지 않다. 이 사건 신탁계약 체결 당시 지방세법상 신탁재산의 원칙적인 재산세 납세의무자가 위탁자였다는 점을 고려하면, 1심처럼 위탁자에게 부과된 당해세가 포함되는 것을 예정하고 당해세 정산조항을 규정한 것으로 보는 것이 타당하다.

나. 원심이 들고 있는 나머지 논거의 적절성

(1) 원심의 ①, ③ 논거는 모두 위탁자에 대한 조세채권에 기하여 신탁재산에 대한 강제집행을 할 수 없다는 점을 주된 근거로 한다. 그러나 신탁회사가 신탁재산을 처분할 때 한국자산관리공사에 매각을 위임하는 공매(공개매각) 방식을 취한다고 하더라도 이는 민사집행법상 경매나 국세징수법상 공매[50]와는 다르다. 설령 피고가 위탁자에 대한 조세채권

---

49) 따라서 원심이 수탁자 명의로 '등기'되지 않은 신탁재산의 경우 재산의 사실상 소유자인 수탁자가 납세의무자가 된다고 표현한 것은 적절하지 않다.

자로서 신탁재산에 대하여 강제집행을 할 수 없다고 하더라도 그러한 사
정만으로 당해세 정산조항에 따라 신탁재산의 처분대금을 지급받지 못한
다고 할 수 없다. 신탁회사의 신탁재산 처분은 신탁계약에 따른 것으로
사적자치원칙이 적용되는 영역이므로 신탁재산의 처분대금은 신탁계약
또는 신탁법에 따라 배분하면 되는 것이다. 즉, 신탁재산에 대하여 강제
집행을 할 수 있는지의 문제는 신탁계약 등에 따라 신탁재산의 처분대금
을 지급받을 수 있는지의 문제와 별개이다.

(2) 원심의 ② 논거는 이 사건 정산조항은 우선수익권보다 우선하는
권리들 사이의 우선순위를 정한 것인데, 이 사건 당해세는 우선수익권보
다 우선하지 않으므로 당해세 정산조항에 포함되지 않는다는 것이다. 이
사건 정산조항만을 놓고 보면 당해세를 제외한 나머지 채권들이 신탁 전
의 원인으로 발생한 권리 또는 신탁사무의 처리상 발생한 권리에 해당하
여 우선수익권보다 우선하는 것은 맞다. 그러나 다양한 종류의 신탁계약
에 규정된 처분대금 정산조항들을 일관되게 해석하기 위해서는 이 사건
에서 문제된 담보신탁계약 이외에 다른 종류의 신탁계약도 함께 고려할
필요가 있다.

채무불이행 시 신탁부동산의 처분·정산이 예정된 신탁계약 중 대표
적인 것으로 담보신탁계약 외에 분양관리신탁계약[51]이 있다. 분양관리신
탁계약에서는 위탁자가 사업시행자로서 수분양자와 분양계약을 체결하고,
시공사와 공사도급계약을 체결한다.[52] 분양관리신탁계약도 이 사건 정산

---

50) 세무서장은 한국자산관리공사로 하여금 압류한 재산의 공매를 대행하게 할 수
있다(국세징수법 제61조 제5항).
51) 분양관리신탁이란 건축물의 분양에 관한 법률(이하 '건축물분양법'이라 한다)에
따라 위탁자가 신탁부동산 위에 건물을 신축 또는 증축하여 분양하는 사업을 함에
있어 수탁자가 신탁부동산의 소유권을 보전·관리하여 피분양자를 보호하고, 위탁
자가 부담하는 채무를 불이행하는 경우 신탁부동산을 환가·처분하여 정산함을 목
적으로 하는 신탁이다.
52) 수탁자가 직접 사업시행자가 되는 것은 아니라는 점에서 관리형 토지신탁과 구
별된다. 실무상 부동산신탁의 유형은 토지신탁, 관리신탁, 처분신탁, 담보신탁, 분
양관리신탁으로 구분되는데, 위 각 신탁계약의 내용과 구조에 관해서는 마정화·
유현정, 앞의 논문, 9-19면 참고.

조항처럼 신탁부동산을 처분하는 경우에 대비하여 처분대금 정산조항을 두는 것이 일반적인데, 담보신탁과 달리 신탁사업에 관한 이해관계인으로 수분양자와 시공사가 추가된다. 신탁회사들이 홈페이지에 공시한 표준 분양관리신탁계약서에 따르면, 다음과 같이 처분대금의 정산순서를 규정하는 것이 일반적이다.[53]

> ▶ 제○조(처분대금 등 정산)
> ① 수탁자가 신탁부동산을 환가하여 정산하는 경우의 순위는 다음 각 호에 의한다.
>   1. 법령에 의한 각종 제세공과금 및 부담금, 신탁사무처리와 관련하여 발생된 제비용 및 신탁보수, 임대차보증금
>   2. 수분양자가 분양대금의 반환을 요구하는 경우 수분양자가 대리사무계약에 따라 기납부한 분양대금
>   3. 잔존 대리사무보수
>   4. 우선수익자의 피담보채권
>   5. 시공사의 공사대금채권 및 본 분양사업과 관련한 제반비용
>   6. 기타 수익자의 권리에 우선하는 채권
>   7. 정산 후 잔액은 수익자에게 교부

분양관리신탁계약의 처분대금 정산조항에 규정된 수분양자의 분양대금반환채권이나 시공사의 공사대금채권은 모두 위탁자에 대한 채권이고 신탁법 제22조 제1항 단서에 해당하지 않는다. 그렇다면 위 정산조항이 우선수익권보다 우선하는 권리들 사이의 우선순위를 정한 것이 아님은 분명하다.[54] 그런데 수분양자의 분양대금반환채권이나 시공사의 공사대금채권이 우선수익권보다 우선하는 권리가 아니라는 이유로 위 정산조항에 따라 정산을 받을 수 없다고 한다면, 신탁사업을 둘러싼 다수 당사자들의 이해관계를 조절하기 위해 특별히 규정된 처분대금 정산조항의 취지에 반하여 부당하다. 그리고 분양관리신탁계약의 처분대금 정산조항이

---

53) 대한토지신탁 주식회사의 표준 분양관리신탁계약서(http://www.reitpia.com/download/분양관리신탁계약서.pdf, 2018. 2. 28. 방문), 한국자산신탁 주식회사의 표준 분양관리신탁계약서(https://www.kait.com/data/contract10.pdf, 2018. 2. 28. 방문).
54) 신탁계약상 시공사가 우선수익자로 지정되지 않은 경우가 많으며, 수분양자는 건축물분양법에 따라 우선수익자보다 우선하여 분양대금을 반환받을 수 있긴 하나, 위 법률의 적용범위는 매우 제한적이다.

우선수익권보다 우선하는 권리들 사이의 우선순위를 정한 것이 아니라면, 굳이 담보신탁계약에서만 달리 볼 이유가 없다.

(3) 원심의 ④ 논거는 예외적인 사정을 고려하여 당해세 정산조항을 해석할 필요가 없다는 것이다. 그러나 이 사건 당해세의 납세의무자는 수탁자가 아닌 위탁자이므로 당해세 정산조항에 위탁자에게 부과된 당해세를 포함시키는 해석이 신탁등기가 경료되지 않아 수탁자에게 재산세가 부과되는 경우만 포함된다는 해석보다 더 일반적인 경우를 상정하는 해석에 해당한다. 게다가 이 사건 신탁계약상 신탁재산에 대한 제세공과금은 모두 위탁자가 부담하기로 약정하였으므로(제15조 제1항, 특약사항 제7조), 채무자가 위탁자이든 수탁자이든 상관없이 수탁자가 위탁자를 대신하여 제세공과금을 납부하는 경우 발생하는 위탁자에 대한 구상금채권은 이 사건 정산조항 제1호의 부동산관리에 따른 비용으로 볼 수 있어 이를 굳이 당해세 정산조항에 포함시킬 필요가 없다.

다. 소결: 당해세 정산조항의 해석

당해세 정산조항은 문언상 수탁자에게 부과된 당해세로 한정하고 있지 않다. 그리고 이 사건 신탁계약이 체결될 당시 지방세법상 신탁재산의 재산세 납세의무자는 위탁자였는데,[55] 만일 원심과 같이 수탁자에게 부과된 당해세만 포함된다고 축소해석하면 당해세 정산조항이 적용되는 경우는 거의 없게 된다. 또한, 신탁재산에 대한 재산세는 신탁재산 그 자체에서 연유하는 조세채권으로 부동산의 관리, 처분과정에서 발생하는 비용과 유사하게 신탁사업과 관련된 이해관계인들의 이익을 위한 일종의 공익적 비용의 성질을 가진다. 이 사건 신탁계약의 당사자들은 이러한 재산세의 특성을 고려하여 위탁자에게 부과된 조세채권 전부가 아니라 적어도 신탁재산에 대한 당해세만큼은 신탁재산의 처분대금으로 정산하

---

55) 신탁계약이 체결되는 통상적인 과정에 비추어 보면, 이 사건 신탁계약은 B신탁회사의 표준약관을 토대로 당사자 간의 협의를 거쳐 체결된 것으로 보인다. 그런데 B신탁회사는 2006. 10. 8. 설립된 회사이므로, 이 사건 신탁계약의 기초가 되었을 표준약관도 지방세법상 신탁재산의 재산세 납세의무자가 위탁자로 개정된 이후에 마련된 것이다.

고자 하였던 것으로 보인다. 따라서 당해세 정산조항에는 위탁자에게 부과된 당해세도 포함된다고 해석해야 한다.[56]

라. 여론: 당해세의 범위

이 사건의 해결과는 무관하지만, 당해세의 범위에 관하여 논란이 있을 수 있으므로 살펴본다. 당해세 정산조항에 재산세나 재산세 납세의무에 연동된 종합부동산세, 농어촌특별세(종합부동산세 부가분), 지역자원시설세(특정부동산분)가 포함된다는 것은 의문의 여지가 없다. 그런데 상속세 및 증여세도 국세기본법상 당해세로 규정되어 있으므로 당해세 정산조항에 포함되는지 의문이 들 수 있다. 우선 어떤 경우에 상속세나 증여세가 당해세 정산조항의 당해세에 해당하는지가 문제되는지 살펴본다.

우선 상속세에 관해서 본다. 신탁등기 신청 시 지방세와 달리 국세에 관해서는 납세증명서를 제출할 의무가 없으므로, 위탁자는 상속세를 체납한 상태에서도 신탁계약을 체결할 수 있다. 따라서 상속인이 상속재산에 관하여 신탁계약을 체결한 경우 위탁자에게 부과된 상속세가 당해세 정산조항의 당해세에 포함되는지 문제될 수 있다.

그러나 신탁계약 존속 중 위탁자 또는 수익자가 사망한 경우에 부과되는 상속세는 당해세 정산조항에 포함되지 않는다. 구체적인 이유는 다음과 같다. 당해세 정산조항의 해석이 문제되는 것은 타익신탁에서 수익자와 당해세 과세권자가 서로 자신의 권리가 우선한다고 다투는 경우이므로, 자익신탁에서 위탁자가 사망한 경우는 문제되지 않는다.[57] 타익신탁에서 위탁자가 사망한 경우에는 신탁재산이 상속재산에 포함되지 않으므로[58] 문제되지 않고, 수익자가 사망한 경우에는 상속인이 신탁재산에서 발생되는 수익을 우선적으로 받을 수 있는 '권리'를 상속하였을 뿐

---

56) 게다가 앞서 본 것처럼 신탁재산의 재산세 납세의무자는 수탁자로 보는 것이 재산세 및 신탁의 본질에 부합하므로 신탁재산에 대한 재산세를 신탁재산의 처분대금으로 정산하는 것이 타당하다.

57) 자익신탁에는 위탁자 외의 수익자가 존재하지 아니하므로 수익자가 사망한 경우는 상정할 실익이 없다.

58) 상속세 및 증여세법 제9조 제1항.

이므로, 수익자의 상속인에게 부과된 상속세는 '신탁재산'에 대하여 부과되는 당해세에 해당하지 않는다.

다음으로 증여세에 관해서 본다. 신탁계약에 따라 위탁자가 타인을 수익자로 지정한 경우와 수익자가 수익권을 타인에게 증여한 경우 증여세가 과세될 수 있다. 그러나 신탁의 이익을 받을 '권리'를 증여받은 경우이므로 '신탁재산'에 대하여 부과되는 당해세 개념에 부합하지 않는다. 따라서 증여세는 당해세 정산조항에 포함되는지 문제되지 않는다.

결국 당해세 정산조항의 당해세에 포함되는지 문제되는 것은 상속인이 상속재산에 관하여 신탁계약을 체결한 경우 위탁자인 상속인에게 부과된 상속세뿐이다. 그러나 위 상속세는 당해세 정산조항에 규정된 당해세에 포함시킬 필요가 없다고 생각한다. 상속세는 강학상 재산세에 해당한다고 보기 어렵고,[59] 재산세와 같은 공익비용적 성격을 갖지 않기 때문이다. 상속세는 신탁사업과 관련된 조세채권이 아니고, 신탁재산으로부터 발생한 채권이라고 보기도 어려우며, 상속세액을 예측하는 것은 사실상 불가능하여 수익권을 부당히 침해할 우려가 있다. 거래관행을 살펴보더라도, 이 사건 신탁계약과 같이 처분대금 정산조항에서 '재산세 등 당해세'라고 규정하여 당해세의 종류로 재산세만 열거하는 것이 일반적이고, 상속세를 열거하는 경우는 찾아보기 힘들다.

Ⅳ. 당해세 정산조항에 기한 신탁회사에 대한 급부청구권 인정 여부

1. 문제의 소재

당해세권자인 피고가 수탁자인 B신탁회사를 상대로 직접 이 사건 당해세 상당액의 지급을 구할 수 있는 법률상·계약상 권리가 있는지 살펴본다. 1심은 신탁이 종료될 경우 신탁행위로 신탁재산의 귀속에 관한 내용을 정할 수 있는데, 이 사건 정산조항이 신탁재산의 귀속에 관한 내용을 담고 있다고 보았다.[60] 반면, 원심 및 대상판결은 이 사건 정산조항

---

59) 앞서 본 것처럼 상속세의 성질과 관련하여 이전과세설로 보는 것이 다수설이다.
60) 다만, 1심은 제2쟁점이 아닌 제1쟁점에 관한 판단 부분에서 위 내용을 설시하였다.

을 신탁재산의 귀속권리자를 지정하는 규정으로 볼 수 있는지에 관한 별 다른 판단 없이 다른 이유를 들어 신탁회사에 대한 급부청구권을 부정하 였다.

2. 견해의 대립

가. 급부청구권 인정설(1심)

1심은 당해세 정산조항에 기하여 피고의 신탁회사에 대한 급부청구 권을 인정하였는데, ① 원고들은 이 사건 신탁계약의 당사자로서 이 사 건 신탁계약에 따른 정산을 거부할 수 없고, ② 이 사건 신탁계약의 내 용은 신탁원부에 기재되어 부동산등기법 제81조에 따라 등기기록의 일부 로써 효력이 있으므로, 피고는 이해관계인으로서 이 사건 신탁계약의 내 용을 원용할 수 있다는 점을 근거로 들었다.

나. 급부청구권 부정설(원심 및 대상판결)

원심 및 대상판결이 피고가 당해세 정산조항에 기하여 수탁자에게 이 사건 당해세 상당액의 지급을 구할 수 없다고 본 근거는 다음과 같다.

① 조세법률주의의 원칙상 사법상의 계약에 의하여 조세채무를 부 담하게 하거나 이를 보증하게 하여 이들로부터 일반채권의 행사방법에 의하여 조세채권의 종국적 만족을 실현하는 것은 허용될 수 없으므로, 사법상 계약에 불과한 이 사건 신탁계약에 의하여 원래의 납세의무자가 아닌 수탁자가 피고에 대하여 조세채무를 부담하게 된다고 할 수 없다.(① 논거)

② 당해세 정산조항을 피고로 하여금 B신탁회사에 대한 권리를 직 접 취득하게 하는 제3자를 위한 계약으로 볼 수 없다.(② 논거)

③ 설령 제3자를 위한 계약으로 볼 여지가 있더라도, 위탁자에 대한 조세채권에 기하여 수탁자 소유의 신탁재산을 압류하거나 그 신탁재산에 대한 집행법원의 경매절차에서 배당을 받을 수 없다.(③ 논거)

3. 검 토

가. 귀속권리자를 위한 법정신탁

신탁법 제98조는 신탁의 종료사유를 열거하고 있는데, 그 중 제6호의 '신탁행위로 정한 종료사유가 발생한 경우'는 신탁기간의 도과, 신탁부동산의 처분[61] 등과 같이 신탁계약에서 미리 정한 종료사유가 발생하는 것을 의미한다. 신탁법 제101조에 따르면,[62] 신탁이 종료된 경우 신탁재산은 원칙적으로 수익자에게 귀속되나, 수익자 가운데 잔여재산수익자를 별도로 정한 경우에는 그 잔여재산수익자에게, 신탁행위로 잔여재산이 귀속될 자를 정한 경우에는 그 귀속권리자에게 각각 귀속된다.[63] 신탁법은

---

61) '신탁부동산의 처분에 따른 정산'이 아니라 '신탁부동산의 처분'이 신탁종료사유이다.

62) **신탁법 제101조(신탁종료 후의 신탁재산의 귀속)**
　① 제98조 제1호, 제4호부터 제6호까지, 제99조 또는 제100조에 따라 신탁이 종료된 경우 신탁재산은 수익자(잔여재산수익자를 정한 경우에는 그 잔여재산수익자를 말한다)에게 귀속한다. 다만, 신탁행위로 신탁재산의 잔여재산이 귀속될 자(이하 "귀속권리자"라 한다)를 정한 경우에는 그 귀속권리자에게 귀속한다.
　② 수익자와 귀속권리자로 지정된 자가 신탁의 잔여재산에 대한 권리를 포기한 경우 잔여재산은 위탁자와 그 상속인에게 귀속한다.
　③ 제3조 제3항에 따라 신탁이 종료된 경우 신탁재산은 위탁자에게 귀속한다.
　④ 신탁이 종료된 경우 신탁재산이 제1항부터 제3항까지의 규정에 따라 귀속될 자에게 이전될 때까지 그 신탁은 존속하는 것으로 본다. 이 경우 신탁재산이 귀속될 자를 수익자로 본다.
　⑤ 제1항 및 제2항에 따라 잔여재산의 귀속이 정하여지지 아니하는 경우 잔여재산은 국가에 귀속된다.

63) 신탁법 제8장의 규정을 살펴보면 제98조에서 제100조까지 신탁의 종료사유를, 제101조에서 신탁종료 후의 신탁재산의 귀속에 관하여 규정하고 있다. 제102조에서 신탁의 종료로 신탁재산이 수익자나 귀속권리자에게 귀속한 경우에 수익자나 귀속권리자를 위한 법정신탁이 성립하는데, 새로운 신탁관계에서도 신탁재산에 대해 신탁법 제22조 제1항 단서에 따른 강제집행이나 체납처분은 유효하게 진행되고 수탁자의 비용상환청구권이 인정된다는 규정을 두고 있으며, 제103조에서 신탁이 종료한 경우 수탁자가 신탁사무에 관한 최종의 계산을 하고, 수익자 및 귀속권리자의 승인을 받아야 한다는 규정을 두고 있다. 통상 담보신탁계약에서도 신탁의 종료사유에 관하여 규정한 후 신탁이 종료한 경우 수탁자의 신탁사무에 관한 최종계산에 관한 규정을 두어 신탁법과 유사한 체계를 취하고 있다. 이러한 신탁법과 신탁계약의 체계를 살펴보면 신탁의 '종료'와 '청산'은 구별되는 개념으로 볼 수 있다. 신탁법이나 신탁계약에 규정된 다른 신탁종료사유를 보아도, 신탁의 목적을

귀속권리자의 지정에 관하여 아무런 제한을 두지 않는다. 귀속권리자로 기존의 수익자 외에 위탁자나 제3자를 지정할 수도 있다.[64]

신탁행위로 귀속권리자를 정한 경우 잔여재산이 귀속권리자에게 이전될 때까지 그 신탁은 존속하는 것으로 보고, 이 경우 귀속권리자를 수익자로 본다(신탁법 제101조, 제4항).[65] 신탁행위로서 귀속권리자로 지정된 자는 별도의 수익의 의사표시 없이 당연히 수익자로서의 권리를 취득한다.[66] 귀속권리자를 위한 신탁은 신탁재산에 대한 귀속권리자의 권리보호를 신탁법적 방법으로 구성한 것으로 법정신탁의 일종이며,[67] 신탁의 목적이 신탁재산의 청산과 귀속권리자에 대한 재산이전으로 제한된다.[68] 다만, 신탁의 청산을 위해 필요한 경우 수탁자의 권한 범위가 확장되기도 한다. 신탁재산의 관리만을 목적으로 하는 관리신탁의 경우 원래는 수탁자에게 신탁재산의 처분권이 인정되지 아니하나, 귀속권리자를 위한 법정신탁에서는 신탁채무의 변제를 위해 신탁재산의 환가가 필요한 경우 신탁재산의 처분권이 인정될 수 있다.[69]

달성하였거나 달성할 수 없게 된 경우, 목적신탁에서 신탁관리인이 취임하지 아니한 상태가 1년간 계속된 경우, 신탁기간이 만료된 경우, 신탁계약이 해지된 경우에 신탁이 종료한다고 규정하고 있고, 그 이후 모든 정산과정이 종료된 때 신탁이 종료된 것으로 규정하고 있지 않다. 따라서 신탁법 제101조 제1항에 규정된 "신탁이 종료된 경우"라 함은 신탁의 종료사유가 발생한 후 모든 정산과정이 종료된 경우를 의미하는 것이 아니라 신탁법이나 신탁행위로 정한 종류사유가 발생한 경우를 의미한다고 보아야 한다. 만일 신탁법 제101조 제1항을 신탁의 종료사유가 발생하여 정산이 완료된 이후에 남은 잔여재산이 있을 때 그 잔여재산의 귀속에 관한 규정으로 본다면, 신탁의 종료사유가 발생한 경우 어떤 기준에 의하여 정산할 것인가 하는 문제가 여전히 남게 된다.
64) 이중기, 신탁법, 삼우사, 2007, 703면.
65) 귀속권리자는 신탁 종료 시 잔여재산에 대한 권리를 가질 뿐, 신탁존속 중에는 수익자로서 신탁사무 등에 관여할 수 없다.
66) 신탁법 제565조 제1항, 이중기, 위의 책, 703면.
67) 이중기, "신탁종료시의 법률관계 및 수익자의 수탁자에 대한 권리 주장의 제한 여부-판례실무연구XI, 박영사, 2015, 645면.
68) 이중기, 위의 책, 684-685면. 대법원 2002. 3. 26. 선고 2000다25989 판결도 귀속권리자를 위한 신탁에서 수탁자는 잔여재산을 귀속권리자에게 이전하거나 대항요건 등을 갖추도록 하는 직무권한만 갖고, 귀속권리자를 위해 존속하는 것으로 간주되는 신탁은 그 목적에 한정하는 법정신탁이라는 취지로 판시하였다.
69) 이중기, "신탁종료의 효과와 법률관계", 홍익법학 제6권 제1호, 홍익대학교,

수탁자가 신탁행위에 의하여 수익자에 대하여 부담하는 채무는 신탁재산만을 책임재산으로 하여 부담하는 채무이고(신탁법제38조), 이는 귀속권리자에 대한 관계에서도 마찬가지이다. 수탁자가 급부의무를 부담한다고 하더라도 그 실질은 신탁재산을 분배하는 의무이므로 신탁재산의 범위 내에서 급부의무를 부담하는 것이다.[70] 신탁재산의 범위에는 신탁재산의 관리, 처분, 운용, 개발, 멸실, 훼손, 그 밖의 사유로 수탁자가 얻은 재산이 포함되므로(신탁법제27조), 신탁재산의 환가가 이루어진 경우 수탁자는 환가 후 남은 금전을 신탁재산으로서 귀속권리자에게 인도하면 된다. 위탁자의 채권자가 귀속권리자로 지정되었다고 하더라도 수탁자는 위탁자의 귀속권리자에 대한 채무를 인수하거나, 위탁자와 귀속권리자 사이의 계약에 따른 새로운 채무를 부담하는 것이 아니다. 예를 들어 위탁자의 공사대금채권자가 귀속권리자로 지정된 경우 수탁자는 공사대금채권자에게 공사대금채무를 부담하는 것이 아니라, 신탁법에 따라 수익자로 의제되는 귀속권리자에게 신탁재산의 범위 내에서 신탁재산의 잔여재산을 이전할 의무만 부담하는 것이다.

'귀속'의 의미와 관련해서는 잔여재산에 관한 권리가 신탁종료 시 귀속권리자에게 채권적으로 귀속된다고 보는 것이 일반적이다.[71] 이에 따르면, 귀속권리자는 신탁수익권의 형태로서 잔여재산에 대한 권리를 보유하며, 수탁자가 잔여재산을 귀속권리자에게 인도할 때[72] 잔여재산에 관한 권리가 귀속권리자에게 이전된다.

나. 이 사건 정산조항의 성격

1심, 원심 및 대상판결에는 이 사건 신탁계약에서 정한 종료사유가

2007, 27면.

70) 최동식, 앞의 책, 248-249면. 즉, 수탁자는 급부의무에 관하여 물적 유한책임을 부담한다(이중기, 앞의 책, 382면).

71) 이중기, 앞의 책, 707면; 법무부, 신탁법 개정안 해설, 2010, 733-734면: 광장신탁법연구회, 앞의 책, 395면; 이근영, "개정신탁법상 신탁의 종료규정에 관한 연구", 법학논고 제40집, 경북대학교 법학연구원, 2012, 392면.

72) 신탁재산이 부동산인 경우에는 소유권이전등기절차를 마친 때, 채권인 경우에는 채권양도와 대항요건을 갖춘 때를 의미한다(이중기, 앞의 책, 707-708면).

드러나지 않는다. 그러나 통상 담보신탁계약에서는 위탁자 등이 우선수
익자와 체결한 여신거래약정 등을 위반한 때에 수탁자가 우선수익자의
요청에 따라 신탁부동산을 처분할 수 있다고 규정한 후, 신탁종료사유로
'우선수익자의 요청에 따른 신탁부동산의 처분이 있는 경우'를 규정하는
것이 일반적이다.[73] 위탁자 등이 여신거래약정 등을 위반하여 신탁부동
산이 처분되는 경우 그 후에는 더 이상 신탁계약이 유지될 이유가 없으
므로, 이 사건 신탁계약에서도 우선수익자의 요청에 따라 신탁부동산이
처분된 경우 신탁계약이 종료된다고 규정하였을 것으로 보인다. 그렇다
면 이 사건 정산조항에서 우선수익자의 요청에 따른 신탁부동산의 처분
시 그 처분대금의 정산순위를 정한 것은 신탁부동산의 처분으로 신탁계
약이 종료된 경우 신탁재산의 잔여재산이 귀속될 자를 정한 것이라 할
수 있다.[74] 종종 담보신탁계약에서 처분대금의 정산방법에 관한 규정을
두면서 '신탁법 제22조 제1항 단서에서 규정한 사유(신탁 전의 원인으로 발
생한 권리 또는 신탁사무의 처리상 발생한 권리에 기한 경우)로 신탁부동산이
처분되어 수탁자가 그 처분대금 중 일부를 수령하였을 경우 그 대금의

---

73) 한국자산신탁 주식회사의 표준 분양관리신탁계약서 제17조, 제25조.

> **제17조(신탁부동산 처분사유)**
> ① 수탁자는 다음 각호의 1에 해당하는 경우에는 신탁기간 종료 전이라도 제1순위
> 우선수익자 또는 선순위 우선수익자의 동의를 얻은 후순위 우선수익자의 요청으
> 로 신탁부동산을 처분할 수 있다.
>   1. 위탁자 또는 수익자가 우선수익자와 체결한 여신거래약정, 공사도급계약 등을
>   위반한 때
>   (이하 생략)
> **제25조(신탁종료)** 신탁계약은 다음 각 호의 경우에 종료한다.
>   5. 제17조의 규정에 의하여 신탁부동산의 처분이 있는 경우

74) 이 사건 정산조항에서 "잔여재산"이나 "귀속"이라는 표현이 사용되지는 않았으나,
신탁법 제101조 제1항에서 "신탁재산"이라는 표현도 더불어 사용하고 있고, "귀속"
은 종료 당시 남은 신탁재산을 분배한다는 의미로도 해석할 수 있으므로, 이 사건
정산조항을 신탁법 제101조 제1항에 따른 귀속권리자를 지정한 조항으로 보는 데
장애가 되지 않는다. "신탁부동산의 처분으로 인한 정산"이 아니라 "신탁부동산의
처분"이 신탁의 종료사유이므로, 신탁부동산이 처분된 때 신탁이 종료된다고 보아
야 하고, 그 이후의 신탁재산의 수익자나 귀속권리자에 대한 재산이전을 위한 수
탁자의 업무는 원래의 신탁이 종료된 이후 새로운 법정신탁과 관련된 수탁자의 업
무로 볼 수 있다.

정산순서도 그에 따른다'고 규정하는 경우가 있는데, 이 경우 처분대금 정산조항이 신탁종료 시 귀속권리자 및 그 귀속순위를 정한 규정임이 더욱 분명하게 드러난다.[75]

　신탁법은 귀속권리자 지정에 관하여 아무런 제한을 두고 있지 않으므로 여러 명의 귀속권리자를 지정할 수도 있고, 귀속권리자 간 순위를 정하는 것도 허용된다고 보아야 한다. 따라서 이 사건 정산조항에서 귀속권리자로 지정된 자들은 신탁법 제101조 제1항 단서에 따라 신탁재산의 잔여재산에 대한 수익권을 가지게 되며, 1 내지 5순위로 지정된 귀속권리자들의 잔여재산에 대한 수익권은 6순위로 지정된 우선수익자의 잔여재산에 대한 수익권보다 앞선다.

　한편, 담보신탁계약에서 처분대금 정산조항 이외에 '신탁종료 시 신탁이익의 지급'에 관한 별도의 규정을 두는 경우가 종종 있다.[76] 이 경우

---

75) 한국자산신탁 주식회사의 표준 분양관리신탁계약서 제21조 제5항.

> **제21조(처분대금 등 정산방법)**
> ① 신탁부동산의 처분대금의 정산은 다음 각호의 순서에 의한다.(단서 이하 생략)
> ⑤ 신탁법 제21조 제1항 단서에서 규정한 사유로 신탁부동산이 처분되어 수탁자가 그 처분대금 중 일부를 수령하였을 경우 그 대금은 제1항의 규정에 의하여 정산한다.

76) 한국자산신탁 주식회사의 표준 분양관리신탁계약서 제26조.

> **제26조(신탁종료시 신탁이익의 지급)**
> ① 신탁계약이 종료된 경우 수탁자는 신탁자의 최종계산을 하여 신탁이익을 다음 각호의 방법에 따라 수익자에게 지급한다.
> 　1. 수탁자는 제16조의 계산에 따른 정산서를 작성하여 수익자에게 통보한다.
> 　2. 수익자는 제1호의 정산에 대하여 수탁자에게 동의의 의사표시를 하여야 한다. 단, 수탁자가 내용증명으로 그 통지를 발송하고 10일 이내에 수익자의 의사표시가 없는 경우에는 수익자는 제1호의 정산에 동의한 것으로 간주한다.
> 　3. 제2호의 동의가 있는 경우 수익자는 수익권증서를 수탁자에게 반환하여야 하고 그로부터 7일 이내에 수탁자는 수익자에게 다음 각목과 같이 신탁이익을 교부하기로 한다.
> 　　가. 신탁부동산에 대하여 수탁자는 현존하는 상태대로 수익자에게 점유를 이전하고 소유권이전등기 및 신탁등기말소절차를 이행한다. 단, 수탁자가 소유권이전에 관한 제반서류를 수익자에게 교부하는 것으로 갈음할 수 있다.
> 　　나. 신탁부동산 외의 신탁재산에 대하여는 수탁자가 정하는 방법에 의하여 현금화하여 지급한다. 다만, 수탁자가 상당하다고 인정할 경우에는 그 재산의 일부 또는 전부를 현존하는 상태대로 지급할 수 있다.
> 　4. 수익자가 제1호의 정산에 이의를 제기한 경우에는 수익자와 수탁자가 정산에

위 규정과 처분대금 정산조항이 상충되는 것이 아닌가, 처분대금 정산조
항이 아니라 위 규정을 귀속권리자 지정 규정으로 보아야 하는 것이 아
닌가 하는 의문이 들 수 있다. 하지만 '신탁종료 시 신탁이익의 지급' 규
정은 신탁계약이 종료된 경우 수탁자의 최종계산 후 수익자에 대한 통
보, 수익자의 동의 또는 이의 기간, 동의 시 신탁재산의 이전방법, 이의
시 신탁이익 교부 기간 등 신탁종료 시 신탁재산 이전에 관한 절차적인
내용을 담고 있어, 처분대금 정산조항과 상충된다고 보기 어렵다. 그리고
신탁법 제101조 제4항에 따라 귀속권리자로 지정된 자는 수익자로 의제
되므로, '신탁종료 시 신탁이익의 지급' 규정의 '수익자'에 '귀속권리자'가
포함된다고 해석할 여지도 있다.[77]

다. 원심 및 대상판결이 들고 있는 논거의 적절성

원심 및 대상판결이 신탁회사에 대한 급부청구권을 부정하는 3가지
논거 중 ② 논거는 위탁자의 일반채권자들에게 공통적으로 적용될 수 있
는 것이고, ①, ③의 논거는 위탁자의 조세채권자에 한정되는 논거이므
로, ② 논거의 적절성부터 살펴본다.

(1) 제3자를 위한 계약으로 볼 수 없다는 논거의 적절성

원심과 대상판결이 이 사건 정산조항이 제3자를 위한 계약인지 여
부를 쟁점으로 삼은 것은 이 사건 정산조항이 신탁법상 귀속권리자를
지정하는 규정임을 간과하였기 때문인 것으로 보인다. 신탁계약의 당사
자가 아닌 수익자가 수탁자를 상대로 신탁재산에 속한 재산의 인도와
그 밖에 신탁재산에 기한 급부를 요구하는 청구권(수익채권)을 행사할

합의 또는 판결 등에 의한 확정이 있은 날로부터 7일 이내에 제3호의 방법으로
신탁이익을 교부하기로 한다.
② 제1항의 지급에 있어 수익자가 수탁자로부터 소유권이전등기를 이전받는 데 협조
하지 아니하거나 급전을 수령할 계좌를 수탁자에게 통지하지 아니할 경우에는 수
탁자는 신탁이익의 교부가 지연됨에 따른 일체의 손해를 부담하지 아니한다.
77) 신탁계약이 우선수익자의 요청에 따른 신탁부동산의 처분으로 종료된 경우에는
'신탁종료시 신탁이익의 지급' 규정의 수익자는 귀속권리자를 의미하는 것이고, 그
이외의 사유로 신탁계약이 종료된 경우에는 원래의 수익자를 의미하는 것이라고
보아야 한다.

수 있는 것은 신탁계약이 민법 제539조에 규정된 제3자를 위한 계약에 해당하기 때문이 아니라, 영미법에서 유래한 신탁제도를 수용하는 과정에서 신탁법이 제정되면서 수익자의 수탁자에 대한 수익채권을 수익권의 내용으로 인정하였기 때문이다. 이 사건 정산조항은 신탁법상 신탁재산의 귀속권리자를 정한 규정에 해당하므로, 제3자를 위한 계약인지 따져볼 필요 없이, 이 사건 정산조항에 규정된 권리자들은 귀속권리자로서 수익자로 의제되어 신탁회사에 대하여 직접 급부를 청구할 수 있다.[78]

(2) 사법상 계약에 의하여 납세의무자 아닌 자가 조세채무를 부담할 수 없다는 논거의 적절성

앞서 본 바와 같이 처분대금 정산조항에 규정된 귀속권리자들에게는 수탁자에 대한 직접적인 급부청구권이 인정되나, 이 사건에서는 조세채권의 특성상 추가적인 검토가 필요하다. 원심 및 대상판결은 피고의 B신탁회사에 대한 급부청구권을 부정하는 주된 근거로 사법상 계약에 의하여 납세의무자 아닌 자가 조세채무를 부담할 수 없다는 판례(이하 '이 사건 판례 법리'라 한다)를 근거로 들고 있으므로, 당해세 과세권자를 신탁재산의 귀속권리자로 정하는 것이 신탁제도의 취지 및 이 사건 판례 법리에 반하는지 살펴볼 필요가 있다.

(가) 이 사건 판례 법리의 근거

사법상 계약에 의하여 납세의무자 아닌 자가 조세채무를 부담할 수

---

78) 타익신탁이 제3자를 위한 계약의 범주에 속한다고 보는 견해가 있으나(최동식, 앞의 책, 44, 67면; 최수정, "신탁계약의 법적 성질", 민사법학 제45-1호, 한국사법행정학회, 2009, 488면), 영미법에서 유래한 신탁제도를 대륙법계의 제3자를 위한 계약으로 설명하는 것은 신탁 고유의 특질을 충분히 담아내지 못한다는 한계가 있다. 이 사건 정산조항이 신탁법 제101조 제1항에 따라 귀속권리자를 지정한 조항에 해당한다고 본다면, 당해세 정산조항의 해석상 위탁자에게 부과된 재산세가 포함되는 이상, 피고는 신탁법에 따라 수탁자에 대하여 수익채권을 행사할 수 있다. 이와 별도로 위탁자와 수탁자 사이에 피고에게 직접 권리를 취득하게 할 의사가 있었는지 여부를 고려할 필요가 없다. 또한, 신탁재산에 대한 재산세는 신탁재산 그 자체에서 연유하는 조세채권으로 부동산의 관리, 처분과정에서 발생하는 비용과 유사하게 공익비용적 성질을 가지는데, 이 사건 신탁계약의 당사자들은 이러한 재산세의 특성을 고려하여 위탁자에게 부과된 조세채권 전부가 아니라 적어도 신탁재산에 대한 당해세만큼은 신탁재산의 처분대금으로 정산하고자 하였던 것으로 보인다.

없다는 세법 규정은 없다. 이는 대법원이 조세법률주의에 기반하여 인정하고 있는 판례 법리이다. 대법원은 이 사건 판례 법리의 근거로 사법상 채권과 구별되는 조세채권의 공공적 성격을 들고 있다. 즉, 조세채권은 일반채권과 달리 우선징수권 및 자력집행권이 인정되므로, 부당한 조세징수로부터 국민을 보호하고 조세부담의 공평을 기하기 위해서 조세법률주의에 따라 조세채권의 성립과 행사는 법률에 의해서만 가능하다는 것이다.[79]

(나) 이 사건 판례 법리의 적용범위

대법원은 납세의무자 아닌 자가 직접 과세관청에 대하여 국세기본법이 정하는 방법에 의하지 아니한 방법으로 납세담보제공 약정을 한 사안에서 이 사건 판례 법리를 적용하기 시작하였다. 그런데 대상판결에 이르러 납세의무자와 제3자 사이에 조세채무부담에 관한 법률행위가 이루어진 경우까지 이 사건 판례 법리의 적용 범위가 확대되었다.

1) 납세보증 사건: 대법원 1988. 6. 14. 선고 87다카2939 판결[80]

ⓐ는 ⓑ회사의 ⓒ은행에 대한 대출금채무를 담보하기 위하여 자기 소유의 부동산에 관하여 ⓒ은행 앞으로 근저당권을 설정하여 주었다. 위

---

79) 이 사건 판례 법리를 옹호하면서 그 논거로 다음과 같은 논거를 추가하는 견해도 있다. ① 사법상 계약의 구속력은 대등한 당사자 사이에 체결된 계약에 적용되는 것인데, 대등한 관계가 아닌 조세법관계에서는 사법상 계약의 구속력을 인정할 수 없다. ② 조세채무를 부담하는 내용의 사법상 계약은 공공적 성격을 가지므로 공법에 따라 성립하고 공법의 적용을 받아야 하며 사적자치의 원칙이 적용될 수 없다. ③ 사법상 조세채무부담계약을 인정하면 과세관청이 자력이 있는 제3자에 대해서 법에 기하지 않는 조세채무를 부담시킬 것이고, 결국 조세법률주의 내지 법치주의를 부정하는 결과가 초래된다(김백영, "사법적 조세보증계약의 효력", 법조 제37권 제4호, 법조협회, 1988, 127-128면; 김양섭, "체비지를 국세담보에 제공한다는 의사표시와 체비지대장에 '국세담보에 제공하였음'이라고 기재하였다면 체비지에 관하여 담보물권이 설정되어 체비지 소유자가 국가에 대하여 타인의 사무를 처리하는 자에 해당하는지 여부", 대법원판례해설 제84호, 법원도서관, 2010, 756-757면).

80) 이 사건 판례 법리를 최초로 설시한 것은 대법원 1976. 3. 23. 선고 76다284 판결이다. 그러나 위 판례나 원심판결에 사실관계가 드러나지 않아 87다카2939 판결을 소개한다. 87다카2939 판결 이후에도 대법원은 납세담보와 관련하여 동일한 내용의 판시를 하였다(대법원 1990. 12. 26. 선고 90누5399 판결, 대법원 2000. 6. 13. 선고 98두10004 판결 등).

부동산에 관한 임의경매절차에서 대한민국은 'ⓑ회사가 체납관세의 징수유예를 위해 자기발행 약속어음을 납세담보로 제공하였는데, ⓐ가 ⓑ회사의 체납관세에 대하여 연대보증을 하였다'는 이유로 ⓒ은행의 채권에 우선하여 매각대금 중 체납관세 상당액을 배당받았다.

ⓒ은행은 관세납부의무의 보증채무는 납세의무와 달리 국세우선원칙이 적용되지 않으므로 ⓒ은행의 채권에 우선하여 체납관세 상당액을 배당받은 것은 법률상 원인 없이 이득한 것이라고 주장하면서 대한민국을 상대로 부당이득반환청구를 하였다.

대법원은 ⓐ가 한 보증은 세법에 근거를 둔 납세담보라 할 수 없고 사계약의 보증행위에 해당하는데, 담보제공의 보증행위에 의하여 관세납부의무를 진다고 할 수 없다고 보았다. 수출용원재료에대한관세등환급에관한특례법 제4조에 의하면 관세의 징수유예를 위해 징수유예를 받을 자가 발행한 약속어음을 납세담보로 제공할 수 있으나 연대보증인에 관한 규정을 두지 않았기 때문이다. 한편, 수출용원재료에대한관세등환급에관한특례법 시행세칙 제3조의4에서 담보로 제공하기 위하여 발행하는 약속어음에 관하여 연대보증인을 둘 수 있다는 근거를 마련하고 있으나, 이는 관세청 고시로서 관세청의 내규에 지나지 아니하며 법령에 근거를 둔 지침으로 볼 수 없다고 보았다.[81]

2) **체비지 납세담보제공약정 사건: 대법원 2010. 5. 27. 선고 2007도11279 판결**

토지구획정리사업조합이 소유하던 체비지[82]를 시공사의 체납국세에 대한 납세담보로 제공하겠다는 의사표시를 한 후 위 체비지를 제3자에게 매각한 행위가 배임죄에 해당하는지 문제되었다.

이 사안에서 대법원은 체비지는 국세기본법상 납세담보의 대상으로

---

81) 위 대법원 판결은 원고의 부당이득반환청구를 기각한 원심판결을 파기, 환송하였다.

82) 토지구획정리사업의 시행자가 사업시행비용에 충당하기 위해 일정한 토지를 종전 토지에 대한 환지로 지정하지 않고 시행자의 소유로 귀속시켜 매각 처분할 수 있게 한 토지를 의미한다. 구 토지구획정리법 시행 당시 판례에 의하면 체비지는 물권 유사의 사용수익권에 불과하고, 구 토지구획정리법의 폐지 후 적용되는 구 도시개발법에 의하면 체비지의 매수인은 물권 유사의 사용수익권이 아닌 채권적 권리만을 취득한다(김양섭, 앞의 논문, 748-756면).

규정된 토지에 해당하지 않으므로, 체비지를 대상으로 한 납세담보 제공
약정은 세법상의 효력은 물론 사법상 담보설정계약으로서의 효력도 인정
되지 않고, 따라서 위 조합은 국가에 대하여 타인의 사무를 처리하는 자
의 지위에 있지 아니하여 배임죄의 주체가 될 수 없다고 판시하였다.

3) 납세보증보험 사건: 대법원 2005. 8. 25. 선고 2004다58277 판결

ⓐ회사가 서울보증보험 주식회사(이하 '서울보증보험'이라 한다)와 납세
담보보증보험계약을 체결한 후 서울특별시장에게 납세보증보험증권을 담
배소비세 및 교육세에 대한 납세담보로 제공하였다. ⓐ회사가 담배소비
세 및 교육세를 체납하자 서울보증보험은 서울특별시장의 보험금 청구에
따라 보험금을 지급하였고, 서울특별시장은 담배소비세액에 부과하여 납
부된 교육세를 국고에 납입하였다.

이 사안에서 대법원은 교육세법이나 국세기본법 등에서 교육세에 대
한 납세담보 규정을 두고 있지 않음에도 과세관청이 교육세에 대한 납세
담보를 제공받은 행위는 무효이므로, 대한민국은 서울보증보험에 대하여
지급받은 교육세를 부당이득으로 반환할 의무가 있다고 판시하였다.[83]

4) 수탁자의 취득세 지급약정 사건: 대법원 2014. 3. 13. 선고 2013다217054 판결

ⓐ회사와 대한주택보증 주식회사(변경 후 상호: 주택도시보증공사, 이하

[83] 이 사건에서 서울보증보험은 서울특별시 및 대한민국을 상대로 부당이득반환청
구를 하였고, ① 구 교육세법상 지방세인 담배소비세액에 부과되는 교육세는 국세
이기는 하나, 시장, 군수 또는 그 위임을 받은 공무원이 이를 부과, 징수하고, 이
와 같이 징수한 교육세는 국고에 납입하도록 되어 있었는데, 교육세에 대한 부당
이득 반환의무자가 이득의 주체가 되는 대한민국인지, 특별징수의무자로서 부과,
징수한 서울특별시인지, ② 부당이득반환청구권이 납세보증보험사업자(서울보증보
험)에게 있는지 납세의무자(ⓐ회사)에게 있는지도 쟁점이 되었다. 대법원은 이득의
주체가 되는 대한민국이 납세보증보험사업자에 대하여 부당이득반환의무를 부담한
다고 판시하였다. 위 판결을 옹호하는 견해로는 김수일, "무효인 납세보증보험에
기한 피보험자의 보험금지급청구에 기하여 보험금 명목의 급부를 이행한 납세보증
보험사업자가 직접 그 급부의 귀속자를 상대로 부당이득반환청구를 할 수 있는지
여부", 대법원판례해설 제57호, 법원도서관, 2006, 572~580면 참고. 반면, 납세보증
보험증권이 무효인 이 사건에서 납세보증보험사업자가 직접 급부의 귀속자를 상대
로 부당이득반환청구를 할 수 있다고 본 것은 부당하다는 견해로는 김영순, "조세
환급청구권자에 관한 연구-조세환급청구인의 적격에 관한 해석론을 중심으로-",
세무와회계저널 제13권 제1호, 한국세무학회, 2012, 18~20면 참고.

'대한주택보증'이라 한다)는 분양보증신탁계약[84] 및 분양보증계약을 체결하면서, '@회사가 신탁재산에 대한 등록세 등 제세공과금, 공사대금 등을 지급하되, @회사가 분양계약을 이행할 수 없어 대한주택보증이 분양보증을 이행할 경우에는 대한주택보증이 위 비용을 지급한다'고 약정하였다(이하 '이 사건 약정'이라 한다). 서울특별시는 ① 대한주택보증이 위 약정에 따라 서울특별시에 직접 등록세를 지급할 의무가 있거나, ② 위 약정에 따른 @회사의 대한주택보증에 대한 등록세 지급채권을 대위행사한다고 주장하면서, 대한주택보증을 상대로 등록세 상당의 약정금을 지급할 것을 청구하였다.

1심은 등록세의 최종적인 부담주체는 @회사이므로, 이 사건 약정은 대한주택보증에 대하여 비용지출 권한을 부여하는 수권규정일 뿐 @회사에 대한 의무를 규정한 효력규정이 아니라는 이유로 서울특별시의 청구를 기각하였고,[85] 2심도 같은 입장을 취하였다.[86] 대법원은 사법상 계약인 신탁계약에 의하여 서울특별시가 대한주택보증에 대하여 직접 조세채권을 취득할 수 없다고 판시하였다.

(다) 이 사건 판례 법리를 이 사건 정산조항에 적용하는 것이 타당한지 여부

사법상 계약에 의하여 납세의무자 아닌 자가 조세채무를 부담할 수 없다는 것이 조세법률주의의 필연적인 결과인가에 대해서는 의문이 든다. 우리나라의 조세법률주의는 독일의 조세법률주의를 수용한 일본의 메이지헌법을 계수한 것으로 평가된다.[87] 그런데 독일 조세기본법은 제3

---

84) 분양보증신탁은 주택건설사업을 시행하는 주탁건설사업자 또는 건축물을 분양하려는 분양사업자가 사업부지와 지상에 건축된 건물을 수탁자(주택도시보증공사)에게 이전하고, 사업주체가 파산 등의 사유로 분양계약을 이행할 수 없게 되는 경우 수탁자가 주택을 완공하여 수분양자에게 소유권을 이전해주고 입주를 완료하는 방식으로 해당 주택의 분양을 이행하거나 수분양자가 납부한 계약금 및 중도금을 환급해 주는 방법의 신탁으로서, 분양보증계약과 결부되어 있다. 대법원은 분양보증을 사업승인을 받은 자가 공동주택의 준공을 이행하지 않는 경우를 조건으로 하는 조건부 제3자를 위한 계약으로 보고 있다(대법원 2006. 5. 12. 선고 2005다68783 판결).
85) 서울중앙지방법원 2013. 5. 15. 선고 2012가합533198 판결.
86) 서울고등법원 2013. 11. 7. 선고 2013나2010015 판결.

자가 조세채무를 변제하기로 약정할 수 있고, 이는 제3자가 조세채무에
대하여 미리 보증을 하거나 담보를 제공하였는지 여부와 상관없다고 한
다. 다만, 독일 조세기본법에 따라 납세보증인이 되더라도 계약에 따른
책임을 지는 것이기 때문에, 그에 관한 쟁송은 민사법의 적용을 받는다
고 한다.[88]

　　조세법률주의에서 이 사건 판례 법리가 도출된다고 하더라도 그 적
용범위를 제한할 필요가 있다. 이 사건 판례 법리가 적용된 사안들은 대
부분 과세관청이 직접 세법에 규정되지 않은 납세담보를 제공받은 사안
이다. '수탁자의 취득세 지급약정 사건'에서는 대한주택보증의 등록세 지
급 규정을 효력규정이 아닌 수권규정으로 해석함에 따라 '납세의무자 아
닌 자가 납세의무자의 조세채무를 납부할 의무를 부담하는 약정'의 존재
자체가 인정된 경우라고 보기 어렵다. 납세의무자와 제3자 사이에 조세
채무부담에 관한 법률행위가 이루어진 경우에 대해서까지 이 사건 판례
법리를 적용한 것은 대상판결이 처음인 것으로 보인다. 그러나 이 사건
판례 법리의 목적이 부당한 조세징수로부터 국민을 보호하고 조세부담의
공평을 기하기 위함에 있다면, 과세권자가 직접 제3자와 사법상 계약을
체결하여 조세채무를 부담하게 하거나 제3자로부터 법에 근거하지 않은
납세담보를 제공받는 경우에 한하여 이 사건 판례 법리를 적용하면 족하
다. 조세법률주의가 사인 간의 조세채무부담에 관한 법률행위의 사법상
효력까지 부인하는 것은 아니고,[89] 조세채권을 보전하기 위한 채권자대
위권 행사가 가능하므로, 조세채권자가 무자력자인 납세의무자를 대위하
여 사인 간의 조세채무부담약정에 기한 약정금청구를 하는 것은 가능하

---

87) 조세법률주의의 연혁에 관해서는 황남석, "조세법률주의의 역사적 계보", 사법
　　제38호, 사법발전재단, 2016, 127-159면 참고.
88) 김재형, "조세채권과 변제자대위", 저스티스 제110호, 한국법학원, 2009, 31면.
89) 대법원은 부동산 매수인이 매매계약상 매도인이 부담하게 될 양도소득세를 대신
　　부담하기로 약정하고 이를 불이행하는 경우 채무불이행에 기한 법정해제가 가능하
　　다는 입장이다(대법원 2012. 5. 17. 선고 2011다87235 판결 등). 대법원 1999. 6.
　　22. 선고 99두165 판결도 매도인이 부담하여야 할 양도소득세를 매수인이 부담하
　　기로 한 특약이 유효하다는 전제에서 양도소득의 귀속시기에 관하여 판단하였다.

다.⁹⁰⁾ 이러한 결론이 부당한 조세징수 결과를 야기하고 조세부담의 공평을 해한다고 보기 어렵다.⁹¹⁾

문제는 사인 간의 조세채무부담에 관한 약정이 유효하다고 하더라도 과세권자가 납세의무자의 약정금청구를 대위행사하는 것이 아니라 직접 위 약정에 기한 권리를 행사할 수 있느냐는 것이다. 이 사건 판례 법리에 따르면, 사법상 계약에 의하여 납세의무자 아닌 자의 조세채무가 직접 성립할 수 없으므로, 과세권자가 위 약정에 기하여 직접 납세의무자 아닌 자에 대하여 '조세채권'을 가진다고 할 수 없다. 그렇다면 당해세 정산조항에 의하여 신탁회사의 조세채무가 성립할 수 없으므로, 피고는 신탁회사를 상대로 이 사건 당해세의 지급을 청구할 수 없는 것인가? 그러나 수탁자는 신탁법에 따라 당해세 정산조항상 귀속권리자로 지정된 과세권자에 대하여 '이 사건 당해세 상당의 신탁재산을 이전할 의무'만을 부담할 뿐이고, 과세관청에 대하여 직접 '조세채무'를 부담하는 것이 아니다. 즉, 당해세 정산조항은 신탁행위로 당해세권자인 피고를 귀속권리자로 지정한 것에 불과하고 귀속권리자인 피고의 잔여재산에 대한 수익권은 신탁법에 따라 발생하는 것이므로, 이 사건 판례 법리에 반한다고 할 수 없다. 따라서 대상판결이 수탁자가 사법상 계약에 불과한 이 사건 신탁계약에 기하여 '조세채무'를 부담한다고 볼 수 없다는 점을 들어 원고들의 청구를 인용한 원심을 수긍한 것은 타당하지 않다.

다음으로 생각해 볼 것은 이 사건 판례 법리에 의해 과세권자는 신탁재산의 귀속권리자로 지정될 수 없는 것인가 하는 것이다. 그러나 신탁법은 귀속권리자 지정에 관하여 아무런 제한 규정을 두고 있지 않으며, 귀속권리자 지정 시 일정한 제한이 있다고 보는 학설과 판례도 찾아

---

90) 조세채권이 아닌 일반채권인 약정금채권을 대위행사하는 것이므로 우선권과 자력집행권이 인정되지 않는다.
91) 과세권자가 채권자대위권에 의해 양도소득세 대납약정에 따른 약정금청구를 대위행사할 수 있다고 본 하급심판결로는 서울고등법원 2016. 1. 8. 선고 2015나2033791 판결(확정)과 수원지방법원 성남지원 2017. 9. 15. 선고 2016가합207900 판결(서울고등법원 2017나20547096호로 항소심 계속 중)이 있다.

볼 수 없다. 수익자의 권리 보호를 위해 귀속권리자 지정에 일정한 제한
이 있어야 한다고 주장하는 견해를 상정해 볼 수 있으나, 수익자가 수탁
자로부터 수익자 지정 사실을 통지받고도 수익권을 포기하지 않았다는
것은 신탁계약의 내용에 동의함을 의미하므로, 수익자의 권리 보호를 명
목으로 귀속권리자를 지정하는 신탁행위의 효력을 부인할 수 없다.[92]

(3) 위탁자에 대한 조세채권에 기하여 신탁재산에 대하여 강제집
행을 할 수 없다는 논거의 적절성

위탁자에 대한 조세채권에 기하여 신탁재산에 대하여 체납처분을 하
거나 신탁재산에 대한 집행법원의 경매절차에서 배당을 받을 수도 없는
데, 과세권자가 신탁재산의 귀속권리자가 될 수 있는지 의문이 들 수 있
다. 그러나 앞서 본 바와 같이 신탁재산에 대하여 강제집행을 할 수 있
는지의 문제는 신탁계약 및 신탁법에 따라 귀속권리자로서 신탁재산의
처분대금을 지급받을 수 있는지의 문제와 별개이다. 수탁자가 신탁계약
에 따라 신탁재산을 처분하고 그 처분대금을 정산하는 경우에 민사집행
법상 경매나 국세징수법상 공매에 관한 배당순위 규정이 곧바로 적용된
다고 볼 아무런 근거가 없다. 수탁자가 신탁계약에 따라 신탁재산을 처
분한다면, 그 처분대금 역시 신탁계약에서 정한 순서에 따라 배분하면
되는 것이고, 신탁계약상 정함이 없다면 수익자에게 귀속된다고 봄이 타

---

92) 위탁자와 수탁자는 신탁법 제101조 제1항에 따라 신탁행위로 수익자가 아닌 제3
자를 귀속권리자로 지정할 수 있고, 위와 같이 위탁자와 수탁자의 합의에 의하여
귀속권리자를 지정함에 있어 수익자의 동의나 합의가 필요한 것은 아니다. 다만,
이러한 결과가 우선수익자나 신탁채권자 등 다른 채권자의 권리를 침해하는 것이
아닌가 하는 의문이 들 수 있다. 우선 신탁채권은 위탁자에 대한 채권이나 수익채
권보다 우선하므로 통상 정산조항의 1순위로 규정하고 있기 때문에 문제되지 않는
다. 그리고 위탁자에 대한 채권은 원래 신탁재산을 책임재산으로 할 없기 때문에
위탁자의 채권자들 사이에 순위를 달리 하였다고 하여 채권자평등주의에 위반한다
는 이유로 그 정산조항의 효력을 부인할 수는 없다고 생각한다. 마지막으로 우선
수익권을 침해하는 것이 아닌가 문제되는데, 수익자가 수탁자로부터 수익자 지정
사실을 통지받고도 수익권을 포기하지 않았다는 것은 신탁계약의 내용에 동의함을
의미한다고 할 수 있고, 통상 부동산담보신탁계약은 수익자와 위탁자 사이의 대출
계약과 동시에 이루어지는데, 부동산담보신탁계약의 내용에 관하여 사실상 수익자
가 관여하는 신탁실무를 고려하면 이 사건 정산조항이 우선수익권을 침해한다고
보기도 어렵다.

당하다.[93]

게다가 신탁법은 제22조 제1항 단서에 따라 신탁재산에 대하여 강제집행을 할 수 있는 채권자만 신탁종료 시 잔여재산의 귀속권리자가 될 수 있다는 규정을 두고 있지 않다. 실무상 신탁계약에서 체납처분 후 남은 금액은 수탁자에게 귀속되고 다시 정산조항에 따라 처분대금을 배분해야 한다는 규정을 두거나, 분양관리신탁계약의 처분대금 정산조항에서 신탁법 제22조 제1항 단서에 따라 강제집행을 할 수 있는 채권자에 해당하지 않는 수분양자나 시공사를 귀속권리자로 지정한 경우가 많은데, 처분대금 정산조항과 강제집행이 별개의 문제임이 드러나는 대목이다.

또한, 신탁부동산의 처분으로 신탁계약이 종료하여 귀속권리자를 위한 법정신탁이 성립하면, 귀속권리자의 잔여재산에 대한 수익권이 발생하는 것이지, 위탁자에 대한 조세채권에 기하여 신탁재산에 관하여 징수권을 행사하는 것이 아니다. 따라서 귀속권리자가 원신탁에 대해서는 신탁법 제22조 제1항 단서에 따른 채권이 아니어서 신탁재산에 대한 강제집행을 할 수 없다고 하더라도, 수탁자가 귀속권리자에게 잔여재산을 이전하지 않는다면, 귀속권리자는 신탁재산인 잔여재산에 대해서 강제집행을 할 수 있다고 보아야 한다.

라. 소 결

이 사건 정산조항은 우선수익자의 환가요청에 따른 신탁부동산의 처분 시 그 처분대금의 정산순위를 정한 것으로, 신탁행위로 신탁재산의 잔여재산이 귀속될 자를 정함과 동시에 귀속권리자 간의 우선순위를 정한 것으로 볼 수 있다. 따라서 피고는 신탁법 제101조 제4항에 따라 수익자로 의제되

---

93) 설령 신탁 전의 원인으로 발생한 권리 또는 신탁사무의 처리상 발생한 권리라고 하더라도 신탁법 제22조 제1항 단서에 따라 권리를 실행하지 않았다면 신탁재산의 처분대금 정산 시 당연히 우선 배당받을 권리가 있다고 단정할 수 없고, 처분대금 정산규정에서 정한 순서에 따라 정산금을 지급받을 수밖에 없다고 할 것이다. 다만 신탁 전의 원인으로 발생한 권리 중 대항력 있는 임대차보증금과 신탁 전에 설정된 근저당권의 피담보채권은 이 사건 정산조항 3 내지 5순위로 규정되어 있고, 신탁사무의 처리상 발생한 권리는 이 사건 정산조항 1순위에 해당하는 부동산 관리에 따른 비용에 포함된다고 볼 여지가 있다.

므로 당해세 정산조항에 기하여 B신탁회사에 대한 급부청구권을 행사할 수 있다. 따라서 이 사건에서 이 사건 정산조항에 따라 피고의 수익권이 원고들의 수익권보다 앞서므로 피고에게 공탁금출급청구권이 인정된다.

Ⅴ. 논의의 확장

1. 문제의 소재

2014. 1. 1. 이후 신탁재산에 대한 당해세는 수탁자에게 과세되므로 대상판결과 같이 위탁자에 대한 조세채권자가 당해세 정산조항에 기하여 신탁회사에 급부청구를 할 수 있는지가 문제되는 사례는 앞으로 많지 않을 것으로 보인다. 그러나 대상판결을 검토하는 과정에서 이루어진 이상의 논의는 다른 이해관계인들이 처분대금 정산조항에 근거하여 신탁회사를 상대로 직접 급부를 청구할 수 있는지에 관한 논의와 밀접한 관련이 있다. 이하에서는 위탁자로부터 신탁재산을 분양받은 수분양자가 신탁회사를 상대로 분양대금반환청구를 하는 경우를 중심으로 검토한다.[94]

2. 관련 사례

가. 대법원 2015. 12. 10. 선고 2015다40470 판결

ⓐ회사는 건물 신축 및 분양 사업을 시행하면서, ⓑ신탁회사와 부동산분양관리신탁계약 및 대리사무계약을 체결하였는데, 위 각 계약에서 수탁자가 신탁부동산을 처분, 환가하여 정산하거나 신탁계약이 해지되어 사업자금을 정산하는 경우 분양대금의 반환을 요구하는 수분양자의 기납부

---

94) 건축물을 신축·분양하는 신탁사업과 관련하여 신축공사를 도급받은 시공사가 신탁계약상 처분대금 정산조항에 근거하여 신탁회사를 상대로 공사대금을 청구하는 경우도 상정할 수 있다. 그런데 수급인이 처분대금 정산조항에 근거하여 신탁회사를 상대로 처분대금의 지급을 구하는 유형의 소송 사례를 찾기 어려웠다. 그보다는 신탁계약이나 대리사무계약에서 '공사대금은 위탁자의 요청 등에 의하여 신탁회사가 시공사에 직접 지급함을 원칙으로 한다'는 취지로 규정한 경우에 시공사가 위 규정을 근거로 신탁회사에 직접 공사대금을 청구하는 소송 유형이 많다. 대법원은 시공사가 위 약정에 기하여 신탁회사에 직접 공사대금지급청구를 할 수 없다는 입장이다(대법원 2006. 9. 14. 선고 2004다18804 판결).

분양대금을 2순위로, 우선수익자의 대출원리금을 4순위로 한다는 정산조항을 두었다.

　　분양실적이 저조하자 우선수익자의 환가요청에 따라 미분양 건물이 공매되었는데, ⓑ신탁회사는 수분양자들의 분양계약 해지를 원인으로 한 분양대금반환청구에도 불구하고 우선수익자에게 처분대금을 지급하였다.

　　수분양자들은 신탁계약 및 대리사무계약이 수분양자들에 대한 관계에서 제3자를 위한 계약에 해당하는데, ⓑ신탁회사가 정산조항에 위반하여 신탁부동산 처분대금을 수분양자들에게 우선변제하지 않았다면서, ⓑ 신탁회사를 상대로 채무불이행으로 인한 손해배상청구를 하였다.[95]

　　이 사안에서 대법원은 신탁계약 및 대리사무계약이 수분양자에 대한 관계에서 제3자를 위한 계약이라고 볼 수 없다고 판단하였다. 신탁계약 및 대리사무계약의 처분대금 정산조항에서 수분양자의 기납부 분양대금을 2순위로 규정하더라도 이는 매각정산대금의 집행순서를 정한 것일 뿐이로써 수분양자들에게 그 순위에 따라 급부를 받을 계약상의 권리를 직접적으로 부여하는 취지라고 볼 수 없다는 것이다. 결국 대법원은 수분양자들의 청구를 기각한 원심의 판단이 정당하다고 보았다.

　　나. 대법원 2009. 7. 9. 선고 2008다19034 판결

　　ⓐ회사는 기존 건물을 증축 및 신축하는 리모델링 사업을 시행하면서 2002. 4. 19. ⓑ신탁회사와 부동산담보신탁계약 및 자금관리에 관한 대리사무계약을 체결하였고, 우선수익자들(2순위 우선수익자 ⓒ은행 포함)과 시공사는 대리사무계약에 동의하였다. 위 대리사무계약에 따르면, ⓐ회사는 리모델링 후 증축되거나 신축되는 부분에 관하여 준공 시 ⓐ회사 명의로 소유권보존등기를 마친 후 ⓑ신탁회사와 추가로 담보신탁계약을 체결할 의무가 있는데, 그 외에도 준공 시 대출원리금이 남은 경우 '미분양

---

95) 원고들은 주위적으로는 채무불이행으로 인한 손해배상을, 제1예비적으로 선관주의의무위반으로 인한 손해배상을, 제2예비적으로 부당이득반환을 구하였는데, 제1예비적 청구는 신탁계약 및 대리사무계약이 제3자를 위한 계약임을 전제로 하고 있고, 제2예비적 청구는 이 논문의 주된 쟁점이 아니므로 위 쟁점에 관한 내용은 생략한다.

물건'에 대해서 담보신탁계약을 체결하고 매각 등의 방법으로 대출원리금
에 충당하는 정산절차를 거친다는 규정을 별도로 두었다. 2003. 10. 28.
신축 및 증축 부분에 대한 사용승인이 이루어졌고, 2003. 11. 28. ⓐ회사
와 ⓑ신탁회사 사이에 신축 및 증축 부분에 대한 추가 담보신탁계약이
체결되었다. ⓑ신탁회사는 2003. 12.경 ⓐ회사의 요청에 따라 분양수입금
중 일부를 공사비로 지출하였다.

그 후 분양실적이 저조하자 1순위 우선수익자의 공매 요청에 따라
일부 건물(이미 ⓓ 등 수분양자들에게 분양된 부분 포함)이 공매되었고, 이를
ⓓ 등 수분양자들로 구성된 분양채권자조합이 매수하였다. ⓑ신탁회사는
위탁자인 ⓐ회사의 요청에 따라 매각대금 중 일부는 분양채권자조합에
가입한 수분양자들에 대한 분양대금반환채권과 상계처리하고, 조합에 가
입하지 아니한 수분양자들에게 반환할 분양대금은 변제공탁하였으며, 나
머지 처분대금은 1순위 우선수익자에게 지급하였다.

2순위 우선수익자인 ⓒ은행은 'ⓑ신탁회사가 담보신탁계약상 처분대
금 정산조항[96]'을 위반하여 처분대금을 우선수익자에 앞서 일반채권자에
불과한 수분양자들에게 지급한 행위'와 'ⓑ신탁회사가 대리사무계약에 규
정된 분양수입금의 자금집행순서[97]'를 위반하여 시공사에게 공사비를 지

---

96) 위 담보신탁계약 제21조 제1항은 수탁자가 신탁부동산을 환가하여 정산하는 경
   우의 순위를 다음과 같이 규정하였다.

   > 1. 신탁계약 및 처분절차와 관련하여 발생된 비용과 신탁보수
   > 2. 제3호에 우선하는 임대차보증금
   > 3. 신탁계약 체결 전에 설정된 저당권자 등의 채무
   > 4. ⓑ신탁회사가 인정한 임대차계약 체결된 임차인의 임차보증금
   > 5. ⓑ신탁회사가 발행한 수익권증서상의 우선수익자의 채권
   > 6. 제1호 내지 제5호의 채무를 변제한 후 잔여액이 있을 경우 ⓐ회사에 지급

97) 위 대리사무계약 제10조는 분양자금수입금관리계좌의 자금 집행 순서를 다음과
   같이 규정하였다.

   > 1. 1순위 : ⓐ회사 등이 금융기관으로부터 차입한 대출금 이자, 제세공과금
   > 2. 2순위 : ⓑ신탁회사의 신탁(대리사무)보수
   > 3. 3순위 : 분양경비(분양대행수수료 및 광고비) 및 우선수익자인 국민은행과 ⓒ은행이
   >   인정하는 사업수행을 위한 필수적 사업비

급하고 ⓒ은행에 대한 대출금을 상환하지 않은 행위' 등이 불법행위에
해당한다고 주장하면서 ⓑ신탁회사를 상태로 손해배상청구를 하였다.

　이 사안에서 대법원은 미분양건물을 처분하여 정산하는 경우와 달리
이미 분양된 건물 부분을 처분하여 정산하는 경우에 있어서 수분양자에
대하여 부담하는 분양대금 반환채무는 담보신탁계약상 처분대금 정산조
항에서 1순위로 정산하여야 하는 '신탁계약 및 처분절차와 관련하여 발생
될 비용' 또는 그보다 앞선 순위로 정산하여야 할 채무이므로 ⓑ신탁회
사의 수분양자에 대한 상계 및 공탁행위는 ⓒ은행의 우선수익권을 침해
하지 않아 불법행위에 기한 손해배상책임이 성립하지 않는다고 보았다.
그러나 대리사무계약은 최소한 분양수입금의 집행순서 위반으로 인한 손
해배상청구와 관련하여서는 제3자를 위한 계약에 해당하므로, ⓑ신탁회
사가 ⓒ은행의 동의 없이 대리사무계약상 자금집행순서를 위반하여 공사
비를 지급한 부분에 관해서는 손해배상책임을 인정하였다.

　위 판결은 신탁계약의 처분대금 정산조항에 수분양자의 분양대금반
환채권이 규정되어 있지 않더라도 분양계약이 해지되지 않은 상태에서
분양된 신탁부동산을 처분하는 경우 위 처분에 따라 분양계약이 해지될
수밖에 없으므로 이 경우 발생하는 수분양자의 분양대금반환채권은 신탁
계약 및 처분절차와 관련하여 발생될 비용 또는 그 보다 앞선 순위로 정
산되어야 할 채무로 보았다는 점에서 선례적 의미가 있다. 다만, 대리사
무계약의 법적 성격을 명확히 밝히지 않은 채 최소한 수익자의 분양수입
금 집행순서 위반으로 인한 손해배상청구와 관련하여서는 제3자를 위한
계약에 해당한다고만 밝힌 점은 아쉽다.[98]

---

　4. 4순위 : ⓐ회사가 ⓒ은행으로부터 차입한 대출원금(원금상환기준 40억 원 한도)
　5. 5순위 : 국민은행 대출원금 및 공사비, 단 공사비 지급에 관한 조건은 아래와 같다.
　　(이하 생략)

98) ⓑ신탁회사가 이미 상계 및 공탁을 통해 수분양자들에 대하여 분양대금을 반환
한 결과가 되어 담보신탁계약의 처분대금 정산조항이 수분양자들을 위한 계약인지
는 쟁점이 되지 않았다.

3. 검　토

가. 처분대금 정산조항의 성격

2008다19034 판결은 대리사무계약이 수익자에 대한 관계에서 제3자를 위한 계약에 해당한다고 보았을 뿐이고, 신탁계약 및 대리사무계약은 수익자가 아닌 다른 이해관계인들에 대한 관계에서는 제3자를 위한 계약이 아니라는 것이 대법원의 입장이다.[99]

2015다40470 판결도 신탁계약 및 대리사무계약의 처분대금 정산조항은 단순한 집행순서에 관한 규정에 불과해서 수분양자에 대한 관계에서 제3자를 위한 계약이 아니라고 보았다. 그러나 위 판결에서 문제된 신탁계약은 우선수익자의 환가요청에 따른 처분을 신탁계약의 종료사유로 규정하고 있으므로, 처분대금의 정산순서를 규정한 조항은 신탁계약 종료 시 귀속권리자를 지정한 규정으로 보아야 한다. 따라서 제3자를 위한 계약인지 따져볼 필요 없이, 위 정산조항에 규정된 권리자들은 귀속권리자로서 수익자로 의제된다.[100] 만일 처분대금 정산조항을 귀속권리자 지정

---

[99] 대법원 2011. 4. 14. 선고 2011다4872 판결[원심: 서울고등법원 2010. 11. 26. 선고 2009다10890, 2009나10906(병합) 판결], 대법원 2009. 12. 10. 선고 2009다71589 판결(원심: 서울중앙지방법원 2009. 8. 25. 선고 2009나11388 판결), 서울고등법원 2016. 11. 10. 선고 2015나2053733 판결 등도 같은 취지로 판시하였다.

[100] 한편, 대리사무계약상 분양수입금의 정산순서를 정한 규정이 신탁종료 시 귀속권리자를 지정한 규정으로 볼 수 있는지 문제된다.

　신탁계약과 대리사무계약은 밀접한 관련을 맺고 있는 것은 사실이나, 계약 체결의 목적이나 규율내용이 다르다(대법원 2015. 1. 15. 선고 2013다26838 판결). 일반적으로 신탁계약은 위탁자의 채무불이행 등으로 신탁사업이 정상적으로 진행되지 않을 때 우선수익자 등이 채권을 회수할 수 있도록 하기 위해 체결된 것인 반면, 대리사무계약은 신탁사업이 정상적으로 진행되는 경우 제3자인 수탁자에 의하여 투명하고 적정하게 사업자금을 관리하기 위한 목적에서 체결된다. 또한, 신탁계약상 신탁부동산의 처분 주체는 신탁회사이나, 대리사무계약상 처분(분양) 주체는 시행사(위탁자)인 경우가 많다. 따라서 대리사무계약상 분양수입금의 정산순서를 정한 규정은 신탁계약상 처분대금 정산조항과 성격을 달리한다. 게다가 대리사무계약을 신탁행위로 보기도 어렵다. 대리사무계약은 신탁재산의 이전이나 신탁과 관련된 내용을 규정한 것이 아니라 자금관리를 위탁하는 위임계약에 해당하기 때문이다. 결국 대리사무계약상 분양수입금의 자금집행순서규정은 신탁행위로 귀속권리자를 지정한 경우에 해당한다고 단정하기 어렵다.

규정으로 보지 않고 우선수익권보다 우선하는 권리들 간의 우선순위를
정한 규정으로 본다면, 신탁계약을 신뢰한 이해관계인들의 이익을 부당히
침해하는 결과가 된다. 신탁계약은 신탁원부에 기재되어 등기기록의 일
부로써 효력이 있고(^{부동산등기법}_{제81조}), 이해관계인들은 신탁계약의 내용을 신뢰하
여 위탁자가 채무를 불이행하더라도 처분대금 정산조항에 따라 처분대금
이 지급될 것이라고 믿고 법률행위를 하는 경우가 많으므로, 이러한 이
해관계인들의 신뢰는 보호되어야 한다.

나. 추가적으로 고려해야 할 쟁점

위 사안은 분양관리신탁이 문제된 사안으로 담보신탁계약이 문제된
대상판결과 달리 새로운 쟁점이 문제된다. 수분양자가 분양계약을 해지
하고 분양대금반환채권을 보유하고 있는데 신탁부동산이 처분되는 경우,
① 신탁부동산 중 일부만 처분되어도 신탁계약상 처분대금 정산조항에
따라 귀속권리자로서 수익권이 인정되는가, ② 만일 수분양자가 분양받
았던 신탁부동산과 다른 미분양 신탁부동산이 동시에 처분된다면 수분양
자의 수익권은 어느 범위에서 인정되는가, 즉 분양받았던 신탁부동산의
처분대금에 대해서만 인정되는가, 아니면 다른 미분양 신탁부동산의 처분
대금에 대해서도 우선수익자보다 앞서는가 하는 것이 문제된다.

위 쟁점을 정면으로 다루고 있는 문헌은 찾기 힘들다. 대리사무계약
체결에 동의한 우선수익자는 담보신탁계약에 따라 위탁자의 여신거래계
약 위반 시 신탁부동산 전부를 처분하여 그 처분대금으로 일시에 변제받

다만, 대리사무계약의 분양수입금 정산조항을 제3자를 위한 계약으로 보아 위
정산조항에 기재된 채권자들이 위 정산조항을 근거로 직접 신탁회사에 대한 급부
청구권을 행사할 수 있는지 여부는 향후 추가적인 연구가 필요하다.

한편, 신탁계약에서 처분대금 정산조항을 규정하면서 '수탁자와 위탁자 사이에
체결한 대리사무계약에서 규정한 자금집행순서가 신탁계약상 처분대금 정산순서와
다를 경우 대리사무계약의 자금집행순서에 의하는 것으로 한다.'고 규정하는 경우
가 종종 있다. 이 경우에는 신탁계약의 처분대금 정산조항에서 대리사무계약의 자
금집행순서 규정을 준용한 것에 불과하므로, 신탁계약상 처분대금 정산조항과 준
용된 대리사무계약상 자금집행순서 규정이 전체적으로 신탁행위로 귀속권리자를
지정한 경우에 해당하고, 준용한 대리사무계약의 자금집행순서에 따라 처분대금을
정산해야 한다.

는 것을 포기하고, 담보신탁부동산을 분양하는 것을 허용하여 그 분양수입금으로 대출원리금을 점차 상환받는 것을 선택하였으므로, 분양된 신탁부동산에 관해서는 우선수익자의 환가권이 제한되어 분양부동산 처분대금을 수분양자들에게 우선 지급하는 것은 우선수익권을 침해하지 않으나, 분양부동산 처분대금으로 수분양자가 납부한 분양대금을 반환하기에 부족한 경우 미분양부동산 처분대금에서 지급하는 것은 우선수익권을 침해한다고 밝힌 견해가 거의 유일하다.[101]

다. 일부 신탁부동산이 처분되는 경우

신탁부동산 중 일부만 처분된 경우에는 전체 신탁계약이 종료된 경우가 아니므로 귀속권리자로서 수익권이 인정되지 않는 것인가 하는 의문이 들 수 있다. 그런데 신탁사업의 일환으로 신탁부동산을 분양하는 경우 신탁계약의 일부 실효는 필연적이다. 통상 수분양자가 신탁회사 명의의 분양대금납부계좌에 분양대금을 완납하면, 위탁자가 우선수익자의 동의를 얻어 분양된 신탁부동산에 한하여 신탁계약을 일부 해지하고, 신탁등기 말소 후 시행사가 수분양자에게 소유권을 이전하는 것이 신탁실무이기 때문이다.[102]

그렇다면 일부 신탁부동산이 환가 처분되는 경우 해당 신탁부동산에 관한 일부 신탁계약이 종료되었다고 보는 것도 이론상 가능하고, 전체 신탁계약이 종료되는 경우와 일부 신탁계약이 종료되는 경우에 있어 처분대금 정산조항에 규정된 이해관계인들의 권리보호 필요성에도 차이가 없으므로, 신탁부동산 중 일부만 처분된 경우에도 처분대금 정산조항에 따라 처분대금을 정산해야 한다고 생각한다.

만일 전체 신탁부동산이 처분되어 신탁계약이 전부 종료된 경우에만 신탁법 제101조 규정이 적용된다고 보면, 신탁부동산 전체에 대한 처분사유가 발생하였음에도 불구하고 신탁부동산을 일부씩 여러 차례에 걸쳐

---

101) 유현송, "담보신탁계약과 대리사무계약의 상호관계", 인권과 정의 제438호, 대한변호사협회, 2013, 121-126면.
102) 유현송, 위의 논문, 120면.

처분하거나 사실상 전체 신탁부동산을 처분하면서 극히 일부를 제외하는 등의 방법으로 신탁법 제101조 규정의 적용을 회피하는 부당한 결과가 발생할 수 있다.

라. 수분양자의 수익권의 범위

수분양자가 분양받았던 신탁부동산과 미분양 신탁부동산이 동시에 처분되는 경우 수분양자의 수익권이 어느 범위에서 인정되는지 살펴본다. 처분대금 정산조항은 해당 신탁부동산과의 관련성을 요건으로 하고 있지 않다. 즉, 처분대금 정산조항에서는 단순히 임대차보증금, 수분양자의 분양대금, 시공사의 공사대금채권이라고만 규정할 뿐, 위 채권들이 해당 신탁부동산에 관한 것임을 요구하지 않는다.

그리고 수분양자가 분양받았던 신탁부동산에 관련된 금액과 그 이외의 금액을 분리하는 것은 사실상 불가능하다. 왜냐하면 수분양자가 분양받았던 신탁부동산과 미분양 신탁부동산을 일괄 매각하는 경우 각 신탁부동산별로 처분대금을 분리하기 어렵고, 각 신탁부동산별로 신탁보수, 신탁 관련 비용, 공사대금을 분리하는 것도 불가능하기 때문이다.

한편, 상가, 오피스텔 등의 수분양자 보호를 위해 제정된 건축물분양법은 신탁을 정산할 때에 분양받은 자가 납부한 분양대금을 다른 채권 및 수익자의 권리보다 우선하여 정산하여야 한다는 사항이 신탁계약에 포함되어야 한다고 규정하고 있는데,[103] 위 규정의 해석상 수분양자의 분양대금이 수분양자가 분양받았던 해당 부동산의 처분대금에 한해서 다른 채권이나 수익자의 권리보다 우선한다고 할 수 없다.

결국 처분대금 정산조항에 수분양자의 분양대금반환채권이 우선수익

---

103) 건축물분양법 제4조 제1항 제1호, 같은 법 시행령 제3조 제1항 제3호. 공동주택 수분양자들은 주택법상 분양보증제도에 의해 보호받을 수 있으나, 위 주택법의 적용을 받지 않는 상가, 오피스텔 수분양자들을 보호할 필요성이 있어 건축물분양법이 제정되었다. 건축물분양법은 바닥면적의 합계가 3,000㎡ 이상인 상가, 20실 이상의 오피스텔 등의 건축물에 적용되고, 착공신고 후 사용승인 전에 분양하기 위해서는 신탁업자와 신탁계약 및 대리사무계약을 체결하거나 또는 금융기관 등으로부터 분양보증을 받아야 하는데, 위 신탁계약 및 대리사무계약에 수분양자 보호규정이 필수적으로 포함되어야 한다.

자의 피담보채권보다 선순위로 규정되어 있다면, 수분양자는 다른 미분양
부동산의 처분대금에 대해서도 우선수익자보다 앞선다고 보아야 한다.

VI. 결 론

대상판결은, 당해세 정산조항에 위탁자에게 부과된 당해세도 포함되
는지에 관한 판단은 생략한 채, 이 사건 정산조항은 제3자를 위한 계약
이 아니고, 사법상 계약에 의하여 납세의무자 아닌 자가 조세채무를 부
담할 수 없으며, 위탁자에 대한 조세채권에 기하여 신탁재산에 강제집행
을 할 수 없기 때문에, 피고는 이 사건 정산조항에 기하여 B신탁회사를
상대로 직접 이 사건 당해세 상당액의 지급을 청구할 수 없다는 결론에
이르렀다.

그러나 당해세 정산조항의 문언상 '수탁자에게 부과된 당해세'로 한
정하고 있지 않은 점, 이 사건 당시 위탁자가 원칙적인 재산세 납세의무
자였던 점, 신탁재산에 대한 재산세의 공익비용적 성격, 재산세 및 신탁
의 본질 등을 고려하면 당해세 정산조항에 '위탁자에게 부과된 당해세'도
포함된다고 해석함이 타당하다.

그리고 당해세 정산조항은 신탁법 제101조 제1항에 따라 신탁행위로
잔여재산의 귀속권리자를 지정한 경우에 해당하므로, 제3자를 위한 계약
인지 따져볼 필요 없이, 위탁자에 대한 당해세권자는 수익자로 의제되어
직접 수탁자를 상대로 당해세 상당액의 지급을 청구할 수 있고, 수탁자
가 임의로 이행하지 않는 경우 강제이행을 통해 급부를 강제적으로 실현
할 수 있다고 보아야 한다. 이 사건에서 이 사건 정산조항에 따라 피고
의 수익권이 원고들의 수익권보다 앞서므로 피고에게 공탁금출급청구권
이 인정되는 것은 물론이다. 수탁자는 신탁법에 따라 귀속권리자로 지정
된 당해세권자에 대하여 당해세 상당의 신탁재산을 이전할 의무만을 부
담할 뿐, 직접 조세채무를 부담하는 것이 아니고, 당해세권자도 수익자로
의제될 뿐, 위탁자에 대한 조세채권에 기하여 신탁재산에 관하여 징수권
을 행사하는 것이 아니므로, '사법상 계약에 의하여 납세의무자 아닌 자

가 조세채무를 부담할 수 없다는 판례 법리'와 '위탁자에 대한 조세채권에 기하여 신탁재산에 강제집행을 할 수 없다는 판례 법리'는 이 사안에 적용될 수 없다. 결론적으로 1심 판결의 결론이 타당하나, 귀속권리자인 피고의 수익자로서의 지위를 명확히 설시하지 않은 점은 아쉽다.

이 사건 정산조항의 해석에 관한 논의는 신탁재산이나 신탁사업에 관련된 다른 이해관계인들에 대해서도 유효하다. 신탁계약의 처분대금 정산조항에서 수분양자의 분양대금반환채권이나 시공사의 공사대금채권을 우선수익자의 수익권보다 선순위로 규정하고 있다면, 수분양자나 시공사는 신탁회사를 상대로 우선수익자보다 우선하여 각자의 채권액 상당의 처분대금을 지급할 것을 청구할 수 있다고 보아야 한다.

[Abstract]

Trustors' Tax Claim Realizability Based on Settlement Provisions in Trust Agreements

Park, Seolah*

In collateral trust agreements for real property with settlement provisions that stipulate claim preference for "tax levied on the property," such as property tax, to "beneficial interest" with regard to the settlement order of disposal price (hereinafter "the Provision"), the following issues are raised: whether or not taxes levied on the property under the Provision include taxes levied on the property for trustors and whether or not the trustor's tax creditor can claim the equivalent amount of the tax levied on property from the trustee based on the Provision despite the fact that the tax creditor is not a party of the trust agreement.

The Supreme Court skipped judgment on the first issue and reached the conclusion that the trustor's tax creditor cannot claim the equivalent amount of the tax levied on property from the trustee based on the Provision because the Provision is not the contract for the benefit of the third party; the person not liable for tax payment cannot bear tax liability according to the private contract; and the execution of trust property based on the trustor's tax claim is not allowed.

However, the tax levied on property in the Provision should be construed to include the tax levied on property for the trustor, taking the following into account: the stipulations in the Provision do not limit the tax levied on property to those imposed on the trustee; at that time, the trustor

---

* Judge, Seoul Central District Court.

was the original person liable for the property tax payment under the Local Tax Act; and the property tax is of a public cost nature.

Because the Provision corresponds to appointing a rightful person for the remainder of trust property by the trust deed according to Provision 1 of Article 101 of the Trust Act, the trustor's tax creditor is assumed as a beneficiary without having to check if the Provision is a contract for the benefit of the third party. Therefore, the tax creditor can claim the equivalent amount of the tax levied on property and is supposed to duly realize the benefit through execution unless the trustee abides by the obligation. Moreover, the trustee is not liable for paying the tax levied on property directly but must transfer the remainder of trust property equivalent to the tax levied on property to the tax creditor appointed as the rightful person for the remainder of trust property; the tax creditor is not exercising the right to collect tax on trust property based on the tax claim but is assumed as a beneficiary. Thus, the following judgments, "the person not liable for tax payment cannot bear tax liability according to the private contract," and "the trustor's tax creditor cannot execute the trust property" cannot apply` to this case.

The above discussions apply effectively to the interested person involved in the trust property or trust business. If the settlement provisions in the trust agreements stipulate claim preference for returning the buyer's home sale payment or paying contractors for construction to beneficial interest, buyers or contractors can claim the equivalent amount of payment in preference to the beneficial interest from the trustee.

[Key word]

- Tax Claim to Trustor
- Tax Levied on the Property
- Settlement Provisions in Trust Agreements
- Termination of Trust Agreements
- Rightful Person for the Remainder of Trust Property
- Contract for the Benefit of the Third Party

참고문헌

[단 행 본]

곽윤직, 채권각론, 박영사, 2003.
광장신탁법연구회, 주석신탁법, 박영사, 2015.
김완석, 국세기본법 주석서, 삼일인포마인, 2017.
법무부, 신탁법 개정안 해설, 2010.
_____, 신탁법 해설, 2012.
유재관, 신탁법실무, 법률출판사, 2008.
이계정, 신탁의 기본 법리에 관한 연구-본질과 독립재산성, 경인문화사,
    2017.
이중기, 신탁법, 삼우사, 2007.
임승순, 조세법, 박영사, 2017.
최동식, 신탁법, 법문사, 2006.
최수정, 신탁법, 박영사, 2016.
한국부동산신탁업협회, 부동산신탁실무, 2007.

[논 문]

김백영, "사법적 조세보증계약의 효력", 법조 제37권 제4호, 법조협회, 1988.
김범준, "신탁재산에 대한 체납처분의 실무상 문제점과 입법론", 조세 제260호,
    조세통람사, 2010.
김상훈, "신탁재산에 대한 재산세 납세의무자 - 지방세법 제107조 제1항의 문
    제점과 개선방안을 중심으로-", 저스티스 통권 제149호, 한국법학원,
    2016.
김수일, "무효인 납세보증보험에 기한 피보험자의 보험금지급청구에 기하여
    보험금 명목의 급부를 이행한 납세보증보험사업자가 직접 그 급부의
    귀속자를 상대로 부당이득반환청구를 할 수 있는지 여부", 대법원판례
    해설 제57호, 법원도서관, 2006.
김양섭, "체비지를 국세담보에 제공한다는 의사표시와 체비지대장에 '국세담
    보에 제공하였음'이라고 기재하였다면 체비지에 관하여 담보물권이 설

정되어 체비지 소유자가 국가에 대하여 타인의 사무를 처리하는 자에 해당하는지 여부", 대법원판례해설 제84호, 법원도서관, 2010.

김영순, "조세환급청구권자에 관한 연구-조세환급청구인의 적격에 관한 해석 론을 중심으로-", 세무와회계저널 제13권 제1호, 한국세무학회, 2012.

김완석, "상속세에 있어서의 당해세 우선의 원칙", 공법연구 제37집 제2호, 사단법인 한국공법학회, 2008.

김재형, "조세채권과 변제자대위", 저스티스 제110호, 한국법학원, 2009.

김태진, "신탁재산에 대한 강제집행 등 금지조항의 체계정합적 해석-수탁자 의 권한 위반의 관점에서-", 저스티스 통권 제155호, 한국법학원, 2016.

마정화·유현정, "부동산신탁에 관한 합리적인 지방세 과세방안", 한국지방세 연구원 기본연구보고서 2016권 제6호, 2017.

손영철, "부동산신탁의 재산세 납세의무자 문제", 세무사 제33권 제1호, 한국 세무사회, 2015.

신만중, "조세채권의 우선권과 우선순위의 조정-압류선착주의와 당해세를 중 심으로-", 경희법학 제46권 제3호, 경희대학교, 2011.

오영준, "가. 신탁법 제20조의 규정 취지 및 신탁재산 독립의 원칙의 의미, 나. 수탁자 개인이 수익자에 대하여 갖는 고유의 채권을 자동채권으로 하여 수익자가 신탁종료시 수탁자에 대하여 갖는 원본반환채권 내지 수익채권 등과 상계하는 것이 허용되는지 여부", 대법원판례해설 제72 호, 법원도서관, 2008.

유현송, "담보신탁계약과 대리사무계약의 상호관계", 인권과 정의 제438호, 대 한변호사협회, 2013.

이근영, "개정신탁법상 신탁의 종료규정에 관한 연구", 법학논고 제40집, 경 북대학교 법학연구원, 2012.

이연갑, "신탁재산에 강제집행할 수 있는 채권자", 중앙법학 제11집 제4호, 중앙법학회, 2009.

이전오, "신탁세제의 문제점과 개선방안에 관한 연구-신탁재산에 대한 체납 처분 측면을 중심으로-", 성균관법학 제25권 제4호, 성균관대학교비교 법연구소, 2013.

이중교, "신탁법상의 신탁에 관한 과세상 논점", 법조 통권 제639호, 법조협 회, 2009.

이중기, "신탁종료의 효과와 법률관계", 홍익법학 제6권 제1호, 홍익대학교, 2007.

_____, "신탁종료시의 법률관계 및 수익자의 수탁자에 대한 권리 주장의 제한 여부-영미의 복귀신탁법리와 신탁계약에 대한 출소제한법의 적용 한계를 중심으로-", 판례실무연구XI, 박영사, 2015.

이형하, "신탁법상의 신탁재산에 대한 종합토지세 부과대상자", 대법원판례해설 제19호, 법원도서관, 1993.

임채웅, "신탁재산에 대한 민사집행의 연구", 법조 통권 제635호, 법조협회, 2009.

최수정, "신탁계약의 법적 성질", 민사법학 제45-1호, 한국사법행정학회, 2009.

하태흥, "위탁자에 대한 조세채권과 신탁재산에 대한 집행", 사법 제23호, 사법발전재단, 2013.

황남석, "조세법률주의의 역사적 계보", 사법 제38호, 사법발전재단, 2016.

附　　　錄

「消費者法의 새로운 展開」

附錄에 부치는 말

우리 연구회는 2018년 8월 25일 서울 서초구 사평대로 108 소재 반포원에서 제41회 하계 심포지엄을 열고 "消費者法의 새로운 展開"라는 주제로 여러 쟁점들을 검토하고 논의하는 기회를 가졌다. 이 附錄은 그 모임에서 발표된 논문들을 다시 수정·보완한 것이다. 심포지엄은 다음과 같은 일정으로 진행되었다.

09:20~09:50   參加者 登錄 ------------------------------- 하모니 홀

09:50~09:55   開 會 辭 ------------------------------- 尹眞秀 會長

09:55~11:55   제1세션 : 主題發表와 討論 ---------------- 하모니 홀
  (1) EU소비자보호지침
                         ---------------------------- 이준형(한양대학교 법학전문대학원 교수)
  (2) 집단소송법제에 대한 비판적 검토와 개선 방향
                         ---------------------------- 정선주(서울대학교 법학전문대학원 교수)

12:00~13:40   午   餐 ------------------------------- 하모니 홀

13:40~15:40   제2세션 : 主題發表와 討論 ---------------- 하모니 홀
  (3) 소비자보호를 위한 배액배상제도의 기능과 운용
                         ---------------------------- 김태선(서강대학교 법학전문대학원 교수)
  (4) 제조물책임에 관한 판례의 전개와 동향
                         ------------------------------- 이봉민(수원지방법원 안산지원 판사)

15:40~15:55   기념촬영 및 휴식

15:55~17:55   제3세션 : 主題發表와 討論----------------하모니 홀

(5) 보험소비자 보호의 관점에서 본 보험약관에 관한 대법원판례

------------------------------------- 이원석(창원지방법원 부장판사)

(6) 종합토론

17:55~18:15   會員總會--------------------------------- 하모니 홀

18:15~18:20   閉 會 辭-------------------------------- 尹眞秀 會長

18:30~21:00   晩   餐--------------------------------6층 테라스

EU소비자보호지침의 역사적 전개

李 準 珩*

■요　지■

이 글에서는 지난 30여 년에 걸친 EU소비자보호지침의 발전과정을 살펴봄으로써 현실의 통상, 입법과 비교법연구에 시사점을 얻고자 한다. 서론(Ⅰ)에서 먼저 소비자보호가 필요한 이유와 소비자문제가 사회문화로 대두하게 된 계기(1962년 3월 케네디 특별교서)를 확인한 다음에 EU법 이해를 위한 기본지식으로서 法源 내지 입법형식(기본법규와 규정, 지침, 결정)과 정책 목표의 실현을 위하여 이것들이 작동하는 대표적 방식 몇 가지를 서로 비교하고 대표적인 사례(독일민법의 매매규정에 대한 소비재매매지침의 영향)를 살펴봄으로써 EU에서 소비자보호라는 목표 달성을 위하여 지침이 회원국의 국내법을 어떻게 평준화하였는지를 보여 주고자 하였다.

본론(Ⅱ)에서는 EU소비자법의 발전단계를 5단계로 나누어 살펴보았는데, 이는 기존의 연구에서 일반적으로 구분했던 4단계에 최근의 전개를 새롭게 추가한 것이다. 소비자보호 문제가 현재화하지 않았던 제1단계(1957~1975)에 종지부를 찍었던 1975년 4월 이사회결의로써 시작된 제2단계(1975~1985)에서는 1979년 사법재판소의 카시스 드 디종 결정을 거치면서 당시 EC조약에서 명시적으로 언급하지 않았던 소비자보호가 규제의 근거로 승격되었고, 제2단계에서 제3단계(1985~2000)로 넘어가는 시점에 이르면 이른바 제1세대 소비자보호지침(소비자의 철회권과 사업자의 정보제공의무를 특징으로 하는)이 등장하였다. 1986년 2월에 성립한 단일유럽의정서는 높은 수준의 소비자보호가 EU의 정책목표임을 분명히 선언하였고(제100조의a의 신설), 소비자보

---

* 법학박사, 한양대학교 법학전문대학원 교수.

호지침의 제·개정도 함께 용이해졌다. 이 시기에는 제2세대 보호지침이 다양한 영역에서 다수 제정되었는데, 그 대부분은 최소평준화의 접근방식을 채택한 것이었다. 2000년대 들어 EU가 EC의 법인격을 완전히 승계하는 제4단계(2001~2014)로 접어들면서 집행위원회를 중심으로 기존의 최소평준화에서 수평적 완전평준화로 전환하려는 시도(2008년 소비자권리지침의 제정)가 있었지만, 소기의 성과는 거두지 못하였다. 오히려 이 시기의 특징은 유럽민법전을 향한 활발한 활동이었다. 전통적 비교법과 그동안 축적된 소비자법의 성과를 종합한 방대한 공통참조기준 학계초안이 완성되었고, 이를 계승한 유럽공통매매법을 모든 회원국에 선택지로 제공하려는 규정안도 마련되었다. 하지만 2014년 EU의 권력교체로 EU소비자법은 새로운 5번째 단계(2015~현재)를 맞았고, 디지털단일시장이 의제가 설정되면서 흥미롭게도 이전 단계의 주요한 요소들이 공존하고 있는바, 즉 제2단계의 논리(역내시장에 대한 신뢰제고로 소비 증대)로 제3단계의 형식(국내입법이 필요한 지침)을 갖추고 제4단계의 내용과 접근방식(DCFR-CESL과 완전평준화)을 승계하는 양상이다.

맺음말(Ⅲ)에서는 EU소비자법을 EU사법이라는 보다 큰 틀에서 그 전개과정을 다시 한 번 정리하고, 현재 제기되고 있는 비판 중 유력한 견해를 소개하였다. 새로운 단계에 진입한 지 얼마 되지 않음을 고려하면 현재의 경향이 당분간 지속될 전망이고 특히 2015년 사업프로그램에 포함된 세부사업들은 중장기적으로는 대체로 빠짐없이 시도될 것으로 예상된다. 여기에 EU의 주도회원국 중심의 공통거래법제의 수립 시도도 주목할 만하다.

[주 제 어]
• 소비자보호
• 유럽연합(EU)/유럽공동체(EC)
• EU조약(TEU)/EU운영조약(TFEU)
• EU집행위원회
• 유럽사법재판소(ECJ)
• 지침
• 규정
• 최소평준화/완전평준화
• 공통참조기준 학계초안(DCFR)
• 유럽공통매매법(CESL)

Ⅰ. 논의의 배경

1. 소비자와 소비자보호

소비자를 사업자와 대립시키는 전형적인 이분법의 기원은 산업혁명으로 거슬러 올라갈 수 있는데, 산업혁명을 거치면서 비로소 한편에서는 대량생산과 대량유통, 다른 한편에서는 대량소비가 보편화되었기 때문이다. 생산업자와 유통업자가 집중화된 '합리화'와 도구적 합리성을 중시한다는 점에는 이견이 없지만, 고립되고 단절된 私人인 최종소비자가 과연 그 거래상대방과 대등한 정도로 온전하게 합리적으로 행동하는지에 대해서는 최근의 경제학, 사회학, 행동과학, 뇌과학의 연구 성과가 의문시한다. 그 이유에 대해서는 사업자와 소비자 사이에는 정보의 불균형이 있기 때문이라는 설명이 가장 전통적이다. 그러나 오늘날에는 스마트폰 하나만 손에 들면 누구라도 어디서든 쉽게 관련 정보를 검색할 수 있고, 또 심지어 생산과정에 일부 참여하는 소비자(이른바 '프로슈머')도 등장하여[1] 정보의 불균형만으로는 설득력이 떨어진다는 비판과 함께, 오히려 소비자에게 부족한 것은 정보보다는 그 정보를 분석할 능력과 분석의 수고를 감수하겠다는 열정이라는 반론이 있다.

그래서 최근에는 소비자보호의 필요성을 뒷받침하기 위한 다른 근거가 제시되는데, 그중 하나가 소비자는 대부분 지극히 제한된 분량의 거래만을 한다는 것이다. 그렇기 때문에 가령 장황한 약관이나 비용/급부 이외의 보다 덜 중요한 계약조건을 확인하기 위하여 막대한 비용이나 시간적, 지적 수고를 감수하는 것은 소비자의 입장에서 비용-편익 분석을 하면 합리적 행동이라 하기 어렵다. 반면에 그것이 일상사인 사업자의 입장에서는 정반대의 이야기를 할 수 있다. 소비자와 사업자 사이의 합리적 거래를 가로막는 또 다른 이유로 이야기되는 것이 광고, 유통방식, 브랜드파워 등의 외부요인이다. 이러한 요인이 강하게 작용하면 작용할

---

[1] 가정에 태양열 발전시설을 하고 전기를 생산하여 그중 일부는 개인이 소비하고 나머지는 사업자에 판매하는 경우를 예로 들 수 있다.

수록 전통적인 정보제공모델(사업자 쪽에 정보제공의무를 부과하면 소비자
와 사업자 사이의 불균형을 바로잡을 수 있다는)은 쉽게 한계를 드러낸다
는 것이다.

소비자보호의 요구가 사회적으로 분출된 것은 제2차 세계대전 이후
이지만, 그것이 사회변화의 동력으로까지 강화된 것은 전후복구 등으로
경제호황이 본격화된 1960년대 초반으로, 이를 가장 상징적으로 보여 준
사건은 1962년 3월 15일 미대통령 케네디가 "소비자, 그건 결국 우리 모
두입니다(Consumers, by definition, include us all)."라는 문장으로 시작하는
소비자권익보호 특별교서를 의회에 제출한 것이다.[2] 그러므로 전통적인
법영역, 유럽에서는 1957년 로마조약 같은 문서에서 소비자보호의 관념
을 거의 찾을 수 없는 것은 어찌 보면 당연한 일이다. 그렇다고 비슷한
형상조차 없었던 것은 아니다. 예를 들어 우리가 잘 아는 착오의 법리나
공서양속 위반의 법리로써 사적자치를 제한하는 것이나 초기 형태의 시
장규제 및 영업규제 속에서 소비자보호법의 맹아를 발견할 수 있다.

2. EU법의 법원(法源)

EU법이란 유럽통합을 유지, 발전시키기 위한 법체계를 말한다. 유럽
에는 약 5억의 인구가 30개 가까운 나라에서 단일한 경제공동체(역내시
장)를 이루고 재화, 사람, 용역, 자본의 자유로운 이동을 실현하기 위해
1950년 5월 9일 이른바 슈만 선언[3] 이후 지난 70년 가까이 초국가적인
(supranational) 협력을 기울임으로써 복수의 주권국가가 주권을 공유하고

---

2) http://www.presidency.ucsb.edu/documents/special-message-the-congress-protecting-the-consumer-interest에서 확인할 수 있다(2019.1.14. 최종방문). 이어지는 문장은
다음과 같다. "그들은 우리 경제에서 가장 큰 경제 집단으로서 거의 모든 공적,
사적 경제영역에 영향을 주고 또 받습니다. (중략) 그러나 그들은 (중략) 중요 집
단 중에서 유일하게 자신의 목소리를 낼 수 없는 존재입니다."
3) 프랑스 외교부장관 로베르 슈만(Robert Schuman)이 장 모네(Jean Monnet)의 제안
을 기초로 독일과 프랑스 사이의 오래된 대립을 해소하고 유럽에 평화공동체를 구
축하기 위하여 무기 제조에 필수적인 석탄, 철강의 생산과 유통을 공동 관리하는
유럽석탄철강공동체(European Coal and Steel Community, 약칭 ECSC)의 설립을
제안한 선언을 말한다.

국경을 초월하는(transnational) 통제와 법률을 만들었다. 이를 달리 표현
하자면 EU는 국경을 초월하는 공간(역내시장)을 창출할 목적으로 초국가
적인 기구(EU의 여러 기구)나 법제도(EU법)를 발전시켰다. 흔히 '아키 코
미노테(acquis communautaire, 약칭 acquis)'란 말을 사용하는데, 이 용어는
유럽공동체(EC) 이래 생성되고 축적되어 온 法源(판례 포함) 전체를 포괄
하여 칭하는 것으로서 번역하자면 現行EU法(the Existing EU Law)이라고
할 수 있다.

가. 기본조약과 기본권헌장

유럽통합을 위해 설립된 조직은 크게 유럽경제공동체(European
Economic Community, 약칭 EEC)와 유럽공동체(European Community, 약칭
EC)를 거쳐서 오늘날 유럽연합(European Union, 약칭 EU)에 이른다. 한편
유럽통합을 위한 기본조약의 원형은 EEC조약과 마스트리히트조약에서 찾
을 수 있는데, 이들 조약은 몇 차례의 개정조약으로 수정되어 오늘날 최
종개정조약인 리스본조약(2009년 12월 1일 발효)에까지 이르렀다. 현행 리
스본조약 체계에서는 EC와 EU의 법적 구별이 없어지고 EC는 EU로 완전
히 승계되었다. 즉, 리스본 조약은 EC와 EU의 법적 구별을 없애면서 종
전의 EC는 EU가 승계하되, EC와 달리 EU는 단일한 법인격을 갖도록 하
였다. 오늘날 기본조약은 마스트리히트조약을 원형으로 하는 EU조약
(Treaty on European Union, 약칭 TEU)과 EEC조약 및 EC조약을 계승한
EU운영조약(Treaty on the Functioning of the European Union, 약칭 TFEU)[4]
이고, 여기에 EU의 인권선언격인 EU기본권헌장(Charter of Fundamental
Rights of the European Union, 약칭 CFR)을 합하면 바로 EU차원의 헌법(기
본법(primary law))이라 할 수 있다.

나. 3가지 입법형식 : 규정, 지침, 결정

EU의 모든 활동을 기본조약과 기본권헌장만으로 유지할 수는 없으
므로, 기본조약에서 입법기관과 입법절차를 정하여 다양한 분야에서 EU

---

4) '기능조약'으로 번역하기도 한다.

입법이 필요할 때마다 대응할 수 있도록 하였다. 2017년 한 해만 하더라
도 EU의 입법 활동은 제·개정을 모두 포함하여 무려 2,100건에 이른
다.[5] EU의 입법형태는 규정, 지침, 결정 3가지가 있다.

(1) 규정(regulation)

EU차원에서 통일적으로 규율할 필요가 있을 때에 사용되는 규정은
모든 회원국에 직접 적용되기 때문에 각국에서 입법할 필요가 없다. 예
를 들어 EU내에서 난민보호심사를 하는 나라를 결정하기 위하여 '제3국
국민 또는 무국적자가 회원국 중 하나에 제출한 국제적 보호의 신청을
심사할 책임을 부담할 회원국을 결정하기 위한 기준 및 절차를 정하는
규정 604/2013'([2013] OJ L 180/31)을 제정하였다.[6]

(2) 지침(directive)

반면에 지침은 각 회원국의 사정에 맞춘 입법이 필요할 때에 사용
된다. 다시 말해서 도달할 목표만 설정하고 구체적인 입법의 형식 내지
방법은 각 회원국에 맡겨지기 때문에 국내법으로 전환하는 작업이 필요
하다. 예를 들어 EU에서 국경을 초월하는 의료비의 지급과 관련한 입법
을 하려면 나라마다 다른 건강보험제도나 자기부담액 등으로 규정이 아
닌 지침이 필요한데, 이를 위하여 '국경간 의료에서 환자의 권리적용에
관한 지침 2011/24'([2011] OJ L 88/45), 줄여서 '환자권리지침'이라 부르는
지침이 마련되었다.

(3) 결정(decision)

끝으로 결정은 다시 2가지 종류로 나누어지는데, 하나는 특정한 회
원국 또는 개인을 구속하는 수단으로 사용되는 경우와 다른 하나는 조직
의 내부적인 결정이나 절차 등을 정하는 경우이다. 前者의 예로는 EU경

---

5) http://eur-lex.europa.eu/statistics/2017/legislative-acts-statistics.html(2019. 1. 14. 최
종방문).
6) 처음 조약으로 채택된 도시와 연관시켜서 '더블린 규정'이라고 줄여서 표시한다,
여기서 2013은 제정연도, 604는 규정의 번호를 가리키고(다만 2015년부터는 연도
를 규정번호보다 우선하여 2015/604하는 식으로 표기한다), 괄호 안의 표시는
2013년 관보(Official Journal) 법령(Legislation) 시리즈 제180호 31면이란 의미이다.

쟁법을 위반한 특정기업에 과징금을 부과하는 '마이크로소프트사에 대한 EC조약 제82조($\frac{현행\ EU운영조약}{제102조}$) 및 EEA(European Economic Area)[7]협정 제54조에 따른 절차와 관련한 결정'([2007] OJ L 32/23)을 들 수 있다. 後者에 속하는 예로는 EU의 대외활동을 총괄하는 기관을 설치하기 위한 '유럽대외활동청(European External Action Service)의 조직 및 운영을 정하는 결정'([2010] OJ L 201/30)이 있다.

다. 판 례

EU법에서는 EU의 재판기관인 EU사법재판소(Court of Justice of the European Union, 약칭 CJEU)는 다시 사법재판소(정식명칭은 그냥 Court of Justice이지만, 통칭 European Court of Justice, 약칭 ECJ)와 종합법원(General Court)으로 나누어진다.[8] 소비자보호와 관련하여 주로 문제가 되는 것은 유럽사법재판소의 판례이다. EEC조약 제119조의 평등임금원칙을 개인이 국내법원에서 주장할 수 있는지가 다투어졌던 드프렌느 사건(ECJ Case 43/75 Defrenne v. SABENA [1976] ECR 455)에서 보듯이,[9] 사법재판소는 EU법을 개인이 국내법원에서 직접 원용할 수 있는 권리를 부여하고(EU법의 직접효과), 그럼으로써 EU법의 적용을 통하여 국내법을 배제할 수 있도록 하였다(EU법의 우월성).

라. 기타 法源

이상의 기본조약(EU조약, EU운영조약), 기본권헌장, 입법(규정, 지침, 결정), 판례 외에도 EU법에는 EU가 회원국 이외의 나라와 체결한 국제협정, 그리고 차별금지나 비례성원칙과 같이 판례법의 근거가 되는 법의

---

7) 여기에는 비회원국이었던 노르웨이, 아이슬란드, 리히텐슈타인까지 포함된다.

8) 변지영, 『EU사법재판소(CJEU)와 유럽인권재판소(ECtHR)에 관한 연구』(대법원사법정책연구원, 2016. 8.), p. 38은 '일반'법원이라 번역했다. 참고로 이 보고서는 2016년 일반법원과 전문법원의 통합이 반영되기 이전의 서술이다.

9) 43/75는 1975년 43번 사건임을, 그 다음은 회원국 국내법원의 원고와 피고를, 끝의 숫자 등은 공식판결집인 European Court Report 1976년판의 455면에 실렸음을 각각 표시한다. 한편 2014년에 도입된 유럽판례법식별자(European Case Law Identifier, 약칭 ECLI)를 사용하여 같은 판결을 인용표시하면 EU: C: 1976: 56이 되는데, 여기서 C는 사법재판소, 1976은 선고연도, 56은 사건일련번호이다. 이 글에서는 기존의 인용방식만을 사용하기로 한다.

일반원칙도 포함된다.

3. 지침을 통한 평준화(harmonization)

가. 시장통합(무역장벽 철폐)을 위한 3가지 접근방식

물건의 자유로운 이동을 실현할 때에 가장 어려운 것은 '수입에 대한 수량제한과 동등한 효과를 가지는 조치'($^{EU운영조약}_{제34조}$)를 철폐하는 것이다. 단순한 수량제한(쿼터)과 달리 이와 동등한 효과를 가지는 조치(동등효과조치)란 비관세장벽, 기술적 장벽이라고도 부르는데, 어떤 나라의 법령이 존재함으로써 어떤 물건의 수입량이 감소할 수 있는 상황이 벌어지는 경우를 가리킨다. 이러한 동등효과조치는 각국의 안전, 보건, 환경 등의 기준이 다르기 때문에 규제의 차이에서 비롯된 것인 경우가 많다. 직접적인 관세나 수량제한과는 달리 이러한 간접적인 차이는 해소하는 것이 쉽지가 않다. 이에 대응하기 위한 3가지 접근방식으로는 다음과 같은 것이 있다.[10]

(1) 차별금지를 통한 접근

전통적인 절대주권의 입장에서 각국이 자유롭게 규제를 할 수 있지만, 국산품에 대한 규제와 수입품에 대한 규제를 달리 정하지 않는다는, 즉 차별하지 않는다는 입장이다. 그렇지만 국산품은 국내에서는 국내규제만 받지만 다른 나라로 수출되면 이번에는 수출품으로서 수입국의 규제를 받게 되는데, 그럴 경우 수입국의 국산품과 비교하면 이중의 규제(원산지국의 규제와 수입국의 규제)를 받는 셈이 된다. 따라서 국경을 초월하는 재화 등의 자유이동을 지향하는 EU에서는 이중부담을 이유로 이러한 접근방식을 원칙적으로 배척한다.[11]

---

10) 이하의 서술은 庄司克宏, 『はじめてのEU法』(有斐閣, 2016), 78-85頁의 요약이다.
11) 다만 유럽사법재판소는 물품의 경우 물품 자체가 아니라 판매하는 영업시간이나 영업장소만을 규제하는 이른바 '시장환경규칙(market circumstances rules)' 내지 일정한 '판매방식(selling arrangements)'은 이중부담의 문제가 발생하지 않으므로 허용한다. ECJ Cases C-267 & 268/91 *Keck and Mithouard* [1993] ECR I-6097; Case C-71/02 *Herbert Karner Industrie-Auktionen GmbH v. Troostwijk GmbH* [2004] ECR I-3025 참조.

(2) 완전평준화를 통한 접근

각국의 규제를 완전평준화하여, 즉 동일하게 만듦으로써 이중부담을 제거하겠다는 접근방식이다. 본래 EU는 '역내시장의 확립과 작동을 위하여' 각국의 법령을 어느 정도 평준화시킬 수 있는 권한을 부여받은 초국가적 존재이다($\frac{EU운영조약}{제114조\ 제1항\ 참조}$). 그런데 EU가 이러한 평준화 권한을 사용할 경우에 과연 회원국 중 어느 나라의 규제를 다른 회원국들에게 따르도록 할지, 아니면 아예 새로운 규제를 만들 것인지를 둘러싸고 각국 국민의 의견이 다를 수 있다. 그렇기 때문에 "자신들로부터 멀리 떨어진 브뤼셀에서 알리지도 않고 자신들에 관한 문제가 결정된다."는 이른바 '민주주의의 赤子(democratic deficit)'론이 특히 1992년 마스트리히트 조약 전후로 제기되었다.[12]

(3) 상호승인을 통한 접근

유럽사법재판소는 기념비적인 카시즈 드 디종(Cassis de Dijon) 판결에서[13] 비록 EU의 공통기준이 없는 경우라도 원산지국의 법규에 따라서 제조된 물건이라면 수입국에서 자유롭게 판매할 수 있다는 이른바 상호승인(원산지국과 수입국이 서로 상대방의 규제를 인정한다는)의 원칙을 선언하였다.[14] 규제의 내용이 서로 다른 두 나라 사이에 평준화 방식을 적

---

12) 이미 EEC 당시인 1965년 프랑스 대통령 드골(C. de Gaulle)이 대표를 파견하지 않은 '공석정책'을 핀 바가 있지만, 마스트리히트 조약 체결 과정에서 밀실교섭으로 통화, 외교안보, 치안과 같은 국가주권의 핵심 분야에 EU가 관여할 수 있는 길을 터놓은 데 대한 반발로 이른바 '덴마크 쇼크(국민투표 부결)'라는 초유의 사태가 발생했고, 결국 회원국정상회의에서 '보완성'원칙(EU에 권한이 있더라도 지자체나 회원국정부 차원에서 충분히 대응할 수 있는 문제는 EU가 나서지 않는다는)을 합의하였다. 과도한 평준화를 반대하는 입장에서는 민주주의가 EU의 규범적 가치 중 하나이고 EU의 운영은 대의민주주의를 기초로 한다고 EU조약 제2조, 제10조 제1항을 강조한다.

13) ECJ Case C-120/78 *Rewe-Zentral AG v. Bundesmonopolverwaltung für Branntwein* [1979] ECR I -649.

14) 상세한 사실관계는 아래 Ⅱ. 2. 나. (2) 참조. 이 사건에서 수입국인 독일은 자국의 25도 알코올최저도수규제의 정당성을 다음 두 가지 이유로 주장했었다. ① 건강보호: 알코올도수가 낮으면 안심하다고 생각하여 건강에 해가 되므로 신중한 음주를 위하여 이러한 규제가 필요하다는 주장이었는데, 이에 대해서는 사법재판소는 독일인은 알코올도수가 5도 내지 6도인 맥주를 많이 마시고 또 25도 이상이라

용하면 어떤 경우(가령 환경규제)는 보다 느슨한 쪽에서 사업하는 것이 유리하다고 생각하기 때문에 사업자가 몰려가기에 기준이 낮은 쪽으로 (race to the bottom), 또 어떤 경우(가령 식품규제)는 보다 엄격한 쪽에서 만든 물건을 소비자가 안심하다고 구입하기에 기준이 높은 쪽으로(race to the top) 각각 수렴이 일어난다.

(4) 실제의 운용모습

이상의 3가지 방식은 EU에서 병존적으로 사용된다. 이중부담의 문제가 없는 일부의 경우는 차별금지 원칙만으로 처리되지만, 이중부담의 문제가 발생하는 대부분의 경우는 평준화 원칙이나 상호승인 원칙을 적용한다. 특히 안전, 보건, 환경 등 이른바 본질적 부분의 경우는 상호승인 원칙을 적용하면 하향평준의 위험이 있기 때문에 평준화 원칙을 채택하고,[15] 나머지 부분은 상호승인 원칙에 따르면 이중부담과 민주주의의 적자 등의 문제를 해결할 수 있다. 사실, EU는 공통의 목표만을 설정하고 구체적인 규제의 내용형성은 국내입법에 일임하는 '지침'이라는 입법형식 자체가 상호승인 원리에 입각한 것이라 할 수 있다.

나. 지침을 통한 평준화의 특징

유럽 차원의 통일사법전이 제정될 수 없다면 그 대안으로 가장 유력하게 검토할 수 있는 방안으로 다음 4가지를 꼽을 수 있는데, 그것은 ① EU지침, ② EU회원국 사이의 조약, ③ 유럽계약법원칙이나 공통참조기준과 같은 '리스테이트먼트', ④ UNIDROIT를 통한 노력이다.[16] 그중에

도 희석해서 마실 수 있으므로 근거가 없다고 하여 배척하였다. ② 소비자보호: 세금과 관련하여 술의 가격은 대개 알코올도수로 결정되므로 이 도수를 속일 수 없도록 최저도수를 정해놓으면 부정을 방지하는 데에 편리하다는 발상인데, 이 또한 사법재판소는 병에 붙은 성분표시(라벨)로 확인이 가능하므로 역시 이유 없다고 받아들이지 않았다.

15) 가령 완구의 안전에 관한 지침(2009/48/EC, [2009] OJ L 170/1) 제10조의 필수안전요건(essential safety requirements) 참조.

16) P. Müller-Graff, EU directives as a means of private law unification, in A. Hartkamp/M. Hesselink/E. Hondius/C. Mak/E. du Perron(eds.), *Towards a European Civil Code*(4th ed.)(Kluwer Law International, 2011), pp. 149-183, 특히 149-150 참조.

서 현재까지 가장 현실적이면서 선호되는 수단은 EU지침이다. 지침은 각 회원국에 대하여 달성해야 하는 목표를 설정한다는 점에서 구속력을 가지며(EU운영조약제288조 제3항), 구속력 있는 '原形規則(master rules)'를 설정하는 식으로 국내법체계의 평준화를 도모한다. 하지만 지침이 있는 경우에도 분쟁에 직접 적용되는 사법규정은 엄밀히 말하면 원칙적으로 국내법이다. 따라서 유럽사법재판소는 평준화된 국내법규정을 직접 해석할 권한이 없다. 결국 지침의 결과물은 평준화된 국내법규정이지 초국가적 통일법이 아니다. 그렇지만 유럽사법재판소에게는 지침의 규정을 해석할 권한은 있고, 따라서 이를 통하여 지침에서 규율하는 주제에 해당하는 국내법규정을 국내법원이 해석하는 데에 영향을 준다.[17] 국내법과 EU법이 준별됨에 불구하고, 유럽사법재판소가 바로 지침에 의하여 EU 내에서 사법이 실체적 통일을 지속할 수 있도록 하는 교량 역할을 수행한다.

지침에 의한 평준화의 특징(강점)으로는 ① EU 차원의 통일적 기준 마련의 필요와 개별 회원국 차원의 특수성 유지 사이의 수용 가능한 타협 내지 병존적 수용이 가능하다는 점, ② 국가 상호간 혹은 다자간 조약에 의한 방식(전통적 국제조약방식)과 비교하면,[18] EU지침의 경우는 체약국이나 합의사항의 제한은 받지만,[19] 입법단계와 법적용단계 두 단계에 걸쳐서 장점이 있는바, 먼저 입법단계에서는 같은 EU회원국인 상대국가에 대하여 평준화 조치를 요구할 수 있고, 법적용단계에서는 유럽사법재판소를 통한 통일된 해석과 원칙의 적용이 보장된다는 점,[20] ③ 주지하듯

---

17) 가령 ECJ Case C-14/83 *Sabine von Colson and Elisabeth Kamann v Land Nordrhein-Westfalen* [1984] ECR I -1891 참조.

18) 조약에서 EU입법으로 나아간 예도 있다. 가령 EC조약 제65조, 제67조에 따라서 EC가 새롭게 권한을 부여받고 제정된 민·상사판결의 관할 및 승인에 관한 2000년 12월 22일 자 유럽이사회규정(Reg. 44/2001)이 그 예이다.

19) 반면에 조약방식에 의한 사법통일의 가능성이 다양한 분야에 걸쳐 있다는 점에 관해서는 G. Kegel/K. Schurig, *Internationales Privatrecht*(9. Aufl.)(C.H.Beck, 2004), SS. 75-78, 85-90, 92-102, 102-104 참조.

20) 조약과 지침에 의한 법통일에 관한 심도있는 분석으로는 I-E. Schwartz, Wege zur EG-Rechtsvereinheitlichung: Verordnungen der Europäischen Gemeinschaft oder Übereinkommen unter den Mitgliedstaaten?, in H. Ficker/D. König/K. Kreuzer/H.

이 리스테이트 방식은 본래 미국법학원(American Law Institute, 1923년 창설)이 판례법의 두 가지 약점인 불확실성과 복잡성을 극복하기 위하여 발전시킨 것이지만,[21] 성문법체계인 유럽 대륙법체계에서는 서로 다른 회원국의 국내법 안에 존재하는 공통규칙을 찾아내어 발전시키기 위하여 차용된 것으로서 기본적으로 사변적 내지 학술적 성격('이론적 설득력')을 가질 뿐이지만, EU지침은 정치적, 구속적 성격을 갖는다는 점을 들 수 있다.

이상과 같은 이유로 지금까지 EU소비자법의 주된 입법형태는 지침이었다. 반면에 아직까지 규정 형태는 소비자법의 경우는 그렇지 많이 활용되고 있지 않다. 오히려 국제사법 및 국제민사소송법에서 규정 형태를 주로 사용하는바, 계약법 영역을 규율대상으로 로마 I 규정(Reg. 593/2008)이 대표적이다.

4. 검토대상과 서술방식

EU는 그 전신인 EC나 EEC시절부터 소비자보호에 대단히 적극적이었다. EU의 소비자정책과 소비자법은 오랜 시간에 걸쳐서 발전되어 왔기 때문에 그 발전과정에 관한 이해가 없으면 제대로 이해하기가 어렵다. 또 그것이 포괄하는 영역이 매우 넓어서 여기에서는 이를 모두 다룰 수 없다.[22] 때문에 부득이 몇 가지 주제를 선정하여 소개하거나 특정한 주제 선정 없이 대체적인 경향을 정리하는 수밖에 없는데, 고민 끝에 발표자는 後者를 선택하기로 하였다.

Leser/W. Frhr. Marschall v. Bieberstein/P. Schlechtriem(eds.), *Festschrift für Ernst von Caemmerer*(Mohr Siebeck, 1978), SS. 1067-1116 참조.

21) Committee on the Establishment of a Permanant Organization for Improvement of the Law, *Report of the Committee on the Establishment of a Permanent Organization for the Improvement of the Law proposing the establishment of an American law institute*, Proceedings of the American Law Institute, vol. 1, pt. 1(1923).

22) 소비자법의 전통적인 영역인 제품의 안전성(제조물책임 포함)이나 계약(신용거래 포함), 불공정상행위 규제, 사법제도(강제집행 포함)뿐 아니라 최근에는 식료품이나 금융, 여행(여객운송), 그리고 심지어는 부당경쟁방지, 전기·상하수도·통신·우편 등도 소비자법의 새로운 영역에 포함시키기도 한다.

그 이유는 ① 주제의 선정은 시작부터 필연적으로 주관적 요소가
개입될 수밖에 없지만,[23] 역사적 발전방향의 정리는 일단 객관적 사실로
부터 출발할 수 있고, ② 오늘 심포지엄의 전체주제와 관련하여 EU소비
자법의 어느 특정분야에 대한 세부적인 소개보다는 오늘날 현존하는 소
비자보호법의 한 전형을 가능한 한 거시적으로 보여 주는 것이 오히려
개별입법을 이해하는 데에도 유익하리라 판단되며,[24] ③ EU법 자체가 '주
권의 공유'라는 새로운 실험에 근거하여 복잡하고 또 빠르게 전개되고 있
기 때문에 특정주제의 소개는 자칫 낡은 정보가 될 위험이 있고, ④ 실
무와 직접 관련이 있는 주제가 아니므로, 이 주제 자체에 익숙하지 않은
독자를 고려하지 않을 수 없으며,[25] ⑤ 최근 EU의 입법의 경향이 기존의

---

23) 이른바 아키(acquis) 그룹이 집행위원회로부터 현행 EU소비자법의 검토를 발주
받아 그 성과를 발간하면서 그 서문에서 자신들이 8개의 지침만을 분석의 대상으
로 한 이유에 대하여, 이는 어디까지나 집행위원회의 주문에 따른 것이고 "그러한
선정은 명백히 정치적 동기에 따른 것"이라 밝히고 있다. H. Schulte-Nölke/C.
Twigg-Flesner/M. Ebers(eds.), *The EU Consumer Law Compendium: The Consumer
Acquis and its transposition in the Member States*(Sellier, 2007), p. 1. 이 작업을
국내에 소개한 논문 중 김진우, "DCFR과 유럽소비자계약법: 우리 민법학에의 시사
점을 덧붙여", 외법논집 제33권 제4호(2009), pp. 35-73은 아키 그룹을 '현존EC사법
유럽연구단', 위 자료를 '소비자법개요(CLC: consumer law compendium)'로 번역하
였다.
24) 가령 EU소비재매매지침(1999/44/EC)을 UN통일매매법(CISG)와 비교하는 식의 서
술도 생각해볼 수 있지만, EU소비자보호지침은 원칙적으로 역내시장을 전제로 소
비자의 생활수준과 삶의 질 향상을 목적으로 한다는 점에서, 형식상 국제공법의
성질과 내용상 國際商事自生不文法(lex mercatoria)의 전통을 부분적으로 따르는
CISG와는 차이가 있다. 동 지침이 CISG의 영향을 받은 것은 사실이지만, 양자 사
이에는 공통점과 차이점이 엄연히 존재하는데, 이 문제에 관해서는 S. Grundmann,
Verbraucherrecht, Unternehmensrecht, Privatrecht-warum sind sich UN-Kaufrecht
und EU-Kaufrechts-Richtlinie so ähnlich?, *Archiv für civilistische Praxis* 202(2002),
40-71; U. Schroeter, *UN-Kaufrecht und Europäisches Gemeinschaftsrecht: Verhältnis
und Wechselwirkungen*(C.H.Beck, 2005), SS. 180 ff.
25) 국내에서 EU소비자법을 주제로 하는 논문은 최근 꾸준히 발표되었다. 가령
2017년 한해만 해도 주강원, "소비자 분쟁의 해결을 위한 유럽의 ODR 법제의 발
전과 현황", 강원법학 제50호(2017. 2.), pp. 771-800, 송혜진, "국경을 넘는 소비
자계약을 위한 소비자·사업자개념의 통일적 정의: 국제계약법·EU지침·유럽 각
국의 입법례를 중점으로", 동아법학 (2017. 8.), pp. 165-197, 서종희, "매수인의
추완청구권과 매도인의 추완권 사이의 이익균형: 독일 연방대법원 판결 및 유럽사
법재판소 판결을 중심으로", 재산법연구 제34권 제3호(2017. 8.), pp. 32-65, 김세

방식에서 새로운 방식으로 전환되고 있고 이에 대한 EU 내의 찬반 논의
가 심도 있게 전개되고 있는데,[26] 그 일단이나마 소개하고자 하는 필자
개인의 소망이 작용하였기 때문이다.

5. 검토의 의의

끝으로 EU법, 그것도 EU소비자법을 공부한다는 것이 오늘날 우리에
게 어떤 의미가 있는지에 대하여 몇 마디 덧붙이고자 한다.

가. 현실적 차원

이미 EU와 우리나라 사이에는 지난 2011년 자유무역협정(이하 FTA
라 함)이 발효하였다. 과거 유럽의 식민지였던 나라가 아닌 나라로서 그
것도 EU가 자신의 이름으로 체결한 첫 번째 FTA이다. 그런데 한-EU
FTA에는 국경간 소비자보호 조항이 포함되어 있지 아니하다.[27] 그렇다고
소비자보호에 관한 언급이 전혀 없는 것은 아니다. 가령 전자상거래 부
분(제7.49조 규제문제에 관한 협력), 지식재산권 부분(제10.21조 보호의 범위), 나아가 금융서비스 부분(부속서7-라)
등에서 광고성 스팸메일이나 전자상거래 소비자 보호, 민감성 소비자정보
의 보호, 지리적 표시와 관련한 오인방지 등에 관한 조문을 두고 있다.[28]

준, "유럽연합 디지털콘텐츠계약 지침안에 따른 계약적합성 문제", 소비자법연구
제3권(2017. 9.), pp. 187-212, 박종삼, "국경간 전자상거래에서 소비자 분쟁해결을
위한 EU의 ODR 해석론", 전자무역연구 제15권 제4호(2017. 11.), pp. 99-125, 이
창재, "항공기 연착과 Regulation(EC) No. 261/2004의 적용기준: 영국 Royal Courts
of Justice의 Emirates 사건을 중심으로", 한국항공우주정책·법학회지 제32권 제2호
(2017. 12.), pp. 3-29 등이 있다. 이상은 어디까지나 EU 소비자보호법의 소개를
직접적인 논문의 목적으로 한 경우만을 가리키고, 그밖에도 EU 소비자보호법을 법
비교의 대상으로 한 논문은 훨씬 많이 있다. 단행본으로는 무엇보다도 박영복 편집
대표, 『EU사법(Ⅲ)』(한국외국어대학교 지식출판원, 2007. 2.)을 꼽을 수 있다.
그 밖에도 연구보고서 형태의 자료도 많이 있다. 비교적 최근의 상세한 것으
로는 EU소비자정책의 추진조직과 기능, 주요 法源, 주요 피해구제 수단을 망라적
으로 검토한 김윤정 외, 『EU의 경쟁/소비자법·제도 및 사건처리절차 연구』(공정
거래위원회, 2015. 11.)와 EU소비자권리지침을 중심으로 살핀 김재영, 『EU 소비자
법제 연구』(한국소비자원, 2015. 9.)가 있다.

26) 가령 EU의 소비자보호지침의 새로운 경향에 대한 최근의 비판적 서술로는 G.
Howells/C. Twigg-Flesner/T. Wilhelmsson, *Rethinking EU Consumer Law*(Routledge,
2018)를 들 수 있다.
27) 반면에 한-미 FTA의 경우는 제16장 경쟁챕터에서 이를 규정하고 있다.

이상의 조문은 모두 EU측의 요구에 따른 것이고, 그 내용은 이미 EU에서 시행되고 있는 것이어서 한-EU FTA 체결로 EU측에는 어떠한 변화도 없다고 할 것이다. 반면에 우리의 사정은 그렇지 아니하다. 앞으로 EU와는 민간 차원의 거래 내지 교류는 물론, 정부 차원에서 경제적, 법률적 이슈에 관한 접촉도 보다 늘어날 것으로 예상된다.[29] 이 점에서 EU소비자정책 및 법에 관한 정확한 정보는 민관 양쪽에서 모두 필요하다고 할 수 있다.

또한 오늘날 EU모델은 복수의 주권국가 사이에서 경제공동체를 만들고 이를 정치공동체, 규범공동체로 발전시킨, 그 유례를 찾기 힘든 선례이다. 특히 최근 들어서 남·북한, 나아가 동아시아 혹은 유라시아, 환태평양국가 등 광의의 지역협력('경제공동체')모델로서 사용될(적어도 검토될) 가능성이 높으므로, EU의 경험을 연구하는 것은 이와 같은 가능성의 실현을 대비하는 작업이기도 하다.

끝으로 보다 일반적으로 우리가 새로운 법률을 만들거나 기존의 법률을 개정하는 경우에 외국의 법제를 참조하는 일이 많다. 외국의 법제 중 EU는 다음 나.에서 보듯이 우리와 같은 대륙법계에 속하여 일찍부터 우리 입법에 주요한 참조입법례가 되었을 뿐만 아니라, 특히 소비자보호에 있어 세계적으로 높은 수준을 자랑하고 있다. 가령 EU소비자보호지침 중에서 특히 2011년 '소비자권리지침'은 우리가 지난 2016년 전자상거래소비자보호법을 개정하면서 디지털콘텐츠거래에서 콘텐츠를 이용한 소비자의 청약철회권을 배제하기로 하는 데에 직접적인 영향을 미쳤고,[30] 일

---

28) 이상의 내용은 김윤정 외(주 25), pp. 195-196에서 확인할 수 있다.

29) 관세청 발표에 따르면 작년(2017년) 해외직접구매(이른바 '직구') 거래 2359만 건, 21억 1천만 불 중 유럽이 미국, 중국에 이어 3위로 350만 건(전체의 15%), 4억 1,840만 불(전체의 20%)에 달하여 전년대비 순위는 1위 하락했지만, 건수 39%, 금액 44% 증가하였고, 주로 화장품, 향수 등이 거래되었다고 한다. www.customs.go.kr/kcshome/cop/bbs/selectBoard.do?layoutMenuNo=294&bbsId=BBSMSTR_1018&nttId=4149(2019. 1. 14. 최종방문)

30) 고형석, "디지털콘텐츠거래와 청약철회권", 재산법연구 제34권 제1호(2017. 2.), pp. 231-272, 특히 p. 238.

본의 경우에도 1994년 제조물책임법을 제정할 때는 1985년 '제조물책임지침', 2000년 소비자계약법을 제정할 때는 1993년 '불공정계약조항지침'의 영향을 각각 크게 받았다고 한다.[31] 이처럼 EU의 소비자보호법제는 우리의 소비자법의 입법과 해석에 중요한 참고자료가 되고 있으므로, 그 연구는 우리 법의 발전에도 기여할 것이다.

나. 이론적 차원

유럽대륙법을 계수한 우리법을 연구하다보면 법비교의 소재로 유럽 각국의 현재 또는 과거의 법률(로마법을 포함하여)이나 판례를 많이 이용하고 있음은 주지의 사실이다. 그런데 오늘날 유럽(특히 EU회원국)의 국내법과 국내판례에 EU지침이 상당한 영향을 미치고 있다.

가령 독일에서 법률을 입법자가 제정하거나 법원이 적용하면서 과거처럼 독일 국내에 국한된 관점이 아니라 EU 회원국 전체의 이익과 발전을 고려하면서 제정 혹은 해석하는 예가 크게 늘고 있다. 이를 극명하게 보여 주는 사례로서 소비재매매지침(1999/44/EC)이 독일민법 매매규정의 개정에 미친 영향을 들 수 있다.[32] 먼저 크벨레(Quelle) 사건에서 독일민법의 관련규정(개정 전 제439조1추완 제4항 등)이 위 지침 제3조(특히 제3항의 '소비자에게 별다른 불편 없이')에 위배되는지가 다투어졌는데,[33] 당사자가 EC지침의 조문이 대물급부(이 사건에서는 하자 없는 물건으로의 교환)의 경우에는 소비자에게 사용이익반환의무가 없다고 해석되는 데 반하여 독일민법의 조문은 소비자에게 사용이익반환의무가 있다고 해석되어 동 지침에 위배된다

---

31) 升田純,「製造物責任法の制定と比較法的檢討」,『裁判實務大系(30)』(靑林書院, 1996), 3頁; 鹿野菜穗子,「EU消費者法の展開」, 社会科学研究年報(龍谷大学) 40号(2010), 49頁.

32) 같은 주제를 다룬 단행논문으로는 서종희(주 25)를 참조.

33) 크벨레(Quelle)사건의 사실관계는 다음과 같다. X는 2002년 여름 통신판매주식회사 크벨레(Quelle AG)에서 사적인 용도로 오븐레인지 한 세트를 524.90유로에 주문하여 2002년 8월경 인도받았다. 그런데 2004년 1월경 X는 오븐 내부의 법랑(에나멜)층이 떨어져있는 것을 발견하였다. 수선이 곤란했기 때문에 크벨레 측은 X와 합의하에 같은 달 오븐부분을 교환해 주었다. 그러면서 크벨레 측은 처음 인도했던 오븐의 사용이익으로 1차로 119.97유로, 2차로 69.97유로를 반환하도록 X에게 청구하였고, X는 그 금액들을 지급한 다음에 소비자보호단체에 권한을 위임함에 따라 소비자보호단체가 X를 대신하여 지급한 돈의 반환을 청구하였다.

고 주장하였기 때문이다. EC/EU법의 해석과 회원국 국내법의 해석은 합
치하여야 한다는 이른바 指針合致的(richtlinienkonform) 해석원칙에 입각
하여 회원국 법원이 국내법의 해석과 지침 등의 해석이 합치하도록 판결
할 수 있도록 유럽사법재판소의 선결판결절차를 신청할 수 있는 길을 열
어놓았는데(EC조약 제234조), 이 절차에 따라서 2006년 8월 16일 독일연방최고보통
법원은 독일민법의 해석에 다툼이 있다면서 선결판결절차를 신청하였
고,[34] 이 신청에 기하여 2008년 4월 17일 유럽사법재판소는 독일민법이
동 지침에 위반한다는 선결판결을 내렸다.[35] 그러자 2008년 11월 26일에
독일연방최고보통법원은 위 지침에 적합하도록 독일민법을 목적론적 축
소해석(내지 법관에 의한 계속형성)하기로 최종판결을 내렸고,[36] 그 후 독
일의 입법자는 독일민법을 개정하여 그 제474조 제2항 1문에서 소비재매
매계약의 경우는 "제439조 제4항을 사용이익의 반환 또는 그 가액상환이
필요하지 않도록 적용한다."고 규정하였다.[37]

　　그런데 독일매매법에 대한 소비재매매지침의 영향은 여기서 그치지
않았다. 2011년 베버(Gebr. Weber)/푸츠(Putz) 두 사건이 발생하자[38] 이번

34) *NJW* 2006, 3200.
35) ECJ Case C-404/06 *Quelle AG v. Bundesverband der Verbraucherzentralen und Verbraucherverbände*, [2008] ECR Ⅰ-2865. 동 판결에 대해서는 일단 P. Rott, The Quelle case and the potential of and limitations to interpretation in the light of the relevant directive, *European Review of Private Law*, vol. 16(2008) iss. 6, pp. 1119-1130을 참조.
36) VIII ZR 200/05, *NJW* 2009, 427.
37) *BGBl.* Ⅰ 2008, 2400(2008년 12월 16일 시행).
38) 두 사건의 사실관계는 각각 다음과 같다. ① 독일에서 비트머 씨는 건축자재상(베버)에서 이탈리아제 타일을 1,382.27유로에 구입한 후 자신의 집 안 바닥에 깔았다. 시간이 좀 지나자 타일 표면에 명암이 나타나서 육안으로 볼 수 있는 지경이 되었고, 그 얼룩을 제거할 수 없었기에 유일한 구제수단은 타일을 전부 새로 까는 방법밖에 없었다. 전문가의 견적에 따르면 그 비용(새 타일의 인도, 흠 있는 타일의 제거, 제거한 타일의 반출, 새 타일의 설치)이 5,830.57유로에 달하였다. ② 한편 역시 독일에서 푸츠 여사는 전자제품전문매장(메디아네스)에서 식기세척기를 하나 구입하였고, 집까지 배달은 매장에서 해주었다. 구입한 후 설치는 스스로 하였는데, 하자가 드러났다. 그 하자는 설치상의 하자가 아니라 기계 자체의 하자였다. 하자의 제거가 불가능했기 때문에 구매자는 새 식기세척기의 인도와 함께 기존 것의 제거와 새 것의 설치를 요구하였다.

에는 독일 법원[39]이 동 지침 제3조의 '소비자의 부담 없이'란 문구가 대
체급부의 제공에만 적용되는지, 아니면 기존상태(하자 있는 기존급부)의
제거에도 적용되는지를 유럽사법재판소가 판단해 줄 것을 요청하였다.
2010년 5월 18일 독일정부는 동 지침 제3조 제2항 및 제3항은 판매자가
매매계약에서 설치의무를 부담하지 않는 한 제거비용은 부담하지 않는
것으로 해석되어야 한다는 의견을 제출하였지만, 2011년 6월 16일 유럽
사법재판소는 소비자가 올바로 설치하거나 연결한 제품에 하자가 있어
이를 제거하여야 하는 경우에 그 비용은 판매자가 부담한다고 판시하였
다.[40] 그러자 독일의 판례가 먼저 변경되어 소비재매매에 한하여(즉, 다른
매매의 경우는 제외하고) 독일민법 제439조 제1항의 추완청구에는 하자
있는 물건의 제거와 새로운 물건의 설치가 포함된다고 해석하기 시작하
였고,[41] 드디어 독일의 입법자는 또다시 독일민법의 매매계약 규정을 개
정하여 올해(2018년)부터는 매도인이 하자제거비용과 신품교체비용을 부
담하도록 하였다(개정 제439조).[42] 이렇게 하여 지난 2001년 독일민법 대개
정[43] 당시에 매도인에게 처음 인정되었던 추완청구권은 이제는 더 이상
(수정된) 이행청구권으로서가 아니라[44] 이행과 손해배상이라는 두 가지
서로 이질적인 요소를 겸유한 새로운 구제수단으로 탈바꿈하게 되었다.[45]

---

39) 베버 사건에서는 독일연방최고보통법원, 푸츠 사건에서는 쇼른도르프(Schorndorf)
   구법원이 각각 관할법원이었다.
40) ECJ Case C-65/09 *Gebr. Weber GmbH v. Jürgen Wittmer*, Case C-87/09 *Ingrid
   Putz v. Medianess Electronics GmbH*, [2011] ECR I-5257. 동 판결에 대하여 S.
   Lorenz, Ein- und Ausbauverpflichtung des Verkäufers bei der kaufrechtlichen
   Nacherfüllung, *NJW* 2011, 2241-2245, 2243은 '소비자보호법의 사회적 낭만이 뚝뚝
   떨어지는' 판결이라고 평가하였다.
41) *BGHZ* 192, 148, 158f.=BGH, *NJW* 2012, 1073, 1075(바닥타일) Rn. 25(매도인이
   하자 있는 타일의 제거비용을 부담); BGH, *NJW* 2013, 220, 221(인조잔디분말) Rn.
   16(매도인이 새로운 인조잔디 설치비용을 부담).
42) *BGBl.* I 2017, 969(2018년 1월 1일 시행).
43) *BGBl.* I 2001, 3138(2002년 1월 1일 시행).
44) 2001년 개정 당시의 이해는 *BT-Drucksache* 14/6040, S. 221을 참조.
45) 추완청구권의 성질변경으로 인하여 독일법에 남은 후속문제에 대해서는 T. Keiser,
   Pflichten im Rückgewährschuldverhältnis und Schadenersatz wegen Sachmangels:
   Konsequenzen der neueren Rechtsprechung zu § 439 I BGB, NJW 2014, 1473-1478

이상에서 보듯이 EU회원국마다 지침의 내용과 기존의 자국법을 타협하거나 아예 규정이 (의도적 혹은 비의도적으로) 누락되었거나 관련 논의 자체가 없었던 사항에 관하여 지침의 내용을 수용하는 상황이 적지 않게 일어난다. 따라서 각 EU회원국(나아가 유럽 전반)의 국내법의 이론적 근거를 탐구할 때에 EU법은 중요한 요소가 된다.[46]

우리 선배 세대가 서양근대법을 수용한 이래로 유럽사법학의 연구를 통해 우리 법학을 발전시켰듯이, 우리 세대 또는 다음 세대가 비교법(외국법의 창조적 수용)을 통해 우리 법학을 계속해서 발전시키려면 유럽사법학의 주된 영역으로 부상한 EU소비자법의 발전을 결코 무시할 수 없다.

II. 발전과정의 시기구분과 시기별 특징

이하에서는 최근의 연구 성과를 참조하여[47] EU소비자법의 발전단계를 다음과 같이 5단계로 나누어 살펴보고자 한다.

1. 제1단계: 로마협약 이후의 초기상황(1957∼1975)

유럽에서도 소비자보호가 처음부터 중시되었거나 이 분야에 대한 EC(혹은 그 전신)의 적극적인 입법권한이 인정되었던 것은 아니다.[48] EU

참조.

46) 특히 EU계약법의 약 8할을 차지하는 광의의 소비자보호법은 소비자정보, 협의의 소비자보호(권리의 실체적 내용과 실현절차), 소비자조직의 3가지 영역을 포괄하고 있으며, 개개의 소비자보호지침의 내용을 들여다보면 정보, 보호, 조직의 3요소가 서로 결부되어 있음을 확인할 수 있다. H. Rösler, Consumers and consumer protection law, in J. Basedow/K. Hopt/R. Zimmermann(eds.), The Max-Planck Encyclopedia of European Private Law vol. 1(OUP, 2012), pp. 369-373, 특히 370 참조.

47) M. Ebers, Rechte, Rechtsbehelfe und Sanktionen im Unionprivatrecht(Mohr Siebeck, 2016), SS. 737-751은 2004년 발표된 C. Lapuente의 3단계 분류에 제4단계를 추가한다고 밝히고 있다(S. 737 Fn. 10). 한편 흥미롭게도 鹿野菜穗子(주 31)는 Ebers의 단행본보다 6년 전에 나온 논문인데도 Ebers와 거의 동일하게 시대구분을 하고 있다. 필자는 Ebers의 연구가 나온 2016년을 전후하여 EU소비자법이 새로운 단계에 접어들었다고 보고, 여기에서 제5단계를 추가하였다.

48) 유럽시장통합에서 소비자보호의 중요성과 문제성을 지적한 초기 문헌으로는 T. Bourgoignie/D. Trubek, Consumer Law, Common Markets and Federalism(De Gruyter, 1987), p. vi.

는 본래 회원국 사이에 경제활동을 자유롭게 만들어서 단일시장을 완성하는 것을 기본적인 목적으로 설립되었지만, 오늘날 이 기본목적을 달성하려면 조화로운 소비자보호조치가 필수적이고, 따라서 기본목적과 어깨를 나란히 하는 EU의 독자적 중요정책 중 하나로까지 승격되었다.[49]

EU의 역사는 1950년 슈만(Schumann) 선언과 이에 기초한 1951년 유럽석탄철강공동체(ECSC) 설립을 위한 파리 조약으로까지 거슬러 올라가지만, 소비자법과 관련하여 의미가 있는 것은 1957년에 체결된 2개의 로마 조약,[50] 그중에서도 특히 유럽경제공동체(EEC) 설립조약이다.[51] 유럽 여러 나라의 경제통합을 목적으로 유럽경제공동체를 설립하면서 경제통합과 소비자보호 사이에는 밀접한 관계가 인식되었다.[52]

물론 로마 조약에서 소비자보호는 유럽공동체의 독자적 정책목표라기보다는 기본정책(특히 농업정책, 경쟁정책)의 일부로서 받아들여졌다. 로마 조약에는 소비자를 언급한 규정이 모두 5개나 있었지만(제39조 제1항, 제40조 제2항, 제85조 제3항, 제86조 제2항, 제92조[53]), 모두 소비자를 부수적으로 언급하는 데에 그쳐서 소비자보호조치에 관한 EC의 권한을 적극적으로 인정하는 근거로 사용할 수 없었다. 한편 동 조약에는 역내에서 재화, 용역, 사람의 자유로운 이동을 막는 장벽을 제거하기 위한 여러 규정이 있었는데, 그중에서도 제100조(암스테르담 조약 제94조에 해당)에 따르면 이사회는 위원회의 제안에 좇아 유럽의회와 경제사회위원회의 자문을 거친 후, 공동시장의 형성이나 작동에 직접 영향을 주는 회원국의 법률이나 규정, 행정법규를 평준화하기 위하여 지침을 발할 수 있다고 규정한다. 그리고 이러한 규정은 사실상 소비자보호의 진전을 이끌었고, 지금

---

49) S. Weatherill, *EU Consumer Law and Policy*(Edward Elgar, 2005), p. 1.
50) 유럽원자력공동체설립조약과 유럽경제공동체설립조약.
51) 프랑스, 서독, 이탈리아, 벨기에, 네덜란드, 룩셈부르크 간에 1957년 3월 25일에 성립하였다(1958년 1월 1일부터 발효). 이하 '로마 조약'이라 함은 이를 가리킨다.
52) 로마 조약은 나중에 1993년 발효된 마스트리히트 조약에 의하여 유럽경제공동체가 유럽공동체로 바뀜으로써 명칭도 유럽공동체(EC) 설립조약으로 바뀌었지만, 여기에서는 역사적 순서에 따라서 서술하고 있으므로, 양자의 명칭을 구별하여 사용하기로 한다.
53) 암스테르담 조약으로 조문숫자가 변경된 다음에는 각각 제33조, 제34조, 제81조, 제82조, 제87조에 해당한다.

까지 이 규정에 기하여 발해진 지침 중에는 소비자의 이익과 관련 있은 것들이 많다. 그렇지만 조약상의 위상을 갖고 말하면 이러한 규정에 의한 소비자보호기능은 어디까지나 간접적인 것에 지나지 않는다.

2. 제2단계: 기본계획과 지침의 등장(1975~1985)

제2단계의 특징은 EU소비자법이 발전할 수 있었던 2개의 계기가 있었고, 또 이들 계기를 입법화한 일련의 지침들이 마련되었다는 점이다. 먼저 2개의 발전 계기란 하나는 집행위원회에 의한 제1차, 제2차 기본계획의 수립이고(아래 가. 참조), 다른 하나는 시장통합(무역장벽 철폐)과 소비자보호의 관계에 관한 유럽사법재판소의 기념비적 판결(카시스 드 디종)이다(아래 나. 참조). 그 후 일련의 지침들에서 이들 기본계획을 근거로 사법재판소의 기념비적 판결을 분야별 사안에 수용하였다(아래 다. 참조).

가. 소비자보호 기본계획

1970년경까지는 EC의 활동중심을 협의의 경제통합에서 벗어나 그 주변으로 확대되는 데에 사람들의 관심이 모아졌다. 1972년 10월 파리에 모인 회원국정상들은 EC의 활동을 단지 경제문제에 그치지 말고 사회영역으로까지 확대하기로 하고, 소비자보호를 위한 기본계획을 마련할 것을 제안하였다. 이렇게 해서 나온 것이 1975년 4월 14일 '소비자보호 및 정보정책을 위한 예비계획'에 관한 이사회결의[54]이고, 이어 1981년에 제2차 5개년 계획이 나왔다.[55] 여기서 처음으로 '소비자의 권리'라는 개념이 EC의 입법정책에 명시적으로 도입되고, 일련의 소비자의 기본적 권리목록으로 ① 건강 및 안전을 보호받을 권리, ② 경제적 이익을 보호받을 권리, ③ 구제수단의 권리, ④ 정보 및 교육을 받을 권리, ⑤ 의견표명의 권리 등이 열거되었으며, 이것들은 그 후의 EU소비자정책에 지속적인 영향을

---

54) Council resolution of 14 April 1975 on a preliminary programme of the European Community for a consumer protection and information policy, [1975] OJ C 92/1.

55) [1981] OJ C 133/1. 그 후 1986년의 제3차 계획([1986] OJ C 167/1) 등 후속계획이 정기적으로 발표되었다.

미치었다.[56] 또한 여기에서는 EC소비자보호정책의 일반원칙 및 여러 목적과 EC가 취해야 할 우선적 조치도 규정하였다.

그렇지만 기본계획을 채택했다고 EC에서 소비자보호에 어떤 직접적인 진전이 이루어졌다고는 할 수 없다. 이러한 계획은 그 자체로서 직접 회원국을 법적으로 구속하지 못하고, 그 내용도 매우 포괄적이어서 개별적인 조치에 의한 구체화가 필요하였다. 실제로 뒤에서 보듯이 불공정계약조항지침(93/13/EEC)의 경우처럼, 위 기본계획에서 우선적 조치로 언급되었지만 약 20년의 시간이 지난 뒤에야 입법으로 구체화된 것도 있다. 이 시기에는 아직 소비자보호에 관한 EC의 입법권한을 명확하게 규정한 조약상의 근거가 없었다는 것도 원인 중 하나라 할 수 있다. 이러한 한계에도 불구하고 이 기본계획은 소비자보호의 과제를 구체적으로 제시한, EC에서 소비자법의 발전을 보여 준 하나의 사례로서 중요한 의미가 있고, 또 뒤에서 보듯이 EC가 구체적으로 일련의 지침을 발할 때에도 그 근거로서 활용되었다.

나. 카시스 드 디종(Cassis de Dijon) 결정[57]

EU소비자법의 또 다른 결정적 계기는 이 시기에 유럽사법재판소로부터 나왔다. 여기에서는 상품의 자유로운 이동과 회원국 국내법내의 소비자보호규범이 충돌할 경우에 양자를 어떻게 조정할지가 문제되었다.[58]

(1) 사건의 배경

EC 조약 제28조, 제29조[59]는 각 수입과 수출에 대하여 수량제한 및 '동등한 효과를 가진 조치'를 금지하였다. 가령 제28조에 따르면 "수입에 대한 수량제한 및 이와 동등한 효과를 가진 일체의 조치는 회원국 간에 금지된다."고 규정함으로써 수입 영역에서 무역장벽을 제거하여 사업자

---

56) M. Ebers(주 47), S. 438. 이 또한 1962년 3월 미국 케네디 대통령의 교서로서 촉발된 것이라는 지적으로는 S. Weatherill(주 49), p. 6.
57) 앞의 주 13 참조.
58) 동 판결의 의의는 여러 가지가 있는데, 그중에는 이른바 상호승인(원산지국과 수입국이 서로 상대방의 규제를 인정한다는)의 원칙을 선언하였다는 것도 있다. 이에 관해서는 앞의 Ⅰ. 3. (1) ③ 참조.
59) 구 제30조, 제34조/현행 EU운영조약 제34조, 제35조.

간의 경쟁을 활성화하고 소비자의 선택폭을 확대하였다.[60] 그러나 가령
어떤 나라에 소비자보호 목적의 엄격한 제품규제가 있어서 다른 나라의
제품수입이 제한되는 경우처럼 무역장벽 철폐요청과 각국의 소비자보호
입법이 충돌하는 경우가 있는데, 그러한 경우에 당해 국내법 규정 또는
그 규정에 기한 처분의 조약적합성이 문제되었다.

　　EC 조약 제30조[61]는 제28조, 제29조의 적용예외를 다음과 같이 인정
하였다. 즉, "공중도덕, 공공질서, 공공의 안전, 사람과 동물의 생명과 건
강의 보호 또는 식물의 보존, 예술적, 역사적, 고고학적 가치를 가진 국
가문화재의 보호, 상공업재산의 보호를 이유로 정당화되는 수입, 수출,
통과에 대한 금지 또는 제한은 허용된다. 그러나 이러한 금지 또는 제한
은 회원국 간의 무역에서 자의적인 차별의 수단 또는 은폐된 제한을 의
미하는 것이어서는 안 된다." 조문을 살펴보면, 먼저 본문에서 무역 제한
효과가 있는 국내법규를 정당화하는 보호목적을 열거한 다음, 다시 단서
에서 비례성(proportionality) 원칙에 기하여 적용예외의 한계를 규정한 것
으로 볼 수 있다. 즉, 단서의 규정("자의적인 차별의 수단 또는 은폐된 제
한을 의미하는 것이어서는 안 된다.")은 문제되는 제한조치에 본문에서 열
거하는 보호목적이 존재하는 경우에도 당해 제한조치가 그 보호목적을
달성하는 데에 필요하고도 상당한 한도 내에서만 정당화됨을 의미한다.

　　그런데 소비자의 이익보호에 대해서는 원래 EC조약 제30조 본문에
서 직접 언급은 하고 있지 아니하다. 소비자의 생명, 건강의 보호가 문제
된다면 동조의 '사람과 동물의 생명과 건강의 보호'에 해당한다고 볼 수
있겠지만, 소비자의 경제적 이익을 꾀하기 위한 국내규제를 동조로써 정
당화하기란 어렵다. 더욱이 동조는 제28조, 제29조의 예외규정이기에 "예
외규정은 엄격하게 해석한다."는 해석원칙에 따르면 더더욱 정당화가 어

60) 반면에 제29조는 수출 영역에서 무역장벽의 제거를 선언하는데, 사실 국내산과
　　외국산의 수출을 달리 취급하지 않는 한, 이 조항은 실무에서는 그다지 문제가 되
　　지 않는다.
61) 구 제36조/현행 EU운영조약 제36조.

렵다. '소비자보호'란 문구가 제30조에 나오지 않은 것은 EC 설립 당시에 소비자보호가 그렇게 사회적 관심을 끌지 못했기 때문이지만, 그럼에도 불구하고 유럽사법재판소는 EC조약 제28조, 제29조를 해석함에 있어 제 30조에서 적용예외 사유로서 열거하지 않은 것('강행적 규제가 요청되는 사유')도 존재한다고 보고, 그 일례로 소비자보호를 포함시켰다(다만 이 사건에서는 최종적으로 정당성을 부정하였다).

(2) 사실관계

독일의 수입업자가 프랑스의 증류주 '카시스 드 디종(Cassis de Dijon)' 의 독일 내 판매허가를 신청하였으나, 독일정부 당국이 당해 주류(15%)는 과실주의 경우 알콜도수(25%) 이상을 요구하는 독일법률상의 요건을 충족 시키지 못한다고 하여 허가를 거부하자, 해당 법규 및 이에 기한 처분이 조약 제28조에 위반한다고 주장하면서 당해 행정처분의 취소를 구하는 소를 제기하였다. 그러자 독일법원은 유럽사법재판소에 해당 법률의 조 약위반 유무에 관한 선결판단을 요청하였다.

수입업자 측의 주장은, 여기에서 문제된 독일법률에 따른 조치는 국 산품과 수입품을 직접적으로 차별하는 조치(직접적 차별)가 아니라 국산 품과 수입품의 구별 없이 적용되는 '내외무차별적 조치'이지만, 그것이 실 제로는 수입에 대한 장벽에 됨으로써 조약 제28조에서 금지하는 수량제 한과 '동등한 효과를 가지는 조치'에 해당한다는 것이다.[62]

(3) 결정과 그 의의[63]

유럽사법재판소는 해당 독일법률은 다른 나라에서 생산 유통되는 알 콜 음료의 수입을 제한한다는 점에서 EC조약 제28조의 '동등한 효력을 가지는 조치'에 해당한다고 하면서도, '상호승인'과 '불가피한 요청'이라는

---

62) 이 사건에서 수입국인 독일이 자국규제의 정당성을 주장하기 위하여 건강보호와 소비자보호 두 가지 이유를 제시하였으나, 유럽사법재판소는 모두 배척하였음은 앞의 주 14 참조.

63) 동 결정이 EU소비자법 발전에 미친 영향에 관해서는 일단 K. Riesenhuber, *System und Prinzipien des Europäischen Vertragsrecht*(De Gruyter, 2003), SS. 142 f. 참조.

기준에 의하여 소비자의 이익보호와 조정을 꾀하였다. 즉, 재판소에 따르면 제품은 어떤 회원에서 적법하게 생산, 거래되는 한 다른 나라에서도 그 수입 판매가 인정되어야 하는 '상호승인'이 일단 원칙이지만, 예외적으로 국내법의 차이에서 기인하는 상품의 자유이동에 대한 장벽은 이들 국내법이 "특히 조세 감시의 실효성, 공중위생의 보호, 상거래의 공정함과 '소비자보호'에 관한 불가피한 요청을 만족시키기 위하여 필요하다고 인정되는 한도에서는 허용하여야 한다."고 하면서 '불가피한 요청(강행규제의 요청)'의 기준에 따른 예외를 인정한다는 법리를 설시하였다(그러나 이 사건 사안은 불가피한 요청의 기준을 충족하지 못한다고 판단하였다).

유럽사법재판소의 판결은 '불가피한 요청(강행규제의 요청)'의 기준을 설정함으로써 조약 제30조에서 명시적으로 언급하지 않은 '소비자보호'를 이유로 국내규제를 정당화할 수 있다는 법리를 선언한 것으로서, 유럽사법재판소가 소비자보호를 배려하고 있음을 보여 준 주목할 만한 판결이다. 더구나 이것은 EC소비자보호정책에 대한 조약상의 명시적 근거가 명시적 형태로 존재하지 않았던 1978년에 나온 판결이라는 점도 주목할 필요가 있다.

그 후 '소비자보호'라는 불가피한 요청(강행규제의 요청)이 존재하는 경우에도 다시 비례성원칙을 추가로 충족하여야 비로소 제28조, 제29조 적용을 배제할 수 있다고 볼 것인가 하는 문제가 다투어졌다. 이를 긍정하는 것이 제30조에 의한 적용제외의 경우와 균형이 맞는다고 할 수 있다. 유럽사법재판소 또한 소비자가 버터와 마가린을 혼동하지 않도록 마가린의 포장용기를 정육면체로만 할 수 있도록 제한한 벨기에의 법규제가 조약 제28조의 금지위반에 해당하는지가 다투어졌던 사건에서[64] 다음과 같은 3단계 논리구조를 거쳐 같은 결론에 도달하였는데, 즉 이러한 규제는 수량제한과 동등한 효과를 가져오는 조치이다. → 비록 벨기에의 해당 규제는 그 목적이 소비자보호에 있다고 하더라도(목적의 정당성 인

---

64) ECJ Case C-302/86 *Commission of the EC v. Kingdom of Denmark*, [1988] ECR I -4607.

정) → 보다 덜 제한적인 방식으로도 똑같은 목적을 달성할 수 있다면(비례성의 원칙 위반) 제28조 적용 제외를 부정하고 조약위반이라고 보아야 한다고 하였다. 이 또한 이 시기에 나온 판례이다.

다. 기본계획과 판례를 입법화한 일련의 지침

최초의 기본계획 이후 1980년 중반까지 소비자보호와 관련이 깊은 중요한 지침들이 차례로 만들어졌다. 이 시기에 등장한 지침들의 특징은, 아직까지 소비자보호가 아직 EC조약상 적극적인 위치를 차지하고 있지 않음에도 불구하고 기본계획을 적극 활용하여 구체적인 입법에까지 이르렀다는 점이다. 그중 대표적인 것을 몇 개만 들자면 다음과 같다.

(1) 먼저 1979년 '식료품 가격표시에 관한 소비자보호지침'(79/581/EEC)은[65] 그 조약상 근거로 前文에서 제235조를 들었지만 그 당시 이미 동 지침을 마련하는 과정에서 위 기본계획에서 가격표시에 관한 공통의 원칙을 세울 필요성을 강조하였다는 사실 또한 고려되었다.

(2) 1984년에는 표시, 광고규제와 관련하여 중요한 의미를 가지는 '오인야기광고규제지침'(84/450/EEC)이 나왔다.[66] 誤認을 불러일으키는 특정한 광고를 금지 내지 억제하는 조치를 취할 것을 회원국에 요구하는 내용이었다. 동 지침의 조약상 근거는 시장통합을 위하여 회원국 국내법 사이의 평준화조치를 할 수 있도록 한 조약 제100조[67]에서 찾았지만, 이 경우도 역시 그 前文을 보면, 동 지침을 마련하는 과정에서 오인야기광고에 관한 회원국 간의 규제의 차이가 공동시장의 형성 및 작동에 직접적인 영향을 주고 시장경쟁을 왜곡할 뿐만 아니라 소비자의 경제적 이익을 해한다는 점, 소비자보호에 관한 제2차 기본계획(1981년)에서 오인야기광고와 불공정광고로부터 소비자를 보호하기 위한 적절한 조치를 취하

---

65) Council Directive 79/581/EEC of 19 June 1979 on consumer protection in the indication of the prices of foodstuffs, [1979] OJ L 158/19(그 후 98/6/EC로 폐지).

66) Council Directive 84/450/EEC of 10 September 1984 relating to the approximation of the laws, regulations and administrative provisions of the Member States concerning misleading advertising, [1984] OJ L 290/18(그 후 2006/114/EC로 폐지).

67) 구 EC조약 제94조/현행 EU운영조약 제115조.

도록 규정하고 있다는 사실을 참조하였다고 명시적으로 밝히고 있었다.

(3) 1985년 '제조물책임지침'(85/374/EEC)은 제품의 '결함'으로 인하여 발생한 손해에 대하여 제조자 등의 책임을 규정한 지침이다.[68] 이 지침도 그 조약상의 근거는 시장통합을 위한 법의 평준화 조치를 규정한 제100 조에서 찾으면서도 그 前文에서는 소비자보호의 관점에서 이 지침이 필요하다고 거듭 강조하였다.

(4) 같은 해(1985년)에 '방문판매지침'(85/577/EEC)도 나왔다.[69] 이 지침도 역시 EC조약 제100조에서 근거를 찾으면서도, 前文에서 위 기본계획에 방문판매에 관한 부적절한 거래방법에서 소비자를 보호하기 위한 적절한 조치를 취해야 한다는 규정과, 제2차 계획에 예비계획의 조치를 확인하는 규정이 있음을 명시적으로 환기하였다.

(5) 나아가 1987년에 나온 '소비자신용지침'(87/102/EEC)은 소비자신용에 대하여 꽤 광범위한 규율을 포함하고 있었다.[70] 즉, 계약을 서면으로 하도록 하고 그 서면에 기재해야 하는 사항을 정하며 청산할 때에 사업자가 부당하게 이득을 하지 못하도록 하고 차주의 조기상환을 허용하며 대여금채권이 양도된 경우에 채무자가 양도인(종전대주)에 대한 항변사유로써 양수인(새로운 대주)에게 대항할 수 있도록 하였다. 그밖에도 제3자가 여신을 제공하는 신용판매거래에서 공급자-소비자 사이의 판매계약에서 공급자의 채무불이행이나 기타 문제가 발생한 때에는 소비자인 차주가 신용제공자에 대하여 주장할 수 있는 권리 등에 대해서도 규정하였다. 이 지침 역시 EC조약 제100조[71]를 근거로 하면서도, 1975년과

---

68) Council Directive 85/374/EEC of 25 July 1985 on the approximation of the laws, regulations and administrative provisions of the Member States concerning liability for defective products, [1985] OJ L 210/29.

69) Council Directive 85/577/EEC of 20 December 1985 to protect the consumer in respect of contracts negotiated away from business premises, [1985] OJ L 372/31 (그 후 2011/83/EU로 폐지).

70) Council Directive 87/102/EEC of 22 December 1986 for the approximation of the laws, regulations and administrative provisions of the Member States concerning consumer credit, [1987] OJ L 42/48(그 후 2008/48/EC로 폐지).

71) 구 EC조약 제94조 / 현행 EU운영조약 제115조.

1981년 두 차례의 기본계획에서 모두 소비자를 불공정한 신용조항으로부
터 보호하고 소비자신용에 관한 약관조항을 표준화하는 것을 우선과제 중
하나로 포함시켰다는 사실 역시 동 지침의 또 다른 제정이유로 꼽았다.

3. 제3단계(1985~2000)
가. 집행위원회의 잇단 보고서
(1) 역내시장완성백서

1980년대 중반 이후는 단일시장의 형성을 위한 움직임에 발맞추어
소비자보호정책이 추진되었다. 1980년대 초반에 유럽의 정·재계에서는
카시스 드 디종 결정을 계기로 역내 자유무역 실현을 위한 정비가 아직
까지 부족하다는 지적과 함께 각국 간의 법률을 조정할 필요성이 주장되
었다.[72] 이에 유럽집행위원회는 유럽 내 공동시장 성립의 가능성을 분석
한 백서를 작성하였는데, 이것이 바로 1985년 6월 14일 발표된 '역내시장
완성백서'이다.[73]

동 백서에는 회원국이 '불가피한 요청'을 주장할 수 있는 영역에서
대한 법평준화의 조치목록이 들어있었는데, 앞서 보았듯이 불가피한 요청
의 대표적인 예가 바로 '소비자보호'였다. 동 백서가 제시한 이른바 '신전
략'은 아직 완전평준화를 지향하지 않고, 여전히 최저평준화에 고수하면
서 여기에 상호승인원칙을 결합시킬 것을 제안하였다.[74]

(2) 단일유럽의정서

위 백서를 기초로 하여 단일시장 형성을 위한 본격적 움직임이 시
작되었고, 결국 1986년 2월 28일 조인되고 1987년에 발효한 '단일유럽의
정서'로 구체화되었다.[75] 동 의정서는 로마조약을 최초로 대폭 수정한 의

---

72) 이미 카시스 드 디종 결정이 나오고 1년 뒤인 1980년 집행위원회는 동 결정이
   미칠 영향을 분석한 보고서를 발표하였다([1980] OJ C 256/2-3).
73) Completing the Internal Market. White Paper from the Commission to the
   European Council, COM(1985) 310 final.
74) Commission(주 73), 난외번호 63, 65, 77, 102-103.
75) Single European Act, [1986] OJ L 169/1.

정서로서 단일유럽시장과 유럽 차원의 정치협력을 정식으로 언급하였다. 특히 단일시장의 성립을 위해서는 각국 간에 존재하는 무역장벽의 제거, 제도의 조정, 각국의 경쟁력 향상이 필요하다고 강조하였다. 또한 유럽공동체 각 조직의 의결절차를 개선하고 이사회의 특정다수결방식 적용 분야를 확대하였다.

소비자보호의 관점에서 동 의정서의 의미는 적지 아니하다. 먼저 소비자보호를 위한 법평준화 조치를—비록 역내시장의 형성과 관련된 범위 내에서라는 한계가 있긴 했지만—취할 수 있는 통일된 법적 근거가 마련되었다. 엄밀하게 말하면 동 의정서에서도 아직 정면으로 소비자보호조치에 관한 유럽공동체의 권한에 대한 독립된 규정을 두고 있지는 않았다. 다만, 동 의정서 제18조에 따르면 EC조약 안에 시장통합을 위한 법률의 평준화조치 규정(제100조)[76] 다음 규정으로 소비자보호에 관한 규정을 하나 신설하였다(제100조의a).[77] 동조 제1항에서는 이사회가 역내시장의 형성 및 작동을 목적으로 하는 집행위원회의 제안이 있으면 회원국의 법률, 규정, 행정법규를 평준화하기 위한 조치를 취할 수 있는 절차 등을 규정하였고, 동조 제3항은 "집행위원회가 건강, 안전, 환경보호, 소비자보호과 관련하여 제1항의 제안을 할 때에는 높은 수준의 보호를 하는 것을 기본으로 한다."고 규정하였다(바로 이 '높은 수준의 소비자보호'가 그 후 EU소비자정책의 중요기준이 된다).

소비자보호와 관련하여 또 다른 중요한 변화는 소비자보호를 위한 지침의 제·개정절차가 보다 간편해졌다는 점이다. 기존 지침의 경우는 모두 전원합의에서 따라서 했는데,[78] 이제는 신설된 제100조의a에 따라서 가중다수결만 있으면 되게 되었다. 그 결과, 이후에 소비자보호지침의 제·개정이 활기를 띠게 되었다.

---

76) 나중에 제94조/현행 제113조가 된다.
77) 나중에 제95조/현행 제114조가 된다.
78) EC조약 제100조에 따라서 제정된 오인야기광고지침(84/450, 나중에 2006/114로 폐지), 제조물책임지침(85/374), 방문판매지침(85/577, 나중에 2011/83으로 폐지), 소비자신용지침(87/102, 나중에 2008/48로 폐지) 등.

(3) 기타 관련 보고서

또한 이 시기에 집행위원회는 '소비자보호정책을 위한 새로운 동력' 이란 제목의 공개보고서를 이사회에 제출하였고,[79] 이사회는 '소비자보호 정책의 새로운 출발을 위한 장래의 중점과제'란 제목의 문서를 채택, 공 표하였다.[80] 여기에서는 새로운 시대를 맞아 통신수단 등의 보급에 따른 문제점과 그에 대응하기 위한 조치의 필요성 등이 언급되었는데, 이는 그 후 90년대 후반 이후에 나온 통신판매지침(97/7/EC), 전자상거래지침 (2000/31/EC) 등의 배경이 되었다.

나. 기본조약 차원의 진전

(1) 보호정책의 법적 근거 명시(마스트리히트 조약)

1992년 2월 7일 조인되어 1993년 발효한 마스트리히트 조약(EU창설 조약의 개정판)은 다음 두 방향에서 유럽공동체의 소비자보호정책에 대한 법적 근거를 명확히 하였다.

첫째는 기본원칙을 규정한 제2조와 제3조인데, 먼저 제2조에서는 한 편으로 공동시장의 확립과 경제, 화폐의 통일을 통하여, 다른 한편으로 제3조 및 제4조에 의한 공통정책의 실행, 기타 활동을 통하여 유럽공동 체 전역에 걸쳐서 조화롭게 균형 잡힌 지속가능한 경제활동의 전개, 높 은 수준의 고용보장, 기타 소정의 사항을 추진할 임무가 유럽공동체에 있다고 규정하였고, 이어서 제3조에서는 제2조 소정의 기본적 목적을 달 성하기 위한 유럽공동체의 활동의 하나로 '소비자보호를 강화할 것'을 명 확히 하였다.

둘째는 EC의 정책영역에 소비자보호를 추가한 것이다. 구체적으로 살펴보면 당시 제129조의a(나중에 내용을 수정하여 제153조, 현행 EU운영

---

79) European Economic Community for consumer protection and information policy and the Council resolution of 23 June 1986 on a new impetus for consumer pro- tection policy, [1986] OJ C 92/1.

80) Council resolution concerning the future orientation of the policy of the European Community for the protection and promotion of consumer interest, [1986] OJ C 167/1.

조약 제169조)가 특히 중요한데, 동조 제1항에 따르면 EC는 '(a)제100조의
a[전술한 규정, 나중의 제95조]에 기하여 역내시장의 실현과 관련하여 취해
진 조치' 및 '(b)소비자의 건강, 안전, 경제적 이익을 보호하고 소비자에
게 적절한 정보를 제공하기 위하여 회원국이 추구하는 정책을 지원, 보
완하는 특별한 행동'을 통하여 높은 수준의 소비자보호를 달성할 수 있도
록 기여할 것을 규정하였다. 바로 이 제129조의a 제1항 (b)는 소비자정책
을 독립된 정책으로서 유럽공동체 차원의 조약에서 규정한 최초의 조문
이었다. 이처럼 동 조약은 소비자의 이익보호를 추진하기 위한 유럽공동
체의 조치에 명확한 법적 근거를 제공하였고, 그동안 법적 근거가 없어
서 발생하였던 각종 논쟁에 종언을 고하였다.

(2) 보호기준의 강화(암스테르담 조약)

1997년 10월 2일 조인되고 1999년 5월 1일 발효한 암스테르담 조약
은 기존 조약의 조문 수를 정리하는 데 그치지 아니하고 실질적인 변경
을 가져오기도 했는데, 특히 마스트리히트 조약 제153조($^{구 \ 제129조}_{의a}$)를 수정
한 암스테르담 조약 제153조에서 유럽공동체의 정책과 활동에 높은 수준의
소비자보호를 요구하는 규정을 둠으로써 보호수준을 보다 강화하였다.[81]

---

81) 리스본 조약 이전의 EU사법의 근거와 관련하여서는 김영두, "EU법제하의 민사
법", 법제(2006.8.), 71면 이하 참조. 참고로 암스테르담 조약 제153조(현행 EU운영
조약 제169조)의 내용은 다음과 같다.
  (1) 유럽공동체는 소비자의 이익을 촉진하고 높은 수준의 소비자보호를 확보하기
    위하여 소비자의 건강, 안전, 경제적 이익의 보호, 소비자의 정보, 교육에 대한
    권리 및 스스로의 이익을 지키기 위하여 조직할 권리의 촉진에 기여하여야 한다.
  (2) 소비자보호의 요청은 유럽공동체의 다른 정책과 활동을 확정하고 실행할 때에
    고려하여야 한다.
  (3) 유럽공동체는 다음과 같은 조치를 통하여 제1항 소정의 목적 달성에 기여하여
    야 한다.
    (a) 제95조(구 제100조의a)에 기하여 역내시장의 실현과 관련하여 취하는 조치
    (b) 회원국이 추구하는 정책을 지원, 보완, 감시하는 조치
  (4) 이사회는 제251조의 절차에 따라서 경제사회위원회의 자문을 받고서 제3항
    (b)의 조치를 취하여야 한다.
  (5) 제4항에 의하여 취한 조치는 회원국이 보다 엄격한 보호조치를 유지 또는 도
    입하는 것을 막지 아니한다. 회원국의 그와 같은 조치는 본조약과 모순되지 아
    니하여야 한다. 그러한 조치는 집행위원회에 통지하여야 한다.

다. 지침에 의한 보호체계의 본격적 가동

이 시기에는 한편 종전의 지침에 대한 개정이 순차적으로 일어났고, 다른 한편 소비자거래에 중요한 의미가 있는 새로운 지침이 등장하였다. 다만, 위 (2)에서 보았듯이 EC설립조약이 마스트리히트 조약과 암스테르담 조약을 거치면서 소비자보호가 역내시장 목표와 일응 거리를 두고 규정되었음에도 불구하고, 실제의 입법(지침)에서는 여전히 역내시장 개념과 소비자보호를 결부시키는 경향이 강하였는바, 특히 경쟁법과 소비자계약법 영역에서 여전히 마스트리히트 조약에 의해 신설된 제129조의a가 아닌 동 조약으로 개정된 EC조약 제100조의a(구 제95조, 현행 EU운영조약 제114조)가 근거로 인용되었다.[82] 이 시기에 나온 지침을 소비자보호의 기본조약상 근거가 만들어진 마스트리히트 조약 이전과 이후로 나누어 살펴보면 다음과 같다.

(1) 마스트리히트 조약 이전

먼저 마스트리히트 조약 이전의 지침으로는 1990년 '패키지여행지침'(90/314/EEC) 등도 있지만,[83] 특히 중요한 것으로는 1993년 '불공정계약조항지침'(93/13/EEC)을 들 수 있다.[84] 동 지침은 소비자와 사업자 사이의 계약(소비자계약)에서 개별교섭을 거치지 않은 계약조항에 대하여 투명성의 요청과 해석방법을 규정함과 동시에 불공정한 조항의 소비자에 대한 구속력을 부정하여야 한다고 하면서 불공정하다고 볼 수 있는 조항을 예시적(비망라적)으로 열거하였다. 이 지침은 단일유럽의정서에 의해 새롭게 조약에 추가된 제100조의a를 분명 조약상 근거로 하였지만, 여기에서도 불공정한 계약조항과 그에 대한 회원국의 규율이 상이한 것이 시장통합에 장애가 된다는 사실과 함께 소비자보호의 필요성을 지적하고, 또 앞서 살펴본 1975년과 1981년의 1차, 2차 '소비자보호와 정보정책에 관한

---

82) 예외가 '소비자가격표시지침'(98/6/EC)로서 여기에서는 제129조의a 제2항을 명시적으로 언급하였다.

83) Council Directive 90/314/EEC of 13 June 1990 on package travel, package holidays and package tours, [1990] OJ L 158/59(나중에 2015/2302/EU로 폐지).

84) Council Directive 93/13/EEC of 5 April 1993 on unfair terms in consumer contracts, [1993] OJ L 95/29.

기본계획'에서 불공정계약조항의 문제해결을 위하여 소비자보호조치를 취할 것을 강조했다는 사실도 언급하였다.

(2) 마스트리히트 조약 이후

마스트리히트 조약 이후의 지침으로는 1994년 '(부동산)시분할이용계약(Time Sharing)지침'(94/47/EC), 1997년 '통신판매지침'(97/7/EC), 1998년 '소비자가격표시지침'(98/6/EC) 등도 있지만,[85] 보다 중요한 것은 1999년 '소비재 및 관련보증 지침(소비재매매지침)'(99/44/EC)을 들 수 있다.[86] 동 지침은 소비재(소비자용 동산상품) 매매의 경우 급부된 물건이나 그 품질이 매도인의 설명과 다르거나 통상 동종의 상품이 갖고 있는 품질이나 성능을 갖추지 못한 경우 또는 급부된 물건이 예정된 계약목적에 적합하지 않은 경우에 소비자인 매수인이 갖는 권리로서 하자보수청구권, 하자 없는 물건의 급부청구권, 손해배상청구권, 대금감액청구권, 계약해제권 등을 규정하고 나아가 권리행사기간, 목적물이 타인에게 양도된 경우 당사자 사이의 조정문제 등까지도 규정을 두고 있다. 동 지침은 역내소비자보호정책의 일환으로 만들어졌지만,[87] 채무불이행이나 하자담보책임과 같은 계약법의 근간이 되는 중요한 내용을 담고 있어서 각 회원국이 동

---

85) Directive 94/47/EC of the European Parliament and the Council of 26 October 1994 on the protection of purchasers in respect of certain aspects of contracts relating to the purchase of the right to use immovable properties on a timeshare basis, [1994] OJ L 280/83(그 후 2008/122/EC로 폐지).

Directive 97/7/EC of the European Parliament and of the Council of 20 May 1997 on the protection of consumers in respect of distance contracts— Statement by the Council and the Parliament re Article 6 (1) — Statement by the Commission re Article 3 (1), first indent, [1997] OJ L 144/9(그 후 2011/83/EU로 폐지).

Directive 98/6/EC of the European Parliament and of the Council of 16 February 1998 on consumer protection in the indication of the prices of products offered to consumers, [1998] OJ L 80/27.

86) Directive 1999/44/EC of the European Parliament and of the Council of 25 May 1999 on certain aspects of the sale of consumer goods and associated guarantees, [1999] OJ L 171/12.

87) 역내시장의 실현을 목표로 설정한 EC조약 제95조(현행 EU운영조약 제114조) 및 그 실현을 위한 조치는 소비자보호에 기여하도록 한 조약 제153조(현행 EU운영조약 제169조) 제1항, 제3항을 근거로 하였다.

지침을 국내법화 하는 과정에서 각국의 계약법에 커다란 영향을 미쳤다.[88]

4. 제4단계(2001~2014)

가. 리스본조약의 발효(유럽헌법조약의 좌절)

2000년에 채택된 유럽기본권헌장은 "EU의 정책은 높은 수준의 소비자보호를 확보하는 것이다."고 규정하였고($^{제38}_{조}$),[89] 2001년 체결되어 2003년 발효한 니스 조약은 일반적으로 EC를 장래에 확대하기 위한 기구개혁을 주목적으로 하는 조약으로 알려졌지만, 특히 소비자정책과 관련하여 보자면 소비자가 정책결정에 참여할 수 있도록 해야 한다는 관점에서 소비자 대표가 경제사회위원회(집행위원회의 자문기구)에 참가하도록 하였다는 점이 특기할 만하다($^{제165조.}_{제275조}$).[90]

또한 2004년 25개 회원국대표가 서명한 유럽헌법조약은 제3장 제120조, 제235조에서 암스테르담 조약 제153조에 대응하는 규정을 두었고,[91] 또 동 조약 제2장은 2000년 유럽기본권헌장을 수정, 통합하였으므로 동 헌장 제38조 역시 헌법조약의 일부로서 법적 구속력을 부여받을 예정이었다. 그러나 유럽헌법조약은 2005년 프랑스와 네덜란드 국민투표에서 연이어 부결되어 발효하지 못하였다.

그 대신에 2007년 성립한 리스본 조약이 2009년 12일 1일부터 발효하여 원래 유럽헌법조약이 목적하였던 내용의 일부가 실현되었다.[92] 리스본 조약에서 EC를 EU가 승계하기로 함에 따라서 기존의 EC조약은 EU운

---

88) 특히 독일법에 미친 영향은 앞의 I. 5. 나. 참조.
89) Charter of Fundamental Rights of the European Union, [2000] OJ C 364/1, 17("Union policies shall ensure a high level of consumer protection."). 기본권헌장은 원래 법적 구속력이 없었지만 나중에 리스본 조약이 발효함에 따라서 다른 EU 기본조약과 같은 법적 구속력을 갖게 되었다.
90) Treaty of Nice amending the Treaty on European Union, the Treaties establishing the European Communities and certain related acts, [2001] OJ C 80/1, 34(point 20), 26(point 39).
91) Treaty establishing a Constitution for Europe, [2004] OJ C 310/1, 55, 105.
92) Treaty of Lisbon Amending the Treaty of European Union and the Treaty Establishing the European Community, [2007] OJ C 306/1.

영조약으로 이름을 바꾸고 EU조약과 EU운영조약의 각 규정에 대한 개정, 통합, 정리가 이루어졌다.

나. 집행위원회의 수평적 완전평준화로의 전환

한편으로 마스트리히트 조약과 암스테르담 조약에서 나타난 소비자보호정책의 방향성(역내시장 목표에 더 이상 종속되지 않고 이를 보완하는 역할, 경제통합에서 정치통합 및 사회통합으로의 확대)은 그 후에도 유지, 강화되어서 소비자보호의 실효성확보, 소비자정책에 대한 소비자의 참가 등 새로운 목표가 제시되었다. 그러나 그보다 중요한 변화는 특히 집행위원회를 중심으로 그동안 소비자보호법을 재검토하면서 인식된 문제점(이른바 '신뢰하는' 소비자 모델, '수직적' 규율방식과 '최소'평준화 접근 등)에 대한 비판적 평가가 이루어지면서 새로운 방법론이 모색되었다는 점이다.

(1) 배   경

이미 살펴보았듯이 EC에서 20세기 후반부터 소비자보호와 관련한 분야에서 많은 입법이 있었다. 그중에는 민법, 특히 계약법의 근간에 대한 것(가령 담보책임)도 있어서 EC지침이 각국의 민법규범에도 사실상 적지 않은 영향을 줄 가능성이 있었다. 그럼에도 불구하고 그때까지 다수의 지침은 특정한 계약유형이나 거래방법에 국한되었기 때문에(소위 '點描的(pointillist)' 접근방식) 지침에 의한 EC소비자법은 마치 퀼트(여러 종류의 천으로 누비질해 만든 공예품)와 같이 통일적인 체계를 결여하였다.

(2) 집행위원회의 움직임

2001년 집행위원회가 개별적 접근방식으로는 발생할 수 있는 모든 문제에 망라적으로 대처할 수 없고 또 회원국마다 다른 규율로 역내시장이 제대로 작동하지 못할 수 있다는 문제제기를 하면서[93] 현재의 법상태에 대한 분석에 기초하여 계약법 영역에서 EC의 보다 적극적인 활동의 필요성과 가능성을 검토하는 작업이 시작되었다.

2002년에는 '소비자정책전략 2002~2006'이란 제목의 문서에서 여기에

---

93) Communication from the Commission to the Council and the European Parliament on European Contract Law, COM(2001) final 398, [2001] OJ C 255/1.

서 새로운 소비자정책전략의 제1목표로서 '공통된, 높은 수준의 소비자보호의 달성'이 제시되었다.[94] 이 문서는 집행위원회가 '최저평준화'에서 '완전평준화'로 접근방법을 바꾸는 결정적 계기라고 평가된다.[95]

2003년에 발표된 집행위원회의 문서 '보다 통일적인 유럽계약법을 향한 행동계획'에서는 EC가 기존과 같이 특정영역별로 개입하는 방식 이외에 계약법영역에서 법의 통일성을 증대시켜야할 필요성은 없는지 보다 검토하도록 '공통참조기준(Common Frame of Reference, 약칭 CFR)'을 작성할 것을 제안하였다.[96] 2004년에 발표된 '유럽계약법과 Acquis(기존 축적된 법의 총체)'의 수정: 나아가야할 길'이란 문서에는 집행위원회는 공통참조틀의 중요성을 강조하면서 그 작성 및 채택을 위한 구체적인 계획이 제시했고,[97] 2005년 행동계획에서는 "EU의 실체적 계약법에 대해서는 앞으로 EU입법의 일관성과 품질을 향상시키는 도구박스로서 사용될 공통참조기준(CFR)이 늦어도 2009년에는 채택될 것"이라는 낙관론까지도 표명되었다.[98]

공통참조기준의 학계초안 작성 작업은 다국적 연구자집단[99]에 발주

---

94) Communication from the Commission to the European Parliament, the Council, the Economic and Social Committee and the Committee of the Regions: Consumer Policy Strategy 2002–2006, COM(2002) final 208, [2002] OJ C 137/2.

95) 특히 3.1.2. 참조. 이러한 정책변화에 대한 개관으로는 H-W. Micklitz, The targeted full harmonisation approach: Looking behind the curtain, in G. Howells/R. Schulze(eds), *Modernising and Harmonising Consumer Contract Law*(Sellier, 2009), pp. 47–86 참조.

96) Communication from the Commission to the European Parliament and the Council: a More Coherent European Contract Law: an Action Plan, COM(2003) final 68.

97) Communication from the Commission to the European Parliament and the Council: European Contract Law and the revision of the acquis: the way forward, COM(2004) 651 final.

98) Communication from the Commission to the Council and the European Parliament – The Hague Programme: Ten priorities for the next five years The Partnership for European renewal in the field of Freedom, Security and Justice, COM(2005) 184 final, n 375, point 2.3, para 9.

99) 유럽민법전연구집단(Study group on a European civil code)과 아키연구집단 {Research group on EC private law(acquis group)}의 공동작업이었다.

되어 잠정판(interim edition)이 2008년에,[100] 정식판은 2009년에 출간되었
다.[101] 그 내용을 보면 이미 란도(O. Lando) 교수가 이끌었던 그룹이 만
들었던 '유럽계약법원칙(PECL)'을 근간으로 하였고,[102] 그 성격은 어디까지
나 학술적인 초안으로서 훗날 실현될 것으로 기대되는 정치적, 법적 의
미의 공통참조틀을 위한 자료를 제공하기 위한 것이었다. 또한 이와는
별개로 유럽공동체 소비자법의 現狀에 대한 조사는 집행위원회가 소위
아키 연구 집단에 이를 맡겼고, 그 결과가 2006년에 공간되었다(이른바
'아키원칙').[103]

집행위원회가 이를 바탕으로 2007년 발표한 보고서(靑書)를 보면,[104]
첫째 종전의 지침은 대부분이 대증요법이어서 원칙에 기초한 체계적인
구성을 갖추지 못하였기에 급격하게 변화하는 시장의 요청에 제대로 대
응할 수 있었고, 둘째 현재 유럽공동체의 소비자보호규범은 최소평준화
방식으로 말미암아 각국의 규범차이와 지침간의 부정합이라는 2가지 점
에서 분절되어 있으며, 셋째 이러한 문제(특히 최소평준화)로 인한 규범간
차이라는 문제가 국경을 넘어 이루어지는 거래에서 소비자의 신뢰를 훼
손하는 결과를 낳고 있다고 지적하였다. 그러면서 이 문제에 대한 대처
방안으로서 기존의 지침을 개별적으로 수정하는 수직적 접근방법뿐만 아
니라 보다 통일적인 수평적 접근방식도 함께 채용할 것을 제안하였다.

그밖에도 2007년 이후의 소비자정책을 제시하였던 '2005년 보건/소

---

100) C. von Bar/E. Clive/H. Schulte-Nölke(eds.), *Principles, Defintions and Model
Rules of European Private Law, Draft Common Frame of Reference(DCFR), Interim
edition*(Sellier, 2008).

101) C. von Bar/E. Clive(eds.), *Principles, Definitions and Model Rules of European
Private Law, Draft Common Frame of Reference(DCFR)*, 6 vols.(Sellier, 2009; OUP,
2010).

102) 올 란도, 휴 빌(김재형 옮김), 『유럽계약법 원칙 제1·2부』(박영사, 2013)(완역); 박
영복, "유럽계약법원칙 제3부" 외법논집 제15권(2013. 12.), pp. 185-231(pp.
185-211은 해설, pp. 212-231은 조문만 번역).

103) 앞의 주 23 참조.

104) Green Paper on the Review of the Consumer Acquis, COM(2006) 744 final,
[2007] OJ C 61/2에서 집행위원회는 7가지 법적 성격이 상이한 규범 제안 가운데
네 번째 안(규정의 형태로 선택적 수단을 제도화하는)을 가장 선호하였다.

비자정책전략'에서는 앞으로 유럽공동체의 모든 정책에 건강과 소비자정
책 목표를 포함시키도록 하였고,[105] 2007년에 결정된 '소비자정책 분야에
서 유럽공동체의 행동에 관한 계획(2007~2013)'[106]에서는 소비자단체에
대한 지원이나 소비자보호의 실현을 위한 회원국 간의 협력 등을 추가로
언급하였다.

다. 이 시기 지침의 새로운 경향

(1) 새로운 기술 발전에 대응하려는 경향

가령 2000년의 '전자상거래지침'(2000/31/EC)은 전자적 방식을 이용한
계약체결에 대하여 계약체결단계에서 사업자의 정보제공의무, 사업자의
주문확인의무, 광고성 스팸메일의 요건, 인터넷서비스제공자(provider)의
책임 등을 규정하였다.[107] 또한 2002년 '소비자금융서비스의 원격마케팅에
관한 지침'(2002/65/EC)는 팩스, 전화, 인터넷 등에 의한 소비자금융서비스
거래(은행거래, 신용거래, 보험, 개인연금, 투자 등을 포함)에 대하여 사업자
에게 사전정보제공의무를 부과하고 소비자에게 철회권을 인정함과 동시
에 직불카드의 사기이용과 관련한 소비자보호나 네거티브 옵션, 광고성
권유 등에 관한 규정을 두고 있다.[108]

---

105) Communication from the Commission to the European Parliament, the Council, the European Economic and Social Committee and the Committee of the Regions — Healthier, safer, more confident citizens: a Health and Consumer protection Strategy{SEC(2005) 425}, COM(2005) 115 final.

106) Decision No. 1926/2006/EC of the European Parliament and of the Council of 18 December 2006 establishing a programme of Community action in the field of consumer policy(2007-2013), [2006] OJ L 404/39; EU Consumer Policy strategy 2007-2013 — Empowering consumers, enhancing their welfare, effectively protecting them {SEC(2007) 321} {SEC(2007) 322} {SEC(2007) 323}, COM(2007), 99 final, [2007] OJ C 181/19.

107) Directive 2000/31/EC of the European Parliament and of the Council of 8 June 2000 on certain legal aspects of information society services, in particular electronic commerce, in the Internal Market, [2000] OJ L 178/1.

108) Directive 2002/65/EC of the European Parliament and of the Council of 23 September 2002 concerning the distance marketing of consumer financial services and amending Council Directive 90/619/EEC and Directives 97/7/EC and 98/27/EC, [2002] OJ L 271/16.

(2) 보다 통일적인 보호규범으로 나아가려는 경향(성공과 실패)

기존의 소비자보호 관련지침들이 최소평준화, 즉 회원국이 보다 높은 수준의 소비자보호조치를 할 수 있도록 허용하는 입장이었다면(물론 역내시장의 요청에 따른 제약은 있을 수 있었지만), 새롭게 만들어진 지침에서는 회원국이 보다 강력한 규제를 하는 것을 인정하지 않는 완전평준화 방식을 취하는 것이 있는가 하면 적용범위가 종래의 지침과 비교하여 광범위하게 포괄적인 내용을 담은 것도 있다. 그 대표적인 예로는 불공정상행위지침을 들 수 있다(2005/29/EC).[109] 동 지침은 역내의 사업자가 소비자에게 사용하는 불공정한 거래방법에 대하여 단일하고도 공통된 일반적인 금지목록을 작성함으로써 소비자가 보다 쉽게 국경을 넘는 거래를 할 수 있도록 하기 위한 것으로서 종전의 오인야기광고지침(84/450/EEC),[110] 통신판매지침(97/7/EC),[111] 소비자금융서비스의 원격마케팅에 관한 지침(2002/65/EC)[112] 등의 개정도 포함하였다. 구체적으로 보면 오인을 초래하거나 공격적인 거래방법을 불공정한 거래방법으로 금지하는 일반규정을 두고서 불공정한 거래방법의 블랙리스트를 마련하였다. 앞서 언급했듯이 이전의 지침들이 대상을 특정거래 유형이나 종류로 제한한 데 반하여, 본 지침은 그 대상이 일반적이고 널리 역내 사업자의 불공정한 거래방법으로부터 소비자의 경제적 이익을 보호하는 것을 목적으로 한다는 점이 특징적이고, 완전평준화의 방식을 채택하였다는 점에서도 특징이 있다.[113]

---

109) Directive 2005/29/EC of the European Parliament and of the Council of 11 May 2005 concerning unfair business-to-consumer commercial practices in the internal market and amending Council Directive 84/450/EEC, Directives 97/7/EC, 98/27/EC and 2002/65/EC of the European Parliament and of the Council and Regulation (EC) No 2006/2004 of the European Parliament and of the Council, [2005] OJ L 149/22.

110) 앞의 주 66 참조.

111) 앞의 주 85 참조.

112) 앞의 주 107 참조.

113) [2005] OJ L 149/24(前文 (14)), 27(제3조, 다만 동조 제5항은 경과조치로서 동 지침의 국내입법기한이 지난 다음 6년간은 예외적으로 지침의 기준보다 엄격한 국내법규정을 유지할 수 있도록 하였다.) 참조.

또 다른(보다 중요한!) 시도는 2008년에 나왔던 '소비자권리지침안'이 었는바, 애초의 계획은 여기에서 소비자가 계약상 가지는 권리구제수단 ('소비자권리')과 가장 밀접한 관련이 있는 기존의 4개 지침(방문판매지침, 불공정계약조항지침, 통신판매지침, 소비재판매지침)을 통합시키되, 두 가지 새로운 방식(하나는 수평적 방식으로 공통된 사항을 통일시키고 부정합이나 흠결이 있으면 수정하거나 메우는 방식으로, 다른 하나는 완전평준화 방식으로 기존 4개 지침이 취했던 최저평준화 입장을 폐기하는 방식)으로 개정하려는 것이었다.[114] 그 후 입법 과정에서 과연 그와 같은 새로운 방향설정이 EC 전체에 어떠한 영향을 줄 것인지(영향평가),[115] 개별회원국에는 어떤 영향을 줄 것인지(국가별 소비자보호수준 비교표)[116]가 검토되기도 하였지만, 동 지침안에 대한 비판(특히 학계의)이 너무나 컸기에[117] 결국 최종적으로 제정된 EU소비자권리지침은 기존의 4개 지침 중 2개(방문판매지침과 통신판매지침)에 대해서만 이를 폐지하고 그 내용을 완전평준화에 가까운 방식으로 통합하는 데에 그쳤고, 나머지 2개(불공정조항지침과 소

---

114) Proposal for a Directive of the European Parliament and of the Council on consumer rights {SEC(2008) 2544} {SEC(2008) 2545} {SEC(2008) 2547}, COM(2008) 614 final, 특히 p. 3.

115) Commission staff working document accompanying the proposal for a directive of the European Parliament and of the Council on consumer rights - Impact assessment report {COM(2008) 614 final} {SEC(2008) 2545} {SEC(2008) 2547}, SEC(2008) 2544, 특히 pp. 2-4, 26-39에서 기존의 다수 소비자보호지침의 문제점에 대한 지적과 어떠한 입법정책이 좋은지를 검토하였다.

116) The proposal for a directive on consumer rights: impact on level of national consumer protection comparative table(2009. 10. 9.){http://riad-online.eu/fileadmin/documents/homepage/news/Comparative_table_20091009_en.pdf(2019. 1. 14. 최종방문)}.

117) K. Gutman, *The Constitutional Foundations of European Contract Law: A Comparative Analysis*(OUP, 2014), p. 249. 동 지침을 비판한 문헌으로는 여기에서 일단 G. Howells/R. Schulze(eds.)(주 95)에 수록된 논문들을 들고, 나머지는 Gutman(주 117), 같은 면의 각주 306의 문헌인용을 참조. 또한 집행위원회가 동 지침이 시장통합과 높은 수준의 소비자보호에 좋은 영향을 줄 것이라는 비공식 노트도 작성했다고 되어 있는데(같은 면의 각주 308), 발표자는 이를 직접 확인하지는 못하였고, 다만 角田光隆, 「EU消費者法: 契約法に關する消費者指令を巡って(3)」, 信州大學法學論集 第16號(2001), 95-158頁, 특히 156-158頁에 그 내용이 요약되어 있음은 확인하였다.

비재매매)의 지침은 일부 수정에만 그치고 말았다.[118]

(3) EU통일민법전의 좌절

또 하나 주목할 만한 사건은, 비록 소비자보호지침은 아니지만 집행위원회가 2011년 10월 11일 유럽공통매매법(CESL)을 제안한 것이다.[119] 2008년 소비자권리지침안 발표 후 2011년 축소입법이 이루어지는 과정에서 소비자법의 수평적 완전평준화는 각 회원국 고유의 일반계약법과 충돌을 피할 수 없다는 사실이 확인되었고, 이에 대한 집행위원회의 대응이라고 할 수 있다.

앞서 나. (2)에서 언급한 것처럼 2008년 공통참조기준의 학계초안이 발표되었지만, 집행위원회는 애초 계획과는 달리 이를 장래 입법을 위한 공통참조기준으로 사용하지 않았다.[120] 2009년에 유럽의회와 집행위원회 선거가 예정되어 있었기 때문에 집행위원회는 애초 계획의 제1단계(입법적 공통참조기준의 완성)를 건너뛰어 제2단계(선택적 준거법으로 제공)로 바로 나아갔다. 2010년 4월 전문가그룹을 조직하여 공통참조기준을 검토하도록 한 다음에,[121] 2011년 5월 그 결과가 나오자[122] 같은 해 10월 바

---

118) Directive 2011/83/EU of the European Parliament and of the Council of 25 October 2011 on consumer rights, amending Council Directive 93/13/EEC and Directive 1999/44/EC of the European Parliament and of the Council and repealing Council Directive 85/577/EEC and Directive 97/7/EC of the European Parliament and of the Council, [2011] OJ L 304/64. 특히 제4조(평준화의 수준)는 "회원국은 국내에서 본 지침이 정한 바와 다른 규정(다른 소비자보호수준을 보장하는 보다 엄격하거나 덜 엄격한 규정 모두를 포함한다)을 유지하거나 신설하여서는 안 된다. 그러나 본 지침에 다른 규정이 있는 때에는 그러하지 아니하다."고 규정한다. 전체적인 내용 소개로는 김재영(주 25), 특히 68-79쪽 참조.

119) Proposal for a Regulation of the European Parliament and of the Council on a Common European Sales Law(CESL), COM(2011) 635 final은 입법취지를 전반적으로 소개하는 전문(前文) 및 16개의 규칙(Regulation)이 담겨있는 전문규정(Chapeau Regulation)과 2개의 부속서(Annex I, II)로 이루어졌는데, 그중 부속서 I 이 바로 총 186개조의 유럽공통매매법안이고, 부속서 II 는 표준정보안내(Standard Information Notice)이다(일반적으로 그냥 CESL이라고 하면 부속서 I 을 가리킨다). 國譯으로는 하경효 대표번역, 『보통유럽매매법』(세창출판사, 2014)이 있다.

120) 이에 대한 비판으로는 C. Twigg-Flesner, Introduction: EU consumer and constract law at a crossroads? in C. Twigg-Flesner(ed.), *EU Consumer and Contract Law*(Edward Elger, 2016), p. 7 참조.

로 CESL 제안을 발표한 것이다.

CESL은 다음과 같은 3가지 특징을 가지는바, 첫째, 당사자의 합의가 있으면 – 그 합의에 로마 I 규정이 적용되어야 함(따라서 특정회원국의 국내법이 적용되어야 함)에도 불구하고 사적자치를 이유로 – CESL를 준거법으로 할 수 있고(opt-in 모델),[123] 둘째, 지침이 아닌 규정의 형태를 취하였으며,[124] 셋째, 내용적으로는 DCFR의 내용을 주로 계승하면서도 적용범위를 달리하였는데, 구체적으로 보면 한편으로는 국경간 거래로 제한하면서 다른 한편으로는 물품매매뿐 아니라 관련용역 및 디지털 콘텐츠의 거래 그리고 B-C거래뿐 아니라 일방이 중소기업(SME)이거나 회원국의 국내법이 허용하는 때에는 B-B거래까지도, 나아가 대가가 대금이 아닌 경우(특히 개인정보의 제공)까지도 규율대상을 넓혔다는 점에서(CESL 제4조, 제5조, 제7조 참조) 특징적이다.[125] 이상의 3가지 특징은 서로 연관이 있는데, 집행위원회와 유럽의회가 완전평준화에 대한 비판과 소비자권리지침의 부분적 성공(실패)을 교훈삼아서 나름의 대응을 한 것으로 이해할 수 있다.[126]

CESL에 대한 비판은 주로 위 3가지 특징 중 첫 번째와 두 번째 특징에 집중되는데,[127] 규정의 형태를 취하면서도 적용 여부가 당사자의 선

---

121) 그 경과에 대해서는 작업에 실제로 참가하였던 H. Beale, The Story of EU Contract Law – from 2001 to 2014, in Twigg-Flesner(ed.)(주 120), pp. 431-462, 특히 Ⅲ.(pp. 436-448)의 서술이 상세하다.

122) *Feasibility Study for a future instrument in European Contract Law*, in O. Radley-Gardner/H. Beale/R. Zimmerman/R. Schulze(eds.), *Fundamental Texts on European Private Law*(2nd ed.)(Hart, 2016), pp. 1382-1441.

123) N. Jansen/R. Zimmermann, General introduction, in: N. Jansen/R. Zimmermann(eds.), *Commentaries on European Contract Laws*(OUP, 2018), p. 11은 이를 '28번째 계약법 체계가 아니라 모든 회원국에서 통일적으로 계약당사자가 사용할 수 있는 2번째 계약법 체계'라고 표현한다.

124) 앞의 주 119 참조.

125) 박영복, "EU집행위원회에 의해 제안된 「유럽공통매매법에 관한 규칙」", 박영복 편집대표(주 25), pp. 42-80 중 pp. 53-56 참조.

126) 同旨 R. Schulte/F. Zoll, *European Contract Law*(2nd ed.)(Nomos, 2018), 난외번호 52(p. 29).

127) 가령 COM(2011) 635 final, 4, 19에 대한 M. Hesselink, How to opt into the Common European Sales Law? Brief comments on the Commission's proposal for a regulation, in I. Claeys/R. Feltkamps(eds.), *The Draft Common European Sales*

택에 달렸기 때문에 최소평준화와 완전평준화의 장점뿐 아니라 단점도
공유하였다. CESL안의 수용 여부에 대해서는 유럽연합 내에서도 입장이
갈렸는데, 역내시장위원회(Internal Market Commitee, 약칭 IMCO)는 반대
입장을 취한 데 반하여[128] 유럽의회는 CESL에 대한 제1독회에서 법사위
원회(Legal Affairs Committee, 약칭 JURI)의 입장[129]에 좇아서 압도적 다수
로 찬성 입장을 표명하였다(찬성 416표, 반대 159표, 기권 65표).[130]

그러나 일부 회원국의 반발이 있자,[131] 이사회는 2014년 5월 유럽의
회 선거 이후 같은 해 11월 새롭게 구성된 집행위원회[132]에 대하여 CESL
의 추진 중단을 요구하였고, 이에 따라 2014년 12월 16일 발표된 '집행위
원회 사업프로그램 2015년: 새로운 시작'[133]에서는 CESL을 포함한 규정안

Law: Towards an Alternative Sales Law(Intersenta, 2013), pp. 2–6, 7–8의 비평을
참조. 그 밖에도 독일 등 일부회원국에서는 EU의회와 이사회가 적법한 절차에 따
라서 EU 경제사회위원회(Economic and Social Committee)의 자문을 통해 EU 역내
시장의 형성과 기능에 관한 법령, 규칙 또는 행정행위 등의 조치를 할 수 있도록
규정한 EU운영조약 제114조를 CESL의 법률적 근거로 삼은 것도 비판의 이유가 되
었다(*BT-Drucksache* 17/8000 참조).

128) Opinion of the Committee on the Internal Market and Consumer Protection for
the Committee on Legal Affairs, A7-0301/2013.

129) Report on the proposal for a Regulation of the European Parliament and of the
Council on a Common European Sales Law, A7-0301/2013.

130) European Parliament legislative resolution of 26 February 2014 on the proposal
for a regulation of the European Parliament and of the Council on a Common
European Sales Law, COM(2014) 0635-C7-0329/2011-2011/0284(COD)(2013). 다만
학계와 실무계의 제안을 반영하여 적용범위, 의사의 흠결, 구제수단, 원상회복 등
몇 가지 사항에 관한 수정제안을 하였다(amendment 2, recital 9). 그 내용에 관해
서는 박영복, "「유럽공통매매법에 관한 EU규칙」을 위한 유럽의회의 수정안", 박영
복 편집대표(주 25), pp. 81–131, 특히 pp. 85–123 참조.

131) *BT-Drucksache* 17/8000(주 127) 참조.

132) 2014년 11월 1일로 제2차 호세 마누엘 바로소(José Manuel Barroso) 집행위원회
의 임기가 끝나고 장 클로드 융커(Jean Claude Juncker)가 새로이 집행위원장에 취
임하였다.

133) Commission Work Programme 2015 – A New Start, COM(2014) 910 final. 또한
Commission decision of 16. 6. 2015 concerning the adoption of the work pro-
gramme for 2015 and the financing decision for "Measures concerning the digital
content, and audiovisual and other media industries", related preparatory actions
and evaluation activities, COM(2015) 3917 final도 참조.

의 제안 자체가 철회되었다.[134]

5. 제5단계(2015~현재)
가. 새로운 단계(디지털단일시장 전략)

2015년 5월 6일 집행위원회는 디지털단일시장(Digital Single Market, 약칭 DSM)이란 새로운 전략을 야심차게 발표하는데,[135] 그 핵심은 EU단일시장의 형성을 위하여 디지털환경이 제공하는 기회를 극대화하기 위한 법적, 제도적 장치(정보보호의 개선과 지역장애의 철폐를 포함하는)를 마련하여 'EU 전역에서 디지털 세상에서 기업하기 평평한 운동장을 만든다'는 것이다.[136]

처음부터 단일시장을 목표로 출범한 EU이기 때문에 디지털단일시장 전략은 어찌 보면 변화된 환경에서 자연스러운 것일 수도 있지만, 1990년대 중반 이후 미국과 생산성 격차가 확대되고 그 원인의 하나로 ICT를 활용한 산업혁신의 부진이 지적되면서 EU 차원의 경제 및 산업의 디지털화를 촉진하여 4차 산업혁명의 주도권을 회복한다는 기획은 단순히 오프라인 시장통합의 확대(따라서 오프라인 시장을 전제로 한 기존의 법제도 평준화의 확대)로 환원될 수 없는, 새로운 단계라고 볼 수밖에 없다. 그런 의미에서 기존 연구와 달리[137] 새로이 제5단계가 시작되었다고 보는 것이 타당할 것이다.

나. 새로운 보호지침의 제안

이미 집행위원회는 디지털단일시장 전략을 표명하면서 소비자보호와 관련한 두 가지 제안을 하였는바, 하나는 디지털 콘텐츠의 온라인 구입

---

134) 박희호, "유럽공통매매법(CESL)을 통해서 본 디지털콘텐츠 거래의 규율방향에 관한 연구", 외법논집 제39권 제4호(2015. 11.), pp. 117-138, 특히 p. 118 각주 3 참조. 보다 상세한 경과는 김영두, 유럽공통매매법 서문, 박영복 편집대표(주 25), pp. vii-viii, N. Jansen/R. Zimmermann(주 123), 난외번호 22(pp. 11-12) 참조.

135) Communication on a Digital Single Market Strategy for Europe, COM(2015) 192 final.

136) 내용의 요약은 김영두(주 134), pp. ix, 김정곤, 『EU 디지털 단일시장 전략의 평가와 시사점』(KOTRA, 2017. 8.), Ⅲ(pp. 28-50).

137) 앞의 주 47 참조.

과 관련한 EU법의 평준화에 관한 것이었고, 다른 하나는 다소 불분명하
게 표현되긴 했지만 '물품의 국내 및 국경간 온라인 거래에 대하여 EU
차원에서 계약에 기한 핵심적인 강행적 권리들의 집중적 세트'로 표현된
것이었다.¹³⁸⁾ 이는 디지털 콘텐츠와 물품의 온라인 구매에 대하여 별도의
규범(그것도 강행적인, 즉 완전평준화의 규범)을 만들겠다는 계획을 표명한
것이다.

이에 따라 2015년 12월 9일 집행위원회는 두 가지 지침안을 동시에
제안하였는바, 그 하나가 물품의 온라인 기타 격지 판매에 관한 지침안이
고,¹³⁹⁾ 다른 하나가 디지털 콘텐츠 제공계약에 관한 지침안이었다.^{140) · 141)}
특히 주목할 점은 3가지인데, 먼저 형식면에서는 한때 규정에 밀린 듯했던
지침 형태의 입법이 다시 사용되었다는 점이고, 둘째는 내용면에서는 비록
CESL안이 철회되긴 했지만 그 내용 가운데에 처음 포함되었던 디지털 콘
텐츠 관련 규정의 내용 중 일부가 디지털 콘텐츠 지침안에서 계승되었다
는 점이며, 셋째는 평준화 방식이 CESL의 경우와 달리 완전평준화 방식을
취한다는 점이다. 가령 온라인매매 지침안 제3조(평준화 수준)를 보면 "회
원국은 본 지침보다 엄격하든, 덜 엄격하든 불문하고 소비자보호의 수준을

138) Communication(주 135), p. 5.
139) Proposal for a Directive on certain aspects concerning contracts for the online
   and other distance sales of goods, COM(2015) 635 final.
140) Proposal for a Directive on certain aspects concerning contracts for the supply
   of digital content, COM(2015) 634 final.
141) 참고로 같은 날 집행위원회는 또 다른 문서(communication)를 하나 더 제출하는
   데(Digital contracts for Europe – Unleashing the potential of e-commerce,
   COM(2015) 633 final), 이것은 법안의 제안이 아니라 디지털콘텐츠 공급계약과 온
   라인매매에 관한 지침이 필요한 이유와 입법방향을 설명한 것이다. 그밖에도 디지
   털단일시장과 관련하여 2개의 규정이 채택되었는바(이미 입법 완료), 하나는 2017
   년 6월 14일 채택된 Regulation 2017/1128 on cross-border portability of online
   content services in the internal market, [2017] OJ L 168/1, 다른 하나는 2018년 2
   월 28일에 채택된 Regulation 2018/302 on addressing unjustified geo-blocking and
   other forms of discrimination based on customers' nationality, place of residence
   or place of establishment within the internal market and amending Regulations
   (EC) No 2006/2004 and (EU) 2017/2394 and Directive 2009/22/EC, [2018] OJ L
   601/1이다.

본 규정의 그것과 달라지도록 하는 규정을 비롯하여 본 지침의 내용과 일
치하지 아니하는 어떠한 규정도 이를 유지하거나 신설할 수 없다."고 규정
하여 완전평준화의 입장을 분명히 하면서 다만 동 지침안 제1조 제4항에
서 "여기에서 규율하지 않는 사항에 대하여 본 지침은 계약의 성립요건,
효력발생요건, 효과(계약해제의 효과를 포함)를 비롯한 국내의 일반계약법
에는 영향을 미치지 아니한다."고 하여 반발을 최소화하려는 모습을 보인
다. 현재까지 이들 지침안에 대해서는 아직 입법절차가 진행 중이다.[142]

Ⅲ. 정리와 전망

1. EU소비자법을 포함한 EU사법의 전개 개관

최근에 나온 EU소비자법과 계약법의 한 연구서에서는 EU私法의 전
개과정을 '4막으로 구성된 비극'이라고 표현하였다.[143] 여기서 4막의 제목
은 순서대로 다음과 같다. 제1막 EU소비자법의 발전, 제2막 유럽계약법
의 등장, 제3막 유럽공통매매법의 제안, 제4막 디지털단일시장은 과연
EU소비자법과 계약법을 구원할 것인가? 여기서 '비극'이란 표현을 쓴 것
은 아마도 제3막의 마무리가 비극적으로 끝났고, 제4막에서 현재까지 아
직 비극이 완전히 극복되지 않았다는 평가 때문이리라 짐작된다. 시야를
EU사법의 전개과정으로 넓혀서 지난 40여 년을 되돌아보면 이러한 4개
의 사건을 상징적 사건으로서 꼽은 것에 전적으로 동의할 수 있다. 그렇
다면 이 글은 그중에서도 제1막을 주되게 서술하면서 제2막 내지 제4막
은 달리는 말 위에서 산을 구경하는 식으로 살펴본 셈이다.

가. EU소비자법의 발전

우리는 EU소비자법의 기원이라 할 수 있는 1975년 4월 14일 소비자

---

142) 앞의 주 141에서 언급한 두 개의 규정과 달리 앞의 주 139, 140에서 인용한 두 지
침안은 여전히 입법절차가 진행 중이다. 디지털 콘텐츠 공급계약 지침안의 입법진행상
황은 http://eur-lex.europa.eu/procedure/EN/2015_287(2019.1.14. 최종방문), 온라인판매
지침안의 입법진행상황은 http://eur-lex.europa.eu/procedure/EN/2015_288(2019. 1. 14.
최종방문)에서 각각 확인할 수 있다.
143) C. Twigg-Flesner(주 120), p. 2('a tragedy in four acts').

보호에 관한 이사회결의[144]가 비록 단일시장이라는 EC의 설립목표에 종속하여 나온 것이었지만, EU의 제1세대 소비자보호지침 중 하나는 방문판매지침[145]은 단일시장 목표와 무관하게 제공되었고, 또 여기에서 소비자의 계약철회권과 사업자의 정보제공의무라는, 이후 EU 소비자법에서 줄곧 사용할 2가지 혁신적 장치를 처음으로 입법화하였음을 보았다. 그 뒤로 계속해서 나온 일련의 지침들은 사업자가 제공해야 하는 정보를 점점 늘려갔고, 사업자의 의무위반은 다시 소비자의 계약철회를 정당화하는 근거로 사용되었다.[146] 한편 1986년 성립한 단일유럽의정서[147]가 '높은 수준의 소비자보호'를 천명하면서 소비자보호는 단일시장 목표에 더 이상 종속될 이유는 없게 되었고, 불공정계약조항지침[148]과 소비재매매지침[149]은 철회권/정보제공의무라는 절차적 보호 장치에서 한걸음 더 나아가 실체적 최소기준의 제시를 통한 평준화라는 새로운 길을 열었다. 그렇지만 그 결과, 회원국 사이의 상이한 소비자보호수준은 그대로 남게 되었고, 장기간에 걸쳐서 '점묘적' 지침들이 제정됨으로써 지침 사이에도 소비자 등 기본개념과 구체적 냉각기간 등에서 통일성이 없는 문제점이 발생하였음은 훗날 2006년에 나온 아키 보고서가 잘 보여 주고 있는 바이다.[150]

나. 유럽계약법의 등장

2000년대 들어 최소평준화가 EU의 수평적, 수직적 차원에서 법적 불안정성과 거래비용의 증가를 가져온다는 일련의 보고서가 집행위원회

144) 앞의 주 54.
145) 앞의 주 69.
146) Ⅰ. 4.에서 밝혔듯이, 이 글의 대상을 지침의 대략적 전개과정으로 제한하면서 개별 지침의 구체적 규정의 해석 및 적용과 관련한 판례의 역할을 아쉽게도 거의 다루지 못하였다. 그렇지만 사법재판소도 이른바 '합리적인 주의를 기울이고 제대로 정보를 제공받은 소비자'의 기준을 발전시킴으로써 기여를 하였는데, 이에 관하여는 일단 H. Unberath/A. Johnson, The double-headed approach of the ECJ concerning consumer protection, *Common Market Law Review*, vol. 44(2007) iss. 5, pp. 1237-1284 참조.
147) 앞의 주 75.
148) 앞의 주 84.
149) 앞의 주 86.
150) 앞의 주 103 및 주 23.

를 중심으로 발간되면서 브뤼셀에서는 수평적 완전평준화에 대한 선호가 뚜렷이 나타났고, 여기에 2001년 7월 11일 이후 새롭게 등장한 EU민법이라는 의제[151)에 특히 학계 다수의 뜨거운 관심이 집중되면서 소비자보호는 상대적으로 관심의 대상에서 멀어진 듯하였다. 4년에 걸쳐 6,600페이지 11권으로 완성된 공통참조기준의 학계초안[152)은 전통적 비교법의 성과(유럽계약법원칙[153))와 기존의 EU소비자보호입법의 성과(아키원칙[154))를 통합하는 데 그치지 아니하고 법정채권관계 등에까지 영역을 확장하여 마치 EU민법전 초안의 형식을 갖추었지만, 이러한 확장이 결과적으로는 오히려 추진하는 입장에서는 부담으로 작용하였다. 최소평준화 접근방식의 기존 주요 지침들을 완전평준화 접근방식으로 통합하려했던 소비자권리지침[155)의 좌절은 당시의 상황을 잘 보여 주는 에피소드이다.[156)

다. 유럽공통매매법의 제안

2011년 10월 집행위원회와 유럽의회는 공통참조기준의 학계초안을 수정한 유럽공통매매법을 내용으로 하는 규정안을 새롭게 제안하고[157) 입법화를 추진하는데, 그러면서 법적성질과 인적, 물적 적용범위 양 측면에서 또다시 EU사법에 몇 가지 혁신이 일어났다. 하지만 혁신에도 불구하고 회원국의 반대(특히 보충성의 원칙에 기초한)라는 문턱을 넘지 못하고,

---

151) 유럽계약법 관련 집행위원회의 보고(communication) 중 중요한 것만 꼽더라도 COM(2001) 398 final, COM(2003) 68 final, COM(2004) 651 final 등이 있다.
152) 앞의 주 101.
153) 앞의 주 102.
154) 앞의 주 103 및 주 23.
155) 앞의 주 118.
156) 유럽의회와 이사회에서 무려 3년이란 긴 기간 동안 협상이 진행되었음에도 결국 2개의 지침에 대해서만, 그것도 계약체결 전 정보제공의무와 계약철회권에 대해서만 통일적 규정을 두는 데에 합의하는 초라한 결과에 만족해야 했고, 불공정계약조항지침과 소비재매매지침에 대해서는 아무런 실질적 변경을 가하지 못하였다. 특히 학계에서 완전평준화에 대한 회의 내지 반대가 심하였는데, 당시 저명한 학자 중 애초의 소비자권리지침안을 지지한 이는 E. Hondius, The proposal for European directive on consumer rights: a step forward, *European Review of Private Law*, vol. 18(2010) iss. 1, pp. 103-127 정도이다.
157) 앞의 주 119.

결국 2014년 12월 입법제안을 철회함으로써 약 15년간의 유럽통일민법전의 꿈은 백일몽으로 끝이 났다.

라. 디지털단일시장의 구원?

이제 한동안은 EU사법의 논의가 잠잠해지지 않을까 하는 전망도 있었지만, 2015년 5월 발표된 집행위원회의 새로운 전략(디지털단일시장)에는 EU소비자법의 '현대화'라는 이름의 부활을 알리는 내용이 포함되었고, 현재 관련 지침안의 입법이 진행 중이다.[158] 형식면에서는 CESL과 같은 규정의 형태가 아니라 전통적인 지침의 형태를 취하고 있어서 당사자들의 선택에 따라서 임의로 적용되는 것이 아니라 회원국의 국내입법화를 통해 적용되고, 제한된 분야에 대한 입법지침을 완전평준화의 방식으로 제시하고 있다. 내용면에서는 디지털콘텐츠, 적용범위 등에 관한 CESL(보다 정확히 말하면 유럽의회가 제1독회에서 수정 제안한 내용[159])의 혁신적 규정을 승계하고 있다. 그리고 현재로서는 최근 2~3년간에 나타난 EU소비자법의 2가지 경향, 즉 지침 형식의 소비자보호의 부활과 CESL의 일부 내용 승계의 경향이 당분간 지속되리라고 전망된다.

2. 비판적 시각의 소개

이상의 EU사법(소비자법과 계약법)의 전개에 대하여 EU소비자법의 입장에서 비판적인 견해도 존재하는바, 간략하게 명제화하면 "오늘날 소비자에 대한 이해는 너무 현실과 동떨어져 있고, 완전평준화는 단일시장 명제만을 지나치게 추구하며, 회원국의 정당한 다양성에 대한 관용은 과소하다."[160]고 할 수 있는데, 보다 부언하면 다음과 같다.[161]

가. 국경간 매매의 촉진을 목표로 하는 평준화는 소비자보호의 기본원리나 핵심요소에 대한 검토를 계속해서 외면해왔다(정보제공이 보호의 중심수단이 된 것은 그것이 소비자보호의 핵심요소를 건드리지 않아서 역내

158) 앞의 주 139, 140.
159) 앞의 주 130.
160) G. Howells/C. Twigg-Flesner/T. Wilhelmsson(주 26), pp. 344.
161) G. Howells/C. Twigg-Flesner/T. Wilhelmsson(주 26), pp. 1-45, 325-344 참조.

시장 담론에 보다 적합했기 때문이다). 소비자보호의 기본원리나 핵심요소에 대한 근본적이고도 전면적인 검토는 사업자와 소비자 사이의 리스크 분담에 대한 관념이 역사적, 사회적, 경제적으로 다른 회원국 사이에서 자칫 균열을 발생시킬 위험이 있음에도 불구하고, 이를 더 이상 외면해선 안 되는 이유는 리스크 분담이야말로 진정한 소비자보호 모델의 핵심 문제이기 때문이다. 리스크를 소비자와 사업자 사이에서 어떻게 분배하느냐는 회원국마다 입장이 다를 수 있지만, 바로 이러한 차이를 현재의 수용 가능한 한도 안에서 관리하여야할 역할이 EU에게는 있다. 오늘날 소비자가 기대하는 보호수준에 부합하는 방향으로 EU차원의 통합을 강화하려면 역내시장이란 목표는 소비자보호의 요청과 균형을 이루어야 한다. 물론 규제영역에 따라서는 가령 기술적 평준화와 같은 완전평준화가 요구되는 영역이 있는 것이 사실이긴 하지만, 그렇다고 회원국 고유의 사회적, 문화적 가치가 엄연히 따로 있는데도 이와 상충하는 획일적 가치를 강요하는 EU소비자정책은 바람직하지도, 지속가능하지도 않다.

나. 소비자는 합리적 이성을 가진 존재이지만, 그렇다고 언제나 합리적인 결정을 내리는 것은 아니며, 이와 관련하여 법학은 행동경제학과 인지심리학의 성과를 수용하여야 한다. 법률상 보호되는 소비자란 일부 '연약한' 소비자가 아니라 '모든' 소비자다. 소비자보호는 종국적으로 사업자의 이익과 배치되지 않으며, 강화된 EU소비자기준은 EU브랜드의 경쟁력 강화로 이어지고, EU 이외의 지역에서도 모델로 수용될 것이다.

다. 소비자보호의 원칙으로는 먼저 소비자거래의 모든 단계에서 공정성이 보장되어야 함을 들 수 있는바, 이미 현행 EU소비자보호지침들 안에 굳건히 자리하고 있는 공정성의 관념을 계약의 체결, 내용, 분쟁해결의 모든 단계에서 실현하여야 한다. 소비자법은 공법과 사법의 균형적이고도 효율적인 결합이어야 하고, 소비자사법의 경우는 이를 민법의 일탈로 취급해서는 안 되는데, 서로 전제하는 상황이 상이하기 때문이다(교섭력의 대등/편중, 교섭한/교섭하지 않은 계약조건). 회원국의 국내입법이 완비되었거나 그 법문화를 존중해야 하는 경우 또는 EU법과 회원국 국

내법의 조화가 요구되는 경우는 지침 형식이 장점이 있다. 반면에 국내
법과의 조화보다는 효율성이 중요하거나 EU차원에서 상세한 규정이 필요
한 경우 또는 회원국의 국내입법이 없거나 미비한 경우라면 규정 형식이
오히려 강점을 갖는다.

3. 전 망

가. 일반적으로 전망하듯이, 디지털 의제는 당분간 계속될 것이다.
현재 진행 중인 디지털콘텐츠 공급계약 지침안과 온라인매매 지침안의
입법절차는 계속 진행될 것이고, 그 과정에서 새로운 혁신이 일어날 것
이 예견된다(가령 디지털콘텐츠의 공급계약은 대부분 자동적으로 일어나고
온라인 물품 구매는 보통 비대면 거래라서 구체적인 성상의 합의가 어려운
데, 이런 사안에 대하여 전통적인 의사합치 이론이나 주관적 하자 개념은 어
떻게 대응할 것인가 등등). 현재의 지침안의 내용만 보더라도 오프라인매
매에 적용되는 소비재매매지침의 그것보다 소비자에게 유리한 규정이 포
함되어 있는데(가령 온라인매매 지침안 제11조는 물품인도의 경미한 지연만
으로 해제를 허용한다[162]), 만약 이 상태로 입법화가 된다면 소비자의 입
장에서는 오프라인매매보다 온라인매매의 경우가 보다 유리할 것이고, 이
를 통하여 온라인매매의 촉진이라는 정책적 목표가 달성될 수 있다.

한편 디지털콘텐츠 공급계약이나 온라인매매의 경우와 달리 온라인
플랫폼이나 공유경제에 대해서는 집행위원회가 아직까지는 유보적인 태
도를 취하면서 새로운 지침의 제정보다는 기존법의 활용에 집중하는 형
상이다. 가령 온라인 플랫폼에 관한 보고에서 집행위원회는 우선적으로
무엇이 문제인지를 먼저 확인한 다음에 확인된 문제를 기존법으로 처리

---

162) 이에 대한 비판으로는 이미 ELI, Statement of the European Law Institute on
the European Commission's proposed Directive on the supply of digital content to
consumers COM(2015) 634 final(2016.6.)(http://www.europeanlawinstitute.eu/fil-
eadmin/user_upload/p_eli/Publications/ELI_Statement_on_DCD.pdf(2019.1.14. 최종방
문)), pp. 27-28. EU이사회도 동조와 관련하여서 해제를 제한하는 수정안을 제시한 상황
이다. http://data.consilium.europa.eu/doc/document/ST-8800-2017-INIT/en/pdf(2019. 1. 14.
최종방문), p. 22 참조.

할 수 없는지도 따져보아야 한다는 신중한 입장을 밝혔다.[163] 또 공유경제에 관한 보고에서도 기존의 전자상거래지침이나 지적재산권 이용허가(라이선스)의 법리로 처리할 수 있는 경우가 있는데, 이런 경우인지 아닌지는 플랫폼이 최종가격을 어느 정도 결정할 수 있는지, 이용자와 제공자 사이 계약의 주요조항의 내용이 어떠한지, 플랫폼이 서비스 제공에 이용되는 주요 자산을 소유하는지 등에 따라 판단할 수 있다고 하면서도[164] 전반적으로 신중한 입장이다. 그러므로 디지털 의제가 가까운 시일 안에 4차 혁명과 관련한 모든 영역에서 새로운 입법을 요구할 것으로 보이지는 않지만, 중장기적으로 보면 디지털 서비스의 보안이나 개인정보의 처리 등과 같이 디지털단일시장 보고서[165]에 등장한 나머지 주제에 대한 조치(새로운 입법 혹은 기존 입법에 대한 보완)가 취해질 것이라 전망할 수 있다.[166]

나. 한편 집행위원회는 2015년도 4사분기부터 2017년도 2사분기까지 기존 소비자보호지침 중 일부(불공정거래관행, 불공정계약조항, 소비재매매 등)에 대한 평가 및 검토 작업(REFIT)을 집중적으로 수행하였다.[167] 작업계획서에 해당하는 '평가 및 적합성 체크 로드맵'이란 제목의 문서에 따르면 대상 지침의 '유효성, 효율성, 일관성, 적합성, EU부가가치를 분석'

---

163) Communication on Online Platforms and the Digital Single Market – Opportunities and Challenges for Europe, COM(2016) 288/2, p. 5.

164) Communication on a European Agenda for the Collaborative Economy, COM(2016) 356 final, pp. 6–8.

165) 앞의 주 135.

166) ELI(주 162)도 참조.

167) 본래 REFIT은 2010년 집행위원회의 보고 Smart Regulation in the European Union, COM(2010), 543 final에서 처음으로 도입되어(http://eur-lex.europa.eu/LexUriServ/LexUriServ.do?uri=COM:2010:0543:FIN:EN:PDF(2019.1.14. 최종방문)) 2013년 첫 보고서가 나왔는데, 당시에는 소비자보호와 식품이 한 항목으로 함께 묶여서 23개 항목 중 하나로 다루어졌다. Commission Staff Working Document, Regulatory Fitness and Performance Programme(REFIT): Initial Results of the Mapping of the Acquis, SWD(2013) 401 final(http://ec.europa.eu/transparency/regdoc/rep/10102/2013/EN/10102-2013-401-EN-F1-1.PDF(2019. 1. 14. 최종방문)), pp. 115–124 참조.

하는 데에 그 목적이 있다고 한다.[168] 이처럼 정기적인 입법평가는 법령의 유효성 등을 유지하는 데에 기여할 것이고, 현실과 법령이 유리되는 사태를 미연에 방지할 수 있다는 일반적인 의의뿐 아니라 특히 장기간에 걸쳐서 좁은 영역을 대상으로 제정된 EU소비자보호지침의 경우에는 다른 시기에 만들어지거나 대상영역이 중복 혹은 인접한 지침 사이의 상충을 찾아내서 개선하도록 한다. 2017년도 중반에 끝난 REFIT의 결과가 공개되거나 이에 기초한 법령개정이 공식적으로 추진되지는 않았지만, 그 결과 여하에 따라서는 장래에 기존 지침에 대한 손질이 이루어질 수 있다는 전망도 가능하다.

　다. EU소비자법은 전통적으로 사법(특히 계약법)과 일부 행정법(주로 경찰행정법)이었는데, 디지털콘텐츠의 거래가 늘어나면서 지적재산권, 또 프라이버시가 문제되면서 형사법과 공법(헌법)으로 영역이 확대될 전망이다. 또한 소비자 개념의 확대로 중소기업이 들어오고 그 결과 B-C거래뿐 아니라 일부 B-B거래도 규율대상이 됨에 따라서 소비자법을 유상(有償)거래법으로 확대하려는 움직임(유럽거래법의 제정을 향한)이 최근 프랑스와 독일의 법조계와 학계가 합작하여 활발하게 추진되고 있음도 주목된다.[169] 여기서 거래법이라 함은 상행위법, 전자상거래법, 회사법, 담보법,

---

168) Evaluation and Fitness Check Roadmap(http://ec.europa.eu/smart-regulation/road-maps/docs/2016_just_023_evaluation_consumer_law_en.pdf(2019.1.14. 최종방문))

169) 그간의 경과를 간략하게 살펴보면, 먼저 프랑스 쪽에서 앙리 카피땅 협회가 대륙법재단의 후원과 파리변호사회 및 프랑스변호사협회의 지원을 받아 2016년 10월 4일 파리 소재 프랑스변호사협회회관에서 개최했던 학술행사에서 발표된 논문들은 M. Bacache *et al.*, *La construction européenne en droit des affaires: acquis et perspectives*(LGDJ, 2016)로 발간되었다. 서문은 프랑스의 전직 대통령 지스카르 데스탱이 썼고, 프랑스와 독일 필자 1인씩이 거래법을 구성하는 각 법영역별로 현재 EU법의 상태와 전망을 서술하였다. 2018년 3월 12일에는 프랑스와 독일의 정부대표가 만나 양국이 서로 함께 동일한 규율이 기업에 적용되는 통합된 경제공간을 만들기로 합의하고(2019년 1월 22일 아헨에서 양국간 새로운 우호조약이 체결될 예정이다), 양국의 입법기관은 공통의 거래법을 제정하여 양국간 거래를 증진하기로 결의하였다. 2018년 12월 21일 독일 자알란트 주 헌법기념일 행사장에서는 양국 참석자들이 유럽공통거래법의 제정을 요구하는 자브뤼켄 선언을 채택하였고, 2019년 1월 17일 파리변호사협회 佛獨위원회 주최로 학술행사가 열린다. 관련 홈페이지 http://www.codeeuropeendesaffaires.eu(2019. 1. 14. 최종방문).

강제집행법, 도산법, 은행법, 보험법, 자본시장법, 지적재산법, 사회법, 조세법 등 12개 법분야를 지칭하는 것으로서 미국의 통일유상거래법(Uniform Commercial Code)과 아프리카사법통일협약기구(OHADA)의 통일법 모델에서 출발하지만 그보다 영역은 넓다고 할 수 있다.

4. 소 회

디지털단일시장이 의제가 설정되면서 흥미롭게도 이전 단계의 주요한 요소들이 공존하고 있는바, 즉 제2단계의 논리(역내시장에 대한 신뢰 제고로 소비 증대)로 제3단계의 형식(국내입법이 필요한 지침)을 갖추고 제4단계의 내용과 접근방식(DCFR-CESL과 완전평준화)을 승계하는 양상이다.

현재의 상황을 제5단계로 규정하긴 했지만, 흥미롭게도 그 안에는 이전 단계의 주요한 성과들이 그대로 남아서 공존하고 있다고 평가할 수 있다. 즉, 제2단계의 논리 내지 목적(역내단일시장에 대한 신뢰를 제고함으로써 소비를 증대), 제3단계의 입법형식(국내입법이 필요하고 또 가능한 지침 형식의 유지), 제4단계의 내용과 접근방식(DCFR에서 CESL로 이어지는, 그리고 완전평준화의 선호)이 변화된 디지털 환경에서도 여전히 지속되고 있다. 유럽법문화가 가지는 승계와 혁신(溫故而知新)의 저력이 이런 것인가 싶다.

"결국 우리 모두가 소비자다!" 케네디의 이 역사적 선언에서 시작되어 유럽에서 지난 수십 년간 전개되어온 일련의 흐름을 보면 특수에서 일반으로, 다시 일반에서 특수로 나아가는 독일 관념론의 변증법이 떠오르고[170] 소비자법과 상법, 그리고 민법의 관계를 어떻게 볼 것인가를 새삼 다시 생각한다.[171] 또한 EU 집행위원회와 이사회, 유럽의회와 사법재

---

170) 가령 사비니의 법이론에 대한 당시 관념론의 영향에 관하여는 J. Rückert, *Idealismus, Jurisprudenz und Politik bei Friedrich Carl von Savigny*(Vittorio Klostermann, 2019 복각; 원판 Rolf Gremer, 1984) 참조.

171) 일찍이 19세기 말 당시 제정된 독일민법(BGB)에 대하여 오토 프리드리히 폰 기에르케는 '사회적 기름=요소의 고려'이 몇 방울(Tropfen sozialen Öls)'밖에 들어 있지 않은 비현실적인 규범이라고 비판하였다. O. v. Gierke, *Die soziale Aufgabe des Privatrechts*(2. Aufl.)(Vittorio Klostermann, 1948 복각; 초판 Springer, 1889), S. 10.

판소, 그리고 학계와 실무계의 끊임없는 토론과 제안, 反제안을 보면서
좋은 입법이란 과연 어떠한 조건에서 가능한지, 우리의 현실은 어떤지도
自問해 본다.

[Abstract]

The Evolution of EU Consumer Protection Directives

Lee, Joon Hyong*

This paper argues that the study of EU's long and hard experiences concerning consumer protection directives could help us in improving commercial, legislative practices as well as progressing comparative law theories. A consumer deserves legal protection not only for imbalance of information but for lack of bargaining experiences. The idea of consumer protection, first openly declared in John F. Kennedy's epochal letter on March 1962, came over the Atlantic and has blossomed in Europe since the mid-1970's.

Whilst Many previous studies divide the evolution of the EU consumer protection directives into four periods, here is tried the division into five steps: the 1st one(1957—1975), the 2nd one(1975—1986), the 3rd one(1985—2000), the 4th one(2001—2014) and the 5th one(2015—present). The European Union, formerly the European Community, whose aim was initially set to realize a Single Internal Market throughout Europe, had had no bit of any consumer agenda(the 1st step), until the Council agreed to a resolution on consumer protection and information policy on February 1975(beginning of the 2nd step) and European Court of Justice decided to raise the consumer protection policy up to the status next to the Single Internal Market aim in the Cassis de Dijon case in 1979. During the transition period from the 2nd to the 3rd step, the 1st generation system of protective measures, characterized by a consumer's right of withdrawal and a seller's duty of information, had rapidly been established in the form of directions; there were sufficient reasons for preference to the form amongst various types of

* *Dr. iur.*, Professor, School of Law, Hanyang University.

EU legal sources.

The stipulation of consumer protection agenda was fulfilled in the 1986 Single European Act(art. 100a), which meant the opening of the 3rd period that produced the 2nd generation of directives, most of which took a piece-meal('pointillist') approach for the minimum harmonization of the Member States' laws. The 4th step, beginning with the New Millenium's Lisbon Treaty, had two distinct features: one was the gradually rising preference to horizontal maximum (or full) harmonization of Brussels; the other the zeal-causing proposal for a European Civil Code. Both resulted in something anyway; that in the 2008 Consumer Rights directive, this in 2008–2009 DCFR as well as 2011–2014 CESL; unfortunately, both came to 'Much ado about nothing.'

The 2014 power change in Brussels transposed the stage to the 5th one. This time, it is Digital Single Market that was largely written on the billboard. Carefully and impartially observed, however, the main achieve-ments of the previous steps admittedly remain functioning firmly: they are the 2nd stage's logic(consumption promoting via strengthening confidence on the internal market), the 3rd stage's form(directives with transposition in-cumbent on every Member State to perform) and the 4th stage's content as well as approach(DCFR-CESL and maximum harmonization).

Not surprisingly, some of literature criticize that the Brussels men only cling to (now: Digital!) Single Market aim, that the image of consumers un-derlying rules seems too far from reality, that confusing and misleading are the choices of rule forms between directive/regulation, that EU law is suffer-ing from lack of principles and essential concepts, etc. As for now, it is reasonable to say that the current tendencies in EU will continue for the present, as the new stage has just begun on one hand, and no cause for a drastic change is visible on the other. All the concrete works listed in the new Commission's Work Programmes 2015 are probably expected, sooner or later, to be called on to the stage. Last but not least, interestingly note-worthy as well is the French-German cooperative movement for European Business Law.

[Key word]

- consumer protection
- European Union/European Community(EU/EC)
- Treaty on European Union/Treaty on the Functioning of the European Union(TEU/TFEU)
- EU Commission
- European Court of Justice(ECJ)
- directive
- regulation
- minimum harmonization/full harmonization
- Draft Common Frame of Reference(DCFR)
- Common European Sales Law(CESL)

참고문헌

김윤정 외,『EU의 경쟁/소비자법·제도 및 사건처리절차 연구』, 공정거래위
　　원회, 2015. 11.
김재영,『EU 소비자법제 연구』, 한국소비자원, 2015. 9.
김정곤,『EU 디지털 단일시장 전략의 평가와 시사점』, KOTRA, 2017. 8.
박영복 편집대표,『EU사법(Ⅲ)』, 한국외국어대학교 지식출판원, 2007. 2.
변지영,『EU사법재판소(CJEU)와 유럽인권재판소(ECtHR)에 관한 연구』, 대법
　　원사법정책연구원, 2016. 8.
올 란도, 휴 빌(김재형 옮김),『유럽계약법 원칙 제1·2부』, 박영사, 2013.
하경효 대표번역,『보통유럽매매법』, 세창출판사, 2014.

고형석, "디지털콘텐츠거래와 청약철회권", 재산법연구 제34권 제1호(2017. 2.),
　　pp. 231-272.
김세준, "유럽연합 디지털콘텐츠계약 지침안에 따른 계약적합성 문제", 소비
　　자법연구 제3권(2017. 9.), pp. 187-212.
김진우, "DCFR과 유럽소비자계약법: 우리 민법학에의 시사점을 덧붙여", 외법
　　논집 제33권 제4호(2009. 11.), pp. 35-73.
박영복, "유럽계약법원칙 제3부" 외법논집 제15권(2003. 12.), pp. 185-231.
박종삼, "국경간 전자상거래에서 소비자 분쟁해결을 위한 EU의 ODR 해석
　　론", 전자무역연구 제15권 제4호(2017. 11.), pp. 99-125.
박희호, "유럽공통매매법(CESL)을 통해서 본 디지털콘텐츠 거래의 규율방향에
　　관한 연구", 외법논집 제39권 제4호(2015. 11.), pp. 117-138.
서종희, "매수인의 추완청구권과 매도인의 추완권 사이의 이익균형: 독일 연
　　방대법원 판결 및 유럽사법재판소 판결을 중심으로", 재산법연구 제34
　　권 제3호(2017. 8.), pp. 32-65.
송혜진, "국경을 넘는 소비자계약을 위한 소비자·사업자개념의 통일적 정의:
　　국제계약법·EU지침·유럽 각국의 입법례를 중점으로", 동아법학
　　(2017. 8.), pp. 165-197.
이창재, "항공기 연착과 Regulation(EC) No. 261/2004의 적용기준: 영국

Royal Courts of Justice의 Emirates 사건을 중심으로", 한국항공우주정책·법학회지 제32권 제2호(2017. 12.), pp. 3-29.

주강원, "소비자 분쟁의 해결을 위한 유럽의 ODR 법제의 발전과 현황", 강원법학 제50호(2017. 2.), pp. 771-800.

庄司克宏,『はじめてのEU法』, 有斐閣, 2016.

鹿野菜穂子, 「EU消費者法の展開」, 社会科学研究年報(龍谷大学) 40号(2010), 43-54頁.

角田光隆, 「EU消費者法: 契約法に關する消費者指令を巡って(3)」, 信州大學法學論集 第16號(2001), 95-158頁.

升田純, 「製造物責任法の制定と比較法的檢討」, 『裁判實務大系(30)』(青林書院, 1996), 1-30頁.

M. Bacache et al., *La construction européenne en droit des affaires: acquis et perspectives*, LGDJ, 2016.

C. von Bar/E. Clive/H. Schulte-Nölke(eds.), *Principles, Defintions and Model Rules of European Private Law, Draft Common Frame of Reference(DCFR), Interim edition*, Sellier, 2008.

C. von Bar/E. Clive(eds.), *Principles, Definitions and Model Rules of European Private Law, Draft Common Frame of Reference(DCFR)*, 6 vols., Sellier, 2009; OUP, 2010.

J. Basedow/K. Hopt/R. Zimmermann(eds.), *The Max-Planck Encyclopedia of European Private Law* vol. 1, OUP, 2012.

T. Bourgoignie/D. Trubek, *Consumer Law, Common Markets and Federalism*, De Gruyter, 1987.

Committee on the Establishment of a Permanant Organization for Improvement of the Law, *Report of the Committee on the Establishment of a Permanent Organization for the Improvement of the Law proposing the establishment of an American law institute*, Proceedings of the American Law Institute, vol. 1, pt. 1(1923).

I. Claeys/R. Feltkamps(eds.), *The Draft Common European Sales Law:*

Towards an Alternative Sales Law?, Intersenta, 2013.

M. Ebers, *Rechte, Rechtsbehelfe und Sanktionen im Unionprivatrecht*, Mohr Siebeck, 2016.

H. Ficker/D. König/K. Kreuzer/H. Leser/W. Frhr. Marschall v. Bieberstein/ P. Schlechtriem(eds.), *Festschrift für Ernst von Caemmerer*, Mohr Siebeck, 1978.

O. v. Gierke, *Die soziale Aufgabe des Privatrechts*(2. Aufl.), Vittorio Klostermann, 1948[복각본](원판본 Springer, 1889).

K. Gutman, *The Constitutional Foundations of European Contract Law: A Comparative Analysis*, OUP, 2014.

A. Hartkamp/M. Hesselink/E. Hondius/C. Mak/E. du Perron(eds.), *Towards a European Civil Code*(4th ed.), Kluwer Law International, 2011.

G. Howells/R. Schulze(eds.), *Modernising and Harmonising Consumer Contract Law*, Sellier, 2009.

G. Howells/C. Twigg-Flesner/T. Wilhelmsson, *Rethinking EU Consumer Law*, Routledge, 2018.

G. Kegel/K. Schurig, *Internationales Privatrecht*(9. Aufl.), C.H.Beck, 2004

O. Radley-Gardner/H. Beale/R. Zimmerman/R. Schulze(eds.), *Fundamental Texts on European Private Law*(2nd ed.), Hart, 2016.

K. Riesenhuber, *System und Prinzipien des Europäischen Vertragsrecht*, De Gruyter, 2003.

J. Rückert, *Idealismus, Jurisprudenz und Politik bei Friedrich Carl von Savigny*, Vittorio Klostermann, 2019[복각본](원판본 Rolf Gremer, 1984).

U. Schroeter, *UN-Kaufrecht und Europäisches Gemeinschaftsrecht: Verhältnis und Wechselwirkungen*, C.H.Beck, 2005.

H. Schulte-Nölke/C. Twigg-Flesner/M. Ebers(eds.), *The EU Consumer Law Compendium: The Consumer Acquis and its transposition in the Member States*, Sellier, 2007.

R. Schulte/F. Zoll, *European Contract Law*(2nd ed.), Nomos, 2018.

C. Twigg-Flesner(ed.), *EU Consumer and Contract Law*, Edward Elger, 2016

S. Weatherill, *EU Consumer Law and Policy*, Edward Elgar, 2005.

H. Beale, The Story of EU Contract Law: from 2001 to 2014, in Twigg-Flesner(ed.), *EU Consumer and Contract Law*, Edward Elger, 2016, pp. 431−462.

S. Grundmann, Verbraucherrecht, Unternehmensrecht, Privatrecht: warum sind sich UN-Kaufrecht und EU-Kaufrechts-Richtlinie so ähnlich?, *Archiv für civilistische Praxis* 202(2002), 40−71.

E. Hondius, The proposal for European directive on consumer rights: a step forward, *European Review of Private Law*, vol. 18(2010) iss. 1, pp. 103−127.

N. Jansen/R. Zimmermann, General introduction, in: N. Jansen/R. Zimmermann(eds.), *Commentaries on European Contract Laws*, OUP, 2018, pp. 1−18.

T. Keiser, Pflichten im Rückgewährschuldverhältnis und Schadenersatz wegen Sachmangels: Konsequenzen der neueren Rechtsprechung zu § 439 I BGB, *Neue Juristische Wochenschrift* 2014, 1473−1478.

S. Lorenz, Ein- und Ausbauverpflichtung des Verkäufers bei der kaufrechtlichen Nacherfüllung, *Neue Juristische Wochenschrift* 2011, 2241−2245.

P. Rott, The Quelle case and the potential of and limitations to interpretation in the light of the relevant directive, *European Review of Private Law*, vol. 16(2008) iss. 6, pp. 1119−1130.

H. Unberath/A. Johnson, The double-headed approach of the ECJ concerning consumer protection, *Common Market Law Review*, vol. 44(2007) iss. 5, pp. 1237−1284.

집단소송법제에 대한 비판적 검토와 개선 방향*

■요   지■

    오늘날 세계 각국에서는 집단분쟁을 효율적으로 해결하기 위해 새로운 분쟁해결시스템에 관하여 많은 관심을 기울이고 있으며, 일부 국가에서는 집단적 권리구제제도를 선도적으로 실행하고 있기도 있다. 그렇지만 어떠한 제도도 완벽한 모습을 보이고 있지는 않다.

    자국의 법체계에 상응하는, 효율적인 집단분쟁해결방안을 마련하기 위한 논의에서 가장 중요한 출발점으로 삼아야 하는 것은 개인의 권리구제 내지 권리실현의 효율성뿐 아니라 사법제도의 원활한 기능 유지에 대한 고려이다. 이러한 목표를 위해서는 피해자가 소송의 주체로서 자신의 권리실현에 적극적으로 나섬과 동시에 가능한 한 소송절차는 가장 단순한 형태로 유지되어야 하며, 공통된 사실상·법률상 쟁점을 가진 사건에서 중복되거나 반복되는 증거조사가 행해지는 것도 또 모순된 소송결과가 나오는 것도 막아야 한다.

    이에 상응하는 제도로서 고려해 볼 수 있는 것은 공통된 사실상·법률상 쟁점에 관하여 먼저 확인을 구하고 이를 바탕으로 각 개인이 구체적인 손해배상을 구할 수 있는 대표소송제도이다. 이 제도는 특정분야에 한정되지 않고 원칙적으로 집단분쟁이 발생할 수 있는 모든 분야에 적용되는 것이 바람

---

* 이 논문은 2018년 8월 25일에 개최된 제41회 민사판례연구회 하계 심포지엄 "소비자법의 새로운 전개"에서 발표한 내용이며, 수정·보완 후 2018년 11월 30일 발행 "민사소송 제22권 제2호"(한국민사소송법학회)에 게재되었다.
** 법학박사, 서울대학교 법학전문대학원 교수.

직하므로 특별법이 아니라 민사소송법 내의 일반제도로서 정립되어야 한다. 다만, 대표소송절차가 일반 민사소송절차에 비하여 특별절차로서의 성격을 가진다는 점을 고려하여 대표소송의 지정, 사실상의 쟁점에 관한 확인판단, 관련당사자의 참가, 소송절차의 중지, 참가자와 후속법원에 대한 효력과 소송비용 등 특징적인 내용에 관하여서는 별도의 명시적인 규정이 필요하다. 그리고 대표소송제도에서는 공통된 사실상·법률상 쟁점에 관하여 법원이 먼저 확정하면 이를 바탕으로 구체적인 손해배상에 관하여 합리적인 화해나 조정의 성립가능성이 커져 합의에 의한 분쟁해결이 추구될 수 있다는 점에서 또 다른 의미를 찾을 수 있다.

[주제어]
- 집단분쟁
- 대표당사자소송
- 단체소송
- 대표소송 옴부즈만
- 공통된 사실상 법률상 쟁점

I. 들어가며

현대사회는 대량생산과 대량소비로 인한 많은 문제들에 직면하고 있는데, 그중 사법분야에서는 집단적으로 분쟁이 발생하는 경우가 많아지고 있다. 이동통신사의 개인정보유출·유용사건에서부터 신축아파트 하자로 인한 입주민과 건설사간의 분쟁, 가습기 살균제 사건에 이르기까지 다양한 분야에서 대규모 분쟁들이 지속적으로 발생하고 있는 것이다. 이처럼 대규모 분쟁이 발생함에 따라 이들을 보다 효율적으로 해결하기 위한 방안에 관한 관심도 커지고 논의 또한 활발히 행해지고 있다. 다수당사자소송과 같은 기존의 민사소송법 내의 제도로는 대규모 분쟁을 효율적으로 해결하는 데에 한계가 있다고 판단하여 특별법을 통하여 소비자단체소송이나 증권관련집단소송제도를 도입하기도 하였고, 근래에는 소비자 권익보호를 위한 집단소송법안들이 발의되고 있다. 이 법안들은 집단소송의 대상을 증권분야로 한정하지 않고 폭넓게 확대하여 집단적인 소비자 피해를 효율적으로 구제하기 위해 대표당사자나 단체가 나서서 손해배상을 구하는 것을 주된 내용으로 하고 있다.

이하에서는 집단적인 분쟁을 효율적으로 해결하기 위해서는 어떠한 원칙에 따라 어떠한 방향으로 제도를 개선해 나가는 것이 바람직한지에 관하여 살펴본다. 그 전제로서 기존 제도와 집단소송법제에 대한 국내외의 논의를 살펴보고, 이를 바탕으로 새로운 제도의 도입과 그 구체적인 모습에 관하여 검토한다.

II. 집단분쟁해결을 위한 현행 제도의 한계

1. 민사소송법 내의 제도

전통적으로 민사소송법은 분쟁 당사자가 다수인 경우에 원활한 소송수행을 위하여 다양한 제도를 마련해 두고 있다. 우선 다수자가 단체를 형성하는 경우에는 민법상 권리능력이 인정되지 않는 비법인에 대해서도 소송상으로는 원고나 피고가 될 수 있도록 하며($^{민사소송법}_{제52조}$), 공동의 이해관계를 가지는 다수가 비법인을 형성하지 않는 경우에는 당사자가 될 사람을 선정하여 소송절차가 복잡해지지 않도록 선정당사자제도를 인정하고 있다($^{민사소송법}_{제53조}$). 그리고 공동소송이나 소송참가를 통해 다수의 자가 함께 소송을 수행할 수 있는 가능성도 열어 두고 있다.

그런데 이러한 제도들은 집단을 형성하는 다수의 피해자들이 손쉽게 이용하기에는 한계를 가지고 있다. 우선 당사자가 되기 위해서는 비법인에 해당하거나 또는 소송수행권의 부여와 같은 선정행위가 반드시 있어야 한다. 다수의 피해자가 선정당사자제도를 이용하지 않고 자신의 청구권을 1명 또는 여러 명에서 양도하여 이들이 당사자로서 소를 제기하도록 하는 것은 소송수행을 목적으로 하는 소송신탁이 금지되기 때문에($^{신탁법}_{제6조}$) 이용할 수 없다. 그리고 일정 수 이상의 많은 피해자들이 공동소송이나 소송참가의 형태로 소송을 수행하는 것은 소송절차의 복잡성 때문에 그리 효율적이지 않다. 특히 피해자가 수백 명이나 수천 명에 이르는 경우에는 더욱 그러하다.

그 외에도 법원이 주도적으로 다수의 소송을 묶는 변론의 병합제도도 있지만 이는 당사자 수가 적은 분쟁에서는 의미를 가지나 수가 많은 경우에는 실제로 사용하기 어렵다.[1]

2. 단체소송제도와 증권관련 집단소송제도

다수의 피해자가 발생한 경우, 그 권리실현에 민사소송법 내의 제도를 이용하기에는 한계가 있다는 점 때문에 민사소송법이 상정하고 있는 전통적인 소송형태와는 다른 새로운 분쟁해결방안으로서 단체소송제도와 집단소송제도가 특정분야에 도입되었다. 그런데 이 두 제도 모두 아래에

---

1) 미국에서는 사실상 쟁점이 공통되는 복수의 소송이 여러 지역에서 계속하는 경우, 상호 모순되는 결과가 나오는 것을 방지하기 위해 변론 전 절차를 특정법원이 병합하여 처리하는 MDL(multidistrict litigation, 광역소송절차)이 인정되고 있다. 이에 관한 상세한 내용은 김경욱, 집단분쟁해결을 위한 새로운 민사소송제도의 도입에 관한 소고, 민사소송, 제17권 제2호, 296면 이하 참조.

서 보듯이, 효율적인 피해구제제도로서는 한계를 가지고 있다.

가. 단체소송제도

현재 단체소송제도로는 소비자기본법의 단체소송과 개인정보보호법의 단체소송이 인정되고 있다.

소비자 단체소송은 독일의 단체소송(Verbandsklage)을 모델로 하여 2006년 도입된 제도로서 소비자기본법 제70조 내지 제76조에서 규정하고 있다. 소비자단체 등이 법원의 허가를 얻어 기업을 상대로 소비자권익침해행위의 금지나 중지를 구할 수 있는 이 제도는 2008년 1월 1일부터 시행되었지만 지금까지 법원에 의해 허가된 경우는 극히 소수에 불과하다. 최초의 단체소송은 2008년 7월 '소비자시민모임' 등 4개의 소비자단체가 하나로텔레콤 회사를 상대로 고객정보 무단 제공을 이유로 제기한 단체소송으로서 2008년 10월 법원의 허가를 얻었다.[2] 그 후 한국소비자연맹이 2015년 분실교통카드의 잔액 환불과 관련하여[3] 그리고 2016년 이동통신사를 상대로 단체소송[4]을 제기하여 법원의 허가를 얻은 정도이다. 2016년 한국전력공사를 상대로 제기한 누진제 폐지를 청구하는 단체소송에 대해서는 법원의 허가를 얻지 못하였다.[5]

소비자권익보호를 위해 도입한 소비자 단체소송이 이처럼 그 역할을 제대로 하지 못하고 있는 것은 무엇보다도 제도 설계 단계에서 제도 남

---

2) 이 소송은 2009년 1월 하나로텔레콤의 후신인 SK브로드밴드가 문제가 된 약관을 수정함에 따라 원고가 소를 취하함으로써 종결되었다.

3) 1심(서울중앙지법 2017. 7. 18 선고 2015가합27137 판결)과 2심(서울고등법원 2018. 6. 5. 선고 2017나2040809 판결)에서 모두 패소하였으며, 상고 예정 중이라고 한다, https://cuk.or.kr/information/05_view.asp?no=2&page=1&area=서울&keyword=&ord_mode=newest(검색일: 2018. 7. 16.).

4) 2015년 이동통신 3사를 상대로 불공정한 계약해지권, 청약철회 약관에 관하여 단체소송을 제기한 것인데, SKT에 대해서는 1심과 2심 모두 패소하고 현재 대법원에 계류 중이며, KT와 LG U+에 대해서는 2017년 1심 패소 후 항고 중이다. https://cuk.or.kr/information/05_view.asp?no=2&page=1&area=서울&keyword=&ord_mode=newest(검색일: 2018. 7. 16.).

5) 이 불허가결정에 대한 재항고는 2018년 6월 기각되었다, https://cuk.or.kr/information/05_view.asp?no=2&page=1&area=서울&keyword=&ord_mode=newest(검색일: 2018. 7. 16.).

용에 대한 우려가 지나치게 반영되었기 때문이며, 또 제도 자체가 안고 있는 내재적 한계 때문이다.[6]

우선 제도 남용에 대한 지나친 우려로 원고 적격을 가지는 단체를 매우 제한하여 인정하고 있으며,[7] 여기에 더해 소 제기에 법원의 허가까지 요구함으로써 실제로 단체소송이 행해지기 어렵게 설계되어 있다. 그리고 단체소송의 대상을 금지와 중지를 구하는 부작위청구로만 제한하고 있는 것은 제도 자체가 가지는 한계이기도 하다. 예컨대, 소비자의 권익을 침해하는 내용의 약관이 단체소송에 의해 삭제되거나 개정되어 소비자의 권익침해요소가 사라졌다 하더라도 당해 약관에 의해 그동안 개별 피해자가 입은 피해를 구제받기 위해서는 별도로 소비자 개인이 손해배상청구의 소를 제기하여야 한다. 이 때문에 단체소송제도가 소비자의 실질적인 피해 구제에 별 도움이 되지 못한다는 비판을 받고 있는 것이다.

개인정보보호법에 의하여 2011년 9월 30일부터 시행되고 있는 개인정보 단체소송 역시 소비자 단체소송과 유사한 문제점과 한계를 안고 있어 실제로 단체소송이 행해진 적이 없으며, 상징적인 의미만을 가지고 있는 상황이다.

나. 증권관련 집단소송제도

이 제도는 미국의 class action을 모델로 2004년 증권관련집단소송법에 의해 도입된 것으로서[8] 유가증권의 거래과정에서 다수의 집단적인 피해자가 생긴 경우 법원의 허가를 얻어 그중 1인이나 수인이 대표당사자로 나서서 피해자집단의 구성원 전원을 위하여 소송을 수행하는 손해배상청구소송이다.

2005년 1월 1일 이 제도가 시행된 이래 실제 집단소송절차가 진행

---

6) 소비자단체소송제도의 문제점에 관하여서는 김상찬, 소비자단체소송제도의 문제점과 개선방안, 민사소송, 제17권 제2호, 328면 이하 참조.

7) 2016년 개정 소비자기본법은 단체소송을 제기할 수 있는 단체에 한국소비자원을 추가하였지만 여전히 원고 적격이 인정되는 단체는 제한되고 있다.

8) 자산규모 2조원 이상인 상장·등록기업은 2005년 1월부터, 2조원 미만인 경우에는 2007년 1월부터 적용대상이 되었다.

된 경우는 드문데, 2009년 '진성티이씨'사건[9] 이후 현재까지 10건의 소가
제기되었으며, 그중 법원의 소송허가결정이 내려진 것은 5건에 불과하다.
그리고 본안판결이 행해진 것은 수익률 조작을 이유로 한 '도이치은행'사
건이 유일한데, 이 사건은 2012년에 소가 제기되었고 법원의 소송허가결
정이 난 것은 2016년이며, 제1심 본안판결이 행해진 것은 2017년이어서
소 제기 후 제1심 본안판결까지 5년이나 걸렸다.[10]

   이처럼 증권관련 집단소송제도가 제도 도입 당시의 우려와는 달리
남용이 아니라 활성화되지 못하고 있는 것은 무엇보다도 지나치게 까다
로운 소송요건[11]과 소송절차의 복잡함 그리고 법원의 소극적인 태도에서
그 원인을 찾을 수 있다. 증권관련 집단소송제도가 시행된 후 제1심 판
결이 나오기까지 무려 12년이나 걸린 '도이치은행'사건이 이 모든 것을
잘 보여주고 있다. 그 외에도 이 제도는 증권관련분야에 한정되어 적용
된다는 점 그리고 손해배상청구의 대상이 제한적으로 인정된다는 점
($\frac{증권관련집단소송법}{제7조}$)에서도 한계를 가지고 있다. 또한 증권분야가 그 특성상 집

---

9) 이 사건은 코스닥등록업체인 진성티이씨가 파생상품계약 손실액을 주주에게 제대
   로 알리지 않았다는 점을 이유로 주주들이 제기한 손해배상청구의 소에 관한 것인
   데, 소 제기는 2009년 4월에 행해졌는데, 법원의 소송허가결정이 내려진 것은
   2010년 2월이었다. 이 소송은 화해로 종결되었는데, 27억원 상당의 현금과 주식을
   피해 주주에게 나누어 주기로 합의하였다.
10) 서울중앙지방법원은 2017년 1월 20일(2012가합17061) 도이치은행에 대해 원고
   대표인 ELS투자자 6명에게 85억 8,500여만원을 지급하라는 본안판결을 내렸다.
11) 최근에 행해진 집단소송허가재판에서 대법원은 논란이 되었던 허가요건을 분명히
   하였다. 즉, 2018년 7월 5일 대법원은 동양증권관련 집단소송의 재항고사건(2017마
   5883)에서 집단소송을 불허한 원심을 파기하고 집단소송 허가취지를 밝혔다. 여기서
   대법원은 대표당사자가 복수일 필요는 없으며, 대표당사자 중 일부가 집단소송의 구
   성원에 해당하지 않게 되었더라도 다른 대표당사자가 그 구성원으로 남아 있는 이상
   집단소송을 허가했어야 한다고 판시하였다. 이 사건은 동양그룹이 발행한 회사채를
   매수하였다가 손해를 입은 1,254명이 2014년 집단소송을 제기한 것인데, 제1심과 제2
   심 모두 소송불허가 결정을 내렸다. 대법원은 이 판례에 관하여 "선례가 없고 학설이
   대립하던 영역에서 증권관련집단소송의 소송허가 절차를 명확히 해 입법의 불비로
   인한 소송절차의 불확실성을 제거함으로써 증권관련집단소송의 신속과 원활을 도모
   하고 절차적 낭비와 무용한 절차의 반복을 방지할 것으로 기대된다."고 평가하였다,
   법률신문 2018. 7. 6. 자, https://www.lawtimes.co.kr/Legal-News/Legal-News-View?se-
   rial=144573&kind=AA01(검색일: 2018. 7. 6.).

단소송으로 다루기 어렵다는 점도 문제점으로 지적되고 있다.[12]

Ⅲ. 새로운 집단소송법제에 관한 논의와 현황[13]

1. 한   국

근래에 들어 새로운 집단소송법제에 대한 논의가 활발히 행해지고 있는 것은 무엇보다도 다수의 피해자가 발생한 사건에 대한 사회적 관심이 크고, 또한 이들 분쟁을 효율적으로 해결하기에는 현행 제도들이 한계를 가지고 있다고 보는 데 따른 것이다. 특히 가습기 살균제 사건이나 폭스바겐 배기가스 조작사건 등 사회적으로 많은 관심을 불러일으킨 사건들이 발생하자 국회와 정부 차원에서 집단소송제도에 관한 입법안 제출과 개선 논의가 활발히 행해지고 있는 것이다.

국회에 제출된 입법안은 두 가지 형태로 나누어진다. 우선 증권관련집단소송법의 집단소송제도를 모델로 이를 확대 보완하는 형태와 소비자단체소송제도를 기초로 그 내용을 개선하는 형태이다. 전자의 대표적인 예로는 2017년 11월 30일 백혜련 의원 등 19인이 발의한 '집단소송법안 (2010484)'을 들 수 있는데, 증권관련집단소송법상의 집단소송제도를 확대하여 일반 제도로 만들고자 하였다. 구체적인 내용 또한 증권관련집단소송법의 그것과 유사한데, 특히 법원의 소송허가를 전제로 하며, 구성원 수를 50명 이상 요구하고 있는 점, 구성원의 각 청구가 법률상 또는 사실상 중요한 쟁점을 공통으로 하고 있으며, 집단소송이 총원의 권리실현이나 이익보호에 적합하고 효율적인 수단이어야 한다는 점 그리고 변호사 강제주의가 적용되고, 제외 신고(opt-out) 방식을 취한다는 점 및 분배

---

12) 증권관련 집단소송제도가 기초로 삼고 있는 미국의 class action에서는 오히려 증권분야에는 대표당사자소송에 문제가 많다고 하여 별도로 제한을 가하는 증권소송개혁법(PSLRA; Private Securities Litigation Reform Act)을 추가로 만들었다, 함영주, 집단분쟁의 해결을 위한 새 지평의 모색-분쟁해결방법과 분쟁관리자 권한의 선택과 집중 필요성을 중심으로-, 2018. 2. 9. 한국비교사법학회 동계학술대회 "집단적 권리구제의 법리" 자료집, 83면.

13) 새로운 집단소송법제에 관한 논의를 중심으로 하므로 미국의 class action은 검토 대상에서 제외한다.

관리인을 통해 손해배상액에 대한 분배가 이루어지도록 하고 있는 점에서 그러하다.[14] 그리고 2017년 6월 27일 김경협 의원 등 21인이 발의한 '독점규제 및 공정거래에 관한 법률 위반행위 손해배상사건 집단소송법안(2007637)'과 2017년 8월 1일 전해철 의원 등 13인이 발의한 '공정거래관련 집단소송법안(2008306)'도 모두 증권관련 집단소송제도를 기초로 하고 있다. 나아가 2017년 2월 2일 박주민 의원 등 22인이 발의한 '소비자의 권익 보호를 위한 집단소송법안(2005384)'도 소비자 단체소송의 형태가 아니라 증권관련 집단소송제도를 기초로 하고 있다.

이에 비해 최근에 들어서는 소비자 단체소송을 전제로 한 집단소송 제도에 대한 입법발의가 행해지고 있다. 2018년 1월 19일과 1월 31일에 발의한 이학영 의원 등 10인의 '소비자 집단소송법안(2011678, 2011461)'은 소비자기본법 상의 단체소송과 마찬가지로 당사자적격을 단체로 제한하면서 절차형태를 구체화하여 2단계형 절차, 즉 공통의무확인소송절차와 채권확정절차의 2단계로 구분하고 있다. 그리고 재판의 효력과 관련하여서는 공통의무확인 인용판결은 채권신고 소비자에게 미치는 반면, 공통의무확인 기각판결은 다른 단체에게 미치며, 채권확정결정에 대해서는 이의 제기가 가능함을 명시하고 있다. 또한 징벌적 배상제도를 도입하여 고의 중과실의 경우에는 3배 배상을 인정하고 있으며, 국가의 소송비용 지원 가능성을 명시하고 있다.

정부 차원에서는 법무부가 집단소송제도 개선위원회를 통하여 증권관련집단소송법의 적용범위를 확대하는 방향으로 개정 논의를 하고 있으며, 공정거래위원회는 담합과 표시광고, 제조물책임분야에 대한 집단소송제 도입을 예고하였으며, 방송통신위원회 또한 개인정보 침해 시 집단소송이 가능하도록 법 개정에 나서고 있다.[15]

사회단체 차원에서는 대한변호사협회가 공정거래, 소비자, 제조물책

---

14) 다만, 증명책임의 완화를 위한 규정을 도입하여 대표당사자의 개략적인 주장으로 충분하도록 하고 있는 점에서는 차이가 있다(안 제31조).

15) 대한변협신문, 2018. 2. 12.

임, 환경 등 모든 분야를 종합한 집단소송법안을 제안하였으며,[16] 한국소비자단체협의회는 2017년 10월 소비자단체가 공통의무확인의 소를 제기하고 그 결과를 바탕으로 개별 피해자의 채권신고를 기초로 채권확정절차를 밟는 2단계형 집단소송법안을 제안하였다.[17]

2. 일 본

일본은 2013년 12월 11일 '소비자의 재산적 피해의 집단적 회복을 위한 민사재판절차의 특례에 관한 법률(약칭은 '소비자재판절차특례법' 또는 '소비자소송특례법')'을 제정하여 소비자 집단소송제도(또는 소비자 집합소송제도[18])를 도입하였다. 이 제도는 2단계 소송절차로 구성되어 있는데, 즉 소비자단체가 금전채무의 확인을 구하는 소송절차(공통의무확인소송)와 이를 기초로 한 채권확정절차이다.[19] 이 법에 따르면, 원고 적격이 인정되는 소비자단체가 소비자계약과 관련하여 다수의 소비자에게 발생한 재산적 피해에 대하여, 이들 소비자들에게 공통되는 사실상 및 법률상의 원인에 기초하여, 사업자가 소비자에게 금전을 지급할 의무를 부담한다는 확인을 구하는 소를 먼저 제기한다. 이 소송에서 법원이 원고의 청구를 인용하면 개별 소비자들은 자신의 채권을 신고하고, 개별소비자가 가지는 대상채권의 존부 및 금액을 확정하는 절차가 진행된다. 제1단계 절차에서 공통쟁점에 관한 확인이 행해졌기 때문에 2단계 절차에서는 비교적 간이하게 개별소비자의 채권을 확정할 수 있다고 본다.

일본의 소비자 집단소송제도에 대해서는 class action에 기초한 것으로 분석하기도 하지만[20] 피해자 집단에서 누구든지 대표당사자로 나설

---

16) 최승재, 우리 집단소송법 제정의 방향, 대한변협신문, 2018. 2. 12.

17) http://www.consumer.or.kr/DR4001/FN4001VE.php.

18) '집합소송'이라는 용어를 쓰기도 한다, 곽관훈, 일본의 집합소송 도입 논의 및 쟁점사항, 상사판례연구, 제26집 제2권, 3면 이하.

19) 상세한 내용은 서희석, 일본에서 소비자집단소송제도의 창설, 고려법학, 제74호, 11면 이하 참조.

20) 영미법 국가들의 class action을 검토하여 설계된 것이지만 브라질의 2단계형 집단소송제도를 참고하고 일본의 특성(소송주체를 소비자단체에 한정한 점 등)을 가

수 있는 것이 아니라 특정 소비자단체(법에서는 '특정적격소비자단체'라고
표현하고 있음)에게만 원고적격이 인정된다는 점에서 독일의 단체소송제
도에 더 근접한 것으로 여겨진다.

3. 유럽연합

유럽연합에서는 오래전부터 집단적 권리보호제도에 대해 관심을 가지고
있었으며, 이 제도의 필요성을 유럽연합 기본권헌장(Charta der Grundrechte
der Europäischen Union: EU-Grundrechtecharta 또는 GRC나 GRCh로 표기함)[21]
에서 찾기도 하였다. 즉, 헌장 제47조는 EU법에 의해 보호되는 권리나 자유
를 침해당한 사람은 누구든지 유효한 권리구제에 대한 권리(Recht auf einen
wirksamen Rechtsbehelf)가 있음을 명시하고 있는데, 유효한 권리구제에는 집단
적 권리보호제도가 포함된다는 것이다.[22]

집단적 권리보호와 관련하여 90년대에는 주로 소비자보호와 환경분
야에서 부작위청구를 중심으로 논의가 행해졌으며,[23] 2000년대에 들어서
는 경쟁법분야에서 집중적으로 논의가 이루어져 손해배상청구의 소를 인
정하고자 하였다.[24] 이에 따라 일찍부터 관심을 가졌던 부작위청구의 소
에 관하여서는 유럽연합 차원의 지침이 나와 있는 반면,[25] 손해배상청구
의 소에 관하여서는 아직 확정된 지침이 마련되어 있지 않다.[26]

미한 것이라고 보는 견해로는 서희석, 일본에서 소비자집단소송제도의 창설, 고려
법학, 제74호, 2면.
21) 이 헌장은 2000년 12월 니스에서 채택되었으나, 발효는 리스본 합의와 함께
2009년 12월에서야 이루어졌다.
22) Waldemar, "Kollektiver Rechtsschutz" in der EU versus "class actions"
nach US-amerikanischem Vorbild, http://www.eu-infothek.com/kollektiver-re-
chtsschutz-in-der-eu-versus-class-actions-nach-us-amerikanischem-vorbild/(검색
일: 2018. 5. 22.).
23) Montag, Kollektiver Rechtsschutz in Europa und der Gesetzentwurf zur
Einführung von Gruppenklagen, ZRP 2013, 172.
24) 유럽 각국의 집단손해배상제도에 관하여서는 BIICL(British Institute of International
and Comparative Law, https://www.collectiveredress.org/collective-redress/reports) 참조.
25) Richtlinie 2009/22/EG über Unterlassungsklagen zum Schutz der Verbraucherinteressen.
26) 이 문제에 관하여 유럽연합 입법자들이 다소 소극적인 태도를 취하고 있다고 본

유럽연합 차원에서는 무엇보다도 소액다수의 소비자피해구제를 위한 효율적인 제도 설계를 고민해왔는데, 특히 2001년 유럽재판소(EuGH)가 경쟁법 위반으로 손해를 입은 경우에는 누구든지 가해자로부터 손해배상을 청구할 수 있어야 한다고 판시[27]한 것이 영향을 미쳤다.[28] 이후 유럽연합 집행위원회(EU Kommission)는 2008년의 백서(Weißbuch)에서 집단적 권리보호제도의 필요성을 밝히면서 엄격한 자격을 갖춘 단체에 의한 단체소송과 opt-in 방식의 집단소송제도(Gruppenklage)를 제안하는 내용[29]의 소비자를 위한 집단적 권리구제절차에 관한 보고서(Grünbuch über kollektive Rechtsdurchsetzungsverfahren für Verbraucher)를 제출하였다.[30] 2011년에는 집단적 권리구제에 관한 연구자문보고서(COMMISSION STAFF WORKING DOCUMENT PUBLIC CONSULTATION: Towards a Coherent European Approach to Collective Redress)[31]를 제출하였고, 유럽의회는 2012년 12월 2일 결의(Resolution)[32]에서 비용절감, 법적 안정성 제고, 법원의 업무경감 측면에서 집단적 권리보호제도의 장점을 강조하기도 하였다.

2013년 6월 11일 유럽연합 집행위원회는 각 회원국이 자국법 내에서 집단적 권리보호체계를 갖출 것을 권고하면서(Empfehlung der EU Kommission vom 11.6.2013-Gemeinsame Grundsätze für Kollektive Unterlassungs- und Schadensersatz- verfahren in den Mitgliedstaaten bei Verletzung von durch Unionsrecht garantierten Rechten),[33] 2년 내에 각국이 이에 상응하는 제도를

다, Weber/van Boom, Neue Entwicklungen in puncto Sammelklagen-in Deutschland, in den Niederlanden und an der Grenzen, VuR 2017, 290.

27) EuGH, Rs. C-453/99, EuZW 2001, 715 ff.

28) "Zugang der Verbraucher zum Recht", Bulletin der Europäischen Gemeinschaften, Beilage 2/85 S. 6 ff., Dausses/Ludwigs-Micklitz/Rott, Handbuch des EU-Wirtschaftsrechts, 43. EL 2017, Rn. 704.

29) COM (2008) 165.

30) COM (2008) 794.

31) https://www.brak.de/zur-rechtspolitik/europa/zivilrecht/sammelklagen.print.html

32) P7_TA (2012) 0021: European Parliament resolution of 2 February 2012 on 'Towards a Coherent European Approach to Collective Redress.'

33) COM (2013) 401. 이 권고는 유럽연합 집행위원회가 2005년부터 제시된 자문의견을 평가한 결과 역내시장의 원활한 기능수행을 위해서는 집단적인 권리보호를 위

설립해야 하며, 늦어도 2017년에는 각국의 제도에 대한 평가를 할 것이
라고 밝혔다. 특히 이 권고에서는 집단적 권리보호절차에서는 법원이 중
심이 되어야 하고, 징벌적 손해배상, 증거개시절차와 배심재판과 같은 요
소는 배제되어야 함을 분명히 하였다.[34] 이러한 권고에도 불구하고 회원
국의 제도 개선에 큰 변화가 없자[35] 2018년 4월 11일에는 그동안의 연구
보고서 등을 바탕으로 유럽연합 차원의 지침 마련을 위한 제안서(Vorschlag
für eine Richtlinie des europäischen Parlaments und des Rates über Verbandsklagen
zum Schutz der Kollektivinteressen der Verbraucher und zur Aufhebung der
Richtlinie 2009/22/EG)[36]가 제시되었다. 이 제안서에서는 집단적 권리보호의
대상을 금융서비스, 에너지, 통신, 의료, 환경분야까지 확대할 것 그리고
엄격한 적격 요건을 갖춘 단체에게 소송수행권을 인정하여야 하며, 절차
의 효율성을 위해 법원 외에서의 집단화해를 촉구하고 부당한 행위에 대
한 부작위나 손해배상을 구하기 위해 다양한 조치를 취할 수 있어야 함
을 강조하였다. 즉, 기업을 상대로 단순히 금지 등 부작위를 구하는 데
그치지 않고 필요한 경우에는 배상, 수리, 대체물 지급, 가격인하, 계약해
제나 지급한 대금의 반환까지 구할 수 있는 권한이 단체에게 인정되어야
한다는 것이다.[37] · [38]

한 기준이 필요하다고 판단하여 나온 결과물이다. 여기서 집행위원회는 공정거래,
환경, 소비자보호, 개인정보보호, 금융투자부분에서 부작위청구의 소와 손해배상청
구의 소를 각 회원국이 자국의 집단적 권리보호절차 내에 도입할 것을 촉구하였다.

34) 2013/396/EU-ABIEU Nr. L 201/60 v. 26. 7. 2013.

35) 독일의 경우 집단소송제도에 대한 논의가 거의 진척을 보이지 못하였던 것은 기
업들의 강한 로비뿐 아니라 미국식 대표당사자소송과 같은 제도에 문을 활짝 열게
되는 데 대한 우려 때문이라고 분석하기도 한다, Tilp/Schiefer, VW Dieselgate-
die Notwendigkeit zur Einführung einer zivilrechtlichen Sammelklage, NZV 2017,
15. 그리고 집단소송제도의 남용 우려 때문에 집단적 권리보호제도가 필요하지 않
다는 견해도 있는데 대표적으로 Deutlmoser, Die Büchse der Pandora: Kollektiver
Rechtsschutz in Europa, EuZW 2013, 652 ff.

36) https://eur-lex.europa.eu/resource.html?uri=cellar:adba9e47-3e34-11e8-b5fe-01aa75ed71a1.0018.02/DOC_1&for-
mat=PDF(검색일: 2018. 5. 25.). 이하 '2018년의 유럽연합 제안서'로 표기함.

37) COM(2018) 184, Vorschlag für eine Richtlinie des Europäischen Parlaments und
des Rates über Verbandsklagen zum Schutz der Kollektivinteressen der Verbraucher
und zur Aufhebung der Richtlinie 2009/22/EG, S. 3 f., https://eur-lex.europa.eu/re-

전체적으로 볼 때, 유럽연합은 집단적 권리보호제도의 필요성을 인정하면서도 미국식 class action에 대해서는 부정적인 시각이 매우 강하다.[39] 2011년의 연구자문보고서에서는 class action에 상응하는 집단소송제도(Sammelklage)[40]를 도입하고자 하는 것이 아님을 강조하기도 하였다.[41] 특히 유럽연합에서는 class action제도가 도입되면 미국 로펌들이 유럽 법률시장을 장악하여 성공보수 등 경제적 이득을 취할 것을 매우 우려하였는데,[42] 2013년 집행위원회의 권고에도 이 점이 분명하게 드러나 있다. 이 권고에서 집행위원회는 집단적 권리보호를 위한 유럽연합 차원의 프레임을 제시하면서 변호사보수가 소송 진행의 유인으로 작용해서는 안 되며, 성공보수는 허용되어서는 안 된다는 점 그리고 징벌적 손해배상이 인정되지 않으며, 소송비용을 제공한 제3자(third-party funding)가 승소한 배상액을 배분하여서는 안 됨을 분명히 하였다.[43]

---

source.html?uri=cellar:adba9e47-3e34-11e8-b5fe-01aa75ed71a1.0018.02/DOC_1&format=PDF(검색일: 2018. 5. 22.).

38) 단체소송의 발전 방향은 소극적인 청구에서 적극적인 청구로 나아가고 있다는 것인데, 일찍부터 단체소송제도를 운영하고 있는 독일에서도 소비자단체 등에게 금지청구 등 부작위청구 가능성만을 인정하던 것에서 벗어나 적극적인 이익환수청구까지 인정하고 있다. 즉, 2005년 7월 1일의 제7차 경쟁제한방지법 개정법 (Siebtes Gesetz zur Änderung des Gesetzes gegen Wettbewerbs- beschränkungen)에서는 단체나 기관 등에게 기업을 상대로 부당하게 취한 이득을 국고에 납부하도록 청구하는 이익환수청구권(Vorteilsabschöpfungsanspruch)을 명시적으로 인정하였다(GWB 제34조 a).

39) Brand, US-Sammelklagen und kollektiver Rechtsschutz in der EU, NJW 2012, 1116 ff. class action이 소비자보호를 위해 바람직한 제도가 아니라고 판단한 보고서로는 Hodges, EUI Department of Law research Paper No. 2015/36, http://cadmus.eui.eu/bitstream/handle/1814/36536/LAW_2015_36.pdf 참조.

40) 유럽연합에서는 미국의 class action을 'echte Sammelklage'로, 소송수행권 위임에 의한 대표당사자소송을 'unechte Sammelklage'로 구분하고 있다, Paulus, Keine unechten Sammelklagen in Verbrauchersachen, NJW 2018, 989 참조.

41) class action에 대한 부정적인 시각이 집단적 권리보호제도에 대한 유럽연합 회원국들의 소극적인 자세의 원인임을 지적하기도 한다, 대표적으로 Montag, Kollektiver Rechtsschutz in Europa und der Gesetzentwurf zur Einführung von Gruppenklagen, ZRP 2013, 174.

42) 특히 미국 로펌들은 유럽에서 집단소송의 법률시장을 형성하려고 시도하고 있으며, 배상금의 35%를 수임료로 요구하기도 한다, Woopen, Kollektiver Rechtsschutz—Ziel und Wege, NJW 2018, 133.

최근 들어 유럽연합에서는 class action과 같은 불합리한 제도를 도
입하기 보다는 옴부즈만제도(ombudsman)의 구축을 지지하는 목소리도 나
오고 있다.⁴⁴⁾ 이는 무엇보다도 사법부에 의한 개인의 권리구제제도가 로
펌이나 개인변호사의 이익추구를 위한 투자대상이 되는 것을 막아야 한
다는 인식에 기초하고 있다. 상업적 이해관계가 권리실현에 영향을 미치
고 사법제도를 변형시켜서는 안 된다는 것이다. 특히 이 제도의 지지자
들은 대표당사자소송과 같은 집단소송제도는 사익을 추구하는 대형로펌
의 공격적인 태도로 인해 기업 경영이나 영업에 심각한 불이익을 초래할
수도 있음을 우려하고 있다. 그리고 기존의 사법제도가 융통성 있는 분
쟁해결에 반드시 적합한 것이라고 보기 어렵기 때문에 그 대안으로서 옴
부즈만제도를 내세우고 있는 것이다. 공익의 대표자로서 옴부즈만은 수
임료 등 사익추구를 위해 애쓰는 변호사와 다르기 때문에 집단적 권리구
제절차에서 중심 역할을 하여야 한다는 것이다.⁴⁵⁾

4. 독   일

독일은 소비자보호를 위해 일찍부터 단체소송제도(Verbandsklage)를 시행해
왔으며,⁴⁶⁾ 2005년에는 자본투자자대표소송법(Kapitalanleger-Musterverfahrensgesetz,

---

43) 2013/396/EU-ABlEU Nr. L 201/60 v. 26.7.2013.
44) 대표적으로 Woopen, Kollektiver Rechtsschutz-Ziel und Wege, NJW 2018, 135
이하.
45) 대표적으로 Woopen, Kollektiver Rechtsschutz-Ziel und Wege, NJW 2018, 138.
이에 따르면, 대부분의 유럽연합 회원국에 설치되어있는 소비자관련 행정부처가
옴부즈기관으로 역할 할 수 있으며, 독일의 경우 사법청(Bundesbeamt für Justiz,
BfJ)이 그러한 역할을 수행할 수 있을 것이며, 옴부즈만은 우수한 능력을 갖춘 법
조인이 되는 것이 바람직하다고 보고 있다.
46) 단체소송의 대표적인 예는 소비자보호를 위해 부당한 약관 등에 관하여 단체가 소를 제
기할 수 있는 경우인데(Unterlassungsklagengesetz/UKlaG, Gesetz über Unterlassungsklagen
bei Verbraucherrechts- und anderen Verstößen), 동법 제4조에 따라 사법청(Bundesamt
für Justiz)에서 당사자적격이 인정되는 단체를 관리하고 있다. 현재 78개 단체가
등록되어 있는데, 임차인 보호단체와 소비자 보호단체가 주를 이루고 있다,
https://www.bundesjustizamt.de/DE/SharedDocs/Publikationen/Verbraucherschutz/Li
ste_qualifizierter_Einrichtungen.pdf?__blob=publicationFile&v=61(검색일: 2018. 6. 28.).

KapMug)⁴⁷⁾을 제정하여⁴⁸⁾ 투자자보호를 위한 대표소송제도를 시행하고 있다.⁴⁹⁾ 이 제도는 독일 행정법원법(VwGO) 제93조 a를 모델로 한 것으로서 동일한 성격을 갖는 다수의 사건이 법원에 집중됨으로써 발생하는 법원의 과중한 업무 부담을 줄일 수 있을 것으로 기대하였다. 그런데 시행 후에는 소송절차 지연 등의 문제가 나타나 그리 성공적이지 않다는 평가를 받기도 하였는데,^{50)·51)} 이러한 비판에도 불구하고 이 법은 2020년까지 연장 적용될 예정이다.⁵²⁾

---

47) 이 법명을 '자본시장투자자표본소송법'(이시윤, 신민사소송법, 제12판, 772면) 또는 '자본시장법상의 분쟁에 관한 표본절차법'(호문혁, 민사소송법, 제13판, 891면)으로 번역하기도 한다.

48) 이 법이 제정되는 데는 Deutsche Telecom 사건이 계기가 되었다. 즉, 2001년부터 Deutsche Telecom AG를 상대로 17,000명의 주주가 투자정보의 오류를 이유로 Frankfurt 지방법원에 2,700건의 소를 제기하였고, 약 900명의 변호사가 소송대리인으로 활동하였는데, 이 소송은 법원의 지나친 업무 부담 등으로 인해 몇 년 동안 변론이 열리지 않는 상태가 계속되었다. 이에 몇몇 원고가 2004년 헌법소원을 제기하기도 하였는데, 이 헌법소원은 받아들여지지 않았지만 연방헌법재판소는 Frankfurt 지방법원에 대해 당해 연도 내에 반드시 변론을 열 것을 촉구하였다. 이 사건을 계기로 2004년 4월 15일 연방법무부는 투자자보호를 위한 방안을 제시하였는데, 동년 11월 17일 이 안이 일부 보완되어 정부입법안으로 의결되었으며, 2005년 6월 16일 연방하원(Bundestag)을, 7월 8일 연방상원(Bundesrat)을 통과하여 2005년 11월 1일부터 시행하게 된 것이다. Telecom 사건을 해결하기 위해 만들어진 법이라는 의미에서 이 법을 'Maßnahmegesetz(특별조치법)'이라고 보기도 한다, Bergmeister, Kapitalanleger-Musterverfahrensgesetz, S. 9.

49) 2006년 8월 7일부터 2018년 6월 11일까지 자본투자자대표소송법에 따라 제소명부(Klageregister)에 등록된 건수는 236건인데, MS "BERMUDA" Schifffahrtsgesellschaft mbH & Co. KG, Deutsche Bank AG, Hannover Leasing GmbH & Co. KG 등 모두 44개 회사를 상대로 한 것이다, https://www.bundesanzeiger.de/ebanzwww/wexsservlet?session.sessionid=45a972e93e505dae306ca6e38e0167f4&page.navid=detailsearchlisttodetailsearchlistupdate&fts_search_list.destHistoryId=79874&genericsearch_param.currentpage=4(검색일: 2018. 6. 30.).

50) Tilp/Schiefer, VW Dieselgate–die Notwendigkeit zur Einführung einer zivilrechtlichen Sammelklage, NZV 2017, 14.

51) 긍정적으로 이 법을 평가하는 견해도 있는데, 대표적으로 스위스에서는 금융시장과 자본시장 분야에 대해서는 독일의 대표소송제도의 도입을 적극적으로 고려하여야 한다고 보았다, 스위스 연방의회 보고서(Kollektiver Rechtsschutz in der Schweiz–Bestandesaufnahme und Handlungs- möglichkeiten, Bericht des Bundesrate, 2013), S. 29 f., https://www.ejpd.admin.ch/ dam/data/bj/aktuell(검색일: 2018. 5. 10.).

52) 이 법은 제정 당시 2010년 11월 1일까지 5년간 적용하는 것으로 예정되어 있었

이와 함께 독일에서는 집단적 권리보호에 관한 유럽연합의 권고에
따라 집단적 권리보호제도의 개선을 위한 노력을 계속해 왔는데,[53]·[54]
그 결과 '확인대표소송제도의 도입을 위한 법률(Gesetz zur Einführung
einer Musterfeststellungsklage, 확인대표소송법)'에 의해 2018년 11월 1일부터
는 확인대표소송제도가 시행될 예정이다.[55] 이 법은 특히 국제적 관심을 일
으킨 폭스바겐의 디젤게이트, 즉 배기가스 조작사건이 입법 계기가 되었다.

확인대표소송법은 청구권의 성립요건이나 배제요건 및 법률문제에
관하여 법원의 확인을 구하는 것을 목표로 하고,[56] 민사소송법 내에 이
에 관한 별도의 장($\frac{제6장}{제606조 이하}$)을 두려는 것이다.

이 제도는 단체소송제도를 기본으로 하여 기업에 대한 소비자의 권리
를 소비자단체가 주장할 수 있도록 하는 것인데, 유럽연합 외 국가에 소속
되어 있는 정체불명의 단체들의 소 제기를 막기 위해 원고 적격이 인정되는

는데, 그 후 2년 적용 기간이 연장된 후 2012년 10월 19일 개정법('Gesetz zur
Reform des Kapitalanleger-Musterverfahrensgesetzes und zur Änderung anderer
Vorschriften', BGBl. I S. 2182)에서는 다시 2020년까지 그 적용 기간을 연장하였다
(자본투자자대표소송법 제28조).

53) Woopen, Kollektiver Rechtsschutz-Ziel und Wege, NJW 2018, 133. 시사잡지
인 Welt지는 2018년 4월 20일자 보도에서 독일에서도 미국식 대표당사자소송제
도에 관한 입법움직임이 있다고 밝혔다. https://www.welt.de/finanzen/ver-
braucher/article175675574/Sammelklagen-Regierung-arbeitet-an-einem-Gesetz.html
(검색일: 2018. 5. 20.). 미국식 class action제도의 도입을 위해서는 무엇보다도
discovery제도와 변호사의 성공보수가 인정되어야 한다는 견해로는 Tilp/Schiefer,
VW Dieselgate-die Notwendigkeit zur Einführung einer zivilrechtlichen
Sammelklage, NZV 2017, 15.
54) 집단적 권리보호제도에 관한 관심이 증대됨에 따라 2018년 9월 26일부터 28일까
지 Leipzig에서 열리는 제72회 독일 법조인 대회(Deutscher Juristentag)에서도 소송
법 분야의 테마를 "Sammelklagen, Gruppenklagen, Verbandsklagen-Bedarf es neu-
er Instrumente des kollektiven Rechtsschutzes im Zivilprozess?"로서 집단적 권리보
호제도에 관한 것으로 정하였다, https://www.djt.de/(검색일: 2018. 5. 30.).
55) 시행일을 11월 1일로 한 것은 디젤게이트 소비자의 청구권이 2018년 말에 시
효 소멸된다는 점을 고려한 결과이다, https://www.haufe.de/recht/weitere-re-
chtsgebiete/wirtschaftsrecht/musterfeststellungsklage-soll-bis-1112018-kom-
men_210_450624.html(검색일: 2018. 7. 2.).
56) 지금까지 독일 연방대법원은 인과관계 등에 관하여 확인을 구하는 대표소송을
허가하지 않았다, BGH, Beschluss vom 4.12.2008-III ZB 97/07.

단체의 요건을 매우 강화하였다. 즉, 부작위청구법(Unterlassungsklagengesetz) 제4조에서 의미하는 단체와 유럽연합 집행위원회의 리스트에 기재된 단체에 한하여 원고 적격이 인정된다.[57]

원고 적격이 인정되는 단체는 피해 소비자 10인의 청구권을 근거로 고등법원에 확인의 소를 제기하고, 법원이 이 소의 적법성을 인정하면 확인대표소송이 공시된다. 피해 소비자는 사법청(Bundesamt für Justiz)[58]의 등록부(Klageregister)에 등록을 할 수 있는데,[59] 2개월 내 최소 40인이 등록하여야 한다.[60] 등록에는 소멸시효 중단의 효과가 인정된다.

확인대상은 청구권이나 법률관계의 성립 요건의 존부에 관한 사실상·법률상 문제에 관한 것이다. 법원의 확인판단은 소비자나 기업이 제기하는 이행청구소송의 수소법원을 구속하는 효력을 가진다.

---

57) 정치권에서는 단체의 요건을 더욱 강화할 것을 요구하고 있는데, 예컨대 단체 예산의 5% 이상을 기업으로부터 지원받는 단체를 배제하고, 회원 수가 350명 이상일 것, 4년 이상 존속하고 있었을 것 등을 요건으로 내세우고 있다, https://www.haufe.de/recht/weitere-rechtsgebiete/wirtschaftsrecht/musterfeststellungsklage-soll-bis-1112018-kommen_210_450624.html(검색일: 2018. 7. 2.) 이에 따라 소비자단체협회(VZBV, Bundesverband der Verbraucherzentralen)나 독일 자동차 클럽협회(ADAC, Allgemeiner Deutscher Automobil-Club) 그리고 임차인협회(Mieterverbund)와 같이 널리 알려진 단체에는 당사자적격이 충분히 인정되지만 중소단체의 경우에는 당사자적격이 인정될 수 없다는 비판을 받고 있다. 특히 welt지는 폭스바겐 배기가스 조작사건의 경우 대표적인 환경단체인 "Umwelthilfe"는 회원 수가 300인이 안 되기 때문에 확인대표소송을 제기할 수 없게 되는 점을 지적하기도 하였다, https://www.welt.de/finanzen/verbraucher/article175675574/Sammelklagen-Regierung-arbeitet-an-einem-Gesetz.html(검색일: 2018. 6. 10.).

58) 법무부 산하 기관으로 주로 입양과 부양료 등의 국제가사사건 및 등기등록업무를 담당한다. 상세한 내용은 https://www.bundesjustizamt.de/DE/Home/homepage_node.html 참조.

59) 독일 민사소송법 제608조에서 명시하고 있는 등록부의 필수적 기재사항은 소비자의 이름 주소, 대표확인소송의 담당 법원과 사건번호, 피고의 표시, 청구권이나 법률관계의 대상과 원인, 청구 금액, 기재내용의 정확성과 완전성에 대한 보증이다.

60) 등록비용은 30유로로 예정하고 있었는데[https://www.haufe.de/recht/weitere-rechtsgebiete/wirtschaftsrecht/musterfeststellungsklage-soll-bis-1112018-kommen_210_450624.html(검색일: 2018. 7. 2.)] 최종적으로는 무료로 결정되었다, https://www.musterfeststellungsklagen.de/faq/musterfeststellungsklage-fragen-und-antworten(검색일: 2018. 11. 30.).

5. 프 랑 스

프랑스에서는 유럽연합 집행위원회의 권고에 따라 소비자보호를 위해 새로운 법을 제정하여[61] 집단소송제도(Action de groupe)를 도입하였다. 2014년 10월 1일부터 시행되고 있는 이 제도는 모든 손해배상청구사건에 적용되며, class action과는 달리 opt-in 방식을 취하고 있으며, 남소를 방지하기 위해 원고적격을 국가가 허가한 소비자보호단체로 엄격하게 제한하고 있으며, 징벌적 손해배상과 위자료 청구를 배제하고 있다.[62]

이 소송은 세 단계로 구성되는데, 우선 적격 있는 당사자가 소를 제기하고(개별 피해자의 소송수행권 위임 불요), 법원이 여기에 대해 원인판결(Grundurteil)을 내리는데, 이 판결에서 손해배상의무의 존재를 확정하게 된다. 두 번째 단계로 개별 소비자의 소송참가단계가 있는데(opt-in), 참가자에 대해서는 원인판결의 기판력이 인정된다. 세 번째 단계로서 법원이 개별 손해배상청구권의 인정여부에 대해 심사하게 된다.[63]

6. 영   국

영국(잉글랜드와 웨일즈)은 2000년 민사소송규칙(Civil Procedure Rules)을 개정하여 집단소송제도(Group Litigation)를 도입하였다.[64] 이 제도 이전에도 영국에서는 집단분쟁을 효율적으로 해결하기 위해 대표당사자소송(representative claims)의 형태를 인정하였으며, 함께 심리하기 위해 청구를 병합하는 형태도 인정하였다. 그런데 이 제도들이 집단분쟁을 해결하는 데 큰 역할을 하지 못하자 집단소송이라는 새로운 제도를 도입하

---

61) LOI n° 2014-344 du 17 mars 2014 relative à la consommation.
62) 상세한 내용은 Rohlfing-Dijoux, Reform des Verbraucherschutzes in Frankreich durch die Einführung einer Gruppenklage in das französische Recht, EuZW 2014, 771 ff. 참조.
63) 이 제도에 대해서는 심문청구권 보장과 효율적인 권리실현이 잘 연결된 것이라는 평가가 행해지고 있다, Tilp/Schiefer, VW Dieselgate—die Notwendigkeit zur Einführung einer zivilrechtlichen Sammelklage, NZV 2017, 17.
64) Civil Procedure (Amendment) Rules 2000 (SI 2000/221).

기에 이른 것이다.[65]

규칙 19.10부터 19.15에 규정되어 있는 집단소송제도는 공통점이 있거나 서로 관련 있는 다수의 청구가 하나의 집단소송명부(the group register)에 등재되고, 그중 하나가 시험소송으로 선택되어 심리되며, 그 결과가 집단소송명부에 등재된 사람의 청구에 영향을 미치는 제도이다.

규칙 19.11은 법원의 집단소송명령(Group Litigation Order, GLO)에 관하여 명시하고 있는데, 사실상 또는 법률상 공통점이 있거나 서로 관련성이 있는 쟁점(GLO issues)을 가진 사건에 대해 법원이 이들을 함께 진행하도록 명하는 것이다. 집단소송명령을 통해 법원은 집단쟁점을 확정하고, 관할법원(management court)[66]을 지정하게 된다. 이미 소가 제기된 경우에는 당해 소송절차를 중지하도록 하거나 집단소송 관할법원으로 이송하도록 한다.

집단소송 신청서에는 소송의 성격에 관한 요약, 계속 중인 소송이 존재하는 경우 그 성격과 숫자, 포함될 수 있는 당사자의 숫자, 법률상 · 사실상 공통쟁점 등이 기재되어야 한다(Practice Direction 3.2).

집단소송 관할법원은 집단소송명령을 수정하거나 명부상의 하나 또는 그 이상의 청구에 대해 시험소송(test claim)으로 진행하도록 할 수 있으며, 한 명 또는 그 이상의 당사자 변호사를 대표변호사(lead solicitor)로 지정할 수 있는 권한을 가진다.

Ⅳ. 집단소송법제의 개선 방향

1. 집단소송법제 개선 논의의 출발점

집단소송법제의 개선을 위한 논의에서 먼저 명확히 하여야 할 것은 '집단소송'의 개념이다. 이는 집단소송법제가 어떠한 분쟁을 어떠한 방식

---

65) 1996년의 Lord Woolf's Final Report on Access to Justice, 제17장, http://webarchive.nationalarchives.gov.uk/20060214041406/http://www.dca.gov.uk/civil/final/sec4c.htm#c17(검색일: 2018. 4. 30.).
66) '집단소송 관리법원'이라고 표현하기도 한다. 권혁재, 영국의 집단소송제도, 저스티스, 제76호, 154면.

으로 해결하려고 하는지 그 목표를 설정하는 데 출발점이 되기 때문이다.

우리 민사소송법에는 집단소송이라는 제도가 존재하고 있지 않다. 그럼에도 불구하고 집단소송이라는 용어는 다양하게 사용되고 있다.⁶⁷⁾ 백과사전에서는 같은 이해관계를 가진 사람들이 집단으로 소송하는 것을 집단소송이라고 정의하면서 class action으로 번역하고 있고, 주로 피해자의 수가 많고 피해규모가 소액이라 개개인이 소를 제기하기 어려울 때 사용하는 제도라고 설명하고 있다.⁶⁸⁾ 언론이나 변호사 사무실의 홈페이지 등에서는 다수의 피해자가 발생한 사건에서 피해자들이 함께 손해배상을 구하려고 하는 것을 집단소송이라고 표현하고 있다.⁶⁹⁾ 대표적으로 2011년 애플코리아를 상대로 위치정보의 무단 수집을 이유로 한 손해배상소송⁷⁰⁾이나 2017년 아이폰 성능저하를 이유로 애플 본사와 한국지사를 상대로 한 손해배상소송⁷¹⁾ 모두 집단소송이라고 표현하고 있다. 증권관련집단소송법에서도 집단소송이라는 용어를 사용하고 있는데, 그 실질에 있어서는 대표당사자소송을 의미한다.

한편 집단소송법제에 관한 입법안에서는 class action과 단체소송에

---

67) 집단적 권리보호제도에 많은 관심을 가지고 있는 유럽연합에서도 Gruppenklage, Sammelklage, Musterklage의 용어를 함께 사용하고 있다.

68) http://100.daum.net/encyclopedia/view/47XXXXXd1213(검색일: 2018. 7. 2.)

69) 포털에 집단소송이라는 단어를 검색하면 KT 개인정보유출, 릴리안 여성용품 유해물질, 라돈침대를 비롯하여 이부망천까지 뉴스나 변호사 홈페이지에서 집단소송이라는 표현을 사용하고 있음을 알 수 있다, https://search.daum.net/search?w=tot&DA=YZR&t_nil_searchbox=btn&sug=&sugo=&q=%EC%A7%91%EB%8B%A8%EC%86%8C%EC%86%A1 참조(검색일: 2018. 7. 2.).

70) 법률신문, 2018. 6. 14., https://www.lawtimes.co.kr/Legal-News/Legal-News-View?serial=143854(검색일: 2018. 6. 15.). 이 사건은 제1심에서 28,000여명이 원고로 참가하여 "1인당 100만원씩을 배상하라"며 애플코리아를 상대로 손해배상을 청구하였고, 1심 패소 판결 후 1,200여명만 항소를 제기하였는데, 2018년 5월 30일 대법원이 상고를 기각함으로써(대법원 2018. 5. 30. 선고 2015다251539 판결) 7년간 지속된 소송이 원고패소 판결로 확정되었다.

71) 애플이 성능 저하를 초래하는 소프트웨어 업데이트를 적용하면서 아이폰 성능저하로 인한 손해에 대해 배상을 구하는 사건으로 원고 수만 63,767명에 달하며, 일부청구로서 1인당 손해배상청구금액은 20만원이며, 패소 시 원고 1인당 소송비용은 약 4,000원으로 예상하고 있다, http://www.hannurilaw.co.kr/공지사항 참조(검색일: 2018. 7. 2.).

유사한 제도를 모두 집단소송이라고 표현하고 있다. 의원입법안의 대부분은 증권관련 집단소송제도를 발전시킨 안으로서 class action의 개념으로 집단소송을 이해하고 있는 데 비해, 2018년에 발의한 소비자집단소송법안과 한국소비자단체협의회에서 제안한 소비자집단소송법안은 단체소송을 전제로 하고 있다. 특히 한국소비자단체협의회의 소비자집단소송법안 제2조에서는 "소비자집단소송이란 이 법에 의한 공통의무확인소송, 채권확정절차 및 민사집행법에 의한 관련 민사보전 또는 민사집행의 절차를 말한다."고 명시하고 있는데,[72] 여기서의 집단소송은 단체소송을 전제로 한 것이다.

이상에서 알 수 있듯이, 현재 집단소송제도는 대표당사자형 집단소송제도(대표적으로 증권관련집단소송)와 소비자단체형 집단소송제도(대표적으로 한국소비자단체연합회 안)로 나눌 수 있다. 집단소송이라는 표현을 함께 사용하고 있지만 그 실질에서는 서로 구분되는 형태인 것이다.

그런데 다수의 피해자가 관련된 사안에서 피해자의 권리보호가 보다 효율적으로 이루어지기 위한 제도를 설계할 때에는 '집단소송'이라는 불명확한 개념을 사용하기 보다는 명확한 개념을 출발점으로 삼아야 한다. 집단적 권리보호제도는 다양한 형태로 존재할 수 있는데, 때로는 단체를 통해 또 때로는 대표당사자를 통해서도 이루어질 수 있다. 따라서 '집단소송'보다는 '집단적 분쟁의 해결방안'이라는 큰 틀 속에서 집단적 피해구제가 효율적으로 이루어질 수 있는 방안을 모색해보아야 한다. 집단분쟁은 하나의 행위나 동일한 종류의 행위에 의해 같거나 비슷한 유형의 개별피해가 다수에게 발생하는 것을 의미하는데, 이러한 분쟁은 항공기나 선박, 열차 등의 대형사고, 의약품이나 제조물의 하자로 인한 손해, 투자자문, 개인정보누출 등[73] 다양한 분야에서 다양한 형태로 나타날 수 있

---

72) http://www.consumer.or.kr/DR4001/FN4001VE.php(검색일: 2018. 6. 28.).
73) 인권침해사안에서도 집단분쟁의 효율적인 해결방안이 검토되어야 한다는 견해로는 Meller-Hannich, Menschenrechte und kollektiver Rechtsschutz, http://www.verfahrensrecht.uni-halle.de/kollektiverrechtsschutz/rechtsschutz/ (검색일: 2018. 5. 25.).

으므로 이를 일괄적으로 해결할 수 있는 제도에 대한 검토가 필요한 것이다.

이하에서는 집단분쟁의 해결이라는 포괄적 개념을 전제로 구체적인 제도 개선의 방향을 살펴본다.

2. 집단소송법제의 기능

동일한 또는 유사한 손해를 입은 다수의 피해자들에게 실질적인 권리실현이 효율적으로 이루어지기 위해서는 제도 설계 때 어떠한 기능이 우선적으로 고려되어야 할 것인가에 관한 검토가 필요하다. 이러한 검토는 집단소송법제의 개선 방향을 정하는 데 중요한 토대가 될 것이기 때문이다.

가. 확인적 기능

집단분쟁해결제도에서 개별 피해자의 손해배상까지 한꺼번에 해결할 수 있으면 가장 이상적이다. 단체소송제도가 비판을 받고 있는 것도 침해행위의 금지나 중지 등 부작위청구에 제한되어 있어 직접적으로 피해자에 대한 현실적인 구제가 불가능하다는 점 때문이다.[74] 그런데 집단분쟁사건에서는 한 번의 소송절차를 통해 개별 피해자가 손해배상까지 받는 것이 쉽지 않다. 무엇보다도 각 개인에게 발생한 구체적인 손해는 다양할 수밖에 없기 때문에 이것을 하나의 소송절차에서 한꺼번에 확정하는 것은 쉽지 않다. 이러한 점을 고려하여 현재 논의되고 있는 집단소송법제에서는 2단계형, 즉 공통의무확인단계와 개별채권확정단계로 나누어지는 형태가 제안되고 있다.

---

74) 독일의 경우에도 오래전부터 많은 분야에서, 즉 공정거래분야, 보통거래약관분야, 저작권분야, 소비자분야 등에서 단체소송제도를 인정하고 있지만 부작위청구나 금지청구에 제한되는 점을 한계로 지적하고 있다, 대표적으로 Frank/Henke/Singbartl, Das Verbraucherstreitbeilegungsgesetz—Auswirkungen auf den kollektiven Rechtsschutz?, VuR 2016, 335 ff. 다만, 2005년부터 공정거래분야에서 부당이득환수청구권(Gewinnabschöpfungsklage)을 단체에 인정하고 있다(각주 38 참조). 스위스에서도 단체소송의 한계를 지적하고 있는데, 상세한 내용은 연방의회 보고서, S. 25 ff. 참조, https://www.ejpd.admin.ch/dam/data/bj/aktuell(검색일: 2018. 4. 30.).

물론 일부 집단소송법제에서는 일괄하여 손해배상을 받은 후 개별 피해자에게 분배하는 형태도 제시되고 있다. 그런데 각 개인에게 발생한 실질적인 손해는 사안별로 다양할 수 있기 때문에 이를 모아서 한꺼번에 채권을 확정하는 것은 쉽지 않다. 그리고 분배절차에서는 분배에 이의가 있는 경우 다시 이의절차가 진행되기 때문에 분쟁해결의 효율성이 매우 크다고 보기도 어렵다.

집단분쟁을 효율적으로 해결할 수 있는 제도를 설계할 때에 반드시 손해배상까지 한 번에 실현되어야 한다는 데 중점을 둘 필요는 없다. 오히려 각 개인에게 발생한 다양한 손해에 관하여 직접 배상을 구할 수 있는 기초를 마련하는 데 중점을 두는 것이 더 합리적일 수 있다. 집단분쟁이 발생한 사안에서 가장 중요한 것은 손해배상청구권이 인정되기 위한 요건들을 확정하는 것이다. 특히 사실관계나 인과관계의 확정은 매우 중요한 의미를 가지므로 집단분쟁해결제도에서는 확인적 기능이 우선적으로 실현될 수 있는 방향으로 제도 개선이 이루어질 필요가 있다.

나. 예방적 기능

집단분쟁의 효율적인 해결방안 중에는 예방적 기능이 우선적으로 고려되어야 하는 경우가 있다.

대표적으로 관련당사자의 수는 많지만 개별 손해액이 소액이어서 피해자가 개별적으로 법원에 소를 제기하여 자신의 권리실현을 추구하는 것이 시간이나 노력, 장기간의 소송수행의 어려움 그리고 비용 면에서 그리 합리적이지 않거나 권유할만한 것이 아닌 경우이다.[75] 2003년 유럽연합에서 실시한 설문조사에 의하면, 소비자 5명 중 1명은 1,000유로 이하의 손해액에 대해서는 법원에 소를 제기하는 것을 포기한다고 답하였으며, 소비자의 절반 정도는 200유로 이하의 손해액에 대해서는 어떠한

---

75) 이러한 손해(Streuschäden)의 대표적인 예로는 티백 용량이 20mg으로 표시되어 있는데 실제로는 19.5mg으로 소비자를 기망한 경우를 들기도 하는데, 이 경우 소비자 개개인이 입은 손해는 경미하지만 피해자의 범위가 매우 넓으며 이를 통해 얻은 기업의 이익은 매우 크다, Frank/Henke/Singbartl, Das Verbraucherstreitbeilegungsgesetz—Auswirkungen auf den kollektiven Rechtsschutz?, VuR 2016, 334.

권리구제수단도 이용하지 않을 것이라고 답하였다.[76] 일반적으로 소비자
보호를 이유로 집단소송제도의 필요성을 얘기할 때에는 대체로 소액다수
의 사건을 전제로 한다. 현재 제시되고 있는 집단소송법안의 제안이유에
서도 이러한 피해자들의 보호를 내세우고 있다.[77]

집단분쟁이 반드시 소액다수의 피해자를 전제로 하는 것은 아니지만
집단분쟁의 해결방안을 검토할 때에는 소액다수의 피해자가 발생하는 경
우 어떠한 해결방안이 보다 효율적인지를 살펴볼 필요는 있다. 예컨대,
은행약관에 의해 소비자들이 적은 액수이기는 하지만 부당하게 수수료를
부담하거나 식품용량이 포장지에 기재된 용량과 차이가 나는 경우, 소비
자 개개인이 시간과 노력을 들여 자신이 입은 적은 액수의 손해에 대해
적극적으로 법원에 소를 제기하여 손해배상을 구하는 것을 기대하기는
어렵다. 그런데 그렇다고 하여 아무런 조치를 취하지 않으면 기업은 부
당한 방법으로 막대한 경제적 이득을 취하게 된다. 이런 경우에는 개인
차원을 넘어서서 작동할 수 있는 권리구제제도가 마련되어야 하며, 이를
통해 기업이 부당한 행위를 중단하지 않고 계속하는 것이 경제적으로 크
게 불리할 것이 없다는 인식을 가지는 것을 막아야 한다.

그리고 때로는 피해액의 다소와 무관하게 개개인이 직접 소를 제기
하는 것은 어렵지만 그 상황을 그대로 두면 기업이 위반행위를 중단하거
나 개선하지 않고 계속 부당하게 이득을 취하거나 개개인에게 피해가 발
생할 우려가 있는 경우도 있다. 예컨대, 가격담합과 같은 불공정행위나
개인정보의 부당한 수집처럼 특정 개인의 권리에 대한 구체적인 침해가
아직 존재하지 않거나 드러나지 않아 개인이 직접 소를 제기할 가능성은
희박하지만 그러한 행위를 그대로 두는 것이 공공의 이익에 반하는 경우

---

76) Spezial-Eurobarometer bezüglich des Zugangs zur Justiz, 2004, S. 29,
   http://ec.europa.eu/commfrontoffice/publicopinion/archives/ebs/ebs_195_de.pdf
   (검색일: 2018. 6. 25.).
77) 대표적으로 2017년 박주민 의원 등 22인이 발의한 '소비자의 권익 보호를 위한
   집단소송법안'의 제안이유에는 "…1인당 손해가 소액인데 반해 많은 소송비용의
   지불과 장기간의 소송기간에 대한 우려로 소송에 나서지 않아 정작 소송을 제기하
   는 소비자는 많지 않은 실정…"이라고 밝히고 있다.

에는 집단분쟁해결제도의 예방적 기능이 중요한 의미를 가지게 된다.

이처럼 집단분쟁해결제도에서도 향후 부당한 행위가 행해지지 않도록 예방하는 기능이 중시되어야 하는데, 이러한 기능은 부작위청구를 중심으로 하는 단체소송제도가 가장 잘 수행할 수 있다고 본다. 불공정한 약관이나 위법한 정보수집에 대해 금지나 중지를 구하는 것은 개개인의 피해 구제보다는 공익소송의 의미를 더 가지는 것이기 때문이다.

다. 포괄적 기능

집단소송법제에 관한 기존의 논의에서도 나타나 있듯이, 집단분쟁해결방안은 특정분야에 한정되지 않고 다양한 분야에 적용될 수 있어야 한다. 즉, 그 대상과 적용범위 면에서 포괄적인 기능을 수행할 수 있어야 하는 것이다.

우선 대상 면에서는 소액다수의 피해를 전제로 할 것이 아니라 집단분쟁을 대상으로 하여야 한다. 다수의 피해자가 발생하는 집단분쟁에는 다수의 소액손해도 있지만 다수의 대규모손해도 있다. 현재의 집단소송법제는 대부분 소액다수의 피해를 전제로 하고 있다. 국회에 제출된 집단소송법안은 소액다수의 피해자를 전제로 하고 있으며,[78] 일본의 소비자집단소송제도의 도입 배경에서도 피해의 집단성과 피해가 소액이기 때문에 생기는 피해회복의 곤란성을 들고 있다.[79]

그런데 집단분쟁이 발생하는 것은 비행기추락 사고나 선박침몰 사고 또는 열차전복 사고나 의약품 사고[80]와 같이 다수의 피해자가 발생할 수

---

78) 대표적으로 2017년 김경협 의원 등 21인이 발의한 '독점규제 및 공정거래에 관한 법률 위반행위 손해배상사건 집단소송법안'의 제안이유에는 "…소액다수의 피해 사건을 현행 민사소송제도로 해결하도록 한 것은 문제가 있다는 지적이 있음.…" 이라고 밝히고 있다.

79) 서희석, 일본에서 소비자집단소송제도의 창설, 고려법학, 제74호, 3면 이하.

80) 독일의 Contergan 약물사고가 대표적으로 여기에 해당한다. 이 사고는 1960년대 임산부들이 복용 가능한 신경안정제 및 수면제로 알려진 Contergan으로 인해 많은 태아가 사산하고 다수의 장애아가 출생한 사건인데, 전 세계적으로 5천 명에서 1만 명에 가까운 장애아가 출생하였고, Contergan희생자협회(Bundesverband Contergangeschädigter)가 결성되어 있으며, 현재 약 2,400여 명이 생존해 있다, http://www.contergan.de/(검색일: 2018. 5. 20.).

있을 뿐 아니라 개별 피해액 또한 결코 소액이 아닌 경우도 있다. 증권
관련집단소송법은, 적용 분야를 제한하기는 하였지만, 반드시 소액이라
할 수 없는 피해가 다수에게 발생한 경우를 상정하여 대표당사자소송을
제도화한 것이다. 따라서 기존의 단체소송이나 집단소송 외에 새로운 집
단분쟁해결제도를 검토할 때에는 피해액의 대소가 기준이 될 필요는 없
으며,[81] 피해자가 다수인 사건을 보다 효율적으로 해결하는 데 적합한
방안인지 여부가 검토되어야 한다.

일반적으로 집단소송제도에 관한 논의에서는 보다 효율적이며 효과
적인 개인의 권리구제 내지 권리실현을 목표로 내세우고 있다.[82] 그런데
이러한 목표는 일반 민사소송제도에도 적용되어야 하며, 집단분쟁에서만
특별히 더 의미를 가져야 할 이유는 없다. 물론 소액다수의 집단분쟁에
서는 소송비용 등을 고려하여 피해 소비자가 자신의 권리실현을 위한 노
력을 단념하기 쉬울 수는 있다. 그렇지만 우리가 새로운 제도를 설계할
때는 대규모 분쟁을 보다 효율적으로 해결할 수 있는 방안을 검토해야
하는 것이며, 소액다수의 분쟁만 그 대상으로 삼을 것은 아니다.[83]

다음으로 집단분쟁해결제도는 그 적용범위 면에서도 포괄적인 기능
을 수행하여야 한다. 즉, 집단소송법제는 특정분야가 아니라 집단분쟁이
발생할 수 있는 경우를 원칙적으로 모두 포섭할 수 있는 제도이어야 한
다. 하나 또는 다수의 동일하거나 유사한 행위로 인하여 다수의 피해자

---

81) 독일 자본투자자대표소송제도의 입법 계기가 된 Telekom 사건에서는 Frankfurt 고
    등법원이 지정한 대표원고의 손해배상청구액은 무려 165만 유로(약 22억원)에 달하
    였다, http://www.spiegel.de/wirtschaft/0,1518,545168,00.html(검색일: 2018. 7. 11.).
82) 대표적으로 스위스 연방의회 보고서, S. 9 참조, https://www.ejpd.admin.ch/dam/da-
    ta/bj/aktuell(검색일: 2018. 5. 10.).
83) 2007년부터 증권관련 집단소송제도를 실시하고 있지만 활성화되지 않고 있는 이
    유 중 하나를 증권분야의 특성상 집단소송이 분쟁해결방법으로서 적절하지 않다는
    점을 들기도 한다. 즉, 증권분야는 집단소송제도가 일반적으로 전제하고 있는 '불
    특정 다수'와 '소액피해'에 해당하지 않기 때문이라는 것이다. 한국거래소나 증권사
    들의 자료를 통해 피해자를 쉽게 특정할 수 있으며, 개별 피해액도 소액이 아닌
    경우가 많다는 것이다, 우먼컨슈머 2016. 12. 25, http://www.womancs.co.kr/news/ar-
    ticleView.html?idxno=28055(검색일: 2018. 5. 20.).

가 발생하는 사건은 사회 곳곳에서 일어날 수 있다. 따라서 증권관련 집
단소송처럼 증권분야에 한정하거나 소비자 집단소송처럼 소비자와 관련
된 분야에 한정하는 제도보다는 많은 분야를 포섭할 수 있는 제도를 정
립하여야 한다.[84] 2018년의 유럽연합 제안서에서도 단체소송제도의 적용
범위를 확대하여야 함을 강조하고 있다. 즉, 집단적 권리보호제도로서 소
비자보호를 위한 단체소송제도는 금융서비스, 에너지, 통신, 의료와 환경
분야까지 그 적용범위가 확대되어야 한다는 것이다.[85]

3. 집단소송법제의 기본원칙과 개선 방향
가. 일반 법제화

기존의 제도나 현재 논의되고 있는 집단소송법제는 모두 특별법의
형태이다. 그런데 집단분쟁은 몇몇 개별 영역에 한정되어 나타나는 특별
한 문제가 아니라 사회 모든 분야에서 발생하고 있고 또 발생할 수 있는
문제이기 때문에 집단분쟁의 해결절차 또한 특정분야에 한정하지 않고
모든 민사사건에 적용될 수 있어야 한다. 즉, 집단분쟁해결제도를 가능한
한 일반 법제화하여 원칙적으로 모든 집단분쟁을 적용대상으로 삼아야
하는 것이다. 이를 위해서는 분쟁해결절차에 관한 기본법인 민사소송법
내에 제도가 마련되어야 하며, 특별법에 의해 특정분야를 중심으로 제도
화가 이루어져서는 안 된다. 특히 집단분쟁은 주로 손해배상청구 등 민
사상 분쟁이기 때문에 민사소송절차를 거쳐 해결하여야 하므로 민사소송
법에서 규율하여야 한다. 다만, 일정한 행위에 의해 다수의 피해자가 발
생한 사건을 보다 효율적으로 해결하기 위한 제도라는 점을 고려하면 개

---

84) 독일의 확인대표소송제도에 대해서도 소비자관련 사안에만 적용된다는 데 대해 비판
   이 가해지고 있다, Meller-Hannich, Sammelklagen, Gruppenklagen, Verbandsklagen-be-
   darf es neuer Instrumente des kollektiven Rechtsschutzes im Zivilprozess?, NJW-Beil
   2018, 31 f.
85) 이를 통해 광범위한 분야에 걸쳐 기업의 불법적인 관행에 영향을 미치게 될 것
   이라고 보았다, COM(2018) 184, S. 3, https://eur-lex.europa.eu/re-
   source.html?uri=cellar:adba9e47-3e34-11e8-b5fe-01aa75ed71a1.0018.02/DOC_1&for-
   mat=PDF(검색일: 2018. 5. 22.).

별 규정의 내용에서는 특별한 원칙에 따르거나 일반 민사소송법과는 차
이가 나는 점들이 반영될 수 있다.

　전통적으로 민사소송은 개개인이 자신의 이익을 추구하기 위해 개별
적인 청구를 법원에 구하는 것을 전제로 설계되어있다. 그런데 집단분쟁
의 해결과 관련하여서는 개개인의 권리실현이라는 사익적인 부분만 있는
것이 아니라 사법제도의 기능 유지와 같은 공익적인 부분도 함께 고려되
어야 한다. 따라서 집단분쟁의 효율적인 해결을 위해 새로운 형태의 절
차 형성이 고려되는 경우에 그 구체적인 내용은 기존의 민사소송절차와
차이가 나는 부분이 있을 수밖에 없다. 그렇지만 이는 집단분쟁이라는
특수한 상황을 고려한 데 따른 결과이기 때문에 반드시 특별법의 형태로
규율할 것은 아니다. 오히려 민사소송법 내에 집단분쟁해결에 관한 일반
제도를 정립하고, 그 특성을 반영하여 구체적인 내용을 형성하여 이를
명시적으로 규율하여야 할 것이다.

　나. 개인의 직접적인 권리추구 장려

　현행 민사소송법과 기타 법률에 존재하는 제도만으로는 집단분쟁을
효율적으로 해결하는 데 한계가 있어 새로운 제도에 대한 검토가 행해질
때에는 분쟁해결의 주체를 누구로 할 것인지 그리고 분쟁해결절차에서
피해자 개개인의 절차적 지위는 어떻게 보장할 것인지의 문제가 검토되
어야 한다. 그 검토 결과에 따라 집단분쟁해결제도의 구체적인 모습이
달라질 수 있기 때문이다.

　집단적인 권리보호제도의 필요성은 대체로 인정되고 있다. 특히 집
단이라는 형식은 권리실현에 대한 개개인의 무관심을 극복할 수 있게 하
고 거대한 기업에 조직적으로 맞설 수 있는 힘을 가지게 하여 소비자의
지위를 강화시킨다고 보고 있다.[86] 이를 통해 객관적으로는 법질서가 보
호되고 주관적으로는 개개인의 권리가 보다 신속하고 효율적으로 실현될
수 있도록 한다는 것이다.[87] 이처럼 집단적인 권리보호제도의 의미와 필

---

[86] Dauses/Ludwigs-Micklitz/Rott, Handbuch des EU-Wirtschaftsrechts, 43. EL 2017, Rdnr. 686 ff.

요성은 다툼의 여지없이 인정되지만, 그렇다고 하여 그 주체를 피해자 개개인이 아니라 집단을 대표할 수 있는 사람이나 단체로 하는 것이 더 효율적이라고 할 수는 없다. 특히 금지 등 부작위청구만 하는 것이 아니라 구체적인 손해배상액까지 구하는 경우, 피해자 개개인의 적극적인 역할 대신 단체나 대표당사자가 대신 나서도록 하는 것이 반드시 권장할만한 분쟁해결제도의 모습인지는 의문이다.

우선 단체소송의 경우 원고적격이 인정되는 단체는 당해 사건에 관하여 실질적인 이해관계가 없으며, 단체소송의 수행을 통해 직접적으로 얻는 이득도 없다. 단체가 손해배상까지 직접 청구할 수 있다고 하더라도 적극적으로 소비자의 손해배상청구소송을 진행할 유인은 크지 않다. 소송수행결과로부터 어떠한 직접적인 경제적 이득도 취할 수 없는 단체가 변호사비용 등 소송비용을 자신이 부담하면서까지 개별 소비자의 손해배상청구권을 마치 자신의 권리인 것처럼 적극적으로 행사할 수 있을지는 확신할 수 없다.[88)] · [89)]

집단적 권리보호제도가 가지는 공익적 성격을 고려하여 최근 유럽연합에서는 옴부즈만제도에 많은 관심을 보이고 있다. 그런데 옴부즈만과

---

87) 효율적인 권리보호(effektiver Rechtsschutz)는 법체계의 근본을 이루는 부분이며, 이를 사회적 · 경제적 기본권으로 표현하기도 한다, Lakkis, Der kollektive Rechtsschutz der Verbraucher in der Europäischen Union, S. 13.

88) 소비자의 손해배상청구를 위해 변호사비용 등 소송비용을 부담할 수 있는 재정적 상황이 갖추어진 단체가 어느 정도 있는지도 의문이다. 독일에서도 단체의 소송수행 의지에 관하여 비판적으로 보기도 하는데, 대표적으로 독일 변호사단체(DAV, Deutsche Anwaltverein)는 부작위청구법(Unterlassungsklagengesetz)에서 의미하는 지정단체(Qualifizierte Einrichtungen)가 열악한 재정상태와 소송의 위험부담 때문에 자신들의 소 제기권한을 적극적으로 사용하고 있지 않다는 것은 이미 널리 알려진 사실이며, 이 때문에 피해소비자의 권리보호가 더 효율적으로 행해지지 못한다고 지적하고 있다, Meller-Hannich, Sammelklagen, Gruppenklagen, Verbandsklagen—bedarf es neuer Instrumente des kollektiven Rechtsschutzes im Zivilprozess?, NJW-Beil 2018, 31 f.

89) 일반적으로 단체소송법제에서는 소송비용에 대한 단체의 부담을 줄이기 위해 소송비용에 대한 국고지원을 요청하고 있다. 대표적으로 2018년 1월 31일 이학영 의원 등이 발의한 '소비자집단소송법안(11678)'은 제30조에서 국가가 예산의 범위 내에서 소비자집단소송에 필요한 소송비용의 전부 또는 일부를 지원할 수 있음을 밝히고 있다.

같은 행정기구가 집단분쟁의 해결에 적극적으로 개입하는 것이 바람직한
지는 의문이다. 일부에서는 공적기관의 경우 개인적인 이해관계가 없어
중립적인 입장에서 소비자분쟁을 해결하는 데 중심적인 역할을 할 수 있
을 것으로 기대한다.[90] 그런데 개인적인 이해관계가 없어 중립적일 수
있다는 측면은 권리실현에 관심이 적어 적극적이지 않을 수 있다는 측면
이 되기도 한다. 개인적인 이해관계 없이 단순히 업무로서 분쟁해결에
관여하는 옴부즈만이 얼마나 소비자의 이익을 위해 적극적으로 행동하고
또 성실하게 소송을 수행할지는 알 수 없다. 물론 공권력이 영향을 미칠
수 있는 약관에 관한 심의나 담합 등 불공정거래에 관한 제재에서는 옴
부즈만과 같은 행정기구의 개입이 소비자보호 역할을 할 수 있지만, 소
비자 개개인에게 발생한 피해를 실질적으로 구제하는 데에도 이들이 적
합한지는 의문이다. 구체적인 손해배상액의 확정과 공정한 배분에서 법
원이 아닌 행정기구의 역할은 제한적일 수밖에 없기 때문이다.

　권리자의 권리주장은 자신의 인격을 주장하는 일과 같다는 예링의
말[91]을 굳이 빌리지 않더라도 개인의 권리는 가장 이해관계가 큰 개인
스스로 보호하고 또 실현하기 위해 적극적으로 노력하는 것이 바람직하
며, 제3자에게 맡길 것은 아니다.[92] 국가의 임무는 각 개인이 자신의 권

---

90) 대표적으로 Woopen, Kollektiver Rechtsschutz-Ziel und Wege, NJW 2018, 138.

91) 예링은 '권리를 위한 투쟁(Der Kampf um's Recht)'에서 법의 목적은 평화지만 수
단은 투쟁이라고 하면서 권리자의 권리주장은 자신의 인격을 주장하는 일과 같으
며 권리에 대한 투쟁은 자신에 대한 의무인 동시에 사회공동체에 대한 의무라고
역설하고 있다, von Jhering, Der Kampf um's Recht, S. 27 ff.

92) 유럽재판소(EuGH)는 소송수행권의 위임에 의한 집단소송에 대해 소극적인 태도
를 취하고 있다. 즉, 페이스북을 상대로 개인정보 보호문제를 제기하며 일정한 유
형의 개인정보 이용중지와 개인정보 수집 및 배포에 대한 정보제공 그리고 위자료
를 청구한 Max Schrems 소송에서 유럽재판소는 소비자사건에서는 모든 소비자에
게 해당법원의 관할이 적용되는 것이 아니라 개인적으로 당해소송절차에 참여하였
거나 소송의 대상이 된 소비자계약의 체결에 관여한 소비자에 대해서만 적용된다
고 밝혔다, EuGH, Urt. v. 25.1.2018-C-48/16 = NJW 2018, 1003. 이 사건은 오스
트리아 최고법원(ÖstOGH)이 소송수행권 위임에 의한 대표당사자소송(unechte
Sammelklage)에 대해서도 "민상사사건에 관한 재판관할과 판결의 승인집행에 관한
유럽연합 규정(EuGVVO: Verordnung über die gerichtliche Zuständigkeit und die
Anerkennung und Vollstreckung von Entscheidungen in Zivil- und Handelssachen

리를 본인의 노력으로 보호하고 실현하는 데 필요한 합리적이고 적절한 제도와 절차를 마련하는 데 있다. 자신의 권리를 위한 개인의 투쟁은 정의로운 사법제도뿐 아니라 효율적인 사법제도에 의해 뒷받침되어야 하는 것이다. 따라서 집단분쟁의 경우에도 원칙적으로 누구든지 자신의 권리는 스스로 행사하고 그 실현을 위해 노력하여야 한다. 집단분쟁의 효율적인 해결을 위한 제도 설계의 방향과 목표 또한 이를 기초로 하여야 한다. 그런데 현재 제시되고 있는 집단소송법제에서는 대표자나 단체가 개별 피해자를 대신하여 소송의 주체가 되고 있으며, 피해자 개인은 opt-out 방식을 통해 소송주체가 될 수 있는 지위를 회복할 수 있다.

집단분쟁해결방안의 출발점이 되어야 하는 것은 피해자의 권리를 누군가가 대신 행사하여 실현하는 것이 아니라 피해자가 자신의 권리를 보다 용이하게 행사하고 실현할 수 있도록 제도 설계가 이루어져야 한다는 점이다. 개인의 직접적인 권리추구를 장려하기 위해서는 원칙적으로 대표자나 단체 보다는 각 개인이 소송주체로서 역할하는 방향으로 제도 개선이 이루어져야 한다. 이러한 입장에서 볼 때, 피해자의 참가와 관련하여서도 개개인의 적극적인 자기권리 주장을 위해서는 opt-in 방식을 원칙으로 할 것이며, opt-out 방식은 예외적인 경우에 인정되어야 할 것이다.

다. 민사소송절차의 기본원칙 준수

집단분쟁해결방안에는 피해자 개개인의 권리실현이라는 사익적 측면뿐 아니라 집단분쟁의 해결과 사법제도의 기능 유지라는 공익적 측면도 존재한다. 이에 따라 그 절차 또한 종래의 민사소송절차와는 다른 모습일 가능성이 크다. 특히 사익 실현에 초점이 맞추어진 민사소송절차에 적용되는 처분권주의나 변론주의가 제한될 여지가 큰데, 이는 증권관련집

---

vom 12. 12. 2012. 이 규정은 2015년 1월 10일부터 발효되어 이 사건에 대해서는 2001년도 규정이 적용되었지만, 소비자소송절차에 관해서는 규정 내용이 변경되지 않고 동일하기 때문에 관할법원은 소비자보호를 위해 원고의 보통재판적을 기준으로 정해지는 것이다.)"에 의해 관할권이 인정되는지에 관하여 판단을 구한 내용이다. 이 판례에 따라 유럽연합 내에서는 소송수행권의 위임에 의한 대표당사자소송은 원칙적으로 행해지기 어렵다고 보고 있다, Paulus, Keine unechten Sammelklagen in Verbrauchersachen, NJW 2018, 991.

단소송절차에서 당사자의 처분권주의가 제한되고 직권주의적 성격이 강하게 나타나고 있는 데에서도 잘 알 수 있다.

그럼에도 불구하고 집단분쟁의 대부분이 민사상 손해배상을 구하는 것임을 고려하면 집단분쟁해결절차에서도 가능한 한 민사소송절차를 지배하는 중요한 원칙들은 지켜져야 한다. 즉, 처분권주의나 변론주의와 같은 민사소송의 기본원칙이 지켜질 수 있는 형태가 제도 설계에서 우선적으로 검토되어야 하는 것이다. 특히 당사자의 처분권주의를 중시한다면 집단적 권리보호제도에서도 피해 소비자의 참가와 탈퇴는 언제든지 자유롭게 행해질 수 있어야 하며, 이를 통해 각 개인이 자신의 권리를 직접 실현할 수 있는 길이 보장되어야 한다. 대표적으로 집단소송법제에서 많이 논의되고 있는 opt-in 방식과 opt-out 방식 중에는 opt-in 방식이 우선되어야 한다. class action처럼 영미법 국가에서는 대체로 opt-out 방식을 따르고 있는 데 비해, 대륙법계에서는 opt-in 방식을 선호하고 있다.[93] opt-in 방식이 전통적인 대륙법계의 소송구조에 상응한다고 보기 때문에[94] 2013년 유럽연합 집행위원회가 제시한 집단적 권리보호의 프레임[95]에서도 opt-in 방식을 취하고 있으며, class action과 유사한 대표당사자소송제도를 도입한 다수의 유럽국가들도 opt-in 방식을 취하고 있다.[96]

물론 opt-out 방식이 opt-in 방식보다 피해자의 참여율 면에서 유리한 측면이 있으며,[97] 집단분쟁을 해결하는 데는 유용성이 크다고 보고

---

93) 다만, 덴마크와 노르웨이는 opt-in 방식을 취하면서도 일정한 소액다수의 분쟁에 대해서는 예외적으로 opt-out 방식에 따르고 있다, 스위스 연방의회 보고서, S. 37 ff. 참조, https://www.ejpd.admin.ch/dam/data/bj/aktuell(검색일: 2018. 5. 10.).

94) Hodges, From class action to collective redress: a revolution in approach to compensation, Civil Justice Quarterly 2009, S. 66.

95) COM(2013) 401.

96) 2003년 스웨덴이 집단소송절차법(Gruppenverfahrensgesetz)을 통해 집단소송제도를 도입한 후 불가리아, 덴마크, 핀란드, 노르웨이, 스페인, 포르투갈 등 다수의 유럽국가들이 유사한 제도를 도입하였는데, 포르투갈과 불가리아를 제외하고는 대부분 opt-in 방식을 채택하고 있다. Dausses/Ludwigs-Micklitz/Rott, Handbuch des EU-Wirtschaftsrechts, 43. EL 2017, Rn. 705.

97) 한 조사에 의하면, opt-in 방식에서는 원고 참여율이 약 33%인 반면, opt-out 방식에서는 최소 60%의 참여율을 보이고 있으며, 대부분의 경우 87% 이상에 달한

있다. 즉, opt-in 방식은 피해자가 직접 소를 제기하거나 아니면 등록절차 등을 이용하여 자신의 청구권을 행사함으로써 집단소송에 관여하게 되는데, 이는 비용이나 시간 면에서 개별적인 소 제기와 큰 차이가 없어 집단분쟁을 효율적으로 해결하는 데 적합하지 않다는 것이다.[98] 그러나 opt-out 방식은 절차에 전혀 관여하지 않은 피해자가 단지 제외 신고를 하지 않았다는 이유로 소송결과에 구속된다는 점에서 심문청구권 (rechtliches Gehör)과 같은 절차적 기본권 보장의 위반문제가 있을 뿐 아니라[99] 처분권주의 위반의 문제도 있다.[100] 따라서 소액다수의 분쟁해결에는 opt-out 방식이 유리한 측면이 있다하더라도, 처분권주의 등 민사소송제도의 근본적인 틀에 비추어보면 집단분쟁해결제도의 출발점은 opt-out 방식이 아니라 opt-in 방식이 되어야 할 것이다.

V. 대표소송제도

1. 의   의

현재 논의되고 있는 집단소송법제는 다수의 피해자가 관련된 사건을 보다 효율적으로 해결하는 제도를 마련하는 데 목표를 두고, class action 과 같이 대표당사자의 소송수행권을 인정할 것인지 아니면 Verbandsklage 와 같이 단체에게 소송수행권을 인정할 것인지로 나누어져 있다. 그런데 이들은 앞에서 살펴 본 집단소송법제의 개선 방향과는 다소 맞지 않는 부분이 있다. 집단분쟁해결제도의 기본원칙과 개선 방향을 적극적으로 반영한 방안으로서 고려해볼 수 있는 것은 대표소송제도[101]이다.

다, 스위스 연방의회 보고서, S. 38 참조, https://www.ejpd.admin.ch/dam/data/bj/aktuell(검색일: 2018. 5. 10.).

98) Tilp/Schiefer, VW Dieselgate—die Notwendigkeit zur Einführung einer zivilrechtlichen Sammelklage, NZV 2017, 17.

99) Meller-Hannich, Sammelklagen, Gruppenklagen, Verbandsklagen—bedarf es neuer Instrumente des kollektiven Rechtsschutzes im Zivilprozess?, NJW-Beil 2018, 31 f.

100) 스위스 연방의회 보고서, S. 38 참조, https://www.ejpd.admin.ch/dam/data/bj/aktuell (검색일: 2018. 5. 10.).

101) 여기서 사용하고 있는 "대표소송" 용어는 상법 제403조의 "주주의 대표소송"과는 구분되어야 하는 개념이다.

　대표소송제도는 다수자가 관련되어 있어 대량으로 소가 제기될 수 있는 사안에서 상대방이 동일하고 주요한 사실상·법률상 쟁점이 공통된 경우에 모든 사람이 당사자로 나설 필요 없이, 또한 피해자가 자신의 소송수행권을 제3자나 단체에 위임할 필요 없이 하나의 소송절차를 통해 분쟁해결의 가이드라인을 확정하는 소송을 말한다. 즉, 집단분쟁이 발생한 경우 대표소송을 통해 공통된 사실상·법률상 쟁점을 먼저 확정하고, 이를 바탕으로 각 개인이 구체적인 손해배상액에 대해 손해배상청구소송을 진행하는 구조이다. 이 제도는 다수가 관련된 집단분쟁에서도 전통적인 민사소송의 형태인 1대1 개별소송의 형태를 유지하여 소송절차를 단순화함과 동시에, 공통된 사실상·법률상 쟁점을 먼저 확정함으로써 동일한 사고의 피해자들이 제기하는 후소에서 신속하고 효율적으로 권리실현이 이루어질 수 있도록 하고자 하는 것이다. 그리고 대표소송을 통해 사실상·법률상 쟁점이 확정되면 각 개인의 손해배상청구와 관련하여서는 화해나 조정의 성립 가능성이 커져 당사자의 사적 자치에 의한 분쟁해결도 활성화될 수 있을 것이다.

　대표소송제도의 특징은 기존의 집단분쟁해결제도와는 달리 민사소송법 내의 일반제도로서 존재한다는 점, 피해자 개인이 자신의 소송수행권을 제3자에게 양도하지 않고 직접 행사한다는 점 그리고 공통된 사실상·법률상 쟁점을 먼저 확정하고 후속재판에 그 효력이 미쳐 다수의 분쟁을 해결할 수 있는 기초가 마련된다는 점에 있다. 특히 이 제도는 보험약관, 은행, 투자자문, 분양권 등 다수의 당사자가 관련되어 있어 대량으로 소가 제기될 수 있는 사안이면서 분쟁의 핵심적인 쟁점이 공통된 경우에 유용하게 이용될 수 있다.

　집단분쟁해결제도에서 기대되는 예방적 기능은 금지 등 부작위청구를 중심으로 한 단체소송제도를 통해서, 그리고 실질적인 권리실현 기능은 대표소송제도를 통해서 실현할 수 있을 것이다. 특히 다수의 피해자가 있으며 손해액 또한 적지 않아 개별적인 권리추구에 대한 동기가 충분한 경우에는 대표소송제도를 통해 공통된 사실상·법률상 쟁점이 먼저 확정되면 각 개인의 권리실현이 보다 효율적으로 행해질 수 있을 것이다.

2. 기본 구조

대표소송제도의 기본 구조는 대표소송을 통해 사실상·법률상의 공통쟁점에 관하여 먼저 판단을 받은 후 이를 기초로 구체적인 손해배상의 청구는 개별 피해자가 직접 구하는 것이다. 이와 같은 2단계 구조는 근래의 집단소송법제가 취하고 있는 모습에도 상응한다. 단체소송을 전제로 한 것이기는 하지만, 2013년 일본의 소비자소송특례법에 의한 소비자집단소송제도는 2단계 구조를 취하고 있으며, 유럽연합 또한 2018년의 제안서에서 소비자의 개별피해가 직접 실현되도록 하기 위해 필요한 경우 각 회원국은 단체소송을 통해 기업의 책임에 관한 확인판단을 먼저 구하고, 후속되는 손해배상청구소송에서 이 판단이 직접 적용될 수 있는 형태의 권리보호제도를 설계할 수 있다고 밝혔다.[102] 그리고 최근에 발의된 국회의 소비자집단소송법안도 2단계 구조를 취하고 있다.

공통된 사실상·법률상 쟁점에 관하여 먼저 판단을 구하는 것은 미국의 class action에서도 볼 수 있는데, 가장 많이 사용되고 있는 것이 공통쟁점에 관한 class action[common question class action, 연방민소규칙 제23조 (b)(3)]이다.[103] 이와 함께 class action에서는 대표소송제도와 유사한 역할을 하는 test case도 인정하고 있다. 전체 사건을 신속하게 해결하기 위해 대표당사자 개인의 청구에 관하여 먼저 시험적으로 판단하는 것인데, 이는 특히 불법행위로 인한 손해배생사건에서 많이 이용되고 있다.[104]

집단소송제도의 의의를 손해배상액의 집단화에 있다고 보는 견해도 있지만,[105] 실제로 손해와 관련하여 각 개인의 사정은 다양할 수 있으며,

---

102) COM(2018) 184, S. 4, https://eur-lex.europa.eu/resource.html?uri=cellar:adba9e47-3e34-11e8-b5fe-01aa75ed71a1.0018.02/DOC_1&format=PDF(검색일: 2018. 5. 22.).

103) 50% 이상의 class action이 FRCP 제23조 (b)(3)에 따른 손해배상청구이다, Gordon-Vrba, Vielparteienprozesse, Kollektive Durchsetzung gleichartiger individueller Kompensationsansprüche unter dem Aspekt der prozessualen Effizienz und Fairness, S. 48.

104) https://uk.practicallaw.thomsonreuters.com/4-617-9264?transitionType=Default&contextData=(sc.Default)&firstPage=true&bhcp=1(검색일: 2018. 6. 15.).

손해배상액의 분배절차 또한 그리 간단하지 않다. 예컨대, 일본의 2단계형 소비자 집단소송제도에서도 채권확정절차를 통해 피해소비자가 실제 손해배상을 받기 위해서는 단체의 채권 신고에 소비자의 수권이 있어야 하며, 인부를 다투는 신청에 대해서는 당사자 쌍방을 심문하여야 하고, 법원의 각하결정에 대해서는 즉시항고가 인정되며, 간이확정결정에 대해 이의가 제기되면 일반 민사소송절차가 진행되는 등 집단소송절차가 일반 민사소송절차에 비해 단순하고 수월하게 형성된 것이라고 보기 어렵다. 이러한 점을 고려하면 구체적인 손해액에 관해서는 각 개인이 개별적으로 권리실현을 추구하도록 하고, 그 기초가 되는 공통된 사실관계나 쟁점에 관하여 법원이 먼저 확인판단을 해 주는 것이 집단분쟁해결의 효율성을 높이는 방안이 될 수 있을 것이다. 법원의 우선적인 확인판단은 공통된 중요한 사실상·법률상 쟁점을 한꺼번에 해결하는 것이어서 당사자뿐 아니라 법원의 입장에서도 환영할만하다. 개별 피해자의 피해액이 적지 않은 경우 다수의 피해자는 시간이나 노력 또는 비용 측면에서 직접적으로 자신의 권리실현을 추구할 가치가 있다고 판단할 것이다. 이 경우 동일한 사실관계나 공통된 쟁점이 있는 사건임에도 불구하고 개별적으로 소가 제기되어 각 법원마다 이에 관하여 판단하는 것은 특히 증거조사에 드는 시간과 노력, 비용을 고려하면 그리 효율적이지 않다. 그리고 공통된 쟁점임에도 불구하고 개인의 소송수행 능력에 따라 법원마다 상이한 판단이 나오는 것은 사법부에 대한 신뢰에도 부정적인 영향을 미치게 된다. 따라서 공통된 쟁점 등에 관하여서는 통일된 판단이 나오는 것이 분쟁해결의 효율성이나 사법부에 대한 신뢰 면에서 필요하다.

3. 절차적 특징

대표소송절차의 출발점은 이 절차가 개별소송절차보다는 편의성이 커야 하지만 기존의 소송절차원칙에 크게 벗어나서는 안 된다는 사실이

---

105) 최승재, 미국집단소송의 이해, 대한변협신문, 2017. 12. 18.

다. 다만, 대표소송제도는 집단분쟁을 전제로 한 새로운 형태의 절차이기 때문에 그 특성상 전통적인 민사소송절차와는 다른 내용이 인정될 필요도 있다. 따라서 대표소송제도의 실현을 위해서는 특징적인 내용을 명시한 법적 뒷받침이 필요하다. 특히 대표소송의 지정, 법률적 쟁점뿐 아니라 사실적 쟁점에 관하여 판단을 구하고 있는 점, 판결의 구속력 그리고 다른 소송절차의 중지나 소송비용에 관한 특칙 등 새로운 내용은 법에 명시되어야 한다.[106]

가. 법원의 대표소송 지정

피해자가 제기한 소가 대표소송이 되기 위해서는 법원의 지정이 필요하다. 법원의 지정은 당사자의 신청에 기하여 행해지는데, 당사자는 손해배상청구의 소 등을 제기하면서 동시에 또는 소송계속 중에 대표소송의 지정을 신청할 수 있다. 대표소송으로 지정되기 위해서는 다수의 사건이 동일하거나 유사한 사실상·법률상 쟁점을 가지고 있어야 하므로 신청당사자는 공통된 사실상·법률상 쟁점을 가진 청구권을 가지는 사람이 다수 존재한다는 점 그리고 집단분쟁을 해결하는 데 대표소송이 유용하다는 점을 소명하여야 한다.

대표소송으로 지정된 후 이 사안에 관하여서는 수소법원에서 판단할 수도 있고, 전문재판부의 판단이 더 적절한 경우에는 사안을 전문재판부로 보낼 수 있다. 독일처럼 고등법원을 제1심법원으로 하는 예도 있지만,[107] 사실상·법률상 쟁점에 관한 판단이 집단분쟁의 해결에 결정적인 역할을 한다는 점을 고려하면 지방법원을 제1심으로 하여 심급의 이익을 보장하는 것이 바람직할 것이다.

---

106) 이하의 내용은 정선주, 집단분쟁의 효율적인 해결과 대량소송의 방지를 위한 대표소송제도의 신설, 민사소송, 제15권 제2호, 269면 이하에서 제시한 안을 기초로 한 것임.

107) 판결이 확정될 때까지 많은 시간이 걸리는 것을 피하기 위해 피고 기업 소재지 고등법원을 제1심법원으로 한다고 설명하고 있다. https://www.haufe.de/recht/weitere-rechtsgebiete/wirtschaftsrecht/musterfeststellungsklage-soll-bis-1112018-kommen_210_450624.html(검색일: 2018. 6. 22.).

나. 공통된 사실상·법률상 쟁점에 관한 확인

대표소송제도는 대표소송절차를 통해 공통된 사실상·법률상 쟁점을 확정하고 이를 토대로 개별적인 손해배상을 구하는 절차가 진행되는 것을 예정하고 있다. 즉, 대표소송절차에서는 이행판결이나 형성판결이 행해지는 것이 아니라 공통된 쟁점에 관하여 법원의 확인판결이 행해진다. 그런데 이러한 부분은 확인청구의 대상을 원칙적으로 현재의 권리나 법률관계로 제한하며 사실문제는 확인의 대상이 될 수 없다고 보는 민사소송법의 기본원칙과는 맞지 않는 부분이다. 물론 민사소송법에서도 예외적으로 증서의 진정여부에 관하여서는 확인청구를 인정하고 있지만 (민사소송법 제250조), 일반적으로 법률요건사실이나 손해액산정기준 등은 확인의 대상이 될 수 없다고 보고 있다.[108]

대표소송에서는 다투어지는 공통된 사실상·법률상 쟁점에 관하여 법원의 판단을 구하는 것을 목적으로 하기 때문에 사실문제에 대한 확인이 중요한 의미를 가진다. 따라서 대표소송제도가 도입된다면 이는 확인청구의 중요한 예외가 인정되는 결과가 되는 것이므로 이에 관하여서는 명시적인 법규정이 있어야 한다. 물론 이러한 법규정을 근거로 확인청구의 대상이 사실문제로까지 확대되었다고 해석해서는 안 된다. 대표소송제도는 특별절차의 하나로서 민사소송법 내에 규율하는 것이기 때문에 대표소송이 아닌 일반 민사소송절차에서는 여전히 확인의 대상은 권리나 법률관계로 제한된다.

다. 관련당사자의 참가

공통된 사실상·법률상 쟁점을 가진 다수의 분쟁을 신속하게 해결하기 위해서는 관련당사자를 하나의 소송에 포섭할 수 있어야 한다. 그런데 이들을 모두 원고로 하는 것은 소송절차를 복잡하게 만들어 바람직하지 않기 때문에 관련당사자에게는 소송에 참가할 수 있는 기회를 보장하여야 한다. 일반 민사소송절차와는 다른 특별절차로서 대표소송제도가

---

108) 이시윤, 신민사소송법, 제12판, 234면 이하.

인정되더라도 가능한 한 민사소송의 기본원칙인 처분권주의는 준수되어야 하므로 opt-out 방식이 아니라 opt-in 방식에 따라 관련당사자의 참가가 보장되어야 한다. 대표소송의 신청이 있으면 법원은 이를 공고하여 관련당사자가 참가할 수 있는 기회를 마련하여야 하며, 법원이 대표소송으로 지정한 때에도 이를 공고하여 관련당사자의 참가 기회를 보장하여야 한다.

관련당사자의 참가는 청구권의 소멸시효 중단을 위해 필요하며,[109] 또 대표소송 신청의 공고 후에는 관련당사자의 참가 여부와 그 규모가 법원의 대표소송 지정에 영향을 미칠 수 있다는 점에서 의미를 가진다. 관련당사자에게 참가 기회를 부여하는 것은 적극적으로 소를 제기하는 것은 아니지만 참가의 의사표시는 간접적으로 자신의 청구권을 행사하는 것으로 볼 수 있으므로 소멸시효 중단의 효력이 인정될 수 있다. 그리고 대표소송의 지정과 관련하여서는 일정 수 이상의 청구나 당사자를 요건으로 삼을 것인지의 문제가 있는데, 현재의 집단소송법제에서는 50인 정도를 기준으로 하고 있다. 대표소송제도에서는 대량소송의 예방이라는 측면도 고려하여야 하기 때문에 처음부터 다수의 피해자가 존재하는 것은 아니지만 향후 피해자의 발생이 예상되는 경우도 염두에 두어야 한다. 따라서 처음부터 최소한의 소송건수나 당사자 또는 청구권을 요건으로 명시하기 보다는 법원이 대표소송의 지정여부를 판단할 때 참가신청 건수 등 여러 상황을 고려하는 것이 합리적일 것이다.

참가 시 관련당사자는 동일한 피고에 대하여 사실상·법률상 쟁점이 공통된 청구권이 있음을 소명하여야 한다. 참가의 방식과 관련하여, 허위참가자를 막기 위해 참가신청과 이에 대한 법원의 결정이라는 절차 형태를 고려해 볼 수도 있지만, 불허가결정에 대한 불복절차 등으로 대표소

---

109) 다만, 이 경우 대표소송판결 확정 후 일정한 기간 내에 손해배상청구의 소가 제기되지 않으면 청구권의 시효중단효는 인정되지 않는 것으로 보아야 한다. 민법 제170조에서는 6개월을 기준으로 하고 있는데, 집단분쟁의 신속한 해결을 위해 3개월을 기준으로 하는 것이 적절해 보인다.

송절차 자체가 지연될 우려가 있기 때문에 참가방식은 참가인 명부에 등록하는 것이 적절해 보인다. 청구권에 관하여 소명이 충분하지 않은 경우에는 등록이 인정되지 않을 것이며, 피해사실이 분명하지 않은 참가자의 경우에는 손해배상청구절차에서 청구권이 인정되지 않음으로써 허위참가의 문제는 해결될 수 있을 것이다.

라. 소송절차의 중지

집단분쟁사건에서 손해배상청구의 소가 이미 제기되어 있는 경우에는 대표소송의 결과를 기다리는 것이 중복된 증거조사와 모순된 판결의 위험을 방지하기 위해 필요하다. 따라서 대표소송이 지정되면 당해 분쟁과 관련하여 제기된 다른 소송은 중지되어야 한다. 그런데 우리 민사소송법은 독일 민사소송법 제148조[110]에서 규정하고 있는 중지제도를 인정하고 있지 않다. 문헌에서는 다른 민사사건이나 형사사건의 판결결과가 선결관계에 있는 경우 법원이 재량으로 사건의 중지를 명할 수 있다고 보지만[111] 대표소송제도를 도입하는 경우에는 이에 관하여 법에서 명시하여야 할 것이다.

그리고 대표소송판결이 중지된 소송절차에 영향을 미치기 위해서는 중지된 소송절차의 당사자에 대해서는 대표소송절차의 참가자로서의 지위가 부여됨을 분명히 할 필요도 있다.

마. 판결의 효력

대표소송제도에서 가장 어려운 문제는 판결의 효력이다. 개별 피해자의 피해구제가 실현되기까지 2단계 소송절차를 예상하고 있는 대표소송제도에서는 대표소송절차에서 법원이 확정한 사실상·법률상 쟁점에 관한 판단이 손해배상을 구하는 후속절차의 기초가 되어야 한다. 그런데 이러한 효력의 본질을 어떻게 이해하여야 하는가가 문제이다.

---

110) 독일 민사소송법 제148조(선결적 판단을 이유로 한 중지, Aussetzung bei Vorgreiflichkeit)에 따르면, 법원은 법률관계의 존부가 계속 중인 다른 소송의 결과나 행정관청의 판단에 전부 또는 부분적으로 좌우되는 경우에는 다른 소송의 결과나 행정관청의 판단이 나올 때까지 당해 사건의 변론을 중지할 수 있다.

111) 이시윤, 신민사소송법, 제12판, 454면.

독일의 2005년 자본투자자대표소송법은 제22조 제1항에서 대표소송의 결정(Musterentschied)이 대표소송을 이유로 소송절차가 중지되었던 수소법원을 '구속한다(binden)'고 밝히고 있다. 그리고 2018년의 확인대표소송법에서도 '확인판결이 개별 소비자와 기업 간의 소송을 담당하는 법원을 '구속한다(binden)'고 명시하고 있다(독일 개정 민사소송법 제613조). 그런데 이 구속력(Bindungswirkung)을 어떻게 이해할 것인지에 관하여서는 논란이 있다. 자본투자자대표소송법 제22조 제2항에서 명시적으로 '기판력(Rechtskraft)'이라는 표현을 사용하고 있지만[112] 이를 진정한 의미의 기판력으로 보기는 힘들다는 견해도 있고,[113] 또 일부에서는 이를 기판력의 확장으로 이해하려고도 한다.[114]

2018년의 유럽연합 제안서에서는 집단소송과 관련하여 기업의 법위반을 인정한 법원이나 행정관청의 확정된 판단은 동일 회원국 내의 권리보호절차에서는 '반박될 수 없는 증거(unwiderlegbarer Beweis)'가 되며, 다른 회원국 내의 절차에서는 '반박 가능한 추정(widerlegbare Vermutung)'의 효력을 가진다고 설명하고 있다.[115]

일본의 소비자소송특례법은 공통의무확인소송의 확정판결의 효력을 기판력으로 보고 있다. 즉, 동법 제9조에서는 확정판결이 당사자 이외에 ① 원고 외의 특정적격소비자단체 및 ② 대상소비자로서 후에 간이확정절차에서 채권신고를 한 자에게도 미친다고 밝히고 있다. 이는 제1단계 절차의 확정판결의 효력이 당사자 외의 자에게도 미친다는 점에서 '판결효의 확장'이라고 보고 있다.[116]

---

112) 제2항: 대표소송결정은 대표소송절차가 목표한 확인적 판단의 한도 내에서 기판력이 인정된다.

113) 자본투자자대표소송법 제22조 제2항에서 기판력이라는 표현을 명시적으로 사용하고 있는 것은 유럽연합 내에서 대표소송결정의 승인을 위한 것이라고 보기도 한다, Prütting/Gehrlein-Halfmeier, ZPO, 7. Aufl., 2015, § 22 KapMug, Rdnr. 1.

114) 대표적으로 Gebauer, Zur Bindungswirkung des Musterentscheids nach dem Kapitalanleger—Musterverfahrensgesetz(KapMuG), ZZP 119, 174 f.

115) COM(2018) 184, S. 3, https://eur-lex.europa.eu/resource.html?uri=cellar:adba9e47-3e34-11e8-b5fe-01aa75ed71a1.0018.02/DOC_1&format=PDF(검색일: 2018. 5. 22.).

116) 다만, 이에 대해서는 원고인 단체가 승소한 후 소비자가 채권신고를 함으로써 판

살펴보건대, 대표소송제도의 의의는 집단분쟁을 신속하게 해결하기 위해 먼저 공통적으로 쟁점이 되는 사실상·법률상 문제에 관하여 판단이 행해지고, 이를 기초로 개별 피해자의 피해구제가 실질적으로 이루어질 수 있도록 하려는 데 있다. 집단분쟁을 효율적으로 해결하는 데 중요한 것은 개인의 권리구제가 신속하게 실현될 수 있어야 한다는 점과 함께 중요한 쟁점에 관한 법원의 재판이 서로 모순되는 결과가 나와서는 안 된다는 점이다. 대표소송에서 확정한 내용은 개별 손해배상청구소송의 기초가 되어야 하며, 원칙적으로 특별한 사정이 없는 한 다시 심사되어서도 또 다른 판단이 행해져서도 안 된다.

그런데 이러한 효력을 기판력으로 보기에는 문제가 있다. 무엇보다도 참가인은 당사자로서 소송상 지위가 보장된 것이 아니기 때문에 절차적 기본권이 보장된 당사자와 마찬가지로 기판력이 미친다고 보기 어렵다. 그렇지만 다른 한편으로 참가인에게 판결의 효력, 즉 기판력이 미치지 않는다고 하면 대표소송의 확인판결이 가지는 의미는 반감할 수밖에 없다. 즉, 대표소송절차에서 확정한 사실상·법률상 쟁점이 다시 다투어질 수 있다고 하면 굳이 대표소송제도가 존재할 이유가 없다. 특히 대표소송제도를 인정하는 것은 공통된 쟁점을 가지는 사안에서 재판부마다 상이한 판단결과가 나오는 것을 피하기 위해서이며, 또한 증거조사의 반복 등 비효율적인 재판진행을 피하기 위해서이다. 이러한 점을 고려하면 기판력제도의 기본 내용에 완전히 합치하지는 않지만 기판력과 같은 효력을 인정할 필요가 있는 것이다. 따라서 대표소송에서 확정한 사실상·법률상 쟁점에 관한 판단은 개별 손해배상청구소송의 선결적 문제가 되므로 손해배상청구소송의 법원은 대표소송판결에 구속되어 이를 기초로 판단하여야 한다.

대표소송판결의 기판력은 원소 승소의 경우에만 참가자에게 확장되는 것이 아니라 패소의 경우에도 인정되어야 한다. 그렇지 않으면 참가

결효를 받기 때문에 기판력의 편면적 확장이라는 점에서 비판을 받고 있다, 서희석, 일본에서 소비자집단소송제도의 창설, 고려법학, 제74호, 17면 이하 참조.

자들이 기업을 상대로 다시 소를 제기할 수 있어 대표소송제도가 집단분쟁을 효율적으로 해결하는 방안이 될 수 없다. 다만, 참가자의 경우 대표소송에 적극적으로 참가하여 소송행위를 할 수 있는 기회를 부여받지 못하였기 때문에 기판력의 적용 배제 가능성이 인정되어야 한다.[117] 새로운 사실관계나 중요한 증거의 존재 등 대표소송판결에 영향을 미칠 중대한 사유가 인정되는 경우에는 손해배상청구소송의 법원이 대표소송에서 확정한 사실상·법률상 쟁점에 관한 판단에 구속되지 않는 예외를 인정할 필요가 있을 것이다.

  바. 소송비용

  대표소송제도의 이용을 위해서는 당사자가 대표소송을 신청하려고 하는 유인이 있어야 한다. 즉, 소송절차 자체가 제공하는 편의성 외에 실질적인 유인이 제공되어야 하는데, 가장 대표적인 것이 소송비용이다.[118] 특히 피해자가 소비자인 경우 기업을 상대로 손해배상청구를 하면서 대표소송을 신청할 수 있도록 하기 위해서는 소송비용 면에서 장점이 있어야 한다. 이는 대표소송제도가 사법시스템의 기능 유지 등 공익적인 측면도 있다는 점을 고려하면 더욱 그러하다.

  피해소비자가 승소한 경우에는 패소자 부담원칙에 따라 기업이 원고의 소송비용 전액을 부담하여야 한다. 이 때 원고 측 변호사비용에 관하여서는 실질적으로 전액을 소송비용에 산입하여야 할 것이다. 그리고 피해소비자가 패소한 경우에는 피해자가 부담하는 소송비용을 감면 내지 면제해 줄 필요가 있다. 대표소송제도는 피해소비자만 이용할 수 있는 것이 아니고, 기업도 소극적 확인청구를 구할 수 있으므로 피해소비자가 패소한 경우를 고려하여 소송비용에 대한 감면 내지 면제를 인정할 필요

---

117) 참가자에게 기판력이 아니라 보조참가에서와 같은 참가적 효력을 인정하면 판결의 배제가능성을 쉽게 인정할 수 있다. 그런데 참가적 효력은 참가인과 피참가인 사이의 문제인데, 대표소송에서는 참가인과 소송상대방 사이의 손해배상청구소송에서의 효력이 문제이므로 이를 참가적 효력이라고 보기는 어렵다.

118) 집단분쟁 해결방안에 관한 유럽에서의 논의를 보면 소송비용문제가 중심에 서 있음을 알 수 있다. 대표적으로 스위스 연방의회 보고서, S. 43 ff. 참조, https://www.ejpd.admin.ch/dam/data/bj/aktuell(검색일: 2018. 4. 30.).

가 있는 것이다. 다만, 대표소송제도의 남용이 인정되는 경우에는 패소자
의 소송비용 부담을 원칙으로 한다.

Ⅵ. 집단분쟁의 해결과 ADR의 활성화

개별분쟁에서와 마찬가지로 집단분쟁에서도 화해에 의한 분쟁해결은
큰 의미를 가진다.[119] 미국의 class action에서는 90% 이상이 화해에 의해
해결되며,[120] 우리 소비자기본법도 합의에 의한 분쟁해결을 장려하기 위
해 집단분쟁조정제도를 명시하고 있다(제68조). 독일에서는 소비자사건에서
화해를 적극 장려하기 위하여 2016년 4월 1일부터 소비자사건의 대체적
분쟁해결법(VSBG, Verbraucherstreitbeilegungsgesetz: Gesetz über die alternative
Streitbeilegung in Verbrauchersachen)이 시행되고 있다.[121]

집단분쟁의 효율적인 해결을 위해 논의하고 있는 다양한 제도 설계
에서도 가장 중점을 두고 있는 부분이 바로 화해나 조정에 의한 분쟁해
결 가능성이다. 대표적으로 유럽연합 집행위원회는 화해나 조정이 집단
적인 권리보호를 위해 반드시 추진되어야 할 방안이라고 보았으며,[122]

---

119) 개개인이 조정 등 합의에 의한 분쟁해결절차의 참여에 관심을 가지는 것이 합리적이라고
   느낄 수 있는 손해액의 범주를 40 내지 80 유로라고 보기도 한다, Frank/Henke/Singbartl,
   Das Verbraucherstreitbeilegungsgesetz-Auswirkungen auf den kollektiven Rechtsschutz?, VuR
   2016, 336.
120) Hess, Die Anerkennung eines Class Action Settlement in Deutschland, JZ 2000, S.
   373.
121) 이 법은 소비자분쟁의 대체적 해결방안(ADR)에 관한 2013년 5월 21일의 EU지침
   [Richtlinie 2013/11/EU (ADR-Richtlinie)]에 따라 제정된 것이다. 그런데 이 지침에 대해
   서는 집단분쟁해결절차와 화해조정절차를 어떻게 연결할 것인지에 관한 구체적인 내
   용이 없다는 비판이 행해지고 있으며, 또한 소비자분쟁해결법 자체가 집단분쟁과 관
   련하여서는 큰 도움이 되지 못한다는 비판도 있다. 대표적으로 이 법의 적용대상이
   소비자계약관련 사건에 한정되며 경쟁법 등 다른 분야를 제외하고 있다는 점 그리고
   공동신청의 가능성을 배제하고 있다는 점 때문이다, Frank/Henke/Singbartl, Das
   Verbraucherstreitbeilegungsgesetz-Auswirkungen auf den kollektiven Rechtsschutz?, VuR
   2016, 336.
122) ADR-Richtlinie(Richtlinie über die alternative Beilegung verbraucherrechtlicher
   Streitigkeiten und zur Änderung der Verordnung) 2013/11/EU, https://eur-lex.eur-
   opa.eu/legal-content/DE/TXT/PDF/?uri=uriserv:OJ.L_.2013.165.01.0063.01.DEU(검색
   일: 2018. 6. 27.).

2018년의 유럽연합 제안서에서도 법원 외에서의 화해가 집단적인 권리보호제도에서 추구되어야 함을 강조하였다.[123] 그리고 소비자의 집단적 권리보호를 위한 제도로서 제안되고 있는 옴부즈만에서도 가장 중요한 것은 조기에 기업과 피해소비자 사이에 합의가 이루어질 수 있도록 여건을 조성하는 것이라고 본다. 특히 기업의 명성을 훼손하거나 정확한 사실관계나 인과관계에 대한 확정이 없는 상태에서 기업이 경제적으로 어려움에 빠져 도산하는 것을 막기 위해서는 소송결과에 개인적인 이해관계를 가지지 않는 공적 기구가 개입하여야 하며, 이러한 공적기구의 개입으로 법원의 소송으로 나아가지 않고 합의에 의한 분쟁해결의 가능성이 커진다는 것이다.[124]

유럽연합의 각 회원국에서도 집단분쟁의 효율적인 해결을 위한 제도설계나 운영에서 화해에 의한 분쟁해결에 큰 비중을 두고 있다. 집단소송제도나 대표당사자소송제도의 도입에서 가장 큰 의미는 화해가 체결되면 일거에 많은 소비자의 분쟁이 해결된다는 데 있다고 강조하면서[125] 집단분쟁에서 가장 현실적이며 신속하게 권리를 실현할 수 있는 분쟁해결방안이 바로 집단화해(Kollektivvergleich)라는 것이다.[126] 대표적인 모델로 들고 있는 것은 2005년 7월 27일 제정된 네덜란드의 '집단분쟁의 해결에 관한 법(WCAM, Wet Collektivee Aufwikkelingen Massschade)'[127]이다. 이 법은 집단화해의 성립을 추구하기 위한 특별법으로서 공익재단이 피

---

123) 다만, 화해에 관하여서는 법원이나 행정기관의 심사가 있어야 한다고 보았다, COM(2018) 184, S. 3, 5 f., https://eur-lex.europa.eu/resource.html?uri=cellar:adba9e 47-3e34-11e8-b5fe-01aa75ed71a1.0018.02/DOC_1&format=PDF(검색일: 2018. 5. 22.).

124) 대표적으로 Woopen, Kollektiver Rechtsschutz-Ziel und Wege, NJW 2018, 135 이하.

125) 대표적으로 Tilp/Schiefer, VW Dieselgate-die Notwendigkeit zur Einführung einer zivilrechtlichen Sammelklage, NZV 2017, 15 이하 참조.

126) 대표적으로 Meller-Heinrich, Sammelklagen, Gruppenklagen, Verbandsklagen- bedarf es neuer Instrumente des kollektiven Rechtsschutzes im Zivilprozess?, NJW-Beil 2018, 32.

127) 영문 내용은 https://www.collectiveredress.org/collective-redress/reports/thenetherlands/thecollectivesettlement 참조.

해자를 대리하여 화해를 체결함으로써 분쟁을 해결하는 데 그 목표를 두고 있다.[128] · [129] 특히 이 제도는 미국의 class action에서의 화해(settlement)를 모델로 한 것으로서 opt-out 방식을 취하고 있어[130] 화해가 성립하면 원칙적으로 모든 소비자를 위해 체결된 것으로 보아 소송에 참여하지 않은 소비자에 대해서도 구속력을 인정하고 있다.

2012년 독일의 자본투자자대표소송법 개정법에서도 화해 가능성을 명시하고 있으며(제17조 이하),[131] 2018년 확인대표소송법 또한 그 목표가 화해에 의한 신속한 분쟁해결에 있음을 강조하였다.[132] 이에 따라 개정 독일 민사소송법 제611조는 화해에 관하여 명시적으로 규정하고 있는데, 특히 제2항에서는 화해에 반드시 포함되어야 할 내용을 열거하고 있다. 즉, 등록소비자에게 이행되어야 할 급부(Leistungen), 급부의 정당성에 대한 입증(Nachweis), 급부의 변제기 그리고 당사자 사이의 비용분담에 관한 것이다. 화해가 성립하기 위해서는 법원의 허가(Genehmigung)가 있어야 하는데(독일 민사소송법 제611조 제3항), 허가를 받은 화해가 유효하게 되는 것은 화해결정부본

---

128) 네덜란드 민법 제907조 내지 제910조에서는 손해배상에 관하여 단체 등과 합의할 수 있으며, 법원이 합의의 구속력을 인정할 수 있음을 명시하고 있다, http://wetten. overheid.nl/BWBR0005290/2018-02-01.

129) 최근에 네덜란드에서는 소비자단체들이 배출가스 조작사건의 피해자들을 위해 집단화해를 성사시키려고 노력하고 있다, www.stichtingsvolkswagencarclaim.com 참조. 자세한 내용은 Weber/van Boom, Neue Entwicklungen in puncto Sammelklagen-in Deutschland, in den Niederlanden und an der Grenze, VuR 2017, 290 참조.

130) 가능한 한 많은 분쟁당사자가 참여하는 것이 바람직하므로 opt-out 방식이 opt-in 방식보다 낫지만, 분쟁당사자의 권리보호를 위해서는 화해 내용에 대해 당사자가 인지할 수 있는 충분한 기회를 보장하여야 한다는 견해로는 Meller-Heinrich, Sammelklagen, Gruppenklagen, Verbandsklagen-bedarf es neuer Instrumente des kollektiven Rechtsschutzes im Zivilprozess?, NJW-Beil 2018, 32.

131) 주요 내용은 다음과 같다. 우선 대표소송의 당사자는 법원에 서면으로 대표소송 절차의 종료에 관한 제안을 하거나 법원의 화해권고를 받아들일 수 있는데, 화해가 성립하기 위해서는 법원의 허가가 있어야 하며(제17조 제1항), 법원은 결정으로 이를 허가한다(제18조). 성립된 화해는 참가자들에게 통지되며, 참가자들은 통지 후 1월내에 탈퇴 선언을 할 수 있다(제19조). 화해는 참가자의 30% 미만만이 탈퇴 신청을 하는 경우에 비로소 유효하다(제17조 제1항).

132) https://www.haufe.de/recht/weitere-rechtsgebiete/wirtschaftsrecht/musterfeststellungs-klage-soll-bis-1112018-kommen_210_450624.html(검색일: 2018. 7. 2.).

을 송달받은 등록소비자 중 탈퇴의사를 밝힌 비율이 30%에 달하지 않은 때이다(독일 민사소송법 제611조 제5항).

한국소비자단체협의회에서 제시한 소비자집단소송법안도 화해에 관하여 규정하고 있다. 법안 제28조에 따르면, 원고단체 또는 채권확정절차단체는 소비자집단소송의 각 절차에서 공통의무의 존부, 채권의 존부 및 채권액, 지급방법 기타 피해구제에 필요한 사항에 관하여 피고와 화해할 수 있다.[133]

이처럼 화해나 조정은 집단분쟁해결제도에서도 추구되고 장려되어야 할 분쟁해결방안으로 인식되고 있다. 이 점에서 대표소송제도가 가지는 실질적인 의미는 더욱 크다 할 것이다.

대표소송제도에서 화해나 조정은 대표소송의 대상인 다투어지는 공통된 쟁점에 관해서도 행해질 수 있지만,[134] 보다 큰 의미를 가지는 것은 손해배상액 등 구체적인 손해배상절차와 관련하여서이다. 구체적인 손해배상에 관하여 합리적인 화해나 조정이 성립하기 위해서는 무엇보다도 먼저 다투어지는 사실관계나 인과관계 등이 명확하게 판단되어야 한다. 집단분쟁임에도 불구하고 대표소송이라는 제도를 통해 소송절차를 최대한 단순화한 상태에서 다투어지는 공통된 쟁점에 관하여 법원의 판단이 행해지면 이를 기초로 당사자들은 구체적인 손해배상액에 관하여 보다 손쉽게 합의에 이를 수 있을 것이다. 이는 대표소송이 후속절차인 손해배상청구소송을 불필요하게 만들고 피해자의 권리실현을 보다 신속하게 이루어질 수 있도록 한다는 점을 의미하는 것이기도 하다. 이처럼 당사자의 합의에 의해 집단분쟁이 신속하고 효율적으로 해결될 수 있다는 점에서 공통된 사실상·법률상 쟁점에 관하여 먼저 판단을 구하는 대표소송제도는 큰 의미를 가진다 할 것이다.

---

133) http://www.consumer.or.kr/DR4001/FN4001VE.php.
134) 참가자의 권리보호를 위해 화해나 조정에 동의하지 않는 경우 탈퇴의 기회를 보장하여야 한다.

VII. 마 치 며

사회 곳곳에서 발생하고 있고 또 발생할 수 있는 집단분쟁을 효율적으로 해결하기 위한 새로운 시스템에 관한 논의는 세계 각국에서 행해지고 있으며, 집단적 권리구제제도를 선도적으로 실행하고 있는 국가도 있다. 그런데 어떠한 제도이든 완벽한 모습을 갖추고 있지는 못하다. 효율적인 집단분쟁해결방안에 관한 논의에서 무엇보다도 중요한 출발점으로 삼아야 할 것은 개인의 권리구제 내지 권리실현의 효율성뿐 아니라 사법제도의 원활한 기능 유지도 고려하여야 한다는 점이다. 이러한 목표를 위해서는 피해자가 소송의 주체로서 자신의 권리실현에 적극적으로 나섬과 동시에 가능한 한 소송절차는 가장 단순한 형태로 유지되어야 하며, 공통된 사실상·법률상 쟁점을 가진 사건에서 중복되거나 반복되는 증거조사가 행해지는 것도 또 모순된 소송결과가 나오는 것도 막아야 한다.

이에 상응하는 제도로서 고려해 볼 수 있는 것은 공통된 사실상·법률상 쟁점에 관하여 먼저 확인을 구하고 이를 바탕으로 각 개인이 구체적인 손해배상을 구할 수 있는 대표소송제도이다. 이 제도는 특정분야에 한정되지 않고 원칙적으로 집단분쟁이 발생할 수 있는 모든 분야에 적용되어야 하므로 특별법이 아니라 민사소송법 내의 일반제도로서 정립되어야 한다. 다만, 대표소송절차가 일반 민사소송절차에 비하여 특별절차로서의 성격을 가진다는 점에서 대표소송의 지정, 사실상의 쟁점에 관한 확인판단, 관련당사자의 참가, 소송절차의 중지, 참가자와 후속법원에 대한 효력과 소송비용 등 특징적인 내용에 관하여서는 별도의 명시적인 규정이 필요하다.

나아가 대표소송제도는 공통된 사실상·법률상 쟁점에 관하여 법원이 먼저 확정하면 이를 바탕으로 구체적인 손해배상에 관하여서는 합리적인 화해나 조정이 성립되어 원만하게 집단분쟁이 해결될 수 있다는 점에서 또 다른 의미를 찾을 수 있다.

[Abstract]

A Critical Review of the Group Litigation System and a Proposal of Improvement Direction

Jeong, Sun Ju*

Today, the focus on the new system for effective resolution of collective conflicts is heightened in countries around the world. Some countries have taken the lead in implementing collective rights. However, no system is perfect.

The key point in discussing effective collective dispute resolution should be considering not only the effectiveness of individual rights, but also the proper functioning of the judicial system. In this regard, the individual should remain active in realizing his/her rights and should be the subject of litigation, not the object, and at the same time the legal process should be kept in its simplest form as possible.

As a legal system reflecting this point, the Musterfeststellungsklage (representative lawsuit system) should be considered positively, instead of the US-style class action. In this system, the common issues of fact or law are firstly identified and individuals can claim specific damages based on the identification of common issues of fact or law.

The system should be established not as a special law but as a general system within the Civil Procedure Act, because class conflicts can occur in all areas, not in certain areas.

However, due to the nature of the special procedures compared to the general civil procedures, additional explicit regulations are required for the characteristic contents, such as designation of a representative case, con-

* Professor, Seoul National University School of Law.

firmation of a fact issue, participation of the parties concerned, stay of the proceedings, and effect on the participants and the subsequent courts.

The Musterfeststellungsklage is also useful for mediation and settlement, since the court has first to decide on the common issues of fact or law. This makes it easier for the parties to settle disputes by agreement.

[Key word]
- group litigation
- class action
- Verbandsklage
- Musterfeststellungsklage
- ombudsman
- common issues of fact or law

참고문헌

곽관훈, 일본의 집합소송 도입 논의 및 쟁점사항, 상사판례연구, 제26집 제2권, 2013.

권혁재, 영국의 집단소송제도, 저스티스, 제76호, 2003.

김경욱, 집단분쟁해결을 위한 새로운 민사소송제도의 도입에 관한 소고, 민사소송, 제17권 제2호, 2013.

김상찬, 소비자단체소송제도의 문제점과 개선방안, 민사소송, 제17권 제2호, 2013.

서희석, 일본에서 소비자집단소송제도의 창설, 고려법학, 제74호, 2014.

이시윤, 신민사소송법, 제12판, 2018.

정선주, 집단분쟁의 효율적인 해결과 대량소송의 방지를 위한 대표소송제도의 신설, 민사소송, 제15권 제2호, 2011.

최승재, 미국집단소송의 이해, 대한변협신문, 2017. 12. 18.

＿＿＿, 우리 집단소송법 제정의 방향, 대한변협신문, 2018. 2. 12.

함영주, 집단분쟁의 해결을 위한 새 지평의 모색-분쟁해결방법과 분쟁관리자 권한의 선택과 집중 필요성을 중심으로-, 2018. 2. 9. 한국비교사법학회 동계학술대회 "집단적 권리구제의 법리" 자료집.

호문혁, 민사소송법, 제13판, 2016.

Brand, US-Sammelklagen und kollektiver Rechtsschutz in der EU, NJW 2012, 1116 ff.

Bergmeister, Kapitalanleger-Musterverfahrensgesetz, 2009.

Dausses/Ludwigs-Micklitz/Rott, Handbuch des EU-Wirtschaftsrechts, 43. EL 2017.

Deutlmoser, Die Büchse der Pandora: Kollektiver Rechtsschutz in Europa, EuZW 2013, 652 ff.

Frank/Henke/Singbartl, Das Verbraucherstreitbeilegungsgesetz-Auswirkungen auf den kollektiven Rechtsschutz?, VuR 2016, 333 ff.

Gebauer, Zur Bindungswirkung des Musterentscheids nach dem Kapitalanleger-Musterverfahrensgesetz(KapMuG), ZZP 119(2006), 159 ff.

Gordon-Vrba, Vielparteienprozesse, Kollektive Durchsetzung gleichartiger individueller Kompensationsansprüche unter dem Aspekt der prozessualen Effizienz und Fairness, 2007.

Hess, Die Anerkennung eines Class Action Settlement in Deutschland, JZ 2000, 373 ff.

Hodges, From class action to collective redress: a revolution in approach to compensation, Civil Justice Quarterly 2009.

_____, EUI Department of Law research Paper No. 2015/36.

Lakkis, Der kollektive Rechtsschutz der Verbraucher in der Europäischen Union, 1997.

Meller-Hannich, Menschenrechte und kollektiver Rechtsschutz, http://www.verfahrensrecht.uni-halle.de/kollektiverrechtsschutz/rechtsschutz/

_____, Sammelklagen, Gruppenklagen, Verbandsklagen-bedarf es neuer Instrumente des kollektiven Rechtsschutzes im Zivilprozess?, NJW-Beil 2018, 29 ff.

Montag, Kollektiver Rechtsschutz in Europa und der Gesetzentwurf zur Einführung von Gruppenklagen, ZRP 2013, 172 ff.

Paulus, Keine unechten Sammelklagen in Verbrauchersachen, NJW 2018, 987 ff.

Prütting/Gehrlein-Halfmeier, ZPO, 7. Aufl., 2015.

Rohlfing-Dijoux, Reform des Verbraucherschutzes in Frankreich durch die Einführung einer Gruppenklage in das französische Recht, EuZW 2014, 771 ff.

Tilp/Schiefer, VW Dieselgate-die Notwendigkeit zur Einführung einer zivilrechtlichen Sammelklage, NZV 2017, 14 ff.

von Jhering, Der Kampf um's Recht, 1872.

Waldemar, "Kollektiver Rechtsschutz" in der EU versus "class actions" nach US-amerikanischem Vorbild, http://www.eu-infothek.com/kollektiver-rechtsschutz-in-der-eu-versus-class-actions-nach-us-amerikanischem-vorbild.

Weber/van Boom, Neue Entwicklungen in puncto Sammelklagen-in Deutschland, in den Niederlanden und an der Grenze, ZuR 2017, 290 ff.

Woopen, Kollektiver Rechtsschutz-Ziel und Wege, NJW 2018, 133 ff.

[보고서 등]

COM(2018) 184, Vorschlag für eine Richtlinie des Europäischen Parlaments und des Rates über Verbandsklagen zum Schutz der Kollektivinteressen der Verbraucher und zur Aufhebung der Richtlinie 2009/22/EG.

Kollektiver Rechtsschutz in der Schweiz-Bestandesaufnahme und Handlungsmöglichkeiten, Bericht des Bundesrate, 2013.

소비자보호를 위한 배액배상제도의
기능과 운용*

김 태 선**

■요 지■

　2017년 제조물책임법에 3배 배상제도가 도입되었다. 3배 배상제도는 2011년 「하도급거래의 공정화에 관한 법률」에 도입된 이래 지금까지 공정거래분야, 노동법 분야, 개인정보법 분야에 도입되었으나, 법원이 그 규정을 적용하여 판결을 내린 예는 드물다. 오랜 기간의 사회적 합의를 거쳐 도입된 위 제도의 취지를 실현하기 위해서는 그 제도의 기능을 이해하고 적용 기준을 만들어 가는 것이 필요하다. 이 글은 소비자 보호 입법으로서 제조물책임법에 도입된 3배 배상제도의 성격과 적용 기준을 검토함을 목적으로 한다.

　미국의 제조물책임법과 소비자보호법은 징벌배상, 배액배상, 최소배상의 다양한 배상제도를 통해 소비자보호라는 입법 목적을 달성하고자 한다. 우리의 3배 배상제도는 일반적으로 징벌배상제도로 이해되고 있다. 그러나 양 국가의 상이한 제도적 환경을 고려할 때 우리 법률상의 3배 배상제도를 징벌적인 성격의 제도로만 단정할 필요는 없고, 3배 배상제도가 도입된 개별 법률의 입법 목적에 맞게 징벌과 억지, 보상의 여러 기능이 적절히 실현되도록 운용하는 것이 바람직하다. 이 글에서는 제조물책임법의 여러 고려 요소를 참작해 볼 때 3배 배상제도를 통해 징벌적 기능과 적정한 수준의 억지 기능,

* 이 논문은 2018. 8. 25. "소비자법의 새로운 전개"를 주제로 한 제41회 민사판례연구회 하계 심포지엄에서 발표한 글을 수정·보완하여 중앙법학 제20집 제3호(2018. 9.)에 이미 게재한 것이다. 위 심포지엄에서 지정토론자로 유익한 조언을 해주신 장지용 판사님과 그 외에도 여러 유익한 지적을 해주신 분들께 감사드린다.
** 서강대학교 법학전문대학원 부교수.

나아가 보상적 기능을 실현할 수 있음을 주장한다. 또한 이 글은 제조물책임법에 3배 배상제도가 도입된 계기가 된 가습기 살균제 사건을 분석하여 위 사건에서 나타난 정도나 그 이상의 비난가능성 있는 행위에 대해서는 원칙적으로 배상액을 3배 증액하여 3배 배상제도에 기대되는 징벌적 기능을 실현함이 바람직하다고 주장한다.

다만 3배 배상제도의 도입만으로 피해구제에 획기적인 진전을 기대하기는 어려울 것이며, 3배 배상제도에 기대되는 여러 기능을 충분히 실현하기 위해서는 다른 연관된 법제도가 뒷받침되어야 한다.

[주 제 어]
• 3배 배상
• 징벌적 배상
• 배액배상
• 제조물책임법
• 소비자 보호법
• 가습기 살균제

I. 시작하며

2017년 제조물책임법상 3배 한도의 배상제도가 도입되어 2018. 4. 19. 자로 시행되었다.[1] 제조물책임법 제3조 2항은 '제조업자가 제조물의 결함을 알면서도 그 결함에 대하여 필요한 조치를 취하지 아니한 결과로 생명 또는 신체에 중대한 손해를 입은 자가 있는 경우에는 그 자에게 발생한 손해의 3배를 넘지 아니하는 범위에서 배상책임을 진다'고 규정하고 있다. 이는 소비자법 분야에서는 최초로 실손해를 넘는 배상책임을 도입한 규정이다.

소비자보호를 위한 제도 개선 논의의 역사는 짧지 않다. 1979년 간행된 문헌[2]은 '소비자보호법의 방향'이라는 제목하에 징벌적 손해배상제도의 도입, 소비자 소액사건의 신속한 처리를 위한 사법제도의 개선,[3] 집단소송제도, 변호사 비용의 지원, 행정청의 소비자 소송에 대한 조력, 소비자보호를 위한 행정기구의 설치 등을 제안하고 있다. 40년 가까운 기간이 흐른 지금도 현재 진행형인 주제들이 대부분이다.

전보배상주의와 실손해 배상이라는 민법의 손해배상 원리를 수정하는 강화된 손해배상제도, 구체적으로 손해의 3배 범위 내에서 배상책임을 지게 하는 제도는 2011년 「하도급거래의 공정화에 관한 법률」(이하 '하도급법')을 시초로 하여 2014년 노동법 분야 [「기간제 및 단시간 근로자 보호법」(이하 '기간제법')], 2015~2016년 개인정보법 분야 [「신용정보의 이용 및 보호에 관한 법률」(이하 '신용정보법'), 개인정보보호법, 「정보통신망 이용촉진 및 정보보호 등에 관한 법률」(이하 '정보통신망법')], 2016~2017년 공정

---

1) 제조물책임법 제3조 제2항. [시행 2018. 4. 19.] [법률 제14764호, 2017. 4. 18., 일부개정].
2) 정조근, "소비자보호법의 방향", 『대한변호사협회지』, 제43호(1979).
3) '소비자분쟁사건에 관해서는 근무시간이 끝난 후에 여유 있게 들려서 1~2시간만 기다리면 판결을 받을 수 있도록 하는 등' 미국의 소액법원에서 볼 수 있는 바와 같이 직장인들이 이용하기 쉽도록 하기 위하여 야간이나 휴일에도 개정할 수 있도록 하는 개정시간의 개선방향을 제안하고 있다. 정조근, 위 논문, 44면.

거래법 분야 [「대리점거래의 공정화에 관한 법률」(이하 '대리점법'), 「가맹사
업거래의 공정화에 관한 법률」(이하 '가맹점법')]에 도입되었다.[4] 이 외에
2018. 5. 1. 시행된 공익신고자 보호법은 공익신고 등을 이유로 한 불이
익 조치에 대한 손해배상책임에 동 제도를 도입하였고, 2019. 6. 13. 시
행 예정인 환경보건법상 환경성 질환에 대한 배상책임에도 같은 제도가
시행될 예정이다.[5] 소비자법 분야는 관련 논의의 역사가 가장 길었던 것
에 비해[6] 비교적 최근에 제조물책임법에 한하여 우선 도입되었다.[7]

　　이러한 법률들은 그때마다 강력한 입법 동력이 된 사회적 배경을
가지고 있다.[8] 제조물책임법은 2011년 질병관리본부의 역학조사에서 그
원인이 처음 드러난 이래 현재까지도 그 피해구제가 진행 중인 가습기
살균제 사건을 그러한 사회적 배경으로 들 수 있을 것이다.

　　입법 형식을 보면, 법원이 배상액을 정할 때 고려해야 하는 구체적
사항이나 주관적 요건으로 고의 외 중과실이나 과실의 포함 여부, 입증
책임 전환 여부 등은 개별 법률에 따라 차이가 있다. 그러나 배상액의

---

4) 각 법률에 도입된 3배 배상제도 조항은 다음과 같다.
　(1) 「기간제 및 단시간 근로자 보호법」 제13조 제3항, 시정명령으로서 손해액의 3
　　　배를 넘지 아니하는 범위에서 배상을 명령할 수 있다는 규정이 도입되었다.
　(2) 「신용정보의 이용 및 보호에 관한 법률」 제43조, 개인정보보호법 제39조, 「정
　　　보통신망 이용촉진 및 정보보호 등에 관한 법률」 제32조.
　(3) 「하도급 거래 공정화에 관한 법률」 제35조 제2항, 「대리점거래의 공정화에 관
　　　한 법률」 제34조, 「가맹사업거래의 공정화에 관한 법률」 제37조의2 제2항.
5) 환경보건법 [시행 2019. 6. 13.] [법률 제15661호, 2018. 6. 12., 일부개정] 제19조;
　공익신고자 보호법[시행 2018. 5. 1.] [법률 제15023호, 2017. 10. 31., 일부개정] 제
　29조의 2.
6) 징벌적 손해배상제도가 언급된 정조근, 전게 논문은 법원도서관의 법고을LX 프로
　그램(2017)에서 '징벌 배상'으로 검색되는 가장 오래된 문헌이다.
7) 제조물책임법 외 「표시·광고의 공정화에 관한 법률」, 「방문판매 등에 관한 법률」
　등에 도입을 주장한 문헌으로 2007년 한국법제연구원 연구보고서 「공정거래법 및
　소비자관련법상 징벌적 손해배상제도 도입방안 연구」(연구책임자 김두진),
　179-181면.
8) 예를 들어 하도급법은 2010. 12. 동반성장위원회가 출범하는 등 대기업과 중소기
　업 간의 상생협력과 동반성장이 화두가 된 사회적 배경 속에서 그 개정이 추진되
　었고, 개인정보 분야의 입법들은 2014년 신용카드 3사의 개인신용정보 대량 유출
　사건을 배경으로 하고 있다.

상한 및 산정 방식을 '손해액의 3배를 넘지 아니하는 범위'에서 법원이
정하도록 하는 것은 공통적이다(이하 편의상 동 제도를 간략히 '3배 배상제
도'라 함).

　법원은 손해의 1~3배의 범위에서 손해액을 정하는 제도의 운용 주
체이다. 그런데 동 제도는 손해의 전보 · 실손해 배상이라는 기존 법리의
테두리 밖에 존재하는 것으로서 낯설고 이질적일 수밖에 없다. 2011년
하도급법에 규정이 신설된 이래 비록 개별 법률들이 시행된 기간이 길지
않았던 점을 감안하더라도, 법원이 위 규정을 적용하여 실손해를 넘는
손해배상을 인정한 판결을 현재까지 매우 찾기 어렵다는 점은 이러한 점
을 반증한다.[9]

　근 40년 가까운 기간 동안 숙려되어 온 제도가 우리 법제에서 시민
권을 얻게 되는 과정을 지켜보며, 동 제도가 우리 법제에 성공적으로 안
착할 수 있기를 희망하는 것이 사회 구성원 대다수의 바람일 것이라 짐
작해 본다. 위 제도의 도입과정에서 지나온 사회적 숙의가 사장되지 아
니하고 유의미하게 발현되기 위해서는 동 제도의 성격, 입법 목적, 정책
적 기능을 고려하여 적용 기준을 다듬어 가는 일이 필요할 것이다. 합리
적으로 예측가능한 적용 기준은 당사자들의 주장이 보다 활발히 제기되
고 법원의 재량이 적극적으로 발휘될 수 있는 토대가 될 수 있다.

　이 글은 위와 같은 취지에서 소비자보호 입법으로서 제조물책임법에
도입된 3배 배상제도의 성격과 그 적용 기준을 검토함을 목적으로 한다.
이를 위해 소비자보호를 위한 여러 법제도와 징벌적 배상, 배액배상, 기
타 다양한 배상제도를 운영하고 있는 미국의 경우를 살펴본다.

---

[9] 서울고등법원 2018. 4. 5. 선고 2017나2059193 판결(상고되어 미확정). 1심 법원
　은 최저입찰금액과 공사대금의 차액의 2배를 손해배상액으로 산정하였는데, 항소
　심은 이를 1.5배로 정함이 타당하다고 보았다. 한편 「기간제 및 단시간 근로자 보
　호법」의 규정을 적용한 사례로 중앙노동위원회 2015. 6. 30. 판정 '중앙2015차별
　3-11 병합 주식회사 모베이스 등 차별시정 재심신청 사건'. 이 사건에서 중앙노동
　위원회는 파견근로자들에 상여금을 적게 지급하고 연차유급휴가를 부여하지 않은
　차별적 처우에 대해 반복적이고 고의성이 명백함을 이유로 그 손해액의 2배를 파
　견사업주와 사용사업주가 연대하여 부담할 것을 결정하였다.

Ⅱ. 미국 소비자보호 법제와 배상제도의 성격

1. 미국 소비자보호 법제의 개관

소비자 관련 법률은 민사법, 형사법, 공법의 다양한 분야에 걸쳐 있으며, 이에 관한 각국의 법령 체계도 다양하다.[10] 우리나라의 경우를 잠깐 본다면, 소비자법 또는 소비자보호법으로 발간된 국내 문헌들은 대체로 (1) 「소비자기본법」을 소비자 정책의 기본 방향을 제시하는 일반법 내지 기본법으로 보고, (2) 소비자 계약을 규율하는 법제로 「약관의 규제에 관한 법률」, 「표시·광고의 공정화에 관한 법률」, 「방문판매 등에 관한 법률」, 「전자상거래 등에서의 소비자보호에 관한 법률」 등을, (3) 소비자 피해구제를 위한 불법행위법으로 제조물책임법을 서술하고 있다.[11]

제조물책임법은 현재 미국을 비롯한 각국 소비자보호 법제의 중요한 축을 이룬다. 제조물책임에 관한 각국의 법리는 1960년대 미국 판례법의 발전에 따라 확립된 엄격책임 법리(strict liability)를 모델로 하고 있다. 결함 제품에 대한 미국 판례법은 계약 당사자 관계의 존재를 요구하던 것에서 이를 요구하지 않는 과실책임(Negligence without vertical privity), 보증책임(warranty), 엄격책임(strict liability)의 형태로 발전되어 갔으며, 1965년 공표된 제2차 불법행위법에 관한 리스테이트먼트를 전후하여 제품의 결함을 요건으로 하는 엄격책임 법리가 확립됨으로써 오늘날 제조물책임의 내용이 되었다고 한다.[12] 이후 미국의 영향을 받아 마련된 1985년 유럽연합의 「EC 제조물 책임에 관한 지침」[13]에 따라 유럽 각국에서 제조물책임법이 제정되었으며, 동 지침은 우리나라의 제조물책임법 제정에도 많은 영향을 미쳤다.[14]

---

10) 이호영, 소비자보호법, 홍문사, 2018, 15면.
11) 송오식, 소비자법, 전남대학교 출판부 2013; 이은영 편저, 소비자법, 박영사, 2013; 이호영, 소비자보호법, 홍문사, 2018 등. 공정거래위원회는 이들 소비자 법률의 주무부서로 관련 행정 규제를 담당한다.
12) 이종인, 불법행위법의 경제학, 한울아카데미, 2010, 216면.
13) Directive on liability for directive products; Directive 85/374/EEC.

미국의 소비자보호 법제의 다른 한 축으로 연방 및 각 주의 제정법을 들 수 있다. 대표적으로 연방거래위원회법(the Federal Trade Commission Act)은 그 자체로 중요한 소비자보호법이자 주(州) 소비자보호법의 모델법이다.[15] 연방거래위원회는 1914년 '불공정한 경쟁'을 규제하기 위해 설립되었는데, 위원회의 규제 대상은 곧 소비자에 대한 기만행위-이는 정직한 경쟁 사업자를 불리하게 만드는 불공정 경쟁행위로 취급되었다-로 확장되었다. 1938년 국회는 연방거래위원회법을 개정하여 그 규제 대상을 '불공정하거나 기만적인 행위 혹은 관행(unfair or deceptive acts or practices, 'UDAP')"으로 명시함으로써 연방거래위원회의 소비자보호 활동의 적법성을 명확하게 해주었고,[16] 1975년 위원회의 권한을 더욱 강화하여 산업 전반에 걸쳐 규칙과 가이드라인을 제정하고 금지명령과 소비자 피해구제를 법원에 청구할 수 있는 권한을 부여하였다.[17] 연방거래위원회법의 많은 변화 속에서도 '불공정성'과 '기만성'은 동 법의 핵심 개념으로 지금까지 유지되고 있으며, 수십 년간의 실무와 판례를 통해 그 내용이 구체화되고 있다.[18] 그 외 랜험법(Lanham)으로 잘 알려진 연방 상표법(the Federal Trademark Act)상 허위 광고 금지 조항(Section 42(a)) 역시 중요한 소비자보호법에 해당한다.

대다수의 주(州) 소비자보호법 역시 연방거래위원회법의 핵심 개념을 차용하여 "불공정하거나 기만적인" 거래 행위를 규제한다(이른바 'state UDAP statutes'). 각 주의 소비자보호 관련 법률은 그 명칭과 종류가 다양하나, 소비자에 대한 '불공정하거나 기만적인 행위'를 금지하는 내용의 법률을 두고 있다는 점은 공통적이라고 할 수 있다.

불공정성과 기만성의 해석에는 판례와 연방거래위원회가 제정한 규

---

14) 이종인, 전게서, 220면.
15) Consumer Protection and the Law § 1:5.
16) Section 5 of the Federal Trade Commission Act (FTC Act), 15 USC 45(a)(1) (UDAP).
17) Consumer Protection and the Law § 8:1.
18) Consumer Protection and the Law § 8:1.

칙 등이 참조되고 있으며, 주법에 따라서는 불공정하고 기만적인 행위를 구체적으로 적시한 경우도 있다.[19] 허위나 오해를 불러일으키는 광고 등이 그 전형적인 예이다. 이들 주법은 주법무부장관 등 행정기관의 금지명령 청구 등 집행권한에 관한 규정을 두면서 이와 함께 소비자 개인의 소제기를 적극적으로 지원하는 규정들, 예컨대 변호사 보수나 소송비용을 전보해 주거나 실손해의 2~3배를 손해액으로 인정하는 배액배상(multiple damages: double or triple damages) 혹은 실손해를 불문하고 최소배상을 인정하는 규정(minimum damages)들을 두고 있는 경우가 많다.[20] 미국 법제도의 특징을 「법집행의 많은 부분을 사적 집행(private enforcement)에 의존하는 사후적 규제」로 보는 견해들이 있는데,[21] 소비자법 분야는 이러한 미국 법제도의 전통적인 특징, 즉 충분한 손해배상을 인센티브로 삼아 사인(私人)의 소제기(사적 집행)를 독려함으로써 법률의 규범력을 확보하는 좋은 예로 보고 있다.[22] 손해배상을 강화하는 여러 배상제도에 대

---

19) Consumer Protection and the Law § 2:9. 미국 통일법률위원회(National Conference of Commissioners on Uniform State Laws)가 1966년 발표한 「기만적 거래행위에 관한 통일법」(The Uniform Deceptive Trade Practices Act)은 11개의 구체적 기만적 거래행위를 예시하고, 일반조항으로 위 거래행위들과 유사하게 혼동이나 오해의 가능성을 불러일으키는 행위를 금지한다는 규정을 두고 있다. 위 통일법 Section2(a)(2)~(12).

20) Consumer Protection and the Law § 2:9 및 § 6:10.

21) J. Maria Glover, "The Structural Role of Private Enforcement Mechanisms in Public Law" 53 Wm. & Mary L. Rev., 2012, p. 1137, p. 1140 및 위 문헌 각주 2에 소개된 문헌 참조. 이에 비해 대륙법계 국가들의 특징으로는 「공적 집행에 의한 사전적 규제」를 들고 있다.

22) 미국 법제도의 특징에 관하여 김태선, "미국 배액배상제도 및 법정손해배상제도의 도입에 관한 소고", 『민사법학』 제66호(2014. 3.), 239면. 소비자법을 미국의 사적 집행의 예로 들고 있는 문헌으로 Stephen B. Burbank, Sean Farhang, Herbert M. Kritzer., "Private Enforcement", 17 Lewis & Clark L. Rev., 2013, p. 637. 사적 집행을 적극 활용하는 긍정적인 측면으로 "(1) 법집행력 확보를 위해 다양한 자원을 활용할 수 있다는 점, (2) 민간 부분에서 규제를 위한 비용을 지불함으로써 정부의 예산을 절감할 수 있다는 점, (3) 민간이 불법행위 적발에 필요한 정보를 더 많이 가지고 있다는 점, (4) 법률적·정책적 혁신이 장려된다는 점, (5) 불법행위는 반드시 책임을 진다는 명백하고도 일관된 메시지를 전달할 수 있어 행정 기능이 마비되는 만일의 위험에 대비한 보장책이 될 수 있다는 점, (6) 정부기관이 직접적이고 가시적인 방법으로 사회적·경제적 영역에 관여해야 할 필요성을 줄여 준다는 점, (7) 참여민주주의를 용이하게 한다는 점"을 들고 있다. Stephen B.

해서는 아래에서 다시 살펴본다.

2. 제조물책임의 손해배상법리

제조물책임의 손해배상법리는 보통법상 일반 불법행위의 손해배상법리와 다르지 않다. 원고는 결함 상품으로 인한 피해가 없었더라면 있었을 상태로 회복되는 것(전보배상)이 원칙이며,[23] 전보배상은 재산적 손해와 비재산적 손해의 배상을 포함한다. 또한 전보배상 외 징벌적 배상이 인정될 수 있다.

상해나 사망 사건에서 재산적 손해(economic damages)는 장래 수입의 상실, 장래 수입 능력의 전부 혹은 일부의 상실, 현재까지 발생한 치료비용과 장래 예상되는 치료비용, 사망의 경우 잔존 배우자에 인정되는 돌봄의 상실(lost services) 등을 포함한다.[24] 정신적 고통(pain and suffering), 삶의 즐거움의 상실(loss of enjoyment of life), 동반자의 상실(loss of consortium) 등은 금전으로 환산하기 어려운 비재산적 손해(noneconomic damages)에 속한다.[25] 그 외 전보손해에 포함되는 것으로 예컨대 제초제의 결함으로 곡물이 죽은 경우, 그 곡물 값의 배상과 같은 것은 재산적 손해로 배상될 수 있다.[26]

징벌적 배상은 제조물책임의 중요한 이슈다. 징벌적 배상은 영미권 국가의 보통법(common law)상 제도로서 '가해자의 행위에 대한 징벌과 가해자 및 제3자의 장래 유사한 행위를 억지할 목적으로 부과되는 배상'

Burbank, 외 2인, *ibid.*, pp. 662-663.

23) § 1749.Generally, 63B Am. Jur. 2d Products Liability § 1749.

24) § 1753.Economic damages, 63B Am. Jur. 2d Products Liability § 1753. 장래 수입의 상실(the loss of future wages)과 장래 수입 능력의 전부 혹은 일부의 상실 (the loss or impairment of future earning capacity)은 구별되는 개념으로서, 후자의 경우 상해 전의 기대 가동연한을 토대로 산정되는 것임에 반해, 전자는 현실적으로 원고가 고용된 산업 분야의 실업 현황 등을 고려할 수 있다고 한다.

25) § 1754.Noneconomic damages, 63B Am. Jur. 2d Products Liability § 1754. 동반자의 상실은 혼인관계에 있는 원고에게 인정되고, 미성년자가 부모를 상실한 경우나 부모가 자녀를 상실한 경우에 인정되는지는 주별로 다르다고 한다.

26) Krauss, Michael I., Principles of products liability, St. Paul, MN: West, 2011, p. 227.

을 말한다.[27] 보상이 아닌 처벌과 억지를 목적으로 하기 때문에 중대한
가해행위(outrageous conduct)에 대해 부과되고, 가해행위의 중대성은 가
해자의 악한 동기(evil motive) 혹은 타인의 권리에 대한 의도적인 무관
심(reckless indifference to the right of others)으로부터 현출된다고 설명
된다.[28]

  징벌적 배상이 인정된 제조물책임 사건을 분석한 연구에 따르면, 다
음 6가지 종류의 불법행위가 결합된 사건들에서 징벌적 배상이 자주 인
정되는 경향이 있다고 한다. 구체적으로 (1) 사기, (2) 안전 기준을 고의
로 위반한 것, (3) 위험한 결함을 발견하기 위한 적절한 테스트를 실시하
지 않은 것, (4) 알려진 위험을 피할 수 있는 설계를 하지 않은 것, (5)
알려진 위험에 대한 경고를 하지 않은 것, (6) 판매 후 경고나 리콜을 하
지 않은 것이다.[29]

  미국 제조물책임 사건의 징벌적 배상은 종종 그 막대한 액수로 회
자된다. 가장 널리 알려진 사건 중의 하나가 맥도널드의 뜨거운 커피를
허벅지에 쏟아 중화상을 입은 81세의 여성에게 징벌적 배상으로 미화
270만 불을 인정한 사건이다. 위 사건의 원고는 맥도널드사가 고객에게
커피가 매우 뜨겁다는 사실을 경고하지 않은 점을 청구 이유로 주장하였
는데, 심리 과정에서 맥도널드사가 그간 700건이 넘는 고객 화상 사고-
그 중에는 3도 화상에 이르는 것도 있었다-를 접수하고도 지나치게 뜨
거운 커피를 계속 판매한 사실이 밝혀졌다. 항소심은 배심원단이 이러한
사실에 기초하여 징벌적 배상을 인정한 것이 정당하다고 판단하면서도,
그 액수를 48만 불, 즉 전보배상의 3배로 축소하였다.[30]

  징벌적 배상이 인정되는 제조물책임 사건 유형은 다양한데, 특히 자
동차의 충돌시 안전성이 문제된 사건에서 막대한 배상액을 인정하는 사

27) Restatement (Second) of Torts § 908 (1979).
28) Restatement (Second) of Torts § 908 (1979).
29) Owen, David G., Products liability law, Thomson/West, 2008. p. 1197.
30) Liebeck v. McDonald's Restaurants, P.T.S., Inc. 1995 WL 360309; Owen, David
    G., *op. cit.*, p. 1180.

건들이 여럿 있다.[31] 막대한 징벌적 배상액을 볼 수 있는 또 다른 유형
으로 독성 물질 사건을 들 수 있는데, 1980년대 시작된 석면 소송과
1990년대 담배 소송 사건에서 그와 같은 평결을 볼 수 있다.[32]

3. 주(州) 소비자보호법상 최소배상, 배액배상제도[33]

미국 20개 주(州)의 소비자보호법에서 청구가 이유 있다고 인정되는
소비자 원고에게 실제 손해액을 불문하고 25~15,000불[34] 사이에서 최소
배상액을 인정하는 규정을 두고 있다(minimum damages provisions). 또한
29개 주의 소비자보호법이 실손해의 2배 또는 3배 배상을 인정하는 규
정을 두고 있고, 두 가지 제도를 모두 규정한 경우도 찾아볼 수 있다.[35]

이처럼 최소배상이나 배액배상을 인정하는 이유는 소비자들이 법 위

---

31) 구체적 사건의 예시로 Owen, David G., *op. cit.*, pp. 1182-1183.
32) Owen, David G., *op. cit.*, pp. 1184-1185.
33) 법률에 일정한 손해액 또는 손해의 상한이나 하한을 정해 두는 경우를 보통
    법정손해배상제도라 부르는데(statutory damages), 최소배상이란 법정손해배상 가운
    데 하한을 두는 경우를 말하는 것으로 보인다. 최경진, "법정손해배상제도의 도입
    에 관한 연구", 『중앙법학』, 제13집 제3호(2011. 9.) 226면에서는 미국법상의 법정
    손해배상제도를 광의로 이해할 경우 "손해배상액의 산정방법이나 산정기준 등을
    법률에 규정해 놓은 모든 형태의 손해배상제도가 법정손해배상으로 파악되어 법률
    에서 실손해에 더하여 2배 배상을 인정하거나 혹은 3배 배상을 규정한 것도 넓게
    법정손해배상으로 이해하게" 되는 반면, "징벌적 손해가 배제된 실손해에 갈음하는
    구체적인 손해배상액을 법률에서 정하는 것만으로 이해하는 것이 가능하다"고 하
    며, "연방 저작권법이나 연방 상표법상의 법정손해배상은 후자와 같이 좁은 의미
    의 법정손해배상으로서의 성질을 가지고 있는 것으로 보이지만, 소비자 관련법 등
    에서처럼 전자와 같이 법정손해배상을 넓게 파악하는 경우도 있다"고 설명한다.
    후술하는 바와 같이 소비자보호법상 최소배상은 실손해의 증명을 요하지 않고, 배
    액배상은 실손해에 더하여 2배 또는 3배의 배상을 인정하는 것으로서, 이러한 배
    상제도는 손해의 전보 외 징벌 기능과 억지 기능이 분명히 발현되는 넓은 의미의
    법정손해배상제도라고 볼 수 있다.
34) 매사추세츠의 경우 25불, 아이다호의 경우 일반적인 최소배상은 1,000불이나 노
    인이나 장애자에 대한 행위일 때는 15,000불이 하한선이 된다.
35) Consumer Protection and the Law § 6:10, Minimum, multiple, and punitive dam-
    ages-Overview. 위 문헌의 부록(Appendix 6A)은 각 주의 소비자보호법상 최소배상
    의 인정 여부와 범위, 배액배상 인정 여부, 변호사 보수의 피고 부담 여부 및 그
    에 관한 법원의 재량, 제소기간, 집단소송 가능 여부에 대해 표를 만들어 제공하
    고 있다.

반행위에 대해 소를 제기하도록 독려하고, 터무니없는 행위를 징벌하며, 소액 피해자가 소제기로 소모하는 시간과 노력을 보상하기 위한 것이라고 한다.[36] 이에 관한 미국 문헌은 최소 배상에 비해 배액배상은 실제 손해액을 증명하여야만 승수를 곱한 배상을 받을 수 있다는 점, 따라서 실손해가 미미하다면 2~3배 배상액 역시 그다지 크지 아니하다는 점, 따라서 억지 효과는 상대적으로 실손해가 큰 경우만 발휘될 수 있다는 차이점을 설명한다.[37] 주법에 따라서는 최소배상 혹은 배액배상과 더불어 또는 선택적으로 징벌적 배상이 가능하도록 입법한 경우도 있다.[38]

아래 주(州) 소비자보호법의 한 예시로 매사추세츠 주법의 배상제도를 살펴본다.

Massachusetts M.G.L. ch. 93A
Chapter 93A: SECTION 9(3)

소제기일로부터 30일 이상의 기간을 두고, 다음의 사항-청구인, 문제된 불공정 또는 기만적인 행위, 피해의 내용-을 적시하여 그 구제를 요구한 서면이 피고로 예상되는 자에게 송부되어야 한다. 서면을 받은 자가 이를 송달받은 지 30일 이내에 합의안을 서면으로 제안하였으나 청구인이 이를 거절한 경우, 피고는 합의안과 청구인의 거절에 관한 진술서를 법원에 제출할 수 있고, 법원이 그 제안된 합의안이 청구인의 손해에 비추어 적절한 것이라고 판단할 경우, 배상액은 그 합의안의 한도로 제한된다. 그 외의 경우로서 법원이 원고의 청구가 이유 있다고 판단하는 경우, 배상액은 실제의 손해액 또는 25불 가운데 큰 액수로 한다. 그 행위가 의도적이거나 section2를 위반함을 알면서도 행한 경우, 또는 청구인이 문제를 제기한 행위가 section2를 위반하였음을 알거나 알 수 있었음에도 신의성실에 반하여 청구인의 구제 요구를 거절한 경우에는 위 인정 금액의 2배 이상 3배 이하로 배상액을 증액한다. (중략) 이에 더하여 법원은 금지명령을 포함해 필요하고 적절하다고 인정되는 형평법상의 구제를 하여야 한다(이하 생략).

---

36) Consumer Protection and the Law § 6:10.
37) *Ibid.*
38) *Ibid.*

최소배상은 실손해의 증명과 무관하다. 소비자는 실손해 배상과 최
소배상 가운데 선택할 수 있으나 중복하여 받을 수는 없다고 보는 문헌
이 있으나[39] 이는 개별 법률의 규정에 달려 있고 고정된 원칙은 아니라
고 생각된다. 소비자보호법은 아니지만, 실손해와 법정손해배상의 합계액
을 지급하도록 하는 법률도 찾아볼 수 있기 때문이다.[40]

캘리포니아의 경우 노인이나 장애인인 소비자 사건에서는 일정한 요
건 하에 5,000불을 최소 배상액으로 인정한다.[41] 콜럼비아 지구에서는 소
비자에게 3배 배상 혹은 위반행위당 1,500불 가운데 큰 금액의 배상을
인정한다.[42]

배액배상을 받기 위해서는 실손해의 증명이 필요하다. 주의 소비자
보호법에 따라서는 배액배상을 인정하지 않거나 배액배상을 법원의 재량
에 일임하는 경우도 있으나, 모든 원고 승소 사건에서 필요적으로 배액
배상을 인정하는 경우도 있다.[43] 배액배상은 피고의 의도적인 또는 고의
의 법률위반(willful or knowing violation)을 요건으로 하는 경우가 많다.[44]

---

39) Consumer Protection and the Law § 6:11.
40) 예컨대 연방 공정채권추심법(the Fair Debt Collection Practices Act)은 동법의 규
  정을 위반한 채권추심인은 피해자에게 아래의 (1)과 개인소송의 경우에는 (2)(A),
  집단소송의 경우에는 (2)(B)의 금액의 합계에 상당하는 금액을 배상할 책임이 있
  다고 규정한다(Section 813).
    (1) 법 위반으로 인하여 피해자가 입은 실질적인 손해, (2)(A) 개인소송의 경우
  미화 1,000불을 초과하지 않는 범위 내에서 법원이 판단하는 추가적인 손해, (2)(B)
  집단소송의 경우 (ⅰ) 위 (A)에 따라 각 특정된 원고들에게 배상해야 할 금액의 합
  계와 (ⅱ) 미화 500,000불 또는 채권추심인의 순자산의 1%를 초과하지 않는 금액
  중 작은 금액의 범위 내에서, 집단소송의 모든 다른 구성원들에게 인정하는 금액의
  합계. 연방 대부진실법(the Truth in Lending Act)의 배상액 규정도 이와 비슷하다
  (Section 1640(a)).
41) Cal.Civ. Code §1780(b). Consumer Protection and the Law § 6:11에서 재인용.
42) Consumer Protection and the Law § 6:11.
43) Consumer Protection and the Law § 6:12의 각주 2, 3 참조. 알래스카, 하와이,
  뉴저지, 노스캐롤라이나주는 소비자에게 매우 유리한 법제를 가진 주들로서, 모든
  원고 승소사건에서 배상액을 필수적으로 3배 증액한다고 한다. 콜로라도의 경우
  소비자보호법상의 필요적 3배 증액제도의 위헌 논란이 제기된 바 있으나 헌법에
  위반되지 않는다는 결론이 내려졌다고 한다. Vista Resorts, Inc. v. Goodyear Tire
  & Rubber Co., 117 P.3d 60 (Colo. App. 2004).
44) Consumer Protection and the Law § 6:13.

일반적으로 배액배상은 피고의 거래행위의 비난가능성을 이유로 인정되나, 사후적으로 원고의 문제제기에 피고가 어떻게 대응했는지를 고려하는 경우도 있다.[45] 위의 메사추세츠 소비자보호법이 그러한 예이다.

4. 징벌적 배상 · 배액배상의 차이점과 우리 법제도에의 대입(代入) 여부

가. 미국의 징벌적 배상과 배액배상제도의 차이점

미국의 징벌적 배상과 배액배상제도의 차이점은 대체로 다음과 같이 분석할 수 있다.[46]

(1) 징벌적 배상은 보통법상의 구제제도이지만 배액배상은 성문법에 의해서만 인정된다. 주에 따라서는 보통법상 인정되는 징벌적 배상에 2~3배 혹은 일정한 금액으로 일정한 한도(cap)를 두는 법률을 제정한 경우가 있다.[47] 이는 징벌적 배상을 제한하고자 하는 것인데, 미국에서 배액배상제도란 일반적으로 특정한 입법 목적을 위해 법률에 의해 "인정되는" 손해배상을 일컫는 것이므로, 보통법에 따라 이미 보편적으로 인정되고 있는 징벌적 배상을 "제한하는" 법률들과 배액배상제도와는 구별되는 것이다.

(2) 징벌적 배상은 처벌과 억지를 목적으로 하고 원고에 대한 보상은 그 목적이 아님에 비하여, 배액배상은 처벌과 억지뿐만 아니라 보상을 목적으로 한다. 배액배상이 억지를 위해 제재를 부과하는 목적이라면 징벌의 목적을, 원고의 손해에 대한 합리적 배상액을 산정하고자 한다면 보상의 목적을 가지며, 양자의 성격을 모두 가질 수도 있다고 설명된다.[48] 배액배상의 보상적 기능과 억지 기능을 보다 상세히 설명하면 다음과 같다. 1) 미국에서는 실손해 배상만으로 원고에게 충분한 보상이 되기 어렵다고 보는 분석이 있다. 미국에서 실손해 배상만으로 원고에게 충분

---

45) Consumer Protection and the Law § 6:14.
46) 이하의 내용은 김태선, 전게 논문, 255~259면을 요약한 것임.
47) 이에 대한 자세한 현황은 엄동섭, 김현수, 「징벌배상제도의 부작용 방지대책 연구」, 2013년도 법무부 연구용역 과제보고서(2013), 57면 이하 참조.
48) 1 Punitive Damages: Law and Prac. 2d § 7:27 (2013 ed.) pp. 1-2.

한 보상이 되기 어렵다고 보는 이유로는 보통법상 불법행위에 따른 손해
배상에는 판결 선고 전 지연손해금의 지급을 허용하지 않는 점, 고액의
변호사 비용을 원칙적으로 각자 부담하도록 하는 점, 소송을 진행하면서
생업에 종사해야 할 시간을 소모하는 등 무형의 손해를 입을 수 있는 점
이 제시된다.[49] 2) 배액배상의 억지 기능은 경제적 이익을 목적으로 하는
불법행위의 경우 실손해를 배상하더라도 불법행위를 감행하는 것이 이익
이 될 수 있기 때문에, 배액배상과 같이 강화된 손해배상을 통해 그와
같은 이익을 상쇄시킴으로써 불법행위를 억지할 수 있다고 설명된다.[50]
징벌적 배상에도 마찬가지로 억지 기능이 인정되지만, 배액배상의 억지
기능은 징벌적 배상과 같이 처벌의 수준에 이를 필요는 없고, 불법행위
의 경제적 유인을 없애는 적절한 수준의 배상으로도 달성할 수 있을 것
이다.

　　미국 배액배상 입법 가운데에는 법 위반의 빈도와 지속성, 법 위반
의 성질, 피고의 자력, 피해자의 수, 법 위반의 고의성의 정도 등을 고려
하게 하도록 입법하는 경우를 볼 수 있는데,[51] 이러한 고려 요소는 배액
배상을 통해 징벌적 기능을 실현하되(법 위반의 빈도, 지속성, 법 위반의
성질, 피해자의 수, 고의성의 정도를 고려하는 것), 적정한 수준으로 억지력
을 달성하기 위한 고려라고 생각된다(예컨대 피고의 자력을 고려하는 것).

　　(3) 징벌적 배상에는 피고의 악성, 즉 악한 동기(evil motive) 혹은
타인의 권리에 대한 의도적인 무관심(reckless indifference to the right of
others)이 요구되고 배상액도 그에 비례하지만, 배액배상에 요구되는 주관
적 요소는 피고의 '악성'에까지 이르지 않는다. 각 주 소비자보호법상 배
액배상 또는 최소배상에는 의도나 고의(willful or knowing violation)가 요
구되는 경우가 많지만, 이는 악성과는 다르다. 미국에서 배액배상제도가

49) Stephen J. Shapiro, "Overcoming Under-compensation and Under-deterrence in
　　intentional tort cases: Are Statutory multiple damages the best remedy?", 62
　　Mercer L. Rev. 449, 2011, pp. 452−449.
50) Stephen J. Shapiro, *ibid.*, p. 477.
51) 연방 공정채권추심법 제813조 (b); 연방 대부진실법 제1640조 (a)(4).

적용되는 다른 종류의 입법례를 보면 선의의 실수인 경우를 증명하여 최소배상 및 배액배상 책임을 벗어날 수 있게 하거나(이 경우 중대한 과실의 경우는 책임을 지는 것으로 해석할 수 있다)[52] 법 위반행위에 대해서는 고의와 과실을 불문하고 실손해, 배액배상, 최소배상의 책임을 지게 하는 경우도 볼 수 있다.[53]

(4) 배액배상과 최소배상은 소비자 피해와 같은 소액 피해 사건에서 사적 집행을 위한 인센티브 제공 기능이 강조된다. 이는 징벌적 배상에서는 언급되지 않는 기능이다.

배액배상은 현대 미국 입법에 광범위하게 활용되는데,[54] 배액배상제도가 많이 도입되는 입법 영역으로 소비자법 분야 외에도 ⅰ) 장애인, 노약자, 아동과 같은 사회적 약자를 보호하는 입법, ⅱ) 불공정 상행위나 지적 재산권 침해행위와 같은 경제적 불법행위를 규제하는 입법, ⅲ) 개인정보 도용, 도청과 같은 첨단기술 범죄에 대응한 입법 분야가 있다.[55] 배액배상제도가 가지는 제재, 억지, 보상의 다양한 기능이 이와 같은 광범위한 활용의 배경이 되었다고 본다.

나. 우리 법제도의 성격

우리의 제도는 어떠한 성격을 지니는가? 보통법과 성문법의 구별이 없고, 민사소송절차 기타 여러 법제도 환경이 상이한 우리나라에서 이상과 같은 미국의 논의를 그대로 적용하기는 어려울 것이다. 실손해의 3배를 한도로 하는 우리 배상제도는 일반적으로 징벌적 배상제도로 이해되고 있으나, 엄밀한 의미에서 미국식의 징벌적 배상제도라고 볼 수 있을지는 의문이며, 개별 법률의 형식과 내용, 입법 동기와 목적을 고려하여

---

52) 연방 공정채권추심법 제813조 (2)(c). 채권추심인은 법 위반이 고의적인 것이 아니고, 실수를 방지하기 위한 절차를 합리적으로 준수하였음에도 불구하고 선의의 실수(bona fide error)에 의한 것임을 우월한 증거(preponderance of evidence)로 입증하면 동법상의 책임을 면할 수 있다.

53) 연방 대부진실법 제1640조.

54) G. Robert Blakey, "Of Characterization and Other Matters: Thoughts about Multiple Damages", 60-SUM Law & Contemp. Probs. 97, 1997, p .101.

55) Stephen J. Shapiro, *op. cit.*, pp. 482-483.

그 성격과 기능을 파악하는 것이 필요하다.

예컨대 하도급법의 규정을 징벌적 배상으로 전제하고, 가해자의 '악성'을 요구하는 미국 징벌적 배상 법리에 비추어 과실에 대해서도 3배 배상이 가능토록 한 하도급법을 비판한 연구들을 많이 찾아볼 수 있다.[56] 이에 대해 필자는 하도급법상의 배상제도는 그 입법 목적상 '불공정한 하도급 거래를 근절하여 궁극적으로 중소기업의 경영환경을 개선시키는 것'을 주된 목적으로 하는 것으로,[57] 미국의 제도와 견주어 볼 때 보통법상의 징벌적 배상제도라기보다는 성문법상의 배액배상제도에 가까운 것으로서 그 성격을 처벌 또는 징벌로만 보아 미국의 징벌적 배상에 준하는 엄격한 요건을 요구할 것은 아니므로, 입법자의 의지와 재량을 존중할 필요가 있다는 견해를 개진한 바 있다.[58] 신용정보법, 개인정보보호법, 정보통신망법 역시 3배 배상의 대상이 되는 행위에 고의뿐만 아니라 중대한 과실에 의한 행위가 포함되는데, 같은 이유로 이러한 입법 태도를 비난하는 것은 적절하지 않다고 본다.

한편 기간제법이나 공익신고자보호법 등을 제외한 나머지 법률들에서는 법원이 3배 한도에서 배상액을 정하기 위해 고려해야 할 사항을 매우 상세히 규정하고 있다. 이를 살펴보면 징벌적 기능을 실현하기 위한 고려요소(예컨대 '고의 또는 손해 발생의 우려를 인식한 정도'라든지 '위반행위의 기간, 횟수' 등)와 함께, 억지를 위해 고려되는 요소(위반행위자가 취

---

56) 김용길, "하도급법상의 징벌배상제도에 관한 고찰", 『기업소송연구』, 통권 제10호 (2012. 3.) (미국의 징벌적 배상과 같이 행위자의 악성을 요건으로 할 것을 제안함); 정하명, "소위 경제민주화입법과 징벌적 손해배상제도", 『법학논고』, 제42집 (2013. 5.); 전삼현, "하도급법상 징벌배상제도의 남용방지를 위한 개선방안", 『기업소송연구』, 통권 제10호(2012. 3.); 황정미·최준선, "하도급법상의 징벌적 손해배상제도의 고찰", 『성균관법학』, 제24권 제2호(2012. 6.).

57) 3배 배상제도가 최초로 도입된 하도급법[법률 제10475호, 2011. 3. 29., 일부개정]의 제·개정이유로 '대기업과 중소기업의 상생협력에 의한 동반성장의 여건을 조성하고 불공정한 하도급거래를 근절시킬 뿐만 아니라 중소기업 간의 하도급거래에서도 보다 공정한 하도급거래질서가 정립·발전되도록 함으로써 중소기업의 경영환경을 개선'이 제시되어 있다.

58) 김태선, 전게 논문, 266면.

득한 경제적 이익, 재산상태)나 원활한 피해구제를 위한 정책적 기능 요소
도 찾아볼 수 있다(피해구제 노력의 정도). 이러한 점을 고려한다면 우리
의 새로운 손해배상제도를 이해함에 있어서 이를 미국 고유의 징벌적 배
상제도로만 보아 그 법리에 얽매일 것은 아니고, 우리의 현실에 실효적
인 제도가 되도록 여러 기능의 실현과 운용을 적극적으로 검토해볼 필요
가 있다. 이러한 관점에서 소비자보호법의 한 내용으로서 제조물책임법
상의 3배 제도를 검토해 본다.

Ⅲ. 제조물책임법상 3배 배상제도의 기능과 운용

1. 제도의 도입 배경 고찰

앞서 서술한대로 40년 가까운 기간 동안 도입 찬반 논의에만 머물
던 제도가 법률제정에 이르게 된 데에는 강력한 입법 동력이 된 사회적
배경이 있었다. 이러한 사건들은 제도 적용 기준에 대한 우리 사회의 기
대를 간접적으로나마 드러낸다.

제조물책임법상 3배 배상제도 도입은 2011년 질병관리본부의 역학
조사에서 처음 밝혀진 가습기 살균제 사건을 배경으로 한다. 동법의 개
정 이유에 위 사건이 구체적으로 기재되어 있지는 않으나,[59] 비슷한 시기
에 발의되었다가 국회의 최종 대안을 반영해 폐기된 의원안들의 제안 이
유와 이에 대한 국회 검토보고서에는 가습기 살균제 사건이 빠짐없이 언
급되어 있다.[60]

---

59) 국가법령정보센터가 제공하는 동 법률의 개정이유 가운데 3배 배상제도에 관한
    부분은 다음과 같다. '우리 법원의 판결에 따른 손해배상액이 일반의 상식 등에
    비추어 적정한 수준에 미치지 못하여 피해자를 제대로 보호하지 못하고, 소액다수
    의 소비자피해를 발생시키는 악의적 가해행위의 경우 불법행위에 따른 제조업자의
    이익은 막대한 반면 개별 소비자의 피해는 소액에 불과하여, 제조업자의 악의적인
    불법행위가 계속되는 등 도덕적 해이가 발생하고 있다는 인식이 확산되고 있음.
    이에 징벌적 손해배상제를 도입하여 제조업자의 악의적 불법행위에 대한 징벌 및
    장래 유사한 행위에 대한 억지력을 강화하고, 피해자에게는 실질적인 보상이 가능
    하도록 하려는 것임.' 국가법령정보센터(http://www.law.go.kr/), 제조물 책임법 [시
    행 2018. 4. 19.] [법률 제14764호, 2017. 4. 18., 일부개정] 제정·개정이유(최종방
    문일 2018. 8. 11.).

가습기 살균제 사건은 (1) 화학 물질의 유해성 검사시 물질에 대한 검사만을 실시하고 용도에 따른 검사를 실시하지 못한 국가 화학물질 관리 체계의 허점,[61] (2) 기업이 제품의 인체 유해성을 확인할 필요가 있음에도 이를 하지 않고 제품을 출시하고,[62] 그 후 신체 부작용 피해 신고들

---

60) 국회 의안 정보시스템(http://likms.assembly.go.kr/bill/main.do)상 '[2006505] 제조물 책임법 일부개정법률안(대안)(정무위원장)'의 부가정보 내용(대안반영폐기 의안목록) 및 폐기된 의안의 검토보고서 내용 참조(최종방문일 2018. 8. 11.). 「신상진 의원 등 10인 발의안」을 제외한 나머지 5개 의원안 모두 실손해의 3배에서 10배에 이르는 손해배상 규정을 두고 있다.

61) 가습기 살균제에 쓰인 화학물질 PHMG(폴리헥사메틸렌구아니딘)과 PGH(염화올리고에톡시에틸구아니딘)은 기존 독성 연구에서 살균력이 뛰어나고 피부접촉이나 경구 섭취시 다른 살균제에 비해 독성이 적다고 연구되어 널리 활용되었으나, 기존 연구는 이들 물질이 바닥, 정화조 청소 등에 사용된다고 가정하고 진행된 것이어서 호흡기에 끼치는 영향은 조사된 바가 없었다. 그런데 이들 물질이 가습기 살균제로 사용될 경우, 초음파 진동에 의해 극소량의 입자로 분사되는 물방울에 포함되어 분무되면서 지속적·반복적으로 폐에 흡입되고, 이로 인한 폐섬유화를 일으켜 심각한 폐손상과 폐질환으로 인한 사망의 원인이 된다. 선권일, "가습기 살균제 사건과 징벌적 손해배상의 문제", 『KHU 글로벌 기업법무 리뷰』, 제11권 제1호(2018), 37-38면. 이들 물질의 흡입독성에 관한 자세한 문헌으로 보건복지부 질병관리본부 폐손상조사위원회, 「가습기 살균제 건강피해 사건 백서」(2014. 12.). 당시 관련 법령은 기존허가 물질의 사용용도가 변경된 경우에 새롭게 사용허가를 거치도록 하는 시스템을 갖추고 있지 않았다. 자세한 내용은 정남순, "가습기 살균제를 통해 본 화학물질관리제도의 현황과 문제점에 대한 고찰", 『환경법과 정책』(2013. 11.) 참조.

62) 박태현, "가습기살균제 사건과 법적과제: 피해구제시스템 개선을 중심으로", 『환경법과 정책』, 제20권(2018. 2. 28.), 106면은 "가습기 살균제 개발의 의사결정 라인에 있었던 옥시레킷벤킨저(이하 '옥시'라 함)내 관계자들은 관련자들의 면담과 제공받은 물질안전보건자료(MSDS)를 통하여 PHMG의 흡입독성실험이 필요하다는 사실을 잘 알고 있었을 것으로 여겨진다"고 기술하고 있다. 1997. 3. 6. 자로 작성된 PHMG의 물질안전보건자료상 동 물질은 [유해성 분류: 유해물질, 눈에 영향; 심한 자극, 눈물 등 심각한 증상을 초래할 수 있음, 흡입시의 영향; 자료 없음, 섭취시의 영향: 삼키면 위험]으로 기재되어 있었다고 한다. 박태현 위 논문 106면 각주 38; 최예용, "가습기살균제 참사의 진행과 교훈(Q&A)", 『한국환경보건학회지』, 제43권 제1호(2017), 13면은 옥시의 가습기 살균제 제조 경위에 관해 다음과 같이 설명한다. "1995년 동양화학 소속이던 옥시는 '프리벤톨R80'이란 이름의 살균제를 사용한 가습기당번 제품을 판매하다 제품에 하얀 이물질이 생긴다는 소비자들의 문제제기가 이어지자 2000년 PHMG라는 물질로 살균제 성분을 바꾼다. 이 과정에서 독일의 전문가와 옥시 내부에서도 제품의 안전성을 확인해야 한다는 지적이 있었다. 하지만 2001년 옥시가 영국 기업 레킷벤키저에 넘어갔고 옥시의 기존 제품을 인수한 레킷벤키저는 PHMG 안전실험을 생략한 채 '옥시싹싹 뉴가습기당번'이

이 있었음에도 이를 무시한 채[63] 제품을 계속 제조·판매하였다는 점,
(3) 제품의 안전성에 대해 허위 표시광고를 하였다는 점,[64] (4) 폐질환과
가습기 살균제의 연관성을 인정하는 국가기관의 발표 후 반박을 위한 새
로운 실험을 의뢰하면서, 불리한 실험결과를 은폐하고 유리한 실험결과만
을 선별하여 제출함으로써 사실을 호도하였다는 점,[65] (5) 심각한 폐질환
과 사망이라는 피해의 중대성, 신고된 피해기준 수천 명의 사상자라는
피해의 대규모성,[66] 그 가운데 다수의 피해자가 영유아·소아이거나 이들
자녀를 둔 여성, 임산부라는 피해의 비극성으로 우리 사회에 큰 충격을
준 사건이다.

가습기 살균제 사건은 위에서 언급한 징벌적 배상이 인정된 미국

라는 이름의 가습기살균제를 판매했다." 옥시는 가습기 살균제 시장의 80%가 넘는
점유율을 차지하여 가장 많은 피해자를 발생시킨 회사이다.

63) 옥시는 가습기 살균제 제품 사용 후 신체 부작용을 호소하는 다수의 소비자들의
민원에 대해 진지하게 대응하지 않았다. 박태현, 위 논문, 106-107면.

64) 옥시는 제품에 '인체에 안전한 성분을 사용하여 안심하고 사용할 수 있습니다'
는 문구 및 '살균 99.9%-아이에게도 안심'이라는 문구 등을 표시하였다. 당시 1)
인체 안전성에 관한 자료가 없었고, 2) 내부적으로도 연구 직원이 마케팅부에서
위와 같은 라벨 문구 내용이 타당한지 문의를 받은 뒤 위 문구의 수정 내지 삭제
의견을 주었고, 3) 이후 규제 부서에서 기존 라벨 문구를 뒷받침할 수 있는 근거
가 무엇이고, 그와 같이 인체 안전성 문구를 명시적으로 표시해도 되는지 문제제
기가 있었으나 이에 대한 조치 없이 그대로 제조, 판매되었다. 옥시 대표이사에
대한 형사판결 대법원 2018. 1. 25. 선고 2017도12537판결; 박태현, 전게 논문,
107면.

65) 질병관리본부의 역학조사결과를 반박하기 위해 옥시는 한국건설생활환경시험연
구서(이하 'KCL'이라 함)과 서울대학교 조모 교수, 호서대학교 유모 교수에게 각각
흡입독성과 관련된 실험을 각각 의뢰하였다. 옥시는 자신에게 불리한 내용의 KCL
의 실험결과는 승인을 보류하고, 유리한 연구결과보고서는 가습기 살균제와 폐질
환과의 연관성을 부정하는 근거 자료로 수사기관 및 민사 손해배상청구소송 재판
부에 각각 제출하였다. 이 가운데 유모 교수의 실험은 밀폐된 공간이 아니라 옥시
직원의 사택에서 창문을 열고 행해지는 등 흡입독성 실험의 기본적 전제가 갖추어
지지 않은 상황의 실험임에도 그대로 사용되었고, 조모 교수의 실험 내용 가운데
서도 유리한 부분만이 제출되었다. 박태현, 전게 논문, 91면.

66) 「가습기 살균제 피해구제를 위한 특별법」에 따라 환경부 산하 한국환경산업기술
원에 설치된 「가습기 살균제 종합지원센터」의 통계에 따르면, 2018. 8. 10.을 기준
으로 생존자 피해 4,712건, 사망 피해 1,337건이 신고되었고, 판정 완료된 일부를 제
외한 나머지 사건이 판정 중에 있다. 한국환경산업기술원 가습기살균제 피해자지원
종합포털(https://www.healthrelief.or.kr/) 제공 통계자료(최종방문일 2018. 8. 12.).

제조물책임 사건들 가운데 우선 (3) 위험한 결함을 발견하기 위한 적절한 테스트를 거치지 않은 사안들과 유사하다. 이러한 사안들에서는 기업의 연구개발, 테스트, 품질관리 시스템이 대단히 부적절하여 기업이 제품 사용으로 인해 소비자가 위험에 노출될 가능성을 무분별하게 무시한 것으로 볼 수 있는지가 관건이 된다.[67]

　　Deemer v. A.H. Robins Co. 사건[68]은 자궁 내 피임기구의 결함이 문제된 사안인데, 회사가 그 안전성을 실험하면서 제품이 신체에 미칠 수 있는 중대한 영향과 신체기관의 민감성을 고려할 때 전혀 적절하지 않은 단기간의 테스팅 기간만을 거친 뒤 판매한 사실이 인정되었고, 위 제품으로 상해를 입은 여성에게 10,000불의 전보배상과 75,000불의 징벌배상이 인정되었다.[69] Gryc v. Dayton-Hudson Corp. 사건[70]은 여자 어린이가 면 플란넬 소재의 잠옷에 불이 붙어 중화상을 입은 사건으로, 섬유에 내화처리를 하지 않은 회사를 상대로 1백만 불의 징벌적 배상이 인정된 사건이다. 법원은 피고가 내화처리 분야 발전에 거의 노력을 기울이지 않은 점, 화염 방지 관련 R&D에 대한 아무런 기록이 없고 1967~1969년 사이 회사의 전체 R&D 예산 1.8백만 불 가운데 관련 예산은 14만 불에 불과하다는 점을 지적하였다.[71]

　　그 밖에 회사가 내부 조직이나 직원 혹은 연구원의 제품 안전성에 대한 우려나 문제제기를 무시한 것을 소비자의 안전에 대한 의식적인 무관심으로 보아 징벌적 배상을 인정한 사안도 다수 찾아볼 수 있다.[72]

　　한편 위 사건에서 국가기관의 조사결과를 반박하기 위해 유리한 실험결과만을 선별하여 제출하는 등 결함을 의도적으로 은폐하려 한 것과 관련하여, 미국 제조물책임 사안들 가운데 (6) 판매 후 제품의 위험을 무

---

67) Owen, *op. cit.*, p. 1204.
68) Deemer v. A.H. Robins Co., No. C-26420 (Dist. Ct. Sedgwick Cty., Kan., filed Oct. 1972, verdict, March 1, 1975).
69) Owen, *op. cit.*, p. 1205.
70) Gryc v. Dayton-Hudson Corp., 297 N.W.2d 727 (Minn. 1980).
71) Owen, *op. cit.*, p. 1206.
72) Owen, *op. cit.*, p. 1205 및 위 책 각주 53에 소개된 사건 참조.

시한 채 경고나 리콜 실시 등 안전 의무를 이행하지 않은 것에 대해 징
벌적 배상을 인정한 예를 참조할 수 있다.[73] 판매 후의 행위를 고려하여
징벌적 배상이 인정된 사안으로서 Gillham v. Admiral Corp. 사건[74]을 들
수 있는데, 이 사안에서는 75세의 여성이 텔레비전의 변압장치 설계 결
함이 원인이 된 화재로 화상을 입었다. 제조업자는 이미 91개 이상의 유
사한 화재건을 인지하고 있었고, 그 가운데에는 주택에 화재를 발생시키
거나 상해의 결과를 가져온 경우도 있었으며, 이러한 사고들은 원고 사
건이 발생하기 4년 전부터 발생해 왔다. 2년 전 피고 소속 엔지니어 직
원의 실험결과, 실험대상 16개의 변압장치 모두에서 화재가 발생한 사실
도 밝혀졌다.

그럼에도 제조업자는 리콜은 물론 소비자에게 위험성에 대한 경고도
실시하지 않았으며, 심지어 내부 규제감독 부서나 변호사를 통해 조직적
인 결함의 은폐를 시도하고 조사를 방해하기도 하였다. 이처럼 제조업자
가 특정 결함과 그 결함이 소비자에게 야기하는 위험을 명확히 인지함에
도 이를 방지하기 위한 어떤 조치도 취하지 않은 이 사안에서, 징벌적
배상의 부과는 적절한 것으로 평가된다.[75]

이하에서는 이러한 도입 배경을 바탕으로, 제조물책임법상 3배 배상
제도의 구체적 법률요건을 살펴본다.

2. 제조물의 결함을 알았다고 볼 수 있는 경우

제조물책임법 제3조 2항은 제조업자가 '제조물의 결함을 알면서도
그 결함에 대하여 필요한 조치를 취하지 아니한 것'을 요건으로 하여 3배
배상책임을 인정한다.[76] 이와 관련하여 제품에 필요한 안전성 검사를 의

---

73) Owen, *op.cit.*, pp .1213-1214.
74) Gillham v. Admiral Corp., 523 F.2d 102, 74 Ohio Op. 2d 143 (6th Cir. 1975)
    (Ohio law).
75) Owen, *op.cit.*, pp. 1214-1215.
76) 서희석, "개정 제조물책임법(2017년)의 의의와 한계", 『과학기술과 법』, 제8권 제
    1호(2017. 8.), 156면은 제조물책임법상 징벌배상제도의 가장 큰 특징은 그 요건의
    엄격함에 있다고 하면서, 특히 "결함에 대한 필요조치의 고의의 부작위"라는 주관

도적으로 하지 않거나 부적절하게 시행하여 현실적으로 그 유해성이 명확히 밝혀지지 않았던 경우, 제조업자가 제조물의 결함을 안 경우라고 할 수 있을지 문제된다. 문언만을 놓고 보면 그와 같은 해석에 어려움이 느껴질 수 있고, 그 경우 검사 자체를 실시하지 않는 등 결함 발견 가능성을 회피한 피고에게 유리한 결과가 될 수 있다.

이러한 점을 고려해 볼 때 결함을 알았다는 점에 대한 증명책임은 상당히 완화되어야 할 것이다. 제품의 결함을 알았다는 것은 제품의 유해성을 명확히 아는 경우뿐만 아니라 유해 가능성을 인식한 경우도 포함되며, 인식한 유해성의 정도도 생명이나 신체에 중대한 손해를 끼칠 정도의 것에 한정되는 것이 아니라 제품에 통상 기대되는 안전성을 의심할 수준이면 족하다고 보아야 한다.

가습기 살균제 사건의 경우 회사가 구체적으로 제품에 폐질환이나 사망의 위험성이 있음을 알지 못했다 하더라도, 제품에 통상 기대되는 안전성을 의심할 정도였다면 이러한 요건을 충족한다고 볼 수 있다. 가습기 살균제에 대해서 초창기부터 흡입독성 실험이 필요하다는 의견이 있었고, 적어도 제품 출시 직후부터 제기된 신체 부작용에 관한 소비자 민원을 고려할 때, 회사는 제품이 가습기 살균제에 통상 기대되는 안전성을 갖추지 못하였다고 인정될 정도로 신체에 유해한 결함이 있음을 알았던 것으로 인정할 수 있다.[77] 결국 회사는 제품의 결함을 알면서도 그 결함에 대하여 필요한 조치(예컨대 검사, 제품의 회수, 유해 가능성 안내

───────

적 요건이 그러하고, 요건의 엄격함이 입증책임의 무거운 부담과 함께 작용한다면 제도 도입의 의의가 몰각될 우려가 있다고 한다. 가습기 살균제를 예로 든다면, 피해자가 제조업자의 결함에 대한 악의와 제조업자가 알면서도 필요조치를 취하지 아니하였다는 사실을 입증하여야 하는데, 이를 입증하기가 결코 수월하다고는 할 수 없을 것이라고 한다.

77) 민원 가운데에는 '사용한 저녁 남편, 본인, 아이 모두가 심한 기침과 콧물 등의 증상으로 잠도 자지 못함, 심하게 아픔', '가습기 당번을 구입 후 사용하였는데 머리가 아프고 감기기운이 생김. 사용 전에는 괜찮았음. 아이까지 감기 기운이 있음', '가습기 당번을 띄엄띄엄 2번 사용을 할 때에만 아이가 코감기가 걸린다. 무서워서 제품을 더 이상 사용을 못하겠다'는 등 제품의 안전성을 의심하게 할 내용들이 다수 있었다고 한다. 박태현, 전게 논문, 107면 각주 39.

등)를 취하지 않았다고 볼 수 있다.

3. 고려요소의 검토(1): 악성에 대한 징벌과 제재, 억지의 기능
가. 고의성의 정도

제조물책임법은 실손해의 3배 한도에서 배상액을 정할 때 다음의 사항을 고려하도록 한다.

1. 고의성의 정도, 2. 해당 제조물의 결함으로 인하여 발생한 손해의 정도, 3. 해당 제조물의 공급으로 인하여 제조업자가 취득한 경제적 이익, 4. 해당 제조물의 결함으로 인하여 제조업자가 형사처벌 또는 행정처분을 받은 경우 그 형사처벌 또는 행정처분의 정도, 5. 해당 제조물의 공급이 지속된 기간 및 공급 규모, 6. 제조업자의 재산상태, 7. 제조업자가 피해구제를 위하여 노력한 정도

이 가운데 1호의 고의성의 정도는 가장 중요한 사항으로서, 이를 고려해 배상액을 증액하는 것이 바로 동 제도의 징벌적 기능의 모습이다. 그리고 그 입법 경위를 고려할 때, 가습기 살균제 사건에서 드러난 악성 이상의 비난가능성이 인정되는 사건에 대해서는 원칙적으로 배상액을 3배 증액함으로써 입법 목적에 부합할 수 있도록 제도의 징벌적 기능을 운용함이 바람직하다. 적어도 위 사건에서 관찰되는 악성 이상으로 비난가능성이 높은 행위에 대해서는 징벌적 배상이 필요하다는 것이 우리 사회의 공감대가 아닌가 생각된다.

가습기 살균제 사건에서 기업은 흡입독성 실험이 필요하다는 의견제시가 있었고 판매 직후부터 소비자의 신체 부작용에 대한 민원이 있어 그 유해성을 의심할 만한 상황이었으므로 이를 검사할 필요가 있었음에도, 아무런 조치 없이 제품을 계속 제조·판매하였고 나아가 안전성에 대한 허위 표시광고를 하였으며 사후적으로 결함을 은폐하려 하였다. 이와 같은 정도의 비난가능성 혹은 그 이상의 비난가능성 있는 행위-예컨대 제품의 발견된 결함을 의도적으로 숨기고 기망하였거나, 소비자의 생명·신체 안전을 위해 마련된 안전 기준을 고의적으로 위반한 경우 등을

생각해 볼 수 있다-에 대해서는 원칙적으로 배상액을 3배 증액하여 동 제도에 기대되는 징벌적 기능을 실현함이 바람직할 것이다.

나. 경제적 이익, 공급기간 및 공급 규모의 고려

3호의 '해당 제조물의 공급으로 제조업자가 취득한 경제적 이익'을 고려하는 것은 불법행위의 억지 기능으로 설명될 수 있다. 앞서 본 미국 배액배상제도의 억지 기능에 대한 설명을 이 경우 참고할 수 있을 것이다.

경제적 이익을 목적으로 하는 불법행위의 경우 실손해를 배상하더라도 불법행위를 감행하는 것이 이익이 될 수 있기 때문에, 배액배상을 통해 그 이익을 상쇄시킴으로써 불법행위를 억지할 수 있다.[78] 우리의 경우에도 동 제도를 운영할 때 가해자의 비난가능성이 처벌의 필요에까지 이르지 않는다고 판단되더라도, 가해자가 경제적 이익을 위해 불법행위를 감행한 사안에서는 그 이익을 상쇄함으로써 장래 불법행위를 억지하기 위해 배액배상을 인정할 필요가 있다.[79] 이러한 억지 기능은 동 제도의 정책적 기능이라고 할 수 있다. 이에 대해 찬반의 견해가 있을 수 있으나, 우리 법제도는 이미 이러한 기능을 내포한 배상제도를 도입하였고 그 기능의 실현을 법원에 맡긴다는 입법적 결단을 하였다고 볼 수 있다. 따라서 이러한 기능에 막연히 소극적일 이유는 없다고 본다.

5호 '해당 제조물의 공급이 지속된 기간 및 공급 규모' 역시 가해자에 대한 비난가능성이나 가해자의 경제적 이익과 연관되는 요소라고 볼 수 있다. 위법상태의 지속은 가해자에 대한 비난가능성을 높이는 요소이다. 기간제법은 차별적 처우에 명백한 고의가 인정되거나 차별적 처우가 반복되는 경우 손해액의 3배 내에서 배상명령을 인정한다. 고의성과 함께 반복성을 배액배상명령의 요건으로 하고 있는 것이다. 미국 소비자보호 법률상 배액배상은 일반적으로 의도적이거나 고의적인 법 위반을 요건으로 하지만, 3년 이상 법 위반행위가 누적된 경우 개별 위반행위 일부가

---

78) Stephen J. Shapiro,, *op. cit.*, p. 477.
79) 다만 기업의 영리를 위한 불법행위는 그 자체로 처벌의 비난가능성이 높다고 보는 견해도 가능하다.

고의적이 아니라 하더라도 배액배상을 인정한 판결을 찾아볼 수 있다.[80] 또한 제품을 지속적이고 대규모로 공급함에 따라 제조자의 경제적 이익 역시 커지고, 그에 따라 소비자의 안전에 대한 책임도 커진다고 이해할 수 있다.

4. 고려요소의 검토(2): '손해의 정도'를 고려

제조물책임법 제3조 2항의 고려해야 할 사항 가운데 2호 '해당 제조물의 결함으로 인하여 발생한 손해의 정도'를 규정하고 있다. '손해의 정도'라는 표현은 여타 다른 3배 배상제도 법률에서는 찾기 어려운데, 하도급법, 대리점법, 가맹점법이나 개인정보 3법들에서 찾을 수 있는 비슷한 고려 요소는 '위반행위로 인한 피해 규모'이다.[81]

위 조항의 의미는 두 가지 방향으로 생각해 볼 수 있다. 우선 다른 법률을 참고하여 제조물의 결함으로 발생한 전체적인 '피해의 규모'를 고려하라는 의미로 해석할 수 있다. 제조물의 결함이 통상 다수의 소비자 피해를 양산하는 것을 생각하면 이러한 해석을 생각해 볼 수 있으나, '손해의 정도'는 원고 자신의 손해를, '피해의 규모'는 원고 외 제3자의 손해까지를 포함하는 뜻으로 해석하는 것이 문언에 적합한 것으로 보인다.

그렇다면 '손해의 정도'라는 의미는 원고의 손해 내용이 중한 것인지 경한 것인지를 고려하라는 의미로 해석된다. 예컨대 생명이나 신체의 중대 손해와 같은 경우 피고의 책임을 더욱 크게 인정할 수 있다는 의미라고 볼 수 있다. 그런데 제조물책임법상 3배 한도의 배상제도 자체가 '생명과

---

80) Brown v. LeClair, 20 Mass. App. Ct. 976, 482 N.E.2d 870 (1985); Consumer Protection and the Law § 6:13에서 재인용.

81) 하도급법은 '수급업자와 다른 사람이 입은 피해 규모'라고 하여 당해 원고의 피해에 한정하지 않음을 명확히 하고 있으나, 대리점법과 가맹점법은 각각 '대리점이 입은 피해 규모', '가맹점사업자가 입은 피해 규모'라고 하여 해석의 여지가 있다. 개인정보관련 3법은 누구의 피해 규모인지를 명시하지 않고 '위반행위로 인하여 입은 피해 규모'라고만 하고 있는데, 법의 취지상 당해 원고의 피해에 한정하는 것은 아닐 것으로 생각된다.

신체에 중대한 손해를 입은 자'에 한하여 인정되므로, 3배 배상을 고려하는 상황은 모두 그와 같은 중한 손해가 발생한 경우일 것이다. 그렇다면 어떤 경우에 '손해의 정도'를 고려한 가중을 생각해 볼 수 있을 것인가.

하나의 예시로 피해자가 아동, 노인, 장애인인 경우와 같이 피해자 자신의 생물학적 혹은 사회적 취약성으로 인해 동일한 유형의 손해라도 상대적으로 중하게 평가될 필요가 있는 경우를 생각해 볼 수 있다. 미국 소비자보호법상 배액배상제도 가운데 소비자가 노인이나 장애인인 경우 최소배상액의 기준을 상향하는 입법들을 볼 수 있다.[82] 이러한 사례는 취약자를 대상으로 한 불법행위라는 측면에서 가해자의 비난가능성이 높은 경우라고도 볼 수 있으나, 소비자 사건에서는 대면적 계약관계가 없는 경우도 많아 반드시 가해자의 비난가능성만을 고려한 것이라기보다는 피해자를 중심으로 그에게 발생한 손해의 의미와 정도를 평가하는 측면이 있다고 생각된다.

다만 이러한 보상적 기능은 위자료의 증액으로도 달성될 수 있다는 견해가 가능하다. 손해배상제도의 보상적 기능은 원래 전보배상의 원리를 통해 충분히 실현되는 것이 바람직하고, 피해자 측의 사정은 전보배상 영역에 속한 위자료의 증액사유로 고려하는 것이 오히려 법체계에 더 잘 부합한다고도 볼 수 있다.

또 하나의 예시로, 실손해를 산정한 결과 그 손해액이 지나치게 적어 원고에게 충분한 보상이 되지 못한다고 여겨질 때 배액배상의 보상적 기능이 작동하는 경우를 들 수 있다. 미국 소비자보호법상 이러한 이유로 최소배상을 인정하거나 배액배상 규정을 두는 경우를 앞서 보았다. 다만 우리 제조물책임법상 3배 배상제도는 '생명과 신체에 중대한 손해를 입은 자'에 한하여 인정되므로, 소액의 손해에 대한 소제기의 인센티브 기능이라는 설명은 제조물책임법에는 잘 맞지 않게 된다.

---

82) 아이다호주, 캘리포니아주의 경우 등. Consumer Protection and the Law § 6:10. Minimum, multiple, and punitive damages-Overview의 부록(Appendix 6A) 참조.

5. 사후 구제 노력의 정도-손해배상제도의 정책적 기능

7호는 '제조업자가 피해구제를 위하여 노력한 정도'를 배상액에 고려하도록 하고 있다. 불법행위 당시의 사정이 아닌 사후적 피해구제의 노력을 배상에 반영토록 하는 것은 전통적인 징벌이나 보상의 기능만으로는 설명하기 어렵고, 손해배상제도의 역할이 신속한 피해구제, 자율적 분쟁 해결의 촉진이라는 정책적 기능으로 확대될 수 있음을 보여 준다.

징벌적 배상이나 배액배상은 기본적으로는 가해자 행위의 비난가능성에 기초한 것이나, 앞서 미국 소비자보호 법률 중 사업자가 소비자의 민원에 어떻게 대응하였는가를 고려하는 예가 있음을 보았다.[83] 사업자의 대응이 소송에서 유리하게 고려되기 위해서는 단순히 협의를 하자는 내용만으로는 부족하고, 사업자가 배상액을 특정하여 소비자에게 제시하여야 한다는 것이 미국 주법원의 입장이라고 한다.[84]

Ⅳ. 마 치 며

이상 제조물책임법을 중심으로 3배 배상제도가 가지는 기능과 운용방향을 검토해 보았다. 그간의 도입 논의는 미국의 징벌적 배상제도를 모델로 하여 이루어져 왔지만, 양국의 상이한 제도적 환경을 고려할 때 이미 도입된 법률의 성격을 징벌적인 것으로만 단정할 필요는 없고 개별 법률의 입법 목적에 맞게 징벌과 억지, 보상의 여러 기능이 적절히 실현되도록 운용하는 것이 바람직할 것이다. 이 글에서는 제조물책임법을 대상으로 하여, 법정된 여러 고려 요소를 감안할 때 3배 배상제도를 통해

---

83) 매사추세츠 주법 Mass. Gen. Laws Ann. ch. 93A, § 11 (West 1985); Burnham v. Mark Ⅳ Homes, Inc., 387 Mass. 575, 441 N.E.2d 1027, 1032 (1982).(관련 판결). 텍사스 주법으로 Tex. Bus. & Com. Code Ann. § 17.506(d). Consumer Protection and the Law § 6:14에서 재인용.

84) Knowlton v. U.S. Brass Corp., 864 S.W.2d 585, 595, 596 (Tex. App. Houston 1st Dist. 1993), writ granted, (May 19, 1994) and rev'd on other grounds, 919 S.W.2d 644 (Tex. 1996). Consumer Protection and the Law § 6:14에서 재인용.

징벌적 기능과 적정한 수준의 억지 기능, 나아가 보상적 기능을 일부 실
현할 수 있는 가능성이 있음을 살펴보았다.

　다만 이러한 기능들이 만족스럽게 실현되기 위해서는 다른 연관된
법제도의 뒷받침이 필요하다. 3배 배상제도의 도입만으로 피해구제에 획
기적인 진전을 기대하기는 어려우며, 이러한 착시 현상은 우리 제도의
개선 논의에 별 도움이 되지 않는다고 본다. 우리나라와 그 차이가 자주
비교되는 미국의 소비자 피해구제 결과는 징벌적 배상제도 유무에 기인
한 것이기도 하겠으나 실손해 인정 범위, 증명책임, 집단소송제도, 행정
기관의 강력한 권한과 적극적인 법집행 등 여러 제도적 차이가 복합적으
로 작용한 결과라고 볼 수 있다.[85] 따라서 현재 3배 배상제도에 쏠려 있
는 논의는 이러한 관련 제도나 법리를 대상으로 좀 더 분산되고 확산될
필요가 있다.

　이와 함께 비교법적으로 소비자법 분야에서 배액배상이나 최소배상
이 수행하는 고유한 기능에 주목할 필요가 있다. 소비자 피해 사건은 많

---

85) 일례로 2016년 미국에서 조작 사실이 확인되어 전 세계적으로 큰 이슈가 되었던
　폭스바겐 배기가스 조작사건의 경우 우리나라에서는 환경부 과징금 500억원의 부
　과에 그쳤지만 미국에서는 대략 17조원의 배상금 합의가 이루어졌다는 점이 언론
　에 보도되어 대중의 공분을 사기도 하였다. 그런데 위 사건의 경과를 자세히 다룬
　문헌에 따르면 위와 같은 결과에는 미국 행정기관의 적극적인 대응이 큰 영향을
　미쳤음을 알 수 있다. 이종구, “미국에서의 폴크스바겐의 자동차 배기가스 사기소
　송과 시사점”,『기업법연구』, 제20권 제3호(2016. 9.). 위 문헌에 소개된 사건 전개
　를 요약하면 다음과 같다. 연방환경청과 캘리포니아대기위원회의 조사결과가 발표
　되자 1) 연방법무부가 청정대기법(thd Clean Air Act) 등의 위반을 이유로 금지명
　령과 민사벌(civil penalties)을 구하는 소송을 제기하였고, 2) 캘리포니아를 비롯한
　44개의 주정부와 워싱턴 특별지구가 소비자보호법 등에 근거하여 소비자들의 피해
　구제를 위한 소송을 제기하였으며, 3) 연방거래위원회 역시 연방거래위원회법에
　근거하여 금지명령과 소비자 피해구제를 구하는 소송을 제기하였고, 4) 이와 함께
　소비자 집단소송이 제기되었다고 한다. 폭스바겐은 캘리포니아 법원이 주관한 화
　해절차에서 연방거래위원회, 연방법무부, 캘리포니아 대기위원회 및 캘리포니아 주
　법무부의 동의명령에 각각 합의하고 소비자집단과 집단화해를 하였는데, 연방정부
　의 동의명령에는 대상 차량으로부터 발생한 오염물질의 해소와 오염물질 배출을
　없애는 자동차 기술 개발을 위한 연구지원금 조성이 포함되었고, 연방거래위원회
　의 동의명령과 집단소송 당사자들과의 합의에는 집단구성원이 입은 손해를 배상하
　기 위한 기금 출연이 포함되었다고 한다.

은 경우 소액 다수 피해자 사건이고, 이러한 사건은 전보배상의 원칙 하에서 소송비용과 노력에 비하여 배상받을 수 있는 액수가 너무 적기 때문에 소비자가 소송 제기를 기피하게 되어 이른바 '불법행위법의 불완전 집행 현상'이 발생한다. 최소배상이나 배액배상은 소송을 제기한 소비자의 비용과 노력을 보상해 줌으로써 소비자에게 적극적으로 소송을 제기할 인센티브를 제공하며, 이를 통해 불법행위를 억지하는 기능을 가진다.[86] 향후 소비자보호 입법에 이러한 배상제도가 적극적으로 도입되고 활용되기를 기대한다.

---

86) Consumer Protection and Law § 6:10.

[Abstract]

The Function and Operation of multiple damages for Consumer Protection

Kim, Tae Sun*

In 2017, a triple damages system was introduced in the Product Liability Act. The triple damages system has been introduced in the fair trade sector, labor law and privacy law since it was introduced in the 2011 "Enforcement Decree of the Fair Transactions in Subcontracting Act" but rarely has the court made its decision to apply the rule. To realize the purpose of this system, introduced after a long period of social consensus, it is necessary to understand the function of the system and to develop application standards. The purpose of this article is to review the nature and application criteria of the triple damages system introduced in the Product Liability Act as a consumer protection legislation.

The U.S. Product Liability Act and the Consumer Protection Act aim to achieve the legislative objective of consumer protection through a variety of remedy systems such as punitive damages, multiple damages, minimum damages. Korean triple damages system is generally understood as a punitive damages. Given the different institutional circumstances of the two countries, however, it is not necessary to predicate the Korean system of punitive nature only, but it is desirable to implement various functions of punishment, deterrence and compensation for the legislative purposes of individual laws that have been introduced. In this article, considering the various factors under the Product Liability Act, the triple damages system enables punitive, reasonable deterrence, and compensatory functions. In addi-

* Associate Professor, Sogang University School of Law.

tion, the article analyzes the "humidifier disinfectants accident" that triggered the introduction of the triple damages system under the Product Liability Act and argues that as a rule, a mandatory triple damages is desirable to realize the punitive functions of actions that are more likely to be blamed than those above, "humidifier disinfectants accident."

However, it is hard to expect any significant progress in the relief effort by introducing a triple damages system. Other related legal systems must be supported to fully realize the many functions expected by the triple damages system.

[Key word]
- triple damages
- punitive damages
- multiple damages
- Product Liability Act
- Consumer Protection Act
- humidifier disinfectants

참고문헌

김두진, 「공정거래법 및 소비자관련법상 징벌적 손해배상제도 도입방안 연구」, 2007 한국법제연구원 연구보고서.

김용길, "하도급법상의 징벌배상제도에 관한 고찰", 『기업소송연구』, 통권 제10호(2012. 3.).

김태선, "미국의 배액배상제도 및 법정손해배상제도의 도입에 관한 소고", 『민사법학』, 제66호(2014. 3.).

박준서 편집대표, 註釋民法[債權總則(8)], 한국사법행정학회, 2000.

박태현, "가습기살균제 사건과 법적과제: 피해구제시스템 개선을 중심으로", 『환경법과 정책』, 제20권(2018. 2.).

보건복지부 질병관리본부 폐손상조사위원회, 「가습기 살균제 건강피해 사건 백서」(2014. 12.).

서희석, "개정 제조물책임법(2017년)의 의의와 한계", 『과학기술과 법』, 제8권 제1호(2017. 8.).

선권일, "가습기 살균제 사건과 징벌적 손해배상의 문제", 『KHU 글로벌 기업법무 리뷰』, 제11권 제1호(2018).

송오식, 소비자법, 전남대학교 출판부, 2013.

엄동섭·김현수, 「징벌배상제도의 부작용 방지대책 연구」, 2013년도 법무부 연구용역 과제보고서(2013).

이동진, 「위자료 산정의 적정서에 관한 사법정책연구」, 서울대학교 산학협력단(2013. 2.).

이명갑, "제재적 위자료의 立論(I)", 『사법행정』, 제28권 제3호(1987. 3.).

이은영 편저, 소비자법, 박영사, 2013.

이재목, "악의적 제조물사고에 있어 위자료 증액론과 징벌배상제도 도입론의 우열–가습기살균제 사건을 계기로–", 『홍익법학』, 제17권 제3호(2016).

이종구, "미국에서의 폴크스바겐의 자동차 배기가스 사기소송과 시사점", 『기업법연구』, 제20권 제3호(2016. 9.).

이종인, 불법행위법의 경제학, 한울아카데미, 2010.

이창현, "위자료의 현실화 및 증액 방안", 「국민의 생명·신체 보호 적정화를

위한 민사적 해결방안의 개선 심포지엄 자료집」, 국회입법조사처 · 사
법정책연구원(2016).

이호영, 소비자보호법, 홍문사, 2018.

장재옥, "위자료와 사적 제재", 『중앙법학』, 제1권(1999).

전삼현, "하도급법상 징벌배상제도의 남용방지를 위한 개선방안", 『기업소송
연구』, 통권 제10호(2012. 3.).

정남순, "가습기 살균제를 통해 본 화학물질관리제도의 현황과 문제점에 대
한 고찰", 『환경법과 정책』, 제11권(2013. 11.).

정조근, "소비자보호법의 방향", 『대한변호사협회지』, 제43호(1979).

정하명, "소위 경제민주화입법과 징벌적 손해배상제도", 『법학논고』, 제42집
(2013. 5.).

최경진, "법정손해배상제도의 도입에 관한 연구", 『중앙법학』, 제13집 제3호
(2011. 9.)

황정미 · 최준선, "하도급법상의 징벌적 손해배상제도의 고찰", 『성균관법학』,
제24권 제2호(2012. 6.).

G. Robert Blakey, "Of Characterization and Other Matters: Thoughts about
Multiple Damages", 60-SUM Law & Contemp. Probs. 97, 1997.

J. Maria Glover, "The Structural Role of Private Enforcement Mechanisms in
Public Law" 53 Wm. & Mary L. Rev., 2012.

Owen, David G., Products liability law/2nd ed, St. Paul, MN:
Thomson/West, 2008.

Stephen B. Burbank, Sean Farhang, Herbert M. Kritzer., "Private
Enforcement", 17 Lewis & Clark L. Rev., 2013.

Stephen J. Shapiro, "Overcoming Under-compensation and Under-deterrence
in intentional tort cases: Are Statutory multiple damages the best
remedy?", Mercer L. Rev. 449, 2011.

제조물책임에 관한 판례의 전개와 동향

이 봉 민*

■요　지■

　이 글에서는 제조물책임에 관한 대법원 판례의 전개와 동향을 전반적으로 조망하였다. 판례는 제조물책임법이 제정되기 이전부터 제조물책임에 관한 기본 법리를 확립하여 제조물책임법이 제정된 이후에도 그 법리를 계속 적용해 오고 있다. 또한, 판례는 그러한 기본 법리를 바탕으로 제조물의 개별적 특성에 맞추어 구체적인 법리를 계속 발전시켜 오고 있다.

　제조물책임의 증명책임 완화와 관련하여 판례는 '제조업자의 배타적 지배영역에서 발생한 사고'임을 요구함으로써 피해자에게 너무 엄격한 증명책임을 부과한다는 비판이 많다. 그러나 제조물책임법 제정 이후 제조물책임을 인정한 판례의 추이를 살펴보면, 판례는 개별 사안마다 이 요건을 완화하여 적용하려는 경향이 있음을 알 수 있다. 한편, 2017년 제조물책임법이 개정됨에 따라 제조물책임의 증명책임 완화에 관한 판례 법리가 조문화되면서 '제조업자의 배타적 지배영역'이란 요건이 '제조업자의 실질적인 지배영역'이라는 표현으로 수정된 만큼 향후 판례가 이에 대해 어떻게 판단할 것인지 주목할 필요가 있다.

　다만, 많은 재판례들은 제조물의 결함 여부를 판단하면서 개별 사안의 구체적인 사정을 근거로 제시할 뿐이고, 세부적이고 구체적인 기준을 제시하는 것은 거의 보이지 않는다. 예를 들어 사용자의 예견가능한 오사용에 대한 대체설계 및 위험표시에 관한 기준, 사용자가 전문가일 경우의 위험표시 정도 등에 관하여, 향후의 판례는 이에 관한 법리를 발전시킬 필요가 있다.

* 수원지방법원 안산지원 판사.

또한 판례가 결함 여부를 판단함에 있어 결함과 과실을 구분하지 않고 사용하는 경우가 종종 발견된다. 이는 제조물책임법이 제정되기 이전에 판례가 제조물책임을 이론적으로는 과실책임의 일환으로 본 것에 기인한 것일 수 있다. 그러나 이론적으로 결함은 해당 제조물에 초점을 맞춘 것이고, 과실은 제조자의 행위에 초점을 맞춘 것이므로, 제조물책임법이 적용되는 사안에서는 용어를 사용함에 있어서도 주의할 필요가 있다.

최근의 판례는 제조물책임의 범위에 관하여 제조물책임법의 문언을 벗어나 법형성에 가까운 해석을 하기도 하였다. 이는 제조물책임에 관한 판례 법리가 향후에도 계속 발전될 것임을 보여주는 사례라 할 수 있다. 학설과의 끊임없는 교류 속에 판례 법리가 계속 발전하기를 기대해 본다.

[주 제 어]
• 제조물책임
• 제조물
• 결함
• 순수재산손해
• 대법원 판례

I. 서 론

제조물책임(product liability)은 그 정의가 명백한 것은 아니지만 통상 제조물에 통상적으로 기대되는 안전성을 결여한 결함으로 인하여 생명 · 신체나 제조물 그 자체 외의 다른 재산에 손해가 발생한 경우에 제조업자 등에게 지우는 손해배상책임이라고 설명된다.[1] 제조물책임의 법리는 계약관계에 있지 않은 제3자에 대한 손해배상책임을 인정하기 위해 미국 판례에 의해 발전되어 왔는데,[2] 현재에는 제조물책임의 법리가 전 세계에 걸쳐 대체로 엄격책임(strict liability)으로 자리 잡고 있다.[3]

우리 제조물책임법 제1조는 "제조물의 결함으로 발생한 손해에 대한 제조업자 등의 손해배상책임을 규정함으로써 피해자 보호를 도모하고 국민생활의 안전 향상과 국민경제의 건전한 발전에 이바지함을 목적으로 한다"고 규정하고 있다. 제조물책임법은 제조물의 결함으로 인한 소비자의 피해 구제를 도모한다는 목적도 포함되어 있으므로 소비자보호법의 일종으로 볼 수 있다.[4] 다만 우리 법은 제조물책임을 물을 수 있는 사람을 소비자에 한정하고 있지는 않다.

우리 판례는 제조물책임법이 제정되기 이전부터 제조물책임에 관한

---

1) 대법원 2000. 7. 28. 선고 98다35525 판결[공2000.10.1.(115), 1923]; 金相容, "製造物責任의 法理構成", 人權과 正義 第217號, 大韓辯護士協會(1994), 29면; 양창수 · 권영준, "민법 Ⅱ, 권리의 변동과 구제(제3판)", 博英社(2017), 784면 등 참조.

2) 尹眞秀, "製造物責任의 主要 爭點 : 최근의 논의를 중심으로", 民法論考 Ⅵ(처음 발표 : 2011), 博英社(2015), 400면; 최문기, "美國과 우리나라의 製造物責任 判例의 發展過程에 관한 一考察", 慶星法學 第13輯 第2號, 慶星大學校 法學研究所(2004), 44면 이하도 참조.

3) 세계 각국의 제조물책임 법리에 관한 주요 내용을 개괄적으로 보여주는 문헌으로, Annette Hughes/Rod Freeman(General Editors), "Product liability. jurisdictional comparisons", Thomson Reuters(2014) 참조.

4) 이상정, "製造物責任法 제정의 의의와 향후 과제", 저스티스 第68號, 韓國法學院(2002), 6면; 박동진, "製造物責任法에서의 損害賠償", 比較私法 第9卷 第3號, 韓國比較私法學會(2002), 301-302면; 전병남, "감기약 콘택600 제조물책임사건에 관한 민사법적 고찰", 의료법학 제10권 제1호, 대한의료법학회(2009), 225면 및 최문기(註 2), 41-42면도 참조; 영국에서는 소비자보호법(Consumer Protection Act)에서 제조물책임을 규정하고 있다.

법리를 발전시켜 왔다. 이 글은 제조물책임에 관하여 대법원 판례가 전개되어 온 모습에서부터 현재의 판례의 태도에 이르기까지 판례의 전반적인 동향을 조망하는 것을 목적으로 한다. 이하에서는 판례의 태도를 살펴보기 전에 논의의 편의를 위하여 제조물책임법의 주요 내용과 최근 개정 내용을 간단히 살펴보고(Ⅱ), 제조물책임법 이전에 대법원 판례가 전개되어 온 모습과(Ⅲ), 제조물책임법 제정 이후 판례의 동향을(Ⅳ) 살펴본다. 마지막으로 대법원 판례에 대한 비판적 검토와 함께 향후 과제를 전망하면서 마치려 한다(Ⅴ).

Ⅱ. 제조물책임법의 개요

1. 연　혁

현행 제조물책임법은 2000. 1. 12. 제정되어 2002. 7. 1. 시행되었다.[5] 제조물책임법은 기존 판례 법리를 성문화한 것으로서, 제조물책임법이 종래의 실체법적 법률관계를 크게 변화시킨 것은 아니라고 평가되었다.[6] 다만 제조물책임 주체의 확장, 면책사유의 명확화, 제조물계속감시의무의 인정, 면책특약의 제한 등과 같이 기존의 판례 법리에 없는 내용이 법에서 새로 인정되기도 하였다.[7] 이후 2013. 5. 22. 제조물책임법의 개정이 있었으나 이는 표현을 한글로 쉽게 다듬은 것에 불과하고 실질적인 내용의 변화는 없었다.[8]

그러다 2017. 4. 18. 개정되어 2018. 4. 19. 시행된 제조물책임법에서 크게 3가지 주요 개정 사항이 있었다. 첫째는 악의적 불법행위에 대한 징벌적 손해배상 제도의 도입이고, 둘째는 제조물공급자의 책임 강화

---

5) 그 입법경위에 관하여는 尹眞秀(註 2), 401-402면; 尹眞秀, "韓國의 製造物責任", 民法論考 Ⅲ(처음 발표 : 2002), 博英社(2009), 411-412면 참조.
6) 梁彰洙, "韓國의 製造物責任法", 法學 第42卷 第2號, 서울대학교 법학연구소(2001), 97-98면.
7) 梁彰洙(註 6), 107-108면; 尹眞秀(註 5), 421-422면.
8) 尹眞秀(註 2), 443면; 서희석, "개정 제조물책임법(2017년)의 의의와 한계", 과학기술과 법 제8권 제1호, 충북대학교 법학연구소(2017), 137면, 註 2도 참조.

이며, 셋째는 결함과 인과관계에 대한 증명책임의 완화이다.[9]

2. 주요 내용
가. 서
이 글에서 제조물책임법의 모든 내용을 자세히 검토하기는 어렵고, 이 글의 논의에 필요한 한도에서 제조물책임법의 내용을 간단히 살펴보기로 한다.

나. 책임의 기본 요건
제조물책임법 제3조 제1항에 의하면, 제조업자는 제조물의 결함으로 생명·신체 또는 재산에 손해를 입은 자에게 그 손해를 배상하여야 하는데, 다만 제조물에 대하여만 발생한 손해는 배상 범위에서 제외된다. 불법행위 책임의 요건으로서 고의·과실이 있는지 여부보다는 "결함의 존부"가 책임의 기본 요건이 된다.[10]

다. 제조물의 범위
제조물책임법 제2조 제1호는 "제조물이란 제조되거나 가공된 동산(다른 동산이나 부동산의 일부를 구성하는 경우를 포함한다)을 말한다"라고 규정한다. 부동산과 미가공 1차 농수축산물은 제조물의 범위에 포함되지 않는다.[11]

라. 결함의 개념
제조물책임법 제2조 제2호는 결함의 종류를 ① 제조상 결함, ② 설계상 결함, ③ 표시상 결함으로 나누고, 이외에도 "그 밖에 통상적으로 기대할 수 있는 안전성이 결여되어 있는 것"을 결함으로 규정하고 있다. 이러한 개념 정의는 미국의 제3차 리스테이트먼트[12] 제2조의 내용과 거

---

9) 서희석(註 8), 137면; 2017년 개정 제조물책임법의 입법과정에 관하여는 서희석(註 8), 138면 이하 참조.
10) 尹眞秀(註 5), 413면 참조.
11) 尹眞秀(註 5), 413면; 다만 무엇이 가공인가는 개별적으로 사회통념에 따라 판단되어야 한다. 이에 관하여는 尹眞秀(註 2),404~405면; 이상정(註 4), 8면도 참조.
12) Restatement of the Law Third, Torts: Products Liability(1998). 이하 본문과 같이 약칭한다.

의 같고, 다만 우리 법에서는 '기타의 결함'을 추가로 규정하고 있다는 점에 차이가 있다.[13]

여기서 ① 제조상 결함이란 "제조업자가 제조물에 대하여 제조상·가공상의 주의의무를 이행하였는지에 관계없이 제조물이 원래 의도한 설계와 다르게 제조·가공됨으로써 안전하지 못하게 된 경우"를 말하고, ② 설계상 결함이란 "제조업자가 합리적인 대체설계(代替設計)를 채용하였더라면 피해나 위험을 줄이거나 피할 수 있었음에도 대체설계를 채용하지 아니하여 해당 제조물이 안전하지 못하게 된 경우"를 말하며, ③ 표시상 결함이란 "제조업자가 합리적인 설명·지시·경고 또는 그 밖의 표시를 하였더라면 해당 제조물에 의하여 발생할 수 있는 피해나 위험을 줄이거나 피할 수 있었음에도 이를 하지 아니한 경우"를 말한다고 규정하고 있다.

위와 같은 법조항의 문언상 제조상 결함은 무과실책임임이 명백하지만, 설계상 결함과 표시상 결함은 과실책임 범주 내의 것이라고 보는 견해가 대체적이다.[14] 반면 제조물책임법의 입법취지상 제조물책임은 모두 무과실책임이고 다만 면책사유가 규정되어 있을 뿐이라고 이해해야 한다는 견해도 있으나,[15] 법적 성질에 관한 견해 대립이 결론에 있어 큰 차이는 없을 것으로 생각된다.[16]

---

13) 尹眞秀(註 2), 401-402, 409면; 任銀河, "製造物責任法上 缺陷의 槪念과 類型에 관한 考察", 法曹 第56卷 第1號, 法曹協會(2007), 153면, 嚴東燮, "自動車急發進事故와 製造物責任 : 缺陷推定 및 設計缺陷을 中心으로", 判例實務硏究 Ⅶ, 博英社(2004), 355면 등 참조.

14) 尹眞秀(註 5), 415-416면; 양창수·권영준(註 1), 789-790면; 任銀河(註 13), 154면; 권영문, "제조물책임에 있어서 결함의 개념과 하자와의 구별", 判例硏究 제26집, 釜山判例硏究會(2015), 435면; 박동진, "제조물책임법 개정시안의 중요내용", 比較私法 제20권 제3호, 韓國比較私法學會(2013), 568면, 註 38; 蘇榮鎭, "제조물책임에 있어서 결함의 개념과 입증책임", 判例硏究 제13집, 釜山判例硏究會(2002), 558면; 이상정(註 4), 13면; 이종구, "지시, 경고(표시)상의 결함과 제조물책임", 저스티스 第97號, 韓國法學院(2007), 51면.

15) 박동진(註 4), 304면; 嚴東燮(註 13), 368면, 註 85.

16) 같은 취지, 이소은, "담배소송의 제조물책임 관련 쟁점에 대한 고찰 : 결함과 인과관계를 중심으로", 저스티스 통권 제150호, 韓國法學院(2015), 308면.

마. 책임의 주체

제조업자뿐만 아니라 제조물공급자도 책임의 주체이다.[17]

제조물책임법에서 제조업자는 ① 제조업자 외에 가공업자 및 수입업자도 포함되고(제2조제3호 가.목), ② 표시제조업자, 즉 제조물에 제조업자로 표시하거나 그로 오인하게 할 수 있는 표시를 한 자(제2조제3호 나.목)도 포함된다.

제조물공급자, 즉 제조물을 영리 목적으로 판매·대여 등의 방법으로 공급한 자는 제조업자를 알 수 없는 경우 보충적으로 책임을 진다(제3조제3항). 제조물공급자의 책임 요건은 2017년 개정 제조물책임법에서 개정되었는데, 이는 아래에서 살펴본다.

바. 면책사유

제조물책임법 제4조 제1항은 면책사유를 규정하고 있다. ① 제조업자가 해당 제조물을 공급하지 아니하였다는 사실, ② 제조업자가 해당 제조물을 공급한 당시의 과학·기술 수준으로는 결함의 존재를 발견할 수 없었다는 사실, ③ 제조물의 결함이 제조업자가 해당 제조물을 공급한 당시의 법령에서 정하는 기준을 준수함으로써 발생하였다는 사실, ④ 원재료나 부품의 경우에는 그 원재료나 부품을 사용한 제조물 제조업자의 설계 또는 제작에 관한 지시로 인하여 결함이 발생하였다는 사실을 입증하면 손해배상책임을 면한다.

이 중 위 ②의 면책사유는 이른바 '개발위험의 항변'을 정한 것인데, 여기서 말하는 '과학·기술 수준'의 정도는 "객관적으로 존재하는 최고 수준의 과학·기술의 총체"라고 해석하는 것이 일반적이다.[18] 이에 따르면 개발위험의 항변은 최소한으로만 인정된다. 한편, 결함의 종류를 세부적

---

17) 자세한 내용은 尹眞秀(註 2), 405-408면 참조.
18) 백승흠, "제조물책임법상 '개발위험의 항변'의 필요성 여부에 관한 소고", 法學研究 第28卷 第2號, 충북대학교(2017), 484-487면; 김민중, "혈우병 치료를 위한 혈액제제의 투여 후에 나타난 HIV감염에 대한 책임", 民事法學 第57號, 韓國司法行政學會(2011), 221면; 연기영, "의약품사고와 제조물책임", 의료법학 제3권 제2호, 대한의료법학회(2002), 48면; 김종현, "제조물책임법에 있어서 설계상·표시상의 결함 및 개발위험의 판단기준과 사실상의 추정에 관한 소고 : 자동차 급발진 사건과 관련하여", 法學研究 第55輯, 韓國法學會(2014), 25면.

으로 나누어 규정하고 있는 우리 법에서는 개발위험의 항변을 별도로 규정한 것이 입법체계상 타당하지 않다는 비판이 유력하고,[19] 입법론상 이를 삭제해야 한다는 견해도 있다.[20]

한편, 제조물책임법 제4조 제2항은 제조물책임을 지는 자가 제조물을 공급한 후 결함의 존재를 알거나 알 수 있었음에도 결함으로 인한 손해 발생을 방지하기 위한 적절한 조치를 하지 아니한 경우에는 위 ② 내지 ④의 면책을 주장할 수 없다고 규정하고 있다. 이는 제조물계속감시의무를 법정화환 것으로 평가된다.[21]

3. 제조물책임법의 최근 개정 내용

가. 악의적 불법행위에 대한 징벌적 손해배상제도의 도입

개정된 제조물책임법 제3조 제2항에서 "제조업자가 제조물의 결함을 알면서도 그 결함에 대하여 필요한 조치를 취하지 아니한 결과로 생명 또는 신체에 중대한 손해를 입은 자가 있는 경우에는 그 자에게 발생한 손해의 3배를 넘지 아니하는 범위에서 배상책임을 진다"고 규정하여 징벌적 손해배상제도를 도입하였다.[22] 이를 도입하게 된 배경 중 하나로는 법원의 손해액 산정이 지나치게 인색하다는 평가가 있었다.[23]

나. 제조물공급자의 책임 강화

개정된 제조물책임법 제3조 제3항은, 제조업자를 알 수 없는 경

---

19) 尹眞秀(註 5), 417-418면; 河鍾瑄, "製造物責任訴訟의 현황과 과제", 저스티스 第 68號, 韓國法學院(2002), 28면.

20) 백승흠(註 18), 491-492면.

21) 梁彰洙(註 6), 104면; 尹眞秀(註 5), 418면.

22) 이때 법원은 배상액을 정할 때 다음과 같은 사항을 고려하여야 한다(제조물책임법 제3조 제2항 후문). 1. 고의성의 정도, 2. 해당 제조물의 결함으로 인하여 발생한 손해의 정도, 3. 해당 제조물의 공급으로 인하여 제조업자가 취득한 경제적 이익, 4. 해당 제조물의 결함으로 인하여 제조업자가 형사처벌 또는 행정처분을 받은 경우 그 형사처벌 또는 행정처분의 정도, 5. 해당 제조물의 공급이 지속된 기간 및 공급 규모, 6. 제조업자의 재산상태, 7. 제조업자가 피해구제를 위하여 노력한 정도.

23) 서희석(註 8), 147면.

우 제조물공급자도 제조물책임을 부담하되, 다만 피해자 측의 요청을 받고 피해자 측에 제조업자 등을 고지한 경우 면책된다고 규정하고 있다.

개정 전 조항에서는 제조업자를 알 수 없는 경우 제조물공급자가 "제조업자 등을 알거나 알 수 있었음에도 불구하고", "상당한 기간 내에 피해자 측에 제조업자 등을 고지하지 않았을 것"이 제조물공급자의 보충적 책임을 인정하기 위한 요건이었다. 그러나 개정법은 제조물공급자의 책임 요건을 제조업자를 알 수 없는 경우로 단순화하고, 다만 기존의 책임 요건 중 "피해자 측에 제조업자 등을 고지한 경우"를 면책사유로 전환하였다.[24] 이로써 피해자의 증명책임 부담을 낮추고 피해자를 보호하려는 데 그 개정 취지가 있다.[25] 또한 이 개정은 제조물공급자의 책임을 과실책임에서 무과실책임으로 전환한 것이라고 설명된다.[26]

다. 결함과 인과관계에 관한 증명책임의 경감

2017년 개정 제조물책임법은 아래와 같이 결함 및 인과관계의 증명책임의 경감에 관한 제3조의2를 신설하였다.

제3조의2(결함 등의 추정)

피해자가 다음 각 호의 사실을 증명한 경우에는 제조물을 공급할 당시 해당 제조물에 결함이 있었고 그 제조물의 결함으로 인하여 손해가 발생한 것으로 추정한다. 다만, 제조업자가 제조물의 결함이 아닌 다른 원인으로 인하여 그 손해가 발생한 사실을 증명한 경우에는 그러하지 아니하다.

1. 해당 제조물이 정상적으로 사용되는 상태에서 피해자의 손해가 발생하였다는 사실
2. 제1호의 손해가 제조업자의 실질적인 지배영역에 속한 원인으로부터 초래되었다는 사실
3. 제1호의 손해가 해당 제조물의 결함 없이는 통상적으로 발생하지 아니한다는 사실

---

24) 박동진(註 14), 573면; 이와 달리 서희석(註 8), 153면 이하에서는 개정법 하에서 제조물공급자의 책임에 관하여 "피해자 측의 요청", "제조물공급자의 제조업자 등 미고지"를 면책 사유가 아닌 책임 요건으로 설명하고 있으나, 이러한 설명은 적절하지 않다.
25) 서희석(註 8), 152면 참조.
26) 박동진(註 14), 573면.

위 조항에 의하면, 피해자가 위 조항에서 정한 3가지 사실을 증명하면 결함의 존재와 인과관계가 법률상 추정되고, 제조업자는 결함이 아닌 다른 원인으로 그 손해가 발생하였다는 점을 증명하여야 그 추정을 복멸할 수 있다. 이는 제조물책임법 제정 전에 이미 확립된 기존의 판례 법리를 명문화한 것으로 평가된다.[27)

즉, 기존의 판례는[28)] ① 제품이 정상적으로 사용되는 상태에서 사고가 발생한 경우, ② 당해 사고가 제조업자의 배타적 지배하에 있는 영역에서 발생한 것인 점, ③ 그 사고가 어떤 자의 과실 없이는 통상 발생하지 않는다는 점이 증명되면 원칙적으로 결함과 인과관계가 추정되고, 다만 제조업자는 그 사고가 제품의 결함이 아닌 다른 원인으로 발생한 것임을 증명하여 추정을 복멸할 수 있다고 하였다. 다만, 위 신설조문은 판례상의 ② '배타적 지배영역'을 '실질적 지배영역'으로 바꾸고, ③ '과실'을 '결함'으로 대체하였다.[29)]

여기서 판례상 '과실'이란 표현을 개정법에서 '결함'으로 대체한 이유는 제조물책임법에서는 결함이 기존의 과실을 대체할 판단기준이 되어야하기 때문이라고 설명된다.[30)]

또한, 판례상 '배타적 지배영역'이라 표현을 개정법에서 '실질적 지배영역'으로 바꾼 것은 판례 법리보다 증명책임의 부담을 완화하려는 데 개정 취지가 있다고 한다.[31)] 기존의 학설 중에는 판례상 '제조업자의 배타적 지배영역'이라는 요건은 결함이 사고 발생의 유일한 원인임을 증명하도록 요구하는 것이라고 이해하는 견해가 있었다.[32)] 따라서 이와 같은 개

---

27) 서희석(註 8), 150면.
28) 대법원 2000. 2. 25. 선고 98다15934 판결[공2000. 4. 15.(104), 7], 대법원 2004. 3. 12. 선고 2003다16771 판결[공2004. 4. 15.(200), 611], 대법원 2006. 3. 10. 선고 2005다31361 판결(미간행).
29) 서희석(註 8), 151면.
30) 박동진(註 14), 580면, 註 63.
31) 서희석(註 8), 159면.
32) 박경재, "제조물의 결함과 입증책임", 法學硏究 第48卷 第2號, 釜山大學校(2008), 175면, 註 65.

정을 통해 결함이 손해 발생의 유일한 원인이 아니더라도 핵심적인 원인
인 경우에는 추정이 가능하도록 하고, 또한 제3자가 제공한 원인이 개입
될 여지가 있더라도 그 개입 정도가 상당하지 않은 경우에는 추정이 되
도록 하였다고 한다.[33]

한편, 위 개정 조항은 결함 추정의 시기를 '공급 당시'로 명문화하였
는데, 이 역시 기존의 판례의 태도를[34] 입법화한 것으로 평가된다.[35]

4. 결함의 판단 기준
가. 서
제조물책임에서 가장 핵심이 되는 부분은 "결함"이 존재하는지 여부
이다. 여기서 결함의 판단 기준에 관한 논의를 살펴볼 필요가 있고, 우리
제조물책임법의 태도는 무엇인지 검토할 필요가 있다.

나. 판단기준
결함의 판단기준으로 크게 두 가지 기준이 논의된다. 하나는 ①
'소비자 기대' 기준(consumer expectation)이고, 다른 하나는 ② '위험 효
용' 기준(risk/utility)이다.[36] · [37]

'소비자 기대' 기준은 소비자가 통상적으로 기대할 수 있는 안전성이
결여된 것을 결함으로 보는 것이고, '위험 효용' 기준은 제조물의 위험과
효용성을 비교하여 위험 제거 비용이 안정상의 이익보다 작을 때 결함으
로 보는 것이다.[38] 전자는 미국의 제2차 리스테이트먼트와 유럽연합의 제

---

33) 박동진(註 14), 585면; 서희석(註 8), 159면.
34) 대법원 2000. 2. 25. 선고 98다15934 판결[공2000. 4. 15.(104), 기 참조.
35) 박동진(註 14), 586~587면.
36) 尹眞秀(註 2), 410면 이하; Geraint Howells, "The Law of Product Liability"(second edition), LexisNexis Butterworths(2007), p. 40, 1.74도 참조.
37) 이 외에도 설계일탈기준(departure from design test)이 있으나, 이는 원래의 설계와 다르게 제조된 것을 결함으로 본다는 것으로서, 제조상 결함의 판단기준이 된다는 점에 논란이 없다.; 尹眞秀(註 2), 410면; 송오식, "제조물의 결함 유무 판단기준", 民事法研究 第14輯 第1號, 大韓民事法學會(2006), 308면; 박경재(註 32), 155면 등.
38) 이에 대한 자세한 설명으로 尹眞秀(註 2), 411면 이하 참조.

조물책임 지침[39]이 채택한 것이고, 후자는 미국의 제3차 리스테이트먼트
가 채택한 것이라고 설명되며,[40] 미국 법원은 양 기준을 혼용하여 사용하
고 있다고 설명된다.[41]

언뜻 양 기준은 서로 대립되는 것으로 보이고, '소비자 기대' 기준이
'위험 효용' 기준보다 소비자에게 더 유리한 기준으로 보일 수 있다. 그
러나 미국에서는 결함 판단을 배심원이 하는 반면 유럽에서는 법관이 한
다는 차이가 있어, 미국의 배심원들은 '소비자 기대' 수준을 그들이 실제
로 기대하는 안전성을 기준으로 삼게 되는 경향이 있는 반면, 유럽의 사
법부는 '소비자 기대' 기준에 입각하면서도 소비자가 기대할 수 있는 정
도의 안정성에 더 많은 평가 요소를 고려하는 경향이 있으므로, 결국 '소
비자 기대' 기준은 재판 실무상으로는 실제로 '위험 효용' 기준과 거의 같
은 것이 아니냐는 지적이 있다.[42] 영국에서는 양자를 융합하는 기준으로
"정당한 기대 기준"(legitimate expectation approach)이 적절하다는 주장도
있다.[43] 우리 학설상으로도 양 기준을 서로 모순·대립되는 개념으로 볼
필요가 없다는 견해가 있다.[44]

다. 제조물책임법의 태도

현행 제조물책임법은 미국 제3차 리스테이트먼트를 따르고 있어 원
칙적으로 '위험 효용' 기준을 채택했다고 설명되나,[45] '통상적으로 기대할
수 있는 안정성이 결여된 것'을 기타 결함으로 규정하고 있다는 점에서

---

39) Council Directive of 25 July 1985 on the approximation of the laws, regulations
and administrative provisions of the Member States concerning liability for de-
fective products(85/374/EEC). 이하 본문과 같이 약칭한다.
40) 尹眞秀(註 2), 400-401, 410면; Geraint Howells(註 36), p. 40, 1.74, 1.75의 설명
도 참조.
41) Geraint Howells(註 36), p.40, 1.74
42) Geraint Howells(註 36), pp. 40-41, 1.75; 배심 제도로 인한 차이점을 지적하는
것으로 金濟完, "製造物責任法에 있어서 設計上의 缺陷의 判斷基準 : 合理的代替設
計(Reasonable Alternative Design)의 立證責任問題를 中心으로", 法曹 第54卷 第4
號, 法曹協會(2005), 90~92면 참조.
43) Geraint Howells(註 36), p. 44, 1.79
44) 尹眞秀(註 2), 413면.
45) 尹眞秀(註 2), 401-402, 410면.

'소비자 기대' 기준도 채택하고 있다는 견해도 있다.[46]

여기서 소비자의 기대는 합리적인 기대로 보아야 하고, 그 합리성은 위험과 효용의 형량을 통해 판단될 수 있으므로, 결국 '소비자 기대' 기준과 '위험 효용' 기준이 모두 결함의 판단의 기준으로 작용할 수 있다는 취지의 견해가 유력하다.[47]

Ⅲ. 제조물책임법 제정 이전의 판례 법리의 전개

1. 서

제조물책임법이 제정되기 이전에도 판례는 1970년대 후반부터 제조물책임을 독자적인 책임영역으로 다루기 시작하였고, 그 이후 판례 법리는 계속 발전해 왔다.[48]

2. 제조물책임 법리의 효시

대법원 1977. 1. 25. 선고 75다2092 판결[49]은 제조물책임 법리가 발전하는 데 지도적 의미가 있는 판결이다.[50]·[51]

---

46) 최병록, "의약품(감기약 콘택600)의 제조물책임 : 대법원 판결에 대한 비판적 고찰", 法學論攷 第38輯, 경북대학교 출판부(2012), 179면; 이종구(註 14), 54면; 비슷한 취지, 윤석찬, "의약품 결함과 손해배상책임", 比較私法 第19卷 第2號, 韓國比較私法學會(2012), 564면.

47) 尹眞秀(註 2), 414면; 같은 취지, 전병남(註 4), 237면; 김민동, "의약품의 설계상 결함으로 인한 제조물책임 : 미국의 리스테이트먼트와 판례이론을 중심으로", 高麗法學 제56호, 고려대학교 법학연구원(2010), 109면; 이종구(註 14), 54면.

48) 梁彰洙(註 6), 90면; 金載亨, "2000년대 民事判例의 傾向과 흐름, 債權法", 民事判例研究 第33-2卷, 博英社(2011), 364면.

49) 집25(1), 21; 공1977.3.1.(555), 9889.

50) 李英俊, "한국 判例에 있어서의 製造物責任", 韓獨法學 第8號, 한독법률학회(1990), 160면; 梁彰洙(註 6), 93면; 최병록, "우리나라 제조물책임(PL)판례 : 2002년 7월 제조물책임법 시행 전·후 판례의 비교분석을 통하여", 法學論攷 第22輯, 경북대학교 출판부(2005), 177면; 최문기(註 2), 54면; 鄭萬朝, "過失에 基한 製造物責任과 그 證明問題/民事判例研究(제2판) 제1권(처음 발표 : 1979), 博英社(1992), 148, 161면도 이 판결이 제조물책임을 인정한 것이라고 평가한다.; 이 판결을 계기로 제조물책임에 관한 논의가 활발하게 이루어졌다는 것으로 梁彰洙(註 6), 91면 및 위 註4, 5, 6에서 소개하는 문헌 참조.

51) 다만 이 판결 이전의 대법원 1975. 7. 22. 선고 75다844 판결(미간행)도 제조물

이 판결은 양계업자인 원고가 피고로부터 사료를 구입하여 닭에게
먹인 결과 닭들에 이상 현상이 발생하고 산란율이 급격하게 저하되어 결
국 닭들을 폐기처분한 사안에 관한 것이다. 이 판결은 감정인이 원고가
보관하고 있던 피고 사료로 시험을 한 결과 원고 양계장에서 똑같은 결
과가 나왔고, 그 무렵 다른 양계업자 여러 명도 피고로부터 구입한 사료
를 사용한 결과 같은 현상이 발생되어 닭들을 폐기처분하게 되었다는 원
심의 사실인정이 정당하다고 한 다음, 비록 사료에 어떠한 불순물이 함
유되어 있는지, 그것이 어떤 작용으로 닭들에게 영향을 미쳐 산란율이
저하되었는지 밝혀지지 않았지만, 적어도 그 사료에 어떤 불순물이 함유
된 것이 틀림없으므로 제조과정에 과실이 있고, 이로 인해 원고의 닭들
에게 위와 같은 현상이 일어났다는 인과관계도 증명되었다고 하여, 피고
에게 불법행위의 책임이 인정된다고 하였다.

이 판결은 제조물에 불순물이 있다는 '결함의 존재'에 주목하여 그에
기하여 피고의 제조상의 '과실'을 인정하고, 그 결함의 구체적인 발생과
영향 과정이 밝혀지지 않았더라도 결함과 손해 사이에 인과관계를 인정
했다는 데 의미가 있다.[52] · [53]

이후의 대법원 1979. 3. 27. 선고 78다2221 판결[54]도 제조물책임을

책임을 인정한 것이라는 평가가 있다[예를 들어, 李英俊(註 50), 160면; 李玲愛, "製
造物責任法理의 動向", 民事裁判의 諸問題 8卷, 韓國司法行政學會(1994), 406면 등
참조]. 그러나 이 판결은 원고가 피고의 탄산음료 제조 공장에서 근무하던 중 다
른 피용자 甲이 콜라병에 탄산가스를 과다하게 보충 주입한 과실로 원고가 콜라병
안의 이물질을 확인하려고 병을 들여다보는 순간 콜라병이 폭발하여 상해를 입은
사안에서, 피고의 사용자책임을 인정한 것으로서, 제조물 제조 과정에서 발생한
산업재해 사고에 관한 것이다. 따라서 이 판결은 제조물책임에 관한 것이라기보다
는 통상의 불법행위책임에 관한 것이라고 평가함이 타당하다. 같은 취지, 梁彰洙
(註 6), 92면, 註 7 참조.

52) 梁彰洙(註 6), 93면; 이동진, "위험영역설과 증거법적 보증책임 : 증명책임 전환
의 기초와 한계", 저스티스 통권 제138호, 韓國法學院(2013), 193면; 鄭萬朝(註 50),
161면; 또한, 이동진(註 52), 176면, 註 29는 이로써 피해자의 구체적 사실진술책임
도 경감된다고 한다.

53) 그 근거로 민법 제758조의 공작물책임과 이익상황이 유사하므로 이를 유추할 수
있다고 하는 견해가 있다. 이동진(註 52), 193면.

54) 미간행.

인정한 것으로 이해될 수 있다. 위 판결은 피고가 질소통을 병원에 공급
하면서 외관상 산소통으로 오인될 수 있는 표시를 함으로써 마취 환자에
게 산소가 아닌 질소를 공급하여 사망하게 한 사안에서 별다른 이유를
들지 않고 피고의 손해배상책임을 인정하였다. 이 판결은 명시적 이유가
없기는 하지만 표시상 결함을 인정한 것으로 이해될 수 있다.[55]

3. '결함'의 존재를 명시적으로 인정한 판례

대법원 1979. 12. 26. 선고 79다1772 판결[56]은 만 6세의 어린이가
피고가 제조한 교재용 또는 완구용 주사기를 문방구에서 구입하여 가지
고 놀다가 바늘구멍이 막히자 눈앞에 대고 주사기를 압축하는 순간 바늘
이 튕겨 나와 왼쪽 눈이 실명된 사안에 관한 것이다. 이 판결은 주사기
의 재질, 조립 등 등 제조상 잘못으로 현저한 결함이 있고, 피고는 그러
한 결함이 없는 제품을 만들어야 할 의무를 위반한 과실이 있다는 원심
의 판단을 정당하다고 하였다. 나아가 이 판결은 피고의 제품이 관계 검
사소에서 하자가 없다는 판정을 받았다는 것만으로 피고의 과실을 부인
하지 못한다고 하였다.

이 판결에서는 '결함'이라는 용어를 명시적으로 사용하였는데, 과실
을 인정하기 위한 주의의무를 제품의 '결함'에 직결시키고 있다는 점에
의의가 있다고 평가된다.[57] 또한, 이 판결에 관한 대법원판례해설에 의하
면, 이 판결은 원, 피고 사이에 계약관계가 없음에도 제조물책임을 일반
불법행위책임으로 구성하여 피고의 책임을 인정한 선례적인 판결로 설명
하고 있다.[58] 이 판결에 이르러 대법원이 의식적으로 제조물책임의 법리
를 적용하였다고 볼 수 있다.

---

55) 梁彰洙(註 6), 94면; 최문기(註 2), 54면; 연기영(註 18), 19면; 같은 취지, 이종구
(註 14), 60면.
56) 미간행, 판례월보 119, 17.
57) 梁彰洙(註 6), 94면; 李玲愛(註 51), 406면.
58) 金信澤, "玩具用 注射器의 製造上 缺陷으로 인한 損害와 製造者 責任", 대법원판
례해설 第2卷 第1號, 법원도서관(1980), 116-117면.

4. 제조물책임 법리의 확립

대법원 1992. 11. 24. 선고 92다18139 판결[59]은 제조물책임의 결함을 판단하는 기준을 최초로 제시하면서 제조물책임의 법리를 확립하였다.[60] 즉 이 판결은 "물품 제조자는 제품의 구조, 품질, 성능 등에 있어서 현대의 기술수준과 경제성에 비추어 기대 가능한 범위 내의 안전성과 내구성을 갖춘 제품을 제조하여야 할 책임이 있다"고 하면서 제품의 결함으로 인하여 손해가 발생한 경우 불법행위책임을 진다고 하였다. 이러한 법리는 제조물책임법이 제정된 후에 나온 판례에서도 계속 이어져 오고 있다.[61]

이 판결은 일반적으로 안전성과 내구성을 갖춘 제품, 즉 결함 없는 제품을 제조할 책임이 있다고 하면서 과실을 언급하지 않고 있는데, 이로써 제조물책임에서 과실보다는 결함의 존부가 중심적인 문제가 되었다고 할 수 있다.[62] 또한, 이 판결은 결함의 판단 기준으로서 '현대의 기술수준'과 '경제성'을 제시하였다는 점에 의미가 있다.[63] 이 판결이 '기대 가능한 안전성'이라는 표현을 쓰고 있다는 점에서 '소비가 기대' 기준을 채택한 것으로 보이기도 하나, '현대의 기술수준과 경제성에 비춘 기대 가능 범위'라는 표현을 썼다는 점에서 '위험 효용' 기준도 아울러 고려했다고 볼 수 있다.[64] 어쨌든 이 판결 이후 판례의 흐름은 제조물책임에 관한 엄격책임의 기틀을 형성했다고 평가되었다.[65]

---

59) 공1993.1.15.(936), 224.

60) 梁彰洙(註 6), 97면; 최문기(註 2), 58면.

61) 대법원 2000. 2. 25. 선고 98다15934 판결[공2000.4.15.(104), 785]; 대법원 2003. 9. 5. 선고 2002다17333 판결[공2003.10.15.(188), 2012]; 대법원 2004. 3. 12. 선고 2003다16771 판결[공2004.4.15.(200), 611]; 대법원 2008. 2. 28. 선고 2007다52287 판결[공2008상, 444]; 대법원 2014. 4. 10. 선고 2011다22092 판결[공2014상, 1004]; 대법원 2015. 2. 26. 선고 2014다74605 판결(미간행).

62) 金載亨(註 48), 364면; 蘇榮鎭(註 14), 573면도 참조.

63) 関庚道, "製造物責任", 法과 正義 : 俓史 李會昌先生華甲紀念論文集, 博英社 (1995), 627, 630-631면.

64) 같은 취지, 尹眞秀(註 2), 419-420면; 이 판결이 소비자 기대 기준을 채택한 것이라는 견해는 박경재(註 32), 158면; 이와 달리 이 판결이 소비자 기대 기준을 채택한 것은 아니라는 취지의 견해로는 関庚道(註 63), 628면.

위 판결 사안은 피고가 제작한 변압변류기가 폭발하면서 원고 측 직원이 사망한 사건인데, 원심은 피고의 책임을 부정하였으나, 대법원은 원심의 결함 존부에 관한 심리 미진을 이유로 원심을 파기하였다.[66] 이 판결은 명시적으로 언급하지는 않았으나 대체설계 가능성을 심리하라는 취지로 이해되므로 이른바 설계상 결함에 관한 것이라 볼 수 있다.[67]

다만, 이 판결 이후의 파기환송심은 추가 심리 이후에도 위 변압변류기의 결함을 인정할 수 없다고 하여 원고의 청구를 기각하였고,[68] 그 상고심 판결인 대법원 1994. 7. 29. 선고 94다10399 판결[69]도 상고를 기각하였다. 이 판결에서 원심의 사실인정, 즉 모든 외부조건에 견디는 고전압전기기기 제작은 불가능하고, 변압변류기에 있는 안전판이 작동하였더라도 당해 사고가 발생하였을 것으로 추정된다는 사실인정이 정당하다고 하면서 결함의 존재를 부인하였는데, 이는 설계상 결함을 판단하는 데 있어 현대의 기술수준과 경제성을 고려한 것이라고 이해될 수 있다.

5. 증명책임의 완화

대법원 2000. 2. 25. 선고 98다15934 판결[70]에 이르러서는 제조물책임에서 결함의 존재와 인과관계의 증명책임을 완화하는 법리가 나왔다.[71]

---

65) 李玲愛(註 51), 408면.
66) 또한, 이 판결은 피고가 1년간의 변압변류기의 성능을 보장하기로 약정하였으나, 이러한 성능보장기간은 이행담보기간에 지나지 않고, 결함으로 인한 책임이 그 기간 내로 제한되는 것은 아니라는 취지로 판단하였다.
67) 같은 취지, 尹眞秀(註 2), 419-420면.
68) 서울고등법원 1993. 12. 29. 선고 92나69467 판결(미간행); 이 판결을 소개하는 것으로 李玲愛(註 51), 408면, 註 26; 閔中基, "製造物責任에 관한 우리나라·日本의 判例 : 대상사건과 관련한 사례를 중심으로", 判例實務研究 Ⅲ, 博英社(1999), 552-553면; 기타 尹眞秀(註 2), 420면, 註 84, 蘇榮鎭(註 14), 571면, 註 42, 閔庚道(註 63), 618면도 참조.
69) 미간행.
70) 공2000.4.15.(104), 785.
71) 金載亨(註 48), 366면; 이규호, "製造物責任法 施行後 製造物責任에 관한 증명책임의 분배 : 一應의 推定을 중심으로", 光云比較法學 제5호, 광운대학교비교법연구소(2004), 229면도 참조.

이는 제조물책임법 제정 후의 판례에도 계속 이어지면서 기본 법리가 되었다.[72]

즉 이 판결에서는, 고도의 기술이 집약되어 대량생산되는 제품에서 일반 소비자가 결함의 존재와 인과관계를 완벽히 증명한다는 것은 지극히 어려우므로, 증명책임을 완화하는 것이 타당하다고 하면서, ① 제품이 정상적으로 사용하는 상태에서 사고가 발생한 경우, 소비자가 ② 그 사고가 제조업자의 배타적 지배하에 있는 영역에서 발생한 것임과, ③ 그 사고가 어떤 자의 과실 없이는 통상 발생하지 않는다고 하는 것임을 증명하면, 제조업자가 그 사고가 제품의 결함이 아닌 다른 원인으로 말미암아 발생한 것임을 증명하지 못하는 이상, 결함과 인과관계가 추정된다고 하였다. 한편, 이 판결에서는 이 경우 그 결함의 존재가 제품의 '유통단계'에 있음이 추정된다고 판시함으로써 그 결함이 '제품 공급 당시'에 있다는 점도 추정하였다.[73]

다만, 이 판결에서 요구하는 요건 중 "사고가 제조업자의 배타적 지배영역에서 발생한 것"의 구체적 의미에 관하여는 논란이 있다. 이는 사실상 결함이 사고 발생의 유일한 원인임을 증명하도록 요구하는 것이라고 보는 견해가 있고,[74] 결함 이외의 다른 원인이 사고의 유일한 원인이 아니었던 것으로 이해해야 한다는 견해도 있다.[75] 판례가 이 요건의 증명을 요구하는 것에 대하여, 제조물이 제조업자의 손을 떠나 소비자가 사용하던 중 소비자나 제3자에 의한 여러 사정들이 사고 원인에 개입될 여지가 많은 사정을 고려하면 적절하다고 평가하는 견해도 있는 반면,[76] 그

---

72) 대법원 2004. 3. 12. 선고 2003다16771 판결[공2004.4.15.(200), 611], 대법원 2006. 3. 10. 선고 2005다31361 판결(미간행); 대법원 2011. 11. 24. 선고 2009다8369 판결(미간행); 대법원 2013. 5. 9. 선고 2009다19413 판결(미간행); 대법원 2015. 2. 26. 선고 2014다74605 판결(미간행).
73) 박동진(註 14), 587면; 박경재(註 32), 164면; 嚴東變(註 13), 351면; 이동진(註 52), 194면.
74) 박경재(註 32), 175면, 註 65; 河鍾瑄(註 19), 27면; 서희석(註 8), 158면.
75) 嚴東變(註 13), 354면.
76) 蘇榮鎭(註 14), 574면.

증명부담은 결국 소비자의 오사용이 있는 경우 결함이 추정되지 않아 제조물책임을 물을 수 없게 된다고 비판하는 견해도 있다.[77] 더 나아가 이러한 요건은 불필요한 요건으로 폐기되어야 한다는 견해도 있다.[78] 그런데 이 요건이 2017년 개정 제조물책임법 제3조의2에서 '손해가 제조업자의 실질적인 지배영역에 속한 원인으로부터 초래되었다는 사실'이라는 요건으로 대체되었음은 앞서 보았다.

이 판결의 사안은 주택에서 텔레비전 시청 중 텔레비전이 폭발하여 주택 내부가 전소된 경우인데, 텔레비전 수상관(브라운관) 내 전자총 부분의 누전으로 폭발한 것으로 추정될 뿐 누전 경위는 밝혀지지 않았으나, 대법원은 그 텔레비전의 결함과 인과관계를 추정하였다. 이 사안에서는 텔레비전이 폭발한 지점이 브라운관 내 전자총임이 밝혀졌고, 텔레비전을 구매한 소비자가 이를 구입한 뒤 수리나 내부구조에 변경을 가한 바가 전혀 없다는 사실이 인정되었으므로, 어떠한 견해에 의하더라도 이 폭발 사고가 제조업자의 배타적 지배영역에서 발생하였다고 평가하는 데 큰 의문이 없다.

한편, 이 판결은 피고가 설정한 내구연한 5년이 경과하였다고 하여 결함으로 인한 손해배상청구권이 소멸되었다고 볼 수 없다고 하였다. 다만, 제품의 사용기간이나 내구연한은 결함을 판단하는 데 고려할 요소라고 보아야 한다는 견해가 있다.[79]

6. 제조물책임이 부인된 판례
가. 대법원 1976. 9. 14. 선고 76다1269 판결[80]
이 판결은 피고가 제작한 채혈병을 이용하여 채혈한 혈액으로 수혈을 하면서 수술을 하던 중 환자가 쇼크로 사망한 사안에서, 사고 후 50

---

77) 박경재(註 32), 154면; 같은 취지, 鄭炳朝, "제조물 결함의 증명책임 완화에 관한 연구 : 하급심 판결의 분석을 포함하여", 法曹(2015. 5.), 法曹協會(2015), 172-173면.
78) 이동진(註 52), 194면; 같은 취지, 鄭炳朝(註 77), 174면.
79) 関中基(註 68), 563면.
80) 공1976.10.15.(546), 9350.

여 일 후 피고가 병원에 납품한 채혈병 중 2개에서 대장균이 검출되었다
는 사정만으로는 피고가 제작한 채혈병이 당초부터 오염되어 있었다고
단정하기 어려우므로, 채혈병 제조상의 잘못과 인과관계가 증명되었다고
볼 수 없다고 하였다. 제조물책임이 성립하기 위해서는 결함이 제조물의
공급시점에 존재해야 하는데,[81] 이 판결은 특히 그 문제되는 결함이 제조
물 공급 당시에 존재하였다는 증명이 이루어지지 않았다는 취지로 이해
된다.

　나. 대법원 1983. 5. 24. 선고 82다390, 82다카924 판결[82]

　이 판결은 위 대법원 1977. 1. 25. 선고 75다2092 판결과 유사한 사
안임에도 제조물책임을 부인하였다. 이 판결 사안은 양계업자인 원고가
피고로부터 사료를 구입하여 여기에 자신이 곡류, 강류, 박류, 어분 등을
첨가 배합하여 닭에게 먹인 결과 닭들이 이상 현상으로 폐사해 버린 경
우이다.

　이 판결의 원심은 위 75다2092 판결의 법리를 기초로 하여, 폐사한
닭에 대한 가축보건소의 검사 결과 그 폐사 원인이 뇨산침착증으로 밝혀
졌고, 뇨산침착증의 원인 중 하나는 사료의 품질일 수 있으며, 피고의 사
료 중 일부는 관련 법령에서 정한 성분규격에 미달되었고, 그 무렵 다른
양계업자 4, 5명도 피고로부터 구입한 사료를 사용한 결과 같은 현상이
발생되었다는 사정을 근거로 피고의 책임을 인정하였다. 그러나 대법원
은 원심이 인정한 사정만으로 피고의 사료에 결함이 있다고 볼 수 없다
고 하면서, 원고가 첨가 배합한 성분이나 그 배합 과정에서 잘못 등에
관한 심리가 이루어지지 않았다고 하여 피고의 책임을 인정하지 않았다.

　이 판결에서는 위 75다2092 판결과 달리 원고가 피고로부터 구입한
사료에 스스로 여러 성분을 첨가 배합하였으므로, 그 사고가 제조업자인
피고의 배타적 지배하에 있는 영역에서 발생한 것이 아니라는 취지로 이
해할 수 있다.[83]

---

81) 이규호(註 71), 204-205면; 尹眞秀(註 2), 435-436면도 참조.
82) 공1983.7.15.(708), 1008.

다. 대법원 1994. 4. 15. 선고 92다25885 판결[84]

이 판결은 교통사고를 당하여 의식이 없는 상태로 대학병원에 후송된 원고에게 피고 제약회사가 제조, 판매한 의약품(솔루메드롤)이 투약된 사안에 관한 것이다. 대법원은 피고 제약회사에게 설계·제조 과정상의 잘못이 없고, 약품설명서에 의하여 구체적인 사용지시와 경고의무를 다하였다고 판단하였다. 이 판결은 해당 의약품에 제조상·설계상·표시상 결함이 없다는 취지로 이해할 수 있다.[85]

라. 평 가

위와 같이 제조물책임을 부인한 판례에서도 결국 제조자에게 어떠한 '과실'이 있는지 여부보다는 제조물의 '결함' 인정 여부가 결정적인 쟁점이 되었다는 데 의미가 있다고 평가된다.[86] 또한, 적어도 결함의 존재에 관한 증명책임은 원고에게 있다는 것도 명확히 하였다고 볼 수 있다.[87]

IV. 제조물책임법 제정 이후 판례의 동향

1. 제조물책임법이 적용되지 않는 사안의 판례

가. 서

제조물책임법 부칙(법률 제6109호) 제2항에 따르면, 제조물책임법은 법 시행일인 2002. 7. 1. 이후 제조업자가 최초로 공급한 제조물부터 적용된다. 따라서 제조물책임법이 제정된 2000. 1. 12. 이후이기는 하지만, 아직 제조물책임법이 적용되지 않는 사례에 관한 판례도 많이 존재한다. 그러나 판례는 그러한 경우에도 제조물책임법이 적용되는 것과 다름없는 태도를 취하고 있다.[88]

---

83) 이 판결 사안에서 소송 중 해당 제조물에 대한 감정이 이루어지지 않은 것이 결론에 영향을 미쳤다는 취지의 지적으로는 蘇榮鎭(註 14), 572면.
84) 공1994. 6. 1.(969), 1434.
85) 연기영(註 18), 21면 참조.
86) 梁彰洙(註 6), 94면; 梁彰洙, "製造物責任", 民法散考, 博英社(2007), 305면.
87) 梁彰洙(註 86), 306면.
88) 전병남(註 4), 248면; 최병록(註 46), 194면 참조; 제조물책임법이 적용되기 전에 제공된 제조물에도 제조물책임법의 법리를 유추적용해야 한다는 견해는 嚴東燮(註

나. 결함 인정 여부

(1) 제조상 결함

대법원 2011. 9. 29. 선고 2008다16776 판결[89]은 혈우병 환자들이 피고 제약회사가 제조한 혈액제제 훽나인(Facnyne)을 투여받고 HIV(인간 면역결핍바이러스, Human Immunodeficiency Virus)에 감염되어 AIDS(후천 성면역결핍증, Acquired Immune Deficiency Syndrome) 환자가 되었다고 주장한 사안에 관한 것이다.

이 판결은 아래에서 보는 증명책임 완화 법리에 따라 이 사건 혈액제제가 HIV에 오염되어 있음을 추정하였다. 이 판결에서는 "혈액제제의 결함 또는 제약회사의 과실"이라는 표현을 쓰고 있지만, 이는 제조물책임법이 적용되지 않는 사안임을 의식한 것으로 보이고, 결국 혈액제제가 HIV에 오염된 결함이 있음을 인정하였다고 볼 수 있다.

혈액제제도 제조물에 해당한다는 데 이론이 없다.[90] · [91] 그런데 혈액제제가 바이러스에 오염되었다는 것이 설계상 결함인지, 제조상 결함인지 여부에 대해서는 이론이 있을 수 있다.[92] 위 판결도 그 결함이 어디에 해당하는지 특정하지 않았다. 그러나 혈액제제가 바이러스에 오염되었다는 것이 당해 결함의 내용이라고 특정되면 족하지, 제조물책임을 묻기 위해 결함의 종류를 반드시 특정해야 한다고 보기는 어렵다. 다만 혈액

13), 338면, 註 5.

89) 공2011하, 2197.

90) 尹眞秀(註 2), 405면; 김천수, "제조물책임법상 제조물의 개념 : 미국 제조물책임 리스테이트먼트와 비교하여", 成均館法學 第16卷 第1號, 成均館大學校 比較法硏究所(2004), 54-55면; 서여정, "의약품(혈액제제) 제조물책임에서의 증명책임 완화", 裁判과 判例 제21집, 大邱判例硏究會(2012), 253면; 신은주, "의약품결함과 제조물책임", 南泉 權五乘敎授 停年紀念論文集, 법문사(2015), 691-692면; 康奉碩, "血液 또는 血液製劑의 使用으로 인한 損害의 賠償責任問題/現代民事法硏究", 逸軒 崔柄煜 敎授停年紀念, 법문사(2002), 363면; 김민중(註 18), 214면; 안법영, "의료와 제조물책임", 高麗法學 제40호, 고려대학교 법학연구원(2003), 180면.

91) 혈액관리법 제2조 제8호에 의하면, 혈액제제란 혈액을 원료로 하여 제조한 약사법 제2조에 따른 의약품으로서 전혈, 농축적혈구, 신선동결혈장, 농축혈소판, 그 밖에 보건복지부령으로 정하는 혈액 관련 의약품을 말한다고 규정하고 있다.

92) 김제완, "제약산업과 제조물 책임", 사법 제2호, 사법발전재단(2007), 12면.

제제는 바이러스에 오염되지 않도록 제조될 것이 예정되어 있다는 점에서, 특별한 사정이 없으면, 혈액제제가 바이러스에 오염된 것은 제조상 결함에 해당한다고 볼 수 있다.[93] 그러나 혈액제제를 제조하는 공정이나 방법 자체가 잘못되었다면 설계상 결함으로 볼 수도 있을 것이다. 이에 대해서는 아래에서 살펴본다.

(2) 설계상 결함

(가) 판단기준

대법원 2003. 9. 5. 선고 2002다17333 판결[94]은 제조물책임법이 적용되지 않음에도 제조물책임법상 설계상 결함의 정의를 차용하여 그 설계상 결함을 판단하는 기준을 제시하였다. 즉, 설계상 결함이 있는지 여부는 "제품의 특성 및 용도, 제조물에 대한 사용자의 기대의 내용, 예상되는 위험의 내용, 위험에 대한 사용자의 인식, 사용자에 의한 위험회피의 가능성, 대체설계의 가능성 및 경제적 비용, 채택된 설계와 대체설계의 상대적 장단점 등의 여러 사정을 종합적으로 고려하여 사회통념에 비추어 판단하여야 한다"는 것이다. 이러한 법리는 그 이후의 판례에서 계속 이어져 오고 있다.[95]

이러한 판단기준은 '소비자 기대' 기준과 '위험 효용' 기준을 모두 고려해야 한다는 취지로 이해될 수 있다.[96] 실무상 설계상 결함을 판단하는 데 중요한 것은 제품이 가져올 수 있는 위험과 대체설계에 의해 얻을 수 있는 이익을 비교하는 것이고, 이를 구체적으로 판단함에 있어서는 개별 사안에 따라 여러 사정들을 고려해야 할 것이라는 지적이 있다.[97]

(나) 설계상 결함을 인정한 판례

1) 베트남전 참전군인 고엽제 사건

대법원 2013. 7. 12. 선고 2006다17539 판결[98]은 베트남전 참전 군

93) 尹眞秀(註 2), 415-416면.
94) 공2003.10.15.(188), 2012.
95) 대법원 2004. 3. 12. 선고 2003다16771 판결[공2004.4.15.(200), 611]; 대법원 2008. 2. 28. 선고 2007다52287 판결(공2008상, 444); 대법원 2011. 11. 24. 선고 2009다8369 판결(미간행); 대법원 2014. 4. 10. 선고 2011다22092 판결[공2014상, 1004].
96) 최병록(註 50), 200면; 같은 취지, 박경재(註 32), 160면; 송오식(註 37), 316면.
97) 尹眞秀(註 2), 418면.

인이 고엽제로 피해를 입었다고 주장하며 고엽제 제조회사를 상대로 손해배상을 청구한 사건에 관한 것이다.

위 판결은 고엽제의 설계상 결함을 인정하였으나 고엽제의 성분이 인체에 유해한 독성물질이라는 점을 고려하여 그 설계상 결함에 관한 특별한 판단기준을 세웠다. 즉 대법원은 인체에 유해한 독성물질이 혼합된 화학제품을 설계·제조하는 경우 제조업자가 사전에 적절한 조치를 취하기 전에는 피해 회피가 어려운 경우 제조업자는 고도의 위험방지의무를 부담한다고 하였다. 그 위험방지의무의 내용은 그 시점에서의 최고의 기술 수준으로 그 제조물의 안전성을 철저히 검증하고 조사·연구를 통하여 발생 가능성 있는 위험을 제거·최소화하고, 만약 그 위험이 제대로 제거·최소화되었는지 불분명하고 그 위험을 적절히 경고하기 곤란한 사정도 존재하는 때에는 안전성이 충분히 확보될 정도로 그 위험이 제거·최소화되었다고 확인되기 전에 그 화학제품을 유통시키지 말아야 한다는 것이다.

이에 따라 위 판결은 고엽제 제조 회사들인 피고들이 고엽제 원료의 전단계 물질 생산 과정에서 부산물로 생성되는 독성물질에 관하여 그 독성물질 함량 기준을 일정한 수준이 넘지 않도록 설정하거나 그러한 기준조차 설정하지 않은 채로 고엽제를 제조하여 유통시킴으로써 고도의 위험방지의무를 위반하였다는 이유로 고엽제에 설계상 결함이 있다고 하였다.[99]

이 대법원 판결은 설계상 결함에 관한 일반적인 판단기준과는 다른 측면이 있다. 즉, 그 자체로 인체에 유해한 제품을 설계·제조하는 경우에는 합리적 대체설계 가능성을 따지는 것에서 나아가 고도의 위험방지

---

98) 공2013하, 1454; 위 판결과 같은 날 선고된 대법원 2013. 7. 12. 선고 2006다17553 판결(미간행)도 원고만 다를 뿐 위 판결과 동일한 판결이다.

99) 피고들은 고엽제 내 독성물질인 2,3,7,8-TCDD(2,3,7,8-tetrachlorodibenzo-p-dioxin, TCDD라 약칭)의 함량 기준을 1ppm을 넘지 않도록 설정하였거나, 그러한 기준을 전혀 설정하지 않았는데, 이 판결에 의하면, 당시 미국 내 다른 제초회사는 피고들과 다른 제조공정을 채택함으로써 TCDD가 0.1ppm 이하로 함유된 고엽제를 생산하였다고 한다.

의무를 부과하고 있다. 설계상 결함 여부를 판단하기 위한 기술 수준의 정도에 관하여 학설상 논란이 있으나,[100] 이 판결은 적어도 그 자체로 인체에 유해한 제품의 경우에는 최고의 기술 수준을 기준으로 삼아야 한다는 것으로 이해할 수 있다.[101] 또한, 고도의 위험방지 의무의 내용으로서 위험을 제거하거나 최소화해야 할 의무뿐만 아니라 위험의 제거 또는 최소화가 확인되기 전에 유통을 하지 말아야 할 의무도 포함된다. 이로써 그 자체로 인체에 유해한 제품의 경우에는 피해를 사전에 예방해야 한다는 정책적 의미도 있다고 볼 수 있다. 이 판결은 제조물책임법이 적용된 사안은 아니지만 설계상 결함 여부의 판단에는 제조업자의 과실에 관한 판단이 고려될 수 있음을 보여주는 것이라 생각된다.

2) 혈우병 환자 HCV 감염 사건

대법원 2017. 11. 9. 선고 2013다26708등 판결[102]은 혈우병 환자들이 피고 제약회사가 제조한 혈액제제 AHF, 훽나인(Facnyne), 옥타비(Octa-Vi)를 투여받고 C형 간염 바이러스(HCV)에 감염되었다고 주장한 사안에 관한 것이다.

이 판결의 원심은 우리나라에서 혈액에 대한 HCV 진단검사(anti-HCV 검사)를 사용할 수 있게 된 1991. 5. 이전에 HCV에 감염된 환자들에 대하여는, 당시 HCV 진단검사 기술이 없었기 때문에 이 사건 혈액제제에 결함이 있다고 할 수 없고, 피고 제약회사가 혈액제제의 원료인 혈액을 매수하면서 공혈자들에게 문진을 하지 않았다 해도 당시 기술 수준으로는 문진만으로 HCV 감염 혈액을 배제할 수 없었다는 이유로 결함 또는 과실을 부정하였다.

그러나 대법원은 다음과 같이 혈액제제 제조업체에게 혈액제제를 통한 감염의 위험을 제거할 고도의 주의의무가 있다고 한 다음 피고 제약회사의 그 의무위반에 대한 심리가 이루어지지 않았다고 하여 원심을 파

---

100) 우선 이 점에 관하여 任銀河(註 13), 165-166면 참조.
101) 이와 같은 취지의 견해로 任銀河(註 13), 165-166면.
102) 공2017하, 2280.

기하였다. 즉, 혈액제제 제조업체는 혈액 채혈 당시의 의학기술 수준에 맞추어 바이러스 등 감염 여부를 검사하여 불순한 혈액을 제거하는 노력을 기울이고 문진 등을 통하여 HCV 등의 감염 위험군으로부터 혈액이 제공되지 않도록 하는 등의 조치를 취하여야 한다는 것이다. 또한 이러한 주의의무 위반 여부는 당시의 일반적인 의학의 수준과 그 행위로부터 생기는 결과 발생의 가능성의 정도, 피침해법익의 중대성, 결과회피의무를 부담함에 의해서 희생되는 이익 등을 함께 고려해야 한다고 하였다.[103] 더 나아가 위 주의의무 이행 여부에 대한 증명책임은 혈액제제 제조업체가 부담한다고 하였다.

이 판결은 혈액제제의 결함과 피고 제약회사의 과실을 명확하게 구분하지 않고, 오히려 제약회사의 주의의무 위반에 더 중점을 두고 있다. 그러나 이는 제조물책임법이 적용되지 않는 사안임을 의식한 것으로 보이고,[104] 결국 피고 제약회사가 혈액제제의 원료인 혈액을 매수할 당시 공혈자들에게 문진을 제대로 하지 않고 혈액제제를 제조하여 혈액제제가 HCV에 감염될 위험성이 높아지게 됨으로써 설계상 결함이 있는지 여부가 문제된 것이라 할 수 있다. 이를 판단하는 기준에 있어서 대법원은 혈액제제 제조업체에게 위험제거의 고도의 주의의무를 부과하였을 뿐만 아니라 그 주의의무 이행 여부에 관한 증명책임도 제조업체에 있다고 하였다. 이로써 생명·신체에 유해한 영향을 미칠 수 있는 의약품에 관하여는 설계상 결함 여부를 보다 엄격한 기준으로 판단하려는 취지로 이해할 수 있다. 일반적으로 의약품은 일반 제조물과 달리 특별한 기준에서 결함 여부를 판단해야 할 필요가 있다고 볼 수도 있다.[105]

---

103) 이전의 대법원 1995. 8. 25. 선고 94다47803 판결[공1995.10.1.(1001), 3269]과 대법원 1998. 2. 13. 선고 96다7854 판결[공1998.3.15.(54), 702]도 피고 대한적십자가 채혈 당시 AIDS 검사를 하지 않거나 감염자의 헌혈을 무방비로 허용한 과실로 그 혈액을 수혈받은 사람이 AIDS에 감염된 것에 대하여 손해배상책임을 인정하였다.

104) 이 판결은 이 사건에 제조물책임법이 적용되지 않고, 이 사건에서 의약품의 결함으로 인한 책임은 모두 과실책임의 일환이라고 하였다.

105) 연기영(註 18), 13면 참조; 제조물책임에서 의약품을 일반 제조물과 달리 취급하는 미국 제2, 3차 리스테이트먼트의 태도에 관하여 김민동(註 47), 105면 이하 참조.

한편, 원심과 대법원은 HCV 진단검사 기술을 사용할 수 있었던 기간에 HCV에 감염된 환자들에 대하여는, 아래에서 보는 의약품 제조물책임의 증명책임 완화 법리에 따라 이 사건 혈액제제가 HCV에 오염된 결함이 있음을 추정하였다. 다만 이 때 그 결함의 종류는 불분명한 면이 있으나, 앞서 본 바와 같이 제조상 결함이라 이해해도 무방할 것이다.

(다) 설계상 결함을 부정한 판례

1) 헬기 추락 사건

대법원 2003. 9. 5. 선고 2002다17333 판결[106]은 공군참모총장이 탑승한 공군 헬기가 추락한 사건에 관한 것이다.

이 사건에서 헬기가 추락한 원인으로 인정된 사실은, 원래 계획과 달리 높은 상공을 비행하게 된 헬기 조종사들이 헬기의 특정 장치(피토트 튜브, pitot/static tube)의 결빙을 방지하기 위한 장치(피토트 히트, pitot heat)를 작동시키지 않아 그 장치가 결빙되었고, 이로 인해 실제 속도와 달리 속도계에 표시된 속도가 감소하였으며, 그 속도계와 연동하는 수평안정판(스태빌레이터, Stabilator)의 자동 작동으로 인해 헬기가 앞쪽으로 기울어졌는데, 조종사들이 이러한 상황을 파악하지 못하고 조종을 하는 과정에서 헬기의 주회전날개 중 하나가 헬기 후방에 부딪혔기 때문이었다.

원고 측은 대체설계로서 그 결빙을 방지, 탐지하기 위한 장치 등[107]을 제시하였으나 대법원은 그러한 대체설계가 채택되지 않고 현재 갖추고 있는 장치만으로도 통상적인 안정성은 갖춘 것이라고 하여 설계상 결함을 인정하지 않았다.[108] 이 판결의 원심은 원고 측이 주장하는 대체설

---

106) 공2003.10.15.(188), 2012.

107) 구체적으로는 ① 피토트 히트 자동작동장치(pitot heat auto activation system), ② 피토트 히트 작동지시 및 경고 장치(pitot heat indication system), ③ 피토트 튜브의 결빙을 탐지하는 장치, ④ 피토트 튜브의 결빙시 스태빌레이터가 수동모드로 자동전환하는 장치, ⑤ 자동모드일 경우 스태빌레이터의 작동각도를 25°정도로 최소화하는 장치, ⑥ 피토트 튜브의 결빙 등에 대비한 스태빌레이터 경고등 장치 등

108) 또한, 이 판결은 제조물책임법 제정 전의 제조물책임은 과실책임의 일환이라고 하였다. 그렇다고 하여 이 판결이 제조물책임법에 따른 책임이 모두 무과실책임 또는 엄격책임이라고 한 것이라고 보기는 어렵다. 尹眞秀(註 2), 422면, 註 87.

계를 위해서는 추가적인 비용이 드는 데 반하여, 헬기 운항 시 항상 결빙 방지를 작동시켜야 할 필요가 없고 고도의 훈련을 받은 조종사들이 각종 상황을 충분히 대처할 수 있기 때문에 설계상 결함을 부인하였다. 이는 결국 '위험 효용' 분석을 한 것으로 이해할 수 있다.[109] 한편, 이 사건에서 원고 측은 피고 제작사가 대체설계에 관한 효용위험분석(risk benefit analysis)을 하지 않은 것 자체가 설계상 결함이라고 주장하였으나,[110] 원심은 효용위험분석을 하지 않은 자체가 설계상 결함에 해당한다고 볼 수 없다고 하였다.

이 판결에 대해, 결빙 방지 장치의 자동 작동을 위한 비용이 크다고 볼 수 없고, 그 비용이 손해발생의 기댓값(손해 발생 가능성에 예상 손해액을 곱한 값)보다 크다고 보기 어려우므로, 헬기의 설계상 결함을 인정할 수 있다는 취지의 비판이 있다.[111] 그러나 위 판결의 원심에 따르면 그 결빙 방지 장치의 자동 작동을 위한 설치비용이 추가적으로 든다는 점뿐만 아니라, 그와 같은 장치를 설치하는 경우 헬기의 구조가 복잡해지고 그 장치마저 고장이 나는 경우 조종사가 이를 간과할 위험성도 있는 사실도 고려하고 있으므로, 대체설계로 인한 비용뿐만 아니라 그로 인한 위험까지 고려하였고, 또한, 대체설계가 없더라도 사용자가 그 위험을 쉽게 회피할 수 있는 경우에는 손해 발생 가능성이 낮다고 보아야 하므로 이 판결은 이러한 점을 모두 고려하여 '위험 효용' 분석을 했다고 볼 수 있다.

한편, 보다 안전한 대체설계의 이용가능성이 있다고 하여 설계상 결함을 긍정할 수는 없고, 그러한 대체설계 불채택이 제조물을 불합리하게 위험한 것으로 만들었는지를 판단해야 하는데,[112] 이 판결은 이러한 점을 잘 보여주고 있다. 또한, 이 판결은 통상적으로 예견되지 않은 상황까지

---

109) 尹眞秀(註 2), 422면.
110) 이와 같이 위험효용분석(risk utility test) 등을 하지 않은 것 자체가 결함에 해당한다는 취지의 견해는 河鍾瑄(註 19), 23면; 송오식(註 37), 301면.
111) 尹眞秀(註 2), 422-423면.
112) 嚴東燮(註 13), 358면 참조.

대비하여 안전장치를 설치해야 할 필요는 없다는 취지라고 이해할 수도
있다.[113]

2) 세탁기 유아익사 사건

대법원 2003. 5. 16. 선고 2002다42087 판결[114] 사안은 만 5세의 유
아가 물이 채워진 와권식(渦捲式) 세탁기 앞에 의자에 올라가 세탁기 속
운동화를 꺼내려다 세탁조 속으로 빠져 익사한 사건이다.

대법원은 어린이가 의자를 놓고 올라가 세탁기 속으로 떨어져 익사
하는 이례적인 상황까지 고려하여 세탁기를 제작할 의무가 없다는 이유
로 설계상 결함을 부정한 원심이 정당하다고 하였다.[115]

그러나 위 판결 이유에 대해서는 다소 의문이 있다. 제조업자가 합
리적으로 예상할 수 없는 사용자의 오사용(misuse)이나 통상적으로 예견
되지 않는 상황까지 고려하여 제조물을 설계할 의무는 없다고 보는 것이
일반적이기는 하다.[116] 그러나 가정 내에서 일상생활에 사용하는 제조물
은 영유아나 어린 아이들이 원래의 용도가 아닌 위험한 방법으로 사용함
으로써 안전에 중대한 위해가 생길 수 있다는 점은 쉽게 예상할 수 있다
고 보아야 할 것이다. 그렇다고 하여 모든 안전조치를 설계해야 한다는
것은 '위험 효용' 분석에 의하면 타당하지 않고, 따라서 그러한 안전조치
가 설계되지 않았다 하여 불합리한 안전상의 결여가 있다고 보기는 어려
울 것이다. 다만 이러한 경우에는 그러한 위험을 적절하게 표시함으로써
사용자들이 스스로 안전에 대처하도록 함이 합리적일 것이다. 이 판결은
이러한 취지로 이해되어야 한다.

113) 閔裕淑, "자동차 급발진사고와 제조물책임", 대법원판례해설 第49號, 법원도서관
    (2004), 264면.
114) 미간행.
115) 또한, 이 판결은 원고가 대체설계로 주장하는 각종 장치(작동 중 세탁기의 뚜껑
    을 열면 작동을 정지시키는 INTERLOCK 장치, 작동 중 세탁기의 뚜껑을 열면 경
    고음이 울리고 강제배수시키는 CHILDLOCK 장치, 작동 중 세탁기의 뚜껑이 열리
    지 못하도록 하는 도어안전장치)는 세탁기의 작동을 전제로 한 것인데, 이 사건에
    서 세탁기가 작동 중이 아니었다고 판단하여, 그러한 장치의 미장착과 사고 사이
    에 인과관계가 없다고 하였다.
116) 任銀河(註 13), 166면.

3) 자동차 급발진사건

대법원 2004. 3. 12. 선고 2003다16771 판결[117]은 자동차 급발진 사고에 관한 것이다.[118]

자동차 급발진 사고에는 여러 유형이 있고,[119] 이 사건에서 원고가 주장한 내용도 여러 가지가 있지만,[120] 그중 설계상 결함과 관련하여 가장 문제가 된 것은, 운전자가 자동변속기 레버를 전진으로 이동하는 단계에서 비정상적으로 액셀러레이터 페달을 밟음으로써 급발진한 것으로 추정될 때, 브레이크 페달을 밟아야만 자동변속기 레버를 주차 위치에서 전진 위치로 움직일 수 있도록 고안된 쉬프트 록(shift lock)을 장착하지 않은 것이 설계상 결함에 해당하는지 여부가 문제되었다.[121]

이 사건에서 1심 법원은 제조업자는 예견 가능한 사용자의 오사용(misuse)까지 고려하여 안전장치를 설계할 의무가 있다고 하면서 쉬프트 록 미장착이 설계상 결함에 해당한다고 하였다. 그러나 원심과 대법원은 쉬프트 록을 장착해도 모든 유형의 급발진 사고에 예방효과가 있는 것은 아니고, 자동차 운전자가 안전운전 요령을 숙지하면 쉬프트 록을 장착하지 않더라도 동일한 사고예방효과가 있으며, 페달 오·조작의 문제는 쉬

---

117) 공2004.4.15.(200), 611.
118) 이 판결 외에도 자동차 급발진 사건에 관한 아래 9개의 대법원 판결이 같은 날 선고되었는데, 모두 같은 취지이다. 대법원 2004. 3. 12. 선고 2003다16788 판결; 대법원 2004. 3. 12. 선고 2003다16795 판결; 대법원 2004. 3. 12. 선고 2003다16801 판결; 대법원 2004. 3. 12. 선고 2003다16818 판결; 대법원 2004. 3. 12. 선고 2003다16825 판결; 대법원 2004. 3. 12. 선고 2003다16832 판결; 대법원 2004. 3. 12. 선고 2003다16849 판결; 대법원 2004. 3. 12. 선고 2003다16856 판결; 대법원 2004. 3. 12. 선고 2003다16863 판결(모두 미간행).
119) 액셀러레이터 페달을 밟지 않았거나 살짝 밟았음에도 급발진한 경우, 자동변속기 레버를 전혀 움직이지 않았음에도 시동시 급발진하는 경우 등이 있다. 자세한 내용은 閔裕淑(註 113), 232-233면 참조.
120) 자세한 내용은 閔裕淑(註 113), 229면 이하 및 237면 이하 참조; 이규호(註 71), 211-212면도 참조.
121) 이 외에 액셀러레이터 페달과 브레이크 페달 사이의 간격이 너무 좁은 것이 설계상 결함이라는 주장도 있었으나, 대법원은 그 페달 간격을 넓게 배치하면 오히려 위급상황시의 대처가 어렵게 될 위험이 있다는 등의 이유로 설계상 결함을 부인하였다.

프트 록 외에 여러 안전장치를 강구할 수 있다는 등의 이유로 쉬프트 록
미장착이 설계상 결함이 아니라고 하였다.

이에 대해 쉬프트 록 미설치는 설계상 결함에 해당한다는 학설상
비판이 유력하다.[122] 특히, 이 사건의 1심 판결에 따르면 쉬프트 록의 제
조 원가는 3,500원 정도에 불과하고, 쉬프트 록이 모든 유형의 급발진 사
고를 예방하지 못하더라도 자동변속기 레버 변속 단계에서 비정상적으로
액셀러레이터 페달을 밟는 경우에 사고를 방지할 수 있다면 그 한도에서
이를 설치하는 것이 합리적이므로, 쉬프트 록은 합리적 대체설계가 될
수 있고, 따라서 그 미설치는 설계상 결함에 해당한다는 것이다.[123] 또한,
운전자의 과실은 과실상계 사유가 될 수 있어도 그것만으로 설계상 결함
을 부정할 이유가 되지 못한다고 한다.[124]

학설의 위와 같은 비판은 타당하다고 생각한다. 우선 사용자의 예견
가능한 오사용까지 고려하여 안전 설계를 할 의무가 있다는 것이 일반적
이다.[125] 한편, 위 판결의 이유 중 대체설계가 모든 위험을 제거할 수 있
어야 하는지 여부나 원고가 주장하는 대체설계 외에 다른 대체설계가 있
는지 여부는 '위험 효용' 분석에 어울리는지 의문인데다가, 판례가 제시하
는 설계상 결함 여부의 판단 기준에 부합하는지도 않는다.[126] 이 판결의
배경에는 아마도 쉬프트 록과 무관한 다른 형태의 자동차 급발진 사건이
다수 있었음에도 동일한 재판부에서 쉬프트 록 미설치에 해당하는 사건
만 제조자의 책임을 인정하는 결론[127]을 내리는 것은 부당하다는 생각이

---

122) 尹眞秀(註 2), 424-425면; 박경재(註 32), 161면; 김대경, "자동차급발진사고와 제
 조물책임", 慶熙法學 제48권 제1호, 慶熙大學校(2013), 114-115면; 김종현(註 18),
 28면.
123) 尹眞秀(註 2), 425면.
124) 尹眞秀(註 2), 425면.
125) 任銀河(註 13), 166-167면; 박경재(註 32), 161면.
126) 任銀河(註 13), 164-165면도 이 판결이 '위험 효용' 분석을 제대로 하지 않았다
 는 취지이다.
127) 이 사건의 1심 재판부는 다른 급발진 사건 17건에 관하여는 청구 기각 판결을
 선고하였고, 그 항소가 기각되어 확정되어 있었다고 한다. 閔裕淑(註 113), 269면,
 註 26 참조.

깔려 있다고 추측된다.[128] 이러한 생각은 "동일한 것은 동등하게 대우해야 한다"는 평등원칙 또는 형평을 위한 것이라 선해할 수는 있으나, 급발진 사건을 모두 동일한 사안으로 보는 것은 사안을 지나치게 단순화하는 것이다.

4) 콘택 600 사건

대법원 2008. 2. 28. 선고 2007다52287 판결[129]은 피고 제약회사가 제조·공급한 일반의약품인 감기약 '콘택 600'을 복용한 사람이 출혈성 뇌졸중으로 사망한 사건에 관한 것이다. 위 판결에서는 '콘택 600' 감기약의 성분인 '페닐프로판올아민(PPA)'이 뇌출혈을 일으킬 위험이 높다고 알려졌고, 그 성분을 대체할 수 있는 '슈도에페드린'이 있으므로, 위 감기약이 설계상 결함에 해당하는지가 문제가 되었다.

원심은 설계상 결함을 긍정하면서도 당시 피고 제약회사가 그 출혈성 뇌졸중의 위험성을 알았거나 알 수 있었다고 보기 어렵다고 하여 피고 제약회사의 책임을 부정하면서, 가정적인 판단으로서 제조물책임법이 이 사건에 적용된다면 피고 제약회사는 개발위험의 항변으로 면책된다고 하였다. 반면 대법원은 의약품의 설계상 결함을 판단할 때에는 의약품이 본질적으로 부작용이 있다는 측면을 고려해야 한다고 하면서, 당시 연구결과와 각국의 조치 등을 종합하여 볼 때, 피고 제약회사가 대체설계를 채용하지 않았다 해도 제조 및 공급 당시의 기술 수준과 경제성 등에 비추어 볼 때 결함이 있다고 볼 수 없다고 하였다.[130]

---

128) 이 판결의 대법원 판례해설인 閔裕淑(註 113), 269면에 의하면, "설계결함은 특정한 자동차의 설계가 잘못되었다는 것이 아니라 일반적으로 그 차종의 차량들이 사고방지에 필요한 안전장치를 갖추지 않았다는 것인바, 그렇다면 다른 형태의 급발진사고 및 쉬프트 록이 장착된 급발진사고에 대하여는 쉬프트 록의 미장착이 설계결함이 될 수 없다 하여 청구를 기각하고, 특정한 형태의 사고에 대하여만 설계결함을 인정할 것이 아니라, 오히려 위의 사정이 전체적으로 설계결함을 부정할 근거가 된다고 보아야 할 것이다"고 하였는데, 이는 이와 같은 생각이 반영된 것이라 보인다.

129) 공2008상, 444.

130) 다만 이 판결이 설계상 결함 자체를 부정한 것인지, 아니면 설계상 결함에는 해당하지만 과실이 없으므로 불법행위가 성립하지 않는다고 한 것인지 분명하지 않

이 판결은 우선 의약품의 설계상 결함 여부를 판단할 때 의약품은 질병을 치유하는 작용을 하는 한편 본질적으로 신체에 유해한 부작용이 있다는 측면을 고려하여야 한다고 하였다. 의약품은 본질적으로 부작용을 동반할 수 있는 것이므로, 의약품에 부작용이 있다고 하여 바로 결함이 있다고 판단할 수 없고, 그 부작용에도 불구하고 유용성이 있는지를 기준으로 설계상 결함 여부를 판단해야 한다는 데 별다른 이론이 없다.[131] 이러한 점에서 의약품은 일반 제조물과 달리 특별한 기준에서 결함 여부를 판단해야 할 필요가 있다고 볼 수 있다.[132]

그런데 이 사건에서는 설계상 결함 여부를 판단하는 데 있어 제조물의 제작·공급 당시의 기술 수준을 어떻게 판단할 것인지가 어려운 문제로 나타난다. 그 기술수준의 정도가 개발위험 항변에서 의미하는 기술수준과 동일한 것인지, 동일하다면 그 기술수준이 '범세계적인 차원의 일반적으로 승인되고 사용가능한 전문지식의 총체'를 의미하는 것인지에 관하여도 학설상 논란이 있다.[133] 그러나 과학기술은 시간이 흐를수록 발전하기 마련이고, 새로운 과학 이론과 과학적 발견도 계속 등장하며, 나아가 어떤 과학적 주장과 가설이 새롭게 제기되면 그에 대한 반론과 반증이 나오기도 한다. 기술 수준이 무엇인지는 결국 실무에서 사실인정의 문제가 될 터이지만,[134] 과학기술 발전의 위와 같은 속성을 고려해야 할 것으로 생각된다. 이 사건에서는 당시 PPA의 뇌출혈 위험성에 관한 연구

다고 평가하는 견해로는 尹眞秀(註 2), 428면.

131) 전병남(註 4), 227-228면; 윤석찬(註 46), 568면; 신은주(註 90), 699면; 김민동(註 47), 111-112면.

132) 연기영(註 18), 13면 참조; 제조물책임에서 의약품을 일반 제조물과 다른 별도의 유형으로 보아 달리 취급하는 미국 제2, 3차 리스테이트먼트의 태도에 관하여 김민동(註 47), 105면 이하 참조.

133) 이에 대해서는 우선 任銀河(註 13), 165-166면 참조; 이와 같이 설계상 결함을 판단하기 위한 기술 수준은 개발위험의 항변의 기술 수준과 동일하게 '전문지식의 총체'로 보아야 한다는 견해로 嚴東變(註 13), 367-368면.

134) 이 판결의 설계상 결함 유무의 판단도 결국 사실인정에 관한 것이라는 지적으로 尹眞秀, "李容勳 大法院의 民法判例", 民法論考 Ⅶ(처음 발표 : 2011), 博英社(2015), 544면.

나 문제제기가 있기는 했으나, 그 위험성이 최종적으로 밝혀지기 전까지
이와 다른 취지의 연구도 있었고, 다른 일부 국가에서는 PPA 함유 감기
약이 계속 사용되고 있었다는 사정을 고려하면, 사후적으로 PPA의 위험
성을 지적하는 이론이나 발견만 주목하여 설계상 결함이 있다고 평가하
는 것은 타당하지 않다. 오히려 당시 기술 수준은 PPA의 위험성을 명백
하게 알지 못하였다고 평가할 수 있다는 점에서 위 판결은 타당하다고
생각된다.[135]

5) 담배소송

대법원 2014. 4. 10. 선고 2011다22092 판결[136]은 이른바 담배소송에
관한 것으로서 흡연자들이 흡연으로 폐암 또는 후두암에 걸렸다고 주장하
면서 대한민국과 주식회사 케이티앤지를 상대로 손해배상을 청구하였다.

이 판결은 담배의 본질적 특성과 그 성분, 담배소비자의 기대 등을
고려하면 니코틴이나 타르를 완전히 제거할 수 있다 하더라도 이를 채용
하지 않은 것 자체가 설계상 결함이라 볼 수 없다고 한 원심이 타당하다
고 하였다.

담배는 본래 니코틴의 약리효과를 의도하여 사용되는 것인데 니코틴
을 제외하면 담배의 사용 목적 자체가 사라지므로 합리적 대체설계를 찾
기 어렵다. 또한, 제조물 사용자에게 널리 알려져 있는 전형적인 위험까
지 배제하여 설계할 의무를 인정하기 어려운데, 담배의 위험은 일반 소
비자에게 널리 알려졌다고 볼 수도 있다.[137] 학설 중에는 판례와 같은 취
지에서 담배의 설계상 결함을 인정하기 어렵다는 견해가 있는 반면,[138]
합리적 대체설계 가능성이 존재하지 않더라도 담배의 위험이 효용보다
훨씬 크기 때문에 설계상 결함이 인정될 수 있다는 견해도 있다.[139]

135) 이 판결에 찬성하는 것으로 전병남(註 4), 251면; 김민동(註 47), 125면; 이와 달
리 설계상 결함을 인정해야 한다고 하여 판결에 반대하는 것으로 최병록(註 46),
196-199면; 윤석찬(註 46), 567면 이하.
136) 공2014상, 1004.
137) 박규용, "흡연자의 건강침해에 대한 담배제조사의 제조물책임", 民事法學 第40號,
韓國司法行政學會(2008), 236면.
138) 이소은(註 16), 313면; 같은 취지, 尹眞秀(註 2), 426면.

(3) 표시상 결함

(가) 판단기준

대법원 2003. 9. 5. 선고 2002다17333 판결[140]은 제조물책임법이 적용되지 않음에도 제조물책임법상 표시상 결함의 정의를 차용하여 그 표시상 결함(지시·경고상 결함)을 판단하는 기준을 제시하였다. 즉, 표시상 결함이 있는지 여부는 "제조물의 특성, 통상 사용되는 사용형태, 제조물에 대한 사용자의 기대의 내용, 예상되는 위험의 내용, 위험에 대한 사용자의 인식 및 사용자에 의한 위험회피의 가능성 등의 여러 사정을 종합적으로 고려하여 사회통념에 비추어 판단하여야 한다"는 것이다. 이러한 법리는 그 이후의 판례로 계속 이어져 오고 있다.[141]

이 판단기준은 설계상 결함의 판단 기준과 비교할 때 대체설계에 관한 부분을 제외하면 거의 동일한 것이다. 이 역시 '소비자 기대' 기준과 '위험 효용' 기준을 모두 고려해야 한다는 취지로 이해될 수 있다.

(나) 표시상 결함을 인정한 판례

대법원 2006. 3. 10. 선고 2005다31361 판결[142]은 화훼업을 하는 원고들이 비료 판매대리점에서 피고가 제조한 비료를 구입하여 장미 재배에 사용하였는데, 그 비료로 인해 장미가 고사해 버린 사건에 관한 것이다.

위 판결은 비료 발효 과정에서 포장지 등에 명시된 암모니아 가스 발생기간 15일 내지 20일을 훨씬 초과하여 40일 이상 장기간 가스가 발

---

139) 윤석찬, "담배소송에서의 담배사업자의 민사책임론 : 대법원 2014.4.10., 선고 2011다22092 판결평석을 중심으로", 法制 통권 제678호, 法制處(2017), 18-19면; 일반적으로, 대체설계를 인정하기 어려운 경우에도 설계상 결함이 인정될 수 있다는 취지의 견해로 김민동, "改善될 수 없는 設計上 缺陷의 製造物責任", 安岩法學 第25號, 무지개출판사(2007), 685-686면.

140) 공2003.10.15.(188), 2012.

141) 대법원 2004. 3. 12. 선고 2003다16771 판결[공2004.4.15.(200), 611]; 대법원 2006. 3. 10. 선고 2005다31361 판결(미간행); 대법원 2008. 2. 28. 선고 2007다52287 판결[공2008상, 444]; 대법원 2011. 11. 24. 선고 2009다8369 판결(미간행); 대법원 2014. 4. 10. 선고 2011다22092 판결[공2014상, 1004]; 대법원 2017. 11. 9. 선고 2013다26708등 판결[공2017하, 2280].

142) 미간행.

생하였고, 이로 인해 장미가 고사하였으며, 위 비료는 장미 재배에 부적합한 종류인 사실을 인정한 다음 위 비료에는 용법에 관한 표시상의 결함이 있다고 판단하였다. 또한, 이 판결에서는 토양의 염류가 피해 발생에 기여하였다 하여 인과관계가 부정되지 않고, 원고들이 비료 포장지 등에 명시된 설명방법을 따르지 않았다 해도 이는 과실상계 사유에 불과하다고 하였다.

한편, 이 판결은 피고가 원고들이 이 사건 비료를 장미의 재배에 사용하리라는 사정을 알았거나 알 수 있었다는 이유로 원고들의 영업상 손해에 관한 배상책임을 인정하였다. 이러한 손해는 순수재산손해(pure economic loss)의 문제라 할 수 있는데, 이 문제는 뒤에서 다시 살펴본다.

(다) 표시상 결함을 부정한 판례

1) 헬기 추락 사건

대법원 2003. 9. 5. 선고 2002다17333 판결[143]은 공군참모총장이 탑승한 공군 헬기가 추락한 사안에 관한 것이다.

원고 측은 결빙 방지 장치를 작동하라는 경고와 장치의 결빙에 관한 위험 및 대응책에 관한 경고가 없어 표시상 결함이 있다고 주장하였으나, 대법원은 비행교범(Flight Manual)에 헬기의 비정상적인 작동과 그 대처방법을 설명하고 있고, 조종사들은 헬기 장치의 결빙으로 비정상적 작동이 일어날 수 있음을 쉽게 알 수 있다는 이유로 표시상 결함을 부정하였다.

이 판결은 제조물을 사용하는 사람의 특성을 고려하여 그 사용자가 헬기 조종사와 같이 고도로 훈련받은 사람인 경우에는 일반적인 설명과 경고만으로도 충분하다는 취지로 이해된다.[144] 즉 소비자가 전문가로서 위험을 충분히 알고 있었다면 표시 의무는 부정되거나 제한된 범위 내에서만 인정된다고 할 것이다.[145]

---

143) 공2003.10.15.(188), 2012.
144) 尹眞秀(註 2), 431면.
145) 尹眞秀(註 2), 430면; 같은 취지, 金凡鐵, "製造物責任法上 警告義務의 限界", 法

2) 세탁기 유아익사 사건

대법원 2003. 5. 16. 선고 2002다42087 판결[146]은 만 5세의 유아가
물이 채워진 와권식(渦捲式) 세탁기 앞에 의자에 올라가 세탁기 속 운동
화를 꺼내려다 세탁조 속으로 빠져 익사한 사안에 관한 것이다.

이 판결은 세탁기 사용설명서와 라벨에 어린이가 받침대에 올라가면
위험하고, 세탁기 속에 신체 일부가 들어가면 위험하다는 점을 밝힘으로
써 경고 표시를 다하였으므로 표시상 결함이 없다고 한 원심이 타당하다
고 하였다.

통상적으로 예견할 수 있는 사용자의 오사용까지 고려하여 그 위험
에 대한 표시가 이루어져야 한다는 것이 일반적이다.[147] 앞서 본 바와 같
이 가정 내에서 일상생활에 사용하는 제조물은 영유아나 어린 아이들이
원래의 용도가 아닌 위험한 방법으로 사용함으로써 안전에 중대한 위해
가 생길 수 있다는 점은 쉽게 예상할 수 있다고 보아야 한다. 이 사건에
서는 그러한 위험에 대한 표시가 되어 있으므로 표시상 결함이 인정되지
않았다.

3) 자동차 급발진사건

대법원 2004. 3. 12. 선고 2003다16771 판결[148]은 자동차 급발진 사
고에 관한 것이다.[149]

이 판결은 자동차 취급설명서에 브레이크 페달을 밟고 시동을 걸고

曹 第55卷 第7號, 法曹協會(2006), 125면.
146) 미간행.
147) 金凡鐵(註 145), 124면; 송오식(註 37), 303면; 김대경(註 122), 115면; 金凡鐵(註
145), 140면; 연기영(註 18), 34-35면; 이종구(註 14), 57면.
148) 공2004.4.15.(200), 611.
149) 이 판결 외에도 자동차 급발진 사건에 관한 다음의 9개의 대법원 판결이 같은
날 선고되었는데, 모두 같은 취지이다. 대법원 2004. 3. 12. 선고 2003다16788 판
결; 대법원 2004. 3. 12. 선고 2003다16795 판결; 대법원 2004. 3. 12. 선고 2003다
16801 판결; 대법원 2004. 3. 12. 선고 2003다16818 판결; 대법원 2004. 3. 12. 선
고 2003다16825 판결; 대법원 2004. 3. 12. 선고 2003다16832 판결; 대법원 2004.
3. 12. 선고 2003다16849 판결; 대법원 2004. 3. 12. 선고 2003다16856 판결; 대법
원 2004. 3. 12. 선고 2003다16863 판결(각 미간행).

자동변속기 선택레버를 이동시키라는 지시 문구가 기재되어 있고, 그 지시 외에 운전자가 비정상적으로 액셀러레이터 페달을 밟는 경우까지 대비하여 경고나 지시를 하지 않았다 하여 표시상 결함이 있다고 볼 수 없다고 하였다.

잘 알려지거나 명백한 위험에 대해서는 표시의무가 없다는 것이 일반적이다.[150] 운전자가 비정상적으로 액셀러레이터 페달을 밟을 수 있다는 점은 예상할 수 있는 위험이나, 이는 누구나 알 수 있는 명백한 위험이라 할 수 있으므로 표시의무가 인정되기 어렵다.[151] 위험에 대한 경고가 지나치면 소비자가 이를 무시할 경향이 커진다는 점도 고려되어야 할 것이다.[152] 물론 명백한 위험이라도 위험이 중대하고 피해자를 합리적으로 보호해야 할 필요성이 있는 경우에는 위험을 표시할 의무가 있다고 보아야 하나,[153] 자동차를 운전하는 사람이라면 이러한 위험에 대한 경고 없이도 충분히 대처할 수 있고, 다만 이러한 위험은 그럼에도 불구하고 순식간의 실수에서 발생하는 것일 뿐이다. 이 판결은 이러한 취지에서 비정상적으로 액셀러레이터 페달을 밟으면 위험하다는 것은 명백한 위험이라 볼 수 있으므로 별도로 위험을 표시할 필요는 없다는 취지로 이해할 수 있다.[154]·[155]

4) **콘택** 600 **사건**

대법원 2008. 2. 28. 선고 2007다52287 판결[156]은 피고 제약회사가

---

150) 任銀河(註 13), 171면; 권영문(註 14), 439면; 蘇榮鎭(註 14), 563면; 송오식(註 37), 302면; 이종구(註 14), 58면.
151) 이와 달리 예상할 수 있는 오사용에 대한 안전 설계가 이루어져야 한다는 상황이라면, 오사용에 대한 지시·경고가 없는 경우 표시상 결함이 된다는 취지의 견해는 박경재(註 32), 163면, 註 24.
152) 任銀河(註 13), 171면; 안법영(註 90), 192면 참조. 이에 대해 경고의 남발을 제한하기 위해 경고 자체를 제한해야 하는 것은 아니라는 비판으로는 金凡鐵(註 145), 139면.
153) 박경재(註 32), 169-170면.
154) 尹眞秀(註 2), 430, 431-432면; 같은 취지, 이종구(註 14), 62면.
155) 이와 달리 자동차급발진에 관한 충분한 지시·경고로 보기 어렵다는 취지의 견해로는 김대경(註 122), 116면; 박경재(註 32), 163면.
156) 공2008상, 444.

제조·공급한 일반의약품인 감기약 '콘택 600'을 복용한 사람이 출혈성 뇌졸중으로 사망한 사건에 관한 것이다. '콘택 600'은 의사의 처방 없이도 일반 소비자가 구입할 수 있는 일반의약품이었다.

위 판결은 '콘택 600' 사용설명서에 부작용으로 출혈성 뇌졸중이 표시되어 있는 등 출혈성 뇌종중 위험에 대한 적절한 경고 표시가 기재되어 있다고 판단하여 표시상 결함을 부정하였다. 학설상으로는 이 판결에 찬성하는 견해도 있으나,[157] 일반적인 부작용을 표시하는 것만으로 위험을 충분히 표시하였다고 보기 의심스럽다고 비판하는 견해가 많다.[158]

5) 담배소송

대법원 2014. 4. 10. 선고 2011다22092 판결[159]은 담배소송에 관한 것이다. 흡연자들이 흡연으로 폐암 또는 후두암에 걸렸다고 주장하면서 대한민국과 주식회사 케이티앤지를 상대로 손해배상을 청구하였다.

피고 대한민국은 1976. 1. 1.부터 담뱃갑 옆면에 "건강을 위하여 지나친 흡연을 삼갑시다."라는 문구를 표시하고, 피고 케이티앤지는 1989. 12. 17.부터 담뱃갑 옆면에 "경고 : 흡연은 폐암 등을 일으킬 수 있으며, 특히 임신부와 청소년의 건강에 해롭습니다."라는 경고 문구를 표시하였으며, 그 후에도 관계 법령에 따라 경고 문구를 표시하였다.

이 판결은 피고들이 담뱃갑에 경고 문구를 표시하는 외에 추가적인 설명이나 경고 기타 표시를 하지 않았다고 하여 표시상의 결함이 인정된다고 볼 수 없다고 하였다.

그러나 학설은 1989년 이후의 경고 문구는 적절한 경고 문구가 되지만, 그 이전의 "건강을 위하여 지나친 흡연을 삼갑시다."라는 문구는 건강에 해롭다는 경고로 보기 어렵고, 그 당시 일반인들이 흡연 위험에 대해 잘 알고 있었다고 보기 어렵다[160]는 점에서 1989. 12. 17. 이전에 제조, 판

157) 전병남(註 4), 252면.
158) 尹眞秀(註 2), 435면; 尹眞秀(註 134), 544면; 같은 취지, 최병록(註 46), 201면; 윤석찬(註 46), 571-572면; 김제완(註 92), 23-24면.
159) 공2014상, 1004.
160) 이 문제는 사실인정의 문제라는 지적으로 尹眞秀(註 2), 434면; 이소은(註 16),

매된 담배에 대해서는 표시상 결함이 인정되어야 한다는 비판이 많다.[161]

다만 이와 같은 표시상 결함이 인정된다 하더라도 그로 인해 악결과가 발생했느냐는 인과관계의 문제는 어려운 문제로 남는다. 당시 담배에 경고 문구가 제대로 되어 있었다면 과연 흡연자가 흡연을 중단했을 것인지도 쉽게 판단하기 어려운 문제이다.[162]

6) 혈우병 환자 HCV 감염 사건

대법원 2017. 11. 9. 선고 2013다26708등 판결[163]은 혈우병 환자들이 피고 제약회사가 제조한 혈액제제 AHF, 훽나인(Facnyne), 옥타비(Octa-Vi)를 투여받고 C형 간염 바이러스(HCV)에 감염되었다고 주장한 사안에 관한 것이다.

이 판결은 혈액제제 첨부문서의 서두 부분에는 감염의 위험이 없다는 취지로 기재되어 있으나, 상세정보 부분에는 부작용으로 간염의 위험을 기재하고 있는 점, 이 사건 혈액제제의 주된 사용자는 전문적 지식을 갖고 있는 의사인 점 등의 이유로 표시상 결함을 인정하지 않았다.

전문의약품의 경우 지시·경고의 상대방은 의사이므로 의사가 이해할 수 있는 정도의 표시만 이루어진다고 보는 것이 일반적이다.[164] 이 판결은 이 사건 혈액제제가 의사를 거쳐 환자들에게 주사제로 사용되고 있다는 점에서 당해 중간자인 의사가 이해할 수 있는 정도의 표시면 충분하다는 취지로 이해할 수 있다.[165]

(4) 기타 결함

앞서 본 담배소송에 관한 대법원 2014. 4. 10. 선고 2011다22092 판

315-316면.

161) 이소은(註 16), 317면; 윤석찬(註 139), 20면; 같은 취지, 尹眞秀(註 2), 434면; 金載亨, "2014년 민법 판례 동향", 民事裁判의 諸問題 第24卷, 韓國司法行政學會 (2016), 47면.

162) 박규용(註 137), 247면 참조; 윤석찬(註 139), 20면도 참조.

163) 공2017하, 2280.

164) 전병남(註 4), 234면; 연기영(註 18), 36면.

165) 이와 관련하여 미국법상 '학식 있는 중간자의 원칙(the learned intermediary rule)'에 관하여는 신은주(註 90), 707-708면; 김민동(註 47) 106면; 김제완(註 92), 21면; 안법영(註 90), 192면, 註 47 참조.

결[166]은, 기호품인 담배의 특성, 연혁, 사용 방법, 담배 수요자의 의사와
특성 등을 고려할 때 담배나 그 연기 속에 발암물질, 니코틴 등이 포함
되어 있다고 하여 담배에 통상 기대할 수 있는 안전성이 결여된 결함이
있다고 볼 수 없다는 원심이 정당하다고 하였다. 학설상으로는 판례와
같이 흡연은 법률적, 사회적으로 허용되어 왔다는 점에서 담배에 기타
결함이 있다고 할 수 없다는 견해가 있는 반면,[167] 담배는 사회통념상 치
명적인 해악을 유발할 수 있으므로 통상적으로 기대할 수 있는 안전성이
결여된 것이라고 보는 견해도 있다.[168]

　　제조물책임법이 결함의 정의를 제조상·설계상·표시상 결함으로 나
누어 규정하면서도 이에 추가하여 '그 밖에 통상적으로 기대할 수 있는
안전성이 결여되어 있는 결함'을 병렬적으로 규정한 것은 다소 이례적인
입법으로 평가된다.[169] 그러나 이 판결에서 그 '기타 결함'이 구체적으로
무엇을 의미하는지, 그 체계적 지위나 성질은 무엇인지에 관하여 판단하
지는 않았다.

　　학설은 대체로 기타 결함도 나머지 결함과 독립적인 유형의 결함으
로 파악하고 있으나,[170] 그 구체적 의미에 대하여 논하는 문헌은 찾기 어
렵다. 다만, 학설상으로는 합리적 대체설계가 존재하지 않아 설계상 결함
을 인정하기는 어렵지만 그 제조물 자체가 비합리적으로 위험한 경우에
는 '기타 결함'에 해당할 수 있다는 견해가 있다.[171] 또한, 제조물이 출고
시점에서는 결함이 없었으나 유통 과정상의 결함으로 피해를 야기한 경
우 제조물책임을 질 수 있다는 취지의 견해가 있는데,[172] 이러한 경우도

166) 공2014상, 1004.
167) 이소은(註 16), 319면.
168) 윤석찬(註 139), 21면.
169) 박동진(註 14), 554면; 任銀河(註 13), 145-146면; 권영문(註 14), 440면; 이소은
　　(註 16), 318면.
170) 任銀河(註 13), 156-157면; 권영문(註 14), 440-441면; 이소은(註 16), 318면; 이
　　와 달리, 제조물책임법상 결함의 종류는 예시적인 것에 불과하고, 결함의 의미는
　　일반적·통일적으로 해석해야 한다는 취지의 견해로는 金濟完(註 42), 82-83면.
171) 이소은(註 16), 313면.
172) 金相容(註 1), 32면.

'기타 결함'에 해당할 수 있을 것이다.

우리 민법은 이행지체와 이행불능 외에 채무불이행에 관한 일반적·
포괄적 조항으로서 민법 제390조를 두고 있다고 해석하는 것이 대체적인
데, 비슷한 취지에서 '기타 결함'이 제조물책임에서 일반적·포괄적인 조
항으로 기능할 수 있을지는 향후의 판례 추이를 지켜볼 필요가 있다.[173]

다. 결함과 인과관계에 대한 증명

(1) 일 반 론

앞서 본 결함의 존재와 인과관계의 증명책임을 완화하는 판례 법리
는[174] 제조물책임법 제정 이후에도 계속 이어져 왔다.[175] 즉, ① 제품이
정상적으로 사용하는 상태에서 사고가 발생한 경우, 소비자가 ② 그 사
고가 제조업자의 배타적 지배하에 있는 영역에서 발생한 것임과, ③ 그
사고가 어떤 자의 과실 없이는 통상 발생하지 않는다고 하는 것임을 증
명하면, 제조업자가 그 사고가 제품의 결함이 아닌 다른 원인으로 말미
암아 발생한 것임을 증명하지 못하는 이상, 결함과 인과관계가 추정된다
는 것이다.

한편, 설계상 결함과 관련하여, 대체설계의 증명책임이 누구에게 있
는지에 관하여 논의가 많으나, 판례의 태도는 명확하지 않다.[176] 학설상
으로는 제조물책임을 주장하는 원고가 대체설계의 존재를 증명할 책임이
있다는 견해도 있으나,[177] 제조자업자인 피고가 원고 주장의 대체설계가

---

173) 제조물책임법은 산업 발전에 따라 새롭게 나타날 수 있는 유형의 결함을 '기타
　　결함'과 같은 일반조항으로 해결하려는 태도라는 것으로 권영문(註 14), 434면.
174) 대법원 2000. 2. 25. 선고 98다15934 판결[공2000.4.15.(104),785] 참조.
175) 다만, 제조물책임법 하에서는 이 판례 법리를 그대로 수용하기 곤란하다는 주장
　　으로는 이규호(註 71), 229면 이하.
176) 판례의 태도가 무엇인지에 대해서도 견해가 대립한다. 원고가 합리적 대체설계
　　의 존재를 증명하지 못하면 설계상 결함을 인정하지 않으므로, 피해자인 원고가
　　대체설계의 존재를 증명할 책임이 있다는 취지라고 이해하는 견해와[이소은(註
　　16), 320면], 자동차 급발진 사건에서 증명책임을 소비자에게 전가하지 않았다고
　　하면서 합리적 대체설계의 증명책임이 제조자에게 있다는 취지라고 이해하는 견해
　　가 있다[金濟完(註 42), 94-95면].
177) 蘇榮鎭(註 14), 561면; 이소은(註 16), 320면.

당시 기술 수준으로 불가능하거나 비합리적임을 증명할 책임이 있다는 견해가 다수로 보인다.[178] 다만 전자의 견해 중에도 대체설계에 관한 원고의 증명책임을 완화해야 한다는 견해가 있는바,[179] 이에 의하면 양자 사이에 실질적으로 큰 차이는 없다.

(2) 결함 또는 인과관계를 인정한 판례

(가) 대법원 2006. 2. 24. 선고 2005다64132 판결[180]

이 판결 사안은 다음과 같다. 원고가 피고로부터 구입한 약품전용냉장고를 서천군 보건소에 공급하였는데, 그 냉장고의 온도유지 장치가 고장 나 냉장고 내 온도가 상승하여 그 안에 보관된 예방접종 약품이 훼손되었다. 이에 원고는 서천군에 훼손된 약품대금 상당을 배상해야 하는 손해를 입게 되었다.

원심은 이 사건 냉장고의 온도유지 장치의 특정 장치(콤프레샤)의 단락이 원인이 되어 사고가 발생하였다고 하여 결함의 존재와 인과관계를 적극적으로 인정하였고, 대법원은 이 판단이 제조물책임에 관한 판례와 상반되는 판단을 한 것이 아니라고 하였다.[181] 그러나 이 사안이 제조물책임이 적용되는 영역인지 다소 의문이고, 원심의 취지는 원, 피고 사이의 계약에 따라 하자로 인한 손해배상책임을 인정한 것으로 보인다.

(나) 대법원 2008. 2. 28. 선고 2007다52287 판결[182]

이 판결은 피고 제약회사가 제조·공급한 일반의약품인 감기약 '콘택 600'을 복용한 사람이 출혈성 뇌졸중으로 사망한 사건에 관한 것이다.

이 판결의 원심은[183] 그 감기약 성분인 PPA가 출혈성 뇌졸중의 위험성을 증가시킨다는 사실이 밝혀졌고, 망인이 그 감기약을 복용하고 출혈

---

178) 尹眞秀(註 2), 436-437면; 嚴東燮(註 13), 368면; 같은 취지, 任銀河(註 13), 163-164면; 소비자가 대체설계에 관한 증명책임뿐만 아니라 주장책임도 지지 않는다는 취지의 견해로는 金濟完(註 42), 82면 이하.

179) 이소은(註 16), 320면.

180) 미간행.

181) 이 사건은 소액사건이어서 다른 상고이유에 대해서는 별다른 판단이 없었다.

182) 공2008상, 444.

183) 서울고등법원 2007. 6. 19. 선고 2006나9448 판결(미간행).

성 뇌졸중이 발생하였으며, 망인이 그 이전에 고혈압이나 동맥경화 증상이 없었던 이상 피고 측이 망인이 위 감기약을 복용하지 않았다고 하더라도 망인에게 출혈성 뇌졸중이 발생하리라는 점을 증명하지 못하면 위 의약품 복용과 망인의 사망 사이에 인과관계는 인정된다고 하였다. 이에 대해서는 대법원에서 따로 판단되지 않았으나, 원심의 이와 같은 판단은 타당하다고 생각된다.[184]

(다) 대법원 2013. 7. 12. 선고 2013다201363, 2013다201370 판결[185]

이 판결은 피고가 2001. 2.경 원고가 제작한 식기세척기를 구입하여 피고의 아파트에서 사용하고 있었는데, 2010. 10. 4.경 피고 아파트에 화재가 발생한 사안에 관한 것이다. 대법원은 화재의 원인은 이 사건 식기세척기 전원코드의 전기합선에 의한 것이라고 보아야 하고, 정상적으로 전원이 연결된 상태에서 전기합선 현상이 발생한 이상 식기세척기에 결함이 있으며, 그 결함은 제품의 유통 단계에 존재하고 있었음이 추정된다고 한 원심이 타당하다고 하였다. 이 판결도 기존의 제조물책임에서의 증명책임 완화 법리에 따라 결함을 추정한 것이다.[186]

(3) 결함과 인과관계의 추정을 부인한 판례

(가) 대법원 2000. 7. 28. 선고 98다35525 판결[187]

이 판결은 지하주차장에 주차된 차량이 원인 불명의 화재로 전소된 사안에 관한 것이다. 원심은 차량 내부의 결함에 의한 화재이므로 제조자의 책임을 인정하였으나, 대법원은 운전석 쪽에서 화재가 발생하였다고 확인될 뿐 화재가 구체적으로 차량의 어느 부위에서 발생하였는지 밝혀

---

184) 다만 '콘택 600'에 관한 다른 사건이었던 서울고등법원 2007. 7. 11. 선고 2006나29855 판결(미간행, 대법원 2007. 9. 11. 선고 2007다52720 상고이유서부제출 및 심리불속행에 의해 상고기각)은 콘택 600 등을 복용한 원고 환자에게 뇌출혈이 발생한 사안에서 위 약 복용과 뇌출혈 발생 사이의 인과관계를 부정하였는데, 이는 원고 환자에게 지병인 고혈압이 있었음을 고려한 것으로 보인다.; 이 판결이 인과관계를 부정한 것에 대한 비판으로는 김제완(註 92), 31면 이하.

185) 미간행.

186) 기타 제조물의 결함으로 화재 발생 여부가 문제된 하급심 판결에 대한 분석으로는 鄭炳朝(註 77), 153면 이하 참조.

187) 공2000.10.1.(115), 1923.

지지 않고, 차량 외부에서 발화하여 내부로 인화되었을 가능성도 배제할 수 없는 점, 차량 소유자가 차량 구입 후 인테리어 작업을 하였는데 이 작업에 전기배선의 추가 내지 변경이 통상 수반되는 점, 화재 발생 직전 낯선 청년 2명이 지하주차장에 있었던 점 등의 정황을 고려하면, 차량의 결함과 인과관계가 인정된다고 볼 수 없다고 하였다.

이 판결은 화재 발화점이 특정되지 않고, 차량 소유자가 차량을 고치기도 하였으며, 제3자에 의해 화재 발생 가능성도 의심되는 사정을 모두 고려하면, 화재 사고가 '제조업자의 배타적 지배하에 있는 영역'에서 발생했다고 볼 수 없다는 취지로 이해된다. 판례는 이 경우 제조물책임을 묻기 위해서는 적어도 그 발화 지점이 차량의 특정 지점에서 발생한 것이라는 정도는 주장, 증명해야 한다는 취지로 이해된다.[188]

학설 중에는 이 판결이 제조업자의 배타적 지배하에 있다고 볼 수 있으려면 제3자의 개입이 완전히 배제되어야 한다는 취지라고 보는 견해도 있다.[189] 그러나 이 판결은 제3자의 개입 가능성 이외에 사용자가 제조물에 가한 조치, 제조물에서 발화 지점 불특정 등의 사정도 아울러 고려한 것이므로, 판례의 태도가 그와 같은 취지라고 평가하기는 어렵다.

(나) 대법원 2004. 3. 12. 선고 2003다16771 판결[190]

이 판결은 자동차 급발진 사고에 관한 것이다.[191] 원고는 결함과 인과관계가 추정되어야 한다고 주장했는데, 대법원은 원고의 페달 오·조작으로 자동차가 급발진한 것으로 추인되는 한, 자동차가 정상적으로 사용되고 있는 상황에서 제조업자의 배타적 지배하에 있는 영역에서 사고가

---

188) 関裕淑(註 113), 254-255면 참조; 박경재(註 32), 175면 및 鄭炳朝(註 77), 156-157면도 참조.

189) 박동진(註 14), 581면.

190) 공2004.4.15.(200), 611.

191) 이 판결 이전의 대법원 2001. 11. 27. 선고 2001다44659 판결[공2002.1.15.(146),156]도 자동차 급발진 사건에 관한 것이다. 이 판결의 원심은 여러 정황에 근거하여 당해 사고가 승용차의 결함에 의한 급발진 사고라고 판단하였으나, 대법원은 당해 사고가 운전자의 운전 조작 잘못으로 인한 것으로 볼 여지가 많다는 이유로 자동차의 결함에 의한 급발진 사고라고 단정할 수 없다고 하였다.

발생한 것으로 볼 수 없으므로, 결함과 인과관계가 추정될 수 없다고 하였다. 즉 제조물책임에서 증명책임 완화의 법리에 따르더라도 그 완화 요건이 증명되지 않았다는 취지이다.[192]

(4) 제조물책임에서의 증명책임 완화 법리의 다른 책임 분야로의 확장

(가) 대법원 2013. 9. 26. 선고 2011다88870 판결[193]

이 판결 사안은 한우 농장을 운영하는 원고가 피고가 수입·판매하는 로타바이러스 예방백신을 사용한 이후 출산 직후의 송아지들이 단기간 내에 설사병으로 집단 폐사한 사건이다. 이 사건에서 원고는 이 사건 백신이 백신으로서 효능이 없다는 이유로 제조물책임 또는 일반불법행위책임을 주장하였다.

제조물책임에서 말하는 결함은 안전성의 결여를 의미하고, 민법 제580조에서 말하는 하자는 상품적합성의 결여를 의미하므로, 일반적으로 양자는 구분되는 개념으로 보고 있다.[194] 이 사건에서는 백신의 효능 여부인 '하자'가 문제되는 것이지,[195] 백신의 안전성 여부인 '결함'이 문제되는 것은 아니다.[196]

그런데 이 판결은 '고도의 기술이 집약되어 대량으로 생산되는 제품에 성능 미달 등의 하자가 있어 피해를 입었다는 이유로 제조업자 측에게 민법상 일반 불법행위책임으로 손해배상을 청구하는 경우'에 일반 소

---

192) 閔裕淑(註 113), 243-244, 255-256면.

193) 공2013하, 1897.

194) 양창수·권영준(註 1), 788면; 梁彰洙(註 86), 294면; 閔裕淑(註 113), 234-235면; 金相容(註 1), 31면; 李相周, "고도의 기술이 집약되어 대량으로 생산되는 제품의 하자로 인한 손해배상청구소송에서의 증명책임의 분배", 대법원판례해설제 제97호, 법원도서관(2014), 154면; 권영문(註 14), 449면; 閔中基(註 68), 545-546면; 이와 달리 결함과 하자를 구별하여 사용하여야 할 실익이 없다는 견해로는, 閔庚道(註 63), 623-624면; 蘇榮鎭(註 14), 557면.

195) 다만, 이 사건에서 원고와 피고 사이에 매매계약 관계가 존재하지 않으므로, 원고가 민법 제580조의 하자담보책임을 물을 수는 없는 경우이다. 李相周(註 194), 157면; 권영문(註 14), 452-453면.

196) 李相周(註 194), 155-156면; 권영문(註 14), 452면; 같은 취지, 안법영(註 90), 185-186면.

비자가 하자의 존재와 인과관계를 증명한다는 것이 지극히 어려우므로, 제조물책임에서 결함과 인과관계의 입증책임 완화 법리를 원용할 수 있다고 하였다. 이에 따라 ① 제품이 통상적으로 지녀야 할 품질이나 요구되는 성능 또는 효능을 갖추지 못하였다는 등 일응 그 제품에 하자가 있었던 것으로 추단할 수 있는 사실, ② 제품이 정상적인 용법에 따라 사용되었음에도 손해가 발생하였다는 사실을 증명하면, 제조업자 측에서 그 손해가 제품의 하자가 아닌 다른 원인으로 발생한 것임을 증명하지 못하는 이상, 하자의 존재와 인과관계가 추정된다고 하였다. 이 판결은 제조물책임에서의 증명책임 완화의 법리가 고도의 기술이 집약되어 대량으로 생산되는 제품의 하자가 있는 경우에도 적용된다고 함으로써 소비자의 피해구제를 한층 용이하게 하였다는 데 의미가 있다고 평가된다.[197]

그런데 이 판결에서는 제조물책임에서의 증명책임 완화의 법리와는 다른 표현을 쓰고 있다는 점을 주목해야 한다. 즉 이 판결에서는 사고가 피고의 배타적 지배영역에서 발생하였다거나, 그 사고가 어떤 자의 과실 없이는 통상 발생하지 않는다는 사정의 증명을 요구하지 않고, 그 대신 일응 그 제품에 하자가 있었던 것으로 추단할 수 있는 사실을 증명하면 된다고 하였다. 이는 제조물책임에서보다 증명책임을 더욱 완화한 것으로 평가할 수 있다.[198] 이는 증명책임에 관한 개연성 이론을 적용한 것으로 볼 수 있는데, 판례의 이러한 태도는 타당하다는 평가가 있다.[199] · [200]

다만, 이 사건에서 원심은 이 사건 백신에 하자가 있다는 이유로 피고의 불법행위책임을 인정하였으나, 대법원은 원심이 인정한 사정만으로 이 사건 백신에 하자가 있었던 것으로 추단할 수 없다는 이유로 피고의 책임을 부정하였다.

---

197) 李相周(註 194), 169면; 이 판결 이전에 이와 같은 내용을 주장했던 견해로 任銀河(註 13), 148면.

198) 鄭炳朝(註 77), 145–146면.

199) 이재상, "제조물 관련 불법행위책임 성립 요건 및 판단기준", 法律新聞 第4173號 13면(2013).

200) 기존의 제조물책임에서의 증명책임 완화 법리를 이 판결 법리로 변경해야 한다는 견해도 있다. 鄭炳朝(註 77), 175면.

(나) 대법원 2011. 10. 27. 선고 2010다72045 판결201)

이 판결은 피고가 수입한 자동차를 원고에게 판매하였는데, 원고가 그 자동차를 운행하여 지하주차장에서 나오던 중 빌라 외벽을 충격한 사안에 관한 것이다. 원고는 이 사건에서 제조물책임에서의 증명책임 완화 법리가 적용되어야 한다고 주장하였으나, 대법원은 "제조업자나 수입업자로부터 제품을 구매하여 이를 판매한 자가 그 매수인에 대하여 부담하는 민법 제580조 제1항의 하자담보책임에는 제조물책임에서의 증명책임 완화의 법리가 유추적용된다고 할 수 없다"고 하였다.

이 사건 사고는 원고가 가속 페달을 브레이크 페달로 오인하는 등 운전조작 미숙으로 발생하였다고 추인되었으므로, 제조물책임에서의 증명책임 완화의 법리가 유추적용되더라도 결론이 달라지는 것은 아니라고 생각된다. 나아가 민법 제580조 제1항의 하자담보책임을 주장하는 경우라도 '고도의 기술이 집약되어 대량으로 생산되는 제품'이라면 앞서 본 대법원 2013. 9. 26. 선고 2011다88870 판결에 따른 증명책임 완화 법리가 적용되어야 할 것으로 생각된다.202)

(5) 의약품 제조물책임에서 증명책임의 완화 확대

(가) 대법원 2011. 9. 29. 선고 2008다16776 판결203)

이 판결에서 판례는 의약품의 제조물책임에 있어서 증명책임을 더욱 완화하였다. 이 사건은 혈우병 환자들이 피고 제약회사가 제조한 혈액제제 휀나인(Facnyne)을 투여받고 HIV에 감염되어 AIDS 환자가 되었다고 주장한 사안이다.

위 판결은 ① 제약회사가 제조한 혈액제제를 투여받기 전에는 감염을 의심할 만한 증상이 없었고, ② 그 혈액제제를 투여받은 후 바이러스 감염이 확인되었으며, ③ 그 혈액제제가 바이러스에 오염되었을 상당한 가능성이 있다는 점을 증명하면, 혈액제제의 결함 또는 제약회사의 과실

---

201) 미간행.
202) 같은 취지, 권영문(註 14), 451-452면.
203) 공2011하, 2197.

과 인과관계가 추정된다고 하였다. 여기서 위 ③ 바이러스에 오염되었을 상당한 가능성은, 자연과학적으로 명확한 증명이 없더라도 혈액제제의 사용과 감염의 시간적 근접성, 통계적 관련성, 혈액제제의 제조공정, 해당 바이러스 감염의 의학적 특성, 원료 혈액에 대한 바이러스 진단방법의 정확성의 정도 등 여러 사정을 고려하여 판단할 수 있다고 하였다. 한편, 제약회사는 자신이 제조한 혈액제제에 아무런 결함이 없다는 등 피해자의 감염 원인이 자신이 제조한 혈액제제에서 비롯된 것이 아니라는 것을 증명하여 추정을 번복시킬 수 있으나, 단순히 피해자가 감염추정기간 동안 다른 회사가 제조한 혈액제제를 투여받았거나, 수혈을 받은 사정이 있었다는 것만으로는 그 추정이 번복되지 않는다고 하였다. 이러한 법리는 향후 혈액제제 외에도 의약품 전반에 적용될 수 있는 것으로 평가된다.[204]

이 판결은 구체적으로 이 사건에서 혈우병 환자들이 이 사건 혈액제제를 투여 받기 전에는 HIV 감염을 의심할 증상이 없었고, 그 투여 후 HIV 감염이 확인되었다고 한 후, '혈액제제가 바이러스에 오염되었을 상당한 가능성'에 관하여는, 역학조사 결과,[205] 피고의 혈액제제 제조공정의 특징,[206] 피고가 당시 사용한 HIV 진단법의 한계,[207] 실제로 피고에게 피를 제공한 사람 일부에서 HIV 양성반응이 나온 점, 피고가 원료 혈액 등에 대한 구체적 자료를 제출하고 있지 않은 점 등의 사정을 종합하여 이를 인정하였다. 이에 따라 혈액제제로 인한 HIV 감염의 인과관계를 추정하였고, 이와 달리 판단한 원심 판결을 파기하였다.

이 판결에서 핵심적인 쟁점이 된 부분은 바로 이 사건 혈액제제가

---

204) 문현호, "혈액제제 제조물책임 소송과 증명책임", 刑事裁判의 諸問題 第7卷, 형사실무연구회 편, 司法發展財團(2014), 1203면; 박영주, "흡연과 폐암 발병 사이의 인과관계", 신영철 대법관 퇴임기념 논문집, 사법발전재단(2015), 236면.
205) 역학조사 결과 이 사건 혈액제제 투여받은 혈우병 환자들의 HIV 감염 확률이 통계적으로 유의하게 높았다.
206) 피고가 이 사건 혈액제제를 가공하는 방식에 따르면 혈액제공자 중 한 명이라도 감염자가 있으면 모든 혈액제제가 오염될 가능성이 높다.
207) 피고가 당시 사용한 HIV 진단법은 위음성반응(양성이나 음성으로 반응하는 것) 확률이 20%로 높았다.

HIV에 오염되어 있었는지 여부였다. 기존의 증명책임 완화 법리에 의하면, 피해자의 HIV 감염 결과가 제조업자 측의 배타적 지배영역에서 발생했음을 증명해야 하는데, 이는 결국 이 사건 혈액제제가 HIV에 오염되었다는 점에 관한 증명을 요구하는 것이 되고, 피해자가 이를 증명하는 것은 지극히 어렵다.[208] 이에 판례는 피해자 보호를 위하여 "혈액제제가 바이러스에 오염되었을 상당한 가능성"이 있으면 족하다고 함으로써, 의약품의 제조물책임과 관련한 증명책임을 더욱 완화하였다는 데 의미가 있다.[209] 여기서 "혈액제제가 바이러스에 오염되었을 상당한 가능성"은 확실성이 아닌 상당한 가능성 증명으로 족하지만, 이론적인 오염가능성이 아닌 구체적 정황에 따른 증명이어야 한다는 취지이다.[210] 이에 대해 혈액제제 사용시기와 감염의 시간적 근접성과 통계적·역학적 관련성만 밝혀지면 여기서의 오염가능성은 일단 증명된 것으로 보아야 한다는 견해도 있다.[211] 한편, 이 판결은 혈액제제를 투여받기 전에 감염 의심 증상이 없고, 그 혈액제제를 투여받은 후 바이러스 감염이 확인되었으면, 그 투여 전에는 피해자에게 감염이 없었다고 추정하는 것이라 할 수 있다.[212]

또한, 이 판결은 피해자가 다른 혈액제제 또는 수혈을 받았다 해도 결함과 인과관계 추정이 번복되지 않는다고 하였다. 이와 달리 그러한 사정만으로 추정이 번복된다고 보면, 피해자는 자신이 투여받은 혈액제제 또는 수혈이 복수인 경우 그 원인을 특정할 수 없어 사실상 피해자의 권리 구제를 포기하는 결과가 된다.[213] 즉 사고 발생에 결함 외의 다른 원인이 개입되어 있을 가능성이 있다 하더라도 그 사고가 제조업자의 배타적 지배영역에서 발생한 것을 부인하지 않음으로써 기존의 요건을 완화

---

208) 문현호(註 204), 1175면; 鄭炳朝(註 77), 144면; 같은 취지, 서여정(註 90), 259면.
209) 이 판결을 지지하는 것으로 서여정(註 90), 266-267면; 같은 취지, 김민중(註 18), 233면 이하.
210) 문현호(註 204), 1198면 참조.
211) 문현호(註 204), 1198-1199면.
212) 문현호(註 204), 1196면; 서여정(註 90), 260면.
213) 문현호(註 204), 1200면.

하였다고 평가할 수 있다.²¹⁴⁾

반면, 이 판결은 혈액제제에 결함이 없다는 등 피해자의 감염 원인이 혈액제제 탓이 아니라는 사정이 증명되면 추정이 번복된다고 하였다. 추정이 번복되는 예로 제시되는 것은, '동일 시점에 동일 원료로 제조된 혈액제제를 투여받은 사람 중 다른 사람은 모두 괜찮은데 원고만 질병이 발생한 경우', '동일 시점에 동일 원료로 제조된 혈액제제 보관품에 대한 재검사 결과 감염이 없다고 밝혀진 경우'가 있다.²¹⁵⁾

이 판결도 의약품을 일반 제조물과 달리 취급해야 할 필요성을 보여준다고 볼 수 있다. 한편, 이 판결은 환경오염소송에서 판례가 취하는 이른바 개연성 이론에 의해 인과관계를 인정하는 것과 같은 취지라고 평가하는 견해가 있고,²¹⁶⁾ 실제로 이 판결은 의료소송에서 인정된 법리²¹⁷⁾보다는 환경오염소송에서 인정된 법리²¹⁸⁾에 영향을 받은 것으로 보인다.²¹⁹⁾

(나) 대법원 2017. 11. 9. 선고 2013다26708등 판결²²⁰⁾

이 판결 사안은 혈우병 환자들이 피고 제약회사가 제조한 혈액제제 AHF, 훽나인(Facnyne), 옥타비(Octa-Vi)를 투여받고 C형 간염 바이러스(HCV)에 감염되었다고 주장한 사안에 관한 것이다.

이 판결은 의약품의 결함으로 인한 손해배상책임에 관하여 위 대법원 2011. 9. 29. 선고 2008다16776 판결을 원용하면서 위 판결의 증명책임 완화 법리를 그대로 설시하였고, 여기에 "피해자가 감염추정기간 동안 투여받은 다른 혈액제제가 바이러스에 오염되었을 가능성이 더 높다거나 투여받은 기간이 더 길다고 하더라도 추정이 번복되지 않는다"는 점을 추가하였다.

---

214) 박동진(註 14), 581면.
215) 문현호(註 204), 1201면, 註 78.
216) 尹眞秀(註 2), 444면; 尹眞秀(註 134), 545면.
217) 대법원 1995. 2. 10. 선고 93다52402 판결[공1995.3.15.(988), 1281] 등.
218) 대법원 1984. 6. 12. 선고 81다558 판결[공1984.8.15.(734), 1263] 등.
219) 문현호(註 204), 1175-1178면.
220) 공2017하, 2280.

원심은 우리나라에서 혈액에 대한 HCV 진단검사(anti-HCV 검사)를 사용할 수 있게 된 1991. 5. 이후에 HCV에 감염된 환자들에 대하여는 위 법리에 따라 혈액제제가 HCV에 오염되었을 상당한 가능성이 있다는 이유로 결함과 인과관계의 존재를 추정하였다.[221] 그러나 감염시기가 불분명하고 이 사건 혈액제제 외에 바이러스 불활성화 공법(TNBP 공법)이 도입되기 이전에 제조된 다른 혈액제제도 투여받은 환자들에 대하여는 그 다른 혈액제제가 수십 배 높은 감염가능성을 가지고 있고 그 투여시기도 더 장기간이므로, 결함과 인과관계의 추정이 번복된다고 하였다.

대법원은 전자의 판단은 정당하다고 하였으나, 후자의 판단에 대해서는 다른 혈액제제의 오염가능성이 더 크고, 그 투여시기가 더 길다는 점만으로 추정이 번복되지 않는다고 하여 이 부분 판단을 파기하였다.

이 판결은 의약품의 제조물책임에서 종전의 증명책임 완화 확대 법리를 재확인하면서 그 추정의 번복을 더욱 엄격하게 봄으로써 피해자 보호를 도모하였다는 데 의의가 있다.

(6) 역학적 상관관계와 개별적 인과관계의 문제

(가) 판례 법리

대법원 2013. 7. 12. 선고 2006다17539 판결[222]은 제조물책임에서 역학적 상관관계와 개별적 인과관계의 문제를 다루었다. 이에 관한 판시를 요약하면 다음과 같은데, 이는 이후의 판례에서도 그대로 반복되고 있다.[223]

---

221) 피고 제약회사는 이 사건 혈액제제는 바이러스 불활성화 공법(TNBP 공법)으로 인해 HCV가 불활성화된 것이 명백하므로 추정이 번복되어야 한다고 주장하였으나, 원심은 그 공법이 완벽하게 행해졌다는 점이 전제되어야 하는데, 피고 제약회사가 그에 관한 자체감사를 하였음에도 그 자료를 제출하지 않았다는 등의 이유로 위 주장을 배척하였다.

222) 공2013하, 1454.

223) 대법원 2014. 4. 10. 선고 2011다22092 판결[공2014상, 1004]; 대법원 2014. 2. 27. 선고 2012두16275 판결[공2014상, 763]; 대법원 2014. 9. 4. 선고 2011다7437 판결[공2014하, 1964].

① 역학(疫學)이란 집단현상으로서의 질병과 여러 요인과의 상관관계를 통계적 방법으로 규명하려는 것이므로 어느 위험인자와 어느 질병 사이에 역학적으로 상관관계가 있어도 그 집단에 속한 개인이 걸린 질병의 원인이 판명되는 것은 아니다.
② 특정 병인에 의하여 발생하고 원인과 결과가 명확히 대응하는 '특이성 질환'과 달리 '비특이성 질환'은 여러 선천적·후천적 요인이 복합적으로 작용하여 발생하는 질환이다. 비특이성 질환의 경우에는 특정 위험인자와 그 질환 사이에 역학적 상관관계가 인정되어도 양자 사이의 인과관계를 인정할 만한 개연성이 증명되었다고 볼 수 없다.
③ 비특이성 질환의 경우, ⓐ 역학조사 결과 위험인자에 노출된 집단에서 그 질환에 걸린 비율이 위험인자에 노출되지 않은 집단에서 그 질환에 걸린 비율을 상당히 초과한다는 점을 증명하고, ⓑ 그 집단에 속한 개인이 위험인자에 노출된 시기와 노출 정도, 발병시기, 그 위험인자에 노출되기 전의 건강상태, 생활습관, 질병 상태의 변화, 가족력 등을 증명하는 등으로, 그 위험인자에 의해 그 질환이 유발되었을 개연성이 있다는 점을 증명하여야 한다.

위 판례는 우선 역학적 상관관계[224]는 통계적 연관성을 의미할 뿐 그것만으로 개인의 질병과 위험인자 사이에 개별적 인과관계를 인정할 수 없다고 하였다. 또한, 특이성 질환과 비특이성 질환을 나누어 후자의 경우 개별적 인과관계를 인정하기 위해서는 역학적 상관관계가 상당히 높다는 점에다가 그 개인의 질병과 위험인자에 관한 여러 개별적 사정들이 추가적으로 증명되어야 한다는 것이다.

판례에서 "역학조사 결과 위험인자에 노출된 집단에서 그 질환에 걸린 비율이 위험인자에 노출되지 않은 집단에서 그 질환에 걸린 비율을 상당히 초과한다는 점"(위 ③, ⓐ 부분)은 역학에서[225] 말하는 '상대위험도(relative risk)'를 의미한다. 즉 상대위험도는 다음과 같이 '비노출군의 질병발생률'에 대한 '노출군의 질병발생률'의 비율을 의미한다.[226]·[227]

224) 판례가 의식적으로 "역학적 "인과관계"라는 용어 대신 "역학적 상관관계"라는 용어를 사용하고 있다는 지적으로 金載亨(註 161), 49면; 박태현, "환경오염으로 인한 건강피해소송에서 역학연구를 통한 인과관계의 입증 : 판례법리를 중심으로", 法學論叢 第38卷 第3號, 檀國大學校(2014), 189면.
225) 역학의 연구방법에 관하여 자세한 내용은 李續甲, "역학연구결과에 의한 인과관계의 증명", 法曹 제670호, 法曹協會(2012), 115면 이하 참조.
226) 상대위험도에 대한 설명으로는 李續甲(註 225), 119~120면; 이선구, "유해물질소송에서 역학적 증거에 의한 인과관계의 증명: 대법원 판례를 중심으로", 저스티스 통권 제146-1호, 韓國法學院(2015), 266면 참조; 예를 들어 어떤 위험요인에 노출된

$$상대위험도 = \frac{노출군의\ 질병발생률}{비노출군의\ 질병발생률}$$

여기서 상대위험도가 1보다 크면 노출과 질병 사이에 관련성이 있고, 1보다 작으면 노출이 오히려 질병을 감소시킬 관련성이 있으며, 1이면 관련성이 없다고 이해될 수 있다.[228] 판례는 상대위험도가 1 이상이면 충분한 것이 아니라 그보다 상당히 높아야 하고, 나아가 특정 위험인자와 개인 사이의 관계에 관한 여러 사정이 증명되어야 인과관계를 인정할 수 있다고 한 것이다. 다만 이 판시는 반드시 상대위험도가 측정되어야 한다는 의미라기보다는 역학조사 결과 역학적 상관관계의 관련성의 강도가 충분해야 한다는 취지로 넓게 이해되어야 할 것이다.[229]

(나) 구체적 적용

1) 베트남전 참전군인 고엽제 사건

대법원 2013. 7. 12. 선고 2006다17539 판결[230]은 특이성 질환과 비

100명으로 구성된 집단에서 특정 질병에 걸린 사람이 40명, 노출되지 않은 200명으로 구성된 집단에서 질병에 걸린 사람이 20명이라면, 노출군의 질병발생률은 0.4(=40/100), 비노출군의 질병발생률은 0.1(=20/200)이므로, 상대위험도는 4(=0.4/0.1)가 된다. 상대위험도가 4라는 것은 비노출군의 질병발생의 위험에 비해 노출군의 질병발생의 위험이 4배 높다는 뜻이 된다[이상의 설명은 李縯甲(註 225) 120면의 내용을 그대로 인용함].

227) 역학조사결과 관련성을 나타내는 수치에는 '상대위험도' 외에도 '대응위험도(교차비, odds ratio)', '기여위험도(attributable risk)' 등이 있다. 여기서 기여위험도는 특정 위험인자가 질병 발생에 기여한 통계적 비율을 가리키는 것으로 상대위험도를 알면 계산할 수 있는 수치이다. 또한, 대응위험도는 '대조군(비환자군)의 위험인자 대응도'에 대한 '환자군의 위험인자 대응도'에 대한 비율을 의미하는데, 환자군에서 위험인자에 노출된 수를 a, 노출되지 않은 수를 b, 대조군(비환자군)에서 위험인자에 노출된 수를 c, 노출되지 않은 수를 d라 할 때, 대응위험도는 $\frac{a/b}{c/d}$가 된다. 질병이 희귀한 경우 대응위험도는 상대위험도에 가깝게 된다. 자세한 내용은 李縯甲(註 225), 119면 이하; 이선구(註 226), 266면 이하 참조.

228) 李縯甲(註 225), 120면.

229) 변지영, "역학적 증거가 소송에 미치는 영향에 관한 소고 : 산업재해보상보험 관련 등 행정소송과 불법행위로 인한 손해배상 소송에 관한 판례를 중심으로", 재판자료 제132집 : 행정재판실무연구 V, 법원도서관(2016), 278면 참조.

230) 공2013하, 1454.

특이성 질환의 인과관계를 달리 판단하였다.

우선 '염소성여드름'은 고엽제에 함유된 독성물질(TCDD)에 노출될 경우 발생하는 이른바 특이성 질환이라고 한 다음, 그 독성물질이 위 질병에 미치는 일반적 영향, 위 질병의 발병기간 등 일반적 특징, 관련 원고 측의 개인적 사정 등을 종합하여 양자 사이의 인과관계를 인정한 원심이 타당하다고 하였다.

그러나 원심이 인과관계를 인정했던 다른 질병들[231]에 관하여는, 이것이 이른바 비특이성 질환이라고 하여, 고엽제 노출과 그 질병 사이에 통계학적 연관성이 있고, 베트남전 참전군인이 그 질환에 걸렸으며, 참전군인이 고엽제 독성물질에 노출되었을 상당한 개연성이 있다는 사정만으로는 인과관계를 인정할 수 없다는 이유로 원심을 파기하였다.[232]

이 판결에서 이른바 비특이성 질환은 역학적 상관관계가 인정됨에도 개별적 인과관계가 부정된 것으로 보이기도 하나, 그 내용을 자세히 살펴보면 역학적 상관관계도 인정될 수 없다는 취지로 이해될 수 있다. 원심은 고엽제 노출과 각종 질병 사이의 연관성을 조사한 미국 국립과학원의 보고서[233]를 인용하여 위 비특이성 질환과 고엽제 노출 사이의 통계적 연관성을 인정하였을 뿐 오히려 피고들이 고엽제 독성물질에 노출된 베

---

231) 비호지킨임파선암, 연조직육종암, 만발성피부포르피린증, 호지킨병, 폐암, 후두암, 기관암, 다발성골수종, 전립선암, 2형당뇨병.

232) 이 판결은 역학적 상관관계도 인정할 여지가 없는 말초신경병, 버거병과 고엽제 노출 사이의 인과관계도 부정하였다. 또한, 원고들이 주장하는 비율적 인과관계론도 인정할 수 없다고 하였다. 학설도 대체로 비율적 인과관계론 또는 확률적 인과관계론을 부정하고 있다. 李縯甲(註 225), 138면, 註72 및 여기에서 소개하는 문헌 참조. 또한, 이 판결과 같은 날 선고된 대법원 2013. 7. 12. 선고 2006다17546 판결(미간행)도 같은 취지에서 참전군인의 출생 자녀들의 말초신경병과 고엽제 노출 사이의 인과관계를 인정할 수 없다고 하였다.

233) 대법원은 특히 '미국 국립과학원 보고서'는 베트남전 참전군인을 집단으로 설정한 후 역학조사를 한 것이 아니라 다이옥신에 노출된 인구군을 상대로 한 기존 논문들을 바탕으로 그 역학적 연구성과를 분석하여 고엽제 노출과 비특이성 질환 사이의 통계학적 연관성을 인정한 것에 불과하여 이 사건 비특이성 질환이 참전군인들에게 발병한 비율이 고엽제에 노출되지 아니한 일반 사람들에게서 발병한 비율보다 얼마나 더 높은지 여부 등을 규명할 수 없다는 한계를 지적하고 있다.

트남전 참전군인과 해당 질병 사이의 상대위험도가 1 이하라는 사정, 즉
양자 사이에 역학적 상관관계가 인정되지 않는다는 사정을 증명해야 책
임을 면할 수 있다고 하였다. 즉 베트남전 참전 군인을 표준 집단으로
설정한 역학적 분석은 이루어지지 않은 것이다.[234]

2) 담배소송

대법원 2014. 4. 10. 선고 2011다22092 판결[235]은 폐암은 흡연으로만
생기는 특이성 질환이 아니라 여러 외적 환경인자와 생체의 내적 인자의
복합적 작용으로 발병될 수 있는 비특이성 질환이라고 한 다음, 폐암 중
비소세포암 및 세기관지 폐포세포암[236]과 흡연 사이에 역학적 인과관계가
인정될 수 있다 하더라도 개별적 인과관계를 인정할 만한 개연성이 증명
되었다고 보기 어렵다고 하였다. 원심은 비소세포암과 세기관지 폐포세
포암은 다른 폐암에 비해 흡연과의 관련성이 상대적으로 현저히 낮고,
기타 폐암 진단자의 흡연 기간과 담배 종류, 가족력 등을 이유로 인과관
계를 부정하였고, 대법원도 이 판단을 유지한 것이다. 이 대법원 판결에
대해 찬성하는 견해가 있는 반면,[237] 증명책임을 지나치게 엄격하게 요구
했다고 비판하는 견해도 있다.[238]

---

234) 대법원 2014. 2. 27. 선고 2012두16275 판결[공2014상, 763]에서도 연세의료원과
  국가보훈처가 공동으로 수행한 '고엽제 피해 역학조사'는 고엽제에 노출된 집단과
  고엽제에 노출되지 않은 다른 일반 집단을 대조하여야 한다는 역학조사의 기본적
  인 요청을 충족하였다고 보기 어렵다고 하였다.
235) 공2014상, 1004.
236) 이 판결에서 인정된 사실에 의하면, 폐암은 조직형에 따라 크게 소세포암과 비
  (非)소세포암으로 나뉘고, 의학계에서는 일반적으로 흡연과 관련성이 있는 폐암은
  소세포암과 비소세포암 중 편평세포암, 선암으로 보는데, 그중 소세포암과 편평세
  포암은 관련성이 매우 크지만, 선암은 위 두 조직형의 폐암과 비교해서 관련성이
  현저히 낮다고 평가되고 있으며, 세기관지 폐포세포암은 선암의 일종으로 결핵,
  폐렴, 바이러스 등에 의해 발생한다는 보고가 있고, 편평세포암이나 소세포암에
  비해 흡연과의 관련성이 현저하게 낮으며 비흡연자 중에도 발병률이 높게 나타나
  흡연보다는 환경오염물질과 같은 다른 요인에 의한 것일 가능성이 높다고 한다.
237) 박영주(註 204), 261면.
238) 윤석찬(註 139), 17면; 한편, 비소세포암 중에는 흡연과 관련성이 높은 것도 있
  으므로 이에 대해서는 인과관계를 인정해야 한다는 비판으로는 이소은(註 16),
  326면; 이에 대해 박영주(註 204), 261면은 비소세포암을 진단받았을 뿐 구체적으
  로 어떠한 종류의 폐암을 진단받았는지 알 수 없는 경우이므로 인과관계를 부정해

다만 원심은 폐암 중 흡연과 역학적 상관관계가 상당히 높다고 알려진 소세포암이나 편평세포암의 경우에는 인과관계를 추정하였는바, 이 판단 부분은 위 대법원 판결의 심판 대상이 아니었다.[239]

(다) 판례 법리에 대한 평가

학설 중에는 역학적 인과관계가 인정된다면 일반적인 인과관계를 인정할 수 있고, 여기에 개별 피해자가 해당 위험인자 노출된 것이 밝혀졌다면 개별적 인과과계를 인정할 수 있다는 견해도 있다.[240] · [241] 그러나 다수의 견해는 판례와 같이 역학적 상관관계가 있어도 이는 통계적인 의미에 불과하므로 그것만으로 개별적 인과관계를 인정할 수 없다고 본다.[242] 판례의 태도는 증명책임에 대해 지나치게 엄격한 태도라고 비판하는 견해도 있으나,[243] 판례는 역학에 대한 정확한 이해가 바탕이 된 것으로 매우 타당하다는 평가도 있다.[244]

다만, 판례가 개별적 인과관계를 인정하기 위한 요건으로서 요구하는 '상당히 높은' 역학적 상관관계가 어느 정도에 이르러야 하는지는 구

야 한다고 한다.

239) 박태현(註 224), 187면.

240) 尹眞秀(註 2), 439면; 같은 취지, 신원일, "환경침해와 인과관계의 증명 : 판례 법리의 비판적 검토 및 환경오염피해구제법 제9조의 전망에 관하여", 民事判例研究 第39卷, 博英社(2017), 1112면; 국가유공자비해당결정처분취소 사건에 관한 대법원 2008. 8. 21. 선고 2008두5032 판결(미간행)은 이와 같은 취지로 이해될 여지가 있다. 변지영(註 229), 280면 참조.

241) 일본의 하급심은 공해소송에서 역학적 증명이 이루어지면 인과관계를 긍정해야 한다는 이른바 역학적 인과계론을 채용했다고 설명된다. 이에 대해서는 우선 신원일(註 240), 1112면 이하 및 吉村良一, "イタイイタイ病事件 : 公害における疫學的因果關係論", ジュリスト別冊 環境法判例百選 206호, 有斐閣(2011), 51-52면 참조; 다만 일본의 학설 중 역학적 인과관계설을 지지하는 견해는 대체로 비율적 인과관계설을 따르는 것으로 보인다. 新美育文, "疫學的手法による因果關係の證明 (下), ジュリスト 第871號, 有斐閣(1986), 92면 참조.

242) 李縯甲(註 225), 136-138면; 金載亨(註 161), 49-50면; 이선구(註 226), 269-272면; 같은 취지, 박태현(註 224), 189-190면; 이소은(註 16), 325면; 박규용(註 137), 246면; 박영주(註 204), 251면; 변지영(註 229), 260면 이하; 백경희 · 이인재, "의료과실책임과 유해물질 제조물책임에서의 인과관계에 관한 최근 판결의 동향 및 증명책임 경감 논의에 대한 검토", 慶熙法學 第47卷 第3號, 慶熙大學校(2011), 30-32면.

243) 신원일(註 240), 1114면.

244) 이선구(註 226), 274면.

체적 사안마다 개별적으로 판단되어야 할 것이다.[245] 다만, 자동차배출가
스로 인한 천식의 발병 등을 주장하며 손해배상을 청구한 사건에서, 대
법원 2014. 9. 4. 선고 2011다7437 판결[246]은 당해 역학연구결과에 의하
면 상대위험도가 크다고 보기 어렵다고 한 원심이 타당하다고 하였는데,
이 사건에서 상대위험도는 모두 2 미만이었다.[247] 또한, 판례가 추가적으
로 요구하는 개인의 질병과 위험인자에 관한 여러 개별적 사정들이 어느
정도까지 증명되어야 하는지 다소 불분명하다는 지적도 있다.[248] 판례가
요구하는 두 가지 요건 사이의 관계도 불분명한데, 어느 한 요건의 증명
도가 강하면 다른 요건의 증명도는 경감될 수 있는지도 문제될 것이
다.[249] 향후 역학적 상관관계에 의한 개별적 인과관계의 인정 요건에 관
한 판례 법리는 더 정교하게 다듬어져야 할 필요가 있다.

한편, 판례가 특이성 질환과 비특이성 질환을 구분한 것에 대해서는
비판이 많다. 의학계에서는 모든 질병은 복수의 요인이 복합적으로 작용
하여 발생하는 것이지 일반적으로 하나의 병인에 의해 발생하는 특이성
질환은 없다고 보고 있기 때문이다.[250]·[251] 이에 관한 판시는 향후 수정

---

245) 이소은(註 16), 325면은 이 요건이 상대위험도가 상당해야 한다는 것에 불과하여
역학 연구 결과로부터 개별적 인과관계를 쉽게 도출할 수 있는 기준을 설정한 것
이라고 평가한다. 그러나 판례의 취지가 그와 같은 것인지는 의문이다.
246) 공2014하, 1964.
247) 미국의 판결례 중에는 상대위험도가 2 이상이어야 법적 인과관계를 인정할 수
있다는 취지의 것이 있고, 이와 같은 취지의 견해도 있다고 한다[이를 소개하는
문헌으로 변지영(註 229), 261면 이하 및 註 28; 李縯甲(註 225), 140면, 註 77; 이
소은(註 16), 325면, 註 102; 이선구(註 226), 266면, 註 21 참조].; 한편 일본의 학
설 중에는 상대위험도가 5 이상이면 역학적 인과관계만으로 개별적 인과관계를 긍
정할 수 있다는 견해가 있다. 前田陽一, "千葉川鐵事件 : 疫學的因果關係", ジュ
リスト別冊 環境法判例百選 제206호, 有斐閣(2011), 33면 및 山口龍之, "疫學的因
果關係の研究", 信山社(2004), 20-21면 참조; 이에 대해 우리 학설상 상대위험도에
일정한 수치를 정하여 인과관계를 판단하는 것은 자의적이라고 비판하는 견해로는
李縯甲(註 225), 140-141면 참조.
248) 金載亨(註 161), 50면.
249) 이와 같은 취지의 견해로 신원일(註 240), 1115면 참조.
250) 이선구(註 226), 276-279면; 金載亨(註 161), 50면, 註 79; 특히, 이선구(註 226),
277-278면은 베트남전 참전군인 고엽제 사건에서 '염소성 여드름'이 특이성 질환
이라고 판단된 이유는 원심에서 미국 국립과학원의 보고서의 '염소성 여드름'에 관

될 필요가 있다.

라. 제조물책임의 적용 범위

대법원 2000. 7. 28. 선고 98다35525 판결[252]은 제조물책임은 제조물의 결함으로 인해 생명·신체나 제조물 그 자체 외의 다른 재산상 손해가 발생한 경우에 적용되는 것이지 제조물의 하자로 인해 제조물 그 자체에 발생한 손해에는 적용되지 않는다고 하면서, 차량의 결함을 이유로 차량 자체의 전소로 인한 손해배상을 구하는 원고는 매도인인 피고에 대하여 하자담보책임으로서 손해배상을 청구해야 한다고 하였다.

대법원 2003. 6. 13. 선고 2002다63701 판결[253] 역시 제조물에 상품적합성이 결여되어 제조물 그 자체에 발생한 손해는 제조물책임의 적용대상이 아니라고 하였다. 이 사건에서 원고는 피고가 공급한 분체도료(粉體塗料)에 원고가 요구하거나 일반적인 기준에 따른 전기저항이나 내모마성을 갖추지 못하였다고 주장하였는데, 이는 안전성에 관한 결함이 있다는 취지가 아니므로, 제조물책임을 물을 수 없다고 하였다.

위 판결은 모두 제조물책임의 범위에 관한 제조물책임법 제3조 제1항의 규정 내용과 동일하게 판단한 것이다. 제조물책임법 제정 전에도 판례는 제조물 그 자체에 관한 손해는 제조물책임의 적용 대상이 아니라고 한 바 있다.[254]

한 내용을 잘못 해석하였기 때문이라고 지적한다.

251) 일본 하급심은 名古屋高裁金沢支部 1972(昭和 47). 8. 9. 판결(判時674-25)에서 특이성 질환인 이타이이타이(イタイイタイ)병 사건에 관하여 최초로 역학적 인과관계론을 채용하고, 이에 영향을 받은 그 이후의 하급심 판결에서 비특이성질환의 경우에도 역학적 인과관계론을 채용하되 비율적 책임만 인정하였다고 설명된다. 吉村良一(註 241), 51-52면 참조; 기타 특이성 질환과 비특이성 질환을 구분하여 설명하는 일본의 학설로는 前田陽一(註 247), 33면; 新美育文(註 241), 89-90면; 일본의 하급심판결 중 해당 질병이 비특이성 질병이라고 판시한 것으로 千葉地裁 1988(昭和 63). 11. 17. 판결(判例タイムズ689-40). 이상의 내용에 따르면, 일본에서 특이성 질환이라고 설명되는 것은 이타이이타병과 같이 일본에서 특유하게 발생한 질병에 관한 것이라고 보인다.

252) 공2000.10.1.(115), 1923.

253) 미간행.

254) 대법원 1999. 2. 5. 선고 97다26593 판결[공1999.3.15.(78), 434].

한편, 학설상으로는 일본의 학설과[255] 같이 제조물의 결함으로 확대
손해가 발생하였다면 제조물에 대해서 발생한 손해 부분도 제조물책임의
배상 범위에 포함되어야 한다는 견해가 있다.[256] 그러나 제조물책임법 제
3조 제1항의 문언상 그와 같이 해석하기는 어렵다고 생각된다.[257]

마. 기   타

(1) 제조물 해당 여부

베트남전 참전군인 고엽제 사건인 대법원 2013. 7. 12. 선고 2006다
17539 판결[258]은 제조물책임법이 적용되지 않는 사안인데, "제조물책임의
대상이 되는 제조물은 원재료에 설계·가공 등의 행위를 가하여 새로운
물품으로 제조 또는 가공된 동산으로서 상업적 유통에 제공되는 것을 말
한다"고 하면서 "여기에는 여러 단계의 상업적 유통을 거쳐 불특정 다수
소비자에게 공급되는 것뿐만 아니라 특정 소비자와의 공급계약에 따라
그 소비자에게 직접 납품되어 사용되는 것도 포함된다"고 판시하였다. 이
에 따라 고엽제는 피고들이 미국 정부와의 개별적 공급계약에 따라 대량
으로 제조하여 미국 정부에 판매하고 실질적으로는 베트남전 참전 군인
들에 의하여 사용된 물품으로서 제조물에 해당한다고 하였다.

제조물책임법 제2조 제1호는 제조물을 "제조되거나 가공된 동산(다
른 동산이나 부동산의 일부를 구성하는 경우를 포함)"이라고 정의하고 있는
것에 반하여, 위 판결은 제조물의 요건으로서 "상업적 유통에 제공되는
것"이라는 요건을 추가하였다. 이는 미국 제3차 리스테이트먼트 제19조의
정의규정[259]에서 영향을 받은 것으로 보인다. 그러나 제3차 리스테이트먼
트 제19조는 영업상 유통된 유체동산이면 제조·가공의 유무를 묻지 않
고 제조물로 보는 데 반하여, 우리 법은 제조·가공을 제조물의 요건으
로 보는 이상 '상업적 유통'이라는 요건은 불필요하다고 생각된다.

---

255) 保原麻帆(執筆), "製造物責任"(編集者 羽成守·青木莊太郎), 靑林書院(2014), 255면.
256) 박동진(註 4), 312-313면; 안법영(註 90), 210면.
257) 같은 취지, 閔裕淑(註 113), 272-273면.
258) 공2013하, 1454.
259) 이에 대한 상세는 김천수(註 90), 40면 이하.

(2) 제조업자 해당 여부

베트남전 참전군인 고엽제 사건인 대법원 2013. 7. 12. 선고 2006다 17539 판결[260]은 제조물책임법이 적용되지 않는 사안임에도 제조물책임법 제2조 제3호에서 규정된 제조업자의 정의를 그대로 차용하면서, 정부와의 공급계약에 따라 정부가 제시한 제조지시에 따라 제조물을 제조·판매한 경우에도 제조물책임을 부담하는 제조업자에 해당한다고 하였다.

(3) 면책사유

베트남전 참전군인 고엽제 사건인 대법원 2013. 7. 12. 선고 2006다 17539 판결[261]은 제조물책임법이 적용되지 않는 사안임에도 제조물책임법 제4조 제1항 제2호의 개발위험 항변, 제3호의 법령기준준수 항변으로 면책될 수 있다는 전제에서 피고들의 면책 주장을 받아들이지 않았다.[262] 특히, 개발위험의 항변과 관련하여서는 피고들이 고엽제 설계·제조 당시 고도의 위험방지의무를 위반함으로써 고엽제에 설계상 결함이 있다고 인정되는 이상, 피고들의 개발위험 항변은 인정되지 않는다고 하였다. 이와 같이 개발위험 항변은 그 전단계인 설계상 결함 유무 판단에서 이미 고려되므로,[263] 설계상 결함이 인정되는 경우임에도 개발위험 항변으로 면책되는 사안은 상정하기 어려울 것이다.

반면, 혈우병 환자 HCV 감염 사건인 대법원 2017. 11. 9. 선고 2013다 26708등 판결[264]은 제조물책임법이 적용되지 않는 사안이므로 원심이 개발위험 항변에 관한 판단을 하지 않았다고 하여 판단누락이 아니라고 하였다.

(4) 제조물계속감시의무

콘택 600 사건인 대법원 2008. 2. 28. 선고 2007다52287 판결[265]에서 피고 제약회사는 의약품의 제조·공급 후에도 지속적인 주의를 기울여

---

260) 공2013하, 1454.
261) 공2013하, 1454.
262) 특히, 개발위험 항변으로 면책되는 이유는 제조업자에게 예견가능성이 없기 때문이라고 하였다.
263) 尹眞秀(註 134), 543면; 尹眞秀(註 2), 436-437면 및 尹眞秀(註 5), 418면도 참조.
264) 공2017하, 2280.
265) 공2008상, 444.

위험성에 대처하는 적절한 조치를 취할 의무를 위반하지 않았다는 취지로 판단하였다.

이는 제조물계속감시의무와 관련이 있는데, 여기에는 제조자의 결함 있는 제품회수 의무, 위험경고 의무 등이 있을 수 있다.[266] 제조물책임법 제4조 제2항은 제조물계속감시의무를 위반한 경우에는 면책사유가 있어도 면책되지 않는다고 규정하고 있다. 그러나 이와 별도로 제조물계속감시의무 위반으로 손해배상책임을 인정할 것인지 문제되는데, 반대하는 견해도 있으나,[267] 학설은 대체로 이를 인정하고 있다.[268] 다만 그 근거에 대해서는 논란의 여지가 있다.[269]

(5) 국제재판관할

판례는 제조물책임 소송에서 손해발생지의 법원에 국제재판관할권이 있는지 여부는 제조업자가 그 손해발생지에서 사고가 발생하여 그 지역의 법원에 제소될 것임을 합리적으로 예견할 수 있을 정도로 제조업자와 손해발생지 사이에 실질적 관련성이 있는지를 고려하여야 한다고 하였다.[270] 이에 따라 베트남전 참전군인 고엽제 사건의 손해발생지인 우리나라는 이 사건과 실질적 관련성이 있다는 이유로 우리나라 법원에 국제재

---

266) 蘇榮鎭(註 14), 5790면.

267) 金凡鐵(註 145), 135-136면; 다만 이 견해에서도 표시상 결함은 제조물 공급 이후에도 발생할 수 있다고 하므로, 결론에 있어 큰 차이는 없을 것으로 보인다.

268) 蘇榮鎭(註 14), 579면; 윤석찬(註 46), 577면; 전병남(註 4), 226면; 최병록(註 46), 176면.

269) 蘇榮鎭(註 14), 564면에서는 제조물계속감시의무 위반은 기타의 결함에 포함될 수 있다는 취지이다.

270) 대법원 2013. 7. 12. 선고 2006다17539 판결[공2013하, 1454]; 제조물책임법이 시행되기 이전에도 대법원 1995. 11. 21. 선고 93다39607 판결[공1996.1.1.(1), 26]은 이와 같이 판단하였고, 특히 그 실질적 관련성을 판단함에 있어서는 "예컨대 당해 손해 발생지의 시장을 위한 제품의 디자인, 그 지역에서의 상품광고, 그 지역 고객들을 위한 정기적인 구매상담, 그 지역 내에서의 판매대리점 개설 등과 같이 당해 손해 발생지 내에서의 거래에 따른 이익을 향유하려는 제조자의 의도적인 행위가 있었는지 여부가 고려될 수 있다"고 하면서, "국내 회사인 피고 회사가 미국 플로리다주에 주소나 영업소를 두지 않고, 같은 주에 본점이 있는 원고 회사에 수년간 무선전화기를 판매해 왔을 뿐이라면, 플로리다주 법원에 국제재판관할권이 인정되지 않는다고 하였다.

판관할권이 있다고 하였다.

나아가 판례는 제조물의 결함으로 손해를 배상한 제조물 공급자 등
이 제조업자를 상대로 외국 법원에 구상금 청구 소송을 제기한 경우에도
제조업자가 그 외국 법원에 구상금 청구의 소를 제기당할 것임을 합리적
으로 예견할 수 있을 정도로 제조업자와 그 법정지 사이에 실질적 관련
성이 있는지를 고려하여야 한다고 하였다.[271]

2. 제조물책임법이 적용되는 사안의 판례

가. 서

판례는 제조물책임법이 적용되는 사안에서도 기존의 법리를 계속 유
지하고 있는 한편, 새로운 법리를 개진한 것도 발견된다. 한편, 판례 중
에는 제조물책임법을 적용하면서도 기존의 판례를 원용하여 제조물의 결
함으로 소비자에게 손해가 발생한 경우 '불법행위로 인한 손해배상책임'
을 진다고 판시하는 것이 있는데,[272] 이는 제조물책임이 불법행위책임의
성질을 갖는다는 취지로 이해할 수 있을 것이다.

나. 결함 및 인과관계 인정 여부

(1) 제조물책임이 인정된 사례

(가) 대법원 2008. 2. 28. 선고 2006다76873 판결[273]

이 판결 사안은 방울토마토 및 딸기를 재배하는 원고들이 피고가
제조한 비료를 비료 판매상으로부터 매수하여 이를 위 작물에 뿌렸는데
이후 그 수확률이 감소하는 피해가 생긴 사건이다. 이 사건 비료에는 피
고가 비료생산업 등록을 하면서 비료 보증성분량으로 기재한 성분량 및
비료 포장용기에 기재된 성분량보다 훨씬 많은 질소 등이 함유되어 있는
사실이 밝혀졌다. 이 판결은 이 사건 비료에는 원래 의도한 분량을 초과
하여 비료를 제조한 제조상의 결함이 있고, 또한 포장용기에 위험에 대

---

271) 대법원 2015. 2. 12. 선고 2012다21737 판결(미간행).
272) 대법원 2015. 2. 26. 선고 2014다74605 판결(미간행).
273) 미간행.

한 합리적인 표시가 되어 있지 않은 표시상 결함이 있다고 하였다.

(나) 대법원 2008. 6. 26. 선고 2006다40437 판결274)

이 판결 사안은 젖소를 사육하는 원고가 피고가 제조·판매한 사료를 구입하여 젖소에게 먹였는데 젖소가 폐사한 사건이다. 대법원은 이 사건 사료에 칼슘함유율 등에 관한 설계상 결함이 없고, 기타 제조상 결함도 없다고 판단하였다. 그러나 음이온 사료인 이 사건 사료를 먹이는 경우 칼슘이 제대로 공급되지 않으면 발병 위험 등이 있음에도, 피고가 단순히 "건유기275)용, 음이온이 첨가된 사료이므로 건유기에만 사용하기 바랍니다"라고 표시를 한 것은 이 사건 비료의 적정 사용 시기, 칼슘 공급에 관한 주의사항 등이 누락되어 있으므로 표시상 결함이 있다고 판단하면서 이와 다른 원심을 파기하였다.

(다) 대법원 2013. 3. 28. 선고 2010다13664 판결276)

이 판결 사안은 피고가 원고 병원에 의료용 마취가스인 아산화질소가스(N₂O)를 제조, 공급해 왔는데, 원고 병원의 수술실에 공급되는 마취가스 가스통이 교체된 후 전신마취 하에 수술을 받은 환자들에게 독성질소산화물에 중독되었을 때 나타나는 호흡곤란 등의 급성 증상이 나타난 사건이다.

원심은 역학조사 결과 피고가 공급한 가스통으로부터 공급된 마취가스 흡입시간과 위 증상의 유무 및 정도가 비례하는 것으로 나타난 점, 다수의 환자들이 같은 경로로 호흡기를 통하여 독성 화학물질을 접촉하였다는 것 말고는 다른 원인을 상정하기 어려운 점, 위 가스통의 성분분석결과 상당량의 독성질소산화물이 불순물로 존재한 점 등의 사정을 종합하여, 피고가 공급한 가스통에 상당량의 독성 질소산화물이 불순물로 존재하였고, 이로 인해 마취과정에서 환자들이 독성 질소산화물을 호흡기로 들어가 사고가 발생하였다고 추정하였고, 결함이 아닌 다른 원인에 의해

---

274) 미간행.
275) 분만 후 우유생산량 증가 및 질병예방을 위해 분만 직전 60일 정도 건유시키는 기간.
276) 미간행.

사고가 발생하였다는 피고의 주장을 모두 배척하였다. 대법원은 위와 같은 원심의 판단이 정당하다고 하였다. 이 사건은 제조상 결함에 관한 것으로서, 기존 판례 법리에 따라 결함과 인과관계를 모두 추정한 것이다.

한편, 원심은 원고 병원이 주장하는 손해 중 마취사고 발생 후 수술 중단으로 진료수입이 감소하였다는 주장은 증거가 없다는 이유로 배척하였으나, 대법원은 손해가 발생한 사실이 인정되는 경우 손해액에 관한 주장, 증명이 미흡하더라도 적극적으로 석명권을 행사하여 증명으로 촉구하거나 직권으로라도 손해액을 심리·판단해야 한다는 이유로 이 부분을 파기하였다.[277] 이 부분은 제조물의 결함으로 인한 영업상 이익의 상실이 제조물책임의 대상이 될 수 있는가라는 문제와 관련이 있는데, 이는 순수재산손해(pure economic loss)의 문제 중 하나이다. 그러나 이 사안에서는 원고 병원과 피고 사이에 계약관계가 있으므로 원고 병원이 제조물책임이 아니라 다른 청구원인에 근거하여 그러한 손해의 배상을 청구할 수 있으므로 이 사안에서 위 논의의 실익은 많지 않다. 순수재산손해의 문제에 대해서는 아래에서 다시 살펴본다.

(라) 대법원 2013. 5. 9. 선고 2009다19413 판결[278]

이 판결은 양돈업을 하는 원고가 피고 회사로부터 피고가 제조한 사료를 공급받아 돼지에게 먹인 이후 돼지의 집단폐사가 발생하였고, 이후 돼지열병 진단을 받아 관할관청으로부터 살처분 명령이 내려져 돼지를 매몰한 사안에 관한 것이다.

원심은 피고 회사가 공급한 사료의 공급 당시부터 병원성 세균에 오염되어 있었다고 보기 어렵고, 설령 사료가 공급 당시 오염되어 있었다고 하더라도, 그 때문에 돼지가 집단폐사했다고 보기 어렵다고 하였다. 그러나 대법원은 기존의 증명책임 완화 법리를 원용하면서 피고가 공급한 사료는 공급 당시부터 오염되어 있다고 보아야 하고, 집단폐사의 발

---

277) 그러나 파기환송심도 원고의 증명이 부족하다는 이유로 이 부분 원고 병원의 청구를 기각하였고, 이대로 확정되었다.

278) 미간행.

생 시기, 수의사들 및 관련 기관의 검사 및 진단 결과, 이 사건 세균의 특징 등 여러 사정을 고려하여, 피고가 공급한 사료에 공급 당시 결함이 있었고, 그로 인해 돼지의 집단폐사가 발생하였다고 보아야 한다고 판단하여 원심을 파기하였다. 한편, 대법원은 원고가 돼지열병 백신 접종과 관련하여 권장사항을 준수하지 않았다 하더라도 제조물책임을 인정하는 데 지장이 없다고 하였다.

(마) 대법원 2017. 12. 28. 선고 2015다76400 판결279)

이 판결 사안은 골프장을 운영하는 원고가 피고들이 수입하여 판매한 농약을 구입하여 골프장 잔디에 살포하였는데, 골프장 잔디가 고사한 사건이다. 대법원은 골프장 잔디가 고사한 것은 이 사건 농약의 약해에 의한 것이고, 피고들이 제품설명서 등에 약해의 위험성에 관한 합리적 표시를 하지 않았다는 이유로 표시상 결함이 있다고 한 원심이 타당하다고 하였다.280)

(바) 대법원 2018. 7. 20. 선고 2016다52890 판결281)

이 판결은 원고의 신축 주택에 피고가 제작한 보일러가 설치되었는데 그 설치 다음날 위 주택에서 화재가 발생한 사안에 관한 것이다. 대법원은 이 사건 화재의 발화원이 피고의 배타적 지배 아래 있는 영역인 이 사건 보일러 내부에 존재하였던 것으로 판단하여 피고에게 제조물책임을 인정한 원심이 타당하다고 하였다.

(2) 제조물책임이 부정된 사례

(가) 대법원 2011. 7. 14. 선고 2009다143 판결282)

이 판결 사안은 원고 운전자가 피고 회사의 승용차를 시속 약 80㎞의 속도로 운전하던 중 중심을 잃고 좌우로 흔들리다가 사고가 발생한 것인데, 이 사건 사고 직후 우측 앞바퀴쪽 현가장치 일부인 '요크(yoke)'

---

279) 미간행.
280) 같은 날 선고된 대법원 2017. 12. 28. 선고 2016다214513 판결(미간행)도 원고만 다를 뿐 같은 피고에 대한 같은 취지의 판결이다.
281) 미간행.
282) 미간행.

가 파단되어 있었다. 원고들은 요크에 결함이 있어 이 사건 사고가 발생한 것이라고 주장하였으나, 대법원은 사고 후 요크에 대한 재질 및 비파괴검사 결과 정상 성능으로 판정되었고, 시험운행 결과 요크가 파단되더라도 이 사건 사고와 같은 현상이 발생하지 않는다고 보이는 점, 이 사건 차량 후미 부분의 함몰 자국은 제3의 물체에 의한 충격에 의한 것일 가능성이 높은 점 등을 이유로 결함을 부인한 원심이 정당하다고 하였다. 이 판결도 기존 제조물책임에서의 증명책임 완화 법리에 따라 "승용차가 정상적으로 사용되는 상태에서 제조업자인 피고의 배타적 지배하에 있는 영역에서 사고가 발생하였다는 점"이 증명되지 않았다고 본 것이다.

(나) 대법원 2011. 11. 24. 선고 2009다8369 판결[283]

이 판결 사안은 피고 회사가 제조한 이 사건 승강기에 망인이 신문배달을 위해 탑승하였는데, 승강기가 04:33경 21층과 22층 사이에 정지하였고, 이에 망인이 승강기 문을 강제로 개방하여 탈출을 시도하던 중 승강장 바닥으로 추락하여 사망한 사건이다.

원심은 우선 승강기사고조사판정위원회의 조사 결과 등을 근거로 이 사건 승강기의 장치인 파이널리미트스위치[284]에 제조상 결함이 있다고 하였으나, 망인이 비정상적인 방법으로 탈출하다가 사고가 났다는 등의 이유로 사고와 결함 사이에 상당인과관계는 없다고 판단하였고, 이 사건 승강기에 비상키를 사용하지 않으면 문이 열리지 않도록 하는 인터록(Interlock) 장치에 관한 설계상·표시상 결함은 인정하지 않았다. 대법원은 원심의 위와 같은 판단이 모두 정당하다고 하였다.

(다) 대법원 2013. 11. 14. 선고 2013다21352 판결[285]

이 판결 사안은 지역난방공사가 피고 등으로부터 열배관 자재인 '이중보온관'을 납품받아 이를 시공사에 제공하여 매립하게 하였는데, 그로

---

283) 미간행.
284) 승강로의 상하부에 설치되어 카가 최상층 또는 최하층을 지나쳐 승강로의 천정 또는 바닥에 충돌하는 것을 방지하는 장치.
285) 미간행.

부터 7년이 경과한 후 매설된 이중보온관에서 핀홀(Pin-Hole, 미세한 구멍)이 생겨 순환수가 누출되는 사고가 발생한 사건이다.

원심은 핀홀이 생긴 이중보온관은 피고가 납품한 것으로 추단되고 이중보온관에 결함이 있다는 이유 등으로 피고의 손해배상책임을 인정하였다. 그러나 대법원은 일단 이 사건 이중보온관이 피고가 납품한 것으로 추단하기 어렵고, 설령 이를 피고가 납품하였다 하더라도, 매설된 지 7년이 경과한 후에서야 사고가 발생하고, 이중보온관 매설 이후 염분 등 외부적 요인에 의하여 핀홀이 발생할 가능성도 배제할 수 없으므로 결함 등에 관한 증명이 이루어지지 않았다고 하여 원심을 파기하였다.

(라) 대법원 2014. 2. 13. 선고 2011다38417 판결[286]

이 판결 사안은 다음과 같다. 피고 甲 회사는 나머지 피고들 회사에 베이비파우더의 주원료인 '탈크'[287]를 공급하였고, 나머지 피고들 회사는 2008.경 이래 이 사건 베이비파우더 제품을 제조 · 판매하였으며, 원고들은 그 베이비파우더를 구입 · 사용한 영유아 본인 또는 부모들이다. 그런데 2009. 4. 1.경 베이비파우더와 탈크에서 발암물질인 석면이 검출되었고, 이에 원고들은 베이파우더에 발암물질인 석면이 함유되어 있는 것 자체가 결함에 해당한다고 주장하면서 제조물책임에 따라 위자료를 청구하였다.

원심은 당시의 기술 수준 등에 의하면 피고들이 대체설계를 채용하지 않은 설계상 결함이 있다거나, 피고들이 탈크에 석면이 함유되어 있음을 알고 있었다고 볼 수 없으므로 표시상 결함이 있다고 볼 수 없다고 하였고, 나아가 베이비파우더로 인해 원고들 영유아에게 질병 발생 등 직접적 침해 결과가 나타나지 않은 상황에서, 원고들이 주장하는 건강에 관한 불안과 염려 등은 객관적인 근거에 등에 의해 뒷받침되지 않았으므

---

286) 미간행.
287) 원심 판결에 의하면, 탈크는 광물로서 그 자체가 유해한 것은 아닌데, 자연상태에서 석면형 섬유가 혼재될 수 있고, 국제암연구소는 석면을 함유한 탈크를 1급 발암물질로 지정하였다.

로 그 정신적 고통이 배상되어야 하는 정신적 손해로 평가하기 어렵다는 취지로 판단하였다. 그런데 대법원은 결함 여부에 대해서는 따로 판단하지 않고 원고들에게 정신적 손해가 발생하였다고 보기 어렵다는 원심 판단이 타당하다고 하면서 상고를 기각하였다.

그러나 원심과 대법원이 원고들에게 정신적 손해가 발생하지 않았다고 본 것에는 의문이 있다. 영유아에게 사용하는 제품에 발암물질이 포함되었다고 밝혀진 이상 그 발암물질이 신체에 미치는 영향이 아직 과학적으로 정확하게 밝혀지지 않았다고 하여 그러한 사정을 모르고 이 제품을 사용한 사람들에게 정신적 손해가 없다고 평가하기 어렵다고 생각된다. 발암물질이 신체에 미치는 구체적인 영향이 밝혀지지 않은 상황이라면 오히려 불안으로 인한 고통은 더 큰 것이 아닌지 의문이다. 이 판결에서 명시하지는 않았지만 그 밑에 있는 실제 근거는 결국 당시 기술 수준으로는 탈크에 석면이 포함되었음을 알 수 없었고, 현재에도 그 탈크에 있는 석면이 인체에 어느 정도로 영향을 미치는지 알 수 없다는 점에 있다고 추측된다. 이는 과학·기술 수준에 관한 사실인정의 문제일 것이다. 다만, 원심은 국내에서는 석면에 관한 인체안전성 연구가 상대적으로 취약한 상태였다는 점을 근거로 들고 있는데, 설계상 결함을 판단하는 데 있어 판단되어야 할 기술 수준이 국내 기술 수준으로 한정되어야 하는지는 의문이다.

(마) 대법원 2015. 2. 26. 선고 2014다74605 판결[288]

이 판결에서 다시 한 번 자동차의 결함으로 인한 급발진 여부가 쟁점이 되었다. 이 판결 사안은 원고 운전자가 2010년 식 승용차를 운전하던 중 편도 1차로의 우측으로 굽은 내리막길 지점에서 중앙선을 넘어 추돌사고가 발생한 사건이다. 원고들은 이 사건 자동차의 장치에 결함이 있어 사고가 발생한 것이라고 주장하였다.

그러나 대법원은 기존의 증명책임 완화 법리를 원용하면서, 동승자

---

288) 미간행.

의 진술, 사고 지점에 스키드마크가 없는 점, 자동차의 감정 결과 결함을
인정할 특이점이 밝혀지지 않은 점, 운전자의 구두 밑창에 가속 페달 표
면과 유사한 자국이 남겨진 점 등의 사정을 근거로 운전자가 가속 페달
을 밟는 등 잘못 조작하였을 가능성을 배제할 수 없고, CCTV 영상 분석
등에 의하면, 승용차의 당시 속도는 시속 120~160㎞인 점, 원고들이 주
장하는 장치의 결함이 미국 도로교통안전국의 조사 결과 인정되지 않은
점, 우리나라 국토교통부도 2012. 5.경 급발진의 원인이 되는 결함은 발
견되지 않았다고 발표한 점 등의 사정을 근거로, 운전자가 승용차를 정
상적으로 사용하고 있었음에도, 제조업자의 배타적 지배영역에서 사고가
발생하였다는 사정이 증명되지 않았다는 이유로, 결함과 인과관계를 추정
할 수 없다는 원심이 타당하다고 하였다.

다. 제조물책임의 적용 범위

대법원 2015. 3. 26. 선고 2012다4824 판결[289]은 제조물책임법 제3조
제1항에 따라 '제조물에 대하여만 발생한 재산상 손해'는 제조물책임의
적용 대상이 아니라고 하면서, 나아가 그 '제조물에 대하여만 발생한 재
산상 손해'에는 제조물의 결함 때문에 발생한 영업 손실로 인한 손해도
포함되고, 따라서 그러한 손해는 제조물책임법의 적용 대상이 아니라고
하였다.

이 판결 사안은 다음과 같다. 乙 회사가 포함된 공동수급체는 민간
투자 발전소 사업을 하는 甲 회사로부터 발전설비공사를 도급받았고, 乙
회사는 위 공사를 위하여 丙 회사로부터 발전기를 공급받기로 하는 계약
을 체결하였다. 乙 공동수급체는 丙 회사가 납품한 발전기를 甲 회사에
인도·설치해 주었고, 위 발전설비공사도 완공하였다. 이후 甲 회사가 발
전소 사업을 영위하던 중 이 사건 발전기의 절연볼트가 파손된 것이 발
견되었고, 그 절연볼트 교체 기간인 약 40일간 발전소를 가동하지 못함
으로써 영업이익을 상실하는 손해를 입었다. 이에 甲 회사와 재산종합보

---

289) 공2015상, 606.

험계약을 체결한 원고 보험회사가 甲 회사에 일실영업이익 약 26억 원 중 일부인 약 10억 원을 보험금으로 지급한 뒤 乙 공동수급체 구성원과 丙 등을 상대로 구상을 청구한 것이다.[290]

원고는 丙 회사에 대한 청구 부분에서 丙이 이 사건 발전기의 제조업자라는 이유로 이 사건 발전기의 결함으로 인한 제조물책임을 주장하였다. 원심은 이 사건 발전소는 발전기와 더불어 보일러, 터빈 등 제반 설비가 기능적으로 일체화되어 가동되는 시설로서, 발전기가 가동되지 않으면 발전설비 전체가 가동되지 못하게 되므로, 발전기의 가동 중단으로 인한 영업손실 손해는 발전기의 가동 중단으로 인해 논리필연적으로 발생하는 손해로서 제조물책임의 적용 대상이 될 수 없다고 하였고, 대법원은 앞서 본 법리를 개진한 후 원심이 타당하다고 하였다.[291]

이 사건의 쟁점은 제조물의 결함으로 이를 사용하지 못하여 입은 영업상 이익의 일실 손해가 제조물책임법의 적용 대상인가 여부이다. 이는 이른바 '순수재산손해(pure economic loss)'[292]와 관련된 문제이다. '순수재산손해'는 피해자의 생명, 신체, 물건에 대한 침해를 수반하지 않은 채 재산적 이익에만 발생한 손해를 의미하고,[293] 이와 반대로 '필연적 재산손해(consequential economic loss)'[294]는 생명, 신체, 물건에 대한 침해 그 자

---

290) 甲 회사도 1심에서 공동원고였으나, 1심에서 전부 패소 판결을 받은 뒤 항소하지 않았다.

291) 한편, 이 판결에서는 乙 공동수급체 구성원들은 이미 완성된 이 사건 발전기를 공사현장에 고정시키는 설치 작업만 한 것이고, 이 사건 발전기의 제조업자에 해당하지 않으므로, 제조물책임의 주체가 될 수 없다고 하였다. 다만, 乙 공동수급체 구성원들의 불완전이행으로 인한 손해배상책임은 인정되었다.

292) 이 용어례에 관하여는 권영준, "미국법상 순수재산손해의 법리", 民事法學 第58號, 韓國司法行政學會(2012), 146면, 註 1 참조; 이를 '순수한 경제적 손해' 또는 '순수경제손해'라 지칭하기도 한다. 尹眞秀(註 2), 429면 참조.

293) 권영준(註 292), 147면; Youngjoon Kwon, "Pure Economic Loss: A Korean Perspective", Journal of Korean Law, Vol. 10, No. 2(2011), p. 213도 참조.

294) 이를 '부수적 경제적 손실'이라고 부르는 문헌이 있으나[최흥섭, "한국법의 불법행위책임에서 순수경제적 손실(Pure Economic Loss) : 유럽통일민사법안(DCFR)과의 비교를 중심으로", 民事法學 第71號, 韓國司法行政學會(2015), 202면; 정태윤·김정민, "美國 不法行爲法에서의 純粹經濟的 損害", 法學論集 第11卷 第2號, 梨花女子大學校 法學硏究所(2007), 85면], 여기서는 본문과 같이 번역하기로 한다.

체로부터 나오는 손해를 의미한다.[295] 순수재산손해는 손해배상책임을 배제하거나 제한하기 위한 개념이라는 데 의미가 있다.[296] 제조물의 결함으로 인한 영업상 손해가 순수재산손해인가는 더 따져볼 수 있는 문제이나,[297] 이는 보통 순수재산손해의 범주에서 논의되고 있다.[298]

미국의 제3차 리스테이트먼트 제21조는 결함 제조물 이외의 원고의 재산(property)에 관한 경제적 손실이 배상 범위에 포함된다는 취지로 규정하고 있는데, 이는 제조물 이외의 재산에 대한 침해를 매개하지 않은 순수재산손해의 배상은 인정되지 않는 취지로 이해되고 있다.[299] 실제로 미국의 법원은 대체로 제조물책임에서 영업이익 상실과 같은 순수재산손해의 배상을 인정하지 않고 있다고 한다.[300] 또한, 유럽연합의 제조물책임 지침 제9조는 제조물책임의 범위에 생명, 신체를 포함시키는 한편, 결함 제조물 이외의 물건의 손해 중 소비자 사용 목적으로 제조되고 그 목적으로 사용된 것만 포함시키고 있다. 이에 따라 같은 취지로 입법된 영국의 소비자보호법 제5조 제3항은 제조물책임의 범위 중 물적 손해는 '소비자 제품(consumer product)'만 포함된다는 취지로 규정하고 있다.[301] 독일의 제조물책임법도 같은 태도를 취하고 있다.[302] 유럽의 이와 같은 입법례는 제조물책임은 소비자 보호를 목적으로 하면서 제조물의 결함으로 인한 영업이익 상실 등은 배상에서 제외하고 있는 것이다. 이와 달리 프랑스의 제조물책임은 이러한 제한을 두지 않고 영업용 재산에 대한 침해

---

295) Youngjoon Kwon(註 293), p. 213 참조.
296) 권영준(註 292), 148-149면.
297) 당해 제조물의 결함으로 이를 사용하지 못하였기 때문에 발생하는 영업손실이므로 엄격한 의미의 순수재산손해가 아니라는 지적이 있을 수 있다. 정전 사건에 관한 최흥섭(註 294), 215면의 내용 참조.
298) 위계찬, "제조물책임에서 순수재산손해의 배상에 관한 비교법적 고찰", 法學論攷 제42집, 경북대학교 출판부(2013), 284면 이하; 정태윤 · 김정민(註 294), 95면 이하; 권영준(註 292), 157면도 참조.
299) 위계찬(註 298), 285~286면 참조.
300) 정태윤 · 김정민(註 294), 95면 이하 참조.
301) Geraint Howells(註 36), p. 395, 4.234, 235.
302) 위계찬(註 298), 287면 참조; 金載亨, "獨逸의 製造物責任法에 관한 고찰", 民法論 Ⅱ(처음 발표 : 2001), 博英社(2004), 436-437면도 참조.

에도 제조물책임이 적용되도록 하고 있다.³⁰³⁾ 일본에서도 제조물책임법 입법과정에서 순수재산손해를 손해의 범위에서 제외하자는 논의가 있었으나 결국 이를 제외하는 명문 규정은 두고 않았고, 따라서 순수재산손해도 제조물책임의 손해의 범위에 포함된다고 해석된다.³⁰⁴⁾

우리 제조물책임법 제3조 제1항은 제조물책임의 범위에 관하여 재산상 손해 중 '제조물에 대하여만 발생한 손해'만 제외할 뿐 소비자 제품에 한정하는 제한을 두고 있지 않고, 다만 위 법 제6조 단서에서 영업용 재산에 대한 손해에 관하여는 면책특약의 유효성을 인정하고 있을 뿐이다. 따라서 우리 제조물책임법은 프랑스법 및 일본법과 유사한 태도를 취하고 있다고 평가할 수 있다.³⁰⁵⁾

학설 중에는 위 조항의 문언과 입법태도 등을 고려하여, '제조물에 대하여만 발생한 손해'에는 제조물의 가치저하, 결함 제조물의 수리비용, 대체품 조달비용 외에 영업상 이익의 일실손해도 포함된다고 해석하는 견해가 있고,³⁰⁶⁾ 다만 영업상 이익의 일실손해는 민법 제393조에 따른 특별손해로서 제조업자의 예견가능성 유무에 따라 배상 범위를 조절할 수 있다는 견해가 있다.³⁰⁷⁾ 이러한 견해는 설득력이 있다고 생각된다. 우리 법은 일반적으로 불법행위에 관한 일반조항인 민법 제750조를 두고 있으므로, 순수재산손해도 원칙적으로 배상 범위에 포함되어야 하지만, 우리 판례가 그 배상 범위를 제한하는 방법 중 하나가 바로 특별손해에 대한

---

303) 梁彰洙, "프랑스의 새로운 製造物責任立法", 民法研究 第6卷(처음 발표 : 1999), 博英社(2007), 491-492면 참조.
304) 保原麻帆(註 255), 261면; 일본의 하급심도 제조물책임에서 순수재산손해를 인정한 바 있다. 예를 들어 東京地裁 2001(平成13). 2. 28. 판결(判例タイムズ1068-181)은 피고 수입회사가 수입한 식품에 있는 균에 의해 원고 레스토랑 손님들이 식중독에 걸린 사안에서, 그 수입식품에 결함이 있다고 판단한 다음, 제조물책임에 따른 손해배상으로 원고 레스토랑이 8일간 영업정지처분을 받아 휴업해야 했던 기간인 8일 동안의 영업손해와 원고의 신용 훼손으로 인한 매출 감소이익인 신용손해를 모두 인정하였다.
305) 梁彰洙(註 303), 492면, 註 22, 23 참조.
306) 박동진(註 4), 317면 이하; 위계찬(註 298), 299-301면.
307) 박동진(註 4), 317, 320면.

예견가능성 유무이기 때문이다.[308] 제조물책임법 제정 전의 판례도 원고
가 제조물의 결함으로 인해 영업을 중단함으로써 영업상 손실을 입었다
고 주장한 사건에서, 그 영업상 손실과 결함 사이에 인과관계를 인정하
기 어렵고, 설령 일부 인과관계가 있다 하더라도 그 손실이 통상손해라
거나 피고가 알았거나 알 수 있는 특별손해가 아니라고 하여 원고의 배
상청구를 배척한 것이 있었다.[309]

　　그런데 이 판결 사안에서는 甲 회사를 대위한 원고의 丙 회사에 대
한 영업상 손실에 관한 청구를 부인하기 위하여 민법 제393조의 특별손
해에 대한 예견가능성 법리를 사용하는 것은 한계가 있다. 왜냐하면 甲
회사는 이 사건 발전소 사업을 위해 乙 회사와 丙 회사가 함께 설립한
회사였으므로, 丙 회사가 발전기의 결함으로 인해 甲 회사의 영업이익이
상실될 수 있다는 점을 알 수 없었다고 평가하기 어려운 측면이 있기 때
문이다.

　　이 판결은 아예 제조물책임법 제3조 제1항의 '제조물에 대하여만 발
생한 재산상 손해'에는 제조물의 결함 때문에 발생한 영업 손실로 인한
손해도 포함된다고 해석함으로써 제조물의 결함으로 인한 순수재산손해
는 제조물책임의 적용에서 제외하였다.[310] 이로써 판례는 제조물책임을
사실상 미국, 독일 법원이나 유럽연합의 제조물지침이 취하는 태도와 동
일하지는 않지만 그에 가깝게 만들었다고 할 수 있다. 또한 판례가 제조
물책임에서 과잉배상을 막는 수문(floodgate)을 한층 더 닫아 버렸다고 평
가할 수도 있을 것이다.[311] 다만 이는 법 문언의 한계 내의 해석이라기보

---

308) 이에 관하여 Youngjoon Kwon(註 293), pp. 224-226, 235-236 참조; 대법원
　　1996. 1. 26. 선고 94다5472 판결[공1996.3.15.(6), 713]은 가해자가 공장지대의 전
　　신주를 충격하여 전선이 절단된 결과 피해자 공장의 전력공급 중단으로 공장이 중
　　단되어 영업상 손실을 청구한 사건에서 그 영업 손실은 특별손해로서 가해자가 이
　　를 알거나 알 수 있었다고 보기 어렵다고 하여 그 배상을 인정하지 않았다.
309) 대법원 1999. 2. 5. 선고 97다26593 판결[공1999.3.15.(78), 434].
310) 다만 우리 법에서 이러한 영업상 이익의 일실손해가 언제나 부인되는 것은 아니
　　고 일반 불법행위책임 등에 기하여 청구할 수 있는 여지가 있을 것이다. 이 사건
　　에서 원고는 丙 회사에 대하여 일반불법행위 책임 등에 기하여도 영업상 손해의
　　배상을 청구하였으나, 丙 회사에 과실이 없다는 이유로 모두 배척되었다.

다는 법형성에 가깝다고 생각된다.

Ⅴ. 결론 : 판례에 대한 비판적 검토와 향후 과제의 전망

　　제조물책임에서 핵심은 결함의 존부와 결함과 손해 사이의 인과관계의 문제라고 할 수 있다. 판례는 제조물책임법이 제정되기 이전부터 제조물책임에 관한 기본 법리를 확립하여 제조물책임법이 제정된 이후에도 그 법리를 계속 적용해 오고 있다. 나아가 판례는 그 기본 법리 위에다가 제조물의 특성에 맞추어 구체적인 법리를 계속 발전시켜 오고 있다. 예를 들어 그 자체로 인체에 유해한 화학제품이나 인체에 유해한 영향을 미칠 수 있는 의약품에 대해서는 일반적인 제조물보다 비교적 엄격한 기준으로 결함 여부를 판단하고 있다. 특히 그 자체로 인체에 유해한 화학제품의 경우에는 고도의 위험방지의무를 부과하고, 혈액제제의 경우에도 감염 위험을 제거할 고도의 주의의무를 부과함으로써 그 결함으로 인한 일반 소비자의 피해를 예방하려는 정책적인 판단도 보여주고 있다. 또한 판례는 의약품이나 고도의 기술이 집약된 제조물의 경우에는 결함과 인과관계에 관한 증명책임을 더욱 완화하는 법리를 개진함으로써 피해자 보호를 도모하고 있다. 이와 같이 판례가 제조물의 개별 특성에 맞추어 제조물책임의 법리를 구체화하고 발전시키는 것은 긍정적으로 평가할 수 있다.

　　그런데 제조물책임의 증명책임 완화 법리에서 판례가 '제조업자의 배타적 지배영역에서 발생한 사고'임을 요구하는 것은 피해자에게 너무 엄격한 증명책임을 부과하는 것이라는 비판이 많다. 그러나 제조물책임법 제정 이후에 제조물책임을 인정한 판례의 추이를 살펴보면, 판례는 개별 사안마다 이 요건을 완화하여 적용하려는 경향이 있음을 알 수 있다. 즉, 판례는 결함과 인과관계 추정에 관한 증명책임 완화의 법리를 유지하고 있으면서도 실질적으로는 개별 사안에서 증명책임을 더욱 완화하

---

311) 순수재산손해에 관한 '수문 논거(floodgates argument)'에 관하여 Youngjoon Kwon(註 293), pp. 220-221 참조.

려는 태도라고 평가할 수 있다. 나아가 2017년 제조물책임법이 개정됨에 따라 이 판례 법리가 조문화되었을 뿐만 아니라 '제조업자의 배타적 지배영역'이란 요건이 '제조업자의 실질적인 지배영역'이라는 표현으로 수정된 만큼 향후 판례가 이에 대해 어떻게 판단할 것인지 주목할 필요가 있다.

또한, 판례는 제조물책임의 증명책임에서 역학적 연구를 인과관계 판단에 도입하는 기준을 세웠다. 역학적 상관관계와 개별적 인과관계의 문제는 제조물책임에서뿐만 아니라 환경침해소송에서도 중요한 문제가 될 것이다. 다만 이에 관한 판례 법리는 더 정교하게 다듬어지거나 일부 수정될 필요가 있다.

한편, 판례가 결함 여부를 판단하는 데 있어 제시하는 근거는 개별 사안마다 여러 구체적인 사정을 들고 있을 뿐이고, 그 판단의 일반적인 기준 이외에 세부적이고 구체적인 기준을 제시하는 것은 거의 보이지 않는다. 개별 사안에서 판례가 들고 있는 여러 사정을 종합하여 판례의 취지를 추측해야 하는 경우도 많다. 예를 들어 사용자의 예견가능한 오사용에 대한 대체설계 및 위험표시에 관한 기준, 사용자가 전문가일 경우의 위험표시 정도 등에 관한 법리를 세울 필요가 있어 보인다. 특히 설계상 결함과 표시상 결함을 판단함에 있어서는 당시 과학·기술의 수준이 중요한 의미를 가지는 경우가 많은데, 이를 개별 사안에서 구체적으로 판단하는 방법과 그 기준 시기 등에 관하여 구체적인 기준을 세울 필요가 있다. 향후에는 판례가 학설의 평가와 비교법적 연구의 영향을 받아 결함을 판단하는 구체적인 기준에 관한 법리를 발전시킬 필요가 있다.

또한 판례가 결함 여부를 판단함에 있어 결함과 과실을 구분하지 않고 사용하는 경우가 종종 발견된다. 이는 제조물책임법이 제정되기 이전에 판례가 제조물책임을 이론적으로는 과실책임의 일환으로 본 것에 기인한 것일 수 있다. 그러나 이론적으로 결함은 해당 제조물에 초점을 맞춘 것이고, 과실은 제조자의 행위에 초점을 맞춘 것이므로, 제조물책임법이 적용되는 사안에서는 용어를 사용함에 있어서도 주의할 필요가 있을 것이다.

　　최근의 판례는 제조물책임의 범위에 관하여 제조물책임법의 문언을 벗어나 법형성에 가까운 해석을 하기도 하였다. 이러한 판례의 태도에 관하여 추후 연구가 계속될 필요가 있으나, 그에 대한 당부를 떠나 제조물책임에 관한 판례 법리는 향후에도 계속 발전될 것임을 보여주는 사례라 할 수 있다. 제조물책임법에서 '기타 결함'의 의미, 제조물책임법의 면책사유, 제조물계속감시의무 등에 관하여도 어려운 문제가 남아 있고, 최근에는 유럽에서 잠재적 결함의 인정 여부, 결함으로 인한 위험을 예방하기 위한 비용이 제조물책임의 범위에 포함되는지 여부도 문제되고 있는바,[312] 향후에도 새로운 판례가 나올 여지가 많다. 학설과의 끊임없는 교류 속에 판례 법리가 계속 발전하기를 기대해 본다.

---

312) 이에 대한 유럽사법재판소의 2015. 3. 5. 판결에 관한 소개로는 김익현, "잠재적 결함이 있는 이식형 의료기기 관련 제조물책임에 대한 유럽사법재판소의 판단 : 유럽사법재판소 2015. 3. 5. 선고 joined cases C-503/13, C-504/13 Boston Scientific Medizintechnik 판결을 중심으로", 저스티스 통권 제152호, 韓國法學院(2016) 참조.

[Abstract]

Development and Trend in Supreme Court of Korea Decisions on Product Liability

Lee, Bong Min*

This article discusses the overall development and trend in Supreme Court of Korea decisions on product liability. The court had established basic legal doctrine on product liability before the Product Liability Act was enacted, and has continued to apply such doctrine after the enactment of the Product Liability Act. In addition, the Supreme Court has constantly developed specific legal doctrines founded on the basic doctrine in an each product-category.

In relation to the burden of proof in product liability cases, the case law which requires the claimant to prove that 'the accident is caused by area within the exclusive control of the manufacturer' is widely criticised in that it poses too strict a burden on the victim (claimant). However, the trend of the Supreme Court decisions where the court acknowledged product liability of the manufacturer after the enactment of the Product Liability Act indicates that the court tends to loosen this rule. In the meantime, it should be noticed that the alleviated rules of 'burden of proof' have been codified in the Product Liability Act 2017, amending the previous rule of "under the 'exclusive' control of the manufacturer" to "under the 'practical' control of the manufacturer." Due attention therefore should be paid to subsequent court decisions.

However, in determining defects of products, some of the court deci-

---

* Judge, Suwon District Court, Ansan Branch Court.

sions have merely listed case-specific factual reasons rather than providing for detailed and sophisticated standards. In particular, standards such as the law on criteria for alternative design where users' misuse of product is forseeable, risk indication, and the extent of risk indication for expert users need to be further developed.

In some cases, in determining existence of defects, the court did not tend to distinguish the term 'defects' from 'negligence.' This may be due to the case law before the enactment of Product Liability Act, which viewed product liability as a liability based on negligence. However, theoretically, as defect concerns the product, whereas negligence concerns the manufacturer's conduct, the terms 'defect' and 'negligence' should be used with care.

In a recent case, the court expanded the scope of product liability beyond the limits of the wording of the Product Liability Act, which is akin to judicial law-making (*rechtsfortbildung*). This suggests that the case law on product liability will continue to develop in the future. I hope that the case law will evolve under the synergistic communication between the judiciary and the academia.

[Key word]

- Product liability
- product
- defect
- pure economic loss
- Supreme Court Decisions

참고문헌

Ⅰ. 국내문헌
[단 행 본]
양창수 · 권영준, "민법Ⅱ, 권리의 변동과 구제(제3판)", 博英社(2017).

[논   문]
康奉碩, "血液 또는 血液製劑의 使用으로 인한 損害의 賠償責任問題/現代民事法研究", 逸軒 崔柄煜 敎授停年紀念, 법문사(2002).
권영문, "제조물책임에 있어서 결함의 개념과 하자와의 구별", 判例研究 제26집, 釜山判例研究會(2015).
권영준, "미국법상 순수재산손해의 법리", 民事法學 第58號, 韓國司法行政學會(2012).
김대경, "자동차급발진사고와 제조물책임", 慶熙法學 제48권 제1호, 慶熙大學校(2013).
김민동, "改善될 수 없는 設計上 缺陷의 製造物責任", 安岩法學 第25號, 무지개출판사(2007).
_____, "의약품의 설계상 결함으로 인한 제조물책임 : 미국의 리스테이트먼트와 판례이론을 중심으로", 高麗法學 제56호, 고려대학교 법학연구원(2010).
김민중, "혈우병 치료를 위한 혈액제제의 투여 후에 나타난 HIV감염에 대한 책임", 民事法學 第57號, 韓國司法行政學會(2011).
金凡鐵, "製造物責任法上 警告義務의 限界", 法曹 第55卷 第7號, 法曹協會(2006).
金相容, "製造物責任의 法理構成", 人權과 正義 第217號, 大韓辯護士協會(1994).
金信澤, "玩具用 注射器의 製造上 缺陷으로 인한 損害와 製造者 責任", 대법원판례해설 第2卷 第1號, 법원도서관(1980).
김익현, "잠재적 결함이 있는 이식형 의료기기 관련 제조물책임에 대한 유럽사법재판소의 판단 : 유럽사법재판소 2015. 3. 5. 선고 joined cases

C-503/13, C-504/13 Boston Scientific Medizintechnik 판결을 중심으로",
저스티스 통권 제152호, 韓國法學院(2016).

金載亨, "獨逸의 製造物責任法에 관한 고찰", 民法論 Ⅱ(처음 발표 : 2001),
博英社(2004).

_____, "2000년대 民事判例의 傾向과 흐름, 債權法", 民事判例研究 第33-2卷,
博英社(2011).

_____, "2014년 민법 판례 동향", 民事裁判의 諸問題 第24卷, 韓國司法行政
學會(2016).

金濟完, "製造物責任法에 있어서 設計上의 缺陷의 判斷基準 : 合理的代替設計
(Reasonable Alternative Design)의 立證責任問題를 中心으로", 法曹 第54卷
第4號, 法曹協會(2005).

_____, "제약산업과 제조물 책임", 사법 제2호, 사법발전재단(2007).

김종현, "제조물책임법에 있어서 설계상·표시상의 결함 및 개발위험의 판단
기준과 사실상의 추정에 관한 소고 : 자동차 급발진 사건과 관련하
여", 法學硏究 第55輯, 韓國法學會(2014).

김천수, "제조물책임법상 제조물의 개념 : 미국 제조물책임 리스테이트먼트와
비교하여", 成均館法學 第16卷 第1號, 成均館大學校 比較法硏究所
(2004).

문현호, "혈액제제 제조물책임 소송과 증명책임", 刑事裁判의 諸問題 第7卷,
형사실무연구회 편, 司法發展財團(2014).

閔庚道, "製造物責任", 法과 正義 : 俓史 李會昌先生華甲紀念論文集, 博英社
(1995).

閔裕淑, "자동차 급발진사고와 제조물책임", 대법원판례해설 第49號, 법원도서
관(2004).

閔中基, "製造物責任에 관한 우리나라·日本의 判例 : 대상사건과 관련한 사
례를 中心으로", 判例實務硏究 Ⅲ, 博英社(1999).

박경재, "제조물의 결함과 입증책임", 法學硏究 第48卷 第2號, 釜山大學校
(2008).

박규용, "흡연자의 건강침해에 대한 담배제조사의 제조물책임", 民事法學 第40號,
韓國司法行政學會(2008).

박동진, "製造物責任法에서의 損害賠償", 比較私法 第9卷 第3號, 韓國比較私法
學會(2002).

_____, "제조물책임법 개정시안의 중요내용", 比較私法 제20권 제3호, 韓國 比較私法學會(2013).

박영주, "흡연과 폐암 발병 사이의 인과관계", 신영철 대법관 퇴임기념 논문집, 사법발전재단(2015).

박태현, "환경오염으로 인한 건강피해소송에서 역학연구를 통한 인과관계의 입증 : 판례법리를 중심으로", 法學論叢 第38卷 第3號, 檀國大學校 (2014).

백경희 · 이인재, "의료과실책임과 유해물질 제조물책임에서의 인과관계에 관한 최근 판결의 동향 및 증명책임 경감 논의에 대한 검토", 慶熙法學 第47卷 第3號, 慶熙大學校(2011).

백승흠, "제조물책임법상 '개발위험의 항변'의 필요성 여부에 관한 소고", 法學硏究 第28卷 第2號, 충북대학교(2017).

변지영, "역학적 증거가 소송에 미치는 영향에 관한 소고 : 산업재해보상보험 관련 등 행정소송과 불법행위로 인한 손해배상 소송에 관한 판례를 중심으로", 재판자료 제132집 : 행정재판실무연구 Ⅴ, 법원도서관 (2016).

서여정, "의약품(혈액제제) 제조물책임에서의 증명책임 완화", 裁判과 判例 제21집, 大邱判例硏究會(2012).

서희석, "개정 제조물책임법(2017년)의 의의와 한계", 과학기술과 법 제8권 제1호, 충북대학교 법학연구소(2017).

蘇榮鎭, "제조물책임에 있어서 결함의 개념과 입증책임", 判例硏究 제13집, 釜山判例硏究會(2002).

송오식, "제조물의 결함 유무 판단기준", 民事法硏究 第14輯 第1號, 大韓民事法學會(2006).

신원일, "환경침해와 인과관계의 증명 : 판례 법리의 비판적 검토 및 환경오염피해구제법 제9조의 전망에 관하여", 民事判例硏究 第39卷, 博英社 (2017).

신은주, "의약품결함과 제조물책임", 南泉 權五乘敎授 停年紀念論文集, 법문사 (2015).

안법영, "의료와 제조물책임", 高麗法學 제40호, 고려대학교 법학연구원(2003).

梁彰洙, "韓國의 製造物責任法", 法學 第42卷 第2號, 서울대학교 법학연구소 (2001).

_____, "製造物責任", 民法散考, 博英社(2007).

_____, "프랑스의 새로운 製造物責任立法", 民法研究 第6卷(처음 발표 : 1999), 博英社(2007).

嚴東燮, "自動車急發進事故와 製造物責任 : 缺陷推定 및 設計缺陷을 中心으로", 判例實務研究 Ⅶ, 博英社(2004).

연기영, "의약품사고와 제조물책임", 의료법학 제3권 제2호, 대한의료법학회(2002).

위계찬, "제조물책임에서 순수재산손해의 배상에 관한 비교법적 고찰", 法學論攷 제42집, 경북대학교 출판부(2013)

윤석찬, "의약품 결함과 손해배상책임", 比較私法 第19卷 第2號, 韓國比較私法學會(2012).

_____, "담배소송에서의 담배사업자의 민사책임론 : 대법원 2014. 4. 10., 선고 2011다22092 판결평석을 중심으로", 法制 통권 제678호, 法制處(2017).

尹眞秀, "韓國의 製造物責任", 民法論考 Ⅲ(처음 발표 : 2002), 博英社(2009).

_____, "製造物責任의 主要 爭點 : 최근의 논의를 중심으로", 民法論考 Ⅵ(처음 발표 : 2011), 博英社(2015).

_____, "李容勳 大法院의 民法判例", 民法論考 Ⅶ(처음 발표 : 2011), 博英社(2015).

이규호, "製造物責任法 施行後 製造物責任에 관한 증명책임의 분배 : 一應의 推定을 중심으로", 光云比較法學 제5호, 광운대학교비교법연구소(2004).

이동진, "위험영역설과 증거법적 보증책임 : 증명책임 전환의 기초와 한계", 저스티스 통권 제138호, 韓國法學院(2013).

이상정, "製造物責任法 제정의 의의와 향후 과제", 저스티스 第68號, 韓國法學院(2002).

李相周, "고도의 기술이 집약되어 대량으로 생산되는 제품의 하자로 인한 손해배상청구소송에서의 증명책임의 분배", 대법원판례해설 제97호, 법원도서관(2014).

이선구, "유해물질소송에서 역학적 증거에 의한 인과관계의 증명: 대법원 판례를 중심으로", 저스티스 통권 제146-1호, 韓國法學院(2015).

이소은, "담배소송의 제조물책임 관련 쟁점에 대한 고찰 : 결함과 인과관계를 중심으로", 저스티스 통권 제150호, 韓國法學院(2015).

李縯甲, "역학연구결과에 의한 인과관계의 증명", 法曹 제670호, 法曹協會 (2012).

李玲愛, "製造物責任法理의 動向", 民事裁判의 諸問題 第8卷, 韓國司法行政學會(1994).

李英俊, "한국 判例에 있어서의 製造物責任", 韓獨法學 第8號, 한독법률학회 (1990).

이종구, "지시, 경고(표시)상의 결함과 제조물책임", 저스티스 第97號, 韓國法學院(2007).

任銀河, "製造物責任法上 缺陷의 槪念과 類型에 관한 考察", 法曹 第56卷 第1號, 法曹協會(2007).

전병남, "감기약 콘택600 제조물책임사건에 관한 민사법적 고찰", 의료법학 제10권 제1호, 대한의료법학회(2009).

鄭萬朝, "過失에 基한 製造物責任과 그 證明問題/民事判例研究(제2판) 제1권 (처음 발표 : 1979), 博英社(1992).

鄭炳朝, "제조물 결함의 증명책임 완화에 관한 연구 : 하급심 판결의 분석을 포함하여", 法曹(2015. 5.), 法曹協會(2015).

정태윤·김정민, "美國 不法行爲法에서의 純粹經濟的 損害", 法學論集 第11卷 第2號, 梨花女子大學校 法學硏究所(2007).

최문기, "美國과 우리나라의 製造物責任 判例의 發展過程에 관한 一考察", 慶星法學 第13輯 第2號, 慶星大學校 法學硏究所(2004).

최병록, "우리나라 제조물책임(PL)판례 : 2002년 7월 제조물책임법 시행 전·후 판례의 비교분석을 통하여", 法學論攷 第22輯, 경북대학교 출판부 (2005).

_____, "의약품(감기약 콘택600)의 제조물책임 : 대법원 판결에 대한 비판적 고찰", 法學論攷 第38輯, 경북대학교 출판부(2012).

최흥섭, "한국법의 불법행위책임에서 순수경제적 손실(Pure Economic Loss) : 유럽통일민사법안(DCFR)과의 비교를 중심으로", 民事法學 第71號, 韓國司法行政學會(2015).

河鍾瑄, "製造物責任訴訟의 현황과 과제", 저스티스 第68號, 韓國法學院(2002).

Youngjoon Kwon, "Pure Economic Loss: A Korean Perspective", Journal of Korean Law, Vol. 10, No. 2(2011).

[기   타]

이재상, "제조물 관련 불법행위책임 성립 요건 및 판단기준", 法律新聞
　　　第4173號(2013), 13면.

Ⅱ. 외국문헌

Annette Hughes/Rod Freeman(General Editors), "Product liability. jurisdictional
　　　comparisons", Thomson Reuters(2014).

Geraint Howells(general editor), "The Law of Product Liability"(second
　　　edition), LexisNexis Butterworths(2007).

羽成守・青木莊太郎(編集者), "製造物責任", 青林書院(2014).

山口龍之, "疫學的因果關係の研究", 信山社(2004).

吉村良一, "イタイイタイ病事件 ： 公害における疫學的因果關係論", ジュリスト
　　　別冊 環境法判例百選 206號, 有斐閣(2011).

前田陽一 , "千葉川鐵事件 ： 疫學的因果關係", ジュリスト別冊 環境法判例百
　　　選 206號, 有斐閣(2011).

新美育文, "疫學的手法による因果關係の證明(下), ジュリスト 871號, 有斐閣
　　　(1986).

보험소비자 보호의 관점에서 본
보험약관에 관한 대법원판례

이 원 석*

■요　지■

　　이 글은 보험소비자 보호의 관점에서 보험약관에 관한 우리 대법원판례의 입장 내지 동향을 살펴보고자 하는 목적에서 작성되었다. 보험계약은 예외 없이 보험약관에 의하여 체결되는데, 보험약관에 보험자의 주된 급부의 내용과 보험계약자의 준수사항이 상세히 적혀 있는 반면 이러한 내용들은 보험의 기술적 특성으로 인하여 보험소비자가 쉽게 알 수 있는 것이 아니다. 이러한 특성으로 인하여 보험계약에 있어서는 특히 보험약관의 내용에 대한 설명의무가 중요하게 대두된다. 따라서 이 글에서는 보험약관에 대한 설명의무 및 이와 밀접한 관련이 있는 보험약관의 해석에 관한 문제를 주로 다루었는데, 그 내용을 요약하면 아래와 같다.

　　첫째, 대법원판례는 보험약관에 대한 설명의무의 면제 범위를 좁힘으로써 설명의무의 대상을 넓혀가고 있다. 면제사유 중 '거래상 일반적이고 공통적이어서 보험계약자가 충분히 예상할 수 있는 사항'과 관련하여는 보험계약자의 예상가능성에 중점을 두어 설명의무의 면제 여부를 판단하고 거래상 일반·공통성은 예상가능성을 판단하기 위한 참고요소로만 활용하고 있으며, '법령에 정하여진 것을 되풀이하거나 부연하는 데 불과한 경우'와 관련하여는 그 내용을 세분화하여 법령에 규정된 사항을 개별적으로 구체화하여 규정한 약관조항에 대하여는 예상가능성 등 다른 면제사유가 없는 한 설명의무를 면제하지 않고 있다.

---

* 수원지방법원 부장판사.

둘째, 대법원판례는 설명의무 위반에 대한 보험소비자의 구제수단으로서 약관조항의 계약편입배제가 갖는 한계를 명확히 인식하면서 개별약정의 인정에 의한 구제의 폭을 넓혀가고 있다. 다만 체약대리권이 없는 보험모집종사자가 잘못된 설명을 한 경우에도 개별약정을 인정할 것인가에 대하여는 아직 명시적인 판례가 없는데, 이는 향후 개별약정의 활용가능성에 대한 커다란 분수령이 될 것으로 보인다. 아울러 보험계약 내지 보험상품에 대한 설명의무 위반에 대하여는 손해배상책임이 인정되고 있는데, 보험약관에 대한 설명의무 위반에 대하여도 손해배상책임이 인정될 것인지에 관하여도 지켜볼 문제이다.

셋째, 판례는 약관의 해석에 관하여 객관적·통일적 해석원칙을 유지하면서도 그것은 계약해석의 한 방법인 규범적 해석임을 명확히 하고 있다. 보험약관의 해석이 법규적 해석이 아니라 계약의 해석임을 명확히 인식함으로써 보험자의 논리에 매몰되지 않고 평균적인 보험소비자의 이해가능성을 기준으로 한 합리적인 약관해석이 가능해질 것이다. 특히 새롭고 복잡한 보험약관일수록 평균적인 보험계약자의 이해가능성을 기준으로 해석하는 것이 보험소비자를 보호하는 길이다.

[주 제 어]
• 보험약관
• 보험약관의 설명의무
• 보험약관의 해석

I. 서　론

　오늘날 소비자가 맺는 계약의 상당수는 상대방인 사업자가 미리 마련해 둔 약관에 의하여 체결된다. 약관은 사업자가 그 내용을 일방적으로 마련하는 것이어서 사업자에게는 유리하고 소비자에게는 불리한 불공정한 내용이 포함될 가능성에 크다. 그럼에도 불구하고 소비자는 상대방과 그 내용에 관하여 개별적이고 구체적인 협의를 하여 그의 이익을 반영시킬 기회를 갖지 못하는 것은 물론 심지어는 그 내용을 제대로 알지도 못한 채 계약의 체결 여부만을 결정하게 된다. 따라서 약관에 의한 계약의 체결에 있어서는 소비자 보호의 문제가 대두되게 되는데, 우리나라는 1986년 약관의 규제에 관한 법률(이하 '약관규제법'이라고 한다)을 마련하여 약관에 대한 이른바 편입통제, 해석통제, 내용통제를 하고 있다.

　약관에 따른 계약에 있어 소비자 보호의 문제는 보험계약에서 특히 중요하게 발생한다. 보험계약은 예외 없이 보험약관에 의하여 체결되는데, 보험의 기술적인 특성으로 인하여 보험약관은 사업자인 보험자의 주된 급부와 관련된 내용(보험금을 지급하는 경우와 지급하지 않는 경우, 보험금의 산정방법 등)을 상세하게 규정할 뿐만 아니라 소비자인 보험계약자나 피보험자 또는 보험수익자(이하 특별히 구분하지 않고 '보험계약자'라고만 한다)가 보험보장을 받기 위하여 준수하여야 할 의무들을 규정하고 있어, 보험계약은 다른 계약과는 달리 보험약관의 내용을 면밀히 살펴보아야만 보험자의 주된 급부의 내용을 정확하게 알 수 있고 보험사고 발생시 애초에 목적한 보험보장을 제대로 받을 수 있다는 특징이 있다. 약관의 규제에 관한 많은 판례들이 보험약관과 관련된 것은 보험계약의 위와 같은 특징에 연유한 것으로 보이고, 그중에서도 특정 약관조항이 보험계약에 편입되었는지에 대한 다툼이 많은 것은 보험약관에 규정된 위와 같은 내용들이 일반 보험소비자로서는 쉽게 알 수 없는 것이 대부분이라는 점에 기인하는 것으로 보인다.

　이 글은 보험소비자 보호의 관점에서 보험약관에 관한 우리 대법원

판례의 입장 내지 동향을 살펴보고자 하는 목적으로 작성되었다. 위에서 본 보험계약 또는 보험약관에 관한 분쟁상황을 반영하여 편입통제라고 할 수 있는 보험약관에 대한 설명의무의 문제를 주로 다루었고, 더불어 이와 밀접한 관련을 갖는 보험약관 해석의 문제를 다루었다. 아래 Ⅲ.항은 보험약관의 설명의무에 관한 것이고 Ⅳ.항은 보험약관의 해석에 관한 것이다. Ⅱ.항에서 보험약관에 관한 일반적인 사항을 먼저 본 다음 대법원판례를 중심으로 보험약관의 설명의무와 보험약관의 해석에 관하여 차례로 본다.

Ⅱ. 보험약관 일반론

1. 보험약관의 의의와 필요성 및 종류

'약관'이란 그 명칭이나 형태 또는 범위에 상관없이 계약의 한 쪽 당사자가 여러 명의 상대방과 계약을 체결하기 위하여 일정한 형식으로 미리 마련한 계약의 내용을 말한다(약관규제법 제2조 제1호). 따라서 '보험약관'이란 보험자가 다수의 보험계약자와 보험계약을 체결하기 위하여 일정한 형식으로 마련한 보험계약의 내용이라고 할 수 있다.

보험계약이 보험약관을 통하여 체결되는 이유는, 다른 약관에 의한 계약과 마찬가지로 다수 상대방과의 계약을 간편하고 신속하며 경제적으로 체결하기 위한 목적도 있지만, 다수 가입자의 위험을 동질적인 것으로 정형화함으로써 위험단체(보험단체)를 구성하여 수지균등(수지상등)을 이루기 위한 통계적 기초를 마련하기 위한 목적도 있으며, 감독기관이 보험약관에 대한 규제 및 감독을 함으로써 보험제도의 공공성과 사회성을 도모하고 보험계약자를 보호하기 위한 목적도 있다.[1]

보험약관은 보통약관, 특별보통약관, 특별약관으로 구분할 수 있다.[2]

---

1) 정동윤, 상법(하)(제4판), 법문사(2011), 467면; 정찬형, 상법강의(하)(제16판), 박영사(2014), 509-510면; 이기수·최병규·김인현, 보험·해상법(제9판), 박영사(2015), 27면; 최준선, 보험·해상·항공운송법(제8판), 삼영사(2014), 60-61면; 한기정, 보험법, 박영사(2017), 114면; 박세민, 보험법(제4판), 박영사(2017), 55-56면; 장덕조, 보험법(제4판), 법문사(2018), 67면; 김은경, 보험계약법, 보험연수원(2016), 55면.

보통약관은 해당 보험에 대한 일반적·보편적 내용을 담은 약관을 말하고, 특별보통약관은 시기나 장소 등에 따라 보통약관의 보장범위를 확장 또는 축소하는 내용의 약관을 말하는데, 보험계약자로서는 보통약관과 특별보통약관 모두를 내용으로 하는 보험계약을 체결할지 여부를 선택할 수 있을 뿐 그 어느 하나를 배제한 보험계약을 체결할 수는 없다. 반면에 특별약관은 보험료를 절감하기 위하여 보장범위를 축소하거나 추가 보험료를 지급하고 보장범위를 확장하는 내용의 약관으로 보험계약자가 이를 보험계약에 편입시킬지 여부에 대한 선택권을 갖는 약관을 말한다.[3]

2. 보험약관의 기재사항

보험업감독규정(금융위원회고시) 제7-59조[4]는 보험약관에 필수적으로 기재하여야 하는 사항으로 ① 보험회사가 보험금을 지급하여야 할 사유, ② 보험계약의 무효사유, ③ 보험회사의 면책사유, ④ 보험회사의 의무의 범위 및 그 의무이행의 시기, ⑤ 보험계약자 또는 피보험자가 그 의무를 이행하지 아니한 경우에 받는 손실, ⑥ 보험계약의 전부 또는 일부의 해지의 원인과 해지한 경우의 당사자의 권리의무, ⑦ 보험계약자, 피보험자 또는 보험금액을 취득할 자가 이익 또는 잉여금의 배당을 받을 권리가 있는 경우에는 그 범위, ⑧ 적용이율 또는 자산운용실적에 따라 보험금 등이 변동되는 경우 그 이율 및 실적의 계산 및 공시방법 등, ⑨ 예금자보호 등 보험계약자 권익보호에 관한 사항을 규정하고 있다. 그리고 금융감

---

2) 최기원, 보험법(제3판), 박영사(2002), 38면; 정동윤, 앞의 책, 467면; 한기정, 앞의 책, 112-114면; 박세민, 앞의 책, 56-57면; 김은경, 앞의 책, 52-53면.
3) 판례는 업무용 자동차종합보험의 '관용차 특별약관'에 대하여 "보험계약자의 선택에 의하여 적용되고 그에 따라 보험료나 담보범위가 달라지는 고유한 의미에서의 특별약관이 아니라 피보험자동차가 관용차인 경우에는 보험계약자의 선택에 관계없이 당연히 적용되는 것"이라고 하면서 그 "약관의 계약 편입에 있어서 당사자 사이에 별도의 합의가 있어야 하는 것은 아니고 전체 보통약관의 편입 합의만 있으면 충분하다"고 하였다(대법원 1997. 7. 11. 선고 95다56859 판결).
4) 보험업감독규정 제7-59조는 보험업법 제128조의3 제1항, 보험업법 시행령 제71조의5를 근거로 한다.

독원은 보험업감독규정 제7-50조[5]와 보험업감독업무시행세칙(금융감독원세칙) 제5-13조에 근거하여 표준약관을 마련해 두고 있는데,[6] 보험회사는 원칙적으로 표준약관을 준용하여 보험약관을 작성하여야 한다($\frac{보험업감독규정}{제7-50조}$).

한편 보험약관의 내용은 상법 보험편 규정과의 관계에서 보면 ① 상법의 규정을 그대로 원용하는 원용조항, ② 상법의 규정을 변경하는 변경조항, ③ 상법의 규정을 보충하는 보충조항으로도 나눌 수 있다.[7]

3. 보험약관의 구속력의 근거

보험약관이 법적 구속력을 갖는 근거에 관하여는 ① 보험약관은 이를 보험계약의 내용으로 포함시키기로 하는 당사자의 합의에 의하여 구속력을 갖는다는 합의설(의사설, 계약설)과 ② 보험약관은 당사자의 합의가 없어도 구속력을 갖는다는 규범설(법규설)이 있고, 후자는 다시 ㉠ 보험약관은 보험거래권이 제정한 하나의 자치법이라는 자치법설과 ㉡ 보험계약은 보험약관에 의하여 체결된다는 상관습(법)이 있기 때문에 보험약관이 구속력을 갖는다는 상관습(법)설로 나뉜다.[8]

판례는, 보험약관이 계약당사자에 대하여 구속력을 갖는 것은 그 자체가 법규범 또는 법규범적 성질을 가진 약관이기 때문이 아니라 보험계약자가 이를 보험계약의 내용에 포함시키기로 명시적 또는 묵시적으로 합의하였기 때문이며, 일반적으로 보험약관을 계약 내용에 포함시킨 보험계약서가 작성된 경우 보험계약자가 보험약관의 내용을 알지 못하는 경우에도 그 보험약관의 구속력을 배제할 수 없는 것이 원칙이라고 하여

---

5) 보험업감독규정 제7-50조는 보험업법 제128조의4 제1항, 보험업법 시행령 제71조 제1항을 근거로 한다.

6) 현재 생명보험, 화재보험, 자동차보험, 질병·상해보험(손해보험회사용), 실손의료보험, 해외여행 실손의료보험, 배상책임보험, 채무이행보증보험의 표준약관이 마련되어 있다(보험업감독업무시행세칙 [별표15]).

7) 박세민, 앞의 책, 58면; 장덕조, 앞의 책, 66-67면; 김은경, 앞의 책, 54면.

8) ① 합의설 : 최기원, 앞의 책, 40면; 이기수·최병규·김인현, 앞의 책, 29-30면; 박세민, 앞의 책, 61-62면; 한기정, 앞의 책, 124-126면; 정동윤, 앞의 책, 468-469면; 정찬형, 앞의 책, 512면. ② 상관습(법)설 : 양승규, 보험법(제5판), 삼지원(2005), 70-71면; 최준선, 앞의 책, 64면.

합의설을 취하였다.[9]

4. 보험약관의 규제
가. 입법적 통제

보험약관을 통제하는 법률로는 상법, 약관규제법, 보험업법이 있다. 앞의 두 법률은 사법(私法)적 통제를 하고 있는데, 상법은 보험약관의 교부·설명의무를 규정하고 있고(상법 제638조의3), 상법 규정보다 보험계약자·피보험자·보험수익자에게 불리한 약정을 금하고 있으며(상법 제663조), 약관규제법은 약관에 대한 편입통제(약관의 명시·교부·설명의무와 개별약정 우선의 원칙, 약관규제법 제3, 4조), 해석통제(객관적·통일적 해석과 작성자불이익 원칙, 약관규제법 제5조), 내용통제(불공정성통제, 약관규제법 제6 내지 14조)를 규정하고 있다. 그리고 보험업법은 공법(公法)적 통제로서 보험회사에게 기초서류(보험약관은 그중 하나이다, 보험업법 제5조 제3호)의 작성·신고·준수의무 및 기초서류관리기준 제정·준수의무를 부과하고 있고(보험업법 제127 내지 128조의2), 기초서류의 작성·변경시 지켜야 할 사항을 규정하고 있다(보험업법 제128조의3).

나. 행정적 통제

약관규제법은 공정거래위원회로 하여금 불공정한 약관조항에 대하여 시정권고·시정명령·시정요청을 할 수 있도록 규정하고 있다(약관규제법 제17 내지 18조). 그리고 보험업법은 금융위원회로 하여금 보험회사가 신고 또는 제출한 기초서류 및 기초서류 관련 자료의 변경을 권고할 수 있도록 규정하고 있고(보험업법 제127조의2), 보험회사에 대하여 기초서류관리기준의 변경 또는 그 운용과 관련된 업무의 개선을 명할 수 있도록 규정하고 있으며(보험업법 제128조의2 제3항), 보험약관의 이해도평가를 하고 이를 공시할 수 있도록 규정하고 있다(보험업법 제128조의4).

---

9) 최초의 판결은 대법원 1985. 11. 26. 선고 84다카2543 판결이고, 이후 같은 판시가 반복되고 있다(대법원 1989. 11. 14. 선고 88다카29177 판결; 대법원 1990. 4. 27. 선고 89다카24070 판결; 대법원 1991. 9. 10. 선고 91다20432 판결; 대법원 2007. 6. 29. 선고 2007다9160 판결 등). 이는 보험약관 외의 일반거래약관에 관하여도 유지되고 있는 대법원의 일관된 입장이기도 하다(대법원 1986. 10. 14. 선고 84다카122 판결; 대법원 2004. 11. 11. 선고 2003다30807 판결 등).

다. 사법적 통제

법원은 보험약관의 효력과 내용을 구체적·개별적 사건에서 재판을 통하여 통제한다. 보험자와 보험계약자 사이의 보험약관의 효력과 내용을 둘러싼 다툼은 민사소송을 통하여 해결되고, 보험약관의 시정명령 등에 대한 다툼은 행정소송을 통하여 해결된다. 보험약관을 포함하여 약관에 대한 추상적 내용통제는 공정거래위원회에 의하여 행정적으로 이루어지고(약관규제법 제17 내지 20조), 법원에 의한 추상적 약관내용통제 제도는 마련되어 있지 않다.[10)]

Ⅲ. 보험약관의 설명의무

1. 설명의무의 의의와 취지

보험자는 보험계약을 체결할 때에 보험계약자에게 보험약관을 교부하고 그 약관의 중요한 내용을 설명하여야 한다(상법 제638조의3 제1항, 약관규제법 제3조 제2, 3항). 상법은 보험약관의 교부의무와 설명의무를, 약관규제법은 보험약관의 명시의무와 고객의 요구가 있는 경우의 교부의무 및 설명의무를 규정하고 있는데, 보험계약에 있어서는 상법의 규정에 의하여 보험계약자의 요구가 없더라도 보험약관을 교부하여야 하고 보험약관의 교부는 보험약관의 명시를 당연한 전제로 하므로 보험계약에 있어서 명시의무는 따로 의미를 갖지 않는다. 교부의무 위반의 경우에도 취소권(상법 제638조의3 제2항)과 계약편입배제(약관규제법 제3조 제4항) 등의 효과가 발생하지만 주로 문제되는 것은 설명의무이므로 이하에서는 설명의무만으로 한정하여 서술한다.

보험약관의 설명의무는 보험계약자가 알지 못하는 가운데 보험약관에 정하여진 중요한 사항이 보험계약의 내용으로 되어 보험계약자가 예측하지 못한 불이익을 받게 되는 것을 피하고자 하는 데 그 근거가 있다.[11)] 보험약관에 의한 보험계약의 체결에 있어 보험계약자는 계약내용의

---

10) 소비자기본법에 의한 단체소송(소비자기본법 제70조 이하)이 독일의 부작위소송과 유사한 기능을 담당할 가능성이 있으나, 그 요건에 비추어 볼 때 이 제도가 약관의 내용통제를 위한 제도로서 기능할 것이라고 기대하기에는 무리가 있다고 한다[이은영, "약관에 대한 추상적 내용통제", 외법논집 제41권 제1호, 한국외국어대학교 법학연구소(2017. 2), 208면].

형성에는 관여하지 못한 채 계약체결 여부만을 결정하게 되므로 보험계
약자의 보호를 위하여 보험자로 하여금 계약내용에 대한 적극적인 정보
제공의무를 부과한 것이다.

2. 설명의무의 주체와 상대방 및 그 이행의 방법과 시기
가. 설명의무의 주체

설명의무의 주체는 보험자이다(상법 제638조의3 제1항, 약관규제법 제3조 제3항). 다만 실제로는 모집종
사자(보험설계사, 보험대리점, 보험중개사, 보험회사의 임·직원, 보험업법 제83조 제1항)에
의하여 설명의무가 이행되고 있는데, 체약대리권이 있는 모집종사자는 그
대리권에 설명의무의 이행권한이 포함된 것으로 해석되고, 체약대리권
이 없는 모집종사자는 설명의무 이행권한이 별도로 수여된 것으로 해석
된다.[12]

나. 설명의무의 상대방

설명의무를 이행하여야 하는 상대방은 원칙적으로 보험계약자이지만
(상법 제638조의3 제1항, 약관규제법 제3조 제3항), 보험자가 보험계약자의 대리인과 보험계약을 체결하는
경우에는 그 대리인에게 설명하여도 무방하다.[13] 보험목적이 양도되어 보
험계약이 양수인에게 승계되는 경우 보험자가 양수인에 대하여도 설명의
무를 부담하는지에 관하여 학설은 긍정설과 부정설로 나뉘는데,[14] 아직
판례의 입장은 명확하지 않은 것으로 보인다.[15]

---

11) 대법원 1998. 11. 27. 선고 98다32564 판결; 대법원 2003. 5. 30. 선고 2003다
  15556 판결; 대법원 2011. 3. 24 선고 2010다96454 판결 등.
12) 한기정, 앞의 책, 150면; 장덕조, 앞의 책, 108면; 김은경, 앞의 책, 168면.
13) 대법원 2001. 7. 27. 선고 2001다23973 판결 등.
14) ① 긍정설 : 박세민, 앞의 책, 160면; 한기정, 앞의 책, 151면; 정찬형, 앞의 책,
  514-518면. ② 부정설 : 최기원, 앞의 책, 119면.
15) 판례 중에는 甲으로부터 피보험차량을 매수하고 그 차량에 관하여 甲이 피고(보
  험회사)와 체결한 자동차종합보험계약상의 권리의무를 양수한 乙이 피고 평택대리
  점을 찾아가 아직 자동차등록 명의를 변경하지 못하여 우선 甲 명의로 제2회 분
  할보험료를 납부하고 나중에 자동차등록명의를 변경한 뒤 보험 명의를 변경하겠다
  고 하자 위 대리점 직원이 보험계약의 승계절차에 관한 보험약관 내용에 대하여
  아무런 설명도 하지 아니한 채 乙로부터 위 분할보험료를 영수함으로써 이를 승낙
  한 사안에서 "보험계약의 승계절차에 관하여 피고의 자동차종합보험약관 제42조에

다. 설명의무의 이행방법

설명의무의 이행방법에 관하여는 약관규제법 제3조 제3항이 "고객이 이해할 수 있도록" 설명하여야 한다고 규정한 외에는 다른 규정이 없다. 판례는 "구체적이고 상세한" 설명의무가 있다는 표현을 사용한다.[16] 일방적 설명이 있으면 되고 약관조항에 대한 보험계약자의 구체적이고 개별적인 동의를 얻을 필요는 없으며, 보험자가 적극적으로 그리고 보험계약자가 이해할 수 있는 정도로 정보를 제공함으로써 충분하고 보험계약자가 실제로 약관조항의 내용을 인지하고 이해하지 않았더라도 설명의무는 이행한 것이 된다.[17]

한편 대면하여 구두로 보험약관을 설명하는 것이 전통적인 설명의무의 이행방법이라고 할 것이나, 전화나 인터넷을 이용한 보험계약의 체결이 늘어감에 따라 설명의무의 이행방법도 변화될 환경에 처해 있다. 이와 관련하여 판례는 통신판매 방식에 의하여 보험계약을 체결한 사안에서, 보험계약의 청약을 유인하는 안내문에 보험약관의 내용이 추상적·개괄적으로 소개되어 있을 뿐인 경우 그러한 안내문의 송부만으로 그 약관에 대한 보험자의 설명의무를 다하였다고는 할 수 없고, 이러한 법리는 보험료율이 낮다거나 보험계

___

보험계약자가 서면에 의하여 양도통지를 하고 이에 대하여 보험회사가 보험증권에 승인의 배서를 하도록 규정되어 있다고 하더라도 보험회사가 그와 같은 약관내용을 보험계약을 승계하고자 하는 자에게 구체적으로 명시하여 상세하게 설명하지 아니한 때에는 이를 보험계약의 내용으로 주장할 수 없다"고 하면서, 차량양도인인 甲과 피고 사이에 체결된 보험계약이 양수인인 乙에게 승계되어 보험계약의 실질적인 보험계약자 겸 피보험자가 乙로 변경되었다고 한 원심의 판단은 옳다고 한 것이 있다(대법원 1994. 10. 14. 선고 94다17970 판결). 다만, 이 판결은 보험목적을 양수한 사람이 종전 보험계약자의 권리의무를 승계하기 위하여 보험료를 납부하려는 경우 보험자는 그 보험계약의 승계에 관한 보험약관상의 절차를 설명하여야 한다는 취지이므로(물론 원심인 서울고등법원 1994. 2. 16. 선고 93나30664 판결은 보험자가 양수인에 대하여 "보험계약 승계에 관한 약관상의 절차 기타 보험계약의 중요한 내용에 대하여 구체적이고 상세한 명시 설명의무를 지고 있다"고 판시하였으나, 대법원은 보험계약 승계에 관한 약관상의 절차에 관한 설명의무만을 판시내용으로 하고 있다), 이로써 판례가 보험목적의 양도에 따른 보험계약의 승계인에 대하여 일반적인 보험약관 설명의무를 인정한 것이라고 보기는 어렵다고 생각된다.

16) 대법원 2005. 12. 9. 선고 2004다26164, 26171 판결 등.
17) 장덕조, 앞의 책, 69-70면.

약의 체결 방식이 통상의 경우와 다르다고 하여 달라지지 아니한다고 하였다.[18] 표준약관은 전화·우편·인터넷 등 통신수단을 이용하여 체결하는 계약의 경우 ① 인터넷 홈페이지 또는 사이버몰(컴퓨터를 이용하여 보험거래를 할 수 있도록 설정된 가상의 영업장)에서 약관 및 그 설명문(약관의 중요한 내용을 알 수 있도록 설명한 문서)을 읽거나 내려받게 하는 방법(계약자가 이를 읽거나 내려받은 것을 확인한 때에 설명의무를 이행한 것으로 본다) 또는 ② 전화를 이용하여 청약내용, 보험료납입, 보험기간, 계약 전 알릴 의무, 약관의 중요한 내용 등 계약을 체결하는 데 필요한 사항을 질문 또는 설명하는 방법(계약자의 답변과 확인내용을 음성녹음함으로써 설명의무를 이행한 것으로 본다) 중 하나로 설명의무를 이행할 수 있다고 규정하고 있다(생명보험 표준약관, 화재보험 표준약관 제18조 제1항, 제20조 제1항,

자동차보험 표준약관 질병·상해보험(손해보험회사용) 실손의료보험 해외여행 실손의료보험 배상책임보험 제39조 제2항, 표준약관 제20조 제1항, 표준약관 제17조 제1항, 표준약관 제17조 제1항, 표준약관 제20조 제1항,

채무이행보증보험 표준약관 제14조 제1항).

라. 설명의무의 이행시기

상법 제638조의3 제1항의 문언상 보험약관의 설명의무는 "보험계약을 체결할 때" 즉 보험계약자의 청약에 대하여 보험자가 승낙할 때까지 이행하면 되는 것으로 해석된다. 그러나 보험계약자가 보험계약 체결 전에 보험약관의 내용을 알 수 있도록 하여야만 설명의무의 취지를 살릴 수 있다는 점에서 입법론으로는 보험계약자가 '청약할 때'를 설명의무의 이행시기로 하여야 한다는 주장이 유력하다.[19] 표준약관은 보험계약자가 "청약할 때에" 보험약관의 중요한 내용을 설명하여야 하는 것으로 규정하고 있다(구체적인 조항은 통신판매계약에 따른 설명의무의 이행방법에 관한 조항과 같다(위 다.항 참조), 다만 자동차보험 표준약관의 경우는 제39조 제1항이다).

3. 설명의무의 대상
가. 약관의 중요한 내용

보험자는 '약관의 중요한 내용'을 설명하여야 한다(상법 제638조의3 제1항, 약관규제법 제3조 제3항). 일반적으로 약관의 중요한 내용이라고 함은 고객의 이해관계에 중대한

---

18) 대법원 1999. 3. 9. 선고 98다43342, 43359 판결.
19) 한기정, 앞의 책, 153면; 박세민, 앞의 책, 158-159면.

영향을 미치는 사항으로서 사회통념상 그 知·不知가 계약체결 여부에
영향을 줄 수 있는 사항을 말한다. 판례는 "사회통념에 비추어 고객이 계
약체결의 여부 또는 대가를 결정하거나 계약체결 후 어떤 행동을 취할지
에 관하여 직접적인 영향을 미칠 수 있는 사항"을 약관의 중요한 내용이
라고 하였다.[20] 이를 보험약관의 내용에 대입시켜 보면, 보험료와 그 지
급방법, 보험금, 보험기간, 보험사고의 내용, 보험자의 책임범위와 책임개
시시기, 보험자의 면책사유, 보험계약의 해지사유·무효사유, 보험계약자
또는 피보험자의 의무와 불이행시의 불이익 등이 중요한 내용에 해당된
다고 할 수 있다.[21] 판례는 "보험상품의 내용, 보험료율의 체계, 보험청약
서상 기재사항의 변동 및 보험자의 면책사유 등 보험계약의 중요한 내
용"을 설명의무의 대상이라고 하고,[22] "보험사고의 구체적인 내용이나 그
범위를 정한 보험약관"도 설명의무의 대상이라고 한다.[23] 한편 약관의 중
요한 내용인지 여부는 구체적인 사건에서 개별적 사정을 고려하여 판단
하여야 한다는 것이 판례이다.[24]

나. 설명의무의 대상으로 긍정된 사례

판례가 특정 약관조항을 보험약관의 중요한 내용으로서 보험자가 설
명하여야 한다고 한 사례는 무수히 많다. 아래 4.항(설명의무가 면제되는
경우)에서 문제된 약관조항들은 모두 보험약관의 중요한 내용으로서 설명
의무의 대상이 됨을 전제로 한 것이다. 따라서 여기서 따로 중요한 내용

---

20) 대법원 2008. 12. 16.자 2007마1328 결정; 대법원 2010. 7. 15. 선고 2010다
19990 판결.
21) 박세민, 앞의 책, 150면. 최준선, 앞의 책, 70면; 최기원, 앞의 책, 120면도 유사
한 사항들을 설명의무의 대상으로 열거하고 있다.
22) 대법원 1999. 3. 9. 선고 98다43342, 43359 판결; 대법원 2001. 7. 27. 선고 99다
55533 판결; 대법원 2003. 11. 14. 선고 2003다35611 판결 등. 이전 판례는 위 항
목들 중 '보험자의 면책사유'는 명시적으로 열거하지 않았으나(대법원 1992. 3. 10.
선고 91다31883 판결; 대법원 1995. 8. 11. 선고 94다52492 판결; 대법원 1996. 3.
8. 선고 95다53546 판결; 대법원 1998. 6. 23. 선고 98다14191 판결 등) 같은 취지
로 볼 것이다.
23) 대법원 2005. 10. 7. 선고 2005다28808 판결.
24) 대법원 2008. 12. 16.자 2007마1328 결정; 대법원 2010. 7. 15. 선고 2010다19990
판결.

으로 긍정된 사례를 검토하지는 않는다.

　다만 한 가지 다소 특이한 것으로, 대법원 2013. 6. 28. 선고 2012다
107051 판결은 상해보험 약관에 포함된 '외과적 수술, 그 밖의 의료처치
로 인한 손해를 보상하지 않는다'는 면책조항과 관련하여, 사고 발생에
의료과실이 기여하였더라도 위 면책조항이 적용되는지에 관하여 이를 긍
정한 대법원판결[25]을 반영하여, "…외과적 수술 등의 과정에서 의료과실
이 개입되어 발생한 손해를 보상하지 않는다는 것"을 설명하여야 한다고
한 바 있다.[26] 구체적이고 상세한 설명을 하여야 한다는 판시와 맥락을
같이 하는 것으로서, 문언 그 자체만으로는 약관조항의 내용을 알기 어
려운 경우 그 정확한 내용을 설명하여야 한다는 취지로 보인다. 그러나
보험계약 체결 당시에는 전혀 논란이 되지 않던 해석의 문제가 보험사고
발생 후에 대두될 수도 있는데, 이러한 경우 사후에 법원에 의하여 이루
어진 해석의 내용대로 약관조항을 설명하지 않았다고 하여 설명의무 위
반이라고 하여야 할지는 의문이다. 보험자는 보험계약 체결 당시 일반적
으로 예상할 수 있는 범위 내에서 설명을 하면 충분하고 그것으로써 약
관조항은 보험계약의 내용으로 편입되는 것이며 편입된 약관조항에 대한
해석은 그 이후의 문제라고 보아야 한다. 위 판결은 해석을 둘러싸고 분
쟁이 있었던 약관조항에 관하여 대법원판결이 나온 경우하면 그 이후에
는 그 판결 내용까지 반영하여 약관조항을 설명하여야 한다는 취지로 새
기는 것이 옳다고 생각한다.[27]

다. 설명의무의 대상으로 부정된 사례

(1) 통상적으로 예상하기 어려운 특수한 상황을 상정한 설명

　판례는 먼저 통상적으로는 예상하기 어려운 특수한 상황까지 상정한

25) 대법원 2010. 8. 19. 선고 2008다78491, 78507 판결.
26) 같은 취지의 판시 : 대법원 2013. 6. 28. 선고 2013다22058 판결.
27) 위 판결은 사고 발생에 의료과실이 기여하였더라도 위 면책조항이 적용된다는
　대법원판결이 선고되기 전에 체결된 보험계약에 관한 것이다. 따라서 '외과적 수술
　등의 과정에서 발생한 손해를 보상하지 않는다'고 설명하였다면 설명의무를 이행
　하였다고 보아야 할 것으로 생각된다. 사실관계가 명확하지는 않으나 이 정도의
　설명도 하지 않은 것으로 보인다.

설명의 의무는 없다고 한다. 구체적인 사례들은 아래와 같다.

① 대법원 2014. 9. 4. 선고 2013다66966 판결은 자동차보험의 '가족운전자 한정운전 특별약관'과 관련하여, 보험자는 그 내용을 구체적이고 상세하게 설명할 의무가 있지만, 기명피보험자의 자녀가 사실혼관계에 있는 경우를 상정하여 기명피보험자의 자녀와 사실혼관계에 있는 사람은 위 특별약관에 정한 '기명피보험자의 사위나 며느리'의 범위에 포함되지 않는다고까지 설명할 의무는 없다고 하였다.

② 대법원 2010. 3. 25. 선고 2009다84141 판결은 자동차보험의 '부부운전자 한정운전 특별약관'과 관련하여, 보험자는 그 내용을 구체적이고 상세하게 설명할 의무가 있지만, 법률상 혼인을 한 부부가 별거하고 있는 상태에서 그 다른 한쪽이 제3자와 혼인의 의사로 실질적인 부부생활을 하는 경우(중혼적 사실혼)[28]를 상정하여 그러한 경우 위 특별약관에 정한 '사실혼관계에 있는 배우자'에 해당하는지 여부까지 설명할 의무는 없다고 하였다.

③ 대법원 2000. 5. 30. 선고 99다66236 판결은 자동차보험 보통약관의 '무면허운전 면책조항' 그 자체는 설명의무의 대상이지만 피보험자동차를 어떤 면허를 가지고 운전하여야 무면허운전이 되지 않는지 하는 점은 설명의무의 범위를 벗어난 것이라고 하였다.

(2) 해당 약관조항의 내용을 알았더라도 보험계약을 체결하였을 경우

판례는 "설명의무가 인정되는 것은 어디까지나 보험계약자가 알지 못하는 가운데 약관의 중요한 사항이 계약내용으로 되어 보험계약자가 예측하지 못한 불이익을 받게 되는 것을 피하고자 하는 데 그 근거가 있으므로, 만약 그 약관조항에 관한 …설명의무가 제대로 이행되었더라도 그러한 사정이 그 보험계약의 체결 여부에 영향을 미치지 아니하였다고 볼 수 있다면 그 약관조항은 …설명의무의 대상이 되는 보험계약의 중요한 내

---

28) 법률혼인 전 혼인이 사실상 이혼상태에 있다는 등의 특별한 사정이 있다면 법률혼에 준하는 보호를 받을 수 있다(대법원 2001. 4. 13. 선고 2000다52943 판결; 대법원 2009. 12. 24. 선고 2009다64161 판결).

용이라고 할 수 없다"고 하였다.[29] 구체적인 사례들을 보면 아래와 같다.

① 대법원 1994. 10. 25. 선고 93다39942 판결은 자동차보험 대인배상 약관 중 '피보험자 또는 그 부모, 배우자 및 자녀가 죽거나 다친 경우는 보상하지 아니한다'는 조항과 관련하여, 해당 보험계약자가 위 약관조항의 배우자에 사실혼관계의 배우자가 포함됨을 알았더라면 해당 보험계약을 체결하지 아니하였으리라고 인정할 만한 사정도 엿보이지 않으므로 그와 같은 내용은 약관의 중요한 내용이 아니라고 하였다.

② 대법원 2003. 5. 30. 선고 2003다15556 판결은 화재보험 약관 중 '보험계약자 또는 피보험자가 손해의 통지 또는 보험금청구에 관한 서류에 고의로 사실과 다른 것을 기재한 경우 보험금청구권이 상실된다'는 조항과 관련하여, 위 약관조항에 관하여 설명이 있었다고 하여 당해 보험계약을 체결하지 않았으리라고는 인정되지 아니하므로 이를 설명의무가 있는 약관의 중요한 내용이라고 보기 어렵고, 더욱이 위 약관조항은 보험계약에 있어서 신의성실의 원칙에 반하는 사기적 보험금청구 행위를 허용할 수 없다는 취지에서 규정된 것으로서 보험계약 당사자의 윤리성이나 선의성을 요구하는 보험계약의 특성 등에 비추어 볼 때 거래상 일반인들이 보험자의 설명 없이도 당연히 예상할 수 있던 사항에 해당하여 설명의무의 대상이 아니라고 하였다.

③ 대법원 2004. 4. 27. 선고 2003다7302 판결은 자동차보험의 '무보험자동차 상해보상 특약'이 무보험자동차(대인배상 Ⅱ에 가입하지 않은 자동차)에 의한 상해에 대하여 대인배상 II와는 다른 별도의 기준에 의하여 산정한 보험금을 지급하도록 규정하고 있는 것과 관련하여, 해당 보험계약자가 보험계약 체결 당시 그 구체적인 산정기준이나 방법에 관한 설명을 들어서 알았다고 하더라도 위 특약을 체결하지 않았을 것으로는 보이지 않고, 나아가 이러한 산정기준이 모든 자동차 보험회사에서 일률적으로 적용되는 것이어서 거래상 일반인들이 보험자의 설명 없이도 충분히

---

29) 대법원 2016. 9. 23. 선고 2016다221023 판결. 같은 취지의 판시 : 대법원 2005. 10. 7. 선고 2005다28808 판결.

예상할 수 있었던 사항이라고도 볼 수 있는 점 등에 비추어 보면, 위의
무보험자동차에 의한 상해보상 특약에 있어서 그 보험금액의 산정기준이
나 방법은 약관의 중요한 내용이 아니어서 설명의무의 대상이 아니라고
보는 것이 옳다고 하였다.

④ 대법원 2005. 10. 7. 선고 2005다28808 판결은 화물의 손상이나
운송의 지연 등 화물에 대한 배상책임으로 인한 손해를 보상하는
Section(Ⅰ)과 피보험자나 그 피용인의 부주의·착오·부정·사기 등에 기
인하는 배상책임으로 인한 손해를 보상하는 Section(Ⅱ)로 구성된 복합화
물운송배상책임보험과 관련하여, 해당 보험계약자는 서울시에 복합화물운송
주선업 등록을 하기 위하여 위 보험에 가입하였는데 서울시에서 요구하는
등록기준으로는 Section(Ⅰ)로 충분하였고, Section(Ⅱ)는 보험료가 4배나 비
싸 일반적으로 가입하지 않는 보험인 점을 고려하여 보면, 보험자가
Section(Ⅱ)의 내용을 설명하였더라도 보험계약자는 Section(Ⅰ)에만 가입하
였을 것이므로, Section(Ⅰ)에는 Section(Ⅱ)의 보상대상은 포함되지 않는다
는 사실은 설명의무의 대상인 보험약관의 중요한 내용이 아니라고 하였다.

⑤ 대법원 2016. 9. 23. 선고 2016다221023 판결은 적재물배상책임
보험 약관 중 '차량운송 과정에서 발생한 사고로 수탁화물에 대한 법률상
의 배상책임을 부담함으로써 입은 손해를 보상한다'는 약관조항과 관련하
여, 위 보험은 운송주선업자인 해당 보험계약자가 화물자동차 운수사업법
에 따라 의무적으로 가입하여야 하는 보험이었던 점에 비추어 보면, 위
약관조항의 '차량운송'은 육상운송을 의미하고 수탁화물을 적재한 차량이
선박에 선적되어 이동하는 경우는 이에 포함되지 않는다는 점을 설명하
였더라도 위 보험계약자는 위 보험계약을 체결하였을 것이므로, 위 약관
조항에 기재된 차량운송의 의미는 설명의무의 대상이 되는 보험계약의
중요한 내용이 아니라고 하였다.

라. 판례에 대한 평가

(1) '중요한 내용' 관련

앞서 본 바와 같이 설명의무의 대상이 되는 보험약관의 중요한 내

용이 무엇인지에 관하여 판례는 '계약체결 여부, 대가의 결정, 계약체결 후 행동에 직접적인 영향을 미칠 수 있는 사항'이라는 일반적 기준을 제시하면서 '보험상품의 내용(보험사고의 구체적인 내용이나 그 범위), 보험료율의 체계, 보험청약서상 기재사항의 변동, 보험자의 면책사유'를 그 예로 들고 있다. 이처럼 판례는 어떤 약관조항이 중요한 내용인지에 관한 판단을 열어 두고 있는데, 이러한 판례의 입장은 당연한 것이기도 하지만 거래계에 명확한 기준을 제시하지 못하고 있는 것도 사실이다. 사견으로는 비록 규범의 취지가 일치하지는 않으나 보험업법 제95조의2 제1항 및 보험업법 시행령 제42조의2 제1항에 기재된 설명의무의 대상 중 보험약관에 기재된 내용, 즉 '① 주계약 및 특약별 보험료, ② 주계약 및 특약별로 보장하는 사망, 질병, 상해 등 주요 위험 및 보험금, ③ 보험료 납입기간 및 보험기간, ④ 청약의 철회에 관한 사항, ⑤ 지급한도, 면책사항, 감액지급 사항 등 보험금 지급제한 조건, ⑥ 고지의무 및 통지의무 위반의 효과, ⑦ 계약의 취소 및 무효에 관한 사항, ⑧ 해약환급금에 관한 사항, ⑨ 분쟁조정절차에 관한 사항'을 일응 보험약관의 중요한 내용으로 볼 수 있다고 생각된다. 이는 보험료(위 ①, ③), 보험사고와 보험금(위 ②, ③, ⑤, ⑥), 기타 계약과 관련한 중요한 사항(위 ④, ⑦, ⑧, ⑨)으로 대별할 수 있는데, 실질적인 내용에 있어서는 판례의 입장과도 차이가 없다고 할 수 있다.

(2) '설명의무의 대상으로 부정된 사례' 관련

우선 통상적으로 예상되지 않는 특수한 상황을 상정한 설명은 필요하지 않다고 한 판례는 당연한 것으로 보인다. 다만 보험계약자가 보험계약 체결 당시에 자신의 특수한 상황을 보험자에게 알리면서 그러한 경우까지 보장될 수 있을지 여부를 문의하였다면 보험자는 이에 대한 설명을 할 의무가 있다.[30] 이 경우 설명이 잘못되었거나 설명을 하지 않았다

---

30) 앞서 본 대법원 2014. 9. 4. 선고 2013다66966 판결도 "보험계약자가 기명피보험자의 사위나 며느리가 될 자가 자동차를 운전하다가 발생하는 사고에 대하여도 종합보험을 적용받기 원하는 의사를 표시하는 등의 특별한 사정이 없는 한"이라고 하여 같은 입장을 보이고 있다.

고 하더라도 약관조항의 계약편입배제로는 보험계약자가 구제받기 어렵고, 보험약관의 내용과 다른 개별약정의 인정이나 잘못된 설명으로 인한 손해배상청구로써만 구제받을 수 있다.

다음으로 설명을 들어 해당 약관조항의 내용을 알았더라도 계약을 체결하였을 경우와 관련하여는 생각해 볼 문제들이 있다. 첫째, '설명을 들었더라도 계약을 체결하였을 것'이라는 기준을 기계적으로 적용하면 당연히 중요한 내용으로 보아야 할 약관조항 중 상당 부분이 설명의무의 대상에서 제외되게 된다. 예컨대, 특수한 상황에 대처하고자 하는 경우가 아니라면 대부분의 보험계약자는 면책사유의 존재에도 불구하고 주된 보장내용을 보고서 해당 보험계약을 체결하게 되는데, 위와 같은 기준대로라면 면책약관의 내용들은 설명의무의 대상이 아닌 것이 된다. 둘째, 의무보험이어서 해당 약관조항의 내용을 알았더라도 보험계약을 체결하였을 것이므로 그 약관조항은 설명의무의 대상이 아니라는 논리도 문제가 있다. 그러한 논리라면 예컨대 자동차보험 대인배상 I과 관련하여는 설명의무의 대상이 되는 약관조항이 있을 수 없다. 약관의 중요한 내용인지 여부를 판단함에 있어 구체적 사건의 개별적 사정을 도외시할 수는 없을 것이나, 이러한 사정을 가지고 약관의 중요한 내용인지 여부를 판단함에 있어서는 좀 더 세밀한 기준 설정이 필요할 것으로 생각된다.[31]

---

31) 사견으로는 위 기준을 사용하지 않고도 판례와 동일한 결론을 도출할 수 있을 것으로 생각한다. 즉, ① 93다39942 판결 사안의 경우 통상적으로 예상하기 어려운 특수한 상황에 대한 것으로 볼 수도 있고, ② 2003다15556 판결 사안의 경우 보험자의 설명이 없이도 충분히 예상할 수 있는 사항임을 이유로 설명의무를 면제함으로써 충분하며, ③ 2003다7302 판결 사안의 경우 '무보험자동차 상해보상 특약'의 보장내용은 당연히 설명의무의 대상이지만 그에 대한 설명을 하지 않았다고 하여 보험계약자의 주장처럼 대인배상 II에 따른 보상을 하여야 하는 의무가 발생하는 것은 아니라고 하여야 하고[아래 5.항(설명의무 위반의 효과) 참조], ④ 2005다28808 판결 사안의 경우 보험계약자의 상황과 무관하게 객관적으로 보더라도 Section(Ⅰ)에 Section(Ⅱ)의 보상대상이 포함되지 않는다는 것은 설명의무의 대상이 아니라고 보는 것이 옳으며, ⑤ 2016다221023 판결 사안의 경우도 보험계약자의 상황과 무관하게 객관적으로 보더라도 육상운송보험계약을 체결함에 있어 화물을 적재한 차량이 선박에 선적되어 해상운송되는 경우는 보장범위에 포함되지 않는다는 설명을 해야 한다고 보기는 어렵다.

4. 설명의무가 면제되는 경우

가. 명문의 규정이 있는 경우

계약의 성질상 설명하는 것이 현저하게 곤란한 경우에는 설명의무가 면제된다(약관규제법 제3조 제3항 단서). 보험계약의 경우 계약의 성질상 그 약관의 내용을 설명하는 것이 현저하게 곤란하다고 보기는 어렵다.

다만 약관조항에 따라서는 그 내용을 구체적이고 상세하게 설명하는 것이 현저하게 곤란한 경우가 있을 수 있다. 대법원 2015. 11. 17. 선고 2014다81542 판결은 연금저축보험 약관 중 연금액에 관한 조항과 관련하여, 그 약관조항이 보험수익자에게 지급되는 연금액은 보험자의 산출방법서에 따라 계산한다고 규정하고 있고, 산출방법서는 복잡한 수학식에 의하여 연금액을 계산하도록 규정하고 있으며, 산출방법서의 계산식에 의하면 구체적인 연금액은 보험료 납입 당시 및 연금 지급 당시의 1년 만기 정기예금이율의 변동에 영향을 받도록 되어 있는바, 보험자는 보험계약자에게 "수학식에 의한 복잡한 연금계산방법 자체를 설명하지는 못한다고 하더라도, 대략적인 연금액과 함께 그것이 변동될 수 있는 것이면 그 변동 가능성에 대하여 설명하여야 한다"고 하였다. 결국 그 내용을 설명하는 것이 현저하게 곤란한 경우라고 하더라도 보험계약자의 이해관계에 영향을 미칠 수 있는 사항은 가능한 범위 내에서 구체적이고 상세하게 설명을 하여야 한다는 의미로 풀이된다.

나. 해석상 인정되는 경우

(1) 개   요

판례는 "보험자에게 보험약관의 …설명의무가 인정되는 것은 어디까지나 보험계약자가 알지 못하는 가운데 약관에 정하여진 중요한 사항이 계약내용으로 되어 보험계약자가 예측하지 못한 불이익을 받게 되는 것을 피하고자 하는 데 그 근거가 있으므로, 보험약관에 정하여진 사항이라고 하더라도 거래상 일반적이고 공통된 것이어서 보험계약자가 별도의 설명 없이도 충분히 예상할 수 있었던 사항이거나 이미 법령에 의하여

정하여진 것을 되풀이하거나 부연하는 정도에 불과한 사항에 대하여서는 보험자에게… 설명의무가 인정된다고 할 수 없고, 또 보험계약자나 그 대리인이 이미 약관의 내용을 충분히 잘 알고 있는 경우에는 보험자로서는 보험계약자 또는 그 대리인에게 약관의 내용을 따로이 설명할 필요가 없다"고 하여[32] ① 보험계약자나 그 대리인이 보험약관의 내용을 잘 알고 있는 경우, ② 거래상 일반적이고 공통적이어서 보험계약자가 충분히 예상할 수 있는 사항인 경우, ③ 법령에 정하여진 것을 되풀이하거나 부연하는 데 불과한 경우의 3가지를 설명의무의 면제사유로 인정하고 있다. 학설 역시 이러한 면제사유의 인정 자체에는 대체로 동의를 하고 있으나, 그 구체적인 내용에 관하여는 비판도 있다.[33] 설명의무의 면제사유에 대한 증명책임은 보험자에게 있다.[34] 이하 각 사유별로 구체적인 사례를 본 다음 판례에 대한 평가를 덧붙이기로 한다.

(2) 보험계약자나 그 대리인이 보험약관의 내용을 잘 알고 있는 경우

(가) 설명의무의 면제를 인정한 사례

① 대법원 1998. 4. 14. 선고 97다39308 판결은 자동차보험의 주운전자 고지의무에 관한 약관조항과 관련하여, 보험계약자나 그 대리인이 주운전자의 개념이 무엇인지 또 주운전자의 나이나 보험경력 등에 따라 보험료율이 달라진다는 사실에 대하여 잘 알고 있었다면 보험자로서는 다시 이를 설명할 필요가 없다고 하였다.

② 대법원 2003. 5. 16. 선고 2003다11035 판결은 자동차보험의 '26세 이상 한정운전 특별약관'과 관련하여, 보험계약자가 약 7년 동안 같은 보험회사와 5대의 자동차에 관하여 보험계약을 체결하여 왔는데 그 대부

---

32) 대법원 2004. 11. 25. 선고 2004다28245 판결 등.
33) 장덕조, "설명의무위반으로 인한 계약편입배제와 개별약정 우선의 원칙", 사법 제37호, 사법발전재단(2016. 9), 178면 이하 등.
34) 보험계약자나 그 대리인이 보험약관의 내용을 잘 알고 있는 경우에 관하여는, 대법원 2001. 7. 27. 선고 99다55533 판결; 대법원 2003. 8. 22. 선고 2003다27054 판결.

분은 26세 이상 한정운전 특별약관부 계약이었던 점, 해당 보험계약은 종전의 같은 내용의 특별약관부 보험계약이 종료되자 그 갱신을 하기 위하여 체결된 계약이었던 점, 위 특별약관 내용은 보험자가 이를 설명하지 않으면 알 수 없는 것이라고 볼 수는 없는 점 등에 비추어 보면, 보험계약자는 위 특별약관의 내용 및 의미를 잘 알면서 보험료를 절감할 목적으로 위 특별약관이 포함된 보험계약을 체결하였다고 봄이 상당하므로 보험자는 위 특별약관에 관하여 따로 설명할 필요가 없었다고 하였다.

③ 대법원 2005. 8. 25. 선고 2004다18903 판결은 금융기관종합보험 (Bankers blanket bond policy) 약관 중 '피보험자가 손해를 발견한 후 어떠한 경우라도 30일 이내에 그 사실을 보험자에게 서면으로 통지하여야 하고 이를 게을리할 경우 보험금을 지급받을 수 없다'는 조항과 관련하여, 보험계약자가 위 약관조항의 내용에 관하여 보험자에게 별도의 서면질의를 하고 답변을 듣기까지 한 점에 비추어 보면 보험계약자는 위 약관조항의 내용을 충분히 잘 알고 있었다고 보이고 따라서 위 약관조항의 내용을 따로 설명할 필요가 없었다고 하였다.

(나) 설명의무의 면제를 인정하지 아니한 사례

① 대법원 2001. 7. 27. 선고 99다55533 판결은 선박미확정 해상적하보험 약관 중 '선박이 확정된 후 그 선박이 표준규격선박의 요건을 갖추지 못한 것을 알게 된 경우에는 이를 보험자에게 통지하여야 한다'는 조항과 관련하여, 보험계약자가 이전에 수차례 같은 내용의 선박미확정 해상적하보험계약을 체결한 사실만으로는 보험계약자가 위와 같은 약관의 내용을 알았다고 보기 어렵다고 하였다.[35]

② 대법원 2003. 8. 22. 선고 2003다27054 판결은 자동차보험의 '가족운전자 한정운전 특별약관'과 관련하여, 보험계약자가 위 특별약관이 포함된다는 점과 위 특별약관에 의하면 피보험자와 그 가족 이외의 자가

---

35) 반복적으로 같은 보험계약을 체결하였다는 사정만으로는 그 보험약관의 내용을 알고 있었다고 할 수 없다는 같은 취지의 판결로, 대법원 2012. 6. 28. 선고 2012 다16926, 16933 판결.

운전 중 발생한 사고에 대하여 일정한 보상을 받을 수 없다는 점은 알았으나 위 특별약관상 가족의 구체적인 범위를 알지 못하였다면 보험계약자는 전체로서 위 특별약관의 내용을 알지 못한 것으로 보아야 한다고 하였다.

(3) 거래상 일반적이고 공통적이어서 보험계약자가 충분히 예상할 수 있는 사항인 경우

(가) 설명의무의 면제를 인정한 사례

① 대법원 1990. 4. 27. 선고 89다카24070 판결은 자동차보험 약관 중 '피해자가 배상책임 있는 피보험자의 피용자로서 근로기준법에 의한 재해보상을 받을 수 있는 사람인 경우 대인배상책임이 없다'는 조항과 관련하여, 위 약관조항은 자동차종합보험 보통약관에 있어서 일반적이고 공통되는 규정이므로 보험자의 설명을 요할 정도의 중요한 것이라고 보기 어렵다고 하였다.

② 대법원 1992. 5. 22. 선고 91다36642 판결은 자동차보험 약관 중 '비사업용자동차를 유상운송에 사용하는 경우 보험 혜택을 받을 수 없다'는 조항과 관련하여, 위 약관조항은 자동차종합보험 보통약관에 있어서 일반적이고 공통되는 규정으로서 보험업자의 설명을 요할 정도의 중요한 것이라고 보기 어렵다고 하였다.

③ 대법원 2001. 12. 27. 선고 2001다71019 판결은 근로자재해보장책임보험 중 '재해의 원인이 된 사실이 보험증권에 기재된 보험기간 중에 생긴 경우에 한하여 보상한다'는 약관규정과 관련하여, 위 약관조항은 거래상 일반적이고 공통된 것이어서 보험계약자가 별도의 설명 없이도 충분히 예상할 수 있었던 사항이므로 보험자에게 이에 관한 설명의무가 없다고 하였다.

④ 그리고 앞서 본 바와 같이 ㉠ 대법원 2003. 5. 30. 선고 2003다15556 판결은 화재보험 약관 중 '보험계약자 또는 피보험자가 손해의 통지 또는 보험금청구에 관한 서류에 고의로 사실과 다른 것을 기재한 경우 보험금청구권이 상실된다'는 조항은 거래상 일반인들이 보험자의 설명

없이도 당연히 예상할 수 있던 사항에 해당하여 설명의무의 대상이 아니라고 하였고, ⓛ 대법원 2004. 4. 27. 선고 2003다7302 판결은 자동차보험의 '무보험자동차 상해보상 특약'의 보험금 산정기준 역시 모든 자동차보험회사에서 일률적으로 적용되는 것이어서 거래상 일반인들이 보험자의 설명 없이도 충분히 예상할 수 있었던 사항이므로 설명의무의 대상이 아니라고 하였다.

⑤ 대법원 2011. 3. 24. 선고 2010다96454 판결은 생명보험 보통약관 및 특정암진단보장 특별약관 중 '종피보험자가 보험기간 중 주피보험자의 배우자에 해당하지 아니하게 된 때에는 종피보험자의 자격을 상실한다'는 조항과 관련하여, 해당 보험은 그 명칭이 '직장인플러스보장 부부3배형'으로서 주피보험자의 호적상 또는 주민등록상 배우자만이 종피보험자로 가입할 수 있고 주피보험자와 그 배우자가 각자 개인형으로 가입할 경우보다 보험료가 할인되는 점, 종피보험자가 보험기간 중 주피보험자의 배우자에 해당되지 아니하게 된 때에는 종피보험자의 자격을 상실한다는 약관조항이 종피보험자의 자격취득에 관한 규정과 같은 조항에 규정되어 있는 점, 당초 보험계약을 체결할 때와 달리 주피보험자와 종피보험자의 부부관계가 이혼으로 해소되었는데도 이혼한 일방이 여전히 종전 배우자인 주피보험자의 종피보험자 지위를 유지하도록 하는 것은 도덕적 위험을 야기할 수도 있을 것인 점 등을 종합하여 보면, 위 약관조항은 거래상 일반적이고 공통적인 것이어서 보험자의 별도 설명 없이도 보험계약자나 피보험자가 충분히 예상할 수 있었던 사항이라고 할 것이므로 보험자에게 이에 관한 설명의무가 없다고 하였다.

⑥ 대법원 2012. 10. 11. 선고 2012다5100, 5117 판결은 '피보험자가 보험기간 내에 자동차를 운전하던 중에 발생한 급격하고도 우연한 사고'를 보험사고로 하는 운전자보험 약관 중 '운전 중이라 함은 도로 여부, 주정차 여부, 엔진의 시동 여부를 불문하고 피보험자가 자동차 운전석에 탑승하여 핸들을 조작하거나 조작 가능한 상태에 있는 것을 말한다'는 조항과 관련하여, '운전'과 '운행'은 그 개념을 명백히 달리하고 '운전'의 개

념은 상식적이고 통상적인 것인 점 등에 비추어 보면, 위 약관조항은 일반인들이 보험자의 개별적인 설명 없이도 충분히 예상할 수 있는 사항이므로 이에 대한 설명의무가 없다고 하였다.

(나) 설명의무의 면제를 인정하지 아니한 사례

① 앞서 본 대법원 2001. 7. 27. 선고 99다55533 판결은 선박미확정 해상적하보험 약관 중 '선박이 확정된 후 그 선박이 표준규격선박의 요건을 갖추지 못한 것을 알게 된 경우에는 이를 보험자에게 통지하여야 한다'는 조항과 관련하여, 해상보험계약의 부합계약성, 기업보험성, 국제적 유대성 등의 성질을 고려하더라도 위 약관조항이 거래상 일반적이고 공통된 것이어서 보험계약자가 별도의 설명 없이도 충분히 예상할 수 있었던 사항이라고 할 수 없다고 하였다.

② 대법원 2004. 11. 25. 선고 2004다28245 판결은 자동차보험 약관 중 '보험약관에 정한 보험금에서 상대방 차량이 가입한 자동차보험의 대인배상으로 보상받을 수 있는 금액을 공제한 액수만을 자기신체사고 보험금으로 지급한다'는 조항과 관련하여, 위 약관조항은 다른 차량의 대인배상에서 지급받을 수 있는 보상금이 약정 보험금액을 초과하는 경우에는 피보험자의 실제 손해액이 잔존하고 있는 경우에도 보험금을 지급받지 못하는 것을 내용으로 하고 있으므로 이러한 사항은 보험계약의 체결 여부에 영향을 미칠 수 있는 보험계약의 중요한 내용이 되는 사항이고, 보험계약자가 별도의 설명이 없더라도 충분히 예상할 수 있었던 사항이라고는 볼 수 없으므로 보험자가 보험계약 체결시에 위 약관조항에 관하여 설명하지 않았다면 보험자로서는 위 약관조항에 의한 보험금의 공제를 주장할 수 없다고 하였다.

③ 대법원 2005. 12. 9. 선고 2004다26164, 26171 판결은 암보험 약관 중 '회사의 책임은 보험증권에 기재된 보험기간의 첫날 오후 4시에 시작하며 마지막 날 오후 4시에 끝나지만, 특정암, 일반암 또는 상피내암에 대한 회사의 책임은 보험증권에 기재된 보험기간의 첫날로부터 그 날을 포함하여 90일이 지난날의 다음날에 시작하며 마지막 날에 끝난다'는 약

관조항과 관련하여, 위 약관조항은 상법 제656조에 정한 책임개시시기와 다르게 책임개시시기를 정한 것으로서 이를 거래상 일반적이고 공통된 것이어서 보험계약자가 별도의 설명 없이도 충분히 예상할 수 있었던 내용이라 할 수 없다고 하였다.

④ 대법원 2010. 9. 9. 선고 2009다105383 판결은 선박보험 약관 중 '2006. 7. 2.까지 선박에 대하여 KR(한국선급), KORHI(한리손해사정) 또는 KOMOS(한국해사감정)의 현상검사를 받고 모든 권고사항이 충족될 것 (WARRANTED KR, KORHI OR KOMOS CONDITION SURVEY BY JULY 2, 2006, AND ALL THEIR RECOMMENDATIONS COMPLIED WITH)'이라는 조항[36])과 관련하여, 위 약관조항은 영국법 준거약관에 의하여 영국 해상보험법이 적용되는데, 영국 해상보험법상 워런티(warranty) 제도는 상법에 존재하지 아니하는 낯설은 제도이고 영국 해상보험법상 워런티 위반의 효과는 국내의 일반적인 약관해석 내지 약관통제의 원칙에 비추어 이질적인 측면이 있음을 부정할 수 없으므로, 이러한 워런티 조항을 사용하여 해상보험을 체결하는 보험자로서는 원칙적으로 당해 보험계약자에게 워런티의 의미 및 효과에 대하여 충분히 설명할 의무가 있다고 할 것이고, 단순히 워런티 조항이 해상보험 거래에서 흔히 사용되고 있다는 사정만으로 개별 보험계약자들이 그 의미 및 효과를 충분히 잘 알고 있다거나 충분히 예상할 수 있다고 단정하여 이를 언제나 설명의무의 대상에서 제외될 수 있는 사항이라고 볼 수는 없다고 하였다.

⑤ 앞서 본 대법원 2013. 6. 28. 선고 2012다107051 판결은 상해보험 약관 중 '외과적 수술, 그 밖의 의료처치로 인한 손해를 보상하지 않는다'는 면책조항과 관련하여, 특정 질병 등을 치료하기 위한 외과적 수술 등의 과정에 의료과실이 개입되어 발생한 손해를 보상하지 않는다는

---

36) 위 조항이 약관인지 여부도 다투어졌는데, 현상검사 등을 이행하여야 하는 기한에 관하여만 합의가 있었을 뿐 그 이행사항을 이행하지 아니하였을 경우 그 즉시 보험자의 보험금 지급의무가 면제되는 효과 등에 관하여는 보험자와 보험계약자 사이에 개별적인 교섭이 이루어졌다고 볼 수 없으므로 위 조항은 약관에 해당한다고 하였다.

것은 일반인이 쉽게 예상하기 어려우므로, 약관에 정하여진 사항이 보험계약 체결 당시 금융감독원이 정한 표준약관에 포함되어 시행되고 있었다거나 국내 각 보험회사가 위 표준약관을 인용하여 작성한 보험약관에 포함되어 널리 보험계약이 체결되었다는 사정만으로는 그 사항이 거래상 일반적이고 공통된 것이어서 보험계약자가 별도의 설명 없이 충분히 예상할 수 있었던 사항에 해당하여 보험자에게 설명의무가 면제된다고 볼 수 없다고 하였다.

⑥ 대법원 2015. 3. 26. 선고 2014다229917, 229924 판결은 상해보험의 특별약관 중 '특별약관의 보장개시 전의 원인에 의하거나 그 이전에 발생한 후유장해로서 후유장해보험금의 지급사유가 되지 않았던 후유장해가 있었던 피보험자의 동일 신체 부위에 또다시 후유장해가 발생하였을 경우에는 기존 후유장해에 대한 후유장해보험금이 지급된 것으로 보고 최종 후유장해상태에 해당되는 후유장해보험금에서 이미 지급받은 것으로 간주한 후유장해보험금을 차감한 나머지 금액을 지급한다'고 한 조항과 관련하여, 정액보험인 상해보험에서는 기왕장해가 있는 경우에도 약정 보험금 전액을 지급하는 것이 원칙이고 예외적으로 감액규정이 있는 경우에만 보험금을 감액할 수 있으므로, 위 기왕장해 감액규정과 같이 후유장해보험금에서 기왕장해에 해당하는 보험금 부분을 감액하는 것이 거래상 일반적이고 공통된 것이어서 보험계약자가 별도의 설명 없이도 충분히 예상할 수 있는 내용이라고 보기 어렵다고 하였다.

(4) 법령에 정하여진 것을 되풀이하거나 부연하는 데 불과한 경우

(가) 설명의무의 면제를 인정한 사례

① 대법원 1998. 11. 27. 선고 98다32564 판결은 자동차보험 약관 중 '보험계약을 체결한 후 피보험자동차의 구조변경 등 중요한 사항에 변동이 있을 때 또는 위험이 뚜렷이 증가하거나 적용할 보험료에 차액이 생기는 사실이 발생한 때에는 보험계약자 또는 피보험자는 지체 없이 이를 보험자에게 알려야 한다'는 조항과 관련하여, 위 조항은 상법 제652조에서 이미 정하여 놓은 통지의무를 자동차보험에서 구체적으로 부연한

정도의 규정에 해당하여 그에 대하여는 보험자에게 별도의 설명의무가 인정된다고 볼 수 없다고 하였다.

　② 대법원 1999. 9. 7. 선고 98다19240 판결은 수출어음보험 약관에 규정된 '수출계약'의 의미와 관련하여, 한국수출보험공사가 외국환은행만을 고객으로 하여 비영리적으로 운영하는 수출어음보험은 수출보험법에 근거한 것이므로 그 수출어음보험계약에는 수출보험법의 관련 규정이 당연히 적용되고, 그 약관에는 수출보험법의 규정이 적용된다고 명시되어 있기까지 하므로, 위 약관에 규정된 수출계약의 의미는 수출보험법에 규정된 것으로서 보험자인 한국수출보험공사로서는 그 의미를 특별히 설명할 의무가 없다고 하였다.

　③ 대법원 2000. 7. 4. 선고 98다62909, 62916 판결은 화재보험 약관 중 '보험계약을 체결한 후 피보험건물의 구조변경·개축·증축이 있는 경우 보험계약자 또는 피보험자는 지체 없이 이를 보험자에게 알려야 한다'는 조항과 관련하여, 위 약관조항은 상법 제652조에서 이미 정하여 놓은 위험변경증가에 대한 통지의무를 화재보험에서 구체적으로 부연한 정도의 규정에 해당하여 그에 대하여는 보험자에게 별도의 설명의무가 인정된다고 볼 수 없다고 하였다.

　④ 대법원 2007. 4. 27. 선고 2006다87453 판결은 자동차보험 약관 중 '보험계약자 또는 기명피보험자가 보험기간 중에 피보험자동차를 양도한 경우 보험계약자 및 피보험자의 보험계약상의 권리의무는 피보험자동차의 양수인에게 승계되지 아니함이 원칙이고, 보험계약자가 이 권리의무를 양수인에게 이전하고자 한다는 뜻을 서면으로 보험회사에 통지하고 이에 대하여 보험회사가 승인한 경우 그 승인한 때로부터 양수인에 대하여 보험계약을 적용한다'는 조항과 관련하여, 위 약관조항은 '피보험자가 보험기간 중에 피보험자동차를 양도한 때에는 양수인은 보험자의 승낙을 얻은 경우에 한하여 보험계약상의 권리의무를 승계한다'는 상법 제726조의4의 규정을 풀어서 규정한 것에 지나지 아니하는 것으로서 거래상 일반인들이 보험자의 개별적인 설명 없이도 충분히 예상할 수 있었던 사항

이라고 볼 수 있으므로 이에 대하여는 보험자에게 설명의무가 있다고 할 수 없다고 하였다.

⑤ 대법원 2011. 7. 28. 선고 2011다23743, 23750 판결은 화재보험 약관 중 '보험계약을 맺은 후 사고발생의 위험이 현저히 증가한 경우 보험계약자나 피보험자는 지체 없이 서면으로 이를 보험자에게 알려야 한다'는 조항(실제 약관에는 '아래와 같은 사실이 생긴 경우 지체 없이 보험자에게 알려야 한다'라는 규정 아래 보험자에게 알려야 하는 구체적인 사항들을 열거한 후 마지막으로 '그 외에 사고발생의 위험이 현저히 증가한 경우'가 기재되어 있다)과 관련하여, 위 약관조항은 상법 제652조에서 규정하고 있는 위험변경증가에 대한 통지의무를 되풀이하는 것에 불과하여 이에 관하여 보험자가 보험계약자에게 별도로 설명할 의무가 있다고 볼 수 없고, 평균적 고객의 입장에서 예상하기 어려운 사유를 현저한 위험변경증가 사유로 약관에 규정하고 있다는 등의 특별한 사정이 없는 한, 무엇이 이에 해당하는지를 보험자가 보험계약 체결시에 보험계약자에게 미리 설명하기는 곤란하므로 보험자에게 이에 대한 설명의무가 있다고 볼 수 없다고 하였다.

(나) 설명의무의 면제를 인정하지 아니한 사례

① 대법원 2006. 1. 26. 선고 2005다60017, 60024 판결은 배상책임보험 약관 중 '피보험자의 폭행 또는 구타에 기인하는 배상책임은 그 원인의 직접·간접을 묻지 않고 보상하지 아니한다'는 조항과 관련하여, 위 약관조항은 '피보험자의 고의 또는 중과실로 발생한 보험사고에 대하여는 보험자가 책임을 지지 않는다'는 상법 제659조 제1항의 규정과는 달리 피보험자의 폭행 또는 구타로 예견하지 않았던 중한 결과가 발생한 때에 피보험자에게 고의 또는 중과실이 없더라도 중한 결과 전반에 대하여 보험자는 면책된다는 내용이어서 상법이 정하여 놓은 것을 되풀이하거나 부연한 정도에 불과하다고 할 수 없으므로, 위 약관조항은 상법 제659조 제1항의 내용을 초과하는 범위에서 설명의무의 대상이 된다고 하였다.

② 대법원 2010. 3. 25. 선고 2009다91316, 91323 판결은 상해보험 약관 중 '보험계약 체결 후 이륜자동차를 사용하게 된 경우에 보험계약자

또는 피보험자는 지체 없이 이를 보험자에게 알려야 한다'는 조항과 관련
하여, 위와 같은 약관조항의 내용은 보험자가 보험계약 체결 당시 이를
명시하여 설명하지 않는다면 보험계약자가 이를 예상하기 어려웠을 것이
므로, 위 약관조항의 내용이 단순히 법령에 의하여 정하여진 것을 되풀
이하거나 부연하는 정도에 불과하다고 볼 수 없고, 따라서 위 약관조항
에 대한 보험자의 설명의무가 면제된다고 볼 수 없다고 하였다.

③ 대법원 2014. 7. 24. 선고 2013다217108 판결은 상해보험 약관
중 '보험계약 체결 후 직업 또는 직무를 변경하게 된 때에는 보험계약자
또는 피보험자는 지체 없이 이를 보험자에게 알려야 한다'는 조항과 관련
하여, 위 약관조항은 상법 제652조 제1항 및 제653조가 규정하는 사고발
생의 위험이 현저하게 변경 또는 증가된 경우에 해당하는 사유들을 개별
적으로 규정하고 있는 것이어서 상법 제652조 제1항이나 제653조의 규정
을 단순히 되풀이하거나 부연한 정도의 조항이라고 할 수 없다고 하였다.

(5) 판례에 대한 평가

(가) '보험계약자나 그 대리인이 보험약관의 내용을 잘 알고 있는 경우' 관련

이를 설명의무의 면제사유로 삼는 것은 설명의무의 취지에 비추어
당연한 것일 뿐만 아니라, 보험계약자나 그 대리인이 보험약관의 내용을
잘 알고 있었는지 여부는 순수한 사실인정의 문제이므로 이와 관련하여
법리상 문제될 것은 없다.

**(나) '거래상 일반적이고 공통적이어서 보험계약자가 충분히 예상할 수 있는
사항인 경우' 관련**

이 면제사유는 '거래상의 일반·공통성'과 '보험계약자의 예상가능성'
이라는 2가지를 요건으로 하는데, 초기의 판례(89다카24070 판결, 91다36642 판결)는 전자만으로
설명의무의 면제를 인정하기도 하였고, 2가지 요건 모두를 근거로 설명
의무의 면제를 인정하였으나 전자에 중점이 주어진 듯한 판례, 즉 거래
상의 일반·공통성으로 보험계약자의 예상가능성을 추인한 듯한 판례
(2003다7302 판결)도 보인다. 그러나 그와 같이 해석하는 경우 표준약관을 사용하
여 체결하는 보험계약의 경우 모든 약관조항에 대한 설명의무가 면제된

다는 결론에 이르게 되는데 이러한 결론이 부당함은 명백하다.[37] 따라서
특정 약관조항이 보험계약자가 보험자의 설명이 없이도 충분히 예상할
수 있는 사항인지 여부에 따라 그에 대한 설명의무의 면제 여부를 결정
하여야 하고, 거래상의 일반·공통성은 이러한 예상가능성을 판단하는 하
나의 고려요소로서만 작용하여야 한다.[38] 다행스럽게도 2004년 말경부터
의 판례는 확실히 이러한 입장을 취한 것으로 보인다(유사한 성격 내지
내용의 약관조항에 관한 2003다7302 판결과 2004다28245 판결을 비교하면
이러한 점은 뚜렷해지고, 2010다96454 판결과 2012다5100, 5117 판결은 예상
가능성을 인정하는 이유에 관하여 상세한 설시를 하고 있을 뿐만 아니라 사
안 자체를 보더라도 예상가능성을 인정하는 데 무리가 없어 보인다).[39]

  (다) '법령에 정하여진 것을 되풀이하거나 부연하는 데 불과한 경우' 관련
  1) 판례의 흐름과 현재 판례의 입장
  이 면제사유에 관한 판례의 입장을 평가하기 위하여는 먼저 이에
관한 판례의 흐름을 살펴볼 필요가 있다. 이 면제사유는 주로 상법 제
652조 제1항 및 제653조에 규정된 위험변경증가에 대한 통지의무와 관련
된 약관조항과 관련되어 논의되어 왔는데,[40] 그 연원은 통지의무와 맥락
을 같이 하는 상법 제651조의 고지의무와 관련된 약관조항에 대한 판례
에서부터 시작한다.

---

37) 장덕조, 앞의 논문(사법), 179면.
38) 한기정, 앞의 책, 146면.
39) 이러한 판례의 경향을 긍정적인 것으로 평가하는 견해로, 박은경, "표준약관조항
   은 보험자의 약관설명의무 면제대상인가?-대법원 2013. 6. 28. 선고 2012다107051
   판결-", 법학연구 제52집, 한국법학회(2013), 425면 이하.
40) 통상적으로는 상법 제652조 제1항을 위험변경증가에 대한 통지의무로, 제653조
   를 위험유지의무로만 설명하지만, 필자는 전자는 위험변경증가를 사후에 알게 된
   경우에 통지할 의무를, 후자는 위험변경증가 행위를 하기 전에 보험자에게 통지할
   의무(보험자의 승낙 없이 위험변경증가 행위를 하지 아니할 의무)를 규정한 것이
   므로, 위험변경증가에 대한 통지의무는 상법 제652조 제1항뿐만 아니라 제653조도
   그 근거로 한다는 입장에 있고, 대법원 2014. 7. 24. 선고 2013다217108 판결도 같
   은 취지로 이해된다[상세한 내용은 이원석, "주관적 위험변경증가와 상법 제652조
   및 약관설명의무", 고요한 정의의 울림(신영철 대법관 퇴임기념), 사법발전재단
   (2015), 285면 이하 참조].

즉, 애초에 판례는 보험약관에 규정된 고지의무를 보험자가 설명하지 않았다면 고지의무를 규정한 약관조항은 보험계약의 내용이 될 수 없으므로 보험자는 약관상의 고지의무를 위반하였다고 하여 보험계약을 해지할 수 없다고 하였다.[41] 그러나 이들 판례에 대하여는 고지의무는 상법이 규정한 의무이므로 이를 규정한 약관조항이 보험계약의 내용으로 되어야 비로소 이 의무가 생기는 것은 아니라는 비판이 있었다.[42]

이후 판례는 고지의무나 통지의무는 상법에 규정되어 있는 의무로서 이를 불이행한 때에는 바로 상법 규정에 의하여 보험계약이 해지될 수 있고 따라서 고지의무 또는 통지의무에 관한 약관조항은 법령에 정한 것을 되풀이하거나 부연한 것에 불과하여 설명의무의 대상이 되지 않는다는 입장을 보였다($_{98다62909, 62916 판결}^{98다32564 판결,}$).[43] 그러나 이들 판례에 대하여는 법의 무지는 면책되지 않는 것이지만, 설명의무 제도의 취지에 비추어 볼 때 법령에서 규정하고 있는지 여부를 기준으로 설명의무 인정 여부를 판단하는 것은 적절하지 않으며, 형법상 자연범에 해당하는 살인이나 절도를 처벌하는 것과는 달리 기술적 특성을 지닌 보험관계에 있어 사법적 권리의무의 분배기준인 보험관련 법령을 모든 국민이 당연히 숙지하기를 기대하는 것은 무리라는 비판이 있었고,[44] 위 판례들은 마치 법에 정하여진 모든 고지의무, 통지의무 등은 그 내용이 무엇이든 간에 설명할 의무가

---

41) 대법원 1992. 3. 10. 선고 91다31883 판결; 대법원 1996. 4. 12. 선고 96다4893 판결; 대법원 1995. 8. 11. 선고 94다52492 판결; 대법원 1995. 8. 11. 선고 94다 52492 판결.

42) 양승규, "보험약관의 명시설명의무 위반과 고지의무 위반으로 인한 보험계약해지 여부", 손해보험(1992), 37면; 장경환, "보험약관의 교부·설명의무 -입법취지와 성격을 중심으로-", 보험학회지 제46집, 한국보험학회(1995), 113면. 이들 판례에 대한 이후의 비판으로는, 판례의 논리를 그대로 적용하는 경우 상법 보험편 규정을 담은 약관조항들 모두에 대하여 구체적이고도 상세한 설명을 하여야 하고 그렇지 않은 경우 계약의 내용으로 주장하지 못한다는 결론이 나올 수 있고, 역으로는 약관에 규정하지 않으면 상법의 적용을 받게 될 것을 약관에 둠으로 인하여 오히려 적용되지 않는다는 인정하기 어려운 결론이 도출될 수 있다는 것도 있다[장덕조, "보험자의 설명의무", 민사판례연구 제29권, 박영사(2007), 1062면].

43) 고지의무에 관한 판례로는, 대법원 2001. 1. 5. 선고 2000다31847 판결.

44) 김성태, "보험자의 약관설명의무", 민사판례연구 제22권, 박영사(2000), 463면.

없고 그 의무 위반을 이유로 계약을 해지할 수 있는 것처럼 오해가 발생
할 수 있다는 비판이 있었다.[45]

이후의 판례는 위와 같은 비판을 반영하여 법령의 내용을 규정한 약관조
항이라고 하더라도 그 내용을 일반 보험계약자가 예상할 수 있었는지 여부에
따라 설명의무 면제 여부를 판단하였다(설명의무 면제 인정 사례는 2006다87453 판결과 2011다23743,/23750 판결, 설명의무 면제 부정 사례는 2009다91316, 91323 판결).
이에 대하여는 현재의 법률과 판례 내에서는 가장 타당한 차선책이라는
평가도 있었지만,[46] 그렇다면 법령에 규정된 사항이라는 면제사유는 독자
적인 의미가 없다는 것인지, 독자적인 의미가 있음에도 예상가능성을 고
려하여야 한다면 예상가능성 여부에 따라 법령에 규정한 것을 되풀이하
거나 부연한 것인지 여부가 결정된다는 것인지 하는 의문을 남기고 있
었다.

이러한 고민을 반영하여 나온 판결이 2013다217108 판결이라고 할
수 있는데, 그 취지는 법령의 내용을 반영한 약관조항이라고 하더라도
추상적으로 규정된 법령의 내용에 해당하는 구체적인 사유를 개별적으로
규정한 약관조항은 법령의 규정을 단순히 되풀이하거나 부연한 것이 아
니므로 설명의무가 면제되지 않는다는 것으로, 이는 법령에 규정된 내용
을 규정한 약관조항을 다시 ㉠ 구체적인 법령의 규정을 되풀이하여 또는
쉽게 풀어서 규정한 약관조항(2006다8754/3 판결 사안), ㉡ 추상적인 법령의 규정을 그 내
용 그대로 일반조항으로서 규정한 약관조항(2011다23743,/23750 판결 사안), ㉢ 추상적인 법령

---

45) 주기동, "보험자의 약관설명의무의 예외사유", 21세기 사법의 전개(최종영 대법원
   장 재임기념)(2005), 96면. 이후의 같은 취지의 비판으로는, 이상훈, "판례를 통하
   여 본 보험약관의 명시설명의무", 청연논총 제7집, 사법연수원(2010), 109면. 이후
   이들 판례에 대한 다른 비판으로는, 보험자가 제652조에 규정된 위험변경증가에
   관한 일반적인 통지의무 자체에 관하여는 설명의무를 부담하지 않는다고 볼 수 있
   으나 더 나아가서 위 법률규정만으로 구체적으로 어떠한 사항이 '사고발생의 위험
   이 현저하게 변경·증가된 사실'인지에 관하여 보험자의 개별적인 약관 설명의무
   가 면제된다고 단정하기 어렵다는 것도 있다[김시철, "피보험자동차의 양도에 관한
   통지의무를 규정한 보험약관이 보험자의 개별적 명시·설명의무의 대상인지 여부",
   대법원판례해설 제67호, 법원도서관(2008), 600면].
46) 장덕조, "약관설명의무와 법령에 규정된 사항", 상사판례연구 제26집 제1권(2013),
   66면.

의 규정에 해당하는 구체적인 사유를 개별적으로 규정한 약관조항 (<small>2009다91316, 91323 판결
사안, 2013다217108 판결 사안</small>)으로 나누어, 위 ㉠, ㉡의 경우는 법령의 규정을 되풀이하거나 부연하는 것으로서 설명의무가 면제되나 위 ㉢의 경우는 단순히 법령의 규정을 되풀이하거나 부연하는 것이 아니어서 예상가능성 등 별도의 면제사유가 없는 한 설명의무가 면제되지 않는다는 것이다.[47] 결국 판례는 이 면제사유와 관련하여도 관련 약관조항을 세밀하게 분류하여 설명의무 면제의 폭을 좁혀가고 있는 것으로 볼 수 있다.[48]

   2) 판례의 입장에 대한 몇 가지 첨언

   첫째, 약관조항이 추상적인 법령의 내용에 해당하는 구체적인 사유를 개별적으로 규정하고 있는 경우 해당 법령과 약관조항의 관계는 어떻게 보아야 할까. 이 경우 해당 약관조항은 법률규정에 대하여 독자적인 의미를 가진다. 상법상의 통지의무 규정과 상해보험 약관의 '계약 후 알릴 의무' 조항의 예를 들어 본다. 상법 제652조 제1항은 '보험계약자는 보험사고의 위험이 현저하게 변경·증가된 것을 안 때에는 지체 없이 이를 보험자에게 통지하여야 한다'고 규정하고 있고, 여기서 '위험의 현저한 변경·증가를 안다'고 함은 어떠한 상태의 변경(event)이 있음을 아는 것만으로는 부족하고 그 상태의 변경이 사고발생 위험의 현저한 변경·증가에 해당한다는 것(character)까지 아는 것을 말한다.[49] 그리고 상해보험 약관의 '계약 후 알릴 의무' 조항은 '피보험자의 직업이 변경된 경우 보험계약자는 지체 없이 이를 보험자에게 알려야 한다'고 규정하고 있다. 여기서 위 약관조항이 보험계약의 내용이 되는 경우에는 직업의 변경이라는 상태의 변경 그 자체만으로 보험약관상의 알릴 의무가 발생하고 이를 불이행한 경우 그 직업 변경으로 사고발생의 위험이 현저하게 증가하였

---

47) 이원석, 앞의 논문(신영철 대법관 퇴임기념), 310-313면; 이원석, "약관규제법에 관한 최근 대법원 판례의 동향", 외법논집 제41권 제1호, 한국외국어대학교 법학연구소(2017. 2), 291-292면.

48) 2013다217108 판결에 대한 긍정적인 평가로, 박은경, "위험의 현저한 변경·증가 시 통지의무에 관한 판례 연구-대법원 2014. 7. 24. 선고 2013다217108 판결-", 법학연구 제58집, 한국법학회(2015), 137면 이하.

49) 대법원 2014. 7. 24. 선고 2013다217108 판결.

으면 보험계약해지 등의 효과가 발생하지만(물론 그 직업 변경이 사고발생의 위험을 현저하게 증가시키지 않는다면 보험계약해지 등의 효과는 발생하지 않는다), 설명의무 불이행으로 위 약관조항이 보험계약의 내용이 되지 않는 경우에는 직업의 변경이라는 상태의 변경을 아는 것만으로 부족하고 그 상태의 변경이 사고발생의 위험을 현저하게 증가시키는 것이라는 점까지 아는 경우에 한하여 상법상의 통지의무가 발생하고 그 불이행에 따른 보험계약해지 등의 불이익이 발생하게 된다. 이를 보험자의 입장에서 보면, 통지의무 내지 알릴 의무의 위반을 이유로 보험계약을 해지하고 보험금 지급을 거절하거나 보험금을 감액하여 지급하기 위하여 주장·증명하여야 하는 내용에 차이가 발생하는 것이다.[50]

둘째, 좀 더 근본적인 문제로 법령에 정하여진 사항을 규정한 약관조항이라고 하여 설명의무를 면제하는 것이 타당한 것일까. 이는 구체적인 법령의 규정을 되풀이하여 또는 쉽게 풀어서 규정한 약관조항이나 추상적인 법령의 규정을 그 내용 그대로 일반조항으로서 규정한 약관조항과 관련하여도 문제되는 내용이다. 사견으로는 법령에 정하여진 사항을 규정한 약관조항이 설명의무 위반으로 계약에 편입되지 않더라도 법령의 규정 자체로 인하여 그 약관조항이 계약에 편입된 것과 같은 효과가 발생할 수도 있지만, 이는 약관과 같은 내용의 법령이 있기 때문일 뿐이고 해당 약관조항에 대한 설명의무를 면제할지 여부는 이와 별개의 문제가 아닌가 싶다. 뒤에서 보는 바와 같이 보험계약에 있어 약관 설명의무 위반의 효과로는 해당 약관조항의 계약편입배제(약관규제법 제3조 제4항) 외에도 보험계약의 취소(상법 제638조의3 제2항)가 있고 나아가 손해배상청구권(민법 제750조, 보험업법 제102조 제1항)이 발생할 수도 있는데, 약관조항과 법령규정의 내용이 같은 경우 약관조항의 존재의의가 없어지는 것은 계약편입배제와 관련해서이고 계약취소와 손해배상청구의 가능성은 약관조항이 법령규정의 내용을 그대로 반복한 것이라고 하더라도 여전히 열려 있기 때문이다.

---

50) 이원석, 앞의 논문(외법논집), 292-293면.

5. 설명의무 위반의 효과

가. 설명의무 위반의 효과 개관

(1) 계약취소권과 계약편입배제

상법 제638조의3 제2항은 '보험자가 설명의무를 위반한 경우 보험계약자는 보험계약이 성립한 날부터 3개월 내에 보험계약을 취소할 수 있다'고 규정하고 있고, 약관규제법 제3조 제4항은 '사업자가 설명의무를 위반하여 계약을 체결한 경우에는 해당 약관조항을 계약의 내용으로 주장할 수 없다'고 규정하고 있다. 계약취소권의 제척기간은 기존에 1개월이던 것이 2014년 상법 개정으로 3개월로 변경되었는데, 여전히 설명의무 위반의 효과로 계약취소권이 주장되는 경우는 찾아보기 어렵다. 통상적으로는 보험사고가 발생한 후 보험금 지급과 관련하여 분쟁이 생기면서 보험약관의 내용을 보기 때문이다. 약관조항의 계약편입배제는 설명의무 위반의 효과로서 가장 빈번하게 주장되는 것으로서 그 구체적인 효과에 관하여는 아래 나.항에서 본다.

한편 계약취소권을 규정한 상법 제638조의3 제2항과 계약편입배제를 규정한 약관규제법 제3조 제4항의 관계에 관하여, 전자는 후자의 특별규정이므로 전자만 적용되어 보험계약 성립일부터 3월이 지나면 설명의무 위반을 주장할 수 없다는 견해(상법단독적용설)도 있으나,[51] 판례는 양자는 중첩적으로 적용되므로 보험계약 성립일부터 3월 내에 계약을 취소하지 아니한 경우 더 이상 설명의무 위반을 주장할 수 없는 것이 아니고 여전히 해당 약관조항을 계약의 내용으로 편입하지 않아야 한다는 주장을 할 수 있다는 입장(중첩적적용설)에 있다.[52]

(2) 손해배상청구권

보험약관에 대한 설명의무 위반이 손해배상청구권을 발생시킬 수도 있다. 그 근거로는 민법 제750조와 보험업법 제102조 제1항을 들 수 있

---

51) 양승규, 앞의 책, 70면.
52) 대법원 1998. 11. 27. 선고 98다32564 판결.

다. 이 중 보험업법 제102조 제1항은 '보험회사는 그 임직원·보험설계사
또는 보험대리점이 모집을 하면서 보험계약자에게 손해를 입힌 경우 배
상할 책임을 진다'고 한 규정으로서, 보험모집에 관하여 보험계약자에게
손해를 발생시킨 경우 보험회사에 대하여, 그 손해가 임직원의 행위로
인한 경우에는 무과실책임을 지우고 보험설계사 또는 보험대리점의 행위
로 인한 경우에는 무과실에 가까운 손해배상책임을 지움으로써 보험계약
자의 이익을 도모함과 동시에 보험사업의 건전한 육성을 기하고자 한 규
정으로 설명되고 있다.[53] 그리고 보험업법 제102조 제1항은 보험회사 임
직원의 행위에 대하여 무과실책임을 지운 점과 사용관계(지휘감독관계)의
존재가 불분명한 보험설계사나 보험대리점의 행위에 대하여도 보험회사
에게 책임을 지운 점에서 차이가 있을 뿐 그 기본구조는 민법 제756조와
동일하므로,[54] 여기서 말하는 '모집 관련성'은 민법 제756조에서 말하는
'사무집행 관련성'과 같은 의미로 이해되고 있다.[55]

　　물론 설명의무 위반으로 특정 약관조항이 보험계약의 내용으로 편입
되지 않아 그 조항 없이 보험계약이 성립하고 그에 따른 보험급여를 받
게 되는 경우나 뒤에서 보는 바와 같이 약관과 다른 내용의 설명에 따른
보험계약 체결이 개별약정으로 인정되어 그에 따른 보험급여를 받게 되
는 경우에는 손해배상청구의 여지가 없지만,[56] 설명의무 위반이나 잘못된
설명이 있음에도 불구하고 이러한 계약법상의 구제를 받지 못하는 경우
에는 손해배상청구권의 행사를 생각해 볼 수 있다. 예컨대, 법령에 규정

---

53) 대법원 1997. 11. 14. 선고 97다26425 판결.
54) 김영훈, "보험업법 제102조에 따른 손해배상책임의 한계", 민사판례연구 제30권,
　　박영사(2008. 3), 650면.
55) 한기정, 앞의 책, 90면. 주석 금융법(Ⅱ)[보험업법2], 한국사법행정학회(2007),
　　208면(정경영 집필 부분). 같은 취지 : 대법원 2006. 11. 23. 선고 2004다45356
　　판결.
56) 이러한 측면에서 상법 제638조의3 제2항과 약관규제법 제3조 제4항의 관계에 관
　　하여 상법단독적용설을 취하면 약관 설명의무 위반으로 인한 보험자의 손해배상책
　　임이 발생할 것이나, 중첩적적용설을 위하면 대부분의 경우 보험계약자에게 손해가
　　발생하지 않게 될 것이라는 설명도 있다[앞의 주석 금융법(Ⅱ), 209면(정경영 집필
　　부분)].

된 내용을 그대로 옮긴 약관조항도 설명의무의 대상이 된다면 이러한 약관조항에 대한 설명을 하지 아니하여 결국 법령에 정한 의무도 이행하지 못하게 됨으로써 보험계약 해지 등의 불이익을 입게 된 경우 손해배상청구가 구제책이 될 수 있고, 대리권 없는 보험모집종사자가 설명의무를 위반하였으나 약관조항의 계약편입배제로는 구제받을 수 없고 보험모집종사자의 대리권 없음으로 말미암아 개별약정까지도 인정되지 않는 경우에도 손해배상청구가 구제책이 될 수 있다.

한편 보험약관에 대한 설명의무 위반이 보험계약의 중요한 내용에 대한 설명의무 위반(보험업법 제95조의2) 내지 보험상품에 대한 정보제공의무 위반으로 연결되는 경우에는 쉽게 보험자의 손해배상책임이 인정될 수 있다. 판례는 일반유니버셜보험 1개와 변액유니버셜보험 2개에 가입하였다가 중도해지한 후 납입보험료와 해약환급금의 차액을 청구한 사안에서 '보험계약의 중요 내용에 대한 설명의무를 위반하여 보험계약자에게 손해를 발생시킨 경우 보험회사는 민법 제750조 또는 보험업법 제102조 제1항에 따라 그 손해를 배상할 책임이 있다'고 하면서 설명의 정도와 관련하여는 '보험업법 제95조의2 제1항 및 보험업법 시행령 제42조의2 제1항에 기재된 내용이 유력한 기준이 되고, 보험약관만으로 보험계약의 중요한 내용을 설명할 수 없는 때에는 추가자료를 활용하여 보험계약의 중요한 내용을 설명하여야 한다'고 한 바 있다.[57]

나. 계약편입배제의 구체적인 효과[58]

(1) 잔여부분에 의한 보험계약 유효의 원칙

보험약관의 일부 조항이 설명의무 위반으로 보험계약의 내용으로 되지 않는 경우 보험계약은 나머지 부분만으로 유효하게 존속하는 것이 원칙이나, 유효한 부분만으로는 계약의 목적 달성이 불가능하거나 그 유효

---

57) 대법원 2013. 6. 13. 선고 2010다34159 판결(본문의 적용법조는 현행법령으로 대체하였다).
58) 이 부분 내용은 이원석, "보험약관에 대한 설명의무를 위반한 경우 보험계약 내용의 확정방법", 대법원판례해설 제105호, 법원도서관(2016), 237-243면을 수정·보완한 것이다.

한 부분이 한쪽 당사자에게 부당하게 불리한 경우에는 그 보험계약은 전체가 무효가 된다(약관규제법
제16조).[59] 이는 법률행위의 일부분이 무효인 경우 그 전부를 무효로 함을 원칙으로 하는 민법 제137조의 특칙으로서, 계약에 편입되지 않은 조항을 제외한 내용으로라도 계약을 유지하는 것이 고객의 이익에 더 부합하기 때문이다.[60]

(2) 보험계약 흠결보충의 필요성

보험약관의 일부 조항이 설명의무 위반으로 보험계약의 내용으로 되지 않으나 그 보험계약은 유효하게 존속한다면 보험계약의 내용에는 흠결이 생길 수 있고 이때에는 계약의 해석에 의한 흠결의 보충이 필요하다. 다만 이러한 작업은 보험계약의 내용에 흠결이 있는 경우에만 필요한 것이고, 아래와 같은 경우에는 보험계약의 내용에 흠결이 없거나 보험계약의 해당 부분이 무효가 되므로 보충의 문제도 생기지 않는다.

첫째로, 면책조항 또는 담보위험배제조항은 그 약관조항을 제외한 나머지 부분만으로도 보험계약이 완결성을 갖고 그 약관조항에 정한 사유가 있는 때에는 보험금 지급의무가 없을 뿐이므로, 설명의무 위반으로 그 약관조항이 보험계약의 내용으로 되지 않는다면 그 약관조항에 정한 사유가 있더라도 보험자는 나머지 보험계약이 정한 바에 따라 보험금을 지급하여야 한다. 예컨대, 외과적 수술 중 발생한 상해는 보상하지 않는다는 약관조항[61]이 설명의무 위반으로 보험계약의 내용으로 되지 않는다

---

59) 대법원 1998. 11. 27. 선고 98다32564 판결은 상법 제638조의3 제2항과 약관규제법 제16조 사이에 모순·저촉이 있을 수 있다고 하고 있으나, 이는 상법 제638조의3 제2항과 약관규제법 제3조 제4항(현행법 기준)과 사이에 모순·저촉이 없음을 설명하는 과정에서 나온 판시로서, 상법 제638조의3 제2항은 설명의무 위반만을 요건으로 하여 취소권을 부여하고 있음에 반하여 약관규제법 제16조는 계약목적 달성 가부라는 추가 요건에 따라 잔여 부분만으로 유효가 되든지 또는 전체가 무효로 된다는 점에 관한 것이고, 설명의무 위반으로 특정 약관조항이 보험계약의 내용이 되지 못함으로써 보험계약이 그 목적을 달성할 수 없는 등의 경우에는 보험계약 체결일로부터 3월의 기간 내에 취소권을 행사하지 않았더라도 나중에 설명의무 위반을 주장하여 보험계약 전체를 무효로 할 수도 있는 것이다.

60) 송덕수, "보통거래약관의 법률문제", 법학논집 제11권 제1호, 이화여자대학교 법학연구소(2006. 9), 37면.

61) 대법원 2013. 6. 28. 선고 2012다107051 판결; 대법원 2014. 5. 16. 선고 2012다

면 외과적 수술 중 발생한 사고라고 하더라도 나머지 보험계약에서 정한 바에 따라 보험금을 지급하여야 할 뿐 달리 보험계약 흠결의 보충이 필요하지 않는 것이다.

둘째로, 보험금지급근거조항은 그 약관조항이 없으면 그 약관조항에 정한 사유는 보험금 지급사유가 되지 않으므로 보험계약의 해당 부분은 무효가 될 뿐이다.[62] 따라서 이러한 경우에는 설명의무 위반으로 그 약관조항이 보험계약의 내용으로 되지 않는다는 주장을 하여서는 피보험자나 보험수익자가 보험금을 지급받을 수 없다. 예컨대, 경계성종양의 경우 일반암 보험금의 30%를 지급한다는 약관조항은 일반암 외에 경계성종양에 대하여도 보험금을 지급하는 근거가 되는 조항이므로[63] 위 약관조항이 설명의무 위반으로 계약의 내용이 되지 않는다면 경계성종양에 대하여는 보험금 지급근거가 없어 보험자에게 보험금 지급의무가 발생하지 않게 된다. 이러한 경우에는 설명의무 위반에 의한 계약편입배제를 주장하여서는 피보험자나 보험수익자가 구제를 받을 수 없고, 위 약관조항에 대한 설명을 잘못하여 경계성종양에 대하여도 일반암과 같은 보험금을 지급하기로 하는 개별약정이 체결되었다고 주장하여 이러한 개별약정에 따

58746 판결.

62) 주된 급부의무에 관한 약관조항이 편입통제로 말미암아 계약의 내용이 되지 못한 경우는 계약 자체가 성립할 수 없기 때문에 약관규제법 제16조 본문(잔여부분에 의한 계약 유효의 원칙)은 적용되지 않아야 한다는 설명[김진우, "약관조항의 불편입 및 무효와 그 보충", 외법논집 제39권 제4호, 한국외국어대학교 법학연구소 (2015. 11), 43면]이나 필수적 계약내용에 관한 사항이 무효가 된다면 원칙적으로 잔여계약도 무효로 된다고 보아야 한다는 설명[이재현, "일부무효의 특칙에 관한 법리-비교법적 고찰-", 비교사법 제4권 제2호, 한국비교사법학회(1997. 12.), 240면]도 같은 맥락에 있다.

63) 이와 관련하여 대법원 2014. 6. 12. 선고 2012다30090 판결은 "…이 사건 특별약관에 경계성 종양에 관한 조항이 없다면 원고와 같이 경계성 종양의 진단을 받은 피보험자는 이 사건 보험계약에 의한 진단보험금을 받을 수 없는데 위 조항에 의하여 비로소 경계성 종양의 진단보험금을 받을 수 있는 것이므로 위 조항은 오히려 피보험자의 권리를 경계성 종양에까지 확장하고 있는 정함이라고 보아야 하는 점…"이라고 하였다. 표준약관을 기준으로 할 때 경계성종양이 암보험에 포함된 것은 2001. 8.부터인데, 이는 경계성종양에 관하여도 상피내암(일반암의 20~40%의 보험금 지급)에 준하여 보험금을 지급하기 위한 것이었다.

른 보험금을 청구를 할 수 있을 뿐이다.

(3) 보험계약 흠결보충의 방법

약관에 대한 설명의무 위반으로 특정 약관조항이 계약의 내용으로 편입되지 않음으로써 계약의 내용에 흠결이 생긴 경우의 보충방법에 관하여 독일의 경우 민법에서는 '약관조항이 계약의 구성부분이 되지 아니하는 때에는 계약의 내용은 법률규정에 따라 정하여진다'고 규정하고 있고$\left(\begin{smallmatrix} BGB \\ \S306(2) \end{smallmatrix}\right)$,[64] 적절한 법률규정이 없는 경우에 한하여 '보충적 해석'에 의한 공백의 보충이 허용된다고 해석한다.

우리의 경우 위와 같은 규정이 없으므로 계약해석의 일반원칙에 따라야 할 것인데, 계약의 흠결은 1차적으로 관습에 의하여 보충되고 관습이 없는 경우에는 임의규정에 의하며 임의규정도 없거나 또는 임의규정에 의하여 보충될 수 없는 때에는 제반사정과 신의성실의 원칙에 의한 보충을 하여야 한다는 것이 이에 관한 일반적인 원칙이다$\left(\begin{smallmatrix} 민법 \ \ 제106조 \\ 참조 \end{smallmatrix}\right)$.[65]

그런데 사실인 관습의 적용과 관련하여, 사업자와 고객에게 공통된 관습으로서 양 당사자의 이익을 적절히 반영한 것인 때에 한하여 무효인 약관조항의 보충수단이 될 수 있는데, 대개 약관의 내용은 고객의 이익을 반영하지 아니한 채 사업자의 이익을 일방적으로 대변하고 있고, 대부분의 경우 이러한 약관의 내용은 동일업종 사이의 거래관행과 일치하고 있으므로, 사실인 관습의 적용 여부는 엄격하게 심사되어야 한다고 한다.[66] 우리법의 경우에도 임의규정이 사실인 관습에 우선하여 흠결을

---

64) BGB §306 불편입시 및 무효시의 법률관계
   (1) 약관의 전부 또는 일부가 계약의 구성부분이 되지 아니하거나 무효인 때에도 계약은 나머지 부분에 있어서 여전히 유효하다.
   (2) 약관조항이 계약의 구성부분이 되지 아니하거나 무효인 때에는 계약의 내용은 법률규정에 따라 정하여진다.
   (3) 계약을 유지하는 것이 제2항에서 정하여진 변경을 고려하더라도 일방 당사자에게 기대할 수 없을 만큼 가혹한 때에는 계약은 효력이 없다.
65) 민법주해(II)[총칙(2)], 207면(송덕수 집필 부분); 조관행, "약관규제의 법리와 불공정한 면책약관의 효력", 재판자료 제87집(법경제의 제문제), 법원도서관(2000), 924면; 이은영, 약관규제법, 박영사(1994), 154면.
66) 이은영, 앞의 책, 154면. 약관이 사용된 계약에서 위와 같은 요건을 갖춘 관습을

채워야 한다는 견해도 있는데,[67] 사실인 관습의 적용 여부를 엄격하게 심사하여야 한다는 견해와 문제의식을 같이 하는 것으로 생각된다.

판례는 쌍방 공통된 착오에 의한 계약의 흠결에 관하여 보충적 해석이 가능하다고 하면서, 앞서 본 여러 요소들에 대하여 우선순위를 두지 않고 "보충되는 당사자의 의사는 당사자의 실제 의사 또는 주관적 의사가 아니라 계약의 목적, 거래관행, 적용법규, 신의칙 등에 비추어 객관적으로 추인되는 정당한 이익조정 의사를 말한다"라고 한 바 있는데,[68] 약관에 따른 계약에 있어서는 거래관행을 고려함에 있어 위에서 본 바와 같은 지적을 반영하여야 할 것이다.

한편 보험의 경우에는 표준약관이 있다면 이것으로 보충을 하여야 하고 이것이 없다면 신의칙과 정형화된 보험종목의 내용으로 보충하여야 한다는 견해가 있다.[69] 이 견해에 의하면, 보험계약의 흠결 부분은 이에 대하여 적용할 만한 법률규정이 없으면 보험제도의 원리나 특수성을 고려한 보충적 계약해석에 의하여 보충되어야 하고, 이는 당해 보험약관조항을 그대로 적용할 수밖에 없음을 의미한다고 한다.[70]

생각건대, 보험계약의 경우에도 당해 보험계약의 목적, 거래관행, 관련 법률규정, 신의칙 등을 종합하여 보험계약의 흠결을 보충하여야 할 것이나, 이 경우 표준약관이나 동종의 보험계약에서 정형화된 약관이 참고가 될 수 있고, 경우에 따라서는 편입배제되었던 약관조항의 내용 그대로 보충되는 결과가 생길 수도 있다. 다만 표준약관이나 정형화된 약관을 참조할 때에는 그 내용이 보험자와 보험계약자의 이익을 적절히 반

인정하기는 쉽지 않고 따라서 약관에 의한 계약에 있어 사실인 관습은 그 의미가 별로 없다는 견해로는, 김진우, 앞의 논문(외법논집), 48-49면; 김동훈, "약관조항의 일부무효의 법리", 경희법학 제23권 제1호, 경희대학교(1988), 257면.

67) 윤진수, "한국법상 약관규제법에 의한 소비자 보호", 민법논고(Ⅵ), 박영사(2015), 364면; 이재현, 앞의 논문(비교사법), 263면.

68) 대법원 2006. 11. 23. 선고 2005다13288 판결; 대법원 2014. 4. 24. 선고 2013다218620 판결.

69) 장경환, "보험약관과 약관규제법", 보험법연구 제2호, 삼지원(1998), 142면.

70) 장경환, 앞의 논문(보험법연구), 143면.

영한 것인지에 관한 검증과정을 거쳐야 할 것이다. 편입배제되었던 약관 조항이 그대로 보충되는 것은 일견 부당해 보일 수도 있으나, 한편으로 는 보험약관은 감독기관의 규제·감독을 받는다는 점에서 어느 정도는 공정성이 담보되고 있다고 볼 수 있고, 다른 한편으로는 위와 같은 결론 은 약관의 계약편입배제라는 구제책이 갖는 한계라고도 볼 수 있다.

(4) 판   례

이 쟁점과 관련하여 앞서 본 대법원 2015. 11. 17. 선고 2014다 81542 판결은, 보험자에게 보험약관의 중요한 내용에 대한 설명의무가 있음을 확인한 다음 "보험자가 이러한 보험약관의 설명의무를 위반하여 보험계약을 체결한 때에는 약관의 내용을 보험계약의 내용으로 주장할 수 없다(상법 제638조의3 제1항, 약관규제법 제3조 제3항, 제4항). 이와 같은 설명의무 위반으로 보험약관의 전 부 또는 일부의 조항이 보험계약의 내용으로 되지 못하는 경우 보험계약 은 나머지 부분만으로 유효하게 존속하고, 다만 유효한 부분만으로는 보 험계약의 목적 달성이 불가능하거나 그 유효한 부분이 한쪽 당사자에게 부당하게 불리한 경우에는 그 보험계약은 전부 무효가 된다(약관규제 법 제16조). 그리 고 나머지 부분만으로 보험계약이 유효하게 존속하는 경우에 보험계약의 내용은 나머지 부분의 보험약관에 대한 해석을 통하여 확정되어야 하고, 만일 보험계약자가 확정된 보험계약의 내용과 다른 내용을 보험계약의 내용으로 주장하려면 보험자와 사이에 다른 내용을 보험계약의 내용으로 하기로 하는 합의가 있었다는 사실을 증명하여야 한다(약관규제법 제4조)."라고 하 였다.

위 판결은, 10년 동안 3개월마다 30만 원의 보험료를 납입하면 만 55세 되는 해부터 10년 동안 3개월마다 연금을 지급받는 내용의 개인연 금저축보험에 가입한 원고가 3개월마다 약 180만 원을 지급한다고 기재된 보험증권(다만 보험증권의 3분의 1 가량이 훼손되어 그 내용을 알 수 없었 다)을 근거로 그에 따른 연금보험금의 지급을 청구한 데 대하여 보험회 사인 피고는 보험약관의 기재에 의하면 연금액은 보험료 납입 당시 및 연금 지급 당시의 1년 만기 정기예금이율에 연동되도록 되어 있고 그 동안의 지속적인 금리하락으로 3개월마다 약 60만 원의 연금보험금만을 지급할 수 있다고 다툰 사안이다. 위 판결은 ① 앞서 본 바와 같이 보험자는 보험계약자에게 대략적인 연금액과 함께 그 변동가능성에 대하여 설명하여야 한다고 하고, 연금액의 변동가능성에 대하여 설명하지 않았다면 설명의무를 위반한 것이라고 한 다음, ② 연금액의 변동가능성과 관련된 약관조항은 연금액의 계산방법에 관한 조항과 연금의 지급형태에 관한 조항 2가지가 있는데, 설명의무 위반이 있다고 하더라도, 전자의 조항이 보험계약의 내용으로 되지 않는다면 보험계약 자체가 무효가 되고(이 부분은 당사자에 의하여 주장된 것이 아니어서 방론으로 설시되었다), 후자의 조항은 보험계약의 내용으로 되지 않더라도 전체 보험약관의 해석상 연금액이 변동될 수 있다는 점에는 변화가 없다고 하였으며, ③ 따라서 해당 보험계약에 따른 연금액은 3개월마다 약 60만 원으로 보아야 하고, 이와 달리 보험증권에 기재된 3개월마다 180만 원의 연금보험금 지급의무가 인정되기 위하여는 보험약관에 대한 설명의무 위반만으로는 부족하고 원고와 피고가 보험계약 체결 당시 그러한 내용의 합의(개별약정)를 하였음이 인정되어야 하는데, 훼손되어 그 전체의 내용을 확인할 수 없는 보험증권만으로는 원고 주장과 같은 합의를 인정할 수 없다고 하였다.

위 판결은 ① 앞서 본 바와 같이 연금보험액에 관한 약관조항과 같이 그 정확한 내용을 설명하기 곤란한 약관조항에 관한 설명의무의 이행방법을 밝힌 외에도 ② 설명의무 위반으로 인하여 특정 약관조항이 보험계약의 내용으로 편입되지 않는 경우 ㉠ 보험계약 자체가 무효가 될 수도 있고 ㉡ 잔존 부분의 해석에 의하더라도 설명의무를 이행한 경우와 같은 결과가 될 수도 있음을 밝혔으며, ③ 후자와 같은 경우에는 설명의무 위반으로 인한 약관조항의 계약편입배제 주장으로는 보험계약자가 원하는 목적을 달성할 수 없고, 약관조항의 내용과 다른 개별약정의 존재가 인정되어야만 보험계약자가 원하는 목적을 달성할 수 있음을 밝혔다.

Ⅳ. 보험약관의 해석

1. 보험약관의 해석원칙

가. 관련규정

보험약관도 약관이므로 보험약관의 해석에는 약관의 해석에 관한 원칙이 적용된다. 약관규제법 제5조는 제1항에서 "약관은 신의성실의 원칙에 따라 공정하게 해석되어야 하며 고객에 따라 다르게 해석되어서는 아니 된다"라고 규정하고 있고, 제2항에서 "약관의 뜻이 명백하지 아니한 경우에는 고객에게 유리하게 해석하여야 한다"라고 규정하고 있다. 일반적으로 제1항은 '객관적·통일적(획일적) 해석의 원칙'이라고 불리고, 제2항은 '작성자 불이익의 원칙'이라고 불린다.[71]

또한 약관규제법 제4조는 "약관에서 정하고 있는 사항에 관하여 사업자와 고객이 다르게 합의한 사항이 있을 때에는 그 합의 사항은 약관에 우선한다"라고 규정하고 있다. 이는 일반적으로 '개별약정 우선의 원칙'이라고 불리는 것으로 약관의 해석보다는 약관의 계약편입과 관련된 규정으로 이해되지만, 약관을 사용한 계약의 내용을 확정하기 위한 규정이므로 약관의 해석과도 밀접한 관련을 갖는다.

나. 약관의 해석원칙에 관한 전통적인 견해

약관의 해석에 관한 전통적인 견해는 약관해석의 특유한 원칙으로서 객관적·통일적 해석의 원칙을 인정한다.

이 입장에서는, 약관의 해석에 있어서 개개 고객의 이해가능성은 고려할 필요가 없고 평균적 고객의 이해가능성을 기준으로 하여야 하며(객관적 해석), 어느 사업자 또는 사업자군이 이용하는 동일한 약관은 고객

---

71) 작성자 불이익의 원칙이 적용되는 것은 어디까지나 객관적이고 공정한 해석의 결과 둘 이상의 해석이 가능한 경우에 한하는 것이고 해석에 의하여 그 의미가 명백해진 경우에는 그에 따라야 한다(이은영, 앞의 책, 155-156면). 넓은 의미의 '해석에 있어서의 의문'은 어느 약관조항에나 있을 수 있고 해석의 역할은 바로 이러한 의문점을 제거하는 것이기 때문이다(이은영, 앞의 책, 155면). 이 글에서 이에 관한 추가적인 논의는 생략한다.

이 누구인가에 관계없이 동일한 내용으로 해석되어야 하고(통일적 해석),
다만 당사자 사이에 약관의 내용과 다른 개별적인 합의가 있는 때에 한
하여 이를 약관보다 우선하여 계약의 내용으로 삼는다(개별약정 우선)고
한다.[72]

약관규제법 제5조와 제4조는 이러한 입장에서 입법된 것인데, 이는
독일의 학설을 받아들인 것으로서,[73] '약관은 개별약정과는 달리 다수인
에게 통용되는 것이므로 약관조항은 약관작성자의 주관적 목적에 따르기
보다는 문언에 따라 객관적으로 해석되어야 하고, 모든 고객에게 동일하
게 해석됨으로써 사업자가 고객에 따라 차별적으로 해석하는 것을 막기
위한 것'이 그 입법이유였다고 설명된다.[74]

판례는 대법원 1991. 12. 24. 선고 90다카23899 전원합의체 판결[75]의
보충의견에서 "보험약관의 해석은 일반 법률행위와는 달리 개개 계약당
사자가 기도한 목적이나 의사를 기준으로 하지 않고 평균적 고객의 이해
가능성을 기준으로 하되 보험단체 전체의 이해관계를 고려하여 객관적,
획일적으로 해석하여야 하며, 다만 약관을 계약내용으로 편입하는 개별약
정에 약관과 다른 내용이 있을 때에 한하여 개별약정이 우선할 뿐이다"
라고 판시한 후 계속하여 같은 판시를 이어 오고 있다. 다만 위 보충의
견은 위 판시와 관련하여 "보통거래약관의 구속력의 근거는 법률행위에
있다고 하여도 그 약관내용의 해석에 있어서는 법규적 해석, 객관적 해
석의 원리가 적용됨을 알 수 있다"라고 하였으나, 이후의 판례에서 '법규
적 해석'이라는 표현은 사용되지 않고 있다.[76]

72) 이은영, 앞의 책, 153-154면; 민법주해(XII)[채권(5)], 박영사(1997), 331면(손지열
집필 부분); 이주흥, "일반거래약관에 대한 해석통제", 민법학논총 제2권(곽윤직 교
수 고희기념), 박영사(1995), 309면 등.
73) 우리법의 근거가 된 독일 판례와 학설에 대하여는 이병준, "약관의 객관적·통
일적 해석원칙과 계약체결시의 구체적 사정", 계약과 책임(하경효 교수 정년기념),
박영사(2017), 215-218면 참조. 독일의 구 약관규제법과 현행 민법은 우리 약관규
제법 제5조 제1항과 같은 규정을 두고 있지 않다.
74) 이병준, 앞의 논문, 218면.
75) 무면허운전 면책조항의 수정해석에 관한 판례이다.
76) 또한 위 보충의견은 위 판시 중 "보험단체 전체의 이해관계를 고려하여"라고 하

다. 약관의 해석원칙에 관한 새로운 견해

약관의 해석에 관한 새로운 견해는 약관의 해석도 법률행위 해석의 하나임을 강조하여 객관적·통일적 해석의 원칙이 약관해석에 있어 적용되는 독자적인 원칙으로 자리매김하는 것을 경계한다.

이 입장에서는, 약관도 계약이므로 당사자의 진의 탐구가 그 목표가 되어야 하고 따라서 일반적인 계약의 해석에서와 마찬가지로, 우선 약관 이외에 별도의 합의가 존재하거나 약관조항을 해석함에 있어 통상의 이해와는 다른 내용으로 해석하는 데 의사의 합치가 있다면 당연히 그 합의 내용이 우선하고, 나아가 평균적 고객의 이해가능성과 다른 개별 고객의 의사가 존재하고 그러한 의사를 약관작성자에게 귀속시킬 수 있는 정당한 사유가 존재한다면 그에 따라 당사자들의 권리의무관계가 정해질 것이지만, 이러한 개별사정이 존재하지 않거나 고객의 개별적 의사가 확인되지 않는다면 약관내용은 평균적 고객의 이해가능성을 기준으로 해석할 수밖에 없다고 하거나,[77] 약관을 사용한 계약에서 그 전형적인 의미와

는 부분과 관련하여 "보험제도는 보험사업자가 특정한 동종의 위험에 놓여 있는 다수인으로 보험단체를 구성하고 미리 일정한 금액(보험료)을 거출케 하여 위험에 대비한 공동비축기금을 형성한 후, 그 위험이 현실화되어 손해를 입은 구성원에게 그 기금에서 일정한 금액(보험금)을 지급하여 그 손해를 전보케 하는 단체적 공동비축제도인바, 우연한 사고라고 할지라도 다수인을 대수적(大數的)으로 관찰하면 일정한 기간 내에 발생하는 사고의 빈도는 평균적으로 일정하다는 대수의 법칙에 따라 통계적으로 사고의 개연율과 사고에 대비한 소요총액을 측정하여 각 구성원이 각자의 위험율에 따라 부담거출하는 보험료의 총액이 손해전보를 위하여 지급하는 보험금의 총액과 균형을 유지하도록 하는 것이다. 위험공동체인 보험단체의 구성은 보험사업자가 보험단체구성원을 위하여 인수 내지 담보하는 위험의 내용과 범위, 즉 보험금을 지급하여야 할 사유와 그 지급의무의 한계 등을 보통보험약관에 담아 감독관청의 허가나 인가를 받은 다음 개개 보험가입자와 사이에 약관을 편입한 보험계약을 체결함으로써 이루어진다"라고 하고 있는데, 실제 사건에서 '보험단체 전체의 이해관계'가 결론에 영향을 주는 것 같지는 않다.

77) 최준규, "보험계약의 해석과 작성자불이익의 원칙-최근 대법원 판례들을 중심으로-", BFL 제48호, 서울대학교 금융법센터(2011. 7), 40-41면. 이 견해에서도 고객과 직접 대면하는 직원에게 계약체결대리권이 없는 경우가 많은 점, 약관사용자가 고객의 개별사정을 일일이 확인하기 곤란한 점, 대량거래의 합리화를 도모해야 하는 약관사용자의 입장 등을 고려할 때 개별 고객의 의사에 따라 당사자의 권리의무가 정해지기는 쉽지 않을 것이라고 한다.

다른 해석이 요구되는 경우가 흔하지는 않지만, 약관사용자가 계약교섭 시에 구체적인 상대방에게 어느 계약조항의 용어나 자구가 통상적인 의미와는 다른 의미로 사용된다는 인상을 야기한 경우나 약관사용자가 계약체결 전에 또는 계약체결 시에 구체적인 상대방이 어느 계약조항의 용어나 자구를 객관적 의미와는 다르게 이해한다는 점을 안 때와 같이 해석에 의하여 탐지할 수 있는 약관의 의미에 관하여 당사자들의 공통적 이해가 존재하는 때에는 약관사용자가 새삼스럽게 약관조항의 전형적 의미를 주장할 수 없고, 당사자들의 공통적 의사가 확인될 수 없는 경우에 비로소 객관적으로 해석되어야 한다고 한다.[78]

라. 검 토

약관은 그것이 계약의 내용으로 편입됨으로써 당사자들에게 구속력을 갖는 것이므로 약관의 해석은 기본적으로 계약 내지 법률행위의 해석이라고 할 수 있다. 약관규제법 제5조 제1항 전단의 내용은 일반 계약의 해석원칙과 다르지 않다.[79]

그럼에도 불구하고 약관규제법 제5조 제1항 후단의 규정이 있는 이상 객관적·통일적 해석의 원칙을 무시할 수는 없다. 그러나 객관적·통일적 해석이라고 하여 90다카23899 전원합의체 판결의 보충의견에서 말한 것과 같이 이를 객관적·법규적 해석으로 보아서는 안 된다. 객관적 해석이란 평균적 고객의 이해가능성을 기준으로 한 규범적 해석, 즉 개별적인 의사표시 수령자의 이해가능성을 평균적인 고객의 이해가능성으로 대체한 규범적 해석을 의미하고, 통일적 해석이란 객관적 해석의 결

---

78) 김진우, "약관의 해석에 관한 일고찰-객관적 해석과 작성자 불이익의 원칙의 유럽법과의 비교를 통한 검토-", 재산법연구 제28권 제3호, 법문사(2011. 11), 185-186면. 이 견해는 약관해석에 있어서 개별적 사안의 구체적 사정을 고려하지 않아야 한다는 주장은 약관의 계약조항으로서의 성질에 반하고, 이러한 견해는 비교법적으로도 공감대를 얻지 못하고 있다고 한다.

79) 약관규제법 제5조 제1항 전단에 대하여는, 약관의 해석도 법률행위의 해석이므로 일반 계약의 해석원칙에 따르되, 사업자가 일방적으로 작성하는 약관의 특성을 고려하여 신의성실의 원칙과 공정성의 원리에 의한 강한 통제를 받는다는 의미가 있다고 하기도 한다[앞의 민법주해(XII), 329-330면(손지열 집필 부분)].

과 당연히 귀결되는 해석원칙으로 보는 것이 옳다.

판례도 이와 같은 의미로 객관적·통일적 해석을 이해하고 있다. '평균적 고객의 이해가능성'을 기준으로 한다는 것이 그 징표라고 할 수 있고, 예컨대 이른바 자살재해사망보험금 사건에 관한 대법원 2016. 5. 12. 선고 2015다243347 판결을 보더라도 생명보험계약의 재해보험특약에 포함된 이른바 '자살부책조항'의 해석과 관련하여 시종일관 위 약관조항이 평균적인 일반 보험계약자의 입장에서 어떻게 이해될지를 탐구하고 있다.[80]

한편 약관규제법 제4조는 개별약정 우선의 원칙을 규정하고 있는데, 개별약정의 인정요건을 어떻게 파악하느냐에 따라 약관해석에 관한 전통적인 견해와 새로운 견해 사이에 차이가 있을 수도 있고 없을 수도 있다. 개별약정의 인정요건으로 순수하게 약관의 내용과 다른 내용의 합의만을 요구하게 되면 약관해석에 관한 전통적인 견해와 새로운 견해는 적용결과에 있어 실질적인 차이가 없는 것이 된다.

특히 보험계약과 같이 사업자의 급부 그 자체에 대한 설명 내지 정보제공이 필요하고 또 그것이 일상적인 거래에 있어서는 잘못된 설명 내지 정보제공으로 인하여 고객이 약관의 내용과 다른 내용으로 이해하고 계약을 체결하는 경우가 종종 발생하는데, 이러한 경우가 계약법적으로 구제될 수 있을지 여부는 개별약정의 폭을 어느 정도로 인정할 것인가의 문제로 연결된다.

2. 개별약정 우선의 원칙
가. 의   의
앞서 본 바와 같이 약관에서 정하고 있는 사항에 관하여 사업자와 고객이 약관의 내용과 다르게 합의한 사항이 있을 때에는 그 합의 사항

---

80) 위 판결에 관한 상세한 내용은 이원석, "재해사망특약 약관에 독립적으로 규정된 자살면책·부책조항의 해석", 사법 제37호, 사법발전재단(2016. 9), 477면 이하 참조.

은 약관보다 우선한다(_{제4조}^{약관규제법})는 원칙을 개별약정 우선의 원칙이라고 한다. 이는 약관이 계약의 내용으로 되는 것은 당사자가 약관규정을 계약의 내용으로 편입시키기로 합의하였기 때문이므로, 당사자가 명시적으로 약관과 다른 내용의 약정을 하였다면, 약관을 근거로 그 약정의 효력을 부인할 수 없다는 데에 근거한다.[81]

나. 개별약정의 인정요건-'교섭' 요건의 요부

(1) 일반적인 설명

개별약정이 있다고 하기 위하여는 당사자 사이에 특정 약관조항에 관하여 개별적인 교섭이 있었어야 한다는 것이 일반적인 설명이다.[82]

판례도 "…그 상대방과 특정 조항에 관하여 개별적인 교섭(또는 흥정)을 거침으로써 상대방이 자신의 이익을 조정할 기회를 가졌다면, 그 특정 조항은 약관의 규제에 관한 법률의 규율대상이 아닌 개별약정이 된다"고 하면서 "이때 개별적인 교섭이 있었다고 하기 위해서는 … 적어도 계약의 상대방이 그 특정 조항을 미리 마련한 당사자와 거의 대등한 지위에서 당해 특정 조항에 대하여 충분한 검토와 고려를 한 뒤 영향력을 행사함으로써 그 내용을 변경할 가능성은 있어야 한다"고 하여 같은 입장을 보이고 있다.[83]

그러나 이러한 판시를 하는 판례들은 모두 ① 약관의 특정 조항의 내용이 변경되지 않고 그대로 유지되고 있지만 그 조항은 개별적인 교섭을 거친 것이므로 약관에 해당하지 않고 따라서 약관규제법에 의한 불공정성 통제를 받지 않는다는 사업자의 주장에 대한 것이거나[84] ② 특정한

---

81) 대법원 1998. 9. 8. 선고 97다53663 판결 등.

82) 김진우, "약관의 편입통제", 동북아법연구 제8권 제3호, 전북대학교 동북아법연구소(2015. 1), 336-339면.

83) 대법원 2008. 7. 10. 선고 2008다16950 판결; 대법원 2009. 11. 12. 선고 2009다42635 판결; 대법원 2010. 9. 9. 선고 2009다105383 판결; 대법원 2013. 7. 25. 선고 2013다27015 판결; 대법원 2013. 9. 26 선고 2012다13637 전원합의체 판결; 대법원 2013. 11. 28. 선고 2013다23891 판결; 대법원 2014. 6. 12. 선고 2013다214864 판결 등.

84) 2008다16950 판결이 이에 해당한다. 위 판결은 부동산임대업자가 미리 부동문자로 인쇄하여 제시한 임대차계약서에 기재된 '임대차목적물의 인도 또는 원상복구

계약조항이 약관인지 여부가 문제된 것으로서,[85] 그 조항이 약관이 아닌 개별약정으로 인정되기 위한 요건에 관하여 위와 같이 판시한 것이다. 따라서 약관의 내용과 다른 설명을 한 경우 그 설명과 같은 내용의 계약 체결을 인정할 것인지는 따로 살펴볼 문제이다.

(2) 약관과 다른 설명과 개별약정의 인정 가부

(가) 판례와 학설

보험자가 보험약관의 내용과 다른 내용으로 설명을 하고 보험계약자가 보험자의 잘못된 설명을 토대로 보험계약을 체결한 경우 보험계약자가 보험계약의 내용에 대하여 '교섭'을 하였다고 할 수는 없다. 교섭이 있다고 하기 위하여는 최소한 약관의 내용에 대한 인식 및 그 수용 여부에 대한 결정 과정을 거쳐야 하기 때문이다. 그러나 이러한 경우에도 개별약정을 인정한 판례들이 있다.

① 대법원 1985. 11. 26. 선고 84다카2545 판결은 6개월의 보험기간 종료시마다 보험계약을 갱신하여 체결하여 오던 중 중간에 약관이 개정

지연에 따른 배상금' 조항과 관련하여 임차인에게 개별적인 교섭에 따른 이익조정의 기회가 부여되지 않았으므로 약관에 해당한다고 하면서 아울러 그 내용이 과중하므로 약관규제법 제8조에 따라 무효라고 한 것이다.

85) 2009다42635 판결, 2009다105383 판결, 2013다27015 판결, 2012다13637 판결, 2013다23891 판결, 2013다214864 판결은 모두 이에 해당한다. ① 2009다42635 판결은 매매계약서에 기재된 해제 관련 조항이 교섭 없이 원고에 의하여 일방적으로 계약의 내용으로 정하여진 것이라고 인정하기 부족하므로 약관이 아니라고 한 것이고, ② 2009다105383 판결은 일정한 기한까지 선박에 대하여 현상검사를 받고 모든 권고사항이 충족될 것을 요구하는 워런티(warranty) 조항과 관련하여 현상검사 기한에 관하여만 협의가 있었을 뿐 현상검사 불이행 및 권고사항 불충족 때의 효과에 관하여는 개별적인 교섭이 있었다고 볼 수 없으므로 해당 조항은 약관에 해당한다고 한 것이며, ③ 2013다27015 판결은 연예인 전속계약서의 위약벌 조항과 관련하여 해당 조항이 개개의 연예인과 개별적으로 협상한 결과이므로 이는 약관에 해당하지 않는다고 한 것이고, ④ 2012다13637 판결과 2013다23891 판결은 이른바 'KIKO 사건'에서 계약금액·행사환율·녹인(knock-in)환율·녹아웃(knock-out)환율·레버리지·계약기간 등은 양 당사자가 상호 합의하여 결정한 것이고 이것이 포함되어 계약조건이 형성된 것이므로 KIKO의 구조 부분만을 약관으로 볼 수 없다고 한 것이며, ⑤ 2013다214864 판결은 대출거래에 있어 근저당권설정비용 부담에 관한 조항과 관련하여 주어진 선택지 내에서의 선택만이 가능하고 그 외의 교섭이나 흥정 및 이에 따른 이익조정의 가능성이 배제되어 있으므로 위 조항은 약관에 해당한다고 한 것이다.

되었음에도 보험업자의 대리점 직원이 보험의 명칭만 변경되었을 뿐 내용에 변경이 없다고 설명한 사안에서 "보험업자의 대리점 직원이 보험계약자에게 개정된 약관의 내용을 단순히 알리지 않은 것에 그친 것이 아니라 나아가 적극적으로 그 개정이 명칭의 변경에 불과하고 그 약관 내용에는 변경이 없음을 강조하기 때문에 보험계약자도 기왕에 가입한 구 약관과 같은 내용의 보험계약을 갱신하여 체결할 의사를 표시함으로써 계약이 성립된 것이라면, 이는 당사자 사이에 명시적으로 구 약관에 따르기로 약정한 경우와 같이 보는 것이 타당하므로 개정된 약관의 구속력은 발생할 여지가 없다"고 하여 개정 전 약관에 따른 보험금 지급의무를 인정하였다.

② 대법원 1989. 3. 28. 선고 88다4645 판결은 보험회사의 대리점을 하는 사람이 자동차보험에 가입할 것을 권유하면서 자기신체사고의 경우 보험약관에서 인정되는 금액만 지급됨에도 300만 원의 한도 내에서 실제 부담한 치료비 전액이 보험금으로 지급된다고 설명한 사안에서 "보험회사를 대리한 보험대리점 내지 보험외판원이 보험계약자에게 보통보험약관과 다른 내용으로 보험계약을 설명하고 이에 따라 계약이 체결되었으면 그때 설명된 내용이 보험계약의 내용이 되고 그와 배치되는 약관의 적용은 배제된다"고 하여 실제 치료비의 범위 내인 300만 원의 보험금 지급의무를 인정하였다.

③ 대법원 2003. 7. 11. 선고 2001다6619 판결은 자동차취급업자종합보험에서 그 보통약관은 대인배상의 경우 약관에 정한 금액을 보험금으로 지급하는 것으로 규정하고 있고 확정판결금액담보 추가특별약관에 가입하여야만 피보험자가 확정판결에 의하여 배상책임을 부담하는 금액 전부를 보험금으로 지급하는 데에도 불구하고 보험계약자와 보험대리점 직원이 모두 확정판결에 의하여 배상책임을 지는 금액 전부가 보험금으로 지급되는 것으로 생각하고 보통약관이 정한 보험료만 수수한 사안에서, "이 사건 보험계약의 동기와 경위, 절차, 위 보험계약에 의하여 달성하려는 목적 … 등에 비추어 보면, 비록 이 사건 보험계약의 보험료로

보통약관이 정한 금액만이 수수되었다 하더라도, 보상한도에 관하여는 약관의 내용과 별도로 확정판결에 의한 손해배상금 전액을 보험자가 보상하기로 하는 개별적 약정이 있었다고 봄이 상당하다"고 하였다.

학설로는, 약관을 실제 내용과 달리 설명한 경우에는 개별약정이 있다고 볼 수 없다는 반대설도 있지만,[86] 대체로는 약관을 실제 내용과 달리 설명한 경우 개별약정의 성립을 인정하는 것으로 보인다.[87]

(나) 검   토

사견으로는 아래와 같은 점들을 고려하여 보면 사업자가 약관의 내용과 다른 내용으로 설명을 하고 고객이 사업자의 설명을 토대로 계약을 체결한 경우라면 '교섭'이라는 과정이 없더라도 개별약정의 존재를 인정하여 해당 계약은 사업자가 설명하고 고객이 이해한 바와 같은 내용으로 체결되었다고 보아야 할 것으로 생각한다.

첫째, 의사표시의 일반이론에 의할 때 어떤 합의의 성립에는 의사의 합치가 필요할 뿐이지 그 외 다른 요건이 필요하지 않으므로 약관과 다른 내용의 합의의 성립에도 약관과 다른 내용의 의사의 합치가 있으면 충분하다. 둘째, 교섭을 요건으로 한 위 (1)항의 판례들은 특정한 계약조항이 약관인지 여부가 문제된 것이거나 약관의 내용과 동일한 내용의 계약조항에 대하여 그 조항이 교섭을 거친 개별약정이므로 약관규제법이 적용될 수 없다고 하는 사업자의 개별약정 주장에 관한 것인 반면, 위 판례들은 문제된 계약조항이 약관임은 다투지 아니하면서 약관의 내용과 달리 설명이 되었으니 그 설명한 바에 따른 급부를 하여야 한다는 고객의 개별약정 주장에 관한 것이므로 양자는 사안을 달리 한다. 셋째, 개별약정과 관련된 약관규제법 제4조의 입법이유에서도 "당사자가 고객에게

---

86) 이재현, "개별약정 우선의 원칙(§305b BGB)", 법학연구 제15권 제1호, 충북대학교(2004. 8), 81면; 김진우, 앞의 논문(동북아법연구), 339면.

87) 손지열, "보험외판원의 잘못된 설명과 개별약정의 성립", 민사판례연구 제12권, 박영사(1990), 242-243면; 이기수, "보통보험약관의 효력", 사법행정 제30권 제10호, 한국사법행정학회(1989), 64면; 최병규, "약관규제법상 개별약정 우선의 원칙에 관한 연구", 경제법연구 제1권 제1호, 한국경제법학회(2011), 222면; 이병준, 앞의 논문, 233면.

계약의 내용과는 다른 설명을 해주어 고객이 그것을 믿고 계약한 경우에도 그러한 설명은 개별약정이 되어 당사자를 구속한다"라고 하여 교섭을 개별약정의 요건으로 하고 있지 않다.[88)

오히려 문제는 실제로 보험모집에 종사하는 사람들에게 보험계약 체결에 관한 대리권이 없는 경우가 대부분이어서 이들을 통하여 보험계약을 체결한 경우 개별약정이라는 합의 내지 계약을 인정할 수 없다는 데에 있다. 사자(使者)의 행위에 대하여 표현대리의 규정을 유추적용하는 것이 판례와 통설임을 고려해 보면,[89) 이 문제는 체약대리권이 없는 보험모집종사자에 대하여도 표현대리의 규정을 유추적용하여 해결할 수 있을 것이다.[90)

다. 약관 설명의무와의 관계

앞서 잠깐씩 언급된 바와 같이 약관에 대한 설명의무 위반은 2가지 형태로 나타난다. 첫째는 약관의 내용을 설명하지 않는 경우이고, 둘째는 약관의 내용과 다른 내용으로 잘못 설명하는 경우인데, 주로 전자와 관련하여는 약관의 계약편입배제가 문제되고 후자와 관련하여는 개별약정의 인정 여부가 문제된다. 약관의 계약편입배제에 의하여는 약관을 계약의 내용으로 삼지 못하는 데 그치지만, 개별약정이 인정되면 약관의 내용과 다른 내용의 계약이 성립된 것으로 인정된다.

판례도 양자가 구별됨을 명백히 하고 있다. 즉 불의의 중독사고에 대하여는 주계약금의 500%를 지급하되 세균성 식중독에 의한 사고는 여기에서 말하는 불의의 중독사고에서 제외된다는 내용의 보험약관이 편입된 보험계약을 체결한 후 비브리오균에 의한 식중독으로 피보험자가 사망한 사안에서, 원심은 세균성 식중독으로 인한 사고가 제외된다는 점에 관한 설명의무 위반이 없다는 이유로 피보험자의 처인 원고의 청구를 배척하였으나, 그 상고심인 대법원 1991. 9. 10. 선고 91다20432 판결은,

---

88) 이병준, 앞의 논문, 219면.
89) 지원림, 민법강의(제14판), 홍문사(2016), 296면. 대법원 1962. 2. 8. 선고 4294민상192 판결.
90) 한기정, 앞의 책, 85-86면; 김은경, 앞의 책, 118면.

원고의 주장은 '보험모집인이 안강망 어선의 선원인 피보험자의 경우 어패류 등 해산물을 먹고 불의의 식중독으로 사망하는 경우가 많은데 이러한 경우 주계약금의 500%의 보험금을 받을 수 있다며 보험가입을 권유하여 보험에 가입한 것이고, 세균성 식중독에 의한 사고는 제외된다는 설명을 들은 바 없다'는 것으로서, 이는 개별약정이 있었다는 취지이므로 원심으로는 개별약정의 존부에 관하여 판단하였어야 한다고 하였다. 앞서 본 대법원 2003. 7. 11. 선고 2001다6619 판결 역시 개별약정의 인정으로 문제를 해결하였어야 하고 보험자가 설명의무를 게을리하여 보통약관(약관에 정한 금액을 보험금으로 지급하는 것으로 규정)이 보험계약의 내용이 될 수 없다는 원심은 잘못되었다고 하였다.

3. 최근 판례와 약관해석에 대한 전통적인 견해의 변화 가능성

최근 선고된 대법원 2017. 6. 15. 선고 2013다215454 판결은 "보험계약은 당사자 일방이 약정한 보험료를 지급하고, 상대방이 재산 또는 생명이나 신체에 관하여 불확정한 사고가 생길 경우에 일정한 보험금액 기타의 급여를 지급할 것을 약정함으로써 효력이 생기는 불요식의 낙성계약이므로, 계약 내용이 반드시 보험약관의 규정에 국한되지는 아니한다. 그리고 보험약관이 계약당사자 사이에 구속력을 갖는 것은 그 자체가 법규범이거나 또는 법규범적 성질을 가지기 때문이 아니라 당사자가 그 약관의 규정을 계약 내용에 포함시키기로 합의하였기 때문이라고 볼 것인바, 일반적으로 당사자 사이에 보험약관을 계약내용에 포함시킨 보험계약서가 작성된 경우에는 계약자가 그 보험약관의 내용을 알지 못하는 경우에도 그 약관의 구속력을 배제할 수 없는 것이 원칙이나, 당사자 사이에서 명시적으로 약관의 내용과 달리 약정한 경우에는 위 약관의 구속력은 배제된다. 나아가 법률행위의 해석은 당사자가 그 표시행위에 부여한 객관적 의미를 명백하게 확정하는 것으로서 당사자 사이에 법률행위의 해석을 둘러싸고 이견이 있어 당사자의 의사해석이 문제되는 경우에는 법률행위의 내용, 그러한 법률행위가 이루어진 동기와 경위, 법

률행위에 의하여 달성하려는 목적, 당사자의 진정한 의사 등을 종합적
으로 고찰하여 논리와 경험칙에 따라 합리적으로 해석하여야 한다"라
고 하였다.[91]

위 판결은, 보험회사인 원고가 타이어식 지게차의 소유자와 사이에
위 지게차에 관하여 의무보험인 대인배상 I과 대물배상을 내용으로 하는
자동차보험계약을 체결하였는데, 그 약관에는 '대인배상 I은 자동차손해배
상 보장법에 의한 손해배상책임에 한한다'라는 조항이 있었고 위 지게차
는 자동차손해배상 보장법에 정한 자동차에 해당하지 않는 사안에 관한
것으로, 위 지게차가 자동차손해배상 보장법이 정한 자동차에 해당하지
않는다는 이유로 대인배상 I에 따른 보상을 부정한다면 보험계약의 효력
을 전면적으로 부정하는 결과가 되어 보험계약을 체결한 목적을 전혀 달
성할 수 없게 되는 점, 원고도 보험계약 체결 당시 당사자들 사이에 약
관의 보상내용 규정과는 다른 공동의 인식 또는 의사의 합치가 있어 보
험계약으로서 유효할 수 있다는 점에 대하여 수긍하고 있는 점[92] 등을
근거로 하여, 위 보험계약은 위 지게차에 대하여도 자동차손해배상 보장
법이 적용되는 건설기계와 동일하게 취급하여 그 운행과 관련하여 발생
한 사고에 관하여 자동차손해배상 보장법과 동일한 내용으로 보상하여
주기로 약정한 것이라고 하였다.

위 판결은 개별약정 우선의 원칙을 포함한 보험약관의 해석과 관련
한 몇 가지 생각할 점을 주고 있다. 첫째는 객관적 · 통일적 해석의 원칙
에 대한 판례의 입장이다. 위 판결은 보험계약의 내용이 보험약관의 규
정에 국한되지는 않는다고 하면서 법률행위 해석의 일반원칙에 관한 법
리를 원용하여 약관의 내용과 다른 내용의 보험계약 성립을 인정하였으

---

91) 위 판결에 관한 상세한 내용은 김윤종, "자동차손해배상 보장법의 적용을 받는
   자동차가 아닌 타이어식 지게차에 관하여 자동차보험 중 대인배상 I만 가입한 경우
   당사자의 의사해석", 대법원판례해설 제111호, 법원도서관(2017), 178면 이하 참조.
92) 실제로 보험회사들은 자동차손해배상 보장법의 적용을 받지 않는 건설기계에 대
   하여도 대인배상 I과 대물배상을 내용으로 하는 자동차보험계약을 체결하고 그에
   따른 보험금을 지급하고 있다. 위 판결 역시 이미 지급한 보험금의 회수에 관한
   것이었다.

나, 이러한 사정만으로 판례가 객관적·통일적 해석의 원칙에 대한 수정 내지 완화를 시도하고 있다고 볼 수는 없다. 같은 사안에 대한 후속 판결인 대법원 2017. 9. 26. 선고 2015다245145 판결은 보험약관의 구속력 근거에 관한 설시에 이어 객관적·통일적 해석의 원칙과 개별약정 우선의 원칙에 관한 설시를 하여 약관해석에 관한 판례의 입장에 변화가 없음을 보여주고 있다. 둘째는 개별약정을 인정하면서 개별약정의 내용을 규범적 해석에 의하여 확정하였다는 것이다. 원고는 사실상 보험계약의 유효성 및 보험금 지급의무를 인정하면서도 위 지게차가 교통기능을 수행하는 중에 발생한 사고에 대하여만 보험금을 지급하기로 한 것이라고 주장하였으나, 법원은 규범적 해석을 통하여 자동차손해배상 보장법에 정한 '운행'으로 인한 대인손해에 대하여 보험금을 지급하기로 한 것이라고 판단하였다. 위 판결에서 법률행위 해석의 일반원칙에 관하여 설시한 부분은 이와 관련된 것으로 보아야 한다.

V. 결 론

이상에서 보험약관의 설명의무와 보험약관의 해석에 관한 대법원판례의 동향을 살펴보았는데, 그 내용을 정리한다면 다음과 같이 요약할 수 있다.

첫째, 최근의 대법원판례는 보험약관에 대한 설명의무의 면제 범위를 좁힘으로써 설명의무의 대상을 넓혀가고 있다. 면제사유 중 '거래상 일반적이고 공통적이어서 보험계약자가 충분히 예상할 수 있는 사항'과 관련하여는 보험계약자의 예상가능성에 중점을 두어 설명의무의 면제 여부를 판단하고 거래상 일반·공통성은 예상가능성을 판단하기 위한 참고요소로만 활용하고 있으며, '법령에 정하여진 것을 되풀이하거나 부연하는 데 불과한 경우'와 관련하여는 그 내용을 세분화하여 법령에 규정된 사항을 개별적으로 구체화하여 규정한 약관조항에 대하여는 예상가능성 등 다른 면제사유가 없는 한 설명의무를 면제하지 않고 있다. 보험소비자 보호라는 관점에서 보면 긍정적이라 평가하지 않을 수 없다. 다만 여전히 어떤 조항이 보험약관의 중요한 내용으로서 설명의 대상이 되는지에 관하여는 명확한 기준이 설정되기 어려운데, 이 점은 보험업법 제95조의2 제1항과 보험업법 시행령 제42조의2 제1항의 규정을 참고함으로써 해결할 수 있다고 본다. 아울러 해당 약관조항의 내용을 알았더라도 보험계약을 체결하였을 경우 그 약관조항은 설명의 대상이 되는 중요한 사항이 아니라는 법리에 관하여는 좀 더 세밀한 기준의 설정이 필요하리라 생각된다. 덧붙여 이렇게 설명의무의 대상을 확대하는 것이 실무상 실천가능한 것인지에 대한 의문이 있을 수 있으나, 질병·상해보험과 관련하여 설명의무의 이행에 필요한 적정시간을 어느 정도로 생각하는지에 대한 설문조사 결과 보험설계사 집단만 10분에서 30분이라는 응답이 가장 많고 일반인 집단과 보험보상실무자 집단에서는 30분에서 60분이라는 응답이 가장 많은 것에 비추어 보면,[93] 보험소비자는 충실한 설명에 시간을 할애할 충분한 준비를 하고 있고 보상실무자 역시 충실한 설명이 필요하다는 데에 공감하고 있다고 볼 수 있다.

둘째, 대법원판례는 설명의무 위반에 대한 보험소비자의 구제수단으로서 약관조항의 계약편입배제가 갖는 한계를 명확히 인식하면서 개별약정의 인정에 의한 구제의 폭을 넓혀가고 있다. 일부 하급심에서 계약편입배제와 개별약정을 혼동하기도 하였으나 대법원은 꾸준히 양자를 구분하는 판시를 하여 체계상의 혼란을 정리하고 있다. 다만 체약대리권이 없는 보험모집종사자가 잘못된 설명을 한 경우에도 개별약정을 인정할 것인가에 대하여는 아직 명시적인 판례가 없는데, 이는 향후 개별약정의 활용가능성에 커다란 분수령이 될 것으로 생각된다. 나아가 보험계약 내지 보험상품에 대한 설명의무 위반에 대하여는 금융투자상품에 대한 설명의무 위반과 같은 논리에서 손해배상책임을 인정하고 있으나, 약관에 대한 설명의무 위반으로 인한 손해배상청구 가능성에 대하여는 아직 판례가 없다. 만일 체약대리권 흠결의 문제를 극복하지 못하여 개별약정의

---

93) 임동섭, "제3보험의 보험약관 설명의무에서 '이미 알려진 사항'의 인식에 대한 연구", 법학연구 제28권 제4호, 충남대학교 법학연구소(2017), 271-272면.

인정이 줄어든다면 손해배상청구가 본격적으로 논의될 수 있을 것인데, 손해배상청구는 손해를 무엇으로 볼 것인가의 문제와 과실상계의 문제가 있어 계약법적 구제에 비하여는 보험소비자에게 불리한 것이 사실이다.

셋째, 판례는 객관적·통일적 해석원칙을 유지하면서도 그것은 계약해석의 한 방법인 규범적 해석임을 명확히 하고 있다. 보험약관의 해석이 법규적 해석이 아니라 계약의 해석임을 명확히 인식함으로써 보험자의 논리에 매몰되지 않고 평균적인 보험소비자의 이해가능성을 기준으로 한 합리적인 약관해석이 가능해질 것이다. 이러한 의미에서 보면 보험약관의 해석원칙에 관한 판시 중 "보험단체 전체의 이해관계를 고려하여"라는 부분은 재고의 여지가 있다. 이 글 앞부분에서 본 보험약관의 필요성(특히 위험단체의 구성)은 객관적·통일적 해석 그 자체로 충분히 달성될 수 있고, 보험약관을 불명확하게 작성하여(설명의무를 이행하지 않은 것도 마찬가지이다) 위험단체의 동질성에 균열이 생기는 것은 보험자 스스로가 경계하고 책임져야 할 문제이지 보험소비자의 불이익으로 돌릴 문제는 아니다.

사회는 갈수록 복잡해지고 평균수명은 갈수록 늘어나며 새로운 위험에 대비할 필요와 보험에 대한 수요 역시 갈수록 증가하고 있다. 이에 따라 계속하여 새로운 보험상품이 개발되고 있고 향후에도 개발될 것이지만 보험약관이라는 계약조항의 덩어리를 보험계약자가 제대로 이해하는 것은 쉬운 일이 아니다. 따라서 보험상품에 대한 정보제공의무 특히 보험약관에 대한 설명의무는 더욱 강화될 필요가 있고, 그 위반에 따른 구제수단은 더욱 다양화될 필요가 있으며, 새롭고 복잡한 보험약관일수록 평균적인 보험계약자의 이해가능성을 기준으로 해석할 필요가 있다. 그것이 보험소비자를 보호하는 길이고 국민생활을 균형 있게 향상시키는 길이다(약관규제법 제1조 참조).

[Abstract]

Korean Supreme Court Cases on Insurance Terms and Conditions from the Consumer Protection Perspective

Lee, Won Suk*

The purpose of this article is to examine the trends of Korean Supreme Court cases on Insurance Terms and Conditions from the Consumer Protection Perspective. Though insurance contract is always concluded under terms and conditions which include insurance benefit and matters to be followed by policyholders, they are not easily understandable by consumers. Consequently, insurer's duty of disclosure is important in insurance contract. Thus, this article is focused on insurer's duty of disclosure and interpretation of related insurance terms and conditions.

First, Korean Supreme Court tends to expand matters that need to be disclosed by narrowing its exemption. As for the ground for exemption that 'matters that are so general and common in business that they are predictable by policyholder,' the court focuses on the predictability of policyholder. Generality/commonality in business is only used as a reference. As for 'merely repeating or expatiating the words of the statute,' a terms and conditions which fragmented the statute and separately materialized it is not exempted unless there is other ground for exemption of disclosure duty.

Second, Korean Supreme Court recognizes the limitation which exclusion of terms and conditions from contract has as a consumer's remedy and has expanded consumer's protection by upholding the existence of individual agreement. But currently, there is no case law regarding whether court will also uphold the existence of individual agreement in case when

---

* Judge, Suwon District Court.

an insurance solicitor without authority to conclude contract gave wrong explanation. Additionally, though liability for damages is recognized for breach of duty of disclosure for insurance contract or insurance product, we will have to wait and see whether liability for damages will be recognized for breach of duty of disclosure for insurance terms and conditions.

Third, in interpreting terms and conditions, Korean Supreme Court keeps the principle of objective/uniform interpretation, but clarifies that it is a normative interpretation, which is one method for contract interpretation. By clarifying that an interpretation of insurance terms and conditions is a contract interpretation rather than statutory interpretation, reasonable interpretation of terms and conditions based on average insurance consumer's understanding will be possible. Especially for new and complex insurance terms and conditions, interpreting based on average insurance consumer's understanding is a way to protect insurance consumers.

[Key word]

- Insurance Terms and Conditions
- Insurance Policy
- Insurer's Duty of Disclosure
- Interpretation of Insurance Terms and Conditions

참고문헌

[단행본 및 주석서]

김은경, 보험계약법, 보험연수원(2016).

박세민, 보험법(제4판), 박영사(2017).

양승규, 보험법(제5판), 삼지원(2005)

이기수 · 최병규 · 김인현, 보험 · 해상법(제9판), 박영사(2015).

이은영, 약관규제법, 박영사(1994).

장덕조, 보험법(제4판), 법문사(2018).

정동윤, 상법(하)(제4판), 법문사(2011).

정찬형, 상법강의(하)(제16판), 박영사(2014).

지원림, 민법강의(제14판), 홍문사(2016).

최기원, 보험법(제3판), 박영사(2002).

최준선, 보험 · 해상 · 항공운송법(제8판), 삼영사(2014).

한기정, 보험법, 박영사(2017).

민법주해(Ⅱ)[총칙(2)], 박영사(1996).

민법주해(Ⅶ)[채권(5)], 박영사(1997).

주석 금융법(Ⅱ)[보험업법2], 한국사법행정학회(2007).

[논   문]

김동훈, "약관조항의 일부무효의 법리", 경희법학 제23권 제1호, 경희대학교
　　　(1988).

김성태, "보험자의 약관설명의무", 민사판례연구 제22권, 박영사(2000).

김시철, "피보험자동차의 양도에 관한 통지의무를 규정한 보험약관이 보험자
　　　의 개별적 명시 · 설명의무의 대상인지 여부", 대법원판례해설 제67호,
　　　법원도서관(2008).

김영훈, "보험업법 제102조에 따른 손해배상책임의 한계", 민사판례연구 제30권,
　　　박영사(2008. 3).

김윤종, "자동차손해배상 보장법의 적용을 받는 자동차가 아닌 타이어식 지

게차에 관하여 자동차보험 중 대인배상 Ⅰ만 가입한 경우 당사자의
의사해석", 대법원판례해설 제111호, 법원도서관(2017).

김진우, "약관의 편입통제", 동북아법연구 제8권 제3호, 전북대학교 동북아법
연구소(2015. 1).

_____, "약관의 해석에 관한 일고찰-객관적 해석과 작성자 불이익의 원칙의
유럽법과의 비교를 통한 검토-", 재산법연구 제28권 제3호, 법문사
(2011. 11).

_____, "약관조항의 불편입 및 무효와 그 보충", 외법논집 제39권 제4호, 한국
외국어대학교 법학연구소(2015. 11).

박은경, "위험의 현저한 변경·증가 시 통지의무에 관한 판례 연구-대법원
2014. 7. 24. 선고 2013다217108 판결-", 법학연구 제58집, 한국법학회
(2015).

_____, "표준약관조항은 보험자의 약관설명의무 면제대상인가?-대법원 2013.
6. 28. 선고 2012다107051 판결-", 법학연구 제52집, 한국법학회(2013).

손지열, "보험외판원의 잘못된 설명과 개별약정의 성립", 민사판례연구 제12권,
박영사(1990).

송덕수, "보통거래약관의 법률문제", 법학논집 제11권 제1호, 이화여자대학교
법학연구소(2006. 9).

양승규, "보험약관의 명시설명의무 위반과 고지의무 위반으로 인한 보험계약
해지 여부", 손해보험(1992).

윤진수, "한국법상 약관규제법에 의한 소비자 보호", 민법논고(Ⅵ), 박영사
(2015).

이기수, "보통보험약관의 효력", 사법행정 제30권 제10호, 한국사법행정학회
(1989).

이병준, "약관의 객관적·통일적 해석원칙과 계약체결시의 구체적 사정", 계
약과 책임(하경효 교수 정년기념), 박영사(2017).

이상훈, "판례를 통하여 본 보험약관의 명시설명의무", 청연논총 제7집, 사법
연수원(2010).

이원석, "보험약관에 대한 설명의무를 위반한 경우 보험계약 내용의 확정방
법", 대법원판례해설 제105호, 법원도서관(2016).

_____, "약관규제법에 관한 최근 대법원 판례의 동향", 외법논집 제41권 제1호,
한국외국어대학교 법학연구소(2017. 2).

_____, "주관적 위험변경증가와 상법 제652조 및 약관설명의무", 고요한 정의의 울림(신영철 대법관 퇴임기념), 사법발전재단(2015).

_____, "재해사망특약 약관에 독립적으로 규정된 자살면책·부책조항의 해석", 사법 제37호, 사법발전재단(2016. 9).

이은영, "약관에 대한 추상적 내용통제", 외법논집 제41권 제1호, 한국외국어대학교 법학연구소(2017. 2).

이재현, "개별약정 우선의 원칙(§305b BGB)", 법학연구 제15권 제1호, 충북대학교(2004. 8).

_____, "일부무효의 특칙에 관한 법리 -비교법적 고찰-", 비교사법 제4권 제2호, 한국비교사법학회(1997. 12).

이주흥, "일반거래약관에 대한 해석통제", 민법학논총 제2권(곽윤직 교수 고희기념), 박영사(1995).

임동섭, "제3보험의 보험약관 설명의무에서 '이미 알려진 사항'의 인식에 대한 연구", 법학연구 제28권 제4호, 충남대학교 법학연구소(2017).

장경환, "보험약관과 약관규제법", 보험법연구 제2호, 삼지원(1998).

_____, "보험약관의 교부·설명의무-입법취지와 성격을 중심으로-", 보험학회지 제46집, 한국보험학회(1995).

장덕조, "보험자의 설명의무", 민사판례연구 제29권, 박영사(2007).

_____, "설명의무위반으로 인한 계약편입배제와 개별약정 우선의 원칙", 사법 제37호, 사법발전재단(2016. 9).

_____, "약관설명의무와 법령에 규정된 사항", 상사판례연구 제26집 제1권(2013).

조관행, "약관규제의 법리와 불공정한 면책약관의 효력", 재판자료 제87집(법경제의 제문제), 법원도서관(2000).

주기동, "보험자의 약관설명의무의 예외사유", 21세기 사법의 전개(최종영 대법원장 재임기념)(2005).

최병규, "약관규제법상 개별약정 우선의 원칙에 관한 연구", 경제법연구 제1권 제1호, 한국경제법학회(2011).

최준규, "보험계약의 해석과 작성자불이익의 원칙-최근 대법원 판례들을 중심으로-", BFL 제48호, 서울대학교 금융법센터(2011. 7).

特別 附錄

「곽윤직 교수님 추모사」

아내의 편지* **

저는 지난 2월 22일 돌아가신 곽윤직 교수의 유처(遺妻)입니다.

민사판례연구회 회원들이 모여 이제 고인이 된 제 남편을 추모한다고 하니 마땅히 행사에 참석하여 함께하는 것이 도리이겠으나, 상중의 서럽고 조심스러운 마음이 앞서기도 하거니와 저도 이제 노구의 몸이 된 사정이다 보니 직접 나와 인사드리지 못하는 것을 이해해 주시기 바랍니다. 부족하나마 감사의 글을 김재형 대법관에게 전하여 인사를 대신하겠습니다.

먼저 추모의 말씀을 해주신 서민 선생님, 권광중 선생님께 감사드립니다. 민사판례연구회를 만들어 당시 여러 명의 젊고 유능한 제자들과 함께 세미나도 하고 또 여름철이면 심포지엄을 열던 시절이 제 남편의 일생에서 가장 즐거웠던 시절이라고 생각됩니다. 그 시절을 함께해 주신 분들에게 감사의 인사를 드립니다. 그리고 돌아가시기 얼마 전까지도 항상 걱정하시며 찾아와 안부를 챙겨 주시고 종종 함께 식사를 나누기도 했던 교수님들에게도 감사의 인사를 드립니다.

매사에 곧이곧대로 행동하는 탓에 멀리서 보는 사람들의 눈에는 차갑고 엄격한 사람으로 보였을지 모르지만, 가까이서 겪어 본 사람이라면 따뜻하고 후한 사람이었다고 기억해 주실 것입니다. 얼마 전 묘지의 비문을 부탁드리고자 서울법대 박병호 선생님을 만나 뵈었는데, 박 선생님

---

* 원래의 글에는 제목이 없다.
** 이 글은 곽윤직 교수님의 아내 박동옥 님이 2018. 4. 23. 개최된 '민사판례연구회 창립 40주년 기념호 발간식'에서 가진 곽윤직 교수님 추모의 시간을 위해 보내온 편지이다(김재형 대법관 대독). 원래의 글에는 한자도 섞여 있으나 모두 한글로 바꾸었다.

께서는 생전의 곽 교수에 대해 이렇게 회상해 주셨습니다. "성품이 너무 꼿꼿하니까 남들이 괴팍하고 고약하게 본다고. 그런데 사실은 여자처럼 자상하고 다정해. 남들은 그걸 모르지." 박 교수님이 아직까지 비문을 완성해 주지 않으시는 걸 보니 뭐라고 적어야 할지 고민이 많으신 것 같습니다.

저희 집은 손님이 많은 집이었습니다. 곽 교수에게 찾아오는 제자 손님들도 많았습니다. 손님이 가시고 나면 곽 교수께서 아주 간단한 인물평을 하시곤 했습니다. 평가에는 몇 개의 등급이 있는데, 가장 좋은 평은 〈틀림없는 아이〉, 그 다음 것은 〈참 착한 아이〉, 그리고 그 다음 등급은 〈시시한 녀석〉, 마지막 것은 〈치사한 놈〉입니다. 그러니까 40년 전 곽 교수가 〈틀림없는 아이〉 여러 명과 〈참 착한 아이〉 몇 명을 데리고 민사판례연구회를 만든 셈입니다. 지금은 민사판례연구회의 회원 자격이 훨씬 더 엄격해졌다고 들었습니다. 곽 교수의 남다른 특색 중 하나는 일단 손을 떼면 절대 간섭하지 않는다는 것입니다. 그렇다고 마음이 떠난다는 것은 아니고, 그냥 다음 사람들에게 맡긴 것이라고 이해하면 됩니다. 그러니 여러분들은 민사판례연구회에서 마음껏 활동하시고, 그러면서 많이 성장하시고, 또 곽 교수가 알면 깜짝 놀랄 만한 성과도 이루시길 부탁드립니다.

제가 평가 등급에 대한 오래된 비밀 이야기를 실없이 꺼낸 이유는, 남편을 잃고 아버지를 잃고 또 선생님을 잃은 우리들의 슬픔이, 너무 엄숙하고 무겁게만 꾸며지지 않았으면 하는 바람 때문입니다. 그분은 모든 일에 임하면서 날카롭게 요점을 잡아내고, 가능한 짧고 간략하게 만들어 최대한 명쾌하게 풀어가는 재주가 있었습니다. 그리고 끝은 언제나 유쾌하게 마무리 짓는 것을 좋아했습니다. 제가 하는 이 인사가 곽 교수가 민사판례연구회에 남기는 마지막 인상이 될 것 같아, 사실은 아쉽고 슬프지만 그럼에도 불구하고 회원 여러분들에게는 곽윤직 선생님의 유쾌함이 오래 기억되길 바라는 마음으로 이 인사말을 쓰고 있습니다.

저는 1956년 곽 교수와 결혼하여 62년을 함께 살았습니다. 우리가 태어나고 자라고 살아냈던 시절은 모든 면에서 사정이 좋지 않았습니다. 저와 이야기를 나눌 때 항상 하시던 말씀은 "늘 아슬아슬했지만 나는 운이 좋았다."라는 것이었습니다. 아마 틀림없는 제자들을 만나서 가르치고 또 훗날의 그들을 지켜보는 것이 곽 교수가 누린 가장 큰 행운이었다고 생각합니다. 오늘 베풀어 주신 추모의 시간 감사합니다. 이제 돌아가신 곽윤직 선생님과 아무도 시간과 공간을 함께하지는 못하지만, 선생님이 남겨 놓고 가신 것들을 통해 여전히 다양한 방식으로 만날 수 있기를 바랍니다. 각자 보관하고 있는 후암 곽윤직 선생에 대한 기억들, 부디 기분 좋은 기억들이길 바라며, 소중히 간직해 주시길 부탁드립니다. 감사합니다.

2018년 4월 23일 **박 동 옥**

추 모 사

김 황 식*

지난 해 2월 22일 새벽 곽윤직 선생님은 조용히 스러지는 새벽별처럼 93세를 일기로 세상을 뜨셨습니다. 그날 오전 선생님이 그토록 사랑했고 결혼조차 미루고 선생님 곁을 지켰던 막내 따님으로부터 부음을 전해 들었을 때 언젠가 일뿐 닥칠 것으로 예상한 일이었지만 너무 서운하여 가슴이 먹먹해졌습니다.

그 얼마 전 후암동 자택으로 찾아가 마침 어린아이처럼 편안하게 잠들어 계신 선생님 곁에 앉아 한참을 기다리다가 곧 다시 찾아오리라 생각하고 물러나왔는데, 그것이 마지막이 되었습니다. 더 기다리다 선생님과 말씀을 나누었어야 하는데 하는 회한과 함께 선생님의 생전의 모습이 파노라마처럼 스쳐 지나갔습니다.

1960년대 말 당시로는 예외적으로 강의 시간을 꽉 채워가며 열강을 하시던 모습, 학술연구회에서 후배 교수나 제자들의 열띤 토론을 흐뭇하게 지켜보시던 모습, 댁으로 찾아뵈면 앉은뱅이책상에 앉아 책을 읽고 글을 쓰시다가 이런저런 유익하고 재미있는 이야기를 해주시던 모습, 선생님이 이 나라 법률문화발전을 위해 갖고 계신 소망을 숙연하게 말씀하시던 모습, 때때로 염치없는 제자들을 불러 밥과 술을 사주시며 격려해주시던 모습 등이 그것입니다. 제가 1978년 독일 연수를 떠날 때 저를 댁으로 불러 독일에서의 공부와 관련한 이런저런 조언을 해주셨고, 그 덕분에 부동산등기제도를 연구하여 나름대로 그 분야의 전문가로 행세(?)

---

* 전 국무총리, 전 대법관.

하며 우리나라 등기제도의 발전에 작은 역할을 할 수 있도록 이끌어주셨습니다.

선생님의 법학교수로서의 업적은 이루 헤아릴 수가 없습니다. 민법 교과서의 고전이 된 민법시리즈를 집필하셨습니다. 선생님은 일본을 뛰어넘고 대륙법의 본향인 독일과 직거래(?)하고자 하는 평소의 바람을 실천한 역작이었습니다. 선생님은 본래 재산법 분야가 전공이셨지만 상속법도 연구하셔서 책을 집필하였습니다. 놀랍게도 정년퇴직 이후에 그리 하신 것입니다. 또한 새 이론과 판례를 반영한 개정판을 계속하여 내놓으셨습니다. 몸이 불편하시면 따님을 곁에 앉혀 구술하여 개정작업을 진행하시기도 하였습니다. 다산 정약용 선생이 노년에 그리 하셨다지만 선생님도 그리 하신 것입니다.

또 선생님은 1977년 교수와 법관 등 2, 30여 명을 모아 민사판례연구회를 만드셨습니다. 당시 법학계와 법조실무계의 교류가 없고 판례에 대한 연구가 활발치 않은 때였는데 선생님은 양자의 협동, 연구가 절실하게 필요하다고 보셨기 때문입니다. 매월 판례연구발표를 하고 여름휴가철에는 심포지엄을 열어 그 1년간의 성과를 '민사판례연구' 책자로 발간하였습니다. 계엄하에서는 집회신고를 하고 연구회를 계속하여 연구회를 거르는 일이 없었습니다. '민사판례연구'는 40권에 이르고 있습니다. 세계 어느 나라에서도 찾아보기 힘든 사례입니다.

선생님의 또 다른 소망은 일본의 주석민법보다 더 나은 주석서를 발간하는 것이었습니다. 그리하여 제자들을 모아 2년 이상의 준비 작업을 손수 진행하고 집필진을 구성하여 '주해민법'을 발간하였습니다. 그리고 선생님의 마지막 소망은 최고급 법률잡지의 발행이었으나 이 꿈은 이루지 못한 셈입니다. 주해민법을 계속 보정하는 것과 함께 후학들에게 남겨진 숙제라 할 것입니다.

선생님을 떠나보내시면서 사모님은 선생님의 관 속에 저술하신 책 7권을 넣어드렸다고 말씀하셨습니다. 그 말씀에 저는 선생님이 기뻐하시겠다고 생각하면서도 "이제 편히 쉬셔야지요" 하고 답하며 웃었습니다.

선생님, 부디 영면하소서!

곽윤직 선생님을 추모하면서

송 상 현*

후암 곽윤직(厚巖 郭潤直)선생님께서 1925년 이 땅에 오셔서 우리나라의 법학의 발전에 크게 기여하시고 떠나신 90여 성상을 추모하자니 벅찬 감회가 떠오릅니다. 아마도 많은 후학들이 선생님의 훌륭하신 인품과 학덕 그리고 법학발전에 기여하신 공로에 대하여서는 다투어 기록할 내용이 많을 것입니다. 저는 세월이 감에 따라 선생님의 가르침을 받은 제자는 물론 이제는 선생님을 뵙거나 아는 사람의 수도 줄어가는 현실에 비추어 주로 선생님을 가까이서 모셨던 후학의 한 사람으로서 위대한 학자의 인간적 풍모를 중심으로 몇 가지 회고해 보고자 합니다.

1959년 제가 서울법대의 입학시험을 치르는 고사장에서 있던 일입니다. 당시 막 전임강사 발령을 받고 입학시험을 감독하러 들어오신 선생님께서 수험표를 안 가져온 응시자 한 사람을 적발하셨습니다. 겁에 떠는 학생에게 선생님은 큰 소리로 집이 어디냐고 물으셨습니다. 학생이 집이 만리동이라고 대답하자 선생님은 집이 천리동만 되었어도 수험표를 가지러 보내겠다마는 만리동이라고 하니 너무 멀어서 그냥 시험이나 잘 보거라는 말씀으로 그 순간을 수습하셨습니다. 입학 후에 보니 선생님은 기본과목을 가르치지 못하시고 대륙법, 독어강독 등을 가르치시는 통에 별로 선생님을 강의실이나 곁에서 자주 뵐을 기회가 없었습니다. 다만 선생님이 바둑을 좋아하셔서 교수휴게실에서 대국을 하시는 중에 살짝 용건을 말씀드리고 물러나는 일이 몇 번 있었을 뿐입니다.

---

* 민사판례연구회 제2대 회장.

　제가 모교에 교수로 부임한 후에는 선생님을 자주 뵙고 학자로서의 자세에 크게 영향을 받았습니다. 세상의 명리를 초월하고 학문에만 일로 매진하시는 선생님, 그리고 일상생활에서 일어나는 잡다한 인간관계조차 신경을 안 쓰시고 일구월심 학문에만 몰두하시는 학자의 모습이 지금도 강렬하게 남아 있습니다. 저는 진로에 대한 오랜 고민 끝에 모교의 교수 자리에 어렵사리 부임하였으나 유신 등 정치권력이 학문에 끼치는 악영향을 목도했고, 전연 토론문화나 학제간 연구가 없는 학교의 분위기에 차츰 실망하고 있던 어느 날이었습니다. 선생님께서 민사판례연구회의 아이디어를 던지시면서 저의 의견을 구하시는 것이었습니다. 저는 당시 미국 등 서구학계에서 수준 높은 저널에 개별적 판례평석이 게재되는 것은 알았지만, 학계와 법관 등의 실무계가 마치 산학협동을 하듯 정기적으로 만나서 발표하고 토론하는 선생님의 참신한 구상에 매료되었습니다. 당시에 선생님의 이러한 생각은 학교에서 그리 널리 환영을 받지 못했고 오히려 의심을 받는가 하면 그때까지의 학계의 관례에 대한 도전으로 비추어졌던 감이 있었습니다. 정희철, 박병호, 이호정, 최기원, 양승규 선생님들이 일반적으로 찬의를 표하셨고 외람되게 저 및 동기생 법관인 이용훈, 박영식, 가재환 군 등이 선생님을 도와드린다는 소박한 생각으로 초기에 필요한 심부름을 했습니다. 당시 재조에서 존경을 한 몸에 받으시는 박우동, 윤일영 부장판사님을 모시고 약 20여 명의 교수와 판사가 1977년 초 민사판례연구회의 깃발을 올린 생각이 납니다. 몇 사람이 모이면 받을 수 있는 쓸데없는 오해가능성을 배제하기 위하여 곽 선생님을 회장으로 추대하는 외에는 일부러 회칙이나 정관도 갖추지 않았고, 감투도 없으며, 구조적 유착의심을 피하기 위하여 변호사를 회원으로 영입하지 않는 등 판례연구를 통하여 순수한 사법(私法)의 발전을 도모하기 위한 모임으로 출발한 점은 다 아시는 일이고 예나 지금이나 마찬가지입니다. 그 당시부터 해외출장이 잦았던 저는 외국에 가면 이 모임을 선전하고 자랑하기에 바빴으며 제가 출간한 영문저서에서도 소개했습니다.

　선생님께서 교수정년이 되시자 경주 여름 심포지엄에서 저를 2대 회
장으로 선임하고 물러나시는 결단을 하셨습니다. 선생님의 이러한 결단
은 한 원로교수가 학회장을 맡으면 그분이 돌아가실 때까지 자리를 내놓
지 않는 당시의 풍토에서는 새로운 충격이었습니다. 호주 멜본대학에서
가르치느라고 그 자리에 없었던 제가 갑자기 선생님의 뒤를 이어받게 된
경위입니다. 저는 선생님께서 초기에 염원하셨던 바와 같이 일본의 민상
법잡지(民商法雜誌) 수준의 고급법학저널을 창간하자는 선생님의 바람도
실현하지 못한 채 겨우 월례회를 이끌어가다가 양창수 교수에게 책임을
넘겨드렸습니다.

　매달 운영은 회장을 모시고 그때그때의 간사가 필요한 결정을 했습
니다. 제제다사인 간사진으로부터 언제나 참신한 아이디어가 풍부하게
제공되었고 회원들은 이 연구회에 대한 강한 자부심을 가지고 있었습니
다. 잠시 회장을 맡았던 저로서는 역대 간사들의 탁월한 능력, 업무에 임
하는 성실한 태도, 창의적 아이디어에 무한한 찬탄과 감사의 마음을 가
지고 있습니다. 그분들의 그러한 실무운영이 없었더라면 이 모임이 오늘
날까지 강한 생명력을 가질 수 없다고 믿기 때문입니다. 오늘날 회고해
보면 민사판례연구회의 출범은 한국법학계에 커다란 충격을 주어 다른
법학분야에서도 교수와 실무가를 망라하여 비슷한 구성으로 학회를 조직
하여 월례발표제도를 도입하고 심지어는 발표의 틀이나 월례모임장소까
지 민사판례연구회를 모방하였습니다. 민사판례연구회가 법학의 발전에
기여한 바는 영원히 기록될 것입니다.

　곽 선생님은 열정과 헌신으로 모임을 이끌어가는 간사들을 항상 칭
찬하시면서 자주 만찬을 베풀고 이들을 격려하셨습니다. 사교적 모임이
많지 않으신 선생님은 간사들과 식사하면서 토론함을 참으로 즐기셨습니
다. 사소한 이해관계에 구애받으시는 일이 없었고 언제나 이 연구회가
우선이었습니다. 정년이 가까워올수록 민사판례연구회는 선생님의 가장
중요한 생활의 일부가 되었습니다. 저는 연초에 세배하는 외에도 선생님
후암동 댁에 연구회 일로 방문한 적이 더러 있었습니다. 늘 문간에 있는

방을 서재로 삼아 교과서를 집필하고 개정하는 작업에 몰두하시다가 반갑게 맞아주셨습니다. 인자하신 사모님께서는 전통가정에서나 맛볼 수 있는 음식이나 다과를 베풀어주셨습니다. 댁에서 연구회 문제를 토의하다가 문득 선생님께서 미국 버지니아대학에 1년간 다녀오신 일을 회고하셨습니다. 키가 작은 동양인이 펍에 들어가려고 하자 문간에서 미성년자라고 제지당했다는 경험을 말씀하시면서 파안대소하셨습니다.

어느 해 어떤 경우인지는 생각이 나지 않으나 선생님은 저의 이름을 새긴 상아도장을 선물로 주셨습니다. 지금도 귀중하게 보관 중인데 도장의 몸통에 후암 증(厚巖 贈)이라고 새겨 있습니다. 자연히 선생님의 아호가 "후암"임을 알게 되었는데 우선 후암동에 오래 거주하셨으니 동네 이름에서 따온 것이고, 자문해드린 박병호 교수님 말씀에 의하면 선생님의 성품에 더욱 두터움을 보탠다는 뜻이 아울러 있다고 합니다. 평소에 이 아호를 좋아하시면서도 자주 사용하시는 것 같지는 아니했습니다.

선생님은 서울법대 5회 졸업생이십니다. 많은 동기 중 학교에 계신 고 김치선 학장님, 김용철 대법원장님이나 경희대에서 노동법을 가르치신 심태식 교수님을 언급하신 기억이 납니다. 당시에 외무고시에 합격하시고도 학교에 남으셔서 당시의 극도로 척박한 학문풍토와 어려운 경제사정을 이겨내고 학계에서 우뚝 서신 선생님은 참으로 우리 모두의 귀감이십니다. 민사판례연구회는 선생님의 배려와 리더십 그리고 학문적 정열이 자양분이 되어 한국을 대표하는 학술연구단체로 성장하고 있습니다. 이제는 매년 공개적으로 초빙된 회원들의 기여로 더욱 발전하고 있고 매년 연구발표결과를 모아 출간한 "民事判例研究" 시리즈는 해가 거듭될수록 그 학문적 비중과 진가가 올라가고 있습니다. 선생님은 비록 가셨지만 남기신 이 훌륭한 학문적 유산은 선생님의 명성과 함께 영원할 것입니다.

2019년 1월 31일

곽윤직 선생님에 대한 기억

서　　민*

Ⅰ. 곽윤직 선생님과의 만남

내가 대학에서 공부하던 시기에 곽윤직 선생님은 민법강의를 담당하지 않아서 나는 곽선생님의 민법강의를 들을 기회는 없었으며, 대학 3학년 때(1960) 곽선생님의 대륙법 강의를 수강하였다. 그리고 1963년부터 대학원 석사과정에서, 그리고 박사과정에서 선생님의 강의를 계속하여 수강하였다.

나는 대학원과정에서 김증한 선생님을 지도교수로 모시고 1964년부터 김교수님 연구실에서 공부하고 있었는데, 1964년에 곽선생님께서 '채권총론'을 출판하실 때에 나에게 저서의 인쇄과정에서 교정을 부탁하셔서 그 일을 도와드린 것이 곽선생님과 특별한 인연을 맺게 된 계기가 되었다. 그 후에도 1969년에 '민법대의'를 출판하실 때와 1971년에 '채권각론(하)'를 출판하실 때에도 다시 교정을 부탁하셔서 도와드렸고, 특히 자비출판을 하실 때에는 저서 인쇄과정을 전담하여 출판 일을 도와드렸다.

이러한 일들이 인연이 되어 선생님께서는 나를 기억하시고 많은 사랑과 배려를 베풀어주실 뿐만 아니라, 학문에 정진하도록 끊임없이 격려해주셨다.

Ⅱ. 곽윤직 선생님의 성품

선생님은 공적으로는 매우 엄격하지만, 사적으로는 매우 온화하고 배려를 많이 하는 성품을 지닌 분이었다. 대인관계에서는 호오가 분명하

---

* 충남대학교 명예교수.

서서 좋아하는 분과는 가까이 지내시지만, 그렇지 않은 분과는 전혀 내왕을 하지 않으셨다.

한편 제자들을 지극히 사랑하셔서서 많은 배려를 해주셨다. 한 예를 들면 지방에 여행하시면서 선생님 연구실 출신 제자들과 만나실 때에는 그 비용을 반드시 손수 부담하셨다. 제자에게 경제적 부담을 주지 않으시려는 배려 때문이었다. 심지어 선생님께 많은 은혜를 입은 내가 근무하고 있는 대전에 오셔서도 모시고 식사하면 선생님께서 그 비용을 지출하셨다. 대전에 오셔서 같이 운동할 수 있도록 나에게 골프를 배우라고 종용하시고, 유성골프장에서 나의 첫 골프를 인도해주시면서 여러 가지 에티켓을 설명해주시기까지 하셨다.

그러나 퇴직하시고 건강이 쇠약해지신 후에는 원칙에서 약간 후퇴하셔서 제자들이 식사비용 등을 지출하는 것을 허용하셨다. 대전지법원장으로 근무하던 이주흥 원장의 초청에 응하여 1박 하시며 공주 산림박물관을 방문하신 일이 기억나며, 나도 예산 수덕사 관광에 선생님을 모시는 기쁨을 한 번 가졌다.

Ⅲ. 곽윤직 선생님의 학문에 대한 열정

주지하는 것처럼 1960년대에는 아직 우리나라 민법학의 뿌리가 일천하여 우리 민법학계의 현실은 외국 학문의 수용단계라고 할 수 있다. 곽윤직 선생님은 서구의 민법이론을 연구하여 우리 민법학에 적응시키는 한편 독자적인 민법학체계의 수립을 위하여 노력하셨다. 이를 위하여 1959년 7월부터 1년 동안 미국국무성 초청으로 Virginia대학교에서 영미물권법을 연구하셨고, 1965년 7월부터 1년간 독일 훔볼트재단의 초청으로 Hamburg대학에서 민법을 연구하셨다.

나의 석사과정 수강 시에 선생님은 서구의 법이론을 직접 연구할 것을 권장하시면서, 서구의 법이론을 일본을 통하여 간접적으로 수용하는 것은 바람직하지 않다고 강조하셨다. 나에게도 서구의 자료를 읽을 수 있으면 일본책을 읽지 않도록 권유하셔서 나는 석사과정 공부를 할 때에 손쉽게 구할 수 있었던 일본서적을 읽지 않았다.

선생님은 평소에 민법학에 관하여 3가지 희망사항을 말씀하셨다: ① 민법 전편에 관한 교과서 집필, ② 체계적인 판례연구, ③ 깊이 있는 민법 주석서 발간이 그것이다. 선생님은 강력한 추진력으로 재직 중에 이 세 가지를 모두 이루셨다. 교과서 집필은 1997년에 상속법을 발간함으로써 완성하셨고(다만, 친족법은 재산법에 속하지 않아 집필을 시도하지 않으신 것으로 추측된다), 판례연구는 1977년에 민사판례연구회를 결성함으로써 그 결실을 보았고, 민법 주석서 편찬은 민법주해를 발간함으로써 세 가지 희망사항을 모두 이루시었다. 특히 민법주해의 저자는 민사판례연구회 회원이 주축을 이루었다.

Ⅳ. 곽윤직 선생님의 학문세계

곽윤직 선생님은 한국 민법학의 대표적 학자 중의 한 분으로 인정하는 데에 이론이 없으며, 더욱이 곽선생님은 김증한 선생님과 쌍벽을 이루는 민법학자로 평가받았다. 곽선생님은 민법의 해석론에서 많은 문제점에 관하여 김증한 선생님과 다른 견해를 취하셨는데, 이는 후진 학자들의 학문연구에 많은 시사점을 제시함과 동시에 도전정신을 일깨워줌으로써 우리나라 민법학의 발전에 크게 기여하셨다.

선생님은 창의적인 아이디어가 많으셨다. 한두 예를 들면, 부동산등기제도의 개선을 위해 노력하셨고(부동산등기법 저서를 출판), ② 각종의 비전형계약에 대한 연구를 촉구하셨다. 그중 특히 여행계약은 선생님께서 중요성을 강조하셔서 필자가 1988년 민사판례연구회 하계 심포지엄에서 연구발표를 하였는데, 그 후 여러 학자들의 연구가 이어졌으며, 드디어 입법의 필요성이 인정되어 2015년 2월의 민법개정에서 여행계약이 새로운 계약유형으로 민법에 신설되었다.

선생님은 한국의 Larenz라고 비유될 만큼 깊이 있는 민법교과서를 많이 저술하셨다. 선생님의 저서 장정 도안은 Larenz교수의 민법총칙, 채권법 교과서와 비슷하게 5개의 줄로 구성되어 있는데, 아마도 이것이 그렇게 비유되게 된 연유가 아닐까 짐작된다. 다만 각 편별로 색깔을 달리 했는데, 이는 색깔의 상징성 때문에 달리했다는 말씀을 하신 일이 있다. 민법총칙은 일반원칙이므로 파란색으로 하였고, 물권법은 토지의 색인 갈색 으로, 채권총론은 거래법이므로 혈액의 색인 주황색으로 정했다고 하셨다.

선생님의 저술생활의 특색은 원고 집필은 반드시 밤에 집중하셨다. 선생님 말씀에 의하면 선생님은 저술작업을 하실 때 저녁식후에 커피와 담배만 가지고 서재로 가서 밤새 원고를 집필하셨다고 한다. 선생님은 약주도 즐기시는 편인데 저술기간 중에는 일체 약주를 드시지 않고 자제 하시고, 집필이 끝난 후에 마음껏 약주를 드셨다고 한다. 그런데 약주 드 실 때에는 소식하시는 식습관 때문인지 안주를 거의 드시지 않는 것이 특이하였다. 아마도 이러한 습관이 원인이 되어 선생님께서 한때 심한 위궤양으로 고생하시지 않았을까 하는 생각이 든다.

V. 추모의 말씀

곽윤직 선생님을 여읜지 벌써 1년이 다 되어가니 선생님에 대한 그 리운 마음 간절합니다. 방문할 때마다 인자한 모습으로 반기시며 여러 주변이야기도 나누고, 또 연구에 대한 격려도 잊지 않으시던 선생님의 다정한 모습이 눈에 선합니다. 2000년대 초에 뇌졸중으로 건강이 악화되 어 선생님의 학문연구활동에 지장을 가져오고, 제자들에게 더 이상 가르 침을 주시지 못한 것은 매우 안타까운 일이었습니다. 그러나 선생님께서 길러내신 제자들이 활발히 학문연구를 계속하여 우리 민법학계를 수준 높게 발전시키고 있으니, 이제는 제자들에 대한 염려를 놓으시고 하늘나 라에서 평안을 누리시기를 간절한 마음으로 기원합니다.

제게는 영원한 등불이신 후암(厚巖) 선생님

송 덕 수*

　제가 후암 선생님의 별세 소식을 처음 접한 것은 프랑스 파리에서 였습니다. 오래전에 준비된 출장으로 숙소에 도착하여 짐을 풀고 막 잠을 자려던 때였습니다. 저는 가슴 한 쪽이 무너져 내리는 듯했습니다. 꽉 짜인 일정 때문에 귀국을 할 수도 없어서 더욱 그랬던 것 같습니다. 서 글픔에 뜬눈으로 밤을 지새웠습니다. 그리고 출장 기간 내내 선생님과 관련된 일만 생각났습니다.

　저는 선생님의 생애 중 일정 기간 동안에는 학교와 학문적인 생활 측면에서 선생님을 가장 가까이에서 모셨습니다. 저는 그 부분에서는 제 가 마치 선생님의 가족과 같다는 생각을 할 정도였습니다. 그 점에서 보 면 제가 선생님의 추모의 글을 쓰는 것이 적절해 보이지 않습니다. 그래 서 글 쓰는 것을 사양하려고 했습니다. 그러나 한편으로 아주 가까이서 모신 사람으로서 제가 아는 선생님의 모습을 조금이나마 널리 알리는 방 법으로 선생님을 기리는 것도 나쁘지 않을 것 같아서 쓰기로 했습니다. 제가 선생님과 밀접하게 인연을 맺기 시작한 것은 1981년 5월입니다. 당 시 선생님의 춘추는 만 55세셨습니다. 그 해 4월 서울 법대에서는 6개 과목 분야에 유급조교를 모집했습니다. 저는 그 중 민법 분야에 응시하 여 조교로 선발되었습니다. 그때 민법 조교에게 부여된 특별한 임무는 후암 선생님의 판례교재 편찬을 보조하는 일이었습니다. 그 후 저는 선 생님이 구해달라는 자료를 모두 조사해 드렸습니다만, 판례교재는 출판되

---

* 이화여자대학교 법학전문대학원 교수.

지 않았습니다. 한편 당시 석사과정 3학기에 재학 중이던 저는 후암 선생님의 일을 도우면서 다른 교수님의 지도를 받는 것이 바람직하지 않다고 생각하여 선생님의 지도를 받겠다고 했습니다. 그 후 선생님의 지도를 받아 석사학위와 박사학위를 받았습니다. 서울 법대 제자들 중에 선생님으로부터 석·박사 논문 모두를 지도받은 사람은 제가 유일한 것으로 알고 있습니다.

1981년 5월 이후 선생님이 별세하실 때까지 저는 바로 곁에서 선생님 일을 도와드렸습니다. 특히 선생님이 1991년 2월에 정년퇴임을 하실 때까지는 제가 다른 학교에 전임교수로 있으면서도 선생님의 학교 사무까지 챙겨드렸습니다. 그리고 그 후 제가 재직 학교에서 본부 처장을 하기 전까지는 아무리 바빠도 제 일을 제쳐두고 선생님을 먼저 도와드렸습니다. 그 과정에서 저는 많은 것을 보고 배웠습니다. 저로서는 영광이고 기쁨이었습니다.

제가 선생님의 사소한 사무적인 일까지 도와드리게 된 계기가 있습니다. 1982년으로 기억합니다. 선생님께서 서울 법대 교수휴게실에 계시다가 연구실로 오셨습니다. 그리고는 힘들다고 하시면서 긴 의자에 누우셨습니다. 그런 모습을 한 번도 뵌 적이 없는 저는 놀라서 왜 그러시는지 여쭤보았습니다. 그랬더니 몸이 좋지 않은데 조금 누워있으면 괜찮아질 것이라고 하셨습니다. 저는 바로 병원에 가셔야 할 정도는 아니지만 댁으로 모시는 것이 좋겠다고 생각했습니다. 그래서 서울 법대 78학번으로 당시 석사과정에 재학 중이면서 운전면허가 있는 백윤재 변호사(현재 법무법인 율촌)에게 선생님 승용차를 운전하게 하여 선생님을 모시고 갔습니다. 아마도 그때 선생님의 위(胃)에서 출혈이 있었던 것 같습니다. 그 며칠 후 선생님은 서울대 병원에서 위궤양을 위암이라고 오진하여 위의 3분의 2를 절제하는 큰 수술을 받으셨습니다. 그때부터 저는 필요한 일이 있을 때는 물론 그렇지 않아도 전달해 드릴 서류 등을 가지고 2~3일에 한 번씩 선생님 댁을 방문하게 되었습니다.

위 수술을 받으신 뒤에는 상당한 기간 동안 소식(小食)을 하셔야 했고, 그래서 학교에 머무는 시간도 최소화하셨습니다. 그리고 건강에 대한 염려와 함께 사모님을 비롯한 가족 분들, 특히 막내 따님인 곽소영 박사의 걱정을 많이 하셨습니다. 평소에 자신감이 넘치던 모습만 뵈었던 저로서는 인간적인 친밀감이 더욱 깊게 느껴졌습니다. 그 후 건강을 완전히 회복하시어 얼마나 다행이었는지 모릅니다.

저는 경찰대학 전임강사로 가기 전까지 약 2년 반 동안 유급조교로서 선생님의 연구실에 있었습니다. 선생님께 듣기로는 선생님은 연구실에 제자를 거의 두지 않으셨다고 합니다. 과거에 길지 않게 연구실에 두었던 고 조영래 변호사에 대해 언급을 하신 적이 있는 정도입니다. 제가 연구실을 나온 뒤에는 당시 석사과정에 재학 중이었고 후에 행정고시에 합격하여 현재 새만금개발청장으로 있는 이철우 박사(나중에 법제사로 박사학위를 받음)가 있었던 것이 마지막입니다. 제가 선생님 연구실에 있었던 때의 일입니다. 대학원생들이 저를 만나러 오면 조심스럽게 문을 두드렸습니다. 그리고 선생님이 안 계신 것을 확인하고도 연구실 안으로 발을 들여놓지 않고 쭈뼛거리며 밖에서 서성댔습니다. 잠깐 들어오라고 해도 들어오지 않았습니다. 학생들은 선생님을 존경하면서도 무척 무서워했습니다. 그런 사실을 선생님도 알고 계셨습니다. 언젠가는 선생님께서 웃는 얼굴로 "학생들이 내게서 찬바람이 난다고 한단다."고 말씀하신 적도 있습니다.

선생님과 가깝게 지내신 분들은 아시는 일이지만 선생님은 가까운 사람에게는 무척 친절하고 많은 것을 베풀어주시는 분입니다. 저는 그런 혜택을 남달리 많이 받은 것 같습니다. 제가 석사과정을 마치고 박사과정에 들어가기 전의 어느 날, 당시 전남대 교수로 계시던 고 정옥태 교수님이 제게 막무가내로 이력서를 보내달라고 했습니다. 그런데 알고 보니 선생님이 위 수술을 받으시느라고 입원하고 계시던 중에 정교수님 등의 제자들에게 저를 빨리 취직시켜주라고 하셔서 그런 일이 생겼었다고 합니다. 그런가 하면 그 후 경찰대에서 제게 교수로 와달라는 요청을 했는데, 그러면서 당시 교수부장을 맡고 계셨던 분이 제 스승이신 선생님께 감사 인사를 드리고 싶다고 하여 찾아뵌 적이 있습니다. 그 자리에서 선생님께 여러 번에 걸쳐 경찰대에서 특강을 해 달라고 부탁을 드렸고, 저 때문에 청을 거절하지 못한 선생님은 경찰대에 가셔서 몇 차례 특강을 하셨습니다. 제자를 아끼는 마음에 평소에 하지 않으시던 특강까지도 하셨던 것입니다.

선생님께서는 제자들에게서 대접을 받는 것이 다반사이던 예전에도 대접을 받기는커녕 오히려 기회가 있을 때마다 베풀어주셨습니다. 선생님은 충남 연기군(현재 세종시 부근)에 농장을 가지고 계셨는데 제가 연초에 인사를 갈 때면 농장에서 가져온 사과를 한 보따리씩 싸주셨습니다. 그리고 영국여행을 하셨을 때는 런던 해러즈 백화점에서 제게 주실 고가의 넥타이뿐만 아니라 제 처에게 주시려고 향수를 사오시기도 했습니다. 또한 자주 하이야트 호텔의 아카사카라는 레스토랑에서 식사를 사주시기도 했습니다.

선생님은 관직 등에 눈길 한 번 주지 않으셨음은 물론이고 교내 보직에 대해서도 무관심하셨고 오로지 학문에만 열중하셨습니다. 그리고 법학을 처음 공부하는 학생에서부터 재판을 하는 판사나 변호사 등의 법조인도 필수적으로 보아야 하는 교과서에 소명의식을 가지고 심혈을 기울이셨습니다. 그 결과 박병호 교수님께서 '곽윤직 민법학'이라고 극찬하시는 민법학의 금자탑을 이루셨습니다. 선생님이 그렇게 하시는 데 제가 미력이나마 도움을 드렸다는 것이 자랑스럽습니다.

선생님의 재산법 분야의 교과서는 전정판, 재전정판, 신정판, 신정수정판 등 여러 판으로 변해왔습니다. 그 중에 저는 신정판과 신정수정판 책 거의 전부의 개정을 도와드렸던 것으로 기억됩니다. 선생님이 교과서의 개정을 하시려고 하면 저는 우선 해당 부분의 판례를 모두 찾아 하나씩 복사하여 그 판례의 주요 논점과 책의 어느 부분에 어떻게 쓰여야 할지를 메모해서 드리고 그 밖의 수정 필요사항도 적어드렸습니다. 저는 제 일로도 무척 바빠서 항상 시간에 쫓겼지만, 그래도 만족해하시는 선생님을 뵈면서 힘든 걸 잊었습니다. 선생님이 상속법 교과서 초판을 내실 때에는 제가 인플루엔자에 걸렸었습니다. 그래서 고열로 도저히 일을 할 수가 없었습니다. 그런데 선생님께서 제가 그 일을 마쳐주기를 원하시는 것 같아 선생님을 실망시키지 않으려고 저는 왼손으로 머리를 만져가며 교정을 보고 색인을 만들었던 일이 생각납니다.

선생님은 우리나라 민법학과 법학 일반의 발전을 위해 세 가지 일을 하고 싶어 하셨습니다. 전문학술지, 민법 주석서, 법률용어사전의 발간이 그것입니다. 그 가운데 민법 주석서는—비록 친족상속편은 빠졌지만—민법주해라는 이름으로 발간되었습니다. 전문학술지 발간에 대해서는 깊이 있게 가능성 검토를 했습니다. 제가 학술연구진흥재단(현재의 한국연구재단)에 가서 민법 전공 학자들의 명단을 뽑은 뒤 수준 높은 논문을 쓸 수 있는 분들이 얼마나 되는지 구체적으로 조사하기도 했고, 한국민사법학회 학술대회에 가서 회원들을 상대로 설문조사를 하기도 했습니다. 선생님은 학술지를 계간으로 발간한다 해도 좋은 논문이 최소한 2년분에 실릴 정도로 필진이 확보되어야 한다는 생각을 하셨습니다. 그런데 당시 조사 결과 그 정도로 확보하는 것이 어렵다고 판단되어 그 일의 추진을 중단했습니다. 그리고 법률용어사전의 출간은 쉽게 할 수 있는 일이라고 하시며 구체적으로 시작을 하지 않으셨습니다.

선생님이 민사판례연구회에 대해 가지신 애정은 익히 아시는 바와 같습니다. 제가 민사판례연구회에 처음 들어간 것은 1988년입니다. 당시 월례회는 을지로 5가에 있는 국립의료원 내 스칸디나비안 클럽에서 가졌습니다. 항상 그렇듯이 회원들은 각자 식사비인 회비를 내고 식사를 했으나, 그 후 가볍게 한 잔씩 했던 맥주는 언제나 선생님이 사셨습니다. 그리고 매년 여름 휴가철에 열린 하계 심포지엄에서 '회장 초청 만찬'을 베풀어주셨습니다. 핵심 회원들 사이에서는 선생님의 누적 지원액이 억 대가 훨씬 넘었을 것이라고 추산하곤 했습니다. 그런가 하면 선생님께서 하계 심포지엄을 준비하는 과정에서 보여주신 철저함은 상상을 초월합니다. 1982년 5월경 그 해 7월 말에 내장산관광호텔에서 개최될 제5회 하계 심포지엄을 준비할 때의 일입니다. 그 해에는 간사를 맡으신 분이 사전 답사를 가기가 어려워 선생님께서 직접 가시기로 했습니다. 선생님은 제게 같이 가자고 하셨습니다. 선생님은 전주로 가서 당시 전북대 교수이셨던 제자 정재길 교수님의 소개로 심포지엄에 버스를 대여해 줄 분을 만나시고, 주변 관광지를 둘러보신 뒤, 내장산관광호텔에 가서 대회장을 돌아보시고 나서 직접 하루를 묵으며 살펴보셨습니다. 그 심포지엄이 아무런 차질 없이 진행되었음은 물론입니다.

선생님의 교과서가 민법 재산편 전체에 걸쳐서 쓰인 것인 만큼 민사판례연구회의 월례회에서 선생님의 견해에 대해 논의가 나오는 것은 불가피한 일입니다. 그리고 발표자가 항상 선생님의 의견과 일치할 수는 없습니다. 그리하여 드물지만 선생님의 견해를 비판하는 일도 생겼습니다. 그런 경우에도 선생님은 거기에 대해 반론을 하기는커녕 비판에 초연하셨으며 매우 중립적으로 진행만 하셨습니다. 저는 그러한 모습을 보고 사회자의 의무를 다시 생각하게 되었고, 선생님을 더욱 우러러 보았습니다. 그런데 다른 한편으로 선생님의 진의가 궁금하기도 했습니다. 다행히 저는 선생님의 의견을 들을 수 있었습니다. 월례회를 마치면 선생님은 서울역에서 기차를 타셔야 하는 서민 교수님과 차가 없는 저를 승용차에 태워 서울역까지 데려다 주셨습니다. 그 차 안에서 그 날 발표에 대한 선생님의 솔직한 생각을 말씀해 주셨습니다. 그것은 비판이라기보다는 논평에 가까운 것이었습니다. 제게는 제2단계의 교육이었습니다.

선생님은 아끼는 제자들과 여행하고 식사하는 일을 즐기셨습니다. 공주를 거쳐 유성에 가서 하루를 묵기도 하시고 부산에 가서 여러 날 머물기도 하셨습니다. 여행은 대체로 저와 서울대 남효순 교수, 이대 정태윤 교수와 함께 했고, 현지에서 서민 교수님(유성)이나 이주흥 변호사님(부산) 등이 합류하여 즐거운 시간을 보내기도 했습니다. 그 비용은 모두 선생님이 부담하셨습니다. 선생님 댁에 산목련이 활짝 핀 봄날 선생님이 저희를 댁으로 초대하여 마당에서 아이스와인을 마시며 담소를 즐기시던 일은 오랜 시간이 지난 지금도 기억이 생생합니다. 저희가 나이가 든 뒤에는 때로 저희 세 제자가 선생님과 박병호 교수님을 모시고 식사를 하기도 했습니다. 그 행복했던 시간들은 저희 모두에게 오랫동안 잊히지 않을 것입니다.

저는 선생님의 교수 생활 말기에 선생님을 바로 옆에서 도와드리면서 선생님이 쓰신 논문을 모두 찾아서 찬찬히 읽고 음미했습니다. 그리고 선생님 논문이 어떤 문헌의 영향을 많이 받았는지 생각해 보기도 하고, 선생님이 글에서 밝히시지는 않았지만 내심의 생각은 어떠하신지 궁금하여 여쭤보기도 했습니다. 그러면서 책과 논문 외적인 공부도 많이 했습니다. 또한 선생님의 생활태도도 직접 접하면서 사람이, 특히 학자가 어떻게 처신해야 하는지에 대한 생각도 정립할 수 있었습니다.

저는 논문이나 책을 쓰다가 입장을 결정하기 어려운 지점에 이르면 눈을 감고 선생님이시라면 그 문제에 대해 어떻게 판단하셨을까 혼자서 질문을 던지곤 했습니다. 그러면 마치 어둠 속에 밝은 등불이 비치듯 길을 찾을 수 있었습니다. 선생님이 제게는 학문적인 등불이셨던 것입니다. 그리고 선생님은 제 인생사의 귀감이시기도 합니다. 선생님은 떠나셨지만 제게는 제 앞길을 비춰주는 등불로, 인생사적 스승으로 영원히 살아계십니다.

천국에서도 먼저 간 아끼는 분들에게 많은 것을 베풀어주고 계실 선생님의 명복을 두 손 모아 빕니다.

民事判例研究會 日誌

▣ 月例 研究發表會 ▣

○ 第407回(2018. 1. 22.)
1. 김수정 교수 : 무권대리인이 수령한 급여에 대해 본인을 상대방으로
   한 부당이득반환청구
2. 윤지영 판사 : 채권양도와 부당이득 ─「삼각관계에서의 급부부당이득」
   법리를 중심으로 ─
   지정토론 : 정문경 판사, 최수정 교수

○ 第408回(2018. 2. 19.)
1. 정병호 교수 : 대항력 있는 임대차 목적물 양도와 연체차임 공제
2. 정경환 판사 : 지출비용배상에 관한 연구
   지정토론 : 박지연 판사, 김상중 교수

○ 第409回(2018. 3. 19.)
1. 이경민 판사 : 사해행위취소로 인한 원상회복의무를 둘러싼 채무자 측과
   수익자, 전득자 사이의 법률관계
2. 유혜주 판사 : 공동근저당권의 이시배당에 관한 연구
   지정토론 : 김천수 교수, 정소민 교수

○ 第410回(2018. 4. 23.)
1. 박설아 판사 : 위탁자에 대한 조세채권의 신탁계약 정산조항에 기한
   실현가능성
2. 김효정 판사 : 계속적 계약관계에서 사정변경에 따른 해지
   지정토론 : 이연갑 교수, 송호영 교수

○ 第411回(2018. 5. 28.)
1. 정준영 부장판사 : 개인회생절차에서 별제권자가 되는 담보채권자가

제기한 채권자취소소송의 수계 여부

2. 이정아 판사 : 근로계약의 무효·취소로 인한 소급효 제한 및 그
한계

지정토론 : 전원열 교수, 권태상 교수

○ 第412回(2018. 6. 18.)

1. 석광현 교수 : 매매협약(CISG)이 적용되는 국제물품매매계약상 손해배
상의 몇 가지 논점: 통화와 증명도로 본 통일 실질법
의 사정범위(射程範圍)와 흠결의 보충

2. 허   민 판사 : 사실상 도로에 관한 소유권의 원만한 실현 ─ 신의칙에
기초한 「배타적 사용수익권의 포기」 법리를 중심으로 ─

지정토론 : 박재영 고법판사, 권영준 교수

○ 第413回(2018. 7. 23.)

1. 최봉경 교수 : 사실상 불능의 법적 판단에 관한 소고 ─ 대법원 2016.
5. 12. 선고 2016다200729 판결을 중심으로 ─

2. 최윤영 판사 : 소멸시효 이익의 포기와 채무승인

지정토론 : 최서은 판사, 이창현 교수

○ 第414回(2018. 9. 17.)

1. 고유강 판사 : 부진정연대채무자들 중 다액채무자가 한 일부변제의
효과

2. 서을호 교수 : 상속제도의 존재 이유와 망인 의사의 존중 ─ 대법원
2008. 11. 20. 선고 2007다27670 전원합의체 판결

지정토론 : 안병하 교수, 조원경 부장판사

○ 第415回(2018. 10. 22.)

1. 오종근 교수 : 부부간 부양청구권과 양육비청구권

2. 김지건 판사 : 국가계약법상 물가변동에 따른 계약금액 조정규정의 적용
을 배제한 특약의 효력

지정토론 : 박진수 부장판사, 김현진 교수

○ 第416回(2018. 11. 19.)
　1. 이정환 고법판사 : 제조업에서의 파견과 도급의 구별 법리
　2. 이혜미 판사 : 개인정보 침해로 인한 손해배상책임
　　지정토론 : 홍준호 변호사, 최준규 교수

▣ 夏季 심포지엄 ▣

○ 第41回(2018. 8. 25.) (서울 서초구 사평대로 108 반포원)
　主題 : 「消費者法의 새로운 展開」
　1. EU소비자보호지침의 역사적 전개(이준형 교수)
　　지정토론 : 정수진 판사
　2. 집단소송법제에 대한 비판적 검토와 개선 방향(정선주 교수)
　　지정토론 : 임기환 부장판사
　3. 소비자보호를 위한 배액배상제도의 기능과 운용(김태선 교수)
　　지정토론 : 장지용 판사
　4. 제조물책임에 관한 판례의 전개와 동향(이봉민 판사)
　　지정토론 : 김병선 교수
　5. 소비자 보호의 관점에서 본 보험약관에 관한 대법원판례(이원석 부장판사)
　　지정토론 : 김진우 교수

民事判例研究會 2018年度 會務日誌

1. 月例發表會

□ 2018년에도 하계 심포지엄이 열린 8월과 송년모임이 있었던 12월을 제외한 나머지 달에 빠짐없이 연구발표회를 개최하여 총 20명의 회원들이 그동안 연구한 성과를 발표하였다. 2018년 1월의 제407회 월례발표회부터 11월의 제416회 월례발표회까지의 발표자와 논제는 위의 월례연구발표회 일지에서 밝힌 바와 같다.

□ 2018년 4월 23일에는 민사판례연구회 창립 40주년 기념호(민사판례연구 제40권) 발간식을 개최하였다. 발간식에는 총 66명의 회원과 외빈이 참석하여 기념호 발간을 축하하고, 서민·권광중 원로회원의 추모말씀을 듣는 등 곽윤직 교수님을 추모하는 시간을 가졌다.

2. 제41회 夏季 심포지엄

□ 2018년도 하계 심포지엄은 8월 25일 서울 서초구 사평대로 108 소재 반포원에서 '소비자법의 새로운 전개'라는 주제로 개최되었는데, 78명의 회원과 외부인사 등 총 79명이 참석하여 성황리에 진행되었고 매우 유익한 발표와 토론이 이어졌다. 상세한 일정은 앞의 "부록에 부치는 말"에서 밝힌 바와 같다.

□ 회원이 아니면서도 심포지엄에 참석하여 발표를 맡아 주신 이원석 부장판사님, 회원으로서 발표를 맡아 주신 이준형 교수님, 정선주 교수님, 김태선 교수님, 이봉민 판사님, 지정토론을 맡아 주신 정수진 판사님, 임기환 부장판사님, 장지용 판사님, 김병선 교수님, 김진우 교수님과 심포지엄의 원활한 진행을 위하여 도움을 주신 모든 회원님들께 깊이 감사드린다.

3. 送年모임

□ 2018년도 송년모임이 12월 7일(금) 서울 서초구 반포동에 있는 쉐라톤 서울 팔래스 강남 호텔 로얄볼룸에서 개최되어 총 66명의 회원과 배우자들이 참석하였다.

□ 송년모임의 연사로 서울대학교 서양사학과의 주경철 교수님을 모시고 '대항해 시대, 세계를 묶다'라는 제목의 매우 흥미롭고 유익한 강연을 들었다.

□ 바쁘신 가운데에서도 시간을 내어 강연을 해 주신 주경철 교수님께 이 기회를 통해 다시 한 번 감사의 말씀을 드린다.

4. 運營委員 선임

□ 2018년 8월 25일 하계 심포지엄 직후 개최된 정기총회에서 송옥렬 교수님과 조병구 부장판사님을 운영위원으로 선임하였다.

5. 會員動靜

□ 송상현 교수님께서 2018. 10. 12. 제28회 '자랑스러운 서울대인'에 선정되셨다.

□ 김황식 전 국무총리님께서 2018. 11. 21. 호암재단 이사장에 선임되셨다.

□ 권오곤 국제형사재판소(ICC) 당사국총회 의장께서 2018. 9. 17. 제14회 경암상(특별상)을 수상하셨다.

6. 2019년도 新入會員

□ 2019년도 신입회원으로는 학계의 김정연(인천대학교) 교수님과 법원의 목혜원, 강현준, 장선종, 박종원, 신세희, 이재민, 지선경, 황용남 판사님의 신청을 받아 영입하였다.

(幹事 주 선 아)

民事判例研究會 2020年度
新入會員 募集 案內

우리 연구회에서는 2020년도 신입회원을 모집합니다. 민사법, 상사법, 민사소송법 분야의 판례 및 이론 연구에 높은 관심과 열의가 있으신 법학교수 및 법조인(판사, 검사 및 변호사 포함)으로서 우리 연구회에 가입하여 활동하기를 원하시는 분들께서는 2019. 10. 14.까지 아래 연락처로 문의해 주시기 바랍니다.

– 아   래 –

주   소 : 서울 관악구 관악로 1 서울대학교 법과대학 17동 516호
            (최준규 교수)
이 메 일 : kyu77@snu.ac.kr
전화번호 : (02)880-9034
팩스번호 : (02)885-7584

民事判例研究會 定款

(2010. 8. 28. 제정)

제 1 장 총 칙

제1조(목적) 본회는 판례의 연구를 통하여 민사법에 관한 이론과 실무의 조화로운 발전에 기여하고 회원 상호간의 친목을 도모함을 목적으로 한다.

제2조(명칭) 본회는 「민사판례연구회」라고 한다.

제3조(주소지) 본회는 서울특별시에 그 주소지를 둔다.

제4조(사업) 본회는 제1조의 목적을 달성하기 위하여 다음 사업을 한다.

　1. 판례연구 발표회 및 심포지엄의 개최

　2. 연구지를 비롯한 도서의 간행

　3. 그 밖에 본회의 목적을 달성함에 필요한 사업

제 2 장 회 원

제5조(회원) 회원은 본회의 목적에 동의하는 다음 각 호에 해당하는 사람으로서 가입신청을 하여 운영위원회의 승인을 얻어야 한다.

　1. 민사법의 연구에 관심이 있는 대학교수

　2. 민사법의 연구에 관심이 있는 법관, 검사, 변호사, 그 밖에 변호사 자격이 있는 사람

제6조(회원의 권리·의무) ① 회원은 본회의 운영과 관련된 의사결정에 참여하며, 본회의 각종 사업에 참여할 수 있는 권리를 갖는다.

　② 회원은 정관 및 총회 결정사항을 준수할 의무를 지며 회비를 납부

하여야 한다.

제7조(회원의 자격상실) 다음 각 호의 1에 해당하는 회원은 그 자격을 상실한다.

    1. 본인의 탈퇴 신고

    2. 회원의 사망

    3. 회원의 제명 또는 탈퇴 결정

제8조(제명 또는 탈퇴 결정) ① 회원이 본회의 명예를 심각하게 훼손한 때 또는 본회의 목적에 위배되는 행위를 하거나 회원으로서의 의무를 중대하게 위반한 때에는 총회의 의결로 제명할 수 있다. 제명에 관한 총회의 의결은 회원 3/4 이상의 출석과 출석회원 과반수의 찬성으로 한다.

② 회원이 정당한 사유없이 상당한 기간 동안 출석을 하지 아니하는 등 회원으로서 활동할 의사가 없다고 인정되는 경우에는 운영위원회의 의결로 탈퇴를 결정할 수 있다.

제 3 장 자산 및 회계

제9조(자산의 구성) 본회의 자산은 다음 각 호에 기재한 것으로 구성한다.

    1. 회원의 회비

    2. 자산으로 생기는 과실

    3. 사업에 따른 수입

    4. 기타 수입

제10조(자산의 종류) ① 본회의 자산은 기본재산과 보통재산으로 구분한다.

② 기본재산은 다음 각 호에 기재한 것으로 하되 이를 처분하거나 담보로 제공할 수 없다. 다만, 부득이한 사유가 있는 때에는 운영위원회의 의결을 거쳐 이를 처분하거나 담보로 제공할 수 있다.

    1. 기본재산으로 하기로 지정하여 출연된 재산

    2. 운영위원회에서 기본재산으로 하기로 결의한 재산

③ 보통재산은 기본재산 이외의 재산으로 한다.

제11조(경비지출) 본회의 경비는 보통재산에서 지출한다.

제12조(자산의 관리) 본회의 자산은 운영위원회의 의결에 의하여 운영위원회에서 정한 관리방법에 따라 회장 또는 회장이 지명하는 회원이 관리한다.

제13조(세입·세출 예산) 본회의 세입·세출예산은 매 회계연도개시 1개월 전까지 운영위원회의 의결을 얻어야 한다. 다만, 부득이한 사정이 있는 경우에 운영위원회의 의결은 새 회계연도 후 첫 회의에서 이를 받을 수 있다.

제14조(회계연도) 본회의 회계연도는 매년 1월 1일에 시작하여 12월 31일까지로 한다.

제15조(회계감사) 감사는 연 1회 이상 회계감사를 하여야 한다.

제16조(임원의 보수) 임원의 보수는 지급하지 아니한다. 다만 실비는 변상할 수 있다.

제 4 장 임   원

제17조(임원의 인원수 및 자격) 본회에는 법률상 그 결격사유가 없는 자로서 다음과 같은 임원을 둔다.

1. 회장 1인
2. 운영위원 5인 이상 20인 이내
3. 감사 1인
4. 간사 2인 이내

제18조(임원의 선임) ① 회장은 운영위원회에서 선출하며 총회의 인준을 받는다.

② 운영위원은 회장이 추천하여 총회의 인준을 받는다.

③ 감사는 총회에서 선출한다.

④ 간사는 회장이 지명한다.

제19조(임원의 직무) ① 회장은 본회의 업무를 통괄하고 본회를 대표한다.

② 회장 유고시에 운영위원 중 연장자가 그 직무를 대행한다.

③ 감사는 본회의 업무 및 회계에 관한 감사를 한다.

④ 간사는 회장의 지시에 따라 본회의 실무를 수행한다.

제20조(임기) 회장, 운영위원 및 감사의 임기는 4년으로 하되 연임할 수 있다.

제21조(명예회장과 고문) ① 본회의 발전을 위하여 명예회장과 고문을 둘 수 있다.

② 명예회장과 고문은 운영위원회의 추천에 의하여 회장이 추대한다.

제5장 총 회

제22조(총회) ① 총회는 본회의 최고의결기구로서 회원으로 구성한다.

② 회장은 총회의 의장이 된다.

제23조(총회의 소집) ① 총회는 정기총회와 임시총회로 나누되 정기총회는 년 1회 하반기에, 임시총회는 회장 또는 운영위원회가 필요하다고 인정한 경우에 각각 회장이 소집한다.

② 회장은 회의 안건을 명기하여 7일전에 각 회원에게 통지하여야 한다. 이 통지는 본회에 등록된 회원의 전자우편주소로 발송할 수 있다.

제24조(총회의사 및 의결의 정족수) 총회는 회원 30인 이상의 출석과 출석회원 과반수로서 의결한다.

제25조(표결의 위임) 회원은 다른 회원에게 위임하여 표결할 수 있다. 이 경우 그 위임을 증명하는 서면을 미리 총회에 제출하여야 한다.

제26조(총회에 부의할 사항) 총회는 다음에 기재하는 사항을 의결한다.

1. 정관의 제정 및 개정에 관한 사항

2. 임원의 선임과 인준에 관한 사항

3. 세입세출의 예산 및 결산의 승인

4. 기본재산의 처분·매도·증여·기채·담보제공·임대·취득의 승인

5. 본회의 해산

6. 그 밖에 주요사항으로서 운영위원회가 총회에 부의하기로 의결한 사항

제 6 장 운영위원회

제27조(운영위원회의 구성) ① 운영위원회는 회장과 운영위원으로 구성한다.
  ② 회장은 운영위원회의 의장이 된다.

제28조(운영위원회의 권한) 운영위원회는 다음 각 호의 사항을 심의 의결
한다.

  1. 회장의 선출
  2. 회원의 가입과 탈퇴에 관한 사항
  3. 운영계획에 관한 사항
  4. 재산의 취득, 관리, 처분에 관한 사항
  5. 총회의 소집과 총회에 회부할 의안에 관한 사항
  6. 총회가 위임한 사항
  7. 그 밖에 회장이 회부한 본회의 운영에 관한 중요사항

제29조(운영위원회의 소집) ① 운영위원회는 정기 운영위원회와 임시 운
영위원회로 구분하고 회장이 소집한다.

  ② 정기 운영위원회는 년 1회 이상 개최한다.

  ③ 임시 운영위원회는 회장이 필요하다고 인정하거나 운영위원 1/3 이
상 또는 감사의 요구가 있을 때에 회장이 소집한다.

제30조(운영위원회 의사 및 의결의 정족수) 운영위원회는 운영위원 5인
이상의 출석과 출석운영위원 과반수의 찬성으로 의결한다.

제 7 장 보   칙

제31조(정관의 변경) 본 정관은 총회에서 회원 1/3 이상의 출석과 출석회
원 2/3 이상의 동의를 얻어 이를 변경할 수 있다.

제32조(해산, 잔여재산의 처분) ① 본회는 민법 제77조 및 제78조의 규정
에 의하여 해산한다.

  ② 총회원 3/4 이상의 출석과 출석회원 2/3 이상의 찬성으로 본회를
해산할 수 있다.

③ 본회가 해산한 때의 잔여재산은 총회의 결의를 거쳐 유사한 목적을 가진 다른 단체에 출연할 수 있다.

제33조(시행세칙의 제정) 본 정관의 시행에 필요한 세칙은 운영위원회의 의결을 거쳐 정한다.

부   칙

제1조(시행일) 이 정관은 2010년 8월 28일부터 효력이 발생한다.

제2조(회원 및 임원 등) ① 이 정관의 효력 발생일 당시의 민사판례연구회의 회원은 본회의 회원으로 본다.

② 이 정관의 효력 발생일 당시의 회장은 이 정관에 의하여 선임된 것으로 본다. 그 임기는 본 정관의 규정에 의하되, 정관 효력발생일부터 개시된다.

제3조(기존의 행위에 관한 규정) 이 정관의 효력 발생 이전에 민사판례연구회가 한 활동은 이 정관에 따른 것으로 본다.

民事判例研究 간행규정

2005년 12월 27일 제정

제1조(목적) 이 규정은 민사판례연구회(이하 연구회)가 발간하는 정기학술지인 『민사판례연구』에 게재할 논문의 제출, 심사 및 편집에 관한 사항을 규정함을 목적으로 한다.

제2조(편집위원회) ① 『민사판례연구』에 게재할 논문의 제출자격, 심사, 편집 등에 관한 사항을 정하기 위하여 본회에 위원장과 4인 이상 10인 이하의 위원들로 구성되는 편집위원회를 둔다.

② 편집위원회의 위원장은 본회의 회장이 겸임하고, 위원은 회장이 운영위원회의 심의를 거쳐 회원 중에서 임명한다. 편집위원장은 편집위원 중 1인을 편집실무간사로 임명한다.

③ 편집위원의 임기는 3년으로 하되, 연임할 수 있다.

제3조(논문의 제출자격) 논문의 제출은 연구회의 회원인 자에 한하여 할 수 있다. 그러나 편집위원회의 승인을 받은 경우에는 회원이 아닌 자도 논문을 제출할 수 있다.

제4조(논문의 제출기일) ① 『민사판례연구』에 논문을 게재하고자 하는 자는 발간예정일을 기준으로 2개월 전에 원고 출력본 3부와 디스켓을 편집실무간사에게 제출하여야 한다. 그러나 업무상·시간상의 편의를 위하여 이메일을 이용하여 제출할 수 있다.

② 연구회가 주최 또는 주관한 심포지엄 기타 학술모임에서 발표한 논문을 『민사판례연구』에 게재하는 경우에도 제1항에 의한다.

제5조(논문심사) ① 편집위원회는 『민사판례연구』에 게재하기 위하여 제

출된 논문을 심사하기 위하여 심사위원을 위촉하여야 한다.

② 편집위원회는 심사위원들의 심사결과에 좇아 논문의 수정을 요구하
거나, 그 게재를 유보할 수 있다.

③ 논문심사에 관한 자세한 사항은 민사판례연구 게재논문 심사규정에
서 따로 정한다.

제6조(원고분량의 제한) 논문은 200자 원고지 240매를 초과할 수 없다.
그러나 논문의 성격상 불가피하다고 인정될 경우에는 편집위원회의 승
인을 얻어 게재할 수 있다.

제7조(편집위원회 의결정족수) 편집위원회는 재적위원 과반수의 출석과
출석위원 과반수의 찬성으로 의결한다.

제8조(원고작성 기준) 게재를 위하여 제출하는 원고는 아래와 같은 기준
으로 작성한다.

1. 원고는 흔글 워드 프로그램으로 작성하여 제출하여야 한다.

2. 원고표지에는 논문제목(영문제목 병기), 필자의 인적 사항(성명, 영
문성명, 소속, 직책) 및 연락처를 기재하여야 한다.

3. 논문의 저자가 2인 이상인 경우에는 주저자와 공동저자를 구분하고
주저자·공동저자의 순서로 표시하여야 한다.

4. 목차순서는 다음과 같이 기재한다.

   ㉠ 로마 숫자   예) Ⅰ.
   ㉡ 아라비아 숫자   예) 1.
   ㉢ 괄호 숫자   예) (1)
   ㉣ 괄호 한글   예) ㈎
   ㉤ 반괄호 숫자   예) 1)

5. 논문의 결론 다음에는 국문 및 국제학술어(영어, 독일어, 프랑스어)
로 된 주제어(key word)를 10개 이내 기재하여야 한다.

6. 주제어 다음에는 국제학술어(영어, 독일어, 프랑스어)로 작성된 논문
초록을 작성하여야 한다.

제9조(원고제출 및 게재안내) ① 게재를 신청하는 원고의 접수 및 그에

관련된 문의에 관한 사항은 편집실무간사가 담당한다.

② 『민사판례연구』에는 다음 호에 게재할 논문의 투고 및 작성기준을
안내한다.

부　　칙

이 규정은 2006년 1월 1일부터 시행한다.

民事判例硏究 게재논문 심사규정

2005년 12월 27일 제정

제 1 조(목적) 이 규정은 민사판례연구 간행규정(이하 간행규정) 제5조에 의하여 민사판례연구회가 발간하는 『민사판례연구』에 게재할 논문의 심사절차와 기준 등을 정함을 목적으로 한다.

제 2 조(논문게재와 편집) 편집위원회는 제출된 논문에 대한 게재 여부 기타 『민사판례연구』의 편집에 관한 사항을 결정한다.

제 3 조(논문심사 의뢰) ① 『민사판례연구』에 게재하기 위하여 제출된 논문의 심사를 위하여 편집위원회는 3인 이상의 심사위원을 위촉하여 의뢰한다.

② 심사위원은 법학교수 또는 법률실무가로 위촉한다. 그러나 편집위원회는 특히 필요한 경우에는 법률 이외의 당해 분야 전문가에게 위촉할 수 있다.

③ 심사를 의뢰하는 논문의 필자에 관한 사항은 심사위원에게 알리지 아니한다.

제 4 조(심사기준) 심사위원은 다음 각 호의 심사기준에 따라 제출된 논문을 심사한다.

1. 논문주제의 명확성
2. 구성체제의 적합성
3. 내용의 창의성 및 충실성
4. 각주의 활용성 및 그 인용의 정확성
5. 연구의 기대효과 및 활용성

6. 기타 편집위원회에서 정한 사항

제 5 조(심사판정) 심사위원은 대외비공개로 평가의 결과 및 그 이유를 다음과 같이 구분하여 편집실무간사에게 통지한다.

1. 수정이 필요 없을 때: '게재 가(可)'
2. 간단한 수정이 필요할 때: '수정·보완 후 게재 가(可)'
3. 대폭적 수정이 필요할 때: '수정·보완 후 재심사'
4. 게재할 수 없는 사유가 있을 때: '게재 불가(不可)'

제 6 조(심사결과의 결정) ① 편집실무간사는 심사위원들의 심사의견을 종합하여 그 결과를 이유와 함께 편집위원회에 보고한다.

② 심사위원 간에 심사의견이 다를 때에는 다수의 의견에 따른다.

③ 심사의견이 셋 이상으로 나뉘는 경우 또는 편집위원장이 심사의 공정성을 우려할 만한 특별한 사정이 있다고 판단하여 부의하는 경우에는 편집위원회에서 따로 정하되, 기제출된 심사의견을 고려한다.

제 7 조(심사결과의 통보) ① 편집위원장은 게재 여부에 대한 편집위원회의 결정을 논문제출자에게 통보한다.

② 논문제출자는 편집위원회의 결정에 좇아 수정·보완이 요구된 경우에는 그에 따른 수정·보완을 행하여야 논문을 게재할 수 있다.

부   칙

이 회칙은 2006년 1월 1일부터 시행한다.

논문의 투고 및 작성기준 안내

1. 제출기일

민사판례연구회의 『민사판례연구』는 매년 1회(2월 말) 발간됩니다. 간행규정 제 4 조에 따라 위 정기 학술지에 논문이나 판례평석(이하 논문이라고 한다)을 게재하고자 하는 자는 발간예정일을 기준으로 2개월 전에 원고 출력본 3부와 디스켓을 간사에게 제출하여야 합니다. 연구회가 주최 또는 주관한 심포지엄 기타 학술모임에서 발표한 논문을 『민사판례연구』에 게재하는 경우에도 마찬가지입니다.

2. 논문심사

『민사판례연구』에 게재하기 위하여 제출된 논문은 간행규정 제5조에 따라 논문의 수정을 요구하거나 게재를 유보할 수 있습니다.

3. 원고분량 제한

논문은 200자 원고지 240매를 한도로 합니다. 다만 논문의 성격상 불가피하다고 인정될 경우에는 편집위원회의 승인을 얻어 게재할 수 있습니다(간행규정 제 6 조 참조).

4. 원고작성 기준

게재할 원고는 아래와 같은 기준으로 작성하여 주십시오.

(1) 원고는 [훈글]워드 프로그램으로 작성하여, 원고표지에는 논문제목(영문제목 병기), 필자의 인적 사항(성명, 영문성명, 소속, 직책, 학위) 및 연락처를 기재하여 주십시오.

(2) 목차순서는 다음과 같이 하여 주십시오.

ㄱ 로마 숫자(중앙으로)   예) Ⅰ.

ㄴ 아라비아 숫자(2칸 들여쓰기) 예) 1.

ㄷ 괄호 숫자(4칸 들여쓰기)   예) (1)

ㄹ 괄호 한글(6칸 들여쓰기)   예) ㉮

ㅁ 반괄호 숫자   예) 1)

(3) 논문의 저자가 2인 이상인 경우에는 주저자와 공동저자를 구분하고 주저자·공동저자의 순서로 표시하여 주십시오.

(4) 논문의 결론 다음에는 국문 주제어를 10개 이내로 기재하여 주십시오.

(5) 주제어 다음에는 참고문헌목록을 작성하여 주십시오.

(6) 그 다음 국제학술어(영어, 독일어, 프랑스어)로 작성된 논문초록(Abstract)을 작성, 첨부하여 주시고, 이에 이어서 국제학술어(영어, 독일어, 프랑스어)로 된 주제어(key word)를 10개 이내로 기재하여 주십시오.

5. 원고제출처

게재신청 원고의 접수 및 문의에 관한 사항은 실무간사인 장지용 판사에게 하시면 됩니다.

Tel: (031)920 - 3536

e-mail: jagnavy@gmail.com

◇ 2020년 2월경 간행 예정인 민사판례연구 제42권에 투고하고자 하시는 분들은 2019년 11월 30일까지 원고를 제출하여 주십시오.

民事判例研究會 編輯委員 名單
(가나다 順)

民事判例研究會 會員 名單

(2019. 2. 25. 現在, 243名, 가나다 順)

姓 名	現 職	姓 名	現 職
姜東郁	변호사	金上中	고려대 법대 교수
姜棟勛	서울서부지법 판사	金相哲	변호사
康承埈	서울고법 부장판사	金成昱	변호사
姜永壽	서울고법 부장판사	金星泰	전 연세대 법대 교수
姜志曄	서울중앙지법 판사	金世容	부산지법 판사
姜智雄	법원행정처 기획조정심의관	金昭英	전 대법관
姜賢俊	서울중앙지법 판사	金水晶	국민대 법대 교수
高唯剛	대전지법 서산지원 판사	金延美	성균관대 법대 교수
高銀設	광주지법 목포지원 부장판사	金永信	명지대 법대 교수
高弘錫	서울중앙지법 부장판사	金煐晋	대법원 재판연구관
丘尙燁	서울중앙지검 부장검사	金榮喜	연세대 법대 교수
具泰會	서울중앙지법 판사	金龍潭	변호사
權光重	변호사	金禹辰	사법정책연구원 수석연구위원
權大祐	한양대 법대 교수	金雄載	부산지법 서부지원 판사
權英俊	서울대 법대 교수	金裕鎭	변호사
權五坤	ICC 당사국총회 의장	金廷娟	인천대 법대 교수
權 澈	성균관대 법대 교수	金在男	대전지법 천안지원 판사
權兌相	이화여대 법대 교수	金志健	청주지법 판사
金敬桓	변호사	金鎭雨	한국외국어대 법대 교수
金圭和	대구지법 상주지원 판사	金昌模	수원지법 부장판사
金琪泓	의정부지법 고양지원 판사	金天秀	성균관대 법대 교수
金度亨	변호사	金泰均	인천지법 부천지원 판사
金文煥	국민대 법대 교수	金兌宣	서강대 법대 교수
金旼秀	창원지법 마산지원 부장판사	金兌珍	고려대 법대 교수
金炳瑄	이화여대 법대 교수	金賢錫	변호사
金相瑢	중앙대 법대 교수	金賢眞	인하대 법대 교수

姓 名	現 職	姓 名	現 職
金炯枓	서울고법 부장판사	朴海成	변호사
金炯錫	서울대 법대 교수	方泰慶	서울서부지법 판사
金滉植	전 국무총리	裵容浚	서울고법 고법판사
金孝貞	대전지법 천안지원 판사	白慶一	숙명여대 법대 교수
羅載穎	부산가정법원 판사	白昌勳	변호사
羅眞伊	광주지법 순천지원 부장판사	范鐥允	수원지법 성남지원 판사
南馨斗	연세대 법대 교수	徐 敏	전 충남대 법대 교수
南孝淳	서울대 법대 교수	徐乙五	이화여대 법대 교수
盧榮保	변호사	徐 正	변호사
盧柔慶	외교부 파견(주제네바 대표부)	徐靚源	대구지법 서부지원 부장판사
盧在虎	서울남부지법 판사	石光現	서울대 법대 교수
魯赫俊	서울대 법대 교수	孫智烈	변호사
睦榮埈	변호사	孫哲宇	서울고법 고법판사
睦惠媛	서울중앙지법 판사	孫台沅	부산지법 판사
文容宣	서울고법 부장판사	宋德洙	이화여대 법대 교수
文準燮	변호사	宋相現	전 ICC 재판소장
閔聖喆	서울중앙지법 부장판사	宋永福	대전지법 천안지원 판사
閔日榮	전 대법관	宋沃烈	서울대 법대 교수
朴東奎	청주지법 충주지원 판사	宋宰馹	명지대 법대 교수
朴庠彦	창원지법 부장판사	宋惠政	서울고법 고법판사
朴雪娥	서울중앙지법 판사	宋鎬煐	한양대 법대 교수
朴秀坤	경희대 법대 교수	申世熙	서울서부지법 판사
朴仁煥	인하대 법대 교수	申元一	춘천지법 속초지원장
朴宰瑩	서울고법 고법판사	沈承雨	인천지법 판사
朴在允	변호사	沈仁淑	중앙대 법대 교수
朴鍾垣	서울행정법원 판사	安炳夏	강원대 법대 교수
朴俊錫	서울대 법대 교수	安正鎬	변호사
朴之姸	서울고법 고법판사	梁栽豪	부산지법 서부지원 부장판사
朴鎭秀	대법원 재판연구관	梁鎭守	서울고법 고법판사
朴贊益	변호사	梁彰洙	한양대 법대 교수
朴 徹	변호사	嚴東變	서강대 법대 교수
朴哲弘	대전지법 판사	呂美淑	한양대 법대 교수

姓 名	現 職	姓 名	現 職
呂河潤	중앙대 법대 교수	李承勳	대전지법 홍성지원 판사
吳大錫	부산고법 판사	李績甲	연세대 법대 교수
吳泳俊	대법원 선임재판연구관	李載根	변호사
吳姃厚	서울대 법대 교수	李在敏	서울회생법원 판사
吳宗根	이화여대 법대 교수	李栽源	대전지법 판사
吳興祿	인천지법 판사	李載璨	서울중앙지법 판사
庾炳賢	고려대 법대 교수	李在璨	대구지법 경주지원 판사
劉아람	창원지법 통영지원 부장판사	李政玟	서울행정법원 부장판사
柳元奎	변호사	李貞兒	청주지법 판사
柳濟瑉	법원행정처 사법지원심의관	李政桓	서울고법 고법판사
劉玄埴	대전지법 홍성지원 판사	李鍾基	창원지법 진주지원 부장판사
劉亨雄	청주지법 충주지원 판사	李鍾文	수원지법 판사
劉慧珠	대전지법 공주지원 판사	李宙興	변호사
尹榮信	중앙대 법대 교수	李準珩	한양대 법대 교수
尹智暎	대전지법 서산지원 판사	李重基	홍익대 법대 교수
尹眞秀	서울대 법대 교수	李芝姈	대법원 재판연구관
李京珉	수원지법 안양지원 판사	李智雄	대전지법 공주지원 판사
李啓正	서울대 법대 교수	李鎭萬	서울고법 부장판사
李恭炫	변호사	李彰敏	대구지법 판사
李國鉉	대구지법 포항지원 부장판사	李昌鉉	서강대 법대 교수
李均釜	변호사	李玹京	서울북부지법 판사
李均龍	서울고법 부장판사	李賢洙	변호사
李東明	변호사	李惠美	수원지법 판사
李東珍	서울대 법대 교수	李慧民	수원지법 안양지원 판사
李丙儁	한국외국어대 법대 교수	李孝濟	변호사
李鳳敏	수원고법 판사	李興周	대전고법 고법판사
李祥敏	변호사	林奇桓	서울중앙지법 부장판사
李相元	변호사	林 龍	서울대 법대 교수
李새롬	수원지법 판사	林貞允	서울중앙지법 판사
李宣憙	성균관대 법대 교수	張德祚	서강대 법대 교수
李承揆	사법연수원 교수	張斗英	춘천지법 원주지원 판사
李承鎰	수원지법 판사	張輔恩	한국외대 법대 교수

姓 名	現 職	姓 名	現 職
張善鍾	서울동부지법 판사	趙弘植	서울대 법대 교수
張洙榮	대법원 재판연구관	朱大聖	대구지법 판사
張允瑄	인천지법 부장판사	朱宣俄	서울고법 고법판사
張埈赫	성균관대 법대 교수	池宣暻	서울행정법원 판사
張志墉	사법정책연구원 연구위원	池元林	고려대 법대 교수
張智雄	서울중앙지법 판사	陳賢敏	서울고법 고법판사
張哲翼	서울고법 고법판사	車永敏	수원지법 부장판사
張泰永	서울서부지법 판사	千景壎	서울대 법대 교수
全甫晟	대법원 재판연구관	崔文壽	의정부지법 고양지원 판사
全元烈	서울대 법대 교수	崔文僖	강원대 법대 교수
全宰賢	전주지법 정읍지원 판사	崔俸京	서울대 법대 교수
鄭璟煥	청주지법 제천지원 판사	崔瑞恩	대구지법 부장판사
鄭肯植	서울대 법대 교수	崔秀貞	서강대 법대 교수
鄭基相	사법연수원 교수	崔允瑛	수원지법 판사
鄭多周	의정부지법 부장판사	崔竣圭	서울대 법대 교수
丁文卿	대법원 재판연구관	韓나라	수원지법 판사
鄭炳浩	서울시립대 법대 교수	韓相鎬	변호사
鄭仙珠	서울대 법대 교수	韓愛羅	성균관대 법대 교수
鄭素旻	한양대 법대 교수	韓政錫	의정부지법 부장판사
鄭洙眞	서울고법 고법판사	咸允植	변호사
鄭煜都	대전지법 홍성지원 부장판사	許文姬	춘천지법 판사
鄭載優	대전지법 천안지원 판사	許昱	대구지법 김천지원 판사
鄭晙永	서울고법 부장판사	許盛旭	서울대 법대 교수
鄭泰綸	이화여대 법대 교수	玄昭惠	성균관대 법대 교수
鄭鉉熹	수원지법 성남지원 판사	胡文赫	서울대 법대 명예교수
諸哲雄	한양대 법대 교수	扈帝熏	변호사
趙敏惠	대전지법 판사	洪晙豪	변호사
趙炳九	서울서부지법 부장판사	洪眞映	서울대 법대 교수
曺媛卿	대법원 재판연구관	黃勇男	서울행정법원 판사
趙恩卿	의정부지법 판사	黃銀圭	대법원 재판연구관
趙璘英	대구지법 부장판사	黃進九	광주고법(전주) 부장판사
趙在憲	서울고법(춘천) 판사		

民事判例研究 [XLI]

| 2019년 | 2월 | 20일 | 초판인쇄 |
| 2019년 | 2월 | 28일 | 초판발행 |

편 자 윤 진 수
발행인 안 종 만
발행처 (株)博 英 社

서울특별시 종로구 새문안로3길 36, 1601
전화 (733)6771 FAX (736)4818
등록 1959.3.11. 제300-1959-1호(倫)

www.pybook.co.kr e-mail: pys@pybook.co.kr

정 가 68,000원

ISBN 979-11-303-3383-0
     978-89-6454-552-2(세트)
ISSN 1225-4894 42